Index des périodiques d'architecture canadiens

Canadian Architectural Periodicals Index

1940-1980

Claude BERGERON

Index des périodiques d'architecture canadiens

Canadian Architectural Periodicals Index

1940-1980

Traduction anglaise / English Translation
Sylvia BERGERON

LES PRESSES DE L'UNIVERSITÉ LAVAL
QUÉBEC, 1986

Couverture: **Hélène TRUDEL**

© LES PRESSES DE L'UNIVERSITÉ LAVAL 1986
Tous droits réservés. Imprimé au Canada
Dépôt légal (Québec et Ottawa), 2e trimestre 1986
I.S.B.N. 2-7637-7090-8

Remerciements

La réalisation de ce répertoire a été rendue possible grâce à une généreuse subvention du Conseil de recherches en sciences humaines du Canada ainsi qu'à la contribution du Département d'histoire de l'Université Laval qui a permis d'amorcer le projet. Nous voulons leur exprimer ici notre reconnaissance, en même temps que nous voulons remercier les étudiants de l'Université Laval qui ont travaillé à la confection de ce répertoire. Ce sont Louise Chouinard, Marie-Dominic Labelle, Pierre Landry et Sylvie Thivierge. Ces deux derniers ont assumé la tâche presque entière du dépouillement des revues pour produire quelque 30 000 fiches. Le travail non moins pénible de la correction des épreuves a été effectué par Hélène Bourque et Marie Lepage, toutes deux également de l'Université Laval.

Acknowledgements

I wish to express my sincerest gratitude to those who made the preparation of this index possible: the Social Sciences and Humanities Research Council of Canada for its generous grant, and the History Department of Laval University whose encouragement and financial aid enabled me to launch this project. The following Laval University students deserve thanks for their invaluable assistance: Louise Chouinard, Marie-Dominic Labelle, and particularly Pierre Landry and Sylvie Thivierge, who analyzed the journals to produce some 30,000 entries, and Hélène Bourque and Marie Lepage, who had the no less arduous task of proof-reading.

Table des matières

Remerciements	VII
Préface	XI
Abréviations des noms de revue	XIII
SECTION I: Les oeuvres et leurs architectes	1
Notes explicatives	3
Table des rubriques	5
Index des architectes	281
Index des types d'édifices	347
Index des noms de lieu	377
Liste bilingue des sortes d'édifices	415
SECTION II: Sujets divers	419
Notes explicatives	421
Bibliographie	423
Index des noms d'auteurs	509

Table of Contents

Acknowledgements	VII
Forward	XI
Abbreviated Names of Journals	XIII
SECTION I: Buildings and their Architects	1
Explanatory Notes	4
Table of Categories	5
Architect Index	281
Building Type Index	347
Place Name Index	377
Bilingual List of Kinds of Buildings	415
SECTION II: Miscellaneous Subjects	419
Explanatory Notes	421
Bibliography	423
Author Index	509

Préface

La période qu'embrasse ce répertoire s'étend de 1940 à 1980 inclusivement. Les revues canadiennes d'architecture publiées durant ces quatre décennies ont fait l'objet d'un dépouillement systématique et leur contenu est présenté ici sous une forme qui, nous espérons, rendra la recherche rapide. Toute cette matière est distribuée dans deux sections distinctes. Une description de ces sections et de leur fonctionnement précède chacune d'elles, et nous nous contentons d'indiquer ici ce qui les caractérise.

La première section, intitulée *Les oeuvres et leurs architectes*, est organisée autour des oeuvres individuelles. Elle identifie ces oeuvres, leurs architectes et le lieu où elles se trouvent, en même temps qu'elle donne les références aux endroits où l'on traite d'elles. Le pivot de cette section est la *Table des rubriques* où le classement des oeuvres s'ordonne sous douze rubriques distinctes telles que l'architecture religieuse, l'habitation, la santé... Chaque rubrique regroupe un nombre plus ou moins grand de types d'édifices, à l'intérieur desquels l'ordre de classement est l'ordre alphabétique du nom des architectes qui en sont les auteurs. La mention de chaque édifice est accompagnée d'un numéro de référence. C'est à ces numéros que réfèrent trois index dérivés de cette *Table des rubriques*, à savoir un *Index des architectes* où sont réunis sous le nom d'un architecte tous les édifices dont il est l'auteur, un *Index des types d'édifices* où tous les édifices d'un même type sont classés sous le nom de la localité où ils sont construits et un *Index des noms de lieu* qui regroupe tous les édifices construits dans une même localité. Enfin une *Liste bilingue des sortes d'édifices* complète cette première section. Cette liste permet d'identifier rapidement à quel endroit précis de la *Table des rubriques* sont réunis les édifices de telle ou telle sorte.

Dans la *Table des rubriques*, la liste alphabétique des édifices d'un même type est généralement précédée d'une bibliographie plus ou moins longue des articles qui traitent de questions liées à l'architecture ou à des aspects techniques propres à ce type d'édifices.

La deuxième section, intitulée *Sujets divers*, est une bibliographie d'articles traitant des divers aspects de la profession d'architecte, de l'industrie de la construction ainsi que des matériaux et des techniques de la construction en général, c'est-à-dire sans qu'ils soient praticuliers à un type d'édifice ou à un autre. Cette deuxième section est complétée par un *Index des noms d'auteurs* des articles classés dans cette section et aussi des auteurs des articles qui précèdent les divers types d'édifices dans la *Table des rubriques* de la première section.

Ce répertoire est conçu pour faciliter la recherche, c'est-à-dire le repérage rapide d'information sur un sujet donné. Il ne faut donc pas l'interpréter comme une bibliographie. Compte tenu de l'objectif que nous poursuivions, il a parfois été utile, et parfois même nécessaire de modifier le titre de la référence. Dans certains cas, il a aussi fallu donner un titre à un texte qui n'en avait pas. Même si ces modifications ne constituent qu'une fraction infime des références contenues dans ce répertoire, ses utilisateurs seraient bien avisés de faire la vérification nécessaire avant d'indiquer le titre de leurs références.

Claude Bergeron

Forward

This index covers the period from 1940 to 1980 inclusively. It is a complete inventory of the contents of the Canadian architectural journals published during those four decades. We hope the format will facilitate the work of researchers. The information is presented in two distinct sections, and since each section begins with notes explaining how to use it, the following is a general description of this index.

Section I, *Buildings and their Architects*, is devoted to individual works of architecture. Buildings are identified by their architects and location, and all references to them in architectural journals are listed. The focus of this section is the *Table of Categories*, listing buildings under twelve distinct headings, such as religious architecture, housing, or health. Under each heading, a number of building types belonging to the particular category are listed. The individual buildings belonging to each type are then listed alphabetically by the architects' names. The entry for each building has a reference number, which is the number referred to in the three indexes derived from the *Table of Categories*, namely the *Architect Index*, listing all the buildings by individual architects, the *Building Type Index*, listing all the buildings of a particular type under the name of the locality where they were built, and the *Place Name Index*, listing all the buildings built in a particular locality. Finally, at the end of this first section, a *Bilingual List of Kinds of Buildings* refers the researcher quickly to the listing for a particular kind of building in the *Table of Categories*.

In the *Table of Categories*, each building type in the alphabetical list of building types is generally preceded by a bibliography of articles dealing with the architecture or technical aspects of that building type.

Section II, *Miscellaneous Subjects*, consists of a bibliography of articles on various aspects of the architectural profession, on the construction industry, and on construction materials and techniques in general, not related to a particular type of building. At the end of the section is the *Author Index*, listing the authors of the articles in this section as well as the authors of the articles on the various types of buildings in the *Table of Categories* in Section I.

The purpose of this index is to simplify the work of the researcher, enabling him to find information quickly on a given subject. It is not intended as a bibliography. To this end, it was occasionally expedient, and at times even necessary, to modify the title of a reference, or on occasion, to make up a title for a text which did not have one. Although these modifications are not numerous, researchers are advised to verify the references before quoting any titles.

Claude Bergeron

Abréviations des noms de revue
Abbreviated Names of Journals

ABC	*Architecture, Bâtiment, Construction*
AC	*Architecture Concept*
ARCAN	*Architecture Canada*
BAT	*Bâtiment*
CB	*Canadian Builder,* puis/then *Canadian Building*
CDQ	*Constructeur du Québec*
NB	*National Builder*
RAIC	*Journal of the Royal Architectural Institute of Canada*
TCA	*The Canadian Architect*

Note

Nos recherches ne nous ont pas permis de retracer les numéros suivants de ces deux revues:
We have unfortunately been unable to trace the following issues of these two journals:

National Builder, IV, 1 (jan. 1955)

Constructeur du Québec, XV – XXII (1940-1947);
        XXIII (1948), 1 (janv.-fév.); 2 (mars-avril);
        5 (sept.-oct.); 6 (nov.-déc.);
        XXIV (1949), 1 (janv.-fév.); 6 (nov.-déc.);
        XXV (1950), 1 (janv.-fév.); 4 (juil.).

SECTION I

Les oeuvres et leurs architectes
Buildings and their Architects

Notes explicatives

Cette section comprend cinq index. Chacun permet de repérer l'information sur un édifice donné en fonction d'exigences diverses ou à partir de prémisses diverses.

Table des rubriques (p. 5)

Dans ce premier index, qui est l'index fondamental de toute cette section puisque les autres index en dérivent, les édifices sont classés suivant douze grands thèmes ou rubriques. Sous chaque rubrique, le classement est fait suivant des types d'édifices, et parfois les types se subdivisent en sous-types.

>ex.: rubrique: Commerce et Industrie
>type: Immeubles à bureaux
>sous-type: Édifices d'associations

Pour chaque type ou sous-type, les édifices particuliers sont classés alphabétiquement par nom d'architecte, puis par nom de lieu.

>ex.: Édifices cultuels
>
>**Abra & Balharrie**
>*Ottawa*
>*Ottawa-Est*
>
>**Acres, Peter M.**
>*Montréal*

Lorsque le nom de l'architecte d'un édifice n'est pas connu, cet édifice est classé sous l'appellation *Anonyme* avant le premier nom d'architecte dans l'ordre alphabétique. Par exemple, tous les édifices cultuels dont le nom de l'architecte n'est pas connu sont classés avant ceux attribués à Abra & Balharrie.

De même, lorsque le lieu où se situe un édifice n'est pas connu, cet édifice est classé sous l'appellation *Édifice de lieu inconnu* avant le premier nom de lieu dans l'ordre alphabétique. Voir Schrier, Arnold sous le type *Édifices cultuels*.

Enfin, lorsque plusieurs édifices ne sont pas connus par leur nom, l'ordre de classement qui a été adopté est celui qui procède du moins connu au plus connu, c'est-à-dire d'abord les édifices dont on ne connaît que le nom de la ville, puis ceux dont on connaît le nom de la rue, et enfin ceux dont on connaît l'adresse exacte. Après cela seulement viennent les édifices identifiés par leur nom.

Chaque édifice est désigné par un numéro qui se compose d'une lettre et de quatre chiffres. La lettre désigne la rubrique à laquelle l'édifice appartient. C'est à ces numéros que réfèrent les index dérivés de la *Table des rubriques*, à savoir l'*Index des architectes*, l'*Index des types d'édifices*, l'*Index des noms de lieu* et la *Liste bilingue des sortes d'édifices*.

Lorsqu'il y a lieu, le classement des édifices appartenant à un type est précédé d'une liste d'articles de caractère général ou d'articles spécialisés sur l'architecture, la construction, la technique, etc., se rapportant à ce type. De même, chaque rubrique commence généralement par une liste d'articles généraux. Pour des fins de clarté et d'efficacité, il a été jugé utile parfois de subdiviser cette bibliographie en des catégories distinctes. Ces cas particuliers et rares sont ceux des rubriques et des types suivants: *Habitation*; *Urbanisme*; *Écoles*; *Immeubles à bureaux*.

Index des architectes (p. 281)

Dans cet index figure, sous le nom de chaque architecte, la liste complète des édifices dont il est responsable. Ces édifices sont groupés suivant les types ou les sous-types auxquels ils appartiennent. (On trouvera aussi des noms d'architectes dans la Section II de ce répertoire, plus précisément dans l'*Index des noms d'auteurs* ainsi que sous le titre *Notices biographiques* dans la rubrique *Architecture: art et profession*).

Index des types d'édifices (p. 347)

Sous chaque type ou sous-type d'édifices, on trouvera tous les spécimens qui se situent dans une même localité.

Index des noms de lieu (p. 377)

Groupés par types ou par sous-types, sont réunis ici sous le nom d'une localité tous les édifices qui se situent dans ce même endroit.

Liste bilingue des sortes d'édifices (p. 415)

Cet index d'environ 300 mots présente une liste détaillée des types d'édifices qui réfère à la liste plus réduite des types qui sont groupés dans la *Table des rubriques*. Étant donné la spécificité de cette liste bilingue, c'est elle que souvent il faudra d'abord consulter pour déterminer à quel endroit dans la *Table des rubriques* est classé tel ou tel type d'édifices. Par exemple, voulant faire une recherche sur les *Abattoirs*, on y apprendra que ce type d'édifice est classé sous la cote B8600, c'est-à-dire avec les *Usines de denrées alimentaires*.

Note:

À l'exception de la *Table des rubriques* qui donne le nom de l'édifice, de l'architecte et de l'endroit, dans tous les index les édifices ne sont identifiés que par le numéro de référence qui indique l'endroit où ils sont classés dans la *Table des rubriques*. Le classement dans ces index suit le même ordre que dans la *Table des rubriques*, à savoir celui des numéros de référence.

Sans qu'il y ait un index distinct qui identifie tous les édifices qu'un même architecte a construits dans une même localité, l'usager pourra quand même faire cette identification facilement. Il lui suffira de comparer les numéros de référence des édifices associés à un architecte dans l'*Index des architectes* avec les numéros de référence des édifices construits dans une même localité tels qu'ils apparaissent dans l'*Index des noms de lieu*. Par exemple, des trois numéros désignant des églises de R. William Wilding dans l'*Index des architectes*, seul le No A0547 se retrouve sous la ville de Vancouver dans l'*Index des noms de lieu*. C'est donc la seule église attribuée à cet architecte dans cette ville.

Explanatory Notes

This section consists of the five lists explained below. Each list provides a different means of locating information on a building.

Table of Categories (p. 5)

This table is the basis of this section, with the other indexes derived from it. It lists buildings under twelve broad categories. In each category, buildings are listed according to building types, which in some cases are divided into sub-types.

> eg.: Category: Commerce and Industry
> Type: Office Buildings
> Sub-type: Buildings for Associations

For each type or sub-type, the individual buildings are listed alphabetically by the architects' names, and then by the place names.

> eg.: Places of Worship
> **Abra & Balharrie**
> *Ottawa*
> *Ottawa-Est*
> **Acres, Peter M.**
> *Montréal*

When the name of the architect of a building is not known, the building is listed under the heading *Anonymous* at the head of the list of architects. Thus, all the places of worship whose architects are not known are listed before those of Abra & Balharrie.

In the same vein, when the location of a building is not known, the building is listed under *Édifice de lieu inconnu*, at the beginning of the alphabetical list of place names. See Schrier, Arnold under the type *Places of Worship*.

Finally, where there are several buildings which are not known by their names, they are listed, starting with those about which the least is known and working up to those about which the most is known. Buildings whose only known address is the name of the town would come first, followed by those whose town and street names are known, and finally by those whose exact address is known. These would then be followed by buildings identified by their names.

Each building has a number consisting of a letter and four figures, the letter indicating the category to which the building belongs. The numbers are found in the four indexes derived from the *Table of Categories*: the *Architect Index*, the *Building Type Index*, the *Place Name Index*, and the *Bilingual List of Kinds of Buildings*.

A list of buildings of a particular type may be preceded by a list of general or specialized articles on the architecture or the construction of or techniques related to that particular building type. Further, each category generally begins with a list of general articles. For reasons of clarity and efficiency, this bibliography has been further subdivided for the following categories and types: *Housing*; *Town Planning*; *Schools*; *Office Buildings*.

Architect Index (p. 281)

This index lists the name of each architect followed by the buildings he designed. The buildings are grouped according to the type or sub-type to which they belong. Architects' names can also be found in Section II, in the *Author Index* as well as in the *Biographical Notes* under the heading *Architecture: an Art and a Profession*.

Building Type Index (p. 347)

All the examples of a particular building type or sub-type are listed by the locality.

Place Name Index (p. 377)

All the buildings in a given locality are listed by building type or sub-type.

Bilingual List of Kinds of Buildings (p. 415)

This is a list of approximately 300 examples of kinds of buildings, breaking down further the list of types and sub-types. It refers the researcher to the more general *Table of Categories*. Being a more detailed list than the latter, the researcher will often consult it first. For example, to find information on *Slaughter Houses*, he will need to consult this list, where the reference number B8600 will direct him to *Food Processing Plants*.

Note:

With the exception of the *Table of Categories*, which includes the name of the building, the architect and the locality, the indexes provide only a reference number directing the researcher to the more detailed information in the *Table of Categories*. In these indexes, buildings are listed in the same order as in the *Table of Categories*, that is, according to the reference numbers.

Although there is no index which groups all the buildings by a given architect in a given locality, this information can easily be found by comparing the reference numbers of buildings by a particular architect from the *Architect Index* with the reference numbers of buildings in a given locality in the *Place Name Index*. For example, of the three numbers referring to churches by R. William Wilding in the *Architect Index*, only number A0547 is found under Vancouver in the *Place Name Index*. It is therefore the only church by that architect in that city.

Table des rubriques

Lettre par laquelle commence le numéro de référence	Titre des rubriques
A	Architecture religieuse
B	Commerce et industrie
C	Conservation architecturale
D	Culture, loisirs et sports
F	Édifices publics
G	Enseignement et recherche
H	Habitation
K	Monuments
L	Parcs et jardins
M	Santé
N	Transport et communications
P	Urbanisme

Table of Categories

Letter beginning the reference number	Categories
A	Religious Architecture
B	Commerce and Industry
C	Architectural Preservation
D	Culture, Leisure and Sports
F	Public Buildings
G	Teaching and Research
H	Housing
K	Monuments
L	Parks and Gardens
M	Health
N	Transportation and Communications
P	Town Planning

		Page		
ARCHITECTURE RELIGIEUSE		9	**RELIGIOUS ARCHITECTURE**	
A0000	Édifices cultuels	10	A0000	*Places of Worship*
A1000	Édifices religieux divers	20	A1000	*Miscellaneous Religious Buildings*
COMMERCE ET INDUSTRIE		23	**COMMERCE AND INDUSTRY**	
B0000	Banques	23	B0000	*Banks*
B0800	Bâtiments agricoles	27	B0800	*Farm Buildings*
B1000	Centres commerciaux	27	B1000	*Shopping Centres*
B2000	Complexes à fonctions commerciale et résidentielle	37	B2000	*Commercial and Residential Complexes*
B3000	Entrepôts	39	B3000	*Warehouses*
B3500	Garages	42	B3500	*Garages*
B4000	Hôtels	43	B4000	*Hotels*
B4500	Immeubles à bureaux	48	B4500	*Office Buildings*
B4500	Édifices d'associations	49	B4500	Buildings for Associations
B4800	Édifices de maisons d'édition	51	B4800	Publishing House Buildings
B4900	Édifices des sociétés d'énergie et de télécommunication	51	B4900	Energy and Telecommunication Company Buildings
	Édifices gouvernementaux (voir *Édifices pour l'administration publique* [F5000] sous la rubrique *Édifices publics*)			Government Buildings (see *Government Buildings* [F5000] under *Public Buildings*)
B5200	Bureaux de professionnels	52	B5200	Professional Offices
B5500	Bureaux divers	53	B5500	Miscellaneous Offices
B6500	Magasins	62	B6500	*Stores*
B7000	Restaurants	66	B7000	*Restaurants*
B7500	Tours panoramiques	67	B7500	*Panoramic Towers*
B8000	Usines	67	B8000	*Factories*
B8000	Parcs industriels	69	B8000	Industrial Parks
B8200	Ateliers	69	B8200	Workshops
B8300	Imprimeries	69	B8300	Printing Plants

B8500	Installations de services publics	70
B8600	Usines de denrées alimentaires	71
B8800	Usines de machines	72
B9100	Usines de produits pharmaceutiques et de cosmétiques	73
B9300	Usines diverses	74

CONSERVATION ARCHITECTURALE

C0000 Restaurations diverses 81
C1000 Restaurations d'habitations 83

CULTURE, LOISIRS ET SPORTS

D0000 Bâtiments d'expositions 85
D1000 Bâtiments pour la villégiature 89
    D1000 Maisons de vacances 89
    D1500 Constructions diverses 91
D2000 Bibliothèques 92
    D2000 Bibliothèques publiques 92
    D2500 Bibliothèques de maisons d'enseignement 94
D3000 Centres communautaires 95
D4000 Gymnases (voir aussi *Installations pour les sports et l'éducation physique* [G5000] sous la rubrique *Enseignement et Recherche*) 100
D4500 Marinas 101
D5000 Musées 101
D6000 Piscines 103
D6500 Stades 104
D7000 Théâtres et auditoriums (voir aussi *Auditoriums* [G2700] sous la rubrique *Enseignement et Recherche*) 106
    D7000 Centres de congrès 106
    D7200 Cinémas 107
    D7500 Théâtres 107

ÉDIFICES PUBLICS

F0000 Ambassades et consulats 111
F1000 Bureaux de poste 111
F2000 Casernes de pompiers 113
F3000 Constructions pour la défense civile 113
F4000 Édifices pour l'administration de la justice 114
F5000 Édifices pour l'administration publique 116
F6000 Hôtels de ville et centres civiques 119

ENSEIGNEMENT ET RECHERCHE

G0000 Écoles 123
    G0000 Maternelles et jardins d'enfants 126
    G0500 Écoles primaires et secondaires 126
    G1500 Écoles d'arts et métiers et écoles spéciales 139

B8500	Public Utilities	
B8600	Food Processing Plants	
B8800	Machine Manufacturing Plants	
B9100	Pharmaceutical and Cosmetics Factories	
B9300	Miscellaneous Factories	

ARCHITECTURAL PRESERVATION 81

C0000 *Miscellaneous Restorations*
C1000 *Housing Restoration*

CULTURE, LEISURE AND SPORTS 85

D0000 *Exhibition Buildings*
D1000 *Resorts*
    D1000 Cottages
    D1500 Miscellaneous Constructions
D2000 *Libraries*
    D2000 Public Libraries
    D2500 School and University Libraries
D3000 *Community Centres*
D4000 *Gymnasiums* (see also *Installations for Sports and Physical Education* [G5000] under *Teaching and Research*)
D4500 *Marinas*
D5000 *Museums*
D6000 *Swimming Pools*
D6500 *Stadiums*
D7000 *Theatres and Auditoriums* (see also *Auditoriums* [G2700] under *Teaching and Research*)
    D7000 Convention Centres
    D7200 Movie Theatres
    D7500 Theatres

PUBLIC BUILDINGS 111

F0000 *Embassies and Consulates*
F1000 *Post Offices*
F2000 *Fire Stations*
F3000 *Civil Defence Constructions*
F4000 *Court Houses, Jails, and Police Stations*
F5000 *Government Buildings*
F6000 *City Halls and Civic Centres*

TEACHING AND RESEARCH 123

G0000 *Schools*
    G0000 Nursery Schools and Kindergartens
    G0500 Elementary and Secondary Schools
    G1500 Trade Schools and Special Schools

	G2000	Universités et collèges	140	G2000		Universities and Colleges
		G2000 Campus (Universités et collèges en général)	141		G2000	Campuses (general)
		G2700 Auditoriums	145		G2700	Auditoriums
		Bibliothèques (voir la rubrique *Culture, Loisirs et Sports* [D2500])				Libraries (see under *Culture, Leisure and Sports* [D2500])
		G3000 Centres sociaux	145		G3000	Social Centres
		G3500 Constructions à fonctions utilitaires	147		G3500	Service Buildings
		G3800 Constructions diverses	147		G3800	Miscellaneous Constructions
		G4000 Écoles spécialisées (Écoles d'infirmières: voir la rubrique *Santé* [M5000]) Hôpitaux universitaires (voir la rubrique *Santé* [M3000])	147		G4000	Professional Schools (for Schools of Nursing, see under *Health* [M5000]) University Hospitals (see under *Health* [M3000])
		G5000 Installations pour les sports et l'éducation physique	148		G5000	Installations for Sports and Physical Education
		G6000 Pavillons pour l'administration universitaire	148		G6000	University Administrative Buildings
		G7000 Pavillons pour l'enseignement et la recherche	149		G7000	Lecture Halls and Research Facilities
		G8000 Résidences d'étudiants (Résidences d'infirmières: voir la rubrique *Santé* [M5000])	153		G8000	Student Residences (for Nurses Residences, see under *Health* [M5000])
	G9000 Laboratoires		155	*G9000*	Laboratories	

HABITATION   159   HOUSING

	Copropriété	178		Condominiums
H0000	Foyers	179	*H0000*	Hospices
H1000	Habitation subventionnée	182	*H1000*	Subsidized Housing
H2000	Immeubles d'appartements (voir aussi *Complexes à fonctions commerciale et résidentielle* [B2000] sous la rubrique *Commerce et Industrie*)	183	*H2000*	Apartment Buildings (see also *Commercial and Residential Complexes* [B2000] under *Commerce and Industry*)
	Maisons de vacances (voir *Bâtiments pour la villégiature* [D1000] sous la rubrique *Culture, Loisirs et Sports*)			Cottages (see *Resorts* [D1000] under *Culture, Leisure and Sports*)
H4000	Maisons en bandes	196	*H4000*	Row Housing
H5000	Maisons unifamiliales et maisons jumelées	198	*H5000*	Detached and Semi-detached Houses
	Résidences d'infirmières (voir la rubrique *Santé* [M5000])			Nurses Residences (see under *Health* [M5000])
	Résidences universitaires (voir la rubrique *Enseignement et Recherche* [G8000])			University Residences (see under *Teaching and Research* [G8000])

MONUMENTS   223   MONUMENTS

| *K0000* | Monuments | 223 | *K0000* | Monuments |

PARCS ET JARDINS   225   PARKS AND GARDENS

| *L0000* | Parcs et jardins | 225 | *L0000* | Parks and Gardens |

SANTÉ   231   HEALTH

| *M0000* | Hôpitaux | 231 | *M0000* | Hospitals |
| | M0000 Cliniques de gériatrie | 232 | | M0000 Geriatric Clinics |

	M0200	Hôpitaux généraux et spécialisés	232		M0200	General and Specialized Hospitals
	M1000	Hôpitaux militaires	236		M1000	Military Hospitals
	M2000	Hôpitaux pour animaux	236		M2000	Veterinary Hospitals
	M2500	Hôpitaux pour enfants	236		M2500	Children's Hospitals
	M3000	Hôpitaux universitaires	236		M3000	University Hospitals
	M4000	Sanatoriums	237		M4000	Sanatoriums
M5000		Écoles et résidences d'infirmières	237	*M5000*		*Nursing Schools and Residences*
M6000		Centres médicaux	238	*M6000*		*Medical Centres*
M7000		Architecture pour handicapés, etc.	239	*M7000*		*Architecture for the Handicapped*

TRANSPORT ET COMMUNICATIONS   **241**   **TRANSPORTATION AND COMMUNICATIONS**

N0000		Constructions pour le transport aérien	241	*N0000*		*Airport Complexes*
N1000		Constructions pour le transport maritime	242	*N1000*		*Harbour Complexes*
N2000		Constructions pour le transport terrestre	243	*N2000*		*Constructions for Land Transportation*
	N2000	Constructions pour le chemin de fer	243		N2000	Railways
	N2500	Constructions de métros	243		N2500	Subways
	N3000	Constructions pour les autobus	245		N3000	Bus Transportation
	N3500	Ponts et tunnels	245		N3500	Bridges and Tunnels
	N4000	Routes	247		N4000	Roads and Highways
	N4500	Travaux divers	247		N4500	Miscellaneous Works
N7000		Constructions pour les télécommunications	247	*N7000*		*Telecommunications Buildings*
	N7000	Constructions pour la radio et la télévision	247		N7000	Radio and Television Constructions
	N8000	Constructions pour le téléphone	248		N8000	Telephone Company Constructions

URBANISME   **251**   **TOWN PLANNING**

| *P0000* | Travaux d'urbanisme et de rénovation urbaine | 258 | *P0000* | *Town Planning and Urban Renewal* |
| *P1000* | Quartiers résidentiels | 269 | *P1000* | *Residential Districts* |

Architecture religieuse
Religious Architecture

"Architecture religieuse: 'A propos de l'instruction du Saint-Office sur l'Art Sacré' (Osservatore Romano) et 'Commission épiscopale de pastorale et de liturgie: De quelques principes directeurs en matière d'art sacré' (L'Art Sacré)"
ABC, VII, 78 (oct. 52), 34-37 et 51, texte.

"Architecture religieuse au Québec"
ABC, I, 6 (sept. 46), 21, ill.

"Avec le bois lamellé, les églises tendent vers le ciel"
BAT, XXXVIII, 7 (juil. 63), 26-28, texte & ill.

"Church Building and Architecture"
RAIC, XXXVII, 6 (juin 60), 244-245

"Dans les églises... l'intimité et l'élégante simplicité du bois"
BAT, XXXVII, 5 (mai 62), 40-43, texte & ill.

"Espace pour les luminaires et leurs accessoires dans les églises nouvelles"
ABC, XIX, 224 (déc. 64), 45, texte.

"Exciting new techniques, uses of materials found in modern church designs"
CB, XV, 7 (juil. 65), 38-39

"Huit exemples... Six religions... Béton précontraint partout" (8 églises en béton précontraint)
BAT, XXXVII, 7 (juil. 62), 26-27, ill.

"Instruction du Saint-Office sur l'Art Sacré" (L'Art Sacré)
ABC, VII, 79 (nov. 52), 30-32, 39, texte.

"New Architecture" (Un renouveau en architecture religieuse au Québec, en particulier les projets de Roger D'Astous)
TCA, VIII, 12 (déc. 63), 24

"Monstrosities" (Les églises laides)
TCA, II, 2 (fév. 57), 53

"New building ideas from our churches" (liste et photos de nouvelles églises)
NB, VIII, 12 (déc. 59), 17-19

"Outward and visible form"
TCA, III, 3 (mars 58), 35-42

Religious Buildings for Today, Ed. John Knox Shear. (Publishers F.W. Dodge Corp.), New York, [s.d.]
CB, VII, 12 (déc. 57), 62

"*Religious Buildings for Today* par John Knox Shear"
ABC, XII, 138 (oct. 57), 69

"Tendances '66: églises"
BAT, XLI, 1 (jan. 66), 15-20 texte & ill.

"The Canadian Architect's desk file, Auristic Materials: Religious Buildings"
TCA, VIII, 1 (jan. 63), 57-60

Aarons, Anita
"Art, Architecture and Religion"
RAIC, XLIII, 4 (avril 66), 17-19

Acland, James H.
"Design for death" (les cimetières)
TCA, XIV, 4 (avril 69), 51-53

Allsop, R.P.
"The Heating of Churches"
RAIC, XXI, 3 (mars 44), 58

Audet, Louis N.
"Evolution de notre architecture religieuse"
ABC, I, 7 (oct. 46), 13-17

Bellot, Paul (dom)
"Le résultat d'une révolution"
ABC, II, 18 (oct. 47), 33-36, texte.

Bland, John
Birks, W.M. *The Chancel (Before and After)*, United Church Publishing House, Toronto, sans date.
RAIC, XXV, 1 (jan. 48), 36

Bolduc, D.M., ing.; Cardinal, D.E., ing.
"Rôle de l'ingénieur en acoustique dans l'architecture d'église"
ABC, XIX, 215 (mars 64), 44-47, texte & ill.

Brown, F. Bruce
"Building the House of God"
RAIC, XXXIII, 7 (juil. 56), 264-270

Brown, F. Bruce
"Trends in protestant church building"
RAIC, XXI, 3 (mars 44), 45-46

Cauley, John Stuart
"Ontario Church Architecture Conference"
RAIC, XXXVIII, 12 (déc. 61), 54

Charuest, Jean-Charles
"Réflexions sur la décoration intérieure d'église"
ABC, X, 106 (fév. 55), 38-39, texte & ill.

Collins, Peter
"Orthodoxy". (étude et comparaison entre les églises orthodoxes Greek Orthodox Church à Montréal et Greek Orthodox Church à Wauwatosa, Wisconsin).
RAIC, XXXIX, 12 (déc. 62), 65-68

Damphousse, Jean et al.
"Des églises qui ressemblent à des églises"
BAT, XL, 3 (mars 65), 8

Davies, Gerald A.
"The church and contemporary architecture"
RAIC, XXXV, 11 (nov. 58), 415-418

Dickinson, Peter
"Design Factors in Building the Contemporary Church"
RAIC, XXXIII, 12 (déc. 56), 458-475

Dowling, Eric
"Acoustics in church buildings"
RAIC, XXXV, 11 (nov. 58), 406-407

Elie, Robert
"L'art sacré"
ABC, II, 18 (oct. 47), 62 et 40, texte.

Fotheringham, Archdeacon J.B.
"Symbolism in church architecture"
RAIC, XXI, 3 (mars 44), 47 et 60

Fowke, Clifford
"A Canadian Builder Feature Report, Churches"
CB, XV, 12 (déc. 65), 31-37

Freeman, David Campbell
"Symbolism in contemporary architecture"
RAIC, XXXVI, 9 (sept. 59), 317-319 et 332

Gaboury, Etienne J.
"Design for worship"
TCA, XIII, 3 (mars 68), 33-42

Gareau, Jean
"L'espace et la lumière en architecture religieuse"
ABC, XI, 118 (fév. 56), 34-35, texte & ill.

Goulding, Wm. S.
"The symbol building"
RAIC, XXXV, 11 (nov. 58), 408

Gowans, Alan W.
"The earliest Church Architecture of New France from the foundation to 1665"
RAIC, XXVI, 9 (sept. 49), 291-298

Gunderson, Harold
"More but smaller churches are the rule to-day"
CB, XV, 12 (déc. 65), 43-44

Hayter, Ron
"Many churches violate ground rules of religious architecture"
CB, XV, 12 (déc. 65), 40-42

Hounsom, Eric W.
"Romanticism and protestant church architecture"
RAIC, XXI, 4 (avril 44), 79-83

Inglis, Fred
"Church of reinforced concrete is unusual, economical building"
CB, IX, 6 (juin 59), 35-36

Kay, Ron
"'There's a new spirit in church design' say these Montreal architects."
CB, XV, 12 (déc. 65), 38-39

Kennedy, Anthony A.
"Vatican II, the role of the architect in the visual implementation of the Liturgical Constitution"
RAIC, XLIII, 4 (avril 66), 25-28

Lamarre, Denis
"Liturgie et Architecture".
RAIC, XLIII, 4 (avril 66), 31-32

Layng, John
Bruggink, Donald J. et Droppers, Carl H. *Christ and Architecture*, Evangelical Publishers, Toronto, 1965.
RAIC, XLII, 11 (nov. 65), 21

Martineau, René
"Evolution des charpentes d'églises en béton armé"
ABC, XII, 131 (mars 57), 52-55, texte & ill.

Murray, James A.
"An architecture for a faith"
TCA, III, 3 (mars 58), 30-34

Northwood, T.D.
"Acoustics and Church Architecture"
RAIC, XXXIX, 7 (juil. 62), 51-55

Page, John E.
"The Catholic Church and Contemporary Architecture"
RAIC, XXXI, 4 (avril 54), 99-103

Perrault, Charles, Ing. P.
"L'orgue dans l'architecture d'église"
ABC, XVI, 179 (mars 61), 46-49, texte & ill.

Perrault, Charles
"The church organ"
TCA, VI, 9 (sept. 61), 77-78 et 81

Schrier, Arnold
"Art in the synagogue" (vitraux, murales, etc.)
TCA, III, 3 (mars 58), 51-53

Schupp, Patrick
"Exposition française d'art sacré" (au rez-de-chaussée de Place Ville-Marie)
ABC, XVIII, 211 (nov. 63), 48-49, texte & ill.
"La Nouvelle Vague de l'Art Religieux"
ABC, XVIII, 203 (mars 63), 42-47, texte & ill.
"Tendances nouvelles de l'art sacré — souvenirs d'une exposition"
ABC, XVII, 191 (mars 62), 47-49, texte & ill. et 193 (mai 62), 47

Sise, Hazen
Gowans, Alan, *Church architecture in New France*, University of Toronto Press, [s.l.], [s.d.].
RAIC, XXXIII, 4 (avril 56), 147

Stoot, Stephen
"Planning for the church organ"
RAIC, XXI, 3 (mars 44), 52

Thompson, Peter
"Church lighting"
RAIC, XXI, 3 (mars 44), 59

Thornton, Peter
"Religious and Cultural" (Architecture religieuse et culturelle en Colombie-Britannique).
RAIC, XXVII, 9 (sept. 50), 292-295

Tiers, C.A.
"Church Building and Architecture"
RAIC, XXXVII, 6 (juin 60), 244-245

Tremblay, Denis
"L'architecture de nos églises"
ABC, III, 30 (oct. 48), 32 et 34, texte.
"Caractères et tendances de l'architecture religieuse dans le Québec".
RAIC, XXIX, 7 (juil. 52), 228-230
"Nouvelles tendances de l'architecture religieuse au Québec".
RAIC, XL, 5 (mai 63), 51-54

Valentine, Hugh A. I.
"Les incendies d'églises au Québec"
ABC, XII, 137 (sept. 57), 36, texte.

Viau, Guy
"Quelques plans types d'églises contemporaines" (au Canada et à l'étranger)
BAT, XXXIII, 12 (déc. 58), 17-19

Zeidler, Eberhard H.
"Notes on church Architecture"
RAIC, XXXIII, 12 (déc. 56), 476-478

Édifices cultuels
Places of Worship

Anonyme/Anonymous
Calgary
A0001 Saint Gabriel's Anglican church
NB, VIII, 12 (déc. 59), 19, texte & ill.
A0002 St. Michael's Anglican Church
CB, XV, 12 (déc. 65), 44, ill.
Camrose (Alberta)
A0003 Baptist Church
CB, XV, 12 (déc. 65), 43, ill.
Cold Lake
A0004 Protestant Chapel (pour l'armée)
RAIC, XXXIII, 9 (sept. 56), 352, ill.
A0005 Roman Catholic Chapel (pour l'armée)
RAIC, XXXIII, 9 (sept. 56), 352, ill.
Didsbury (Alberta)
A0006 Knox United Church
CB, XV, 12 (déc. 65), 44, ill.
Edmonton
A0007 St-Basils Ukrainian Church
CB, XVII, 5 (mai 67), 7, ill.
Fredericton
A0008 Wilmot United Church
RAIC, XLI, 5 (mai 64), 44-45, ill.
Gaspé
A0009 St-Pierre de la Malbaie
ABC, II, 15 (juil. 47), 34, ill.
Granby
A0010 Chapelle du Mont St-Jean-Baptiste
BAT, XXVIII (août 53), 13, texte.
Iberville (Qué.)
A0011 St-Athanase (rénovation du toit)
CB, XIII, 6 (juin 63), 38, texte.
Long Branch, (Ont.)
A0012 Ukrainian Greek Orthodox Church
CB, V, 9 (oct. 55), 41-42, texte & ill.
Montréal
A0013 Christ Church (nouvelle flèche en aluminium)
RAIC, XVII, 9 (sept. 40), 165, texte & ill.
RAIC, XVII, 10 (oct. 40), 186
A0014 Coeur-Immaculé-de-Marie
ABC, V, 46 (fév. 50), 24, ill.
A0015 Oratoire Saint-Joseph
BAT, LIV, 9 (sept. 79), 25, texte & ill.
Ottawa
A0016 Pius X Roman Catholic Church
CB, VI, 4 (avril 56), 66, texte & ill.
St. Catharines (Ont.)
A0017 St. Paul St. United Church (clocher)
CB, XIV, 2 (février 64), 3, texte & ill.
Saint-Coeur-de-Marie (Lac Saint-Jean)
A0018 BAT, XXX, 10 (oct. 55), 29, texte & ill.
Sault Ste-Marie
A0019 Elim Pentecostal Tabernacle
CB, XV, 12 (déc. 65), 37, texte & ill.
Scarborough, Ont.
A0020 Ste-Maria-Goretti
BAT, XXXVII, 5 (mai 62), 42, ill.
Sudbury
A0021 La Chapelle Thorneleo
BAT, XLVI, 12 (déc. 71), 14, texte & ill.
Toronto
A0022 CB, X, 10 (oct. 60), 53, ill.
A0023 St-Bonaventure
BAT, XXXVII, 5 (mai 62), 42, ill.
A0024 Timothy Eaton Memorial Church (redécoration int.)
CB, X, 10 (oct. 60), 57, ill.
Victoria
A0025 Latter Day Saints
NB, VIII, 12 (déc. 59), 31, texte.
A0026 St. Mary's Church
NB, VIII, 12 (déc. 59), 19, texte & ill.
West Hill (Ontario)
A0027 Église ukrainienne de Sainte-Anne
BAT, XLIX, 2 (fév. 74), 27, texte & ill.
Winnipeg
A0028 St. Paul the Apostle Church
CB, XI, 6 (juin 61), 41, ill.

Abra & Balharrie
Ottawa
A0029 Kingsway United Church
RAIC, XXXII, 11 (nov. 55), 428, ill.
Ottawa-Est
A0030 Église Wesley United
ABC, X, 106 (fév. 55), 26-27, texte & ill.

Acres, Peter M.
Montréal
A0031 The Lutheran Church of the Redeemer
CB, XV, 12 (déc. 65), 38-39, texte & ill.

Adamson, Gordon S. (ass.)
Leaside (Ont.)
A0032 Thorncliffe Park Church
TCA, X (yearbook 65), 81, ill.
CB, XV, 12 (déc. 65), 35-36, texte & ill.

Affleck, Desbarats, Dimakopoulos, Lebensold, Michaud, Sise
Montréal
A0033 Pro-Cathédrale Saint-Georges, de la communauté grecque.
ABC, XVII, 191 (mars 62), 31-37, texte & ill.
BAT, XXXVII, 8 (août 62), 16-18, texte & ill.
TCA, IV, 8 (août 59), 73-74, texte & ill.
TCA, V, 10 (oct. 60), 42-43 et 66, texte & ill.
TCA, VI, 11 (nov. 61), 45-54, texte & ill.
TCA, VII, 1 (jan. 62), 7, texte.
TCA, XIV, 11 (nov. 69), 38-39, ill.
RAIC, XXXIX, 12 (déc. 62), 65-68, texte & ill.

Affleck, Desbarats, Dimakopoulos, Lebensold, Sise
Côte St-Luc (Qué.)
A0034 Tifereth Jerusalem Synagogue
RAIC, XLI, 11 (nov. 64), 125, texte & ill.
St-Jean (Qué.)
A0035 St-Gérard Majella Church
TCA, VIII, 9 (sept. 63), 57-61, texte & ill.
TCA, IX, 12 (déc. 64), 34-35 et 44, texte & ill.
RAIC, XXXVIII, 3 (mars 61), 41 et 52, ill.
RAIC, XLI, 11 (nov. 64), 124, texte & ill.
ABC, XV, 166 (fév. 60), 62, texte.
A0036 Concours pour l'église St-Gérard-Magella: projet Desbarats (projet primé)
ABC, XV, 167 (mars 60), 82-83, texte & ill.
St-Lambert (Qué.)
A0037 St-Thomas Aquinas Church
TCA, XIII, 3 (mars 68), 43-45, texte & ill.
TCA, XXV, 11 (nov. 80), 32-33, texte & ill.

Allward & Gouinlock
Toronto
A0038 Grace Church on-the-hill
RAIC, XXI, 3 (mars 44), 53, ill.

Apollonio, Bruno
Toronto
A0039 St. Augustine of Canterbury Church
ARCAN, 47 (9 nov. 70), 4

Archibald, John S.
Montréal
A0040 Masonic Temple
RAIC, XXII, 12 (déc. 45), 264, ill.

Audet, Louis N.
Moncton
A0041 Cathedral of Notre Dame of the Assumption
RAIC, XIX, 4 (avril 42), 64, ill.
Sherbrooke
A0042 Chapelle du collège St-Charles-Borromée
ABC, I, 6 (sept. 46), 17-18, ill.

Audet, Louis-N.; Roisin, M.
Sainte-Anne de Beaupré
A0043 Basilique
RAIC, XVIII, 4 (avril 41), 63, ill.
ABC, V, 50 (juin 50), 37-46 et 68, texte & ill.
ABC, VIII, 82 (fév. 53), 40-42, texte & ill.
A0044 Perron de la Basilique
BAT, XXXIII, 1 (jan. 58), 9, texte.

Audet, Tremblay, Audet
Sherbrooke
A0045 Cathédrale St-Michel
BAT, XXXIII, 8 (août 58), 22-24, texte & ill.
RAIC, XXXVII, 2 (fév. 60), 53, ill.

Bach, Michael
Toronto
A0046 Fifth Church of Christ, Scientist
RAIC, XXXV, 1 (jan. 58), 18-20, texte & ill.
A0047 St-Peter's Estonian Evangelical Lutheran Church
TCA, I, 3 (mars 56), 41-46, texte & ill.
BAT, XXXVIII, 7 (juil. 63), 27, ill.

Balharrie, Helmer et Morin
Ottawa
A0048 St. Thomas the Apostle
ABC, XIII, 148 (août 58), 49-51, texte & ill.

Baril, R.P.
Montréal
A0049   Église Conventuelle des pères Franciscains
BAT, IX, 5 (mai 61), 46-49, texte & ill.

Bates, Maxwell; Hodges, Alfred W.
Calgary
A0050   St. Mary's Cathedral
RAIC, XXXV, 11 (nov. 58), 410, texte & ill.

Beaulé et Morissette
Ste-Brigitte de Laval
A0051   Ste-Brigitte
ABC, V, 50 (juin 50), 36, ill.

Beaupré, Louis
Édifice de lieu inconnu
A0052   Projet d'étudiant: sanctuaire d'une chapelle de collège
ABC, XIV, 154 (fév. 59), 60, texte & ill.

Beauvais, Michel Pierre
Édifice de lieu inconnu
A0053   Projet-thèse de diplôme: Église et son presbytère
ABC, VII, 75 (juil. 52), 13-17, texte & ill.

Béland, P.
Édifice de lieu inconnu
A0054   Projet d'étudiant: Église voûtée en pierre
RAIC, XXII, 4 (avril 45), 82, texte & ill.
Ste-Lucie-de-Beauregard (cté Montmagny)
A0055   Ste-Lucie-de-Beauregard
BAT, XXXII, 5 (mai 57), 55, texte.

Bélanger, Alphonse
Asbestos
A0056   St-Isaac-Jogues
ABC, XII, 131 (mars 57), 52-55, texte & ill.
Compton
A0057   St-Thomas-d'Aquin
ABC, XII, 131 (mars 57), 52-55, texte & ill.
ABC, XV, 167 (mars 60), 80-81, texte & ill.
Granby
A0058   St-Joseph
ABC, V, 46 (fév. 50), 31, ill.
Magog
A0059   St-Jean-Bosco
ABC, IV, 40 (août 49), 37, ill.
BAT, XXVIII, (avril 53), 28, ill.

Bélanger, Yves
Édifice de lieu inconnu
A0060   Esquisse: Chapelle commémorative
ABC, I, 4 (juil. 46), 20-21, texte & ill.
A0061   Étude: Église
ABC, II, 18 (oct. 47), 26, ill.
ABC, II, 18 (oct. 47), 27, ill.
ABC, II, 18 (oct. 47), 1 et 24-25, texte & ill.
A0062   Étude: église et presbytère
ABC, X, 105 (jan. 55), 30-31, texte & ill.
A0063   Étude: église
ABC, XI, 117 (jan. 56), 30-31, texte & ill.

Bélanger, Yves; Cantin, Pierre
Port Credit
A0064   Eglise Saint-Jude
BAT, XXXIV, 9 (sept. 59), 34-36, texte & ill.

Bemi, Murray & ass.
Ottawa
A0065   St. Basil's Roman Catholic Church
RAIC, XXXVIII, 12 (déc. 61), 48-52, texte & ill.
TCA, VI, 2 (fév. 61), 53-58, texte & ill.
NB, X, 12 (déc. 61), 23, texte & ill.
CB, X, 7 (juil. 60), 21, texte & ill.

Bergeron, J.-S.
Québec
A0066   St-Albert-le-Grand
BAT, XXIX, 6 (juin 54), 24-25, texte & ill.

Bird, John
Lasalle
A0067   St. Barbara Parish Church
CB, XV, 4 (avril 65), 68, texte & ill.
RAIC, XL, 8 (août 63), 45, ill.
RAIC, XLII, 2 (fév. 65), 55, texte & ill.
A0068   Église Saint-Jean-Brébeuf
RAIC, XLIII, 4 (avril 66), 40, texte & ill.
CB, XV, 7 (juil. 65), 38-39, texte & ill.
ABC, XX, 234 (oct. 65), 31-35, texte & ill.
Montréal
A0069   St. Gabriel's Church (Rénovation)
TCA, XI, 4 (avril 66), 50-52, texte & ill.
RAIC, XLIII, 4 (avril 66), 35, texte & ill.

Bittford-Wensley
Wainwright
A0070   Roman Catholic Church
TCA, XII, (yearbook 67), 58, texte & ill.

Blackwell, Craig and Zeidler
Peterborough
A0071   St. Giles Presbyterian Church
RAIC, XXXII, 1 (jan. 55), 21-23, texte & ill.

Blanchet, René
Édifice de lieu inconnu
A0072   diocèse de Girouard, Alberta, cathédrale McLennan
ABC, II, 18 (oct. 47), 29, ill.
St-Georges-est, Beauce
A0073   l'Assomption
ABC, XI, 118 (fév. 56), 26-28, texte & ill.
Sainte-Monique-les-Saules (Québec)
A0074   Église de Sainte-Monique-les-Saules
BAT, XXXIV, 2 (fév. 59), 7, texte.

Blanchet, René; Jean, Charles-A.
Québec
A0075   St-Joseph
ABC, V, 50 (juin 50), 36, ill.

Blanchet, René; Lapointe, Paul-Émile
Granby
A0076   Église St-Eugène
ABC, III, 24 (avril 48), 38, ill.

Blatter, Robert; Caron, Fernand
Beaupré
A0077   Église
ABC, XI, 118 (fév. 56), 32-33, texte & ill.

Blatter, Caron et Côté
Québec (Sainte-Foy)
A0078   Saint-Louis-de-France
ABC, XVII, 191 (mars 62), 26-30, texte & ill.

Blouin, André
Édifice de lieu inconnu
A0079   3 projets d'églises: plans semicirculaire, circulaire et rectangulaire.
ABC, XII, 129 (jan. 57), 31-35, texte & ill.
Montréal
A0080   Notre-Dame-d'Anjou
BAT, XXXVIII, 2 (février 63), 16-19, 44, texte & ill.
ABC, XVIII, 203 (mars 63), 24-29, texte & ill.
TCA, VII, 1 (jan. 62), 5 et 7, texte & ill.
TCA, VIII, 8 (août 63), 59-63, texte & ill.
RAIC, XL, 5 (mai 63), 53 et 54, ill.
A0081   Église St-Roch
BAT, XXXVI, 10 (oct. 60), 28-29, texte & ill.
Pointe-aux-Trembles
A0082   Église de Pélerinage de la Réparation
RAIC, XL, 5 (mai 63), 58, ill.
ABC, XVI, 179 (mars 61), 32-35, texte & ill.

Bolton, Donald
Downsview (York University)
A0083   Religious Centre / Chapel
TCA, XIII, 5 (mai 68), 6-7, texte & ill.
ARCAN, 45, 5 (mai 68), 7-8, texte & ill.

Bouey, Howard
Edmonton
A0084   Trinity United Church
CB, XV, 12 (déc. 65), 41-42, texte & ill.

Brassard, Sylvio
Québec
A0085   Ste-Odile
ABC, XVIII, 209 (sept. 63), 58, texte.
Ste-Irène de Matapédia
A0086   Église
BAT, XXXII, 10 (oct. 57), 93, texte & ill.

Brassard, Sylvio; Desgagné, Léonce; Gravel, Armand
Chicoutimi
A0087   Chapelle et Salle des promotions du Séminaire de Chicoutimi
BAT, XXXI, 2 (fév. 56), 28-31, texte & ill.

Bregman and Hamann
North York
A0088   Clanton Park Synagogue
RAIC, XXXIII, 5 (mai 56), 160, ill.

Brenzel, Jack; John B. Parkin Ass.
Toronto
A0089   Holy Blossom Temple (agrandissement)
RAIC, XXXIV, 9 (sept. 57), 364, texte & ill.

Briestensky, K.
Guelph
A0090   St. John's Roman Catholic Church
TCA, XIV, 10 (oct. 69), 10, texte & ill.
CB, XIX, 11 (nov. 69), 37, ill.

Brown, J. Francis (and son)
Toronto
A0091   Forest Hill United Church
RAIC, XXI, 3 (mars 44), 56-57, texte.
Weston
A0092   Central United Church (modernisation)
RAIC, XXI, 3 (mars 44), 46, ill.

Brown & Brisley
Ancaster (Ont.)
A0093   Marshall Memorial United Church
RAIC, XXXVI, 8 (août 59), 274, texte & ill.
Grimsby (Ont.)
A0094   Trinity United Church
RAIC, XXXVI, 8 (août 59), 272-273, texte & ill.
Hamilton
A0095   St. John's United Church
RAIC, XXXIII, 12 (déc. 56), 472, ill.
BAT, XXXVII, 5 (mai 62), 40, ill.
Islington (Ont.)
A0096   Islington United Church
RAIC, XXIX, 7 (juil. 52), 225, ill.
St. Thomas (Ont.)
A0097   First United Church
RAIC, XXVIII, 1 (jan. 51), 13, ill.
Toronto
A0098   St. Paul's United Church
RAIC, XXXIII, 12 (déc. 56), 473, ill.

Bujold, Émilien
Ste-Rose
A0099   Chapelle d'été
ABC, V, 47 (mars 50), 30 et 32, ill.

Burcher, F.
Whitby
A0100   The Church of St. John the Evangelist
CB, XII, 3 (mars 62), 30, texte & ill.

Burgess and McLean
Ottawa
A0101   St. Peter's Lutheran Church
RAIC, XXXII, 11 (nov. 55), 428, ill.

Burgess, McLean and Mac Phadyen
Long Sault
A0102   United Church
RAIC, XXXVI, 5 (mai 59), 162, ill.

Campbell-Hope, Patrick (ass.)
Lacombe
A0103   St. Andrew's United Church
RAIC, XXXIII, 5 (mai 56), 162, ill.

Religious Architecture / Architecture religieuse

Campbell-Hope, Gardener, Klingbell & Wood
Edmonton
A0104 Église unie de Strathcona
BAT, IX, 5 (mai 61), 52, ill.

Cantin, Pierre; Bélanger, Yves
Port Credit
A0105 Église Saint-Jude
BAT, XXXIV, 9 (sept. 59), 34-36, texte & ill.

Cardinal, Douglas
Red Deer
A0106 St. Mary's Roman Catholic Church
TCA, XV, 3 (mars 70), 8, texte.
TCA, XXIV, 10 (oct. 79), 33, ill.
ARCAN, 47 (11 mai 70), 6-7, texte & ill.

Caron, Jean-Louis
Trois-Rivières
A0107 Église St-Jean-de-Brébeuf
BAT, XXXIII, 4 (avril 58), 28-29, texte & ill.
A0108 Ste-Madeleine
BAT, XXVIII, (jan. 53), 16-17, texte & ill.
A0109 Église du Saint-Sacrement
BAT, XXXIII, 4 (avril 58), 28-29, texte & ill.

Carrier, Louis
Sainte-Foy
A0110 St-Yves
ABC, XIX, 215 (mars 64), 34-38, texte & ill.

Carter, Coleman and Rankin
Don Mills
A0111 St. Mark's Presbyterian Church
TCA, I, 6 (juin 56), 60, texte & ill.

Chapman and Walker
Oshawa
A0112 First Church of Christ Scientist
TCA, XXIV, 1 (jan. 79), 8, texte & ill.
TCA, XXIV, 9 (sept. 79), 43-45, texte & ill.
CB, XXVIII, 11 (nov. 78), 9 et 12-13, texte & ill.

Charbonneau, Charles-Émile
Édifice de lieu inconnu
A0113 Projet d'étudiant
RAIC, XXVII, 4 (avril 50), 122, texte & ill.

Charbonneau, Gérard
Longueuil
A0114 Saint-Pierre-Apôtre
BAT, XXVII, (août 52), 27 et 28, ill.

Charbonneau, Gérard; Charbonneau, René
Joliette
A0115 Christ-Roi
ABC, IX, 94 (fév. 54), 22-24, texte & ill.
ABC, IX, 94 (fév. 54), 36-37, texte & ill.
A0116 Église Sainte-Thérèse-de-l'Enfant-Jésus
BAT, XXVII, (oct. 52), 11-12, texte & ill.
Montréal
A0117 Église syrienne orthodoxe grecque St-Nicholas
ABC, V, 45 (fév. 50), 24, ill.

Charbonneau, René; Charbonneau, Gérard
A0118 Voir Charbonneau, Gérard; Charbonneau, René

Church Enterprises Ltd.
Hamilton, Ontario
A0119 Mountain View Christian Church (église amovible, en acier, de 125 places)
ABC, XXII, 258 (oct. 67), 56 et 58, texte.

Clifford & Lawrie
Etobicoke
A0120 St. Andrew's Presbyterian Church
TCA, IV, 8 (août 59), 72, texte & ill.
TCA, V, 10 (oct. 60), 60-61 et 66, texte & ill.
NB, VIII, 12 (déc. 59), 17, texte & ill.

Colombani et Sperandio
Montréal-Nord
A0121 Église Emmanuel
AC, 34, 348 (nov., déc. 78), 21, texte & ill.

Consiglio, Franco
Halifax
A0122 St. Theresa (Roman Catholic Church)
NB, VIII, 12 (déc. 59), 17, texte & ill.
Montréal
A0123 Église de Saint-Malachy
RAIC, XVIII, 4 (avril 41), 62, ill.
Ville Mont-Royal
A0124 L'Annonciation
ABC, II, 18 (oct. 47), 50, texte.

Cook, John
Ile-Perrot
A0125 St. Patrick of the Island
CB, XV, 12 (déc. 65), 39, ill.
BAT, XLI, 1 (jan. 66), 19, texte & ill.

Cormier, Ernest
Montréal
A0126 Église St-Ambroise
ABC, II, 10 (jan. 47), 23, ill.
Pantucket, Nouvelle-Angleterre, USA.
A0127 Église St-Jean-Baptiste
ABC, II, 10 (jan. 47), 22-23, ill., texte, p.15

Côté, Gilles
Neufchâtel
A0128 St-André-Apôtre
ABC, XXI, 244 (août 66), 38-39, texte & ill.

Côte, Paul-Marie
Bagotville
A0129 Église Saint-Marc
BAT, XXXV, 4 (avril 60), 43, ill.
ABC, XII, 130 (fév. 57), 38-41, texte & ill.
RAIC, XL, 5 (mai 63), 58, ill.
RAIC, XXXIV, 9 (sept. 57), 332-335, ill.
Chicoutimi
A0130 Chapelle du Petit-Séminaire
BC, XV, 167 (mars 60), 76-79, texte & ill.

Côté, Philippe
Sainte-Foy
A0131 St-Thomas-d'Aquin
BAT, XXIX, 6 (juin 54), 29, texte & ill.
ABC, XII, 130 (fév. 57), 47-49, texte & ill.

Courchesne, Edgar
Edmundston, N.-B.
A0132 N.-D.-des-Sept-Douleurs
BAT, XXVIII, (juin 53), 39-43, texte & ill.
Montréal(Ahuntsic)
A0133 Ste-Madeleine-Sophie
ABC, III, 30 (oct. 48), 44-45 et 50, texte & ill.
ABC, VI, 58 (fév. 51), 19-21, ill.
ABC, VIII, 82 (fév. 53), 28-29, texte & ill.

Coutu, Jacques
Arvida
A0134 St-Mathias
ABC, XX, 236 (déc. 65), 28-32, texte & ill.
Chicoutimi
A0135 Église St-Luc
ABC, XX, 229 (mai 65), 30-32, texte & ill.
Chicoutimi-Nord
A0136 Église Ste-Claire et presbytère
ABC, XIX, 223 (nov. 64), 29-32, texte & ill.
Port-Alfred
A0137 N.-D.-de-la-Baie
ABC, XVII, 189 (jan. 62), 22-23, ill.
ABC, XIX, 215 (mars 64), 24-27, texte & ill.
BAT, XLI, 5 (mai 66), 6-7, texte & ill.
TCA, XI, 5 (mai 66), 8 et 13, texte.
St-Jérôme (Lac- St-Jean)
A0138 Seminary Marie-Reine-du-Clergé
RAIC, XXXVII, 6 (juin 60), 246-251, texte & ill.

Cox & Moffet
Etobicoke (Ont.)
A0139 The Church of St. Wilfrid
RAIC, XXXV, 11 (nov. 58), 420, texte & ill.

Craig & Zeidler
Lakefield (Ont.)
A0140 St. John's Anglican Church, Sunday School and Parish Hall
RAIC, XXXIII, 12 (déc. 56), 464-465, texte & ill.
Scarborough
A0141 West Ellesmere United Church
TCA, II, 5 (mai 57), 48, texte & ill.
TCA, V, 4 (avril 60), 8, ill.
RAIC, XXXVII, 10 (oct. 60), 421-425, texte & ill.

Craig, Zeidler and Strong
Toronto
A0142 Beth Israel Synagogue
CB, XVI, 12 (déc. 66), 35, texte & ill.
TCA, XI, 11 (nov. 66), 6, texte & ill.

Crevier, Jean
Ahuntsic
A0143 St-Nicolas
ABC, II, 18 (oct. 47), 50, texte.

Crevier & Bélanger
Ahuntsic
A0144 St-Nicolas
ABC, V, 46 (fév. 50), 21, ill.

Crevier, Lemieux, Mercier; Labelle, Henri S.
Montréal
A0145 Restauration à la cathédrale de Montréal
ABC, XIII, 148 (août 58), 44-48, texte & ill.

Critchley & Delean
Kapuskasing (Ont.)
A0146 St. Mark's Anglican Church
RAIC, XXXIV, 8 (août 57), 298, ill.
Schumacher (Ont.)
A0147 Anglican Church
RAIC, XXXVI, 10 (oct. 59), 352, ill.

Cuhaci, Edward J.
Ottawa
A0148 St. Michael and All Angels Church
RAIC, XLIII, 4 (avril 66), 37, texte & ill.

Cummings & Campbell
St. John's
A0149 Beth El Synagogue
RAIC, XXXV, 11 (nov. 58), 421, ill.

Cyr, Marcel
Ste-Foy
A0150 "L'église dans la lumière", Projet pour la paroisse St-Yves
ABC, XI, 117 (jan 56), 21-23, texte & ill.

Cyr, S.A.
St-Hyacinthe
A0151 N.-D.-du-très-Saint-Sacrement
ABC, VI, 60 (avril 51), 22, ill.

D'Astous, Roger
Édifice de lieu inconnu
A0152 Étude: église
ABC, XII, 129 (jan. 57), 20-23, texte,ill.
Beaconsfield
A0153 St. Edmund of Canterbury
ABC, XIV, 153 (jan. 59), 6-9, texte & ill.
ABC, XVI, 179 (mars 61), 24-27, texte & ill.
TCA, IV, 8 (août 59), 72, texte & ill.
BAT, XXXVIII, 7 (juil. 63), 26, ill.
Montréal
A0154 Église Notre-Dame-du-Bel-Amour
BAT, XXXIII, 11 (nov. 58), 37, ill.
ABC, XII, 130 (fév. 57), 30-34, texte & ill.
TCA, III, 3 (mars 58), 43-46, texte & ill.
Duvernay
A0155 St-Maurice
ABC, XVIII, 203 (mars 63), 32-37, texte & ill.
CB, XV, 7 (juil. 65), 38-39, texte & ill.
TCA, VIII, 3 (mars 63), 47-50, texte & ill.
Tracy
A0156 Saint-Enfant-Jésus
BAT, XXXVII, 7 (juil. 62), 18-21, texte & ill.

D'Astous & Pothier

Montréal
A0157 Christ Memorial Lutheran Church
TCA, XII, 2 (fév. 67), 7, texte & ill.
ABC, XX, 232 (août 65), 26-29, texte & ill.
A0158 Saint-Jean-Baptiste-Marie-Vianney
ABC, XX, 229 (mai 65), 23-29, texte & ill.
CB, XV, 7 (juil. 65), 38-39, texte & ill.

Montréal-Nord
A0159 Saint-Rémi
BAT, XXXIX, 7 (juil. 64), 26-27, texte & ill.
ABC, XV, 165 (jan. 60), 13-15, texte & ill.
ABC, XVII, 191 (mars 62), 38-41, texte & ill.

Repentigny
A0160 N.-D.-des-Champs
ABC, XVIII, 211 (nov. 63), 42-46, texte & ill.

Davison, C.D. (Co.)

Halifax
A0161 Bethany United Church
RAIC, XXXVI, 1 (jan. 59), 13, ill.

Dawson, F.

Rosemont
A0162 First United Church
BAT, XXXVII, 5 (mai 62), 41, ill.

Montréal
A0163 N.-D.-de-Pompéi
ABC, XXII, 258 (oct. 67), 29-34, texte & ill.

Demers, Philippe

Lac Brompton
A0164 Chapelle
BAT, XXIX, 11 (nov. 54), 25, texte & ill.

Sherbrooke
A0165 Marie-Reine-du-Monde
ABC, XIII, 148 (août 58), 35-39, texte & ill.

Dépatie, Bernard

Laval-des-Rapides
A0166 Église du Bon-Pasteur
BAT, XXXIII, 2 (fév. 58), 33, texte & ill.

Montréal
A0167 Saint-François-d'Assise
ABC, XXI, 244 (août 66), 32-37, texte & ill.

Deschamps, Yves

Mont-Saint-Bruno
A0168 Projet étudiant, une chapelle de 200 places
ABC, XVIII, 203 (mars 63), 41, texte & ill.

Desgagné & Boileau

Arvida
A0169 St-Jacques
ABC, IV, 44 (déc. 49), 23, ill.
ABC, II, 18 (oct. 47), 50, texte.
ABC, V, 46 (fév. 50), couverture & 20, ill.
ABC, VIII, 82 (fév. 53), 20-22, texte & ill.

Dolbeau
A0170 Ste-Thérèse-d'Avila
ABC, IV, 44 (déc. 49), 23, ill.

Rivière-du-Moulin
A0171 St-Nom-de-Jésus
ABC, VIII, 82 (fév. 53), 23-24, texte & ill.

St-André du Lac-St-Jean
A0172 St-André
ABC, IX, 94 (fév. 54), 28-29, texte & ill.

Desgagné & Côté

Arvida
A0173 St-Philippe
ABC, XX, 226 (fév. 65), 26-30, texte & ill.

Jonquière
A0174 N.-D.-de-Fatima
ABC, XVIII, 211 (nov. 63), 30-33, texte & ill.
RAIC, XLI, 9 (sept. 64), 58-60, texte & ill.
RAIC, XLI, 11 (nov. 64), 130, texte & ill.

Desgagné, Léonce; Gravel, Armand; Brassard, Sylvio

A0175 Voir Brassard, Sylvio; Desgagné, Léonce; Gravel, Armand

Deshaies, David

Drummondville
A0176 Église de St-Jean-Baptiste
BAT, XXXVI, 9 (sept. 60), 75, texte.

Grantham (Co. Drummond)
A0177 St-Joseph
ABC, III, 30 (oct. 48), 40, ill.

Desmeules, Gabriel

La Malbaie
A0178 St-Étienne
ABC, IX, 94 (fév. 54), 32-34, texte & ill.

Desrochers & Dumont

Saint-Martin
A0179 St-Pie-X
ABC, XVI, 179 (mars 61), 42-43, texte & ill.
BAT, XXXVI, 10 (oct. 60), 28, texte & ill.

Desrosiers, Hugues

Édifice de lieu inconnu
A0180 Projet étudiant: une petite église d'un village québécois.
ABC, XVI, 179 (mars 61), 50, texte & ill.
RAIC, XXXIX, 3 (mars 62), 41, texte & ill.

Diamond, Dupuis & Desautels

Jasper Place (Alberta)
A0181 St. Anne Chapel
RAIC, XXX, 2 (fév. 53), 44, ill.

Diamond, Libling, Michener

Winnipeg
A0182 Herzlia Academy (synagogue et école)
RAIC, XXXII, 10 (oct. 55), 373, ill.

Dickinson, Peter

Willowdale
A0183 Regis College (intérieur de la chapelle)
TCA, XIV, 11 (nov. 69), 41, ill.

Dionne, Pierre

Beauharnois
A0184 Église Saint-Paul
BAT, IX, 10 (oct. 61), 18-22, texte & ill.

Valleyfield
A0185 Église du Saint-Esprit
BAT, XXXIV, 4 (avril 59), 30-35 et 81, texte & ill.
ABC, XIV, 156 (avril 59), 109-113 et 124-128, texte & ill.
ABC, XIV, 156 (avril 59), 124-128, texte & ill.

Dobson and Alexander

Vancouver
A0186 Holy Rosary Cathedral (rénovation)
CB, XII, 12 (déc. 62), 27, texte & ill.

Donaldson & Sankey

Laval
A0187 Église du Saint-Nom-de-Jésus
AC, 25, 287 (sept. 70), 24, texte & ill.
BAT, XLIV, 2 (fév. 69), 34-35, texte & ill.

Drouin, Marc

Édifice de lieu inconnu
A0188 (un baptistère)
RAIC, XXXIX, 3 (mars 62), 40, texte & ill.

Duchesnes, Rolf

Montréal
A0189 Church of the Messiah
RAIC, XXVIII, 1 (jan. 51), 12, ill.

Duffus, Romans, Single & Kundzins

Halifax
A0190 Bedford United Church
RAIC, XLI, 5 (mai 64), 44-45, ill.

Dufresne, Adrien

Beauport (Québec)
A0191 Église de Notre-Dame-de-la-Nativité
RAIC, XVIII, 4 (avril 41), 62, ill.
A0192 Église Ste-Thérèse
RAIC, XXIII, 3 (mars 46), 66-67, ill.
ABC, II, 18 (oct. 47), 32-36, ill.

Cap-de-la-Madeleine
A0193 Basilique
ABC, III, 22 (fév. 48), 26, ill.
ABC, III, 30 (oct. 48), 33, ill.
ABC, V, 53 (sept. 50), 25, ill.

Cowansville
A0194 Ste-Thérèse-de-l'Enfant-Jésus
ABC, VI, 62 (juin 51), 10-11, texte & ill.

N.-D.-de-la-Guadeloupe
A0195 Église
ABC, II, 18 (oct. 47), 38-39, ill.

Québec
A0196 Chapelle commémorative à Mgr. de Laval
ABC, V, 53 (sept. 50), 24, ill.
A0197 Notre-Dame-de-la-Paix
ABC, II, 11 (fév. 47), 30-32, ill.
ABC, II, 18 (oct. 47), 40, ill.
ABC, V, 46 (fév. 50), 22-23, ill.
A0198 St-Fidèle
ABC, II, 18 (oct. 47), 50, texte.
ABC, III, 30 (oct. 48), 47, ill.
ABC, X, 106 (fév. 55), 36-37, texte & ill.
A0199 St-Pascal-Baylon
ABC, II, 18 (oct. 47), 37-38, ill.
ABC, V, 46 (fév. 50), 22-23, ill.

Dufresne, Raymond

St-Adolphe des Laurentides
A0200 Oratoire pour résidence d'été du Mont-St-Louis
ABC, II, 18 (oct. 47), 50, ill.

Dumais, Roland

Montréal
A0201 Présentation-de-la-Sainte-Vierge (catholique russe)
BAT, XXXV, 5 (mai 60), 46-48, texte & ill.
BAT, XXXV, 5 (mai 60), 46-48, texte & ill.
A0202 St-Albert-le-Grand
ABC, V, 46 (fév. 50), 29, ill.
ABC, VI, 61 (mai 51), 16-18, texte & ill.
A0203 Ste-Bernadette-Soubirous
BAT, XXX, 12 (déc. 55), 18-20, 30-33, texte & ill.
BAT, XXX, 12 (déc. 55), 30-33, texte & ill.

Dunlop, Farrow, Aitken

Oakville (Ont.)
A0204 Sisters of the Church Chapel
TCA, XXI, 2 (fév. 76), 5, texte & ill.
TCA, XXI, 4 (avril 76), 42-44, texte & ill.

Dunlop, Wardell, Matsui, Aitken

Édifice de lieu inconnu
A0205 Édifice cultuel pour les églises unies, anglicanes et presbytériennes
TCA, XV, 10 (oct. 70), 8, texte & ill.

Dupéré, Roland; Jean, Charles-A.

St-Pierre de l'île d'Orléans
A0206 St-Pierre
BAT, XXX, 8 (août 55), 32, texte & ill.

Duplessis, Labelle, Derome

Ville Saint-Michel (P.Q.)
A0207 Église Saint-Bernardin-de-Sienne
NB, X, 2 (fév. 61), 22, texte & ill.
ABC, XII, 130 (fév. 57), 35-37, texte & ill.

Dupuis & Mathieu

Havre-aux-Maisons (Qué.)
A0208 Église Sainte-Madeleine
ARCAN, 46, 1 (jan. 69), 39, ill.

Sainte-Adèle
A0209 Projet de transformation du choeur
ARCAN, L, (juil. 73), 3-4, texte & ill.

Durnford, Bolton, Chadwick & Ellwood

Montréal
A0210 Anglican House
RAIC, XXXIII, 11 (nov. 56), 426, ill.

Dutrisac, J. Armand

Montréal
A0211 Saint-Barthélemy
BAT, XXVIII, (août 53), 29-31, texte & ill.

Verdun
A0212 N.-D.-de-la-Garde
ABC, II, 18 (oct. 47), 50, texte.

ABC, III, 22 (fév. 48), 21, ill.
ABC, IV, 37 (mai 49), 35, ill.

Dutrisac, J. Armand; Marien, André
Montréal
A0213 Église et presbytère St-Philippe-Apôtre
ABC, II, 18 (oct. 47), 50, texte.
ABC, V, 46, (fév. 50), 25, ill.

Eber, George
Dollard-des-Ormeaux
A0214 First Christian Reformed Church
TCA, VIII, 10 (oct. 63), 5-6, texte & ill.
ABC, XIX, 224 (déc. 64), 25-27, texte & ill.

Eliasoph & Berkowitz
Québec
A0215 Synagogue Beth Israël
ABC, VIII, 82 (fév. 53), 24-27, texte & ill.

Erickson-Massey
Vancouver
A0216 Christ Church Cathedral
ARCAN, 49 (14 février 72), 15, texte & ill.
A0217 Sikh Temple
TCA, XIV, 11 (nov. 69), 53, texte & ill.
TCA, XIX, 11 (nov. 74), texte & ill.

Etherington, A. Bruce
Oakville
A0218 Beth-El Synagogue
TCA, IV, 8 (août 59), 70, texte & ill.

Faucher, Paul
Édifice de lieu inconnu
A0219 Projet étudiant: un baptistère à proximité d'une cathédrale
ABC, XV, 167 (mars 60), 96, texte & ill.
Sherbrooke
A0220 Projet étudiant: une chapelle chrétienne universitaire
ABC, XVII, 191 (mars 62), 46, texte & ill.

Fetherstonhaugh and Durnford
Montréal
A0221 Church of St. Andrew and St. Paul
RAIC, XXI, 3 (mars 44), 54-55, ill.

Fetherstonhaugh, Durnford, Bolton & Chadwick
Édifice de lieu inconnu
A0222 Proposed Church, British Columbia
RAIC, XXIX, 7 (juil. 52), 224, ill.

Fiset, Edouard
Labrieville
A0223 Église et presbytère
ABC, IX, 101 (sept. 54), 50-53, texte & ill.

Fisher, Reuben
Montréal
A0224 Synagogue Shomrim Laboker
ABC, XI, 124 (août 56), 27-29, texte & ill.

Fisher, Richard A.
Toronto
A0225 First Unitarian Church
RAIC, XXIX, 7 (juil. 52), 228-229, ill.

Fisher, Tedman & Glaister
Toronto
A0226 Our Lady Queen of Croatia Church
TCA, XIII, 3 (mars 68), 51-52, texte & ill.

Fliess, Henry, Mendelow & Keywan
Don Mills
A0227 Beth-El Synagogue
TCA, VIII, 6 (juin 63), 73-75, texte & ill.

Frazer, Donald L.
Scarborough (Ont.)
A0228 Church of Jesus Christ of Latter Day Saints
NB, X, 10 (oct. 61), 33-34, texte & ill.

Gaboury, E.J.
Kardoff (Sask.)
A0229 Kardoff Church
TCA, X (yearbook 65), 78, texte & ill.
Regina
A0230 St. Anne's Church and Refectory
TCA, X, (yearbook 65), 78, texte & ill.
TCA, XIII, 3 (mars 68), 39, texte & ill.
Transcona (Man.)
A0231 Blessed Sacrament Church
TCA, X, (yearbook 65), 79, texte & ill.
TCA, XIII, 3 (mars 68), 35-36, texte & ill.
TCA, XXV, 11 (nov. 80), 32, texte & ill.
St-Boniface
A0232 Canadian Holy Martyr's Church
RAIC, XLI, 11 (nov. 64), 76, texte & ill.
TCA, VIII, 1 (jan. 63), 34-38, texte & ill.
TCA, IX, (yearbook 64), 52-53, texte & ill.
A0233 Funeral Chapel
TCA, VIII, 3 (mars 63), 51-53, texte & ill.
A0234 St-Boniface Cathedral
TCA, XXIV, 10 (oct. 79), 24, ill.
Winnipeg
A0235 Blessed Sacrament Church
TCA, XII, 2 (fév. 67), 9, texte & ill.

Gaboury, Étienne; Lussier, Denis
Winnipeg
A0236 Precious Blood Church
TCA, XIV, 10 (oct. 69), 38-47, texte & ill.

Gaboury, Lussier, Sigurdson
Winnipeg
A0237 Blessed Sacrament Church
TCA, XV, 5 (mai 70), 47-48, ill.
A0238 Precious Blood Church
TCA, XV, 5 (mai 70), 47-48, ill.
TCA, XX, 6 (juin 75), 4, ill.
TCA, XXIV, 10 (oct. 79), 25, ill.
TCA, XXV, 11 (nov. 80), 32-33, texte & ill.

Gaboury, Lussier, Sigurdson and Venables
Kirkfield Park (Manitoba)
A0239 Messiah Lutheran Church
ARCAN, 45, 3 (mars 68), 9 et 11, texte & ill.
TCA, XIII, 2 (fév. 68), 8, texte & ill.
St-Claude (Manitoba)
A0240 St-Claude Roman Catholic Church
ARCAN, 45, 3 (mars 68), 9 et 11, texte & ill.
TCA, XIII, 3 (mars 68), 41-42, texte & ill.
Winnipeg
A0241 Unitarian Church of Winnipeg
ARCAN, 45, 2 (fév. 68), 31-34, texte & ill.

Gagné, Marcel
Pointe-aux-Trembles
A0242 St-Marcel
ABC, XXI, 247 (nov. 66), 29-33, texte & ill.

Gagnier, Derome, Mercier
Baie-Comeau
A0243 Église
ABC, II, 18 (oct. 47), 31, ill.
Montréal
A0244 Église St-Jacques
ABC, II, 18 (oct. 47), 31, ill.
A0245 St-Thomas-Apôtre
ABC, V, 46 (fév. 50), 25, ill.
St-Alexis
A0246 Église
ABC, II, 18 (oct. 47), 31, ill.
St-Lambert
A0247 Église de St-Lambert
ABC, II, 18 (oct. 47), 30-31, ill.

Gagnon, J. Berchmans
Giffard
A0248 Chapelle de la maison génératice des SS de la Charité
ABC, XII, 132 (avril 57), 66, ill.

Gardiner and Thornton
Mission City
A0249 Westminster Abbey and Seminary of Christ the King Mount Mary Ann
RAIC, XXX, 9 (sept. 53), 250-251, texte & ill.
Vancouver
A0250 Guardian Angel Church
RAIC, XXVIII, 1 (jan. 51), 11, texte & ill.
A0251 Sacred Heart Church
RAIC, XXVII, 9 (sept. 50), 293, ill.
A0252 St. Anthony's Church
RAIC, XXIX, 7 (juil. 52), 212-214, ill.
BAT, XXVII, (déc. 52), 13-14, texte & ill.

Gardiner, Thornton, Gathe & Associates
Agassiz (C.-B.)
A0253 St. Anthony's Church
RAIC, XXXII, 12 (déc. 55), 452 et 459, texte & ill.
RAIC, XXXIII, 2 (fév. 56), 62-63, texte & ill.
RAIC, XXXIX, 1 (jan. 62), 35, ill.
Mission City (C.-B.)
A0254 Westminster Abbey
RAIC, XXXV, 4 (avril 58), 128, ill.
NB, VIII, 5 (mai 59), 36, texte.
Nelson (C.-B.)
A0255 Blessed Sacrament Church
TCA, VI, 2 (fév. 61), 48-49, texte & ill.
Vancouver
A0256 Sacred Heart Church
RAIC, XXXV, 4 (avril 58), 130, ill.
A0257 St. Anthony's Church
CB, VI, 1 (jan. 56), 25 et 27, texte.
BAT, XXXI, 3 (mars 56), 47, texte.
Winnipeg (Univ. Manitoba)
A0258 St. Paul's College and Chapel of Christ the King
RAIC, XXXVI, 6 (juin 59), 194-197, texte & ill.

Gareau, Jean
Édifice de lieu inconnu
A0259 Projet d'étudiant: Une église
RAIC, XXXIV, 3 (mars 57), 84, texte & ill.

Garwood-Jones, Trevor P.
Burlington
A0260 Bethel Christian Reformed Church
TCA, XXV, 5 (mai 80), 34-37, texte & ill.

Gascon & Parant
St-Jérôme
A0261 Ste-Paule
ABC, II, 18 (oct. 47), 50, texte.

Gauthier & Guité
Québec
A0262 Projet d'église de 1200 places, avec presbytère
ABC, XXI, 237 (jan. 66), 36-39, texte & ill.
RAIC, XLIII, 4 (avril 66), 29, texte & ill.

Gerson, Sydney; Schrier, Arnold
Montréal
A0263 Temple Beth Sholom
RAIC, XXXII, 10 (oct. 55), 373, ill.

Gerson, Wolfgang
Vancouver
A0264 Unitarian Church
TCA, XI, 3 (mars 66), 35-38, texte & ill.
ARCAN, 45, 2 (fév. 68), 35-38, texte & ill.

Gibson & Ass.
North Bay (Ont.)
A0265 Christian Science Society (Chapelle, Sunday School, salle de lecture publique)
RAIC, XXXV, 11 (nov. 58), 419, texte & ill.
Trout Mills (Ont.)
A0266 Howard Eaton United Church
RAIC, XXXV, 11 (nov. 58), 413, texte & ill.

Gilbert, André
Québec
A0267 La Basilique de Québec (construction d'une nouvelle crypte)
TCA, V, 6 (juin 60), 59-61, texte & ill.
Saint-Nicolas
A0268 Église St-Nicolas
BAT, XLI, 1 (jan. 66), 17, 20, ill.

TCA, IX, 1 (jan. 64), 40-42, texte & ill.
RAIC, XLIII, 4 (avril 66), 38, texte & ill.

Gilleland & Strutt

Ottawa
A0269 St. Mark's Anglican Church
RAIC, XXXII, 11 (nov. 55), 428, ill.
A0270 St. Peter's Anglican Church
RAIC, XXXIII, 5 (mai 56), 159, ill.
TCA, V, 10 (oct. 60), 62-66, texte & ill.

Goyer, Paul G.

Montréal
A0271 N.-D.-de-la-Salette
RAIC, XXXIII, 11 (nov. 56), 424-425, texte & ill.
ABC, XII, 130 (fév. 57), 44-46, texte & ill.
BAT, XXXI, 4 (avril 56), 32-35, texte & ill.
A0272 Sts.-Martyrs-Canadiens
ABC, XIV, 156 (avril 59), 104-108, texte & ill.

Goyer & Gagnier

Montréal
A0273 Saint-Bernard
ABC, XXI, 239 (mars 66), 45-48, texte & ill.

Graham, Keith L.

St. John's
A0274 Church of St. Mary the Virgin.
NB, X, 2 (fév. 61), 38, texte & ill.

Gravel, Armand

Alma
A0275 Saint-Pierre
ABC, XVIII, 211 (nov. 63), 26-29, texte & ill.

Gravel, Armand; Desgagné, Léonce; Brassard, Sylvio

A0276 Voir Brassard, Sylvio; Desgagné, Léonce; Gravel, Armand

Green, Blankstein, Russell Associates

St-Rose du Lac (Manitoba)
A0277 Church of St. Rose of Lima
TCA, V, 6 (juin 60), 73, texte & ill.
TCA, VII, 2 (fév. 62), 54-57, texte & ill.
Winnipeg
A0278 Masonic Memorial Temple
TCA, XIV, 4 (avril 69), 10, texte.
A0279 St. George's Anglican Church
RAIC, XXXVII, 4 (avril 60), 132, ill.
A0280 Shaarey Zedek Synagogue
RAIC, XXVIII, 1 (jan. 51), 5-7, ill.

Green, Blankstein, Russell Ass.; Nitchuck, Alex (project arch.)

Winnipeg
A0281 Ukrainian Catholic Church
CB, XVI, 4 (avril 66), 50-52, texte & ill.
ARCAN, 43, 11 (nov. 66), 30, texte & ill.

Greenspoon, Freedlander & Dunne

Montréal
A0282 Synagogue Chevra Kadisha
ABC, XII, 136 (août 57), 34-37, texte & ill.

Greenspoon, Freedlander & Dunne; Roth, Max W.

Westmount
A0283 Temple Emanu-El
ABC, XVI, 179 (mars 61), 28-31, texte & ill.

Grenier, Charles

Ville Mont-Royal
A0284 Église St-Joseph
ABC, VII, 74 (juin 52), 16-20, texte & ill.

Grossman, Irving

North York
A0285 Adath Israel Synagogue
RAIC, XXXIV, 3 (mars 57), 94, texte & ill.
Toronto
A0286 B'Nai Israel Beth David (synagogue)
TCA, VIII, 6 (juin 63), 59 et 63-66, texte & ill.
A0287 Shaarei Tefillah (synagogue)
TCA, VIII, 6 (juin 63), 59-62, texte & ill.
A0288 Temple Emanu-El (synagogue)
TCA, VIII, 6 (juin 63), 59 et 67-72, texte & ill.

Guité, Gilles

Gaspésie
A0289 Projet étudiant: chapelle votive
ABC, XIII, 148 (avril 58), 52, texte & ill.

Hale & Harrison

Vancouver
A0290 Renfrew United Church
TCA, II, 10 (oct. 57), 52, texte & ill.

Hall, Basil

Aldershot (Hamilton)
A0291 LaSalle Road Church
RAIC, XL, 4 (avril 63), 60, ill.

Hemingway, Peter

Edmonton
A0292 Central Pentecostal Tabernacle
CB, XV, 12 (déc. 65), 40-42, texte & ill.

Hicks, Harold, L.

Ingleside
A0293 Roman Catholic Church of Our Lady of Grace
RAIC, XXXVI, 5 (mai 59), 164, ill.

Hodges, Alfred W.; Bates, Maxwell

Calgary
A0294 St. Mary's Cathedral
RAIC, XXXV, 11 (nov. 58), 410, texte & ill.

Horne, David

Downsview (York University)
A0295 Religious Centre/Chapel
TCA, XIII, 5 (mai 68), 6, texte & ill.

Hounsom, Eric W.

Toronto
A0296 Castlefield Baptist Church
RAIC, XXI, 4 (avril 44), 80, ill.

Izen, Julius Roy

Édifice de lieu inconnu
A0297 Projet étudiant: Orthodox Synagogue
RAIC, XXXVII, 8 (août 60), 338

Jackson, Ypes & Associates

Willowdale
A0298 Northminster United Church
CB, XI, 10 (oct. 61), 44-45, texte & ill.

Janiss, Dr. E.; Quigley, G.T.

Etobicoke
A0299 Hilltop Chapel
CB, XV, 12 (déc. 65), 33, 35, texte & ill.

Jean, Charles A.

Québec
A0300 St-Joseph
ABC, V, 46 (fév. 50), 28, ill.

Jean, Charles-A.; Blanchet, René

Québec
A0301 Saint-Joseph
ABC, V, 50 (juin 50), 36, ill.

Jean, Charles-A.; Dupéré, Roland

A0302 Voir Dupéré, Roland; Jean, Charles-A.

Jobin, Gérard

Édifice de lieu inconnu
A0303 Projet d'étudiant: Église voûtée en pierre
RAIC, XXII, 4 (avril 45), 82, ill.

Jodoin, Lamarre, Pratte & Associés

Montréal
A0304 Sacred Heart Chapel of the Church of Notre-Dame
TCA, XXIV, 12 (yearbook, déc. 79), 20-22, et 33-35, texte & ill.

Jodoin, Lamarre, Pratte, Carrière

Montréal
A0305 Marie-Reine-des-Coeurs
ABC, XXI, 241 (mai 66), 42-46, texte & ill.

Johansen, Robert

Shawinigan-Sud
A0306 Annexe à l'église Ste-Jeanne-d'Arc.
BAT, XXXIII, 7 (juil. 58), 35, texte.

Johnson, Philip Carter

Goderich (Ont.)
A0307 Knox Presbyterian Church
RAIC, XXX, 1 (jan. 53), 18-19, texte & ill.
BAT, XXVIII, (jan. 53), 14-15, texte & ill.
CB, II, 12 (déc. 52), 14-15, ill.
A0308 Maitland Cemetery Chapel
RAIC, XXXIII, 12 (déc. 56), 468, texte & ill.
Iroquois
A0309 Iroquois United Church
RAIC, XXXVI, 5 (mai 59), 164, texte & ill.
St. Lawrence Seaway
A0310 Anglican Church
RAIC, XXXIII, 5 (mai 56) 161, ill.
Toronto
A0311 St. Hilda's Memorial Anglican Church
RAIC, XXXIII, 12 (déc. 56), 469, ill.
Welland
A0312 First Baptist Church
RAIC, XXXIII, 5 (mai 56), 161, ill.

Johnston, Dwight R.

Winnipeg
A0313 Chapel Lawn Memorial Gardens; Service Building
RAIC, XXXVII, 4 (avril 60), 146-147, texte & ill.
CB, IX, 6 (juin 59), 39, ill.

Kennedy, J.

Édifice de lieu inconnu
A0314 Projet d'étudiant: A United Church Chapel
RAIC, XL, 3 (mars 63), 60, ill.

Kennedy, Smith Ass.

Redvers (Sask.)
A0315 Redvers Lutheran Church
TCA, XII, (yearbook 67), 71, texte & ill.
ARCAN, 45, 1 (jan. 68), 58, ill.

Kerr & Cullingworth

Saskatoon
A0316 All Saints' Anglican Church
TCA, I, 4 (avril 56), 64, texte & ill.
RAIC, XXXII, 10 (oct. 55), 372, ill.
RAIC, XXXV, 11 (nov. 58), 411, texte & ill.

King, John L.

Downsview (York University)
A0317 Religious Centre/Chapel
TCA, XIII, 5 (mai 68), 6-7, texte & ill.
ARCAN, 45, 5 (mai 68), 7-8, texte & ill.

Kohl, Harry B.; Markus, Isadore

Toronto
A0318 École et synagogue pour The Goel Tzedec Congregation
RAIC, XXIX, 6 (juin 52), 169, ill.

Kohl, Harry B.; Markus, Isadore; Page & Steele

Toronto
A0319 The Beth Tzedec Synagogue
RAIC, XXXIII, 12 (déc. 56), 470-471, texte & ill.

Kortes, Tinos

Saskatoon
A0320 First Church of the Nazarene
RAIC, XXXII, 7 (juil. 55), 243, ill.

Kubota, Nobuo

Toronto
A0321 Projet de temple boudhiste (3e prix Pilkinton '59)
ABC, XIV, 159 (juillet 59), 232, texte.

Labelle, Henri S.

Ville-Marie (Témiscamingue)
A0322 Notre-Dame-du-Rosaire
BAT, XXXVI, 10 (oct. 60), 57, texte.

Labelle, Henri S.; Crevier, Lemieux, Mercier
Montréal
A0323 Restauration à la cathédrale de Montréal
ABC, XIII, 148 (août 58), 44-48, texte & ill.

Labelle, Labelle, Marchand, Geoffroy
Cabano
A0324 Église St-Mathias
AC, XXVIII, 311 (jan.-fév. 73), 14-15, texte & ill.

Labenskas, John
Regina
A0325 Canadian Martyrs Church
NB, VIII, 12 (déc. 59), 19, texte & ill.

Lacoursière, Arthur
Shawinigan Falls
A0326 St-Marc
ABC, V, 51 (juil. 50), 27, ill.
Shawinigan Sud
A0327 St-Sauveur
ABC, V, 51, (juil. 50), 27, ill.

Laliberté, Victor
Ville Jacques-Cartier
A0328 Église de la paroisse Notre-Dame-de-Grâce
BAT, XXXIV, 5 (mai 59), 36-37, texte & ill.
St-Hyacinthe
A0329 N.-D.-de-l'Assomption
BAT, XXXI, 8 (août 56), 31-33, texte & ill.

Langlois, J.Y.
Édifice de lieu inconnu
A0330 Projet d'étudiant: Chapelle d'une colonie de vacances
RAIC, XXV, 5 (mai 48), 159, ill.

Lapierre, Louis J.
Montréal
A0331 Église St-Gaétan
ABC, XXII, 256 (août 67), 25-28, texte & ill.

Lapointe, Paul-Émile; Blanchet, René
Granby
A0332 Saint-Eugène
ABC, III, 24 (avril 48), 38, ill.

Larose & Larose
Montréal
A0333 Chapelle de l'Institution des Sourds-Muets
ABC, XI, 118 (fév. 56), 28-29, texte & ill.
RAIC, XXXIII, 12 (déc. 56), 465, ill.

Lasserre, Fred
Montréal
A0334 St. Cuthbert's Church
RAIC, XXVIII, 1 (jan. 51), 8-10, texte & ill.

Lau, Patrick
Édifice de lieu inconnu
A0335 Roman Catholic Religious Centre
TCA, XIII, 6 (juin 68), 8, texte & ill.

Leblanc, Roger
Édifice de lieu inconnu
A0336 Projet étudiant: une église paroissiale de 700 places
ABC, XVIII, 211 (nov. 63), 47, texte & ill.

LeBlanc, Gaudet & Ass.
Moncton
A0337 Christ the King Church
TCA, V, 10 (oct. 60), 66, texte & ill.
TCA, VIII, 8 (août 63), 16, texte & ill.

Leblond, Claude; Tremblay, Serge
Sainte-Fulgence
A0338 Église de Sainte-Fulgence
BAT, LIV, 11 (nov. 79), 12-13, texte & ill.

Lefebvre, Robert
Édifice de lieu inconnu
A0339 Projet d'étudiant: Une petite église d'un village québécois
ABC, 179 (mars 61), 5, texte & ill.

Lemay & Leclerc
Montréal
A0340 Église protestante (reconversion)
AC, 30, 327 (jan. fév. 75), 24-27, texte & ill.
A0341 Église de Saint-Jean-Baptiste-de-La-Salle
RAIC, XLIII, 4 (avril 66), 33-34, texte & ill.
ABC, XX, 230 (juin 65), 25-31, texte & ill.

Lemieux, Paul M.
Montréal
A0342 Église Notre-Dame (son ignifugation)
BAT, XXXVI, 12 (déc. 60), 22-25, texte & ill.

Lemieux & Forcier
St-Léonard
A0343 Église St-Gilbert
ABC, XXII, 256, (août 67), 29-31, texte & ill.

Lett, William
Peterborough
A0344 Chapelle et Crématorium
ARCAN, XLIX (10 juil. 72), 4, texte & ill.

Levesque & Venne
Québec
A0345 Agrandissement de St-Coeur-de-Marie
ABC, II, 18 (oct. 47), 50, texte.
A0346 Réfection de St-Vincent-de-Paul
ABC, VIII, 82 (fév. 53), 34-35, texte & ill.

Libling, Michener and ass.
St-Boniface
A0347 Chapelle St-Louis-le-Roi
RAIC, XXXVIII, 11 (nov. 61), 55, ill.
RAIC, XXXVIII, 12 (déc. 61), 45-47, texte & ill.
TCA, VI, 11 (nov. 61), 8, ill.
TCA, VII, 2 (fév. 62), 57-59, texte & ill.
BAT, IX, 12 (déc. 61), 13 et 16, texte & ill.
CB, XI, 12 (déc. 61), 38-39 et 46, texte & ill.
St-Vital
A0348 St. Eugene Church
RAIC, XLI, 11 (nov. 64), 78, texte & ill.
Winnipeg
A0349 Church of St. John Brebeuf
TCA, XI, 4 (avril 66), 45-49, texte & ill.
TCA, XV, 5 (mai 70), 47-48, ill.
TCA, XXIV, 10 (oct. 79), 33, ill.
A0350 St. John Cantius Catholic Church
ARCAN, 46, 1 (jan. 69), 37, ill.
TCA, XIII, 12 (déc. 68), 51, texte & ill.

Lingwood, John
Blair (Ont.)
A0351 The Carmel Church of the New Jerusalem
RAIC, XLI, 11 (nov. 64), 95, texte & ill.
TCA, X, (yearbook 65), 101-105, texte & ill.
Kitchener-Waterloo
A0352 St-James' Rosemount United Church
TCA, I, 3 (mars 56), 59, texte & ill.

Lipson and Dashkin
Fort William
A0353 Shaarei Shomayim Synagogue
TCA, VII, 1 (jan. 62), 9, texte & ill.

Longpré, Claude
Laval-sur-le-Lac
A0354 Église Saint-Jean-Gualbert
ABC, X, 106 (fév. 55), 24-25, texte & ill.
RAIC, XXXII, 9 (sept. 55), 329-331, texte & ill.

Longpré & Marchand
Saint-Jean
A0355 Concours pour l'église St-Gérard Magella
ABC, XV, 167 (mars 60), 84, texte & ill.

Luke, Little & Mace
Montréal
A0356 Église Mac Vicar Memorial
ABC, IV, 44 (déc. 49), 31, ill.

Ma, John; Lee, R.Y.
Toronto
A0357 Presbyterian Church
NB, VIII, 10 (oct. 59), 46, texte & ill.

McCarter, Nairne & Partners
Vancouver
A0358 Shaughnessy Heights United Church (agrandissement)
RAIC, XXX, 9 (sept. 53), 253, ill.

McIntyre, Hamish
West Vancouver
A0359 West Vancouver Presbyterian Church
CB, XV, 12 (déc. 65), 45-46, texte & ill.

McKee, Robert R.
Vancouver
A0360 Mount Pleasant Chapel
RAIC, XXIX, 7 (juil. 52), 222, ill.
A0361 43rd. Avenue and Granville Street Gospel Hall
RAIC, XXVII, 9 (sept. 50), 294, ill.

McKeown, Les
Edmonton
A0362 Peoples Church
TCA, XXII, 10 (oct. 77), 48-49, texte & ill.

McKernan & Bouey
Grande Prairie (Alberta)
A0363 Grande Prairie United Church
RAIC, XXXIII, 5 (mai 56), 161, ill.

McMillan, H.W.F.
Winnipeg
A0364 United Church
RAIC, XXIX, 5 (mai 52), 133, ill.

McMurrich & Oxley; Somerville, W.L.
East Riverside
A0365 St. John's Lutheran Church
RAIC, XXXVI, 5 (mai 59), 161, texte & ill.
Ingleside (Ont.)
A0366 St. Matthew's Presbyterian Church
RAIC, XXXV, 11 (nov. 58), 413, texte & ill.
Scarborough
A0367 Clairlea Presbyterian Church
RAIC, XXXV, 11 (nov. 58), 409, texte & ill.

Mainguy, Lucien
Québec
A0368 Chapelle du couvent des Ursulines
ABC, XVIII, 205 (mai 63), 54, ill.

Malouin, Gérard
Nicolet
A0369 Cathédrale de Nicolet
RAIC, XL, 5 (mai 63), 58, ill.
ABC, XIX, 215 (mars 64), 28-33, texte & ill.
BAT, XXXII, 6 (juin 57), 85, ill.
BAT, XXXVI, 10 (oct. 60), 28, texte & ill.

Marien, André; Dutrisac, J. Armand
A0370 Voir Dutrisac, J. Armand; Marien, André

Mark, Musselman, McIntyre, Combe
Brantford
A0371 Evangel Pentecostal Church
RAIC, XLIII, 4 (avril 66), 39, texte & ill.

Markson, Jerome
Toronto
A0372 Dawes Road Chapel and Accomodations
RAIC, XXXVI, 8 (août 59), 268-269, texte & ill.

Martin, Frank J.
Saskatoon
A0373 Ukrainian Greek Orthodox Church
RAIC, XXXII, 7 (juil. 55), 243, ill.

Martineau, Auguste
Ottawa
A0374 St. Mary's Church
ABC, VIII, 82 (fév. 53), 32-33, ill.

Martineau & Talbot
Rouyn
A0375 Église St-Joseph
ABC, I, 9 (déc. 46), 26, texte.
ABC, II, 18 (oct. 47), 50, texte.

Matsui, Roy; Yamasaki, George
Toronto
A0376 Buddhist Church
TCA, I, 2 (jan.-fév. 56), 41-44, texte & ill.
RAIC, XXXV, 11 (nov. 58), 422, texte & ill.

May, Manfred J.
Crystal Falls (Ont.)
A0377 Notre-Dame-de-la-Paix Roman Catholic Mission Church
RAIC, XLI, 11 (nov. 64), 103, texte & ill.

Meech, Mitchell, Robins & ass.
Waterton Lakes (Alberta)
A0378 Chapelle pour l'Église United
TCA, II, 5 (mai 57), 50, texte & ill.

Mendelow & Keywan; Fliess, Henry
A0379 Voir Fliess, Henry; Mendelow & Keywan

Mercier, Pierre
Édifice de lieu inconnu
A0380 Projet étudiant: une chapelle de pélerinage
ABC, XIX, 215 (mars 64), 48, texte & ill.

Milics, Gunnars
Downsview (York University)
A0381 Religious Centre/Chapel
TCA, XIII, 5 (mai 68), 6-7, texte & ill.
ARCAN, 45, 5 (mai 68), 7-8, texte & ill.

Moreau, Gilbert
Montréal
A0382 Église Ste-Élisabeth-du-Portugal
BAT, XXXV, 3 (mars 60), 30-33, texte & ill.
BAT, XXXV, 4 (avril 60), 76, texte & ill.

Morin & Cinq-Mars
Édifice de lieu inconnu
A0383 Églises et chapelles—diocèse de Saint-Jean, P.Q.
ABC, V, 46 (fév. 50), 26-27 et 42, texte & ill.
Brosseau Station
A0384 N.-D.-de-Bon-Secours
ABC, V, 46 (fév. 50), 27, ill.
Ville Émard
A0385 San Giovanni Bosco
ABC, V, 46 (fév. 50), 25, ill.
Ville Jacques-Cartier
A0386 N.-D.-de-Fatima
ABC, V, 46 (fév. 50), 27, ill.
A0387 N.-D.-de-la-Garde
ABC, V, 46 (fév. 50), 26, ill.
Mackayville
A0388 N.-D.-de-la-Pitié
ABC, V, 46 (fév. 50), 26, ill.
A0389 N.-D.-de-l'Assomption
ABC, V, 46 (fév. 50), 26, ill.

Moriyama, Raymond
Markham (Ont.)
A0390 Centennial Baptist Church
TCA, XIII, (yearbook 68), 52-53, texte & ill.
Toronto (en périphérie)
A0391 A Presbyterian Church
RAIC, XXX, 3 (mars 53), 70-71, texte & ill.

Moriyama & Watts
Toronto
A0392 Centennial United Church
TCA, IV, 8 (août 59), 63-65, texte & ill.

Morrow, Trelle A.
North Vancouver
A0393 Church of the Sacred Heart
CB, XII, 3 (mars 62), 28-29, texte & ill.
Prince George, C.-B.
A0394 Église catholique du Sacré-Coeur
BAT, XXXVII, 5 (mai 62), 43, 54, ill.

Mudry, Arthur John
West Vancouver
A0395 West Vancouver Baptist Church
TCA, XIII, 3 (mars 68), 49-50, texte & ill.
TCA, XIII, (yearbook 68), 85-86, texte & ill.

Murray, James A.
Cooksville (Ont.)
A0396 Applewood United Church
TCA, III, 3 (mars 58), 47-50, texte & ill.
North York
A0397 Yorkminster United Church
RAIC, XXXIII, 12 (déc. 56), 475, ill.

Murray & Murray
London
A0398 Church of Mary Immaculate
ARCAN, 45, 10 (oct. 68), 9-10, texte & ill.
TCA, XIII, 10 (oct. 68), 8, ill.
CB, XVIII, 11 (nov. 68), 44, ill.
Morrisburg (Ont.)
A0399 St. Mary's Church
ARCAN, 45, 1 (jan. 68), 56, ill.
Ottawa
A0400 St. Maurice Roman Catholic Church
TCA, XI, 8 (août 66), 57-58, texte & ill.
RAIC, XLIII, 4 (avril 66), 30, texte & ill.

Nesbitt & Davies
Barrie
A0401 St. Mary's Roman Catholic Church
TCA, XIV, 10 (oct. 69), 10, texte & ill.
CB, XIX, 11 (nov. 69), 37, ill.

Nicolls & DiCastri
Victoria
A0402 McCall Bros. Funeral Chapel
RAIC, XXIX, 7 (juil. 52), 218-219, ill.

Nitchuck, Alex; Green, Blankstein, Russell Ass.
A0403 Voir Green, Blankstein, Russell Ass.; Nitchuck, Alex

Nobbs and Hyde
Montréal
A0404 Christ Church Cathedral
RAIC, XVIII, 7 (juil. 41), 115-116, ill.

Notebaert, Gérard
Pointe-aux-Trembles
A0405 Église Ste-Germaine-Cousin
BAT, XXXVI, 10 (oct. 60), 28-29, texte & ill.

O'Gorman & Fortin
Peterborough
A0406 St. Anne's Church
RAIC, XXXV, 11 (nov. 58), 412, ill.

Ouellet, Jean
Édifice de lieu inconnu
A0407 Église et dépendances
ABC, VII, 75 (juil. 52), 18-22, texte & ill.

Ouellet, Jean; Vincent, Jacques
Saint-Jean
A0408 Concours pour l'église St-Gérard-Magella: projet Jean Ouellet et Jacques Vincent
ABC, XV, 167 (mars 60), 85, texte & ill.

Page & Steele
Downsview (York University)
A0409 Religious Centre/Chapel
ARCAN, 45, 5 (mai 68), 7-8, texte & ill.

Page & Steele; Kohl, Harry B.; Markus, Isadore
A0410 Voir Kohl, Harry B.; Markus, Isadore; Page & Steele

Parent, Guy
Édifice de lieu inconnu
A0411 Une petite église gaspésienne projet d'étudiant
RAIC, XXVI, 5 (mai 49), 157, texte & ill.

Parent, Guy S.N.
Ville de province
A0412 Projet pour une église de 800 fidèles
ABC, XVI, 177 (jan. 61), 10-11, texte & ill.
Montréal
A0413 Église Saint-Jean-de-Matha
BAT, XXXIII, 6 (juin 58), 28-30, texte & ill.

Parent, Lucien
Ferme-Neuve
A0414 Église
ABC, II, 18 (oct. 47), 28, ill.
ABC, III, 30 (oct. 48), 41, ill.
Lachine
A0415 Église du Très-St-Sacrement
ABC, VII, 78 (oct. 52), 30-33, texte & ill.
Lac-Saguay
A0416 Église paroissiale
ABC, V, 47 (mars 50), 32, ill.
Montréal
A0417 St-Jean-l'Évangéliste
ABC, II, 18 (oct. 47), 50, texte.
Nouvelle-Écosse
A0418 Église Saint-André
ABC, III, 22 (fév. 48), 27, ill.
Rawdon
A0419 Église Saint-Patrice
ABC, II, 10 (jan. 47), 36, texte.
ABC, II, 18 (oct. 47), 50, texte.
Ste-Adèle-en-haut
A0420 Église
ABC, IX, 94 (fév. 54), 30-31, texte & ill.
St-Jérôme
A0421 Saint-Antoine-des-Laurentides
ABC, III, 30 (oct. 48), 35, ill.

Parkin, John B. (ass.)
Don Mills
A0422 St. Mark's Presbyterian Church
RAIC, XLI, 11 (nov. 64), 110, texte & ill.
RAIC, XLI, 12 (déc. 64), 56-57, texte & ill.
TCA, VII, 3 (mars 62), 9, texte & ill.
TCA, IX, 12 (déc. 64), 9 et 12, texte & ill.
TCA, X, (yearbook 65), 101-103 et 106-107, texte & ill.
TCA, XI, 5 (mai 66), 8 et 13, texte.
Toronto
A0423 Central Christadelphian Church
RAIC, XXVIII, 2 (fév. 51), 36, ill.
RAIC, XXIX, 7 (juil. 52), 223, ill.
A0424 Unity Church of Truth
RAIC, XXX, 9 (sept. 53), 252, ill.

Parkin, John B (ass.); Brenzel, Jack
Toronto
A0425 Holy Blossom Temple (agrandissement)
RAIC, XXXIV, 9 (sept. 57), 364, texte & ill.

Perrault, Jean-Julien
L'Abord-à-Plouffe
A0426 St-Maxime
ABC, V, 46 (fév. 50), 31, ill.

Perron, Eugène
Lachute
A0427 Ste-Anastasie
ABC, II, 18 (oct. 47), 50, ill.

Perron, J. Eugène
Valleyfield
A0428 Chapelle du Séminaire de Valleyfield
ABC, III, 30 (oct. 48), 36-39, texte & ill.

Perry, Luke and Little
Montréal
A0429 St-Lambert United Church
RAIC, XVIII, 7 (juil. 41), 118, ill.

Petrucci, Jean M.
Édifice de lieu inconnu
A0430 Église catholique romaine, presbytère et édifice communautaire; projet d'étudiant
RAIC, XXVIII, 3 (mars 51), 59, texte & ill.
Welland
A0431 First Baptist Church
RAIC, XXXIII, 5 (mai 56), 161, ill.

Portnall and Stock
Régina
A0432 House of Jacob Synagogue
RAIC, XXVIII, 1 (jan. 51), 16-18, ill.

Poulin, J. Aimé et Albert

Deauville
A0433 N.-D.-de-Liesse
ABC, IV, 40 (août 49), 37, ill.

Lac-Mégantic
A0434 N.-D.-de-Fatima
ABC, IV, 40 (août 49), 37, ill.

Magog
A0435 Église et presbytère Ste-Marguerite-Marie
ABC, I, 8 (nov. 46), 27, texte.
ABC, IV, 40 (août 49), 37, ill.

Sherbrooke
A0436 N.-D.-du-Perpétuel-Secours
ABC, III, 22 (fév. 48), 29, ill.
ABC, IV, 40 (août 49), 37, ill.

Poulin & Ayotte

Montréal
A0437 St-Benoît
BAT, XLI, 1 (jan. 66), 15-16, ill.

Prus, Victor

Édifice de lieu inconnu
A0438 Étude pour une chapelle en montagne
ABC, XV, 165 (jan. 60), 12, ill.

Trenton (Ont.)
A0439 RCAF Memorial (Hall Memorial)
ARCAN, XLVI, 10 (oct. 69), 14-15, texte & ill.

Public Works Team

Winnipeg
A0440 Chapelle pour la Assiniboia Indian Residential School
ARCAN, 46, 2 (fév. 69), 5

Quigley, G.T.; Janiss, Dr. E.
A0441 Voir Janiss, Dr. E.; Quigley, G.T.

Richard, René

Gatineau
A0442 St-René-Goupil
ABC, XIV, 156 (avril 59), 98-99, texte & ill.

Hull
A0443 Église St-Rédempteur
BAT, XXIX, 7 (juil. 54), 24, texte & ill.

Ottawa
A0444 Église Notre-Dame-des-Anges
BAT, XXIX, 7 (juil. 54), 22-23, texte & ill.
ABC, X, 106 (fév. 55), 34-35, texte & ill.

Pointe-Gatineau
A0445 Église
BAT, XXIX, 7 (juil. 54), 24, texte & ill.

Val-Tétreau, Hull
A0446 N.-D.-de-Lorette
ABC, XIV, 156 (avril 59), 96-97, texte & ill.

Richer, G.-René

St-Hyacinthe
A0447 Sacré-Coeur
ABC, VI, 60 (avril 51), 23, ill.

Ritchot, André

Ville St-François-de-Salle
A0448 Église Saint-Noël-Chabanel
CB, XII, 8 (août 62), 48-49, texte & ill.

Ritchot, Jean

Édifice de lieu inconnu
A0449 Projet d'étudiant: Une église votive
RAIC, XXXIV, 3 (mars 57), 88, texte & ill.

Robillard, Maurice

Côte-St-Luc
A0450 Église St-Richard
ABC, XVIII, 201 (jan. 63), 12-13, texte & ill.
ABC, XIX, 224 (déc. 64), 28-31, texte & ill.
TCA, VIII, 9 (sept. 63), 5 et 7, texte & ill.
TCA, IX, 3 (mars 64), 12, texte.
CB, XIII, 9 (sept. 63), 5, texte & ill.
BAT, XXXVIII, 10 (oct. 64), 24-27, texte & ill.

Robillard, Jetté & Baudouin

Montréal
A0451 Église Saint-Antoine-Marie-Claret
BAT, XXXIII, 11 (nov. 58), 16-18, texte & ill.

A0452 Église Saint-Émile
BAT, XXIX, 12 (déc. 54), 3 et 14-16, texte & ill.
ABC, X, 106 (fév. 55), 31-33 et 40-41, texte & ill.

A0453 Église Saint-Grégoire-le-Grand
BAT, XXXIV, 8 (août 59), 24-27, texte & ill.

A0454 Église St-Hippolyte
BAT, XXX, 2 (fév. 55), 17, texte.
ABC, XI, 118 (fév. 56), 23-25, texte & ill.

A0455 St-Simon-Apôtre
ABC, XII, 130 (fév. 57), 50-52, texte & ill.
ABC, XIII, 148 (août 58), 40-44, texte & ill.
BAT, XXXIII, 9 (sept. 58), 30-33, texte & ill.
BAT, XXXIII, 12 (déc. 58), 19, texte & ill.

Montréal-Est
A0456 Église St-Octave
BAT, XXXIV, 2 (fév. 59), 16-18, texte & ill.

Ste-Thérèse
A0457 Église du Sacré-Coeur
ABC, XI, 118 (fév. 56), 20-22, texte & ill.

Robillard & Notebaert

Beloeil
A0458 Sainte-Maria-Goretti
ABC, XII, 130 (fév. 57), 42-43, texte & ill.

Robinson, Peter

Toronto
A0459 Church of the Holy Trinity (reconversion)
ARCAN, 48 (1 fév. 71), 1, texte & ill.

Robitaille, André

Québec
A0460 Montmartre Canadien; chapelle extérieure
BAT, IX, 12 (déc. 61), 24-25, texte & ill.

Robitaille, Raymond

Dupuy
A0461 Église
ABC, II, 12 (mars 47), 34, texte.
BAT, XXXII, 12 (déc. 57), 19, texte & ill.

Roisin, M.; Audet, Louis-N.
A0462 Voir Audet, Louis-N.; Roisin, M.

Rosen, Caruso, Vecsei, Wolfe, Shapiro

Côte St-Luc (Qué.)
A0463 Beth Zion Sanctuary
TCA, XIII, 11 (nov. 68), 48-50, texte & ill.

Rosenberg, W.J.

Montréal
A0464 Centre communautaire des Juifs espagnols et portuguais (avec synagogue)
ABC, VIII, 85 (mai 53), 34-37, texte & ill.

Roth, Max W.

Ville Mont-Royal
A0465 Synagogue Beth-el
ABC, XII, 136 (août 57), 30-33, texte & ill.

Roth, Max W.; Greenspoon, Freedlander & Dunne
A0466 Voir Greenspoon, Freedlander & Dunne; Roth, Max W.

Roux, Maurice

Lachine
A0467 St-André-Hubert-Fournet
ABC, XI, 118 (fév. 56), 30-31, texte & ill.
RAIC, XXXIII, 12 (déc. 56), 474, ill.

Roux, Pierre

Édifice de lieu inconnu
A0468 Une église de village gaspésien; projet d'étudiant
RAIC, XXIII, 4 (avril 46), 93, texte & ill.

Roy, Jean-Marie

Manseau
A0469 Église paroissiale
BAT, XXXIII, 12 (déc. 58), 11, texte.
BAT, XXXVII, 5 (mai 62), 42, ill.
ABC, XIV, 156 (avril 59), 100-103, texte & ill.

Sainte-Foy
A0470 Église Saint-Denis
ABC, XXI, 238 (fév. 66), 38-40, texte & ill.
BAT, XLI, 1 (jan. 66), 18-19, ill.

Ville-Vanier (Qué.)
A0471 Église St-Eugène
BAT, XLI, 1 (jan. 66), 18, texte & ill.
ABC, XIX, 215 (mars 64), 39-43, texte & ill.

Roy, Yves

Carleton
A0472 Projet thèse (école d'architecture de Montréal): centre de pélerinage au Mont St-Joseph
ABC, XVII, 195 (juil. 62), 24-25, texte & ill.

Russell, N.C.H.

Toronto
A0473 Regent Park United Church
RAIC, XXXVII, 4 (avril 60), 132, ill.

Ryan, William J.

Conception Bay (T.-N.)
A0474 Église de la paroisse St-Edward
RAIC, XXIX, 6 (juin 52), 169, ill.

Saccoccio, William

Scarborough
A0475 St-Martin de Porres Roman Catholic Church
TCA, XIX, 1 (jan. 74), 4, ill.

Toronto
A0476 St-Joan of Arc Church
ARCAN, 44, 10 (oct. 67), 9, texte & ill.
TCA, XII, 10 (oct. 67), 6, texte & ill.

St-Gelais & Tremblay

Jonquière
A0477 Église Saint-Raphaël
RAIC, XXXVIII, 11 (nov. 61), 70, ill.
RAIC, XXXVIII, 12 (déc. 61), 33-38, texte & ill.
RAIC, XL, 5 (mai 63), 52-53, ill.
ABC, XV, 165 (jan. 60), 6-7, texte & ill.
ABC, XVIII, 205 (mai 63), 52-53, ill.
BAT, XXXV, 4 (avril 60), 38-39 et 41, texte & ill.
BAT, XXXVI, 11 (nov. 60), 32-35, texte & ill.
BAT, IX, 12 (déc. 61), 13, texte & ill.
TCA, VI, 11 (nov. 61), 8, ill.
CB, XI, 7 (juil. 61), 35-37, texte & ill.
CB, XI, 12 (déc. 61), 38-39 et 42-43, texte & ill.

Larouche
A0478 Église Saint-Gérard-Magella
RAIC, XL, 5 (mai 63), 52-53, ill.
ABC, XVII, 191 (mars 62), 42-45, texte & ill.

St-Gelais, Tremblay & Tremblay

Chibougamau
A0479 Église de la paroisse St-Marcel
RAIC, XLI, 11 (nov. 64), 134, texte & ill.
BAT, XLI, 1 (jan. 66), 16, ill.
ABC, XX, 227 (mars 65), 25-31, texte & ill.

Sarra-Bournet, Lucien

Hull
A0480 St-Joseph
ABC, X, 106 (fév. 55), 28-29-30, texte & ill.

Sawchuk, O.H.

Édifice de lieu inconnu
A0481 A University Chapel; projet d'étudiant
RAIC, XXXI, 3 (mars 54), 69, texte & ill.

Sawyer, Joseph

Montréal
A0482 Église Ste-Catherine
ABC, VIII, 81 (jan. 53), 21-25, texte & ill.

Verdun
A0483 St. Thomas More
ABC, V, 46 (fév. 50), 30, ill.
ABC, VIII, 81 (jan. 53), 27, ill.

Schoeler & Barkham

Ottawa
A0484 Fellowship Hall for Faith Lutheran Church
TCA, VIII, 5 (mai 63), 56-58, texte & ill.
TCA, XII, (yearbook 67), 90, ill.

Schrier, Arnold

Édifice de lieu inconnu
A0485 Projet: synagogue type pour une communauté suburbaine
ABC, XIII, 141 (jan. 58), 35, texte & ill.

Architecture religieuse / Religious Architecture

Halifax
- **A0486** The Baron de Hirsch Synagogue Centre
  TCA, 1 (nov. déc. 55), 74, texte & ill.
  RAIC, XXXVI, 2 (fév. 59), 56, texte & ill.

Montréal
- **A0487** Synagogue Beth-Sholom
  ABC, XII, 136 (août 57), 38-41, texte & ill.

Ville Saint-Laurent
- **A0488** Ville Saint-Laurent Synagogue
  RAIC, XXXII, 10 (oct. 55), 373, ill.
- **A0489** Synagogue Beth Ora
  ABC, XV, 168 (avril 60), 137, ill.
  ABC, XVIII, 203 (mars 63), 38-40, texte & ill.

Scott, Giles Gilbert
Toronto
- **A0490** Trinity College Chapel
  RAIC, XXXIII, 12 (déc. 56), 466-467, texte & ill.

Sellors, Roy
Winnipeg
- **A0491** Our Lady of Victory Memorial Church
  RAIC, XXXIII, 12 (déc. 56), 460-461, texte & ill.

Semmens and Simpson
Burnaby
- **A0492** Center and Hanna Funeral Chapel
  CB, IX, 8 (août 59), 41, ill.

Vancouver
- **A0493** St. Anselm's Anglican Church
  RAIC, XXXII, 3 (mars 55), 72, ill.
  CB, IV, 1 (jan. 54), 19, ill.
  CB, IV, 4 (avril 54), 35-37, texte & ill.

Sherriff, Wallace
North York
- **A0494** Northminster Baptist Church
  TCA, XIII, 3 (mars 68), 46-48, texte & ill.

Servos and Cauley
Toronto
- **A0495** Eglinton Baptist Church
  RAIC, XXXIII, 5 (mai 56), 162, ill.

Short, D. Perry
Sault Ste-Marie
- **A0496** St. Jerome's R.C. Church
  CB, XV, 12 (déc. 65), 37, texte & ill.

Smith, Carter, Katelnikoff
Brandon
- **A0497** Knox United Church
  RAIC, XXXIII, 12 (déc. 56), 463, texte & ill.

Smith, Carter, Searle & Associates
Winnipeg
- **A0498** Wentworth United Church
  NB, VIII, 12 (déc. 59), 18, texte & ill.

Somerville, W.L.; McMurrich & Oxley
- **A0499** Voir McMurrich & Oxley; Somerville, W.L.

Stade, Charles E. (Ass.)
Toronto
- **A0500** St. Luke Lutheran
  TCA, VI, 2 (fév. 61), 50-52, texte & ill.

Stalmach, Frank J.
Chatham (Ont.)
- **A0501** St. Anthony's Church
  RAIC, XXXV, 11 (nov. 58), 414, texte & ill.

Stanley, K.C. (Co.)
Edmonton
- **A0502** Avonmore United Church
  RAIC, XXXIII, 12 (déc. 56), 461, texte & ill.

Stephenson, J. (Ass.)
Calgary
- **A0503** St. Francis (R.C.) Church
  NB, VIII, 12 (déc. 59), 17, texte & ill.
  BAT, XXXVII, 5 (mai 62), 43, ill.

Stevenson & ass.
Édifice de lieu inconnu
- **A0504** Agrandissement d'une église
  RAIC, XLIII, 4 (avril 66), 22, ill.

Storey, Joseph W.
Chatham (Ont.)
- **A0505** The Pines Chapel and Motherhouse
  RAIC, XXXIX, 12 (déc. 62), 55-60, texte & ill.
  TCA, VIII, 3 (mars 63), 54-57, texte & ill.
- **A0506** Ursuline Sister's Convent
  CB, XII, 7 (juil. 62), 36-37, texte & ill.

Storey, Stan E.; Van Egmond, W.G.
Regina
- **A0507** Redeemer Lutheran Church
  RAIC, XXXII, 7 (juil. 55), 243, ill.

Stovel, Burton
Édifice de lieu inconnu
- **A0508** A Church and Church School (projet d'étudiant)
  RAIC, XXIII, 4 (avril 46), 97, texte & ill.

Strutt, James W.
Ottawa
- **A0509** Bells Corners United Church
  TCA, X, 7 (juil. 65), 55-58, texte & ill.
- **A0510** Chapelle pour le Collège Carleton
  RAIC, XXVIII, 3 (mars 51), 67, texte & ill.
- **A0511** St. Paul's Presbyterian Church
  NB, X, 12 (déc. 61), 22, texte & ill.
  CB, X, 5 (mai 60), 72-73, texte & ill.
- **A0512** St. Peter's Anglican Church
  NB, X, 12 (déc. 61), 24, texte & ill.
  CB, IX, 6 (juin 59), 35-36, texte & ill.

Thibault, Roger
Gatineau
- **A0513** Ste-Maria-Goretti
  ABC, XVIII, 203 (mars 63), 30-31, texte & ill.

Thompson, Berwick & Pratt
West Vancouver
- **A0514** St. Stephen's Church
  TCA, VI, 6 (juin 61), 59, texte & ill.

Thompson, Berwick, Pratt & Partners
Comox (C.-B.)
- **A0515** Filburg Church
  RAIC, XLII, 12 (déc. 65), 54, ill.

Thornton, Peter
Nelson
- **A0516** Redemptorist Parish Church
  CB, IX, 6 (juin 59), 37-38, texte & ill.

Toby & Russell
Vancouver
- **A0517** Kerrisdale Roman Catholic Church
  RAIC, XXXV, 4 (avril 58), 130, ill.
- **A0518** Holy Name Church
  RAIC, XXXIX, 4 (avril 62), 34, ill.
- **A0519** Church of St. John the Apostle
  RAIC, XXXVII, 3 (mars 60), 104, ill.

Tolchinsky, H. M.
Édifice de lieu inconnu
- **A0520** Synagogue
  RAIC, XXXVIII, 3 (mars 61), 41 et 52, ill.

Tremblay, A.-Henri
Lac-Bouchette
- **A0521** N.-D.-de-Lourdes
  ABC, IX, 94 (fév. 54), 25-27, texte & ill.
  RAIC, XXX, 1 (jan. 53), 3-7, texte & ill.

Trépanier, Paul-O.
Farnham
- **A0522** Église St-Romuald
  BAT, XXXIV, 6 (juin 53), 11, texte.

Turcotte, Maginnis, Walsh
Westmount
- **A0523** Église de l'Ascension
  ABC, II, 18 (oct. 47), 41-42, ill.

Turner, Philip J.
Montréal
- **A0524** Christ Church Cathedral (chaire)
  RAIC, XVIII, 4 (avril 41), 63, ill.
- **A0525** Y.M.C.A. Chapel
  RAIC, XVIII, 4 (avril 41), 63, ill.

University of British Columbia
Édifice de lieu inconnu
- **A0526** Projet d'étudiant: Roman Catholic Parish Church
  RAIC, XXXII, 3 (mars 55), 79, texte & ill.

University of Manitoba
Winnipeg
- **A0527** Projet d'étudiant: Interdenominational Chapel for the Campus
  RAIC, XXXVI, 3 (mars 59), 72, texte & ill.
- **A0528** Projet d'étudiant: Suburban Parish Church
  RAIC, XXXVI, 3 (mars 59), 73, texte & ill.

Ussner, W.R.
Edmonton
- **A0529** Our Lady of Assumption
  ABC, XIII, 148 (août 58), 53, texte & ill.
  TCA, 1 (nov. déc. 55), 45-48, texte & ill.

Maillardville (Vancouver)
- **A0530** Our Lady of Fatima
  TCA, VI, 7 (juil. 61), 57-59, texte & ill.
  NB, VIII, 12 (déc. 59), 18, texte & ill.

North Surrey (Vancouver)
- **A0531** Our Lady of Good Counsel
  TCA, VI, 7 (juil. 61), 53-56, texte & ill.

Venchiarutti & Venchiarutti
Toronto
- **A0532** Church of St. Raphaël
  RAIC, XXXII, 10 (oct. 55), 372, ill.

Vincent, Jacques; Ouellet, Jean
- **A0533** Voir Ouellet, Jean; Vincent, Jacques

Walker, Howard V.
Toronto
- **A0534** Crematorium and Chapel for Riverside Cemetery
  TCA, XII, 2 (fév. 67), 14, texte & ill.

Warshaw, L.D.
Westmount
- **A0535** Projet thèse: synagogue pour Westmount
  ABC, X, 111 (juil. 55), 31-34, texte & ill.

Watt & Tillmann
Waterdown (Ont.)
- **A0536** Notre-Dame Chapel
  RAIC, XXXIII, 7 (juil. 56), 266-267, texte & ill.

Webber, Douglas
Halifax
- **A0537** Edgewood United Church
  RAIC, XXXVI, 1 (jan. 59), 13, ill.

Webster & Gilbert
Saskatoon
- **A0538** First Baptist Church
  RAIC, XXIII, 3 (mars 46), 68, texte & ill.

Weir, Cripps and Associates
Toronto
- **A0539** Lansing United Church
  RAIC, XXXIII, 5 (mai 56), 162, ill.

White & Cole
North Vancouver
- **A0540** St. Richard's Anglican Church
  TCA, I, 7 (juil. 56), 19-22, texte & ill.

Wiens, Clifford
Moose Jaw
- **A0541** Church of our Lady
  TCA, X, (yearbook 65), 83, texte & ill.

Regina
- **A0542** Hill Avenue Mennonite Brethren Church
  RAIC, XL, 12 (déc. 63), 37-39, texte & ill.
  RAIC, XLI, 11 (nov. 64), 71, texte & ill.
  TCA, X, 3 (mars 65), 59-61, texte & ill.

Silton (Saskatchewan)
- **A0543** Silton Chapel
  ARCAN, 47 (12 oct. 70), 11, texte & ill.
  TCA, X, (yearbook 65), 83, texte & ill.

Whitewood (Sask.)
- **A0544** St. Joseph's
  TCA, VI, 2 (fév. 61), 45-47, texte & ill.

Wiggs, Lawton & Walker
Montréal
A0545 Montreal's First Church of Christian Science
CB, VIII, 7 (juil. 58), 22-23, texte & ill.

Wilding, R. William
New Westminster (C.-B.)
A0546 Queen's Avenue United Church
TCA, VI, 2 (fév. 61), 36-40, texte & ill.
RAIC, XXXVIII, 5 (mai 61), 56-57, ill.
Vancouver
A0547 Kerrisdale Presbyterian Church
RAIC, XXXIV, 8 (août 57), 309-311, texte & ill.
North Vancouver
A0548 Highlands United Church
RAIC, XXXIII, 12 (déc. 56), 462, texte & ill.
RAIC, XXXV, 4 (avril 58), 128 et 131, ill.
RAIC, XXXVIII, 5 (mai 61), 58, ill.
CB, XII, 3 (mars 62), 28, texte & ill.
TCA, VI, 2 (fév. 61), 41-44, texte & ill.

Wilson, P. Roy
Montréal
A0549 St. Thomas Church
RAIC, XXXV, 11 (nov. 58), 409, texte & ill.

Zeidler, Eberhard
Peterborough
A0550 Grace United Church
TCA, I, 4 (avril 56), 37-38, texte & ill.
A0551 The Beth Israel
TCA, VIII, 11 (nov. 63), 5-6, texte & ill.
Scarborough
A0552 Parkwoods United Church
CB, XV, 12 (déc. 65), 34 et 36, texte & ill.

Zuk, Radoslav
Édifice de lieu inconnu
A0553 Ukrainian Church (étude)
CB, VI, 7 (juil. 56), 45, texte & ill.
Tyndall (Manitoba)
A0554 Ukrainian Catholic Church of St. Michael
RAIC, XLI, 11 (nov. 64), 84, texte & ill.

Zunic & Sobkowich
Winnipeg
A0555 Ukrainian Catholic Church of the Holy Family
RAIC, XLI, 11 (nov. 64), 85, texte & ill.

Édifices religieux divers
Miscellaneous Religious Buildings

Anonyme/Anonymous
Édifice de lieu inconnu
A1001 Education building for a Methodist Church Congregation
CB, VII, 8 (août 57), 59, texte & ill.
Amos
A1002 Évêché d'Amos
ABC, IV, 42 (oct. 49), 30, ill.
Aylmer
A1003 Monastère des Rédemptoristes (réfection et modernisation)
BAT, LIII, 2 (fév. 78), 5, texte.
Baie Shawinigan
A1004 Couvent
BAT, XXXIV, 5 (mai 59), 81, texte.
Chicoutimi
A1005 Couvent Sainte-Anne
BAT, XXXIII, 9 (sept. 58), 17, texte.
BAT, XXXIII, 11 (nov. 58), 9, texte.
Ile-Maligne
A1006 Couvent
BAT, XXIX, 4 (avril 54), 84-85, texte.
Montréal
A1007 Presbytère de la paroisse Saint-Hippolyte
BAT, XXX, 2 (fév. 55), 17, texte.
Montréal-Est
A1008 Presbytère de la paroisse St-Octave
BAT, XXXIV, 2 (fév. 59), 19, texte & ill.

Roberval
A1009 Monastère, Hôtel Dieu St-Michel
ABC, IV, 44 (déc. 49), 25, ill.
Ste-Angèle
A1010 Couvent
BAT, XXXVI, 10 (oct. 60), 57, texte.
Ste-Anne-de-la-Pocatière
A1011 Villa St-Jean (maison de retraités)
BAT, XXXIII, 2 (fév. 58), 47, texte & ill.
Sainte-Foy
A1012 Scolasticat des Pères du Saint-Esprit
BAT, XXXIII, 4 (avril 58), 10 et 21, texte.
Sainte-Louise de l'Islet
A1013 Couvent des RR. Soeurs de la Charité
BAT, XXXIII, 4 (avril 58), 46, texte & ill.

Adamson, Gordon S. (ass.)
North York
A1014 The Convent of the Sisters of the Good Shepherd.
RAIC, XXXIII, 7 (juil. 56), 268-269, ill.

Audet, Louis N.
Sainte-Anne de Beaupré
A1015 Monastère de Sainte-Anne de Beaupré
RAIC, XVIII, 4 (avril 41), 63, ill.

Bégin, B.; Daudelin, G.
Trois-Rivières
A1016 Aménagement paysager du cimetière St-Michel
ABC, XVII, 196 (août 62), 46, texte & ill.

Bélanger, Alphonse
Magog
A1017 Presbytère St-Jean-Bosco
BAT, XXVIII, (avril 53), 28, ill.
Sherbrooke
A1018 Grand Séminaire des Saints-Apôtres
BAT, XXX, 3 (mars 55), 32-33, texte & ill.

Bélanger, Yves
Montréal
A1019 Monastère des Dominicains
BAT, XXXVII, 2 (fév. 61), 22-23 et 26-27, texte & ill.

Bellot, Dom Paul
Saint-Benoit-du-Lac
A1020 Monastère Saint-Benoit-du-Lac
RAIC, XXXVII, 2 (fév. 60), 58, ill.

Bird, John
LaSalle
A1021 Église et presbytère St. John Brebeuf
ABC, XX, 234 (oct. 65), 31-35, texte & ill.

Blais, Shedden & ass.
St. Paul (Alberta)
A1022 Monastery for the Sisters of the Precious Blood
RAIC, XL, 1 (jan. 63), 28, ill.

Blatherwick, John L.
Wildfield, Bolton (Ont.)
A1023 Convent for Sisters of Loretto
ARCAN, 46, 1 (jan. 69), 41, ill.

Blatter & Caron; Gagnon, J. Berchmans
Giffard
A1024 Maison-Mère des Soeurs de la Charité
BAT, XXX, 12 (déc. 55), 22-23, texte & ill.
BAT, XXXI, 1 (jan. 56), 37, texte & ill.
CB, V, 9 (sept. 55), 44-45, texte & ill.
CB, VI, 4 (avril 56), 8, texte.
ABC, XII, 131 (mars 57), 40-43, texte & ill.

Blouin, André
Montréal
A1025 Maison Provinciale des Pères Blancs
RAIC, XLI, 11 (nov. 64), 129, texte & ill.
ABC, XVIII, 201 (jan. 63), 14-17, texte & ill.
ABC, XVIII, 211 (nov. 63), 34-41, texte & ill.

Bonetto, Derome, Papineau
Montréal
A1026 Le Hall Notre-Dame (animation missionnaire)
AC, 33, 339 (jan.-fév. 77), 21-23, texte & ill.

Brassard, Sylvio
Kénogami
A1027 Presbytère Sainte-Famille
BAT, XXX, 10 (oct. 55), 36-37, texte & ill.

Brillon, Henri
Édifice de lieu inconnu
A1028 Cimetière
TCA, XV, 7 (juil. 70), 55-57

Caron, Jean-Louis
Pointe-du-Lac
A1029 Cénacle St-Pierre (Monastère)
ABC, IV, 39 (juil. 49), 42, ill.

Chalifoux, Roger
Longueuil
A1030 Externat, chapelle et monastère des Pères Franciscains
ABC, VIII, 82 (fév. 53), 30-31, texte & ill.

Chicoine, J.
Édifice de lieu inconnu
A1031 Un presbytère (projet d'étudiant)
RAIC, XXII, 4 (avril 45), 83, texte & ill.

Clifford & Lawrie
Scarborough
A1032 Westminster Presbyterian Church Hall
TCA, VI, 3 (mars 61), 58-60, texte & ill.

Courchesne, Eugène
Ste-Marie-des-Deux-Montagnes
A1033 Abbaye bénédictine
ABC, II, 19 (nov. 47), 50, ill.

Coutu, Jacques
Chicoutimi-Nord
A1034 Église Ste-Claire et presbytère
ABC, XIX, 223 (nov. 64), 29-32, texte & ill.

Crevier, Bélanger, Lemieux, Mercier
Ville Jacques-Cartier
A1035 Maison familiale St-Joseph (Monastère)
ABC VI, 69 (jan. 52), 14-21 et 32, texte & ill.

Critchley & Delean
Hearst
A1036 Séminaire de Hearst
RAIC, XXXIV, 8 (août 57), 298-299, ill.

Denoncourt & Denoncourt
Trois-Rivières
A1037 Centre funéraire Rousseau & Frères
ABC, XII, 140 (déc. 57), 30-33, texte & ill.

Desgagné et Boileau
Desbiens, Lac-St-Jean
A1038 Monastère des Pères Rédemptoristes
ABC, IV, 44 (déc. 49), 22, ill.

Deshaies, G.
Rouyn
A1039 Maison de retraites
ABC, IV, 42 (oct. 49), 32, ill.

Desnoyers, Maurice
St-Hyacinthe
A1040 Patronage St-Vincent-de-Paul
BAT, XXXIV, 1 (jan. 59), 10, texte.

Desrochers & Dumont
St-Martin
A1041 Presbytère St-Pie-X
BAT, XXXVI, 10 (oct. 60), 28, texte & ill.

Dickinson, Peter (ass.)
Toronto
A1042 Jesuit Seminary
RAIC, XXXVI, 6 (juin 59), 212, texte & ill.
TCA, IV, 8 (août 59), 71, texte & ill.

Dumais, Roland
Montréal
A1043 Presbytère St-Jean-Baptiste-de-la-Salle
ABC, V, 46 (fév. 50), 29, ill.

Fleury & Arthur
Toronto
A1044 Parish Hall for St. Cuthbert's Anglican Church
RAIC, XXIX, 7 (juil. 52), 220-221, ill.

Fowler, C.A. (Co.)
Halifax
A1045 St. Andrew's Church Hall
RAIC, XXXVI, 1 (jan. 59), 11 et 14, ill.

Gagnon, J. Berchmans; Blatter & Caron
A1046 Voir Blatter & Caron; Gagnon, J. Berchmans

Gardiner & Thornton
Lulu Island (C.-B.)
A1047 St. Monica's Priory
RAIC, XXIX, 6 (juin 52), 170 et 215, ill.

Gardiner, Thornton, Gathe & ass.
White Rock (C.-B.)
A1048 Good Shepherd Convent
RAIC, XLI, 11 (nov. 64), 44, texte & ill.

Gauthier, Maurice; Trépanier, Paul-O.
Édifice de lieu inconnu
A1049 Avant-projet d'un monastère
ABC, XII, 129 (jan. 57), 28-30, texte & ill.

Hall, Carl
Édifice de lieu inconnu
A1050 Monastère pour les Pères Trappistes: projet d'étudiant
ABC, XVII, 195 (juil. 62), 36, texte & ill.
RAIC, XXXIX, 8 (août 62), 60, texte.

Lamontagne & Gravel
Naudville, Lac-St-Jean
A1051 Monastère des Pères du St-Sacrement
ABC, IV, 44 (déc. 49), 22, ill.

Larose, Eugène
Carillon
A1052 Noviciat des Frères de Ste-Croix
ABC, IV, 44 (déc. 49), 29, ill.
Montréal
A1053 Maison provinciale et chapelle Clercs de St-Viateur
ABC, II, 10 (jan. 47), 36, texte.

Lau, Patrick
Édifice de lieu inconnu
A1054 Roman Catholic Religious Centre (église et presbytère)
TCA, XIII, 6 (juin 68), 8, texte & ill.

LeBlanc, Yvon; Gaudet, Gérald J.
Moncton, N.-B.
A1055 Résidence de l'archevêque de Moncton
BAT, X, 1 (jan. 62), 26-29, texte & ill.

Lett William
Peterborough
A1056 Chapelle et crématorium
ARCAN, XLIX, (10 juil. 72), 4, texte & ill.

Mainguy, Lucien
St-Hyacinthe
A1057 Maison de retraite pour les Dominicains
ABC, II, 12 (mars 47), 32, texte.
ABC, III, 30 (oct. 48), 42-43, ill.

Maragna, Rocco
Toronto
A1058 Columbia Funeral Home
TCA, XXIV, 12 (yearbook, déc. 79), 20-22 et 30-32, texte & ill.

Marani, Morris and Allan
Toronto
A1059 Motherhouse of the Sisters of St. Joseph
CB, XII, 1 (jan. 62), 65-67, texte & ill.

Murray & Murray
Brockville
A1060 Monastery, St. Mary's College
TCA, X, (yearbook 65), 86, texte & ill.

Nicolls & DiCastri
Victoria
A1061 McCall Bross. funeral home (agrandissement)
RAIC, XXIX, 6 (juin 52), 168, ill.

Paré, Gilbert
Édifice de lieu inconnu
A1062 Projet étudiant: presbytère paroissial
ABC, XII, 140 (déc. 57), 53, ill.

Parent, Guy
Mont Plaisant
A1063 Monastère Régina Mundi
ABC, XIII, 148 (août 58), 32-34, texte & ill.

Parent, Guy S.N.
Édifice de lieu inconnu
A1064 Maison domiciliaire pour la Fabrique Notre-Dame-de-l'Assomption
BAT, XXIX, 8 (août 54), 3 et 24-25, texte & ill.
Montréal
A1065 Maison-Mère pour la Congrégation des Petites Filles de Saint François
BAT, XXIX, 8 (août 54), 44-45, texte & ill.

Parkin, John B. (ass.)
Toronto
A1066 The Salvation Army Headquarters Building for Canada and Bermuda (auditorium)
RAIC, XXXIV, 5 (mai 57), 173-177, ill.

Perry, Leslie A.
Toronto
A1067 United Church of Canada: administrative and spiritual centre.
CB, XI, 9 (sept. 61), 33-37, texte & ill.

Poulin, Albert
Lennoxville
A1068 Postulat pour les Pères Blancs d'Afrique
BAT, XXIX, 9 (sept. 54), 19, texte.
Sherbrooke
A1069 Maison Provinciale des Soeurs de la Présentation-de-Marie
BAT, XXIX, 11 (nov. 54), 26-27, texte & ill.

Racicot, Félix
St-Bruno
A1070 Monastère trinitaire
ABC, III, 30 (oct. 48), 46, ill.

Richard, René
Hull
A1071 Monastère de la Fraternité sacerdotale
ABC, XV, 167 (mars 60), 72-73, texte & ill.

Richer, G. René
St-Hyacinthe
A1072 Monastère des Soeurs du Précieux-Sang
ABC, VI, 60 (avril 51), 23, ill.

Rinfret, Arthur
Québec
A1073 Salon funéraire Arthur Cloutier, 1ère ave et 10e rue
ABC, XI, 128 (déc. 56), 37-39, texte & ill.

Robert, G.
Trois-Rivières
A1074 Aménagement paysager du Collège Marie-de-l'Incarnation et du couvent des Ursulines.
ABC, XVII, 196 (août 62), 46-47, texte & ill.

Robillard, Lucien
Édifice de lieu inconnu
A1075 Un presbytère de village: projet d'étudiant
RAIC, XXIII, 4 (avril 46), 93, texte & ill.

Roth, M.W.
Montréal
A1076 Salon Funéraire Paperman & Sons
ABC, VIII, 92 (déc. 53), 22-24, texte & ill.

Roux & Morin
Montréal
A1077 Centre Marial des Pères Montfortains
ABC, XVI, 179 (mars 61), 36-41, texte & ill.
BAT, IX, 8 (août 61), 12-15, texte & ill.

Royer, André
Sherbrooke
A1078 Monastère Mont-Ste-Anne
ABC, IV, 40 (août 49), 38, ill.

Rule, Wynn & Rule
Bonnyville (Alberta)
A1079 Couvent
RAIC, XVII, 8 (août 40), 150

Saia, Mario
Montréal
A1080 Projet étudiant: un établissement de salons funéraires
ABC, XVII, 190 (fév. 62), 48, ill.

St-Gelais, Tremblay & Tremblay
Chibougamau
A1081 Presbytère de la paroisse St-Marcel
RAIC, XLI, 11 (nov. 64), 134, texte & ill.
Jonquière
A1082 Résidence des Soeurs Hospitalières, Hôtel-Dieu N.-D. de l'Assomption (Cloître et chapelle)
ABC, XX, 225 (jan. 65), 16-19, texte & ill.

Storey, Joseph W.
Chatham (Ont.)
A1083 Pines Motherhouse & Chapel
TCA, VIII, 3 (mars 63), 54-57, texte & ill.

Toporek, W.J.
Red River Valley
A1084 Projet d'étudiant: Monastery for the Cistercian Order of the Strict Observance
RAIC, XXXVI, 3 (mars 59), 81, texte & ill.

Townley & Matheson
Vancouver
A1085 Slavin's Funeral Home
RAIC, XVIII, 8 (août 41), 141, ill.

Trépanier, Paul-O.
Granby
A1086 Salons funéraires Girardot & Ménard
ABC, XIII, 152 (déc. 58), 38-39, texte & ill.

Trépanier, Paul-O.; Gauthier, Maurice
Édifice de lieu inconnu
A1087 Avant-projet d'un monastère
ABC, XII, 129 (jan. 57), 28-30, texte & ill.

Ussner, W.R.
Maillardville (C.-B.)
A1088 Good Shepherd Convent
TCA, III, 12 (déc. 58), 31-35, texte & ill.

Young, Sam
Édifice de lieu inconnu
A1089 Crématorium
RAIC, XXIX, 5 (mai 52), 142, ill.

Commerce et industrie
Commerce and Industry

"Commercial Building, A Canadian Builder Feature Report".
CB, XVII, 10 (oct. 67), 47-53

"Construction commerciale: marché actif".
BAT., XLVII, 4 (avril 72), 8, texte.

"Dans les bâtiments commerciaux, les régulateurs transistorisés sont de plus en plus employés".
BAT., XLVII, 3 (mars 72), 26, texte.

"Dans le secteur commercial, on rénoverait plutôt que de construire".
AC, XXXV, 351 (mars-avril 79), 4

"Édifices commerciaux".
BAT., XLII, 10 (oct. 67), 29-34, texte & ill.

"Expo's influence sets a deadline for Montreal's commercial buildings".
CB, XVI, 10 (oct. 66), 64

"Survey '69: Commercial Building, Benson's bomb and its 5% fuse".
CB, XIX, 7 (juil. 67), 27-40

"Tendances '68: édifices commerciaux".
BAT., XLIII, 7 (juil. 68), 17-19, texte & ill.

"Tendances 70: construction commerciale, industrielle et résidentielle".
BAT, XLV, 7 (juil. 70), 19-21 et 25

"Tendances 71: construction commerciale".
BAT., XLVI, 8 (août 71), 17-18, texte & ill.

Brady, James
"Shopping hubs, office buildings bring new concepts, techniques to Halifax". (nouveaux édifices commerciaux)
CB, XVI, 10 (Oct. 66), 72-74

Burgess, Cecil S.
"Provincial Page". (L'architecture d'affaire et de commerce)
RAIC, XXIII, 4 (avril 46), 101-102

Curtis, Tim
"A new surge in commercial building brightens the Vancouver picture". (les édifices commerciaux)
CB, XVIII, 7 (juil. 68), 22-23

Curtis, Tim et al.
"Survey '68: Commercial building. A Canadian Builder Special Report". (ex. de grandes villes du Canada)
CB, XVIII, 7 (juil. 68), 15-23

Fowke, Clifford
"Commercial building climbs to new heights in volume". (au Canada)
CB, XVI, 10 (oct. 66), 60

Fowke, Clifford et al.
"Survey '70, Commercial Building". (quelques ex. de grandes villes du Canada)
CB, XX, 7 (juil. 70), 23-32

"Survey '71: Commercial Building". (quelques projets à travers le Canada)
CB, XXI, 8 (août 71), 11-19 et 22 et 25 et 27

Gunderson, Harold
"Oil paves the way for Calgary's building surge".
CB, XVIII, 7 (juil. 68), 21-22

Hayter, Ron
"Big CNR plan leads way in Edmonton projects".
CB, XVIII, 7 (juil. 68), 20-21

Jansen, Doug
"Downtown re-development is major interest in Winnipeg".
CB, XVIII, 7 (juil. 68), 19-20

Laliberté, Victor
Un centre économique, projet d'étudiant
RAIC, XXV, 5 (mai 48), 158-159, ill.

Meerburg, Peter
"Office and retail construction lead the way in Halifax".
CB, XVIII, 7 (juil. 68), 23 et 35

Meere, Phil
"Toronto revels in its greatest boom in all types of commercial building".
CB, XVI, 10 (oct. 66), 61-63

Soalheimer, Harriet
"Office building and shopping centres forge ahead this year in Montreal". (les édifices commerciaux)
CB, XVIII, 7 (juil. 68), 18-19

Tessier-Lavigne, Andrée
"En flânant dans Montréal". (nouveau design dans les bâtiments commerciaux).
AC, 24, 275 (juin 69), 30-38

Woods, Phyllis
"In Toronto it's table stakes and not everyone can play".
CB, XVIII, 7 (juil. 68), 16-17

Banques
Banks

"Branch banks across the country"
RAIC, XXXIV, 2 (fév. 57), 36-56

"Steel branch banks show imagination".
CB, XI, 12 (déc. 61), 48-49

Arthur, E.R.
"The branch Bank in the Market Place".
RAIC, XXVII, 10 (oct. 50), 336-337

Davenport, S.G.
"Recent trends in bank building".
RAIC, XXVII, 10 (oct. 50), 334-335

Moody, H.H.G.
"Branch Bank Interiors".
RAIC, XXVII, 10 (oct. 50), 354-355

Pratt, Charles E.
"Influence of American design on canadian bank buildings".
RAIC, XXVII, 10 (oct. 50), 356 et 363

Townsend, L.W.
"The why and wherefore of modern bank design".
RAIC, XXVII, 10 (oct. 50), 332-333

Wright, Bruce H.
"Introduction" (à un article sur la construction des banques).
RAIC, XXVII, 10 (oct. 50), 331

Anonyme/Anonymous

Calgary
B0001 Royal Bank Building
CB, XVII 7 (juil. 67), 7, texte.

Drummondville
B0002 Banque Provinciale du Canada (agrandissement)
BAT, XXXIII, 4 (avril 58), 2', texte.

Edmonton
B0003 Canadian Commercial Bank Tower
CB, XXX, 8 (août 80), 15, ill.

Hamilton
B0004 Canadian Imperial Bank of Commerce (Réfection du système de climatisation)
CB, XII, 4 (avril 62), 34-35, texte & ill.

Hillsborough (N.-É.)
B0005 The Bank of Nova Scotia
RAIC, XXXIV, 2 (fév. 57), 37, ill.

Jonquière
B0006 Banque de Commerce du Canada
BAT, XXXIII, 12 (déc. 58), 11, texte.

London
B0007 Bank of Nova Scotia
CB, X, 6 (juin 60), 72, texte & ill.

Montréal
B0008 Banque Canadienne Impériale de Commerce
BAT, XLII, 10 (oct. 67), 34, texte & ill.

B0009 Banque de la Nouvelle-Écosse, siège social
ABC, XV, 174 (oct. 60), 341, texte & ill.

B0010 Banque Fédérale de Développement
BAT., LV. 5 (juin 80), 5, texte & ill.

B0011 Banque Impériale, rue St-Jacques
ABC, III, 28 (août 48), 33, ill.

B0012 Banque Royale du Canada, rue Ste-Catherine Est
ABC, V, 49 (mai 50), 24, ill.

B0013 Royal Bank of Canada Building (Place Ville-Marie)
TCA, VI, 8 (août 61), 15, texte.

B0014 Toronto-Dominion Bank
BAT, IX, 9 (sept. 61), 46-47, texte & ill.

Oshawa
B0015 Bank of Nova Scotia
RAIC, XXVII, 10 (oct. 50), 339, ill.

Ottawa
B0016 Toronto Dominion Bank
CB, XV, 5 (mai 65), 5, texte & ill.

Outremont
B0017 Banque Royale du Canada, ave Van Horne
ABC, V, 49 (mai 50), 26, ill.

Québec
B0018 Banque d'Économie de Québec, 2925 ch. Ste-Foy
BAT, XXXIV, 3 (mars 59), 51, texte.

Régina
B0019 Canadian Imperial Bank of Commerce
CB, XIX, 7 (juil. 69), 35, texte & ill.

Rexdale
B0020 Bank of Montréal (installation d'un système de climatisation)
CB, XII, 4 (avril 62), 39, texte & ill.

Saint-Odilon de Cranbourne
B0021 Caisse populaire de Saint-Odilon de Cranbourne
BAT, LII, 7 (juil. 77), 4, texte.

St-Romuald
B0022 Caisse d'établissement de la Chaudière
BAT, XLVI, 11 (nov. 71), 5, texte.

Scarborough
B0023 Bank of Montreal operations centre
CB, XXIX 1 (jan. 79), 9, texte.

Toronto B0024 Canadian Bank of Commerce CB, VI, 5 (mai 56), 78, texte. *Vancouver* B0025 Bank of Montreal (Bentall Centre) CB, XXI, 2 (fév. 71), 7, texte & ill. *Victoriaville* B0026 Banque Canadienne Nationale BAT, XXXIII 2 (fév. 58), 10, texte. *Winnipeg* B0027 Bank of Canada (Richardson complex) CB, XX, 5 (mai 70), 66, texte. B0028 Bank of Montreal (Headquarters) CB, XVIII, 6 (juin 68), 6, texte. B0029 The Bank of Nova Scotia CB, VI, 11 (nov. 56), 33-34, texte & ill. **Adamson, Gordon S.** *Mount Dennis (Ont.)* B0030 Bank of Nova Scotia RAIC, XXVII, 10 (oct. 50), 340, ill. **Amyot, Gaston** *Québec* B0031 Banque d'économie de Québec, service à l'auto, St-Albert Le Grand. ABC, X, 116 (déc. 55), 32-33, texte & ill. **Ashworth, F.** *Montréal* B0032 Canadian Imperial Bank of Commerce Building CB, XV, 5 (mai 65), 57 et 59, texte & ill. **ATEC** *Québec* B0033 Banque Provinciale BAT, XLVII, 1 (jan. 72), 28, texte. **Audet et Blais** *Drummondville* B0034 Caisse Populaire de St-Jean-Baptiste BAT, XXXIII, 9 (sept. 58), 17, texte. B0035 Caisse Populaire de St-Joseph BAT, XXXIII, 9 (sept. 58), 17, texte. BAT, XXXIV, 9 (sept. 59), 30-33, texte & ill. B0036 Caisse populaire Ste-Thérèse BAT, XXXIII, 10 (oct. 1958), 36-39, texte & ill. **Bamberger, Erwin** *Montréal* B0037 Décarie Commercial Building (occupé par The Bank of Nova Scotia) RAIC, XXXIII, 6 (juin 56), 235, ill. **Barott and Blackader** *Ottawa* B0038 Bank of Montreal RAIC, XXII, 12 (déc. 45), 265, ill. **Beaulé, Oscar** *Québec* B0039 Banque d'Économie ABC, II, 11 (fév. 47), 35, ill. **Beaulé et Morissette** *Québec* B0040 Caisse d'Économie RAIC, XVII, 5 (mai 40), 78, ill. **Beck & Eadie** *Lethbridge* B0041 The Dominion Bank RAIC, XXVII, 10 (oct. 50), 353, ill. *Summerside (I.P.E.)* B0042 Bank of Nova Scotia RAIC, XXVII, 10 (oct. 50), 338, ill. **Beck & Eadie; Mathers & Haldenby** B0043 Voir Mathers & Haldenby; Beck & Eadie. **Béland, Paul** *Édifice de lieu inconnu* B0044 Entrée principale d'une grande banque (Projet d'étudiant) RAIC, XXIII, 4 (avril 46), 92, texte & ill.	**Bélanger, R.-Gilles; Trépanier, Paul-O.** B0045 Voir Trépanier, Paul-O.; Bélanger, R.-Gilles. **Blackwell, W. and W.R.L. & Craig** *Toronto* B0046 Bank of Toronto (Haddington ave.) RAIC, XXVII, 10 (oct. 50), 352, ill. **Bregman & Hamann** *Toronto* B0047 Bank of Montreal CB, XXII, 11 (nov. 72), 5 et 13, texte. **Bregman & Hamann; Parkin, John B. (ass.)** B0048 Voir Parkin, John B. (ass.); Bregman & Hamann **Brennan & Whale** *Agincourt (Ont.)* B0049 The Bank of Nova Scotia RAIC, XXXIV, 2 (fév. 57), 42, ill. **Brillon, Henri** *Montréal* B0050 Caisse populaire St-Zotique ABC, XXI, 239 (mars 66), 33-38, texte & ill. *Repentigny* B0051 Caisse populaire de Repentigny ABC, XIX, 222 (oct. 64), 42-46, texte & ill. **Chapman & Hurst** *Édifice de lieu inconnu* B0052 Construction en acier inoxydable pour une succursale de banque (1er prix Stainless Steel Design Award) BAT., IX, 12 (déc. 61), 37, ill. CB, XI, 12 (déc. 61), 48-49, texte & ill. RAIC, XXXVIII, 11 (nov. 61), 75-77, texte & ill. ABC, XVII, 189 (jan. 62), 28-30, ill. **Chapman, Oxley & Facey; Marani & Morris** *Toronto* B0053 Bank of Montreal (King & Boy St.) RAIC, XXIII, 3 (mars 46), 64-65, texte & ill. RAIC, XXVI, 11 (nov. 49), 365-388, texte & ill. RAIC, XXVI, 11 (nov. 49), 380-383, texte & ill. **Coleman, E.M.; Shennan, David** *Sorel* B0054 Banque Canadienne de Commerce RAIC, XXVII, 10 (oct. 50), 348-349, ill. **Côté, Paul-Marie; Desgagné & Boileau** *Chicoutimi* B0055 Caisse Populaire ABC, XI, 128 (déc. 56), 32-33 texte, ill. **Coutu, Jacques** *Grande-Baie* B0056 Caisse Populaire St-Alexis ABC, XVI, 188 (déc. 61), 28-31, texte & ill. *St-Jacques de Métabetchouan* B0057 Union régionale des Caisses Populaires. ABC, XIV, 163 (nov. 59), 352-354, texte & ill. **Crang & Boake** *Markham* B0058 Bank of Nova Scotia computer centre CB, XXX, 2 (fév. 80), 7, texte. **Damphousse, Jean; Désautels, Aimé** *Laval-des-Rapides* B0059 Caisse Populaire ABC, XIII, 150 (oct. 58), 38-39, texte & ill. **Da Roza, Gustavo** *Winnipeg* B0060 Bank of Montreal (Mountain & McGregor St.) ARCAN, 48 (12 juil. 71), 3, texte & ill. TCA, XVI, 6 (juin 71), 36-37, texte & ill. **Davenport, S.G.** *Oshawa* B0061 The Royal Bank of Canada RAIC, XXVII, 10 (oct. 50), 343, ill.	*Québec* B0062 Banque Royale du Canada, rues de l'Église et St-Joseph ABC, IV, 38 (juin 49), 39, ill. ABC, V, 49 (mai 50), 27, ill. **David, Barott, Boulva and Ass.; Perrault, Jean-Julien** *Montréal* B0063 Banque Canadienne Nationale (Place d'armes) CB, XVII, 8 (août 67), 40-41, texte & ill. CB, XV, 3 (mars 65), 7, texte. ABC, XXII, 249 (jan. 67), 18-19, texte & ill. ABC, XXIII, 270 (déc. 68), 23-29, texte & ill. TCA, XIII, (Yearbook 68), 91-92, texte & ill. **David, Boulva & Cleve** *Montréal* B0064 Banque Provinciale du Canada BAT, LIV, 1 (jan. 79), 9 et 12, texte & ill. B0065 Place Mercantile BAT., LV, 10 (déc. 80), 20-21, texte & ill. *Ottawa* B0066 The Royal Bank of Canada, Sparks Street Mall. CB, XXVI, 4 (avril 76), 9, texte & ill. TCA, XXI, 6 (juin 76), 4, texte & ill. BAT, LII, 10 (oct. 77), 7, texte & ill. AC, 33, 340 (mars-avril 77), 5, texte & ill. **David & David** *Saint-Hyacinthe* B0067 La Caisse Populaire Saint-Hyacinthe RAIC, XXXIII, 6 (juin 56), 222, ill. ABC, XII, 140 (déc. 57), 39-41, texte & ill. BAT, XXIX, 9 (sept. 54), 22, texte. BAT, XXXI, 8 (août 56), 41, texte. **Dawson, F.A.** *Québec* B0068 Immeuble de la Banque Royale ABC, XXII, 251 (mars 67), 34-36, texte & ill. B0069 Royal Bank Building, Place d'Youville. TCA, XI, 5 (mai 66), 64-65, texte & ill. **Désautels, Aimé; Damphousse, Jean** *Laval-des-Rapides* B0070 Caisse populaire ABC, XIII, 150 (oct. 58), 36-39, texte & ill. **Desgagné & Boileau; Côté, Paul-Marie** B0071 Voir Côté, Paul-Marie; Desgagné & Boileau **Désgagné & Côté** *Bagotville* B0072 Caisse populaire de Bagotville ABC, XVIII, 212 (déc. 63), 38-40, texte & ill. **Dickinson, Peter (ass.)** *Montréal* B0073 Immeuble de la Banque Canadienne de Commerce ABC, XIV, 161 (sept. '59), 302, ill. ABC, XVI, 181 (mai '61), 57, texte & ill. BAT., XXXVII, 4 (avril 62), 38-40, texte & ill. RAIC, XXXV, 11 (nov. 58), 430, texte & ill. RAIC, XXXIX, 11 (nov. 62), 48-72, texte & ill. CB, X, 10 (oct. 60), 21, texte. CB, XI, 7 (juil. 61), 45, texte & ill. CB, XI, 5 (mai 61), 56, texte & ill. **Dumaresq, J. Philip (Ass.)** *Halifax* B0074 The Royal Bank of Canada RAIC, XXXII, 4 (avril 55), 129, ill. **Dumont & Desrochers** *Fabreville* B0075 Caisse Populaire St-Édouard ABC, XX, 229 (mai 65), 36-38, texte & ill. **Duplessis, Labelle, Derome** *Montréal* B0076 Caisse Centrale Desjardins, boul. St-Laurent ABC, IX, 104 (déc. 54), 31-32, texte & ill. *Pointe-aux-Trembles* B0077 Caisse populaire ABC, XIII, 150 (oct. 58), 58-59, texte & ill.

Durnford, Bolton, Chadwick and Ellwood
Montréal
B0078   Bank of Nova Scotia (agrandissement et rénovation)
CB, XI, 11 (nov. 61), 43-47, texte & ill.
CB, XI, 11 (nov. 61), 4, texte & ill.

Eadie, Arthur H.
Toronto
B0079   The Bank of Nova Scotia (Queen Street)
RAIC, XXXIV, 2 (fév. 57), 49, ill.
B0080   The Bank of Nova Scotia (Bloor and Spadina)
TCA, III, 1 (jan. 58), 33-38, texte & ill.

Elia, Sanchez; Peralta Ramos Y Agostini
Buenos Aires
B0081   Royal Bank of Canada, calle Santa Fe
RAIC, XXVII, 10 (oct. 50), 342, ill.

Erickson, A.; Marani, Rounthwaite & Dick.
Ottawa
B0082   Bank of Canada
ARCAN, L (juil. 73), 2-3, texte & ill.
TCA, XXIII, 6 (juin 78), 22-37, texte & ill.
TCA, XXV, 11 (nov. 80), 45, texte & ill.

Etherington, A. Bruce
Niagara Falls
B0083   The Bank of Toronto
RAIC, XXXIV, 2 (fév. 57), 42, ill.
Sudbury
B0084   The Toronto-Dominion Bank
TCA, III, 1 (jan. 58), 24-32, texte & ill.
Toronto
B0085   The Toronto-Dominion Bank, Knight Building
RAIC, XXXIV, 2 (fév. 57), 43, ill.

Etherington, A. Bruce (Ass.)
Édifice de lieu inconnu
B0086   The Toronto Dominion Bank
TCA, IX, 3 (mars 64), 60-61, texte & ill.

Fafard et Parizeau
Montréal
B0087   La Caisse Populaire Viauville
AC, XXXV, 352 (mai-juin 79), 17-20 et 22, texte & ill.

Fetherstonhaugh, Durnford, Bolton, Chadwick
Montréal
B0088   Banque du Canada, square Victoria.
ABC, V, 53 (sept. 50), 22-23, ill.
RAIC, XXIX, 3 (mars 52), 63, ill.
Québec
B0089   Banque de Montréal, St-Roch
ABC, VIII, 92 (déc. 53), 28-29, texte & ill.

Gagné, Marcel
Montréal-Nord
B0090   Caisse populaire de Montréal-Nord
ABC, XXIII, 262 (mars 68), 30-34, texte & ill.

Gauthier, Paul
Édifice de lieu inconnu
B0091   Projet étudiant: succursale de banque
ABC, XII, 140 (déc. 57), 53, ill.

Gilbert, André
Charlesbourg
B0092   Banque d'Économie de Québec
ABC, XVIII, 212 (déc. 63), 25-29, texte & ill.
Sainte-Foy
B0093   Succursale de la Banque d'Économie (ch. Sainte-Foy et boul. Henri IV)
ABC, XIV, 163 (nov. 59), 348-351, texte & ill.

Green, Blankstein, Russell, Ass.
Winnipeg
B0094   National Trust
CB, XVI, 10 (oct. 66), 71, texte & ill.

Hamilton, Gerald
Langley (C.-B.)
B0095   Imperial Bank of Canada
RAIC, XXXIV, 2 (fév. 57), 55, ill.

Vancouver
B0096   Imperial Bank of Canada
RAIC, XXXIV, 2 (fév. 57), 53, ill.
B0097   Imperial Bank of Canada (Granville Street)
TCA, III, 1 (jan. 58), 39-42, texte & ill.

Jean & Dupéré
Québec
B0098   le "100" place d'Youville
ABC, XIII, 143 (mars 58), 36-39, texte & ill.

Jorgensen, D.C.
Édifice de lieu inconnu
B0099   Projet de construction en acier inoxydable pour une succursale de banque. (mention honorable du Stainless Steel Design Award Committee)
ABC, XVII, 189 (jan. 62), 28-30, ill.
RAIC, XXXVIII, 11 (nov. 61), 80, texte & ill.

Lapierre, Jean-Louis
Montréal
B0100   Caisse d'Économie des Pompiers de Montréal
ABC, XX, 232 (août 65), 15-18, texte & ill.

Larose, Eugène
Montréal
B0101   Banque Canadienne-Nationale rue Ste-Catherine.
RAIC, XXXIV, 2 (fév 57), 38, texte & ill.

Lawson & Betts
Montréal
B0102   Banque de Montréal rue Ste-Catherine
RAIC, XXVII, 10 (oct. 50), 344, ill.

Lipson & Dashkin
Édifice de lieu inconnu
B0103   Projet de construction en acier inoxydable pour une succursale de banque (3e prix du Stainless Steel Design Award Committee)
ABC, XVII, 189 (jan. 62), 28-30, ill.
RAIC, XXXVIII, 11 (nov. 61), 79, texte & ill.
CB, XI, 12 (déc. 61), 48-49, texte & ill.

Luke, Little & Thibaudeau
Montréal
B0104   Succursale Banque Toronto Dominion, angle St-Hubert et Bélanger
ABC, XIII, 150 (oct. 58), 54-55, texte & ill.

McCarter & Nairne
Vancouver
B0105   Dominion Bank Building
CB, III, 6 (juin 53), 34-35, texte & ill.

McCarter, Nairne & Partners
Édifice de lieu inconnu
B0106   Projet de construction en acier inoxydable pour une succursale de banque (3e prix du Stainless Steel Design Award Committee)
ABC, XVII, 189 (jan. 62), 28-30, ill.
RAIC, XXXVIII, 11 (nov. 61), 79, texte & ill.
CB, XI, 12 (déc. 61), 48-49, texte & ill.
Vancouver
B0107   Imperial Bank of Canada
CB, VIII, 6 (juin 58), 32-33, texte & ill.
ABC, XIII, 150 (oct. 58), 60-63, texte & ill.
B0108   The Canadian Bank of Commerce (rues Hastings et Granville)
RAIC, XXXIV, 2 (fév 57), 54, ill.
B0109   Mercantile Bank Building
CB, V, 6 (juin 55), 24, texte & ill.
RAIC, XXXIV, 6 (juin 57), 217-218, ill.

McCarter, Nairne & Partners; Victor Gruen Ass.
Vancouver
B0110   Toronto-Dominion Bank Tower (Pacific Centre)
CB, XX, 1 (jan. 70), 6, texte & ill.
CB, XX, 2 (fév. 70), 5, texte & ill.
CB, XXI, 2 (fév. 71), 8, texte.
CB, XXI, 4 (avril 71), 40-41, texte & ill.

McDonnell & Lenz
Hamilton
B0111   The Bank of Nova Scotia
RAIC, XXXIV, 2 (février 57), 40-41, ill.

McIntosh, Lawrie G.
Édifice de lieu inconnu
B0112   A branch bank
RAIC, XXXVIII, 11 (nov 61), 81, texte & ill.

Macie, L.-C.
Toronto
B0113   The Toronto-Dominion Bank
CB, X, 4 (avril 60), 41, ill.

Marani & Morris
Ottawa
B0114   Bank of Canada
RAIC, XXXV, 6 (juin 58), 204, ill.
B0115   King Edward Avenue Building, Bank of Canada
RAIC, XXI, 5 (mai 44), 96-99, ill.
Toronto
B0116   Bank of Canada Building
RAIC, XXXVI, 4 (avril 59), 128-129
B0117   Bank of Montreal
RAIC, XXXII, 10 (oct. 55), 377, ill.
RAIC, XXXV, 6 (juin 58), 206, ill.
Westmount
B0118   The Canadian Bank of Commerce
RAIC, XXXIV, 2 (fév. 57), 37, ill.

Marani, Morris and Allan
Toronto
B0119   Royal Bank of Canada (addition d'un étage)
CB, XII, 5 (mai 62), 69, texte & ill.
CB, XII, 6 (juin 62), 61, texte & ill.

Marani & Morris; Chapman, Oxley & Facey
B0120   Voir Chapman, Oxley & Facey; Marani & Morris

Marani, Rounthwaite & Dick
Ottawa
B0121   Bank of Canada (Head Office)
CB, XV, 11 (nov. 65), 7, ill.
Toronto
B0122   The Royal Bank of Canada
CB, XV, 9 (sept. 65), 44-45, texte & ill.

Marani, Rounthwaite & Dick; Erickson, A.
B0123   Voir Erickson, A; Marani, Rounthwaite & Dick.

Mathers and Haldenby
Toronto
B0124   The Bank of Nova Scotia Building, King & Bay St.
RAIC, XXVIII, 11 (nov. 51), 317-347, texte & ill.
RAIC, XXVIII, 11 (nov. 51), 344-347, texte & ill.
ABC, V, 49 (mai 50), 25, ill.
Windsor
B0125   Bank of Nova Scotia
RAIC, XXVII, 2 (fév. 50), 54-57, texte & ill.
Yarmouth (N.-E.)
B0126   The Bank of Nova Scotia
RAIC, XXXIV, 2 (fév. 57), 36, ill.

Mathers and Haldenby; Beck and Eadie
Toronto
B0127   Bank of Nova Scotia (maquette)
RAIC, XXVI, 9 (sept. 49), 286, ill.

Meadowcroft, James C.
Montréal
B0128   Bank of Montreal
RAIC, XXXIV, 2 (fév. 57), 39, ill.

Mies Van Der Rohe, L.
Toronto
B0129   Toronto Dominion Bank (voir Parkin, John B. (ass.); Bregman & Hamann)

Monette, J.P.
Val-Mauricie
B0130   La Caisse Service Val-Mauricie
AC, 34, 345 (mars-avril 78), 14-19, texte & ill.

Moody, Moore, Whenham & Partners; Smith, Carter, Searle Ass.
B0131   Voir Smith, Carter, Searle Ass.; Moody, Moore, Whenham & Partners

Murray, Brown
New Westminster (C.-B.)
B0132 The Bank of Nova Scotia
RAIC, XVII, 5 (mai 40), 79, ill.

Murray, Brown & Elton
Prince Albert (Saskatchewan)
B0133 Bank of Nova Scotia
RAIC, XXVII, 10 (oct. 50), 341, ill.
Toronto
B0134 The Bank of Nova Scotia
RAIC, XXXIII, 4 (avril 56), 131, ill.

Musson, Cattell & Associates
Vancouver
B0135 The Bank of Montreal Pavilion (Bentall Centre)
TCA, XIX, 9 (sept. 74), 6, texte & ill.

Neish, Owen, Rowland and Roy; Negrin, Reno C.
Toronto
B0136 First Bank Tower
TCA, XX, 5 (mai 75), 5, texte & ill.

Northwood and Chivers
Winnipeg
B0137 Bank of Montreal, Higgin Ave.
RAIC, XXVII, 10 (oct. 50), 346, ill.
B0138 Imperial Bank of Canada (East Kildonan)
RAIC, XXVII, 10 (oct. 50), 351, ill.

Northwood, Chivers & Casey
Winnipeg
B0139 The Toronto-Dominion Bank (East Kildonan)
RAIC, XXXIV, 2 (fév. 57), 51, ill.

Parent, Guy S.N.
Hochelaga
B0140 Caisse Populaire de la Nativité
BAT, XXXIII, 6 (juin 58), 34-35, texte & ill.
Montréal
B0141 Caisse populaire St-Jean-Baptiste
ABC, XIII, 150 (oct. 58), 56-57, texte & ill.

Parkin, John B. (ass.)
Don Mills (Ont.)
B0142 Bank of Montreal
TCA, II, 10 (oct. 57), 37-42, texte & ill.
RAIC, XXXV, 12 (déc. 58), 480, ill.
B0143 Bank of Nova Scotia
CB, XI, 4 (avril 61), 34, ill.
RAIC, XXXIV, 2 (fév. 57), 44-45, ill.
RAIC, XXXV, 12 (déc. 58), 480, ill.
TCA, II, 10 (oct. 57), 37-42, texte & ill.

Parkin, John B. (ass.); Bregman & Hamann
Toronto
B0144 Toronto Dominion Bank
RAIC, XLI, 5 (mai 64), 16, texte & ill.
CB, XV, 7 (juil. 65), 6, texte.
CB, XIV, 5 (mai 64), 3, texte & ill.
CB, XIV, 9 (sept. 64), 7, texte & ill.
CB, XVII, 10 (oct. 67), 48-49, texte & ill.

Payette et Crevier
Montréal
B0145 Caisse Nationale d'Économie
RAIC, XXII, 10 (oct. 45), 211-213, texte & ill.

Pellow Architect
Toronto
B0146 The National Bank of Canada
CB, XXX, 9 (sept. 80), 14, texte & ill.

Perreault, Jean-Julien
Montréal
B0147 Banque Canadienne-Nationale (rues Ste-Catherine et Wolfe)
ABC, X, 116 (déc. 55), 28-29, texte & ill.

Perreault, J.-J.; Tourville, R.
Montréal
B0148 Banque Canadienne-Nationale (rue Ste-Catherine)
ABC, V, 49 (mai 50), 23, ill.

B0149 Banque Canadienne-Nationale (rues Metcalfe et Ste-Catherine)
ABC, VI, 57 (jan. 51), 18-19, ill.

Piersol, George H.
Toronto
B0150 Bank of Nova Scotia (dans le Cockfield Brown Building)
RAIC, XXXII, 5 (mai 55), 177, ill.

Racicot, Jacques
Québec
B0151 Caisse populaire N.-D.-du-Chemin
ABC, XVIII, 212 (déc. 63), 30-33, texte & ill.

Richard, René
Hull
B0152 Caisse Populaire Notre-Dame de Hull
BAT, XXIX, 7 (juil. 54), 3 et 38-39 et 41, texte & ill.
RAIC, XXXII, 11 (nov. 55), 425, ill.
ABC, IX, 104 (déc. 54), 28-30, texte & ill.
Ottawa
B0153 Caisse Populaire Notre-Dame d'Ottawa
ABC, XIII, 150 (oct. 58), 50-53, texte & ill.

Robillard, Maurice
Drummondville
B0154 Caisse populaire St-Simon de Drummond
BAT, XXXVII, 9 (sept. 62), 52-55, texte & ill.

Robitaille, André
Québec
B0155 Caisse populaire de Québec-Est
ABC, XV, 176 (déc. 60), 393-394, texte & ill.

Ross, Fish, Duchesnes & Barrett
Montréal
B0156 Toronto-Dominion Bank
CB, X, 9 (sept. 60), 42-45, texte & ill.

Ross, Patterson, Townsend & Heughan
Montréal
B0157 Banque impériale du Canada, rues Bleury et Mayor.
RAIC, XXVII, 10 (oct. 50), 350, ill.
B0158 Banque impériale du Canada, rue McGill
RAIC, XXVII, 10 (oct. 50), 351, ill.

Rule, Wynn & Rule
Calgary
B0159 Bank of Montreal
RAIC, XXXIV, 2 (fév. 57), 50, ill.

St-Gelais, Evans
Roberval
B0160 Caisse Populaire
ABC, XV, 166 (fév. 60), 32-33, texte & ill.

Sankey Associates
Collingwood
B0161 Guaranty Trust Company of Canada
TCA, XIX, 11 (nov 74), 49-52, texte & ill.
Kamloops
B0162 Édifice de la Banque de Montréal
AC, 28, 317 (sept. 73), 19, texte & ill.
AC, 28, 318 (oct. 73), 11

Sankey, Javosky, Werleman, Guy
Toronto
B0163 Bank of Nova Scotia (addition)
TCA, XXII, 12 (déc. 77), 36-39, texte & ill.
TCA, XXIII, 8 (août 78), 49, texte & ill.
TCA, XXIV, 9 (sept. 79), 38-39, texte & ill.
CB, XXIX, 12 (déc. 79), 7, texte.

Sharp & Thompson, Berwick, Pratt
New Westminster (C.-B.)
B0164 Bank of Montreal (changements)
RAIC, XXVII, 10 (oct. 50), 345, ill.
Vancouver (10th Ave et Granville)
B0165 Bank of Montreal, Drive-in bank
RAIC, XXVII, 10 (oct. 50), 347, ill.

Smith, Carter, Searle Ass.; Moody, Moore, Whenham & Partners
Winnipeg
B0166 Royal Bank
CB, XVI, 7 (juil. 66), 48-49, texte & ill.

Souter, William R. & Ass.
Hamilton
B0167 The Canadian Bank of Commerce
RAIC, XXXIV, 2 (fév. 57), 48, ill.

Stahl & Nicolaidis
Montréal
B0168 Bank of Montreal
TCA, XXV, 10 (oct. 80), 30-32, texte & ill.

Stevenson, John
Calgary
B0169 Imperial Bank of Canada
RAIC, XXXIV, 2 (fév. 57), 50, ill.

Stevenson & Dewar
Calgary
B0170 The Canadian Bank of Commerce
RAIC, XXXIV, 2 (fév. 57), 52, ill.

Szarvas, J.A.; Zimmerman, A.G.; Meredith, B.
Édifice de lieu inconnu
B0171 Projet de construction en acier inoxydable pour une succursale de banque (2e prix du Stainless Steel Design Award Committee)
ABC, XVII, 189 (jan. 62), 28-30, ill.
RAIC, XXXVIII, 11 (nov. 61), 78, texte & ill.
CB, XI, 12 (déc. 61), 48-49, texte & ill.

Tessier, J.
Québec
B0172 Banque d'Économie de Québec, succursale St-Pascal-de-Maizerets
BAT, XXXI, 5 (mai 56), 85, texte & ill.

Thompson, Berwick, Pratt
Haney (C.-B.)
B0173 Bank of Montreal
RAIC, XXXIV, 2 (fév. 57), 56, ill.
Vancouver
B0174 Bank of Canada
RAIC, XLI, 1 (jan. 64), 58, texte & ill.
B0175 Bank of Montreal, Denman St.
RAIC, XXXIV, 2 (fév. 57), 56, ill.
B0176 Bank of Montreal, 10th Ave.
RAIC, XXXIV, 2 (fév. 57), 56, ill.

Trépanier, Paul-O.
Granby
B0177 Caisse populaire de Granby
RAIC, XXXIV, 3 (mars 57), 94, ill.
ABC, XIII, 150 (oct. 58), 40-43, texte & ill.
B0178 Caisse Populaire St-Eugène
ABC, XVII, 200 (déc. 62), 32-33, texte & ill.

Trépanier, Paul-O.; Bélanger, R.-Gilles
Cowansville
B0179 Caisse Populaire
BAT, XXIX, 5 (mai 54), 69, texte & ill.
ABC, X, 116 (déc. 55), 26-27, texte & ill.

Turcotte, Edward J.
Montréal
B0180 Banque d'épargne de la cité et du district (ave Bélanger)
ABC, V, 49 (mai 50), 28, ill.

Underwood, McKinley, Cameron and ass.
Vancouver
B0181 The Royal Bank Building
RAIC, XLI, 4 (avril 64), 39-46, texte & ill.
RAIC, XLI, 11 (nov. 64), 65, texte & ill.

Wade, Stockdill, Armour & Blewett
Vancouver
B0182 Canadian Imperial Bank of Commerce
CB, XXIV, 12 (déc. 74), 4, texte & ill.

Waisman, Ross & associates
Transcona
B0183 Toronto Dominion Bank
TCA, IX, 4 (avril 64), 49 et 53-54, texte & ill.

Warren, E.P.
Hamilton
B0184 The Royal Bank of Canada
RAIC, XXXIV, 2 (fév. 57), 48, ill.

Preston (Ont.)
B0185 The Royal Bank of Canada
RAIC, XXXIV, 2 (fév. 57), 46-47, texte & ill.

Victoria
B0186 The Royal Bank of Canada
RAIC, XXXIV, 2 (fév. 57), 55, ill.

Warren, Walter
Montréal
B0187 Banque d'épargne de la cité et du district (ave Jean-Talon)
ABC, V, 49 (mai 50), 26, ill.
ABC, V, 53 (sept. 50), 26-27, ill.

Webb, Zerafa, Menkes, Housden
Toronto
B0188 The Continental Bank of Canada
CB, XXIX, 8 (août 79), 17, texte & ill.
B0189 Royal Bank Plaza
TCA, XVII, (Yearbook et déc. 72), 36-37, texte & ill.
TCA, XX, 10 (oct. 75), 4-5, texte & ill.
TCA, XXV, 11 (nov. 80), 43, texte & ill.

Webber, W.A.
Halifax
B0190 Bank of Montreal
RAIC, XXXII, 4 (avril 55), 129, ill.

Webster & Gilbert
Saskatoon
B0191 Bank of Montreal
RAIC, XXXVI, 2 (fév. 57), 51, ill.

Wilding, Wm. R.
Colombie-Britannique
B0192 The Bank of Nova Scotia
RAIC, XXXV, 4 (avril 58), 138, ill.

Zeidler Partnership
Toronto
B0193 Canadian Imperial Bank of Commerce, Eaton Centre.
TCA, XXII, 9 (sept. 77), 50, texte & ill.

Bâtiments agricoles
Farm Buildings

Anonyme/Anonymous
Acton
B0801 (A breed of farm building for Alfred Neuman)
CB, XXII, 4 (avril 72), 8, texte & ill.

La Tuque
B0802 Coopérative Agricole de La Tuque (agrandissement)
BAT, XXXIV, 3 (mars 59), 58, texte.

Rutherford (Ont)
B0803 Lazy Acres (écurie)
NB, X, 12 (déc. 61), 21, texte & ill.

Tsawwassen (C.-B.)
B0804 (Wood-steel-plywood potato storage barn)
CB, XXIV, 12 (déc. 74), 46, texte.

Varennes
B0805 Étable de M. Guilbert
BAT, XXVII (jan.-fév. 52), 24, ill.

Coutu, Jacques
Édifice de lieu inconnu
B0806 (porte principale d'une exploitation agricole)
RAIC, XXVII, 4 (avril 50), 123, texte & ill.

Fieldman, Michael
Édifice de lieu inconnu
B0807 Étude de ferme laitière et avicole (3e prix Pilkington Glass)
ABC, XVIII, 205 (mai 63), 55, texte.
ABC, XVIII, 207 (juil. 63), 43-46, texte & ill.
TCA, VIII, 6 (juin 63), 5 et 9 texte et, ill.
RAIC, XL, 7 (juil. 63), 45 et 48, texte & ill.

Somerville, McMurrich & Oxley
Édifice de lieu inconnu
B0808 Ferme laitière
AC, 26, 300 (déc. 71), 31
CB, XXII, 2 (fév. 72), 28, texte & ill.

Centres commerciaux
Shopping Centres

"Building for the retail market" (avec des ex. à travers le Canada)
CB, XXVII, 10 (oct. 77), 13-16 et 20-21 et 36

"Canadian Reps on shopping centre awards program"
CB, XXVI, 12 (déc. 76), 5

"Centres commerciaux: au moins $100 millions de travaux en cours au Québec"
BAT, LII, 10 (oct. 77), 12-14, texte & ill.

"Centres commerciaux: le degré de saturation serait atteint"
BAT, LI, 10 (oct. 76), 11-13, texte & ill.

"Centres commerciaux: mouvement de retour vers le centre-ville"
BAT, XLIX, 10 (oct. 74), 17-18, texte & ill.

"Condominium shopping centres could be answer to developers' financial burdens"
CB, XXIV, 12 (déc. 74), 23

"Energy costs will force trend to smaller centres"
CB, XXVI, 7 (juil. 76), 23

"Et maintenant, on fait ses emplettes sans descendre de l'auto!"
CDQ, XXIV, 4 (juil. 49), 16-17, ill.

"Heat pumps for commercial buildings"
CB, XXVIII, 8 (août 78), 26

"Les centres commerciaux"
BAT, XLVIII, 10 (oct. 73), 22-24, texte & ill.

"Les centres commerciaux au Canada"
BAT, XLVIII, 10 (oct. 73), 23

"Les centres commerciaux: le meilleur investissement possible" (réalisations de la ferme Vanier Leaseholds)
BAT, XLVIII, 10 (oct. 73), 22-23

"New decking has uses in commercial building and home construction"
CB, XI, 10 (oct. 61), 30-34

"Shopping Centre aesthetics vs the cash register".
ARCAN, 48 (27 sept. 71), 7

"Shopping Centre building boom hits Metro Toronto"
CB, XXII, 3 (mars 72), 57

"Shopping centres" (avec des ex. au Canada)
CB, XXVI, 10 (oct. 76), 13-16 et 21-23

"Shopping centres: when to build and where"
NB, X, 3 (mars 61), 30

"*Small commercial Buildings* par Richard W. Snibbe"
ABC, XI, 128 (déc. 58), 50

"Survey '75, Shopping centres: rising costs encourage joint ventures" (ex. à travers le Canada)
CB, XXV, 10 (oct. 75), 13-15 et 17 et 19 et 23

"Tendances 68: édifices commerciaux" (ex. ds région de Montréal)
BAT, XLIII, 7 (juil. 68), 17-19

Tendances 72: des centres commerciaux intérieurs
BAT, XLVII, 2 (fév. 72), 20-22, texte & ill.

"The all-electric shopping centre — Is it feasible? Ont. Hydro says 'yes'."
CB, XXII, 2 (fév. 72), 22-23 et 46

"These seven new shopping centres will alter buying habits in Greater Winnipeg".
CB, XVI, 10 (oct. 66), 70-71

"The Shopping Centre of Tomorrow"
CB, V, 4 (avril 55), 38-39

"Trizec adds three shopping centres to western Canada holdings"
CB, XXIII, 1 (jan. 73), 6

"Un centre commercial recouvert de panneaux modulaires en plastique renforcé de fibre de verre"
BAT, LIII, 9 (sept. 78), 16, 19, texte & ill.

Acland, James
"Shopping Centres, A Special Issue, the Market Place".
TCA, III, 10 (oct. 58), 30-37

Chapleau, Gaston
"Architecture / et progrès social. Évolution dans la formule des centres d'achats"
ABC, XII, 139 (nov. 57), 54-57, texte & ill.

Choueke, Esmond
"Three projects worth $100 million highlight Quebec retail construction"
CB, XXVII, 10 (oct. 77), 13-14

Dalrymple, John
"Developers take time to prepare for retail building boom ahead" (avec des ex. au Canada)
CB, XXVII, 10 (oct. 77), 21 et 36

"Shopping Centre trends across North America, the big will grow bigger and the small continue to be born"
CB, XXIV, 8 (août 74), 37-39

Déry, Jacques
"Les centres commerciaux: de plus en plus en vogue"
BAT, XLIX, 4 (avril 74), 30-31, texte & ill.

Faludi, E.G.
"The Trend in Shopping Centres".
RAIC, XXVI, 9 (sept. 49), 267-279

Fowke, Clifford
"New ideas, new designs are revamping this $232 million market"
CB, XXII, 2 (février 72), 13-15

Gagnon, Odilon
"Comment s'organise un bon centre d'achats — cette forme d'architecture exige l'apport de disciplines nombreuses que l'architecte devra interpréter pour son client"
ABC, IX, 103 (nov. 54), 46-48, texte & ill.

Gillespie, Bernard
Lion, Edgar, *Shopping Centres, Planning, Development, and Administration*, John Wiley & Sons Inc, New-York, 1976
TCA, XXI, 9 (sept. 76), 5

Goodman, Eileen
"How a Montreal developer sees changes in shopping centre needs and design".
CB, XXII, 2 (fév. 72), 16 et 21
"Survey '73, Shopping Centres" (plusieurs ex. à travers le Canada)
CB, XXIII, 10 (oct. 73), 11-14 et 23 et 25-26

Harris, James F.
"The Business of Shopping Centres"
TCA, III, 10 (oct. 58), 42-44

Hemingway, Peter
"Centers to be Community Cores".
ARCAN, 46, 10 (oct. 69), 17-18

Hubler, Robert L. Jr.
"Precast components for shopping centres"
CB, XXX, 8 (août 80), 31-32 et 34

Hyatt, H.P.
"Only research can show you if a shopping centre is a good building investment"
CB, XI, 5 (mai 61), 47-50

Lazarus, Charles
"Despite earlier predictions, shopping centre still flourish in Montreal"
CB, XXV, 10 (oct. 75), 19 et 23
"Shopping Centre Building" (ex. à travers le Canada)
CB, XXIV, 10 (oct. 74), 27-29

Leaning, John D.
"For thousands of Canadians living in the Suburbs life revolves around the Shopping Centre"
CB, VII, 6 (juin 57), 41-47
"Popularité des centres d'achats au Canada"
BAT, XXXI, 9 (sept. 56), 30-35, texte & ill.
"The distribution of shopping centres in Canada"
CB, VI, 6 (juin 56), 41-45

Pitt, Françoise
"Complexes commerciaux: les investissements se poursuivent"
BAT, L, 10 (oct. 75), 6-8, 17, texte & ill.

Prévost, Roland
"Centres commerciaux: aux États-Unis l'ère du gigantisme en est à son déclin"
BAT, LI, 10 (oct. 76), 16, texte.

Rimes, Les
"Two Vancouver developers differ on shop centre trends"
CB, XXII, 2 (fév. 72), 24

Witkin, Stan
"1,000 Centers Open Every Year".
ARCAN, 46, 10 (oct. 69), 16

Anonyme/Anonymous

Édifice de lieu inconnu
B1001 Brentwood Shopping Centre
CB, XI, 9 (sept. 61), 39, texte & ill.

Agincourt
B1002 The Horton Bldg.
NB, VII, 9 (sept. 58), 21, texte & ill.

Ajax
B1003 Ajax Centre
CB, XIX, 5 (mai 69), 7, texte.

Aylmer
B1004 Centre commercial d'Aylmer
BAT, XLVIII, 10 (oct. 73), 22-23, texte & ill.
BAT, LII, 12 (déc. 75), 4, texte.

Barrie
B1005 "The first phase of an industrial-commercial development"
CB, XXII, 3 (mars 72), 6, texte.

Bathurst
B1006 Centre commercial sur le boul. Vanier
CB, XXIV, 2 (fév. 74), 45, texte.

Belleville
B1007 Quinte Mall
CB, XX, 9 (sept. 70), 5, texte.

Bonnyville (Alberta)
B1008 Bonnyville Town Centre Malls
CB, XXIX, 11 (nov. 79), 7, texte.

Bramalea
B1009 Bramalea City Centre
CB, XXIII, 12 (déc. 73), 8, texte.
CB, XXII, 12 (déc. 72), 8, texte.
CB, XXVIII, 4 (avril 78), 8, ill.

Brandon
B1010 Centre commercial, Victoria Ave & 34th St.
CB, XXI, 2 (fév. 71), 8, texte.
B1011 Brandon Shopper's Mall
CB, XX, 10 (oct. 70), 41, ill.

Brantford
B1012 Lynden Park Mall
CB, XXIII, 6 (juin 73), 64, texte.

Brossard
B1013 Centre commercial Champlain
BAT, L, 4 (avril 75), 32, texte.

Buckingham
B1014 Centre commercial dans un parc industriel.
BAT, LII, 4 (avril 77), 5, texte.

Burnaby
B1015 Burnaby Centre
CB, XXIV, 6 (juin 74), 7, texte & ill.

B1016 Willson Centre
CB, XXIV, 2 (fév. 74), 44, texte.

North Burnaby
B1017 Summerhill Place
CB, XXIV, 8 (août 74), 62, texte.

Calgary
B1018 Centre commercial, Trans-Canada Highway & 36th St.
CB, XXV, 8 (août 74), 8, texte.
B1019 Centre commercial, entre 4th & 5th Ave.
CB, XX, 11 (nov. 70), 7, texte.
B1020 Centre commercial, 7th & 8th ave; 2nd and 3rd St. W.
CB, XXIII, 6 (juin 73), 43, texte.
B1021 (projet comprenant un centre d'achat).
CB, XVII, 5 (mai 67), 8, texte.
B1022 Bankers' Hall
CB, XXX, 12 (déc. 80), 7, texte & ill.
B1023 Calgary Shopping Mall
CB, XXI, 12 (déc. 71), 5, texte & ill.
B1024 First Canadian Centre
CB, XXIX, 8 (août 79), 28-29 et 31, texte & ill.
B1025 Lemon three Village
CB, XX, 10 (oct. 70), 58, texte.
B1026 Malborough Shoppers Mall
CB, XXI, 8 (août 71), 27, texte & ill.
CB, XXV, 9 (sept. 75), 9, texte.
CB, XXVI, 1 (jan. 76), 5, ill.
B1027 Southcentre shopping mall
CB, XXIV, 9 (sept. 74), 45, texte & ill.

Charlesbourg
B1028
BAT, XXXIV, 4 (avril 59), 11, texte.

Charlottetown
B1029 Confederation Court Mall
CB, XXVIII, 10 (oct. 78), 12, texte & ill.

Cloverdale
B1030 Cloverdale Shopping Centre
TCA, III, 10 (oct. 58), 36-37, texte & ill.

Coquitlam
B1031 Coquitlam Centre
CB, XXX, 9 (sept. 80), 14, texte.

Côte-St-Luc
B1032 (Mail couvert)
BAT, XLVII, 2 (fév. 72), 20, ill.

Dartmouth
B1033 Queen Square
CB, XXII, 12 (déc. 72), 12, texte.

Drummondville
B1034 Galeries Drummond
BAT, XLVII, 11 (nov. 72), 8, texte.

Edmonton
B1035 Centre commercial, entre 100th & 101st St., 102nd & 102nd A Ave
CB, XXI, 3 (mars 71), 5, texte.
B1036 Capital Mall
CB, XXIX, 11 (nov. 79), 7, texte.
B1037 Edmonton Centre
CB, XXIII, 9 (sept. 73), 43, texte.
CB, XXIV, 6 (juin 74), 42, texte.
B1038 Hys Centre
CB, XXIX, 2 (fév. 79), 7, texte.
B1039 Terrace Plaza / Terrace Inn
CB, XXIX, 11 (nov. 79), 10, texte.

Etobicoke
B1040 Centre commercial, Queen Elizabeth Way & Kipling Ave
CB, XXIV, 8 (août 74), 39, texte.
B1041 Shopping Centre
NB, II, 8 (août 53), 3, ill.
B1042 Centre commercial, Bloor St & Islington Ave
CB, XXII, 1 (jan. 72), 5, texte.
B1043 Skyway Business Park
CB, XXVII, 12 (déc. 77), 6, texte & ill.

Fort McMurray
B1044 Gregoir Shopping Centre
CB, XXVIII, 5 (mai 78), 6, texte & ill.
CB, XXX, 5 (mai 80), 27, texte & ill.

Gatineau
B1045 Centre commercial, boul. Maloney
BAT, LII, 3 (mars 77), 5, texte.

Georgetown
B1046 Centre commercial
NB, VI, 12 (déc. 57), 14, texte.

Giffard
B1047 Place Bourg-Royal
BAT, XLVI, 11 (nov. 71), 5, texte.

Gloucester
B1048
CB, XI, 12 (déc. 61), 56, texte.

Granby
B1049 Galeries de Granby
BAT, XLVIII, 7 (juil. 73), 36, texte.

Halifax
B1050 Centre commercial, Clayton Park
CB, XXVII, 10 (oct. 77), 8, texte.
B1051 Centre commercial, Water & Salter St.
CB, XXIII, 2 (fév. 73), 5, texte.
B1052 Barrington Place
CB, XXVIII, 12 (déc. 78), 7, texte.

Hamilton
B1053
CB, XVI, 1 (jan. 66), 7, texte.
BAT, XLVIII, 8 (août 73), 8, texte.
B1054 Centre commercial, Highways 8 & 20
CB, XXI, 11 (nov. 71), 8, texte.
B1055 Greater Hamilton Shopping Centre
NB, IV, 12 (déc. 55), 16, texte.
CB, VI, 6 (juin 56), 41-42, texte & ill.
TCA, III, 10 (oct. 58), 36, texte & ill.
B1056 Thorner Regional shopping mall
CB, XXIII, 9 (sept. 73), 20, texte.
B1057 West Cliff Shopping Plaza
CB, XXII, 7 (juil. 72), 39, texte.

Hull
B1058 Centre commercial à Val-Tétreau
BAT, LII, 1 (jan. 77), 4, texte.
B1059 Centre commercial à l'île de Hull
BAT, LII, 1 (jan. 77), 4, texte.
B1060 Centre commercial, Parc de la Montagne
BAT, LII, 1 (jan. 77), 4, texte.

Ile des Soeurs
B1061
CB, XVIII, 3 (mars 68), 8, ill.
B1062 Village des Soeurs
BAT, L, 8 (août 75), 14, texte & ill.

Joliette
B1063 Galeries Joliette
BAT, XLVIII, 10 (oct. 73), 3, texte.

Kingston
B1064 Cataraqui Town Centre
CB, XXIX, 12 (déc. 79), 7, texte.
CB, XXX, 9 (sept. 80), 9, texte.

Kitchener
B1065 Fairview Park Mall (extension)
CB, XXIV, 12 (déc. 74), 46, texte.

Cité Laflèche
B1066 Centre commercial, rues Charles, Holmes, Taschereau et Mance
BAT, XLVI, 5 (mai 71), 5, texte.

La Malbaie
B1067 Place Charlevcix
BAT, XLVIII, 10 (oct. 73), 5, texte.

Laval
B1068 Centre 2000
BAT, XLVIII, 2 (fév. 73), 32, texte.
B1069 Terrasses Fabreville
BAT, LII, 1 (jan. 77), 6, texte.

Lévis
B1070 Centre commercial, routes Kennedy & Trans-Canada
CB, XXII, 10 (oct. 72), 8, texte.

London
B1071 Centre commercial, Westminster Park
CB, XXII, 3 (mars 72), 6, texte.
B1072 London City Centre
CB, XXIII, 4 (avril 73), 29, texte.
CB, XXIII, 10 (oct. 73), 32, texte.
CB, XXIV, 4 (avril 74), 29, texte & ill.
B1073 White Oaks Mall
CB, XXI, 9 (sept. 71), 7, texte.
B1074 Cleardale - White Oaks Centre
CB, XXII, 2 (février 72), 16, ill.

Mississauga
B1075 Meadowvale Town Centre (2e Phase)
CB, XXIX, 11 (nov. 79), 7, texte.
B1076 Rockwood Mall
CB, XXIII, 8 (août 73), 29, texte.

Commerce et industrie — Commerce and Industry

Moncton
- B1077 Centre commercial, comprenant l'hôtel de ville
CB, XXI, 1 (jan. 71), 38, texte.

Montréal
- B1078 Projet pour l'emplacement de la gare Windsor
CB, XXIII, 2 (fév. 73), 5, texte.
- B1079 Projet d'un ensemble d'immeubles multifonctionnels, rue McGill
BAT, LII, 8 (août 77), 23, ill.
- B1080 Projet d'un centre commercial, près de la Place Bonaventure
CB, XXV, 4 (avril 75), 24, texte.
- B1081 Centre commercial dans le centre-ville
CB, XXIV, 8 (août 74), 44, texte.
- B1082 Centre commercial dans le centre-ville
CB, XXV, 7 (juil. 75), 6, texte.
- B1083 Édifice commercial, Queen Mary & Côte-des-Neiges
AC, 28, 314 (mai 73), 8
- B1084 2075 University (Place du Centre)
BAT, XLVIII, 5 (mai 73), 5, texte.
BAT, XLVIII, 8 (août 73), 16, texte & ill.
- B1085 Le Centre Capitol
BAT, LI, 1 (jan. 76), 7, texte & ill.
- B1086 Domaine Shopping Centre
CB, XXIV, 2 (fév. 74), 44, texte.
- B1087 Domaine Saint-Sulpice
CB, XIV, 12 (déc. 64), 7, texte & ill.
- B1088 Mail Nord des Promenades de la Gare: réaménagement d'un parc de stationnement souterrain
BAT, LV, 3 (avril 80), 12-13, 17, texte & ill.
- B1089 Plaza de l'Est
CB, XI, 3 (mars 61), 69, texte & ill.
- B1090 La Plaza Saint-Hubert
BAT, LI, 1 (jan. 76), 46, texte.
- B1091 Centre commercial de Saint-Martin
BAT, XLVII, 2 (fév. 72), 20-21, texte & ill.
CB, XXII, 2 (fév. 72), 16, ill.
- B1092 Shercon Plaza
CB, XXIV, 5 (mai 74), 6
BAT, L, 10 (oct. 75), 23, texte.

Moose Jaw
- B1093 CB, XI, 12 (déc. 61), 56, texte.

Nanaimo
- B1094 Country Club Mall
CB, XXIX, 8 (août 79), 7, texte & ill.

Newmarket
- B1095 Upper Canada Mall
CB, XXIII, 5 (mai 73), 44, texte & ill.

New Westminster
- B1096 Brunette Square
CB, XXVIII, 5 (mai 78), 5, texte.

Niagara Falls
- B1097 Dorchester Square
CB, XXIII, 4 (avril 73), 32, texte.

Oakville
- B1098 White Oak Centre
CB, XXX, 8 (août 80), 5, texte & ill.

Oshawa
- B1099 Centre commercial, No. 2 Highway.
CB, V, 7 (juil. 55), 52, texte.
- B1100 Oshawa Centre Mall
CB, XXX, 4 (avril 80), 40, texte & ill.

Ottawa
- B1101 CB, XVII, 1 (jan. 67), 5, texte.
CB, XI, 12 (déc. 61), 56, texte.
- B1102 Centre commercial souterrain
CB, XXV, 8 (août 75), 8, texte.
- B1103 Centre commercial, rues Queen, Lyon, Bay & Sparks
CB, XXIV, 5 (mai 74), 70, texte.
- B1104 Centre commercial, rues Albert & Kent
CB, XV, 12 (déc. 65), 8, texte.
- B1105 Centre commercial, rues Bank & Queen
CB, XXI, 8 (août 71), 6, texte.
- B1106 Centre commercial, rues Mosgrove, Besserer & Rideau
CB, XV, 10 (oct. 65), 8, texte.
- B1107 Centre commercial, rues Queen, Kent & Albert
CB, XXIII, 10 (oct. 73), 36, texte.
- B1108 Centre commercial, Queensway & Highways 7 & 15
CB, XXI, 4 (avril 71), 6, texte.
- B1109 Bayshore Shopping Centre
CB, XXII, 5 (mai 72), 7, texte.
- B1110 Centre Town
CB, XXIV, 7 (juil. 74), 58, texte.
- B1111 Pinecrest Shopping Plaza
CB, XXI, 8 (août 71), 27, texte.
- B1112 Place de Ville (Phase II)
CB, XX, 1 (jan. 70), 8, ill.
BAT, XLVI, 6 (juin 71), 6, texte & ill.
- B1113 Rideau Centre
CB, XXVI, 4 (avril 76), 10, texte.
- B1114 St. Laurent Shopping Centre
TCA, XV, 1 (jan. 70), 10, texte & ill.

Pembroke
- B1115 Upper Valley Mall (agrandissement)
CB, XXVI, 8 (août 76), 6, texte.

Peterborough
- B1116 Peterborough Square
CB, XXIII, 12 (déc. 73), 7, texte.
CB, XXVII, 12 (décembre 77), 15, ill.

Pointe-aux-Trembles
- B1117 Centre commercial (rue Sherbrooke, à l'est du boulevard Daniel-Johnson)
BAT, XLVIII, 9 (sept. 73), 5, texte.
- B1118 Carrefour de la Pointe
CB, XXVI, 2 (fév. 76), 26, texte.
BAT, L, 11 (nov. 75), 7, ill.

Port Credit (Ont.)
- B1119 Applewood Village Shopping Centre Ltd.
NB, VIII, 8 (août 59), 42, texte.

Port Moody (C.-B.)
- B1120 NB, VIII, 7 (juil. 59), 26, texte.

Prince Albert
- B1121 South Hill Shoppers Mall
CB, XXI, 8 (août 71), 7, texte.

Québec
- B1122 Place de la Capitale
BAT, LIV, 10 (oct. 79), 8, texte.
- B1123 Les "Grands Boulevards" de Place Québec
AC, 29, 325 (sept.-oct. 74), 10, texte & ill.

Régina
- B1124 CB, XXIX, 3 (mars 79), 11, texte.
CB, XXIII, 10 (oct. 73), 26, texte.
CB, XXV, 5 (mai 75), 8, texte.
- B1125 Regina Centre
CB, XVI, 11 (nov. 66), 6, ill.
- B1126 Southland Mall
CB, XXIII, 10 (oct. 73), 13, texte & ill.
- B1127 Toronto-Dominion Centre
CB, XXIII, 8 (août 73), 44, texte.

Repentigny
- B1128 Les Galeries Rive-Nord
CB, XXIV, 10 (oct. 74), 8, texte.

Rexdale
- B1129 NB, VIII, 1 (jan. 59), 23, texte.

Richmond (C.-B.)
- B1130 NB, X, 7 (juil. 61), 10, texte.

Richmond Hill
- B1131 Centre commercial, Yonge St. & Carrville Rd.
CB, XXI, 11 (nov. 71), 8, texte.

Rimouski
- B1132 Société J.R. Lévesque Ltée
BAT, LII, 4 (avril 77), 5, texte.

Rivière-du-Loup
- B1133 Centre commercial, rue Lafontaine
BAT, XXXIV, 7 (juil. 59), 21, texte.

St. Catharines
- B1134 The Pen Centre
CB, XXIV, 1 (jan. 74), 32, texte.

Ste-Foy
- B1135 Place Laurier
CB, XXVI, 5 (mai 76), 8, ill.

Saint-Georges-de-Beauce
- B1136 Les Galeries de la Chaudière
BAT, L, 1 (jan. 75), 3, texte.

Saint-Jean-sur-le-Richelieu
- B1137 Le Carrefour du Richelieu
BAT, LIV, 10 (oct. 79), 32, texte.

St-Jérôme
- B1138 CB, XXV, 2 (fév. 75), 8, texte.

St. John (N.-B.)
- B1139 Market Square
CB, XXIV, 9 (sept. 74), 48, texte.

St. John's (T.-N.)
- B1140 Avalon Mall (agrandissement)
CB, XXVII, 7 (juil. 77), 6, texte.

Ste-Julie
- B1141 Centre commercial de Ste-Julie Inc.
BAT, L, 5 (mai 75), 6, texte.

St-Laurent
- B1142 Centre commercial, Côte Vertu et boul. Cavendish
BAT, XLVIII, 3 (mars 73), 5, texte.

Sainte-Marie-de-Beauce
- B1143 BAT, XLVIII, 11 (nov. 73), 3, texte.

St-Romuald
- B1144 Centre commercial, route 2
BAT, XLVI, 11 (nov. 71), 5, texte.

Scarborough
- B1145 Morningside Mall
CB, XXVIII, 8 (août 78), 10, texte & ill.

Sherbrooke
- B1146 Place de l'hôtel de ville
BAT, XLVIII, 10 (octobre 73), 3, texte.

Strathroy
- B1147 CB, XI, 12 (déc. 61), 56, texte.

Sudbury
- B1148 CB, XXV, 4 (avril 75), 37, texte.

Summerside (I.-P.-E.)
- B1149 Centre commercial, sur le front de mer
CB, XXIX, 1 (jan. 79), 32, texte & ill.

Surrey
- B1150 Surrey Place
CB, XXI, 3 (mars 71), 7, ill.

Tillsonburg
- B1151 Tillsonburg Town Centre
CB, XXV, 3 (mars 75), 5, texte.

Toronto
- B1152 AC, XXXV, 353 (juil.-août 79), 12, texte.
- B1153 Centre commercial, quartier Riverdale
CB, XV, 6 (juin 65), 6, texte & ill.
- B1154 Centre commercial, Finch Ave & Dufferin St.
CB, XXVIII, 5 (mai 78), 45, texte & ill.
- B1155 Centre commercial, Highway 401 & Renforth Dr.
CB, XXX, 4 (avril 80), 5, texte.
- B1156 Centre commercial, rues Dufferin & Bloor
CB, XXIII, 4 (avril 73), 32, texte.
- B1157 Centre commercial, Queen's Quay East
CB, XXV, 2 (fév. 75), 5, texte.
- B1158 Mail couvert pour la Dundas St., entre l'hôtel de ville et l'Art Gallery
ARCAN, 47 (20 juil. 70), 6, texte & ill.
- B1159 50 Bloor St. West
CB, XXVIII, 8 (août 78), 10, texte.
- B1160 Arcade Building
CB, XV, 8 (août 65), 55, texte & ill.
- B1161 Bayview Shopping Centre
CB, 11, 12 (déc. 52), 18-21, Texte & ill.
- B1162 Dufferin Mall (rénovations)
CB, XXIX, 4 (avril 79), 22-24, texte & ill.
- B1163 Four Seasons Project
CB, XIX, 12 (déc. 69), 28-29, texte & ill.
- B1164 Galleria Shopping Centre
CB, XXII, 1 (jan. 72), 14, texte.
- B1165 Golden Mile
CB, VII, 6 (juin 57), 42, texte & ill.
- B1166 Humbertown Shopping Centre
NB, IV, 9 (sept. 55), 10-11, texte & ill.
- B1167 Lawrence Plaza
CB, VII, 6 (juin 57), 43, texte & ill.
- B1168 Parkway Plaza
AC, 34, 348 (sept.-oct. 78), 7
- B1169 Two Bloor East
CB, XX, 7 (juil. 70), 8, texte.
CB, XXI, 8 (août 71), 14, texte & ill.
- B1170 York Mills
CB, VII, 6 (juin 57), 45, texte & ill.

Trois-Rivières
- B1171 CB, XX, 4 (avril 70), 7, ill.
- B1172 Centre commercial Les Rivières
BAT, XLVI, 11 (nov. 71), 7, texte.

Commerce and Industry / Commerce et industrie

B1173
Trois-Rivières-Ouest
BAT, XLVIII, 12 (déc. 73), 5, texte.

Vancouver
B1174 Centre commercial, King Edward St. & Arbutus St.
CB, XVII, 8 (août 67), 5, texte.
B1175 Empire Centre
CB, XVII, 1 (jan. 67), 5, texte.
B1176 Project 200
CB, XX, 5 (mai 70), 66, texte.
B1177 Reid Centre
CB, XVII, 1 (jan. 67), 5, texte.
CB, XVII, 2 (fév. 67), 7, texte.

Waterloo
B1178 CB, XXII, 3 (mars 72), 6, texte.
CB, XXVI, 4 (avril 76), 10, texte.

West Kildonan
B1179 Garden City Shopping Centre (extension)
CB, XXIV, 11 (nov. 74), 6, texte.

Winnipeg
B1180 Unicity Fashion Mall
CB, XXV, 4 (avril 75), 8, texte & ill.

North York
B1181 Centre commercial, Chesswood Dr & Sheppard Ave.
CB, XXIII, 11 (nov. 73), 7, texte.

Abugov & Sunderland

Calgary
B1182 Northland Village
CB, XXI, 6 (juin 71), 5, texte & ill.
B1183 Trans Canada Mall
CB, XXIV, 12 (déc. 74), 25, texte & ill.
B1184 Western Centre
CB, XXII, 9 (sept. 72), 36, texte & ill.

Edmonton
B1185 (Pour T.-Eaton Company et Triple Five Corporation)
TCA, XXV, 10 (oct. 80), 6, texte & ill.
B1186 The Kingsway Garden Mall
CB, XXIV, 8 (août 74), 42, texte & ill.
B1187 Londonderry Mall
CB, XXI, 1 (jan. 71), 8, texte.
CB, XXI, 8 (août 71), 27, texte & ill.

Saskatoon
B1188 Confederation Park Plaza
CB, XXIII, 1 (jan. 73), 13, texte & ill.
CB, XXIII, 10 (oct. 73), 26, texte.

Abugov & Sunderland; Andrews, John

Hamilton
B1189 Centre commercial, Hamilton Mountain
CB, XXIII, 8 (août 73), 32, texte.

Adamson, A.P.; Faludi, E.G.

Mississauga
B1190 Grove Farm Development
RAIC, XXVI, 9 (sept. 49), 270, texte & ill.

Adamson Associates

Ottawa
B1191 C.D. Howe Building
TCA, XIX, 7 (juil. 74), 6, texte & ill.
TCA, XXV, 3 (mars 80), 19-27, texte & ill.
CB, XXVIII, 6 (juin 78), 8, texte.
CB, XXIV, 5 (mai 74), 57, texte & ill.
BAT, XLIX, 4 (avril 74), 10, texte & ill.

Adamson Associates; Cooper, Ken

B1192 Voir Cooper, Ken; Adamson Associates

Adamson Associates; Murphy, R.E.

London
B1193 Bell Talbot Square
CB, XXX, 1 (jan. 80), 7, texte & ill.

Affleck, Desbarats, Dimakopoulos, Lebensold, Michaud; Sise; Pei, I.M. & Ass.

B1194 Voir Pei, I.M. & Ass.; Affleck...

Affleck, Desbarats, Dimakopoulos, Lebensold, Sise

Montréal
B1195 Place Bonaventure
ABC, XIX, 215 (mars 64), 49, texte & ill.
ABC, XX, 220 (août 64), 44, texte.
ABC, XX, 234 (oct. 65), 58, texte.
ABC, XX, 236 (déc. 65), 42, texte.
ABC, XXI, 237 (jan. 66), 44, texte.
ABC, XXI, 238 (fév. 66), 42 et 48, texte.
ABC, XXI, 243 (juil. 66), 48, texte.
ABC, XXII, 260 (déc. 67), 13-30, texte & ill.
RAIC, XLI, 5 (mai 64), 16, texte & ill.
ARCAN, 44, 7 (juil. 67), 31-40, texte & ill.
ARCAN, 46, 2 (fév. 69), 52-53, texte & ill.
ARCAN, 47, (12 oct. 70), 18, texte & ill.
TCA, IX, 4 (avril 64), 5 et 7 et 11, texte & ill.
TCA, XI, 9 (sept. 66), 39 et 46-56
TCA, XII, 9 (sept. 67), 41-66, texte & ill.
TCA, XII, (Yearbook 67), 43 et 50, texte & ill.
TCA, XIV, 11 (nov. 69), 43, ill.
TCA, XXV, 11 (nov. 80), 31, texte & ill.
BAT, XL, 5 (mai 65), 42-45, texte & ill.
BAT, XL, 10 (oct. 65), 48, texte.
BAT, XLI, 1 (jan. 66), 30, texte.
BAT, XLI, 8 (août 66), 7, texte & ill.
BAT, XLII, 10 (oct. 67), 31-32, texte & ill.
CB, XIV, 12 (déc. 64), 7, texte.
CB, XV, 3 (mars 65), 9, texte & ill.
CB, XVI, 4 (avril 66), 9, ill.
CB, XVI, 10 (oct. 66), 65-67, texte & ill.
CB, XIX, 2 (fév. 69), 52, texte & ill.

Allward & Gouinlock

Halifax
B1196 Scotia Square
BAT, LII, 10 (oct. 77), 14 et 16, texte.
ARCAN, 45, 1 (jan. 68), 44, ill.
CB, XVII, 12 (déc. 67), 34, texte & ill.
CB, XIX, 7 (juil. 69), 38, texte & ill.
CB, XIX, 11 (nov. 69), 5, texte.
CB, XXI, 2 (fév. 71), 17, ill.
CB, XXIII, 2 (fév. 73), 36, texte & ill.
CB, XXIV, 9 (sept. 74), 45, texte.
CB, XXVII, 2 (fév. 77), 5, texte.

Allward & Gouinlock; Webb, Zerafa, Menkes, Housden

B1197 Voir Webb, Zerafa, Menkes, Housden; Allward & Gouinlock

Andrews, John; Abugov & Sunderland

B1198 Voir Abugov & Sunderland; Andrews, John.

Andrews, John; Webb, Zerafa, Menkes

B1199 Voir Webb, Zerafa, Menkes; Andrews, John

Architectural and Building Dept. of Ontario Hydro; Candy, Kenneth H.

Morrisburg
B1200 Morrisburg Shopping Centre
RAIC, XXXVI, 5 (mai 59), 158-159, ill.

Arcop Associates

Hull
B1201 Les Terrasses de la Chaudière
AC, 34, 345 (mars-avril 78), 12-13
AC, XXXV, 351 (mars-avril 79), 20-27, texte & ill.
CB, XXVI, 1 (jan. 76), 5, texte.
CB, XXIX, 1 (jan. 79), 16-18, texte & ill.
BAT, LIII, 2 (fév. 78), 7, texte & ill.
BAT, LIII, 11 (nov. 78), 7, texte.

Montréal
B1202 Alcan Aluminum Company's Headquarters
TCA, XXV, 8 (août 80), 6-7, texte & ill.

Arcop Associés; Lahaye, J.C et ass.

Montréal
B1203 Place Champlain
AC, 28, 312 (mars 73), 9, texte & ill.

Arcop Associates; Smith, Carter Partners

B1204 Voir Smith, Carter Partners; Arcop Associates.

Armour, Blewett & Partners

Nanaimo
B1205 Woodgrove Centre
CB, XXX, 2 (février 80), 6, texte.
CB, XXX, 5 (mai 80), 7, ill.

Arnott, Gordon R. (Ass.)

Saskatoon
B1206 The Midtown Plaza
TCA, XV, 3 (mars 70), 8-9, texte & ill.
TCA, XVII, 1 (jan. 72), 7-9, texte & ill.
TCA, XIX, 9 (sept. 74), 38-41 et 74, texte & ill.
TCA, XXIV, 10 (oct. 79), 27, ill.
ARCAN, 48, (13 déc. 71), 9, texte & ill.
ARCAN, 45, 1 (jan. 68), 45, ill.
ARCAN, 47, (14 sept. 70), 2-3, texte & ill.
CB, XVI, 12 (déc. 66), 6, texte.
CB, XVII, 7 (juil. 67), 47, texte.

Arnott, MacPhail, Johnstone & Ass. Ltd.

Régina
B1207 Centre commercial, Fleet St. & Victoria Ave.
CB, XXIX, 11 (nov. 79), 7, texte.
CB, XXX, 12 (déc. 80), 5, texte & ill.

Ashworth, Fred; Webb, Zerafa, Menkes

Toronto
B1208 Summerhill Square
TCA, XV, (Yearbook 70), 52-54, texte & ill.

Atkins, Gordon

Calgary
B1209 8th. Avenue Mall
ARCAN, 46, 1 (jan. 69), 35, ill.

Azrieli, David; Sohn, Leon

Hull
B1210 Les Promenades de l'Outaouais
CB, XXVII, 10 (oct. 77), 14, texte & ill.

Bain, Burroughs, Hanson, Raimet

Richmond (C.-B.)
B1211 Landsdowne Plaza
CB, XXVIII, 8 (août 78), 31, texte & ill.
BAT, LIII, 9 (sept. 78), 16-19, texte & ill.
AC, 34, 348 (sept.-oct. 78), 9-10, texte & ill.

Bakker, Joost; Geary, Michael; Hotson, Norman

Vancouver (Granville Island)
B1212 Granville Island Public Market
TCA, XXV, 7 (juil. 80), 39, texte & ill.

Beauvais & Lusignan; Zeidler, E.

B1213 Voir Zeidler, E.; Beauvais & Lusignan.

Bélanger, Marc

Montréal
B1214 Projet-thèse (École d'architecture de Montréal): place Concordia
ABC, XVII, 195 (juil. 62), 16-19, texte & ill.

Belcourt & Blair

Ottawa
B1215 Centre Manor Park
ABC, IX, 93 (jan 54), 22-23, texte & ill.

Birmingham, William Henry

Burnaby
B1216 Crest Shopping Centre
TCA, III, 10 (oct. 58), 45-47, texte & ill.

Bittorf, Holland, Christianson

Edmonton
B1217 Principal Plaza
CB, XXIX, 11 (nov. 79), 7, texte & ill.

Bittorf-Wensley; Hemingway and Laubental; Pinckston, Donald L.

Edmonton
B1218 Southgate Shopping Centre
CB, XVII, 8 (août 67), 7, texte.

Blouin & Blouin; Longpré, Marchand, Gaudreau; Gauthier, Guité, Roy; La Haye, Ouellet

B1219 Voir La Haye, Ouellet, Longpré...

Commerce et industrie / Commerce and Industry

Blouin, André; Gareau, Jean
Montréal
B1220 Place de la Confédération
       BAT, XXXVI, 7 (juil. 60), 22-23, texte & ill.

Boutilier, Arthur; Giddy, Martin; Simpson, Ronald et al.
Halifax
B1221 Projet: Halifax / Scotia Square
       AC, 24, 276 (juil., août 69), 26-27

Brassard, G. Paul
Montréal
B1222 Marché Central Métropolitain
       ABC, XII, 139 (nov. 57), 39-41, texte & ill.

Bregman and Hamann
Pointe-Claire
B1223 Fairview Pointe-Claire Shopping Centre
       TCA, VIII, 10 (oct. 63), 6 et 8, texte & ill.
       CB, XIII, 4 (avril 63), 3, texte.
       CB, XV, 10 (oct. 65), 43, texte & ill.
Richmond Hill (Ont.)
B1224 Hillcrest Mall
       AC, 28, 320 (déc. 73), 11, texte & ill.
       CB, XXIII, 12 (déc. 73), 52, texte & ill.
       CB, XXIV, 10 (oct. 74), 27 et 29, texte & ill.
Scarborough
B1225 Scarborough Town Centre
       TCA, XVI, 10 (oct. 71), 6-7, texte & ill.
       CB, XXIII, 11 (nov. 73), 98, texte.
       CB, XXIII, 5 (mai 73), 7, texte & ill.
Toronto
B1226 Centre commercial, Bloor St. & Bay St.
       CB, XXII, 5 (mai 72), 41, texte.
B1227 Cloverdale Mall (rénovations)
       ARCAN, 49 (nov. 72), 11
B1228 Fairview Mall
       ARCAN, XLVII, (14 sept. 70), 4-5, texte & ill.
       TCA, XV, 9 (sept. 70), 9, texte & ill.
       CB, XVIII, 11 (nov. 68), 7, texte & ill.
       CB, XX, 9 (sept. 70), 53, texte & ill.
       CB, XXII, 2 (fév. 72), 16, ill.
       CB, XXIX, 7 (juil. 79), 6, texte.
B1229 First Canadian Place
       AC, 34, 344 (jan.-fév. 78), 10
       ARCAN, L (mai 73), 6
       CB, XXIII, 10 (oct. 73), 60, texte.
       CB, XXIII, 12 (déc. 73), 54, texte.
       CB, XXIV, 2 (fév. 74), 56, texte & ill.
       CB, XXIV, 5 (mai 74), 5, texte & ill.
       CB, XXIV, 8 (août 74), 54, texte.
       CB, XXIV, 9 (sept. 74), 7, texte & ill.
       CB, XXIV, 10 (oct. 74), 34, texte.
       CB, XXV, 5 (mai 75), 8, texte & ill.
       CB, XXVI, 4 (avril 76), 43 FCP 20, texte & ill.
       CB, XXVI, 4 (avril 76), FCP16, ill.
       CB, XXVI, 4 (avril 76), 43 FCP20
       CB, XXVI, 4 (avril 76), FCP4 et FCP6 et FCP8, texte & ill.
       CB, XXVI, 6 (juin 76), 37-38 et 43, texte & ill.
       CB, XXVI, 9 (sept. 76), 5, texte.
       CB, XXX, 8 (août 80), 14, ill.
       CB, XXX, 12 (déc. 80), 19, texte.

Bregman & Hamann; John B. Parkin Ass.
Toronto
B1230 Simpson Tower
       CB, XVI, 10 (oct. 66), 61-63, texte & ill.

Bregman & Hamann; Mies Van Der Rohe; John B. Parkin Ass.
B1231 Voir Mies Van Der Rohe; John B. Parkin Ass.; Bregman & Hamann

Bregman & Hamann; Zeidler Partnership
Toronto
B1232 Eaton Centre
       TCA, XIX, 12 (déc. 74), 39-40, texte & ill.
       TCA, XXII, 1 (jan. 77), 5, texte & ill.
       TCA, XXII, 5 (mai 77), 30-50, texte & ill.
       TCA, XXII, 7 (juil. 77), 28-35, texte & ill.
       BAT, LV, 2 (mars 80), 6, texte & ill.

Brodeur, Jean-Guy
Édifice de lieu inconnu
B1233 Projet étudiant: un petit centre d'achats
       ABC, XIII, 152 (déc. 58), 56-57, texte & ill.

Bujold, Emilien
Édifice de lieu inconnu
B1234 Projet d'un édifice commercial
       ABC, III, 22 (fév. 48), 28, ill.

Buttjes, Burgers, Sammarco
Vancouver
B1235 Robson Street Galleria
       TCA, XXV, 1 (jan. 1980), 11-12, texte & ill.

Callebaut, Charles L.V.
Edmonton
B1236 Shoppersville
       RAIC, XXIX, 6 (juin 52), 182, ill.

Calvert, R.G.
Édifice de lieu inconnu
B1237 A Rapid Transit Terminal and Shopping Centre (projet d'étudiant)
       RAIC, XXV, 5 (mai 48), 156, ill.

The Chandler Kennedy Partnership
Calgary
B1238 Palliser Square
       TCA, XXIV, 10 (oct. 79), 25, ill.

Chapman, Donald N. (Ass.); Duell, R. (Ass.)
Niagara Falls
B1239 Maple Leaf Village
       CB, XXVIII, 2 (fév. 78), 5, texte.

Clarke, Darling, Downey
Scarborough
B1240
       CB, XXX, 1 (jan. 80), 6, texte & ill.

Cohos, Delesalle & Evamy
Moose Jaw
B1241 Town 'n' Country Mall
       CB, XXIII, 7 (juil. 73), 38, texte.
       CB, XXIV, 1 (jan. 74), 34, texte.
       CB, XXIV, 8 (août 74), 30, texte.

Cook, J.H.
Calgary
B1242 Oxford Square
       TCA, XXI, 9 (sept. 76), 5, texte & ill.
       CB, XXVI, 7 (juil. 76), 7, ill.
       CB, XXVII, 8 (août 77), 38, ill.

Cooper, Ken
Calgary
B1243 Gulf Canada Square
       TCA, XXIII, 11 (nov. 78), 34, texte & ill.
       BAT, LII, 3 (mars 77), 7, texte & ill.
       BAT, LIV, 3 (mars 79), 17-18, texte & ill.
       AC, XXXV, 351 (mars-avril 79), 9-10, texte.
       CB, XXVII, 7 (juil. 77), 5, texte & ill.
       CB, XXIX, 1 (jan. 79), 7, texte & ill.
       CB, XXIX, 6 (juin 79), 8, texte.
       CB, XXIX, 11 (nov. 79), 16-17, texte & ill.

Cooper, Ken; Adamson Associates
Calgary
B1244 Gulf Canada Square
       TCA, XXIV, 7 (juil. 79), 4, texte & ill.
Toronto
B1245 Hydro Place
       TCA, XXI, 4 (avril 76), 26-41 et 57, texte & ill.
       AC, 33, 342 (juil.-août 77), 6, ill.
       CB, XXV, 12 (déc. 75), 21-32, texte & ill.
       CB, XXVI, 1 (jan. 76), 8, texte & ill.
       CB, XXVII, 7 (juil. 77), 7, texte & ill.

Coutu, Jacques
Édifice de lieu inconnu
B1246 Un groupe de six magasins (projet d'étudiant)
       RAIC, XXIX, 5 (mai 52), 138-139, ill.

Craig, Zeidler & Strong
St. Catharines
B1247 Corbloc
       TCA, XIX, 5 (mai 74), 6, texte & ill.
       CB, XXIV, 8 (août 74), 44, texte & ill.

Crang and Boake
Guelph
B1248 Eaton's Centre — Guelph
       CB, XXIX, 11 (nov. 79), 6, texte.
Kitchener
B1249 King Centre
       CB, XXVII, 4 (avril 77), 5, ill.
       CB, XXVII, 12 (déc. 77), 15, ill.
Montréal
B1250 2001 University (Place du Centre)
       BAT, XLVIII, 5 (mai 73), 5, texte & ill.
       BAT, XLVIII, 5 (mai 73), 8, texte & ill.
Toronto
B1251 Centre commercial, Bloor St.
       CB, XXVII, 5 (mai 77), 6, texte & ill.
B1252 Thorncliffe Market Place
       CB, X, 9 (sept. 60), 59-60, texte & ill.

Cummings, Maxwell (Ass.)
Calgary
B1253 Calgary Place
       CB, XVIII, 7 (juil. 68), 21-22, texte & ill.

Dale, A. (Ass.)
Calgary
B1254 Centre commercial, 8th Ave & 2nd St.
       CB, XXI, 4 (avril 71), 7, texte.
B1255 Calgary Centre
       CB, XXIII, 1 (janvier 73), 5, texte.

Dale, Chandler, Kennedy Partnership; Zerafa, Serge
Calgary
B1256 (2 tours de 18 étages)
       CB, XXVIII, 7 (juil. 78), 7, texte & ill.

Dallegret, François; Baker, Joseph
Montréal
B1257 Palais Métro (dans l'ancien Palais du Commerce)
       TCA, XIII, 1 (jan. 68), 8, texte & ill.

Daniels, John H.; Hulme, William D.
Windsor
B1258 East Park
       CB, XXIII, 5 (mai 73), 41, texte.

David & Boulva
Montréal
B1259 Place Dupuis
       BAT, XLVI, 8 (août 71), 7-8, texte & ill.
       BAT, XLVII, 7 (juil. 72), 4, texte & ill.
       BAT, XLVII, 7 (juil. 72), 7, ill.

David, Boulva, Cleve
Montréal
B1260 Tours pour Bell Canada et la Banque Provinciale
       CB, XXIX, 2 (fév. 79), 10, texte.
       AC, XXXV, 350 (jan.-fév. 79), 20-23, texte & ill.
Ottawa
B1261 Royal Bank Centre
       CB, XXVII, 5 (mai 77), 5, texte & ill.
       BAT, LII, 10 (oct. 77), 7, ill.

Deacon, Arnett, Murray & Rankin
Scarborough
B1262 Passmore Shoppes
       TCA, XXV, 2 (fév. 80), 4 et 6, texte & ill.

Design Workshop Ltd
Caraquet
B1263 Place de l'Acadie
       TCA, XXV, 5 (mai 80), 4, texte & ill.

Des Rochers & Dumont
Chomedey
B1264 Immeuble G.L.
       ABC, XX, 233 (sept. 65), 39-43, texte & ill.

Des Rochers & Dumont; Moreau
B1265 Voir Moreau; Des Rochers & Dumont

Diamond, A.J.; Myers, Barton
Toronto
B1266 York Square
TCA, XIV, 6 (juin 69), 36-38, texte & ill.
TCA, XIV, 11 (nov. 69), 45, ill.
TCA, XVIII, 1 (jan. 73), 4, texte & ill.
TCA, XXV, 11 (nov. 80), 34, texte & ill.

Di Castri, John A.
Victoria
B1267 Carpark & Shopping Arcade, Centennial Square
TCA, VIII, 11 (nov. 63), 66 et 72-73, texte & ill.
TCA, XI, 11 (nov. 66), 55-56 et 59, texte & ill.

Dickinson, Peter
Toronto
B1268 Complexe sur la station de métro de Davisville
TCA, VI, 12 (déc. 61), 9, texte & ill.

Dickinson, Peter; Roth, Max
Montréal
B1269 Windsor Plaza
CB, VIII, 12 (déc. 58), 42-43, texte & ill.

Dickinson, Peter (Ass.); Webb & Menkes
B1270 Voir Webb & Menkes; Dickinson, Peter (Ass.)

Dimakopoulos, Dimitri
Montréal
B1271 Centre administré par les domaines Concordia
AC, XXVIII, 311 (jan.-fév. 73), 8, texte & ill.

Dirassar, James and Jorgensen
Burnaby
B1272 Lougheed Mall
CB, XVIII, 8 (août 68), 50, ill.
Vancouver
B1273 Royal Centre
ARCAN, 47 (25 mai 70), 10

Dirassar, James, Jorgensen, Davis; Webb, Zerafa, Menkes, Housden
Vancouver
B1274 Royal Centre
TCA, XVII, 3 (mars 72), 42-43, texte & ill.
CB, XXIV, 2 (fév. 74), 27-30, texte & ill.

Downtown Winnipeg Consortium; Number Ten Architectural Group; L.M. Architectural Group
Winnipeg
B1275 Rupertsland Square
TCA, XX, 6 (juin 75), 48, texte & ill.

Drummond, George
Montréal
B1276 Centre comprenant l'Hôtel Reine Elizabeth
TCA, I, 4 (avril 56), 62-64, texte & ill.

Duffus, Romans, Kundzins, Rounsefell
Dartmouth (N.-E.)
B1277 Cadac
ARCAN, L, (juin 73), 10, texte & ill.

Durnford, Bolton, Chadwick & Ellwood
Montréal
B1278 Shopperville
TCA, IV, 1 (jan. 59), 58-59, texte & ill.

Eldred, Brian
Edmonton
B1279 Commercial Bridge development over the North Saskatchewan River
ARCAN, 46, 5 (mai 69), 59-60, texte & ill.

Eliasoph & Berkowitz
Dorval
B1280 Centre d'achats Dorval Gardens
ABC, IX, 103 (nov. 54), 28-31 et 46-48, texte & ill.
ABC, X, 115 (nov. 55), 36, ill.
CB, IV, 4 (avril 55), 35-37 et 72, texte & ill.
CB, VII, 6 (juin 57), 44, texte & ill.
BAT, XXX, 7 (juil. 55), 32-35, texte & ill.
Cité de Jacques-Cartier
B1281 Centre d'achats Jacques-Cartier
ABC, XII, 139 (nov. 57), 44-47, texte & ill.

Montréal
B1282 Centre d'achats Champlain
ABC, VIII, 91 (nov. 53), 35-37, texte & ill.
B1283 Wilderton Shopping Centre
RAIC, XXXVIII, 3 (mars 61), 42 et 52, ill.
ABC, XV, 176 (déc. 60), 385-392, texte & ill.
Ottawa
B1284 Westgate Shopping Centre
RAIC, XXXII, 11 (nov. 55), 418, ill.

Erickson-Massey
Vancouver
B1285 Centre commercial, Burrard & Georgia St.
TCA, XVII, 1 (jan. 72), 10, texte & ill.

Faludi, E.G.
Terrace Bay (Ont.)
B1286 Terrace Bay Shopping Centre
RAIC, XXVI, 9 (sept. 49), 270, texte & ill.
Toronto
B1287 Humber Valley Village West
RAIC, XXVI, 9 (sept. 49), 268, texte & ill.
B1288 Thorncrest Village
RAIC, XXVI, 9 (sept. 49), 268, texte & ill.
B1289 Westwood Six Points
RAIC, XXVI, 9 (sept. 49), 269, texte & ill.

Faludi, E.G.; Adamson, A.P.
B1290 Voir Adamson, A.P.; Faludi, E.G.

Faludi, E.G.; Hanks & Irvine
Toronto
B1291 Humber Valley Village East Shopping Centre
RAIC, XXVI, 9 (sept. 49), 270, texte & ill.

Fish et Melamed
St. John (N.-B.)
B1292 Centre d'achats
ABC, XVII, 189 (jan. 62), 26-27, ill.

Fliess, Henry; Murray, James A.
Toronto
B1293 Sherway Gardens
TCA, XVI, 4 (avril 71), 38-44, texte & ill.
CB, XVIII, 12 (déc. 68), 5, texte.
CB, XIX, 12 (déc. 69), 30, texte.
CB, XXII, 5 (mai 72), 22, texte.

Fortin, Jean-Claude
St-Lambert
B1294 Édifice Soucie
BAT, XL, 7 (juil. 65), 6, texte & ill.

Freedman, G.S.
Dieppe (N.-B.)
B1295 Champlain Place
CB, XXIII, 8 (août 73), 32, texte & ill.
CB, XXIV, 9 (sept. 74), 45, texte.
Moncton
B1296 Place Champlain
AC, 28, 320 (déc. 73), 11

Freedman, Petroff and Jeruzalski
Burlington
B1297 Burlington Mall
CB, XVIII, 8 (août 68), 54, ill.

Fuller, R. Buckminster
Toronto
B1298 Complexe pour l'utilisation des terres de la Spadina Expressway non terminée
ARCAN, 48 (25 oct. 71), 5, texte & ill.

Gareau, Jean
Édifice de lieu inconnu
B1299 Interprétation d'un centre d'achats (projet)
ABC, XI, 127 (nov. 56), 51, ill.

Gauthier, Guité, Roy
Québec
B1300 Place Hauteville
BAT, XLVIII, 5 (mai 73), 8, texte & ill.
BAT, XLVIII, 12 (déc. 73), 3, texte.
BAT, L, 2 (fév. 75), 11-12, texte & ill.
Ste-Foy
B1301 Centre d'achats Innovation
BAT, XLVII, 10 (oct. 72), 6, texte.

Gauthier, Guité, Roy; Longpré, Marchand, Gaudreau; Blouin & Blouin; La Haye - Ouellet
B1302 Voir La Haye - Ouellet; Longpré...

Gilbert, André
Ste-Foy
B1303 Projet d'un centre d'achats
ABC, XI, 117 (jan. 56), 24-25, texte & ill.

Gilleland and Janiss
Toronto
B1304 Shoppers World
CB, XII, 9 (sept. 62), 40-42, texte & ill.

Girvan, Jim
St. John (N.-B.)
B1305 Chesley Place
CB, XXVIII, 9 (sept. 78), 7, texte.
AC, 34, 348 (nov.-déc. 78), 17-20, texte & ill.

Goering, Peter; Zeidler Partnership
B1306 Voir Zeidler Partnership; Goering, Peter

Graham, John (Co.)
Halifax
B1307 Centre commercial, Mumford Rd. & Bayers Ave
CB, X, 10 (oct. 60), 65, texte & ill.
London
B1308 Wellington Square Shopping Centre
TCA, III, 10 (oct. 58), 54-55, texte & ill.
CB, X, 7 (juil. 60), 34-36, texte & ill.
Oshawa
B1309 Oshawa Regional Centre
CB, VII, 6 (juin 57), 46, texte & ill.
TCA, III, 10 (oct. 58), 36-37, texte & ill.
TCA, III, 10 (oct. 58), 50-53, texte & ill.
Toronto
B1310 Yorkdale Shopping Centre
RAIC, XLI, 6 (juin 64), 37-54, texte & ill.

Green, Blankstein, Russell & ass.
Winnipeg
B1311 Polo Park Shopping Centre
RAIC, XXXII, 10 (oct. 55), 374, ill.
RAIC, XXXVII, 4 (avril 60), 132, ill.

Greenspoon, Freedlander & Dunne
Ville St-Laurent
B1312 Centre commercial, rues O'Brien & Poirier
ABC, X, 115 (nov. 55), 34, ill.

Greenspoon, Freedlander & Dunne; Nervi, Pier Luigi; Moretti, Luigi
B1313 Voir Nervi, Pier Luigi; Moretti...

Greenspoon, Freedlander, Plachta & Kryton
Laval
B1314 Carrefour Laval
ARCAN, L (mai 73), 6
TCA, XVII, 7 (juil. 72), 6, texte & ill.
AC, 25, 287 (sept. 70), 33, texte & ill.
AC, 27, 306 (juil.-août 72), 12, texte & ill.
AC, 27, 310 (déc. 72), 13-15, texte & ill.
CB, XXIII, 10 (oct. 73), 26, texte.
BAT, XLVII, 8 (août 72), 27, texte & ill.
BAT, XLVII, 12 (déc. 72), 8, texte & ill.
Moncton
B1315 Terminal Plaza Building
AC, 24, 278 (oct. 69), 18, texte & ill.
Montréal
B1316 Les Galeries d'Anjou
CB, XVII, 10 (oct. 67), 50 et 52, texte & ill.
ABC, XXIII, 268, (oct. 68), 24-31 et 60, texte & ill.
BAT, L, 4 (avril 75), 31, texte & ill.

Greenberg, Charles B.
Ottawa
B1317 Rideauview Shopping Centre
CB, IX, 8 (août 59), 33-34, texte & ill.

Gruen, Victor; Murray, James A.
Toronto
B1318 Eaton Cent.e (projet de 1964)
TCA, XXII, 5 (mai 77), 33, ill.

Gruen, Victor (Ass.); I.M. Pei Ass., McCarter, Nairne & Partners; Ponte, Vincent
Vancouver
B1319   "New Town Centre"
        TCA, XI, 6 (juin 66), 5 et 7, texte & ill.

Hagarty, Buist, Breivik & Milics
Guelph
B1320   The Mall
        ARCAN, 47 (25 mai 70), 10

Hamilton, Doyle & Ass.
Richmond (C.-B.)
B1321   Centre commercial, Westminster Highway & Minoru Blvd
        CB, XXII, 11 (nov. 72), 14, texte & ill.
        CB, XXII, 3 (mars 72), 52, texte.

Hankinson, E.L.
Toronto
B1322   Eaton Centre (projet de 1963)
        TCA, XXII, 5 (mai 77), 33, ill.

Hartley & Turik
Kelowna
B1323   Orchard Park Shopping Centre
        CB, XXIX, 10 (oct. 79), 12, texte & ill.

Hemingway, Peter
Edmonton
B1324   The Kingsway Atrium
        TCA, XXIV, 4 (avril 79), 6, texte & ill.

Henriquez & Todd
Vancouver
B1325   Gaslight Square
        TCA, XXI, 8 (août 76), 46-49, texte & ill.

Henriquez and Todd; Parker, Allen
Port Coquitlam
B1326   Shaughnessy Park
        CB, XXIII, 10 (oct. 73), 26, texte.

Hubbert, R.E. (Partners)
Régina
B1327   (Low Energy Complex)
        TCA, XXV, 1 (jan. 80), 19-21, texte & ill.

Hulme, William D.; Lazosky, Daniel E.; Sankey & Associés
Hull
B1328   Place du centre
        AC, 33, 344, (nov.-déc. 77), 26-27, texte & ill.
        CB, XXII, 11 (nov. 72), 14, texte & ill.
        CB, XXIII, 12 (déc. 73), 18-19, texte & ill.
        BAT, LII, 10 (oct. 77), 6, ill.
        BAT, LII, 10 (oct. 77), 12-14, texte.
        BAT, LIV, 5 (mai 79), 6, texte.

Kalman, Maxwell M.; Fisher, Howard T.; Funero, Bruno
Ville St-Michel
B1329   Centre d'achats Boulevard
        ABC, VIII, 91 (nov. 53), 38-40, texte & ill.

Kemble, Roger
Édifice de lieu inconnu
B1330   Cedar Village Garden Shopping Centre
        TCA, X, 11 (nov. 65), 48, texte & ill.

Kennedy, Warnett;
Vancouver
B1331   "Robsonstrasse"
        ARCAN, 47 (27 avril 70), 6

Keywan, James W.
Elliot Lake
B1332   Commercial Centre
        CB, XXX, 1 (jan. 80), 22-24, texte & ill.
        CB, XXX, 8 (août 80), 31 et 34, texte & ill.

Koch, Carl (Ass.)
Halifax
B1333   Scotia Square Development
        CB, XVI, 10 (oct. 66), 72 et 74, texte & ill.

Kwok, Stanley; Romses Kwan & Ass.
New Westminster
B1334   Centre commercial, 6th St.
        TCA, XXIV, 9 (sept. 79), 5, texte & ill.

Lagacé, Massicotte et Casgrain
Québec
B1335   Mail St-Roch
        BAT, XLIX, 6 (juin 74), 25, texte & ill.
Saint-Hubert
B1336   Mail fermé pour Plaza Saint-Hubert
        BAT, L, 10 (oct. 75), 6-7, texte.

La Haye, J.C. et ass.; Arcop Associés
B1337   Voir Arcop Associés et La Haye, J.C. et Ass.

La Haye-Ouellet; Longpré, Marchand, Gaudreau; Blouin & Blouin; Gauthier, Guité, Roy
Montréal
B1338   Place Desjardins
        AC, 27, 307 (sept. 72), 11, texte & ill.
        AC, 28, 318, (oct. 73), 23-27, texte & ill.
        AC, 31, 338, (nov.-déc. 76), 18-25 et 28-31 et 34, texte & ill.
        CB, XX, 6 (juin 70), 5, texte.
        CB, XX, 9 (sept. 70), 60, texte.
        CB, XXII, 7 (juil. 72), 39, texte.
        CB, XXII, 9 (sept. 72), 8, texte.
        CB, XXIII, 9 (sept. 73), 46, texte.
        CB, XXIII, 12 (déc. 73), 15, texte & ill.
        CB, XXVI, 8 (août 76), 27, texte & ill.
        CB, XXVII, 4 (avril 77), 50, texte & ill.
        BAT, XLV, 5 (mai 70), 7, texte & ill.
        BAT, XLV, 7 (juil. 70), 21, texte & ill.
        BAT, XLVI, 5 (mai 71), 24, texte & ill.
        BAT, XLVII, 1 (jan. 72), 8, texte.
        BAT, XLVII, 5 (mai 72), 28 et 35, texte & ill.
        BAT, XLVII, 6 (juin 72), 7, texte.
        BAT, XLVII, 7 (juil. 72), 34, texte.
        BAT, XLVIII, 5 (mai 73), 11, texte.
        BAT, XLVIII, 8 (août 73), 14
        BAT, XLVIII, 12 (déc. 73), 17, texte & ill.
        BAT, XLIX, 8 (août 74), 13, texte & ill.
        BAT, L, 4 (avril 75), 21, texte & ill.
        BAT, L, 6 (juin 75), 24-25, texte & ill.
        BAT, LI, 5 (mai 76), 15-16, 28, texte & ill.
        BAT, LIV, 8 (août 79), 14-15, texte & ill.

Lapointe et Tremblay
Montréal
B1339   "Merchandise Mart"
        ABC, IV, 36 (avril 49), 30-31, ill.

Larrington, C.T.
Edmonton
B1340   Centre commercial, Stony Plain Rd. & 124th St.
        CB, XIX, 12 (déc. 69), 52, texte.

Lau, Arthur C.F.; Lo, Phillip H.
Edmonton
B1341   Standard Life Centre
        CB, XXX, 3 (mars 80), 5, texte & ill.

Lavigueur, Gilles
Montréal
B1342   Plexi
        AC, 24, 276 (juil.-août 69), 38-43, texte & ill.

Layng, John
Toronto
B1343   Centre commercial, Bayview Ave.
        RAIC, XXX, 5 (mai 53), 69, texte & ill.

Lazosky, Daniel E.
Hull
B1344   Place du Portage
        AC, 25, 288 (oct. 70), 32-33, texte & ill.
        AC, 26, 300 (déc. 71), 18-19, texte & ill.
        AC, 27, 308 (oct. 72), 10, texte & ill.
        AC, 29, 323, (mai-juin 74), 15-20, texte & ill.
        ARCAN, 46, 1 (jan. 69), 46, ill.
        ARCAN, 48 (1 fév. 71), 3, texte & ill.
        BAT, XLVIII, 9 (sept. 73), 18-19, texte & ill.
        BAT, XLIX, 8 (août 74), 17-18, texte & ill.
        BAT, LII, 8 (août 77), 25-26, texte & ill.
        CB, XVIII, 8 (août 68), 5, texte.
        CB, XXIII, 5 (mai 73), 14-16, texte & ill.
        CB, XXIII, 9 (sept. 73), 42-43, texte.
        CB, XXIII, 12 (déc. 73), 18, texte & ill.
        CB, XXV, 4 (avril 75), 13 et 16, texte & ill.
Sainte-Foy
B1345   Centre d'achats Ste-Foy
        BAT, XXXII, 2 (fév. 57), 19, texte.

Lazosky, Daniel E.; Hulme, William D.; Sankey & Ass.
B1346   Voir Hulme, William D.; Lazosky...

Lemay, G.E.
Montréal
B1347   Un édifice à l'usage de parking, magasins et night club
        RAIC, XXXIV, 3 (mars 57), 88, texte & ill.

Lett / Smith Architects
Markham
B1348   Chelsea Square
        CB, XXVII, 12 (déc. 77), 12-13, texte & ill.
        TCA, XXIII, 1 (jan. 78), 8, texte & ill.

Libling, Michener and Ass.
Assiniboia
B1349   CB, XV, 6 (juin 65), 8, texte & ill.

Libling, Michener, Diamond & Associates
Winnipeg
B1350   RAIC, XXXIII, 5 (mai 56), 183, ill.

L.M. Architectural Group; Downtown Winnipeg Group; Number Ten Architectural Group
B1351   Voir Downtown Architectural Group; Number Ten...

Longpré, Marchand, Gaudreau; Blouin & Blouin; Gauthier, Guité, Roy; La Haye-Ouellet.
B1352   Voir La Haye-Ouellet, Longpré...

Luke, Little, Mace
Montréal
B1353   Immeuble de la United Amusement Corp.
        ABC, I, 8 (nov. 46), 26, texte.

McCarter, Nairne & Partners; Victor Gruen Ass.
Vancouver
B1354   Pacific Centre
        CB, XIX, 3 (mars 69), 5, texte.
        CB, XIX, 5 (mai 69), 8, texte.
        CB, XX, 7 (juil. 70), 32, ill.
        CB, XXII, 3 (mars 72), 52, texte.
        CB, XXX, 2 (fév. 80), 6, texte.
        TCA, XIV, 4 (avril 69), 12, texte & ill.
        TCA, XVII, 3 (mars 72), 41, texte & ill.

McCarter, Nairne & Partners; Victor Gruen Ass.
B1355   Voir Gruen, Victor (ass.), I.M. Pei Ass.; McCarter...

Markson, Jerome
Elliot Lake
B1356   Elliot Plaza
        RAIC, XXXVII, 6 (juin 60), 256-258, texte & ill.

Marois, Georges; Melamed, Craft, Grainger
Laval
B1357   Cité Val des Arbres
        AC, 33, 339 (jan.-fév. 77), 6
        AC, 33, 340 (mars-avril 77), 4, texte & ill.
        AC, 33, 341 (mai-juin 77), 18-19 et 22 et 24, texte & ill.
        AC, 33, 343 (sept.-oct. 77), 31, texte & ill.

Martin, Ian
St-Jérôme
B1358   Centre d'achats St-Jérôme
        ABC, XII, 139 (nov. 57), 36-38, texte & ill.
Thetford-Mines
B1359   Centre d'Achats de Thetford-Mines
        BAT, XXXIV, 9 (sept. 59), 21, texte.

Martin, Ian; Prus, Victor
Ville Mont-Royal
B1360 Centre d'achats Rockland
ABC, XIV, 164 (déc. 59), 378-383, texte & ill.
RAIC, XXXVIII, 11 (nov. 61), 68, ill.
CB, IX, 12 (déc. 59), 27-29, texte & ill.
CB, XI, 12 (déc. 61), 38-39 et 43, texte & ill.
TCA, V, 2 (fév. 60), 64-75, texte & ill.
TCA, VI, 11 (nov. 61), 8, ill.
TCA, XIV, 11 (nov. 69), 37, ill.
BAT, XXXIV, 11 (nov. 59), 24-27, texte & ill.
BAT, IX, 12 (déc. 61), 13, texte & ill.

Mathers & Haldenby; Skidmore, Owings, Merrill
B1361 Voir Skidmore, Owings, Merrill; Mathers & Haldenby

Mayers & Girvan
Montréal
B1362 Plaza de la Côte des Neiges
BAT, XLIII, 7 (juil. 68), 17-18, texte & ill.
CB, XVIII, 7 (juil. 68), 18-19, texte & ill.

Mickelson, Fraser & Browne
Port-Arthur
B1363 Avila Centre
ARCAN, 45, 1 (Jan. 68), 62, ill.

Mies van der Rohe; John B. Parkin Ass.; Bregman and Hamann
Toronto
B1364 Toronto Dominion Centre
TCA, IX, 5 (mai 64), 5-6, texte & ill.
TCA, X, 11 (nov. 65), 5-6, texte & ill.
TCA, XI, 6 (juin 66), 47 et 68, texte & ill.
TCA, XII, 10 (oct. 67), 8, texte.
TCA, XII, 11 (nov. 67), 10, texte & ill.
TCA, XII, 11 (nov. 65), 31-45, texte & ill.
TCA, XII, (Yearbook 67), 43-44, texte & ill.
TCA, XIII, 7 (juil. 68), 8, texte & ill.
TCA, XIII, (Yearbook 68), 88, texte & ill.
TCA, XIV, 11 (nov. 69), 43, ill.
TCA, XXV, 11 (nov. 80), 30-31, texte & ill.
CB, XV, 5 (mai 65), 6, texte.
CB, XV, 5 (mai 65), 50-53, texte & ill.
CB, XVI, 4 (avril 66), 10, ill.
CB, XVI, 7 (juil. 66), 42-44, texte & ill.
CB, XVI, 10 (oct. 66), 60, texte & ill.
CB, XVII, 5 (mai 67), 6, ill.
CB, XXI, 10 (oct. 71), 7, texte & ill.
CB, XXI, 12 (déc. 71), 5, texte.
CB, XXII, 8 (août 72), 6, texte.
CB, XXIII, 7 (juil. 73), 8, texte & ill.
CB, XXV, 8 (août 75), 22-24, texte & ill.
CB, XXVI, 4 (avril 76), FCP7, ill.
BAT, L, 10 (oct. 75), 15, 17, texte & ill.

Moreau; Des Rochers et Dumont
Laval
B1365 Place Laval
AC, 25, 287 (sept. 70), 32, texte & ill.

Moretti, Luigi; Nervi, Pier Luigi; Greenspoon, Freedlander & Dunne
B1366 Voir Nervi, Pier Luigi; Moretti...

Morse, Lewis
Saint John (N.-B.)
B1367 Fort La Tour
TCA, XII, 7 (juil. 67), 14-15, texte & ill.

Mott, Myles & Chatwin Ltd; Webb, Zerafa, Menkes, Housden
B1368 Voir Webb, Zerafa, Menkes, Housden; Mott, Myles & Chatwin Ltd.

Muramatsu, Yasuo
Mill Woods (Alberta)
B1369 Millbourne Community Shopping Centre
CB, XXVI, 11 (nov. 76), 5, texte.

Murray, James A.; Fliess, Henry
B1370 Voir Fliess, Henry; Murray, James A.

Murray, James A.; Gruen, Victor
B1371 Voir Gruen, Victor; Murray, James A.

Musson, Frank
Clearbrook (C.-B.)
B1372 Sevenoaks
CB, XXIII, 11 (nov. 73), 93, texte.
CB, XXIII, 12 (déc. 73), 5, ill.

Musson, Cattell & Ass.
Nelson
B1373 Nelson Mall
CB, XXIX, 3 (mars 79), 5, texte.

Myers, Barton; Diamond, A.J.
B1374 Voir Diamond, A.J.; Myers, Barton

Negrin, Reno C. (ass.); Searle, Wilbee, Rowland.
B1375 Voir Searle, Wilbee, Rowland; Negrin, Reno C. (ass.)

Nervi, Pier Luigi; Moretti, Luigi; Greenspoon, Freedlander & Dunne
Montréal
B1376 Place Victoria
BAT, XXXIX, 1 (jan. 64), 22-27, texte & ill.
BAT, XXXIX, 2 (fév. 64), 44, texte.
BAT, XXXIX, 7 (juil. 64), 5, texte & ill.
BAT, XXXIX, 9 (sept. 64), 5, texte & ill.
BAT, XL, 5 (mai 66), 5, texte.
BAT, XLI, 5 (mai 66), 47-67
BAT, XLII, 10 (oct. 67), 31-33, texte & ill.
ABC, XVIII, 207 (juil. 63), 47, texte.
ABC, XIX, 213 (jan. 64), 35, texte.
ABC, XIX, 222 (oct. 64), 49, texte.
ABC, XIX, 223 (nov. 64), 44, texte.
ABC, XX, 227 (mars 65), 48-49, texte.
ABC, XX, 228 (avril 65), 56, texte.
ABC, XX, 230 (juin 65), 48-49, texte.
RAIC, XXXIX, 1 (jan. 62), 31, texte & ill.
RAIC, XLII, 10 (oct. 65), 60-73, texte & ill.
ARCAN, 44, 6 (juin 67), 4 (supplément à la revue), ill.
CB, XI, 12 (déc. 61), 59, texte & ill.
CB, XIV, 3 (mars 64), 4, texte & ill.
CB, XIV, 7 (juil. 64), 30-32 et 34, texte & ill.
CB, XIV, 10 (oct. 64), 19, texte.
CB, XIV, 10 (oct. 64), 46, texte & ill.
CB, Supplementary Issue (mai 66), 85, texte & ill.
CB, XVII, 12 (déc. 67), 42-43, texte & ill.
TCA, VI, 12 (déc. 61), 6, texte & ill.
TCA, VII, 6 (juin 62), 9, texte.
TCA, X, 7 (juil. 65), 37-54, texte & ill.
TCA, X, (Yearbook 65), 50-51, texte & ill.
TCA, XII, 11 (nov. 69), 7, texte & ill.
TCA, XIV, 11 (nov. 69), 43, ill.
TCA, XXV, 11 (nov. 80), 26, texte & ill.

Number Ten Architectural Group; L.M. Architectural Group; Downtown Winnipeg Consortium
B1377 Voir Downtown Winnipeg, Consortium; Number Ten...

Ogus & Fisher
Toronto
B1378 Two Bloor West
CB, XXI, 2 (fév. 71), 41, texte & ill.
CB, XXIII, 10 (oct. 73), 72, texte & ill.

Page, J.C.
Calgary
B1379 Chinook Shopping Centre
TCA, III, 10 (oct. 58), 49, ill.
CB, IX, 9 (sept. 59), 48, ill.
Vancouver
B1380 Oakridge Shopping Centre
TCA, II, 10 (oct. 57), 53, texte & ill.
TCA, III, 10 (oct. 58), 49, ill.
CB, XI, 3 (mars 61), 26-28, texte & ill.
B1381 Oakwood Shopping Centre
RAIC, XXXIII, 5 (mai 56), 179, texte & ill.

Page, J.C.; Van Norman, C.B.K.
B1382 Voir Van Norman, C.B.K.; Page, J.C.

Page & Steele
Toronto
B1383 Atrium on Bay
CB, XXIV, 7 (juil. 74), 56, texte.
CB, XXIV, 8 (août 74), 5, texte.
CB, XXIX, 11 (nov. 79), 14, texte & ill.
CB, XXX, 8 (août 80), 14, ill.
CB, XXX, 10 (oct. 80), 34 et 36, texte & ill.

Page & Steele; Pei, I.M.
B1384 Voir Pei, I.M.; Page & Steele

P.G.L. Architects; René N. Leblanc Ass. Arch.
Hull
B1385 "Federal Government building"
CB, XXV, 10 (oct. 75), 8, texte.

Parkin, John B. (Ass.)
Burlington
B1386 TCA, III, 10 (oct. 58), 56-57, texte & ill.
Don Mills
B1387 Convenience Centre
CB, VI, 1 (jan. 56), 25-26, texte & ill.
BAT, XXXI, 3 (mars 56), 46, ill.
TCA, II, 9 (sept. 57), 41, texte & ill.
TCA, IV, 10 (oct. 59), 72-73 et 80, texte & ill.
RAIC, XXXI, 1 (jan. 54), 19, ill.
RAIC, XXXII, 12 (déc. 55), 453 et 458, texte & ill.
RAIC, XXXIII, 2 (fév. 56), 48-51, texte & ill.
Oshawa
B1388 TCA, VI, 8 (août 61), 9, texte.

Parkin, John B. (Ass.); Bregman & Hamann
B1389 Voir Bregman & Hamann; John B. Parkin Ass.

Parkin, John B. (Ass.); Mies Van Der Rohe; Bregman & Hamann
B1390 Voir Mies Van Der Rohe; John B. Parkin Ass.; Bregman & Hamann

Parkin, John C. (Ass.)
Mississauga
B1391 Square One Shopping Centre
CB, XXII, 12 (déc. 72), 5, texte & ill.
CB, XXIII, 4 (avril 73), 32, texte & ill.
CB, XXIII, 10 (oct. 73), 12, ill.
CB, XXIII, 11 (nov. 73), 14, texte & ill.
CB, XXIX, 11 (nov. 79), 8, texte.

Parkin, Smith, Carter
B1392 Voir Smith, Carter, Parkin

Pei, I.M. & Ass.
Montréal
B1393 Avenue McGill College
BAT, XL, 8 (août 65), 6, texte & ill.

Pei, I.M. (Ass.); Affleck, Desbarats, Dimakopoulos, Lebensold, Michaud, Sise
Montréal
B1394 Place Ville-Marie
TCA, II, 9 (sept. 57), 14, texte & ill.
TCA, V, 5 (mai 60), 11-12, texte.
TCA, VII, 10 (oct. 62), 41-42, texte & ill.
TCA, VIII, 2 (fév. 63), 53-88, texte & ill.
TCA, XIV, 11 (nov. 69), 41, ill.
TCA, XXV, 11 (nov. 80), 23, texte & ill.
RAIC, XL, 2 (fév. 63), 45-87, texte & ill.
ABC, XIV, 159 (juil. 59), 232, texte.
ABC, XIV, 161 (sept. 59), 302, texte.
ABC, XIV, 164 (déc. 59), 402, texte.
ABC, XV, 165 (jan. 60), 28, texte.
ABC, XV, 167 (mars 60), 100, texte.
ABC, XV, 170 (juin 60), 210, texte.
ABC, XV, 174 (oct. 60), 341, texte.
ABC, XV, 175 (nov. 60), 373, texte.
ABC, XVI, 177 (jan. 61), 24-25 et 27, texte & ill.
ABC, XVI, 179 (mars 61), 51, texte.
ABC, XVI, 180 (avril 61), 36, texte.
ABC, XVI, 181 (mai 61), 57, texte.
ABC, XVI, 186 (oct. 61), 48-51-52-53, texte & ill.
ABC, XVII, 189 (jan. 62), 38, texte.
ABC, XVII, 193 (mai 62), 47, texte.
ABC, XVII, 199 (nov. 62), 28-39, texte & ill.
NB, VIII, 1 (jan. 59), 32, texte.
BAT, XXXII, 11 (nov. 57), 52-57, texte & ill.
BAT, XXXIV, 4 (avril 59), 89-90, texte & ill.
BAT, XXXV, 2 (fév. 60), 55, 65, texte & ill.
BAT, IX, 12 (déc. 61), 23, ill.
BAT, IX, 12 (déc. 61), 39, texte.

BAT, XXXVII, 4 (avril 62), 34-37, texte & ill.
BAT, XLI, 10 (oct. 66), 5, texte & ill.
BAT, XLII, 10 (oct. 67), 31-32, texte & ill.
CB, VI, 11 (nov. 56), 58, texte & ill.
CB, VII, 10 (oct. 57), 32-33, texte & ill.
CB, VIII, 10 (oct. 58), 48, texte & ill.
CB, IX, 6 (juin 59), 78-79, texte & ill.
CB, X, 1 (jan. 60), 17-19, texte & ill.
CB, X, 4 (avril 60), 43, texte & ill.
CB, X, 10 (oct. 60), 19, texte.
CB, X, 11 (nov. 60), 24-28, texte & ill.
CB, XI, 2 (fév. 61), 16, texte & ill.
CB, XI, 5 (mai 61), 53, texte & ill.
CB, XII, 10 (oct. 62), 3, texte & ill.
CB, XVII, 10 (oct. 67), 5, texte.

B1395 Place Ville Marie: galerie des boutiques
ABC, XVII, 200 (déc. 62), 34-36, texte & ill.

B1396 Place Ville-Marie; plan directeur pour un terminal.
TCA, I, 10 (oct. 56), 10

B1397 Plan directeur de Place Ville-Marie
RAIC, XXXIV, 10 (oct. 57), 404-405, texte & ill.

B1398 "Québec". (Place Ville-Marie et ses effets sur la circulation)
RAIC, XXXIV, 11 (nov. 57), 455

B1399 Place Ville-Marie; quartiers généraux des architectes, entrepreneurs, etc.
CB, IX, 6 (juin 59), 78-79, texte & ill.

B1400 Place Ville-Marie: bureaux du Trust Général du Canada
BAT, XLI, 10 (oct. 66), 5, texte & ill.

B1401 Place Ville-Marie; l'édifice IBM.
ABC, XIX, 222 (oct. 64), 50, texte.
ABC, XIX, 224 (déc. 64), 45-46, texte.
ABC, XX, 234 (oct. 65), 58, texte.
BAT, XXXIX, 10 (oct. 64), 7, texte & ill.
BAT, XL, 9 (sept. 64), 25-27, texte & ill.
BAT, XL, 10 (oct. 65), 5, texte & ill.

B1402 Place Ville-Marie; Maison Greenshields
ABC, XVIII, 211 (nov. 63), 50, texte.

B1403 Place Ville-Marie; Royal Bank Building
CB, XI, 8 (août 61), 51, texte & ill.

B1404 Protection des immeubles de la Place Ville-Marie contre les vibrations
ABC, XVII, 199 (nov. 62), 36-39, texte & ill.

B1405 Services mécaniques et électriques à la Place Ville-Marie
ABC, XVII, 199 (nov. 62), 28-35, texte & ill.

Pei, I.M.; Page and Steele

Toronto
B1406 Commerce Court
TCA, XIII, 9 (sept. 68), 8, texte & ill.
TCA, XVIII, 3 (mars 73), 48-60, texte & ill.
TCA, XVIII, 4 (avril 73), 8, texte & ill.
ARCAN, 46, 2 (fév. 69), 31, ill.
ARCAN, L (mars-avril 73), 7
BAT, XLV, 3 (mars 70), 24-25, texte & ill.
CB, XVIII, 9 (sept. 68), 6, texte & ill.
CB, XX, 2 (fév. 70), 6, texte & ill.
CB, XX, 7 (juil. 70), 23-24, texte & ill.
CB, XXI, 1 (jan. 71), 10, texte.
CB, XXI, 2 (fév. 71), 31, texte & ill.
CB, XXI, 4 (avril 71), 8, texte.
CB, XXI, 6 (juin 71), 6, texte.
CB, XXI, 8 (août 71), 18, texte & ill.
CB, XXI, 12 (déc. 71), 7, texte & ill.
CB, XXII, 3 (mars 72), 5, texte.
CB, XXII, 4 (avril 72), 6, texte.
CB, XXII, 5 (mai 72), 8, texte.
CB, XXII, 8 (août 72), CC2-CC59, texte & ill.
CB, XXII, 10 (oct. 72), 8, texte & ill.
CB, XXIII, 6 (juin 73), 8, texte & ill.
CB, XXIV, 12 (déc. 74), 7, ill.
CB, XXVI, 4 (avril 76), FCP7, ill.

Pellow, Harry

Hamilton Mountain
B1407 Limeridge Mall
TCA, XXV, 3 (mars 80), 4, texte & ill.
CB, XXIX, 12 (déc. 79), 7, texte.

Peltekoff, Peter

Toronto
B1408 Hudson's Bay Centre
CB, XXVI, 8 (août 76), 47-HB9, texte & ill.

Pennington, R.P.G.

Welland
B1409 Seaway Mall
CB, XXIV, 3 (mars 74), 23, texte.

Petroff and Jeruzalski

Hamilton
B1410 Eastgate Square Shopping Centre
CB, XXII, 3 (mars 72), 5, texte.

Hull
B1411 Les Galeries de Hull
CB, XXII, 8 (août 72), 20 et 25, texte & ill.
CB, XXII, 5 (mai 72), 7, texte.
BAT, XLVIII, 9 (sept. 73), 18-19, texte & ill.

Petroff and Jeruzalski; Alex Tobias & Ass.

Cornwall
B1412 Cornwall Square Shopping Mall
CB, XXX, 8 (août 80), 31-32 et 34, texte & ill.

Prus, Victor; Martin, Ian

B1413 Voir Martin, Ian; Prus, Victor

Rebanks, Leslie

Toronto
B1414 Weston Centre
CB, XXX, 8 (août 80), 29, texte & ill.

Reszetnik, Sigmund; Mayers, Girvan, Wellen & Burns

Cornwall
B1415 Seaway Centre Shopping Mall (Phase I et II)
CB, XXX, 8 (août 80), 31-32 et 34, texte & ill.

Roberts, Cecil

Terrace (C.-B.)
B1416 Skeena Mall
CB, XXVIII, 12 (déc. 78), 6, texte.

Ronar, Joseph H.

Sainte-Foy
B1417 Place des Quatre-Bourgeois
BAT, XLVII, 2 (fév. 72), 8, texte.

Rosen, Caruso, Vecsei

Montréal
B1418 Place de l'Aviation
AC, 28, 312 (mars 73), 8, texte & ill.
BAT, XLVI, 6 (juin 71), 6, texte & ill.
BAT, XLVII, 1 (jan. 72), 28, texte.
BAT, XLVIII, 12 (déc. 73), 21, texte & ill.

Rule, Wynn, Forbes, Lord & Partners; Webb, Zerafa, Menkes

Edmonton
B1419 Alberta Government Telephone Complex
ARCAN, 45, 1 (jan. 68), 41, ill.
TCA, XII, (Yearbook 67), 63, texte & ill.
CB, XVII, 8 (août 67), 6, texte & ill.
CB, XVIII, 11 (nov. 68), 5, texte.

Mayers & Girvan

Montréal
B1420 Plaza de la Côte des Neiges
BAT, XLIII, 7 (juil. 68), 17-18, Texte & ill.
CB, XVIII, 7 (juil. 68), 18-19, texte & ill.

Sankey & Ass.; Hulme, William D.; Lazosky, Daniel E.

B1421 Voir Hulme, William D.; Lazosky, Daniel E.; Sankey & Ass.

Schmidt, Forrest & Associates

Régina
B1422
CB, X, 10 (oct. 60), 20, ill.

Searle, Wilbee, Rowland; Negrin, Reno C. (ass.)

Toronto
B1423 Toronto Place
TCA, XVIII, 4 (avril 73), 7, texte & ill.
TCA, XVIII, 6 (juin 73), 7, texte.
ARCAN, L (jan. 73), 7
CB, XXII, 12 (déc. 72), 11, texte & ill.
CB, XXIV, 1 (jan. 74), 44, texte & ill.

Shapiro & Wolfe

Saint-Sauveur
B1424 Centre commercial
BAT, LII, 5 (mai 77), 5, texte.

Shenkman, Stanley; Roth, Norman

Malton
B1425 Toronto International Centre of Commerce
CB, XXI, 10 (oct. 71), 6, texte & ill.

Skidmore, Owings, Merrill; Mathers & Haldenby

Toronto
B1426 Eaton Centre (projet de 1966)
TCA, XXII, 5 (mai 77), 33, ill.

Skidmore, Owings, Merrill; Wynn, Forbes, Lord, Feldberg, Schmidt

Edmonton
B1427 Edmonton Centre
CB, XXVII, 7 (juil. 77), 8, texte.

Smith, Carter, Searle Ass.

Winnipeg
B1428 Lombard Place
CB, XVII, 10 (oct. 67), 53, texte & ill.
ARCAN, 45, 1 (jan. 68), 43, ill.
B1429 Richardson Complex
CB, XVII, 5 (mai 67), 8, texte.
CB, XVIII, 7 (juil. 68), 5, texte.
CB, XVIII, 7 (juil. 68), 19-20, texte & ill.
CB, XVIII, 8 (août 68), 8, texte.

Smith, Carter, Parkin

Winnipeg
B1430 Richardson Building
TCA, XV, 5 (mai 70), 47-48, ill.

Smith, Carter Partners; ARCOP associates

Winnipeg
B1431 Winnipeg Square
TCA, XX, 6 (juin 75), 46, texte & ill.
CB, XXI, 3 (mars 71), 5, texte.
CB, XXII, 8 (août 72), 13, ill.
CB, XXIII, 7 (juil. 73), 49, texte.
CB, XXIV, 2 (fév. 74), 44, texte & ill.
CB, XXV, 3 (mars 75), 7, texte.

Sohn, Léon

Gatineau
B1432 Promenades de l'Outaouais
BAT, LII, 10 (oct. 77), 13-14, texte & ill.
BAT, LIV, 3 (mars 79), 6, texte.

Spevack and Gross

Montréal
B1433 Place Pointe-aux-Trembles
CB, XIX, 7 (juil. 69), 32, texte & ill.

Sprachman, Mandel

Toronto
B1434 Trade Centre (Yonge et Bay St.)
TCA, VII, 10 (oct. 62), 9, texte & ill.

Stechesen, Leslie J.

Leaf Rapids (Man.)
B1435 Leaf Rapids Town Centre
TCA, XVII, (Yearbook et déc. 72), 44-45, texte & ill.
TCA, XX, 6 (juin 75), 28-40, texte & ill.
TCA, XXI, 2 (fév. 76), 4, texte & ill.
TCA, XXV, 11 (nov. 80), 41, texte & ill.
CB, XXIV, 11 (nov. 74), 8, texte & ill.

Tessier, André

Charlesbourg
B1436 Jadis
BAT, LI, 10 (oct. 76), 12-13, texte & ill.

Thompson, Berwick, Pratt & Partners

Burnaby
B1437 Executive Park
CB, XXII, 12 (déc. 72), 12, texte.

Tolchinsky, H.M.
Montréal
B1438 Place Crémazie
CB, XIII, 2 (fév. 63), 22-23, texte & ill.
BAT, XXXVII, 8 (août 62), 40, texte & ill.

Upenieks, Visvaldis V.
Etobicoke
B1439 Offices and Stores
TCA, VI, 8 (août 61), 45-46, texte & ill.
TCA, XIV, 11 (nov. 69), 39, ill.

Van Norman, C.B.K.; Page, J.C.
West Vancouver
B1440 Park Royal Shopping Centre
RAIC, XXVII, 9 (sept. 50), 304, texte & ill.
RAIC, XXX, 5 (mai 53), 69, texte & ill.
TCA, III, 10 (oct. 58), 48, texte & ill.

Venchiarutti, Suilio
Stoney Creek
B1441 Fiesta Mall
CB, XXIX, 8 (août 79), 33-34, texte & ill.

Venchiarutti & Venchiarutti
Ajax, Ontario
B1442 Commercial Centre
CB, III, 9 (sept. 53), 31, texte & ill.
Etobicoke (Ont)
B1443
RAIC, XXX, 9 (sept. 53), 264, ill.

Volgyesi, A.S.
Hull
B1444 Complexe Duvernay
BAT, LIII, 8 (août 78), 11, 13, texte & ill.
TCA, XXIII, 10 (oct. 78), 6, texte & ill.
CB, XXVIII, 9 (sept. 78), 5, texte & ill.

Wade, Stockdill, Armour & Blewett
Richmond
B1445 Landsdowne Park Shopping Centre
CB, XXVI, 7 (juil. 76), 33-34, texte.
Vancouver
B1446 Oakridge Shopping Centre
ARCAN, 49 (nov. 72), 11
B1447 Park Royal North Mall
ARCAN, 49 (22 mai 72), 19, texte & ill.
CB, XVIII, 9 (sept. 68), 8, texte.

Waisman, Ross, Blankstein, Coop, Gillmor, Hanna
Assiniboia
B1448 The Westwood Village Shopping Centre
CB, XVI, 10 (oct. 66), 70, texte & ill.
Saskatoon
B1449 Saskatoon Mall Shopping Centre
TCA, XII, 9 (sept. 67), 6-7, texte & ill.
TCA, XIII, 2 (fév. 68), 8, texte & ill.
ARCAN, 45, 3 (mars 68), 9 et 11, texte & ill.
Vancouver
B1450 Vancouver Columbia Centre
CB, XVII, 10 (oct. 67), 48-49, texte & ill.

Walkey, R.B.
Édifice de lieu inconnu
B1451 Projet d'étudiant: An Integrated Commercial Development
RAIC, XXXIX, 8 (août 62), 59-62, texte & ill.
ABC, XVII, 195 (juil. 62), 36, texte & ill.

Webb & Menkes
Ottawa
B1452 Place de ville
CB, XVII, 1 (jan. 67), 28-29, texte & ill.

Webb and Menkes; Peter Dickinson & Associates
Toronto
B1453 Davisville Shopping Centre
CB, XII, 3 (mars 62), 47-49, texte & ill.

Webb, Zerafa, Menkes
Ottawa
B1454 Lincoln Fields Centre
CB, XVI, 10 (oct. 66), 63, texte & ill.
BAT, XL, 12 (déc. 65), 46, texte.
Toronto
B1455 Centre commercial, Bloor & Jane St.
TCA, XI, 12 (déc. 66), 10, texte & ill.
B1456 Lothian Mews
RAIC, XLI, 11 (nov. 64), 121, texte & ill.
TCA, IX, 12 (déc. 64), 34-35 et 42, texte & ill.
TCA, XIV, 11 (nov. 69), 41, ill.
TCA, XVII, 1 (jan. 72), 7-8, texte & ill.
BAT, XL, 5 (mai 65), 7, texte & ill.
CB, XV, 5 (mai 65), 57, texte & ill.
B1457 Parkway Place
TCA, XV, (Yearbook 70), 48-49, texte & ill.
B1458 Richmond-Adelaide Centre
CB, XV, 5 (mai 65), 69, texte.
CB, XV, 6 (juin 65), 36-38, texte & ill.
CB, XVI, 10 (oct. 66), 61-63, texte & ill.
CB, XXIII, 10 (oct. 73), 46, texte.
CB, XXV, 8 (août 75), 49, texte.
CB, XXV, 9 (sept. 75), 6, texte.
TCA, XXII, 11 (nov. 77), 48-49, texte & ill.

Webb, Zerafa, Menkes; Andrews, John
Toronto
B1459 Metro Centre
TCA, XVII, 5 (mai 72), 50, 62, 64 et 67.

Webb, Zerafa, Menkes; Ashworth, Fred
B1460 Voir Ashworth, Fred; Webb, Zerafa, Menkes

Webb, Zerafa, Menkes; Rule, Wynn, Forbes, Lord & Partners
B1461 Voir Rule, Wynn, Forbes, Lord & Partners; Webb, Zerafa, Menkes

Webb, Zerafa, Menkes, Housden
Calgary
B1462 Bow Valley Square
ARCAN, 47 (25 mai 70), 10
TCA, XV, (Yearbook 70), 44-45, texte & ill.
CB, XXII, 11 (nov. 72), 5, texte.
CB, XXIII, 10 (oct. 73), 57, texte & ill.
CB, XXIV, 1 (jan. 74), 34, texte & ill.
CB, XXVIII, 3 (mars 78), 11, texte.
CB, XXIX, 12 (déc. 79), 7, texte.
B1463 Scotia Centre
CB, XXIV, 4 (avril 74), 30, texte.
CB, XXIV, 6 (juin 74), 30, texte & ill.
CB, XXV, 4 (avril 75), 6, texte & ill.
Halifax
B1464 Maritime Centre
CB, XXIV, 6 (juin 74), 47, texte.
CB, XXV, 5 (mai 75), 5, texte.
Montréal
B1465 2020 University
AC, 27, 309 (nov. 72), 9-10, texte & ill.
AC, 29, 325 (sept.-oct. 74), 22-24
BAT, XLVI, 6 (juin 71), 7, 28, texte & ill.
BAT, XLVII, 4 (avril 72), 6, texte & ill.
BAT, XLVII, 11 (nov. 72), 5, texte & ill.
B1466 Les Terrasses
TCA, XXI, 10 (oct. 76), 46-51, texte & ill.
TCA, XXIII, 6 (juin 78), 4, texte & ill.
AC, 31, 333 (jan.-fév. 76), 7, texte & ill.
AC, XXXIV, 346 (mai-juin 78), 18 et 23-27, texte & ill.
BAT, XLIX, 2 (fév. 74), 28, texte.
BAT, XLIX, 4 (avril 74), 31, texte & ill.
BAT, LI, 1 (jan. 76), 5, ill.
BAT, LIII, 6 (juin 78), 14-16, texte & ill.
BAT, LIV, 10 (oct. 79), 16, texte.
CB, XXVI, 2 (fév. 76), 31, ill.
CB, XXVI, 8 (août 76), 21, ill.
CB, XXVIII, 6 (juin 78), 36-37, texte & ill.
Ottawa
B1467 Canada Centre
TCA, XVIII, 4 (avril 73), 6, texte & ill.
TCA, XIX, 7 (juil. 74), 6, texte & ill.
CB, XXIII, 9 (sept. 73), 42, texte & ill.
CB, XXIV, 6 (juin 74), 47, texte & ill.
AC, 28, 313 (avril 73), 6, texte & ill.
BAT, XLVIII, 4 (avril 73), 7, texte & ill.
B1468 L'esplanade Laurier
BAT, LV, 1 (jan.-fév. 80), 16, texte.
Québec
B1469 Place Québec
BAT, XLIX, 9 (sept. 74), 18, texte & ill.
BAT, LII, 9 (sept. 77), 5, texte.
CB, XXIII, 12 (déc. 73), 17, texte & ill.
CB, XXIV, 2 (fév. 74), 45, texte & ill.
CB, XXIV, 9 (sept. 74), 48, texte & ill.
Toronto
B1470 Centre commercial, Bloor & Dundas St.
CB, XXIII, 1 (jan. 73), 12, texte & ill.
B1471 Cumberland Court
TCA, XVII, (Yearbook et déc. 72), 72-73, texte & ill.
TCA, XIX, 5 (mai 74), 37-43, texte & ill.
TCA, XXII, 3 (mars 77), 4-5, texte & ill.
B1472 Four Seasons Complex
CB, XXIII, 3 (mars 73), 50, texte.
B1473 Royal Bank Plaza
TCA, XVII, 8 (août 72), 7, texte & ill.
TCA, XXII, 4 (avril 77), 38-53, texte & ill.
CB, XXII, 9 (sept. 72), 34 et 36, texte & ill.
CB, XXIII, 10 (oct. 73), 38, texte & ill.
CB, XXIII, 11 (nov. 73), 7, texte & ill.
CB, XXIV, 5 (mai 74), 7, texte & ill.
CB, XXIV, 6 (juin 74), 5, texte & ill.
CB, XXIV, 8 (août 74), 6, texte.
CB, XXIV, 10 (oct. 74), 5, texte & ill.
CB, XXV, 9 (sept. 75), RB1-RB38 et 56, texte & ill.
CB, XXVI, 1 (jan. 76), 8, texte.
CB, XXVI, 4 (avril 76), 8, ill.
CB, XXVI, 4 (avril 76), FCP 7, ill.
CB, XXVI, 5 (mai 76), 6, texte & ill.
CB, XXVI, 9 (sept. 76), 54, texte & ill.
CB, XXVI, 9 (sept. 76), 72, ill.
CB, XXVI, 12 (déc. 76), 8, texte.
CB, XXVII, 2 (fév. 77), 7, ill.
B1474 Wellington South-East
CB, XXVIII, 2 (fév. 78), 6, texte.
CB, XXVIII, 8 (août 78), 22, ill.
BAT, LIII, 2 (fév. 78), 8, ill.
Vancouver
B1475 Robson Thurbow Mixed-Use Development
TCA, XXI, 12 (Yearbook, déc. 76), 45-46, texte & ill.
B1476 Vancouver Centre
CB, XXI, 8 (août 71), 15-16, texte & ill.
CB, XXIII, 10 (oct. 73), 25, texte & ill.
CB, XXV, 8 (août 75), 38-39, texte & ill.

Webb, Zerafa, Menkes, Housden; Allward and Gouinlock; Ingleson, A.M.; Bogdan, Joseph
Toronto
B1477 Projet incorporant le vieux magasin Eaton de College Street.
CB, XXVI, 4 (avril 76), 8, texte.

Webb, Zerafa, Menkes, Housden; Dirassar, James, Jorgensen, Davis
B1478 Voir Dirassar, James, Jorgensen, Davis; Webb, Zerafa, Menkes, Housden

Webb, Zerafa, Menkes, Housden; Mott, Myles and Chatwin Ltd.
St. John (N.-B.)
B1479 Brunswick Square
CB, XXIII, 10 (oct. 73), 36, texte & ill.

Wensley, B. James; Stilman, Harry
Rosemère
B1480 Place Rosemère
CB, XXVI, 8 (août 76), 34, texte.

Whitley, F.R.
Édifice de lieu inconnu
B1481 A Regional Shopping Centre (projet d'étudiant)
RAIC, XXXII, 3 (mars 55), 84, texte & ill.

Whittaker & Wagg
Victoria
B1482 Centre commercial, Douglas & Fisgard St.
TCA, I, 12 (déc. 56), 58, texte & ill.

Wilding, R. William
Richmond
B1483 Seafair Shopping Centre
CB, XI, 8 (août 61), 33-35, texte & ill.

Wood, Blatchford & Ship
Québec
B1484 Centre Champlain
TCA, II, 8 (août 57), 40-46, texte & ill.
CB, VIII, 1 (jan. 58), 26-27, texte & ill.

Young, Ira (ass.)
Vancouver
B1485 Champlain Mall
CB, XXIII, 6 (juin 73), 43, texte.

Zeidler, E.; Beauvais & Lusignan
Montréal
B1486 La Tour Laurier
CB, XV, 2 (fév. 65), 9, ill.

Zeidler Partnership
Belleville
B1487 Century Place
CB, XXVI, 7 (juil. 76), 5, texte & ill.
CB, XXVI, 9 (sept. 76), 6, texte & ill.

Zeidler Partnership; Bregman & Hamann
B1488 Voir Bregman & Hamann; Zeidler Partnership

Zeidler Partnership; Goering, Peter
Baffin Island
B1489 Nanisivik Town Centre
TCA, XXV, 2 (fév. 80), 32, ill.

Zerafa, Boris
Calgary
B1490 Mount Royal Village
CB, XXIX, 4 (avril 79), 16, texte & ill.

Zerafa, Serge
Saint-Bruno
B1491 Les Promenades Saint-Bruno
BAT, LI, 5 (mai 76), 7, texte.
BAT, LI, 11 (nov. 76), 5, ill.
BAT, LII, 5 (mai 77), 5, texte.
BAT, LII, 10 (oct. 77), 12-13, texte & ill.
CB, XXIV, 6 (juin 74), 51, texte.
CB, XXV, 4 (avril 75), 30, texte.
CB, XXVI, 8 (août 76), 28, texte.
CB, XXVII, 2 (fév. 77), 8, texte.
CB, XXVIII, 10 (oct. 78), 21, texte & ill.
AC, 33, 342 (juil.-août 77), 9

Zerafa, Serge; Dale, Chandler, Kennedy Partnership
B1492 Voir Dale, Chandler, Kennedy Partnership; Zerafa, Serge

Complexes à fonctions commerciale et résidentielle
Commercial and Residential Complexes

"Le remplacement systématique des lampes permet des économies dans un complexe multifonctionnel"
BAT, LIII, 8 (août 78), 9-10, texte & ill.

"Trizec leads trend to new-style city 'omniplexes'".
CB, XXII, 9 (sept. 72), 17

Banz, George
SEF T3, *High rise and Mixed-Use Study*. Metropolitan Toronto School Board, Toronto, 1970.
ARCAN, 48 (1 mars 71), 5-6

Coggan, D.
"La gestion automatisée de l'énergie dans un complexe multifonctionnel permet une économie de 20%"
BAT, LII, 10 (oct. 77), 14, 16, texte & ill.

Déry, Jacques
"La conception des complexes dans les centres urbains: tout doit être repensé"
BAT, L, 9 (sept. 75), 8, texte.

Neish, William J.
"Mixed-use developments—the demand is there, but so are the risks"
CB, XXVI, 8 (août 76), 39-40

Anonyme/Anonymous
Burlington
B2001 Complexe, Brant St. & Ghent Ave.
CB, XXIII, 10 (oct. 73), 82, texte.
Calgary
B2002 CB, XIII, 2 (fév. 63), 51, texte & ill.
B2003 Complexe, dans le Chinatown
CB, XXVI, 8 (août 76), 50, texte.
B2004 Complexe, dans le centre-ville
CB, XXVI, 4 (avril 76), 10, texte.
B2005 Palliser Square
CB, XVII, 11 (nov. 67), 44, texte & ill.
Cambridge (Ont.)
B2006 CB, XXVI, 6 (juin 76), 62, texte.
B2007 Complexe, dans le centre-ville
CB, XXVI, 8 (août 76), 8, texte.
Halifax
B2008 Scotia Square
CB, XVII, 1 (jan. 67), 7, texte.
CB, XVIII, 12 (déc. 68), 43, ill. Voir aussi sous la catégorie *Centres commerciaux*
Hamilton
B2009 CB, XXVI, 9 (sept. 76), 8, texte.
B2010 Century 21
CB, XXIV, 3 (mars 74), 68, texte.
London
B2011 Complexe, Dundas & King St.
CB, XXII, 11 (nov. 72), 132, texte.
B2012 Complexe, Dundas & Talbot St.
CB, XXIII, 6 (juin 73), 46, texte.
Montréal
B2013 CB, XXVII, 10 (oct. 77), 5, texte.
B2014 Complexe, dans le centre-ville
BAT, XLVII, 6 (juin 72), 44, texte.
B2015 Immeuble, rues de la Montagne et Ste-Catherine
BAT, XLVII, 7 (juil. 72), 34, texte.
B2016 Place du Centre
CB, XXIV, 5 (mai 74), 70, texte.
New Westminster
B2017 Complexe, 6th St. & 5th Ave.
CB, XXIV, 4 (avril 74), 62, texte.
Peel (Ont.)
B2018 New Peel
CB, XX, 11 (nov. 70), 94, texte.
Petit Rocher (N.-B.)
B2019 CB, XXIII, 10 (oct. 73), 82, texte.
Regina
B2020 Complexe, dans le centre-ville
CB, XXVI, 12 (déc. 76), 5, texte.
Ste-Foy
B2021 Complexe, près de la gare du CN
CB, XXV, 7 (juil. 75), 58, texte.
Sarnia
B2022 Complexe, dans le centre-ville
CB, XXVI, 2 (fév. 76), 8, texte.
B2023 Kenwick Place
CB, XXIX, 3 (mars 79), 5, ill.
B2024 Seaway Centre
CB, XXVII, 2 (fév. 77), 7, texte.
Toronto
B2025 CB, XIV, 3 (mars 64), 3, texte & ill.
B2026 Complexe, comprenant le nouveau Massey Hall (Roy Thomson Hall)
CB, XXVI, 9 (sept. 76), 7, texte.
B2027 Complexe, St-Clair Ave. W.
CB, XXV, 7 (juil. 75), 5, texte.

Vancouver
B2028 Complexe, près du Parc Stanley
CB, XXIII, 9 (sept. 73), 66, texte.
B2029 Pacific Palisades
CB, XVII, 6 (juin 67), 74, texte & ill.
Verdun
B2030 Édifice Verdun
BAT, XXXI, 1 (jan. 56), 17, texte.
Victoria
B2031 Complexe, Victoria Inner Harbour
CB, XXIV, 7 (juil. 74), 58, texte.
Windsor
B2032 Concourse Project
CB, XXVIII, 10 (oct. 78), 14, texte.
B2033 Westcourt Place
CB, XXIII, 8 (août 73), 60, texte.
Winnipeg
B2034 Complexe, Ellice Ave. & Kennedy St.
CB, XXIII, 12 (déc. 73), 60, texte.

Abugov & Sunderland
Calgary
B2035 Block 26
CB, XXVI, 3 (mars 76), 5, texte & ill.

Allan, Bruce; Marshall, Jeff; Mignone, Dominique
Westmount
B2036 Rénovation urbaine: projet C
BAT, XLIV, 6 (juin 69), 40, texte & ill.

Ashworth-Webb; Zerafa-Menkes
Toronto
B2037 Summerhill Square
CB, XXI, 1 (jan. 71), 27-29, texte & ill.

Audet & Blais
Drummondville
B2038 Société St-Jean-Baptiste
BAT, XXXIII, 10 (oct. 58), 34-35, texte & ill.

Beardmore, Richard; Franco, Isaac; Wiseman, Allan
Westmount
B2039 Rénovation urbaine: projet A
BAT, XLIV, 6 (juin 69), 37-38, texte & ill.

Ben, Colin
Little Cornwallis Island (T.-N.-O.)
B2040 "A large movable protective shell"
CB, XXX, 5 (mai 80), 30, texte & ill.

Blood & Houghton
Longueuil
B2041 Assigny
BAT, LII, 9 (sept. 77), 29-30, texte & ill.

Bogdan, Joseph; Preston, John
Halifax
B2042 Halifax Forum Development Proposal
TCA, XIX, 12 (déc. 74), 48-49, texte & ill.

Bregman & Hamann
Toronto
B2043 Harbour Square
TCA, XVIII, 11 (nov. 73), 6-7, texte.
CB, XIX, 3 (mars 69), 6, texte & ill.
CB, XX, 7 (juil. 70), 6, texte & ill.
CB, XXII, 7 (juil. 72), 32-33, texte & ill.
CB, XXIV, 4 (avril 74), 62, texte.
CB, XXVI, 6 (juin 76), 60, texte.
CB, XXVI, 10 (oct. 76), 28, texte.
CB, XXVIII, 9 (sept. 78), 36-37, texte & ill.
B2044 Yonge—Eglinton Centre
CB, XVII, 9 (sept. 67), 5, texte & ill.
TCA, XII, 9 (sept. 67), 9, texte & ill.

Bregman & Hamann; Zeidler Partnership
Toronto
B2045 Eaton Centre
TCA, XX, 3 (mars 75), 4, texte & ill.
TCA, XX, 10 (oct. 75), 5, texte & ill.
TCA, XXIV, 11 (nov. 79), 24-31, texte & ill.
TCA, XXV, 11 (nov. 80), 47, texte & ill.
AC, 34, 348 (nov.-déc. 78), 8, texte & ill.

CB, XX, 6 (juin 70), 76, texte.
CB, XXI, 10 (oct. 71), 6, texte.
CB, XXIII, 11 (nov. 73), 89, texte.
CB, XXIII, 12 (déc. 73), 54, texte.
CB, XXIV, 3 (mars. 74), 24, texte.
CB, XXIV, 4 (avril 74), 36, texte.
CB, XXV, 3 (mars 75), 8, texte & ill.
CB, XXV, 10 (oct. 75), 5, texte.
CB, XXVI, 4 (avril 76), FCP7, ill.
CB, XXVI, 5 (mai 76), 7, texte & ill.
CB, XXVI, 6 (juin 76), 5, texte & ill.
CB, XXVII, 1 (jan. 77), TEC1-TEC24
CB, XXVII, 3 (mars 77), 7, texte & ill.
CB, XXVII, 4 (avril 77), 30-32, texte & ill.
CB, XXVII, 10 (oct. 77), 6, texte.
CB, XXVII, 10 (oct. 77), 13 et 21, texte & ill.
CB, XXVIII, 8 (août 78), 10, texte.
Voir aussi sous la catégorie *Centres commerciaux*

Cardew, Peter
Vancouver
B2046 Maritime Square
TCA, XXII, 10 (oct. 77), 34-35, texte & ill.

Cardinal, Aurèle; Sayegh, Émile; Seginer, Giora
Westmount
B2047 Rénovation urbaine: projet D
BAT, XLIV, 6 (juin 69), 41, texte & ill.

Caspari, Peter; Page & Steel
North York
B2048 Sheppard Centre
CB, XXIV, 3 (mars 74), 24, texte.
CB, XXV, 7 (juil. 75), 58, texte & ill.
CB, XXVII, 10 (oct. 77), 16 et 20-21, texte & ill.

Clifford & Lawrie
Toronto
B2049 Manu Life Centre
TCA, XIV, 11 (nov. 69), 48, texte & ill.
CB, XXI, 4 (avril 71), 41, texte & ill.
CB, XXI, 11 (nov. 71), 78, texte.
CB, XXIV, 1 (jan. 74), 5, texte & ill.
CB, XXIV, 1 (jan. 74), 41, texte & ill.

Cole, Peter
West Vancouver
B2050 Complexe, Capilano River
CB, XVII, 8 (août 67), 7, texte.

Cossuta & Ponte
Montréal
B2051 Parc de la Chapelle
AC, XXX, 330 (juil.-août 75), 17-20, texte & ill.

Crang & Boake
Ottawa
B2052 CB, XII, 2 (fév. 62), 25-27, texte & ill.
Toronto
B2053 TCA, XVII, 10 (oct. 72), 6, texte & ill.

David & Boulva
Montréal
B2054 Place Dupuis
BAT, XLVI, 8 (août 71), 7-8, texte.
BAT, XLVII, 7 (juil. 72), 4, texte & ill.
CB, XXI, 2 (fév. 71), 52, texte. Voir aussi sous la catégorie *Centres commerciaux*

Dimakopoulos, Dimitri
Montréal
B2055 Cité Concordia
ARCAN, 47 (20 juil. 70), 1-2, texte & ill.
ARCAN, 47 (14 sept. 70), 4-5
TCA, XV, 8 (août 70), 8-9, texte & ill.
CB, XX, 8 (août 70), 6, ill.
CB, XXIII, 12 (déc. 73), 14 et 19, texte & ill.
CB, XXIV, 1 (jan. 74), 34, texte.
BAT, XLV, 7 (juil. 70), 21, 25, texte.
BAT, XLVI, 5 (mai 71), 20-21, texte & ill.
BAT, L, 6 (juin 75), 7-8, texte & ill.

Dirassar, James & Jorgensen
North Vancouver
B2056 Westview Complex
CB, XIV, 9 (sept. 64), 26, texte & ill.

Dobbing, Peter
Montréal
B2057 Le Château Maisonneuve
BAT, XL, 9 (sept. 65), 5, texte & ill.

DuToit, Roger
Toronto
B2058 Mixed Use Centres Study
TCA, XXIII, 12 (yearbook, déc. 78), 26-28, texte & ill.

Fliess, Henry; Murray, James A.
Toronto
B2059 The Towne
TCA, X, (yearbook 65), 87, texte & ill.
TCA, XV, 1 (jan. 70), 6-7, ill.
TCA, XV, 4 (avril 70), 61-67, texte & ill.
ARCAN, 47 (13 avril 70), 1, texte & ill.
CB, XX, 1 (jan. 70), 42, ill.

Garwood-Jones, Trevor P.
Hamilton
B2060 Confederation Centre
CB, XXX, 1 (jan. 80), 6, texte.

Gauthier, Guité, Roy; Charles Tremblay
Québec
B2061 Place Hauteville
AC, 28, 314 (mai 73), 8, texte & ill.
BAT, XLVIII, 5 (mai 73), 8, texte & ill.
BAT, XLIX, 10 (oct. 74), 30-33, texte & ill.
CB, XXIII, 7 (juil. 73), 38, texte & ill.
CB, XXIII, 12 (déc. 73), 17, texte & ill. Voir aussi sous la catégorie *Centres commerciaux*

Greenspoon, Freedlander & Dunne; Plachta & Kryton; Mies Van Der Rohe, L.
Montréal
B2062 Square Westmount
ABC, XXI, 239 (mars 66), 52, texte.
ABC, XXII, 249 (jan. 67), 16-18, texte & ill.
TCA, X, 4 (avril 65), 52-53, texte & ill.
TCA, XIII, (yearbook 68), 91-92, texte & ill.
ARCAN, 47 (12 oct. 70), 17, texte & ill.
BAT, XLIV, 7 (juil. 69), 22-23, texte & ill.
CB, XV, 6 (juin 65), 62-63, texte & ill.
CB, XVII, 9 (sept. 67), 52-53, texte & ill.

Gruen Associates
Montréal
B2063 Développement Blue Bonnets
AC, 28, 314 (mai 73), 9, texte & ill.
ARCAN, L, (juin 73), 1, texte & ill.
BAT, XLVIII, 5 (mai 73), 18, 20, 37, texte & ill.
CB, XXIII, 6 (juin 73), 43, texte & ill.
CB, XXIII, 12 (déc. 73), 16, texte & ill.

Hamilton, Gerald (Ass.)
Victoria
B2064 CB, XIX, 5 (mai 69), 54, texte.

Henriquez & Todd
Vancouver
B2065 Projet pour False Creek
TCA, XVII, 11 (nov. 72), 8, texte & ill.

Larose, Laliberté, Petrucci; Webb, Zerafa, Menkes, Housden
Montréal
B2066 Complexe Guy-Favreau
AC, 33, 344 (nov.-déc. 77), 18-22, texte & ill.
CB, XXV, 2 (fév. 75), 6, texte.
CB, XXVII, 12 (déc. 77), 5, texte.
CB, XXVIII, 3 (mars 78), 5, texte.
BAT, L, 2 (fév. 75), 17, texte.
BAT, LII, 9 (sept. 77), 40, texte.
BAT, LII, 10 (oct. 77), 5, texte.
BAT, LII, 11 (nov. 77), 6, texte & ill.
BAT, LV, 4 (mai 80), 5-6, texte & ill.
BAT, LV, 10 (déc. 80), 9-10, texte & ill.

Lazosky, Daniel
Québec
B2067 Parc Samuel Holland
ARCAN, 47 (26 oct. 70), 3, texte & ill.
AC, 25, 288 (oct. 70), 34-36, texte & ill.
AC, 30, 329 (mai-juin 75), 23-28 et 33, texte & ill.
CB, XXI, 2 (fév. 71), 42, texte.
BAT, XLV, 12 (déc. 70), 5, 7, texte & ill.
BAT, XLVII, 1 (jan. 72), 5, texte.
BAT, XLIX, 4 (avril 74), 11, texte.

Libling, Michener & Ass.
Winnipeg
B2068 Complexe, St. Mary Ave. & Smith St.
CB, XIX, 2 (fév. 69), 6, texte.

Libling, Michener & Ass.; Murray, James A.
B2069 Voir Murray, James A.; Libling, Michener & Ass.

Lipson & Dashkin
North York
B2070 Apartment Building and Shopping Centre for Bayview Summit Development
ARCAN, 45, 1 (jan. 68), 49, ill.

LM Architectural Group
Winnipeg
B2071 Lakeview Square
TCA, XX, 6 (juin 75), 48

Lyle, Eugene
Toronto
B2072 20 Holly Street
TCA, XXII, 7 (juil. 77), 12 et 15 et 58, texte & ill.

Maramatsu/Hartwig Architects
Edmonton
B2073 Complexe, 98th Ave. & 106th St.
CB, XXX, 3 (mars 80), 8, texte & ill.

Marshall, Macklin and Monaghan Ltd
Sault Ste-Marie
B2074 A residential-commercial waterfront development
CB, XXI, 4 (avril 71), 72, texte.

Mathers & Haldenby; Skidmore, Owings and Merrill
Toronto
B2075 Eaton Centre
TCA, X, 12 (déc. 65), 5 et 12, texte & ill.
TCA, XI, 3 (mars 66), 26, texte & ill.
CB, XV, 10 (oct. 65), 8, texte.
CB, XVII, 6 (juin 67), 5, texte.

Mayers & Girvan
Montréal
B2076 Plaza de la Côte des Neiges
BAT, XLIII, 7 (juil. 68), 17-18, texte & ill.

Michener, Mel
Winnipeg
B2077 Centennial Gardens
CB, XXV, 3 (mars 75), 7, texte & ill.

Mies van der Rohe, L; Greenspoon, Freedlander & Dunne; Plachta & Kryton
B2078 Voir Greenspoon, Freedlander & Dunne; Plachta & Kryton; Mies van der Rohe, L.

Moody, Moore and Partners
Winnipeg
B2079 Complexe, Broadway & Kennedy
CB, XIX, 6 (juin 69), 50
CB, XX, 11 (nov. 70), 7, texte & ill.
ARCAN, 47 (9 nov. 70), 4

Murray, James A.
Sault Ste-Marie
B2080 CB, XXII, 5 (mai 72), 22, texte.

Murray, James A.; Fliess, Henry
B2081 Voir Fliess, Henry; Murray, James A.

Murray, James A.; Libling, Michener & Ass.
Winnipeg
B2082 CB, XVI, 10 (oct. 66), 8, texte.

Musson, Frank W.
Kelowna
B2083 Orchard Park
CB, XX, 5 (mai 70), 5, texte.

Page & Steele; Caspari, Peter
B2084 Voir Caspari, Peter; Page & Steele

Payne, Tom
Edmonton
B2085 Complexe, 104th. Ave.
CB, XXI, 3 (mars 71), 62, texte.

Plachta & Kryton; Greenspoon, Freedlander & Dunne; Mies van der Rohe, L.
B2086 Voir Greenspoon, Freedlander & Dunne; Plachta & Kryton; Mies van der Rohe, L.

Rhone and Iredale
Vancouver
B2087 Fairview Place
TCA, XX, 4 (avril 75), 37-39, texte & ill.
TCA, XXI, 2 (fév. 76), 46-47, texte & ill.
CB, XXIV, 6 (juin 74), 58, texte.

Robinson, Gerald
Toronto
B2088 The Colonnade
TCA, VIII, 3 (mars 63), 7, texte & ill.
TCA, X, 4 (avril 65), 47-48, texte & ill.
TCA, XXV, 11 (nov. 80), 26, texte & ill.
CB, XII, 8 (août 62), 60-61, texte & ill.
CB, XIV, 2 (fév. 64), 28-29, texte & ill. Voir aussi Shukla, Jack; Shukla, Raji

Ryan and Lee
London
B2089 Talbot Square
CB, XXIV, 4 (avril 74), 29, texte.
CB, XXVI, 1 (jan. 76), 8, texte.

Sedun & Kanerva Architects
Hornepayne
B2090 Hallmark Town Centre
CB, XXIX, 10 (oct. 79), 52, texte & ill.

Sen, Jai; Sherman, Elliott; Zaifen, Paul
Westmount
B2091 Rénovation urbaine: projet B
BAT, XLIV, 6 (juin 69), 38-39, texte & ill.

Ship, Harold
Montréal
B2092 Place Alexis Nihon (originellement appelé Atwater Colonnade)
AC, 25, 286 (juil.-août 70), 18, texte & ill.
CB, XV, 11 (nov. 65), 7, texte.
CB, XVI, 8 (août 66), 51, texte.
CB, XVI, 10 (oct. 66), 68-69, texte & ill.
CB, XIX, 7 (juil. 69), 5, texte.
BAT, XXXIX, 7 (juil. 64), 5, texte & ill.
BAT, XLII, 1 (jan. 67), 8, texte & ill.
BAT, XLII, 5 (mai 67), 6, texte & ill.
BAT, XLIV, 7 (juil. 69), 24, ill.
ABC, XX, 234 (oct. 65), 60, texte.
ABC, XXI, 237 (jan. 66), 44, texte.
ABC, XXI, 239 (mars 66), 52, texte.

Shukla, Jack; Shukla, Raji
Toronto
B2093 The Colonnade (rénovation)
TCA, XXII, 2 (fév. 77), 5, texte & ill.
TCA, XXII, 5 (mai 77), 6, texte.

Shumiatcher, Judah; Galovics, Steve
Vancouver
B2094 Harbour Park
CB, XXVI, 1 (jan. 76), 7, texte & ill.

Skidmore, Owings, Merrill; Mathers & Haldenby
B2095 Voir Mathers & Haldenby; Skidmore, Owings, Merrill

Swanson, H.A.; W. Sefton and Associates
Toronto
B2096 The Crescent Park Project
CB, VII, 7 (juil. 57), 26-27, texte & ill.

Thompson, Berwick, Pratt & Partners
Vancouver
B2097 Leg-in-Boot Square (False Creek)
TCA, XXV, 7 (juil. 80), 14-15, texte & ill.

Tremblay, Charles; Gauthier, Guité, Roy
B2098 Voir Gauthier, Guité, Roy; Tremblay, Charles

Vecsei, Eva
Montréal
B2099 Projet La Cité
AC, 30, 329 (mai-juin 75), 9, texte & ill.
AC, 33, 341 (mai-juin 77), 8-17, texte & ill.

Venchiarutti, Leo E.
Richmond Hill
B2100 CB, XXV, 2 (fév. 75), 38, texte.
CB, XXV, 3 (mars 75), 6, texte & ill.

Webb, Zerafa, Menkes
Kingston
B2101 Apartment/Office Project
TCA, IX, 5 (mai 64), 68, texte & ill.
ARCAN, 47 (20 juil. 70), 5, texte & ill.
Ottawa
B2102 Lincoln Fields
CB, XV, 12 (déc. 65), 6, ill.
Toronto
B2103 Residential/Commercial Complex (Avenue Rd et Yorkville St.)
TCA, IX, 5 (mai 64), 64, texte & ill.
TCA, IX, (yearbook, 64), 81, texte & ill.

Webb, Zerafa, Menkes; Ashworth
B2104 Voir Ashworth; Webb, Zerafa, Menkes

Webb, Zerafa, Menkes, Housden
Toronto
B2105 Complexe, Bloor & Dundas St.
ARCAN, 49 (déc. 72), 6
B2106 Complexe, St. Clair Ave. W.
CB, XXV, 12 (déc. 75), 7, texte & ill.
B2107 Hazelton Lanes
TCA, XVIII, 8 (août 73), 8, texte & ill.
TCA, XVIII, (yearbook, 73), 44-45, texte & ill.
ARCAN, L (mai 73), 4, texte & ill.
CB, XXIII, 5 (mai 73), 44, texte & ill.
CB, XXIV, 12 (déc. 74), 24, texte.
B2108 University Place
CB, XXIII, 11 (nov. 73), 14, texte & ill.
B2109 Village by the Grange
CB, XXVII, 10 (oct. 77), 15-16, texte & ill.

Webb, Zerafa, Menkes, Housden; Larose, Laliberté, Petrucci
B2110 Voir Larose, Laliberté, Petrucci; Webb...

Wensley, B. James
Edmonton
B2111 Centre West
CB, XXVI, 4 (avril 76), 9, texte.

Wilding & Jones
Vancouver
B2112 Denman Place (originellement appelé Reid Centre)
CB, XVI, 8 (août 66), 5, texte.
CB, XVII, 9 (sept. 67), 7, texte & ill.

Winter, Ross
Montréal
B2113 Ensemble résidentiel et commercial dans le centre de Montréal (projet de 5e année, école d'arch., U. McGill)
ABC, XXII, 255 (juil. 67), 28-29, texte & ill.

Yamasaki, Minoru
Montréal
B2114 Complexe, près de la gare Windsor
CB, XX, 8 (août 70), 7, texte.

Zeidler Partnership
Toronto
B2115 Trinity Square Development
TCA, XXII, 12 (déc. 77), 28-31, texte & ill.

Zeidler Partnership; Bregman & Hamann
B2116 Voir Bregman & Hamann; Zeidler Partnership

Entrepôts / Warehouses

Brown, W. G.
"Frost Heave in ice rinks and cold storage buildings"
RAIC, XLII, 1 (jan. 65), 41-44

Edur, Olev
"High-rise warehouse saves land, energy"
CB, XXX, 8 (août 80), 28

Pare, E.E.
"Planning a warehouse for improved materials handling"
CB, VI, 6 (juin 56), 35-38

Anonyme/Anonymous
Ville d'Anjou
B3001 Canadian Salt Company Limited
CB, XV, 9 (sept. 65), 8, texte & ill.
Bramalea
B3002 Ford Motor Company's National Parts Depot
CB, XIV, 10 (oct. 64), 45, texte & ill.
Calgary
B3003 Dustbane
CB, XVIII, 10 (oct. 68), 43, ill.
B3004 The Minneapolis-Honeywell Regulator Co. Ltd.
CB, V, 4 (avril 55), 68, texte.
Cap-de-la-Madeleine
B3005 Canadian Tire
BAT, XLVIII, 10 (oct. 73), 5, texte.
Colombie-Britannique
B3006 Crown Zellerbach's Fraser Mills
CB, XIII, 8 (août 63), 3, texte.
B3007 Entrepôt à charbon, près de la frontière de l'Alberta
CB, XXII, 5 (mai 72), 52, texte & ill.
Deception Bay (Détroit d'Hudson)
B3008 Deux entrepôts en bois lamellé
CB, XXII, 7 (juil. 72), 42, texte & ill.
Don Mills
B3009 Aikenhead Hardware Limited
CB, XXI, 11 (nov. 71), 77, texte.
B3010 Canadian Westinghouse Co. Ltd.
NB, VIII, 2 (fév. 59), 47, texte.
Dorval
B3011 CB, VI, 3 (mars 56), 31, ill.
B3012 Overmyer Warehouse
CB, XVII, 12 (déc. 67), 5, texte & ill.
Edmonton
B3013 Altartic Engineering & Construction Ltd
AC, XXXIV, 346 (mai-juin 78), 6 et 9, texte & ill.
B3014 Atlas Alloys
CB, XVIII, 2 (fév. 68), 39, texte & ill.
B3015 Barrett Co.
NB, VII, 2 (fév. 58), 35, texte.
B3016 The Carmacks Construction Building
CB, XXX, 9 (sept. 80), 4, ill.
Exshaw (Alberta)
B3017 Canada Cement Lafarge Ltd
CB, XXIII, 11 (nov. 73), 93, texte.

Fort Garry
- B3018 Atlas Alloys
  CB, XVIII, 2 (fév. 68), 39, texte.
- B3019 MacLeod
  CB, XVI, 12 (déc. 66), 43, texte & ill.

Fort Good Hope (T.-N.-O.)
- B3020 A food storage warehouse
  CB, XVIII, 10 (oct. 68), 8, texte.

Ile-des-Soeurs
- B3021 Centre de commercialisation de Canadian Kodak
  BAT, XLVI, 7 (juil. 71), 6, texte & ill.
- B3022 Société Olivetti (Canada) Limitée
  BAT, XLV, 10 (oct. 70), 25, ill.

Kitchener
- B3023 Conestoga Cold Storage
  CB, XXX, 8 (août 80), 28, texte & ill.
- B3024 Crown Zellerbach Building Material
  CB, XIV, 7 (juil. 64), 60, texte & ill.
- B3025 Electrohome Limited
  CB, XXI, 8 (août 71), 6, texte.
- B3026 MacMillan Bloedel Limited
  CB, XXI, 11 (nov. 71), 77, texte & ill.
  AC, XXVI, 293 (avril 71), 35-36, texte & ill.

Mississauga
- B3027 Schenker Warehousing Ltd
  CB, XXV, 12 (déc. 75), 44, texte.

Montréal
- B3028 "Airhouse" (en nylon)
  CB, VII, 8 (août 57), 48, texte & ill.
- B3029 Hangar à fret du C.P.
  BAT, XXIX, 3 (mars 54), 53, texte & ill.
- B3030 The Canadian Gypsum Co. Ltd
  NB, VII, 12 (déc. 58), 36, texte.
- B3031 Ford-Canada
  BAT, XXIX, 8 (août 54), 50-51 et 54, texte & ill.
- B3032 Frigidaire Products of Canada Limited
  BAT, XXIX, 11 (nov. 54), 55, texte.
- B3033 Henry Morgan & Cie
  ABC, VI, 58 (fév. 51), 23, ill.
- B3034 Magasin de gros et entrepôts de la firme Ludger Grand et Fils
  ABC, IV, 36 (avril 49), 39, ill.
- B3035 Maytag Québec Inc.
  BAT, XLIX, 10 (oct. 74), 11, ill.
- B3036 Page-Hersey Tubes Ltd
  BAT, XXXIII, 2 (fév. 58), 49, texte.
- B3037 Safety Supply Company Ltd
  CB, III, 3 (mars 53), 60, ill.
- B3038 Société des Alcools du Québec (CONOSAQ)
  BAT, LI, 5 (mai 76), 7, texte & ill.

North Bay
- B3039 Cartwright Northern Builders' Supplies Ltd
  CB, VIII, 11 (nov. 58), 32, texte & ill.

Oakville
- B3040 A.C. Leslie & Co.
  CB, XVIII, 4 (avril 68), 7, ill.

Port-Alfred
- B3041 Silo pour entreposer l'aluminium
  BAT, XXXVI, 10 (oct. 60), 57, texte.

Québec (Province)
- B3042 Abri chimique en uréthane, à la frontière du Vermont
  BAT, XLVI, 4 (avril 71), 7, texte & ill.

Québec
- B3043 Entrepôt pour le CN
  BAT, XXXIII, 12 (déc. 58), 43, texte & ill.
- B3044 MacMillan & Bloedel Sales (Québec) Ltd
  CB, VII, 4 (avril 57), 61-63, texte & ill.

Saint-Augustin
- B3045 Centre de Service Hewitt
  BAT, LI, 7 (juil. 76), 7, texte & ill.

Saskatoon
- B3046 T. Eaton Co.
  NB, VIII, 7 (juil. 59), 37, texte.

Thunder Bay
- B3047 Le terminus de manutention des céréales de Mission (agrandissement)
  AC, XXXV, 351 (mars-avril 79), 10, texte.

Toronto
- B3048 Brantford Roofing Company
  CB, 1, 5 (nov.-déc. 51), 47, texte & ill.
- B3049 CIL (Canadian Industries Ltd)
  BAT, XXX, 6 (juin 55), 69, texte.
- B3050 Overhead Door Supplies Ltd
  NB, VI, 5 (mai 57), 36, texte & ill.
- B3051 Simpson-Sears
  BAT, L, 1 (jan. 75), 11, texte & ill.

Vancouver
- B3052 Neptune Terminals' potash storage shed
  CB, XVIII, 10 (oct. 68), 44-45, texte & ill.

Varennes
- B3053 Hydro-Québec (entrepôt & ateliers)
  BAT, LII, 4 (avril 77), 5, texte.

Victoria
- B3054 Domtar Construction Materials Ltd
  CB, XXIV, 8 (août 74), 8, texte.

Westbank
- B3055 Entrepôt pour les pommes
  CB, XVIII, 2 (fév. 68), 40, texte & ill.

Winnipeg
- B3056 Marathon Equipment Ltd
  CB, XXV, 10 (oct. 75), 50, texte.
- B3057 Marshall-Wells Co. Ltd
  CB, VI, 11 (nov. 56), 60, texte & ill.

Woodstock (Ontario)
- B3058 General Motors of Canada Ltd
  CB, XXV, 7 (juil. 75), 6, texte.
  BAT, L, 12 (déc. 75), 9, texte & ill.

Abra & Balharrie
Ottawa
- B3059 Canadian General Electric Company Ltd
  RAIC, XXXII, 11 (nov. 55), 427, ill.
  BAT, XXVII, (nov. 52), 51-52, texte & ill.

Affleck, Desbarats, Dimakopoulos, Lebensold, Sise
Pointe-Claire
- B3060 Entrepôt de Norman Wade Co. Ltd.
  ABC, XVII, 194 (juin 62), 32-35, texte & ill.
  TCA, VIII, 7 (juil. 63), 41-45, texte & ill.
  RAIC, XLI, 11 (nov. 64), 126, texte & ill.

Allward & Gouinlock
Oshawa
- B3061 Truck Building, General Motors of Canada
  RAIC, XXIX, 6 (juin 52), 164, ill.

Toronto
- B3062 The T. Eaton Co. Ltd New Service Building
  RAIC, XXXIV, 6 (juin 57), 209, ill.

Amos, P.C.
Ville LaSalle
- B3063 Naval Supply Depot
  RAIC, XXXIII, 9 (sept. 56), 325-326, texte & ill.

Anderson & Raymer
Autoroute Trans-Canada (C.-B.)
- B3064 Brackman-Ker
  TCA, I, 12 (déc. 56), 35-36, texte & ill.

Armstrong, N.A.
Toronto
- B3065 International Harvester Company of Canada
  RAIC, XVII, 5 (mai 40), 80, ill.

Atkins, W.S. (Ass.)
Malton (Ont.)
- B3066 Hangar
  TCA, V, 10 (oct. 60), 44, texte & ill.

Bamberger, Erwin
Montréal
- B3067 Entrepôts et bureaux régionaux de Toronto Macaroni & Imported Food Ltd.
  ABC, XVII, 194 (juin 62), 36-39, texte & ill.

Barratt, Ernest
Montréal
- B3068 Dominion Stores
  RAIC, XX, 1 (jan. 43), 11, ill.

Barratt, Marshall, Montgomery & Merrett
Montréal
- B3069 Canadian Pittsburgh Industries Ltd.
  CB, III, 8 (août 53), 42, ill.
- B3070 F.H. Hopkins and Co. Ltd
  RAIC, XXVI, 9 (sept. 49), 287, ill.

Beauvais & Lusignan
Montréal
- B3071 Édifice Hardware Import (entrepôt, bureaux, résidence)
  ABC, XII, 133 (mai 57), 45-47, texte & ill.

Beck and Eadie
Toronto
- B3072 Benjamin Moore and Co. Ltd
  RAIC, XXV, 11 (nov. 48), 426-427, ill.
- B3073 Radio Valve Company of Canada Ltd
  RAIC, XXV, 11 (nov. 48), 417, ill.

Blouin, André
Québec
- B3074 Entrepôt et salle d'exposition de la Welding & Supplies Co. Ltd.
  ABC, XIV, 157 (mai 59), 136-137, texte & ill.

Booth, Percy
Dorval
- B3075 Ciba Cie Ltd
  RAIC, XXXVII, 10 (oct. 60), 433, texte & ill.

Bouchard & Rinfret
Québec
- B3076 Entrepôt de la cie Viau (centre ind. St-Malo)
  ABC, V, 50 (juin 50), 29, ill.

Bregman & Hamann
Etobicoke
- B3077 Atlas Alloys
  TCA, XII, 8 (août 67), 39-41, texte & ill.
  CB, XVII, 4 (avril 67), 10, texte.

Cement Associates
Bowmanville (Ontario)
- B3078 Entrepôt pour ciment non broyé, St. Mary Cement Co.
  BAT, LII, 7 (juil. 77), 26-27, texte & illustr.
  BAT, LII, 7 (juil. 77), 26-27, texte & illustr.

Comber, Sydney (& Son)
Montréal
- B3079 Sandvik Canadian Limited
  CB, IV, 4 (avril 54), 43, ill.
- B3080 Heinz Company of Canada Ltd.
  CB, I, 1 (mars 51), 20-21, texte & ill.

Consiglio, Franco
Montréal
- B3081 Édifice Canadian Marconi
  ABC, XI, 121 (mai 56), 40-41, texte & ill.
  BAT, XXXI, 3 (mars 56), 84, texte & ill.

Cook and Bouzan
Calgary
- B3082 Warehouse & Office, Sturdie Propane Ltd
  RAIC, XXX, 9 (sept. 53), 266, ill.

Crang & Boake
Calgary
- B3083 Hangar
  TCA, V, 10 (oct. 60), 47, texte & ill.

Dalla-Lana, Fred
Vancouver
- B3084 Bureaux et Entrepôts
  TCA, XXIII, 5 (mai 78), 35, texte & ill.

Dalla-Lana/Griffin
Vancouver
- B3085 Artec Warehouse
  TCA, XXII, 1 (jan. 77), 46-47, texte & ill.

Dawson & Stillmann
Édifice de lieu inconnu
- B3086 Centre de distribution d'instruments de chirurgie Fisher et Burpe
  ABC, XVI, 182 juin 61), 37-39, texte & ill.

Dewcon Structures Ltd
Milton
- B3087 Consumers Glass Co.
  TCA, XIX, 3 (mars 74), 24-25, texte & ill.

Dobush, Peter
Montréal
B3088 Agrandissement de l'immeuble de C.I.L.
BAT, XXX, 11 (nov. 55), 57, 66, texte.

Dobush & Stewart
Montréal
B3089 Centre de distribution Sifto Salt
ABC, XII, 133 (mai 57), 42-44, texte & ill.

Doucet, E.A.
Montréal
B3090 Entrepôt pour la Commission des liqueurs du Québec
ABC, II, 13 (mai 47), 24-29, texte & ill.
ABC, IV, 37 (mai 49), 32-33, ill.

Drummond, G.F.
Toronto
B3091 Canadian National Express Building
CB, IV, 8 (août 54), 30, ill.

DuBois, Macy
Édifice de lieu inconnu
B3092 Office Building and Warehouse Project
TCA, X, 5 (mai 65), 59, texte & ill.

Dumaresq and Ass.
Halifax
B3093 Centre de distribution C.I.L.
BAT, XXXI, 2 (fév. 56), 55, texte & ill.

Ehling & Brockington
Vancouver
B3094 Haebler Office and Warehouse
TCA, XV, 6 (juin 70), 60-61, texte & ill.

Fetherstonhaugh, Durnford, Bolton & Chadwick
Édifice de lieu inconnu
B3095 Roysons Ltd
RAIC, XXX, 9 (sept. 53), 267, ill.
Montréal
B3096 Bureaux et entrepôt de la Can. General Electric
ABC, IX, 97, (mai 54), 44-46, texte & ill.

Gardiner & Thornton
Vancouver
B3097 United Fruit Warehouse
RAIC, XXVII, 9 (sept. 50), 304, texte & ill.

Gardiner, Thornton, Gathe & Associates
Kelowna (C.-B.)
B3098 Martin Paper Products Ltd.
NB, VIII, 7 (juil. 59), 18-19, texte & ill.

Gauthier, Louis
Boucherville
B3099 Équipement Piedmont Ltée
BAT, XLVII, 4 (avril 72), couverture, 5, texte & ill.

Goodfellow, Philip
Montréal
B3100 Hinde & Dauch Paper Co. Container Plant
RAIC, XXXIII, 11 (nov. 56), 429, ill.
St-Laurent
B3101 Weldwood Plywood Ltd
ABC, XII, 133 (mai 57), 58-61, texte & ill.

Green, Blankstein, Russell & Ass.
Winnipeg
B3102 Canadian General Electric
RAIC, XXXIV, 6 (juin 57), 212-213, ill.

Grenier, Charles
Montréal
B3103 Centre de distribution Omer de Serres Ltée
ABC, VI, 64 (août 51), 18-19, texte & ill.

Hankinson, E.L.
Red Deer
B3104 Eaton's of Canada Warehouse
RAIC, XXXVI, 9 (sept. 59), 304, texte & ill.

Huget, Secord & Pagani
Hamilton
B3105 Ontario Liquor Control Board
RAIC, XXXVI, 8 (août 59), 287, ill.

Jenkins and Wright
Kitchener
B3106 Weber Hardware Co. Ltd
RAIC, XXVII, 2 (fév. 50), 62-63, ill.

Keith, Arthur
Montréal
B3107 Siveright Bacon Building
CB, XVIII, 10 (oct. 68), 39-40, texte & ill.

Labelle, Henri S.
Montréal
B3108 J.-B. Rolland & Fils
ABC, XII, 133 (mai 57), 56-57, texte & ill.

Lamb, McManus and Associates
Calgary
B3109 Hudson's Bay Company's Service Building
CB, XI, 8 (août 61), 46, texte & ill.

Langston & Matthias
Montréal
B3110 Canadian Comstock Company Limited
BAT, XXXII, 10 (oct. 57), 94, texte.

Lapointe, P.-H.
Ville St-Laurent
B3111 Édifice Parke-Davis
ABC, XIV, 157 (mai 59), 146-150, texte & ill.

Lazar & Sterlin
Montréal
B3112 Union Electric Supply
ABC, X, 109 (mai 55), 26-29, texte & ill.

Libling, Michener & Ass.
Winnipeg
B3113 Western Grocers Ltd (et bureaux)
TCA, XVI, 3 (mars 71), 38-39, texte & ill.

Ludlow, B.G. & Partners
Tweed (Ont.)
B3114 LCBO Building
CB, XVI, 4 (avril 66), 47-48, texte & ill.

McCarter & Nairne
Vancouver
B3115 Kelly Douglas and Co Ltd
RAIC, XXVII, 9 (sept. 50), 301, ill.

McKee, Robert R.
Vancouver
B3116 Canadian Bedding Co. Ltd
RAIC, XXV, 11 (nov. 48), 413, ill.

Marani & Morris
Leamington (Ont.)
B3117 H.J. Heinz Co. of Canada Ltd
RAIC, XXX, 6 (juin 53), 146-147, ill.
Toronto
B3118 The Toronto Harbour Commissioners Transit Shed No.11
TCA, I, 9 (sept. 56), 33-36, texte & ill.

Margison, A.D. (Ass.)
Toronto
B3119 Dominion Store Supermarket Warehouse
ARCAN, 47 (28 sept. 70), 3, texte & ill.

Mathers & Haldenby
Toronto
B3120 Parisian Laundry
RAIC, XXV, 11 (nov. 48), 412, ill.
B3121 Sharp & Dohme (Canada) Ltd
RAIC, XXX, 6 (juin 53), 156, ill.

Meadowcroft & Mackay
Ville Mont-Royal
B3122 Laboratoires pharmaceutiques A.H. Robins
ABC, XVI, 182 (juin 61), 30-33, texte & ill.

Moffat, Moffat & Kinoshita
Montréal-Nord
B3123 Les Plastiques Crystaplex Ltée
BAT, XLVII, 12 (déc. 72), 27, texte & ill.
TCA, XVIII, 1 (jan. 73), 4-5, texte & ill.
TCA, XVIII, 3 (mars 73), 44-47 et 63, texte & ill.

Morin & Cinq-Mars
Montréal
B3124 Entrepôt des Épiceries Dionne
ABC, II, 13 (mai 47), 34, ill.
ABC, V, 47 (mars 50), 21, ill.
B3125 Entrepôts et bureaux de la "Cie Hudon & Orsali" (rue Liège)
ABC, V, 47 (mars 50), 21, ill.
B3126 Édifice Hudon & Orsali (rue Esplanade)
ABC, V, 51 (juil. 50), 32-33, ill.

O. Roy, Moore & Co.
London
B3127 Canadian General Electric
BAT, XXVII, (sept. 52), 50, texte.

Parkin, John B. (Ass.)
Goderich
B3128 Sifto Salt Mill and Warehouse
RAIC, XLI, 11 (nov. 64), 112, texte & ill.
Montréal
B3129 Parke Davis
TCA, IV, 5 (mai 59), 70-73, texte & ill.
Toronto
B3130 Simpson-Sears
BAT, XXXI, 3 (mars 56), 46, ill.
RAIC, XXX, 9 (sept. 53), 264-265, ill.
TCA, I, 3 (mars 56), 33-40, texte & ill.
East York
B3131 Yardley of London (Canada) Ltd.
CB, IV, 4 (avril 54), 42, ill.

Pentland & Baker
Toronto
B3132 Laidlaw Lumber
CB, IX, 8 (août 59), 82, texte & ill.

Perry, A. Leslie
Pointe-Claire
B3133 Dépôt de pièces détachées General Motors Products of Can.
ABC, XVII, 194 (juin 62), 24-27, texte & ill.

Pope, G. Bennett
Dorval
B3134 Construction Equipment Co.
ABC, X, 109 (mai 55), 38, texte & ill.
ABC, XI, 121 (mai 56), 30-33, texte & ill.
BAT, XXX, 3 (mars 55), 61, texte & ill.

Prack & Prack
Montréal
B3135 Entrepôt Atlas Steel Ltd.
ABC, XIV, 157 (mai 59), 143-145, texte & ill.

Rosenberg, W.J.
Lachine
B3136 Entrepôt Bishop Products
ABC, XV, 170 (juin 60), 188-190, texte & ill.

Ross, Patterson, Townsend & Fish
Montréal
B3137 North American Cyanamid Ltd
RAIC, XXXI, 6 (juin 54), 193, ill.
B3138 Salada Tea Company of Canada Ltd
CB, IV, 4 (avril 54), 42, ill.
ABC, VIII, 88 (août 53), 34-37, texte & ill.

Roth, Max W.
St-Laurent
B3139 Bureaux et entrepôt Léon M. Adler
ABC, XI, 128 (déc. 56), 34-36, texte & ill.

Safir, O.
Vancouver
B3140 C.P.A. Hangar
RAIC, XXXV, 4 (avril 58), 133, ill.

Shore & Moffat
Toronto
B3141 North Produce Building, Ontario Food Terminal
RAIC, XXIX, 6 (juin 52), 167, ill.

Shore & Moffat and Partners
Brampton
B3142 Kodak Complex Phase I
TCA, XIV, (yearbook 69), 52-53, texte & ill.

Shubin, George
Montréal
B3143 Empire Cold Storage
ABC, XI, 121 (mai 56), 34-37, texte & ill.

Souter, William R. (ass.)
Hamilton
B3144 Canadian Pittsburgh Industries Ltd
CB, VII, 8 (août 57), 56, texte.

Stanley, K.C. (Co.)
Edmonton
B3145 Construction Equipment Co. Ltd
CB, VII, 4 (avril 57), 82, ill.

Stevenson, J. (Ass.)
Calgary
B3146 General Petroleums of Canada Ltd
RAIC, XXXVI, 9 (sept. 59), 303, texte & ill.

Stock, Ramsay & Ass.
Regina
B3147 Ford Motor Co. of Canada Ltd Parts Depot
RAIC, XXXII, 7 (juil. 55), 247, ill.
BAT, XXIX, 8 (août 54), 50-51 et 54, texte & ill.

Structural Engineering Services Ltd
Edmonton
B3148 Union Tractor Ltd
CB, VI, 3 (mars 56), 48, texte.

Swann, Wooster & Partners
Vancouver
B3149 B.C. Sugar Refinery Bulk & Storage Warehouse no.1.
RAIC, XXXV, 4 (avril 58), 131, ill.

Townley & Matheson
Colombie-Britannique
B3150 Bapco Paint Office and Warehouse
RAIC, XXXV, 4 (avril 58), 146, ill.
Vancouver
B3151 Grinnel Co. of Canada Ltd
RAIC, XXX, 6 (juin 53), 148, ill.

Walker, Fred
Québec
B3152 Entrepôt et bureaux "Firestone"
ABC, X, 109 (mai 55), 30-31, texte & ill.

Walker, F.A.; Tessier, A.
Montréal
B3153 Entrepôt Federal Equipment
ABC, XV, 170 (juin 60), 191-193, texte & ill.

Webb, Zerafa, Menkes
Kitchener
B3154 Plant and Warehouse
TCA, IX, 5 (mai 64), 64 et 68, texte & ill.

Weir-Cripps & Ass.
Toronto
B3155 Imperial Tobacco Sales Ltd
RAIC, XXXVI, 9 (sept. 59), 306-308, texte & ill.

Garages

"A one-company service station" (un modèle)
CB, X, 8 (août 60), 8

"From Sweden: How to increase parking spaces for apartments and office buildings"
CB, XXV, 5 (mai 75), 68

"Garages" (pour le stationnement)
CB, VI, 2 (fév. 56), 33
CB, VII, 2 (fév. 57), 28

"Garages, Recommendations for garage construction"
CB, V, 2 (fév. 55), 32

"Le polyéthylène prolonge la vie des chauffages de rampes de garages"
BAT, XLVIII, 4 (avril 73), 28, texte & ill.

"Odds & Ends" (Compétition pour une station de service pour Texaco Canada)
TCA, V, 9 (sept. 60), 8

"Upgrading lights in a parking lot, New system saves $9,000 a year"
CB, XXX, 4 (avril 80), 40

"You, too, can build service stations"
NB, VII, 9 (sept. 58), 26-29

Burgess, Cecil S.
"Alberta" (Le stationnement dans la ville)
RAIC, XXVI, 8 (août 47), 287

Hubler, Robert L. Jr.
"Salt damage in parking structures, prescriptions for an epidemic disease"
CB, XXX, 10 (oct. 80), 17-18

McCance
"Are Garages Really Such Fire Hazards?"
NB, VII, 12 (déc. 58), 31

Sandbrook, Kenneth J.
"Auto Courts" (disposition, site, maintenance, etc.)
RAIC, XXIX, 3 (mars 52), 71-74 et 80

Anonyme/Anonymous
Agincourt
B3501 Esso Imperial Dun[...]ar's Esso service
NB, VII, 9 (sept. 58), 22-23, texte & ill.
Boucherville
B3502 Bellarus Equipment of Canada
BAT, XLVIII, 9 (sept. 73), 3, texte.
B3503 CMI-Toyota
BAT, XLVIII, 9 (sept. 73), 3, texte.
Grand-Mère
B3504 Garage dirigé par Pétrofina
BAT, XXIX, 11 (nov. 54), 19, texte.
Halifax
B3505 Maritime Auto Parts Building
NB, VIII, 10 (oct. 59), 30, texte & ill.
Long Branch (Ont.)
B3506 Texaco
CB, X, 5 (mai 60), 62, texte & ill.
Montréal
B3507 Stationnement de 12 étages
CB, VII, 12 (déc. 57), 44, texte.
B3508 Stationnement, Ave. Atwater
CDQ, XXV, 5 (sept.-oct. 50), 6, texte.
B3509 Stationnement, sous le Carré Dominion
BAT, XXX, 4 (avril 55), 21, texte.
CB, IV, 9 (sept. 54), 66, texte.
B3510 Bureaux et ateliers de la Construction Equipment Co. Ltd
BAT, XXX, 11 (nov. 55), 59, ill.
B3511 Bureau et atelier d'entretien Mack Trucks
BAT, XXXI, 5 (mai 56), 77, ill.
B3512 Morgan (le stationnement du magasin)
BAT, XL, 5 (mai 65), 62, texte.
Repentigny
B3513 Texaco
CB, X, 5 (mai 60), 62, texte & ill.
Toronto
B3514 Cities service oil Co. Limited
NB, VII, 9 (sept. 58), 26, texte & ill.
Winnipeg
B3515 Stationnement de 800 places
CB, XXI, 3 (mars 71), 5, texte.

Abra, Balharrie & Shore
Ottawa
B3516 Tilden Drive Yourself Garage and Office
RAIC, XXIX, 6 (juin 52), 167, ill.

Allward and Gouinlock
Toronto
B3517 Sales and Engineering Building, Massey Harris Co.
RAIC, XXV, 11 (nov. 48), 420-421, ill.

Amyot, Gaston
Québec
B3518 Laurentide Automobiles
ABC, VIII, 92 (déc. 53), 25-27, texte & ill.
B3519 Garage de stationnement pour 400 voitures (intersection Dorchester, St-Vallier, Fleury)
BAT, XXXII, 11 (nov. 57), 63-64, texte.

Arthur, Fleury and Piersol
Toronto
B3520 Canada Packers Limited (Truck Garage)
RAIC, XIX, 10 (oct. 42), 205, ill.

Banz, Brook, Carruthers, Grierson, Shaw
Ontario
B3521 Imperial Oil Highway 400 Service Centre
CB, XVI, 12 (déc. 66), 35, texte & ill.
TCA, XI, 11 (nov. 66), 6, texte & ill.

Beauvais & Lusignan
St-Jérôme
B3522 Garage Leblanc
ABC, XII, 139 (nov. 57), 42-43, texte & ill.

Byrd, D.C.; Coolidge, Robert T.
Édifice de lieu inconnu
B3523 General Motors Design Competition
RAIC, XXIII, 1 (jan. 46), 6-7, texte & ill.

Chicoine, Jean-B.
Montréal
B3524 Patenaude Automobile
BAT, XXXIII, 11 (nov. 58), 42-44, texte & ill.

Colangelo, Patsy
Montréal
B3525 Duval Motors
CDQ, XXVI, 3 (mai-juin 51), 21, ill.

Copeman, Colin H.
Montréal
B3526 Garage de stationnement
ABC, XI, 127 (nov. 56), 39-41, texte & ill.

Courchesne, Edgar
Rimouski
B3527 Garage Soucy
BAT, XXIX, 9 (sept. 54), 29, texte.

Davidson, Jocelyn
Vancouver
B3528 "Self Parking" Garage
CB, IV, 10 (oct. 54), 40-41, texte & ill.
B3529 Stationnement, Hornby & Hastings St.
BAT, XXX, 1 (jan. 55), 18-19, texte & ill.

DeBlois, Jacques
Québec
B3530 Garage Champoux Automobiles
ABC, XX, 229 (mai 65), 33-35, texte & ill.

Diamond, Libling, Michener
Winnipeg
B3531 Marlborough Hotel Parking Garage
RAIC, XXXII, 10 (oct. 55), 377, ill.

Di Castri, John A.
Victoria
B3532 Centennial Square Parkade and Shopping Arcade
CB, XVII, 9 (sept. 67), 54, texte & ill.

Dreyfuss, Henry
Agincourt
B3533 Cities Service
NB, VII, 9 (sept. 58), 26, texte & ill.

Ellsmere
B3534 Cities Service
NB, VII, 9 (sept. 58), 27, texte & ill.
Toronto
B3535 Cities Service (Victoria Park)
NB, VII, 9 (sept. 58), 27, texte.

Eliasoph et Berkowitz
Québec
B3536 Le garage Pollack
ABC, XIV, 163 (nov. 59), 355-359, texte & ill.

Fliess, Henry
Weston
B3537 Car Sales and Service Building
RAIC, XXXIII, 6 (juin 56), 234, ill.

Fortin, Jean-Charles
Val-d'Or
B3538 Garage
ABC, II, 17 (sept. 47), 77-78, ill.

Govan, Ferguson, Lindsay, Kaminker, Langley & Keenleyside
Toronto
B3539 Granite Club Garage
TCA, I, 2 (jan.-fév. 56), 47-49, texte & ill.

Graton, Robert
Ste-Thérèse (Qué.)
B3540 Blanchard Automobile Ltd (Salle de montre)
CB, XIII, 8 (août 63), 38 et 47, texte & ill.

Hockaday, L.B.; Prichard, T.J.
Édifice de lieu inconnu
B3541 General Motors Design Competition
RAIC, XXIII, 1 (jan. 46), 10-11, texte & ill.

Kalenca, Joseph
Kénogami
B3542 Station Fina
BAT, XXX, 10 (oct. 55), 33, texte & ill.

Langley, J.B.
Édifice de lieu inconnu
B3543 General Motors Design Competition
RAIC, XXIII, 1 (jan. 46), 12-13, texte & ill.

Lavallée, Réal
Lac Saint-Charles
B3544 Les entreprises PEB Ltée
BAT, LII, 7 (juil. 77), 5, ill.
CB, XXVII, 6 (juin 77), 7, texte & ill.

Leclerc, Albert
Rimouski
B3545 Garage Dionne
BAT, XXIX, 9 (sept. 54), 33, texte & ill.

Lee, Harry
Édifice de lieu inconnu
B3546 Automobile Sales and Service, projet d'étudiant
RAIC, XXV, 5 (mai 48), 164, texte & ill.

Légaré, Maurice
Montréal
B3547 Langlois Motor Sales Ltd
ABC, VI, 61 (mai 51), 11, 13-15, texte & ill.

McIntosh & Moeller
Hamilton
B3548 Market Square Car Park
RAIC, XL, 4 (avril 63), 61, ill.

Mainguy, Maurice
Québec
B3549 Garage Giguère Automobile
ABC, XI, 127 (nov. 56), 42-45, texte & ill.

Mar, J.B.
Édifice de lieu inconnu
B3550 A Service Station and Restaurant (projet d'étudiant)
RAIC, XXV, 5 (mai 48), 147, texte & ill.

Mies van der Rohe, L.
Ile-des-Soeurs
B3551 Automotive Service Centre
TCA, XIII, 10 (oct. 68), 9, texte & ill.
TCA, XV, 3 (mars 70), 8, texte.
TCA, XV, 5 (mai 70), 6, texte & ill.

Moreau, Gilbert
Pont-Viau
B3552 Centre de l'automobiliste
ABC, XII, 139 (nov. 57), 50-52, texte & ill.

O'Gorman, H.W.
Sudbury
B3553 Sudbury Motors
RAIC, XXXV, 6 (juin 58), 225, ill.

Ogus, Michael C.
Édifice de lieu inconnu
B3554 Modèle pour station-service Texaco Canada
NB, X, 1 (jan. 61), 5, texte & ill.

Page & Steele
Toronto
B3555 Garage for the Canadian Red Cross Society
RAIC, XXIII, 7 (juil. 46), 168-169, ill.

Parent, Guy S.
Montréal
B3556 Mansfield Automatic Parking
CB, VIII, 12 (déc. 58), 29-33, texte & ill.
ABC, XIII, 152 (déc. 58), 34-37, texte & ill.

Parfitt, Gilbert
Winnipeg
B3557 Provincial Garage
RAIC, XXV, 4 (avril 48), 124, ill.

Parkin, John B. (Ass.)
Toronto
B3558 RAIC, XLIII, 3 (mars 66), 31, texte & ill.
B3559 Dundas Square Garage
TCA, I, 12 (déc. 56), 52, texte & ill.
RAIC, XXXV, 12 (déc. 58), 473, ill.

Paterson, W.H.; Tryhorn, E.R.
Toronto
B3560 Birchmount Garage (autobus)
TCA, I, 3 (mars 56), 47-49, texte & ill.

Portnall and Stock
Yorkton (Saskatchewan)
B3561 International Harvester Co. of Canada
RAIC, XXV, 11 (nov. 48), 422, ill.

Prack and Prack
Hamilton
B3562 Work Centre (Bell Canada)
RAIC, XXVIII, 10 (oct. 51), 303, ill.

Rinfret et Bouchard
Chicoutimi
B3563 T. & T. Auto Supply Ltd
ABC, IV, 44 (déc. 49), 25, ill.

Rother, Bland, Trudeau
Édifice de lieu inconnu
B3564 BP Canada Gas Station (il s'agit d'un prototype)
TCA, V, 2 (fév. 60), 10, texte & ill.

Roy, Jean-Marie
Sainte-Foy
B3565 Garage General Motors, Denis Pépin Auto Ltée
ABC, XIX, 222 (oct. 64), 30-34, texte & ill.

Sharp & Thompson, Berwick, Pratt
Vancouver
B3566 Tilden Drive Yourself
BAT, XXVIII, (fév. 53), 17, ill.

Siddall, Robert
Édifice de lieu inconnu
B3567 An automobile sales building (projet d'étudiant)
RAIC, XXIII, 4 (avril 46), 99, texte & ill.

Souter, William R. (Ass.)
Moncton
B3568 Chrysler Corporation of Canada Ltd
RAIC, XXXI, 6 (juin 54), 187

Strasman, Jim; Jacobs, Julian
Ile-du-Prince-Édouard
B3569 Auto Mart/Service Centre
TCA, XXIV, 2 et 3 (fév.-mars 79), 4, texte & ill.

Tedman, Blake
Toronto
B3570 TCA, 1 (nov.-déc. 55), 73, texte & ill.

Thompson, Berwick, Pratt
Édifice de lieu inconnu
B3571 Clarke Simpkins' motor showroom
RAIC, XLI, 2 (fév. 64), 31, texte & ill.

Weber, Read; Unger, Jay S.; Waisman, Tania (et al)
Édifice de lieu inconnu
B3572 General Motors Design Competition
RAIC, XXIII, 1 (jan. 46), 8-9, texte & ill.

Wilson & Newton
Toronto
B3573 Midcontinental Truck Terminal
CB, III, 1 (jan. 53), 18, 20, texte & ill.

Young, Allan
Édifice de lieu inconnu
B3574 A General Motors Sales and Service Outlet (projet d'étudiant)
RAIC, XXX, 3 (mars 53), 69, ill.

Hôtels
Hotels

"Climatisation des hôtels"
BAT, XXXII, 6 (juin 57), 44, texte & ill.

"Construction hôtelière: Montréal au premier rang"
BAT, XLVIII, 1 (jan. 73), 11-13, texte & ill.

"De Sydney à Vancouver—Boom sur les hôtels au Canada: $100 millions par an"
BAT, XLV, 8 (août 70), 21-24, texte & ill.

"Four Seasons Hotels plans Canada-wide expansion of 1500 new rooms in 1973-74"
CB, XXII, 8 (août 72), 38

"Home from Home" (le Canada a construit 250 motels en 1958, statistiques, exemples)
TCA, IV, 2 (fév. 59), 10

"Hyatt International plans major hotels in Montreal, Calgary"
CB, XXIII, 1 (jan. 73), 5

"Montreal developers seek convention centre to lift new hotels market"
CB, XXVII, 2 (fév. 77), 27-28

"Montreal leads Quebec's new hotel boom" (énumération des projets)
CB, XXIII, 4 (avril 73), 50

Motels par Geoffrey Baker & Bruno Funaro
ABC, X, 109 (mai 55), 49

"Quebec City clears way for two major hotel projects" (Place St-Cyrille et Grande-Allée)
CB, XXI, 6 (juin 71), 55

Bland, John; Blumenfeld, Hans; Pratt, C.E.
"Report on South Side of Queen Street, Toronto" (Débat concernant l'hôtel the Inn on the Park, Toronto)
TCA, XIII, 7 (juil. 68), 54 et 56-58 et 62

Chouéké, Esmond
"Hôtels: à Montréal un centre des congrès est nécessaire, en province le marché n'est pas encore saturé"
BAT, LII, 1 (jan. 77), 10-11, texte & ill.

Cooper, J.I.
"Hotels in Montreal"
RAIC, XXXV, 7 (juil. 58), 243-254

Déry, Jacques
"Pour loger plus de six millions de touristes"
BAT, XLIX, 2 (fév. 74), 22-24, texte & ill.

Design Inc., Bank Building Corporation
"Nouvelles conceptions pour la construction de motels"
(ex. à travers le monde)
BAT, XXXIV, 7 (juil. 59), 24-26

Franks, Brian
"From Sydney to Vancouver, Canada's big hotel splurge spells $100 million a year"
CB, XX, 9 (sept. 70), 30 et 32-33 et 35

Khurana, J.S.
"Hotel and City"
TCA, XIII, 5 (mai 68), 35-48

MacDonald, Robert H.
"Hotel Planning"
RAIC, XVIII, 12 (déc. 41), 198-199

Moriyama, Raymond
"Trends in Motel Design"
RAIC, XXXVII, 9 (sept. 60), 369-379

Murray, James A.
"The design of motels"
RAIC, XXVI, 7 (juil. 49), 201-203

Picher, Claude
"L'Auberge des gouverneurs: un développement foudroyant"
BAT, L, 2 (fév. 75), 11-12 et 14

Waller, T.G.
"A letter to the Editor" (à propos de la construction des hôtels)
RAIC, XVII, 4 (avril 40), 65

Anonyme/Anonymous

Édifice de lieu inconnu
B4001 A motel unit (projet d'étudiant)
RAIC, XXIX, 5 (mai 52), 132, ill.

Aurora
B4002 Howard Johnson's Motor Lodge
CB, XXIV, 12 (déc. 74), 25, texte.

Beauport
B4003 (sur le site du restaurant "La Dame Blanche")
BAT, XXXIV, 9 (sept. 59), 17, texte.

Belleville
B4004 Four Seasons Hotel
CB, XXI, 8 (août 71), 25

Burlington
B4005 Holiday Inn
CB, XXII, 12 (déc. 72), 6, texte & ill.

Calgary
B4006 Calgary Inn Motor Hotel
CB, XIV, 6 (juin 64), 5, texte & ill.
CB, XIV, 10 (oct. 64), 45, texte & ill.
B4007 Four Seasons Convention Hotel
CB, XXI, 8 (août 71), 22 et 27, texte & ill.
CB, XXIV, 9 (sept. 74), 48, texte.

Canmore (Alberta)
B4008 A motor inn and chalet complex
CB, XXIX, 7 (juil. 79), 9 et 46, texte.
B4009 Mountain View Inn
CB, XXIX, 9 (sept. 79), 7, texte.

Edmonton
B4010 Casino Motor Inn
CB, XXIII, 11 (nov. 73), 98, texte.
B4011 Château Lacombe
RAIC, XLIII, 1 (jan. 66), 23, texte & ill.
B4012 The Convention Inn-South
CB, XXV, 10 (oct. 75), 8, texte.
B4013 Edmonton Inn
CB, XV, 11 (nov. 65), 95, texte.

Gatineau
B4014 Auberge des gouverneurs
BAT, LIV, 5 (mai 79), 5, texte.

Granby
B4015 Hôtel Mont Shefford
ABC, IV, 40 (août 49), 38, ill.

Grand-Mère
B4016 Motel
BAT, XLVIII, 8 (août 64), 3, texte.

Hamilton
B4017 Hamilton Women's Hostel
RAIC, XXII, 4 (avril 45), 84, ill.

Hull
B4018 Econo-Lodges
BAT, LIV, 7 (juil. 79), 28, texte.
B4019 Motel Duvernay (rénovation)
CB, XXVIII, 11 (nov. 78), 6, texte.

Ile des Soeurs (Montréal)
B4020 Auberge des gouverneurs
BAT, XLVIII, 11 (nov. 73), 59, texte.

Kenora
B4021 Hôtel de 200 chambres, First Ave.
CB, XXIV, 9 (sept. 74), 70, texte.

Laval
B4022 Sheraton
BAT, LIV, 10 (oct. 79), 6, texte.

London
B4023 Holiday Inn
CB, XXIII, 4 (avril 73), 29, texte.
B4024 Sheraton Oxbury Inn
CB, XXIV, 12 (déc. 74), 24, texte.

Malton
B4025 Cara Inn
BAT, XLV, 8 (août 70), 23, texte & ill.
CB, XX, 9 (sept. 70), 33, texte & ill.
B4026 Downtowner Motor Inns
CB, XXI, 3 (mars 71), 5, ill.

Moncton
B4027 Howard Johnson's motor lodges
CB, XX, 9 (sept. 70), 35, texte & ill.
BAT, XLV, 8 (août 70), 24, texte & ill.

Montréal
B4028 Hôtel de 48 étages, entre La Gauchetière et St-Antoine
CB, XXIII, 1 (jan. 73), 13, texte.
B4029 Cité Concordia
BAT, XLV, 8 (août 70), 22, texte & ill.
B4030 Montréal Aéroport Hilton
BAT, L, 1 (jan. 75), 3, texte.
B4031 Sheraton Mt-Royal Hotel
CB, XXVIII, 6 (juin 78), 6, ill.

Niagara Falls (Ont.)
B4032 Motel
CB, XIV, 9 (sept. 64), 30, texte & ill.

Niagara-on-the-Lake
B4033 Hôtel et 3 tours d'habitation
CB, XXIII, 12 (déc. 73), 60, texte.

Ottawa
B4034 Hôtel de 20 étages, Albert & O'Connor St.
CB, XXI, 9 (sept. 71), 17, texte.
B4035 Nouveau bar moderne — Château Laurier
ABC, IV, 37 (mai 49), 30, ill.
B4036 Holiday Inn, Place de Ville
CB, XX, 10 (oct. 70), 58, texte.
BAT, XLVI, 7 (juil. 71), 14-15, texte & ill.
B4037 Lower Town
CB, XXIV, 6 (juin 74), 51, texte.
B4038 Y.M.-Y.W.C.A. résidence
CB, XVIII, 7 (juil. 68), 6, texte.

Peterborough
B4039 Peterborough Men's Hostel
RAIC, XXII, 4 (avril 45), 85, ill.

Québec
B4040 Salon rose — Château Frontenac
ABC, IV, 37 (mai 49), 30, ill.
B4041 Château Frontenac (restauration)
BAT, XLVIII, 11 (nov. 73), 3, texte.
B4042 Hôtel Méridien (Place Samuel Holland)
BAT, XLIX, 4 (avril 74), 11, texte.

Richmond
B4043 Richmond Inn Hotel
CB, XXII, 12 (déc. 72), 8, texte & ill.

Rimouski
B4044 Complexe hôtelier de 63 chambres
BAT, LIII, 10 (oct. 78), 6, texte.
B4045 L'Auberge des gouverneurs
BAT, L, 2 (fév. 75), 14, texte & ill.

Ste-Foy
B4046 Quality Inn
CB, XXIV, 3 (mars 74), 6

St. John (N.-B.)
B4047 Un hôtel pour le Brunswick Square
CB, XXIX, 12 (déc. 79), 7, texte.

Sherbrooke
B4048 Holiday Inn
BAT, XLVIII, 9 (sept. 73), 5, texte.

Thunder Bay
B4049 Landmark Motor Inn
CB, XXIV, 1 (jan. 74), 34, texte.

Toronto
B4050 Appartements-hôtel, Queen St. & Northcote Ave.
CB, XXIII, 2 (fév. 73), 64, texte.
B4051 Castle Harbour Hotel
CB, XXIII, 4 (avril 73), 28, texte & ill.
CB, XXIV, 9 (sept. 74), 5, texte & ill.
TCA, XVII, 7 (juil. 72), 6, texte & ill.
B4052 Chelsea Inn
CB, XXV, 8 (août 75), 15, texte.
B4053 Civic Square Holiday Inn
CB, XX, 7 (juil. 70), 8, texte.
CB, XX, 9 (sept. 70), 32-33, texte & ill.
CB, XXI, 8 (août 71), 22 et 25, texte & ill.
BAT, XLV, 8 (août 70), 22-23, texte & ill.
B4054 Four Seasons-Sheraton
CB, XXI, 4 (avril 71), 58, texte.
CB, XXI, 8 (août 71), 11 et 13, texte & ill.
CB, XXI, 8 (août 71), 22 et 25, texte & ill.
CB, XXII, 1 (jan. 72), 21, texte.
B4055 Four Seasons Hotel, Yorkville area
CB, XXV, 4 (avril 75), 29, texte.
CB, XXV, 8 (août 75), 8, texte.
CB, XXVI, 8 (août 76), 5, texte.
B4056 Holiday Inn
BAT, XLV, 8 (août 70), 24, texte.
CB, XX, 9 (sept. 70), 35, texte.
B4057 Howard Johnson Motor Lodge
CB, XXIV, 2 (fév. 74), 7, texte.
B4058 Park Plaza Hotel
CB, XXII, 5 (mai 72), 8, texte.
B4059 Prince George Hotel
CB, IX, 4 (avril 59), 83, texte & ill.
B4060 Yorkdale Holiday Inn
TCA, XV, 9 (sept. 70), 6, texte & ill.
BAT, XLV, 8 (août 70), 23, ill.
CB, XX, 9 (sept. 70), 33, ill.
B4061 Y.W.C.A. (Church & Granby St.)
CB, XXI, 8 (août 71), 6, ill.

Vancouver
B4062 Hôtel, Davie & Denman St.
CB, XXI, 8 (août 71), 14, texte.
B4063 Hôtel de 700 chambres dans False Creek
CB, XIX, 3 (mars 69), 8, texte.
B4064 Holiday Inns
CB, XIX, 3 (mars 69), 6, texte.
B4065 Vancouver Hotel
BAT, XXVI, 10 (oct. 51), 23, ill.

Vernon (C.-B.)
B4066 Village Green Inns
CB, XXIV, 10 (oct. 74), 35, texte.

Victoria
B4067 Hôtel-appartements à Laurel Point
CB, XXIII, 2 (fév. 73), 64, texte.

Welland (Ont.)
B4068 Welland Women's Hostel
RAIC, XXII, 4 (avril 45), 86, ill.

Whistler Mountain (C.-B.)
B4069 Hôtel de 3 étages
CB, XXII, 2 (fév. 72), 41, texte.

Whitby
B4070 Howard Johnson's Motor Lodge
CB, XXIII, 4 (avril 73), 28, texte.

Willowdale
B4071 Trave Lodge
CB, XXV, 4 (avril 75), 7, ill.

Winnipeg
B4072 Central Park Lodge
TCA, VIII, 7 (juil. 63), 78, texte & ill.

B4073 Wandlyn Birchwood Inn
CB, XXVI, 12 (déc. 76), 5, 32, ill.

Yellowknife
B4074 Explorer Motel
CB, XXIII, 9 (sept. 73), 66, texte.

Abugov and Sunderland
Calgary
B4075 The Crowchild Inn
CB, XXIII, 8 (août 73), 32, texte & ill.

Affleck, Dimakopoulos, Lebensold; Tabler, William
Québec
B4076 Loews Le Concorde
TCA, XIV, 11 (nov. 69), 62, texte & ill.
CB, XIX, 8 (août 69), 5, texte & ill.

Ala-Kantti & Liff
Ottawa
B4077 Motel on the Queensway
TCA, VIII, 5 (mai 63), 12, texte & ill.

Amos, L.-A. et P.-C.; Goodman, Davis C.
Montréal
B4078 Hôtel Laurentien
ABC, III, 25 (mai 48), 26-34, texte & ill.
BAT, XXVI, 10 (oct. 51), 22, ill.

Amyot & Marchand
L'Islet
B4079 Manoir "Rocher Panet"
ABC, II, 14 (juin 47), 20-21, ill.

Arcop Ass.; Sankey Ass.
B4080 Voir Sankey Ass.; Arcop Ass.

Armstrong and Molesworth
Toronto
B4081 Holiday Inn
CB, XIX, 3 (mars 69), 7, texte.

Arnott, Gordon; Izumi, K.
Regina
B4082 Hôtel sur Albert St.
TCA, I, 2 (jan.-fév. 56), 14, texte & ill.

Banz, Brook, Carruthers, Grierson, Shaw
Blue Mountain
B4083 Ski & summer resort
TCA, XII, (yearbook 67), 65, texte & ill.

Beattie, W.C.; Ross & MacDonald
B4084 Voir Ross & MacDonald; Beattie, W.C.

Beauvais & Lusignan
Montréal
B4085 Holiday Inn, rue Sherbrooke
ABC, XX, 233 (sept. 65), 31-38, texte & ill.
BAT, XL, 2 (fév. 65), 40-43, texte & ill.
B4086 Le Sheraton-Fontainebleau (agrandissement)
BAT, XLVI, 8 (août 71), 5-6, texte & ill.

Bégin, Étienne
Québec
B4087 Motel Helen's, boul. Ste-Anne
ABC, IX, 103 (nov. 54), 32-33, texte & ill.

Bégin, Michel
Édifice de lieu inconnu
B4088 Projet étudiant: un motel sur la route des Laurentides
ABC, XIV, 164 (déc. 59), 398, texte & ill.

Black, Larson, McMillan & ass.
Regina
B4089 Sherwood House Motel
RAIC, XXXVII, 9 (sept. 60), 382-383, texte & ill.

Bouchard, Maurice
Lac Beauport
B4090 Le Manoir St-Castin
BAT, XXXV, 3 (mars 60), 34-37, texte & ill.

Bouchard, Burman
Mirabel
B4091 Le Château de l'aéroport
AC, 34, 347 (juil.-août 78), 11-20, texte & ill.

Bouchard & Rinfret
Québec
B4092 Motel des Laurentides, boul. Ste-Anne
ABC, X, 115 (nov. 55), 29-31, texte & ill.

Boudrias, Boudreau & St-Jean
Montréal
B4093 Sheraton Le Saint-Laurent, Ile-Charron
CB, XXV, 12 (déc. 75), 37, texte.
BAT, L, 5 (mai 75), 24, texte & ill.

Bregman & Hamann
Hamilton
B4094 Hôtel de 225 chambres près du Lloyd D. Jackson Square
CB, XXX, 1 (jan. 80), 7, texte.

Kitchener
B4095 The Flying Dutchman Motor Hotel
CB, X, 5 (mai 60), 78, texte & ill.

Niagara Falls
B4096 Michael's Inn
TCA, XI, 7 (juil. 66), 8, texte & ill.
CB, XVI, 8 (août 66), 45, texte & ill.

Bregman & Hamann; Stone, Edward Durrell
B4097 Voir Stone, Edward Durrell; Bregman & Hamann

Brillon, Henri
Montréal
B4098 Hôtel à l'Ile-des-Soeurs
RAIC, XXXIX, 3 (mars 62), 42-43, texte & ill.

Calvert, Robert; Graham, Alan
Lake St. Lawrence
B4099 Motel-Boatel
RAIC, XXXIX, 9 (sept. 62), 45, ill.

Capes, Basil
Toronto
B4100 Skyline Hotel (agrandissement)
ARCAN, 45, 1 (jan. 68), 42, ill.

Clack, Clayton, Pickstone
Victoria
B4101 Colony Motel
RAIC, XXXIII, 8 (août 56), 310, texte & ill.

Clark, James, Coupland Architects
Calgary
B4102 Calgary Plaza Hotel
CB, XXIX, 7 (juil. 79), 8, texte & ill.

Clément, Jean-Guy
Esterel
B4103 Annexe au club sportif et social (hôtel, salle de congrès, etc.)
ABC, XVII, 196 (août 62), 39-43, texte & ill.

Cormier, Ernest
Montréal
B4104 Tour de l'hôtel Windsor
ABC, II, 10 (jan. 47), 27, ill.

Cox, E.C.S.
Honey Harbour (Ont.)
B4105 The Delawana Inn
TCA, I, 9 (sept. 56), 37-42, texte & ill.
RAIC, XXIX, 6 (juin 52), 174, ill.

Orillia (Ont.)
B4106 The Chieftain Motel
TCA, I, 2 (jan.-fév. 56), 29-32, texte & ill.
RAIC, XXXIII, 6 (juin 56), 232, ill.

Cox and Moffet
Honey Harbour
B4107 Holiday Lodge
TCA, XI, 7 (juil. 66), 8, texte & ill.
CB, XVI, 8 (août 66), 45, texte & ill.

Crang and Boake
Oakville
B4108 Holiday Inn Motor Hotel
ARCAN, 45, 5 (mai 68), 8-9, texte & ill.
CB, XVI, 10 (oct. 66), 6, ill.

D'Astous & Pothier
Montréal
B4109 Château Champlain
BAT, XL, 3 (mars 65), 6, texte & ill.
BAT, XL, 6 (juin 65), 40-42, texte & ill.
BAT, XLI, 6 (juin 66), 50, texte.
BAT, XLI, 7 (juil. 66), 38, texte & ill.
BAT, XLII, 2 (fév. 67), 7, texte & ill.
CB, XIV, 7 (juil. 64), 3, texte & ill.
CB, XV, 10 (oct. 64), 7, texte & ill.
CB, XV, 4 (avril 65), 7, texte.
CB, XV, 6 (juin 65), 6, texte & ill.
CB, XV, 7 (juil. 65), 7, texte & ill.
CB, XV, 9 (sept. 65), 7, texte & ill.
CB, XVI, 9 (sept. 66), 8, ill.
ABC, XIX, 222 (oct. 64), 50, texte.
ABC, XX, 226 (fév. 65), 38, texte.
ABC, XXI, 244 (août 66), 50, texte.
ABC, XXII, 250 (fév. 67), 15-27, texte & ill.
TCA, XII, 9 (sept. 67), 9, texte & ill.

David & Boulva
Montréal
B4110 Holiday Inn de Place Dupuis
AC, 27, 306 (juin-juil. 72), 13, texte & ill.
BAT, XLVII, 7 (juil. 72), 7, texte & ill.
CB, XXII, 8 (août 72), 7, ill.

David, Boulva & Cleve
Montréal
B4111 Hôtel Regence Hyatt Montréal
AC, XXXIV, 346 (mai-juin 78), 10-16, texte & ill.
BAT, XLIX, 7 (juil. 74), 7, texte.
BAT, LII, 12 (déc. 77), 7, texte & ill.

DeBlois, Jacques
Québec
B4112 La Dame Blanche
TCA, XI, 5 (mai 66), 66-67, texte & ill.
B4113 Motel Lahoud
ABC, XIV, 164 (déc. 59), 34-37, texte & ill.

Sainte-Foy
B4114 Auberge de la Nouvelle-Orléans
BAT, XLII, 8 (août 67), 29-31, texte & ill.

Décary, L.-J.-T.
Ste-Adèle
B4115 Hôtel
ABC, I, 9 (déc. 46), 26, texte.

Diamond, Libling, Michener
Winnipeg
B4116 Malborough Hotel (agrandissement)
RAIC, XXXII, 10 (oct. 55), 370, ill.

Dickinson, Peter (Ass.)
Montréal
B4117 Sheraton Cartier Hotel, rues Peel et Sherbrooke
TCA, VI, 9 (sept. 61), 6, texte & ill.

Toronto
B4118 Four Seasons Motor Hotel
TCA, VI, 11 (nov. 61), 57-62, texte & ill.
NB, XI, 3 (mars 62), 3, texte & ill.

Dickinson, Peter; Webb & Menkes
North York
B4119 Four Seasons Inn on the Park
CB, XII, 4 (avril 62), 71, texte & ill.
CB, XIII, 4 (avril 63), 44-45, texte & ill.
TCA, VIII, 6 (juin 63), 45-54, texte & ill.
TCA, XIV, 11 (nov. 69), 40-41, ill.
RAIC, XL, 6 (juin 63), 44-54, texte & ill.

Dimakopoulos, Dimitri
Montréal
B4120 Concordia-Loews (Cité Concordia)
AC, XXVIII, 311 (jan.-fév. 73), 8-9, texte & ill.
BAT, XLV, 8 (août 70), 22, texte & ill.
BAT, XLVIII, 1 (jan. 73), 12-13, texte & ill.
CB, XX, 9 (sept. 70), 32, texte & ill.

Québec
B4121 Le Concorde
BAT, XLVI, 5 (mai 71), 22, texte & ill.
BAT, XLVII, 7 (juil. 72), 3, texte & ill.
BAT, XLVIII, 1 (jan. 73), 12-13, texte.
TCA, XVII, 8 (août 72), 6-7, texte & ill.
AC, 27, 306 (juin-juil. 72), 12, texte & ill.
AC, 29, 326 (nov.-déc. 74), 14-18 et 43, texte & ill.

Dirassar, James & Jorgensen
Vancouver
B4122 Hyatt House Hotel
BAT, XLV, 8 (août 70), 23, texte & ill.
CB, XX, 9 (sept. 70), 33, texte & ill.
CB, XXII, 2 (fév. 72), 24, texte & ill.
B4123 Sea Island Hotel
CB, XXI, 4 (avril 71), 58, texte.

Dobush, Stewart, Longpré, Marchand, Goudreau; Vecsei, Eva H.
B4124 Voir Vecsei, Eva H.; Dobush, Stewart ...

Drummond, George
Montréal
B4125 Queen Elizabeth Hotel
TCA, I, 4 (avril 56), 62-64, texte & ill.
RAIC, XXXII, 10 (oct. 55), 381, ill.
RAIC, XXXV, 6 (juin 58), 199-202, texte & ill.
RAIC, XXXV, 7 (juil. 58), 246-254, texte & ill.
BAT, XXX, 7 (juil. 55), 56-57 et 60-61, texte & ill.
BAT, XXX, 8 (août 55), 52, texte.
BAT, XXXII, 6 (juin 57), 44, texte & ill.
BAT, XXXIII, 3 (mars 58), 24-34, texte & ill.
CB, IV, 7 (juil. 54), 18, texte & ill.
CB, V, 3 (mars 55), 34-35, texte & ill.
CB, V, 4 (avril 55), 48-49, texte & ill.
CB, VII, 5 (mai 57), 42, texte & ill.
CB, VIII, 3 (mars 58), 36-39, texte & ill.
CB, X, 1 (jan. 60), 17 et 19, texte & ill.
CB, X, 5 (mai 60), 39, texte & ill.

Elken, A.; Becksted, R.W.
Toronto
B4126 Seaway Hotel
RAIC, XXXII, 12 (déc. 55), 453 et 457, texte & ill.
TCA, 1 (nov.-déc. 55), 37-44, texte & ill.
TCA, XXV, 11 (nov. 80), 18, ill.
BAT, XXXI, 3 (mars 56), 46, ill.
CB, VI, 1 (jan. 56), 25-26, texte & ill.
CB, XIII, 2 (fév. 63), 51, texte & ill.

Ellwood, Michael
Dorion
B4127 Motel Seigneurie de Vaudreuil
ABC, IX, 103 (nov. 54), 39-41, texte & ill.

Erickson-Massey
Vancouver
B4128 Apartment Hotel, Cambie & Georgia St.
TCA, XIV, 11 (nov. 69), 64, texte & ill.
B4129 Centennial Motor Hotel
ARCAN, 49 (22 mai 72), 19, texte & ill.

Fabbro & Townend
Sudbury
B4130 Mandarin Gardens motel
RAIC, XXXV, 12 (déc. 58), 467, ill.

Fairfield & DuBois
Édifice de lieu inconnu
B4131 Garrison Motor Inn
TCA, XXI, 2 (fév. 76), 5, texte & ill.

Fetherstonhaugh & Durnford
Arvida
B4132 Saguenay Inn
RAIC, XVIII, 4 (avril 41), 57, ill.
RAIC, XXII, 9 (sept. 45), 184-189, ill.

Fliess, Henry; Murray, James A.
Toronto
B4133 Canadiana Motor Hotel
CB, XII, 5 (mai 62), 69, texte & ill.
CB, XII, 10 (oct. 62), 54-55, texte & ill.

Fowler, C.A.; Bauld & Mitchell
Provinces maritimes
B4134 Type de motel de villégiature champêtre commandité par Stelco
ABC, XXII, 249 (jan. 67), 24-25, texte & ill.

Gardiner, Thornton, Gathe & Ass.
Vancouver
B4135 Burrard Motel
RAIC, XXXV, 1 (jan. 58), 13-15, texte & ill.

Gathe, Asbjorn R.
Whistler Mountain (C.-B.)
B4136 TCA, XIII, 12 (déc. 68), 56, texte & ill.

Gauthier, Maurice; Trépanier, Paul-O.
B4137 Voir Trépanier, Paul-O.; Gauthier, Maurice

Gauthier, Paul
Québec
B4138 Projet thèse: Un hôtel au pont de Québec
ABC, XV, 171 (juil. 60), 214-217, texte & ill.

Gauthier et Guité
Sainte-Foy
B4139 Auberge des Gouverneurs
ABC, XIX, 224 (déc. 64), 19-24, texte & ill.
TCA, XI, 5 (mai 66), 66-67, texte & ill.

Graham, Keith L. (Ass.)
Baddeck (N.-É.)
B4140 Silver Dart Motel
RAIC, XXXVII, 9 (sept. 60), 388-390, texte & ill.

Gravel & Gravel
Naudville
B4141 Motel des Cascades
ABC, XVII, 200 (déc. 62), 24-27, texte & ill.

Greenspoon, Freedlander & Dunne
Ottawa
B4142 Parkway Motel
RAIC, XXXVII, 9 (sept. 60), 380-381, texte & ill.

Grierson & Walker
Belleville
B4143 Hôtel Quinte
TCA, V, 6 (juin 60), 78-83, texte & ill.

Grondin, Jean
Matane-sur-mer
B4144 Motel "Les Mouettes"
ABC, XIII, 152 (déc. 58), 48-49, texte & ill.

Grossman, Irving
Toronto
B4145 YWCA
ARCAN, 48 (27 sept. 71), 4

Henriquez and Todd
Vancouver
B4146 Les hôtels Stanley et New Fountain (rénovation)
ARCAN, 48 (11 jan. 71), 6-7, texte & ill.

Hollingsworth, Fred T.
Victoria
B4147 Imperial Motor Hotel
TCA, VII, 6 (juin 62), 64-70, texte & ill.

Izumi, K.
Regina
B4148 Siesta Motel
CB, IV, 7 (juil. 54), 33-35, texte & ill.

Izumi, K.; Arnott, Gordon
B4149 Voir Arnott, Gordon; Izumi, K.

Kahn & Jacobs; Richmond, E.J.
Toronto
B4150 Carlton Hotel
TCA, II, 5 (mai 57), 52, texte & ill.

Keywan, James
Toronto
B4151 Holiday Inn
ARCAN, 47 (28 sept. 70), 1, texte & ill.

Kravis, Janis
Toronto
B4152 The Windsor Arms Hotel (Restaurant)
ARCAN, 45, 5 (mai 68), 8-9, texte & ill.

Laforest, Raymond; Larivière & Ass. Inc.
Orillia
B4153 Howard Johnson's Motor Lodge
CB, XXIV, 2 (fév. 74), 44, texte.

Lajoie, Rodolphe
Mont-Joli
B4154 Motel Mont-Joli
ABC, XI, 127 (nov. 56), 46-49, texte & ill.

Lamarre, Denis C.
Édifice de lieu inconnu
B4155 Projet: Un grand hôtel dans les Laurentides
ABC, XI, 127 (nov. 56), 50, ill.

Langston, Henry T.
Toronto
B4156 Lord Simcoe Hotel
RAIC, XXXIV, 11 (nov. 57), 435-440, texte & ill.
TCA, I, 6 (juin 56), 58, texte & ill.

Lapointe & Tremblay
Édifice de lieu inconnu
B4157 Hôtel des Monts
ABC, II, 14 (juin 47), 17-19, ill.

Le Radza, Henry; Le Radza, William
Montréal
B4158 Hôtel de l'ambassade royale (probablement traduit de l'anglais)
BAT, XXXIII, 11 (nov. 58), 20-22, texte & ill.

Lawson and Little
Montebello
B4159 Seigniory Club
RAIC, XVIII, 4 (avril 41), 58
Sainte-Adèle
B4160 La Maison Blanche
RAIC, XVIII, 4 (avril 41), 58

Lee, Harry
Garibaldi Park (C.-B.)
B4161 Vacation Centre
RAIC, XXVIII, 3 (mars 51), 72-74, texte & ill.

Levesque et Venne
Montmagny
B4162 Hôtel Château Canadien, addition d'une aile
ABC, II, 12 (mars 47), 34, texte.

Libling, Michener & Ass.
Winnipeg
B4163 International Inn
TCA, XV, 5 (mai 70), 47-48, ill.
CB, XIV, 10 (oct. 64), 46, texte & ill.

Libling, Michener & Ass.; Ross, Jack
Winnipeg
B4164 Holiday Inn
CB, XXI, 10 (oct. 71), 54, texte & ill.

MacDonald & Magoon
Edmonton
B4165 The Richelieu
RAIC, XVII, 7 (juil. 40), 120

McKee, Robert R.
Hope (C.-B.)
B4166 Rupert Taylor Motel
RAIC, XXVI, 9 (sept. 49), 288-290, texte & ill.
Okanagan Valley (C.-B.)
B4167 Okanagan Valley Hotel
RAIC, XXVI, 5 (mai 49), 166, ill.

Mark, Musselman, McIntyre
Édifice de lieu inconnu
B4168 Rockwood Pavilion
TCA, XI, 7 (juil. 66), 8, texte & ill.
CB, XVI, 8 (août 66), 45, texte & ill.

Martineau, Auguste
Ottawa
B4169   Hôtel Eastview
         ABC, VIII, 91 (nov. 53), 28-29, texte & ill.

Mayzel, Louis
Toronto
B4170   Hôtel, au coin des rues University, York, Adelaïde, Richmond
         CB, XIV, 10 (oct. 64), 10, texte.

Milne, W.G.
Calgary
B4171   Calgary Sheraton Hotel
         ARCAN, 49 (déc. 72), 6

Miron, Isaac
Ville du Lac Delage
B4172   Hôtellerie
         BAT, XXXIX, 5 (mai 64), 35-39, texte & ill.

Miska, Basil
Kingston
B4173   The Commodore
         CB, XI, 10 (oct. 61), 30-34, texte & ill.

Moffat & Duncan
Lake Rosseau (Ont.)
B4174   TCA, XVI, 6 (juin 71), 6, texte & ill.

Morin, G.-E.
Montréal
B4175   Projet-thèse: un hôtel pour Montréal
         ABC, XII, 135 (juil. 57), 44-46, texte & ill.

Moriyama, Raymond
Malton
B4176   Howard Johnson
         BAT, XLV, 8 (août 70), 23, texte & ill.
         CB, XIX, 9 (sept. 69), 8, texte.
         CB, XX, 9 (sept. 70), 33, texte & ill.
         CB, XXI, 8 (août 71), 17 et 25, texte.
Toronto
B4177   TCA, VII, 3 (mars 62), 6, texte & ill.
B4178   Hôtel aux coins de Bay, Gerrard, Elizabeth et Walton
         TCA, XIV, 12 (déc. 69), 6-7, texte & ill.

Murray, James A.; Fliess, Henry
B4179   Voir Fliess, Henry; Murray, James A.

Negrin, Reno C.
Tahsis (C.-B.)
B4180   Tahsis Inn
         CB, XV, 9 (sept. 65), 6, texte & ill.

Negrin, Reno C.; Thom, Ron
B4181   Voir Thom, Ron; Negrin, Reno C.

Negrin, Reno C. (Ass.)
Calgary
B4182   Delta Hotel
         TCA, XXIV, 9 (sept. 79), 5 et 8, texte & ill.
Toronto
B4183   Toronto Plaza Hotel
         ARCAN, L (jan. 73), 8
         CB, XXV, 8 (août 75), 34, ill.
         CB, XXIV, 4 (avril 74), 36, ill.

Negrin, Reno C. (Ass.); Neish, Owen, Rowland & Roy
B4184   Voir Neish, Owen, Rowland & Roy; Negrin, Reno C. (Ass.)

Neish, Owen, Rowland & Roy; Reno C. Negrin and Assoc.
Toronto
B4185   Toronto Hotel
         CB, XXVI, 12 (déc. 76), 7, texte & ill.

Number Ten Architectural Group
Winnipeg
B4186   North Star Inn
         TCA, XV, 5 (mai 70), 47-48, ill.
         CB, XX, 9 (sept. 70), 35, ill.
         CB, XX, 11 (nov. 70) 5, ill.
         BAT, XLV, 8 (août 70), 24, ill.

Ouellet & Reeves
Montréal
B4187   Hôtel Méridien-Montréal
         CB, XXIII, 6 (juin 73), 43, texte.
         BAT, XLVIII, 1 (jan. 73), 12, texte & ill.
         BAT, XLVIII, 5 (mai 73), 3, texte & ill.
         BAT, LIV, 8 (août 79), 14-15, texte & ill.

Page & Steele
Toronto
B4188   Park Plaza Hotel
         RAIC, XXXIV, 1 (jan. 57), 5-9, texte & ill.
B4189   Westbury Hotel
         RAIC, XXXIV, 11 (nov. 57), 440-444, texte & ill.

Parkin, John B. (Ass.)
Hong Kong
B4190   Victoria Park Hotel
         TCA, III, 11 (nov. 58), 66, texte & ill.
Sault-Ste-Marie
B4191   Empire Motor Hotel
         CB, XIV, 11 (nov. 64), 40-41, texte & ill.
Toronto
B4192   Hôtel Toronto
         CB, XVIII, 8 (août 68), 5, texte & ill.
B4193   Four Seasons Sheraton Hotel
         ARCAN, 46, 2 (fév. 69), 29, ill.
         TCA, XIII, 5 (mai 68), 47-48, texte & ill.
         TCA, XIII, 7 (juil. 68), 6-7, texte & ill.
         TCA, XIII, 7 (juil. 68), 54 et 56-58 et 62, texte.
         TCA, XVIII, 5 (mai 73), 58-67 et 71, texte & ill.
         CB, XIX, 6 (juin 69), 59, texte & ill.
         CB, XX, 9 (sept. 70), 32-33, texte & ill.
         BAT, XLV, 8 (août 70), 22-23, texte & ill.

Parkin, Smith, Carter
B4194   Voir Smith, Carter, Parkin

Perry, Leslie A.
Montréal
B4195   Y.W.C.A., rue Dorchester O.
         ABC, IX, 100 (août 54), 32-34, texte & ill.

Perry, Luke and Little
Sainte-Adèle
B4196   The Chantecler
         RAIC, XVIII, 4 (avril 41), 58

Prack & Prack
Hamilton
B4197   Hamilton Hotel
         CB, XIV, 7 (juil. 64), 38-39, texte & ill.

Pratt & Lindgren
Winnipeg
B4198   Downtowner Motor Hotel
         RAIC, XXXVII, 9 (sept. 60), 384-385, texte & ill.

Richard, René
Ottawa
B4199   Hôtel-Appartements Riverside
         ABC, XIII, 152 (déc. 58), 30-32, texte & ill.

Richmond, E.J.; Kahn & Jacobs
B4200   Voir Richmond, E. J.; Kahn & Jacobs

Robb, George A.
Toronto
B4201   Ascot 27
         CB, X, 4 (avril 60), 66-67, texte & ill.
B4202   Valhalla Inn
         CB, XIII, 3 (mars 63), 7, texte & ill.

Rosen, Caruso, Vecsei
Montréal
B4203   Place de l'Aviation
         AC, 28, 312 (mars 73), 8, texte & ill.

Ross, Jack; Libling, Michener & Ass.
B4204   Voir Libling, Michener & Ass.; Ross, Jack

Ross & MacDonald; Beattie, W.C.
Ottawa
B4205   Lord Elgin Hotel
         RAIC, XVIII, 12 (déc. 41), 200-203, ill.

Ross, Townsend, Patterson and Fish
Toronto
B4206   Royal York Hotel
         TCA, I, 4 (avril 56), 64, texte & ill.

Roth & Ronar
Montréal
B4207   Ruby Foo's Motor Hotel
         TCA, VII, 10 (oct. 62), 56-61, texte & ill.

Rousseau, François
Mont-Rolland
B4208   Projet thèse: Une auberge dans les Laurentides
         ABC, XV, 171 (juil. 60), 218-221, texte & ill.

Rousseau et Bégin
Québec
B4209   Cinéma, hôtel et garage, rue St-Jean
         ABC, I, 8 (nov. 46), 27, texte.

Sankey Ass.; Arcop Ass.
Montréal
B4210   Holiday Inn
         CB, XXIV, 1 (jan. 74), 32, texte & ill.
         CB, XXVI, 2 (fév. 76), 30, texte & ill.
         CB, XXVII, 2 (fév. 77), 27-28, texte & ill.
         CB, XXVII, 5 (mai 77), 5, texte.
         AC, 29, 321 (jan.-fév. 74), 7, texte & ill.
         BAT, XLIX, 1 (jan. 74), 9, texte & ill.
         BAT, LII, 1 (jan. 77), 10-11, texte & ill.

Schrier, Arnold
Dorval
B4211   Projet de motel
         ABC, XV, 165 (jan. 60), 5, texte & ill.
Ste-Adèle
B4212   Projet de motel
         ABC, XV, 165 (jan. 60), 4, texte & ill.
Ville St-Laurent
B4213   Motel, ch. Côte-de-Liesse
         ABC, XII, 139 (nov. 57), 32-35, texte & ill.

Searle, Wilbee, Rowland
Toronto
B4214   Four Seasons-Sheraton Hotel
         TCA, XVII, 11 (nov. 72), 8, texte & ill.
         ARCAN, L (jan. 73), 1, 8, texte & ill.
         CB, XXII, 8 (août 72), 8, texte & ill.
         CB, XXIII, 1 (jan. 73), 23-25 et 28, texte & ill.

Shenkman & Hersen
Montréal
B4215   Auberge Seaway, rues Guy et Dorchester
         ABC, XIX, 217 (mai 64), 28-33, texte & ill.
         BAT, XXXIX, 6 (juin 64), 7, texte & ill.

Shennan, David
Tadoussac
B4216   Hôtel Tadoussac
         RAIC, XXI, 7 (juil. 44), 152-157, texte & ill.

Shorey and Ritchie
Sainte-Marguerite
B4217   Alpine Inn
         RAIC, XVIII, 4 (avril 41), 58

Simpson, Douglas C. (Ass.)
Vancouver
B4218   The Bayshore Inn
         TCA, VI, 1 (jan. 61), 7, texte & ill.
         CB, XVI, 10 (oct. 66), 5, texte.

Singer, Joseph B.
Aldershot (Ont.)
B4219   Town and Country Motel
         RAIC, XXXVII, 9 (sept. 60), 387, texte & ill.
Hamilton
B4220   Town Manor Hotel
         RAIC, XXXVII, 9 (sept. 60), 386, texte & ill.

Smith, Carter, Parkin
Winnipeg
B4221 Winnipeg Inn (Lombard Place)
TCA, XV, 5 (mai 70), 47-48, ill.

Spachman, Mandel C.
Elliot Lake (Ont.)
B4222 Elliot Lake Hotel
RAIC, XXXV, 10 (oct. 58), 393, ill.

Stone, Edward Durrell; Bregman and Hamann
Toronto
B4223 Hotel Toronto
TCA, XX, 5 (mai 75), 5, texte & ill.

Strutt, Jim
Ottawa
B4224 Hôtel, O'Connor & Albert St.
TCA, VII, 1 (jan. 62), 7, texte & ill.

Tabler, William; Affleck, Dimakopoulos, Lebensold
B4225 Voir Affleck, Dimakopoulos, Lebensold; Tabler, William

Thom, Ron; Negrin, Reno C.
Don Mills
B4226 Prince Hotel
ARCAN, L (juin 73), 11, texte & ill.
TCA, XX, 1 (jan. 75), 16-23, texte & ill.
CB, XXIII, 6 (juin 73), 46, texte & ill.
CB, XXIII, 8 (août 73), 5, texte & ill.

Thompson, Berwick & Pratt
Richmond (C.-B.)
B4227 Delport Motor Hotel
TCA, VI, 6 (juin 61), 56, texte & ill.
RAIC, XLII, 12 (déc. 65), 53, ill.
Vancouver
B4228 The Castle Hotel
TCA, VI, 8 (août 61), 47-55, texte & ill.

Thomson, J.P.
Windsor
B4229 Bali-Hi Hotel
TCA, II, 5 (mai 57), 50, texte & ill.

Tremblay, Fernand
Montréal
B4230 Projet de motel
ABC, XII, 129 (juin 57), 24-27, texte & ill.

Trépanier, Paul-O.; Gauthier, Maurice
Granby
B4231 Motel Au Nid Condor
ABC, XI, 127 (nov. 56), 33-35, texte & ill.

University of British Columbia
Édifice de lieu inconnu
B4232 Motel and Resort Unit (projet d'étudiant)
RAIC, XXXII, 3 (mars 55), 78, texte & ill.
B4233 A Hotel (projet d'étudiant)
RAIC, XXXII, 3 (mars 55), 80, ill.

University of Manitoba
Édifice de lieu inconnu
B4234 Resort Hotel Suite (projet d'étudiant)
RAIC, XXXVI, 3 (mars 59), 83, ill.

University of Toronto
Elliot Lake
B4235
RAIC, XXXV, 3 (mars 58), 79, texte & ill.

Upenieks, Visvaldis V.
Burlington (Ont.)
B4236 New Brant Inn
ARCAN, 46, 1 (jan. 69), 35, ill.

Vecsei, Eva H.; Dobush, Stewart, Longpré, Marchand, Goudreau
Montréal
B4237 Hôtel Loews La Cité
BAT, LI, 12 (déc. 76), 9, ill.

Venchiarutti & Venchiarutti
Toronto
B4238 Motel for Downtown Toronto
RAIC, XXXVI, 8 (août 59), 286, texte & ill.

Vincelli, Elio
Laprairie
B4239 Motel Le Bocage
ABC, VII, 76 (août 52), 20-23, texte & ill.
Montréal
B4240 Motel Le Lucerne
ABC, VIII, 91 (nov. 53), 30-31, texte & ill.
B4241 Motel "Town & Country", boul. Métropolitain
ABC, VI, 59 (mars 51), 14-18, texte & ill.

Waisman, Ross, Blankstein, Coop, Gillmor, Hanna
Winnipeg
B4242 Hôtel, au coin des rues Portage et Main
CB, XVIII, 3 (mars 68), 69, texte & ill.

Watson and Blackadder
Vancouver
B4243 Strand Hotel
RAIC, XVIII, 8 (août 41), 138, ill.

Webb & Menkes; Dickinson, Peter
B4244 Voir Dickinson, Peter; Webb & Menkes

Webb, Zerafa & Menkes
Toronto
B4245 Hôtel Constellation
BAT, XL, 2 (fév. 65), 6, texte & ill.
CB, XIV, 10 (oct. 64), 22, texte & ill.
CB, XVI, 2 (fév. 66), 9, ill.
CB, XXII, 2 (fév. 72), 28, texte.
B4246 Sutton Place
CB, XVII, 6 (juin 67), 58-59, texte & ill.
B4247 Toronto Hilton (Queen St.)
TCA, XIII, 5 (mai 68), 42-46, texte & ill.
TCA, XIII, 7 (juil. 68), 6, texte & ill.
B4248 The Inn on the Park (Queen St.)
TCA, XIII, 7 (juil. 68), 54 et 56-58 et 62, texte.
North York
B4249 Flemingdon Inn
CB, XVI, 3 (mars 66), 50-51, texte & ill.
B4250 Inn on the Park
CB, XVI, 8 (août 66), 8, ill.
ARCAN, 44, 1 (jan. 67), 45, ill.

Webb, Zerafa, Menkes, Housden
Longueuil
B4251 Holiday Inn
CB, XXII, 3 (mars 72), 63, texte & ill.
B4252 Berkeley Maisonneuve
CB, XXIII, 3 (mars 73), 62, texte.
BAT, XLIX, 7 (juil. 74), 7, texte.
B4253 Four Seasons Hotel
CB, XXIII, 4 (avril 73), 29, texte.
CB, XXIV, 12 (déc. 74), 25, texte & ill.
Québec
B4254 Holiday Inn
CB, XXII, 10 (oct. 72), 17, texte.
Toronto
B4255 Bristol Place
ARCAN, 49, (nov. 72), 11
TCA, XVII, 5 (mai 72), 6, texte & ill.
TCA, XIX, 4 (avril 74), 5, texte & ill.
CB, XXII, 4 (avril 72), 5, texte & ill.
CB, XXII, 5 (mai 72), 62, texte.
CB, XXV, 9 (sept. 75), 50, texte.
B4256 Hyatt Regency Hotel
TCA, XVIII, 2 (fév. 73), 45-53, texte & ill.
TCA, XXIII, 8 (août 78), 48, texte & ill.
CB, XXI, 6 (juin 71), 8, 33, texte.
Vancouver
B4257 Four Seasons Hotel
TCA, XIV, 6 (juin 69), 6, texte & ill.
TCA, XVII, 3 (mars 72), 39, texte & ill.
CB, XIX, 6 (juin 69), 6, texte & ill.
CB, XX, 9 (sept. 70), 33, ill.
CB, XXI, 8 (août 71), 19 et 25, texte & ill.
BAT, XLV, 8 (août 70), 23, texte & ill.

Wilson, P. Roy
Val-Morin
B4258 Far Hills Inn
RAIC, XVIII, 4 (avril 41), 58

Immeubles à bureaux
Office Buildings

Documentation générale
General Documentation

"Alcan District Sales Office Results of the Competition"
RAIC, XXXIV, 8 (août 57), 315-319

"Automation aids office management Computer monitors HVAC and security systems"
CB, XXX, 8 (août 80), 29

"Baisse de 0.5% du taux de vacance"
BAT, XLVII, 8 (août 72), 5, texte.

"Bureaux commerciaux de luxe"
BAT, LIV, 10 (oct. 79), 29, ill.

"Bureaux: le taux de vacance le plus bas en Amérique du Nord"
BAT, XLIX, 12 (déc. 74), 8, texte.

"Édifices à bureaux: la part du lion va à Montréal"
BAT, XLIX, 8 (août 74), 13-14, texte & ill.

"Écoles, l'Environnement de travail" (étude menée par l'École d'Architecture sur l'environnement physique au travail Ex: les bureaux)
ARCAN, XLIX, (17 jan. 72), 6-7

"Espace à bureaux: la demande est bonne à Montréal"
BAT, XLVII, 10 (oct. 72), 6, texte.

"How much office space, and where?"
CB, XXVII, 8 (août 77), 21 et 23-24 et 26-27 et 34-35 et 38 et 40

"Hull-L'impact du programme fédéral de construction d'édifices à bureaux"
BAT, XLIX, 8 (août 74), 17-18, texte & ill.

"Immeubles à bureaux: avec 1,7 millions de pi. ca. disponibles, Montréal est en meilleure posture que Toronto"
BAT, LIII, 5 (mai 78), 26, texte.

"Immeubles à bureaux, baisse de 1.6% du taux de vacance"
BAT, XLVI, 10 (oct. 71), 7, texte.

"Immeubles à bureaux: la pénurie de locaux va diminuer"
BAT, L, 8 (août 75), 6-8, texte & ill.

"Immeubles à bureaux: la région de Québec traîne un excédant"
BAT, LIII, 8 (août 78), 12-13, texte & ill.

"Immeubles à bureaux: le rythme de location s'accélère"
BAT, LIII, 10 (oct. 78), 10, texte.

"La construction d'édifices à bureaux au Canada"
BAT, XLVIII, 8 (août 73), 31, texte.

"La pénurie d'espace à bureaux dans le centre-ville montréalais"
BAT, XLIX, 10 (oct.74), 8, texte.

"L'art et le style pénètrent dans les bureaux d'affaires" (décoration des bureaux)
BAT, XLIII, 5 (mai 68), 48-49, texte & ill.

"Les édifices à bureaux et la transformation des centre-villes"
BAT, XLVIII, 8 (août 73), 14-16, texte & ill.

"Les gratte-ciel de verre ... tuent les oiseaux"
BAT, XLII, 4 (avril 67), 60

"L'immeuble à bureaux dans le Grand Montréal: situation favorable pour les promoteurs"
BAT, LI, 8 (août 76), 13, 18, texte & ill.

"Marasme relatif dans l'immeuble à bureaux à Montréal"
BAT, LII, 8 (août 77), 15, texte.

"Office building boom in Toronto changes face of the downtown area"
CB, XV, 8 (août 65), 54-56

"Office building survey in Metro Toronto shows need for demand to double"
CB, XXII, 3 (mars 72), 49

"Office space survey, a review of six cities shows Toronto with highest vacancy rates"
CB, XXVI, 8 (août 76), 13-16

"Ottawa Builders' Exchange, Results of the competition for a new office building"
RAIC, XXXVII, 6 (juin 60), 262-265

"Survey '72, Office Building"
CB, XXII, 8 (août 72), 13-18

"Survey '75, Office Buildings—the trend to multi-use and changing design"
CB, XXV, 8 (août 75), 33-35 et 38-40 et 44

"Tendances 69: édifices à bureaux"
BAT, XLIV, 7 (juil. 69), 22-24, texte & ill.

"Tendances 72: Les édifices à bureaux"
BAT, XLVII, 8 (août 72), 10, texte.

"The Canadian Architect's desk file, Unit Partitions" (divisions mobiles pour bureaux, etc.)
TCA, VII, 3 (mars 62), 71-72

"Trends in Office Building"
CB, 1, 5 (nov.-déc. 51), 17-23

Baker, Joseph
"Freeze-Dried Lawrence Welk" (sur le projet de construire un édifice administratif à Montréal, le Gosford Building)
TCA, XV, 10 (oct. 70), 67 et 70

Boyd, Arthur
"The Skyscraper"
TCA, VII, 6 (juin 62), 44-51

Browse, Caroline
"Boom in demand for offices in the '80s"
CB, XXX, 8 (août 80), 12-15

Choueke, Esmond
"Montreal—expect an upswing in office development in 1978"
CB, XXVI, 8 (août 76), 20-21

Dalrymple, John
"Small is beautiful, low is lovely, the growing popularity of 'homey' suburban offices"
CB, XXX, 8 (août 80), 19-23

Dalrymple, John et Charles Lazarus
"Survey '74, Office Building: Trends, problems and frustrations" (ex. à travers le Canada)
CB, XXIV, 8 (août 74), 13-15 et 19-20

Debeur, T.O.M.
"Immeubles à bureaux: Montréal amorce une véritable relance économique"
BAT, LV, 6 (juil.-août 80), 18-20, texte & ill.

Fowke, Clifford
"Offices lead 1965 splurge in building"
CB, XV, 8 (août 65), 53 et 56

Gillespie, Bernard
Forrest, Gordon. *The Office-Environmental Planning*, Design Canada, [S.l.], [S.d.]
TCA, XVII, 2 (fév. 72), 9

Goodman, Eilen et Doug Jansen
"Survey '73, the Market outlook for new office buildings"
CB, XXIII, 8 (août 73), 13-18

Huckvale, Marnie
"In Vancouver, developers are waiting for demand to catch up with supply"
CB, XXVI, 8 (août 76), 32

Hulbert, Richard
"Designing office space for the actual users, Why can't an office be more like home?"
CB, XXVIII, 8 (août 78), 16-19

Jackson, Anthony
"White Collar Habitat" (sur l'architecture des édifices à bureaux)
TCA, V, 3 (mars 60), 36-41

Kryton, M.
"Un domaine nouveau: l'aménagement rationnel des bureaux modernes. Un exemple: les bureaux du Royal Trust Edifice C-I-L"
BAT, XXXVII, 8 (août 62), 19-22, texte & ill.

Legrand, Paul
"Les immeubles à bureaux"
ABC, IV, 40 (août 49), 21 et 58, texte.

Lehrman, Jonas
"Growth and Change in Offices"
TCA, XI, 6 (juin 66), 43-46

Lurz, William
"Energy-rich Calgary hopes Alberta's new tax breaks will fill all those offices"
CB, XXIV, 6 (juin 74), 30 et 39

Nelson, George
"The Office Revolution"
TCA, XXIII, 6 (juin 78), 49-51 et 54

Pile, John
"Bürolandschaft"
TCA, XIV, 6 (juin 69), 39-60

Prévost, Roland
"Dans le monde entier, les édifices élevés augmentent à un rythme accéléré"
BAT, XLVIII, 2 (fév. 73), 12-13, texte.

Strasman, James C.
"Report: Contract & Architectural Showcase"
TCA, XXIII, 6 (juin 78), 54-55

Stuart-Whyte, Dennis
"Office Remodelling"
CB, 1, 3 (juil. 51), 38-39

Technique et matériaux
Technique and Materials

"Energy standards for office buildings adopted by five federal departments"
CB, XXVII, 6 (juin 77), 63

"L'action du vent sur les constructions élevées"
BAT, XLV, 10 (oct. 70), 7, 25, texte.

"L'amiante des plafonds a protégé les autres étages" (lors de l'incendie de deux étages de l'édifice C-I-L, Montréal)
BAT, XLV, 1 (jan. 70), 13, texte & ill.

"Les effets du vent sur une tour de bureaux"
BAT, LIII, 10 (oct. 78), 11, texte.

"Le tour de force des communications téléphoniques" (dans les grands édifices à bureaux)
BAT, XXXVII, 4 (avril 62), 52-53, texte & ill.

Bergeron, Jean-B.
"Le conditionnement air-lumière au siège régional de l'Hydro-Québec à Rimouski"
BAT, XLIII, 7 (juil. 68), 13-16, texte & ill.

Castro, Marc
"Entrevue—Immeuble à bureaux: 'Il nous faut un catalyseur ...'—P. O'Brien"
BAT, LI, 8 (août 76), 16-18, texte & ill.

Lefrançois & Laflamme
"L'éclairage des bureaux"
ABC, III, 28 (août 48), 37-39, texte & ill.

Lightstone, A.D.
"Sound Masking in the Office"
TCA, XXIV, 11 (nov. 79), 52-53

Northwood, T.D.
"Sound Insulation in Office Buildings"
RAIC, XLI, 3 (mars 64), 69-72

Prévost, Roland
"Un grand danger: la fumée dans les gratte-ciel"
BAT, LI, 8 (août 76), 21-22, texte.

Tamblyn, R.T.
"Bootstrap heatings for commercial Office Buildings"
RAIC, XLI, 2 (fév. 64), 73-75

Tatham, Vern
"The need for a new technology 2: A Profile of Heating Costs in Office Buildings" (économie d'énergie et architecture)
TCA, XXII, 11 (nov. 77), 48-49 et 64

Weatherson, Alan
"Windows for Office Buildings"
RAIC, XXXII, 5 (mai 55), 147-149

Édifices d'associations
Buildings for Associations

Anonyme/Anonymous
Don Mills
B4501 The Ontario Association of Real Estate Boards
CB, XX, 2 (fév. 70), 6, texte & ill.

Montréal
B4502 Headquarters of the Engineering Institute of Canada
RAIC, XLIII, 5 (mai 66), 29, texte & ill.
CB, XVII, 5 (mai 67), 8, ill.

St. Catharines (Ont.)
B4503 St. Catharines and District Builders Exchange
NB, VIII, 3 (mars 59), 47, texte.

Winnipeg
B4504 Wheat Board Building
CB, XIII, 10 (oct. 63), 49, texte & ill.

Abra & Balharrie, Hazelgrove & Lithwick, Burgess & McLean
Ottawa
B4505 Canadian Construction Association Headquarters Building
CB, IV, 7 (juil. 54), 18, texte.
CB, V, 10 (nov. 55), 37, texte & ill.
CB, V, 12 (déc. 55), 17-23, et 25, texte & ill.
RAIC, XXXII, 12 (déc. 55), 465-469, texte & ill.
BAT, XXXI, 1 (jan. 56), 3 et 40-41, texte & ill.

Arnott and Sugiyama
Régina
B4506 Regina Labour Building
ARCAN, 44, 1 (jan. 67), 45, ill.

Balharrie, Helmer & Morin
Ottawa
B4507 Ottawa Builders' Exchange
RAIC, XXXVII, 6 (juin 60), 264, texte & ill.

Belcourt & Blair
Ottawa
B4508 National Headquarters of Boy Scouts Association
RAIC, XL, 1 (jan. 63), 39-41, texte & ill.

Blouin, André
Montréal
B4509 Le Comité Conjoint des Métiers de la Construction
BAT, IX, 4 (avril 61), 20-23, texte & ill.

Bradfield, J.H.W.
Toronto
B4510 Carpenters and Joiners Trade Hall
CB, IV, 7 (juil. 54), 38-39, texte & ill.

Bregman and Hamann
Toronto
B4511 Toronto Board of Trade
TCA, I, 2 (jan.-fév. 56), 15, texte & ill.
TCA, IV, 2 (fév. 59), 46-50
TCA, XIV, 11 (nov. 69), 36-37, ill.
RAIC, XXXIII, 5 (mai 56), 182, ill.

Burston & Wells
Toronto
B4512 United Rubber Workers of America
TCA, III, 4 (avril 58), 64, texte & ill.

Carrier, Louis
Québec
B4513 Club Automobile de Québec
BAT, XXXIV, 4 (avril 64), 28, texte.
ABC, XVI, 188 (déc. 61), 32-36, texte & ill.

Cook, Anthony
Halifax
B4514 Canadian National Institute for the Blind (Maritime division)
CB, XXI, 5 (mai 71), 6, texte.

Corneil, Carmen; McBain, William J.
Toronto
B4515 Girl Guides Headquarters Building
TCA, VII, 9 (sept. 62), 45-48, texte & ill.

Crang and Boake
Toronto
B4516 Toronto Real Estate Board Building
CB, V, 4 (avril 55), 42-43, texte & ill.

Dalla-Lana/Griffin
Vancouver
B4517 Architectural Institute of British Columbia Offices
TCA, XXI, 10 (oct. 76), 53-58, texte & ill.

DeBelle & White
Montréal
B4518 Immeuble pour l'Institut des comptables.
BAT, XXX, 4 (avril 55), 21, texte.
CB, V, 10 (nov. 55), 29, texte & ill.

Deskin et Tornay
Montréal
B4519 Association des infirmières de la province de Québec
ABC, XXI, 238 (fév. 66), 30-33, texte & ill.

Desmarais, Tornay et Associés
Montréal
B4520 Association provinciale des constructeurs d'habitation du Québec
BAT, LIV, 12 (déc. 79), 28, texte.
BAT, LV, 2 (mars 80), 5, ill.

Desmeules, Gabriel
Québec
B4521 Secrétariat des Syndicats catholiques
ABC, I, 9 (déc. 46), 26, texte.
ABC, II, 12 (mars 47), 34, texte.
ABC, V, 50 (juin 50), 30, ill.
ABC, VII, 79 (nov. 52), 26, ill.

Diamond, A.J.; Myers, Barton
Toronto
B4522 Office for Ontario Medical Association
TCA, XVI, 6 (juin 71), 30-35, texte & ill.
TCA, XVI, 11 (nov. 71), 6, texte & ill.
TCA, XXII, 11 (nov. 77), 39, ill.

Dickinson, Peter (Ass.)
Ottawa
B4523 Ottawa Builders' Exchange
RAIC, XXXVII, 6 (juin 60), 262-263, texte & ill.
NB, IX, 8 (août 60), 47, texte.

Drummond, G.F.
Montréal
B4524 International Aviation Building
CB, 1, 5 (nov.-déc. 51), 17-19, texte & ill.
RAIC, XXVII, 11 (nov. 50), 374-380, texte & ill.
CDQ, XXV, 2 (mars-avril 50), 11 et 13, texte & ill.
ABC, VI, 57 (jan. 51), 23, ill.
ABC, VI, 58 (fév. 51), 15, ill.

Durnford, Bolton, Chadwick & Ellwood
Montréal
B4525 Édifice de la Croix-Rouge
ABC, XIII, 143 (mars 58), 40-41, texte & ill.

Hassig, George
Toronto
B4526 Headquarters of Ontario Association of Architects
RAIC, XXVIII, 5 (mai 51), 147-148, texte & ill.

Hurlburt, John C.
Toronto
B4527 Toronto Home Builders' Association
CB, XIX, 11 (nov. 69), 7, texte.

Kortes, Tinos
Saskatoon
B4528 The Saskatchewan Teachers' Federation
RAIC, XXXIII, 6 (juin 56), 233, ill.
RAIC, XXXVI, 8 (août 59), 266-267, texte & ill.

Lalonde, J.L.
Montréal
B4529 Siège Social de l'Association des architectes de la province de Québec
RAIC, XXXVIII, 11 (nov. 61), 89-90
RAIC, XXXIX, 6 (juin 62), 66-68, texte & ill.

Lebensold, Fred
Montréal
B4530 Quartier général du congrès juif canadien
AC, 24, 274 (mai 69), 34-35, texte & ill.

Libling, Michener, Diamond & Associates
Winnipeg
B4531 Manitoba Teachers' Society
RAIC, XXXIII, 5 (mai 56), 169, ill.
RAIC, XXXV, 12 (déc. 58), 481-482, ill.
TCA, XIII, 2 (fév. 68), 8, texte & ill.
TCA, XIII, 7 (juil. 68), 49-51, texte & ill.
TCA, XV, 5 (mai 70), 47-48, ill.
ARCAN, 45, 3 (mars 68), 9 et 11, texte & ill.

Markson, Jerome
Weston
B4532 International Woodworkers of America Building
TCA, VIII, 5 (mai 63), 59-63, texte & ill.

Mayerovitch & Bernstein
Montréal
B4533 Immeuble Syndical I.L.G.W.V.
ABC, X, 112 (août 55), 26-29, texte & ill.

Middleton & Sinclair
Edmonton
B4534 Edmonton Builder's Exchange
NB, VIII, 7 (juil. 59), 30, texte & ill.

Myers, Barton
Toronto
B4535 Ontario Medical Association
Voir Diamond, A.J.; Myers, Barton.

Page and Steele
Toronto
B4536 Canadian Red Cross Society
RAIC, XXIX, 6 (juin 52), 183, ill.
B4537 Headquarters of Ontario Association of Architects
RAIC, XXVIII, 5 (mai 51), 147 et 149, texte & ill.
B4538 Workmen's Compensation Board
RAIC, XXXII, 10 (oct. 55), 392, ill.

Parkin, John B. (Ass.)
Toronto
B4539 Headquarters of OAA
RAIC, XXVIII, 5 (mai 51), 146-148, texte & ill.
RAIC, XXX, 9 (sept. 53), 249, texte & ill.
RAIC, XXXI, 12 (déc. 54), 429-431, texte & ill.
RAIC, XXXI, 12 (déc. 54), 442-454, ill.
RAIC, XXXII, 12 (déc. 55), 453 et 461, texte & ill.
CB, II, 11 (nov. 52), 39, texte.
CB, V, 2 (fév. 55), 109, ill.
CB, V, 5 (mai 55), 31-36, texte & ill.
CB, VI, 1 (jan. 56), 25-26, texte & ill.
BAT, XXXI, 3 (mars 56), 46, ill.
TCA, IV, 10 (oct. 59), 66-67 et 80, texte & ill.
B4540 National Headquarters, Salvation Army in Canada and Bermuda
RAIC, XXX, 9 (sept. 53), 257, ill.
TCA, II, 5 (mai 57), 37-44, texte & ill.
CB, XI, 4 (avril 61), 31, ill.

Parkin, Smith, Carter
B4541 Voir Smith, Carter, Parkin

Prack and Prack
Hamilton
B4542 Children's Aid Society
RAIC, XXIX, 6 (juin 52), 183, ill.

Pysklywec, Russell; Goldman, Ralph
Willowdale
B4543 Toronto Home Builders' Association
CB, XIX, 5 (mai 69), 8, texte.

Rebanks, Leslie
Toronto
B4544 The Visiting Homemakers Association Building
TCA, XV, 4 (avril 70), 7, texte & ill.

Robillard, Maurice et Ass.
Douville
B4545 Siège social de la société St-Jean-Baptiste du diocèse de St-Hyacinthe
ABC, XX, 230 (juin 65), 38-39, texte & ill.

Schoeler & Barkham
Ottawa
B4546 Ottawa Builders' Exchange
RAIC, XXXVII, 6 (juin 60), 265, texte & ill.

Schoeler, Heaton, Harvor, Menendez
Ottawa
B4547 Office Building for Public Service Alliance of Canada Holdings Ltd.
ARCAN, 45, 1 (jan. 68), 46, ill.
ARCAN, 47 (30 mars 70), 4, texte & ill.
TCA, XIII, 5 (mai 68), 10, texte & ill.
TCA, XIV, 11 (nov. 69), 45, ill.

Sharp & Thompson, Berwick, Pratt
Vancouver
B4548 Medical Services Association Offices
RAIC, XXXII, 5 (mai 55), 170, ill.
RAIC, XXXIII, 10 (oct. 56), 390-391, texte & ill.

Short, D. Perry
Elliot Lake (Ont.)
B4549 United Steelworkers of America
RAIC, XXXV, 10 (oct. 58), 393, ill.

Smith, Carter, Parkin
Winnipeg
B4550 Headquarters of Canadian Board of Grain Commissioners
ARCAN, 47 (14 sept. 70), 4
CB, XXI, 2 (fév. 71), 39, texte.

Stanley & Stanley
Edmonton
B4551 Alberta Teachers' Association
RAIC, XXX, 2 (fév. 53), 41, ill.

Strutt, James W.
Ottawa
B4552 C.N.A. Headquarters Building (Canadian Nurses Ass.)
TCA, X (yearbook 65), 80, texte & ill.

Volgyesi, Andrew S.
Toronto
B4553 Construction Centre (new home for Toronto Construction Association)
CB, XXIII, 3 (mars 73), 39, texte & ill.

Waisman and Ross
Winnipeg
B4554 Winnipeg Builders' Exchange
CB, VI, 6 (juin 56), 64, texte & ill.

Webb, Zerafa, Menkes
Toronto
B4555 Toronto Real Estate Board
CB, XVIII, 6 (juin 68), 8, texte.
TCA, XV, 12 (déc. 70), 44-45, texte & ill.
CB, XX, 6 (juin 70), 7, ill.

Webber, Harrington & Weld
Halifax
B4556 Halifax-Darmouth Construction Centre
CB, XVIII, 10 (oct. 68), 5, texte.
CB, XIX, 7 (juil. 69), 7, texte.

Édifices de maisons d'édition
Publishing House Buildings

DuBois, Macy
Don Mills
B4801   Oxford University Press
TCA, X, 5 (mai 65), 58, ill.

Fisher, Reuben
Montréal
B4802   Reader's Digest, Canadian Edition
CB, X, 6 (juin 60), 23, ill.
ABC, XV, 169 (mai 60), 172, texte.
ABC, XVI, 188 (déc. 61), 22-27, texte & ill.

LeFort, Serge
Ottawa
B4803   Immeuble du journal "Le Droit"
ABC, X, 116 (déc. 55), 34-35-36, texte & ill.

Lemieux, Paul
Montréal
B4804   Maison d'édition Bellarmin
ABC, IV, 44 (déc. 49), 28, ill.

Morin, Jacques M.
Montréal
B4805   La Presse
ABC, XIII, 145 (mai 58), 60-64, texte & ill.
ABC, XV, 170 (juin 60), 178-183, texte & ill.

Storey, Stan E.; Van Egmond, W.G.
Moose Jaw
B4806   Times-Herald Building
RAIC, XXXII, 7 (juil. 55), 246, ill.

Webb, Zerafa, Menkes
Toronto
B4807   Toronto Star
CB, XX, 1 (jan. 70), 5, texte.
CB, XIX, 7 (juil. 69), 5, texte & ill.

Édifices des sociétés d'énergie et de télécommunication
Energy and Telecommunication Company Buildings

Anonyme/Anonymous
Édifice de lieu inconnu
B4901   Bell Canada Co.
CB, XV, 8 (août 65), 53, texte & ill.
Calgary
B4902   Toll Building for Alberta Government Telephones
CB, XIV, 7 (juil. 64), 4, texte & ill.
Mississauga
B4903   Atrium Building (qui sera rebaptisé bientôt "Northern Telecom Building")
CB, XXIX, 8 (août 79), 21-22, texte & ill.
Montréal
B4904   Southern Canada Power (améliorations)
BAT, XXVIII (nov. 53), 13, texte.
Pointe Lepreau (Bay of Fundy N.-B.)
B4905   (administration building for the New Brunswick Power Commission's Point Lepreau Nuclear Generating Station)
CB, XXVIII, 10 (oct. 78), 14, texte.
Regina
B4906   Provincial Headquarters for Saskatchewan Government Telephones
CB, XIV, 10 (oct. 64), 44, texte & ill.
Toronto
B4907   Bureaux pour Bell Canada, 393 University Ave.
CB, XXIII, 9 (sept. 73), 7, texte.
B4908   Bell Telephone
BAT, XXXVII, 7 (juil. 62), 53, texte & ill.

Adamson, Gordon S. (Ass.)
Pickering-Ajax
B4909   The Bell Telephone Co. of Canada
RAIC, XXXVIII, 11 (nov. 61), 61, ill.
Toronto
B4910   Toronto Bell Canada Building
ARCAN, 48 (25 oct. 71), 5, texte & ill.

Adamson, Gordon S. (Ass.); Shore, Moffat and Partners
Toronto
B4911   Ontario Hydro Head Office Building
ARCAN, 46, 1 (jan. 69), 34, ill.

Archibald and Illsley; Perry, A. Leslie
Montréal
B4912   Office Building for the Shawinigan Water and Power Co.
RAIC, XXVI, 9 (sept. 49), 280-283, texte & ill.
ABC, III, 28 (août 48), 25-28 et 42 et 46, texte & ill.

Barott, Marshall, Montgomery, Merrett
Montréal
B4913   Édifice annexe de Bell Téléphone
ABC, III, 28 (août 48), 32, ill.

David, Boulva et Cleve
Montréal
B4914   Bell Canada
BAT, LIV, 1 (jan. 79), 9 et 12, texte & ill.

Dunne, Joseph
Montréal
B4915   CP Télécommunications
BAT, XLIX, 4 (avril 74), 11, texte & ill.
AC, 29, 323 (mai-juin 74), 6, texte & ill.

Feeney, J.L.
Fredericton
B4916   New Brunswick Electric Power Commission
RAIC, XXXII, 4 (avril 55), 130, ill.

Fisher, Tedman et Fisher
Édifice de lieu inconnu
B4917   Édifices de la Commission des Ressources Hydrauliques (Ontario)
BAT, IX, 7 (juil. 61), 21, texte & ill.

Gagnier, Gaston
Montréal
B4918   Hydro-Québec
TCA, IV, 4 (avril 59), 71, ill.
ABC, XIV, 158 (juin 59), 203, texte & ill.
ABC, XV, 176 (déc. 60), 400, texte & ill.
BAT, XXXVII, 4 (avril 62), 46-49, texte & ill.
BAT, XXXVII, 9 (sept. 62), 40-51, texte & ill.
BAT, LV, 4 (mai 80), 12, texte & ill.
CB, X, 5 (mai 60), 82-83, texte & ill.
B4919   "La murale de l'Hydro-Québec" (par Jean-Paul Mousseau)
BAT, XXXVII, 8 (août 62), 23-25, texte & ill.

Green, Blankstein, Russell and Ass.
Winnipeg
B4920   Manitoba Power Commission Building
RAIC, XXXII, 5 (mai 55), 171-173, ill.

Greenspoon, H.-E.
Montréal
B4921   Immeuble Holland (Bell Téléphone)
ABC, III, 28 (août 48), 29, ill.

McCarter, Nairne & Partners
Victoria
B4922   B.C. Telephone Offices
TCA, XI, 6 (juin 66), 47 et 66, ill.

McCudden, Goldie and Morley
Regina
B4923   Saskatchewan Telecommunications (Head Office)
TCA, XXIII, 7 (juil. 78), 5, texte & ill.

Marshall, Merrett, Stahl, Elliott, Mill, Ross
Montréal
B4924   Édifice Bell Canada
AC, 29, 326 (nov.-déc. 74), 7, texte & ill.

Mathers & Haldenby
Toronto
B4925   Bell Telephone Company Administration Building
CB, IV, 8 (août 54), 30, ill.

Moody & Moore
Winnipeg
B4926   Manitoba Hydro-Electric Board
RAIC, XXXIV, 10 (oct. 57), 406, texte & ill.

Parkin, John B. (Ass.)
Ottawa
B4927   The New Bell Canada Ottawa Building
ARCAN, 45, 8 (août 68), 23, texte & ill.
TCA, XII, (yearbook 67), 70, texte & ill.
CB, XVII, 11 (nov. 67), 45, texte & ill.
CB, XVIII, 5 (mai 68), 6, texte & ill.
CB, XVIII, 6 (juin 68), 6, texte & ill.
CB, XX, 2 (fév. 70), 47, texte.
Toronto
B4928   Bell Trinity Square
CB, XXX, 2 (fév. 80), 6, texte & ill.
CB, XXX, 11 (nov. 80), 18, texte & ill.
CB, XXIX, 2 (fév. 79), 7, texte.

Perry, A. Leslie
Montréal
B4929   Canadian Overseas Telecommunication Corp.
RAIC, XXXII, 10 (oct. 55), 377, ill.
RAIC, XXXIII, 5 (mai 56), 179, ill.

Perry, A. Leslie; Archibald & Illsley
B4930   Voir Archibald & Illsley; Perry, A. Leslie

Pettick, Joseph
Régina
B4931   Saskatchewan Power Corporation Head Office Building
RAIC, XXXVIII, 2 (fév. 61), 37, texte & ill.
CB, XI, 1 (jan. 61), 16, texte & ill.
CB, XII, 10 (oct. 62), 47-48, texte & ill.
CB, XIII, 10 (oct. 63), 45, texte & ill.

Service d'architecture d'Hydro-Québec
Beaumont
B4932   Le poste Beaumont
AC, 25, 289 (nov. 70), 32-33, texte & ill.
Ville Jacques-Cartier
B4933   Poste Marie-Victorin
AC, 25, 289 (nov. 70), 32-33, texte & ill.
Rimouski
B4934   Siège régional de la Matapédia
AC, 25, 289 (nov. 70), 32-33, texte & ill.
BAT, XLIII, 7 (juil. 68), 13-16, texte & ill.

Sharp & Thompson, Berwick, Pratt
Vancouver
B4935   B.C. Electric Co. (head-office)
TCA, 1 (nov.-déc. 55), 73, texte & ill.

Shore, Moffat & Partners; Adamson, Gordon S. (Ass.)
B4936   Voir Adamson, Gordon S. (Ass.); Shore, Moffat & Partners

Smith, Carter, Searle Ass.
Winnipeg
B4937   Manitoba Telephone Administration Building
RAIC, XL, 8 (août 63), 38, ill.
RAIC, XLI, 11 (nov. 64), 82, texte & ill.
TCA, IX, 9 (sept. 64), 57-59, texte & ill.

Stock, Ramsay & Ass.
Regina
B4938   New Saskatchewan Government Telephone Building
RAIC, XXIX, 6 (juin 52), 184, ill.

Thompson, Berwick & Pratt
Vancouver
B4939   B.C. Electric Head Office
TCA, II, 4 (avril 57), 27-36, texte & ill.
TCA, II, 6 (juin 57), 36-40, texte & ill.
TCA, IV, 10 (oct. 59), 57-59 et 80, texte & ill.
TCA, XXV, 11 (nov. 80), 19, texte & ill.
RAIC, XXXIII, 5 (mai 56), 178, texte & ill.

RAIC, XXXV, 4 (avril 58), 121 et 135 et 138 et 144, ill.
RAIC, XXXV, 12 (déc. 58), 483, ill.
RAIC, XXXIX, 1 (jan. 62), 38, ill.
RAIC, XXXIX, 4 (avril 62), 34, ill.
CB, VI, 9 (sept. 56), 32, texte & ill.
CB, VIII, 4 (avril 58), 49-51, texte & ill.

Victoria
B4940 British Columbia Electric Building
RAIC, XXXIII, 6 (juin 56), 214-217, texte & ill.

Webb, Zerafa et Menkes
Dorval
B4941 Centre des données Bell
BAT, XLIII, 7 (juil. 68), 18, texte.

Bureaux de professionnels
Professional Offices

Anonyme/Anonymous
Édifice de lieu inconnu
B5201 Bureau d'architectes
ABC, III, 28 (août 48), 34-35, ill.

Montréal
B5202 Les bureaux d'un architecte
RAIC, XXXIV, 3 (mars 57), 81, texte & ill.

Anderson & Raymer
Chilliwack (C.-B.)
B5203 Bureau des architectes (dans le Boyd Building)
TCA, I, 12 (déc. 56), 29-30, texte & ill.

Campfens, Anthony; Walker, Howard
Gravenhurst (Ont.)
B5204 Bureau pour étude légale
TCA, XVIII, 10 (oct. 73), 8, texte & ill.
TCA, XVIII, 11 (nov. 73), 4, texte & ill.

Chicoine, Jean B.
Montréal
B5205 Bureau de l'architecte
ABC, XIV, 154 (fév. 59), 32-33, texte & ill.

Cormier, Ernest
Montréal
B5206 Bureau de l'architecte
RAIC, XXV, 10 (oct. 48), 364-365, ill.

Côté, Paul-Marie; Desgagné & Boileau
B5207 Voir Desgagné & Boileau; Côté, Paul-Marie

Crang & Boake
Toronto
B5208 Office Building for Crang & Boake
TCA, X, 8 (août 65), 43-46, texte & ill.

Crevier, Lemieux, Mercier
Montréal
B5209 Bureaux des ingénieurs Lalonde et Valois
ABC, XIV, 154 (fév. 59), 34-39, texte & ill.

Outremont
B5210 Bureaux des architectes Crevier, Lemieux, Mercier, rues Pratt et Glendale
ABC, IX, 104 (déc. 54), 20-21, texte & ill.

David & David
Montréal
B5211 Bureau des architectes
TCA, III, 4 (avril 58), 41 et 43, texte & ill.

Davidson, C.D. (Co.)
Halifax
B5212 Offices of C.D. Davidson & Co.
RAIC, XXXII, 4 (avril 55), 130, ill.

Desgagné & Boileau; Côté, Paul-Marie
Chicoutimi
B5213 Bureau d'architectes
ABC, XI, 128 (déc. 56), 40-43, texte & ill.

Dufresne & Boulva
Ville St-Laurent
B5214 Bureau des architectes Dufresne & Boulva, rue Hodge
ABC, IX, 104 (déc. 54), 22-23, texte & ill.

Fairn, Leslie R.
Wolfville (N.-É.)
B5215 Bureau de l'architecte
RAIC, XXV, 10 (oct. 48), 386, texte & ill.

Gaboury, Étienne J.
Saint-Boniface
B5216 Architect's Studio
RAIC, XLI, 11 (nov. 64), 73, texte & ill.
TCA, IX, 6 (juin 64), 53-58, texte & ill.

Gardiner and Thornton
Vancouver
B5217 Architects and Medical Offices
RAIC, XXVIII, 2 (fév. 51), 37, ill.
B5218 Bureau des architectes
RAIC, XXV, 10 (oct. 48), 367-369, texte & ill.

Gardiner, Thornton, Gathe & Ass.
Vancouver
B5219 Bureau des architectes
RAIC, XXXIII, 8 (août 56), 284-285, texte & ill.
RAIC, XXXV, 4 (avril 58), 139, ill.

Gauthier, Guité, Roy
Québec
B5220 Bureaux des architectes Gauthier, Guité et Roy
AC, 27, 304 (mai 72), 15-17, texte & ill.

Gauthier, Maurice; Trépanier, Paul-O.
B5221 Voir Trépanier, Paul-O.; Gauthier, Maurice

Gilleland & Janiss
Toronto
B5222 Toronto Professional Building
CB, XIII, 3 (mars 63), 36-38, texte & ill.
CB, XIII, 9 (sept. 63), 3, texte & ill.
CB, XIII, 10 (oct. 63), 44, texte & ill.

Green, Blankstein, Russell and Ass.
Winnipeg
B5223 Bureau des architectes
RAIC, XXV, 10 (oct. 48), 382, ill.
TCA, III, 4 (avril 58), 41 et 53-56, texte & ill.

Greenspoon, Freedlander and Dunne
Montréal
B5224 Bureaux des architectes
RAIC, XXVII, 6 (juin 50), 191, ill.

Grenier, Charles
Montréal
B5225 Centre professionnel de Montréal (rues Sherbrooke et St-Hubert)
ABC, XVIII, 212 (déc. 63), 41-43, texte & ill.

Grierson & Walker
Toronto
B5226 Bureau des architectes
TCA, III, 4 (avril 58), 41-42, texte & ill.

Grossman, Irving
Toronto
B5227 Bureau de l'architecte
TCA, III, 4 (avril 58), 41 et 44-46, texte & ill.

Lemay & Leclerc
Montréal
B5228 Bureaux des architectes Lemay & Leclerc
AC, 30, 327 (jan.-fév. 75), 24-27, texte & ill.

Libling, Michener & Ass.
Winnipeg
B5229 Bureau des architectes
RAIC, XL, 12 (déc. 63), 40-42, texte & ill.

Marani and Morris
Toronto
B5230 Bureau des architectes
RAIC, XXV, 10 (oct. 48), 371-373, ill.

Markson, Jerome
Newcastle (Ont.)
B5231 Small office for a doctor
RAIC, XXXVI, 8 (août 59), 270, texte & ill.

Mathers and Haldenby
Toronto
B5232 Bureau des architectes
RAIC, XXV, 10 (oct. 48), 379-381, ill.

Moody and Moore
Winnipeg
B5233 Bureau des architectes
RAIC, XXV, 10 (oct. 48), 366, ill.

Moriyama, Raymond
Toronto
B5234 Bureaux pour l'architecte
TCA, XII, 2 (fév. 67), 37-44, texte & ill.

Neish, Owen, Rowland & Roy
Toronto
B5235 Professional Tower
CB, XXV, 8 (août 75), 5, texte & ill.

Nobbs and Valentine
Montréal
B5236 Bureau des architectes
RAIC, XXV, 10 (oct. 48), 376-377, texte & ill.

Page and Steele
Toronto
B5237 Bureau des architectes
RAIC, XXV, 10 (oct. 48), 383-385, ill.

Parkin, John B. (Ass.)
Don Mills (Ont.)
B5238 Office of John B. Parkin Ass.
RAIC, XXXIII, 1 (jan. 56), 20-23, texte & ill.
RAIC, XL, 10 (oct. 63), 9 et 11, texte & ill.
B5239 Bureau de la firme (Démolition)
TCA, XXIII, 4 (avril 78), 6-7, texte & ill.

Parkin Partnership
Toronto
B5240 Parkin Partnership Offices
TCA, XXV, 2 (fév. 80), 6, texte & ill.
TCA, XXV, 9 (sept. 80), 31-32, texte & ill.

Prack and Prack
Hamilton
B5241 Le bureau des architectes
RAIC, XXV, 10 (oct. 48), 370, texte & ill.

Rinfret, Pierre
Québec
B5242 Bureaux de l'architecte Rinfret, ch. St-Louis
ABC, X, 116 (déc. 55), 30-31, texte & ill.

Ross, Patterson, Townsend and Heughan
Montréal
B5243 Bureau des architectes
RAIC, XXV, 10 (oct. 48), 378, ill.

Roth, Max W.
Montréal
B5244 Centre Professionnel (rue Decelles)
ABC, XIII, 143 (mars 58), 48-51, texte & ill.

Sankey Ass.
Montréal
B5245 Bureaux de Sankey Ass. (rénovation d'une ancienne tannerie)
ARCAN, L (fév. 73), 5, texte & ill.
ARCAN, L (juil. 73), 3-5, texte & ill.
AC, 28, 317 (sept. 73), 16-19, texte & ill.

Toronto
B5246 Bureaux de Sankey & Ass., architectes
AC, 28, 317 (sept. 73), 16-19, texte & ill.

Vancouver
B5247 Bureaux de Sankey & Ass., architectes
AC, 28, 317 (sept. 73), 16-19, texte & ill.

Semmens and Simpson
Vancouver
B5248 Semmens and Simpson Office Building
RAIC, XXXII, 6 (juin 55), 214-215, ill.

Smith, Carter, Katelnikoff
Winnipeg
B5249 Bureau de l'architecte
RAIC, XXV, 10 (oct. 48), 387, texte & ill.

Smith, Carter Partners
Winnipeg
B5250 Smith, Carter Partners Head Office
TCA, XXIV, 11 (nov. 79), 32-33, texte & ill.

Smith, Carter, Searle & Ass.
Winnipeg
B5251 Head Office Building for the architects
RAIC, XL, 8 (août 63), 45, ill.
RAIC, XL, 12 (déc. 63), 43-47, texte & ill.

Stevens, Graham, MacConnell, Milton Partners
Calgary
B5252 Parkside Place (bureaux d'architectes)
TCA, XXV, 9 (sept. 80), 24-25, texte & ill.

Townley and Matheson
Vancouver
B5253 Bureau des architectes
RAIC, XXV, 10 (oct. 48), 374-375, ill.

Trépanier, Paul-O.; Gauthier, Maurice
Granby
B5254 Bureau de l'architecte Paul-O. Trépanier
ABC, XIV, 154 (fév. 59), 40-43, texte & ill.
Montréal
B5255 Bureau de l'architecte Paul-O. Trépanier
ABC, XIV, 154 (fév. 59), 40-43, texte & ill.

Underwood, Percy C.
Vancouver
B5256 Bureau de l'architecte
RAIC, XXV, 10 (oct. 48), 362-363, ill.

Underwood, McKinley and Cameron
Vancouver
B5257 Office of Percy C. Underwood
RAIC, XXXII, 6 (juin 55), 216-217, ill.

Venchiarutti & Venchiarutti
Toronto
B5258 Bureau des architectes, Wilson Ave.
TCA, II, 4 (avril 57), 37-40, texte & ill.

Waisman Architectural Group
Vancouver
B5259 WAG Barge (sur l'eau)
TCA, XIX, 7 (juil. 74), 30-37

Waisman, Ross & Associates
Winnipeg
B5260 Waisman, Ross & Associates Office Building
TCA, IX, 4 (avril 64), 49 et 58-60, texte & ill.

Webb, Zerafa, Menkes, Housden
Toronto
B5261 Bureau des architectes, Yorkville Ave.
TCA, XVII, 10 (oct. 72), 6-7, texte & ill.

Wiens, Clifford
Regina
B5262 Bureau de l'architecte
TCA, XXIV, 10 (oct. 79), 25, ill.

Bureaux divers
Miscellaneous Offices

Anonyme/Anonymous
Édifice de lieu inconnu
B5501 Immeuble pour I.B.M.
BAT, XLI, 1 (jan. 66), 30, texte.
B5502 Trend Realties
BAT, IX, 5 (mai 61), 45, ill.

Beloeil
B5503 Place Laurier
BAT, XLI, 1 (jan. 70), 13, texte & ill.

Burlington
B5504 Lush International Investors Ltd
CB, XXII, 12 (déc. 72), 50, texte.
B5505 Reimer Building
CB, XXV, 10 (oct. 75), 31, texte & ill.

Burnaby
B5506 (4 édifices à bureaux)
CB, XXVI, 9 (sept. 76), 6, texte.
B5507 Deer Lake Centre
CB, XXIX, 8 (août 79), 7, texte & ill.

Calgary
B5508 (14 St. N.W.)
CB, XXIX, 11 (nov. 79), 7, texte & ill.
B5509 Deerfoot Business Centre
CB, XXVIII, 8 (août 78), 10, texte & ill.
B5510 Rocky Mountain Life Plaza
CB, XX, 10 (oct. 70), 7, ill.
B5511 Romoco International Office Complex
CB, XXI, 4 (avril 71), 6, texte.
B5512 Royalite Oil Companies
CB, VI, 5 (mai 56), 63, texte & ill.
B5513 Sun Oil Building
CB, VIII, 4 (avril 58), 49, ill.
B5514 The Atrium I and II
CB, XXIX, 8 (août 79), 18-19, texte & ill.

Don Mills
B5515 75 The Donway West
CB, XXI, 6 (juin 71), 8, texte & ill.
B5516 Alliance House
CB, XIX, 3 (mars 69), 8, texte.

Drummondville
B5517 Place du Centre
BAT, XLVII, 11 (nov. 72), 8, texte.
BAT, XLVIII, 11 (nov. 73), 3, texte.

Edmonton
B5518 Immeuble de 11 étages
CB, XXVI, 2 (fév. 76), 7, texte.
B5519 Immeuble de 20 étages
CB, XXX, 2 (fév. 80), 7, texte.
B5520 (101 St. & 103 Ave.)
CB, XXIX, 3 (mars 79), 11, texte.
B5521 Abbrumac Business Centre
CB, XXX, 8 (août 80), 19, texte & ill.
B5522 Century Place
CB, XXIII, 10 (oct. 73), 7, texte.
B5523 Devonian Building
CB, VII, 9 (sept. 57), 60, texte.
B5524 Park Square
CB, XXIV, 12 (déc. 74), 25, texte.
B5525 The Sun Life Assurance Company of Canada
CB, XXV, 10 (oct. 75), 5, texte.
B5526 Tree Island Steel Ltd
CB, XXVII, 9 (sept. 77), 7, texte.

Fredericton
B5527 CB, XV, 9 (sept. 65), 39, ill.

Granby
B5528 Immeuble à bureaux, intersection des rues Principale et Centre.
BAT, XLVIII, 3 (mars 73), 32, texte.

Hamilton
B5529 Lloyd D. Jackson Square Office Tower
CB, XXII, 1 (jan. 72), 14, texte & ill.
CB, XXII, 5 (mai 72), 6, texte & ill.

Hespeler (Ontario)
B5530 Budget Research House
NB, VII, 5 (mai 58), 25, texte.

Lachine
B5531 Canadian Shade Tree Service
BAT, XLI, 1 (jan. 66), 30, texte.

LaSalle
B5532 Monsanto Canada Ltd
BAT, XXXIX, 1 (jan. 64), 34, texte & ill.

London
B5533 3M (agrandissement)
BAT, XLIII, 7 (juil. 68), 30, texte.

Matane
B5534 Édifice René Tremblay
BAT, LIII, 6 (juin 78), 10, ill.

Mississauga
B5535 BAT, LIII, 3 (mars 78), 7, texte & ill.

B5536 Shipp Corp.: 4 immeubles à bureaux
BAT, LIII, 3 (mars 78), 7, ill.
B5537 201 City Centre Drive
CB, XXIX, 8 (août 79), 21-22, texte & ill.
B5538 Allied Industrial Piping Co. Ltd
CB, XXII, 7 (juil. 72), 7, texte.
B5539 Markborough Place
CB, XXIX, 8 (août 79), 7, texte & ill.
B5540 The environmental Office
BAT, LIV, 8 (août 79), 11, texte & ill.

Montréal
B5541 Tour de 6 étages sur le toit du parking du magasin La Baie
CB, XXIV, 8 (août 74), 44, texte.
B5542 Édifice commercial à Côte des Neiges
BAT, XLVIII, 4 (avril 73), 17, texte & ill.
B5543 Immeuble de 3 étages, rue Craig
BAT, XLVII, 4 (avril 72), 5, texte.
B5544 800 ouest, Dorchester
ABC, XX, 234 (oct. 65), 60, texte.
ABC, XXI, 245 (sept. 66), p. 52, texte.
B5545 Tour de 22 étages, rues Sherbrooke, Université et Kennedy
BAT, XLVIII, 6 (juin 73), 34, texte.
B5546 Canadien Pacifique, boul. Dorchester, entre Peel et Drummond
BAT, LI, 7 (juil. 76), 6, texte & ill.
CB, XXVI, 8 (août 76), 7, texte & ill.
B5547 Carrefour Montréal
BAT, L, 2 (fév. 75), 17-18, texte.
BAT, LI, 1 (jan. 76), 6, texte.
B5548 Construction Equipment Co.
CB, V, 9 (sept. 55), 53, texte.
B5549 La Maison du Commerce
BAT, XLII, 10 (oct. 67), 32-34, texte & ill.
B5550 Les Atriums (ancien magasin Dupuis)
BAT, LIV, 12 (déc. 79), 4, texte & ill.
B5551 L'immeuble des Prévoyants du Canada
BAT, LIV, 9 (sept. 79), 5-6, texte & ill.
B5552 Marathon Realty Company
TCA, XXI, 9 (sept. 76), 5, texte & ill.
B5553 Sun Life Building
CB, X, 5 (mai 60), 56 et 59, texte & ill.
B5554 Terminal Tower
CB, XVI, 10 (oct. 66), 64, texte & ill.
BAT, XLII, 10 (oct. 67), 30-32 et 34, texte & ill.
B5555 The Canadian Provident
CB, XXIX, 10 (oct. 79), 9, texte & ill.
B5556 Toronto General Trust
CDQ, XXIV, 3 (mai 49), 26, ill.

Ville Mont-Royal
B5557 Laurentide Acceptance Corporation Limited
BAT, IX, 7 (juil. 61), 36, texte & ill.

Ottawa
B5558 Immeuble de 20 étages, Slater & Kent St.
CB, XVII, 7 (juil. 67), 6, texte.
B5559 Immeuble de 14 étages, rue Metcalfe
CB, XXI, 8 (août 71), 6, texte.
B5560 Canada Permanent Trust Co.
CB, XV, 5 (mai 65), 5, texte & ill.
B5561 Montreal Trust Building
CB, XV, 5 (mai 65), 5, texte & ill.
B5562 Place de Ville
BAT, XLVI, 6 (juin 71), 6, texte & ill.

Pointe-Claire
B5563 Immeuble de 8 étages, John's Rd & Trans Canada Highway
CB, XXII, 10 (oct. 72), 17, texte.
B5564 Place Frontenac
CB, XXX, 8 (août 80), 19 et 22-23, texte & ill.
BAT, LIV, 8 (août 79), 10-11, texte & ill.

Québec
B5565 Immeuble de 5 étages, rues Dorchester, Gignac et de la Couronne
CB, XIX, 7 (juil. 69), 5, texte.
B5566 Longchamp
BAT, XXXIV, 8 (août 59), 17, texte.

Regina
B5567 Chestemere Plaza
CB, XXX, 8 (août 80), 15, ill.

St. Catharines
B5568 The Lincoln Trust & Savings Company
CB, XXIII, 8 (août 73), 29, texte.

Ste-Foy
B5569 Propriété du Groupe-Conseil Roche Associés Ltée
BAT, LV, 1 (jan.-fév. 80), 5-6, texte & ill.

Commerce and Industry / Commerce et industrie

St-Jérôme
B5570 St-Jerome Office Building
CB, XXIV, 11 (nov. 74), 8, texte.

Ville St-Laurent
B5571 7575 Trans Canada
CB, XXVI, 8 (août 76), 8, ill.
B5572 Summit Imperial Developments Ltd.
BAT, LI, 9 (sept. 76), 7, ill.

Shawinigan
B5573 Place Vendôme
BAT, XLVIII, 10 (oct. 73), 3, texte.

Sherbrooke
B5574 (Low Energy Building Design Awards)
CB, XXIX, 3 (mars 79), 11, texte.
B5575 Roland et Marc Brien Ltée
BAT, XLVIII, 12 (déc. 73), 3, texte.

Toronto
B5576 390 Bay Street
CB, XXII, 3 (mars 72), 52, ill.
B5577 1075 Bay Street
CB, XXVII, 8 (août 77), 21, ill.
B5578 Immeuble de 10 étages, Bay & Cumberland St.
CB, XXII, 11 (nov. 72), 15, texte & ill.
B5579 155 University
CB, XXII, 8 (août 72), 18, texte & ill.
B5580 Immeuble de 43 étages, University & Adelaide St.
TCA, VI, 12 (déc. 61), 6, texte & ill.
B5581 Immeuble de 22 étages, University & Dundas
CB, X, 3 (mars 60), 93, texte.
B5582 55 Eglinton East
TCA, IV, 4 (avril 59), 78 et 80
B5583 Immeuble à King & Bay St.
CB, XXIII, 3 (mars 73), 50, texte.
B5584 2 tours octogonales, St. Clair Ave.
CB, XXI, 8 (août 71), 16, texte & ill.
B5585 33 Yonge
CB, XXX, 9 (sept. 80), 9, texte.
B5586 Immeuble de 14 étages, Yonge & St. Clair Ave.
CB, XX, 5 (mai 70), 5, texte.
B5587 Consumers' Gas Office
CB, XXIX, 7 (juil. 79), 22, texte et ill.
B5588 Crédit Foncier Building
CB, XV, 8 (août 65), 56, texte & ill.
B5589 Fidinam (Canada) Ltd
CB, XXVI, 8 (août 76), 8, texte.
B5590 Frank Sherwood Limited Associates
CB, IX, 10 (oct. 59), 49 et 51, texte & ill.
B5591 Guardian of Canada Tower
CB, XXIV, 4 (avril 74), 36, ill.
CB, XXV, 8 (août 75), 34, ill.
B5592 Household Finance Corporation of Canada
BAT, LIV, 2 (fév. 79), 17, ill.
B5593 Rockefeller Centre Office building redevelopment Project, Queen & Yonge St.
CB, IX, 11 (nov. 59), 7, texte.
B5594 Royal Insurance (addition)
CB, XXVIII, 8 (août 78), 25, ill.
B5595 Shell Building (addition)
CB, XV, 9 (sept. 65), 6, texte & ill.
B5596 Sun Life Assurance Co.
CB, XXVIII, 10 (oct. 78), 5, texte.
B5597 Underwood Ltd
TCA, VII, 1 (jan. 62), 51-52, texte & ill.
B5598 Wittington Tower
CB, XXVIII, 8 (août 78), 25, ill.

Trois-Rivières
B5599 Place du Centre
BAT, XLVIII, 8 (août 73), 5, texte.

Vancouver
B5600 Immeuble, Pender & Burrard St.
CB, XV, 5 (mai 65), 7, texte & ill.
B5601 Waterfront site of the former Project 200 redevelopment
CB, XXIV, 12 (déc. 74), 24, texte.
B5602 750 West Pender
CB, XXIII, 12 (déc. 73), 52, texte.
B5603 1050 West Pender
CB, XXIII, 8 (août 73), 17, texte & ill.
B5604 Alaska Pine Building
CB, IV, 6 (juin 54), 48, texte & ill.
B5605 Canada Square
CB, XX, 8 (août 70), 7, texte.
B5606 Centre de la Colombie-Britannique
BAT, XLVI, 8 (août 71), 5, texte.
B5607 Real Estate Office
RAIC, XXXII, 3 (mars 55), 78, texte & ill.

Victoria
B5608 Immeuble de 3 étages
CB, XXVII, 12 (déc. 77), 8, texte.

Winnipeg
B5609 Immeuble de 9 étages, Smith St.
CB, XXIV, 8 (août 74), 62, texte.
B5610 Crédit Foncier
CB, XIII, 10 (oct. 63), 51, texte & ill.
B5611 Royal Trust Building
CB, XXIX, 5 (mai 79), 7, texte & ill.
CB, XXX, 8 (août 80), 15, ill.

North York
B5612 Lansing Square
CB, XXIV, 5 (mai 74), 6, texte & ill.
B5613 Don Mills Road
CB, XXVIII, 7 (juil. 78), 6, ill.

Adamson, Gordon S.

Guelph
B5614 Co-operators Insurance Association
TCA, XI, 7 (juil. 66), 8, texte & ill.

Toronto
B5615 G.W. Crothers Limited
RAIC, XXI, 2 (fév. 44), 38, texte & ill.
B5616 Ingram and Bell Limited
RAIC, XXII, 3 (mars 45), 51-53, texte & ill.

Adamson, Gordon S.(Ass.)

Burlington
B5617 Cuna Mutual Insurance Society Building
TCA, XI, 7 (juil. 66), 8, texte & ill.

Don Mills
B5618 Wm. Wrigley Jr. Co. Ltd
TCA, VII, 4 (avril 62), 58, texte & ill.

Toronto
B5619 Canadian Oil Companies Limited
TCA, V, 3 (mars 60), 61-64, texte & ill.
B5620 Pioneer Village, Administration Building
TCA, XVI, 5 (mai 71), 58-60, texte & ill.

Akitt and Swanson

Toronto
B5621 Canadian Building Materials Company
TCA, XXII, 1 (jan. 77), 6-7, texte & ill.
TCA, XXII, 6 (juin 77), 39-42, texte & ill.

Alain, Jean; Ouellet, Jean; Reeves, Jacques; Guité, Rodrigue
B5622 Voir Ouellet, Jean; Reeves, Jacques...

Allward, Peter A.

Édifice de lieu inconnu
B5623 Administrative Building: projet d'étudiant
RAIC, XXX, 3 (mars 53), 72, texte & ill.

Allward & Gouinlock

Oakville
B5624 Head Office Building for Ford of Canada Ltd
RAIC, XXXVI, 11 (nov. 59), 399, ill.
CB, XI, 11 (nov. 61), 59, texte & ill.

Toronto
B5625 Guaranty Trust Co. of Canada
CB, X, 10 (oct. 60), 60-61, texte & ill.

Amyot, G.; LaHaye & Ouellet
B5626 Voir LaHaye & Ouellet; Amyot, G.

Annau, Ernest

Toronto
B5627 Immeuble de 28 étages, University Ave.
TCA, XXIII, 3 (mars 78), 10, texte & ill.
TCA, XXIII, 11 (nov. 78), 48-50, texte & ill.

Annett & Bettorf

Edmonton
B5628 Wawanesa Insurance Building
RAIC, XL, 8 (août 63), 38 et 43, ill.

Arcop & Blood

Montréal
B5629 Place Ville-Marie (Addition de 4 étages à l'édifice IBM)
BAT, LV, 5 (juin 80), 5, texte.

Arnott, MacPhail, Johnstone and Assoc. Ltd

Regina
B5630 Saskatchewan Co-operative Credit Society
CB, XXIV, 12 (déc. 74), 24, texte & ill.

Audet, Tremblay, Audet

Sherbrooke
B5631 Édifice commercial Continental
ABC, IV, 40 (août 49), 32, ill.

Balbi, Doroz Architects Ltd

Calgary
B5632 Condominium de 4 étages
CB, XXX, 2 (fév. 80), 9, texte & ill.

Balharrie, Watson J.

Ottawa
B5633 Courtiers Rhodes & Radcliff
ABC, XI, 128 (déc. 56), 28-31, texte & ill.

Barott, Marshall; Merrett & Barott

Ville Mont-Royal
B5634 Édifice British-American Oil
ABC, XII, 140 (déc. 57), 42-45, texte & ill.

Barott, Marshall, Montgomery & Merrett

Montréal
B5635 McColl-Frontenac Oil, rue de la Montagne
ABC, X, 116 (déc. 55), 22-23, texte & ill.
RAIC, XXXIII, 6 (juin 56), 210-212, texte & ill.
CB, IV, 12 (déc. 54), 25, ill.
B5636 Montreal Life Insurance Co.
BAT, XXXI, 8 (août 56), 40, texte.
B5637 National Trust Co. Ltd (ajout d'un étage)
CB, VI, 6 (juin 56), 64, texte.
BAT, XXXI, 6 (juin 56), 91, 95, texte.

Belcourt & Blair

Ottawa
B5638 Dolan Office Building
TCA, VIII, 12 (déc. 63), 49-52, texte & ill.

Bell & McCulloch

Edmonton
B5639 Crosstown Investments Ltd
RAIC, XXXIII, 5 (mai 56), 181, ill.

Benedek, Alexander

Don Mills
B5640 240 Duncan Mill Road
CB, XXI, 9 (sept. 71), 5, texte & ill.

Birley, Wade & Stockdill

Bamberton, Vancouver Island
B5641 Office Building for British Columbia Cement Co.
RAIC, XXIX, 6 (juin 52), 165, ill.

Victoria
B5642 Victoria & Island Publicity Bureau
RAIC, XXVII, 9 (sept. 50), 303, ill.

Birmingham, W.H.

Vancouver
B5643 B.C. Forest Products Ltd
TCA, IV, 2 (fév. 59), 59-63, texte & ill.

Birmingham and Wood

Vancouver
B5644 Bureau pour un vendeur d'essence
TCA, VII, 2 (fév. 62), 5 et 7, texte & ill.

Black, H.K.

Yorkton (Saskatchewan)
B5645 Bowman Brothers Ltd
RAIC, XXXII, 7 (juil. 55), 246, ill.

Blanchet, René

Lévis
B5646 Édifice Desjardins, avenue Bégin
ABC, IV, 38 (juin 49), 40, ill.
ABC, V, 50 (juin 50), 27, ill.

Bland, Lemoyne & Shine

Montréal, Ile-des-Soeurs
B5647 Immeuble de 5 étages
TCA, XV, 8 (août 70), 10, texte & ill.
AC, 25, 288 (oct. 70), 22, texte & ill.

Commerce et industrie / Commerce and Industry

Blankstein & Coop
Toronto
B5648 Alcan District Sales Office
RAIC, XXXIV, 8 (août 57), 318, texte & ill.
BAT, XXXII, 10 (oct. 57), 39, texte & ill.
CB, VII, 8 (août 57), 47, texte & ill.

Blatter, Robert; Caron, G. Fernand
Québec
B5649 Édifice "La Solidarité"
ABC, XV, 175 (nov. 60), 345-349, texte & ill.
RAIC, XXXVIII, 4 (avril 61), 61-63, texte & ill.

Blouin, André
Montréal
B5650 Immeuble à bureaux, boulevard Dorchester
ABC, XI, 117 (jan. 56), 28-29, texte & ill.

Bogue, Babicki & Ass.; Rhone & Iredale
B5651 Voir Rhone & Iredale; Bogue, Babicki & Associates

Bouchard & Rinfret
Québec
B5652 Immeuble commercial
ABC, II, 13 (mai 47), 30, ill.
B5653 Immeuble de 8 étages, angle Charest et Dorchester
ABC, I, 9 (déc. 46), 26, texte.
ABC, II, 12 (mars 47), 34, texte.
B5654 Édifice Ferland, boul. Charest
ABC, V, 50 (juin 50), 31, ill.
Sillery
B5655 Cie d'assurances L'industrielle, ch. St-Louis
ABC, V, 50 (juin 50), 28, ill.
ABC, VI, 73 (mai 52), 32-33, texte & ill.
CB, I, 5 (nov.-déc. 51), 17 et 22-23, texte & ill.
BAT, XXVII, 4 (avril 52), 3 et 20-21 et 23, texte & ill.
BAT, XXXIII, 2 (fév. 58), 50, texte & ill.

Bregman & Hamann
Don Mills
B5656 Foresters House
CB, XVI, 3 (mars 66), 51, texte & ill.
B5657 Olympia Square
TCA, XI, 6 (juin 66), 47 et 51-54, texte & ill.
TCA, XII, 9 (sept. 67), 9, texte & ill.
CB, XVI, 3 (mars 66), 51, texte & ill.
BAT, XXXIX, 9 (sept. 64), 4, texte & ill.
ABC, XXI, 239 (mars 66), 52, texte.

Bregman and Hamann; Craig, Zeidler and Strong
Don Mills
B5658 Olympia Square Office Building Complex
TCA, X (yearbook 65), 82, texte & ill.
Etobicoke
B5659 Atlas Alloys
CB, XVII, 4 (avril 67), 10, texte.
Toronto
B5660 RAIC, XXXIII, 6 (juin 56), 234, ill.
CB, XIII, 6 (juin 63), 3, texte & ill.
B5661 181 Bay St.
CB, IX, 1 (jan. 59), 31-32, texte & ill.
B5662 121 Richmond Street West
RAIC, XXXV, 1 (jan. 58), 25-27, texte & ill.

Buck, Derek; Horne, David E.
Toronto
B5663 Montreal Trust Building
CB, XVII, 4 (avril 67), 10, texte & ill.
CB, XV, 8 (août 65), 56, texte & ill.

Carruthers & Wallace
Toronto
B5664 Manufacturers Life, 250 Bloor East
CB, XVII, 10 (oct. 67), 49 et 51, texte & ill.

Carruthers & Wallace; Marani, Rounthwaite & Dick
B5665 Voir Marani, Rounthwaite & Dick; Carruthers & Wallace

Carter, Dennis
Winnipeg
B5666 Édifice à bureaux et un cinéma, Portage Ave.
RAIC, XXIII, 4 (avril 46), 98, texte & ill.

Carter, F.; Kennedy, J.; Lennard, H.; Thom, M.; Viska, A
Toronto
B5667 Financial Centre for Toronto, 2000 AD
RAIC, XL, 3 (mars 63), 61, texte & ill.

Cawston, J.A.
Calgary
B5668 Brown Building
RAIC, XXX, 2 (fév. 53), 46, ill.

Chandler, Kennedy Architectural Group
Edmonton
B5669 Ashk Atrium Building
CB, XXIX, 10 (oct. 79), 6, texte & ill.

Chapman and Oxley
Toronto
B5670 Office of O'Keefe's Brewing Company
RAIC, XVII, 4 (avril 40), 56-57, ill.

Clark, James, Coupland
Calgary
B5671 Sun Life
CB, XXX, 8 (août 80), 14, ill.

Clifford and Lawrie
Leaside
B5672 Thorncliffe Square
CB, XV, 4 (avril 65), 66, texte & ill.
CB, XVI, 4 (avril 66), 54-55
Toronto
B5673 Immeuble sur St. Clair Ave.
CB, XVII, 10 (oct. 67), 50, ill.

Cohos, Delesalle and Evamy
Calgary
B5674 Burns and Dutton Building
CB, XIX, 7 (juil. 69), 37, ill.

Concordia Management Ltd
Vancouver
B5675 British Columbia Centre
CB, XXI, 8 (août 71), 18, texte.

Consiglio, Franco
Montréal
B5676 Édifice Handy Andy et Banque de Nouvelle-Écosse
ABC, XI, 121 (mai 56), 38-39, texte & ill.

Cooper, K.R.
Toronto
B5677 Transamerica Corporation Canadian Head Office
CB, XIX, 9 (sept. 69), 7, ill.
CB, XXII, 1 (jan. 72), 8, texte & ill.

Cooper, K.R.(Ass.)
Toronto
B5678 Foundation House
CB, XII, 10 (oct. 62), 7, texte & ill.
CB, XII, 12 (déc. 62), 42-43, texte & ill.
CB, XIII, 4 (avril 63), 7, texte.
CB, XV, 5 (mai 65), 57-58, texte & ill.

Coulombe, Jean
Montréal
B5679 Projet étudiant: Édifice à Bureaux coin Berri et Chenier
ABC, XIII, 143 (mars 58), 52, ill.

Craig, Madill, Abram & Ingleson
St. John's (T.-N.)
B5680 Imperial Oil Office Building
TCA, VI, 6 (juin 61), 47-48, texte & ill.

Craig, Zeidler & Strong
Montréal
B5681 Tour Laurier
BAT, XXXIX, 1 (jan. 64), 34, texte & ill.
TCA, IX, 1 (jan. 64), 5-6, texte & ill.
ABC, XIX, 215 (mars 64), 50, texte.
CB, XIV, 1 (jan. 64), 3, texte & ill.

Craig, Zeidler & Strong; Bregman & Hamann
B5682 Voir Bregman & Hamann; Craig, Zeidler & Strong

Crang & Boake
Bramalea
B5683 Bramalea Building
CB, XXIII, 8 (août 73), 8, texte & ill.
Don Mills
B5684 Gestetner (Canada) Ltd
CB, XIV, 10 (oct. 64), 58, texte & ill.
Montréal
B5685 2001 University
BAT, XLVIII, 5 (mai 73), 5, texte.
Toronto
B5686 B-A Oil Building
TCA, VI, 1 (jan. 61), 58-60, texte & ill.
TCA, XIV, 11 (nov. 69), 39, ill.
B5687 Canada Trust Building
TCA, XIII, 6 (juin 68), 55-60, texte & ill.
B5688 General Foods Ltd
CB, XXX, 10 (oct. 80), 5, texte & ill.
TCA, XXV, 12 (déc. 80), 6, texte & ill.

Critchley & Delean
North Bay (Ont.)
NB, VIII, 5 (mai 59), 39, texte.

Cullum, Charles
St. John's (T.-N.)
B5689 Canada Permanent Trust Co.
CB, XXVIII, 4 (avril 78), 42, texte & ill.

Dale, A. (Ass.)
Calgary
B5690 Phillips Tower
CB, XX, 9 (sept. 70), 5, texte & ill.

Dale, Chandler, Kennedy Partnership
Calgary
B5691 2 tours de 18 étages
TCA, XXIII, 7 (juil. 78), 5-6, texte & ill.

Dale, Chandler, Kennedy; Zerafa, Serge
B5692 Voir Zerafa, Serge; Dale, Chandler, Kennedy

Dalla-Lana, Fred
Vancouver
B5693 Bureaux et Entrepôts
TCA, XXIII, 5 (mai 78), 35, texte & ill.

Dalrymple, Barbara
Vancouver
B5694 Immeuble dans False Creek
TCA, XXV, 7 (juil. 80), 39, ill.

D'Astous, Roger
Brockville
B5695 Extension de l'Equity Building
ABC, XV, 175 (nov. 60), 350-352, texte & ill.

David, Jacques L.
Montréal
B5696 L'Alliance mutuelle-vie
BAT, XLIX, 3 (mars 74), 14, texte & ill.
BAT, XLIX, 8 (août 74), 13-14, texte & ill.
BAT, LI, 2 (fév. 76), 16-19, texte & ill.
CB, XXIV, 3 (mars 74), 23, texte.
CB, XXIV, 4 (avril 74), 6, ill.

David & Boulva
Montréal
B5697 Édifice de l'Alliance Mutuel
AC, 29, 322 (mars-avril 74), 8-9, texte & ill.

David, Boulva, Cleve
Montréal
B5698 Tour Jean-Talon
BAT, LIII, 1 (jan. 78), 5, texte & ill.

David & David
St-Hyacinthe
B5699 Siège social des Assurances du Groupe Commerce
ABC, XIII, 143 (mars 58), 42-47, texte & ill.

Davison and Porter
Vancouver
B5700 Immeuble, Granville St.
TCA, I, 8 (août 56), 46, texte & ill.

Dawson et Szymanski
Montréal, Ile-des-Soeurs
B5701 Canadian Kodak
BAT, XLV, 11 (nov. 70), 76, texte.

DeBlois, Jacques
Sainte-Foy
B5702 Immeuble Légaré
ABC, XIX, 223 (nov. 64), 19-22, texte & ill.

Desautels, J.A.F.
Édifice de lieu inconnu
B5703 An Office building (projet d'étudiant)
RAIC, XXVIII, 3 (mars 51), 61, texte & ill.

Desbarats, Guy
Lachute
B5704 Long Sault Woodcraft Co.
TCA, III, 2 (fév. 58), 59-60, texte & ill.

DesRochers & Dumont
Laval
B5705 Édifice G.L.
AC, 25, 287 (sept. 70), 25, texte & ill.

Dewar, Stevenson and Stanley
Edmonton
B5706 Royal Trust Building
RAIC, XXX, 2 (fév. 53), 46, ill.

Diamond, A.J. (Ass.)
Montréal
B5707 Alcan Corporate Headquarters
TCA, XXV, 9 (sept. 80), 26-28, texte & ill.

Diamond and Myers
Toronto
B5708 Alcan Offices
ARCAN, 48 (7 juin 71), 1, texte & ill.
TCA, XVI, 3 (mars 71), 30-35, texte & ill.

Dickinson, Peter
Toronto
B5709 Prudential Building
TCA, XIV, 11 (nov. 69), 41, ill.

Dickinson, Peter S. (Ass.)
Montréal
B5710 1316 ouest, rue Sherbrooke
TCA, IV, 4 (avril 59), 71, ill.
B5711 1420 ouest, rue Sherbrooke
TCA, 4, 4 (avril 59), 71, ill.
ABC, XV, 175 (nov. 60), 353-358, texte & ill.
Toronto
B5712 CB, IX, 11 (nov. 59), 35, texte & ill.
B5713 801 Bay Street
TCA, V, 3 (mars 60), 45-46, texte & ill.
B5714 Continental Can Building, 790 Bay Street
TCA, V, 3 (mars 60), 47-48, texte & ill.
B5715 150 Eglinton East
TCA, V, 3 (mars 60), 42-44, texte & ill.

Dickinson, Peter S. (ass.); Page & Steele
B5716 Voir Page & Steele; Dickinson, Peter S. (ass.)

Dobbing, Peter
Montréal
B5717 Château Maisonneuve: bureaux et appartements
BAT, XL, 9 (sept. 65), 5, texte & ill.
Ottawa
B5718 La Tour du Centenaire
BAT, XL, 9 (sept. 65), 5, texte & ill.
CB, XIV, 12 (déc. 64), 9, texte.
CB, XV, 11 (nov. 65), 58-59, texte & ill.

Donaldson, Francis
Annacis Island (C.-B.)
B5719 Annacis Isl. Industrial Estate
RAIC, XXXIX, 4 (avril 62), 34, ill.
Vancouver
B5720 Project 200 Building
TCA, XVII, 3 (mars 72), 42-43, texte & ill.

Donaldson, Francis; Erickson-Massey
B5721 Voir Erickson-Massey; Donaldson, Francis.

Downs, Barry V.; Erickson-Massey
Vancouver
B5722 Marsh & McLellan Ltd, McMillan Bloedel Building
TCA, XIII, 8 (août 68), 52, texte & ill.

Downs, Barry V.; Hollingsworth, Fred T.
B5723 Voir Hollingsworth, Fred T.; Downs, Barry V.

Dubé, Jean-Maurice
Montréal-Est
B5724 Édifice Maisonneuve et Champlain
AC, 28, 317 (sept. 73), 6, texte & ill.

DuBois, Macy
Édifice de lieu inconnu
B5725 Office Building and Warehouse Project (en 1962)
TCA, X, 5 (mai 65), 59, texte & ill.

Duffus, Romans and Single
Halifax
B5726 Imperial Oil Building
RAIC, XXXVI, 1 (jan. 59), 11, ill.

Dumaresq and Byrne
Halifax
B5727 Administration and Maintenance Building (Darmouth Bridge)
ARCAN, 48 (1 mars 71), 7, texte & ill.

Dunlop, Wardell, Matsui, Aitken
Toronto
B5728 Ontario Stock Yards Office Building
ARCAN, 45, 1 (jan. 68), 42, ill.
TCA, XV, (Yearbook 70), 84-85, texte & ill.

Dupéré, Roland; Jean, Charles
Québec
B5729 Community Realties Corporation
BAT, XXX, 7 (juil. 55), 25, texte.

Durnford, Bolton, Chadwick & Ellwood
Montréal
B5730 Canadian General Electric Building
RAIC, XXXIII, 11 (nov. 56), 426, ill.
B5731 Standard Life Assurance Company
CB, X, 10 (oct. 61), 56, texte & ill.
CB, XI, 10 (oct. 61), 41, ill.
ABC, XV, 172 (août 60), 270, texte.
ABC, XVII, 199 (nov. 62), 24-27, texte & ill.
B5732 Yale Building Corporation
CB, XI, 1 (jan. 61), 16, texte & ill.
BAT, XXXVIII, 4 (avril 63), 26-27, texte & ill.

Du Toit, Roger; Lambur, Peter; Forsyth, Brian
Willowdale
B5733 Hogg's Hollow Office Development
TCA, XXII, 1 (jan. 77), 25-28, texte & ill.

Ellwood & Henderson
Montréal
B5734 Westmount 1
BAT, LII, 1 (jan. 77), 7, texte & ill.
BAT, LII, 6 (juin 77), 6, texte & ill.
CB, XXVII, 8 (août 77), 35, ill.

Ehling & Brockington
Vancouver
B5735 Haebler Office and Warehouse
TCA, XV, 6 (juin 70), 60-61, texte & ill.

Englesmith, George
Toronto
B5736 Cooper and Beatty Ltd
TCA, I, 7 (juil. 56), 39-42, texte & ill.

Erickson, Arthur; Mathers & Haldenby
Toronto
B5737 Downtown West
CB, XXVII, 9 (sept. 77), 7, ill.

Erickson-Massey
Vancouver
B5738 Immeuble, Georgia & Burrard St.
ARCAN, 49 (14 fév. 72), 15, texte & ill.

Erickson-Massey; Donaldson, Francis
Vancouver
B5739 MacMillan Bloedel Building
ARCAN, 47 (12 oct. 70), 8, texte & ill.
RAIC, XLIII, 6 (juin 66), 29
TCA, XIII, (Yearbook 68), 84, texte & ill.
TCA, XIX, 11 (nov. 74), 34 et 37, texte & ill.
TCA, XXIII, 7 (juil. 78), 21, ill.
BAT, XLIII, 7 (juil. 68), 20-23, texte & ill.
BAT, XLVI, 12 (déc. 71), 14-15, texte & ill.
CB, XVI, 12 (déc. 66), 7, texte.
CB, XVII, 10 (oct. 67), 48-49, texte & ill.
CB, XVIII, 3 (mars 68), 54-55 et 79, texte & ill.

Erickson-Massey; Downs, Barry V.
B5740 Voir Downs, Barry V.; Erickson-Massey

Etherington, A. Bruce
Oakville
B5741 Canadian Pollar Bearings Co. Ltd
RAIC, XXXV, 8 (août 58), 317, texte & ill.

Fairfield and DuBois
Don Mills
B5742 Ceterg Office Building
TCA, XII, 6 (juin 67), 39-42, texte & ill.
ARCAN, 44, 6 (juin 67), 11 (Supplément à la revue), ill.
Etobicoke
B5743 Fischback & Moore Offices
CB, XIX, 11 (nov. 69), 36, texte & ill.
TCA, XV, 1 (jan. 70), 44-48, texte & ill.
TCA, XVIII, 1 (jan. 73), 4-5, texte & ill.
ARCAN, 46, 1 (jan. 69), 36, ill.
Toronto
B5744 TCA, XVII, 3 (mars 72), 9, texte & ill.
B5745 45 Charles Street
TCA, XII, 7 (juil. 67), 29-36, texte & ill.
B5746 Siège social de Domtar Packaging Ltd
ARCAN, 43, 10 (oct. 66), 37, texte & ill.
B5747 Head Office, Dow Corning Silicones Ltd
TCA, XI, 6 (juin 66), 47 et 55-64, texte & ill.
TCA, XII, (Yearbook 67), 92, ill.
CB, XV, 12 (déc. 65), 29, texte & ill.
B5748 Standard Life-Taylor Woodrow Building
CB, XVI, 10 (oct. 66), 63, texte & ill.
TCA, X, 5 (mai 65), 61, texte & ill.

Fetherstonhaugh and Durnford
Arvida
B5749 Aluminium Company of Canada Limited Main office Building
RAIC, XXIII, 2 (fév. 46), 30-32, ill.

Fetherstonhaugh, Durnford, Bolton and Chadwick
Montréal
B5750 Angus Robertson Limited Office Building
RAIC, XXVIII, 2 (fév. 51), 30-31, ill.

Findlay and Mann
Niagara
B5751 Administration Building, Queen Victoria Park.
RAIC, XX, 12 (déc. 43), 207 et 216, texte & ill.

Fiset & Deschamps
Québec
B5752 Immeuble de La Laurentienne
ABC, XIX, 217 (mai 64), 22-27, texte & ill.

Fish et Melamed
Montréal
B5753 Immeuble — tour pour des bureaux (projet)
ABC, XVII, 189 (jan. 62), 24-25, ill

Fisher, Howard T. (ass.); Fisher, Reuben
B5754 Voir Fisher, Reuben; Fisher, Howard T. (ass.)

Fisher, Reuben
Montréal
B5755 RAIC, XXXIII, 5 (mai 56), 183, ill.
B5756 505 Dorchester ouest
TCA, X, 3 (mars 60), 50, texte & ill.
B5757 Immeuble de L'Air Liquide
ABC, XV, 175 (nov. 60), 359-362, texte & ill.
RAIC, XXXVIII, 3 (mars 61), 42 et 52, ill.
B5758 President Kennedy Building
CB, XVIII, 7 (juil. 68), 18-19, texte & ill.

Fisher, Reuben; Fisher, Howard T. (Ass.)
Montréal
B5759 Lanac Building
CB, VI, 12 (déc. 56), 28, ill.

Fisher, Reuben; Power & Kessler; Fisher, Howard T. (ass.)
Montréal
B5760 Office Building
RAIC, XXXII, 10 (oct. 55), 381, ill.

Fleury, Arthur and Barclay
Toronto
B5761 Canada Packers Ltd Head Office
RAIC, XXXIV, 6 (juin 57), 224-227, ill.

Fliess, Henry
Toronto
B5762 Alcan District Sales Office
RAIC, XXXIV, 8 (août 57), 316-317, texte & ill.
CB, VII, 8 (août 57), 46-47, texte & ill.
BAT, XXXII, 10 (oct. 57), 38-39, texte & ill.

Floyd, J. Austin
Toronto
B5763 West End Towers (fontaines)
CB, XV, 11 (nov. 65), 5, texte & ill.

Forcier, J.J.; Mercier, André
Montréal
B5764 Projet étudiant: esquisse préliminaire d'un édifice à bureaux.
ABC, XV, 175 (nov. 60), 370, ill.

Forster, Leslie
Toronto
B5765 Bigros Candien Bldg
CB, IX, 4 (avril 59), 59, ill.
CB, X, 4 (avril 60), 47, texte & ill.

Fortin, Jean-Charles
St-Lambert
B5766 Édifice Soucie
BAT, XXXIX, 4 (avril 64), 48-53, 63, texte & ill.
BAT, XL, 7 (juil. 65), 6, texte & ill.

Fraikin, Eric
Montréal
B5767 Projet étudiant: un immeuble à bureaux.
ABC, XVIII, 212 (déc. 63), 44, texte & ill.

Gagnon, Guillaume
Laval
B5768 Édifice Berthelo
AC, 25, 287 (sept. 70), 30, texte & ill.

Gagnon et Archambault
Montréal
B5769 500 ouest Sherbrooke
BAT, LV, 6 (juil.-août 80), 9, texte.
B5770 Place du Cercle
AC, 25, 288 (oct. 70), 24, texte & ill.

Gardiner, Thornton, Gathe & Associates
Vancouver
B5771 Sandwell Company
TCA, I, 8 (août 56), 25-34, texte & ill.

Gardiner, Thornton, Gathe & Ass.; Waisman, Ross, Blankstein, Coop, Gillmor, Hanna & Ass.
B5772 Voir Waisman, Ross, Blankstein, Coop, Gillmor, Hanna & Ass.; Gardiner, Thornton, Gathe & Ass.

Gathe, Asbjorn R.
Vancouver
B5773 Norway House
TCA, XV, 3 (mars 70), 8, texte.

Gauthier, Guité & J.M. Roy
Sainte-Foy
B5774 Immeuble "Delta"
ABC, XXII, 251 (mars 67), 37-38, texte & ill.
Sillery
B5775 Place Sillery
BAT, XLVII, 11 (nov. 72), 8, texte.
BAT, LIII, 8 (août 78), 12 texte, ill.

Gilbert, André
Édifice de lieu inconnu
B5776 (a complex for administration in the future [2067] to house 5000 employees)
CB, XVII, 7 (juil. 67), 30-31, texte & ill.

Gilleland & Strutt
Ottawa
B5777 Hall Fuel Limited
RAIC, XXXII, 11 (nov. 55), 426, ill.

Gravel, Louis J.-M.
Montréal
B5778 1980 Sherbrooke West
CB, IV, 12 (déc. 54), 25, ill.

Green, Blankstein, Russell ass.
Winnipeg
B5779 Mutual Life of Canada Building
RAIC, XXXVII, 4 (avril 60), 148-149, texte & ill.

Greensides, H.C.
Montréal
B5780 Canadian National Headquarters Building
CB, IX, 6 (juin 61), 53, texte & ill.

Greenspoon, Freedlander & Dunne
Montréal
B5781 Sherbrooke St. building
CB, IV, 12 (déc. 54), 24 ill.
B5782 The 550 Sherbrooke Street West Office Building
RAIC, XXXIV, 10 (oct. 57), 392-393, texte & ill.
BAT, XXX, 3 (mars 55), 15 et 25, texte.
B5783 Canadian National Railways
CB, V, 6 (juin 55), 59, texte & ill.
ABC, XIV, 159 (juil. 59), 233, ill
B5784 Gordon Brown Building
RAIC, XXXIII, 10 (oct. 56), 376-377, texte & ill.
B5785 Guy Towers Building
RAIC, XXXIII, 6 (juin 56), 208-209, texte & ill.
CB, IV, 12 (déc. 54), 24, ill.
B5786 Peel Centre Building
RAIC, XXXIII, 5 (mai 56), 179, ill.
ABC, XIII, 143 (mars 58), 32-35, texte & ill.

Greenspoon, Freedlander & Dunne; Kryton, J.
Montréal
B5787 Édifice C-I-L
BAT, XXXVII, 8 (août 62), 19-22, texte, ill.
BAT, XL, 5 (mai 65), 7, texte & ill.
CB, XV, 5 (mai 65), 56-57, texte & ill.

Greenspoon, Freedlander & Dunne; Skidmore, Owings & Merrill
Montréal
B5788 Édifice C-I-L
TCA, IV, 4 (avril 59), 70, texte & ill.
TCA, VII, 6 (juin 62), 52-63, texte & ill.
CB, IX, 10 (oct. 59), 8, ill.
CB, X, 4 (avril 60), 47, texte & ill.
CB, X, 7 (juil. 60), 20, ill.
CB, X, 8 (août 60), 11, ill.
CB, X, 12, (déc. 60), 15, texte & ill.
CB, XI, 5 (mai 61), 54-55, texte & ill.
CB, XI, 10 (oct. 61), 26-29, texte & ill.
CB, XI, 11 (nov. 61), 59, texte & ill.
CB, XII, 5 (mai 62), 35 et 37 et 39-43 et 45-46 et 48, texte & ill.
BAT, XXXVII, 3 (mars 61), 59, texte.
BAT, XXXVII, 4 (avril 62), 41-43, texte, ill.
BAT, XXXVIII, 11 (nov. 63), 38, texte, ill.
BAT, XLII, 10 (oct. 67), 30-32, texte & ill.
RAIC, XXXIX, 11 (nov. 62), 73-76, texte & ill.
ABC, XIV, 162 (oct. 59), 336, texte, ill.
ABC, XV, 165 (jan. 60), 28, texte.
ABC, XVI, 178 (fév. 61), 58, texte.
ABC, XVI, 179 (mars 61), 51, texte.
ABC, XVII, 192 (avril 62), 48, texte.

Greenwell, Alan
Prince George (C.-B.)
B5789 Permanent Tower
CB, XXV, 8 (août 75), 7, texte.
CB, XXVI, 10 (oct. 76), 5, texte.

Grenier, Charles
Montréal
B5790 Édifice Underwood, côte Beaver Hall
ABC, VI, 62 (juin 51), 12-13, texte & ill.

Grierson, William; Goodall, R. Graham
Prince George
B5791 Office Building for Northwood Pulp & Timber Ltd
TCA, XXV, 3 (mars 80), 36-42, texte & ill.

Guité, Rodrigue; Reeves, Jacques; Ouellet, Jean; Alain, Jean
B5792 Voir Ouellet, Jean; Reeves, Jacques...

Gustavs, Erland
Toronto
B5793 Volkswagen Head Office
TCA, XXV, 9 (sept. 80), 33-35, texte & ill.

Hall, D.M.
Toronto
B5794 United States Fidelity Building
CB, XV, 5 (mai 65), 57 et 59, texte & ill.

Hamilton, Doyle & ass.
Vancouver
B5795 Credit Union Centre
CB, XXVII, 8 (août 77), 40 et 54, texte & ill.

Hamilton, Gerald (ass.)
Vancouver
B5796 Canadian Indemnity Building
CB, XV, 2 (fév. 65), 38-39, texte & ill.

Harvey, John H.
Vancouver
B5797 The British American Oil Co. Ltd
RAIC, XXXII, 5 (mai 55), 161, texte & ill.

Hemingway, Peter
Edmonton
B5798 Stanley Building
TCA, XVI, 4 (avril 71), 66-68, texte & ill.
ARCAN, 47 (12 oct. 70), 10, texte & ill.

Hollingsworth, F.T.
Burnaby
B5799 Commonwealth Construction Company Head Office
TCA, XXV, 10 (oct. 80), 26-29, texte & ill.

Hollingsworth, Fred T.; Downs, Barry V.
West Vancouver
B5800 Woyat-Bowie Building
TCA, XII, 2 (fév. 67), 49-51, texte & ill.

Hudon, Michel; Julien, Denis
Montréal
B5801 505 de Maisonneuve
BAT, LV, 10 (déc. 80), 4 texte, ill.
Sainte-Foy
B5802 Carrefour de la Pérade
BAT, LI, 11 (nov. 76), 5 ill.
BAT, LIII, 8 (août 78), 13 texte, ill.

Hulbert, R.E. (Partners), Pendergast, Purll & Partners
Calgary
B5803 Ross Place
CB, XXX, 8 (août 80), 19-21, texte & ill.

Jean & Dupéré
Québec
B5804 Le "100" Place d'Youville
ABC, XIII, 143 (mars 58), 36-39, texte & ill.

CB, VIII, 1 (jan. 58), 26-27, texte & ill.

Kahn, Zavi
Édifice de lieu inconnu
B5805 RAIC, XXXVIII, 3 (mars 61), p. 47 et 52, ill.

Kapsi, T.
Toronto
B5806 Toronto House
TCA, XIV, 11 (nov. 69), 42-43, ill.

Karleff, William
Mississauga
B5807 Univac
CB, XXV, 10 (oct. 75), 35-36, texte & ill.

Kelton, J.K.
Toronto
B5808 TCA, XIV, 11 (nov. 69), 57, texte & ill.

Kemp, Leslie H.
Brantford, Ont.
B5809 Canadian Order of Foresters Building
C.B., II, 7 (juil. 52), 21-23, 43, texte, ill.
B5810 The Expositor Building
RAIC, XXIX, 3 (mars 52), 68-69, ill.

Klein, Jack; Sears, Henry
Kitchener
B5811 Greb Administration Building
ARCAN, 45, 10 (oct. 68), 9, texte & ill.
TCA, XIII, 10 (oct. 68), 8, texte & ill.
TCA, XIV, 4 (avril 69), 35-40, texte & ill.
TCA, XIV, 11 (nov. 69), 44-45, ill.
CB, XVIII, 11 (nov. 68), 44, ill.

Kolenc, A.
Don Mills
B5812 240 Duncan Mill Road
CB, XXI, 7 (juil. 71), 31-32, texte & ill.

Kortes, Tinos
Saskatoon
B5813 Empire Fuels Ltd
RAIC, XXXII, 7 (juil. 55), 247, ill.
B5814 Husky Oil & Refining Ltd
RAIC, XXXII, 7 (juil. 55), 247, ill.

Kryton, J.; Greenspoon, Freedlander & Dunne
B5815 Voir Greenspoon, Freedlander & Dunne; Kryton, J.

Kwok, Stanley T.; Romses, Kwan & Ass.
B5816 Romses, Kwan & Ass.; Kwok, Stanley T.

Labelle, Henri
Montréal
B5817 Société des Artisans
BAT, XXVII (juil. 52), 3 et 33 et 34 et 37, texte & ill.

Lacroix, Wilfrid
Québec
B5818 Immeuble Holland
ABC, XV, 176 (déc. 60), 395-396, texte & ill.

La Haye & Ouellet; Amyot, G.
Lévis
B5819 Fédération et Union régionale de Québec des Caisses Populaires Desjardins
BAT, LIII, 7 (juil. 78), 4 texte, ill.

La Haye & Ouellet; Reeves, Jacques
Lévis
B5820 Confédération des caisses populaires et d'économie Desjardins
BAT, LV, 8 (oct. 80), 19-23 texte, ill.

Lambros, Gregory A.
Halifax
B5821 Willow Tree Office
CB, XVI, 10 (oct. 66), 73-74, texte & ill.

Lapointe, Jean-Pierre
Montréal
B5822 Projet étudiant: un club universitaire et un immeuble à bureaux
ABC, XVII, 199 (nov. 62), 48, texte & ill.

Larrington, C.T.
Edmonton
B5823 Executive Building
CB, XVIII, 2 (fév. 68), 30-31 et 40, texte & ill.

Lau, Arthur C.F.
Edmonton
B5824 Standard Life Centre
TCA, XXV, 2 (fév. 80), 8, texte & ill.

Lawson and Little
Montréal
B5825 Guardian Trust Company.
RAIC, XVII, 11 (nov. 40), 194, ill.

Lazar & Sterlin
Montréal
B5826 Standard Electric Co. Ltd
RAIC, XXXII, 5 (mai 55), 156-157, ill.
ABC, IX, 104 (déc. 54), 26-27, texte & ill.

Lebensold & Schreiber
Toronto
B5827 Alcan District Sales Office
RAIC, XXXIV, 8 (août 57), 319, texte & ill.
BAT, XXXII, 10 (oct. 57), 39, texte & ill.
CB, VII, 8 (août 57), 47, texte & ill.

Le Claire, P.B.
Halifax
B5828 Office Building for M.I.L. Tulg and Salvage Ltd
ARCAN, 46, 1 (jan. 69), 34, ill.

L'Hérault, André
Édifice de lieu inconnu
B5829 Un édifice à bureaux (projet d'étudiant)
RAIC, XXVI, 5 (mai 49), 158, texte & ill.

Libling, Michener (ass)
Winnipeg
B5830 Siège social du groupe Impérial
AC, 34, 348 (sept.-oct. 78), 9, texte & ill.
CB, XXVI, 5 (mai 76), 8, ill.
B5831 Western Grocers Ltd (et entrepôts)
TCA, XVI, 3 (mars 71), 38-39, texte & ill.

Linden, David K.
Montréal
B5832 Three-Ten Victoria Building
RAIC, XXXIV, 4 (avril 57), 135-136, ill.

Longpré, Marchand, Goudreau, Dobush, Stewart
Mirabel
B5833 Édifice administratif
AC, 29, 321 (jan.-fév. 74), 9

Lort and Lort
Colombie-Britannique
B5834 (pour la "Crestwood Kitchens").
ARCAN, 49 (22 mai 72), 18, texte & ill.

Luke and Little
Montréal
B5835 Industrial Acceptance Corp. Ltd
CB, V, 1 (jan. 55), 18, ill.

Lutman, G. Edward
Mississauga
B5836 Mississauga Executive Centre
CB, XXVIII, 2 (fév. 78), 5, texte & ill.
B5837 United Cooperatives of Ontario
CB, XXI, 10 (oct. 71), 54, texte.

McCarter and Nairne
Vancouver
B5838 Livestock Building
RAIC, XVIII, 8 (août 41), 136, ill.

McCarter, Nairne & Partners
Colombie-Britannique
B5839 National Trust Building
RAIC, XXXV, 4 (avril 58), 137, ill.
Vancouver
B5840 Dominion Bridge Co. Ltd
RAIC, XXXVIII, 1 (jan. 61), 35-38, texte & ill.
B5841 Fairmont Building
CB, X, 10 (oct. 60), 59, ill.
B5842 Moore Business Forms Office
TCA, XVI, 8 (août 69), 60-63, texte & ill.
TCA, XIV, 11 (nov. 69), 44-45, ill.
B5843 Ocean Cement and Supplies Ltd., Marpole
TCA, XIV, 11 (nov. 69), 58, texte & ill.
B5844 Yorkshire House
RAIC, XXXII, 5 (mai 55), 166, ill.

McKee, Robert R.
Vancouver
B5845 Lovick Building
RAIC, XXXV, 4 (avril 58), 137, ill.
B5846 McGavin Limited, Administration Building
RAIC, XXV, 2 (fév. 48), 50-51, texte & ill.

McKee & Gray
Vancouver
B5847 British Commerce Centre
TCA, IV, 1 (jan. 59), 56-57, texte & ill.

McLean and MacPhadyen
Ottawa
B5848 General Motors of Canada, Zone Office
TCA, XIII, 12 (déc. 68), 61-66, texte & ill.
TCA, XIII, (Yearbook 68), 90-91, texte & ill.

McNab, Duncan (ass.)
Vancouver
B5849 Columbia Securities Office Building
RAIC, XXXII, 5 (mai 55), 159-160, texte & ill.
CB, II, 5 (mai 52), 28-29, texte, ill.
B5850 Stewart Murray H & W Building
RAIC, XXXIX, 4 (avril 62), 34, ill.

Mainguy, Lucien
Québec
B5851 Siège social des Prévoyants du Canada
ABC, XIII, 150 (oct. 58), 44-49, texte & ill.
BAT, XXXIV, 4 (avril 59), 89, texte.
RAIC, XXXVIII, 4 (avril 61), 55-57, texte & ill.

Manning, Donald M.
Vancouver
B5852 Baynes and Manning Office Building
RAIC, XXXII, 6 (juin 55), 207, texte & ill.

Marani and Lawson
Toronto
B5853 Head Office Building for Provincial Paper Limited
RAIC, XXII, 12 (déc. 45), 263, ill.

Marani & Morris
Toronto
B5854 Manufacturers Life Insurance Company, Head Office
CB, III, 10 (oct. 53), 35-40, texte, ill.
CB, IV, 5 (mai 54), 37-39, texte, ill.
RAIC, XXX, 11 (nov. 53), 316-336, texte & ill.
B5855 Confederation Life Assurance Head Office Building
RAIC, XXIX, 6 (juin 52), 166, ill.
B5856 The Crown Life Insurance Company Head Office Building
RAIC, XXXII, 6 (juin 55), 208-210, ill.
RAIC, XXXV, 6 (juin 58), 204, ill.
B5857 Extension to North American Life Building
CB, IV, 8 (août 54), 31, ill.

Marani, Morris & Allan
London
B5858 London Life Insurance Company (addition)
CB, XIII, 4 (avril 63), 3, texte & ill.
Toronto
B5859 CB, XII, 11 (nov. 62), 3, texte & ill.
B5860 Dominion of Canada General Assurance Company
CB, XI, 6 (juin 61), 42, ill.

B5861 Independant Order of Foresters, Jarvis & Charles St.
CB, XIV, 12 (déc. 64), 48, texte.
B5862 The Excelsior Life Insurance Company
CB, XIV, 1 (jan. 64), 5, texte & ill.
CB, XV, 8 (août 65), 54, texte & ill.

Marani & Morris; Moore & Ass.
Winnipeg
B5863 Great West Life Insurance Co.
BAT, XXXV, 2 (fév. 60), 30-33 texte, ill.

Marani, Rounthwaite & Dick
Ottawa
B5864 Metropolitan Life Insurance Company Head Office
TCA, XXIII, 11 (nov. 78), 38, texte & ill.
CB, XXIV, 8 (août 74), 20, texte & ill.
Toronto
B5865 Crown Life Home Office
ARCAN, 46, 1 (jan. 69), 36, ill.
CB, XIX, 11 (nov. 69), 7, texte & ill.
B5866 Manufacturers Life & Insurance Building, Bloor St.
TCA, XII, 7 (juil. 67), 8, texte & ill.
CB, XVI, 3 (mars 66), 7, ill.

Marani, Rounthwaite & Dick; Carruthers & Wallace
Toronto
B5867 Crown Life Insurance Co. (addition)
CB, XX, 6 (juin 70), 8, texte & ill.

Mark, Musselman, McIntyre, Combe
Brantford
B5868 S.C. Johnson & Son Ltd (addition)
TCA, XVIII, 5 (mai 73), 7, texte & ill.

Marshall, Merrett, Stahl, Elliott
Montréal
B5869 Édifice de Gillette du Canada Ltée
AC, 30, 331 (sept.-oct. 75), 17-21, texte & ill.

Martin, Ian; Auerbach, Herbert
Montréal
B5870 Tour Northern (rénovation)
BAT, LIV, 4 (avril 79), 10-12, texte & ill.

Mathers, A.S.
Waterloo
B5871 Dominion Life Assurance Co.
CB, IX, 5 (mai 59), 66, ill.

Mathers & Haldenby
Toronto
B5872 10 St. Mary Street
RAIC, XXXVI, 7 (juil. 59), 242-246 et 256, texte & ill.
B5873 Imperial Oil Building
TCA, 1 (nov.-déc. 55), 10, texte & ill.
TCA, II, 6 (juin 57), 36-37 et 41-43, texte & ill.
CB, VI, 12 (déc. 56), 30, ill.
RAIC, XXXII, 10 (oct. 55), 375, ill.
RAIC, XXXIV, 7 (juil. 57), 243-259, texte & ill.
B5874 The William H. Wright Building
RAIC, XXII, 12 (déc. 45), 264, ill.

Mathers & Haldenby; Erickson, Arthur
B5875 Voir Erickson, Arthur; Mathers & Haldenby

Mayerovitch and Bernstein
Montréal
B5876 Sternthal Building
RAIC, XXVII, 11 (nov. 50), 386-387, ill.

Meiklejohn, Gower, Fulker & Wallace
Kelowna
B5877 District Credit Union Building
TCA, XX, 9 (sept. 75), 53-55, texte & ill.

Mercier, André; Forcier, J.-J.
B5878 Voir Forcier, J.-J.; Mercier, André

Miller, Maxwell
Toronto
B5879 Simpsons-Sears Head-Office
CB, XVIII, 12 (déc. 68), 7, texte & ill.

Milne, W.G.
Calgary
B5880 Auto Mart Office
TCA, IV, 9 (sept. 59), 83, texte & ill.

Moffat, Moffat & Kinoshita
Montréal
B5881 Crystaplex Plastics Ltd
TCA, XVIII, 1 (jan. 73), 4-5, texte & ill.
Toronto
B5882 Manta Sound Co.
TCA, XVIII, 1 (jan. 73), 4, texte & ill.
TCA, XVIII, 11 (nov. 73), 4, texte & ill.
TCA, XIX, 5 (mai 74), 34-36, texte & ill.

Moody and Moore
Winnipeg
B5883 Insurance Building
RAIC, XXXII, 10 (oct. 55), 375, ill.

Moody, Moore, Duncan, Rattray, Peters, Searle and Christie
Winnipeg
B5884 Bestlands Building
CB, XXIV, 6 (juin 74), 51, texte & ill.
CB, XXV, 5 (mai 75), 5, ill.

Moody, A.R.; Richmond, E.I.
B5885 Voir Richmond, E.I.; Moody, A.R.

Moore & Ass., Marani & Morris
B5886 Voir Marani & Morris; Moore & Ass.

Moreau, Desrochers & Dumont
Montréal
B5887 Édifice Gagné
AC, 25, 283 (avril 70), 25, texte & ill.

Morgan, Earle C.
Toronto
B5888 Standard Chemical Company Limited
RAIC, XXV, 6 (juin 48), 206-207, ill.

Murray, James A.
Toronto
B5889 Anglo Canada Fire and General Insurance Co.
RAIC, XXXII, 5 (mai 55), 163, ill.
CB, V, 6 (juin 55), 57, texte & ill.
B5890 Terrasse sur l'immeuble Clarke Irwin & Co.
TCA, IV, 7 (juil. 59), 40 et 42-43, texte & ill.

Musson, Frank W.
Edmonton
B5891 Canada Trust
CB, XIX, 10 (oct. 69), 6, texte.
CB, XX, 7 (juil. 70), 31, texte & ill.
Vancouver
B5892 Bentall Centre
TCA, X, 9 (sept. 65), 17, texte & ill.
TCA, XVII, 3 (mars 72), 42-43, texte & ill.
TCA, XXIII, 11 (nov. 78), 6, texte & ill.
B5893 The Bentall Centre Complex-Canada Trust Tower
CB, XXVIII, 11 (nov. 78), 7, texte & ill.
CB, XXX, 8 (août 80), 15, ill.

Neish, Owen, Rowland & Roy
Grimsby (Ont.)
B5894 John Deere Ltd
CB, XXVIII, 1 (jan. 78), 20-21, texte & ill.
B5895 Office and Distribution Centre
TCA, XXIII, 5 (mai 78), 54-55, texte & ill.
Markham
B5896 Headquarters for IBM Canada Ltd
TCA, XXIV, 9 (sept. 79), 8, texte & ill.
CB, XXIX, 6 (juin 79), 8, texte & ill.
CB, XXX, 10 (oct. 80), 5, texte & ill.

Nobbs F.
Ste-Anne-de-Bellevue (Québec)
B5897 Siège social de RCA Limited
AC, 24, 278 (oct. 69), 18, texte & ill.

Notebaert, Gérard
Joliette
B5898 Édifice Grégoire Perreault
ABC, XII, 140 (déc. 57), 46-51, texte & ill.

Kingston
B5899 Kingston Office Building
RAIC, XXXIX, 7 (juil. 62), 30, ill.

Ouellet, Jean; Reeves, Jacques; Guité, Rodrigue; Alain, Jean
Lévis
B5900 Institut Desjardins
BAT, XLI, 5 (mai 66), 7, ill.
TCA, XI, 5 (mai 66), 8 et 13, texte.
ABC, XXIII, 267 (sept. 68), 34-40, texte & ill.

Page & Steele
Galt (Ont.)
B5901 Office Building, Babcock — Wilcox & Goldie — McCulloch Co. Ltd.
RAIC, XXX, 9 (sept. 53), 263, ill.
Toronto
B5902 RAIC, XXX, 9 (sept. 53), 263, ill.
B5903 400 University Avenue
TCA, XIV, 11 (nov. 69), 50, texte & ill.
CB, XIX, 7 (juil. 69), 28, texte & ill.
B5904 Barret Bob Pin Co. Ltd.
RAIC, XXIII, 2 (fév. 46), 36, ill.
B5905 The Bay — Wellington Building
RAIC, XXVI, 9 (sept. 49), 284-285, ill.
B5906 Montreal Trust Tower
ARCAN, 44, 4 (avril 67), 7, texte & ill.
B5907 National Trust Building
RAIC, XLII, 3 (mars 65), 22 et 24 et 26, texte & ill.
CB, XIV, 4 (avril 64), 22-23, texte & ill.
B5908 Offices and Plant B & T Metals Co.
RAIC, XXX, 9 (sept. 53), 263, ill.
B5909 Proctor and Gamble Co.
CB, XIII, 8 (août 63), 11, texte.
CB, XIV, 4 (avril 64), 22-23, texte & ill.
B5910 Richmond Street Office Building
RAIC, XXIX, 6 (juin 52), 165, ill.
RAIC, XXXII, 5 (mai 55), 156-157, ill.
B5911 Toronto General Trust (rénovation)
CB, XI, 3 (mars 61), 22-23, texte & ill.
B5912 Wawanesa Mutual Insurance Co.
RAIC, XXXII, 10 (oct. 55), 378, ill.
RAIC, XXXIII, 5 (mai 56), 180, texte & ill.
B5913 Yolles and Rotenberg Limited Building
CB, IV, 8 (août 54), 31, ill.
CB, V, 1 (jan. 55), 18, ill.

Page & Steele; Dickinson, Peter S. (ass.)
Toronto
B5914 Prudential Building
TCA, VII, 4 (avril 62), 71-74, texte & ill.
CB, X, 3 (mars 60), 71, texte & ill.

Paine and Ass.
Vancouver
B5915 Oceanic Plaza
CB, XXV, 3 (mars 75), 6, texte & ill.

Parkin Architects
Toronto
B5916 Shaw and Begg Office Building
ARCAN, 47 (14 sept. 70), 1, texte & ill.

Parkin, John B. (ass.)
Don Mills
B5917 Grand & Toy Ltd
RAIC, XXXII, 10 (oct. 55), 379, ill.
B5918 Headquarters of Imperial Oil
TCA, VI, 12 (déc. 61), 9, texte & ill.
TCA, VIII, 3 (mars 63), 41-46, texte & ill.
TCA, XI, 1 (jan. 66), 7, texte.
RAIC, XL, 8 (août 63), 38, ill.
RAIC, XLI, 11 (nov. 64), 114, texte & ill.
CB, XIII, 2 (fév. 63), 51, texte & ill.
ARCAN, 43, 8 (août 66), 27, texte & ill.
B5919 Ortho Pharmaceutical Corp. Ltd
RAIC, XXXII, 10 (oct. 55), 379, ill.
TCA, XXV, 11 (nov. 80), 19, texte & ill.
Montréal
B5920 Place du Canada
TCA, X (Yearbook 65), 88, texte & ill.
ABC, XIX, 222 (oct. 64), 50, texte & ill.
CB, XV, 4 (avril 65), 6, texte & ill.
CB, XVI, 10 (oct. 66), 64, texte & ill.

B5921 Sun Life Building (cuisine et cafétéria)
TCA, VI, 7 (juil. 61), 60-62, texte & ill.

St. Catharines
B5922 McKinnon Industries Building
TCA, XI, 8 (août 66), 41-44, texte & ill.

Sarnia
B5923 Engineering Division of Imperial Oil's
TCA, III, 2 (fév. 58), 49-54, texte & ill.
RAIC, XXXII, 10 (oct. 55), 387, ill.
RAIC, XXXIII, 8 (août 56), 279-283, texte & ill.

Toronto
B5924 Immeuble, Bloor & Huntley St.
TCA, XIII, 12 (déc. 68), 38, texte & ill.
B5925 IBM Head Office
TCA, IX, 9 (sept. 64), 14, texte.
TCA, XII, 2 (fév. 67), 5 et 7, texte & ill.
B5926 McCall Frontenac Oil Co. Ltd
RAIC, XXXII, 5 (mai 55), 174-175, ill.
B5927 Sun Life Building
RAIC, XXXV, 11 (nov. 58), 428-429, texte & ill.
RAIC, XXXVIII, 9 (sept. 61), 41-52, texte & ill.
TCA, VI, 10 (oct. 61), 53-60, texte & ill.
TCA, VII, 3 (mars 62), 11-12
TCA, XIV, 11 (nov. 69), 39, ill.
B5928 Toronto Transportation Centre Study
ARCAN, 45, 1 (jan. 68), 57 ill.

Parkin, John C.

Toronto
B5929 Phoenix House
CB, XXII, 5 (mai 72), 5, texte.

Parkin Partnership

North York
B5930 2 tours de 10 étages
CB, XXVIII, 7 (juil. 78), 6, texte.

Parkin, Searle, Wilbee, Rowland

Clarkson (Ont.)
B5931 Édifice pour Canada Systems Group
AC, 26, 295 (juin 71), 30-32, texte & ill.

Parkin, Smith, Carter
B5932 Voir Smith, Carter, Parkin

Peck, R.M.

Wolfville (N.-E.)
B5933 Linden Building
RAIC, XXXII, 4 (avril 55), 130, ill.

Pendergast, Purll & Partners; Hulbert, R.E. (Partners)
B5934 Voir Hulbert, R.E. (Partners); Pendergast, Purll & Partners

Pennington, R.P.G.

Toronto
B5935 General offices for Bramalea General Contracting Ltd.
ARCAN, L (juil. 73), 3-4, texte & ill.

Pentland & Baker

Clarkson (Ont.)
B5936 St. Lawrence Cement Co.
RAIC, XXXIV, 6 (juin 57), 214-216, texte & ill.
CB, VII, 8 (août 57), 40-42, texte & ill.

Weston
B5937 Laidlaw Lumber Co.
CB, IX, 8 (août 59), 40, ill.

Pentland, Baker and Polson

Oshawa
B5938 National Trust Building
TCA, X, 11 (nov. 65), 13 et 24, texte & ill.
RAIC, XLII, 11 (nov. 65), 55 et 58, texte & ill.

Pentland, McFarland & Baker

Toronto
B5939 RAIC, XXX, 9 (sept. 53), 266, ill.
B5940 Office, Adelaide at University
CB, IV, 8 (août 54), 31, ill.
B5941 Cockfield-Brown Building
RAIC, XXX, 9 (sept. 53), 267, ill.
RAIC, XXXII, 5 (mai 55), 176-177, texte & ill.
CB, IV, 9 (sept. 54), 49-50, texte, ill.

Perry, A. Leslie

Montréal
B5942 Wawanesa Mutual Insurance Co.
RAIC, XXX, 9 (sept. 53), 266, ill.

Perry, Luke and Little

Montreal Est
B5943 RAIC, XVIII, 7 (juil. 41), 117, ill.

Power & Kessler; Fisher, Reuben; Fisher, Howard T. (ass.)
B5944 Voir Fisher, Reuben; Power & Kessler; Fisher, Howard T. (ass.)

Prack & Prack

Hamilton
B5945 (rénovation d'une usine)
ARCAN, 43, 9 (sept. 66), 32, texte & ill.
B5946 Dominion Foundries and Steele (Dofasco)
RAIC, XLI, 10 (oct. 64), 76, texte & ill.
CB, XIII, 4 (avril 63), 8, texte.

Lake Ontario
B5947 Dofasco
CB, XIII, 6 (juin 63), 36-37, texte & ill.

Welland
B5948 Atlas Steel Limited
CB, VIII, 11 (nov. 58), 25-26, texte & ill.
TCA, III, 9 (sept. 58), 42-47, texte & ill.
BAT, XXXIV, 8 (août 59), 34-37, texte & ill.

Pratt, C.E.

Vancouver
B5949 IBM Building
CB, XV, 5 (mai 65), 57-58, texte & ill.

Rebanks, Leslie

Toronto
B5950 Wittington Tower
CB, XXVI, 7 (juil. 76), 6, texte & ill.

Reeves, Jacques; La Haye & Ouellet
B5951 Voir La Haye & Ouellet; Reeves, Jacques.

Reeves, Jacques; Ouellet, Jean; Guité, Rodrigue; Alain, Jean
B5952 Voir Ouellet, Jean; Reeves, Jacques...

Reszetnik, Sigmund

London
B5953 201 Queen's
CB, XVIII, 6 (juin 68), 7, texte.

Rhone and Iredale

Vancouver
B5954 Office, Pender & Georgia St.
TCA, XX, 2 (fév. 75), 6, texte & ill.
B5955 Office building for a sawmill
TCA, XXII, 12 (déc. 77), 26-27, texte & ill.
B5956 Crown Life Insurance Co.
CB, XXV, 4 (avril 75), 30, texte & ill.
CB, XXVIII, 8 (août 78), 25, ill.
B5957 Saba Building
TCA, XIII, 7 (juil. 68), 39-40, texte & ill.
B5958 Weldwood of Canada
TCA, XIII, 1 (jan. 68), 5-6, texte & ill.
TCA, XIII, 3 (mars 68), 55-58, texte & ill.
B5959 The Westcoast Transmission Company Ltd
TCA, XIII, 6 (juin 68), 9, texte & ill.
TCA, XVI, 5 (mai 71), 6-7, texte & ill.
TCA, XVI, 10 (oct. 71), 32-38 et 83, texte & ill.
ARCAN, 46, 1 (jan. 69), 33, ill.
BAT, XLIII, 4 (avril 68), 32, texte & ill.
BAT, XLIV, 9 (sept. 69), 31, texte & ill.
CB, XVIII, 5 (mai 68), 8, texte & ill.
CB, XVIII, 6 (juin 68), 53, texte.
CB, XVIII, 7 (juil. 68), 23, texte & ill.
CB, XIX, 7 (juil. 69), 33 et 34, ill.
CB, XIX, 8 (août 69), 33, texte & ill.

Rhone & Iredale; Bogue, Babicki & Associates

Vancouver
B5960 Westcoast Building
CB, XXI, 5 (mai 71), 45, texte & ill.
TCA, XVII, 1 (jan. 72), 50
ARCAN, 48 (26 avril 71), 8, texte & ill.

Richmond, E.I.; Moody, A.R.

Toronto
B5961 Carlton Tower
CB, X, 9 (sept. 60), 36-37, texte & ill.

Rinfret, Pierre

Québec
B5962 Édifice du boulevard (400 boul. Charest)
ABC, III, 28 (août 48), 30-31, ill.

Rinfret & Bouchard

Québec
B5963 Édifice Raoul Garneau
ABC, IV, 38 (juin 49), 45, ill.

Robitaille, André

Québec
B5964 Immeuble La Fayette
RAIC, XXXVIII, 4 (avril 61), 58-60, texte & ill.
ABC, XV, 176 (déc. 60), 377-380, texte & ill.

Sillery
B5965 Crédit Foncier Franco-Canadien
TCA, XI, 5 (mai 66), 66-67, texte & ill.

Romses, Kwan and associates; Kwok, Stanley T.

Vancouver
B5966 Immeuble de 25 étages
TCA, XIX, 8 (août 74), 5, texte & ill.

Ross, Patterson, Townsend and Heughan

Montréal
B5967 Imperial Oil Limited
RAIC, XXVII, 2 (fév. 50), 61, ill.
ABC, IV, 40 (août 49), 22, ill.

Rother, Vincent

Édifice de lieu inconnu
B5968 Immeuble de 4 étages
CB, 1, 5 (nov.-déc. 51), 21, texte & ill.

Montréal
B5969 Immeuble, rue Peel
RAIC, XXXIII, 3 (mars 56), 91, ill.
B5970 Immeuble, ave Van Horne & Côte des Neiges
RAIC, XXXIII, 3 (mars 56), 91, ill.

Rother, Bland, Trudeau

Montréal
B5971 The Franki Building
TCA, III, 2 (fév. 58), 55-58, texte & ill.

Rounthwaite & Fairfield

Goderich (Ont.)
B5972 British Mortgage & Trust Company Building
TCA, VIII, 1 (jan. 63), 39-41, texte & ill.
TCA, VIII, 3 (mars 63), 14 et 88

Stratford
B5973 British Mortgage & Trust Company Building
TCA, VIII, 1 (jan. 63), 42-44, texte & ill.
TCA, X, 5 (mai 65), 58, ill.

Rowland, Parkin, Searle, Wilbee
B5974 Voir Parkin, Searle, Wilbee, Rowland.

Rule & Wynn

Edmonton
B5975 Woodward's Building (agrandissement)
RAIC, XVII, 5 (mai 40), 86

Rule, Wynn and Rule

Calgary
B5976 Elveden House
CB, X, 5 (mai 60), 43, ill.

Samson, Paul-E.

Lévis
B5977 Assurance-Vie Desjardins (bureaux provisoires, l'édifice ayant été conçu comme centre récréatif)
ABC, XVII, 200 (déc. 62), 28-31, texte & ill.

Sankey & Associés

Toronto
B5978 Édifice de la Cie Great West Steel
AC, 28, 317 (sept. 73), 19, texte & ill.

Saskin, Ben; Slater, Norman; Booth, Percy
Dorval
B5979   CIBA Company Building
CB, X, 8 (août 60), 24-26, texte & ill.
RAIC, XXXVII, 10 (oct. 60), 433-440, texte & ill.

Schmidt, J.M. (ass.)
Richmond (C.-B.)
B5980   Immeuble de 12 étages
CB, XVI, 2 (fév. 66), 8, ill.

Scoler, Gluck & Ass.
Mississauga
B5981   Meadowvale Court
CB, XXX, 8 (août 80), 19 et 22-23, texte & ill.

Searle, Parkin, Wilbee, Rowland.
B5982   Voir Parkin, Searle, Wilbee, Rowland

Searle, Wilbee, Rowland
Calgary
B5983   MacLeod Place Office Complex
CB, XXIV, 12 (déc. 74), 25, texte.
Mississauga
B5984   Sheridam Park Research Community
BAT, XLVII, 4 (avril 72), 14-15 texte, ill.
Toronto
B5985   Guardian Royal Exchange Tower — Toronto Plaza Hotel Complex
ARCAN, L (jan. 73), 8

Sefton, W. & Associates
Toronto
B5986   Foundation Building
CB, XI, 12 (déc. 61), 59, texte & ill.

Semmens and Simpson
Vancouver
B5987   B.C. Sugar Refinery Limited
RAIC, XXII, 12 (déc. 55), 453 et 461, texte & ill.
RAIC, XXXIII, 2 (fév. 56), 52-54, texte & ill.
CB, VI, 1 (jan. 56), 25 et 27, texte & ill.
BAT, XXXI, 3 (mars 56), 47, ill.
B5988   Harris Office Building
RAIC, XXXIII, 6 (juin 56), 218-221, ill.
B5989   Headquarters of Imperial Oil Company
TCA, VI, 12 (déc. 61), 9, texte & ill.
RAIC, XXXIX, 4 (avril 62), 34, ill.
B5990   Marwell Office Building
RAIC, XXX, 1 (jan. 53), 9-11, texte & ill.
RAIC, XXXV, 4 (avril 58), 136, ill.
CB, II, 12 (déc. 52), 13, ill.
CB, IV, 1 (jan. 54), 20-21, texte & ill.
BAT, XXVIII, (jan. 53), 13, texte, ill.
TCA, XIX, 9 (sept. 74), 4-5, texte & ill.

Shankman & Hersen
Montréal
B5991   Le Cherrier
ABC, XIX, 223 (nov. 64), 44, texte.

Sharp, Thompson, Berwick, Pratt
Vancouver
B5992
RAIC, XXVI, 5 (mai 49), 167, ill.
B5993   Cockfield Brown & Co Ltd
RAIC, XXXII, 5 (mai 55), 158, ill.
CB, IV, 1 (jan. 54), 19, ill.
CB, IV, 9 (sept. 54), 48, 50, texte, ill.
B5994   Office for Tilden Drive Yourself
RAIC, XXVII, 9 (sept. 50), 303, ill.
RAIC, XXX, 1 (jan. 53), 27, texte & ill.
CB, III, 1 (jan. 53), 17, ill.

Shenkman, Stanley-R.
Montréal
B5995   Immeuble, boul. Décarie et Côte de Liesse
BAT, XXIX, 10 (oct. 54), 17-18, texte.

Sheppard, Earle L.
Toronto
B5996   Adelaide Street West
RAIC, XXXII, 5 (mai 55), 170, ill.
B5997   Harry E. Foster Agency
CB, I, 2 (mai 51), 56 texte, ill.

Shore & Moffat
Toronto
B5998   Union Carbide Canada Ltd Head Office Building
RAIC, XXXVII, 10 (oct. 60), 409-420, texte & ill.
TCA, III, 3 (mars 58), 60, texte & ill.
TCA, IV, 1 (jan. 59), 14, texte & ill.
CB, X, 3 (mars 60), 74-75, texte & ill.

Shore, Tilbe, Henschel, Irwin, Peters
North York
B5999   Canadian Industries Ltd (CIL)
CB, XXX, 2 (fév. 80), 5, texte & ill.

Shulman, Ben-Ami
Montréal
B6000
RAIC, XXXII, 10 (oct. 55), 378, ill.

Shumiatcher, Judah
Vancouver
B6001   North West Trust
CB, XXIX, 2 (fév. 79), 10, texte.

Skidmore, Owings & Merrill; Greenspoon, Freedlander & Dunne
B6002   Voir Greenspoon, Freedlander & Dunne; Skidmore, Owings & Merrill

Smith, Carter, Parkin
Winnipeg
B6003   Monarch Life Building
TCA, XV, 5 (mai 70), 47-48, ill.

Smith, Carter, Searle
Winnipeg
B6004   Federated Corporative Ltd Office Building
ARCAN, 45, 1 (jan. 68), 45, ill.
B6005   The Monarch Life Building
RAIC, XXXIX, 7 (juil. 62), 31-40, texte & ill.
RAIC, XLI, 11 (nov. 64), 81, texte & ill.
TCA, IX, (Yearbook 64), 44-45, texte & ill.

Spense & Mathias
Montréal
B6006   Édifice commercial "Phillips Place"
ABC, IV, 44 (déc. 49), 27, ill.

Sperry Ass. Ltd
Dartmouth (N.-E.)
B6007   The Building Block
TCA, XX, 9 (sept. 75), 46-49, texte & ill.

Sproule, Wallace C.
Ottawa
B6008   Empire Building
CB, V, 10 (nov. 55), 27, texte & ill.

Stanley, K.C.
Edmonton
B6009   Imperial Oil's Alberta Marketing Division Office Building
TCA, II, 1 (jan. 57), 65, texte & ill.
RAIC, XXXIII, 5 (mai 56), 183, ill.

Stephenson, J. (ass.); Webb, Zerafa, Menkes
B6010   Voir Webb, Zerafa, Menkes; Stephenson, J. (ass.)

Storey, Joseph W.
Chatham
B6011   Administration Building Libby McNeill and Libby of Canada Ltd
RAIC, XXXIII, 10 (oct. 56), 392-395, texte & ill.

Tampold and Wells
Halifax
B6012   Centennial Building
CB, XVI, 10 (oct. 66), 74, texte & ill.
B6013   Halifax Insurance Office
CB, XVI, 10 (oct. 66), 73-74, texte & ill.

Temporale, Stark
Toronto
B6014   Sunquest Vacations
CB, XXX, 1 (jan. 80), 14-15, texte & ill.
TCA, XXV, 2 (fév. 80), 4, texte & ill.

Tessier & Corriveau
Québec
B6015   Centre Bois-Fontaine (addition)
CB, XXII, 2 (fév. 72), 8, texte & ill.
BAT, XLVII, 2 (fév. 72), 8, texte.

Tettamanti, James
West Vancouver
B6016   Royal Trust (Rénovation)
TCA, XI, 6 (juin 66), 47 et 67, texte & ill.

The Architects' Collaborative
Ottawa
B6017   Royal Trust Building
RAIC, XL, 8 (août 63), 37, ill.

Thom, R.J.
Toronto
B6018   Office for M. S. Yolles Associates
TCA, XII, 2 (fév. 67), 45-48, texte & ill.

The Thom Partnership
North York
B6019   Atria North
TCA, XXIII, 6 (juin 78), 10, texte & ill.
TCA, XXIII, 10 (oct. 78), 36-38, texte & ill.
TCA, XXIV, 7 (juil. 79), 4, texte & ill.
TCA, XXV, 2 (fév. 80), 18-24, texte & ill.
CB, XXVII, 7 (juil. 77), 21, texte & ill.
CB, XXIX, 6 (juin 79), 8, texte.

Thompson, Berwick & Pratt
Vancouver
B6020   IBM Building
TCA, X, 5 (mai 65), 67-69, texte & ill.
TCA, XI, 6 (juin 66), 47 et 65, texte & ill.

Toby & Russell
Vancouver
B6021   Pacific Leasing Building
RAIC, XXXIII, 8 (août 56), 304, texte & ill.

Tolchinsky, H.M.
Dorval
B6022   West Isle Office Tower
BAT, XLVII, 4 (avril 72), 17, texte, ill.
Montréal
B6023   Fairway Centre
BAT, XLVI, 10 (oct. 71), 13, texte, ill.
BAT, XLVIII, 4 (avril 73), 17, texte.

Tolchinsky et Goodz
Côte-Saint-Luc
B6024   Immeuble à bureaux de la Corporation Première Québec
BAT, LI, 7 (juil. 76), 7, texte, ill.
Dorval
B6025   Immeuble de 5 étages
CB, XXII, 3 (mars 72), 5, texte & ill.
Longueuil
B6026   Complexe Bienville, phase II
BAT, LV, 8 (oct. 80), 4, texte, ill.
BAT, LV, 10 (déc. 80), 8, 10, texte, ill.
Montréal
B6027   2000 Peel
TCA, XXV, 7 (juil. 80), 6, texte & ill.
CB, XXX, 8 (août 80), 15, ill.
BAT, LV, 5 (juin 80), 8, ill
BAT, LV, 7 (sept. 80), 4, texte.

Underwood, McKinley, Wilson & Smith
Vancouver
B6028   Hammerson Building
CB, XXVII, 5 (mai 77), 7, texte & ill.

Upenieks, Visvaldis V.
Toronto
B6029
TCA, V, 10 (oct. 60), 51-54, texte & ill.
B6030   Combined Insurance Office Building
CB, XII, 7 (juil. 62), 42, texte & ill.

Vallance, Hugh
Montréal
B6031   Crane Limited Office Building
RAIC, XXII, 12 (déc. 45), 262, ill.

Van Norman, C.B.K. (ass.)
Vancouver
B6032 Burrard Building
TCA, V, 3 (mars 60), 49, texte & ill.
RAIC, XXXII, 10 (oct. 55), 380, ill.
RAIC, XXXV, 4 (avril 58), 136 et 137, ill.
CB, VIII, 4 (avril 58), 52-53, texte & ill.
B6033 Empire Building
CB, XVII, 7 (juil. 67), 47, texte.

Venchiarutti & Venchiarutti
Toronto
B6034 RAIC, XXX, 9 (sept. 53), 265, ill.
RAIC, XXXII, 10 (oct. 55), 376, ill.
RAIC, XXXII, 10 (oct. 55), 379, ill.
B6035 Direct Mail Advertising (agrandissement)
RAIC, XXXIV, 10 (oct. 57), 398-399, texte & ill.

Vincent, Jacques
Laval
B6036 Pour les bureaux de Vermont Construction
AC, 25, 287 (sept 70), 30, texte & ill.

Volgyesi, A.S.
Hull
B6037 Complexe Duvernay
BAT, LIII, 8 (août 78), 11 et 13, texte & ill.

Waisman, Ross & Ass.
Winnipeg
B6038 New York Life Insurance Co.
RAIC, XXXVII, 4 (avril 60), 152, texte & ill.

Waisman, Ross, Blankstein, Coop, Gillmor, Hanna & ass.
Winnipeg
B6039 Britannia House Office Building
RAIC, XLI, 11 (nov. 64), 83, texte & ill.

Waisman, Ross, Blankstein, Coop, Gillmor, Hanna; Gardiner, Thornton, Gathe & Ass.
Vancouver
B6040 Baxter Building
TCA, X, (Yearbook 65), 85, texte & ill.
TCA, XIII, (Yearbook 68), 84, texte & ill.

Warshaw & Swartzman
Édifice de lieu inconnu
B6041 The Stone and Marble Centre
BAT, XXXVII, 3 (mars 61), 28-31, texte & ill.

Warshaw, Swartzman & Bobrow
Chomedey
B6042 Canadian Formwork Corporation
BAT, XL, 2 (fév. 65), 24-26, texte & ill.
CB, XV, 2 (fév. 65), 47, texte & ill.

Webb & Menkes
Don Mills
B6043 Nielson Building
TCA, VIII, 3 (mars 63), 58-63, texte & ill.

Webb, Zerafa, Menkes
Calgary
B6044 Immeuble de 20 étages, 5th Ave & 5th St., S.W.
CB, XVIII, 2 (fév. 68), 25, texte.
B6045 Calgary Glass Tower
CB, XXII, 2 (fév. 72), 41, ill.
B6046 Project 907
CB, XIX, 7 (juil. 69), 7, texte.
Don Mills
B6047 Shell Canada Limited
TCA, XI, 9 (sept. 66), 6, texte & ill.
Kitchener
B6048 Waterloo Trust Building
CB, XIII, 9 (sept. 63), 3, texte & ill.
Toronto
B6049 TCA, IX, 5 (mai 64), 64 et 67, texte & ill.
TCA, XIV, (Yearbook 69), 56, texte & ill.
B6050 Immeuble de 27 étages
TCA, XV, 8 (août 70), 6, texte & ill.
B6051 390 Bay Street
CB, XXI, 4 (avril 71), 7, texte & ill.
B6052 Immeuble à bureaux, Yonge St. & Frobisher Ave.
CB, XIX, 4 (avril 69), 7, texte & ill.
B6053 Office Building, 112 St. Clair W.
ARCAN, 45, 1 (jan. 68), 44, ill.
B6054 Global Life Building
CB, XVII, 5 (mai 67), 37-39, texte & ill.
B6055 Imperial Life Building
CB, XVII, 10 (oct. 67), 50, ill.
B6056 The Thomson Building
TCA, XV, 3 (mars 70), 9, texte & ill.
CB, XXI, 2 (fév. 71), 39, texte.
B6057 York Centre
CB, XXI, 2 (fév. 71), 42, texte.
ARCAN, 47 (10 août 70), 8

Webb, Zerafa, Menkes, Housden
Calgary
B6058 Immeuble de 33 étages
CB, XXV, 4 (avril 75), 30, texte & ill.
Halifax
B6059 Spring Garden Office Complex
TCA, XXII, 1 (jan. 77), 40-41, texte & ill.
Longueuil
B6060 Complexe Bienville
BAT, L, 10 (oct. 75), 8, 17, texte, ill.
BAT, LI, 2 (fév. 76), 7, texte & ill.
CB, XXVI, 2 (fév. 76), 25-26, texte & ill.
Montréal
B6061 TCA, XVI, 8 (août 71), 6, texte & ill.
B6062 Immeuble à bureaux, angle McGill College et avenue Président Kennedy
BAT, LV, 3 (avril 80), 6, texte, ill.
CB, XXX, 5 (mai 80), 9, texte & ill.
TCA, XXV, 6 (juin 80), 7, texte & ill.
B6063 2075 Stanley
BAT, LII, 1 (jan. 77), 7, texte & ill.
B6064 2075 University
CB, XXIII, 5 (mai 73), 41, texte & ill.
BAT, XLVIII, 5 (mai 73), 5, texte.
B6065 Centre Manu Vie
CB, XXX, 8 (août 80), 14, ill.
BAT, LV, 5 (juin 80), 10, texte, ill.
B6066 Place du Centre (Phase c)
CB, XXI, 7 (juil. 71), 7, texte.
Toronto
B6067 University Place
TCA, XVIII, 11 (nov. 73), 7, texte & ill.
B6068 Wellington South-East
BAT, LIII, 2 (fév. 78), 8, texte & ill.
Vancouver
B6069 TCA, XVI, 8 (août 71), 6, texte & ill.
B6070 1090 West Georgia
CB, XXIV, 10 (oct. 74), 34, texte & ill.
B6071 Birks Building
TCA, XVII, 3 (mars 72), 40, texte & ill.
Willowdale
B6072 The Lummus Building
CB, XXIII, 9 (sept. 73), 42, texte.

Webb, Zerafa, Menkes; Stephenson, J. (ass.)
Calgary
B6073 (17 étages)
TCA, IX, 5 (mai 64), 64 et 69, texte & ill.

Weir, Cripps & ass.
Toronto
B6074 Carling Breweries Ltd
TCA, IV, 6 (juin 59), 42-47, texte & ill.
B6075 Commercial Travellers' Building
RAIC, XXXIII, 6 (juin 56), 235, ill.

White, Cecil W.
Winnipeg
B6076 A Bank and Office Building (projet d'étudiant)
RAIC, XXII, 4 (avril 45), 80, texte & ill.

Wiens, Clifford
Régina
B6077 Interprovincial Steel Office Building
TCA, VII, 3 (mars 62), 55-56, texte & ill.
TCA, XIV, 11 (nov. 69), 41, ill.

Wiggs, H. Ross
Montréal
B6078 Dominion Textile Building
CB, IV, 5 (mai 54), 35-37, texte, ill.
RAIC, XXX, 7 (juil. 53), 194-200, texte & ill.
ABC, VI, 73 (mai 52), 18-27, texte & ill.

Wilbee, Rowland, Parkin, Searle
B6079 Voir Parkin, Searle, Wilbee, Rowland

Wilson & Newton
Brampton
B6080 RAIC, XXXII, 5 (mai 55), 162, ill.

Zerafa, Serge; Dale, Chandler, Kennedy
Calgary
B6081 Immeuble de 16 étages, 5th Ave & 3rd St.
CB, XXVII, 10 (oct. 77), 7, texte & ill.

Magasins
Stores

"Magasins"
ABC, IV, 36 (avril 49), 26-29, texte & ill.
"Modernisation" Store Modernization Caravan, pour la Pittsburgh Plateglass Co.
ABC, IV, 36 (avril 59), 28-29 et 32-35, texte & ill.
"Quelques principes de construction"
ABC, III, 24 (avril 48), 24-25, texte & ill.

Archambault, Maurice
"Technique du magasin"
ABC, IV, 36 (avril 49), 37-40, texte.

Dayton, John M.
Nelson, Richard Lawrence. *The selection of retail locations*, F.W. Dodge Corp, sans lieu, sans date.
RAIC, XXXVI, 12 (déc. 59), 440

Morgan, Earle C.
"Random Notes on Store Design".
RAIC, XXV, 8 (août 48), 260-277

Anonyme/Anonymous
Agincourt
B6501 A & P (Supermarché)
NB, VII, 9 (sept.), 22-23, texte & ill.
Baie-Comeau
B6502 A. Nazair & Cie Ltée
BAT, XLIII, 3 (mars 68), 56, texte.
Baie-James
B6503 Magasin général modulaire à LG-4
BAT, LIII, 4 (avril 78), 5, texte.
Berthierville
B6504 Pharmacie Guy Barrette
BAT, XLVII, 10 (oct. 72), 28-29, texte, ill.
Boucherville
B6505 Stenson-Fortier Ltée
BAT, XLIV, 6 (juin 69), 5, ill.
Brossard
B6506 Beaver Home Centre
CB, XXIV, 3 (mars 74), 8, texte.
Calgary
B6507 Canadian Industries Ltd.
NB, VII, 10 (oct. 58), 40, texte.
B6508 CrownMart Hometown Store
CB, XXII, 5 (mai 72), 16, texte.
Edmonton
B6509 Woodward Stores Ltd
CB, XVII, 7 (juil. 67), 47, texte.
Etobicoke
B6510 Dominion Stores Ltd (distribution centre)
CB, XVIII, 10 (oct. 68), 36, ill.

Commerce et industrie / Commerce and Industry

Ile-des-Soeurs
B6511 Canadian Kodak (centre de commercialisation régional)
BAT, XLVI, 7 (juil. 71), 6, texte & ill.

Lancaster (N.-B.)
B6512 Pilkington Glass
NB, VII, 8 (août 58), 33, texte.

Mississauga
B6513 Simpsons-Sears Ltd
CB, XXII, 6 (juin 72), 7, texte.
B6514 Toronto International Centre of Commerce
CB, XXIV, 2 (fév. 74), 45, texte.

Moncton
B6515 Simpsons-Sears
CB, XVIII, 12 (déc. 68), 7, texte.

Montréal
B6516 Modernisation d'un magasin de tapis, rue St-Hubert
ABC, V, 48 (avril 50), 27, ill.
B6517 Magasin Henry Morgan & Cie, intérieur ch. de la Reine-Marie, Snowdon
ABC, VI, 58 (fév. 51), 16-18, ill.
B6518 Magasin de gros et entrepôts de la firme Ludger Gravel et Fils, boul. St-Laurent.
ABC, IV, 36 (avril 49), 39, ill.

Ville Mont-Royal
B6519 RCA Victor Company Ltd (centre de distribution)
BAT, XXX, 4 (avril 55), 21, texte.

Niagara Falls (Ont.)
B6520 Niagara International Centre
CB, XIV, 11 (nov. 64), 19, texte & ill.

Ottawa
B6521 Pilkington Glass
NB, VII, 8 (août 58), 33, texte.

Pointe-Claire
B6522 Pointe-Claire Lumber
BAT, XLIV, 6 (juin 69), 5, ill.

Régina
B6523 Hudson's Bay Store
CB, XIX, 7 (juil. 69), 35, ill.

Saint-Eustache
B6524 Canadian Fire
BAT, LIII, 2 (fév. 78), 5, texte.

St-Laurent
B6525 Simpsons-Sears
BAT, XLVIII, 3 (mars 73), 5, texte.

Scarborough
B6526 Pilkington Glass.
NB, VII, 8 (août 58), 33, texte.

Swan Valley (Man.)
B6527 Consumers Cooperative
NB, VIII, 8 (août 59), 39, texte.

Trois-Rivières
B6528 Canadian Tire Corporation
BAT, XLVIII, 8 (août 73), 5, texte.
BAT, XLVIII, 10 (oct. 73), 5, texte.

Vancouver
B6529 Pilkington Glass Ltd
NB, VII, 1 (jan. 58), 2, texte.
B6530 Super-Valu store
NB, VIII, 7 (juil. 59), 26, texte & ill.

Windsor
B6531 Tepperman's Store
CB, XXVIII, 10 (oct. 78), 27-28, texte & ill.

North York
B6532 T. Eaton Co.
CB, XIII, 4 (avril 63), 3, texte.

Adamson, Gordon S.
Leaside (Ont.)
B6533 George W. Crothers Limited
RAIC, XXIII, 8 (août 46), 194-197, ill.

Adamson, Gordon S. (Ass.)
Toronto
B6534 Holt Renfrew
TCA, V, 3 (mars 60), 51-52, texte & ill.
RAIC, XXXV, 12 (déc. 58), 474, ill.

Amano, Shigeru
Bramalea
B6535 Distribution centre for Mel-Ron Construction Ltd
CB, XXIII, 9 (sept. 73), 46, texte.

Amyot, Gaston
Québec
B6536 Magasin Thrift
BAT, XXIX, 11 (nov. 54), 18, texte.

Amyot, Marchand & Légaré
Québec
B6537 Le Syndicat de Québec
ABC, IV, 38 (juin 49), 43, ill.

Anderson & Raymer
Autoroute Trans-Canada (C.-B.)
B6538 Brackman-Ker
TCA, I, 12 (déc. 56), 35-36, texte & ill.

Audet & Blais
Drummondville
B6539 Pharmacie Vanasse
BAT, XXXIII, 10 (oct. 58), 33 texte, ill.

Barott, Marshall, Montgomery, Merrett
Montréal
B6540 Salle d'exposition et de vente, E.H. Hopkins Ltd boul. Décarie.
ABC, IV, 36 (avril 49), 39, ill.

Beaupré, Louis
Édifice de lieu inconnu
B6541 Magasin de nouveautés: projet d'étudiant
ABC, XI, 127 (nov. 56), 51, ill.

Bélanger, Alphonse
Sherbrooke
B6542 Immeuble de la General Electric
ABC, IV, 40 (août 49), 32, ill.

Berthiaume, Adrien
Beloeil
B6543 Les Entreprises Yvon L'Heureux Ltée
BAT, XXXII, 2 (fév. 57), 28-29 texte, ill.

Bird, John; Schrier, Arnold
Montréal
B6544 Case Ltd Store, Peel et Ste-Catherine
TCA, I, 2 (jan.-fév. 56), 45-46, texte & ill.
ABC, IX, 103 (nov. 54), 42, ill.

Birley, Wade and Stockdill
Victoria
B6545 The Wedgwood Shop
RAIC, XXV, 8 (août 48), 267, ill.

Black, Susan
Toronto
B6546 Reeves Plants and Flowers
TCA, XXII, 10 (oct. 77), 38, texte & ill.
B6547 The Creative Child
TCA, XXII, 10 (oct. 77), 38-39, texte & ill.

Brassard, Sylvio; Desmeules, Gabriel
Québec
B6548 Magasin Paquet, boul. Charest
ABC, IV, 38 (juin 49), 41, ill.
ABC, V, 50 (juin 50), 31, ill.

Bregman and Hamann
Toronto
B6549 Eaton's
ARCAN, 48 (26 avril 71), 1, texte & ill.
B6550 Hudson's Bay Co., Fairview Mall
CB, XX, 9 (sept. 70), 53, texte & ill.
ARCAN, 47 (14 sept. 70), 5, texte & ill.

Bregman & Hamann; Hankinson, E.L.; Parkin, Millar & Ass.
Toronto
B6551 Eaton's
TCA, XXII, 1 (jan. 77), 5, texte & ill.

Bregman & Hamann; Parkin, John B. (Ass.)
B6552 Voir Parkin, John B. (ass.); Bregman & Hamann

Chapman, D.N.
Fort Garry (Manitoba)
B6553 Wildwood Development, magasin provisoire
RAIC, XXIV, 5 (mai 47), 148, texte & ill.

Colgate, Pamela
Montréal
B6554 Bureaux de la B.O.A.C. (Hôtel Laurentien)
ABC, IIII, 28 (août 48), 36, ill.

Colin Ray Associés
Édifice de lieu inconnu
B6555 Hajaly
AC, 26, 300 (déc. 71), 22-23, texte & ill.

Joliette
B6556 Battah
AC, 26, 300 (déc. 71), 20-21, texte & ill.

Richmond (C.-B.)
B6557 Flagg Bros. shoe store (Richmond Square)
ARCAN, 49 (22 mai 72), 18, texte & ill.

Comber, Sidney; Comber Clarence S.
Chicoutimi
B6558 Épicerie Steinberg et bureaux
ABC, X, 115 (nov. 55), 37, ill.

Québec
B6559 Steinberg, de la Canardière.
ABC, X, 115 (nov. 55), 37, ill.

Verdun
B6560 Steinberg, rues Brault et Verdun
ABC, X, 115 (nov. 55), 38, ill.

Cooke, Selwyn
Abitibi
B6561 "Spotless Dry Cleaners and Dyers"
ABC, II, 17 (sept. 47), 76, ill.

Coutu, Jacques
Édifice de lieu inconnu
B6562 Projet d'étudiant: Groupe de six magasins
RAIC, XXXIV, 3 (mars 57), 82, texte & ill.

Cublidge, Arthur E.
Port Arthur
B6563 The T. Eaton Company Limited
RAIC, XVIII, 8 (août 41), 139, ill.

Dallegret, François
Montréal
B6564 Le Drug
TCA, X, 7 (juil. 65), 62-64, texte & ill.

Daunais, Jean
Montréal
B6565 Projet d'étudiant: Magasin près de la rue Drummond
RAIC, XXXIV, 3 (mars 57), 81, texte & ill.

Denoncourt, Ernest L.
Trois-Rivières
B6566 Édifice Robert
ABC, V, 51 (juil. 50), 23, ill.
B6567 Grands Magasins Fortin
ABC, II, 14 (juin 47), 28, ill.

Denoncourt, Maurice
Trois-Rivières
B6568 Petite Forge des Frères Lebrun
ABC, II, 14 (juin 47), 24, ill.

Desmeules, Gabriel
Québec
B6569 Succursale de la Cie H.G. Vogel
ABC, IV, 38 (juin 49), 44, ill.

Desmeules, Gabriel; Brassard, Sylvio
B6570 Voir Brassard, Sylvio; Desmeules, Gabriel

Dubé, Jean Maurice
Montréal
B6571 Magasin Albert Lefebvre, rues Ste-Catherine et St-Denis
ABC, IX, 103 (nov. 54), 43, ill.

Dufresne & Boulva
Charlemagne
B6572 Succursale L. Villeneuve & Cie Ltée
ABC, XIII, 152 (déc. 58), 33, ill.

Dumais, Roland
Montréal
B6573 Succursale L. Villeneuve & Cie Ltée, boul. St-Laurent
ABC, XIII, 152 (déc. 58), 33, ill.

Dumais, Roland
Montréal
B6574 Quincaillerie L.N. Lalonde, rue Masson
ABC, IV, 37 (mai 49), 34, ill.

Dumaresq, J. Philip (ass.)
Halifax
B6575 Wm. Stairs, Son & Morrow Ltd
RAIC, XXXII, 4 (avril 55), 128, ill.

Eliasoph, Milton
Montréal
B6576 Magasin "Modernage"
ABC, III, 24 (avril 48), 34, ill.

Eliasoph & Berkowitz
Ottawa
B6577 Steinberg's Manor Park
ABC, XIV, 164 (déc. 59), 390-391 texte, ill.
Québec
B6578 Magasin Pollack, boul. Charest
ABC, VII, 79 (nov. 52), 16-21, texte & ill.
BAT, XXVII, (juin 52), 15-16 et 46, texte & ill.
CB, II, 9 (sept. 52), 49-52, texte, ill.

Eng & Wright; Pain Associates
B6579 Voir Pain Associates; Eng & Wright

Fairn, Leslie R.
Halifax
B6580 Henry Birks and Sons
RAIC, XXXII, 4 (avril 55), 128, ill.

Fletcher, F.E.
Édifice de lieu inconnu
B6581 Brewers Retail Store and Warehouse (projet d'étudiant)
RAIC, XXV, 5 (mai 48), 157, texte & ill.

Fleur, Paul
Montréal
B6582 Magasin Zeller's
ABC, III, 24 (avril 48), 32, ill.

Fortin, Marie-Louis
Montréal
B6583 (Un marché aux fleurs)
RAIC, XXXIX, 3 (mars 62), 41, texte & ill.

Fowler, C.A. (Co.)
Halifax
B6584 Simpsons-Sears Building
RAIC, XL, 8 (août 63), 46, ill.

Gagnon, Normand; Archambault, Maurice
Montréal
B6585 Dupuis et Frères (réaménagement)
BAT, LIV, 2 (fév. 79), 28, texte.

Gardiner, William Fred'K.
Vancouver
B6586 D'Allaird's Ltd
RAIC, XXVII, 9 (sept. 50), 304, ill.

Gardiner and Thornton
Vancouver
B6587 Clinton Clothes Shop
RAIC, XXV, 8 (août 48), 266, ill.

Gardiner, Thornton, Gathe & ass; Thompson, Berwick & Pratt
Burnaby (C.-B.)
B6588 Simpsons-Sears Ltd
RAIC, XXXIV, 5 (mai 57), 178-180, texte & ill.

Gerson, Sydney
Montréal
B6589 Immeuble de "Steinberg's Wholesale Groceterias"
ABC, I, 8 (nov. 46), 26, texte.

Gibson and Pokorny
Toronto
B6590 Virginia Dare Store
RAIC, XXV, 8 (août 48), 270-271, ill.

Goodman, C. Davis; Schrier, Arnold
Montréal
B6591 Magasin Savile Row, rue Peel.
ABC, X, 115 (nov. 55), 42-43, texte & ill.

Graham, Keith
Montréal
B6592 Steinberg, rues Gouin et Millen
ABC, X, 115 (nov. 55), 37, ill.
B6593 Steinberg, rues St-Laurent et Crémazie
ABC, X, 115 (nov. 55), 38, ill.

Graham, Keith L. (ass.)
Montréal
B6594 Steinberg Store
RAIC, XXXV, 12 (déc. 58), 475, ill.

Green, Blankstein, Russell and Ham
Winnipeg
B6595 Hollinsworth Shop
RAIC, XXV, 8 (août 48), 276, ill.

Greenfield & Stephen
Montréal
B6596 Agnew Surpass (Plaza Côte des Neiges)
AC, 24, 275 (juin 69), 31, texte & ill.

Greenspoon, H.E.
Montréal
B6597 Magasin de vêtements
ABC, III, 24 (avril 48), 32, ill.

Greenspoon, Harry E.; Freedlander, Philip
Montréal
B6598 Magasin "United Stores", rue Ontario est
ABC, V, 48 (avril 50), 27, ill.

Grenier, Charles
Montréal
B6599 Magasin de fourrures
ABC, III, 24 (avril 48), 34, ill.

Grossman, Irving
Toronto
B6600 Revere Electrical Distributors Ltd
TCA, II, 7 (juil. 57), 42-46, texte & ill.

Gruen, Victor (Ass.); Miller, Maxwell
Toronto
B6601 Simpsons' (Fairview Mall)
ARCAN, 47 (14 septembre 70), 5, texte & ill.

Guité, Rodrigue
Montréal
B6602 La Gaminerie
AC, 24, 275 (juin 69), 32, texte & ill.

Haddad, Alfredo
Montréal
B6603 Focus 5 (Westmount Square)
AC, 24, 275 (juin 69), 33, texte & ill.

Hazelgrove, Lithwick & Lambert
Hull
B6604 Super marché Dominion
ABC, XIV, 164 (déc. 59), 388-389, texte & ill.

Hemingway & Laubental
Edmonton
B6605 The Johnstone Walker Department Store
RAIC, XLII, 3 (mars 65), 60-64, texte & ill.

Hix, John
London
B6606 Harridges Store
TCA, XX, 11 (nov. 75), 38-39, texte & ill.

Hollingsworth, Fred T.
Victoria
B6607 International Duty Free Store
TCA, VIII, 1 (jan. 63), 45-48, texte & ill.
TCA, X, 1 (jan. 65), 47, texte & ill.

Hughes, Ludlow and Ass.
Toronto
B6608 Living Centre
CB, XXIX, 6 (juin 79), 6, texte.

Husband, Wallace and Baldwin
Scarborough
B6609 Grand Union Supermarket
CB, VIII, 5 (mai 58), 42-43, texte & ill.

Hyslop, Kirk
Toronto
B6610 Jaeger House
RAIC, XXV, 8 (août 48), 272-273, ill.

Jarry, Gabriel
Montréal
B6611 Pâtisserie du Bois
ABC, III, 24 (avril 48), 33, ill.

Jean, C.A.; Dupéré, Roland
Québec
B6612 Magasin René Talbot Ltée, ch. de la Canardière
ABC, II, 13 (mai 47), 38, ill.

Jenkins & Wright
Kitchener
B6613 Weber Hardware's wholesale distribution building
CB, III, 8 (août 53), 17-19 et 36, texte, ill.

Joly, Claude
Montréal
B6614 La Maison des Vins
AC, 30, 329 (mai-juin 75), 16-18, texte & ill.

Katz, Howard
Montréal
B6615 Inner Circle
AC, 24, 275 (juin 69), 34, texte & ill.

Kay, John R.
Vancouver
B6616 H.A. Roberts Development Ltd
ARCAN, 46, 1 (jan. 69), 33, ill.

Labelle, Henri S.
Montréal
B6617 Dupuis Frères, rue Ste-Catherine
ABC, V, 48 (avril 50), 24-25, ill.

Lapointe, Paul Émile; Morency, Pierre
Édifice de lieu inconnu
B6618 Esquisse d'un magasin
ABC, III, 24 (avril 48), 35, ill.

Lapointe & Tremblay
Montréal
B6619 Fleuriste Marie-Marthe Morin
ABC, IX, 103 (nov. 54), 36-37-38, texte & ill.

Layng, John
Don Mills (Ont).
B6620 Barber-Greene Canada Ltd
RAIC, XXXI, 1 (jan. 54), 16, ill.

Légaré, Maurice
Montréal
B6621 Magasin Sauvé Frères, rue St-Hubert
ABC, IX, 103 (nov. 54), 42, ill.
Montréal-Nord
B6622 Val Royal Building Materials Ltd
CB, VI, 12 (déc. 56), 29, ill.
ABC, XI, 127 (nov. 56), 36-38, texte & ill.

Lemieux, Lucien
Montréal
B6623 Vêtements pour homme "Joly", Ste-Catherine est
ABC, IV, 36 (avril 49), 36, ill.
B6624 Tailleurs Lemieux
ABC, II, 10 (jan. 47), 36, texte.

Leroy, Jacques
Montréal
B6625 Boutique Soleil
AC, 24, 275 (juin 69), 38, texte & ill.

Libling, Michener, Diamond & Associates
Winnipeg
B6626 Volkswagen Auto Sales
RAIC, XXXIII, 5 (mai 56), 181, ill.

Lubin & Rosenstein
Montréal
B6627 Bazazz
AC, 24, 275 (juin 69), 34, texte & ill.

Luke & Little
Montréal
B6628 Quincaillerie Pascal, rues Craig et Bleury
ABC, IV, 44 (déc. 49), 26, ill.
B6629 Steinberg, ch. de la Côte des Neiges
ABC, V, 48 (avril 50), 26, ill.

Luke, Little, Mace
Montréal
B6630 Marché d'aliments Steinberg, rue Mont Royal est, coin Bordeaux
ABC, IV, 37 (mai 49), 36, ill.
Westmount
B6631 Marché d'aliments Steinberg, ave. Greene
ABC, IV, 37 (mai 49), 36, ill.

MacDonald, J.A.
Édifice de lieu inconnu
B6632 A Branch Department Store (projet d'étudiant)
RAIC, XXV, 5 (mai 48), 153, ill.

MacDonald & MacDonald
Edmonton
B6633 Edmonton Motors Ltd.
RAIC, XVII, 11 (nov. 40), 203

MacDonald & Magoon
Edmonton
B6634 (magasin près du King Edward Hotel).
RAIC, XVII, 8 (août 40), 150

McKee, Robert R.
Vancouver
B6635 (Store Group)
RAIC, XXV, 8 (août 48), 265, ill.
B6636 Modern Interiors Store
CB, IV, 4 (avril 54), 42, ill.
B6637 Suzette Shop
RAIC, XXV, 8 (août 48), 263, ill.

Mainguy, Maurice
Québec
B6638 Turcotte & Létourneau Inc. (reconstruction de la façade)
CB, VIII, 1 (jan. 58), 26-27, texte & ill.

Markson, Jerome
Toronto
B6639 Showroom for Dylex Diversified
ARCAN, 45, 1 (jan. 68), 43, ill.

Martineau, Auguste
Ottawa
B6640 Construction Materials Display Centre, Queen St.
TCA, I, 6 (juin 56), 58, texte & ill.

Mathers and Haldenby
Etobicoke
B6641 Liquor Control Board of Ontario
CB, XIX, 5 (mai 69), 51, ill.

Mayerovitch & Bernstein
Montréal
B6642 Immeuble comprenant deux grands magasins, Steinberg et Zeller's, chemin de la Reine-Marie
ABC, V, 48 (avril 50), 26, ill.
B6643 Levine Bros. Bakers
ABC, III, 24 (avril 48), 33, ill.
Ottawa
B6644 Mercerie "Joe Feller", rue Rideau
ABC, IV, 36 (avril 49), 36, ill.

Michaud, Jean
Montréal
B6645 Mercerie et Vêtements "Jos Savaria", rue St-Hubert
ABC, V, 48 (avril 50), 23, ill.

Miller, Maxwell
Brampton
B6646 Simpsons (Shoppers World Centre)
CB, XXI, 8 (août 71), 40, texte.
Kingston
B6647 Simpsons-Sears Store (Kingston Shopping Centre)
TCA, XIV, 5 (mai 69), 52-54, texte & ill.
Kitchener
B6648 Simpsons-Sears Limited Retail Store
TCA, IX, 1 (jan. 64), 6 et 9, texte & ill.
Thornhill
B6649 Sears Store (Markham Place)
CB, XXVIII, 11 (nov. 78), 9 et 12, texte & ill.
TCA, XXIV, 1 (jan. 79), 8, texte & ill.
Toronto
B6650 Simpsons (Fairview Mall)
CB, XX, 9 (sept. 70), 53, texte & ill.

Miller, Maxwell; Gruen, Victor (ass.)
B6651 Voir Gruen, Victor (ass.); Miller, Maxwell

Moody and Moore
Edmonton
B6652 Hudson's Bay Company Store
RAIC, XVII, 2 (fév. 40), 22-24, texte & ill.
RAIC, XXII, 12 (déc. 45), 266, ill.
Kamloops (C.-B.)
B6653 The Hudson's Bay Co.
TCA, I, 9 (sept. 56), 52, texte & ill.
Winnipeg
B6654 Holt Renfrew and Co. Limited
RAIC, XXI, 7 (juil. 44), 158, ill.

Morgan, Earle C.
Toronto
B6655 National Automotive Parts Limited
RAIC, XXV, 8 (août 48), 274-275, texte & ill.
B6656 O'Keefe's Retail Beer Store
RAIC, XXX, 4 (avril 53), 100-104, ill.

Morin & Cinq-Mars
Montréal
B6657 Quincaillerie Raymond
ABC, II, 13 (mai 47), 32, ill.

Murray, Don
Toronto
B6658 Crane Ltd (showroom)
TCA, VI, 7 (juil. 61), 63-66, texte & ill.

Murray, James A.
Toronto
B6659 Helen Simpson Flower Shop
RAIC, XXX, 4 (avril 53), 96-99, texte & ill.

Northwood and Chivers
Winnipeg
B6660 Singer Sewing Centre
RAIC, XVII, 11 (nov. 40), 195, ill.

Pain Associates; Eng & Wright
Vancouver
B6661 Simpsons-Sears (Vancouver Square)
ARCAN, 49 (déc. 72), 6

Parkin, John B. (Ass.)
Toronto (Yorkdale)
B6662 Robert Simpson Store
TCA, IX, 6 (juin 64), 48-52, texte & ill.
CB, XIII, 4 (avril 63), 3, texte.

Parkin, John B. (Ass.); Bregman & Hamann
Toronto
B6663 Simpson Tower
RAIC, XLI, 12 (déc. 64), 12, texte & ill.
TCA, XIII, (Yearbook 68), 88, texte & ill.
TCA, XIV, 5 (mai 69), 44-47, texte & ill.

Portnall and Stock
Régina
B6664 Willson Stationery Store
RAIC, XXV, 8 (août 48), 277, ill.

Poulin, Albert
Sherbrooke
B6665 Marché Lansdowne
ABC, XII, 139 (nov. 57), 48-49, texte & ill.

Prus, Victor
Montréal
B6666 Bizaar (Plaza Côte-des-Neiges)
AC, 24, 275 (juin 69), 31, texte & ill.

Reszetnik, S.D.F.
Toronto
B6667 K-Mart (Bayview Village Shopping Centre)
CB, XVIII, 1 (jan. 68), 6, ill.

Richard, René
Ottawa
B6668 (Un comptoir à fleurs pour un grand hôtel)
BAT, XXIX, 10 (oct. 54), 28, texte & ill.

Robinson, J.G.
Édifice de lieu inconnu
B6669 Brewers Retail Store and Warehouse (projet d'étudiant)
RAIC, XXV, 5 (mai 48), 157, texte & ill.

Ross et MacDonald
Montréal
B6670 Holt Renfrew & Co
ABC, III, 24 (avril 48), 26-27-28, ill.

Roth, Max
Édifice de lieu inconnu
B6671 Supermarket
RAIC, XXXVIII, 3 (mars 61), 42 et 52, ill.
Montréal
B6672 Steinberg, rue Ste-Catherine et boul. Morgan
ABC, X, 115 (nov. 55), 36, ill.
B6673 Tip Top Tailors
CB, II, 8 (août 52), 26-27, texte, ill.
Sherbrooke
B6674 Steinberg
ABC, X, 115 (nov. 55), 35, ill.
TCA, 1 (nov.-déc. 55), 33-36, texte & ill.

Rother, Vincent
Édifice de lieu inconnu
B6675 (Édifice de 4 étages, très étroit)
CB, I, 5 (nov.-déc. 51), 21, texte & ill.

Rother, Bland, Trudeau
Toronto
B6676 Georg Jensen
TCA, I, 12 (déc. 56), 17-24, texte & ill.

St-Gelais, Evans
Chicoutimi Nord
B6677 Marché Lamontagne
ABC, XIX, 217 (mai 64), 41-43, texte & ill.

Schoeler, Barker & Heaton
Ottawa
B6678 Taarn Tonrontow Store
TCA, X, 7 (juil. 65), 59-61, texte & ill.

Schrier, Arnold; Bird, John
B6679 Voir Bird, John; Schrier, Arnold.

Schrier, Arnold; Goodman, C. Davis
B6680 Voir Goodman, C. Davis; Schrier, Arnold.

Seton, H.W.
Winnipeg
B6681 Haberdashery and Custum Tailoring Shop
RAIC, XXV, 5 (mai 48), 146, texte & ill.

Shadbolt, Douglas
Ottawa
B6682 Bookshop (Sparks St.)
RAIC, XXV, 5 (mai 48), 169, ill.

Sharp & Thompson, Berwick, Pratt
Vancouver
B6683 (Store Group)
RAIC, XXV, 8 (août 48), 264, ill.

Souter, William R. (ass.)
Hamilton
B6684 Canadian Pittsburgh Industries
NB, VI, 7 (juil. 57), 29, texte.

Thompson, Berwick & Pratt; Gardiner, Thornton, Gathe & Ass.
B6685 Voir Gardiner, Thornton, Gathe & Ass.; Thompson, Berwick & Pratt

Thompson, Berwick, Pratt & Partners
Montréal (Expo 67)
B6686 ARCAN, 43, 7 (juil. 66), 35, ill.

Thompson, Grattan D.
Montréal
B6687 Eaton (agrandissement)
BAT, XXXIII, 2 (fév. 58), 32, texte & ill.

Townley and Matheson
Colombie-Britannique
B6688 Safeway Stores
RAIC, XVII, 10 (oct. 40), 185

Trépanier & Bélanger
Granby
B6689 Modernisation et agrandissement d'un magasin de chaussures, rue Principale
BAT, XXIX, 5 (mai 54), 76-77, texte, ill.

Van Norman, C.B.K.
Powell River
B6690 Powell River Stores Limited
RAIC, XIX, 7 (juil. 42), 150-151, ill.
Vancouver
B6691 Michel Bros.
RAIC, XXIII, 2 (fév. 46), 36, ill.

Wexler, Barrie
Montréal
B6692 Omnibus
AC, 24, 275 (juin 69), 35, texte & ill.

Woodworth, John
Kelowna
B6693 Shop Easy Store, "Shops Capri" Development
RAIC, XXXVII, 3 (mars 60), 106, ill.

Restaurants

Gutman, Richard J.S.
"The Architecture of Fast Food" (petits restaurants, wagons, autobus etc.).
TCA, XX, 3 (mars 75), 34-41

Legrand, Paul
"Créer l'atmosphère"
ABC, IV, 39 (juil. 49), 38 et 66, texte.

Anonyme/Anonymous
Montréal
B7001 Bar-restaurant Astor
ABC, III, 27 (juil. 48), 34, ill.
B7002 Restaurant Caprice, rue St-Denis
ABC, IV, 39 (juil 49), 36, ill.
B7003 Le café Cartier, dans l'immeuble Cartier
BAT, XLI, 7 (juil. 66), 5, texte, ill.
B7004 Restaurant au Parc Lafontaine
CDQ, XXVI, 3 (mai-juin 51), 21, ill.
B7005 Restaurant Monier, rue St-Denis
ABC, IV, 39 (juil. 49), 32, ill.

B7006 Stork Club
ABC, IV, 39 (juil. 49), 30, ill.
Ottawa
B7007 Bar du Château Laurier
ABC, IV, 39 (juil. 49), 30, ill.

Affleck, Desbarats, Dimakopoulos
Dorval
B7008 TCA, XXIII, 7 (juil. 78), 22, ill.
B7009 Restaurant for Vistarchi Building Corporation
RAIC, XXXV, 6 (juin 58), 237, ill.
Montréal
B7010 Drive-in Restaurant
RAIC, XXXV, 5 (mai 58), 183, ill.

Amos, Amos, Goodman, Pitts
Montréal
B7011 L'hôtel Laurentien: Murray's
ABC, III, 27 (juil. 48), 30-31, ill.

Beauregard, Philippe
Ville St-Laurent
B7012 Restaurant de route "Dagwood", boul. Décarie
ABC, IV, 39 (juil. 49), 37, ill.

Bemi, G.E.
Ottawa
B7013 Sampa Tavern Restaurant
RAIC, XLI, 11 (nov. 64), 86, texte & ill.

Brassard, Paul
Montréal
B7014 Restaurant "Desjardins", 1175 rue MacKay
ABC, VI, 60 (avril 51), 20-21 et 35 et 37, texte & ill.

Bregman and Hamann
Niagara Falls
B7015 Niagara Skylon Observation Tower and Dining Room.
ARCAN, XLV, 5 (mai 68), 8-9, texte & ill.
TCA, IX, 6 (juin 64), 5-6, texte & ill.

Brillon, Henri
Édifice de lieu inconnu
B7016 Restaurant futuriste
ARCAN, L, (fév. 73), 5, texte & ill.
AC, 28, 312 (mars 73), 8, texte & ill.

Caron, Jules
Mauricie
B7017 Chalet pour skieurs
ABC, II, 14 (juin 47), 27, ill.

Clarke, Andrew
Toronto
B7018 Amsterdam Café
TCA, XXV, 9 (sept. 80), 29-30, texte & ill.

Courtens, Antoine; Nicholas, Louis et Tremblay, Edouard W.; Dumais, Roland
Ste-Marguerite du Lac Masson
B7019 L'Esterel
ABC, III, 27 (juil. 48), 28-29, ill.

Dallegret, François
Montréal
B7020 Bar dans un sous-sol
BAT, XL, 3 (mars 65), 32-33, texte, ill.
BAT, XL, 3 (mars 65), 32-33, texte & ill.

DeBlois, Jacques
Québec
B7021 Restaurant "La Nouvelle Orléans"
BAT, XXXIV, 11 (nov. 59), 28-31, texte, ill.

Demers, Delorme & Morin
Sherbrooke
B7022 Restaurant universitaire
AC, 26, 298 (oct. 71), 14-15, texte & ill.

Desbarats, Guy; Sise, Hazen
B7023 Voir Sise, Hazen; Desbarats, Guy

Desrosiers, Hugues
Montréal métropolitain
B7024 Projet étudiant: un restaurant-club.
ABC, XV, 176 (déc. 60), 398, texte & ill.

Donaldson, Francis
Annacis Island (C.-B.)
B7025 Annacis Island Restaurant
RAIC, XXXV, 4 (avril 58), 132, ill.
B7026 The Derwent Restaurant
TCA, II, 10 (oct. 57), 23-26, texte & ill.

Dufresne & Boulva
Montréal
B7027 Restaurant Dagwood's
ABC, VIII, 91 (nov. 53), 32-34, texte & ill.

Dumais, Roland; Courtens, Antoine; Nicholas, Louis et Tremblay, Edouard-W.
B7028 Voir Courtens, Antoine; Nicholas, Louis...

Fabbro & Townend
Dill Township (Ont.)
B7029 Dining Lodge
RAIC, XXXV, 12 (déc. 58), 479, ill.

Fliess, Henry; Murray, James A.;
Etobicoke
B7030 Sherway Shopping Mall
ARCAN, 48 (7 juin 71), 1, texte & ill.

Freschi, Bruno
Vancouver
B7031 Ping Pong Ice Cream Parlour
TCA, XXV, 9 (sept. 80), 36-37, texte & ill.
TCA, XXV, 11 (nov. 80), 49, texte & ill.

Gillmor, R.D.; Ackermann, R.F.; Nixon, A.M.; Webber, K.R.
Winnipeg River
B7032 (restaurant estival)
RAIC, XXXI, 3 (mars 54), 68, texte & ill.

Grenier, Charles
Mont-Laurier
B7033 Reataurant Tropicana
ABC, X, 115 (nov. 55), 32-33, texte & ill.
Montréal
B7034 Au Lutin qui bouffe
ABC, III, 27 (juil. 48), 35, ill.
Ste-Thérèse
B7035 Restaurant de route "Thorncliffe", boul. Labelle
ABC, IV, 39 (juil. 49), 34-35, ill.

Griffin, J. Raymond
Vancouver
B7036 Yong Yong Tree Restaurant
TCA, XXIII, 5 (mai 78), 38, texte & ill.

Guillon, Jacques S.
Montréal
B7037 BAT, XLI, 7 (juil. 66), 5, texte & ill.

Hotson, Norman
Vancouver
B7038 A & W Freestanding Self-Service Prototype
TCA, XXIV, 12 (Yearbook, déc. 79), 20-22 et 27-29, texte & ill.

Jenkins, Daniel H.
Calgary
B7039 Café Calabash
TCA, XXV, 12 (déc. 80), 24-28, texte & ill.

Kohn, Samuel
London
B7040 Brass Rail
RAIC, XXIX, 1 (jan. 52), 21, ill.

Kravis, Janis
Toronto
B7041 Three Small Rooms
TCA, XII, 8 (août 67), 53-57, texte & ill.

Lajoie, Rodolphe; Saint-Jacques, Georges-D.
Montréal
B7042 La Tour Eiffel
ABC, III, 27 (juil. 48), 24-25, texte & ill.

Lambert, Paul
Montréal
B7043 Restaurant du jardin botanique
ABC, XI, 127 (nov. 56), 30-32, texte & ill.

Lapointe, Paul-Henri
Montréal
B7044 La Petite Chaumière
ABC, III, 27 (juil. 48), 26-27, texte & ill.

Lapointe, Tremblay
Montréal
B7045 Club House de Blue Bonnets
ABC, III, 27 (juil. 48), 33, ill.

Lavallée, Bernard
Montréal
B7046 Le Cosy
ABC, III, 27 (juil. 48), 36-37, texte & ill.
ABC, IV, 39 (juil. 49), 33, ill.

McDonnell, R.E.
Queenston (Ont.)
B7047 Queenston Heigts Park
RAIC, XX, 12 (déc. 43), 209 et 217, texte & ill.

McQuire, Harry Lindsay
Ottawa
B7048 Cocktail Lounge au Plaza Hôtel
RAIC, XXV, 2 (fév. 48), 54-56, texte & ill.

Mainguy, Maurice
Québec
B7049 "La Dame Blanche", boul. d'Orléans
ABC, V, 50 (juin 50), 35, ill.

Mar, J.B.
Édifice de lieu inconnu
B7050 A Service Station and Restaurant (projet d'étudiant)
RAIC, XXV, 5 (mai 48), 147, texte & ill.

Markson, J. et Fiset, E.
Montréal (Expo 67)
B7051
ARCAN, 43, 7 (juil. 66), 39, ill.

Mayerovitch & Bernstein
Montréal
B7052 Restaurant Bucarest
ABC, III, 22 (fév. 48), 29

Millar, C. Blakeway
Toronto
B7053 Trolley Restaurant
TCA, XXV, 5 (mai 80), 22-26, texte & ill.

Morgan, Earle C.
Toronto
B7054 Muirheads
RAIC, XXV, 8 (août 48), 268-269, texte & ill.

Murray, James A.; Fliess, Henry
B7055 Voir Fliess, Henry; Murray, James A.

Petroff & Jaruzalski
Toronto
B7056 Gourmet world area (Dufferin Shopping Plaza)
ARCAN, 49 (nov. 72), 10

Prangnell, Peter
Toronto
B7057 Noodles Restaurant
TCA, XVIII, 4 (avril 73), 30-38, texte & ill.

Robillard, J.-L.; Teasdale, Pierre
B7058 Voir Teasdale, Pierre; Robillard, J.-L.

Ross & Ross
Montréal
B7059 Hôtel Mont Royal: Piccadilly Club
ABC, III, 27 (juil. 48), 21-23, texte & ill.

Roux, P.
Édifice de lieu inconnu
B7060 Restaurant sur le Chemin du Roi
RAIC, XXII, 4 (avril 45), 82, texte & ill.

Ste-Marie, Paul
Montréal
B7061 Projet étudiant: restaurant de banlieue
ABC, XII, 140 (déc. 57), 52, ill.

Shenkman, Stanley
Montréal
B7062 Bar du Windsor Steak House
ABC, IX, 103 (nov. 54), 34-35, texte & ill.

Sherwood, Frank (ass.)
Niagara Falls
B7063 Seagram Tower
TCA, IX, 6 (juin 64), 6, texte & ill.

Sise, Hazen
Montréal
B7064 Pavillon au Lac aux Castors
ABC, XI, 117 (jan. 56), 26-27, texte & ill.
ABC, XIII, 152 (déc. 58), 40-47, texte & ill.
TCA, 1 (nov.-déc. 55), 75, texte & ill.
RAIC, XXXIV, 12 (déc. 57), 469, texte & ill.
TCA, III, 12 (déc. 58), 42-47, texte & ill.

Spevack, Alan
Montréal
B7065 Curb King
CB, XII, 4 (avril 62), 52-53, texte & ill.

Starkman, M.
Édifice de lieu inconnu
B7066 Restaurant sur une autoroute dans l'Est du Canada
RAIC, XXV, 5 (mai 48), 146, texte & ill.

Teasdale, Pierre; Robillard, J.-L.
Montréal
B7067 Le Cercle
AC, 24, 275 (juin 69), 36-37, texte & ill.

Trépanier, Paul-O.
Granby
B7068 Au Granbyen qui bouffe
ABC, X, 115 (nov. 55), 26-28, texte & ill.

University of British Columbia
B7069 A Cocktail Lounge (projet d'un étudiant)
RAIC, XXXII, 3 (mars 55), 79, texte & ill.

Venchiarutti & Venchiarutti
Toronto
B7070 Toronto Island Shelters
RAIC, XXXIV, 2 (fév. 57), 61, ill.

Wallis, W.H.C.
Toronto
B7071 (réplique d'une taverne du 19e s.)
TCA, I, 3 (mars 56), 9, texte & ill.

Tours panoramiques
Panoramic Towers

Anonyme/Anonymous
Niagara Falls
B7501 Oneida Tower
TCA, IX, 6 (juin 64), 6, texte & ill.
TCA, IX, 7 (juil. 64), 10, texte.

Andrews, John; Webb, Zerafa, Menkes, Housden
Toronto
B7502 CN Tower
TCA, XVIII, 3 (mars 73), 6-7, texte & ill.
TCA, XIX, 5 (mai 74), 5-6, texte & ill.
TCA, XX, 5 (mai 75), 5, texte & ill.
TCA, XXI, 3 (mars 76), 28-48, texte & ill.
TCA, XXI, 9 (sept. 76), 66
ARCAN, L (fév. 73), 1, texte & ill.
BAT, LV, 9 (nov. 80), 6, texte, ill.
CB, XXIII, 3 (mars 73), 49, texte & ill.
CB, XXIII, 12 (déc. 73), 6, texte.
CB, XXIV, 8 (août 74), 34, texte.
CB, XXV, 5 (mai 75), 7, texte & ill.
CB, XXV, 7 (juil. 75), 11-16 et 18-19 et 23-24 et 28 et 30, texte & ill.
CB, XXV, 8 (août 75), 15, texte.
CB, XXV, 10 (oct. 75), 5, texte & ill.

Bregman and Hamann
Niagara Falls
B7503 Niagara Skylon Observation Tower and Dining Room
ARCAN, 45, 5 (mai 68), 8-9, texte & ill.
TCA, IX, (Yearbook 64), 84, texte & ill.
TCA, XI, 6 (juin 66), 14, texte & ill.
CB, XV, 6 (juin 65), 74, texte.
CB, XVIII, 5 (mai 68), 68, texte.

Chapman, Don
Niagara Falls
B7504 Tour Oneida (ajout d'étages)
AC, XXXV, 350 (jan.-fév. 79), 9, texte.

Dale, A. (Ass.)
Calgary
B7505 Husky Tower
CB, XVI, 8 (août 66), 6, texte.
CB, XVII, 6 (juin 67), 8, texte & ill.
CB, XXII, 9 (sept. 72), 7, texte & ill.
ARCAN, 45, 9 (sept. 68), 40, texte & ill.

Paine, Charles T.
Vancouver
B7506 Guiness Tower
CB, XVII, 10 (oct. 67), 48 et 50, texte & ill.

Webb, Zerafa, Menkes, Housden; Andrews, John.
B7507 Voir Andrews, John; Webb, Zerafa, Menkes, Housden

Usines
Factories

"Architecture industrielle"
ABC, IV, 33 (jan. 49), 17-19, texte.

"Bécancour, ville nouvelle promise à un essor considérable"
BAT, XLIX, 11 (nov. 74), 4, 7, texte, ill.

"B.C.'s industrial growth doesn't falter in face of high land and labor costs".
CB, XVIII, 10 (oct. 68), 44-45

"Building for industry".
TCA, IV, 5 (mai 59), 48

"Buildings for Industry" par les rédacteurs de l'*Architectural Record*
ABC, XIII, 143 (mars 58), 58

"Choix des portes en fonction de leur rôle dans les locaux industriels"
BAT, XLI, 12 (déc. 66), 15-18, 24, texte, ill.

(compétition pour une salle des chaudières)
TCA, II, 12 (déc. 57), 7

"Construction industrielle, ce n'est pas encore le grand boom escompté"
BAT, LI, 4 (avril 76), 16, 19, texte, ill.

"Construction industrielle: tendance vers des usines à occupation partagée"
BAT, XLVII, 4 (avril 72), 15-16, texte.

"Construction systématisée appliquée à un édifice industriel" (système SEF)
BAT, XLVII, 4 (avril 72), 14-15, texte, ill.

"Développements d'envergure à Montréal-Est" (visite à la raffinerie d'Imperial Oil)
CDQ, XXIII, 4 (juil. 48), 14, 26, texte, ill.

Dunham, Clarence W., *Planning Industrial Structures*, McGraw — Hill Book Company, Inc., New-York, 1948.
BAT, XXVII, (mars 52), 54

Commerce and Industry / Commerce et industrie

"*Farm Building in Canada — Present Status and Future Needs* par E.B. Moysey" Conseil national de la recherche, Ottawa, 1959.
ABC, XV, 165 (jan. 60), 27

"Hay Appoints Manager" (Nomenclature des diverses usines de Hay & Company Ltd.)
NB, VII, 9 (sept. 58), 50

"Industrial building assumes a "new look" as construction volume increases"
CB, XV, 11 (nov. 65), 51

"Industrial Development" (en Alberta, quelques ex.)
CB, XXVI, 4 (avril 76), 15-16 et 18 et 20

"Industrial Parks: here to stay"
CB, XVI, 12 (déc. 66), 40-41

"Industrial Parks in lead — B.C. aims for manufacturers".
CB, XVI, 12 (déc. 66), 44

"Le Bill 228 soulève des intérêts variés — Québec" (loi permettant aux ingénieurs de remplacer les architectes dans les constructions industrielles)
BAT, XXIX, 4 (avril 54), 28

"Les prévisions de l'industrie canadienne"
ABC, III, 24 (avril 48), 20, texte.

"Les usines modernes"
ABC, IV, 33 (jan. 49), 26-30, texte & ill.

"Metal Wall Panels for Industrial Buildings".
RAIC, XXXV, 9 (sept. 58), 357

"Mise en oeuvre et construction des hautes cheminées"
BAT, XXX, 8 (août 55), 33-37, texte, ill.

"Montréal: retour en force des industries"
BAT, XLIX, 5 (mai 74), 14, texte.

"Odds & Ends" (Compétition pour une salle des chaudières pour Bituminous Coal Institute of Canada).
TCA, III, 5 (mai 58), 18

"Perspectives de la construction industrielle"
BAT, XLV, 10 (oct. 70), 24-25, texte, ill.

"Potins" (le Bill 228 permettant aux ingénieurs de remplacer les architectes dans les constructions industrielles)
BAT, XXIX, 3 (mars 54), 33

"Problèmes particuliers dérivant de la construction d'usines"
BAT, XXIX, 1 (jan. 54), 23 et 25 et 29

"Record year for Toronto as vacancy rate goes down"
CB, XVI, 12 (déc. 66), 40-41

"Revival forecast for industrial building"
NB, VIII, 2 (fév. 59), 3

"Rock Industriel se taille une place de choix en l'espace de quatre ans" (construction d'immeubles industriels locatifs)
BAT, LI, 4 (avril 76), 19, texte, ill.

"Saint-Laurent: ville champignon dans le domaine de la construction industrielle"
BAT, LI, 4 (avril 76), 20, 26, texte, ill.

"Sales — $1 mill. daily" (liste des usines de Weldmood Plywood Ltd. à travers le Canada)
NB, VIII, 1 (jan. 59), 34

"Slowdown hits Montreal, result of Expo and tight money; but survey sees boom".
CB, XVI, 12 (déc. 66), 39

"Steady growth for Winnipeg — look for good land supply, design advances".
CB, XVI, 12 (déc. 66), 42-43

"Steel plate Hydro towers are aesthetic"
TCA, XIX, 9 (sept. 74), 65-66

"Survey '70, Industrial Building". (quelques ex à travers le Canada)
CB, XX, 10 (oct. 70), 23 et 26 et 28 et 30 et 32

"Survey '72, Industrial Building. The new look for industrial building is in design, aesthetics, landscaping".
CB, XXII, 4 (avril 72), 13 et 16-17

"Survey '72: Industrial Building, You can pay from $4,500 an acre for industrial land up to $75,000 in the Vancouver area".
CB, XXII, 4 (avril 72), 22 et 33

"Technique de construction d'une cheminée de cimenterie"
ABC, IX, 97 (mai 54), 56, texte & ill.

"Tendances 68: édifices industriels"
BAT, XLIII, 10 (oct. 68), 19-22, texte, ill.

The Modern Factory by Edward D. Mills (Architectural Press, England)
CB, III, 7 (juil. 53), 32

"The Role of the Architect in Industrial Building"
CB, IV, 4 (avril 54), 42-43, ill.

"Un problème d'actualité, la décentralisation industrielle"
BAT, XXVIII, (mars 53), 23-24

"'We can have glamour plus tax dollars' says Toronto on industrial building".
CB, XVIII, 10 (oct. 68), 35-38

Bateman, J.W.
"Comparison of Industrial Lighting Systems and their costs".
RAIC, XXX, 6 (juin 53), 169-174

Beauregard, J.
"Les Constructions industrielles"
ABC, III, 21 (jan. 48), 21-32, texte & ill.

Bostrom, Robert E.
"Industrial buildings and the architect"
RAIC, XIX, 8 (août 42), 160-161

Brady, James
"Public, private enterprise lead Nova Scotia in new industrial building surge".
CB, XVII, 3 (mars 67), 46-47 et 73

Carruthers, Clare D.
"Structures for industrial Buildings"
RAIC, XXV, 11 (nov. 48), 397-401

Côté, Marc-Henri
"L'essor de la construction industrielle au Québec est un indice de progrès majeur" (avec liste de projets)
BAT, XLVII, 4 (avril 72), 18 et 23

Cutbush, Patrick; Pierce, S. Rowland
"Mise en oeuvre des édifices à manufactures"
BAT, XXX, 6 (juin 55), 32-34

Déry, Jacques
"Construction industrielle — Montréal reprend la place qui lui revient"
BAT, XLIX, 8 (août 74), 24-25, texte, ill.

"Développement industriel: l'hésitation persiste"
BAT, L, 8 (août 75), 24, texte.

Dodington, E.L.
"Natural and Artificial Lighting of Industrial Plants".
RAIC, XXIII, 2 (fév. 46), 26-29

Duncan, Ian M.
"Industrial building: the longterm trend".
TCA, IV, 5 (mai 59), 63-64

Floyd, J. Austin
"The Industrial Landscape".
RAIC, XXX, 7 (juil. 53), 204-205

Fowke, Clifford
"A good environment (plus function) has now become a prime factor for industry".
CB, XVIII, 10 (oct. 68), 34-35

Fowke, Clifford et al.
"Industrial Building, How new concepts are affecting planning, design and location". (Plusieurs ex. à travers le Canada)
CB, XVIII, 10 (oct. 68), 33-48

Goodman, Eileen
"Survey '72, Industrial building: Quebec expects a 23% increase this year with industrial space renting off plans".
CB, XXII, 4 (avril 72), 17 et 20

Graham, Charles
"Industrial Building: the architect and the package deal".
TCA, IV, 5 (mai 59), 60-62

Gunderson, Harold
"New industrial development in Alberta takes emphasis off oil, gas, agriculture".
CB, XVIII, 10 (oct. 68), 42-46

Hailstone, Patrick
"Industrial Flooring"
CB, II, 9 (sept. 52), 28-32, 46, texte, ill.

Jansen, Doug
"New industries underline Winnipeg's role as marketplace for the West".
CB, XVIII, 10 (oct. 68), 40-42

Kettle, John
"Industrial Building: How much is designed by architects?".
TCA, IV, 5 (mai 59), 56-59

Knight, Lane
"Industrial Concrete Floor".
RAIC, XXX, 6 (juin 53), 162-165

Legrand, Paul
"L'évolution de l'usine"
ABC, IV, 33 (jan. 49), 21-25, texte & ill.

Mainguy, Lucien
"L'architecte et le bâtiment industriel"
ABC, IX, 97 (mai 54), 30, texte.

Meerburg, Peter
"Rich man's Mother Hubbard for land? — Halifax envies its county areas".
CB, XVIII, 10 (oct. 68), 46-48

Mendel, Arthur H.
"Role of Industrial Plant Lighting Far Above its Relatively Low Costs"
CB, III, 7 (juil. 53), 28-30, texte, ill.

Mikluchin, P.
"New Structural Ideas, Systems and Mechanical Achievements Open Way to Construction in Industry"
CB, III, 7 (juil. 53), 22-23, texte, ill.

O'Keefe, Gene
"Un architecte doit toujours participer à l'élaboration des premiers plans d'usines"
BAT, XXXIV, 6 (juin 59), 40-43 et 45

Owen, John E.
Building for industry, F.W. Dodge Corp, Architectural Record Book, sans lieu, 1957.
RAIC, XXXV, 10 (oct. 58), 397

Paterson, Donald U.
"The Impact of Large Scale Industrial Developments, with Special Reference to the New Ford Plant near Oakville, Ontario".
RAIC, XXX, 6 (juin 53), 166-168

Saalheimer, Harriet
"Quebec will not separate? So industrial building forges ahead".
CB, XVIII, 10 (oct. 68), 39-40

Saracini, Dan
"Builder scores in industrial market".
CB, XVII, 2 (fév. 67), 32-33

Rex, G.H.
"Factories are a Challenge — Expert Colorist Discusses Problems"
CB, III, 7 (juil. 53), 25-27, texte, ill.

Roth, M.W.
"Functional Industrial Building — An Asset to any Manufacturing Process"
CB, III, 7 (juil. 53), 18, texte, ill.

Thériault, André W.; Germain, J.M.
"Rimouski, site industriel" (Principaux édifices reconstruits depuis 1950)
BAT, XXIX, 9 (sept. 54), 26-37

Turnbull, Andy
"Builder thrives on extreme specialization, Western contractor is an expert on fertilizer sheds"
CB, XXX, 5 (mai 80), 32 et 34

Commerce et industrie / Commerce and Industry

West, W.A.
"Letter to the editor" (Circular smoke stacks of hollow brick)
RAIC, XIX, 4 (avril 42), 67

Wiggs, G. Lorne
"Condensation in Industrial Building Construction".
RAIC, XXXI, 6 (juin 54), 208-212

Yarmon, Elliot N.
"Future looks good but caution in spec field".
CB, XVI, 12 (déc. 66), 38

Parcs industriels
Industrial Parks

Anonyme/Anonymous
Annacis Island (C.-B.)
B8001 Annacis Industrial Estate
CB, XVI, 12 (déc. 66), 44, texte & ill.
Barrie
B8002 Commercial-industrial development
CB, XXII, 3 (mars 72), 6, texte.
Burlington
B8003 Industrial Park
CB, XVIII, 11 (nov. 68), 7, texte.
Calgary
B8004 Burns Industrial Park
CB, XXI, 8 (août 71), 5, texte.
B8005 Mayland Heights Industrial Park
CB, XVIII, 12 (déc. 68), 38, ill.
Donnacona
B8006 Centre industriel
BAT, XXXIV, 9 (sept. 59), 17, texte.
Drummondville
B8007 BAT, LIII, 10 (oct. 78), 6
Etobicoke
B8008 Humberline Industrial Park
CB, XXV, 10 (oct. 75), 6, ill.
B8009 Skyway Industrial Park
CB, XV, 11 (nov. 65), 52-53, texte & ill.
CB, XVII, 2 (fév. 67), 32-33, texte & ill.
Fort Saskatchewan
B8010 (Park industriel de 2,560 acres)
CB, XXVI, 7 (juil. 76), 5, texte.
Lachine
B8011 Parc industriel
ABC, XXI, 237 (jan. 66), 44, texte.
CB, XVI, 1 (jan. 66), 5, texte.
B8012 Parc industriel Summerlea
BAT, XLII, 1 (jan. 67), 34, texte.
Lloydminster (Sask.)
B8013 (93 acres Industrial Park)
CB, XXIX, 12 (déc. 79), 7, texte.
Mirabel
B8014 (parc industriel pour 200 firmes)
CB, XXV, 2 (fév. 75), 8, texte.
Mississauga
B8015 (Parc industriel de 102 acres, Wolfedale & Burnhamthorpe Rd. W.)
CB, XXIII, 4 (avril 73), 62, texte.
Ville Saint-Laurent
B8016 (25 nouvelles industries pour le complexe situé Côte de Liesse)
BAT, XXXIX, 8 (août 64), 54, texte.
Sarnia
B8017 (Parc industriel de 116 acres)
CB, XXV, 9 (sept. 75), 5, texte.
Sept-Iles
B8018 (parc industriel de 480 acres)
BAT, LI, 2 (fév. 76), 5, texte.
Spencerville
B8019 (parc industriel de 10,000 acres)
CB, XXV, 3 (mars 75), 7, texte.
Toronto
B8020 Commercial-industrial complex, Finch Ave. & Dufferin St.
CB, XXVIII, 5 (mai 78), 45, texte & ill.
B8021 Glen Ash Industrial Centre
CB, XVI, 12 (déc. 66), 41, ill.
Trois-Rivières
B8022 (complexe industriel multifontionnel, situé boulevard des Récollets)
BAT, LII, 8 (août 77), 5, texte.
Waterloo
B8023 Landscape industrial mall
CB, XXV, 4 (avril 75), 54, texte.
North York
B8024 Industrial Mall, Don Mills Road
CB, XXII, 3 (mars 72), 6, texte.

Donaldson, Francis
Annacis Island (C.-B.)
B8025 Annacis Industrial Estate
RAIC, XXXV, 4 (avril 58), 132, ill.
TCA, I, 7 (juil. 56), 14-18
TCA, IV, 5 (mai 59), 49-56, texte & ill.
TCA, IV, 10 (oct. 59), 74-75 et 80, texte & ill.

Oberman and Paskulin
Dollard-des-Ormeaux
B8026 (Complexe industriel, Brunswick blvd.)
CB, XXIV, 5 (mai 74), 60, texte.

Sirlin & Giller
Édifice de lieu inconnu
B8027 Ashwarren Industrial Park
TCA, XXI, 2 (fév. 76), 5, texte & ill.

Wright, G.
Montréal
B8028 Park industriel Bovis
BAT, XLIX, 9 (sept. 74), 24, texte.

Ateliers
Workshops

Anonyme/Anonymous
Scarborough
B8201 A film studio complex
CB, XXVIII, 3 (mars 78), 8, texte & ill.

Desrosiers, Hugues
Laurentides
B8202 Studio d'un sculpteur
RAIC, XXXIX, 3 (mars 62), 39, texte & ill.

Hollingsworth, F.T.
North Vancouver
B8203 Selwyn Pullan Studio (de photo)
RAIC, XLI, 11 (nov. 64), 47, texte & ill.
TCA, IX, 11 (nov. 64), 60-63, texte & ill.

Ross, Patterson; Townsend & Fish
Montréal
B8204 National Film Board
RAIC, XXXII, 10 (oct. 55), 392, ill.

Stilman, Harry
Montréal
B8205 Atelier de céramique World Mosaic
ABC, XIII, 145 (mai 58), 44-47, texte & ill.

Wiens, Clifford
Lumsden (Sask.)
B8206 St. Mark's Shop (pour le sculpteur John Nugent)
TCA, VII, 3 (mars 62), 5-6, texte & ill.
TCA, VII, 4 (avril 62), 9, texte.
TCA, XII, 9 (sept. 67), 67-69, texte & ill.
TCA, XXIV, 10 (oct. 79), 27, ill.
B8207 A candle factory
RAIC, XLII, 6 (juin 65), 33-34, ill.

Imprimeries
Printing Plants

Anonyme/Anonymous
Granby
B8301 Compagnie Formules Mécanographiques Paragon Limitée
BAT, XLVI, 8 (août 71), 7, texte & ill.
Ottawa
B8302 British American Bank Note
ABC, V, 52 (août 50), 20, 23, ill.
B8303 Imprimerie R.L. Crain
ABC, V, 52 (août 50), 22, ill.
Scarborough
B8304 Addressograph Multigraph of Canada Ltd
CB, XXVII, 9 (sept. 77), 7, texte.

Adamson, Gordon S. (Ass.)
London
B8305 London Free Press Building
TCA, XI, 8 (août 66), 33-37, texte & ill.

Allward and Gouinlock
Toronto
B8306 Mclean-Hunter Publishing Co. Ltd
RAIC, XXVI, 6 (juin 49), 191-195, texte & ill.

Corkan, J.; Long, W.; McMillan, H.W.R.
Calgary
B8307 Calgary Herald (Mechanical Bld)
CB, XV, 5 (mai 65), 57-58, texte & ill.

Dawson & Stillmann
Édifice de lieu inconnu
B8308 Imprimerie Ditto.
ABC, XVI, 182 (juin 61), 40-43, texte & ill.

Dunlop, Wardell, Matsui, Aitken
Trenton
B8309 Moore Business Forms Plant
TCA, XIV, 10 (oct. 69), 63-67, texte & ill.

Elken & Becksted
Etobicoke
B8310 Wilie Press Limited
TCA, VI, 5 (mai 61), 7, texte & ill.

Etherington, Bruce
Oakville
B8311 Canadian Charts and Supplies Ltd
TCA, I, 12 (déc. 56), 56, texte & ill.
TCA, II, 9 (sept. 57), 55-59, texte & ill.
CB, VI, 10 (oct. 56), 64, texte & ill.
CB, VII, 12 (déc. 57), 30-31, texte & ill.
B8312 John Wilkes Press
CB, VI, 10 (oct. 56), 64, texte & ill.

Fairfield & Dubois
Don Mills
B8313 Oxford University Press
RAIC, XLI, 4 (avril 64), 47-58, texte & ill.
RAIC, XLI, 11 (nov. 64), 87, texte & ill.

Gilbert, André
Québec
B8314 Annexe à l'imprimerie "Le Soleil"
ABC, XII, 140 (déc. 57), 34-38, texte & ill.
CB, IX, 8 (août 59), 83, texte & ill.
BAT, XXXIV, 6 (juin 59), 42-43, texte & ill.

Hébert, Yvon
Édifice de lieu inconnu
B8315 Projet étudiant: une imprimerie
ABC, XV, 170 (juin 60), 204, ill.

Lang, Gerry
Toronto
B8316 Globe and Mail Building
TCA, XXIII, 9 (sept. 78), 6 et 10, texte & ill.

Luke, Little, Thibaudeau
Drummondville
B8317 Imprimerie Drummond Business Forms Ltd.
ABC, XV, 170 (juin 60), 184-187, texte & ill.

Mathers & Haldenby
Etobicoke
B8318 Photoengravers & Electrotypers Plant
TCA, XVI, 11 (nov. 71), 6-7, texte & ill.

Moffat, Moffat & Kinoshita
Toronto
B8319 Graphic Litho-Plate Ltd
TCA, XIV, 11 (nov. 69), 61, texte & ill.

Murray, James A.
Don Mills
B8320 Hugh C. McLean Publications Ltd
TCA, III, 12 (déc. 58), 36-42, texte & ill.

O'Gorman, H.W.
North Bay
B8321 The Daily Nugget
RAIC, XXXV, 6 (juin 58), 227, ill.

Robb, George
Édifice de lieu inconnu
B8322 A Publishing Plant (projet d'étudiant)
RAIC, XXII, 4 (avril 45), 77, texte & ill.

Installations de services publics
Public Utilities

Anonyme/Anonymous
Édifice de lieu inconnu
B8501 Aquatore (Réservoir en acier)
TCA, V, 1 (jan. 60), 8
Baie-Comeau
B8502 Complexe Manic-Outardes
BAT, LIII, 11 (nov. 78), 6, texte & ill.
Baie James
B8503 "Nombreux travaux à accomplir à la Baie James d'ici 1982"
BAT, LI, 10 (oct. 76), 7, texte, ill.
B8504 "Un barrage ferme maintenant la rivière Eastmain"
BAT, LIII, 8 (août 78), 16-18, texte, ill.
B8505 Barrage OA-11
BAT, LIII, 8 (août 78), 16-18, texte & ill.
B8506 Barrage OA 11, chantier d'EOL
BAT, LIII, 7 (juil. 78), 5, texte & ill.
B8507 Complexe LaGrande
BAT, LII, 4 (avril 77), 8, texte.
BAT, LIII, 4 (avril 78), 7, texte & ill.
B8508 LG 2
BAT, LII, 9 (sept. 77), 13, texte.
B8509 "Plus de $27 millions de contrats adjugés récemment pour le chantier de LG 2" (barrage, centrale)
BAT, LII, 9 (sept. 77), 13
Bath
B8510 Lennox Generating Station (pour Ontario Hydro).
CB, XXI, 7 (juil. 71), 25, texte.
Beaconsfield
B8511 (sewage disposal plant)
CB, VIII, 7 (juil. 58), 28-30, texte & ill.
Beauharnois
B8512 Centrale de Beauharnois (agrandissement)
CDQ, XXV, 5 (sept.-oct. 50), 14-20, texte & ill.
Beauport
B8513 Édifice des travaux publics
BAT, LIII, 10 (oct. 78), 6, texte.
Brantford
B8514 (a water treatment reservoir)
CB, XII, 6 (juin 62), 61, texte & ill.
Carillon
B8515 (Centrale électrique pour Hydro-Québec)
BAT, XXVII (mars 52), 18, texte.
Colombie-Britannique
B8516 B.C. Electric Co.
CB, VIII, 1 (jan. 58), 17, texte.
Gatineau
B8517 Usine de filtration
BAT, LIV, 3 (mars 79), 36, texte.
Hamilton
B8518 Centrale thermique
BAT, LII, 11 (nov. 77), 5, texte.
B8519 (incinérateur municipal)
TCA, VII, 2 (fév. 62), 11, texte & ill.

B8520 Old Pump House (réparations)
RAIC, XXXVIII, 5 (mai 61), 62-65, texte & ill.
B8521 Solid Waste Reduction Unit (incinérateur)
TCA, XV, 11 (nov. 70), 6, texte.
TCA, XVI, 1 (jan. 71), 8, texte.
Hampstead
B8522 Hydro-Québec (sous-station)
BAT, XXX, 6 (juin 55), 24, texte.
Iles-de-la-Madeleine
B8523 Centrale Électrique
BAT, XXIX, 3 (mars 54), 49, texte & ill.
La Prade
B8524 Usine d'eau lourde
BAT, LIII, 3 (mars 78), 5, texte.
Ville La Salle
B8525 Prise d'eau
ABC, VI, 63 (juil. 51), 21-22, texte & ill.
La Tuque
B8526 La Trenche (Barrage Hydroélectrique)
CDQ, XXIV, 2 (mars 49), 12-13 et 18, texte & ill.
Lévis
B8527 Quebec Power
BAT, XXXII, 10 (oct. 57), 91, texte.
Manicouagan
B8528 Complexe de l'Hydro-Québec
BAT, XXXVI, 10 (oct. 60), 57, texte.
B8529 Barrage Manicouagan I
CDQ, XXVI, 3 (mai-juin 51), 21, ill.
B8530 Manic 3
BAT, XLV, 7 (juil. 70), 21, texte.
B8531 Outardes 2
BAT, LIV, 4 (avril 79), 12, texte & ill.
B8532 "Le complexe Manic-Outardes est complété après 20 ans de travaux"
BAT, LIII, 11 (nov. 78), 6, texte & ill.
Montréal
B8533 Centrale No. 2 (Hydroélectrique)
BAT, XXVI, 10 (oct. 51), 14, texte.
B8534 Hydro-Québec (poste de distribution)
BAT, XLII, 10 (oct. 57), 95, texte.
B8535 Hydro-Québec (sous-station De Castelneau)
BAT, XXX, 2 (fév. 55), 55, texte.
B8536 Pylones de lignes de transmission, près du pont Victoria
CB, XI, 6 (juin 61), 44, ill.
B8537 Centrale d'incinération des ordures de la ville de Montréal
BAT, XLVIII, 6 (juin 73), 18, ill.
B8538 Usine d'épuration des eaux et de l'égout collecteur
BAT, LIII, 3 (mars 78), 5, texte.
Ottawa
B8539 (central heating & cooling plant for Public Works Dept.)
CB, IX, 9 (sept. 59), 58-59, texte & ill.
Outaouais
B8540 Usine d'épuration du CRO (communauté régionale de l'Outaouais)
BAT, LII, 1 (jan. 77), 7, texte.
Parkhill
B8541 (a sewage disposal system)
CB, XXIX, 2 (fév. 79), 10, texte.
Pinawa (Manitoba)
B8542 (nuclear plant)
TCA, XII, 5 (mai 67), 5-6, texte & ill.
Port Moody
B8543 Glenayre (réservoir d'eau potable)
NB, V, 12 (déc. 56), 22, texte.
Québec (Province)
B8544 "La houille blanche au Québec" (barrages en construction et nouvellement érigés)
CDQ, XXVI, 2 (mars-avril 51), 14-18
Québec
B8545 Poste Langelier de l'Hydro-Québec
BAT, LIV, 2 (fév. 79), 6, texte & ill.
B8546 Quebec Power (extension à la centrale de distribution)
BAT, XXXII, 10 (oct. 57), 95-96, texte.
Rimouski
B8547 Hydro-Québec (bâtiment pour condensateur statique)
BAT, LII, 9 (sept. 77), 5, texte.
Saanich (C.-B.)
B8548 (sewage disposal plant)
NB, VIII, 6 (juin 59), 36, texte.

Sarnia
B8549 (pumping station)
NB, VI, 12 (déc. 57), 14, texte.
Terre-Neuve
B8550 Upper Salmon (Hydro-electric plant)
CB, XXIX, 10 (oct. 79), 12, texte.
Toronto
B8551 Energy recovery plant (incinérateur)
CB, XXIX, 4 (avril 79), 9, texte.
B8552 (water and sewage treatment plants)
NB, X, 3 (mars 61), 22-23, texte & ill.
B8553 Toronto Hydro district heating plant
BAT, XLVIII, 6 (juin 73), 19, ill.
B8554 Metropolitan Toronto Rosehill Pumping Station
ARCAN, 43, 11 (nov. 66), 30, texte & ill.
Varennes
B8555 Hydro-Québec (centre d'entretien et de réparation)
BAT, LII, 8 (août 77), 6, texte & ill.
Westmount
B8556 Poste Maisonneuve de l'Hydro-Québec
BAT, XLV, 6 (juin 70), 52, texte.

Acres, H.G. (Co.)
Édifice de lieu inconnu
B8557 Bersimis 2 Powerhouse (barrage)
RAIC, XXXVIII, 3 (mars 61), 42 et 52, ill.

Albarda & Hounsom
Weston
B8558 Weston Municipal Building (bureaux, police, garage)
RAIC, XXXVI, 2 (fév. 59), 57, texte & ill.

Banz, Brook, Carruthers, Grierson, Shaw
Grand Bend (Ont.)
B8559 Grand Bend Treatment Plant
TCA, XIII, 11 (nov. 68), 55-56, texte & ill.
Toronto
B8560 Incinerator Building (Humber Sewage Treatment Plant)
TCA, XII, (Yearbook 67), 65, texte & ill.

Bélanger et Tremblay
Québec
B8561 L'incinérateur de Québec
AC, 27, 303 (avril 72), 20, texte & ill.

Bland, Lemoyne, Edwards, Shine
Ville d'Anjou
B8562 Sanitary Refuse Collectors Reduction Plant
RAIC, XLI, 9 (sept. 64), 61, ill.
RAIC, XLI, 11 (nov. 64), 128, ill.

Bogdan, Joseph; Preston, John
Halifax
B8563 (a pumping station)
TCA, XIX, 6 (juin 74), 6-7, texte & ill.
B8564 Pockwock Water System
TCA, XX et XXI, 12 et 1 (Yearbook, déc. 75 et jan. 76), 31-34, texte & ill.
TCA, XXIV, 6 (juin 79), 18-20, texte & ill.

Candy, Kenneth H.
Douglas Point (Ont.)
B8565 Douglas Point Nuclear Power Station
RAIC, XXXVIII, 8 (août 61), 36, texte & ill.
Ontario
B8566 "Power Development and Rehabilitation in the Valley". (centrale sur le Saint-Laurent)
RAIC, XXXVI, 5 (mai 59), 155-157
Pine Portage (Ont.)
B8567 Pine Portage Generating System
RAIC, XXIX, 3 (mars 52), 60-62, texte & ill.

Clark, R.L.
Toronto
B8568 Humber Sewage Treatment Plant
RAIC, XXXIV, 11 (nov. 57), 453, ill.

Corriveau, Eugène
Montréal
B8569 Projet d'étudiant: centrale de chauffage pour une importante industrie.
ABC, XIV, 157 (mai 59), 166, texte & ill.

Crépeau, Côté et Lemieux
Drummondville
B8570 (usine de pompage et de filtrage de la ville)
BAT, XXVII, (mai 52), 33-34 et 37-38, texte & ill.

Demers, Georges
Québec
B8571 (installation de la conduite principale d'eau du Lac St-Charles à Québec)
BAT, XXVII, (sept. 52), 35-36, texte & ill.

Erickson-Massey
Burnaby
B8572 Water Tower and BC Hydro and Power; Communications Centre
TCA, XII, 8 (août 67), 11-12, texte & ill.
BAT, XLII, 8 (août 67), 7, texte, ill.
CB, XVII, 9 (sept. 67), 6, texte & ill.

Fetherstonhaugh, Durnford, Bolton & Chadwick
Édifice de lieu inconnu
B8573 Project for a powerhouse
RAIC, XXIX, 6 (juin 52), 164, ill.

Gagné, René
Édifice de lieu inconnu
B8574 "Incinérateur économique pour une petite ville"
BAT, XXVI, 12 (déc. 51), 35-38.

Guindon, Jean
Ile-Jésus
B8575 Projet d'étudiant: un château-d'eau.
ABC, XVI, 182 (juin 61), 56, texte & ill.

Hix, John
Régina
B8576 ("an energy corridor")
TCA, XXII, 3 (mars 77), 37, texte & ill.

Hydro-Québec
Montréal
B8577 Le poste Berri
AC, 25, 289 (nov. 70), 32-33, texte & ill.

Kerr, Cullingworth, Riches Ass.
Regina
B8578 Pumphouse, Wascana Centre
TCA, XI, 11 (nov. 66), 41-44, texte & ill.
TCA, XXIV, 10 (oct. 79), 24, ill.

Lapointe & Tremblay
Cité de Jacques-Cartier
B8579 Usine de filtration
ABC, XI, 121 (mai 56), 48-51, texte & ill.

Lebeau, Gustave
Montréal
B8580 L'Égoût Meilleur-Atlantic
BAT, XXVII (nov. 52), 33-34 et 36 et 38 et 40, texte & ill.

Libling, Michener & ass.
Winnipeg
B8581 City of Winnipeg Hydro Electric System Sub-Station no. 21
RAIC, XXXVIII, 11 (nov. 61), 57, ill.
TCA, VI, 11 (nov. 61), 8, ill.
CB, XI, 6 (juin 61), 43, ill.
CB, XI, 12 (déc. 61), 38-39 et 47, texte & ill.
B8582 (Incinérateur municipal)
TCA, VII, 2 (fév. 62), 11, texte & ill.

McDougall, J. Cecil
La Tuque
B8583 The St.Maurice Power Corporation (Power House)
RAIC, XIX, 8 (août 42), 166, ill.

Meadowcroft, J.C.
Montréal
B8584 Centre de service de l'Hydro-Québec, rue Jarry et avenue Esplanade
ABC, VII, 76 (août 52), 14-19, texte & ill.

Shipshaw (Qué)
B8585 Shiphaw Power Development (pour Aluminium Company of Canada)
RAIC, XXIV, 12 (déc. 47), 430-435, texte & ill.
B8586 Shipshaw no. 2 Power Development
RAIC, XXVIII, 2 (fév. 51), 36, ill.

Meadowcroft & MacKay
Montréal
B8587 Hydro-Quebec Service Centre
RAIC, XXXIII, 11 (nov. 56), 427, ill.

Montreal Engineering Co. Ltd.
Dorsey (Manitoba)
B8588 Dorsey station converter building
AC, 24, 278 (oct. 69), 22, texte & ill.

Parkin, John B. (Ass.)
York Township
B8589 York Township Hydro Electric System
RAIC, XXVIII, 2 (fév. 51), 32-33, 36, ill.

Preston, John; Bogdan, Joseph
B8590 Voir Bogdan, Joseph; Preston, John

Rhone & Iredale
Burnaby
B8591 (Control centre for the provincial electric power network)
TCA, XV, 10 (oct. 70), 6-7, texte & ill.
ARCAN, 44, 1 (jan. 67), 46, ill.
Peace River (C.-B.)
B8592 Central Control Building of the Gordon S. Shrum Generating Station
ARCAN, 48 (26 avril 71), 8, texte & ill.
B8593 Tourist Lookout (Observatoire)
RAIC, XLI, 11 (nov. 64), 57, texte & ill.
Portage Mountain (C.-B.)
B8594 Structure à prise
ARCAN, 44, 1 (jan. 67), 46, ill.

Ritchie, G.M.
Stratford
B8595 Public Utilities Building
CB, XI, 9 (sept. 61), 59, texte & ill.

Ste-Marie, Paul
Édifice de lieu inconnu
B8596 Projet-thèse: un réacteur nucléaire expérimental
ABC, XV, 171 (juil. 60), 222, 225, texte & ill.

Scheel, H.J.
Ajax
B8597 Water Intake Structure, Arthur Percy Dam
TCA, XVII, (Yearbook et déc. 72), 34-35, texte & ill.
Guelph
B8598 Flood Control Dam and Water Reservoir
TCA, XVI, 12 (déc. et Yearbook 71), 56-57, texte & ill.
TCA, XXII, 6 (juin 77), 13-14, texte & ill.

Shore & Moffat
East York
B8599 East York Municipal Building (Santé, police, garage)
RAIC, XXVII, 6 (juin 50), 197, ill.

Shore, Tilbe, Henschel, Irwin
Mississauga
B8600 Lorne Park Water Purification Plant
TCA, XIX, 12 (déc. 74), 50-52, texte & ill.

Surveyer, Nenniger & Chênevert
Manicouagan
B8601 Daniel Johnson Dam (Manic 5)
TCA, XVII, 1 (jan. 72), 9, texte & ill.

Toby & Russell & Buckwell
Richmond
B8602 Iona Island Sewage Treatment Plant
RAIC, XLI, 11 (nov. 64), 58, texte & ill.

Usines de denrées alimentaires
Food Processing Plants

Anonyme/Anonymous
Fort Garry
B8601 Manitoba Liquor Control Commission
CB, XVI, 12 (déc. 66), 43, texte & ill.
Halifax
B8602 Dover Mills (Minoterie)
CB, XVIII, 10 (oct. 68), 46-47, texte & ill.
Ville La Salle
B8603 Brasserie Labatt (agrandissement)
BAT, XXXVI, 7 (juil. 60), 37, texte.
Laval
B8604 Maison des vins Geloso
BAT, LIV, 9 (sept. 79), 8, texte.
London
B8605 Kellogg's London, Ont. (addition)
CB, XII, 9 (sept. 62), 43 et 68, texte & ill.
Ottawa
B8606 Usine pour la production de céréales
BAT, LIII, 8 (août 78), 4, texte.
B8607 Pepsi Cola Co.
ABC, V, 52 (août 50), 22 ill.
Saint-Hubert
B8608 Safeway (Québec) Inc.
BAT, XLVII, 4 (avril 72), 7, texte & ill.
Saskatoon
B8609 (Grain research plant)
CB, XXVI, 2 (fév. 76), 7, texte.
Toronto
B8610 Labatt's Brewery
CB, XVIII, 6 (juin 68), 6, texte.
B8611 Molson's new Bottle Plant No. 5
CB, XXIV, 3 (mars 74), 7, ill.
Vancouver
B8612 Alberta Wheat Pool (élévateur à grains)
CB, VI, 4 (avril 56), 50, texte & ill.
North Vancouver
B8613 Élévateur à grains
CB, XVII, 2 (fév. 67), 8, ill.
Winnipeg
B8614 Canada Malting Grain Elevator
RAIC, XXXVII, 4 (avril 60), 132, ill.

Adamson, Gordon (ass.)
Alliston
B8615 Salada — Shirriff — Horsey Ltd
CB, X, 5 (mai 60), 76, texte & ill.
Toronto
B8616 Redpath Sugar Refinery and Offices
TCA, V, 4 (avril 60), 67-72, texte & ill.

Arthur & Fleury
B8617 Voir Fleury & Arthur

Arthur, Fleury and Piersol
Vancouver
B8618 Canada Packers Limited
RAIC, XIX, 11 (nov. 42), 222-223, ill.

Brassard et Warren
Montréal
B8619 National Maple Butter (usine, entrepôts et bureaux)
ABC, I, 8 (nov. 46), 26, texte.
ABC, II, 13 (mai 47), 36, ill.

Colangelo, Patsy
Montréal
B8620 Édifice Industriel "Gattuso", ch. Côte de Liesse
ABC, IV, 44 (déc. 49), 30, ill.

Consiglio, Franco
Édifice de lieu inconnu
B8621 Atelier "Domestic Brands"
ABC, II, 14 (juin 47), 33, ill.

Cory, W.M.
Montréal
B8622 Canada Dry
ABC, III, 21 (jan. 48), 26, ill.

Crawford, Alan B.
Toronto
B8623 Royal Crown Cola Ltd.
NB, IX, 9 (sept. 60), 44-45, texte & ill.

Doran, Harold J.
Montréal
B8624 Biscuiterie "David & Frère Ltée"
ABC, VI, 67 (nov. 51), 21-25, texte & ill.

Dumais, Roland
Montréal
B8625 Grissol
ABC, III, 21 (jan. 48), 31, ill.

Fairfield & DuBois
Halifax
B8626 Moosehead Breweries Building
TCA, XI, 1 (jan. 66), 29-32, texte & ill.

Fetherstonhaugh, Durnford, Bolton & Chadwick
Montréal
B8627 National Breweries Ltd. Dow Bottling House
RAIC, XXX, 6 (juin 53), 152, ill.

Fleury & Arthur
Toronto
B8628 Canada Packers Ltd
RAIC, XXXII, 10 (oct. 55), 387, ill.

Gauthier, Maurice; Trépanier, Paul-O.
B8629 Voir Trépanier, Paul-O; Gauthier, Maurice

Hobner, R.H.
Sherbrooke
B8630 Dominion Burlington Mills Ltd
CDQ, XXVI, 3 (mai-juin 51), 17-19, texte, ill.

Larson and Epp Industries Ltd.
Bassano, Alta.
B8631 Élévateur à grains
NB, X, 12 (déc. 61), 20, texte & ill.

Luke, Little
Montréal
B8632 Fabrique "Royal Stewart Beverages Co"
ABC, V, 47 (mars 50), 25, ill.

Luke, Little, Mace
Montréal
B8633 Seven Up
ABC, III, 21 (jan. 48), 32, ill.
RAIC, XXV, 11 (nov. 48), 423, ill.

McCarter & Nairne; Mathers & Haldenby
B8634 Voir Mathers & Haldenby; McCarter & Nairne

Mainguy, Lucien
Québec
B8635 Usine de la "Pik Mills"
ABC, V, 50 (juin 50), 29, ill.

Mathers, A.S.
Kingston
B8636 Coca-Cola Ltd
CB, IX, 5 (mai 59), 66, ill.

Mathers & Haldenby
Kingston
B8637 Coca-Cola Ltd
RAIC, XXXVI, 9 (sept. 59), 305, texte & ill.
London
B8638 Coca-Cola Company of Canada Limited
RAIC, XVIII, 5 (mai 41), 86, ill.
RAIC, XIX, 10 (oct. 42), 207, ill.
Toronto
B8639 Christie Brown and Co. Ltd (boulangerie)
RAIC, XXVII, 2 (fév. 50), 58-60, ill.
B8640 William Neilson Limited
RAIC, XIX, 11 (nov. 42), 224, ill.
Vancouver
B8641 Coca-Cola Ltd
RAIC, XXVII, 6 (juin 50), 202, ill.

Mathers and Haldenby; McCarter and Nairne
Vancouver
B8642 The Coca-Cola Company of Canada Ltd
RAIC, XX, 3 (mars 43), 41-43, ill.

Mercer & Mercer
Vancouver
B8643 Brewhouse and Cellars Building and Malt Storage Elevator
RAIC, XXVII, 9 (sept. 50), 304, ill.

Page & Steele
Toronto
B8644 Brading Breweries Ltd
RAIC, XXXIII, 10 (oct. 56), 367, ill.

Parkin, John B. (Ass.)
Bramalea
B8645 Thomas J. Lipton Limited
RAIC, XL, 9 (sept. 63), 71-74, texte & ill.
RAIC, XLI, 11 (nov. 64), 113, texte & ill.
TCA, IX, 12 (déc. 64), 34-35 et 41, texte & ill.
Goderich (Ont.)
B8646 Sifto Salt Mill and Warehouse
TCA, IX, 11 (nov. 64), 64-67, texte & ill.
RAIC, XLI, 11 (nov. 64), 112, texte & ill.
Leamington (Ont.)
B8647 H.J. Heinz Company of Canada Ltd
CB, XII, 6 (juin 62), 61, texte & ill.
TCA, VII, 6 (juin 62), 12, texte.
RAIC, XLI, 11 (nov. 64), 109, texte & ill.

Perry, Luke and Little
Montréal
B8648 Kraft Phoenix Cheese Company
RAIC, XIX, 8 (août 42), 162, ill.

Pope, G. Bennett
Montréal
B8649 Pepsi-Cola, rue Namur
ABC, XIII, 145 (mai 58), 40-43, texte & ill.

Rhone & Iredale
Burnaby
B8650 Plant for Dad's Cookie Company
TCA, XI, 1 (jan. 66), 33-36, texte & ill.
RAIC, XLI, 11 (nov. 64), 55, texte & ill.

Rinfret, Pierre
Québec
B8651 Laiterie Arctic
ABC, XII, 133 (mai 57), 54-55, texte & ill.

Ross, Patterson, Townsend & Fish
Montréal
B8652 Salada Tea Co. of Canada Ltd
RAIC, XXXI, 6 (juin 54), 192, ill.

Roth, M.W.
Granby
B8653 Burlington Mills
CB, III, 7 (juil. 53), 21, ill.

Rousseau et Bégin
Québec
B8654 Édifice de la Cie "Pony Brand"
ABC, V, 50 (juin 50), 28, ill.

Scott, Philip
Saskatoon
B8655 Flour Mill
RAIC, XXXII, 3 (mars 55), 84, ill.

Semmens & Simpson
Vancouver
B8656 Seven-Up Vancouver Ltd
RAIC, XXX, 6 (juin 53), 150-151, ill.
B8657 The B.C. Sugar Refining Co. Ltd.
TCA, I, 4 (avril 56), 45-48, texte & ill.

Sproule, S.-M.
Montréal
B8658 Minoterie
ABC, IV, 33 (jan. 49), 24-25, ill.

Surveyer, Nenniger & Chênevert
Montréal
B8659 Fabrique de biscuits Christie Brown & Co.
AC, 24, 278 (oct. 69), 17, texte & ill.

Trépanier, Paul-O.; Gauthier, Maurice
Granby
B8660 Laiterie Leclerc
ABC, XIII, 145 (mai 58), 48-49, texte & ill.

Waisman, Ross & Ass.
Winnipeg
B8661 Blackwoods Beverages Bottling Plant
RAIC, XXXV, 12 (déc. 58), 471, ill.
RAIC, XXXVI, 8 (août 59), 298-299, texte & ill.
CB, IX, 8 (août 59), 83, texte & ill.
BAT, XXXIV, 6 (juin 59), 42-43, texte & ill.
B8662 7 up Bottling Plant
RAIC, XXXIII, 5 (mai 56), 172, ill.

Watkins & Massey
Lake City Industrial Park
B8663 Nabob Foods Plant
RAIC, XXXVII, 2 (fév. 60), 48-49, texte & ill.

Usines de machines
Machine Manufacturing Plants

Anonyme/Anonymous
Édifice de lieu inconnu
B8801 General Motors; centre technique
BAT, XXXIV, 4 (avril 59), 36-39, texte & ill.
Annacis Island (C.-B.)
B8802 John Laing & Son Ltd
TCA, I, 7 (juil. 56), 17, ill.
Brockville
B8803 Bally Refrigeration of Canada Ltd
CB, XXIV, 12 (déc. 74), 46, texte & ill.
B8804 Black & Decker
BAT, XLV, 8 (août 70), 40, texte.
Bromont
B8805 IBM Canada Ltd (agrandissement)
CB, XXIV, 2 (fév. 74), 44, texte.
Cobourg
B8806 CGE Plant (Canadian General Electric) (refaire le parement ext.)
CB, XXX, 1 (jan. 80), 34-35, texte & ill.
Don Mills
B8807 Hobart Manufacturing Company Ltd
BAT, IX, 12 (déc. 61), 39, texte.
BAT, XXXVII, 2 (fév. 62), 39, texte, ill.
Dorval
B8808 National Cash Register Co. (data centre)
CB, XVIII, 5 (mai 68), 8, texte.
Kitchener
B8809 Budd Automotive
CB, XVI, 12 (déc. 66), 41, ill.
London
B8810 Usine pour la fabrication d'aéroplanes.
RAIC, XVII, 11 (nov. 40), 203-04.
B8811 Proto Tools of Canada Ltd
BAT, XXVII, (août 52), 34, texte.
BAT, XXVII, (oct. 52), 36, texte.
CB, II, 8 (août 52), 37, ill.
Longueuil
B8812 United Aircraft of Canada Ltd (agrandissement)
CB, XVI, 3 (mars 66), 8, texte.
Malvern (Ont.)
B8813 Philips Electronics Industries Ltd
CB, XXIV, 4 (avril 74), 30, texte & ill.
New Westminster
B8814 Laing Equipment Division
CB, VI, 12 (déc. 56), 28, ill.
Oakville, Ontario
B8815 Ford assembly plant
CB, III, 8 (août 53), 24, texte, ill.
CB, XV, 6 (juin 65), 5, texte & ill.
Ottawa
B8816 International Harvester Co.
ABC, V, 52 (août 50), 20, ill.

Commerce et industrie		Commerce and Industry

	Pointe-Claire
B8817	Terry Machinery
	BAT, XXXIX, 6 (juin 64), 7, texte, ill.
	Port Hawkesbury (Ile du Cap-Breton)
B8818	Canadian General Electric
	BAT, XLI, 9 (sept. 66), 54, texte.
	St-Hubert
B8819	United Aircraft of Canada Ltd
	CB, XVI, 3 (mars 66), 8, texte.
	Sainte-Thérèse
B8820	General Motors du Canada (rénovation & agrandissement)
	BAT, LII, 7 (juil. 77), 4, texte.
	St. Thomas
B8821	Clark Equipment Co. Ltd
	CB, VI, 3 (mars 56), 46 et 48, texte.
	Toronto
B8822	IBM Computer Building, Parkway Place
	TCA, XXII, 11 (nov. 77), 48-49, texte & ill.
B8823	John Inglis Company
	RAIC, XVII, 8 (août 40), 150
	Windsor
B8824	Chrysler of Canada (installation d'air climatisé)
	CB, XXVI, 7 (juil. 76), 33-34, texte & ill.
B8825	General Motors of Canada Ltd Transmission Plant (agrandissement)
	CB, XXX, 6 (juin 80), 13-15, texte & ill.
	Winnipeg
B8826	Boeing Aircraft
	CB, XX, 6 (juin 70), 5, texte.
B8827	Motor Coach Industries Ltd
	CB, XVIII, 10 (oct. 68), 41-42, texte & ill.

Allward and Gouinlock

	Édifice de lieu inconnu
B8828	General Motors of Canada Ltd
	RAIC, XIX, 11 (nov. 42), 225, ill.
	Brantford
B8829	Massey-Harris Co. Ltd (foundry Building)
	RAIC, XXIII, 10 (oct. 46), 250-253, ill.
	Scarborough
B8830	Inglis-English Electric Co. Ltd
	RAIC, XXXI, 6 (juin 54), 194-195, ill.

Andrews, J.

	Toronto
B8831	Federal Equipment (bureau, usine et entrepôt)
	TCA, IV, 11 (nov. 59), 52-53, texte & ill.

Archibald and Illsley

	Québec (province)
B8832	O'Neill European Machine Company
	RAIC, XVIII, 4 (avril 41), 66, ill.

Baker, Joseph

	Montréal
B8833	Pitney-Bowes Building
	TCA, XII, 1 (jan. 67), 47-49, texte & ill.

Beck and Eadie

	Barrie (Ont).
B8834	General Electric Co. (Small Appliance Plant)
	RAIC, XXIII, 10 (oct. 46), 254-255, ill.
	Oakville
B8835	Canadian General Electric Co. Ltd.
	RAIC, XXV, 11 (nov. 48), 416, ill.

Birley, Patrick

	Esquimalt (C.-B.)
B8836	Electrical Workshop, HMC Dockyard
	RAIC, XXXIII, 9 (sept. 56), 328, texte & ill.

Bogdan, Joseph; Preston, John

	Halifax
B8837	CFB Ship Repair Unit
	TCA, XXIV, 12 (Yearbook, déc. 79), 20-22 et 39-41, texte & ill.
	TCA, XXV, 1 (jan. 80), 4, texte.

Booth, Percy

	Montréal
B8838	"Preflight Hangar" no 117, de Canadair
	ABC, VIII, 88 (août 53), 38-40, texte & ill.

Bouchard, Maurice

	Québec
B8839	General Electric
	BAT, XXXIX, 12 (déc. 64), 4, texte.

Burge, Thomas-W.

	Montréal
B8840	Atelier d'assemblage Diamond T Motor Trucks Montreal Ltd
	ABC, I, 7 (oct. 46), 18-19, texte & ill.

Calvert, R.G.

	Édifice de lieu inconnu
B8841	Boat Factory (projet d'étudiant)
	RAIC, XXIV, 5 (mai 47), 155, texte & ill.

Chapman and Oxley

	Édifice de lieu inconnu
B8842	Central Aircraft Limited
	RAIC, XIX, 10 (oct. 42), 207, ill.

Crang and Boake

	Don Mills
B8843	International Business Machines
	TCA, XV, 10 (oct. 70), 7, texte & ill.

Dawson & Szymanski

	Montréal
B8844	Olivetti Canada Ltd; Parc industriel de l'Ile des Soeurs
	CB, XX, 10 (oct. 70), 28, ill.
	BAT, XLV, 10 (oct. 70), 25, ill.

Gagnier, Gaston

	Montréal
B8845	Charles Cusson Ltée
	BAT, XXIX, 6 (juin 54), 58-60, texte, ill.

Gascon et Parant

	Montréal
B8846	Electro-Vox
	ABC, III, 21 (jan. 48), 28-29, ill.

Giffels & Vallet Canada Ltd

	Oakville, Ont.
B8847	Boiler House, Ford Motor Company of Canada
	CB, IV, 4 (avril 54), 43, ill.

Grossman, I.

	Édifice de lieu inconnu
B8848	Moffat Stove Factory (projet d'étudiant)
	RAIC, XXV, 5 (mai 48), 154, ill.

Jessop & Berlette

	Woodstock
B8849	Hobart Brothers of Canada Ltd
	CB, XXIII, 7 (juil. 73), 38, texte.

Lafleur, J.M.

	Montréal
B8850	Usine de la "Unique Sash Balance Co."
	ABC, V, 47 (mars 50), 24, ill.

Maclean, Clare G.

	York
B8851	International Business Machines Co. Ltd, Plant No. 1
	RAIC, XXX, 6 (juin 53), 157, ill.
	CB, III, 7 (juil. 53), 24, ill.

Marani, Lawson and Morris

	Édifice de lieu inconnu
B8852	Small Electric Motors (Canada) Ltd
	RAIC, XIX, 10 (oct. 42), 206, ill.

Marani & Morris

	Toronto
B8853	Blackwood Hodge Equipment Ltd
	CB, IX, 8 (août 59), 83, texte & ill.
	BAT, XXXIV, 6 (juin 59), 42-43, texte & ill.
B8854	Innes Equipment Ltd
	RAIC, XXXIII, 8 (août 56), 309, texte & ill.

Meadowcroft, J.C.

	Québec (province)
B8855	Canadian Marconi Company
	RAIC, XIX, 8 (août 42), 166, ill.

Moffat, Moffat & Kinoshita

	Toronto
B8856	Manta Sound Co.
	ARCAN, 49 (nov. 72), 11, texte & ill.

Moriyama & Watts

	Leaside
B8857	George W. Crothers Ltd (Used Equipment Centre)
	RAIC, XXXVII, 6 (juin 60), 241, ill.
B8858	Gatehouse, Crothers Used Equipment Centre
	TCA, XXIII, 7 (juil. 78), 21, ill.

Parkin, John B. (ass.)

	Don Mills
B8859	I.B.M. Building
	TCA, XIII, (Yearbook 68), 89, texte & ill.
	Toronto
B8860	Federal Equipment
	TCA, VI, 1 (jan. 61), 53-57, texte & ill.
	CB, XI, 4 (avril 61), 31, ill.
	North York
B8861	Taylor Instrument Co. of Canada Ltd
	RAIC, XXXI, 6 (juin 54) 196-198, texte & ill.

Prack & Prack

	Hamilton
B8862	Canadian Westinghouse Company Limited, Plant no. 3, Building no.2
	RAIC, XXX, 6 (juin 53), 160, ill.
	CB, III, 7 (juil. 53), 24, ill.

Riddell, W. Bruce

	Hamilton
B8863	Kennametal Tools and Manufacturing Co. Ltd.
	RAIC, XXIII, 10 (oct. 46), 256-257, ill.

Ross & MacDonald

	Montréal
B8864	White Motor
	ABC, III, 21 (jan. 48), 24-25, ill.

Ross, Patterson, Townsend & Fish

	Montréal-Nord
B8865	Usine Bristol Aeroplane Co
	ABC, X, 109 (mai 55), 32-34, texte & ill.

Searle, Wilbee, Rowland

	Mississauga
B8866	Canada Systems Group Ltd
	BAT, XLVII, 4 (avril 72), 14-15, texte & ill.

Stanley, K.C. (Co.)

	Edmonton
B8867	Ford Motor Co. of Canada
	RAIC, XXXIII, 5 (mai 56), 172, ill.

Thompson, Berwick & Pratt

	Burnaby
B8868	Construction Equipment Co. Ltd.
	BAT, XXXIV, 6 (juin 59), 42, texte & ill.
	CB, IX, 8 (août 59), 82, texte & ill.
	RAIC, XXXV, 12 (déc. 58), 471, ill.

Wilson and Newton

	Weston
B8869	Diamond T Trucks of Toronto Ltd
	RAIC, XXXI, 6 (juin 54), 190, ill.

Usines de produits pharmaceutiques et de cosmétiques

Pharmaceutical and Cosmetics Factories

Booth, Percy

	Dorval
B9101	Mount Royal Chemicals Pharmaceutical Manufacturing
	RAIC, XXXVII, 10 (oct. 60), 433-434, texte & ill.
B9102	Light Industrial Buildings Ciba Co Ltd, Sandoz Ltd, Mount Royal (bureaux, entrepôt, laboratoire) Chemical Ltd
	RAIC, XXXVII, 10 (oct. 60), 433-440, texte & ill.

Brown & Matthews

Toronto
B9103 Helena Rubenstein plant
CB, IV, 7 (juil. 54), 36-37, texte, ill.

Farley, Pierre

Montréal-Nord
B9104 Projet thèse: firme de produits pharmaceutiques
ABC, XII, 131 (mars 57), 51, ill.

Marshall & Merrett; Stall, Elliott & Mill

Vaudreuil
B9105 Roche Vaudreuil Complex
CB, XXI, 2 (fév. 71), 41, texte & ill.

Morgan, Earle C.

Toronto
B9106 Bromo-Seltzer Ltd (agrandissement et rénovation)
RAIC, XXIII, 7 (juil. 46), 170, texte & ill.

Parkin, John B. (Ass.)

Don Mills
B9107 Ortho-Pharmaceutical Corp. Ltd
RAIC, XXXV, 12 (déc. 58), 451, ill.
TCA, I, 7 (juil. 56), 23-36, texte & ill.
TCA, IV, 10 (oct. 59), 64-65 et 80, texte & ill.
TCA, XXV, 11 (nov. 80), 19, texte & ill.
CB, IX, 8 (août 59), 82-83, texte & ill.
CB, XI, 4 (avril 61), 35, ill.
BAT, XXXIV, 6 (juin 59), 42-43, texte & ill.
NB, VIII, 1 (jan. 59), 25, texte & ill.

Etobicoke (Ont.)
B9108 Office and factory of Fabergé Perfumes
RAIC, XXVIII, 2 (fév. 51), 36, ill.

East York
B9109 Yardley of London Ltd
RAIC, XXXI, 6 (juin 54), 199-202, ill.

Perry, Luke and Little

Montréal
B9110 Johnson & Johnson Limited
RAIC, XX, 1 (jan. 43), 10, ill.

Usines diverses
Miscellaneous Factories

Anonyme/Anonymous

Édifice de lieu inconnu
B9301 Kawneer (Ellesmere Rd.)
BAT, XXXVII, 11 (nov. 62), 46, texte.

Abercrombie Point (N.-E.)
B9302 Scott Paper Co.
CB, XVII, 3 (mars 67), 47, texte & ill.

Agincourt (Ont.)
B9303 The Lander company (Canada) Ltd.
NB, VII, 9 (sept. 58), 23, ill.

Ajax (Ont)
B9304 Dupont of Canada (expansion)
CB, XIV, 9 (sept. 64), 8, texte.

Alberni
B9305 Alberni Plywood Division (expansion)
CB, XIV, 9 (sept. 64), 8, texte.

Alberta
B9306 Proctor & Gamble (usine de pâte Kraft)
BAT, XLVII, 4 (avril 72), 42, texte.

Ville d'Anjou
B9307 Reardon Co. Ltd.
BAT, XXXVII, 8 (août 62), 40, texte, ill.

Arvida
B9308 Édifice de l'Aluminium Company
ABC, IV, 44 (déc. 49), couverture ill.
B9309 The Aluminum Company of Canada Ltd
CB, XXII, 4 (avril 72), 5, texte.
B9310 "Lapointe" de l'Alcan
BAT, XLVIII, 12 (déc. 73), 3, ill.

Beachville (Ontario)
B9311 Gypsum, Lime & Alabastine, Canada, Ltd.
NB, VIII, 2 (fév. 59), 46, texte.

Beauharnois
B9312 Union Carbide
BAT, LI, 5 (mai 76), 7, ill.

Bécancour
B9313 CIL, usine de fabrication de chloralcalis
BAT, XLVIII, 8 (août 73), 3, texte.

Falconbridge
B9314 BAT, XLVI, 10 (oct. 71), 38, texte.

Bernières
B9315 Canadian Johns-Manville Ltd.
BAT, LII, 7 (juil. 77), 4, texte.
B9316 Les Constructions Latendresse Inc.
CB, XXIV, 3 (mars 74), 57, texte.
AC, 29, 322 (mars-avril 74), 10, texte & ill.
BAT, XLVII, 1 (jan. 73), 5, texte.
B9317 Honco (expansion)
BAT, LIV, 12 (déc. 79), 17-18, texte.

Bowmanville (Ontario)
B9318 Delta Faucet of Canada Ltd
BAT, LI, 3 (mars 76), 7, texte.

Bramalea
B9319 Dominion Glass Co. Ltd
CB, XX, 7 (juil. 70), 5, ill.
CB, XX, 10 (oct. 70), 10, ill.
B9320 Lepage Ltée
BAT, XLVI, 2 (fév. 71), 32, texte.
B9321 Root Wire Ltd
CB, XVIII, 10 (oct. 68), 37, ill.

Brampton (Ont.)
B9322 CB, XIII, 10 (oct. 63), 46, texte & ill.
B9323 Skyline Steel Company Limited
CB, XXI, 4 (avril 71), 5, texte.

Brantford
B9324 3e usine de compagnie Carhayes Ltd.
NB, VI, 6 (juin 57), 34, texte & ill.
B9325 KeepRite Products Ltd. (expansion)
NB, VIII, 3 (mars 59), 49, texte.

Brockville (Ont.)
B9326 Metalbestos Manufacturing Co. (gas pipe plant)
NB, VII, 10 (oct. 58), 41, texte.

Brossard
B9327 Compagnie Johns Mansville
AC, 29, 321 (jan.-fév. 74), 8

Burlington
B9328 Barrett
NB, VI, 3 (mars 57), 39, texte.

Caledonia (Ontario)
B9329 Gypsum, Lime and Alabastine, Canada, Ltd.
NB, VIII, 1 (jan. 59), 33, texte.

Calgary
B9330 Anthes-Imperial Co. Ltd.
NB, VII, 1 (jan. 58), 25, texte.
NB, VII, 8 (août 58), 32
B9331 Building Products of Canada Limited
CB, XXX, 8 (août 80), 5, texte & ill.
B9332 Calgary plaster and plasterboard plant
NB, VIII, 2 (fév. 59), 48, texte.
B9333 Crane Limited
BAT, XXVII, (oct. 52), 34, texte & ill.
B9334 Engineered Buildings Limited
NB, VI, 7 (juil. 57), 14 et 16, texte & ill.
B9335 Indalex Limited (Foothills Industrial Park)
CB, XXI, 2 (fév. 71), 23, texte.
B9336 Irving Wire Products Ltd. (expansion)
NB, VIII, 6 (juin 59), 35, texte.
B9337 Lennox Industries (Canada) Ltd. (plant)
NB, VI, 12 (déc. 57), 31, texte.
B9338 Mastic Inc.
CB, XXX, 11 (nov. 80), 8, texte.
B9339 W.R. Grace & Co.
CB, XIV, 9 (sept. 64), 8, texte.

Candiac (Qué)
B9340 Fiberglas Canada Ltd.
CB, XIII, 4 (avril 63), 7, texte.

Cap-de-la-Madeleine
B9341 Reynolds Aluminium (agrandissement de l'immeuble)
BAT, XXXIV, 3 (mars 59), 19, texte.

Cassiar (Yukon)
B9342 Cassiar Asbestos Corporation's Mill
CB, XXI, 10 (oct. 71), 46, texte & ill.

Charlottetown
B9343 Industrial Enterprises Inc. (bâtiment à usages multiples dans le parc industriel West Royalty)
BAT, LIV, 3 (mars 79), 16 et 30-31, texte & ill.

Chatham (N.-B.)
B9344 (Panelboard plant)
CB, XXVIII, 12 (déc. 78), 7, texte & ill.

Cheltenham
B9345 Dominion Tar & Chemical Co Ltd (expansion)
CB, VI, 5 (mai 56), 76, texte.

Clarkson
B9346 Daymond Limited
CB, XXIII, 12 (déc. 73), 54, texte & ill.
B9347 St. Lawrence Cement Co.
CB, VI, 10 (oct. 56), 63, texte & ill.

Coaticook
B9348 (Projet pour usine de gants de caoutchouc)
BAT, LI, 2 (fév. 76), 5, texte.

Contrecoeur
B9349 Liquid Carbonic Canada Ltée
BAT, XLVIII, 8 (août 73), 3-4, texte.
B9350 Stelco
CB, XXII, 11 (nov. 72), 13, texte.

Cooksville (Ont.)
B9351 Dominion Tar & Chemical Co. Ltd (expansion)
CB, VI, 5 (mai 56), 76, texte.
B9352 Haydite
NB, VIII, 7 (juil. 59), 29, texte.
B9353 The Cooksville Ltd.
NB, VII, 12 (déc. 58), 37, texte.

Coquitlam, B.C.
B9354 Crane building
NB, VII, 1 (jan. 58), 25, texte.

Cornwall
B9355 Canadian Industries Limited (CIL)
BAT, XLVI, 9 (sept. 71), 6-7, texte.
BAT, XLVIII, 8 (août 73), 32, texte.

Côte Ste-Catherine
B9356 Charlebois Ltée; Martel Glass Ltée; Verbec Inc.
BAT, XLII, 10 (oct. 67), 44, texte.

Cowansville
B9357 Edmont Canada Ltd
BAT, XXXV, 4 (avril 60), 17, texte.
B9358 Visking Co.
BAT, XXXV, 4 (avril 60), 17, texte.
NB, VIII, 8 (août 59), 26, texte.

Creighton
B9359 The International Nickel Company of Canada Limited
BAT, XXVII, (jan.-fév. 52), 42, texte & ill.

Delson, P.Q.
B9360 Usines Siporex
BAT, XXX, 11 (nov. 55), 59, ill.
CB, V, 9 (oct. 55), 66, ill.

Don Mills
B9361 Eclipse Fuel Engineering Co. of Canada (agrandissement).
CB, XIV, 10 (oct. 64), 20, texte.
B9362 Eldon Industries of Canada Limited
CB, XII, 5 (mai 62), 69, texte & ill.

Drummondville
B9363 Brique Antique Ltée
BAT, L, 10 (oct. 75), 30, texte, ill.
B9364 Eagle Pencil Co. (agrandissement)
BAT, XXXII, 10 (oct. 57), 89, texte.
B9365 Habitations CIP (usine de montage)
BAT, XLVI, 7 (juil. 71), 21-23, texte & ill.
B9366 Usine I-T-E
BAT, XLVI, 10 (oct. 71), 5, texte.
B9367 Moduline
BAT, XLVIII, 12 (déc. 73), 5, texte.
B9368 Sylvania Electric Canada Ltd
BAT, XXVII, 9 (sept. 52), 50, texte.
BAT, XXVII, 10 (oct. 52), 36, ill.

Duberger
B9369 Les Entreprises Julien Inc.
BAT, LII, 10 (oct. 77), 5, texte.

East River (N.-E.)
B9370 Masonite Canada Ltd
CB, XXVIII, 2 (fév. 78), 8, texte & ill.

Edmonton
B9371 Building Products Limited
CDQ, XXV, 5 (sept.-oct. 50), 34, texte.
B9372 Canada Fiberglas Canada Ltd.
NB, VIII, 7 (juil. 59), 27, texte.
B9373 Dominion Oxygen Canada (agrandissement)
BAT, XXVII, (juil. 52), 43, texte.
B9374 Dymer Plastics Ltd.
NB, VIII, 8 (août 59), 39, texte.

B9375	Genstar Ltd (addition) CB, XXVIII, 5 (mai 78), 5, texte.	
B9376	Zeidler Plywood Corporation's Mill NB, V, 10 (oct. 56), 36, texte.	
	Elliot Lake	
B9377	Rio Algom (Usine de traitement d'uranium) AC, XXXIV, 346 (mai-juin 78), 6, texte.	
	Farnham	
B9378	Gelco Furniture BAT, XXXV, 4 (avril 60), 17, texte.	
	Fort Frances (Ont.)	
B9379	Minnesota and Ontario Paper Co. (réfection de la toiture) CB, VI, 6 (juin 56), 85, texte & ill.	
	Fort McMurray	
B9380	(Usine pour sables bitumineux) CB, XXIX, 1 (jan. 79), 23, texte.	
	Fort William	
B9381	Linde Air Products CB, V, 9 (sept. 55), 54, texte. CB, V, 12 (déc. 55), 31, texte.	
	Forth White	
B9382	Canada Cement (extension) CB, V, 1 (jan. 55), 21, texte & ill.	
	Gatineau	
B9383	Compagnie Internationale de papier (CIP) (Modernisation) BAT, LII, 9 (sept. 77), 5, texte.	
	Granby	
B9384	Cresswell Pomeroy (agrandissement) BAT, XXXV, 5 (mai 60), 89, texte.	
B9385	Robbins Floor Products of Canada Ltd. NB, VIII, 9 (sept. 59), 57, texte.	
B9386	Sylvatex Inc. BAT, LII, 10 (oct. 77), 5, texte.	
B9387	Trebor Sharps Limited CB, XXII, 2 (fév. 72), 8, texte.	
	Guelph	
B9388	The Canadian Gypsum Co. Ltd (expansion) NB, VII, 12 (déc. 58), 36, texte.	
B9389	Usine de la compagnie Fiberglas Canada Limited NB, VI, 6 (juin 57), 34, texte.	
B9390	Imperial Tobacco project CB, IX, 9 (sept. 59), 48, ill.	
	Hagersville (Ont.)	
B9391	The Canadian Gypsum Co. Ltd. (expansion) NB, VII, 12 (déc. 58), 36, texte.	
	Halifax	
B9392	Lomond Tile Company CB, VI, 5 (mai 56), 67, texte & ill.	
	Hamilton	
B9393	Building Products Limited BAT, XXXIII, 9 (sept. 58), 39, texte. BAT, IX, 10 (oct. 61), 40, texte. NB, VII, 9 (sept. 58), 50, texte.	
B9394	Butler Manufacturing Company CB, V, 9 (sept. 55), 59, texte.	
B9395	Dominion Foundries 2 Steel Ltd CB, XV, 6 (juin 65), 73, texte.	
B9396	Hilton Works CB, XX, 5 (mai 70), 7, texte.	
	Huntsville-Bracebridge	
B9397	Domtar Construction Materials Ltd CB, XXIV, 3 (mars 74), 32, texte. AC, 29, 322 (mars-avril 74), 8	
	Innisfail (Alberta)	
B9398	Canadian Johns-Manville CB, XXVII, 11 (nov. 77), 6, texte.	
	Jacques-Cartier	
B9399	Ferro Metal Ltd BAT, XLII, 6 (juin 67), 6, texte & ill.	
	Joliette	
B9400	Barrett NB, VI, 3 (mars 57), 39, texte.	
B9401	Dominion Tar & Chemical Company, Limited BAT, IX, 8 (août 61), 28, ill.	
	Kapuskasing (Ont.)	
B9402	Spruce Falls Thermal Mechanical Pulp Mill CB, XXIV, 10 (oct. 74), 8, ill.	
	Kingston	
B9403	Canadian Industries Ltd RAIC, XVII, 12 (déc. 40), 216, texte.	
	Kitchener	
B9404	Lan Products, Ltd (expansion) NB, VIII, 1 (jan. 59), 34, texte.	
	Kitimat	
B9405	Aluminerie CB, VI, 12 (déc. 56), 29, ill.	
	Lachine	
B9406	Brantford Roofing Co. Ltd BAT, XXXI, 12 (déc. 56), 47, texte, ill.	
B9407	Dominion Bridge (agrandissement) CDQ, XXIV, 5 (sept. 49), 11, texte & ill.	
B9408	Lightolier Canada Limitée AC, XXXV, 352 (mai-juin 79), 6, texte.	
	Lansdowne	
B9409	Enamel, iron and pottery plant NB, VIII, 4 (avril 59), 36, texte.	
	La Prairie (Québec)	
B9410	Electrovert (agrandissement) BAT, LIV, 1 (jan. 79), 4, ill. AC, XXXV, 350 (jan.-fév. 79), 9-10, texte & ill. AC, XXXV, 353 (juil.-août 79), 9-10, texte.	
B9411	The Laprairie Brick & Tile Inc. NB, VII, 12 (déc. 58), 37, texte.	
	Ville La Salle	
B9412	(Station d'ensachage de ciment) BAT, XXXII, 10 (oct. 57), 85-86, texte.	
	La Sarre (Abitibi)	
B9413	J.H. Normick Inc. AC, XXXV, 351 (mars-avril 79), 9, texte.	
	Laval	
B9414	BASF Canada Limited AC, 25, 287 (sept. 70), 32, texte & ill.	
	Lindsay (Ont.)	
B9415	Visking Company NB, VIII, 4 (avril 59), 36, texte.	
	London	
B9416	Minnesota Mining and Manufacturing of Canada Limited (agrandissement) BAT, XL, 8 (août 65), 62, texte.	
	Longlac (Ont.)	
B9417	Weldwood of Canada (agrandissement) CB, XIX, 4 (avril 69), 5, texte.	
	Longueuil	
B9418	Mark Hot Inc. BAT, XLV, 4 (avril 70), 5, texte & ill.	
	Louiseville	
B9419	Barrett NB, VI, 3 (mars 57), 39, texte.	
	Marieville	
B9420	Société Crane BAT, XLI, 12 (déc. 66), 28, texte.	
	Milton	
B9421	Dominion Tar & Chemical Co. Ltd (agrandissement) CB, VI, 5 (mai 56), 76, texte.	
B9422	Polymer Corporation Limited BAT, XLVI, 12 (déc. 71), 24, texte. CB, XXI, 11 (nov. 71), 7, ill. CB, XXIII, 2 (fév. 73), 54, texte & ill.	
B9423	(Usine pour Roxul). AC, XXXV, 353 (juil.-août 79), 12, texte.	
	Mississauga	
B9424	Armalux Glass Industries Ltd CB, XXIV, 5 (mai 74), 60, texte.	
B9425	Dominion Aluminum Fabricating Ltd CB, XXIV, 4 (avril 74), 30, texte.	
B9426	Dresser Industrial Products Ltd CB, XXIV, 11 (nov. 74), 7, texte & ill.	
B9427	Kehoe Industries CB, XXII, 3 (mars 72), 7, texte.	
B9428	The Valvoline Oil Canada Building CB, XXVIII, 6 (juin 78), 9, texte & ill.	
	Moncton	
B9429	Fiberglas Canada Ltd CB, XXIV, 11 (nov. 74), 5, texte.	
	Montréal	
B9430	Atlas Asbestos Ltée BAT, XXVII, 12 (déc. 52), 13-14, texte & ill. BAT, XXXIV, 7 (juil. 59), 48-49, texte & ill.	
B9431	Ayers McKenna & Harrison Limited BAT, XXVI, 10 (oct. 51), 28, ill.	
B9432	Barrett NB, VI, 3 (mars 57), 39, texte.	
B9433	Brantford Roofing Company NB, V, 9 (sept. 56), 44, texte & ill.	
B9434	Usine de la Cie L.P. Marcotte, boul. St-Michel ABC, V, 47 (mars 50), 22, ill.	
B9435	Compagnie Miron Ltée BAT, LIII, 7 (juil. 78), 5, texte.	
B9436	Dow Chemical of Canada, Limited BAT, XLIII, 10 (oct. 68), 42, texte.	
B9437	Imperial Tobacco (rénovation) BAT, LI, 1 (jan. 76), 46, texte.	
B9438	Manhattan Products Inc. BAT, XL, 5 (mai 65), 5, texte & ill.	
B9439	Raymond Manufacturing & Distributing Limited BAT, XXVII, (oct. 52), 34, texte.	
	Montréal-Est	
B9440	Carbide Chemicals Co. (agrandissement) BAT, XXXIV, 7 (juil. 59), 48, texte.	
	Montréal (sud)	
B9441	(Usine modèle préfabriqué) CB, XX, 5 (mai 70), 53	
	Montréal (rive sud)	
B9442	Westroc Industries Limited CB, XXII, 8 (août 72), 5, texte.	
	Nanticoke (Ont.)	
B9443	Acierie Stelco BAT, XLIX, 1 (jan. 74), 24, texte. CB, XXVII, 9 (sept. 77), 6, texte. CB, XXX, 8 (août 80), 3, texte & ill.	
	North Bay	
B9444	Canadian Johns-Manville Co. CB, VII, 1 (jan. 57), 31, texte & ill. NB, VI, 4 (avril 57), 39, texte. BAT, XXXII, 8 (août 57), 60, texte. BAT, XLIII, 9 (sept. 68), 52, texte.	
B9445	Harvey Engineering and Manufacturing Canada Ltd CB, XXIV, 11 (nov. 74), 6, texte.	
B9446	Skega-Canada Ltd CB, XXIV, 11 (nov. 74), 6, texte.	
	Ontario	
B9447	Western Gypsum Products Ltd. CB, XIII, 6 (juin 63), 7, texte.	
	Owen Sound (Ont.)	
B9448	(A glass manufacturing plant) CB, XXVII, 11 (nov. 77), 7, texte.	
	Penticton (C.-B.)	
B9449	Atco Industries Ltd CB, XXII, 10 (oct. 72), 40, texte.	
	Peterborough	
B9450	Ethicon Sutures Ltd CB, XIV, 10 (oct. 64), 41, texte & ill.	
B9451	Maur Products of Canada Limited BAT, XXVII, (oct. 52), 34, texte.	
	Pickering Township	
B9452	Circle F. Industries Inc. CB, XXIII, 10 (oct. 73), 68, texte.	
	Picton	
B9453	Lake Ontario Cement Limited (agrandissement) CB, XXIV, 2 (fév. 74), 21, texte. CB, XXIV, 5 (mai 74), 7, texte. CB, XXIV, 8 (août 74), 44, texte.	
	Pointe-aux-Trembles	
B9454	Pétrofina Canada Ltée (agrandissement) BAT, LIV, 7 (juil. 79), 28, texte. BAT, LIV, 11 (nov. 79), 28, texte.	
	Pointe-Claire	
B9455	Wire Rope Industries of Canada Ltd. BAT, XLVII, 12 (déc. 72), 34, texte.	
	Pont-Rouge (Qué.)	
B9456	Building Products of Canada Ltd CB, XXVI, 2 (fév. 76), 8, texte.	
B9457	Excel-Board NB, VI, 7 (juil. 57), 2, texte.	
	Popkum (C.-B.)	
B9458	International Cement Corporation CB, VI, 5 (mai 56), 72, texte.	
	Princeville	
B9459	Industries Espadon Inc. (agrandissement) BAT, LII, 10 (oct. 77), 5, texte.	
	Québec	
B9460	(Aluminerie) BAT, L, 5 (mai 75), 6, texte.	
B9461	(Moulin à papier) BAT, XXXII, 10 (oct. 57), 84, texte.	
B9462	The Deerfield Glassine Company Inc. BAT, XXVII (mars 52), 6, texte.	

Commerce and Industry / Commerce et industrie

Red Deer
B9463 Alberta Gas Ethylene Company Ltd
CB, XXVII, 8 (août 77), 5, texte.
CB, XXVII, 12 (déc. 77), 10, texte.

Régina
B9464 (Deux projets d'usines)
NB, VIII, 8 (août 59), 39
B9465 Liquid Carbonic Corp.
NB, VIII, 8 (août 59), 39, texte.

Rexdale
B9466 Building Products of Canada Ltd
CB, XXIII, 10 (oct. 73), 66, texte.
B9467 Frankel Structural Steel Ltd
CB, XXVIII, 9 (sept. 78), 9, ill.

Rimouski
B9468 Canada Wire & Cable Co.
BAT, XXIX, 9 (sept. 54), 32, ill.
B9469 O.K. Chipcore Corp.
BAT, XXIX, 9 (sept. 54), 36-37, texte & ill.
B9470 Société Jacob Ltée
BAT, LII, 4 (avril 77), 5, texte.

Rutherglen (Ont.)
B9471 Universal Oil Products
AC, XXXIV, 346 (mai-juin 78), 4, texte & ill.

Ste-Agathe
B9472 Tapis Bigelow Canada
BAT, XLV, 10 (oct. 70), 24, ill.

Saint-Augustin
B9473 (Projet d'aluminerie)
BAT, LI, 1 (jan. 76), 46, texte.
B9474 Rodrigue Métal Ltée
BAT, LIII, 9 (sept. 78), 8, texte & ill.

St-Boniface
B9475 (A home manufacturing plant)
CB, XXI, 3 (mars 71), 62, texte.
B9476 Barrett Co. Ltd.
NB, VI, 3 (mars 57), 39, texte.
NB, VII, 2 (fév. 58), 35, texte.

Ste-Catherine-d'Alexandrie
B9477 Westroc Industries Limited
BAT, XLVII, 8 (août 72), 8, texte & ill.

St-Félicien
B9478 Kraft de Donohue / St-Félicien Inc.
BAT, LIV, 5 (mai 79), 26, ill.

St-Jean (Qué.)
B9479 Brown, Boveri (Canada) Limited
BAT, XXVI, 10 (oct. 51), 59 et 61, texte & ill.
B9480 Cyanamid of Canada Limited
BAT, XXXIV, 6 (juin 59), 87, texte.
BAT, XLVIII, 10 (oct. 73), 11, texte & ill.
B9481 St. Regis Paper Company (Canada) Limited
BAT, XXVII, (mai 52), 53, texte.

St-Jérôme
B9482 Compagnie Trans-Canada Signs Ltd
BAT, XXXIV, 3 (mars 52), 62, texte.

Saint John (N.-B.)
B9483 Irving Oil – raffinerie (agrandissement)
BAT, XLVIII, 7 (juil. 73), 5, texte.

St. John's
B9484 Panelyte Division of St. Regis Paper Company (Canada) Limited
CB, I, 5 (nov.-déc. 51), 47, texte.

Saint-Joseph de Beauce
B9485 Maisons Mobiles Glendale
BAT, XLVIII, 2 (fév. 73), 6, texte.

Ville Saint-Laurent
B9486 Canadian Technical Tape Ltd (agrandissement)
BAT, XL, 8 (août 65), 62, texte.

Sainte-Marie
B9487 Béton Bolduc Inc.
BAT, LIII, 8 (août 78), 4, texte.

St. Mary's (Ont.)
B9488 St. Marys Cement Co.
CB, XXVIII, 10 (oct. 78), 11, texte & ill.

St-Nicolas
B9489 Usine X-Béton
BAT, XLIX, 6 (juin 74), 16, texte & ill.

Sainte-Thérèse
B9490 Commonwealth Plywood
BAT, XLVIII, 11 (nov. 73), 3, texte.

Sarnia
B9491 "Sarnia plant"
NB, V, 12 (déc. 56), 26, texte.

B9492 Canadian Industries Limited (CIL)
CB, XV, 8 (août 65), 8, texte.
B9493 Dow Chemical of Canada Ltd
NB, VII, 1 (jan. 58), 2, texte.
B9494 Fiberglas Canada Limited
NB, VI, 6 (juin 57), 34, texte.
BAT, LII, 6 (juin 77), 7, texte.

Saskatoon
B9495 B.A.C.M. Preco
CB, XVII, 10 (oct. 67), 46, texte & ill.

Sault-Ste. Marie
B9496 Algoma Steel (mill building)
CB, XVIII, 12 (déc. 68), 61, ill.
B9497 Mannesman
CB, V, 9 (sept. 55), 57, texte.

Scarborough
B9498 Amphenol
CB, XVI, 12 (déc. 66), 41, ill.
B9499 F.C. Russell Co. of Canada Ltd
BAT, XXX, 4 (avril 55), 68, texte & ill.
B9500 Ferraro Construction Co. Ltd. (agrandissement)
NB, VIII, 9 (sept. 59), 55
B9501 Pilkington Glass Ltd
CB, XX, 7 (juil. 70), 5, ill.

Shawinigan Falls
B9502 Canadian Resins and Chemicals Limited
BAT, XXVII (jan.-fév. 52), 16, texte.
B9503 Du Pont of Canada (agrandissement)
NB, VII, 10 (oct. 58), 51, texte.

Springhill (N.-E.)
B9504 Springhill Wood Products Ltd.
NB, VIII, 4 (avril 59), 34, texte.

Steinbach (Man.)
B9505 Loewen Millwork (extension)
CB, XXX, 9 (sept. 80), 14, texte.

Stratford
B9506 Dominion Chain Co. Ltd
CB, XIV, 10 (oct. 64), 20, texte.
B9507 Mueller Brass Co.
CB, V, 9 (sept. 55), 53, texte.

Terrace Bay (Ont.)
B9508 Kimberley-Clark of Canada (extension)
CB, XXV, 8 (août 75), 8, texte.

Thunder Bay
B9509 Great Sakes Paper Company
CB, XXIII, 9 (sept. 73), 42, texte.
B9510 (Waterboard plant)
CB, XXIII, 11 (nov. 73), 94, texte & ill.

Toronto
B9511 American-Standard Products (Canada) Ltd.
NB, VIII, 4 (avril 59), 36, texte.
B9512 Anaconda American Brass Ltd.
NB, VIII, 4 (avril 59), 36, texte.
B9513 Barrett
NB, VI, 3 (mars 57), 39, texte.
B9514 Canadian Gypsum Company Ltd
CB, XXVII, 1 (jan. 77), 7, texte.
B9515 Canadian Johns-Manville Company Ltd (agrandissement)
CB, XXII, 1 (jan. 72), 6, texte.
B9516 Canadian Phoenix Steel and Pipe Ltd
CB, XX, 6 (juin 70), 5, texte & ill.
B9517 Canadian Wallpaper Manufacturers Ltd.
NB, VI, 2 (fév. 58), 35, ill.
B9518 Cast Stone Co. Ltd (extension)
NB, VII, 1 (jan. 58), 24-25, texte.
B9519 Continental Can's (usine no. 633)
CB, XXIV, 2 (fév. 74), 6, ill.
B9520 Corning Glass Building
CB, X, 4 (avril 60), 61, texte & ill.
B9521 Float Plant Furnace
CB, XVI, 8 (août 66), 8, ill.
B9522 Glass Centre
NB, VII, 2 (fév. 58), 35, texte.
B9523 Josam Canada Limited
BAT, XXVIII, (nov. 53), 48, texte & ill.
B9524 King Square (warehouse & industrial complex)
CB, XXIII, 1 (jan. 73), 13, texte.
B9525 Rayette Factory
CB, X, 10 (oct. 60), 54, texte.
B9526 Runnymede Steel Construction Limited
CB, VI, 7 (juil. 56), 30-31, texte & ill.
B9527 S.A. Armstrong Ltd. (agrandissement)
NB, VI, 8 (août 57), 30, texte.

Tracy (Québec)
B9528 Aciérie Atlas Steel
ABC, XVIII, 201 (jan. 63), 28, texte.
BAT, IX, 12 (déc. 61), 41, texte.
B9529 Union Carbide Canada Limited
BAT, XL, 11 (nov. 65), 40, texte.

Trois-Rivières
B9530 Société Kruger de Montréal (agrandissement)
BAT, LIII, 11 (nov. 78), 5, texte.

Vancouver
B9531 Barrett
NB, VI, 3 (mars 57), 39, texte.
B9532 Brown, Fraser & Company (Granville Island)
CB, VI, 3 (mars 56), 48, texte.
B9533 Noresco of Canada
CB, XVIII, 10 (oct. 68), 45, ill.
B9534 Richmond Plywoods Corp. Ltd.
NB, VI, 8 (août 57), 28, texte.
B9535 Roda Industries Ltd
CB, XXIII, 5 (mai 73), 44, texte.
B9536 Société Anonyme des Chaux et Ciments de Lafarge et du Teil de Paris
CB, VI, 5 (mai 56), 72, texte.
B9537 Western Plywood
CB, XIII, 8 (août 63), 9, texte.

Ville de Vanier (Qué.)
B9538 Thermover Inc.
BAT, XLIV, 7 (juil. 69), 42, texte.
BAT, XLV, 3 (mars 70), 7, texte & ill.

Varennes
B9539 (Usine de polypropylène)
CB, XXIII, 7 (juil. 73), 46, texte.
B9540 Air Liquide Canada
BAT, L, 11 (nov. 75), 7, texte.
B9541 Canadian Titanium Pigments Ltd
BAT, XXXII, 10 (oct. 57), 3 et 62-63 et 66-67 et 69, texte & ill.
B9542 Electric Reduction Company
BAT, XXVII (mars 52), 18, texte.
B9543 Hercules Canada Limitée (agrandissement)
BAT, LIV, 10 (oct. 79), 8, texte.
BAT, LIV, 12 (déc. 79), 7, texte & ill.
AC (mars-avril 80), 6
B9544 St. Maurice Chemical Limited
BAT, XXVII (mars 52), 18, texte.
BAT, XXVII (nov. 52), 48-49 et 51, texte.
BAT, XXVIII (oct. 56), 52, texte & ill.
B9545 Shawinigan Chemical Limited
BAT, XXVII (mars 52), 18, texte.
BAT, XXVII (juil. 52), 43, texte.
B9546 La Société "ASEA Industries Limitée" (extension)
BAT, LIV, 12 (déc. 79), 28, texte.

Vaughan (Ont.)
B9547 Arborite
BAT, XLVI, 12 (déc. 71), 36, texte.
B9548 Vaughan Centre
CB, XXI, 6 (juin 71), 7, texte & ill.

Victoriaville
B9549 Inter-Dustries
BAT, XLVIII, 10 (oct. 73), 5, texte.

Waterloo
B9550 Dunlop Tire Canada Ltd
BAT, XXXV, 4 (avril 60), 17, texte.

Weedon (Qué.)
B9551 Weedon Pyrite and Copper Corporation Ltd (un concentrateur pour la mine)
BAT, XXVII, 4 (avril 52), 41, texte.

Welland
B9552 Atlas Steel Limited
BAT, XXVII (jan.-fév. 52), 16, ill.
B9553 B.F. Goodrich Canada Ltd
CB, VI, 1 (jan. 56), 31, texte.
B9554 The Steel Company of Canada
BAT, XLVII, 8 (août 72), 6, texte.

Weston
B9555 Dominion Cellulose Ltd
BAT, XXXIX, 9 (sept. 64), 38, texte & ill.
B9556 R. Laidlaw Lumber Co.
CB, VI, 8 (août 56), 40-41 et 43, texte & ill.

Whitby
B9557 Du Pont of Canada
NB, VII, 10 (oct. 58), 51, texte.

Whitecourt
B9558 MacMillan Bloedel Limited
BAT, XLII, 6 (juin 67), 46, texte.

Windsor
B9559 Castec Foundries Ltd
CB, XXIX, 2 (fév. 79), 10, texte.
B9560 Champion Spark Plug Co. of Canada Ltd
CB, XX, 1 (jan. 70), 7, texte & ill.
B9561 Rinshed – Mason Company of Canada Ltd
CB, III, 11 (nov. 53), 47, ill.
Winnipeg
B9562 Visking
NB, VII, 8 (août 58), 32, texte.
Woodstock (Ont.)
B9563 Alcan Design Homes
CB, XVII, 4 (avril 67), 11, texte.
B9564 Shell Industries
CB, IX, 9 (sept. 59), 48, ill.
Yamachiche
B9565 Dufresne et Fils Limitée
BAT, XLVII, 5 (mai 72), 42, texte.
North York
B9566 C.A. Dunham Limitée
BAT, XXVII (nov. 52), 48, texte.
CB, III, 4 (avril 53), 58, ill.

Acres Consulting Services Ltd
Victoria
B9567 Construction aggregates Ltd
CB, XXV, 10 (oct. 75), 50, texte.

Adamson, Gordon S.
Peterborough
B9568 Canadian Nashua Paper Co. Ltd
RAIC, XXV, 11 (nov. 48), 410-411, ill.
Toronto
B9569 Central Ontario Transports Limited
RAIC, XIX, 10 (oct. 42), 207, ill.
B9570 Crystal Glass & Plastics Ltd
RAIC, XXX, 6 (juin 53), 144-145, ill.

Adamson, Gordon S. (Ass.)
Toronto
B9571 The William Wrigley Junior Co. Ltd Building
RAIC, XL, 7 (juil. 63), 23-28, texte & ill.
TCA, IX, (Yearbook 64), 58-59, texte & ill.

Affleck, Desbarats, Dimakopoulos, Lebensold, Sise
Pointe-Claire
B9572 Norman Wade Building
RAIC, XL, 8 (août 63), 37-38, ill.

Akitt & Swanson
Vaughan
B9573 Crothers Ltd
CB, XXVI, 9 (sept. 76), 72, texte.

Allward & Gouinlock
Leaside
B9574 Research Enterprises Limited
RAIC, XIX, 10 (oct. 42), 206, ill.
RAIC, XIX, 11 (nov. 42), 225, ill.
RAIC, XXI, 5 (mai 44), 100, ill.
Thorold (Ont.)
B9575 Ontario Paper Co. Ltd
RAIC, XXV, 11 (nov. 48), 406-407, ill.

Amyot, Gaston; Walker, Fred A.
Québec
B9576 Rock City Tobacco (agrandissement)
ABC, XIV, 157 (mai 59), 138-139, texte & ill.

Armstrong, N.A.
Toronto
B9577 Canadian Pad and Paper Co. Ltd
RAIC, XXVII, 6 (juin 50), 201, ill.
RAIC, XXX, 6 (juin 53), 153, ill.

Atkinson, Parazadev, Lostracco and Bannerman Consultants Ltd
Hamilton
B9578 Dofasco
TCA, XIX, 9 (sept. 74), 68, texte & ill.

Audet & Blais
Drummondville
B9579 Templon Spinning Mills (Canada) Ltd
BAT, XXXIII, 10 (oct. 58), 41, texte & ill.

The Austin Company Limited
Hull
B9580 R.L. Crain Limited
BAT, XLII, 10 (oct. 67), 44, texte.

Banfield, John A.
Winnipeg
B9581 Globe Envelopes Western Limited
CB, XV, 6 (juin 65), 72, texte.

Barnett & Rieder
Galt (Ont.)
B9582 Royal Metal Manufacturing Company Ltd.
RAIC, XXX, 6 (juin 53), 160, ill.

Barott, Marshall, Merrett, Barott.
Montréal-Est
B9583 Union Carbide
ABC, XV, 168 (avril 60), 137, texte & ill.

Barott, Marshall, Montgomery & Merrett
Arvida
B9584 Aluminum Co. of Canada Ltd (Isle Maligne Works)
RAIC, XXXIV, 6 (juin 57), 230, ill.
Montréal
B9585 "Canadian Pittsburgh Industries"
ABC, X, 109 (mai 55), 35-37, texte & ill.
BAT, XXVIII, (août 53), 39, texte & ill.
B9586 The Foxboro Co. Ltd
RAIC, XXVI, 9 (sept. 49), 287, ill.

Beck and Eadie
Toronto
B9587 Radio Valve Company of Canada Ltd
RAIC, XXV, 11 (nov. 48), 417, ill.

Bird, John
St-Laurent
B9588 Canadian Technical Tape Ltd
CB, IX, 8 (août 59), 83, texte & ill.
BAT, XXXIV, 6 (juin 59), 42-43, texte & ill.
ABC, XII, 133 (mai 57), 48-53, texte & ill.
RAIC, XXXIV, 10 (oct. 57), 386-389, texte & ill.

Boigon, Irving
Toronto
B9589 Mattress Plant
CB, III, 11 (nov. 53), 30-31, texte & ill.

Boigon & Armstrong
Toronto
B9590 Polytarp Products and Compass Plastics Plant
TCA, XIX, 9 (sept. 74), 59-62, texte & ill.

Brenzel, Jack
Hamilton
B9591 Brill Shirt & Neckwear Ltd
RAIC, XXX, 6 (juin 53), 158, ill.

Byers Construction Ltd.
Montréal
B9592 Usine Imperial Tobacco (rénovation)
AC, 30, 332 (nov.-déc. 75), 6, texte & ill.

Canadian Kellogg Ltd
Édifice de lieu inconnu
B9593 Ciments du St-Laurent (la cheminée de 400')
BAT, XXIX, 10 (oct. 54), 47, texte & ill.

Cayouette, Simon
Montréal
B9594 C.A. Cayouette Inc.
BAT, XLIII, 10 (oct. 68), 19-22, texte & ill.

Cement Associates
Bowmanville (Ont.)
B9595 Cimenterie St. Mary's Cement Company
AC, 33, 342 (juil.-août 77), 4, texte & ill.

Chapman, Howard D.
Scarborough
B9596 Lucas-Rotax Limited
RAIC, XXXI, 6 (juin 54), 176-179, ill.

Charbonneau, René
Montréal
B9597 Lufty White Wear Mfg. Company Ltd
RAIC, XIX, 8 (août 42), 165, ill.

Cowan, E. & B.
Port-Cartier
B9598 Rayonier Quebec Inc. (pulp mill)
CB, XXII, 1 (jan. 72), 8, texte.
CB, XXII, 6 (juin 72), 48, texte.

Crang & Boake
Scarborough
B9599 Burndy Canada Ltd
TCA, II, 10 (oct. 57), 27-32, texte & ill.

Crawford & Hassig
Oakville, Ont.
B9600 Isotope Product's Plant
CB, II, 8 (août 52), 28-32, texte & ill.
BAT, XXVII (sept. 52), 3 et 31-32, texte & ill.

Crevier, Jean
Nicolet
B9601 Usine J.J. Joubert, Ltée
ABC, I, 8 (nov. 46), 27, texte.

Cross, Edgar A. (Ass.)
Cowansville
B9602 Usine Visking Co.
ABC, XV, 165 (jan. 60), 28, texte & ill.

Crowther, S. Bruce
Montréal
B9603 Usine de la Cie "Douglas Brothers", rue Namur.
ABC, V, 47 (mars 50), 24, ill.

Davison & Porter
Nelson (C.-B.)
B9604 Nelson's Drive-in Laundry
RAIC, XXXV, 4 (avril 58), 133, ill.

David & David
Montréal
B9605 Usine de chaussures "Daoust-Lalonde Inc"
ABC, VI, 65-66 (sept.-oct. 51), 20-27, texte & ill.

Denoncourt, Ernest
Grand-Mère
B9606 Filature "Grand-Mère Knitting Co. Ltd."
ABC, II, 14 (juin 47), 30, ill.

Desmeules, Gabriel
Québec
B9607 Immeuble de la Cie Sico, boul. d'Orléans
ABC, IV, 38 (juin 49), 44, ill.

Desrochers et Dumont
Pointe-Claire
B9608 Usine de mélange de Bardahl Lubricants (Can.) Ltd.
ABC, XVII, 194 (juin 62), 28-31, texte & ill.

Doran, Harold J.
Asbestos
B9609 Johns-Manville (modernisation)
BAT, XXVIII (oct. 53), 51, texte.
BAT, XXX, 3 (mars 55), 3 et 48-50, texte & ill.
Montréal
B9610 Bremner Building
ABC, III, 21 (jan. 48), 28, ill.
Villeneuve, Québec
B9611 Les Ciments du St-Laurent
ABC, IX, 97 (mai 54), 56, texte & ill.
ABC, X, 109 (mai 55), 42, ill.

Douglas, Bruce
Édifice de lieu inconnu
B9612 Headquarters for Colour Photographic Association of Canada (projet d'étudiant)
RAIC, XXIX, 5 (mai 52), 143, ill.

Duffus, Romans and Single
Halifax
B9613 Imperial Oil Refinery Building
RAIC, XXXVI, 1 (jan. 59), 6, texte & ill.

Dumais, Roland
Montréal
B9614　Buanderie Jolicoeur
　　　ABC, III, 21, (jan. 48), 32, ill.
B9615　J.R. Paris
　　　ABC, III, 21 (jan. 48), 30, ill.
B9616　La Lingerie du jour
　　　ABC, III, 21 (jan. 48), 30-31, ill.

Durnford, Bolton, Chadwick & Ellwood
Edmonton
B9617　Inland Cement Co. Ltd
　　　RAIC, XXXIV, 6 (juin 57), 206-208, ill.
Gatineau
B9618　International Fireboard Limited
　　　CB, XI, 8 (août 61), 30-31, texte & ill.

Eber, George F.
Bécancour
B9619　Glaverbel Verrerie Limitée
　　　BAT, XLV, 2 (fév. 70), 7, texte & ill.
Pointe-Claire
B9620　Hunter Douglas Ltd
　　　TCA, VIII, 10 (oct. 63), 63-70, texte & ill.
　　　BAT, XXXVIII, 12 (déc. 63), 44-45, texte & ill.
　　　ABC, XIX, 217 (mai 64), 34-40, texte & ill.

Eliasoph & Berkowitz
Québec
B9621　Fabrique Mastercraft (vêtements), rue St-Joseph
　　　ABC, XI, 121 (mai 56), 46-47, texte & ill.

Entreprises Désourdy Inc.
St-Jean (Qué.)
B9622　Cyanamid of Canada Ltd (extension)
　　　CB, XXIII, 10 (oct. 73), 32, texte.
　　　AC, 28, 319 (nov. 73), 7

Etherington, A. Bruce
Oakville
B9623　Canadian Pollard Bearings
　　　TCA, II, 10 (oct. 57), 53, texte & ill.

Facey, A.G.
Lindsay (Ont.)
B9624　Visking Ltd
　　　RAIC, XXX, 6 (juin 53), 155, ill.
Scarborough
B9625　Canadian Arsenals Ltd
　　　RAIC, XXX, 7 (juil. 53), 192-193, ill.

Fairfield & Dubois
Etobicoke
B9626　Fischbach & Moore Ltd
　　　TCA, XIV, 10 (oct. 69), 10, texte & ill.

Fairn, Leslie R. (Ass.)
Halifax
B9627　Plant for Cossor Ltd
　　　RAIC, XXXVI, 1 (jan. 59), 21, ill.

Ferguson, H.K. (Co.)
Millhaven (Ont.)
B9628　C-I-L Plant
　　　CB, V, 8 (août 55), 35-37, texte & ill.

Fetherstonhaugh, Durnford, Bolton & Chadwick
Montréal
B9629　Entrepôt et bureaux de la "Roofers Supply Co", rue Guy
　　　ABC, V, 47 (mars 50), 25, ill.

Fisher, Richard A.
North York
B9630　Hunter Rose Co. Ltd
　　　RAIC, XXX, 9 (sept. 53), 267, ill.
　　　RAIC, XXXI, 6 (juin 54), 203, ill.

Gardiner, Thornton & Partners
Lulu Island (C.-B.)
B9631　Martin Paper Products
　　　TCA, I, 4 (avril 56), 53-56, texte & ill.

Gauthier, G.-Z.
St-Hyacinthe
B9632　Gaylord Products of Canada Ltd (agrandissement)
　　　BAT, XXXI, 8 (août 56), 34-35, texte & ill.
B9633　Griffin Steel Foundries Ltd
　　　BAT, XXXI, 8 (août 56), 34-35, texte & ill.
　　　Correction: 9 (sept. 56), 69.

Giffels Ass.
Clarkson
B9634　Canadian Pittsburgh Industries
　　　CB, XVI, 8 (août 66), 58, ill.

Goodfellow, Philip
Montréal
B9635　Hinde & Dauch Paper Co
　　　ABC, IX, 97 (mai 54), 32-35, texte & ill.
Pointe-aux-Trembles
B9636　Canadian International Paper
　　　BAT, XXX, 10 (oct. 55), 22, texte.
B9637　Hygrade Containers Ltd
　　　ABC, XIII, 145 (mai 58), 36-39, texte & ill.
Saint-Lambert
B9638　New Castle Products
　　　BAT, XXXI, 11 (nov. 56), 75, texte & ill.

Hanks and Irwin
Toronto
B9639　Metal Stampings Limited
　　　RAIC, XVIII, 5 (mai 41), 87, ill.

Hounsom, Eric W.
Toronto
B9640　Etched Name Plates Limited
　　　RAIC, XX, 1 (jan. 43), 10, ill.

Hutchison & Wood
Montréal
B9641　Armstrong Cork Co.
　　　ABC, V, 47 (mars 50), couverture et 20, ill.

Inducon Consultants of Canada Ltd
Kingston
B9642　Alcan Canada Products Ltd
　　　CB, XXIII, 8 (août 73), 29, texte.
　　　CB, XXIII, 9 (sept. 73), 43, texte.

Jespersen-Kay
Markham
B9643　Modular Precast Concrete Structures Ltd
　　　CB, XIX, 7 (juil. 69), 39-40, texte & ill.
　　　CB, XIX, 11 (nov. 69), 6, texte.

Jessops, Allan
Toronto
B9644　Modular Precast Ltd
　　　CB, XIX, 9 (sept 69), 6, texte.

Kiss, Zoltan
New Westminster
B9645　Glulam Products Limited
　　　CB, XVII, 6 (juin 67), 63, texte & ill.

Lavallée, Réal
Saint-Augustin
B9646　Hel-Cor Pipe
　　　BAT, LIV, 11 (nov. 79), 12-13, texte & ill.

Lazar & Sterlin
Montréal
B9647　Rest-Glow Manufacturing Co. Ltd
　　　ABC, IX, 97 (mai 54), 39-41, texte & ill.

Lemieux, Paul-M
Montréal
B9648　J. Christin
　　　ABC, III, 21 (jan. 48), 29, ill.

Lévesque et Venne
Québec
B9649　Eastern Canada Steel & Iron Works Ltd.
　　　ABC, VIII, 92 (déc. 53), 33-35, texte & ill.

Luke & Little
Montréal
B9650　Usines de Vapor Heating (Canada) Ltd.
　　　BAT, XXXII, 4 (avril 57), 96-97, texte & ill.

Luke, Little, Mace
Montréal
B9651　Fabrique d'ampoules électriques Solex
　　　ABC, IV, 33 (jan. 49), 18-19, ill.
Westmount
B9652　Bailey Meter Company Limited
　　　RAIC, XXV, 4 (avril 48), 125, texte & ill.

Luke, Little et Thibaudeau
Pointe-Claire
B9653　Schering Corporation Limited
　　　BAT, IX, 12 (déc. 61), 37, texte & ill.

McBain, William J. (Ass.)
Don Mills
B9654　C-C-H
　　　TCA, VII, 7 (juil. 62), 49-54, texte & ill.

McCarter & Nairne
Vancouver
B9655　Liquid Carbonic Canadian Corp.
　　　RAIC, XXVII, 9 (sept. 50), 302, ill.
Victoria
B9656　Sidney Roofing & Paper Co.
　　　RAIC, XXIII, 2 (fév. 46), 39, ill.

McCarter, Nairne & Partners
Vancouver
B9657　British Ropes Canadian Factory Ltd.
　　　CB, III, 12 (déc. 53), 15, texte & ill.

McKee, Robert R.
Vancouver
B9658　Fit-well Garment Building
　　　RAIC, XXV, 11 (nov. 48), 408-409, ill.

Madsen, Barg
Esterhazy (Sask.)
B9659　Potash Cone
　　　TCA, XI, 5 (mai 66), 8 et 13, texte.

Main, Rensaa & Minsos
Edmonton
B9660　Grinnel Co. of Canada Ltd
　　　RAIC, XXX, 6 (juin 53), 149, ill.

Marani & Morris
Ajax (Ontario)
B9661　Light Manufacturing Plants
　　　CB, III, 9 (sept. 53), 35, texte & ill.
Toronto
B9662　The Tremco Mfg. Co. (Canada) Limited
　　　BAT, XXVII (jan.-fév. 52), 41, texte.
　　　RAIC, XXX, 6 (juin 53), 159, ill.

Mathers and Haldenby
Édifice de lieu inconnu
B9663　Lincoln Electric Company of Canada Limited
　　　RAIC, XIX, 10 (oct. 42), 206, ill.
Toronto
B9664　(Cheminée de 450')
　　　TCA, XIII, 11 (nov. 68), 8, texte & ill.
B9665　Parisian Laundry
　　　RAIC, XXV, 11 (nov. 48), 412, ill.

Meadowcroft, J.C.
Long Branch (Ont.)
B9666　Murphy Paint Co. Ltd
　　　RAIC, XXV, 11 (nov. 48), 424-425, ill.
　　　ABC, I, 7 (oct. 46), 9-11, texte & ill.
　　　CB, III, 7 (juil. 53), 19, ill.

Meadowcroft & Mackay
Baie-Comeau
B9667　Usine de la Canadian British Aluminum Co.
　　　ABC, XIV, 157 (mai 59), 152-155, texte & ill.

Medwecki, Joseph
Scarborough
B9668　(Industrial units for the Reisman Group)
　　　TCA, XIX, 1 (jan. 74), 4-5, texte & ill.

Miller, E.-C.

Édifice de lieu inconnu
B9669 Usine de produits d'asbeste
ABC, IV, 33 (jan. 49), 22-23, ill.

Montréal
B9670 Atlas Asbestos Co.
ABC, V, 47 (mars 50), 22, ill.
B9671 Liquid Carbonic Canadian Corp
ABC, III, 21 (jan. 48), 23-24, ill.
B9672 Turner et Newell (Canada) Ltd
ABC, II, 10 (jan. 47), 36, texte.

Moody & Moore

Winnipeg
B9673 Liquid Carbonic Canadian Corporation
RAIC, XXX, 7 (juil. 53), 188-189, ill.

Moody, Moore & Partners

Transcona (Manitoba)
B9674 Griffin Steel Foundries Ltd
RAIC, XXXVI, 9 (sept. 59), 300-301, texte & ill.

Moriyama, Raymond (Ass.)

Leaside
B9675 Gatehouse (il s'agit d'un édifice – barrière à l'entrée d'un complexe industriel)
TCA, V, 12 (déc. 60), 59-63, texte & ill.

Mott, H. Claire

Moncton
B9676 Crane Ltd
RAIC, XXXII, 4 (avril 55), 129, ill.

Oberman and Paskulin

Ville St-Laurent
B9677 (Édifice industriel pour plusieurs occupants)
CB, XXII, 4 (avril 72),, ill.

Okun & Walker

Oakville
B9678 G.D. Searle & Co. of Canada Ltd
TCA, XVIII, 11 (nov. 73), 4-5, texte & ill.
TCA, XIX, 7 (juil. 74), 45-48, texte & ill.

Ouellet, Jean

Ville St-Michel
B9679 Usine et bureaux, rue Dickens
ABC, X, 105 (jan. 55), 24-25-26, texte & ill.

Page & Steele

Lindsay (Ont.)
B9680 National Textiles Ltd.
RAIC, XXV, 11 (nov. 48), 414-415, ill.

Parkin, John

Édifice de lieu inconnu
B9681 A Glass Factory (Projet d'étudiant)
RAIC, XXII, 4 (avril 45), 79, texte & ill.

Parkin, John B. (Ass.)

Édifice de lieu inconnu
B9682 (Factory & office)
CB, IX, 1 (jan. 59), 21, ill.
B9683 McKinnon Industries Building
TCA, XII, (Yearbook 67), 96, ill.
B9684 Mill Haven Fibres Ltd
ARCAN, 44, 1 (jan. 67), 47, ill.

Etobicoke
B9685 Simpsons-Sears
RAIC, XXXII, 12 (déc. 55), 453 et 458, texte & ill.
RAIC, XXXIII, 2 (fév. 56), 59-61, texte & ill.
CB, VI, 1 (jan. 56), 25-26, texte & ill.

Hamilton
B9686 Mills Steel Products
CB, XI, 4 (avril 61), 34, ill.

Markham
B9687 Chesebrough-Pond's
TCA, IV, 5 (mai 59), 65-69, texte & ill.

Toronto
B9688 Barber-Greene (Canada) Ltd
CB, XI, 4 (avril 61), 30, ill.

Parrott, Tambling & Witmer

Scarborough
B9689 Rolling Mill, Supreme Aluminium Industries Ltd.
RAIC, XXX, 6 (juin 53), 154, ill.

Toronto
B9690 Canadian Wirebound Boxes Ltd
RAIC, XXVII, 6 (juin 50), 198-199, ill.
B9691 Supreme Aluminum, Rolling Mill
CB, III, 7 (juil. 53), 24, ill.

Pentland & Baker

Weston
B9692 R. Laidlaw Lumber Co.
TCA, I, 6 (juin 56), 29-44, texte & ill.
RAIC, XXXIII, 7 (juil. 56), 253-263, texte & ill.
RAIC, XXXV, 12 (déc. 58), 470, ill.
BAT, XXXIV, 6 (juin 59), 42, texte & ill.
CB, IX, 8 (août 59), 82, texte & ill.

Perry, Luke and Little

Joliette
B9693 Joliette Steel Company Limited
RAIC, XIX, 8 (août 42), 162, ill.

Montréal
B9694 Davies Irwin Limited Plant
RAIC, XIX, 8 (août 42), 163, ill.
B9695 Oxygen Company of Canada Ltd
RAIC, XIX, 8 (août 42), 163, ill.

Prack and Prack

Hamilton
B9696 H.H. Robertson Co Ltd – Thomas Irwin & Son Ltd
RAIC, XXV, 4 (avril 48), 122-123, ill.
B9697 Irvington Varnish and Insulator Co. of Canada Ltd.
RAIC, XXIII, 10 (oct. 46), 258, ill.
B9698 John Dickinson & Co. (Canada) Ltd.
RAIC, XXX, 7 (juil. 53), 191, ill.

Stratford (Ont.)
B9699 Crane Canada Limited
CB, XII, 11 (nov. 62), 5, texte.

Reich, David

Québec (prov.)
B9700 Dow Chemical Ltd.
AC, 24, 278 (oct. 69), 17, texte & ill.

Rensaa & Minsos

Edmonton
B9701 Western Plywood Ltd
RAIC, XXXIV, 6 (juin 57), 210-211, texte & ill.

Robbie, Rod

Toronto
B9702 Keele Centre
CB, XX, 10 (oct. 70), 26, texte & ill.

Roscoe and MacIver

Burlington
B9703 Tridon Manufacturing Co. Ltd
CB, XIV, 9 (sept. 64), 31, texte & ill.

Ross, Patterson, Townsend & Fish

Montréal
B9704 Usine Gillette
ABC, XI, 121 (mai 56), 42-45, texte & ill.
B9705 North American Cyanamid Limited
CB, IV, 4 (avril 54), 43, ill.
ABC, VII, 78 (oct. 52), 22-29, texte & ill.

Ville St-Michel
B9706 Fabrique de peintures "Benjamin Moore & Co."
ABC, IX, 97 (mai 54), 36-38, texte & ill.

Roth, M.W.

Montréal
B9707 Fabrique de la "Dominion Garter", rue Iberville
ABC, V, 47 (mars 50), 23, ill.
B9708 Fabrique de la "Fine Children's Wear", boul St-Laurent
ABC, V, 47 (mars 50), 23, ill.

St-Hyacinthe
B9709 Consolidated Textiles Ltd.
CB, III, 7 (juil. 53), 20, ill.

Roth & Ronar

Montréal
B9710 Expansion de la manufacture Dominion Lock
ABC, XVI, 182 (juin 61), 34-36, texte & ill.

Salter and Allison

Barrie
B9711 The General Tire and Rubber Co. of Canada Ltd
TCA, XIX, 11 (nov. 74), 4-5, texte & ill.

Scheel, Hans J.

Esterhazy (Sask.)
B9712 K-2 Industrial Complex (International Minerals & Chemicals Corporation)
TCA, XIII, 7 (juil. 68), 24-28, texte & ill.

Schrier & Bird

Victoriaville
B9713 Usine "Utex Corporation", vêtements sports
ABC, IX, 97 (mai 54), 42-43, texte & ill.

Schrier & Kessler

Montréal
B9714 Century Commercial Centre
CB, XV, 6 (juin 65), 39, texte & ill.

Sharp & Thompson, Berwick, Pratt

Vancouver
B9715 Alliance Ware Limited
RAIC, XXIII, 2 (fév. 46), 38, ill.
B9716 Dominion Rust proofing Company Limited
RAIC, XXIII, 2 (fév. 46), 38, ill.

Shore & Moffat

Toronto
B9717 Canadian Hanson & Van Winkle Co. Ltd
RAIC, XXX, 7 (juil. 53), 201, ill.
B9718 Westeel Products Ltd
RAIC, XXXI, 6 (juin 54), 188-189, ill.

Skinner, Donald E.; Smith, W.P.

Édifice de lieu inconnu
B9719 The Bituminous Coal Institute of Canada Steam Plant
RAIC, XXXV, 6 (juin 58), 235, texte & ill.

Smith, Harold J.

Toronto
B9720 Viceroy Manufacturing Company Ltd
RAIC, XIX, 11 (nov. 42), 224, ill.

Sprachman, Mandel C.

Toronto
B9721 Standard Wire and Cable Ltd
CB, X, 6 (juin 60), 70-71, texte & ill.

Stadler Hurter & Co.

Delson
B9722 Dominion Tar & Chemical Company Limited
BAT, XXIX, 12 (déc. 54), 32, texte.

Stilman, Harry

Laval
B9723 Édifice de la Standard Desk Limited
AC, 25, 287 (sept. 70), 30, texte & ill.

Surveyer, Nenniger & Chênevert

Bécancour
B9724 Affinerie Falconbridge
BAT, XLVI, 10 (oct. 71), 38, texte.
CB, XXI, 10 (oct. 71), 54, texte.

Hagar (Ontario)
B9725
AC, 24, 278 (oct. 69), 18, texte & ill.

Varennes
B9726 Canadian Titanium Pigments
ABC, XIII, 145 (mai 58), 50-53, texte & ill.
BAT, XXXI, 6 (juin 56), 99, texte & ill.
BAT, XXXII, 5 (mai 57), 92-93, texte & ill.
B9727 Nouvelle usine de Hercules Canada Ltd
AC, 28, 314 (mai 73), 9
BAT, L, 4 (avril 75), 31, texte.
BAT, L, 9 (sept. 75), 36, texte.

Villeneuve
B9728 Ciment St-Laurent
BAT, XXIX, 1 (jan. 54), 23 et 25 et 29, texte & ill.

Thompson, Grattan-D.

Montréal
B9729 Franke-Levasseur & Co Ltd
ABC, III, 21 (jan. 48), 27, ill.

Québec (prov.)
B9730 Annealing Metal Working Plant
RAIC, XIX, 8 (août 42), 164-165, ill.

Tiers, Charles
Édifice de lieu inconnu
B9731 A Plywood Manufacturing Plant (projet d'étudiant)
RAIC, XXXII, 3 (mars 55), 84, texte & ill.

Venchiarutti & Venchiarutti
Brampton
B9732 Thrifty-Towne
RAIC, XXXIII, 5 (mai 56), 171, ill.

Venne, Ludger
Montréal
B9733 Casgrain et Charbonneau
ABC, III, 21 (jan. 48), 27, ill.

Venters, J.M.
Ville La Salle
B9734 Usine chimique
ABC, VIII, 88 (août 53), 26-29, texte & ill.

Waisman-Ross & Ass.
Regina
B9735 Martin Paper Products Ltd
RAIC, XXXVI, 9 (sept. 59), 302, texte & ill.

Warshaw, Swartzman & Bobrow
Chomedey
B9736 Canadian Formwork Corporation
BAT, XL, 2 (fév. 65), 24-26, texte & ill.
CB, XV, 2 (fév. 65), 47, texte & ill.

Watson, W.A.; Cross, Edgar E.
Belleville
B9737 Deacon Brothers' Factory
RAIC, XIX, 10 (oct. 42), 204, ill.

Webb, Zerafa, Menkes
Kitchener
B9738 Plant and Warehouse
TCA, IX, 5 (mai 64), 64 et 68, texte & ill.

Weir, Cripps and Associates
Toronto
B9739 Firth Brown Steels Limited
RAIC, XXXIII, 5 (mai 56), 171, ill.

Wilson and Newton
Don Mills (Ont.)
B9740 Perfect Circle Co. Ltd
RAIC, XXXI, 1 (jan. 54), 17, ill.
Toronto
B9741 Ruston & Hornsby Ltd
RAIC, XXXI, 6 (juin 54), 191, ill.

Wood and Lanston
Montréal
B9742 Armstrong Cork Canada Ltd
RAIC, XXV, 11 (nov. 48), 418-419, ill.

Conservation architecturale
Architectural Preservation

Restaurations diverses
Miscellaneous Restorations

"À la rescousse des édifices historiques"
BAT, XLVIII, 10 (oct. 73), 37, texte.

"Architect Cowan names traps, offers tips for profitable remodeling"
CB, XIII, 12 (déc. 63), 28

Convention pour la protection des biens culturels en cas de conflit par André Noblecourt
ABC, XIII, 148 (août 58), 58

"Criticism" (The OAA et le Historic Buildings Committee concernant la conservation des édifices anciens)
TCA, XVIII, 10 (oct. 73), 6

"Dans le secteur commercial, on rénoverait plutôt que de construire"
AC, XXXV, 351 (mars-avril 79), 4

"Dormer caused problems here but...
...Consolidated builds most this way" (rénovation)
CB, XII, 12 (déc. 62), 24-25

"Good business in remodelling"
CB, VI, 4 (avril 56), 36-37

Harvey, John. *Conservation of Buildings*, University of Toronto Press, [s.l.], 1973.
TCA, XVIII, 7 (juil. 73), 9

"Inaccessibility increases time and costs"
CB, XII, 12 (déc. 62), 25

"La restauration, un secteur majeur de l'industrie immobilière"
BAT, LV, 7 (sept. 80), 15-16, texte & ill.

"L'utilisation des cataplasmes argileux inertes dans le nettoyage des façades de pierre"
BAT, LIV, 12 (déc. 79), 20

"'New' company in the restoration field, Langstaff Ltd sees a $100 million market"
CB, XXX, 4 (avril 80), 43

"Recording of Historic Building"
CB, II, 9 (sept. 52), 54, texte.

"Renovation — It's big business despite problems but look out for...planning...bylaws...estimates"
CB, XII, 12 (déc. 62), 22

"Repair / renovation
New opportunities for you in this booming market"
CB, XII, 12 (déc. 62), 21

"Sauvegarde des immeubles"
AC, 33, 341 (mai-juin 77), 4 et 6

"They couldn't rebuild so they repaired from the footings up"
NB, X, 12 (déc. 61), 26-27

"West" (Préservation des bâtiments historiques dans l'ouest)
TCA, XXV, 12 (déc. 80), 4

"Why remodel? Here are some answers that are hard to dispute"
CB, XIII, 12 (déc. 63), 27

Acland, James
"All fall down". (conservation du patrimoine bâti, plusieurs ex. dans plusieurs pays)
TCA, XIX, 1 (jan. 74), 37-39

"A role for historical associations...and architects".
ARCAN, 48 (22 nov. 71), 3 et 7

"Building and Land: The Atlantic Provinces" (préservation des édifices à échelle réduite le long des ports, des rivages)
TCA, XVIII, 7 (juil. 73), 49-51

"Preservation: a desperate necessity".
ARCAN, 48 (15 mars 71), 11

Baker, Joseph
"Community Design Workshop vs the Bulldozer, an Experiment in architecture". (un groupe d'étudiants de McGill offre ses services à la communauté; contre les destructions effrénées)
TCA, XVIII, 10 (oct. 73), 30-41

"Notes on Rehabilitation"
TCA, XVI, 6 (juin 71), 60 et 64

Betts, Randolph C.
"Renoncerons nous à notre patrimoine?"
ABC, X, 110 (juin 55), 28, texte.

Bolton, Richard E.
"Conservation: Can We Handle it?
TCA, XXI, 2 (fév. 76), 7-8

Burgess, Cecil S.
"Institute Page" (changements apportés à des édifices en Alberta)
RAIC, XXIII, 6 (juin 46), 152-153

Coutts, Ian R.
"In this bank renovation project old construction was a problem"
CB, XII, 12 (déc. 62), 23

"Renovation: it can be profitable answer to the plight of the small builder".
CB, XIV, 12 (déc. 64), 33-34

Davies, Robertson
"Victoria's bequest" (opinion sur l'architecture victorienne).
TCA, I, 12 (déc. 56), 11

Gillespie, Bernard
Building Conversion and Rehabilitation. Designing for Change in Building Use, Ed. Thomas A. Markus, Butterworth & Co., Toronto, 1979.
TCA, XXV, 8 (août 80), 9 et 11

Falkner, Ann, *Without our past?* University of Toronto Press, Toronto, 1977.
TCA, XXII, 7 (juil. 77), 10

Kalman, Harold D.
"Redevelopment, Canadian developers bring new life to old buildings"
CB, XXVIII, 4 (avril 78), 23-24 et 26-27 et 30-34 et 36-42

Kalman, Harold D.; Lomas, G.W.; Snyder, Douglas
"Three aspects of redevelopment. A consultant, a contractor and the manager of a recycled project talk about their work"
CB, XXVIII, 4 (avril 78), 32-34

Kemble, Roger
"Goodbye, Birks Building" (démolition d'un édifice de c. 1914, le Birks Bldg de Vancouver)
TCA, XIX, 5 (mai 74), 32-33

Knibb, John Henry
"Communicate to renovate"
CB, XXX, 4 (avril 80), 32-34

Leaning, John
"Restoration & Renovation: Critique 2".
TCA, XX, 11 (nov. 75), 33 et 52-53

Lehrman, Jonas
"Renewal, A Congress on the Rehabilitation of Buildings".
TCA, XXV, 1 (jan. 80), 4 et 6

Lymburner, John
"A builder discovers the rehab market, Becomes an 'interior contractor' for stores and hotels"
CB, XXX, 4 (avril 80), 24 et 26

"Pleasure and profit in renovation, Great professional opportunities for architects"
CB, XXX, 4 (avril 80), 22-23

"The coming boom in building renovation"
CB, XXX, 7 (juil. 80), 3-4

Melnick, Norman J.P.
"Architectural Conservancy".
RAIC, XXXVI, 10 (oct. 59), 359-362

Pau, Nelson
"Photodrawing for Renovations"
TCA, XXIV, 7 (juil. 79), 28-31

Rakhra, A.S.; Wilson, A.H.
"The Market for Rehabilitation in Canada"
TCA, XXV, 4 (avril 80), 14-15 et 58

Reiner, Thomas Robert
"L'architecture de demain: un compromis entre la rénovation et les contructions nouvelles" (entrevue)
BAT, LV, 5 (juin 80), 16, 18, 23, texte & ill.

Sears, Henry
"Rehabilitation: A Rationale"
TCA, VIII, 5 (mai 63), 35-42

Soulié, Jean-Paul
"Nouvelle philosophie de la rénovation: réparer et non démolir".
BAT, XLVII, 9 (sept. 72), 16-17, texte & ill.

Spence, Rick
"1980 Home Show sets attendance records. But renovators outnumber home buyers"
CB, XXX, 6 (juin 80), 30-32

Steele, Harland
"Progress of the RAIC Committee on the Preservation of Historic Buildings"
RAIC, XXXVII, 11 (nov. 60), 495-497

Stuart-White, Denis
"Remodelling: Financing the Contract — Plan Your Payment Schedule to Bring in Business and Money"
CB, II, 3 (mars 1952), 20-21, texte & ill.

"Remodelling: Go After Contracts for Lighting and Painting Too"
CB, II, 1-2 (jan.-fév. 52), 31-32, texte & ill.

"Remodelling — How to sell it"
CB, I, 5 (nov.-déc. 51), 28-29

"Remodelling — Supervision and Multiple Job Control"
CB, I, 4 (sept.-oct. 51), 34-35

"There's Money in Remodelling"
CB, I, 2 (mai 51), 24-25, texte & ill.

Van Ginkel, Blanche Lemco
"Depreciation and Redevelopment"
TCA, XV, 3 (mars 70), 60-61

Wilson, Andrew H.

"The Second Canadian Building Congress, Rehabilitation of Buildings"
CB, XXX, 4 (avril 80), 19-20

Anonyme/Anonymous

Aylmer
C0001 "Warehouse main frame" (vieux pont de Kettle Creek transformé en entrepôt)
NB, X, 6 (juin 61), 59

Calgary
C0002 "Renewal" (Restauration du Lancaster Building de Calgary construit en 1911)
TCA, XXIV, 6 (juin 79), 6
TCA, XXV, 6 (juin 80), 18-24
C0003 "Nation" (démolition future du Greyhound Building)
TCA, XVII, 3 (mars 72), 6

Chicoutimi
C0004 (la restauration de la vieille pulperie de 1898)
BAT, LV, 2 (mars 80), 5, texte.

Dawson City
C0005 "Building management in Dawson City, It's still the toughest town in the country" (préservation et restauration des édifices du début du siècle)
CB, XXIX, 10 (oct. 79), 19-21

Edmonton
C0006 "Pastiche Versus Plastique: Two Renovations Examined" (Lancaster Building à Calgary et Power Plant à l'Université de l'Alberta à Edmonton)
TCA, XXV, 6 (juin 80), 18-24

Halifax
C0007 "Comment" (Conservation de trois édifices historiques)
TCA, XIII, 12 (déc. 68), 12
C0008 Rénovation des bâtiments de la Granville St.
ARCAN, 47 (23 nov. 70), 1, texte & ill.

Louisbourg
C0009 (restauration)
RAIC, XXXIX, 9 (sept. 62), 52, texte & ill.

Montréal
C0010 "Preserving a unique heritage". (préserver le caractère de Montréal).
ARCAN, 48 (5 avril 71), 6
C0011 "Save St. James" (Groupe pour la protection du Vieux Montréal, The Montreal Society of Architects)
TCA, VII, 8 (août 62), 7
C0012 Marché Bonsecours (restauration de la façade)
CB, XVII, 12 (déc. 67), 31-32, texte & ill.
C0013 Gare Windsor
BAT, XLVI, 5 (mai 71), 23, texte & ill.
TCA, XVI, 2 (fév. 71), 34-38
TCA, XVI, 4 (avril 71), 9
TCA, XVI, 7 (juil. 71), 6-7
C0014 Les Atriums (Rénovation de l'édifice Dupuis Frères)
CB, XXX, 1 (jan. 80), 6, texte.
C0015 Maison Shaughnessy: intégration à un complexe d'habitations et d'hôtellerie
BAT, XLIX, 12 (déc. 74), 7, texte & ill.
CB, XXIV, 12 (déc. 74), 24, texte.
CB, XXVI, 4 (avril 76), 6
CB, XXIX, 4 (avril 79), 12-14, texte & ill.
C0016 Voir aussi Arcop & Ass.
C0017 Parc de la Chapelle
AC, XXX, 330 (juil.-août 75), 17-20, texte & ill.
C0018 Place Mercantile
CB, XXX, 12 (déc. 80), 19, texte.

Québec
C0019 "Une heureuse réconciliation" (sur le Vieux Québec)
AC, 29, 325 (sept.-oct. 74), 41-43

St. John (N.-B.)
C0020 Market Square (revitalisation du centre donnant sur le front de mer)
CB, XXVIII, 6 (juin 78), 6, texte.

St. John's (T.-N.)
C0021 "Renewal" (Restauration des Murray Properties Warehouses)
TCA, XXIV, 6 (juin 79), 6
CB, XXVIII, 4 (avril 78), 39-42, texte & ill.

Terrebonne
C0022 Restauration de l'Ile des Moulins
BAT, XLVIII, 5 (mai 73), 34, texte & ill.

Thunder Bay
C0023 (urban renewal development)
CB, XXII, 3 (mars 72), 35, texte.

Toronto
C0024 "Here's a case where massive renovation was better than re-building" (le 8 King St. East à Toronto, Édifice de la fin du 19e ou début du 20e S)
CB, XVI, 9 (sept. 66), 42-43
C0025 "Building preservation could throw curve at Toronto redevelopment project" (autour du magasin Eaton de College St.)
CB, XXVI, 9 (sept. 76), 8
C0026 Gooderham Flat-Iron building
CB, XXX, 4 (avril 80), 23, texte & ill.
TCA, XVIII, 11 (nov. 73), 7
C0027 "Odds Ends, Toronto's Old City Hall". (démolition possible du vieil Hôtel de ville pour en faire le Eaton Centre)
TCA, XI, 2 (fév. 66), 5-6 et 8 et 10 et 16-17 et 20 et 74
TCA, XI, 4 (avril 66), 30
TCA, XIV, 6 (juin 69), 9
C0028 St. Lawrence Market
CB, XXVIII, 6 (juin 78), 35, texte & ill.
C0029 "Comment" (sur le développement du Yorkville Village)
TCA, XIII, 5 (mai 68), 11

Vancouver
C0030 C.P. Station
CB, XXIX, 8 (août 79), 7, texte & ill.
C0031 Vancouver Show Mart
CB, XXVI, 4 (avril 76), 40, texte & ill.

Winnipeg
C0032 "Recycling in Winnipeg" (conservation et conversion des édifices de la fin du 19e s.)
TCA, XXIV, 5 (mai 79), 24-29
C0033 "Heritage" (Concernant la conservation des édifices anciens à Winnipeg)
TCA, XXV, 2 (fév. 80), 8 et 10
C0034 Bank of Montreal
CB, XXV, 8 (août 75), 6, texte & ill.
C0035 Curry Building
CB, XXIV, 3 (mars 74), 24, texte & ill.
C0036 Eaton Place
CB, XXVI, 9 (sept. 76), 7, texte.
C0037 "Winnipeg Bank Buildings" (Conservation de deux banques du début du 20e s, volonté de leur donner une autre vocation)
TCA, XXIV, 2 et 3 (fév.-mars 79), 30-31

Adamson, Gordon S. (ass.)

Toronto
C0038 Gloucester Mews
TCA, XVII, (Yearbook et déc. 72), 54-55, texte & ill.
TCA, XX, 9 (sept. 75), 56-60, texte & ill.

Toronto
C0039 Masonic Hall (Reconversion)
ARCAN, LI, no 579, (25/9/72), p. 6, ill.

Affleck, Dimakopoulos, Lebensold; Moody, Moore, Duncan, Rattray, Peters, Searle, Christie

Winnipeg
C0040 Hudson's Bay House (rénovation)
TCA, XV, 5 (mai 70), 47, ill.

Arcop & Ass

Montréal
C0041 Shaughnessy House
CB, XXIV, 6 (juin 74), 47, texte.

Armstrong, Geoffrey

Toronto
C0042 The Fire Hall (Poste de pompier de 1886 converti en restaurant)
TCA, XVII, 9 (sept. 72), 6, texte & ill.

Arthur, Eric

Toronto
C0043 St. Lawrence Hall (restauration d'un édifice de 1850)
TCA, XII, 4 (avril 67), 5-6, texte & ill.

Bawlf, Nick

Victoria
C0044 Market Square
CB, XXVIII, 4 (avril 78), 27, texte & ill.

Bawtinheimer, Mark

Victoria
C0045 Rithet Building
TCA, XXII, 11 (nov. 77), 34-36, texte & ill.

Bouey, Bouey et Ruthledge

Edmonton
C0046 Immeuble des arts I, Université de l'Alberta
AC, (mars-avril 80), 7, texte.

Clarke, Darling, Downey

Toronto
C0047 King Edward Hotel
CB, XXIX, 11 (nov. 79), 6, texte.

Duffus, Romans, Kundzins & Rounsefell

Halifax
C0048 Historic Properties
CB, XXVIII, 4 (avril 78), 31 et 33, texte & ill.

Dunlop, Farrow, Aitken

Toronto
C0049 200 Adelaide Street
TCA, XXV, 12 (déc. 80), 32-35, texte & ill.

Gaboury, Etienne J.

St-Boniface
C0050 (Bureau de l'architecte)
TCA, XXIV, 10 (oct. 79), 29, ill.

Giller, Marvin; Sprachman, Mandel

Toronto
C0051 The Uptown Theatre (rénovation)
TCA, XV, 8 (août 70), 26-31, texte & ill.

Goyer, Paul

Montréal
C0052 Immeuble Beauvais
BAT, XXXIII, 12 (déc. 58), 22-25 et 28-29, texte & ill.

Grace Group

Montréal
C0053 Atelier du groupe GRACE de l'École d'architecture
TCA, XXV, 7 (juil. 80), 4, texte & ill.

Hamilton, Ridgeley, Bennett

Alton (Ont.)
C0054 Millcroft Inn (restauration d'un moulin de 1881, converti en hôtel)
TCA, XXIII, 1 (jan. 78), 38-41, texte & ill.
CB, XXVIII, 1 (jan. 78), 20, texte & ill.

Hancock, Noel; Vetere, Don

Toronto
C0055 Redevelopment Proposal, Old City Hall
TCA, XVII, (Yearbook et déc. 72), 74-77

Harvey, Bill; Taylor, Mitch

Vancouver
C0056 Creek House (Reconversion)
ARCAN, LI, no 579, (25/9/72), 5, ill.

Henriquez and Todd

Vancouver
C0057 Foo Hung Company Importers (restauration d'un édifice de 1907 dans la Chinatown)
TCA, XX, 11 (nov. 75), 34-37, texte & ill.

Histart Inc.

Laprairie
C0058 Église de la Nativité
AC, 27, 306 (juil.-août 72), 25, texte & ill.

Hodgson, Alan James
Victoria
C0059 British Columbia Legislative Building (restauration & rénovation)
TCA, XX, 11 (nov. 75), 21-29, texte & ill.
TCA, XXI, 3 (mars 76), 55-56
C0060 MacPherson Playhouse (rénovation)
TCA, XV, 1 (jan. 70), 7, texte.

Imco Design Interiors Ltd
Toronto
C0061 Moore Business Forms (rénovation d'un immeuble à bureaux)
CB, XXIV, 4 (avril 74), 7, texte.

Kerr, George H.
Prince Albert
C0062 Baker Block
TCA, I, 7 (juil. 56), 37-38, texte & ill.

Labranche, Paul
Drummondville
C0063 Édifice de la Société funéraire Drummond transformé en hôtel.
BAT, XXXIII, 4 (avril 58), 21, texte.

Leaning, John
Ottawa
C0064 Académie de La Salle (restauration et nouvelle vocation: min. des Affaires urbaines)
BAT, LIII, 4 (avril 78), 6, texte & ill.
BAT, XLVIII, 8 (août 73), 8, ill.
CB, XXVIII, 4 (avril 78), 30, texte & ill.
AC, 31, 337 (sept.-oct. 76), 11
C0065 Sussex Drive (réhabilitation de façades d'édifices)
TCA, X, 8 (août 65), 47-49, texte & ill.
TCA, XXV, 11 (nov. 80), 27, texte & ill.
CB, XXVIII, 1 (jan. 78), 20-21, texte & ill.

Lett / Smith
Brampton
C0066 (Usine transformée en centre commercial)
CB, XXVIII, 4 (avril 78), 23, ill.
London
C0067 Grand Theatre (restauration)
TCA, XXV, 4 (avril 80), 22-25, texte & ill.
Toronto
C0068 Adelaide Court
CB, XXVIII, 4 (avril 78), 30, texte & ill.

Mettam, Peter J.; Le Claire, Peter B.; Graham, Keith L.; Sykes, James
Halifax
C0069 (Conservation de bâtiments historiques)
TCA, XV, 2 (fév. 70), 47-52, texte & ill.

Marshall, Macklin, Monaghan
Sault Ste. Marie
C0070 Rénovation des propriétés de Algoma Central Railway's
ARCAN, 48 (11 jan. 71), 1, texte & ill.

Moffat, Moffat & Kinoshita
Toronto
C0071 The Stewart Building (édifice de 1894 restauré)
TCA, XXIV, 7 (juil. 79), 32-34, texte & ill.

Moody, Moore, Duncan, Rattray, Peters, Searle, Christie; Affleck, Dimakopoulos, Lebensold.
C0072 Voir Affleck, Dimakopoulos, Lebensold; Moody, etc.

Morgan, Earle C.
Toronto
C0073 S.S. White Co. of Canada Ltd (altérations)
RAIC, XXIX, 8 (août 52), 254, ill.

Page and Steele
Halifax
C0074 Barrington Place
CB, XXX, 4 (avril 80), 14-16, texte & ill.

Parcs Canada
Québec
C0075 Parc de l'Artillerie
AC, 28, 320 (déc. 73), 30-33, texte & ill.

Polemann, Jos. (ass.)
Hamilton
C0076 YMCA Building (rénovation de l'extérieur)
CB, XXX, 10 (oct. 80), 39, texte & ill.

Prack Partners
Hamilton
C0077 Prack Partners Office
CB, XXVIII, 4 (avril 78), 27, texte & ill.

Rasch, Bernard M.
Toronto
C0078 Film House (rénovation d'un édifice de 1930 en édifice à bureaux et appartements)
TCA, XXI, 2 (fév. 76), 41-43, texte & ill.

Rosen, Sheldon
Toronto
C0079 Hazelton House
TCA, XIX, 11 (nov. 74), 42-47, texte & ill.

Rysavy and Rysavy
Ottawa
C0080 Peace Tower (rénovation)
CB, XXX, 6 (juin 80), 4, texte.

Sankey Ass.
Montréal
C0081 Quartier Notre-Dame (rénovation urbaine)
TCA, XVIII, (Yearbook 73), 51-55, texte & ill.

Shapiro and Wolfe
Montréal
C0082 Royal Theatre (conversion)
TCA, XIII, 12 (déc. 68), 8, texte & ill.

Snyder, Douglas
Toronto
C0083 George Brown College, St. James Campus
CB, XXVIII, 4 (avril 78), 34, ill.

Somerville, W.L.
Niagara
C0084 Fort Erie (Restauration d'un édifice du 19e siècle)
RAIC, XX, 12 (déc. 43), 209-210 et 218, texte & ill.

Stechesen, Frederickson, Katz
Winnipeg
C0085 The Courtyard (rénovation d'un édifice, converti en boutique et restaurant)
TCA, XXIII, 4 (avril 78), 40-41, texte & ill.

Tessier, Corriveau & Lefebvre
Halifax
C0086 (restauration des édifices du 19e S)
ARCAN, XLVIII, (8 nov. 71), 1, texte & ill.

The Thom Partnership
Toronto
C0087 Pauline McGibbon Cultural Centre (restauration)
TCA, XXV, 4 (avril 80), 31-32, texte & ill.

Thompson, Berwick, Pratt & Partners
Vancouver
C0088 Orpheum Theatre
TCA, XXII, 11 (nov. 77), 24-29, texte & ill.
CB, XXVIII, 7 (juil. 78), 16-17, texte & ill.

Tolchinsky & Goodz
Dorval
C0089 Club 230 (restauration)
TCA, XXV, 4 (avril 80), 20-21, texte & ill.

Ventin, C.A.
Simcoe
C0090 Simcoe Town Hall (restauration d'un édifice du 19e S.)
TCA, XXIII, 4 (avril 78), 36-39, texte & ill.
CB, XXVIII, 1 (jan. 78), 20, texte & ill.

Volgyesi, A.S.
Toronto
C0091 Office for Base Hamilton Edwards Ltd
TCA, XIX, 10 (oct. 74), 56-59, texte & ill.

Zeidler Partnership
Toronto
C0092 Young People's Theatre (restauration)
TCA, XXV, 4 (avril 80), 26-28, texte & ill.

Restaurations d'habitations
Housing Restoration

"$20 million housing renovation plan before Windsor Council".
CB, IX, 7 (juil. 59), 41

"3,000 home exteriors — A.B.C. firm's record in renovation"
CB, XII, 12 (déc. 62), 30

"Government and Industry Agree on Need" (campagne pour encourager la rénovation des vieilles maisons)
NB, VI, 12 (déc. 57), 20 et 22

"Here's a new home remodelling idea that saves time and money"
NB, X, 9 (sept. 61), 26-27

"La SHQ s'intéresse à la rénovation dans trois municipalités" (Amos, Louiseville, La Tuque)
BAT, LIV, 5 (mai 79), 27

"Le programme Loginove visera la restauration de 300,000 logements"
BAT, LV, 4 (mai 80), 23-24, texte.

"M. Ouellet préconise un programme de restauration sur une grande échelle pour 77"
BAT, LII, 1 (jan. 77), 22, texte.

"Programme de 10 ans pour rénover les habitations démodées du Canada"
BAT, XXXIX, 1 (jan. 64), 11, texte.

"Programme de restauration de bâtiments résidentiels"
BAT, XLVIII, 4 (avril 73), 33, texte.

"Programme Loginove: l'Association des constructeurs semble sceptique"
BAT, LV, 5 (juin 80), 14, 23, texte.

"Renovation boosted volume when new housing slumped".
CB, XIV, 12 (déc. 64), 35

"Rénovation des logements: nouvelle vague"
BAT, XLIX, 12 (déc. 74), 15, texte.

"Rénovation et modernisation: 550 millions de dollars"
BAT, XXXVIII, 12 (déc. 63), 22-25, texte & ill.

"Review" (Revitalisation des vieux quartiers résidentiels)
TCA, XV, 7 (juil. 70), 9

"Why the renovation market is suddenly big business for housebuilders"
NB, XI, 2 (fév. 62), 46

Choueke, Esmond
"Quebec developers urge new governmental boost to restore apartments activity"
CB, XXVII, 5 (mai 77), 13-14

Frieser, George
"Renovation: major growth area in housing"
CB, XXX, 10 (oct. 80), 56

Vallée, Marc E.
"Jean-Marie Couture, président de la SHQ: 'Construire? Oui mais aussi rénover'"
BAT, LIII, 11 (nov. 78), 12-14, texte & ill.

Anonyme/Anonymous
Montréal
C1001 Conservation des logements du Parc Milton
BAT, LV, 8 (oct. 80), 9, texte & ill.

Outremont
C1002 "Outremont restaure 2200 logis"
BAT, L, 4 (avril 75), 6-9, texte & ill.

Peterborough
C1003 "3 rooms were built into stairwell" (conversion de l'école St. Peter's Intermediate School, à Peterborough)
NB, X, 4 (avril 61), 42

Scarborough
C1004 "Criticism" (Eaton achète une maison vieille de 130 ans pour la préserver de la démolition; conservation des édifices anciens).
TCA, XVIII, 6 (juin 73), 6

Toronto
C1005 Conversion du Rochdale College en habitations pour vieillards
CB, XXVI, 12 (déc. 76), 32, texte.
C1006 (reconversion d'anciennes maisons en "bachelorettes")
CB, XXVII, 3 (mars 77), 30 et 36, texte & ill.

Bowman, Denis
Streetsville (Ont.)
C1007 (Transformation d'une école en duplex)
CB, XII, 9 (sept. 62), 50-51, texte & ill.

Brown, Roy; Grossman, Irving
C1008 Voir Grossman, Irving; Brown, Roy.

Burt, Joan
Toronto
C1009 (rénovation de maisons en rangée)
CB, XVI, 4 (avril 66), 8, ill.

Desnoyers, Mercure, Gagnon et Sheppard
Montréal
C1010 Cours le Royer
AC, 34, 344 (jan.-fév. 78), 8 et 10, texte & ill.
CB, XXVIII, 4 (avril 78), 26, texte & ill.
BAT, LII, 12 (déc. 77), 5, texte & ill.
BAT, LIII, 4 (avril 78), 14-16, texte & ill.
C1011 Les Jardins Prince-Arthur
AC, 30, 332 (nov.-déc. 75), 11-15, texte & ill.
C1012 Monastère du Bon Pasteur (converti en un ensemble immobilier de 250 logements)
BAT, LIV, 5 (mai 79), 16-17, texte & ill.

DuBois, Macy; Klein, Jack; Sears, Henry
Toronto
C1013 (Restauration d'une maison de 1917 qui appartient à Macy Dubois et Henry Sears)
TCA, VIII, 5 (mai 63), 37-39, texte & ill.

Duffus, Romans, Kundzins, Rounsefell
Halifax
C1014 Restauration de 12 maisons en rangée d'environ 1865
TCA, XXII, 8 (août 77), 31-33, texte & ill.

Faludi, E.G.
Windsor
C1015 "$20 million housing renovation plan before Windsor Council" (de E.G. Faludi)
CB, IX, 7 (juil. 59), 41

Fish, Michael
Montréal
C1016 Rénovation de maisons en rangée du début du siècle
BAT, LII, 9 (sept. 77), 7, ill.

Gauthier, Guité & Roy
Sainte-Foy
C1017 Recyclage du Pavillon Montcalm
BAT, LII, 2 (fév. 77), 9, texte.

Grossman, Irving; Brown, Roy
Oakville
C1018 Falgarwood Drive (Unités d'un hôtel transformées en logements)
TCA, XV, 8 (août 70), 45, texte & ill.

Henderson, A.N.
St. John (N.-B.)
C1019 (12 acres renewal project to house families)
CB, X, 10 (oct. 60), 20, texte.

Klein, Jack; Dubois, Macy; Sears, Henry
C1020 Voir Dubois, Macy; Klein, Jack; Sears, Henry

Knowles, J.C.
Montréal
C1021 Restauration d'une maison en rangée
BAT, LII, 2 (fév. 77), 9, texte.

Koerte, Arnold
Winnipeg
C1022 Wildwood Park (Rénovation d'un petit bungalow en résidence pour l'architecte Arnold Koerte)
TCA, XIV, 4 (avril 69), 7-8, texte & ill.

Legault, Guy-R.; Pothier, Jean-Paul
Montréal
C1023 (Possibilités de transformation de bâtiments d'habitation à Montréal)
TCA, V, 9 (sept. 60), 59-61, texte & ill.

Markson, Jerome
Toronto
C1024 Restauration d'une maison qui appartient à l'architecte
TCA, VIII, 5 (mai 63), 40-42, texte & ill.

Murray, John
Red Deer River
C1025 Cronquist Farmhouse (restauration d'une maison de 1911)
TCA, XXIV, 9 (sept. 79), 8, texte & ill.

Nicholson, A.E.
Queenston
C1026 Residence of William Lion MacKenzie
RAIC, XX, 12 (déc. 43), 210 et 216, texte & ill.

Ouellet, Reeves, Alain
Montréal
C1027 La Petite Bourgogne
BAT, XLII, 12 (déc. 67), 16-25, texte & ill.
BAT, XLIII, 2 (fév. 68), 15-16, texte & ill.
BAT, XLIV, 4 (avril 69), 27-30, texte & ill.
BAT, XLV, 7 (juil. 70), 20, texte.
CB, XVI, 7 (juil. 66), 31, texte & ill.
CB, XVI, 10 (oct. 66), 8, texte.
CB, XVII, 7 (juil. 67), 7, texte.
CB, XVII, 12 (déc. 67), 31-32, texte.
CB, XIX, 2 (fév. 69), 7, texte & ill.
CB, XIX, 12 (déc. 69), 29-30, texte & ill.
TCA, XVI, 8 (août 71), 23-29, texte & ill.
ARCAN, XLVII, (12 oct. 70), 16, texte & ill.

Pothier, Jean-Paul; Legault, Guy-R
C1028 Voir Legault, Guy-R.; Pothier, Jean-Paul

Reiner, Robert Thomas
Montréal
C1029 (rénovation d'une maison victorienne appartenant à Jacques Meloche et Thom Nesbitt)
CB, XXX, 7 (juil. 80), 36-37, texte & ill.

Sears, Henry; DuBois, Macy; Klein, Henry
C1030 Voir DuBois, Macy; Klein, Jack; Sears, Henry

Thompson, Berwick, Pratt & Partners
Vancouver
C1031 Strathcona Infill Housing, Phases I & II
TCA, XXII, 8 (août 77), 38-41, texte & ill.

Culture, Loisirs et Sports
Culture, Leisure and Sports

Bâtiments d'expositions
Exhibition Buildings

"Waterfront Exhibition" (1880 à nos jours)
ARCAN, 44, 5 (mai 67), 29-40

Aarons, Anita
Irwin, Clarke. *Pavilion, Experiments in Art and Technology*, Billy Klüver, sans lieu, 1972.
ARCAN, L (mars-avril 73), 7

Anonyme/Anonymous
Bruxelles
D0001 "Expo 58"
RAIC, XXXV, 8 (août 58), 287
Montréal
D0002 "Comment, Heigh Ho Come to the Fair / Exhibition".
TCA, VIII, 3 (mars 63), 104
D0003 "Communications étroites entre l'Expo 67 et l'A.C.M." (A.C.M. = Association des Constructeurs de Montréal)
BAT, XL, 12 (déc. 65), 9, texte.
D0004 "Concours, Pavillon du Québec"
RAIC, XLII, 2 (fév. 65), 48-50
D0005 "Construction of pavilions underway at site of Expo".
CB, XVI, 1 (jan. 66), 34-35
D0006 "CPM schedule paces work of men and machines at huge Expo development".
CB, XV, 9 (sept. 65), 60-61
D0007 "CPM shows big results at Expo" (CPM = Critical Path Method)
CB, XVI, 4 (avril 66), 8
D0008 "Expo 67"
CB, XVII, 4 (avril 67), 59, texte & ill.
D0009 Expo 67 (Aires de service A à E)
CB, XVII, 4 (avril 67), 72-73, texte.
D0010 "Expo — and After".
TCA, XI, 10 (oct. 66), 47-48
D0011 "Expo 67: Architectural comments from Abroad".
TCA, XII, (Yearbook 67), 114 et 116
D0012 "Expo as theme during look into future".
CB, XVII, 1 (jan. 67), 36
D0013 "Expo 67: A Search for Order"
TCA, XII, 5 (mai 67), 43-54
D0014 "Expo building in good shape"
CB, XVI, 6 (juin 66), 9
D0015 "Expo 67 et l'architecte-coordonnateur"
ABC, XXIII, 269 (nov. 68), 28-29 et 57, texte.
D0016 "Expo 67: Is it a Success?"
ARCAN, 44, 8 (août 67), 39-42
D0017 Expo 67 (La Plaza de las Americas)
TCA, XI, 10 (oct. 66), 8, ill.
D0018 Expo 67 (La Ronde)
CB, XVII, 4 (avril 67), 73, texte.
D0019 Expo 67 (le plan directeur)
RAIC, XLI, 1 (jan. 64), 53-56, texte & ill.
D0020 Expo 67 (plan directeur)
RAIC, XLI, 2 (fév. 64), 15 et 18 et 21
D0021 Expo 67 (plan directeur)
TCA, X, (Yearbook 65), 89-96, texte & ill.
D0022 Expo 67 (plan directeur et édifices)
TCA, XI, 10 (oct. 66), 43-75, texte & ill.
D0023 Expo 67 (plan directeur)
TCA, XXV, 11 (nov. 80), 30, texte & ill.
D0024 "Expo 67" (Rencontre tenue au Lac Beauport)
TCA, VIII, 2 (fév. 63), 116
D0025 "Expo 67 Revisited"
ARCAN, 44, 8 (août 67), 25-38
D0026 "Expo 67, Steel supply dilemma-Will it affect new ideas in the design and construction?"
CB, XV, 10 (oct. 65), 37-38
D0027 Expo 67 (Un théâtre rond à 12 côtés)
CB, XVI, 9 (sept. 66), 7, ill.
D0028 Expo 67 "Un tour d'horizon"
AC, 28, 318 (oct. 73), 16-17
D0029 "Exposition universelle canadienne" (Biographie d'Edouard Fiset, architecte en chef).
RAIC, XL, 11 (nov. 63), 9
D0030 Introduction d'un concept urbain dans la planification de l'expo 67.
RAIC, XLII, 5 (mai 65), 55-62, texte & ill.
D0031 "L'architecture et son cadre"
ARCAN, 43, 7 (juil. 66), 29
D0032 "Les pavillons de l'Expo 67: un festival de géométrie".
BAT, XLII, 3 (mars 67), 40-43, texte & ill.
D0033 "L'Expo 67 sera prête à temps...et même en avance"
BAT, XL, 9 (sept. 65), 7
D0034 L'exposition universelle de 1967 en chantier
ABC, XXI, 248 (déc. 66), 21-44 et 52, texte & ill.
D0035 L'exposition universelle de 1967, Sommaire des conférences présentées au Congrès annuel de l'A.A.P.Q.
RAIC, XL, 3 (mars 63), 89-90
D0036 "Où en est la construction à l'Expo 67?"
BAT, XLI, 4 (avril 66), 7-8, ill.
D0037 Projet d'emplacement pour l'Exposition Universelle internationale de 1967
ABC, XVIII, 201 (jan. 63), 22-27, texte & ill.
D0038 "PQAA Convention" (Discussion sur l'Expo 67)
TCA, IX, 2 (fév. 64), 6 et 8 et 12
D0039 "Réflexions sur l'Expo 67"
ABC, XXII, 254 (juin 67), 17-35, texte & ill.
D0040 "That Fair Again" (pannel intitulé "The World Fair — A Planning Challenge" tenu à Québec)
TCA, VIII, 11 (nov. 63), 9 et 14
D0041 "The 1967 international exposition at Montréal".
RAIC, XL, 4 (avril 63), 70-71
D0042 "The artists and Expo".
ARCAN, 44, 6 (juin 67), 17-19
D0043 "Une opinion à propos de l'Expo 67:"
BAT, XL, 4 (avril 65), 7
D0044 "Variations on the theme" (à la recherche d'un symbole pour l'Expo 67 de Montréal)
TCA, VIII, 7 (juil. 63), 5 et 9
D0045 Pour Expo 67, voir aussi "Structures", sous la rubrique *Techniques et Matériaux*
Osaka
D0046 "Comment Expo 70 Competition"
TCA, XII, 8 (août 67), 29-38
D0047 "Design for Expo 70" (les six architectes retenus pour Osaka)
CB, XVII, 5 (mai 67), 7
D0048 "Japan Expo Finalists" (listes des finalistes pour le Pavillon canadien à Osaka)
TCA, XII, 5 (mai 67), 23
Québec
D0049 "Le plan quinquennal de rénovation d'"Expo-Québec' se poursuit"
BAT, XLIV, 8 (août 69), 9
D0050 Palais du Commerce
BAT, XXX, 6 (juin 55), 21, texte.
Venise
D0051 Pavillon canadien à Venise
TCA, III, 11 (nov. 58), 62-64, texte & ill.

Abra & Balharrie
Ottawa
D0052 Central Canada Exhibition Association
RAIC, XXXIV, 2 (fév. 57), 61, ill.

Acres, Peter M.
Montréal (Expo 67)
D0053 Canadian Pulp & Paper Ass. Pavilion
TCA, XI, 10 (oct. 66), 73, texte & ill.
ABC, XX, 233 (sept. 65), 62, texte.
ABC, XXI, 241 (mai 66), 49-50, texte & ill.
ABC, XXI, 248 (déc. 66), 29 et 44, ill.
CB, XVII, 4 (avril 67), 72, texte.

Adamson, Gordon S. (ass.); Dumaresq, J. Philip & Ass.
D0054 Voir Dumaresq, J. Philip & Ass...

Affleck, Desbarats, Dimakopoulos, Lebensold, Sise
Montréal (Expo 67)
D0055 Auditorium Dupont
ARCAN, 43, 7 (juil. 66), 37, texte & ill.
D0056 Pavillons thématiques: l'Homme interroge l'Univers, l'Homme à l'oeuvre
ABC, XXI, 248 (déc. 66), 42-43, ill.
ABC, XXII, 254 (juin 67), 26, texte & ill.
RAIC, XLII, 2 (fév. 65), 10, texte.
CB, XVII, 4 (avril 67), 71-72, texte & ill.
CB, XVII, 6 (juin 67), 62, texte & ill.
D0057 Man the Explorer / L'Homme interroge l'univers.
ARCAN, 43, 7 (juil. 66), 30, ill.
TCA, X (Yearbook 65), 91-92, texte & ill.
D0058 Man the producer / L'homme à l'oeuvre
ARCAN, 43, 7 (juil. 66), 32, texte & ill.
ARCAN, XLVI, 4 (avril 69), 23 et 26-33, texte & ill.
TCA, X, 7 (juil. 65), 6, ill.
TCA, X (Yearbook 65), 91-92, texte & ill.
TCA, XI, 10 (oct. 66), 68, texte & ill.
Osaka
D0059 Projet pour le pavillon du Canada
ARCAN, 44, 7 (juil. 67), 6, ill.
ARCAN, 44, 8 (août 67), 46-47, texte & ill.
TCA, XII, 8 (août 67), 29 et 37-38, texte & ill.

Affleck, Desbarats, Dimakopoulos, Lebensold, Sise; Ashihara, Yoshinobu
D0060 Voir Ashihara, Yoshinobu; Affleck...

Andrews, John; Morton, Ian J.
Montréal (Expo 67)
D0061 Commonwealth Island Pavilion
TCA, X, (Yearbook 65), 94, texte & ill.
D0062 Place de l'Afrique
ARCAN, 43, 7 (juil. 66), 46, texte & ill.
TCA, X (Yearbook 65), 93, texte & ill.
TCA, XI, 10 (oct. 66), 71, texte & ill.

Archambault, Louis; Slater, Norman
Bruxelles
D0063 Pavillon canadien de l'exposition universelle et internationale de Bruxelles en 1958
TCA, II, 5 (mai 57), 24-25, texte & ill.

Ardec Consultants
Montréal (Expo 67)
D0064 CB, XV, 11 (nov. 65), 6, ill.

Ashihara, Yoshinobu; Affleck, Desbarats, Dimakopoulos, Lebensold, Sise
Montréal (Expo 67)
D0065 Pavillon du Japon
ABC, XXI, 245 (sept. 66), 48-49
ABC, XXI, 248 (déc. 66), 37 et 52, ill.
ABC, XXII, 254 (juin 67), 34, ill.
ARCAN, 43, 7 (juil. 66), 46, ill.
BAT, XLII, 3 (mars 67), 43, texte & ill.
TCA, XI, 1 (jan. 66), 53-57, texte & ill.
TCA, XI, 10 (oct. 66), 59, texte & ill.

Ashworth, Robbie, Vaughan & Williams
Montréal (Expo 67)
D0066 Pavillon canadien
ABC, XXI, 244 (août 66), 47 et 50, texte.
ABC, XXI, 248 (déc. 66), 26-27 et 44, ill.
RAIC, XLI, 10 (oct. 64), 62, ill.
ARCAN, 43, 7 (juil. 66), 42-43, texte & ill.
TCA, IX, 10 (oct. 64), 5-6 et 8, texte & ill.
TCA, X, 7 (juil. 65), 6, ill.
TCA, XI, 10 (oct. 66), 65, texte & ill.
TCA, XII, (Yearbook 67), 85, ill.
BAT, XLI, 4 (avril 67), 7-8, texte & ill.
BAT, XLII, 3 (mars 67), 42-43, texte & ill.
BAT, XLII, 8 (août 67), 42-43, texte & ill.
CB, XIV, 10 (oct. 64), 53, texte & ill.
CB, XV, 10 (oct. 65), 37, ill.
CB, XVII, 6 (juin 67), 60-61, texte & ill.

Auger, Boyd
Montréal (Expo 67)
D0067 Gyrotron Structures
CB, XIX, 11 (nov. 69), 5, texte.

Baker, Joseph
Montréal (Expo 67)
D0068 (les "fun structures" pour la Ronde)
TCA, XI, 12 (déc. 66), 8, texte & ill.

Balharrie, Helmer & Morin
Ottawa
D0069 The H.M. McElroy Educational and Agricultural Building
RAIC, XXXIV, 9 (sept. 57), 350-351, texte & ill.

Baroni, Sergio; Garatti, Vittorio
Montréal (Expo 67)
D0070 Pavillon de la république de Cuba
ABC, XXI, 241 (mai 66), 38-41, texte & ill.
ABC, XXI, 248 (déc. 66), 39 et 52 ill.
ARCAN, 43, 7 (juil. 66), 44, ill.

Beatson, Stevens (ass.)
Montréal (Expo 67)
D0071 Western Provinces Pavilion
CB, XVI, 7 (juil. 66), 8, ill.
CB, XVII, 4 (avril 67), 71-73, texte & ill.
BAT, XLI, 4 (avril 66), 7, texte & ill.

Bélanger, Ivan; Roux, Pierre-Paul
Édifice de lieu inconnu
D0072 (pour exposition permanente de l'industrie)
RAIC, XXVI, 5 (mai 49), 159, texte & ill.

Bissonnette, Jacques
Montréal
D0073 Projet d'étudiant: pavillon d'exposition
ABC, XIV, 153 (jan. 59), 24, texte & ill.

Bland, Lemoyne, Edwards, Shine; Spence, Basil
D0074 Voir Spence, Basil; Bonnington & Collins; Bland, Lemoyne, Edwards, Shine

Bland, Lemoyne, Shine
Montréal (Expo 67)
D0075 Pavillon du Labyrinthe
ARCAN, 43, 7 (juil. 66), 32, ill.

Blouin, André
Montréal (Expo 67)
D0076 Place des nations
TCA, XI, 10 (oct. 66), 61, texte & ill.
ARCAN, 43, 7 (juil. 66), 38, texte & ill.

Blouin, André; Faugeron, J.
D0077 Voir Faugeron, J.; Blouin, André

Blouin, André; Haddad, Marney & Miljevitch
D0078 Voir Haddad, Marney & Miljevitch; Blouin, André

Bynoe, Peter; Dawson, F.A.
Montréal (Expo 67)
D0079 Pavillon de Trinidad & Tobago
ABC, XXI, 248 (déc. 66), 41 et 52, ill.
ARCAN, 43, 7 (juil. 66), 43, ill.

Chamlong, Yordying
Montréal (Expo 67)
D0080 Pavillon de la Thaïlande
ABC, XXI, 248 (déc. 66), 40-41, ill.

Charney, Melvin; Parnass, Harry
Osaka (Expo 70)
D0081 Projet pour le pavillon canadien
ABC, XXII, 258 (oct. 67), 44-46, texte & ill.
ARCAN, 44, 12, (déc. 67), 39, ill.
ARCAN, 46, 3 (mars 69), 34-35, texte & ill.

Chryssopoulos, Nicholas
Montréal (Expo 67)
D0082 Pavillon de la Grèce
ARCAN, 43, 7 (juil. 66), 51, ill.

Corneil, Carmen
Montréal (Expo 67)
D0083 Kiosque à musique
ARCAN, 43, 7 (juil. 66), 40, texte & ill.
TCA, X, 12 (déc. 65), 19, texte & ill.

Corona, Antonio Garcia
Montréal (Expo 67)
D0084 Pavillon du Mexique
ARCAN, 43, 7 (juil. 66), 50, ill.
ABC, XXII, 254 (juin 67), 34, ill.
TCA, XI, 1 (janv. 66), 5-6, texte & ill.

Côté, Paul-Marie
Montréal (Expo 67)
D0085 L'Homme et la Musique (Pavillon des Jeunesses musicales)
ABC, XXI, 242 (juin 66), 49, ill.
ABC, XXI, 248 (déc. 66), 29 et 44, ill.
ARCAN, 43, 7 (juil. 66), 38, ill.
CB, XVII, 6 (juin 67), 61, texte & ill.
BAT, XLI, 2 (fév. 66), 46, texte.

Craig and Kohler
Osaka
D0086 Projet pour le pavillon du Canada
ARCAN, 44, 12 (déc. 67), 35, ill.

Craig, Zeidler & Strong
Toronto (Canadian National Exhibition)
D0087 Ontario Government Pavilion
TCA, XIV, 1 (jan. 69), 7, texte.
ARCAN, 46, 4 (avril 69), 19, texte & ill.

Crang & Boake
Montréal (Expo 67)
D0088 Pavillon d'Air Canada
ABC, XXI, 248 (déc. 66), 28-29 et 44, ill.
TCA, XI, 10 (oct. 66), 60, texte & ill.
TCA, X, 7 (juil. 65), 6, texte & ill.
CB, XV, 7 (juil. 65), 8, texte & ill.
CB, XV, 10 (oct. 65), 40, ill.
CB, XVII, 4 (avril 67), 66-67, texte & ill.
CB, XVII, 4 (avril 67), 72, texte.

Da Roza, Gustavo
Montréal (Expo 67)
D0089 L'homme et son foyer
BAT, XLI, 8 (août 66), 6, texte & ill.
BAT, XLII, 4 (avril 67), 33-37, texte & ill.
BAT, XLII, 10 (oct. 67), 44, texte.
CB, XVI, 8 (août 66), 5, ill.
TCA, XI, 8 (août 66), 6, texte & ill.

D'Astous et Pothier
Montréal (Expo 67)
D0090 Ouvrage thème pour l'exposition de 1967 (Tour)
ABC, XIX, 214 (fév. 64), 43, texte & ill.
D0091 Centre du commerce international
ARCAN, 43, 7 (juil. 66), 38, ill.
ABC, XXI, 248 (déc. 66), 25 et 44, ill.
TCA, XII, 6 (juin 67), 5-6, texte & ill.
D0092 Pavillon Chrétien
ARCAN, 43, 7 (juil. 66), 40, ill.
ABC, XXI, 248 (déc. 66), 28-29 et 44, ill.
TCA, XI, 6 (juin 66), 8, texte & ill.
TCA, XI, 10 (oct. 66), 70, texte & ill.
RAIC, XLIII, 4 (avril 66), 22, texte & ill.

David, Barott, Boulva; Dumaresq, J. Philip & Ass.
D0093 Voir Dumaresq, J. Philip & Ass...

David, Barott, Boulva; Safdie, Moshe
D0094 Voir Safdie, Moshe; David, Barott, Boulva

Dawson, F.A.; Bynoe, Peter
D0095 Voir Bynoe, Peter; Dawson, F.A.

De Blois, Jacques
Osaka (Expo 70)
D0096 Pavillon du Québec
ABC, XXIII, 270 (déc. 68), 18-21, texte & ill.
TCA, XIV, 2 (fév. 69), 6-7, texte & ill.
ARCAN, 47, (13 avril 70), 5, texte & ill.

Desjardins, J. Roméo
Montréal
D0097 Palais du Commerce
CDQ, XXVI, 3 (mai-juin 51), 21, ill.
BAT, XXVI, 12 (déc. 51), 10, texte.
BAT, XXVII, 3 (mars 52), 52, texte.
BAT, XXVII (août 52), 26, ill.

Dobush, Stewart, Bourke, Longpré, Marchand, Goudreau
Montréal (Expo 67)
D0098 Pavillon Canadien Pacifique / Cominco
ABC, XXI, 248 (déc. 66), 29 et 52, ill.
TCA, XI, 10 (oct. 66), 70, texte & ill.
TCA, XII, 6 (juin 67), 25-28, texte & ill.
D0099 Pavillon "Man the Provider" / "L'homme et l'agriculture"
ARCAN, 43, 7 (juil. 66), 33, texte & ill.
TCA, XVI, 10 (oct. 71), 6
CB, XV, 3 (mars 65), 75, texte.
CB, XVII, 4 (avril 67), 71-72, texte & ill.

Downs, Barry V.
Osaka
D0100 Projet pour le pavillon du Canada
ARCAN, 44, 12 (déc. 67), 37, ill.

Dumaresq, J. Philip & Ass.; David, Barott, Boulva; Adamson, Gordon S. & Ass.; Smith, Carter, Searle Ass.; Thompson, Berwick, Pratt & Ass.
Montréal (Expo 67)
D0101 Pavillon de l'Association du téléphone du Canada
BAT, XL, 8 (août 65), 5, texte & ill.
TCA, X, 8 (août 65), 5-6, texte & ill.
CB, XV, 8 (août 65), 6, ill.
CB, XV, 11 (nov. 65), 6, texte.
CB, XVI, 1 (jan. 66), 34-35, texte & ill.
ABC, XXI, 248 (déc. 66), 29 et 44, ill.

Durand, Luc; Papineau, Gérin-Lajoie, Leblanc
D0102 Voir Papineau, Gérin-Lajoie, Leblanc; Durand, Luc

Eber, George F.
Montréal (Expo 67)
D0103 Aquarium
CB, XVI, 1 (jan. 66), 34, ill.
ARCAN, 43, 7 (juil. 66), 35, ill.

Eber, George F.; Eijkeleboon & Middlehoek
D0104 Voir Eijkeleboon & Middlehoek; Eber, George F.

Eber, George F.; Farmanfarmaeian, Abdul Aziz
D0105 Voir Farmanfarmaeian, Abdul Aziz; Eber, George F.

Eber, George F.; Fuller, R. Buckminster
D0106 Voir Fuller, R. Buckminster; Eber, George F.

Eber, George F.; Stapels, René
D0107 Voir Stapels, René; Eber, George F.

Eijkeleboon & Middlehoek; Eber, George F.
Montréal (Expo 67)
D0108 Pavillon des Pays-Bas
BAT, XLI, 4 (avril 66), 7-8, texte & ill.
BAT, XLIII, 7 (juil. 68), 5, texte & ill.
CB, XV, 10 (oct. 65), 38, ill.
CB, XVII, 4 (avril 67), 68, texte & ill.
CB, XVIII, 7 (juil. 68), 6, ill.
TCA, X, 7 (juil. 65), 6, ill.
TCA, XI, 10 (oct. 66), 58, texte & ill.
TCA, XIII, 7 (juil. 68), 7, texte & ill.
ARCAN, 43, 7 (juil. 66), 44-45, texte & ill.

Erickson, Arthur
Montréal (Expo 67)
D0109 Pavillon canadien
TCA, IX, 10 (oct. 64), 5-6 et 8, texte & ill.

Erickson / Massey
Montréal (Expo 67)
D0110 Pavillon "Man in the community, Man and his health".
ARCAN, 43, 7 (juil. 66), 31, ill.
ARCAN, 47 (12 oct. 70), 20, texte & ill.
D0111 Man in the Community
ARCAN, XLVII, (12 oct. 70), 20, texte & ill.
CB, XVI, 9 (sept. 66), 6, ill.
CB, XVII, 4 (avril 67), 70-71 et 73, texte & ill.
TCA, XI, 10 (oct. 66), 52-53, texte & ill.
TCA, XIX, 11 (nov. 74), 34-35, texte & ill.
ABC, XXI, 248 (déc. 66), 23 et 44, ill.
BAT, XLI, 10 (oct. 66), 50, texte.
BAT, XLI, 11 (nov. 66), 5, texte.
D0112 Man and his Health
ARCAN, XLVII (12 oct. 70), 20, texte & ill.
CB, XVI, 9 (sept. 66), 6, ill.
Osaka (Expo 70)
D0113 Pavillon du Canada
ARCAN, 44, 7 (juil. 67), 5, texte & ill.
ARCAN, 44, 8 (août 67), 45, texte & ill.
ARCAN, 47 (16 mars 70), 1, ill.
ARCAN, 47 (12 oct. 70), 6, ill.
CB, XVII, 8 (août 67), 7, texte.
BAT, XLIII, 8 (août 68), 48, texte.
TCA, XII, 7 (juil. 67), 5-6, texte & ill.
TCA, XII, 8 (août 67), 29-32, texte & ill.
TCA, XV, 4 (avril 70), 9, texte & ill.
TCA, XV, 7 (juil. 70), 48-53, texte & ill.
TCA, XIX, 11 (nov. 74), 34 et 36, texte & ill.
Tokyo
D0114 Canadian Pavilion for the International Trade Fair.
ARCAN, 44, 6 (juin 67), 15 (supplément à la revue), ill.
ARCAN, 44, 9 (sept. 67), 34-35, texte & ill.
TCA, X, 8 (août 65), 59-61, texte & ill.

Fairfield & Dubois
Montréal (Expo 67)
D0115 Brewers Assoc. of Canada
ARCAN, 43, 7 (juil. 66), 39, ill.
TCA, X, 5 (mai 65), 64, texte & ill.
TCA, XI, 10 (oct. 66), 74, texte & ill.
D0116 Ontario Government Pavilion
RAIC, XLII, 6 (juin 65), 42-43, texte & ill.
ARCAN, 43, 7 (juil. 66), 50-51, texte & ill.
ABC, XXI, 248 (déc. 66), 28-29 et 44, ill.
CB, XV, 4 (avril 65), 5, texte & ill.
CB, XV, 10 (oct. 65), 38, ill.
CB, XVII, 4 (avril 67), 62-63, texte & ill.
TCA, X, 3 (mars 65), 5-6, texte & ill.
TCA, X, 5 (mai 65), 63, texte & ill.
TCA, XI, 10 (oct. 66), 66, texte & ill.

Farmanfarmaeian, Abdul Aziz; Eber, George F.
Montréal (Expo 67)
D0117 Pavillon de l'Iran
ABC, XXI, 248 (déc. 66), 38 et 52, ill.
ABC, XXII, 254 (juin 67), 32-33, ill.
TCA, XI, 10 (oct. 66), 8, ill.

Faugeron, J.; Blouin, André
Montréal (Expo 67)
D0118 Le pavillon français
TCA, X, 10 (oct. 65), 9, texte & ill.
TCA, XI, 10 (oct. 66), 72, texte & ill.
ABC, XXI, 237 (jan. 66), 30-35, texte & ill.
ABC, XXI, 248 (déc. 66), 32-33, et 52, ill.
ABC, XXII, 254 (juin 67), 24-25, texte & ill.
ARCAN, 43, 7 (juil. 66), 44, texte & ill.

Fisher, Richard A.
Toronto (C.N.E.)
D0119 Food Products Building
RAIC, XXXII, 6 (juin 55), 200-202, ill.

Francis, M.J.W.
Montréal (Expo 67)
D0120 Pavillon des Indiens du Canada
ABC, XXI, 248 (déc. 66), 27 et 44, ill.

Frei, Otto; Gutbrod, Rolf
D0121 Voir Gutbrod, Rolf; Frei, Otto

Fuller, R. Buckminster; Eber, George F.
Montréal (Expo 67)
D0122 Pavillon des États-Unis d'Amérique
ABC, XXI, 248 (déc. 66), 33-35 et 52, ill.
ABC, XXII, 254 (juin 67), 21-22, texte & ill.
TCA, X, 7 (juil. 65), 5-6, texte & ill.
TCA, X (Yearbook 65), 96, texte & ill.
TCA, XI, 10 (oct. 66), 58, texte & ill.
ARCAN, 43, 7 (juil. 66), 48, texte & ill.
BAT, XLII, 3 (mars 67), 41-42, texte & ill.
BAT, XLII, 9 (sept. 67), 54, texte.
CB, XV, 10 (oct. 65), 40, ill.
CB, XVII, 4 (avril 67), 60-61, texte & ill.

Gagné, J. Marcel; Warshaw, Leonard
Osaka (Expo 70)
D0123 Projet pour le pavillon canadien
ABC, XXII, 258 (oct. 67), 40-43, texte & ill.
ARCAN, 44, 7 (juil. 67), 6, ill.
ARCAN, 44, 8 (août 67), 46-47, texte & ill.
TCA, XII, 8 (août 67), 29 et 32 et 35, texte & ill.

Gallop, John
Osaka
D0124 Projet pour le pavillon du Canada
ARCAN, 44, 7 (juil. 67), 6, ill.
ARCAN, 44, 8 (août 67), 46-47, texte & ill.
TCA, XII, 8 (août 67), 29 et 36-38, texte & ill.

Gantenbein, Werner
Montréal (Expo 67)
D0125 Pavillon de la Suisse
ARCAN, 43, 7 (juil. 66), 49, ill.
ABC, XXII, 254 (juin 67), 34, ill.

Gardiner, Thornton, Gathe, Davidson, Garrett; Masson & Ass.
Osaka
D0126 Le Pavillon canadien
TCA, XII, 8 (août 67), 29 et 32 et 35-36, texte & ill.
ARCAN, 44, 7 (juil. 67), 6, ill.
ARCAN, 44, 8 (août 67), 46-47, texte & ill.

Gauthier, Guité & Côté
Montréal (Expo 67)
D0127 Musée d'Art
ABC, XXI, 248 (déc. 66), 23 et 44, ill.
TCA, XI, 10 (oct. 66), 51, ill.
ARCAN, 43, 7 (juil. 66), 32, ill.

Geun, Kim Swo
Montréal (Expo 67)
D0128 Korean Pavilion
TCA, X (Yearbook 65), 95, texte & ill.

Gilbert, A.; Rousseau, Paul
Québec (L'Exposition provinciale)
D0129 Salon permanent de la construction
BAT, XXXIII, 2 (fév. 58), 54, texte & ill.

Gitterman, Samuel A.
Montréal (Expo 67)
D0130 Tour d'observation
ARCAN, 43, 7 (juil. 66), 37, ill.
CB, XV, 9 (sept. 65), 7, ill.

Gladstone, Gerald
Montréal (Expo 67)
D0131 Fire-breathing monster HUKI
TCA, XI, 10 (oct. 67), 8, ill.

Graham, Lorimer, Langmead
Osaka
D0132 Projet pour le pavillon du Canada
ARCAN, 44, 12 (déc. 67), 36, ill.

Greenberg, C.B.
Bruxelles
D0133 Pavillon du Canada & l'exposition de Bruxelles 58.
BAT, XXXIII, 8 (août 58), 30, ill.
RAIC, XXXIV, 9 (sept. 57), 354-355, texte & ill.
RAIC, XXXV, 8 (août 58), 288-295, texte & ill.
TCA, VI, 9 (sept. 61), 6, texte & ill.
CB, VI, 11 (nov. 56), 57, texte & ill.
CB, VIII, 3 (mars 58), 53, texte & ill.
CB, VIII, 7 (juil. 58), 26, texte & ill.

Grondin, Jean
Montréal (Expo 67)
D0134 Pavillon des Industries du Québec
ABC, XXI, 248 (déc. 66), 25 et 44, ill.
ARCAN, 43, 7 (juil. 66), 40, ill.
TCA, XI, 10 (oct. 66), 53, texte & ill.

Grossman, Irving
Montréal (Expo 67)
D0135 Administration & Press Building
TCA, XI, 6 (juin 66), 47-50, texte & ill.
TCA, XI, 10 (oct. 66), 55, texte & ill.
RAIC, XLI, 10 (oct. 64), 63-64, ill.
ARCAN, 43, 7 (juil. 66), 30, ill.
ARCAN, 44, 6 (juin 67), 7, (supplément à la revue), ill.
D0136 Kaléidoscope
ABC, XXI, 248 (déc. 66), 29 et 44, ill.
CB, XVII, 4 (avril 67), 73, texte.
ARCAN, 43, 7 (juil. 66), 39, ill.
ARCAN, 44, 10 (oct. 67), 52-53, texte & ill.

Gutbrod, Rolf; Frei, Otto
Montréal (Expo 67)
D0137 Pavillon de l'Allemagne
ARCAN, 43, 7 (juil. 66), 47, texte & ill.
TCA, X, (Yearbook 65), 96, texte & ill.
TCA, XI, 10 (oct. 66), 67, texte & ill.
TCA, XIV, 11 (nov. 69), 42-43, ill.
ABC, XXI, 248 (déc. 66), 35-37 et 52, ill.
ABC, XXII, 254 (juin 67), 20-21, texte & ill.
BAT, XLII, 3 (mars 67), 40-42, texte & ill.
CB, XVI, 11 (nov. 66), 53, texte.
CB, XVII, 4 (avril 67), 69, texte & ill.

Haddad, Marmey & Miljevitch; Blouin, André
Montréal (Expo 67)
D0138 Pavillon de la Tunisie
ABC, XXII, 254 (juin 67), 32-33, ill.
ARCAN, 43, 7 (juil. 66), 52, ill.

Herlow & Olesen
Montréal (Expo 67)
D0139 Pavillon des pays scandicaves
BAT, XLI, 4 (avril 66), 7, texte & ill.
TCA, XI, 10 (oct. 66), 61, texte & ill.
ARCAN, 43, 7 (juil. 66), 47, ill.
ABC, XXI, 248 (déc. 66), 38 et 52, ill.
CB, XV, 10 (oct. 65), 38, ill.
CB, XVI, 1 (jan. 66), 34-35, texte & ill.

Kandavel, V.
Montréal (Expo 67)
D0140 Pavillon du Ceylan
ARCAN, 43, 7 (juil. 66), 49, ill.
ABC, XXII, 254 (juin 67), 32-33, ill.

Kenny, Sean
Montréal (Expo 67)
D0141 Gyroton
TCA, XI, 7 (juil. 66), 6, texte & ill.
ABC, XXI, 248 (déc. 66), 42-43 et 52, ill.

Kissiloff & Wimmershoff
Montréal (Expo 67)
D0142 Le pavillon du Vermont
ABC, XXI, 241 (mai 66), 51, texte & ill.
ABC, XXI, 248 (déc. 66), 39-40 et 52, ill.

Kohl, Harry B.
Toronto
D0143 Pavilion for the National Home Show
CB, XVI, 2 (fév. 66), 9, ill.

Labelle, Labelle & Marchand; Schwanzer, Karl
D0144 Voir Schwanzer, Karl; Labelle, Labelle & Marchand

Lacroix, Wilfrid
Québec
D0145 Une porte d'entrée pour l'Exposition provinciale de Québec
TCA, VII, 1 (jan. 62), 7, texte & ill.

Longpré, Claude; Marchand, Gilles
Montréal (Expo 67)
D0146 Pavillon du Québec
RAIC, XLII, 2 (fév. 65), 48 et 50, texte & ill.

Longpré, Marchand, Goudreau; Dobush, Stewart, Bourke
D0147 Voir Dobush, Stewart, Bourke; Longpré, Marchand, Goudreau

McBain, Lee, Robb, Elken and Jung
Montréal (Expo 67)
D0148 (les petits restaurants)
TCA, X, 12 (déc. 65), 19, ill.
ARCAN, 43, 7 (juil. 66), 36, ill.

MacCormick, James
Montréal (Expo 67)
D0149 Pavillon de l'Australie
ARCAN, 43, 7 (juil. 66), 47, ill.
ABC, XXI, 248 (déc. 66), 39 et 52, ill.
ABC, XXII, 254 (juin 67), 30, texte & ill.

McKinstry, Gordon
Montréal (Expo 67)
D0150 The Canadian Broadcasting Corporation's Pavilion
TCA, X, 7 (juil. 6), ill.
CB, XV, 5 (mai 65), 8, texte & ill.
BAT, XLI, 4 (avril 66), 7, texte & ill.

McLeod, Barclay
Osaka
D0151 Pavillon de la Colombie-Britannique
ARCAN, 47 (13 avril 70), 5, texte & ill.
TCA, XIV, 10 (oct. 69), 7, texte & ill.

Marani, Morris & Allan
Toronto (CNE)
D0152 Home Furnishing and Appliances Centre
TCA, VII, 5 (mai 62), 9, texte & ill.
RAIC, XXXIX, 7 (juil. 62), 30, texte & ill.
RAIC, XLI, 11 (nov. 64), 96, texte & ill.
CB, XII, 6 (juin 62), 54-56, texte & ill.

Marshall, Merrett, Stahl, Elliott & Mill
Montréal (Expo 67)
D0153 Pavillon de l'hospitalité
ARCAN, 43, 7 (juil. 66), 34, ill.

Osaka
D0154 Projet pour le pavillon du Canada
ARCAN, 44, 12 (déc. 67), 38, ill.

Martin, Ian
Osaka
D0155 Projet pour le pavillon du Canada
ARCAN, 44, 7 (juil. 67), 6, ill.
ARCAN, 44, 8 (août 67), 46-47, texte & ill.
TCA, XII, 8 (août 67), 29 et 35-37, texte & ill.

Masson & Ass.; Gardiner, Thornton, Gathe, Davidson, Garrett
D0156 Voir Gardiner, Thornton, Gathe, Davidson, Garrett; Masson & Ass.

Mathers & Haldenby
Montréal (Expo 67)
D0157 Steel Industries Pavilion
CB, XVI, 4 (avril 66), 53, ill.
CB, XVII, 4 (avril 67), 67, texte & ill.
TCA, XI, 10 (oct. 66), 75, texte & ill.

Matsuba, Donald
Osaka
D0158 Pavillon de Sanyo Electric pour l'expo 70 à Osaka
ARCAN, 48 (12 oct. 71), 9, texte & ill.

Meadowcroft and Mackay
Montréal (Expo 67)
D0159 The Broadcast Centre
TCA, XI, 10 (oct. 66), 54, texte & ill.

Millar, C. Blakeway
Osaka
D0160 Projet pour le pavillon du Canada
ARCAN, 44, 12 (déc. 67), 34, ill.

Morton, Ian J.; Andrews, John
D0161 Voir Andrews, John; Morton, Ian J.

Noppe, William K.
Vancouver (Pacific National Exhibition)
D0162 Agrodome
CB, XV, 5 (mai 65), 57-59, texte & ill.
ABC, XVIII, 210 (oct. 63), 53, texte & ill.
D0163 Livestock Building
CB, XIII, 6 (juin 63), 39, texte & ill.

Noyes, Eliot (Ass.)
Montréal (Expo 67)
D0164 Pavillon des Nations-Unies
ARCAN, 43, 7 (juil. 66), 41, ill.

Opus International
Montréal (Expo 67)
D0165 Pavillon de l'ouest canadien
TCA, X, 7 (juil. 65), 6, ill.

Ouellet, Reeves, Alain
Montréal (Expo 67)
D0166 Pavillon de la Jeunesse
ARCAN, 43, 7 (juil. 66), 33, ill.

Page & Steele
Toronto (CNE)
D0167 Women's Building
RAIC, XXXII, 10 (oct. 55), 382, ill.
RAIC, XXXIV, 9 (sept. 57), 345-349, texte & ill.
TCA, III, 4 (avril 58), 34, ill.
CB, VII, 11 (nov. 57), 54, texte & ill.

Papineau, Gérin-Lajoie, Leblanc
Montréal (Expo 67)
D0168 Pavillon de Monaco
ABC, XXI, 248 (déc. 66), 39 et 52, ill.

Papineau, Gérin-Lajoie, Leblanc & Durand, Luc
Montréal (Expo 67)
D0169 Pavillon de la province de Québec
ABC, XXII, 254 (juin 67), 18-19, texte & ill.
ABC, XXI, 248 (déc. 66), 26-27 et 44, ill.
ABC, XX, 225 (jan. 65), 20-23, texte & ill.
ARCAN, 43, 7 (juil. 66), 52, texte & ill.
ARCAN, 47 (12 oct. 70), 21, texte & ill.
RAIC, XLII, 2 (fév. 65), 48-49, texte & ill.
CB, XVII, 4 (avril 67), 63, texte & ill.
TCA, XI, 10 (oct. 66), 66, texte & ill.
BAT, XLI, 4 (avril 66), 7-8, texte & ill.

Parisel, Claude
Montréal (Expo 67)
D0170 Projet d'étudiant: la porte des Nations
ABC, XIX, 214 (fév. 64), 46, texte & ill.

Parkin, John B. & John C.
Montréal (Expo 67)
D0171 Expo-théâtre
ABC, XXI, 248 (déc. 66), 23 et 44, ill.
D0172 Pavillon du CN
ARCAN, 43, 7 (juil. 66), 41, ill.
TCA, XI, 6 (juin 66), 8, texte & ill.

Parkin, John B. (Ass.)
Osaka (Expo 70)
D0173 Ontario Pavilion
TCA, XIII, 11 (nov. 68), 6, texte & ill.
ARCAN, 47 (13 avril 70), 5, texte & ill.
CB, XVIII, 9 (sept. 68), 5, texte.
CB, XVIII, 11 (nov. 68), 5, texte & ill.

Parnass, Harry; Charney, Melvin
D0174 Voir Charney, Melvin; Parnass, Harry

Pesic, Miroslav
Montréal (Expo 67)
D0175 Pavillon de Yougoslavie
ARCAN, 43, 7 (juil. 66), 42, ill.
ABC, XXI, 248 (déc. 66), 39 et 52, ill.
ABC, XXII, 254 (juin 67), 29, texte & ill.

Piro, Franco; Antonelli, Antonio; Greco, Manfredo; Rossi, Sara
Montréal (Expo 67)
D0176 Pavillon de l'Italie
ABC, XXI, 248 (déc. 66), 38-39 et 52, ill.
ARCAN, 43, 7 (juil. 66), 45, ill.

Pope, Douglas G.; Slater, Norman
Montréal (Expo 67)
D0177 "Lighting La Ronde"
TCA, XIII, 6 (juin 68), 70-71 et 73 et 76

Posokhin, M.V.; Mndoyants, A.A.; Kondratiev, A.N.; Klinks, Rudolph R.
Montréal (Expo 67)
D0178 Pavillon de l'U.R.S.S.
ABC, XXI, 248 (déc. 66), 33-36 et 52, ill.
ABC, XXII, 254 (juin 67), 23, texte & ill.
TCA, XI, 6 (juin 66), 8, texte & ill.
TCA, XI, 10 (oct. 66), 69, texte & ill.
CB, XVII, 4 (avril 67), 64, texte & ill.
ARCAN, 43, 7 (juil. 66), 49, ill.

Poulin & Ayotte; Vincent & Derome
Montréal (Expo 67)
D0179 Le Village, à la Ronde d'Expo 67
ABC, XXIII, 263 (avril 68), 26-30, texte & ill.

Rana, M.M.
Montréal (Expo 67)
D0180 Pavillon de l'Inde
ARCAN, 43, 7 (juil. 66), 48, ill.
ABC, XXI, 248 (déc. 66), 39-40 et 52, ill.

Repa, Miroslav
Montréal (Expo 67)
D0181 Pavillon de la Tchécoslovaquie
ARCAN, 43, 7 (juil. 66), 42, ill.
ABC, XXII, 254 (juin 67), 28, texte & ill.
TCA, X, 12 (déc. 65), 19, texte & ill.
TCA, XI, 10 (oct. 66), 74, texte & ill.
CB, XV, 10 (oct. 65), 38, ill.
BAT, XLI, 4 (avril 66), 7, texte & ill.
BAT, XLII, 7 (juil. 67), 42, texte & ill.

Robb, George A.
Toronto (CNE)
D0182 Shell Oil Tower
TCA, 1 (nov.-déc. 55), 29-32, texte & ill.
TCA, XXV, 11 (nov. 80), 18, ill.

Rosen, Bernard; Caruso, Irving; Vecsei, André; Schreiber, John
Montréal (Expo 67)
D0183 Pavillon du Québec (2e prix)
RAIC, XLII, 2 (fév. 65), 48 et 50, texte & ill.

Roth, Max
Montréal (Expo 67)
D0184 Garden of the Stars
TCA, XI, 10 (oct. 66), 63, texte & ill.

Safdie, Moshe; David, Barott, Boulva
Montréal (Expo 67)
D0185 Habitat 67
TCA, IX, 10 (oct. 64), 37-46, texte & ill.
TCA, IX, 12 (déc. 64), 12, texte.
TCA, X, 5 (mai 65), 5-6, texte & ill.
TCA, XI, 10 (oct. 66), 54-55, texte & ill.

TCA, XII, 8 (août 67), 11-12, texte & ill.
TCA, XII, 10 (oct. 67), 31-49, texte & ill.
TCA, XII, 11 (nov. 67), 7, texte.
TCA, XII, (Yearbook 67), 43 et 48, texte & ill.
TCA, XIII, 1 (jan. 68), 40-41, texte & ill.
TCA, XIV, 11 (nov. 69), 43, ill.
TCA, XV, 9 (sept. 70), 6, texte.
TCA, XXV, 11 (nov. 80), 30, texte & ill.
RAIC, XLII, 6 (juin 65), 46-48, texte & ill.
ARCAN, XLIII, 7 (juil. 66), 36-37, texte & ill.
ARCAN, XLIV, 6 (juin 67), 6 (Supplément à la revue), ill.
ARCAN, XLV, 11 (nov. 68), 49, texte & ill.
ABC, XXI, 248 (déc. 66), 24-25 et 44, ill.
AC, XXIX, 325 (sept.-oct. 74), 14-16, texte & ill.
CB, XV, 1 (jan. 65), 7, texte.
CB, XV, 3 (mars 65), 7, texte.
CB, XV, 5 (mai 65), 6, texte.
CB, XV, 6 (juin 65), 58, texte & ill.
CB, XV, 9 (sept. 65), 70, texte & ill.
CB, XVI, 5 (mai 66), 8, texte.
CB, XVI, 7 (juil. 66), 7, ill.
CB, XVII, 2 (fév. 67), 48, texte & ill.
CB, XVII, 4 (avril 67), 65, texte & ill.
CB, XVII, 4 (avril 67), 78-79, texte & ill.
CB, XVIII, 2 (fév. 68), 5, texte.
CB, XVIII, 5 (mai 68), 68, texte.
BAT, XL, 9 (sept. 65), 7, texte & ill.
BAT, XLI, 4 (avril 66), 24-26, texte & ill.
BAT, XLII, 5 (mai 67), 42-43, texte & ill.
BAT, XLII, 6 (juin 67), 35, ill.
BAT, XLII, 8 (août 67), 6-7, texte & ill.
BAT, XLIV, 8 (août 69), 23-24, texte.

Saint-Aubin, Joffre

Montréal (Expo 67)
D0186 Projet d'étudiant: un kiosque à journaux et un magasin de souvenirs pour Expo 67
ABC, XIX, 214 (fév. 64), 46, texte & ill.

St-Gelais, Evans;

Montréal (Expo 67)
D0187 Pavillon Canadien
TCA, IX, 10 (oct. 64), 5-6 et 8, texte & ill.

Schoeler & Barkham

Milan (La Triennale)
D0188 Pavillon canadien
RAIC, XLI, 10 (oct. 64), 78-80, texte & ill.

Schwanzer, Karl; Labelle, Labelle & Marchand

Montréal (Expo 67)
D0189 Austria Pavilion
TCA, XI, 10 (oct. 66), 60, texte & ill.
ARCAN, 43, 7 (juil. 66), 45, ill.
ABC, XXI, 248 (déc. 66), 40 et 52, ill.
BAT, XLII, 3 (mars 67), 42-43, texte & ill.
BAT, XLII, 6 (juin 67), 39, texte.

Shadbolt, Douglas

Montréal (Expo 67)
D0190 Pavillon des Provinces de l'Atlantique
ABC, XXI, 248 (déc. 66), 27 et 44, ill.
ARCAN, 43, 7 (juil. 66), 52, ill.

Sharon, Reznik, Sharon

Montréal (Expo 67)
D0191 Pavillon d'Israël
ARCAN, 43, 7 (juil. 66), 46, ill.
TCA, X (Yearbook 65), 95, texte & ill.
TCA, XI, 10 (oct. 66), 73, texte & ill.
BAT, XLI, 4 (avril 66), 7-8, texte & ill.

Shenkman & Hersen

Montréal (Expo 67)
D0192 Le pavillon de "l'Art de Vivre"
BAT, XL, 9 (sept. 65), 44-45, texte & ill.

Simard, Cyril

Montréal (Expo 67)
D0193 Projet d'étudiant: étude des fontaines pour Expo 67
ABC, XIX, 214 (fév. 64), 47, texte & ill.

Slater, Norman

Ottawa
D0194 Bâtiment-exposition sur l'énergie renouvellable
BAT, LIII, 10 (oct. 78), 20-22, texte & ill.

Slater, Norman; Archambault, Louis

D0195 Voir Archambault, Louis; Slater, Norman.

Smith, Carter, Searle & Ass.

Montréal (Expo 67)
D0196 Place d'Accueil
ABC, XXI, 248 (déc. 66), 23 et 44, ill.
TCA, XI, 10 (oct. 66), 51, texte & ill.
TCA, XIII, 2 (fév. 68), 8, texte & ill.
RAIC, XLI, 10 (oct. 64), 65, texte & ill.
ARCAN, 43, 7 (juil. 66), 31, ill.

Smith, Carter, Searle Ass.; Dumaresq, J. Philip & Ass.

D0197 Voir Dumaresq, J. Philip & Ass...

Spence, Basil; Bonnington & Collins; Bland, Lemoyne, Edwards, Shine

Montréal (Expo 67)
D0198 British Pavilion
TCA, XI, 10 (oct. 66), 75, texte & ill.
ARCAN, 43, 7 (juil. 66), 43, ill.
ABC, XXI, 248 (déc. 66), 33-34 et 52, ill.
ABC, XXII, 254 (juin 67), 26-27, texte & ill.
BAT, XL, 5 (mai 65), 62, texte.
BAT, XLII, 6 (juin 67), 46, texte.

Stapels, René; Eber, Goerge F.

Montréal (Expo 67)
D0199 Pavillon de la Belgique
ABC, XXII, 254 (juin 67), 31, texte & ill.
CB, XV, 10 (oct. 65), 39, ill.
ARCAN, 43, 7 (juil. 66), 44, ill.

Tassie, W.J.

Édifice de lieu inconnu
D0200 Pavillon d'exposition et centre de tourisme
RAIC, XXVIII, 3 (mars 51), 57, texte & ill.

Théoret, Jean-Guy

Montréal (Expo 67)
D0201 Projet d'étudiant: le palais de la science
ABC, XIX, 214 (fév. 64), 47, texte & ill.

Thom, R.J.

Montréal (Expo 67)
D0202 Polymer Pavilion
TCA, XI, 10 (oct. 66), 8, ill.
ARCAN, 43, 7 (juil. 66), 34, ill.

Thompson, Berwick, Pratt & Ass.; Dumaresq, J. Philip & Ass.

D0203 Voir Dumaresq, J. Philip & Ass...

University of Waterloo

Montréal (Expo 67)
D0204 Three cinemas for Man and his Planet
TCA, X, 7 (juil. 65), 6, ill.

Vincent & Derome; Paulin & Ayotte

D0205 Voir Poulin & Ayotte; Vincent & Derome

Villanueva, Carlos

Montréal (Expo 67)
D0206 Pavillon du Vénézuéla
ARCAN, 43, 7 (juil. 66), 51, ill.

Warshaw, Leonard; Gagné, J. Marcel

D0207 Voir Gagné, J. Marcel; Warshaw, Leonard

Wells, J. Malcolm

Toronto
D0208 Trade Fair Centre et Convention Centre
RAIC, XXX, 3 (mars 53), 73, texte & ill.

Yang, C.C.

Montréal (Expo 67)
D0209 Pavillon de la Chine
ARCAN, 43, 7 (juil. 66), 48, ill.
TCA, X, (Yearbook 65), 96, texte & ill.
ABC, XXII, 254 (juin 67), 32-33, ill.

Bâtiments pour la villégiature
Resorts

Maisons de vacances
Cottages

"Acier et plastique: charpente complète finie pour $3,000"
BAT, XLIV, 7 (juil. 69), 31

"Cottage Plans by Red Cedar Shingle Bureau" (6 designed cottage plans).
NB, VII, 7 (juil. 58), 31

"Manufactured Vacation Home"
CB, XXII, 9 (sept. 72), 7

"Summer homes are setting pattern for new retirement residence market"
CB, XI, 11 (nov. 61), 36-38

"Time to cultivate the cottage dollar"
CB, IX, 5 (mai 59), 54-55

Beck, F.W.

"Confusion in Cottage Land" (utilisation des îles)
TCA, XIV, 4 (avril 69), 44-46

Anonyme/Anonymous

Collingwood
D1001 (a residential - oriented ski resort)
CB, XXII, 6 (juin 72), 26 et 28, texte & ill.

Lake Simcoe
D1002 Harbour Inn
CB, XXX, 5 (mai 80), 13-14, texte & ill.

L'Ancienne-Lorette
D1003 Jouvence
BAT, XXXIV, 8 (août 59), 13, texte.

Mont Sainte-Anne
D1004 Le Plateau Mont Sainte-Anne
CB, XXX, 5 (mai 80), 14-15, texte & ill.

Oka
D1005 Résidence d'été
ABC, V, 54 (oct. 50), 32, ill.

Paudash Lake
D1006
CB, XIII, 9 (sept. 63), 42, texte & ill.

Shuswap Lake (C.-B.)
D1007 St. Ives
CB, XXX, 5 (mai 80), 14-15, texte & ill.

Victoria
D1008 Sea Terrace Villas
CB, XXX, 5 (mai 80), 14-15, texte & ill.

Whistler (C.-B.)
D1009 Whistler Inn
CB, XXX, 5 (mai 80), 14-15, texte & ill.

Architectes Consortium

West Hawk Lake (Manitoba)
D1010 Summer cottage for Mr. and Mrs. S.J. Down
ARCAN, XLVI, 1 (jan. 69), 44, ill.

Armstrong & Molesworth

Caledon Hills (Ont.)
D1011 Armstrong Vacation Home
TCA, XIII, 4 (avril 68), 58, texte & ill.

Atkins, Gordon

Lake Windermere (C.-B.)
D1012 Melchin Summer Homes
TCA, XII, 6 (juin 67), 39 et 47-52, texte & ill.
TCA, XII (Yearbook 67), 43 et 49, texte & ill.

Audet, Jean-Paul
Cantons de l'Est
D1013 Chalet
ABC, III, 24 (avril 48), 36, ill.

Bach, Michael
Lake Simcoe
D1014 Group of summer Cottages
RAIC, XXVI, 7 (juil. 49), 214-215, ill.

Bennett, W.; Cunningham, W.; Mazurkiewicz, Z.; Ridgeley, G.; Vanstone, J.
Ontario
D1015 An Ontario Resort Town, 2000 A D.
RAIC, XL, 3 (mars 63), 60, texte & ill.

Blouin, André
Lac Masson
D1016 Maison de villégiature de Jacques Mélançon
ABC, XVIII, 204 (avril 63), 48-51, texte & ill.

Bonetto, G.S.
Édifice de lieu inconnu
D1017 Chalet Ouellet
ARCAN, L (juil. 73), 3-4

Calvert, Robert G.; Project Planning Ass.
D1018 Voir Project Planning Ass.; Calvert, Robert G.

Cayouette, Saia, Leclerc
Sainte-Adèle
D1019
ARCAN, L (juil. 73), 2-3, texte & ill.
TCA, XVIII, 7 (juil. 73), 8-9, texte & ill.

Côté, Paul-Marie
Lac Clair
D1020 Chalet de Paul-Marie Côté
ABC, XVIII, 204 (avril 63), 42-43, texte & ill.

D'Astous, Roger
Estérel
D1021 Résidence Fridolin Simard
BAT, XXXVI, 12 (déc. 60), 18-21, texte & ill.
TCA, XIV, 11 (nov. 69), 38-39, ill.
TCA, VI, 5 (mai 61), 57-60, texte & ill.
ABC, XVII, 192 (avril 62), 34-37, texte & ill.
RAIC, XXXIX, 5 (mai 62), 57-59, texte & ill.
Ste-Marguerite
D1022 3 projets de chalets pour l'Estérel.
ABC, XIII, 149 (sept. 58), 67, ill.

Davidson, Ian
Bowen Island (C.-B.)
D1023
TCA, X, 2 (fév. 65), 55-56, texte & ill.

Davidson & Davidson
Whistler Mountain (C.-B.)
D1024 Alpine Village
ARCAN, 43, 11 (nov. 66), 52-54, texte & ill.

Davidson / Johnston Architects
Whistler (C.-B.)
D1025 Whiski Jack Recreational Condominium Project
TCA, XXIV, 8 (août 79), 4, texte & ill.
AC, XXXV, 353 (juil.-août 79), 9, texte & ill.
CB, XXIX, 7 (juil. 79), 9, texte & ill.

Desgagné & Coté
Lac Claire
D1026 Maison estivale au bord du lac Claire
ABC, XIX, 218 (juin 64), 38-41, texte & ill.

Doran, Harold, J.
Ste-Adèle
D1027 Chalet H.J. Doran
CDQ, XXIV, 2 (mars 49), 17, texte & ill.

Drever and Smith
Brockville (Ont.)
D1028 Boat House and Summer House of Mr. and Mrs. E.C. Cossitt
RAIC, XXVI, 7 (juil. 49), 217, ill.

Dumais, Roland
Ste-Marguerite du Lac-Masson
D1029 Ville de campagne
ABC, I, 4 (juil. 46), 24-25, texte & ill.
Domaine l'Estérel, Lac-Masson.
D1030 Villa Pierre Gauthier
ABC, I, 7 (oct. 46), 20-21-22, texte & ill.

Erickson-Massey
Lake Louise
D1031 Village Lake Louise
ARCAN, 48 (5 avril 71), 3
Whistler Mountain (C.-B.)
D1032
ARCAN, 49 (22 mai 72), 10, texte & ill.
D1033 Garibaldi-Whistler (34 chalets)
TCA, XV, 4 (avril 70), 68-71, texte & ill.
D1034 Massey Residence
TCA, XVI, 9 (sept. 71), 38-39, texte & ill.

Fliess, Henry
Point au Baril (Ont.)
D1035 Summer Cottage for professor J.D. Ketchum
RAIC, XXVI, 7 (juil. 49), 209, ill.

Foster, Ken
Craigleith
D1036 Foster Chalet
TCA, XX, 10 (oct. 75), 50-53, texte & ill.

Gagnier, Claude
Lac du Nord
D1037 Maison de campagne
ABC, XVIII, 204 (avril 63), 44-47, texte & ill.

Gardiner, Thornton, Davidson, Garrett, Masson & Ass.
Whistler Mountain (C.-B.)
D1038 Alpine '68 (36 unités groupées par 4)
ARCAN, XLIV, 4 (avril 69), 34-35, texte & ill.
TCA, XIII, 12 (déc. 68), 36, texte & ill.
TCA, XV, 1 (jan. 70), 6-7, ill.
TCA, XV, 4 (avril 70), 72-73, texte & ill.
CB, XX, 1 (jan. 70), 41, ill.

Gauthier, Guité & Jean-Marie Roy
Mont Sainte-Anne
D1039 Chalet de Ski
ARCAN, 47 (12 oct. 70), 15, texte & ill.

Gibson, G.D.
Glen Major (Ont.)
D1040 Ski cabin for Mr. Keith Rapsey
RAIC, XXIX, 1 (jan. 52), 6, ill.

Gilbert, André
St-Nicolas
D1041 Chalet d'été d'un architecte
ABC, XVI, 180 (avril 61), 30-31, texte & ill.

Grierson, William G.
Haliburton
D1042 Country house for Mr. and Mrs Robert D. Ferguson
TCA, XIX, 4 (avril 74), 22-25, texte & ill.

Hebert, L.P.
Édifice de lieu inconnu
D1043 (mountain cabin)
RAIC, XXVII, 4 (avril 50), 136, ill.

Izumi, K.
Édifice de lieu inconnu
D1044 (Architect's summer studio)
RAIC, XXIV, 5 (mai 47), 149, texte & ill.

Klein & Sears
Orangeville (Ontario)
D1045 Hockley Valley
ABC, XXII, 253 (mai 67), 18-19, texte & ill.

Kohl, Harry B.
Lake Simcoe
D1046 Maison de vacances
ARCAN, 48 (26 avril 71), 8, texte & ill.

Lagacé, Georges
Bromont
D1047 Le versant ensoleillé (condominium villégiature)
BAT, LIV, 11 (nov. 79), 5, texte & ill.

Lagacé, Massicotte & Casgrain
Beaupré
D1048 Les Habitations Le Plateau
BAT, LII, 7 (juil. 77), 7, texte & ill.
AC, 33, 344 (nov.-déc. 77), 23-25, texte & ill.

Lajoie, Rodolphe
Lac Massawippi
D1049 Chalet d'été
ABC, XIII, 144 (avril 58), 48-49, texte & ill.

Lapointe, Paul H.
Édifice de lieu inconnu
D1050 Villa habitable à l'année
ABC, I, 8 (nov. 46), 14-15, ill.

Lazosky, Daniel
Bromont
D1051 Chalet Bau-Val
AC, 31, 337 (sept.-oct. 76), 27-29, texte & ill.

Lebensold, Fred
Laurentides
D1052 Chalet de l'architecte
CB, V, 4 (avril 55), 61, ill.

Lilitzak, E.Z.
Édifice de lieu inconnu
D1053
RAIC, XXV, 5 (mai 48), 151, ill.
Muskoka (Ont.)
D1054 Shaw Cottage
RAIC, XXXV, 12 (déc. 58), 462, ill.
TCA, I, 8 (août 56), 35-40, texte & ill.

MacBeth, Robert Ian
Long Beach (Ont.)
D1055 Group of Summer Cottage for Gregory Deck
RAIC, XXVI, 7 (juil. 49), 210-211, ill.

McIntosh, Lynden Y.
Black Sturgeon Lake (Ont.)
D1056 Lodge for the Great Lakes Paper Co.
RAIC, XXII, 6 (juin 45), 126-127, ill.

MacIver, C.
Édifice de lieu inconnu
D1057 A Bachelor's Retreat (projet d'étudiant)
RAIC, XXV, 5 (mai 48), 144-145, texte & ill.

Major, Maurice
St-Laurent
D1058 Parc Houde Chalet
CB, XI, 9 (sept. 61), 38, texte & ill.

Markson, Jerome
Lake Simcoe
D1059 Vaile Cottage
TCA, XI, 5 (mai 66), 8, texte & ill.
TCA, VIII, 5 (mai 63), 43-45, texte & ill.
RAIC, XLI, 11 (nov. 64), 100, texte & ill.
BAT, XLI, 5 (mai 66), 6-7, texte & ill.
CB, XVI, 6 (juin 66), 48
Ontario
D1060 Private Lodge for a Mining Company in Northern Ontario
ARCAN, 45, 1 (jan. 68), 52, ill.

Mercier, Henri
Laurentides
D1061 Chalet d'hiver
ABC, I, 6 (sept. 46), 25, ill.

Mercure, André
Laurentides
D1062 Projet-thèse: résidence de villégiature
ABC, XIII, 147 (juil. 58), 35, texte & ill.

Millar, C. Blakeway
Georgian Bay (Ont.)
D1063 F.S. Eaton Summer House
TCA, XIV, 3 (mars 69), 48-54, texte & ill.

Morgan, Earle C.
North York Township (Ont.)
D1064 RAIC, XXV, 2 (fév. 48), 52-53, ill.

Parkin, John B. (ass.)
Lake Rosseau, Muskoka (Ont.)
D1065 Summer House of Mr. W.R. Watkins
RAIC, XXVI, 7 (juil. 49), 204-205 et 207, texte & ill.
RAIC, XXIX, 1 (jan. 52), 4-5, ill.
Lake Simcoe (Ont.)
D1066 Summer House of Mr. Robert Amell
RAIC, XXVI, 7 (juil. 49), 204-205 et 208, texte & ill.
D1067 Summer House of Mr. Wilfrid Shanahan
RAIC, XXVI, 7 (juil. 49), 204-206, texte & ill.

Piersol, George H.
Go Home Bay (Ont.)
D1068 RAIC, XVIII, 6 (juin 41), 105, ill.

Project Planning Ass.; Calvert, Robert G.
Ontario
D1069 Crysler Park (hébergement pour touristes)
RAIC, XXXVI, 5 (mai 59), 168, texte & ill.

Ramsay, D.D.
Long Lake (Sask.)
D1070 Chalet de l'architecte
TCA, XIV, 7 (juil. 69), 7, texte & ill.

Rhone & Iredale
Vancouver
D1071 Grouse Mountain Chalet
RAIC, XLI, 11 (nov. 64), 56, texte & ill.
TCA, X, 11 (nov. 65), 50-51, texte & ill.

Robbins, H.F.
Édifice de lieu inconnu
D1072 RAIC, XXV, 5 (mai 48), 144-145, texte & ill.

Rondeau, Jean-Marie
Lac Beauport
D1073 Chalet de Jean-Marie Rondeau
AC, 30, 328 (mars-avril 75), 43, texte & ill.

Roy, Jean-Marie
Ste-Marguerite
D1074 4 projets de chalets pour l'Estérel
ABC, XIII, 149 (sept. 58), 66, ill.

Sisam, David
Cable Head (I.-P.-E.)
D1075 TCA, XX et XXI, 12 et 1 (Yearbook, déc. 75 et jan. 76), 28-30, texte & ill.

Stechensen, Leslie J.
Manitoba
D1076 Chalets dans les parcs de la province
TCA, XIX, 8 (août 74), 5, texte & ill.

Tampold, Elmar (Ass.)
Kennisis Lake (Ontario)
D1077 TCA, VIII, 8 (août 63), 5-6, texte & ill.

Thordasen, David
Édifice de lieu inconnu
D1078 RAIC, XXIII, 4 (avril 46), 99, texte & ill.

Venchiarutti and Venchiarutti
Bobcaygeon (Ont.)
D1079 (Summer House)
RAIC, XXIX, 1 (jan. 52), 3, ill.

Waisman, Ross & ass.
Husavick (Manitoba)
D1080 Résidence d'été
BAT, IX, 12 (déc. 61), 13, ill.
TCA, VI, 11 (nov. 61), 6, ill.
RAIC, XXXVIII, 11 (nov. 61), 58, ill.

Walker, Fred A.; Tessier, André
Lac Delage
D1081 Six chalets
BAT, XXXIX, 6 (juin 64), 6, texte & ill.
BAT, XXXIX, 7 (juil. 64), 35, texte.

Watkins & Massey
Vancouver Island
D1082 RAIC, XXXV, 12 (déc. 58), 463, ill.

Wiens, Clifford
Lake Manitou
D1083 Chalet, Easter Seal Camp
RAIC, XLII, 6 (juin 65), 36, ill.

Wilson and Auld
Sainte-Marguerite
D1084 Lodge
RAIC, XXVI, 7 (juil. 49), 218-219, ill.

Constructions diverses
Miscellaneous Constructions

"Banff Olympic Centre" (les trois finalistes)
TCA, VII, 11 (nov. 62), 6

Anonyme/Anonymous
Calgary
D1501 Sundance Lake
CB, XXX, 12 (déc. 80), 7, texte.
Garibaldi Park (C.-B.)
D1502 A Ski Lodge for Garibaldi Park
RAIC, XXXII, 3 (mars 55), 80, texte & ill.

Abra, Balharrie & Shore
Davern Lake (Ont.)
D1503 Y.W.C.A. Camp
RAIC, XXIX, 1 (jan. 52), 11, ill.
Long Lake (Qué.)
D1504 Recreation and Dining Room for girls' camp
RAIC, XXVI, 7 (juil. 49), 216, ill.

Dionne, Pierre G.
Édifice de lieu inconnu
D1505 Abri dans une colonie de vacances
RAIC, XXVII, 4 (avril 50), 123, texte & ill.

Fabbro & Townend
Richard Lake (Ont.)
D1506 Sudbury Mine Mill Camp (Camp d'été)
RAIC, XXXIV, 12 (déc. 57), 481-483, texte & ill.

Fairbank, David P.
Colombie-Britannique
D1507 Loisirs sur les berges d'un lac
RAIC, XXVIII, 3 (mars 51), 52-53, texte & ill.

Fleming, N.M.
Alberta
D1508 Tillebrook Campsite (avec bureaux, buanderie, cuisine, etc)
TCA, XIII, 12 (déc. 68), 50, texte & ill.

Fordyce and Stevenson
Banff
D1509 Ski Shelter at Mount Norquay
RAIC, XVIII, 1 (jan. 41), 13, ill.

Goodfellow, Hughes & Bucholc
Tingwick / Warwick
D1510 Mont Gleason (centre de ski)
AC, 24, 272 (mars 69), 34-35, texte & ill.

Guité, Rodrigue
Percé
D1511 Projet-thèse: projet d'organisation du village de Percé
ABC, XIII, 147 (juil. 58), 26-31, texte & ill.

Hamilton & Ridgeley
Kirby
D1512 Oshawa Ski Club
TCA, XVI, 3 (mars 71), 7, texte & ill.

La Haye, Jean Claude
Ste-Marguerite
D1513 Estérel: une cité de vacances au coeur des Laurentides
ABC, XIII, 149 (sept. 58), 62-67, texte & ill.

Lev, Roy; McKay, Allan; McMorris, Vayden; Spotouski, W.; Varro, Jim
Édifice de lieu inconnu
D1514 (Ski hut)
RAIC, XXVII, 4 (avril 50), 138, texte & ill.

Ma, John
Édifice de lieu inconnu
D1515 (Summer Camp)
RAIC, XXIX, 5 (mai 52), 143, ill.

Major, Pierre
Laurentides
D1516 Poste de garde forestier
RAIC, XXXIV, 3 (mars 57), 79, texte & ill.

Markson, Jerome
Parry Sound District (Ont.)
D1517 Camp Manitou-Wabing
TCA, V, 6 (juin 60), 62-64, texte & ill.

Millar, C. Blakeway
Collingwood
D1518 Alpine ski club
TCA, XV, 12 (déc. 70), 6-7, texte & ill.

Perkins, MacDonald, Bellprat
Panorama Village (C.-B.)
D1519 Day Lodge
TCA, XXV, 1 (jan. 80), 17-18, texte & ill.

Perkins, John (Ass.)
Vancouver
D1520 Whistler Village Urban Design Guidelines
TCA, XXIII, 12 (Yearbook, déc. 78), 22-25, texte & ill.

Project Planning Ass. Ltd
Manitoba
D1521 Grand Beach (aménagement de plage)
RAIC, XXXIX, 9 (sept. 62), 53, texte & ill.

Prus, Victor
Brudenell (I.-P.-E.)
D1522 Centre de villégiature de Brudenell
BAT, XLVI, 8 (août 71), 34, texte.

Richard, René
Hull
D1523 Pavillon de plage
ABC, XVII, 196 (août 62), 44-45, texte & ill.

Ross, Patterson, Townsend & Fish
St. John (N.-B.)
D1524 Lily Lake Pavilion (Camp d'été)
RAIC, XXXIV, 12 (déc. 57), 484, texte & ill.
TCA, I, 12 (déc. 56), 56, texte & ill.

Rousseau, François
Édifice de lieu inconnu
D1525 Projet: salle-abri pour une colonie de vacances
ABC, XII, 129 (jan. 57), 36, ill.

Schaefer, Boyle
Saskatchewan
D1526 Resort Centre
RAIC, XXXI, 3 (mars 54), 70, texte & ill.

Sprachman, Mandel
Toronto
D1527 Forest Valley Day Camp
TCA, X, 3 (mars 65), 51-54, texte & ill.
TCA, XI, 7 (juil. 66), 8, texte & ill.
CB, XVI, 8 (août 66), 45, texte & ill.

Toby, Ray Leonard
Grouse Mountain (C.-B.)
D1528 The development of Grouse Mountain
RAIC, XXVIII, 3 (mars 51), 68-70, texte & ill.

Wiens, Clifford
Maple Creek (Sask.)
D1529 Trans-Canada Camp Site
CB, XVII, 12 (déc. 67), 42-43, texte & ill.
RAIC, XLII, 6 (juin 65), 36-38, ill.
TCA, IX, 3 (mars 64), 5-6, texte & ill.
TCA, XI, 11 (nov. 66), 45-46, texte & ill.
TCA, XII, 11 (nov. 67), 9, texte & ill.

Wiggs, H. Ross
Mont Tremblant
D1530 Mont Tremblant Lodge
RAIC, XVIII, 4 (avril 41), 57-58

Zeidler, Eberhard H.
Mont Sainte-Marie (Qué.)
D1531 Le Village Mont-Sainte-Marie
AC, 34, 345 (mars-avril 78), 24-30, texte & ill.
AC, XXXIV, 346 (mai-juin 78), 18 et 28, texte & ill.
TCA, XXI, 2 (fév. 76), 44-45, texte & ill.
TCA, XXIII, 3 (mars 78), 70-73, texte & ill.
TCA, XXIII, 6 (juin 78), 4, texte & ill.
BAT, LI, 2 (fév. 76), 5, texte.
BAT, LIII, 6 (juin 78), 14-16, texte & ill.
CB, XXVIII, 6 (juin 78), 36-37, texte & ill.
CB, XXX, 5 (mai 80), 14-15, texte & ill. Voir aussi *Centres de congrès* sous la rubrique *Culture, loisirs et sports*

Bibliothèques
Libraries

"En contreplaqué...une toiture originale pour une bibliothèque"
BAT, XXXVII, 5 (mai 62), 55-57, texte & ill.

"Libraries in Newfoundland".
RAIC, XXXVI, 4 (avril 59), 120

"The Impact of Technology on the Library Building"
TCA, XIII, 7 (juil. 68), 29-34

Appelt, D.C.
"Planning and Construction of Library Building, a bibliography".
RAIC, XXXVI, 4 (avril 59), 126-127

Banz, George
"Libraries"
TCA, VII, 2 (fév. 62), 42-44

Blackburn, Robert H.
"Planning Academic Libraries".
RAIC, XLIII, 2 (fév. 66), 33-34
"Libraries in Canada Today".
RAIC, XXXVI, 4 (avril 59), 99

Brook, Philip R.
"Library Design for Today's User".
TCA, XXIII, 1 (jan. 78), 30-35

Campbell, H.C.
"Libraries an Urban Development in Canada".
RAIC, XXXVI, 4 (avril 59), 113

Dafoe, Elizabeth
"A University Library". (Université du Manitoba)
RAIC, XXXVI, 4 (avril 59), 106

Davison, Robert L.
"The financing of Library Buildings in British Columbia".
RAIC, XXXVI, 4 (avril 59), 125

Eadie, Arthur H.
"The Smaller Public Library Building".
RAIC, XXIV, 2 (fév. 47), 39-41 et 64

Ellsworth, Ralph E.
"Elements in Planning a library building program".
RAIC, XLIII, 2 (fév. 66), 25-28

Gifford, Hilda
"Function and the Library Building".
RAIC, XXXVI, 4 (avril 59), 104-105

Gillespie, Bernard
Beckman, Margaret et Stephen Langmead. *New Library Design*, John Wiley and Sons Canada Ltd, Rexdale, [s.d.].
TCA, XVI, 6 (juin 71), 8

Hardie, Betty
"Location of the Metropolitan Library".
RAIC, XXXVI, 4 (avril 59), 116

Harland, Sydney
"The Canadian university library".
RAIC, XLIII, 2 (fév. 66), 29-31

Hume, Anne
"The Building programme of the Public Library in relation to its functions".
RAIC, XXIV, 2 (fév. 47), 42-45 et 60

Lamarre, Denis
"Résumé de l'article de Robert H. Blackburn sur l'Organisation des Bibliothèques Universitaires".
RAIC, XLIII, 2 (fév. 66), 24A-24B

McCormick, Anne; Wallace, Ruby
"Nova Scotia Regional Libraries"
RAIC, XXXVI, 4 (avril 59), 119-120

Newell, H.
"Newfoundland Public Libraries".
RAIC, XXVII, 3 (mars 50), 85-86

Robinson, E.S.
"Libraries for Today".
RAIC, XXIV, 2 (fév. 47), 59-60

Roedde, W.A.
"The Financing of Library Buildings in Ontario".
RAIC, XXXVI, 4 (avril 59), 126

Scarlett, Jean
"The Atmosphere of a Public Library".
RAIC, XXXVI, 4 (avril 59), 105

Smith, Lillian H.
"The Children's Library".
RAIC, XXIV, 2 (fév. 47), 56-58

Smith, R.D. Hilton
"Some principles of Library Design"
RAIC, XXIV, 2 (fév. 47), 36-38

Bibliothèques publiques
Public Libraries

Anonyme/Anonymous
Amos
D2001 Bibliothèque municipale
TCA, XI, 4 (avril 66), 56, texte & ill.
St-Léonard (Qué.)
D2002 Municipal Library
CB, XXIV, 12 (déc. 74), 25, texte.

Adamson, Gordon S.
Leaside (Ont.)
D2003 Leaside Public Library
RAIC, XXIV, 2 (fév. 47), 50-51, texte & ill.
RAIC, XXVIII, 2 (fév. 51), 28-29, ill.

Banz, Brook, Carruthers, Grierson, Shaw
Don Mills
D2004 Brookbanks Community Library
TCA, XV, 1 (jan. 70), 39-43, texte & ill.
Mimico (Ont.)
D2005 Mimico Centennial Library
ARCAN, 44, 6 (juin 67), 8 (supplément à la revue), ill.
ARCAN, 44, 10 (oct. 67), 9, texte & ill.
CB, XVII, 11 (nov. 67), 46-47, texte & ill.
TCA, XII, 6 (juin 67), 39 et 55-58, texte & ill.
TCA, XII, 10 (oct. 67), 6, texte & ill.

Beck and Eadie
Toronto
D2006 Toronto Public Libraries, George H. Locke Memorial Branch.
RAIC, XXVIII, 2 (fév. 51), 26-27, ill.

Bemi, George E. (ass.)
Ottawa
D2007 Ottawa Public Library
TCA, XIX, 6 (juin 74), 41-47 et 62, texte & ill.
TCA, XXV, 2 (fév. 80), 4, texte & ill.

Boigon, Irving D.
Aurora (Ont.)
D2008 Public Library
RAIC, XLIII, 2 (fév. 66), 40, ill.

Brook, Philip R.
Richmond Hill
D2009 Richmond Hill Public Library
RAIC, XXXVIII, 11 (nov. 61), 62, ill.
TCA, VI, 11 (nov. 61), 8, ill.
TCA, VII, 2 (fév. 62), 45-46, texte & ill.
CB, XI, 12 (déc. 61), 38-39 et 45, texte & ill.

Brook & Banz
Port Credit (Ont.)
D2010 Port Credit Public Library
TCA, VII, 2 (fév. 62), 46, texte & ill.

Brook, Carruthers, Grierson, Shaw
Burlington
D2011 Burlington Central Library
ARCAN, 48 (22 nov. 71), 1, texte & ill.
CB, XXII, 2 (fév. 72), 8, ill.
TCA, XV, 8 (août 70), 35, texte & ill.
TCA, XVII, 1 (jan. 72), 9, texte & ill.
TCA, XVII, 8 (août 72), 46-51, texte & ill.

Brook, Carruthers, Shaw
Milton
D2012 Milton Public Library
TCA, XXI, 2 (fév. 76), 5, texte & ill.
TCA, XXI, 5 (mai 76), 41-44, texte & ill.

Carter, Phillip H.
Toronto
D2013 Wychwood Public Library (rénovation et agrandissement)
TCA, XXIII, 12 (Yearbook, déc. 78), 42-44, texte & ill.
TCA, XXIV, 11 (nov. 79), 47-49

Charney, Melvin
Montréal
D2014 Projet-thèse: bibliothèque municipale
ABC, XIII, 147 (juil. 58), 44-45, texte & ill.

Cook and Bouzan
Calgary
D2015 District Library
RAIC, XXX, 9 (sept. 53), 256, ill.

Côté, Paul-Marie
Édifice de lieu inconnu
D2016 (projet d'étudiant)
RAIC, XXVII, 4 (avril 50), 121, texte & ill.

Donaldson, Drummond, Sankey
Ville Mont-Royal
D2017 Bibliothèque municipale
ABC, XXII, 257 (sept. 67), 32-37, texte & ill.
ARCAN, 44, 1 (jan. 67), 34, ill.
TCA, XII, 9 (sept. 67), 8, texte & ill.
TCA, XIII, 2 (fév. 68), 45-48, texte & ill.

Downs/Archambault; MacDonald, J. Blair
Ladner (C.-B.)
D2018 Ladner Pioneer Library
TCA, IX, (Yearbook 64), 48-49, texte & ill.
RAIC, XLI, 11 (nov. 64), 41, texte & ill.

Dunlop, Wardell, Matsui, Aitken
Etobicoke (Ont.)
D2019 Etobicoke Public Library Richview
ARCAN, 44, 6 (juin 67), 10 (supplément à la revue), ill.
ARCAN, 44, 10 (oct. 67), 9, texte & ill.
TCA, XII, 2 (fév. 67), 52-54, texte & ill.
TCA, XII, 10 (oct. 67), 6, texte & ill.

Eadie, Arthur H.
Etobicoke (Ont.)
D2020 Public Library
RAIC, XXXIII, 10 (oct. 56), 396-399, ill.
Oshawa
D2021 McLaughlin public library
RAIC, XXX, 9 (sept. 53), 256, ill.

Elken and Becksted
Etobicoke
D2022 Eatonville Branch Library
TCA, IX, 12 (déc. 64), 9 et 12, texte & ill.
RAIC, XLI, 12 (déc. 64), 55, texte & ill.

Fairfield and DuBois
Scarborough
D2023 Albert Campbell Library
ARCAN, 49 (nov. 72), 8, ill.
TCA, XV, 2 (fév. 70), 8, texte & ill.
TCA, XVII, 1 (janv. 72), 38-47, texte & ill.
TCA, XXII, 3 (mars 77), 4-5, texte & ill.

Fairn, Leslie R.
Halifax
D2024 Halifax Memorial Library
RAIC, XXIX, 12 (déc. 52), 365, ill.
RAIC, XXXII, 4 (avril 55), 124, ill.

Fliess, Henry; Murray, James A.
North York
D2025 North York Public Library
TCA, II, 3 (mars 57), 46, texte & ill.
RAIC, XXXVI, 4 (avril 59), 100-101, texte & ill.
RAIC, XXXVI, 12 (déc. 59), 412-417, texte & ill.

Graham, Keith L. (ass.)
Halifax
D2026 North End Library
ARCAN, 46, 6 (juin 69), 6, texte & ill.
TCA, XIII, 4 (avril 68), 59-65, texte & ill.

Grossman, Irving
Scarborough
D2027 Cedarbrae District Library
ARCAN, 49 (nov. 72), 8, ill.

Harrison, Robert F. (Ass.)
Esquimalt (C.-B.)
D2028 Royal Roads C.F.B. Library
TCA, XVII (Yearbook et déc. 72), 60-61, texte & ill.
TCA, XXI, 7 (juil. 76), 40-43, texte & ill.

Hazelgrove, Lithwick and Lambert
Ottawa
D2029 Ottawa Public Library
RAIC, XXXVI, 4 (avril 59), 117, texte & ill.

Heinonen, Stanley
Aurora
D2030 Aurora Public Library
RAIC, XLI, 3 (mars 64), 26, texte & ill.

Husband, Robertson and Wallace
Hamilton
D2031 Hamilton Public Library
RAIC, XXII, 2 (fév. 47), 49, ill.
RAIC, XXIX, 12 (déc. 52), 364, ill.

Ibronyi, Thomas
North York
D2032 North York Public Library, York Woods Area Branch.
ARCAN, 46, 1 (jan. 69), 20, ill.
TCA, XV, (Yearbook 70), 88-89, texte & ill.

Izumi, Arnott & Sugiyama
Régina
D2033 Regina's Central Library
TCA, VI, 1 (jan. 61), 7, texte & ill.
CB, XII, 10 (oct. 62), 44-46, texte & ill.

Johnson & McWhinnie
East Riverside
D2034 Riverside Public Library
RAIC, XXXVI, 4 (avril 59), 102, texte & ill.

Kemp, Anthony L.
Mississauga
D2035 Lakeview Public Library
TCA, XXI, 5 (mai 76), 45-47, texte & ill.
TCA, XXI, 2 (fév. 76), 5, texte & ill.

Locke, George H.
Toronto
D2036 Toronto Public Libraries, Memorial Branch
RAIC, XXIV, 2 (fév. 46), 52-54, ill.

McBain & Corneil Ass.
Cooksville
D2037 Township of Toronto Central Library
RAIC, XLI, 11 (nov. 64), 102, texte & ill.
TCA, IX, 7 (juil. 64), 53-56, texte & ill.

McBride, Thornton C.; Bridgman, L. Gordon
London
D2038 The Elsie Perrin Williams Memorial London Public Library and Art Museum
RAIC, XIX, 6 (juin 42), 134-136, ill.

McCarter and Nairne
Vancouver
D2039 Dunbar Public Library
RAIC, XXIV, 2 (fév. 47), 46, ill.
RAIC, XXIX, 8 (août 52), 249, ill.

MacDonald, J. Blair; Downs / Archambault
D2040 Voir Downs / Archambault; MacDonald, J. Blair.

McDonald, Cockburn, McLeod, McFeetors
Winnipeg
D2041 Centennial Library
TCA, XX, 6 (juin 75), 52, texte & ill.

Marani, Morris & Allan
Toronto
D2042 Forest Hill Village Municipal Building and Library
RAIC, XLI, 12 (déc. 64), 58, texte & ill.
TCA, IX, 12 (déc. 64), 9 et 12, texte & ill.

Marani, Rounthwaite & Dick
Sault Ste. Marie
D2043 Public Library
TCA, XI, 11 (nov. 66), 6, texte & ill.
CB, XVI, 12 (déc. 66), 35, texte & ill.

Mathers & Haldenby
Ottawa
D2044 Bibliothèque du Parlement (restauration)
TCA, II, 3 (mars 57), 47, texte & ill.
D2045 National Library Building
RAIC, XXXII, 4 (avril 55), 141
RAIC, XXXII, 8 (août 55), 303-305, texte & ill.
RAIC, XL, 1 (jan. 63), 31, ill.
CB, XVI, 2 (fév. 66), 10, ill.

Matsuba, Donald
Edmonton
D2046 Projet de bibliothèque
ABC, XIV, 159 (juil. 59), 232, texte.

Mayerovitch & Bernstein
Montréal
D2047 Bibliothèque publique juive
ABC, VIII, 92 (déc. 53), 30-32, texte & ill.

Meschino, Paul
Terre-Neuve
D2048 Public Library Type no. 2
RAIC, XXXVI, 4 (avril 59), 120, ill.

Moriyama, Raymond
Malton
D2049 District Library
TCA, XXIV, 1 (jan. 79), 8, texte & ill.
Mississauga
D2050 Burnhamthorpe Public Library
TCA, XXIII, 1 (jan. 78), 8, texte & ill.
CB, XXVII, 12 (déc. 77), 12-13, texte & ill.
Toronto
D2051 Metropolitan Toronto Central Library
TCA, XXI, 2 (fév. 76), 6, texte & ill.
TCA, XXII, 1 (jan. 77), 5, texte & ill.
TCA, XXIII, 1 (jan. 78), 20-29, texte & ill.
TCA, XXV, 11 (nov. 80), 44, texte & ill.
AC, 33, 343 (sept.-oct. 77), 12-19 et 23, texte & ill.
BAT, LII, 4 (avril 77), 6, ill.

Murray, James A.; Fliess, Henry
D2052 Voir Fliess, Henry; Murray, James A.

Parrott, Tambling & Witmer
East York
D2053 East York Public Library
RAIC, XXXVIII, 5 (mai 61), 59-61, texte & ill.

Pentland & Baker
Barrie
D2054 Barrie Public Library
RAIC, XLI, 12 (déc. 64), 56-57, texte & ill.
TCA, IX, 12 (déc. 64), 9 et 12, texte & ill.
Toronto
D2055 Public Library, Jones & Dundas area
TCA, VIII, 9 (sept. 63), 9-10, texte & ill.

Pentland, Baker & Polson
Toronto
D2056 Charles R. Sanderson Library
TCA, XIII, 10 (oct. 68), 8, ill.
ARCAN, 45, 10 (oct. 68), 9-10, texte & ill.
CB, XVIII, 11 (nov. 68), 44, ill.

Rensaa, Minsos & Ass.
Edmonton
D2057 Edmonton Public Library
CB, XVI, 12 (déc. 66), 7, ill.

Rieder, Carl
Kitchener
D2058 Kitchener's New Main Public Library
RAIC, XXXVI, 4 (avril 59), 115

Roscoe, Stanley M.
Hamilton
D2059 West End Branch Library
TCA, II, 10 (oct. 57), 33-36, texte & ill.

Sandbrook, Kenneth J.
New Westminster
D2060 New Westminster Public Library
RAIC, XXXVI, 4 (avril 59), 123-124, texte & ill.

Sankey et associés
Pointe-Claire
D2061 Bibliothèque de Pointe-Claire
AC, 28, 317 (sept. 73), 18, texte & ill.
AC, 31, 334 (mars-avril 76), 21-25, texte & ill.

Semmens & Simpson
Vancouver
D2062 Public Library
RAIC, XXXIII, 10 (oct. 56), 368-372, texte & ill.

RAIC, XXXV, 4 (avril 58), 141, ill.
RAIC, XXXVI, 4 (avril 59), 114-115, texte & ill.
RAIC, XXXIX, 4 (avril 62), 34, ill.
TCA, I, 2 (jan.-fév. 56), 14, texte & ill.
TCA, II, 3 (mars 57), 44, texte & ill.
D2063 Vancouver Public Library, Collingwood Branch
RAIC, XXIX, 8 (août 52), 244-245, ill.
TCA, II, 3 (mars 57), 46, texte & ill.

Sharp and Thompson, Berwick, Pratt
Vancouver
D2064 South Hill Branch Library
RAIC, XXIV, 2 (fév. 47), 47, ill.
RAIC, XXVII, 9 (sept. 50), 295, ill.

Shore, Moffat & Partners
Ottawa
D2065 National Science Library
ARCAN, 48 (22 nov. 71), 3

Shore, Tilbe, Henschel, Irwin
Ottawa
D2066 National Science Library
CB, XXIII, 2 (fév. 73), 54, texte.

Smith, Carter, Searle Ass.
St. James (Manitoba)
D2067 St. James Public Library
RAIC, XXXVI, 4 (avril 59), 103, texte & ill.

Sproatt and Rolph
Toronto
D2068 Christian Science Reading Room
RAIC, XXVII, 2 (fév. 50), 64, ill.

Swartzman, M.
Montréal
D2069 Projet-thèse: bibliothèque municipale pour Montréal
ABC, X, 111 (juil. 55), 35-37, texte & ill.

Townley and Matheson
Vancouver
D2070
RAIC, XXIV, 2 (fév. 47), 48, ill.

Université McGill
Montréal
D2071 A public library
RAIC, XXXIII, 3 (mars 56), 93, ill.

Utley, Michael
Kelowna (C.-B.)
D2072 Okanagan Regional Library
RAIC, XXXVI, 4 (avril 59), 121-122, texte & ill.

Wallis and Bywater
North Bay
D2073 Public Library
CB, XVI, 12 (déc. 66), 35, texte & ill.
TCA, XI, 11 (nov. 66), 6, texte & ill.

Williams, R.H.
Édifice de lieu inconnu
D2074 Projet pour une bibliothèque de banlieue
RAIC, XXII, 4 (avril 45), 77, texte & ill.

Bibliothèques de maisons d'enseignement
School and University Libraries

Anonyme/Anonymous
Ottawa (Carleton University)
D2501 Maxwell MacOdrum Library
CB, XI, 7 (juil. 61), 41, ill.
Ottawa (University of)
D2502 Medical Building extension for the Medical and Science Library
TCA, VII, 4 (avril 62), 54, ill.

Adamson, Gordon S. (ass.)
Sudbury (Laurentian University)
D2503 Library Podium
TCA, IX, 5 (mai 64), 51, texte & ill.
TCA, X, 9 (sept. 65), 68-70, texte & ill.
Toronto
D2504 Victoria University Library
RAIC, XXXVII, 1 (jan. 60), 25, ill.
TCA, VII, 1 (jan. 62), 33-39, texte & ill.

Adamson, Gordon S. (ass.); John B. Parkin Ass.; Shore & Moffat & Partners
Downsview (York University)
D2505 Central Library
TCA, XII (Yearbook 67), 59, texte & ill.
ARCAN, 45, 1 (jan. 68), 32, ill.
ARCAN, 48 (5 avril 71), 1
D2506 Steacie Science Library
CB, XVI, 12 (déc. 66), 35, texte & ill.
TCA, XI, 11 (nov. 66), 6, texte & ill.
TCA, XII, 3 (mars 67), 55-56, texte & ill.
TCA, XIII, 8 (août 68), 34 et 40-41, ill.

Adamson, Gordon S. (ass.); Searle, Wilbee, Rowland; Shore & Moffat and Partners
Downsview (York University)
D2507 Scott Library
TCA, XVII, 10 (oct. 72), 32-38, texte & ill.

Affleck, R.T.
Montréal (McGill University)
D2508 University Library
RAIC, XXIV, 5 (mai 47), 164

Affleck, Desbarats, Dimakopoulos, Lebensold, Sise
Montréal (Collège Loyola)
D2509 Bibliothèque Georges P. Vanier
ABC, XX, 232 (août 65), 30-34, texte & ill.
TCA, X, 5 (mai 65), 43-49, texte & ill.

Allward & Gouinlock
North York
D2510 Georges Vanier Secondary School
RAIC, XLII, 11 (nov. 65), 37, ill.

Andrews, John; Murphy, R.E.
London (University of Western Ontario)
D2511 D.B. Weldon Library
TCA, XII (Yearbook 67), 62, texte & ill.
TCA, XVII, 11 (nov. 72), 26-29 et 60, texte & ill.
ARCAN, 49 (25 sept. 72), 1, texte & ill.

Balharrie, Helmer & Morin
Ottawa
D2512 Bibliothèque du Collège Carleton
ABC, XIV, 163 (nov. 59), 370, ill.

Black, H.K.
Saskatoon (Univ. Saskatchewan)
D2513 Murray Memorial Library
RAIC, XXXVI, 4 (avril 59), 110-112, texte & ill.

Bland, Lemoyne, Shine, Lacroix
Windsor (Univ. of Windsor)
D2514 Ajout à la bibliothèque
BAT, XLVII, 12 (déc. 72), 23-24, texte & ill.
ARCAN, 49 (nov. 72), 11, texte & ill.
ARCAN, L (juil. 73), 3-5, texte & ill.
AC, 25, 288 (oct. 70), 22, texte & ill.
AC, 27, 310 (déc. 72), 11, texte & ill.
TCA, XV, (Yearbook 70), 40-41, texte & ill.
TCA, XVIII, 1 (jan. 73), 4, texte & ill.
TCA, XVIII, 4 (avril 73), 46-51 et 67, texte & ill.
CB, XXIII, 1 (jan. 73), 32, texte & ill.

Cormier, Ernest
Montréal (Univ. de Montréal)
D2515 Bibliothèque
RAIC, XXXIII, 11 (nov. 56), 438, ill.

Dobush, Stewart, Bourke; Longpré, Marchand and Goudreau
Montréal (McGill University)
D2516 McLennan Library
CB, XVII, 9 (sept. 67), 60-61, texte & ill.
RAIC, XLIII, 2 (fév. 66), 32, texte & ill.
AC, 25, 281 (jan.-fév. 70), 20-21, texte & ill.

Downs-Archambault
Victoria (University of)
D2517 Sedgewick Building
TCA, XV, 11 (nov. 70), 36-38, texte & ill.
ARCAN, 49 (22 mai 72), 19, texte & ill.

Durnford, Bolton, Chadwick, & Ellwood
Montréal
D2518 Institut Fraser-Hickson
ABC, XVI, 178 (fév. 61), 31-34, texte & ill.
RAIC, XXXVI, 4 (avril 59), 118, texte & ill.

Fairn, Leslie R. (Ass.)
Halifax (Dalhousie University)
D2519 Killam Memorial Library
TCA, XII, (Yearbook 67), 68, texte & ill.
ARCAN, 44, 1 (jan. 67), 34, ill.
ARCAN, 48 (1 mars 71), 7
CB, XVIII, 9 (sept. 68), 44, texte & ill.

Fowler, C.A. (Co.)
Halifax
D2520 St. Mary's University Library
RAIC, XLI, 5 (mai 64), 44-45, ill.
RAIC, XLIII, 2 (fév. 66), 44, ill.
CB, XVI, 9 (sept. 66), 63, ill.

Green, Blankstein, Russell & ass.
Winnipeg (Univ. of Manitoba)
D2521 Central Library
RAIC, XXIX, 6 (juin 52), 181, ill.
RAIC, XXX, 10 (oct. 53), 291, ill.

Hancock, Little, Calvert ass.
Guelph
D2522 University of Guelph Library
ARCAN, 44, 1 (jan. 67), 27, texte & ill.
TCA, XIII, 11 (nov. 68), 31-34 et 42-47, texte & ill.

Harrison, Robert F.
Burnaby (Simon Fraser University)
D2523 The Library
TCA, IX, 5 (mai 64), 54-55, texte & ill.
TCA, X (Yearbook 65), 62-63, ill.
TCA, XI, 2 (fév. 66), 68-71, texte & ill.
RAIC, XLI, 7 (juil. 64), 51-54, texte & ill.
RAIC, XLIII, 2 (fév. 66), 35-36, texte & ill.

Jodoin, Lamarre & Pratte
Montréal
D2524 Bibliothèque du Collège de Saint-Laurent
AC, XXVIII, 311 (jan.-fév. 73), 17-19, texte & ill.

Longpré, Marchand, Goudreau; Dobush, Stewart, Bourke
D2525 Voir Dobush, Stewart, Bourke; Longpré, Marchand, Goudreau

McDougall, Smith & Fleming
Montréal (McGill University)
D2526 The Royal Institution for the advancement of learning, Redpath Library Extention
RAIC, XXIX, 6 (juin 52), 178, ill.

Martineau, Lapierre, Murray and Murray
Ottawa (University of)
D2527 Central Library
TCA, XIV, 11 (nov. 69), 51, texte & ill.

Mathers & Haldenby
Toronto (Univ. of)
D2528 Agrandissement de la bibliothèque
RAIC, XXXVII, 1 (jan. 60), 11-12, texte & ill.
TCA, II, 3 (mars 57), 44, texte & ill.
TCA, VII, 2 (fév. 62), 5, texte & ill.
D2529 John P. Robarts research library
CB, XVII, 5 (mai 67), 8, texte.
CB, XVII, 9 (sept. 67), 56, ill.
CB, XIX, 12 (déc. 69), 5, texte.
TCA, XII, (Yearbook 67), 69, texte & ill.
TCA, XIX, 8 (août 74), 28-42, texte & ill.
TCA, XXV, 11 (nov. 80), 41, texte & ill.
BAT, XLV, 8 (août 70), 40, texte.

Minsos, Vaitkunas, Jamieson
Edmonton (University of Alberta)
D2530 Rutherford Library (agrandissement)
CB, XXI, 7 (juil. 71), 6, texte.
ARCAN, 47 (10 août 70), 9, texte & ill.

Murphy, R.E.; Andrews, John
D2531 Voir Andrews, John; Murphy, R.E.

Murray & Murray
Ottawa
D2532 St. Patrick's College Library
TCA, XII, 8 (août 67), 42-44, texte & ill.

Murray & Murray; Martineau, Lapierre
D2533 Voir Martineau, Lapierre; Murray & Murray

Parkin, John B. (Ass.); Adamson, Gordon S. (Ass.); Shore & Moffat & Partners
D2534 Voir Adamson, Gordon S. (Ass.); Parkin, John B. (Ass.); Shore & Moffat & Partners

Pennington & Carter
Windsor
D2535 Assumption University Library
RAIC, XXXVI, 4 (avril 59), 107-109, texte & ill.
TCA, II, 9 (sept. 57), 16, texte & ill.
CB, XII, 4 (avril 62), 42 et 44-45, texte & ill.

Rhone & Iredale
Vancouver (UBC)
D2536 Undergraduate Library (Sedgewick Library)
TCA, XV, (Yearbook 70), 46-47, texte & ill.
TCA, XVIII, 4 (avril 73), 40-45 et 67, texte & ill.
TCA, XVIII, 7 (juil. 73), 8-9, texte & ill.
TCA, XXV, 11 (nov. 80), 38, texte & ill.
ARCAN, 48 (27 sept. 71), 7
ARCAN, L (juil. 73), 2-3, texte & ill.
CB, XXI, 1 (jan. 71), 9, texte.

Roux, Morin, Langlois
Victoriaville
D2537 Bibliothèque pour le Collège de Victoriaville
ABC, XIX, 220 (août 64), 20-23, texte & ill.

Rule, Wynn and Rule
Edmonton (Univ. of Alberta)
D2538 Rutherford Library
RAIC, XXX, 10 (oct. 53), 298-300, ill.

Ryan, William J.
St. John's (Memorial University)
D2539 Library
RAIC, XXX, 10 (oct. 53), 293-294, texte & ill.

Searle, Wilbee, Rowland; Adamson, Gordon S. (Ass.); Shore & Moffat & Partners
D2540 Voir Adamson, Gordon S. (Ass.); Searle, Wilbee...

Sharp and Thompson
Vancouver
D2541 University of British Columbia Library
TCA, XXIII, 7 (juil. 78), 20, ill.

Shore & Moffat and Partners
Waterloo (University of)
D2542 Arts Library Building
TCA, IX, 5 (mai 64), 57, texte & ill.
ARCAN, 44, 1 (jan. 67), 23-24, texte & ill.
CB, XVI, 5 (mai 66), 5, ill.
RAIC, XL, 8 (août 63), 49, ill.

Shore & Moffat & Partners; Adamson, Gordon S. (Ass.); Parkin, John B. (Ass.)
D2543 Voir Adamson, Gordon S. (Ass.); Parkin, John B. (Ass.); Shore & Moffat & Partners.

Shore & Moffat & Partners; Adamson, Gordon S. (Ass.); Searle, Wilbee, Rowland
D2544 Voir Adamson, Gordon S. (Ass.); Searle, Wilbee, Rowland; Shore & Moffat & Partners

Shore, Tilbe, Henschel, Irwin, Peters
Hamilton
D2545 McMaster University Science and Engineering Library
CB, XXX, 1 (jan. 80), 14-15, texte & ill.

Siddall, R.W. (Ass.)
Victoria (Victoria College)
D2546 Library of Gordon Head Campus
RAIC, XL, 1 (jan. 63), 27, ill.

Somerville, W.L.; McMurrich & Oxley
Hamilton (McMaster Univ.)
D2547 Mills Memorial Library
RAIC, XXIX, 8 (août 52), 246-248, texte & ill.

Thom, R.J.
Peterborough (Trent University)
D2548 Thomas J. Bata Library
TCA, XVI, 8 (août 71), 50-52, texte & ill.
ARCAN, 45, 1 (jan. 68), 26, ill.

Thompson, Berwick & Pratt
Vancouver (UBC)
D2549 Library
TCA, II, 3 (mars 57), 45, texte & ill.

Tremblay, Fernand
Québec
D2550 Projet-thèse: une bibliothèque universitaire pour Laval
ABC, X, 111 (juil. 55), 22-25, texte & ill.
RAIC, XXXIV, 3 (mars 57), 93, texte & ill.

Yamasaki, Minoru
Regina (Univ. of Saskatchewan)
D2551 Library
TCA, IX, 12 (déc. 64), 5 et 9, texte & ill.

Centres communautaires
Community Centres

"Le troisième grand prix international d'urbanisme et d'architecture aborde le thème du loisir"
BAT, XLIV, 12 (déc. 69), 5, texte.

Adeney, Marcus
"Community Centres in Canada"
RAIC, XXII, 2 (fév. 45), 21-23 et 39

Anderson, C. Ross
"Sport and the Community, a study of the facilities required"
RAIC, XXXVIII, 9 (sept. 61), 61-64

Burgess, Cecil S.
"Alberta" (les centres communautaires)
RAIC, XXIII, 7 (juil. 46), 178
"Alberta" (Edmonton et son système de ligues communautaires)
RAIC, XXX, 7 (juil. 53), 208
"Provincial Page" (La présence des centres communautaires dans les villes d'Alberta)
RAIC, XXII, 11 (nov. 45), 241-242

Fairfield, R.C.
"The Community Centre Idea"
RAIC, XXIX, 9 (sept. 52), 263 et 267

Fife, Gwen
"Community Centres of the Future"
RAIC, XXII, 2 (fév. 45), 32 et 39

Perry, A. Leslie
"Combination Park and Community Centres"
RAIC, XXIX, 4 (avril 52), 98-99

Raines, Edwin
"The Architect and Community Centre Planning"
RAIC, XXIX, 1 (jan. 52), 7-9

Russell, John A.
"The Auditorium and Stage in your Community Centre"
RAIC, XXIII, 7 (juil. 46), 157-162 et 180

Scott, Lionel
"Some facts about community centres"
RAIC, XXII, 2 (fév. 45), 24-25

Anonyme/Anonymous
Édifice de lieu inconnu
D3001 Cultural & Recreation Centre
TCA, XI, 4 (avril 66), 5-6, texte & ill.
D3002 Projet pour un centre de loisirs
RAIC, XXVI, 5 (mai 49), 153, texte & ill.
D3003 Centre St-Charles
BAT, IX, 5 (mai 61), 28 et 30, texte & ill.
Amqui
D3004 Cultural Centre
TCA, XI, 4 (avril 66), 5-6, texte & ill.
Asbestos
D3005 Centre civique
BAT, XXVIII, (déc. 53), 12, texte & ill.
Black Lake (Qué.)
D3006 Cultural & Recreation Centre
TCA, XI, 4 (avril 66), 5-6, texte & ill.
Cap-de-la-Madeleine
D3007
TCA, XI, 4 (avril 66), 5-6, texte & ill.
Charlottetown
D3008 "Confederationmanship" (au sujet d'un projet "Fathers of Confederation Memorial Bldg")
TCA, VI, 7 (juil. 61), 6
D3009 "Fathers of Confederation Memorial Building, Competition Results"
RAIC, XXXIX, 2 (fév. 62), 31-42
Coaticook (Qué.)
D3010 Centre culturel
TCA, XI, 4 (avril 66), 5-6, texte & ill.
Ville Émard
D3011 Ville Émard Bowling Inc.
BAT, IX, 5 (mai 61), 39-40, ill.
Gaspé
D3012 Cultural and Sports Centre
TCA, XI, 4 (avril 66), 5-6, texte & ill.
Halifax
D3013 Recreation Building
RAIC, XXII, 4 (avril 45), 86, ill.
Halton Hills (Ont.)
D3014 The International Bible Students Association of Canada
CB, XXX, 5 (mai 80), 40-41, texte & ill.
Jasper (Alta)
D3015 Jasper Place, Sports Centre
CB, XIII, 6 (juin 63), 7, texte & ill.
Jonquière
D3016 Centre de Loisirs au Patronage St-Vincent-de-Paul
BAT, XXXIII, 12 (déc. 58), 43, texte.
La Pocatière
D3017 Centre culturel
TCA, XI, 4 (avril 66), 5-6, texte & ill.
La Tuque
D3018 Centre récréatif
BAT, XXXIV, 3 (mars 59), 19 et 51, texte.
D3019 Country club, quartier Bel Air
BAT, XXXIV, 6 (juin 59), 78, texte.
Laval
D3020 (annonce de construction d'équipements sportifs & culturels dans cette localité)
BAT, L, 1 (jan. 75), 3
Lethbridge
D3021 Lethbridge Sportsplex
CB, XXIV, 2 (fév. 74), 7, texte & ill.
Montmagny
D3022 Centre civique
BAT, XXXI, 2 (fév. 56), 32, texte & ill.
Montréal
D3023 Projet de centre culturel
ABC, I, 3 (fév.-mars 46), 12-13, texte et ill.
D3024 Centre récréatif du parc Trenholme
ABC, XVI, 186 (oct. 61), 57, ill.
D3025 Centre social des policiers
ABC, XVI, 186 (oct. 61), 57, ill.
D3026 Les écuries Black Horse, ch. Côte-de-Liesse
ABC, VI, 58 (fév. 51), 12-14, ill.
D3027 YMHA Study Centre
TCA, XIII, (yearbook 68), 91-92, texte & ill.
Ottawa
D3028 Bayshore project (centre de loisirs)
BC, XIV, 11 (nov. 64), 20, texte & ill.

- D3029 Design Centre (galerie d'exposition, bibliothèque, bureaux, etc.)
  RAIC, XXIX, 8 (août 52), 260
- D3030 Ottawa Boys' Club
  CB, XX, 11 (nov. 70), 94, texte.

  Québec
- D3031 Conseil Laval des Chevaliers de Colomb
  BAT, XXXIII, 12 (déc. 58), 43, texte & ill.

  Rosemont
- D3032 Centre municipal de Rosemont
  BAT, XXIX, 1 (janv. 54), 9, texte.

  Rouyn
- D3033 Youth Centre
  TCA, XI, 4 (avril 66), 5-6, texte & ill.

  Saint-Agapit
- D3034 Centre culturel
  TCA, XI, 4 (avril 66), 5-6, texte & ill.

  St. Catharines
- D3035 "Criticism" (annonce publicitaire concernant la construction d'un bureau principal pour The Folk Arts Council, St. Catharines)
  TCA, XVIII, 7 (juil. 73), 6

  Saint-Eustache
- D3036 Civic & Sports Centre
  TCA, XI, 4 (avril 66), 5-6, texte & ill.

  Saint-Grégoire
- D3037 Centre culturel
  TCA, XI, 4 (avril 66), 5-6, texte & ill.

  Saint-Raphaël de Bellechasse
- D3038 Centre communautaire
  BAT, LII, 6 (juin 77), 5, texte.

  Shawinigan
- D3039 Légion canadienne (rénovation)
  BAT, XXXIII, 2 (fév. 58), 49, texte.

  Sillery
- D3040 Centre civique, St-Charles-Garnier
  BAT, XXXIV, 9 (sept. 59), 21, texte.

  Vancouver
- D3041 "Competition for Chinese Cultural Centre, Vancouver, B.C."
  TCA, XXIII, 4 (avril 78), 18-30, texte & ill.
  TCA, XXIII, 6 (juin 78), 40-45, texte & ill.
  TCA, XXIII, 9 (sept. 78), 12

Abra & Balharrie
Pine Tree Chain
- D3042 Standard Drill and Recreation Halls
  RAIC, XXXIII, 9 (sept. 56), 350-353, texte & ill.

Abra & Balharrie; Hazelgrove & Lithwick
- D3043 Voir Hazelgrove & Lithwick; Abra & Balharrie

Abram, G.; Murray, James A.
Erin Mills South (Ont.)
- D3044 Centre communautaire d'Erin Mills South
  AC, 30, 330 (juil.-août 75), 7, texte & ill.

Adamson, Gordon S.; Morgan, Earle C.
Leaside (Ont.)
- D3045 Community Centre
  RAIC, XXIV, 2 (fév. 47), 50, ill.

Adamson, Gordon S. (Ass.); Kohl, Harry B.
Willowdale (Ont.)
- D3046 YM & YWHA Building (centre sportif)
  TCA, VI, 11 (nov. 61), 55-56, texte & ill.

Affleck, Raymond
Montréal
- D3047 Community Centre for Snowdon
  RAIC, XXIII, 4 (avril 46), 96, texte & ill.

Affleck, Desbarats, Dimakopoulos, Lebensold, Sise
Charlottetown
- D3048 Fathers of Confederation Memorial Building
  RAIC, XXXIX, 2 (fév. 62), 31-38, texte & ill.
  RAIC, XL, 1 (janv. 63), 38, ill.
  RAIC, XLI, 5 (mai 64), 46-47, ill.
  RAIC, XLI, 12 (déc. 64), 18-49, texte & ill.
  TCA, VII, 3 (mars 62), 56-60, texte & ill.
  TCA, IX, 11 (nov. 64), 40-59, texte & ill.
  TCA, X (yearbook 65), 56-57, texte & ill.
  TCA, XII, (yearbook 67), 100, ill.
  TCA, XIV, 11 (nov. 69), 41, ill.

ARCAN, 44, 6 (juin 67), 4 (supplément à la revue), ill.
ABC, XIX, 214 (fév. 64), 45, texte.
ABC, XIX, 224 (déc. 64), 32-40, texte & ill.
CB, XV, 2 (fév. 65), 44-45, texte & ill.

Kingston
- D3049 Salle de musique, théâtre et auditorium de l'Université Queen
  ARCAN, 44, 1 (janv. 67), 31, texte & ill.

Montréal
- D3050 Summerlea golf and country club
  TCA, VI, 1 (janv. 61), 7, texte & ill.
  TCA, VIII, 9 (sept. 63), 47-56, texte & ill.
  ABC, XVIII, 208 (août 63), 29-35, texte & ill.

Affleck, Desbarats, Dimakopoulos, Lebensold, Sise; Cummings and Campbell
St. John's (T.-N.)
- D3051 Arts and Cultural Centre
  TCA, X, 9 (sept. 65), 5 et 17, texte & ill.
  TCA, XI, 8 (août 66), 52, ill.
  TCA, XIII, (yearbook 68), 92-93, texte & ill.
  ARCAN, 44, 1 (janv. 67), 35, ill.
  ARCAN, 46, 2 (fév. 69), 53, texte & ill.
  ABC, XXII, 249 (janv. 67), 11-13, texte & ill.
  CB, XV, 9 (sept. 65), 39, ill. Voir aussi "Théâtres", ci-dessous.

Albert, Arcade
Laurentides
- D3052 Projet étudiant: un club de natation
  ABC, XIV, 160 (août 59), 264, texte & ill.

Allward & Gouinlock
Bramalea (Ont.)
- D3053 Bramalea City Centre
  ARCAN, 48 (12 juil. 71), 9

Arajs, Barnes, Blumer, Fulker, Hartley, Utley
Kelowna
- D3054 Centre de loisirs
  ARCAN, 47 (29 juin 70), 1, texte & ill.

Archambault, Maurice
Montréal
- D3055 Projet-thèse: un centre d'art
  ABC, IX, 99 (juil. 54), 32-34, texte & ill.

Arcop
Montréal
- D3056 Canadian Jewish Congress Headquarters
  TCA, XVII, 4 (avril 72), 48-49, texte & ill.

Arnott, Gordon R.
Régina
- D3057 Saskatchewan Centre for the Arts
  ARCAN, 47 (27 avril 70), 2, texte & ill.

Aubrey, Roland
Kamloops (C.-B.)
- D3058 Kamloops Canadian Legion Branch No. 52
  TCA, I, 6 (juin 56), 64, texte & ill.

Bacon, Graham; Grossman, Irving
Thunder Bay
- D3059 Development Project (Centre pour personnes défavorisées)
  TCA, XVII, (yearbook et déc. 72), 66-69, texte & ill.

Balaz, A.M.
Édifice de lieu inconnu
- D3060 Projet-thèse: Community Centre
  RAIC, XXXVIII, 3 (mars 61), 43 et 52, ill.

Bamberger, E.
Ste-Adèle-en-Haut
- D3061 Chanteclerc Golf and Country Club
  ABC, XIX, 220 (août 64), 34-37, texte & ill.

Bédard, Roland; Gagnon, J. Berchmans
Plessisville
- D3062 Centre des loisirs
  BAT, XXXIV, 7 (juil. 59), 12, texte.

Beinhaker/Irwin Ass.; Wai, Joe
Vancouver
- D3063 Chinese Cultural Centre
  TCA, XXIII, 6 (juin 78), 43-45, texte & ill.

Béland, Paul
Orsainville
- D3064 Centre paroissial de St-Pierre-aux-Liens
  BAT, XXIX, 10 (oct. 54), 29, texte & ill.

Bélanger-Burman, Monique; Burman, George
Montréal
- D3065 Centre d'information à la station de métro Jean-Talon
  AC, 24, 274 (mai 69), 30-34, texte & ill.

Berwick, R.A.D.
Vancouver
- D3066 West Vancouver Community Centre
  RAIC, XXXV, 5 (mai 58), 182, texte & ill.

Birmingham, W.H.; Lasserre, F.
Vancouver
- D3067 Community Chest and Council Building
  RAIC, XXXIII, 6 (juin 56), 235, ill.

Bland, Lemoyne & Edwards
Charlottetown
- D3068 Fathers of the Confederation Memorial Building
  TCA, VII, 3 (mars 62), 57-58 et 61, texte & ill.
  RAIC, XXXIX, 2 (fév. 62), 31-33 et 41, texte & ill.

Blankstein, Coop, Gillmor & Hanna
Saskatoon
- D3069 Mendel Art Centre
  TCA, VIII, 11 (nov. 63), 6 et 9, texte & ill.
  RAIC, XXXIX, 11 (nov. 62), 77-78, texte & ill.
  RAIC, XLI, 2 (fév. 64), 31, texte & ill.

Blatter & Caron
Québec
- D3070 Centre des loisirs Saint-Sacrement
  BAT, XXXIII, 5 (mai 58), 30-31, texte & ill.

Bouchard, Denis
Montréal
- D3071 Projet étudiant: un centre récréatif
  ABC, XVII, 196 (août 62), 50, texte & ill.

Bouliane, Marcel
Édifice de lieu inconnu
- D3072 Projet étudiant: une garderie dans un secteur d'habitations multifamiliales
  ABC, XV, 169 (mai 60), 170, texte & ill.

Britannia Design
Vancouver
- D3073 Britannia Community Services Centre
  TCA, XVII, 3 (mars 72), 34, texte & ill.
  TCA, XVII, 4 (avril 72), 32-44, texte & ill.

Britannia Design; Downs/Archambault
- D3074 Voir Downs/Archambault; Britannia Design

Brook, Carruthers, Grierson, Shaw
Toronto
- D3075 Elizabeth Fry Society
  TCA, XIX, 11 (nov. 74), 4-5, texte & ill.

Building Construction Branch, DPW
Whitehorse
- D3076 Protestant residential hostel
  NB, VIII, 7 (juil. 59), 20-21, texte & ill.
- D3077 Roman Catholic residential hostel
  NB, VIII, 7 (juil. 59), 20, texte & ill.

Buttjes, Burgers, Sammarco
West Vancouver
- D3078 Seniors Citizens' Activity Centre
  TCA, XXIII, 12 (yearbook, déc. 78), 45-47, texte & ill.

Campbell, Clive D.
Victoria
- D3079 Senior Citizen's Activity Centre, Centennial Square
  TCA, VIII, 11 (nov. 63), 66 et 71-72, texte & ill.

TCA, XI, 11 (nov. 66), 55-56 et 60, texte & ill.

Campbell-Hope, Patrick (Ass.)
Edmonton
D3080   Edmonton Golf and Country Club
RAIC, XXXIII, 5 (mai 56), 173, ill.

Carter, Dennis
Édifice de lieu inconnu
D3081   Project for a recreation centre
RAIC, XXII, 4 (avril 45), 80, texte & ill.

Charbonneau, Charles-Émile
Édifice de lieu inconnu
D3082   Centre d'entraide artistique (projet d'étudiant)
RAIC, XXVII, 4 (avril 50), 122, texte & ill.
Greenfield Park
D3083   projet pour un centre civique et sportif
ABC, XVI, 177 (jan. 61), 12-13, texte & ill.

Charbonneau, Gabriel
Mont-St-Hilaire
D3084   Projet étudiant: un centre culturel d'été pour la province de Québec
ABC, XIX, 219 (juil. 64), 23-25, texte & ill.

Charbonneau, Jean
Ste-Dorothée
D3085   Club de Golf Islesmere
ABC, X, 115 (nov. 55), 39-41, texte & ill.

Charbonneau, René et Gérard
St-Jean
D3086   Centre social et récréatif Notre-Dame
ABC, VIII, 85 (mai 53), 41-43, texte & ill.

Cheney, Gordon L.
Charlottetown
D3087   Fathers of Confederation Memorial Building
RAIC, XXXIX, 2 (fév. 62), 31-33 et 40, texte & ill.
TCA, VII, 3 (mars 62), 57-58 et 61, texte & ill.

Cheng, James K.M.; Romses, Kwan & Ass.
Vancouver
D3088   Chinese Cultural Centre
TCA, XXIII, 4 (avril 78), 18-25, texte & ill.

Côté, Paul-Marie
Rivière-du-Moulin
D3089   Salle paroissiale St-Isidore
ABC, XII, 136 (août 57), 42-43, texte & ill.

Courchesne, Edgar
Montréal
D3090   Centre Maria-Goretti
ABC, X, 112 (août 55), 22-25, texte & ill.

Coutu, Jacques
Arvida
D3091   Club de la direction de l'Alcan
ABC, XXII, 250 (fév. 67), 34-37, texte & ill.

Craig & Madill
Etobicoke (Ont.)
D3092   Y.M.C.A. & Y.W.C.A. (salle de rencontre)
RAIC, XXIX, 1 (jan. 52), 15, ill.

Craig & Zeidler
Peterborough
D3093   Peterborough Memorial Community Centre (arena)
TCA, II, 11 (nov. 57), 47, 52
D3094   Peterboro Golf & Country Club
TCA, V, 5 (mai 60), 44-47, texte & ill.

Craig, Zeidler and Strong
Belleville
D3095   YMCA Building
TCA, IX, 12 (déc. 64), 9 et 12, ill.
RAIC, XLI, 12 (déc. 64), 56-57, texte & ill.
Scarborough
D3096   Scarborough Centennial Recreation Centre
TCA, XII, 8 (août 67), 58-60, texte & ill.
CB, XV, 9 (sept. 65), 38, ill.

Crang & Boake
Thornhill (Ont.)
D3097   Bayview Golf & Country Club
TCA, VII, 7 (juil. 62), 34-42, texte & ill.

Crang & Boake; Fisher, Tedman & Fisher
North York
D3098   Sports Centre
TCA, V, 10 (oct. 60), 45-46, texte & ill.

Crevier, Lemieux, Mercier
Laval-sur-le-Lac
D3099   Club de Golf
ABC, VIII, 91 (nov. 53), 24-27, texte & ill.

Critchley & Delean
Sturgeon Falls
D3100   Community Centre
RAIC, XXXVI, 10 (oct. 59), 352, ill.

Cummings & Campbell; Affleck, Desbarats, Dimakopoulos, Lebensold, Sise
D3101   Voir Affleck, Desbarats, Dimakopoulos, Lebensold, Sise; Cummings & Campbell

Dalla-Lana/Griffin
Port Hardy (C.-B.)
D3102   The Tsulquate Resource Centre
TCA, XIX, 6 (juin 74), 7, texte & ill.

David & David
Montréal
D3103   Centre de loisirs, parc Père-Marquette
RAIC, XXXIV, 12 (déc. 57), 472, texte & ill.

Davison & Porter
Vancouver
D3104   Vancouver Lawn Tennis and Badminton Club
RAIC, XXXIV, 12 (déc. 57), 486-487, ill.
RAIC, XXXV, 4 (avril 58), 143, ill.

DeBelleval, J.F.
Édifice de lieu inconnu
D3105   Un centre de nation (projet d'étudiant)
RAIC, XXIV, 5 (mai 47), 158-159, ill.

DeBlois, Jacques
Baie St-Paul
D3106   Centre Culturel—projet du centenaire de la Confédération
ABC, XXIII, 262 (mars 68), 35-37, texte & ill.

DeForest, Claude
Montréal
D3107   Centre culturel
BAT, XXX, 11 (nov. 55), 34-37, 62, texte & ill.

Denoncourt & Denoncourt; Leclerc & Villemure
D3108   Voir Leclerc & Villemure; Denoncourt & Denoncourt

Dickinson, Peter
Ile Bizard (Qué.)
D3109   Elm Ridge Golf & Country Club
TCA, VI, 7 (juil. 61), 39-44, texte & ill.

Dickinson, Peter (Ass.); Greenspoon, Freedlander & Dunne
Ile Bizard
D3110   Elm Ridge Country Club (club de golf)
BAT, XXXIV, 6 (juin 59), 11, texte.

Dobbing, Peter
Ottawa
D3111   Ottawa Athletic Club
TCA, XXIV, 6 (juin 79), 36-39, texte & ill.
TCA, XXV, 2 (fév. 80), 32, ill.
AC, XXXIV, 346 (mai-juin 78), 6 et 9, texte & ill.

Downs/Archambault
Vancouver
D3112   Chinese Cultural Centre
TCA, XXIII, 4 (avril 78), 26-30, texte & ill.

Downs/Archambault; Britannia Design
Vancouver
D3113   Britannia Community Service Centre
TCA, XVIII, (yearbook 73), 31-35, texte & ill.
TCA, XXII, 6 (juin 77), 30-38, texte & ill.

DuBois, Strong & Bindhart
Mississauga
D3114   Cobblestone Courts
TCA, XXV, 2 (fév. 80), 34, ill.

Dunlop, Wardell, Matsui, Aitken
Oakville
D3115   Oakville Centennial Building
TCA, XIV, 2 (fév. 69), 45-52, texte & ill.
TCA, XIV, 2 (fév. 69), 52

Ehling & Brockington
North Vancouver
D3116   North Vancouver Recreation Centre
TCA, XVII, 1 (jan. 72), 7-8, texte & ill.

Eliasoph & Berkowitz; Roth, Max
D3117   Voir Roth, Max; Eliasoph & Berkowitz

Erickson, Arthur
Kanata
D3118   Leisure Centre for the Township of March
TCA, XX et XXI, 12 et 1 (yearbook, déc. 75 et jan. 76), 38-41, texte & ill.

Etherington, A. Bruce
Oakville
D3119   Oakville Curling Club
TCA, I, 4 (avril 56), 49-52, texte & ill.

Fauretto, A.
Montréal
D3120   Montreal West Community Centre
RAIC, XXIV, 5 (mai 47), 163, ill.

Fisher & Tedman
Sault Ste. Marie
D3121   Junior Ranks Club (pour l'armée)
RAIC, XXXIII, 9 (sept. 56), 341, ill.

Fisher, Tedman & Fisher; Crang & Boake
D3122   Voir Crang & Boake; Fisher, Tedman & Fisher

Gaboury, Étienne
Winnipeg
D3123   Civic buildings group
RAIC, XLIII, 2 (fév. 66), 22, ill.

Gaboury, E.-J. (Ass.)
Saskatoon
D3124   Mendel Art Centre and Civic Conservatory
RAIC, XXXIX, 11 (nov. 62), 77 et 79, texte & ill.

Gagnon, Raynald; Laviolette, André; Campeau, Pierre
Montréal
D3125   Projet: Info/centre
AC, 24, 276 (juil.-août 69), 24-25

Garfield, Allister, MacInnis
Saskatoon
D3126   Mendel Art Centre and Civic Conservatory
RAIC, XXXIX, 11 (nov. 62), 77 et 80, texte & ill.

Gerencser & Russell
Guelph
D3127   Col. John McCraie (maison de la légion canadienne)
AC, XXXIV, 346 (mai-juin 78), 6 et 9, texte & ill.

Giroux, Guy; Ricard, Laurent
Montréal
D3128   "Métro-Media" (projet d'étudiant, école d'arch., U. de M.)
ABC, XXIII, 266 (juil.-août 68), 33-35, texte & ill.

Gordon, Korbee, Tirion
Toronto
D3129   Union Hall
ARCAN, 45, 1 (jan. 68), 41, ill.

Green, Blankstein, Russell and Associates; Moody & Moore
Winnipeg
D3130 Manitoba Arts Centre
CB, XIV, 4 (avril 64), 5, texte.

Greenspoon, Freedlander & Dunne; Dickinson, Peter (Ass.)
D3131 Voir Dickinson, Peter (Ass.); Greenspoon, Freedlander & Dunne

Grenier, Charles
Laval
D3132 L'ossature d'acier du centre sportif Laval
ABC, IX, 100 (août 54), 38-39, texte & ill.

Montréal
D3133 Centre social de la Fraternité des policiers
ABC, X, 112 (août 55), 33-35, texte & ill.
BAT, XXIX, 11 (nov. 54), 19, texte.

St-Hyacinthe
D3134 Centre Notre-Dame
ABC, VI, 60 (avril 51), 23, ill.

Grierson & Walker
Charlottetown
D3135 Fathers of Confederation Memorial Building
RAIC, XXXIX, 2 (fév. 62), 31-33 et 42, texte & ill.

Grondin, Jean
Édifice de lieu inconnu
D3136 Club de Natation (près d'un lac)
RAIC, XXXIV, 3 (mars 57), 80, texte & ill.

Hadley, Glen
Charlottetown
D3137 Fathers of Confederation Memorial Building
RAIC, XXXIX, 2 (fév. 62), 31-33 et 42, texte & ill.

Hamilton, Gerald (Ass.)
Ottawa
D3138 Ottawa Civic Centre (Lansdowne Park)
ARCAN, 45, 8 (août 68), 38-39, texte & ill.

Hawthorn, Henry; Mansfield, Robert
Merritt (C.-B.)
D3139 Nicola Valley Recreational Centre
TCA, XVIII, (yearbook 73), 28-30, texte & ill.

Hazelgrove & Lithwick; Abra & Balharrie
Ottawa
D3140 Centre communautaire juif
ABC, IX, 100 (août 54), 30-31, texte & ill.

Hollingsworth, F.T.
North Vancouver
D3141 North West Centennial Arts Centre
TCA, XV, 8 (août 70), 38, texte & ill.

Ingleson, A.E.
Toronto
D3142 Huron Park Recreation Centre
CB, XVI, 2 (fév. 66), 43, texte & ill.

Jones, M.
Okanagan Valley (C.-B.)
D3143 Centre Communautaire
RAIC, XXIX, 5 (mai 52), 130, ill.

Kemble, Roger
Vancouver
D3144 Arts Club
TCA, X, 11 (nov. 65), 46-47, texte & ill.

Kerr & Cullingworth
Saskatoon
D3145 Saskatoon Club
RAIC, XXXII, 10 (oct. 55), 383, ill.

Kinoshita, Gene
Vancouver
D3146 Jazz Centre
NB, VIII, 7 (juil. 59), 32, texte & ill.

Klein, Jack; Sears, Henry
North York
D3147 Wilmington Park Community Centre
TCA, IV, 9 (sept. 59), 80-82, texte & ill.

Kohl, Harry B.
Toronto
D3148 Toronto Celebrity Club
CB, XXI, 11 (nov. 71), 8, texte.

Kohl, Harry B.; Adamson, Gordon S. (Ass.)
D3149 Voir Adamson, Gordon S. (Ass.); Kohl, Harry B.

Kopsa, Michael M.
Charlottetown
D3150 Fathers of Confederation Memorial Building
RAIC, XXXIX, 2 (fév. 62), 31-33 et 42, texte & ill.
TCA, VII, 3 (mars 62), 57-58 et 62, texte & ill.

Saskatoon
D3151 Mendel Art Centre and Civic Conservatory
RAIC, XXXIX, 11 (nov. 62), 77 et 79, texte & ill.

Lacoursière, Arthur
Shawinigan Falls
D3152 Club de Curling
ABC, V, 51 (juil. 50), 25, ill.

Lambert, Paul
Montréal
D3153 Centre sportif du Parc Maisonneuve
BAT, XXXIV, 7 (juil. 59), 30-31, texte & ill.
CB, IX, 5 (mai 59), 59 et 64-65, texte & ill.
ABC, XV, 166 (fév. 60), 46-51, texte & ill.

Lambert, Phyllis; Webb, Zerafa, Menkes
Montréal
D3154 The Saidye Bronfman Centre
TCA, XV, 7 (juil. 70), 7, texte & ill.
ARCAN, 47 (12 oct. 70), 19, texte & ill.

Lamontagne et Gravel
Port-Alfred
D3155 Le Palais municipal
ABC, VIII, 85 (mai 53), 38-40, texte & ill.

Lapierre, Louis-J.
Édifice de lieu inconnu
D3156 Projet d'un centre civique et culturel pour un village
ABC, XVI, 177 (jan. 61), 14-15, texte & ill.

Laval-des-Rapides
D3157 Centre du Mont-de-la-Salle
ABC, XX, 233 (sept. 65), 44-47, texte & ill.

Montréal
D3158 Centre de loisirs Mgr. Pigeon
BAT, IX, 5 (mai 61), 28 et 31, texte & ill.
ABC, XV, 172 (août 60), 242-245, texte & ill.
RAIC, XXXVIII, 3 (mars 61), 41 et 52, ill.
D3159 Centre de loisirs Saint-Denis
ABC, XIV, 160 (août 59), 246-247, texte & ill.

Lapointe, Paul-H.
Montréal
D3160 Centre des loisirs du centre d'apprentissage des métiers de la construction
BAT, XXXVII, 8 (août 62), 29, 45, texte & ill.
ABC, XVIII, 208 (août 63), 24-28, texte & ill.

Larose et Larose
Montréal
D3161 Centre récréatif Gadbois
ABC, XV, 172 (août 60), 249-253, texte & ill.
RAIC, XXXIII, 5 (mai 56), 173, ill.

Lasserre, F.; Birmingham, W.H.
D3162 Voir Birmingham, W.H.; Lasserre, F.

Lawson and Little
Montebello
D3163 Seigniory Club
RAIC, XVIII, 1 (jan. 41), 12-13, ill.

Lebensold, Fred
Montréal
D3164 Édifice Samuel Bronfman (Congrès juif canadien)
AC, 27, 304 (mai 72), 9, texte & ill.
TCA, XV, 6 (juin 70), 7, texte & ill.

LeBorgne, Gaétan
Montréal
D3165 Manoir N.-D.-de-Grâce
ABC, XI, 124 (août 56), 30-33, texte & ill.

Leclerc, Albert
Rimouski
D3166 Les Loisirs St-Germain de Rimouski
BAT, XXIX, 9 (sept. 54), 34-35, texte & ill.

Leclerc & Villemure; Denoncourt & Denoncourt
Trois-Rivières
D3167 Hôtel de ville et Centre culturel
BAT, XLI, 7 (juil. 66), 30-33, texte & ill.
ABC, XXIII, 267 (sept. 68), 27-32, texte & ill.

Lemay, Georges E.
Montréal
D3168 Projet-thèse: un centre récréatif (parc Maisonneuve)
ABC, IX, 99 (juil. 54), 28-30, texte & ill.

Longpré, Claude
Édifice de lieu inconnu
D3169 Centre musical et théâtral
RAIC, XXIX, 5 (mai 52), 139, texte & ill.

Luke, Little
Montréal
D3170 Édifice University Settlement
ABC, VI, 68 (déc. 51), 13-19, texte & ill.

Rosemont
D3171 Rosemont Boy's Club
ABC, V, 52 (août 50), 32-33, ill.

McCarter & Nairne
Vancouver
D3172 Y.M.C.A.
RAIC, XVII, 6 (juin 40), 107
RAIC, XVII, 10 (oct. 40), 185

McGill University
Montréal
D3173 Art centre
RAIC, XXXIII, 3 (mars 56), 94, texte & ill.

MacInnis, Gar; Weller, W.J.
Charlottetown
D3174 Fathers of Confederation Memorial Building
TCA, VII, 3 (mars 62), 57-58 et 62, texte & ill.

Mann, Henry York
Vancouver
D3175 Vancouver's Social-Technical Club for Engineers and Associated Professions
TCA, XII, 10 (oct. 67), 11, texte & ill.

Marinoff, Ivan A.
Saskatoon
D3176 Mendel Art Centre and Civic Conservatory
RAIC, XXXIX, 11 (nov. 62), 77 et 80, texte & ill.

Markson, Jerome
East York
D3177 Cedarvale Park Building
TCA, XI, 3 (mars 66), 43-48, texte & ill.

Marsan, Jean-Claude
Édifice de lieu inconnu
D3178 Projet-thèse: un centre récréatif et culturel pour Montréal
ABC, XVI, 183 (juil. 61), 30-31, texte & ill.

Mathieu, Paul-E.
Québec
D3179 Centre Durocher
ABC, VII, 77 (sept. 52), 29-31, texte & ill.

Mayers & Girvan
St-Luc (Québec)
D3180 Pinegrove Gulf and Country Club
ABC, XIX, 220 (août 64), 28-33, texte & ill.

Mercer & Mercer
Vancouver
D3181 Killarney Community Centre
RAIC, XL, 8 (août 63), 46, ill.

Mezes, I.
Montréal
D3182 Sports Centre
RAIC, XXXVIII, 3 (mars 61), 42 et 52, ill.

Moody & Moore; Green, Blankstein, Russell & Ass.
D3183 Voir Green, Blankstein, Russell & Ass.; Moody & Moore

Morgan, Earle C.; Adamson, Gordon S.
D3184 Voir Adamson, Gordon S.; Morgan, Earle C.

Morin et Cinq-Mars
Henryville
D3185 Salle paroissiale
ABC, II, 18 (oct. 47), 50, texte.

Moriyama, Raymond
Charlottetown
D3186 Fathers of Confederation Memorial Building
TCA, VII, 3 (mars 62), 57-58 et 63, texte & ill.
Mississauga
D3187 The Malton Community Centre and Library
CB, XXVIII, 11 (nov. 78), 9 et 12-13, texte & ill.
Toronto
D3188 Japanese Canadian Cultural Centre
CB, XIV, 7 (juil. 64), 40-41, texte & ill.
RAIC, XXXVIII, 5 (mai 61), 54-55, texte & ill.
TCA, III, 7 (juil. 58), 65-68, texte & ill.
TCA, VI, 8 (août 61), 6, texte & ill.
TCA, IX, 3 (mars 64), 37-47, texte & ill.
TCA, IX, 9 (sept. 64), 5-6, texte & ill.
TCA, XIV, 11 (nov. 69), 41, ill.
TCA, XXIII, 7 (juil 78), 20, ill.
BAT, XXXIX, 11 (nov. 64), 14-15, texte & ill.
D3189 The St. Lawrence Centre for the Arts
TCA, VII, 10 (oct. 62), 9 et 11, texte & ill.

Moriyama, Raymond (Ass.)
Toronto
D3190 The halfway house (abri pour le repos sur un terrain de golf)
TCA, IV, 7 (juil. 59), 49-58, texte & ill.
TCA, VI, 11 (nov. 61), 8, ill.
TCA, XIV, 11 (nov. 69), 37, ill.
TCA, XXV, 11 (nov. 80), 20, texte & ill.
RAIC, XXXVIII, 11 (nov. 61), 66, ill.
BAT, IX, 12 (déc. 61), 13 et 15, texte & ill.
CB, XI, 12 (déc. 61), 38-39 et 44, texte & ill.

Murray, James A.; Abram, G.
D3191 Voir Abram, G.; Murray, James A.

Nicholls, Blaine
Sudbury
D3192 YMCA (modernisation)
TCA, XXII, 10 (oct. 77), 44-45, texte & ill.

Notebaert, Gérard
Montréal
D3193 Centre de loisirs Notre-Dame
ABC, XIV, 160 (août 59), 238-245, texte & ill.

Osler & Short
Sault Ste-Marie
D3194 Algoma Steel Men's Club
TCA, XXI, 7 (juil. 76), 45-47, texte & ill.

Ouellet, Jean; Vincent, Jacques
Westmount
D3195 Montreal Caledonia Curling Club
ABC, XV, 172 (août 60), 254-256, texte & ill.
BAT, IX, 5 (mai 61), 39, ill.

Page and Steele; Wiley, Thomas R.
Toronto
D3196 Recreation centre for the Workmen's compensation board
NB, VIII, 1 (jan. 59), 25, texte & ill.

Papineau, Gérin-Lajoie et LeBlanc
Ottawa
D3197 École d'éducation physique et centre récréatif
AC, 25, 288 (oct. 70), 30-31, texte & ill.

Parkin, John
Édifice de lieu inconnu
D3198 Centre communautaire pour une ville ontarienne de 5 à 10,000 habitants
RAIC, XXII, 2 (fév. 45), 26, ill.

Parkin, John B. (Ass.)
Charlottetown
D3199 Fathers of Confederation Memorial Building
RAIC, XXXIX, 2 (fév. 62), 31-33 et 42, texte & ill.
TCA, VII, 3 (mars 62), 57-58 et 63, texte & ill.
Elliot Lake
D3200 W.H. Collins Community Hall
TCA, III, 11 (nov. 58), 61, texte & ill.
Toronto
D3201 The Primrose Club
TCA, IV, 11 (nov. 59), 54, texte & ill.

Parrott, Tambling & Witmer
Toronto
D3202 O'Connor Bowl
RAIC, XXXII, 6 (juin 55), 203, texte & ill.

Perrault, Jean-Julien
Rosemont
D3203 Centre civique de Rosemont
ABC, VI, 71 (mars 52), 16-20, texte & ill.

Perron, J.-Eugène
Montréal
D3204 Centre des loisirs St-Jean-Baptiste
ABC, VI, 61 (mai 51), 19-20, texte & ill.

Perry, A. Leslie
Montréal
D3205 Young Women's Christian Association
RAIC, XXX, 7 (juil. 53), 202-203, ill.
ABC, IX, 100 (août 54), 32-34, texte & ill.

Peterson and Lester
Victoria
D3206 Cedar Hill Community Centre
TCA, XX, 2 (fév. 75), 40-43, texte & ill.

Pettick, Joseph
Regina
D3207 Curling Rink (Saskatchewan Building)
RAIC, XXXIV, 12 (déc. 57), 469, ill.

Prack & Prack
Burlington
D3208 Tradenac Golf and Country Club
RAIC, XL, 1 (jan. 63), 31, ill.

Pye et Richard
Ottawa
D3209 Golf Municipal de Pineview
BAT, LV, 1 (jan.-fév. 80), 16-17, texte & ill.

Raymer, Rex
Victoria
D3210 (Entrance and Gate Lodge to Golf Course)
RAIC, XXV, 5 (mai 48), 163, texte & ill.

Reeves, Jacques D.
Édifice de lieu inconnu
D3211 Projet-thèse: Un centre d'art pour Montréal
ABC, XII, 135 (juil. 57), 47-49, texte & ill.

Richard, René
Hull
D3212 Centre sportif de Hull
BAT, XXIX, 7 (juil. 54), 42, texte & ill.

Rinfret, Pierre
Trois-Rivières
D3213 Pavillon Mgr St-Arnaud
ABC, XI, 124 (août 56), 34-36, texte & ill.

Ritchot, André
Édifice de lieu inconnu
D3214 Projet-thèse: un centre artistique et culturel sous forme de colonie de vacances
ABC, XII, 135 (juil. 57), 34-36, texte & ill.

Robillard, Jetté, Baudouin
Montréal-Nord
D3215 Centre civique
RAIC, XL, 1 (jan. 63), 37, ill.
St-Jérôme
D3216 Centre diocésain
ABC, XI, 124 (août 56), 24-26, texte & ill.

Robillard, Jetté, Caron et Bédard; Charbonneau
Montréal
D3217 Centre Claude-Robillard
AC, 31, 337 (sept.-oct. 76), 16-22, texte & ill.
AC, XXXV, 353 (juil.-août 79), 28-29, texte & ill.

Robinson, Gerald
Saskatoon
D3218 Mendel Art Centre and Civic Conservatory
RAIC, XXXIX, 11 (nov. 62), 77 et 80, texte & ill.

Robitaille, André
Québec
D3219 Chalet des employés civils
RAIC, XXXVIII, 4 (avril 61), 52-54, texte & ill.
ABC, XVI, 180 (avril 61), 50-52, texte & ill.
BAT, XXXIV, 5 (mai 59), 26, texte.

Romses, Kwan & Ass.; Cheng, James K.M.
D3220 Voir Cheng, James K.M.; Romses, Kwan & Ass.

Rosenberg, W.J.
Montréal
D3221 Centre communautaire des Juifs espagnols et portuguais
ABC, VIII, 85 (mai 53), 34-37, texte & ill.

Ross, Patterson, Townsend & Fish
Moncton
D3222 Young Men's Christian Association
RAIC, XXXII, 4 (avril 55), 123, ill.

Ross, Patterson, Townsend & Heughan
Montréal
D3223 Y.M. - Y.W.H.A. Recreational Building & Educational Building
RAIC, XXIX, 1 (jan. 52), 14, ill.

Roth, Max; Eliasoph and Berkowitz
Édifice de lieu inconnu
D3224 Headquarters Building for the Canadian Jewish Congress
TCA, VII, 1 (jan. 62), 7, texte & ill.

Rounthwaite & Ass.
Saskatoon
D3225 Mendel Art Centre and Civic Conservatory
RAIC, XXXIX, 11 (nov. 62), 77 et 80, texte & ill.

Roy, Cyrille
Édifice de lieu inconnu
D3226 Bâtiments communaux d'une petite ville
RAIC, XXV, 5 (mai 48), 160-161, ill.

Rule, Wynn & Rule
Jasper
D3227 Jasper Recreation Centre
RAIC, XXIX, 6 (juin 52), 181, ill.

Russell, Edward
Édifice de lieu inconnu
D3228 Canadian Steel Workers Union
TCA, XXV, 2 (fév. 80), 31, ill.

Samson, Paul-E.
Lévis
D3229 Assurance-Vie Desjardins, centre récréatif
ABC, XVII, 200 (déc. 62), 28-31, texte & ill.

Savoie, Roméo
Moncton
D3230 Bowling Alley
RAIC, XLI, 5 (mai 64), 44-45, ill.

Sawyer, Joseph
Montréal
D3231 Centre paroissial Saint-Édouard
ABC, I, 8 (nov. 46), 26, texte.
ABC, III, 30 (oct. 48), 48, ill.
ABC, III, 31 (nov. 48), 46, ill.
ABC, VIII, 81 (jan. 53), 27, ill.

Schmidt, J.M. (Ass.)
Richmond (C.-B.)
D3232 Richmond Centennial Project (Arts Centre)
CB, XVI, 1 (jan. 66), 8, ill.
CB, XVI, 4 (avril 66), 7, ill.
RAIC, XLIII, 3 (mars 66), 31, texte & ill.
TCA, XI, 4 (avril 66), 5-6, texte & ill.

Sears, Henry; Klein, Jack
D3233 Voir Klein, Jack; Sears, Henry

Secord, James; Herzog, Saul
Charlottetown
D3234 Fathers of Confederation Memorial Building
RAIC, XXXIX, 2 (fév. 62), 31-33 et 42, texte & ill.

Seguin, Patrick
Montréal
D3235 Projet d'un centre de loisirs
ABC, XII, 129 (jan. 57), 37, ill.

Semmens and Simpson
Vancouver
D3236 Kitsilano War Memorial Community Centre
RAIC, XXIX, 1 (jan. 52), 12-13, ill.

Shapski, Hanna
Colombie-Britannique
D3237 Poco Valley Golf Club
CB, XXIII, 9 (sept. 73), 38, texte & ill.

Sharp, Thompson, Berwick & Pratt
Esquimalt (C.-B.)
D3238 Physical and Recreational Training Building RCN Barracks (Royal Canadian Navy)
RAIC, XXXIII, 9 (sept. 56), 327, texte & ill.

Ship, Harold
Greenfield Park
D3239 Salle de quille "Champion Lanes"
ABC, XVI, 184 (août 61), 34-37, texte & ill.

Shore & Moffat and Partners
Toronto
D3240 York Downs Golf and Country Club
CB, XX, 12 (déc. 70), 6, texte & ill.

Shore, Tilbe, Henschel, Irwin
Unionville
D3241 York Downs Golf and Country Club
TCA, XVII, 11 (nov. 72), 47-52, texte & ill.

Shore, Tilbe, Henschel, Irwin, Peters
North York
D3242 North York YMCA Family Recreation Centre
TCA, XXIV, 12 (yearbook, déc. 79), 20-22 et 42-44, texte & ill.

Simard, Cyril
Édifice de lieu inconnu
D3243 Projet d'étudiant: studio de danse
ABC, XVII, 200 (déc. 62), 37, ill.

Simard, Cyril; Lévesque, Laurentin
Baie Saint-Paul
D3244 Centre d'art et de recherche artisanale, village d'artistes
ABC, XX, 231 (juil. 65), 27-30, texte & ill.

Smith, Carter, Partners
Winnipeg
D3245 Carleton Club
TCA, XXV, 2 (fév. 80), 26-28, texte & ill.

Sprachman, Mandel
Charlottetown
D3246 Fathers of Confederation Memorial Building
RAIC, XXXIX, 2 (fév. 62), 31-33 et 39, texte & ill.
TCA, VII, 3 (mars 62), 57-58 et 61, texte & ill.

Sproatt & Rolph
Newcastle
D3247 Community Hall
RAIC, XXII, 2 (fév. 45), 30, ill.

Stanley, K.C. (Co.)
Alberta
D3248 Hillcrest Country Club (Agrandissement)
RAIC, XXXIV, 12 (déc. 57), 470-471, texte & ill.

Stevenson, J. (Ass.)
Calgary
D3249 Westwinds Family Club
RAIC, XXXIX, 2 (fév. 62), 30, texte & ill.

Stewart, George A.
Winnipeg
D3250 The Southwood Golf Club
TCA, I, 2 (jan.-fév. 56), 14, texte & ill.

Stokes, Peter John
Napanee (Ont.)
D3251 McPherson House (restauration)
RAIC, XLI, 5 (mai 64), 54, ill.

Tanaka, George
Toronto
D3252 Terrain de golf
TCA, IV, 7 (juil. 59), 49, texte & ill.

Thompson, Berwick & Pratt
Vancouver
D3253 Point Grey Golf & Country Club
RAIC, XXXIX, 4 (avril 62), 34, ill.
West Vancouver
D3254 West Vancouver Community Centre
RAIC, XXXIX, 4 (avril 62), 34, ill.

Thompson, Dudley
Dominion City (Man.)
D3255 Children's Centre, Roseau River Indian Reserve
TCA, XXIV, 7 (juil. 79), 4, texte & ill.
CB, XXIX, 6 (juin 79), 8, texte.

Trépanier, Paul-O.
Granby
D3256 Club de golf Granby-Saint-Paul
ABC, XIV, 160 (août 59), 248-249, texte & ill.

University of British Columbia
Okanagan Valley
D3257 Community Centre
RAIC, XXVII, 4 (avril 50), 127

Vandiver, Russell A. Jr./Che-Cheung Pong
Vancouver
D3258 Chinese Cultural Centre
TCA, XXIII, 6 (juin 78), 40-42, texte & ill.

Venchiarutti, L.
Édifice de lieu inconnu
D3259 Community Hall et Athletic Park
RAIC, XXIII, 4 (avril 46), 88, texte & ill.

Wade & Stockdill
Victoria
D3260 Bowling Alley (agrandissement)
RAIC, XXX, 9 (sept. 53), 262, ill.

Wai, Joe; Beinhaker/Irwin Ass.
D3261 Voir Beinhaker/Irwin Ass.; Wai, Joe

Wai, Joe; Vaughan, Don
Vancouver
D3262 Chinese Cultural Centre, "Chung Shan"
TCA, XXV, 7 (juil. 80), 6, texte.

Waisman, Ross, Blankstein, Coop, Gillmor and Hanna
Saskatoon
D3263 Mendel Art Centre and Civic Conservatory
TCA, X, 9 (sept. 65), 43-49, texte & ill.

Walker, Fred A.
Québec
D3264 Y.M.C.A.
ABC, IX, 100 (août 54), 25-27, texte & ill.

Webb, Zerafa, Menkes
Toronto
D3265 Ladies' Executive House (Club)
TCA, IX, 5 (mai 64), 64 et 69, texte & ill.

Webb, Zerafa, Menkes; Lambert, Phyllis
D3266 Voir Lambert, Phyllis; Webb, Zerafa, Menkes

Webster & Gilbert
Saskatoon
D3267 The Saskatchewan Lions' Club Home for the Blind
RAIC, XXVII, 6 (juin 50), 201, ill.

Wiley, Thomas R.; Page & Steele
D3268 Voir Page & Steele; Wiley, Thomas R.

Williams, R.H.
St. Catharines
D3269 Centre culturel
RAIC, XXIII, 4 (avril 46), 89, texte & ill.

Wilson, Newton, Roberts, Duncan
Toronto
D3270 Jimmie Simpson Recreation Centre
TCA, XX, 11 (nov. 75), 30-32, texte & ill.

Gymnases / Gymnasiums

"Nouveau système de revêtement de sol pour salles de gymnastique"
BAT, LII, 6 (juin 77), 25-26, texte & ill.

"Planchers 'à ressorts' pour gymnases, etc..."
BAT, XXXIX, 3 (mars 64), 16-17, texte & ill.

Barre

"Ce système de chauffage des gymnases offre tous les avantages"
BAT, XXXIX, 4 (avril 64), 31-33, texte & ill.

Anonyme/Anonymous
Hull
D4001 Gymnase (parc Muchmore)
BAT, LII, 9 (sept. 77), 5, texte.

Burgess & McLean
Sault Ste-Marie
D4002 Physical Training Building (pour l'armée)
RAIC, XXXIII, 9 (sept. 56), 341, ill.

Carrière, Jacques
Montréal
D4003 Projet-thèse: palestre et parc sportif
ABC, XI, 123 (juil. 56), 28-30, texte & ill.

Grenier, Charles
Montréal
D4004 Centre sportif Laval
ABC, IX, 100 (août 54), 22-24, 38-39, texte & ill.

Lambert, Paul
Montréal
D4005   Pavillon de bain et gymnase au Centre Sportif du parc Maisonneuve
ABC, XV, 166 (fév. 60), 38-51, ill. texte

Parkin, John B. (Ass.)
Elliot Lake
D4006   W.H. Collins, Community Centre
RAIC, XXXV, 12 (déc. 58), 478, ill.

Marinas

Boistière, H.C.
Québec
D4501   Projet de thèse: yacht club pour la ville de Québec
ABC, VIII, 87 (juil. 53), 31-34, texte & ill.

Buzzelle, J.R.
Vancouver
D4502   Burrard Marina, False Creek
TCA, X, 11 (nov. 65), 45, texte & ill.

Craig, James
Toronto
D4503   Royal Canadian Yacht Club, Toronto Island
RAIC, XXVII, 4 (avril 50), 128, ill.

Forsyth, David R.
Bedford (N.-E.)
D4504   Yachtside
AC, 30, 328 (mars-avril 75), 42-43, texte & ill.

Lemay-Leclerc
Montréal
D4505   Installation pour la course en canot, Ile Notre-Dame
CB, XXVI, 5 (mai 76), 54-55, texte & ill.

McNab, Duncan S.
West Vancouver
D4506   West Vancouver Yacht Club
TCA, X, 11 (nov. 65), 52, texte & ill.

Pelman/Associates
Vancouver
D4507   Jib Set Sailing Club
CB, XXVII, 2 (fév. 77), 28, texte & ill.

Petrulis, Y.
Toronto
D4508   Yacht Club, Toronto Island
RAIC, XXXV, 3 (mars 58), 92, texte & ill.

Russell, Edward
Hamilton
D4509   Royal Hamilton Yacht Club
TCA, XXV, 2 (fév. 80), 30-31, ill.

Sankey Associates
Vancouver
D4510   False Creek Marina
TCA, XIX, 6 (juin 74), 6, texte & ill.
TCA, XXII, 7 (juil. 77), 43-45, texte & ill.
AC, 28, 317 (sept. 73), 19, texte & ill.
CB, XXIV, 12 (déc. 74), 8, ill.

Tampold, Elmar
Georgian Bay (Ont.)
D4511   Marina
TCA, VI, 4 (avril 61), 7, texte & ill.

Underwood, McKinley, Cameron, Wilson & Smith
Vancouver
D4512   Marina Development, Horseshoe Bay
ARCAN, 45, 1 (jan. 68), 59, ill.

Webb, Zerafa, Menkes
Kingston
D4513   Marina City
TCA, XV, 8 (août 70), 41, texte & ill.

Musées
Museums

"Competition for the design of a community art gallery"
TCA, II, 6 (juin 57), 46

"Postscript to the september, 1957 issue" (concours pour une galerie d'art, liste des gagnants)
TCA, II, 11 (nov. 57), 55

Aarons, Anita
"Sic Transit Gloria ... Are Art Galleries Obsolete?"
ARCAN, 46, 12 (déc. 69), 15-16

Baldwin, Martin
"Art Galleries and Museums, the Building"
RAIC, XXVI, 2 (fév. 49), 46

Brett, Gerard
"The Museum of Archeology"
RAIC, XXVI, 2 (fév. 49), 52-54

Cameron, Duncan F.
"Environmental Control for an Art Museum"
TCA, XII, 7 (juil. 67), 62, et 65-66

Erickson, Arthur; Massey, Geoffrey
"Museum Architecture 2: The Classical Solution"
TCA, X, 9 (sept. 65), 58

Gretton, Robert
"Museum architecture: a primer"
TCA, X, 9 (sept. 65), 50-57

Key, A.F.
"Museum architecture: 3 A Bibliography"
TCA, X, 9 (sept. 65), 59-62

Anonyme/Anonymous
Edmonton
D5001   Provincial Museum and Archives
RAIC, XLIII, 3 (mars 66), 32, texte & ill.
CB, XV, 9 (sept. 65), 39, ill.
Hull
D5002   National Museum of Man (projet)
CB, XXV, 2 (fév. 75), 39, texte.
London
D5003   Un musée d'histoire
CB, XIX, 1 (jan. 69), 8, texte & ill.
Ottawa
D5004   Musée National, quartier Elgin
BAT, XXXIX, 12 (déc. 64), 5, texte.
D5005   National Gallery Competition (1st)
CB, II, 10 (oct. 52), 14, texte.
TCA, II, 9 (sept. 57), 49-54
RAIC, XXIX, 8 (août 52), 258-259
RAIC, XXIX, 11 (nov. 52), 342
RAIC, XXXI, 4 (avril 54), 104-117
RAIC, XXXII, 6 (juin 55), 231-232
D5006   National Gallery (2nd competition)
CB, XXV, 2 (fév. 75), 39, texte.
TCA, XXI, 2 (fév. 76), 5
TCA, XXI, 2 (fév. 76), 55
TCA, XXI, 6 (juin 76), 5
TCA, XXI, 7 (juil. 76), 44
TCA, XXI, 7 (juil. 76), 5-6
TCA, XXI, 11 (nov. 76), 25-43
TCA, XXI, 11 (nov. 76), 20-24
Saskatoon
D5007   "Mendel Art Centre" (liste des gagnants pour ce projet)
TCA, VII, 10 (oct. 62), 88
Toronto
D5008   Royal Ontario Museum (la cafétéria)
CB, XX, 4 (avril 70), 50, texte.
Winnipeg
D5009   "An Art Centre for Winnipeg?"
RAIC, XXXII, 6 (juin 55), 222-225 et 233
D5010   "Winnipeg Art Gallery Competition"
ARCAN, 45, 2 (fév. 68), 43-48
TCA, XIII, 1 (jan. 68), 4-5
CB, XVIII, 4 (avril 68), 47, texte.

Adamson, Gordon S. (Ass.)
Winnipeg
D5011   Winnipeg Art Gallery (2nd prize)
ARCAN, 45, 2 (fév. 68), 45-46, texte & ill.
TCA, XIII, 1 (jan. 68), 4-5, texte & ill.
TCA, XIII, 2 (fév. 68), 37-40, texte & ill.

Allward & Gouinlock
Toronto
D5012   The Royal Ontario Museum's McLaughlin Planetarium
TCA, XIII, 11 (nov. 68), 8, texte & ill.
TCA, XIII, (yearbook 68), 88-89, texte & ill.

Archambault, R.B.; Massey, Geoffrey; Rowett, C.D.; Watkins, E.J.
Ottawa
D5013   Galerie Nationale
TCA, II, 9 (sept. 57), 49 et 52-53, texte & ill.

Arcop Associates
Montréal
D5014   Musée des Beaux-arts (agrandissement)
AC, 28, 315 (juin 73), 10-13, texte & ill.
AC, 32, 339 (jan.-fév. 77), 8-15, texte & ill.
TCA, XXII, 2 (fév. 77), 39-45, texte & ill.

Arcop Associates; Jodoin, Lamarre, Pratte
Ottawa
D5015   National Gallery of Canada
TCA, XXII, 4 (avril 77), 54-55 et 62-63, texte & ill.

Bauld & Mitchell; Fowler, C.A.
D5016   Voir Fowler, C.A.; Bauld & Mitchell

Bélanger, Gilles
Québec
D5017   Aquarium
ABC, XIII, 151 (nov. 58), 36-43, texte & ill.

Bélanger, Yvan
Édifice de lieu inconnu
D5018   Musée zoologique
RAIC, XXV, 5 (mai 48), 161, ill.

Bittorf, Don
Edmonton
D5019   Edmonton Art Gallery
ARCAN, 46, 12 (déc. 69), 14, texte & ill.
TCA, XV, 3 (mars 70), 8, texte & ill.

Blachford, Hugh W.; Ship, Harold; Wood, A. Campbell
Baddeck (Cap-Breton)
D5020   Alexander Graham Bell Museum
RAIC, XXXIV, 8 (août 57), 294-297, texte & ill.
TCA, II, 12 (déc. 57), 39-44
TCA, III, 6 (juin 58), 22 et 24-25
CB, IX, 8 (août 59), 43, ill.

Bland, Lemoyne, Shine, Lacroix; Prus, Victor
D5021   Voir Prus, Victor; Bland, Lemoyne, Shine, Lacroix

Brassard, André
Québec
D5022   Le Musée Imaginaire (projet de fin d'études, école d'architecture, U. Laval)
ABC, XXI, 243 (juil. 66), 41-44, texte & ill.

Bregman & Hamann; Millar, C. Blakeway
Ottawa
D5023   National Gallery of Canada
TCA, XXII, 4 (avril 77), 54-55 et 63-64, texte & ill.

Bujold, E.
Édifice de lieu inconnu
D5024 Le Halle du Public, dans un musée des civilisations indiennes en Amérique (projet d'étude)
RAIC, XXII, 4 (avril 45), 83, texte & ill.

Clack, Clayton, Pickstone
Victoria
D5025 Victoria's Art Gallery
CB, VI, 5 (mai 56), 70, texte.

Cochrane, J.A.
Victoria
D5026 Provincial Museum & Archives
TCA, X, 9 (sept. 65), 57, texte & ill.
CB, XVII, 12 (déc. 67), 8, texte & ill.

Crevier, Lemieux, Mercier, Caron; Thompson, Berwick & Pratt
D5027 Voir Thompson, Berwick & Pratt; Crevier, Lemieux, Mercier, Caron

Da Roza, Gustavo
Winnipeg
D5028 Winnipeg Art Gallery
CB, XIX, 10 (oct. 69), 6, texte.
TCA, XIII, 1 (jan. 68), 4-5, texte & ill.
TCA, XVII, 7 (juil. 72), 24-35 et 57, texte & ill.
TCA, XX, 6 (juin 75), 50, texte & ill.
TCA, XXIV, 10 (oct. 79), 28, ill.
ARCAN, 45, 2 (fév. 68), 43-45, texte & ill.

Da Roza, Gustavo; Number Ten Architectural Group
Ottawa
D5029 National Gallery of Canada
TCA, XXII, 4 (avril 77), 54-55 et 70-71, texte & ill.

David, Barott, Boulva
Montréal
D5030 Planétarium Dow
ABC, XVIII, 201 (jan. 63), 28, texte.

David, Boulva, Cleve; Erickson, Arthur
D5031 Voir Erickson, Arthur; David, Boulva, Cleve

Dept. of Publ. Works, Ottawa
Ottawa
D5032 Galerie Nationale (temporaire)
TCA, II, 4 (avril 57), 23, ill.

Dobush, Stewart, Hein; Prus, Victor
D5033 Voir Prus, Victor; Bland, Lemoyne, Shine, Lacroix

Downs, Barry V.; McDonald, J.Blair
Ottawa
D5034 Galerie Nationale
TCA, II, 9 (sept. 57), 49-51, texte & ill.

Duffus, Romans; Kundzins, Rounsefell
Halifax
D5035 Nova Scotia Provincial Museum Building
ARCAN, 45, 1 (jan. 68), 61, ill.
TCA, XIII, 6 (juin 68), 9, texte & ill.
CB, XX, 12 (déc. 70), 8, ill.

Erickson, Arthur
Vancouver
D5036 Museum of Man (UBC)
ARCAN, L (jan. 73), 7, texte & ill.
TCA, XVIII, 3 (mars 73), 7, texte & ill.
TCA, XXII, 5 (mai 77), 54-62, texte & ill.
TCA, XXV, 6 (juin 80), 6, texte & ill.
CB, XXIII, 2 (fév. 73), 36, texte & ill.
CB, XXIII, 9 (sept. 73), 55, texte & ill.
AC, XXVIII, 311 (jan.-fév. 73), 9, texte & ill.

Erickson, Arthur; David, Boulva, Cleve
Ottawa
D5037 National Gallery of Canada
TCA, XXII, 4 (avril 77), 54-55 et 65-66, texte & ill.

Fliess, Henry
Winnipeg
D5038 Winnipeg Art Gallery
TCA, XIII, 2 (fév. 68), 42-43, texte & ill.

Fowler, C.A.; Bauld & Mitchell
Glace Bay (N.-E.)
D5039 Miner's Museum
ARCAN, 46, 6 (juin 69), 6, texte & ill.
ARCAN, 44, 1 (jan. 67), 36, ill.
TCA, XI, 5 (mai 66), 5 et 8, texte & ill.
TCA, XIII, (yearbook 68), 93, texte & ill.

Garwood-Jones, Trevor
Hamilton
D5040 Hamilton Art Gallery
ARCAN, 47 (16 mars 70), 6, texte & ill.
TCA, XIX, 4 (avril 74), 5, texte.
TCA, XIX, 5 (mai 74), 6, texte.
TCA, XXIII, 3 (mars 78), 50-58, texte & ill.

Gorman, Donald H.
Winnipeg
D5041 Winnipeg Art Gallery
TCA, XIII, 2 (fév. 68), 42 et 44, texte & ill.

Green, Blankstein & Russell
Ottawa
D5042 Galerie Nationale du Canada
TCA, I, 6 (juin 56), 64, texte & ill.
RAIC, XXXI, 4 (avril 54), 108-112, texte & ill.
CB, IX, 10 (oct. 59), 29-32, texte & ill.

Green, Blankstein, Russell Ass.; Moody Moore and Partners; Smith Carter Searle Ass.
Winnipeg
D5043 Manitoba Centennial Centre
ARCAN, 44, 1 (jan. 67), 30, texte & ill.
ARCAN, 44, 10 (oct. 67), 50, ill.

Hamilton, Gerald
Vancouver
D5044 Planetarium and Museum
TCA, X, 6 (juin 65), 6 et 13, texte & ill.
TCA, XIII, (yearbook 68), 84-85, texte & ill.
TCA, XIII, 12 (déc. 68), 10

Hawthorn, Mansfield, Towers
Skidegate (C.-B.)
D5045 Queen Charlotte Islands Museum
TCA, XXII, 9 (sept. 77), 34-35, texte & ill.
Surrey
D5046 Surrey Arts Centre
TCA, XXII, 9 (sept. 77), 36, texte & ill.

Hemingway, Peter
Edmonton
D5047 Muttart Conservatory
TCA, XXIV, 10 (oct. 79), 30, ill.

Henriquez, Richard G.
Édifice de lieu inconnu
D5048 Museum
TCA, IX, 8 (août 64), 14, texte.
Winnipeg
D5049
RAIC, XLI, 7 (juil. 64), 41-42, texte & ill.

Histart Inc.
Montréal
D5050 Château de Ramezay (restauration)
AC, 27, 306 (juin-juil. 72), 24-25, texte & ill.

Issalys, Jean
Édifice de lieu inconnu
D5051 Un musée commercial
RAIC, XXIII, 4 (avril 46), 92, texte & ill.

Izumi, Arnott & Sugiyama
Régina
D5052 The Norman McKenzie Art Gallery
TCA, I, 12 (nov. 56), 55, texte & ill.
RAIC, XXXV, 5 (mai 58), 174-177, texte & ill.
RAIC, XXXV, 12 (déc. 58), 468, ill.

Jodoin, Lamarre, Pratte; Arcop Associates
D5053 Voir Arcop Associates; Jodoin, Lamarre, Pratte

Kemble, Roger
Saanich (C.-B.)
D5054 Dominion Astrophysical Observatory
TCA, XII, 6 (juin 67), 39 et 59-60, texte & ill.

Lalonde, Hébert; Prus, Victor
D5055 Voir Prus, Victor; Lalonde, Hébert

Lasserre, F. (Ass.); McCarter, Nairne & Partners
D5056 Voir McCarter, Nairne & Partners; Lasserre, F. (Ass.)

Libling, Michener and Ass.
Winnipeg
D5057 Winnipeg Art Gallery
ARCAN, 45, 2 (fév. 68), 47, texte & ill.
TCA, XIII, 1 (jan. 68), 4-5, texte & ill.
TCA, XIII, 2 (fév. 68), 39-40, texte & ill.

Longpré, Marchand, Goudreau; Prus, Victor
D5058 Voir Prus, Victor; Bland, Lemoyne, Shine, Lacroix; Longpré...

McBride, Thornton C.; Bridgman, L. Gordon
London
D5059 The Elsie Perrin Williams Memorial London Public Library and Art Museum
RAIC, XIX, 6 (juil. 42), 134-136, ill.

McCarter, Nairne & Partners
Vancouver
D5060 Centennial Archives Building
CB, XXI, 9 (sept. 71), 7, texte & ill.
CB, XXII, 6 (juin 72), 20, texte.
ARCAN, 48 (12 oct. 71), 9, texte & ill.
ARCAN, 49 (17 avril 72), 1, texte & ill.

McCarter, Nairne & Partners; F. Lasserre Ass.
Vancouver
D5061 Public Aquarium, Stanley Park
RAIC, XXXIII, 10 (oct. 56), 373-375, texte & ill.
RAIC, XXXV, 4 (avril 58), 143, ill.

McCudden and Robblins
Regina
D5062 Museum of Natural History
RAIC, XXXII, 10 (oct. 55), 391, ill.
RAIC, XXXV, 5 (mai 58), 171-173, texte & ill.

McDonald, J. Blair; Downs, Barry V.
D5063 Voir Downs, Barry V.; McDonald, J.Blair

McFawn and Rogers Ltd.
Cape Breton (N.-E.)
D5064 Cheticamp Visitors Interpretation Centre
CB, XXVI, 8 (août 76), 6, ill.

McMillan, Long & Ass.
Calgary
D5065 Calgary Centennial Planetarium
RAIC, XLI, 10 (oct. 64), 77, texte & ill.
RAIC, XLII, 2 (fév. 65), 10, texte.
ARCAN, 44, 1 (jan. 67), 37, texte & ill.
CB, XVI, 4 (avril 66), 44, texte & ill.
CB, XVII, 12 (déc. 67), 42-43, texte & ill.
TCA, XII, 11 (nov. 67), 9, texte & ill.
TCA, XXIII, 7 (juil. 78), 21, ill.
TCA, XXIV, 10 (oct. 79), 30, ill.

Marani, Rounthwaite, Dick; Wiens, Clifford (Ass.)
D5066 Voir Wiens, Clifford (Ass.); Marani, Rounthwaite, Dick

Marshall, Merrett, Stahl, Elliott, Mill, Ross
Kingston
D5067 Centre d'art Agnes Etherington
AC, 29, 322 (mars-avril 74), 30-33, texte & ill.

Martin, Gaston
Gaspé
D5068 Le musée régional d'histoire et de traditions populaires de Gaspé
AC, 34, 344 (jan.-fév. 78), 11-14, texte & ill.

Millar, C. Blakeway; Bregman & Hamann
D5069 Voir Bregman & Hamann; Millar, C. Blakeway

Moody, Moore, Duncan, Rattray, Peters, Searle, Christie
Winnipeg
D5070 Museum of Man and Nature
TCA, XIX, 6 (juin 74), la 4e page du dépliant inclus entre la p. 66 et 67, texte & ill.

Moody, Moore & Partners; Green, Blankstein, Russell Ass.; Smith, Carter, Searle Ass.
D5071 Voir Green, Blankstein, Russell Ass.; Moody, Moore & Partners; Smith, Carter, Searle Ass.

Moriyama, Raymond
Ottawa
D5072 National Gallery of Canada
TCA, XXII, 4 (avril 77), 54-55 et 66-68, texte & ill.
Toronto
D5073 Ontario Science Centre
ARCAN, 44, 1 (jan. 67), 44, texte & ill.
ARCAN, 44, 10 (oct. 67), 47, ill.
ARCAN, 46, 9 (sept. 69), 13-17, texte & ill.
RAIC, XLII, 6 (juin 65), 44-45, texte & ill.
CB, XV, 9 (sept. 65), 37, texte & ill.
CB, XVI, 4 (avril 66), 45, texte & ill.
TCA, X, 5 (mai 65), 6 et 8-9, texte & ill.
TCA, X, 8 (août 65), 12
TCA, X, 9 (sept. 65), 53-54, texte & ill.
TCA, XII, 10 (oct. 67), 8, texte & ill.
TCA, XIV, 9 (sept. 69), 38-53, texte & ill.
TCA, XIV, 11 (nov. 69), 44-45, texte & ill.
TCA, XXV, 11 (nov. 80), 36, texte & ill.

Moreau, Gilbert
Édifice de lieu inconnu
D5074 Un musée commercial
RAIC, XXIII, 4 (avril 46), 92, texte & ill.

Newman, Oscar
Montréal
D5075 Projet-thèse: Un musée scientifique pour l'Université McGill
ABC, XIV, 159 (juil. 59), 220-223, texte & ill.

Number Ten Architectural Group
Winnipeg
D5076 Winnipeg Art Gallery
TCA, XIII, 2 (fév. 68), 42-43, texte & ill.
ARCAN, 45, 2 (fév. 68), 48, texte & ill.

Number Ten Architectural Group; Da Roza, Gustavo
D5077 Voir Da Roza, Gustavo; Number Ten Architectural Group

Osaka, Yamashita, Keenberg
Winnipeg
D5078 Winnipeg Art Gallery
ARCAN, 45, 2 (fév. 68), 48, texte & ill.
TCA, XIII, 2 (fév. 68), 42 et 44, texte & ill.

Pain, Marek
Toronto
D5079 Park Gallery
TCA, IV, 1 (jan. 59), 52-54, texte & ill.

Parkin Architects & Planners
Ottawa
D5080 Galerie Nationale du Canada (1er prix)
AC, 33, 341 (mai-juin 77), 4, texte & ill.
TCA, XXII, 4 (avril 77), 54-62, texte & ill.
BAT, LII, 4 (avril 77), 8, texte & ill.
BAT, LII, 5 (mai 77), 6, texte & ill.

Parkin, John C.
Toronto
D5081 Art Gallery of Ontario
ARCAN, 48 (27 sept. 71), 1, texte & ill.
ARCAN, 48 (12 oct. 71), 6
TCA, XVI, 10 (oct. 71), 7, texte & ill.
TCA, XX, 2 (fév. 75), 30-39, texte & ill.
AC, 33, 342 (juil.-août 77), 6, texte & ill.
AC, 34, 344 (jan.-fév. 78), 15-17 et 20-22, texte & ill.
BAT, LII, 4 (avril 77), 8, ill.
CB, XXI, 10 (oct. 71), 8, texte & ill.
CB, XXII, 3 (mars 72), 30, texte.

CB, XXVII, 6 (juin 77), 29, texte & ill.

Peeps, J. Calder
Langley (C.-B.)
D5082 Langley Centennial Museum
RAIC, XXXV, 12 (déc. 58), 469, ill.
TCA, III, 12 (déc. 58), 23, texte & ill.

Peng, John
Édifice de lieu inconnu
D5083 Car Museum
RAIC, XXXVIII, 3 (mars 61), 42 et 52, ill.

Prus, Victor
Trenton (Ont.)
D5084 RCAF Memorial (Hall Memorial)
ARCAN, 46, 10 (oct. 69), 14-15, texte & ill.

Prus, Victor; Bland, Lemoyne, Shine, Lacroix; Longpré, Marchand, Goudreau, Dobush, Stewart, Hein; Lalonde, Hébert
Ottawa
D5085 National Gallery of Canada
TCA, XXII, 4 (avril 77), 54-55 et 68-69, texte & ill.

Reeves, Jacques
Cantons de l'Est
D5086 Projet-thèse: un musée d'art
ABC, XI, 123 (juil. 56), 40-41, texte & ill.

Rother, Vincent (Ass.)
Ottawa
D5087 Galerie Nationale du Canada
RAIC, XXXI, 4 (avril 54), 113-115, texte & ill.

Roux, Pierre
Édifice de lieu inconnu
D5088 Musée zoologique
RAIC, XXV, 5 (mai 48), 158-159, ill.

Roux, Pierre-Paul
Édifice de lieu inconnu
D5089 Porte d'entrée d'un palais d'art moderne
RAIC, XXVI, 5 (mai 49), 157, ill.

Saia, Mario
Montréal
D5090 Projet-thèse: Un Musée d'art moderne
ABC, XVIII, 207 (juil. 63), 26-31, texte & ill.

Shore & Moffat and Partners
Kleinburg
D5091 Interpretive Centre, Boyd Conservation Area
TCA, XVI, 12 (déc. et yearbook 71), 42-43, texte & ill.

Smith, Carter, Searle Ass.; Green, Blankstein, Russell Ass.; Moody, Moore & Partners
D5092 Voir Green, Blankstein, Russell Ass.; Moody, Moore & Partners; Smith, Carter, Searle Ass.

Smith, Munn, Carter, Katelnikoff; Brown, Ian M.
Ottawa
D5093 Galerie Nationale du Canada
RAIC, XXXI, 4 (avril 54), 116-117, texte & ill.

Stewart, Neil M.
Fredericton
D5094 The Beaverbrook Art Gallery
RAIC, XXXVII, 4 (avril 60), 156-157, texte & ill.

Strasman, James Colin
Winnipeg
D5095 Winnipeg Art Gallery
TCA, XIII, 2 (fév. 68), 40-42, texte & ill.

Thompson, Berwick & Pratt; Crevier, Lemieux, Mercier, Caron
Ottawa
D5096 Musée national
ABC, XIX, 224 (déc. 64), 46, texte.
TCA, IX, 11 (nov. 64), 12 et 18, texte & ill.
TCA, X, 9 (sept. 65), 52-53, texte & ill.
RAIC, XLI, 1 (jan. 64), 60, texte & ill.

Townley, Matheson & Partners
Winnipeg
D5097 Winnipeg Art Gallery
TCA, XIII, 2 (fév. 68), 40-41, texte & ill.

University of Manitoba
Winnipeg
D5098 RAIC, XXXVI, 3 (mars 59), 75, texte & ill.

Webb, Zerafa, Menkes, Housden
Ottawa
D5099 National Gallery of Canada
TCA, XXII, 4 (avril 77), 54-55 et 71-72, texte & ill.

Wiens, Clifford (Ass.); Marani, Rounthwaite, Dick
Ottawa
D5100 National Gallery of Canada
TCA, XXII, 4 (avril 77), 54-55 et 73-74, texte & ill.

Zeidler Partnership
Ottawa
D5101 National Gallery of Canada
TCA, XXII, 4 (avril 77), 54-55 et 74-75, texte & ill.

Piscines
Swimming Pools

"Au Québec, la piscine se 'démocratise' rapidement mais ne représente encore que 1% du marché..."
BAT, XLIV, 2 (fév. 69), 24-25

"Big guns mold these pools"
CB, X, 7 (juil. 60), 28-31

"De la brique d'argile pour les piscines"
BAT, XLI, 12 (déc. 66), 14

"Gunite rig allows cold weather construction of swimming pools"
CB, XXVI, 12 (déc. 76), 42

"La grande vogue des piscines"
BAT, XXXIX, 2 (fév. 64), 19-21, texte & ill.

"Les piscines"
BAT, XXXV, 2 (fév. 60), 26-29, texte & ill.

"Les piscines ... en voici les tendances récentes"
BAT, XXXVII, 2 (fév. 61), 28-31

"Les piscines: une industrie en pleine expansion"
BAT, XXXV, 2 (fév. 60), 26-29

"Piscine de construction modulaire" (appelée "Spanline Swimming Pool")
BAT, XLI, 6 (juin 66), 43

Garden, G.K.
"Les piscines intérieures"
BAT, XLIV, 2 (fév. 69), 26-28, texte & ill.

Pellerin, Jules
"Les piscines ... d'hiver"
BAT, XXXVII, 2 (fév. 62), 21-23, texte & ill.

Tourigny, Paul
"Aménagement des piscines"
BAT, XXXI, 2 (fév. 56), 34-37, texte & ill.

"Aménagement des piscines: l'eau"
BAT, XXXI, 3 (mars 56), 68-71, 81, texte & ill.

"Aménagement des piscines: considérations structurales"
BAT, XXXI, 4 (avril 56), 70-73, 87, texte & ill.

"Aménagement des piscines—coût—réalisation du projet"
BAT, XXXI, 6 (juin 56), 46-48, texte & ill.

Anonyme/Anonymous

Édifice de lieu inconnu
D6001 Piscine de M.R.M. Dow
BAT, XXXVII, 2 (fév. 61), 28-29, texte & ill.
Ahuntsic
D6002 Piscine de M. Vallée
BAT, XXXV, 2 (fév. 60), 26-27, texte & ill.
Berthierville
D6003 Piscine intérieure
TCA, XI, 4 (avril 66), 5-6, texte & ill.
Colombie-Britannique
D6004 Cromie Pool
RAIC, XXXV, 4 (avril 58), 126, ill.
Hull
D6005 Piscine (Parc Muchmore)
BAT, LII, 9 (sept. 77), 5, texte.
Lachute
D6006 Piscine du motel La Lorraine
BAT, XXXV, 2 (fév. 60), 26 et 28, texte & ill.
D6007 Piscine Gilbert Ayers
BAT, XXXV, 2 (fév. 60), 26 et 29, texte & ill.
Ville de Léry (Woodland)
D6008 Piscine de M. Arthur Milling
BAT, XXXVII, 2 (fév. 61), 28-29, texte & ill.
Matane
D6009 Piscine intérieure
TCA, XI, 4 (avril 66), 5-6, texte & ill.
Montréal
D6010 CB, IX, 9 (sept. 59), 51, texte & ill.
D6011 Piscine à l'Ile Sainte-Hélène
BAT, XXVII (avril 52), 33-34, texte & ill.
D6012 Piscine dans N.-D.-de-Grâces
CB, X, 7 (juil. 60), 31, texte & ill.
BAT, XXXV, 2 (fév. 60), 26 et 28, texte & ill.
D6013 Piscine de M. Jean-Marc Demers
BAT, XXXV, 2 (fév. 60), 26-27, texte & ill.
D6014 Piscine de M. Languedoc
BAT, XXXVII, 2 (fév. 61), 28 et 30, texte & ill.
Ville Mont-Royal
D6015 Piscine de M. Ernest Donolo
BAT, XXXVII, 2 (fév. 61), 28 et 31, texte & ill.
D6016 Piscine de M. Paul Dubord
BAT, XXXV, 2 (fév. 60), 26-27, texte & ill.
Niagara Falls
D6017 BAT, XXXIX, 9 (sept. 64), 38, texte & ill.
Oka
D6018 Piscine de M. Rolland Lalonde
BAT, XXXVII, 2 (fév. 61), 28 et 30, texte & ill.
D6019 Piscine St-Aubin
BAT, XXXV, 2 (fév. 60), 26 et 29, texte & ill.
Ottawa
D6020 Piscine des Lexington Apartments
CB, X, 7 (juil. 60), 32-33, texte & ill.
D6021 Piscine pour un motel à Eastview
CB, X, 7 (juil. 60), 27, ill.
D6022 Piscine du Reg Guy's Sunny Dell Motel
CB, X, 7 (juil. 60), 27, ill.
Piedmont
D6023 Piscine du Totem Motel
BAT, XXXVII, 2 (fév. 61), 28-29, texte & ill.
Ville St-Laurent
D6024 Piscine de M. M. Goyer
BAT, XXXV, 2 (fév. 60), 26-27, texte & ill.
Toronto
D6025 Community Pool at Italian Gardens
CB, X, 7 (juil. 60), 27, ill.
Westmount
D6026 Piscine de M. Fernand Jarry
BAT, XXXVII, 2 (fév. 61), 28 et 31, texte & ill.

Adamson, Gordon S. (Ass.)

Sault Ste-Marie
D6027 Piscine pour l'armée
RAIC, XXXIII, 9 (sept. 56), 340, ill.
Sudbury
D6028 Wading Pool
RAIC, XXIX, 1 (jan. 52), 18, ill.

Beatson, G. R. (Ass.)

Calgary
D6029 Happy Valley Swimming Pool
RAIC, XL, 8 (août 63), 46, ill.

Beauchamp, Napoléon

Lachine
D6030 Bain public
ABC, III, 22 (fév. 48), 25, ill.

Bradfield, J.H.W.

Toronto
D6031 Tam O'Shanter rink
CB, IX, 11 (nov. 59), 44-45, texte & ill.

DiCastri, John A.

Victoria
D6032 Community Aquatic Complex
TCA, XV, 7 (juil. 70), 8, texte & ill.

Dobell, Norman

New Westminster (C.-B.)
D6033 ARCAN, L (mai 73), 4, texte & ill.

Hemingway & Laubental

Edmonton
D6034 Coronation Park Swimming Pool
ARCAN, 45, 1 (jan. 68), 59, ill.
ARCAN, 47 (12 oct. 70), 9, texte & ill.
TCA, XII, (yearbook 67), 60, texte & ill.
TCA, XV, (yearbook 70), 86-87, texte & ill.
CB, XXII, 4 (avril 72), 6, texte & ill.

Kemble

Édifice de lieu inconnu
D6035 An enclosure for a swimming pool
TCA, XIX, 8 (avril 74), 5-6, texte & ill.

LaPierre, Louis

Alfred (Ont.)
D6036 Piscine pour l'École industrielle
BAT, XXXVII, 2 (fév. 61), 28, texte & ill.

Larose, Eugène; Larose, Gilles L.

Montréal-Est
D6037 Piscine publique, rue Notre-Dame
ABC, VIII, 85 (mai 53), 24-28, texte & ill.

Lawson and Little

Montebello
D6038 Seigneiry Club
RAIC, XVIII, 4 (avril 41), 67, ill.

Longpré et Marchand

Saint-Lambert
D6039 Piscine
ABC, XV, 172 (août 60), 246-248, texte & ill.

McCarter, Nairne & Partners

Burnaby
D6040 Clifton G. Brown Memorial Pool
TCA, IX, 12 (déc. 64), 34-35 et 40, texte & ill.
TCA, IX, (yearbook 64), 60-61, texte & ill.
RAIC, XLI, 11 (nov. 64), 53, texte & ill.
Vancouver
D6041 Sea Otter Pool, Stanley Park
TCA, XVIII, 7 (juil. 73), 7, texte & ill.
ARCAN, 48 (5 avril 71), 3-4

Morgan, Earle C.

Bayview
D6042 Piscine avec terrasse
RAIC, XXIX, 1 (jan. 52), 22, ill.

Perkins, John (Ass.)

Vancouver
D6043 Therapeutic Pool, Pearson Hospital
TCA, XXIV, 2 et 3 (fév.-mars 79), 4 et 6, texte et ill.

Recreational Development Ass.

Brantford
D6044 Swimming pool complex
CB, XXIV, 6 (juin 74), 7, texte & ill.

Smith, Carter & Searle Ass.

Winnipeg
D6045 Pan American games swimming pool
TCA, XIII, 2 (fév. 68), 8, texte & ill.
TCA, XV, 5 (mai 70), 47-48, ill.
TCA, XV, 7 (juil. 70), 8, texte & ill.
ARCAN, 44, 1 (jan. 67), 37, ill.
ARCAN, 45, 8 (août 68), 37, texte & ill.
ARCAN, 47 (8 juin 70), 5
CB, XVII, 1 (jan. 67), 5, ill.
CB, XVII, 3 (mars 67), 60, texte & ill.

Swanson, Herbert A.

Chomedey
D6046 Centre locatif Bellerive
BAT, XXXIX, 9 (sept. 64), 4-5, texte & ill.

Temporale, Stark

Mississauga
D6047 Applewood Heights Park
TCA, XX, 12 et XXI, 1 (déc. 75-jan. 76), 42-43, texte & ill.
TCA, XXIII, 3 (mars 78), 42-44, texte & ill.
CB, XXVIII, 1 (jan. 78), 20-21, texte & ill.
D6048 Lewis Bradley Park
TCA, XX, 12 et XXI, 1 (déc. 75-jan. 76), 42-44, texte & ill.
D6049 Thornlodge Park
TCA, XX, 12 et XXI, 1 (déc. 75-jan. 76), 42, 45, texte & ill.

Underwood, Percy

Vancouver
D6050 Stanley Park Zoo, Penguin pool
CB, IV, 1 (jan. 54), 18, ill.

Vandal, Roger A.

Montréal-Nord
D6051 Piscine de M.A. Ricci
BAT, XXXI, 12 (déc. 56), 36-43, texte & ill.

Venchiarutti & Venchiarutti

Toronto
D6052 Bathing Pavilion, Toronto Island
RAIC, XXXIV, 2 (fév. 57), 61, ill.
North York
D6053 North York Memorial Swimming Pool
TCA, I, 3 (mars 56), 58, texte & ill.
RAIC, XXXIII, 5 (mai 56), 174-175, texte & ill.

Wilson & Newton

Toronto
D6054 Piscine dans un parc public
TCA, III, 5 (mai 58), 62, texte & ill.
D6055 Olympic Swimming & Diving Pools
TCA, IX, 9 (sept. 64), 53-56, texte & ill.

Stades
Stadiums

"5 questions sur la construction des patinoires"
BAT, IX, 8 (août 61), 35-36

Brown, W.G.

"Frost Heave in ice rinks and cold storage buildings"
RAIC, XLII, 1 (jan. 65), 41-44

Crocker, C.R.; Handegord, G.O.

"Control of Condensation in Curling Rinks". (dépliant de la Canadian Building Digest)
RAIC, XXXIX, 11 (nov. 62), 69-72

Anonyme/Anonymous

Brandon
D6501 Keystone Centre (Patinoire)
CB, XXI, 5 (mai 71), 47, texte.
Buckingham
D6502 Patinoire
BAT, LII, 2 (fév. 77), 6, texte.
Hamilton
D6503 Patinoire dans le East End
CB, XXV, 10 (oct. 75), 50, texte.

Joliette
D6504 Patinoire
BAT, LIII, 8 (août 78), 4, texte.

Listowel
D6505 "Study of the Listowel Arena Collapse"
RAIC, XXXVII, 9 (sept. 60), 391

Montréal
D6506 Le Forum de Montréal (rénovations)
BAT, XLIII, 10 (oct. 68), 42, texte.
D6507 Amélioration du Parc Richelieu
BAT, XLVII, 6 (juin 72), 5, texte & ill.
D6508 Stade
BAT, XLVII, 5 (mai 72), 8, texte & ill.
D6509 Stade Calixa-Lavallée
BAT, XLVIII, 8 (août 73), 3, texte.
D6510 Stade de Montréal
BAT, XLVII, 1 (jan. 72), 15-17, texte & ill.
D6511 Stade pour enfants, parc d'Argenson
ABC, X, 112 (août 55), 42, texte & ill.

Saint-Anselme (Bellechasse)
D6512 Stade
BAT, LIII, 11 (nov. 78), 5, texte.

Saint-Isidore (Beauce)
D6513 Stade
BAT, LIII, 11 (nov. 78), 5, texte.

Ville Saint-Laurent
D6514 Extension de l'Aréna Saint-Laurent
BAT, LI, 8 (août 76), 23-24, texte & ill.

Scarborough
D6515 Scarboro Golf and Country (Curling rink)
CB, VIII, 3 (mars 58), 47, texte & ill.

Sherbrooke
D6516 Patinoire près de l'École Montcalm
BAT, LII, 10 (oct. 77), 5, texte.

Thetford-Mines
D6517 Patinoire, Parc Bellevue
BAT, XXXIV, 4 (avril 59), 79, texte.

Toronto
D6518 CNE Stadium
CB, XXVI, 6 (juin 76), 8, ill.

Trois-Rivières-Ouest
D6519 Patinoire
BAT, XLVIII, 9 (sept. 73), 3, texte.

Allward & Gouinlock
Toronto
D6520 Patinoire, Glendon Hall Campus
TCA, XII, (yearbook 67), 67, texte & ill.

Audet, Tremblay, Audet
Sherbrooke
D6521 Stade de baseball
ABC, VIII, 88 (août 53), 22-25, texte & ill.
BAT, XXVIII, (mai 53), 41-47, 54, texte & ill.
CB, II, 8 (août 52), 16-17, texte & ill.
CB, III, 3 (mars 53), 23-26, 75, texte & ill.

Balharrie, Helmer and Morin
Ottawa
D6522 Ottawa's Rough Riders (Stade)
NB, X, 9 (sept. 61), 28-30, texte & ill.

Barlot, Jean
Montréal
D6523 Stade (proposition d'abri rétractable)
AC, 28, 313 (avril 73), 24-27, texte & ill.

Bégin et Rodrigue
Québec
D6524 Colisée de Québec (agrandissement)
BAT, LIV, 9 (sept. 79), 8, texte.

Blatter, R. & Caron, G.-F.; Rinfret, P. & Bouchard, M.
Québec
D6525 Colisée de Québec
BAT, XXIX, 6 (juin 54), 45-47, texte & ill.
RAIC, XXIX, 1 (jan. 52), 20, ill.

Boigon & Heinonen
North York
D6526 North York Centennial Centre
CB, XVI, 11 (nov. 66), 54-55, texte & ill.

Bradfield, J.H.W.
Toronto
D6527 Tam O'Shanter curling rink
CB, IX, 8 (août 59), 42, ill.

Brooks and van Poorten
Brantford (Ont.)
D6528 Brantford and District Civic Centre (Patinoire)
ARCAN, 45, 8 (août 68), 42, texte & ill.

Caron, Fernand; Rinfret, Pierre
Québec
D6529 Le Colisée de Québec
BAT, XXVI, 10 (oct. 51), 39-41 et 43, texte & ill.
CB, 1, 3 (juil. 51), 21-23, texte & ill.

Craig & Zeidler
Peterborough
D6530 Peterborough Community Centre (patinoire)
RAIC, XXXV, 12 (déc. 58), 477, ill.

De Brauwer, J.C. et Koch, Edmond
Montréal
D6531 Stade Olympique (proposition)
AC, 27, 307 (sept. 72), 15-19, texte & ill.

Desnoyers, Maurice; Prus, Victor
Montréal
D6532 Stade de l'Expo 67
ARCAN, 43, 7 (juil. 66), 31, ill.
ARCAN, 45, 8, (août 68), 29-32, texte & ill.
TCA, X, 12 (déc. 65), 19, texte & ill.
TCA, XI, 10 (oct. 66), 50, texte & ill.
TCA, XI, 12 (déc. 66), 6, texte & ill.
ABC, XXII, 259 (nov. 67), 16, texte & ill.
BAT, XLI, 4 (avril 66), 7-8, texte & ill.
BAT, LIV, 2 (fév. 79), 6
CB, XXVIII, 11 (nov. 78), 7

Dewar, Stevenson & Stanley
Edmonton
D6533 Grandstand
RAIC, XXIX, 3 (mars 52), 70, ill.

Dewcon Structures Ltd.
Burlington
D6534 Centre Kiwanis des Loisirs (patinoire)
AC, 25, 283 (avril 70), 7, texte & ill.

Dobush, Stewart, Bourke, Longpré, Marchand, Goudreau
Dorval
D6535 Stade de glace de Dorval
ABC, XXII, 256 (août 67), 32-34, texte & ill.

Duplessis, Labelle, Derome
Montréal
D6536 Aréna du parc Villeray
ABC, XVI, 184 (août 61), 31-33, texte & ill.
ABC, XVI, 186 (oct. 61), 57, ill.

Fowler, Bauld and Mitchell
Halifax
D6537 Metro Centre (patinoire)
CB, XXIX, 11 (nov. 79), 30, ill.

Goyer, Paul; Lapointe, Paul
Montréal
D6538 Blue Bonnets (hippodrome)
BAT, IX, 5 (mai 61), 52, ill.

Grenier, Charles
Ville Mont-Royal
D6539 L'Aréne de Ville Mont-Royal
ABC, XII, 136 (août 57), 44-45, texte & ill.

Saint-Vincent-de-Paul
D6540 Centre Sportif Laval (Stade)
BAT, XXIX, (fév. 54), 30-33, texte & ill.

Hall, William S. (Ass.)
Don Mills
D6541 Don Mills Curling rink
TCA, V, 4 (avril 60), 8, ill.
CB, X, 5 (mai 60), 53-55, texte & ill.
CB, X, 8 (août 60), 7, ill.

Hamilton, Gerald (Ass.); Hamilton and Ass.
Ottawa
D6542 Ottawa Civic Centre (Stade)
TCA, X (yearbook 65), 82, texte & ill.

Jenkins & Wright
Kitchener
D6543 Kitchener Memorial Auditorium (patinoire)
RAIC, XXIX, 8 (août 52), 252-253, ill.

Lawson & Betts; Paine, A.J.C.
D6544 Voir Paine, A.J.C.; Lawson & Betts

Lobb, Howard V.; Cook, J.H.
Calgary
D6545 "Grandstand-racetrack Complex" (pour le Calgary Stampede)
ARCAN, 49 (déc. 72), 6, texte & ill.

McNab, Duncan (Ass.)
Vancouver
D6546 Grandview Community Centre Ice Rink
CB, XV, 2 (fév. 65), 28-29, texte & ill.

Marani and Morris
Toronto
D6547 Canadian National Exhibition Grandstand
RAIC, XXVI, 6 (juin 49), 175-184, texte & ill.
RAIC, XXVIII, 2 (fév. 51), 37, ill.

Mathers & Haldenby
Toronto
D6548 Upper Canada College Hockey Rink
TCA, XXV, 2 (fév. 80), 33, ill.

Mitchell, Phillips (Ass.); Reid, Crowther & Partners Ltd
D6549 Voir Reid, Crowther & Partners Ltd; Mitchell, Phillips (Ass.)

Moody & Moore
Winnipeg
D6550 Winnipeg Winter Club
RAIC, XXVII, 6 (juin 50), 192-193, ill.

Morgan, Earle C.
Toronto
D6551 Woodbine Grandstand and Clubhouse
RAIC, XXXII, 10 (oct. 55), 383, ill.
RAIC, XXXIII, 5 (mai 56), 173, ill.
RAIC, XXXIV, 12 (déc. 57), 459-468, texte & ill.
RAIC, XXXV, 12 (déc. 58), 479, ill.

Morgan, Earle C.; Page & Steele
Toronto
D6552 Piste de courses Greenwood
AC, 26, 294 (mai 71), 24-25, texte & ill.

Murray & Murray
Ottawa
D6553 Patinoire, Carleton University
ARCAN, 43, 9 (sept. 66), 32, texte & ill.

O'Gorman, H.W.
North Bay
D6554 Memorial Gardens (patinoire)
RAIC, XXXV, 6 (juin 58), 226-227, ill.

Ouellet, J.; Vincent, J.
Westmount
D6555 Montreal Caledonia Curling Club
BAT, IX, 5 (mai 61), 39, texte & ill.

Page & Steele; Morgan, Earle C.
D6556 Voir Morgan, Earle C.; Page & Steele

Paine, A.J.C.; Lawson and Betts
St. John's (T.-N.)
D6557 Memorial Stadium
RAIC, XXX, 9 (sept. 53), 262, texte & ill.

Parkin, John B.(Ass.)
Toronto
D6558 Olympic Stadium
CB, XVIII, 9 (sept. 68), 5, texte & ill.

Pauch, M.C.
Manitoba
D6559 Patinoire pour la Red River Exhibition
RAIC, XXXI, 3 (mars 54), 69, texte & ill.

Perrault, Jean-Julien
Montréal
D6560 Aréna Maurice Richard
ABC, XVI, 184 (août 61), 26-30, texte & ill.
ABC, XVI, 186 (oct. 61), 56, ill.
NB, X, 2 (fév. 61), 23, texte & ill.
CB, XI, 9 (sept. 61), 42-43, texte & ill.

Pettick, Joseph
Moose Jaw
D6561 Moose Jaw Civic Centre Rink Auditorium
RAIC, XXXIV, 12 (déc. 57), 469, ill.
RAIC, XXXVIII, 11 (nov. 61), 54, ill.
TCA, I, 12 (déc. 56), 55, texte & ill.
TCA, V, 10 (oct. 60), 55-57, texte & ill.
TCA, VI, 11 (nov. 61), 6, ill.
ABC, XIV, 160 (août 59), 262-263, texte & ill.
BAT, IX, 12 (déc. 61), 13, texte & ill.
NB, VIII, 7 (juil. 59), 3 et 12-15 et page couverture, texte & ill.
CB, XI, 12 (déc. 61), 38-39 et 47, texte & ill.

Phillips, Barratt, Hillier, Jones & Partners; Wynn, Forbes, Lord, Felberg, Schmidt
Edmonton
D6562 Coliseum
CB, XXII, 12 (déc. 72), 12, texte & ill.

Plasvic, Vladimir (Ass.)
Vancouver
D6563 Thunderbird Stadium
ARCAN, 45, 8 (août 68), 41, texte & ill.
TCA, XIII, (yearbook 68), 85-86, texte & ill.

Prus, Victor; Desnoyers, Maurice
D6564 Voir Desnoyers, Maurice; Prus, Victor

Reid, Crowther & Partners Ltd; Mitchell, Phillips Ass.
Regina
D6565 Taylor Field Expansion (Stade)
TCA, XXV, 8 (août 80), 4, texte & ill.

Rice and Roberts
North Vancouver
D6566 Stardust Roller Fun Rink
CB, XV, 5 (mai 65), 76-77, texte & ill.

Rinfret, P. & Bouchard, M.; Blatter, R. & Caron, G.-F.
D6567 Voir Blatter, R. & Caron, G.-F.; Rinfret, P & Bouchard, M.

Ross, Patterson, Townsend et Fish
Toronto
D6568 Maple Leaf Gardens (installation d'escaliers mobiles)
BAT, XXX, 4 (avril 55), 65, texte.

St-Gelais, Evans
Montréal
D6569 Projet-thèse: palais des sports au parc Maisonneuve
ABC, X, 111 (juil. 55), 28-30, texte & ill.
D6570 Palais des sports
RAIC, XXXIV, 3 (mars 57), 91, texte & ill.

Sedleigh, K.; Stone & Webster
Montréal
D6571 Forum de Montréal
ARCAN, L (juil. 73), 3-4, texte & ill.

Seligman & Dick
Scarborough
D6572 Ice Galaxy (patinoire)
CB, XXVII, 6 (juin 77), 8, texte & ill.

Siddall, Dennis & Ass.
Victoria
D6573 Centennial Stadium (Univ. of Victoria)
ARCAN, 45, 8 (août 68), 40, texte & ill.

Sinoski, D.A.
Toronto
D6574 (proposition pour le toit du stade)
CB, XXIII, 10 (oct. 73), 65-66, texte.

Stone & Webster; Sedleigh, K.
D6575 Voir Sedleigh, K.; Stone & Webster

Taillibert, Roger
Montréal
D6576 Stade olympique
ARCAN, 49 (oct. 72), 6-7
AC, 29, 326 (nov.-déc. 74), 11, texte & ill.
AC, 30, 332 (nov.-déc. 75), 6-7
TCA, XVII, 5 (mai 72), 7
TCA, XXI, 9 (sept. 76), 32-51, texte & ill.
TCA, XXI, 9 (sept. 76), 56-60
TCA, XXIV, 4 (avril 79), 8
TCA, XXV, 11 (nov. 80), 42, texte & ill.
CB, XXII, 11 (nov. 72), 7, texte.
CB, XXIII, 12 (déc. 73), 20a-20b, texte & ill.
CB, XXV, 2 (fév. 75), 39, texte.
CB, XXV, 10 (oct. 75), 6, texte.
CB, XXV, 10 (oct. 75), 49-50
CB, XXV, 12 (déc. 75), 19
BAT, XLVII, 1 (jan. 72), 15-17, texte & ill.
BAT, XLVII, 4 (avril 72), 5, texte.
BAT, XLVII, 5 (mai 72), 8, texte.
BAT, XLIX, 7 (juil. 74), 7, texte.
BAT, L, 4 (avril 75), 15-16, texte & ill.
BAT, LI, 6 (juin 76), 11-13, texte & ill.
BAT, LI, 7 (juil. 76), 32, texte.
BAT, LIV, 7 (juil. 79), 4, texte.

Thibodeau & Thibodeau
Montréal
D6577 Stade du Collège Loyola
ABC, II, 10 (jan. 47), 36, texte.

Thompson, Berwick & Pratt
Vancouver
D6578 Empire Stadium
RAIC, XXXV, 4 (avril 58), 143, ill.

Wynn, Forbes, Lord, Felberg, Schmidt; Phillips, Barratt, Hillier, Jones & Partners
D6579 Voir Phillips, Barratt, Hillier, Jones & Partners; Wynn...

Théâtres et auditoriums
Theatres and Auditoriums

"Albertans vote yes and no in plebiscites" (pour un centre de congrès à Edmonton, et contre un centre civique à Calgary)
CB, XXX, 1 (jan. 80), 6

"L'ACC se réjouit du programme d'assistance à la construction de centres de congrès"
BAT., LV, 6 (juil.-août 80), 9, texte

"Montreal developers seek convention centre to lift new hotels market"
CB, XXVII, 2 (fév. 77), 27-28

"Theatres". (une bibliographie)
RAIC, XL, 11 (nov. 63), 29

Angus, William
"Theatre Design — A producer's point of view".
RAIC, XXIX, 12 (déc. 52), 347-351

Arnott, Brian
"The world as a Stage"
TCA, XVIII, 2 (fév. 73), 24-32

Branson, Norman R.
"A New Concept in theatre design".
RAIC, XXXIV, 1 (jan. 57), 10-14

Card, Raymond
"Theatre Design"
RAIC, XXIV, 4 (avril 47), 107-112

Doelle, Leslie L.
"Acoustic finishes in Auditoria"
TCA, VI, 3 (mars 61), 71 et 73 et 75
"Auditorium Acoustics".
ARCAN, 44, 10 (oct. 67), 35-45

Donat, Peter
"Theater Architecture: An Actor's Point of View".
ARCAN, 44, 8 (août 67), 49

Gillespie, Bernard
Anonyme, *Theatre Planning*, Roderick Press, University of Toronto Press, [s.l.], 1972.
TCA, XVIII, 2 (fév. 73), 7-8
Schubert, Hannerole. *The Modern Theatre: architecture, stage design, lighting*. Praeger, New-York, Canadian Agents: Burns & MacEachern Ltd, Don Mills, [s.d.].
TCA, XVII, 6 (juin 72), 8-9

Hounsom, Eric W.
"An approach to Canadian theatre design".
RAIC, XXIV, 4 (avril 47), 113-117
"Technical Section, Auditorium floor fall".
RAIC, XL, 3 (mars 63), 73-76

Lebensold, D.F.
"Theatre: a need for Dialogue"
TCA, XI, 8 (août 66), 51-53

Lee, D.H.
"Considerations of Environment for audio/visual presentation".
RAIC, XL, 11 (nov. 63), 59-60 et 63

Messer, Tom
"Federal Government to subsidize convention centre development"
CB, XXX, 8 (août 80), 9

Pawlikowski, Joheph
L'éclairage du théâtre à ciel ouvert, au Parc Lafontaine
ABC, XI, 124 (août 56), 40-43, texte & ill.

Russell, John A.
"Design for acting"
RAIC, XVIII, 5 (mai 41), 79-81

Rybka, Karel R.
"Heating and air conditioning of theatres".
RAIC, XXV, 2 (fév. 48), 43-46

Centres de congrès
Convention Centres

Anonyme/Anonymous
Calgary
D7001 Convention Centre
CB, XX, 12 (déc. 70), 27, texte.
CB, XXI, 2 (fév. 71), 42, ill.
CB, XXII, 7 (juil. 72), 32-33, texte & ill.
Hull
D7002 Centre des Congrès (Place du Centre)
BAT, LII, 7 (juil. 77), 4, texte.
BAT, LIV, 5 (mai 79), 6, texte.
BAT, LIV, 8 (août 79), 5, texte.
Montréal
D7003 Centre international des congrès
BAT, LII, 4 (avril 77), 5, texte.
BAT, LII, 7 (juil. 77), 5, texte.
BAT, LIII, 4 (avril 78), 5, texte.
CB, XXIX, 11 (nov. 79), 7, texte.
D7004 "Les cinq projets finalistes"
BAT, LIII, 10 (oct. 78), 18-19
Toronto
D7005 Convention Centre, Harbourfront
CB, XXVI, 7 (juil. 76), 6, texte.
CB, XXIX, 10 (oct. 79), 5, texte & ill.
D7006 "Third convention centre plan unveiled in Toronto would cost $68 million"
CB, XXX, 3 (mars 80), 12
D7007 Centre de congrès, à la base de la tour du CN.
CB, XXX, 12 (déc. 80), 5 et 6, texte.

Vancouver
D7008 Convention centre, waterfront
CB, XXIX, 12 (déc. 79), 7, texte.

Winnipeg
D7009 Convention Centre
CB, XXI, 12 (déc. 71), 6, texte.

Adamson, Gordon S.(Ass.)
Wellington County
D7010 Crieff Conference Centre (for Presbyterian Church in Canada)
TCA, XV, 8 (août 70), 46, texte & ill.

Blouin, André
Montréal
D7011 Projet pour le Palais des Congrès
BAT, LIII, 10 (oct. 78), 19, texte & ill.

Dimakopoulos, Dimitri
Montréal
D7012 Projet pour le Palais des Congrès
BAT, LIII, 10 (oct. 78), 18, texte & ill.

Dunlop, Farrow, Aitken
Eagle Lake (Ont.)
D7013 Education/Convention Centre
TCA, XVII, (yearbook et déc. 72), 42-43, texte & ill.

Labelle, Marchand, Geoffroy, Hébert, Lalonde; Prus, Victor; Lemoyne & Ass.
D7014 Voir Prus, Victor; Lemoyne & Ass.; Labelle, Marchand, Geoffroy, Hébert, Lalonde

Lalonde, J.-L.
Montréal
D7015 Centre des Congrès de Montréal
AC, 34, 348 (sept.-oct. 78), 26, texte & ill.
BAT, LIII, 10 (oct. 78), 19, texte & ill.

Lamarre, Jean
Montréal
D7016 Projet pour le Palais des Congrès
BAT, LIII, 10 (oct. 78), 18, texte & ill.

Lantzius, J.; Rodger, A.; Walgamuth, T.
Niagara
D7017 Plaza for the Niagara Falls Convention Centre
ARCAN, L (jan. 73), 7, texte & ill.

Lemoyne & Ass.; Prus, Victor; Labelle, Marchand, Geoffroy, Hébert, Lalonde
D7018 Voir Prus, Victor; Lemoyne & Ass.; Labelle, Marchand, Geoffroy, Hébert, Lalonde

LM Architectural Group; Number Ten Architectural Group
D7019 Voir Number Ten Architectural Group; LM Architectural Group

Number Ten Architectural Group; LM Architectural Group
Winnipeg
D7020 Convention Centre
TCA, XX, 6 (juin 75), 48, texte & ill.

Ouellet, Jean
Montréal
D7021 Projet pour le Palais des Congrès
BAT, LIII, 10 (oct. 78), 18, texte & ill.

Parkin, John C.
Toronto
D7022 Centre de congrès faisant partie du Metro Centre Project
CB, XXIII, 1 (jan. 73), 7, texte.

Prus, Victor; Lemoyne & Ass.; Labelle, Marchand, Geoffroy, Hébert, Lalonde
Montréal
D7023 Palais des Congrès
BAT, LIII, 10 (oct. 78), 16, 19, texte & ill.
BAT, LIV, 11 (nov. 79), 7, texte & ill.
BAT, LV, 2 (mars 80), 18, texte.
CB, XXIX, 12 (déc. 79), 7, texte & ill.
TCA, XXIII, 11 (nov. 78), 4, texte & ill.

TCA, XXIV, 2 et 3 (fév.-mars 79), 26-29, texte & ill.

Wensley, B. James (Ass.)
Edmonton
D7024 Convention Centre
TCA, XXV, 1 (jan. 80), 4, texte.

Zeidler, Eberhard
Mont Sainte-Marie (Qué.)
D7025 The Mont Ste-Marie Resort and Conference Centre
TCA, XXIII, 6 (juin 78), 4, texte & ill. Voir aussi sous la rubrique "Villégiature"

Cinémas
Movie Theatres

Anonyme/Anonymous
Montréal
D7201 Le "cinéma d'art" de la Place Ville-Marie
ABC, XVI, 186 (oct. 61), 52-53, texte & ill.

Bujold, Émilien
Édifice de lieu inconnu
D7202 Projet d'un édifice commercial
ABC, III, 22 (fév. 48), 28, ill.

Caron
Édifice de lieu inconnu
D7203 Façade de Cinéma (projet d'étudiant)
ABC, I, 2 (jan. 46), 10-11, texte et ill.

Carter, Dennis
Winnipeg
D7204 Édifice à bureaux et cinéma, Portage Ave.
RAIC, XXIII, 4 (avril. 46), 98, texte & ill.

Charbonneau, Charles-Émile
St-Hyacinthe
D7205 Cinéma de Paris
ABC, IX, 100 (août 54), 28-29, texte & ill.

De Belleval, J.F.
Édifice de lieu inconnu
D7206 Façade de Cinéma (projet d'étudiant)
ABC, I, 2 (jan. 46), 10-11, texte & ill.

Dubé, Jean-Maurice
Drummondville
D7207 Le Riviera
ABC, VIII, 85 (mai 53), 32-33, texte & ill.
Montréal
D7208 Cinéma Riviera
ABC, IX, 100 (août 54), 35-37, texte & ill.
Victoriaville
D7209 Le Victoria
ABC, VIII, 85 (mai 53), 29-31, texte & ill.

English, Jay.-I.; Kemp, Leslie-H.
Toronto
D7210 Cinéma Odéon
ABC, III, 31 (nov. 48), 36-42, texte & ill.

Greenspoon, H.-E.
Montréal
D7211 Cinéma Odéon Champlain
ABC, III, 31 (nov. 48), 30-33, texte & ill.
D7212 Cinéma Odéon Crémazie
ABC, II, 19 (nov. 47), 29-32, texte & ill.
ABC, III, 31 (nov. 48), 35, ill.
D7213 Cinéma Odéon Mercier
ABC, II, 19 (nov. 47), 29-32, texte & ill.
ABC, III, 31 (nov. 48), 34, ill.
Ville Saint-Laurent
D7214 Cinéma Normandie
ABC, II, 19 (nov. 47), 28, ill.

Issalys
Édifice de lieu inconnu
D7215 Façade de Cinéma (projet d'étudiant)
ABC, I, 2 (jan. 46), 10-11, texte & ill.

Lamontagne & Gravel
Port-Alfred
D7216 Le Palais municipal, centre de loisirs et cinéma
ABC, VIII, 85 (mai 53), 38-40, texte & ill.

Lapointe, Paul-H.
Montréal
D7217 Studios Renaissance Film Distribution Inc.
ABC, I, 6 (sept. 46), 7-11, texte & ill.
ABC, II, 19 (nov. 47), 33-35, ill.

Luke, Little, Mace
Granby
D7218 Cinéma Palace
ABC, II, 10 (jan. 47), 36, texte
Montréal
D7219 Avenue Theatre
RAIC, XXV, 4 (avril 48), 120-121, texte & ill.
ABC, II, 19 (nov. 47), 24-27, texte & ill.
D7220 Cinéma angle Ste-Catherine — Crescent
ABC, II, 10 (jan. 47), 36, texte
D7221 Cinéma Van Horne
ABC, III, 31 (nov. 48), 43, ill.

Main, Rensaa & Minsos
Edmonton
D7222 Avenue Theatre
CB, I, 1 (mars 51), 16, texte & ill.

Perreault, J.-J.
Sherbrooke
D7223 Cinéma de Paris
ABC, III, 31 (nov. 48), 44, ill.

Rousseau et Bégin
Québec
D7224 Cinéma, hôtel et garage, rue St-Jean
ABC, I, 8 (nov. 46), 27, texte
D7225 Cinéma Laurier
ABC, V, 50 (juin 50), 30, ill.

Sprachman, Mandel
St. Catharines (Ont.)
D7226 Pen Centre, Cinemas 1 and 2
ARCAN, 44, 10 (oct. 67), 9, texte & ill.
TCA, XII, 10 (oct. 67), 6, texte & ill.
TCA, XIII, 8 (août 68), 53-58, texte & ill.
CB, XVII, 11 (nov. 67), 47, ill.
Toronto
D7227 Cineplex, Eaton Centre
TCA, XXIV, 7 (juil. 79), 25-27, texte & ill.

Thibodeau & Thibodeau
Montréal
D7228 Cinéma Ritz
ABC, III, 31 (nov. 48), 45, ill.

Théâtres
Theatres

Anonyme/Anonymous
Ottawa
D7501 "RAIC advocates national auditorium for Ottawa"
CB, IX, 5 (mai 59), 84
Québec
D7502 "Concours Conservatoire du Québec" (liste des gagnants pour le Grand Théâtre de Québec)
RAIC, XLII, 2 (fév. 65), 43-47
Vancouver
D7503 Architectural Competition for a Civic Auditorium
CB, IV, 10 (oct. 54), 18, texte
D7504 "Vancouver Civic Auditorium Competition". (Résultats).
RAIC, XXXII, 3 (mars 55), 97
Winnipeg
D7505 Winnipeg's Rainbow Stage
CB, XXVIII, 7 (juil. 78), 5, texte & ill.
BAT, LIII, 11 (nov. 78), 10, ill.

Adamson, Gordon S. (Ass.)
Toronto
D7506 St. Lawrence Centre for the Arts
ARCAN, 46, 1 (jan. 69), 42, ill.

ARCAN, 46, 2 (fév. 69), 30, ill.
ARCAN, 47 (16 fév. 70), 2, texte & ill.
TCA, X, 8 (août 65), 51-54, texte & ill.
TCA, XV, 5 (mai 70), 34-44, texte & ill.
CB, XVII, 12 (déc. 67), 30-31, texte & ill.

Affleck, Desbarats, Dimakopoulos, Lebensold, Michaud, Sise

Montréal
D7507 Place des Arts
ABC, XIV, 153 (jan. 59), 12-16, texte & ill.
ABC, XVII, 200 (déc. 62), 47, texte
ABC, XVIII, 205 (mai 63), 55, texte
ABC, XIX, 213 (jan. 64), 16-23 et 28-30, texte & ill.
RAIC, XXXVIII, 3 (mars 61), 37, texte & ill.
RAIC, XL, 11 (nov. 63), 32-54, texte & ill.
RAIC, XLI, 11 (nov. 64), 123, texte & ill.
ARCAN, 46, 2 (fév. 69), 52, texte & ill.
TCA, IV, 4 (avril 59), 68-69, texte & ill.
TCA, VIII, 11 (nov. 63), 47-65, texte & ill.
TCA, IX, (yearbook 64), 46-47, texte & ill.
TCA, XII, (yearbook 67), 85, ill.
TCA, XIV, 11 (nov. 69), 40-41, ill.
TCA, XXV, 11 (nov. 80), 23, texte & ill.
BAT, XXXVIII, 11 (nov. 63), 20-25, texte & ill.
CB, X, 3 (mars 60), 83, ill.
CB, XXIV, 10 (oct. 74), 39 et 64, texte & ill.

Affleck, Desbarats, Dimakopoulos, Lebensold, Sise

Ottawa
D7508 Centre National des Arts
AC, 24, 279 (déc. 69), 21-27, texte & ill.
RAIC, XLI, 8 (août 64), 17, texte & ill.
RAIC, XLIII, 5 (mai 66), 29, texte & ill.
ARCAN, 46, 5 (mai 69), 29-30, texte & ill.
ARCAN, 46, 5 (mai 69), 35-52, texte & ill.
ARCAN, 47 (12 oct. 70), 12-13, texte & ill.
ARCAN, 48 (22 nov. 71), 1, texte & ill.
TCA, IX, 9 (sept. 64), 64-65, texte & ill.
TCA, IX, (yearbook 64), 80, texte & ill.
TCA, XIII, 9 (sept. 68), 9, texte & ill.
TCA, XIV, 7 (juil. 69), 30-63, texte & ill.
TCA, XIV, 11 (nov. 69), 44-45, ill.
TCA, XVII, 1 (jan. 72), 9, texte & ill.
TCA, XXV, 11 (nov. 80), 35, texte & ill.
ABC, XXI, 237 (jan. 66), 25-29, texte & ill.
ABC, XXIII, 270 (déc. 68), 11-17, texte & ill.
CB, XV, 8 (août 65), 7, texte.
CB, XVI, 4 (avril 66), 45, texte & ill.
CB, XVI, 7 (juil. 66), 41, texte.
CB, XVII, 8 (août 67), 42-44, texte & ill.
BAT, XLVI, 12 (juil. 71), 14-15, texte & ill.

Vancouver
D7509 The Queen Elizabeth Theatre
RAIC, XXXIX, 1 (jan. 62), 37, ill.
RAIC, XXXIX, 4 (avril 62), 34, ill.
TCA, I, 5 (mai 56), 21-23, texte & ill.
TCA, I, 6 (juin 56), 28, texte & ill.
TCA, IV, 10 (oct. 59), 68-69 et 80, texte & ill.
TCA, V, 1 (jan. 60), 6 et 8, texte.
TCA, V, 1 (jan. 60), 43-66, texte & ill.
TCA, VII, 7 (juil. 62), 7, texte & ill.
TCA, XI, 8 (août 66), 52, ill.
TCA, XIV, 11 (nov. 69), 37, ill.
TCA, XXV, 11 (nov. 80), 20, texte & ill.
ABC, X, 112 (août 55), 30-32, texte & ill.
BAT, XXX, 4 (avril 55), 25, texte.
BAT, XXX, 6 (juin 55), 44-45 et 47, texte & ill.
CB, V, 3 (mars 55), 36-38, texte & ill.
CB, VI, 8 (août 56), 58, ill.
CB, XII, 3 (mars 62), 65, texte & ill.

Affleck, Desbarats, Dimakopoulos, Lebensold, Sise; Cummings & Campbell
D7510 Voir Cummings & Campbell; Affleck, Desbarats, Dimakopoulos, Lebensold, Sise

Affleck, Desbarats, Dimakopoulos, Lebensold, Sise; Kerr & Cullingworth
D7511 Voir Kerr & Cullingworth; Affleck, Desbarats, Dimakopoulos, Lebensold, Sise

Allward & Gouinlock

Toronto
D7512 Royal Alexandra Theatre
RAIC, XL, 11 (nov. 63), 30-31, texte & ill.

Altman, Sarina

Montréal
D7513 Projet-thèse: un centre musical à Montréal
ABC, XV, 171 (juil. 60), 226-229, texte & ill.
RAIC, XXXVII, 8 (août 60), 338 et 340, texte & ill.
RAIC, XXXVIII, 3 (mars 61), 42 et 52, ill.

Arnold, Arthur

Calgary
D7514 Calgary Jubilee Auditorium
CB, X, 8 (août 60), 22-23, texte & ill.

Edmonton
D7515 Edmonton Jubilee Auditorium
CB, X, 8 (août 60), 22-23, texte & ill.
TCA, IV, 3 (mars 59), 38-47, texte & ill.

Bernier, M.

Québec
D7516 Projet étudiant: un théâtre dramatique transformable
ABC, XIX, 219 (juil. 64), 35-42, texte & ill.

Bernstein, Alan; Mayerovitch, Harry; Hickling, Allen; Regenstreif, Avrum

Québec
D7517 Grand Théâtre de Québec (mention pour ce concours)
RAIC, XLII, 2 (fév. 65), 43 et 47, texte & ill.

Blakey, W.G.

Edmonton
D7518 The Garneau Theatre
RAIC, XVII, 5 (mai 40), 86

Blouin, André

Montréal
D7519 Transformation du théâtre de la Comédie Canadienne
ABC, XIII, 152 (déc. 50), 50-55, texte & ill.
TCA, III, 9 (sept. 58), 48-52, texte & ill.

Caron, Juneau et Bigue

St-Jean-des-Piles
D7520 Villa Musica
BAT, XLI, 11 (nov. 66), 32-34, texte & ill.

Chaussé, Alcide

Montréal
D7521 Empress Theatre
RAIC, XXII, 12 (déc. 45), 263, ill.

Clayton and Bond

Vancouver
D7522 Vancouver Civic Auditorium (2e prix)
TCA, I, 5 (mai 56), 24-25, texte & ill.
CB, V, 5 (mai 55), 46, ill.

Cummings & Campbell; Affleck, Desbarats, Dimakopoulos, Lebensold, Sise

St. John's (T.-N.)
D7523 Arts and Cultural Centre
TCA, X, 12 (déc. 65), 16, texte.
ARCAN, 44, 10 (oct. 67), 46, ill. Voir aussi sous la rubrique "Centres communautaires"

David, Barott, Boulva

Montréal
D7524 Édifice des théâtres Maisonneuve et Port-Royal
ABC, XXII, 257 (sept. 67), 21-31, texte & ill.

De Belleval, J.F.

Édifice de lieu inconnu
D7525
RAIC, XXIV, 5 (mai 47), 158, ill.

Desgagné & Côté

Mont Orford
D7526 Auditorium des Jeunesses Musicales
ABC, XVII, 196 (août 62), 26-32, texte & ill.

English, Jay I.

Toronto
D7527 Fairlawn Theatre
RAIC, XXV, 2 (fév. 48), 47-49, ill.

Erickson, Arthur

Montréal
D7528 Open Air Theatre (projet d'étudiant)
RAIC, XXVII, 4 (avril 50), 135, ill.

Erickson, Arthur; Mathers and Haldenby

Toronto
D7529 Massey Hall (Ensuite appelé Roy Thomson Hall)
TCA, XXII, 11 (nov. 77), 4-5 et 7, texte & ill.
TCA, XXII, 12 (déc. 77), 18-22, texte & ill.
TCA, XXV, 7 (juil. 80), 8, texte & ill.
TCA, XXV, 9 (sept. 80), 4, texte & ill.
BAT, LII, 10 (oct. 77), 11, ill.
CB, XXIX, 5 (mai 79), 22-23, texte & ill.
CB, XXX, 11 (nov. 80), 4, texte & ill.

Fairfield and DuBois

Sarnia
D7530 Salle pour l'opéra
TCA, XVIII, 4 (avril 73), 6-7, texte & ill.

Fortin, Benoît

Québec
D7531 Projet étudiant: un théâtre dramatique transformable
ABC, XIX, 219 (juil. 64), 35-42, texte & ill.

Frew, Robert Simpson

Édifice de lieu inconnu
D7532 A performing Arts Centre for a population of 500,000
RAIC, XLII, 8 (août 65), 21 et 26, texte & ill.

Gardiner, Thornton, Gathe Ass.

Dawson City (Yukon)
D7533 The Palace Grand Theatre (restauration)
RAIC, XXXIX, 4 (avril 62), 63-66

Vancouver
D7534 Vancouver Civic Auditorium
TCA, I, 6 (juin 56), 28, texte & ill.

Garwood-Jones, Trevor

Hamilton
D7535 Hamilton Place
TCA, XIX, 5 (mai 74), 5 et 22-31 et 62, texte & ill.

Girardin, Pierre

Québec
D7536 Projet étudiant: un théâtre dramatique transformable
ABC, XIX, 219 (juil. 64), 35-42, texte & ill.

Green, Blankstein, Russell & Ass.

Vancouver
D7537 Vancouver Civic Auditorium
TCA, I, 5 (mai 56), 42-43, texte & ill.

Hamilton, P.

Édifice de lieu inconnu
D7538 Opera House
RAIC, XL, 3 (mars 63), 61, ill.

Hancock, Noel; Vetere, Don; Dowdell, Gordon; Foster, Tupper

Toronto
D7539 Lady Eaton Memorial Concert Hall
TCA, XVII, 4 (avril 72), 7, texte & ill.

Hawthorn, Mansfield, Towers

Vancouver
D7540 City Stage Theatre
TCA, XXII, 9 (sept. 77), 33, texte & ill.
D7541 David Y.H.Lui Theatre
TCA, XXII, 9 (sept. 77), 32, texte & ill.

Hébert, Yvon

Verdun
D7542 Projet-thèse (école d'architecture de Montréal): un centre de folklore international.
ABC, XVI, 183 (juil. 61), 28-29, texte & ill.

Hodgson, Alan J.

Victoria
D7543 Civic Playhouse Theatre
TCA, VIII, 11 (nov. 63), 66 et 70-71, texte & ill.
TCA, XI, 11 (nov. 66), 55-56 et 58, texte & ill.

Izumi, Arnott and Sugiyama
Regina
D7544 Regina's Centennial Auditorium
TCA, X, 6 (juin 65), 6, texte & ill.

Johnson & McWhinnie
Windsor
D7545 Windsor Civic Auditorium
RAIC, XXXI, 4 (avril 54), 125-127, texte & ill.
RAIC, XXXVII, 9 (sept. 60), 364-368, texte & ill.

Kayari, Enn
Toronto
D7546 Toronto Civic Opera
RAIC, XXXVII, 8 (août 60), 338-339, texte & ill.
RAIC, XL, 3 (mars 63), 62, texte & ill.

Kerr & Cullingworth; Affleck, Desbarats, Dimakopoulos, Lebensold & Sise
Saskatoon
D7547 Saskatoon's Auditorium
TCA, X, 4 (avril 65), 5-6, texte & ill.
CB, XVIII, 8 (août 68), 7, ill.
CB, XIX, 8 (août 69), 5, texte.
ARCAN, 44, 10 (oct. 67), 51, ill.

Kinoshita, Bajime
Édifice de lieu inconnu
D7548 (projet d'étudiant de l'univ. du Manitoba)
RAIC, XXXVI, 3 (mars 59), 80, texte & ill.

Kinoshita, Gene
Vancouver
D7549 Projet d'un centre de jazz
ABC, XIV, 159 (juil. 59), 232, texte & ill.
TCA, IV, 12 (déc. 59), 11-13, texte & ill.

Labbé, André
Québec
D7550 Projet étudiant: un théâtre dramatique transformable
ABC, XIX, 219 (juil. 64), 35-42, texte & ill.

Laroche, Guy; Ritchot, Jean
Québec
D7551 Grand Théâtre de Québec (mention pour ce concours)
RAIC, XLII, 2 (fév. 65), 43 et 47, texte & ill.

Leaning, John D.; Capling, A.J.
Ottawa
D7552 Outdoor auditorium, Nepean Point
TCA, XII, 10 (oct. 67), 9, texte & ill.

Lévesque, Raymond
Québec
D7553 Projet étudiant: un théâtre dramatique transformable
ABC, XIX, 219 (juil. 64), 35-42, texte & ill.

Major, Pierre
Repentigny
D7554 Théâtre du Nouveau-Monde
ABC, XIX, 223 (nov. 64), 38-40, texte & ill.

Marchand, Gilles
Édifice de lieu inconnu
D7555 (projet d'étudiant)
RAIC, XXVII, 4 (avril 50), 121, texte & ill.

Mathers & Haldenby; Erickson, Arthur
D7556 Voir Erickson, Arthur; Mathers & Haldenby

Mezes, Itsvan
Québec
D7557 Grand Théâtre de Québec (mention pour ce concours)
RAIC, XLII, 2 (fév. 65), 43 et 47, texte & ill.

Morgan, Earle C.; Page and Steele
Toronto
D7558 O'Keefe Auditorium
CB, VIII, 4 (avril 58), 70-71, texte & ill.
RAIC, XXXII, 3 (mars 55), 96
RAIC, XXXV, 1 (jan. 58), 28, texte & ill.
RAIC, XXXVII, 11 (nov. 60), 461-487, texte & ill.
ABC, XIII, 141 (jan. 58), 37, text, ill.

Myers, Barton (Ass.); Wilkin, R.L.
Edmonton
D7559 Citadel Theatre
TCA, XXII, 7 (juil. 77), 18-27, texte & ill.
TCA, XXII, 11 (nov. 77), 39-40, texte & ill.
TCA, XXIV, 10 (oct. 79), 28, ill.
TCA, XXV, 11 (nov. 80), 43, texte & ill.
CB, XXV, 3 (mars 75), 24, texte.
CB, XXV, 4 (avril 75), 34 et 37, texte & ill.
CB, XXVIII, 8 (août 78), 9, texte & ill.

Number Ten Architectural Group
Winnipeg
D7560 Manitoba Theatre Centre
CB, XIX, 2 (fév. 69), 6, texte.
TCA, XIII, 12 (déc. 68), 52, texte & ill.
TCA, XV, 5 (mai 70), 47-48, ill.
TCA, XVI, 9 (sept. 71), 62-65, texte & ill.
TCA, XX, 6 (juin 75), 51, texte & ill.
TCA, XXIV, 10 (oct. 79), 28, ill.

Owtram, Christopher
Vancouver
D7561 Vancouver Civic Auditorium
TCA, I, 5 (mai 56), 28 et 37, texte & ill.
CB, V, 6 (juin 55), 52-53, texte & ill.

Page & Steele; Morgan, Earle C.
D7562 Voir Morgan, Earle C.; Page & Steele

Paivio, Jules
Vancouver
D7563 Vancouver Civic Auditorium (3e prix)
CB, V, 5 (mai 55), 47, ill.
TCA, I, 5 (mai 56), 26-27, texte & ill.

Parkin, John B. (Ass.)
Stratford
D7564 Stratford's Avon Theatre
TCA, XII, 11 (nov. 67), 6, texte & ill.
Vancouver
D7565 Vancouver Civic Auditorium
TCA, I, 5 (mai 56), 44-45, texte & ill.

Peeps, J.C.; Ussner, W.R.
Vancouver
D7566 Vancouver Civic Auditorium
TCA, I, 5 (mai 56), 38-39, texte & ill.

Poulin & Ayotte
Québec
D7567 Le Grand théâtre de Québec (2e prix)
RAIC, XLII, 2 (fév. 65), 43 et 46, texte & ill.
TCA, X, 2 (fév. 65), 49-50 et 54, texte & ill.
ABC, XX, 225 (jan. 65), 24 et 28-30, texte & ill.

Prus, Victor
Québec
D7568 Le Grand théâtre de Québec
ARCAN, 44, 10 (oct. 67), 48-49, texte & ill.
RAIC, XLII, 2 (fév. 65), 43-45, texte & ill.
TCA, X, 2 (fév. 65), 49-53, texte & ill.
TCA, XI, 4 (avril 66), 5-6, texte & ill.
ABC, XX, 225 (jan. 65), 24-27, texte & ill.
AC, XXVI, 293 (avril 71), 16-34, texte & ill.
CB, XV, 9 (sept. 65), 38, ill.
BAT, XLVI, 4 (avril 71), 14-16, 19, texte & ill.

Roscoe, Stienstra and Haverty
Oakville
D7569 "Triodetic Sphere", Sheridan College School of Design
ARCAN, L (jan. 73), 8

Rosten, Hanka
Édifice de lieu inconnu
D7570 (projet)
RAIC, XXVI, 5 (mai 49), 147, ill.

Rounthwaite & Fairfield
Stratford
D7571 Stratford Shakespearean Festival Theatre
RAIC, XXX, 11 (nov. 53), 337-342, texte & ill.
RAIC, XXXIII, 5 (mai 56), 176-177, texte & ill.
RAIC, XXXIV, 7 (juil. 57), 267-274, texte & ill.
RAIC, XXXV, 12 (déc. 58), 437, ill.
RAIC, XLI, 5 (mai 64), 52, ill.

TCA, I, 2 (jan.-fév. 56), 10 et 19-23, texte & ill.
TCA, I, 7 (juil. 56), 6, texte & ill.
TCA, I, 8 (août 56), 48, texte.
TCA, II, 5 (mai 57), 27-29, texte & ill.
TCA, III, 4 (avril 58), 32 et 35, ill.
TCA, IV, 10 (oct. 59), 62-63 et 80, texte & ill.
TCA, VI, 8 (août 61), 13
TCA, X, 5 (mai 65), 58, ill.
TCA, XI, 8 (août 66), 52, ill.
CB, III, 8 (août 53), 20-22, texte & ill.
CB, VIII, 4 (avril 58), 68-69, texte & ill.
CB, IX, 1 (jan. 59), 19, texte & ill.
NB, VIII, 1 (jan. 59), 24, texte & ill.

Rule & Wynn
Edmonton
D7572 Palace Theatre
RAIC, XVII, 5 (mai 40), 86
D7573 Varscona Theatre
RAIC, XVII, 5 (mai 40), 86

Semmens & Simpson
Vancouver
D7574 Vancouver Civic Auditorium
TCA, I, 5 (mai 56), 40-41, texte & ill.

Seton, Hugh
Winnipeg
D7575 (projet)
RAIC, XXVI, 5 (mai 49), 163, ill.

Simmonds, H.H.
Victoria
D7576 Odeon theatre
RAIC, XXVII, 9 (sept. 50), 294, ill.

Smith, Carter, Partners
Winnipeg
D7577 Manitoba's Centennial Arts Centre Concert Hall
TCA, XIII, 5 (mai 68), 8-9, texte & ill.
TCA, XV, 5 (mai 70), 47, ill.
TCA, XX, 6 (juin 75), 50, texte & ill.

Sprachman, Mandel
Aurora
D7578 Outdoor theatre, Centennial Park
TCA, VIII, 4 (avril 63), 13, texte & ill.

Sprachman and Giller
Toronto
D7579 Uptown Theatre (rénovation)
ARCAN, 48 (7 juin 71), 1, texte & ill.

Stewart and Howell
Newcastle (N.-B.)
D7580 Beaverbrook Theatre and Town Hall
RAIC, XXXII, 4 (avril 55), 124, texte & ill.

Thom, R.J.
Niagara-on-the-Lake
D7581 Shaw Festival Theatre
CB, XX, 9 (sept. 70), 51, texte & ill.
TCA, XV, 7 (juil. 70), 8, texte.
TCA, XIX, 1 (jan. 74), 20-28, texte & ill.
TCA, XIX, 4 (avril 74), 5, texte.
TCA, XXI, 2 (fév. 76), 5, texte & ill.

Trépanier & Bélanger
Granby
D7582 Réfection au théâtre Ritz
BAT, XXIX, 5 (mai 54), 38-40, texte & ill.

Université McGill
Montréal(centre-ville)
D7583 A civic theatre (projet d'étudiant)
RAIC, XXXIII, 3 (mars 56), 92, ill.

University of Toronto
Toronto
D7584 Auditorium municipal
RAIC, XXXV, 3 (mars 58), 90, texte & ill.

Wilkin, R.L.; Myers, Barton (Ass.)
D7585 Voir Wilkin, R.L.; Myers, Barton (Ass.)

Édifices publics
Public Buildings

"Devis directeur pour la construction projetée par le Gouvernement canadien"
BAT, L, 8 (août 75), 8, texte & ill.

"DPW Construction" (Public Works Department)
CB, XVI, 6 (juin 66), 83

"Five years of D.P.W."
TCA, V, 12 (déc. 60), 66-69

"Le DDG disponible dès septembre" (Devis Directeur du gouvernement canadien pour la construction d'immeubles et de routes)
BAT, LI, 8 (août 76), 6, texte

"Le ministère fédéral des Travaux Publics fonctionnera comme une entreprise privée."
BAT, XLV, 2 (fév. 70), 5-6, texte

"Les projets du ministère des Travaux Publics"
BAT, XLIX, 4 (avril 74), 22-23, texte

"Modular co-ordination for all DPW projects"
CB, XIX, 4 (avril 69), 5

"Nation" (Distribution des contrats des Travaux Publics du Canada pour juillet 1976)
TCA, XXI, 10 (oct. 76), 5

"Plans by owner's staff" (Dominion Government Dept. ne requiert plus les services des firmes privées)
RAIC, XVIII, 6 (juin 41), 96-97

"Progress" (le gouvernement ontarien et l'accord des contrats pour les constructions publiques)
TCA, XVI, 9 (sept. 71), 7-8

"... traditional appearance" (besoin d'espace à bureaux sur la colline parlementaire à Ottawa)
TCA, I, 2 (jan.-fév. 56), 52

"Un comité sénatorial recommande au gouvernement d'être plus efficace dans ses opérations immobilières"
BAT, LIII, 11 (nov. 78), 28, texte & ill.

Baldwin, W.D.
"Rearranging Deck Chairs of the Titanic" (Les travaux publics et les écoles d'architecture)
TCA, XXIII, 1 (jan. 78), 37 et 54

Brown, Dougald
"New image, new plans for Dept. of Public Works. Taking cobwebs out of the department isn't easy and might take a long time"
CB, XXIII, 5 (mai 73), 14-17 et 51

Choueke, E.
"Le Fédéral devrait initier un gros projet à Montréal"
BAT, LII, 2 (fév. 77), 22, texte

Dalrymple, John
"Senate report urges Public Works go 'private'".
CB, XXVIII, 11 (nov. 78), 17-18

Gretton, Robert
"Nation" (D'autres personnes que les architectes pourront faire des plans pour des édifices publics à Vancouver)
TCA, XVII, 5 (mai 72),7

Kettle, John
"Federal architecture" (concernant le département d'architecture du gouvernement)
TCA, II, 4 (avril 57), 18-24

Michener, Mel P.
"Manitoba". (l'architecture fédérale à Winnipeg)
RAIC, XXXIII, 7 (juil. 56), 273

Shadbolt, D.
"Rearranging Deck Chairs on the Titanic" (concernant les édifices publics projetés par les Travaux publics ainsi que la sélection des architectes)
TCA, XXIII, 1 (jan. 78), 36-37 et 54

Ambassades et consulats
Embassies and Consulates

Anonyme/Anonymous
New York
F0001 Canada House (compétition)
TCA, 1 (nov.-déc. 55), 13

Ottawa
F0002 Ambassade russe
TCA, II, 1 (jan. 57), 8
TCA, I, 8 (août 56), 52

Bolton, Ellwood & Aimers
Bonn
F0003 Ambassade Canadienne
ARCAN, 44, 9 (sept. 67), 33, ill.

British Ministry of Works
Ottawa
F0004 British High Commission Building
RAIC, XLII, 4 (avril 65), 53-55, texte & ill.

Dept. of Public Works
Canberra (Australie)
F0005 Canadian Chancery Building pour Canadian High Commissioner
RAIC, XXXIX, 6 (juin 62), 58-59, texte & ill.

DuBois & Ass.
Pékin
F0006 Complexe diplomatique
TCA, XXV, 1 (jan. 80), 6, texte.

Erickson, Arthur
Washington
F0007 Ambassade du Canada
TCA, XXV, 1 (jan. 80), 6, texte.

Erickson — Massey
Canberra
F0008 Official Residence of the Canadian High Commissioner
ARCAN, 44, 9 (sept. 67), 36, ill.

Fairfield et DuBois
Ankara
F0009 Résidence officielle canadienne
ARCAN, 44, 9 (sept. 67), 32, texte & ill.
TCA, X, 5 (mai 65), 64, texte & ill.
TCA, XV, 4 (avril 70), 6, texte & ill.

Fiset, Miller, Vinois
Paris
F0010 (Chancery Renovation)
TCA, XXV, 1 (jan. 80), 6, texte.

Gaboury, E.J.
Mexico City
F0011 (new chancery)
TCA, XXV, 1 (jan. 80), 6, texte.

Gardiner, Thornton, Davidson, Garret, Masson & Ass.
New Delhi
F0012 Canadian High Commission Building
ARCAN, 44, 9 (sept. 67), 29, ill.

Leblanc, Roger
Oslo (Norvège)
F0013 Projet-étudiant: une ambassade
ABC, XIX, 213 (jan. 64), 36, texte & ill.

McCarter, Nairne & Partners
Tokyo
F0014 (A Chancery)
TCA, XXV, 1 (jan. 80), 6, texte.

Marani & Morris
New York
F0015 Canada House
TCA, III, 1 (jan. 58), 16

Mathers & Haldenby
Toronto
F0016 U.S. Consulate General Building
RAIC, XXIX, 8 (août 52), 250-251, ill.

Menkes, René
Mexico
F0017 Projet-thèse: ambassade canadienne
ABC, X, 111 (juil. 55), 38-39, texte & ill.

Murray and Murray
London (Angleterre)
F0018 Canada House (modifications)
TCA, XXV, 1 (jan. 80), 6, texte.

Neish, Owen, Rowland and Roy
Lagos
F0019 (A Chancery)
TCA, XXV, 1 (jan. 80), 6, texte.

Number Ten Architectural Group
Islamabad
F0020 Government of Canada Construction Program
ARCAN, 44, 9 (sept. 67), 37, ill.

Ouellette & Reeves
Belgrade
F0021 (Chancery Accomodation and Recreational Facilities)
TCA, XXV, 1 (jan. 80), 6, texte.

Smith, Carter Partners
Moscou
F0022 Ambassade
TCA, XXV, 1 (jan. 80), 6, texte.

Thompson, Berwick; Pratt & Partners
Brasilia
F0023 Canadian Embassy
ARCAN, 44, 9 (sept. 67), 30-31, texte & ill.
F0024 Chancery for Canadian Embassy
TCA, XXIV, 4 (avril 79), 16-19, texte & ill.

Bureaux de poste
Post Offices

Anonyme/Anonymous
Asbestos
F1001 Bureau de poste (agrandissement)
BAT, XXIX, 7 (juil. 54), 34, texte.

Public Buildings / Édifices publics

Don Mills
F1002 Bureau de poste (altérations)
CB, XVIII, 3 (mars 68), 7, texte.

Drummondville
F1003 BAT, XXX, 1 (jan. 55), 13, texte.

Dryden (Ont.)
F1004 CB, XIV, 10 (oct. 64), 19, texte.

Jasper
F1005 TCA, I, 6 (juin 56), 8, texte & ill.

Kitchener
F1006 Kitchener Postal Terminal
CB, XII, 12 (déc. 62), 35, texte & ill.

La Tuque
F1007 BAT, XXXIV, 5 (mai 59), 83, texte.

Montréal
F1008 Hôtel des Postes
BAT, XXVII (août 52), 26, ill.
F1009 Montreal Post Office (améliorations et changements)
CB, XIX, 5 (mai 69), 60, texte.

Morse
F1010 CB, XV, 2 (fév. 65), 48, texte.

Ottawa
F1011 Post Office Department
CB, X, 10 (oct. 60), 46-47, texte & ill.
F1012 Postal terminal
CB, XVIII, 8 (août 68), 7, texte.

Princeville
F1013 BAT, XXVII (avril 52), 13, texte.

Québec
F1014 Terminus postal
BAT, XXXII, 8 (août 57), 70, texte & ill.

Rimouski
F1015 BAT, XXIX, 9 (sept. 54), 29, ill.

St-Eleuthère
F1016 BAT, XXVIII (nov. 53), 13, texte.

St-Justin
F1017 BAT, XXX, 2 (fév. 55), 17, texte.

Ville Saint-Laurent
F1018 Centre principal d'acheminement du courrier
BAT, LI, 4 (avril 76), 20, texte & ill.

Saint-Paul-L'Ermite
F1019 BAT, XXXIV, 3 (mars 59), 58, texte.

Ste-Thérèse de Blainville
F1020 CB, XVIII, 8 (août 68), 8, texte.

South Mountain (Ont.)
F1021 BAT, LIII, 12 (déc. 78), 6, texte & ill.
AC, 34, 348 (nov.-déc. 78), 11, texte & ill.

Toronto
F1022 South Central Postal Facility
CB, XXIII, 5 (mai 73), 44, texte.

Trenton
F1023 "Criticism" (concernant le nouveau bureau de poste de Trenton où on a marié l'ancien édifice à une nouvelle partie)
TCA, XX, 7 (juil. 75), 4

Vanier (Ont.)
F1024 CB, XIX, 12 (déc. 69), 6, texte.

Wakefield (Qué.)
F1025 CB, XXV, 4 (avril 75), 13, ill.

Warwick
F1026 ABC, X, 116 (déc. 55), 25, ill.

Waterville (N.-S.)
F1027 NB, VIII, 12 (déc. 59), 24, texte & ill.

White River (Ont.)
F1028 CB, XV, 6 (juin 65), 5, texte.

Adamson, Gordon S. (Ass.)
Toronto
F1029 Postal building
CB, XIII, 4 (avril 63), 71, texte.
ARCAN, 45, 1 (jan. 68), 57, ill.

Affleck, Desbarats, Dimakopoulos, Lebensold, Michaud & Sise
Ville Mont-Royal
F1030 CB, XI, 12 (déc. 61), 38-39 et 42, texte & ill.
TCA, I, 3 (mars 56), 29-32, texte & ill.
TCA, VI, 11 (nov. 61), 8, ill.
RAIC, XXXVIII, 3 (mars 61), 41 et 52, ill.
RAIC, XXXVIII, 11 (nov. 61), 69, ill.

Archibald, Illsley and Templeton
Montréal
F1031 Postal Station B
CB, 1, 5 (nov.-déc. 51), 20, texte & ill.

Beaulé, Oscar
Port-Alfred
F1032 TCA, II, 4 (avril 57), 24, ill.

Bregman & Hamann
Toronto
F1033 Bureau de poste dans le Fairview Mall
TCA, XVI, 5 (mai 71), 44-45, texte & ill.

Burgess and Gardner
Ottawa
F1034 Postal Terminal Building
RAIC, XVIII, 6 (juin 41), 99, ill.

Caron, J.-L.
Trois-Rivières
F1035 ABC, V, 51 (juil. 50), 23, ill.

Cash, Donald
Montréal
F1036 Succursale postale "B"
AC, 26, 300 (déc. 71), 25-27, texte & ill.

Charbonneau
Granby
F1037 Bureau de poste, rues Principale & Saint-Antoine
BAT, XXVI, 10 (oct. 51), 14, texte.

Davidson, Ian; White, D.E.
Vancouver
F1038 Postal Station "D"
TCA, XIII, 7 (juil. 68), 39-42, texte & ill.
TCA, XIV, 1 (jan. 69), 6, texte & ill.
ARCAN, 45, 12 (déc. 68), 9, texte & ill.

Dept. of Public Works
Bagotville
F1039 BAT, XXXIII, 9 (sept. 58), 17, texte.
Batawa (Ont.)
F1040 TCA, II, 4 (avril 57), 24, ill.
Broadview (Sask.)
F1041 TCA, II, 4 (avril 57), 24, ill.
Crystal Beach (Ont.)
F1042 TCA, II, 4 (avril 57), 24, ill.
Deer Lake (T.-N.)
F1043 TCA, II, 4 (avril 57), 24, ill.
Halifax
F1044 Armdale Post Office
RAIC, XXXII, 4 (avril 55), 124, ill.
Harrow (Ont.)
F1045 TCA, II, 4 (avril 57), 24, ill.
Madoc (Ont.)
F1046 TCA, II, 4 (avril 57), 24, ill.
Terrace (C.-B.)
F1047 TCA, II, 4 (avril 57), 24, ill.
Toronto
F1048 Postal Station "G"
TCA, XXII, 1 (jan. 77), 6-7, texte & ill.

Dubé, Jean-Maurice
Dorion
F1049 BAT, LIII, 4 (avril 78), 5, texte.

Fancott & Bett
Vanier (Ont.)
F1050 TCA, XXV, 2 (fév. 80), 4, texte & ill.

Green, Blankstein, Russell & ass.
Winnipeg
F1051 General Post Office Building
RAIC, XXXVI, 2 (fév. 59), 33-37, texte & ill.
RAIC, XXXIX, 1 (jan. 62), 35, ill.

Kemp, Hamilton
Niagara-on-the-Lake
F1052 TCA, XXIV, 1 (jan. 79), 8, texte & ill.
TCA, XXIV, 4 (avril 79), 34-36, texte & ill.
CB, XXVIII, 11 (nov. 78), 9 et 12-13, texte & ill.

Lavigueur, Gilles
Édifice de lieu inconnu
F1053 Projet d'étudiant: station postale pour une ville de 7000 habitants
ABC, XVI, 178 (fév. 61), 57, texte & ill.

LeFort, Jean-Serge
Val D'Or
F1054 ABC, IV, 42 (oct. 49), couverture et 28, ill.

McCarter, Nairne & Partners
Vancouver
F1055 General Post Office Building
RAIC, XXX, 9 (sept. 53), 258, ill.
BAT, XXXI, 11 (nov. 56), 54, ill.
TCA, III, 6 (juin 58), 76-78, texte & ill.

Morin & Cinq-Mars; Perrault, J.J.
Montréal
F1056 Terminus postal de Montréal (agrandissement)
BAT, XXVI, 10 (oct. 51), 45-47 et 66, texte & ill.
CDQ, XXVI, 4 (juil.-août 51), 25, ill.

Murton, H.E.
Burlington
F1057 RAIC, XVIII, 6 (juin 41), 99, ill.

Noffke, W.E.
Ottawa
F1058 Ottawa Post Office
RAIC, XVII, 9 (sept. 40), 162-164, texte & ill.

Payette, Maurice
Montréal
F1059 Station postale d'Youville
BAT, XXVIII, (avril 53), 28, ill.

Perrault, J.J.; Morin & Cinq-Mars
F1060 Voir Morin & Cinq-Mars; Perrault, J.J.

Ritchot, André
Édifice de lieu inconnu
F1061 Bureau de poste
RAIC, XXXIV, 3 (mars 57), 82, texte & ill.

Roscoe, MacIver and Steinstra
Burlington
F1062 CB, XX, 12 (déc. 70), 10, texte.

Shore, Moffat and Partners
Ottawa
F1063 Sir Alexander Campbell Post Office Headquarters
CB, XV, 7 (juil. 65), 43-45, texte & ill.
BAT, XL, 7 (juil. 65), 48, texte.

Stock, Ramsay & Ass.
Regina
F1064
    TCA, II, 4 (avril 57), 22, ill.

Casernes de pompiers
Fire Stations

Anonyme/Anonymous
North Vancouver
F2001
    TCA, II, 5 (mai 57), 50, texte & ill.

Abram, G.S.
Édifice de lieu inconnu
F2002 Caserne de pompiers
    RAIC, XXIII, 4 (avril 46), 89, texte & ill.

Bacon, Graham
Thunder Bay
F2003 Junot Avenue Fire Station
    TCA, XIX, 11 (nov. 74), 4-5, texte & ill.
    TCA, XX, 11 (nov. 75), 40-43, texte & ill.

Brown, Murray
North York
F2004 (Fire Hall)
    RAIC, XXII, 8 (août 45), 160, ill.

Carruthers, Kenneth
Édifice de lieu inconnu
F2005 District Fire Station
    RAIC, XXVII, 4 (avril 50), 136, ill.

Clack, Roderick
Victoria
F2006 Headquarters Firehall
    TCA, IV, 9 (sept. 59), 84, texte & ill.

Kyles, Kyles & Garratt
Dundas (Ont.)
F2007 Dundas Fire Hall
    TCA, XVIII, 1 (jan. 73), 32-35, texte & ill.

Lacoursière, Arthur
Shawinigan-Sud
F2008 Station de pompes
    ABC, V, 51 (juil. 50), 25, ill.

Luke & Little
Ville Mont-Royal
F2009 Station de Police et de Pompiers
    ABC, VIII, 92 (déc. 53), 36-37, texte & ill.

Massey, Hart
Ottawa
F2010
    TCA, IV, 9 (sept. 59), 85-87, texte & ill.

Murray Architects & Town Planners
Ottawa
F2011 Nepean Fire Hall & Health Unit
    RAIC, XLI, 11 (nov. 64), 105, texte & ill.

Roscoe, Stanley M.
Hamilton
F2012 Fire Station and Health Unit
    RAIC, XXIX, 6 (juin 52), 184, ill.

Satok, Melvin
Oshawa
F2013 Fire Station No. Three
    TCA, XXII, 1 (jan. 77), 6-7, texte & ill.

Sprachman, Mandel
Scarborough
F2014 Scarborough Fire Hall no. 8
    RAIC, XLI, 11 (nov. 64), 120, texte & ill.
    TCA, IX, 1 (jan. 64), 45-48, texte & ill.

Toby, Russell, Buckwell & Ass.
West Vancouver
F2015 No. 4 Firehall
    TCA, XV, 8 (août 70), 42, texte & ill.

Townley & Matheson
Vancouver
F2016 Fire Hall
    RAIC, XXIX, 12 (déc. 52), 355, ill.

Constructions pour la défense civile
Civil Defence Constructions

"A.R.P." (Aerial Raid Precaution)
RAIC, XIX, 6 (juin 42), 141
"Architectural Planning of sites and structures for Army Installations in Canada"
RAIC, XXXIII, 9 (sept. 56), 330-342
"Bomb shelter at the Exhibition"
CB, X, 10 (oct. 60), 62
"Building against atomic attack"
CB, V, 8 (août 55), 25-26
"Building Protection" (contre les bombes, les gaz, le feu, en temps de guerre)
RAIC, XIX, 5 (mai 42), 98-106
"Competition for a brick air-raid shelter"
RAIC, XVIII, 7 (juil. 41), 119
"DND Post War Construction program introduction"
RAIC, XXXIII, 9 (sept. 56), 318-320
"Defense Research Board"
RAIC, XXXIII, 9 (sept. 56), 354-357
"Extra $1,500 buys an atomic hideout"
CB, IX, 7 (juil. 59), 45
"Fallout shelter won't sell ? — Here's what to do about it"
NB, X, 11 (nov. 61), 52
"Here is the official fallout shelter"
NB, IX, 8 (août 60), 51
"How to Do It: Building Bomb Shelter — Old or New Structures"
CB, II, 1-2 (jan.-fév. 52), 60, texte & ill.
"L'abri anti-retombées va-t-il devenir indispensable ?"
BAT, IX, 11 (nov. 61), 28-29
"Official A.R.P. Structures" (Air Raid Precautions)
RAIC, XIX, 5 (mai 42), 121
"Packaged Homes" (maisons mobiles pour la Royal Canadian Air Force)
CB, XII, 4 (avril 62), 66
"Prefabricated Army Huts"
CB, 1, 4 (sept.-oct. 51), 47
"Protection des édifices contre le feu et les retombées radio-actives"
BAT, IX, 11 (nov. 61), 22-34
"Shelters"
RAIC, XIX, 5 (mai 42), 107-120
"Structural elements and design" (leur résistance aux bombes)
RAIC, XIX, 5 (mai 42), 94-97
"Technique de construction contre la radio-activité"
BAT, IX, 11 (nov. 61), 24-27
"The RCAF Construction Program"
RAIC, XXXIII, 9 (sept. 56), 343-353
"What to look at what to fear when scanning shelter markets"
NB, X, 11 (nov. 61), 53 et 55
"You get more design leeway in shelters for older homes"
NB, X, 11 (nov. 61), 67

Baldwin, Martin
Industrial camouflage manual, Reinhold Publishing Corporation, New York, [s.d.]
RAIC, XIX, 10 (oct. 42), 210-211

CMHC
(fallout shelter)
NB, X, 11 (nov. 61), 54 et 67, texte & ill.

Département de la défense civile
"Conseils techniques pour la construction des abris contre les raids aériens"
ABC, VI, 72 (avril 52), 30-33
ABC, VI, 73 (mai 52), 28-31, texte & ill.

Hershfield, C.
Merrill, Anthony F. et F.N. Severud, *The Bomb, Survival and You*, Reinhold Publishing Corp., New York, [s.d.]
RAIC, XXXIII, 6 (juin 56), 242

Lasserre, Fred
"Civilian Defense and A.R.P."
RAIC, XIX, 3 (mars 42), 47-48

Marani, F.H.
"The works and buildings organization in the royal canadian air force"
RAIC, XX, 8 (août 43), 120-123

Anonyme/Anonymous
Barriefield
F3001 Army housing development
    CB, VII, 10 (oct. 57), 52, texte & ill.
Borden
F3002 Camp Borden
    RAIC, XXXIII, 9 (sept. 56), 334, ill.
Cold Lake
F3003 Administration Building (pour l'armée)
    RAIC, XXXIII, 9 (sept. 56), 345, ill.
Edmonton
F3004 (Camp pour l'armée)
    RAIC, XXXIII, 9 (sept. 56), 337, ill.
Gagetown (N.-B.)
F3005 Camp Gagetown
    RAIC, XXXIII, 9 (sept. 56), 331-333, texte & ill.
    CB, V, 6 (juin 55), 60, texte.
Hanna (Alberta)
F3006 "Building bits..." (terrain disponible pour RCMP (barracks, jail and personnel residence)
    NB, VIII, 11 (nov. 59), 49
Kitchener
F3007 (fallout shelter)
    NB, X, 11 (nov. 61), 55, texte & ill.
Longueuil
F3008 (Dépôt d'armement pour la marine)
    BAT, XXIX, 4 (avril 54), 27, texte.
Moose Jaw
F3009 (a 100-unit defense housing project)
    CB, XVII, 2 (fév. 67), 40, texte.
Ottawa
F3010 Le Breton Flats (dont 3 édifices pour le ministère de la Défense)
    CB, XVIII, 7 (juil. 68), 6, texte.
Petawawa (Ontario)
F3011 Camp Petawawa
    RAIC, XXXIII, 9 (sept. 56), 338, ill.
F3012 (226 housing units for married personnel)
    CB, VIII, 3 (mars 58), 55, texte.
F3013 "Will build new Petawawa School"
    NB, VIII, 9 (sept. 59), 57
Pine Tree Chain
F3014 (radar pour l'armée)
    RAIC, XXXIII, 9 (sept. 56), 349, texte & ill.
Sainte-Foy
F3015 200 dwellings for Department of National Defense
    CB, II, 11 (nov. 52), 16-19, texte & ill.
Saint-Jean
F3016 Base militaire de Saint-Jean (travaux de rénovation)
    BAT, XLVIII, 9 (sept. 73), 3, texte.
Thule (Groenland)
F3017 Air Force Base
    CB, V, 12 (déc. 55), 29, texte & ill.
Toronto
F3018 "Defence Plant Houses Empty"
    CB, III, 6 (juin 53), 63, texte

Public Buildings / Édifices publics

Trenton
F3019 Royal Canadian Air Force Memorial
TCA, XIV, 2 (fév. 69), 6, texte.
TCA, XIV, 4 (avril 69), 11, texte.

Valcartier
F3020 (club pour militaires)
BAT, XXXIV, 5 (mai 59), 83, texte.

Victoria
F3021 Prefabricated naval stores warehouse
CB, IV, 9 (sept. 54), 66, texte

Washington
F3022 Military Component, Canadian Embassy
RAIC, XXXV, 6 (juin 58), 204, ill.

Adamson, Gordon S. (Ass.)
Kingston
F3023 Combined All Ranks Mess
RAIC, XXXIII, 9 (sept. 56), 336, ill.
F3024 Unit Drill Hall
RAIC, XXXIII, 9 (sept. 56), 335, ill.

Barott, Marshall, Montgomery and Merrett
Cold Lake
F3025 Airmen's Mess
RAIC, XXXIII, 9 (sept. 56), 345, ill.

Birley, Patrick
Esquimalt (C.-B.)
F3026 Nelles Block, RCN Barracks (Royal Canadian Navy)
RAIC, XXXIII, 9 (sept. 56), 325-326, texte & ill.

Birley, Wade & Stockdill
Esquimalt (C.-B.)
F3027 Administration Block of Electrical Workshop for the Royal Canadian Navy
RAIC, XXIX, 6 (juin 52), 165, ill.

Boulanger, Robert
Petawawa
F3028 Projet de thèse: mess d'officiers pour le camp militaire
ABC, VIII, 87 (juil. 53), 27-30, texte & ill.

Brillon, Henry
Trenton
F3029 RCAF Memorial
ARCAN, 46, 10 (oct. 69), 14-15, texte & ill.
TCA, XIV, 10 (oct. 69), 8-9, texte & ill.

Casson, Sir Hugh; Marani, Rounthwaite & Dick
F3030 Voir Marani, Rounthwaite & Dick; Casson, Sir Hugh

Cohos, Delesalle & Evamy
Trenton
F3031 RCAF Memorial
TCA, XIV, 10 (oct. 69), 8-9, texte & ill.
ARCAN, 46, 10 (oct. 69), 14-15, texte & ill.

David, Boulva, Cleve; Dobush, Stewart, Longpré, Marchand, Goudreau
F3032 Voir Dobush, Stewart, Longpré, Marchand, Goudreau; David, Boulva, Cleve

Directorate of Works, DND (Army) Design Division
Kingston
F3033 500 Man Mess
RAIC, XXXIII, 9 (sept. 56), 336, ill.
F3034 250 Man Mess
RAIC, XXXIII, 9 (sept. 56), 336

Dobush, Stewart, Longpré, Marchand, Goudreau; David, Boulva, Cleve
Saint-Jean
F3035 Base militaire de la Défense nationale
AC, 31, 334 (mars-avril 76), 9, texte & ill.

Fetherstonhaugh, Durnford, Bolton & Chadwick
Halifax
F3036 "A" Block, RCN Barracks (Royal Canadian Navy)
RAIC, XXXIII, 9 (sept. 56), 322-324, texte & ill.

F3037 Officers Quarters, RCN Barracks (Royal Canadian Navy)
RAIC, XXXIII, 9 (sept. 56), 326, texte & ill.

Fisher, R.A.
Oakville
F3038 Headquarters Building Central Command
RAIC, XXXIII, 9 (sept. 56), 339, ill.

Fisher & Tedman
Sault Ste-Marie
F3039 Officers' Mess for 50
RAIC, XXXIII, 9 (sept. 56), 341, ill.

Koch, Edmund; Lapointe, Paul-H.
F3040 Voir Lapointe, Paul-H; Koch, Edmund

Kopsa, Michael M.
Trenton
F3041 RCAF Memorial
TCA, XIV, 10 (oct. 69), 8-9, texte & ill.
ARCAN, 46, 10 (oct. 69), 14-15, texte & ill.

Kurnarsky and Faurer
Gimli (Man.)
F3042 Maisons pour le personnel de RCAF
CB, XV, 12 (déc. 65), 5, ill.

Lapointe, Paul-H.; Koch, Edmund
Granby
F3043 Nuclear fallout shelters
ARCAN, 47 (7 déc. 70), 4

Marani & Morris
Sault Ste-Marie
F3044 Sault Ste-Marie Armoury
RAIC, XXXIII, 9 (sept. 56), 340, ill.

Marani, Rounthwaite & Dick; Casson, Sir Hugh
Ottawa
F3045 Quartier général de la défense
ABC, XX, 236 (déc. 65), 42, texte
BAT, XLI, 1 (jan. 66), 30, texte
BAT, XLI, 9 (sept. 66), 6, texte & ill.
CB, XVI, 7 (juil. 66), 6, texte & ill.
CB, XIX, 12 (déc. 69), 19, texte & ill.
CB, XX, 7 (juil. 70), 8, texte.

Moody & Moore
Édifice de lieu inconnu
F3046 Quartermaster and Technical Stores
RAIC, XXXIII, 9 (sept. 56), 343, ill.

Prus, Victor
Trenton
F3047 Royal Canadian Air Force Memorial
TCA, XIV, 9 (sept. 69), 6, texte.
TCA, XIV, 10 (oct. 69), 8-9, texte.

Rhone & Iredale
Esquimalt (C.-B.)
F3048 Canadian Forces Base
TCA, XIII, 12 (déc. 68), 40, texte & ill.

Ross and MacDonald; Wilson, Colin Saint-John
Édifice de lieu inconnu
F3049 Hangar for the R.C.A.F.
RAIC, XX, 8 (août 43), 132, ill.

SCHL
Ste-Foy
F3050 (dév. domiciliaire pour le Département de la Défense Nationale)
BAT, XXVII (nov. 52), 19-21 et 57, texte & ill.

Schoalps, R.D.
Cobourg (Ont.)
F3051 Central Ordonnance Depot
RAIC, XXXIII, 9 (sept. 56), 342, ill.
CB, IV, 6 (juin 54), 64-66, texte & ill.

Shore & Moffat
Regina
F3052 RCN Reserve Division, HMCS Queen (Royal Canadian Navy)
RAIC, XXXIII, 9 (sept. 56), 329, texte & ill.

Thompson, Grattan D.
Ville LaSalle
F3053 RCN Supply School (Royal Canadian Navy)
RAIC, XXXIII, 9 (sept. 56), 326-327, texte & ill.
Longueuil
F3054 RCN Armament Depot (Royal Canadian Navy)
RAIC, XXXIII, 9 (sept. 56), 329, texte & ill.

Wade, Stockdill & Armour
Colombie-Britannique
F3055 Supply Building, H.M.C.S. Naden
RAIC, XXXV, 4 (avril 58), 133, ill.
Esquimalt (C.-B.)
F3056 Supply Centre, RCN Barracks (Royal Canadian Navy)
RAIC, XXXIII, 9 (sept. 56), 325, texte & ill.

Wiggs, H. Ross
Gagetown
F3057 Camp Gagetown
CB, VII, 9 (sept. 57), 43-46, texte & ill.
Oakville
F3058 Administration Building
RAIC, XXXIII, 9 (sept. 56), 339, ill.

Wiggs, Lawton & Walker
Gagetown
F3059 Camp Gagetown
BAT, XXXIV, 6 (juin 59), 42, texte & ill.
RAIC, XXXIII, 9 (sept. 56), 333, ill.
CB, IX, 8 (août 59), 82, texte & ill.

Wiggs, Walford, Frost and Lindsay
Gagetown
F3060 Gagetown Army Camp
CB, VI, 12 (déc. 56), 30, ill.

Wilson, Colin Saint-John; Ross & MacDonald
F3061 Voir Ross & MacDonald; Wilson, Colin Saint John

Édifices pour l'administration de la justice
Court Houses, Jails, and Police Stations

Allen, Arthur
"Prison Design and the Architect"
TCA, XXII, 7 (juil. 77), 37

Hughes, H. Gordon
"Ottawa Juvenile and Family Court Competition". (Rapport du jury)
RAIC, XXXVII, 9 (sept. 60), 392-395

Anonyme/Anonymous
Édifice de lieu inconnu
F4001 Palais de Justice
BAT, XLVI, 9 (sept. 71), 7, texte & ill.
Brampton
F4002 Ontario Correctional Institute
CB, XXIX, 10 (oct. 79), 9, texte.
Corner Brook (T.-N.)
F4003 RCMP administration building
CB, XVIII, 3 (mars 68), 8, texte.
Cowansville
F4004 Pénitencier de Cowansville
BAT, LII, 5 (mai 77), 5, texte.

	Fort St.James (C.-B.)	*Toronto*

Fort St.James (C.-B.)
F4005 RCMP living quarters
CB, XIV, 10 (oct. 64), 19, texte.

Guelph
F4006 Guelph Correctional Centre
CB, XXIX, 10 (oct. 79), 9, texte.

Hull
F4007 Sûreté du Québec
BAT, LIV, 8 (août 79), 5, texte.

Laval
F4008 Poste de police (secteur est)
BAT, LIII, 6 (juin 78), 5, texte.

Little Plagreen Lake (Man.)
F4009 Norway House (RCMP living quarters for married men)
CB, XIV, 10 (oct. 64), 18, texte.

Milton
F4010 Maplehurst Adult Training Centre
CB, XXIX, 10 (oct. 79), 9, texte.

Montréal
F4011 Gendarmerie royale du Canada
BAT, XLVIII, 1 (jan. 73), 8 et 23

Nicolet
F4012 Institut de police du Québec
BAT, XLVIII, 9 (sept. 73), 3, texte.

Olds (Alberta)
F4013 RCMP detachment quarters
CB, XIV, 10 (oct. 64), 19, texte.

Ottawa
F4014 "Competition" (Pour une nouvelle centrale de police)
RAIC, XXXI, 8 (août 54), 288-289

Québec
F4015 Palais de Justice
BAT, LIV, 4 (avril 79), 6, texte.
BAT, LIV, 5 (mai 79), 32, texte.
CB, XXIX, 4 (avril 79), 10, texte.

F4016 Poste de la Sûreté du Québec
BAT, LIII, 3 (mars 78), 22-23, texte & ill.

Rimouski
F4017 Palais de justice
BAT, XXIX, 9 (sept. 54), 29, texte & ill.

Saint-Georges
F4018 (Pénitencier à sécurité moyenne)
BAT, LII, 2 (fév. 77), 6, texte.

St-Vincent-de-Paul
F4019 Pénitencier
CB, XV, 5 (mai 65), 78, texte.

Toronto
F4020 Court House (Projet de la fin du XIXe siècle)
TCA, I, 3 (mars 56), 8

Trois-Rivières
F4021 Palais de justice (agrandissement)
BAT, LI, 2 (fév. 76), 5, texte.

F4022 "Prison régionale"
BAT, XLVIII, 11 (nov. 73), 3, texte.

Winnipeg
F4023 Sécurité Publique
BAT, XLI, 4 (avril 66), 44

Affleck, Ray; Desbarats, Guy
Ottawa
F4024 City of Ottawa Police Building
RAIC, XXXII, 3 (mars 55), 91 et 94, texte & ill.

Amos & Saxe; Cormier, Ernest
F4025 Voir Cormier, Ernest; Amos & Saxe

Archibald, Illsley & Templeton; David & Boulva
F4026 Voir David & Boulva; Archibald, Illsley & Templeton

Atkins, Gordon (Ass.)
Morley
F4027 Stoney Tribal Administration Building (police et prison)
TCA, XXII, 1 (jan. 77), 29-31, texte & ill.

Barnett & Rieder
Millbrook (Ont.)
F4028 Ontario Reformatory
RAIC, XXX, 9 (sept. 53), 259, ill.

Toronto
F4029 Metropolitan Toronto Jail
RAIC, XXXIII, 6 (juin 56), 233, ill.

Beddall, T.William
Whitby
F4030 Courthouse complex
CB, XIV, 8 (août 64), 26-27, texte & ill.

Black, G. Duncan (Ltd)
St.Thomas (Ont.)
F4031 St.Thomas Administration of Justice and Police Building
TCA, XV, 1 (jan. 70), 8, texte & ill.

Blouin & Blouin
Montréal
F4032 Édifice de la Gendarmerie Royale du Canada (rénovation)
AC, 31, 334 (mars-avril 76), 26, texte & ill.

Boigon and Armstrong
Newmarket (Ont.)
F4033 Courthouse & Registry Office
TCA, XXIII, 10 (oct. 78), 39-40, texte & ill.
CB, XXX, 8 (août 80), 5, texte & ill.

Butler, Anthony; McLaren, Gerrie
Hamilton
F4034 Hamilton-Wentworth Regional Police Administration Building
TCA, XXIII, 1 (jan. 78), 6, texte & ill.
TCA, XXIII, 5 (mai 78), 22-28, texte & ill.
CB, XXVII, 12 (déc. 77), 12, texte & ill.

Champagne, Roland
Sorel
F4035 Projet-thèse: un Palais de justice
ABC, XIV, 159 (juil. 59), 208-211, texte & ill.

Cochrane & Forsyth
Charlottetown
F4036 Sir Louis Henry Davies Law Courts Building
TCA, XXV, 5 (mai 80), 4, texte & ill.

Cormier, Ernest
Ottawa
F4037 Cour suprême
ABC, II, 10 (jan. 47), 24-25-26, ill., texte p. 14-15

Cormier, Ernest; Amos et Saxe
Montréal
F4038 Palais de justice
ABC, II, 10 (jan. 47), 27 et 14, texte & ill.

Craig, Madill, Abram & Ingleson
Don Mills
F4039 Police Station Eighteen
TCA, II, 9 (sept. 57), 16, texte & ill.

Toronto
F4040 Police Station Nine
TCA, II, 9 (sept. 57), 16, texte & ill.

David, Barott, Boulva
Montréal
F4041 Palais de justice
TCA, VIII, 11 (nov. 63), 14 et 16, texte.

David & Boulva; Archibald, Illsley & Templeton
Montréal
F4042 Palais de justice
CB, XXI, 5 (mai 71), 38, texte & ill.

Desbarats, Guy; Affleck, Ray
F4043 Voir Affleck, Ray; Desbarats, Guy

Desnoyers, Brodeur, Mercure
St-Hyacinthe
F4044 Palais de justice
ABC, XIX, 222 (oct. 64), 25-29, texte & ill.
RAIC, XL, 1 (jan. 63), 38, ill.

DiCastri, John A.
Saanich
F4045 Poste de police
CB, XXX, 11 (nov. 80), 5, texte.

Dickinson, Peter
Ottawa
F4046 City of Ottawa Police Building
RAIC, XXXII, 3 (mars 55), 91-93, texte & ill.
RAIC, XXXV, 8 (août 58), 309-311, texte & ill.

Dickinson, Peter (Ass.)
Ottawa
F4047 Ottawa Juvenile and Family Court Building
RAIC, XXXVII, 9 (sept. 60), 394, ill.

Dimakopoulos, Dimitri
Québec
F4048 Palais de Justice
BAT, LIV, 10 (oct. 79), 7, texte & ill.
BAT, LV, 2 (mars 80), 18-19, texte.

Dirasser, Leo; Massey, Hart
Ottawa
F4049 City of Ottawa Police Building
RAIC, XXXII, 3 (mars 55), 91 et 94, texte & ill.

Dobush, Stewart, Bourke; Longpré, Marchand, Goudreau
Millhaven (Ont.)
F4050 Pénitencier de Millhaven
ARCAN, 47 (16 fév. 70), 4
CB, XX, 12 (déc. 70), 9, texte.

Québec
F4051 Centre de détention de Québec
ARCAN, 48 (7 juin 71), 12

Sainte-Anne-des-Plaines
F4052 Pénitencier de Sainte-Anne-des-Plaines
ARCAN, 47 (16 fév. 70), 4
CB, XX, 3 (mars 70), 5, texte.
CB, XX, 10 (oct. 70), 41, texte.

Ellwood & Henderson
Cowansville
F4053 Immeuble industriel attenant au pénitencier de Cowansville
BAT, LIII, 2 (fév. 78), 5, texte.

Montréal
F4054 Royal Canadian Mounted Police Headquarters
CB, XXIII, 1 (jan. 73), 12, texte.
AC, 27, 310 (déc. 72), 10, texte & ill.

Eng, Gilbert
Vancouver
F4055 Court House
RAIC, XXXII, 3 (mars 55), 84, texte & ill.

Erickson, Arthur
Vancouver
F4056 The Law Courts (Robson Square)
TCA, XXIV, 11 (nov. 79), 34-41, texte & ill.

Gaboury, Étienne J.
St-Boniface
F4057 Palais de justice (avec poste de police)
TCA, XI, 4 (avril 66), 53-56, texte & ill.

Gaboury, Lussier, Sigurdson
St-Boniface
F4058 St-Boniface Health Centre & Police Station
TCA, XV, 5 (mai 70), 47-48, ill.

Gélinas, Jean-A.
Montréal
F4059 Édifice du Procureur Général (Police Provinciale)
BAT, XLI, 10 (oct. 66), 36-39, texte & ill.

Giffels & Vallet
Sarnia
F4060 Justice Building
CB, XII, 7 (juil. 62), 38-39 et 77, texte & ill.

Girard, Maurice
Rouyn-Noranda
F4061 Palais de justice
BAT, XXXII, 11 (nov. 57), 25, texte & ill.

Gitterman, S.A.
Ottawa
F4062 RCAF Station Rockcliffe
NB, X, 2 (fév. 61), 59, texte.

115

Greenberg, Charles B. (Ass.)
Ottawa
F4063 Ottawa Juvenile and Family Court Building
RAIC, XXXVII, 9 (sept. 60), 395, ill.

Henriquez Associates
Vancouver
F4064 Petrial Services Centre (centre communautaire pour accusés en attente de leur procès)
TCA, XXIII, 6 (juin 78), 6, texte & ill.

Interplan Ltd
Barrie
F4065 Palais de justice
CB, XXIX, 6 (juin 79), 8, texte.

Kobayashi, David; Wood & Gardener
F4066 Voir Wood & Gardener; Kobayashi, David

Lebensold, Fred
Ottawa
F4067 City of Ottawa Police Building
RAIC, XXXII, 3 (mars 55), 91 et 94, texte & ill.

Long, Jack
Calgary
F4068 Remand Centre
TCA, XXIV, 10 (oct. 79), 33, ill.
CB, XXVI, 3 (mars 76), 64, texte & ill.

Longpré, Marchand, Goudreau; Dobush, Stewart, Bourke
F4069 Voir Dobush, Stewart, Bourke; Longpré, Marchand, Goudreau

Luke & Little
Ville Mont-Royal
F4070 Station de police et pompiers
ABC, VIII, 92 (déc. 53), 36-37, texte & ill.

McCarter, Nairne & Partners
Burnaby
F4071 Magistrate's Court and Police Stations
ARCAN, 44, 1 (jan. 67), 38, ill.

McLaren, Gerrie; Butler, Anthony
F4072 Voir Butler, Anthony; McLaren, Gerrie

Marani, Morris and Allan
Toronto
F4073 Metropolitan Toronto Court House
RAIC, XLI, 1 (jan. 64), 58-59, texte & ill.

Martineau, A.
Ottawa
F4074 Royal Canadian Mounted Police Headquarters
RAIC, XXXII, 11 (nov. 55), 424, ill.

Massey, Geoffrey
Mission (C.-B.)
F4075 Medium Security Institution
TCA, XXIII, 2 (fév. 78), 24-31, texte & ill.

Massey, Hart; Dirasser, Leo
F4076 Voir Dirasser, Leo; Massey, Hart

Mathers and Haldenby
Toronto
F4077 RCMP Headquarters Building
TCA, XIII, 4 (avril 68), 12, texte & ill.
CB, XXI, 7 (juil. 71), 6, texte & ill.
AC, 26, 295 (juin 71), 10, texte & ill.

Meech, Mitchell and Meech
Lethbridge
F4078 Palais de justice (avec poste de polices)
RAIC, XXV, 2 (fév. 48), 57, ill.

Moffat, Moffat & Kinoshita
Etobicoke
F4079 Metro Toronto West Regional Detention Centre
CB, XXVII, 12 (déc. 77), 12-13, texte & ill.
CB, XXVIII, 1 (jan. 78), 20-21, texte & ill.
TCA, XXIII, 1 (jan. 78), 8, texte & ill.
TCA, XXIII, 2 (fév. 78), 32-35, texte & ill.

Page and Steele
Toronto
F4080 Palais de justice
TCA, I, 2 (jan.-fév. 56), 13, texte & ill.

Pennington, Peter
Ontario
F4081 Peel County Courthouse
CB, XVII, 6 (juin 67), 54-57, texte & ill.

Pentland, Baker and Polson
Ottawa
F4082 RCMP Headquarters (agrandissement)
CB, XVIII, 6 (juin 68), 5, texte.

Perrault, J.J.
Ste-Anne-des-Plaines
F4083 Pénitencier
CB, XVI, 9 (sept. 66), 50, texte.

Prack & Prack
Hamilton
F4084 Wentworth County Court House
RAIC, XXXV, 9 (sept. 58), 346-349, texte & ill.
RAIC, XL, 4 (avril 63), 61, ill.
CB, VIII, 8 (août 58), 35-36, texte & ill.

Rhone & Iredale
Vancouver
F4085 Royal Canadian Mounted Police Complex
TCA, XIII, 12 (déc. 68), 39, texte & ill.
ARCAN, 46, 1 (jan. 69), 38, ill.

Robillard, Jetté, Baudoin
Montréal
F4086 Cour du Bien-Être Social et du Ministère de la Famille
BAT, XLI, 7 (juil. 66), 36-37, texte & ill.

Robillard, Jetté, Caron
St-Hyacinthe
F4087 Provincial Court (rénovation)
TCA, XIX, 9 (sept. 74), 66-67, texte & ill.

Salter & Allison
Barrie
F4088 Court House
TCA, XXIV, 7 (juil. 79), 4, texte & ill.

Schoeler & Barkham
Ottawa
F4089 Juvenile and Family Court Building
RAIC, XXXVII, 9 (sept. 60), 393, ill.
TCA, VIII, 5 (mai 63), 51-55, texte & ill.

Sharp and Thompson, Berwick, Pratt
West Vancouver
F4090 Public Safety Building
CB, V, 8 (août 55), 21-22, texte & ill.

Shore, Tilbe, Henschel, Irwin
Toronto
F4091 Metro Police Station No. 52
TCA, XXII, 9 (sept. 77), 41-45, texte & ill.

Smale, Warren
Simcoe
F4092 Norfolk County Court House and Registry Office
ARCAN, 45, 1 (jan. 68), 55, ill.

Théoret, Jean-Guy
Rivière-des-Prairies
F4093 Projet d'étudiant: Un établissement pénitentiaire
ABC, XIX, 219 (juil. 64), 18-20, texte & ill.

Tougas, Jacques
Iberville
F4094 Poste de police (rénovation)
BAT, LIII, 5 (mai 78), 5, texte.

Trépanier, Paul-O.
Sweetsburg (Qué.)
F4095 Palais de justice (réaménagement)
ABC, XV, 166, (fév. 60), 34-35, ill., texte

Wagg, Donald
Victoria
F4096 Police Headquarters, Centennial Square
TCA, XI, 11 (nov. 66), 55-56 et 61, texte & ill.

Waisman, Ross, Blankstein, Coop, Gillmor, Hanna
Winnipeg
F4097 Magistrates' Court
TCA, X, (yearbook 65), 84, texte & ill.

Webb, Zerafa, Menkes, Housden
Scarborough
F4098 Scarborough Court House
TCA, XXIII, 10 (oct. 78), 41-42, texte & ill.

Wolfe, Harvey
Montréal
F4099 Projet-thèse: cour civile pour Montréal
ABC, XIII, 147 (juil. 58), 36-40, texte & ill.

Wood & Gardener; Kobayashi, David
Edmonton
F4100 Edmonton Corrections Centre
CB, XXVII, 1 (jan. 77), 8, texte & ill.

Édifices pour l'administration publique
Government Buildings

Anonyme/Anonymous
Arborg (Man.)
F5001 Édifice fédéral
CB, XIV, 10 (oct. 64), 19, texte.
Burns Lake (C.-B.)
F5002 Édifice fédéral
CB, XIV, 10 (oct. 64), 19, texte.
Calgary
F5003 Calgary Public School Board, Administration Centre
CB, XVII, 12 (déc. 67), 32, ill.
F5004 Department of Mines and Technical Surveys
CB, XV, 12 (déc. 65), 7, texte.
Causapscal
F5005 Édifice Fédéral
BAT, XXXI, 11 (nov. 56), 68, texte
Drummondville
F5006 Édifice du gouv. provincial
BAT, XXXIII, 12 (déc. 58), 11, texte.
Hamilton
F5007 Édifice pour le gouvernement ontarien
CB, XXIX, 2 (fév. 79), 10, texte.
Jonquière
F5008 Centre fiscal du gouvernement fédéral
BAT, LV, 4 (mai 80), 6, ill.
Kelowna
F5009 A federal building
CB, XIX, 12 (déc. 69), 7, texte.
Longueuil
F5010 Direction générale de la protection de la santé (laboratoires et bureaux)
BAT, XLIX, 5 (mai 74), 13, ill.
Ottawa
F5011 Department of Health and Welfare Building
CB, XV, 7 (juil. 65), 8, texte & ill.
F5012 Departments of Northern Affairs and Forestry
CB, XIII, 11 (nov. 63), 3, texte & ill.
F5013 Division des mines
BAT, XXX, 10 (oct. 55), 15, texte.
F5014 Headquarters of Federal Ministry of State for Urban Affairs (rénovation d'un bâtiment ancien)
ARCAN, L (juil. 73), 1, texte & ill.
F5015 Lester B. Pearson Building (Headquarters for the Dept. of External Affairs)
CB, XXV, 4 (avril 75), 13, ill.
BAT, LIII, 11 (nov. 78), 28, ill.
F5016 National Research Council (administration building)
CB, XIII, 2 (fév. 63), 7, texte & ill.
F5017 Sir John Carling Building (Dept. of Agriculture)
CB, XXV, 4 (avril 75), 12, ill.

F5018 The computer centre at Tunney's Pasture
CB, XXI, 6 (juin 71), 29, texte.
F5019 Trade Department Building
CB, VII, 10 (oct. 57), 52, texte.
F5020 Tunney Pasture
CB, XVIII, 7 (juil. 68), 5, texte.

Québec
F5021 Cité Parlementaire
BAT, XLVII, 8 (août 72), 16-17, texte & ill.
F5022 L'édifice "A" du Parlement (rénovation)
BAT, LIII, 3 (mars 78), 22-23, texte & ill.

Regina
F5023 Saskatchewan Government Insurance Office
CB, XXVI, 12 (déc. 76), 5, texte.

Richmond
F5024 New Home Warranty Program of British Columbia and the Yukon
CB, XXX, 10 (oct. 80), 9, ill.

Rivière-du-Loup
F5025 Édifice fédéral
BAT, XXIX, 11 (nov. 54), 18, texte.

St-Faustin
F5026 Édifice d'administration, Centre de pisciculture
ABC, IV, 38 (juin 49), 35, ill.

St-Jérôme
F5027 Édifice du gouvernement fédéral
ABC, VI, 63 (juil. 51), 17-18, texte & ill.

Sept-Iles
F5028 Gouvernement du Canada
BAT, LIII, 3 (mars 78), 5, texte.

Sorel
F5029 Édifice du gouv. fédéral
BAT, XXXIII, 4 (avril 58), 10, texte.

Toronto
F5030 Treasury Building, Queen's Park
CB, XV, 1 (jan. 65), 7, texte & ill.

Trois-Rivières
F5031 Centre administratif, gouvernement provincial
BAT, XLVIII, 9 (sept. 73), 3, texte.

Vancouver
F5032 A federal Building
CB, XVI, 9 (sept. 66), 8, texte.
F5033 Édifice fédéral
CB, XXI, 1 (jan. 71), 8, texte.
F5034 3 édifices pour le gouvernement fédéral, Granville, Hastings & Howe Sts
CB, XVII, 10 (oct. 67), 6, texte.

Winnipeg
F5035 Manitoba Government Office Bldg, Broadway & Kennedy St.
CB, XXIV, 6 (juin 74), 6, ill.
F5036 Winnipeg Mint
CB, XXII, 12 (déc. 72), 30, texte.

Wynard (Sask.)
F5037 Édifice fédéral
CB, XX, 2 (fév. 70), 5, texte.

Abra and Balharrie

Ottawa
F5038 Commonwealth Building
RAIC, XXXII, 11 (nov. 55), 427, ill.
CB, V, 10 (nov. 55), 26, texte & ill.

Adamson, Gordon S. (Ass.)

Cornwall
F5039 St. Lawrence Seaway Headquarters
RAIC, XXXII, 10 (oct. 55), 376, ill.
BAT, XXX, 10 (oct. 55), 22, texte.

Adamson, Gordon S. (Ass.); Allward & Gouinlock; Mathers & Haldenby; Shore & Moffat

Toronto
F5040 Queen's Park Complex
CB, XV, 2 (fév. 65), 27, texte & ill.
CB, XV, 5 (mai 65), 6, texte.
CB, XVI, 9 (sept. 66), 47, ill.
CB, XXIV, 2 (fév. 74), 8, ill.
TCA, VII, 7 (juil. 62), 7, texte & ill.
TCA, XIII, (yearbook 68), 88, texte & ill.

Affleck, Desbarats, Dimakopoulos, Lebensold, Sise

Ile-du-Prince-Édouard
F5041 Édifices du gouvernement provincial
ARCAN, 44, 1 (jan. 67), 35, ill.

Alberta Provincial Government Public Works

Edmonton
F5042 Provincial Administration Building
RAIC, XXX, 2 (fév. 53), 45, ill.

Allward & Gouinlock

Ottawa
F5043 Veteran's Memorial Buildings
RAIC, XXXII, 11 (nov. 55), 420-421, ill.

Allward & Gouinlock; Mathers & Haldenby; Shore & Moffat; Adamson, Gordon S. (Ass.)
F5044 Voir Adamson, Gordon S. (Ass.); Allward & Gouinlock...

Amyot, Gaston

Québec
F5045 Édifice de l'émigration
BAT, XXIX, 5 (mai 54), 26, texte
F5046 Édifice des Douanes et de l'immigration
BAT, XXXII, 5 (mai 57), 30, texte

Amyot, Gaston; Samson, Paul

Lévis
F5047 Édifice fédéral
BAT, XXX, 8 (août 55), 59, 62, texte & ill.

Arnott, MacPhail, Johnstone & Ass.

Regina
F5048 T.C. Douglas Building
TCA, XXIV, 10 (oct. 79), 24, ill.
F5049 Wascana Centre
TCA, XX, 7 (juil. 75), 5, texte & ill.
TCA, XXI, 2 (fév. 76), 4, texte & ill.

Balharrie, J. Watson

Ottawa
F5050 Conseil canadien du Bien-Être
ABC, XI, 128 (déc. 56), 24-27, texte & ill.

Balharrie, Helmer & Ass.; Greenspoon, Freedlander & Dunne

Ottawa
F5051 Brooke Claxton Building
TCA, XII, 11 (Nov. 67), 46-49, texte & ill.

Bedbrooke, Robert

Édifice de lieu inconnu
F5052 Projet d'étudiant: Podium (a site for the ceremonial signature of a federal provincial agreement)
RAIC, XXVII, 4 (avril 50), 134, ill.

Bélanger, Alphonse; Grégoire, Wilfrid

Sherbrooke
F5053 Édifice Fédéral
RAIC, XXXVII, 2 (fév. 60), 56, ill.
BAT, XXX, 3 (mars 55), 37, texte & ill.

Bergeron, J.S.; Lacroix, W.

Québec
F5054 Édifice de la voirie et des mines
RAIC, XVIII, 4 (avril 41), 59, ill.

Betts & Lawson

Montréal
F5055 Édifice fédéral, rues Bleury et Dorchester
BAT, XXX, 3 (mars 55), 15, texte.
BAT, XXXI, 9 (sept. 56), 27, texte
F5056 Income Tax Building
TCA, II, 4 (avril 57), 23, ill.

Bigonesse, J.-Aurèle; Mainguy, Lucien

Québec
F5057 La Commission des Accidents du Travail
BAT, XXVIII (oct. 53), 51, texte.

Bregman et Hamann

Ottawa
F5058 Édifice de la Direction Générale et Centre d'informatique
AC, 29, 325 (sept.-oct. 74), 8, texte & ill.

Brown, M.

North York
F5059 Centre administratif de la Commission scolaire de North York
AC, 25, 286 (juil.-août 70), 17-18, texte & ill.

Burgess and McLean

Ottawa
F5060 Édifice fédéral, au coin de Kent et Albert St.
CB, V, 10 (nov. 55), 26, texte & ill.

Cardinal, Douglas

Ponoka
F5061 The Alberta Government Services Centre
TCA, XXIII, 2 (fév. 78), 18-19 et 22-23, texte & ill.

Carlberg, Jackson, Partners

Surrey
F5062 Surrey Taxation Centre
TCA, XXV, 3 (mars 80), 29-35, texte & ill.
TCA, XXV, 5 (mai 80), 5, texte.

Caron, Jean-Louis

Trois-Rivières
F5063 Édifice Fédéral
ABC, II, 14 (juin 47), 29, ill.

Carter, Coleman & Rankin

Scarborough
F5064 Administration Building, Scarborough Board of Education
RAIC, XXXIV, 11 (nov. 57), 445-449, texte & ill.
F5065 Scarborough Municipal Offices
RAIC, XXXV, 6 (juin 58), 221-224, ill.

Chapman, Howard D.

Toronto
F5066 Northern District Yard
TCA, XXI, 12 (yearbook, déc. 76), 53-56, texte & ill.

Cormier, Ernest

Hull
F5067 Canadian Government Printing Bureau
RAIC, XXXII, 11 (nov. 55), 422-423, ill.
TCA, II, 4 (avril 57), 23, ill.
BAT, XXIX, 4 (avril 54), 86, texte & ill.

Cormier, Ernest; Le Corbusier; Harrison; Niemeyer

New York
F5068 Organisation des Nations-Unies
ABC, IV, 40 (août 49), 23-24, ill.

David, Boulva; Dimakopoulos

Hull
F5069 Place D'Accueil (appelé plus tard Place du Portage)
TCA, XXII, 1 (jan. 77), 38-39, texte & ill.
CB, XXIII, 5 (mai 73), 41, ill.
BAT, XLVIII, 5 (mai 73), 6, texte
BAT, XLIX, 8 (août 74), 17-18, texte & ill.

Davidson, Duffus, Romans & Davis

Pictou (N.-E.)
F5070 Public Building
RAIC, XXXII, 10 (oct. 55), 392, ill.

Dept. of Public Works

Ottawa
F5071 Daly Building
RAIC, XXI, 1 (jan. 44), 8, ill.
F5072 L'Académie Lasalle (restauration)
AC, 28, 317 (sept. 73), 13-14, texte & ill.
F5073 Temporary Office Building No. 5
RAIC, XXI, 1 (jan. 44), 9, ill.
F5074 Temporary Office Building No. 6
RAIC, XXI, 1 (jan. 44), 9, ill.

Saskatoon
F5075 Dept. of Agriculture
TCA, II, 4 (avril 57), 22, ill.

Dimakopoulos; David, Boulva
F5076 Voir David, Boulva; Dimakopoulos

Public Buildings / Édifices publics

Drolet, André; Gaudreau, Irénée
Québec
F5077 Édifice fédéral
BAT, XXXIV, 4 (avril 59), 75, texte.

Drouin, J.C.
Québec
F5078 Édifice du Département des accidents de travail
ABC, II, 11 (fév. 47), 34, ill.

DuBois, Strong, Bindhart, Shore, Tilbe, Henschel
North York
F5079 Joseph Shepard Building
TCA, XX, 9 (sept. 75), 5, texte & ill.
TCA, XXII, 2 (fév. 77), 28, texte & ill.
TCA, XXIV, 1 (jan. 79), 8, texte & ill.
TCA, XXIV, 2 et 3 (fév.-mars 79), 32-48, texte & ill.
TCA, XXIV, 7 (juil. 79), 4, texte & ill.
CB, XXVII, 11 (nov. 77), 13, ill.
CB, XXVIII, 11 (nov. 78), 9 et 12, texte & ill.
CB, XXIX, 6 (juin 79), 8, texte.

Duffus, A.S.
Halifax
F5080 Federal Building
TCA, II, 4 (avril 57), 23, ill.

Dufresne, Adrien
Sept-Iles
F5081 Édifice fédéral
BAT, XXXIV, 1 (jan. 59), 10, texte.

Erickson, Arthur
Vancouver
F5082 Provincial Government Complex
CB, XXIV, 8 (août 74), 15 et 19, texte & ill.
F5083 Immeuble pour le gouvernement fédéral
CB, XXIII, 10 (oct. 73), 32, texte & ill.

Fiset & Deschamps; Gauthier, Guité, Roy
Québec
F5084 Complexe G
AC, 28, 318 (oct. 73), 34-38 et 45, texte & ill.
BAT, XLVII, 8 (août 72), 16-17, texte & ill.

Gauthier, Guité, Roy; Fiset & Deschamps
F5085 Voir Fiset & Deschamps; Gauthier, Guité, Roy

Gélinas, Jean A.
Montréal
F5086 Édifice du Procureur Général
BAT, XLI, 10 (oct. 66), 36-39, texte & ill.
CB, XVII, 7 (juil. 67), 50, texte & ill.

Giffels & Vallet
Sarnia
F5087 County Offices
CB, XII, 7 (juil. 62), 38-39 et 77, texte & ill.

Gravel, Anastase
Verdun
F5088 Édifice fédéral
BAT, XXXI, 2 (fév. 56), 21, texte

Green, Blankstein, Russell Associates
Manitoba
F5089 Administration Building, Government of Manitoba
TCA, V, 6 (juin 60), 69, texte & ill.
TCA, VI, 5 (mai 61), 6, texte & ill.

Greenspoon, Freedlander & Dunne; Balharrie, Helmer & Ass.
F5090 Voir Balharrie, Helmer & Ass.; Greenspoon, Freedlander & Dunne

Grégoire, Wilfrid
Sherbrooke
F5091 Immeuble du gouvernement fédéral
ABC, IV, 40 (août 49), 33, ill.

Grégoire, Wilfrid; Bélanger, Alphonse
F5092 Voir Bélanger, Alphonse; Grégoire, Wilfrid

Hall, Ray M.
Kitchener
F5093 Registry office for county of Waterloo
RAIC, XVIII, 6 (juin 41), 101, ill.

Hawthorn, Mansfield, Towers, Eng & Wright
Victoria
F5094 Provincial Government Building
TCA, XXII, 9 (sept. 77), 37, texte & ill.

Johnson & McWhinnie
Windsor
F5095 Windsor Federal Building
CB, XI, 3 (mars 61), 87, ill.

Keith-King, John
Beaver Creek
F5096 Beaver Creek Customs and Immigration Crossing Station
TCA, XXII, 1 (jan. 77), 32-33, texte & ill.

Kemp, Leslie H.
Brantford
F5097 Public Utilities Commission
RAIC, XXXIV, 10 (oct. 57), 390-391, texte & ill.

King, E.D.
Vancouver
F5098 School Board Administration Building
RAIC, XXIX, 12 (déc. 52), 360-361, ill.

Lacroix, W.; Bergeron, J.S.
F5099 Voir Bergeron, J.S.; Lacroix, W.

Lawson, Betts and Cash
St.John's
F5100 Newfoundland Parliament Building
RAIC, XXXVIII, 3 (mars 61), 41 et 52, ill.

Leblanc, Yvon
Édifice de lieu inconnu
F5101 Projet d'étudiant: Podium (a site for the ceremonial signature of a federal provincial agreement)
RAIC, XXVII, 4 (avril 50), 134, ill.

Lemoyne, Roy
Édifice de lieu inconnu
F5102 Projet d'étudiant: Podium (A site for the ceremonial signature of a federal provincial agreement)
RAIC, XXVII, 4 (avril 50), 134, ill.

McCarter, Nairne & Partners; Thompson, Berwick, Pratt & Partners
Vancouver
F5103 Édifice gouvernemental de 50 étages
TCA, XIV, 12 (déc. 69), 7, texte.
F5104 British Columbia Centre
TCA, XVII, 3 (mars 72), 36, texte & ill.

McCool, C.A.
North Battleford (Saskatchewan)
F5105 Provincial Building
RAIC, XXXVIII, 5 (mai 61), 70, texte & ill.

McCudden, E.J.
Regina
F5106 Government Administration Building
RAIC, XXXII, 5 (mai 55), 168-169, texte & ill.
F5107 Workmen's Compensation Building
RAIC, XXXII, 7 (juil. 55), 254, ill.

McDonald, George H.
Edmonton
F5108 Federal Building
TCA, II, 4 (avril 57), 23, ill.
RAIC, XXXVIII, 3 (mars 61), 41 et 52, ill.

McLean et MacPhadyen
Ottawa
F5109 Immeuble R.B. Coates (Statistique Canada)
BAT, XLVIII, 8 (août 73), 26-27, texte & ill.
CB, XXI, 8 (août 71), 13, ill.
CB, XXVI, 5 (mai 76), 46, texte.

McLean & MacPhadyen; Ogilvie & Hogg
F5110 Voir Ogilvie & Hogg; McLean & MacPhadyen

Mainguy, Lucien; Bigonesse, J.-Aurèle
F5111 Voir Bigonesse, J.-Aurèle; Mainguy, Lucien

Mainguy, Maurice
Québec
F5112 Édifice du revenu provincial
BAT, XLII, 10 (oct. 67), 7, texte & ill.

Marani & Morris
Ottawa
F5113 Central Mortgage and Housing Corporation
RAIC, XXXII, 11 (nov. 55), 424, ill.
Toronto
F5114 Ontario Attorney General Building
CB, IV, 8 (août 54), 31, ill.

Marvin, W.E.; Vanstone, Alan
Melville (Saskatchewan)
F5115 Provincial Office Building
TCA, XIII, 3 (mars 68), 7, texte & ill.

Massey, Hart
Ottawa
F5116 Dept. of Agriculture's Admin. Building
TCA, VI, 4 (avril 61), 6, texte & ill.

Mathers & Haldenby; Shore & Moffat; Adamson, Gordon S. (Ass.); Allward & Gouinlock
F5117 Voir Adamson, Gordon S. (Ass.); Allward & Gouinlock ...

Moody & Moore
Winnipeg
F5118 Federal Income Tax Building
RAIC, XXXIV, 10 (oct. 57), 406, texte & ill.

Moody, Moore & Partners; Page & Steele
F5119 Voir Page & Steele; Moody, Moore & Partners

Moor, Michael R.
Ottawa
F5120 Immeuble du Gouvernement du Canada, rue Sparks
AC, XXIX, 324 (juil.-août 74), 7, texte & ill.

Morin, Jacques-M.
Shawinigan
F5121 Édifice Fédéral
ABC, XVI, 178 (fév. 61), 35-38, texte & ill.

Ogilvie, Ronald
Ottawa
F5122 Tour de 22 étages pour le ministère de l'Énergie, des mines et des richesses naturelles.
CB, XXII, 2 (fév. 72), 7, texte & ill.

Ogilvie and Hogg; McLean and MacPhadyen
Ottawa
F5123 Édifice de statistique Canada
AC, 30, 331 (sept.-oct. 75), 8, texte & ill.

Page & Steele
Toronto
F5124 Education Centre
RAIC, XXXIX, 2 (fév. 62), 43-50, texte & ill.

Page and Steele; Moody, Moore and Partners
Ottawa
F5125 Taxation Division (pour le gouv. fédéral)
CB, XVII, 5 (mai 67), 8, texte.

Parkin, John B. (Ass.)
Don Mills
F5126 Federal Building
RAIC, XXXV, 12 (déc. 58), 468, ill.

Powrie, D.G.
Toronto Township
F5127 (bureaux administratifs municipaux)
RAIC, XXVIII, 3 (mars 51), 65, texte & ill.

Robillard, Jetté, Baudouin
Montréal
F5128   Cour du Bien-Être Social et Ministère de la Famille
BAT, XLI, 7 (juil. 66), 36-37, texte & ill.

Ross, Patterson, Townsend & Fish
Ottawa
F5129   Bureau Fédéral de la Statistique
BAT, XXVIII, (fév. 53), 31-37, texte & ill.
RAIC, XXXII, 11 (nov. 55), 424, ill.
CB, II, 10 (oct. 52), 44, texte
CB, III, 1 (jan. 53), 11-14, texte & ill.

Rounthwaite & Fairfield
Brampton
F5130   Peel County Registry Office
RAIC, XXXVI, 8 (août 59), 262-263, texte & ill.

St-Gelais, Tremblay, Tremblay, Labbé; Tessier, Corriveau
F5131   Voir Tessier, Corriveau; St-Gelais ...

Semmens & Simpson
Vancouver
F5132   Health and Welfare Building
RAIC, XXXII, 5 (mai 55), 152, ill.
RAIC, XXXV, 4 (avril 58), 139, ill.

Shore & Moffat
North Bay
F5133   Federal Building
TCA, II, 4 (avril 57), 22, ill.

Toronto
F5134   Adelaide Street Federal Public Building
RAIC, XXXIII, 5 (mai 56), 178, texte & ill.
RAIC, XXXIV, 9 (sept. 57), 363, texte & ill.
TCA, I, 2 (jan.-fév. 56), 15, texte & ill.
CB, X, 4 (avril 60), 44, texte & ill.

Shore & Moffat and Partners
Etobicoke
F5135   Etobicoke Education Centre
TCA, XV, 6 (juin 70), 43-49, texte & ill.
ARCAN, 45, 1 (jan. 68), 30, ill.

Ottawa
F5136   Sir Alexander Campbell Building Complex
RAIC, XLII, 9 (sept. 65), 69, texte & ill.
TCA, X, 8 (août 65), 8 et 10, texte & ill.

Shore & Moffat; Adamson, Gordon S. (Ass.); Mathers & Haldenby; Allward & Gouinlock
F5137   Voir Adamson, Gordon S. (Ass.); Allward & Gouinlock ...

Shore, Tilbe, Henschel, Irwin, Peters
Halton
F5138   Halton Regional Administration Building
TCA, XXV, 1 (jan. 80), 25-27, texte & ill.

Shore, Tilbe, Henschel; DuBois, Strong, Bindhart
F5139   Voir DuBois, Strong, Bindhart; Shore, Tilbe, Henschel

Smith, Carter, Searle Associates
Winnipeg
F5140   Unemployment Insurance Commission
CB, XI, 6 (juin 61), 44, ill.

Souter, Wan (Ass.)
Hamilton
F5141   Unemployment Building (agrandissement)
TCA, II, 4 (avril 57), 22, ill.

Storey, Stan E.; Van Egmond, W.G.
Regina
F5142   Federal Public Building
RAIC, XXXII, 7 (juil. 55), 254, ill.

Tessier, Corriveau; St-Gelais, Tremblay, Tremblay, Labbé
Québec
F5143   Complexe H et J
AC, 28, 320 (déc. 73), 18-22 et 40, texte & ill.

Thompson, Berwick & Pratt
Vernon (C.-B.)
F5144   Federal Building
TCA, II, 4 (avril 57), 22, ill.

Thompson, Berwick, Pratt & Partners; McCarter, Nairne & Partners
F5145   Voir McCarter, Nairne & Partners; Thompson ...

Tillmann and Lamb
London
F5146   Government of Canada Bldg
CB, XXIV, 2 (fév. 74), 45, texte.
CB, XXIII, 12 (déc. 73), 52, texte.

Tremblay, Denis
Cantons de l'est
F5147   Commission d'assurance chômage
RAIC, XXXVII, 2 (fév. 60), 54, ill.

Underwood, McKinley, Cameron
Vancouver
F5148   Grandview Health and Welfare Building
RAIC, XXXIV, 6 (juin 57), 228-229, texte & ill.

Van Norman, C.B.K. (Ass.)
Vancouver
F5149   Customs Building
RAIC, XXXII, 5 (mai 55), 164-165, ill.
CB, IV, 1 (jan. 54), 19, ill.
CB, V, 9 (sept. 55), 40-41, texte & ill.

Venchiarutti & Venchiarutti
York (Ont.)
F5150   Administration Building for the Board of Education
RAIC, XXXV, 6 (juin 58), 237, ill.
RAIC, XXXVI, 2 (fév. 59), 56, texte & ill.
TCA, VI, 1 (jan. 61), 6, texte & ill.

Venne, Gérard
Chicoutimi
F5151   Édifice fédéral, rue Racine
BAT, XXXIII, 4 (avril 58), 47, texte & ill.
La Malbaie
F5152   Édifice fédéral
BAT, XXXII, 8 (août 57), 69, texte & ill.

Walker, Frederick A.
Dolbeau
F5153   Édifice fédéral
BAT, XXXI, 2 (fév. 56), 45, texte

Webber, Harrington and Weld
Halifax
F5154   Sir John Thompson Federal Bldg
CB, XVI, 10 (oct. 66), 74, texte & ill.

Wilson, A.D.
Rouyn
F5155   Immeuble fédéral
BAT, XXXVI, 9 (sept. 60), 75, texte.

Hôtels de ville et centres civiques
City Halls and Civic Centres

"City Halls" (quelques ex. au Canada)
TCA, III, 10 (oct. 58), 58-59

Giedion, Sigfried
"City Hall and Centre" (Plusieurs exemples dont celui de Toronto)
TCA, IV, 4 (avril 59), 49-54

Murray, James A.
"Quartet, Four City Halls Introduction"
TCA, X, 10 (oct. 65), 43

Tyrwhitt, Jaqueline
"The Civic Square" (Plusieurs exemples dont celui de l'Hôtel-de-ville de Toronto)
TCA, IV, 4 (avril 59), 55-65

Anonyme/Anonymous
Arvida
F6001   Hôtel de ville
BAT, XXXIII, 6 (juin 58), 9, texte.
Bagotville
F6002   Hôtel de ville (agrandissement)
BAT, XXXII, 10 (oct. 57), 96, texte.
Bramalea
F6003   (Municipal Complex)
CB, XXI, 6 (juin 71), 58, texte.
Dollard-des-Ormeaux
F6004   Civic Centre
CB, XXIV, 2 (fév. 74), 45, texte.
Edmonton
F6005   "Licence" (Séminaire sur le Edmonton Civic Centre Plan)
TCA, VII, 11 (nov. 62), 5-6
F6006   "Alberta Chapter Urges 'Postpone Competition'" (Concerning the Edmonton City Hall)
TCA, XXV, 10 (oct. 80), 24-25
Granby
F6007   Hôtel de ville (agrandissement, rénovation)
BAT, LIII, 8 (août 78), 4, texte.
Hamilton
F6008   "Nation, Fourth Report on Hamilton Civic Square"
TCA, XV, 8 (août 70), 10
Hull
F6009   Hôtel de ville (rénovation, agrandissement)
BAT, LIII, 8 (août 78), 4, texte.
Moncton
F6010   Hôtel de ville
CB, XX, 6 (juin 70), 7, texte.
Mont-Joli
F6011   Hôtel de ville
BAT, XXXIII, 4 (avril 58), 50, texte.
Montréal
F6012   Hôtel de ville (Annexe Gosford)
ABC, XVI, 186 (oct. 61), 56, ill.
CB, XX, 6 (juin 70), 76, texte.
CB, XVIII, 6 (juin 68), 60, texte.
Ottawa
F6013   "Competition" (pour un Hôtel de ville à Ottawa)
RAIC, XXXII, 9 (sept. 55), 356
F6014   Ottawa City Hall
TCA, I, 6 (juin 56), 13
TCA, III, 10 (oct. 58), 58, texte & ill.
Rainbow Lake (Alberta)
F6015   (A municipal hall)
CB, XVIII, 2 (fév. 68), 6, texte.
Red Deer
F6016   (Résultats de la compétition pour un hôtel de ville et un centre civique)
TCA, VI, 10 (oct. 61), 6
Regina
F6017   "Regina City Hall Competition progress report"
ARCAN, 47 (13 avril 70), 4
St-Léonard
F6018   Hôtel de ville
CB, XXIV, 12 (déc. 74), 25, ill.
Ville Saint-Michel
F6019   Hôtel de ville
NB, VII, 10 (oct. 58), 16-17, texte & ill.
Sarnia
F6020   Civic Centre
NB, VII, 7 (juil. 58), 30, texte.
Scarborough
F6021   Scarborough Town Centre
CB, XXIII, 3 (mars 73), 62, ill.
CB, XXIX, 1 (jan. 79), 12-13, texte & ill.
Toronto
F6022   Toronto City Hall (Historique et compétition)
TCA, I, 3 (mars 56), 8
TCA, I, 4 (avril 56), 28-31
TCA, I, 4 (avril 56), 57-58
TCA, II, 9 (sept. 57), 10
TCA, III, 5 (mai 58), 17
TCA, III, 6 (juin 58), 14
TCA, IV, 4 (avril 59), 44-45
TCA, IV, 4 (avril 59), 46-48 et 82 et 84
TCA, VI, 8 (août 61), 9
TCA, VI, 10 (oct. 61), 6
RAIC, XXXIII, 4 (avril 56), 143
RAIC, XXXIV, 2 (fév. 57), 65-66

	RAIC, XXXIV, 10 (oct. 57), 411
F6023	"City Hall Competition, Toronto" (Liste des finalistes)
	RAIC, XXXV, 6 (juin 58), 238
F6024	Toronto City Hall ("an experimental air curtain roof system")
	TCA, XIX, 8 (août 74), 4, texte & ill.

Windsor
- F6025 "The Windsor Affair" (les pourparlers au sujet du "Civic Square" de Windsor)
  TCA, VII, 10 (oct. 62), 86 et 88

Winnipeg
- F6026 Winnipeg City Hall Competition
  RAIC, XXXVI, 2 (fév. 59), 61
  RAIC, XXXVII, 1 (jan. 60), 35-38
  TCA, III, 1 (jan. 58), 16
  TCA, III, 5 (mai 58), 18
  TCA, III, 7 (juil. 58), 13
  TCA, III, 9 (sept. 58), 100
- F6027 "Announcement of the finalists in the Winnipeg City Hall Competition"
  RAIC, XXXVI, 2 (fév. 59), 61
- F6028 "Final Report of the Jury, Winnipeg City Hall Competition"
  RAIC, XXXVII, 3 (mars 60), 111-113
- F6029 "Winnerpeggers" (Liste des gagnants du concours pour l'Hôtel-de-ville de Winnipeg)
  TCA, IV, 1 (jan. 59), 12 et 14
- F6030 "Winnipeg, the city hall competition" (Les projets soumis)
  TCA, V, 1 (jan. 60), 35-42

Abram, George S.
Winnipeg
- F6031 Winnipeg City Hall
  TCA, IV, 12 (déc. 59), 99 et 104 et 106, texte & ill.
  RAIC, XXXVII, 1 (jan. 60), 37, texte & ill.

Adamson, Gordon S. (Ass.)
London
- F6032 London City Hall
  TCA, VII, 4 (avril 62), 55-57, texte & ill.

North York
- F6033 North York Civic Centre
  TCA, XXI, 2 (fév. 76), 34-37, texte & ill.
- F6034 North York Municipal Building
  TCA, XXIV, 4 (avril 79), 20-24, texte & ill.

Affleck, Desbarats, Dimakopoulos, Lebensold, Sise
Chomedey
- F6035 Centre civique
  ABC, XX, 232 (sept. 65), 60, texte & ill.
  TCA, VII, 2 (fév. 62), 60-61, texte & ill.
  TCA, X, 10 (oct. 65), 69-72, texte & ill.

Allen, Gower, Huggins and Meiklejohn
Vernon (C.-B.)
- F6036 Vernon Civic Centre
  TCA, XII, 10 (oct. 67), 50-59, texte & ill.

Allward & Gouinlock
Chinguacousy Township
- F6037 Civic Centre
  CB, XXII, 11 (nov. 72), 15, texte & ill.

Andrews, John; DuBois, Macy; Ireland, Byron; Morgan, Wm.
Toronto
- F6038 Toronto City Hall and Square
  RAIC, XXXV, 10 (oct. 58), 372-373, texte & ill.
  TCA, X, 5 (mai 65), 58, ill.

Arnott, C.
Édifice de lieu inconnu
- F6039 Hôtel de ville
  RAIC, XXVI, 5 (mai 49), 164, ill.

Bélanger, Alphonse
Richmond (Qué.)
- F6040 Immeubles municipaux
  ABC, IV, 38 (juin 49), 34, ill.

Berthiaume, Adrien
Cowansville
- F6041 Hôtel de ville
  ABC, XVIII, 202 (fév. 63), 34-38, texte & ill.

Blouin André
Chomedey (Qué.)
- F6042 Hôtel de ville
  TCA, VII, 2 (fév. 62), 60 et 62, texte & ill.

Blum, Gerhard
Red Deer
- F6043 City Hall
  TCA, VI, 11 (nov. 61), 63-64, texte & ill.

Boigon & Heinonen; Emmerson, Stanley W.
St.John (N.-B.)
- F6044 Hôtel de ville
  CB, XVIII, 11 (nov. 68), 8, texte.

Bregman & Hamann
Scarborough
- F6045 Scarborough Town Centre
  CB, XXIII, 1 (jan. 73), 13, texte & ill.

Cantin, Pierre
Ville d'Auteuil
- F6046 Hôtel de ville
  ABC, XVIII, 202 (fév. 63), 30-33, texte & ill.
  BAT, XXXVII, 11 (nov. 62), 24-27, texte & ill.

Charbonneau, Charles E.
Greenfield Park
- F6047 Hôtel de ville
  ABC, XVII, 190 (fév. 62), 29-31, texte & ill.

Collins and Collins
Burnaby
- F6048 Municipal Hall
  NB, X, 6 (juin 61), 30, texte & ill.

Craig & Zeidler
Peterborough
- F6049 Peterborough County Building
  TCA, VII, 5 (mai 62), 51-52, texte & ill.

Craig, Zeidler & Strong
Ajax
- F6050 Ajax Municipal Building
  TCA, XII, (yearbook 67), 43 et 47, texte & ill.

Pickering
- F6051 Pickering Municipal Building
  ARCAN, 44, 6 (juin 67), 11 (supplément à la revue), ill.
  TCA, XII, 6 (juin 67), 39 et 43-46, texte & ill.

Dallaire, Bertrand; Gravel, Maurice
Arvida
- F6052 Hôtel de ville
  ABC, XVII, 190 (fév. 62), 24-28, texte & ill.

D'Astous, Roger
Chomedey (Qué.)
- F6053 Hôtel de ville
  TCA, VII, 2 (fév. 62), 62-63, texte & ill.

Davey, A.R.; Teglas, Csaba
Windsor
- F6054 Civic Square
  TCA, VII, 5 (mai 62), 53-54, texte & ill.

Dayton, J.M.; Jessiman, R.
Winnipeg
- F6055 The Winnipeg City Hall
  RAIC, XXXVII, 1 (jan. 60), 36, texte & ill.
  TCA, IV, 12 (déc. 59), 99 et 102 et 106, texte & ill.

Demers, Delorme & Morin
Asbestos
- F6056 Hôtel de ville d'Asbestos
  AC, 26, 298 (oct. 71), 24-25, texte & ill.

Denoncourt & Denoncourt; Leclerc & Villemure
- F6057 Voir Leclerc & Villemure; Denoncourt & Denoncourt

Dewar, Stevenson and Stanley
Edmonton
- F6058 Edmonton City Hall
  RAIC, XXXV, 5 (mai 58), 165-170, texte & ill.
  TCA, 1 (nov.-déc. 55), 73, texte & ill.
  TCA, III, 10 (oct. 58), 58-59, texte & ill.
  TCA, V, 5 (mai 60), 48-51, texte & ill.
  TCA, XIV, 11 (nov. 69), 39, ill.

Downs-Archambault
North Vancouver
- F6059 North Vancouver Civic Centre
  TCA, XXI, 10 (oct. 76), 40-45, texte & ill.

DuBois, Macy
Stratford
- F6060 Civic Square
  TCA, X, 5 (mai 65), 60, ill.

DuBois, Macy; Andrews, John; Ireland, Byron; Morgan, Wm.
- F6061 Voir Andrews, John; DuBois, etc.

Dufresne & Boulva
Ville Saint-Laurent
- F6062 Hôtel de ville
  ABC, XIII, 151 (nov. 58), 30-35, texte & ill.
  TCA, I, 6 (juin 56), 60, texte & ill.

Dutrisac, J.A.
Verdun
- F6063 Hôtel de Ville
  BAT, XXXI, 9 (sept. 56), 27, texte
  BAT, XXXIV, 3 (mars 59), 26-29, texte & ill.

Emmerson, Stanley W.; Boigon & Heinonen
- F6064 Voir Boigon & Heinonen; Emmerson, Stanley W.

Erickson, A.C.
Édifice de lieu inconnu
- F6065 Projet d'hôtel de ville
  RAIC, XXVI, 5 (mai 49), 146, ill.

Farley, David
Oakville
- F6066 Projet-thèse: Hôtel de ville
  ABC, XIV, 159 (juil. 59), 224-227, texte & ill.

Fiset, Édouard
Baie-Comeau
- F6067 Hôtel de ville
  BAT, XXXVI, 10 (oct. 60), 57, texte.

Fowler, C.A. (Co)
Halifax
- F6068 Halifax County Municipal Building
  RAIC, XXXVIII, 9 (sept. 61), 70-71, texte & ill.

Gaboury, Étienne
St-Boniface
- F6069 Civic Centre
  RAIC, XLII, 6 (juin 65), 39, ill.

Gauthier, A. Z.; Beauchemin, G.A.
Rivière-des-Prairies
- F6070 Hôtel de ville
  BAT, XXIX, 7 (juil. 54), 34, texte.

Gillmor, R.D.
Winnipeg
- F6071 City Hall
  RAIC, XXXI, 3 (mars 54), 72, texte & ill.

Girard, Maurice
Noranda
- F6072 Hôtel de ville
  BAT, XXX, 4 (avril 55), 25, texte.

Green, Blankstein, Russell Ass.
Winnipeg
- F6073 Winnipeg City Hall
  RAIC, XXXVII, 1 (jan. 60), 31-34, texte & ill.
  RAIC, XL, 1 (jan. 63), 30, ill.
  TCA, IV, 12 (déc. 59), 99-100 et 106, texte & ill.
  TCA, X, 1 (jan. 65), 51-55, texte & ill.
  TCA, XV, 5 (mai 70), 47-48, texte & ill.
  TCA, XX, 6 (juin 75), 50, texte & ill.
  CB, X, 4 (avril 60), 27, ill.
  CB, XIV, 4 (avril 64), 5, texte & ill.

Édifices publics / Public Buildings

Gunnlogsson, H.; Nielsen, Jorn
Toronto
F6074 Toronto City Hall and Square
RAIC, XXXV, 10 (oct. 58), 374-375, texte & ill.

Hallford, D.G.
Esquesing
F6075 Esquesing Municipal Office
RAIC, XLI, 11 (nov. 64), 91, texte & ill.

Hanen, Harold; Moriyama, Raymond
F6076 Voir Moriyama, Raymond; Hanen, Harold

Hayward, William B.; Borkin, Harold J.; Wehrer, J.J.
Toronto
F6077 Toronto City Hall and Square
RAIC, XXXV, 10 (oct. 58), 376-377, texte & ill.

Herzog, Saul; Secord, James
Red Deer
F6078 Red Deer City Hall
TCA, VI, 11 (nov. 61), 63-64, texte & ill.
TCA, X, 10 (oct. 65), 73-74, texte & ill.
RAIC, XL, 1 (jan. 63), 29, ill.

Horne, David E.
Toronto
F6079 Toronto City Hall and Square
RAIC, XXXV, 10 (oct. 58), 378-379, texte & ill.

Horwood, Campbell & Guihan; Parkin, John B. (Ass.)
F6080 Voir Parkin, John B. (Ass.); Horwood, Campbell & Guihan

Ireland, Byron; Andrews, John; DuBois, Macy; Morgan, Wm.
F6081 Voir Andrews, John; DuBois, etc.

Jodoin, Lamarre et Pratte
Montréal-Est
F6082 Édifice des services publics de Montréal-Est
AC, 25, 288 (oct. 70), 26-27, texte & ill.

Kopsa, Michael
Brantford
F6083 Brantford City Hall
RAIC, XLII, 2 (fév. 65), 61, texte & ill.
RAIC, XLII, 3 (mars 65), 66-67, texte & ill.
TCA, X, 2 (fév. 65), 35-38, texte & ill.
TCA, XIII, 4 (avril 68), 33-41, texte & ill.
TCA, XIII (yearbook 68), 88, texte & ill.
TCA, XIV, 11 (nov. 69), 43, ill.
Winnipeg
F6084 Winnipeg City Hall
TCA, IV, 12 (déc. 59), 99 et 103 et 106, texte & ill.
RAIC, XXXVII, 1 (jan. 60), 38, ill.

Labelle, Labelle & Marchand
Chomedey
F6085 Hôtel de ville
TCA, VII, 2 (fév. 62), 60-61, texte & ill.

Lacoursière, Arthur
Shawinigan Falls
F6086 Hôtel de ville
ABC, II, 14 (juin 47), 25, ill.
ABC, IV, 39 (juil. 49), 40, ill.
RAIC, XXIX, 12 (déc. 52), 356-357, ill.
BAT, XXVII (oct. 52), 3 et 15-16, texte & ill.

Lapointe, Jean-Pierre
Édifice de lieu inconnu
F6087 Hôtel de ville
RAIC, XXXIX, 3 (mars 62), 40, texte & ill.

Lapointe, Paul-Émile
Granby
F6088 Immeubles municipaux
ABC, IV, 38 (juin 49), 35, ill.

Lau, Arthur C.F.
Hamilton
F6089 Hamilton Civic Square Urban Renewal Project
TCA, XVI, 3 (mars 71), 45-48, texte & ill.

Lawrie, K. Sinclair
Ottawa
F6090 Ottawa City Hall
TCA, I, 2 (jan.-fév. 56), 28, texte & ill.

Leclerc & Villemure; Denoncourt & Denoncourt
Trois-Rivières
F6091 Hôtel de Ville et Centre culturel
ABC, XXIII, 267 (sept. 68), 27-32, texte & ill.
TCA, XVII, 1 (jan. 72), 7-8, texte & ill.
BAT, XLI, 7 (juil. 66), 30-33, texte & ill.

Marani & Morris
Peterborough
F6092 Hôtel de ville
RAIC, XXIX, 12 (déc. 52), 358-359, ill.

Marani & Morris; Mathers & Haldenby; Shore & Moffat
Toronto
F6093 Civic Square and new City Hall
CB, III, 7 (juil. 53), 52, texte

Marani, Rounthwaite and Dick
Sault Sainte-Marie
F6094 City Hall
ARCAN, L (mai 73), 1, texte & ill.
CB, XXI, 10 (oct. 71), 7, texte.
CB, XXIII, 7 (juil. 73), 38, texte.

Mark, Musselman, McIntyre
Brantford
F6095 Brantford City Hall
RAIC, XLII, 3 (mars 65), 68, texte & ill.
TCA, X, 2 (fév. 65), 35-36 et 40-42, texte & ill.

Mathers & Haldenby; Marani & Morris; Shore & Moffat
F6096 Voir Marani & Morris; Mathers & Haldenby; Shore & Moffat

Mikutowski, Frank; Rafferty, George E.; Rafferty, Richard J.
Toronto
F6097 Toronto City Hall and Square
RAIC, XXXV, 10 (oct. 58), 380-381, texte & ill.

Moreau, Gilbert
Pont-Viau
F6098 Hôtel de Ville
ABC, XVIII, 202 (fév. 63), 26-29, texte & ill.

Morgan, Wm.; Andrews, John; DuBois, Macy; Ireland, Byron
F6099 Voir Andrews, John; DuBois, etc.

Morin, H.
Ottawa
F6100 Ottawa City Hall
RAIC, XXVII, 4 (avril 50), 128, ill.

Moriyama, Raymond
Scarborough
F6101 Scarborough Civic Centre
TCA, XIX, 2 (fév. 74), 37-39, texte & ill.
TCA, XVI, 10 (oct. 71), 6-7, texte & ill.
TCA, XIV, 4 (avril 68), 10
Whitby
F6102 Whitby Municipal Building
TCA, XXIV, 9 (sept. 79), 28-31, texte & ill.
CB, XXX, 1 (jan. 80), 14-15, texte & ill.
TCA, XXV, 11 (nov. 80), 46, texte & ill.

Moriyama, Raymond; Hanen, Harold
Calgary
F6103 Calgary Civic Centre
TCA, XXIV, 10 (oct. 79), 31-32, texte & ill.
TCA, XXV, 1 (jan. 80), 4, texte.

Page and Steele
Toronto
F6104 Forest Hill Village Municipal Building
RAIC, XXII, 2 (fév. 45), 31, ill.

Parkin, John B. (Ass.); Horwood, Campbell and Guihan (Ass. Arch.)
St. John's (T.-N.)
F6105 St. John's City Hall
CB, XVIII, 9 (sept. 68), 7, texte & ill.
ARCAN, 46, 1 (jan. 69), 37, ill.
TCA, XIII, 3 (mars 68), 9, texte & ill.
TCA, XIII, (yearbook 68), 56-57, texte & ill.
TCA, XVI, 8 (août 71), 46-49, texte & ill.

Parkin, John B. (Ass.); Revell, Viljo
F6106 Voir Revell, Viljo; Parkin, John B. (Ass.)

Peach, Arthur
Winnipeg
F6107 City Hall
RAIC, XXXI, 3 (mars 54), 71, texte & ill.

Pei, Ieoh Ming et Al
Toronto
F6108 Toronto City Hall and Square
RAIC, XXXV, 10 (oct. 58), 382-383, texte & ill.

Perkins & Will
Toronto
F6109 Toronto City Hall and Square
RAIC, XXXV, 10 (oct. 58), 384-385, texte & ill.

Pfister, C.H.
Winnipeg
F6110 City Hall
RAIC, XXXI, 3 (mars 54), 73, texte & ill.

Revell, Viljo; Parkin, John B. (Ass.)
Toronto
F6111 Toronto City Hall Square
ARCAN, 48 (13 déc. 71), 9, texte & ill.
RAIC, XXXV, 10 (oct. 58), 359-371, texte & ill.
RAIC, XXXVI, 12 (déc. 59), 418-419, texte & ill.
RAIC, XXXVIII, 5 (mai 61), 51-53, texte & ill.
RAIC, XLII, 9 (sept. 65), 37-58, texte & ill.
RAIC, XLIII, 3 (mars 66), 33-46, texte & ill.
ABC, XX, 235 (nov. 65), 29-43, texte & ill.
BAT, XLII, 8 (août 67), 6-7, texte & ill.
TCA, III, 10 (oct. 58), 10, texte.
TCA, III, 10 (oct. 58), 58-59, texte & ill.
TCA, V, 2 (fév. 60), 6-7, texte & ill.
TCA, V, 12 (déc. 60), 6, texte.
TCA, VII, 10 (oct. 62), 5-6, texte & ill.
TCA, IX, 3 (mars 64), 6
TCA, IX, 12 (déc. 64), 49-56, texte & ill.
TCA, X, 5 (mai 65), 8 et 14
TCA, X, 10 (oct. 65), 7-8, texte & ill.
TCA, X, 10 (oct. 65), 44-68, texte & ill.
TCA, X, 11 (nov. 65), 100, texte & ill.
TCA, X, (yearbook 65), 52-53, texte & ill.
TCA, XII, 8 (août 67), 11-12, texte & ill.
TCA, XIII, 7 (juil. 68), 9, ill.
TCA, XIII, 8 (août 68), 10
TCA, XIV, 11 (nov. 69), 37, 42, 43, ill.
TCA, XVII, 1 (jan. 72), 7-8, texte & ill.
TCA, XXIV, 6 (juin 79), 6
TCA, XXV, 11 (nov. 80), 27, texte & ill.
CB, IX, 5 (mai 59), 37, texte.
CB, XI, 4 (avril 61), 30, ill.
CB, XII, 3 (mars 62), 61, texte.
CB, XIII, 9 (sept. 63), 43, texte & ill.
CB, XIV, 7 (juil. 64), 33
CB, XV, 4 (avril 65), 69, texte & ill.
CB, XV, 10 (oct. 65), 7, texte & ill.
CB, XVI, 3 (mars 66), 9, ill.

Robinson, Gerald
Brantford
F6112 Brantford City Hall
TCA, X, 2 (fév. 65), 35-36 et 39, texte & ill.
RAIC, XLII, 3 (mars 65), 68, texte & ill.
Winnipeg
F6113 Winnipeg City Hall
TCA, IV, 12 (déc. 59), 99 et 105-106, texte & ill.
RAIC, XXXVII, 1 (jan. 60), 37, texte & ill.

Roscoe, Stanley
Hamilton
F6114 City Hall
TCA, III, 3 (mars 58), 59, texte & ill.
TCA, III, 10 (oct. 58), 58, texte & ill.

TCA, VI, 3 (mars 61), 43-46, texte & ill.
TCA, VI, 7 (juil. 61), 6, texte.
RAIC, XXXIV, 11 (nov. 57), 453, ill.
RAIC, XXXVIII, 3 (mars 61), 57-68, texte & ill.
RAIC, XL, 4 (avril 63), 60, ill.

Rother, Bland, Trudeau
Ottawa
F6115   Ottawa City Hall
RAIC, XXXV, 9 (sept. 58), 323-330, texte & ill.
RAIC, XXXV, 12 (déc. 58), 439, ill.
RAIC, XXXIX, 1 (jan. 62), 37, ill.
TCA, I, 2 (jan.-fév. 56), 28, texte & ill.
TCA, IV, 10 (oct. 59), 70-71 et 80, texte & ill.
TCA, IV, 11 (nov. 59), 29-39, texte & ill.
CB, VII, 9 (sept. 57), 47, texte & ill.
CB, IX, 1 (jan. 59), 20, ill.
ABC, XIII, 151 (nov. 58), 44-51, texte & ill.
NB, VIII, 1 (jan. 59), 25, texte & ill.

Rounthwaite & Fairfield
Whitby
F6116   Whitby Town Hall
TCA, VI, 10 (oct. 61), 67-70, texte & ill.
RAIC, XXXVIII, 8 (août 61), 58-60, texte & ill.

St-Gelais, Tremblay & Tremblay
Dolbeau
F6117   Hôtel de Ville
ABC, XXI, 238 (fév. 66), 34-37, texte & ill.

Sawchuk, O.H.
Winnipeg
F6118   City Hall
RAIC, XXXI, 3 (mars 54), 71, texte & ill.

Sheppard & Masson
Windsor
F6119   City Hall
RAIC, XXXIII, 6 (juin 56), 233, ill.
RAIC, XXXVI, 7 (juil. 59), 237-239, texte & ill.

Shore & Moffat
Etobicoke
F6120   Etobicoke Municipal Centre
CB, X, 8 (août 60), 20-21, texte & ill.
York
F6121   Municipal Offices
RAIC, XXX, 1 (jan. 53), 22-23, texte & ill.
CB, III, 7 (juil. 53), 34-35, texte & ill.

Shore & Moffat; Marani & Morris; Mathers & Haldenby
F6122   Voir Marani & Morris; Mathers & Haldenby; Shore & Moffat

Siddall, R.W. (Ass.); Wade, Stockdill, Armour
F6123   Voir Wade, Stockdill, Armour; Siddall, R.W. (Ass.)

Simon, André
Mont-Laurier
F6124   Hôtel de ville de Mont-Laurier
BAT, XXXIV, 5 (mai 59), 86, texte.

Simard, Henri
Giffard
F6125   Immeuble municipal
ABC, IV, 46 (juin 49), 46, ill.

Smith, Carter, Parkin
Brandon
F6126   Brandon City Hall
ARCAN, 48 (5 avril 71), 4
TCA, XV, 2 (fév. 70), 8, texte & ill.

Smith, Carter, Searle ass.
Winnipeg
F6127   Winnipeg City Hall
TCA, IV, 12 (déc. 59), 99 et 101 et 106, texte & ill.
RAIC, XXXVII, 1 (jan. 60), 36, texte & ill.

Sproatt & Rolph
North York
F6128   Municipal Offices for the Township of North York
RAIC, XXXIV, 6 (juin 57), 202-205, texte & ill.
RAIC, XXXV, 12 (déc. 58), 469, ill.

Stewart and Howell
Newcastle (N.-B.)
F6129   Beaverbrook Theatre and Town Hall
RAIC, XXXII, 4 (avril 55), 124, texte & ill.

Sutherland, J.B.
Winnipeg
F6130   City Hall
RAIC, XXXI, 3 (mars 54), 73, texte & ill.

Toby, Russell, Buckwell
Coquitlam
F6131   Municipal Hall
TCA, XII, (yearbook 67), 79, texte & ill.
ARCAN, 45, 1 (jan. 68), 56, ill.
West Vancouver
F6132   West Vancouver Municipal Hall
RAIC, XLI, 1 (jan. 64), 60, texte & ill.
TCA, X, 10 (oct. 65), 75-78, texte & ill.

Tougas, Jacques
Iberville
F6133   Hôtel de ville
BAT, LIII, 5 (mai 78), 5, texte.

Townley and Matheson
Vancouver
F6134   City Hall
RAIC, XVIII, 8 (août 41), 141, ill.
RAIC, XXII, 12 (déc. 45), 266, ill.
ABC, V, 48 (avril 50), 33, ill.

Trépanier, Paul-O.
Waterloo (Qué.)
F6135   Hôtel de Ville de Waterloo
RAIC, XXXVII, 2 (fév. 60), 54, ill.
ABC, XIV, 163 (nov. 59), 342-347, texte & ill.

Underwood, Percy C.
Haney (C.-B.)
F6136   Haney Municipal Hall
RAIC, XXIX, 12 (déc. 52), 352-353, ill.

Venchiarutti, Leo E.
York
F6137   Municipal Offices (extension)
CB, XXIV, 5 (mai 74), 60, texte & ill.

Vincent, Jacques
Ste-Dorothée
F6138   Hôtel de Ville
ABC, XVIII, 202 (fév. 63), 39-41, texte & ill.

Wade, Stockdill & Armour; R.W. Siddall Ass.
Victoria
F6139   Victoria City Hall Building
TCA, VIII, 11 (nov. 63), 66-69, texte & ill.

Wade, Stockdill, Armour & Partners
Saanich (C.-B.)
F6140   Saanich City Hall
TCA, XI, 11 (nov. 66), 61-64, texte & ill.

Waisman, Ross & Ass.
Thompson (Manitoba)
F6141   Municipal Offices
TCA, VI, 11 (nov. 61), 8, ill.
BAT, IX, 12 (déc. 61), 13 et 16, texte & ill.
CB, XI, 12 (déc. 61), 38-39, et 46, texte & ill.
RAIC, XXXVIII, 11 (nov. 61), 59, ill.

Wasteneys & Wilkes
Ottawa
F6142   Ottawa City Hall
TCA, I, 2 (jan.-fév. 56), 28, texte & ill.

Webber, Harrington and Weld
Annapolis (N.-E.)
F6143   Municipal Offices County of Annapolis
TCA, XIII, 5 (mai 68), 10, texte & ill.

Williams, R.H.
Thorold (Ont.)
F6144   Hôtel de ville
RAIC, XXIV, 5 (mai 47), 157, ill.

Enseignement et recherche

Teaching and Research

"Education Building, A Canadian Builder feature report".
CB, XVII, 9 (sept. 67), 55-62

"Educational building costs in Manitoba this year will be about $25 million".
CB, XV, 10 (oct. 65), 49

"Survey '69: Educational Building"
CB, XIX, 9 (sept. 69), 43-54

"Survey '71: Educational Building"
CB, XXI, 9 (sept. 71), 13-17

Alexander, Max
"Declining enrolments will limit educational building until 1980's"
CB, XXVII, 3 (mars 77), 33-36

Curtis, Tim et al.
"A Canadian Builder Feature Report, Educational Building".
CB, XVIII, 9 (sept. 68), 31-47

Dagenais, Gérard
"Architecture et Enseignement"
ABC, II, 20 (déc. 47), 34-35, texte.

Jansen, Doug
"Manitoba talks flexibility to meet modern needs in educational building".
CB, XVIII, 9 (sept. 68), 36-37

Roger, Robin
"Will educational building level off?"
CB, XXVII, 3 (mars 77), 13-15

West, Alfred T. Jr. et al.
"Survey '70 Educational Building"
CB, XX, 9 (sept. 70), 13-14 et 17-18 et 20 et 25 et 27

Écoles
Schools

Conception des écoles
School Planning

"Architect forecasts high-rise schools"
CB, XV, 12 (déc. 65), 6

"B.C. tries out carousel, cluster schools".
CB, XV, 10 (oct. 65), 56-57

"Concours provincial d'architecture pour écoles primaires"
ABC, XX, 228 (avril 65), 29-50, texte & ill.

"Criticism" (des édifices publics qui peuvent servir à certains moments, à d'autres activités Ex: les écoles)
TCA, XVII, 10 (oct. 72), 8-9

"Du secrétariat de l'AAPQ" (sur les plans types d'écoles fournies à ces institutions)
RAIC, XXXVII, 11 (nov. 60), 458

"Edmonton plans second windowless school".
CB, XV, 10 (oct. 65), 58-59

"En Ontario: Conférence provinciale sur la construction d'écoles"
BAT, XXXVIII, 10 (oct. 63), 48-49

"L'architecture des écoles: une transition — Thème de l'Exposition des Jeunes Associés du Musée des Beaux-Arts"
BAT, XXXVII, 12 (déc. 62), 30-31, texte & ill.

"London studies plans for two windowless schools"
NB, X, 12 (déc. 61), 5

"Schools and School Problems in Canada".
TCA, II, 1 (jan. 57), 24

"School Design".
RAIC, XLII, 11 (nov. 65), 35-50

"School Design Workshop in Ontario". (Rapport de la conférence tenue à Toronto).
RAIC, XLII, 1 (jan. 65), 36

"School plans study aims for a standard" (pour la Commission des Écoles Catholiques de Montréal)
CB, XVII, 6 (juin 66), 7

"Schools of the future are being built today...?"
CB, VIII, 8 (août 58), 27-31

"Standard School Plans" (in British Columbia)
CB, II, 3 (mars 52), 52, texte.

"Survey 73, Trends in school building — The pressures and changes"
CB, XXIII, 3 (mars 73), 43-44 et 46 et 48 et 61

"Tendances '65: Écoles"
BAT, XL, 10 (oct. 65), 30-33, texte & ill.

"Tendances /66: écoles"
BAT, XLI, 9 (sept. 66), 33-43, texte & ill.

"Tendances 67: écoles"
BAT, XLII, 9 (sept. 67), 34-37, texte & ill.

"Tendances 68: écoles"
BAT, XLIII, 9 (sept. 68), 26-36, texte & ill.

"Tendances '69: Écoles"
BAT, XLIV, 9 (sept. 69), 23-28, texte & ill.

"Tendances '70: Écoles"
BAT, XLV, 9 (sept. 70), 21, texte & ill.

Toward Better School Design par William W. Caudill"
ABC, X, 109 (mai 55), 50

"What's wrong, what's right in Toronto's SEF school system? — a frank assessment".
CB, XXII, 1 (jan. 72), 28-29

"Windowless schools: 'A great pain'?"
NB, XI, 6 (juin 62), 7.

"*Work Place for Learning* par Lawrence B. Perkins"
ABC, XII, 138 (oct. 57), 69

Abbey, David S.
"Environment and Education"
TCA, XIII, 5 (mai 68), 49-52

Abram, George
Caudill, William W., *Toward better school design*, Dodge Books, New-York, [s.d.]
RAIC, XXXIII, 3 (mars 56), 106

Althouse, J.G.
"School architecture from the educational administrator's point of view".
RAIC, XXIII, 3 (mars 46), 49-51

Anderson, C. Ross
"Schools for Today".
TCA, III, 5 (mai 58), 44-64

Angrave, James
"The influence of recent changes in education on school design".
RAIC, XLII, 4 (avril 65), 47

Arthur, Eric R.
"School Design, a new look at some old problems". (lumière, couleur, matériaux, etc.).
RAIC, XXXVII, 2 (fév. 60), 61-70

Artinian, Vrej-Armen
"Classroom"
TCA, XIV, 12 (déc. 69), 43-46

Balharrie, Watson
"Today's School in Canada".
RAIC, XXVI, 4 (avril 49), 101 et 128

Beauchemin, G.
"Observations psychologiques au sujet de l'architecture d'une école"
ABC, XXII, 259 (nov. 67), 41-44, texte & ill.

Berwick, R.A.D.
"A flexible plan for rural schools".
RAIC, XXVI, 10 (oct. 47), 354-355

Berwick, R.A.D.
"School Buildings". (en Colombie-Britannique).
RAIC, XXVII, 9 (sept. 50), 288-291

Betts, Randolph C.
"Nouvelle orientation dans la construction des écoles"
ABC, VI, 69 (jan. 52), 11-13 et 32, texte & ill.

Bezman, Michel; Szczot, Frédéric
"IRNES, Le projet RAS" (Recherche en aménagement scolaire)
AC, 23, 271 (jan.-fév. 69), 19-23
AC, 24, 273 (avril 69), 18-22
AC, 24, 276 (juil.-août 69), 34-37

Blatter, Robert
"Architecture scolaire"
ABC, IX, 102 (oct. 54), 30

Boigon, Irving D.
"School Design" (conférence sur la réduction des coûts de construction des écoles)
TCA, VIII, 10 (oct. 63), 100 et 102

Caudill, W.W.; Pena, W.M.
"Colour in the classroom".
RAIC, XXVIII, 5 (mai 51), 123-124

Charney, Melvin
"An Environment for Education"
TCA, XII, 3 (mars 67), 30-32

Committee on planning, construction and equipment of schools in Ontario.
"Interim report on elementary schools".
RAIC, XXII, 9 (sept. 45), 171-183

Cooke, Roy K. et al
"New school design and new heating techniques"
CB, IX, 5 (mai 59), 43-51 et 53

Coon, Burwell R.
"Secondary Schools".
RAIC, XXI, 11 (nov. 44), 252-253

Côté, Gaétan J.; Szczot, Frédéric H.
"Le projet RAS" Recherche en Aménagements Scolaires
ABC, XXII, 259 (nov. 67), 38-40, texte et tableau

Damphousse, Jean
"Des écoles ou des cahots"
BAT, XL, 4 (avril 65), 9

Davis, William G.
"New Perspectives in School Design"
RAIC, XLII, 4 (avril 65), 50-51

Desbarats, Guy
"Colour and Children". (Couleurs utilisées et leurs effets dans une école)
RAIC, XXVI, 4 (avril 49), 109-110 et 128

Drew, Philip
"Open Plan"
TCA, XV, 10 (oct. 70), 46-58

Dumond, René
"Au Québec...Les Écoles?"
RAIC, XLII, 11 (nov. 65), 51-52

Dupire, Jean; de Laplante, Jean
"Une formule idéale: le parc-école"
ABC, IX, 98 (juin 54), 44-46, texte & ill.

Easton, J.A.G.
"The School Building Problem".
RAIC, XXV, 6 (juin 48), 185-191

Fleury, W.E.
"Schools"
RAIC, XXXVIII, 7 (juil. 61), 33-40

Fowke, Clifford
"Survey '72, Trend in School Building"
CB, XXII, 9 (sept. 72), 39 et 41-43 et 46

Gareau, Jean
"Problèmes des constructions scolaires et universitaires".
RAIC, XL, 9 (sept. 63), 62-63

Gérin-Lajoie, Paul
"L'évolution de l'Enseignement du Québec". (et son influence sur l'architecture des écoles).
RAIC, XLII, 4 (avril 65), 48-49

Hayter, Ron
"Compact school form in here to stay".
CB, XVI, 9 (sept. 66), 64-65

Jesson, Denis M.
Arbor, Ann. The Effect of Windowless Classrooms on Elementary School Children, University of Michigan, Michigan, 1965.
ARCAN, 43, 12 (déc. 66), 39

Jones, H.M.
"Systems for Schools"
TCA, XII, 3 (mars 67), 29

Kilgore, Brian A.
"School building revolution — It's coming closer".
CB, XIX, 1 (jan. 69), 27-28

King, Jonathan
"New School planning".
RAIC, XL, 9 (sept. 63), 45-46

Lalonde, Jean-Louis
"L'architecture scolaire piétine".
RAIC, XLII, 1 (jan. 65), 35

Lasserre, Fred
"The Design of School Buildings".
RAIC, XXIX, 4 (avril 52), 83-85

Lazarus, Charles
"A falling birth-rate, changing needs are factors in Montreal school building"
CB, XXVI, 4 (avril 76), 34

Legrand, Paul
"La couleur à l'école"
ABC, III, 32 (déc. 48), 35-38, texte.
"L'école moderne, particularités et nécessités"
ABC, III, 32 (déc. 48), 30 et 38, texte.

McReynolds, Kenneth L.
"Form Follows Reform" (les institutions correctionnelles)
TCA, XVII, 6 (juin 72), 28-33

Murray, James A.
"Nursery School, needs, purpose, method, plan, spirit".
RAIC, XXI, 11 (nov. 44), 243-246

Nicol, F.J.K.
"School Design" (conférence sur la réduction des coûts de construction des écoles)
TCA, VIII, 10 (oct. 63), 14 et 16 et 100

Parkin, John
"Post-war planning of schools"
RAIC, XIX, 9 (sept. 42), 188-189

Parkin, John B.
"Tomorrow's schools"
RAIC, XX, 7 (juil. 43), 99-114

Perkins, Lawrence B.
"Classrooms, their size and shape".
RAIC, XXVII, 5 (mai 50), 158-159 et 180

Pollowy, Anne Marie
"Une étude de trois maternelles"
AC, 25, 281 (jan.-fév. 70), 32-34

Prack, A.R.
"Architect Talks on School Plan"
CB, III, 7 (juil. 53), 49, texte.

Robadey, Henriette
"Un nouveau concept de construction d'écoles"
BAT, XLVI, 9 (sept. 71), 11-14, texte & ill.

Robbie, Roderick G.
"An Academic Building System for Toronto"
TCA, XII, 3 (mars 67), 41-43

Robbie, Roderick G.
"School Buildings".
ARCAN, 45, 3 (mars 68), 56-58

St-Pierre, F.
"Le dynamisme de la couleur pour nos écoles"
ABC, VIII, 86 (juin 53), 57-58, texte & ill.

Schupp, Patrick
"L'école moderne: son cadre et son esprit"
ABC, XVI, 181 (mai 61), 52-56, texte & ill.

Short, D. Perry
"Underground schools — will they beat rising land costs?"
CB, XV, 10 (oct. 65), 46-48

Smibert, Dorothy
"The cluster system gains preference in old and new communities".
CB, XVI, 9 (sept. 66), 60-61

Smith, J.F.C.
"The School's relation to the neighbourhood".
RAIC, XXI, 11 (nov. 44), 247-249

Steele, Harland
"Planning an elementary School".
RAIC, XXI, 11 (nov. 44), 250-251

Sullivan, John
"Implications of the Ministers' Conference on Canadian Schools".
RAIC, 9 (sept. 63), 43-45

Sutherland, D.B.
"Elementary Schools in Greater Montreal".
RAIC, XXXI, 9 (sept. 54), 305-312

Tessier-Lavigne, Andrée
"A chacun son école..."
AC, 23, 271 (jan.-fév. 69), 24-25

Tonks, George C.N
"School Design" (conférence sur la réduction des coûts de construction des écoles)
TCA, VIII, 10 (oct. 63), 14

Trépanier, Paul-O.
"Points de vue — Des écoles gaies, des écoles claires"
ABC, XII, 138 (oct. 57), 68 et 72, texte.

Venne, Gérard
"Le problème de l'éducation"
ABC, X, 114 (oct. 55), 30, texte.

Walker, Howard V.
"Sitting and Design" (Construction des écoles)
TCA, V, 11 (nov. 60), 50

Zeidler, Eberhard H.
"Schools: the need for research"
TCA, V, 11 (nov. 60), 51-54

Construction et coûts
Construction and Costs

"$107 millions pour la construction scolaire à Montréal" (liste des projets).
BAT, LIV, 4 (avril 79), 6

"As governments change there's hiatus in B.C. in building of schools"
CB, XXVI, 3 (mars 76), 42 et 64

"Big savings seen in apartment schools"
CB, XX, 10 (oct. 70), 8

"Builders fume while Quebec fiddles over the high cost of school facilities".
CB, XV, 10 (oct. 65), 54-55

"But Ottawa board splits"
CB, XXI, 8 (août 71), 60

"Calgary — New Schools Lag? Building volume outpaces capacity of contractors".
CB, XVI, 9 (sept. 66), 66

"Commissions scolaires, un budget de $27.6 millions"
BAT, LV, 6 (juil.-août 80), 7-8, texte.

"Étude d'une construction peu coûteuse"
BAT, XXX, 10 (oct. 55), 42-45 et 50

"Frills are given way to economy in building new schools"
CB, II, 10 (oct. 52), 17-22, texte & ill.

"Inexperience caused Toronto SEF schools to exceed cost".
CB, XXI, 4 (avril 71), 58

"In Ontario, constraints have to resist burgeoning forecasts from school boards"
CB, XXVI, 3 (mars 76), 40-41 et 64

"La baisse de la population étudiante ralentira la construction des écoles"
BAT, XLVI, 12 (déc. 71), 25, texte.

"La construction des écoles: 145 projets pour 1973-1974; dépense prévue $400 millions"
BAT, XLVIII, 3 (mars 73), 14, 18, texte & ill.

"La construction scolaire au Québec: irréversible tendance à la baisse"
BAT, XLIX, 3 (mars 74), 16, texte.

"Le Conseil scolaire dépensera $26.6 millions pour de nouveaux projets" (liste des projets pour l'île de Montréal).
BAT, LII, 6 (juin 77), 6

"Malgré une stagnation relative, le Québec est le premier constructeur d'écoles au pays"
BAT, L, 3 (mars 75), 13, texte.

"Nation" (les institutions scolaires)
TCA, XVI, 11 (nov. 71), 7-8

Pierce, David A. Saving dollars in building schools, Reinhold, [s.l.], [s.d.]
TCA, V, 5 (mai 60), 84

"Practice" (Rapport de l'OAA)
TCA, XVII, 6 (juin 72), 6-7

"Progress" (Programme de construction d'écoles dans la région de Toronto)
TCA, XIV, 5 (mai 69), 6

"Québec, cette ville s'enrichira de nombreux établissements scolaires"
BAT, XXXIII, 12 (déc. 58), 11 et 38

"Sainte Foy — Ville aux prises avec un sérieux problème de construction d'écoles"
BAT, XXXI, 5 (mai 56), 22, 27, texte.

"SEF A Critical Evaluation".
TCA, XVII, 2 (fév. 72), 26-33

"SEF A Mid-Term Report" (les institutions scolaires dans le Toronto Metro)
TCA, XIII, 9 (sept. 68), 35-48

"Survey '74, Has school building volume reached a stable plateau?"
CB, XXIV, 3 (mars 74), 43-46

"...the architect rejected". (pour un projet d'école à Langley).
TCA, 1 (nov.-déc. 55), 18

"The team approach brings a guaranteed-cost package to school construction."
CB, XX, 10 (oct. 70), 15

"Toronto schools get $4.3 m loan"
CB, XV, 6 (juin 65), 8

Armstrong, Brian; Haynes, Charles; Yamoshita, Tosh
"It's not SEF that is the bad boy"
TCA, XVII, 6 (juin 72), 59 et 62 et 71

Berwick, R.A.D.
"Report on School Construction in B.C."
RAIC, XXIX, 4 (avril 52), 93

Brady, James
"Nova Scotia — Surge in school building, New, bigger grants boost construction".
CB, XVI, 9 (sept. 66), 62-63

Brown, Roy
"SEF: Did Educators Subvert the System?"
TCA, XVI, 4 (avril 71), 45-52

Burgoyne, R.V.B.
"School building Costs"
CB, VI, 12 (déc. 56), 18

Choueke, Esmond
"Établissements scolaires: $50 millions de projets pour les cinq prochaines années dans la métropole"
BAT, LII, 3 (mars 77), 11-12, texte & ill.

Curtis, Tim
"A $16,000 per classroom limit sends B.C. towards packaged, portable schools".
CB, XVIII, 9 (sept. 68), 45-46

Dalrymple, John et al.
"Survey '75, School Building — Prospects brighten as restrictions eases"
CB, XXV, 3 (mars 75), 13-16 et 54

Damphousse, Jean
"Il est possible de construire de bonnes écoles économiquement et en évitant le gaspillage d'argent"
BAT, XXXVII, 6 (juin 62), 10-11, texte.

Davis, E.N.
"No frills for schools but spending climbs in Saskatchewan".
CB, XVIII, 9 (sept. 68), 42-43

Edsall, Richard L.
"Perspectives sur la construction d'habitations, d'écoles et d'hôpitaux"
BAT, XXXIII, 6 (juin 58), 15 et 19

Edsall, Richard
"School building — a boom that's sure to keep growing"
CB, VI, 4 (avril 56), 34-35

Fowke, Clifford
"How DND saved $100,000 by adopting a new two-story design"
NB, VIII, 3 (mars 59), 22-23

Fowke, Clifford
"Watch for this $1 billion schools project"
NB, VIII, 3 (mars 59), 9 et 51

Gunderson, Harold
"Will component building, modular system keep costs down?, asks Alberta".
CB, XVIII, 9 (sept. 68), 37-39

Hayter, Ron
"Edmonton asks if modular co-ordination is answer to architects' costly designs".
CB, XVIII, 9 (sept. 68), 39-41

Helyar, Frank
"Yardsticks for Costing, A comparative cost analysis of four schools".
TCA, IX, (Yearbook 64), 101-111

Humphrys, B.A.
"Canadian School Building Grows up in Recent Years"
CB, I, 2 (mai 51), 20-23, 54, texte & ill.

Irwin, N.L.
"The Architects' Dilemma! They designed 100 schools for others but none for Toronto".
CB, XXI, 10 (oct. 71), 36

Leman, Alexander B.
"SEF: Boon or bane. A progress report"
TCA, XIV, 12 (déc. 69), 47-50

MacDonald, J.T.
An Experiment in School Construction Project Management, North York, Ontario
ARCAN, 45, 3 (mars 68), 49-55, texte & ill.

Prack, Alvin R.
"How to get the most from the school building dollar".
CB, VI, 4 (avril 56), 31-33

"School Construction and Costs".
RAIC, XXX, 9 (sept. 53), 272-274

Robbie, Roderick G.
"Comments on the OAA SEF Report"
TCA, XVII, 3 (mars 72), 46-47

Saalheimer, Harriet
"Who bids for three million sq. ft.? Ask architects and contractors in Montreal".
CB, XVIII, 9 (sept. 68), 34-36

Shaw
"Evolution de l'architecture scolaire vers un coût plus modique"
BAT, XXXI, 11 (nov. 56), 30-33, 73, texte & ill.

Shaw, Janet
"A new yardstick for school building costs"
CB, VI, 10 (oct. 56), 31-40

Tirion, P.D.J.
"Comments on the OAA SEF Report, Objectives Restated"!
TCA, XVII, 3 (mars 72), 47-48 et 64

Walker, Howard V.
"Progress" (The Metropolitan Toronto School Board Study of Educational Facilities (SEF) and the cost of school buildings)
TCA, XIV, 2 (fév. 69), 6

Technique et matériaux
Technique and Materials

Chaleur rayonnante pour écoles
ABC, VIII, 89 (sept. 53), 47-48, texte & ill.

"Component school construction, heating being studied for increased economies".
CB, XVI, 7 (juil. 76), 41

"Concrete and steel find favor but Toronto now likes smaller windows".
CB, XV, 10 (oct. 65), 50-53

"Dans les écoles... les enfants apprécient l'atmosphère naturelle et humaine du bois".
BAT, XXXVII, 5 (mai 62), 44-45, texte & ill.

"Dans les écoles, remplacement des vitres par un matériau incassable"
BAT, XLVII, 9 (sept. 72), 32-33, texte & ill.

"Electric heating and air-conditioning featured in new schools"
CB, XVI, 9 (sept. 66), 58-59

"Étude typique d'une école en maçonnerie exécutable à coût modique".
ABC, X, 110 (juin 55), 50-52, texte & ill.

Le cloisonnement intérieur dans les écoles
ABC, XI, 126 (oct. 56), 56-59, texte.

"Les régulateurs automatiques dans les écoles modernes"
ABC, VIII, 86 (juin 53), 54-56, texte & ill.

"Modulars units speed school construction"
TCA, XIX, 12 (déc. 74), 14-15

"New school-building system uses a maximum of local products and labor".
CB, XXI, 2 (fév. 71), 22-23

"Pre-coated panels cut the cost of NWT school"
TCA, XIX, 9 (sept. 74), 65

"Prefabling cut costs of Calgary schools"
CB, VI, 5 (mai 56), 51

"Remplacement des vitres par un matériau incassable"
BAT, XLVII, 9 (sept. 72), 32-33

"Solid-Wall construction is school trend in Calgary"
CB, XV, 10 (oct. 65), 60

"Solutions audacieuses dans les écoles, grâce aux progrès techniques du béton"
BAT, XXXVIII, 3 (mars 63), 24-27, texte & ill.

"Standards in for mass-produced components for school building"
CB, XVII, 7 (juil. 67), 7

Bateman, J.W.
"School Lighting."
RAIC, XXI, 11 (nov. 44), 262-63

Beaupré, Hector
"La classe noire" (éclairage et ventilation)
ABC, III, 32 (déc. 48), 34 et 38, texte.

Bolt, Beranek & Newman
"L'acoustique dans les écoles"
BAT, XXXI, 6 (juin 56), 44-45, 83, 95, texte & ill.

Chapleau, Gaston
"Une lumière adéquate pour des yeux d'écoliers"
ABC, XI, 122 (juin 56), 50-54, texte & ill.

Charney, Melvin
"Les possibilités de la construction en béton préfabriqué dans la conception nouvelle des écoles."
ABC, XXII, 251 (mars 67), 43-49, texte & ill.

Damphousse, Jean
"Les charpentes dans les écoles"
ABC, XVII, 193 (mai 62), 45-46, texte & ill.

Evans, G.F.
"About acoustics in schools."
RAIC, XXI, 11 (nov. 44), 264

Foot, Chris
"System school building — a revolution in the making".
CB, XVIII, 5 (mai 68), 50-53 et 66

Gérin-Lajoie, Pierre
"L'ingénieur à l'école"
AC, 23, 271 (jan.-fév. 69), 38-41 et 44

Haacke, Ewart M.
"L'éclairage dans les écoles"
ABC, VIII, 86 (juin 53), 49-52, texte & ill.

Joy, Arthur R.
"This new design in Vancouver uses pumice block, cuts plaster"
NB, VIII, 3 (mars 59), 24-25

McElgin, J.
"Apport solaire et fenêtre froide problèmes essentiels de chauffage des écoles"
BAT, XXXV, 3 (mars 60), 46-48

Perry, A. Leslie
"Maintenance and Materials in schools".
RAIC, XXVIII, 5 (mai 51), 121-122

Reed, Francis G.
"School Lighting."
RAIC, XXVIII, 5 (mai 51), 131-134

Rybka, Karel R.
"Some aspects of heating and ventilating School Buildings."
RAIC, XXI, 11 (nov. 44), 259-61

Simpson, A. Edward
"The modern school — electrically speaking."
RAIC, XXIX, 4 (avril 52), 90-92

Smibert, Dorothy
"Newest in the News look in...school construction...pre-engineering building."
CB, XVII, 11 (nov. 67), 37-39

Tasso, André
"La ventilation modulaire telle qu'exécutée au CEGEP de Drummmondville"
BAT, XLVIII, 5 (mai 73), 14-15

Thomas, Leslie
"The schoolroom as a thermal problem."
RAIC, XXVII, 5 (mai 50), 163-164

Thomson, D.W.
"The heating and ventilation of school buildings."
RAIC, XXIX, 4 (avril 52), 106-108 et 123

Tremblay, Edouard W.
"Solutions d'un problème d'éclairage naturel — Application: école à Ste-Anne de Sorel"
ABC, IX, 102 (oct. 54), 53-54, texte & ill.

Varry, Jacques
"La climatisation dans les écoles"
ABC, XV, 169 (mai 60), 164-167, texte & ill.

Wynkoop, Frank
"Advances in the art of schoolroom daylighting."
RAIC, XXII, 9 (sept. 45), 190-193

Maternelles et jardins d'enfants
Nursery Schools and Kindergartens

Allward and Gouinlock
Bramalea
G0001 Chinguacousy Day Care Centre
TCA, XIX, 11 (nov. 74), 4, texte & ill.
TCA, XX, 5 (mai 75), 39-43, texte & ill.

Architectural Dept. of the Scarborough Board of Education
Scarborough
G0002 Berner Trail Junior Public School, Day Care & Community Centre
CB, XXIII, 4 (avril 73), 25, texte & ill.

DesRochers & Dumont
Laval
G0003 École maternelle St-Gérard
AC, 25, 288 (oct. 70), 40, texte & ill.

Legault, Guy-R.
Montréal
G0004 Projet-thèse: école maternelle.
ABC, XI, 123 (juil. 56), 31-33, texte & ill.
RAIC, XXXIV, 3 (mars 57), 90, texte & ill.

Écoles primaires et secondaires
Elementary and Secondary Schools

Anonyme/Anonymous
Édifice de lieu inconnu
G0501 École Général Vanier
BAT, XLII, 9 (sept. 67), 36, ill.
G0502 École Marie Favery
BAT, XLII, 9 (sept. 67), 35-37, ill.
G0503 Little Red Schoolhouse
CB, XVIII, 3 (mars 68), 8, ill.
Asbestos
G0504 Campus d'Asbestos (réaménagement)
BAT, LI, 2 (fév. 76), 5, texte.
Assumption (Alberta)
G0505 École pour amérindiens
CB, XVIII, 4 (avril 68), 6, texte.
Aylmer
G0506 École, blvd. Wilfrid Lavigne
BAT, LIII, 11 (nov. 78), 5, texte.
Burnt Church (N.-B.)
G0507 École
CB, XXVI, 3 (mars 76), 48, texte.
Calgary
G0508 Spruce Cliff School
CB, V, 1 (jan. 55), 33-34, texte.
CB, VI, 5 (mai 56), 51, texte & ill.
Camrose (Alberta)
G0509 Chester Ronning Elementary and Junior High School
CB, XIX, 9 (sept. 69), 48, ill.
Carman (Man.)
G0510 High school
NB, X, 2 (fév. 61), 25, texte & ill.
Charlesbourg
G0511 Collège Saint-Odilon
BAT, XXXIII, 12 (déc. 58), 45, texte & ill.
G0512 École de la paroisse St-Jérôme
BAT, XXXIII, 12 (déc. 58), 45, texte & ill.
G0513 Externat pour R.R. Pères de St-Vincent-de-Paul
BAT, XXXIV, 4 (avril 59), 11, texte.
Charlemagne
G0514 École
ABC, VI, 57 (jan. 51), 13, ill.
Cowansville
G0515 École St-Léon
ABC, V, 45 (jan. 50), 24, ill.
ABC, VI, 58 (fév. 51), 26, ill.
Dartmouth
G0516 John Martin Junior High School
CB, XVI, 9 (sept. 66), 63, ill.
Dollard-des-Ormeaux
G0517 Polyvalente des Sources
BAT, LII, 3 (mars 77), 12, ill.
Dorval
G0518 English Protestant High School
CB, XV, 10 (oct. 65), 54, ill.
CB, XVI, 9 (sept. 66), 57, ill.
Downsview
G0519 École Saint-Gérard-Magella
BAT, XLVII, 4 (avril 72), 16, texte.
Drummondville
G0520 Couvent des R.R. Soeurs de la Présentation de Marie
BAT, XXXIII, 5 (mai 58), 19, texte.
BAT, XXXIII, 12 (déc. 58), 11, texte.
G0521 High School (agrandissement)
BAT, XXXIII, 4 (avril 58), 21, texte.
Edmonton
G0522 McKee Elementary School
CB, XVI, 9 (sept. 66), 64-65, texte & ill.
CB, XVIII, 9 (sept. 68), 41, texte & ill.
G0523 Stratford Junior High
CB, XV, 10 (oct. 65), 59, texte & ill.
G0524 Westmount High School
RAIC, XVII, 6 (juin 40), 107
Etobicoke (Ontario)
G0525 Holy Cross Separate School
BAT, XXXVII, 5 (mai 62), 45, ill.
Ft. Alexander (Man.)
G0526 École
CB, XVIII, 11 (nov. 68), 6, ill.

Gatineau
G0527 Parc-École-Renaud (reconstruction)
BAT, LII, 2 (fév. 77), 6, texte.
Granby
G0528 École (de langue anglaise)
BAT, XXXIII, 6 (juin 58), 9 et 20, texte.
Grand-Mère
G0529 Polyvalente
BAT, XLVIII, 12 (déc. 73), 5, texte.
Joliette
G0530 Campus de Joliette (rénovation)
BAT, LI, 2 (fév. 76), 5, texte.
Jonquière
G0531 Académie St-Jean-Baptiste
ABC, IV, 44 (déc. 49), 24, ill.
Kénogami
G0532 École de 12 classes
BAT, XXXIV, 9 (sept. 59), 17, texte.
Kitchener
G0533 Forest Heights Collegiate
CB, XIV, 5 (mai 64), 51, texte & ill.
G0534 High School
CB, VIII, 4 (avril 58), 100, texte & ill.
Lachine
G0535 École supérieure
ABC, VI, 57 (jan. 51), 12, ill.
BAT, IX, 7 (juil. 61), 20, ill.
La Pocatière
G0536 Polyvalente
BAT, LII, 1 (jan. 77), 4, texte.
La Roche
G0537 Dene High School
CB, XXX, 1 (jan. 80), 31, ill.
Lauzon
G0538 École de 12 classes
BAT, XXXIV, 7 (juil. 59), 12, texte.
Laval
G0539 Polyvalente des Mille-Iles
BAT, LIII, 10 (oct. 78), 6, texte.
Messines
G0540 École
BAT, XXIX, 11 (nov. 54), 19, texte.
Mont-Laurier
G0541 École St-Eugène
ABC, VI, 57 (jan. 51), 15, ill.
Montmagny
G0542 École de la paroisse St-Mathieu
BAT, XXVIII, 10 (oct. 53), 30, texte & ill.
G0543 École de la paroisse St-Thomas de Montmagny
BAT, XXVIII, 10 (oct. 53), 3, texte & ill.
Montréal
G0544 Cité des jeunes
CB, XV, 4 (avril 65), 58, texte.
G0545 École de la paroisse St-Donat
BAT, XXXVI, 10 (oct. 60), 57, texte.
G0546 École de la paroisse St-François d'Assise
BAT, XXXVI, 10 (oct. 60), 57, texte.
G0547 École du quartier Ahuntsic
BAT, XXVIII, (nov. 53), 13, texte.
G0548 École élémentaire St-Joseph
BAT, XLVI, 9 (sept. 71), 11-12 et 14, texte & ill.
G0549 École élémentaire, paroisse Ste-Marthe
BAT, XLVIII, 6 (juin 73), 5, texte.
G0550 École Guillaume-Couture
BAT, XLVI, 9 (sept. 71), 16, texte.
G0551 École Louis-Hébert
BAT, XXIX, 7 (juil. 54), 16, texte.
G0552 École Nazareth
BAT, XLVI, 9 (sept. 71), 16, texte.
G0553 École, rue Beaulieu
BAT, XXIX, 7 (juil. 54), 14, texte.
G0554 École, rue Bon-Air
BAT, XXIX, 7 (juil. 54), 14, texte.
G0555 École St-Joseph
BAT, XLVI, 9 (sept. 71), 16, texte.
G0556 École St. Michael's
BAT, XLVI, 9 (sept. 71), 16, texte.
G0557 École St. Patrick's
BAT, XLVI, 9 (sept. 71), 16, texte.
G0558 École Victor-Rousselot
BAT, XLVI, 9 (sept. 71), 16, texte.
G0559 La Salle High School
CB, XXIII, 3 (mars 73), 44 et 46, texte.

G0560 Polyvalente dans le quartier de Rivière-des-Prairies
BAT, XLVIII, 6 (juin 73), 5, texte.
G0561 Polyvalente Georges-Vanier
BAT, XLVI, 9 (sept. 71), 16, texte.
G0562 Polyvalente St-Henri
BAT, XLVI, 9 (sept. 71), 16, texte.
G0563 Polyvalente St.Pius X (agrandissement)
BAT, XLVI, 9 (sept. 71), 16, texte.
G0564 Polyvalente William Hingston
BAT, XLVI, 9 (sept. 71), 16, texte.

Murdochville
G0565 École
G0566 BAT, XXXIV, 5 (mai 59), 17, texte.

Nicolet
G0567 Centre administratif — polyvalente Jean-Nicolet (agrandissement)
BAT, XLVIII, 10 (oct. 73), 5, texte.
G0568 Polyvalente de Saint-Pierre-les-Becquets
BAT, XLVIII, 10 (oct. 73), 5, texte.

Normandin
G0569 École pour filles
BAT, XXXIV, 6 (juin 59), 78, texte.

Old Crow (Yukon)
G0570 Old Crow complex
CB, X, 10 (oct. 60), 41, texte & ill.

Ottawa
G0571 École élémentaire Alta Vista
ABC, V, 52 (août 50), 21, ill.
G0572 École élémentaire de Eastview
ABC, V, 52 (août 50), 21, ill.

Pointe-Bleue
G0573 Pensionnat
BAT, XXXIV, 5 (mai 59), 26, texte.

Pointe-Gatineau
G0574 École Le Progrès
BAT, L, 5 (mai 75), 5, texte.

Québec
G0575 Monseigneur Roy School
CB, XVIII, 4 (avril 68), 8, texte & ill.

Red Deer
G0576 Intermediate School
RAIC, XVII, 11 (nov. 40), 203

Rexdale
G0577 École
NB, VIII, 1 (jan. 59), 23, texte & ill.

Rouyn
G0578 École de l'Immaculée-Conception
ABC, IV, 42 (oct. 49), 32, ill.
G0579 École St-Joseph
ABC, IV, 42 (oct. 49), 33, ill.

St-Agapit
G0580 École
BAT, XXXIII, 4 (avril 58), 57, texte.

St-Ambroise de Loretteville
G0581 École No. 7
BAT, XXXII, 10 (oct. 57), 85, texte.

Ste-Anne-des-Monts
G0582 Collège Champagnat
BAT, XXXII, 10 (oct. 57), 93, texte & ill.

St-Félicien
G0583 École de 5 classes
BAT, XXXIV, 2 (fév. 59), 7, texte.

St. James (Manitoba)
G0584 Athlone School
CB, XVI, 9 (sept. 66), 58, ill.

Saint-Jean-d'Iberville
G0585 École Mgr. Roy
BAT, XLIII, 9 (sept. 68), 34-35, texte & ill.

Saint-Marc-des-Carrières
G0586 Polyvalente du secteur Ouest de la régionale Tardivel.
BAT, XLVIII, 9 (sept. 73), 5, texte.

Ste-Marie de Beauce
G0587 Externat de Sainte-Marie
BAT, XXXIII, 6 (juin 58), 23, texte.

St-Pierre, Ile d'Orléans
G0588 École
BAT, XXXIV, 4 (avril 59), 11, texte.

St-Siméon
G0589 École pour garçons
BAT, XXXIII, 4 (avril 58), 10, texte.

Sainte-Thérèse
G0590 École polyvalente Sainte-Thérèse
AC, 28, 314 (mai 73), 7-8, texte & ill.

Scarborough
G0591 Cedar Drive Public School
CB, XX, 7 (juil. 70), 34-35, texte & ill.
G0592 Scarborough High School
CB, XXI, 10 (oct. 71), 6, ill.

Shawinigan
G0593 École St-Jacques
BAT, XXXII, 10 (oct. 57), 96, texte.

Sherbrooke
G0594 École Montcalm (réaménagement)
BAT, LI, 2 (fév. 76), 5, texte.

Sorel
G0595 École Notre-Dame
ABC, V, 45 (jan. 50), 21, ill.

Stoney Rapids (Sask.)
G0596 École
CB, XXX, 1 (jan. 80), 29-31, texte & ill.

Thetford-Mines
G0597 École
BAT, XXXIII, 6 (juin 58), 23, texte.
G0598 École Mgr Laval
BAT, XXXIV, 7 (juil. 59), 21, texte.

Toronto
G0599 St. Vladimir Ukrainian Institute
CB, XVIII, 6 (juin 68), 5, texte.

Vancouver
G0600 École Lord Beaconsfield
BAT, XXXVII, 5 (mai 62), 44, ill.
G0601 Strathcona School
CB, XXI, 9 (sept. 71), 16, texte & ill.

North Vancouver
G0602 Plymouth Elementary School
CB, XXV, 3 (mars 75), 15, ill.

Verdun
G0603 École St. Willibrod
BAT, XXXVI, 11 (nov. 60), 43, texte.

Waterloo (Qué.)
G0604 École de Waterloo
BAT, XXXVI, 9 (sept. 60), 75, texte.

Whitby
G0605 Whitby Senior Public High School
CB, XX, 10 (oct. 70), 15, texte & ill.

Winnipeg
G0606 Kelvin High School
CB, XVI, 9 (sept. 66), 59, texte & ill.

Yamachiche
G0607 École secondaire
BAT, LI, 2 (fév. 76), 5, texte.

Abra & Balharrie; Shore

Almonte (Ont.)
G0608 Almonte High School (agrandissement)
RAIC, XXVII, 5 (mai 50), 175, ill.

Bancroft
G0609 North Hastings High School
RAIC, XXVI, 4 (avril 49), 118-119, ill.
CB, I, 2 (mai 51), 21, ill.

Kingston
G0610 Kingscourt School
CB, I, 2 (mai 51), 22, ill.
G0611 Maryland School
RAIC, XXVI, 4 (avril 49), 120, ill.

Ottawa
G0612 Carleton Heights School
CB, I, 2 (mai 51), 22-23, ill.
RAIC, XXVI, 4 (avril 49), 117, ill.
G0613 City View School
RAIC, XXIX, 4 (avril 52), 109-110, ill.
G0614 École de Merivale
ABC, IX, 98 (juin 54), 34-35, ill.

Abram & Ingleson

Etobicoke
G0615 Richview Public School
RAIC, XLII, 11 (nov. 65), 49, ill.

Scarborough
G0616 Iroquois Junior Public School
TCA, XIII, 9 (sept. 68), 45, ill.
G0617 Stephen Leacock Educational Complex Collegiate
ARCAN, 45, 1 (jan. 68), 34, ill.
ARCAN, 47 (14 sept. 70), 1, texte & ill.
TCA, XII, 3 (mars 67), 44-45, texte & ill.
TCA, XV, 10 (oct. 70), 36-45, texte & ill.
TCA, XV, 12 (déc. 70), 10

Abugov & Sunderland

Calgary
G0618 École Mayfair
BAT, IX, 5 (mai 61), 52, Ill.

Adamson, Gordon S. (Ass.)

Etobicoke (Ont.)
G0619 Alderwood Collegiate Institute
RAIC, XXXIII, 10 (oct. 56), 388-389, texte & ill.
G0620 Keiller Mackay Collegiate Institute
ARCAN, 49 (nov. 72), 10, texte & ill.
G0621 Kingsview Collegiate Institute
TCA, XIV, 11 (nov. 69), 63, texte & ill.
G0622 Kipling Collegiate Institute
RAIC, XXXVIII, 7 (juil. 61), 51-52, texte & ill.
RAIC, XXXVIII, 11 (nov. 61), 60, ill.
TCA, VI, 11 (nov. 61), 8, ill.
CB, XI, 12 (déc. 61), 38-39 et 43, texte & ill.
BAT, IX, 12 (déc. 61), 13 et 16, texte & ill.
G0623 Norseman Public School
RAIC, XXXI, 9 (sept. 54), 320-321, ill.

North York
G0624 Humbermede Junior High School
TCA, XIV, 12 (déc. 69), 56, texte & ill.

Allen, Brown, Sherriff

Lindsay (Ont.)
G0625 Parkview Public School
TCA, XVI, 3 (mars 71), 8, texte & ill.

Allward & Gillies

Chipman (N.-B.)
G0626 Chipman Regional School
RAIC, XXXII, 4 (avril 55), 126, ill.

Allward & Gouinlock

Scarborough
G0627 École
CB, XIV, 2 (fév. 64), 3, texte & ill.

Toronto
G0628 École Étienne Brulé
ARCAN, 48 (11 jan. 71), 8
G0629 Monarch Park Secondary School
RAIC, XL, 9 (sept. 63), 53, texte & ill.
RAIC, XLII, 1 (jan. 65), 32-33, texte & ill.
CB, XV, 10 (oct. 65), 52, ill.

Anderson & Raymer

Colombie-Britannique
G0630 Sardis Junior High School
TCA, I, 12 (déc. 56), 31-34, texte & ill.

Andrews, John

Sault Ste-Marie
G0631 École secondaire
TCA, IV, 11 (nov. 59), 50-51, texte & ill.

Scarborough
G0632 Bellmere Public School
TCA, XI, 8 (août 66), 54-56, texte & ill.
RAIC, XLI, 7 (juil. 64), 15, texte & ill.
RAIC, XLII, 1 (jan. 65), 28, texte & ill.
RAIC, XLIII, 1 (jan. 66), 23, texte & ill.
CB, XV, 10 (oct. 65), 52, ill.

Architectural Division of the Vancouver School Board

Vancouver
G0633 David Thompson School
NB, VIII, 3 (mars 59), 24-25, texte & ill.

Architects' Partnership

Édifice de lieu inconnu
G0634 Fairmount Park Senior Public School
RAIC, XL, 9 (sept. 63), 47-49, texte & ill.

Arcop Associates

Pierrefonds
G0635 École polyvalente Pierrefonds
AC, 25, 281 (jan.-fév. 70), 29-31, texte & ill.
AC, 27, 302 (mars 72), 26-31, texte & ill.
TCA, XVII, 4 (avril 72), 46-47, texte & ill.
BAT, XLII, 9 (sept. 67), 35, ill.
BAT, XLVII, 9 (sept. 72), 12-13, texte & ill.

CB, XVIII, 9 (sept. 68), 34-35, texte & ill.

Atkins, Gordon L.
Calgary
G0636 Mayland Heights Elementary School
ARCAN, 45, 1 (jan. 68), 39, ill.
ARCAN, 45, 12 (déc. 68), 31-33, texte & ill.
TCA, XV, (Yearbook 70), 82-83, texte & ill.

Audet, L.N.
Sherbrooke
G0637 École Leblanc
RAIC, XXXVII, 2 (fév. 60), 54, ill.

Audet & Blais
Drummondville
G0638 École Pie-X
BAT, XXXIII, 10 (oct. 58), 28-29, texte & ill.

Audet, Jean-Paul; Royer, André
Sherbrooke
G0639 École supérieure
ABC, IV, 40 (août 49), 35, ill.
ABC, VI, 57 (jan. 51), 14, ill.

Audet, Tremblay, Audet
Sherbrooke
G0640 École Notre-Dame-des-Sept-Douleurs
BAT, XXXIII, 7 (juil. 58), 18, texte & ill.
Weedon
G0641 Couvent de 15 classes
BAT, XXXIII, 8 (août 58), 21, texte & ill.

Ayotte & Poulin
Laval
G0642 École élémentaire Marc-Aurèle Fortin
AC, 25, 287 (sept. 70), 27, texte & ill.
AC, 25, 288 (oct. 70), 40, texte & ill.
G0643 École primaire Val des Arbres
AC, 25, 288 (oct. 70), 40, texte & ill.

Balharrie, Helmer, Gibson
Ottawa
G0644 Sir Robert Borden High School
ARCAN, 46, 1 (jan. 69), 23, ill.

Bamberger, E.
Ste-Adèle
G0645 École protestante de Ste-Adèle
BAT, IX, 5 (mai 61), 39, ill.

Banz, Brook, Carruthers, Grierson, Shaw
North York
G0646 Pineway Boulevard Public School
ARCAN, 45, 1 (jan. 68), 28, ill.
TCA, XII, (Yearbook 67), 73, texte & ill.
G0647 Topcliff Avenue Public School
TCA, X, 11 (nov. 65), 13 et 24, texte & ill.
RAIC, XLII, 11 (nov. 65), 55-57, texte & ill.

Barker, Kent; McBain, W.J.
G0648 Voir McBain, W.J.; Barker, Kent

Barnett & Rieder; Craig & Zeidler
Peterborough
G0649 Adam Scott Collegiate Institute
RAIC, XL, 9 (sept. 63), 64-65, ill.

Barrot, Marshall, Montgomery & Merrett
Édifice de lieu inconnu
G0650 École circulaire
CB, VI, 10 (oct. 56), 32 et 38-39, texte & ill.
Beaconsfield
G0651 École de Beaconsfield
BAT, XXXI, 11 (nov. 56), 31-33, texte & ill.
CB, VI, 10 (oct. 56), 32-33 et 36, texte & ill.
Montréal
G0652 Lakeside Heights School
CB, VI, 10 (oct. 56), 32 et 37, texte & ill.
CB, IX, 12 (déc. 59), 25-26, texte & ill.
Valois
G0653 École primaire Valois Park
ABC, VIII, 86 (juin 53), 28-31, texte & ill.
CB, VI, 10 (oct. 56), 32-35, texte & ill.
BAT, XXXI, 11 (nov. 56), 30-31, texte & ill.

Beauchamp, J. Napoléon
Lachine
G0654 École Thérien
ABC, V, 45 (jan. 50), 29, ill.

Bédard & Charbonneau
Montréal
G0655 Louis Riel Polyvalent School
CB, XXIII, 3 (mars 73), 44 et 46, texte & ill.
St-Hubert
G0656 École Macdonald Cartier
AC, 25, 281 (jan.-fév. 70), 27, texte & ill.

Bégin, Étienne
St-Romuald
G0657 Collège St-Romuald d'Etchemin
ABC, V, 50 (juin 50), 34, ill.
ABC, VI, 57 (jan. 51), 17, ill.

Bélanger, Alphonse
Sherbrooke
G0658 École Ste-Famille
BAT, XXX, 3 (mars 55), 28, texte & ill.
ABC, III, 32 (déc. 48), 33, ill.
Warwick
G0659 École Ste-Jeanne-d'Arc
ABC, XI, 122 (juin 56), 36-39, texte & ill.

Bélanger & Tardif
East Angus
G0660 École
BAT, XLVI, 9 (sept. 71), 5, texte.
Sherbrooke
G0661 École Marymount
ABC, XVII, 198 (oct. 62), 45-48, texte & ill.

Bélanger, Gilles; Trépanier, Paul-O.
G0662 Voir Trépanier, Paul-O.; Bélanger, Gilles

Belcourt & Blair
Ottawa
G0663 École de Ramsayville
ABC, IX, 98 (juin 54), 36-37, texte & ill.

Bennett, Robert C. (Ass.)
Cloverdale
G0664 High school
TCA, I, 12 (déc. 56), 58, texte & ill.

Bennett & White
Lethbridge
G0665 Lethbridge Bombing School
RAIC, XVIII, 4 (avril 41), 74

Bernstein, Alan L.; Mayerovitch, Harry; Greenspoon, Freedlander & Dunne
Outremont
G0666 Adath Israel Academy
BAT, XXVII (avril 52), 24-25, texte & ill.

Berthiaume, Adrien
Beloeil
G0667 École Dominique-Savio
ABC, XVII, 193 (mai 62), 44, texte & ill.

Berthiaume, Adrien; Marshall & Merret; Stahl, Elliot & Mill
Cowansville
G0668 École polyvalente de Cowansville
AC, 23, 271 (jan.-fév. 69), 33, texte & ill.

Bertram, W.R.B.
Montréal
G0669 Merton School
RAIC, XXXI, 9 (sept. 54), 311-312, ill.

Betts, Randolph C.; Perry, A. Leslie
Ville Mont-Royal
G0670 Mount Royal High School
RAIC, XXVIII, 5 (mai 51), 136-137, ill.
ABC, VI, 69 (jan. 52), 11, ill.

Birley, Wade & Stockdill
Cadboro Bay (C.-B.)
G0671 Cadboro Bay School
RAIC, XXIX, 4 (avril 52), 88, ill.

RAIC, XXX, 5 (mai 53), 67, texte & ill.
Victoria
G0672 Primary School MacDonald Park
RAIC, XXVI, 10 (oct. 47), 364, ill.
G0673 View Royal Elementary School
RAIC, XXVII, 9 (sept. 50), 290, ill.

Bissell & Holman
Alberta
G0674 Rocky Mountain House School
CB, XIII, 8 (août 63), 34-35, texte & ill.
Red Deer
G0675 Innisvail High School
CB, IX, 5 (mai 59), 44-45, texte.
G0676 Spruceview School
CB, IX, 5 (mai 59), 44-45, texte.

Black, H.K.
Kamsack (Saskatchewan)
G0677 Kamsack Collegiate Institute
RAIC, XXXII, 7 (juil. 55), 245, ill.

Black, Larson & McMillan
Weyburn (Sask.)
G0678 Comprehensive High School
ARCAN, 46, 1 (jan. 69), 30, ill.
Regina
G0679 Regent Park School
TCA, VII, 5 (mai 62), 7, texte & ill.

Blanchet, René
St-Romuald
G0680 Juvénat des frères de l'instruction chrétienne
ABC, V, (juin 50), 34, ill.

Bland, John
Vaudreuil
G0681 Cité des jeunes
CB, XVI, 2 (fév. 66), 46-48, texte & ill.

Bland, Lemoyne, Edwards, Shine
Québec (prov.)
G0682 Projet 42 (concours provincial d'architecture pour Écoles primaires)
ABC, XX, 228 (avril 65), 30-31, texte & ill.

Blouin, André
Candiac
G0683 École élémentaire St-Marc
ABC, XVII, 193 (mai 62), 39-41, texte & ill.
Montréal
G0684 École St-Albert-Le-Grand
ABC, XII, 138 (oct. 57), 40-44, texte & ill.

Boigon, Irving D.; Pentland & Baker
G0685 Voir Pentland & Baker; Boigon, Irving D.

Boigon and Heinonen
Aurora
G0686 Aurora Secondary School
TCA, XIV, 12 (déc. 69), 60, texte & ill.
Bayside
G0687 École
TCA, XVI, 1 (jan. 71), 6-7, texte & ill.
North York
G0688 Jane Junior High School
TCA, XIV, 5 (mai 69), 55-60, texte & ill.
TCA, XIV, 12 (déc. 69), 43, ill.
G0689 Jane Senior High School
TCA, XII, (Yearbook 67), 57, texte & ill.
G0690 Pleasantview Junior High School
TCA, XIII, 9 (sept. 68), 43, ill.

Boigon and Heinonen; Mandel, Raymond
North York
G0691 Gateway Boulevard Public School
ARCAN, 45, 3 (mars 68), 53, texte & ill.
ARCAN, 45, 10 (oct. 68), 9-10, texte & ill.
TCA, XIII, 10 (oct. 68), 8, ill.
CB, XVIII, 11 (nov. 68), 45, ill.

Bouchard, Maurice
Québec
G0692 École secondaire de Limoilou
BAT, XXXII, 6 (juin 57), 17, texte.

G0693 L'école secondaire Marie de l'Incarnation
RAIC, XXXVIII, 4 (avril 61), 64-65, texte & ill.
ABC, XV, 174 (oct. 60), 324-329, texte & ill.

Bowers, Alton
Calgary
G0694 J.K. Mulloy school
CB, XIX, 4 (avril 69), 5, texte.

Brassard & Warren
Montréal
G0695 École Jean-Jacques Olier
ABC, XXII, 259 (nov. 67), 28-30, texte & ill.

Bregman & Hamann
Scarborough
G0696 Horton Senior Public School
TCA, XIII, 9 (sept. 68), 47, ill.

Brennan, John Francis
Richmond Hill (Ont.)
G0697 St. Mary's Separate School
RAIC, XXVII, 5 (mai 50), 165, ill.

Brodeur, Jean-Guy
St-Hyacinthe
G0698 École Raymond
BAT, XXXVII, 3 (mars 62), 20, ill.

Brook, Carruthers, Grierson, Shaw
Desbarats (Ont.)
G0699 Central Algoma Secondary School
CB, XXIV, 6 (juin 74), 28, texte & ill.
CB, XXV, 3 (mars 75), 13, texte & ill.
TCA, XIX, 4 (avril 74), 5-6, texte & ill.
TCA, XIX, 11 (nov. 74), 4, texte & ill.
TCA, XX, 7 (juil. 75), 31-36, texte & ill.
TCA, XXII, 3 (mars 77), 4, texte & ill.
Ontario
G0700 Central Algoma Composite High School
TCA, XV, 8 (août 70), 39, texte & ill.
Sutton (Ont.)
G0701 District High School
ARCAN, 48 (25 oct. 71), 4, texte & ill.
TCA, XVI, 11 (nov. 71), 5, texte & ill.
Toronto
G0702 Toronto French School
TCA, XVI, 11 (nov. 71), 6, texte & ill.
TCA, XVII, 4 (avril 72), 57-62, texte & ill.
TCA, XVIII, 1 (jan. 73), 4-5, texte & ill.
ARCAN, 46, 1 (jan. 69), 28, ill.
ARCAN, 48 (25 oct. 71), 5, texte & ill.

Brook, Carruthers, Shaw
Toronto
G0703 Franklin Public School
TCA, XXII, 1 (jan. 77), 4-5, texte & ill.
TCA, XXII, 12 (déc. 77), 32-33, texte & ill.

Brown, Bruce; Brisley
New Liskeard
G0704 (Public School)
RAIC, XXVI, 10 (oct. 47), 365, ill.

Brown, Murray
Scarborough
G0705 Centennial Road School
TCA, XIV, 12 (déc. 69), 43, ill.

Burgoyne, R.N.B.; Parkin, John B. (Ass.)
G0706 Voir Parkin, John B. (Ass.); Burgoyne, R.N.B.

Calgary Public School Board
Calgary
G0707 Alice Curtis School
CB, XV, 10 (oct. 65), 60, ill.

Campbell-Hope, Patrick (Ass.)
Elk Point
G0708 École
RAIC, XXXIII, 5 (mai 56), 169, ill.

Campbell and Fleet
Hinton (Alberta)
G0709 Hinton school
NB, X, 6 (juin 61)

Cardinal, Douglas
Alberta
G0710 Indian Education Centre
TCA, XV, 9 (sept. 70), 58-64, texte & ill.
Hay River (T.N.O.)
G0711 École
TCA, XIX, 9 (sept. 74), 65, texte & ill.

Carlberg Jackson Partners
New Westminster (C.-B.)
G0712 Connaught Heights
TCA, XII, 3 (mars 67), 46-47, texte & ill.
TCA, XIV, 12 (déc. 69), 43, ill.
CB, XVI, 9 (sept. 66), 60-61, texte & ill.
Williams Lake (C.-B.)
G0713 École
CB, XVII, 5 (mai 67), 8, texte & ill.

Caron, J.L.
Trois-Rivières
G0714 Projet d'école St-François-d'Assise
ABC, V, 51 (juil. 50), 24, ill.

Cayouette et Saia
Varennes
G0715 École élémentaire de Sainte-Julie
AC, 34, 348 (nov.-déc. 78), 12-16, texte & ill.

Chabot, Germain
Québec
G0716 École N.-D. de Pitié, à St-Malo
ABC, V, 50 (juin 50), 33, ill.

Chabot, Germain; Marchand, Jos.
Québec
G0717 École St-Pascal-Nord
BAT, XXIX (fév. 54), 22, texte.

Champagne, Maurice
Arundel (Qué.)
G0718 École
ABC, V, 45 (jan. 50), 28, ill.
Lachute
G0719 École supérieure de Lachute
ABC, VI, 72 (avril 52), 18-23 texte & ill.

Chandler Kennedy Architectural Group
Edmonton
G0720 Bev Facey Composite High School
TCA, XXV, 1 (jan. 80), 13-14, texte & ill.

Charbonneau, Charles Émile
Boucherville
G0721 École Louis-Hippolyte Lafontaine
ABC, XVI, 185 (sept. 61), 38-41, texte & ill.
Varennes
G0722 École secondaire Marie-Victorin
ABC, XVII, 193 (mai 62), 24-28, texte & ill.

Charney, Melvin
Édifice de lieu inconnu
G0723 Projet 88, concours provincial d'Architecture pour Écoles Primaires
ABC, XX, 228 (avril 65), 31-33, texte & ill.
N.-D.-des-Laurentides
G0724 École primaire Curé Grenier
ABC, XXII, 259 (nov. 67), 36-37, texte & ill.
ARCAN, 45, 3 (mars 68), 46-47, texte & ill.

Charney, Melvin; Newman, Oscar
Hull
G0725 Cité étudiante de Hull
ARCAN, 45, 3 (mars 68), 48, texte & ill.

Clandeboye Agency
Winnipeg
G0726 Assiniboia Indian Residential School
CB, XIX, 2 (fév. 69), 5, texte.

Clayton, Bond and Mogridge
Calgary
G0727 Mountain View School
NB, VIII, 7 (juil. 59), 16-17, texte & ill.

Clifford & Lawrie
Ajax
G0728 Lord Durham Public School
TCA, IV, 7 (juil. 59), 30-36, texte & ill.

Cohos, Dalesalle & Evamy
Calgary
G0729 Bishop Grandin High School
CB, XVIII, 9 (sept. 68), 38-39, texte & ill.

Collins and Collins
Delta
G0730 Gray Elementary School
CB, XXIII, 3 (mars 73), 48 et 61, texte & ill.

Comber, Sidney & C.S.
Montréal
G0731 École Mountrose
ABC, X, 114 (oct. 55), 36-38, texte & ill.

Consortium Designers
Elmsdale (I.-P.-É.)
G0732 Education Centre
CB, XXVIII, 10 (oct. 78), 14, texte.
AC, 34, 348 (sept.-oct. 78), 10

Cooke, Selwyn
Val d'Or
G0733 County High School
ABC, IV, 42 (oct. 49), 29, ill.
ABC, VI, 57 (jan. 51), 15, ill.

Coon, S.B. (Son)
Cobourg (Ont.)
G0734 Collegiate Institute
RAIC, XVII, 10 (oct. 40), 180, ill.
Leaside (Ont.)
G0735 Leaside High School
RAIC, XXVI, 10 (oct. 47), 346-347, ill.
G0736 Rolf Road Public School
RAIC, XVIII, 6 (juin 41), 100, ill.
RAIC, XXI, 11 (nov. 44), 256, ill.
Sarnia
G0737 Hanna Memorial Public School
RAIC, XXVI, 10 (oct. 47), 344-345, ill.
Strathroy (Ont.)
G0738 Strathroy Public School
RAIC, XXVII, 5 (mai 50), 176, ill.
Tillsonburg (Ont.)
G0739 Tillsonburg District High School
RAIC, XXVIII, 5 (mai 51), 138-139, ill.
Woodstock (Ont.)
G0740 Northdale Public School
RAIC, XXIX, 4 (avril 52), 112, ill.

Côté, Philippe
Villeneuve
G0741 École Marguerite-Bourgeois
BAT, XXIX, 3 (mars 54), 24, texte & ill.
G0742 École St-Thomas
ABC, XI, 126 (oct. 56), 50-52, texte & ill.

Courchesne, Edgar
Montréal
G0743 Centre Maria-Goretti
BAT, XXVIII, (avril 53), 16-17, texte & ill.
ABC, X, 112 (août 55), 22-25, texte & ill.

Coutu, Jacques
Chicoutimi
G0744 École Laure Conan
ABC, XVIII, 205 (mai 63), 46-49, texte & ill.
Chicoutimi-Nord
G0745 École secondaire Mgr Lapointe
ABC, XX, 227 (mars 65), 37-39, texte & ill.
Isle-Maligne
G0746 École de Quen — Isle Maligne
ABC, XV, 174 (oct. 60), 319-323, texte & ill.

Cox, E.C.S.
Etobicoke (Ont.)
G0747 Crestwood Public School
RAIC, XXIX, 6 (juin 52), 180, ill.
RAIC, XXXIV, 5 (mai 57), 154, ill.
G0748 Kipling Grove Public School
RAIC, XXXIII, 5 (mai 56), 163, ill.

RAIC, XXXIV, 5 (mai 57), 152-153, ill.
G0749 Queensland Public School
RAIC, XXX, 9 (sept. 53), 255, ill.

Craig & Kohler
Kanata
G0750 Roland Michener Public School
TCA, XIV, 12 (déc. 69), 57, texte & ill.

Craig & Madill
Marmora (Ont.)
G0751 Marmora High School
RAIC, XXX, 1 (jan. 53), 20-21, texte & ill.
Northern Ontario
G0752 School
CB, III, 6 (juin 53), 37-38, texte & ill.
Willowdale (Ont.)
G0753 Earl Haig Collegiate Institute (agrandissement)
RAIC, XXVI, 10 (oct. 47), 366, texte & ill.

Craig, Madill, Abram & Ingleson
Agincourt (Ont.)
G0754 Agincourt Collegiate Institute
TCA, II, 7 (juil. 57), 47-51, texte & ill.
CB, VII, 10 (oct. 57), 27, texte & ill.
RAIC, XXXV, 2 (fév. 58), 33-34, texte & ill.
Niagara
G0755 Niagara District High School
TCA, II, 7 (juil. 57), 47-51, texte & ill.

Craig & Zeidler; Barnett & Rieder
G0756 Voir Barnett & Rieder; Craig & Zeidler

Craig, Zeidler & Strong
Cobourg
G0757 Grant Sine Public School
TCA, X, 6 (juin 65), 50, texte & ill.
TCA, XII, 6 (juin 67), 39 et 53-54, texte & ill.
ARCAN, 44, 6 (juin 67), 10 (supplément à la revue), ill.
Guelph
G0758 Central Public School
ARCAN, 46, 1 (jan. 69), 31, ill.
Havelock (Ont.)
G0759 École
TCA, X, 6 (juin 65), 48, texte & ill.
Oshawa
G0760 Grandview Avenue
TCA, X, 6 (juin 65), 49, texte & ill.
Peterborough
G0761 Crestwood Secondary
TCA, IX, (Yearbook 64), 104-105, texte & ill.
G0762 Edmison Heights Public School
RAIC, XLI, 6 (juin 64), 18, texte & ill.
RAIC, XLII, 1 (jan. 65), 31, texte & ill.
TCA, X, 6 (juin 65), 46-47, texte & ill.
G0763 Prince of Wales School
TCA, X, 6 (juin 65), 49-50, texte & ill.
G0764 Queen Mary Public School
RAIC, XLII, 11 (nov. 65), 45, ill.
TCA, X, 6 (juin 65), 51, texte & ill.
G0765 River Road Secondary Schools
RAIC, XLII, 11 (nov. 65), 45, ill.
Scarborough
G0766 Joseph Brant Senior Public School
TCA, XVI, 11 (nov. 71), 6-7, texte & ill.
TCA, XVII, 8 (août 72), 37-42 et 58, texte & ill.
G0767 Manse Road Senior Public School
TCA, XIV, 11 (nov. 69), 56, texte & ill.
G0768 Willow Park Public School
RAIC, XLII, 11 (nov. 65), 55, texte & ill.
TCA, X, 6 (juin 65), 52, texte & ill.
TCA, X, 11 (nov. 65), 13, texte & ill.
TCA, X (Yearbook 65), 58-59, texte & ill.
North York
G0769 Forest Manor Public School
TCA, XIII, 9 (sept. 68), 40, ill.
ARCAN, 45, 3 (mars 68), 52

Cullerne, Harold
Gibsons (C.-B.)
G0770 High School
RAIC, XXIX, 4 (avril 52), 89, ill.

Cyr, Marcel
Acton Vale
G0771 École Roger Labrecque
ABC, XVIII, 205 (mai 63), 42-45, texte & ill.

Dale, A. (Ass.)
Alberta
G0772 Acme Junior High School
CB, XIII, 2 (fév. 63), 30-31 et 38
Banff
G0773 École
TCA, III, 5 (mai 58), 64, texte & ill.
Calgary
G0774 Keeler Elementary School
CB, XIII, 2 (fév. 63), 30-31

Damphousse, Jean
Laval-des-Rapides
G0775 École Supérieure Sainte-Marguerite
ABC, XIV, 158 (juin 59), 194-197, texte & ill.
BAT, XXXIV, 5 (mai 59), 40-43, texte & ill.
Pincourt
G0776 École paroissiale
ABC, XIII, 146 (juin 58), 40-42, texte & ill.
Ville Saint-Michel
G0777 École Saint-Mathieu
BAT, XXVII (juin 52), 26-27, texte & ill.

Darby, John L.
Halifax
G0778 Harbour View Senior School
RAIC, XXXVI, 1 (jan. 59), 17, ill.

David, Charles
Montréal
G0779 École Louis-Hébert
RAIC, XVIII, 4 (avril 41), 66, ill.

David, Barott, Boulva
Édifice de lieu inconnu
G0780 Projet 79: concours provincial d'architecture pour Écoles primaires.
ABC, XX, 228 (avril 65), 33-35, texte & ill.

David & Boulva
Montréal
G0781 Polyvalente Lucien Pagé
AC, XXVIII, 311 (jan.-fév. 73), 9, texte & ill.
BAT, XLVIII, 4 (avril 73), 40, texte.
BAT, XLIX, 3 (mars 74), 18-19, texte.

Davidson, C.D. (Co.)
Oxford (N.-E.)
G0782 Oxford Regional High School
RAIC, XXXII, 4 (avril 55), 126, ill.

Davidson, C.D. (Co.); Dubé, G.L.V.; MacFawn, V.G.
Port Hawkesbury (N.-E.)
G0783 École
TCA, XX, 2 (fév. 75), 5, texte & ill.

Davidson, Ian; Downs, Barry V.
G0784 Voir Downs, Barry V.; Davidson, Ian.

Davies, J. Lovatt
Burnaby
G0785 Mascrop High School
TCA, II, 1 (jan. 57), 39-42, texte & ill.

Davison & Porter
Colombie-Britannique
G0786 Cedarvale Elementary School
RAIC, XXXV, 4 (avril 58), 140, ill.

DeBelle & White
McMasterville
G0787 École de 10 classes
BAT, XXXVI, 11 (nov. 60), 43, texte.
Montréal
G0788 Westbrook School
RAIC, XXXI, 9 (sept. 54), 309-310, ill.
Montréal-Nord
G0789 École élémentaire Maple Hill
ABC, VIII, 86 (juin 53), 42-43, texte & ill.

Westmount
G0790 Westmount High School.
ABC, XVII, 193 (mai 62), 34-38, texte & ill.

Demers, Philippe
Sherbrooke
G0791 École St-Boniface
ABC, XI, 122 (juin 56), 40-42, texte & ill.
BAT, XXIX, 11 (nov. 54), 28-29, texte & ill.

Denoncourt, Ernest-L.
St-Jacques de Montcalm
G0792 École St-Jacques
ABC, II, 20 (déc. 47), 46-47 ill.

Denoncourt, Ernest L.; Denoncourt, Maurice L.
La Tuque
G0793 Externat pour filles
ABC, IV, 39 (juil. 49), 46, ill.

Dept. of Public Works
Fort George (Qué.)
G0794 École élémentaire de 8 classes
CB, XX, 10 (oct. 70), 7, texte.

Depocas, Victor
Ste-Agathe-des-Monts
G0795 École primaire pour filles
ABC, VII, 74 (juin 52), 28-29, texte & ill.
ABC, VIII, 89 (sept. 53), 36-42, texte & ill.
Terrebonne
G0796 École St-Louis
ABC, VII, 74 (juin 52), 24-27, texte & ill.

Desgagné et Boileau
Arvida
G0797 École et résidence
ABC, IV, 44 (déc. 49), 24, ill.
G0798 École N.-D. de l'Assomption
ABC, VIII, 86 (juin 53), 32-35, texte & ill.
Desbiens
G0799 École élémentaire
ABC, IX, 98 (juin 54), 38-39-40, texte & ill.

Desgagné & Côté
Bagotville
G0800 École Georges-Vanier
ABC, XVIII, 205 (mai 63), 36-39, texte & ill.

Design Workshop Ltd
Campbellton (N.-B.)
G0801 Sugarloaf Senior High School
TCA, XXV, 5 (mai 80), 4, texte & ill.

Desnoyers, Maurice; Prus, Victor
Montréal
G0802 James Lyng High School
TCA, XIII, 9 (sept. 68), 61-62, texte & ill.
TCA, XIII, (Yearbook 68), 91-92, texte & ill.

DesRochers & Dumont
Chomedey
G0803 École secondaire Mgr. Laval
RAIC, XL, 10 (oct. 63), 72-73, texte & ill.
ABC, XVIII, 210 (oct. 63), 29-35, texte & ill.
ABC, XVII, 198 (oct. 62), 39-44, texte & ill.
Laval
G0804 École élémentaire Simon-Vanier
AC, 25, 287 (sept. 70), 26, texte & ill.
AC, 25, 288 (oct. 70), 40, texte & ill.

Dewar, Stevenson & Stanley
Edmonton
G0805 Victoria Composite High School
RAIC, XXIX, 4 (avril 52), 102-103, ill.
CB, I, 4 (sept.-oct. 51), 24-27, texte & ill.

Dobush, Stewart & Bourke
Beaconsfield
G0806 Christmas Park School
RAIC, XLII, 1 (jan. 65), 30, texte & ill.
Port-aux-Basques (T.-N.)
G0807 École
BAT, XXXVII, 12 (déc. 62), 31, ill.

Donaldson, Drummond, Sankey
Édifice de lieu inconnu
G0808 Projet 85: concours provincial d'architecture pour Écoles primaires
ABC, XX, 228 (avril 65), 35-36, texte & ill.

Donaldson et Sankey
Montréal
G0809 École élémentaire Saint-Edmond
BAT, XLIV, 9 (sept. 69), 27-28, texte & ill.
Rimouski
G0810 École élémentaire Saint-Donat
BAT, XLIV, 9 (sept. 69), 26-27, texte & ill.

Doucet, E.-A.
Montréal
G0811 École Ste-Amélie
ABC, VIII, 86, (juin 53), 36-38, texte & ill.

Downie, Baker & Abern
Charlottetown
G0812 Queen Charlotte High School
RAIC, XXXII, 4 (avril 55), 126, ill.

Downs, Barry V.; Davidson, Ian
Shawinigan Lake (C.-B.)
G0813 Strathcona School (plan directeur)
TCA, XIII, 8 (août 68), 47-48, texte & ill.

Downs / Archambault
Vancouver
G0814 Britannia Community Services Centre
CB, XXIV, 3 (mars 74), 44-45, texte & ill.

Drever & Smith
Gananoque (Ont.)
G0815 Gananoque High School
RAIC, XXVII, 5 (mai 50), 173, ill.
Kingston
G0816 Winston Churchill Public School
RAIC, XXV, 6 (juin 48), 208-209, texte & ill.
Verona (Ont.)
G0817 Public School
RAIC, XXIX, 6 (juin 52), 179, ill.

Dubé, G.L.V.; Davidson, C.D. (Co.); Mac Fawn, V.G.
G0818 Voir Davidson, C.D. (Co.); Dubé, G.L.V.; Mac Fawn, V.G.

DuBois & Ass.
Scarborough
G0819 Tom Longboat Jr. Public School
TCA, XXV, 2 (fév. 80), 4 et 6, texte & ill.

Duffus, Romans, Kundzins, Rounsefell
Halifax
G0820 Fairview Junior High School
TCA, XXI, 4 (avril 76), 55-56, texte & ill.

Duffus, Romans and Single
Dartmouth
G0821 Westphal Elementary School
CB, IX, 5 (mai 59), 44-45, texte & ill.
Halifax
G0822 Grosvener Park School
RAIC, XXXVI, 1 (jan. 59), 17, ill.

Dufresne & Boulva
Buckingham
G0823 Collège St-Michel
ABC, XV, 169 (mai 60), 150-153, texte & ill.
Montebello
G0824 École supérieure St-Michel
ABC, XII, 134 (juin 57), 48-51, texte & ill.
Ville St-Laurent
G0825 Immaculata School
ABC, XI, 122 (juin 56), 46-49, texte & ill.

Dumais, Roland
Laprairie
G0826 École
ABC, V, 45 (jan. 50), 28, ill.
G0827 École St-Isidore
ABC, II, 15 (juil. 47), 32-33, ill.

Montréal
G0828 École Ste-Catherine-de-Sienne
ABC, III, 22 (fév. 48), 24, ill.
G0829 École St-Thomas-Apôtre
ABC, IX, 102 (oct. 54), 42-43, texte & ill.
Mont-Tremblant
G0830 École du Mont-Tremblant
ABC, II, 12 (mars 47), 20-21, texte & ill.
Napierville
G0831 Académie Daigneau
ABC, V, 45, (jan. 50), 28, ill.
Repentigny
G0832 École Iberville
NB, VII, 10 (oct. 58), 17 et 19, texte & ill.
Rosemont
G0833 École secondaire Philippe Perrier
ABC, XVI, 181 (mai 61), 32-34, texte & ill.
St-Hyacinthe
G0834 Groupe scolaire Sacré-Coeur de Bourg-Joli
ABC, XII, 134 (juin 57), 55-57

Dunlop, Moore (Ass.)
Chatham
G0835 Secondary School for South Chatham
RAIC, XXXIII, 5 (mai 56), 169, ill.

Dunlop, Wardell, Matsui, Aitken
Toronto
G0836 École publique
TCA, V, 10 (oct. 60), 48, texte & ill.

Dupéré & Jean
Charny
G0837 Collège Notre-Dame
ABC, V, 50 (juin 50), 32, ill.

Duplessis et Labelle
Pointe-aux-Trembles
G0838 École polyvalente de la Pointe-aux-Trembles
AC, 28, 316 (juil.-août 73), 12-13, texte & ill.

Duplessis, Labelle, Derome
Montréal
G0839 École Louis-Joseph Papineau
AC, 27, 301 (jan.-fév. 72), 20-25, texte & ill.
G0840 École Ste-Catherine-de-Sienne
ABC, XII, 134 (juin 57), 40-43 et 62-63, texte & ill.
G0841 École supérieure Urgel-Archambault
ABC, XIII, 146 (juin 58), 52-56, texte & ill.

Eadie, Arthur H.
Toronto
G0842 United Church Training School
RAIC, XXX, 9 (sept. 53), 255, ill.

Emmerson, Stanley W.
St. Stephen (N.-B.)
G0843 St. Stephen Elementary School
TCA, XIV, 12 (déc. 69), 53, texte & ill.
Sussex (N.-B.)
G0844 Sussex School (agrandissement)
RAIC, XXXII, 10 (oct. 55), 390, ill.

Enns, W.I.
Winnipeg
G0845 École
CB, IX, 5 (mai 59), 53, texte & ill.
G0846 Gordon Bell High School
CB, XIX, 5 (sept. 69), 47, texte & ill.
G0847 Mulvey School
CB, XI, 6 (juin 61), 43, ill.
G0848 Nathaniel-Grant high school
NB, VIII, 7 (juil. 59), 24, texte & ill.

Erickson, Arthur
Vancouver
G0849 Champlain Heights Elementary School
CB, XXIV, 3 (mars 74), 44-45, texte & ill.

Erickson — Massey
Vancouver
G0850 Elementary school, south-east sector
ARCAN, 47 (11 mai 70), 1, texte & ill.
TCA, XV, 7 (juil. 70), 35-37, texte & ill.
TCA, XV (Yearbook 70), 32-33, texte & ill.
TCA, XIX, 11 (nov. 74), 37-38, texte & ill.

Etherington, F.C.
Toronto
G0851 Lansdowne Public School
RAIC, XXXVIII, 7 (juil. 61), 41-42, texte & ill.
NB, IX, 12 (déc. 60), 29-31, texte & ill.
CB, X, 5 (mai 60), 60-61, texte & ill.
CB, XV, 10 (oct. 65), 53, ill.
G0852 Williamson Road Senior Public School
RAIC, XXXVIII, 7 (juil. 61), 46-47, texte & ill.

Ewart, J.A.; Hazelgrove, A.J.
Ottawa
G0853 Fisher Park Secondary School
RAIC, XXVI, 10 (oct. 47), 358-359, ill.

Fairfield & DuBois
Newmarket
G0854 Rogers Public School
TCA, XVIII, 4 (avril 73), 56-58 et 60 et 62-63 et 68, texte & ill.
Scarborough
G0855 Tecumseh Senior Public School
ARCAN, 45, 1 (jan. 68), 32, ill.
TCA, XIII, 1 (jan. 68), 9, texte & ill.
TCA, XIV, 8 (août 69), 43-46, texte & ill.
Toronto
G0856 Greenwood Secondary School
TCA, XVIII, 4 (avril 73), 56-61 et 67-68, texte & ill.

Fairn, Leslie R.
Annapolis Royal (N.-E.)
G0857 Annapolis Royal Consolidated School
RAIC, XVII, 3 (mars 40), 40, ill.

Fetherstonhaugh, Durnford, Bolton & Chadwick
Montréal
G0858 École Bedford
ABC, X, 114 (oct. 55), 46-48, texte & ill.
RAIC, XXX, 9 (sept. 53), 254, ill.
RAIC, XXXII, 10 (oct. 55), 389, ill.

Fish, Melamed, Croft & Grainger
Édifice de lieu inconnu
G0859 Projet 33: concours provincial d'architecture pour Écoles primaires.
ABC, XX, 228 (avril 65), 36-37, texte & ill.
Pierrefonds
G0860 École Greendale
ABC, XXII, 259 (nov. 67), 22-27, texte & ill.

Fisher, Tedman & Glaister
Ontario
G0861 The Cardinal Newman Catholic School
CB, XXVII, 3 (mars 77), 13-14, ill.

Fleury & Arthur
Guelph
G0862 King George School
RAIC, XXIX, 4 (avril 52), 111, ill.

Fleury, Arthur & Barclay
Toronto
G0863 Castle Frank High School
RAIC, XL, 9 (sept. 63), 54-55, texte & ill.
CB, XV, 10 (oct. 65), 51, ill.

Fooks & Milne; Shelton, T. Ewing
G0864 Voir Shelton, T. Ewing; Fooks & Milne

Fortin, Jean-Charles
Amos
G0865 École du Christ-Roi
ABC, IV, 42 (oct. 49), 31, ill.
G0866 École supérieure
ABC, IV, 42 (oct. 49), 28 & 30, ill.

Fortin, Louis
Montréal
G0867 Projet d'étudiant: une école primaire pour garçons, 12 classes.
ABC, XVII, 198 (oct. 62), 54, texte & ill.

Fowler, C.A. (Co.)
Halifax
G0868 Jeddore School
RAIC, XXXVI, 1 (jan. 59), 17, ill.
G0869 St. Francis School
RAIC, XXXII, 4 (avril 55), 127, ill.

Frick, Akos
Sudbury
G0870 École pour 1,300 étudiants
CB, XXII, 5 (mai 72), 21, texte & ill.

Gaboury, Etienne J.
St. Norbert (Manitoba)
G0871 St. Norbert Collegiate
RAIC, XLI, 11 (nov. 64), 75, texte & ill.
RAIC, XLII, 1 (jan. 65), 37 et 46-47, texte & ill.

Gagnier, Claude
Ville St-Laurent
G0872 Father Penny School.
ABC, XVIII, 210 (oct. 63), 47-51, texte & ill.

Gagnier, Bazinet, Gagnon
St-Laurent
G0873 École polyvalente Émile-Legault
AC, 30, 331 (sept.-oct. 75), 32-35, texte & ill.
BAT, LI, 6 (juin 76), 21, 23, texte & ill.

Gagnier, Derome, Mercier
St-Eustache-sur-le-Lac.
G0874 École St-Jude
ABC, V, 45 (jan. 50), 25, ill.

Gagnon, J. Berchmans
Thetford-Mines
G0875 Couvent N.-D.-de-la-Présentation
ABC, XI, 122 (juin 56), 34-35, texte & ill.
G0876 Couvent Ste-Thérèse
ABC, XI, 122 (juin 56), 30-33, texte & ill.

Galanyk, Edward
Toronto
G0877 Harbord Collegiate
TCA, XX et XXI, 12 et 1 (Yearbook, déc. 75 et jan. 76), 25-27, texte & ill.

Gardiner and Thornton
Édifice de lieu inconnu
G0878 Guardian Angel High School
RAIC, XXVI, 5 (mai 49), 167, ill.
Peace River (C.-B.)
G0879 Fort St. John High School
RAIC, XXVII, 9 (sept. 50), 291, ill.
RAIC, XXXI, 9 (sept. 54), 298-299, texte & ill.
Surrey (C.-B.)
G0880 Princess Margaret High School
RAIC, XXIX, 4 (avril 52), 94-95, ill.
Vancouver
G0881 Lord Byng Junior-Senior High School
RAIC, XXIX, 4 (avril 52), 85, ill.

Gardiner, Thornton, Davidson, Garrett, Masson & Ass.
Powell River (C.-B.)
G0882 Junior Secondary School
ARCAN, 46, 1 (jan. 69), 24, ill.
Shawinigan Lake (C.-B.)
G0883 Strathcona Girl's School
ARCAN, 46, 1 (jan. 69), 29, ill.

Gardiner, Thornton, Gathe Ass.
Mission City
G0884 St.Mary's Indian Residential School
RAIC, XLII, 9 (sept. 65), 69, texte & ill.
CB, XV, 7 (juil. 65), 43-45, texte & ill.
TCA, X, 8 (août 65), 8 et 10, texte & ill.
BAT, XL, 7 (juil. 65), 48, texte.
White Rock (C.-B.)
G0885 Saint Euphrasia's School
RAIC, XLI, 11 (nov. 64), 44, texte & ill.

Gascon et Parant
Montréal
G0886 École Maisonneuve
ABC, II, 20 (déc. 47), 34, ill.

G0887 École Ste-Bernadette-Soubirous
ABC, VII, 77 (sept. 52), 14-17, texte & ill.

Gauthier, Maurice
Édifice de lieu inconnu
G0888 Projet 54: concours provincial d'architecture pour Écoles primaires
ABC, XX, 228 (avril 65), 38-39, texte & ill.

Gauthier, Maurice; Richard, René.
G0889 Voir Richard, René; Gauthier, Maurice

Gauthier, Maurice; Trépanier, Paul-O.
G0890 Voir Trépanier, Paul-O.; Gauthier, Maurice.

Gélinas, Jean-A.
Montréal
G0891 École polyvalente Pierre-Dupuy (agrandissement)
BAT, XLVI, 9 (sept. 71), 16 et 18, texte & ill.

Gerencser and Russell
Welland
G0892 Welland Centennial Secondary
TCA, XII, 3 (mars 67), 49-51, texte & ill.

Gilbert, André; Rinfret, Pierre
G0893 Voir Rinfret, Pierre; Gilbert, André.

Gillin, Charles H.
London
G0894 Catholic Central School
RAIC, XXXI, 9 (sept. 54), 328-329, ill.

Govan, Kaminker, Langley, Keenleyside, Melick, Devonshire & Wilson.
Toronto
G0895 Glenview Senior Public School
CB, XV, 11 (nov. 65), 7, ill.

Graham, Keith L. (Ass.)
Halifax
G0896 Parrsboro Regional High School
RAIC, XXXVIII, 7 (juil. 61), 50, ill.

Gravel, Anastase
Joliette
G0897 École Marie-de-la-Naudière
ABC, V, 45 (jan. 50), 24, ill.
L'Assomption
G0898 École et résidence
ABC, V, 45 (jan. 50), 30, ill.

Gravel, Armand
Hébertville
G0899 École secondaire Curé-Hébert
ABC, XIX, 216 (avril 64), 26-31, texte & ill.

Gravel, Roland
Chicoutimi
G0900 École Supérieure de Chicoutimi
BAT, XXXIV, 7 (juil. 59), 12, texte.

Grayson, Doug
St. Catharines
G0901 Applewood Public School
TCA, XXIV, 5 (mai 79), 8, texte & ill.

Green, J. Fred
Woodstock
G0902 Oliver Stephens Senior Public School
TCA, XIV, 12 (déc. 69), 54, texte & ill.

Green, Blankstein, Russell Ass.
Saint-Boniface
G0903 Windsor Park Collegiate
RAIC, XXXVIII, 7 (juil. 61), 53, texte & ill.
Transcona (Manitoba)
G0904 Transcona Collegiate School
RAIC, XXXVI, 10 (oct. 59), 342, texte & ill.
Winnipeg
G0905 Kent Road School
RAIC, XXXI, 9 (sept. 54), 304, ill.
G0906 Shaarey Zedek School
RAIC, XXXVI, 10 (oct. 59), 342, texte & ill.

Greenspoon, Freedlander & Dunne; Bernstein, Alan L.; Mayerovitch, Harry
G0907 Voir Bernstein, Alan L.; Mayerovitch, Harry; Greenspoon, Freedlander & Dunne

Grierson & Walker
Etobicoke
G0908 Westmount Public School
TCA, V, 11 (nov. 60), 48-49, texte & ill.

Grossman, Irving
North York
G0909 Shoreham Drive Public School
TCA, XIII, 9 (sept. 68), 64, texte & ill.
TCA, XV, 11 (nov. 70), 7, ill.
TCA, XV, 12 (déc. 70), 53-58, texte & ill.
CB, XVIII, 9 (sept. 68), 33, ill.
CB, XX, 12 (déc. 70), 31, ill.

Guité, Gilles
Édifice de lieu inconnu
G0910 Projet d'étudiant: une école de 14 classes
ABC, XIII, 146 (juin 58), 67, ill.

Hansen, Ib. G.
Hartley Bay
G0911 Hartley Bay School
TCA, XXIV, 9 (sept. 79), 26-27, texte & ill.

Harkness, John
Hamilton
G0912 École Sainte-Anne
AC, 25, 286 (juil.-août 70), 19, texte & ill.

Harrison, Robert (Ass.)
West Vancouver
G0913 Cyprus Park Primary School
CB, XVII, 9 (sept. 67), 59, ill.

Hazelgrove and Lithwick
Rockliffe (Ont.)
G0914 Rockliffe Park Public School
RAIC, XXVI, 4 (avril 49), 121, ill.

Hazelgrove, Lithwick and Lambert
Ottawa
G0915 Rideau High School
RAIC, XXXV, 2 (fév. 58), 41-42, texte & ill.

Hébert, L.-Paul (Ass.)
Antigonish (N.-É.)
G0916 Regional High School
TCA, XIII, 12 (déc. 68), 46, texte & ill.

Hemingway & Laubental
Edmonton
G0917 Delwood Elementary School
RAIC, XLII, 11 (nov. 65), 49, ill.

Henriquez & Todd
Vancouver
G0918 École élémentaire
TCA, XV, 7 (juil. 70), 35 et 38-39, texte & ill.
G0919 False Creek Elementary School
TCA, XXI, 12 (Yearbook, déc. 76), 26-28, texte & ill.
G0920 St. George's School
CB, XXVI, 3 (mars 76), 48, texte & ill.

Hodges and Bates
Taber (Alberta)
G0921
RAIC, XXX, 9 (sept. 53), 255, ill.

Horwood, Campbell, Guihan
Avalon Peninsula (T.-N.)
G0922 (7 écoles aux plans identiques)
CB, XVII, 10 (oct. 67), 8, texte.

Huget, Léonard M.
Hamilton
G0923 Quigley Site Secondary School
ARCAN, 46, 1 (jan. 69), 31, ill.

Huget, Secord & Pagani
Beamsville
G0924   Beamsville Central Elementary School
RAIC, XXXV, 12 (déc. 58), 440-441, ill.
CB, IX, 1 (jan. 59), 21, ill.
NB, VIII, 1 (jan. 59), 25, texte & ill.

Illsley & Templeton
Montréal
G0925   West Hill High School
ABC, VIII, 89 (sept. 53), 26-30, texte & ill.

Ingleson, A.M.
Scarborough
G0926   Stephen Leacock Educational Complex
CB, XX, 9 (sept. 70), 18, ill.

Ingram, Earle
Ottawa
G0927   Graham Park School
ABC, XX, 227 (mars 65), 48, texte & ill.

Izumi, Arnott & Sugiyama
Regina
G0928   Thom Collegiate Institute
RAIC, XLII, 11 (nov. 65), 45, ill.

Jackson, Ypes & Ass.
Oshawa
G0929   Hilldale Public School
RAIC, XLI, 11 (nov. 64), 92, texte & ill.
RAIC, XLII, 1 (jan. 65), 37 et 45, texte & ill.
Owen Sound (Ont.)
G0930   West Hill Secondary School
RAIC, XXXVIII, 7 (juil. 61), 43, texte & ill.

Jean et Dupéré
Clermont
G0931   École de 12 classes
ABC, II, 12 (mars 47), 34, texte.

Jodoin, Lamarre, Pratte, Carrière
Édifice de lieu inconnu
G0932   École élémentaire Marguerite-Bourgeois
ABC, XXII, 258 (oct. 67), 35-38, texte & ill.
Pointe-aux-Trembles
G0933   École François de la Bernarde
ABC, XXII, 251 (mars 67), 31-33, texte & ill.

Kerr & Cullingworth
Saskatoon
G0934   Bowman Collegiate
RAIC, XXXV, 8 (août 58), 315, texte & ill.

Kerr, Cullingworth, Riches Ass.
Melville (Sask.)
G0935   Melville Comprehensive High School
ARCAN, 45, 1 (jan. 68), 36, ill.
Prince Albert
G0936   King George Public School
RAIC, XL, 9 (sept. 63), 64-65, ill.
Saskatoon
G0937   Aden Bowman Collegiate
RAIC, XXXVI, 10 (oct. 59), 350-351, texte & ill.

Killick, Metz, Field Ass.
Vancouver
G0938   South Hill School
CB, XXVI, 3 (mars 76), 42 et 64, texte & ill.

Kitka, Zoltan
Tahsis (C.-B.)
G0939   Captain Meares Secondary School
CB, XXII, 9 (sept. 72), 39, ill.
CB, XXII, 10 (oct. 72), 16, texte & ill.

Kopsa & Kalman
Oakville
G0940   Reception and Assessment Centre
TCA, XIII, 12 (déc. 68), 49, texte & ill.

Kortes, Tinos
Saskatoon
G0941   Montgomery School
RAIC, XXXIV, 5 (mai 57), 167, ill.

Kyles, Kyles & Garratt
Preston
G0942   William G. Davis Senior Public School
TCA, XIV, 12 (déc. 69), 55, texte & ill.

Labelle, Hubert
Édifice de lieu inconnu
G0943   Projet d'étudiant: une école régionale secondaire
ABC, XVII, 193 (mai 62), 48, texte & ill.

Labelle & Labelle
Notre-Dame-du-Portage
G0944   École
BAT, XXXVI, 10 (oct. 60), 57, texte.

Labelle, Labelle & Marchand
Vaudreuil
G0945   École Secondaire Régionale de Vaudreuil
RAIC, XLII, 11 (nov. 65), 49, ill.

Labelle, Labelle, Marchand, Geoffroy
Montréal
G0946   École secondaire Père Marquette
AC, 26, 300 (déc. 71), 32-38, texte & ill.
BAT, XLVI, 9 (sept. 71), 16, 18, texte & ill.
G0947   École St-Donat
CB, XVIII, 9 (sept. 68), 35, texte & ill.
Ville Mont-Royal
G0948   École polyvalente Pierre-Laporte.
AC, 28, 318 (oct. 73), 10-11, texte & ill.
BAT, L, 6 (juin 75), 15, texte & ill.

Labranche, Paul
Victoriaville
G0949   École secondaire
BAT, XXXIV, 7 (juil. 59), 21, texte.
G0950   École St-Alphonse
ABC, IX, 102 (oct. 54), 40-41, texte & ill.

Lacoursière, Arthur
Shawinigan Falls
G0951   École du Christ-Roi
ABC, IV, 39 (juil. 49), 44, ill.
Shawinigan-Sud
G0952   École Ste-Jeanne-D'Arc
ABC, IV, 39 (juil. 49), 44, ill.

Lafleur, Jean-Marie
Hudson
G0953   École St-Thomas
ABC, VIII, 86 (juin 53), 47-48, texte & ill.

Lagacé, Geo.-E.
Montréal
G0954   Projet d'étudiant: école pour garçons
ABC, XVI, 181 (mai 61), 58, texte & ill.
ABC, XVI, 185 (sept. 61), 60, texte & ill.

Lajoie, Rodolphe
Coaticook
G0955   École Mgr Durand
ABC, XI, 122 (juin 56), 43-45, texte & ill.

Lamontagne et Gravel
Arvida
G0956   École Dover Street
BAT, XXVIII, (avril 53), 28, ill.
G0957   École secondaire Guillaume Tremblay
BAT, XXXIV, 6 (juin 59), 11, texte.
ABC, XVI, 185 (sept. 61), 42-47, texte & ill.
Chicoutimi
G0958   École secondaire Dominique Racine
ABC, XVII, 193 (mai 62), 29-33, texte & ill.
G0959   École Jacques-Cartier
ABC, XII, 134 (juin 57), 52-54, texte & ill.
G0960   École St-Georges
ABC, VIII, 86 (juin 53), 44-46, texte & ill.

Langston, Henry T.
Ville St-Laurent
G0961   École primaire Laurentide
ABC, XII, 134 (juin 57), 58-61, texte & ill.

Lapierre, Louis-J.
Gatineau
G0962   École Jean XXIII
ABC, XX, 235 (nov. 65), 54-56, texte & ill.
Montréal
G0963   École Bernardin de Sienne
BAT, IX, 5 (mai 61), 28, texte & ill.
Ottawa
G0964   Mgr. Lemieux School
CB, XVII, 10 (oct. 67), 5, ill.

Lapointe & Tremblay
Chambly
G0965   École Jacques de Chambly
ABC, X, 110 (juin 55), 30-32, texte & ill.
Ste-Anne de Sorel
G0966   École
ABC, IX, 102 (oct. 54), 37-39 et 53-54, texte & ill.

Larose, Eugène
Montréal-Nord
G0967   Collège Saint-Viateur
ABC, III, 32 (déc. 48), 24-27, ill.
Oka
G0968   Juvénat d'Oka
ABC, III, 32 (déc. 48), 32, ill.

Larose, Larose, Laliberté et Petrucci
Plessisville
G0969   Collège de Plessisville
BAT, XXXVI, 10 (oct. 60), 28-29, texte & ill.
Montréal
G0970   École Saint-Camille de Lellis
ABC, XVIII, 210 (oct. 63), 36-40, texte & ill.
Ville Mont-Royal
G0971   École secondaire (boul. Rockland)
ABC, XVI, 181 (mai 61), 48-51 texte, illustr
St-Léonard-de-Port-Maurice
G0972   École Honoré-Mercier
AC, 25, 281 (jan.-fév. 70), 24, texte & ill.

Lawson & Betts
Ville Mont-Royal
G0973   École Algonquin
ABC, IX, 102 (oct. 54), 44-47, texte & ill.

Layng, John
Ontario
G0974   École élémentaire
TCA, III, 5 (mai 58), 59, texte & ill.
Owen Sound
G0975   Owen Sound Collegiate, South Wing
CB, IV, 8 (août 54), 37, texte.

Lebensold, D.F.
Westmount
G0976   St. George's School
TCA, V, 11 (nov. 60), 43-45, texte & ill.
RAIC, XXXIV, 5 (mai 57), 169, ill.

LeBlanc, René
Moncton
G0977   Riverview School
RAIC, XLI, 5 (mai 64), 44-45, ill.

Leborgne, Gaétan
Montréal
G0978   École primaire St-Damase
ABC, X, 114 (oct. 55), 52-55, texte & ill.

Leclerc, Albert
Rimouski
G0979   Institut Monseigneur Courchesne
BAT, XXIX, 9 (sept. 54), 29, texte & ill.

Lee, Robb, Elken & Jung
Scarborough
G0980   Finch Park P.S.
TCA, XIII, 9 (sept. 68), 39, texte.
North York
G0981   Blacksmith Crescent Public School
ARCAN, 45, 3 (mars 68), 52-53, texte & ill.

Légaré, Goyer, Gagnier, Bazinet
Montréal
G0982 École secondaire polyvalente Saint-Henri
AC, 27, 309 (nov. 72), 14-17 texte & ill.

Leman — Sullivan
North York
G0983 O'Connor Drive Public School
ARCAN, 45, 3 (mars 68), 54-55, texte & ill.

Lemay & Leclerc
Brossard
G0984 École polyvalente
BAT, LIII, 9 (sept. 78), 5, texte.
Cité de la Salle
G0985 École Cavelier de la Salle
ABC, XXI, 238 (fév. 66), 22-29, texte & ill.

Lemieux, Paul M.
Valois
G0986 École Saint John Fisher
BAT, XXXIII, 12 (déc. 58), 14-16, texte & ill.
ABC, XIV, 158 (juin 59), 180-183, texte & ill.
ABC, XVI, 181 (mai 61), 35-37, texte & ill.

Lescaze & Sears
Édifice de lieu inconnu
G0987 Ansonia High School
RAIC, XIX, 9 (sept. 42), 188, ill.

Lessard, Emery
Édifice de lieu inconnu
G0988 Projet-thèse: une école secondaire
ABC, XVIII, 207 (juil. 63), 32-34, texte & ill.

Libling, Michener & Ass.
Gladstone (Manitoba)
G0989 École
TCA, VII, 4 (avril 62), 9, texte & ill.
Ste-Agathe (Man.)
G0990 École
CB, XI, 8 (août 61), 32, texte.
St. Malo (Man.)
G0991 École
CB, XI, 8 (août 61), 32, texte.
St. Pierre (Manitoba)
G0992 École
CB, XI, 8 (août 61), 32, texte & ill.
Winnipeg
G0993 St. John Brebeuf School
RAIC, XXXV, 12 (déc. 58), 472-473, ill.
G0994 St. Paul's College High School
RAIC, XLI, 11 (nov. 64), 80, texte & ill.
RAIC, XLII, 1 (jan. 65), 37-39, texte & ill.
TCA, IX, 12 (déc. 64), 34-35 et 44, texte & ill.
TCA, XI, 1 (jan. 66), 37-40, texte & ill.
TCA, XV, 5 (mai 70), 47, ill.
G0995 Tache Primary School
RAIC, XXXV, 12 (déc. 58), 455-457, ill.
G0996 Warren Grade School
RAIC, XXXV, 12 (déc. 58), 458, ill.

Longpré & Marchand
Outremont
G0997 École Marie Girard, annexe au collège Stanislas
ABC, XII, 138 (oct. 57), 36-39, texte & ill.

Longpré, Marchand, Goudreau, Dobush, Stewart, Bourke
Édifice de lieu inconnu
G0998 Projet d'école
BAT, XL, 10 (oct. 65), 30-31, texte & ill.
G0999 Projet 35: concours provincial d'architecture pour Écoles primaires.
ABC, XX, 228 (avril 65), 39-40, texte & ill.
G1000 Projet 38: concours provincial d'architecture pour Écoles primaires.
ABC, XX, 228 (avril 65), 41-42, texte & ill.
Lennoxville
G1001 École régionale de Lennoxville
AC, 23, 271 (jan.-fév. 69), 26-30, texte & ill.
Montréal
G1002 École Secondaire Édouard-Montpetit
AC, 23, 271 (jan.-fév. 69), 26-30, texte & ill.
BAT, XLIII, 9 (sept. 68), 32, texte & ill.
ARCAN, 45, 1 (jan. 68), 35, ill.

G1003 *Richmond (Qué.)*
École régionale de Richmond
AC, 23, 271 (jan.-fév. 69), 26-30 texte & ill.

Luke & Little
Montréal
G1004 École élémentaire Logan
ABC, IX, 102 (oct. 54), 48-50, texte & ill.

McBain, W.J.
Toronto
G1005 Sunday School to Manor Road United Church (agrandissement)
RAIC, XXIX, 7 (juil. 52), 216-217, ill.

McBain, W.J.; Barker, Kent
Ajax (Ont.)
G1006 Ajax Elementary School
RAIC, XXXI, 9 (sept. 54), 316-317, ill.

McBain, William J. (Ass.)
Bradford (Ont.)
G1007 Bradford District High School
TCA, VI, 9 (sept. 61), 54-60, texte & ill.
TCA, XIV, 11 (nov. 69), 38-39, ill.

McCarter and Nairne
Vancouver
G1008 Westview School
RAIC, XXI, 11 (nov. 44), 258, ill.

McCarter, Nairne & Partners
Alberni (C.-B.)
G1009 Eric J. Dunn Junior Secondary School
CB, XV, 10 (oct. 65), 57, texte & ill.
Faro (Yukon)
G1010 Faro Elementary Junior Secondary School
CB, XX, 3 (mars 70), 7, texte.
Gold River (C.-B.)
G1011 École
CB, XVI, 9 (sept. 66), 60, texte & ill.

McCuaig, Donald
Brampton
G1012 Ardglen Public
TCA, IX, (Yearbook 64), 108-109, texte & ill.

McCudden, E.J.
Regina
G1013 Saskatchewan Boys' School
RAIC, XXXII, 7 (juil. 55), 244, ill.

MacDonald & MacDonald
Red Deer
G1014 École
RAIC, XVII, 7 (juil. 40), 120

MacFawn, V.G.; Davidson, C.D. (Co.); Dubé, G.L.V.
G1015 Voir Davidson, C.D. (Co.); Dubé, G.L.V.; Mac Fawn, V.G.

McIntosh, John
Edmonton
G1016 Hillcrest Junior High School
CB, XV, 10 (oct. 65), 58-59, texte & ill.

MacLeod, A.N.
North Sydney (N.-E.)
G1017 Thompson High School
RAIC, XXXII, 4 (avril 55), 125, ill.

McMillan, Long & Ass.
Calgary
G1018 St. Mary's Elementary & Junior High School
TCA, XII, 11 (nov. 67), 9, texte & ill.
CB, XVII, 12 (déc. 67), 42-43, texte & ill.
Cambridge Bay (T.N.O.)
G1019 Cambridge Bay School
ARCAN, 44, 1 (jan. 67), 25, texte & ill.

McNab, Duncan (Ass.)
Langley (C.-B.)
G1020 Aldergrove High School
RAIC, XXXVI, 10 (oct. 59), 343, texte & ill.

West Vancouver
G1021 Westcot Elementary School
RAIC, XXXIV, 5 (mai 57), 155, texte & ill.
RAIC, XXXV, 4 (avril 58), 140, ill.

Magnan, Fernand
Ile des Soeurs
G1022 Cité d'enseignement (projet de fin d'études)
ABC, XX, 231 (juil. 65), 24-26, texte & ill.
RAIC, XLII, 8 (août 65), 21-23, texte & ill.

Mainguy, Lucien
Victoriaville
G1023 École Saint-David (addition d'une aile)
ABC, II, 12 (mars 47), 32, texte.

Mainguy, Maurice
Charny
G1024 Couvent St-Louis-de-France
ABC, XII, 138 (oct. 57), 48-50, texte & ill.

Mandel, Raymond; Boigon & Heinonen
G1025 Voir Boigon & Heinonen; Mandel, Raymond

Mark, Musselman, McIntyre
Brantford
G1026 Ryerson Public School
TCA, XII, 5 (mai 67), 64-66, texte & ill.
Galt
G1027 Central Public School
TCA, XIII, 12 (déc. 68), 48, texte & ill.
TCA, XIV, 12 (déc. 69), 52, texte & ill.

Markson, Jerome
Édifice de lieu inconnu
G1028 Corvette Avenue Public School
RAIC, XL, 9 (sept. 63), 66, ill.

Marshall & Merrett; Stahl, Elliott & Mill
Édifice de lieu inconnu
G1029 Laurentian Regional High School
AC, 23, 271 (jan.-fév. 69), 31, texte & ill.
G1030 Sir John Abbott High School
AC, 23, 271 (jan.-fév. 69), 32, texte & ill.

Marshall & Merrett; Stahl, Elliott & Mill; Berthiaume, Adrien
G1031 Voir Berthiaume, Adrien; Marshall...

Martin, Frank J.
Saskatoon
G1032 Queen Elizabeth School
RAIC, XXXII, 7 (juil. 55), 245, ill.

Martineau, Auguste
Ville St-Laurent
G1033 Hebert School
CB, I, 2 (mai 51), 21, ill.

Mathews, Douglas R.
London
G1034 St. Albert's Separate School
NB, XI, 4 (avril 62), 30-31, texte & ill.

Matthews, D. Lea
Kitchener
G1035 (hexagonal classrooms...)
CB, XIII, 11 (nov. 63), 38, texte & ill.

Mayerovitch, Harry; Bernstein, Alan L.; Greenspoon, Freedlander & Dunne
G1036 Voir Bernstein, Alan L.; Mayerovitch, Harry; etc.

Meadowcroft & MacKay
Lachine
G1037 Lachine High School
ABC, XIII, 146 (juin 58), 46-51, texte & ill.
G1038 Meadowbrook School
RAIC, XXXIII, 11 (nov. 56), 427, ill.
ABC, X, 114 (oct. 55), 49-51, texte & ill.
G1039 Summerlea Elementary School
RAIC, XXIX, 4 (avril 52), 100, ill.
RAIC, XXXIII, 11 (nov. 56), 427, ill.
ABC, VIII, 86 (juin 53), 39-41, texte & ill.

Mercer and Mercer
Vancouver
G1040 John Oliver School
RAIC, XXVI, 5 (mai 49), 166, ill.

Mercier, André
Montréal
G1041 Projet d'étudiant: une école de 14 classes pour garçons
ABC, XV, 174 (oct. 60), 339, texte & ill.

Michaud, Jean
Édifice de lieu inconnu
G1042 Projet 22: concours provincial d'architecture pour Écoles primaires.
ABC, XX, 228 (avril 65), 43-44, texte & ill.
St-Hyacinthe
G1043 École élémentaire Bois-Joli
ABC, XXII, 256 (août 67), 17-21, texte & ill.

Moody and Moore
Lac Du Bonnet (Manitoba)
G1044 Lac Du Bonnet School
RAIC, XXVI, 10 (oct. 47), 363, ill.
Winnipeg
G1045 (Elementary School)
RAIC, XXIX, 6 (juin 52), 179, ill.
G1046 Balmoral Hall School for Girls (agrandissement)
RAIC, XXXII, 10 (oct. 55), 390, ill.
G1047 Harrow School
RAIC, XXXI, 9 (sept. 54), 302, ill.

Moody, Moore & Partners
Winnipeg
G1048 Churchill High School
RAIC, XXXVI, 10 (oct. 59), 336-337, texte & ill.

Morin & Cinq-Mars
Mackayville
G1049 École Mgr Forget
ABC, VIII, 89 (sept. 53), 43-44, texte & ill.
Montréal
G1050 Parc-école St-André-Apôtre
ABC, IX, 98 (juin 54), 41-43, texte & ill.

Moriyama, Raymond
Édifice de lieu inconnu
G1051 École
TCA, VII, 3 (mars 62), 9, texte & ill.
Scarborough
G1052 Jack Miner Senior Public School
ARCAN, 49 (nov. 72), 8, ill.
G1053 Parkland Senior Public School
TCA, XIII, 2 (fév. 68), 9, texte & ill.

Mott, Myles & Chatwin
St. John (N.-B.)
G1054 M. Gerald Teed Memorial School
RAIC, XLI, 5 (mai 64), 44-45, ill.

Murray, James A.
Etobicoke
G1055 Green Meadows Public School
TCA, V, 11 (nov. 60), 46-47, texte & ill.
Kitchener
G1056 Rockway Mennonite School
RAIC, XXXII, 6 (juin 55), 211-213 texte & ill.
TCA, II, 1 (jan. 57), 43-48, texte & ill.
North York
G1057 Zion Heights Junior High School
TCA, XIII, 11 (nov. 68), 59-61, texte & ill.

Murray, Brown and Elton
Scarborough
G1058 Centennial Road School
RAIC, XXVI, 10 (oct. 47), 351-353, ill.
G1059 Heron Park Public School
RAIC, XXVII, 5 (mai 50), 169, ill.
G1060 J.G. Workman Public School
RAIC, XXVIII, 5 (mai 51), 140-141, ill.

Murton & Evans
Nelson Township (Ont.)
G1061 Glenwood School
RAIC, XXVI, 10 (oct. 47), 356-357, ill.

Neville, G. Douglas
London
G1062 Katherine Harley School
TCA, XII, 3 (mars 67), 48, texte & ill.

Newman, Oscar; Charney, Melvin
G1063 Voir Charney, Melvin; Newman, Oscar

Nicol, Ream, McBain
North York
G1064 C.B.C. School
TCA, XIII, 9 (sept. 68), 41, texte & ill.
G1065 Muirhead Road Public School
ARCAN, 45, 3 (mars 68), 55, texte & ill.

Nicol, Schoales, Ream, McBain
Sault Ste. Marie
G1066 Seventh Secondary School
TCA, XV, 8 (août 70), 33, texte & ill.

Nicolas, Louis
St-Jérôme
G1067 École Dubois
ABC, V, 45 (jan. 50), 30, ill.
St-Sauveur-des-Monts
G1068 École
ABC, V, 45 (jan. 50), 29, ill.

Northwood, Chivers, Chivers & Casey
Manitoba
G1069 Charleswood High School
RAIC, XXXII, 10 (oct. 55), 390, ill.
Winnipeg
G1070 St. Ignatius Elementary School (agrandissement)
RAIC, XXXI, 9 (sept. 54), 303, ill.

Notebaert, Gérard
Joliette
G1071 École secondaire Barthélémy
ABC, XVII, 198 (oct. 62), 33-38, texte & ill.
RAIC, XXXVIII, 7 (juil. 61), 32, texte & ill.
CB, X, 10 (oct. 60), 19, texte & ill.
Montréal
G1072 École secondaire Pie X
BAT, XXXVI, 7 (juil. 60), 26-30, texte & ill.
CB, X, 12 (déc. 60), 29-31, texte & ill.

Number Ten Architectural Group
Minnedosa (Man.)
G1073 Tanners Crossing Elementary School
TCA, XVIII, 1 (jan. 73), 4-5, texte & ill.
Thompson
G1074 Riverside Elementary School (Addition)
TCA, XIV, (Yearbook 69), 40-41, texte & ill.
CB, XX, 1 (jan. 70), 56, texte.

Ouellet, Reeves, Guité, Alain
Édifice de lieu inconnu
G1075 Projet 48: concours provincial d'architecture pour Écoles primaires
ABC, XX, 228 (avril 65), 44-45, texte & ill.

Pacek, Joseph; Sullivan, John
Scarborough
G1076 Timberbank Junior Public School
TCA, XV, 11 (nov. 70), 7, ill.
TCA, XVI, 10 (oct. 71), 62-63, texte & ill.
TCA, XVIII, 1 (jan. 73), 4-5, texte & ill.
ARCAN, 46, 1 (jan. 69), 26, ill.
ARCAN, 49 (nov. 72), 8, ill.
CB, XX, 12 (déc. 70), 31, ill.

Page and Steele
Édifice de lieu inconnu
G1077 École
TCA, VII, 2 (fév. 62), 8, texte & ill.
G1078 Wexford Collegiate Institute
RAIC, XL, 9 (sept. 63), 52, texte & ill.
Etobicoke (Ont.)
G1079 West Glen Public School
RAIC, XXXI, 9 (sept. 54), 318-319, ill.
Galt (Ont.)
G1080 Galt Elementary School
RAIC, XXVI, 10 (oct. 47), 361, ill.
G1081 Lincoln Avenue School
RAIC, XXVIII, 5 (mai 51), 135, ill.
G1082 Southwood Secondary School
TCA, VIII, 2 (fév. 63), 12, texte & ill.
Picton (Ont.)
G1083 Picton Public School
RAIC, XXX, 9 (sept. 53), 254, ill.
Port Sydney (Ont.)
G1084 V.K. Greer Memorial School
RAIC, XXXVIII, 7 (juil. 61), 44-45, texte & ill.
Sault Ste-Marie
G1085 Sault Ste-Marie Elementary School
RAIC, XXVI, 10 (oct. 47), 360, ill.
Scarborough
G1086 Glenwood Senior Public School
TCA, XIII, 9 (sept. 68), 46, ill.
Toronto
G1087 Forest Hill North Preparatory School
RAIC, XXI, 11 (nov. 44), 251 et 254, ill.
G1088 Forest Hill Collegiate Institute
RAIC, XXVII, 5 (mai 50), 171, ill.
G1089 St. Joseph's High School
RAIC, XXVII, 11 (nov. 50), 381-383, ill.
East York
G1090 East York Junior High School
TCA, XIV, 12 (déc. 69), 59, texte & ill.

Papineau, Gérin-Lajoie, LeBlanc
Frobisher Bay (T.N.O.)
G1091 École secondaire de Frobisher Bay
AC, 26, 294 (mai 71), 20-23, texte & ill.
AC, 27, 301 (jan.-fév. 72), 5-9, texte & ill.
TCA, XV, 7 (juil. 70), 33-34, texte & ill.
CB, XXI, 1 (jan. 71), 7, texte & ill.
Pangirtung (T.N.O.)
G1092 École
CB, XX, 1 (jan. 70), 39-40, texte & ill.
Povungnituk (Qué.)
G1093 École
TCA, XVIII (Yearbook 73), 40-42, texte & ill.
St-Léonard-de-Port-Maurice
G1094 École Lambert-Closse
ABC, XXII, 259 (nov. 67), 34-35, texte & ill.
BAT, XLVI, 9 (sept. 71), 16, texte.

Parkin, John B.
Etobicoke
G1095 Sunnylea School
RAIC, XX, 7 (juil. 43), 99 et 103-104 et 109 et 113, ill.
RAIC, XXI, 11 (nov. 44), 255, texte & ill.
RAIC, XXVI, 10 (oct. 47), 348-349, texte & ill.
Oshawa
G1096 North Oshawa Public School
RAIC, XXVI, 10 (oct. 47), 350, ill.
Pointe-au-Baril (Ont.)
G1097 Pointe-au-Baril Public School
RAIC, XXVI, 10 (oct. 47), 350, ill.
Whitby
G1098 Whitby Public School
RAIC, XXVI, 10 (oct. 47), 350, ill.

Parkin, John B. (Ass.)
Ajax
G1099 Southwood Park Public School
TCA, XIII, 9 (sept. 68), 63, texte & ill.
Bowmanville
G1100 École
RAIC, XXVII, 5 (mai 50), 167, ill.
Don Mills
G1101 Don Mills Senior Secondary School
CB, XI, 4 (avril 61), 30, ill.
Georgetown (Ont.)
G1102 George Kennedy Public School
RAIC, XL, 9 (sept. 63), 65, ill.
G1103 Howard Wrigglesworth Public School
RAIC, XXXI, 9 (sept. 54), 322-323, texte & ill.
Magnetawan (Ont.)
G1104 Public School
RAIC, XXVI, 4 (avril 49), 116, ill.
Oshawa
G1105 Dr. F.J. Donevan Collegiate Institute
RAIC, XXXIV, 5 (mai 57), 169, texte & ill.
G1106 Oshawa Central Collegiate
CB, I, 2 (mai 51), 20-23, texte & ill.

G1107 The Oshawa High School
RAIC, XXVIII, 2 (fév. 51), 35, ill.
RAIC, XXVI, 4 (avril 49), 114-115, ill.
G1108 Ritson Road Public School (agrandissement)
RAIC, XXVII, 5 (mai 50), 168, ill.
Parry Sound
G1109 High School
RAIC, XXVI, 4 (avril 49), 112-113, ill.
Peterborough
G1110 Queen Mary School
RAIC, XXVI, 4 (avril 49), 111, ill.
Sarnia
G1111 Sarnia & District High School
RAIC, XXXV, 12 (déc. 58), 461, ill.
Sault Ste-Marie
G1112 Anna McCrea Public School
TCA, III, 5 (mai 58), 60-61, texte & ill.
G1113 Sir James Dunn Comprehensive School
TCA, III, 5 (mai 58), 60-61, texte & ill.
Toronto
G1114 Kane Senior Elementary School Borough of York.
ARCAN, 45, 1 (jan. 68), 30, ill.
G1115 New Toronto School
RAIC, XXIX, 4 (avril 52), 114-115, ill.
North York
G1116 Don Mills Collegiate Institute and Junior High School
RAIC, XLI, 11 (nov. 64), 106, texte & ill.
RAIC, XLII, 1 (jan. 65), 37 et 40, texte & ill.

Parkin, John B. (Ass.); Burgoyne, R.V.B.
Sault Ste-Marie
G1117 Sault Ste-Marie Secondary School
CB, XI, 4 (avril 61), 34, ill.

Parrott, Tambling & Witmer
Pickering
G1118 Fairport Beach School
RAIC, XXXI, 9 (sept. 54), 314, ill.
Port Perry (Ont.)
G1119 Port Perry Elementary School
RAIC, XXXI, 9 (sept. 54), 315, ill.
East York
G1120 Bennington Heights Elementary School
RAIC, XXIX, 4 (avril 52), 104-105, ill.
G1121 Plains Road Intermediate School
RAIC, XXVII, 5 (mai 50), 174, ill.

Pauer, Bourassa, Gareau & J.L. Lalonde
Montréal
G1122 École secondaire polyvalente N.-D.-de-L'Espérance
ARCAN, 46, 1 (jan. 69), 20, ill.
AC, 25, 281 (jan.-fév. 70), 22-23, texte & ill.
CB, XIX, 9 (sept. 69), 52, texte & ill.

Pennington, R.P.G.
Toronto
G1123 Kensington School
ARCAN, 48 (25 oct. 71), 4-5

Pentland & Baker
Downsview
G1124 Beverly Heights Junior High School
RAIC, XXXVI, 10 (oct. 59), 338-341, texte & ill.
Toronto
G1125 McMurrich Senior Public School
RAIC, XXXVIII, 7 (juil. 61), 48-49, texte & ill.
North York
G1126 Kenton Drive Public School
TCA, II, 1 (jan. 57), 33-38, texte & ill.
RAIC, XXXIV, 5 (mai 57), 156-157, texte & ill.

Pentland & Baker; Boigon, Irving D.
North York
G1127 Northview Heights Collegiate
TCA, III, 5 (mai 58), 39-42, texte & ill.
RAIC, XXXV, 5 (mai 58), 178-181, ill.
CB, VIII, 8 (août 58), 30-31, ill.

Perry, A. Leslie
Drummondville
G1128 Drummondville High School
RAIC, XXVII, 5 (mai 50), 166, ill.
ABC, II, 20 (déc. 47), 48-49, ill.

Saint-Lambert
G1129 Chambly County High School
RAIC, XXVI, 10 (oct. 47), 367, ill.
Trois-Rivières
G1130 High School.
ABC, II, 20 (déc. 47), 49-50, ill.

Perry, A. Leslie; Betts, Randolph C.
G1131 Voir Betts, Randolph C.; Perry, A. Leslie

Polson & Siddall
West Vancouver
G1132 Irwin Park Elementary School
CB, IX, 5 (mai 59), 48-49, texte & ill.

Postle, H.W.
Vancouver
G1133 Queen Elizabeth Primary School
RAIC, XXI, 11 (nov. 44), 257, ill.

Poulin, J. Aimé et Albert
Ayer's Cliff (Qué.)
G1134 High School
ABC, IV, 40 (août 49), 35, ill.
Mégantic
G1135 Couvent N.-D.-de-Fatima
ABC, IV, 40 (août 49), 36, ill.
Sherbrooke
G1136 École St-Joseph
ABC, IV, 40 (août 49), 36, ill.
ABC, VI, 57 (jan. 51), 14, ill.
Valcourt
G1137 École du Sacré-Coeur
ABC, IV, 40 (août 49), 36, ill.
Victoriaville
G1138 Collège de Victoriaville
ABC, II, 20 (déc. 47), 51-53, ill.

Prack & Prack
Hamilton
G1139 Sir John A. MacDonald Secondary School
ARCAN, 46, 1 (jan. 69), 28, ill.

Pratt, Lindgren & Ass.
Kirkfield Park (Manitoba)
G1140 Robert Browning Elementary School
RAIC, XLII, 1 (jan. 65), 29, texte & ill.

Prus, Victor; Desnoyers, Maurice
G1141 Voir Desnoyers, Maurice; Prus, Victor.

Racicot, Félix
Chambly-Bassin
G1142 École de Chambly-Bassin
ABC, V, 45 (jan. 50), 22, ill.
ABC, VI, 69 (jan. 52), 11, ill.

Rhone & Iredale
Hudson Hope (C.-B.)
G1143 General George R. Pearkes Elementary School
TCA, XIII, 9 (sept. 68), 52-55, texte & ill.
G1144 Hudson Hope primary school
CB, XVIII, 9 (sept. 68), 45-46, texte & ill.
TCA, XII, (Yearbook 67), 63, texte & ill.
ARCAN, 45, 1 (jan. 68), 27, ill.

Richard, René
Casselman
G1145 École Ste-Euphémie de Casselman (agrandissement)
BAT, XXIX, 10 (oct. 54), 3 et 30-31, texte & ill.
Cyrville
G1146 École de Cyrville
BAT, XXIX, 10 (oct. 54), 27, texte & ill.
Embrun (Ont.)
G1147 High School d'Embrun
BAT, XXIX, 10 (oct. 54), 22, texte & ill.
Hull
G1148 École du Lac-des-Fées
BAT, XXIX, 7 (juil. 54), 25-27, texte & ill.
ABC, XI, 126 (oct. 56), 32-35, texte & ill.
G1149 École Secondaire Saint-Jean-Baptiste
TCA, VII, 7 (juil. 62), 55-61, texte & ill.
TCA, VII, 10 (oct. 62), 90, texte.
ABC, XVII, 198 (oct. 62), 28-32, texte & ill.

Ville Jacques-Cartier
G1150 École Samuel de Champlain
ABC, XVI, 181 (mai 61), 42-47, texte & ill.
RAIC, XXXVIII, 7 (juil. 61), 54-55, ill.
Pendleton
G1151 Our Lady of Divine Love
BAT, XXIX, 10 (oct. 54), 48-49, texte & ill.
Quyon
G1152 École Ste-Marie-de-Quyon
BAT, XXIX, 10 (oct. 54), 23, texte & ill.

Richard, René; Gauthier, Maurice
Eastview
G1153 École Hervé Bériault
ABC, XIV, 158 (juin 59), 174-176, texte & ill.
Gatineau
G1154 École St-René-Goupil
ABC, XV, 169 (mai 60), 146-149, texte & ill.
Hull
G1155 Collège Marie-Médiatrice
ABC, XV, 174 (oct. 60), 330-335, texte & ill.
Ville Jacques-Cartier
G1156 École Carillon
BAT, IX, 5 (mai 61), 46-49, texte & ill.
Ottawa
G1157 École Cardinal Heights
ABC, XIV, 158 (juin 59), 172-173, texte & ill.

Richards and Abra
Arnprior (Ont.)
G1158 Arnprior High School
RAIC, XXII, 8 (août 45), 162, ill.
Cobden
G1159 Cobden High School
RAIC, XIX, 6 (juin 42), 137, ill.

Richards, Berretti & Jellinek
Yellowknife
G1160 École élémentaire
RAIC, XLII, 1 (jan. 65), 34, texte & ill.

Riddle, Connor & Ass.
London
G1161 Clarke Road High School
RAIC, XXXVI, 10 (oct. 59), 344-345, texte & ill.

Rinfret, Pierre
St-Césaire
G1162 École de St-Césaire
BAT, XXVII, (jan.-fév. 52), 21-22, texte & ill.

Rinfret, Pierre; Gilbert, André
Ste-Foy
G1163 École Ste-Foy
ABC, X, 114 (oct. 55), 39-41, texte & ill.

Robbie, Vaughan & Williams
Toronto
G1164 Glenhaven Senior Public School
ARCAN, 45, 1 (jan. 68), 37, ill.

Roberts, H.H.
Ottawa
G1165 (A public school)
CB, VII, 10 (oct. 57), 28, texte & ill.

Robillard, Jetté, Baudouin
Montréal
G1166 École polyvalente Calixa-Lavallée
AC, 23, 271 (jan.-fév. 69), 34, texte & ill.
CB, XVII, 9 (sept. 67), 60-61, texte & ill.
BAT, XLIII, 9 (sept. 68), 31, texte & ill.
St-Léonard-de-Port-Maurice
G1167 École Alphonse Pesant
ABC, XXII, 259 (nov. 67), 31-33, texte & ill.

Robillard, M.; Légaré, P.
Sainte-Agathe
G1168 L'école secondaire de Sainte-Agathe
BAT, XXXVIII, 3 (mars 63), 32-36, 46, texte & ill.

Robinson, William H.
Aurora
G1169 George Street Public School
CB, VIII, 8 (août 58), 28-29, texte & ill.

Robitaille, Raymond
Lorrainville
G1170 École
BAT, XXXII, 3 (mars 57), 46-49, texte & ill.
Malartic
G1171 École supérieure St-Martin
BAT, XXXII, 12 (déc. 57), 18, texte & ill.

Roscoe, Stanley
Hamilton
G1172 École sans fenêtres
CB, XVII, 10 (oct. 67), 5, texte.

Roscoe & MacIver
Hamilton
G1173 Senior Public School
RAIC, XL, 4 (avril 63), 63, ill.

Roscoe, Steinstra, Haverty & Rankin
Burlington
G1174 Frontenac Senior Public School
CB, XXIII, 3 (mars 73), 43, texte & ill.

Rosen, Caruso, Vecsei
Édifice de lieu inconnu
G1175 Projet 91: concours provincial d'architecture pour Écoles primaires.
ABC, XX, 228 (avril 65), 46-47, texte & ill.
BAT, XL, 10 (oct. 65), 32-33, texte & ill.

Rousseau, E. Georges
Québec
G1176 École Notre-Dame-de-Québec
BAT, XXXII, 6 (juin 57), 17, texte.
BAT, XXXII, 10 (oct. 57), 84, texte.
G1177 St. Patrick's High School
BAT, XXX, 3 (mars 55), 25, texte.

Rousseau et Bégin
Roberval
G1178 Pensionnat des Clercs de St-Viateur
ABC, I, 9 (déc. 46), 26, texte.
ABC, II, 12 (mars 47), 32, texte.

Roux et Morin
LaSalle
G1179 École Clément
BAT, XXXIV, 6 (juin 59), 78, texte.

Roy, Jean-Marie
Édifice de lieu inconnu
G1180 Projet 62: concours provincial d'architecture pour Écoles primaires.
ABC, XX, 228 (avril 65), 47-48, texte & ill.
St-Charles de Bellechasse
G1181 École primaire et maternelle
ABC, XIX, 223 (nov. 64), 23-28, texte & ill.
Sainte-Foy
G1182 École Saint-Denis
ABC, XXII, 256 (août 67), 22-24, texte & ill.

Rule & Wynn
Vermilion (Manitoba)
G1183 High School
RAIC, XVII, 6 (juin 40), 107

Rule, Wynn & Rule
Alberta
G1184 Westglen High School
RAIC, XVII, 7 (juil. 40), 120
Glenora (Alberta)
G1185 Glenora Public School
RAIC, XVII, 8 (août 40), 150

Rule, Wynn, Forbes, Lord & Partners
Edmonton
G1186 M.E. La Zerte Composite High School
CB, XX, 9 (sept. 70), 27, ill.

Saccoccio, William
Oshawa
G1187 John XXIII separate school
CB, XXI, 9 (sept. 71), 13, ill.
Pickering
G1188 William G. Davis public school
CB, XXI, 9 (sept. 71), 13, ill.

St-Gelais, Evans
Jonquière
G1189 École St-Raphaël
ABC, XVII, 189 (jan. 62), 20-21, texte & ill.
St-Félicien
G1190 École secondaire Pie-XII
ABC, XV, 169 (mai 60), 142-145, texte & ill.
BAT, XXXV, 4 (avril 60), 38 et 40, texte & ill.

St-Gelais et Tremblay
Dolbeau
G1191 École secondaire de Dolbeau
ABC, XV, 174 (oct. 60), texte & ill.
ABC, XVIII, 205 (mai 63), 30-35, texte & ill.
Jonquière
G1192 École secondaire de Jonquière
ABC, XV, 174 (oct. 60), 310-315, texte & ill.

St-Gelais, Tremblay & Tremblay
Édifice de lieu inconnu
G1193 Projet d'école
BAT, XL, 10 (oct. 65), 30-31, texte & ill.
G1194 Projet 37: concours provincial d'architecture pour Écoles primaires.
ABC, XX, 228 (avril 65), 50, texte & ill.
G1195 Projet 44: concours provincial d'architecture pour Écoles primaires.
ABC, XX, 228 (avril 65), 49, texte & ill.
Desbiens
G1196 Juvénat des frères maristes
ABC, XXII, 252 (avril 67), 30-31, texte & ill.
Jonquière
G1197 Parc-école des garçons
ABC, XIX, 216 (avril 64), 37-40, texte & ill.
Saint-Coeur-de-Marie
G1198 École Maria
ABC, XX, 226 (fév. 65), 18-20, texte & ill.
CB, XV, 10 (oct. 65), 55, ill.

St-Gelais, Tremblay, Tremblay & Labbé
Kénogami
G1199 École secondaire Henri-Fortier
ABC, XXII, 251 (mars 67), 25-30, texte & ill.

St-Pierre, Laurent
Granby
G1200 École St-Jean
BAT, XXXVI, 9 (sept. 60), 75, texte.
G1201 Polyvalente J.H. Leclerc
BAT, XLVII, 9 (sept. 72), 14-15, texte & ill.

Salter & Allison
Barrie
G1202 Cundles Heights Public School
TCA, XIV, 12 (déc. 69), 58, texte & ill.

Sarra-Bournet, Lucien
Hull
G1203 Hull High School
ABC, X, 110 (juin 55), 45-47, texte & ill.
G1204 Parc-école Jean-de-Brébeuf
ABC, XVIII, 205 (mai 63), 40-41, texte & ill.

Savage, Hubert
Duncan (C.-B.)
G1205 Duncan High School
RAIC, XXIX, 4 (avril 52), 96-97, ill.

Sawyer, Joseph
Montréal-Nord
G1206 École Ste-Gertrude
ABC, VI, 57 (jan. 51), 17, ill.
ABC, VIII, 81 (jan. 53), 27, ill.

Schoeler, Heaton, Harvor, Menendez
Blackburn Hamlet (Ont.)
G1207 Glen-Ogilvie Public School
TCA, XV, 10 (oct. 70), 59-63, texte & ill.
Ottawa
G1208 Charlebois High School
TCA, XVIII, 1 (jan. 73), 22-31, texte & ill.
TCA, XXV, 11 (nov. 80), 40, texte & ill.

SEF Staff Architects
Scarborough
G1209 Eastview Public School (agrandissement)
TCA, XIV, 12 (déc. 69), 47-50, texte & ill.
Toronto
G1210 Roden Public School
TCA, XIII, 9 (sept. 68), 44, ill.
BAT, XLIV, 12 (déc. 69), 11, texte & ill.

Self, Brian A.
Ontario
G1211 Nexus School (étude)
ARCAN, 47 (2 mars 70), 4-5, texte & ill.

Servos & Cauley
North York
G1212 St. Gabriel's Separate School
RAIC, XXX, 9 (sept. 53), 254, ill.

Sharp and Thompson, Berwick, Pratt
Castlegar (C.-B.)
G1213 Stanley Humphries Junior Senior High School
RAIC, XXIX, 4 (avril 52), 86-87, ill.
Langley (C.-B.)
G1214 (Typical Elementary Expandible Rural School)
RAIC, XXVI, 10 (oct. 47), 354-355, texte & ill.
Vancouver
G1215 West Bay Elementary School
RAIC, XXXI, 9 (sept. 54), 301, ill.
G1216 West Vancouver Senior High School
RAIC, XXXI, 9 (sept. 54), 300, ill.
West Vancouver
G1217 Ridgeview Six Room Elementary School
RAIC, XXVII, 9 (sept. 50), 289, ill.
RAIC, XXIX, 4 (avril 52), 84, ill.

Shelton, T. Ewing; Fooks & Milne
Édifice de lieu inconnu
G1218 The Maximilite School
CB, IX, 5 (mai 59), 50-51, texte & ill.

Shore; Abra & Balharrie
G1219 Voir Abra & Balharrie; Shore

Shore & Moffat
Édifice de lieu inconnu
G1220 Collingwood District Collegiate Institute Ontario
RAIC, XXXIII, 4 (avril 56), 128-130, texte & ill.
Cannington (Ont.)
G1221 Brock District High School
RAIC, XXXI, 9 (sept. 54), 313, texte & ill.
Meaford (Ont.)
G1222 Meaford Elementary School
RAIC, XXVII, 5 (mai 50), 170, ill.
G1223 St. Vincent Euphrasia Elementary School
ARCAN, 47 (8 juin 70), 5
TCA, XV, 6 (juin 70), 6, texte & ill.
Oakville
G1224 Thomas A. Blakelock High School
RAIC, XXXIV, 10 (oct. 57), 400-403, ill.
RAIC, XL, 8 (août 63), 48, ill.

Shore & Moffat and Partners
Downsview
G1225 Keelgate Junior High School
ARCAN, 45, 1 (jan. 68), 38, ill.
TCA, XIII, 12 (déc. 68), 47, ill.

Shorey, Ritchie & Douglas
Montréal
G1226 École élémentaire Van Horne
ABC, V, 45 (jan. 50), 23, ill.

Short, D. Perry
Sault Ste-Marie
G1227 St. Ignatius School
CB, XV, 10 (oct. 65), 46-48, texte & ill.

Sinclair, Skakun, Naito
Edmonton
G1228 W.P. Wagner High School
CB, XX, 9 (sept. 70), 27, ill.

Smith, Carter, Katelnikoff
Winnipeg
G1229 Norwood Collegiate Institute
RAIC, XXXII, 10 (oct. 55), 388-389, ill.

Smith, Carter, Parkin
Thompson (Manitoba)
G1230 R.D. Parker Collegiate
ARCAN, 47 (28 sept. 70), 4-5, texte & ill.

Smith, Carter and Searle
Portage-la-Prairie
G1231 Portage-La-Prairie School
TCA, XIII (Yearbook 68), 87-88

Smith, Carter, Searle Ass.
St. James (Manitoba)
G1232 Silver Heights Junior High School
RAIC, XXXVI, 10 (oct. 59), 346-348, texte & ill.

Smith, Munn, Carter, Katelnikoff
Saint-Boniface
G1233 École Marion
RAIC, XXIX, 4 (avril 52), 101, ill.

Stanley, Kelvin C.
Saskatchewan
G1234 (rural school units)
RAIC, XXVI, 10 (oct. 47), 362, ill.

Stevenson, J. (Ass.)
Calgary
G1235 Henry Wise Wood Senior High School
CB, XII, 3 (mars 62), 21-24, texte & ill.

Stewart, George
Édifice de lieu inconnu
G1236 (école élémentaire)
RAIC, XXIII, 4 (avril 46), 98, texte & ill.

Stewart and Howell
Andover (N.-B.)
G1237 Southern Victoria Regional School
RAIC, XXXI, 9 (sept. 54), 330-331, ill.

Stock, Ramsay & Ass.
Regina
G1238 Public School
RAIC, XXXII, 7 (juil. 55), 244, ill.

Storey, E.M.
Regina
G1239 Albert Public School
RAIC, XXXII, 7 (juil. 55), 244, ill.

Storey, J.W.
Chatham (Ont.)
G1240 Tecumseh Secondary School
RAIC, XXXV, 2 (fév. 58), 35-37, texte & ill.
G1241 Winston Churchill School
RAIC, XXIX, 4 (avril 52), 113, ill.

Storey & Marvin
Estevan
G1242 Pleasantdale School
RAIC, XXXVI, 10 (oct. 59), 349, ill.
Regina
G1243 Sheldon-Williams Collegiate
RAIC, XXXVI, 10 (oct. 59), 349, ill.

Sullivan, John; Pacek, Joseph
G1244 Voir Pacek, Joseph; Sullivan, John

Sydney & C.S. Comber
Montréal
G1245 Somerled School
RAIC, XXXIV, 5 (mai 57), 166, ill.

Sylvester, W.C.
Eastview (Ont.)
G1246 Eastview High School
RAIC, XXVII, 5 (mai 50), 172, ill.

Talbot, E.H.
Giffard
G1247 École des filles
ABC, V, 50 (juin 50), 33, ill.

Tardif, J. Hervé
Cap-de-la-Madeleine
G1248 École Chapais
ABC, VI, 69 (jan. 52), 13, ill.

Thompson, Berwick, Pratt
Vancouver
G1249 (école élémentaire)
TCA, XV, 7 (juil. 70), 35 et 40-41, texte & ill.
G1250 University Hill Jr. Sr. High School
RAIC, XXXIV, 5 (mai 57), 158-159, texte & ill.

Toby, Russell & Buckwell
Surrey
G1251 Cloverdale Junior Secondary School
RAIC, XL, 9 (sept. 63), 64-65, ill.
West Vancouver
G1252 Eagle Harbour Primary School
CB, XVII, 11 (nov. 67), 38-39, texte & ill.

Toby, Russell, Buckwell & Partners
Surrey
G1253 Junior Secondary School
TCA, XIX, 12 (déc. 74), 14-15, texte.
White Rock
G1254 Junior Secondary School
TCA, XIX, 12 (déc. 74), 14-15, texte & ill.

Toronto Board of Education (Architects dept.)
Toronto
G1255 Regent Park Public School
RAIC, XXXV, 2 (fév. 58), 38-40, texte & ill.

Tremblay, Denis
Sherbrooke
G1256 École Ste-Bernadette-Soubirous
ABC, II, 20 (déc. 47), 45, ill.
ABC, IV, 40 (août 49), 34, ill.
ABC, VI, 57 (jan. 51), 16, ill.

Trépanier, Paul-O.
Cowansville
G1257 École J.B.H. Larocque
BAT, XXXIII, 9 (sept. 58), 24-25, texte & ill.
Granby
G1258 École secondaire Immaculée-Conception
ABC, XV, 165 (jan. 60), 8-9, texte & ill.
ABC, XVI, 181 (mai 61), 38-41, texte & ill.
G1259 École secondaire Sacré-Coeur
ABC, XVIII, 210 (oct. 63), 41-46, texte & ill.
G1260 École Supérieure Saint-Patrice
ABC, XIV, 158 (juin 59), 177-179, texte & ill.
RAIC, XXXVII, 2 (fév. 60), 55, ill.

Trépanier, Paul-O.; Bélanger, Gilles
Granby
G1261 École N.-D.-de-Fatima
ABC, X, 114 (oct. 55), 32-35, texte & ill.
G1262 École Saint-Joseph
BAT, XXIX, 5 (mai 54), 64-67, texte & ill.
BAT, XXXIII, 6 (juin 58), 9 et 20, texte.

Trépanier, Paul-O.; Gauthier, Maurice
Beaconsfield
G1263 École Legault
ABC, XII, 134 (juin 57), 44-48, texte & ill.
Delson (Qué.)
G1264 St. Georges School
TCA, III, 5 (mai 58), 64, texte & ill.
ABC, XIII, 146 (juin 58), 57-59, texte & ill.
Farnham (Qué.)
G1265 Mgr. Douville School
TCA, III, 5 (mai 58), 64, texte & ill.
ABC, XII, 138 (oct. 57), 45-47, texte & ill.
Granby
G1266 Ave Maria School
TCA, II, 1 (jan. 57), 49-52, texte & ill.
ABC, XI, 126 (oct. 56), 36-38, texte & ill.
Ste-Anne-de-la-Rochelle
G1267 École Ste-Anne-de-la-Rochelle
BAT, XXXIII, 9 (sept. 58), 26-27, texte & ill.

Turcotte, Léo
Québec
G1268 École Jean-Brébeuf
ABC, XVI, 185 (sept. 61), 48-51, texte & ill.
G1269 École St-Albert-le-Grand
ABC, IX, 102 (oct. 54), 51-52, texte & ill.
G1270 École Secondaire de la paroisse St-Sauveur
BAT, XXXIII, 6 (juin 58), 20, texte.

Turcotte & Cauchon
Montmagny
G1271 La Polyvalente Louis-Jacques-Caseault
CB, XXIII, 5 (mai 73), 33, texte.

Underwood, Peter
Port Haney (C.-B.)
G1272 (High School)
RAIC, XVII, 10 (oct. 40), 185

Underwood, McKinley, Cameron, Wilson and Smith
Vancouver
G1273 The Bloedel Conservatory
ARCAN, 48 (13 déc. 71), 8, texte & ill.

University of British Columbia
Édifice de lieu inconnu
G1274 (High School)
RAIC, XXVI, 5 (mai 49), 153, texte & ill.

Ussner, W.R.
Surrey (C.-B.)
G1275 Johnston Heights Junior High School
TCA, VI, 4 (avril 61), 47-51, texte & ill.
Whalley (C.-B.)
G1276 Our Lady of Good Counsel School
TCA, III, 5 (mai 58), 63, texte & ill.

Uyeyama, K.
Sechelt (C.-B.)
G1277 Sechelt Elementary School
ARCAN, 49 (22 mai 72), 18, texte & ill.

Van Egmond Irwin, Stephen
Édifice de lieu inconnu
G1278 (centre for adult education)
TCA, VIII, 10 (oct. 63), 8 et 14, texte & ill.

Van Norman C.B.K. (Ass.)
Qualicum (C.-B.)
G1279 Junior Senior High School
RAIC, XXXI, 9 (sept. 54), 296, ill.

Venne, Ludger
L'Abord-à-Plouffe
G1280 École et résidence
ABC, V, 45 (jan. 50), 29, ill.

Wade & Stockdill
Victoria
G1281 Royal Elementary School
CB, IV, 1 (jan. 54), 19, ill.

Wade, Stockdill & Armour
Colombie-Britannique
G1282 View Royal Elementary School
RAIC, XXXV, 4 (avril 58), 140, ill.

Waisman, Ross & Ass.
Brandon
G1283 St. Augustine's School and Parish Hall
RAIC, XXXV, 12 (déc. 58), 461, ill.

Walker, Howard V.
Scarborough
G1284 North Bridlewood Junior Public School
TCA, XII, 9 (sept. 67), 8-9, texte & ill.
TCA, XIII, 2 (fév. 68), 32-36, texte & ill.
TCA, XIV, 12 (déc. 69), 26-42, texte & ill.
CB, XVII, 9 (sept. 67), 56-57, texte & ill.
G1285 Sedgemount Senior Public School
CB, XIX, 4 (avril 69), 47, ill.
TCA, XIII, 9 (sept. 68), 56-58, texte & ill.
North York
G1286 Driftwood Avenue Public School
TCA, XIII, 9 (sept. 68), 58-60, texte & ill.
G1287 Yorkwoods Gate Public School
ARCAN, 45, 3 (mars 68), 54, texte & ill.
TCA, XIII, 9 (sept. 68), 57-58, texte & ill.

Ward & McDonald
Tuxedo
G1288 Laidlaw School
RAIC, XLII, 11 (nov. 65), 37, ill.

Ward, MacDonald and Partners
St. Boniface
G1289 William Russell School
TCA, XIV, 12 (déc. 69), 51, texte & ill.

Ward, MacDonald, Cockburn, McLeod & McFeetors
Winnipeg
G1290 Donwood Elementary School
ARCAN, 49 (nov. 72), 10, texte & ill.

Webber, D.A.
Bridgetown (N.-É.)
G1291 Bridgetown Regional High School
RAIC, XXXIV, 5 (mai 57), 168, texte & ill.

Webster & Gilbert
Saskatoon
G1292 Brunskill School
RAIC, XXXII, 7 (juil. 55), 244, ill.

Weir, Cripps and Associates
Toronto
G1293 Associated Hebrew Schools
RAIC, XXXIII, 5 (mai 56), 168, ill.
CB, IX, 9 (sept. 59), 47, ill.
G1294 Highview Avenue Public School
RAIC, XXXIII, 5 (mai 56), 163, ill.
G1295 North Bathurst Talmud Torah
TCA, III, 5 (mai 58), 36-38, texte & ill.

Wiggs, Lawton & Walker
Montréal
G1296 Sinclair Laird School
RAIC, XXXIV, 5 (mai 57), 164-165, ill.
ABC, XIII, 146 (juin 58), 43-45, texte & ill.

Wilson & Newton
Chester
G1297 (École élémentaire)
BAT, IX, 5 (mai 61), 45, ill.
North York
G1298 Victoria Finch Public School
TCA, XIII, 9 (sept. 68), 42, ill.

Winnipeg Department of Public Works
Gods Narrows (Man.)
G1299 École
CB, XXI, 5 (mai 71), 47, texte.

Wood & Gardener
Edmonton
G1300 Avalon Junior High School
RAIC, XLII, 11 (nov. 65), 49, ill.
CB, XV, 10 (oct. 65), 59, texte & ill.

Écoles d'arts et métiers et écoles spéciales
Trade Schools and Special Schools

Anonyme/Anonymous
Édifice de lieu inconnu
G1501 Institut Familial des Soeurs de la Présentation
BAT, IX, 9 (sept. 61), 47, texte & ill.
Alfred
G1502 École Industrielle St-Joseph
BAT, IX, 5 (mai 61), 29-31, texte & ill.
Amos
G1503 École ménagère
ABC, IV, 42 (oct. 49), 30, ill.
Charlesbourg-Est
G1504 Institution des Sourds-Muets
BAT, XXXIV, 9 (sept. 59), 55, texte & ill.
Drummondville
G1505 École d'Arts et Métiers de Drummondville
BAT, XXXIII, 12 (déc. 58), 11, texte.
Nominingue
G1506 École ménagère
ABC, VI, 57 (jan. 51), 12, ill.
Port Alfred
G1507 Trade School
CB, XV, 10 (oct. 65), 55, ill.

Abram & Ingleson
Toronto
G1508 West Park Vocational School
TCA, XIV, 10 (oct. 69), 10, texte & ill.
TCA, XV, 3 (mars 70), 49-54, texte & ill.
CB, XIX, 11 (nov. 69), 37, ill.

Adamson, Gordon S. (Ass.)
Etobicoke
G1509 Junior Vocational School
TCA, VII, 4 (avril 62), 58, texte & ill.
G1510 Kingsmill Vocational School
TCA, X, 12 (déc. 65), 59-62, texte & ill.

Audet, Jean-Paul; Bélanger, Alphonse
Sherbrooke
G1511 École des Arts et Métiers
ABC, II, 20 (déc. 47), 26-28, ill.
ABC, IV, 40 (août 49), 34, ill.
ABC, VI, 57 (jan. 51), 16, ill.

Bélanger, Alphonse; Audet, Jean-Paul
G1512 Voir Audet, Jean-Paul; Bélanger, Alphonse

Blouin, André
Cap-Rouge
G1513 École d'apprentissage des Pères Capucins
ABC, XV, 169 (mai 60), 158-160, texte & ill.

Caron, Jean-Louis
Cap-de-la-Madeleine
G1514 École des Arts et Métiers
ABC, II, 20 (déc. 47), 33, ill.

Coon, S.B. (Son)
Woodstock
G1515 Woodstock Collegiate and Vocational School
RAIC, XVIII, 6 (juin 41), 101, ill.

Craig, Madill, Abram and Ingleson
Scarborough
G1516 Bendale Vocational
TCA, IX, (Yearbook 64), 110-111, texte & ill.
RAIC, XLII, 11 (nov. 65), 49, ill.

Craig, Zeidler & Strong
Peterborough
G1517 Auburn Vocational School
TCA, XIII, 9 (sept. 68), 49-51, texte & ill.
TCA, XIII, 10 (oct. 68), 8, ill.
G1518 Thomas A. Stewart and Auburn Vocational Schools
ARCAN, 45, 10 (oct. 68), 9-10, texte & ill.
CB, XVI, 9 (sept. 66), 52 et 55, texte & ill.
CB, XVIII, 11 (nov. 68), 44, ill.
G1519 Thomas A. Stewart Vocational School
TCA, XIII, 9 (sept. 68), 49-51, texte & ill.
TCA, XIII, 10 (oct. 68), 8, ill.
Sault Ste-Marie
G1520 Korah Collegiate and Vocational School
TCA, XV, 11 (nov. 70), 7, ill.
TCA, XVI, 2 (fév. 71), 46-51, texte & ill.
TCA, XVIII, 1 (jan. 73), 4, texte & ill.
CB, XX, 12 (déc. 70), 31, ill.
CB, XXIII, 1 (jan. 73), 32, texte & ill.
BAT, XLVII, 12 (déc. 72), 24, 27, texte & ill.
ARCAN, 44, 1 (jan. 67), 29, texte & ill.
ARCAN, 49 (nov. 72), 11, texte & ill.

Cyr, S.-A.
St-Hyacinthe
G1521 École du textile
ABC, III, 32 (déc. 48), 31, ill.
ABC, X, 110 (juin 55), 36-39, texte & ill.

Demers, Philippe
Asbestos
G1522 Institut technique
BAT, XXXVI, 11 (nov. 60), 43, texte.

Demers & Delorme
Asbestos
G1523 École de Métiers
ABC, XX, 226 (fév. 65), 21-25, texte & ill.

Denoncourt, Ernest L.
St-Jacques de Montcalm
G1524 École d'enseignement ménager
ABC, VI, 58 (fév. 51), 24-25, ill.
Trois-Rivières
G1525 École de Papeterie
ABC, IV, 39 (juil. 49), 41, ill.

Dufresne et Boulva
Montréal
G1526 L'Institut de technologie Laval (édifice d'enseignement)
BAT, XXXVII, 3 (mars 61), 22-26, texte & ill.
G1527 Projet pour l'école technique de Montréal
ABC, XIII, 141 (jan. 58), 22-25, texte & ill.

Fairfield & DuBois
Toronto
G1528 Central Technical School Art Centre
RAIC, XL, 8 (août 63), 51-54, texte & ill.
RAIC, XLI, 11 (nov. 64), 88, texte & ill.
TCA, VII, 5 (mai 62), 5 et 7, texte & ill.
TCA, VIII, 7 (juil. 63), 31-40, texte & ill.
TCA, IX, 12 (déc. 64), 34-35 et 39, texte & ill.
TCA, X, 5 (mai 65), 58, texte & ill.
TCA, IX, (Yearbook 64), 64-65, texte & ill.

Fisher & Tedman
Kingston
G1529 Training Building for the Royal Canadian School of Signals
RAIC, XXXIII, 9 (sept. 56), 335, ill.

Fliess, Henry; Murray, James A.
Toronto
G1530 Eastdale Vocational School
RAIC, XL, 9 (sept. 63), 50-51, texte & ill.
RAIC, XLI, 11 (nov. 64), 104, texte & ill.
TCA, IX, 8 (août 64), 55-58, texte & ill.

Foster, K.H.
York
G1531 (vocational school)
RAIC, XXVIII, 3 (mars 51), 67, texte & ill.

Gagnon, J. Berchmans
Thetford Mines
G1532 École des Arts et Métiers
ABC, II, 20 (déc. 47), 38, ill.

Gauthier & Guité
Caplan
G1533 École d'agriculture de Caplan
AC, 23, 271 (jan.-fév. 69), 35, texte & ill.

Gerrie & Butler; McIntosh & Moeller
G1534 Voir McIntosh & Moeller; Gerrie & Butler

Grenier, Charles
Mont-Laurier
G1535 École d'agriculture
ABC, X, 114 (oct. 55), 42-45, texte & ill.

Jodoin, Lamarre, Pratte et associés
Pointe-aux-Trembles
G1536 École pour enfants semi-éducables
AC, 27, 305 (juin 72), 23-25, texte & ill.

Kerouack, F.
Montréal
G1537 École Technique (agrandissement)
ABC, II, 20 (déc. 47), 37, texte.

Labranche, Paul
Drummondville
G1538 École des Arts et Métiers
ABC, II, 20 (déc. 47), 29-30, ill.

Lamontagne & Gravel
Chicoutimi
G1539 École technique
ABC, VIII, 89 (sept. 53), 45-46, texte & ill.

G1540 Institut Familial, annexe
ABC, XII, 138 (oct. 57), 51-55, texte & ill.

Lapointe & Tremblay
Montréal
G1541 Boscoville: centre de rééducation
ABC, IX, 98 (juin 54), 28-33, texte & ill.
G1542 École de l'automobile
ABC, XII, 138 (oct. 57), 59-66, texte & ill.

Luke, Ann
Édifice de lieu inconnu
G1543 (Trades School)
RAIC, XXIII, 4 (avril 46), 95, texte & ill.

Luke, Little
St-Bruno
G1544 École-Cottage, pour jeunes filles délinquantes
ABC, VI, 64 (août 51), 11-17, texte & ill.

Luke & Little; Perron, J.E.
Montréal
G1545 6 bâtiments pour le centre d'apprentissage des métiers du bâtiment.
ABC, VII, 76 (août 52), 27-31, texte & ill.
BAT, XXVIII, (sept. 53), 41-45, texte & ill.

McIntosh and Moeller; Gerrie and Butler
Hamilton
G1546 Hamilton Technical Centre
CB, XVI, 6 (juin 66), 7, ill.

Martineau et Talbot
Joliette
G1547 École des Arts et Métiers
ABC, II, 20 (déc. 47), 35, ill.
La Ferme
G1548 École d'agriculture
ABC, IV, 42 (oct. 49), 25, ill.

Mercer, Arthur
Tillsonburg
G1549 Rotary School for Retarded Children
CB, IX, 5 (mai 59), 46-47, texte & ill.

Murray, James A.; Fliess, Henry.
G1550 Voir Fliess, Henry; Murray, James A.

Ouellet, Jean
Ville Jacques-Cartier
G1551 Institut de Technologie
ABC, XXI, 242 (juin 66), 23-29, texte & ill.

Page and Steele
Galt (Ont.)
G1552 Galt Collegiate Institute and Vocation School
CB, XIII, 12 (déc. 63), 43, texte & ill.
Niagara Falls
G1553 Niagara Falls Collegiate — Vocational Institute (auditorium et gymnase).
RAIC, XXIX, 1 (jan. 52), 16-17

Papineau, Gérin-Lajoie, Le Blanc
Pointe-Claire
G1554 Regina Caeli School
TCA, XII, 8 (août 67), 49-52, texte & ill.
BAT, XLII, 9 (sept. 67), 35, ill.

Parkin, John B. (Ass.)
Sault Ste-Marie
G1555 Bawating Collegiate and Vocational School
CB, XII, 3 (mars 62), 25-27, texte & ill.
RAIC, XL, 9 (sept. 63), 65, ill.
TCA, V, 10 (oct. 60), 59, texte & ill.
TCA, VII, 4 (avril 62), 67-69, texte & ill.
Toronto
G1556 George Harvey Vocational School
RAIC, XXXI, 9 (sept. 54), 324-327, texte & ill.

Perron, J.E.; Luke & Little
G1557 Voir Luke & Little; Perron, J.E.

Racicot, Félix
Sorel
G1558 École des Arts et Métiers
ABC, II, 20 (déc. 47), 41-43, ill.

Rinfret, Pierre
Cap-Rouge
G1559 Maison N.-D.-de-la-Garde, pour jeunes délinquentes.
ABC, VIII, 89 (sept. 53), 31-35, texte & ill.
ABC, IX, 96 (avril 54), 37, ill.

Roy, Jean-Marie
Victoriaville
G1560 École des Métiers
ABC, XIX, 216 (avril 64), 32-36, texte & ill.

Sharp & Thompson, Berwick, Pratt
Vancouver
G1561 Vancouver Vocational Institute
RAIC, XXVII, 9 (sept. 50), 291, ill.
RAIC, XXVIII, 5 (mai 51), 125-130, ill.

Smith, R. Stewart
Haileybury (Ont.)
G1562 School of Mines
ARCAN, 46, 1 (jan. 69), 25, ill.

Synge P.
Toronto
G1563 (a trade school)
RAIC, XXII, 4 (avril 45), 76, texte & ill.

Tardif, J.-Hervé
Granby
G1564 École des Arts et Métiers
ABC, II, 20 (déc. 47), 36-37, ill.

Toronto Board of Education
Toronto
G1565 Parkway Vocational School
RAIC, XL, 9 (sept. 63), 56 et 61, texte & ill.
CB, XV, 10 (oct. 65), 52, ill.

Turcotte, Léo
Lauzon
G1566 Annexe à l'École des Arts et Métiers
BAT, XXXIII, 8 (août 58), 16, 37, texte.

Venchiarutti, L.E.
Toronto
G1567 (Vocational school)
RAIC, XXIV, 5 (mai 47), 156, texte & ill.

Venne, Ludger
St-Henri
G1568 École des Arts et Métiers
ABC, II, 20 (déc. 47), 31-32, ill.
ABC, V, 45 (jan. 50), 22, ill.

Waisman, Ross & Associates
Winnipeg
G1569 Winnipeg School Division No. 1 (à adjoindre au Technical Vocational School)
TCA, IX, 4 (avril 64), 49 et 51-53, texte & ill.

Webb, Zerafa & Menkes
Scarborough
G1570 Tabor Park Vocational School
RAIC, XLII, 1 (jan. 65), 26-27, texte & ill.
TCA, IX, 5 (mai 64), 64-65, texte & ill.
TCA, IX, (Yearbook 64), 106-107, texte & ill.
TCA, XI, 7 (juil. 66), 59-62, texte & ill.

Universités et collèges
Universities and Colleges

"$78 millions pour la construction universitaire au Québec en 1973-78"
BAT, XLVIII, 12 (déc. 73), 29, texte.

"All future U. of Alberta building now under review"
CB, XXII, 2 (fév. 72), 28

"Alta's university building spells multi-million boom"
CB, XVI, 8 (août 66), 51

"Campus Street Lighting"
TCA, XIII, 9 (sept. 68), 87-88

"Grande activité dans la construction universitaire au Québec"
BAT, XLVII, 12 (déc. 72), 11

"... if it ever comes to that ..." (au sujet des projets soumis pour la Memorial University)
TCA, I, 6 (juin 56), 14 et 16

"In 14 months, universities will spend $600 million"
CB, XVIII, 9 (sept. 68), 46

"McGill shelves plans pending decision"
CB, XVI, 9 (sept. 66), 56-57

"... small respect ..." (L. Mayzel décide de placer des signes lumineux sur l'édifice universitaire à Toronto: Objection de OAA)
TCA, I, 6 (juin 56), 16

"Something new in university building"
CB, XXI, 10 (oct. 71), 42

"Tendance 1973 — Grande activité dans la construction universitaire au Québec"
BAT, XLVII, 12 (déc. 72), 11, texte.

"Trends in University Building, Building frenzy has left the campus but renovation will take its place"
CB, XXII, 12 (déc. 72), 26-27

"University Cost Study: A Comparison of Elemental Costs for Six University and Six Non-University Buildings"
TCA, XVII, 11 (nov. 72), 30-43

Adelman, Howard
"A tale of Two Universities". (Univ. de Toronto et York).
ARCAN, 46, 7 et 8 (juil.-août 69), 53

Bissell, Claude
"University of Toronto Expansion program".
RAIC, XXXVII, 1 (jan. 60), 6-10

Boigon, Irving D.
"Banff 64" (sur la planification des campus).
TCA, IX, 5 (mai 64), 39-41

Brook, Jack
"Banff 64" (sur la planification des campus).
TCA, IX, 5 (mai 64), 39-40 et 42

Creighton, Thomas H.
"Banff 64" (sur la planification des campus)
TCA, IX, 5 (mai 64), 39-40 et 43

Creighton, Thomas
"Banff Session '64, Summation" (l'architecture des campus)
RAIC, XLI, 7 (juil. 64), 50

Engel, Douglas
"The Campus Centre" (centre pour les étudiants, quelques exemples)
TCA, XVII, 3 (mars 72), 49-59

Erickson, Arthur
"The University, The New Visual Environment"
TCA, XIII, 1 (jan. 68), 24-37

Fowke, Clifford
"What the university boom means for the building industry"
CB, XV, 4 (avril 65), 54-60

Gareau, Jean
"Problèmes des constructions scolaires et universitaires"
RAIC, XL, 9 (sept. 63), 62-63

Goodman, Eileen
"Survey '73, Universities and colleges — the building prospects"
CB, XXIII, 12 (déc. 73), 37 et 40 et 42 et 49

Howarth, Doctor
"Banff Session '64, comments" (l'architecture des campus)
RAIC, XLI, 7 (juil. 64), 47-49

Jansen, Doug
"At the University of B.C., four major projects have cost more than $11 million"
CB, XXII, 12 (déc. 72), 27-28

Enseignement et recherche | Teaching and Research

Javosky, Rudy V.
"Letters to the editor" (au sujet du futur plan de développement du campus de McGill)
RAIC, XXXVIII, 3 (mars 61), 72

Johnson-Marshall, P.
"Banff 64" (sur la planification des campus)
TCA, IX, 5 (mai 64), 39-40 et 44-59

Langdon, Steven
"A Student's View" (campus planning)
ARCAN, 46, 7 et 8 (juil.-août 69), 47

Levine, Jack B.
"Campus" (the Use of Computer Based Simulation Models in University Planning).
ARCAN, 46, 7 et 8 (juil.-août 69), 42-43

McLaughlin, Roland R.
"Academic Viewpoint" (campus planning)
ARCAN, 46, 7 et 8 (juil.-août 69), 46

Maurault, Olivier
"L'université de Montréal" (historique et nouveaux bâtiments)
RAIC, XXXIII, 11 (nov. 56), 434-438

Meerburg, Peter
"University building gets the emphasis in the Halifax area"
CB, XVIII, 9 (sept. 68), 43-44

Meere, Phil
"Ontario will spend half of its educational building dollars on universities"
CB, XVI, 9 (sept. 66), 52-55

Mendelsohn, Ala
"McGill University, a student center on McGill Campus"
RAIC, XXIV, 5 (mai 47), 160-162

Small, William W.
"Campus Planning, the first step: Clear Institutional Objectives Determined by Cooperative Consultation"
ARCAN, XLVI, 7 et 8 (juil.-août 69), 52

Stankiewicz, Z.M.
"The University of Ottawa"
TCA, VII, 4 (avril 62), 49-54

Campus (Universités et collèges en général)
Campuses (General)

Anonyme/Anonymous
Hamilton
G2001 Fennell campus of Mohawk College (extension du campus)
CB, XXI, 1 (jan. 71), 16, texte.
G2002 Technical Centre of Applied Arts and Technology (community college)
CB, XVI, 11 (nov. 66), 6, texte.
Hull
G2003 Externat Classique
NB, VII, 11 (nov. 58), 21 et 22-23, texte & ill.
LaSalle
G2004 CEGEP André-Laurendeau
BAT, XLVIII, 7 (juil. 73), 3, texte.
Manitoba
G2005 A community college
CB, XVI, 10 (oct. 66), 71, texte.
Montréal (McGill Univ.)
G2006 Plan directeur
TCA, IX, 5 (mai 64), 52, texte & ill.
New Westminster
G2007 Douglas College
CB, XXI, 5 (mai 71), 11, texte & ill.
CB, XXV, 3 (mars 75), 15-16, texte & ill.
Québec (Univ. Laval)
G2008 Campus
BAT, XLIII, 12 (déc. 68), 22, ill.
Rouyn
G2009 Collège classique
ABC, IV, 42 (oct. 49), 33, ill.
Ste-Anne-de-la-Pocatière
G2010 Collège classique (agrandissement)
BAT, XXXIV, 1 (jan. 59), 10, texte.
Ste-Foy
G2011 Collège St-Laurent
BAT, XLIII, 12 (déc. 68), 22, ill.
Thetford Mines
G2012 CEGEP de Thetford Mines (agrandissement)
BAT, LII, 6 (juin 77), 5, texte.
Toronto
G2013 College Park
CB, XXVIII, 8 (août 78), 25, ill.
Toronto (Univ. of Toronto)
G2014 Erindale College
CB, XVIII, 9 (sept. 68), 32, ill.
G2015 Rochdale College
AC, 31, 338 (nov.-déc. 76), 6
Vancouver
G2016 Capilano College
CB, XVIII, 10 (oct. 68), 5, texte.
CB, XIX, 9 (sept. 69), 50-51, texte & ill.
Windsor (Assumption Univ.)
G2017 Holy Redeemer College
CB, XII, 4 (avril 62), 42 et 44-45, texte & ill.
Windsor (Univ. of Windsor)
G2018 Extension
CB, XXI, 2 (fév. 71), 19, ill.
Winnipeg (University of Winnipeg)
G2019 (plan d'extension)
CB, XVIII, 5 (mai 68), 68, texte.

Achard, Belzile et al.
Québec (Univ. Laval)
G2020 Projet: Opération Campus
AC, 24, 276 (juil.-août 69), 28-29 et 44, texte & ill.

Adamson, Gordon S. (Ass.)
Kingston
G2021 Royal Military College
TCA, XVII, 8 (août 72), 6, texte & ill.
CB, XXII, 9 (sept. 72), 24, texte.

Adamson, Gordon S. (Ass.); David, Barott, Boulva
G2022 Voir David, Barott, Boulva; Adamson, Gordon S. (Ass.)

Adamson, Gordon S. (Ass.); John B. Parkin (Ass.); Shore, Moffat & Partners
Downsview (York Univ.)
G2023 Master plan
RAIC, XLI, 7 (juil. 64), 56-60, texte & ill.
TCA, IX, 5 (mai 64), 46-47, texte & ill.
TCA, XIII, 8 (août 68), 31-46, texte & ill.
G2024 Four-College Cluster
CB, XVI, 9 (sept. 66), 52-55, texte & ill.
G2025 College E
TCA, XIII, 8 (août 68), 34 et 46, ill.
G2026 Founders College
TCA, XIII, 8 (août 68), 34-37, texte & ill.
G2027 McLaughlin College
TCA, XIV, 10 (oct. 69), 10, texte & ill.
CB, XIX, 11 (nov. 69), 36, ill.
G2028 Vanier College
TCA, XIII, 8 (août 68), 34 et 38, texte & ill.
G2029 Winters College
TCA, XIII, 8 (août 68), 34 et 39, texte & ill.
Toronto
G2030 Ryerson Polytechnical Institute
ARCAN, 43, 10 (oct. 66), 59, texte & ill.

Affleck, Dimakopoulos, Lebensold
Montréal
G2031 Collège Monti Regis
AC, 25, 281 (jan.-fév. 70), 28, texte & ill.
TCA, XIV, (yearbook 69), 54-55, texte & ill.

Allward & Gouinlock
Downsview (York University)
G2032 Atkinson College
TCA, XIII, 8 (août 68), 34 et 43, texte & ill.

Etobicoke
G2033 Humber Community College
ARCAN, 46, 1 (jan. 69), 22, ill.
Kingston
G2034 St. Lawrence College of Applied Arts & Technology
CB, XXI, 9 (sept. 71), 15, ill.
CB, XXII, 9 (sept. 72), 42, texte & ill.
ARCAN, 46, 1 (jan. 69), 19, ill.
Oshawa
G2035 Durham College of Applied Arts and Technology
ARCAN, 45, 1 (jan. 68), 40, ill.

Amyot, Gaston
Québec
G2036 Nouvelle Académie de Québec
ABC, XVIII, 205 (mai 63), 52, ill.

Andrews, John; Page & Steele
Scarborough
G2037 Scarborough College
TCA, IX, 3 (mars 64), 10, texte & ill.
TCA, IX, 5 (mai 64), 58, texte & ill.
TCA, IX (yearbook 64), 82, texte & ill.
TCA, XI, 5 (mai 66), 39-62, texte & ill.
TCA, XI, 9 (sept. 66), 61, ill.
TCA, XII, 10 (oct. 67), 11, texte.
TCA, XIV, 11 (nov. 69), 42-43, ill.
TCA, XXV, 11 (nov. 80), 28, texte & ill.
RAIC, XLI, 7 (juil. 64), 61-66, texte & ill.
ARCAN, 44, 6 (juin 67), 12 (supplément à la revue), ill.
ARCAN, 48 (12 juil. 71), 1, texte & ill.
CB, XV, 4 (avril 65), 55-56, texte & ill.
CB, XV, 7 (juil. 65), 30-33, texte & ill.

Arco Planning Consultants Ltd
Toronto (Univ. of Toronto)
G2038 Campus Infill
TCA, XIX, 12 (déc. 74), 46-47, texte & ill.

Arthur, Eric
Toronto (Univ. of Toronto)
G2039 Plan directeur
RAIC, XXX, 10 (oct. 53), 286-289, texte & ill.

Arthur, Eric; Balharrie, Watson; etc.
G2040 Voir Balharrie, Watson; Helmer & Morin; Arthur, Eric; etc.

Arthur, Eric R.; Duncan, Roberts; Newton, Wilson
Toronto (Univ. of Toronto)
G2041 University College
TCA, XXV, 4 (avril 80), 16-19, texte & ill.
TCA, XXV, 11 (nov. 80), 48, texte & ill.

Balharrie, Watson; Helmer and Morin; Massey, Hart; Bland, John; Arthur, Eric; Merrett, Campbell
Ottawa (Carleton Univ.)
G2042 Master plan
CB, IX, 3 (mars 59), 29-31, texte & ill.
CB, XI, 7 (juil. 61), 38-42, texte & ill.
RAIC, XXXIII, 4 (avril 56), 132-135, texte & ill.
TCA, V, 7 (juil. 60), 43-63, texte & ill.

Banz, Brook, Carruthers, Grierson, Shaw
Waterloo
G2043 University of Waterloo
TCA, XIII, 6 (juin 68), 42, ill.

Baudoin et Sauriol, Longpré, Marchand, Goudreau, Dobush, Stewart
Montréal
G2044 C.E.G.E.P. du Vieux-Montréal
AC, 28, 316 (juil.-août 73), 14-17, texte & ill.

Bauld & Mitchell; Fowler, C.A.
G2045 Voir Fowler, C.A.; Bauld & Mitchell

Black, Larson, McMillan and Partners; Moody, Moore and Partners
Winnipeg
G2046 Nazarene College
CB, XVII, 3 (mars 67), 59, texte & ill.

141

Bland, John; Balharrie, Watson; etc.
G2047 Voir Balharrie, Watson; Helmer & Morin; Bland, John; etc.

Brassard, Sylvio; Gravel, Armand; Desgagné, Léonce
G2048 Voir Gravel, Armand; Brassard, Sylvio; Desgagné, Léonce

Brodeur, Jean-Guy
Saint-Hyacinthe
G2049 C.E.G.E.P. Bourgchemin
AC, 28, 319 (nov. 73), 7, texte & ill.

Brook, Carruthers, Shaw.
Brampton
G2050 Sheridan College
CB, XXV, 10 (oct. 75), 8, texte.

Brown, Bruce & Brisley
Hamilton (McMaster Univ.)
G2051 Divinity College
RAIC, XXXVIII, 12 (déc. 61), 39-44, texte & ill.
RAIC, XL, 4 (avril 63), 62, ill.

Cardinal, Douglas
Grande Prairie (Alberta)
G2052 Grande Prairie Regional College
ARCAN, 49 (10 juil. 72), 1, texte & ill.
TCA, XVII, (yearbook et déc. 72), 50-52, texte & ill.
TCA, XXIII, 2 (fév. 78), 18-21, texte & ill.

Caron, Juneau, Bique & Baril
Trois-Rivières
G2053 Université du Québec
ARCAN, 47 (7 déc. 70), 4

Chalifoux, Roger; Chalifoux, Roland
Longueuil
G2054 Externat classique des Pères Franciscains
BAT, XXVI, 10 (oct. 51), 30-32 et 36, texte & ill.
ABC, VIII, 82 (fév. 53), 30-31, texte & ill.

Chapman, Howard
Toronto (Victoria University)
G2055 The Campus Development Plan
RAIC, XXXVII, 1 (jan. 60), 24-26, texte & ill.

Charbonneau, R. et G.
Joliette
G2056 Séminaire de Joliette
BAT, XXVIII (mai 53), 24-27, texte & ill.

Clarke, Ernest A.; Cook, Anthony R.; McDougall, Peter B.; Ojolick, Robert J.; Pin, Gino A.
Halifax (Dalhousie Univ.)
G2057 (plan directeur)
RAIC, XLII, 6 (juin 65), 49-52, texte & ill.

Cobb, Andrew R.
Halifax
G2058 King's College Group
RAIC, XXII, 12 (déc. 45), 265, ill.

Cohos, Delesalle and Evamy
Calgary
G2059 Alberta College of Art
CB, XXI, 1 (jan. 71), 8, texte.

Consiglio, F.
Montréal
G2060 Collège Loyola
ABC, II, 10 (jan. 47), 36, texte.
ABC, II, 20 (déc. 47), 54-55, ill.

Cook, Anthony R.; Clarke, Ernest A.; etc.
G2061 Voir Clarke, Ernest A.; Cook, Anthony R.; etc.

Cormier, Ernest
Montréal (Univ. de Montréal)
G2062 Édifice principal
BAT, XXXIII, 11 (nov. 58), 35, texte.
ABC, II, 10 (jan. 47), 20-21 et 29-30, texte & ill.
RAIC, XXXIII, 11 (nov. 56), 437, ill.

Québec (Univ. Laval)
G2063 Grand Séminaire
ABC, II, 12 (mars 47), 32, texte.
BAT, XXXII, 8 (août 57), 67, 69, texte & ill.
BAT, XXXIV, 4 (avril 59), 61, texte & ill.

Corneil, Carmen
Toronto (Univ. of Toronto)
G2064 Massey College
RAIC, XXXVII, 11 (nov. 60), 488-490, texte & ill.
TCA, V, 12 (déc. 60), 38-40 et 43-44, texte & ill.

Côté, Paul-Marie; Desgagné, Léonce
Chicoutimi
G2065 Séminaire de Chicoutimi
ABC, XXI, 247 (nov. 66), 34-42, texte & ill.

Courchesne, Edgar
Edmundston (N.-B.)
G2066 Université Saint-Louis
BAT, XXVIII, (juin 53), 39-43, texte & ill.
Matane
G2067 Collège des Clercs de St-Viateur
BAT, XXXII, 10 (oct. 57), 77, texte.

Coutu, Jacques
St-Jérôme du Lac St-Jean
G2068 Séminaire Marie-Reine-du-Clergé
ABC, XV, 167 (mars 60), 66-71, texte & ill.

Craig, Charles E.
Victoria
G2069 Lansdowne Campus
TCA, VI, 6 (juin 61), 6, texte.

Craig, Zeidler, Strong
London
G2070 Fanshawe College of Applied Arts & Technology
TCA, XVI, 12 (déc. et yearbook 71), 54-55, texte & ill.
TCA, XVIII, 11 (nov. 73), 4-6, texte & ill.
TCA, XIX, 1 (jan. 74), 29-34, texte & ill.
CB, XXIII, 11 (nov. 73), 5, texte & ill.
CB, XXIII, 12 (déc. 73), 37, ill.

Crang & Boake
Waterloo
G2071 University of Waterloo
TCA, XIII, 6 (juin 68), 38-39, texte & ill.

Crevier, Lemieux et Mercier
L'Assomption
G2072 Collège de l'Assomption
BAT, XXXVI, 7 (juil. 60), 18-21, texte & ill.

Cummings & Campbell
St.John's (T.-N.)
G2073 College of Trades and Technology
RAIC, XLI, 5 (mai 64), 44-45, ill.

David, Barott, Boulva; Gordon S. Adamson & Ass.; John B. Parkin Ass.; Marani, Rounthwaite & Dick; Howarth, Th.
Sudbury
G2074 Laurentian University
TCA, X, 9 (sept. 65), 63-67, texte & ill.
ABC, XVIII, 209 (sept. 63), 59, texte.

Desgagné, Léonce; Gravel, Armand; Brassard, Sylvio
G2075 Voir Gravel, Armand; Brassard, Sylvio; Desgagné, Léonce

DesRochers, Dumont; Robillard et Jetté
Laval
G2076 C.E.G.E.P. Montmorency
AC, 28, 320 (déc. 73), 10, texte & ill.
BAT, XLIX, 3 (mars 74), 19-20, texte & ill.

Dewar, Stevenson & Stanley
Edmonton (Univ. of Alberta)
G2077 St. Stephen's Theological College
RAIC, XXX, 10 (oct. 53), 296, ill.

Diamond & Myers
Edmonton (Univ. of Alberta)
G2078 Housing Union Building
ARCAN, 46, 7 et 8 (juil.-août 69), 37-39, texte & ill.

Dickinson, Peter (Ass.)
Willowdale (Ont.)
G2079 Regis College
TCA, VII, 5 (mai 62), 37-42, texte & ill.

Dimakopoulos, Dimitri; Jodoin, Lamarre, Pratte
Montréal (Univ. du Québec)
G2080 Campus
BAT, XLVII, 12 (déc. 72), 12-15 et 30
BAT, XLVIII, 12 (déc. 73), 28-29, texte & ill.
BAT, L, 1 (jan. 75), 7, texte & ill.
BAT, L, 3 (mars 75), 7-10, texte & ill.
BAT, LII, 10 (oct. 77), 18-19, texte & ill.
CB, XXV, 2 (fév. 75), 8, texte.
CB, XXVII, 3 (mars 77), 23-24, texte & ill.
TCA, XIX, 12 (déc. 74), 36-38, texte & ill.
AC, XXVIII, 311 (jan.-fév. 73), 20-22, texte & ill.
AC, XXVIII, 311 (jan.-fév. 73), 24-25
AC, 30, 327 (jan.-fév. 75), 10-14, texte & ill.

Dober, Richard P.; Project Planning Ass. Ltd; Sert, Jackson Ass.
G2081 Voir Project Planning Ass. Ltd

Dobush, Stewart, Hein, Longpré, Marchand, Goudreau
Ottawa (Carleton University)
G2082 St. Patrick's College
TCA, XXIV, 7 (juil. 79), 4, texte & ill.

Douglas, Lea, Matthews
Waterloo
G2083 University of Waterloo
TCA, XIII, 6 (juin 68), 44, texte & ill.

Downs-Archambault; Thom, Ron
G2084 Voir Thom, Ron; Downs-Archambault

Dufresne, R.
Montréal
G2085 Annexe au Mont-St-Louis
ABC, III, 32 (déc. 48), 28-29, ill.

Dumais, Roland
Montréal (Univ. de Montréal)
G2086 École des Hautes Études Commerciales
AC, 25, 282 (mars 70), 20-21, texte & ill.
BAT, XLVI, 12 (déc. 71), 18-20, texte & ill.

Dunlop, Wardell; Matsui, Aitken; Briscoe, Barrie; Tsow, David
Toronto
G2087 Ryerson Polytechnical Institute
ARCAN, 48 (27 sept. 71), 4-5, texte & ill.

Elmitt, Mike; Zvilna, Jekabs
Waterloo
G2088 University of Waterloo
ARCAN, 49 (10 juil. 72), 5, texte & ill.

Erickson, Arthur
Toronto (Univ. of Toronto)
G2089 Massey College
TCA, V, 12 (déc. 60), 38-40 et 45, texte & ill.
RAIC, XXXVII, 11 (nov. 60), 488-490, texte & ill.

Erickson-Massey
Burnaby
G2090 Simon Fraser University
TCA, VIII, 10 (oct. 63), 71-73, texte & ill.
TCA, IX, 5 (mai 64), 54, texte & ill.
TCA, IX (yearbook 64), 87, texte & ill.
TCA, X (yearbook 65), 62-64, texte & ill.
TCA, XI, 2 (fév. 66), 35-46, texte & ill.
TCA, XI, 3 (mai 66), 14 et 16
TCA, XI, 10 (oct. 66), 7, texte & ill.
TCA, XIII, 6 (juin 68), 43, texte & ill.
TCA, XIV, 11 (nov. 69), 43, ill.
TCA, XXV, 11 (nov. 80), 28, texte & ill.
RAIC, XL, 8 (août 63), 60-61, texte & ill.

RAIC, XLI, 7 (juil. 64), 51-55, texte & ill.
ARCAN, 43, 10 (oct. 66), 60-61, texte & ill.
ARCAN, 44, 6 (juin 67), 16 (supplément à la revue), ill.

Lethbridge
G2091 University of Lethbridge
ARCAN, 46, 7 et 8 (juil.-août 69), 48-49, texte & ill.
ARCAN, 49 (25 sept. 72), 1, texte & ill.
TCA, XIX, 11 (nov. 74), 36-37, texte & ill.
TCA, XXIV, 10 (oct. 79), 30, ill.
CB, XIX, 7 (juil. 69), 7, texte.
CB, XIX, 12 (déc. 69), 6, texte.

Fairfield & DuBois
Peterborough (Trent University)
G2092 Otonabee College
CB, XXVI, 1 (jan. 76), 6, ill.
TCA, XX, 7 (juil. 75), 20-30, texte & ill.
TCA, XXI, 2 (fév. 76), 5, texte & ill.
ARCAN, 46, 1 (jan. 69), 18, ill.

Thunder Bay
G2093 Lakehead University (extension)
CB, XVI, 12 (déc. 66), 5, texte.

Toronto (Univ. of Toronto)
G2094 New College
TCA, X, 5 (mai 65), 65-66, texte & ill.
TCA, X, 11 (nov. 65), 13 et 24, texte & ill.
TCA, X, 12 (déc. 65), 47-58, texte & ill.
TCA, XIV, 11 (nov. 69), 43, ill.
TCA, XV, 5 (mai 70), 52-56, texte & ill.
RAIC, XLII, 11 (nov. 65), 55-57, texte & ill.

Fairfield & DuBois; Moody, Alan R.
Toronto
G2095 George Brown College of Applied Arts & Technology
TCA, XVI, 12 (déc. et yearbook 71), 38-39, texte & ill.
TCA, XIX, 3 (mars 74), 28-40, texte & ill.
TCA, XIX, 11 (nov. 74), 4-5, texte & ill.
TCA, XXII, 3 (mars 77), 4, texte & ill.
ARCAN, 48 (12 oct. 71), 10-11, texte & ill.

Fiset, Édouard
Québec (Univ. Laval)
G2096 Plan directeur
RAIC, XXX, 10 (oct. 53), 283-285, texte & ill.
ABC, IV, 38 (jan. 49), 38, ill.
ABC, IV, 38 (juin 49), 47-48, texte.
BAT, XXXIII, 5 (mai 58), 38, texte & ill.

Fisher, Tedman, Fisher & Glaister
Scarborough
G2097 St. Augustine's College
TCA, X, 6 (juin 65), 39-44, texte & ill.

Fortin, Jean-Charles
Amos
G2098 Projet de Séminaire diocésain
ABC, IV, 42 (oct. 49), 31, ill.
ABC, VI, 57 (jan. 51), 12, ill.

Fowler, C.A.; Bauld & Mitchell
Halifax
G2099 Nova Scotia College of Art (extension)
ARCAN, 46, 6 (juin 69), 6, texte & ill.

Gaboury, Étienne J.
Manitoba
G2100 Collège Le Pas
ARCAN, 44, 1 (jan. 67), 32, texte & ill.

Gagnier, Gaston
Montréal
G2101 École Polytechnique
ABC, XII, 134 (juin 57), 64-69, texte & ill.
RAIC, XXXIII, 11 (nov. 56), 437, ill.
BAT, XXXIII, 11 (nov. 58), 35, ill.
BAT, IX, 7 (juil. 61), 17, ill.

Gagnon, Jean Berchmans
Thetford-Mines
G2102 Collège classique
BAT, XXXIII, 8 (août 58), 43, texte & ill.

Gardiner, Thornton, Gathe & Ass.
Edmonton
G2103 Holy Redeemer College
TCA, VI, 3 (mars 61), 47-57, texte & ill.
TCA, XIV, 11 (nov. 69), 39, ill.

Vancouver (Univ. of British Columbia)
G2104 St.Mark's Residential College
RAIC, XXXV, 12 (déc. 58), 459, ill.
RAIC, XXXIX, 4 (avril 62), 34, ill.
TCA, IV, 8 (août 59), 66-69, texte & ill.

Winnipeg (Univ. of Manitoba)
G2105 St. Paul's University College
RAIC, XXXIII, 5 (mai 56), 170, ill.
RAIC, XXXVI, 6 (juin 59), 194-197, texte & ill.
RAIC, XXXVII, 4 (avril 60), 132, ill.
TCA, I, 8 (août 56), 42-44, texte & ill.
CB, XII, 4 (avril 62), 46-47, texte & ill.

Gavin & Valentine
Bathurst
G2106 St. Charles Borromeo Minor Seminary
RAIC, XLI, 5 (mai 65), 44-45, ill.

George & Moorhouse
Toronto (Univ. of Toronto)
G2107 Trinity College
RAIC, XVII, 5 (mai 40), 86
RAIC, XVIII, 11 (nov. 41), 182-185, texte & ill.

Gerencser and Russell
Welland
G2108 Niagara College of Applied Arts & Technology
CB, XVIII, 4 (avril 68), 6, texte & ill.
CB, XXV, 2 (fév. 75), 8, texte & ill.
BAT, XLIII, 9 (sept. 68), 35-36, texte & ill.

Gerrie & Butler; McIntosh & Moeller
G2109 Voir McIntosh & Moeller; Gerrie & Butler

Girard, Maurice
Rouyn
G2110 Collège classique de Rouyn
BAT, XXXII, 3 (mars 57), 32-33, texte & ill.

Gravel, Armand; Brassard, Sylvio; Desgagné, Léonce
Chicoutimi
G2111 Séminaire de Chicoutimi: Chapelle et Salle des Promotions
BAT, XXXI, 2 (fév. 56), 28 et 31, texte & ill.
CB, VI, 3 (mars 56), 35-37, texte & ill.

Green, Blankstein, Russell Associates
Brandon
G2112 Brandon College
TCA, V, 6 (juin 60), 74, texte & ill.

Harrison, Robert R.
Burnaby
G2113 Simon Fraser University
RAIC, XL, 8 (août 63), 60 et 62, texte & ill.
TCA, VIII, 10 (oct. 63), 71 et 76, texte & ill.

Helmer & Morin; Balharrie, Watson; etc.
G2114 Voir Balharrie, Watson; Helmer & Morin; etc.

Henriquez and Todd
Fort Camp
G2115 Réutilisation des bâtiments de Fort Camp pour UBC
ARCAN, 49 (6 mars 72), 4, texte & ill.

Holliday-Scott, J.; Paine, M. Desmond
Saskatoon
G2116 Lutheran Theological Seminary Saskatoon Campus
ARCAN, 45, 1 (jan. 68), 31, ill.

Howard, Ronald B.
Vancouver
G2117 Vancouver City College
CB, XXI, 1 (jan. 71), ill.

Howarth, Thomas
Downsview (York Univ.)
G2118 Master plan
RAIC, XXXVIII, 1 (jan. 61), 30-34, texte & ill.

Sudbury
G2119 Laurentian University (plan directeur)
TCA, IX, 5 (mai 64), 51, texte & ill.
RAIC, XXXIX, 9 (sept. 62), 60, texte & ill.

Howarth, Th.; David, Barott, Boulva
G2120 Voir David, Barott, Boulva; Adamson, Gordon S. (Ass.); Parkin ...

Ingleson, A.M.
Scarborough
G2121 Centennial College (Transportation and Industrial Power Technology Division)
ARCAN, 47 (10 août 70), 6
TCA, XIX, 8 (août 74), 49-52, texte & ill.

Issalys, Jean
Hull
G2122 CEGEP de Hull
AC, XXVIII, 311 (jan.-fév. 73), 9-10, texte & ill.
BAT, XLVIII, 10 (oct. 73), 3, texte.

Issalys, Jean; Robert, Georges
G2123 Voir Robert, Georges; Issalys, Jean

Izumi and Arnott
Yorkton (Sask.)
G2124 St. Joseph's College
TCA, VIII, 12 (déc. 63), 9 et 24, texte & ill.

Izumi, Arnott & Sugiyama
Régina
G2125 Western Cooperative College (adult education centre)
TCA, VII, 3 (mars 62), 9 et 11, texte & ill.

Saskatoon (Univ. of Saskatchewan)
G2126 Master plan
RAIC, XXXVI, 6 (juin 59), 178-190, texte & ill.

Jodoin, Lamarre, Pratte
Montréal
G2127 École polytechnique (agrandissement)
AC, 27, 306 (juin-juil. 72), 12-13, texte & ill.
BAT, XLVII, 8 (août 72), 7, texte & ill.
BAT, LII, 11 (nov. 77), 8, texte & ill.

Jodoin, Lamarre, Pratte; Dimakopoulos, Dimitri
G2128 Voir Dimakopoulos, Dimitri; Jodoin, Lamarre, Pratte

Kemble, Roger
Colombie-Britannique
G2129 Kootenay Regional College
TCA, X, 4 (avril 65), 6 et 8, texte & ill.

Kidd, John L.
Colombie-Britannique
G2130 Kootenay Regional College
TCA, X, 4 (avril 65), 6 et 8, texte & ill.
G2131 West Kootenay Regional College
RAIC, XLII, 2 (fév. 65), 61, texte & ill.

Kiss, Zoltan
Burnaby
G2132 Simon Fraser University
TCA, VIII, 10 (oct. 63), 71 et 75, texte & ill.
RAIC, XL, 8 (août 63), 60 et 62, texte & ill.

Krushen & Daily
Waterloo
G2133 Waterloo Lutheran University
CB, XV, 4 (avril 65), 57 et 59, texte & ill.

Labelle, Labelle, Marchand, Geoffroy
Montréal
G2134 C.E.G.E.P. Ahuntsic
AC, 30, 328 (mars-avril 75), 8, texte & ill.

Lafleur, Jean-Marie
Outremont
G2135 Externat classique St-Viateur
ABC, XI, 126 (oct. 56), 39-41, texte & ill.

143

LaHaye, Jean-Claude
Sherbrooke
G2136 Université de Sherbrooke
ABC, XIII, 146 (juin 58), 60-66, texte, ill.
BAT, XXIX, 12 (déc. 54), 11, texte.

Lee, Harry; Logan, David; McNab, Duncan
Burnaby
G2137 Simon Fraser University
RAIC, XL, 8 (août 63), 60 et 62, texte & ill.

Libling, Michener & Ass.
Winnipeg
G2138 Manitoba Institute of Applied Arts
ARCAN, 46, 1 (jan. 69), 27, ill.

Logan, David; Lee, Harry; McNab, Duncan
G2139 Voir Lee, Harry; Logan, David; McNab, Duncan

Longpré, Marchand, Goudreau, Dobush, Stewart; Baudoin & Sauriol
G2140 Voir Baudoin & Sauriol; Longpré ...

Longpré, Marchand, Goudreau; Dobush, Stewart, Hein
G2141 Voir Dobush, Stewart, Hein; Longpré, Marchand, Goudreau

McCarter, Nairne & Partners
Vancouver
G2142 British Columbia Institute of Technology
RAIC, XL, 1 (jan. 63), 27, ill.

McDougall, Peter B.; Clarke, Ernest A; etc.
G2143 Voir Clarke, Ernest A.; Cook, Anthony; McDougall, Peter B.; etc.

McIntosh and Moeller; Gerrie and Butler
Hamilton
G2144 Hamilton Technical Centre (une partie du College of Applied Arts and Technology)
CB, XVI; 9 (sept. 66), 49, texte.

McNab, Duncan S. (Ass.)
Burnaby
G2145 Simon Fraser University
TCA, VIII, 10 (oct. 63), 71 et 77, texte & ill.

McNab, Duncan; Lee, Harry; Logan, David
G2146 Voir Lee, Harry; Logan, David; McNab, Duncan

Marani, Rounthwaite & Dick
Kitchener
G2147 Conestoga College of Applied Arts and Technology
ARCAN, 46, 1 (jan. 69), 23 et 26, ill.
TCA, XVI, 6 (juin 71), 49-54, texte & ill.
CB, XXII, 9 (sept. 72), 42, texte & ill.

Oakville
G2148 Sheridan College
ARCAN, 47 (29 juin 70), 5 et 21, texte & ill.
TCA, XIV, (yearbook 69), 44-45, texte & ill.

Marani, Rounthwaite & Dick; David, Barott, Boulva
G2149 Voir David, Barott, Boulva; Adamson, Gordon S. (Ass.); Parkin, John B.(Ass.); Marani ...

Martineau, Auguste
Ottawa
G2150 Petit Séminaire Diocésain
ABC, XI, 126 (oct. 56), 46-49, texte & ill.

Martineau, Lapierre, Murray & Murray
Ottawa (Univ. d'Ottawa)
G2151 Plan directeur
ARCAN, 46, 1 (jan. 69), 22, ill.
CB, XVIII, 4 (avril 68), 7, texte.

Massey, Hart; Balharrie, Watson; etc.
G2152 Voir Balharrie, Watson; Helmer & Morin, Massey, Hart; etc.

Massey and Flanders
Toronto (Univ. of Toronto)
G2153 Innis College
TCA, XIII, 12 (déc. 68), 41, texte & ill.
TCA, XIV (yearbook 69), 50-51, texte & ill.

Mathers and Haldenby
Toronto (Univ. of Toronto)
G2154 University College
TCA, VII, 2 (fév. 62), 5, texte & ill.

Melanson, Paul
Moncton
G2155 Cité universitaire de Moncton (projet d'étudiant)
ABC, XX, 231 (juil. 65), 40-42, texte & ill.

Mercer & Mercer
Vancouver
G2156 The British Columbia Cancer Institute
RAIC, XXIX, 10 (oct. 52), 296-297, texte & ill.

Merrett, Campbell; Balharrie, Watson; etc.
G2157 Voir Balharrie, Watson; Helmer & Morin; Merrett, Campbell; etc.

Moody, Alan R.
Toronto
G2158 George Brown College, St.James Campus
TCA, XXII, 1 (jan. 77), 6-7, texte & ill.

Moody, Alan R.; Fairfield & DuBois
Voir Fairfield & DuBois; Moody, Alan R.

Moody, Moore and Partners
Winnipeg (Univ. of Winnipeg)
G2159 Extension
ARCAN, 46, 1 (jan. 69), 19, ill.
ARCAN, 47 (7 déc. 70), 1, texte & ill.
CB, XXI, 3 (mars 71), 38, texte.

Moody, Moore & Partners; Black, Larson, McMillan & Partners
G2160 Voir Black, Larson, McMillan & Partners; Moody, Moore & Partners

Mudry, A.J.; Stovel, J.C.
Winnipeg (Univ. of Manitoba)
G2161 Plan directeur
RAIC, XXXVI, 6 (juin 59), 191-193, texte & ill.
TCA, IX, 5 (mai 64), 50, texte & ill.

Munzel, Alex; Gordon and Mangold; Thorkelsson Ltd
Edmonton
G2162 Northern Alberta Institute of Technology
CB, XXI, 5 (mai 71), 57, texte.

Murray, James A.
Ottawa (Univ. d'Ottawa)
TCA, IX, 5 (mai 64), 59, texte & ill.
TCA, XII, 12 (déc. 67), 39-46, texte & ill.

Murray & Murray
Ottawa
G2163 Algonquin College of Applied Arts and Technology
ARCAN, 46, 1 (jan. 69), 18, ill.
TCA, XVI, 11 (nov. 71), 6-7, texte & ill.
TCA, XVII, 8 (août 72), 52-55, texte & ill.
CB, XXI, 9 (sept. 71), 15, ill.
CB, XXII, 9 (sept. 72), 42, texte & ill.

Murray & Murray; Martineau, Lapierre
G2164 Voir Martineau, Lapierre; Murray & Murray

Notebaert, Gérard
Joliette
G2165 Projet d'annexe au Séminaire de Joliette
ABC, XIII, 141 (jan. 58), 30-34, texte & ill.
BAT, XXXIV, 3 (mars 59), 19, texte.

Matane
G2166 Collège de Matane
RAIC, XXXIX, 7 (juil. 62), 30, ill.

Sherbrooke
G2167 Université de Sherbrooke
BAT, XXXVII, 12 (déc. 62), 30, ill.

Ojolick, Robert J.; Clarke, Ernest A.; etc.
G2168 Voir Clarke, Robert J.; Cook, Anthony; Ojolick, Robert J.; etc.

Page and Steele
Toronto
G2169 Ontario College of Pharmacy
RAIC, XIX, 3 (mars 42), 42-44, ill.
RAIC, XXII, 12 (déc. 45), 267, ill.

Page & Steele; Andrews, John
G2170 Voir Andrews, John; Page & Steele

Parisel, Claude
Édifice de lieu inconnu
G2171 Projet pour une université
ARCAN, 43, 8 (août 66), 55-58, texte & ill.

Parkin, John B. (Ass.)
Sudbury
G2172 Laurentian University, Hungtington College
TCA, X, 9 (sept. 65), 74-75, texte & ill.

Parkin, John B.(Ass.); Adamson, Gordon S.(Ass.); Shore, Moffat & Partners
G2173 Voir Adamson, Gordon S.(Ass.); Parkin, John B.(Ass.); Shore ...

Parkin, John B.(Ass.); David, Barott, Boulva
G2174 Voir David, Barott, Boulva; Adamson, Gordon S.(Ass.); Parkin, John B.(Ass.)

Parkin, John C.
Toronto (Univ. of Toronto)
G2175 Massey College
RAIC, XXXVII, 11 (nov. 60), 488-490, texte & ill.
TCA, V, 12 (déc. 60), 38-40 et 46, texte & ill.

Pennington & Carter
Windsor (Assumption Univ.)
G2176
TCA, II, 9 (sept. 57), 16, texte & ill.
G2177 Essex College
CB, XII, 4 (avril 62), 42-43 et 45, texte & ill.

Perrault, J.J.
Montréal
G2178 Collège Marie-Anne
BAT, XXXIV, 6 (juin 59), 28-31, texte & ill.

Pin, Gino A.; Clarke, Ernest A.; etc.
G2179 Voir Clarke, Ernest A.; Cook, Anthony; Pin, Gino A.; etc.

Poulin et Couture
Lac Mégantic
G2180 Agrandissement au collège du Sacré-Coeur
BAT, XXXIII, 8 (août 58), 25, texte & ill.

Project Planning Ass. Limited; Sert, Jackson Ass.; Dober, Richard P.
Guelph
G2181 University of Guelph, University's Long Range Development Plan
TCA, XIV, 2 (fév. 69), 7, texte.

Rhone & Iredale
Burnaby
G2182 Simon Fraser University
RAIC, XL, 8 (août 63), 60 et 62, texte & ill.
TCA, VIII, 10 (oct. 63), 71 et 74, texte & ill.

Colombie-Britannique
G2183 Kootenay Regional College
TCA, X, 4 (avril 65), 6 et 8, texte & ill.

Robert, Georges; Issalys, Jean
Moncton
G2184 Université de Moncton
AC, 24, 272 (mars 69), 24-25, texte & ill.

Robert, Georges; Roy, Jean-Marie
G2185 Voir Roy, Jean-Marie; Robert, Georges

Robillard, Jetté
Saint-Jérôme
G2186 C.E.G.E.P. de Saint-Jérôme
AC, 28, 319 (nov. 73), 6-7, texte & ill.

Robillard & Jetté; DesRochers, Dumont
G2187 Voir DesRochers, Dumont; Robillard & Jetté

Enseignement et recherche

Routaboule, Danièle
Cap-Rouge
G2188 Aménagement paysager du campus des Frères
ABC, XXI, 246 (oct. 66), 54, texte.

Roy, Jean-Marie; Robert, Georges
Cap-Rouge
G2189 Le Campus intercommunautaire de Cap-Rouge
ABC, XXI, 246 (oct. 66), 29-31, texte & ill.

Ryan, William J.
St.John's
G2190 Memorial University (Plan directeur)
RAIC, XXX, 10 (oct. 53), 293-295, texte & ill.

St-Gelais, Tremblay & Tremblay
Jonquière
G2191 Collège de Jonquière
ABC, XXI, 244 (août 66), 23-31, texte & ill.

Saski, Walker & Ass.
Hamilton (McMaster Univ.)
G2192 (Plan directeur)
TCA, IX, 5 (mai 64), 56, texte & ill.

Sawyer, Joseph
Mont-Laurier
G2193 Séminaire
ABC, VIII, 81 (jan. 53), 26, ill.

Sert, Jackson Ass.; Project Planning Ass. Ltd; Dober, Richard P.
G2194 Voir Project Planning Ass. Ltd

Sharp & Thompson; Berwick, Pratt
Vancouver (Univ. of British Columbia)
G2195 (Plan directeur)
RAIC, XXX, 10 (oct. 53), 301-304, texte & ill.

Shore & Moffat and Partners
Waterloo
G2196 University of Waterloo (Plan directeur)
TCA, IX, 5 (mai 64), 57, texte & ill.
RAIC, XXXIX, 12 (déc. 62), 45-54, texte & ill.
CB, XV, 4 (avril 65), 57-59, texte & ill.

Shore, Moffat & Partners; Adamson, Gordon S.(Ass.); Parkin, John B.(Ass.)
G2197 Voir Adamson, Gordon S.(Ass.); Parkin, John B.(Ass.); Shore, Moffat & Partners

Société Générale des Systèmes Urbains
Montréal(Univ. du Québec)
G2198
AC, 23, 271 (jan.-fév. 69), 12-18, texte & ill.

Stevenson, J. (Ass.)
Red Deer
G2199 Red Deer College
ARCAN, 43, 10 (oct. 66), 57-58, texte & ill.

Stevenson, Raines, Barrett, Hutton, Seton & Partners
Calgary
G2200 Mount Royal College
TCA, XIX, 3 (mars 74), 47-57 et 59, texte & ill.
CB, XX, 12 (déc. 70), 8, texte.
CB, XXI, 3 (mars 71), 38, texte.

Stock, D.H.(Partners)
Regina
G2201 Saskatchewan Institute of Applied Arts and Sciences
ARCAN, 49 (nov. 72), 10, texte & ill.

Storey, J.W.
Toronto (Univ. of Toronto)
G2202 Wycliffe College
RAIC, XXIV, 5 (mai 47), 155, texte & ill.

Thom, Ron
Peterborough (Trent University)
G2203
TCA, XI, 9 (sept. 66), 44, texte & ill.
CB, XIV, 10 (oct. 64), 12, texte.
G2204 Sir Sandford Fleming College
TCA, XIX, 2 (fév. 74), 4, texte & ill.

Toronto (Univ. of Toronto)
G2205 Massey College
CB, X, 12 (déc. 60), 9, texte & ill.

Thom, Ron; Downs-Archambault
Victoria
G2206 Lester B.Pearson College of The Pacific
TCA, XVIII, 11 (nov. 73), 6, texte & ill.

Thom, R.J.; Thompson, Berwick & Pratt
G2207 Voir Thompson, Berwick & Pratt; Thom, R.J.

Thompson, Berwick & Pratt
Vancouver (Univ. of British Columbia)
G2208 Presbyterian College
TCA, VII, 11 (nov. 62), 39 et 61, texte & ill.
G2209 Master plan
RAIC, XXXIII, 5 (mai 56), 164-167, texte & ill.
RAIC, XXXIX, 4 (avril 62), 34, ill.
TCA, VII, 11 (nov. 62), 35-61, texte & ill.

Thompson, Berwick & Pratt; Thom, R.J.
Peterborough (Trent Univ.)
G2210 Champlain College
TCA, X, 4 (avril 65), 64-67, texte & ill.
TCA, XII, 8 (août 67), 5 et 8 texte & ill.
TCA, XII, 12 (déc. 67), 26-39, texte & ill.
TCA, XII, (yearbook 67), 43 et 45, texte & ill.
TCA, XIV, 11 (nov. 69), 43, ill.
TCA, XXV, 11 (nov. 80), 31, texte & ill.
BAT, XLVI, 12 (déc. 71), 14-15, texte & ill.

Toronto (Univ. of Toronto)
G2211 Massey College
TCA, V, 12 (déc. 60), 38-40 et 41-42, texte & ill.
TCA, VI, 6 (juin 61), 61-62, ill.
TCA, VIII, 10 (oct. 63), 47-62, texte & ill.
TCA, IX, (yearbook 64), 42-43, texte & ill.
TCA, XIV, 11 (nov. 69), 41, ill.
TCA, XXIII, 7 (juil. 78), 20, ill.
TCA, XXV, 11 (nov. 80), 24, texte & ill.
RAIC, XXXVII, 11 (nov. 60), 489-492, texte & ill.
RAIC, XL, 10 (oct. 63), 37-48, texte & ill.
RAIC, XLI, 11 (nov. 64), 64, ill.

Thompson, Berwick, Pratt and Partners
Peterborough (Trent Univ.)
G2212 Master plan
ARCAN, 43, 10 (oct. 66), 44-47, texte & ill.

Tremblay, A.-Henri
Cap-Rouge
G2213 Séminaire St-François
ABC, X, 110 (juin 55), 40-44, texte & ill.

Venne, Ludger
Montréal (Univ. de Montréal)
G2214 Plan directeur
RAIC, XXXIII, 11 (nov. 56), 435, ill.

Walker, Evan H.
Halifax (Dalhousie Univ.)
G2215 Master Plan
ARCAN, 46, 7 et 8 (juil-août 69), 44-45, texte & ill.

Webb, Zerafa, Menkes
Toronto
G2216 Ryerson Polytechnical Institute (expansion phase I)
ARCAN, 45, 1 (jan. 68), 29, ill.
TCA, XII, (yearbook 67), 64, texte & ill.

Whenham, J.E.
Ottawa(Carleton Univ.)
G2217 St. Patrick's College
CB, XXIX, 6 (juin 79), 8, texte.

Yamasaki, Minoru
Régina
G2218 Master Plan for the University of Saskatchewan
TCA, VII, 3 (mars 62), 11, texte.
TCA, X, 8 (août 65), 10 et 12, texte.

Teaching and Research

Auditoriums

Adamson, Gordon S.(Ass.); John B. Parkin Ass.; Shore & Moffat and Partners
Downsview (York University)
G2701 Burton Auditorium
TCA, XIII, 8 (août 68), 34 et 41, texte & ill.

Affleck, Desbarats, Dimakopoulos, Lebensold, Sise
Kingston
G2702 Salle de théâtre et de concert, Queen's University
ABC, XXII, 249 (jan. 67), 14-15, texte & ill.
ARCAN, 44, 1 (jan. 67), 31, texte & ill.

Bolton, Elwood and Aimers
Lennoxville
G2703 Théâtre, Bishop University
TCA, XI, 11 (nov. 66), 10, texte & ill.

Harrison, Robert
Burnaby
G2704 Simon Fraser University Theatre
TCA, XI, 8 (août 66), 53, ill.

Lee, Harry; McNab, Duncan; Logan, David C.
G2705 Voir McNab, Duncan; Lee, Harry; Logan, David C.

Logan, David C.; Lee, Harry; McNab, Duncan
G2706 Voir McNab, Duncan; Lee, Harry; Logan, David C.

McNabb, Duncan; Lee, Harry; Logan, David C.
Burnaby
G2707 Simon Fraser University Theatre
RAIC, XLI, 7 (juil. 64), 51-55, texte & ill.
TCA, IX, 5 (mai 64), 54-55, texte & ill.
TCA, X, (yearbook 65), 62-64, ill.
TCA, XI, 2 (fév. 66), 64-67, texte & ill.

Parkin, John B.(Ass.); Adamson, Gordon S.(Ass.); Shore & Moffat and Partners
G2708 Voir Adamson, Gordon S.(Ass.); Parkin, John B.(Ass.); Shore & Moffat and Partners

Perron, J. Eugène
Valleyfield
G2709 Auditorium, Séminaire de Valleyfield
ABC, III, 31 (nov. 48), 46, ill.

Poulin, Albert
Sherbrooke
G2710 Auditorium St-Charles
BAT, XXIX, 11 (nov. 54), 24, texte & ill.

Shore & Moffat and Partners
Waterloo
G2711 University of Waterloo Theatre
CB, XV, 12 (déc. 65), 7, texte & ill.

Shore & Moffat and Partners; Adamson, Gordon S.(Ass.); Parkin, John B.(Ass.)
G2712 Voir Adamson, Gordon S.(Ass.); Parkin, John B.(Ass.); Shore & Moffat and Partners

Centres sociaux
Social Centres

Anonyme/Anonymous
Montréal (Univ. de Montréal)
G3001 University Centre
CB, XVI, 9 (sept. 66), 57, ill.

Saskatoon (University of Saskatchewan)
G3002 The Students' Union
CB, XXIV, 4 (avril 74), 30, texte.

Affleck, Desbarats, Dimakopoulos, Lebensold, Sise
Montréal (McGill University)
G3003 University Centre
TCA, IX, 5 (mai 64), 52-53, texte & ill.

TCA, X, 12 (déc. 65), 35-40, texte & ill.
TCA, XI, 3 (mars 66), 10, texte.
ABC, XXI, 238 (fév. 66), 17-21, texte & ill.
BAT, XXXIX, 7 (juil. 64), 28-30, texte & ill.

Andrews, John
Toronto (Univ. of Toronto)
G3004   Student Centre
TCA, XII, (yearbook 67), 61, texte & ill.
TCA, XVII, 3 (mars 72), 50-59, texte & ill.

Andrews, John; Thom, Ron
Vancouver (Univ. of British Columbia)
G3005   Student Union
RAIC, XLII, 9 (sept. 65), 60-67, texte & ill.
TCA, X, 2 (fév. 65), 48, ill.
TCA, XIV, 8 (août 69), 37 et 41-42, texte & ill.

Bauld & Mitchell; Fowler, C.A.
Wolfville (N.-E.)
G3006   Students' Centre, Acadia University
TCA, XIV, 11 (nov. 69), 60, texte & ill.

Baxter, Robert W.; Tofin, F.P.
Vancouver (Univ. of British Columbia)
G3007   Student Union Building
TCA, X, 2 (fév. 65), 48, ill.
TCA, XIV, 8 (août 69), 37, texte & ill.
RAIC, XLII, 9 (sept. 65), 60-67, texte & ill.

Carter, Brian; Hill, Nic; Loyd-Jones, Gavin
Toronto (Univ. of Toronto)
G3008   Campus Centre
ARCAN, 47 (29 juin 70), 1 et 6, texte & ill.
ARCAN, 48 (25 oct. 71), 7

Donaldson-Sankey
Montréal
G3009   Loyola College Student Centre
TCA, XIII, 12 (déc. 68), 42, texte & ill.

Downs-Archambault
Burnaby
G3010   Faculty Club, Simon Fraser University
TCA, XVI, 12 (déc. et yearbook 71), 36-37, texte & ill.

Durnford, Bolton, Chadwick & Ellwood
Montréal (McGill Univ.)
G3011   Dining Hall Building
RAIC, XXXVIII, 9 (sept. 61), 40, texte & ill.
BAT, XXXVII, 12 (déc. 62), 31, ill.

Erickson-Massey
Vancouver (Univ. of British Columbia)
G3012   Faculty Club
TCA, XIV, 1 (jan. 68), 6, texte & ill.
TCA, XIV, 4 (avril 69), 41-44, texte & ill.
TCA, XIX, 11 (nov. 74), 36, texte & ill.
ARCAN, XLV, 12 (déc. 68), 9, texte & ill.

Fiset & Deschamps
Québec (Univ. Laval)
G3013   Pavillon Maurice Pollack
ABC, XIV, 158 (juin 59), 184-193, texte & ill.
BAT, XXXIII, 5 (mai 58), 42, texte & ill.

Flemming & Secord
St. Catharines
G3014   Student centre, Brock University
TCA, XV, 12 (déc. 70), 7, texte & ill.
TCA, XXI, 6 (juin 76), 48-49, texte & ill.

Fleury and Arthur
Toronto
G3015   Wymilwood (Students' Union), Victoria College
RAIC, XXXI, 2 (fév. 54), 38-57, texte & ill.

Fowler, C.A.; Bauld & Mitchell
G3016   Voir Bauld & Mitchell; Fowler, C.A.

Gagnon, Conrad
Sherbrooke
G3017   Projet-thèse: projet de centre universitaire
ABC, XIV, 159 (juil. 59), 202-215, texte & ill.

Garrett, R.M.; Gathe, A.; Thornton, P.N.
Vancouver (Univ. of British Columbia)
G3018   Student Union Building
TCA, X, 2 (fév. 65), 48, ill.
TCA, XIV, 8 (août 69), 37, texte & ill.
RAIC, XLII, 9 (sept. 65), 60-67, texte & ill.

Green, Blankstein, Russell and Ass.
Toronto (Univ. of Toronto)
G3019   Student Union
RAIC, XXX, 10 (oct. 53), 291, ill.

Hames, William
Winnipeg (Univ. of Manitoba)
G3020   Student Union
RAIC, XXIII, 4 (avril 46), 98, texte & ill.

Hollingsworth, Fred T.
Vancouver (Univ. of British Columbia)
G3021   University Club (Rénovation)
TCA, X, 12 (déc. 65), 63-67, texte & ill.
TCA, XI, 3 (mars 66), 10, texte.
TCA, XI, 9 (sept. 66), 59, ill.
TCA, XIII, (yearbook 68), 85, texte & ill.

Larsson, Nil
Montréal (McGill Univ.)
G3022   Centre d'étudiants (projet de fin d'études)
ABC, XX, 231 (juil. 65), 34-36, texte & ill.

Marani, Rounthwaite & Dick
Toronto (Univ. of Toronto)
G3023   Simcoe Hall Extension and Faculty Club
ARCAN, 45, 1 (jan. 68), 40, ill.

Mathers & Haldenby
Waterloo
G3024   Faculty Club, University of Waterloo
TCA, XV, 11 (nov. 70), 7, ill.
TCA, XVI, 2 (fév. 71), 41-45, texte & ill.
TCA, XVIII, 1 (jan. 73), 4-5, texte & ill.
CB, XX, 12 (déc. 70), 31, ill.

Number Ten Architectural Group; Sellors, Nelson, De Forest
G3025   Voir Sellors, Nelson, De Forest; Number Ten ...

Papineau, Gérin-Lajoie et Le Blanc
Ottawa (Univ. d'Ottawa)
G3026   Centre universitaire
AC, XXV, 288 (oct. 70), 28-29, texte & ill.
ARCAN, 47 (7 déc. 70), 5, texte & ill.

Peck, R.M.
Wolfville (N.-E.)
G3027   Student Union, Acadia University
RAIC, XXXII, 4 (avril 55), 125, ill.

Pennington and Carter
Windsor (Assumption Univ.)
G3028   University Centre
CB, XII, 4 (avril 62), 42 et 44-45, texte & ill.

Pfister, C.H.
Édifice de lieu inconnu
G3029   Musician's Co-operative (projet d'étudiant)
RAIC, XXXI, 3 (mars 54), 68, texte & ill.

Ramsay & Ramsay
Saskatoon (Univ. of Saskatchewan)
G3030   Student Centre
ARCAN, 47 (16 mars 70), 10
G3031   Campus Centre (Place Riel)
ARCAN, XLVII (11 mai 70), 7
CB, XXIX, 1 (jan. 79), 7, texte.

Richards, Berretti and Jellinek
Edmonton (Univ. of Alberta)
G3032   Students' Union Building
TCA, IX (yearbook 64), 86, texte & ill.

Robbie, Vaughan & Williams; Stankiewicz, Z. Matthew
G3033   Voir Stankiewicz, Z. Matthew; Robbie, Vaughan & Williams

Rosen, Bernard J.
Montréal (McGill Univ.)
G3034   Projet-thèse: un centre universitaire
ABC, XI, 123 (juil. 56), 34-37, texte & ill.

Rule, Wynn & Rule
Edmonton (Univ. of Alberta)
G3035   Student Union Building
RAIC, XXIX, 6 (juin 52), 181, ill.
RAIC, XXX, 10 (oct. 53), 297, ill.

Sellors, Nelson, De Forest; Number Ten Architectural Group
Winnipeg (Univ. of Manitoba)
G3036   University Centre
TCA, XV, 5 (mai 70), 47, ill.
TCA, XVII, 1 (jan. 71), 24-38, texte & ill.
TCA, XVII, 3 (mars 72), 52, ill.
TCA, XXIV, 10 (oct. 79), 30, ill.

Shore & Moffat
Saskatoon (Univ. of Saskatchewan)
G3037   Memorial Union Building
RAIC, XXXVI, 6 (juin 59), 188, texte & ill.
G3038   University Arts Faculty Building
RAIC, XXXVI, 6 (juin 59), 189, ill.

Shore & Moffat and Partners
Waterloo
G3039   Campus Centre, University of Waterloo
TCA, XVII, 3 (mars 72), 51, ill.

Snider, Kenneth R.
Vancouver (Univ. of British Columbia)
G3040   Student Union Building
RAIC, XLII, 2 (fév. 65), 61, texte & ill.
RAIC, XLII, 9 (sept. 65), 60-67, texte & ill.
TCA, X, 2 (fév. 65), 43-48, texte & ill.
TCA, XIII (yearbook 68), 85, texte & ill.
TCA, XIV, 8 (août 69), 34-42, texte & ill.
TCA, XVII, 3 (mars 72), 50, ill.

Stankiewicz, Z. Matthew; Robbie, Vaughan & Williams
Ottawa (Carleton Univ.)
G3041   University Union
TCA, XII (yearbook 67), 80, texte & ill.
TCA, XVI, 1 (jan. 71), 26-29, texte & ill.
TCA, XVII, 3 (mars 72), 51, ill.
ARCAN, 47 (7 déc. 70), 4, texte & ill.

Thom, Ron; Andrews, John
G3042   Voir Andrews, John; Thom, Ron

Thompson, Berwick & Pratt
Vancouver (Univ. of British Columbia)
G3043   Commons Block
RAIC, XXXVIII, 11 (nov. 61), 52, ill.
TCA, VI, 11 (nov. 61), 6, ill.
TCA, VII, 11 (nov. 62), 39-46, texte & ill.
CB, XI, 12 (déc. 61), 38-39 et 45, texte & ill.
G3044   Student Union Building
TCA, VI, 6 (juin 61), 58, texte & ill.
G3045   Thea Koerner House
TCA, VI, 11 (nov. 61), 6, ill.
TCA, VI, 12 (déc. 61), 23-28, texte & ill.
TCA, VII, 11 (nov. 62), 39 et 51, texte & ill.
TCA, XXV, 11 (nov. 80), 22, texte & ill.
RAIC, XXXVIII, 11 (nov. 61), 47-51, texte & ill.
CB, XI, 12 (déc. 61), 38 et 40-41, texte & ill.
BAT, IX, 12 (déc. 61), 12-13, texte & ill.

University of Toronto
Toronto (Univ. of Toronto)
G3046   Campus Centre
ARCAN, 48 (27 sept. 71), 2-3, texte & ill.

Venne, Ludger
Montréal (Univ. de Montréal)
G3047   Maison des étudiants
RAIC, XXXIII, 11 (nov. 56), 438, ill.

The Wade Williams Partnership
Victoria (University of Victoria)
G3048   University Centre
TCA, XXIII, 9 (sept. 78), 26-32, texte & ill.

Waisman, Ross, Blankstein, Coop, Gilmor, Hanna et al.
Winnipeg (Univ. of Manitoba)
G3049 University Centre
ARCAN, 44, 1 (jan. 67), 35, ill.
ARCAN, 45, 1 (jan. 68), 28, ill.
CB, XVIII, 9 (sept. 68), 36-37, texte & ill.

Wilkin, R.L.
Edmonton (University of Alberta)
G3050 The Power Plant (restauré et transformé en restaurant et salle de jeu)
TCA, XXV, 6 (juin 80), 18-23, texte & ill.

Constructions à fonctions utilitaires
Service Buildings

Anonyme/Anonymous
Ottawa (Carleton University)
G3501 (un tunnel entre la bibliothèque et l'édifice des sciences)
CB, XV, 8 (août 65), 64, texte.

Waterloo
G3502 University of Waterloo (réseau de tunnel pour le chauffage, ventilation, climatisation)
AC, XXVI, 293 (avril 71), 38, texte & ill.

Allward and Gouinlock
Toronto (Univ. of Toronto)
G3503 Mechanical Building
RAIC, XXVI, 6 (juin 49), 185-190 et 199, texte & ill.

Downs, Barry V.
Vancouver (Univ. of British Columbia)
G3504 Covered Walkway
TCA, XIII, 8 (août 68), 52, texte & ill.

Elarth, H.A.
Toronto (Univ. of Toronto)
G3505 University Bus Terminal
RAIC, XXX, 10 (oct. 53), 292, ill.

McCarter, Nairne & Partners
Vancouver (Univ. of British Columbia)
G3506 Garage de la Faculté et des Diplômés
ARCAN, 44, 1 (jan. 67), 22, texte & ill.

Murray & Murray & Partners
Ottawa (Univ. d'Ottawa)
G3507 Maintenance and Service Building
TCA, XXV, 2 (fév. 80), 4, texte & ill.

Ouellet, Reeves, Alain
Montréal (Univ. de Montréal)
G3508 Garage Louis-Colin
TCA, XV (yearbook 70), 90-91, texte & ill.
ARCAN, XLVII (12 oct. 70), 22, texte & ill.
AC, 25, 284 (mai 70), 24-26, texte & ill.
BAT, XLVI, 12 (déc. 71), 14-15, texte & ill.

Rousseau, Paul
Québec (Univ. Laval)
G3509 Centrale de chauffage et souterrains
ABC, IX, 97 (mai 54), 47-51, texte & ill.
BAT, XXX, 5 (mai 55), 79, texte & ill.

Shore & Moffat and Partners
Waterloo
G3510 Food and Services Building, University of Waterloo
ARCAN, 44, 1 (jan. 67), 23-24, texte & ill.
TCA, XV, 2 (fév. 70), 15-16, texte & ill.

Steinbrecher, A.
Edmonton (Univ. of Alberta)
G3511 Passerelle vitrée à 5 étages pour les deux édifices de la chimie
ARCAN, 47 (10 août 70), 6 et 8

Thompson, Berwick & Pratt
Vancouver (Univ. of British Columbia)
G3512 Boiler House
TCA, VII, 11 (nov. 62), 39 et 58-60, texte & ill.

Thompson, Berwick, Pratt & Partners
Vancouver (Univ. of British Columbia)
G3513 Commissary Kitchen
RAIC, XLI, 11 (nov. 64), 59, texte & ill.

Wiens, Clifford
Régina (Univ. of Saskatchewan)
G3514 Central Heating and Cooling Plant
RAIC, XLIII, 2 (fév. 66), 21, texte & ill.
ARCAN, 47 (12 oct. 70), 12-13, texte & ill.
TCA, X (yearbook 65), 84, texte & ill.
TCA, XII, 8 (août 67), 11, texte & ill.
TCA, XII, 12 (déc. 67), 43 et 46, texte & ill.
TCA, XXIV, 10 (oct. 79), 29, ill.

Constructions diverses
Miscellaneous Constructions

Erickson, Arthur
Vancouver (Univ. of British Columbia)
G3801 Haida Indian House
TCA, XIX, 11 (nov. 74), 32-33, texte & ill.

Fuller, R. Buckminster
Montréal (McGill University)
G3802 (dome géodésique)
TCA, II, 3 (mars 57), 22-26, texte & ill.

Mathers and Haldenby
Toronto (Univ. of Toronto)
G3803 Memorial Panel, Second World War
RAIC, XXVII, 2 (fév. 50), 52-53, ill.

Roscoe, Stienstra and Haverty
Oakville
G3804 "Triodetic Sphere", Sheridan College School of Design
ARCAN, L (jan. 73), 8

Rounthwaite, Cameron, Murray and Fairfield
Toronto (Univ. of Toronto)
G3805 University of Toronto Bookshop
RAIC, XXVII, 11 (nov. 50), 384-385, ill.

Sproatt and Rolph
Toronto (Univ. of Toronto)
G3806 War Memorial Tower
RAIC, XXII, 12 (déc. 45), 262, ill.

University of Waterloo
Waterloo
G3807 University of Waterloo (three inflatable rooms)
ARCAN, 49 (10 juil. 72), 4, texte & ill.

Écoles spécialisées
Professional Schools

Anonyme/Anonymous
Hauterive
G4001 École Normale pour jeunes filles
BAT, XXXIV, 7 (juil. 59), 12, texte.

Montréal
G4002 École Normale Jacques-Cartier
BAT, XXVII, 1 (jan.-fév. 52), 24, ill.

Oka-sur-le-Lac
G4003 École des Hautes Études Agricoles
BAT, XXXIV, 4 (avril 59), 28, texte.

Olds (Alberta)
G4004 Olds Agricultural and Vocational College
CB, XXI, 5 (mai 71), 34, texte.

Rigaud
G4005 Collège des Douanes et de l'Accise (Rénovation de l'École normale des Clercs de Saint-Viateur)
BAT, LV, 5 (juin 80), 6, texte & ill.

St-Pascal de Kamouraska
G4006 École Normale de St-Pascal de Kamouraska
BAT, XXXIV, 1 (jan. 59), 10, texte.

Toronto
G4007 Toronto Institute of Medical Technology
CB, XXI, 6 (juin 71), 33 et 55, texte.

Trois-Rivières
G4008 École Normale pour garçons
BAT, XXXIV, 4 (avril 59), 90, texte.

Bergman, Ralph
Montréal
G4009 Centre d'études (projet de fin d'études)
ABC, XXI, 243 (juil. 66), 38-40, texte & ill.

Bigonesse, Aurèle; Mainguy, Maurice
Québec
G4010 École normale Laval
ABC, XV, 169 (mai 60), 154-157, texte & ill.
BAT, XXXII, 10 (oct. 57), 19, texte.
BAT, XXXIII, 4 (avril 58), 46, texte & ill.

Black, H.K.
Moose Jaw
G4011 The Saskatchewan Training School for Detectives
RAIC, XXIX, 10 (oct. 52), 300-301, texte & ill.
RAIC, XXXII, 7 (juil. 55), 258, ill.

Brais et Savard
Saint-André-Avellin
G4012 École normale des Soeurs de la Providence
ABC, II, 10 (jan. 47), 36, texte.

Caron, J.L.
Cap-de-la-Madeleine
G4013 École normale
ABC, V, 51 (juil. 50), 24, ill.

Cooper, K.R.
Toronto
G4014 Ontario Institute for Studies in Education
ARCAN, 46, 1 (jan. 69), 25, ill.

Cripps, R.G.
Édifice de lieu inconnu
G4015 (conservatoire de musique)
RAIC, XXIV, 5 (mai 47), 163, ill.

de Montigny, Benoît
Québec
G4016 Un institut de technologie maritime
ABC, XXII, 255 (juil. 67), 40-41, texte & ill.

Denoncourt, E.L.
Trois-Rivières
G4017 École Normale et Noviciat
RAIC, XVIII, 4 (avril 41), 66, ill.

Dumais, Roland
Pointe-au-Chêne
G4018 École apostolique St-Jean
ABC, XII, 138 (oct. 57), 56-58, texte & ill.

Durnford, Bolton, Chadwick & Ellwood
Montréal
G4019 Fraser — Hickson Institute
RAIC, XXXVI, 4 (avril 59), 118, texte & ill.

Fairn, Leslie (Ass.)
Truro (N.-E.)
G4020 Educational Studies Centre
ARCAN, 46, 1 (jan. 69), 29, ill.

Fisher & Tedman
Kingston
G4021 Training Building Canadian Army Staff College
RAIC, XXXIII, 9 (sept. 56), 342, ill.

Howard, Ronald B.
Vancouver
G4022 Emily Carr School of Art
TCA, XXV, 7 (juil. 80), 39, ill.

Lambert, Paul
Montréal
G4023 École des Arts Graphiques
ABC, XI, 126 (oct. 56), 42-45, texte, ill.

Lapierre, Louis J.
Alfred (Ont.)
G4024 École industrielle St-Joseph
BAT, IX, 5 (mai 61), 29-31, texte & ill.

Larose & Larose
Montréal
G4025 Cardinal Léger Institute
RAIC, XXXIII, 5 (mai 56), 163, ill.

Page & Steele
Toronto
G4026 Toronto Teachers College
CB, VI, 1 (jan. 56), 25 et 27, texte & ill.
RAIC, XXXII, 12 (déc. 55), 453 et 460, texte & ill.
RAIC, XXXIII, 2 (fév. 56), 55-58, texte & ill.
BAT, XXXI, 3 (mars 56), 47, ill.

Roy, Jean-Marie; Côté, Gilles
Cap-Rouge
G4027 École normale N.-D.-de-Foy
ABC, XXI, 246 (oct. 66), 32-38, texte & ill.

Rule, Wynn & Rule
Banff
G4028 Banff School of Fine Arts
RAIC, XXIX, 1 (jan. 52), 22, ill.

Stanford & Wilson
Toronto
G4029 The Canadian National Institute for the Blind
TCA, I, 10 (oct. 56), 16-21, texte & ill.

Installations pour les sports et l'éducation physique
Installations for Sports and Physical Education

Anonyme/Anonymous
Montréal
G5001 Complexe sportif du CEGEP du Vieux Montréal
BAT, LI, 3 (mars 76), 19, texte & ill.
Montréal (Univ. de Montréal)
G5002 Un stade
BAT, XLVII, 3 (mars 72), 33, ill.
Ottawa (Carleton Univ.)
G5003 Athletic fieldhouse
CB, XI, 7 (juil. 61), 41, ill.
Sherbrooke
G5004 CEGEP de Sherbrooke — pavillon de l'éducation physique
BAT, XLVIII, 9 (sept. 73), 5, texte.
G5005 Université de Sherbrooke — centre sportif
BAT, XLVIII, 12 (déc. 73), 3, texte.
Victoria (University of Victoria)
G5006 Physical, Education, Athletic and Recreation Centre
CB, XXIII, 12 (déc. 73), 42 et 49, texte & ill.
Victoriaville
G5007 CEGEP de Victoriaville — pavillon d'éducation physique
BAT, XLVIII, 12 (déc. 73), 3, texte.
Winnipeg
G5008 Assiniboia Indian Residential School Gymnasium
ARCAN, 46, 2 (fév. 69), 5, texte & ill.

Adamson, Gordon S. (Ass.); John B. Parkin Ass.; Shore & Moffat and Partners
Downsview (York University)
G5009 Tait McKenzie Physical Education and Recreation Centre
TCA, XIII, 8 (août 68), 34 et 45, ill.
TCA, XIV, 7 (juil. 69), 64-65, texte & ill.

Amyot, Gaston; Mainguy, Lucien
Québec (Univ. Laval)
G5010 Gymnase
BAT, XXXII, 5 (mai 57), 48-49, 51, texte & ill.
BAT, XXXIII, 5 (mai 58), 43, texte & ill.

Desnoyers, Brodeur & Mercure
St-Hyacinthe
G5011 Grand Séminaire: gymnase
BAT, XXXIX, 4 (avril 64), 31-33, texte & ill.

Duffus, Romans, Single, Kundzins
Halifax (Nova Scotia Technical College)
G5012 F.H. Sexton Memorial Gymnasium
RAIC, XLI, 5 (mai 64), 44-45, ill.

Fairn, Leslie R. (Ass.)
Halifax (Dalhousie University)
G5013 Physical Education Complex
CB, XXIX, 10 (oct. 79), 31, texte & ill.
AC, XXXV, 352 (mai-juin 79), 24, texte & ill.
BAT, LIV, 4 (avril 79), 8 et 22, texte & ill.

Fleury, Arthur and Barclay
Toronto (Univ. of Toronto)
G5014 Women's Athletic Building
RAIC, XXXV, 6 (juin 58), 237, ill.
RAIC, XXXVII, 1 (jan. 60), 16-19, texte & ill.
TCA, V, 7 (juil. 60), 39-42, texte & ill.

Lapierre, Louis J.
Pierrefonds
G5015 Gymnase du Noviciat des Frères St-Gabriel
ABC, XVIII, 208 (août 63), 36-37, texte & ill.

Lee, Harry; McNab, Duncan; Logan, David C.
G5016 Voir McNab, Duncan; Lee, Harry; Logan, David C.

Leithead, William
Winnipeg (Univ. of Manitoba)
G5017 The University Gymnasium
RAIC, XIX, 2 (fév. 42), 23, texte & ill.

Logan, David C.; McNab, Duncan; Lee, Harry
G5018 Voir McNab, Duncan; Lee, Harry; Logan, David C.

McNab, Duncan; Lee, Harry; Logan, David C.
Burnaby
G5019 Swimming pool and gymnasium, Simon Fraser University
TCA, XI, 2 (fév. 66), 58-59, texte & ill.
G5020 Gymnasium, Simon Fraser University
RAIC, XLI, 7 (juil. 64), 51-55, texte & ill.
TCA, IX, 5 (mai 64), 54-55, texte & ill.
TCA, X (yearbook 65), 62-63, ill.
G5021 Swimming pool, Simon Fraser University
TCA, X (yearbook 65), 64, ill.

Mainguy, Lucien; Amyot, Gaston
G5022 Voir Amyot, Gaston; Mainguy, Lucien

Marani, Lawson and Morris
St. Catharines
G5023 The Ridley College Gymnasium Building
RAIC, XXIII, 12 (déc. 46), 328-332, texte & ill.

Mathers & Haldenby
Waterloo
G5024 Athletic Complex, Wilfrid Laurier University
TCA, XXV, 2 (fév. 80), 33, ill.

Murray & Murray
Ottawa (Carleton Univ.)
G5025 Arena
ARCAN, XLIII, 9 (sept. 66), 32, texte & ill.

Paine, A.J.C.
Montréal
G5026 Sir Arthur Currie Memorial Gymnasium — Armoury
RAIC, XXI, 2 (fév. 44), 34-35, ill.

Papineau, Gérin-Lajoie, Le Blanc
Ottawa (Univ. d'Ottawa)
G5027 School of Physical Education and Recreation
TCA, XIV (yearbook 69), 46-47, 50-51, texte & ill.
AC, XXV, 288 (oct. 70), 30-31, texte & ill.

Parkin, John B.(Ass.); Shore, Moffat & Partners; Adamson, Gordon S.(Ass.)
G5028 Voir Adamson, Gordon S.(Ass.); Parkin, John B.(Ass.); Shore, Moffat & Partners

Pentland, Baker & Polson
Downsview (York University)
G5029 Ice Hockey Rink
TCA, XIII, 8 (août 68), 34 et 46, ill.

Pettick, Joseph
Regina (University of Saskatchewan)
G5030 Physical Education Centre
TCA, IX, 6 (juin 64), 6 et 9, texte & ill.
TCA, IX (yearbook 64), 86, texte & ill.
TCA, XII, 4 (avril 67), 6, texte & ill.

Prack & Prack
Hamilton (McMaster University)
G5031 The Physical Education Complex
TCA, IX, 5 (mai 64), 56, texte & ill.
TCA, XII, 3 (mars 67), 52-54, texte & ill.

Rhone & Iredale
Victoria (University of Victoria)
G5032 Physical Education Complex
TCA, XV, 8 (août 70), 40, texte & ill.

Rounthwaite & Ass.
Sudbury
G5033 Athletic Building, Laurentian University
TCA, IX, 5 (mai 64), 51, texte & ill.

Sharp & Thompson, Berwick, Pratt
Vancouver (Univ. of British Columbia)
G5034 War Memorial Gymnasium
BAT, XXVIII, (fév. 53), 17, ill.
RAIC, XXVI, 5 (mai 49), 167, ill.
RAIC, XXX, 1 (jan. 53), 24-27, texte & ill.
RAIC, XXXV, 4 (avril 58), 142, ill.
TCA, VII, 11 (nov. 62), 39 et 52-54, texte & ill.
CB, III, 1 (jan. 53), 17, ill.

Shore & Moffat and Partners
Waterloo
G5035 Physical Education Building, University of Waterloo
TCA, XIII, 1 (jan. 68), 7, texte & ill.

Shore, Moffat & Partners; Adamson, Gordon S.(Ass.); Parkin, John B.(Ass.)
G5036 Voir Adamson, Gordon S.(Ass.); Parkin, John B.(Ass.); Shore, Moffat & Partners

---

Pavillons pour l'administration universitaire
University Administrative Buildings

Anonyme/Anonymous
Regina (Univ. of Saskatchewan)
G6001 Regina Campus administrative buildings
CB, XVIII, 9 (sept. 68), 43, ill.

Aubrey, R.G.
Vancouver (Univ. of British Columbia)
G6002 Administration Building and Convocation Hall
RAIC, XXIX, 5 (mai 52), 130, ill.

Bissonnette, J.
Québec (Univ. Laval)
G6003 Édifice à bureaux
ARCAN, 45, 1 (jan. 68), 33, ill.

Chapman & Hurst
Toronto (Victoria University)
G6004 Superintendent's Building
RAIC, XXXVII, 1 (jan. 60), 23, ill.

Downs, Barry
Victoria (University of Victoria)
G6005 Offices
TCA, XIII, 8 (août 68), 49, texte & ill.

Harrison, Robert F.(Ass.)
Burnaby
G6006 Academic Services Building, Simon Fraser University
CB, XX, 12 (déc. 70), 8, texte & ill.

McGill University
Windsor (Assumption University)
G6007 Administration Centre
RAIC, XXXVIII, 3 (mars 61), 42 et 52, ill.

Shore & Moffat and Partners
Waterloo
G6008 Central Services Building, University of Waterloo
TCA, XIII, 10 (oct. 68), 8, ill.
CB, XVIII, 11 (nov. 68), 45, ill.
ARCAN, 44, 1 (jan. 67), 23, texte & ill.
ARCAN, 45, 10 (oct. 68), 9-10, texte & ill.

Pavillons pour l'enseignement et la recherche
Lecture Halls and Research Facilities

Anonyme/Anonymous
Calgary
G7001 Southern Alberta Institute of Technology Tower Building
CB, XVIII, 9 (sept. 69), 38-39, texte & ill.
Calgary (Univ. of Calgary)
G7002 Science Building Complex
CB, XVI, 9 (sept. 66), 66, ill.
Edmonton (University of Alberta)
G7003 Clinical Sciences Building
CB, XIX, 10 (oct. 69), 38, texte & ill.
G7004 Henry Marshall Tory Social Sciences Building
CB, XVI, 9 (sept. 66), 65, texte & ill.
RAIC, XLIII, 2 (fév. 66), 22, texte & ill.
G7005 Mackenzie Hall
CB, XVIII, 9 (sept. 68), 41, ill.
Kingston (Queen's University)
G7006 Arts and Social Science Complex
CB, XXII, 3 (mars 72), 57, texte.
G7007 Victoria Hall (2e phase)
CB, XVIII, 4 (avril 68), 7, texte.
Montréal (McGill University)
G7008 Humanities Building
CB, XIV, 10 (oct. 64), 42, texte & ill.
G7009 Social Sciences Building
CB, XIV, 10 (oct. 64), 42, texte & ill.
Montréal
G7010 Pavillon Lalement — Collège Jean-de-Brébeuf
BAT, XXXIII, 6 (juin 58), 31-33, texte & ill.
G7011 Sir George William University. Henry F. Hall building
CB, XVI, 9 (sept. 66), 56-57, texte & ill.
Ottawa (Carleton Univ.)
G7012 Addition to engineering building
CB, XV, 8 (août 65), 64, texte.
G7013 Henry Marshall Tory Building for Science
CB, XI, 7 (juil. 61), 41, ill.
G7014 H.S. Southam Hall
CB, XV, 8 (août 65), 64, texte.
G7015 Norman Paterson Hall for Arts
CB, XI, 7 (juil. 61), 40, ill.
G7016 Physics Building
CB, XV, 3 (mars 65), 9, texte.
Ottawa (Univ. d'Ottawa)
G7017 Arts Building for the Faculties of Social, Economic and Political Sciences
TCA, VII, 4 (avril 62), 54, ill.
G7018 Civil and Mechanical Engineering and Geology Building
TCA, VII, 4 (avril 62), 54, ill.
G7019 Physics and Mathematics Building
TCA, VII, 4 (avril 62), 54, ill.
Saskatoon (Univ. of Saskatchewan)
G7020 Engineering Building
CB, XXX, 8 (août 80), 5, texte.
Sherbrooke
G7021 CEGEP de Sherbrooke — pavillon des sciences
BAT, XLVIII, 9 (sept. 73), 5, texte.
Trois-Rivières
G7022 Université du Québec — Centre des média
BAT, L, 5 (mai 75), 5, texte.
Vancouver (Univ. of British Columbia)
G7023 Forestry and Agriculture Complex
TCA, XIII (yearbook 68), 85-86, texte & ill.
G7024 Health Sciences Centre
CB, XVIII, 9 (sept. 68), 46, ill.

G7025 School of Architecture (projet d'étudiant)
RAIC, XXXII, 3 (mars 55), 79, texte & ill.
RAIC, XXXII, 3 (mars 55), 80, texte & ill.
G7026 TRIUMF cyclotron complex
CB, XXI, 8 (août 71), 5, texte.

Adamson, Gordon S.(Ass.)
Kingston
G7027 Queen's University Humanities Building
CB, XVI, 1 (jan. 66), 8, texte.
Ottawa (Univ. d'Ottawa)
G7028 Law Building
TCA, XVI, 4 (avril 71), 6, texte & ill.
Toronto (Univ. of Toronto)
G7029 The Edward Johnson Building
TCA, VIII, 1 (jan. 63), 25-33, texte & ill.
TCA, XIV, 11 (nov. 69), 41, ill.
RAIC, XXXVII, 1 (jan. 60), 25, ill.
Windsor (Univ. of Windsor)
G7030 Law School
TCA, XIV, 1 (jan. 69), 6-7, texte & ill.
TCA, XV (yearbook 70), 80-81, texte & ill.
ARCAN, 46, 1 (jan. 69), 30, ill.

Adamson, Gordon S.(Ass.); John B. Parkin Ass.; Shore & Moffat and Partners
Downsview (York University)
G7031 Behavioural Sciences
TCA, XIII, 8 (août 68), 34 et 42, texte & ill.
G7032 Central Square
ARCAN, 48 (5 avril 71), 1, texte & ill.
TCA, XIII, 1 (jan. 68), 8, texte & ill.
TCA, XIII, 8 (août 68), 34 et 44, texte & ill.
TCA, XIII, 10 (oct. 72), 32-41, texte & ill.
G7033 Farquharson Life Sciences Building
TCA, XIII, 8 (août 68), 34 et 40, texte & ill.
G7034 Lecture Hall no. 1
ARCAN, 44, 10 (oct. 67), 9, texte & ill.
TCA, XII, 10 (oct. 67), 6, texte & ill.
TCA, XIII, 8 (août 68), 34 et 42, texte & ill.
G7035 Petrie Science Building
TCA, XIII, 8 (août 68), 34 et 43, texte & ill.
G7036 Ross Humanities and Social Sciences Building
TCA, XVII, 10 (oct. 72), 33 et 38-41, texte & ill.
ARCAN, 44, 1 (jan. 67), 26, texte & ill.
ARCAN, 48 (5 avril 71), 1
ARCAN, 49 (25 sept. 72), 1, texte & ill.
St. Catharines
G7037 Brock University, Thistle Project Lecture Hall Complex
ARCAN, 45, 1 (jan. 68), 38, ill.

Affleck, Desbarats, Dimakopoulos, Lebensold, Sise
Montréal (McGill Univ.)
G7038 Leacock Building
TCA, X, 12 (déc. 65), 41-46, texte & ill.
TCA, X (yearbook 65), 60-61, texte & ill.
TCA, XI, 3 (mars 66), 10, texte.
ARCAN, 46, 2 (fév. 69), 53-54, texte & ill.
ABC, XXI, 239 (mars 66), 27-32, texte & ill.
G7039 New Arts Building
TCA, IX, 5 (mai 64), 52, texte & ill.
BAT, XXXIX, 7 (juil. 64), 20-23, texte & ill.

Affleck, Dimakopoulos, Lebensold
Halifax (Dalhousie Univ.)
G7040 Life Sciences Building
ARCAN, 46, 1 (jan. 69), 27, ill.
TCA, XIII (yearbook 68), 54-55, texte & ill.
TCA, XIX, 2 (fév. 74), 29-36 et 54, texte & ill.
CB, XIX, 9 (sept. 69), 53, texte & ill.

Agnew, Herbert(Ass.)
Guelph
G7041 A new engineering building, University of Guelph
CB, XXI, 7 (juil. 71), 8, texte.

Akitt, Alan D.
Régina
G7042 Arts and Adult Education Centre
RAIC, XXVIII, 3 (mars 51), 50-51, texte & ill.

Allward & Gouinlock
Kingston
G7043 Queen's University, Biology Building
CB, XIII, 9 (sept. 63), 53, texte.

Toronto (Univ. of Toronto)
G7044 Chemistry Building
TCA, IX, 5 (mai 64), 48-49, texte & ill.
G7045 Dental Building
RAIC, XXXV, 8 (août 58), 316, texte & ill.
RAIC, XXXVII, 1 (jan. 60), 13-15, texte & ill.

Arthur, Eric; Balharrie, Watson; Bland, John; Massey, Hart; Merrett, Campbell
G7046 Voir Balharrie, Watson; etc.

Audet, Tremblay, Audet
Sherbrooke
G7047 Université de Sherbrooke: Faculté des Sciences
BAT, XXXIII, 8 (août 58), 26-29, texte & ill.

Balharrie, Helmer & Morin
Ottawa (Carleton Univ.)
G7048 Édifice des arts
ABC, XIV, 163 (nov. 59), 370, ill.
G7049 Édifice des sciences
ABC, XIV, 163 (nov. 59), 370, ill.

Balharrie, Watson; Bland, John; Massey, Hart; Merrett, Campbell; Arthur, Eric
Ottawa (Carleton Univ.)
G7050 Arts Building
RAIC, XXXV, 1 (jan. 58), 28, ill.
CB, XI, 7 (juil. 61), 42, texte & ill.
G7051 Science Building
TCA, XIV, 11 (nov. 69), 36-37, ill.

Beauvais et Lusignan
Montréal (Univ. de Montréal)
G7052 Facultés de droit et des sciences sociales
BAT, XLII, 6 (juin 67), 30-33, texte & ill.

Bélanger, Alphonse
Sherbrooke
G7053 Faculté de Commerce
BAT, XXXIII, 12 (déc. 58), 45, texte & ill.

Bélanger, Jean; Blain, Guy; Ritchot, Jean
Montréal (Univ. de Montréal)
G7054 Projet-thèse: institut de planisme architectural
ABC, X, 111 (juil. 55), 26-27, texte & ill.

Belzile, Brassard, Gallienne
Québec (Univ. Laval)
G7055 École de Médecine dentaire
AC, 33, 340 (mars-avril 77), 8-10 et 12 et 13, texte & ill.

Bittorf-Pinckston
Edmonton (University of Alberta)
G7056 Alberta Law Centre
TCA, XIV, 6 (juin 69), 6, texte & ill.

Blanchet, René
Québec (Univ. Laval)
G7057 École d'arpentage et de génie forestier
ABC, II, 12 (mars 47), 32, texte.
ABC, V, 50 (juin 50), 33, ill.

Bland, John; Arthur, Eric; Balharrie, Watson; Massey, Hart, Merrett, Campbell
G7058 Voir Balharrie, Watson; etc.

Bland, Lemoyne, Edwards, Shine
Montréal (McGill University)
G7059 Chancellor Day Hall, Faculty of Law
TCA, XIII, 5 (mai 68), 57-59, texte & ill.

Blankstein, Coop, Gillmor & Hanna
Winnipeg (University of Manitoba)
G7060 Isbister Building
TCA, IX, 5 (mai 64), 50, texte & ill.
G7061 The Pharmacy Building
TCA, IX, 5 (mai 64), 50, texte & ill.

Bouey, Bouey & Ruthledge
Edmonton (University of Alberta)
G7062 Immeuble des Arts I (restauration)
AC (mars-avril 80), 7, texte.

Boulanger, Faucher & Gagnon
Sherbrooke
G7063 Complexe des sciences appliquées, Université de Sherbrooke
AC, 26, 298 (sept. 71), 18-19, texte & ill.
G7064 Complexe des sciences humaines, Université de Sherbrooke
AC, 26, 298 (oct. 71), 20-21, texte & ill.

Chevalier, Camille
Édifice de lieu inconnu
G7065 Une école d'architecture (projet de fin d'études)
ABC, XX, 231 (juil. 65), 31-33, texte & ill.

Clark, Ron
Edmonton (University of Alberta)
G7066 Health Sciences Centre
CB, XVIII, 9 (sept. 68), 40, ill.
CB, XIX, 10 (oct. 69), 38, texte & ill.

Corneil, Carmen; Schoeler, Heaton, Harvor, Menendez
Ottawa (Carleton University)
G7067 School of Architecture
TCA, XVIII, 8 (août 73), 24-44, texte & ill.

Coutu, Jacques
Chicoutimi
G7068 Université du Québec. Le bloc laboratoire
AC, XXVIII, 311 (jan.-fév. 73), 9-10, texte & ill.

Craig, Zeidler & Strong
Guelph
G7069 Physical Sciences Building University of Guelph
ARCAN, 45, 1 (jan. 68), 34, ill.
ARCAN, 47 (14 sept. 70), 1, texte & ill.
TCA, XII, (yearbook 67), 57, texte & ill.
TCA, XVII, 2 (fév. 72), 34-37, texte & ill.

Crippen, G.E. (Ass.)
Vancouver (Univ. of British Columbia)
G7070 Nuclear research facility
CB, XVIII, 11 (nov. 68), 5, texte.

Currie, E.C.
Toronto (Univ. of Toronto)
G7071 Institute of Child Study
RAIC, XXVIII, 3 (mars 51), 66, texte & ill.

Dallaire, Bertrand
Montréal (Univ. de Montréal)
G7072 Projet-thèse: Institut de planisme
ABC, XII, 135 (juil. 57), 37-39, texte & ill.
BAT, XXXV, 4 (avril 60), 43, ill.
RAIC, XXXIV, 3 (mars 57), 85-87, texte & ill.

David, Barott, Boulva
Sudbury
G7073 Classroom and Science Buildings, Laurentian University
TCA, X, 9 (sept. 65), 76, texte & ill.

Demers, Delorme & Morin
Sherbrooke
G7074 Complexe des sciences, Université de Sherbrooke
AC, 26, 298 (oct. 71), 16-17, texte & ill.

Dobush, Stewart, Bourke
Montréal (McGill University)
G7075 Stewart Biological Sciences Building
TCA, IX, 5 (mai 64), 52-53, texte & ill.
TCA, XI, 6 (juin 66), 69-71, texte & ill.

Dobush, Stewart, Hein, Longpré, Marchand, Goudreau
Montréal (McGill University)
G7076 Pavillon de Physique Ernest Rutherford
AC, 31, 337 (sept.-oct. 76), 8, texte & ill.

Downs-Archambault; Justice & Webb
Vancouver (Univ. of British Columbia)
G7077 Botanical Gardens
TCA, XV, 8 (août 70), 47, texte & ill.

Duffus, Romans, Kundzins & Rounsefell
Halifax (Nova Scotia Technical College)
G7078 O'Brien Hall
TCA, XIII, 6 (juin 68), 52-53, texte & ill.

Dumaresq, J.P. (Ass.)
Halifax (Dalhousie University)
G7079 Sir Charles Tupper Memorial Building
CB, XV, 9 (sept. 65), 38, ill.
CB, XVI, 10 (oct. 66), 58, texte & ill.

Dunn, H.A.; Long, J.W.
Calgary (University of Calgary)
G7080 Engineering Centre
CB, XXI, 5 (mai 71), 7, texte.

Dupuis, Dunn and Donahue
Edmonton (Univ. of Alberta)
G7081 Engineering Centre
ARCAN, 48 (27 sept. 71), 5

Dyer, John C.; Hancock, Little, Calvert Ass.
G7082 Voir Hancock, Little, Calvert Ass.; Dyer, John C.

Erickson and Massey
Burnaby
G7083 Complexe des Sciences Simon Fraser University
ARCAN, 45, 11 (nov. 68), 29, texte & ill.
G7084 Educational Complex
CB, XV, 4 (avril 65), 54-55, texte & ill.
G7085 The Mall
TCA, XI, 2 (fév. 66), 47-51, texte & ill.

Fairfield & DuBois
Thunder Bay
G7086 Centennial Building, Lakehead University
ARCAN, 44, 1 (jan. 67), 28, texte & ill.
ARCAN, 45, 1 (jan. 68), 31, ill.
TCA, XII (yearbook 67), 66, texte & ill.
TCA, XV, 12 (déc. 70), 46-52, texte & ill.

Fairn, Leslie R.; Mathers & Haldenby
G7087 Voir Mathers & Haldenby; Fairn, Leslie R.

Fetherstonhaugh, Durnford, Bolton, Chadwick
Lennoxville
G7088 Nouvel Immeuble au Collège Bishop
ABC, IV, 40 (août 49), 35, ill.
ABC, VI, 57 (jan. 51), 14, ill.

Fiset et Deschamps
Québec (Université Laval)
G7089 Pavillon des Sciences Humaines
TCA, XI, 5 (mai 66), 70, texte & ill.

Fleming & Smith
Montréal (McGill University)
G7090 McConnell Engineering Building
RAIC, XXXVIII, 3 (mars 61), 41 et 52, ill.
G7091 Otto Maas Chemistry Building
TCA, IX, 5 (mai 64), 52-53, texte & ill.

Forrester, Scott, Bowers, Cooper; Smith, Carter, Searle Ass.
G7092 Voir Smith, Carter, Searle Ass.; Forrester ...

Fowler, Bauld and Mitchell
Halifax (Dalhousie University)
G7093 Arts, Drama, Music Complex
TCA, XII (yearbook 67), 76, texte & ill.

Gauthier et Guité
Québec (Université Laval)
G7094 Faculté d'Agriculture
BAT, XLI, 1 (jan. 66), 24-27, texte & ill.
ABC, XX, 236 (déc. 65), 21-27, texte & ill.
ABC, XXII, 250 (fév. 67), 28-33, texte & ill.

Giffels Ass.
Waterloo
G7095 Engineering Complex, University of Waterloo
CB, XX, 4 (avril 70), 7, texte.

Gilbert, E.J.; Portnall, F.H.
Saskatoon (Univ. of Saskatchewan)
G7096 College of Medecine
RAIC, XXXII, 7 (juil. 55), 257, ill.

Govan, Kaminker, Langley, Keenleyside, Melick, Devonshire and Wilson; Somerville, McMurrich and Oxley
Toronto (Univ. of Toronto)
G7097 Medical Sciences Building
CB, XVII, 9 (sept. 67), 46-48, texte & ill.
CB, XVIII, 2 (fév. 68), 5, ill.
CB, XVIII, 7 (juil. 68), 17, texte.
CB, XIX, 2 (fév. 69), 38-39, texte & ill.

Green, Blankstein, Russell (Ass.)
Winnipeg (University of Manitoba)
G7098 Zoology – Psychology Building
TCA, XII, 8 (août 67), 8, texte.
CB, XVII, 9 (sept. 67), 62, texte & ill.
CB, XVIII, 7 (juil. 68), 8, texte & ill.
G7099 Engineering Building
RAIC, XXX, 10 (oct. 53), 290, ill.
CB, XVI, 6 (juin 66), 10, ill.
G7100 Science Buildings
TCA, V, 6 (juin 60), 72, texte & ill.

Hancock, Little, Calvert Ass.; Dyer, John C.
Guelph
G7101 Arts Building, University of Guelph
TCA, XIII, 11 (nov. 68), 31-40, texte & ill.

Helmer, Martineau and Strutt
Ottawa (Carleton University)
G7102 Loeb Towers for Social Sciences
TCA, XI, 5 (mai 66), 13, texte & ill.
TCA, XIII (yearbook 68), 90-91, texte & ill.

Hollingsworth, Fred T.
Vancouver (Univ. of British Columbia)
G7103 Faculty of Law Building
TCA, XXI, 6 (juin 76), 42-47, texte & ill.
CB, XXIII, 6 (juin 73), 8, texte.

Izumi, Arnott and Sugiyama
Saskatoon (Univ. of Saskatchewan)
G7104 Biology Building
RAIC, XXXVI, 6 (juin 59), 190, texte & ill.
G7105 Faculté de la médecine vétérinaire
ARCAN, 44, 1 (jan. 67), ill.
G7106 Marquis Hall
CB, XIII, 10 (oct. 63), 48, texte & ill.
G7107 Qu'Appelle Hall
CB, XIII, 10 (oct. 63), 48, texte.
G7108 Saskatchewan Cancer and Medical Research Institute
RAIC, XXXVI, 6 (juin 59), 187, texte & ill.

Jessiman, R.; Thompson, Berwick & Pratt
Vancouver (University of British Columbia)
G7109 The Fine Art Centre
RAIC, XL, 5 (mai 63), 38-39, texte & ill.

Justice & Webb; Downs-Archambault
G7110 Voir Downs-Archambault; Justice & Webb

Kiss, Zoltan S.
Burnaby
G7111 The academic quadrangle, Simon Fraser University
TCA, IX, 5 (mai 64), 54, texte & ill.
TCA, X (yearbook 65), 62-63, ill.
TCA, XI, 2 (fév. 66), 52-57, texte & ill.
RAIC, XLI, 7 (juil. 64), 51-55, texte & ill.

Kowaluck, Alexander
Montréal (McGill Univ.)
G7112 Projet-thèse: une faculté des Beaux-Arts
ABC, XII, 135 (juil. 57), 40-43, texte & ill.

Larose, Eugène; Larose, Gilles
Montréal
G7113 Pavillon de Philosophie – Sciences, collège St-Laurent
ABC, IX, 102 (oct. 54), 32-36, texte & ill.
RAIC, XXXIII, 11 (nov. 56), 428, ill.

Larose, Larose, Laliberté, Petrucci
Sherbrooke
G7114 École de médecine et hôpital universitaire
BAT, XLVIII, 3 (mars 73), 24, 27, texte & ill.
CB, XXII, 12 (déc. 72), 26, 29-30, ill.

Leclerc, Jean-Claude; Villemure, Roger
G7115   Voir Villemure, Roger; Leclerc, Jean-Claude

LeFort, Jean-Serge
Ottawa (Univ. d'Ottawa)
G7116   École de médecine
ABC, X, 107 (mars 55), 26-30, texte & ill.
RAIC, XXXII, 11 (nov. 55), 426, ill.

L'Hérault
Édifice de lieu inconnu
G7117   Institut de Chimie Appliquée
RAIC, XXV, 5 (mai 48), 158-159, ill.

Libling, Michener & Ass.
Winnipeg (University of Manitoba)
G7118   Education Building
TCA, XV, 5 (mai 70), 47-48, ill.
RAIC, XLI, 11 (nov. 64), 77, texte & ill.

Long, J.W.; Dunn, H.A.
G7119   Voir Dunn, H.A.; Long, J.W.

Longpré, Marchand, Goudreau; Dobush, Stewart, Hein
G7120   Voir Dobush, Stewart, Hein; Longpré, Marchand, Goudreau

Ludlow, B.
Édifice de lieu inconnu
G7121   A School of Architecture (projet d'étudiant)
RAIC, XXIII, 4 (avril 46), 88, texte & ill.

McBain, William J.; Massey, Hart
G7122   Voir Massey, Hart; McBain, William J.

McCarter, Nairne & Partners
Vancouver (Univ. of British Columbia)
G7123   Agriculture Building
TCA, X (yearbook 65), 77, texte & ill.
ARCAN, 44, 1 (jan. 67), 22, texte & ill.
G7124   Geological Sciences Centre
TCA, XV, 9 (sept. 70), 6-7, texte & ill.
ARCAN, 47 (8 juin 70), 4-5
CB, XX, 7 (juil. 70), 6, texte.
CB, XXII, 9 (sept. 72), 22 et 36, ill.
G7125   Civil and Mechanical Engineering Building
CB, XXI, 4 (avril 71), 58, texte.
TCA, XIII, 12 (déc. 68), 43, texte & ill.
ARCAN, 44, 1 (jan. 67), 22, texte & ill.
G7126   Metallurgy building
ARCAN, 44, 1 (jan. 67), 23, texte & ill.

McDougall, Smith & Fleming
Montréal (McGill Univ.)
G7127   Le Centre des Sciences physiques
ABC, VI, 63 (juil. 51), 13-16, texte & ill.

McIntosh, John
Edmonton (University of Alberta)
G7128   Arts II Building
CB, XXI, 5 (mai 71), 7, texte.

McMillan, Hugh (Ass.)
Calgary (Univ. of Calgary)
G7129   Science Theatre Complex
ARCAN, 48 (1 fév. 71), 5, texte & ill.

McNab, Barkley, Logan and Young
Vancouver (Univ. of British Columbia)
G7130   Biological Sciences Building
TCA, XX, 1 (jan. 75), 7, texte & ill.

Mainguy, Lucien
Québec (Univ. Laval)
G7131   École de Commerce
RAIC, XXX, 10 (oct. 53), 284-285, texte & ill.
ABC, VII, 80 (déc. 52), 17-26, texte & ill.
G7132   Faculté de médecine
BAT, XXX, 5 (mai 55), 49, texte & ill.
BAT, XXXII, 5 (mai 57), 48-49, 51, texte & ill.
BAT, XXXIII, 4 (avril 58), 41 et 45 et 49, texte & ill.
BAT, XXXIII, 5 (mai 58), 40-41, texte & ill.
ABC, XVIII, 205 (mai 63), 54, ill.

Mainguy, Jarnuszkiewicz et Boutin
Québec (Univ. Laval)
G7133   Pavillon des Sciences appliquées
TCA, XI, 5 (mai 66), 70, texte & ill.

Marani, Morris & Allan
Toronto (Univ. of Toronto)
G7134   Zoology Building
RAIC, XL, 1 (jan. 63), 32, ill.
TCA, IX, 5 (mai 64), 48-49, texte & ill.
CB, XIII, 2 (fév. 63), 7, texte & ill.

Marani, Rounthwaite & Dick
Downsview (York University)
G7135   Administrative Studies
TCA, XIII, 8 (août 68), 34 et 45, ill.
G7136   Osgoode Hall Law School
ARCAN, 45, 1 (jan. 68), 37, ill.
CB, XVII, 9 (sept. 67), 56, ill.
CB, XVIII, 4 (avril 68), 8, ill.
TCA, XIII, 8 (août 68), 34 et 46, texte & ill.
Sudbury
G7137   Arts and Humanities Building, Laurentian University
TCA, X, 9 (sept. 65), 70-72, texte & ill.

Marshall & Merrett
Kingston (Queen's University)
G7138   Physics building
CB, XIII, 5 (mai 63), 58-59, texte & ill.
Montréal (McGill University)
G7139   McIntyre Medical Sciences Centre
CB, XV, 4 (avril 65), 54-57, texte & ill.
TCA, IX, 5 (mai 64), 52-53, texte & ill.
ABC, XX, 234 (oct. 65), 36-43, texte & ill.
BAT, XL, 2 (fév. 65), 27-31, texte & ill.

Marshall & Merrett; Stahl, Elliott & Mill
Montréal (McGill University)
G7140   Geography, Mathematics and Computer Building
TCA, XIV, 11 (nov. 69), 54, texte & ill.
AC, 25, 281 (jan.-fév. 70), 25-26, texte & ill.
ARCAN, 49 (nov. 72), 10, texte & ill.

Marshall & Merrett; Stahl, Elliott and Mill; Smith, Harry P.
Kingston (Queen's University)
G7141   Health Sciences Centre
CB, XX, 12 (déc. 70), 10, texte.

Martineau, Lapierre; Murray & Murray
Ottawa (Univ. d'Ottawa)
G7142   Engineering Building
ARCAN, 46, 1 (jan. 69), 21, ill.

Massey, Hart
Ottawa (Carleton Univ.)
G7143   Lecture Room Building and Arts Building
TCA, VIII, 8 (août 63), 51-58, texte & ill.

Massey, Hart; Balharrie, Watson; Bland, John; Merrett, Campbell; Arthur, Eric
G7144   Voir Balharrie, Watson; etc.

Massey, Hart; McBain, William J.
Toronto (Univ. of Toronto)
G7145   Law Building
TCA, VII, 1 (jan. 62), 24-32, texte & ill.

Mathers & Haldenby; Fairn, Leslie R.
Halifax (Dalhousie Univ.)
G7146   Arts Building
RAIC, XXXII, 4 (avril 55), 127, ill.

Mathieu, Almas
Québec (Univ. Laval)
G7147   Projet-thèse: école de pédagogie et d'orientation
ABC, XIII, 147 (juil. 58), 32-34, texte & ill.

Merrett, Campbell; Balharrie, Watson; Bland, John; Massey, Hart; Arthur, Eric
G7148   Voir Balharrie, Watson; etc.

Merrett, Stahl, Elliott
Sainte-Anne de Bellevue (Campus McDonald)
G7149   Faculté de l'Agriculture
AC, 31, 338 (nov.-déc. 76), 6, texte & ill.

Millar, C. Blakeway
Norval
G7150   Stephen House, Upper Canada College
BAT, XLI, 5 (mai 66), 6, texte & ill.
TCA, XI, 4 (avril 66), 37-44, texte & ill.
TCA, XI, 5 (mai 66), 8, texte & ill.
ARCAN, 44, 6 (juin 67), 8 (supplément à la revue), ill.
CB, XVI, 6 (juin 66), 48-49, texte & ill.

Moffat, Moffat & Kinoshita
Waterloo
G7151   Environmental Studies Building, University of Waterloo
TCA, XXV, 8 (août 80), 6, texte & ill.
CB, XXX, 8 (août 80), 5, texte.

Moody, Moore and Partners
Régina (Univ. of Saskatchewan)
G7152   Saskatchewan Hall
TCA, VIII, 4 (avril 63), 9, texte & ill.

Moody, Moore, Duncan, Rattray, Peters, Searle, Christie
Winnipeg (Univ. of Winnipeg)
G7153   Centennial Hall
TCA, XVIII, 3 (mars 73), 32-41, texte & ill.
TCA, XVIII, 5 (mai 73), 8, texte.
TCA, XX, 6 (juin 75), 49, texte & ill.
TCA, XXIV, 10 (oct. 79), 27, ill.
G7154   Lockhart Hall
TCA, XV, 5 (mai 70), 47-48, ill.
TCA, XX, 6 (juin 75), 4, ill.

Moriyama, Raymond
St. Catharines
G7155   Academic Staging Building, Brock University
ARCAN, 47 (20 juil. 70), 6, texte & ill.
TCA, XVI, 1 (jan. 71), 7, texte & ill.

Murray & Murray
Ottawa (Carleton University)
G7156   Arts One Building
CB, XXI, 3 (mars 71), 8, texte & ill.
G7157   St. Patrick's College School of Social Welfare
TCA, XII, 8 (août 67), 42-44, texte & ill.
Ottawa (Univ. d'Ottawa)
G7158   Campus Plan for Engineering Science Precinct
ARCAN, 45, 1 (jan. 68), 33, ill.

Murray & Murray; Martineau, Lapierre
G7159   Voir Martineau, Lapierre; Murray & Murray

Negrin, Reno (Ass.)
Vancouver (Univ. of British Columbia)
G7160   Henry Angus Building
CB, XXIII, 6 (juin 73), 8, texte.

Notebaert, Gérard
Sherbrooke
G7161   Pavillon central de l'Université de Sherbrooke
ABC, XX, 230 (juin 65), 32-37, texte & ill.
RAIC, XL, 1 (jan. 63), 37, ill.

Number Ten Architectural Group
Winnipeg (Univ. of Manitoba)
G7162   Crop Research Building
TCA, XV, 5 (mai 70), 47-48, ill.

Page & Steele
Toronto (Univ. of Toronto)
G7163   Engineering Building
RAIC, XXXVII, 1 (jan. 60), 25, ill.
TCA, VII, 1 (jan. 62), 44-46, texte & ill.
G7164   Wallberg Memorial Building
RAIC, XXVII, 6 (juin 50), 194-196, ill.

Paquin, Philippe
Édifice de lieu inconnu
G7165   Une école d'architecture (projet d'étudiant)
ABC, XXIII, 266 (juil.-août 68), 27, texte & ill.

Parkin, John B.(Ass.)
Saskatoon (Univ. of Saskatchewan)
G7166   Thorvaldson Building
TCA, XII, 7 (juil. 67), 44-46, texte & ill.
RAIC, XLI, 1 (jan. 64), 57, texte & ill.

Toronto (Univ. of Toronto)
G7167 Arts Building
RAIC, XXXVI, 7 (juil. 59), 236, texte & ill.
RAIC, XXXVII, 1 (jan. 60), 25, ill.
TCA, IV, 11 (nov. 59), 48-49, texte & ill.
TCA, VII, 1 (jan. 61), 40-43, texte & ill.
CB, XI, 10 (oct. 61), 43, texte & ill.

Parkin, John B.(Ass.); Adamson, Gordon S.(Ass.); Shore, Moffat & Partners
G7168 Voir Adamson, Gordon S.(Ass.); Parkin, John B.(Ass.)

Pennington and Carter
Windsor
G7169 Essex College Engineering Building
NB, XI, 5 (mai 62), 39, texte & ill.

Phillips, Barratt, Hillier, Jones and Partners
Vancouver (Univ. of British Columbia)
G7170 Civil and Mechanical Engineering Building
TCA, XX, 10 (oct. 75), 6, texte & ill.
CB, XXI, 1 (jan. 71), 9, texte.

Pollowy, Georges
Montréal (McGill Univ.)
G7171 Projet-thèse: un atelier d'art
ABC, XVI, 183 (juil. 61), 38-41, texte & ill.

Portnall & Stock
Saskatoon (Univ. of Saskatchewan)
G7172 School of Agriculture
RAIC, XXXII, 7 (juil. 55), 245, ill.

Prack & Prack; Souter, Lenz, Scott, Taylor, Souter
G7173 Voir Souter, Lenz, Scott, Taylor, Souter; Prack & Prack

Rankin, Keith
Winnipeg (Univ. of Manitoba)
G7174 Basic Sciences Building
ARCAN, 48 (22 nov. 71), 3

Rhone & Iredale
Burnaby
G7175 The Science Complex, Simon Fraser University
TCA, IX, 5 (mai 64), 54-55, texte & ill.
TCA, XI, 2 (fév. 66), 60-63, texte & ill.
TCA, XI, 6 (juin 66), 7, texte.
TCA, XI, 12 (déc. 66), 5-6, texte & ill.
ARCAN, 43, 10 (oct. 66), 62, texte & ill.
RAIC, XLI, 7 (juil. 64), 51-55, texte & ill.
Richmond (C.-B.)
G7176 Douglas Regional College
TCA, XV, 9 (sept. 70), 6-7, texte & ill.

Ross, A.R.
Montréal (McGill Univ.)
G7177 Projet de thèse: A fine arts & architecture centre
ABC, VIII, 87 (juil. 53), 35-38, texte & ill.

Roy, Jean-Marie
Cap-Rouge
G7178 Pavillon André Coindre
ABC, XXI, 246 (oct. 66), 48-50, texte & ill.

Rule, Wynn, Forbes, Lord and Partners
Edmonton (Univ. of Alberta)
G7179 Education Centre
ARCAN, 48 (5 avril 71), 3

Ryan, William J.
St. John's
G7180 Arts Building, Memorial University
RAIC, XXX, 10 (oct. 53), 294-295, texte & ill.
G7181 Science Building, Memorial University
RAIC, XXX, 10 (oct. 53), 293-294, texte & ill.

Savoie, Roméo
Moncton
G7182 Projet-thèse: un centre artistique et culturel pour l'université St-Joseph
ABC, XI, 123 (juil. 56), 24-27, texte & ill.
RAIC, XXXIV, 3 (mars 57), 91, texte & ill.

Schoeler, Heaton, Harvor, Menendez
Ottawa (Univ. d'Ottawa)
G7183 Child Study Centre
TCA, XIV, 11 (nov. 69), 47, texte & ill.

Schoeler, Heaton, Harvor, Menendez; Corneil, Carmen
G7184 Voir Corneil, Carmen; Schoeler, etc.

Sharp and Thompson
Vancouver (Univ. of British Columbia)
G7185 Brock Memorial Building
RAIC, XVIII, 8 (août 41), 138, ill.
G7186 Preventive Medicine Building
RAIC, XXVI, 5 (mai 49), 166, ill.

Sharp & Thompson, Berwick, Pratt
Vancouver (Univ. of British Columbia)
G7187 B.C. Research Council
RAIC, XXX, 10 (oct. 53), 302-304, texte & ill.
G7188 Home Economics
RAIC, XXX, 10 (oct. 53), 302-303, texte & ill.
G7189 Wesbrook Building
RAIC, XXX, 10 (oct. 53), 302-303, texte & ill.

Shore & Moffat
Saskatoon (Univ. of Saskatchewan)
G7190 Arts Building
CB, X, 1 (jan. 60), 90-91, texte & ill.
CB, X, 6 (juin 60), 11, ill.
CB, XI, 8 (août 61), 42, texte & ill.
TCA, V, 10 (oct. 60), 58, texte & ill.

Shore & Moffat and Partners
Toronto (Univ. of Toronto)
G7191 Physics Building
CB, XIII, 8 (août 63), 3, texte & ill.
CB, XV, 5 (mai 65), 6, texte & ill.
TCA, IX, 5 (mai 64), 48-49, texte & ill.
Waterloo
G7192 Arts Building, University of Waterloo
RAIC, XL, 8 (août 63), 48, ill.
TCA, XIV, 7 (juil. 69), 64-65, texte & ill.
CB, XV, 10 (oct. 65), 7, texte & ill.
G7193 Chemistry and Biology Building
TCA, IX, 5 (mai 64), 57, texte & ill.
CB, XIV, 4 (avril 64), 58, texte.
G7194 Lecture Building
TCA, XIII, 5 (mai 68), 53-56, texte & ill.
ARCAN, XLIV, 1 (jan. 67), 23-24, texte & ill.

Shore, Moffat & Partners; Adamson, Gordon S.(Ass.); Parkin, John B.(Ass.)
G7195 Voir Adamson, Gordon S.(Ass.); Parkin, John B.(Ass.); Shore, Moffat & Partners

Shore, Tilbe, Henschel, Irwin, Peters
Hamilton (McMaster Univ.)
G7196 Science & Engineering Building
TCA, XXV, 2 (fév. 80), 4, texte & ill.

Sinclair, Skakun, Naito
Edmonton (Univ. of Alberta)
G7197 Fine Arts Building (Phase I)
TCA, XV, 8 (août 70), 37, texte & ill.

Smith, Carter, Parkin
Winnipeg (Univ. of Manitoba)
G7198 J.A. Russell Architecture Building
TCA, XV, 5 (mai 70), 47-48, ill.

Smith, Carter, Searle Associates
Winnipeg (Univ. of Manitoba)
G7199 School of Architecture
CB, XI, 6 (juin 61), 44-45, texte & ill.
RAIC, XXXV, 8 (août 58), 315, texte & ill.
RAIC, XXXVI, 12 (déc. 59), 420
RAIC, XXXVII, 8 (août 60), 317-328, texte & ill.
RAIC, XXXIX, 1 (jan. 62), 39, ill.
RAIC, XL, 8 (août 63), 38 et 43, ill.

Smith, Carter, Searle Ass.; Forrester, Scott, Bowers, Cooper
Saskatoon (Univ. of Saskatchewan)
G7200 Medical Dental College
TCA, XII (yearbook 67), 60, texte & ill.

Smith, Harry P.; Marshall, Merrett, Stahl, Elliott & Mill
G7201 Voir Marshall, Merrett, Stahl, Elliott & Mill; Smith, Harry P.

Somerville, McMurrich & Oxley
Hamilton (McMaster University)
G7202 The Arts Complex
TCA, IX, 5 (mai 64), 56, texte & ill.

Somerville, McMurrich & Oxley; Govan, Kaminker, Langley, etc.
G7203 Voir Govan, Kaminker, Langley, etc.

Souter, W.R. (Ass.)
Hamilton (McMaster Univ.)
G7204 Engineering Building
RAIC, XXXV, 5 (mai 58), 183, texte & ill.
G7205 Nuclear Reactor
RAIC, XL, 4 (avril 63), 62, ill.

Souter, Lenz, Scott, Taylor, Souter; Prack & Prack
Hamilton (McMaster University)
G7206 Life Sciences
TCA, XV, 8 (août 70), 44, texte & ill.

Stock, D.H. (Partners)
Regina
G7207 College of Education building
CB, XVIII, 9 (sept. 68), 42, texte & ill.

Tampold & Wells
Waterloo
G7208 Hammarskjold House, University of Waterloo
TCA, XIII, 6 (juin 68), 45, texte & ill.

Thompson, Berwick & Pratt
Vancouver (Univ. of British Columbia)
G7209 Arts Building
RAIC, XXXV, 12 (déc. 58), 460, ill.
TCA, I, 6 (juin 56), 56-57, texte & ill.
G7210 Buchanan Building
TCA, VII, 11 (nov. 62), 39 et 45-47, texte & ill.
CB, XXI, 1 (jan. 71), 9, texte.
G7211 Chemistry Building
TCA, VII, 11 (nov. 62), 39 et 55-57, texte & ill.
G7212 Fine Arts Centre
TCA, VI, 6 (juin 61), 57, texte & ill.
TCA, VII, 11 (nov. 62), 39 et 48-50, texte & ill.
RAIC, XL, 5 (mai 63), 32-49, texte & ill.

Thompson, Berwick & Pratt; Jessiman, R.
G7213 Voir Jessiman, R.; Thompson, Berwick & Pratt

Thompson, Berwick, Pratt & Partners
Vancouver (Univ. of British Columbia)
G7214 Health Sciences Instructional Resource Centre
ARCAN, 49 (nov. 72), 10, texte & ill.
G7215 Varsity's Bob Berwick Memorial Centre
TCA, XXII, 7 (juil. 77), 38-42 et 58, texte & ill.

Townend, Stefura, Baleshta & Pfister
Sudbury
G7216 Northern Ontario Health Science School
CB, XXIII, 1 (jan. 73), 32, texte & ill.
TCA, XVIII, 1 (jan. 73), 4, texte & ill.
ARCAN, 49 (nov. 72), 11, texte & ill.
BAT, XLVII, 12 (déc. 72), 23-24, texte & ill.

Tremblay, Fernand
Cap-Rouge
G7217 Pavillon Champagnat
ABC, XXI, 246 (oct. 66), 39-43, texte & ill.

University of Manitoba
Fort Garry
G7218 Taché Hall
ARCAN, 46, 11 (nov. 69), 6

Villemure, Roger; Leclerc, Jean-Claude
Cap-Rouge
G7219 Pavillon Jean de La Mennais
ABC, XXI, 246 (oct. 66), 44-47, texte & ill.

Waisman, Ross & Ass.

Winnipeg (Univ. of Manitoba)
G7220 Crop Research Centre
TCA, IX, 3 (mars 64), 54-57, texte & ill.

Waisman, Ross, Blankstein, Coop, Gillmor, Hanna

Winnipeg (Univ. of Manitoba)
G7221 Arts Building
CB, XVI, 9 (sept. 66), 58-59, texte & ill.

Webb, Zerafa, Menkes

Downsview (York University)
G7222 Physical Sciences
TCA, XIII, 8 (août 68), 34 et 45, texte & ill.

Waterloo
G7223 Arts III Building, University of Waterloo
TCA, XIII, 12 (déc. 68), 45, texte & ill.
ARCAN, 45, 1 (jan. 68), 26, ill.
G7224 Humanities Building, University of Waterloo
TCA, XV, 11 (nov. 70), 7, ill.
CB, XX, 12 (déc. 70), 31, ill.
G7225 Psychology Building, University of Waterloo
TCA, XV (yearbook 70), 30-31, texte & ill.
ARCAN, 48 (12 juil. 71), 9

Wiens, Clifford

Regina (Univ. of Saskatchewan)
G7226 Darke Hall (agrandissement)
RAIC, XLII, 6 (juin 65), 35, ill.

Wright, Charles

Vancouver (Univ. of British Columbia)
G7227 A Fine Arts Centre
RAIC, XXIX, 5 (mai 52), 129

Résidences d'étudiants
Student Residences

"Colloque sur le logement étudiant à l'Université du Québec"
BAT, XLVII, 2 (fév. 72), 22 et 24, texte.

Delean, Lucien

Apartments and Dormitories, F.W. Dodge Corp, Architectural Record Book. S.L., 1958
RAIC, XXXVI, 9 (sept. 59), 329

Éditeur

"Developer Proposal" (les résidences d'étudiants)
TCA, XIII, 6 (juin 68), 33-54

Grant, Alastair

"Comment." (les résidences universitaires)
TCA, XIII, 9 (sept. 68), 12

Hellyar, Frank

"Cost Analysis" (pour la construction d'une résidence étudiante à Guelph)
TCA, XII, 2 (fév. 67), 58-62

Klein, Jack; Sears, Henry

"Student Housing"
TCA, XV, 2 (fév. 70), 28-46

Parisel, Claude

"Le logement étudiant"
ABC, XXIII, 268 (oct. 68), 32-37, texte & ill.
ABC, XXIII, 269 (nov. 68), 35-48, texte & ill.

Sears, Henry

Allen, Phyll's et William Mullins. *Student Housing: Architectural And Social Aspects*, Crosby Lockwood & Son Ltd, London, 1971
TCA, XVI, 8 (août 71), 8-9

Anonyme/Anonymous

Brandon
G8001 Brandon College
CB, XI, 4 (avril 61), 51, texte.

Burnaby
G8002 Simon Fraser University
CB, XVIII, 5 (mai 68), 7, texte.

Calgary (Univ. of Calgary)
G8003 (250 maisons en rangées pour les étudiants)
CB, XX, 12 (déc. 70), 9, texte & ill.
G8004 (Résidences)
CB, XV, 10 (oct. 65), 60, ill.

Chicoutimi-nord
G8005 Collège St-Jean-Baptiste (résidence des Frères)
BAT, XXXIII, 9 (sept. 58), 17, texte.

Downsview (York University)
G8006 (résidences étudiantes)
CB, XV, 5 (mai 65), 5, texte.
CB, XVI, 11 (nov. 66), 90, texte.

Edmonton (Univ. of Alberta)
G8007 Dormitory Buildings
RAIC, XLIII, 1 (jan. 66), 24, ill.
CB, XVI, 11 (nov. 66), 90, texte.

Fredericton (University of New Brunswick)
G8008
CB, XIX, 2 (fév. 69), 8, texte.
CB, XIX, 12 (déc. 69), 8, texte.

Guelph (University of Guelph)
G8009
CB, XV, 3 (mars 65), 74, texte.
CB, XVI, 12 (déc. 66), 5, texte.

Halifax (Dalhousie University)
G8010 (résidences)
CB, XVI, 11 (nov. 66), 90, texte.
CB, XVI, 12 (déc. 66), 5, texte.

Hamilton (McMaster University)
G8011 (projet de résidences étudiantes)
CB, XXI, 6 (juin 71), 58, texte.

Kingston (Queen's University)
G8012 Résidences pour 96 étudiants
CB, XIX, 4 (avril 69), 5, texte.
G8013 Résidences pour étudiants mariés
CB, XVIII, 6 (juin 68), 5, texte.

Lennoxville
G8014 Bishop University
CB, XV, 3 (mars 65), 74, texte.

London
G8015 University of Western Ontario
CB, XV, 5 (mai 65), 7, texte.
G8016 (400 unités pour résidences)
CB, XXVI, 9 (sept. 76), 68, texte.

Moncton
G8017 Université de Moncton
CB, XV, 3 (mars 65), 74, texte.

Montréal (McGill University)
G8018 Maisons d'étudiants pour le Collège MacDonald
BAT, XLIII, 2 (fév. 68), 34, texte.

Nelson
G8019 Notre Dame University
CB, XVI, 7 (juil. 66), 8, texte.

Olds (Alberta)
G8020 Provincial Agricultural and Vocational College
CB, XVII, 8 (août 67), 5, texte.

Ottawa (Carleton Univ.)
G8021 (résidences étudiantes)
CB, XI, 7 (juil. 61), 42, texte & ill.
G8022 (résidences de 11 étages)
CB, XVIII, 3 (mars 68), 6, texte.

Ottawa (Univ. of Ottawa)
G8023 (résidence étudiante)
CB, XV, 3 (mars 65), 74, texte.
CB, XIX, 2 (fév. 69), 8, texte.
TCA, VII, 4 (avril 62), 54, ill.

Peterborough (Trent University)
G8024 (résidences pour 334 étudiants)
CB, XXI, 1 (jan. 71), 10, texte.

Rockingham (N.-E.)
G8025 Mount St.Vincent College
CB, XVI, 9 (sept. 66), 63, ill.

St-Augustin
G8026 Séminaire de St-Augustin
BAT, XL, 11 (nov. 65), 40, texte.

St.Catharines
G8027 Brock University
CB, XVIII, 8 (août 68), 47, texte.

Saint-Georges de Beauce
G8028 Le petit Séminaire de Saint-Georges de Beauce
CB, XV, 6 (juin 65), 73, texte.

St-Hyacinthe
G8029 Collège St-Maurice
BAT, XXXIX, 12 (déc. 64), 9, texte.

St.John's
G8030 Memorial University
CB, XVI, 9 (sept. 66), 61, texte.

Saskatoon (University of Saskatchewan)
G8031 (résidences)
CB, XIX, 3 (mars 69), 6, texte.

Scarborough
G8032 Student House Project
CB, XXII, 10 (oct. 72), 5, texte & ill.

Sudbury
G8033 Laurentian University
CB, XIV, 10 (oct. 64), 19, texte.
CB, XXI, 5 (mai 70), 7, texte.

Toronto (Univ. of Toronto)
G8034 Rochdale College
CB, XVI, 10 (oct. 66), 8, texte.

Toronto
G8035 Ryerson Polytechnical Institute
CB, XIX, 2 (fév. 69), 6, texte.

Vancouver (Univ. of British Columbia)
G8036 (résidences pour 192 étudiants)
CB, XVIII, 3 (mars 68), 6, texte.
G8037 (résidence)
CB, XI, 4 (avril 61), 51, texte.
CB, XVII, 2 (fév. 67), 48, texte.
G8038 Walter H. Gage Residences
CB, XXII, 12 (déc. 72), 27-28, texte & ill.

Victoria (Univ. of Victoria)
G8039 (résidences pour étudiants mariés)
CB, XIX, 4 (avril 69), 7, texte.
G8040 (résidences)
CB, XVI, 12 (déc. 66), 5, texte.

Waterloo
G8041 University of Waterloo
CB, XV, 10 (oct. 65), 8, texte.
CB, XVI, 7 (juil. 66), 8, texte.

Windsor (Univ. of Windsor)
G8042 (résidences)
CB, XVII, 2 (fév. 67), 48, texte.
CB, XVIII, 6 (juin 68), 5, texte.

Windsor (Assumption Univ.)
G8043 Holy Names Residence
CB, XII, 4 (avril 62), 44, ill.

Wolfville (N.-E.)
G8044 Acadia University
CB, XXV, 4 (avril 75), 54, texte.

Adamson, Gordon S.(Ass.)

Sackville
G8045 Mount Allison University, Women's Residence
TCA, VII, 4 (avril 62), 58, texte & ill.

Toronto (Victoria University)
G8046 Margaret Addison Hall
RAIC, XXXVII, 1 (jan. 60), 20-22, texte & ill.
CB, XI, 3 (mars 61), 62-63, texte & ill.

Alberta, Dept. of Public Works

Oliver (Alberta)
G8047 Provincial Mental Institute
RAIC, XXI, 8 (août 44), 186-187, texte & ill.

Amyot, Gaston

Cap-Rouge
G8048 Résidence La Salle
ABC, XXI, 246 (oct. 66), 52-53, texte & ill.

Andrews, John

Guelph
G8049 University of Guelph
TCA, XII, 2 (fév. 67), 57-62, texte & ill.
TCA, XV, 11 (nov. 70), 7, ill.
ARCAN, XLIV, 1 (jan. 69), 27, ill.
CB, XX, 12 (déc. 70), 17 et 31, texte.

Andrews, John; Flemming & Secord
G8050 Voir Flemming & Secord; Andrews, John

Dennis and Freda; O'Connor & Maltby
Edmonton (Univ. of Alberta)
G8051 Married Student Quarters
TCA, XV, 3 (mars 70), 8, texte.
ARCAN, XLIV, 11 (nov. 67), 51-53, texte & ill.
ARCAN, 45, 12 (déc. 68), 39-41, texte & ill.

Diamond & Myers; Wilkin, Richard
Edmonton (Univ. of Alberta)
G8052 Student Housing
ARCAN, XLVII, (13 avril 70), 6-7, texte & ill.
ARCAN, XLIX, (10 juil. 72), 5, texte & ill.
CB, XX, 1 (jan. 70), 6, texte.
TCA, XXIV, 10 (oct. 79), 27, ill.

Downs-Archambault
Victoria (University of Victoria)
G8053 Résidences
TCA, XIV, 12 (déc. 69), 6, texte & ill.

Downs, Barry V.; Hollingsworth, Fred T.
G8054 Voir Hollingsworth, Fred T.; Downs, Barry V.

Drummond, Derek
Montréal
G8055 Projet-thèse: ensemble d'habitations pour professeurs des facultés
ABC, XVII, 195 (juil. 62), 26-29, texte & ill.

Duffus, Romans, Kundzins, Rounsefell
Halifax (Nova Scotia Technical College)
G8056 O'Brien Residence
ARCAN, XLVI, 6 (juin 69), 6, texte & ill.

Erickson, Arthur
Burnaby
G8057 Simon Fraser University, Women's residence
TCA, XIX, 11 (nov. 74), 36-37, texte & ill.

Erickson-Massey
Burnaby
G8058 Simon Fraser University, Student Residences
TCA, XV (yearbook 70), 92-93, texte & ill.

Fairfield & DuBois
Peterborough (Trent University)
G8059 Residences, College V
TCA, XIII, 6 (juin 68), 51, texte & ill.

Fiset & Deschamps
Québec (Univ. Laval)
G8060 Maison Biermans-Moraud
ABC, XIV, 158 (juin 59), 184-193, texte & ill.
BAT, XXXI, 4 (avril 56), 85, texte & ill.
BAT, XXXII, 5 (mai 57), 48-49, 51, texte & ill.
BAT, XXXIII, 5 (mai 58), 39, texte & ill.

Flemming and Secord; Andrews, John
St. Catharines
G8061 Brock University
ARCAN, XLVII, (26 oct. 70), 1-2, texte & ill.
TCA, XV, 11 (nov. 70), 7, texte.
TCA, XV, 11 (nov. 70), 31-35, texte & ill.
CB, XX, 12 (déc. 70), 31, ill.

George and Moorhouse
Toronto (Univ. of Toronto)
G8062 St. Hildas College Residence
RAIC, XVII, 1 (jan. 40), 9, ill.

Grossman, Irving
Kingston
G8063 Split-level student residence, Elrond College
ARCAN, 47 (9 nov. 70), 1, texte & ill.

Hancock, Little, Calvert Ass.
London
G8064 University of Western Ontario
TCA, XIII, 6 (juin 68), 40-41, texte & ill.
Waterloo
G8065 University of Waterloo
TCA, XIII, 6 (juin 68), 42, ill.

Hemingway, Peter
Edmonton (Univ. of Alberta)
G8066 (Résidences étudiantes)
TCA, XV, 2 (fév. 70), 8, texte.

Hollingsworth, Fred T.; Downs, Barry V.
Victoria (Univ. of Victoria)
G8067 (Résidences)
TCA, X, 1 (jan. 65), 45, texte & ill.

Husband, Wallace, Dabner, Ellis & Garwood-Jones
Hamilton (McMaster University)
G8068 Men's Residence
TCA, IX, 11 (nov. 64), 5 et 9, texte & ill.

Klein and Sears
Guelph (University of Guelph)
G8069 Wellington Woods Student Residence
TCA, XVII, 10 (oct. 72), 46-59, texte & ill.
G8070 East Residences
TCA, XVIII, 2 (fév. 73), 40-44, texte & ill.

Lort, William
Édifice de lieu inconnu
G8071 (Dormitory for men)
RAIC, XXIX, 5 (mai 52), 132, ill.

McIntosh & Moeller
Hamilton (McMaster University)
G8072 McKay Hall Women's Residence
TCA, XII, 10 (oct. 67), 6, texte & ill.
ARCAN, XLIV, 10 (oct. 67), 9, texte & ill.
CB, XVII, 11 (nov. 67), 47, ill.

Mainguy, Jarnuszkiewicz et Boutin
Québec (Univ. Laval)
G8073 Résidence des étudiantes
ABC, XXII, 252 (avril 67), 32-35, texte & ill.

Marshall, Merrett, Stahl, Elliott & Mill
Kingston (Queen's University)
G8074 Résidences
AC, XXVIII, 311 (jan.-fév. 73), 28-29, texte & ill.

Mathers & Haldenby
Toronto
G8075 York University's Glendon Campus Residences
CB, XV, 8 (août 65), 6, ill.

Monette, Jean-Paul
Shawinigan
G8076 Résidence des étudiants — CEGEP de Shawinigan
BAT, XLVIII, 10 (oct. 73), 3, texte.

Moriyama, Raymond
Waterloo
G8077 Minota Hagey Residence, University of Waterloo
TCA, XII, (yearbook 67), 70, texte & ill.
TCA, XIV, 10 (oct. 69), 10, texte & ill.
CB, XIX, 11 (nov. 69), 36, ill.

Negrin, Reno (Ass.)
Vancouver (Univ. of British Columbia)
G8078 (Résidences)
CB, XVIII, 6 (juin 68), 72, texte.
CB, XX, 9 (sept. 70), 66, texte.

Notebaert, Gérard
Sherbrooke
G8079 Résidence des étudiants, Université de Sherbrooke
AC, XXVI, 298 (oct. 71), 22-23, texte & ill.

Nowski, James T.
Toronto (Univ. of Toronto)
G8080 Residence for men
RAIC, XXXV, 3 (mars 58), 78, ill.

O'Connor & Maltby; Dennis & Freda
G8081 Voir Dennis & Freda; O'Connor & Maltby

Papineau, Gérin-Lajoie & Leblanc
Montréal (Univ. de Montréal)
G8082 Résidence des étudiantes
BAT, XLI, 5 (mai 66), 36-38, texte & ill.
BAT, XLIII, 12 (déc. 68), 21, ill.
TCA, XI, 7 (juil. 66), 43-47, texte & ill.
ABC, XXII, 253 (mai 67), 25-26, texte & ill.
ARCAN, XLIV, 6 (juin 67), 5 (supplément à la revue), ill.

Parisel, Claude
Montréal
G8083 Habitation étudiante dans un voisinage universitaire
ABC, XXI, 243 (juil. 66), 18-25, texte & ill.

Plasvic, Vladimir (Ass.)
Fort Camp
G8084 University of British Columbia
TCA, XII, 11 (nov. 67), 7, texte & ill.
Vancouver (Univ. of British Columbia)
G8085 Acadia Park Married Student Quarters
ARCAN, XLV, 12 (déc. 68), 9, texte & ill.
TCA, XII (yearbook 67), 75, texte & ill.
TCA, XIII, 6 (juin 68), 46 et 49, ill.
TCA, XIV, 1 (jan. 69), 6, texte & ill.

Pretty, Louis-C.; Roy, Yves
Gaspé
G8086 Résidence d'étudiants pour le C.E.G.E.P. de la Gaspésie
AC, XXV, 281 (jan.-fév. 70), 14-17, texte & ill.

Robitaille, André
Québec (Univ. Laval)
G8087 Maison des étudiants
ABC, XX, 236 (déc. 65), 15-20, texte & ill.

Rosen & Caruso
Troy (N.Y.)
G8088 Fraternity Residence (Rensselaer Polytechnic Institute)
TCA, XII (yearbook 67), 74, texte & ill.
ARCAN, XLV, 1 (jan. 68), 27, ill.

Rosen, Caruso, Vecsei
Montréal (McGill University)
G8089 Fraternity House
TCA, IX (yearbook 64), 50-51, texte & ill.
RAIC, XLI, 11 (nov. 64), 133, texte & ill.

Rounthwaite, Fairfield & DuBois
Toronto (Univ. of Toronto)
G8090 New College, A men's Residence
TCA, IX, 5 (mai 64), 48-49, texte & ill.

Rowan, Jan
Montréal (McGill Univ.)
G8091 McIntyre Hall, Residence's Student
RAIC, XXIX, 5 (mai 52), 135, ill.

Roy, Jean-Marie
Cap-Rouge
G8092 Résidence des missionnaires de la Consolata
ARCAN, 44, 6 (juin 67), 6 (supplément à la revue), ill.

Scott, Gavin
Montréal
G8093 Projet-thèse: cité universitaire (résidences pour étudiants, professeurs et invités)
ABC, XVII, 195 (juil. 62), 30-33, texte & ill.

Sharp & Thompson, Berwick, Pratt
Vancouver (Univ. of British Columbia)
G8094 Women's Dormitory
RAIC, XXX, 10 (oct. 53), 302-304, texte & ill.

Sheiden, A.
Montréal (McGill Univ.)
G8095 Projet-thèse: résidence pour étudiants
ABC, IX, 99 (juil. 54), 35, texte & ill.

Sykes, Jim
Halifax (Dalhousie Univ.)
G8096 Varma Residence
ARCAN, XLVIII, (1 mars 71), 7

Tampold and Wells
Halifax (St. Mary's University)
G8097 Student Residence
TCA, XVII, 1 (jan. 72), 7, texte & ill.
TCA, XVII, 5 (mai 72), 36-38, texte & ill.
ARCAN, XLV, 1 (jan. 68), 53, ill.
ARCAN, 47 (14 sept. 70), 3-4
ARCAN, XLVII, (14 oct. 70), 3-4
CB, XVIII, 9 (sept. 68), 44, texte & ill.

Enseignement et recherche

G8098 **Toronto (Univ. of Toronto)**
Tartu College
CB, XVIII, 6 (juin 68), 5, texte.
TCA, XIII, 6 (juin 68), 41, texte & ill.
TCA, XVII, 5 (mai 72), 32-33, texte & ill.

G8099 **Waterloo**
University of Waterloo
TCA, X, 8 (août 65), 6, texte & ill.
TCA, XIII, 6 (juin 68), 39, ill.

Thom, Ron

G8100 **North Bay**
Residence of College of Education Centre
ARCAN, XLVIII, (27 sept. 71), 4
CB, XXI, 8 (août 71), 60, texte & ill.

Tremblay, Fernand

G8101 **Cap-Rouge**
Résidence Marianiste
ABC, XXI, 246 (oct. 66), 51, texte & ill.

Trépanier, Paul-O.

G8102 **Ste-Anne-de-la-Rochelle**
Résidence Ave Maria (pour le personnel de l'école Ste-Anne-de-la-Rochelle)
BAT, XXXIII, 9 (sept. 58), 28-29, texte & ill.

Underwood, McLellan and Ass.

G8103 **Calgary (Univ. of Calgary)**
Apartment Cluster
CB, XVI, 12 (déc. 66), 5, ill.

Webb & Menkes

G8104 **Montréal**
Residence Building, Loyola College
RAIC, XL, 8 (août 63), 45, ill.

Webb, Zerafa, Menkes

G8105 **Waterloo**
University of Waterloo
TCA, XIII, 6 (juin 68), 36-37, texte & ill.
CB, XVIII, 7 (juil. 68), 7, texte & ill.

Wilkin, Richard; Diamond & Myers

G8106 Voir Diamond & Myers; Wilkin, Richard

Laboratoires
Laboratories

Buildings for Research par les rédacteurs de *Architectural Record*
ABC, XIII, 148 (août 58), 58

Sellors, Roy

Buildings for Research, F.W. Dodge Corp, Architectural Record Book, sans lieu, sans date.
RAIC, XXXVI, 8 (août 59), 293

Anonyme/Anonymous

G9001 **Boucherville**
Institut de génie des matériaux du CNRC
BAT, LV, 5 (juin 80), 8, texte & ill.

G9002 **Burlington**
Inland Waters (hydraulics laboratory)
CB, XXI, 6 (juin 71), 29, texte.

G9003 **Burnaby**
A research centre
CB, XXV, 5 (mai 75), 35, texte.

G9004 **Canada**
Canadian Refractories Limited Research Laboratories
BAT, IX, 5 (mai 61), 45, ill.

G9005 **Charlottetown**
Federal Department of Agriculture
CB, XXI, 9 (sept. 71), 6, texte.

G9006 **Dartmouth (N.-E.)**
Bedford Institute of Oceanography
CB, XVIII, 8 (août 68), 49, texte.

G9007 **Hamilton**
Administration & Main Laboratory Building (Canada Centre for Inland Waters)
CB, XXII, 6 (juin 72), 8, texte & ill.

G9008 **Harrow (Ont.)**
Agricultural Research Laboratory
CB, XVIII, 4 (avril 68), 7, texte.

G9009 **Kirkland**
Charles E. Frosst & Co.
CB, XVIII, 8 (août 68), 6, texte.

G9010 Merck Sharp & Dohme of Canada Ltd
CB, XVIII, 8 (août 68), 6, texte.

G9011 **La Salle**
General Foods Ltd
BAT, LIII, 11 (nov. 78), 5, texte.

G9012 **Lethbridge**
Federal Dept. of Agriculture research Station
CB, XXIV, 11 (nov. 74), 8, texte.

G9013 **Mississauga (Sheridan Park)**
Industrial research complex
CB, XXI, 3 (mars 71), 13, texte.
CB, XXII, 4 (avril 72), 7, ill.
TCA, VIII, 4 (avril 63), 7 et 9, texte & ill.

G9014 Gulf Canada Research & Development Centre
CB, XXII, 5 (mai 72), 8, texte.

G9015 The Canada Systems Group Ltd
CB, XXII, 1 (jan. 72), 14, texte.

G9016 **Montréal**
Dominion oilcloth and linoleum Co.
CB, XIV, 10 (oct. 64), 20, texte.

G9017 Montreal General Hospital
BAT, XLVII, 1 (jan. 72), 18, texte.

G9018 Hydro-Quebec Institute of Research
CB, XXII, 2 (fév. 72), 38, texte.

G9019 Institute of family and social pshychiatry
CB, XIX, 10 (oct. 69), 37, ill.

G9020 Lady Davis Institute
CB, XIX, 10 (oct. 69), 36, ill.

G9021 E.R. Squibb & Sons of Canada Ltd
CB, VI, 11 (nov. 56), 38-41, texte & ill.

G9022 **Norman Wells (T.N.O.)**
Northern Research Station
CB, VI, 8 (août 56), 55, texte.

G9023 **Ottawa**
Animal Diseases Research Institute
CB, XXI, 12 (déc. 71), 6, texte.

G9024 Fuels and Mining Practice
CB, XVI, 12 (déc. 66), 50, texte & ill.

G9025 Survey and Mapping Building
NB, VIII, 10 (sept. 59), 29, texte & ill.

G9026 **Pointe-Claire**
Institut de la Pulpe et Papier du Canada
BAT, XL, 8 (août 65), 62

G9027 **Ste-Anne-de-Varennes**
Institut de recherches de l'Hydro-Québec
BAT, XLV, 3 (mars 70), 50, texte.

G9028 **Sarnia**
Polymer Corp. Ltd
CB, XV, 5 (mai 65), 8, texte.

G9029 **Senneville**
Domtar Limited
BAT, XLI, 8 (août 66), 54, texte.
CB, XIX, 6 (juin 69), 60, texte & ill.

G9030 **Vancouver**
B.C. Research Council
CB, XVII, 2 (fév. 67), 5, texte.

G9031 Forest Products Laboratory
CB, XIV, 12 (déc. 64), 7, texte.

G9032 Williams Bros. Photographers Ltd
CB, IX, 5 (mai 59), 67, texte & ill.

G9033 **Victoria**
Department of Forestry
CB, XIII, 5 (mai 63), 3, texte & ill.

Adamson, Gordon (Ass.)

G9034 **Alliston**
Baxter Laboratories of Canada Ltd
RAIC, XXXIII, 5 (mai 56), 171, ill.

G9035 **Downsview**
Defence Research Medical Laboratories
RAIC, XXXIII, 9 (sept. 56), 355-357, texte & ill.

Allward & Gouinlock

G9036 **Ottawa**
Geological — Geographical Surveys Building
RAIC, XXXII, 11 (nov. 55), 421, ill.

G9037 **Toronto**
Research Enterprises Limited
RAIC, XXIII, 2 (fév. 46), 37, ill.

Alta-West Construction Ltd

G9038 **Lacombe**
A swine testing station for the Dept. of Agriculture at the Experimental Farm
CB, XIV, 10 (oct. 64), 10, texte.

Barrott, Marshall; Montgomery & Merrett

G9039 **Arvida**
Aluminium Laboratories Ltd
ABC, VIII, 88 (août 53), 30-33, texte & ill.
RAIC, XXXI, 6 (juin 54), 180-182, ill.

Bell, McCulloch, Spotowski

G9040 **Edmonton**
Research Council of Alberta
TCA, XI, 10 (oct. 66), 7, texte & ill.

Blouin, André

G9041 **Ville La Salle**
Laboratoire d'hydraulique Neyrpic Canada
ABC, XII, 133 (mai 57), 62-65, texte & ill.

Boigon and Heinonen

G9042 **Toronto**
Meteorological Headquarters Building
TCA, XVII, 6 (juin 72), 37-42 et 65, texte & ill.
CB, XIX, 8 (août 69), 7, texte.

Booth, Percy

G9043 **Dorval**
Sandoz Ltd
RAIC, XXXVII, 10 (oct. 60), 433-434, texte & ill.

Bregman & Hamann

G9044 **Toronto**
Toronto Institute of Medical Technology
TCA, XIII, 12 (déc. 68), 44, texte & ill.

Brillon, Henri

G9045 **Arctique**
Projet-thèse: un centre de recherches dans l'Arctique
ABC, XVI, 183 (juil. 61), 22-27, texte & ill.
RAIC, XXXIX, 3 (mars 62), 44-45, texte & ill.

Brodeur, Gilles; Dumais, Luc; Caza, Jean-Pierre; Boulva, Francis

G9046 *Édifice de lieu inconnu*
Laboratoire haute-tension de l'IREQ
BAT, XLVI, 8 (août 71), 19-21, texte & ill.

Bujold, Émilien

G9047 *Édifice de lieu inconnu*
Laboratoires d'une école nationale d'agriculture (projet d'étudiant)
RAIC, XXIII, 4 (avril 46), 91, texte & ill.

Burge, Thomas W.

G9048 **Mauricie**
Shawinigan Water and Power
ABC, II, 14 (juin 47), 26, ill.

Burgess and McLean

G9049 **Ottawa (Université d'Ottawa)**
Forest Products Laboratory
TCA, I, 7 (juil. 56), 52-53, texte & ill.
TCA, II, 4 (avril 57), 23, ill.

Candy, K.H.

G9050 **Etobicoke**
W.P. Dobson Research Laboratory (Hydro-Electric Power Commission of Ontario)
CB, XI, 11 (nov 61), 59, texte & ill.
CB, XII, 6 (juin 62), 53, texte & ill.

Carter, Frank Cresswell
Édifice de lieu inconnu
G9051 Undergraduate Teaching Laboratories for the Sciences
RAIC, XLII, 8 (août 65), 21 et 24-25, texte & ill.

Diamond, Clarke, Edwards and Ass.
Edmonton
G9052 (a forest research laboratory)
CB, XVIII, 12 (déc. 68), 7, ill.

Dobush & Stewart
Pointe-Claire
G9053 Institut canadien de recherches sur la pulpe et le papier
ABC, XIV, 157 (mai 59), 140-142, texte & ill.
BAT, XXXIV, 2 (fév. 59), 22-26, texte & ill.

Dobush, Stewart, Bourke
Montréal
G9054 Laboratoire de recherches de Building Products Limited
BAT, XXXIX, 6 (juin 64), 6, texte & ill.

Dobush, Stewart, Bourke, Holtshousen
Logy Bay (T.-N.)
G9055 Marine Science Research Laboratory
ARCAN, 44, 1 (jan. 67), 45, texte & ill.

Doran, H.J.
Montréal
G9056 Laboratoire Abbott
ABC, III, 21 (jan. 48), 21-22, ill.

Fairn, Leslie R.
Halifax (Dalhousie Univ.)
G9057 Maritime Regional Laboratory, National Research Council
RAIC, XXX, 7 (juil. 53), 190, ill.
RAIC, XXXII, 4 (avril 55), 125, ill.

Fisher, Tedman and Fisher
Toronto
G9058 Ontario Water Resources Commission
CB, X, 5 (mai 60), 74-75, texte & ill.

Fleury and Arthur
Toronto
G9059 Canada Packers Ltd Research and Development Laboratories
RAIC, XXXI, 6 (juin 54), 183-186, ill.

Gagnon, G.
Lac St-Pierre
G9060 Bâtiment du terrain d'épreuves pour artillerie
ABC, XII, 133 (mai 57), 66-71, texte & ill.

Goyer, Paul
Édifice de lieu inconnu
G9061 Laboratoires d'une école nationale d'agriculture (projet d'étudiant)
RAIC, XXIII, 4 (avril 46), 91, ill.

Grenier, Pierre
Édifice de lieu inconnu
G9062 Projet étudiant: un laboratoire d'études technico-architecturales
ABC, XV, 165 (jan. 60), 26, texte & ill.

Horwood, Guihan, Cullum
St.John's (T.-N.)
G9063 Environnement Canada
TCA, XX, 7 (juil. 75), 5, texte & ill.

Hugues, H. Gordon
Ottawa
G9064 Aerodynamics Building
RAIC, XXIII, 5 (mai 46), 105-115, texte & ill.

Izumi, Arnott and Sugiyama
Saskatoon (Univ. of Saskatchewan)
G9065 Saskatchewan Research Council Laboratory
RAIC, XXXVI, 6 (juin 59), 184-186, texte & ill.

Kemble, Roger
Little Saanich Mountain (C.-B.)
G9066 16" Telescope Housing Dominion Astrophysical Observatory
ARCAN, 44, 6 (juin 67), 14 (supplément à la revue), ill.
ARCAN, 46, 2 (fév. 69), 5, texte & ill.
CB, XIX, 2 (fév. 69), 5, texte & ill.

Lamarre, Denis
Sillery
G9067 Centre de recherches neurologiques
RAIC, XXXIV, 3 (mars 57), 89, texte & ill.

Lapierre, Louis J.
Laval
G9068 Laboratoire Octo Ltd.
AC, 25, 287 (sept. 70), 30, texte & ill.

Le Moyne, Edwards, Shine; Trudeau, C.-E.
Mont-St-Hilaire
G9069 McGill University Laboratory and Dormitories
RAIC, XLI, 11 (nov. 64), 132, texte & ill.
TCA, IX, 12 (déc. 64), 34-35 et 39, texte & ill.
TCA, XI, 3 (mars 66), 39-42, texte & ill.

Long Mayell & Ass.
Calgary
G9070 Solar Experiments Shelter
TCA, XXIII, 11 (nov. 78), 45-46, texte & ill.

McLean and MacPhadyen
Ottawa (Carleton University)
G9071 Environmental Laboratories
TCA, XVI, 4 (avril 71), 57-62, texte & ill.
ARCAN, 47 (30 mars 70), 4, texte & ill.

Marshall, Merrett, Stahl, Elliott & Mill
Vaudreuil
G9072 Édifice Hoffmann-Laroche
AC, 27, 306 (juin-juil. 72), 16-19 et 32, texte & ill.
ARCAN, L (juil. 73), 3-5, texte & ill.

Mathers & Haldenby
Guelph
G9073 University of Guelph, Animal Laboratory
TCA, XVIII, 11 (nov. 73), 4-5, texte & ill.
TCA, XIX, 5 (mai 74), 47-51, texte & ill.
G9074 (Science/nutrition laboratory)
CB, XVIII, 3 (mars 68), 5, ill.
Toronto
G9075 Toronto Laboratory of the Eli Lilly and Co.
RAIC, XXIII, 12 (déc. 46), 324-327, texte & ill.

Meadowcroft, James C.
Kingston
G9076 Centre de recherches "Aluminium Laboratories Limited"
ABC, I, 7 (oct. 46), 12, ill.
RAIC, XXIII, 2 (fév. 46), 33-35, texte & ill.
Ottawa
G9077 Building Research Centre
RAIC, XXXII, 1 (jan. 55), 3-10, texte & ill.
BAT, XXIX, 1 (jan. 54), 3 et 12-14, texte & ill.
CDQ, XXVI, 3 (mai-juin 51), 30, texte & ill.
CB, III, 11 (nov. 53), 21-23, texte & ill.

Meadowcroft & MacKay
Ottawa
G9078 Édifice des Recherches contre le Feu (Bureau et Laboratoires)
BAT, XXXIV, 12 (jan. 60), 22-25, texte & ill.
CB, VIII, 12 (déc. 58), 45, ill.
G9079 P.E. Brule Co. Ltd
CB, XIX, 1 (jan. 69), 7, texte.

Moody and Moore
Winnipeg (Univ. of Manitoba)
G9080 Science Service Laboratory for Department of Agriculture
RAIC, XXXII, 10 (oct. 55), 393, ill.

Papineau, Gérin-Lajoie, Le Blanc, Edwards
Igloolik (T.N.O.)
G9081 Affaires indiennes et du nord-ouest
ARCAN, L (mai 73), 6, texte & ill.
TCA, XVIII (yearbook 73), 43, texte & ill.
TCA, XIX, 3 (mars 74), 23-24, texte & ill.
CB, XXIII, 6 (juin 73), 46, texte & ill.

Prack & Prack
Hamilton
G9082 Dominion Foundries & Steel Ltd
BAT, XXXVIII, 11 (nov. 63), 31-32, texte & ill.

Seguin, Patrick
Montréal
G9083 Projet: laboratoire d'étude technico-architecturale
ABC, XIII, 141 (jan. 58), 36, texte.

Shore & Moffat
Burlington
G9084 Stelco Research Centre
CB, XVII, 7 (juil. 67), 52, texte & ill.
ABC, XIX, 224 (déc. 64), 45, texte.
Sarnia
G9085 Research Laboratory for Imperial Oil Ltd
RAIC, XXXVIII, 11 (nov. 61), 65, ill.
TCA, VI, 11 (nov. 61), 8, ill.
CB, XI, 12 (déc. 61), 38-39 et 44, texte & ill.
BAT, IX, 12 (déc. 61), 13 et 15, texte & ill.

Shore & Moffat and Partners
Clarkson (Ont.)
G9086 Product Research Laboratory, The Consolidated Mining & Smelting Co.
RAIC, XLII, 11 (nov. 65), 55-57, texte & ill.
TCA, X, 11 (nov. 65), 13 et 24, texte & ill.
G9087 Research and Development Centre for the British American Oil Co. Ltd
RAIC, XL, 8 (août 63), 49, ill.
RAIC, XLI, 12 (déc. 64), 56-57, texte & ill.
TCA, IX, 12 (déc. 64), 9 et 12, texte & ill.
TCA, XI, 8 (août 65), 38-40, texte & ill.
CB, XIII, 8 (août 63), 10, texte & ill.
CB, XIII, 12 (déc. 63), 42, texte & ill.
Oakville
G9088 Shell Canada Laboratory
TCA, XIV, 7 (juil. 69), 65, texte & ill.
TCA, XVI, 1 (jan. 71), 22-25, texte & ill.
ARCAN, 44, 1 (jan. 67), 47, ill.
ARCAN, 47 (12 oct. 70), 14, texte & ill.
CB, XVIII, 10 (oct. 68), 5, texte & ill.
Ottawa
G9089 Food & Drug Laboratory, Tunny's Pasture
ARCAN, 45, 1 (jan. 68), 58, ill.
TCA, XII (yearbook 67), 78, texte & ill.

Shore, Tilbe, Henschel, Irwin
Oakville
G9090 Shell Research Centre
CB, XXVIII, 1 (jan. 78), 20-21, texte & ill.

Smith, J. Roxborough
Longue-Pointe
G9091 Johnson & Johnson Ltd
BAT, XXX, 11 (nov. 55), 58, texte & ill.

Smith, Carter, Parkin
Winnipeg
G9092 Board of Grain Commissioners Building
CB, XXI, 2 (fév. 71), 39, texte.

Smith, Mill & Ross
Kingston
G9093 The Alcan Research and Development Centre
CB, XXX, 11 (nov. 80), 10, texte.

Stock, D.H. (Partners)
Régina
G9094 Agricultural Research Lab for the Canada Department of Agriculture
ARCAN, 45, 1 (jan. 68), 39, ill.
G9095 Veterinary Diagnostic Laboratory
ARCAN, 45, 1 (jan. 68), 61, ill.

Thompson, Berwick & Pratt
Esquimalt (C.-B.)
G9096 Pacific Naval Laboratory
RAIC, XXXIII, 9 (sept. 56), 354-356, texte & ill.
Vancouver
G9097 Research Agricultural Science Service Laboratory
TCA, X, 8 (août 65), 8 et 10, texte & ill.
BAT, XL, 7 (juil. 65), 48, texte.

Vancouver (Univ. of British Columbia)
G9098 Agriculture Department Research Station
CB, XV, 7 (juil. 65), 43-45, texte & ill.
RAIC, XLII, 9 (sept. 65), 69, texte & ill.
G9099 Fisheries Research Laboratory
RAIC, XLII, 9 (sept. 65), 69, texte & ill.
CB, XV, 7 (juil. 65), 43-45, texte & ill.
TCA, X, 8 (août 65), 8 et 10, texte & ill.
BAT, XL, 7 (juil. 65), 48, texte.
G9100 Forest Products Laboratories
TCA, I, 7 (juil. 56), 52-53, texte & ill.

Thompson, Berwick, Pratt & Partners

North Vancouver
G9101 Plywood Research Laboratory
RAIC, XLII, 12 (déc. 65), 50 et 52, ill.
CB, XII, 8 (août 62), 42-44, texte & ill.

Trudeau, Charles-Elliott; LeMoyne, Edwards, Shine
G9102 Voir Le Moyne, Edwards, Shine; Trudeau, C.E.

Vaughan and Williams

Scarborough
G9103 Food and Drug Building
CB, XXII, 1 (jan. 72), 7, ill.

Webb, Zerafa, Menkes

Toronto
G9104 Electric Reduction Company of Canada
TCA, XI, 11 (nov. 66), 65-68, texte & ill.

Habitation
Housing

La documentation qui suit est classée ainsi:

— Conception et recherche (voir aussi *Technologie* ci-dessous)

— Situation de l'habitation et de l'industrie de l'habitation

— Mesures gouvernementales (voir aussi *Habitation subventionnée* et *Foyers* sous la rubrique *Habitation* et la rubrique *Conservation architecturale*)

— Marché immobilier
  - Coûts et financement de l'habitation
  - Techniques de vente et marketing
  - Divers

— Prix et concours

— Expositions d'habitations

— Normes et lois

— Technologie
  - Préfabrication
  - Techniques et matériaux
  - Équipement

This bibliography is divided as follows:

— Planning and Research (see also *Technology* below)

— State of Housing and of the Housing Industry

— Government Programmes (see also *Subsidized Housing* and *Hospices* under *Housing* as well as under *Architectural Preservation*)

— Housing Market
  - Housing Costs and Financing
  - Sales and Marketing Techniques
  - Miscellaneous

— Awards and Competitions

— Housing Expositions

— Building Codes and Housing Acts

— Technology
  - Prefabrication
  - Techniques and Materials
  - Equipment

Conception et recherche
Planning and Research

"$ 25 million housing experiment planned for Burnaby, B.C."
CB, XXIV, 1 (jan. 74), 32

Acheson, Arthur et al., *The Ecol Operation*, [s.e.], [s.l.],[s.d], (une maison écologique)
AC, XXVIII, 311 (jan.-fév. 73), 10

"A first need: the city dwelling"
TCA, II, 6 (juin 57), 20-25

"A house of experiment, The steel town Hamilton, flexes its muscle in housing." (une maison d'acier)
CB, XX, 10 (oct. 70), 17-18

"Alcan trades home manufacturing for new role in high-rise construction."
CB, XXII, 2 (fév. 72), 44-45

"Architect committee on housing monotony"
CB, X, 7 (juil. 60), 40-42

"Architects continue fight to upgrade housing areas"
NB, X, 2 (fév. 61), 57

"Architects respond to prodding on housing issue"
NB, VIII, 5 (mai 59), 33 et 51

"A strong case for Low-profile housing." (criminalité et architecture)
ARCAN, L (fév. 73), 6-7

"Au congrès national sur l'habitation — tenu à Ottawa les 18 et 19 juin" (description d'une maison-type, à bon marché)
BAT, XXXIII, 8 (août 1958), 35, texte.

"Bad residential design rapped at PQAA convention"
CB, XI, 1 (jan. 61), 79

"B.C. Lower Mainland homebuilders plan experimental house."
CB, XXI, 2 (fév. 71), 6

"Beat housing costs, live underground say University of Toronto engineers"
CB, XXVII, 11 (nov. 77), 7

Beyer, Glenn, H., *Housing: A Factual Analysis*, Brett-Macmillan Ltd, Toronto, [s.d.].
CB, VIII, 8 (août 58), 67

Boll, André, *Habitation moderne et urbanisme*, Dunod Éditeur, Paris, 1950.
BAT, XXVI, 12 (déc. 51), 43

"Builder gets woman critics to check homes."
CB, XV, 2 (fév. 65), 56

"Change in roof design saves $ 180."
CB, III, 6 (juin 1953), 49-55, texte & ill.

"Choose a Color"
NB, III, 3 (mars 1954), 10-11, texte & ill.

"CMHC Hints on House Planning — Graphic advice on room layouts from staff architects"
CB, IV, 4 (avril 1954), 60-64, texte & ill.

"Concept d'habitation révolutionnaire" (square Dome)
AC, 30, 331 (sept.-oct. 75) 42-43, texte & ill.

"Confrontation '73: UDI's militant developers will fight for high-density residential projects"
CB, XXIII, 6 (juin 73), 30-31

David, Gertrud et Ernst Zietzchmann, *Mon habitation*, Verlag Für Architektur, Zurich, [s.d.].
BAT, XXVII, 3 (mars 52), 56

"Des lieux pour travailler... se reposer et se divertir; une habitation s'adaptant aux saisons et à l'âge des occupants."
BAT, XL, 5 (mai 65), 40-41, texte & ill.

"Des sacs de ciment empilés... une maison complète pour moins de $ 5,000"
BAT, XLIV, 7 (juil. 69), 28-29

"Difficult Sites." (Maisons à flanc de montagne à Vancouver)
CB, XIV, 10 (oct. 64), 48-49

"Économie de l'espace"
BAT, XXXI, 5 (mai 56), 38-41, texte & ill.

"Étude sur l'habitation"
AC, 31, 337 (sept.-oct. 76), 9

"German design for B.C. $ 18,500 homes" (pour la ville de Duncan, C.B.)
CB, XIX, 1 (jan. 69), 19

"Growing use of geodesic domes in homes, Space age design uses stone age principles"
CB, XXX, 11 (nov. 80), 15-17

"Habitation: quelques essais timides vers la densification"
BAT, LII, 9 (sept. 77), 14-15 et 39

"Habitations en densité moyenne: un rapport révélateur"
BAT, LI, 9 (sept. 76), 7, texte.

"High Density Housing."
ARCAN, 45, 8 (août 68), 55 et 57

"House-Building Needs Serviced Land"
CB, 1, 5 (nov.-déc 51), 24-27

House for Canadians par Humphrey Carver (University of Toronto Press)
CDQ, XXVI, 4 (juil.-août 51), 27

"House Quality Increasingly Important"
NB, IV, 5 (mai 55), 1, texte.

"House space design gets laboratory tests"
CB, II, 12 (déc. 52), 32-34, texte & ill.

"Housing and Rehousing."
NB, VII, 7 (juil. 58), 10 et 31

"Housing Design." (les types, dispositions, maisons en rangées, maisons seules, maisons à appartements, coûts).
RAIC, XXIX, 9 (sept. 52), 1-40

"Housing Design, parts 5-8." (économie, diversité, services communautaires, centre d'achat, espaces libres, nouvelles villes etc).
RAIC, XXX, 3 (mars 53), 41-80

"Housing Study"
TCA, IX, 9 (sept. 64), 14

"Housing system borrows ideas from BC's prefab industry"
CB, XXVI, 12 (déc. 76), 35-36

"Housing, the first of three consecutive issues, The Custom client"
TCA, III, 6 (juin 58), 48-72

"Housing, the second of three consecutive issue, the anonymous client."
TCA, III, 7 (juil. 58), 22-42

"Housing, the third of three consecutive issues, The missing client."
TCA, III, 8 (août 58), 28-29

"How to 'manufacture' a custom house, Spacejoists frame five levels of floor and roof"
CB, XXIX, 7 (juil. 79), 24-25

"HUDAC delegates see model home using over seven tons of steel"
CB, XXVII, 4 (avril 77), 54-55

"100 acres — 2,000 units? Why a new concept in housing research is required under current conditions." (Les maisons (individuelles) expérimentales "Mark" I à VI depuis 1957 à 1968)
CB, XXI, 1 (jan. 71), 17

"La construction sans sous-sol est moins dispendieuse"
BAT, XXX, 7 (juil. 55), 21

"La maison Châtelaine 1968 et les autres projets soumis au concours apportent quelques idées intéressantes et indiquent la tendance dans le domaine résidentiel"
BAT, XLIII, 8 (août 68), 22-27

"La maison expérimentale: peut-être une révolution... certainement un progrès"
BAT, XXXIV, 1 (jan. 59), 20-23

"Land, site & shelter development for 1971, Ontario home builders challenged to work with planning agencies"
CB, XX, 12 (déc. 70), 37-38

"...La rencontre architectes — constructeurs d'habitations"
BAT, XXXVII, 11 (nov. 62), 28-31 et 41 et 42

"Le 79ième congrès des architectes de la province de Québec, Thème: le logement"
BAT, XLV, 2 (fév. 70), 8

"Le CCH-Québec lance un programme de reconnaissance en aménagement résidentiel"
BAT, LV, 4 (mai 80), 22, texte.

"Le choix fait la renommée des habitations Brandon"
BAT, XXXVIII, 5 (mai 63), 32-35, texte & ill.

"Le conseil de Montréal étudie l'habitation"
ABC, III, 24 (avril 48), 20, texte.

"Le constructeur... l'habitation et l'avenir... Trois tendances de base: l'intervention des gouvernements, la préfabrication et le gigantisme"
BAT, XLIV, 12 (déc. 69), 6-10, texte & ill.

"Le logement urbain"
ABC, IV, 34 (fév. 49), 18-21, texte & ill.

"Le Problème du logement"
ABC, IV, 35 (mars 49), 19-21, texte & ill.

"Le rapport Matthews dépasse le sujet de la privatisation de la SCHL"
BAT, LV, 4 (mai 80), 24, texte.

"Les maisons de demain seront peut-être des cocons de verre"
BAT, XL, 4 (avril 65), 7

"L'état détaillé des divers éléments d'une maison, la base du calcul des coûts"
BAT, XXXIX, 8 (août 64), 39 et 43-44

"L'habitation personnalisée" (exposition par les étudiants en architecture de l'Université Laval)
BAT, XLIX, 7 (juil. 74), 37, texte.

"Look-alike housing storm up again in West Kildonan"
CB, IX, 7 (juil. 59), 42

L'usage et la disposition des espaces dans un logement
BAT, L, 9 (sept. 75), 7

"Maison expérimentale" (Mark VI, pour l'A.N.C.H.)
BAT, XLVII, 6 (juin 72), 8 et 42, texte.

"Maisons-prestige Alcan"
BAT, XL, 2 (fév 65), 32-35

Marc, Olivier, *Psychanalyse de la maison*, [s.e.], [s.l.], [s.d.].
AC, XXVIII, 311 (jan.-fév. 73), 10

Mark IX (experimental house)
CB, XXII, 2 (fév. 72), 58, texte.

"Model House — Good Survey Tool" (emploi d'un questionnaire pour connaître les besoins des futurs clients)
NB, VII, 6 (juin 58), 8

"More houses to the acre in the future?"
NB, X, 3 (mars 61), 31

"More individuality needed in building"
CB, VI, 5 (mai 56), 75

"Naissance de la maison cylindrique"
BAT, XLVI, 4 (avril 71), 5

"New CMHC Plans in the Modern Trend"
CB, II, 4 (avril 52), 40-41, texte & ill.

"New ideas in NHBA's research project could have far-reaching effects."
NB, X, 10 (oct. 61), 35-37

"New research house promises further savings"
NB, VIII, 2 (fév. 59), 19

"Nous devons prendre nos responsabilités et humaniser l'habitation"
BAT, XLVIII, 4 (avril 73), 14-15

"Nouveau concept de construction domiciliaire" (cellules modulaires)
BAT, XLVII, 1 (jan. 72), 6-7

"Nouveau concept de construction domiciliaire" (Skycell Ltd)
BAT, XLVII, 1 (jan. 72), 6-7, texte.

"Nouveau concept de construction domiciliaire."
AC, 26, 300 (déc. 71), 15 et 31

"Nouveaux plans modernes de la S.C.H.L."
BAT, XXVII, (mai 52), 26-27

"Nouvelles" (habitation collective)
ABC, II, 11 (nov. 47), 42, texte

"Odds and Ends" (nomination d'un comité pour améliorer l'habitation: RAIC Committee on the Residential Environment)
TCA, IV, 9 (sept. 59), 52

"Outdoor Living: Concrete producers show the latest ideas in patio designs"
CB, XV, 8 (août 65), 57-59

Phenix model (maison à l'énergie solaire présentée au National Home Show de Toronto)
CB, XXVII, 6 (juin 77), 14-15, texte & ill.
CB, XXVII, 9 (sept. 77), 13-14, texte & ill.

"Planners plan our standardized homes"
NB, VIII, 8 (août 59), 41

"Recherches sur l'habitation"
ABC, II, 15 (juil. 47), 19-27, texte & ill.

"Regina's Mark IX research house rests on N. America's first all-steel basement"
CB, XXII, 9 (sept. 72), 29

"Report on research: The Mark V Experimental Project — NHBA's plan concentrates on productivity."
CB, XVII, 1 (jan. 67), 53-54 et 56

"Roof-lines: An easy way to vary design"
NB, X, 6 (juin 61), 29

"Sans titre" ("Dome Home")
CB, XXIII, 12 (déc. 73), 6

SCHL, *La sécurité au foyer*, NHA 5080
BAT, L, 9 (sept. 75), 7

"Shape of housing projects in the '80s, CMHC competition spotlights trend to medium density"
CB, XXIX, 9 (sept. 79), 14-16

"Should we build basementless houses"
CB, VI, 3 (mars 56), 53

"Significant trend is to many variations off one basic design"
CB, XII, 5 (mai 62), 56-60

"Simple division gives house dual role"
CB, VIII, 3 (mars 58), 44-45

"Space-age housing."
ARCAN, 47 (20 juil. 70), 3

"Start on higher-density housing study"
CB, XVII, 12 (déc. 67), 7

"Stelco plans six research homes in different centres in Canada"
CB, XXII, 4 (avril 72), 37

"Table ronde avec les architectes — 'Nous devons prendre nos responsabilités et humaniser l'habitation.'"
BAT, XLVIII, 4 (avril 73), 14-15, texte & ill.

"Texan boosts 'dome home' for Canada's resort market"
CB, XXIII, 10 (oct. 73), 60

"The 'Chatterbox'" (projets multi-familiaux pour le retour au centre-ville)
NB, VII, 1 (jan. 58), 12

"The home as the new 'status symbol'"
CB, X, 10 (oct. 60), 48-49

"This house gives you plenty of floor space for less cost" (maison individuelle "The Lancer", plan, détails techniques, "drawn & designed by D.F. Parker")
NB, VII, 10 (oct. 58), 32-36

"This report on Michigan's test house could help Canada's researches"
NB, X, 5 (mai 61), 42

"Toronto architect's innovative housing design uses new building system" (modules de béton)
CB, XXIII, 4 (avril 73), 34

"Trouver l'équilibre entre les grands ensembles de béton et la maison traditionnelle..."
BAT, LII, 1 (jan. 77), 13

"Une expérience nouvelle dans le domaine de l'habitation: les duplexes 'évolutifs'"
BAT, XLIV, 10 (oct. 69), 25-27

"Une faculté de l'habitation est indispensable"
BAT, XLI, 4 (avril 66), 21-23, texte.

"Une initiative intéressante" (maison de style canadien d'après l'étude de vieilles maisons)
BAT, XLIII, 1 (jan. 69), 28

"Une innovation d'après-guerre — la hutte-maisonnette Quonset"
ABC, IV, 35 (mars 49), 22, texte.

"Une maison modifiable à volonté"
BAT, XLVIII, 2(fév. 73), 30

"Une maison qui s'adapte à l'orientation et à l'emplacement du lot"
BAT, XXVIII (oct. 53), 20-21

"Un professeur de l'Université McGill reçoit une subvention pour le logement des Indiens."
AC, 30, 327 (jan.-fév. 75), 6 et 8

"Vers une personnalisation de l'habitat — projets de composition architecturale, Université Laval"
AC, XXIX, 323 (mai-juin 74), 33-40, texte & ill.

"Winnipeg experiment in home design"
CB, XXVI, 10 (oct. 76), 50

"You Can Build A Low-Cost Minimum House Cheaply and Well"
NB, VII, 9 (sept. 58), 36-40

Adamson, Anthony
"Where are the rooms of yesteryear?"
TCA, III, 6 (juin 58), 73-74

Alain, Fernand
"La collaboration architecte-constructeur, une garantie supplémentaire pour les clients"
BAT, XXXVII, 1 (jan. 61), 31, texte.

Allard, Gérard
"La création des banques de terrain est-elle souhaitable?"
BAT, LI, 4 (avril 76), 30, texte.

Andrishak, Gary
"Minimum Dwelling."
TCA, XIV, 8 (août 69), 56-59

Anthony, Mark J.
"Floating Communities" (maisons flottantes, des exemples américains et canadiens)
TCA, XXIII, 2 (fév. 78), 39-41

Auger, Jules
"Le logement humain"
AC, 24, 279 (nov. 69), 24

Baird, George; Bakker, Joost; Kuwabara, Bruce; van Nostrand, John
"Towards better housing?"
TCA, XVII, 7 (juil. 72), 38-41

Bakker, Joost; Baird, George; Kuwabara, Bruce; van Nostrand, John
G9105   Voir Baird, George; Bakker, Joost; etc.

Banz, George
"Symbolism and Style in Housing."
TCA, XXIII, 8 (août 78), 46-50

Banz, George
"The computer and the design of multiple housing."
ARCAN, 43, 9, (sept. 66), 48-54

Barcelo, Michel
"Habitat collectif"
ABC, XXI, 240 (avril 66), 39-42, texte.

Bates, Stewart
"Architecture and Housing."
RAIC, XXXIV, 7 (juil. 57), 260-262

Bergman, Eric
"L'important, c'est de tenir compte des besoins du consommateur"
BAT, LII, 9 (sept. 77), 33 et 39, texte.

Bergman, Eric
"New ideas in home design, lot planning — the key to affordable housing"
CB, XXVII, 9 (sept. 77), 76

Bergman, Eric
"Canadian housing has a world-wide reputation for first class quality"
CB, XXVII, 7 (juil. 77), 52

Bezman, M.
"Descon — Concordia: Operation 'break through'"
BAT, XLVI, 4 (avril 71), 25; 28-29, texte & ill.

Blais, Denis
Habitation — Etude sur la cellule (projet étudiant, école d'arch., U. Laval)
ABC, XXIII, 266 (juil.-août 68), 28-29, texte & ill.

Blouin, André
"Get rid of gee-gaws," architect tells Montreal housebuilders"
NB, X, 1 (jan. 61), 43

Blouin, André
"De belles et bonnes maisons si vous suivez ces 10 commandements"
BAT, XXXVII, 1 (jan. 61), 27

Blouin, André
"L'habitation dans la cité"
ABC, IX, 101 (sept. 54), 30, texte.

Bonnick, John H.
"Ontario" (the architect and the standard of housing)
RAIC, XXXIII, 2 (fév. 56), 65

Bowser, Sara
"Gimmicks"
TCA, III, 8 (août 58), 30 et 32

Brassard, Emile
"Une solution qui s'impose"
ABC, I, 2 (jan. 46), 5-6

Buck, Frank. E.
"Planning and Housing progress 1910-1957 Canada-British Columbia"
RAIC, XXXIV, 5 (mai 57), 189-190

Burgess, Cecil S.
"Alberta"
RAIC, XXI, 1 (jan. 44), 19
"Housing."
RAIC, XVII, 10 (oct. 40), 182
"Provincial Page." (propos sur l'habitation).
RAIC, XXIII, 2 (fév. 46), 44
"Provincial Page." (l'habitation temporaire).
RAIC, XXII, 9 (sept. 45), 194-195

Busby, Peter
"Housing: a house for the 1980's." (pour la conservation de l'énergie)
TCA, XXV, 10 (oct. 80), 20-23

Campeau, J.P.
"Habiter demain: l'habitacle cinétique"
AC, 28, 317 (sept. 73), 20-22

Carver, Humphrey
Klaber, Eugene Henry, *Housing design*, Reinhold Publishing Corp., New-York, [s.d.].
RAIC, XXXIII, 5 (mai 56), 196

Carver, Humphrey
Grauer, A.E. *Housing*, sans édition, Ottawa, 1939.
RAIC, XVII, 7 (juil. 40), 119
"The Social Aspects of Housing."
RAIC, XXVII, 2 (fév. 50), 43-45 et 75

CMHC
"Housing Renewal."
RAIC, XLIII, 6 (juin 66), 35-37

Collins, Anthony J.M.
"A new approach to Urban Housing in Canada."
ARCAN, 45, 7 (juil. 68), 47-52
"A New Approach to Urban Housing in Canada, Part Two."
ARCAN, 45, 8 (août 68), 44-47

Collins, Tom; Fliess, Henry; Jenkins, Dan
"Affordable Housing: Design, Quality and Social Impact"
TCA, XXII, 11 (nov. 77), 50 et 57

Cullingworth, Patrick J.
"Houses of paper panels, no kitchens in 2067?"
CB, XVII, 8 (août 67), 36-37

Damphousse, Jean
"La maison satisfaisant aux besoins des familles est-elle un mythe?"
ABC, XIII, 144 (avril 58), 50-51, texte & ill.
"Tendances locales de l'architecture domestique"
BAT, XXVI, 10 (oct. 51), 26-29
BAT, XXVI, 12 (déc. 51), 19-22

Davidson, Ian
"Mythology of Housing."
TCA, XV, 4 (avril 70), 60

Debeur, Thierry
"L'aventure de l'habitat québécois: ou l'évolution d'un art de vivre" (du 18e à nos jours)
BAT, LV, 2 (mars 80), 12-13 et 16-17

Debeur, Thierry
"L'aventure de l'habitat québécois: ou l'évolution d'un art de vivre" 2e partie
BAT, LV, 3 (avril 80), 18, 20, 22, texte & ill.

Denault, Bernard
"Builder education one of HUDAC's prime objectives"
CB, XXV, 5 (mai 75), 38 et 55
"This course shows you how to avoid father's mistakes in home-building"
CB, XXV, 12 (déc. 75), 33

Denault, Jacques
"Pourquoi une faculté de l'habitation est indispensable"
BAT, XLI, 3 (mars 66), 29, texte.

DiCastri
"... what is a frill?"
TCA, I, 6 (juin 56), 14

Dickens, H. Brian
"To estimate the value of cost-saving techniques."
CB, XVII, 1 (jan. 67), 55-56

Dobush, Peter
"Variety in layout and design is what we want most"
NB, XI, 5 (mai 62), 44-45
"We need a new concept of planning on a comprehensive scale"
NB, XI, 3 (mars 62), 28-29

Dreyfus, Henry
"Word Extracts"
TCA, IV, 1 (jan. 59), 68-69

Elie, Robert
"L'éternel problème du logement"
ABC, III, 25 (mai 48), 58, texte.

En collaboration
"Housing 1955, Why do people live in the suburbs?"
CB, V, 6 (juin 55), 41-44
"What's next in home Design?" — A Symposium
RAIC, XXXIII, 7 (juil. 56), 245-252

Fazio, P.; Manning, Peter; Mattar, S. G.
"Housing in Canada, New directions for research"
TCA, XIX, 4 (avril 74), 43-46

Fliess, Henry
"Affordable Housing"
TCA, XXII, 8 (août 77), 18-47
"Housing/A search for expression."
RAIC, XXXIX, 10 (oct. 62), 51-58
"Housing." (Introduction à un article montrant plusieurs projets d'habitation).
RAIC, XXXVIII, 10 (oct. 61), 40-65
"The modern houses, a brief critical analysis."
RAIC, XXVII, 12 (déc. 50), 395-396 et 416
— , *Choosing a house design and principles of small house grouping*, Central Mortgage and Housing Corporation, Ottawa, sans date
RAIC, XXXIV, 6 (juin 57), 235

Fliess, Henry; Collins, Tom; Jenkins, Dan
Voir Collins, Tom; Fliess, Henry; Jenkins, Dan

Forrest, Bob
"Setting up a housing information centre"
CB, XXVIII, 5 (mai 78), 25

Fowke, Clifford
"New model homes in 1964 offer more space, more 'extras'"
CB, XIV, 6 (juin 64), 26

Fox, E.D.
"RRAICCIDRE 11 Months On"
(Rapport du Committee of Inquiry into the Design of the Residential Environment)
TCA, VI, 5 (mai 61), 7-8

Fullerton, Margaret
"The Grey Areas" (Prévention de la "surstandardization" des aires résidentielles)
TCA, VI, 9 (sept. 61), 70-72

Gagnon, Roger
"Projets d'habitation et procédures administratives"
BAT, XXIX, 4 (avril 54), 34-36 et 48

Gazaille, Gérard
"Le développement résidentiel et ses contraintes"
BAT, LIV, 7 (juil. 79), 25-27

Gerson, Wolfgang
"Housing as A Community Art."
RAIC, XXXIII, 10 (oct. 56), 383-387

Gill, Georges A.
"Construction avec ou sans sous-sol"
BAT, XXIX, 4 (avril 54), 57-59

Gillespie, Bernard
Cutler, Laurence Stephen et Sherrie Stephen Cutler, *Handbook of Housing Systems for Designers and Developers*, van Nostrand Reinhold Company, New York, 1974.
TCA, XX, 10 (oct. 75), 6
Pawley, Martin. *Architecture versus Housing*, Praeger, New-York, 1971.
TCA, XVII, 7 (juil. 72), 8

Glick, D. Newton
"Contemporary design for residential properties."
RAIC, XXIX, 11 (nov. 52), 315-320

Goodman, Eileen
"La fabrication au Canada des maisons Futuro"
BAT, XLVII, 10 (oct. 72), 24-25, 30, texte & ill.

Gretton, Robert
"Practice" (trois types de maisons pour la banlieue commandés à sept architectes).
TCA, XXIII, 5 (mai 78), 6

Grossman, Irving
"Cell, Composite & Context: a discussion of housing forms."
TCA, XIII, 1 (jan. 68), 38-42
"Human Patterns."
TCA, I, 4 (avril 56), 22-27

Guay, Jacques
"Source d'économie et d'efficacité: l'implantation scientifique dans les bâtiments."
BAT, XLII, 7 (juil. 67), 30-31, texte & ill.

Hamilton, Peter
"Architects should not design houses but frameworks for living."
ARCAN, 47 (23 nov. 70), 2

Hansen, A.T.
"The Mark V Project: Part 1: A cost study of a typical bungalow"
CB, XVII, 11 (nov. 67), 40-42

Hansen, A.T.
"The Mark V Project, Part II: Changes to reduce costs." (prototype d'une maison unifamiliale)
CB, XVII, 12 (déc. 67), 39-41

Harvor, Stig
"Letters." (Commentaire sur l'article de J.A. Lowden sur l'architecte et la construction de résidence de façon massive).
TCA, VI, 7 (juil. 61), 9 et 11

Hayter, Ron
"Patio housing favoured by Edmonton planners as war on urban blight begins."
CB, XV, 9 (sept. 65), 42-43

Hipel, George
"Low Budget House — A Reality"
NB, VII, 2 (fév. 58), 6-9

Hubler, Robert L. Jr.
"One way to revitalize downtown housing, concrete paving stones enhance urban landscapes"
CB, XXIX, 9 (sept. 79), 21-22 et 24

Hudnut, Joseph
"The art in housing"
RAIC, XX, 5 (mai 43), 65-69

Humphrys, B.A.
"Let's Build Homes They Want To Buy"
CB, I, 1 (mars 51), 43-46, texte & ill.

Hunt, John
"Modern Mass Methods — Plus Labor Incentives On Housing Scheme"
CB, I, 1 (mars 51), 22-23, texte & ill.

Hyman, W.H.
"... doesn't agree with April 'open Letter'." (design & layout of house)
CB, VIII, 6 (juin 58), 9 et 11

Jenkins, Dan; Collins, Tom; Fliess, Henry
G9106 Voir Collins, Tom; Fliess, Henry; Jenkins, Dan

Kay, John
"Housing in Canada, West Coast Credo: Projects by Tanner/Kay" (liste et présentation de quelques projets de cette firme)
TCA, XIX, 4 (avril 74), 38-42

Kay, John R.
"Add as you grow" — A B.C. architect's new idea for modular unit homes" (maison modulaire Mark III)
CB, XXII, 9 (sept. 72), 20

Kemble, Roger
"Packsack, an irreverent comment on the search for shelter"
TCA, XII, 7 (juil. 67), 41-43

Kemble, Roger; Webber, Alex
"Take up your packsack house and go" (des maisons du futur, 1967-2067)
CB, XVII, 10 (oct. 67), 37-41 et 45

Kettle, John
"A return to living in the city"
TCA, II, 6 (juin 57), 31-35

Kostka, Joseph V.
"Relationship of house"
TCA, 1 (nov.-déc. 55), 21-23, texte & ill.

Kotska, Joseph
"Le lotissement résidentiel et l'urbanisme"
ABC, IX, 101 (sept. 54), 54-55, texte & ill.

Izumi, K.
"The architect and Residential Zoning."
RAIC, XXIX, 5 (mai 52), 151-153

Junius, Marcel
"Habitation, industrialisation, urbanisation"
ABC, XXII, 249 (jan. 67), 29-31, texte.

Kuwabara, Bruce; Baird, George; Bakker, Joost; van Nostrand, John
G9107 Voir Baird, George; Bakker, Joost; etc.

Langlois, Claude
"Bonne maison, bon prix, bon endroit?"
BAT, XXXVIII, 12 (déc. 63), 35-38, texte.

Lapointe, Claude
"L'habitation: contrôle organique et cybernétique"
ABC, X, 113 (sept. 55), 46-47, texte.

Lebrun, J.
"Quelles sortes de maisons?"
ABC, VI, 59 (mars 51), 12-13, texte.

Lee, A.B.
"More houses of earth"
RAIC, XVIII, 10 (oct. 41), 179-181

Leeming, R.B.
"... an open letter to builders — architects" (design and layout of houses)
CB, VIII, 4 (avril 58), 23 et 25 et 29

Lehrman, Jonas
"Housing Patterns"
TCA, V, 9 (sept. 60), 51-53
"The relationship of car and house"
TCA, VI, 12 (déc. 61), 55-56

Leman, A.B.
"Good housing for Canadians." (deux études sur le problème du logement)
RAIC, XLI, 11 (nov. 64), 141

Lemco, Blanche
"Tomorrow's Houses..."
CB, I, 3 (juil. 51), 25-28

Lowden, J.A.
"Odds & Ends" (la place de l'architecte dans la construction de résidences de façon massive).
TCA, VI, 5 (mai 61), 12 et 15

McCance, William M.
"A Modular, Contemporary Plan."
NB, VII, 8 (août 58), 8-9
"Builders start the NHBA Research House — Mark II"
NB, VIII, 6 (juin 59), 30

McCance, William M.
"The experimental homes of HUDAC over the years, how HUDAC tackled basement problems in its experimental homes series" (maisons individuelles appelées Mark I à Mark VIII)
CB, XXIV, 2 (fév. 74), 39-41
"The experimental homes of HUDAC over the years, housing research spurs breakthroughs in basement & foundation technology" (Maisons Mark IX et X)
CB, XXIV, 3 (mars 74), 51-52

McCloskey, Brian
"Shelter Systems for Developing Societies."
TCA, XX, 5 (mai 75), 50-51

McGill University
"Minimum Cost Housing"
TCA, XIX, 3 (mars 74), 41-46

MacGuire, John W.; Parker, Harry
"Choix d'un emplacement"
BAT, XXX, 2 (fév. 55), 23-25

Maclennan, Ian
"The architect and housing."
RAIC, XXXVI, 7 (juil. 59), 232

Manning, Peter; Fazio, P.; Mattar, S.G.
Voir Fazio, P.; Manning, Peter; Mattar, S.G.

Manzoni, Herbert J.
Birmingham (experimental houses)
RAIC, XXI, 9 (sept. 44), 208-209, texte & ill.

Markson, Jerome
"Architects and House Clients"
RAIC, XXXIX, 5 (mai 62), 35-36

Mathers, A.S.
"Housing and Building Construction."
RAIC, XVII, 5 (mai 40), 69-74

Mattar, S.G.; Fazio, P.; Manning, Peter
Voir Fazio, P.; Manning, Peter; Mattar, S.G.

Meier, Richard
"Word Extracts" (Extrait de conférence de Richard Meier sur nouveaux modes de vie, espace minimum pour le confort psychologique dans une maison, etc.).
TCA, III, 3 (mars 58), 82

Miron, Isaac
"La maison réversible: Solution au problème de l'habitation à prix modique et base d'un urbanisme rationnel pour grands projets"
BAT, XL, 3 (mars 65), 22-24

Morley, Keith
"ACHDU: la recherche prend un nouveau départ" (Association canadienne de l'habitation et du développement urbain).
BAT, XLVIII, 8 (août 73), 24, texte.

Murray, James A.
"Search for shelter"
TCA, X, 1 (jan. 65), 38-44
"Housing and parks for wheel & feet"
TCA, V, 2 (fév. 60), 58-63

Ouellet, Jean
"Improving Design in Affordable Housing."
TCA, XXIV, 4 (avril 79), 42

Paddick, Keith
"Trade liaison committees tackle problems of workmanship in home construction"
CB, XXIX, 5 (mai 79), 58

Paddick, Keith
"HUDAC task force studies housing trends"
CB, XXIX, 10 (oct. 79), 60

Paravert Construction Inc.
"Maisons Paravert"
AC, 25, 287 (sept. 70), 31 et 44, texte & ill.

Parker, Harry; MacGuire, John W.
Voir MacGuire, John W.; Parker, Harry

Perry, Gordon
"Builders get the blame for poor design, bad planning"
CB, XIII, 5 (mai 63), 65

Pilon, Roger
"Il faut renouveler les styles et perfectionner nos méthodes"
BAT, XXXVII, 1 (jan. 61), 26, texte

Poirier, Jacques
"Habitacle — vehiculus"
ABC, XXIII, 262 (mars 68), 27-29, texte & ill.

Poulin, Jean-Luc
"L'habitat — retour aux sources"
ABC, XXI, 240 (avril 66), 43-45, texte & ill.

Pratt, C.E.
"Contemporary Domestic Architecture in British Columbia."
RAIC, XXIV, 6 (juin 47), 179-198 et 219

Ratensky, Samuel
"Housing Design."
RAIC, XXVII, 6 (juin 50), 205-206

Rennie, Graham
"Domestic architecture in Newfoundland."
RAIC, XXVII, 3 (mars 50), 97-98

Robbins, Richard S.
"The postwar hobby house."
RAIC, XXII, 8 (août 45), 167

Robert, Georges
"Vers un concept nouveau: habitat et urbanisation"
ABC, XXI, 240 (avril 66), 46-53, texte & ill.

Robitaille, André
"Evolution de l'habitat au Canada français"
ABC, XXI, 240 (avril 66), 32-38, texte & ill.

Rose, Albert
"Comment on the report of the R.A.I.C. committee of inquiry into the design of the residential environment."
TCA, V, 9 (sept. 60), 48-50

Russell, J.A.
"Manitoba." (Planification et construction des maisons).
RAIC, XXVI, 8 (août 47), 288

Russell, John A.
Seidler, Harry, *Houses, Interiors and Projects*, Associated General Publications Pty. Ltd., Sydney, [s.d.]
RAIC, XXXIII, 5 (mai 56), 195

Rybczynski, Witold
"Minimum Cost Housing Group." (construction avec le soufre)
TCA, XX, 5 (mai 75), 50

Scheick, William H.
"The House Of The Future"
NB, VI, 9 (sept. 57), 6-7 et 35

S.C.H.L.
"Contrôle systématique de l'habitabilité"
BAT, XXXIV, 11 (nov. 59), 40-45, texte & ill.

Schupp, Patrick
The Court-garden House par Norbert Schoenauer et Stanley Seeman, Presse de l'Université McGill
ABC, XVIII, 201 (janvier 63), 28

Sifton, Mowbray
"Deep Answer to a Narrow Lot"
NB, VII, 6 (juin 58), 10-11

Smedmor, Grant
"National Home Show sets new trend with this ring-shaped model house"
CB, XV, 3 (mars 65), 40 et 45

Smith, John Caulfield
"A 'must' in Denmark, but in Canada usually nonexistant, Privacy for outdoor living."
CB, XVI, 8 (août 66), 52-55
"Role of Architect in Giving Good Value in Housing"
CB, II, 1-2 (jan.-fév. 52), 21-24, 58, texte & ill.

Soen, D.
"Physical Environment and Human Behavior"
TCA, XIX, 5 (mai 74), 44-46

Stephenson, Gordon
"Home and City."
RAIC, XXXVI, 2 (fév. 59), 45

Stewart, Justice
"Copyright in Residential Design."
RAIC, XXXIV, 11 (nov. 57), 432-434

Turnbull, Andy
"Creative use of "empty" space in houses"
CB, XXX, 7 (juil. 80), 36-37

van Nostrand, John; Baird, George; Bakker, Joost; Kuwabara, Bruce
Voir Baird, George; Bakker, Joost; etc.

Watson, Alex
"N H B A and National Builder Sponsor Housing Seminar"
NB, VIII, 9 (sept. 59), 48-49 et 66 et 68

Webber, Alex; Kemble, Roger
Voir Kemble, Roger; Webber, Alex

Wiggs, H. Ross
"Habitation"
ABC, X, 113 (sept. 55), 24, texte.

Wilson, C. Don
"Technical research — How local associations follow HUDAC's experimental lead."
CB, XXII, 8 (août 72), 19

Situation de l'habitation et de l'industrie de l'habitation
State of Housing and of the Housing Industry

"20 000 unités vacantes et 8 000 en construction à Montréal, l'ACHMM s'interroge sur les politiques gouvernementales"
BAT, LIII, 6 (juin 78), 10, texte.

"1954 to be Record Housing Year"
NB, III, 11 (nov. 54) 1, texte.

"1955 Outlook Rosy"
NB, IV, 2 (fév. 55), 15, texte.

"245 000 unités mises en chantier l'an dernier"
BAT, LIII, 2 (fév. 78), 7, texte.

"270 000 unités mises en chantier l'an dernier"
BAT, LII, 2 (fév. 77), 9-10, texte.

"224 000 unités en 1977, prévoit une firme de conseillers économiques — 273 203 unités mises en chantier en 1976"
BAT, LII, 3 (mars 77), 8, texte.

"519 unités de logement dans 7 villes"
BAT, XLVI, 9 (sept. 71), 5

"50 millions en centres d'habitation dans la région métropolitaine"
BAT, XXXI, 6 (juin 56), 29
BAT, XXXI, 8 (août 56), 17, 40

"$139 millions pour l'habitation en 1979"
BAT, LV, 5 (juin 80), 6, texte & ill.

"$150 million deal set up for Quebec housing."
CB, XVIII, 6 (juin 68), 6

"A forecast for 1977..."
CB, XVII, 12 (déc. 76), 22-23

"Architects concentrate on housing problems"
NB, IX, 12 (déc. 60), 3

"Architects launch official enquiry of residential environment in Canada"
NB, VIII, 9 (sept. 59), 45

"Architects need assistance"
NB, VIII, 9 (sept. 59), 45

"Atlantic Market"
CB, XVII, 11 (nov. 67), 77

"Augmentation du volume d'habitations? peut-être, mais de quel genre?"
BAT, XL, 1 (jan. 65), 29, texte.

"Builders Urge Priority For Home Owners" (mid-year conference, NHBA and ACHQ)
CB, III, 7 (juil. 53), 52, texte.

"Building prospects for 1973, four industry leaders see homebuilding as strongest feature in market"
CB, XXIII, 1 (jan. 73), 11 et 38

"Canada: $7,5 milliards investis dans la construction résidentielle en 1975"
BAT, LI, 5 (mai 76), 8, texte.

"Canada tops world in home owners"
CB, III, 9 (sept. 53), 61, texte.

"Canadian housing industry needs cross-country organization Ryan tells Quebec homebuilders"
CB, XXVIII, 1 (jan. 78), 31

"Capital Building Industries annonce un projet de construction de 1500 maisons par an dans 8 banlieues de Montréal"
ABC, XVII, 196 (août 62), 51, texte.

"C C A Foresees Good Construction Year"
CB, IV, 3 (mars 54), 44-46, texte & ill.

Construction domiciliaire
BAT, XXXVII, 1 (jan. 61), 20-35, texte & ill.

"Construction domiciliaire: sérieux ralentissement"
BAT, XLIX, 9 (sept. 74), 6, texte.

"Construction résidentielle: le rythme s'accentue"
BAT, XLVI, 7 (juil. 71), 8 et 31, texte.

"Co-operative housebuilding... Independant, but not alone"
CB, XVII, 10 (oct. 67), 69

"Criticism" (état de la construction domiciliaire, bref aperçu)
TCA, XXI, 9 (sept. 76), 4-5

"Drop seen in 1966 housing starts to 160,000 units."
CB, XVI, 1 (jan. 66), 7

"Edmonton housebuilding has big 1965."
CB, XVI, 2 (fév. 66), 8

"Edmonton Housing Up"
CB, III, 5 (mai 53), 57-58, texte.

"Entrevue — M. Henri Dion" (président de la SHQ)
BAT, XLV, 5 (mai 70), 37-38, texte.

"Extracts" (Rapport du Committee on Housing Design du OAA)
TCA, III, 8 (août 58), 76-77

"Factors in the Postwar Housing Record in Canada"
NB, III, 12 (déc. 54), 1, tableau

"Financing, land costs, restricted markets — Homebuilders review their current problems."
CB, XVI, 12 (déc. 66), 28-31

"Future housing prospects"
CB, V, 7 (juil. 55), 41-42 et 44-45

"Guelph Builders Must Put Up Services Cost"
CB, IV, 3 (mars 54), 61, texte.

"Habitation: la demande reste soutenue à Montréal"
BAT, XLIX, 4 (avril 74), 29, texte.

"Habitation: l'industrie est passée à côté du problème — G. Tardif"
BAT, LII, 6 (juin 77), 7, texte.

"Habitation: Montréal, Laval, Longueuil conservent les trois premières places"
BAT, LI, 4 (avril 76), 8-9, texte.

"Habitation: nette reprise des mises en chantier"
BAT, L, 12 (déc. 75), 17, texte.

"Habitation: problèmes et restructuration"
BAT, XLIV, 11 (nov. 69), 5-6, texte.

"Habitation: records battus" (statistiques)
BAT, XLIV, 2 (fév. 69), 8, texte.

"Habitation: une marche qui se précise en 1965"
BAT, XL, 5 (mai 65), 38-39, texte & ill.

"Hausse des mises en chantier dans le multifamilial"
BAT, LV, 9 (nov. 80), 6, texte.

"Home Building High" (statistics)
NB, II, 9 (sept. 53), 4, texte.

"Home manufacturers look forward to working with house builders"
CB, IX, 7 (juil. 59), 21-23

"Housing."
RAIC, XXII, 6 (juin 45), 129-131

"Housing and Industry scores in revised spending plans"
CB, XV, 9 (sept. 65), 7

"Housing: a new analysis shows fifty-five per cent is designed by architects."
TCA, IV, 9 (sept. 59), 74-78

"Housing crisis or numbers game?"
CB, XVII, 7 (juil. 67), 6

"Housing: demands."
TCA, IV, 9 (sept. 59), 79 et 96

"Housing demand to 1970, this study gives the reasons for the coming boom in homebuilding."
CB, XV, 6 (juin 65), 40-42

"Housing is still the orphan in Canada's capital investment plans."
CB, XVI, 9 (sept. 66), 41

"Hudac Convention. Competitor or partner? — How on-site and in-plant homebuilders tend to integrate."
CB, XXII, 3 (mars 72), 39 et 42 et 45

"If financing permits — A record housing year."
CB, XVII, 1 (jan. 67), 60

"Is there really a housing crisis? Not any longer, says Mr. Nicholson in this talk with Canadian Builder."
CB, XVII, 10 (oct. 67), 56-59

"Kaufman and Broad: projets domiciliaires de $ 150 millions à Montréal"
BAT, XLIX, 8 (août 74), 8, texte & ill.

"La Chambre de Commerce de Montréal et le problème de l'habitation dans la région métropolitaine"
BAT, XLVI, 5 (mai 71), 6, texte.

"La construction de maisons au Canada"
ABC, III, 24 (avril 48), 20, texte.

"La construction en baisse, surtout à cause de l'habitation"
AC, XXXV, 351 (mars-avril 79), 4

"La construction résidentielle va reprendre de plus belle au printemps" (liste de projets pour la région de Montréal)
BAT, XXX, 1 (jan. 55), 13

"La crise du logement favorise l'est de l'île de Montréal"
BAT, L, 4 (avril 75), 20, texte.

163

"Land and services still bug Canadian housing progress"
CB, VIII, 7 (juil. 58), 33

"Laprairie, Brossard, Candiac: le développement domiciliaire s'accentue"
BAT, L, 5 (mai 75), 8

"La presse visite 'le plus grand chantier d'habitation de la province...'"
BAT, XLII, 5 (mai 67), 5, texte & ill.

"La SCHL publie un important inventaire du parc résidentiel"
BAT, LII, 5 (mai 77), 14 et 24

"La situation du logement au Canada"
BAT, XLV, 5 (mai 70), 24-25, texte.

"LD housing for Sherbrooke"
NB, VIII, 10 (oct. 59), 47

"L'encours des prêts hypothécaires bancaires a dépassé les $ 8 milliards"
BAT, LII, 2 (fév. 77), 8-11, texte & ill.

"L'enquête sur l'habitation — Le comité de l'I.R.A.C. tient séance dans la métropole."
ABC, XIV, 163 (nov. 59), 366-367, texte.

"Le logement à Montréal: pour deux constructions, une démolition"
BAT, L, 6 (juin 75), 13-14, texte & ill.

"Le président de la SCHL prévoit une reprise à partir de juin 1967"
BAT, XLI, 12 (déc. 66), 7, texte.

"Le problème No 1 de l'industrie de l'habitation au Québec: prendre conscience d'elle-même."
BAT, XL, 1 (jan. 65), 14-17, texte & ill.

"Le processus de développement résidentiel au Québec"
BAT, LIII, 10 (oct. 78), 23-24, texte.

"Le programme 10 000 logements" (à Montréal)
BAT, LV, 9 (nov. 80), 9, texte.

"Le taux des logements libres augmente légèrement — Avance des mises en chantier en novembre"
BAT, LII, 1 (jan. 77), 5-6, texte.

"Les conditions de nos maisons — La grande majorité de nos maisons manquent du confort essentiel"
ABC, I, 5 (août 46), 23 et 26, texte.

"Les constructeurs font le point sur la situation réelle de l'habitation au Québec"
BAT, LV, 4 (mai 80), 5, texte.

"Les inventaires sont importants en Ontario"
BAT, LII, 10 (oct. 77), 7, texte.

"Les mises en chantier d'habitations maintiennent en août leur niveau élevé."
AC, 28, 319 (nov. 73), 9

"Les prévisions optimistes du gouvernement fédéral en matières de logements vont-elles se trouver démenties par l'augmentation incessante du taux d'intérêts?"
BAT, XLIII, 5 (mai 68), 5-6, texte.

"Les problèmes de la construction d'habitations à Sherbrooke, exposés par M. André Dauphin, gérant de la SCHL"
BAT, XXXV, 3 (mars 60), 65, texte.

"Les perspectives demeurent sombres dans l'habitation"
BAT, LIII, 7 (juil. 78), 8, texte.

"Les statistiques du logement pour le premier trimestre"
BAT, XLIX, 6 (juin 74), 14, texte.

"Les tendances démographiques modifieront la structure du parc résidentiel"
BAT, LV, 10 (déc. 80), 23, texte.

"L'habitation au Canada — Service des recherches économiques, Société centrale d'hypothèque"
ABC, V, 56 (déc. 50), 22-23, texte.

"L'habitation en 74: Basford est optimiste"
BAT, XLIX, 3 (mars 74), 8, texte.

"Metro Toronto heading for housing crisis say city planners"
CB, XXVI, 6 (juin 76), 6

"Mise au point de l'ACHQ"
BAT, XLVI, 12 (déc. 71), 11-12, texte.

"Mise en oeuvre du rapport du comité d'enquête sur les conditions de l'habitation."
ABC, XVI, 177 (jan. 61), 27, texte.

"Mises en chantier de maisons en août"
BAT, XLVI, 10 (oct. 71), 35, texte.

"Mises en chantier d'habitations: diminution en 74"
BAT, XLIX, 1 (jan. 74), 23, texte.

"Mises en chantier d'habitations à la baisse selon l'ACHDU, en 1980"
BAT, LV, 6 (juil.-août 80), 9, texte, tableau

"Moins de maisons disponibles"
BAT, XLIX, 8 (août 74), 10, texte.

"Montréal a eu le vent dans les voiles" (mises en chantier d'habitations, à Montréal et à Toronto)
BAT, LI, 6 (juin 76), 8, texte.

"Montreal homebuilders lay plans for 1965"
CB, XV, 2 (fév. 65), 9

"Montreal Low-Cost Housing Project"
CB, II, 10 (oct. 52), 42 et 44, texte.

"Mr. Hignett draws the picture for housing needs in 1970."
CB, XV, 8 (août 65), 7

"'Must' measurer suggested to save residential housing industry."
CB, XVI, 5 (mai 66), 59

"National House Builders Association. 'Environment '71'."
CB, XXI, 1 (jan. 71), 25

N.S., Nfld., B.C. plan bold housing
CB, XVII, 3 (mars 67), 10

"One million new homes in Canada by 1974 — Herb Hignett."
CB, XXI, 1 (jan. 71), 30-31 et 37

"Ontario Association of architects, Report of the committee on housing design — 1957."
RAIC, XXXV, 6 (juin 58), 228-229

"Ottawa Committee seeks evidence from builders."
CB, XIV, 9 (sept. 64), 7

"Ottawa Mayor Says Slow Market For High Price Dwellings"
CB, IV, 3 (mars 54), 64, texte.

"Our housing crisis..."
CB, XXVI, 12 (déc. 76), 15-17 et 20-21

"Outlook For Serviced Land"
NB, III, 7 (juil. 54), 10-11, tableau

"Plan the land or carry on — with a crisis."
CB, XVIII, 6 (juin 68), 44

"Plus d'unités de logement qu'en 1962" (statistiques)
ABC, XVIII, 209 (sept. 63), 59, texte.

"Programme de l'IRAQ en vue de donner suite au rapport sur les conditions de l'habitation."
RAIC, XXXVII, 10 (oct. 60), 427-431

"Quality homes sell well in Toronto"
CB, XX, 10 (oct. 70), 22

"Quebec architects plan free aid to home buyers"
NB, XI, 5 (mai 62), 45

"Rapport annuel de la SCHL: 233 600 habitations construites en 1971"
BAT, XLVII, 5 (mai 72), 6, texte.

"Rapport annuel de la SCHL — 'la meilleure année de l'histoire du Canada'"
BAT, XLIX, 5 (mai 74), 8, texte.

"Rapport d'un comité d'étude sur l'habitation"
BAT, XLVII, 9 (sept. 72), 33-36, texte.

"Record Housing boom hits Toronto."
CB, XV, 6 (juin 65), 5

"Résultats de l'enquête sur l'habitation au Canada, effectuée par Stanley Edge et Associés pour le compte du Conseil des Manufacturiers"
BAT, XL, 3 (mars 65), 7, texte.

"Salvation for homebuilding — future is tied to space age."
CB, XVI, 11 (nov. 66), 7

"Sans titre" (NHBA et les perspectives pour l'habitation en 1959).
TCA, IV, 2 (fév. 59), 16

"Scarborough gets the lion's share of $ 10.7 million for housing."
CB, XVIII, 2 (fév. 68), 6

"Situation de l'industrie de l'habitation et prévisions"
BAT, XXXIX, 4 (avril 64), 58, texte.

"Situation mondiale de l'habitation"
ABC, III, 26 (juin 48), 18, texte.

Smith, Lawrence B., Le logement au Canada, Information Canada, Ottawa, sans date.
AC, 26, 297 (sept. 71), 41

"Some workable approaches to the housing crisis — however, no one answer." (En Ontario)
CB, XVII, 5 (mai 67), 40-41

"Statistiques comparatives à méditer... (extraites du mémoire de la Chambre de Commerce à propos du gel des loyers)"
BAT, XLIII, 4 (avril 68), 8 et 18, texte, tableaux

"Statistiques comparatives — début du présent semestre — même date l'an dernier (Extrait du bulletin fédéral des statistiques) Construction résidentielle dans les centres de 5,000 et plus de population"
BAT, XXIX, 5 (mai 54), 81, tableau

"Statistiques du logement"
BAT, XXXI, 3 (mars 56), 79 et 81, texte & ill.

"Statistiques du logement au Canada"
ABC, XVIII, 206 (juin 63), 57, texte.
BAT, L, 6 (juin 75), 34, texte.

Statistiques sur le logement dans la province de Québec.
BAT, XXXVIII, 6 (juin 63), 24-27 et 54, tableaux

"Take interest in housing, architects urged"
CB, VII, 7 (juil. 57), 37

"Taux de vacances dans différentes villes du Québec"
BAT, XLVI, 3 (mars 71), 16-17, tableaux

"Tendances 70: construction commerciale, industrielle et résidentielle"
BAT, XLV, 7 (juil. 70), 19-21 et 25

"The CHMA Convention. Home manufacturers see demand increasing for in-plant production."
CB, XXII, 3 (mars 72), 45

"The Gordon Commission looks at the prospects for house building"
CB, VI, 5 (mai 56), 52-55 et 57-58 et 60-62

"The Honorable Robert Winters, Minister of Public Works, speaking to the North Bay Chamber of Commerce." (l'activité dans l'habitation)
TCA, I, 10 (oct. 56), 50

"The institute's committee on inquiry on the residential environment."
RAIC, XXXVI, 9 (sept. 59), 313-314

"They can visualize the day when home manufacturers become sub-contractors to the housing industry"
CB, XXII, 8 (août 72), 28-29

"Three Year Comparison of Home Building Completions"
NB, IV, 5 (mai 55), 22, tableau

"Toronto Home Builders lead fight to restore industry's public image"
CB, XXV, 5 (mai 75), 50 et 55

"Toronto Home Builders' president lashes out at no-growth attitudes"
CB, XXVI, 9 (sept. 76), 67

"Toronto Home Builders president says industry should stop being reactionary"
CB, XXVI, 1 (jan. 76), 5

"To study Vancouver housing project"
NB, VIII, 8 (août 59), 50

"Trois importants projets de construction domiciliaire à Laval"
BAT, XLVIII, 10 (oct. 73), 10, texte & ill.

"Un énorme marché s'ouvre aux constructeurs: finition et rénovation de sous-sols."
BAT, XXXVIII, 12 (déc. 63), 26-27, texte & ill.

"Une solution à la crise du logement? Bâtiment a été le demander pour vous à d'éminentes personnalités du gouvernement fédéral"
BAT, XLIII, 10 (oct. 68), 27-31, texte & ill.

"Un peuple de nomades" (statistiques concernant les déménagements)
BAT, XLIX, 5 (mai 74), 15, texte.

"Un rapport officiel sur l'habitation" extrait de Housing in Canada
ABC, III, 21 (jan. 48), 48 et 52

"Upsurge in House Building Expected"
NB, IV, 3 (mars 55), 1, texte.

"Winnipeg meets public demand for bigger homes with more facilities and better quality."
CB, XVII, 8 (août 67), 38-39

"Zero lot line, a long, uphill battle faces innovative concept say planners, builders"
CB, XXV, 5 (mai 75), 25 et 28 et 35

Alain, Fernand
"Constructions d'habitations: les perspectives sont encourageantes"
BAT, L, 12 (déc. 75), 14-15, texte.

Alain, Fernand
"Pour les constructeurs d'habitations: 'une situation critique'"
BAT, XLIX, 4 (avril 74), 9, texte & ill.

Allard, Gérard
"Aménagement de nouveaux secteurs résidentiels: c'est l'impasse"
BAT, LI, 7 (juil. 76), 33, texte.

Allard, Gérard
"La production est-elle insuffisante?"
BAT, LI, 9 (sept. 76), 31, texte.

Anderson, Ross
"Report: The Gordon Report."
TCA, II, 6 (juin 57), 16

Armstrong, Alan H.
"Large scale housing development, problems and prospects for architectural service in Canada."
RAIC, XXVII, 12 (déc. 50), 411-413

Armstrong, A.H.
"Residential Environment Committee Ends Hearings."
RAIC, XXXVII, 2 (fév. 60), 71

Assaly, Ernie
"In the next 12 months we could see a reversal of housing's decline"
CB, XXV, 2 (fév. 75), 34

Bélanger, Pierre
"Habitation: les taux d'intérêts et l'incertitude des consommateurs refroidiront le volume des ventes"
BAT, LV, 4 (mai 80), 26, 28 et 32, texte.

Bergman, Eric
"Comment l'industrie de l'habitation répondra-t-elle au défi de demain?"
BAT, LIII, 2 (fév. 78), 24, texte.

Bergman, Eric
"Homebuilding in 1977 — It's been a good year so far but play it cautiously"
CB, XXVII, 8 (août 77), 58

Bergman, Eric
"The big problems still remain but 1978 could be a good year"
CB, XXVII, 12 (déc. 77), 36

Birmingham, W.H.
"Residential Work". (L'habitation en Colombie-Britannique).
RAIC, XXVII, 9 (sept. 50), 305-312

Blackwell, Walter R.L.
"Provincial Page". (Wartime Housing in Ontario)
RAIC, XXII, 5 (mai 45), 110-111

Blumenfeld, Hans
"L'habitation dans les métropoles"
ABC, XXI, 241 (mai 66), 23-29, texte & ill.

Bolte, Auguste A.
"Wanted: 500,000 homes"
NB, II, 3 (mars 53), 2 et 7, texte.

Brady, James
"Halifax finds the housing market buoyant in the suburbs."
CB, XVI, 3 (mars 66), 66-67

Burgess, Cecil S.
"Provincial Page." (L'habitation en Alberta).
RAIC, XVIII, 3 (mars 41), 52
RAIC, XXI, 11 (nov. 44), 265

Burgess, Cecil S.
"Provincial Page". (Statistique sur l'habitation en Alberta).
RAIC, XVIII, 4 (avril 41), 74

Burgess, Cecil S.
"Reconstruction in Canada, the Report of the Subcommittee on Housing and Community Planning"
RAIC, XXI, 10 (oct. 44), 233-234 et 239

Calgary Housebuilders Association
"The Gordon Commission, Housebuilding in Calgary reflects national picture"
CB, VI, 6 (juin 56), 52-53

Campbell, Charles B.
"How builders can meet the challenge of rising demand for housing"
CB, XV, 3 (mars 65), 13

Campbell, C.B.
"Mortgage financing will decide volume of housing this year."
CB, XVI, 1 (jan. 66), 36

Carver, Humphrey
"How much housing does greater Toronto need?"
RAIC, XXIII, 7 (juil. 46), 171-174

Castro, Marc
"Un millier d'unités neuves invendues dans l'Outaouais"
BAT, LII, 7 (juil. 77), 8 et 27, texte & ill.

Choueke, Esmond
"Meet the conditions and we will set records, says Quebec's home-building chief"
CB, XXVII, 2 (fév. 77), 20-21

Cimon, Jean
"L'enquête sur l'habitation — L'environnement domiciliaire à la périphérie de la ville de Québec"
ABC, XIV, 164 (déc. 59), 394-397, texte & ill.

Cleary, James
"What's Ahead in '52? — C.C.A. Convention"
CB, II, 3 (mars 52), 41-42 et 45, texte & ill.

Connelly, W.G.
"NHBA's Nine-Point Program to tackle the housing crisis."
CB, XVII, 1 (jan. 68), 26 et 28-29 et 32

Connelly, W.G.
"NHBA says more Ottawa lending needed to maintain housing starts volume."
CB, XVII, 8 (août 67), 45

Connelly, W.G.
"Old homebuilding problems negate other advances."
CB, XVII, 4 (avril 67), 80

Connelly, W.G.
"Une année décisive pour l'industrie de l'habitation..."
BAT, XLII, 3 (mars 67), 5-6, texte.

Coon, Burwell R.
"Wartime Housing"
RAIC, XIX, 1 (jan. 42), 3-8

Coutts, Ian R.
"On site" (conversation sur les projets soumis pendant l'hiver au Canada).
CB, XIV, 12 (déc. 64), 50

D.B.S.
"1953 Best Year Yet"
NB, III, 3 (mars 54), 9, texte & ill.

Deacon, P. Alan
"Provincial Page." (La demande de logement). Ontario
RAIC, XXII, 8 (août 45), 168-169

Denault, Bernard
"1976 housing target appears attainable as we enter the new year"
CB, XXVI, 1 (jan. 76), 40

Denault, Bernard
"A home to remember — This film highlights improvements and achievements in building"
CB, XXV, 8 (août 75), 28

Denault, Bernard
"The supply of serviced land remains a major problem for housing industry"
CB, XXV, 4 (avril 75), 33 et 37

Déry, Jacques
"En 1976: prolifération des projets dans l'habitation et ralentissement dans la construction commerciale."
BAT, L, 12 (déc. 75), 11

Déry, Jacques
"Évolution de la construction domiciliaire"
BAT, L, 11 (nov. 75), 8, texte.

Déry, Jacques
"La crise du logement: bientôt une réalité"
BAT, XLIX, 9 (sept. 74), 27, texte.

Diamond, A.J.
"The Housing Crisis."
ARCAN, 45, 9 (sept. 68), 45

Dobush, Peter; Parkin, John C.
"Rapport du comité d'enquête sur les conditions de l'habitation de l'IRAC"
RAIC, XXXVII, 5 (mai 60), 175-229

Edsall, Richard L.
"Perspectives sur la construction d'habitations, d'écoles et d'hôpitaux"
BAT, XXXIII, 6 (juin 58), 15 et 19

Elliott, Roblins
"Un mot du directeur exécutif." (enquête sur la façon dont sont créés les quartiers d'habitations).
RAIC, XXXVI, 9 (sept. 59), 331

Firestone, O.J.
"Housing Need and Housing Demand"
RAIC, XXVII, 6 (juin 50), 183-190

Firestone, O.J.
"Latest Housing Facts"
NB, III, 4 (avril 54), 4-8 et 18, texte.

Firestone, O.J.
"What Does 1954 Hold?"
NB, II, 12 (déc. 53), 2-3, texte.

Fowke, Clifford
"A 1966 boom in homes for sale is held up by lack of finance"
CB, XVI, 3 (mars 66), 62

Fowke, Clifford
"Barney Dawson, Ottawa's new Minister of Housing — Does it mean major winds of change for policies in the housing crisis?"
CB, XXIV, 9 (sept. 74), 22-24 et 27 et 60

Fowke, Clifford
"Behind the scenes" (le marché et l'industrie de la construction résidentielle)
CB, XXVII, 4 (avril 77), 22-23

Fowke, Clifford
"Report on housing, 1965 marks start of a new era in expansion"
CB, XV, 1 (jan. 65), 14-15

Fowke, Clifford
"The building scene in 1976. Forecasts are cautious but housing is expected to lead in a new upturn"
CB, XXV, 12 (déc. 75), 9 et 13-16 et 19.

Fowke, Clifford
"The name of the Game is Living" — A rallying cry for the housing industry"
CB, XVIII, 6 (juin 68), 38-43 et 53

Fowke, Clifford
"The story of housing in 1975's changing climate"
CB, XXVI, 5 (mai 76), 24-25 et 30-31 et 36

Fowke, Clifford
"Why can't they get adequate housing?" (résultats d'une enquête trans-canadienne)
CB, XVII, 12 (déc. 67), 21-23

Fox, E.
"Progrès sur le rapport des conditions de l'habitation."
RAIC, XXXVIII, 4 (avril 61), 68

Fox, Edmund
"Report of the Special Assistant on Inquiry Report Implementation."
RAIC, XXXVIII, 10 (oct. 61), 74-76

Fraser, R.K.
"50,000 Houses a Year Under N.H.A."
NB, II, 10 (oct. 53), 2-3, texte.

Fraser, R.K.
"Housing Big, Can Get Bigger"
NB, I, (nov. 52), 3, texte.

Fraser, R.K.
"Mr. Mansur testifies" (re: annual report and financial statements of CMHG)
NB, I (sept. 52), 2-3, texte.

Gélinas, Jean-Yves
"L'industrie de l'habitation: éternelle sacrifiée"
BAT, XLI, 4 (avril 66), 5, texte.

Gélinas, J.Y.
"Prospects for 1967 — A new boom period for housing in the fall?"
CB, XVII, 1 (jan. 67), 49

Gélinas, J.Y.
"Residential Research Council's survey will probe industry's current problems."
CB, XVI, 8 (août 66), 57

Goodman, Eileen
"La fabrication au Canada des maisons Futuro" (illustrations)
BAT, XLVII, 10 (oct. 72), 24-25 et 30

Grisenthwaite, W.H.
"Tackling The Housing Problem"
NB, I (juil. 52), 2-3, texte.

Hignett, Herb
"Who's to blame for the housing situation? How it was in the sixties"
CB, XX, 1 (jan. 70), 23-25

Holcombe, Wm H.
"A report of the Committee on housing."
RAIC, XVII, 7 (juil. 40), 119

Huckvale, Marnie
"Vancouver housing market is looking up — but the breakthrough still ahead"
CB, XXVII, 4 (avril 77), 42-43

Johnson, S. Eric
"A look at the past year, a glance at 1971 trends as they affect homebuilding."
CB, XXI, 2 (fév. 71), 35

Johnson, S. Eric
"Some strong words on the future of homebuilding by the NHBA leader."
CB, XX, 12 (déc. 70), 35 et 46

Johnson, S. Eric
"We can't much longer accept being squeezed out of the vast lower-income field."
CB, XX, 4 (avril 70), 36

Joubert, Maurice
"Why RAIC commission of enquiry is important to builders"
NB, VIII, 8 (août 59), 31

Junius, Marcel
"Évolution de la condition de l'habitat"
ABC, XXI, 240 (avril 66), 54-56, texte & ill.

Kennedy, A.A.; Simonsen, Ove C.
"Canada's Country Ghettos" (Communautés d'Indiens et de Métis dans les Prairies).
ARCAN, 45, 9 (sept. 68), 52-59

Langlois, Ernest; Lebeuf, Yvan
"L'habitation à Montréal" (démolir les taudis, reconstruire, rénover, utilisation du sol)
BAT, XXIX, 12 (déc. 54), 20-24

Lasserre, Fred
"The houses are not coming."
RAIC, XXIII, 7 (juil. 46), 175-177

Lasserre, Fred
"Whither Housing?"
RAIC, XXI, 10 (oct. 44), 237-239

Lazarus, Charles
"Prices climb in Montreal despite slower sales"
CB, XXVI, 2 (fév. 76), 15-16

Lebeuf, Yvan; Langlois, Ernest
Voir Langlois, Ernest; Lebeuf, Yvan

Leclerc, Marcel
"Habitation: l'offre dépasse largement la demande dans toute la province"
BAT, LII, 9 (sept. 77), 32, texte.

Leclerc, Marcel
"Habitation: 70 000 unités prévues pour 1977 au Québec"
BAT, LI, 12 (déc. 76), 16, texte.

Leclerc, Marcel
"Un rattrapage au troisième trimestre?"
BAT, LII, 6 (juin 77), 32, texte.

Lehrman, Jonas
"Progress"
TCA, XIII, 11 (nov. 68), 8

Lupien, Jean
"Entrevue - Jean Lupien et les problèmes du logement"
BAT, XLIV, 8 (août 69), 23-24 et 39, texte.

Lurz, William
"On site" (plusieurs projets de dév. résidentiels en Ontario)
CB, XXIII, 12 (déc. 73), 60

Lyman, Sande
"Housing in Saskatchewan" (Particularités du climat sur les constructions)
RAIC, XX, 9 (sept. 43), 161

Mansur, D.B.
"Effect of municipal services on house building"
CB, IV, 10 (oct. 54), 50-56, texte.

Mansur, D.B.
"Housing Prospects and Problems" (address given at the Winnipeg Convention of the National House Builder Association)
CB, II, 5 (mai 52), 52-57, texte & ill.

Mayerovitch, H.
"Québec." (Housing problem and policy).
RAIC, XXVI, 8 (août 47), 289

Mayotte, E.L.
"'68 expansion will make '69 even better."
CB, XIX, 1 (jan. 69), 35

Meere, Phil
"At NHBA convention, Builders pick-up pointers on how to tackle 1966 problems".
CB, XVI, 2 (fév. 66), 55-56

Meere, Phil
"Housebuilders look to higher production"
CB, XVII, 3 (mars 67), 48-51

Messer, Tom
"Habitation: marché raisonnablement actif, fléchissement des taux d'intérêts et stabilité des mises en chantier cette année"
BAT, LII, 2 (fév. 77), 11-12, texte.

Morley, Keith
"Backpats and Brickbats: As the new President sees them in the industry."
CB, XXIII, 3 (mars 73), 20 et 32

Morley, Keith
"How Canada's homebuilders rate in comparison to those of other countries"
CB, XXIII, 6 (juin 73), 35

Morley, Keith
"John Q. Public believes housing quality decreasing!"
CB, XXIII, 4 (avril 73), 44

Morley, Keith
"Peak activity in housing should continue"
CB, XXIII, 5 (mai 73), 20 et 28

Murray, J.A.
"À la recherche d'architectes."
RAIC, XXXIX, 10 (oct. 62), 44

Osborne, Milton S.
"Provincial Page." (Statistiques sur l'habitation au Manitoba).
RAIC, XVII, 4 (avril 40), 66-67

Parkin, John C.; Dobush, Peter
Voir Dobush, Peter; Parkin, John C.

Parsons, Colin J.
"The outlook for the housing industry"
CB, XXIX, 2 (fév. 79), 15-17

Pitts, G. Md.
"Special meeting of public relations and town-planning committees on war housing"
RAIC, XVIII, 7 (juil. 41), 111-112

Platts, R.E.
"Housing trends prove effective in winter"
CB, XIII, 12 (déc. 63), 50-51

Racine, Roland L.
"L'habitation à travers la province"
BAT, XXXVI, 7 (juil. 60), 25, texte.

Racine, Roland L.
"L'habitation dans la province"
BAT, XXXVI, 9 (sept 60), 70-71, texte.

Ripley, James G.
"Housing outlook 1978, An unsettled year for housing but the long-term outlook is promising" (statistiques sur la construction résidentielle depuis 1961)
CB, XXVIII, 2 (fév. 78), 12-13

Robert, Georges
"Enquêtes sur l'habitation à Trois-Rivières"
ABC, XIX, 216 (avril 64), 41-44, texte & ill.

SCHL
"Dernières statistiques du logement dans le Québec"
BAT, XL, 1 (jan. 65), 28, tableau

SCHL
"L'habitation au Canada"
ABC, VI, 57 (jan. 51) 24-26 et 32, texte.

Scurfield, Ralph T.
"Events in 1969 will shape progress in the new decade."
CB, XX, 2 (fév. 70), 50

Scurfield, Ralph T.
"Government must increase home building's priority."
CB, XIX, 11 (nov. 69), 91

Scurfield, Ralph T.
"What we can expect in 1970"
CB, XX, I, (jan. 70), 46

Sears, Henry
"Housing Crisis and Opportunity"
ARCAN, 44, 11 (nov. 67), 54-55

Shankman, Lawrence
"Land prices spiral in Toronto threatens biggest home boom"
CB, XV, 7 (juil. 65), 7

Shipp, Gordon S.
"What's the Outlook For Housing"
NB, III, 12 (déc. 54), 4, texte.

Shipp, Harold G.
"Home builders' problems are no different in U.S.".
CB, XXI, 7 (juil. 71), 20

Shore, Leonard Eldon
"Housing for the post-war period"
RAIC, XVIII, 6 (juin 41), 93-95

Simonsen, Ove C.; Kennedy, A.A.
Voir Kennedy, A.A.; Simonsen, Ove C.

Sly, Howard M.
"One developer's viewpoint: How the housing industry must change — or face up to total government control"
CB, XXIV, 9 (sept. 74), 32 et 36 et 40 et 60

Smith, John Caulfield
"Let the Record Speak" (Extraits de débats portant sur l'habitation, au Parlement)
NB, II, 7 (juil. 53), 2-4, texte.

Somerville, W.L.
"Site Planning for Wartime Housing"
RAIC, XIX, 6 (juin 42), 129-131

Steele, Harland
"The report of the RAIC Committee of Inquiry into Design of the residential Environment."
RAIC, XXXVIII, 10 (oct. 61), 73

Thrift, Eric W.
"Comment on the report of the R.A.I.C. committee of inquiry into design of the residential environment"
TCA, V, 9 (sept. 60), 50

Turner, Philip J.
"Provincial Page." (Statistiques sur l'habitation au Québec).
RAIC, XVII, 2 (fév. 40), 29

Vallée, Marc E.
"Opération 10 000 logements à Montréal: pour freiner l'exode vers la banlieue."
BAT, LIV, 11 (nov. 79), 14-15

van Ginkel, H.P. Daniel
"Comment on the report of the R.A.I.C. committee of inquiry into the design of the residential environment"
TCA, V, 9 (sept. 60), 47-48

Venne, Gérard
"La résidence" (Peu de maisons sont dessinées par des architectes)
ABC, XIII, 150 (oct. 58), 34, texte.

Webber, Murray
"Toronto homebuilders urged to match production to a decreasing demand"
CB, XXVIII, 2 (fév. 78), 14

White, Jack A.
"Newfoundland has a housing boom"
CB, V, 6 (juin 55), 46-47

Wilmut, Percy G.
"C.C.A. Convention: Review of Canadian Construction Industry"
CB, III, 3 (mars 53), 43-44, texte & ill.

Wilson, C. Don
"HUDAC convention will discuss trends, reasons for record year in 1973"
CB, XXIII, 1 (jan. 73), 14

Winters, Hon. R.H.
"Canada's Housing Needs a Challenge to Private Enterprise" (Address to the Appraisal Institute of Canada)
CB, III, 5 (mai 53), 51-55, texte & ill.

Wishart, Paul B.
"Appeal of New Home Greater Than That Of New Car"
NB, III, 11 (nov. 54), 14, texte.

Zielinski, Andy
"Calgary suffers pangs of rapid growth, 1977 started badly for homebuilders and has brought innovations in style"
CB, XXVII, 9 (sept. 77), 65-66

Mesures gouvernementales
Government Programmes

"Alberta's warranty program goes on computer to handle over 16,000 homes"
CB, XXVI, 8 (août 76), 42 et 52

"At the expense of public welfare, Ottawa uses homebuilding as an economic tool"
CB, XVI, 5 (mai 66), 33-34

"Bigger funds planned for CMHC lending."
CB, XV, 5 (mai 65), 78

"Budgets make few changes"
NB, III, 5 (mai 54), 1, texte.

"CMHC fund floodgates still wide open." (énumération de plusieurs projets à travers le Canada)
CB, XXI, 2 (fév. 71), 7

"CMHC grant to develop minimum housing standards."
CB, IX, 7 (juil. 59), 42

"Création d'un groupe de travail sur l'habitation au Québec"
AC, 30, 332 (nov.-déc. 75), 7

"Création d'un 3e bureau de Quartier à Montréal" (Service de l'Habitation de la Ville de Montréal)
BAT, XLVI, 9 (sept. 71), 7, texte.

"Design" (Richard E. Hubbert nommé vice-président du Canadian Housing Design Council)
TCA, XXV, 8 (août 80), 4

"Fixé à 1,8 milliards de dollars" (La Société centrale d'hypothèques et de logement dépense 1,8 m. pour l'habitation)
AC, 33, 341 (mai-juin 77), 6

"Government has it wrong."
ARCAN, L (juin 73), 12

"Habitation collective: 'Le gouvernement fédéral propose l'assurance-loyer' 'Les loyers mensuels inférieurs à $ 35.' 'Prêts plus élevés' 'La situation reste difficile'"
ABC, III, 25 (mai 48), 24 et 46, texte.

"Hallmarks for Housing". (Warranty against faulty construction)
ARCAN, L (fév. 73), 9

"Here's why you should build this winter"
NB, 14, 10 (oct. 60), 31

"Homebuilders head for another record in winter houses."
CB, XV, 10 (oct. 65), 6

"Home Improvement Loans"
CB, II, 9 (sept. 52), 56, texte.

"HOME Lots in Ottawa move slowly"
CB, XVIII, 3 (mars 68), 5

"Housing as the lenders see-it — they also have problems with governments"
CB, XXVI, 5 (mai 76), 48-49 et 55

"Housing loans by Ottawa total over $ 12 million."(liste de projets)
CB, XV, 12 (déc. 65), 6

"How the Budget Affected Construction"
NB, IV, 4 (avril 55), 1, texte.

"Investissements du gouvernement fédéral dans la construction résidentielle au Québec"
BAT, XLVI, 1 (jan. 71), 7-8, texte & ill.

"La SCHL dépensera $ 1,8 milliards pour l'habitation et les projets connexes"
BAT, LII, 5 (mai 77), 8, texte.

"La SHQ engage près de $ 28 millions pour la construction de 1009 logements"
BAT, LII, 12 (déc. 77), 7, texte.

"La SHQ: 47 000 unités de logement en neuf ans"
BAT, LIII, 5 (mai 77), 7, texte.

"La Société avait innové dans le domaine des prêts hypothécaires" (SCHL et modification du mode de financement hypothécaire en 1954)
BAT, LV, 9 (nov. 80), 18 et 25, texte & ill.

"Le budget d'investissement de la SCHL dépasse 1.4 milliard"
BAT, L, 3 (mars 75), 28, texte.

"Le gouvernement dévoile sa 'nouvelle' politique de l'habitation"
BAT, XXXIX, 7 (juil. 64), 41, texte.

"Le programme Danson en bref.." (relance de la construction d'habitations)
BAT, L, 12 (déc. 75), 15, texte.

"Le rapport Hellyer: Ceux qui sont 'pour' et ceux qui sont 'contre' le point de vue des principaux organismes de l'habitation"
BAT, XLIV, 3 (mars 69), 39-44, texte.

"Les constructeurs d'habitations devront-ils 'se défendre' contre la prime d'encouragement aux travaux d'hiver?" (la construction en hiver)
BAT, XL, 4 (avril 65), 40-41

"Les prêts hypothécaires à paiements progressifs devraient aiguillonner l'acheteur potentiel"
BAT, LIII, 9 (sept. 78), 8, texte & ill.

"L'impact des mesures gouvernementales sur le développement résidentiel au Québec"
BAT, LIII, 11 (nov. 78), 20-21, 24-26, texte & ill.

"Loans ease the housing problems of the west". (liste des projets)
CB, XIX, 9 (sept. 69), 8

"M. Henri Dion, président de la Société d'habitation du Québec s'explique devant les constructeurs de Montréal"
BAT, XLIII, 2 (fév. 68), 5, texte.

"Montreal Builders rap permits delay"
CB, III, 12 (déc. 53), 27, texte.

"M. Ouellet donne son appui aux programmes de garanties domiciliaires"
BAT, LII, 3 (mars 77), 6, texte.

"New CMHC Head" (Stewart Bates)
CB, IV, 12 (déc. 54), 34, texte.

"N.H.A. 1954: How N.H.A. Loans Are Made"
CB, IV, 7 (juil. 54), 51 et 53 et 55, texte.

"NHA loans ensure more winter-built housing."
CB, XV, 9 (sept. 65), 5

"NHA Loans up 67% in 1954"
NB, IV, 2 (fév 55), 1, texte.

"N.H.B.A. Convention Asks Gov't For Tax Aid To Home Owners"
CB, IV, 8 (août 54), 40 et 42, texte & ill.

"Nouvelles directives de la S.C.H.L."
AC, 34, 347 (juil.-août 78), 4

"Ontario HOME demonstration unveiled — 'heavy response'" (4 modèles de maisons unifamiliales)
CB, XVII, 12 (déc. 67), 7

"Ontario minicipalities blamed for housing lack"
CB, III, 9 (sept. 53), 65, texte.

"Ottawa may make crash program on annual plan"
NB. VIII, 12 (déc. 59), 24-25

"Percentage of NHA Home Ownership Loans Made to Builders Building For Sale"
NB, III, 9 (sept. 54), 1, texte.

"Premier anniversaire... Où en est la Société d'Habitation du Québec?"
BAT, XLIII, 12 (déc. 68), 20-22 et 24, texte & ill.

"Prêts directs de la SCHL"
BAT, XLVI, 12 (déc. 71), 6, texte.

Prêts hypothécaires au Canada par la SCHL
CDQ, XXIV, 4 (juil. 49), 24

"Programme fédéral de logement pour les Territoires du Nord-Ouest."
AC, 31, 335 (mai-juin 76), 10

"Projets coopératifs et à but non-lucratif." (Subventions)
AC, 30, 330 (juil.-août 75), 8

"Quebec builders press demand for Ministry of Housing."
CB, XV, 1 (jan. 65), 30-31

"Record volume of NHA Loans"
CB, IV, 12 (déc. 54), 34, texte.

"Sans titre" (La place qu'occupe la Ontario Housing Corporation dans la construction en Ontario)
TCA, XV, 9 (sept. 70), 7

"Schedule of Maximum NHA Loans Per Unit"
NB, III, 5 (mai 54), 6-7, tableau

"Shipp Says Federal Legislation will Boast House Building"
CB, IV, 1 (jan. 54), 33-34, texte.

"Special Ontario Committee" (of N.H.B.A., appealing for municipal tax relief)
NB, I (nov. 52), 7, texte.

"Talking with Quebec's minister of municipal affairs, 'We welcome real estate development', says Guy Tardif, 'but under control'".
CB, XXVII, 9 (sept. 77), 45-46 et 53

Terre-Neuve (15,000 maisons)
CB, XVII, 3 (mars 67), 10, texte.

"These Countries Permit Tax Deductions" (for home owners)
NB, III, 8 (août 54), 15, texte.

"Unanimité des lecteurs de *Bâtiment* à propos du Ministère de l'Habitation"
BAT, XL, 2 (fév. 65), 8-9 et 46, texte & ill.

"Un projet fédéral d'assurance-garantie" (protection pour les acheteurs de maisons neuves)
BAT, XLIX, 3 (mars 74), 15, texte.

"Voici les points principaux du mémoire soumis par l'Association des Constructeurs d'Habitations de Montréal au Ministre des Finances, l'Hon. Walter Gordon, à propos de la taxe de 3% sur les matériaux de construction."
BAT, XL, 1 (jan. 65), 8, texte, tableaux

"Winter home building here to stay"
CB, XV, 8 (août 65), 5

Adams, Beryl
"Liberal Leader Promises Home Owners Break"
NB, IV, 5 (mai 55), 14, texte.

Alain, Fernand
"Marché de l'habitation: au gouvernement d'assumer ses responsabilités..."
BAT, XLIX, 2 (fév. 74), 14-16, texte & ill.

Allard, Gérard
"À propos de l'éventuelle politique d'habitation du gouvernement du Québec"
BAT, LI, 3 (mars 76), 28, texte.

Assaly, Ernie
"Ottawa's actions to cut housing costs may result in a degree of 'over-kill'".
CB, XXIV, 9 (sept. 74), 52 et 60

Bastien, Henri-R.
"The President of the Canadian Builders Supply Association expresses thoughts on the growth of government in housing: Why Not a Canadian Housing Concil?"
NB, II, 7 (juil. 53), 4-6, texte.

Bates, Stewart
"Extracts" (Le gouvernement et l'habitation).
TCA, III, 8 (août 58), 64 et 74

Bates, Stewart
"Housing and the Government".
RAIC, XXXV, 7 (juil. 58), 261-264

Bates, Stewart
"La construction de maisons et le gouvernement."
RAIC, XXXV, 8 (août 58), 305-308

Bergman, Eric
"Can we gain the co-operation of local governments for affordable homes?"
CB, XXVII, 4 (avril 77), 70

Berthiaume, Sylvie
"Tous les constructeurs d'habitations devront être cautionnés pour leurs obligations envers le consommateur"
BAT, LV, 9 (nov. 80), 24-25, texte.

Bouchard, Yvon
"À propos du Livre blanc sur les relations locateurs-locataires"
BAT, LIII, 6 (juin 78), 27 et 30, texte.

Bouchard, Yvon
"Il faut repenser certains programmes gouvernementaux"
BAT, LIII, 4 (avril 78), 26 et 28, texte.

Bouchard, Yvon
"La protection du consommateur: une réalité en progression" (pour les acheteurs de maisons neuves)
BAT, LIII, 1 (jan. 78), 19, texte.

Bouchard, Yvon
"Le contrôle des loyers tend à limiter les efforts du marché plutôt qu'à les restructurer"
BAT, LIII, 2 (fév. 78), 23-24, texte.

Bouchard, Yvon
"Les modifications des programmes d'aide: un brusque frein à l'accession à la propriété"
BAT, LIII, 8 (août 78), 19, texte.

Caron, Claude
"La hausse des taxes décourage les acheteurs de maisons"
BAT, XLVIII, 3 (mars 73), 28 et 30, texte.

Cholette, Jean Marc
"Rôle des municipalités dans le domaine de l'habitation"
BAT, XXXI, 9 (sept. 56), 38-39, texte.

Choueke, Esmond
"Quebec homebuilders will pay 20 percent of municipal services costs, Tardif says."
CB, XXVIII, 1 (jan. 78), 30-31

Crawford, Grant
"Municipalities and Housing."
RAIC, XXII, 6 (juin 45), 117-120

Cross, Austin
"Who will replace Mansur at CMHC?"
CB, IV, 11 (nov. 54), 45, texte.

Cutler, Maurice
"Mr. Hellyer tells Canadian Builder of the new approach to housing problems."
CB, XVIII, 8 (août 68), 32-35

Dalrymple, John
"The quagmire of government intervention — The government dilemna: from eager intervention to reluctant control"
CB, XXIV, 12 (déc. 74), 27-28

Fowke, Clifford
"A Boon to manufacturers" (les programmes d'isolation du gouv. pour l'habitation)
CB, XXVII, 8 (août 77), 43-44

Fowke, Clifford
"Why we should have a Minister for Housing and Urban Affairs"
CB, XVIII, 8 (août 68), 31 et 35

Fortin, France
"Prochainement, tous les entrepreneurs devront adhérer à un programme de garantie des maisons neuves"
BAT, LV, 6 (juil.-août 80), 30 et 32, texte.

Frayne, Robert
"Speed Processing of NHA Loans"
NB, III, 9 (sept. 54), 4-5, texte.

Freeman, Wylie
"The Housing Crisis and Government Response."
ARCAN, 45, 4 (avril 68), 69-71

Galarneau, Bernard
"Service de l'Habitation de la ville de Montréal"
ABC, XXIII, 264 (mai 68), 30-32 et 47, texte & ill.

Gibson, W.A.
"A Case for Designed Proposal Calls - OHC." (nouvelle méthode)
TCA, XVIII, 10 (oct. 73), 60

Grossman, Allan
"Minister Gives OHC Views on Reader Survey." (Ontario Housing Corporation)
TCA, XVII, 10 (oct. 72), 45 et 82 et 84

Harvey, P.J.
"Let's Go On With Tax Revision"
NB, III, 5 (mai 54), 9, texte.

Hazeland, E.
"The Canadian Housing Design Council, Ottawa."
RAIC, XXXIII, 11 (nov. 56), 448

Henry, Robert
"Pour faire réfléchir les municipalités qui se cramponnent à la Régie des loyers..."
BAT, XLIII, 4 (avril 68), 25-26, texte.

Legault, Guy-R.
"Sans trop d'illusions, mais avec courage le Service d'Habitation de Montréal s'attaque au problème du logement"
BAT, XLIII, 4 (avril 68), 23-24, texte.

MacEachen, Allan J.
"The $ 500 winter housebuilding program has worked well, says Mr. MacEachen."
CB, XV, 5 (mai 65), 69

Messer, Tom
"Ottawa says AHOP and ARP programs will boost 1977 housing market"
CB, XXVII, 2 (fév. 77), 30

Morley, Keith; Shiff, J. Richard; Stone, Norman
"Three developers air their views on government's role in housing"
CB, XXVII, 9 (sept. 77), 58

Perras, Loyola
"Le gel des loyers: le point de vue des propriétaires"
BAT, XLIII, 3 (mars 68), 42-44, texte.

Prévost, Roland
"La SHQ et le logement au Québec"
BAT, XLVIII, 9 (sept. 73), 15 et 23, texte.

Shipp, Harold G.
"Who said the "innovative" homes program failed? We don't agree!" (programme fédéral pour abaisser le coût de la construction des maisons)
CB, XXI, 4 (avril 71), 36 et 58

Simpson, E.J.
"Mr. Simpson Misses the Point" (The Ontario Housing Corporation et les méthodes conventionnelles de développement dans la construction)
TCA, XVII, 1 (jan. 72), 50 et 59

Small, W.E.
"Les dernières propositions gouvernementales actuelles permettront de contrebalancer le ralentissement actuel"
BAT, LIII, 4 (avril 78), 27-28, texte.

Small, W.E.
"Les hausses du loyer intempestives seraient freinées par les lois de la concurrence"
BAT, LIII, 5 (mai 78), 24-25, texte.

Smith, John Caulfield
"L'expérience française dans le domaine du logement: comment l'État intervient pour équilibrer l'offre et la demande."
BAT, XLII, 6 (juin 67), 26-29 et 43, texte & ill.

Stewart, Walter P.
"In wake of an earthquake — Canada helps Guatemala build homes for survivors"
CB, XXVI, 7 (juil. 76), 22-23

Wilson, C. Don
"Changing strategies to meet the new government attitudes toward housing"
CB, XXIII, 2 (fév. 73), 42 et 56

Winters, Hon. R.H.
"Only 19 land assembly proposals under N.H.A. section 35"
CB, II, 11 (nov. 52), 29-31, texte.

Coûts et financement de l'habitation
Housing Costs and Financing

"À Calgary les prix sont les plus élevés du pays"
BAT, LIII, 11 (nov. 78), 7, texte.

"A Call to the nation, NHBA President Eric Johnson asks for review of non-productive housing costs"
CB, XXI, 1 (jan. 71), 13-15

"After 18 Months as housing minister: Basford sees land-banking as major weapon in battle to meet housing goals"
CB, XXIII, 10 (oct. 73), 45-46

"Basementless houses may be an answer to high costs"
CB, VII, 4 (avril 57), 77

Bayon, R., *Type de calcul du prix de revient du gros oeuvre des immeubles d'habitation*, Editions Eyrolles, Paris, [s.d.].
BAT, XXX, 3 (mars 55), 68

"Co-Op Habitat du Québec construit 'en gestion' et économise 7 p. cent"
BAT, XLVII, 7 (juil. 72), 20-21 et 29, texte & ill.

"Do builders need reminding? There's money and demand for low-cost homes."
CB, XXI, 5 (mai 71), 28-29

"George Hees, M.P., Urges Easier Mortgage Terms"
NB, I (déc. 52), 7, texte.

"Giant realtor blames government for Toronto crisis of hidden housing costs."
CB, XXIII, 2 (fév. 73), 53 et 56

"Habitation: les coûts ne seront jamais aussi bas"
BAT, LV, 9 (nov. 80), 4, texte.

"Hamilton Men Critical of Mortgage Money Shortage"
CB, III, 10 (oct. 53), 49-50, texte.

"Home Improvement Loan Definitions"
NB, IV, 3 (mars 55), 42, texte.

House Construction Costs by G. Underwood McGraw-Hill Book Co. Inc., 1950
CB, II, 7 (juil. 52), 53

House Construction Costs. By G. Underwood McGraw-Hill, Toronto, 1950.
CB, III, 3 (mars 53), 74

"Housing construction price increases decelerating, says statistics report"
CB, XXVII, 7 (juil. 77), 13

"Housing: costs."
TCA, IV, 9 (sept. 59), 79 et 96 et 98 et 100 et 102

"Information on how to obtain Loans on Rental Projects"
CB, IV, 9 (sept. 54), 85 et 87, texte.

"Land and building costs push new home prices up."
CB, XV, 5 (mai 65), 5

"Land Development, Get us the land at economic cost and we'll build the homes at mid-income prices says this developer"
CB, XXII, 7 (juil. 72), 25 et 33

"La stabilisation de la construction résidentielle requiert la stabilisation du flux des prêts hypothécaires"
BAT, LI, 12 (déc. 76), 21, texte.

"Le coût des maisons, vieilles et neuves est à la hausse"
BAT, XLIV, 4 (avril 69), 5, texte.

"Léger déclin du prix des maisons"
BAT, L, 6 (juin 75), 25, texte.

"Le prix moyen des maisons à Montréal"
BAT, XLIX, 6 (juin 74), 8, texte.

"Les Canadiens dépensent 16.8% de leurs revenus pour le logement"
BAT, XLII, 6 (juin 67), 7, texte.

"Les coûts dans l'habitation ont grimpé de 7,4%"
BAT, LII, 2 (fév. 77), 7, texte.

"Les coûts de la construction résidentielle"
BAT, XLIX, 2 (fév. 74), 13, texte.

"M. Adamson, administrateur de la Société Centrale d'Hypothèque et de Logements: 'les taux pourraient baisser vers la fin de l'année...'"
BAT, XLIII, 3 (mars 68), 5-6, texte.

"Maison contre automobile: des comparaisons qui en disent long..."
BAT, XLII, 4 (avril 67), 9, texte & ill.

"Maximum Interest Rate Reduced"
NB, IV, 3 (mars 55), 1, texte.

"Maximum Selling Price for N.H.A. Homes"
CB, IV, 9 (sept. 54), 66, texte.

"Mortgage Association Replies"
NB, II, 2 (fév. 53), 2-3, texte.

"Mortgage Loans Up 26%"
NB, IV, 5 (mai 55), 33, texte.

"Mortgage Money"
TCA, I, 11 (nov. 56), 8

"New plans for NHA loans get mixed reception"
CB, XV, 6 (juin 65), 5

"Ottawa and Canada's homebuilders join in pledge to provide lower-cost housing."
CB, XXI, 3 (mars 71), 35

"Phénomène inusité dans l'immobilier" (prix moyen d'une maison unifamiliale)
BAT, LI, 11 (nov. 76), 9, texte.

"Prix des maisons dans la métropole: hausse dans l'est, baisse dans l'ouest"
BAT, LII, 8 (août 77), 8 et 10, texte.

"Révision des exigences de la SCHL à l'égard des prêts résidentiels dans le voisinage des aéroports"
BAT, XLVII, 10 (oct. 72), 18 et 20, texte.

"Sources of the new Canadian housing dollar 1952"
NB, II, 11 (nov. 53), 5, tableau

"Style... et coût de construction — Quelle influence le style joue-t-il exactement sur le coût de la construction? La Société Centrale d'Hypothèques et de Logement donne ici une réponse élaborée à cette question."
BAT, XXVIII, (sept. 53), 26-27 et 56, texte & ill.

"Successful house builder has a ten-point program for effective cost control"
CB, V, 1 (jan. 55), 26

"Suggestion of CAREB convention... 'Essential... to allow people to buy homes they can't afford'".
CB, XVII, 11 (nov. 67), 8

"Tableau comparatif des coûts des bungalows dans la région montréalaise"
BAT, XLV, 2 (fév. 70), 8, tableau

"*The Cost of Housing* par Robert F. Legget" Conseil national des recherches, Ottawa, 1959
ABC, XIV, 162 (oct. 59), 337

"Towards lower-cost homes..."
CB, XXVII, 2 (fév. 77), 12-14

"UDI study, subdivision plan, shows governments how to reduce housing costs."
CB, XXVI, 4 (avril 76), 7

"Where does the money go?"
CB, XVII, 1 (jan. 67), 58-59

"Winnipeg 'in-fill' project typifies new assault on 'hidden costs' in housing"
CB, XXIII, 2 (fév. 73), 7

"Y a-t-il des fonds pour le logement privé? Où les trouver?"
BAT, XLIII, 4 (avril 68), 26-27, texte.

Allard, Gérard
"La hausse du coût du l'habitation n'est pas due uniquement à l'augmentation des coûts de construction"
BAT, LI, 5 (mai 76), 26, texte.

Allard, Gérard
"L'impasse des prix n'est pas sans issue"
BAT, XLVIII, 6 (juin 73), 8, texte.

Barker, Kent
"Ontario." (Le prix d'une maison, coût du logement).
RAIC, XXIV, 6 (juin 47), 217-218

Bédard, Roger
"Va-t-on tenter de tuer ce qui faisait la supériorité du Québec en matière d'habitation?"
BAT, LI, 5 (mai 76), 28, texte.

Borgford, S.J.
"Here's how one developer is planning to tap the low-income housing market."
CB, XIV, 12 (déc. 64), 38-39

Brown, Clarence L.
"Let's Put the National On Its Feet..." (plea for adequate financing)
NB, I (déc. 52), 23, texte.

Burgess, Cecil S.
"Provincial Page." (absence d'avantages bancaires influe sur l'habitation).
RAIC, XVII 6 (juin 40), 107

Coutts, Ian
"How the Critical Path Method boosts homebuilder profits"
CB, XV, 2 (fév. 65), 18-23

Coutts, Ian R.
"Land assembly: these suggestions can cut mounting costs"
CB, XV, 6 (juin 65), 56-57

Denault, Bernard
"Serviced land — How HUDAC is helping the small builder to remain competitive"
CB, XXV, 10 (oct. 75), 47

Déry, Jacques
"Avec un revenu de 12 à $16,000, peut-on devenir propriétaire?"
BAT, L, 6 (juin 75), 23-24, texte.

Fowke, Clifford
"Making the case for lower-cost houses: the Greenspan proposals"
CB, XXVIII, 12 (déc. 78), 26 et 29

Fowke, Clifford
"Was Mr. Nicholson confused over NHA loan provisions?" (National Housing Act)
CB, XV, 1 (jan. 65), 42

Gélinas, J.Y.
"NHA asks for winter building loans now."
CB, XVI, 6 (juin 66), 75

Germain, Yves
"Une solution pour ouvrir un énorme marché: à l'habitation: celui du petit salarié."
BAT, XL, 8 (août 65), 50, texte.

Hansen, A.T.
"Comment réduire les coûts de construction de maisons?"
BAT, XLII, 10 (oct. 67), 24-28, texte & ill.

Heslop, Rex
"They're Asking for It!" (Housing loans)
NB, I (août 52), 2-3, texte.

Joy, Arthur R.
"Vancouver probes the question: 'Can architects lower home costs?'"
NB, VIII, 10 (oct. 59), 53

Leclerc, Marcel
"Évolution des indices: un déséquilibre qu'il faut corriger"
BAT, LII, 1 (jan. 77), 19 et 22, texte.

Legget, Robert F.; Taylor, Giffith P.
"The engineer and Low-cost housing"
RAIC, XX, 9 (sept. 43), 151-153

Lurz, William H.
"Land developers challenge Queen's Park — You're to blame for rising home costs"
CB, XXIII, 1 (jan. 73), 15-18

McCance, W.M.
"Mémoire sur le financement de la construction résidentielle"
BAT, IX, 4 (avril 61), 14, texte.

McConnell, J.C.
"Une attitude gouvernementale coûteuse pour les acheteurs de maisons et nuisible à la prospérité de notre industrie" (conditions de financement LNH pour l'achat de maisons existantes)
BAT, XXXIX, 1 (jan. 64), 10, texte.

Mayotte, E.L.
"The NHA interest rate — should it be freed."
CB, XVIII, 5 (mai 68), 59

Mesbur, David
"Lowering the Cost of New Housing"
TCA, XXII, 6 (juin 77), 23-29 et 51

O'Neill, James
"Mixed-size housing projects could be saleable solution, Zero lot-line concepts may curb rising costs, but there is risk of overkill"
CB, XXVII, 5 (mai 77), 20-22

Robertson, Fraser
"Only So Much Money: More dollars for mortgages reduces amount for other investments."
NB, II, 6 (juin 53), 3-4, texte.

Robinson, Lukin H.
"The real cost of housing."
TCA, XV, 2 (fév. 70), 53-55

Ross, Howard
"Standards that over-kill: — Provinces bear down on municipalities?" (coûts des services dans les nouveaux développements résidentiels)
CB, XXVI, 6 (juin 76), 62

Ruby, A. Walling
"What a Mortgage Company Looks For in New Subdivisions"
NB, I (oct. 52), 2-3, texte.

Russell, Franklin
"Any Canadian Can Own His Own Home"
NB, IV, 5 (mai 55), 9, texte.

Shipp, Gordon S.
"New Sources of Mortgage Money Needed to Meet Growing Canadian Housing Demand"
CB, III, 10 (oct. 53), 45-47 et 62, texte.

Shipp, Harold G.
"The Benson Budget — Why capital cost allowances are of so much importance to the housing industry."
CB, XXI, 9 (sept. 71), 20

Small, William
"The implications of the Greenspan Report" (sur le coût des terrains, le coût des services pour les aires résidentielles, etc.)
CB, XXVIII, 10 (oct. 78), 54

Smith, John Caulfield
"May Not Recognize High Land Costs"
NB, III, 4 (avril 54), 12, texte.

Smith, John Caulfield
"Second Hand Houses Beat Subsidies"
NB, III, 11 (nov. 54), 4, texte.

Smith, John Caulfield
"The Open-End Mortgage"
NB, II, 8 (août 53), 2-3, texte.

Sprague, James C.
"Soaring cost of on-site construction finally making factory housing viable"
CB, XXIV, 8 (août 74), 47-48

Taylor, Griffith P.; Legget, Robert F.
Voir Legget, Robert F.; Taylor, Griffith P.

Techniques de vente et marketing
Sales and Marketing Techniques

"Beauty Queen Promotes Houses"
CB, IV, 7 (juil. 54), 16, texte.

"Canada and USA share home marketing problems"
CB, XXVII, 3 (mars 77), 28-29

"110 idées qui vendront vos maisons"
BAT, X, 1 (jan. 62), 10-15, texte & ill.

"Design extras like this Teron roof move homes"
NB, X, 9 (sept. 61), 46

"Fancy exteriors sold in sluggish market"
CB, XII, 5 (mai 62), 54-55

"From apple trees to built-ins, the shipps: leaders in quality merchandising"
CB, X, 1 (jan. 60), 35-37 et 41

"Guideposts to bigger and more profitable house sales."
CB, XVI, 3 (mars 66), 42-44

"Heating as a Sales Aid"
NB, I (oct. 52), 7, texte.

"Heating can sell the house"
NB, III, 8 (août 54), 19, texte.

"Home Ownership Protects Savings"
NB, III, 9 (sept. 54), 15, texte.

"How to make your old best sellers score in the 1962 house market"
NB, X, 12 (déc. 61), 10-11

"Ideas that sell homes, factors that sell in today's market are design, decor, and quality extras"
CB, XXIII, 9 (sept. 73), 13-17

"If you want to sell more houses — Forget the 'gimmicks' and meet the demand for better amenities."
CB, XVI, 2 (fév. 66), 36-38

"Le marché de l'unifamiliale requiert de nouvelles techniques de ventes"
BAT, XLIX, 9 (sept. 74), 28-31, texte & ill.

"L'emblème le plus connu, le mieux annoncé, fait vendre des centaines de maisons" (Yves Germain Ltée)
BAT, XXXVIII, 7 (juil. 63), 28-31, texte & ill.

"Les atouts qui font vendre des maisons"
BAT, L, 9 (sept. 75), 22-27, texte & ill.

"Pour vendre des maisons ou louer des appartements: quelques bonnes idées..."
BAT, XLVIII, 9 (sept. 73), 28-29, texte.

"40 suggestions qui vous aideront à vendre vos maisons"
BAT, XXXIII, 5 (mai 58), 47-51 et 65, texte & ill.

"Selling the out-of-town market"
CB, IV, 8 (août 54), 32

"Stimulating Housing Demand"
NB, II, 2 (fév. 53), 5, texte.

"Super Market Merchandising House Materials"
CB, II, 1-2 (jan.-fév. 52), 43, texte & ill.

"Vos atouts de vente" (vente de maisons)
BAT, XXXVIII, 1 (jan. 63), 8-15, texte & ill.

"Votre maison d'abord"
BAT, XLVIII, 9 (sept. 73), 16, texte.

Alexander, E.R.
"National Home Week is the time to launch your winter building program"
CB, XIV, 9 (sept. 64), 11

Alexander, E.R.
"Report on the Canadian home buyer will be feature of NHBA Convention."
CB, XIV, 10 (oct. 64), 56

Alexander, E.R.
"Why merchandising must be the homebuilder's prime target."
CB, XV, 1 (jan. 65), 35

Bateman, J.W.
"Light Attracts Today's Buyers"
NB, III, 8 (août 54), 4-6, texte & ill.

Bergman, Eric
"Marketing is key priority this year to clear housing inventory build-up"
CB, XXVII, 2 (fév. 77), 42

Bixby, Carl
"Pour vendre facilement votre maison insistez sur les particularités"
BAT, XXXII, 8 (août 57), 32-33, texte.

Campbell, C.B.
"National Home Week — an opportunity to boost local merchandising ideas."
CB, XV, 8 (août 65), 64

Castro, Marc
"Enquête: les techniques marchandes dans l'habitation"
BAT, LI, 9 (sept. 76), 13-16 et 31, texte & ill.

Catton, David S.
"Adequate Wiring Can Sell Houses"
NB, I (déc. 52), 4, texte.

Choueke, Esmond
"Montreal — luxury plays a role in selling homes, even low-priced one"
CB, XXVI, 9 (sept. 76), 30

Connelly, Bill
"La garantie et les caractéristiques font vendre les automobiles... pourquoi pas des maisons... pendant la Semaine Nationale de l'Habitation"
BAT, XLII, 7 (juil. 67), 7, texte.

Crossley, Alan
"Builders can find added sales appeal in new subdivision patterns"
CB, V, 3 (mars 55), 31-33

Dalrymple, John; Kates, Stan; Ripley, James G.
"Home Marketing" (habitation et énergie)
CB, XXX, 9 (sept. 80), 19-34

Fowke, Clifford
"A report on What sells a house?"
CB, XV, 3 (mars 65), 34-39

Grauer, A.E.
"How Are Your Public Relations"
NB, III, 11 (nov. 54), 8-9, texte.

Harness, Conrad
"A way to improve customer relations"
NB, III, 8 (août 54), 8, texte & ill.

Humphreys, B.A.
"It's the Kitchen that Sells When Woman Buy Homes"
CB, II, 7 (juil. 52), 17-19, texte & ill.

Jansen, Doug; Long, Donald
"Survey '75, Ideas that sell homes" (le marché, les acheteurs, la demande, le marketing etc...)
CB, XXV, 9 (sept. 75), 13-20

Kates, Stan; Dalrymple, John; Ripley, James G.
Voir Dalrymple, John; Kates, Stan; Ripley, James G.

Lazarus, Charles; Lurz, William
"Home Merchandising"
CB, XXIV, 9 (sept. 74), 13-15 et 18-20

Long, Donald; Jansen, Doug
Voir Jansen, Doug; Long, Donald

Lurz, William; Lazarus, Charles
Voir Lazarus, Charles; Lurz, William

Meere, Phil
"Best Toronto sales in high-price market."
CB, XVII, 3 (mars 67), 64-65

Morency, Isabelle
"Peu coûteuse mais faite avec goût, la décoration fait vendre les maisons"
BAT, XXXVII, 1 (jan. 61), 32, texte & ill.

Ripley, James G.
"Canadian Building Special Report, Successful Home Marketing"
CB, XXVIII, 9 (sept. 78), 23-38

Ripley, James G.; Dalrymple, John; Kates, Stan
Voir Dalrymple, John; Kates, Stan; Ripley, James G.

Ross, Howard
"The name of the game is marketing"
CB, XXVII, 1 (jan. 77), 28

Saint-Pierre, Paul
"Une idée très simple peut faire vendre des centaines de maisons"
BAT, XLVIII, 9 (sept. 73), 30 et 32, texte.

Scheffey, Merl A.
"How to Sell More In '54"
NB, III, 7 (juil. 54), 2-3, texte.

Smith, John Caulfield
"By Guaranteeing Your Homes You Guarantee Your Future"
NB, IV, 4 (avril 55), 11-14 et 34, texte.

Smith, John Caulfield
"Combatting Bad Publicity"
NB, I (juin 52), 4-5, texte.

Tison, J.A.
"Color Gives Roofs Sale Appeal"
NB, III, 10 (oct. 54), 8, texte.

Vallée, Marc
"Maison à vendre — L'habit fait le moine et l'hirondelle le printemps..." (techniques de vente)
BAT, LV, 7 (sept. 80), 12 et 14, texte.

Marché immobilier: Divers
Housing Market: Miscellaneous

"Détail du programme de garantie des maisons neuves de l'A.P.C.H.Q."
BAT, LI, 6 (juin 76), 6 et 18, texte.

"Le Comité économique parlementaire: mêmes conclusions que les Associations de constructeurs d'habitations"
BAT, XLII, 6 (juin 67), 6-7, texte.

"Le locataire de 1974: un civisme plus éveillé"
BAT, XLIX, 6 (juin 74), 23, texte.

"Les Sciences immobilières à l'UQAM"
BAT, XLIX, 5 (mai 74), 13, texte.

"Realtors reject increase in home commissions."
CB, XV, 5 (mai 65), 7

"Statement that Ended the Fixed Sales Price"
NB, IV, 2 (fév. 55), 1, texte.

Allard, Gérard
"Le marché de l'habitation, ses paradoxes"
BAT, LI, 8 (août 76), 29, texte.

Bates, Stewart
"Word Extracts." (Conférence donnée par Stewart Bates, CMHC, sur le marché immobilier pour les résidences)
TCA, IV, 2 (fév. 59), 66 et 69

Lister, George A.
"Builders can be experts in appraising"
CB, IV, 1 (jan. 54), 26-27, texte.

McCance, W.M.
"Don't Try to Build It Yourself!" (Necessity of a building contractor)
NB, III, 6 (juin 54), 4-5, 10 et 18, texte.

Shipp, Gordon S.
"Builders Welcome End Sales Price Removal"
NB, IV, 2 (fév. 55), 26, texte.

Prix et concours
Awards and Competitions

"1971 housing awards — again lessons to be learned from architect-client designs" (liste des gagnants et leurs projets)
ARCAN, XLIX (17 jan. 72), 4-5

"Achievement in Small House Design" (1958 CHDC awards)
NB, VII, 3 (mars 58), 6 et 24

"Award" (the Canadian Housing Design Council)
TCA, VII, 5 (mai 62), 13

"Awards" (Canadian Housing Design Council)
TCA, XX, 3 (mars 75), 5

"Awards" (National Housing Design Competition)
TCA, XXIV, 9 (sept. 79), 4

"B & A Construction Inc. remporte le Trophée 'Bâtiment' pour la 'Maison la plus populaire'."
BAT, XLII, 4 (avril 67), 7, texte.

"Big Prizes offered in Canadian sponsored international house design contest"
CB, III, 12 (déc. 53), 25, texte & ill.

"Bourses de la S.C.H.L. pour habitations et urbanisme résidentiel"
BAT, XXXIX, 3 (mars 64), 7, texte.

"BRAD national award winners"
CB, IX, 5 (mai 59), 97

"Brandon Construction Inc. gagne le trophée 'Bâtiment' pour la 'maison la plus populaire'"
BAT, IX, 11 (nov. 61), 7

"Calgary and Montreal win awards for achievement."
CB, XV, 3 (mars 65), 62

"Calvert International Awards"
NB, III, 6 (juin 54), 14-16, texte & ill.

"Canadian Housing Design Council 1958 Awards, Report of the National Jury."
RAIC, XXXV, 6 (juin 58), 230-234

"Canadian Housing Design Council Awards 1964"
TCA, IX, 12 (déc. 64), 78 et 86 et 88

"Canadian Lumberman's Association House Design Competition Awards."
RAIC, XLIII, 2 (fév. 66), 6

"Certificats aux bâtisseurs du Québec" par le Conseil canadien d'esthétique du logement
ABC, XII, 131 (mars 57), 56, texte & ill.

"Chatelaine Design Homes '66" (3 modèles différents)
CB, XVI, 8 (août 66), 37-44 et 68

"Chatelaine Design Homes '67: models that are surveytested to fit regional tastes"
CB, XVII, 8 (août 67), 30-35

"Chatelaine Design Home"
CB, XVIII, 8 (août 68), 38-45

"CHDC grouping awards, Ontario builders cop prizes"
CB, X, 6 (juin 60), 25-26 et 29-36

"CHDC '58 National Winners Show Distinguished Quality"
NB, VII, 1 (jan. 58), 10-11

"CHDC Presents 1958 Regional Awards"
NB, VI, 12 (déc. 57), 8-9

"C.M.H.C. fellowships." (remise de bourses aux étudiants en planification communautaire, etc)
TCA, I, 6 (juin 56), 8

"CMHC Scholarships"
CB, IV, 6 (juin 54), 86, texte.

"CMHC Small House Competition."
ARCAN, 45, 9 (sept. 68), 13-15 et 17

"Concensus: A Step in the Right Direction" (Canadian Housing Design Council)
NB, VI, 4 (avril 57), 8-9 et 22 et 24

Concours du "Canadian Housing Design Council" (maisons unifamiliales)
ABC, XII, 137 (sept. 57), 69, texte.

"Concours du centenaire pour la meilleure maison"
BAT, XLI, 7 (juil. 66), 6, texte.

"Concours national de modèles d'habitation: quatre inscriptions primées pour le Québec."
BAT, LIV, 9 (sept. 79), 12 et 14-15

"Concours pour le modèle d'habitation du centenaire"
ABC, XXII, 253 (mai 67), 18-22, texte & ill.
ABC, XXII, 252 (avril 67), 21-29, texte & ill.

Concours pour l'exposition des plans de résidences du Centre de la Construction, Montréal.
BAT, XXXIII, 8 (août 58), 18-20

"Cut-back in Ottawa's housing awards suggests we lag in design." (liste des gagnants)
CB, XII, 12 (déc. 62), 31 et 56

"Design Council announces 1959 Regional and National Awards Program"
NB, VII, 9 (sept. 58), 41

"Deux concours architecturaux — Le concours architectural The Morton Arboretum, La maison de plastique"
ABC, XI, 119 (mars 56), 50, texte.

"Fernand Alain gagne le trophée de la maison primée à la parade de Fabreville"
BAT, XXXVI, 11 (nov. 60), 45, texte.

"Four Canadian Winners In International Contest" (McGill University International Calvert House Competition)
CB, IV, 5 (mai 54), 49, texte & ill.

"Four firms share laurels in Calgary Parade Awards"
CB, XV, 11 (nov. 65), 96

"Habitations primées au concours du Conseil Canadien de l'habitation"
BAT, XLVII, 2 (fév. 72), 12-13, texte & ill.

"Here's what the judges said about housing design 1959"
CB, IX, 4 (avril 59), 47-49

"Housing Designs Awards"
TCA, XII, 4 (avril 67), 8-9

"In on the ground floor" (Annonce d'une compétition pour la réalisation d'une maison chauffée à l'électricité: parrainée par Ontario Hydro.)
TCA, VI, 2 (fév. 61), 9

"La Maison Châtelaine 1968 et les autres projets soumis au concours"
BAT, XLIII, 8 (août 68), 22-27, texte & ill.

"Le Concours du Canadian Housing Design Council — Rapport du jury"
ABC, XIII, 141 (jan. 58), 39, texte.

"Le Conseil canadien de l'habitation a décerné quatre prix au Québec"
BAT, LII, 2 (fév. 77), 9

"Le trophée 'Bâtiment' pour la maison la plus populaire"
BAT, IX, 11 (nov. 61), 12-13, texte & ill.

"Les 3 gagnants du concours international Calvert House — Commentaires sur le jugement et le concours"
ABC, IX, 98 (juin 54), 47-51, texte & ill.

"Les cinq participations québécoises primées suite au concours national de modèles d'habitations"
AC, XXXV, 354 (sept.-oct. 79), 13-17 et 20-26

"Les maisons primées dans le Québec par le Conseil Canadien de l'habitation-type"
BAT, XXXVII, 12 (déc. 62), 16-19, texte & ill. et XXXVIII, 2 (fév. 63), p. 41

"Les Prix du Centenaire pour l'Habitation" (liste et projets)
BAT, XLII, 5 (mai 67), 7-11

"Maisons primées par le conseil canadien d'esthétique du logement pour l'excellence de leur modèle"
BAT, XXXII, 4 (avril 57), 32-34, texte & ill.

"Multiple Housing Awards"
CB, XIV, 12 (déc. 64), 9 et 47-48

"National Housing Design Competition For Canadian Lumbermen's Association."
TCA, XI, 1 (jan. 66), 41-44

"National Housing Design Council Awards, Who won — Where and Why"
CB, XX, 1 (jan. 70), 41-45

"OHC Design Competition, Winning Entries".
TCA, XVII, 7 (juil. 72), 42-52

"Only Ontario and B.C. designs score in National CHDC awards"
NB, IX, 11 (nov. 60), 18-23

"Planning patrons." (CMHC décerne des bourses en planification communautaire)
TCA, II, 6 (juin 56), 10

"Plywood House Competition"
CB, II, 12 (déc. 52), 37, texte.

"Poor pr" (Compétition pour une maison pour adolescents en Alberta)
TCA, IV, 1 (jan. 59), 14

"Prix d'excellence en habitation et en aménagement résidentiel."
AC, 33, 343 (sept.-oct. 77), 30-31

"Prix du Conseil de l'Habitation."
AC, 33, 341 (mai-juin 77), 7

"Prix pour l'habitation résidentielle"
AC, 31, 335 (mai-juin 76), 9-10

"Prix pour les modèles de maisons offerts par le Conseil canadien de l'habitation-type."
BAT, XXXIX, 1 (jan. 64), 35, texte.

"Projet d'habitation pour les fonctionnaires municipaux de Montréal, un concours d'architecture en marque la première phase concrète"
BAT, XXX, 2 (fév. 55), 20-22

"R.C. Hammond is winner in home design contest." (quelques éléments biographiques)
CB, XIX, 11 (nov. 69), 6

"Récompenses pour les bons modèles de maisons."
AC, 29, 325 (sept.-oct. 74), 8

"Report of the Judges, Canadian Small House Competition."
RAIC, XXIV, 1 (jan. 47), 6-21

"Single family housing awards"
CB, XIV, 12 (déc. 64), 47-48

"Small Home Design Awards announced for Ontario"
CB, VIII, 1 (jan. 58), 16

"They are the 'Calvert Houses'"
CB, IV, 6 (juin 54), 40-43, ill.

"The Canadian Housing Design Council." (1960 National Awards Single Family Houses).
RAIC, XXXVII, 12 (déc. 60), 530-535

"Two Fellowships, three bursaries awarded under NHA scheme"
CB, VIII, 11 (nov. 58), 36

"These are the pace setters in Canadian housing design" (Canadian Housing Design Council)
CB, VII, 4 (avril 57), 54-59

"Toronto architect wins $15,000 CMHC Award" (Frazer Watts, arch.)
CB, XI, 8 (août 61), 55

"Vif succès à l'opération CD-2 à Duvernay" (Concours des maisons modèles de Duvernay)
BAT, XXXIX, 11 (nov. 64), 6-7, texte & ill.

"Who won the home design awards and why"
NB, VIII, 3 (mars 59), 5

"Why Toronto and Kingston-Frontenac builders received the Canadian Builder Awards, 1966."
CB, XVI, 1 (jan. 66), 50-53

"Winning designs have feel for plywood as basic material" (House Design Competition, Plywood Manufacturers Association of British Columbia)
CB, III, 5 (mai 53), 40-41 et 61, texte & ill.

"Your picture parade of regional Housing Design winners across Canada" (liste et photos des maisons gagnantes)
NB, VIII, 4 (avril 59), 26-30

"Yves Germain Ltée remporte le trophée 'Bâtiment' pour le meilleur programme de ventes et de publicité"
BAT, XXXIX, 1 (jan. 64), 17-21 et 38, texte & ill.

Abram, George S.
Home '54, Canadian Home Journal competition
NB, III, 8 (août 54), couv. ill.

Abram, George S.
Calvert House (Compétition internationale)
RAIC, XXXI, 8 (août 54), 274, ill.

Abram, George S.; Craig, James B.
Calvert House, Honorable Mention
CB, IV, 6 (juin 54), 43, ill.

Affleck, Ray; Prus, Victor
Prix spécial, concours de l'Association des Manufacturiers de contreplaqué de la Colombie-Britannique.
BAT, XXVIII (août 53), 20-21 et 42, texte & ill.

Special prize, House design competition sponsored by the Plywood Manufacturers Association of British Columbia
CB, III, 6 (juin 53), 32-33, texte & ill.

Alexander, E.R.
"Winnipeg scores with CIPH award homes" (Canadian Institute of Plumbing and Heating)
CB, XV, 1 (jan. 65), 35

Arthur, E.R.
"International Calvert House Competition"
RAIC, XXXI, 8 (août 54), 263-277

Barclay, Stanley B.
1er prix du concours d'architecture de l'Association des Manufacturiers de contreplaqué de la C.-B.
BAT, XXVIII (juin 53), 22-23, 48 et 52, texte & ill.

Bédard Construction Ltée
Maison Châtelaine 1967 du Québec
BAT, XLII, 8 (août 67), 32-36, texte & ill.

Boivin, Adrien
Maison unifamiliale primée par le conseil canadien d'esthétique du logement
BAT, XXXII, 4 (avril 57), 33, ill.

Brandon Construction Inc
Bungalow semi-détaché, primé par la revue *Bâtiment*
BAT, IX, 11 (nov. 61), 12-13, texte & ill.

Candy, Kenneth H.; Cluff, Pamela; Gibson, G.D.
"Gold Medallion 'all electric home' competition, Ontario Hydro."
RAIC, XXXVIII, 10 (oct. 61), 69-71

Clack, Clayton, Pickstone
1054, rue Holmes, primée par le conseil canadien d'esthétique du logement
BAT, XXXII, 4 (avril 57), 32, ill.

4457, Narvaez Crescent, primée par le conseil canadien d'esthétique du logement
BAT, XXXII, 4 (avril 57), 32, ill.

Cluff, Pamela; Candy, Kenneth H.; Gibson, G.D.
Voir Candy, Kenneth H.; Cluff, Pamela; Gibson, G.D.

Craig, James B.; Abram, George S.
Voir Abram, George S.; Craig, James B.

Critchley & Delean
Maison unifamiliale, prix 1960.
ABC, XVI, 177 (jan. 61), 17, texte & ill.

Curtis, Tim
"It was this company's first house — And it won a $25,000 prize"
CB, XVIII, 9 (sept. 68), 47-49

Da Roza, Gustavo
Maison Châtelaine 1967, L'Homme et son foyer.
BAT, XLII, 4 (avril 67), 33-37, texte & ill.
1er prix du concours national de plans de maisons de l'Association Canadienne de l'Industrie du Bois
ABC, XXI, 239 (mars 66), 53, texte.
(Il s'agit des gagnants du Canadian Lumbermen's Ass.)
TCA, XI, 1 (jan. 66), 41-42, texte & ill.

D'Astous, Roger
Plan d'une maison de $15,000 à $20,000, primé à l'exposition des plans de résidences du Centre de la Construction.
BAT, XXXIII, 8 (août 58), 18, texte & ill.

De Keresztes, Janos
Maison primée par le conseil canadien de l'habitation-type
BAT, XXXVIII, 2 (fév. 63), 41, illustration

Desautels, Aimé
Mention, concours du Comité d'habitation des employés municipaux (ville de Montréal)
ABC, X, 108 (avril 55), 28, ill.

Desbarats & Lebensold
Home '53, Canadian Home Journal competition
NB, II, 10 (oct. 53), 1 et 4, ill.

Dumais, Roland
1er Prix du Concours de la société centrale d'hypothèque et de logement, Petite maison
ABC., I, 9 (déc. 46), 6-8 et 28, texte & ill.

Engineered Homes
Résidence unifamiliale, prix du Centenaire
BAT, XLII, 5 (mai 67), 9, texte & ill.

Erickson / Massey
Résidence Gordon Smith, prix du Centenaire
BAT, XLII, 5 (mai 67), 10, texte & ill.

Ertman, Gardner
Concours Calvert House. Projet européen
ABC, IX, 98 (juin 54), 50, texte & ill.

Frankowski, Henry
2e prix du concours du Comité d'habitation des employés municipaux (ville de Montréal)
ABC, X, 108 (avril 55), 27, ill.

Gaboury, Etienne J.
Résidence unifamiliale, prix du centenaire
BAT, XLII, 5 (mai 67), 8, texte & ill.

Gaboury, Etienne J.
(gagnant du Centennial Award)
CB, XVII, 6 (juin 67), 68, texte & ill.

Gibson, G.D.; Candy, Kenneth H.; Cluff, Pamela
Voir Candy, Kenneth H.; Cluff, Pamela; Gibson, G.D.

Gosselin Geoffrion, H.
"Prix à l'habitation."
AC, 30, 328 (mars-avril 75), 42-43

Hacker, Geoffrey E.
Concours Calvert House. Projet canadien
ABC, IX, 98 (juin 54), 49, texte & ill.

Hacker, Geoffrey
Calvert House, Canadian Award
CB, IV, 6 (juin 54), 41, ill.

Hacker, Geoffrey E.
Calvert House (compétition internationale)
RAIC, XXXI, 8 (août 54), 268, ill.

Harboe, Knud Peter
Concours Calvert House. Projet international (1er prix)
ABC, IX, 98 (juin 54), 48, texte & ill.

Harvey, R.W.
"Why houses for sale got no national awards — Design Council explains"
CB, XX, 3 (mars 70), 39-40

Kelton, Joseph
Maison Châtelaine 1968
BAT, XLIII, 8 (août 68), 22-24, texte & ill.

Kemble, Roger
(Il s'agit des gagnants du Canadian Lumbermen's Ass.)
TCA, XI, 1 (jan. 66), 41 et 44, texte & ill.

Kublicki, Tudensz
Mention, concours du Comité d'habitation des employés municipaux (ville de Montréal)
ABC, X, 108 (avril 55), 28, ill.

Lipson & Dashkin
(gagnant du Châtelaine House 65)
CB, XV, 8 (août 65), 68-75, texte & ill.

Lipson & Dashkin
Maison Châtelaine
BAT, XXXIX, 11 (nov. 64), 31, texte.
Maison Châtelaine 1965
BAT, XL, 8 (août 65), 42-47, texte & ill.

Maison unifamiliale, prix 1960
ABC, XVI, 177 (jan. 61), 18, texte & ill.

Lipson & Dashkin et Stone, Norman R.
Maison unifamiliale, prix 1960.
ABC, XVI, 177 (jan. 61), 18 et 20, texte & ill.

Manning, D.
Maison unifamiliale, prix 1960.
ABC, XVI, 177 (jan. 61), 19, texte & ill.

Markson, Jerome
Maison unifamiliale, prix 1960
ABC, XVI, 177 (jan. 61), 16 et 20, texte & ill.

Masters, R.
"OHC Design Competition: Some Questions."
TCA, XVII, 9 (sept. 72), 64-65

Padolsky, Barry
Résidence Frank Myers, prix du Centenaire
BAT, XLII, 5 (mai 67), 11, texte & ill.

Porter, John C.
Résidence John C. Porter (Médaille d'Argent, concours Massey)
BAT, XXVIII, (fév. 53), 16, ill.

Pratte, Gérard
1er prix du concours du Comité d'habitation des employés municipaux (ville de Montréal)
ABC, X, 108 (avril 55), 26, ill.

Prus, Victor
Calvert House (Compétition internationale)
RAIC, XXXI, 8 (août 54), 271, ill.

Calvert House, Honorable Mention
CB, IV, 6 (juin 54), 42, ill.

Prus, Victor; Affleck, Ray
Voir Affleck, Ray; Prus, Victor

Saratoga Construction Ltée
Maison Châtelaine (Québec) 1969, catégorie No 1
BAT, XLIV, 8 (août 69), 6, texte & ill.

Maison Châtelaine (Québec) 1969, catégorie No 2
BAT, XLIV, 8 (août 69), 6-7, texte & ill.

Stone, Norman R.; Lipson & Dashkin
Voir Lipson & Dashkin; Stone, Norman R.

Teron Construction Ltd
Maison unifamiliale, prix 1960
ABC, XVI, 177 (jan. 61), 19, texte & ill.

Tolchinsky, H.
Maison primée à l'exposition des plans de résidences du Centre de la Construction, catégorie moins de $15,000.
BAT, XXXIII, 8 (août 58), 20, texte & ill.

Tornay, Edgar
Résidence primée à l'exposition des plans de résidences du Centre de la construction, catégorie $20,000 - $25,000.
BAT, XXXIII, 8 (août 58), 19, texte & ill.

Woolworth, John
Maison unifamiliale, prix 1960.
ABC, XVI, 177 (jan. 61), 17, texte & ill.

Expositions d'habitations
Housing Expositions

"35,000 visiteurs à la parade des maisons des Bois-Francs"
BAT, XXXIX 11 (nov. 64), 34, texte & ill.

"124 maisons vendues en 4 jours! Le projet 'À chaque famille sa maison' de B & A Construction Inc. bat tous les records de vente"
BAT, XLII, 2 (fév. 67), 5-6, texte & ill.

"1958 planned homes exhibit in Montreal"
CB, VIII, 9 (sept. 58), 69, texte & ill.

"À Charlesbourg... 76% des maisons de la Parade coûtaient moins de $12,500.00"
BAT, XXXVI, 10 (oct. 60), 46-51, texte & ill.

"At National Home Show, Crazy-quilt brick patterns"
CB, X, 8 (août 60), 32

"Beloeil une parade de maisons modèles... un modèle de parade"
BAT, IX, 12 (déc. 61), 27-31, texte & ill.

"Biggest of the Trend Houses"
CB, IV, 6 (juin 54), 44-47, texte & ill.

"Bois-Francs: La 'Québécoise' vedette de la 9ème Parade d'Habitations des Bois-Francs"
BAT, XLIV, 10 (oct. 69), 7-8

"Business up at National Home Show"
CB, III, 5 (mai 53), 49, texte & ill.

Calgary (Calgary Parade of Homes, 44 modèles)
CB, VII, 1 (jan. 57), 19, texte & ill.

"Calgary parade featured 21 model homes."
CB, XIV, 10 (oct. 64), 52

"Canada at Chicago" (annual convention and exposition of the National Association of Home Builders of the United States)
NB, III, 2 (fév. 54), 4-5, texte & ill.

"Canada's First 'National Home Week'"
NB, III, 10 (oct. 54), 6, texte & ill.

"Dans les pages suivantes, Semaine Parade Festival de l'Habitation"
BAT, XXXVI, 10 (oct. 60), 35-44, texte & ill.

"Executive Houses, a radical design, mark Calgary's Parade of Homes."
CB, XIX, 12 (déc. 69), 31

"Exposition: 'La maison et le design' place Bonaventure, à Montréal"
BAT, XLV, 3 (mars 70), 5, texte & ill.

Fabreville, Maison de Demain (Parade of Homes 1960)
BAT, XXXVI, 10 (oct. 60), 40, texte & ill.

Fabreville, Maison No. 18 (Parade of Homes 1960)
BAT, XXXVI, 10 (oct. 60), 42, texte & ill.

Fabreville, Maison No. 5 (Parade of Homes 1960)
BAT, XXXVI, 10 (oct. 60), 44, texte & ill.

"Guide pour les visiteurs de l'exposition au congrès national de l'ANCH." (Association Nationale des Constructeurs d'Habitations)
BAT, X, 1 (jan. 62), 18-23, texte & ill.

"Home Parades back National Home Week."
CB, XIV, 10 (oct. 64), 52

"Home Show Continues to Boom" (Home National Show, Toronto Metropolitan Home Builder's Association)
CB, IV, 4 (avril 54), 67, texte & ill.

"How We Will Observe National Home Week"
NB, IV, 6 (juin 55), 10 et 28

(Kitchener - Waterloo Festival of Homes)
CB, XIV, 7 (juil. 64), 51, texte & ill.

"Land assembly project gives Hamilton site for parade of homes"
NB, VIII, 8 (août 59), 33

"La parade d'habitations de Charlesbourg... un effort sans précédent des constructeurs"
BAT, XXXVIII, 11 (nov. 63), 6-7, texte & ill.

"La parade d'habitation organisée par la Société des constructeurs d'Habitation de Québec remporte un vif succès"
BAT, XXXIV, 10 (oct. 59), 46-47, texte & ill.

"La semaine nationale de l'habitation dans le Québec"
BAT, IX, 10 (oct. 61), 23-35, texte & ill.

"Le 19e Salon de la Maison Moderne du 13 au 21 avril dans le Hall Concordia de Place Bonaventure"
BAT, XLIII, 4 (avril 68), 29-31, texte & ill.

"Le Carnaval d'Hiver de l'Habitation à St-Bruno"
BAT, XXXVII, 3 (mars 62), 43, texte & ill.

"Le festival de l'habitation de Québec"
BAT, IX, 4 (avril 61), 35 et 39-41, texte & ill.

"Le Foyer 'l'art de vivre' à Place Bonaventure: une vitrine permanente sur l'habitation..."
BAT, XLIII, 3 (mars 68), 48-49, texte & ill.

"L'exposition annuelle de maisons modèles des Bois-Francs"
BAT, XLII, 6 (juin 67), 5, texte & ill.

"L'exposition des maisons-modèles de Fabreville"
BAT, IX, 7 (juil. 61), 25-27, texte & ill.

London (Parade of Homes)
CB, VII, 9 (sept. 57), 48, texte & ill.

"London parade features all gas appliances for 1961"
CB, XI, 9 (sept. 61), 49-52

"Luxury trend at Winnipeg Home Parade."
CB, XVIII, 8 (août 68), 55

Model on show at the Windsor's National Home Week
NB, III, 10 (oct. 54), 18, ill.

"Montreal show draws 85,000 visitors." (Better Home Builder's Show)
CB, XV, 4 (avril 65), 8

"National Home Show" (Toronto Metropolitan Home Builders Association)
CB, IV, 3 (mars 54), 48-50, texte & ill.

"National Home Show broke all records for attendance" (à Toronto)
CB, XV, 5 (mai 65), 8

"Odds & Ends." (National Home Show)
TCA, III, 2 (fév. 58), 10

"One firm took $500,000 worth of orders at Winnipeg's 1966 Parade of Homes." (Quality Construction Co. Ltd)
CB, XVI, 8 (août 66), 46-47

"Picture Parade of Homes across Canada built and promoted to celebrate National Home Week"
NB, VII, 10 (oct. 58), 28-29

"Salon de la maison moderne — Palais du Commerce, Montréal, 1er au 6 mars 1967"
BAT, XLII, 2 (fév. 67), 20-24, texte & ill.

"Semaine parade festival de l'habitation" 17 au 24 septembre, Fabreville et Charlesbourg
BAT, XXXVI, 10 (oct. 60), 35-51, texte & ill.

"Succès sans précédent de la Semaine nationale de l'Habitation à Montréal"
BAT, XL, 10 (oct. 65), 34-37, texte & ill.

Toronto (National Home Show)
CB, VII, 1 (jan. 57), 32, texte & ill.

"Toujours aussi dynamique, l'Association des Constructeurs d'Habitations des Bois-Francs lance avec plein succès sa 6e Parade de Maisons."
BAT, XL, 6 (juin 65), 6, texte & ill.

"Trend Houses"
CB, III, 7 (juil. 53), 43, texte.

"Trend Houses Draw Huge Crowds"
CB, IV, 7 (juil. 54), 18, texte.

"Trend House Shows B.C. Wood to the East"
CB, II, 6 (juin 52), 24-25 et 48, texte & ill.

"Trois-Rivières lance sa première parade d'habitations"
BAT, IX, 10 (oct. 61), 31

"Two-storey home makes a successful comeback" (National Home Show de Toronto)
CB, VIII, 5 (mai 58), 53

"Two model homes on view at this year's Home Show"
CB, XVIII, 3 (mars 68), 66

Vancouver, Trend House
CB, IV, 7 (juil. 54), 44-45, ill.

Victoria, Trend House
CB, IV, 7 (juil. 54), 43, ill.

"What besides Wood? — a review of some of the products featured in the Trend Houses"
CB, IV, 9 (sept. 54), 44, texte & ill.

"What other builders plan for Home Week"
NB, VIII, 8 (août 59), 32

"Winnipeg had 30,000 visitors but sales on-site were disappointing"
CB, XV, 8 (août 65), 61

Brown, Clarence L.
"The Calgary Better Homes Exposition"
NB, II, 9 (sept. 53), 2-3, texte.

Clements, W.G.
"Home Show Success"
NB, II, 6 (juin 53), 2, texte.

Fleury, Arthur & Calvert
Toronto, Trend House
CB, IV, 8 (août 54), 28-29, texte & ill.

Hayter, Ron
"Edmonton's 1966 Parade of Homes features bigger floor areas, novel styling."
CB, XVI, 8 (août 66), 48 et 68

Hayter, Ron
"Edmonton's home parade its biggest in three years."
CB, XV, 8 (août 65), 60

Hayter, Ron
"Edmonton's Honeymoon Village attracts over 10,700 visitors" (Edmonton's Home Parade).
CB, XIX, 10 (oct. 69), 50

Hyatt
"Home Show features model house"
CB, XV, 2 (fév. 65), 7

Laughton, Jill
"Trend Houses Feature Wood"
NB, III, 2 (fév. 54), 6, texte & ill.

Nielsen, George
Toronto, Model Home at the National Home Show
NB, III, 3 (mars 54), 13, texte & ill.

Onslow, Walter
"Success Secrets of 'The Week'" (critique favorable à la promotion de maisons modèles)
NB, IV, 6 (juin 55), 9

Perry, Gordon F.
"Homes parades show that 1963 trends will favor original Canadian designs"
CB, XII, 11 (nov. 62), 36-37

Rule, Wynn & Rule
Calgary, Trend House
NB, III, 3 (mars 54), 6-7, texte & ill.

Savage, Harry
"Bigger 1953 Home Show plans many attractions" (National Home Show, sponsored by the Toronto Metropolitan Home Builders Association)
CB, III, 3 (mars 53), 50 et 65, texte & ill.

Savage, Harry
"Toronto Association's National Home Show Set New Achievement Record"
NB, III, 6 (juin 54), 6-7, texte & ill.

Smith, John Caulfield
"National Home Week"
NB, IV, 6 (juin 55), 6-8 et 26

Spence, Rick
"1980 Home Show sets attendance records, but renovators outnumber home buyers" (tenue à Toronto)
CB, XXX, 6 (juin 80), 30-32

Turcot, Yves
"La Semaine de l'Habitation: une excellente occasion de réfléchir sur l'avenir du secteur"
BAT, LV, 5 (juin 80), 26, texte.

Normes et lois
Building Codes and Housing Acts

"Amendements à la loi nationale sur l'habitation"
BAT, XLVII, 7 (juil. 72), 22-28, texte.

"A summary of CMHC's revised building standards"
CB, V, 9 (oct. 55), 44-50 et 77, texte & ill.

"Brief Presented" (by NHBA on Bill 102)
NB, III, 2 (fév. 54), 1 et 12, texte.

"Conseil national des recherches — Comité associé sur le code du bâtiment — Interprétations — Questions et réponses (Normes de maisons Canada 1962)"
BAT, XXXVIII, 1 (jan. 63), 16-18 et 35, texte & ill.

"Entrevues — Que pense-t-on dans la ville de Québec de la loi d'Habitation? Nous l'avons demandé au maire de Québec, M. Gilles Lamontagne."
BAT, XLII, 8 (août 67), 45-46, texte.

"Housing Code suggested for Toronto."
CB, XV, 4 (avril 65), 8

"Home manufacturers apprehensive about proposed labour legislation."
CB, XXI, 3 (mars 71), 43 et 45

"Housing Standards — A comparison of the old and new requirements"
CB, XII, 3 (mars 62), 50-52

"La loi va être plus sévère pour le contrat de vente sur la maison témoin"
BAT, LI, 5 (mai 76), 6, texte.

"Le vote de la législation sur la loi des banques favorisera le constructeur d'habitation."
BAT, XLI, 9 (sept. 66), 5, texte.

"Les édifices d'habitation à Montréal — Règlement 3411: la ville présente un nouveau projet"
BAT, XLIX, 2 (fév. 74), 28, texte.

"Les nouvelles normes de l'habitation"
BAT, XXXVII, 6 (juin 62), 34-36, texte.

"Main UDI recommendations for NHA revisions." (National Housing Act)
CB, XVII, 1 (jan. 67), 35

"More changes in 1962 Housing Standards"
CB, XII, 9 (sept. 62), 75

"New CMHC inspection rules"
CB, XIV, 8 (août 64), 7 et 57

"New legislation clearing Parliament." (Amendment of the National Housing Act)
ARCAN, L (juin 73), 12

"New revisions to Housing Standards involve some significant changes"
CB, XIV, 5 (mai 64), 7 et 56-57

"NHA construction rules revised"
CB, IX, 3 (mars 59), 51 et 55

"N.H.A. 1954: New Building Standards to Be Followed"
CB, IV, 7 (juil. 54), 47 et 49, texte.

"NHBA president tackles NHA rate, National Building Code Problems"
CB, XIV, 12 (déc.64), 5

"NRC amendments to CMHC building standards in effect"
CB, VIII, 5 (mai 58), 58

"... only minimum requirements." (les standards dans l'habitation)
TCA, I, 2 (jan.-fév. 56), 56

"Ontario housing authorities discuss the National Building Code"
CB, XVIII, 10 (oct. 68), 56

"Pilot project will test new NHA provisions"
CB, XIV, 10 (oct. 64), 60

Prêts conjoints en vertu de la Loi Nationale sur l'Habitation
CDQ, XXV, 6 (nov.-déc. 50), 6, texte.

"Progress" ('National Housing Act' et l'assistance fédérale dans la construction résidentielle)
TCA, XVIII, 11 (nov. 73), 2

"Reprint Corrects Building Standards Table" (CMHC, Building Standards CM 8 - 3/54)
CB, IV, 5 (mai 54), 67, texte.

"Revisions to CMHC building standards"
CB, V, 3 (mars 55), 47-48

"Ron Basford et la nouvelle Loi nationale de l'habitation"
BAT, XLVIII, 8 (août 73), 18, texte.

"Special Report of the Meeting on CMHC Building Standards"
NB, IV, 2 (fév. 55), 17-24, texte.

"UDI blows the whistle on housing policies." (Urban Development Institute)
CB, XVII, 1 (jan. 67), 34

"UDI queries Toronto Code."
CB, XV, 4 (avril 65), 65

"Une précision à apporter aux Normes résidentielles"
BAT, XLIV, 5 (mai 69), 5, texte.

Baker, Joseph
"Pas de faveur pour les déshérités" (les modifications à la LNH en 1972)
AC, 27, 308 (oct. 72), 14-17

Baker, Joseph
"The NHA Amendments 1972, No more for the Really poor." (National Housing Act)
TCA, XVII, 8 (août 72), 43-45

Burgess, Cecil S.
"Provincial Page." (National Housing Act).
RAIC, XXII, 5 (mai 45), 110

Enemark, Tex
"Urban Affairs Department Defends NHA Amendments"
TCA, XVII, 10 (oct. 72), 44-45

Fraser, R.K.
"Rental Housing" (N.H.A., sections 9 and 35)
NB, I (août 52), 7, texte.

Hansen, A.T.
"Dernière révision des Normes Résidentielles" (Du Code National du Bâtiment)
BAT, XLIII, 2 (fév. 68), 17-19 et 31

Hansen, A.T.
"Dernières révisions aux Normes résidentielles"
BAT, XLIV, 2 (fév. 69), 31-33, texte.

"Here are the new Housing Standards as revised for 1963"
CB, XIII, 1 (jan. 63), 5 et 7 et 58 et 68

"Here are the latest annual revisions to the Residential Standards"
CB, XVIII, 2 (fév. 68), 23-25
CB, XIX, 3 (mars 69), 67-68 et 74

"Les normes résidentielles remplacent les normes de maisons et d'appartements" (Code National du Bâtiment)
BAT, XL, 3 (mars 65), 34-38

"National Building Code, New Code for Residential Construction — Major changes you should know about"
CB, XXI, 10 (oct. 71), 13-20

"New Residential Standards now cover both houses and apartments."
CB, XV, 3 (mars 65), 49-51 et 68 et 75

"Normes résidentielles: révisions de décembre 1966."
BAT, XLII, 2 (fév. 67), 8 et 29, texte.

"Révision des normes de l'habitation pour 1964"
BAT, XXXIX, 5 (mai 64), 30-31, texte.

"Révisions 1966 aux normes résidentielles"
BAT, XLI, 3 (mars 66), 39-40

"The new Housing Standards: Details of some of the main changes"
NB, XI, 4 (avril 62), 43-46

"The Residential Standards: Comments on the new revisions"
CB, XVII, 2 (fév. 67), 35 et 40

"Voici les nouvelles normes d'habitation révisées pour 1963"
BAT, XXXVIII, 2 (fév. 63), 30-33 et 42, texte & ill.

Henry, Robert
"Un amendement catastrophique pour l'industrie résidentielle: l'article 4j de la Loi du Courtage Immobilier"
BAT, XLIV, 4 (avril 69), 21-23 et 39, texte.

McCance, William M.
"Amendment Goes To Press" (amendment to the "Housing Standards")
NB, VII, 7 (juil. 58), 20

"CMHC issues acceptable interpretations of Housing Standards"
NB, VIII, 8 (août 59), 16 et 29

"Division of Building Research amends its Housing Standards"
NB, VIII, 3 (mars 59), 20-21 et 50 et 52-53 et 55-56

"Here's where more revision is needed in the new Housing Standards"
NB, XI, 5 (mai 62), 58

Mansur, D.B.
"Review of C.M.H.C. Operations Under Sec. 35 of the N.H.A."
CB, III, 1 (jan. 53), 31-34, texte & ill.

Masterton, Murray
"Hidebound regulations are strangling house design"
CB, VIII, 4 (avril 58), 9

Maybee, W.E.
"Best News Since Waterloo!" (Government amendment of the National Housing Act)
NB, II, 11 (nov. 53), 2-3

Habitation / Housing

N.H.B.A.
"What those Housing Standards mean:"
CB, XII, 10 (oct. 62), 61-62

Smith, E.C.
"Three Way Deal to Service Land Eases Home Building Slowdown" (Section 35 of National Housing Act)
CB, II, 3 (mars 52), 17-19, texte & ill.

Wilson, C. Don
"New NHA adjustments could have also covered excessive site planning"
CB, XXII, 10 (oct. 72), 17

Préfabrication
Prefabrication

"À Cap-Rouge: nouvelle maison dotée de panneaux muraux préfabriqués"
BAT, LIII, 4 (avril 78), 22-23, texte & ill.

"A house is built every day by this firm for B.C.'s new industry centres."
CB, XVI, 10 (oct. 66), 52

"Alberta builder markets Mexican 'plastic wheel' prefabricated house"
CB, XXI, 12 (déc. 71), 6

"Alcan/Calgary creates daring models for home display" (4 modèles à Bayview, Calgary)
CB, XVIII, 9 (sept. 67), 50-51

"Andras cites pre-fab housing as necessary to beat shortage"
CB, XXI, 9 (sept. 71), 6

"Another approach to factory-built houses, California system produces homes for $40,000"
CB, XXIX, 10 (oct. 79), 37 et 39

"Après les maisons préfabriquées en aluminium... les maisons en acier"
BAT, XLII, 12 (déc. 67), 7, texte & ill.

"Assembly-line methods can mean savings from 15% to 25% in house construction."
CB, XIX, 9 (sept. 69), 5

"Award $563,571 in manufactured homes." (habitations pour le nord)
CB, XVI, 8 (août 66), 6

"British Prefabs show way to lower cost homes"
CB, II, 10 (oct. 52), 28-29, texte & ill.

"Bungalows prêts à habiter pour $8,500 à l'usine... les maisons usinées Latendresse à Beloeil"
BAT, XLV, 4 (avril 70), 20-23, texte & ill.

"Calgary: Engineered Homes voit la vie en 'rond'" (des édifices préfabriqués de forme circulaire)
BAT, XLVI, 1 (jan. 71), 21-22

"CIP Homes open modular assembly plant, plans production of 1000 homes per year." (à Drummondville)
CB, XXI, 7 (juil. 71), 24

"CNR crews live well in these pre-engineered modern homes"
NB, X, 9 (sept. 61), 3

"Component building: How the new trends are influencing the housing industry."
CB, XVI, 12 (déc. 66), 22-25

"Des architectes montréalais créent un système inédit de production domiciliaire en usine" (Donaldson et Sankey, Derek Drummond)
BAT, XLIII, 6 (juin 68), 31-34, texte & ill.

"Des maisons exemptes d'entretien, un service après-vente incomparable, la garantie d'une puissante organisation, tels sont les arguments de vente des maisons-prestige Alcan"
BAT, XL, 2 (fév. 65), 32-35, texte & ill.

"Exterior swing to traditional at Engineered Homes."
CB, XVI, 7 (juil. 66), 6

"Gains for factory-built housing"
CB, XVII, 3 (mars 67), 54

"GNC to double production of factory-built homes."
ARCAN, L (jan. 73), 4

"Halifax homebuilder first in Canada to use U.S.-developed modular system" (sys. modulaire appelé Tectum II)
CB, XXIII, 8 (août 73), 26

"Here's what lies ahead for component house building." (opinions des architectes)
CB, XII, 8 (août 62), 51 et 70-71

"Home manufacturers look forward to working with house builders."
CB, IX, 7 (juil. 59), 21-23

"Homes for Eskimos — A $2 mil. contract by two Ontario firms"
CB, XVI, 10 (oct. 66), 51

"Is this the house of the future? Built in a factory, looks like a factory"
CB, XXX, 2 (fév. 80), 30

"La maison mobile"
BAT, XLVI, 6 (juin 71), 21-25

"La maison usinée revient sensiblement moins chère"
BAT, XXXII, 11 (nov. 57), 22-24, texte & ill.

"La SHQ se lance dans un programme de construction en testant la préfabrication lourde"
BAT, LII, 10 (oct. 77), 6

"Le constructeur de maisons 'usinées' est un associé, non un concurrent"
BAT, XLVII, 3 (mars 72), 14

"Les maisons construites en usine: le 'marché de l'avenir'"
BAT, XLVIII, 10 (oct. 73), 26-28, texte & ill.

"Les maisons usinées Alcan Universelles sont devenues une réalité"
BAT, XLI, 12 (déc. 66), 22-23, texte & ill.

"Leisure Habitat molded to suit your fancy." (habitat modulaire)
ARCAN, L (juin 73), 11

"L'habitation manufacturée: solution de l'avenir"
BAT, XLVII, 3 (mars 72), 11

"Logements métalliques préfabriqués"
BAT, XLIII, 2 (fév. 68), 27-28, texte & ill.

"London Prefabber Builds Production-Line Homes"
CB, III, 10 (oct. 53), 29-32, texte & ill.

"Low cost housing" (préfabrication, rôle de l'architecte...)
CB, VII, 9 (sept. 57), 33-40

"L'usine de montage CIP: 1,000 maisons par an"
BAT, XLVI, 7 (juil. 71), 21-23, texte & ill.

"L'usine de Woodstock commence la fabrication en série de maisons 'en aluminium'"
BAT, XLIII, 3 (mars 68), 36-38, texte & ill.

"Maison préfabriquée" (Alcan)
AC, 24, 274 (mai 69), 18-20

"Maisons de plastique"
BAT, XLVIII, 1 (jan. 73), 3

"Manufactured housing accounts for 13,626 single-unit starts."
CB, XVI, 6 (juin 66), 7

"Modular co-ordination scrutinized at DBR meetings"
CB, XIII, 5 (mai 63), 13

"Modular Prefabricated Panels Speed House Erection"
CB, IV, 4 (avril 54), 58-59, texte & ill.

"More 'instant' homes."
ARCAN, L (jan. 73), 4

"New Mobile Factory Produces Modular Houses"
ARCAN, 47 (28 sept. 70), 4

"New modular system offers low-cost homes, expansion potential" (system of modular home construction called "Flexi-Grow")
CB, XXIV, 12 (déc. 74), 39

"No builders factory in housing systems project." (préfabrication, chaîne de montage pour maisons, etc.)
CB, XIX, 5 (mai 69), 6

"Nouvelles maisons usinées à modules très légers" (modules "Polymer")
BAT, XLVIII, 2 (fév. 73), 18 et 26, texte & ill.

"Nouvelle usine de maisons préfabriquées"
BAT, XLVI, 12 (déc. 71), 24, texte & ill.

"Now Montreal has its factory-made 'speedy'." (System Homemakers Ltd).
CB, XVIII, 6 (juin 68), 8

"Ottawa builder reports on C.M.H.C. modular house experiment"
NB, VIII, 3 (mars 59), 26-27 et page couverture

"Quebec mobile home makers increase lot densities to beat 'soft market' crisis"
CB, XXVII, 4 (avril 77), 29 et 35

"Panel construction — This homebuilding system avoids waste, speeds erection"
CB, XVIII, 4 (avril 68), 48-49

"Plan to market $10,000 house" (Alcan Design Homes)
CB, XVI, 7 (juil. 66), 7

"Plastic houses shipped to site in barrels?"
NB, X, 5 (mai 61), 35

"Plywood component house for fabrication in small shops"
CB, IX, 7 (juil. 59), 24-26

Port Hawkesbury (N.-E.) Tamarac Heights (30 maisons assemblées en usine)
CB, XX, 8 (août 70), 7, texte.

"Pour la première fois au monde on va fabriquer des maisons comme des automobiles" (Maisons Universelles Alcan)
BAT, XLI, 7 (juil. 66), 34-35, texte & ill.

"Prefabber Demonstrates One-Day House"
CB, III, 9 (sept. 53), 38-39, texte & ill.

"... production line"
TCA, I, 2 (jan.-fév. 56), 52

"Production line saves $15 per home"
CB, VI, 10 (oct. 56), 50

"Recherche de la qualité par la préfabrication"
BAT, XXXVIII, 4 (avril 63), 30-33, texte & ill.

"Sable attacks codes, red tape, plans drive in mass production"
CB, XVI, 10 (oct. 66), 5

"Sans clous — presque sans outils... cette maison préfabriquée se monte en deux heures"
BAT, XXXVII, 2 (fév. 62), 37, texte & ill.

"Standardization of materials sought by Ontario Housing Authorities."
CB, IX, 7 (juil. 59), 37

Stroud (Ont.) Sandycove Acres (dév. de 400 maisons mobiles)
CB, XXI, 7 (juil. 71), 30, texte.

"This modular system co-ordinates all house components — roof to basement"
CB, XII, 8 (août 62), 36-37

"Truck-mounted crane streamlines costs in on-site erection of component home"
CB, XVII, 3 (mars 67), 58

"TV cottage in 45 minutes"
CB, XI, 1 (jan. 61), 71

"Une nouvelle méthode de construction permet des maisons mieux conçues et moins chères" (Méthode Unicom, basée sur un concept de coordination modulaire)
BAT, XXXVIII, 7 (juil. 63), 18-23, texte & ill.

"Why this B.C. firm turns to wood for prefab housing components" ("panel arch roof")
NB, X, 7 (juil. 61), 10-11

Campbell, Charles B.
"Prefabrication: Why the trend is growing among homebuilders"
CB, XV, 4 (avril 65), 78

Campeau, Jean-Pierre
"Industrialisation de l'habitat"
AC, 26, 295 (juin 71), 16-19

Chard, Catherine; Faludi, E.G.
"The prefabricated house industry."
RAIC, XXII, 3 (mars 45), 56-62

Choueke, Esmond
"30% des unités unifamiliales au Québec sont montées en usine"
BAT, LII, 4 (avril 77), 14-15, texte & ill.

Dircks-Dilly, G.
"Logements métalliques préfabriqués"
BAT, XLIII, 1 (jan. 68), 21-26, texte & ill.

Dobell, Norman W.
"Average bungalows on modular plan would save thousands of dollars"
NB, XI, 5 (mai 62), 21-23

Faludi, E.G.; Chard, Catherine
Voir Chard, Catherine; Faludi, E.G.

Fowke, Clifford
"'Instant housing' in remote areas spells new opportunities for prefabricators"
CB, XVI, 10 (oct. 66), 47

Fowke, Clifford
"Survey '72, Manufactured Homes"
CB, XXII, 7 (juil. 72), 9-11 et 16 et 19-21

Fowke, Clifford
"The $10,000 Home — experiment, breakthrough by Alcan?"
CB, XVII, 1 (jan. 67), 25-27

Fowke, Clifford et al.
"What is the real future in Canada for the home manufactured in a plant?" "On site or in plant?"
CB, XX, 4 (avril 70), 37-42

Hale, S. Kelly
"How to make money on a $9,300 home"
NB, X, 7 (juil. 61), 12-13

Henry, Robert
"L'ère des villes préfabriquées et de la résidence usinée"
BAT, XLII, 5 (mai 67), 48-50, texte & ill.

Humphrys, B.A.
"Modular Co-ordination Builds Houses Cheaper, Quicker, Better"
CB, II, 1-2 (jan.-fév. 52), 25-26 et 46, texte & ill.

Irving, Mike
"Modular-metric components may soon free Canada from stereotyped housing designs"
CB, XXIV, 6 (juin 74), 32 et 35

Junius, Marcel
"Habitation, industrialisation, urbanisation"
ABC, XXII, 249 (jan. 67), 29-31, texte.

Kay, John R.
"Tangram Housing" (modules de bases pour la construction domiciliaire)
TCA, XX, 10 (oct. 75), 55-61

Locke, Richard A.
"Prefab Success Story"
NB, IV, 12 (déc. 55), 12-13

Longman, Harold A.
"Prefab Methods in Regina Low cost houses
CB, III, 9 (sept. 53), 52 et 55-56, texte & ill.

Lurz, William
"Ontario's Rice Brothers are winning fight to give mobile home a new image"
CB, XXIV, 10 (oct. 74), 52-53

Markson, Jerome
"New type of housing designed for system building."
ARCAN, 47 (23 nov. 70), 4-5, texte & ill.

Noakes, E.H.
"Housing and Prefabrication."
RAIC, XXIII, 9 (sept. 46), 207-211

O'Neill, James
"Big market ahead for mobile home parks — once the image problem is solved"
CB, XXVII, 4 (avril 77), 34-35

Platts, R.E.
"La préfabrication des maisons sera la règle au Canada"
BAT, XXXIX, 12 (déc. 64), 15-22

Simpson, D.C.
"The architect and Mass Produced Housing."
RAIC, XXIV, 3 (mars 47), 67-70

Smibert, Dorothy
"'Instant housing' in B.C.'s remote areas sparks new ideas, novel techniques"
CB, XVI, 10 (oct. 66), 48-49

Smith, John Caulfield
"Industrialization can increase labor productivity and speed provision of housing, What we can learn from France."
CB, XVII, 6 (juin 67), 64-66

Turnbull, Andy
"Building complete home in a factory"
CB, XXIX, 2 (fév. 79), 26-28

Techniques et matériaux
Techniques and Materials

"Aluminum — Here's a new and growing technique for finishing house"
NB, X, 10 (oct. 61), 38-39 et 56

"Après les maisons préfabriquées en aluminium... les maisons en acier"
BAT, XLII, 12 (déc. 67), 7

"*A Survey of Residential Post-on-Beam Construction in Greater Vancouver, 1957-1958* par V.F. Lyman, Ing. arch." Conseil national de recherche, Ottawa, 1959
ABC, XV, 165 (jan. 60), 27

"A Village of Air Conditioned Homes"
CB, IV, 7 (juil. 54), 40, texte & ill.

"Bay windows, fireplaces, brick and stone featured in Edmonton's Home Parade."
CB, XVIII, 10 (oct. 68), 60-61

"Brampton formulates solar homes policy"
CB, XXIX, 6 (juin 79), 5

"Building with Formslag Blocks"
CB, I, 2 (mai 51), 45-46, texte & ill.

"Cable-laying machine speeds job in new housing developments."
CB, XIV, 12 (déc. 64), 11

"Canada's popular timber-frame housing goes on trial in Britain"
CB, XVI, 11 (nov. 66), 85

"Canadian housebuilding techniques draw a positive response in Britain."
CB, XVI, 2 (fév. 66), 52-53

"Can Plywood Provide Good Economical Housing?"
CB, I, 2 (mai 51), 42, texte & ill.

"Chauffage électrique résidentiel"
BAT, XXXVIII, 4 (avril 63), 28-29, texte & ill.

"Clay brick industry plugs its merits to help you sell more homes"
NB, X, 2 (fév. 61), 28

"CMHC standards you should know before using concrete block"
CB, VIII, 10 (oct. 58), 32-34

"Concrete block house expands in three stages with family growth"
CB, IX, 11 (nov. 59), 46-47

"Concrete Floors on Ground For Residential Construction"
NB, VII, 8 (août 58), 12 et 14 et 34

"Concrete house was feature of Winnipeg home parade."
CB, XV, 8 (août 65), 78-79

"Contreplaqué et plastique: maison de qualité (1,000 pieds carrés) bâtie en moins de 48 heures..."
BAT, XLIV, 7 (juil. 69), 29-30

"Dans les maisons... le bois est aussi recherché pour sa distinction que pour son confort"
BAT, XXXVII, 5 (mai 62), 50-51, texte & ill.

"De l'unifamiliale en béton: pourquoi pas?"
BAT, LV, 7 (sept. 80), 11, texte & ill.

"Éléments d'acier: maison expérimentale à Hamilton"
BAT, XLVI, 1 (jan. 71), 18-20, texte & ill.

"Engineered forms for low cost housing, Canadian firm pioneers an international system" (a new concrete forming system called MASCON)
CB, XXX, 3 (mars 80), 33 et 38

Erosciuchi, V., *La maison en béton armé*, Éditions Dunod, Paris, [s.d.].
BAT, XXIX, 3 (mars 54), 58

"Finition des sous-sols en pièces habitables"
BAT, XXXII, 12 (déc. 57), 16-17, texte & ill.

"Finition intérieure des murs du sous-sol"
ABC, XIII, 141 (jan. 58), 38, texte & ill.

"*Foundations for Houses and other Small Structures* par W.H. Elgar"
ABC, IX, 93 (jan. 54), 40

"Government, industry build plastic house."
CB, XIX, 8 (août 69), 8

"Grâce au bois et au contreplaqué une firme de Vancouver fabrique des maisons pour $5,800..." (Fiscus Construction)
BAT, XLIII, 3 (mars 68), 39-41, texte & ill.

"House Basements on Prairie Clays"
CB, XIV, 9 (sept. 64), 28-29 et 41

"How to Do It: Good Nailing Gives Strength To Wood Framed Houses"
CB, II, 5 (mai 52), 72 et 74, texte & ill.

"How to Do It: Good Nailing Gives Strength to Wood-Framed Houses, Part II"
CB, II, 6 (juin 52), 56 et 58, texte & ill.

"IGMAC recommends use of thinner glass in residential patio window/doors"
CB, XXIX, 2 (fév. 79), 6-7

"Instant apartment"
CB, XVI, 4 (avril 66), 8

"J-M'S Flexboard used for house siding"
NB, VII, 1 (jan. 58), 25

"L'acier et la construction de maisons unifamiliales"
BAT, XLVIII, 7 (juil. 73), 20, texte & ill.

"La construction 'poutres-poteaux'"
BAT, XXXVI, 11 (nov. 60), 36-39, texte & ill.

"La précontrainte et les appartements"
BAT, XL, 9 (sept. 65), 46-50, texte & ill.

"Lead helps builders solve noise, energy and maintenance problems"
CB, XXVIII, 2 (fév. 78), 16

"Le béton dans la construction résidentielle"
BAT, XXXII, 1 (jan. 57), 18-19, texte & ill.

Le chauffage des habitations par André Missenard
ABC, III, 23 (mars 48), 44

"Le chauffage électrique dans les immeubles d'appartements"
BAT, XLI, 3 (mars 66), 36-38, texte & ill.

"Le chauffage électrique pénètre dans les gros centres résidentiels à appartements"
BAT, XL, 4 (avril 65), 48-52, texte & ill.

"Le matériau synthétique dans la construction résidentielle"
BAT, XLVIII, 4 (avril 73), 16, texte & ill.

"Le plus grand dôme pour résidence, au Canada" (en plastique)
BAT, XXXIV, 1 (jan. 59), 18-19

"Les panneaux dérivés du bois serviront à construire les maisons 'sur mesure' de demain"
BAT, XLVI, 7 (juil. 71), 8, texte.

"Light-weight truss-frame house designed to use 30 percent less framing lumber"
CB, XXVII, 7 (juil. 77), 50

"London housing development a tough, cold test for vinyl siding"
CB, XXVII, 12 (déc. 77), 17

"Maisons en robes d'aluminium"
CDQ, XXIV, 4 (juil. 49), 14-15, texte & ill.

"Mark VI Experimental Project features precast concrete footings, steel joists."
CB, XIX, 1 (jan. 69), 20-21

"Matériaux classiques — tendances nouvelles, L'usine de Woodstock commence la fabrication en série de maisons 'en aluminium'"
BAT, XLIII, 3 (mars 68), 36-38

"Matériau ultra-économique pour maisons" (brique appelée "Pan-Brick")
BAT, XLIII, 2 (fév. 68), 29

Modèle de maison en aluminium de la 'Aluminum Co of Canada Ltd', Mtl.
ABC, V, 54 (oct. 50), 25, ill.

"New building methods cut erection time for these Home Show condominium models"
CB, XX, 5 (mai 70), 55

"New plywood house roof system under development"
NB, X, 4 (avril 61), 53

"No foundation trouble with this house"
CB, VI, 8 (août 56), 39

"Nouveaux matériaux à l'essai" (maison prototype construite par Stelco, à Hamilton)
BAT, XLVII, 6 (juin 72), 28, texte & ill.

"Ottawa homeowner extracts heat from nearby river with heat pump"
CB, XXX, 2 (fév. 80), 33

"Plywood component house for fabrication in small shops."
CB, IX, 7 (juil. 59), 24-26

"Pour la première fois au Québec, emploi de formes coulissantes dans la construction de maisons d'appartements"
BAT, XLVII, 5 (mai 72), 22, texte & ill.

"Première nationale: un abri 'chimique'" (maison en mousse de polyuréthane)
BAT, XLVI, 4 (avril 71), 7, texte & ill.

"Research consortium feels air-type solar collectors best for houses"
CB, XXVII, 8 (août 77), 8

"SCR Brick Cuts Laying Costs On One-Storey Houses"
CB, II, 7 (juil. 52), 24-25, texte & ill.

"Solar-heated model home points the path ahead at this year's National Home Show"
CB, XXVII, 6 (juin 77), 14-15

"Steel siding for houses available next year"
CB, XIII, 9 (sept. 63), 49

"Steel studs — are they practical for housing?" "Here are 'pro' and 'con' facts on metal studs" "This apartment lowered costs with steel studs"
CB, XIII, 6 (juin 63), 34-35

"Structural steel frame houses go up fast, are lower in cost"
CB, VIII, 10 (oct. 58), 45-46

"Technical Digests: Condensation in the Home"
CB, I, 1 (mars 51), 62, texte.

"The house that plastics built in 1969 — What will happen in the 70's?"
CB, XIX, 12 (déc. 69), 32-33

"The plastic house: industry co-operation gets it built."
CB, XIX, 9 (sept. 69), 42

"The Vinyl Village" (maquette au National Home Show de Toronto)
CB, XXX, 4 (avril 80), 3, texte & ill.

"They built four houses to check on heating system performance"
NB, VIII, 2 (fév. 59), 28-29

"This new construction technique for apartments uses PRECAST FACING PANELS AS FORMS."
CB, XIV, 9 (sept. 64), 24-25

"This new type heating for homes has built-in air-conditioning"
NB, XI, 6 (juin 62), 28-30

"This soffit system for houses saves on time, wastage and eliminates scaffold."
CB, XXI, 5 (mai 71), 14

"Timber-frame, component-built is British 'House of the Year'."
CB, XVII, 6 (juin 67), 8, texte & ill.

Toronto, Wade's Glenwal panel house
NB, IV, 8 (août 55), 14, texte & ill.

"Tuyaux et raccords de vinyle pour maisons"
BAT, XLIII, 1 (jan. 69), 24

"Une expérience unique dans le domaine du chauffage" (Tests de différents systèmes dans quatre maisons modèles)
BAT, XLIV, 12 (déc. 69), 3-4, texte & ill.

"Un nouveau système permet l'élimination de la condensation à l'intérieur des maisons" (ventilateur rotatif)
BAT, LV, 1 (jan.-fév. 80), 23 et 30

"Vinyl windows score in new home market."
CB, XIV, 9 (sept. 64), 32

"Why more housebuilders are using steel beams"
NB, X, 5 (mai 61), 31

"Winkler sees major role for plastics in Ontario housing construction"
CB, XXII, 11 (nov. 72), 6

"Zoning gives better heat control"
CB, IX, 9 (sept. 59), 56-57

Adams, Beryl
"Glass Adds Glamour"
NB, II, 10 (oct. 53), 4, texte.

Adams, Beryl
"New Panel May Revolutionize Housing"
NB, IV, 2 (fév. 55), 12-13 et 34-35, texte & ill.

Block, Horace
"Heating Features That Sell Homes"
NB, IV, 11 (nov. 55), 10-12

Boileau, G.G.; Latta, J.K.
"Heat losses from house basements"
CB, XIX, 10 (oct. 69), 39-42

Bouchard, Yvon
"L'utilisation de nouveaux matériaux dans la construction domiciliaire est-elle souhaitable"
BAT, LIII, 5 (mai 78), 25 et 30, texte.

Bowman, M.W.
"Electric heating system saved 20% in apartment installation costs"
NB, X, 4 (avril 61), 24-25

Bradley, A.E.
"Canada's First Lift Slab House"
NB, V, 1 (jan. 56), 10-11

Clarke, John R.
"Fire! Can You Afford It?"
CB, I, 1 (mars 51), 38 et 41, texte & ill.

Clendenan, E.F.
"400 houses built on slabs"
CB, II, 10 (oct. 52), 23-25, texte & ill.
correction: CB, II, 12 (déc. 52), 6
"400 maisons bâties sur dalles" (dalles de béton)
BAT, XXVII, 11 (nov. 52), 22-24 et 57

Coutts, Ian R.
"Breakthrough for steel in housing: Siding soon to be marketed, Studs win in apartments, Web joists for houses?"
CB, XIII, 6 (juin 63), 30-33

Crocker, C.R.
"Détails de construction des sous-sols"
BAT, XXXIX, 5 (mai 64), 42-44 et 48-49, texte & ill.
"House Basements." (petit dépliant de la Canadian Building Digest).
RAIC, XXXVIII, 1 (jan. 61), entre 60 et 61
"La finition intérieure des murs de sous-sol"
BAT, XXXIII, 9 (sept. 58), 36-37

Croft, Philip J.
"Canadian Experiments in Underground Distribution of Domestic Electricity"
CB, II, 4 (avril 52), 26-28 et 42, texte & ill.

Cushack, O.F.
"Mechanical Taping Gains Acceptance"
NB, IV, 5 (mai 55), 12-13, texte & ill.

Danard, Jean
"Aluma form system captures world market"
CB, XXIX, 11 (nov. 79), 28-29, texte & ill.

Doclin, Doïna
"Le béton au service de l'habitat"
AC, XXIX, 324 (juil.-août 74), 24-27, texte & ill.

Dodington, Edward L.
Fashbender, Myrtle. *Residential Lighting*, D. van Nostrand Co., Toronto, sans date.
RAIC, XXV, 3 (mars 48), 97

Doelle, Leslie L.
"Sound Insulation in Dwellings."
TCA, IV, 11 (nov. 59), 61-63
"Word, Letters" (Réplique à l'article de R.S. Ferguson et T.D. Northwood sur l'isolation acoustique dans les résidences)
TCA, V, 2 (fév. 60), 86 et 88

Dorey, D.B.
"La charpente de la maison"
BAT, XXXIII, 4 (avril 58), 30-33

Ferguson, R.S. et T.D. Northwood
"Word, Letters" (l'isolation acoustique dans les résidences)
TCA, V, 2 (fév. 60), 84 et 86

Gill, Georges A.
"Construisons des murs économiques, propriétés de quelques murs propres à la construction résidentielle"
BAT, XXXI, 1 (jan. 56), 25-27 et 31

Gillespie, Bernard
"Sabady, P., *The Solar House*, Butterworth Publishers Inc., Woburn, 77
TCA, XXIII, 3 (mars 78), 4

Gitterman, S.A.
"Wood and the Mark IV Research House."
RAIC, XLII, 12 (déc. 65), 58-59

Humphreys, Barbara
"Storage space should be planned"
CB, II, 11 (nov. 52), 13-15, texte & ill.
"What windows to use — where to place them"
CB, III, 4 (avril 53), 28-30, texte & ill.

Hutcheon, Neil B.
"Control of Water Vapour in Dwellings."
RAIC, XXXI, 6 (juin 54), 204-207

Kennedy, T. Warnett
"Plastic possibilities — The house of the future"
RAIC, XIX, 4 (avril 42), 53-54

Kent, A.D.
"Comment choisir un chauffe-eau résidentiel"
BAT, XLV, 4 (avril 70), 17-19 et 39, texte & ill.

Labadie, Gaston
"La maison toute électrique de Longueuil"
BAT, XXXVII, 3 (mars 62), 24-27, texte & ill.

Latta, J.K.; Boileau, G.G.
Voir Boileau, G.G.; Latta, J.K.

Laughton, Jill
"New radiant baseboard"
NB, II, 11 (nov. 53), 5, texte.

Lebire, Gilles
"Un problème typique, le chauffage des maisons à paliers multiples"
BAT, XXXV, 3 (mars 60), 43-45

Lurz, William H.
"HUDAC's Ottawa Workshop, New Techniques may spell lower costs but public acceptance governs their use"
CB, XXII, 10 (oct. 72), 38 et 40

McCance, William M.
"Points to note in the span tables" "... Span Tables for Wood Joists and Rafters for Housing."
NB, X, 5 (mai 61), 45

Moore, R.E.
"The Winnipeg Foundation Problem"
RAIC, XX, 11 (nov. 43), 198-199

Paddick, Keith
"The challenges of technological change"
CB, XXIX, 11 (nov. 79), 48

Platts, R.E.
"DBR/NRC's Housing Research Affects wood developments."
RAIC, XLII, 12 (déc. 65), 49
"Structural Sandwich Panels in Housing"
RAIC, XXXVII, 6 (juin 60), 252-255

Prévost, Roland
"Le carton traité utilisé dans la charpente de maisons"
BAT, XLVIII, 4 (avril 73), 18-19, texte & ill.

R.F.L.
"Post-and-Beam House Construction"
RAIC, XXXVI, 8 (août 59), 292

Ripley, James G.
"Property Forum '79, Looking Ahead at the Eighties" (énergie et habitation)
CB, XXIX, 12 (déc. 79), 13-28

Sandori, Paul
"Heat Pumps in Residential Buildings."
TCA, XXIII, 9 (sept. 78), 51-53

Small, W.E.
"Un tiers de toute l'énergie au Canada est consommée pour l'habitation"
BAT, LIII, 6 (juin 78), 32, texte.

Smith, John Caulfield
"Why Waste Heat? Keep It in the House"
CB, I, 2 (mai 51), 17-19 et 48-49, texte & ill.

Stelco
Saint-Eustache, Maison modèle Stelco
BAT, LI, 4 (avril 76), 13-14, texte & ill.

Tapia, Max
"L'isolation thermique des maisons est-elle le seul et unique facteur d'économie d'énergie dans l'habitation?"
BAT, LV, 3 (avril 80), 23-25 et 31, texte

Thompson, Frank B.
"Insulation for Canadian homes"
CB, VI, 9 (sept. 56), 51-54

Thompson, Thomas C.
"Spare the wire and spoil the house"
CB, IV, 10 (oct. 54), 36-39, texte & ill.

Tibbetts, D.C.
"These concrete houses in Halifax demonstrate unusual techniques."
CB, XII, 7 (juil. 62), 40-42

Valery, Paul
"Plastic House: new forms for a new architecture."
TCA, I, 10 (oct. 56), 22-29

Veale, A.C.
"Insulation thicknesses for houses"
CB, XIV, 11 (nov. 64), 48-50

Waston, Alex
"Clare McCullough builds Canada's first fully electrically heated Gold Medallion home"
NB, VII, 9 (sept. 58), 34-35

Webster, Jo
"New Shingle Designed For Ranch Houses"
NB, V, 2 (fév. 56), 18

Wilson, W.H.
"Choice of Heating May Help Sell House — Modern Hot Air System Compared with Hot Water, Radiant Panels"
CB, II, 3 (mars 52), 22-24, texte & ill.

Équipement (armoires, foyers, salles de bain, cuisines, plomberie, électricité, caves à vin)
Equipment (cupboards, fireplaces, bathrooms, kitchens, plumbing, electricity, wine cellars)

"All-steel bathroom in research house features new design ideas and products."
CB, XVI, 6 (juin 66), 52

"Aménagement des cuisines"
BAT, XXXII, 8 (août 57), 24-31, texte & ill.

"Armoires de cuisine en acier: pose plus rapide et économie"
BAT, XLVII, 5 (mai 72), 14 et 40, texte & ill.

"Chimney liner — 48B" (en acier inoxydable)
NB, VII, 11 (nov. 58), 44

"Chimneys"
CB, VI, 9 (sept. 56), 37
CB, X, 2 (fév. 60), 51

"Chimneys and fireplaces"
CB, V, 2 (fév. 55), 17
CB, VI, 2 (fév. 56), 17
CB, VII, 2 (fév. 57), 17-18
CB, VIII, 2 (fév. 58), 19

"Comment obtenir des cuisines plus efficaces?"
BAT, XXXVIII, 9 (sept. 63), 33-35, texte & ill.

"Do House Chimneys Need Tie Rods?"
NB, III, 12 (déc. 54), 10, texte.

"Équipement de l'habitation" (mobilier, robinetterie, luminaire, chaudière)
ABC, X, 113 (sept. 55), 43-44, texte & ill.

"Foyers domestiques"
ABC, XI, 120 (avril 56), 52-53, texte & ill.

"Importance grandissante des cuisines et salles de bains"
BAT, XLVIII, 5 (mai 73), 24-26 et 29-30, texte & ill.

"Kitchen planning that sells"
CB, IX, 6 (juin 59), 41-58

"La cave à vin"
ABC, XIX, 218 (juin 64), 48-50, texte & ill.

"La construction des foyers est une science"
BAT, XXXIX, 3 (mars 64), 26-32, texte & ill.

"La cuisine"
BAT, XXXIII, 7 (juil. 58), 20-30, texte & ill.

"La cuisine bien conçue, dimensions des meubles — la question de l'éclairage"
BAT, XXXI, 10 (oct. 56), 44-45 et 84, texte & ill.

"Le prestigieux avenir des salles de bain"
BAT, XLI, 3 (mars 66), 32-35, texte & ill.

"Les cuisines ne se cachent plus" (plans ouverts)
BAT, XXXIX, 3 (mars 64), 14, texte & ill.

"Les placards"
BAT, XXXVI, 10 (oct. 60), 34, texte.

"Les salles de bain"
BAT, XXXVIII, 9 (sept. 63), 28-32, texte & ill.

"Mobilier à demeure — armoires de cuisine et de salle à manger"
BAT, XXXI, 8 (août 56), 36-39, texte & ill.

"New thinking on closets"
CB, IV, 3 (mars 54), 25-30, texte & ill.

"Nouvelle cheminée en acier" (metalbestos)
BAT, XLIV, 12 (déc. 69), 29

"One-man chimney — 286 B"
NB, VIII, 10 (oct. 59), 55

"Prefab chimney — 661B"
NB, X, 6 (juin 61), 55

"Quel genre d'évier convient-il de suggérer?"
BAT, XXVIII, (juil. 53), 20-21, texte & ill.

"Safety chimney incorporates stainless steel lifetime liner"
NB, VI, 8 (août 57), 1

"Section spéciale — les cuisines"
BAT, XXXVI, 9 (sept. 60), 39-59, 67 et 79, texte & ill.

"Section spéciale sur les cuisines"
BAT, IX, 9 (sept. 61), 28-47, 53 et 70, texte & ill.

"You can build in a TV reception system"
CB, II, 8 (août 52), 33, texte & ill.

Allaire, Roger
"Salle de bain instant"
AC, 24, 274 (mai 69), 21

Blouin, André
Candiac (cuisine de M. Raymond Bériault)
BAT, IX, 9 (sept. 61), 32 et 40-41, texte & ill.

Clément, F.E.
"On ignore trop souvent toute l'importance des cheminées"
BAT, XXXV, 3 (mars 60), 49-51

Colangelo, Grondin; Ronco et Bélanger
Montréal, Cuisine Sicuro
BAT, IX, 9 (sept. 61), 42, ill.
Piedmont (cuisine)
BAT, IX, 9 (sept. 61), 37, ill.

Coutts, Ian R.
"Kitchens & Bathrooms"
CB, XIV, 9 (sept. 64), 47-62

Henry, Robert
"À l'Hydro-Québec, les cuisines industrielles associent l'esthétique à l'efficacité"
BAT, XXXVII, 9 (sept. 62), 40-51, texte & ill.

Humphreys, Barbara
"Well designed bathrooms give style that sells"
CB, II, 9 (sept. 52), 42-45, texte & ill.

Loewenstein, Edward
(Un foyer)
CB, VII, 11 (nov. 57), 31, texte & ill.

Mutch, Jean
"Pre-planning: the key to selling successful kitchens."
CB, IX, 6 (juin 59), 59-70

Ormos-Cernat, J.
"Cuisine avec large vue extérieure"
BAT, XXXVIII, 9 (sept. 63), 36 et 45, texte & ill.

Pollman, Richard B.
"Inside Bathrooms Are Practical"
NB, III, 12 (déc. 54), 6-7, texte & ill.

Russell, John
"Here's how and why this kitchen has elbow-room."
CB, IX, 6 (juin 59), 71

Tolchinski, H.M.
Dollard-des-Ormeaux (une cuisine)
BAT, IX, 9 (sept. 61), 39, ill.
The Manor (une cuisine)
BAT, IX, 9 (sept. 61), 39, ill.

Copropriété
Condominiums

Note: Les édifices appartenant à cette catégorie sont classés avec les immeubles d'appartements. On ne trouvera ici que les articles traitant de ce type de propriété.

The buildings in this category are listed with apartment buildings. The following is a list of articles dealing with this type of ownership.

"All about condominiums"
ARCAN, 48 (12 juil. 71), 2-3

"Condominia are not co-ops — here are the basic differences"
CB, XIII, 11 (nov. 63), 34

"Condominia, builders, financiers think they are 'it'"
CB, XX, 10 (oct. 70), 34

"Condominium — A definition"
CB, XIII, 11 (nov. 63), 34

"Condominium boom sweeping Vancouver"
CB, XXIII, 10 (oct. 73), 70 et 76

"Condominium concept generates interest"
CB, XIII, 12 (déc. 63), 29

"Condominium — Copropriété Quelques aspects de la nouvelle loi. Le Bill 29"
BAT, XLV, 6 (juin 70), 29-31 et 38, texte & ill.

"Co-Op Habitat du Québec construit 'en gestion' et économise 7 p. cent" (Liste de leurs réalisations domiciliaires)
BAT, XLVII, 7 (juil. 72), 20-21 et 29-30

"Étude 1972 sur le condominium"
BAT, XLVII, 10 (oct. 72), 26-27, texte.

"Implications for the building industry of the condominium explosion"
CB, XXI, 6 (juin 71), 51-52

"La copropriété est-elle pour demain?"
BAT, XLIII, 6 (juin 68), 29-30, texte & ill.

Habitation / Housing

"La copropriété pourra s'appliquer à tout immeuble, y compris les maisons d'habitation et les immeubles de rapport"
BAT, XLIII, 8 (août 68), 7, texte.

"La prochaine levée du moratoire sur la copropriété rend urgente la révision du cadre politique et juridique"
BAT, LV, 9 (nov. 80), 7, texte.

"Le Québécois et la formule de logement en copropriété"
BAT, XLIX, 6 (juin 74), 28 et 30, texte & ill.

"L'évolution du condominium"
BAT, XLV, 9 (sept. 70), 27-28, texte & ill.

"near-future seen dim for condominium legislation"
CB, XVI, 1 (jan. 66), 33

"Progress in Ontario in condominiums"
CB, XVI, 7 (juil. 66), 5

"OHC condominium projects get $32.5 million in loans" (liste des projets en Ontario)
CB, XXI, 7 (juil. 71), 5

Béique, Jacques
"La copropriété au Québec dix ans après"
BAT, LIV, 5 (mai 79), 9 et 12-13

Browse, Caroline
"Timesharing in practice, Some problems, Some solutions" (resort units condominiums)
CB, XXX, 5 (mai 80), 14-16

Choueke, E.
"Appartements et condominiums: des projets intéressants à Montréal, mais la demande reste languissante"
BAT, LIII, 5 (mai 78), 14, 16 et 30, texte & ill.

Coutts, Ian R.
"Builders, developers, leaders predict optimistic future for condominia"
CB, XIII, 11 (nov. 63), 34-35

Finlayson, K.A.
"Condominium and its Implications"
ARCAN, 45, 5 (mai 68), 65-67

Fliess, Henry
"Apartment Co-Operatives Bring New Money into Housing"
CB, II, 8 (août 52), 13-15, texte & ill.

Fortin, Pierre
"Le marché de la copropriété au Québec connaîtra un certain succès"
BAT, LV, 8 (oct. 80), 14-15 et 25, texte & ill.

Fowke, Clifford
"Are condominiums down-graded?"
CB, XXVII, 1 (jan. 77), 11-13 et 16

Fowke, Clifford et al.
"The Age of the Condominium"
CB, XXII, 10 (oct. 72), 23-25 et 28-30 et 42

Johns, A.B.
"Condominiums — an engineer speaks out" (avantages et désavantages de la propriété en condominium)
CB, XXVII, 4 (avril 77), 8

Kilgore, Brian
"Builders can benefit from this giant home-building promotion, Chatelaine Design Home"
CB, XIX, 8 (août 69), 44-48

O'Keefe, Gene
"Co-operative apartments provide low-cost housing"
CB, VIII, 1 (jan. 58), 18-20

Riopelle, Christopher
"Cooperation needed for condominium concept to survive, conference told"
CB, XXVII, 5 (mai 77), 15-16

Rose, Alan C.
"Resort Timesharing" (resort units condominiums)
CB, XXX, 5 (mai 80), 13 et 43

Rubin, Alex
"Development"
TCA, IX (yearbook 64), 74-75

Foyers
Hospices

"Cellular Housing for Edmonton senior Citizens"
ARCAN, 48 (1 mars 71), 4

"CMHC loans for 10 elderly housing schemes in Quebec"
CB, XXVIII, 2 (fév. 78), 5

"Elderly housing loans approved"
CB, XV, 3 (mars 65), 74

"Elderly housing projects"
CB, XI, 12 (déc. 61), 58

"Housing the aged is big business for builders"
CB, VIII, 6 (juin 58), 29-30

"Les fonds publics au service des vieillards aisés?"
BAT, XLVI, 1 (jan. 71), 11-12, texte & ill.

"'Manoir' is the new Quebec word for an old folks home"
CB, XX, 10 (oct. 70), 43

Mathiason, Geneva et Edward H. Noakes, *Planning Homes for the Aged*, F.W. Dodge, [s.l.], [s.d.]
TCA, V, 5 (mai 60), 84 et 86

"Offers information on homes for elderly"
NB, VIII, 7 (juil. 59), 27, texte.

"Pour loger des personnes agées au Québec"
AC, 34, 345 (mars-avril 78), 9 et 11

"Project for old folks"
NB, VIII, 9 (sept. 59), 56

"Québec" (centres d'accueil, pers. âgées: liste des projets)
BAT, LIII, 9 (sept. 78), 5, texte.

SCHL, *Logements pour les personnes âgées*, sans édition, sans lieu, sans date
AC, 28, 315 (juin 73), 9

"Senior citizens, low income families getting new homes all across Ontario"
CB, XIX, 5 (mai 69), 8

"Trends from Manitoba in homes for elderly"
CB, XIII, 5 (mai 63), 57 et 81

"Vancouver seeks federal okay for pensioner low-rent project"
CB, IX, 7 (juil. 59), 41

Cluff, A.W. et P.J.
"Design for the Elderly"
TCA, XV, 9 (sept. 70), 34-41

Crawford, Lawrence
"Home for the aged"
RAIC, XXXIX, 8 (août 62), 32-34

Gillespie, Bernard
Deardorff, H.L. et al, *Housing for the Elderly: The Development and Design Process*, Van Nostrand Reinhold Ltd, Toronto, 1975
TCA, XXI, 7 (juil. 76), 4

Goulding, W.S.
Planning Homes for the Aged, Geneva Mathiasen and Edward H. Noakes, sans lieu, sans date
RAIC, XXXVII, 5 (mai 60), 232

Henderson, H.A.
"For Senior citizens: Alberta builds units to house 3,300"
CB, X, 9 (sept. 60), 31-33

Pugh, John
"Limited dividend apartments mushroom in Montreal" (apartment projects for the aged)
NB, VII, 10 (oct. 58), 26-27

Ralston, William
"Introduction" (à un article sur les foyers pour vieillards)
RAIC, XXXIX, 8 (août 62), 31

Anonyme/Anonymous

H0001 *Aklavik (T.N.O.)*
(15 unités pour vieillards)
CB, XXVII, 12 (déc. 77), 5, texte.

H0002 *Amherstburg*
Senior Citizens Home
CB, XXX, 12 (déc. 80), 6, texte.

H0003 *Ville D'Anjou*
Les Jardins Angevins (vieillards)
CB, XXVII, 5 (mai 77), 8, texte.
CB, XXVII, 6 (juin 77), 6, texte.

H0004 *Arnprior (Ont.)*
(18 unités pour vieillards)
CB, XVIII, 2 (fév. 68), 6, texte.

H0005 *Brantford*
(Foyer pour vieillards)
CB, XVI, 7 (juil. 66), 8, texte.

H0006 (100 unités pour vieillards)
CB, XXI, 5 (mai 71), 32-34, texte & ill.

H0007 *Burlington*
(Foyer de 11 étages pour vieillards)
CB, XVIII, 2 (fév. 68), 6, texte.

H0008 *Burnaby*
(Foyer de 19 étages pour vieillards)
CB, XXI, 10 (oct. 71), 6, texte.

H0009 Brentwood House (pour vieillards)
CB, XXIII, 11 (nov. 73), 93, texte & ill.

H0010 *Cambridge*
(39 suite senior citizens home)
CB, XXIII, 9 (sept. 73), 26, texte & ill.

H0011 *Cap-de-la-Madeleine*
Le Manoir Boucherville (vieillards)
BAT, LIV, 5 (mai 79), 13, ill.

H0012 *Dauphin (Man.)*
Dauphin Senior Citizen's Home
CB, XV, 6 (juin 65), 42, texte.

H0013 *Edmonton*
(16 édifices pour vieillards)
RAIC, XVII, 12 (déc. 40), 216, texte.

H0014 *Estevan (Sask.)*
Souris Valley Housing (vieillards)
CB, XV, 6 (juin 65), 42, texte.

H0015 *Fort William*
(Foyer pour vieillards)
BAT, XLIV, 10 (oct. 69), 8, texte.

H0016 *Gatineau*
Foyer d'accueil de Gatineau
BAT, LII, 4 (avril 77), 5, texte.

H0017 *Glace Bay*
(Foyer pour vieillards)
CB, XVIII, 2 (fév. 68), 6, texte.

H0018 *Grand-Mère*
(Édifice de 4 étages pour vieillards)
BAT, XLII, 10 (oct. 67), 44, texte.

H0019 *Greenfield Park*
(Immeuble résidentiel pour pers. âgées)
BAT, LII, 10 (oct. 77), 5, texte.

H0020 *Guelph*
(100 unités pour vieillards)
CB, XXI, 5 (mai 71), 32-34, texte & ill.

H0021 *Hull*
(132 logements pour pers. âgées)
BAT, LIII, 3 (mars 78), 5, texte.

H0022 *Hunter River (Î.-P.-É.)*
(a senior citizens housing complex)
CB, XXV, 4 (avril 75), 54, texte.

H0023 *Lac-des-Deux-Montagnes*
Manoir Grand Moulin
CB, XX, 10 (oct. 70), 43, texte.

H0024 *Ladner (C.-B.)*
Unity House (centre d'accueil destiné à l'enfance exceptionnelle)
BAT, XLIX, 5 (mai 74), 27, texte & ill.

H0025 *Listowel (Ont.)*
(24 logements pour vieillards)
CB, XXI, 5 (mai 71), 5, texte.

H0026 *Longueuil*
(habitation pour vieillards de 6 étages)
CB, XXVIII, 3 (mars 78), 11, texte & ill.

H0027 Résidence pour personnes âgées, rue Boulogne
BAT, LIII, 3 (mars 78), 6, texte & ill.

Housing / Habitation

Meaford (Ont.)
H0028 (Foyer pour vieillards)
CB, XXI, 3 (mars 71), 24, texte.

Miscouche (I.-P.-E.)
H0029 (an eight-unit senior-citizens housing project)
CB, XXV, 4 (avril 75), 54, texte.

Montréal
H0030 Foyer pour vieillards, rues Bélanger et Pontoise
CB, XV, 6 (juin 65), 42, texte.
H0031 Foyer pour vieillards, boul. Crémazie
BAT, XLVI, 1 (jan. 71), 12, texte.
H0032 Pavillon Mercier (vieillards)
BAT, XLIII, 12 (déc. 68), 21, ill.
H0033 Place Gouin (vieillards)
BAT, XLIII, 12 (déc. 68), 21, ill.
H0034 Résidence Angelica (pour vieillards)
BAT, XLIII, 2 (fév. 68), 34, texte.
BAT, XLVI, 1 (jan. 71), 11, texte & ill.
H0035 South Shore Vermont (vieillards)
BAT, XLIII, 12 (déc. 68), 21, ill.

New Waterford (N.-E.)
H0036 (Foyer pour vieillards)
CB, XVIII, 2 (fév. 68), 6, texte.

New Westminster (C.-B.)
H0037 (101 unités pour vieillards)
CB, XXI, 1 (jan. 71), 10, texte.

Oshawa
H0038 (Foyer pour vieillards)
CB, XVII, 2 (fév. 68), 6, texte.

Ottawa
H0039 (250 unités pour vieillards)
CB, XXIII, 11 (nov. 73), 98, texte.

Palmerston (Ont.)
H0040 (12 unités pour vieillards)
CB, XXI, 5 (mai 71), 5, texte.

Parkhill
H0041 Foyer pour vieillards
CB, XXIII, 6 (juin 73), 38, texte.

Penticton (C.-B.)
H0042 Penticton Retirement Centre
TCA, XXI, 2 (fév. 76), 4, texte & ill.

Peterborough
H0043 (Édifice de 7 étages pour vieillards, King St.)
CB, XXIV, 8 (août 74), 62, texte.

Petrolia (Ont.)
H0044 (24 logements pour vieillards)
CB, XXI, 5 (mai 71), 5, texte.

Port Hawkesbury (N.-E.)
H0045 (a 22 senior citizens residences in a one-story structure)
CB, XXIII, 10 (oct. 73), 82, texte.

Prince Albert
H0046 (96 unités pour vieillards)
CB, XXV, 7 (juil. 75), 5, texte.
H0047 (18 unités pour vieillards)
CB, XX, 1 (jan. 70), 5, texte.

Québec
H0048 (169 logements pour personnes âgées et familles à revenu moyen)
BAT, LIV, 5 (mai 79), 6, texte.
H0049 "L'Oasis Jean-Talon" (complexe rés. pour personnes âgées)
BAT, XLVIII, 8 (août 73), 5, texte.

Repentigny
H0050 (94 unités pour personnes âgées et paraplégiques)
BAT, LII, 6 (juin 77), 5, texte.

Rimouski
H0051 Résidence Mgr C.E. Parent (pour pers. âgées)
BAT, LII, 5 (mai 77), 5, texte.

St. Catharines
H0052 Niagara Retirement Manor
CB, XXIV, 10 (oct. 74), 35, texte.

Saint-Flavien
H0053 Foyer Saint-Flavien (vieillards)
CB, XX, 1 (jan. 70), 7, texte.

Saint-Hyacinthe
H0054 La Villa des Frênes (personnes âgées)
BAT, XLVII, 11 (nov. 72), 8, texte.

St-Lambert (Qué.)
H0055 (210 unit retirement Lodge)
CB, XXIV, 10 (oct. 74), 35, texte & ill.

Ville Saint-Laurent
H0056 Manoir Montpellier
BAT, LII, 5 (mai 77), 11-13, texte & ill.

Saint-Raymond
H0057 (Unités de logement, personnes âgées)
BAT, LII, 2 (fév. 77), 6, texte.

St-Tite
H0058 Hospice pour vieillards
BAT, XXXIV, 1 (jan. 59), 10, texte.

Saint-Vallier de Bellechasse
H0059 Foyer pour personnes âgées
BAT, LII, 3 (mars 77), 5, texte.

Sault Ste-Marie
H0060 (Foyer pour vieillards)
CB, XXII, 11 (nov. 72), 6, texte.
H0061 (2 unités de 60 logements pour vieillards)
CB, XXI, 8 (août 71), 5, texte.

Scarborough
H0062 (Immeuble de 14 étages pour vieillards)
CB, XXIII, 9 (sept. 73), 43, texte.

Thunder Bay
H0063 (2 édifices pour vieillards totalisant 182 unités)
CB, XXII, 4 (avril 72), 5, texte.

Toronto
H0064 Island Lodge (maison pour vieillards)
RAIC, XL, 11 (nov. 63), 13-14, texte & ill.
H0065 Leisure Town (pour personnes âgées)
CB, XIV, 6 (juin 64), 3, texte & ill.

Vancouver
H0066 (188 unités pour vieillards)
CB, XV, 9 (sept. 65), 6, texte.
H0067 (214 unités pour vieillards)
CB, XXII, 6 (juin 72), 20, ill.

Windsor
H0068 (tour de 20 étages pour vieillards)
CB, XXIV, 2 (fév. 74), 56, texte.
H0069 Parkview Towers (pour vieillards)
CB, XXI, 1 (jan. 71), 8, texte & ill.
H0070 Windsor Housing For Elderly Residents
CB, III, 10 (oct. 53), 53, texte.

York
H0071 Eagle Manor (pour vieillards)
CB, XXIV, 8 (août 74), 5, texte.

Achard, Boivin

Charlesbourg
H0072 (2 édifices de 50 étages pour vieillards)
AC, XXXV, 351 (mars-avril 79), 12-17, texte & ill.

Adamson, Gordon S. (Ass.)

Toronto
H0073 Alexandra Park Senior Citizens' Apartment
ARCAN, 45, 1 (jan. 68), 51, ill.

Affleck, Desbarats, Dimakopoulos, Lebensold, Sise; Labranche, Paul
H0074 Voir Labranche, Paul; Affleck, etc.

Allward & Gouinlock

Don Mills
H0075 Senior Citizen's Home
TCA, XII (yearbook 67), 67, texte & ill.

Bisson, Hébert, Blais et Bélanger

Cartierville
H0076 Manoir Cartierville (pour vieillards)
AC, 31, 333 (jan.-fév. 76), 8, texte & ill.

Boigon and Armstrong

Toronto
H0077 Baycrest Terrace & Joseph E. and Minnie Wagman Centre
TCA, XXIII, 9 (sept. 78), 46-50, texte & ill.

North York
H0078 Baycrest Residence and Day Centre (pour vieillards)
CB, XXV, 4 (avril 75), 24, texte & ill.

Boigon & Heinonen

Collingwood
H0079 Sunset Manor Home for the Aged
TCA, XV, 8 (août 70) 49-54, texte & ill.

Newmarket (Ont.)
H0080 Senior Citizens Housing
TCA, XVII, 1 (jan. 72), 7, texte & ill.

Scarborough
H0081 Retirement Residence for Brothers of the Christian Schools
TCA, XIII, 12 (déc. 68), 54, texte & ill.

Bonetto, Gilles S.

Montréal
H0082 Foyer Saint-Laurent (vieillards)
ARCAN, L (juil. 73), 2-3
TCA, XVIII, 7 (juil. 73), 8-9, texte & ill.
AC, XXVI, 293 (avril 71), 44, texte & ill.

Bouchard, Maurice; Dorval et Fortin

Québec
H0083 Place de l'église (dont une tour pour vieillards)
AC, XXVIII, 311 (jan.-fév. 73), 8, texte & ill.

Boudrias, Boudreau, Saint-Jean

Laval
H0084 Centre d'accueil
BAT, LIV, 4 (avril 79), 16-17, texte.

Breton, Jean-Paul

Acton Vale
H0085 Centre d'accueil (personnes âgées)
BAT, LIII, 2 (fév. 78), 5, texte.

Cayouette, Tanguay, Saia et Leclerc

Ile Paton
H0086 Manoir des Iles (pour retraités)
BAT, XLVII, 8 (août 72), 6, texte & ill.

Chapman, Howard D.

Newmarket (Ont.)
H0087 Greenacres Home (pour vieillards)
RAIC, XXXIV, 11 (nov. 57), 422-427, texte & ill.
H0088 Metropolitan Home for the Aged
RAIC, XXXII, 10 (oct. 55), 370, ill.

Chapman & Hurst

Scarborough
H0089 Woodland Acres South (gens âgés)
TCA, IX, 12 (déc. 64), 88, texte & ill.

Craig, Charles E.; Sharp, Berwick, Pratt
H0090 Voir Sharp, Berwick, Pratt; Craig, Charles E.

Craig & Madill

Belleville
H0091 Hastings County Home for the Aged
RAIC, XXIX, 12 (déc. 52), 362-363, ill.

Craig & Zeidler

Penetanguishene
H0092 Georgian Manor, Simcoe County Home for the Aged
RAIC, XXXIV, 11 (nov. 57), 428-431, texte & ill.
RAIC, XXXV, 12 (déc. 58), 480, ill.

Peterborough
H0093 Home for the Aged
TCA, VI, 6 (juin 61), 43-46, texte & ill.

Damphousse, Jean

Longueuil
H0094 Projet-thèse: maison pour couples âgés
ABC, X, 105 (jan. 55), 27-29, texte & ill.

Davidson, Jocelyn

Vancouver
H0095 Horley Street Project, for aged people
CB, III, 8 (août 53), 25, texte & ill.

Dorval & Fortin; Bouchard, Maurice
H0096 Voir Bouchard, Maurice; Dorval & Fortin

Dunlop, Wardell, Matsui and Aitken

Oakville
H0097 West Oakville Senior Citizen Complex
CB, XXI, 5 (mai 71), 8, ill.

Fliess, Henry; Yamazaki, George

Clinton (Ont.)
H0098 The Nipponia Home for the Aged
TCA, III, 6 (juin 58), 80, texte & ill.

Fliess, Henry; Yamasaki & Ridpath
Beamsville (Ont.)
H0099 Nipponia Home for the Aged
RAIC, XXXIX, 8 (août 62), 43-44, texte & ill.

Gagnier, Claude
Montréal
H0100 Résidence St-Georges (pour personnes âgées)
ABC, XIX, 221 (sept. 64), 55-59, texte & ill.

Girard, Maurice
Rouyn
H0101 Orphelinat Notre-Dame
BAT, XXXII, 1 (jan. 57), 23, texte & ill.

Glos et Associés
Windsor
H0102 Projet Cencourse Inc. (vieillards)
AC, XXXV, 350 (jan.-fév. 79), 6, texte.
CB, XXIX, 7 (juil. 79), 19-20, texte & ill.

Hale, Harrison, Buzzelle & Gerson
Vancouver
H0103 Esther Irwing Children's Home
RAIC, XXXIX, 4 (avril 62), 34, ill.

Hix, John
Aylmer
H0104 Aylmer Senior Citizens' Project
TCA, XXII, 3 (mars 77), 36, texte & ill.

Hoare, J.E. Jr.
Toronto
H0105 (for senior war veterans)
CB, VIII, 7 (juil. 58), 24-25, texte & ill.

Horton & Ball
Kitchener
H0106 (2 immeubles de 60 unités pour vieillards)
CB, XXII, 8 (août 72), 29, texte.

Jackson, Ypes Associates
Scarborough
H0107 Wishing Well Manor (pour vieillards)
TCA, XXII, 8 (août 77), 29-30, texte & ill.
Toronto
H0108 (Home for senior citizens)
TCA, VII, 2 (fév. 62), 8, texte & ill.
H0109 Senior Citizen's Apartments
TCA, V, 8 (août 60), 68-69, texte & ill.
West Hill
H0110 Legion Nursing Home For the Aged
TCA, XXII, 1 (jan. 77), 6-7, texte et ill.

Janiss, Eugene
Brampton
H0111 Tullamore Nursing Home
CB, XVI, 5 (mai 66), 36-37, texte & ill.

Jodoin, Lamarre, Pratte et associés
Montréal
H0112 Centre d'hébergement Berthiaume du Tremblay (pour vieillards)
AC, 33, 344 (nov.-déc. 77), 12-17, texte & ill.

Jones, John
North York
H0113 West Don Apartment (pour vieillards)
CB, XXI, 8 (août 71), 8, texte & ill.

Kerr & Cullingworth
Saskatoon
H0114 St. Ann's Home for the Aged
TCA, I, 12 (déc. 56), 58, texte & ill.

Kivilo, Harry
Montréal
H0115 Pierrefonds Manor (maison de repos pour personnes âgées)
ABC, XX, 234 (oct. 65), 48, 50, texte & ill.
ABC, XXI, 245 (sept. 66), 52

Labranche, Paul; Affleck, Desbarats, Dimakopoulos, Lebensold, Sise
Drummondville
H0116 Résidence pour vieillards
ABC, XXIII, 262 (mars 68), 45-50, texte & ill.

Lafleur, Jean-Marie
Montréal
H0117 Le foyer Rousselot (foyer pour vieillards et dames aveugles)
BAT, XXXIV, 5 (mai 59), 54-57, texte & ill.

Lagacé, Massicotte et Casgrain
Montréal
H0118 Mont-Carmel (résidence pour pers. âgées)
BAT, LII, 8 (août 77), 5, texte.

Laroche, Guy
Québec
H0119 Centre d'accueil pour vieillards (projet d'étudiant)
ABC, XX, 231 (juil. 65), 45-47, texte & ill.

Lee, Elken, Becksted, Paulsen, Fair
Toronto
H0120 Mon Sheong Home for the Aged
TCA, XXII, 1 (jan. 77), 6-7, texte & ill.

Marani, Morris & Allan
Toronto
H0121 The Salvation Army Arthur Meighen Lodge (Home for the Aged)
RAIC, XXXIX, 8 (août 62), 40-42, texte & ill.

Marani, Rounthwaite & Dick
Toronto
H0122 (Foyer pour vieillards)
CB, XVI, 10 (oct. 66), 7, ill.

Markson, Jerome
Toronto
H0123 Metro Home for the Aged
TCA, XVIII, 10 (oct. 73), 45-52, texte & ill.
ARCAN, 48 (7 sept. 71), 4-5, texte & ill.
H0124 True Davidson Home for Aged
TCA, XVIII, 11 (nov. 73), 4-5, texte & ill.
East York
H0125 True Davidson Acres (pour vieillards)
CB, XXVIII, 1 (jan. 78), 20, texte & ill.

Malkan, Melville
Rosetown (Sask.)
H0126 (Foyer pour vieillards)
CB, XXV, 7 (juil. 75), 5, texte.

Minsos, A.O.
Edmonton
H0127 (Foyer pour vieillards)
CB, XX, 10 (oct. 70), 43, ill.

Morin, Guy-E.
Ste-Rose
H0128 Manoir Marc-Aurèle Fortin
BAT, LIII, 5 (mai 78), 14, 16 et 19-21, texte & ill.

Morin, Jacques-M.
Montréal
H0129 L'Aide aux Vieux Couples: Foyer Biermans
ABC, XI, 124 (août 56), 37-39, texte & ill.

Murphy, Ronald E.
London
H0130 McCormick Home for Aged
TCA, XII, 4 (avril 67), 73-74, texte & ill.

Page & Steele
Toronto
H0131 Homes for the Aged
RAIC, XXXII, 10 (oct. 55), 371, ill.

Parkin, John B.(Ass.)
Oshawa
H0132 Hillsdale Manor Home for the Aged
RAIC, XXXIX, 8 (août 62), 45-46, texte & ill.

Peace Arch Enterprises Ltd
White Rock (C.-B.)
H0133 (dév. résidentiel pour gens retraités)
CB, XV, 12 (déc. 65), 8, ill.

Pratt, Lindgren and Associates
St-Vital (Man.)
H0134 (foyer pour personnes âgées)
CB, XIII, 5 (mai 63), 57, texte & ill.
The Pas (Man.)
H0135 (foyer pour personnes âgées)
CB, XIII, 5 (mai 63), 57, texte & ill.
Virden (Man.)
H0136 (foyer pour personnes âgées)
CB, XIII, 5 (mai 63), 57-81, texte & ill.

Pratt, Lindgren, Snider, Tomcej and Ass.
Shoal Lake (Man.)
H0137 "Main Street" (vieillards)
CB, XV, 6 (juin 65), 43, texte & ill.

Reid, William A.
Winnipeg
H0138 Solar Housing for the Elderly, Point Douglas
TCA, XXIII, 10 (oct. 78), 33, texte & ill.

Roscoe, Stanley M.
Hamilton
H0139 Macassa Lodge, Home for the Aged
RAIC, XXX, 9 (sept. 53), 256, ill.
RAIC, XXXIV, 8 (août 57), 312-314, texte & ill.

Sharp, Berwick, Pratt; Charles E. Craig
Victoria
H0140 Village Kiwanis (maisons en rangées pour vieillards)
BAT, XXXI, 3 (mars 56), 42-43, texte & ill.

Sievenpiper Architect
Scarborough
H0141 The Wexford Senior Citizens Residence
TCA, XXV, 2 (fév. 80), 4 et 6, texte & ill.
Toronto
H0142 Chester Village, home for the elderly
TCA, XIX, 11 (nov. 74), 4, texte & ill.
TCA, XX, 2 (fév. 75), 45-48, texte & ill.
TCA, XXII, 3 (mars 77), 4-5, texte & ill.

Stock, Ramsay & Ass.
Melford (Saskatchewan)
H0143 Saskatchewan Nursing Home
RAIC, XXXII, 7 (juil. 55), 258, ill.
Régina
H0144 Saskatchewan Geriatric Centre
RAIC, XXXIX, 8 (août 62), 38-39, texte & ill.

Tanner/Kay
Surrey
H0145 Sussex House (pour vieillards)
TCA, XIX, 4 (avril 74), 42, texte & ill.

University of Manitoba
Winnipeg
H0146 (housing for the aged)
RAIC, XXXVI, 3 (mars 59), 77, texte & ill.

Vandal, R.
Édifice de lieu inconnu
H0147 (projet d'étude pour maison de vieillards)
RAIC, XXII, 4 (avril 45), 83, texte & ill.

Venchiarutti, Leo E.
Toronto
H0148 St. Hilda's Towers (pour vieillards)
CB, XXVII, 5 (mai 77), 47, texte & ill.
CB, XXX, 2 (fév. 80), 7, texte & ill.

Wade, Stockdill & Armour
Victoria
H0149 The salvation army Matson Lodge (Home for the Aged)
RAIC, XXXIX, 8 (août 62), 35-37, texte & ill.

Waisman, Ross & Associates
Winnipeg
H0150   Central Park Lodge (foyer pour retraités)
        CB, XIII, 8 (août 63), 3, texte & ill.

Wallace & Bywater
North Bay
H0151   (tour de 11 étages pour vieillards)
        CB, XXIII, 10 (oct. 73), 32, texte.

Wiegand, M. Paul
Deseronto (Ont.)
H0152   Deseronto Senior Citizens Building
        TCA, XXIII, 9 (sept. 78), 34-37, texte & ill.

Willis, Cunliffe, Tait & Co.
Victoria
H0153   Rose Manor Residence for Senior Ladies
        CB, XXII, 4 (avril 72), 8, texte.

Yamasaki, George; Fliess, Henry
H0154   Voir Fliess, Henry; Yamasaki, George

Yamasaki & Ridpath; Fliess, Henry
H0155   Voir Fliess, Henry; Yamasaki & Ridpath

Habitation subventionnée
Subsidized Housing

"$45 mil. plan for public housing need"
CB, XV, 7 (juil. 65), 5

"464 nouveaux logements subventionnés"
BAT, LIV, 2 (fév. 79), 5

"$6.5 millions pour des projets subventionnés"
BAT, LIV, 4 (avril 79), 30

"1 100 nouveaux HLM à Montréal"
BAT, LII, 8 (août 77), 8

"Builder — proposals asked by OHC for 1300 units"
CB, XIX, 8 (août 69), 7

"CMHC loans $13 million for Ontario low-rental units"
CB, XVIII, 4 (avril 68), 5

"Eight centres get $48.7 million loans for low-rent housing"
CB, XXV, 2 (fév. 75), 6

"En Nouvelle-Écosse l'habitation publique n'est pas précisément un succès ..."
BAT, XLIV, 5 (mai 69), 8, texte.

"Here are details of a new plan for public housing" (Pour l'Ontario)
CB, XIV, 9 (sept. 64), 5 et 66

"La gestion des appartements à loyers modiques"
BAT, XLIX, 5 (mai 74), 39, texte.

"Le Fédéral subventionne la construction de 210 logements au Manitoba"
BAT, L, 9 (sept. 75), 7, texte.

"Le service de l'habitation ouvrière inc." (coopérative d'habitation à Drummondville)
BAT, XXVII (sept. 52), 16-19

"Les premiers effets du programme fédéral de logement à coût modique"
BAT, XLV, 10 (oct. 70), 11-13, texte & ill.

"L'habitation socialement intégrée" (projet d'habitation pour ménages à revenus mixtes)
AC, 30, 332 (nov.-déc. 75), 7

"Loger les économiquement faibles... d'accord! mais pas dans des 'ghettos pour pauvres'"
BAT, XLIII, 2 (fév. 68), 14-16, texte & ill.

"Low income housing innovations still favour traditional building methods"
CB, XX, 8 (août 70), 6

"Low rental loans for $5 million" (En Ontario)
CB, XVI, 1 (jan. 66), 8

"Manitoba discusses public housing"
ARCAN, L (fév. 73), 8

"Metro Toronto seeks 4,500 low-rent units"
CB, XV, 2 (fév. 65), 7

"M. Hellyer se méfie des grands ensembles"
BAT, XLIV, 4 (avril 69), 30, texte.

"Montréal 1972-73: Programme général de construction de logements à loyer modique"
BAT, XLVII, 9 (sept. 72), 6, texte.

"Montréal: la SHQ approuve la construction de 677 logements à loyer modique"
BAT, XLVI, 5 (mai 71), 11, texte.

"NHA loans for Ontario low-rentals"
CB, XV, 11 (nov. 65), 7

"No Houses for Low-Income"
CB, IV, 5 (mai 54), 71, texte.

"OHC calls for seven developer-proposals"
CB, XIX, 4 (avril 69), 55

"OHC calls proposals on projects in five Ontario cities"
CB, XXI, 8 (août 71), 5

"Pour les logements publics"
AC, XXXV, 352 (mai-juin 79), 6-7

"Private builders get a new deal in Ontario's public housing plans"
CB, XIV, 9 (sept. 64), 5

"Public Housing, A developer defends the role of the private homebuilder"
CB, XVI, 12 (déc. 66), 7

"Public Housing costs shock Vancouver"
CB, XV, 4 (avril 65), 86

"Public Housing, problems-rising costs, growing need"
CB, XV, 11 (nov. 65), 60

"Quebec Housing Corporation — a new plan to help low-income families"
CB, XVIII, 4 (avril 68), 52

"Senior citizens, low income families getting new homes all across Ontario"
CB, XIX, 5 (mai 69), 8

"Some $8.5 million for public housing"
CB, XVI, 5 (mai 66), 5

"Subsidized Housing" (in Metropolitan Toronto)
CB, III, 8 (août 53), 45, texte.

"Subsidized housing draws lively exchange from builder and head of public program"
CB, XVI, 1 (jan. 66), 31-32

"The drive for more public housing"
CB, XIV, 10 (oct. 64), 9

"TMHBA to Build Low Rental Housing Unit"
CB, III, 10 (oct. 53), 50 et 52, texte.

"Un consortium d'étude canadien prouve la viabilité de la construction intégrée dans les logements à coût modique"
BAT, XLVI, 3 (mars 71), 12-13, texte & ill.

"Vancouver, Montreal plan low-rent homes"
NB, VIII, 7 (juil. 59), 27, texte.

Adams, Joan
"A tenant looks at public housing"
TCA, XV, 1 (jan. 70), 26-34

Arbec, Jules
"Les HLM? Oui, mais ..."
AC, 30, 327 (jan.-fév. 75), 21-23

Basil, L.
"Logements à coût modique ... et distractions de luxe"
BAT, XLVI, 8 (août 71), 13, texte & ill.

Bourbeau, Armand E.
"Impressions d'Europe: les logements ouvriers"
ABC, VI, 67 (nov. 51), 13-17, texte & ill.

Bourbeau, Armand E.; Grondin, Jean
"Considérations sur l'habitation à bon marché"
ABC, X, 108 (avril 55), 29-31, texte & ill.

Fowke, Clifford
"Why homebuilders should co-operate in the growing public housing program"
CB, XV, 12 (déc. 65), 17-19 et 52

Gazaille, Gérard
"Les 10 000 HLM de Montréal: la ville devra suivre les règles habituelles du marché"
BAT, LIV, 8 (août 79), 21 et 24-27

Gratton, Valmore
"La société juste et le logement"
BAT, XLVI, 8 (août 71), 11 et 33, texte & ill.

Hallman, Lyle S.
"Thoughts on Subsidized Housing"
NB, II, 9 (sept. 53), 6, texte.

Hamiaux, Valérie
"Éléments de structuration de la production massive d'habitations à bon marché"
AC, 26, 296 (juil.-août 71), 22-25

Mansur, David B.
"Public housing projects should be limited in size"
CB, IX, 6 (juin 59), 31

Miron, Isaac
"La maison réversible: solution au problème de l'habitation à prix modique et base d'un urbanisme rationel pour grand projets"
BAT, XL, 3 (mars 65), 22-24, texte & ill.

Suters, H.W.
"Here are the standards you must meet to win public housing contracts"
CB, XIV, 12 (déc. 64), 36-37, et 40

Wilson, C. Don
"A change in approach for low-income subsidy housing"
CB, XXII, 6 (juin 72), 42

Anonyme/Anonymous
Alma
H1001   (3 immeubles à loyers modiques)
        BAT, XLVI, 11 (nov. 71), 5, texte.
Ville d'Anjou
H1002   Terrasse Châtelaine d'Anjou
        BAT, XLVI, 9 (sept. 71), 26-27 et 35-36, texte & ill.
Dakota (Ont.)
H1003   St. Helen's public housing
        CB, XVII, 8 (août 67), 7, texte.
Halifax
H1004   (low rental housing of 209 units)
        CB, XI, 1 (jan. 61), 81, texte.
Hamilton
H1005   (105 houses for low income families)
        CB, VIII, 8 (août 58), 54, texte.
Hull
H1006   (3 immeubles de huit à dix étages)
        BAT, XLVIII, 12 (déc. 73), 5, texte.
H1007   (40 logements)
        BAT, LIII, 3 (mars 78), 5, texte.
Mont-Laurier
H1008   (24 unités de logement)
        BAT, LII, 3 (mars 77), 5, texte.
Montréal
H1009   Habitations Dollier-de-Casson
        BAT, XLVIII, 6 (juin 73), 3, texte.
H1010   Place Frontenac
        CB, XXI, 2 (fév. 71), 52, texte.
H1011   Projet Quesnel-Coursol (Petite Bourgogne)
        ARCAN, 47 (25 mai 70), 10
Ottawa
H1012
        CB, XV, 12 (déc. 65), 7, texte.
St-Hilaire
H1013   66 logis modiques
        BAT, XLVIII, 2 (fév. 73), 5, texte.
St-John's (T.-N.)
H1014   (projet d'habitation pour 140 familles)
        ABC, VI, 57 (jan. 51), 21, texte.
H1015   (Low rental housing project)
        RAIC, XXX, 5 (mai 53), 77, texte & ill.
H1016   (210-unit project)
        CB, XV, 12 (déc. 65), 7, texte.
Saint-Raymond
H1017   (20 unités de logement)
        BAT, LII, 2 (fév. 77), 6, texte.

	Sault Ste-Marie
H1018	(40 low-rental units) CB, XVI, 3 (mars 66), 7, texte.
	Slave Lake (Alberta)
H1019	(8 acres of public housing) CB, XVIII, 3 (mars 68), 8, texte.
	Toronto
H1020	Moss Park CB, IX, 8 (août 59), 94, texte. CB, X, 6 (juin 60), 18, texte. NB, VIII, 7 (juil. 59), 30, texte.
	Val d'Or
H1021	Appartements Versailles BAT, XLVI, 9 (sept. 71), 8, texte.
	Vancouver
H1022	(1500 unités d'habitation) CB, XVII, 3 (mars 67), 10, texte.
	North York
H1023	(236 units of public housing) CB, XVI, 3 (mars 66), 7, texte.

Arcop Associés

Montréal
H1024   Lenoir et Saint-Henri
AC, 26, 296 (juil.-août 71), 36-39, texte & ill.

Bélanger et Tremblay

Québec
H1025   Place Bardy: bâtiment type B
BAT, XLIV, 12 (déc. 69), 19-21, texte & ill.

Colangelo, Patsy; Soudre & Latte
H1026   Voir Soudre & Latte; Colangelo, Patsy

Frappier, Tétreault
Montréal
H1027   Plateau Mont-Royal
AC, 26, 296 (juil.-août 71), 31-35, texte & ill.

Greenspoon, Freedlander & Dunne; Morin, Jacques
Montréal
H1028   Projet Jeanne-Mance
RAIC, XXXV, 9 (sept. 58), 351-352
ABC, XVI, 179 (mars 61), 51, texte.
ABC, XVI, 186 (oct. 61), 54-55, texte & ill.
CB, X, 7 (juil. 60), 19
CB, X, 10 (oct. 60), 21, ill.
CB, XVI, 7 (juil. 66), 31, texte & ill.
BAT, XXIX, 10 (oct. 54), 18
BAT, XLI, 6 (juin 65), 31-38, texte & ill.
NB, VI, 11 (nov. 57), 29, texte.

Grossman, Irving
North York
H1029   Edgeley-in-the-Village
CB, XXI, 3 (mars 71), 40, texte & ill.
ARCAN, 45, 1 (jan. 68), 49, ill.
TCA, XVI, 8 (août 71), 30-39, texte & ill.

Hoare, E.J.; Page & Steele
Toronto
H1030   Regent Park
TCA, I, 9 (sept. 56), 46-48, texte & ill.
TCA, II, 2 (fév. 57), 20-22, texte & ill.
TCA, IV, 9 (sept. 59), 62-73, texte & ill.
TCA, VI, 11 (nov. 61), 6, ill.
TCA, XIV, 11 (nov. 69), 36-37, ill.
RAIC, XXX, 5 (mai 53), 77, texte & ill.
RAIC, XXXIV, 4 (avril 57), 122-127, texte & ill.
RAIC, XXXVIII, 11 (nov. 61), 67, ill.
ABC, VI, 57 (jan. 51), 20, texte.
BAT, IX, 12 (déc. 61), 13-14, texte & ill.
CB, VIII, 10 (oct. 58), 73
CB, IX, 4 (avril 59), 80, texte.
CB, XI, 12 (déc. 61), 38-39 et 42, texte & ill.
NB, II, 3 (mars 53), 3, texte.

Jodoin, Lamarre, Pratte
Montréal
H1031   Parc Richmond
AC, 26, 296 (juil.-août 71), 26-30, texte & ill.

Joyal, L.
Vancouver
H1032   McLean Park Project
RAIC, XXXVIII, 3 (mars 61), 43 et 52, ill.

Klein & Sears; Webb, Zerafa & Menkes; Markson, Jerome
H1033   Voir Webb, Zerafa & Menkes; Markson, Jerome; Klein & Sears

Laroche, Ritchot, Déry et Robitaille
Québec
H1034   Place Bardy: bâtiments types C et D
BAT, XLIV, 12 (déc. 69), 19-21, texte & ill.

Leblond, Robert
Montréal
H1035   L'habitation sociale dans le secteur central-est de Mtl (projet d'étudiant)
ABC, XXIII, 266 (juil.-août 68), 30-32, texte & ill.

Long, J.W.(Ass.)
Calgary
H1036   (Habitation subventionnée pour 1,200 familles)
ARCAN, 48 (5 avril 71), 3

Longpré, Marchand, Goudreau, Dobush, Stewart, Bourke
Montréal
H1037   Domaine St-Sulpice
AC, 25, 288 (oct. 70), 37-38, texte & ill.

Maclennan, Ian
Halifax
H1038   Mulgrave Park
RAIC, XXXVI, 1 (jan. 59), 18-21, texte & ill.
RAIC, XXXIX, 10 (oct. 62), 67-70, texte & ill.
Vancouver
H1039   Mclean Park Street and Skeena Street
RAIC, XXXVII, 8 (août 60), 329-337, texte & ill.
RAIC, XXXVIII, 3 (mars 61), 43 et 52, ill.
CB, XVI, 7 (juil. 66), 32-33, texte & ill.
CB, XVII, 12 (déc. 67), 38, texte & ill.
H1040   Skeena Park
CB, XIII, 6 (juin 63), 42-44, texte & ill.

Maclennan, Ian; Schreier, Walter E.
Ottawa
H1041   Federal-Provincial Housing Project
TCA, X, 8 (août 65), 39-42, texte & ill.
Sarnia
H1042   NB, IX, 12 (déc. 60), 15, texte & ill.
Windsor
H1043   NB, IX, 12 (déc. 60), 15, texte & ill.

Markson, Jerome; Webb, Zerafa & Menkes; Klein & Sears
H1044   Voir Webb, Zerafa & Menkes; Markson, Jerome; Klein & Sears

Morin, Jacques; Greenspoon, Freedlander & Dunne
H1045   Voir Greenspoon, Freedlander & Dunne; Morin, Jacques

Ouellet, Jean
Montréal
H1046   Ilots St-Martin (La Petite Bourgogne)
ARCAN, 47 (12 oct. 70), 16, texte & ill.
BAT, XLV, 12 (déc. 70), 12, ill.
(Voir aussi la rubrique *Conservation architecturale*)

Page & Steele; Hoare, E.J.
H1047   Voir Hoare, E.J.; Page & Steele

Pollowy, G.
Vancouver
H1048   Mclean Park Project
RAIC, XXXVIII, 3 (mars 61), 43 et 52, ill.

Rhone and Iredale
Vancouver
H1049   Federal Provincial Housing Project no. 7
ARCAN, 44, 1 (jan. 67), 40, ill.
ARCAN, 45, 1 (jan. 68), 47, ill.
TCA, XIII, 3 (mars 68), 9, texte & ill.

Safdie, M.
Vancouver
H1050   Mclean Park Project
RAIC, XXXVIII, 3 (mars 61), 43 et 52, ill.

SCHL
Ottawa
H1051   (18 unités)
BAT, XL, 9 (sept. 65), 66

Schmidt, J.M. (Ass.)
Richmond
H1052   Low Cost Housing Development
ARCAN, XLVI, 1 (jan. 69), 48, ill.

Schreier, Walter E.; Maclennan, Ian
H1053   Voir Maclennan, Ian; Shreier, Walter E.

Somerville, McMurrich & Oxley
Toronto
H1054   Moss Park Redevelopment
RAIC, XL, 1 (jan. 63), 31, ill.

Soudre & Latte; Colangelo, Patsy
Val-Martin
H1055   Quartier d'habitations à loyer modique
ABC, XII, 132 (avril 57), 48-51, texte & ill.

Starkman, Maxwell
Édifice de lieu inconnu
H1056   (a low-cost slum clearance apartment) projet
RAIC, XXVIII, 3 (mars 51), 54-55, texte & ill.

Tampold & Wells
Toronto
H1057   (455 unit low rental housing)
CB, XVI, 12 (déc. 66), 7, texte.

Tessier et Corriveau
Québec
H1058   Place Bardy: bâtiment type A
BAT, XLIV, 12 (déc. 69), 19-21, texte & ill.

Tilbe, Alfred
Édifice de lieu inconnu
H1059   (Low Rental Housing Project)
RAIC, XXIX, 5 (mai 52), 142, ill.

Webb, Zerafa & Menkes; Markson, Jerome; Klein & Sears
Toronto
H1060   Alexandra Park
ABC, XXII, 252 (avril 67), 26, texte & ill.
ARCAN, 44, 1 (jan. 67), 41, texte & ill.
ARCAN, 47 (13 avril 70), 1, texte & ill.
TCA, XI, 7 (juil. 66), 48-50, texte & ill.
TCA, XIV, 9 (sept. 69), 54-70, texte & ill.
TCA, XIV, 11 (nov. 69), 45, ill.
TCA, XVII, 9 (sept. 72), 7, texte & ill.
TCA, XXV, 11 (nov. 80), 34, texte & ill.
CB, XVII, 12 (déc. 67), 30, texte & ill.

Immeubles d'appartements
Apartment Buildings

"A 25-year apartment boom seen for Toronto by Metro planners"
CB, XVI, 12 (déc. 66), 5

Abel, Joseph H. et Fred N. Severud, *Apartment Houses*, Reinhold Publishing Corporation, New-York, 1947
BAT, XXVI, 10 (oct. 51), 55

"Another housebuilder moves in to the apartment field"
CB, XV, 6 (juin 65), 69

"Apartment building pace still brisk"
NB, VIII, 1 (jan. 59), 3

"Apartment building studies promise pointers in design and techniques"
CB, XVI, 7 (juil. 66), 8

"Apartment building surges in Maritime provinces"
CB, XV, 6 (juin 65), 66

"Apartment-living up for older age group"
CB, XV, 12 (déc. 65), 6

"Apartment starts up as Ontario builders aim for record in buoyant market"
CB, XV, 6 (juin 65), 60-61

"Apartments"
CB, XV, 6 (juin 65), 68

"Apartments a Canadian Builder feature report"
CB, XVII, 6 (juin 67), 71-78

"Apartments boom in metropolitan centres"
CB, XIV, 12 (déc. 64), 47

"Apartments show gains"
CB, XVI, 2 (fév. 66), 10

"Appartements: le climat d'incertitude et la montée des coûts entraînent l'abandon de certains projets"
BAT, LII, 5 (mai 77), 11-13, texte & ill.

"Appartements: une pénurie très sérieuse"
BAT, XLIX, 6 (juin 74), 21-22, texte & ill.

"Burgeoning demand heralds apartment building revival in major urban markets"
CB, XXIII, 9 (sept. 73), 40

"Burning problem for apartment developers".
CB, XVI, 6 (juin 66), 9

"Canadian Building feature report, Apartments Housing's Dream or Nightmare?".
CB, XIX, 6 (juin 69), 43-54

"Climatisation des maisons d'appartements"
BAT, XXXII, 6 (juin 57), 42-43, , texte & ill.

"CMHC seen forcing rural apartments"
NB, X, 3 (mars 61), 52

"Comment analyser la rentabilité d'un immeuble à appartements"
BAT, XLV, 2 (fév. 70), 25-29, tableaux

"Comment analyser les coûts de construction et les résultats d'exploitation des édifices à appartements"
BAT, XLIII, 5 (mai 68), 42-47, texte, tableaux.

"Conjoncture dans l'habitation: Secteur locatif une lueur de reprise — Immeubles construits récemment à Québec"
BAT, LV, 4 (mai 80), 16-17, texte & ill.

"Contented tenants through soundproof apartment buildings"
CB, XI, 5 (mai 61), 42-43

"Design pays off in apartment market"
CB, XI, 2 (fév. 61), 24-28

"Despite the costs, high-rise building is Toronto's busiest industry".
CB, XVIII, 6 (juin 68), 46-47 et 60

"Enquête plus poussée de la SCHL sur les conciergeries"
BAT, L, 7 (juil. 75), 26, texte.

"Entrevue — Appartements: ... la solution, laisser les coudées franches aux constructeurs..."
BAT, LI, 5 (mai 76), 19-21, texte & ill.

"Has Apartment Building A Future?"
NB, IV, 3 (mars 55), 14 et 38-39, texte.

"High-rent apartment glut is seen for Toronto core"
CB, XVII, 8 (août 67), 6

"Home trends suggest more apartments".
CB, XV, 1 (jan. 65), 11

"Housing in Canada, High-rise Living: Fact and Fiction"
TCA, XIX, 4 (avril 74), 47-50

"In buyer's market: Quality apartments good investment"
CB, XI, 2 (fév. 60), 21

"L'accroissement de la densité de logements exige des aires de jeux"
BAT, LV, 5 (juin 80), 25, texte.

"La demande d'appartements atteint un sommet en mars"
BAT, XLVIII, 6 (juin 73), 6, texte.

"La précontrainte et les appartements"
BAT, XL, 9 (sept. 65), 46-50

"Le chauffage électrique dans les immeubles d'appartements"
BAT, XLI, 3 (mars 66), 36-38

"Le dernier sondage des appartements vacants"
BAT, LIII, 6 (juin 78), 12, texte, tableaux.

"Le nombre d'appartements libres augmente"
BAT, LII, 7 (juil. 77), 6, texte.

"Le nombre de logements vacants augmente"
BAT, LIII, 1 (jan. 78), 5, texte.

"Les blocs appartements de la Sté. de Construction Brandon Inc. se vendent comme des pains chauds..."
BAT, XLIII, 6 (juin 68), 35-37 et 42, texte & ill.

"Les logements se font de plus en plus rares"
BAT, L, 3 (mars 75), 25, texte.

"Les taux de logements vacants sont assez bas dans la province"
BAT, LV, 6 (juil.-août 80), 8, texte, tableau.

"Méthode accélérant la construction des maisons d'appartements" (Aluma Building Systems Inc.)
BAT, XLVII, 6 (juin 72), 11, texte & ill.

"Montreal leads big cities in new apartment volume".
CB, XV, 6 (juin 65), 62-63

"Montreal may now have higher apartments"
CB, XIII, 8 (août 63), 10

"Nouveau système de construction pour maisons d'appartements"
BAT, XLV, 3 (mars 70), 26-28, texte & ill.

"Our chaotic by-laws: Prejudice first safety second in this Prairie apartment building".
CB, XV, 3 (mars 65), 46-48

Plans dessinés et vendus en série par Bell Drafting & Reproduction Ltd, Whitby, Ontario.
BAT, XLVII, 6 (juin 72), couv., 5, texte, illustr.

"Pour la première fois au Québec, emploi de formes coulissantes dans la construction de maisons d'appartements"
BAT, XLVII, 5 (mai 72), 22

"Projects hum for Paragon in the West as it spreads into Toronto and Montreal"
CB, XXII, 6 (juin 72), 23

"Psychiatrist says highrise living is driving people crazy"
CB, XXIII, 7 (juil. 73), 5

"Résultats d'un sondage sur les appartements vacants"
BAT, XLVII, 9 (sept. 72), 5, texte.

"Sondage sur les appartements vacants"
BAT, XLVI, 11 (nov. 71), 7, texte.

"Sondage sur les appartements vacants"
BAT, XLVIII, 3 (mars 73), 6, texte.

"Survey '72, Apartment Building".
CB, XXII, 6 (juin 72), 12-14 et 18-20 et 23-25 et 48

"Taking a tip from ancient Babylonians, B.C. developers use loadbearing masonry to cut costs of apartment construction"
CB, XXII, 11 (nov. 72), 129-130

"Taux de logements vacants à la baisse"
BAT, LI, 8 (août 76), 8, texte.

"Taux de vacance des appartements"
BAT, XLIX, 9 (sept. 74), 18, texte.

"Tendances '65: Appartements"
BAT, XL, 6 (juin 65), 27-38, texte & ill.

"Tendances '66: appartements"
BAT, XLI, 6 (juin 66), 27-38, texte & ill.

"Tendances '68: appartements"
BAT, XLIII, 6 (juin 68), 21-25, texte & ill.

"Tendances '69: Appartements"
BAT, XLIV, 6 (juin 69), 35-42 et 48, texte & ill.

"Tendances '70: appartements"
BAT, XLV, 6 (juin 70), 25-28, texte & ill.

"Tendances 1971: appartements"
BAT, XLVI, 6 (juin 71), 11-12, texte & ill.

"Teron starts his revolution — against high-rise developers"
CB, XXIII, 8 (août 73), 6

"The apartments surge — How long and what kind?"
CB, XXVI, 5 (mai 76), 13-16

"The press — current quotes". (Les édifices à appartements et les suites, les cuisines, etc.)
TCA, I, 2 (jan.-fév. 56), 52

"Toronto apartment crisis may force rents sky-high"
CB, XXIV, 4 (avril 74), 36

"Toronto takes to apartments"
CB, II, 8 (août 52), 37 et 39, texte.

"Trend to more multi-family homes brings housebuilders back to school".
CB, XVIII, 10 (oct. 68), 53-55

"Trends in apartments"
CB, XXI, 6 (juin 71), 23-24 et 26-27 et 29

"Une nouvelle philosophie de l'aménagement dans les appartements"
BAT, XLIV, 6 (juin 69), 32-34, texte & ill.

"Vancouver learns lesson of apartment over-supply after spectacular splurge"
CB, XV, 6 (juin 65), 64-65

"Why you should match the new trends in apartment building"
NB, IX, 8 (août 60), 17-19

"Wide variations in apartment vacancies".
ARCAN, L (mars-avril 73), 9

Bergman, Eric

"Swing to multi-family dwellings"
CB, XXVII, 5 (mai 77), 66

Berman, J.

"Apartment Land Appraisal".
RAIC, XXXVIII, 10 (oct. 61), 72

Buchinger, Margaret

"High-Rise Habitat: A Matter of People".
TCA, X, 3 (mars 65), 41 et 46-50

Burgess, Cecil S.

"Alberta" (une solution au problème de l'habitation: les immeubles à appartements)
RAIC, XIX, 1 (jan. 42), 13

Choueke, E.

"Appartements et condominiums: des projets intéressants à Montréal, mais la demande reste languissante".
BAT, LIII, 5 (mai 78), 14, 16 et 30, texte & ill.

Choueke, Esmond

"Three builders bet on future growth in a slow Montreal apartment market"
CB, XXVIII, 5 (mai 78), 24

Clayton, Frank A.; Goodman, Eileen

"Survey '73, Apartments"
CB, XXIII, 6 (juin 73), 23-25 et 27 et 33 et 38

Curtis, Tim

"Demand eases slightly in Vancouver as apartment building volume doubles".
CB, XVIII, 6 (juin 68), 51-52

Curtis, Tim et al.

"Apartments, A Canadian Builder Feature Report".
CB, XVIII, 6 (juin 68), 45-52 et 60

Delean, Lucien

Apartments and Dormitories, F.W. Dodge Corp, Architectural Record Book, sans lieu, 1958.
RAIC, XXXVI, 9 (sept. 59), 329

Diamond, Jack

Safdie, Moshe, *For everyone a garden*, Judith Wolin, MIT Press, Cambridge, 1974.
TCA, XIX, 11 (nov. 74), 6-7

Forrest, Bob

"The high-rise Information Centre"
CB, XXVIII, 6 (juin 78), 38

Fowke, Clifford

"Survey '66, Apartments".
CB, XVI, 6 (juin 66), 53-68

"Trends '65, Vacancies grow but fail to slow down apartment building".
CB, XV, 6 (juin 65), 53-55

"Trend is to higher apartment buildings and more landscaping"
CB, XIV, 5 (mai 64), 23

"Watch the trend in apartment building"
NB, VII, 10 (oct. 58), 7 et 9

"We are now entering a new era in concepts of apartment building"
CB, XXI, 6 (juin 71), 66

"Why the trend is to more amenities, greater facilities for apartment units".
CB, XIV, 2 (fév. 64), 26-27

Fowke, Clifford et al.

"Survey '70: Apartments"
CB, XX, 6 (juin 70), 43-51

Goodman, Eileen
"La tour d'habitation est au sommet des tendances"
BAT, XLVII, 6 (juin 72), 30-31, texte & ill.

Jansen, Doug
"Rising costs, labor strife, condominia competition curb plans for apartments by Vancouver's developers".
CB, XXII, 6 (juin 72), 19-20

Jansen, Doug
"Winnipeg plans new legislation for higher densities in apartments".
CB, XVIII, 6 (juin 68), 49-51

Johnson, Fred D.
"Satisfy these demands and your apartments will still rent easily"
CB, XIV, 2 (fév. 64), 28-29

Johnson, S. Eric
"Apartment construction and management were topics at Washington convention"
CB, XX, 11 (nov. 70), 83 et 92

Klein, Jack
Becker, Franklin D. *Design for living: the Residents' View of Multi-Family Housing*, Center for Urban Development Research, Cornell University Press, New-York, 1974.
TCA, XX, 1 (jan. 75), 5-7

"High-Rise Habitat: Changing Patterns".
TCA, X, 4 (avril 65), 49-51

Konferti, Marsel A.
"Avantages économiques du chauffage électrique dans les grands immeubles d'appartements".
ABC, XXII, 249 (jan. 67), 31-33, texte & tableaux.

Kurtz, A.
"Apartments now showing strong trend to quality in design, construction".
CB, XV, 10 (oct. 65), 66-67

Lazarus, Charles
"Survey '74, the problem-plagued apartment market"
CB, XXIV, 6 (juin 74), 13-15 et 18 et 20 et 22 et 24 et 42

Lehrman, Jonas
"Letters"
TCA, X, 6 (juin 65), 13 et 88

Lurz, William
"On Site" (quelques projets d'édifices à appartements de la Manufacturers Life Insurance Co à Toronto)
CB, XXII, 8 (août 72), 44, texte.

Mayotte, E.L.
"Multi-family housing — For you and me it's important".
CB, XVIII, 9 (sept. 68), 52

Pressman, Norman
Safdie, Moshe, *Beyond Habitat*, Tundra Books of Montréal, [s.l.], 1970.
TCA, XV, 12 (déc. 70), 6-7

Roberts, Horace
"Flat and Apartment Building".
RAIC, XVII, 11 (nov. 40), 189-193

Roger, Robin
"Rent controls curb apartments building — ARP boost needed to renew activity".
CB, XXVII, 5 (mai 77), 43 et 45

Rose, Albert
"High-Rise Habitat: The Great Controversy".
TCA, X, 3 (mars 65), 41-45

Saalheimer, Harriet
"After Expo'67, Montreal has swung into an apartment building spree".
CB, XVIII, 6 (juin 68), 48-49

Safdie, Moshe
"A Garden for Everyone" (Réponse de Safdie concernant la critique de son livre *For Everyone a Garden* par J. Diamond).
TCA, XX, 2 (fév. 75), 59 et 61-62

Saint-Pierre, Paul
"On vit de plus en plus en appartement"
BAT, XLVIII, 6 (juin 73), 17 et 27

Schlaepfer, Matthias
"... A brilliant Solution?" (concernant la critique de J. Diamond sur le livre de Safdie, *For Everyone a garden*)
TCA, XX, 2 (fév. 75), 62 et 64

Schoenauer, N.
Schmitt, Karl Wilhelm. *Multistory Housing*, Burns and MacEachern, Don Mills, 1966.
ARCAN, 44, 12 (déc. 67), 30

Scurfield, Ralph T.
"Canadian — U.S. builders swap ideas on apartments".
CB, XIX, 7 (juil. 69), 46

Shipp, Harold G.
"Problems in apartment building? Here's a chance to find solutions".
CB, XXI, 8 (août 71), 29

Smith, John Caulfield
"Économie dans la construction d'appartements grâce à une nouvelle méthode de construction"
BAT, XL, 8 (août 65), 39-41, texte & ill.

Webb, Peter
"Apartment slabs: Penny-pinching owners are sacrificing design for economy".
CB, XVIII, 2 (fév. 68), 28-29

Wilson, C. Don
"Apartment Council plans June Vancouver Seminar".
CB, XXII, 5 (mai 72), 16

Zeidler, Eberhard H.
Safdie, Moshe. *Beyond Habitat*. Tundra Books, Montréal, 1970.
ARCAN, 48 (1 fév. 71), 2-3

Anonyme/Anonymous

Édifice de lieu inconnu
H2001 (quadruplex)
BAT, XLVII, 2 (fév. 72), 13, ill.
H2002 Cawthra Square Project (tour de 28 étages)
CB, XVIII, 9 (sept. 68), 62, texte.
H2003 Embassy Terrace
BAT, XL, 6 (juin 65), 31 et 33, ill.
H2004 Knoll
BAT, XLV, 9 (sept. 70), 28, ill.
H2005 Riverside Court
BAT, XL, 7 (juil. 65), 35-36, texte & ill.
H2006 Les Terrasses Cavendish
BAT, LIII, 5 (mai 78), 16, texte.
H2007 Westbrooke Apartments
BAT, XL, 6 (juin 65), 33, ill.

Ahuntsic
H2008 3200 Gouin Est.
BAT, XLV, 6 (juin 70), 33-34, texte & ill.
H2009 (Maisons à plusieurs logements)
ABC, IV, 35 (mars 49), 16 et 18, ill.

Baie de James
H2010
CB, XXVII, 8 (août 77), 8, texte.

Barrie
H2011 (108 condo-apartments)
CB, XXVII, 2 (fév. 77), 5, texte & ill.

Boisbriand
H2012 Châtelet Mille-Iles
BAT, LII, 2 (fév. 77), 9, texte & ill.

Boucherville
H2013 L'Ancre Bleue, phase 1
BAT, LI, 6 (juin 76), 28, texte.

Brampton
H2014 MacKenzie Tower
CB, XXIV, 1 (jan. 74), 34, texte.
H2015 The Parkside
CB, XIV, 3 (mars 64), 55, texte & ill.

Burnaby
H2016 Village Holdings
CB, XXIII, 6 (juin 73), 33 et 38, texte.

Calgary
H2017
CB, XIX, 6 (juin 69), 54, ill.
H2018 (Immeuble de 9 étages, 1st Ave S.W.)
CB, XXIII, 6 (juin 73), 64, texte.
H2019 (Immeuble de 8 étages, 10th St. & 3r Ave. N.W.)
CB, XXIII, 6 (juin 73), 64, texte.
H2020 (Immeuble de 158 appartements, 12th Ave. & 2nd St. S.W.)
CB, XXIII, 6 (juin 73), 64, texte.
H2021 (2 tours jumelles de 24 étages, 9th Ave.)
CB, XXI, 6 (juin 71), 5, texte.
H2022 Hays Farm
CB, XXII, 6 (juin 72), 23, texte & ill.
H2023 Hull Estates
CB, XXII, 6 (juin 72), 23, texte & ill.
CB, XXIII, 7 (juil. 73), 52, texte.
H2024 Oakhamton Court (Condominiums)
CB, XX, 1 (jan. 70), 56, texte.

Coquitlam
H2025 (84-unit project)
NB, IX, 12 (déc. 60), 18-19, texte & ill.

Dartmouth
H2026 (264 unités)
CB, XIX, 8 (août 69), 64, texte.

Don Mills
H2027 Horizon House
CB, XIV, 2 (fév. 64), 29, texte & ill.

Edmonton
H2028 (Immeuble de 39 étages)
CB, XVII, 6 (juin 67), 7, texte & ill.
H2029 Geneva Gardens
CB, XXI, 7 (juil. 71), 5, texte.
H2030 Landsdowne Park Complex
CB, XX, 6 (juin 70), 50, ill.
H2031 Mayfair Mews
CB, XXI, 6 (juin 71), 70, texte.
H2032 Montcalm Place
CB, XXIII, 9 (sept. 73), 66, texte.
H2033 Newton Place
CB, XX, 10 (oct. 70), 58, texte.
H2034 Riverben Estates
CB, XXIII, 1 (jan. 73), 46, texte.
H2035 Royal Oak Towers
CB, XIX, 12 (déc. 69), 52, texte.
CB, XX, 6 (juin 70), 47-48, texte & ill.

Elliot Lake (Ont.)
H2036 (2 maisons à appartements)
NB, VIII, 12 (déc. 59), 22, ill.

Etobicoke (Ont.)
H2037
ARCAN, 48 (1 mars 71), 5, texte & ill.
H2038 (Condominium)
CB, XX, 10 (oct. 70), 34, ill.
H2039 (Immeuble de 14 étages)
CB, XXI, 3 (mars 71), 48, ill.
H2040 (Immeuble de 15 étages)
CB, XIX, 12 (déc. 69), 19, texte & ill.
H2041 Développement résidentiel, Bloor & Islington
CB, XVII, 9 (sept. 67), 7, texte.
H2042 Commonwealth Towers
CB, XVII, 6 (juin 67), 73, texte & ill.
H2043 Martella Place
CB, XXI, 9 (sept. 71), 32 et 34 et 42, texte & ill.
H2044 Vertical Village
CB, XII, 2 (fév. 62), 46, texte & ill.

Fabreville
H2045 24 immeubles d'habitation
BAT, LI, 4 (avril 76), 9, texte.

Fort Garry
H2046 English Village
CB, XXII, 8 (août 72), 44, texte.

Gloucester (Ont.)
H2047 (2 tours de 13 étages)
CB, XXI, 6 (juin 71), 70, texte.

Housing			Habitation

	Granby	*H2081*	Walden Spinney
H2048	(édifices de 36 logements)		CB, XXVII, 6 (juin 77), 5, texte & ill.
	BAT, XLVI, 12 (déc. 71), 5, texte.		***Montréal***
	Halifax	*H2082*	(Immeuble, avenue des Pins)
H2049	(105 unités, Frederick St.)		BAT, LIV, 5 (mai 79), 12, ill.
	CB, XXII, 9 (sept. 72), 5, texte & ill.	*H2083*	(édifice de 24 étages)
H2050	(Immeuble de 10 étages, Gottingen St.)		CB, XVII, 7 (juil. 67), 8, texte.
	CB, XIX, 2 (fév. 69), 5, texte.	*H2084*	(tour de 28 étages, ave. Atwater)
H2051	Century Tower		CB, XXIII, 4 (avril 73), 62, texte.
	CB, XIX, 6 (juin 69), 45, ill.	*H2085*	Château LaSalle
H2052	Park Victoria		BAT, XLII, 6 (juin 68), 24, ill.
	CB, XVI, 6 (juin 66), 54, ill.	*H2086*	Cité Universitaire (ave. Hutchison)
H2053	Windsor Plaza		ABC, IV, 34 (fév. 49), 15, ill.
	CB, XVI, 6 (juin 66), 70, ill.	*H2087*	Domaine d'Iberville
	Hamilton		CB, XVII, 6 (juin 67), 76-77, texte & ill.
H2054	(maisons transformées en logements)	*H2088*	Drummond Court Apartments
	BAT, XXXIX, 10 (oct. 64), 38, texte.		ABC, XIII, 150 (oct. 58), 64-70, texte & ill.
H2055	(Immeuble, North Shore Blvd)	*H2089*	Dublin-Fortune
	CB, XV, 7 (juil. 65), 6, texte & ill.		BAT, XLV, 12 (déc. 70), 14, ill.
H2056	(240 unités en condominium)	*H2090*	Émile-Journeault
	CB, XXIV, 10 (oct. 74), 70, texte.		BAT, XLV, 12 (déc. 70), 12, ill.
H2057	(tour de 34 étages, Walnut St. & Charlton Ave.)	*H2091*	Forest Lawn
	CB, XXIV, 7 (juil. 74), 58, texte.		CB, XI, 2 (fév. 60), 22, ill.
	Haney	*H2092*	Gregor House
H2058	(tour de 12 étages)		BAT, XLIII, 6 (juin 68), 23, ill.
	CB, XXIII, 2 (fév. 73), 6, texte.		CB, XVII, 6 (juin 67), 76-77, texte & ill.
	Hull	*H2093*	Habitations Hochelaga
H2059	(18 maisons de rapport)		CB, XXI, 3 (mars 71), 62, texte.
	CDQ, XXV, 5 (sept.-oct. 50), 6, texte.		BAT, XLVI, 5 (mai 71), 11, texte.
H2060	Place Notre-Dame	*H2094*	Habitations de Maisonneuve & Habitations Mentana
	CB, XXIII, 9 (sept. 73), 66, texte.		BAT, XLVIII, 1 (jan. 73), 5, texte.
	BAT, XLVIII, 8 (août 73), 3, texte.	*H2095*	Immeuble Parc Lafontaine
	Ile Paton (Qué.)		BAT, XLIII, 6 (juin 68), 21, ill.
H2061	Manoir des Iles		CB, XXII, 6 (juin 72), 14 et 18, texte & ill.
	BAT, XLVII, 8 (août 72), 6, texte & ill.	*H2096*	Le Barat
	James Bay (C.-B.)		BAT, LIV, 5 (mai 79), 9, ill.
H2062	(Immeuble de 13 étages)	*H2097*	L'Exécutive
	CB, XXII, 8 (août 72), 44, texte.		BAT, XLIII, 6 (juin 68), 24, ill.
	Kerrisdale (C.-B.)	*H2098*	Le Saguenay
H2063	(condominium de 6 étages)		BAT, XL, 4 (avril 65), 48-50, texte & ill.
	CB, XIX, 5 (mai 69), 66, texte.		BAT, XL, 6 (juin 65), 28 et 30 et 33, texte & ill.
	Kingston		CB, XV, 4 (avril 65), 76, texte.
H2064	Rideau Heights		CB, XV, 6 (juin 65), 62-63, texte & ill.
	NB, IX, 12 (déc. 60), 14-15, texte & ill.	*H2099*	Les Appartements Béri
	Kitchener		BAT, XL, 9 (sept. 65), 47, texte.
H2065		*H2100*	Les appartements La Cité
	NB, X, 11 (nov. 61), 55, texte & ill.		BAT, LII, 5 (mai 77), 12, texte & ill.
	Laprairie	*H2101*	Les Habitations Beaudry
H2066	Terrasse Laprairie		BAT, XLVI, 5 (mai 71), 11, texte.
	BAT, L, 9 (sept. 75), 27, texte.	*H2102*	Les Habitations Coleraine
	Laval		BAT, XLVI, 5 (mai 71), 11, texte.
H2067	Place St-Martin	*H2103*	Les Habitations Dupéré
	BAT, XLVII, 7 (juil. 72), 20, texte & ill.		BAT, XLV, 12 (déc. 70), 11-14, texte & ill.
	London	*H2104*	Les Habitations Lenoir
H2068	(2 tours de 14 étages, Dundas & King St.)		BAT, XLVI, 5 (mai 71), 11, texte.
	CB, XXII, 11 (nov. 72), 132, texte.	*H2105*	Les Habitations de la Longue Pointe
H2069	(86 unités en condominium)		BAT, XLVI, 5 (mai 71), 11, texte.
	CB, XX, 8 (août 70), 8, texte.	*H2106*	Les Habitations Thomas-Chapais
H2070	Kipps Lane Gardens		BAT, XLV, 12 (déc. 70), 11-14, texte & ill.
	NB, IX, 12 (déc. 60), 17, texte & ill.	*H2107*	L'Horizon
	Longueuil		CB, XVI, 2 (fév. 66), 40-41, texte & ill.
H2071	Immeuble préfabriqué	*H2108*	McGregor Place
	BAT, LII, 4 (avril 77), 15, ill.		BAT, XLI, 6 (juin 66), 30, ill.
H2072	Place Bienville	*H2109*	Manoir La Fontaine
	BAT, XLVII, 7 (juil. 72), 21, texte.		CB, XXI, 2 (fév. 71), 17, ill.
	Markham (Ont.)	*H2110*	Maple Gardens
H2073	(51 logements)		NB, IX, 12 (déc. 60), 13, texte & ill.
	CB, XV, 6 (juin 65), 69, texte & ill.	*H2111*	Place Versailles
H2074	Dublin Place		BAT, XLV, 6 (juin 70), 26, texte & ill.
	CB, XX, 9 (sept. 70), 66, texte.	*H2112*	Regency
	Marystown (T.-N.)		BAT, XL, 6 (juin 65), 28 et 31, ill.
H2075	(2 édifices de 10 app. chacun)	*H2113*	St-André
	CB, XIX, 4 (avril 69), 6, texte.		BAT, XLV, 12 (déc. 70), 11, ill.
	Mississauga	*H2114*	Terrasses Ontario
H2076	(Immeuble de 20 étages)		BAT, LIII, 8 (août 78), 4, texte.
	CB, XX, 4 (avril 70), 62, texte.	*H2115*	Two Square Place
H2077	(169 unités)		BAT, XLIII, 6 (juin 68), 23, ill.
	CB, XXIII, 1 (jan. 73), 46, texte.	*H2116*	Westates Park
H2078	(tour de 9 étages)		CB, XV, 6 (juin 65), 62-63, texte & ill.
	CB, XXIV, 6 (juin 74), 24, ill.		CB, XVII, 2 (fév. 67), 29, ill.
H2079	Applewood Place		***Mont-St-Hilaire***
	CB, XXII, 10 (oct. 72), 7, texte & ill.	*H2117*	(3 immeubles de 2 étages)
H2080	Southgate Towers		BAT, XLVIII, 2 (fév. 73), 5, texte.
	CB, XXIV, 6 (juin 74), 15, ill.		***Nelson River***
		H2118	(11 édifices pour 2000 h.)
			CB, XVI, 12 (déc. 66), 25, texte.

	New Westminster
H2119	73-suite Viking Towers
	CB, XX, 2 (fév. 70), 60, texte.
	Niagara-on-the-Lake
H2120	(Développement résidentiel, Taylor Rd.)
	CB, XXIII, 12 (déc. 73), 60, texte.
	North Battleford (Saskatchewan)
H2121	60 units
	NB, VII, 3 (mars 58), 26, texte.
	North Bay
H2122	(tour de 14 étages)
	CB, XXIII, 9 (sept. 73), 66, texte.
	North Kildonan
H2123	(127 unités, Henderson Highway)
	CB, XXI, 8 (août 71), 62, texte.
	Oshawa
H2124	
	CB, XXVI, 3 (mars 76), 36, texte & ill.
H2125	177 Nonquon Road
	CB, XXI, 8 (août 71), 62, texte.
H2126	Rossland Park
	CB, XXVI, 3 (mars 76), 34 et 36, texte & ill.
	Ottawa
H2127	(Immeuble de 12 étages)
	NB, XI, 2 (fév. 62), 32, texte & ill.
H2128	(Immeuble de 13 étages, Daly & Charlotte St.)
	CB, XIX, 10 (oct. 69), 66, texte.
H2129	(Immeuble de 21 étages, Copeland Park)
	CB, XXIII, 1 (jan. 73), 46, texte.
H2130	(Immeuble de 16 étages, Montreal Rd & Brittany Dr.)
	CB, XXIII, 7 (juil. 73), 38, texte.
H2131	(tour app. près du Parlement)
	CB, XIV, 4 (avril 64), 5, texte & ill.
H2132	(tour de 22 étages, Hogs Back)
	CB, XV, 10 (oct. 65), 43, texte.
H2133	(2 tours de 26 étages, Hogs Back)
	CB, XXIII, 2 (fév. 73), 64, texte.
H2134	(3 tours d'habitation, Lincoln Fields)
	CB, XXIV, 6 (juin 74), 58, texte.
H2135	(2 tours de 21 étages, Cahill Dr.)
	CB, XXIV, 2 (fév. 74), 58, texte.
H2136	(tour de 21 étages, Slater St. & Laurier Ave.)
	CB, XXIV, 5 (mai 74), 70, texte.
H2137	(tour de 21 étages, Britannia Park)
	CB, XXIV, 6 (juin 74), 58, texte.
H2138	(2 tours triangulaires de 27 étages, Prince of Wales Dr.)
	CB, XXII, 3 (mars 72), 66, texte.
H2139	(2 tours de 10 étages, Southvale Crescent & Russell Rd.)
	CB, XXIII, 12 (déc. 73), 60, texte.
H2140	(477 unités, Medford & McBride St.)
	CB, XX, 1 (jan. 70), 7, texte.
H2141	(221 unités, Richmond Rd)
	CB, XXI, 4 (avril 71), 72, texte.
H2142	(347 unités ds une tour)
	CB, XXV, 4 (avril 75), 54, texte.
H2143	(72 unités, Riverview)
	BAT, XXXVIII, 10 (oct. 63), 40, texte.
H2144	10 The Driveway
	CB, XIX, 10 (oct. 69), 66, texte.
H2145	Beacon Arms
	CB, V, 10 (nov. 55), 27, ill.
H2146	Beacon Hill (140 two-story condominium units)
	CB, XX, 7 (juil. 70), 50, texte.
H2147	Bronson Place
	CB, XXIV, 2 (fév. 74), 58, texte.
H2148	Century Manor
	CB, XXII, 11 (nov. 72), 132, texte.
	CB, XXIII, 8 (août 73), 60, texte.
H2149	Champlain Towers
	CB, XV, 10 (oct. 65), 43, texte.
	BAT, XL, 7 (juil. 65), 36-37, texte & ill.
H2150	Le Chanteclair Apartments
	CB, XV, 4 (avril 65), 67, texte & ill.
H2151	The Faircrest
	CB, XIII, 9 (sept. 63), 44-45, texte & ill.
H2152	The Highlands
	CB, XX, 9 (sept. 70), 66, texte.
H2153	King Edward Apartment Building
	NB, VII, 11 (nov. 58), 18-19, texte & ill.
H2154	Manor Gardens
	ABC, V, 52 (août 50), 23, ill.
H2155	Stewart Towers
	NB, XI, 6 (juin 62), 32, texte & ill.

	Perth	*St. Vital (Man.)*
H2156	NB, VII, 6 (juin 58), 14, ill.	H2190 CB, XXIV, 1 (jan. 74), 46, texte.
	Peterborough	*Sarnia*
H2157	CB, XXV, 5 (mai 75), 8, texte.	H2191 (Immeuble de 10 étages) BAT, XLII, 3 (mars 67), 54, texte.

Perth
H2156 NB, VII, 6 (juin 58), 14, ill.

Peterborough
H2157 CB, XXV, 5 (mai 75), 8, texte.
H2158 (édifice de 8 étages, Bethune St.) CB, XXIV, 8 (août 74), 62, texte.
H2159 (tour de 14 étages, Charlotte St.) CB, XXIV, 8 (août 74), 62, texte.
H2160 (3 tours d'habitation totalisant 319 unités) CB, XXIV, 2 (fév. 74), 7, texte.

Pointe-aux-Trembles
H2161 Domaine Bonneville BAT, XLVIII, 1 (jan. 73), 5-6, texte.

Pointe-Gatineau
H2162 Quadrex CB, XXII, 2 (fév. 72), 27 et 47, texte & ill. BAT, XLVI, 12 (déc. 71), 20-21, texte & ill.

Powell River (C.-B.)
H2163 (60-unit condominium) CB, XXIII, 10 (oct. 73), 82, texte.

Québec
H2164 BAT, XLI, 6 (juin 66), 29, ill. BAT, L, 2 (fév. 75), 5, texte & ill.
H2165 3435 Maricourt BAT, XLIV, 5 (mai 69), 33, ill.
H2166 Condominium de Bernières BAT, XLIX, 3 (mars 74), 41, ill.
H2167 Domaine Saint-Louis-de-France BAT, XLV, 1 (jan. 70), 6, texte & ill.
H2168 Jardin Belvédère BAT, XXIX, 8 (août 54), 49, texte.
H2169 La Régence BAT, XLIV, 5 (mai 69), 33, ill.
H2170 Le Bourgeois BAT, XLIV, 5 (mai 69), 33, ill.
H2171 Les Jardins de la Rive BAT, LII, 1 (jan. 77), 4, texte.

Regina
H2172 (51-suite) CB, XIII, 10 (oct. 63), 50, texte & ill.
H2173 Immeuble d'appartements, Normanview CB, XXIV, 9 (sept. 74), 45, texte.
H2174 Waverley Manor CB, XVI, 6 (juin 66), 66, ill.
H2175 Woodcrest Village CB, XIX, 6 (juin 69), 51, ill.

St-Bruno
H2176 NB, X, 6 (juin 61), 42-43, texte & ill.

Saint John (N.-B.)
H2177 CB, XIII, 10 (oct. 63), 50, texte & ill.
H2178 (104 unités) CB, XXI, 1 (jan. 71), 10, texte.
H2179 Transtile CB, XIII, 11 (nov. 63), 33, texte & ill.
H2180 The Colonially CB, XIV, 10 (oct. 64), 50, texte & ill.

St. John's (T.-N.)
H2181 (46 unités) CB, VI, 10 (oct. 56), 55, texte.
H2182 (102 unités distribuées dans 2 édifices) CB, XXIII, 11 (nov. 73), 98, texte.
H2183 (110 unités) CB, XXII, 1 (jan. 72), 40, texte.

Ville St-Laurent
H2184 Série d'habitations ABC, IV, 35 (mars 49), 23, ill.
H2185 (10 édifices en condominium, totalisant 1000 unités, Cavendish & Côte Vertu) CB, XX, 11 (nov. 70), 94, texte.
H2186 (projet d'habitation collective) ABC, XVII, 189 (jan. 62), 26-27, ill.
H2187 Norgate CDQ, XXIV, 3 (mai 49), 14-15, texte & ill. CB, I, 4 (sept.-oct. 51), 17-19, texte & ill.

St-Nicholas
H2188 Santerre BAT, XLVII, 2 (fév. 72), 34, texte.

St-Romuald
H2189 (Édifice de 80 logis) BAT, XLVI, 11 (nov. 71), 5, texte.

St. Vital (Man.)
H2190 CB, XXIV, 1 (jan. 74), 46, texte.

Sarnia
H2191 (Immeuble de 10 étages) BAT, XLII, 3 (mars 67), 54, texte.

Saskatoon
H2192 (17 unités) CB, XVIII, 2 (fév. 68), 6, texte.
H2193 The Pallisades CB, XIV, 10 (oct. 64), 43, texte & ill.

Sault Ste-Marie
H2194 (6 édifices à appartements) CB, XVI, 3 (mars 66), 10, texte.

Scarborough
H2195 (1,560 appartements) TCA, X, 4 (avril 65), 8 et 18, texte & ill.
H2196 (359 unités, Finch Ave. & Birchmount Rd.) CB, XVIII, 8 (août 68), 5, texte.
H2197 (Immeuble de 11 étages) CB, XXI, 3 (mars 71), 48, texte.
H2198 (Immeuble de 17 étages) CB, XVIII, 5 (mai 68), 7, texte.
H2199 (Tour de 191 logements, Kennedy Rd.) CB, XXIV, 10 (oct. 74), 70, texte.
H2200 (2 tours dont l'une de 14 et l'autre de 16 étages) CB, XXI, 1 (jan. 71), 10, texte.
H2201 (3 tours, Kennedy Rd.) CB, XVIII, 7 (juil. 68), 6, texte.
H2202 (2 tours de 16 étages, Markham-Ellesmere Rd.) CB, XVIII, 7 (juil. 68), 6, texte.
H2203 Aurora Court CB, XXIV, 10 (oct. 74), 42, texte.

Sherbrooke
H2204 (3 immeubles de 3 étages, rue Jogues) BAT, XLVI, 11 (nov. 71), 5, texte.
H2205 Jardins Fleury BAT, XLIV, 10 (oct. 69), 5-6, texte & ill.

Sidney (N.-E.)
H2206 (100 unités) CB, XVI, 5 (mai 66), 5, texte.

Smith's Falls
H2207 CB, XI, 11 (nov. 61), 27, ill.

Stratford
H2208 (3 édifices de 50 unités chacun) CB, XXI, 3 (mars 71), 48, texte.

Thunder Bay
H2209 (Immeuble de 11 étages, Red River Rd.) CB, XXIII, 7 (juil. 73), 52, texte.

Toronto
H2210 NB, X, 10 (oct. 61), 16-18, texte & ill. CB, XIII, 1 (jan. 63), 3, texte & ill. CB, XII, 7 (juil. 62), 32-33, texte & ill. NB, IV, 7 (juil. 55), page couverture, ill.
H2211 (Immeuble de 25 étages) CB, XIII, 5 (mai 63), 5, texte.
H2212 (Immeuble, Avenue Road) TCA, 1 (nov.-déc. 55), 17, texte & ill. NB, XI, 6 (juin 62), 25 et page couverture, texte & ill.
H2213 (Immeuble de 174 logements; Applewood Hills) CB, XVII, 11 (nov. 67), 8, texte.
H2214 (Immeuble de 42 étages, Gerrard St.) CB, XIX, 9 (sept. 69), 6, texte.
H2215 (Immeuble de 16 étages, Shuter & Sherbourne St.) CB, XXI, 7 (juil. 71), 8, texte.
H2216 (Immeuble d'appartements, Lawrence Heights) NB, VI, 12 (déc. 57), 14, texte.
H2217 (in the Parkchester development) CB, XIV, 2 (fév. 64), 27, texte.
H2218 (3 tours, Danforth Rd) CB, XXI, 5 (mai 71), 6, texte.
H2219 (4 tours totalisant 1080 unités, Danforth Ave.) BAT, XLV, 7 (juil. 70), 46, texte.
H2220 (18 tours de 18 étages) CB, XIII, 8 (août 63), 3, texte.
H2221 1166 Bay St. TCA, XXV, 12 (déc. 80), 6, texte & ill.
H2222 15 Murrich St. TCA, XXV, 12 (déc. 80), 6, texte & ill.
H2223 498 Avenue Road CB, XI, 2 (fév. 61), 21, ill.
H2224 40 Gerrard St. East CB, XXIII, 9 (sept. 73), 6, ill.
H2225 Apartment hotel, Queen St. W. & Northcote Ave. CB, XXIII, 2 (fév. 73), 64, texte.
H2226 Appartements "Marquesa" BAT, XXXIX, 6 (juin 64), 6, texte & ill.
H2227 Chequers Place CB, XVIII, 6 (juin 68), 60, ill.
H2228 College Street Centre CB, XXVI, 9 (sept. 76), 8, texte.
H2229 Dufresne Court CB, XVI, 3 (mars 66), 51, ill.
H2230 L'Apartel, Harbour Square CB, XXVI, 10 (oct. 76), 28, texte.
H2231 Lawrence and Victoria Park CB, XVI, 6 (juin 66), 56, ill.
H2232 Palisades CB, XXVI, 10 (oct. 76), 6, texte & ill.
H2233 Park Place CB, XVIII, 6 (juin 68), 47, ill.
H2234 Parkway Forest CB, XX, 6 (juin 70), 48, ill.
H2235 Park Willow Apartments CB, XV, 10 (oct. 65), 66-67, texte & ill.
H2236 Royal Hill Apartments CB, XVI, 9 (sept. 66), 38, ill.
H2237 St. Andrews Apartments CB, XIV, 2 (fév. 64), 29, texte & ill.
H2238 Skymark II CB, XXIX, 11 (nov. 79), 28-29, texte & ill.
H2239 The Coleen CB, XII, 8 (août 62), 50, texte & ill.
H2240 The Crossroads CB, XXIV, 10 (oct. 74), 14, ill.
H2241 The Fairbanks CB, XX, 8 (août 70), 5, ill.
H2242 Thorncliffe Park CB, XV, 8 (août 65), 62-63, texte & ill. CB, XVI, 6 (juin 66), 56, ill.
H2243 Valhalla Court CB, XIV, 9 (sept. 64), 33, texte & ill.
H2244 Victoria Wood Development CB, XX, 8 (août 70), 7, texte & ill.
H2245 Willowood CB, XXII, 2 (fév. 72), 26, texte & ill.
H2246 Winchester Square CB, XXVI, 10 (oct. 76), 55, texte.

Trois-Rivières
H2247 (6 immeubles de 5 app., rue Sainte-Marguerite) BAT, LII, 2 (fév. 77), 6, texte.
H2248 (Immeuble de 83 logements, boul. Carmel) BAT, XLVI, 11 (nov. 71), 5, texte.

Vancouver
H2249 CB, XIV, 10 (oct. 64), 22, texte.
H2250 (garden-apartment complex) CB, XVII, 5 (mai 67), 8, texte.
H2251 (Immeuble d'appartements, Beach Ave.) CB, XXI, 6 (juin 71), 24, ill.
H2252 (two condominium totaling 120 units) CB, XXIII, 8 (août 73), 60, texte.
H2253 Bayshore CB, XIV, 11 (nov. 64), 20, texte & ill.
H2254 Coal Harbour Apartment CB, XV, 6 (juin 65), 64-65, texte & ill.
H2255 Executive Towers CB, XV, 12 (déc. 65), 27, ill.
H2256 Hycroft Apartments CB, I, 3 (juil. 51), 8, texte.
H2257 Martello Tower, False Creek CB, XIX, 6 (juin 69), 52-53, texte & ill.
H2258 Sunrise West CB, XXVII, 12 (déc. 77), 9, texte & ill.
H2259 West Shore CB, XXVII, 9 (sept. 77), 50, texte & ill.

North Vancouver
H2260 (8 édifices en forme de croix et de demi-lune) CB, XVI, 6 (juin 66), 55, ill.

West Vancouver
H2261 (Immeuble d'appartements, Bellevue Ave) CB, XXI, 6 (juin 71), ill.
H2262 Panorama Village CB, XXIV, 10 (oct. 74), 8, texte.

Victoria
H2263 Hotel-apartment complex, Laurel Point CB, XXIII, 2 (fév. 73), 64, texte. CB, XXIII, 8 (août 73), 60, texte.

Wascana
H2264 (tour de 20 étages)
CB, XXII, 9 (sept. 72), 56, texte.
Waterloo
H2265 (tour de 9 étages)
CB, XXIII, 5 (mai 73), 52, texte.
H2266 (tour de 17 étages, Westmount Rd.)
CB, XXIII, 7 (juil. 73), 52, texte.
West Kildonan
H2267 CB, XXI, 5 (mai 71), 68, texte.
H2268 597 Jefferson Avenue
CB, XXI, 6 (juin 71), 70, texte.
Westmount
H2269 NB, XI, 6 (juin 62), 55, texte & ill.
Whitby
H2270 (Immeuble de 39 unités)
CB, XXI, 5 (mai 71), 5, texte.
Winnipeg
H2271 NB, IV, 11 (nov. 55), 13, texte & ill.
H2272 (Immeuble de 29 étages)
CB, XX, 8 (août 70), 62, texte.
H2273 (24 unit apartment Block)
RAIC, XXIX, 6 (juin 52), 163, texte & ill.
H2274 (48 apartments for Modern Housing Ltd)
CB, XIV, 10 (oct. 64), 43, texte & ill.
H2275 (Immeuble de 30 étages, Carlton St. & Cumberland Ave)
CB, XVIII, 4 (avril 68), 68, texte.
H2276 Cumberland House
CB, XX, 6 (juin 70), 50, ill.
H2277 Eiffel Towers
CB, XV, 6 (juin 65), 67, texte & ill.
H2278 House of York
CB, XXIV, 1 (jan. 74), 45, ill.
H2279 Lanark Towers
CB, XVI, 6 (juin 66), 61, ill.
H2280 Plaza on the Riverside
CB, XXIII, 8 (août 73), 29, texte & ill.
H2281 Thawani Towers
CB, XXIII, 7 (juil. 73), 52, texte.
H2282 Towers of Polo Park
CB, XX, 5 (mai 70), 43 et 54, texte & ill.
York
H2283 (Land-use study to determine the effects of apartment redevelopment)
ARCAN, 48 (25 oct. 71), 7
H2284 (Immeuble de 14 étages)
CB, XVIII, 5 (mai 68), 7, texte.
H2285 (4 tours de 20 étages, Scarlett Rd.)
CB, XXIV, 3 (mars 74), 68, texte.
East York
H2286 Crescent Town
CB, XIX, 10 (oct. 69), 5, texte & ill.
CB, XX, 10 (oct. 70), 58, texte.
CB, XXI, 2 (fév. 71), 42, ill.
CB, XXII, 6 (juin 72), 12, texte & ill.
H2287 Crestview Apartments
CB, I, 3 (juil. 51), 8, texte.
North York
H2288 (Immeuble de 4 étages)
CB, XVIII, 5 (mai 68), 7, texte.
H2289 (tour de 166 unités, Hilda Ave)
CB, XXII, 12 (déc. 72), 62, texte.
H2290 (Immeuble de 369 unités, Teddler St. & Tretheway Dr.)
CB, XXIII, 4 (avril 73), 28, texte.
H2291 (tour de 24 étages, Finch Ave & Tobermory Dr.)
CB, XXI, 3 (mars 71), 24, texte.
H2292 Top of the Valley
CB, XVIII, 10 (oct. 68), 53-54, texte & ill.
H2293 York Valley
CB, XXI, 1 (jan. 71), 16, ill.
H2294 York Valley Homes (374 condominiums)
CB, XXI, 1 (jan. 71), 9, texte.

Abram, Nowski & McLaughlin
Toronto
H2295 Condominium, Palace Pier
ARCAN, 48 (24 mai 71), 2, texte & ill.
H2296 Lake Front City
CB, XXI, 6 (juin 71), 8, texte.

Abugov & Sunderland
Calgary
H2297 (Immeuble d'appartements, 8th St. & 8th Ave S.W.)
CB, XVII, 7 (juil. 67), 7, texte.
H2298 Western Centre
CB, XXI, 4 (avril 71), 6-7, texte.
Edmonton
H2299 Strathcona House
CB, XVIII, 12 (déc. 68), 6, texte & ill.

Adamson, Gordon S.
Toronto
H2300 No. 130, Old Forest Hill
CB, III, 4 (avril 53), 32-33, texte & ill.
RAIC, XXX, 1 (jan. 53), 16-17, texte & ill.
RAIC, XXX, 9 (sept. 53), 261, ill.
H2301 (apartment building)
RAIC, XXXII, 10 (oct. 55), 369, ill.

Adamson, Gordon S.(Ass.); Bregman and Hamann
Toronto
H2302 500 Avenue Road
CB, V, 8 (août 55), 50, texte & ill.

Andrews, W.A.; Gibson & Pokorny
H2303 Voir Gibson & Pokorny; Andrews, W.A.

Affleck, Desbarats, Dimakopoulos, Lebensold, Michaud, Sise
Édifice de lieu inconnu
H2304 Quadruplex à Seignory Park
RAIC, XXXIX, 10 (oct. 62), 57, ill.

Affleck, Desbarats, Dimakopoulos, Lebensold, Sise
Ottawa
H2305 TCA, IX, 8 (août 64), 14 et 20, texte & ill.
Westmount
H2306 Parkview Apartments
ABC, XIX, 223 (nov. 64), 33-37, texte & ill.
RAIC, XLI, 11 (nov. 64), 122, texte & ill.
TCA, X, 4 (avril 65), 43-45, texte & ill.

Alakantti, Liff & Stefaniszyn
Vanier (Ont.)
H2307 (7 tours d'habitation, Kipp & Landry St.)
CB, XXIII, 3 (mars 73), 50, texte.

Annau, Ernest
Toronto
H2308 Bedford Glen Terraced Condominiums
TCA, XXV, 12 (déc. 80), 18-23, texte & ill.

Anthoulis
Montréal
H2309 Appartements Saint-Georges
BAT, XXXIX, 10 (oct. 64), 6-7, texte & ill.
BAT, XL, 6 (juin 65), 30 et 34-35, texte & ill.

Armstrong, D.G.
Toronto
H2310 Toronto's Islands
TCA, III, 4 (avril 58), 60-61, texte & ill.

Audet, Tremblay et Audet
Sherbrooke
H2311 Terrasse Fleury
BAT, XLIII, 9 (sept. 68), 42, texte & ill.

Auger, Jules; Cabana, Maurice; Gagnon, Gilles; Panzini, Michel
Montréal
H2312 Projet d'habitation à haute densité
ABC, XXIII, 264 (mai 68), 23-29, texte & ill.

Avramovitch, Aza (Ass.); LeClaire, Peter
Halifax
H2313 TCA, IX, 6 (juin 64), 14, texte & ill.

Bach, Michael
Oakville
H2313 Oakville Terrace Apartment
RAIC, XXXII, 6 (juin 55), 204-206, ill.

Bach, Michael; Fliess, Henry
Don Mills
H2314 (Apartment type B)
RAIC, XXX, 1 (jan. 54), 25-26, ill.

Bakker, C.M.; Caspari, Peter
Calgary
H2315 Rideau Towers
RAIC, XXXIII, 6 (juin 56), 204-207, ill.
RAIC, XXXV, 12 (déc. 58), 465, ill.

Banz, George
Toronto
H2316 (condominium housing project)
ARCAN, L (fév. 73), 5, texte & ill.

Bateman, J. Bruce
Etobicoke (Ont.)
H2317 American Colonial
CB, XIII, 5 (mai 63), 48-49, texte.
H2318 English Tudor
CB, XIII, 5 (mai 63), 48-49, texte & ill.
H2319 French Provincial
CB, XIII, 5 (mai 63), 48-49, texte & ill.
H2320 The Modern
CB, XIII, 5 (mai 63), 48-49, texte & ill.

Beauvais et Lusignan
Montréal
H2321 Place du Boulevard
BAT, XLIX, 5 (mai 74), 27, texte & ill.
Québec
H2322 Le Laurier
ABC, XVIII, 209 (sept. 63), 38-43, texte & ill.

Beinhaker/Irwin Associates; Downs/Archambault
Burnaby
H2323 Macinnis Place
TCA, XXII, 8 (août 77), 24-26, texte & ill.

Béique, Jacques
Longueuil
H2324 Le Square
BAT, XLIX, 1 (jan. 74), 13, texte & ill.
BAT, XLIX, 6 (juin 74), 30, texte & ill.
BAT, L, 9 (sept. 75), 23-24, texte.

Béique et Boudrias
Longueuil
H2325 La Cerisaie
AC, 26, 297 (sept. 71), 34-36, texte & ill.
BAT, XLVI, 5 (mai 71), 17-19, texte & ill.
BAT, XLVI, 5 (mai 71), texte & ill.

Bélanger, Louise; Cliche, Lucie
Sillery
H2326 Projet d'habitat
AC, XXIX, 323 (mai-juin 74), 38, texte & ill.

Belcourt & Blair
Don Mills
H2327 CB, X, 7 (juil. 60), 41, ill.

Belle & Koffman
Édifice de lieu inconnu
H2328 Prestige Downtown condominium
ARCAN, L (juil. 73), 3-4, texte & ill.

Benedek, Alexander; Kolenc, A.
Don Mills
H2329 Leaside Towers Apartments
CB, XIX, 1 (jan. 69), 5, texte & ill.
CB, XX, 6 (juin 70), 43, ill.

Bernard, Gilles; Harvey, Jacques; Mercier, Pierre
Québec
H2330 Projet d'habitat
AC, XXIX, 323 (mai-juin 74), 40, texte & ill.

Blankstein, Coop, Gillmor & Hanna
Winnipeg
H2331 CB, XIII, 2 (fév. 63), 17, texte & ill.

Blood & Houghton
Longueuil
H2332 Tours d'Assigny et Neuville Sud
BAT, LII, 9 (sept. 77), 29-30, texte & ill.

Bobrow et Fieldman
Montréal
H2333 Habitations Boyce-Viau
AC, 27, 301 (jan.-fév. 72), 28-32, texte & ill.
BAT, XLVII, 2 (fév. 72), 12-13, texte & ill.

Boigon and Heinonen
Scarborough
H2334 The Adanac
ARCAN, 49 (nov. 72), 8, ill.
Toronto
H2335 Robert J. Simith Apartments
CB, XVI, 12 (déc. 66), 35, texte & ill.
TCA, XI, 11 (nov. 66), 6, texte & ill.

Boigon & Heinonen; Mandel, Raymond
Don Mills
H2336 Chapel Glen (condominium)
TCA, XVII, 1 (jan. 72), 51-54, texte & ill.
CB, XXI, 5 (mai 71), 7, texte & ill.

Boucher, Benoît; Carrier, Thomas; Lemay, Alain
Cap-Rouge
H2337 Projet d'habitat
AC, XXIX, 323 (mai-juin 74), 35, texte & ill.

Boudrias, Boudreau & St-Jean
Longueuil
H2338 Le Carignan
AC, 33, 340 (mars-avril 77), 14-15 et 18, texte & ill.
BAT, LII, 2 (fév. 77), 9, texte.

Bregman & Hamann
Édifice de lieu inconnu
H2339 Barbara Apartments
CB, XI, 2 (fév. 61), 40-41, texte & ill.
Toronto
H2340 (on waterfront)
TCA, XVII, 7 (juil. 72), 6, texte & ill.
H2341 (Immeuble de 39 étages, vue sur le lac à Toronto)
BAT, LIII, 11 (nov. 78), 7, ill.
H2342 484 Avenue Road
TCA, III, 7 (juil. 58), 39-42, texte & ill.
BAT, XXXII, 6 (juin 57), 42-43, texte & ill.
CB, VII, 4 (avril 57), 38-39, texte & ill.

Bregman & Hamann; Adamson, Gordon S. (Ass.)
H2343 Voir Adamson, Gordon S. (Ass.); Bregman & Hamann

Brenan, H.S.
Saint John (N.-B.)
H2344 Rockwood Court
RAIC, XXII, 1 (jan. 45), 16-17, texte & ill.

Brownlee, W. Ralph
Burnaby
H2345 Burnaby Centre
CB, XXI, 3 (mars 71), 7, texte & ill.

Buchan, George
Édifice de lieu inconnu
H2346 (projet d'étudiant)
RAIC, XXXV, 3 (mars 58), 76, ill.

Burroughs, Ken
Port Moody (C.-B.)
H2348 Logements en copropriété
BAT, XLIII, 6 (juin 68), 5, texte & ill.

Burston, Wells & Tampold
Toronto
H2347 Holly-Dunfield Apartments
RAIC, XXXVIII, 10 (oct. 61), 49-51, texte & ill.

Buttjes, Wilfred D.
Kelowna
H2349 The Pridham Hill Apartment Centre
CB, XIX, 8 (août 69), 7, texte & ill.
Vancouver
H2350 2075 Comox Street
CB, XX, 1 (jan. 70), 42, ill.
TCA, XV, 1 (jan. 70), 6-7, ill.
North Vancouver
H2351 Canyon Manor
ARCAN, XLVII (12 oct. 70), 7, texte & ill.
Winnipeg
H2352 Twin Tower Apartment Project for Hycroft Towers Ltd.
ARCAN, XLVI, 1 (jan. 69), 49, ill.

Carlberg, Jackson Partners
Vancouver
H2353 (Immeuble de 14 étages, 12th St.)
CB, XVIII, 11 (nov. 68), 8, texte.

Caron, Jean-Louis
Trois-Rivières
H2354 (Immeuble, coin Hart & Bonaventure)
BAT, XXVII (avril 52), 8, texte.

Carrier, Louis
Québec
H2355 Un petit immeuble d'habitation
ABC, XV, 173 (sept. 60), 278-280, texte & ill.

Carrier, Thomas; Boucher, Benoît; Lemay, Alain
H2356 Voir Boucher, Benoît; Carrier, Thomas; Lemay, Alain

Caruso, Irving; Rosen, Bernard
Westmount
H2357 Westmount Apartments
TCA, V, 8 (août 60), 62-64, texte & ill.

Caspari, Peter
Toronto
H2358 City Park Apartments
RAIC, XXXIV, 4 (avril 57), 132-134, texte & ill.

Caspari, Peter; Bakker, C.M.
H2359 Voir Bakker, C.M.; Caspari, Peter

Chamberland, René; Côte, Christian; Petrone, Mario
Cap-Rouge
H2360 Projet d'habitat
AC, XXIX, 323 (mai-juin 74), 39, texte & ill.

Chandler-Kennedy
Calgary
H2361 Lakeview Mews
CB, XXI, 3 (mars 71), 38, texte.
H2362 Riverstone condominium project
CB, XXX, 9 (sept. 80), 34, ill.

Chapman & Hurst
Etobicoke
H2363
CB, XIII, 2 (fév. 63), 19, texte & ill.
Scarborough
H2364
TCA, VII, 4 (avril 62), 9, texte & ill.

Chicoine, Jean-B.
Montréal
H2365 Appartements Beaucourt
BAT, XXXII, 4 (avril 57), 79, ill.

Chin, Clifton
Ile des Soeurs
H2366 Projet d'habitation collective (projet de 5e année)
ABC, XXII, 255 (juil. 67), 34-37, texte & ill.

Clack, Clayton, Pickstone
Victoria
H2367 The Fort Harrison
RAIC, XXXIII, 6 (juin 56), 213, texte & ill.

Clark, James, Coupland
Calgary
H2368 Westmount Place
CB, XXX, 9 (sept. 80), 14, texte & ill.

Cliche, Lucie; Bélanger, Louise
H2369 Voir Bélanger, Louise; Cliche, Louise

Clifford & Lawrie
Toronto
H2370 Condominium, Palace Pier
ARCAN, 48 (24 mai 71), 2, texte & ill.

Cole, Peter
Vancouver
H2371
CB, XVI, 6 (juin 66), 64-65, texte & ill.
North Vancouver
H2372 Woodcroft Place
CB, XXV, 8 (août 75), 27, texte & ill.

Consolidated Building Corporation
Toronto
H2373 Walmer Place
CB, XIX, 7 (juil. 69), 8, texte & ill.

Cook and Bouzan
Calgary
H2374
RAIC, XXX, 9 (sept. 53), 261, ill.

Côté, Christian; Chamberland, René; Petrone, Mario
H2375 Voir Chamberland, René; Côte, Christian; Petrone, Mario

Côté, Roméo; Michaud, Viateur
Ile d'Orléans — Montmorency
H2376 Projet d'habitat
AC, XXIX, 323 (mai-juin 74), 34, texte & ill.

Craig, Charles E.
Victoria
H2377
CB, XIII, 2 (fév. 63), 16, texte & ill.

Craig & Zeidler
Peterborough
CB, XIII, 2 (fév. 63), 19, texte & ill.

Craig, Zeidler & Strong
Peterborough
H2378 Benmore Apartments
TCA, IX, 1 (jan. 64), 10, texte & ill.
H2379 Gilchrist Apartments
TCA, IX, 1 (jan. 64), 10, texte & ill.
Scarborough
H2380 Burnview Apartments
TCA, IX, 1 (jan. 64), 10, texte & ill.
ABC, XXII, 252 (avril 67), 23, texte & ill.
Toronto
H2381 Édifice à appartements, prix du centenaire
BAT, XLII, 5 (mai 67), 7, texte & ill.
CB, XVII, 7 (juil. 67), 34, texte & ill.

Cruickshank, Avramovitch and Ass.
Port Hawkesbury (N.-E.)
ARCAN, 45, 1 (jan. 68), 54, ill.

Csogoly-Miller
Toronto
H2382 Harbour Side
CB, XXVIII, 9 (sept. 78), 36-37, texte & ill.

Dale, A.(Ass.)
Calgary
H2383 Bridgeland Place
CB, XXI, 2 (fév. 71), 29, texte & ill.
H2384 Fairview Apartments
CB, XII, 12 (déc. 62), 32-33, texte & ill.

Dallaire, Michel; van Houtte, Roch; Paré, Pierre
H2385 Voir Paré, Pierre; Dallaire, Michel; van Houtte, Roch

Danan, Patrick
Longueuil
H2386 Place des Saules
BAT, XLVI, 10 (oct. 71), 5-6, texte & ill.

Daniels, John H.
Toronto
H2387 Forest Hill Village
CB, XIII, 9 (sept. 63), 7, texte.
H2388 Park Towers
CB, XIV, 5 (mai 64), 24-25 et 27, texte & ill.
H2389 Village Green
CB, XIV, 5 (mai 64), 23, texte & ill.
CB, XV, 1 (jan. 65), 18-20, texte & ill.
CB, XV, 6 (juin 65), 56-57, texte & ill.
CB, XV, 6 (juin 65), 59, texte & ill.

Daniels, John; Shulman, Wilfred
Toronto
H2390 The Four Thousand
CB, XII, 10 (oct. 62), 66-68, texte & ill.

D'Astous, Roger; Durand, Luc
Montréal
H2391 The Olympic Village
TCA, XXI, 9 (sept. 76), 52-55, texte & ill.
ABC, XVI, 177 (jan. 61), 8-9, texte & ill.
AC, 28, 319 (nov. 73), 26-29
AC, 31, 334 (mars-avril 76), 11
BAT, XLV, 7 (juil. 70), 20, texte.
BAT, XLVII, 7(juil. 72), 4
BAT, XLVIII, 7 (juil. 73), 5
BAT, LI, 1 (Jan. 76), 13, ill.
CB, XXIV, 10 (oct. 74), 6, texte.
CB, XXV, 8 (août 75), 7, texte & ill.
CB, XXVI, 8 (août 76), 22, texte & ill.
CB, XXVI, 10 (oct. 76), 6

Daunais, Jean
Montréal
H2392 Projet d'étudiant: immeubles d'habitation
ABC, XIII, 142 (fév. 58), 48-49, texte & ill.

David, Barott, Boulva; Safdie, Moshe
H2393 Voir Safdie, Moshe; David, Barott, Boulva

Dawson, Development Ltd
North Vancouver (Capilano River)
H2394 Woodcroft Plan
CB, XXII, 7 (juil. 72), 23, ill.
CB, XXIII, 6 (juin 73), 23, ill.

Deacon, Arnett and Murray
Mississauga
H2395 Treetops
TCA, XXII, 8 (août 77), 27-28, texte & ill.

Debicki, Anthony
West Vancouver
H2396 Park Royal Towers
CB, XVIII, 6 (juin 68), 52 et 65, texte & ill.
CB, XVI, 7 (juil. 66), 36-37, texte & ill.

De Lint, William
Régina
H2397 (Immeuble de 20 étages)
CB, XXIII, 8 (août 73), 32, texte.

Demers, Philippe
Sherbrooke
H2398
BAT, XXIX, 11 (nov. 54), 23, texte & ill.
H2399 maisons à 14 logements
ABC, XI, 125 (sept. 56), 47-49, texte & ill.
H2400 Immeuble à appartements, rue Buck
ABC, XIII, 142 (fév. 58), 32-34, texte & ill.

Desjardins, Roméo-J.
Montréal
H2401 Appartement, chemin Ste-Catherine
ABC, IV, 34 (fév. 49), 19-20, ill.

Deskin & Tornay
Montréal
H2402 Château-l'Escale
BAT, XL, 6 (juin 65), 35-36, texte & ill.
ABC, XIX, 223 (nov. 64), 44, texte.

Diamond, A.J. (Ass.)
Toronto
H2403 The Village Terrace
TCA, XXV, 12 (déc. 80), 6, texte & ill.

Diamond & Myers
Toronto
H2404 Hydro Block
CB, XXIII, 12 (déc. 73), 7, texte.
H2405 Sherbourne Lane
TCA, XXII, 3 (mars 77), 4, texte & ill.
TCA, XXII, 11 (nov. 77), 41-45, texte & ill.
TCA, XXV, 11 (nov. 80), 42, texte & ill.

Dickinson, Peter
Montréal
H2406 Prud'homme-Sherbrooke Apartments
BAT, XXXVI, 9 (sept. 60), 75, texte.
H2407 The Waldorf
ABC, XVII, 197 (sept. 62), 34-37, texte & ill.

Dobbing, Peter
Montréal
H2408 Château Maisonneuve: bureaux et appartements
BAT, XL, 9 (sept. 65), 5, texte & ill.
BAT, XLIII, 6 (juin 68), 25, ill.

Dobell, Norman
Édifice de lieu inconnu
H2409 (apartment)
NB, X, 5 (mai 61), 33, texte & ill.
Dundas
H2410 The Townhouse
CB, XIII, 2 (fév. 63), 19, texte & ill.
Hamilton
H2411 (Immeuble, Sydenham & Alma St.)
RAIC, XL, 4 (avril 63), 62, ill.

Dollinger, Horst Peter
Montréal (Expo '67)
H2412 (24 appartements accrochés à un mât central)
TCA, X, 10 (oct. 65), 20, texte & ill.

Donaldson, Francis
Surrey
H2413 Guilford Condominiums
CB, XIX, 10 (oct. 69), 8, texte & ill.

Doran, Harold J.
Montréal
H2414 Benny Farm
CB, I, 4 (sept.-oct. 51), 17-19, texte & ill.

Downs, Barry V.; Hollingsworth, Fred T.
H2415 Voir Hollingsworth, Fred T.; Downs, Barry V.

Downs/Archambault; Beinhaker/Irwin Ass.
H2416 Voir Beinhaker/Irwin Ass.; Downs/Archambault

Dufresne, Lusignan, Poulin
Édifice de lieu inconnu
H2417 (groupe type d'habitations)
RAIC, XXIX, 5 (mai 52), 138, texte & ill.

Dumais, Roland
Montréal
H2418 Drummond Plaza
ABC, XIII, 142 (fév. 58), 44-47, texte & ill.
TCA, I, 9 (sept. 56), 52, texte & ill.

Dumaresq and Byrne
Halifax
H2419 Wood Motors
CB, XIX, 7 (juil. 69), 8, texte.

Dupuis & Mathieu
Montréal
H2420 Les appartements La Vérendrye
ARCAN, L (juil. 73), 3-5, texte & ill.
H2421 Les Habitations Favard
BAT, LIII, 5 (mai 78), 5, texte.

Durand, Luc; D'Astous, Roger
H2422 Voir D'Astous, Roger; Durand, Luc

Durand, Lucien
Saint-Louis de Terrebonne
H2423 La Seigneurie
BAT, L, 9 (sept. 75), 24, 26, texte.

Duret, Jean; Papineau, Gérin-Lajoie, Leblanc
Montréal
H2424 Projet d'habitation collective Y67
ABC, XX, 225 (jan. 65), 31-34, texte & ill.
TCA, X, 2 (fév. 65), 10 et 12, texte & ill.

Eber, George F.
Montréal
H2425 Le Colisée
BAT, XL, 10 (oct. 65), 27-29, texte & ill.

Erickson/ Massey
Port Moody (C.-B.)
H2426 Cecile Drive
CB, XX, 1 (jan. 70), 41, ill.
TCA, XV, 1 (jan. 70), 6-7, ill.
BAT, XLV, 6 (juin 70), 30, ill.
H2427 Woodland Park
TCA, IX, 12 (déc. 64), 88, texte & ill.
Vancouver
H2428 Garden Apartments
ARCAN, 44, 1 (jan. 67), 40, ill.
H2429 Nelson Towers
ARCAN, XLIX (17 janv. 72), 4-5, texte & ill.
TCA, XVII, 1 (jan. 72), 6-7, texte & ill.
TCA, XVII, 5 (mai 72), 42-43, texte & ill.

Fairfield & DuBois
Toronto
H2430 45 Charles Street East
ARCAN, 44, 12 (déc. 67), 40-41, texte & ill.
H2431 Reininger Residence
ARCAN, 46, 1 (jan. 69), 43, ill.

Faucher, Pierre; Vaccaro, Felice
Québec
H2432 Projet d'habitat
AC, XXIX, 323 (mai-juin 74), 37, texte & ill.

Finch, Lloyd
Winnipeg
H2433 (Immeuble de 12 étages)
CB, XVII, 6 (juin 67), 75-76, texte & ill.

Fiset, Edouard
Labrieville
H2434 3 maisons à 4 logements
ABC, IX, 101 (sept. 54), 50-53, texte & ill.

Fiset & Deschamps
Baie-Comeau
H2435 Programme de logements de la Canadian British Aluminum Co.
ABC, XIV, 157 (mai 59), 152-155, texte & ill.

Fish & Melamed
Montréal
H2436 Studios meublés pour célibataires, Dorchester ouest.
ABC, XVII, 197 (sept. 62), 38-40, texte & ill.
Ville Mont-Royal
H2437 The Halden
ABC, XVII, 197 (sept. 62), 25-29, texte & ill.

Fish, Michael; Melamed, Morris
H2438 Voir Melamed, Morris; Fish, Michael

Fisher, Reuben
Montréal
H2439 (apartment building)
RAIC, XXXII, 10 (oct. 55), 369, ill.

Fisher, Reuben; Kalman, M.M.
Westmount
H2440 4300 Apartment
CB, XI, 12 (déc. 61), 59, texte & ill.
CB, XII, 2 (fév. 62), 44-45, texte & ill.

Fliess, Henry
Édifice de lieu inconnu
H2441
BAT, XLII, 5 (mai 67), 7 et 9, texte & ill.

Habitation / Housing

Scarborough
H2442   Manors of Brandywine
    TCA, XXV, 2 (fév. 80), 4 et 6, texte & ill.
    CB, XXVIII, 5 (mai 78), 32, texte.
Toronto
H2443
    CB, IX, 8 (août 59), 77, texte & ill.
    CB, XIII, 2 (fév. 63), 16, texte & ill.

Fliess, Henry; Bach, Michael
H2444   Voir Bach, Michael; Fliess, Henry

Fliess, Henry; Murray, James
H2445   Voir Murray, James; Fliess, Henry

Fooks & Milne
Lethbridge
H2446   Balbi Apartments
    CB, XII, 2 (fév. 62), 42-43, texte & ill.
    CB, XIII, 5 (mai 63), 60, texte & ill.

Fordyce & Stevenson
Edmonton
H2447   (Immeuble, 19th ave. W.)
    RAIC, XVII, 5 (mai 40), 86

Freedman, Gerald; Prii, Uno
H2448   Voir Prii, Uno; Freedman, Gerald

Freedman, Petroff, Jeruzalski
Toronto
H2449   Welsford Gardens
    CB, XVI, 8 (août 66), 5, ill.

Gaboury, Étienne
St. Boniface
H2450   Sister's Residence
    RAIC, XLII, 6 (juin 65), 40-41, ill.

Gagnon, Guillaume
Laval
H2451   Castel de Laval
    AC, 25, 287 (sept. 70), 28, texte & ill.

Gagnon et Archambault
Montréal
H2452   Le Riviera
    BAT, XLIV, 6 (juin 69), 35, texte & ill.
H2453   Place du Cercle
    AC, 25, 288 (oct. 70), 24, texte & ill.
    BAT, XLV, 8 (août 70), 5-6, texte & ill.

Gagnon, Archambault, Durand
Montréal
H2454   Place Frontenac
    BAT, XLVI, 5 (mai 71), 22, texte & ill.

Gardiner, Kenneth
Vancouver
H2455   Chilco Towers
    TCA, II, 10 (oct. 57), 52
    CB, XII, 6 (juin 62), 21-23, texte & ill.

Gardiner, Ken; Kennedy, Warnett
Vancouver
H2456   Crescent Apartments
    RAIC, XXXIX, 4 (avril 62), 34, ill.
    RAIC, XXXIX, 7 (juil. 62), 41-46, texte & ill.
    CB, XI, 1 (jan. 61), 16, texte & ill.
    CB, XI, 8 (août 61), 43-45, texte & ill.

Gareau, Jean
Montréal
H2457   Projet-thèse: unité résidentielle
    ABC, XII, 135 (juil. 57), 30-33, texte & ill.

Garnier, Ch.
Montréal
H2458   Le Cardinal
    BAT, XXXIX, 11 (nov. 64), 22-23, texte & ill.

Garwood-Jones, Trevor
Burlington
H2459   Maranatha Homes
    TCA, XXIII, 9 (sept. 78), 38-41, texte & ill.

Hamilton
H2460   Village Hill Condominiums
    TCA, XXIV, 1 (jan. 79), 8, texte & ill.
    TCA, XXV, 2 (fév. 80), 35-37, texte & ill.
    CB, XXVIII, 11 (nov. 78), 9 et 12-13, texte & ill.

Gauthier & Guité
Charlesbourg
H2461   Place des Seigneurs
    BAT, XL, 4 (avril 65), 5 et 51-52, texte & ill.
    BAT, XLI, 6 (juin 66), 29 et 31, texte & ill.
Sainte-Foy
H2462   Le jardin des seigneurs
    ABC, XX, 227 (mars 65), 32-34, texte & ill.
    BAT, XXXIX, 1 (jan. 64), 30-32, texte & ill.
    BAT, XL, 6 (juin 65), 31 et 38, texte & ill.
    BAT, XLI, 2 (fév. 66), 30-33, texte & ill.
    BAT, XLIII, 8 (août 68), 28-33 et 46, texte & ill.
    TCA, XI, 5 (mai 66), 68-69, texte & ill.

Gauthier, Guité, Roy
Québec
H2463   Les Jardins Mérici
    TCA, XX, 4 (avril 75), 40-41, texte & ill.
    TCA, XXIII, 6 (juin 78), 4, texte & ill.
    AC, 27, 304 (mai 72), 33-35, texte & ill.
    AC, 30, 328 (mars-avril 75), 42-43, texte & ill.
    AC, XXXIV, 346 (mai-juin 78), 18 et 29, texte & ill.
    CB, XXVIII, 6 (juin 78), 36-37, texte & ill.
    BAT, XLVIII, 6 (juin 73), 27, texte & ill.
    BAT, LIII, 6 (juin 78), 13-16, texte & ill.

Genner, J.E.
New Westminster
H2464   Viking Towers
    CB, XXII, 11 (nov. 72), 129, texte & ill.

Gerson, Wolfgang
Winnipeg
H2465   Triangle Gardens Housing Project Elwood.
    RAIC, XXXV, 7 (juil. 58), 275-277, texte & ill.

Gerson, W.; Waisman & Ross
H2466   Voir Waisman & Ross; Gerson W.

Gibson & Pokorny; Andrews, W.A.
Sarnia
H2467   (Immeuble de 112 logements)
    CB, XVII, 3 (mars 67), 9, ill.

Girard, Maurice
Noranda
H2468   Maison d'appartements J.P. Ross
    BAT, XXXII, 1 (jan. 57), 22, texte & ill.

Glashier, Ivor
Regina
H2469   (Édifice de 14 étages)
    CB, XIX, 10 (oct. 69), 66, texte.

Goodfellow, Philip
Montréal
H2470   Four Winds
    RAIC, XXXIII, 3 (mars 56), 91, ill.
    RAIC, XXXIII, 11 (nov. 56), 421, ill.
    RAIC, XXXIV, 1 (jan. 57), 22-25, ill.
    ABC, X, 113 (sept. 55), 39-41, texte & ill.

Greenberg, Charles B.
Ottawa
H2471   (Immeuble de 12 étages)
    CB, IX, 8 (août 59), 33-34, texte & ill.
    TCA, V, 8 (août 60), 65-67, texte & ill.

Greenspoon, H.-E.
Montréal
H2472   Appartements sur l'avenue Somerled
    ABC, IV, 34 (fév. 49), 17, ill.
H2473   Groupe d'appartements "Ridgewood"
    ABC, IV, 34 (fév. 49), 22-25, texte & ill.

Greenspoon, Freedlander, Dunne
Montréal
H2474   Amesbrooke
    ABC, VIII, 90 (oct. 53), 41-43, texte & ill.

H2475   Le Croydon
    BAT, XXVI, 12 (déc. 51), 23-25 et 29, texte & ill.
H2476   Mountain Place
    ABC, XII, 137 (sept. 57), 57-61, texte & ill., Mise au point: XII, 138 (oct. 57), 72
Ottawa
H2477
    CB, IX, 11 (nov. 59), 41, texte & ill.
Westmount
H2478   Chequers Apartment Building
    BAT, XXXVI, 10 (oct. 60), 28, texte & ill.
    ABC, XVI, 180 (avril 61), 32-35, texte & ill.

Grenier, Charles
Édifice de lieu inconnu
H2479   (Tour de 200 logements)
    BAT, XLVI, 1 (jan. 71), 16-17, texte & ill.
Montréal
H2480   Appartements, avenue Van Horne
    ABC, IV, 34 (fév. 49), 18 et 20, ill.
H2481   Édifice à l'angle Place Northcrest et rue Lennox
    ABC, XII, 137 (sept. 57), 62-64, texte & ill.
H2482   Elgin Terrace
    CB, XVIII, 6 (juin 68), 48, texte & ill.
H2483   Le Drummond McGregor
    ABC, XV, 173 (sept. 60), 284-287, texte & ill.
H2484   Le Richelieu
    CB, XIII, 11 (nov. 63), 28-29, texte & ill.
Ville Mont-Royal
H2485   Sherwood Manor
    ABC, XIII, 142 (fév. 58), 38-39

Grondin, Jean L.
Longueuil
H2486   Complexe Port-de-Mer
    BAT, XLVII, 5 (mai 72), 22, texte & ill.
    BAT, XLVII, 6 (juin 72), 30-31, texte & ill.
Montréal
H2487   Maison de rapport, rue Gilford
    ABC, XIV, 153 (jan. 59), 10-11, texte & ill.
H2488   Maison de rapport, boul. Métropolitain
    ABC, XIV, 153 (jan. 59), 10-11, texte & ill.

Grossman, Irving
Ottawa
H2489   The Highlands
    BAT, XLVI, 9 (sept. 71), 30, 32 et 35, texte & ill.
    TCA, XV (yearbook 70), 36-37, texte & ill.
Toronto
H2490
    CB, XIII, 2 (fév. 63), 17, texte & ill.
    TCA, I, 4 (avril 56), 27, ill.
H2491   Alvin Avenue Housing
    TCA, XXIV, 1 (jan. 79), 20-25, texte & ill.
H2492   Macphail Residence
    TCA, XVIII, 11 (nov. 73), 4, texte & ill.
North York
H2493   Flemingdon Park
    RAIC, XXXIX, 10 (oct. 62), 58, ill.
H2494   The Somerset
    CB, XVI, 10 (oct. 66), 54-55, texte & ill.
    ABC, XXII, 249 (jan. 67), 36, texte.

Grossman, Irving; Lilitzak, Eugene
Toronto
H2495   127 Broadway
    RAIC, XXXIV, 8 (août 57), 308, ill.

Grozbord, King & Ass.
Don Mills
H2496
    TCA, XIV, 4 (avril 69), 12, texte & ill.
Toronto
H2497   The Fairbanks
    CB, XXI, 6 (juin 71), 26, ill.
    BAT, XLV, 7 (juil. 70), 46, texte.

Hale, Terry
Vancouver
H2498   (Immeuble, Nelson St.)
    TCA, XXIII, 7 (juil. 78), 38-40, texte & ill.
H2499   Condominium West Park
    AC, XXXV, 350 (jan.-fév. 79), 12-18, texte & ill.
    CB, XXVII, 9 (sept. 77), 50 et 53, texte & ill.
    CB, XXVIII, 10 (oct. 78), 5, ill.

Hale, Harrison & Buzzelle
Burnaby
H2500 Parkwood Terrace
TCA, VI, 5 (mai 61), 65-66, texte & ill.
RAIC, XXXVIII, 11 (nov. 61), 53, ill.
RAIC, XXXIX, 4 (avril 62), 34, ill.
CB, XI, 12 (déc. 61), 38-39 et 45, texte & ill.
CB, XII, 2 (fév. 62), 30-32, texte & ill.
BAT, IX, 12 (déc. 61), 13-14, texte & ill.

Hamilton, Gerald; MacDonald, Jack
Vancouver
H2501 (Tour de 17 étages, 113th St. & Jasper Ave)
CB, XXIII, 4 (avril 73), 62, texte.

Hancock, Little, Calvert Ass.
Toronto
H2502 Lonsdale Towers
TCA, X, 4 (avril 65), 46, texte & ill.
CB, XIV, 9 (sept. 64), 24-25, texte & ill.
CB, XXII, 6 (juin 72), 24-25 et 48, texte & ill.

Hanks & Irwin
Ajax
H2503 7 Apartment buildings
CB, III, 9 (sept. 53), 41, texte & ill.

Harvey, Jacques; Mercier, Pierre; Bernard, Gilles
H2504 Voir Bernard, Gilles; Harvey, Jacques; Mercier, Pierre

Harvey, Jean-Marc; Gagnon, Yves
Cap-Rouge
H2505 Projet d'habitation en falaise
AC, 25, 286 (juil.-août 70), 30-32, texte & ill.

Hnidan, Wm; Pratt, B.F.; Holubitsky, O.
North Vancouver
H2506 CB, XVI, 8 (août 66), 7, texte.

Holland & Rockliff
Edmonton
H2507 Condominium Hyde Park
ARCAN, 48 (5 avril 71), 1, texte & ill.
CB, XIX, 11 (nov. 69), 96, texte.

Hollingsworth, Fred T.; Downs, Barry V.
Gold River (C.-B.)
H2508 Gold River Apartments
TCA, X (yearbook 65), 76, texte & ill.
TCA, XI, 3 (mars 66), 10, texte.

Housden, Rick; Menkes, René
H2509 Voir Menkes, René; Housden, Rick

Hulbert, R.E. (Ass.)
Coquitlam
H2510 Fairways Condominiums
CB, XXVIII, 5 (mai 78), 21-22, texte & ill.
TCA, XX, 12 et XXI, 1 (déc. 75 et jan. 76), 46-49, texte & ill.
TCA, XXIII, 2 (fév. 78), 14-17, texte & ill.
Vancouver
H2511 Vancouver Village
TCA, XXII, 12 (déc. 77), 34-35, texte & ill.

Jackson, D.S.
Vancouver
H2512 RAIC, XXVIII, 3 (mars 51), 71, texte & ill.

Jackson, Ypes & Ass.
Toronto
H2513 May Robinson House
TCA, IX, 12 (déc. 64), 86 et 88, texte & ill.

Jessiman, Roy
Vancouver
H2514 Park Harbour
CB, XIV, 5 (mai 64), 26-27, texte & ill.

Jessop, A.E.
Toronto
H2515 (Immeuble, avenue Rd.)
CB, XII, 2 (fév. 62), 28-29, texte & ill.

Jodoin-Lamarre-Carrière-Pratte
Saint-Laurent
H2516 "Joie de Vivre"
BAT, XLIV, 6 (juin 69), 34, texte & ill.
BAT, XLV, 2 (fév. 70), 30-33, texte & ill.

Jodoin, Lamarre & Pratte
Édifice de lieu inconnu
H2517 Cité du Colombier
AC, 25, 288 (oct. 70), 25, texte & ill.
Pointe-aux-Trembles
H2518 Pavillon Lafontaine
AC, 25, 288 (oct. 70), 26, texte & ill.

Johnson-Marshall, Percy; Matthew, Robert
Halifax
H2519 Cornwallis Centre
TCA, IX (yearbook 64), 85, texte & ill.

Jones, Murray V. (Ass.); Margison, A.D. (Ass.)
H2520 Voir Margison, A.D. (Ass.); Jones, Murray V. (Ass.)

Kafka, Peter
Vancouver
H2521 Imperial
CB, XIV, 4 (avril 64), 26-27, texte & ill.

Kahn, Harold Z.; Mayers & Girvan
Montréal
H2522 Maisons d'appartements, Place Decelles
ABC, XIII, 142 (fév. 58), 35-38, texte & ill.

Kalman, M.M.; Fisher, Reuben
H2523 Voir Fisher, Reuben; Kalman, M.M.

Kay, John R.
Ladner (C.-B.)
H2524 Chapman Housing Estate
ARCAN, 46, 1 (jan. 69), 51, ill.
TCA, XIX, 4 (avril 74), 38, ill.
South Delta (C.-B.)
H2525 TCA, XIII, 12 (Déc. 68), 38, texte & ill.

Kelton, J.G.
Etobicoke
H2526 (2 tours de 15 étages, Mill & Burnhamthorpe Rd.)
CB, XXIII, 3 (mars 73), 49, texte.

Kennedy, Warnett; Gardiner, Ken
H2527 Voir Gardiner, Ken; Kennedy, Warnett

Kerouak, Gaston
Trois-Rivières
H2528 "Quadrex"
CB, XII, 4 (avril 62), 48-49, texte & ill.

Klein & Sears
Édifice de lieu inconnu
H2529 BAT, XLII, 5 (mai 67), 4 et 7, texte & ill.
Toronto
H2530 CB, XIII, 2 (fév. 63), 18, texte & ill.
H2531 Blake Street development
TCA, XII, 11 (nov. 67), 7-8, texte & ill.

Klein & Sears; Markson, Jerome
North York
H2532 Whitburn Apartments
RAIC, XXXVIII, 10 (oct. 61), 41-43, texte & ill.

Kohl, Harry
Toronto
H2533 Brentwood Towers
TCA, IV, 11 (nov. 59), 46-47, texte & ill.

Kolenc, Angelo
Etobicoke
H2534 (Immeuble de 15 étages)
CB, XXVII, 5 (mai 77), 45, texte & ill.

Krackow, H.L.
St-Lambert
H2535 Riverside Towers
CB, XIII, 6 (juin 63), 35, texte & ill.

Kock, Leblond, Beaubien
Joliette
H2536 (102 logements)
BAT, LIV, 4 (avril 79), 16-17, texte & ill.

Kwok, Stanley; Romses & Kwan
Victoria
H2537 Complexe hôtelier et résidentiel, Laurel Point
CB, XXIII, 12 (déc. 73), 52, texte.

Lagacé, Georges
Édifice de lieu inconnu
H2538 Projet d'étudiant: une tour d'habitation
ABC, XVII, 197 (sept. 62), 41, texte & ill.
Beaupré
H2539 Les Habitations Le Plateau
BAT, LII, 7 (juil. 77), 7, texte.

Lambros, Gregory A.
Halifax
H2540 CB, XVII, 6 (juin 67), 78, texte & ill.
H2541 Clayton Park Towers
CB, XX, 2 (fév. 70), 60, texte.
CB, XXII, 3 (mars 72), 7, texte & ill.
CB, XXIII, 7 (juil. 73), 52, texte.
CB, XXV, 2 (fév. 75), 7, texte.

Larrington, C.T.
Edmonton
H2542 (condominium, 112th St. & 9th Ave)
CB, XIX, 7 (juil. 69), 58, texte.

Lazar & Sterlin
Montréal
H2543 Le Milbrooke
ABC, XIII, 142 (fév. 58), 30-31, texte & ill.

Leach, Geoffrey
Vancouver
H2544 The Shoreland
CB, XIV, 2 (fév. 64), 26 et 34-35, texte & ill.

LeClaire, Peter; Avramovitch, Aza (Ass.)
H2545 Voir Avramovitch, Aza (Ass.); LeClaire, Peter

Lemay, Alain; Boucher, Benoît; Carrier, Thomas
H2546 Voir Boucher, Benoît; Carrier, Thomas; Lemay, Alain

Lemieux, Jean
Montréal
H2547 Projet d'étudiant: tour d'habitation type
ABC, XIX, 218 (juin 64), 46-47, texte & ill.

Levitt, Alfred
Édifice de lieu inconnu
H2548 (Immeuble de 8 étages)
CB, VI, 10 (oct. 56), 46, texte & ill.

Lezosky et Stenman
Ville Mont-Royal
H2549 Complexe La Citadelle
BAT, LII, 9 (sept. 77), 6, texte.

Libling, Michener and Ass.
Assiniboia
H2550 Westwood Courts
CB, XV, 6 (juin 65), 56-57, texte & ill.
Fort Garry
H2551 Southwood Village
CB, XX, 1 (jan. 70), 42, ill.
Manitoba
H2552 ARCAN, 48 (7 juin 71), 3
H2553 Édifice à appartements, prix du Centenaire
BAT, XLII, 5 (mai 67), 8, texte & ill.
Winnipeg
H2554 CB, XVII, 9 (sept. 67), 65, texte & ill.
H2555 (Immeuble de 12 appartements)
CB, XV, 1 (jan. 65), 22-23, texte & ill.
H2556 Executive House Apartments
RAIC, XXXVIII, 11 (nov. 61), 56, ill.
TCA, VI, 11 (nov. 61), 6, ill.

Lilitzak, Eugene; Grossman, Irving
H2560 Voir Grossman, Irving; Lilitzak, Eugene

Lipson & Dashkin
Toronto
H2561 Wycliffe Hill
ABC, XXII, 252 (avril 67), 25, texte & ill.

Long, John W.
Calgary
H2562 Kelvin Grove Patio Apartments
RAIC, XLI, 8 (août 64), 35-38, texte & ill.
TCA, IX, 5 (mai 64), 6 et 8, texte & ill.

Longpré, Marchand, Goudreau, Dobush, Stewart, Bourke
Ville Saint-Michel
H2563
AC, 25, 288 (oct. 70), 37 et 39, texte & ill.

Lund, L.O.
Ocean Falls (C.-B.)
H2564
CB, XVI, 6 (juin 66), 61, texte.

Lund, King & Associates
North Vancouver
H2565 Delbrook Garden-Apartments
CB, XIII, 2 (fév. 63), 18, texte & ill.
RAIC, XXXIX, 10 (oct. 62), 58, ill.
TCA, IX, 4 (avril 64), 45-48, ill.
Vancouver
H2566 Seastrand apartment
CB, XIII, 11 (nov. 63), 32, texte & ill.

MacDonald, Jack; Hamilton, Gerald
H2567 Voir Hamilton, Gerald; MacDonald, Jack

MacDonald, John A.
Saskatoon
H2568 (Immeuble de 21 étages)
CB, XVI, 7 (juil. 66), 8, ill.
Winnipeg
H2569 (407 suites)
CB, XIII, 12 (déc. 63), 40-41, texte & ill.

MacDonald and Zuberec
St. Catharines
H2570 Cardinal Apartments
CB, XXIX, 7 (juil. 79), 20 et 22, texte & ill.

McLeod, Barclay
Burnaby
H2571 (95 unités)
CB, XXVIII, 4 (avril 78), 8, ill.

Major, Pierre W.
Repentigny
H2572 Résidence de la rive nord
AC (mars-avril 80), 14-16 et 18-19, texte & ill.

Mandel, Raymond
Etobicoke
H2573 Old Mill Towers
CB, XVII, 5 (mai 67), 42-43, texte & ill.
Toronto
H2574 Royal York Gardens
CB, XV, 5 (mai 65), 72, texte.
CB, XV, 6 (juin 65), 61, texte & ill.
North York
H2575 Flemingdon Park
CB, XVI, 3 (mars 66), 50-51, texte & ill.
TCA, IX, 12 (déc. 64), 88, texte & ill.
TCA, XV, 5 (mai 70), 47-48, ill.
CB, XI, 12 (déc. 61), 38-39 et 47, texte & ill.
BAT, IX, 12 (déc. 61), 15, ill.
H2557 Grosvenor House
RAIC, XLI, 11 (nov. 64), 79, texte & ill.
TCA, XV, 5 (mai 70), 47-48, ill.
ABC, XXII, 252 (avril 67), 27, texte & ill.
CB, XI, 6 (juin 61), 53, texte & ill.
H2558 Lakeshore Park
CB, XXIII, 10 (oct. 73), 38, texte & ill.
H2559 Village West
ABC, XXII, 252 (avril 67), 27, texte & ill.

Mandel, Raymond; Boigon & Heinonen
H2576 Voir Boigon & Heinonen; Mandel, Raymond

Margison, A.D. (Ass.); Jones, Murray V. (Ass.)
Toronto
H2577 (plusieurs tours d'habitation au-dessus des rails du CNR)
TCA, IX, 2 (fév. 64), 5-6, texte & ill.

Markson, Jerome
Bramalea
H2578 Concept 3
CB, XXII, 2 (fév. 72), 30, texte & ill.
TCA, XVIII, 2 (fév. 73), 36-39, texte & ill.
Toronto
H2579 Multiple Housing Project
ARCAN, 45, 1 (jan. 68), 50, ill.
H2580 Pembroke Sherbourne Housing
TCA, XXIV, 5 (mai 79), 36-38, texte & ill.

Markson, Jerome; Klein & Sears
H2581 Voir Klein & Sears; Markson, Jerome

Marsan, Jean-Claude
Édifice de lieu inconnu
H2582 Projet d'étudiant: maisons modulaires co-propriété
ABC, XVIII, 209 (sept. 63), 49, texte & ill.

Martin, Ian
Montréal
H2583 Cantlie House
RAIC, XLI, 9 (sept. 64), 62-65, texte & ill.
TCA, IX, 9 (sept. 64), 41-45, texte & ill.
TCA, IX (yearbook 64), 62-63, texte & ill.
ABC, XXII, 222 (oct. 64), 35-41, texte & ill.
CB, XIV, 2 (fév. 64), 27 et 32-33, texte & ill.
BAT, XXXIX, 1 (jan. 64), 34-35, texte & ill.
BAT, XXXIX, 2 (fév. 64), 29-34, texte & ill.
H2584 Port-Royal
TCA, X, 4 (avril 65), 53-54, texte & ill.
TCA, X, 6 (juin 65), 13, texte.
ABC, XXI, 242 (juin 66), 35-38, texte & ill.
CB, XV, 2 (fév. 65), 7, texte & ill.
BAT, XL, 3 (mars 65), 25-29, texte & ill.
BAT, XL, 6 (juin 65), 28-30 et 37, texte & ill.
BAT, XLI, 7 (juil. 66), 5, texte & ill.
Québec
H2585 Le Montmorency
ABC, XIX, 218 (juin 64), 26-32, texte & ill.
Westmount
H2586 Le 4300 avenue Western
ABC, XIV, 161 (sept. 59), 271-275, texte & ill.

Martin, Ian; Prus, Victor
Montréal
H2587 (Immeuble en forme de Y)
TCA, VII, 4 (avril 62), 5, texte & ill.
Westmount
H2588 Savoy Plaza
RAIC, XL, 7 (juil. 63), 49-51, texte & ill.
ABC, XVIII, 209 (sept. 63), 44-48, texte & ill.

Martin, Mendelow and Partners
Mississauga
H2589 Winston Churchill
CB, XXVIII, 10 (oct. 78), 24-25, texte & ill.

Matthew, Robert; Johnson-Marshall, Percy
H2590 Voir Johnson-Marshall, Percy; Matthew, Robert

Maxwell and Campbell
Calgary
H2591 Place Concorde
CB, XVII, 12 (déc. 67), 24, texte & ill.
H2592 The Malhurst
CB, XIX, 7 (juil. 69), 6, ill.

Mayerovitch & Bernstein
Montréal
H2593 Le Montebello
ABC, XVII, 197 (sept. 62), 30-33, texte & ill.
CB, X, 11 (nov. 60), 21-23, texte & ill.
H2594 Le Seigniory
ABC, XV, 173 (sept. 60), 274-277, texte & ill.
H2595 The Lorraine
ABC, VIII, 84 (avril 53), 24-27, texte & ill.

Mayerovitch, Bernstein & Mincoff
Montréal
H2596 Les Dauphins
BAT, XLVII, 7 (juil. 72), 5, texte & ill.

Mayers & Girvan
Dorval
H2597 Lakeview Plaza
ABC, XV, 173 (sept. 60), 281-283, texte & ill.

Mayers & Girvan; Kahn, Harold Z.
H2598 Voir Kahn, Harold Z.; Mayers & Girvan

Melamed, Croft and Grainer
Montréal
H2599 Presidential Towers
CB, XIX, 6 (juin 69), 46-47, texte & ill.

Melamed, Morris; Fish, Michael
Montréal
H2600 Les Jardins Fleury
BAT, XXXVII, 2 (fév. 62), 24-27, texte & ill.

Mendelow, Martin
Hamilton
H2601 (2 tours de 10 étages)
CB, XXI, 12 (déc. 71), 6, texte.
Toronto
H2602 (Immeuble en forme de T)
CB, XXI, 10 (oct. 71), 29

Menkes, René; Housden, Rick
Montréal
H2603 The Village
CB, XII, 2 (fév. 62), 37-39, texte & ill.

Menkes & Webb
Montréal
H2604 Le Cartier
ABC, XIX, 221 (sept. 64), 66, texte.
ABC, XXI, 239 (mars 66), 49-51, texte & ill.
ABC, XXI, 244 (août 66), 50, texte.
CB, XIV, 9 (sept. 64), 66, texte.
CB, XV, 6 (juin 65), 54, texte & ill.
BAT, XXXIX, 10 (oct. 64), 30-34, texte & ill.
BAT, XLVI, 6 (juin 71), 11-12, ill.
H2605 Embassy Row Apartment Building
TCA, IX, 9 (sept. 64), 46-49, texte & ill.
TCA, IX, 12 (déc. 64), 88, texte & ill.
ABC, XVIII, 209 (sept. 63), 34-37, texte & ill.
CB, XV, 1 (jan. 65), 22, texte & ill.
BAT, XL, 6 (juin 65), 31, ill.

Mercier, Pierre; Bernard, Gilles; Harvey, Jacques
H2606 Voir Bernard, Gilles; Harvey, Jacques; Mercier, Pierre

Michaud, Viateur; Côté, Roméo
H2607 Voir Côté, Roméo; Michaud, Viateur

Miljevic, Dobro
Montréal
H2608 Immeuble d'habitation, boul. Mont-Royal
BAT, LIII, 4 (avril 78), 20-21, texte & ill.
H2609 Le Manoir Camélia
AC, 34, 347 (juil.-août 78), 24-26, texte & ill.

Milne, W.G.
Calgary
H2610
CB, XVI, 6 (juin 66), 62, ill.

Minsos, Vaitkunas & Jamieson
Edmonton
H2611 Cathedral Court Apartments
TCA, XV, 3 (mars 70), 8, texte & ill.

Miron, Isaac
Sherbrooke
H2612 Domaine de la Montagne
BAT, XLI, 10 (oct. 65), 7, texte & ill.
BAT, XLIII, 5 (mai 68), 8, texte & ill.
BAT, XLIII, 9 (sept. 68), 40-41, texte & ill.

Miron and Linden
Châteauguay
H2613 (10 édifices à appartements)
CB, XIX, 10 (oct. 69), 66, texte.

Mogilesky, Arthur
Baie-Comeau
H2614 Projet pour un groupe de blocs d'appartements
ABC, XVI, 177 (jan. 61), 22-23, texte & ill.

Moreau, Gilbert
Montréal
H2615 Le Maisonneuve
ABC, XVIII, 209 (sept. 63), 50-51, texte & ill.

Morgan and Assheton
Toronto
H2616 Dorchester Apartments
RAIC, XVIII, 6 (juin 41), 103, ill.

Murray, James
Don Mills
H2617 RAIC, XXXI, 1 (jan. 54), 27, ill.
Toronto
H2618 Condominium, Palace Pier
ARCAN, 48 (24 mai 71), 2, texte & ill.

Murray, James; Fliess, Henry
Don Mills
H2619 Don Mills' Cloisters
CB, XIV, 2 (fév. 64), 27, texte & ill.

Murray & Murray
Ottawa
H2620 St. Mary's Home
ARCAN, 47 (30 mars 70), 4
H2621 St. Patrick Oblate Fathers' Residence
ARCAN, 47 (30 mars 70), 4, texte & ill.

Page & Steele
Ottawa
H2622 Le Sandringham
ABC, XIV, 161 (sept. 59), 278-283, texte & ill.
RAIC, XXXVI, 8 (août 59), 284-285, texte & ill.
Toronto
H2623 (apartment building)
RAIC, XXXII, 10 (oct. 55), 369, ill.
H2624 "561"
NB, V, 8 (août 56), 16, texte & ill.
H2625 The Benvenuto
RAIC, XXIX, 6 (juin 52), 175, ill.
RAIC, XXXIII, 1 (jan. 56), 14-19, ill.
NB, V, 8 (août 56), 16, texte & ill.
H2626 Garden Court Apartments
RAIC, XXVIII, 2 (fév. 51), 37, ill.
TCA, III, 7 (juil. 58), 24-26, texte & ill.
H2627 The Torontonian
RAIC, XXX, 9 (sept. 53), 260, ill.

Papineau, Gérin-Lajoie, Leblanc; Duret, Jean
H2628 Voir Duret, Jean; Papineau, Gérin-Lajoie, Leblanc

Paré, Pierre; Dallaire, Michel; van Houtte, Roch
Sillery
H2629 Projet d'habitat
AC, XXIX, 323 (mai-juin 74), 36, texte & ill.

Parkin, John B.
Édifice de lieu inconnu
H2630 Dominion Woollens and Worsteds Ltd., Employee's Home
TCA, XXIII, 7 (juil. 78), 21, ill.

Patrick, Charles
Richmond (C.-B.)
H2631 Sharon Gardens
ARCAN, 49 (22 mai 72), 18, texte & ill.
TCA, XVII, 1 (jan. 72), 7, texte & ill.

Petrone, Mario; Chamberland, René; Côté, Christian
H2632 Voir Chamberland, René; Côté, Christian; Petrone, Mario

Phillips, Barratt and Partners
Ocean Falls (C.-B.)
H2633 Cascade Lodge
CB, XV, 10 (oct. 65), 8, texte.

Pothier, Jean-Paul
Édifice de lieu inconnu
H2634 RAIC, XXXIV, 3 (mars 57), 89, texte & ill.
Montréal
H2635 Projet de thèse: essai sur l'habitation collective pour un secteur ouvrier de Montréal
ABC, VIII, 87 (juil. 53), 23-26, texte & ill.

Prack and Prack
Chippawa
H2636 Norton Company Limited, Men's Dormitory
RAIC, XXI, 5 (mai 44), 100, ill.

Prii, Uno
Etobicoke
H2637 (Édifice de 22 étages)
CB, XVII, 6 (juin 67), 73, texte & ill.
Toronto
H2638 (Immeuble, Erskine Ave)
CB, XI, 2 (fév. 61), 24-25, texte & ill.
H2639 Belmar Park
CB, XI, 2 (fév. 61), 24 et 28, texte & ill.
H2640 The "Flying Form"
CB, XIV, 6 (juin 64), 24-25, texte & ill.
North York
H2641 CB, XI, 2 (fév. 61), 24 et 26-27, texte & ill.

Prii, Uno; Freedman, Gerald
Toronto
H2642 St. James Town
CB, XVI, 10 (oct. 66), 57, texte & ill.
CB, XVII, 6 (juin 67), 72, texte & ill.
CB, XVII, 8 (août 67), 5, texte & ill.
CB, XIX, 6 (juin 69), 48, texte & ill.
CB, XIX, 7 (juil. 69), 6, texte.

Prus, Victor; Martin, Ian
H2643 Voir Martin, Ian; Prus, Victor

Rapske, R.
Burnaby
H2644 Apartment Development for Walnut Enterprises
ARCAN, 46, 1 (jan. 69), 45, ill.

Reimer, Norman
Winnipeg
H2645 Queen's Court Plaza
CB, XVIII, 6 (juin 68), 50-51, texte & ill.

Rhone & Iredale
Hudson Hope (C.-B.)
H2646 ABC, XXII, 252 (avril 67), 28, texte & ill.
Vancouver
H2647 Laurel Court
TCA, XXII, 1 (jan. 77), 48-50, texte & ill.

Richard, René
Hull
H2648 Fairmont
BAT, XXIX, 7 (juil. 54), 19-21, texte & ill.
Ottawa
H2649 Les appartements Mayfield et Selkirk
ABC, XIV, 161 (sept. 59), 276-277, texte & ill.
H2650 Hôtel Appartements Riverside
ABC, XIII, 152 (déc. 58), 30-32, texte & ill.

Richmond, E.I.
Hamilton
H2651 (Immeuble de 14 étages)
CB, XIV, 4 (avril 64), 28, texte & ill.
Scarborough
H2652 (Immeuble de 12 étages, Kennedy & Glamorgan Rd.)
CB, XIX, 11 (nov. 69), 5, texte.
Toronto
H2653 Immeuble, Palace Pier
CB, XXIII, 10 (oct. 73), 82, texte.
CB, XXIV, 1 (jan. 74), 46, texte.
CB, XXVI, 9 (sept. 76), 24 et 29, texte & ill.
H2654 Royal Gate Apartments
CB, XV, 10 (oct. 65), 66-67, texte & ill.

Romses & Kwan; Kwok, Stanley
H2655 Voir Kwok, Stanley; Romses & Kwan

Ronco & Bélanger
Montréal
H2656 Les Appartements Métropolitains
CB, X, 4 (avril 60), 58-59, texte & ill.

Rosen, Caruso, Vecsei
Montréal
H2657 Le Noble
BAT, LII, 8 (août 77), 5, texte.

Rosenberg, William J.
Montréal
H2658 Blueridge Plaza
ABC, XIII, 142 (fév. 58), 40-43, texte & ill.

Rother, Vincent
Dorval
H2659 Dorval Garden Apartments
CDQ, XXIV, 5 (sept. 49), 17-18, texte & ill.
Montréal
H2660 Projet pour un groupe de logis familiaux
ABC, IX, 93 (jan. 54), 28-31, texte & ill.

Roux, P.
Rosemont
H2661 (un triplex)
BAT, XXIX, 12 (déc. 54), 17, texte & ill.

Roy, Jean-Marie
Ville La Salle
H2662 Les appartements Fontainebleau
ABC, XIV, 161 (sept. 59), 284-289, texte & ill.
BAT, XXXIV, 8 (août 59), 38-39 et 41, texte & ill.

Russell, John
Ottawa
H2663 CB, XVII, 6 (juin 67), 68-69, texte & ill.
H2664 Herongate Block
ABC, XXII, 252 (avril 67), 26, texte & ill.

Ryan & Lee
Hamilton
H2665 Greenhill Place
CB, XXI, 4 (avril 71), 5, texte.

Safdie, Moshe
Édifice de lieu inconnu
H2666 Projet-thèse (McGill): Une étude de trois formules d'habitation à haute densité.
ABC, XVI, 183 (juil. 61), 32-37, texte & ill.

Safdie, Moshe; David, Barott, Boulva
Montréal
H2667 Habitat 67
ABC, XVIII, 212 (déc. 63), 48, texte.
ABC, XXI, 248 (déc. 66), 24-25 et 44, ill.
AC, 29, 325 (sept.-oct. 74), 14-16, texte & ill.
RAIC, XLII, 6 (juin 65), 46-48, texte & ill.
ARCAN, 43, 7 (juil. 66), 36-37, texte & ill.
ARCAN, 44, 6 (juin 67), 6 (supplément à la revue), ill.
ARCAN, 45, 11 (nov. 68), 49, texte & ill.
TCA, IX, 10 (oct. 64), 37-46, texte & ill.
TCA, IX, 12 (déc. 64), 12, texte.
TCA, X, 5 (mai 65), 5-6, texte & ill.
TCA, XI, 10 (oct. 66), 54-55, texte & ill.
TCA, XII, 8 (août 67), 11-12, texte & ill.
TCA, XII, 10 (oct. 67), 31-49, texte & ill.
TCA, XII, 11 (nov. 67), 7, texte.
TCA, XII (yearbook 67), 43 et 48, texte & ill.
TCA, XIII, 1 (jan. 68), 40-41, texte & ill.
TCA, XIV, 11 (nov. 69), 43, ill.
TCA, XV, 9 (sept. 70), 6, texte.
TCA, XXV, 11 (nov. 80), 30, texte & ill.
CB, XV, 1 (jan. 65), 7, texte.
CB, XV, 3 (mars 65), 7, texte.
CB, XV, 5 (mai 65), 6, texte.
CB, XV, 6 (juin 65), 58, texte & ill.
CB, XV, 9 (sept. 65), 70, texte.
CB, XVI, 5 (mai 66), 8, texte.

CB, XVI, 7 (juil. 66), 7, ill.
CB, XVII, 2 (fév. 67), 48, texte & ill.
CB, XVII, 4 (avril 67), 65, texte & ill.
CB, XVII, 4 (avril 67), 78-79, texte & ill.
CB, XVIII, 2 (fév. 68), 5, texte.
CB, XVIII, 5 (mai 68), 68, texte.
BAT, XL, 9 (sept. 65), 7, texte & ill.
BAT, XLI, 4 (avril 66), 24-26, texte & ill.
BAT, XLII, 5 (mai 67), 42-43, texte & ill.
BAT, XLII, 6 (juin 67), 35, ill.
BAT, XLII, 8 (août 67), 6-7, texte & ill.
BAT, XLIV, 8 (août 69), 23-24, texte.

Sarter, D.M.
Vancouver
H2668 (Immeuble de 4 étages, West End)
CB, XXIII, 8 (août 73), 6, ill.

Satok & Poizner
Toronto
H2669 Parc IX Apartments
RAIC, XLII, 11 (nov. 65), 55 et 58, texte & ill.
TCA, IX, 6 (juin 64), 9, texte & ill.
TCA, X, 11 (nov. 65), 13 et 24, texte & ill.
CB, XIV, 8 (août 64), 22-23, texte & ill.
CB, XIV, 12 (déc. 64), 40, texte.
CB, XV, 4 (avril 65), 71, texte & ill.

Schmid, Klaus
Vancouver
H2670 Kitsun
CB, XXX, 1 (jan. 80), 26-27, texte & ill.

Schmidt, J.M. (Ass.)
Richmond (C.-B.)
H2671 Highrise Apartment Development
ARCAN, 45, 1 (jan. 68), 50, ill.

Schmidt, Sieghart
Edmonton
H2672 Dunedin House
CB, XVI, 6 (juin 66), 63, ill.

Schuller, Norbert J.
London
H2673 The Pioneer
CB, XXVIII, 9 (sept. 78), 34-35, texte & ill.

Searles & Meschino
St-John's (T.-N.)
H2674 Churchill Park
RAIC, XXVII, 3 (mars 50), 97, ill.

Seidler, Harry
Édifice de lieu inconnu
H2675 (maison à appartements)
RAIC, XXII, 4 (avril 45), 79, texte & ill.

Seligman & Dick
Toronto
H2676 10 Avoca Avenue
TCA, XV, 1 (jan. 70), 6-7, ill.
TCA, XVI, 3 (mars 71), 56-57, texte & ill.
CB, XX, 1 (jan. 70), 42, ill.

Semec
Bromont
H2677 L'Escalade
BAT, XLVI, 5 (mai 71), 19 et 24, texte & ill.

Semmens & Simpson
Vancouver
H2678 Immeuble près de Stanley Park
RAIC, XXXV, 4 (avril 58), 126, ill.
H2679 Arlydene Apartments
RAIC, XXVII, 9 (sept. 50), 312, ill.
H2680 Hycroft Towers
RAIC, XXX, 4 (avril 53), 92-95, texte & ill.
CB, II, 5 (mai 52), 23-26, texte & ill.

Sharp and Thompson, Berwick, Pratt
Vancouver
H2681 Georgian Towers
TCA, 1 (nov.-déc. 55), 74, texte & ill.

Shenkman & Hersen
Montréal
H2682 Le Cherrier
ABC, XIX, 223 (nov. 64), 44, texte.
BAT, XXXIX, 1 (jan. 64), 35, texte & ill.
CB, XIII, 12 (déc. 63), 3, texte & ill.

Shulman, Wilfred
Toronto
H2683 (Immeuble de 17 étages)
TCA, 1 (nov.-déc. 55), 75, texte & ill.

Shulman, Wilfred; Daniels, John
H2684 Voir Daniels, John; Shulman, Wilfred

Sievenpiper
Markham
H2685 Thompson Court Apartments
TCA, XXIII, 1 (jan. 78), 8 et 10, texte & ill.
CB, XXVII, 12 (déc. 77), 12-13, texte & ill.

Smith, Carter, Searle Associates
Winnipeg
H2686 Cambridge Tower
CB, XIV, 10 (oct. 64), 57, texte & ill.
CB, XVI, 6 (juin 66), 61, ill.

Stovel, Albert
St. James (Man.)
H2687 Pinewood Apartments
CB, XIV, 10 (oct. 64), 47, texte & ill.

Swanson, Herbert A.
Chomedey
H2688 Groupement mixte résidentiel de Bellerive
BAT, XXXIX, 4 (avril 64), 36-38, texte & ill.
BAT, XXXIX, 9 (sept. 64), 4-5, texte & ill.
BAT, XLI, 6 (juin 66), 28, ill.
CB, XIV, 4 (avril 64), 24-25, texte & ill.

Tampold, Elmar (Ass.)
Édifice de lieu inconnu
H2689
TCA, VIII, 8 (août 63), 5-6, texte & ill.
Halifax
H2690 Spring Gardens
CB, XIV, 7 (juil. 64), 36-37, texte & ill.

Tampold & Wells
Édifice de lieu inconnu
H2691
BAT, XLII, 5 (mai 67), 7 et 10, texte & ill.
Halifax
H2692 Embassy Towers
TCA, VIII, 8 (août 63), 5-6, texte & ill.
TCA, XI, 8 (août 66), 49-50, texte & ill.
ABC, XXII, 252 (avril 67), 29, texte & ill.
CB, XV, 6 (juin 65), 66, texte & ill.
CB, XVII, 6 (juin 67), 68-69, texte & ill.
Toronto
H2693 (Immeuble de 34 étages, 44 Gerrard St. East)
CB, XXII, 12 (déc. 72), 11, texte & ill.

Tanner/Kay
Surrey
H2694 Essex House
TCA, XIX, 4 (avril 74), 42, texte & ill.
H2695 Northumberland House
TCA, XIX, 4 (avril 74), 42, texte & ill.
H2696 Westmorland House
TCA, XIX, 4 (avril 74), 42, texte & ill.
Vancouver
H2697 (Immeuble, Point Grey)
TCA, XIX, 4 (avril 74), 41, texte & ill.

Thompson, Berwick and Pratt
Edmonton
H2698 Villa Montecito
ARCAN, 48 (5 avril 71), 1, texte & ill.

Thompson, Berwick, Pratt & Partners
Vancouver
H2699 Harbour Park Development
ARCAN, 44, 1 (jan. 67), 42-43, ill.
TCA, X, 6 (juin 65), 5-6, texte & ill.
CB, XVI, 8 (août 66), 5, texte.
CB, XVI, 10 (oct. 66), 5, texte.

Tolchinsky, H.M.
Montréal
H2700 Tour Lafontaine
BAT, XLVII, 2 (fév. 72), 11, texte & ill.
H2701 L'Escale West
CB, XV, 12 (déc. 65), 24-25, texte & ill.

Tomcej, Alexander
Winnipeg
H2702 (Eight-floor Apartment for a Neighborhood Redevelopment project)
RAIC, XXVII, 4 (avril 50), 141, texte & ill.

Tornay, Edgar
Montréal
H2703 Unités de logements de Centennial Court
BAT, XLIV, 7 (juil. 69), 36, texte & ill.

Université de Montréal
Montréal
H2704 Projet d'étudiant: une tour d'habitation dans un quartier à rénover
ABC, XV, 173 (sept. 60), 294-295, texte & ill.

University of Manitoba
Édifice de lieu inconnu
H2705 (Modèles de maisons d'appartements pour les Prairies)
ARCAN, 43, 10 (oct. 66), 13

Upenieks, Visvaldis V.
Burlington (Ont.)
H2706 New Brant Inn
ARCAN, 46, 1 (jan. 69), 35, ill.

Upenieks & Biskaps
Toronto
H2707 The Continental
CB, XIII, 9 (sept. 63), 40-41, texte & ill.

Vaccaro, Felice; Faucher, Pierre
H2708 Voir Faucher, Pierre; Vaccaro, Felice

Valentine, Frédérick
Sainte-Anne-de-Bellevue
H2709 Le Condominium Senneville
AC, 31, 335 (mai-juin 76), 9, texte & ill.

van Houtte, Roch; Paré, Pierre; Dallaire, Michel
H2710 Voir Paré, Pierre; Dallaire, Michel; van Houtte, Roch

van Norman, C.B.K. (Ass.)
Colombie-Britannique
H2711 Édifices à appartements, prix du Centenaire
BAT, XLII, 5 (mai 67), 7 et 11, texte & ill.
Vancouver
H2712 Beach Towers
CB, XV, 6 (juin 65), 54, 64-65, texte & ill.
CB, XVI, 6 (juin 66), 65, ill.
CB, XVII, 5 (mai 67), 45-46, texte & ill.
CB, XXIV, 6 (juin 74), 20, ill.
H2713 Musqueam Gardens Apartments
ARCAN, 44, 1 (jan. 67), 39, ill.
H2714 Triple Towers
CB, XIV, 5 (mai 64), 26, texte & ill.
H2715 Tudor Manor
ARCAN, 44, 1 (jan. 67), 39, ill.

Venchiarutti & Venchiarutti
Toronto
H2716
RAIC, XXXIII, 6 (juin 56), 232, ill.
RAIC, XXXVI, 8 (août 59), 286, texte & ill.
H2717 (apartment Building)
RAIC, XXXII, 10 (oct. 55), 368, ill.

Waisman, Allan
Winnipeg
H2718 Evergreen Place
CB, XIX, 8 (août 69), 64, texte.
H2719 Summerland
BAT, XLIX, 12 (déc. 74), 11, texte & ill.

Waisman & Ross; Gerson, W.
Winnipeg
H2720   CB, XI, 2 (fév. 61), 42-43, texte & ill.

Waisman, Ross, Hanna, Coop & Blankstein
Winnipeg
H2721   RAIC, XLIII, 3 (mars 66), 31, texte & ill.

Wallbridge & Imrie
Edmonton
H2722   TCA, I, 12 (déc. 56), 41-44, texte & ill.

Wallis and Bywater
North Bay
H2723   ARCAN, 49 (déc. 72), 6

Warshaw, Swartzman & Bobrow
Laval
H2724   Hâvre-des-Iles
ABC, XXI, 237 (jan. 66), 17-24, texte & ill.
ABC, XXII, 252 (avril 67), 28, texte & ill.
CB, XV, 4 (avril 65), 60-61, texte & ill.
CB, XXI, 1 (jan. 71), 27-28, texte & ill.
BAT, XLI, 3 (mars 66), 7 et 36-37, texte & ill.
BAT, XLI, 6 (juin 66), 29, ill.
RAIC, XLIII, 2 (fév. 66), 22, texte & ill.

Warunkiewicz, Janusz
Ile des Soeurs
H2725   Pyramide 77
AC, 33, 340 (mars-avril 77), 6, texte & ill.
AC, 33, 342 (juil.-août 77), 22-24 et 27-28, texte & ill.
AC, XXXV, 353 (juil.-août 79), 14-17 et 20-21, texte & ill.
CB, XXVII, 1 (jan. 77), 7, texte & ill.
BAT, LII, 1 (jan. 77), 5, texte & ill.
BAT, LIII, 5 (mai 78), 14, 16 et 30, texte & ill.

Webb, Zerafa, Menkes
Montréal
H2726   Le Montfort
BAT, XLIV, 4 (avril 69), 33-35, texte & ill.
H2727   Peelbrooke Tower Apartments
TCA, IX, 5 (mai 64), 64 et 67, texte & ill.
H2728   Rockhill Apartments
TCA, XIII (yearbook 68), 91-92, texte & ill.
ABC, XXIII, 270 (déc. 68), 31-34, texte & ill.
CB, XVI, 6 (juin 66), 58-59, texte & ill.
BAT, XLIII, 6 (juin 68), 25, ill.

Toronto
H2729   (Immeuble de 30 étages, près de North Toronto Station)
CB, XX, 8 (août 70), 7, texte.
H2730   (4 tours, Yonge St. & Frobisher Ave.)
CB, XIX, 4 (avril 69), 7, texte & ill.
H2731   Connaught Square Development
CB, XIII, 11 (nov. 63), 30-31, texte & ill.
TCA, VIII, 8 (août 63), 13 et 16, texte & ill.
H2732   Executive House
TCA, IX, 5 (mai 64), 64 et 66, texte & ill.
H2733   The Plateau
TCA, X, 4 (avril 65), 54, texte & ill.

Vancouver
H2734   (Complexe hôtelier pour Four Seasons Hotels Ltd et habitations collectives)
TCA, XIV, 6 (juin 69), 6, texte & ill.

Webb, Zerafa, Menkes, Housden
Toronto
H2735   Condominium, Palace Pier
ARCAN, 48 (24 mai 71), 2, texte & ill.
H2736   Vincent Paul Property
TCA, XXII, 12 (déc. 77), 40-42, texte & ill.

Webber, Harrington & Weld
Halifax
H2737   Pinehurst Estate
ARCAN, 46, 1 (jan. 69), 44, ill.

Weber, Max
Montréal
H2738   Sunnybrooke
BAT, LIII, 2 (fév. 78), 16-17, texte & ill.

Webster, Forrester, Scott & Ass.
Saskatoon
H2739   Cavalier Towers
CB, XV, 2 (fév. 65), 46, texte & ill.

Wilding & Jones
Vancouver
H2740   Édifice à appartements, prix du Centenaire
BAT, XLII, 5 (mai 67), 8-9, texte & ill.
CB, XVII, 7 (juil. 67), 34-35, texte & ill.
ABC, XXII, 252 (avril 67), 29, texte & ill.
CB, XVII, 9 (sept. 67), 65, texte & ill.
H2741   Arbustus Gardens
CB, XVI, 11 (nov. 66), 5, ill.

North Vancouver
H2742   CB, XV, 1 (jan. 65), 22-23, texte & ill.

Woolfson, J. Morris
Ottawa
H2743   CB, XI, 10 (oct. 61), 43, texte & ill.

Zajfen, Paul
Westmount
H2744   Housing Development for Westmount
ARCAN, 46, 5 (mai 69), 59-60, texte & ill.

Zeidler, Roberts Partnership
Toronto
H2745   Rosedale Glen
TCA, XXV, 12 (déc. 80), 6, texte & ill.

Maisons en bandes / Row Housing

"Architects examine row housing's future"
NB, VIII, 6 (juin 59), 3

"Model Row House Developed by New Design Technique" Montreal Building Trades Apprenticeship Center and McGill University Students
CB, III, 5 (mai 53), 33-35, texte & ill.

"Row housing has problems as well as savings"
NB, VIII, 6 (juin 59), 34

"Row housing is gaining consumer acceptance under chic 'town house' label."
CB, XV, 10 (oct 65), 63

"Row housing starts only gainer" (statistiques)
CB, XVI, 2 (fév. 66), 38

"The Mod — A new concept in low-cost town housing."
CB, XVII, 3 (mars 67), 72-73

"Une entreprise québécoise entreprend la construction d'un premier projet de maisons en rangée solaires à Laval"
BAT., LIII, 1 (janv. 78), 14-15, texte & ill.

Acland, James H.
"The future of the town house."
TCA, II, 6 (juin 57), 26-30

Burgess, Cecil S
"Alberta" (sur l'habitation groupée, en rangée)
RAIC, XXII, 12 (déc. 45), 272
"Alberta". (les maisons en rangée).
RAIC, XXIX, 4 (avril 52), 121

Dovell, Peter
"Row housing has economic advantages"
CB, IX, 12 (déc. 59), 9

Fliess, Henry
"Row houses have a place in our future housing plans"
CB, III, 3 (mars 53), 30-35, texte & ill.

Fliess, Henry; Murray, James A.
"New forms of family housing."
TCA, V, 9 (sept. 60), 54-58
"New forms of family housing." (étude de J.A. Murray et H. Fliess).
RAIC, XXXVII, 5 (mai 60), 171

Fraser, Ronald K.
"Row housing can provide nice living"
CB, IX, 12 (déc. 59), 9

Friesen, David
"Row housing needed"
CB, XI, 2 (fév. 61), 44

Hanson, Phil
"Skylights and trombe walls used to heat townhouse project in BC"
CB, XXX, 1 (janv. 80), 26-27

Klein, Jack
"Are the Prairies prejudiced about row housing? — An architect's impressions."
CB, XVII, 7 (juil. 67), 45-47
"Row-Housing Lecture Tour"
TCA, XII, 5 (mai 67), 6 et 10 et 17 et 22-23

Stokes, Peter
"Row housing in retrospect." (historique et développement)
TCA, II, 2 (fév. 57), 27-30

Wagner, Bernard
"Really Save Dollars With Row Housing — Not Just Pennies"
CB, III, 4 (avril 53), 35-40, texte & ill.

Anonyme/Anonymous
Bramalea
H4001   (37 maisons en rangée)
CB, XVII, 5 (mai 67), 62, texte.
Burnaby
H4002   (90 unités en rangée à prix modique)
CB, XIX, 2 (fév. 69), 6, texte.
Calgary
H4003   Carriage Park
CB, XXI, 2 (fév. 71), 5, ill.
H4004   Kingsway Estates
CB, XXI, 11 (nov. 71), 79, texte.
H4005   Oak Ridge Gardens
CB, XIX, 4 (avril 69), 66, texte.
H4006   Vista Garden Complex
CB, XIX, 4 (avril 69), 66, texte.
Don Mills
H4007   Condominiums en rangées
CB, XXII, 10 (oct. 72), 23, ill.
H4008   Parkchester town house
CB, XIV, 10 (oct. 64), 41, texte & ill.
Edmonton
H4009   Collingwood (131 condominium town-houses)
CB, XXIII, 2 (fév. 73), 64, texte.
H4010   Londonderry subdivision
CB, XX, 12 (déc. 70), 52, texte.
H4011   Mayfair Mews (76 unités en condominium)
CB, XXI, 5 (mai 71), 55, ill.
Esquimalt (C.-B.)
H4012   (40 unités en rangées)
CB, XX, 10 (oct. 70), 7, texte.
Halifax
H4013   (25 maisons en rangées)
CB, XVIII, 3 (mars 68), 8, texte.
Hull
H4014   Habitations de rangée de Glenbow Park
BAT, XXXIX, 6 (juin 64), 30-31 et 47, texte & ill.
Kanata
H4015   CB, XVII, 5 (mai 67), 45-46, texte & ill.

Habitation / Housing

Kitchener
H4016 (40 unités en rangée)
CB, XVI, 7 (juil. 66), 8, texte.
H4017 Parkview Village
CB, XIX, 9 (sept. 69), 76, texte.
H4018 Victoria Hills
CB, XXI, 1 (jan. 71), 16, texte.

Montreal
H4019 (Town house development of Alcan Investments Corp.)
NB, X, 5 (mai 61), 32, texte & ill.

Neufchâtel
H4020 BAT, XLVII, 7 (juil. 72), 20, texte & ill.

Ottawa
H4021 (120 unités en rangée)
CB, XVIII, 6 (juin 68), 60, texte.
H4022 Mooretown project
NB, IX, 12 (déc. 60), 13, texte & ill.
H4023 Pineview Court
CB, XXII, 10 (oct. 72), 7, texte.

Picton (Ont.)
H4024 RAIC, XXIX, 9 (sept. 52), 28, texte & ill.

Regina
H4025 (68 condominium townhouses)
CB, XXIII, 10 (oct. 73), 82, texte.

Richmond
H4026 (140 à 150 townhouses)
CB, XIX, 5 (mai 69), 66, texte.

Thunder Bay
H4027 (48 unités en rangée)
CB, XXV, 4 (avril 75), 54, texte.

Tillsonburg (Ont.)
H4028 Maple Lane Villas
CB, XXV, 10 (oct. 75), 7, texte & ill.

Toronto
H4029 (condominiums en rangée)
CB, XXII, 10 (oct. 72), 25, ill.
H4030 Stacked Row Houses (Sheppard Ave)
CB, XVI, 2 (fév. 66), 40, ill.
H4031 Alexandra Park
BAT, XLI, 1 (janv. 66), 30, texte.
H4032 Flemingdon Park
CB, XVI, 10 (oct. 66), 8, texte.
H4033 Lawrence Heights
NB, VI, 12 (déc. 57), 14, texte.
H4034 Northbrook Town and Country
CB, XVI, 2 (fév. 66), 41-42, texte & ill.

Vancouver
H4035 De Cosmos Housing Co-Operative
TCA, XXI, 2 (fév. 76), 4, texte & ill.

Victoria
H4036 CB, XIX, 2 (fév. 69), 72, texte.

Winnipeg
H4037 (90 unités en rangées; Burroughs-Keewatin)
CB, XIX, 2 (fév. 69), 5, texte.
H4038 Lakewood Village
CB, XIX, 10 (oct. 69), 5, texte & ill.

Annau, Ernest

Toronto
H4039 Rosegarden Mews Condominium Townhouses
TCA, XXIV, 1 (janv. 79), 32-34, texte & ill.

Belcourt & Blair

Don Mills
H4040 TCA, II, 9 (sept. 57), 40, texte & ill.

Cattell, Musson (Ass.)

Vancouver
H4041 Camelot Court
TCA, XXI, 5 (mai 76), 6, texte & ill.

Chalifoux, Roger

Rosemont
H4042 Duplexes
CB, I, 2 (mai 51), 26-27, texte & ill.

Cheney, Gordon; DuBois, Macy; Fairfield, Robert C.; Strong, Richard

Édifice de lieu inconnu
H4043 Smyth Road Housing Competition (1961)
TCA, X, 5 (mai 65), 62, ill.

Cividin, Glen; Rhone and Iredale

Hudson Hope (C.-B.)
H4044 CB, XVI, 10 (oct. 66), 48-49, texte & ill.

Clark, James, Coupland architects

Calgary
H4045 Friendswood West
CB, XXIX, 5 (mai 79), 14-16, texte & ill.

Cook, J.H.

Yellowknife
H4046 CB, XXIII, 3 (mars 73), 50, texte.

Davidson & Davidson

Alta Lake (C.-B.)
H4047 CB, XVII, 6 (juin 67), 68, texte & ill.

Dirassar, James and Jorgenson

North Vancouver
H4048 Westview housing complex
CB, XIV, 9 (sept. 64), 26-27, texte & ill.
TCA, IX, 4 (avril 64), 43, texte & ill.

DuBois, Macy

Toronto
H4049 Cabbagetown
CB, XXVIII, 2 (fév. 78), 35-36 et 38, texte & ill.

DuBois, Macy; Fairfield, Robert C.; Strong, Richard; Cheney, Gordon
H4050 Voir Cheney, Gordon; DuBois, Macy; etc.

Embacher, Eric E.

Scarborough
H4051 Projet pilote de 10 unités
NB, IX, 10 (oct. 60), 16-19, texte & ill.

Erickson/Massey

Vancouver
H4052 Point Grey Road
ABC, XXII, 252 (avril 67), 28, texte & ill.
TCA, X (Yearbook 65), 79, texte & ill.
TCA, XI, 11 (nov. 66), 47-51, texte & ill.
TCA, XIX, 11 (nov. 74), 35, texte & ill.
TCA, XXIII, 7 (juil. 78), 22, ill.
CB, XVII, 5 (mai 67), 45 et 47, texte & ill.

Fairfield, Robert C.; Strong, Richard; DuBois, Macy; Cheney, Gordon
H4053 Voir Cheney, Gordon; DuBois, Macy; etc.

Fetherstonhaugh, Durnford, Bolton & Chadwick

Arvida
H4054 Row Houses
CB, III, 3 (mars 53), 37, ill.

Fliess, Henry

Scarborough
H4055 Bridlemanor Townhouses
ABC, XXII, 252 (avril 67), 23, texte & ill.

Toronto
H4056 CB, XVII, 6 (juin 67), 68, texte & ill.
H4057 Maisons en rangées, prix du Centenaire
BAT, XLII, 5 (mai 67), 9, texte & ill.
CB, XVII, 7 (juil. 67), 34-35, texte & ill.
H4058 MOD (3 maisons accolées)
CB, XVII, 2 (fév. 67), 5, texte & ill.
CB, XVII, 5 (mai 67), 6, ill.
H4059 (34 townhouses; Leslie & Steele)
CB, XXI, 1 (jan. 71), 38, texte.
H4060 (154 unités en condominium; Windermere Ave & Queensway)
CB, XXII, 7 (juil. 72), 48, texte.
H4061 Clintwood Maisonnette Project
RAIC, XXXVIII, 10 (oct. 61), 46-48, ill.
TCA, VII, 12 (déc. 62), 5 et 7, texte & ill.

H4062 Parkway Forest
ABC, XXII, 252 (avril 67), 22, texte & ill.

Fliess, Henry; Murray, James A.

Don Mills
H4063 RAIC, XXXIV, 4 (avril 57), 116-117, ill.
RAIC, XXXIV, 10 (oct. 57), 371-374, texte & ill.
NB, IV, 7 (juil. 55), 2-3 et 26, texte & ill.
NB, VII, 6 (juin 58), 14, ill.
H4064 South Hill Village
CB, IX, 1 (jan. 59), 21, ill.
NB, VIII, 1 (jan. 59), 25, texte & ill.
TCA, II, 2 (fév. 57), 23-26, texte & ill.
TCA, XIV, 11 (nov. 69), 36-37, ill.
RAIC, XXXIX, 1 (jan. 62), 37, ill.
H4065 The Cloisters of the Don
RAIC, XXXIX, 10 (oct. 62), 58, ill.

Toronto
H4066 Horizon Village
CB, XV, 6 (juin 65), 60-61 et 72, texte & ill.
H4067 Thistletown Federal Provincial Community
TCA, IX (Yearbook 64), 84, texte & ill.

Follett, Richard

Édifice de lieu inconnu
H4068 Habitations horizontales multifamiliales (projet de fin d'études, école d'arch. de l'U. McGill)
ABC, XX, 231 (juil. 65), 37-39, texte & ill.

Gagnon, Odilon

Édifice de lieu inconnu
H4069 Maisons en bande continue ou "Row House"
ABC, XI, 120 (avril 56), 48-51, texte & ill.

Gerson, Wolfgang; Hassell/Griblin Ass.

Vancouver
H4070 Creek Village Co-operative Housing
TCA, XXI, 2 (fév. 76), 29-31, texte & ill.

Goodz, Murray; Tolchinsky, H.M.
H4071 Voir Tolchinsky, H.M.; Goodz, Murray

Green, Blankstein, Russell Ass.

Winnipeg
H4072 Willow Park town-house
CB, XVI, 9 (sept. 66), 5, texte.
CB, XVII, 2 (fév. 67), 34, texte & ill.

Grossman, Irving

Toronto
H4073 Flemingdon Park Row Housing
RAIC, XXXIX, 1 (jan. 62), 37, ill.

Hanganu, Dan

Ile des Soeurs
H4074 (rue de Gaspé)
TCA, XXV, 12 (déc. 80), 29-31, texte & ill.

Hartley, Barnes & Arajs

Kelowna (C.-B.)
H4075 Riviera Villa Apartment
RAIC, XLI, 11 (nov. 64), 45, texte & ill.

Hassell/Griblin Associates

Vancouver
H4076 Infill Townhouse Project
TCA, XXIV, 1 (jan. 79), 35-37, texte & ill.

North Vancouver
H4077 Chesterfield Avenue Townhouses
TCA, XIX, 4 (avril 74), 32-33, texte & ill.

Hassell/Griblin Ass.; Gerson, Wolfgang
H4078 Voir Gerson, Wolfgang; Hassell/Griblin Ass.

Hoare, J.E. Jr.

Don Mills
H4079 Terrace Houses
RAIC, XXXIV, 10 (oct. 57), 371-374, texte & ill.

Holland-Rockliff

Edmonton
H4080 Village-on-the-Green
TCA, XV, 1 (jan. 70), 6-7, ill.
CB, XX, 1 (jan. 70), 43, ill.

Howard, Ronald; McLeod, Barclay
West Vancouver
H4081 Caulfield Cove townhouses
TCA, XX, 4 (avril 75), 46-48, texte & ill.

Hughes, Roger
Vancouver
H4082 (six townhouses at 838 West 7th Ave.)
TCA, XXII, 1 (jan. 77), 4-5, texte & ill.

Irwin, S.V.E.
Oakville
H4083 Trafalgar Road Housing
TCA, XII, 11 (nov. 67), 60-61, texte & ill.

Jackson & Ypes
Toronto
H4084 Model Unit, Row-type house
CB, III, 12 (déc. 53), 16-17, texte & ill.
H4085 Low-rental row houses built by the Toronto Metropolitan Home Builders Association
NB, III, 1 (jan. 54), 2-3, texte & ill.

Kelman, Harold
Scarborough
H4086 CB, XXV, 2 (fév. 75), 8, texte.

Kemble, Roger
Vancouver
H4087 Musqueam Housing Development
TCA, XIII, 12 (déc. 68), 37, texte & ill.

Klein & Sears
Édifice de lieu inconnu
H4088 Verona (100 unités)
TCA, VI, 12 (déc. 61), 31-33, texte & ill.
Don Mills
H4089 Don Valley Woods
TCA, VI, 12 (déc. 61), 31-32 et 38, texte & ill.
TCA, IX, 8 (août 64), 37-46, texte & ill.
TCA, IX, 12 (déc. 64), 34-35 et 42, texte & ill.
TCA, XI, 8 (août 66), 45-48, texte & ill.
TCA, XIV, 11 (nov. 69), 40-41, ill.
TCA, XXV, 11 (nov. 80), 25, texte & ill.
ARCAN, 44, 6 (juin 67), 12 (supplément à la revue), ill.
ABC, XXII, 252 (avril 67), 24, texte & ill.
RAIC, XLI, 8 (août 64), 39-46, texte & ill.
RAIC, XLI, 11 (nov. 64), 94, texte & ill.
CB, XVI, 5 (mai 66), 40, texte & ill.
CB, XVII, 7 (juil. 67), 45, ill.
Scarborough
H4090 Canlish Road
TCA, VI, 12 (déc. 61), 31-32 et 34, texte & ill.
Toronto
H4091 Maisons en rangée, prix du Centenaire
BAT, XLII, 5 (mai 67), 11, texte & ill.
CB, XVII, 9 (sept. 67), 65, texte & ill.
CB, XVII, 7 (juil. 67), 34-35, texte & ill.
York
H4092 Branstone
TCA, VI, 12 (déc. 61), 31-33, texte & ill.
North York
H4093 Oakdale Manor
RAIC, XXXIX, 10 (oct. 62), 58, texte & ill.
RAIC, XLI, 11 (nov. 64), 93, texte & ill.
TCA, VI, 12 (déc. 61), 31-32 et 38, texte & ill.
TCA, VII, 9 (septembre 62), 49-54, texte & ill.
North York
H4094 Yorkwoods Village
TCA, IX, 8 (août 64), 37-38 et 47-54, texte & ill.
TCA, IX, 12 (déc. 64), 86, texte & ill.
TCA, XII, (yearbook 67), 84, ill.
RAIC, XLI, 8 (août 64), 47-50, texte & ill.
CB, XVII, 7 (juil. 67), 45 et 47, ill.
ABC, XXII, 252 (avril 67), 24, texte & ill.

LeRoux, André
Toronto
H4095 Millwood Rd & McRae Dr.
CB, XXVI, 12 (déc. 76), 32

Lev, Roy M.; Wreglesworth, Peter
Portage La Prairie
H4096 Portage La Prairie Townhousing
TCA, XXI, 2 (fév. 76), 32-33, texte & ill.

Libling, Michener & Ass.
Winnipeg
H4097 Maison en rangée, prix du Centenaire
BAT, XLII, 5 (mai 67), 10, texte & ill.
CB, XVII, 5 (mai 67), 45, texte & ill.

Lipson & Dashkin
Don Mills
H4098 Willowood
CB, XXII, 4 (avril 66), 7, texte.
CB, XXI, 8 (août 71), 40, texte & ill.

Lyle & Basil
Toronto
H4099 Windfield Estates Atrium Townhouses
CB, XX, 1 (jan. 70), 43, ill.
TCA, XV, 1 (jan. 70), 6-7, ill.

McLeod, Barclay; Howard, Ronald
H4100 Voir Howard, Ronald; McLeod, Barclay

Maltby, Ronald L.
Edmonton
H4101 Patio Housing
RAIC, XLIII, 6 (juin 66), 44-47, texte & ill.

Markson, Jerome
Elliot Lake (Ont.)
H4102 Stanrock Terrace
RAIC, XXXV, 10 (oct. 58), 394, texte & ill.
RAIC, XXXIX, 1 (jan. 62), 34, ill.
TCA, III, 11 (nov. 58), 58-60, texte & ill.

Murray, James A.; Fliess, Henry
H4103 Voir Fliess, Henry; Murray, James

Nelson Manufactured Homes
Faro (Yukon)
H4104 73 townhouses (three-plex, four-plex, six-plex.)
CB, XXI, 7 (juil. 71), 29, texte.

Ogus and Fisher
North York
H4105 Fox Run (24 condominium townhouses)
CB, XXIII, 6 (juin 73), 64, texte.

Parkin, John B. (Ass.)
Toronto
H4106 Longdon Avenue Housing Project
CB, III, 3 (mars 53), 31, ill.

Rhone & Iredale; Cividin, Glen
H4107 Voir Cividin, Glen; Rhone & Iredale

Shepard & Calvin
Toronto
H4108 Terrace Housing (Ancroft Place)
TCA, III, 7 (juil. 58), 27-28, texte & ill.

Strong, Richard; Cheney, Gordon; DuBois, Macy; Fairfield, Robert
H4109 Cheney, Gordon; DuBois, Macy; etc.

Tampold & Wells
Don Mills
H4110 Citadel Village
ABC, XXII, 252 (avril 67), 25, texte & ill.
BAT, XLII, 5 (mai 67), 10, texte & ill.
TCA, XII, 11 (nov. 67), 57-59, texte & ill.

Thermo Solar
Ville de Laval
H4111 Projet de maisons solaires en rangée
BAT, LIII, 1 (jan. 78), 14-15, texte & ill.

Tolchinsky, H.M.; Goodz, Murray
Côte-St-Luc
H4112 The Meadows
BAT, XLVI, 10 (oct. 71), 14-15, texte & ill.

Toth, Joseph P.
Windsor
H4113 Polonia Park
CB, XXX, 1 (jan. 80), 16-18, texte & ill.

Venchiarutti & Venchiarutti
Ajax
H4114 RAIC, XXX, 9 (sept. 53), 261, ill.

Wallbridge & Imrie
Edmonton
H4115 TCA, II, 2 (fév. 57), 31-32, texte & ill.

Wilding & Jones
Vancouver
H4116 Edgemont Terraces
TCA, IX, 12 (déc. 64), 88, texte & ill.

Wreglesworth, Peter; Lev, Roy M.
H4117 Voir Lev, Roy M.; Wreglesworth, Peter

Maisons unifamiliales et maisons jumelées
Detached and Semi-detached Houses

A Treasury of Contemporary Houses édition de "The Architectural Record"
ABC, X, 109 (mai 55), 50

"Autre modèle de maison à bon marché: une maison de cinq pièces pour $6,000."
BAT, XXXII, 10 (oct. 57), 55

"*Builders' Homes for Better Living* par A. Quincy Jones et Frederick E. Emmans"
ABC, X, 138 (oct. 57), 69

"Calgary: Engineered Homes voit la vie en 'rond'" (habitations sphériques)
BAT, XLVI, 1 (jan. 71), 21-22, texte & ill.

"Canadian-designed houses invade France as Campeau expands foreign operations"
CB, XIX, 8 (août 69), 60

"Criticism" (Statistique sur l'habitation individuelle et jumelée au Canada)
TCA, XXI, 4 (avril 76), 5

"Double Sudbury housing" (projet pour 400 unités/année)
CB, XVII, 7 (juil. 67), 8

"Dramatic rise in 1971-72 starts of detached homes"
CB, XXII, 3 (mars 72), 30

"Emploi d'une nouvelle technique pour une maison jumelée"
BAT, XXVIII (juin 53), 24-27, texte & ill.

"Enquête révélatrice" (Intention des Canadiens de devenir propriétaires)
BAT, L, 6 (juin 75), 25, texte.

"Five houses". (la maison privée est sensible aux changements de goût de la société; 5 exemples de maisons)
TCA, IV, 12 (déc. 59), 33-58

"*Housing Design* par Eugène Harry Klaber"
ABC, X, 109 (mai 55), 49

"Kitchener leads the way..." (un supermarché de nouvelles maisons individuelles)
CB, XVII, 1 (jan. 67), 30-33

"Labor and Land are Toronto prime problems in single detached housing."
CB, XVI, 3 (mars 66), 64-65

"La maison mobile"
BAT, XLVI, 6 (juin 71), 21-25, texte & ill.

"La maison unifamiliale est synonyme d'épanouissement de l'individu et les gouvernements doivent en faciliter l'accession au plus grand nombre" (entrevue avec André Turgeon)
BAT, LII, 2 (fév. 77), 13-15, texte & ill.

"Landscaping the Single Family House"
TCA, I, 6 (juin 56), 21-25

"Le Québec, leader dans la fabrication des maisons mobiles"
BAT, XLIX, 8 (août 74), 10, texte.

"Le québécois est satisfait de sa maison individuelle".
BAT, LV, 8 (oct. 80), 4-5, texte.

"Le rêve de la majorité" (achat d'une maison)
BAT, L, 3 (mars 75), 27, texte.

"Less than twenty basic components in this proposed Catalogue House"
CB, XX, 7 (juil. 70), 33

"L'unifamiliale: persistance du ralentissement dans la connurbation montréalaise"
BAT, LIII, 2 (fév. 78), 12-14, texte & ill.

"Mobile Homes are Struggling for a place in the sun".
ARCAN, 48 (5 avril 71), 2

Modèles de petites maisons (S.C.H.L.)
ABC, XII, 134 (juin 57), 72

Modèles de petites maisons (S.C.H.L., Ottawa)
ABC, XIV, 155 (mars 59), 91

"Montréal: le marché de la maison unifamiliale se porte assez bien..."
BAT, XLIX, 2 (fév. 74), 16, texte.

"OHC calls proposals for HOME projects in three Ontario Towns"
CB, XXIII, 9 (sept. 73), 7

"Ontario proposes new development standards for single-family housing"
CB, XXVI, 6 (juin 76), 5

"Outdoor living at Calgary Parade"
CB, XVIII, 12 (déc. 68), 6

"Quebec public show main preference for $35-45,000 detached homes"
CB, XXVII, 2 (fév. 77), 31-33

"Rent for work; buy for leisure; that's the trend Developer Moe Sifton expects".
CB, XXII, 6 (juin 72), 26 et 28

Schoenauer, Norbert et Stanley Seeman, *The Court-Garden House*, McGill University Press, [s.l.], [s.d.].
TCA, VIII, 4 (avril 63), 14-15

"Single family houses a changing industry"
CB, XXVI, 2 (fév. 76), 13-16 et 19

"Split-levels rival new bungalows for favor in Toronto survey"
NB, VIII, 6 (juin 59), 22

"Survey '71: Single Family Housing".
CB, XXI, 3 (mars 71), 15 et 17-18 et 21 et 24 et 27

"Survey '72 — Detached housing Hidden costs — why municipalities must ease up on imposts and restrictions".
CB, XXII, 3 (mars 72), 15 et 17 et 19

"Survey '74, Single family homes: Trends and portents"
CB, XXIV, 2 (fév. 74), 15-20

"Tendances '65: maisons unifamiliales"
BAT, XL, 8 (août 65), 33-38 et 42-47, texte & ill.

"Tendances 66: maisons unifamiliales"
BAT, XLI, 3 (mars 66), 21-24, texte & ill.

"Tendances 67: maisons unifamiliales"
BAT, XLII, 3 (mars 67), 31-36, texte & ill.

"Tendances '68: maisons unifamiliales"
BAT, XLIII, 3 (mars 68), 31-44, texte & ill.

"Tendances 69: maisons unifamiliales"
BAT, XLIV, 3 (mars 69), 29-38, texte & ill.

"Tendances 70: Maisons unifamiliales"
BAT, XLV, 3 (mars 70), 29-32, texte & ill.

"Tendances 71: maisons unifamiliales"
BAT, XLVI, 3 (mars 71), 14-17 et 34

"Tendance 1972 au Québec — Préférence grandissante pour la maison isolée"
BAT, XLVII, 3 (mars 72), 7-8 et 42-43, texte & ill.

"That abominable 'Small House' Again & Again & Again"
TCA, VII, 7 (juil. 62), 7

"*The American House Today* — Katherine Morrow Ford et Thomas H. Creighton" Reinhold, N.Y.
ABC, VI, 71 (mars 52), 44

"...the doleful ground..." (l'espace dont jouit chaque maison à l'extérieur.)
TCA, I, 6 (juin 56), 14

"The private home is the Canadian dream and here is how one builder sells it"
CB, XXVII, 9 (sept. 77), 22 et 24

"These five homes set the trends for 1960 design"
NB, IX, 9 (sept. 60), 22-25

"These homes are not for the market but for the dreamers of what could be"
CB, XXVII, 9 (sept. 77), 13-14

"These small home designs may be big sellers" (modèles de maisons de la S.C.H.L.)
CB, VIII, 5 (mai 58), 48-49

"These two examples show a Western trend to Tudor styling"
CB, XV, 8 (août 65), 78-79

"This bungalow stood too high, needed color to suit 1962 tastes" (modifications du "Plan A-3-4" qui se nomme maintenant le "Kentwood")
NB, X, 12 (déc. 61), 14-15

"This looks like a rousing year for sales of single - family homes in Calgary".
CB, XVI, 3 (mars 66), 72-73

"Toronto trend to single - family housing may reflect 'high - rise backlash' — Gunby".
CB, XXI, 10 (oct. 71), 33 et 41

"Trend house"
CB, IV, 3 (mars 54), 51, texte & ill.

Types de maisons approuvés par le comité de contrôle de l'architecture (8 modèles)
ABC, XVII, 197 (sept. 62), 46-47, ill.

"Unifamiliale: le prix moyen atteint $40,000"
BAT, LI, 8 (août 76), 8, texte.

"Unifamiliale: M. V.C. Goldbloom est pessimiste"
BAT, LI, 4 (avril 76), 6, texte.

"Watch this new trend to 2-storey houses"
CB, XIII, 5(mai 63), 43-44

"Word Extracts" (W.H. Shortill traite de la propriété individuelle).
TCA, IV, 2 (fév. 59), 72 et 74 et 80

Alexander, E.R.
"The two-bedroom house — Are current trends opening new markets for it?
CB, XIV, 8 (août 64), 29

Barker, Kent
Carver, Humphrey. *Houses for Canadians*, University of Toronto Press — Saunders, Toronto, sans date.
RAIC, XXVII, 11 (nov. 50), 392-393

Bolton, Richard E.
"Québec". (L'architecte et la maison individuelle).
RAIC, XXIV, 6 (juin 47), 218-219

Brady, James
"Single-family starts are strong in Maritimes amid brisk demand".
CB, XVII, 3 (mars 66), 70

Brassard, Sylvio
"Québec" (construction de maisons résidentielles)
RAIC, XXI, 12 (déc. 44), 286-287

Burgess, Cecil S.
"Alberta". (propos sur la construction des petites maisons).
RAIC, XXIV, 12 (déc. 47), 445-446

Burgess, Cecil S.
"Provincial Page". (propos sur la disposition des petites résidences en groupe).
RAIC, XXII, 10 (oct. 45), 216-217

Champigneulle, Bernard
Hommes, maisons, paysages par Urbain Cassan
ABC, II, 19 (nov. 47), 52

Clayton, Frank A.
"Economist sees trouble brewing in the volatile single family housing market".
CB, XXIII, 8 (août 73), 47 et 50

Cox, E.C.S.
"Fitting the house to its site".
RAIC, XXVII, 12 (déc. 50), 402

Curtis, Tim
"Signs on West Coast point to more activity".
CB, XVII, 3 (mars 66), 69

Déry, Jacques
"La maison québécoise: un retour aux sources"
BAT, XLIX, 5 (mai 74), 38-39, texte & ill.

Desmarais, Roger
"L'avenir est à la maison unifamiliale"
BAT, XLI, 2 (fév. 66), 19-20, texte.

Dingwall, Ronald C. et al.
"Trends in single family homes"
CB, XXIII, 2 (fév. 73), 29-32

Fliess, Henry
"Les séries de maisons jumelées se sont acquis une place dans nos plans pour l'avenir"
BAT, XXVIII (avril 53), 22-26, 47 et 49, texte & ill.

Fowke, Clifford
"Survey '65, A Canadian Builder feature report, Houses"
CB, XV, 8 (août 65), 65-67 et 80

Fowke, Clifford
"Survey '69 — Single Detached houses: More action — Fewer words?"
CB, XIX, 3 (mars 69), 38-54

Fowke, Clifford
"These are the lessons we should learn from our U.S. colleagues" (promotion de l'habitation individuelle)
CB, XVI, 1 (jan. 66), 24-25 et 62

Fowke, Clifford et al.
"A Canadian Builder special report, Single Family Housing".
CB, XVIII, 3 (mars 68), 43-53

"Single Family Houses"
CB, XX, 3 (mars 70), 27-37

Fowke, Clifford; Long, Don
"Survey '75, Single family housing — Upturn due by mid — 1975?"
CB, XXV, 2 (fév. 75), 11-13 et 15 et 17 et 21-23

Freschi, Bruno
"The house as Architecture"
TCA, XIV, 3 (mars 69), 35-56

Gillespie, Bernard
Vale, Brenda et Robert Vale, *The Autonomous House*, Oxford University Press, [s.l.], 1975.
TCA, XXI, 2 (fév. 76), 6

Gitterman, S.A.
"A 2-story modified for 1962 buyers at $100 more" (modification du "Plan K-56" qui s'appelle maintenant le "Wellington")
NB, X, 12 (déc. 61), 12-13

Goodman, Eileen
"Trend to detached homes shows up strongly in P.Q."
CB, XXII, 3 (mars 72), 25-26 et 30

Hayter, Ron
"Edmonton's Home Parade features more two-storey, split level homes" (avec exemples)
CB, XVII, 7 (juil. 67), 48-49

Hazeland, A.
"Small House Design"
TCA, VII, 10 (oct. 62), 90 et 92

Henry, Robert
"Tendances 1971: Maisons unifamiliales"
BAT, XLVI, 3 (mars 71), 14-15 et 34, texte & ill.

Hollingsworth, Fred T.
"The Professional Gap"
TCA, XIV, 3 (mars 69), 57-58

Irwin, N.L.
"Letter to the Editor". (L'architecte et la petite maison).
RAIC, XXIII, 8 (août 46), 204-205

Jansen, Doug
"After '66 Winnipeg market drop, builders pushing merchandising".
CB, XVII, 3 (mars 67), 68

Kay, Ron
"Fewer single-family homes for Montreal".
CB, XVI, 3 (mars 66), 63 et 69

Loiselle, Andrée
"Laval doit freiner la construction de maisons unifamiliales"
BAT, L, 12 (déc. 75), 16, texte.

Morley, Keith
"Canada is losing out as the trend moves away from single family housing"
CB, XXIV, 1 (jan. 74), 30 et 36

Morley, Keith
"They don't build them like they used to-fortunately"
CB, XXIII, 8 (août 73), 20 et 50

Murray, James A.
Sleeper, Catharine et Harold. *The house for you to build, buy or rent*, Reginald Saunders and Co., Toronto, sans date.
RAIC, XXVI, 3 (mars 49), 87

Oger, Michel
"Le point de vue de l'architecte M. Edgar Tornay"
BAT, XLIV, 3 (mars 69), 31-33

Raymore, Gerald
Hodgins, Eric. *Mr. Blandings Builds His Dream House*, Simon and Schuster, sans lieu, sans date.
RAIC, XXIV, 4 (avril 47), 140-141

Robinson, Gerald
"Homes for the typical"
TCA, III, 8 (août 58), 33-39 et 46

Ross, Howard E.
"Decline in single-family housing will put emphasis on multi-family sector"
CB, XXVI, 12 (déc. 76), 20-21

Saalheimer, Harriet
"1967 price lists are used for Fabreville bungalows".
CB, XIX, 10 (oct. 69), 61

"Uneven Montreal market to pick up"
CB, XVII, 3 (mars 67), 66-67

Spratley, Louise
"Rising demand for two-bedroom houses sets a problem for some Vancouver builders".
CB, XVI, 3 (mars 66), 74-75

Vallée, Marc E.
"Unifamiliale: ça repart lentement, mais ça repart!"
BAT, LIV, 2 (fév. 79), 14-16

Whiteley, Ronald
Pidgeon, Monica and Crosby, Theo. *An Anthology of houses*, B.T. Batsford Ltd, sans lieu, sans date.
RAIC, XXXVIII, 11 (nov. 61), 87

Whiteley, Ronald
"Schoenauer, Norbert and Seeman, Stanley. *The Courtgarden house*, McGill University Press, Montreal, 1962"
RAIC, XLI, 10 (oct. 64), 15

Williams, Edward A.
"House in the garden".
RAIC, XXXVI, 2 (fév. 59), 44-45

Anonyme/Anonymous
Édifice de lieu inconnu

H5001 BAT, XXXIV, 6 (juin 59), 49, texte & ill.
BAT, IX, 8 (août 61), 20, ill.
BAT, XLII, 5 (mai 67), 7 et 9, texte & ill.
CB, VII, 4 (avril 57), 54, 57 et 59, texte & ill.
CB, VIII, 4 (avril 58), 54-55 et 57, texte & ill.
CB, I, 8 (août 59), 42, ill.
CB, XII, 3 (mars 62), 39, texte & ill.

H5002 Beechwood Park (plusieurs unités)
CB, XVI, 5 (mai 66), 41, texte & ill.

H5003 "Cinderella" (maison modèle)
CB, XII, 5 (mai 62), 54-55, texte & ill.

H5004 Le Colonial (maison modèle)
BAT, XLII, 4 (avril 67), 46, texte & ill.

H5005 Maison Châtelaine 1967
BAT, XLII, 8 (août 67), 32-36, texte & ill.

H5006 Maple Hill.
NB, XI, 5 (mai 62), 33 et 59, texte & ill.

H5007 Mark VI (maison expérimentale)
BAT, XLVII, 6 (juin 72), 8 et 42, texte.

H5008 Modèle de duplex
BAT, XLII, 4 (avril 67), 8, texte & ill.

H5009 Modèle Kingston (maison modèle)
BAT, XXXVII, 10 (oct. 62), 38-39, texte & ill.
BAT, XXXIX, 8 (août 64), 40, ill.

H5010 Modèle Richmond (maison modèle)
BAT, XXXVII, 10 (oct. 62), 36-37, texte & ill.

H5011 Solar townhouses
TCA, XXII, 3 (mars 77), 39, texte & ill.

H5012 "The Ambassador" (maison modèle)
CB, XII, 5 (mai 62), 52, texte & ill.

H5013 "The Eldorado" (maison modèle)
CB, XII, 5 (mai 62), 54-55, texte & ill.

H5014 "The Empress" (maison modèle)
CB, XII, 5 (mai 62), 52-53, texte & ill.

H5015 "The Knollwood" (maison modèle)
CB, XI, 11 (nov. 61), 27, ill.

H5016 "The New Orleans" (maison modèle)
CB, XII, 5 (mai 62), 52-53, texte & ill.

H5017 "The Northcliff" (maison modèle)
CB, XII, 1 (jan. 62), 38, texte & ill.

H5018 "The Oakhill (maison modèle)
CB, XI, 11 (nov. 61), 27, ill.

H5019 "The Pineview" (maison modèle)
CB, X, 3 (mars 60), 39, texte & ill.

H5020 "The Rockcliff" (maison modèle)
CB, XII, 1 (jan. 62), 38, texte & ill.

H5021 Rockyview model
NB, X, 1 (jan. 61), 22, texte & ill.

H5022 Sherwood (maison modèle)
BAT, XXXIX, 8 (août 64), 41, ill.

H5023 "The Vallencliff" (maison modèle)
CB, XII, 1 (jan. 62), 37, texte & ill.
CB, XII, 5 (mai 62), 32-33, texte & ill.

H5024 "Versailles" (maison modèle)
CB, XII, 5 (mai 62), 32-33, texte & ill.

H5025 "Ville Marie" (maison modèle)
CB, XII, 5 (mai 62), 32-33, texte & ill.

H5026 York (maison modèle)
BAT, XXXIX, 8 (août 64), 40-41, ill.

Ahuntsic

H5027 Groupe de maisons individuelles
ABC, IV, 35 (mars 49), 17 et 23, ill.

H5028 Demeure de M. J.B. Brousseau
BAT, XXVII, 1 (jan.-fév. 52), 23, ill.

Agincourt (Ont.)

H5029 NB, VII, 9 (sept. 58), 22, texte & ill.

Ville D'Anjou

H5030 Maison du Dr. Lesage
BAT, XXXIV, 1 (jan. 59), 18-19, texte & ill.

Atikokan (Ont.)

H5031 Maison modèle
NB, VII, 6 (juin 58), 8, texte & ill.

Barrie

H5032 (13 maisons individuelles)
CB, XXII, 1 (jan. 72), 40, texte.

Beaconsfield

H5033 Bungalow
ABC, I, 5 (août 46), 24-25, ill.

Belleville

H5034 (une maison Châtelaine)
BAT, XLIII, 8 (août 68), 27, texte & ill.

Beloeil

H5035 (2 maisons usinées)
BAT, XL, 8 (août 65), 37-38, texte & ill.

H5036 Développement de 350 maisons unifamiliales
BAT, XXXII, 2 (fév. 57), 41 et 53, texte & ill.

H5037 "Le Colonial" (ex. de maison modèle)
BAT, IX, 12 (déc. 61), 27-31, texte & ill.

Boisbriand

H5038 Châtelet Mille-Iles
BAT, LII, 2 (fév. 77), 9, texte & ill.

Boucherville

H5039 (maison modèle)
CB, XI, 11 (nov. 61), 30, ill.

H5040 Les Champs du Papillon
BAT, LIII, 12 (déc. 78), 7, ill.

Bramalea

H5041 NB, XI, 3 (mars 62), 20-25, texte & ill.

H5042 (4602 townhouses)
CB, XIX, 5 (mai 69), 6, texte.

H5043 "Carriage Holiday"
CB, XIV, 4 (avril 64), 31, texte & ill.

H5044 Greenmount Gardens
CB, XXV, 2 (fév. 75), 15, ill.

H5045 The Country Pageant
CB, XIV, 4 (avril 64), 32-36, texte & ill.

Brampton

H5046 Cape Cod Style
CB, XIV, 4 (avril 64), 47, texte & ill.

H5047 "The Ambassador" (maison modèle)
CB, XII, 3 (mars 62), 42, texte & ill.
NB, X, 8 (août 61), 51, texte & ill.

H5048 "The Canadian" (maison modèle)
CB, XII, 3 (mars 62), 42, texte & ill.
NB, X, 8 (août 61), 50, texte & ill.

H5049 "The Rambler" (maison modèle)
CB, XII, 3 (mars 62), 40, texte & ill.
NB, X, 8 (août 61), 50, texte & ill.

Brantford

H5050 Greenbrier Development
NB, V, 6 (juin 56) 30, texte & ill.
NB, V, 8 (août 56), 38, texte.

Brossard

H5051 Champlain
BAT, XLIV, 12 (déc. 69), 3-4, texte & ill.

Burlington

H5052 (maison modèle)
CB, XXVI, 3 (mars 76), 22-23, texte & ill.

H5053 Brant Hills Estate
CB, XXI, 11 (nov. 71), 94, texte.

Burns Lake

H5054 (des maisons pour les employés de European Pulp and Paper Co.)
CB, XIX, 6 (juin 69), 7, texte.

Caledon

H5055 (solar house)
TCA, XXII, 3 (mars 77), 38, texte & ill.

Calgary

H5056 NB, X, 8 (août 61), 39, ill.
CB, VIII, 4 (avril 58), 54-55 et 64, texte & ill.
CB, IX, 9 (sept. 59), 64-65, texte & ill.
CB, X, 1 (jan. 60), 54-55 et 58, texte & ill.
CB, XXV, 2 (fév. 75), 13, ill.

H5057 (experimental house)
CB, XXVI, 10 (oct. 76), 49, texte.

H5058 (Maison à l'énergie solaire)
CB, XXVIII, 5 (mai 78), 10, texte & ill.

H5059 (maison Châtelaine)
BAT, XLIII, 8 (août 68), 26, texte & ill.

H5060 (maison modèle)
CB, XI, 11 (nov. 61), 31, ill.

H5061 (maison modèle gagnante du Chatelaine Award)
CB, XIX, 3 (mars 69), 52, ill.

H5062 (129 résidences; 72nd St., Silver Springs Rd & Silver Springs Crescent)
CB, XXIV, 10 (oct. 74), 34, texte.

H5063 Bel-Air Heights
CB, XI, 1 (jan. 61), 43, texte & ill.

H5064 Lynnwood Ridge subdivision (1200 maisons)
CB, XXII, 12 (déc. 72), 62, texte.

H5065 Marbury Place (10 maisons modèles)
CB, XVIII, 3 (mars 68), 50, ill.

H5066 Mark II (maison expérimentale; Forest Lawn)
CB, IX, 4 (avril 59), 78, ill.
CB, XXI, 1 (jan. 71), 18, ill.
CB, XXIV, 2 (fév. 74), 39-40, texte & ill.

H5067 Spirit of '77 Stanpede House
CB, XXVII, 9 (sept. 77), 13-14, texte & ill.

H5068 The Britania (maison modèle)
CB, XIX, 3 (mars 69), 52, ill.

| Habitation | | Housing |

H5069	The Monte Carlo NB, VII, 5 (mai 58), 8, texte & ill.	
H5070	"The Rosemont" NB, VIII, 2 (fév. 59), 32-36, texte & ill.	
H5071	The Sandlewood NB, IX, 9 (sept. 60), 22-25 et 31, texte & ill.	
H5072	The Sun Valley NB, VII, 5 (mai 58), 8-9, texte & ill.	
H5073	Thorncliffe Heights CB, V, 4 (avril 55), 46-47, texte & ill.	
	Cambridge	
H5074	The Manorwood CB, XXVII, 12 (déc. 77), 7, texte & ill.	
	Candiac	
H5075	Le Grand Prix III CB, XIV, 11 (nov. 64), 42-43, texte & ill.	
H5076	Le Louisiana CB, XIV, 11 (nov. 64), 44, texte & ill.	
H5077	Parc Laurier (150 maisons) CB, XXVI, 5 (mai 76), 8, texte.	
H5078	Parc Laurier (l'une des maisons modèles de ce quartier) CB, XIX, 3 (mars 69), 46-47, texte & ill.	
H5079	Parc St-Laurent (50 maisons) CB, XXVI, 5 (mai 76), 8, texte.	
	Cap-Rouge	
H5080	(maison avec revêtement d'acier) BAT, LIII, 4 (avril 78), 22-23, texte & ill.	
	Chambly	
H5081	"The Champlain" (maison modèle) CB, XI, 12 (déc. 61), 37, texte & ill.	
H5082	"The Frontenac" (maison modèle) CB, XI, 12 (déc. 61), 37, texte & ill.	
H5083	"The Richelieu" (maison modèle) CB, XI, 12 (déc. 61), 37, texte & ill.	
H5084	"The Saguenay" (maison modèle) CB, XI, 12 (déc. 61), 37, texte & ill.	
	Charlesbourg	
H5085	Le Radisson (Terrasse Bon-Air) CB, XIV, 1 (jan. 64), 41, texte & ill.	
H5086	The Terrasse Bon-Air CB, XIII, 1 (jan. 63), 44-45, texte & ill. CB, XIV, 1 (jan. 64), 32, texte.	
	Châteauguay	
H5087	Cape Codder (Terrasse Châteauguay) NB, X, 1 (jan. 61), 23, texte & ill.	
H5088	"Le Percé" NB, X, 8 (août 61), 24, texte & ill.	
H5089	Terrasse Châteauguay BAT, XXXVI, 12 (déc. 60), 26-28, texte & ill. NB, X, 1 (jan. 61), 23, texte & ill. NB, XI, 1 (jan. 62), 34-37, texte & ill.	
H5090	The Brunswick (Terrasse Châteauguay) NB, XI, 1 (jan. 62), 36, texte & ill.	
	Chicoutimi	
H5091	Modèle Richelieu (Parc Falaise) BAT, XXXIV, 4 (avril 59), 46-47, texte & ill.	
H5092	Modèle Saguenay (Parc Falaise) BAT, XXXIV, 4 (avril 59), 46 et 50-51, texte & ill.	
	Chocolate Lake (N.-É.)	
H5093	Phil Esnouf's House TCA, XIII (Yearbook 68), 93, texte & ill.	
	Clarkson (Ontario)	
H5094	Whiteoaks of Jalna NB, VI, 10 (oct. 57), 6, texte.	
	Cloverdale (C.-B.)	
H5095	"Mark VII" (maison expérimentale) CB, XXI, 6 (juin 71), 37 et 55, texte & ill.	
	Colombie-Britannique	
H5096	(une maison Châtelaine) BAT, XLIII, 8 (août 68), 26, texte & ill.	
	Coquitlam	
H5097	(maison modèle) CB, XXVI, 2 (fév. 76), 14, ill.	
	Dartmouth	
H5098	CB, VIII, 9 (sept. 58), 32-33, texte & ill.	
H5099	(300 maisons; Portland St & Glenwood Ave) CB, XXIV, 3 (mars 74), 68, texte.	
H5100	1957 Budget Research House (maison modèle) NB, VII, 8 (août 58), 10, texte & ill.	
H5101	Tam O'Shanter Ridge CB, XIII, 1 (jan. 63), 48-49, texte & ill.	
	Delson (Qué.)	
H5102	(maisons industrialisées expérimentales) CB, XXI, 3 (mars 71), 6, texte & ill.	
H5103	Algonquin Homes CB, XIII, 8 (août 63), 36-37, texte & ill.	
	Dollard-des-Ormeaux	
H5104	(200 maisons) BAT, XLI, 9 (sept. 66), 44-47, texte & ill.	
H5105	(maison modèle) CB, XIX, 3 (mars 69), 47, texte & ill.	
H5106	Forest Village (358 unités) BAT, XLV, 11 (nov. 70), 7 et 10, texte & ill.	
H5107	The Elmwood (maison modèle) BAT, XLI, 9 (sept. 66), 45, ill.	
H5108	The Woodlands (304 maisons) BAT, XLVI, 12 (déc. 71), 23, texte & ill.	
H5109	Westpark development CB, XIV, 1 (jan. 64), 29, texte.	
	Don Mills	
H5110	CB, VIII, 4 (avril 58), 54-55 et 64, texte & ill.	
H5111	Résidence, primée par le conseil canadien d'esthétique du logement. BAT, XXXII, 4 (avril 57), 34, ill.	
	Downsview	
H5112	CB, VIII, 4 (avril 58), 54-55 et 64, texte & ill.	
	Duvernay	
H5113	BAT, XLI, 3 (mars 66), 24, ill. BAT, XLVII, 3 (mars 72), 8, ill.	
H5114	Domaine du Val-des-Arbres BAT, XXXIX, 6 (juin 64), 6, texte & ill.	
	Edmonton	
H5115	CB, VIII, 4 (avril 58), 54-55 et 64, texte & ill. CB, XXV, 2 (fév. 75), 13, ill.	
H5116	(49 maisons organisées suivant le "zero lot line") CB, XXVI, 1 (jan. 76), 8, texte.	
H5117	200 Series CB, XIV, 6 (juin 64), 30, texte & ill.	
H5118	Centennial Mark III ("Honeymoon Village") CB, XVII, 8 (août 67), 6, texte.	
H5119	Japanese-style house CB, XIV, 6 (juin 64), 27, texte.	
H5120	"Patio Homes" (près de 300 maisons modèles) CB, XXVI, 3 (mars 76), 7, texte & ill.	
H5121	Sherwood Park (58 unités en condominiums) CB, XIX, 10 (oct. 69), 66, texte.	
H5122	Sierra CB, XIV, 6 (juin 64), 29, texte.	
H5123	The Cavalier NB, IX, 9 (sept. 60), 22-25 et 34-38 et 62 et page couverture, texte & ill.	
	Erin Mills (Ont.)	
H5124	CB, XXII, 3 (mars 72), 20, ill. CB, XXIII, 2 (fév. 73), 30, ill.	
H5125	(73 maisons) CB, XXII, 7 (juil. 72), 48, texte.	
	Etobicoke (Ont.)	
H5126	Albion Grove Village CB, IV, 4 (avril 63), 40-41, texte & ill.	
H5127	Westway Village NB, V, 4 (avril 56), 28, texte & ill.	
	Fabreville	
H5128	Projet résidentiel "Maisons personnalisées" BAT, LIII, 2 (fév. 78), 6, texte & ill.	
H5129	Place Fabre BAT, XLVII, 9 (sept. 72), 5, texte. BAT, XLVIII, 10 (oct. 73), 10, texte.	
H5130	Le Favori (maison modèle) BAT, XLII, 4 (avril 67), 44 et 46, texte & ill.	
H5131	Le Pratique (maison modèle) BAT, XLII, 2 (fév. 67), 6, ill.	
H5132	Le Vainqueur BAT, XLII, 2 (fév. 67), 6, ill.	
H5133	"Split Ranch" (maison modèle) CB, XI, 4 (avril 61), 36-39, texte & ill.	
	Fort Garry	
H5134	Pembina Park CB, XXII, 11 (nov. 72), 14, texte & ill.	
	Fort McMurray	
H5135	(160 maisons) CB, XXV, 2 (fév. 75), 8 et 46, texte.	
H5136	(177 single family houses) CB, XXV, 12 (déc. 75), 5, texte.	
H5137	(42 maisons) CB, XVI, 9 (sept. 66), 47, texte.	
H5138	(dév. domiciliaire de 450 maisons) CB, XVIII, 1 (jan. 68), 22-23, texte & ill.	
	Fortune (T.-N.)	
H5139	(20 maisons) CB, XVIII, 6 (juin 68), 7, texte.	
	Fredericton	
H5140	Senator CB, XIV, 1 (jan. 64), 41, texte & ill.	
	Georgetown	
H5141	Delrex (dév. dom.) NB, V, 4 (avril 56), 18 et 24, texte & ill.	
	Glace Bay (N.-É.)	
H5142	(80 unités) CB, XXV, 4 (avril 75), 54, texte.	
	Granby	
H5143	BAT, XXVI, 12 (déc. 51), 3, ill.	
H5144	(Maisons construites par la coopérative Les Chantiers de Saint-Joseph) CDQ, XXVI, 2 (mars-avril 51), 24-25 et 36, texte & ill.	
H5145	Résidence du Dr. Quenneville ABC, I, 8 (nov. 46), 16-18, texte & ill.	
	Grand Bank (T.-N.)	
H5146	(20 maisons) CB, XVIII, 6 (juin 68), 7, texte.	
	Grand Bend	
H5147	Stephenshire (un modèle de maison mobile) CB, XXIV, 10 (oct. 74), 52-53, texte & ill.	
	Guelph	
H5148	Mark X (maison expérimentale) CB, XXIV, 3 (mars 74), 51-52, texte & ill. CB, XXIV, 4 (avril 74), 34-35 et 55, texte & ill. TCA, XIX, 6 (juin 74), la 2e page du dépliant inclus entre la p. 66 et 67, texte & ill.	
H5149	(Une maison Châtelaine) BAT, XLIII, 8 (août 68), 26, texte & ill.	
	Halifax	
H5150	CB, VIII, 4 (avril 58), 54-55 et 64, texte & ill. CB, X, 1 (jan. 60), 54-55, texte & ill. CB, XVIII, 3 (mars 68), 69, ill.	
H5151	Budget Research House (Commodore Park) NB, VII, 6 (juin 58), 31, texte.	
H5152	(une des maisons modèles de Clayton Park) CB, XIX, 3 (mars 69), 48-49, texte & ill.	
H5153	(Une des maisons modèles de Fairmount Development) CB, XIX, 3 (mars 69), 48-49, texte & ill.	
	Halifax-Dartmouth	
H5154	CB, XXV, 2 (fév. 75), 13, ill.	
	Hamilton	
H5155	(maison exp. de Stelco) BAT, XLVII, 6 (juin 72), 28, texte & ill.	
H5156	77 Elford Crescent (maison expérimentale en acier) CB, XX, 10 (oct. 70), 17-18, texte & ill. BAT, XLVI, 1 (jan. 71), 18-20, texte & ill.	
H5157	Avon NB, XI, 6 (juin 62), 46, texte & ill.	
H5158	"Bridge port" (maison modèle) CB, V, 4 (avril 55), 45, texte & ill.	
H5159	Ellsworth Park NB, IV, 10 (oct. 55), 44, texte.	
H5160	Gas Genie Gift House NB, XI, 6 (juin 62), 46, texte & ill.	
H5161	Kensington NB, XI, 6 (juin 62), 46	
H5162	Mount Laurier CB, XII, 10 (oct. 62), 56-60, texte & ill.	
H5163	The Margaret House NB, XI, 6 (juin 62), 46, texte & ill.	
H5164	The Oxford NB, XI, 6 (juin 62), 46, texte & ill.	
	Hampstead	
H5165	Maison en béton monolithe ABC, V, 54 (oct. 50), 27, ill.	
	Hespeler (Ont.)	
H5166	Budget Research House NB, VII, 8 (août 58), 10, texte.	

H5167	Mark I (maison expérimentale de 1957) CB, XXI, 1 (jan. 71), 17, ill. CB, XXIV, 2 (fév. 74), 39, texte & ill.	
H5168	Maison de Mr. and Mrs. Russell Gibson CB, XII, 3 (mars 62), 37, texte & ill.	
	Hull	
H5169	(une maison Châtelaine) BAT, XLIII, 8 (août 68), 25, ill.	
	Ile-Bizard	
H5170	La Nacelle (maison modèle) CB, XXVI, 2 (fév. 76), 33-34, texte & ill.	
H5171	Le Hunier (maison modèle) BAT, LI, 2 (fév. 76), 13, ill. CB, XXVI, 2 (fév. 76), 14, ill.	
H5172	The Caravelle (maison modèle) CB, XXVI, 2 (fév. 76), 15, ill.	
	Ile-Jésus	
H5173	Maisons jumelées; Place Renaud BAT, XLII, 4 (avril 67), 8, texte & ill.	
H5174	Arèsville (3000 maisons) CB, V, 7 (juil. 55), 34-35, texte & ill. BAT, XXX, 7 (juil. 55), 3 et 28-31, texte & ill.	
H5175	Maison Solarium BAT, XXIX, 4 (avril 54), 3 et 30-33 et 48, texte & ill.	
	Ile-Perrot	
H5176	The Grenada CB, XIV, 6 (juin 64), 34, texte & ill.	
	Ville Jacques-Cartier	
H5177	(maisons modèles) CB, XVIII, 3 (mars 68), 46, texte & ill.	
H5178	Domaine Gentilly (1000 maisons) BAT, XXXVI, 11 (nov. 60), 43, texte.	
	Kindersley (Sask.)	
H5179	(22 unités) CB, XVIII, 8 (août 68), 7, texte.	
	Kingston	
H5180	Medallion Home NB, VII, 5 (mai 58), 35, texte.	
	Kirkland	
H5181	BAT, XLIV, 8 (août 69), 6, texte & ill.	
H5182	"La Galerie", maisons modèles en exposition BAT, L, 9 (sept. 75), 27 et 30, texte & ill.	
	Kitchener	
H5183	CB, VIII, 4 (avril 58), 54-55 et 64, texte & ill.	
H5184	(51 maisons) CB, XVIII, 3 (mars 68), 79, texte.	
H5185	(3 séries de maisons) CB, XX, 9 (sept. 70), 7, texte.	
H5186	"Mark VI" (maisons expérimentales) CB, XVIII, 2 (fév. 68), 7, texte. CB, XVIII, 9 (sept. 68), 7, texte. CB, XIX, 5 (mai 69), 5 et 54, texte. CB, XIX, 6 (juin 69), 8, ill. CB, XIX, 9 (sept. 69), 5, texte. CB, XXI, 1 (jan. 71), 21, texte & ill. CB, XXIV, 2 (fév. 74), 39-41, texte & ill.	
H5187	"Forest Heights" CB, XXI, 6 (juin 71), 6, texte. CB, XXII, 9 (sept. 72), 32, texte & ill. CB, XXII, 11 (nov. 72), 15, texte & ill. CB, XXIII, 2 (fév. 73), 30, ill.	
H5188	"The Conestoga" NB, IX, 11 (nov. 60), 24-28, texte & ill.	
	Kitimat	
H5189	(des maisons pour les employés de European Pulp and Paper Co.) CB, XIX, 6 (juin 69), 7, texte.	
	La Prairie	
H5190	La Citière (maisons jumelées) BAT, LIII, 9 (sept. 78), 14-15, texte & ill.	
	Ville La Salle	
H5191	Riverside Park NB, V, 7 (juil. 56), 28, texte & ill.	
	Laval	
H5192	BAT, LIII, 2 (fév. 78), 12, ill.	
H5193	Carrefour résidentiel St-Martin BAT, LIII, 4 (avril 78), 5, texte.	
H5194	"Centenaire" (Place Renaud) BAT, XLII, 6 (juin 67), 7, texte & ill.	
H5195	Domaine Cité de la Santé BAT, LII, 11 (nov. 77), 5, texte & ill.	
H5196	Place Renaud BAT, XLVIII, 10 (oct. 73), 10, texte.	
	Laval-sur-le-Lac	
H5197	Maison de M. Lamoureux ABC, V, 54 (oct. 50), 32, ill.	
	Lethbridge	
H5198	(100 maisons à prix modiques) CB, XX, 3 (mars 70), 72, texte.	
	London	
H5199	CB, VIII, 4 (avril 58), 54-55 et 64, texte & ill. CB, XXV, 2 (fév. 75), 12, ill.	
H5200	(Projet de 11 maisons) NB, VII, 5 (mai 58), 26, texte & ill.	
H5201	Maison à l'énergie solaire (Westmount subdivision) CB, XXVII, 11 (nov. 77), 5, texte & ill.	
H5202	Medallion award-winning house NB, X, 4 (avril 61), 32-36, texte & ill.	
H5203	"Home '59" NB, VIII, 4 (avril 59), 31, texte.	
H5204	The Commander NB, VII, 12 (déc. 58), 22-26, texte & ill.	
H5205	Trafalgar Heights NB, VII, 9 (sept. 58), 49, texte.	
	Longueuil	
H5206	(800 unités pré-usinées) CB, XXI, 3 (mars 71), 62, texte.	
H5207	Maison ronde, au domaine de Normandie BAT, XXXVII, 3 (mars 62), 24-27, texte & ill.	
	Loretteville	
H5208	(dév. dom.) NB, VII, 3 (mars 58), 10-11, texte & ill.	
H5209	Parc St-Claude CB, XIII, 4 (avril 63), 50-51, texte & ill.	
	Markham	
H5210	(Maison de Mr. et Mrs. Mervin Griffin) CB, XII, 3 (mars 62), 37, ill.	
H5211	(3 maisons en béton pré-contraint; Wooten Way) CB, XXII, 4 (avril 72), 8, texte.	
	Montréal	
H5212	CB, X, 1 (jan. 60), 54-55, texte & ill. CB, XXII, 3 (mars 72), 20, ill. CB, XXV, 2 (fév. 75), 12, ill.	
H5213	(maison modèle) CB, XI, 11 (nov. 61), 30-31, ill.	
H5214	Maison-type d'un groupe construit à Montréal ABC, IV, 35 (mars 49), 15, ill.	
H5215	Maison modèle (Riverside Park) CB, VII, 5 (mai 57), 48-49, texte & ill.	
H5216	(Maisons pour ouvriers) RAIC, XVIII, 2 (fév. 41), 32	
H5217	Mount Laurier CB, XII, 10 (oct. 62), 56-60, texte & ill.	
H5218	Sutton CB, XIV, 6 (juin 64), 28, texte & ill.	
H5219	The Jefferson CB, XIV, 1 (jan. 64), 35, texte & ill.	
H5220	Résidence Claude Théberge, 4920 Côte des Neiges. AC, XXIX, 323 (mai-juin 74), 29-31, texte & ill.	
	Montreal West	
H5221	CB, VIII, 4 (avril 58), 54-55 et 64, texte & ill.	
	Ville Mont-Royal	
H5222	Habitations en série (jumelées) ABC, IV, 35 (mars 49), 23, ill.	
	Mont Saint-Hilaire	
H5223	Domaine des Hautes-terres BAT, L, 9 (sept. 75), 26, texte.	
	Moose Jaw	
H5224	(100 maisons pour Canadian Forces Base) CB, XVI, 9 (sept. 66), 5, texte.	
	Napanee	
H5225	(energy-conserving house) TCA, XXII, 3 (mars 77), 38, texte & ill.	
	Neufchâtel	
H5226	Projet "Village du Moulin" (maisons jumelées) BAT, XLVII, 1 (jan. 72), 5, texte.	
	New Westminster	
H5227	CB, IX, 8 (août 59), 73, ill.	
	Normanview (Sask.)	
H5228	(73 low-cost) CB, XXII, 2 (fév. 72), 58, texte.	
	North Bay	
H5229	(a split-level) CB, XII, 3 (mars 62), 36, texte & ill.	
	Oka	
H5230	Maison à la campagne ABC, V, 54 (oct. 50), 26, ill.	
	Ontario	
H5231	"Automobile Tudor" (1915-1945) NB, VII, 6 (juin 58), 14, ill.	
H5232	"Farm House" NB, VII, 6 (juin 58), 15, ill.	
H5233	"Rich Man" (1850-1880) NB, VII, 6 (juin 58), 14, ill.	
H5234	"Successful Edwardian Living" NB, VII, 6 (juin 58), 15, ill.	
H5235	"White House" (1835-1855) NB, VII, 6 (juin 58), 14, ill.	
	Orleans (Ontario)	
H5236	Project Mark XI (4 maisons expérimentales/conservation d'énergie) CB, XXVIII, 7 (juil. 78), 5, texte.	
H5237	Queenswood Heights (100 maisons) CB, XXII, 10 (oct. 72), 7, texte.	
	Oshawa	
H5238	1958 idea home NB, VII, 9 (sept. 58), 34, texte & ill.	
H5239	Brookside Acres (dév. dom.) NB, IV, 10 (oct. 55), 44, texte.	
	Ottawa	
H5240	CB, VI, 1 (jan. 56), 22, texte & ill. BAT, XLVII, 3 (mars 72), 7, ill. CB, XXV, 2 (fév. 75), 13, ill.	
H5241	Bungalow d'après le plan no. 50-9, SCHL CDQ, XXVI, 1 (jan.-fév. 51), 25, texte & ill.	
H5242	Modèle de la série "B-200 séries" CB, XIV, 6 (juin 64), 32, texte & ill.	
H5243	Two-Storey Plan K-56 NB, X, 12 (déc. 61), 33-37, ill.	
H5244	T-70 Series CB, XIV, 6 (juin 64), 32, texte & ill.	
H5245	(une maison Châtelaine) BAT, XLIII, 8 (août 68), 25, texte & ill.	
H5246	(maisons modèles) CB, XI, 11 (nov. 61), 29, ill.	
H5247	(maison expérimentale pour contrer les bruits, près de l'aéroport) CB, XXV, 9 (sept. 75), 34 et 37, texte & ill.	
H5248	(solar-heated house) CB, XXVIII, 1 (jan. 78), 19, ill.	
H5249	House of Living Ideas (Blackburn Hamlet) CB, XIX, 12 (déc. 69), 6, texte & ill.	
H5250	Colonial (Glen Cairn Development) CB, XIII, 10 (oct. 63), 37, texte & ill.	
H5251	Gold Medallion (Glen Cairn Development) CB, XIII, 10 (oct. 63), 37, texte & ill.	
H5252	Lynwood Village NB, VIII, 9 (sept. 59), 39, texte & ill.	
H5253	Mark III (Rockcliffe Air Station) CB, XI, 11 (nov. 61), 41 et 50-52, texte & ill. CB, XXI, 1 (jan. 71), 18, ill. NB, XI, 1 (jan. 62), 50-53, texte & ill.	
H5254	Mark IV (maison expérimentale de 1963) CB, XXI, 1 (jan. 71), 19, texte.	
H5255	Mark V (maison expérimentale de 1965-66) CB, XXI, 1 (jan. 71), 19, ill. CB, XXIV, 2 (fév. 74), 39-41, texte & ill.	
H5256	Mount Laurier CB, XII, 10 (oct. 62), 56-60, texte & ill.	
H5257	Sheffield Glen (185 maisons) CB, XXII, 10 (oct. 72), 7, texte.	
H5258	"The Kent" (maison modèle) CB, XII, 5 (mai 62), 56-57 et 59, texte & ill.	
H5259	"The Montrose" (maison modèle) CB, XII, 5 (mai 62), 56-57 et 59, texte & ill.	
H5260	"The Neptune" (maison modèle) CB, XII, 5 (mai 62), 56-58, texte & ill.	
	Owen Sound	
H5261	CB, VIII, 4 (avril 58), 54-55 et 64, texte & ill.	
	Peterborough	
H5262	CB, X, 11 (nov. 60), 28, ill.	

Habitation / Housing

H5263 (12 maisons)
NB, VII, 5 (mai 58), 29 et page couverture, texte & ill.

Petite-Rivière (Québec)
H5264 "1000 nouvelles maisons unifamiliales à Petite-Rivière"
BAT, XXXIII, 6 (juin 58), 37

Pickering
H5265 (maison Châtelaine)
BAT, XLIII, 8 (août 68), 27, texte & ill.

Picton
H5266 (maisons de plastique pour les Forces Armées)
CB, XXIII, 1 (jan. 73), 14, texte.

Pierrefonds
H5267 Le Village Alpin (100 maisons)
BAT, XLVI, 11 (nov. 71), 8, texte & ill.

Pointe-Claire
H5268 Beaurepaire (maisons unifamiliales)
BAT, XXX, 5 (mai 55), 28-29, texte & ill.

Pont-Viau
H5269 (maison modèle)
CB, V, 4 (avril 55), 46, texte & ill.

Port Credit
H5270 "Breezy Brae" (Applewood Acres)
CB, V, 4 (avril 55), 44, texte & ill.
H5271 Home of E.A. Robinson
CB, X, 4 (avril 60), 60, texte & ill.

Port Moody (C.-B.)
H5272 (maison modèle)
CB, XXVI, 2 (fév. 76), 15, ill.
H5273 Glenayre Centennial Home (dév. dom.)
NB, VIII, 6 (juin 59), 20-21, texte & ill.

Preston
H5274 (maisons préfabriquées)
CB, VII, 9 (sept. 57), 33-35, texte & ill.

Préville
H5275 CB, VIII, 4 (avril 58), 54-55 et 64, texte & ill.

Québec
H5276 CB, IX, 9 (sept. 59), 64-65, texte & ill.
CB, XXV, 2 (fév. 75), 13, ill.
H5277 Bungalows groupés par quatre
BAT, XXXIX, 11 (nov. 64), 18-20, texte & ill.
H5278 Groupe d'habitations à Ste-Monique-Les-Saules
BAT, XXIX, 6 (juin 54), 26-28 et 53, texte & ill.
H5279 22 maisons modèles, rue Louis Riel
BAT, XXXIV, 11 (nov. 59), 32-37, ill.
H5280 (Chatelaine award home)
NB, IX, 10 (oct. 60), 26-30, texte & ill.
H5281 "Dream House" (présentée à l'Exposition provinciale)
CB, VI, 11 (nov. 56), 42, texte & ill.
H5282 Dumont
NB, IX, 9 (sept. 60), 22-25 et 30, texte & ill.

Regina
H5283 CB, XXV, 2 (fév. 75), 13, ill.
H5284 (maison à l'énergie solaire)
CB, XXVII, 9 (sept. 77), 14, texte & ill.
H5285 44 condominium townhouses (Southland Mall)
CB, XXV, 2 (fév. 75), 46, texte.
H5286 Brunswick 33
CB, XIII, 7 (juil. 63), 44, texte & ill.
H5287 Centurion
CB, 6 (juin 64), 33, texte & ill.
H5288 Imperial 40-1
CB, XIII, 7 (juil. 63), 44, texte & ill.
H5289 Mark IX research house
CB, XXII, 5 (mai 72), 5, texte.
CB, XXIV, 3 (mars 74), 51, texte & ill.
H5290 The Brunswick
CB, XIX, 3 (mars 69), 51, ill.
H5291 The Cinderella
CB, XIV, 6 (juin 64), 30, texte & ill.
H5292 The Western
CB, XIV, 6 (juin 64), 29, texte & ill.

Repentigny
H5293 NB, VII, 10 (oct. 58), 17-18, texte & ill.
BAT, IX, 9 (sept. 61), 43, ill.
H5294 Bord de l'eau (projet de 700 maisons)
BAT, XXXIII, 2 (fév. 58), 3 et 24-27, texte & ill.
H5295 Mark II (maison expérimentale)
BAT, XXXIV, 1 (jan. 59), 20-23, texte & ill.

H5296 Modèle L, (maison modèle)
BAT, XXXVII, 11 (nov. 62), 32-34, texte & ill.

Richmond
H5297 Glen Acres Village
CB, XIX, 10 (oct. 69), 8, texte.

Ste-Adèle
H5298 Maison de Mme W.E. White
BAT, XXVII (mars 52), 24-25 et 66, texte & ill.

Saint-Bruno
H5299 BAT, XLIV, 8 (août 69), 6-7, texte & ill.
H5300 "La Canadienne" (maison modèle)
CB, XVII, 9 (sept. 67), 8, texte & ill.
H5301 Maison No. 1 (maison usinée Alcan)
BAT, XLI, 12 (déc. 66), 22-23, texte & ill.
H5302 Maison No. 2 (maison usinée Alcan)
BAT, XLI, 12 (déc. 66), 22-23, texte & ill.
H5303 Maison No. 3 (maison usinée Alcan)
BAT, XLI, 12 (déc. 66), 22-23, texte & ill.
H5304 Maison No. 4 (maison usinée Alcan)
BAT, XLI, 12 (déc. 66), 22-23, texte & ill.

St. Catharines
H5305 CB, IX, 9 (sept. 59), 64-65, texte & ill.

Saint-Eustache
H5306 Projet d'habitation de 88 unités détachées et semi-détachées
BAT, LII, 4 (avril 77), 13, texte.

Ste-Foy
H5307 BAT, XLI, 3 (mars 66), 24, ill.
H5308 (maison expérimentale en bois)
NB, X, 11 (nov. 61), 62, texte.
H5309 Projet de 391 logis
BAT, XLVII, 9 (sept. 72), 6, texte.

Ste-Geneviève
H5310 Les Jardins Ste-Geneviève, développement domiciliaire
BAT, XXXI, 10 (oct. 56), 32-35, texte & ill.

St. John (N.-B.)
H5311 CB, VIII, 4 (avril 58), 54-55 et 64, texte & ill.

St. John's (T.-N.)
H5312 CB, VIII, 4 (avril 58), 54-55 et 64, texte & ill.
H5313 (211 unités)
CB, XV, 3 (mars 65), 13, texte.
H5314 Granter home
NB, VIII, 6 (juin 59), 25, ill.

Ville St-Laurent
H5315 Duplex
ABC, IV, 35 (mars 49), 21, ill.
H5316 Type de maison en construction
ABC, IV, 35 (mars 49), 20, ill.
H5317 Projet domiciliaire L'An 2000
BAT, XLVII, 5 (mai 72), 11-12, texte & ill.

St-Laurent (Ile d'Orléans)
BAT, XXXV, 2 (fév. 60), 41, texte & ill.

St-Louis-de-Terrebonne
H5318 La Seigneurie
BAT, LV, 1 (jan.-fév. 80), 13 et 18, texte & ill.

St. Norbert (Manitoba)
H5319 Le Parc La Salle
CB, XIV, 8 (août 64), 24-25, texte & ill.

Ste-Odile
H5320 Premier prix du concours de la Semaine de l'Habitation, Association de la Construction du Bas St-Laurent
BAT, LII, 12 (déc. 77), 7, ill.

Ste-Rose
H5321 Le Coquelicot
CB, XXVI, 2 (fév. 76), 33-34, texte & ill.

Ste-Thérèse-en-Haut
H5322 (3 maisons usinées)
BAT, XL, 8 (août 65), 37, texte & ill.
H5323 Les Grands Bois (une centaine de maisons)
BAT, LV, 1 (jan.-fév. 80), 9, texte & ill.
H5324 La Maison Châtelaine '66
BAT, XLI, 8 (août 66), 27-32, texte & ill.

Sarnia
H5325 Maison modulaire
NB, VI, 10 (oct. 57), 34, texte.

Saskatchewan
H5326 Carleton
NB, X, 10 (oct. 61), 25, texte & ill.
H5327 Erie
NB, X, 10 (oct. 61), 25, texte & ill.
H5328 Fairmont
NB, X, 10 (oct. 61), 26-30, texte & ill.

Sault Ste-Marie
H5329 Forest Glen project. (900 maisons)
NB, X, 1 (jan. 61), 20, texte & ill.
H5330 Grandview Gardens
CB, XX, 1 (jan. 70), 56, texte.

Scarborough
H5331 CB, VIII, 4 (avril 58), 54-55 et 64, texte & ill.
CB, XVI, 2 (fév. 66), 10, texte.
CB, XXV, 2 (fév. 75), 12, ill.
H5332 Bakewell Manor (425 maisons)
CB, V, 4 (avril 55), 47, texte & ill.
H5333 Caribbean (at Woburn Gate)
CB, XIV, 4 (avril 64), 53, texte & ill.
H5334 Cathedral Bluffs
NB, XI, 1 (jan. 62), 42, texte.
H5335 Cathedral Bluffs and Lyme Regis
CB, XIV, 3 (mars 64), 29, texte & ill.
H5336 Curran Hall Park
CB, V, 9 (sept. 56), 10, texte & ill.
H5337 Imperial (in Cathedral Bluffs development)
NB, X, 6 (juin 61), 20-21, texte & ill.
H5338 Sun House
BAT, LIII, 9 (sept. 78), 7, texte & ill.

Sillery
H5339 CB, X, 7 (juil. 60), 41, ill.

Spryfield (N.-E.)
H5340 Leiblin Park (dév. dom.)
NB, VIII, 8 (août 59), 22, texte & ill.

Streetsville (Ont.)
H5341 Capilano Deluxe (Riverview Heights)
NB, VII, 9 (sept. 58), 43, texte & ill.
H5342 Riverview Heights
NB, V, 8 (août 56), 38, texte.
H5343 Shipp house (Riverview Heights)
NB, VI, 8 (août 57), 12-13 et 16, texte & ill.

Surrey
H5344 (Maison expérimentale)
CB, XXII, 1 (jan. 72), 5, texte.
H5345 Mark VII House (maison expérimentale)
CB, XXII, 4 (avril 72), 36, texte & ill.

Timmins
H5346 (maisons jumelées; Riverview Subdivision)
CB, XXVI, 10 (oct. 76), 6, texte.

Toronto
H5347 CB, X, 1 (jan. 60), 54-55 et 58, texte & ill.
H5348 Maisons jumelées
CB, XVIII, 11 (nov. 68), 94, texte.
H5349 (maison modèle)
CB, XI, 11 (nov. 61), 30-31, ill.
H5350 (maison modèle construite par Curran Hall Ltd)
NB, VII, 5 (mai 58), 30, texte.
H5351 (maison à l'énergie solaire)
CB, V, 6 (juin 55), 68, texte.
H5352 Applewood Heights
NB, X, 10 (oct. 61), 38, texte & ill.
CB, XIV, 9 (sept. 64), 7, texte.
H5353 Asteroid House (Présentée au National home show)
CB, XIX, 5 (mai 69), 5, ill.
H5354 Bridlewood (dév. dom.)
CB, XIV, 3 (mars 64), 25-27, texte & ill.
H5355 Cape Cod (Bay Ridges project)
NB, X, 6 (juin 61), 32, texte & ill.
H5356 Chartwell Development
CB, XIX, 3 (mars 69), 44, ill.
H5357 Don Valley Village
CB, XIV, 6 (juin 64), 28, texte & ill.
H5358 Elmwood Park
NB, VII, 12 (déc. 58), 18-19, texte & ill.
H5359 Empress of Canada
NB, X, 6 (juin 61), 22-23, texte & ill.
H5360 Eton (maison modèle de Chartwell development)
CB, XIX, 3 (mars 69), 45, ill.
H5361 Falgarwood Hills
CB, XI, 12 (déc. 61), 34, texte & ill.

203

H5362 Golden Cape
CB, XIV, 6 (juin 64), 33, texte & ill.
H5363 Golden Galleon
CB, XIV, 2 (fév. 64), 7, texte & ill.
H5364 Greenwin Gardens
NB, XI, 1 (jan. 62), 41, texte & ill.
H5365 Hallwood (Hallmark Development)
CB, XIV, 5 (mai 64), 48, texte & ill.
H5366 Hillcrest Village
CB, XIII, 4 (avril 63), 42-43, texte & ill.
H5367 "House of Living Ideas"
CB, XXI, 2 (fév. 71), 26, texte & ill.
H5368 Kimberdale (Bridlewood)
CB, XXII, 3 (mars 72), 26, ill.
H5369 Knob Hill
NB, V, 10 (oct. 56), 30, texte.
H5370 Maison de M. Walter Little
CB, VIII, 9 (sept. 58), 37 et 39-40, texte & ill.
H5371 Midland Park
NB, VIII, 10 (oct. 59), 54, texte & ill.
NB, XI, 1 (jan. 62), 38-39, texte & ill.
H5372 Newborough (Bridlewood)
CB, XXII, 3 (mars 72), 26, ill.
H5373 Niagara (Bridlewood)
CB, XIII, 5 (mai 63), 43, texte & ill.
H5374 Saracini Orchard Heights
CB, V, 2 (fév. 55), 110, texte.
H5375 Sheridan Homelands
CB, XIX, 3 (mars 69), 45, ill.
H5376 Star Units
CB, XVI, 2 (fév. 66), 41-42, texte & ill.
H5377 The Castledene (Bridlewood)
CB, XIV, 3 (mars 64), 27, texte & ill.
H5378 The Greenbriar
CB, XII, 9 (sept. 62), 58, texte & ill.
H5379 The Haliburton ("Hillcrest Village")
CB, XIII, 4 (avril 63), 42, texte & ill.
H5380 The "Lakewood" (Guildwood Village)
CB, XIII, 5 (mai 63), 45, texte & ill.
H5381 "The Parkhurst" (Midland Park)
CB, X, 3 (mars 60), 40, texte & ill.
H5382 The Rosedale
CB, XXII, 3 (mars 72), 20, ill.
H5383 "The Woodridge" (Midland Park)
CB, X, 3 (mars 60), 40, texte & ill.
H5384 Thornhill Green (500 maisons modèles)
CB, XVI, 5 (mai 66), 56-57, texte & ill.
CB, XVI, 6 (juin 66), 9, texte & ill.

Trois-Rivières
H5385 Terrasse Duvernay
BAT, XLI, 1 (jan. 66), 7, texte & ill.

Tsawwassen (C.-B.)
H5386 Maisons avec fondations de bois
CB, XXIV, 10 (oct. 74), 7, texte & ill.
H5387 Forest By the Bay (131 maisons)
CB, XXIX, 2 (fév. 79), 18-20, texte & ill.

Unionville (Ont.)
H5388 (a single family house subdivision)
CB, XIX, 5 (mai 69), 66, texte.
H5389 Village-in-the-Valley (dév. domiciliaire de 81 maisons, Phase I)
CB, XXII, 6 (juin 72), 58, texte.

Vancouver
H5390
CB, X, 1 (jan. 60), 54-55, texte & ill.
CB, XXII, 3 (mars 72), 20, ill.
H5391 Birch (Richmond Gardens)
CB, XIII, 10 (oct. 63), 34, texte & ill.
H5392 Cedar (Richmond Gardens)
CB, XIII, 10 (oct. 63), 35, texte & ill.
H5393 Cedar Hills (dév. dom.)
NB, VI, 11 (nov. 57), 7, texte.
H5394 Chatelaine Home '61
NB, X, 8 (août 61), 32-38, texte & ill.
H5395 Fremlin & 54th (dév. dom.)
NB, VI, 11 (nov. 57), 7, texte.
H5396 Glen Ayer (dév. dom.)
NB, VI, 11 (nov. 57), 7, texte.
H5397 Harbor Chines (dév. dom.)
NB, VI, 11 (nov. 57), 7, texte.
H5398 PNE house (maison construite pour le Pacific National Exhibition)
NB, VII, 7 (juil. 58), 26, texte.
H5399 Richmond Gardens
CB, XIII, 10 (oct. 63), 34-35, texte & ill.
H5400 Sunshine Hills Development
CB, XXVII, 12 (déc. 77), 19

H5401 The Captain (Mariners Village)
CB, XXIV, 9 (sept. 74), 18-19, texte & ill.
H5402 The Dogwood
NB, IX, 9 (sept. 60), 22-26, texte & ill.
H5403 The Elm (Richmond Gardens)
CB, XIV, 1 (jan. 64), 35, texte & ill.
H5404 The Oak (Richmond Gardens)
CB, XIII, 11 (nov. 63), 41-44, texte & ill.
H5405 The Oakdale (Richmond Gardens)
CB, XIV, 6 (juin 64), 34, texte & ill.
H5406 Vancouver's 1958 Ease-of-Living Model Home
CB, VIII, 8 (août 58), 41-42, texte & ill.

North Vancouver
H5407
CB, XXV, 2 (fév. 75), 12, ill.
H5408 Westlynn Park (600 maisons)
CB, V, 4 (avril 55), 46, texte & ill.

West Vancouver
H5409
CB, VIII, 4 (avril 58), 54-55 et 64, texte & ill.
H5410 Flowerless Residence
NB, VIII, 5 (mai 59), 28-32, texte & ill.
H5411 Glenmore subdivision
CB, VI, 9 (sept. 56), 41-43, texte & ill.

Victoria
H5412
CB, VIII, 4 (avril 58), 54-55 et 64, texte & ill.
H5413 Robert McClintoch (dév. dom.)
NB, VI, 10 (oct. 57), 6, texte.

Waterloo
H5414 (13 maisons pour une étude environnementale)
CB, XXVI, 9 (sept. 76), 7, texte.

Willowdale
H5415
CB, VIII, 4 (avril 58), 54-55 et 64, texte & ill.

Windsor
H5416
CB, IX, 9 (sept. 59), 69, texte & ill.
H5417 (pour "Assited Home Ownership Program")
CB, XXVII, 9 (sept. 77), 28, ill.
H5418 Economy Homes
NB, X, 5 (mai 61), 32-33, texte & ill.

Winnipeg
H5419
CB, VIII, 4 (avril 58), 54-55, 62 et 64, texte & ill.
H5420
CB, XXV, 2 (fév. 75), 13, ill.
H5421 (maison Châtelaine)
BAT, XLIII, 8 (août 68), 27, texte & ill.
H5422 (maison modèle par Engineered Homes)
CB, XIX, 3 (mars 69), 50, texte & ill.
H5423 "House in a Day"
NB, VI, 11 (nov. 57), 5 et 8, texte & ill.
H5424 Casseta (maison avec éléments de plastique)
CB, XIV, 9 (sept. 64), 30, texte & ill.
H5425 "Experimental Project Mark VIII".
CB, XXI, 6 (juin 71), 37, texte.
CB, XXIV, 2 (fév. 74), 39-41, texte & ill.
H5426 The Country House
CB, XIV, 6 (juin 64), 31, texte & ill.
H5427 The Heritage
CB, XIV, 1 (jan. 64), 33, texte & ill.
H5428 The Parklane
CB, XIV, 6 (juin 64), 31, texte & ill.

Woodstock
H5429
CB, IX, 9 (sept. 59), 64-65, texte & ill.
H5430 "Capri" (maison préfabriquée)
CB, XX, 8 (août 70), 8, texte & ill.

North York
H5431 (The "Y" — shaped)
CB, XIII, 5 (mai 63), 46-47, texte & ill.
H5432 Alberta
NB, X, 10 (oct. 61), 21, texte & ill.
H5433 British Columbia (Greenwin Gardens)
NB, X, 10 (oct. 61), 21, texte & ill.
H5434 Greenwin Gardens
NB, X, 10 (oct. 61), 19-21, texte & ill.
H5435 Manitoba (Greenwin Gardens)
NB, X, 10 (oct. 61), 21, texte & ill.
H5436 Newfoundland (Greenwin Gardens)
NB, X, 10 (oct. 61), 20, texte & ill.
H5437 Oakdale Park
CB, XX, 10 (oct. 70), 13, texte & ill.
H5438 Quebec (Greenwin Gardens)
NB, X, 10 (oct. 61), 21, texte & ill.

H5439 Saskatchewan (Greenwin Gardens)
NB, X, 10 (oct. 61), 21, texte & ill.

Abra & Balharrie
Édifice de lieu inconnu
H5440
NB, V, 3 (mars 56), 10 et 28, texte & ill.

Adamson, Gordon S.
Toronto
H5441
RAIC, XXVI, 8 (août 47), 267 et 273, texte & ill.
H5442 House in Rosedale
RAIC, XXIV, 3 (mars 47), 83-85, ill.
H5443 Balfour Residence
RAIC, XXXIX, 5 (mai 62), 52-53, texte & ill.
H5444 House of Mr. K.W. Peacock
RAIC, XXVII, 12 (déc. 50), 409, ill.
RAIC, XXX, 8 (août 53), 230-232, ill.
H5445 House of Mr. Ben Sadowski
RAIC, XXVII, 12 (déc. 50), 409, ill.

Affleck, Raymond T.
Baie d'Urfé
H5446 Beatty House
RAIC, XXXV, 1 (jan. 58), 16-17, ill.
Mont St-Hilaire
H5447 Résidence Klassen
ABC, VIII, 90 (oct. 53), 26-27, texte & ill.

Affleck, Desbarats, Dimakopoulos, Lebensold, Michaud, Sise
Édifice de lieu inconnu
H5448 Maisons à Seignory Park
RAIC, XXXIX, 10 (oct. 62), 57, ill.

Allan, E.B.; Beardmore, R.M.
H5449 Voir Beardmore, R.M.; Allan, E.B.

Alldritt Construction Co. Ltd.
Edmonton
H5450 The Pagoda
CB, XIV, 7 (juil. 64), 44-48, texte & ill.

Allen, Brown & Sherriff
Stouffville (Ont.)
H5451 Ratcliff Residence
TCA, XIII, 1 (jan. 68), 9, texte & ill.

Allen & MacIver
Hamilton
H5452 The "Made in Hamilton " home
NB, VII, 11 (nov. 58), 34, texte & ill.

Allward & Gouinlock
Toronto
H5453 House of Mr. Alfred D. Morrow
RAIC, XVII, 6 (juin 40), 98-101, ill.

Anderegg and Wills
West Vancouver
H5454 Brasso House
ARCAN, XLIX (17 janvier 72), 4, texte & ill.
TCA, XV, 8 (août 70), 34, texte & ill.

Armstrong, N.A.
Oakville
H5455 House of Mr. M.G. Armstrong
RAIC, XXII, 7 (juil. 45), 143, ill.
Toronto
H5456 House of Mr. J.S. Corrignan
RAIC, XVIII, 5 (mai 41), 85, ill.

Arthur, E.R.
Toronto
H5457 Residence of Mr. and Mrs. E.R. Arthur
RAIC, XXXVI, 2 (fév. 59), 48, ill.

Assaly, Tom
Ottawa
H5458 Trend Village
CB, XIX, 3 (mars 69), 80, texte.

Atkins, Gordon L.
Bragg Creek (Alberta)
H5459 Drahanchuk Studio and Residence
TCA, XII (Yearbook 67), 73, texte & ill.

ARCAN, 45, 1 (jan. 68) 53, ill.
Calgary
H5460 Ballard Residence
ARCAN, 46, 1 (jan. 69), 43, ill.
H5461 Derochie Residence
TCA, XII, 11 (nov. 67), 50-52, texte & ill.
Windermere (C.-B.)
H5462 G.E. Melchin et H. Melchin
ARCAN, 44, 6 (juin 67), 14 (Supplément à la revue), ill.

Audet & Blais
Drummondville
H5463 Résidence et bureau du docteur Dugré
BAT, XXXIII, 10 (oct. 58), 30-32, texte & ill.

Audet, Tremblay, Audet
Sherbrooke
H5464 Les Jardins Fleuris (125 maisons)
BAT, XLIII, 9 (sept. 68), 41-42, texte & ill.

Avramovitch, Aza
Bedford (N.-E.)
H5465 MacInnes Residence
TCA, X (Yearbook 65), 85, texte & ill.
Halifax
H5466 Avramovitch Residence
TCA, XV, 12 (déc. 70), 59-60, texte & ill.

B & A Construction
Fabreville
H5467 10 nouveaux modèles
BAT, XLVI, 9 (sept. 71), 6, texte & ill.
H5468 Bungalows B & A Construction
BAT, XLIV, 10 (oct. 69), 6-7, texte & ill.

Bach, Michael
Édifice de lieu inconnu
H5469 CB, VIII, 11 (nov. 58), 29, texte & ill.

Bach, Michael; Murray, James
Don Mills
H5470 House on Duncairn Road
RAIC, XXXI, 1 (jan. 54), 22, ill.

Baker, Joseph
Westmount
H5471 Felberg Residence
TCA, XIII, 4 (avril 68), 56-57, texte & ill.

Baker, Joseph; Markson, Jerome
H5472 Voir Markson, Jerome; Baker, Joseph.

Balkansky, Basil; Lyle, Eugene
Albion Hills
H5473 TCA, VIII, 5 (mai 63), 12, texte & ill.

Banz, George
Caledon East (Ont.)
H5474 TCA, V, 8 (août 60), 57-59, texte & ill.

Barclay, Stanley B.
Édifice de lieu inconnu
H5475 Design of a detached house for a young executive and his family
CB, III, 5 (mai 53), 40-41, texte & ill.

Barker, Kent
Édifice de lieu inconnu
H5476 RAIC, XXIV, 1 (jan. 47), 21, texte & ill.

Barnes, George; Hartley, Gordon; Nelson, Ron
Édifice de lieu inconnu
H5477 (Development House)
RAIC, XXXII, 3 (mars 55), 83, texte & ill.

Barnes, Tom
Édifice de lieu inconnu
H5478 Model B-801 (maison modèle)
CB, IX, 4 (avril 59), 44, ill.
H5479 Model KC 821 (maison modèle)
CB, IX, 4 (avril 59), 43-44, ill.
H5480 Model KC824 (maison modèle)
CB, IX, 4 (avril 59), 44, ill.

Barnes, Thomas D.
Calgary
H5481 NB, VIII, 4 (avril 59), 29, texte & ill.

Barrett, Bruce
Kingston
H5482 CB, XIII, 7 (juil. 63), 49, texte & ill.

Beardmore, R.M.; Allan, E.B.
Montréal
H5483 Les maisons Lenoir (quartier St-Henri)
AC, 25, 286 (juil.-août 70), 34, texte & ill.

Beattie, E.K.; Nagay, Maria de
Toronto
H5484 The Bubble (National Home Show)
CB, XXII, 4 (avril 72), 32-33, texte & ill.

Beaudoin, Jean
Ile d'Orléans
H5485 Projet inspiré du moulin Poulin
ABC, XI, 120 (avril 56), 41, ill.

Beaugrand-Champagne, A.
Outremont
H5486 RAIC, XVIII, 4 (avril 41), 66, ill.

Beaulieu, Claude; Folch-Ribas, Jacques
Lac du Nord
H5487 Maison familiale
ABC, XVII, 192 (avril 62), 30-33, texte & ill.

Beauvais, Pierre-M.; Lusignan, Camille
Montréal
H5488 Résidence René Lafrance
ABC, XIII, 149 (sept. 58), 41-43, texte & ill.

Bédard, Bruno
Montréal
H5489 Maison de M. Léo-Paul Bélisle
BAT, XXVIII (mars 53), 3 et 16-19, texte & ill.
H5490 Résidence Bruno Bédard
ABC, XIV, 155 (mars 59), 64-67, texte & ill.

Bédard-Minty Inc.
Beaconsfield
H5491 BAT, XLVII, 2 (fév. 72), 12, texte & ill.

Bégin, Michel
Édifice de lieu inconnu
H5492 Projet étudiant: résidence familiale d'un architecte
ABC, XVI, 180 (avril 61), 53, texte & ill.

Bélanger, Alphonse
Sherbrooke
H5493 Maison de M. et Mme J.W. Black
BAT, XXX, 3 (mars 55), 3 et 29, texte & ill.

Bélanger, R.-Gilles; Trépanier, Paul.-O.
H5494 Voir Trépanier, Paul-O.; Bélanger, R.-Gilles

Belcourt & Blair
Don Mills
H5495 Greenbelt Heights Village
TCA, III, 7 (juil. 58), 34-38, texte & ill.

Benson, Oran
Ottawa
H5496 Beacon Hills (300 maisons)
CB, XIX, 6 (juin 69), 80, texte.

Berwick, R.A.D.
Vancouver
H5497 RAIC, XVIII, 8 (août 41), 142, ill.
H5498 House of Mr. and Mrs. R.A.D. Berwick
RAIC, XXIV, 6 (juin 47), 181, ill.

Berwick, Pratt & S. Brodie
Toronto
H5499 Maison modèle (Thorncrest Village)
BAT, XXVII, 6 (juin 52), 11-12

Bastiga Constr. Ltd
Kirks' Ferry (Qué.)
H5500 CB, XX, 3 (mars 70), 33, ill.

Bird, John
Édifice de lieu inconnu
H5501 (un modèle de maison au domaine d'Anjou)
BAT, XXXII, 10 (oct. 57), 35, texte & ill.
Baie d'Urfé
H5502 Résidence Tait
ABC, IX, 101 (sept. 54), 32-33, texte & ill.

Birmingham, W.H.
Surrey (C.-B.)
H5503 House of A.D. Browne
RAIC, XXXI, 10 (oct. 54), 354-355, ill.
Vancouver
H5504 House of Mr. and Mrs. Howard Walters
RAIC, XXIV, 6 (juin 47), 193, ill.

Blackburn & Frère Enr.
Québec
H5505 NB, VIII, 4 (avril 59), 26, texte & ill.
Ste-Foy
H5506 Maison, avenue Moreau
ABC, XIV, 154, fév. 59), 58-59, texte & ill.

Blackwell, Craig and Zeidler
Peterborough
H5507 Hamilton House
CB, VI, 1 (jan. 56), 25 et 27, texte & ill.
BAT, XXXI, 3 (mars 56), 46-47, ill.
RAIC, XXXII, 12 (déc. 55), 454 et 456, texte & ill.
RAIC, XXXIII, 2 (fév. 56), 45-47, texte & ill.
H5508 E.H. Zeidler's Home
TCA, I, 4 (avril 56), 41-42, texte & ill.

Blanchet, Berthiaume
Lac Masson
H5509 BAT, XXXVII, 10 (oct. 62), 40-44, texte & ill.

Blatherwick
Édifice de lieu inconnu
H5510 (maison modèle)
CB, XI, 11 (nov. 61), 28, texte & ill.

Blouin, André
Candiac
H5511 Résidence Bériault
ABC, XV, 168 (avril 60), 116-118, texte & ill.
Lac Masson
H5512 Mélançon House
TCA, VIII, 8 (août 63), 64-67, texte & ill.
Outremont
H5513 Cuisine de madame Sicotte
ABC, XIV, 154 (fév. 59), 48, texte & ill.
Ste-Foy
H5514 Résidence du Dr Berlinguet
ABC, XII, 137 (sept. 57), 38-41, texte & ill.

Blouin & Blouin
Sainte-Adèle
H5515 Résidence B.G.L.
AC, 27, 302 (mars 72), 20-23, texte & ill.
ARCAN, L (juil. 73), 2-3
TCA, XVIII, 7 (juil. 73), 8-9, texte & ill.

Boivin, Adrien
Ste-Foy
H5516 NB, VI, 4 (avril 57), 9 et 22, texte & ill.

Bolton, Richard E.
Pointe-Claire
H5517 Valois House (restauration)
RAIC, XVIII, 4 (avril 41), 60, ill.

Bouchard, Charles
Beloeil
H5518 Maison ronde, rue Deslauriers
BAT, L, 9 (sept. 75), 12-15, texte & ill.

Bouchard & Rinfret
Sillery
H5519 Parc Thornhill: résidences par un groupe d'architectes
ABC, VIII, 90 (oct. 53), 34-35, texte & ill.

Boucock, William E.
Calgary
H5520 J.K. Esler Residence
TCA, XV, 3 (mars 70), 8, texte & ill.

Boulanger, Faucher & Gagnon
Lac-Mégantic
H5521 Résidence de M. Jean Bourque
AC, 26, 298 (oct. 71), 32, texte & ill.
Magog
H5522 Résidence de M. et Mme Léonard St-Pierre
AC, 26, 298 (oct. 71), 30-31, texte & ill.

Boychuck Construction Ltd
Regina
H5523 (a four-level split house)
CB, XVIII, 3 (mars 68), 51, texte & ill.

Brandon Inc.
Brossard
H5524 Maison modèle "Le Champlain"
BAT, XLIV, 12 (déc. 69), 3-4, texte & ill.

Britannia Homes Ltd
Calgary
H5525 (maisons modèles)
CB, XVIII, 3 (mars 68), 50, texte & ill.

Brodeur, J.-G.
Édifice de lieu inconnu
H5526 Projet d'étudiant: résidence
ABC, XIII, 149 (sept. 58), 68, ill.

Brooks, Norman W.
London
H5527 "Home '58"
NB, VII, 2 (fév. 58), 30, texte.

Brown, Murray
Édifice de lieu inconnu
H5528 House designed for Central Mortgage & Housing Corp.
CB, II, 1-2 (jan.-fév. 52), 24, ill.
York Mills (Ont.)
H5529 House of Dr. P.G. Anderson
RAIC, XXII, 8 (août 45), 161, ill.

Brown, Rowland; Lester, Alan
Brentwood Bay (C.-B.)
H5530
NB, VI, 4 (avril 57), 8-9, texte & ill.

Brown, Trevor
Ottawa
H5531 11 Parkglen Court
TCA, XVII, 1 (jan. 72), 7, texte & ill.

Brunet, Pierre
Montréal
H5532 Projet d'étudiant: une résidence modulaire
ABC, XV, 168 (avril 60), 119, texte & ill.

Buffington, Leroy
Winnipeg
H5533 Leistikow House
TCA, XX, 6 (juin 75), 4, ill.

Built Rite Homes
Calgary
H5534 St. Andrews Heights (dév. domiciliaire de 175 unités)
CB, XIV, 10 (oct. 64), 42, texte & ill.

Bujold, Emilien
Beaconsfield
H5535 Le "Richmond Court": une entreprise de 125 bungalows (en 8 modèles)
BAT, XXVIII (avril 53), 18-21, texte & ill.

Fabreville
H5536 Maison No. 36 (Parade of Homes 1960)
BAT, XXXVI, 10 (oct. 60), 43, texte & ill.
Montréal-Nord
H5537 Trois modèles de maisons
BAT, XXIX (fév. 54), 16-17 et 48, texte & ill.

Burniston, G.; Storey, J.
Édifice de lieu inconnu
H5538 Projet de maison pour les maritimes
RAIC, XXIV, 1 (jan. 47), 19, texte & ill.

Cairns, D.J.
Regina
H5539 Eldorado
CB, XIII, 11 (nov. 63), 36-37, texte & ill.
H5540 Vanguard
CB, XIII, 11 (nov. 63), 36-37, texte & ill.

Calgary House Builders Association
Calgary
H5541 Calgary Budget Home
NB, IX, 8 (août 60), 26-30, texte & ill.

Cameron, Murray and Fairfield
Toronto
H5542
RAIC, XXVI, 8 (août 47), 268 et 270, texte & ill.

Campbell, Gordon
Calgary
H5543 Calgary's give-away home
NB, VIII, 4 (avril 59), 35, texte.

Campbell Construction
Winnipeg
H5544
NB, VII, 3 (mars 58), 7, texte & ill.
NB, VIII, 4 (avril 59), 30, texte & ill.
H5545 House at 42 Armour Crescent
RAIC, XXXV, 6 (juin 58), 230 et 233, texte & ill.

Campeau, J.P.
Val-David
H5546 Maison du Domaine Brévent
AC, 30, 328 (mars-avril 75), 43-46, texte & ill.

Campeau Corporation
Ile Bizard
H5547 Maison modèle "La Misaine"
BAT, LII, 2 (fév. 77), 9, texte.
Ottawa
H5548 (Maison modèle)
CB, XV, 8 (août 65), 76-77, texte & ill.
H5549 Beacon Hill Court Homes
BAT, XLV, 10 (oct. 70), 16 et 18, texte & ill.
H5550 "X Ray House" (Beacon Hill)
CB, XVIII, 3 (mars 68), 7, texte & ill.

Carlberg
Ocean Park (C.-B.)
H5551
NB, X, 7 (juil. 61), 29-30, texte & ill.

Carlberg & Jackson
Vancouver
H5552 Dr. E.M. Wilder Residence
RAIC, XXXIX, 4 (avril 62), 34, ill.

Carlberg, Jackson & Ass.
West Vancouver
H5553 Residence for Mr. and Mrs. David Poll
RAIC, XXXVII, 3 (mars 60), 103, texte & ill.

Carrier, Louis
Québec
H5554 Maison canadienne de Rolland Couillard
BAT, IX, 4 (avril 61), 41, ill.

Caruso, Irving; Rosen, Bernard
Beaconsfield
H5555 Shefler House
TCA, V, 8 (août 60), 60-61, texte & ill.

Casey, Philip M.
Winnipeg
H5556 House of Mrs. John B. Fisher
RAIC, XXVII, 12 (déc. 50), 410, ill.

Chalifoux, Roger
Longueuil
H5557 Maison jumelée
ABC, V, 56 (déc. 50), 20, ill.
Ville Mont-Royal
H5558 Maison de M. et Mme Guy Beaudet.
BAT, XXVII (oct. 52), 13-14, texte & ill.
St-Lambert
H5559 Bungalow
CB, I, 2 (mai 51), 26-27, texte & ill.
H5560 15 cottages
BAT, XXVIII (juin 53), 18-21, texte & ill.

Chalmers, W.N.
Vancouver
H5561 "1959 Home of Casual Living"
NB, VIII, 10 (oct. 59), 33-40, texte & ill.

Chan, Gordon
Édifice de lieu inconnu
H5562 (maquette d'une maison)
RAIC, XXIII, 4 (avril 46), 90, texte & ill.

Chapman, D.N.
Fort Garry (Manitoba)
H5563 Maisons jumelées, Wildwood Development
RAIC, XXIV, 5 (mai 47), 148, texte & ill.

Chapman, Howard D.
York Mills (Ont.)
H5564 House of Mr. M.G.S. Elliott
RAIC, XXX, 8 (août 53), 228-229, ill.

Charbonneau, Charles-Émile
Mont St-Bruno
H5565 Mountain Slope Development
ABC, XI, 120 (avril 56), 28-29, texte & ill.
St-Bruno
H5566 Résidence du "Domaine Bellevue"
ABC, XII, 132 (avril 57), 38-39, texte & ill.
St-Hyacinthe
H5567 Maison McIntosh
ABC, IX, 101 (sept. 54), 42-43, texte & ill.
H5568 Maison J. René St-Germain
ABC, XI, 125 (sept. 56), 36-39, texte & ill.

Cheney, Van Poorten, Wallner
Erin (Ont.)
H5569
TCA, XV, 12 (déc. 70), 8, texte & ill.

Chicoine, Jean B.
Montréal
H5570 Maison A. Lachance
ABC, X, 113 (sept. 55), 36-37, texte & ill.

Chomick, Andrew A.
Édifice de lieu inconnu
H5571
RAIC, XXIV, 1 (jan. 47), 10, texte & ill.
H5572 Modèle no 274
BAT, XXXII, 11 (nov. 57), 23, ill.
Vancouver
H5573 J.D. Craig Residence
RAIC, XXXIX, 4 (avril 62), 34, ill.

Chomick & Leblond
West Vancouver
H5574 Craig Residence
RAIC, XXXIX, 5 (mai 62), 38-39, texte & ill.

Clack & Clayton
Édifice de lieu inconnu
H5575
CB, VIII, 4 (avril 58), 54-55 et 61, texte & ill.
Victoria
H5576
CB, VIII, 4 (avril 58), 54-55, texte & ill.
NB, VII, 3 (mars 58), 8, texte & ill.
H5577 House at 2711 Dover Road
RAIC, XXXV, 6 (juin 58), 230 et 233, texte & ill.

H5578 House at 2780 Dover Road
RAIC, XXXV, 6 (juin 58), 230 et 232, texte & ill.

Clack, Clayton, Pickstone
Victoria
H5579 NB, VI, 4 (avril 57), 9 et 22, texte & ill.
H5580 1054 Holmes Street
CB, VII, 4 (avril 57), 54 et 56, texte & ill.
H5581 4457 Narvaez Crescent
CB, VII, 4 (avril 57), 54 et 56, texte & ill.
H5582 House of Mr. E.L. Musgrave
RAIC, XXXIV, 4 (avril 57), 113, texte & ill.

Clifford & Lawrie
Pickering
H5583 Maison de Cleeve et Jean Horne
CB, IX, 5 (mai 59), 59-63, texte & ill.
BAT, XXXIV, 6 (juin 59), 36-37 et 39, texte & ill.

CMHC
Édifice de lieu inconnu
H5584 CMHC Minimum House
NB, VII, 9 (sept. 58), 36-40, texte & ill.

Cobb, Andrew R.
Prince's Lodge
H5585 House of Mr. W.H.C. Schwartz
RAIC, XX, 6 (juin 43), 92, ill.

Cochran Homes Ltd
Saint John
H5586 The Longmeadow project (plusieurs unités)
CB, XIV, 10 (oct. 64), 50, texte & ill.

Colangelo, Patsy
Montréal
H5587 Résidence Patsy Colangelo
ABC, XIV, 155 (mars 59), 76-81, texte & ill.
Ville Mont-Royal
H5588 Résidence
CDQ, XXVI, 4 (juil.-août 51), 25, ill.

Colangelo, Grondin, Ronco et Bélanger
Montréal
H5589 Résidence Sicuro
BAT, IX, 9 (sept. 61), 34, texte & ill.

Combe, Lawrence C.
Édifice de lieu inconnu
H5590 CB, XI, 9 (sept. 61), 53-55, texte & ill.

Consolidated Building Corporation
Vancouver
H5591 Maison (Richmond Gardens)
CB, XIII, 10 (oct. 63), 35, texte & ill.

Continental Housing Corp Ltd
Édifice de lieu inconnu
H5592 Modèle "Le Canadien", Continental Housing Corp Ltd.
BAT, XXXIV, 10 (oct. 59), 26-29, texte & ill.
H5593 Modèle "Le Gaspé", Continental Housing Corp Ltd
BAT, XXXIV, 10 (oct. 59), 26-29, texte & ill.
H5594 Modèle "Le Provincial", Continental Housing Corp. Ltd
BAT, XXXIV, 10 (oct. 59), 26-29, texte & ill.

Cook, W.G.
Montréal
H5595 NB, VIII, 4 (avril 59), 27 et 29-30, texte & ill.
H5596 8270, boul. Wilfrid Pelletier
ABC, XV, 175 (nov. 60), 373, texte.
ABC, XVI, 177 (jan. 61), 21, texte & ill.

Cooke, Bruce A.
Victoria
H5597 NB, VIII, 4 (avril 59), 27-28, texte & ill.

Coopérative d'habitation du Québec métropolitain
Orsainville
H5598 Modèles de la Coopérative d'Habitation du Québec Métropolitain
BAT, XXXII, 8 (août 57), 43-44, texte & ill.

Cormier, Ernest
Montréal
H5599 Maison d'Ernest Cormier
ABC, II, 10 (jan. 47), 16-19, ill., texte p.15.

Corneil, Carmen
Port Perry (Ont.)
H5600 Wayland Drew House
ARCAN, 44, 6 (juin 67), 13 (supplément à la revue), ill.
TCA, XIII, 4 (avril 68), 50-52, texte & ill.

Côté, Paul-Marie
Chicoutimi
H5601 Résidence J.R. Tapin
ABC, X, 113 (sept. 55), 38, texte & ill.
Jonquière
H5602 Résidence du Dr Vaillancourt
ABC, XII, 137 (sept. 57), 48-51, texte & ill.
Rivière-du-Moulin
H5603 Résidence Tremblay
ABC, XII, 132 (avril 57), 40-43, texte & ill.

Couillard, Fernand
Ste-Foy
H5604 Maison; avenue Mont-Marie
ABC, XIV, 154 (fév. 59), 58-59, texte & ill.
Sillery
H5605 NB, VIII, 4 (avril 59), 28, texte & ill.

Coutu, Jacques
Alma
H5606 Maison du Dr Nicol Cloutier
ABC, XV, 168 (avril 60), 110-111, texte & ill.
Lac Ste-Adèle
H5607 Résidence Jean Paul Tessier
BAT, XXXVI, 11 (nov. 60), 24-27, texte & ill.

Cowan, H. Gardiner
Édifice de lieu inconnu
H5608 Custom Home
CB, XII, 12 (déc. 62), 36-40
Etobicoke (Ont.)
H5609 Sand-lime brick house
NB, X, 2 (fév. 61), 32-36, texte & ill.
Toronto
H5610 (rénovation)
CB, XIII, 12 (déc. 63), 22-26, texte & ill.

Cowin, Douglas
Port Moody
H5611 "Volkhouse" (5 maisons)
CB, XVIII, 1 (jan. 68), 36-37, texte & ill.
BAT, XLIII, 1 (jan. 68), 6 et 29, texte.

Cox, E.C.S.
Édifice de lieu inconnu
H5612 RAIC, XXIV, 1 (jan. 47), 13, texte & ill.
Islington
H5613 Thorncrest Village
RAIC, XXVI, 8 (août 47), 266-69-71, texte & ill.
H5614 House of Mr. George Burns Smith (Thorncrest Village)
RAIC, XXVII, 12 (déc. 50), 400-401, ill.
North York
H5615 Residence
CB, II, 1-2 (jan.-fév. 52), 22-23, ill.

Craig, Charles E.
Victoria
H5616 Kiwanis Village
TCA, I, 2 (jan.-fév. 56), 33-40, texte & ill.

Craig, J.B.
Édifice de lieu inconnu
H5617 RAIC, XXIV, 5 (mai 47), 155, texte & ill.

Craig & Zeidler
Édifice de lieu inconnu
H5618 Project for a high pressure structure house
TCA, VI, 4 (avril 61), 6, texte & ill.

Craig, Zeidler & Strong
Toronto
H5619 Zeidler Residence
TCA, XV, 9 (sept. 70), 46-50, texte & ill.

Crevier, Lemieux & Mercier
Laval-des-Rapides
H5620 Résidence de grand luxe
ABC, XI, 125 (sept. 56), 50-52, texte & ill.

Critchley & Delean
North Bay
H5621 NB, IX, 11 (nov. 60), 20, texte & ill.
H5622 Maison (Ski Jump Road)
RAIC, XXXVII, 12 (déc. 60), 532, texte & ill.

Crosley, Alan
Erindale (Ont.)
H5623 Ox-Bow House
RAIC, XXXIX, 2 (fév. 62), 54-57, texte & ill.

Curran Hall Ltd
Toronto
H5624 Lynwood model
NB, X, 1 (jan. 61), 15, texte & ill.

Cyoni, Christopher
Vancouver
H5625 Hammerberg Residence
TCA, X, 11 (nov. 65), 43, ill.

Cyr, Marcel
Ste-Foy
H5626 Une maison (place Le Corbusier)
ABC, XII, 137 (sept. 57), 52-56, texte & ill.

Dalla-Lana, Fred
Richmond
H5627 Chang Residence
TCA, XXIII, 5 (mai 78), 37, texte & ill.

Dalla-Lana/Griffin
Vancouver
H5628 Semke Residence
TCA, XXIII, 5 (mai 78), 32-33, texte & ill.

Damphousse, Jean
Édifice de lieu inconnu
H5629 Cottage et duplex jumelés.
ABC, XIII, 144 (avril 58), 50-51, texte & ill.
Ahuntsic
H5630 Maison (rue Tolhurst)
BAT, XXVII, 7 (juil. 52), 16-17 et 54, texte & ill.
Dorval
H5631 CDQ, XXIV, 5 (sept. 49), 20, ill.
Granby
H5632 CDQ, XXVI, 2 (mars-avril 51), 24, ill.
Hampstead
H5633 Maison de M.M.W. Cottle
BAT, XXVII (jan.-fév. 52), 19-20, texte & ill.
Lac Brôme
H5634 Maison du Juge P. Delaney
BAT, XXVII, 8 (août 52), 10-12, texte & ill.
CB, II, 11 (nov. 52), 26-27, texte & ill.
Laval-des-Rapides
H5635 Cottage de 9 pièces
ABC, XIII, 144 (avril 58), 50-51, texte & ill.
H5636 Maison de l'architecte
ABC, VIII, 90 (oct. 53), 28-30, texte & ill.
H5637 Résidence Hubert Paiement
BAT, XXXI, 7 (juil. 56), 26-29, texte & ill.

Ste-Anne-de-Bellevue
H5638 Cottage de 8 pièces
ABC, XIII, 144 (avril 58), 50-51, texte & ill.

DaRoza, Gustavo
Édifice de lieu inconnu
H5639 (maison présentée au Chatelaine Expo Home)
CB, XVII, 4 (avril 67), 74-77, texte & ill.
Montréal (Expo '67)
H5640
TCA, XI, 8 (août 66), 6, texte & ill.
Winnipeg
H5641 Lochead Residence
TCA, XIII (Yearbook 68), 87, texte & ill.

D'Astous, Roger
Boucherville
H5642 Maison de Demain
BAT, IX, 10 (oct. 61), 32-33 et 35, texte & ill.
CB, XII, 1 (jan. 62), 50-51, texte & ill.
Brockville
H5643 Résidence Higginson
ABC, XVI, 180 (avril 61), 26-29, texte & ill.
Ville D'Estérel
H5644 Résidence Thomas Simard
BAT, XXXVII, 2 (fév. 61), 18-21, texte & ill.
H5645 Maison de M. Fridolin Simard
BAT, XXXVI, 12 (déc. 60), 18-21, texte & ill.
BAT, IX, 9 (sept. 61), 35 et 43, ill.
Laval-sur-le-Lac
H5646 Maison Laurion
ABC, XI, 125 (sept. 56), 40-43, texte & ill.
Québec (Prov.)
H5647 Para-Module
AC, 28, 317 (sept. 73), 9-11, texte & ill.
Val-des-Bois
H5648 Résidence Noël Masse
ABC, XIII, 149 (sept. 58), 48-53, texte & ill.

D'Astous & Pothier
St-Bruno
H5649 Lussier Residence
TCA, XI, 9 (sept. 66), 63-66, texte & ill.

Daunais, Jean
Ville Mont-Royal
H5650
RAIC, XXXIV, 3 (mars 57), 83, texte & ill.

Davidson, Ian Jocelyn
Bowen Island (C.-B.)
H5651 Country Residence
TCA, IX, 12 (déc. 64), 34-35 et 38, texte & ill.
RAIC, XLI, 11 (nov. 64), 42, texte & ill.
Rockliffe Park
H5652 House of Mr. Justice H.H. Davis
RAIC, XVIII, 6 (juin 41), 102, ill.

Davidson & Davidson
Victoria
H5653 (90 maisons en plan radial)
TCA, X (Yearbook 65), 87, texte & ill.

Davidson and Porter
Vancouver
H5654
CB, V, 7 (juil. 55), 23, ill.
Vancouver
H5655 Residence of Mr. John C.H. Porter
RAIC, XXX, 1 (jan. 53), 14-15, texte & ill.
RAIC, XXXII, 3 (mars 55), 72, ill.
TCA, IV, 10 (oct. 59), 76-77 et 80, texte & ill.

Davies Homes Ltd
Calgary
H5656 Santa Cruz
CB, XIII, 7 (juil. 63), 41, texte & ill.

Dawson, C.D.
West Vancouver
H5657
CB, XIV, 10 (oct. 64), 48, texte & ill.

Deacon, Arnett & Murray
Agincourt (Ont.)
H5658
TCA, IX, 12 (déc. 64), 86, texte & ill.
CB, XV, 1 (jan. 65), 22 et 25, texte & ill.

De Blois, Jacques
Édifice de lieu inconnu
H5659 La Maison — Prestige
BAT, XXXVII, 10 (oct. 62), 32-35, texte & ill.
Outremont
H5660 Projet d'étudiant: résidence
ABC, XI, 117 (jan. 56), 32-33, texte & ill.

Demers, Philippe
Lac Memphrémagog
H5661
BAT, XXIX, 11 (nov. 54), 32, texte & ill.

Demers, Delorme & Morin
Sherbrooke
H5662 Résidence de M. Gilles Coulombe
AC, 26, 298 (oct. 71), 28-29, texte & ill.

Desbarats, Guy
Beaconsfield
H5663 Résidence Desbarats
ABC, VIII, 90 (oct. 53), 36-37, texte & ill.

Deschamps, Paul
Sillery
H5664 Bungalow de J.C. Dufresne
BAT, XXVII, 6 (juin 52), 3 et 13-14, texte & ill.

Desgagné & Boileau
Chicoutimi
H5665 Résidence J.B.A. Gagnon
ABC, XV, 168 (avril 60), 112-115, texte & ill.

Desgagné et Côté
Chicoutimi
H5666 Maison d'un médecin
ABC, XVIII, 204 (avril 63), 32-36, texte & ill.
H5667 Résidence Paul Murdock
ABC, XX, 225 (jan. 65), 11-15, texte & ill.

Deskin, Dennis S.
Lorraine (Qué.)
H5668
CB, XIII, 1 (jan. 63), 54, texte & ill.
Pont-Viau
H5669 Maison
BAT, XXXVII, 12 (déc. 62), 16, ill.
H5670 "The Cyrano"
CB, XIII, 2 (fév. 63), 24-28, texte & ill.

Desnoyers, Mercure, Leziy, Gagnon, Sheppard.
St-Luc
H5671 Les Jardins du Haut-Richelieu
AC, 30, 331 (sept.-oct. 75), 8-9, texte & ill.
BAT, XLIX, 8 (août 74), 8, texte.
BAT, L, 10 (oct. 75), 23 et 26, texte & ill.

Diamond, A.J. (Ass.)
St. Mary's (Ont.)
H5672 Westover Park Estates (6 unités)
TCA, XXIV, 1 (jan. 79), 38-41, texte & ill.

Diamond & Myers
Hamilton
H5673 Bellwood Height
CB, XXII, 6 (juin 72), 36-37, texte & ill.
Toronto
H5674 Barton Myers Residence
ARCAN, 48 (7 juin 71), 1, texte & ill.
ARCAN, L (mars-avril 73), 7
TCA, XV, 9 (sept. 70), 8, texte & ill.
TCA, XVII, 1 (jan. 72), 7, texte & ill.
TCA, XVII, 2 (fév. 72), 46-48, texte & ill.
TCA, XVIII, 4 (avril 73), 8, texte & ill.
TCA, XXII, 11 (nov. 77), 38-39, texte & ill.
TCA, XXV, 11 (nov. 80), 39, texte & ill.
CB, XXVIII, 9 (sept. 78), 29, ill.
H5675 Wolf Residence
TCA, XXI, 10 (oct. 76), 28-33, texte & ill.

TCA, XXII, 11 (nov. 77), 39-40, texte & ill.

Di Castri, John A.
Victoria
H5676 Montclaire Park
CB, XI, 8 (août 61), 36-37, texte & ill.

Dionne et Bélanger
Valleyfield
H5677 Résidence de M. Romuald Théoret
BAT, XXXIV, 4 (avril 59), 42-45, texte & ill.
BAT, IX, 9 (sept. 61), 42, ill.

Dirasser, Leon G.; Oberlander, H.P.
Vancouver
H5678 Oberlander House
TCA, IV, 12 (déc. 59), 33-38, texte & ill.

Dixon, M.G.
Édifice de lieu inconnu
H5679
RAIC, XXIV, 1 (jan. 47), 17 et 20, texte & ill.
H5680 House designed for Central Mortgage & Housing Corp.
CB, II, 1-2 (jan.-fév. 52), 24, ill.
H5681 Modèle no 267
BAT, XXXII, 11 (nov. 57), 22, ill.
H5682 (un modèle de maison au Domaine d'Anjou)
BAT, XXXII, 10 (oct. 57), 34, texte & ill.

Dobbing, Peter
Ottawa
H5683
CB, XV, 1 (jan. 65), 22 et 24, texte & ill.

Dobell, N.W.
Édifice de lieu inconnu
H5684 "Here's how a 2-story and a split-level were face-lifted". (3 modèles redessinés par l'architecte Dobell)
NB, X, 12 (déc. 61), 16-17 et 42
H5685 "The Briarcraft" (Sherwood Park)
CB, XIII, 5 (mai 63), 53-56, texte & ill.
Edmonton
H5686
CB, XIII, 1 (jan. 63), 53, texte & ill.
Hamilton
H5687
CB, XIII, 1 (jan. 63), 54, texte & ill.
H5688 Modular Project House
NB, X, 9 (sept. 61), 32-40 et 64, texte & ill.

Dobush
Édifice de lieu inconnu
H5689 Capilano
NB, XI, 2 (fév. 62), 42, texte & ill.
H5690 Modèle de la série Beaver
NB, XI, 2 (fév. 62), 42, texte & ill.
H5691 Modèle de la série Saguenay
NB, XI, 2 (fév. 62), 42, texte & ill.
H5692 Modèle de la série Skeena
NB, XI, 2 (fév. 62), 42, texte & ill.

Dobush & Stewart
Ste-Marguerite
H5693 Résidence A.F. Campo
ABC, XIV, 155 (mars 59), 72-75, texte & ill.

Dodd, Arthur H.B.
Kirkwood Beach Grove (C.-B.)
H5694
CB, XIII, 1 (jan. 63), 53, texte & ill.
Langley (C.-B.)
H5695
NB, VII, 3 (mars 58), 6, texte & ill.

Dodd Construction Ltd
Langley (C.-B.)
H5696
NB, VIII, 4 (avril 59), 26, texte & ill.

Dolphin Development Co. Ltd
Streetsville (Ont.)
H5697
NB, VIII, 4 (avril 59), 30, texte & ill.

Donahue, A.J.
Edmonton
H5698 House of Mr. J.S. Kennedy
RAIC, XXIX, 11 (nov. 52), 335-337, ill.
Winnipeg
H5699 House of Mr. A.J. Donahue
RAIC, XXVII, 12 (déc. 50), 406-407, texte & ill.
RAIC, XXXVI, 2 (fév. 59), 42, texte & ill.

Donaldson-Sankey; Drummond, Derek
Montréal
H5700 (maison préfabriquée par System Homemakers Ltd)
CB, XVIII, 6 (juin 68), 8, texte & ill.

Douglas, Chrystie L.
Sainte-Agathe-des-Monts
H5701 Maison de Madame H. Harrison
RAIC, XVIII, 4 (avril 41), 72, ill.

Downs, Barry V.
Édifice de lieu inconnu
H5702 The Modular House (Vancouver Home Show)
CB, XVIII, 6 (juin 68), 7, texte & ill.
TCA, XIII, 3 (mars 68), 7, texte & ill.
TCA, XIII, 5 (mai 68), 7-8, texte.
Bowen Island (C.-B.)
H5703 Prittie Residence
TCA, XIII, 8 (août 68), 51, texte & ill.
Ladner (C.-B.)
H5704 Tarling Residence
TCA, XV, 1 (jan. 70), 6, ill.
H5705 4885 Dogwood Place
CB, XX, 1 (jan. 70), 43, ill.
Langley (C.-B.)
H5706 Lamont House
ARCAN, 49 (22 mai 72), 10, texte & ill.
Richmond (C.-B.)
H5707 Clements Residence
ARCAN, 46, 1 (jan. 69), 45, ill.
Tsawwassen (C.-B.)
H5708 Tarling Residence
TCA, XIII, 8 (août 68), 50, texte & ill.
Vancouver
H5709 Barry Downs Residence
RAIC, XXXIX, 4 (avril 62), 34, ill.
RAIC, XXXIX, 5 (mai 62), 44-45, texte & ill.
H5710 Parker-Sutton Residence
TCA, XIII, 8 (août 68), 50, texte & ill.
H5711 Rea Houses
TCA, VII, 5 (mai 62), 55-58, texte & ill.
H5712 Hugh Smith Residence
ARCAN, 45, 5 (mai 68), 39-41, ill.
H5713 Stuart Residence
TCA, XIII, 8 (août 68), 51, texte & ill.
West Vancouver
H5714 Chan Residence
TCA, XIV (Yearbook 69), 48-49, texte & ill.
H5715 Phillips House
TCA, VI, 5 (mai 61), 56, texte & ill.
TCA, X, 1 (jan. 65), 47, texte & ill.

Downs-Archambault
Salt Spring Island (C.-B.)
H5716 TCA, XVIII, 9 (sept. 73), 5, texte & ill.
Sasamat Ridge
H5717 (7 maisons individuelles)
CB, XXVII, 6 (juin 77), 5, texte.

Downs, Barry V.; Hollingsworth, Fred
Vancouver
H5718 Rayer House
TCA, XIII, 8 (août 68), 52, texte & ill.

Downs, Barry V.; Hollingsworth, Fred T.; Thornton, Fred
H5719 Voir Hollingsworth, Fred; Downs, Barry V.; Thornton, Fred

Downs, Barry; McDonald, Blair
North Vancouver
H5720 William Chow Residence
RAIC, XLI, 11 (nov. 64), 52, texte & ill.

Downs, Barry V.; Oberlander, H. Peter
Vancouver
H5721 House "X"
TCA, XIX, 4 (avril 74), 34-35, texte & ill.
H5722 Oberlander Residence
TCA, XIV, 9 (sept. 69), 6, texte & ill.

Dubé, Claude; Rioux, Lorraine
H5723 Voir Rioux, Lorraine; Dubé, Claude

Dubeau, Jean
Bordeaux
H5724 Résidence Jean-Paul Hébert
BAT, XXX, 9 (sept. 55), 28-30, texte & ill.

Duchesnes, Rolf
Lancaster (N.-B.)
H5725 House for Mr. Russell Yuill
RAIC, XXXII, 4 (avril 55), 121, ill.

Dufresne & Boulva
Lac Masson
H5726 Résidence M. Sefkind
ABC, X, 113 (sept. 55), 28-29-30, texte & ill.
Outremont
H5727 Maison du Dr. P. Rouleau
ABC, VIII, 90 (oct. 53), 39-40, texte & ill.
Ville St-Laurent
H5728 (Une résidence du dév. Boileau)
BAT, XXXIII, 11 (nov. 58), 19, texte & ill.
H5729 Résidence Cousineau
BAT, XXXIII, 12 (déc. 58), 12-13, texte & ill.

Dumais, Roland
Édifice de lieu inconnu
H5730 RAIC, XXIV, 1 (jan. 47), 16, texte & ill.
H5731 Maison modèle, plan type
BAT, XXVIII (déc. 53), 13, texte & ill.
H5732 Modèle 264
BAT, XXXII, 9 (sept. 57), 37, ill.
H5733 Design No. 264
CB, VII, 10 (oct. 57), 30-31, texte & ill.
Montréal
H5734 Bungalow en montre dans la grande salle du Palais de Commerce (Expo de la construction)
BAT, XXVIII (juin 53), 28, texte & ill.
H5735 Résidence, boul. Mont-Royal ouest
ABC, VI, 59 (mars 51), 10, ill.
Ville Mont-Royal
H5736 Maison
ABC, V, 54 (oct. 50), 33, ill.
H5737 Une maison d'un groupe
ABC, IV, 35 (mars 49), 19, ill.
H5738 Villa moderne
ABC, V, 54 (oct. 50), 37, ill.
Outremont
H5739 Résidence, rues Maplewood et Duchastel
ABC, VII, 80 (déc. 52), 28-29, texte & ill.
H5740 Résidence de M. J.A. Parent
BAT, XXVI, 10 (oct. 51), 3 et 19-21, texte & ill.
CB, I, 5 (nov.-déc. 51), 35-36, texte & ill.

Dunlop, Dan
Richmond Hill
H5741 Pleasantville (dév. dom.)
NB, V, 5 (mai 56), 10, texte & ill.

Dunlop and Moore
Oakville
H5742 NB, V, 8 (août 56), page couverture, ill.

Durand, Lucien
Saint-Louis de Terrebonne
H5743 La Seigneurie
BAT, L, 9 (sept. 75), 24 et 26, texte.

Durnford, Bolton & Chadwick
Hudson Heights (Qué)
H5744 (guest house)
RAIC, XXXII, 10 (oct. 55), 371, ill.

Dyer, John
Edmonton
H5745 NB, VIII, 4 (avril 59), 29, texte & ill.
Regina
H5746 NB, VII, 3 (mars 58), 6-7, texte & ill.

Dyer, John (Ass.)
Calgary
H5747 CB, XIII, 1 (jan. 63), 52, texte & ill.

Eber, George
North York
H5748 Critchley-Waring Residence
RAIC, XXXIX, 5 (mai 62), 50-51, texte & ill.

Elarth, H.A.
Fort Garry
H5749 House of Mr. H.A. Elarth
RAIC, XXVII, 12 (déc. 50), 408, texte & ill.

Ellwood, Michael
Hudson Heights (Qué.)
H5750 Résidence Arnold
ABC, IX, 101 (sept. 54), 34-35-36, texte & ill.
H5751 Michael Ellwood's house
CB, IV, 4 (avril 54), 50-52, texte & ill.
BAT, XXIX, 10 (oct. 54), 24-26, texte & ill.

Engineered Buildings (Can.) Ltd
Édifice de lieu inconnu
H5752 CB, VIII, 4 (avril 58), 54-55 et 63, texte & ill.

Engineering Division of the Northern Administration Branch.
Édifice de lieu inconnu
H5753 Prototype pre-fab house (Plan)
NB, X, 5 (mai 61), 36-41, texte & ill.

Engineered Homes Ltd
Calgary
H5754 CB, XVII, 5 (mai 67), 45 et 47, texte & ill.
H5755 Linden Drive
ABC, XXII, 253 (mai 67), 22, texte & ill.
H5756 4704 Marbury Place
CB, XX, 3 (mars 70), 33, ill.
Vancouver
H5757 (maison présentée au HUDAC Parade of Homes)
CB, XXVII, 8 (août 77), 6, texte & ill.

Entreprises Roger Pilon
Pierrefonds
H5758 Modèle Sherwood
CB, XV, 8 (août 65), 76-77, texte & ill.

Erickson, Arthur
Burnaby
H5759 TCA, XI, 5 (mai 66), 8 et 13, texte.
Comox
H5760 The Filberg House
TCA, V, 12 (déc. 60), 47-58, texte & ill.
RAIC, XXXIX, 1 (jan. 62), 34, ill.
Georgian Bay
H5761 CB, XXVIII, 9 (sept. 78), 28-29, ill.
Toronto
H5762 Toronto Residence
TCA, XVIII (Yearbook 73), 56-58, texte & ill.
Vancouver
H5763 RAIC, XXXVIII, 3 (mars 61), 42 et 52, ill.
H5764 (Terrasse autour d'une maison privée)
TCA, IV, 7 (juil. 59), 44-48, texte & ill.
H5765 Bayles' House
TCA, X, 1 (jan. 65), 31 et 35-37, texte & ill.
TCA, XIV, 11 (nov. 69), 43, ill.
H5766 Danto Residence
RAIC, XLI, 11 (nov. 64), 43, texte & ill.
TCA, X, 1 (jan. 65), 31-34, texte & ill.
H5767 Maison pour Juliet Jones
ARCAN, 47 (23 nov. 70), 1, texte & ill.

H5768 Lloyd House
TCA, IX, 10 (oct. 64), 47-50, texte & ill.

Erickson & Massey

Édifice de lieu inconnu
H5769
TCA, IX, 12 (déc. 64), 78, texte & ill.

Okanagan Lake
H5770
TCA, XIII, 12 (déc. 68), 57, texte & ill.

Preston
H5771 Hilborn House
TCA, XVI, 12 (déc. et Yearbook 71), 50-51, texte & ill.
TCA, XX, 5 (mai 75), 44-48, texte & ill.
TCA, XX, 10 (oct. 75), 62

Vancouver
H5772
TCA, IX, 12 (déc. 64), 78, texte & ill.
CB, XV, 1 (jan. 65), 22 et 25, texte & ill.
H5773 Hauer Residence
TCA, XIV, 1 (jan. 69), 6, texte & ill.
TCA, XIV, 3 (mars 69), 36-40, texte & ill.
ARCAN, 45, 12 (déc. 68), 9, texte & ill.
H5774 Massey Residence
RAIC, XXXIX, 4 (avril 62), 34, ill.
H5775 Staples House
ARCAN, 49 (22 mai 72), 10, texte & ill.

West Vancouver
H5776
RAIC, XXXV, 12 (déc. 58), 442-444, ill.
NB, VIII, 1 (jan. 59), 24, texte & ill.
H5777 Howe Sound Lane
ABC, XXII, 253 (mai 67), 20, texte & ill.
H5778 Catton Residence
TCA, XVI, 2 (fév. 71), 24-26, texte & ill.
ARCAN, 49 (22 mai 72), 10, texte & ill.
H5779 Graham House
ARCAN, 43, 12 (déc. 66), 44-46, texte & ill.
TCA, XI, 7 (juil. 66), 37-42, texte & ill.
TCA, XIX, 11 (nov. 74), 34, ill.
H5780 Massey Home
CB, IX, 1 (jan. 59), 21, ill.
H5781 House of Mr. Gordon Smith
RAIC, XXXII, 12 (déc. 55), 454 et 456, texte & ill.
RAIC, XXXIII, 2 (fév. 56), 41-44, texte & ill.
CB, VI, 1 (jan. 56), 25 et 27, texte & ill.
BAT, XXXI, 3 (mars 56), 47, ill.
H5782 Gordon Smith Residence
RAIC, XXXIX, 4 (avril 62), 34, ill.
ARCAN, 43, 12 (déc. 66), 47-50, texte & ill.
ARCAN, 44, 6 (juin 67), 15 (supplément à la revue), ill.
TCA, XIX, 11 (nov. 74), 33-36, texte & ill.
CB, XVII, 6 (juin 67), 68-69, texte & ill.
BAT, XLII, 5 (mai 67), 7 et 10, texte & ill.

Esnouf, Philip V.

Chocolate Lake (N.-E.)
H5783 Maisons jumelées
TCA, XV, 6 (juin 70), 58-59, texte & ill.
ARCAN, 46, 6 (juin 69), 6, texte & ill.

Etherington, A. Bruce

Édifice de lieu inconnu
H5784
TCA, XXV, 11 (nov. 80), 18, ill.

Oakville
H5785 Etherington House
TCA, IV, 12 (déc. 59), 33 et 39-43, texte & ill.
H5786 The Cerametal house
NB, IX, 12 (déc. 60), 21-28, texte & ill.
TCA, V, 12 (déc. 60), 6, texte & ill.

Toronto
H5787 The Conrad House (Thorncrest Village)
TCA, 1 (nov.-déc. 55), 49-52, texte & ill.

Ewing, Keith; White, Daniel

North Vancouver
H5788 The Maples (86 unités)
CB, XXII, 10 (oct. 72), 30, texte & ill.

Fairbrother, Donald F.

Chilliwack (C.-B.)
H5789 Froese House
TCA, XX, 3 (mars 75), 5, texte & ill.

Farmer, H.M.

Édifice de lieu inconnu
H5790
RAIC, XXIV, 1 (jan. 47), 9, texte & ill.

Fellowes, Norton

Édifice de lieu inconnu
H5791 2 maisons de béton
ABC, V, 56 (déc. 50), 21, ill.

Fetherstonhaugh and Durnford

Piedmont
H5792 House of Mr. L. Marcoux
RAIC, XIX, 6 (juin 42), 139, ill.

Fetherstonhaugh, Durnford, Bolton & Chadwick

Montréal
H5793 Maison (rue Daulac)
RAIC, XXIX, 6 (juin 52), 176, ill.

Fiscus Construction Co. Ltd

Colombie-Britannique
H5794
CB, XVII, 5 (mai 67), 45-46, texte & ill.

Fisher, Richard A.

Toronto
H5795 Residence of Mr. and Mrs. Richard A. Fisher
RAIC, XXXVI, 2 (fév. 59), 46, texte & ill.

Fleury and Arthur

Toronto
H5796 Maison de M. et Mme Clair Stewart
RAIC, XXVI, 8 (août 47), 276-278, texte & ill.

Fleury, Arthur & Barclay

Shanty Bay
H5797 "Shanty Bay" house
NB, X, 7 (juil. 61), 20-28, texte & ill.

Fliess, H.

Édifice de lieu inconnu
H5798
RAIC, XXIV, 1 (jan. 47), 15, texte & ill.
CB, VIII, 11 (nov. 58), 27-28, texte & ill.
H5799 Mod Home (maison mobile préfabriquée)
TCA, XII, 10 (oct. 67), 9, texte & ill.

Don Mills
H5800
NB, V, 10 (oct. 56), 11, texte & ill.
H5801 (3 bedroom house)
RAIC, XXXI, 1 (jan. 54), 21, ill.

Hamilton
H5802 Groupe d'habitations "Hillfield Strathallan" (maisons préfabriquées "Mod")
ABC, XXII, 257 (sept. 67), 18, texte.

Toronto
H5803 Condominium 70 (modèles de maisons présentés au National Home Show de Toronto)
CB, XX, 4 (avril 70), 7, texte & ill.

Folch-Ribas, Jacques

Shawinigan
H5804 Résidence Jean-Paul Gignac
ABC, XVII, 200 (déc. 62), 38-45, texte & ill.

Folch-Ribas, Jacques; Beaulieu, Claude

H5805 Voir Beaulieu, Claude; Folch-Ribas, Jacques

Forcier, Roger

Montréal
H5806 Duplex construits par R. Forcier
BAT, IX, 8 (août 61), 20-21, texte & ill.

Forsyth, David R.

Bedford (N.-E.)
H5807 Yachtside I (9 unités)
TCA, XX, 3 (mars 75), 5, texte & ill.
TCA, XXI, 5 (mai 76), 48-49, texte & ill.

Foster, Kenneth Henry

Édifice de lieu inconnu
H5808
NB, IV, 8 (août 55), 4-5, texte & ill.

Fowler, C.A. (Co.)

Halifax
H5809 Residence of Mr. and Mrs. C.A.E. Fowler
RAIC, XXXVI, 1 (jan. 59), 9, ill.

Fox, Paul L.

Édifice de lieu inconnu
H5810 "Three 'Dream House'"
NB, I (sept. 52), 4-5, texte & ill.

Freschi, Bruno

West Vancouver
H5811 Maison de Sid et Beverly Simon
ARCAN, 48 (15 mars 71), 5, texte & ill.
TCA, XVI, 9 (sept. 71), 36-37, texte & ill.

Gaboury, Etienne J.

Édifice de lieu inconnu
H5812
BAT, XLII, 5 (mai 67), 7-8, texte & ill.

St-Vital (Manitoba)
H5813 Gaboury Residence
ARCAN, 45, 5 (mai 68), 37-38, ill.
TCA, XIV, 3 (mars 69), 41-47, texte & ill.
TCA, XXV, 11 (nov. 80), 34, texte & ill.

Winnipeg
H5814 Valley View Drive
ABC, XXII, 253 (mai 1967), 22, texte & ill.
H5815 Centennial Home
TCA, XI, 10 (oct. 66), 5 et 7, texte & ill.
TCA, XI, 11 (nov. 66), 52-54, texte & ill.
H5816 Maison de l'architecte
TCA, XIV, 11 (nov. 69), 43 et 45, ill.
TCA, XV, 5 (mai 70), 47-48, ill.

Gagnon, Guillaume; Pelletier, Bertrand; Dubé, Claude

Longueuil
H5817 Les duplexes "évolutifs"
BAT, XLIV, 10 (oct. 69), 25-27, texte & ill.

Gardiner and Thornton

Capilano Highlands
H5818 House of Mrs. Stuart Ross
RAIC, XXIV, 6 (juin 47), 197, ill.
H5819 House of Mr. and Mrs. George Sherwood
RAIC, XXIV, 6 (juin 47), 197, ill.

Caulfield (C.-B.)
H5820 House of Mrs. Runge
RAIC, XXIV, 6 (juin 47), 188-189, ill.

Okanagan Mission
H5821 House of Mr. J. Maclennan
RAIC, XXVI, 7 (juil. 49), 212-213, ill.

Vancouver
H5822 House of Mr. and Mrs. J. Newman
RAIC, XXIV, 6 (juin 47), 187, ill.

Gardiner, Thornton & Partners

Vancouver
H5823 House of R.J.A. Fricker
RAIC, XXXI, 10 (oct. 54), 352-353, ill.

Gardiner, Thornton, Davidson, Garrett, Masson & Ass.

Salt Spring Island (C.-B.)
H5824 Merkeley Residence
ARCAN, XLVI, 1 (jan. 69), 48, ill.

West Vancouver
H5825 Griffith's Residence
TCA, XII (Yearbook 67), 77, texte & ill.

Gardner, Kenneth

Vancouver
H5826 Kenneth Gardner Residence
RAIC, XXXIX, 4 (avril 62), 34, ill.

Gareau, Jean

Édifice de lieu inconnu
H5827 Projet inspiré d'une vieille maison de l'Assomption.
ABC, XI, 120 (avril 56), 40, ill.

Garwood-Jones, Trevor P.

Dundas
H5828 Résidence S.B. Lennard
BAT, XLVII, 1 (jan. 72), 10-11, texte & ill.

Gasson, Maurice
Don Mills
H5829   Maison mobile
         RAIC, XXXI, 1 (jan. 54), 20, texte & ill.

Gauthier et Guité
Sainte-Foy
H5830   Résidence Roméo Roy
         ABC, XX, 227 (mars 65), 40-43, texte & ill.
         TCA, XI, 5 (mai 66), 68-69, texte & ill.

Gauthier, Maurice; Trépanier, Paul-O.
H5831   Voir Trépanier, Paul-O.; Gauthier, Maurice.

Gérin-Lajoie
Québec
H5832   Résidence de Paul Gérin-Lajoie
         TCA, XI, 5 (mai 66), 68-69, texte & ill.

Gerrie and Butler
Hamilton
H5833   Gerrie House
         TCA, XIV, 10 (oct. 69), 57-60, texte & ill.

Gerson, Wolfgang
West Vancouver
H5834   Gerson House
         TCA, IV, 12 (déc. 59), 33 et 54-58, texte & ill.
         RAIC, XXXIX, 4 (avril 62), 34, ill.
Winnipeg
H5835   House of Mr. Wolfgang Gerson
         RAIC, XXX, 8 (août 53), 226-227, ill.

Gibson & Associates
North Bay
H5836
         NB, VIII, 4 (avril 59), 26, texte & ill.

Gilbert, André
Ste-Foy
H5837   Maison Jacques Ouellet
         ABC, XIV, 155 (mars 59), 64-65, texte & ill.
H5838   Maison Parisi
         ABC, IX, 101 (sept. 54), 40-41, texte & ill.
St-Nicolas
H5839   Résidence Fortier
         ABC, XV, 168 (avril 60), 108-109, texte & ill.
Sillery
H5840   Maison de Gabriel Gilbert
         ABC, XI, 125 (sept. 56), 32-35, texte & ill.
H5841   Résidence du Dr. Jacques
         ABC, XII, 132 (avril 57), 36-37, texte & ill.

Gilleland & Janiss
Brampton
H5842   Custom Home (maison circulaire)
         CB, XIV, 5 (mai 64), 33-38, texte & ill.

Gilleland & Strutt
Édifice de lieu inconnu
H5843   Modèle 270
         BAT, XXXII, 9 (sept. 57), 38-39, ill.
         CB, VII, 10 (oct. 57), 30-31, texte & ill.
Gatineau
H5844   The Strutt House
         TCA, III, 6 (juin 58), 68-72, texte & ill.
Ottawa
H5845   C.M.H.C. Modular House
         NB, VIII, 3 (mars 59), 28-32, texte & ill.
H5846   House of Mr. A. Palmer
         RAIC, XXXII, 11 (nov. 55), 419, ill.
H5847   House of Mr. John E. Shore
         RAIC, XXIX, 11 (nov. 52), 324-325, ill.

Girard, Maurice
Édifice de lieu inconnu
H5848   Concours pour une maison pour G.I. Joe
         RAIC, XXII, 4 (avril 45), 73, texte & ill.
Noranda
H5849   Résidence Thiesen
         BAT, XXXII, 1 (jan. 57), 22, texte & ill.

Gitterman, S.A.
Édifice de lieu inconnu
H5850   C.M.H.C. small house design
         NB, X, 3 (mars 61), 34-38, texte & ill.

H5851   N.H.B.A. House Model No. 1
         NB, XI, 1 (jan. 62), 48-49, texte & ill.
Ottawa
H5852   N.H.B.A. Experimental Project Mark III
         NB, X, 1 (jan. 61), 30-38, texte & ill.
         NB, X, 9 (sept. 61), 41-43, texte & ill.
H5853   N.H.B.A. 1963 Experimental Project Mark IV
         CB, XIII, 1 (jan. 63), 67, texte & ill.
         CB, XIII, 9 (sept. 63), 56-60, texte & ill.
         CB, XIV, 6 (juin 64), 42-45, texte & ill.
         CB, XIV, 10 (oct. 64), 54, texte & ill.
         CB, XIV, 11 (nov. 64), 22, texte.
H5854   The Lord Simcoe (Glen Cairn Development)
         CB, XIII, 10 (oct. 63), 38-43, texte & ill.

Glazier, Franklyn
Toronto
H5855   Goodman House
         TCA, VIII, 5 (mai 63), 46-48, texte & ill.

Goldman, Max R.
Scarborough
H5856   "The millionth House"
         NB, V, 9 (sept. 56), 8-9 et 40, texte & ill.

Goldman, Ralph M.
Édifice de lieu inconnu
H5857
         CB, VII, 4 (avril 57), 54 et 58, texte & ill.
Don Mills
H5858
         NB, VI, 4 (avril 57), 9 et 24, texte & ill.
Scarborough
H5859   House of Mr. and Mrs. Frank Camisso (Wishing Well Acres)
         CB, VI, 10 (oct. 56), 40-41 et 60, texte & ill.

Goodfellow, Philip H.
Châteauguay
H5860   House of Mr. Charles W. Goodfellow
         RAIC, XXXIV, 10 (oct. 57), 382-384, texte & ill.
Hampstead
H5861   Résidence d'un étage à maçonnerie de béton
         BAT, XXXII, 1 (jan. 57), 18, texte & ill.
Montréal
H5862   The Montreal Trend House
         RAIC, XXXI, 10 (oct. 54), 356-358, ill.
         BAT, XXIX, 8 (août 54), 19-22, texte & ill.
         CB, IV, 6 (juin 54), 44-47, texte & ill.
         CB, V, 7 (juil. 55), 25, ill.

Goodman, Charles
Édifice de lieu inconnu
H5863   (a National Homes Prefab)
         CB, V, 7 (juil. 55), 24, ill.

Graham, Keith L. (Ass.)
Boulderwood (N.-E.)
H5864   Résidence Mark Miller
         BAT, IX, 9 (sept. 61), 31, texte & ill.

Green, Martin
Toronto
H5865   The Plastic House
         CB, XIX, 9 (sept. 69), 42, texte & ill.

Green, Blankstein, Russell Ass.
Winnipeg
H5866   Koerte Residence
         TCA, XV, 5 (mai 70), 47-48, ill.

Greenberg, Charles
Ottawa
H5867   House of Mr. S.S. Reisman
         RAIC, XXXII, 11 (nov. 55), 418, ill.

Greenberg & Stankiewicz
Ottawa
H5868   Don House
         TCA, VI, 5 (mai 61), 62-63, texte & ill.

Griffin, J. Raymond
Vancouver
H5869   Durbach Residence
         TCA, XXIII, 5 (mai 78), 36, texte & ill.

Grisenthwaite Construction Co. Ltd.
Hamilton
H5870   The Stylecraft
         NB, IX, 9 (sept. 60), 22-25 et 27, texte & ill.

Grolle, Ir. E. Hendrick
Regina
H5871   The Saskatchewan Conservation House (prototype)
         TCA, XXIII, 11 (nov. 78), 39-41, texte & ill.

Grondin, Jean
Montréal
H5872   Résidence du Dr Lafleur
         BAT, XXXV, 3 (mars 60), 38-41
         ABC, XIII, 149 (sept. 58), 36-40, texte & ill.

Grossman, Irving
Downsview
H5873   Fogel House
         TCA, V, 8 (août 60), 47-50, texte & ill.
Ottawa
H5874   Residence for Mr. and Mrs. L. Houzer
         RAIC, XXXVI, 8 (août 59), 264-265, texte & ill.
         RAIC, XLI, 11 (nov. 64), 90, texte & ill.
Toronto
H5875   Appartement de l'architecte
         TCA, III, 4 (avril 58), 41 et 44-46, texte & ill.
         TCA, IV, 7 (juil. 59), 40-41, texte & ill.
H5876   The Betel House
         TCA, III, 6 (juin 58), 50-55, texte & ill.

G.W. Golden Construction
Prince Rupert
H5877   Crestview
         CB, XVI, 7 (juil. 66), 35, texte & ill.

Habitations C.I.P.
Ste-Thérèse
H5878   Habitations C.I.P.
         BAT, XLVI, 3 (mars 71), 11-12, texte & ill.

Hallford, Donald G.
Édifice de lieu inconnu
H5879
         CB, XI, 9 (sept. 61), 53 et 57, texte & ill.

Hamilton, Peter
Toronto
H5880
         TCA, XXIII, 8 (août 78), 49, texte & ill.

Hancock, Little and Calvert
Halifax
H5881   4-Bedroom Split-Level...A2
         NB, XI, 4 (avril 62), 38-42, texte & ill.
H5882   Clayton Park
         NB, XI, 4 (avril 62), 36-42, texte & ill.

Hanks and Irwin
Toronto
H5883   House of Mr. Carson Eddy
         RAIC, XVIII, 6 (juin 41), 105, ill.

Hartley & Barnes
Kelowna
H5884
         CB, XIII, 1 (jan. 63), 50, texte & ill.
North Vancouver
H5885
         CB, XIII, 1 (jan. 63), 50, texte & ill.

Hartley, Barnes & Arais
Kelowna
H5886
         TCA, IX, 12 (déc. 64), 86, texte & ill.

Hartley, Gordon; Barnes, George; Nelson, Ron
H5887   Voir Barnes, George; Hartley, Gordon; Nelson, Roy

Hassell, Robert
Vancouver
H5888   R. Hassell Studio-Residence
         ARCAN, 45, 5 (mai 68), 33-36, ill.

Hassell/Griblin
Sechelt (C.-B.)
H5889 Sherwood House
ARCAN, 49 (22 mai 72), 17, texte & ill.
Vancouver
H5890 Ford Residence
ARCAN, 49 (22 mai 72), 17, texte & ill.

Hassell/Griblin Ass.
North Vancouver
H5891 Mandl Residence
TCA, XIX, 4 (avril 74), 29-30, texte & ill.
H5892 Matthews' Residence
TCA, XIX, 4 (avril 74), 29-30, texte & ill.
West Vancouver
H5893 Weill Residence
TCA, XIX, 4 (avril 74), 31-32, texte & ill.

Hassig, George
Don Mills
H5894 Maison modèle
RAIC, XXXI, 1 (jan. 54), 20, texte & ill.

Hassig, George; Murray, James
Don Mills
H5895 House on Overton Crescent
RAIC, XXXI, 1 (jan. 54), 22, ill.

Hawthorn, Henry; Mansfield, Robert
Vancouver
H5896 5 maisons (False Creek)
TCA, XVIII (Yearbook 73), 26-27, texte & ill.
Vancouver Island
H5897 Tent-Cabin
TCA, XVIII (Yearbook 73), 28, texte & ill.

Hazeland, Andrew
Ottawa
H5898 (un groupe de maisons dans Rockcliffe)
RAIC, XXXIX, 10 (oct. 62), 55, ill.

Hemingway, Peter
Edmonton
H5899 Ravin Gardens (28 unités)
TCA, XXIV, 12 (Yearbook, déc. 79), 20-22 et 36-38, texte & ill.

Henri Dubord Construction
Saint-Eustache et Deux-Montagnes
H5900 Maison modèle "La Discothèque"
BAT, XLIV, 11 (nov. 69), 6-7, texte & ill.

Herzog, Saul; Secord, James E.
St. Catharines
H5901 Lapierre Residence
TCA, VI, 11 (nov. 61), 6, ill.
RAIC, XXXVIII, 11 (nov. 61), 64, ill.
CB, XI, 12 (déc. 61), 38-39 et 43, texte & ill.
BAT, IX, 12 (déc. 61), 13 et 15, texte & ill.

Hipel, George
Édifice de lieu inconnu
H5902 NB, VII, 2 (fév. 58), 6-9, texte & ill.

Hix, John
Aurora
H5903 Provident House (énergie solaire)
TCA, XXII, 3 (mars 77), 34-36, texte & ill.
CB, XXVI, 4 (avril 76), 29, texte & ill.
CB, XXVI, 8 (août 76), 5, texte & ill.
CB, XXVI, 9 (sept. 76), 40, texte & ill.
AC, 31, 335 (mai-juin 76), 9

Hollingsworth, Fred T.
Édifice de lieu inconnu
H5904 Skov Residence
TCA, XVI, 1 (jan. 71), 45 et 48-49, texte & ill.
Abbotsford (C.-B.)
H5905 Trethewey Residence
TCA, X, 8 (août 65), 33-36, texte & ill.
Salt Spring Island (C.-B.)
H5906 Campbell Residence
TCA, XIII (Yearbook 68), 60-61, texte & ill.
H5907 Residence for R.K. Finer
TCA, XIII, 12 (déc. 68), 59, texte & ill.
West Vancouver
H5908 TCA, XVI, 1 (jan. 71), 45-48, texte & ill.
H5909 Dalby Residence
TCA, XIII, 12 (déc. 68), 58, texte & ill.
TCA, XVI, 1 (jan. 71), 45 et 50-51, texte & ill.
H5910 Landsdell House (modifications)
TCA, VI, 11 (nov. 61), 65-70, texte & ill.
H5911 Maltby Residence
RAIC, XLI, 11 (nov. 64), 48, texte & ill.
TCA, IX, 12 (déc. 64), 34-35 et 38, texte & ill.
TCA, X, 1 (jan. 65), 48-50, texte & ill.
H5912 Rayer Residence
RAIC, XLI, 11 (nov. 64), 49, texte & ill.
H5913 Rudden Residence
TCA, XXI, 10 (oct. 76), 37-39, texte & ill.
H5914 Van Winckel Residence
TCA, XIV, 11 (nov. 69), 49, texte & ill.

Hollingsworth, Fred; Downs, Barry V.
H5915 Voir Downs, Barry V.; Hollingsworth, Fred
Burnaby
H5916 CB, XVI, 6 (juin 66), 48-49, texte & ill.
H5917 Barnett Residence
TCA, XI, 5 (mai 66), 8 et 13, texte & ill.
BAT, XLI, 5 (mai 66), 6, texte & ill.
West Vancouver
H5918 Raymond Cocking Residence
TCA, XI, 9 (sept. 66), 62, ill.
TCA, XI, 4 (avril 66), 57-60, texte & ill.
H5919 Landsdell House (rénovation)
TCA, X, 1 (jan. 65), 46, texte & ill.

Hollingsworth, Fred T.; Downs, Barry V.; Thornton, Fred
Vancouver
H5920 Rayer Residence
TCA, IX, 12 (déc. 64), 34-35 et 37, texte & ill.

Holtshousen, Thompson, Laframboise, Mallette
Kingston
H5921 Van Vlyman House
ARCAN, 46, 1 (jan. 69), 46, ill.

Home Smith's Architects
Toronto
H5922 Princess Anne Manor and Princess Gardens
NB, VI, 6 (juin 57), 6-7, texte & ill.

Horne, Trevor
Édifice de lieu inconnu
H5923 Karl Friedrich Schinkel House (gagnant du 1er prix)
TCA, XXV, 3 (mars 80), 6, texte & ill.

Ibronyi, Thomas
Woodbridge (Ont.)
H5924 Maison expérimentale préfabriquée (Seneca Heights)
BAT, XXXVI, 8 (août 60), 31, texte

Intercontinental Holdings Ltd
Port Moody
H5925 (101 College Park Way)
CB, XIX, 8 (août 69), 47, texte & ill.

Irwin, Stephen
Ballantrae (Ont.)
H5926 TCA, XIV, 11 (nov. 69), 6, texte & ill.
Uxbridge
H5927 Allen Residence
TCA, XVII, 2 (fév. 72), 43-45, texte & ill.

Jackson, Don
Édifice de lieu inconnu
H5928 RAIC, XXV, 5 (mai 48), 165, ill.

Jacques Denault Inc
Ste-Thérèse
H5929 CB, XV, 1 (jan. 65), 22-23, texte & ill.
H5930 (maisons modèles)
CB, XVIII, 3 (mars 68), 45, ill.

Jarry, Gabriel
Montréal
H5931 Plateau Belleville (200 maisons)
CB, V, 6 (juin 55), 36-37, texte & ill.
BAT, XXX, 8 (août 55), 26-27, texte & ill.

Jessiman, Roy
Vancouver
H5932 CB, XIV, 10 (oct. 64), 49, texte & ill.
West Vancouver
H5933 Maison de l'architecte
RAIC, XXXIII, 8 (août 56), 302-303, ill.

Jessup, Allen; Kohl, Harry B.; Shulman, Wilfred
H5934 Voir Kohl, Harry B.; Shulman, Wilfred; Jessup, Allen

Jodoin, Lamarre, Major & Pratte
Pointe-aux-Trembles
H5935 Pratte Residence
RAIC, XXXIX, 7 (juil. 62), 56-57, texte & ill.

Jodoin, Lamarre, Pratte, Carrière
Ville St-Laurent
H5936 Résidence Bourbonnais (jumelée)
ABC, XXII, 252 (avril 67), 36-37, texte & ill.

Johnson and McWhinnie
Windsor
H5937 Todgham House
CB, VII, 7 (juil. 57), 28-30, texte & ill.
BAT, XXXII, 9 (sept. 57), 32-34, texte & ill.

Johnson and Stockdill
Salt Spring Island (C.-B.)
H5938 House of Mr. Warren Hastings
RAIC, XIX, 6 (juin 42), 138, ill.

Jonsson, D.W.
Fredericton
H5939 Residence of Mr. and Mrs. D.W. Jonsson
RAIC, XXXVI, 2 (fév. 59), 53, texte & ill.
H5940 House for Mr. Malcolm Neill
RAIC, XXXII, 4 (avril 55), 122, ill.

Kachmaryk, William
Windsor
H5941 Bernstein Residence
TCA, XII (Yearbook 67), 72, texte & ill.

Kadulski, Richard
Osoyoos (C.-B.)
H5942 Energy Efficient Residence
TCA, XXIII, 10 (oct. 78), 43, texte & ill.

Kahn, Harold Z.
Ville d'Anjou
H5943 (un modèle de maison au Domaine D'Anjou)
BAT, XXXII, 10 (oct. 57), 33, texte & ill.
BAT, XXXII, 12 (déc. 57), 16-17, ill.

Kantti, H.
Lac Wadsworth (Ontario)
H5944 Projet-thèse: maison d'un artiste
ABC, XI, 123 (juil. 56), 38-39, texte & ill.

Kapsi, Taivo
Édifice de lieu inconnu
H5945 (projet d'étudiant)
RAIC, XXXV, 3 (mars 58), 74, ill.
Toronto
H5946 House on Ardwold Gate
TCA, XIII, 4 (avril 68), 45-49, texte & ill.
TCA, XIII (Yearbook 68), 89, texte & ill.

Karleff, William C.
Brampton
H5947 The Silvertex optimum size economy house
CB, VIII, 8 (août 58), 32-34, texte & ill.
CB, VIII, 10 (oct. 58), 41-44, texte & ill.

Katz, Morton
Pickering
H5948 Wufka Résidence
TCA, XII (Yearbook 67), 77, texte & ill.

Kay, John R.
Colombie-Britannique
H5949 Continental Series Housing Units
TCA, XVI, 12 (déc. et Yearbook 71), 58-59, texte & ill.
Beach Grove (C.-B.)
H5950 Residence for Mrs. R. Nicoll
ARCAN, 45, 1 (jan. 68), 48, ill.
Burnaby
H5951 CB, XXI, 3 (mars 71), 27, texte & ill.
Delta (C.-B.)
H5952 TCA, XIV, 2 (fév. 69), 7, texte & ill.
South Delta (C.-B.)
H5953 Grant Residence
TCA, XV, 9 (sept. 70), 44-45, texte & ill.
H5954 Penland Residence
TCA, XIII (Yearbook 68), 46-47, texte & ill.
Gibsons (C.-B.)
H5955 Piersell Residence
TCA, XV, 8 (août 70), 48, texte & ill.
Tsawwassen (C.-B.)
H5956 Siebert House
ARCAN, 49 (22 mai 72), 10, texte & ill.
TCA, XVII, 7 (juil. 72), 6-7, texte & ill.
North Vancouver
H5957 Park-Yorkwood Hills (dév. residentiel de 135 unités)
CB, XXI, 3 (mars 71), 27, texte & ill.

Kay, John R.; Tanner, H.T.D.
South Delta (C.-B.)
H5958 Reid Residence
TCA, XVII (Yearbook et déc. 72), 70-71, texte & ill.
Surrey
H5959 R.S. Miller Residence
TCA, XVI, 12 (déc. et Yearbook 71), 44-45, texte & ill.

Keith Constr. Co. Ltd
Calgary
H5960 12223 Lake Louise Way S.E.
CB, XX, 3 (mars 70), 37, ill.

Kelman, Harry
Toronto
H5961 "Galaxy '71" (National Home Show)
CB, XXI, 4 (avril 71), 44 et 49, texte & ill.
ARCAN, 48 (5 avril 71), 3, texte & ill.

Kelton, Joseph
Clarkson
H5962 La Maison Châtelaine 1968
BAT, XLIII, 8 (août 68), 22-24, texte & ill.

Kemble, Roger
Édifice de lieu inconnu
H5963 "Decal Design: False Front Post-Modernism".
TCA, XXIV, 9 (sept. 79), 34-37
H5964 "Decal Design: False Front Post-Modernism 1979".
TCA, XXV, 11 (nov. 80), 47
H5965 Hammond Residence
TCA, XVII, 8 (août 72), 26, ill.
Vancouver
H5966 (maison finie en contreplaqué)
CB, XX, 10 (oct. 70), 20, texte & ill.
H5967 Gray Residence
TCA, XVII, 8 (août 72), 30-31, texte & ill.
H5968 MacMellan Residence
TCA, XVII, 8 (août 72), 31, texte & ill.
H5969 Stewart Residence
TCA, XI, 12 (déc. 66), 8, texte & ill.
North Vancouver
H5970 Culhane Residence
TCA, XX, 1 (jan. 75), 30-32, texte & ill.
West Vancouver
H5971 TCA, X, 11 (nov. 65), 48, texte & ill.
H5972 Maison de l'architecte
TCA, IX, 12 (déc. 64), 78 et 86, texte & ill.
H5973 Stuart McDonald residence
RAIC, XLI, 11 (nov. 64), 50, texte & ill.
H5974 David West Residence
RAIC, XLI, 11 (nov. 64), 51, texte & ill.

Kemble, Roger; Webber, Alex
Édifice de lieu inconnu
H5975 Milni Residence
TCA, XVII, 8 (août 72), 28, texte & ill.
H5976 Packsack
TCA, XVII, 8 (août 72), 29, texte & ill.

Kemp, Anthony L.
Don Mills
H5977 J.M. MacDonald Residence
TCA, XVII (Yearbook et déc. 72), 53, texte & ill.
Toronto
H5978 Shields' Residence
TCA, XXIII, 7 (juil. 78), 30-33, texte & ill.

King, Harry L.; John B. Parkin Associates
Édifice de lieu inconnu
H5979 CB, XI, 9 (sept. 61), 53 et 58, texte & ill.

Kiss, Zoltan S.
Colombie-Britannique
H5980 Zoltan S. Kiss Residence
RAIC, XXXV, 4 (avril 58), 124, ill.

Kivilo, Harry
Montréal
H5981 NB, VIII, 4 (avril 59), 28, texte & ill.
Montréal-Ouest
H5982 Maison, Sheraton drive
ABC, XIV, 154 (fév. 59), 58-59, texte & ill.

Kiyooka, Monica
Vancouver
H5983 Maison de l'architecte
CB, XXII, 3 (mars 72), 20, ill.
ARCAN, 49 (22 mai 72), 17, texte & ill.

Klein & Sears
Édifice de lieu inconnu
H5984 Ingber Residence
TCA, VI, 12 (déc. 61), 31-32 et 36-37, texte & ill.
H5985 Park Royal (développement domiciliaire de 18 unités)
TCA, VI, 12 (déc. 61), 31-32, texte & ill.
Salem (Ont.)
H5986 Avruskin House
TCA, VIII, 5 (mai 63), 49-50, texte & ill.
Toronto
H5987 (attached house)
CB, XV, 1 (jan. 65), 22 et 24, texte & ill.
North York
H5988 Goldman House
TCA, IV, 12 (déc. 59), 33 et 49-53, texte & ill.
TCA, XIV, 11 (nov. 69), 37, ill.
H5989 Karp Residence
TCA, VI, 12 (déc. 61), 29-30, texte & ill.

Klein & Sears; Webb, Zerafa & Menkes; Markson, Jerome
H5990 Voir Webb, Zerafa & Menkes; Markson, Jerome; Klein & Sears

Koerte, Arnold
Winnipeg
H5991 Koerte Residence
TCA, XV, 5 (mai 70), 47-48, ill.
H5992 Residence for Dr. Castaldi
ARCAN, XLVI, 1 (jan. 69), 50, ill.

Kohl, Harry B.
Lake Simcoe
H5993 CB, XXI, 5 (mai 71), 45, texte & ill.
Toronto
H5994 Maison modèle au National Home Show 1962
NB, X, 12 (déc. 61), 48, texte.
NB, XI, 2 (fév. 62), 3, texte & ill.
H5995 National Home Show House
CB, XIV, 3 (mars 64), 36-44, texte & ill.
H5996 Maison au National Home Show
CB, XV, 5 (mai 65), 75, texte & ill.
H5997 Modèle pour le National Home Show
CB, XVI, 3 (mars 66), 52-54, texte & ill.
H5998 Asteroid House (National Home Show)
CB, XIX, 3 (mars 69), 8, ill.
CB, XIX, 4 (avril 69), 64, texte & ill.
H5999 Beaumonde Heights
CB, X, 1 (jan. 60), 62-63, texte & ill.
H6000 Japanese House (pour Toronto National Home Show)
TCA, VIII, 5 (mai 63), 6 et 8, texte & ill.
H6001 "The Blue Flame House of Ideas"
CB, XIV, 2 (fév. 64), 5, texte & ill.
H6002 "The Emperor"
CB, XIII, 3 (mars 63), 53-54 et 59-62, texte & ill.
H6003 "Vision '62"
NB, XI, 3 (mars 62), 30-33 et 46, texte & ill.
CB, XIII, 2 (fév. 63), 20, texte & ill.
CB, XIII, 3 (mars 63), 52-53, texte.
H6004 Maison pour Metropolitan Toronto Home Builders Ass.
CB, XV, 8 (août 65), 67, texte & ill.

Kohl, Harry B.; Shulman, Wilfred; Jessup, Allen
Bay Ridges (Ont.)
H6005 "Algonquin" (maison modèle)
CB, XI, 5 (mai 61), 32-33, texte & ill.
H6006 "Bala" (maison modèle)
CB, XI, 5 (mai 61), 32 et 34, texte & ill.
H6007 "Dorset" (maison modèle)
CB, XI, 5 (mai 61), 32 et 34, texte & ill.
H6008 "Haliburton" (maison modèle)
CB, XI, 5 (mai 61), 32, texte & ill.
H6009 "Kawartha" (maison modèle)
CB, XI, 5 (mai 61), 32-33, texte & ill.
H6010 "Kenora" (maison modèle)
CB, XI, 5 (mai 61), 32-33, texte & ill.
H6011 "Jasper" (maison modèle)
CB, XI, 5 (mai 61), 32 et 34, texte & ill.
H6012 "Laurentian" (maison modèle)
CB, XI, 5 (mai 61), 32-33, texte & ill.
H6013 "Niagara" (maison modèle)
CB, XI, 5 (mai 61), 32 et 34, texte & ill.
H6014 "Rideau" (maison modèle)
CB, XI, 5 (mai 61), 32 et 34, texte & ill.
H6015 "Simco" (maison modèle)
CB, XI, 5 (mai 61), 32-33, texte & ill.

Kundzins, Andris
Halifax
H6016 Residence of Mr. Andris Kundzis
RAIC, XXXVI, 1 (jan. 59), 10, ill.

La Foy, M.
Fort Qu'Appelle (Sask.)
H6017 Résidence de M. et Mme Strudwick
AC, 33, 342 (juil.-août 77), 30-33, texte & ill.

Lajoie, Rodolphe
Édifice de lieu inconnu
H6018 Résidence Paul Kellogg
BAT, XXXII, 2 (fév. 57), 30-32, texte & ill.
BAT, XXXII, 10 (oct. 57), 46 et 53, texte & ill.
Ville Mont-Royal
H6019 House of Mr. Patrick McKeever
RAIC, XXXIV, 4 (avril 57), 110-111, texte & ill.
ABC, XIII, 149 (sept. 58), 59-61, texte & ill.
Senneville
H6020 Grande résidence
ABC, V, 54 (oct. 50), 23, ill.
ABC, V, 56 (déc. 50), 20, ill.

Laliberté et Dostaller
Laval
H6021 AC, 25, 287 (sept. 70), 28, texte & ill.

Lalonde, Jean-Louis
Chomedey
H6022 (maison modèle)
BAT, XXXVII, 11 (nov. 62), 40, texte & ill.
H6023 "House of Tomorrow, 1962" ou "Horizon Home"
CB, XII, 9 (sept. 62), 44-45, texte & ill.
H6024 Maison en béton
BAT, XXXVIII, 7 (juil. 63), 20-24, texte & ill. et 9 (sept. 63), 49

Langer, H.E.P.
Calgary
H6025 Maison en forme de balle de golf
CB, XXII, 1 (jan. 72), 6, texte & ill.

Lapointe, Paul-Émile
Cantons de l'Est
H6026 Maison
ABC, III, 24 (avril 48), 38, ill.
Granby
H6027 Maison 1
ABC, III, 24 (avril 48), 37, ill.
H6028 Maison 2
ABC, III, 24 (avril 48), 37, ill.

Larrington, C.T.
Edmonton
H6029 The Strathcona
NB, XI, 1 (jan. 62), 64-68, texte & ill.

Lasserre, Fred
Édifice de lieu inconnu
H6030 BAT, XXXVI, 11 (nov. 60), 37 et 39, ill.
Vancouver
H6031 TCA, I, 6 (juin 56), 24, texte & ill.
H6032 House of O. Safir
RAIC, XXXI, 10 (oct. 54), 359-362, texte & ill.
RAIC, XXXII, 3 (mars 55), 72, ill.

Lasserre, L.; Polson & Siddall
Colombie-Britannique
H6033 Friedman Residence
RAIC, XXXV, 4 (avril 58), 125, ill.

Laubental, Charles
Edmonton
H6034 Bako House
TCA, VI, 5 (mai 61), 61-62, texte & ill.
TCA, XIV, 11 (nov. 69), 38-39, ill.

Lawson and Little
Hampstead
H6035 House of Mr. Stanley Stanger
RAIC, XVIII, 5 (mai 41), 84, ill.

Lazar & Sterlin
Ville St-Laurent
H6036 Maisons jumelées, rue Brunet
ABC, XIII, 144 (avril 58), 66, ill.
H6037 Maisons jumelées, Caven Circle
ABC, XIII, 144 (avril 58), 66, ill.
H6038 Habitations, rue Fraser
ABC, XIII, 144 (avril 58), 65, ill.
H6039 Maisons jumelées, rue Fraser
ABC, XIII, 144 (avril 58), 66, ill.

Lazosky, Daniel
Burnaby
H6040 Doctor's Residence
TCA, XIII, 4 (avril 68), 42-44, texte & ill.

Lazosky/Stenman
Boucherville
H6041 L'Orée du Bois
AC, 31, 337 (sept.-oct. 76), 8, texte & ill.

Lebensold, Fred
Montréal
H6042 House of Mr. Harry Cohen
RAIC, XXXIV, 10 (oct. 57), 378-381, texte & ill.
H6043 Residence of Mr. and Mrs. F. Lebensold
RAIC, XXXVI, 2 (fév. 59), 51, texte & ill.

Westmount
H6044 Maison Nantel
ABC, IX, 101 (sept. 54), 37-39, texte & ill.

Leblanc, L.; Proulx, M.L.
Édifice de lieu inconnu
H6045 Maison en béton
ABC, V, 56 (déc. 50), 21, ill.

LeBlond, Harry
Édifice de lieu inconnu
H6046 RAIC, XXIV, 1 (jan. 47), 8, texte & ill.

LeBlond, Robert; Long, J.W. (Ass.)
H6047 Voir Long, J.W. (Ass.); LeBlond, Robert

Leclerc, Claude
Candiac
H6048 Résidence de l'architecte Claude Leclerc
ABC, XXII, 260 (déc. 67), 32-36, texte & ill.

Lee, Harry
Colombie-Britannique
H6049 Wong House
RAIC, XXXV, 4 (avril 58), 124, ill.

Lee, Elken, Becksted, Paulsen, Fair
Mississauga
H6050 Meadowvale Solar Experiment
TCA, XXII, 3 (mars 77), 40-41, texte & ill.
TCA, XXIII, 10 (oct. 78), 34-35, texte & ill.
TCA, XXV, 11 (nov. 80), 45, texte & ill.

Légaré, Wilfrid
Québec
H6051 Maison, rue Longfellow
ABC, XIV, 154 (fév. 59), 58-59, texte & ill.

Le Roux, André E.
Toronto
H6052 TCA, XXII, 8 (août 77), 42-44, texte & ill.

Lester, Alan
Brentwood Bay (C.-B.)
H6053 (propriété de l'architecte)
CB, VII, 4 (avril 57), 54-55, texte & ill.

Lester, Alan; Brown, Rowland
H6054 Voir Brown, Rowland; Lester, Alan

Le Tourneux, J.H.
Duvernay
H6055 Résidence Le Tourneux
BAT, XL, 12 (déc. 65), 12-14, texte & ill.

Lett-Smith
Peterborough
H6056 MacLachlan Residence
TCA, XX, 2 (fév. 75), 53-55, texte & ill.

Lewis Construction Company Ltd
Vancouver
H6057 Japanese-Style Bungalow
CB, XIII, 8 (août 63), 48-52, texte & ill.
West Vancouver
H6058 NB, VIII, 4 (avril 59), 29-30, texte & ill.

Libling, Michener & Associates
Transcona (Man.)
H6059 CB, XIII, 1 (jan. 63), 52, texte & ill.
Winnipeg
H6060 CB, XV, 1 (jan. 65), 22 et 24, texte & ill.
TCA, IX, 12 (déc. 64), 78 et 86, texte & ill.
H6061 Heritage Park (dév. dom.)
CB, XIII, 1 (jan. 63), 40-43, texte & ill.

Lipson & Dashkin
Édifice de lieu inconnu
H6062 CB, XIV, 11 (nov. 64), 16, texte.

Brampton
H6063 The Marlboro (Peel Village)
NB, X, 8 (août 61), 51, texte & ill.
Scarborough
H6064 (280 Guildwood Parkway)
NB, IX, 11 (nov. 60), 20-23, texte & ill.
RAIC, XXXVII, 12 (déc. 60), 531, texte & ill.
H6065 (1 Lyncroft Drive)
NB, IX, 11 (nov. 60), 20-23, texte & ill.
RAIC, XXXVII, 12 (déc. 60), 531, texte & ill.
Ste-Thérèse
H6066 Maison Châtelaine '65
BAT, XL, 8 (août 65), 42-47, texte & ill.
Toronto
H6067 (pour la revue Châtelaine)
CB, XV, 3 (mars 65), 7, texte.
H6068 Applewood Heights (dév. dom.)
NB, VIII, 10 (oct. 59), 54, texte & ill.
H6069 Empress of Canada (Applewood Heights)
NB, X, 2 (fév. 61), 58, texte & ill.
H6070 "Flying Clipper"
NB, IX, 11 (nov. 60), 20 et 22, texte & ill.
H6071 The Bedford
CB, XII, 9 (sept. 62), 53-54, texte & ill.
H6072 The Lorraine
CB, XII, 9 (sept. 62), 57-58, texte & ill.
H6073 3226 Constitution Drive
RAIC, XXXVII, 12 (déc. 60), 535, texte & ill.

Lipson & Dashkin; Stone, Norman
Édifice de lieu inconnu
H6074 The Monte Carlo (St. Andrew's Golf Club Estate)
CB, XIV, 2 (fév. 64), 41-44
Toronto
H6075 Village Green (200 unités semi-détachés)
TCA, VII, 10 (oct. 62), 11, texte & ill.
H6076 "The Riviera" (in "Village Green")
CB, XIII, 1 (jan. 63), 60-64, texte & ill.

Little, Robert A. (Ass.)
Édifice de lieu inconnu
H6077 Home For All America
NB, III, 10 (oct. 54), 10-16, texte & ill.

Little-Borland
Saskatoon
H6078 Hyde Park
CB, XIII, 12 (déc. 63), 31-36, texte & ill.

Long, J.W.(Ass.); LeBlond, Robert
Calgary
H6079 Forest Lawn
TCA, XIV (Yearbook 69), 60-62, texte & ill.

Longpré & Marchand
Beloeil
H6080 Résidence Lamaire
ABC, XIII, 144 (avril 58), 44-45, texte & ill.
H6081 Résidence Longpré
ABC, XIII, 144 (avril 58), 42-43, texte & ill.
H6082 Résidence Marchand
ABC, XIII, 144 (avril 58), 46-47, texte & ill.

Luke, Little, Mace
Ville Mont-Royal
H6083 Maison
ABC, VI, 59 (mars 51), 11, ill.

Lunney, Dave
St. John (N.-B.)
H6084 (12 "shell homes")
CB, XXI, 8 (août 71), 62, texte.

Lusignan, Camille; Beauvais, Pierre-M
H6085 Voir Beauvais, Pierre-M.; Lusignan, Camille

Lyle, Eugene; Balkansky, Basil
H6086 Voir Balkansky, Basil; Lyle, Eugene

Ma, John
Édifice de lieu inconnu
H6087 CB, XI, 9 (sept. 61), 53 et 56, texte & ill.

McBain, W.J.
Mississauga
H6088   Maison de l'architecte
TCA, I, 6 (juin 56), 45-50, texte & ill.

McBain, W.J.; Robb, G.A.
Toronto
H6089   House of Mr. K.B. Cornfoot
RAIC, XXVII, 12 (déc. 50), 403, ill.

MacBeth, Robert Ian
Fort Érié
H6090   House for Mr. R. G. Bardol (agrandissement)
RAIC, XXVI, 7 (juin 49), 220, ill.

MacBeth, Salter and Scott
Jordan (Ont.)
H6091
RAIC, XXVI, 8 (août 47), 272 et 274, texte & ill.

MacBeth & Williams
St. Catharines
H6092   Résidence
NB, III, 11 (nov. 54), 6-7, texte & ill.

McCarter, Nairne & Partners
Colombie-Britannique
H6093   R. Nairne Residence
RAIC, XXXV, 4 (avril 58), 126, ill.
Fraser River Delta (C.-B.)
H6094   (Maison pour une ferme)
TCA, XV, 12 (déc. 70), 7, texte & ill.
West Vancouver
H6095   Earle Residence
TCA, XIV (Yearbook 69), 42-43, texte & ill.

McCreery, William
Victoria
H6096   Courtyard Housing, Holland Point
TCA, XXIV, 1 (jan. 79), 26-28, texte & ill.

MacDonald, Blair
West Vancouver
H6097   MacDonald Residence
TCA, XVI, 2 (fév. 71), 32-33, texte & ill.
TCA, XVII, 1 (jan. 72), 6-7, texte & ill.
ARCAN, XLIX (17 jan. 72), 4-5, texte & ill.

MacDonald, Blair; Downs, Barrie V.
H6098   Voir Downs, Barry V.; MacDonald, Blair

MacDonald, Blair, Rowett, Clyde
Vancouver
H6099   Taylor House
RAIC, XXXII, 3 (mars 55), 83, ill.
RAIC, XXXIX, 4 (avril 62), 34, ill.

McFeetors, Tergeson, Sedun
Winnipeg
H6100   Mida Residence
ARCAN, 45, 12 (déc. 68), 42, texte & ill.
TCA, XII, 2 (fév. 67), 9, texte & ill.

McIntosh, L.Y. (Ass.); Mayotte, W. Russ
H6101   Voir Mayotte, W. Russ; McIntosh, L.Y. (Ass.)

McIntyre, Hamish W.F.
West Vancouver
H6102   John B. Croll Residence
RAIC, XLI, 11 (nov. 64), 54, texte & ill.
TCA, X, 11 (nov. 65), 41, ill.

McKay, Robert
Sechelt (C.-B.)
H6103   Perrick House
TCA, XXII, 10 (oct. 77), 40-41, texte & ill.
Vancouver
H6104   MacDonald Residence
TCA, XXII, 10 (oct. 77), 40, texte & ill.

McKee, Robert R.
Édifice de lieu inconnu
H6105
CB, VII, 5 (mai 57), 43, ill.

Ottawa
H6106   4-Bedroom Split-Level... S60, S61
NB, XI, 2 (fév. 62), 34-38, texte & ill.
West Vancouver
H6107   Arthur W. Way House
RAIC, XXVII, 9 (sept. 50), 310, ill.

McLeod, Barclay
West Vancouver
H6108   McLeod Residence
TCA, XIII, 4 (avril 68), 53-55, texte & ill.
H6109   Seaview Place
ABC, XXII, 253 (mai 67), 20, texte & ill.

McNab, Duncan S.
Édifice de lieu inconnu
H6110
BAT, XXXVI, 11 (nov. 60), 36, ill.
Vancouver
H6111   House of A.M. Reid
RAIC, XXXI, 10 (oct. 54), 350-351, texte & ill.
H6112   McNab Residence
RAIC, XXXV, 4 (avril 58), 126, ill.
CB, IX, 8 (août 59), 50, ill.
H6113   R.A. Chillcott Residence
RAIC, XXXIX, 4 (avril 62), 34, ill.

Mainguy, Noël
Édifice de lieu inconnu
H6114   Bungalow pour un ménage retraité
BAT, XXXIII, 5 (mai 58), 27, texte & ill.
Sillery
H6115   Résidence au Parc Falaise
BAT, XXXIII, 5 (mai 58), 24-25, texte & ill.
H6116   Résidence au Parc Lemoyne
BAT, XXXIII, 5 (mai 58), 26, ill.

Major, Pierre W.
Montréal
H6117   Maison
ABC, XX, 234 (oct. 65), 44-47, texte & ill.

Malczewski, Andrew
Vancouver
H6118   Ryan Residence
TCA, XV, 8 (août 70), 36, texte & ill.

Malkin, Melvyn
Montréal (Expo' 67)
H6119   Gagnant du Canadian Lumbermen's Ass.)
TCA, XI, 1 (jan. 66), 41 et 43, texte & ill.

Manneval, Jean
Sutton
H6120   (maisons-coques)
BAT, XLVIII, 4 (avril 73), 16, texte & ill.

Manning, D.
Port Coquitlam
H6121   2957 Spuraway Drive
RAIC, XXXVII, 12 (déc. 60), 532, texte & ill.

Mansfield, Robert; Hawthorn, Henry
H6122   Voir Hawthorn, Henry; Mansfield, Robert

Marani, Lawson and Morris
Oakville
H6123   House of Mr. J.A. Gairdner
RAIC, XXIII, 9 (sept. 46), 212-218, ill.

Marani, Rounthwaite & Dick
Newmarket
H6124   Larkin Residence
ARCAN, XLVI, 1 (jan. 69), 47, ill.

Markson, Jerome
Bramalea
H6125   Martingrove Townhouse
CB, XX, 8 (août 70), 40, texte & ill.
Claremont (Ont.)
H6126   Currie Residence
ARCAN, 45, 5 (mai 68), 44-45, ill.
Hamilton
H6127
TCA, IV, 2 (fév. 59), 51-58, texte & ill.

H6128   Enkin Residence
TCA, XVI, 2 (fév. 71), 27-28, texte & ill.
H6129   Goldblatt House
TCA, V, 8 (août 60), 51-56, texte & ill.
H6130   Moses Residence
RAIC, XXXIX, 5 (mai 62), 54-56, texte & ill.
RAIC, XL, 4 (avril 63), 63, ill.
TCA, VI, 8 (août 61), 39-44, texte & ill.
Toronto
H6131
TCA, XII (Yearbook 67), 86, ill.
H6132   Chatelaine Home-1964
CB, XIV, 3 (mars 64), 5, texte & ill.
CB, XIV, 8 (août 64), 41-52, texte & ill.
H6133   Amelia Street
TCA, IX, 7 (juil. 64), 42-44, texte & ill.
H6134   Saintfield Avenue
TCA, IX, 7 (juil. 64), 39-41, texte & ill.
H6135   Big Cedar Point (40 Prince Arthur Ave)
ABC, XXII, 253 (mai 67), 19, texte & ill.
H6136   Court Housing (développement domiciliaire)
TCA, XV (Yearbook 70), 42-43, texte & ill.
H6137   Maison de l'architecte
RAIC, XLI, 11 (nov. 64), 98, texte & ill.
H6138   Munk House
RAIC, XLI, 11 (nov. 64), 97, texte & ill.
TCA, VII, 2 (fév. 62), 35-41, texte & ill.
TCA, XIV, 11 (nov. 69), 40-41, ill.
TCA, XXV, 11 (nov. 80), 22, texte & ill.
H6139   Nash Residence
TCA, XVI, 2 (fév. 71), 29-31, texte & ill.
H6140   Poslun House
TCA, IX, 7 (juil. 64), 35-38, texte & ill.
Woodbridge (Ont.)
H6141   (2 Wigwoss Drive)
RAIC, XXXVII, 12 (déc. 60), 533, texte & ill.
NB, IX, 11 (nov. 60), 19-20, texte & ill.
H6142   34 Monsheen Drive
NB, IX, 11 (nov. 60), 19-20, texte & ill.
RAIC, XXXVII, 12 (déc. 60), 534, texte & ill.
North York
H6143
TCA, XV, 8 (août 70), 43, ill.

Markson, Jerome; Baker, Joseph
Ste-Thérèse
H6144   La Maison Châtelaine 1964
BAT, XXXIX, 8 (août 64), 26-33, texte & ill.
CB, XIV, 3 (mars 64), 5, texte & ill.
CB, XIV, 8 (août 64), 41-52 et 56, texte & ill.

Markson, Jerome; Webb, Zerafa & Menkes; Klein & Sears
H6145   Voir Webb, Zerafa & Menkes; Markson, Jerome; Klein & Sears

Massey, Hart
Ottawa
H6146   Hart Massey House
TCA, VIII, 9 (sept. 63), 41-46, texte & ill.
TCA, IX, 12 (déc. 64), 34-36, texte & ill.
RAIC, XLI, 11 (nov. 64), 101, texte & ill.
H6147   Tovell House
TCA, XIII (Yearbook 68), 90-91, texte & ill.
TCA, XIV, 3 (mars 69), 54-56, texte & ill.

Massey & Dirassar
Ottawa
H6148   House of Mr. L. Voyvodic
RAIC, XXXII, 11 (nov. 55), 413 et 418, texte & ill.

Masson, Robert
Édifice de lieu inconnu
H6149   Projet d'étudiant: une maison jumelée.
ABC, XVIII, 205 (mai 63), 56, texte & ill.

Matarozzi, J.
Édifice de lieu inconnu
H6150   Manoir
RAIC, XXV, 5 (mai 48), 158-159, ill.

Mayotte, W. Russ; L.Y. McIntosh and Ass.
Lakehead area
H6151
CB, I, 3 (juil. 51), 42-43, texte & ill.

Meadowcroft, J.C.
Laprairie
H6152 Maison
ABC, I, 2 (jan. 46), 12-13, texte & ill.

Mendelsohn, Ala
Ville Saint-Laurent
H6153 (maison utilisant le système General Panel)
RAIC, XXIII, 4 (avril 46), 94, texte & ill.

Mercure, André
Montréal
H6154 Projet d'étudiant: résidence
ABC, XIV, 155 (mars 59), 87, texte & ill.

Merrett, Campbell
Senneville
H6155 Residence of Mr. and Mrs. Campbell Merrett
RAIC, XXXVI, 2 (fév. 59), 52, texte & ill.

Meschino, Paul
Édifice de lieu inconnu
H6156 (maison modèle pour la compagnie White Haven)
CB, XVI, 11 (nov. 66), 52, ill.
Armour Heights
H6157 House of Mr. J.P. Martin
RAIC, XVIII, 6 (juin 41), 103, ill.
St. John's
H6158 House of Mr. Joseph Goldstone
RAIC, XXIX, 11 (nov. 52), 332, ill.
Toronto
H6159 NB, VIII, 6 (juin 59), 27, texte & ill.
H6160 3-Bedroom Bungalow
NB, XI, 6 (juin 62), 36-43, texte & ill.

Michaud, Jean
Beloeil
H6161 Résidence Lareau
ABC, XIII, 144 (avril 58), 40-41, texte & ill.

Michaud, Jean; Rousseau, François
H6162 Voir Rousseau, François; Michaud, Jean

Miljevic, Dobro & Milena
Montréal
H6163 AC, 34, 347 (juil.-août 78), 27-28, texte & ill.

Millar, C. Blakeway
Édifice de lieu inconnu
H6164 Solar House
CB, XXVIII, 9 (sept. 78), 29, ill.
H6165 Urban townhouse
CB, XXVIII, 9 (sept. 78), 29, ill.
McBrian Island (Ont.)
H6166 F.S. Eaton Residence
TCA, XII, 9 (sept. 67), 8, texte & ill.
TCA, XIV, 3 (mars 69), 48-53, texte & ill.
TCA, XIV, 11 (nov. 69), 45, ill.
TCA, XV, 1 (jan. 70), 6, ill.
CB, XX, 1 (jan. 70), 43, ill.
Milton
H6167 CB, XXVIII, 9 (sept. 78), 28-29, ill.
Niagara-on-the-Lake
H6168 CB, XXVIII, 9 (sept. 78), 28-29, ill.
Norval (Ont.)
H6169 Stephen House (Upper Canada College)
ARCAN, 44, 6 (juin 67), 8 (supplément à la revue), ill.
Ontario
H6170 Muskoka House
TCA, XX, 7 (juil. 75), 40-44, texte & ill.

Miller, Douglas H.
Vancouver
H6171 Garden Apartments (groupe de résidences)
TCA, III, 7 (juil. 58), 30-32, texte & ill.

Miller, J. Melville
Ville Mont-Royal
H6172 Maison
ABC, VI, 59 (mars 51), 11, ill.

Minto
Ottawa
H6173 CB, XIII, 1 (jan. 63), 51, texte & ill.

Mitchell, Dave
Peterborough
H6174 Peterborough Bungalow
NB, X, 6 (juin 61), 24-28, texte & ill.

Mitnik, Robert; Sturgess, Jeremy
Calgary
H6175 Hefter Residence (rénovation)
TCA, XXII, 10 (oct. 77), 36-37, texte & ill.

Moffat, Moffat and Kinoshita
Toronto
H6176 Love House
ARCAN, XLIX (17 janvier 72), 4, texte & ill.
H6177 Smith Residence (Forest Hill Village)
ARCAN, 45, 1 (jan. 68), 51, ill.

Moir, D.J.
Édifice de lieu inconnu
H6178 RAIC, XXIV, 1 (jan. 47), 18, texte & ill.

Monette et Parizeau
Montréal
H6179 Résidence de M. Walter Downs
RAIC, XVII, 8 (août 40), 140-142, ill.

Morgan, Earle C.
Oakville
H6180 House of Dr. and Mrs. F. M. Deans
RAIC, XXI, 2 (fév. 44), 37, ill.
H6181 House of Mr. and Mrs. E.J. St. Mars
RAIC, XXI, 2 (fév. 44), 36, ill.
Toronto
H6182 House on Riverview Drive
RAIC, XXII, 6 (juin 45), 124, ill.
H6183 House of Mr. E.T.M. Barratt
RAIC, XXII, 6 (juin 45), 123, ill.
H6184 House of Mr. Earle C. Morgan
RAIC, XXXIV, 4 (avril 57), 108-109, ill.
York Mills
H6185 House of Mr. F.L. Hilliard
RAIC, XVIII, 6 (juin 41), 102, ill.
RAIC, XXII, 6 (juin 45), 122, ill.

Morin et Cinq-Mars
Hampstead
H6186 ABC, V, 54 (oct. 50), 24, ill.
St-Hilaire
H6187 ABC, V, 54 (oct. 50), 28-29, ill.

Morisset, Pierre
Édifice de lieu inconnu
H6188 BAT, XLVII, 2 (fév. 72), 12, texte & ill.
Neufchâtel
H6189 BAT, XLVII, 2 (fév. 72), 12-13, texte & ill.
H6190 Bungalows jumelés et quadruplex
BAT, XLVII, 2 (fév. 72), 12-13, texte & ill.

Moriyama, Raymond
Oakville
H6191 CB, XXVIII, 9 (sept. 78), 28-29, ill.

Moriyama & Watts
Aurora (Ont.)
H6192 (a Studio House)
RAIC, XXXVII, 6 (juin 60), 242, ill.
Lake Couchiching (Ont.)
H6193 RAIC, XXXVII, 6 (juin 60), 243, ill.

Mudry, Arthur
West Vancouver
H6194 Beaton Residence
TCA, XVI, 9 (sept. 71), 40-41, texte & ill.

Mulford, E.A.
Édifice de lieu inconnu
H6195 RAIC, XXIV, 1 (jan. 47), 7, texte & ill.

Murray, James A.
Don Mills
H6196 CB, VIII, 4 (avril 58), 54-56 et 60, texte & ill.
NB, VII, 3 (mars 58), 7-8, texte & ill.
H6197 Maison modèle
RAIC, XXXI, 1 (jan. 54), 20 et 24, texte & ill.
H6198 House at 18 Ballyronan Road
RAIC, XXXV, 6 (juin 58), 230, texte & ill.
H6199 House at 12 Plateau Crescent
RAIC, XXXV, 6 (juin 58), 230 et 232, texte & ill.
H6200 Houses on Overton Place
RAIC, XXXI, 1 (jan. 54), 22, ill.
Ontario
H6201 NB, VII, 6 (juin 58), 15, ill.
Port Credit (Ont.)
H6202 House of Mr. W.P. Schutte
RAIC, XXVII, 12 (déc. 50), 397-399, texte & ill.
Ste-Foy
H6203 NB, VIII, 4 (avril 59), 28, texte & ill.
Toronto
H6204 NB, VIII, 4 (avril 59), 27, texte & ill.
H6205 House of Mrs. M.H. Spaulding
RAIC, XXIX, 11 (nov. 52), 326-328, texte & ill.
Willowdale (Ont.)
H6206 NB, VIII, 4 (avril 59), 27, texte & ill.

Murray, James; Bach, Michael
H6207 Voir Bach, Michael; Murray, James

Murray and Fliess
Toronto
H6208 The Henry Farm (dév. dom.)
CB, XII, 9 (sept. 62), 52-54, texte & ill.
CB, XIII, 1 (jan. 63), 46-47, texte & ill.
H6209 The Westchester
CB, XII, 9 (sept. 62), 54-55 et 61-64, texte & ill.

Murray, James; Hassing, George
H6210 Voir Hassing, George; Murray, James

Murton, H.E.
Burlington
H6211 House of Mr. H.V. Emery
RAIC, XVIII, 6 (juin 41), 102, ill.

Myers, Barton
H6212 Voir Diamond & Myers

Nadeau, Georges
Québec
H6213 NB, VIII, 4 (avril 59), 30, texte & ill.

Nadeau & Dumont constructeur
Ste-Foy
H6214 Maison (rue Rouville)
ABC, XIV, 154 (fév. 59), 58-59, texte & ill.

Nagay, Maria de; Beattie, E.K.
H6215 Voir Beattie, E.K.; Nagay, Maria de

Nelson, Al
Vancouver
H6216 "Bridge house"
NB, X, 4 (avril 61), 40-41, texte & ill.

Nelson, Ron; Barnes, George; Hartley, Gordon
H6217 Voir Barnes, George; Hartley, Gordon; Nelson, Ron

NHBA
Édifice de lieu inconnu
H6218 N.H.B.A. Budget Research House Mk. 2
NB, VIII, 1 (jan. 59), 16-21 et 43-44, texte & ill.

Nicolls, F.W.
Victoria
H6219 House of Mr. F.B. McLeod
RAIC, XXVII, 12 (déc. 50), 410, ill.

Nightingale & Quigley
Ontario
H6220
TCA, XVIII, 6 (juin 73), 6-7, texte & ill.

Nisco Construction Limited
Don Mills
H6221
NB, VI, 4 (avril 57), 9 et 24, texte & ill.

Notebaert, Gérard
Chicoutimi
H6222 Maison Tremblay
ABC, IX, 101 (sept. 54), 46-48, texte & ill.
Joliette
H6223 La maison Perrault
TCA, III, 6 (juin 58), 62-67, texte & ill.
Lesage
H6224 Cité-Soleil (dév. dom.)
BAT, XLVII, 7 (juil. 72), 16-17 et 28-29, texte & ill.

Oberlander, Cornelia Hahn
Vancouver
H6225 House "S"
TCA, XIX, 4 (avril 74), 34-35, texte & ill.

Oberlander, H. Peter
Édifice de lieu inconnu
H6226
TCA, I, 6 (juin 56), 25, texte & ill.

Oberlander, H.P.; Dirasser, Leon G.
H6227 Voir Dirasser, Leon G.; Oberlander, H.P.

Oberlander, H. Peter; Downs, Barry V.
H6228 Voir Downs, Barry V.; Oberlander, H. Peter

Oberman, David
Ville Lorraine
H6229 16, Côte de la Moselle
BAT, XXXVII, 12 (déc. 62), 19, ill.

Ogus & Fisher
Toronto
H6230 Maisonettes (Valhalla Court)
CB, XIV, 9 (sept. 64), 33-38, texte & ill.

Olie Construction Co.
Maritimes
H6231 The Pearl
NB, VIII, 8 (août 59), 34-38, texte & ill.

Ouellet, Jean
Montréal
H6232 (Study House for the typical family)
TCA, III, 8 (août 58), 40-41, texte & ill.

Ozdowski, Joanna
Etobicoke
H6233
TCA, IX, 12 (déc. 64), 78, texte & ill.

Padolsky, Barry
Aylmer (Qué.)
H6234 Maison pour une personne
CB, XVII, 7 (juil. 67), 34-35, texte & ill.
H6235 Basswood Lane
ABC, XXII, 253 (mai 67), 18, texte & ill.
H6236 Résidence de M. Frank Myers
BAT, XLII, 5 (mai 67), 7 et 10, texte & ill.
Lucerne (Qué.)
H6237 Mayrs House
TCA, XII, 7 (juil. 67), 53-55, texte & ill.
ARCAN, 44, 6 (juin 67), 7 (supplément à la revue), ill.

Page, Lester J.
Halifax
H6238 Residence of Mr. Lester J. Page
RAIC, XXXVI, 2 (fév. 59), 54, ill.

Page and Steele
Gravenhurst (Ont.)
H6239 House of Mr. A.R. Ferguson
RAIC, XXII, 7 (juil. 45), 142, ill.
Toronto
H6240 House in Forest Hill Village
RAIC, XXVI, 8 (août 47), 272-273 et 275, texte & ill.
H6241 House of Dr. S.A. MacGregor
RAIC, XXII, 7 (juil. 45), 141, ill.

Papineau, Gérin-Lajoie, LeBlanc
Ile de Laval
H6242 Papineau Residence
TCA, XI, 4 (avril 66), 61-65, texte & ill.
Lorraine (Qué.)
H6243
CB, XIII, 1 (jan. 63), 55, texte & ill.
H6244 3, rue d'Épinal
BAT, XXXVII, 12 (déc. 62), 16, ill.
Montréal
H6245 (un groupe de maisons)
RAIC, XXXIX, 10 (oct. 62), 56, ill.

Paquette, Paul
Longueuil
H6246 Maison (rues Guillaume et St-Alexandre)
BAT, XXVI, 12 (déc. 51), 17-18, texte & ill.
Ville Mont-Royal
H6247 Maison jumelée
ABC, V, 56 (déc. 50), 20, ill.
H6248 3 résidences
ABC, V, 54 (oct. 50), 36, ill.

Paravert Construction Inc.
Laval
H6249 Les maisons Paravert
AC, 25, 287 (sept. 70), 31 et 44, texte & ill.

Parent, Guy S.N.
Édifice de lieu inconnu
H6250
BAT, XXIX, 8 (août 54), 26-27, texte & ill.
H6251 Résidence de Maître-Sculpteur
RAIC, XXVII, 4 (avril 50), 123, texte & ill.
Montréal
H6252 Résidence Aldéric Vaillancourt
BAT, IX, 9 (sept. 61), 45, ill.
Montréal-Nord
H6253 Propriété de Sam Forcillon
BAT, XXIX, 8 (août 54), 23, texte & ill.
St-Bruno
H6254 Maison de l'architecte Guy Parent
ABC, X, 113 (sept. 55), 31-33, texte & ill.
H6255 Maison Préfontaine
ABC, XI, 120 (avril 56), 30-31, texte & ill.
Ville Saint-Lambert
H6256 Résidence
BAT, XXXIV, 10 (oct. 59), 36-38, texte & ill.
H6257 Résidence John Gravel
BAT, XXXV, 2 (fév. 60), 36-38, texte & ill.

Parker, David F.
Édifice de lieu inconnu
H6258 The Lancer
NB, VII, 10 (oct. 58), 32-36, texte & ill.
Sarnia
H6259
NB, VIII, 4 (avril 59), 28, texte & ill.

Parkin, John B.
Swansea (Ont.)
H6260 House of Mr. H.G. Bock
RAIC, XXII, 7 (juil. 45), 144, ill.
Toronto
H6261
RAIC, XVIII, 6 (juin 41), 105, ill.
H6262 Brodey Residence
TCA, XXIII, 7 (juil. 78), 20, ill.
H6263 A.W.S. French Residence
TCA, XXIII, 7 (juil. 78), 20, ill.

Parkin, John B. (Ass.)
Bootlegger's Bay (Ont.)
H6264 Hirshhorn Residence
RAIC, XXXV, 12 (déc. 58), 464, ill.
Toronto
H6265 Maison de John C. Parkin
TCA, III, 4 (avril 58), 41 et 47-52, texte & ill.

Parkin, John B. (Ass.); King, Harry L.
H6266 Voir King, Harry L.; Parkin, John B. (Ass.)

Parkin, John C.
Édifice de lieu inconnu
H6267
CB, XXVIII, 9 (sept. 78), 29, ill.
RAIC, XXIV, 1 (jan. 47), 14, texte & ill.
Todmorden (Ont.)
H6268 Residence of Mr. and Mrs. John C. Parkin
RAIC, XXXVI, 12 (fév. 59), 47, ill.

Peck, H.A.
Cap Saint-Jacques
H6269 Maison de M.J. Bowman Peck
RAIC, XVIII, 4 (avril 41), 72, ill.

Peck, R.M.
Halifax
H6270 House for Mr. J.C. Glube
RAIC, XXXII, 4 (avril 55), 122, ill.

Perry, Luke and Little
Montréal
H6271 House of Mr. A. Leslie Perry
RAIC, XVIII, 11 (nov. 41), 137, ill.

Piersol, George H.
Toronto
H6272 House on Hudson Drive
RAIC, XX, 6 (juin 43), 90-91, texte & ill.

Pimiskern, Herwing
Whistler Mountain
H6273 Pimiskern Residence
TCA, XVI, 9 (sept. 71), 42-44, texte & ill.

Pinckton, Donald L.
Edmonton
H6274
TCA, IX, 12 (déc. 64), 86, texte & ill.

Polson, F.M.
Vancouver
H6275 Mr. and Mrs. Hugh Mabie House
RAIC, XXVII, 9 (sept. 50), 311, texte & ill.

Polson & Siddall; Lasserre, L.
H6276 Voir Lasserre, L.; Polson & Siddall

Porter, John C.H.
Édifice de lieu inconnu
H6277
BAT, XXXVI, 11 (nov. 60), 37-39, ill.
West Vancouver
H6278 John C.H. Porter House
RAIC, XXVII, 9 (sept. 50), 308-309, ill.
CB, III, 1 (jan. 53), 16, ill.

Portnall, Grolle and Lucas
Saskatchewan
H6279 4-Bedroom Ranch Bungalow
CB, XIII, 4 (avril 63), 61-66, texte & ill.

Poskitt, E.G. (Ass.)
Vancouver
H6280 Maison de style Tudor
CB, XV, 8 (août 65), 78-79, texte & ill.

Poulin et Ayotte
Duvernay
H6281
BAT, XL, 12 (déc. 65), 12-14, texte & ill.

Poulin, J.L.; Simard, Cyrille
Laval
H6282
AC, 25, 287 (sept. 70), 29, texte & ill.

Pratt, C.E.
Vancouver
H6283 House of Mr. and Mrs. C.E. Pratt
RAIC, XXIV, 6 (juin 47), 184-185, ill.
H6284 Saba House
RAIC, XXVII, 9 (sept. 50), 313, texte & ill.

Pratt, C.E.; Wickson, J.A.
Vancouver
H6285 "Ceramic House"
CB, 1, 4 (sept.-oct. 51), 32-33, texte & ill.

Pratt, K.R.D.
Édifice de lieu inconnu
H6286 Modèle 415
BAT, XXXII, 9 (sept. 57), 36, ill.

Pratte, Gérard
Édifice de lieu inconnu
H6287 Maison économique pour jeune ménage
BAT, XXXVII, 2 (fév. 62), 30-33, texte & ill.
Laval-sur-le-lac
H6288
CB, XII, 4 (avril 62), 50-51, texte & ill.

Prus, Victor
Cornwall
H6289 Résidence du Dr. W. G. Bowen.
ABC, XV, 165 (jan. 60), 10-11, texte & ill.
Westmount
H6290 Lighter House
TCA, IV, 12 (déc. 59), 33 et 44-48, texte & ill.
TCA, XIV, 11 (nov. 69), 37, ill.

Quadrex
Pointe-Gatineau
H6291 Soixante-seize unités Quadrex
BAT, XLVI, 12 (déc. 71), 20-21, texte & ill.

Quality Construction Ltd
Winnipeg
H6292 Lakewood Village
CB, XIX, 8 (août 69), 47, texte & ill.

Raines, E.
Édifice de lieu inconnu
H6293
RAIC, XXIV, 1 (jan. 47), 12, texte & ill.

Raltson, William
Toronto
H6294 House of Mr. Ian Maclaren
RAIC, XVII, 2 (fév. 40), 25, ill.

Rapanos, Dino
West Vancouver
H6295 Rapanos House
ARCAN, 49 (22 mai 72), 10, texte & ill.
TCA, XVII, 6 (juin 72), 7, texte & ill.

Ray Dennis Construction Ltd
Lambeth (Ont.)
H6296
NB, VIII, 4 (avril 59), 30, texte & ill.

Raymer, Rex
Colombie-Britannique
H6297 Maison pour une ferme dans la vallée de l'Okanagan.
RAIC, XXVI, 5 (mai 49), 153, texte & ill.

Rebanks, Leslie
Willowdale
H6298 Pavilion for Tamara
ARCAN, XLVI, 1 (jan. 69), 47, ill.

Reich, David
Montréal
H6299 (un groupe de maisons)
RAIC, XXXIX, 10 (oct. 62), 56, ill.

Reich, David; Schertzer, Nathan
Lorraine
H6300
CB, XV, 1 (jan. 65), 22 et 25, texte & ill.
TCA, IX, 12 (déc. 64), 78 et 86, texte & ill.

H6301 30, avenue de Metz
BAT, XXXVII, 12 (déc. 62), 19, ill.
H6302 35, chemin de la Meuse
BAT, XXXVII, 12 (déc. 62), 18, ill.

Reich & Tolchinsky
Montréal
H6303 Diplomat ("re-designed")
CB, XIII, 7 (juil. 63), 36 et 42-43 et 45-48, texte.

Reid, William A.
Teulon (Man.)
H6304 Dawson House
TCA, XXIII, 11 (nov. 78), 47, texte & ill.

Reiner, Thomas Robert
Montréal
H6305 Maison unifamiliale
BAT, LV, 5 (juin 80), 23, ill.

Rennie & Horwood
St. John's (T.-N.)
H6306
RAIC, XXVII, 3 (mars 50), 98, ill.

Rice, Norman
Édifice de lieu inconnu
H6307
TCA, I, 6 (juin 56), 23, texte & ill.

Richard, René
Hull
H6308 Résidence de l'architecte René Richard
ABC, XII, 137 (sept. 57), 42-45, texte & ill.
Rockliffe
H6309 Résidence Ronaldo Chénier
ABC, XIII, 149 (sept. 58), 54-58, texte & ill.

Richmond, E.I.
Don Mills
H6310 Maison modèle
RAIC, XXXI, 1 (jan. 54), 20, texte & ill.

Rioux, Lorraine; Dubé, Claude
Dollard-des-Ormeaux
H6311 Projet Alphaville
AC, 24, 279 (nov. 69), 29-34, texte & ill.

Ritchot, André
Édifice de lieu inconnu
H6312 Projet inspiré du moulin des Jésuites à Laprairie
ABC, XI, 120 (avril 56), 41, ill.

Riva, Aldo
Oshawa
H6313 House for H. Kassinger
ARCAN, 45, 1 (jan. 68), 52, ill.

Robb, George A.
Édifice de lieu inconnu
H6314
CB, X, 7 (juil. 60), 43-45, texte & ill.
Toronto
H6315 O'Connor Hill subdivision
CB, XI, 1 (jan. 61), 26-27 et 33, texte & ill.

Robb, G.A.; McBain, W.J.
H6316 Voir McBain, W.J.; Robb, G.A.

Robbins, H.F.
Édifice de lieu inconnu
H6317 (bachelor's retreat)
RAIC, XXV, 5 (mai 48), 144-145, texte & ill.

Roberts, John
Édifice de lieu inconnu
H6318
BAT, XXXVI, 11 (nov. 60), 37-38, ill.

Robertson, Don
Hamilton
H6319 "The Distinction"
CB, XIII, 6 (juin 63), 48-52, texte & ill.

Robertson, Thomas J.
Manitoba
H6320 (a low cost Duplex Housing project)
RAIC, XXVII, 4 (avril 50), 139-140, texte & ill.

Roedding, Donald
Kitchener
H6321 Conestoga
NB, X, 8 (août 61), 28-29, texte & ill.

Romans, H.M.
Halifax
H6322 House for Mr. H.M. Romans
RAIC, XXXII, 4 (avril 55), 122, ill.

Roper, Morin and Belcourt
Rockliffe
H6323 House of Mr. D.K. MacTavish
RAIC, XVIII, 6 (juin 41), 104, ill.

Rose, Peter
North Hatley (Qué.)
H6324 Maison Bradley
TCA, XXIII, 6 (juin 78), 4, texte & ill.
TCA, XXIII, 8 (août 78), 50, texte & ill.
AC, XXXIV, 346 (mai-juin 78), 18-22, texte & ill.
CB, XXVIII, 6 (juin 78), 36, texte & ill.
BAT, LIII, 6 (juin 78), 14-16, texte & ill.

Rosen and Caruso
Édifice de lieu inconnu
H6325
CB, XI, 7 (juil. 61), 24-28, texte & ill.

Rosen, Bernard; Caruso, Irving
H6326 Voir Caruso, Irving; Rosen, Bernard

Ross, Alistair
Ottawa
H6327 Uplands Drive
BAT, LV, 1 (jan.-fév. 80), 16-17, texte & ill.

Ross, Edward
Édifice de lieu inconnu
H6328
CB, VIII, 4 (avril 58), 54-55 et 63, texte & ill.
Port Credit
H6329
TCA, IX, 12 (déc. 64), 78, texte & ill.
Scarborough
H6330
NB, VII, 3 (mars 58), 6, texte & ill.
H6331 House at Orton Park Road
RAIC, XXXV, 6 (juin 58), 230-231, texte & ill.
Toronto
H6332
TCA, IX, 12 (déc. 64), 78, texte & ill.
NB, VIII, 4 (avril 59), 27-30, texte & ill.
H6333 Les maisons de la rue Midland Park
RAIC, XXXIX, 10 (oct. 62), 55, ill.
H6334 Curran Hall Park (dév. dom.)
NB, VIII, 6 (juin 59), 18-19, texte & ill.
H6335 Parkwood
NB, VIII, 9 (sept. 59), 40-44, texte & ill.
H6336 The Alpine
CB, XII, 9 (sept. 62), 53-54, texte & ill.
H6337 Virginian
CB, XII, 9 (sept. 62), 60, texte & ill.

Roth, M.W.
Westmount
H6338 House of Mr. M.W. Roth
RAIC, XXIX, 11 (nov. 52), 329-331, texte & ill.

Rother, Vincent
St-Lambert
H6339 Résidence du peintre Jacques de Tonnancour
ABC, VIII, 90 (oct. 53), 31-33, texte & ill.

Rothwell-Perrin Ltd
Perth (Ont.)
H6340 (2 maisons préfabriquées)
CB, XX, 1 (jan. 70), 49, texte & ill.

Rousseau, François; Michaud, Jean
Saint-Jérôme
H6341 Résidence de Me Rousseau
ABC, XX, 229 (mai 65), 39-41, texte & ill.

Roux, Morin, Langlois
Lachine
H6342 Transformation de la résidence de l'architecte Maurice Roux.
ABC, XVII, 192 (avril 62), 38-41, texte & ill.

Rowett, Clyde; MacDonald, Blair
H6343 Voir MacDonald, Blair; Rowett, Clyde

Roy, Jean-Marie
Sainte-Foy
H6344 Demeure familiale, au sommet du versant nord du St-Laurent.
ABC, XIX, 218 (juin 64), 33-37, texte & ill.
H6345 Résidence Gilles Bergeron
ARCAN, 45, 5 (mai 68), 42-43, ill.

Rule, Wynn & Rule
Edmonton
H6346 (Norwood & Westwood districts)
RAIC, XX, 7 (juil. 43), 115, texte.

Russell, A.J.
Ottawa
H6347 CB, XV, 1 (jan. 65), 22 et 24, texte & ill.
H6348 A split-level (Centennial awards)
CB, XVII, 7 (juil. 67), 34, texte & ill.
H6349 Beaconwood
CB, XX, 3 (mars 70), 27, ill.
H6350 90 Ashgrove Crescent
CB, XX, 3 (mars 70), 35, ill.
H6351 18 Beaver Ridge
CB, XX, 3 (mars 70), 28, ill.
H6352 17 Moorcroft Rd
CB, XX, 3 (mars 70), 28, ill.
H6353 4 Sioux Crescent
CB, XX, 3 (mars 70), 31, ill.
H6354 9 Sioux Crescent
CB, XX, 3 (mars 70), 37, ill.

Russell, John A.; Sellors, Roy
Fort Garry (Manitoba)
H6355 Residence of Mr. and Mrs. J.A. Russell
RAIC, XXXV, 2 (fév. 58), 51-53, texte & ill.
H6356 Residence of Mr. and Mrs. Roy Sellors
RAIC, XXXV, 2 (fév. 58), 54-55, ill.

Rybczynski, Witold
Hudson (Qué.)
H6357 Maison Dumont
TCA, XXIII, 2 (fév. 78), 36-37, texte & ill.

Saia, Mario
Ahuntsic
H6358 Projet d'étudiant: une résidence d'architecte.
ABC, XV, 172 (août 60), 268, ill.
Montréal
H6359 (résidence modulaire)
RAIC, XXXIX, 3 (mars 62), 42, texte & ill.

St-Gelais, Evans
Saint-Lambert
H6360 AC, XXXV, 352 (mai-juin 79), 10-12 et 14-16, texte & ill.

St-Gelais & Tremblay
Roberval
H6361 Résidence du Dr. Gervais
BAT, XXXV, 4 (avril 60), 40, ill.
ABC, XV, 168 (avril 60), 104-107, texte & ill.

St-Gelais, Tremblay & Tremblay
Édifice de lieu inconnu
H6362 Une maison à prix modique.
ABC, XX, 226 (fév. 65), 15-17, texte & ill.
Alma
H6363 Maison de M. Léopold Tremblay
ABC, XVIII, 204 (avril 63), 37-41, texte & ill.

Chicoutimi-Nord
H6364 Résidence pour un couple sans enfant
ABC, XVII, 192 (avril 62), 26-29, texte & ill.

Ste-Thérèse-en-Haut Realties Inc
Montréal
H6365 (Maison modèle)
CB, XV, 8 (août 65), 76-77, texte & ill.

Saratoga Construction Ltd
Kirkland
H6366 231 Beacon Rd
CB, XIX, 8 (août 69), 48, texte & ill.
St-Bruno
H6367 11, rue Montmagny
CB, XIX, 8 (août 69), 46, texte & ill.

Satok and Poizner
Toronto
H6368 44-46, Castle Frank Road
CB, XX, 1 (jan. 70), 43, ill.
TCA, XV, 1 (jan. 70), 6, ill.

Schefter, Henry; Simon, Charles
Guelph
H6369 Forster House
TCA, XXIII, 11 (nov. 78), 51-52, texte & ill.
Thornhill
H6370 Hill Residence
TCA, XX, 8 (août 75), 36-40, texte & ill.

Schertzer, Nathan; Reich, David
H6371 Voir Reich, David; Schertzer, Nathan

SCHL
Édifice de lieu inconnu
H6372 Modèle 137
BAT, XXXII, 9 (sept. 57), 38-39, ill.
CB, VII, 10 (oct. 57), 30, texte & ill.
H6373 Design 231
CB, VIII, 5 (mai 58), 48-49, texte & ill.
H6374 Design 254
CB, VIII, 5 (mai 58), 48-49, texte & ill.
H6375 Design 757
CB, VIII, 5 (mai 58), 48, texte & ill.

Schmid, Klaus
Vancouver
H6376 Solar Housing
TCA, XXIII, 11 (nov. 78), 32-33, texte & ill.

Schoeler, Barkham and Heaton
Ottawa
H6377 Pattenson Residence
TCA, X, 8 (août 65), 37-38, texte & ill.

Schreiber, John
Édifice de lieu inconnu
H6378 La vieille maison grise
AC, 24, 272 (mars 69), 32, texte & ill.
H6379 NRC Winter Research House
NB, VII, 11 (nov. 58), 29-32, ill.
Brome (Qué.)
H6380 Ballantyne Residence
TCA, XVI, 9 (sept. 71), 59-61, texte & ill.

Schrier, Arnold
Édifice de lieu inconnu
H6381 RAIC, XXXVIII, 3 (mars 61), 41 et 52, ill.
Ville St-Laurent
H6382 Résidence de M. Benjamin
ABC, XIII, 144 (avril 58), 68, ill.

Searles & Meschino
Churchill Park (T.-N.)
H6383 RAIC, XXVII, 3 (mars 50), 98, ill.

Secord, James E.; Herzog, Saul
H6384 Voir Herzog, Saul; Secord, James E.

Seebeck Construction
Hamilton
H6385 Arawak
CB, XIII, 7 (juil. 63), 36 et 38-39 et 50, texte.

Seidler, Harry
Toronto
H6386 Pickard House (agrandissement)
RAIC, XXVI, 8 (août 47), 279, texte & ill.

Sellors, Roy
Édifice de lieu inconnu
H6387 CB, VIII, 11 (nov. 58), 29, texte & ill.
H6388 Modèle no 233
BAT, XXXII, 11 (nov. 57), 24, ill.
Winnipeg
H6389 Maison de l'architecte
CB, IX, 4 (avril 59), 63 et 65, texte & ill.

Sellors, Roy; Russell, John A.
H6390 Voir Russell, John A.; Sellors, Roy

Semmens & Simpson
Vancouver
H6391 W.B.A. Botham House
RAIC, XXVII, 9 (sept. 50), 306-307, ill.
H6392 House of Mr. Gordon Farrell
RAIC, XXIX, 11 (nov. 52), 321-322, texte & ill.
South Vancouver
H6393 Fraserview development (pour la SCHL)
RAIC, XXVII, 9 (sept. 50), 314, texte & ill.
West Vancouver
H6394 House of Mr. Harold N. Semmens
RAIC, XXXIV, 4 (avril 57), 114-115, ill.

Shadbolt, Douglas
Édifice de lieu inconnu
H6395 RAIC, XXV, 5 (mai 48), 167, ill.
Colombie-Britannique
H6396 Bolak Residence
RAIC, XXXV, 4 (avril 58), 125, ill.
H6397 J. Shadbolt Residence
RAIC, XXXV, 4 (avril 58), 124, ill.

Sharp & Thompson
Édifice de lieu inconnu
H6398 Residence
CB, III, 1 (jan. 53), 17, ill.

Sharp & Thompson, Berwick, Pratt
Capilano Highlands
H6399 House of Mr. and Mrs. J. Eric Allan
RAIC, XXIV, 6 (juin 47), 190-191, ill.
Toronto
H6400 Trend House (Thorncrest Village)
ABC, VII, 74 (juin 52), 21-23, texte & ill.
Vancouver
H6401 House of Mr. and Mrs. E.D. Armstrong
RAIC, XXIV, 6 (juin 47), 198, ill.
H6402 Residence of Dr. Harold Copp
RAIC, XXX, 1 (jan. 53), 12-13, texte & ill.
RAIC, XXXII, 3 (mars 55), 72, ill.
BAT, XXVIII (fév. 53), 17, ill.
CB, IV, 1 (jan. 54), 18, ill.
H6403 House of Mr. C.E. Pratt
RAIC, XXX, 8 (août 53), 224-225, texte & ill.
West Vancouver
H6404 Maison à Glen Eagles Park
RAIC, XXIV, 6 (juin 47), 198, ill.
H6405 House of Mr. and Mrs Carl Millar
RAIC, XXIV, 6 (juin 47), 194-195, ill
Victoria
H6406 House of Mr. Logan Mayhew
RAIC, XXIX, 11 (nov. 52), 333-334, ill.

Shaw, John
Markham
H6407 "The Two Level"
NB, VIII, 11 (nov. 59), 26-30, texte & ill.

Shenkman, Stanley
Montréal
H6408 Plan type de maison individuelle
ABC, X, 108 (avril 55), 24-25, texte & ill.
Ville Mont-Royal
H6409 Résidence Dobrin
ABC, IX, 101 (sept. 54), 44-45, texte & ill.

Pont-Viau
H6410 Plan Type de maison jumelée
ABC, X, 108 (avril 55), 24-25, texte & ill.
Westmount
H6411 House of Mr. Bornstein
RAIC, XXXIV, 4 (avril 57), 112, ill.
H6412 House of Mr. Vernon Cardy
RAIC, XXIX, 11 (nov. 52), 323, ill.

Shennan, David
Westmount
H6413 Résidence de M. A.R. Thompson
BAT, XXVII (mai 52), 3 et 21-23, texte & ill.

Schertzer, Nathan; Reich, David
H6414 Voir Reich, David; Schertzer, Nathan

Shewan, Michael
Toronto
H6415 (Study House for the typical family)
TCA, III, 8 (août 58), 42-43, texte & ill.

Shipp, G.S. (and Sons)
Toronto
H6416 "The Algonquin" (Applewood Hills)
CB, XV, 8 (août 65), 76-77, texte & ill.
H6417 Topic 66 (maison modèle; Applewood Hills)
CB, XVI, 7 (juil. 66), 34, texte & ill.
H6418 Golden Bay (Applewood Heights)
CB, XIII, 7 (juil. 63), 40, texte & ill.
H6419 Golden Mariner (Applewood Heights)
CB, XIII, 7 (juil. 63), 40, texte & ill.

Shore, Tilbe, Henschel, Irwin
Albion Hills (Ont.)
H6420
TCA, XIX, 1 (jan. 74), 8, texte & ill.

Shorey & Ritchie
Como (Qué.)
H6421 Maison de M. Andrew Shirrock
RAIC, XVIII, 4 (avril 41), 72, ill.

Shulman, Ben-Ami
Ville La Salle
H6422 "Riverside Park"
ABC, XI, 120 (avril 56), 34-35, texte & ill.

Shulman, Wilfred; Kohl, Harry B.; Jessup, Allen.
H6423 Voir Kohl, Harry B.; Shulman, Wilfred; Jessup, Allen

Shupe, Ramon
Richmond Hill
H6424 (maison construite en 22 heures)
CB, VII, 8 (août 57), 34-35, texte & ill.

Sifton Construction Co. Ltd.
London
H6425
NB, VIII, 4 (avril 59), 30, texte & ill.

Simard, Cyrille; Poulin, J.L.
H6426 Voir Poulin, J.L.; Simard, Cyrille

Simon, Charles; Schefter, Henry
H6427 Voir Schefter, Henry; Simon, Charles

Simpson, D.C.
Vancouver
H6428 House of Mr. D.C. Simpson
RAIC, XXVII, 12 (déc. 50), 404-405, ill.
RAIC, XXXV, 4 (avril 58), 125, ill.

Sklar, Murray
Bramalea
H6429 (dév. de 150 unités)
CB, XVIII, 12 (déc. 68), 5, texte.

Skylight Homes Ltd
Toronto
H6430 Maisons modulaires de plastique
BAT, XLVIII, 1 (jan. 73), 3, texte.

Slater, Norman
Ottawa
H6431 La maison-éprouvette (bâtiment exposition)
BAT, LIII, 10 (oct. 78), 20-22, texte & ill.
H6432 Maison expérimentale des Chutes Rideau
AC, 34, 348 (sept.-oct. 78), 11-17, texte & ill.

Smith, Carter, Searle & Ass.
East Kildonan (Manitoba)
H6433 Smith Residence
RAIC, XXXIX, 5 (mai 62), 48-49, texte & ill.

Smith, Ernest J.
Winnipeg
H6434 Maison de l'architecte
RAIC, XXXIII, 8 (août 56), 300-301, texte & ill.

Snider, Ken
Fort Garry
H6435 Residence of Mr. and Mrs. Ken Snider
RAIC, XXXVI, 2 (fév. 59), 43, texte & ill.

Sofracan
Sainte-Marguerite
H6436 Complexe habitation loisir par Sofracan
BAT, LI, 9 (sept. 76), 6

Soo Mill & Lumber Co. Ltd
Sault Ste-Marie
H6437 MacKenzie
NB, IX, 11 (nov. 60), 23, texte & ill.

Spence, D. Jerome
Ville Mont-Royal
H6438 Maison
ABC, I, 3 (fév.-mars 46), 21, ill.

Sperry, H. Drew
Bedford (N.-E.)
H6439 Bedford Village (projet de 22 maisons)
TCA, XX, 6 (juin 75), 40-42, texte & ill.

Spotowski, W.J.
Édifice de lieu inconnu
H6440 Projet d'étudiant de l'univ. du Manitoba: maison individuelle
RAIC, XXXI, 3 (mars 54), 74-75, texte & ill.

Spratley, Keith
Édifice de lieu inconnu
H6441 Wesmacott Home (dessins de quelques parties de la maison)
RAIC, XXIX, 5 (mai 52), 141, ill.

Sproatt and Rolph
Toronto
H6442 House of Mr. R.A. Bryce
RAIC, XIX, 7 (juil. 42), 148-149, ill.

Stankiewicz, Matthew; Ashworth, Robbie, Vaughan and Williams
Ottawa
H6443 Parkwood Heights
TCA, X, 7 (juil. 65), 8, texte & ill.

Stechesen, Frederickson, Katz
Winnipeg
H6444 Stechesen Residence
TCA, XXIV, 6 (juin 79), 27-28, texte & ill.

Stewart, Gordon
St. Catharines
H6445
NB, VIII, 4 (avril 59), 29, texte & ill.

Stewart, Wm. R.
London
H6446
CB, XV, 1 (jan. 65), 22 et 25, texte & ill.

Stock, D.H.
Regina
H6447 House of D.H. Stock
RAIC, XXXII, 7 (juil. 55), 253, ill.

Stone, Norman R.
Édifice de lieu inconnu
H6448
CB, VIII, 4 (avril 58), 54-55, texte & ill.
Don Mills
H6449
NB, VII, 3 (mars 58), 7, texte & ill.
H6450 House at 54 Broadleaf Road
RAIC, XXXV, 6 (juin 58), 230-231, texte & ill.
Toronto
H6451 Silverwood
CB, XIII, 3 (mars 63), 31, texte & ill.

Stone, Norman; Lipson & Dashkin
H6452 Voir Lipson & Dashkin; Stone, Norman

Storey, J.; Burniston, G.
H6453 Voir Burniston, G.; Storey, J.

Stovel, A.B.
Édifice de lieu inconnu
H6454
RAIC, XXIV, 1 (jan. 47), 11, texte & ill.

Strasman, Jim
Peterborough
H6455 Wandich Residence
TCA, XXV, 6 (juin 80), 12-17, texte & ill.

Strutt, James W.
Édifice de lieu inconnu
H6456
CB, IX, 8 (août 59), 48, ill.
H6457 Maison de l'architecte
CB, IX, 8 (août 59), 43, ill.
H6458 W.F. Dawson House
CB, V, 9 (oct. 55), 27-34, texte & ill.
BAT, XXXI, 1 (jan. 56), 20-24 et 32-33, texte & ill.
Aylmer (Qué)
H6459 Résidence John E. Shore
ABC, X, 113 (sept. 55), 26-27, texte & ill.

Stubbins, Hugh (Ass.)
Édifice de lieu inconnu
H6460 Idea Home
NB, IV, 10 (oct. 55), 15 et 40, texte & ill.

Sturgess, Jeremy; Mitnik, Robert
H6461 Voir Mitnik, Robert; Sturgess, Jeremy

Swan, Max
London
H6462 3-Bedroom Colonial Bungalow
NB, XI, 5 (mai 62), 34-38, texte & ill.

Switzer, Henry A.
West Vancouver
H6463 The Switzer house
NB, X, 2 (fév. 61), 30-31, texte & ill.

Tanner, Doris N.
Edmonton
H6464 Duplex Town House & Office (combinée avec le bureau de l'architecte)
TCA, XX, 7 (juil. 75), 38-39, texte & ill.

Tanner, H.T.D.; Kay, John R.
H6465 Voir Kay, John R.; Tanner, H.T.D.

Tarjan, Paul
Calgary
H6466 431 Wilverside Way
CB, XX, 3 (mars 70), 34, ill.

Team 2
St. Norbert (Man.)
H6467 Residence for Dr. Mymin
ARCAN, XLVI, 1 (jan. 69), 50, ill.

Teron Construction Ltd
Kanata
H6468
CB, XIX, 8 (août 69), 48, texte & ill.
Ottawa
H6469
NB, IX, 11 (nov. 60), 20-21, texte & ill.

H6470 2113 Rushlon St.
RAIC, XXXVII, 12 (déc. 60), 534, texte & ill.

Thibodeau & Thibodeau
Édifice de lieu inconnu
H6471 Résidence Russo
BAT, XXXIII, 11 (nov. 58), 14-15, texte & ill.
Montréal
H6472 Maison (Summit Circle)
BAT, XXXVI, 9 (sept. 59), 26-29, texte & ill.
Ville Mont-Royal
H6473 Normandy Drive
BAT, XXVIII, 11 (nov. 53), 3 et 18-20, texte & ill.
H6474 Chemin Rockland
BAT, XXVII, 4 (avril 52), 31, texte & ill.
BAT, XXVII, 3 (mars 52), 3 et 21-23, texte & ill.
H6475 Résidence J. Simard
BAT, XXXII, 1 (jan. 57), 19, texte & ill.
H6476 Résidence Jean Thibodeau
BAT, XXVIII (fév. 53), 14-15, texte & ill.
ABC, VI, 72 (avril 52), 34-37, texte & ill.

Thom, Ron
Édifice de lieu inconnu
H6477 CB, IX, 8 (août 59), 52, ill.
CB, XXVIII, 9 (sept. 78), 29, ill.
Toronto
H6478 Fraser House
ARCAN, XLIX (17 jan. 72), 4-5, texte & ill.
TCA, XIII (Yearbook 68), 89, texte & ill.
TCA, XVII, 1 (jan. 72), 7, texte & ill.
H6479 Pottow Residence
TCA, XXIII, 7 (juil. 78), 22, ill.
Vancouver
H6480 CB, IX, 8 (août 59), 48, ill.
H6481 Bennett Residence
TCA, VII, 3 (mars 62), 39-41, texte & ill.
H6482 Carmichael Residence
TCA, VII, 3 (mars 62), 39-40 et 42, texte & ill.
H6483 Copp Residence
TCA, VII, 3 (mars 62), 38-40, texte & ill.
H6484 Fells Residence
TCA, VII, 3 (mars 62), 39-40 et 44-45, texte & ill.
H6485 Jarvis Residence
TCA, VII, 3 (mars 62), 39-41, texte & ill.
H6486 Rogers Residence
TCA, VII, 3 (mars 62), 39-40 et 46-48, texte & ill.
West Vancouver
H6487 Anderson House
TCA, VI, 5 (mai 61), 52-55, texte & ill.

Thompson, J. Les (Son)
St-Boniface
H6488 CB, VIII, 9 (sept. 58), 61, texte & ill.

Thompson, Berwick & Pratt
Édifice de lieu inconnu
H6489 BAT, XXXVI, 11 (nov. 60), 38-39, texte.
Vancouver
H6490 RAIC, XXII, 6 (juin 45), 125, texte & ill.
H6491 The Elmswood House
CB, XII, 8 (août 62), 52-58, texte & ill.
H6492 J.G. Bennett Residence
RAIC, XXXIX, 4 (avril 62), 34, ill.
H6493 Dr. M. Dodek Residence
RAIC, XXXIX, 4 (avril 62), 34, ill.
H6494 P.T. Rogers Residence
RAIC, XXXIX, 4 (avril 62), 34, ill.
RAIC, XXXIX, 5 (mai 62), 42-43, texte & ill.
West Vancouver
H6495 Carmichael Residence
RAIC, XXXIX, 5 (mai 62), 40-41, texte & ill.

Thompson, Berwick, Pratt & Partners
Vancouver
H6496 Copp Residence
RAIC, XLII, 12 (déc. 65), 59, ill.
West Vancouver
H6497 Forrest Residence
RAIC, XLI, 11 (nov. 64), 63, ill.
TCA, IX, 12 (déc. 64), 34-35 et 37, texte & ill.
TCA, X, 2 (fév. 65), 58, ill.
CB, XIV, 6 (juin 64), 35-40, texte & ill.
H6498 John Grinnell Residence
RAIC, XLI, 11 (nov. 64), 62, texte & ill.
TCA, IX, 12 (déc. 64), 34-36, texte & ill.
TCA, X, 2 (fév. 65), 57, texte & ill.

Thornton, Peter
Caulfield (C.-B.)
H6499 House of Mr. Peter Thornton
RAIC, XVII, 4 (avril 40), 58-59, texte & ill.
Vancouver
H6500 House of Mr. and Mrs. Peter Thornton
RAIC, XXIV, 6 (juin 47), 186, ill.

Thornton, Fred; Hollingsworth, Fred T.; Downs, Barry V.
H6501 Voir Hollingsworth, Fred T.; Downs, Barry V.; Thornton, Fred

Timberlay Developments
Édifice de lieu inconnu
H6502 Maison modulaire "Court House"
BAT, LII, 12 (déc. 77), 6, texte & ill.

Toby & Russell
Vancouver
H6503 House of Mr. K.R. Hennessey
RAIC, XXXIV, 4 (avril 57), 106, ill.

Tolchinsky, H.M.
Ville Lorraine
H6504 2, rue Bar-le-Duc
BAT, XXXVII, 12 (déc. 62), 18, ill.
H6505 4, rue Bar-le-Duc
BAT, XXXVII, 12 (déc. 62), 18, ill.
Ville St-Laurent
H6506 Maison à ressau jumelée
ABC, XIII, 144 (avril 58), 68, ill.
H6507 Résidence de l'architecte Tolchinsky
ABC, XIII, 144 (avril 58), 69, ill.

Tornay, Edgar
Baie d'Urfé
H6508 Résidence Wooley
BAT, XLII, 9 (sept. 67), 43-45, texte & ill.
Ville Lorraine
H6509 9, Chemin de la Meuse
BAT, XXXVII, 12 (déc. 62), 19, ill.

Townend, Arthur
Édifice de lieu inconnu
H6510 (maison pour un architecte)
RAIC, XXIII, 4 (avril 46), 95, texte & ill.

Transcan Custom Homes Ltd
London
H6511 (Maison manufacturée)
CB, XX, 8 (août 70), 40, texte & ill.

Tremblay, L. Gilles
Ste-Foy
H6512 1567-1569, rue du Tertre
CB, XX, 1 (jan. 70), 43, ill.
TCA, XV, 1 (jan. 70), 6, ill.

Trend Homes
Ottawa
H6513 "L" - shaped F-10 (at Woodroffe on the Green)
CB, XIII, 7 (juil. 63), 36-37, texte & ill.

Trépanier, Paul-O.
Granby
H6514 Propriété de J.M. Jodoin
BAT, XXXIII, 9 (sept. 58), 22-23, texte & ill.
H6515 Résidence pour le Dr. P.E. Robert
BAT, XXXIII, 9 (sept. 58), 35, texte & ill.

Trépanier, Paul-O.; Bélanger, R.-Gilles
Granby
H6516 Résidence MacKey
BAT, XXIX, 5 (mai 54), 32-33, texte & ill.
H6517 Résidence Mongeau
BAT, XXIX, 5 (mai 54), 36-37, texte & ill.
H6518 Résidence du docteur Maurice Noiseux
BAT, XXIX, 5 (mai 54), 30-31, texte & ill.
H6519 Habitation de Denis Racine
ABC, X, 113 (sept. 55), 34-35, texte & ill.

Trépanier, Paul-O.; Gauthier, Maurice
Dorion
H6520 Maison Séguin
ABC, XI, 125 (sept. 56), 44-46, texte & ill.
Granby
H6521 Résidence L. Hollingworth
ABC, XII, 137 (sept. 57), 46-47, texte & ill.
H6522 Résidence Guy Lagloire
ABC, XIV, 155 (mars 59), 68-71, texte & ill.
H6523 Résidence Marcel Leclerc
ABC, XIII, 149 (sept. 58), 44-47, texte & ill.
H6524 Maison Picard
ABC, XI, 120 (avril 56), 32-33, texte & ill.

Tribu de Saddle Lake
Saddle Lake (Alberta)
H6525 AC, 29, 321 (jan.-fév. 74), 14-18, texte & ill.

University of British Columbia
Édifice de lieu inconnu
H6526 Maison pour un médecin
RAIC, XXXII, 3 (mars 55), 79, texte & ill.
Vancouver
H6527 Blue Ribbon House
NB, VII, 9 (sept. 58), 44, texte & ill.

University of Manitoba
Édifice de lieu inconnu
H6528 Prairie Mansion
RAIC, XXXVI, 3 (mars 59), 74, texte & ill.

Ussner, W.R.
Vancouver
H6529 (Study House for the typical family).
TCA, III, 8 (août 58), 44-45, texte & ill.
West Vancouver
H6530 The Graham House
TCA, III, 6 (juin 58), 56-61, texte & ill.

Van Norman, C.B.K.
Vancouver
H6531 House of Mr. J.G. Bowers
RAIC, XVIII, 1 (jan. 41), 10-11, ill.
H6532 House of Mr. and Mrs. George Fitch
RAIC, XXIV, 6 (juin 47), 196, ill.
H6533 House of Mr. H. Hacking
RAIC, XVIII, 8 (août 41), 142, ill.
H6534 House of Mrs. George Martin
RAIC, XXIV, 6 (juin 47), 196, ill.
H6535 House of Mrs. Gunnar Tarnroos
RAIC, XXIV, 6 (juin 47), 192, ill.
H6536 House of Mr. C.B.K. Van Norman
RAIC, XIX, 12 (déc. 42), 234-236, ill.
RAIC, XXIV, 6 (juin 47), 182-183, ill.
West Vancouver
H6537 House of Mr. K. Black
RAIC, XVIII, 8 (août 41), 142, ill.
H6538 House of Mr. F. Kirkland
RAIC, XXVII, 12 (déc. 50), 410, ill.

Venchiarutti, Leo E.
Toronto
H6539 Two Storey House
CB, II, 1-2 (jan.-fév. 52), 23, ill.

Venchiarutti & Venchiarutti
Édifice de lieu inconnu
H6540 Lightweight Precast Concrete Panel House
RAIC, XXXIII, 6 (juin 56), 232, ill.
Don Mills
H6541 Maison modèle
RAIC, XXXI, 1 (jan. 54), 20, texte & ill.
Sarnia
H6542 CB, XIII, 1 (jan. 63), 55, ill.
Toronto
H6543 Maison (Thorncrest Village)
RAIC, XXXII, 10 (oct. 55), 371, ill.

Vincent, Jacques
Édifice de lieu inconnu
H6544 BAT, XXXIV, 7 (juil. 59), 28-29, texte & ill.
Laval
H6545 AC, 25, 287 (sept. 70), 28, texte & ill.

Wade, Stockdill, Armour and Blewett
Vancouver
H6546 (Mission Reserve)
ARCAN, 47 (28 sept. 70), 3, texte & ill.

Waisman, Ross & Associates
Fort Garry
H6547 J.M. Ross Residence
TCA, IX, 4 (avril 64), 49-51, texte & ill.
Husavick (Manitoba)
H6548 TCA, IX, 4 (avril 64), 49 et 55-57, texte & ill.
CB, XI, 12 (déc. 61), 38-39 et 46, texte & ill.

Walker, Fred A.
Québec
H6549 Résidence Cadorette
ABC, VIII, 90 (oct. 53), 38, texte & ill.

Wall, Yamamoto and Matthews
Hamilton
H6550 2-Bedroom Bungalow
CB, XII, 7 (juil. 62), 46-52, texte & ill.

Wallbridge & Imrie
Edmonton
H6551 House of Mr. J.A. Russell
RAIC, XXX, 2 (fév. 53), 42-43, texte & ill.
H6552 Residence and Office of Wallbridge & Imrie
RAIC, XXXVI, 2 (fév. 59), 41, texte & ill.

Ward & MacDonald Ass.
Winnipeg
H6553 The Macdonald Residence
RAIC, XLII, 12 (déc. 65), 57, ill.

Wardle, Peter
Vancouver
H6554 Cobanli House
ARCAN, XLIX (17 jan. 72), 4, texte & ill.
ARCAN, 49 (22 mai 72), 17, texte & ill.
H6555 Johnson Residence
ARCAN, 49 (22 mai 72), 17, texte & ill.

Watson, Ada Lou
Regina
H6556 NB, VIII, 4 (avril 59), 26 et 29, texte & ill.

Watson, W.A.
Trenton
H6557 House for J.W. Whytock
RAIC, XXIX, 6 (juin 52), 177, ill.

Webb, Zerafa & Menkes; Markson, Jerome; Klein & Sears
Toronto
H6558 (groupe de 47 maisons)
CB, XVII, 5 (mai 67), 45 et 47, texte & ill.

Webber, D.A.
Halifax
H6559 House for Mr. L.A. Kitz
RAIC, XXXII, 4 (avril 55), 121, ill.

Webber, Alex; Kemble, Roger
H6560 Voir Kemble, Roger; Webber, Alex

Weis, Gren
Oakville
H6561 MacDonald Residence
TCA, XXII, 10 (oct. 77), 50-51, texte & ill.

Wensley & Rand
Hatzic (C.-B.)
H6562 Floy McColl Residence
RAIC, XLI, 11 (nov. 64), 67, texte & ill.

West Vancouver
H6563 Residence for Mr. and Mrs. John Meyer
RAIC, XXXVII, 3 (mars 60), 105, ill.
RAIC, XXXIX, 4 (avril 62), 34, ill.

Wenzel, Wolfgang
Calgary
H6564 Hunterbay Place
CB, XX, 3 (mars 70), 35, ill.

Wetzel, Mrs. Ed.
Édifice de lieu inconnu
H6565 Centennial House
CB, XVII, 5 (mai 67), 7, texte.

White & Cole
Vancouver
H6566 Demonstration House of Mr BC Chapter of the Northwest Plaster Bureau.
NB, IV, 3 (mars 55), 6-7 et 46, texte & ill.

White, Daniel; Ewing, Keith
H6567 Voir Ewing, Keith; White, Daniel

Wickson, J.A.; Pratt, C.E.
H6568 Voir Pratt, C.E.; Wickson, J.A.

Wiens, Clifford
Lebret (Saskatchewan)
H6569 Lakeshore Residence
RAIC, XLI, 11 (nov. 64), 72, texte & ill.

Wiggs, Lawton & Walker
St-Hilaire
H6570 "Richelieu Heights"
ABC, XI, 120 (avril 56), 36-37-38, texte & ill.

Wilding, William
Burnaby
H6571 Robertson Residence
RAIC, XXXIX, 5 (mai 62), 46-47, texte & ill.

Wilkes and Fisher
Toronto
H6572 House of Mr. R.A. Fisher
RAIC, XVII, 2 (fév. 40), 26-27, texte & ill.
H6573 House of Mr. Charles S. Robertson
RAIC, XVII, 1 (jan. 40), 8, ill.

Wills, Charles E.
North Vancouver
H6574 CB, XVII, 9 (sept. 67), 64-65, texte & ill.
H6575 2244 W. Keith Rd.
CB, XX, 3 (mars 70), 34, ill.
West Vancouver
H6576 1116 Hillside Rd.
CB, XX, 3 (mars 70), 33, ill.

Wilson, Don
Calgary
H6577 White Oak Manor
CB, XII, 7 (juil. 62), 53-54, texte & ill.

Wilson and Auld
Montréal
H6578 Maison de M. H.G. Welsford
RAIC, XVII, 11 (nov. 40), 196, ill.

Wilson & Newton
Édifice de lieu inconnu
H6579 NB, IV, 6 (juin 55), 12, texte & ill.
Richvale (Ontario)
H6580 Residence
CB, II, 1-2 (jan.-fév. 52), 23, ill.

Woodworth, John
Kelowna (C.-B.)
H6581 NB, IX, 11 (nov. 60), 18 et 20, texte & ill.
TCA, VI, 1 (jan. 61), 9, texte & ill.
H6582 Poplar Point
RAIC, XXXVII, 12 (déc. 60), 533, texte & ill.

Yamazaki, George J.
Édifice de lieu inconnu
H6583 CB, XI, 9 (sept. 61), 53 et 58, texte & ill.

Yves Germain Inc.
Charlesbourg
H6584 Maison (place Mont-Plaisir)
ABC, XIV, 154 (fév. 59), 58-59, texte & ill.
Ste-Foy
H6585 NB, VIII, 4 (avril 59), 26, texte & ill.

Zaps, Fred
Regina
H6586 Zaps house
NB, XI, 5 (mai 62), 24-27, texte & ill.

Zeidler, E.
Toronto
H6587 Maison de l'architecte
CB, XXVIII, 9 (sept. 78), 29, ill.

Zimet, A.
Bramalea
H6588 3-Bedroom Split-Level...Plan 1251
NB, XI, 3 (mars 62), 39-42, texte & ill.

Monuments

"Comment, Memorials and Architecture."
TCA, VIII, 10 (oct. 63), 110

"War Memorials"
RAIC, XXI, 5 (mai 44), 101 et 109

Hébert, Henri
"Le monument et sa raison d'être".
RAIC, XVIII, 4 (avril 41), 64-65

Anonyme/Anonymous
Ottawa
K0001   Veterans of All Wars Memorial
CB, XV, 10 (oct. 65), 8, texte.
Toronto
K0002   Casimir Gzowski memorial
ARCAN, 43, 11 (nov. 66), 30, texte & ill.

Brunet, Emile
Ottawa
K0003   Dominion Government Memorial (en l'honneur de Sir Wilfrid Laurier)
RAIC, XXII, 12 (déc. 45), 252, texte.

Desgagné & Côté
Chicoutimi
K0004   Socle pour N.-D.-du-Saguenay
ABC, XV, 167 (mars 60), 74-75, texte & ill.

Elken & Becksted
Morrisburg
K0005   Battle Memorial (Crysler Park)
TCA, IX, 1 (jan. 64), 29-34, texte & ill.
RAIC, 39, 9 (sept. 62), 56, ill.

Gilbert, André
Issoudum
K0006   Projet de monument aux victimes d'Issoudum
ABC, XIII, 141 (jan. 58), 20-21, ill.
Québec
K0007   Projet de monument au rond-point du pont de Québec
ABC, IX, 94 (jan. 54), 24-25, texte & ill.
K0008   Monument Laurier
ABC, X, 105 (jan. 55), 32, texte & ill.

Jonsson, D. W.
Fredericton
K0009   J. F. Kennedy Memorial
TCA, IX, 1 (jan. 64), 9-10, texte & ill.

Lloyd, Martin
Édifice de lieu inconnu
K0010   (monument)
RAIC, XVII, 3 (mars 40), 41-42, texte & ill.

Newton, Frank
Édifice de lieu inconnu
K0011   (monument)
RAIC, XVII, 3 (mars 40), 41, texte & ill.

Rhone & Iredale
Colombie-Britannique
K0012   Portage Mountain Development (a gateway)
TCA, XII (Yearbook 67), 98, ill.

Robitaille, André
Québec
K0013   La Grotte Montmartre Canadien
BAT, IX, 12 (déc. 61), 24-26, texte & ill.

Roux, P.
Édifice de lieu inconnu
K0014   (Tombeau d'un cardinal)
RAIC, XXV, 5 (mai 48), 159, ill.

Sproatt & Rolph
Toronto
K0015   War Memorial Tower, University of Toronto
RAIC, XXII, 12 (déc. 45), 262, ill.

Stock, Dan H.
Édifice de lieu inconnu
K0016   "Saskatchewan". (Le mémorial d'après-guerre).
RAIC, XXIV, 2 (fév. 47), 64

Parcs et jardins
Parks and Gardens

"Abris pour patios"
BAT, XLIV, 5 (mai 69), 39

"... and here are some hardy, fast growing suggestions"
CB, XI, 6 (juin 61), 30

Bayon, René, *Aménagement extérieur de bâtiment*, Ed. Eyrolles, sans lieu, sans date.
AC, 25, 286 (juil.-août 70), 41

"Bordures en béton pour pelouses"
BAT, XLVII, 1 (janv. 72), 5

"Botanical Garden"
TCA, IV, 10 (oct. 59), 46 et 48

"Clôtures courantes et détails de construction"
BAT, XL, 5 (mai 65), 46-47, texte & ill.

Collins, Lester et Thomas Gillespie, *Landscape Architecture*, Dept. of Landscape Architecture, Graduate School of Design, Harvard University, Cambridge, 1951
BAT, XXVII (mars 52), 54

"Criticism" (The PQAA s'oppose à la création d'un village olympique au Parc Viau à Montréal)
TCA, XVIII, 8 (août 73), 6

"*Gardens are for People* par Thomas D. Church"
ABC, X, 116 (déc. 55), 41

"Guide technique — pour l'aménagement d'un beau parterre"
BAT, XXVIII (sept. 53), 30-32 et 57

"*Landscape Architecture: The Shaping of Man's Naturel Environment* par John Ormsbee Simonds"
ABC, XVI, 180 (avril 61), 54

"L'arbre embellit et fait vendre les maisons"
BAT, XXXVIII, 6 (juin 1963), 38-41, texte & ill.

"Le véritable rôle de l'architecte paysager"
BAT, XXXI, 8 (août 56), 28-30, texte & ill.

"Outdoor living on standard lots: a new market for you"
NB, XI, 5 (mai 62), 28-29

"Put back that tree... and sell more houses"
CB, XI, 6 (juin 61), 28-29 et 56

SCHL, *Le Manuel pour l'aménagement des espaces extérieurs*, sans édition, sans lieu, sans date.
AC, 27, 309 (nov. 72), 11

"The Canadian Architect's Desk file, Sports & Games" (planification des terrains sportifs)
TCA, VI, 1 (janv. 61), 75-76

"The horrors in the parks" (l'architecture dans les parcs nationaux).
TCA, IV, 6 (juin 59), 64-66

"The national Parks Service". (l'architecture dans les parcs)
RAIC, XXXIV, 12 (déc. 57), 479-480

"The Niagara Parks — Canada's Best large-scale landscaping?"
TCA, IV, 6 (juin 59), 67-69

"Un plan d'architecture paysagiste" (un plan-type pour une résidence)
BAT, XXVII (sept. 52), 20-21

"Versatile steel meets playground demands"
TCA, XIX, 12 (déc. 74), 14

Williams, Wayne R., *Recreation Places*, Burns & MacEachern, Toronto, [s.d.]
CB, VIII, 5 (mai 58), 83

Bowser, Sara
"Foliage Plants"
TCA, II, 1 (jan. 57), 18-21

Calvert, R. G.
"Plants and planting for indoor gardens".
RAIC, XXXI, 7 (juil. 54), 231-235

Church, Thomas D.
"Transition". (Aujourd'hui, il y a moins de division formelle entre la maison et le jardin).
RAIC, XXVII, 8 (août 50), 252-254

Crawford, C. B.; Legget, R. F.
"Arbres et immeubles"
BAT, XLVI, 5 (mai 71), 29-32

Creig, R. L.
"Landscape Design and its Place in Architecture"
RAIC, XXXIII, 6 (juin 56), 236-238

De Vynck, Alfred
"En art paysager, le grand architecte c'est le temps..."
BAT, XLIV, 6 (juin 69), 29-31, texte & ill.

"Jardins d'aujourd'hui"
AC, 24, 272 (mars 69), 30-31

Dodds, Brian
"Landscaping can make money for developers but it must be part of the early plan"
CB, XXVII, 2 (fév. 77), 23-24

Dunington-Grubb, H. B.
"Parks for post-war reconstruction" (parcs nationaux, parcs près des autoroutes)
RAIC, XIX, 9 (sept. 42), 193

"The garden and the Park today".
RAIC, XXXI, 7 (juil. 54), 221-226

"The garden of Nineteen-fifty".
RAIC, XXVII, 8 (août 50), 272-274

Eckbo, Garrett
"Design in the landscape".
TCA, IV, 6 (juin 59), 52-55

"Detail in the landscape".
TCA, IV, 7 (juil. 59), 37-39

"What do we mean by modern landscape architecture?"
RAIC, XXVII, 8 (août 50), 268-271

Englar, G.; Hough, M.; Strong, R.; Vandermeulen, E.
"Discussion Landscape Architecture"
ARCAN, 43, 9 (sept. 66), 39-44

Floyd, J. Austin
"The architect's garden versus the gardener's garden".
RAIC, XXVII, 8 (août 50), 258-259

"Privacy in the garden"
RAIC, XXXI, 7 (juil. 54), 242-243

"Playground Surfacing".
RAIC, XXVI, 7 (juil. 49), 221 et 224

Gillespie, Bernard
Beazly, Elizabeth, *Designed for Recreation*, Faber and Faber, London (Canadian Agents: Queenswood House Ltd, Toronto), [s.d.]
TCA, XIV, 12 (déc. 69), 8

Christiansen, Monty L., *Park Planning Handbook*, John Wiley and Sons, Toronto, 1977.
TCA, XXII, 7 (juil. 77), 10

Hunter, Edgar H. et Margaret K. Hunter, *The Indoor Garden*, John Wiley & Sons, Toronto, 1978.
TCA, XXIII, 6 (juin 78), 10

Goulding, W. S.
"Landscape and Plantscape".
RAIC, XXXV, 9 (sept. 58), 331-337

Graham, Donald W.
"1. The Landscape Architect in the Civil Service".
TCA, IX, 9 (sept. 64), 60-62

Halprin, Lawrence
"The art of Garden Design".
RAIC, XXXI, 7 (juil. 54), 226-230

Hancock, Macklin L.
"Designed for Leisure".
RAIC, XXXIX, 9 (sept. 62), 43-56

Hancock, Macklin L.; Pettit, Donald W.
"Ontario St. Lawrence Parks".
RAIC, XXXVI, 5 (mai 59), 166-168

Hoedeman, Jan
"L'automobile et la nature"
AC, XXIV, 272 (mars 69), 27-28

Hough, Michael
"5 Lost Senses of Landscape Architecture"
TCA, X (Yearbook 65), 69-70

Jacobs, Peter; Way, Douglas
"The Visual Analysis of Landscape Development"
TCA, XIV, 5 (mai 69), 37-43

Kemble, Roger
"Designing a zoo — is it a moral cop-out."
ARCAN, 48 (7 sept. 71), 7-8

Kippax, Helen M.
"Ground covers and their uses".
RAIC, XXVII, 8 (août 50), 263-265

Lafontaine, André
"Le paysagiste"
AC, 24, 272 (mars 69), 14-16

Leclair, W. J.
"Reforestation and transportation"
RAIC, XIX, 9 (sep. 42), 190-191

Lefeaux, Stuart F.
"An urban Park Service". (architecture dans les parcs de Vancouver)
RAIC, XXXIV, 12 (déc. 57), 475-476

Legget, R. F.; Crawford, C. B.
"Arbres et immeubles"
BAT, XLVI, 5 (mai 71), 29-32, texte & ill.

Lister, Lois
"The campus Landscape".
RAIC, XXXVI, 6 (juin 59), 198-201

"Plants in boxes".
RAIC, XXXV, 9 (sept. 58), 338-340

Muirhead, Desmond
"Landscape Design in Western Canada".
RAIC, XXXI, 7 (juil. 54), 235-241

Notebaert, Gérard
"Architecture et végétation"
ABC, VI, 68 (déc. 51), 20-21, texte & ill.

Oberlander, Cornelia Hahn
"A need for Green Streets"
TCA, XIX, 4 (avril 74), 34-37

"The Professional Practice of Landscape Architecture".
RAIC, XXXI, 7 (juil. 54), 243

O. M. Scott & Sons Co.
"How-To-Do-It: Advance Planning Is Required For A Good Lawn"
CB, III, 7 (juil. 53), 65-66, texte & ill.

Perron, Louis
"L'architecture paysagiste"
ABC, VI, 71 (mars 52), 21-26, texte & ill.

"Le Jardin-rocaille"
ABC, VI, 72 (avril 52), 24-29, texte & ill.

"Les plantations de fondations"
ABC, VIII, 84 (avril 53), 45-49, texte & ill.

"Un spécialiste encore trop rare au pays: l'architecte paysagiste"
BAT, XXXIII, 6 (juin 58), 24-27

Prangnell, Peter
"Our Millenary Friends" (la végétation, les arbres en architecture, l'urbanisme)
TCA, XVIII, 10 (oct. 73), 52-60

Robillard, Claude
"An Urban Park Service". (architecture dans les parcs de Montréal)
RAIC, XXXIV, 12 (déc. 57), 473-474

Schoenauer, Norbert
"Our private garden"
ARCAN, 43, 9 (sept. 66), 45-47

Stanbury, J.
"Planting on Rooftops and Terraces".
ARCAN, 44, 12 (déc. 67), 49-51

Stensson, J.V.
"Approach to planting". (En relation avec les formes architecturales).
RAIC, XXVII, 8 (août 50), 266-267

Strong, Richard
"Introduction Landscape architecture".
ARCAN, 43, 9 (sept. 66), 35

"Landscape architecture"
TCA, IX (yearbook 64), 73

Thornley, Denis G.
Simonds, John Ormbee. *Landscape architecture*, F.W. Dodge Corp, sans lieu, sans date.
RAIC, XXXIX, 3 (mars 62), 70

Tunnard, Christopher
"Modern Landscape Design".
RAIC, XXVII, 8 (août 50), 251

Vandermeulen, E.G.
"Mawson-A. Landscape architect at the turn of the century".
ARCAN, 43, 9 (sept. 66), 36-38

Van Vliet, Nick
Munson, Abbe E., *Construction Design for Landscape architects*, McGraw-Hill Ryerson Ltd, [s.l.], 1975.
TCA, XXI, 8 (août 76), 7

Watts, Fraser H.
Techniques of Landscape Architecture, A.E. Weddle pour l'Institute of Lanscape Architects, London, 1967.
TCA, XIII, 10 (oct. 68), 10

Marlowe, Owen C., *Outdoor design: A handbook for the architect and planner*, Crosby Lockwood Staples/ Granada Publishing, St. Albans, Hertfordshire, 1977.
TCA, XXII, 5 (mai 77), 4

Way, Ronald
"The work of the Niagara Parks Commission"
RAIC, XX, 12 (déc. 43), 207-218

Wilkinson, Denis
"2-Landscape Architecture in a University".
TCA, IX, 9 (sept. 64), 62-63

Wood, Edward I.
"A Regional Park Service". (L'architecture dans les parcs: Federal District Commission, Ottawa-Hull).
RAIC, XXXIV, 12 (déc. 57), 476-478

Anonyme/Anonymous

Almonte (Ont.)
L0001 Almonte Day Care Centre (a playground)
TCA, XIX, 4 (avril 74), 35-37, texte & ill.

Forillon
L0002 Le parc national Forillon
AC (mars-avril 80), 25-29

Granby
L0003 Nouveaux aménagements du zoo de Granby
ABC, XIX, 220 (août 64), 24-26, texte & ill.

Hill Island (Ont.)
L0004 (a 230 acre international playground)
CB, VI, 9 (sept. 56), 68, texte.

Ile-du-Prince-Édouard
L0005 The Ark (serre)
TCA, XXII, 3 (mars 77), 32-33, texte & ill.

Montréal
L0006 Les parcs de la ville de Montréal
ABC, III, 26 (juin 48), 21-28, texte & ill.
L0007 Le Mont-Royal
1. Il était une fois une très jolie montagne... par Jacques Simard
2. Quelques opinions d'architectes: David K. Linden, Victor Prus, P.O. Trépanier
ABC, XV, 168 (avril 60), 132-135, texte & ill.
L0008 Parc Lafontaine (restaurant)
BAT, XXVI, 12 (déc. 51), 10, texte.
BAT, XXIX, 1 (jan. 54), 9, texte.
L0009 Place Vauquelin
AC, 24, 272 (mars 69), 20-21, texte & ill.
L0010 Réaménagement de la Place D'Armes
ABC, XV, 168 (avril 60), 137, texte.
L0011 Place Jacques Cartier (histoire et embellissement)
ABC, XVIII, 206 (juin 63), 57, texte.
L0012 Réaménagement de la place Jacques Cartier
BAT, LIII, 1 (jan. 78), 8-9, texte & ill.
L0013 Plaza, rues Lagauchetière et Mansfield
ABC, XXI, 247 (nov. 66), 53, texte.
L0014 Agrandissement du Square Victoria et extension du réseau de transport
ABC, XX, 225 (jan. 65), 38, texte.
ABC, XX, 226 (fév. 65), 38, texte.

Québec
L0015 The Governor's Promenade
TCA, XXI, 2 (fév. 76), 4, texte & ill.

Richmond
L0016 Osterley Park (aménagement paysagé d'un petit dév. résidentiel)
CB, XXV, 9 (sept. 75), 16-17, texte & ill.

Saint John (N.-B.)
L0017 Rockwood Park
ARCAN, 48 (13 déc. 71), 9, texte & ill.
TCA, XVII, 1 (jan. 72), 7-8, texte & ill.

Scarborough
L0018 Indo-Malaysian animal pavilion (Zoo)
CB, XXIII, 7 (juil. 73), 46, texte & ill.
L0019 Africa and Indo-Malayan Pavilions (Zoo)
CB, XXII, 6 (juin 72), 7, texte.

Toronto
L0020 Trinity Square
CB, XXVI, 10 (oct. 76), 49, texte.
L0021 Ramsden Park (agrandissement)
TCA, XII, 10 (oct. 67), 7

Vancouver
L0022 Granville Island
AC, 29, 322 (mars-avril 74), 9
L0023 Sunrise West (transplantation d'arbres)
CB, XXVII, 12 (déc. 77), 9, texte & ill.

Verdun
L0024 Parc de l'auditorium et promenade
ABC, III, 26 (juin 48), 31, ill.

Abra and Balharrie
Ottawa
L0025 Hog's Back Park, Refreshment Pavilion and Rest Rooms
RAIC, XXXII, 11 (nov. 55), 416-417, ill.
L0026 (Abris pour Federal District Commission)
RAIC, XXXIV, 12 (déc. 57), 472, texte & ill.

Adamson, Anthony; Project Planning Ass.
L0027 Voir Project Planning Ass.; Adamson, Anthony

Adamson, Gordon S. (Ass.)
Toronto
L0028 Pioneer Village, Visitors Centre
TCA, XIII, 12 (déc. 68), 53, texte & ill.

Affleck, Desbarats, Dimakopoulos, Lebensold, Michaud, Sise
Dorval
L0029 (Un pavillon)
BAT, XXXVI, 10 (oct. 60), 28, texte & ill.

Anderson, Ross
Toronto
L0030 Toronto's Island (Projet pour en faire un parc)
TCA, III, 4 (avril 58), 60-61, texte & ill.

Architects Consortium; Reid, Crowther & Partners
Winnipeg
L0031 Tropical House
CB, XXIII, 10 (oct. 73), 6, texte & ill.

Baker, Salmona, Hess
Édifice de lieu inconnu
L0032 Jardin pour une résidence
TCA, XXV, 9 (sept. 80), 4, texte & ill.

Beaupré, Donat
Montréal
L0033 Pavillon au Parc Lafontaine
BAT, XXVII (jan.-fév. 52), 3 et 30-32, texte & ill.
CB, II, 3 (mars 52), 33-34, texte & ill.

Blouin, Blouin et Ass.
Montréal
L0034 Le parc historique de l'Ile Perrot
AC, XXXV, 353 (juil-août 79), 24-25, texte & ill.

Borgstrom, Carl; Carver, Humphrey
Fort Erie
L0035 Mather Park Gate
RAIC, XX, 12 (déc. 43), 209 et 218, texte & ill.

Calvert, Robert
Édifice de lieu inconnu
L0036 Milles Roches Park (Abris)
RAIC, XXXIX, 9 (sept. 62), 47, texte & ill.

Carver, Humphrey; Borgstrom, Carl
L0037 Voir Borgstrom, Carl; Carver, Humphrey

Cazaly, Laurence
Toronto
L0038 (Serena Park) Gundy Footbridge
TCA, XI, 5 (mai 66), 8 et 13, texte & ill.
BAT, XLI, 5 (mai 66), 6-7, texte & ill.

Challies, George H.
Ontario
L0039 Farran's Point Park
RAIC, XXXV, 9 (sept. 58), 336, ill.

Church, Thomas; Yamasaki, Minoru
Regina
L0040 Wascana Lake development
RAIC, XXXIX, 9 (sept. 62), 51, texte & ill.

City of Winnipeg Metro Planning Division
Winnipeg
L0041 Port-a-Park
TCA, XVII, 11 (nov. 72), 54-57, texte & ill.

Clifford & Lawrie; Thom, R.J.; Crang & Boake
L0042 Voir Thom, R.J.; Clifford & Lawrie...

Côté, Paul-Marie
Édifice de lieu inconnu
L0043   (une fauverie)
RAIC, XXVI, 5 (mai 49), 158, texte & ill.

Craig, Zeidler & Strong
Toronto
L0044   Ontario Place
TCA, XIV (yearbook 69), 38-39, texte & ill.
TCA, XV, 3 (mars 70), 9, texte & ill.
TCA, XVI, 6 (juin 71), 38-48, texte & ill.
TCA, XVI, 8 (août 71), 43-45
TCA, XVIII, 4 (avril 73), 8, texte & ill.
TCA, XXII, 3 (mars 77), 4-5, texte & ill.
TCA, XXV, 11 (nov. 80), 37, texte & ill.
ARCAN, 47 (10 août 70), 1 et 4-5, texte & ill.
ARCAN, 48 (7 juin 71), 2-3, texte & ill.
ARCAN, 48 (12 oct. 71), 14-15, texte & ill.
AC, 25, 286 (juil.-août 70), 19-20, texte & ill.
CB, XVIII, 12 (déc. 68), 6, texte.
CB, XIX, 4 (avril 69), 6, texte & ill.
CB, XX, 10 (oct. 70), 8
CB, XXI, 5 (mai 71), 34, texte.
CB, XXVI, 12 (déc. 76), 33, texte & ill.
BAT, XLIV, 9 (sept. 69), 6, texte & ill.
L0045   Ontario Place (suspended sphere)
ARCAN, L (mars-avril 73), 7
L0046   Ontario Place (Children's Village)
ARCAN, 49 (17 avril 72), 4
TCA, XVIII, 4 (avril 73), 52-55, texte & ill.

Crang & Boake; Thom, R.J.; Clifford & Lawrie
L0047   Voir Thom, R.J.; Clifford & Lawrie; Crang & Boake...

Dallaire, L.
Édifice de lieu inconnu
L0048   Projet d'étudiant: architecture paysagiste (jardins de la villa Albani)
ABC, XVI, 184 (août 61), 51, ill.

Daudelin, Georges
Champlain
L0049   Parc Champlain
AC, 24, 272 (mars 69), 22-23, texte & ill.

Davidson, Jocelyn
Colombie-Britannique
L0050   Dolphin Court (Terrain de jeux)
RAIC, XXXV, 4 (avril 58), 146, ill.

Desmeules, J.E.; Raymond, Luc
Manicouagan
L0051   Siège social de l'Hydro-Québec
AC, 26, 300 (déc. 71), 15

Downs/Archambault; Justice & Webb
L0052   Voir Justice & Webb; Downs/Archambault

Dunington-Grubb & Stensson
Niagara
L0053   Oakes Garden Theatre
RAIC, XX, 12 (déc. 43), 208 et 213 et 214, texte & ill.

Dunington-Grubb & Stensson; Somerville, W.L.
L0054   Voir Somerville, W.L.; Dunington-Grubb & Stensson

Elken & Becksted
Morrisburg
L0055   Crysler Battlefield Memorial Building
RAIC, XXXIX, 9 (sept. 62), 56, ill.

Erickson, Arthur
Vancouver
L0056   Cabana
TCA, XIV, 11 (nov. 69), 37, ill.
RAIC, XXXV, 12 (déc. 58), 470, ill.
L0057   Stanley Park, Lumberman's Arch
TCA, XIX, 11 (nov. 74), 32-33, texte & ill.

Fancott, W.E.; Green, Blankstein, Russell & Ass.
Ottawa
L0058   Comfort Station, Strathcona Park
RAIC, XXXVII, 6 (juin 60), 267-268, texte & ill.

Fliess, Henry; Floyd, J. Austin
Toronto
L0059   Garden in Forest Hill Village
RAIC, XXVII, 8 (août 50), 260-262, texte & ill.

Floyd, J. Austin; Fliess, Henry
L0060   Voir Fliess, Henry; Floyd, J. Austin

Folch-Ribas, Jacques
Montréal
L0061   Le Parc de Mésy
RAIC, XXXIX, 2 (fév. 62), 58-60, texte & ill.

Gauthier et Guité
Charlesbourg
L0062   Édifice du Service de la Faune, Jardin Zoologique de Charlesbourg
ABC, XX, 227 (mars 65), 35-36, texte & ill.

Germain, Alex
Hamilton
L0063   Hamilton Rock Garden, Botanical Garden Tea House
RAIC, XL, 4 (avril 63), 63, ill.

Graham, D.W. (Ass.)
Montréal
L0064   Parc Notre-Dame
AC, 24, 272 (mars 69), 29, texte & ill.

Gravel & Gravel
Chicoutimi
L0065   Chalet du parc de la Place d'Armes
ABC, XVII, 196 (août 62), 33-38, texte & ill.

Green, Blankstein, Russell (Ass.); Fancott, W.E.
L0066   Voir Fancott, W.E.; Green, Blankstein, Russell (Ass.)

Grossman, Irving
Toronto
L0067   Toronto Islands (Pavillons, Abris, etc.)
RAIC, XLI, 11 (nov. 64), 89, texte & ill.
TCA, IX, 8 (août 64), 59-63, texte & ill.
ARCAN, 45, 5 (mai 68), 8-9, texte & ill.

Hancock, Little, Calvert & Ass.
Morrisburg
L0068   Crysler Battlefield Park
RAIC, XXXIX, 9 (sept. 62), 46, texte & ill.

Herzog, Saul; Secord, James
Niagara Falls
L0069   Bandstand, Victoria Park
RAIC, XLI, 11 (nov. 64), 117, texte & ill.

Hollingsworth, Fred T.
Édifice de lieu inconnu
L0070   Celwood Industries Limited (a playhouse)
TCA, VIII, 3 (mars 63), 8, texte.

Huber, W.
Toronto
L0071   Brentwood Towers (les fontaines)
TCA, IV, 11 (nov. 59), 46-47, texte & ill.
L0072   Kensington Towers
TCA, V, 7 (juil. 60), 64-68, texte & ill.

Huget & Secord
Niagara-on-the-Lake
L0073   Passerelle pour piétons, Commission des Parcs de Niagara
BAT, IX, 12 (déc. 61), 13-16, texte & ill.
CB, VIII, 5 (mai 58), 42-43, texte & ill.

Huget, Secord and Pagani
Édifice de lieu inconnu
L0074   A picnic shelter for Niagara Park Commission
CB, VIII, 5 (mai 58), 42-43, texte & ill.

Interex Dekor Ltée
Saint-Lambert
L0075   Jardin pour une résidence
AC, XXXV, 352 (mai-juin 79), 10-12 et 14-16, texte & ill.
AC, 34, 345 (mars-avril 78), 20-23, texte & ill.

Issalys, Jean
Édifice de lieu inconnu
L0076   (Entrée d'un cirque)
RAIC, XXIII, 4 (avril 46), 93, ill.
Lac Philippe
L0077   Abris dans le parc de la Gatineau
RAIC, XXXIV, 12 (déc. 57), 472, texte & ill.

Izumi, Arnott & Sugiyama
Régina
L0078   Sunset Pavilion, Sunset Amusement Park
RAIC, XLI, 11 (nov. 64), 70, texte & ill.

Johnson, Sustronk, Weinstein & Ass. Ltd; Markson, Jerome
L0079   Voir Markson, Jerome; Johnson...

Johnson, Sustronk, Weinstein (Ass.); Thom, R.J.; Clifford & Lawrie; Crang & Boake
L0080   Voir Thom, R.J.; Clifford & Lawrie...

Justice & Webb; Downs/Archambault
Vancouver
L0081   Botanical Gardens (U.B.C.)
TCA, XV, 8 (août 70), 47, texte & ill.

Lantzius, John
Colombie-Britannique
L0082   Westview Housing Development
TCA, IX, 4 (avril 64), 43, texte & ill.
Vancouver
L0083   Jardin pour une résidence
TCA, IX, 4 (avril 64), 44, texte & ill.

Lavigueur, Gilles
Édifice de lieu inconnu
L0084   Projet d'étudiant: architecture paysagiste (un pavillon de retraite)
ABC, XVI, 184 (août 61), 51, ill.
Montréal
L0085   Projet d'étudiant: un marché aux fleurs
ABC, XVI, 188 (déc. 61), 37, texte & ill.

Lawson, Betts & Cash; MacFadzean, Everly & Ass.
L0086   Voir MacFadzean, Everly & Ass.; Lawson, Betts & Cash

Lefebvre, J. Robert
Granby
L0087   Zoo de Granby: Abri paraboloïde hyperbolique
ABC, XIX, 220 (août 64), 26, texte & ill.

Lincourt, Michel
Montréal
L0088   Projet d'étudiant: Redonner au Champ de Mars sa première destination d'espace libre public.
ABC, XIX, 217 (mai 64), 46-47, texte & ill.

MacFadzean, Everly & Ass.
Montréal
L0089   Le jardin des merveilles, au parc Lafontaine
ABC, XIV, 160 (août 59), 250-257, texte & ill.

MacFadzean, Everly & Ass.; Lawson, Betts & Cash
Montréal
L0090   Parc Henri-Julien
ABC, XII, 136 (août 57), 46-49, texte & ill.

McManus and Associates
Manitoba
L0091   "provincial park pavilion"
CB, XII, 9 (sept. 62), 72, texte & ill.

Makowski, Z.S.
Édifice de lieu inconnu
L0092   Strathcona Park
RAIC, XLIII, 3 (mars 66), 31, texte & ill.

Markson, Jerome
Toronto
L0093   Toronto Island (un abri)
ARCAN, L (jan. 73), 5, texte & ill.
L0094   Civic Garden Centre, Edwards Gardens
CB, XXVII, 12 (déc. 77), 12-13, texte & ill.

TCA, XXIII, 1 (jan. 78), 8, texte & ill.

Markson, Jerome; Johnson, Sustronk, Weinstein & Ass. Ltd
Toronto
L0095   Larry Sefton Memorial Park
TCA, XXV, 3 (mars 80), 4 et 6, texte & ill.

Massey, Hart
Ottawa
L0096   Hog's Back Park (abris, toilette etc.)
TCA, III, 6 (juin 58), 80, texte & ill.
RAIC, XXXIV, 12 (déc. 57), 472, texte & ill.
RAIC, XXXV, 12 (déc. 58), 448-449, ill.
NB, VIII, 1 (jan. 59), 25, texte & ill.
CB, IX, 1 (jan. 59), 20, ill.

Matsushita, Daniel S.
Vancouver
L0097   The Bank of Montreal Pavilion, Bentall Centre
TCA, XIX, 9 (sept. 74), 6, texte & ill.

Mayerovitch & Bernstein
Montréal
L0098   Loft Building for Park Holdings Ltd.
RAIC, XXIX, 3 (mars 52), 67, ill.

Meschino, Paul
Toronto
L0099   "...a large model outdoor living area..."
NB, VIII, 3 (mars 59), 33, texte & ill.

Millar, C. Blakeway
Sainte-Marie-des-Hurons (Ont.)
L0100   Orientation Centre
TCA, XIII (yearbook 68), 38-39, texte & ill.

Miller, Douglas H.
Édifice de lieu inconnu
L0101   (carrousel pour enfants)
CB, IX, 8 (août 59), 41, texte & ill.

Moorhead, Fleming, Corban Inc.; Shore, Tilbe, Henschel, Irwin, Peters
L0102   Voir Shore, Tilbe, Henschel, Irwin, Peters; Moorhead...

Morisset, Pierre
Édifice de lieu inconnu
L0103   Projet d'étudiant: architecture paysagiste
ABC, XVI, 184 (août 61), 51, ill.

Moriyama, Raymond
Toronto
L0104   Black Creek Pioneer Village Visitors Centre
TCA, XXIII, 11 (nov. 78), 30-31, texte & ill.
L0105   Civic Garden Centre, Edwards Gardens
TCA, 7 (juil. 64), 10, texte & ill.
TCA, X, 5 (mai 65), 55-57, texte & ill.
TCA, XI, 4 (avril 66), 18 et 30, texte & ill.
L0106   Ernest Thompson Seton Park
TCA, X, 5 (mai 65), 6 et 8-9, texte & ill.
L0107   Zoological Park
TCA, XIII, 11 (nov. 68), 57-58, texte & ill.

Muirhead, Desmond (Ass.)
Édifice de lieu inconnu
L0108   Garden for Mr. P. Elliott
RAIC, XXXI, 7 (juil. 54), 240, ill.
L0109   House and Garden of Mr. and Mrs. C. Wiblanks
RAIC, XXXI, 7 (juil. 54), 238-239, ill.
L0110   Garden for Mr. and Mrs. Douglas McK. Brown
RAIC, XXXI, 7 (juil. 54), 241, ill.

Muirhead & Justice; Warren, W.H.
Victoria
L0111   Centennial Victoria Square
TCA, VIII, 11 (nov. 63), 66 et 73, texte & ill.

Murray & Murray
Ottawa
L0112   Landsdowne Park Development Study
TCA, XVIII (yearbook 73), 46-50, texte & ill.

Napier, John
Halifax
L0113   Parabolic Reviewing Stand
RAIC, XXXVI, 1 (jan. 59), 7, texte & ill.

Nazar, Jack
Ottawa
L0114   (jardin pour une résidence)
RAIC, XXVII, 8 (août 50), 256-257, texte & ill.

Number Ten Architectural Group
Winnipeg
L0115   Kildonan Park Pavilion
TCA, XV, 5 (mai 70), 47-48, ill.
ARCAN, 45, 3 (mars 68), 9 et 11, texte & ill.

Oberlander, Cornelia Hahn
Édifice de lieu inconnu
L0116   Playground for a children's home
RAIC, XXXV, 9 (sept. 58), 336, ill.
Montréal (Expo 67)
L0117   Children's Creative Centre for the Canadian Government Pavilion
TCA, XI, 3 (mars 66), 5-6, texte & ill.
Ottawa
L0118   Rockcliffe Park Elementary School (a playground)
TCA, XIX, 4 (avril 74), 36-37, texte & ill.
Vancouver
L0119   House "S"
TCA, XIX, 4 (avril 74), 34-35, texte & ill.
L0120   House "X"
TCA, XIX, 4 (avril 74), 34-35, texte & ill.

Pentland and Baker
Toronto
L0121   Bruce's Mill Park, Changing Rooms
TCA, IX (yearbook 64), 81, texte & ill.

Perron, Louis
Laval-sur-le-Lac
L0122   Jardin de M. Boulard
BAT, XXXVII, 2 (fév. 61), 28 et 30-31, texte & ill.
Mont-Royal
L0123   Industrial Corp. Ltd's Building
TCA, V, 4 (avril 60), 11, texte & ill.

Pettit, D.W.
Hamilton
L0124   Hamilton's City Hall (les jardins)
RAIC, XXXVIII, 3 (mars 61), 65, texte & ill.

Prack Partners
Hamilton
L0125   Royal Botanical Gardens
TCA, XX et XXI, 12 et 1 (yearbook, déc. 75 et jan. 76), 20-24, texte & ill.

Project Planning Ass.
Toronto
L0126   Centre Island Park
TCA, VI, 9 (sept. 61), 61-68, texte & ill.

Project Planning Ass.; Adamson, Anthony
Morrisburg
L0127   Crysler's Park (le long du St-Laurent, village historique)
TCA, III, 2 (fév. 58), 41-44, texte & ill.

Prus, Victor
Ile-du-Prince-Édouard
L0128   Brudenell River Recreational Park
TCA, XVI, 12 (déc. et yearbook 71), 52-53, texte & ill.
TCA, XXIV, 9 (sept. 79), 32-33, texte & ill.

Prus, Victor; Trépanier, Paul-O.
L0129   Voir Trépanier, Paul-O.; Prus, Victor

Ransom, T.; Ridpath, W.; Shaw, J.
Toronto
L0130   Pavilion for High Park
RAIC, XXIX, 5 (mai 52), 142, ill.

Reid, Crowther & Partners; Architects Consortium
L0131   Voir Architects Consortium; Reid, Crowther & Partners

Richard, René
Hull
L0132   Leamy Lake Pavilion
CB, XI, 8 (août 61), 27-29, texte & ill.

Rousseau, Paul
Québec
L0133   Nouvelle promenade de la citadelle
ABC, XV, 172 (août 60), 257-259, texte & ill.

Sasaki Strong & Ass.
Toronto
L0134   Alexandra Park
TCA, XI, 7 (juil. 66), 48-50, texte & ill.
Waterloo
L0135   Université de Waterloo
RAIC, XXXIX, 12 (déc. 62), 47, ill.

Sasaki, Strong; James Secord Consortium
Montréal (Expo 67)
L0136   La Ronde
ARCAN, 43, 7 (juil. 66), 34-35, texte & ill.
ARCAN, 44, 8 (août 67), 43-44, texte & ill.

Shore, Tilbe, Henschel, Irwin, Peters
Toronto
L0137   Kortright Interpretive Centre, Boyd Conservation Area
TCA, XXIII, 5 (mai 78), 30-31, texte & ill.

Shore, Tilbe, Henschel, Irwin, Peters; Moorhead, Fleming, Corban Inc.
Maple
L0138   Canada's Wonderland
CB, XXX, 7 (juil. 80), 12-15, texte & ill.

Sise & Desbarats
Montréal
L0139   Beaver Lake Pavilion
RAIC, XXXVIII, 3 (mars 61), 41 et 52, ill.

Somerville, W.L.; Dunington-Grubb & Stensson
Niagara Falls
L0140   Garden Bells
RAIC, XX, 12 (déc. 43), 212, ill.
L0141   Rainbows Garden
RAIC, XX, 12 (déc. 43), 208 et 211 et 215, texte & ill.
L0142   River Road
RAIC, XX, 12 (déc. 43), 208-209 et 212 et 215, texte & ill.

Stockl, M.F.
Winnipeg
L0143   Dôme de la scène Rainbow, Kildonan Park
AC, 34, 348 (sept.-oct. 78), 10, texte & il.

Tattersfield, Philip
North Vancouver
L0144   Delbrook Garden Apartment
TCA, IX, 4 (avril 64), 45-48, ill.

Thom, R.J.; Clifford & Lawrie; Crang & Boake; Johnson, Sustronk, Weinstein and Ass.
Toronto
L0145   Metropolitan Toronto Zoo
ARCAN, 48 (21 juin 71), 4-5, texte & ill.
TCA, XIX, 10 (oct. 74), 41-53, texte & ill.
CB, XXV, 9 (sept. 75), 38 et 43, texte & ill.

Thompson, Berwick, Pratt & Partners
Vancouver
L0146   MacMillan Bloedel Place
TCA, XIX, 12 (déc. 74), 31-33, texte & ill.
TCA, XXIV, 6 (juin 79), 21-23, texte & ill.

Trépanier & Bélanger
Granby
L0147   Jardin Zoologique de Granby
BAT, XXIX, 5 (mai 54), 41, texte & ill.

ABC, XV, 172 (août 60), 260-267, texte & ill.

Trépanier, Paul-O.; Prus, Victor
Granby
L0148 Zoo de Granby: Abri pour les ours polaires
ABC, XIX, 220 (août 64), 24-25, texte & ill.

Underwood, Percy C.
Vancouver
L0149 New Monkey House, Stanley Park
RAIC, XXIX, 1 (jan. 52), 19, texte & ill.

Underwood, McKinley, Cameron
Vancouver
L0150 Stanley Park (Zoo)
TCA, I, 9 (sept. 56), 25-32, texte & ill.
L0151 Stanley Park Penguin Pool
RAIC, XXXV, 4 (avril 58), 146, ill.

Underwood, McKinley, Cameron, Wilson & Smith
Vancouver
L0152 Bloedel Conservatory Complex
TCA, XVII, 1 (jan. 72), 7-8, texte & ill.
L0153 Floral Conservatory, Little Mountain, Queen Elizabeth Park
ARCAN, 45, 1 (jan. 68), 62, ill.

Van Allen, Mary
Victoria
L0154 Wymilwood
RAIC, XXXI, 2 (fév. 54), 55-57, texte & ill.

Vandermeulen, Emil
Toronto
L0155 Royal Bank Plaza
CB, XXV, 9 (sept. 75), 56, texte.

Van Ginkel Associates
St. John's (T.-N.)
L0156 Bowring Park
TCA, V, 7 (juil. 60), 69, texte & ill.
TCA, IX, 12 (déc. 64), 34-35 et 43
RAIC, XXXIX, 9 (sept. 62), 54-55, texte & ill.
RAIC, XLI, 11 (nov. 64), 131, texte & ill.

Vaughn, Don
West Vancouver
L0157 Caufield Cove
CB, XXIII, 10 (oct. 73), 70 et 76, texte & ill.

Venchiarutti & Venchiarutti
Toronto
L0158 Centre Island Park (abris)
TCA, VI, 9 (sept. 61), 62 et 65, texte & ill.
TCA, VI, 10 (oct. 61), 9-10
RAIC, XXXIX, 9 (sept. 62), 49-50, texte & ill.
East York
L0159 Memorial Park (terrain de jeu)
TCA, III, 3 (mars 58), 60, texte & ill.

Warren, W.H.; Muirhead & Justice
L0160 Voir Muirhead & Justice; Warren, W.H.

Warshaw, Swartzman, Bobrow
Chomedey
L0161 Parc des Érables
TCA, IX (yearbook 64), 82, texte & ill.

Weir and Cripps
Don Mills
L0162 Hugh C. Maclean Publications Ltd
RAIC, XXXI, 1 (jan. 54), 18, ill.

Wiens, Clifford
Saskatchewan
L0163 Weather Shelter for the Department of natural resources
TCA, XVII, 10 (oct. 72), 42-43, texte & ill.

Wilkinson, Denis R.
Winnipeg
L0164 Landscape plan, Univ. of Manitoba
RAIC, XLI, 1 (jan. 64), 57, texte & ill.

Wilkinson, Dennis
Westwood
L0165 The Village West
CB, XV, 1 (jan. 65), 31, texte.

Wood, E.I.
Édifice de lieu inconnu
L0166 Vincent Massey Park
RAIC, XXXIX, 9 (sept. 62), 44, texte & ill.
Ottawa
L0167 Garden of the Provinces
RAIC, XLIII, 6 (juin 66), 17, texte & ill.

Yamasaki, Minoru; Church, Thomas
L0168 Voir Church, Thomas; Yamasaki, Minoru

Santé
Health

Hôpitaux
Hospitals

"*A Guide to Hospital Building in Ontario* préparé par le Comité de planification, de construction et d'organisation de l'équipement des hôpitaux publics d'Ontario".
ABC, IX, 103 (nov. 54), 50

"Construction hospitalière" (avec des ex. au Québec)
BAT, XLVII, 1 (jan. 72), 18 et 24-25

"Construction hospitalière — le gouvernement favorise les centres locaux de services communautaires"
BAT, XLVII, 1 (jan. 72), 18 et 24-25, texte.

"Couloirs de visite"
ABC, XI, 118 (fév. 56), 41, texte & ill.

Dept. of National Health & Welfare, *Progress report on the development of canadian building standards for hospitals and health facilities*, sans édition, Ottawa, sans date.
RAIC, XL, 10 (oct. 63), 13 et 15

"Importance de l'intercommunication dans les hôpitaux"
ABC, VIII, 83 (mars 53), 45-47, texte & ill.

"La construction des hôpitaux" (politique de rénovation)
BAT, XLVIII, 1 (jan. 73), 17

"La construction hospitalière au Québec — des investissements de $200 millions"
BAT, XLIX, 1 (jan. 74), 14-16, texte & ill.

"Le 'double corridor' dans les hôpitaux"
ABC, X, 107 (mars 55), 46-47, texte & ill.

"L'habitation et les hôpitaux à Montréal"
ABC, III, 26 (juin 48), 18, texte.

Mental Health Materials Center, *Planning, Programming and Design for the Community Mental Health Centre*. [s.e.], [s.l.], [s.d.]
TCA, XI, 8 (août 66), 6 et 8 et 16

"Nombreuses innovations dans un hôpital moderne"
BAT, XLVII, 3 (mars 72), 22 et 26, texte.

"Ontario grants partial thaw in health centre construction freeze"
CB, XXIII, 6 (juin 73), 5

"Ontario will spend $160 million on hospitals". (avec quelques exemples)
CB, XXI, 6 (juin 71), 6

"Perspectives de la construction industrielle" (au Québec)
BAT, XLV, 10 (oct. 70), 24-25

"Protection des hôpitaux contre la radioactivité"
ABC, XI, 119 (mars 56), 44-45, texte.

"Substandard hospital design... Why?"
CB, XVII, 8 (août 67), 7

"Survey '69, Hospitals"
CB, XIX, 10 (oct. 69), 31

"Survey '74, Hospital Building: Trends and Prospects"
CB, XXIV, 1 (jan. 74), 13-16 et 29

"Tendance 73: La construction des hôpitaux"
BAT, XLVIII, 1 (jan. 73), 17, texte & ill.

"Une nouvelle formule pour remplacer la conception traditionnelle de l'hôpital"
BAT, XLIX, 1 (jan. 74), 16-17, texte.

Agnew, Harvey
"Changing Concepts in Hospital Function... A vital consideration in design".
RAIC, XXIII, 4 (avril 46), 75-78

Auger, Antoine L.
"Quelques tendances en architecture hospitalière — le point de vue d'un architecte."
ABC, IX, 95 (mars 54), 50, texte.

Boutin, J.R.
"L'hôpital idéal vu par un médecin"
ABC, VIII, 83 (mars 53), 48-51, texte.

Dept. of Public Health
"Modern Hospitals for Rural People".
RAIC, XXXII, 7 (juil. 55), 259-262

Edsall, Richard L.
"Perspectives sur la construction d'habitations, d'écoles et d'hôpitaux"
BAT, XXXIII, 6 (juin 58), 15 et 19

Elie, Robert
"Un plan d'ensemble pour les hôpitaux"
ABC, II, 17 (sept. 47), 94 et 98, texte.

Fleming, Robert P.
"The hospital — How it may look and function in 2067".
CB, XVII, 7 (juil. 67), 32

Fowke, Clifford
"Hospital Building" (plusieurs petits articles, quelques ex.)
CB, XXII, 1 (jan. 72), 15-18 et 20-21

Gardiner, Frank G.
"Hospital discussion for architects".
RAIC, XXIX, 10 (oct. 52), 269-272

Gascon & Parant
Transport vertical, hôpital Maisonneuve
ABC, IX, 95 (mars 54), 44-45, texte & ill.

Hobbrook, J.H.
"Evolution of sanatorium architecture".
RAIC, XXII, 11 (nov. 45), 236-238

Hughes, H.G.
"Progress in hospital planning".
RAIC, XXVIII, 4 (avril 51), 83-87

Kaminker, B.
Hospitals, Clinics and Health centres, F.W. Dodge Corp, Architectural Record Book, sans lieu, sans date
RAIC, XXXVIII, 6 (juin 61), 71

Kaminker, B.
Gainsborough, Hugh et John. *Principles of Hospital Design*, General Publishing Co, Don Mills, 1964.
RAIC, XLIII, 1 (jan. 66), 41-42

Kaminker, Ben
"Protest, Hospital Construction Grants".
RAIC, XLII, 3 (mars 65), 65

Kaminker, B.; Angus, D.L.; Izumi, K.
"Some elements of hospital Design".
RAIC, XXXV, 3 (mars 58), 93-100

Keenleyside, P.M.
"Hospitals, introduction". (recommandations pour construction)
RAIC, XL, 10 (oct. 63), 49-50

"Hospitals". (introduction sur l'architecture des hôpitaux)
RAIC, XXXVIII, 6 (juin 61), 47-48

Smith, Warwick. *Planning the surgical suite*, F.W. Dodge Corp., sans lieu, sans date.
RAIC, XXXVIII, 6 (juin 61), 71

Lamarre, Denis
"L'éclairage naturel pour les hôpitaux"
ABC, XI, 119 (mars 56), 51, texte & ill.

LaSalle, Dr. Gérard
"Quelques tendances en architecture hospitalière — le point de vue d'un médecin administrateur."
ABC, IX, 95 (mars 54), 48-49, texte.

Legget, R.F.; Sereda, P.J.
"Conductive Floors for Safety in Hospitals".
RAIC, XXXI, 11 (nov. 54), 377-379

Legrand, Paul
"Les hôpitaux modernes"
ABC, IV, 43 (nov. 49), 28, texte.

McMurrich, Norman H.
Minister of Health for Ontario, *A guide to hospital building in Ontario*, University of Toronto Press, Toronto, sans date.
RAIC, XXXI, 11 (nov. 54), 427

Madill, H.H.
"The architect and the Hospital Board".
RAIC, XXVIII, 4 (avril 51), 98-99

Mercier, Henri
"Plans d'hôpitaux"
ABC, XI, 119 (mars 56), 24, texte.

Neergaard, Charles F.
"Efficiency Rating of the Double Corridor Plan".
RAIC, XXIX, 10 (oct. 52), 305-306

Oxley, Loren
"Seminar on Hospital Design and Construction at Edmonton".
RAIC, XXXIX, 6 (juin 62), 65

Oxley, L.A.
Zeidler, Eberhard, *Healing the Hospital*, Southam Business Books, Toronto, 1975.
TCA, XX, 11 (nov. 75), 5

Papin, Gilles
Projet de fin d'études (polytechnique): étude et calcul du système de climatisation dans une salle d'opération.
ABC, XIV, 159 (juil. 59), 228-231, texte & ill.

Paquette, J.H.A.
"L'oeuvre de la province de Québec dans le domaine hospitalier (1945-1953)
ABC, VIII, 83 (mars 53), 43-44, texte.

Sereda, P.J.
"Prévention des incendies et des explosions dans les salles d'opération des hôpitaux"
BAT, XL, 9 (sept. 65), 52-55, texte & ill.

"Safety from fires and explosions in hospital operating rooms". (dépliant de la Canadian Building Digest)
RAIC, XXXIX, 8 (août 62), 55-58

Smith, Harold J.
"The Small General Hospital".
RAIC, XXI, 8 (août 44), 182-185

Souter, William
"Sanatoria — Their building and Equipment".
RAIC, XXI, 8 (août 44), 165-167

Vivian, Percy
"Panel Discussion on Hospital Building".
RAIC, XXV, 9 (sept. 48), 289-292

Wheeler, E. Todd
"Method of Evaluating an Existing Hospital Building".
RAIC, XL, 10 (oct. 63), 51-57

Whittaker, Henry
"Hospital Buildings". (en Colombie-Britannique).
RAIC, XXVII, 9 (sept. 50), 296-300

Woods, Chester C.
"Hospital Kitchens".
RAIC, XXI, 8 (avril 44), 189

Cliniques de gériatrie
Geriatric Clinics

Garwood-Jones, Trevor
Hamilton
M0001 St. Peter's Geriatric Centre
TCA, XXI, 3 (mars 76), 49-54, texte & ill.
TCA, XXII, 1 (jan. 77), 6-7, texte & ill.

Hôpitaux généraux et spécialisés
General and Specialized Hospitals

Anonyme/Anonymous
Asbestos
M0201 Centre polyvalent de santé
BAT, XLV, 10 (oct. 70), 34, texte.
Brampton
M0202 Peel Memorial Hospital
CB, X, 10 (oct. 60), 19, texte.
Buckingham
M0203 Nouvelle aile
BAT, LII, 12 (déc. 77), 4, texte.
Etobicoke
M0204 Etobicoke General Hospital
CB, XXIII, 1 (jan. 73), 35-36, texte & ill.
Hull
M0205 Hôpital La Pieta (agrandissement)
BAT, LII, 9 (sept. 77), 5, texte.
Lévis
M0206 Hôtel-Dieu
BAT, XXXIV, 4 (avril 59), 28, texte.
BAT, LII, 5 (mai 77), 5, texte.
Longueuil
M0207 Hôpital
BAT, LII, 5 (mai 77), 5, texte.
MacKenzie (C.-B.)
M0208 The Fraser/Fort George Hospital
CB, XXI, 5 (mai 71), 47, texte.
CB, XXI, 1 (jan. 71), 38, texte.
Matane
M0209 Hôpital de Matane (nouvelle aile)
BAT, LII, 4 (avril 77), 5, texte.
Montréal
M0210 Hôpital Notre-Dame
BAT, XXIX, 1 (jan. 54), 32, texte.
ABC, XVIII, 206 (juin 63), 45-49, texte & ill.
Oakville
M0211 Trafalgar Memorial Hospital
CB, XXIX, 10 (oct. 79), 7, texte & ill.
Port Colborne
M0212 Port Colborne General Hospital (installation d'air climatisé)
CB, XXVI, 7 (juil. 76), 33, ill.
Québec
M0213 Hôpital Général de Québec (aile additionnelle)
BAT, XXVI, 10 (oct. 51), 14, texte.
M0214 Hôpital Laval (agrandissement)
BAT, XLVIII, 10 (oct. 73), 10, texte.
BAT, LII, 5 (mai 77), 5, texte.
M0215 Hôpital L'Enfant-Jésus (agrandissement)
BAT, XXX, 1 (jan. 55), 13, texte.

M0216 Hôpital St-Sacrement (agrandissement)
BAT, XXXII, 10 (oct. 57), 84, texte.
BAT, LII, 5 (mai 77), 5, texte.
Saint-Louis de Courville
M0217 Hôpital St-Augustin
BAT, XXXIII, 6 (juin 58), 20 et 23, texte.
BAT, XXXIV, 5 (mai 59), 17, texte.
Ville Saint-Michel
M0218 Conversion d'une église en hôpital
NB, VII, 10 (oct. 58), 19, texte.
Sudbury
M0219 Laurentian Hospital
CB, XXIII, 7 (juil. 73), 48, texte.
M0220 Sudbury General Hospital (Addition)
CB, XXII, 1 (jan. 72), 21, texte.
Toronto
M0221 Toronto General Hospital (addition)
CB, V, 9 (sept. 55), 49, texte & ill.
Vancouver
M0222 Grace Maternity Hospital
CB, XXIX, 5 (mai 79), 7, ill.
M0223 Greater Vancouver Regional Hospital District (expansion)
CB, XXI, 10 (oct. 71), 7, texte.
M0224 St. Paul's Hospital
CB, XIX, 10 (oct. 69), 35, texte & ill.
Winnipeg
M0225 Grace Hospital (agrandissement)
RAIC, XXIV, 11 (nov. 47), 316
M0226 Winnipeg General Hospital
CB, VI, 11 (nov. 56), 32-33, texte & ill.

Abra, Balharrie, Shore
Shawville (Qué.)
M0227 Pontiac Community Hospital
ABC, II, 17 (sept. 47), 96, texte.
RAIC, XXV, 9 (sept. 48), 324-325, ill.

Agnew, Ludlow & Scott
Welland (Ont.)
M0228 Welland County General Hospital
RAIC, XXXVI, 11 (nov. 59), 393-395, texte & ill.

Alberta Provincial Public Works Department
Eckville (Alberta)
M0229 Municipal District Hospital
RAIC, XXI, 8 (août 44), 188, texte & ill.

Allward & Gillies
Sussex (N.-B.)
M0230 King's County Memorial Hospital
RAIC, XXII, 11 (nov. 45), 233, ill.

Allward & Gillies; Mott & Myles
Saint John (N.-B.)
M0231 St. John General Hospital (agrandissement)
RAIC, XXXVI, 11 (nov. 59), 396-397, texte & ill.

Armstrong & Molesworth
Toronto
M0232 West Park Hospital
CB, XXX, 1 (jan. 80), 14-15, texte & ill.

Arthur, E.R.; Marani and Morris
Toronto
M0233 Queen Elizabeth Hospital
RAIC, XXV, 9 (sept. 48), 308-311, ill.

Audet, L.N.
Drummondville
M0234 Hôpital Ste-Croix
ABC, IV, 43 (nov. 49), 22, ill.

Barott, Marshall, Merrett & Barott
Montréal
M0235 Royal Victoria Hospital
RAIC, XXXVI, 11 (nov. 59), 385-388, texte & ill.

Baudoin, Sauriol, Moreau, Des Rochers, Dumont
Laval
M0236 Cité de la Santé de Laval
AC, 33, 342 (juil.-août 77), 10-12 et 14-18, texte & ill.
BAT, XLVII, 1 (jan. 72), 18, texte.
BAT, L, 6 (juin 75), 19-20, texte & ill.

Bélanger, Alphonse; Grégoire, J.W.
Coaticook
M0237 Hôpital Ste-Catherine-Labouré
BAT, XXX, 3 (mars 55), 37, texte & ill.

Bigonesse, J. Aurèle
Chandler
M0238 Hôpital de Chandler
ABC, II, 17 (sept. 47), 96, texte.

Black, H.K.
Balcarres (Saskatchewan)
M0239 Balcarres Union Hospital
RAIC, XXXII, 7 (juil. 55), 261, ill.
Weyburn (Saskatchewan)
M0240 Weyburn Union Hospital
RAIC, XXXII, 7 (juil. 55), 257, ill.

Blakey, W.G.
Red River (Manitoba)
M0241 Municipal Hospital
RAIC, XVII, 5 (mai 40), 86

Blatter & Caron
Giffard
M0242 Maison Généralice des SS. de la Charité
ABC, XII, 131 (mars 57), 40-43, texte & ill.

Brais et Savard
Montréal
M0243 Hôpital des Soeurs de la Providence
ABC, I, 8 (nov. 46), 26, texte.
Rivière-des-Prairies
M0244 Mont-Providence
ABC, III, 29 (sept. 48), 42-45, ill.
BAT, XXXIII, 11 (nov. 58), 34, ill.

Bregman and Hamann
Scarborough
M0245 Scarborough Centenary Hospital
ARCAN, 49 (nov. 72), 8, ill.
Toronto
M0246 Mount Sinai Hospital
TCA, XX, 4 (avril 75), 52-56, texte & ill.

Brown, I.M.
Winnipeg
M0247 Winnipeg General Hospital (agrandissement)
RAIC, XXIV, 11 (nov. 47), 416

Caron et Blatter
Québec
M0248 St-François-d'Assise
ABC, III, 29 (sept. 48), 46, ill.
ABC, IV, 43 (nov. 49), 24, ill.

Cawston, J.A. (Ass.)
Calgary
M0249 Cross Bow Auxiliary Hospital
CB, XII, 1 (jan. 62), 68-69, texte & ill.
M0250 Glenmore Park Auxiliary Hospital
RAIC, XLI, 11 (nov. 64), 69, texte & ill.
M0251 The Sarcee
CB, XII, 1 (jan. 62), 68-69, texte.

Chabot, Germain
Louiseville
M0252 Hôpital Comtois
ABC, XI, 119 (mars 56), 37-39, texte & ill.

Chaloux, Jean-Marc
Estérel
M0253 École d'architecture de Montréal, projet thèse: un hôpital de 300 lits au coeur des Laurentides
ABC, XIV, 159 (juil. 59), 216-219, texte & ill.

Champagne, Maurice
Buckingham
M0254 Hôpital St-Michel
ABC, VIII, 83 (mars 53), 35-39, texte & ill.

Chapman & Hurst
Toronto
M0255 Riverdale Hospital
RAIC, XXXVI, 9 (sept. 59), 309, ill.
RAIC, XL, 10 (oct. 63), 64-65, texte & ill.

Chartrand, Frappier, Marcoux, Durand, Lemieux
Longueuil
M0256 Hôpital Pierre-Boucher
BAT, LIV, 8 (août 79), 5, texte & ill.

Chênevert et Martineau
Québec
M0257 Hôpital de l'Enfant-Jésus, addition d'un pavillon
ABC, II, 17 (sept. 47), 96, texte.

Cobb, Andrew R.; Wilson, Clifford St. J.
Halifax
M0258 New Victoria General Hospital
RAIC, XXV, 9 (sept. 48), 333-335, ill.

Cormier, Ernest
Sillery
M0259 Hôtel-Dieu de Sillery
ABC, II, 10 (jan. 47), 28, ill.
ABC, II, 17 (sept. 47), 96, texte.
Sorel
M0260 Hôtel-Dieu
ABC, IV, 43 (nov. 49), 23, ill.

Côté, Paul-Marie & Desgagné
M0261 Voir Desgagné & Côté

Côté, Paul-Marie; Desgagné & Boileau
M0262 Voir Desgagné, Boileau & Côté

Craig & Zeidler
Ajax
M0263 Ajax-Pickering Ontario General Hospital
TCA, VII, 4 (avril 62), 7, texte & ill.

Craig, Zeidler, Strong
Fredericton
M0264
TCA, XIX, 6 (juin 74), 66-67, texte.
Moncton
M0265 City of Moncton Hospital
TCA, XIX, 6 (juin 74), 66-67, texte.
St. John (N.-B.)
M0266
TCA, XX, 1 (jan. 75), 4, texte & ill.
Whitby
M0267 Whitby General Hospital
TCA, XII (yearbook 67), 56, texte & ill.
TCA, XV, 11 (nov. 70), 56-61, texte & ill.
ARCAN, 45, 1 (jan. 68), 55, ill.
CB, XVIII, 4 (avril 68), 7, texte & ill.
CB, XXII, 1 (jan. 72), 17, ill.

Crevier, Lemieux, Mercier
Montréal
M0268 Institut Albert-Prévost
ABC, X, 107 (mars 55), 39-41, texte & ill.
M0269 Institut Bruchési
ABC, XI, 119 (mars 56), 40-43, texte & ill.

Critchley & Delean; Parkin
M0270 Voir Parkin, Critchley & Delean

David, Charles
Montréal
M0271 Currie Hospital
RAIC, XXII, 11 (nov. 45), 234, ill.

Denoncourt, Ernest-L.
Grand-Mère
M0272 Hôpital Laflèche
ABC, II, 17 (sept. 47), 58-63, ill.
ABC, V, 51 (juil. 50), 22, ill.

Desgagné & Boileau
Chicoutimi
M0273 L'Hôtel-Dieu St-Vallier
RAIC, XXXI, 11 (nov. 54), 380-382, ill.
ABC, IX, 95 (mars 54), 28-33, texte & ill.
BAT, XXVII (mars 52), 12, texte.
Jonquière
M0274 Hôtel-Dieu N.-D.-de-l'Assomption
BAT, XXXI, 3 (mars 56), 30-34, ill.
ABC, XII, 131 (mars 57), 44-47, texte & ill.

Desgagné, Boileau & Côté
Chicoutimi
M0275 Expansion à l'Hôtel-Dieu Saint-Vallier: 1. Le pavillon N.-D. du Sourire 2. L'auditorium Beauchamp
ABC, XIV, 162 (oct. 59), 316-323, texte & ill.

Desgagné & Côté
Chicoutimi
M0276 Hôtel-Dieu St-Vallier
ABC, XVIII, 206 (juin 63), 50-56, texte & ill.

Deshaies et Dépocas
Amos
M0277 Hôtel-Dieu
ABC, IV, 42 (oct. 49), 30, ill.
St-Jérôme
M0278 Hôtel-Dieu
ABC, VI, 60 (avril 51), 15-19, 25, 27, 29, 31, 33, texte & ill.

DSina & Pellegrino
Montréal
M0279 Hôpital Santa Cabrini
ABC, XVI, 187 (nov. 61), 26-31, texte & ill.

Drever & Smith
Kingston
M0280 Hotel Dieu Hospital, Centenary Wing
RAIC, XXVIII, 4 (avril 51), 92-94, ill.
M0281 Kinsgton General Hospital (Victor Wing)
RAIC, XXV, 9 (sept. 48), 328-329, ill.

Dufresne, Adrien
St-Georges de Beauce
M0282 Hôtel-Dieu N.-D. de Beauce
ABC, IV, 43 (nov. 49), 22, ill.

Durnford, Bolton & Chadwick
Arvida
M0283 Saguenay General Hospital
RAIC, XXXII, 10 (oct. 55), 386, ill.

Durnford, Bolton, Chadwick & Ellwood
Arvida
M0284 Hôpital général du Saguenay
ABC, XIV, 162 (oct. 59), 306-309, texte & ill.

Fabtec Structures Ltd.
Prince George (C.-B.)
M0285
ARCAN, 48 (12 juil. 71), 3, texte & ill.

Fairn, Leslie R. (Ass.)
Halifax
M0286 Grace Maternity Hospital (agrandissement)
RAIC, XXXVI, 1 (jan. 59), 16, ill.

Fleming & Smith
Montréal
M0287 Jewish General Hospital
RAIC, XXXVI, 11 (nov. 59), 389-392, texte & ill.

Fordyce and Stevenson
Calgary
M0288 Calgary General Hospital (addition)
RAIC, XIX, 5 (mai 42), 124, texte.

Fortin, Jean-Charles
Val-d'Or
M0289 Hôpital St-Sauveur
ABC, IV, 42 (oct. 49), 29, ill.

Fortin, Jean-Charles; Rousseau, Paul
Val-d'Or
M0290 Hôpital St-Sauveur
ABC, IV, 43 (nov. 49), 24, ill.
ABC, X, 107 (mars 55), 31-33, texte & ill.

Gagnier, Gaston
Montréal
M0291 Ste. Jeanne D'Arc Hospital
RAIC, XXIX, 10 (oct. 52), 299, ill.
BAT, XXVII (mai 52), 12, texte.

Gagnier, Derome, Mercier
Trois-Rivières
M0292 Hôpital Ste-Marie
ABC, IV, 39 (juil. 49), 47, ill.

Gagnon, J.-Berchmans
St-Ferdinand-d'Halifax
M0293 Hôpital St-Julien
ABC, XI, 119 (mars 56), 30-33, texte & ill.

Gardiner, Frank G.
Chilliwack
M0294 New Chilliwack General Hospital
RAIC, XX, 1 (jan. 43), 8-9, ill.

Gardiner & Thornton
Burnaby (C.-B.)
M0295 Burnaby General Hospital
RAIC, XXIX, 10 (oct. 52), 290-292, ill.
Langley (C.-B.)
M0296 Langley Memorial Hospital
RAIC, XXVII, 9 (sept. 50), 300, ill.
Vernon (C.-B.)
M0297 New Jubilee Hospital
RAIC, XXII, 11 (nov. 45), 234, ill.

Gardiner, Thornton, Gathe & Ass.
Surrey (C.-B.)
M0298 Surrey Memorial Hospital
RAIC, XXXVIII, 6 (juin 61), 53-56, texte & ill.

Gardiner, Thornton & Partners
Vancouver
M0299 St. Vincent's Hospital
RAIC, XXXI, 11 (nov. 54), 383-387, texte & ill.

Garwood-Jones, Trevor
Hamilton
M0300 St. Peter's Hospital (agrandissement)
ARCAN, 49 (10 juil. 72), 5, texte & ill.
TCA, XVII, 5 (mai 72), 6, texte.

Gascon & Parant
Montréal
M0301 Hôtel-Dieu de Montréal
BAT, XXVI, 12 (déc. 51), 10, texte.
M0302 Le pavillon "Le Royer" de l'Hôtel-Dieu de Montréal.
RAIC, XXI, 8 (août 44), 178-179
ABC, II, 17 (sept. 47), 44-48 et 97, texte & ill.
M0303 Pavillon de Bullion, Hôtel-Dieu
ABC, VIII, 83 (mars 53), 25-30, texte & ill.
M0304 Hôpital Maisonneuve
ABC, IX, 95 (mars 54), 34-37 et 44-45, texte & ill.
RAIC, XXXI, 11 (nov. 54), 414-415, ill.

Gilleland, Wm. H.; LeFort, Jean-Serge
Ottawa
M0305 St. Louis de Montford Hospital
RAIC, XXXII, 11 (nov. 55), 426, ill.

Govan, Ferguson, Lindsay, Kaminker, Maw; Kaplan & Sprachman
M0306 Voir Kaplan & Sprachman; Govan, Ferguson...

Govan, Ferguson, Lindsay, Kaminker, Maw, Langley, Keenleyside
Kitchener
M0307 Kitchener-Waterloo Hospital
RAIC, XXIX, 10 (oct. 52), 285-288, ill.
Moncton
M0308 New General Hospital
RAIC, XXVIII, 4 (avril 51), 95-97, ill.
Scarborough
M0309 Scarborough General Hospital
RAIC, XXXV, 3 (mars 58), 95-99, texte & ill.

Govan, Kaminker, Langley, Keenleyside, Melick, Devonshire, Wilson
Oakville
M0310 Oakville Trafalgar Memorial Hospital
RAIC, XL, 10 (oct. 63), 69-70, texte & ill.
Simcoe (Ont.)
M0311 Norfolk General Hospital (addition)
CB, XIV, 2 (fév. 64), 4, texte & ill.

Health / Santé

Govan, Kaminker, Langley, Keenleyside, Melick, Devonshire, Wilson, Hazelgrove & Lithwick
Ottawa
M0312 Salvation Army Grace Hospital
CB, XV, 6 (juin 65), 8, texte & ill.

Gray, Stilwell & Lobban
Lillooet (C.-B.)
M0313 Lillooet & District Hospital
NB, VIII, 8 (août 59), 1 et 10-12 et page couverture, texte & ill.

Green, Blankstein, Russell and Ass.
St. Boniface
M0314 St. Boniface Hospital
RAIC, XXIX, 6 (juin 52), 172, ill.
St. James (Manitoba)
M0315 Grace Hospital
CB, XIV, 4 (avril 64), 3, texte & ill.

Green, Blankstein, Russell and Ham
Saint-Boniface
M0316 St. Boniface Hospital (département externe).
RAIC, XXI, 8 (août 44), 180-181, texte & ill.

Henderson, A.H.; Bathory, V.G.
Calgary
M0317 Foothills Provincial General Hospital
CB, XVI, 8 (août 66), 56, texte & ill.

Hollingsworth, Fred T.
White Rock (C.-B.)
M0318 Berkeley Private Hospital
RAIC, XLI, 11 (nov. 64), 46, texte & ill.
TCA, X (yearbook 65), 54-55, texte & ill.
TCA, XI, 9 (sept. 66), 61, ill.

Hospital Design Partners
Regina
M0319 The South Saskatchewan Hospital Centre
CB, XX, 8 (août 70), 8, texte.

Jolicoeur, Jean-Paul
Greenfield Park
M0320 Hôpital Charles Le Moyne
ABC, XXI, 242 (juin 66), 30-34, texte & ill.
Ville St-Michel
M0321 Extension de l'hôpital St-Michel
ABC, XVI, 187 (nov. 61), 42-45, texte & ill.
ABC, XVIII, 206 (juin 63), 38-40, texte & ill.

Jolicoeur et Leclerc
Montréal
M0322 Hôpital Bellechasse
ABC, XVIII, 206 (juin 63), 34-37, texte & ill.

Jonsson, D.W.
Fréderícton
M0323 Polio Clinic and Health Centre
RAIC, XXXII, 4 (avril 55), 123, ill.

Kaplan & Sprachman, Govan, Ferguson, Lindsay, Kaminker, Maw
Toronto
M0324 Mount Sinai Hospital
RAIC, XXV, 9 (sept. 48), 307, ill.
RAIC, XXIX, 10 (oct. 52), 273, ill.
RAIC, XXXI, 11 (nov. 54), 392-396, ill.

Kertland and Somerville
Toronto
M0325 Wellesley Hospital (extension)
RAIC, XXII, 11 (nov. 45), 232, ill.
RAIC, XXV, 9 (sept. 48), 312-314, ill.

Lacoursière, Arthur
Cap-de-la-Madeleine
M0326 Hôpital Cloutier
ABC, V, 51 (juil. 50), 26, ill.
ABC, VIII, 83 (mars 53), 40-42, texte & ill.
Shawinigan Falls
M0327 Hôpital Ste-Thérèse
ABC, IV, 39 (juil. 49), 43, ill.

Lajoie, Rodolphe
Coaticook
M0328 Hôpital Ste-Catherine-Labouré
ABC, XI, 119 (mars 56), 26-29, texte & ill.

Lamarre, Denis
Sillery
M0329 Projet-thèse: Centre de recherches neurologiques
ABC, XII, 131 (mars 57), 50-51, ill.

Leclerc, Albert
Rimouski
M0330 Hôpital St-Joseph de Rimouski
BAT, XXIX, 9 (sept. 54), 28, ill.

LeFort, Jean-Serge
Ottawa
M0331 St-Louis-Marie de Montfort
RAIC, XXXI, 11 (nov. 54), 388-389, ill.
ABC, IX, 95 (mars 54), 40-43, texte & ill.
BAT, XXVIII (déc. 53), 23-25, texte & ill.

LeFort, Jean-Serge; Gilleland, Wm. H.
M0332 Voir Gilleland, Wm. H.; LeFort, Jean-Serge

Libling, Michener and Associates
Fort Garry
M0333 Hôpital Général Victoria
BAT, XLVII, 3 (mars 72), 22 et 26, texte.

MacDonald & Magoon
Edmonton
M0334 General Hospital
RAIC, XVII, 7 (juil. 40), 120
RAIC, XVIII, 8 (août 41), 137, ill.

McDougall, J. Cecil
Montréal
M0335 Montreal General Hospital
BAT, XXVI, 12 (déc. 51), 10, texte.
ABC, V, 48 (avril 50), 35, ill.
M0336 Hôpital Juif
ABC, II, 17 (sept. 47), 96, texte.
M0337 Nouveau pavillon du Royal Edward Laurentian
ABC, V, 48 (avril 50), 36, ill.

McDougall, Smith & Fleming
Montréal
M0338 The Montreal General Hospital
RAIC, XXXII, 9 (sept. 55), 312-328, texte & ill.
Sherbrooke
M0339 Sherbrooke Hospital
ABC, VIII, 83 (mars 53), 31-34, texte & ill.
RAIC, XXXVII, 2 (fév. 60), 56, ill.

McLeod, David (Ass.)
Edmonton
M0340 Alberta Hospital (extension)
CB, XXI, 5 (mai 71), 8, texte.

Mainguy, Lucien
Québec
M0341 Hôpital Jeffrey Hale
ABC, XII, 131 (mars 57), 36-39, texte & ill.
CB, VI, 1 (jan. 56), 20-21, texte & ill.
CB, VI, 9 (sept. 56), 30-31, texte & ill.
CB, VIII, 9 (sept. 58), 50-51, texte & ill.
BAT, XXXI, 2 (fév. 56), 58, texte.
BAT, XXXI, 3 (mars 56), 60-63, texte & ill.

Marani, Lawson and Morris
Toronto
M0342 Our Lady of Mercy Hospital
RAIC, XVII, 10 (oct. 40), 174-179, texte & ill.

Marani & Morris
Guelph (Ont.)
M0343 Guelph General Hospital
RAIC, XXIX, 10 (oct. 52), 276-281, ill.
Hamilton
M0344 St. Joseph's Hospital
RAIC, XXV, 9 (sept. 48), 307, ill.
Stratford
M0345 Stratford General Hospital
RAIC, XXV, 9 (sept. 48), 326-327, ill.
RAIC, XXVIII, 4 (avril 51), 88-91, ill.

Marani, Morris and Allan
Toronto
M0346 St. Joseph's Hospital
CB, X, 7 (juil. 60), 37, ill.

Marani & Morris; Arthur, E.R.
M0347 Voir Arthur, E.R.; Marani & Morris

Marani, Rounthwaite & Dick
Richmond Hill (Ont.)
M0348 York Central Hospital (agrandissement)
ARCAN, 46, 1 (jan. 69), 41, ill.
CB, XXV, 10 (oct. 75), 36 et 38, texte & ill.

Marchand, J.-O.; Sawyer, Joseph
Montréal
M0349 Notre-Dame-de-la-Merci
RAIC, XXII, 11 (nov. 45), 235, ill.

Martin, Frank J.
Saskatoon
M0350 City Hospital (nouvelle aile)
RAIC, XXXII, 7 (juil. 55), 257, ill.

Martineau et Talbot
Joliette
M0351 Hôpital St-Eusèbe
ABC, II, 17 (sept. 47), 52-53, ill.
ABC, IV, 43 (nov. 49), 25, ill.
Noranda
M0352 Hôpital d'Youville
ABC, II, 17 (sept. 47), 49-51, ill.

Mathers & Haldenby
Toronto
M0353 Toronto General Hospital
RAIC, XXXVIII, 6 (juin 61), 57-70, texte & ill.
CB, XX, 12 (déc. 70), 9, ill.
M0354 Toronto General Hospital (John David Eaton Building)
CB, XXX, 11 (nov. 80), 20-21, texte & ill.

Meech, Mitchell, Robins & Ass.
Little Bow (Alberta)
M0355 Little Bow Municipal Hospital
RAIC, XXXVIII, 6 (juin 61), 49, texte & ill.
Picture Butte (Alberta)
M0356 Picture Butte Municipal Hospital
RAIC, XXXVIII, 6 (juin 61), 50, ill.

Mercer & Mercer
Penticton (C.-B.)
M0357 Penticton Hospital
RAIC, XXIX, 10 (oct. 52), 302-304, texte & ill.
Vancouver
M0358 Chest Unit Shaughnessy Hospital
RAIC, XXVII, 9 (sept. 50), 300, ill.

Moody & Moore
Morden (Manitoba)
M0359 Morden General Hospital
RAIC, XXIX, 10 (oct. 52), 298, ill.
Virden (Manitoba)
M0360 Virden Hospital
RAIC, XXIX, 10 (oct. 52), 294, ill.
Winnipeg
M0361 Princess Elizabeth Hospital
RAIC, XXXI, 11 (nov. 54), 418, ill.
M0362 Winnipeg General Hospital (aile nord)
RAIC, XXXII, 10 (oct. 55), 385, ill.

Moody & Moore; Northwood & Chivers
M0363 Voir Northwood & Chivers; Moody & Moore

Moody, Moore & Partners
Winnipeg
M0364 Winnipeg General Hospital
RAIC, XXXVII, 4 (avril 60), 150-151, texte & ill.

Mott & Myles; Allward & Gillies
M0365 Voir Allward & Gillies; Mott & Myles

Northwood, Chivers, Chivers & Casey
Winnipeg
M0366 Misericordia General Hospital
RAIC, XXXII, 10 (oct. 55), 386, ill.

Northwood and Chivers; Moody and Moore
Winnipeg
M0367 Winnipeg General Hospital (pavillon de la maternité).
RAIC, XXVIII, 4 (avril 51), 107-109, ill.

O'Roy, Moore & Company; Watt & Blackwell
M0368 Voir Watt & Blackwell; O'Roy, Moore & Company

Over and Munn
Fort Frances (Ont.)
M0369 La Verendrye Hospital
RAIC, XVIII, 8 (août 41), 139, ill.

Parkin, John B. (Ass.)
Niagara Falls
M0370 Greater Niagara General Hospital
RAIC, XXXII, 10 (oct. 55), 384, ill.
RAIC, XXXVI, 11 (nov. 59), 374-381, texte & ill.
CB, VI, 5 (mai 56), 70, texte.
CB, XI, 4 (avril 61), 31, ill.
Weston (Ont.)
M0371 Humber Memorial Hospital
RAIC, XXVIII, 2 (fév. 51), 37, ill.
RAIC, XXVIII, 4 (avril 51), 100-103, ill.
York
M0372 Northwestern General Hospital
RAIC, XXXI, 11 (nov. 54), 407-413, texte & ill.
CB, XI, 10 (oct. 61), 43, texte & ill.

Parkin, Critchley and Delean
Kirkland Lake
M0373 Kirkland and District General Hospital
TCA, XIV, 11 (nov. 69), 52, texte & ill.

Plante, Lucien
Sainte-Foy
M0374 Hôpital Laval
BAT, XXIX (fév. 54), 22, texte & ill.

Poulin, Albert
Sherbrooke
M0375 Hôpital D'Youville
BAT, XXIX, 11 (nov. 54), 33, texte & ill.

Racicot, Félix
Montmagny
M0376 Hôtel-Dieu
ABC, IV, 43 (nov. 49), 26-27, ill.
ABC, VII, 77 (sept. 52), 21-28, texte & ill.
Sorel
M0377 Hôpital Général
ABC, II, 17 (sept. 47), 54-57, ill.

Ramirez, Alberto
Nicaragua
M0378 Projet-thèse: hôpital
ABC, IX, 99 (juil. 54), 36, ill.

Rinfret, Pierre
Joliette
M0379 Hôpital St-Charles
BAT, XXXIII, 11 (nov. 58), 9 et 37, texte.
ABC, XIV, 162 (oct. 59), 310-315, texte & ill.
Lévis
M0380 Addition à l'Hôtel-Dieu de Lévis
ABC, XVIII, 206 (juin 63), 41-44, texte & ill.
Mont-Laurier
M0381 Hôpital
ABC, IV, 43 (nov. 49), 21, ill.
Québec
M0382 Hôpital Saint-François-d'Assise (agrandissement)
BAT, XXXIII, 4 (avril 58), 47, texte.
St-Joseph d'Alma
M0383 Hôpital Christ-Roi
ABC, X, 107 (mars 55), 42-45, texte & ill.

Rousseau, P.
Val d'Or
M0384 Hôpital du St-Sauveur
ABC, II, 17 (sept. 47), 96, texte.

Rousseau & Bégin
Ville St-Laurent
M0385 Hôpital St-Laurent
ABC, II, 17 (sept. 47), 66 et 96, ill.
Val d'Or
M0386 Hôpital
ABC, II, 12 (mars 47), 34, texte.

Rousseau, Paul; Fortin, Jean-Charles
M0387 Voir Fortin, Jean-Charles; Rousseau, Paul

Roux, Morin et Langlois
Ville LaSalle
M0388 Hôpital Général
ABC, XVI, 187 (nov. 61), 36-41, texte & ill.

Roy, Moore and Co.
Sarnia
M0389 St. Joseph's Hospital
RAIC, XXII, 11 (nov. 45), 233, ill.

Rule, Wynn and Rule Ass.
Edmonton
M0390 Hôpital pour remplacer le Charles Camsell Hospital.
CB, XIV, 10 (oct. 64), 59, texte.

Sawyer, Joseph
Montréal
M0391 Herbert Reddy Memorial Hospital
ABC, VIII, 81 (jan. 53), 26, ill.
M0392 Hôpital Notre-Dame de la Merci
ABC, VIII, 81 (jan. 53), 26, ill.

Sawyer, Joseph; Marchand, J.-O.
M0393 Voir Marchand, J.-O.; Sawyer, Joseph

Sharp & Thompson, Berwick, Pratt
Trail (C.-B.)
M0394 Trail Tadanac General Hospital
RAIC, XXIX, 10 (oct. 52), 289, ill.
RAIC, XXXI, 11 (nov. 54), 403-406, ill.
CB, V, 6 (juin 55), 33-35, texte & ill.

Shepherd, Christopher
Toronto
M0395 West Park Hospital
TCA, XXII, !0 (oct. 77), 46-47, texte & ill.

Shore & Moffat & Partners
Hagersville
M0396 West Haldimand Hospital
RAIC, XLI, 11 (nov. 64), 118, texte & ill.
CB, XII, 12 (déc. 62), 3, texte & ill.

Smith, Allan C. (Ass.)
New Westminster (B.C.)
M0397 St. Mary's Hospital
NB, VIII, 8 (août 59), 13, texte & ill.

Smith, Harold J.
Brantford (Ont.)
M0398 Brantford General Hospital
RAIC, XXI, 8 (août 44), 184-185, ill.

Smith, Paul D. (Ass.)
Vancouver
M0399 Vancouver General Hospital
CB, XXII, 1 (jan. 72), 18, texte & ill.

Smith & McCulloch
Castlegar (C.-B.)
M0400
RAIC, XXXVI, 11 (nov. 59), 398, texte & ill.
Invermere (C.-B.)
M0401
RAIC, XXXVI, 11 (nov. 59), 398, texte & ill.

Somerville, W.L.
Fort Erie (Ont.)
M0402 Douglas Memorial Hospital
RAIC, XXI, 8 (août 44), 176, ill.
Hamilton
M0403 St. Joseph's Hospital
RAIC, XXV, 9 (sept. 48), 318-321, ill.

Somerville, W.L.; McMurrich & Oxley
Calgary
M0404 Calgary General Hospital
RAIC, XXXI, 11 (nov. 54), 419-420, texte & ill.
Toronto
M0405 St. Michael's Hospital (agrandissement)
RAIC, XXVIII, 4 (avril 51), 104-106, ill.

Talbot, Henri
Québec
M0406 Hôtel-Dieu Hospital (nouvelle aile)
CB, VIII, 1 (jan. 58), 26, texte & ill.

Tétrault, Paul-André
Montréal
M0407 Rénovation du pavillon Maisonneuve, Hôpital Maisonneuve-Rosemont
BAT, XLIX, 1 (jan. 74), 16-17, texte.

Thompson, J.P.
Windsor
M0408 Grace Hospital (aile nord).
RAIC, XXII, 11 (nov. 45), 235, ill.

Thompson, Berwick & Pratt
Terrace (C.-B.)
M0409 Terrace & District Hospital
RAIC, XXXVIII, 6 (juin 61), 51-52, texte & ill.
Vancouver
M0410 Richmond General Hospital
RAIC, XL, 1 (jan. 63), 28, ill.
Williams Lake (C.-B.)
M0411 Cariboo Memorial Hospital
RAIC, XL, 10 (oct. 63), 58 et 63, texte & ill.

Thompson, Berwick, Pratt & Partners
Prince Rupert (C.-B.)
M0412 Prince Rupert General Hospital
ARCAN, 46, 1 (jan. 69), 42, ill.

Townley & Matheson
Vancouver
M0413 Vancouver General Hospital
RAIC, XXI, 8 (août 44), 171-173, texte & ill.

Turcotte, Edward-J.
New Glasgow (Nouvelle-Écosse)
M0414 Aberdeen Hospital
ABC, II, 17 (sept. 47), 64-65, ill.
RAIC, XXIX, 6 (juin 52), 173, ill.
Ormstown (Qué.)
M0415 Barrie Memorial Hospital
RAIC, XXXI, 11 (nov. 54), 390-391, ill.
Sweetsburg (Qué.)
M0416 Hôpital Brome-Missisquoi-Perkins
ABC, XI, 119 (mars 56), 34-36, texte & ill.

Underwood, McKinley, Cameron
North Vancouver
M0417 Lions Gate Hospital
RAIC, XLI, 11 (nov. 64), 66, texte & ill.

Van Egmond and Storey
Estevan (Saskatchewan)
M0418 St. Joseph's Hospital
RAIC, XXII, 11 (nov. 45), 235, ill.
Melville (Saskatchewan)
M0419 St. Peter's Hospital
RAIC, XXII, 11 (nov. 45), 235, ill.
Regina
M0420 Regina General Hospital
RAIC, XXXII, 7 (juil. 55), 257, ill.

Wallace, John
Richmond (C.-B.)
M0421 Richmond General Hospital Extended Care Unit
ARCAN, 49 (22 mai 72), 18, texte & ill.

Watkins, C.E.
Victoria
M0422 Royal Jubilee Hospital (agrandissement)
RAIC, XVII, 10 (oct. 40), 185

Watt and Blackwell; O'Roy, Moore and Company
London
M0423 Victoria Hospital
RAIC, XIX, 4 (avril 42), 62-63, ill.

Webster and Gilbert
Rosthern (Saskatchewan)
M0424 Rosthern Union Hospital
RAIC, XXXII, 7 (juil. 55), 261, ill.

White, George
St. Thomas (Ont.)
M0425 Ontario Hospital
RAIC, XXI, 8 (août 44), 174-175, texte & ill.

Whittaker & Wagg
Victoria
M0426 Ladysmith General Hospital
TCA, II, 1 (jan. 57), 65, texte & ill.

Williams, Ilsa J.C.
Nelson (C.-B.)
M0427 Mount St. Francis Infirmary
RAIC, XXVII, 9 (sept. 50), 298-299, ill.

Woods, Chester C.
Port Colborne (Ont.)
M0428 Memorial Hospital
RAIC, XXII, 11 (nov. 45), 233, ill.

Zeidler, Eb.
Peterborough
M0429 TCA, VI, 1 (jan. 61), 6, texte & ill.

Hôpitaux militaires
Military Hospitals

Eckville
M1001 Military District Hospital
RAIC, XXI, 10 (oct. 44), 241, texte.

Gagetown (N.-B.)
M1002 Hôpital
NB, VIII, 8 (août 59), 39, texte.

Vancouver
M1003 Shaughnessy Hospital
CB, XXIX, 5 (mai 79), 7, ill.

Allward & Gillies
Sussex (Angleterre)
M1004 Queen Victoria Hospital (The Royal Canadian Air Force Wing).
RAIC, XXII, 11 (nov. 45), 230, ill.

Allward & Gouinlock
Toronto
M1005 Sunnybrook Hospital
RAIC, XXI, 2 (fév. 44), 40, texte.
RAIC, XXI, 8 (août 44), 168, texte & ill.
RAIC, XXVI, 10 (oct. 49), 309-355 et 361, texte & ill.

Blankstein, Russell; St-Jacques, Mongenais
M1006 Voir St-Jacques, Mongenais; Blankstein, Russell

Bregman and Hamann
Toronto
M1007 Sunnybrook Hospital (extension)
ARCAN, 49 (nov. 72), 11
TCA, XVIII, 4 (avril 73), 6-7, texte & ill.
CB, XXIV, 8 (août 74), 42, texte.

Caron & Blatter; Jean & Dupéré
M1008 Voir Jean, Charles-A.; Dupéré, Roland; Caron, Fernand; Blatter, Robert

Jean, Charles-A.; Dupéré, Roland
Sainte-Foy
M1009 Hôpital des Anciens combattants
BAT, XXIX, 6 (juin 54), 30-32, 55 et 65, texte & ill.
ABC, X, 107 (mars 55), 34-38, texte & ill.

Jean, Charles A.; Dupéré, Roland; Caron, Fernand; Blatter, Robert
Ste-Foy
M1010 Hôpital des Anciens Combattants
BAT, XXIX, 7 (juil. 54), 51, texte.

Mercer & Mercer
Vancouver
M1011 Shaughnessy Military Hospital
RAIC, XVII, 6 (juin 40), 107
RAIC, XVII, 11 (nov. 40), 203
RAIC, XVIII, 8 (août 41), 140, ill.

Moody and Moore
Winnipeg
M1012 DVA Hospital and Deer Lodge Development
RAIC, XXXII, 10 (oct. 55), 384, ill.
TCA, II, 4 (avril 57), 22, ill.
RAIC, XXII, 11 (nov. 45), 223-225

St-Jacques, Mongenais, Blankstein, Russell
Montréal
M1013 Ste-Anne-de-Bellevue Department of Veterans Affairs
CB, XVIII, 7 (juil. 68), 5, texte.

Shore & Moffat
Gagetown (N.-B.)
M1014 Camp Gagetown Hospital (pour l'armée)
RAIC, XXXIII, 9 (sept. 56), ill.

Kingston
M1015 Canadian Forces Hospital
RAIC, XXXVI, 11 (nov. 59), 382-384, texte & ill.

Hôpitaux pour animaux
Veterinary Hospitals

Dunlop, Moore Ass.
Port Credit
M2001 Dr. G.R. Cormack's Animal Clinic
TCA, II, 5 (mai 57), 52, texte & ill.

Elken & Becksted
Scarborough
M2002 Amherst Veterinary Hospital
TCA, III, 11 (nov. 58), 65, texte & ill.

Parkin Architects Planners
Toronto
M2003 Toronto Humane Society (clinique pour animaux)
TCA, XXI, 3 (mars 76), 5, texte & ill.

Hôpitaux pour enfants
Children's Hospitals

Anonyme/Anonymous
Montréal
M2501 Hôpital Ste-Justine
BAT, XXVII (août 52), 27, ill.
BAT, IX, 7 (juil. 61), 19 et 28, texte & ill.

Toronto
M2502 Sick Children's Hospital (un garage)
CB, IX, 11 (nov. 59), 35, texte & ill.
M2503 Auditorium for the Hospital for Sick Children
CB, II, 12 (déc. 52), 16-17, texte & ill.

Vancouver
M2504 Children's Hospital
CB, XXIX, 5 (mai 79), 7, ill.

Brais et Savard
Rivière-des-Prairies
M2505 Hôpital pour enfants
ABC, II, 17 (sept. 47), 96, texte.

Brown, I.M.
Winnipeg
M2506 Une extension de Winnipeg General Hospital (pour les enfants).
RAIC, XXV, 5 (mai 48), 148, texte & ill.

Cormier, Ernest
Montréal
M2507 Hôpital Ste-Justine
BAT, XXXIII, 11 (nov. 58), 35, ill.

Duffus, Romans, Kundzins and Rounsefell
Halifax
M2508 The Walton Killam Hospital for Children
ARCAN, 47 (8 juin 70), 10
CB, XX, 7 (juil. 70), 8, ill.

Fowler, C.A. (Co.)
Halifax
M2509 Children's Hospital
RAIC, XXXII, 4 (avril 55), 123, ill.

Govan, Ferguson and Lindsay
Toronto
M2510 New Hospital for Sick Children
RAIC, XXII, 11 (nov. 45), 232, ill.

Govan, Ferguson, Lindsay, Kaminker, Maw, Langley and Keenleyside
Toronto
M2511 Hospital for Sick Children
CB, I, 5 (nov.-déc. 51), 37-40, texte & ill.
BAT, XXVIII (avril 53), 35-43, texte & ill.
RAIC, XXV, 9 (sept. 48), 307, ill.
RAIC, XXVIII, 6 (juin 51), 153-178 et 189 et 191, textel & ill.

Govan, Kaminker, Langley, Keenleyside, Melick, Devonshire, Wilson
Toronto
M2512 Bloorview Children's Hospital
ARCAN, 46, 1 (jan. 69), 40, ill.

Labelle et Labelle
Montréal
M2513 Hôpital Sainte-Justine
RAIC, XXXVIII, 3 (mars 61), 41 et 52, ill.

McDougall, J.C.
Montréal
M2514 2 nouveaux pavillons du Children's Memorial Hospital
ABC, V, 48 (avril 50), 36, ill.

Moody and Moore
Winnipeg
M2515 Children's Hospital
RAIC, XXIX, 6 (juin 52), 172, ill.

Sawyer, Joseph
Montréal
M2516 Hôpital Ste-Justine
ABC, VIII, 81 (jan. 53), 21, 28-32 et 34, texte & ill.
ABC, IX, 95 (mars 54), 46-47, texte & ill.

Somerville, W.L.
Calgary
M2517 Junior Red Cross Crippled Children's Hospital
RAIC, XXV, 9 (sept. 48), 330-332, ill.
RAIC, XXVI, 10 (oct. 49), 352-355, texte & ill.

Hôpitaux universitaires
University Hospitals

Anonyme/Anonymous
Edmonton
M3001 Glenrose School Hospital
CB, XVI, 10 (oct. 66), 5, ill.

London
M3002 Hôpital universitaire de l'Ontario Occidental (Western University)
BAT, XLV, 9 (sept. 70), 42, texte.

Québec
M3003 Centre hospitalier de l'Université Laval (agrandissement)
BAT, XLVIII, 10 (oct. 73), 10, texte.

Saskatoon
M3004 University Hospital (agrandissement)
CB, XXV, 9 (sept. 75), 8, texte.

| Santé | | Health |

M3005 Vancouver
General Hospital, University of British Columbia
CB, XXVI, 5 (mai 76), 55, texte.

M3006 Winnipeg
Health Sciences Centre
CB, XXIX, 8 (août 79), 23, texte & ill.

Agnew, Herbert (Ass.)

M3007 Brantford
Nurses' Residence and School of Nursing, Brantford General Hospital
TCA, IX, 12 (déc. 64), 9 et 12, texte & ill.

Craig, Zeidler & Strong

M3008 Hamilton
Health Sciences Centre, McMaster University
TCA, XIV, 12 (déc. 69), 8, texte.
TCA, XIV (yearbook 69), 58-59, texte & ill.
TCA, XV, 5 (mai 70), 6, texte & ill.
TCA, XVII, 9 (sept. 72), 30-48 et 67, texte & ill.
TCA, XIX, 6 (juin 74), dépliant entre p. 66 et 67, texte.
TCA, XXIII, 8 (août 78), 48, texte & ill.
TCA, XXV, 11 (nov. 80), 39, texte & ill.
ARCAN, 46, 1 (jan. 69), 24, ill.
ARCAN, 49 (8 mai 72), 4
AC, 25, 282 (mars 70), 22-27, texte & ill.
CB, XIX, 10 (oct. 69), 34, texte & ill.
CB, XX, 5 (mai 70), 8, ill.
CB, XXII, 1 (jan. 72), 16-18, texte & ill.

Desnoyers, Brodeur, Mercure

M3009 St-Hyacinthe
Hôpital Universitaire
ABC, XIX, 221 (sept. 64), 45-49, texte & ill.

Larose, Gilles

M3010 Sherbrooke
École de médecine et hôpital universitaire
BAT, XLVIII, 3 (mars 73), 24 et 27, texte & ill.

MacDonald, G.H.

M3011 Edmonton
University of Alberta Hospital (agrandissement)
RAIC, XXV, 9 (sept. 48), 315-317, ill.

Thompson, Berwick, Pratt & Partners

M3012 Vancouver
Teaching Hospital (U.B.C.)
CB, XXII, 1 (jan. 72), 18, texte.

Tillmann and Lamb

M3013 London
University Hospital
CB, XX, 1 (jan. 70), 5, texte.
CB, XXI, 2 (fév. 71), 7, texte.

Sanatoriums

Alberta Dept. of Public Works

M4001 Edmonton
Provincial Tuberculosis Sanatorium
RAIC, XXV, 9 (sept. 48), 322-323, ill.
RAIC, XXX, 2 (fév. 53), 44, ill.

Auger et Mainguy

M4002 Mont-Joli
Sanatorium Saint-Georges
RAIC, XVII, 1 (jan. 40), 6-7, ill.

Bigonesse, J.-A.; Beauchamp, Nap.

M4003 Cartierville
Sanatorium Prévost
ABC, IV, 43 (nov. 49), 26, ill.

Bissonnette, Jacques

M4004 Édifice de lieu inconnu
Projet étudiant: un sanatorium de 150 lits
ABC, XIV, 162 (oct 59), 332-333, texte & ill.

David et Dépocas

M4005 Senneville
Sanatorium
ABC, I, 8 (nov. 46), 7-13, texte & ill.

Fairn, Leslie R.

M4006 Kentville (N.-E.)
Nova Scotia Sanatorium
RAIC, XXI, 8 (août 44), 177, ill.

M4007 New North infirmary and service centre, Nova Scotia Sanatorium
RAIC, XXIX, 6 (juin 52), 172, ill.

Gagnier, Derome, Mercier

M4008 Montréal
Sanatorium Saint-Joseph
ABC, III, 29 (sept. 48), 38 et 39-41, ill.
ABC, V, 56 (déc. 50), 12-15, ill.
RAIC, XXIX, 10 (oct. 52), 274-275, ill.

Hutton and Sauter

M4009 Hamilton
Mountain Sanatorium (Wilcox Pavilion)
RAIC, XXI, 8 (août 44), 167, ill.

Lacoursière, Arthur

M4010 Trois-Rivières
Sanatorium Cooke
ABC, IV, 39 (juil. 49), 45, ill.

Mainguy, Lucien

M4011 Mont-Joli
Sanatorium
ABC, IV, 43 (nov. 49), couverture, ill.

Mainguy & Auger

M4012 Voir Auger & Mainguy

Manguy, Lucien; Rinfret, Pierre

M4013 Sainte-Germaine (co. Dorchester)
Sanatorium Bégin
ABC, I, 9 (déc. 46), 22-25, texte & ill.

Paine, A.J.C.

M4014 Corner Brook (T.-N.)
West Coast Sanatorium
RAIC, XXIX, 10 (oct. 52), 282-284, ill.

Rinfret et Bégin

M4015 Macamic
Sanatorium de Macamic
ABC, III, 24 (sept. 48), 47, ill.
ABC, IV, 42 (oct. 49), 26-27, ill.

Rinfret, Pierre; Mainguy, Lucien

M4016 Voir Mainguy, Lucien; Rinfret, Pierre.

Rousseau & Blanchet

M4017 Gaspé
Sanatorium de Gaspé
ABC, II, 17 (sept. 47), 67, ill.

Écoles et résidences d'infirmières / Nursing Schools and Residences

Townley, Fred L.
"The planning of nurse's homes".
RAIC, XXI, 8 (août 44), 169-170

Anonyme/Anonymous

M5001 Calgary
Nurses Residence (Foothills General Hospital) (résidence de 10 étages)
CB, XIII, 10 (oct. 63), 51, texte & ill.

M5002 Toronto
Toronto General Hospital (Nurses residence)
CB, XVIII, 8 (août 68), 6, texte.

M5003 Weston
(tour de 7 étages pour étudiants en nursing)
CB, XVIII, 2 (fév. 68), 6, texte.

M5004 Winnipeg
Winnipeg General Hospital nursing staff.
NB, IV, 11 (nov. 55), 14, texte & ill.

Agnew, Herbert (ass.)

M5005 Brantford
Nurses' Residence and School of Nursing for the Brantford General Hospital
RAIC, XLI, 12 (déc. 64), 58, texte & ill.

Allward & Gouinlock

M5006 Toronto
School of Nursing, Univ. of Toronto
RAIC, XXIX, 6 (juin 52), 178, ill.

Audet, Tremblay, Audet

M5007 Sherbrooke
Maison de gardes-malades
ABC, V, 52 (août 50), 28-29, ill.

M5008 Hôpital St-Vincent-de-Paul (école et maison des infirmières)
BAT, XXXIV, 6 (juin 59), 78, texte.

Brennan & Whale

M5009 Toronto
Nurses' Residence, St. Joseph's Hospital (agrandissement)
RAIC, XXIX, 6 (juin 52), 171, ill.

Chênevert, Raoul (Mme)

M5010 Québec
Pavillon Notre-Dame (résidence pour infirmières, Hôpital de l'Enfant-Jésus)
BAT, XXXIII, 4 (avril 58), 46-47, texte & ill.

Craig & Zeidler

M5011 Guelph
Guelph General Hospital Nurses Residence
RAIC, XXXVIII, 5 (mai 61), 42-45, texte & ill.
TCA, IV, 6 (juin 59), 48-51, texte & ill.

Craig, Zeidler & Strong

M5012 Weston
Osler School of Nursing
ARCAN, 45, 1 (jan. 68), 35, ill.
TCA, XIII, 6 (juin 68), 8, texte & ill.
TCA, XVI, 11 (nov. 71), 48-51 et 65, texte & ill.

Desnoyers, Maurice

M5013 St-Hyacinthe
Projet-thèse: Résidence pour gardes-malades
ABC, IX, 99 (juil. 54), 37, ill.

Dunlop, Wardell, Matsui, Aitken

M5014 Cooksville (Ont.)
Credit Valley School of Nursing
ARCAN, 45, 1 (jan. 68), 29, ill.

Fairfield & DuBois

M5015 North York
York Regional School of Nursing
CB, XVIII, 6 (juin 68), 5, texte.
ARCAN, 44, 1 (jan. 67), 28, texte & ill.

Hazelgrove & Lithwick

M5016 Ottawa
École des Infirmières
ABC, X, 110 (juin 55), 33-35, texte & ill.

McDougall, Smith, Fleming

M5017 Montréal
École de gardes-malades, Jewish General Hospital
ABC, VI, 71 (mars 52), 27-33, texte & ill.

Marani & Morris

M5018 Toronto
Burton Hall, Women's College Hospital Residence and School of Nursing
RAIC, XXXIII, 4 (avril 56), 124-127, texte & ill.

Mathers and Haldenby

M5019 Toronto
The Nurses' Residence, Wellesley division, Toronto General Hospital
RAIC, XXIX, 6 (juin 52), 173, ill.

M5020 School of Nursing and Students' Residence for the Toronto General Hospital
ARCAN, 45, 9 (sept. 68), 40, texte & ill.
CB, XVII, 7 (juil. 67), 8, texte & ill.
CB, XX, 2 (fév. 70), 6, texte.
TCA, XV, 7 (juil. 70), 44-47, texte & ill.

Prack, Alvin
Hamilton
M5021 St. Joseph's Nurses' Residence
RAIC, XL, 4 (avril 63), 61, ill.

Rensaa & Minsos
Edmonton
M5022 Royal Alexandra Nurses Residence and School of Nursing
RAIC, XXXIX, 1 (jan. 62), 48-50, texte & ill.

Sprachman, Mandel
North York
M5023 York Regional School of Nursing
TCA, XIV, 6 (juin 69), 61-67, texte & ill.

Townley & Matheson
Vancouver
M5024 Student Nurse's Residence, Vancouver General Hospital
RAIC, XXXII, 1 (jan. 55), 24-25, ill.

Townend, Stefura & Baleshta
Sudbury
M5025 Sudbury Regional School of Nursing
ARCAN, 45, 1 (jan. 68), 36, ill.

Turcotte, Edward-J.
Montréal
M5026 Hôpital St. Mary's, Foyer pour gardes-malades
ABC, II, 17 (sept. 47), 64-65, ill.
Peterborough
M5027 Hôpital Peterborough, Foyer pour gardes-malades
ABC, II, 17 (sept. 47), 64-65, ill.

Wilson & Newton
Barrie
M5028 Student Nurses' Residence, Royal Victoria Hospital
RAIC, XXIX, 10 (oct. 52), 293, ill.

Centres médicaux
Medical Centres

"Design for changes in medical practice"
ARCAN, XLVIII (8 nov. 71), 6

"*Doctor's Offices and Clinics*, par Paul Hayden Kirk et Eugene D. Sternberg"
ABC, XI, 119 (mars 56), 53

"Survey '73, Clinics before hospitals?"
CB, XXIII, 1 (jan. 73), 35-38

Kaminker, B.
Hospitals, Clinics and Health Centres, F.W. Dodge Corp., Architectural Record Book, s.l., s.d.
RAIC, XXXVIII, 6 (juin 61), 71

Anonyme/Anonymous
Edmonton
M6001 Baker Centre
CB, XVIII, 6 (juin 68), 59, ill.
Montréal
M6002 Centre Médical de Montréal
BAT, XXXIX, 3 (mars 64), 39-42, texte & ill.
Sault Ste-Marie (Ont.)
M6003 Medical building
NB, VIII, 12 (déc. 59), 26, texte & ill.

Toronto
M6004 Centre médical, Finch Ave
CB, XXII, 3 (mars 72), 6, texte.

Abra & Balharrie
Ottawa
M6005 Clinique médicale et dentaire, rue Wellington
ABC, IX, 95 (mars 54), 38-39, texte & ill.
M6006 Health Centre
RAIC, XXXII, 11 (nov. 55), 427, ill.

Abugov and Sunderland
Calgary
M6007 Mission Medical Centre
CB, XXIV, 8 (août 74), 44, texte.

Albert, Arcade
Montréal
M6008 Projet étudiant: une clinique médicale dans une banlieue
ABC, XIV, 163 (nov. 59), 365, texte & ill.

Birmingham, W.H.
North Vancouver
M6009 North Shore Medical Dental Corp. Ltd
RAIC, XXVII, 9 (sept. 50), 297, texte & ill.

Blackwell and Craig
Peterborough
M6010 Medical Centre
TCA, I, 4 (avril 56), 43-44, texte & ill.

Bouchard, Denis
Édifice de lieu inconnu
M6011 Projet étudiant: une clinique médicale
ABC, XVIII, 206 (juin 63), 58, texte & ill.

Bregman and Hamann
Toronto
M6012 Sunnybrook Medical Centre (Extended Care Complex)
TCA, XXIII, 3 (mars 78), 45-49, texte & ill.

Brenzel, J.
Toronto
M6013 College Medical Centre
RAIC, XXIX, 8 (août 52), 255, ill.

Burgess & McLean
Buckingham
M6014 La clinique du dr. MacLachlan
ABC, XIV, 162 (oct. 59), 324-325, texte & ill.

Charney, Morris
Édifice de lieu inconnu
M6015 Clinique dentaire, 1600 Seaforth
AC, 28, 320 (déc. 73), 27-29, texte & ill.

Cowan, Harvey
Willowdale
M6016 Leslie Professional Building
TCA, XVI, 10 (oct. 71), 39-44 et 83, texte & ill.

Crang & Boake
Toronto
M6017 Doctors Hospital Medical Centre
TCA, VIII, 12 (déc. 63), 45-48, texte & ill.

Dallaire, Bertrand
Jonquière
M6018 Clinique médico-chirurgicale du Saguenay
ABC, XVI, 187 (nov. 61), 32-35, texte & ill.

Dalla-Lana, Fred
Vancouver
M6019 Laurel Medical Centre
TCA, XXIII, 5 (mai 78), 39-40, texte & ill.

David, Barott, Boulva
Montréal
M6020 Banque de sang, Société canadienne de la Croix-Rouge (médaille Massey)
ABC, XXII, 253 (mai 67), 29, texte & ill.

Desgagné & Côté
Chicoutimi
M6021 Institut médico-chirurgical
ABC, XIX, 221 (sept. 64), 39-44, texte & ill.

Dobush & Stewart
Ottawa
M6022 Clinique dermatologique, rue O'Connor
ABC, XII, 131 (mars 57), 48-49, texte & ill.

Dubé, Claude
Édifice de lieu inconnu
M6023 "Metro-Medica" — un projet d'une clinique expérimentale
ABC, XXIII, 266 (juil.-août 68), 45-47, texte & ill.

Erickson, Arthur
Vancouver
M6024 British Columbia Medical Centre
TCA, XIX, 1 (jan. 74), 6, texte.

Erickson, Arthur; McCarter, Nairne & Partners
Vancouver
M6025 British Columbia Medical Centre
TCA, XXII, 1 (jan. 77), 34-37, texte & ill.

Faucher, Paul
Montréal
M6026 Projet étudiant: un institut psychiatrique
ABC, XIX, 219 (juil. 64), 21-22, texte & ill.

Gaboury, Etienne J.
Saint-Boniface
M6027 St. Boniface Health Unit
RAIC, XLI, 11 (nov. 64), 74, texte & ill.
TCA, X, 5 (mai 65), 50-54, texte & ill.

Gaboury, Lussier, Sigurdson
St. Boniface
M6028 St. Boniface Health Centre & Police Station
TCA, XV, 5 (mai 70), 47-48, ill.

Gardiner, Thornton Partnership
Richmond
M6029 Crestwood Medical Dental Building
TCA, XVIII, 1 (jan. 73), 4-5, texte & ill.

Gauthier, Maurice; Trépanier, Paul-O.
M6030 Voir Trépanier, Paul-O.; Gauthier, Maurice.

Gilleland & Janiss
Burlington
M6031 Medical Building
ARCAN, 45, 1 (jan. 68), 60, ill.

Greenspoon, Freedlander and Dunne
Ottawa
M6032 Doctors' Building
CB, V, 10 (nov. 55), 27, texte & ill.

Griffin, J. Raymond
Surrey
M6033 Guilford Professional Centre
TCA, XXIII, 5 (mai 78), 33-34, texte & ill.

Hassell/Griblin Ass.
Squamish
M6034 Diamond Head Medical Centre
TCA, XIX, 4 (avril 74), 30-31, texte & ill.
ARCAN, 49 (22 mai 72), 17, texte & ill.

Jonsson, D.W.
Fredericton
M6035 Polio Clinic and Health Centre
RAIC, XXXII, 4 (avril 55), 123, ill.

Lester, Alan
Victoria
M6036 Foul Bay Professional Centre
CB, XXVII, 12 (déc. 77), 8, texte.
CB, XXVIII, 9 (sept. 78), 7, ill.

Libling, Michener & Associates
Winnipeg
M6037 Manitoba Medical Service
CB, XI, 8 (août 61), 41, texte & ill.

McCarter, Nairne & Partners; Erickson, Arthur
M6038 Voir Erickson, Arthur; McCarter, Nairne & Partners

Mainguy, Lucien
Québec
M6039 Centre médical, Université Laval
RAIC, XXXV, 2 (fév. 58), 66-67, texte & ill.

Markson, Jerome
Oshawa
M6040 Glazier Medical Centre
TCA, XVII, 4 (avril 72), 50-52, texte & ill.

St. Catharines (Ont.)
M6041 Group Health Centre
ARCAN, 45, 1 (jan. 68), 60, ill.
TCA, XII, 12 (déc. 67), 8, texte & ill.
TCA, XIII (Yearbook 68), 50-51, texte & ill.
TCA, XIV, 8 (août 69), 47-55, texte & ill.

Sault Sainte-Marie
M6042 Group Health Centre
RAIC, XLI, 9 (sept. 64), 45-57, texte & ill.
RAIC, XLI, 11 (nov. 64), 99, texte & ill.
TCA, IX, 12 (déc. 64), 34-35 et 40, texte & ill.
TCA, XI, 11 (nov. 66), 5-6, texte & ill.
CB, XVI, 12 (déc. 66), 34-35, texte & ill.

North York
M6043 North York Medical Arts Building
TCA, XVI, 9 (sept. 71), 49-54, texte & ill.

Massey, Hart
Ottawa
M6044 Centre médical
TCA, IV, 9 (sept. 59), 85-87, texte & ill.

Morin, Jacques M.; Cinq-Mars, Marc
Montréal
M6045 Clinique B.C.G.
ABC, XII, 131 (mars 57), 32-35, texte & ill.

Neville, G.D.
London
M6046 Centre médical.
TCA, VIII, 7 (juil. 63), 12 et 16, texte & ill.

Parkin Partnership
St. John's (T.-N.)
M6047 Health Sciences Centre
TCA, XXV, 7 (juil. 80), 4 et 6, texte & ill.

Picard, Louis
Lachute
M6048 Centre de santé de Lachute
BAT, LIV, 11 (nov. 79), 12-13, texte & ill.

Rhone & Iredale
Vancouver
M6049 Burrard Medical Building
TCA, XVI, 12 (déc. et Yearbook 71), 48-49, texte & ill.
TCA, XXI, 9 (sept. 76), 64-65, texte & ill.
M6050 Seymour Medical Building
TCA, XXI, 9 (sept. 76), 61-63, texte & ill.

Roscoe, Stanley M.
Hamilton
M6051 Hamilton Health Headquarters Building
RAIC, XXX, 9 (sept. 53), 258, ill.

Roy, Jean-Marie
Québec
M6052 Centre médical Berger
ABC, XVIII, 212 (déc. 63), 34-37, texte & ill.

Shore & Moffat and Partners
Toronto
M6053 Psychiatric treatment Centre, Jarvis St.
CB, XV, 9 (sept. 65), 8, texte & ill.

Somerville, McMurrich & Oxley
Toronto
M6054 Queen Street Mental Health Centre
TCA, XX, 9 (sept. 75), 32-40, texte & ill.

Stockdill, C.D.
Victoria
M6055 Health and Welfare Centre
RAIC, XXIX, 12 (déc. 52), 354, ill.

Théoret, Jean-Guy
Montréal
M6056 Projet étudiant: une clinique médicale
ABC, XVI, 187 (nov. 61), 46, texte & ill.

Trépanier, Paul-O.; Gauthier, Maurice
Granby
M6057 Centre de Chiropratique
ABC, XIV, 154 (fév. 59), 30-31, texte & ill.

Wensley & Rand
West Vancouver
M6058 Dental Building
TCA, X, 11 (nov. 65), 49, texte & ill.
RAIC, XLI, 11 (nov. 64), 68, texte & ill.

Architecture pour handicapés, etc.
Architecture for the Handicapped

"Accessibilité des logements aux personnes handicapées: la S.H.Q. fait le point."
BAT, LIV, 2 (fév. 79), 11

"Barrières architecturales"
BAT, XL, 3 (mars 65), 8-9

"Design for the disabled, an exploration in design for movement"
TCA, XIX, 10 (oct. 74), 32-40

"Des modifications architecturales mineures permettraient de rendre leur utilité sociale aux diminués physiques."
BAT, XL, 1 (jan. 65), 18-20, texte & ill.

"Deux cents organismes demandent d'abolir les barrières architecturales"
BAT, XLVIII, 1 (jan. 73), 16 et 23, texte & ill.

"Foyers conçus pour le confort et la commodité des handicapés"
BAT, L, 6 (juin 75), 14, texte & ill.

"Le Code du bâtiment abolirait les barrières architecturales"
BAT, XLVIII, 8 (août 73), 25, texte & ill.

"Les handicapés et les barrières architecturales"
BAT, XLVI, 3 (mars 71), 22 et 25, texte & ill.

Logements pour les handicapés, SCHL, NHA 5076
BAT, L, 9 (sept. 75), 7

Arbec, Jules
"Les barrières architecturales"
AC, XXIX, 324 (juil.-août 74), 32-33, texte & ill.

Cluff, Pamela
"Aiding the Physically Handicapped".
TCA, XXIV, 7 (juil. 79), 36-37

Falta, Patricia
"Design for the Disabled: Attitudinal Barriers"
TCA, XXII, 9 (sept. 77), 49 et 59

Gillespie, Bernard
Goldsmith, Selwyn, *Designing for the disabled*, RIBA Publications Ltd, London, 1976.
TCA, XXII, 2 (fév. 77), 4-5

Jackson, Neil
Nellist, Ivan. *Planning Buildings for Handicapped Children*, Crosby, Lockwood & Son Ltd., London, 1970.
ARCAN, 47 (8 juin 70), 3

Legget, R.F.
"Buildings and Handicapped Citizens" (dépliant de la Canadian Building Digest)
RAIC, XLIII, 5 (mai 66), entre 48 et 49

Stirling, Ronald
"Architecture for the Deaf Child"
TCA, XVI, 1 (jan. 71), 30-37

Anonyme/Anonymous
L'Annonciation
M7001 Hôpital pour aliénés
BAT, XXXII, 10 (oct. 57), 19, texte.

Hull
M7002 Hôpital Pierre-Janet, pavillon de psychiatrie infantile
BAT, XLVIII, 8 (août 73), 3, texte.
BAT, XLVIII, 11 (nov. 73), 3, texte.

Mount Newton (C.-B.)
M7003 Gillain Manor (Centre de traitement pour alcooliques)
CB, XXVIII, 3 (mars 78), 11, texte.
CB, XXVIII, 12 (déc. 78), 6, texte & ill.

Québec
M7004 Mastaï (pour déficients mentaux)
BAT, XXVIII (nov. 53), 13, texte.

Alberta Dept. of Public Works
Oliver (Alberta)
M7005 Provincial Mental Institute (dortoir no.5)
RAIC, XXI, 8 (août 44), 186-187, texte & ill.

Archibald and Illsley; Thompson, Gratton D.
Montréal
M7006 Montreal Convalescent Hospital
RAIC, XX, 6 (juin 43), 88-89, ill.

Cantin, Pierre
Montréal
M7007 Institut Marie-Clarac (maison de santé pour convalescents et chroniques)
ABC, XXI, 239 (mars 66), 39-44, texte & ill.

Desgagné et Côté
Chicoutimi
M7008 Institut Saint-Georges (pour enfants inadaptés, orphelins, etc.)
ABC, XVI, 185 (sept. 61), 32-37, texte & ill.

Downs — Archambault
Vancouver
M7009 Lodge for Paraplegics
TCA, XVII, 5 (mai 72), 44-45, texte & ill.
TCA, XIX, 2 (fév. 74), 20-25, texte & ill.

Freschi, Bruno
Édifice de lieu inconnu
M7010 A Village for the Rehabilitation of the Mentally Ill.
RAIC, XXXVIII, 11 (nov. 61), 71-73, texte & ill.

Gascon et Parant
Bordeaux
M7011 Hôpital St-Joseph des convalescentes
ABC, IV, 43 (nov. 49), 27, ill.
Montréal
M7012 Institut orthopédique
ABC, II, 17 (sept. 47), 96, texte.

Hayes, Ross
Édifice de lieu inconnu
M7013 Projet étudiant: un hôpital psychiatrique
ABC, XIX, 219 (juil. 64), 32-34, texte & ill.

Kyles, J.D.
Hamilton
M7014 Hamilton Convalescent Hospital
RAIC, XXIX, 6 (juin 52), 171, ill.
M7015 Nora Frances Hamilton Convalescent Hospital
RAIC, XXXI, 11 (nov. 54), 416-417, ill.
TCA, II, 8 (août 57), 47-52, texte & ill.

Lawson and Little
Saint-Hilaire (Qué.)
M7016 Dieppe Home for Epileptics
RAIC, XXII, 11 (nov. 45), 234, ill.

Mayers et Girvan
Montréal
M7017 Villa Médica (maison pour convalescents)
ABC, XIX, 221 (sept. 64), 50-54, texte & ill.

Michener, M.P.
Édifice de lieu inconnu
M7018 Orthopaedic Hospital
RAIC, XXXI, 3 (mars 54), 69, texte & ill.

Moody, Moore & Partners
Winnipeg
M7019 Manitoba Rehabilitation Hospital
RAIC, XL, 10 (oct. 63), 66-68, texte & ill.

Page & Steele; Wiley, Thomas R. (ass.)
Toronto
M7020 Workmen's Compensation Board hospital and rehabilitation centre
RAIC, XXXII, 11 (nov. 55), 448, texte.
RAIC, XXXV, 11 (nov. 58), 399-405, texte & ill.
RAIC, XXXV, 12 (déc. 58), 451, ill.
NB, VIII, 1 (jan. 59), 25, texte & ill.
CB, VI, 5 (mai 56), 69, texte.
CB, IX, 1 (jan. 59), 20, ill.

Parkin, John B. (Ass.)
Leaside (Ont.)
M7021 Donwood Foundation Hospital and Rehabilitation Centre (pour alcooliques)
ARCAN, 44, 10 (oct. 67), 9, texte & ill.
CB, XVII, 11 (nov. 67), 47, ill.
TCA, XII, 1 (jan. 67), 5-6, texte & ill.
TCA, XII, 10 (oct. 67), 6, texte & ill.
TCA, XIII, 7 (juil. 68), 35-38, texte & ill.

Rebanks, Leslie
Toronto
M7022 Centre pour personnes handicapées
TCA, XVI, 11 (nov. 71), 9, texte & ill.

Sainte-Marie, Paul
Amos
M7023 Résidence Clair Foyer (pour malades mentaux)
AC, 26, 299 (nov. 71), 16-19, texte & ill.

Shore & Moffat and Partners
Toronto
M7024 Toronto Mental Health Hospital
ARCAN, 44, 1 (jan. 67), 34, texte & ill.

Toby & Russell
Essondale (C.-B.)
M7025 Power Plant Essondale Mental Hospital (agrandissement)
RAIC, XXXVII, 3 (mars 60), 106, ill.

Venchiarutti, Leo
London
M7026 London Psychiatric Hospital (addition)
CB, XXVII, 10 (oct. 77), 7, texte.

Wiley, Thomas R. (ass.); Page & Steele
M7027 Voir Page & Steele; Wiley, Thomas R. (ass.)

Transport et communications
Transportation and Communications

"La construction d'un système de transport de masse intégré est de plus en plus à l'ordre du jour" (entrevue avec Carol Wagner)
BAT, LI, 6 (juin 76), 14, texte.

"Transport rapide, solutions aux embouteillages en ville"
BAT, XLI, 9 (sept. 66), 7, texte & ill.

"Une Société nationale de développement du transport urbain".
AC, 30, 330 (juil.-août 75), 8

Bolton, Richard E.
"Design and Transportation"
RAIC, XXIV, 11 (nov. 47), 385-388

Gabbour, Iskandar
"La substitualité du transport par les communications".
AC, 26, 299 (nov. 71), 23-26

van Ginkel, Blanche
"Transportation: Ins and Outs". (le mouvement irrationnel de développement des villes d'auj. cause les problèmes de transports).
TCA, XVIII, 6 (juin 73), 30-39

Constructions pour le transport aérien
Airport Complexes

"*Airport Buildings and Aprons*, 2e édition, International Air Transport Association (IATA) Montréal, 1959
ABC, XIV, 162 (oct. 59), 337

"Airports: $100 million in federal construction" (plusieurs projets au Canada)
CB, X, 3 (mars 60), 86

"Airports and Terminals in Canada"
TCA, I, 10 (oct. 56), 30-40

"Canadian Airports: a Review"
TCA, IV, 1 (jan. 59), 32-40

"Projects". (un tunnel de 10' de diamètre en acier appelé "people pipe" utilisé dans les aéroports pour relier l'avion au bâtiment)
TCA, XVII, 10 (oct. 72), 6

Burgess, Cecil S.
"Alberta" (liste de travaux en cours dans des aéroports de la province)
RAIC, XVIII, 8 (août 41), 144

Gagnon, Roger
"L'infrastructure des aéroports"
BAT, XXVIII, (fév. 53), 18-20, texte & ill.

Hees, George
"Building air terminal complex undertaking"
CB, X, 5 (mai 60), 94

Ramsay, W.A.
"Air Terminal Buildings in Canada"
RAIC, XXXIII, 4 (avril 56), 110-117

"Air terminal buildings in Canada".
RAIC, XLI, 2 (fév. 64), 42-44

Anonyme/Anonymous

Calgary
N0001 Calgary airport (améliorations aux édifices)
CB, XVIII, 8 (août 68), 5, texte.

Cold Lake
N0002 (hangars pour avions de l'armée)
RAIC, XXXIII, 9 (sept. 56), 346-348, texte & ill.

Deer Lake (T.-N.)
N0003 Deer Lake Airport (extension de la piste d'atterrissage)
CB, XXIII, 4 (avril 73), 32, texte.

Edmonton
N0004 "Provincial Page"
RAIC, XVII, 4 (avril 40), 66

N0005 Industrial Airport (executive aircraft service centre)
CB, XXVIII, 3 (mars 78), 6, texte & ill.

N0006 International Airport (hangar)
CB, XXVIII, 11 (nov. 78), 6, texte & ill.

Gander (T.-N.)
N0007 Gander Airport
RAIC, XXVII, 3 (mars 50), 91-92, texte & ill.

Hay River (T.N.O.)
N0008 Hay River Airport
CB, XVIII, 10 (oct. 68), 8, texte.

Iles-de-la-Madeleine
N0009
BAT, XXX, 7 (juil. 55), 25, texte.

McFall Field
N0010 Field Aviation Hangar
CB, IX, 9 (sept. 59), 51, texte & ill.

Moncton
N0011 Terminal Building
RAIC, XXXIII, 4 (avril 56), 115, ill.

Montréal
N0012 Adacports pour ADAC (avions à décollage et atterrissage courts)
BAT, XLVIII, 8 (août 73), 6, texte.

Montréal (Dorval)
N0013 Aeroquays
CB, X, 10 (oct. 60), 58, ill.

N0014 Montreal Airport terminal building (pour finition int.)
CB, VIII, 1 (jan. 58), 28, texte.

N0015 "Les nouvelles cloisons réduiront l'entretien à l'aéroport de Dorval"
BAT, XLVII, 10 (oct. 72), 8, texte & ill.

N0016 "Une oasis à Dorval... pour VIP seulement". (salle d'attente à l'aéroport)
AC, 31, 338 (nov.-déc. 76), 35

Montréal (Mirabel)
N0017 Aéroport International de Montréal
BAT, XLV, 7 (juil. 70), 19-20, texte.
BAT, XLVIII, 1 (jan. 73), 7-8, texte.

N0018 Aéroport international de Montréal (Tour de contrôle)
BAT, XLVIII, 9 (sept. 73), 6, texte.

North Bay
N0019 Air Terminal Building
TCA, VIII, 2 (fév. 63), 5 et 8, texte & ill.

Ottawa
N0020 Adacports pour ADAC (avions à décollage et atterrissage courts)
BAT, XLVIII, 8 (août 73), 6, texte.

Québec
N0021 Aéroport de Québec (agrandissement)
BAT, LIII, 10 (oct. 78), 6, texte.

Rainbow Lake (Alberta)
N0022 Airport terminal
CB, XVIII, 2 (fév. 68), 6, texte.

Red Deer
N0023 Jasper/Hinton Airport
CB, XXVII, 3 (mars 77), 6, texte.

Sept-Iles
N0024 Terminal Building
RAIC, XXXIII, 4 (avril 56), 116, ill.

Stephenville (T.-N.)
N0025 Terminal Building
RAIC, XXXIII, 4 (avril 56), 117, ill.

Toronto (Malton Airport)
N0026 Un hangar
CB, X, 7 (juil. 60), 20, ill.

N0027 A maintenance hangar
CB, XXX, 12 (déc. 80), 6, texte.

N0028 Un aéroport supersonique
BAT, XLV, 3 (mars 70), 8, texte.

Vancouver
N0029 Vancouver International Airport
CB, XVIII, 4 (avril 68), 6, texte.

N0030 Air Canada Jumbo jet hangar
CB, XXII, 8 (août 72), 7, texte.

Winnipeg
N0031 Winnipeg Airport
CB, XI, 12 (déc. 61), 58, texte.

N0032 Air Canada Cargo Terminal
CB, XVIII, 5 (mai 68), 68, texte & ill.
CB, XVIII, 10 (oct. 68), 34, ill.

Bennett & White

Calgary
N0033 Bâtiments de l'aéroport
RAIC, XVII, 7 (juil. 40), 120

Blais, Gilles

Édifice de lieu inconnu
N0034 Projet de fin d'étude: un hangar à avions en béton armé
BAT, XXX, 1 (jan. 55), 34-35 et 37, texte & ill.

Blouin & Blouin

Montréal
N0035 Tour de contrôle de Mirabel
AC, 31, 335 (mai-juin 76), 32-33, texte & ill.

Bond, Kenneth L.

Calgary
N0036 Calgary Airport Terminal
TCA, 1, (nov.-déc. 55), 74, texte & ill.

Clayton, Bond & Mogridge

Calgary
N0037 Calgary Civic Air Terminal
RAIC, XXXIV, 1 (jan. 57), 14-19, texte & ill.
RAIC, XXXV, 12 (déc. 58), 476, ill.
TCA, I, 10 (oct. 56), 33-40, texte & ill.
CB, VI, 12 (déc. 56), 30, ill.

Crang & Boake

Calgary
N0038 Foothills Aviation Hangar
RAIC, XL, 8 (août 63), 46, ill.
NB, VIII, 9 (sept. 59), 55, texte & ill.

Durnford, Bolton, Chadwick & Ellwood

Gander
N0039 Aéroport de Gander
ABC, XVII, 190 (fév. 62), 32-36, texte & ill.
RAIC, XXXII, 10 (oct. 55), 393, ill.
RAIC, XXXIII, 4 (avril 56), 117, ill.
BAT, XXXVI, 10 (oct. 60), 28-29, texte & ill.

Giffels Associates Limited

Toronto
N0040 Toronto International Airport (un hangar)
CB, XXI, 6 (juin 71), 7, texte.

Gilleland & Strutt

Halifax
N0041 Halifax Terminal
RAIC, XXXVII, 12 (déc. 60), 510-511 et 513-517, texte & ill.

Ottawa
N0042 Ottawa International Air Terminal
RAIC, XXXVII, 12 (déc. 60), 508-512, texte & ill.

Green, Blankstein, Russell Associates

Winnipeg
N0043 Winnipeg International Airport
TCA, V, 6 (juin 60), 70-71, texte & ill.
TCA, XV, 5 (mai 70), 47-48, ill.
RAIC, XXXVII, 2 (fév. 60), 51, texte & ill.

Illsley, Templeton & Archibald; Larose & Larose; A.W. Ramsey

Dorval
N0044 Aérogare de Dorval
ABC, XVI, 178 (fév. 61), 39-44, texte & ill.
RAIC, XXXVII, 12 (déc. 60), 518-526, texte & ill.

Lapointe, Tremblay

Montréal
N0045 Aéroport de l'Est
ABC, II, 15 (juil. 47), 28-31, texte & ill.

Larose & Larose; Illsley, Templeton & Archibald

N0046 Voir Illsley, Templeton & Archibald; Larose & Larose

McCarter, Nairne & Partners

Vancouver
N0047 Air Terminal Building
TCA, IV, 1 (jan. 59), 41-47, texte & ill.

Mark, Musselman, McIntyre

Édifice de lieu inconnu
N0048 Petit aéroport municipal
CB, XVII, 2 (fév. 67), 37, texte & ill.

Martland, John

Edmonton
N0049 Municipal Airport, administrative building
RAIC, XIX, 9 (sept. 42), 198, texte.
RAIC, XXII, 1 (jan. 45), 14-15, texte & ill.

Megrian, Ara

Édifice de lieu inconnu
N0050 "The Aerospine": un aéroport international (projet de 5e année, école d'arch., U. McGill)
ABC, XXII, 255 (juil. 67), 30-33, texte & ill.

Neish, Owen, Rowland and Roy

Toronto
N0051 Toronto Terminal Two (extension)
TCA, XX, 8 (août 75), 5, texte & ill.
CB, XXV, 10 (oct. 75), 38, texte & ill.

Papineau, Gérin-Lajoie, LeBlanc, Edwards

Montréal
N0052 Aérogare de Mirabel
AC, 31, 335 (mai-juin 76), 23-31, texte & ill.
AC, 31, 335 (mai-juin 76), 40-41
AC, 31, 335 (mai-juin 76), 34 et 36
AC, 31, 335 (mai-juin 76), 7, texte.
AC, XXXV, 353 (juil.-août 79), 26-27, texte & ill.
CB, XXII, 5 (mai 72), 44 et 46 et 62, texte & ill.
CB, XXII, 9 (sept. 72), 20, texte.
CB, XXIII, 2 (fév. 73), 34, texte.
CB, XXIII, 4 (avril 73), 32, texte.
CB, XXIII, 12 (déc. 73), 20, texte & ill.
CB, XXIV, 5 (mai 74), 60, texte.
CB, XXIV, 4 (avril 74), 7, texte & ill.
CB, XXIV, 11 (nov. 74), 6, texte.
CB, XXV, 12 (déc. 75), 8, texte.
TCA, XX, 11 (nov. 75), 5
TCA, XXI, 6 (juin 76), 26-37 et 58, texte & ill.
BAT, XLVIII, 1 (jan. 73), 7-8, texte & ill.
BAT, XLIX, 4 (avril 74), 24 et 27, texte & ill.
BAT, XLIX, 10 (oct. 74), 8, texte & ill.

Parkin, John B. (Ass.)

Toronto
N0053 Malton International Airport
CB, X, 3 (mars 60), 86, texte & ill.
CB, XI, 4 (avril 61), 29, ill.
CB, XIII, 2 (fév. 63), 21, texte & ill.
CB, XV, 5 (mai 65), 57 et 59, texte & ill.
CB, XVIII, 4 (avril 68), 7, texte.
RAIC, XXXV, 6 (juin 58), 236, texte & ill.
RAIC, XXXVII, 2 (fév. 60), 51, texte & ill.
RAIC, XL, 1 (jan. 63), 32, ill.
RAIC, XLI, 2 (fév. 64), 45-48 et 58-68, texte & ill.
RAIC, XLI, 11 (nov. 64), 107, texte & ill.
RAIC, XLII, 2 (fév. 65), 13-14, texte & ill.
TCA, XIV, 11 (nov. 69), 41, ill.
TCA, XXV, 11 (nov. 80), 25, texte & ill.
TCA, III, 5 (mai 58), 66 et 68, texte & ill.
TCA, VII, 4 (avril 62), 9 et 11, texte & ill.
TCA, IX, 2 (fév. 64), 41-68, texte & ill.
TCA, IX (yearbook 64), 54-55, texte & ill.

N0054 Malton International Airport, Administration Building, Toronto International Airport
RAIC, XLI, 11 (nov. 64), 111, texte & ill.

N0055 Malton International Airport, Automotive Service Centre
ARCAN, 44, 6 (juin 67), 9 (supplément à la revue), ill.

N0056 Malton International Airport, Control Tower, International Airport
TCA, IX, 12 (déc. 64), 34-35 et 43, texte & ill.
RAIC, XXXIX, 7 (juil. 62), 30, texte & ill.
RAIC, XLI, 11 (nov. 64), 108, texte & ill.
CB, XII, 3 (mars 62), 65, texte & ill.

N0057 Malton International Airport, Power Plant, Toronto International Airport
RAIC, XLI, 11 (nov. 64), 115, texte & ill.
CB, XV, 5 (mai 65), 57-58, texte & ill.

Ramsay, W.A.

Edmonton
N0058 Edmonton International Airport
RAIC, XLI, 2 (fév. 64), 45-48 et 55-57, texte & ill.

Winnipeg
N0059 Winnipeg International Airport
RAIC, XLI, 2 (fév. 64), 45-54, texte & ill.

Ross, Fish, Duchesnes & Barrett

Montréal (Dorval Airport)
N0060 Trans Canada Air Lines Hangar
CB, X, 4 (avril 60), 53-55, texte & ill.

Rounthwaite & Ass.

Sault Ste-Marie
N0061 Air Terminal Building
RAIC, XLI, 11 (nov. 64), 116, texte & ill.
TCA, IX, 9 (sept. 64), 50-52, texte & ill.

Roy, Yves

Édifice de lieu inconnu
N0062 Projet d'étudiant: Aérogare pour une ville de 200,000 habitants
ABC, XV, 166 (fév. 60), 60, texte & ill.

Schrier, Arnold

Édifice de lieu inconnu
N0063 Aérogare
RAIC, XXV, 5 (mai 48), 168-169, ill.

Sellors, E.W.; Semmens, H.N. (Ass.)

N0064 Voir Semmens, H.N. (Ass.); Sellors, E.W.

Semmens, H.N. (Ass.); Sellors, E.W.

Vancouver
N0065 TCA hangar
CB, XI, 6 (juin 61), 53, texte & ill.

Smith, Ernest

Édifice de lieu inconnu
N0066 Airport maintenance building (maquette)
RAIC, XXII, 4 (avril 45), 79, texte & ill.

Stevenson, Raines, Barrett, Hutton, Seton and Partners

Calgary
N0067 International Airport of Calgary
ARCAN, 48 (12 oct. 71), 10-11
CB, XXIII, 3 (mars 73), 50, texte.
CB, XXIV, 9 (sept. 74), 8, texte.
CB, XXV, 12 (déc. 75), 5, ill.

Thompson, Berwick and Pratt

Vancouver
N0068 Air Terminal Building
ARCAN, 45, 12 (déc. 68), 34-38, texte & ill.
CB, XVIII, 11 (nov. 68), 6, texte.

Webster & Gilbert

Saskatoon
N0069 Air Terminal Building
RAIC, XXXII, 7 (juil. 55), 254-255, ill.
RAIC, XXXIII, 4 (avril 56), 116, ill.

Wiggs, H. Ross

Cartierville
N0070 Les Bâtiments de Noorduyn Aviation Ltd
RAIC, XXIII, 2 (fév. 46), 40, ill.

Constructions pour le transport maritime
Harbour Complexes

"Agrandissement anticipé à l'annonce de la canalisation, Québec" (Retombées anticipées de la canalisation du Saint-Laurent)
BAT, XXIX, 8 (août 54), 15

Canal d'Iroquois, Voie Maritime
BAT, XXXII, 12 (déc. 57), 30-33 et 37, texte & ill.

Canalisation du Saint-Laurent
BAT, XXX, 8 (août 55), 28-31, texte & ill.

"La canalisation du Saint-Laurent et ses effets dans la région de Montréal"
BAT, XXVIII (mars 53), 37 et 39 et 41 et 43

Les quatre canaux Welland
BAT, XXX, 9 (sept. 55), 38-43 et 72, texte & ill.

St. Lawrence Seaway project
CB, VI, 12 (déc. 56), 29, ill.

"The people vs. power: the St. Lawrence Valley". (projet de la voie maritime du St-Laurent).
TCA, III, 2 (fév. 58), 34-37

"They blasted the sites to build four stations to keep seaway schedule"
NB, VII, 12 (déc. 58), 20-21

"Villes nouvelles, issues de la canalisation du Saint-Laurent"
BAT, XXX, 4 (avril 55), 28-29

"What the seaway means to builders: A $65 million town building program"
CB, V, 1 (jan. 55), 24-25

Bowser, Sara

"The Planners' Part". (La voie maritime du St-Laurent)
TCA, III, 2 (fév. 58), 38-40

Chapleau, Gaston

La voie maritime du Saint-Laurent
ABC, XIV, 157 (mai 59), 156-162, texte & ill.

Mondin, C.H.

"Ports et travaux maritimes, Engins de Radoub"
BAT, XXX, 6 (juin 55), 53 et 55 et 78

Stokes, Peter

"St. Lawrence: a criticism". (La voie maritime et les nouvelles villes relocalisées).
TCA, III, 2 (fév. 58), 44-48

Anonyme/Anonymous

Édifice de lieu inconnu
N1001 (Un débarcadère)
RAIC, XXXIV, 3 (mars 57), 78, texte & ill.

Transport et communications / Transportation and Communications

Beauport
N1002 Un quai de 700', côté est de la Riv. St-Charles
BAT, XXXVI, 11 (nov. 60), 43, texte.

Gros-Cacouna
N1003 Port, phase II
BAT, LIII, 6 (juin 78), 8, texte & ill.

Montréal
N1004 Terminal pour conteneurs et modernisation des élévateurs à grain
BAT, LIII, 1 (jan. 78), 9, texte.

Niagara Falls
N1005 (Écluses hydrauliques pour les chutes Niagara)
BAT, XXIX, 9 (sept. 54), 52-53, texte & ill.

Pointe-du-Lac
N1006 "tour de signalisation pour la navigation maritime"
BAT, XLVIII, 10 (oct. 73), 5, texte.

Port-Alfred
N1007 "Sur les quais de Port-Alfred"
BAT, XXX, 10 (oct. 55), 52-54

Port-Cartier
N1008 Québec Cartier Mining (quais)
BAT, XXXVI, 11 (nov. 60), 43, texte.

Québec
N1009 Gare maritime Champlain
BAT, XXXIV, 8 (août 59), 51, texte.
N1010 "Installations portuaires, 5 millions de dollars affectés à l'amélioration du port de Québec"
BAT, XXXII, 10 (oct. 57), 79
N1011 Marine Base Complex (Administration Bldg)
CB, XXIV, 8 (août 74), 7, texte.

Rivière-du-Loup.
N1012 Agrandissement du quai
BAT, XXX, 4 (avril 55), 21, texte.

Bisson, Claude
Montréal
N1013 Projet-thèse: La gare maritime
ABC, XVII, 195 (juil. 62), 20-23, texte & ill.

King, Arnold
North Vancouver
N1014 Harbour and Railway Tranportation Centre
RAIC, XXXII, 3 (mars 55), 84, ill.

Leclerc, Claude
Montréal
N1015 Projet-thèse: une gare maritime
ABC, IX, 99 (juil. 54), 24-27, texte & ill.
RAIC, XXXIV, 3 (mars 57), 92, texte & ill.

Manning, Walter J.; Bousquet, Paul
Tadoussac
N1016 Phare de l'Ile Blanche
ABC, XIII, 142 (fév. 58), 50-51, texte & ill.

Murton & Barnes
Hamilton
N1017 Harbour Administration Building
RAIC, XXXII, 5 (mai 55), 167, ill.

Shapiro, Mark A.
Montréal
N1018 Projet-thèse: gare maritime
ABC, XIII, 147 (juil. 58), 41-43, texte & ill.

Wall & Yamamoto
Édifice de lieu inconnu
N1019 Canada Centre for Inland Waters
ARCAN, L (juil. 73), 3-4, texte & ill.

Watson, W.A.
Ontario
N1020 (les premières étapes du creusage du fleuve St-Laurent)
RAIC, XXIX, 9 (sept. 52), 267

Constructions pour le transport terrestre
Constructions for Land Transportation

Constructions pour le chemin de fer
Railways

"The General Motors Train of Tomorrow".
RAIC, XXIV, 11 (nov. 47), 404-405

Easterbrook, Peter
"How to run a better railway, Redevelop the stations"
CB, XXVIII, 5 (mai 78), 38

Anonyme/Anonymous
Chambord
N2001 Gare du CNR
ABC, VI, 62 (juin 51), 15, ill.

Clarkson
N2002 Clarkson Booking Hall
CB, XXVIII, 5 (mai 78), 38, texte & ill.

Farnham
N2003 Gare du C.P.R.
ABC, VI, 62 (juin 51), 14, ill.

Ingleside
N2004 CNR station
NB, VII, 12 (déc. 58), 20-21, texte & ill.

Leaside
N2005 Gare du CPR
ABC, VI, 62 (juin 51), 15, ill.

Marathon
N2006 Gare du C.P.R.
ABC, VI, 62 (juin 51), 15, ill.

Montréal
N2007 Gare Centrale
ABC, II, 13 (mai 47), 1 et 23, ill.
ABC, II, 15 (juil. 47), 35-36, texte.
N2008 CN Central Station (extension)
CB, XXIX, 4 (avril 79), 9, texte.
N2009 Gare Centrale du CNR et édifice de l'aviation
ABC, V, 48 (avril 50), 31, ill.

Ottawa
N2010 "On the March" (Relocalisation de la Gare Union d'Ottawa)
TCA, VI, 10 (oct. 61), 6

Port Credit
N2011 Port Credit Station
CB, XXVIII, 5 (mai 78), 38, texte & ill.

Rivière-du-Loup
N2012 Gare du Canadien National
BAT, XLVIII, 8 (août 73), 5, texte.

Abra and Balharrie
Ottawa
N2013 Walkley Road Railway Yard Office
RAIC, XXXII, 11 (nov. 55), 426, ill.

Cattell/Musson; Downs/Archambault
Vancouver
N2014 Passenger Terminal
TCA, XXV, 3 (mars 80), 4, texte & ill.

Dluhosch, Eric
Ottawa
N2015 Projet-thèse: une gare de chemin de fer
ABC, XV, 171 (juil. 60), 230-233, texte & ill.

Downs/Archambault; Cattell/Musson
N2016 Voir Cattell/Musson; Downs/Archambault

Drummond, G.F.
Morrisburg
N2017 Railway Station
RAIC, XXXVI, 5 (mai 59), 158, texte & ill.

Fellheimer & Wagner
Hamilton
N2018 Hamilton and Buffalo Railway Station
RAIC, XL, 4 (avril 63), 55, ill.

Gallienne, Michel
Québec
N2019 Une gare ferroviaire pour le Québec métropolitain (projet de 5e année, école d'arch., U. Laval)
ABC, XXII, 255 (juil. 67), 38-39, texte & ill.

Hale & Harrison
Squamish (C.-B.)
N2020 Pacific Great Eastern Railway Station
RAIC, XXXV, 12 (déc. 58), 476, ill.

North Vancouver
N2021 P.G.E. Station
RAIC, XXXV, 4 (avril 58), 132, ill.

King, Arnold
North Vancouver
N2022 Harbour and Railway Transportation Centre
RAIC, XXXII, 3 (mars 55), 84, ill.

McCormick, Rankin and Associates
Oakville
N2023 Oakville West Booking Hall
CB, XXVIII, 5 (mai 78), 38, texte & ill.

Parkin, John B. (Ass.)
Ottawa
N2024 Union Station II
TCA, VI, 10 (oct. 61), 6, texte & ill.
TCA, IX, 8 (août 64), 5 et 9, texte & ill.
TCA, XII, 6 (juin 67), 39 et 61-64, texte & ill.
ARCAN, 44, 6 (juin 67), 9 (supplément à la revue), ill.

Schofield, John
Montréal
N2025 Canadian National Railways Station
RAIC, XX, 11 (nov. 43), 185-197, texte & ill.
RAIC, XXII, 12 (déc. 45), 267, ill.

Constructions de métros
Subways

"People conveyor in a tube".
ARCAN, 47 (26 oct. 70), 5

"Le métro de Montréal: agréable et pratique."
AC, 33, 339 (jan.-fév. 77), 6

"Rapid Transit for Vancouver?"
ARCAN, 47 (9 nov. 70), 2

Bourbeau, Armand E.
"Impressions de voyage: le métro de Paris"
ABC, VI, 69 (jan. 52), 22-26, texte & ill.

"Impressions de voyage: l'"Underground" à Londres"
ABC, VI, 70 (fév. 52), 22-25 et 32, texte & ill.

Legault, Guy R.
"Le Métro de Montréal"
ARCAN, 43, 8 (août 66), 44-48

Paterson, W.H.
"Rapid Transit in Toronto".
RAIC, XXIV, 11 (nov. 47), 389 et 393

Prévost, Roland
"Le métro aérien — pour protéger l'avenir de la construction"
BAT, XLVII, 9 (sept. 72), 11 et 18, texte & ill.

Prus, Victor
"Reflections on the Subterranean Architecture of Subway Systems"
TCA, XII, 2 (fév. 67), 35-36

Vallée, Marc E.
"Première dans le métro: une excavation avec parois moulées pour traverser une section saturée et instable" BAT, LIII, 3 (mars 78), 12-14, texte & ill.

Anonyme/Anonymous
Edmonton
N2501 (station de "rapid transit system")
CB, XXV, 4 (avril 75), 34, texte & ill.
Montréal
N2502 Le Métro de Montréal
ARCAN, 43, 8 (août 66), 44-48, texte & ill.
TCA, XII, 2 (fév. 67), 30-34
TCA, XXV, 11 (nov. 80), 29, texte & ill.
AC, 27, 303 (avril 72), 26-29, texte & ill.
ABC, XIX, 214 (fév. 64), 22-42, texte & ill.
ABC, XXI, 245 (sept. 66), texte & ill.
ABC, VI, 72 (avril 72), 39, texte.
BAT, LIII, 3 (mars 78), 12-14
N2503 Station Crémazie
ABC, XIX, 214 (fév. 64), 34-35, texte & ill.
ABC, XXI, 245 (sept. 66), 26-29, texte & ill.
TCA, XII, 2 (fév. 67), 31, ill.
Toronto
N2504 Métro de Toronto
RAIC, XXIV, 11 (nov. 47), 390-400, texte & ill.
RAIC, XXXV, 4 (avril 58), 152
CB, III, 5 (mai 53), 21-24, texte & ill.
CB, VI, 7 (juil. 56), 21, texte & ill.
N2505 Station de métro Yonge et Eglinton
BAT, LI, 4 (avril 76), 6, ill.

Adamson Associates
Toronto
N2506 Glencairn Station
TCA, XXI, 5 (mai 76), 35, texte & ill.
TCA, XXIII, 8 (août 78), 36-37 et 45, texte & ill.
N2507 Spadina Station
TCA, XXI, 5 (mai 76), 40, texte & ill.
TCA, XXIII, 8 (août 78), 36-37 et 43, texte & ill.

Adamson Associates; Erickson, Arthur; Dunlop, Farrow, Aitken
Toronto
N2508 Spadina Rapid Transit System
TCA, XXV, 11 (nov. 80), 45, texte & ill.

Andrews, John; duToit, Roger; Webb, Zerafa, Menkes, Housden
Toronto
N2509 Great Hall Union Station
TCA, XX, 3 (mars 75), 26-33, texte & ill.

Arnott, Gordon
Édifice de lieu inconnu
N2510 Pneumatic closed loop tranportation system
ARCAN, L (juil. 73), 3-5

Ayotte et Bergeron
Montréal
N2511 Station Centre
AC, 28, 319 (nov. 73), 14, texte & ill.

Beaulieu, Jean-Louis
Montréal
N2512 Station Angrignon
AC, XXXV, 353 (juil-août 79), 21-23, texte & ill.
AC, 28, 319 (nov. 73), 19, texte & ill.
BAT, LI, 9 (sept. 76), 8, ill.

Béland, Paul
Édifice de lieu inconnu
N2513 Esquisse: Station centrale de métro
ABC, I, 3 (fév.-mars 46), 14-16, texte & ill.

Blais et Bélanger
Montréal
N2514 Station Allard
AC, 28, 319 (nov. 73), 18, texte & ill.

Bland, Lemoyne, Edwards, Shine
Montréal
N2515 Station Jarry
ABC, XIX, 214 (fév. 64), 31-33, texte & ill.
ABC, XXI, 245 (sept. 66), 30, texte & ill.

Boucher, Claude
Montréal
N2516 Station Jolicoeur
AC, 28, 319 (nov. 73), 17, texte & ill.

Bourgeau, Pierre
Montréal
N2517 Le Métro de Montréal
TCA, XII, 2 (fév. 67), 27-34, texte & ill.

Brassard & Warren
Montréal
N2518 Station St-Laurent
ABC, XXI, 245 (sept. 66), 37, texte & ill.

Brillon, Henri
Montréal
N2519 Station Préfontaine
AC, 27, 305 (juin 72), 8, texte & ill.

Calvert, R.G.
Édifice de lieu inconnu
N2520 (Rapid Transit Terminal)
RAIC, XXV, 5 (mai 48), 156, ill.

Crevier, Lemieux, Mercier, Caron
Montréal
N2521 Station Sherbrooke
ABC, XXI, 245 (sept. 66), 36, texte & ill.
N2522 La station McGill du Métro de Montréal
TCA, XII, 2 (fév. 67), 31, ill.

D'Astous, Roger
Montréal
N2523 Station Beaubien
ABC, XIX, 214 (fév. 64), 25-27, texte & ill.
ABC, XXI, 245 (sept. 66), 32, texte & ill.
TCA, XII, 2 (fév. 67), 32-33, texte & ill.

David, Barott, Boulva
Montréal
N2524 Station Atwater
ABC, XXI, 245 (sept. 66), 38, texte & ill.
TCA, XII, 2 (fév. 67), 31, ill.
N2525 Station Place des Arts
ABC, XXI, 245 (sept. 66), 39-40, texte & ill.
TCA, XII, 2 (fév. 67), 31, ill.

Desnoyers, Mercure, Leziy, Gagnon, Sheppard
Montréal
N2526 Station de métro Vendôme
BAT, LIII, 3 (mars 78), 12-14, texte & ill.

Dubé, Jean-Maurice
Montréal
N2527 Station Verdun
AC, 28, 319 (nov. 73), 16, texte & ill.

Dunlop, Farrow, Aitken
Toronto
N2528 Dupont Station
TCA, XXI, 5 (mai 76), 38-39, texte & ill.
TCA, XXIII, 8 (août 78), 36-37 et 40, texte & ill.
N2529 Lawrence West Station
TCA, XXI, 5 (mai 76), 34, texte & ill.
TCA, XXIII, 8 (août 78), 36-37 et 44, texte & ill.

Dunlop, Farrow, Aitken; Adamson Associates
N2530 Voir Adamson Associates; Erickson, Arthur; Dunlop...

Duplessis et Labelle
Montréal
N2531 Station Chauveau
AC, 27, 305 (juin 72), 10, texte & ill.

Duplessis, Labelle & Derome
Montréal
N2532 Station Jean-Talon
ABC, XXI, 245 (sept. 66), 31, texte & ill.

N2533 Station Rosemont
ABC, XXI, 245 (sept. 66), 33, texte & ill.

duToit, Roger; Andrews, John.
N2534 Voir Andrews, John; duToit, Roger

Erickson, Arthur
Toronto
N2535 Eglinton West Station
TCA, XXI, 5 (mai 76), 36-37, texte & ill.
TCA, XXIII, 8 (août 78), 36-37 et 42, texte & ill.
N2536 Yorkdale Station
TCA, XXI, 5 (mai 76), 32-33, texte & ill.
TCA, XXII, 10 (oct. 77), 8, texte & ill.
TCA, XXIII, 8 (août 78), 36-39, texte & ill.

Erickson, Arthur; Adamson Associates
N2537 Voir Adamson Associates; Erickson, Arthur

Gartenberg, Simon; Kurniki, Mathias
Montréal
N2538 Développement de l'espace aérien de la station de métro Crémazie
ABC, XXIII, 267 (sept. 68), 46-48, texte & ill.

Gillon-Larouche
Montréal
N2539 Lasalle Metro Station
TCA, XXI, 12 (yearbook, déc. 76), 40-44, texte & ill.
TCA, XXIV, 11 (nov. 79), 42-43, texte & ill.

Hébert & Lalonde
Montréal
N2540 Station St. Henri
TCA, XIX, 12 (déc. 74), 53-56, texte & ill.

L'Allier, Lucien
Montréal
N2541 Station Crémazie
ABC, XVIII, 201 (jan. 63), 18-21, texte & ill.

Lemay-Leclerc
Montréal
N2542 Station de l'Église
AC, 28, 319 (nov. 73), 15, texte & ill.

Longpré & Marchand
Montréal
N2543 Station Berri-de-Montigny
ABC, XIX, 214 (fév. 64), 36-42, texte & ill.
ABC, XXI, 245 (sept. 66), 35, texte & ill.
TCA, XII, 2 (fév. 67), 34, texte & ill.

Longpré, Marchand, Goudreau, Dobush, Stewart et Bourke
Montréal
N2544 Station Cadillac
AC, 27, 305 (juin 72), 11, texte & ill.

Mathers, A.S.; Parkin, John B.
Toronto
N2545 Métro de Toronto
RAIC, XXIV, 11 (nov. 47), 389 et 393
RAIC, XXXI, 5 (mai 54), 137-162, texte & ill.

Papineau, Gérin-Lajoie, LeBlanc
Montréal
N2546 Station Peel
ARCAN, 44, 6 (juin 67), 5 (supplément à la revue), ill.
ABC, XXI, 245 (sept. 66), 41-43, texte & ill.
ABC, XXII, 253 (mai 67), 26-28, texte & ill.
TCA, XII, 2 (fév. 67), 29, texte & ill.

Papineau, Gérin-Lajoie, LeBlanc et Edwards
Montréal
N2547 Station Radisson
AC, 27, 305 (juin 72), 13, texte & ill.
AC, 31, 336 (juil.-août 76), 17-21, texte & ill.

Parkin, John B.; Mathers, A.S.
N2548 Voir Mathers, A.S.; Parkin, John B.

Poirier, G.
Édifice de lieu inconnu
N2549 Esquisse: Station centrale de métro
ABC, I, 3 (fév.-mars 46), 14-16, texte & ill.

Pothier, Jean-Paul
Montréal
N2550 Station Laurier
ABC, XXI, 245 (sept. 66), 34, texte & ill.

Prus, Victor
Montréal
N2551 Station Bonaventure
ABC, XXII, 253 (mai 67), 23-24, texte & ill.
TCA, XII, 8 (août 67), 45-48, texte & ill.
N2552 Station Mont-Royal
ABC, XIX, 214 (fév. 64), 28-30, texte & ill.
TCA, XII, 2 (fév. 67), 31, ill.

Prus et Dionne
Montréal
N2553 Station Langelier
AC, 27, 305 (juin 72), 12, texte & ill.

Roy, Yves
Montréal
N2554 Station Lionel-Groulx
AC, 28, 319 (nov. 73), 13, texte & ill.

Sager et Golba
Montréal
N2555 Station Viau
AC, 27, 305 (juin 72), 9, texte & ill.

Toronto Transit Commission
Toronto
N2556 St. Clair West Station
TCA, XXIII, 8 (août 78), 36-37 et 43, texte & ill.
N2557 Wilson Station
TCA, XXIII, 8 (août 78), 36-37 et 41, texte & ill.
CB, XXVI, 12 (déc. 76), 8, texte & ill.

Toronto Transportation Commission
Toronto
N2558 T.T.C. Rapid Transit Station
RAIC, XXV, 6 (juin 48), 210-212, texte & ill.

Webb, Zerafa, Menkes, Housden; Andrews, John
N2559 Voir Andrews, John; duToit, Roger; Webb...

Constructions pour les autobus
Bus Transportation

"Competition" (pour une gare d'autobus)
TCA, VIII, 4 (avril 63), 13

Anonyme/Anonymous
Cobourg
N3001 Garage municipal
CB, IX, 9 (sept. 59), 51, texte & ill.
Hull
N3002 Terminus central d'autobus de Hull
BAT, XXIX, 10 (oct. 54), 43, texte & ill.
Montréal
N3003 Abri d'autobus
CB, VI, 3 (mars 56), 32, ill.
N3004 Garage municipal, rue des Carrières
BAT, XXIX, 1 (jan. 54), 9, texte.
Québec
N3005 Commission des transports de la Communauté urbaine de Québec — Centre d'opérations et de services.
BAT, LII, 3 (mars 77), 5, texte.
St-Jérôme
N3006 Garage municipal
BAT, XXXVI, 10 (oct. 60), 57, texte.
Trois-Rivières
N3007 Garage municipal
BAT, XLVIII, 9 (sept. 73), 3, texte.

Black, H.K.
Regina
N3008 City of Regina Transit System Car House
RAIC, XXXII, 7 (juil. 55), 255, ill.

Bouchard, Paul
Québec
N3009 Gare centrale d'autobus
BAT, XXXIV, 10 (oct. 59), 30-31, texte & ill.

Elarth, H.A.
Toronto
N3010 University Bus Terminal
RAIC, XXX, 10 (oct. 53), 292, ill.

Fortin, Jean-Charles
Rouyn
N3011 Terminus d'autobus
ABC, II, 17 (sept. 47), 77-78, ill.

Janecka, Jerry Fred; Dunlop, Wardwell, Matsui, Aitken
Trend
N3012 (gare pour autobus, gagnant du concours Stelco)
TCA, IX, 5 (mai 64), 6, texte & ill.

Main, Rensaa, Minsos
Edmonton
N3013 Edmonton Transport System, Bus Garage
CB, I, 1 (mars 51), 16-17, texte & ill.

Moffat & Duncan
Mississauga
N3014 Mississauga Transit Facility
CB, XXVII, 12 (déc. 77), 12, texte & ill.
TCA, XXIII, 1 (jan. 78), 8, texte & ill.
TCA, XXIV, 11 (nov. 79), 44-46, texte & ill.

Parkin, John B. (Ass.)
Toronto
N3015 Adelaide Street Coach Terminal
RAIC, XXVII, 8 (août 50), 258, ill.

Parrott, Tambling & Witmer
Toronto
N3016 Hollinger Bus Lines Terminal
RAIC, XXVII, 6 (juin 50), 201, ill.

Sainte-Marie, Paul
Montréal
N3017 Projet d'étudiant: gare de banlieue
ABC, XIII, 151 (nov. 58), 54-55, texte & ill.

Savoie, Roméo
Édifice de lieu inconnu
N3018 Terminus d'autobus
RAIC, XXXIV, 3 (mars 57), 80, texte & ill.

Shennan, David
Montréal
N3019 Terminus de l'Est (autobus)
ABC, VI, 70 (fév. 52), 16-21, texte & ill.

Shore & Moffat & Partners
Édifice de lieu inconnu
N3020 The Gray Coach Terminal
ARCAN, 47 (13 avril 70), 1, texte & ill.

Shorey and Ritchie
Montréal
N3021 Bus Terminal
RAIC, XVIII, 4 (avril 41), 67, ill.
RAIC, XIX, 8 (août 42), 165, ill.

Tidy, Ken
Toronto
N3022 Bus Terminal
RAIC, XXIX, 5 (mai 52), 143, ill.

Wright, C.W.
West Point Grey (C.-B.)
N3023 Abris d'autobus
RAIC, XXV, 5 (mai 48), 163, texte & ill.

Ponts et tunnels
Bridges and Tunnels

Bardout, G., *La construction des tunnels*, Eyrolles, Paris, [s.d.]
BAT, XXX, 1 (jan. 55), 41 et 43

"Les ponts composés de bois et béton; économie, rapidité d'érection"
BAT, XXVII (jan.-fév. 52), 39-41

Amstutz, Ernest
"Une nouvelle conception de pont soudé"
BAT, XXVII (juin 52), 23-24

Bardout, Georges
"Exécution des tunnels"
BAT, XXXI, 7 (juil. 56), 54-59

Mayer, Gerald L.
"Elevated Structures: An Appeal for Feedback" (les voies piétonnières élevées)
TCA, XVIII, 4 (avril 73), 39 et 72

Anonyme/Anonymous
Alberta
N3501 Highway Bridges
CB, I, 1 (mars 51), 18-19, texte & ill.
Arvida-Shipshaw
N3502 Pont sur la rivière Saguenay
CDQ, XXV, 6 (nov.-déc. 50), 12-15, texte & ill.
Baie James
N3503 Pont sur la rivière Opinaca
BAT, LIV, 9 (sept. 79), texte & ill.
Barraute
N3504 Pont Bonin
BAT, XXIX, 10 (oct. 54), 17, texte.
Chambly
N3505 Pont entre Fort Chambly et le village de Richelieu
BAT, XXIX, 3 (mars 54), 14, texte.
N3506 Pont de Chambly, sur le Richelieu
BAT, XXX, 5 (mai 55), 53, texte.
Colombie-Britannique
N3507 Pont sur le Fleuve Columbia
BAT, XLIV, 9 (sept. 69), 36, texte & ill.
N3508 Oak Street Bridge
RAIC, XXXV, 4 (avril 58), 132, ill.
Edmonton
N3509 Pont sur la North Saskatchewan River
RAIC, XXV, 11 (nov. 48), 431
Haig (C.-B.)
N3510 Pont sur la route Trans-Canada
BAT, XXVII (jan.-fév. 52), 39, ill.
Halifax-Dartmouth
N3511 Pont
RAIC, XXXVI, 1 (jan. 59), 22, texte & ill.
Manitoba
N3512 Minnedosa River Bridge
CB, XI, 6 (juin 61), 44, ill.
Mont-Carmel
N3513 Pont sur la rivière Cachée
BAT, XXIX, 7 (juil. 54), 34, texte.
Montmagny
N3514 Pont Rivard
BAT, XXVIII (oct. 53), 30, texte & ill.
Montréal
N3515 Rehaussement du pont Jacques-Cartier
BAT, XXXII, 1 (jan. 57), 30-35, texte & ill.
N3516 Pont Mercier
BAT, XXXII, 6 (juin 57), 60-66, texte & ill.
BAT, XXXII, 9 (sept. 57), 62-67, texte & ill.
N3517 Pont de l'Expo 67
ABC, XX, 230 (juin 65), 48, texte.
N3518 Projet de tunnel entre Montréal et la Rive-Sud.
BAT, XXX, 2 (fév. 55), 55, texte.
N3519 Viaduc de l'Ile des Soeurs — Pont Champlain
BAT, IX, 5 (mai 61), 37, texte & ill.

Niagara
N3520 Niagara Falls Bridge
       RAIC, XVII, 8 (août 40), 150
Ottawa
N3521 Pont Dunbar
       BAT, XXX, 2 (fév. 55), 55, texte.
Papinachois
N3522 Pont sur la Betsiamites
       BAT, XXXIII, 1 (jan. 58), 34, texte & ill.
Pembroke
N3523 Pont Interprovincial
       BAT, XXVIII (oct. 53), 12, texte.
Québec (province)
N3524 Viaduc sur l'autoroute des Laurentides
       BAT, XLVII, 3 (mars 72), 35, ill.
Québec
N3525 Le Pont de l'Ile d'Orléans
       RAIC, XXIII, 6 (juin 46), 141, texte & ill.
N3526 Tunnel entre Québec et Lévis (projet)
       BAT, XXVII (mars 52), 6 et 18, texte.
       BAT, XXIX, 7 (juil. 54), 14, texte.
Rimouski
N3527 Pont à l'entrée ouest de la ville
       BAT, XXIX, 9 (sept. 54), 28, ill.
Rivière-du-Moulin
N3528 Pont
       BAT, XXVII (mai 52), 41-42, texte & ill.
St-Gérard de Wolfe
N3529 (pont-barrage)
       BAT, XXIX, 11 (nov. 54), 51, texte & ill.
St-Paul-de-Joliette
N3530 Pont Arthur Lapierre
       BAT, XXIX, 11 (nov. 54), 19, texte.
St-Paul-du-Nord
N3531 Pont sur la rivière Éperlan
       BAT, XXX, 2 (fév. 55), 55, texte.
Sherbrooke
N3532 Autoroute transquébécoise (4 ponts)
       BAT, LII, 7 (juil. 77), 4, texte.
Trois-Rivières
N3533 Pont Duplessis
       BAT, XXVIII (sept. 53), 17 et 36, texte.
       BAT, XXVIII (oct. 53), 35, texte.
       BAT, XXIX, 1 (jan. 54), 32, texte.
N3534 Pont Lejeune
       BAT, XXIX, 1 (jan. 54), 32, texte.
Valleyfield
N3535 Pont Mgr Langlois
       BAT, XXVI, 10 (oct. 51), 14, texte.
       BAT, XXIX, 11 (nov. 54), 18, texte.
       CDQ, XXVI, 2 (mars-avril 51), 6, texte.
Victoria
N3536 Point Ellice Bridge
       TCA, I, 6 (juin 56), 18

Barott, Marshall, Merrett & Barrott
Montréal
N3537 (Pont entre 2 édifices)
       CB, X, 6 (juin 60), 23, ill.

Beauchemin-Beaton, Lapointe
Ottawa-Hull
N3538 Pont McDonald Cartier
       AC, 24, 278 (oct. 69), 26, texte & ill.

Beaulieu, Trudeau et Ass.
Montréal (Expo 67)
N3539 Pont des Iles de l'Exposition Universelle 1967
       ABC, XXI, 238 (fév. 66), 42, texte & ill.

Cazaly, Laurence
Édifice de lieu inconnu
N3540 R.C.Y.C. Footbridge
       TCA, V, 10 (oct. 60), 49, texte & ill.

Crépeau-Côté et Lemieux
Magog
N3541 Pont Jacques-Cartier
       BAT, XXVII (jan.-fév. 52), 6, ill.
       BAT, XXVIII (oct. 53), 14, texte.
       BAT, XXIX, 9 (sept. 54), 19, texte.
       BAT, XXIX, 11 (nov. 54), 3 et 46-47, texte & ill.

Demers, Georges
Trois-Rivières
N3542 Pont de Trois-Rivières
       ABC, XX, 235 (nov. 65), 58, texte.

Des Rochers & Dumont
Laval
N3543 Pont Papineau/Leblanc
       AC, 25, 287 (sept. 70), 25, texte & ill.

Eldred, Brian
Edmonton
N3544 Commercial Bridge development over the North Saskatchewan River
       ARCAN, 46, 5 (mai 69), 59-60, texte & ill.

Fowler, C.A. (Co.); Pratley, P.L.
N3545 Voir Pratley, P.L.; Fowler, C.A. (Co.)

Gendron, Lefebvre & Ass.
Montréal
N3546 Pont Papineau-Leblanc
       BAT, XLV, 7 (juil. 70), 6, texte & ill.
       BAT, XLVI, 5 (mai 71), 5, texte & ill.
       TCA, XVI, 5 (mai 71), 7, texte & ill.

Haddin, Davis & Brown Ltd
Sarcee (Alberta)
N3547 Class 100 Tank Bridge (pour l'armée)
       RAIC, XXXIII, 9 (sept. 56), 342, ill.

Hawthorn, Mansfield, Towers
Vancouver
N3548 Laurel Street Crossing
       TCA, XXII, 9 (sept. 77), 40, texte & ill.

Heuer, Harry
Calgary
N3549 Pedestrian Bridge
       ARCAN, 46, 1 (jan. 69), 38, ill.

Houle, C. Raymond
Joliette
N3550 Viaduc, rue St-Marc
       BAT, XXVIII (oct. 53), 39-42 et 49 et 50, texte & ill.

Huget & Secord
Niagara-on-the-Lake
N3551 Foot bridge
       TCA, VI, 11 (nov. 61), 8, ill.
       RAIC, XXXVIII, 11 (nov. 61), 63, ill.

Irwin, Stephen
Toronto
N3552 "Pedestrian Tubes", Gardiner Expressway
       CB, XXIII, 2 (fév. 73), 48, texte & ill.

Kennedy, Warnett
Vancouver
N3553 Crossing of Burrard Inlet
       TCA, XVII, 3 (mars 72), 44, texte & ill.
       TCA, XVII, 6 (juin 72), 71, texte.
       ARCAN, 48 (15 mars 71), 1, texte & ill.

Lalonde et Valois
Montréal
N3554 Le tunnel de la rue Berri
       ABC, XVI, 186 (oct. 61), 44-45, texte & ill.

Lehrman, Jonas; Rees, William E.
Vancouver
N3555 "Third Crossing Fiasco". (un troisième pont à Vancouver)
       TCA, XVII, 9 (sept. 72), 56-57 et 72

Lorrain & Gérin-Lajoie
Édifice de lieu inconnu
N3556 Autoroute No. 20 (Viaducs)
       AC, 24, 278 (oct. 69), 29, texte & ill.
Beaconsfield
N3557 Viaducs de la Montée St-Charles
       AC, 24, 278 (oct. 69), 28, texte & ill.

McBride-Ragan
Edmonton
N3558 Ardrossan Grade Separation, Highway
       TCA, XII, 8 (août 67), 11-12, texte & ill.

Ontario Ministry of Transportation and Communications
Grimsby
N3559 Queen Elizabeth Way (3 ponts)
       TCA, XIX, 3 (mars 74), 24, texte & ill.

Owtram, Christopher
Vancouver
N3560 pont suspendu
       RAIC, XXXVII, 2 (fév. 60), 50, texte & ill.

Palmer and Bow
Vancouver
N3561 Lion's Gate Bridge
       RAIC, XVIII, 11 (nov. 41), 136, ill.

Phillips, Barratt and Partners
Édifice de lieu inconnu
N3562 Hudson Hope Bridge
       TCA, X, 8 (août 65), 6, texte & ill.

Phillips, Barratt, Hillier, Jones & Partners
Vancouver
N3563 Hudson St. Bridge
       TCA, XIX, 6 (juin 74), 66-67, texte & ill.

Piette, Audy et Lépinay
Joliette
N3564 Viaduc de Joliette
       BAT, XXXII, 7 (juil. 57), 14, texte.

Pratley, P.L.; C.A. Fowler & Company
Halifax
N3565 Pont entre Halifax et Dartmouth
       BAT, XXVII (juil. 52), 43, texte & ill.
       BAT, XXX, 5 (mai 55), 58-59, texte & ill.

Pyatt, Bill
Kitchener
N3566 "Three Bridges" (réparations)
       TCA, XIX, 12 (déc. 74), 13, texte & ill.

Roy, Albert
Rimouski
N3567
       CDQ, XXVI, 2 (mars-avril 51), 6, texte.

Scheel, Hans J.
Guelph
N3568 (Un tunnel de béton-armé)
       TCA, XVII, 9 (sept. 72), 7, texte & ill.

Somerville, W.L.
St. Catharines
N3569 Henley Bridge
       RAIC, XVIII, 5 (mai 41), 82, ill.

Souter, William R. (Ass.)
Burlington
N3570 The Six-Lane Burlington Skyway
       TCA, I, 2 (jan.-fév. 56), 13, texte & ill.

Standford & Wilson
Toronto
N3571 Canadian National Institute for the Blinds (footbridge)
       CB, VI, 6 (juin 56), 39, texte & ill.

Tellier, Gérald
Trois-Rivières
N3572 Projet-thèse: projet d'un pont (viaduc) en béton armé
       ABC, IX, 99 (juil. 54), 38-41, texte & ill.
       BAT, XXIX, 12 (déc. 54), 28-29 et 31, texte & ill.

Routes
Roads and Highways

"Les routes du Québec, extraits d'un rapport officiel du Ministère de la Voirie"
CDQ, XXVI, 3 (mai-juin 51), 16 et 36, texte & ill.

Acland, James H.
"Expressway Aesthetics"
TCA, VII, 5 (mai 62), 59-64

Aubin, Hervé; Fournier, René; Gauvin, Lucien
"Traitement de surface" (revêtement pour les routes)
BAT, XXVII (oct. 52), 20

Blumenfeld, Hans
"Urban Freeways"
TCA, XV, 4 (avril 70), 52-55

Conradt, R.; Fearnly, E.
"An Interdisciplinary Approach to Highway Design".
TCA, XVI, 3 (mars 71), 40-44

Gilchrist, C.W.
"Pour que le Canada continue de progresser, il lui faut un réseau routier efficace"
BAT, XXXII, 8 (août 57), 50-55, texte & ill.

Gill, Georges A.
"Construction routière I: La Chaussée"
BAT, XXXII, 9 (sept. 57), 72-75 et 79, texte & ill.

Goulding, W.S.
"Ontario" (Le transport automobile et ses effets sur les édifices à Toronto).
RAIC, XXX, 12 (déc. 53), 368

Kettle, John
"Highways as landscape architecture".
TCA, IV, 6 (juin 59), 56-59

Lamarche, C.E.
"La route 15 entre les cantons de Laflèche et Ragueneau"
BAT, XXVII (mars 52), 44

Lamarche, C.E.
"Sous la pression de l'hiver" (entretien des routes)
CDQ, XXV, 6 (nov.-déc. 50), 16-17, texte & ill.

Anonyme/Anonymous
Canada
N4001 Route Trans-Canada
BAT, XXX, 12 (déc. 55), 21, texte & ill.
Hull
N4002 Centre régional de la Voirie
BAT, LII, 12 (déc. 77), 4, texte.
Montréal
N4003 L'autoroute Montréal-Laurentides
BAT, XXXII, 5 (mai 57), 78-80, texte & ill.
TCA, VI, 1 (jan. 61), 37-44
N4004 Le boulevard Henri-Bourassa
ABC, XVI, 186 (oct. 61), 47, texte & ill.
N4005 Le dégagement de la gare Windsor
ABC, XVI, 186 (oct. 61), 46, texte & ill.
Sherbrooke
N4006 Autoroute transquébécoise — échangeur (Omerville et Rock Forest)
BAT, LII, 7 (juil. 77), 4, texte.
N4007 Échangeur (au croisement du boulevard Bourque)
BAT, LII, 7 (juil. 77), 4, texte.
Toronto
N4008 Spadina Expressway
ARCAN, 48 (25 oct. 71), 5
TCA, XVII, 4 (avril 72), 8-9
Yukon
N4009 Alaskan Highway Border Station
CB, XXI, 2 (fév. 71), 8, texte & ill.

Banz, Brook, Carruthers, Grierson, Shaw
Maple
N4010 Imperial Oil Simcoe Centre Highway 400
ARCAN, 45, 5 (mai 68), 8-9, texte & ill.

Blankstein, Morley
Édifice de lieu inconnu
N4011 Bureau d'information touristique
RAIC, XXIII, 4 (avril 46), 99, texte & ill.

Brassard & Warren
Montréal
N4012 Postes de contrôle de l'autoroute Montréal-Laurentides
ABC, XV, 166 (fév. 60), 36-37, texte & ill.

Clifford & Lawrie
Toronto
N4013 Spadina Expressway (Eglinton Interchange)
TCA, XIII (yearbook 68), 42-43 et 46-47, texte & ill.

Denoncourt, E.J.
Trois-Rivières
N4014 Bureau de Tourisme
ABC, IV, 38 (juin 49), 35, ill.

Lalonde, Girouard, Letendre
Montréal
N4015 La voie Camilien-Houde
ABC, XVI, 186 (oct. 61), 41-43, texte & ill.

Lalonde et Valois
Montréal
N4016 Le carrefour à voies étagées des avenues du Parc et des Pins.
ABC, XVI, 186 (oct. 61), 38-40, texte & ill.

Lamarche, C.E.
Chicoutimi
N4017 "Projet de rond-point dans la région de Chicoutimi"
CDQ, XXIV, 4 (juil. 49), 11 et 18, texte & ill.
Lévis
N4018 Nouveau tracé de la route No. 3
CDQ, XXVI, 4 (juil.-août 51), 19-20 et 38, texte & ill.

Langelier, J. Napoléon
Montréal
N4019 Boulevard métropolitain
ABC, XVI, 186 (oct. 61), 34-37, texte & ill.

Lloyd, Martin
Édifice de lieu inconnu
N4020 (a driveway with terraced approaches)
RAIC, XVII, 3 (mars 40), 41-42, texte & ill.

Loisos, Alexandre N.
Montréal
N4021 Poste de péage et édifice administratif à la sortie sud du Pont Jacques-Cartier
ABC, XIV, 163 (nov. 59), 360-364, texte & ill.

St-Pierre, Laurent
Granby
N4022 (Kiosque touristique)
BAT, XXXVI, 9 (sept. 60), 75, texte.

Travaux divers
Miscellaneous Works

Anonyme/Anonymous
Canada
N4501 Gazoduc Transcanadien
BAT, XXXII, 4 (avril 57), 66-75 et 82

Parkin, John B. (Ass.)
Toronto
N4502 Toronto Transportation Centre Study
ARCAN, 45, 1 (jan. 68), 57, ill.
TCA, XII, 3 (mars 67), 19, texte & ill.
TCA, XII (yearbook 67), 87, ill.

Constructions pour les télécommunications
Telecommunications Buildings

"Bell Telephone has big plans"
NB, VIII, 7 (juil. 59), 29
"How 'The Bell' buys from you"
CB, X, 5 (mai 60), 67-69
"Le plus important réseau de téléphone par cable au monde"
BAT, L, 11 (nov. 75), 7, texte.
"*TV Stations — A Guide for Architects Engineers and Management* par Walter J. Duschinski"
ABC, X, 109 (mai 55), 49

Desbarats, Guy
"Cellule II — working towards a new environment for work".
ARCAN, 48 (1 fév. 71), 4-5

Lev, Roy
Communication Centre for Winnipeg Free Press
RAIC, XXXI, 3 (mars 54), 70, texte & ill.

McLellan, Andrew N.
"Television Broadcasting Stations".
RAIC, XXVIII, 6 (juin 51), 179-185

MacNab, F.J.
"Telephone Buildings, Seventy Years of Progress"
RAIC, XXVIII, 10 (oct. 51), 281-285

Ouimet, Alphonse
"Programming for Eighteen Million Experts".
RAIC, XXXVIII, 6 (juin 61), 84-87

Constructions pour la radio et la télévision
Radio and Television Constructions

Anonyme/Anonymous
Burnaby
N7001 Chan-Nel S T-V
CB, X, 9 (sept. 60), 28, ill.
Montréal
N7002 Canadian Broadcasting Corp. (Agrandissement)
RAIC, XXXV, 11 (nov. 58), 433
Toronto
N7003 CBC Complex
CB, XXIII, 10 (oct. 73), 72, texte.

Adams, Sidney
Édifice de lieu inconnu
N7004 (Studio de radiodiffusion)
RAIC, XVII, 3 (mars 40), 43, texte & ill.

Björnstard, Tore
Montréal
N7005 Place Radio-Canada
AC, 26, 297 (sept. 71), 24-33, texte & ill.
TCA, XV, 4 (avril 70), 6-7, texte & ill.
ARCAN, 43, 10 (oct. 66), 37, texte & ill.
CB, XVIII, 8 (août 68), 5, texte.
CB, XX, 7 (juil. 70), 29, texte & ill.
CB, XXI, 11 (nov. 71), 5, texte.
BAT, XLV, 7 (juil. 70), 20-21, texte & ill.
BAT, XLVI, 3 (mars 71), 26-27 et 29 et 34, texte & ill.
BAT, XLVII, 2 (fév. 72), 30, texte & ill.
BAT, XLVIII, 7 (juil. 73), 12-15 et 18, texte & ill.
BAT, L, 1 (jan. 75), 23, texte & ill.

Blackwell, Craig and Zeidler
Peterborough
N7006 Chex. Radio. TV
TCA, I, 4 (avril 56), 39-40, texte & ill.

Boulanger, Faucher & Gagnon
Sherbrooke
N7007 Radio-Télévision Sherbrooke Inc.
AC, 26, 298 (oct. 71), 26-27, texte & ill.

Bureau des architectes de Radio-Canada
Alberta
N7008 Émetteur CBX de Radio-Canada
ABC, II, 19 (nov. 47), 41, ill.
Marieville
N7009 Émetteur CBM de Radio-Canada
ABC, II, 19 (nov. 47), 38, ill.
Sackville
N7010 Station ondes courtes du Service international de Radio-Canada
ABC, II, 19 (nov. 47), 36-37, ill.
Verchères
N7011 Émetteur CBF, de Radio-Canada
ABC, II, 19 (nov. 47), 39, ill.

DeBlois, Jacques; Laroche, Guy
N7012 Voir Laroche, Guy; DeBlois, Jacques

DuBois & Ass.
Kitchener
N7013 Grand River Cable Television Offices
TCA, XXIV, 9 (sept. 79), 40-41, texte & ill.
CB, XXX, 1 (jan. 80), 14-15, texte & ill.

Erickson-Massey
Burnaby
N7014 Water Tower and B.C. Hydro and Power; Communications Centre
TCA, XII, 8 (août 67), 11-12, texte & ill.
BAT, XLII, 8 (août 67), 7, texte & ill.
CB, XVII, 9 (sept. 67), 6, texte & ill.

Fairfield, R.C.
Édifice de lieu inconnu
N7015 (un studio de radiodiffusion)
RAIC, XVII, 3 (mars 40), 43, texte & ill.

Fiset, Édouard
Québec
N7016 Extension du poste CFCM-TV et CKLH-TV
BAT, XXXIII, 5 (mai 58), 28-29, texte & ill.

Fiset & Deschamps
Québec
N7017 Poste de télévision CFCM-TV
BAT, XXIX, 6 (juin 54), 34-35, texte & ill.
ABC, IX, 104 (déc. 54), 24-25, texte & ill.

Haines, Ismay W.
Édifice de lieu inconnu
N7018 A Prairie Regional Broadcasting Centre
RAIC, XXVII, 4 (avril 50), 142, texte & ill.

Hames, W.G.
Winnipeg
N7019 (station radiodiffusion)
RAIC, XXIV, 5 (mai 47), 146, texte & ill.

Jodoin, Lamarre, Pratte & Ass.
Montréal
N7020 CJMS
BAT, LV, 3 (avril 80), 5, ill.

Laroche, Guy; DeBlois, Jacques
Sillery
N7021 Le poste C.J.L.R.
ABC, XV, 176 (déc. 60), 381-384, texte & ill.

LeFort, J.S. et Ass.
Hull
N7022 Poste "CKCH" et journal "Le Droit"
ABC, I, 9 (déc. 46), 26, texte.

Lewis, A.C.
Édifice de lieu inconnu
N7023 (studio de radiodiffusion)
RAIC, XVII, 3 (mars 40), 44, texte & ill.

McKinstry, D.G.
Marieville
N7024 CBM Broadcasting Studio
RAIC, XVIII, 4 (avril 41), 66, ill.
Montréal
N7025 Édifice de la Société Radio-Canada
BAT, XXVII (nov. 52), 3, ill.
BAT, XXVII, 11 (nov. 52), 16-18, texte & ill.
RAIC, XXIX, 3 (mars 52), 64-66, ill.
CB, I, 2 (mai 51), 58, texte & ill.
CB, II, 9 (sept. 52), 26-27, texte & ill.
Verchères
N7026 CBF Studio
RAIC, XVIII, 4 (avril 41), 66, ill.

Morgan, Earle C.
North York
N7027 Radio Station C.H.U.M.
RAIC, XXIII, 10 (oct. 46), 259, texte & ill.

Murray, J.A.
Édifice de lieu inconnu
N7028 (bâtiment pour un studio de radiodiffusion)
RAIC, XVII, 3 (mars 40), 42, texte & ill.

Rhone & Iredale
Vancouver
N7029 Vantel Broadcasting Co.
RAIC, XXXIX, 4 (avril 62), 34, ill.

Thompson, Berwick, Pratt
Vancouver
N7030 CBC Building
TCA, XXI, 8 (août 76), 6-7, texte & ill.
N7031 CKWX Radio Station
TCA, II, 2 (fév. 57), 37-44
RAIC, XXXV, 12 (déc. 58), 445-447, ill.
RAIC, XXXIX, 4 (avril 62), 34, ill.
NB, VIII, 1 (jan. 59), 25, texte & ill.
CB, IX, 1 (jan. 59), 20, ill.

Verhagen, C.A.
Charlottetown
N7032 Radio-Canada
BAT, XLVII, 3 (mars 72), 20, texte & ill.
CB, XXII, 4 (avril 72), 31, texte.

Wilde, Margaret
Édifice de lieu inconnu
N7033 (Station de radio)
RAIC, XVII, 3 (mars 40), 43, texte & ill.

Constructions pour le téléphone
Telephone Company Constructions

Anonyme/Anonymous
Bramalea
N8001 Bell Canada switching centre building
CB, XXVIII, 7 (juil. 78), 20, texte & ill.
Calgary
N8002 Alberta Gouvernement Telephones Building
CB, XXIII, 12 (déc. 73), 54, texte & ill.
Chicoutimi
N8003 Cie de Téléphone du Saguenay
ABC, IV, 44 (déc. 49), 21, ill.
Chute-des-Passes
N8004 Installation de la ligne téléphonique devant desservir Chute-des-Passes
BAT, XXXII, 2 (fév. 57), 48-49 et 53, texte & ill.
Edmonton
N8005 Alberta Government Telephones
CB, XIII, 10 (oct. 63), 45, texte & ill.
Garibaldi Park (C.-B.)
N8006 Automatic telephone exchange
CB, XVI, 9 (sept. 66), 6, ill.
Halifax
N8007 Maritime Telephone and Telegraph Building
NB, VIII, 10 (oct. 59), 30, texte & ill.
Kingston
N8008 Kingston Bell Telephone Exchange
CB, X, 5 (mai 60), 69, ill.
L'Ancienne-Lorette
N8009 Compagnie de Téléphone Bell du Canada
BAT, XXXIV, 8 (août 59), 13, texte.
Laval
N8010 Bell Canada (centre de service)
BAT, LII, 10 (oct. 77), 5, texte.
London
N8011 Northern Electric
CB, XIV, 11 (nov. 64), 19, texte.
Montréal
N8012 La Compagnie de Téléphone Bell (ajout d'un 4e étage)
BAT, XXX, 10 (oct. 55), 22, texte.
N8013 Cie de téléphone Bell, rue Belmont
BAT, IX, 9 (sept. 61), 47, texte & ill.
Pointe-aux-Trembles
N8014 Bell Telephone Building
TCA, XIII, 4 (avril 68), 9, texte & ill.
Québec
N8015 Compagnie de Téléphone Bell
BAT, XXX, 10 (oct. 55), 22, texte.
Regina
N8016 Saskatchewan Telecommunications
CB, XXVI, 12 (déc. 76), 5, texte.
Ste-Anne-de-Beaupré
N8017 Téléphone Bell (une centrale téléphonique)
BAT, XXXIV, 3 (mars 59), 51, texte.
Ste-Foy
N8018 Compagnie de Téléphone Bell
BAT, XXXII, 10 (oct. 57), 84, texte.
Scarborough
N8019 Teleglobe Canada
CB, XXIX, 4 (avril 79), 10, texte.
Sherbrooke
N8020 Bell Canada
BAT, XLVIII, 10 (oct. 73), 3, texte.
Toronto
N8021 (cabine téléphonique)
TCA, I, 3 (mars 56), 13, texte & ill.
N8022 Bell Canada Head Office Bldg.
TCA, XXII, 11 (nov. 77), 48-49, texte & ill.

Adamson, Gordon S. (Ass.)
Ajax
N8023 The Bell Telephone of Canada
TCA, VI, 11 (nov. 61), 8, ill.
BAT, IX, 12 (déc. 61), 13-14, texte & ill.
CB, XI, 12 (déc. 61), 38-39 et 44, texte & ill.
Bramalea
N8024 Northern Electric Co., Ltd, Toronto Branch Laboratory
TCA, XIII, 10 (oct. 68), 8, ill.
TCA, XIV, 4 (avril 69), 47-50, texte & ill.
ARCAN, 45, 10 (oct. 68), 9-10, texte & ill.
CB, XVIII, 10 (oct. 68), 38, ill.
CB, XVIII, 11 (nov. 68), 45, ill.
Scarborough
N8025 Bell Canada Telecommunications Centre
CB, XIX, 12 (déc. 69), 42, texte & ill.
N8026 Bell Canada 4A Crossbar Building
TCA, XVI, 11 (nov. 71), 6-7, texte & ill.
TCA, XVIII, 1 (jan. 73), 4-5, texte & ill.

Allward & Gouinlock
Sault Sainte-Marie
N8027 The Bell Telephone Company of Canada
RAIC, XXVIII, 10 (oct. 51), 294-295, ill.

Barott, Marshall, Montgomery & Merrett
Montréal
N8028 Bell Telephone, rue Belmont.
ABC, I, 8 (nov. 46), 26, texte.

Beaulé et Morissette
Beauport
N8029 Téléphone Bell
ABC, IV, 40 (août 49), 27, ill.
Charlesbourg
N8030 Bell Téléphone, Centrale automatique
ABC, IV, 40 (août 49), 28, ill.
Québec
N8031 Immeuble de Bell Telephone, boul. Saint-Cyrille
ABC, I, 8 (nov. 46), 26, texte.
ABC, II, 11 (fév. 47), 33, ill.
ABC, IV, 40 (août 49), 26-27, ill.
N8032 Bell Téléphone, carré d'Youville
ABC, IV, 40 (août 49), 26, ill.

Bell Telephone Architects
Hudson
N8033 Bell Telephone Company of Canada
CB, X, 5 (mai 60), 68, ill.

Montréal
N8034 Bell Telephone Company of Canada
CB, X, 5 (mai 60), 67-68, texte & ill.
CB, IX, 1 (jan. 59), 25-26, texte & ill.
BAT, XXXIV, 5 (mai 59), 48, texte & ill.
Verdun
N8035 Bell Telephone Company of Canada
CB, X, 5 (mai 60), 68, ill.
BAT, XXXIV, 5 (mai 59), 48, texte & ill.

Black, H.K.
Yorkton
N8036 Yorkton Telephone Exchange Addition Saskatchewan Government Telephones
RAIC, XXXII, 7 (juil. 55), 255, ill.

Bland, LeMoyne, Edwards; Trudeau, Charles-Elliott
Ottawa
N8037 Northern Electric Research and Development Laboratories
RAIC, XL, 3 (mars 63), 46-56, texte & ill.
RAIC, XLI, 11 (nov. 64), 127, texte & ill.
RAIC, XLII, 11 (nov. 65), 55-57, texte & ill.
TCA, VII, 7 (juil. 62), 43-48, texte & ill.
TCA, X, 11 (nov. 65), 13 et 24, texte & ill.

D'Astous & Pothier
Belleville
N8038 Bell Telephone Co. of Canada
CB, XIV, 7 (juil. 64), 35, texte & ill.

David & Boulva
Saint-Léonard
N8039 Central interurbain, Bell Canada
BAT, XLIX, 5 (mai 74), 20, texte & ill.

David et David
Ste-Rose
N8040 Bell Telephone, Central automatique
ABC, IV, 40 (août 49), 29, ill.

Dépatie, J.-O.; Meadowcroft, J.-C.
Lachine
N8041 Northern Electric
ABC, IV, 33 (jan. 49), 21, ill.

Dunne, Joseph
Montréal
N8042 CP télécommunications
BAT, XLIX, 4 (avril 74), 11, texte & ill.

Erickson-Massey
Burnaby
N8043 Water tower and B.C. Hydro and Power; Communications centre.
TCA, XII, 8 (août 67), 11-12, texte & ill.
BAT, XLII, 8 (août 67), 7, texte & ill.
CB, XVII, 9 (sept. 67), 6, texte & ill.

Hazelgrove and Lithwick
Eastview (Ont.)
N8044 The Bell Telephone Company of Canada
RAIC, XXVIII, 10 (oct. 51), 290, ill.

Labelle, Henri-S.
Joliette
N8045 Bell Téléphone, central automatique
ABC, IV, 40 (août 49), 29, ill.
St-Eustache
N8046 Bell Téléphone, central automatique
ABC, IV, 40 (août 49), 29, ill.
Ste-Thérèse
N8047 Bell Téléphone, Central automatique
ABC, IV, 40 (août 49), 28, ill.
RAIC, XXVIII, 10 (oct. 51), 297, ill.
Shawinigan
N8048 Compagnie de Téléphone Bell
BAT, XXX, 10 (oct. 55), 22, texte.

Lawson & Little
St-Jérôme
N8049 Immeubles du Bell Téléphone, boul. Labelle
ABC, IV, 40 (août 49), 25, texte & ill.
RAIC, XXVIII, 10 (oct. 51), 299, ill.

Lepage, Firmin
Rimouski
N8050 Transformation et rénovation du Central téléphonique
BAT, XLII, 2 (fév. 67), 17-19, texte & ill.

McCarter, Nairne & Partners
Vancouver
N8051 B.C. Telephone Exchange
RAIC, XXXIX, 4 (avril 62), 34, ill.

McDougall, Smith, Fleming
Montréal
N8052 Northern Electric
ABC, IV, 33 (jan. 49), 20, ill.

MacNab, F.J.
Kingston
N8053 The Bell Telephone Company of Canada
RAIC, XIX, 3 (mars 42), 45-46, ill.
London
N8054 The Bell Telephone Company of Canada
RAIC, XIX, 7 (juil. 42), 152, ill.

Marani and Morris
Brantford (Ont.)
N8055 The Bell Telephone Company of Canada
RAIC, XXVIII, 10 (oct. 51), 286-287, ill.
Toronto
N8056 Bell Telephone Company of Canada
CB, X, 5 (mai 60), 69, ill.

Marani, Morris & Allan
Toronto
N8057 Bell Telephone of Canada
CB, XIII, 2 (fév. 63), 50, texte & ill.

Marani, Rounthwaite & Dick
Toronto
N8058 Bell Telephone
CB, XV, 6 (juin 65), 44-45, texte & ill.

Mathers and Haldenby
Toronto
N8059 Bell Telephone Co. of Canada
RAIC, XXV, 11 (nov. 48), 412, ill.
N8060 Bell Telephone Co.
CB, VI, 5 (mai 56), 64, texte & ill.
N8061 Bell Canada, Mount Pleasant Rd
RAIC, XXVIII, 10 (oct. 51), 300-301, ill.

Meadowcroft, J.C.
Montréal
N8062 East End Service Centre (Bell Canada)
RAIC, XXVIII, 10 (oct. 51), 301, ill.
Pointe-aux-Trembles
N8063 Central automatique, Bell Telephone
ABC, IV, 40 (août 49), 28, ill.

Meadowcroft, J.C.; Dépatie, J.-O.
N8064 Voir Dépatie, J.-O.; Meadowcroft, J.C.

Murray, Brown & Elton
Orillia (Ont.)
N8065 Bell Telephone
RAIC, XXVIII, 10 (oct. 51), 288, ill.
Port Credit (Ont.)
N8066 Bell Telephone
RAIC, XXVIII, 10 (oct. 51), 289, ill.

Perry, A. Leslie
Montréal
N8067 Canadian Overseas Telecommunication Corp.
RAIC, XXXII, 10 (oct. 55), 377, ill.

Prack and Prack
Bronte
N8068 Bell Telephone Company of Canada (dial exchange)
CB, X, 5 (mai 60), 69, texte & ill.
Burlington
N8069 The Bell Telephone Company of Canada
RAIC, XXVIII, 10 (oct. 51), 299, ill.

Ross, Patterson, Townsend & Heughan
Sherbrooke
N8070 Bell Téléphone
ABC, IV, 40 (août 49), 27, ill.

Roux et Morin
Weir (Qué.)
N8071 Téléglobe Canada
BAT, LIV, 10 (oct. 79), 20, texte & ill.

Stock, Ramsay & Ass.
Regina
N8072 Telephone Exchange
RAIC, XXXII, 7 (juil. 55), 256, ill.

Trudeau, Charles-Elliott; Bland, LeMoyne, Edwards
N8073 Voir Bland, LeMoyne, Shine; Trudeau, Charles-Elliott

Webb, Zerafa, Menkes
Dorval
N8074 Centre des données Bell
BAT, XLIII, 7 (juil. 68), 18, texte.
BAT, XLV, 7 (juil. 70), 20-21, texte & ill.
CB, XVII, 12 (déc. 67), 6, texte & ill.
Toronto
N8075 Data Centre Bell Canada
CB, XVII, 12 (déc. 67), 6, texte & ill.
CB, XVIII, 7 (juil. 68), 6, texte.

Webb, Zerafa, Menkes, Housden
Toronto
N8076 Bell Canada Office Complex
CB, XXIV, 1 (jan. 74), 43, texte.

Wiggs, H. Ross
Notre-Dame-des-Laurentides
N8077 The Bell Telephone Company of Canada
RAIC, XXVIII, 10 (oct. 51), 296, ill.

Urbanisme
Town Planning

La bibliographie qui suit se subdivise ainsi:
   Théorie
   Rénovation urbaine
   Transport urbain
   Lois, zonage et règlements de zonage
   Organismes et recherche

The bibliography is divided as follows:
   Theory
   Urban Renewal
   Urban Transportation
   Planning Acts, Zoning, and Bye-Laws
   Organizations and Research

Théorie (planification, composition urbaine, esthétique)
Theory (Planning, Town Design, Aesthetics)

"Affaires urbaines et régionales"
AC, 27, 308 (oct. 72), 10

"A final need: The diverse region". (l'atmosphère urbaine)
TCA, II, 9 (sept. 57), 34-38

"A process for site planning".
ARCAN, 47 (10 août 70), 6

"Architects, planners plan underground wiring push"
CB, XI, 7 (juil. 61), 45

"A third need: the living centre". (le coeur de la ville)
TCA, II, 8 (août 57), 24-28

Banz, George. *Elements of Urban Form.* McGraw — Hill of Canada Ltd, [s.l.], [s.d.].
TCA, XVI, 2 (fév. 71), 8-9

Basic conclusions for future civic design"
CB, XII, 8 (août 62), 64

"Big enough to look at an elephant: small enough to recognize a cow." (sur la grosseur des villes)
ARCAN, 48 (22 nov. 71), 7

Briggs, Martin S., *Town and Country Planning*, George Allen & Unwin Ltd, Londres, 1948.
BAT, XXVII, 3 (mars 52), 54

Carver, Humphrey, *Cities in the suburbs*, University of Toronto Press, [s.l.], [s.d.].
TCA, VIII, 4 (avril 63), 34

Chapin, F. Stuart Jr., *Urban Land Use Planning*, Harper & Brothers, New York, [s.d.]
CB, VII, 12 (déc. 57), 62

"City planning must meet modern needs"
CB, VII, 12 (déc. 57), 45

"Comment, Cities in the suburbs"
TCA, VIII, 4 (avril 63), 126

"Comment, the Developper, the Architect and the City".
TCA, VIII, 2 (fév. 63), 122

"Criticism" (l'utilisation des terres, législation, propriétés publiques)
TCA, XVIII, 6 (juin 73), 6

"Croissance des villes canadiennes"
BAT, XLVII, 1 (jan. 72), 7, texte, tableau

Crowley, Ronald W. et Hartwick, John M., *Croissance de l'économie urbaine: la situation au Canada*, sans édition, sans lieu, sans date.
AC, 28, 316 (juil.-août 73), 13

"Delegates learn all about "New Towns" then are told Ontario is getting one".
CB, XVIII, 10 (oct. 68), 57

"Designated Widenization or Plannerese Strikes Again".
TCA, XVIII, 8 (août 73), 47

"Designs like this... can give us better looking streets and townscape"
CB, VI, 11 (nov. 56), 45

"Des villes inhabitables" (1ère partie)
BAT, XLII, 1 (jan. 67), 28-32, texte & ill.

"Efficient town-planning is essential, cheaper"
CB, VIII, 1 (jan. 58), 15

"En matière de planification urbaine, toutes les expériences ont valeur d'enseignement"
BAT, LI, 12 (déc. 76), 17 et 20, texte.

Étude préalable de restructuration d'un centre urbain, MERA, IV, 1965.
BAT, XLI, 11 (nov. 66), 13

"5 new cities planned for Ontario valley"
NB, X, 6 (juin 61), 49

"Four points to guide planners"
CB, V, 10 (nov. 55), 23-24

Gerson, Wolfgang. *Pattern of urban living.* Presse de l'Université de Toronto, Toronto, sans date.
AC, 27, 301 (jan.-fév. 72), 19

"Head of Ontario architects criticizes Comay Report"
CB, XXVII, 3 (mars 78), 8

"How long is a planner's hair?"
CB, V, 10 (nov. 55), 5

Imhoff, K., *Manuel d'assainissement urbain*, [s.e.], [s.l.], [s.d.]
BAT, XL, 2 (fév. 65), 48

Kelly, Frank. *Croissance démographique et problèmes urbains.* sans édition, sans lieu, sans date.
AC, 31, 335 (mai-juin 76), 11

Kinzey, Bertram Y., et Howard M. Sharp, *Environmental Technologies in Architecture*, Prentice-Hall, Inc, [s.l.], [s.d.].
TCA, VIII, 12 (déc. 63), 26

"La Cité verticale"
ABC, IV, 34 (fév. 49), 15-17, texte.

La Sociologie urbaine par Publication Unesco, Paris
ABC, X, 113 (sept. 55), 45.

"L'enfant et la vie urbaine: un congrès international"
BAT, LIV, 9 (sept. 79), 8

"Le résultat de nombreuses années d'indifférence: des villes inhabitables"
BAT, XLII, 1 (jan. 67), 28-33

"L'urbanisme de Le Corbusier"
ABC, I, 9 (déc. 46), 18-21, texte & ill.

"M. Leithead, président de l'I.R.A.C. 'Avant les villes nouvelles, travaillons sur celles qui existent...'"
BAT, XLIV, 7 (juil. 69), 5

MacLoughlin, J.B. *Planification urbaine et régionale*, sans édition, sans lieu, sans date.
AC, 27, 307 (sept. 72), 11

March, Lionel et Philip Streadman, *The geometry of environment*, RIBA Publications Ltd, [s.l.], [s.d.].
TCA, XXII, 10 (oct. 77), 4

"Multi-market builder uses same basic designs in all cities"
CB, XII, 5 (mai 62), 52-53

"Municipalities represent major barrier to full partnership with governments"
CB, XXVI, 1 (jan. 76), 15-16

Newman, Oscar. *Defensible Space — Crime Prevention through Urban Design*, Collier MacMillan, sans lieu, sans date.
ARCAN, L (fév. 73), 6-7

"New Towns for Old"
NB, VII, 9 (sept. 58), 3

"Odds & Ends" (Rapport de la AAPQ sur les terres cultivables et l'urbanisation)
TCA, VI, 5 (mai 61), 8 et 12

"Onze agglomérations en pleine mutation" (au Québec)
BAT, LI, 1 (jan. 76), 28-30 et 32-34 et 36 et 43

"Per capita culture" (la relation grosseur des villes/culture)
TCA, I, 12 (déc. 56), 12

Pierce, S. Rowland et Patrick Cutbush, *Planning*, Iliffe & Sons Limited, [s.l.], 1953.
BAT, XXVIII, 11 (nov. 53), 57-58

"Planification urbaine"
BAT, XLVI, 12 (déc. 71), 22 et 34, texte.

Polloway, Anne-Marie, *The Urban Nest*, Dowden, Hutdrison & Ross, Inc., Strowdsburg, 1977.
TCA, XXII, 10 (oct. 77), 4

"Progress" (préservation de l'environnement)
TCA, XV, 12 (déc. 70), 10

Quality of Life Comparisons for Canadian Cities, Federal Ministry of Urban Affairs, [s.l.], [s.d.].
TCA, XXI, 5 (mai 76), 6

"Street Furniture" (exposition sur cabine téléphonique, panneau de signalisation, borne fontaine etc)
TCA, 1 (nov.-déc. 55), 10 et 13.

"Tendances '65: Expansion urbaine et spéculation"
BAT, XL, 9 (sept. 65), 21-24

"The Big-City" (Série télévisée)
TCA, VIII, 3 (mars 63), 8 et 14

"The Double Edge" (la ville et ses loisirs, distractions)
TCA, II, 9 (sept. 57), 42-45

"The trend to bigger cities".
TCA, 1 (nov.-déc. 55), 66-68

"Town planning"
CB, VIII, 5 (mai 58), 11

"Une ville ne doit pas être une usine: c'est un endroit où les hommes vivent."
BAT, XL, 4 (avril 65), 5

"Urban Designer"
TCA, XII, 1 (jan. 67), 8

"Urban Development"
CB, XVI, 7 (juil. 66), 29-33

Urbanization in Developing Countries, Iula Publications No. 93 et Matinus Nijhoff Publications, [s.l.], [s.d.].
AC, XXVI, 293 (avril 71), 45

"What we need to-day is progressive urban planning".
CB, XVI, 5 (mai 66), 35

Acland, James

"Cities and the sea" (les villes situées près d'un grand cours d'eau telles Halifax, Québec, Venise etc...)
TCA, VIII, 4 (avril 63), 45-72

Wall, Donald. *Visionary Cities: the Arcology of Paolo Soleri.* Praeger Publishers, New-York. Canadian Agents: Burns & MacEachern Ltd, Don Mills, [s.d.]
TCA, XVI, 10 (oct. 71), 48-49

Adamson, Anthony

Greer, Guy. *Your city tomorrow.* McMillan Co. of Canada, Toronto, sans date.
RAIC, XXVI, 8 (août 47), 290

Wycherley, R.E. *How the greeks built cities*, Macmillon Co. of Canada Ltd, Toronto, sans date.
RAIC, XXVII, 10 (oct. 50), 362

Adamson, R.T.
"Urban Growth and Development, The Gloomy Pollyanna".
ARCAN, 44, 7 (juin 67), 42-43

Anderson, C. Ross
"Pollution de l'espace"
AC, 26, 291 (jan.-fév. 71), 16-18

Andras, Robert
"'God help us if we fail...' — Andras". (les problèmes de la croissance urbaine au Canada, création d'un ministère des Affaires urbaines).
CB, XXI, 6 (juin 71), 58

Ankerl, Guy
"L'environnement total et ses architectes".
AC, 26, 291 (jan.-fév. 71), 24-26

Arbour, Daniel
"Espaces libres & planification"
AC, 24, 278 (oct. 69), 30-33

Armstrong, Alan; Lemco, Blanche
"Town Planning Forum"
CB, I, 1 (mars 51), 63-64, texte.

Banz, George
"Tomorrow's city: the planet"
CB, XVII, 9 (sept. 67), 49

Banz, George; Shawcroft, Brian
"Humanizing cities"
TCA, II, 5 (mai 57), 31-36

Barker, Kent
"The provincial page". (Planification urbaine en Ontario).
RAIC, XXI, 11 (nov. 44), 265-266

Bates, Stewart
"Architecture and the city"
CB, VII, 7 (juil. 57), 9
"Considérations humaines dans l'aménagement urbain"
ABC, XIV, 155 (mars 59), 88-89, texte.
"The city, a view of variety, a plea for humanization, a need for ideals".
TCA, I, 9 (sept. 56), 20-24

Bauer, Catherine
"Le quartier urbain"
ABC, V, 48 (avril 50), 37-39, texte.

Baxter, Iain; Curnoe, Greg; Dallegret, François
"Sans titre" (idées des auteurs concernant l'architecture et l'environnement)
ARCAN, XLVII (21 déc. 70), 1-7

Beaulieu, Claude
"De la nécessité de bien organiser les villes"
ABC, X, 108 (avril 55), 38-41, texte & ill.

Beique, Jacques; Boudrias, André; Chamberland, Hubert
Oecumenopolis: l'Homme et son nouvel environnement. Étude des réseaux et termini (projet de 5e année, école d'arch., U de M.)
ABC, XXII, 255 (juil. 67), 18-22, texte & ill.

Biancamano, G. et Michaud, J. et Léveillé, A. et Laflamme, P.
"Fonctions urbaines intégrées" (modèle de programmation d'intervention urbaine)
AC, 26, 292 (mars 71), 16-19

Bland, John
"L'urbanisme"
ABC, I, 6 (sept. 46), 12-14, texte.
"L'urbanisme dans le Québec"
ABC, VIII, 86 (juin 53), 26, texte.
"Review". (Propos sur le plan directeur de Montréal).
RAIC, XXII, 5 (mai 45), 108-109
"Some influences of the Social Sciences on Town Planning".
RAIC, XXVIII, 6 (juin 51), 186-188

Blouin, André
"De l'urbanisme, de l'homme et de l'architecture"
ABC, XII, 132 (avril 57), 58-61, texte & ill.

Blumenfeld, Hans
"Criteria for Judging the Quality of the Urban Environment"
TCA, XV, 11 (nov. 70), 43-55
"Scale in the Metropolis".
TCA, II, 9 (sept. 57), 46-48

Bogdan, J.A.
"Current problems in urban development".
CB, XVI, 5 (mai 66), 55

Bourbeau, Armand-E.
"Impressions de voyage: les villes satellites en Angleterre".
ABC, VI, 68 (déc. 51), 22-26 et 32, texte & ill.

Bradfield, J.H.W.
"Provincial Page". (Exposition sur "City for Tomorrow", Toronto)
RAIC, XXII, 4 (avril 45), 88-89

Brock, Dave
"Conversation with Casson".
RAIC, XXXVII, 2 (fév. 60), 72-73

Brown, F. Bruce
"The total environment is now architect's field."
RAIC, XLII, 4 (avril 65), 8-9

Burgess, Cecil S.
"Alberta". (Aspect des villes albertaines et le rôle de l'architecte)
RAIC, XXVII, 11 (nov. 50), 391
"Alberta" (Disposition et organisation des nouvelles cités).
RAIC, XXIII, 8 (août 46), 203
"Alberta". (Embellissement des villes)
RAIC, XXVII, 1 (jan. 50), 39-40
"Alberta". (Hexagonal planning and Lay-out)
RAIC, XXVI, 11 (nov. 49), 391
"Alberta". (L'apparence de la rue).
RAIC, XXIII, 9 (sept. 46), 230-231
"Alberta". (Lay-out of our cities)
RAIC, XXVII, 6 (juin 50), 208
"Alberta". (Nécessité des contacts sociaux)
RAIC, XXIV, 2 (fév. 47), 61-62
"Alberta". (planification des villes)
RAIC, XXIII, 10 (oct. 46), 262
"Alberta". (planification urbaine).
RAIC, XXIV, 1 (jan. 47), 28-29
"Alberta". (planification urbaine).
RAIC, XXVI, 7 (juil. 47), 255-256
"Alberta". (planification urbaine).
RAIC, XXV, 6 (juin 48), 214-215
"Alberta". (planification urbaine)
RAIC, XXVI, 7 (juil. 49), 224
"Alberta" (planification urbaine).
RAIC, XXX, 8 (août 53), 241
"Alberta" (town planner)
RAIC, XX, 12 (déc. 43), 221
RAIC, XX, 2 (fév. 43), 25
"Alberta" (town planner and town planning)
RAIC, XX, 8 (août 43), 138
"Alberta" (Town Planning)
RAIC, XIX, 6 (juin 42), 142
RAIC, XX, 9 (sept. 43), 163-164
RAIC, XXI, 3 (mars 44), 61
RAIC, XXI, 6 (juin 44), 135
"Provincial Page". (Planification urbaine et coopération).
RAIC, XXI, 9 (sept. 44), 216
"Provincial Page". (Les rues commerciales)
RAIC, XXII, 4 (avril 45), 88
"Provincial Page" (town planning)
RAIC, XXII, 7 (juil. 45), 149

Cameron, D.J.
"Ontario, Looking forward" (habitation et urbanisme d'après-guerre)
RAIC, XXII, 1 (jan. 45), 18-19

Campeau, Chs. E.
"Quelques réflexions sur la technique du plan directeur"
ABC, I, 1 (nov. 45), 8-12 et 14, texte & ill.
"Urbanisme pratique"
BAT, XXVII (août 52), 13-15

Carlier, Charles
"Situation actuelle en urbanisme"
ABC, XXI, 240 (avril 66), 56-57, texte.

Carver, Humphrey
"The Strategy of Town-Planning".
RAIC, XVIII, 3 (mars 41), 35-40

Castro, Marc
"A bâtons rompus avec le ministre des Affaires municipales — G. Tardif — 'Le développement urbain devra suivre certaines règles...'"
BAT, LII, 8 (août 77), 12-14 et 24, texte.
"Vers un nouveau type de ville?" (entrevue avec Georges Robert, urbaniste)
BAT, LI, 9 (sept. 76), 19-22, texte & ill.

Champigneulle, Bernard
La Cité Naturelle, recherche d'un urbanisme urbain par Jean Lebreton
ABC, II, 19 (nov. 47), 51
Paris et le désert français par J.-F. Gravico
ABC, II, 19 (nov. 47), 52
Pour une politique urbaine par Jean Giraudoux
ABC, II, 19 (nov. 47), 51

Charney, Morris
"Environnement urbain"
AC, 26, 291 (jan.-fév. 71), 19-23

Chevalier, Michel
"Urban Growth and Development, The Shape of Things to Come".
ARCAN, 44, 7 (juil. 67), 44-46

Cole, G.D.H.
"L'habitation, l'urbanisme et l'aménagement des campagnes".
ABC, V, 47 (mars 50), 26-29, texte.

Coventry, A.F.
"Land conservation"
RAIC, XIX, 9 (sept. 42), 176-177

Crossley, Alan
"Let good land planning help make the most of your rental project"
CB, IV, 11 (nov. 54), 23-26, texte & ill.
"L'urbanisme dans les nouvelles agglomérations"
BAT, XXXI, 5 (mai 56), 30-35, texte & ill.

Culham, Gordon
"City and suburban parks"
RAIC, XIX, 9 (sept. 42), 195

Cyr, René
"Travaux de salubrité et de génie sanitaire" (liste de travaux réalisés à Montréal)
BAT, XXVII, 4 (avril 52), 33-36 et 46

Dakin, John
Carver, Humphrey. *Cities in the suburbs*, University of Toronto Press, Toronto, sans date.
RAIC, XL, 1 (jan. 63), 20-21

Damphousse, Jean
"Québec". (Un architecte propose de participer plus activement à la création des villes)
RAIC, XXXIV, 4 (avril 57), 143-144

Davidson, Jocelyn
"Planning and Housing in B.C."
RAIC, XXVII, 4 (avril 50), 147-148

Déry, Jacques
"Le développement effréné: il est grand temps d'établir des mécanismes de contrôle"
BAT, XLIX, 6 (juin 74), 35-36, texte & ill.

"Une communauté urbaine futuriste"
BAT, XLIX, 7 (juil. 74), 36-37, texte & ill.

Diamond, Jack

"Town Building or Town Planning?"
TCA, XIX, 1 (jan. 74), 35-36

Donahue, A.J.

Spreiregen, Paul D. *Urban Design: The architecture of town and cities*, McGraw — Hill, Scarborough, 1965.
ARCAN, 43, 12 (déc. 66), 38

Dubos, René

"Biological Determinants of Urban Design"
TCA, XVIII, 5 (mai 73), 41-44

Duek-Cohen, Elias

"Town planning money wisely invested"
CB, X, 6 (juin 60), 81

Dufresne, Roch

"Construire des villes à la campagne": Paolo Soleri
AC, 27, 303 (avril 72), 7-12

Dunfield, Brian

"Town planning in Newfoundland".
RAIC, XXVII, 3 (mars 50), 93-96

Durand, Luc; Régnier, Michel

Urbanose (série télévisée)
AC, 27, 305 (juin 72), 17-20 et 36, texte & ill.

Dusart et Koolhaas

"Prototype d'un nouveau urb-système"
ABC, XXIII, 269 (nov. 68), 22-27, texte & ill.

Embacher, Eric, E.

"An Introduction to Urb-Physics"
TCA, XIII, 5 (mai 68) 71 et 76-78 et 80

Erskine, Ralph

"Community Design for Production, for Publication or for the People". (ds les pays nordiques)
RAIC, XLI, 1 (jan. 64), 42-48

Fiset, Edouard

"Contribution de l'architecte à l'aménagement urbain".
RAIC, XXXII, 4 (avril 55), 143-144

"Urbanisme et art urbain"
ABC, IX, 98 (juin 54), 26, texte.

"Vingt ans de retard"
ABC, X, 108 (avril 55), 22, texte.

Fish, Michael

"The City as an Organic Structure".
ARCAN, 48 (22 nov. 71), 12-13

Fliess, H.

"The Social Aspects of Town Planning".
RAIC, XXIV, 5 (mai 47), 165-170

Fowke, Clifford

"Rent Control — well proven technique for urban destruction"
CB, XXVIII, 5 (mai 78), 49-50

Gaboury, Etienne J.

"Ville des Prairies" (solution à l'expansion désordonnée des centres urbains des Prairies)
BAT, XLV, 3 (mars 70), 36-37, texte & ill.

Gagnon, Odilon

"L'urbanisme et l'éducation populaire"
ABC, VIII, 90 (oct. 53), 44, texte.

Gagnon, Roger

"L'urbanisation de nos villes"
BAT, XXVIII, (mai 53), 28-32, texte & ill.

Gallotti, Jean

"Urbanisme d'hier et d'aujourd'hui"
ABC, I, 4 (juil. 46), 18-19, texte.

Gauthier, Maurice

"Décentralisation"
ABC, VI, 73 (mai 52), 37, texte.

"La vie humaine"
ABC, VI, 72 (avril 52), 38, texte.

Gérin-Lajoie, D.

"L'urbanisme est sans équivoque une histoire de politique".
AC, 30, 327 (jan.-fév. 75), 15-17 et 20

Gillespie, Bernard

Handbook of Urban Planning, Ed. William H. Claire Publ. Von Nostrand Reinhold, Toronto, 1973.
TCA, XX, 8 (août 75), 4-5

Metropolis... and Beyond. Selected Essays by Hans Blumenfeld, Ed. Paul D. Spreiregen, John Wiley & Sons, Toronto, 1979.
TCA, XXV, 5 (mai 80), 5

Physical Environment of Saskatoon, Ed. E.A. Christiansen, Publié par Saskatchewan Research Council and National Research Council of Canada (NRC Publication no. 11378). [s.l.], [s.d.].
TCA, XVI, 1 (jan. 71), 9

Dober, Richard P., *Environmental Design*, Published by Van Nostrand Reinhold Company, New-York. Canadian Agents: D. Van Nostrand Co (Canada) Ltd, Toronto, [s.d.].
TCA, XV, 2 (fév. 70), 11

Golanyi, Gideon, *New-Town Planning Principles and Practice*, John Wiley & Sons, New-York, 1976.
TCA, XXIII, 2 (fév. 78), 5-6

Knowles, Ralph L., *Energy and Form: An Ecological Approach to Urban Growth*, The M.I.T. Press, Cambridge, 1974.
TCA, XXI, 2 (fév. 76), 7

Mann, Roy. *Rivers in the city*, Praeger, New-York, 1973. Canadian Agents: Burns & MacEachern, Don Mills.
TCA, XVIII, 10 (oct. 73), 9

Prak, Neils L., *The Visual Perception of the Built Environment*, Delft University Press, Delft, 1977.
TCA, XXIII, 2 (fév. 78), 5

Sharp, Thomas, *Towns and Townscape*, Longmans Canada Ltd, [s.l.], [s.d.].
TCA, XIV, 10 (oct. 69), 6-7

Gorwic, Norbert H.

"Goals for the Urban Core"
TCA, IX, 1 (jan. 64), 43-44

Gosselin-Geoffrion, H.

"Urba 2000"
AC, 29, 326 (nov.-déc. 74), 31-35

Graham-Smith, B.

Murphy, Raymond E. *The American city: An urban geography*, McGraw – Hill, Scarborough, 1966.
ARCAN, 44, 12 (déc. 67), 30-31

Grant, Alex

"Alex Grant says: We need to get rid of ivory tower and planning by assessment."
CB, XVI, 2 (fév. 66), 35 et 38

Gréber, Jacques

"L'urbanisme, synthèse de la géographie humaine"
ABC, I, 3 (fév.-mars 46), 6

Grossman, Irving

"The Environment Game"
TCA, XVI, 3 (mars 71), 36-37

Halprin, Lawrence

"What makes a Humane City"
TCA, XVIII, 6 (juin 73), 30 et 48-51

Hamilton, Alvin

"Word Extracts". (Extrait de la conférence donnée par Alvin Hamilton, Affaires indiennes sur le développement du nord)
TCA, III, 11 (nov. 58), 68 et 70

Harvor, Stig

"City Lights" (Chaos visuels dans la ville à cause des fils, poteaux etc).
TCA, VI, 8 (août 61), 32-38

Hemingway, Peter

"Planning Process and Civic Power".
TCA, XXIV, 10 (oct. 79), 42-44

Henry, Robert

"Il y a loin de la théorie de l'embellissement du milieu à la pratique"
BAT, XLVI, 4 (avril 71), 8, texte.

"L'ère des villes préfabriquées et de la résidence usinée"
BAT, XLII, 5 (mai 67), 48-50

Hershfield, C.

Adams, James W.R. *Modern Town & Country planning*, British Book Service, Toronto, sans date.
RAIC, XXXI, 2 (fév. 54), 61

Higgins, John P.

"Understanding the City"
TCA, XXIII, 5 (mai 78), 29

Hodge, Gerald

Chapin, F. Stuart et Weiss, Shirley F. *Urban Growth Dynamics*, Renouf, Montréal, 1962.
RAIC, XLIII, 1 (jan. 66), 31-32

Kaplan, Harold. *The regional City*, Canadian Broadcasting Corporation, sans lieu, 1965.
RAIC, XLIII, 1 (jan. 66), 30 et 33

Webber, Melvin M. *Explorations into Urban Structure*, Smithers & Bonellie Ltd., Toronto, 1963.
RAIC, XLIII, 1 (jan. 66), 31

Wingo, Lowdon Jr. *Cities and Space*, Copp Clark, Toronto, 1963.
RAIC, XLIII, 1 (jan. 66), 30 et 32

Hough, Michael

Cullen, Gordon. *Townscape*, The Architectural Press, London, sans date.
RAIC, XXXIX, 9 (sept. 62), 77

Hounsom, Eric W.

"Ontario". (L'aspect des villes du Canada).
RAIC, XXXV, 2 (fév. 58), 67-68

Jackson, Anthony

"3. The Trust". (Les déterminants de l'aspect des villes: la communauté ou agents immobiliers).
TCA, III, 3 (mars 58), 54-56

James, F. Cyril

"Address of Dr. F. Cyril James"
RAIC, XX, 3 (mars 43), 44-45

Khan, Fazlur R.

"L'environnement urbain intégral"
AC, 27, 303 (avril 72), 32-33

Konopacki, Thaddeus

"Cities underwater, travel by rocketry — a new world". (pour l'an 2067)
CB, XVII, 7 (juil. 67), 32-33

Lamonde, Pierre et Samson, Marcel

"Aménagement et interdisciplinarité"
AC, 24, 278 (oct. 69), 34-37

Lawson, Harold

"Provincial Page". (Planification urbaine au Québec)
RAIC, XVIII, 3 (mars 41), 53

"Regional Planning"
RAIC, XXI, 1 (jan. 44), 3-6 et 17

Lehrman, Jonas

"Settlement Patterns, Adaptability and Visual Image".
TCA, XIV, 2 (fév. 69), 53-58

"Settlement Patterns: Adaptability and Visual Image".
TCA, XIV, 3 (mars 69), 65-69

Leithead, M.

"M. Leithead, président de l'I.R.A.C. 'Avant les villes nouvelles, travaillons sur celles qui existent... et formons une équipe avec les autres membres de l'industrie...'"
BAT, XLIV, 7 (juil. 69), 5, texte.

Leman, Alexander B.
"Megalopolis: Option or Fact?"
TCA, XX, 5 (mai 75), 52 et 54-55 et 60 et 62

Lemco, Blanche; Armstrong, Alan
Voir Armstrong, Alan; Lemco, Blanche

Lincourt, Michel
"L'éducation permanente et l'organisation urbaine".
AC, 25, 281 (jan.-fév. 70), 13-14
"Le problème urbain"
AC, 24, 279 (déc. 69), 19-20
"Naissance du Urban Designer".
ARCAN, 44, 12 (déc. 67), 55-56

Lingred, E.
Arbor, Ann. *Environmental Evaluation*, University of Michigan, Michigan, 1965.
ARCAN, 43, 12 (déc. 66), 39-41

Lurz, William H.
"The Zero lot line system — Here's what can be done by easing restrictions"
CB, XXII, 12 (déc. 72), 38-39 et 42-43

MacKenzie, Hunter
"A Tool, not a Weapon" (planification urbaine)
NB, VII, 4 (avril 58), 8 et 20

Maclennan, Ian
"The architecture of Urban and Sub-Urban Development".
RAIC, XLI, 8 (août 64), 55-58

Mann, Anthony
Design and Planning. Martin Krampen des Presses de l'université de Waterloo, Waterloo, sans date.
RAIC, XLIII, 1 (jan. 66), 40

Maurice, Claude
"Anti-development groups — How one B.C. architect sees them"
CB, XXII, 3 (mars 72), 55

Mazalek, Bohumil
"Large open spaces to be developed as required".
ARCAN, 48 (22 nov. 71), 10

Michelson, William
"Urban Sociology as an Aid to Urban Physical Development: Some Research Strategies".
ARCAN, 44, 3 (mars 67), 69-71

Mills, C. Wright
"Word Extracts" (Propos sur les grandes villes)
TCA, IV, 10 (oct. 59), 84 et 86 et 88

Moholy-Nagy, S.
"L'Amérique et la crise urbaine"
BAT, XLVI, 3 (mars 71), 18, 21 et 25, texte & ill.

Morley, Keith
"Can Canada learn from U.K's new town-buillding troubles?"
CB, XXIII, 10 (oct. 73), 62

Murray, James A.
"Precise, compact town structure the new ideal"
CB, VIII, 12 (déc. 58), 9

Nadeau, Émile
"Un projet pour le Canada: dix modèles d'urbanisme"
ABC, II, 19 (nov. 47), 49, texte.

Neish, William J.
"This architect believes that city development controls will force developers to evaluate their goals" (in the downtown cores)
CB, XXVI, 1 (jan. 76), 21 et 24

Oberlander, H. Peter
McLaughlin, Constance. *American Cities in the Growth of the Nation*, the Athlone Press, London, 1957.
RAIC, XXXV, 7 (juil. 58), 283-284
"New Towns — An approach to urban reconstruction".
RAIC, XXIV, 6 (juin 47), 199-211
"Town Planning in British Columbia".
RAIC, XXXV, 4 (avril 58), 110-113

Oberlander, H. Peter; Shanks, Gordon R.
"Human Settlements are Means to an End". (de l'Antiquité à nos jours).
TCA, XXI, 5 (mai 76), 7-8

Olin, F.M.
Inzerdorf and Vosendorf (Communauté sur 2 niveaux)
ARCAN, 48 (22 nov. 71), 12, texte & ill.

Orton, Lawrence M.
"Organization for city planning"
RAIC, XXI, 5 (mai 44), 89-94

Oxley, L.A.
Ittelson, Proshansky, Rivlin, Winkle, *An introduction to environmental psychology*, Holt Rinehart and Winston of Canada Ltd, Toronto, [s.d.]
TCA, XIX, 11 (nov. 74), 5-6
"Ontario" (Chaotic conditions in our large cities)
RAIC, XXXII, 12 (déc. 55), 478

Palme, Olaf
"Entrevues — Neuf thèses de bon sens sur l'urbanisme moderne — M. Olaf Palme, membre du Parlement Suédois et Ministre des Communications"
BAT, XLIII, 4 (avril 68), 20-22, texte & ill.

Parizeau, Marcel
"Provincial Page". (Développement de l'urbanisme au Québec).
RAIC, XVIII, 4 (avril 41), 75
"Provincial Page". (Développement de l'urbanisme au Québec).
RAIC, XXI, 8 (août 44), 191-192

Parkin, John Cresswell
"Architectural disorder of our cities".
RAIC, XLII, 6 (juin 65), 57-62

Pinker, Donovan
"Town Planning"
TCA, IX (Yearbook 64), 78-79

Portnall, F.H.
"Saskatchewan" (Town Planning)
RAIC, XXI, 3 (mars 44), 62

Pressman, Norman
Planning the Canadian Environment, Ed. L. D. Gertler, Publié par Harvest House of Montréal, [s.l.], 1968.
TCA, XVI, 3 (mars 71), 6
Gerhard, Sixta. *Urban Structure*. Planning Department of the District of Burnaby, [s.l.], [s.d.]
TCA, XVII, 3 (mars 72), 7-8
Gerson, Wolfgang. *Patterns of Urban Living*, University of Toronto Press, [s.l.], 1970.
TCA, XVI, 4 (avril 71), 7-8
Hough, Michael. *The Urban Landscape*, Conservation Council of Ontario, Toronto, 1971.
ARCAN, 49 (10 juil. 72), 2-3

Prévost, Roland
"Dans le monde entier, les édifices élevés augmentent à un rythme accéléré".
BAT, XLVIII, 2 (fév. 73), 12-13

Procos, Dimitri
"Mixed Land Use" (de l'Antiquité à aujourd'hui)
TCA, XVI, 7 (juil. 71), 22-41

Rando, Guy L.
"Dimensions for Urban and Open Space".
TCA, XVIII, 5 (mai 73), 53-57

Reilly, F.B.
"Saskatchewan" (la planification d'après-guerre)
RAIC, XXI, 4 (avril 44), 86

Robert, Georges
"Chronique de l'urbanisme — Aménagement du territoire et Urbanisme opérationnels"
ABC, XX, 232 (août 65), 35-37, texte.
"Chronique de l'urbanisme — Triangle d'or et désert québécois"
ABC, XX, 225 (jan. 65), 35-36, texte.
"Entretien avec Georges Candilis" À l'occasion des Journées Internationales du Film sur l'Urbanisme et de l'Aménagement du Territoire, Trois-Rivières, nov. 1965
ABC, XXI, 245 (sept. 66), 44-48, texte.

Robert, Guy
"Pour une théorie de la place"
AC, 27, 304 (mai 72), 18-22
AC, 27, 305 (juin 72), 27-30

Rose, Albert
"Word Extracts". (Entretien sur la perte de contrôle de nos villes).
TCA, IV, 10 (oct. 59), 82 et 84

Rousseau, O.B.
"L'aménagement du territoire au Québec: le gouvernement a-t-il préféré satisfaire des intérêts particuliers?"
BAT, LV, 2 (mars 80), 22-23

Russell, John A.
"Planning for the future".
RAIC, XXXII, 5 (mai 55), 193-196

Salter, Wilson A.
"Ontario". (préservation de la beauté et des aires naturelles)
RAIC, XXXI, 8 (août 54), 287

Schoenauer, Norbert
"Streetscape & Standards"
TCA, VIII, 12 (déc. 63), 31-38

Scott, David H.
"The odds Against Excellence".
ARCAN, 46, 7 et 8 (juil.-août 69), 36

Scott, Gavin.
Rubenstein, Harvey M. *A Guide to Site & Environmental Planning*. John Wiley & Sons, Rexdale, 1969.
ARCAN, 47 (16 mars 70), 10

Semmens, H.N.
"British Columbia".
RAIC, XXXVI, 2 (fév. 59), 63

Simard, Jacques
"Le sens profond de l'aménagement de la Cité".
RAIC, XXXVIII, 4 (avril 61), 44-47
"Points de vue — Le sens profond de l'aménagement de la cité"
ABC, XVI, 178 (fév. 61), 47-50, texte.
"The philosophy of City Planning".
RAIC, XXXIX, 1 (jan. 62), 43-47

Smith, John Caulfield
"Si nous ne prenons pas les mesures voulues l'urbanisme restera lettre morte".
BAT, XXXIX, 5 (mai 64), 46-47, texte.
"Un système unique, où urbanisme et planification économique vont de pair"
BAT, XLII, 7 (juil. 67), 32-36, texte & ill.

Smith, Roxburgh
"Provincial Page". (Planification urbaine au Québec).
RAIC, XXI, 11 (nov. 44), 267

Stanley, D.R.
"Extracts". (Conférence de D.R. Stanley sur le développement du nord)
TCA, III, 11 (nov. 58), 70 et 72 et 74 et 76

Stephenson, Gordon
"City Centres".
TCA, II, 8 (août 57), 35-40

Strudley, Donald B.
"Town Planning at Work".
RAIC, XXIII, 11 (nov. 46), 270-71

Tanner, H. Terrence D.
"Urbiversity" (Le développement et l'organisation de l'espace physique pour les fonctions humaines)
TCA, XXIII, 3 (mars 78), 26 et 33-34

Thériault, Yvon
"Réflexions naïves sur le dossier urbain"
ABC, XVII, 196 (août 62), 48-49, texte & ill.

Thrift, Eric W.
"Community Aesthetics".
RAIC, XXVIII, 2 (fév. 51), 23-25 et 46

Trépanier, Paul-O.
"Nous ne sommes pas les seuls responsables... nous, les architectes". (sur la mauvaise planification des villes).
RAIC, XXXIX, 1 (jan. 62), 55-58

"Point de vue — Urbanisme et architecture"
ABC, XVII, 198 (oct. 62), 52-53, texte.

Van Ginkel, H.P.D.
"City in the future"
TCA, XII (Yearbook 67), 51-54

"Credo" (La croissance des villes; un historique)
TCA, IX, 7 (juil. 64), 45-52

Vergé, B.
"Ces hommes bâtissent le Paris de l'an 2000"
ABC, XXI, 241 (mai 66), 32-37, texte & ill.

Vergès-Escuin, R.
"Les concepts d'environnement"
AC, 29, 322 (mars-avril 74), 34-39 et 43-45

Vickers, Geoffrey
"The needs of Men". (L'effet de l'industrialisation sur l'espace habité).
RAIC, XXXIV, 4 (avril 57), 137-140

Walker, David
"Urban development needs overall plan"
CB, X, 10 (oct. 60), 86

Warkentin, Alf
"Our cities are fumbling the ball"
CB, X, 1 (jan. 60), 17-20

Watson, William A.
"Ontario". (Développement de la région "Lower Lake and Eastern Ontario")
RAIC, XXXVI, 2 (fév. 59), 63

Wiesman, Brahm
"Town and rural planning".
RAIC, XXX, 2 (fév. 53), 35-39

Willoughby, B.E.
"No matter what: trend to suburbs to continue"
CB, X, 11 (nov. 60), 45

Winston, Denis
"What Makes a City 'Great'?"
RAIC, XXXII, 5 (mai 55), 181-184

Woodbridge, Frederick J.
"Beauty and the Urban Beast".
RAIC, XXX, 7 (juil. 53), 206-207

Woods, Shadrach
"What U Can Do". (urbanisme et architecture)
TCA, XVI, 4 (avril 71), 53-56

Wotton, Ernest
"Our cities in a new light" (les luminaires de la ville)
TCA, XVIII, 2 (fév. 73), 33 et 60 et 62

Yarmon, Ellior
"Les constructeurs devraient participer à la planification urbaine".
BAT, XLII, 3 (mars 67), 6-7, texte.

Zeckendorf, William
"Lack of planning is major concern"
CB, VIII, 4 (avril 58), 9

Rénovation urbaine
Urban Renewal

"CPAC conference". (Conférence sur le renouveau urbain).
TCA, II, 8 (août 57), 8

"Downtown renewal — perhaps wasted"
CB, XVI, 8 (août 66), 5

"From the executive director's desk"
RAIC, XXXVII, 11 (nov. 60), 450

Leaning, John. *The Revitalization of Older Residential Areas*, Central Mortgage and Housing Corp, sans lieu, sans date.
ARCAN, 47 (11 mai 70), 5

"More cities plan for urban renewal".
CB, XV, 1 (jan. 65), 11

"Rehabilitate — Keast to poor cities"
CB, XI, 3 (mars 61), 69

"Rénovation urbaine" (pour l'habitation, à Montréal)
BAT, XLV, 12 (déc. 70), 11-14

"Six cities get funds for urban — revewal"
CB, XV, 12 (déc. 65), 8

"Slum clearance"
CB, VII, 3 (mars 57), 43-44 et 60

"Slum clearance still belongs to the future"
CB, VII, 6 (juin 57), 89-91

"Speaker Cites Urban Renewal as Essential and Inescapable".
NB, VII, 8 (août 58), 29

"Ten cities pick up funds for urban-renewal projects".
CB, XV, 11 (nov. 65), 5

"Tendances 67: rénovation urbaine"
BAT, XLII, 12 (déc. 67), 16-25, texte & ill.

"Two cities get funds for urban-renewal". (Timmins et Victoria)
CB, XV, 10 (oct. 65), 7

"Two urban renewal schemes announced". (Burnaby et Moncton)
CB, XV, 3 (mars 65), 13

"Urban renewal across Canada"
CB, XVIII, 3 (mars 68), 6

"Urban renewal studies"
NB, VIII, 6 (Juin 59), 37

"Whither Chinatown". (proposition de démolir ces quartiers pour en faire des immeubles à bureaux neufs)
TCA, VII, 8 (août 62), 7

Adamson, Anthony
"Urban Renewal and Building Team"
RAIC, XXXV, 7 (juil. 58), 273-274 et 284

Allard, Desmond G.
"Feelings run high, hopes vary in Montreal's four major urban plans".
CB, XIX, 12 (déc. 69), 29-30

Benoit, Michelle et Gratton, Roger
"Une approche à la rénovation urbaine"
AC, 24, 279 (nov. 69), 17-21

Blumenfeld, Hans
"Obsolescence and Renewal in Canadian cities".
RAIC, XLIII, 6 (juin 66), 49-51

Campeau, C.E.
"The Urban Renewal Process".
RAIC, XXXV, 7 (juil. 58), 266-269

Cullers, Samuel J.
"Urban Renewal and Social Programs".
RAIC, XLIII, 6 (juin 66), 60-62

Diamond, A.J.
"Urban revewal" (Introduction à un article sur la rénovation urbaine)
RAIC, XLIII, 6 (juin 66), 33

Duncan, Steve
"The 'Freeze' that's not a 'Freeze' on urban renewal funds".
CB, XIX, 12 (déc. 69), 27-30

Faludi, E.G.
"Popular approval needed for urban redevelopment".
CB, X, 11 (nov. 60), 45

Farlinger, A.W.
"Private Entreprise Can Have Major Role in Urban Renewal"
NB, VI, 12 (déc. 57), 14

Foley, Kirk et al.
"Revitalizing Downtown North America".
CB, XXX, 12 (déc. 80), 33

Gunderson, Harold et al.
"Urban Renewal, A cross-country look at a new multi-million dollar sector of construction"
CB, XVII, 12 (déc. 67), 29-38

Hamilton, Larry
"The role of the entrepreneur in urban renewal".
RAIC, XLIII, 6 (juin 66), 52-53

Hodgson, J.
"Urban redevelopment".
RAIC, XXXV, 7 (juil. 58), 265-266

Keast, D.S.
"Quotes, Urban Renewal will be one of our big industries".
CB, IX, 6 (juin 59), 31

Lapointe, Paul H.
"Québec". (Réaménagement des grandes villes).
RAIC, XXV, 5 (mai 48), 180-181

Lawson, M.B.M.
"Must establish confidence among people in redevelopment areas"
CB, IX, 6 (juin 59), 31

Moriyama, Ray
"Urban Renewal — planning the Neighbourhood".
RAIC, XXXV, 1 (jan. 58), 21-24

"Urban Renewal, Part two".
RAIC, XXXV, 2 (fév. 58), 56-59

Pickett, Stanley H.
"Urban Renewal, an introduction to urban renewal studies".
RAIC, XXXVIII, 2 (fév. 61), 38

Pinker, Donovan
"Design for urban renewal"
TCA, VII, 3 (mars 62), 49-54

Riopelle, Christopher
"Ontario cities plan core renewal to keep people, business downtown"
CB, XXVII, 12 (déc. 77), 14-15

Seales, John R. Jr.
"Urban renewal requires timing, sharp boundaries"
CB, IX, 12 (déc. 59), 9

Sheppard, Fidler A.G.
"Some Aspects of Urban Rebuilding"
TCA, IX, 12 (déc. 64), 57-59

Transport urbain
Urban Transportation

"Chronique de l'urbanisme — La planification routière en rapport avec les centres urbains de moyenne importance".
ABC, XIX, 218 (juin 64), 54, texte.

"Feedback: elevated structures: Part 3". (les voies piétonnières élevées)
TCA, XVIII, 8 (août 73), 47 et 62

"Le déplacement des voies ferrées"
AC, 27, 309 (nov. 72), 9

Bates, Stewart
"Road engineers design our new townscapes"
CB, IX, 1 (jan. 59), 7

Blumenfeld, Hans
"Transportation introduction"
ARCAN, 43, 8 (août 66), 31-32

Buchanan, Donald W.
"The streets we build in".
TCA, 1 (nov.-déc. 55), 24-25

Burgess, Cecil S.
"Provincial Page". (le problème du stationnement, Alberta).
RAIC, XXII, 8 (août 45), 168

Fortin, René
"Projet pour une solution combinée des quatre problèmes de la circulation" (Montréal)
ABC, VI, 68 (déc. 51), 10-12, texte & ill.

Gabbour, Iskandar
"Croissance urbaine et déplacements urbains".
AC, 26, 291 (jan.-fév. 71), 11-15

Geoffrion, Hélène G.
Mayerovitch, Harry. *Overstreet*. Harvest House, Montréal, 1973.
AC, 29, 321 (jan.-fév. 74), 20-23

Gillespie, Bernard
Mayerovitch, Harry. *Overstreet: An Urban Street Development System*. Harvest House, Montréal, 1973.
TCA, XVIII, 11 (nov. 73), 6
Richards, Brian, *Moving in cities*, Cassell & Collier MacMillan Publishers Ltd, Don Mills, 1976.
TCA, XXII, 2 (fév. 77), 4
Rubenstein, Harvey M., *Central City Malls*, John Wiley & Sons, New-York, 1978.
TCA, XXIV, 11 (nov. 79), 9

Gitterman, S.A.
"Ontario". (Espace réservé au stationnement).
RAIC, XXV, 10 (oct. 48), 393

Gordon, Donald
"Donald Gordon, Chairman and President, CNR, speaking to the Chamber of Commerce in Hamilton...". (planification urbaine et chemin de fer)
TCA, I, 10 (oct. 56), 50

Kahn, Louis
"Room, Window and Sun" (le traffic automobile et les rues résidentielles).
TCA, XVIII, 6 (juin 73), 30 et 52-55

Martineau, J.O.
"Aménagement routier périphérique des grandes villes"
BAT, XXVI, 10 (oct. 51), 49-50 et 52-53

Oliver, John V.
"Derailing Cities" (disparition des chemins de fer)
ARCAN, L (jan. 73), 3

Pinker, Donovan
"Man over wheels — downtown" (séparation de la circulation, piéton et automobile, dans la ville)
TCA, VI, 7 (juil. 61), 45-52

Pressman, Norman
"Anatomy of the Pedestrian Mall"
TCA, XVI, 3 (mars 71), 49-55
"Feedback: Elevated Structures" (voies piétonnières élevées)
TCA, XVIII, 7 (juil. 73), 44

Roberts, A.C.W.
"The drive-in world expresses concern about environment".
ARCAN, 47 (28 sept. 70), 2

Smith, R.M.
"Paving the way to a post-war Canada" (la construction des rues)
RAIC, XIX, 9 (sept. 42), 178-179

Spencer, E.S.
"Road Building in Newfoundland"
RAIC, XXVII, 3 (mars 50), 83-84

Van Ginkel, B.L.
"The Center City Pedestrian"
ARCAN, 43, 8 (août 66), 36-39

Lois, zonage et règlements de zonage
Planning Acts, Zoning, and Bye-Laws

"Criticism" ("Planning Act" en Ontario et les municipalités)
TCA, XIX, 3 (mars 74), 4

"For '61: Zoning by density"
CB, X, 12 (déc. 60), 25

"Major revisions of the Planning Act change the rules for Ontario builders"
CB, XXIX, 8 (août 79), 11-12 et 14-15

Modèle de règlement de zonage et de construction pour les cités et villes, Service provincial de l'urbanisme, aff. municipales, Québec, 1959
ABC, XV, 167 (mars 60), 97

"RAIC report hits at zoning by-laws".
CB, XV, 4 (avril 65), 8

"Site plan zoning shows gains — means greater control".
CB, XV, 12 (déc. 65), 5

"The frustration, the building by-laws jungle — Our readers give their views".
CB, XV, 1 (jan. 65), 26-29

"Town and community planning and the Housing Act".
RAIC, XXI, 8 (août 44), 192

"Urges better use of land"
CB, XVI, 11 (nov. 66), 51

"Zoning regulations may soon be useless — C.F. Greene"
CB, IX, 7 (juil. 59), 41

Alexander, E.R.
"B...... campaign is most timely"
CB, ..., 2 (fév. 65), 26

Batten, Jack
"Legal Notes". The committee of Adjustment. (Sur le "Planning Act").
RAIC, XXXVIII, 1 (jan. 61), 52-53

Beaulieu, Claude
"Le zonage: les industries, les écoles"
ABC, X, 110 (juin 55), 54-55, texte & ill.

Brough, Denis H.
"Specifications and by-laws — they should be studied with care, treated with respect"
CB, XVI, 8 (août 66), 50-51

Burgess, Cecil S.
"Alberta" (Besoin pressant d'avoir des plans de zonage)
RAIC, XX, 5 (mai 43), 78
"Alberta" (Town Planning Act)
RAIC, XVIII, 12 (déc. 41), 208
"Alberta" (zonage des aires résidentielles)
RAIC, XXII, 2 (fév. 45), 37

Dalrymple, John
"Ontario's silent land controversy. Three fundamental bills have been passed that affect thousands of acres, but government and developers stay quiet".
CB, XXIII, 10 (oct. 73), 41-42

De Lusigny, Xavier
"Chronique juridique — Un règlement de zonage ne doit pas servir à spolier un constructeur"
BAT, XLIX, 6 (juin 74), 32, texte.

Dick, Keith S.
"Planning Act Eroding Profession" (Ontario Planning Act)
TCA, XX, 11 (nov. 75), 54

Du Toit, Roger
Edmond, Paul, *Environmental Law Assessment*, Emond-Montgomery Ltd, Toronto, 1978.
TCA, XXIV, 5 (mai 79), 10

Fowke, Clifford
"Our mixed building by-laws, the real barrier to progress is lack of understanding".
CB, XV, 12 (déc. 65), 20-21 et 52

Gagnon, Roger
"Liberté de construction ou zonage?"
BAT, XXVIII (août 53), 16-18, et 39, texte & ill.

Gillies
"Model Zoning Code".
RAIC, XVII, 9 (sept. 40), 161

Keller, Didier
"Loi – Cadre sur l'urbanisme".
AC, 30, 329 (mai-juin 75), 29-31

Lincourt, Michel
"Une contestation positive des étudiants" (étudiants en Aménagement contre le Bill 63)
AC, 25, 281 (jan.-fév. 70), 12

Lymburner, John
"Opposition to Ontario's new Planning Act, Municipalities want much more autonomy"
CB, XXIX, 10 (oct. 79), 14

McCance, W.M.
"National Zoning Code to guide, simplify development controls?"
CB, XIII, 11 (nov. 63), 5 et 7

Shankman, Lawrence
"Zoning, often irrational and arbitrary, is target of growing demand for changes".
CB, XV, 9 (sept. 65), 52-53

Stewart, James I.
"What zoning does to city architecture".
TCA, II, 8 (août 57), 29-31

Sullivan, John
Zoning Study Committee (dir. J.B. Milner), *Reflections on Zoning*, sans édition, sans lieu, sans date.
RAIC, XLII, 5 (mai 65), 87 et 89

Organismes et recherche (associations, colloques, bourses, prix, subventions, enseignement, expositions)
Organizations and Research (Associations, Conventions, Scholarships, Awards, Grants, Training, Exhibitions)

"Agence d'urbanisme" Lambert, Junius & Ass.
ABC, XXI, 241 (mai 66), 49, texte.

"Améliorations de quartiers au Québec — le fédéral accroît son aide"
BAT, L, 3 (mars 75), 28, texte.

"64e assemblée annuelle, Association des Architectes de la Province de Québec". (rôle de l'architecte dans l'aménagement urbain)
BAT, XXX, 2 (fév. 55), 53

"Association Canadienne d'Urbanisme"
BAT, XXVI, 10 (oct. 51), 7
BAT, XXVII, 3 (mars 52), 18

"Award four fellowships on community planning"
CB, VI, 12 (déc. 56), 42

"Colloque International sur la Planification Économique, l'Aménagement et le Développement des Territoires, et l'Urbanisme"
ABC, XIX, 224 (déc. 64), 41-45, texte.

Community Planning Association of Canada
TCA, IV, 12 (déc. 59), 8

"1975: Conférence internationale sur l'environnement urbain".
AC, 27, 308 (oct. 72), 11

"Conférence tripartite 20 et 21 novembre 1972".
AC, 27, 308 (oct. 72), 11

"Conseil de recherches urbaines et régionales"
BAT, XXXVII, 5 (mai 62), 77, texte.

"Création d'une Faculté de l'Aménagement" (Université de Montréal)
BAT, XLIII, 7 (juil. 68), 5-6

"Debate" (Séminaire tenu à Stratford sur le "civic design")
TCA, VI, 9 (sept. 61), 6 et 9

"Downtown redevelopment sparked at National Planning Conference" (pour Montréal)
CB, IX, 10 (oct. 59), 10 et 59

"Exposition d'urbanisme à la Faculté d'Arpentage de Laval"
BAT, XXXII, 9 (sept. 57), 89, texte & ill.

"Formation prochaine d'un organisme de conciliation sur la question des affaires métropolitaines?"
BAT, XXXII, 5 (mai 57), 38-40, texte.

"Graduate course in Community and Regional Planning", University of British Columbia
CB, I, 1 (mars 51), 54, texte.

"Institute News. Architects in the Community Planning Association of Canada".
RAIC, XXIV, 5 (mai 47), 171-172

"Intéressantes discussions sur les problèmes d'urbanisme lors de la 68e assemblée annuelle de l'Association des Architectes de la Province de Québec"
BAT, XXXIV, 3 (mars 59), 10-11

"Journées internationales du film sur l'urbanisme; Trois-Rivières, 13 et 14 septembre 1965)".
ABC, XX, 234 (oct. 65), 57, texte.

"Journées internationales du film sur l'urbanisme et l'aménagement du territoire"
ABC, XX, 236 (déc. 65), 34-35, texte.

"L'amélioration des quartiers au Québec; Entente fédéral-provincial".
AC, 30, 328 (mars-avril 75), 10

"Land Planners Advocate Canadian Courses" (annual meeting of the Canadian Society of Landscape Architects and Town Planners)
CB, IV, 12 (déc. 54), 32, texte.

"L'association canadienne d'urbanisme" (résumé du mémoire du dr Émile Nadeau, président, remis au 1er ministre M. Duplessis. re: habitation et urbanisme)
ABC, VI, 57 (jan. 51), 20-22, texte.

"Le Canada et la France veulent intensifier les échanges dans le domaine de l'aménagement et de l'urbanisation"
BAT, LII, 9 (sept. 77), 13, texte.

"Le SCHL accorde dix-huit bourses pour des études en urbanisme"
ABC, XX, 232 (août 65), 46, texte.

"Les administrations publiques et les corps constitués face à l'aménagement du territoire"
ABC, XX, 236 (déc. 65), 35-36, texte.

"Les journées internationales du film d'urbanisme"
BAT, XXXVIII, 3 (mars 63), 42 et 45, texte.

"Les recommandations du mémoire de l'A.C.U. à la commission royale".
ABC, X, 108 (avril 55), 37, texte.

"Lewis Mumford on the City" (série à la télévision)
TCA, VIII, 8 (août 63), 6 et 8 et 13

"L'urbanisme... thème du 51e congrès de l'IRAC"
BAT, XXXIII, 6 (juin 58), 17

"Master's Degree in Community and Regional Planning", University of British Columbia
CB, III, 6 (juin 53), 59-60, texte.

"Montreal homebuilders spotlight the problems of subdivision approvals"
NB, VIII, 11 (nov. 59), 47

"Ottawa et Paris collaborent dans le domaine de l'aménagement de l'urbanisme et de l'habitation"
BAT, LIII, 5 (mai 78), 12, texte.

"Prix d'urbanisme pour une firme montréalaise."
AC, 29, 325 (sept.-oct. 74), 8

"Programme canadien d'innovation urbaine".
AC, 29, 326 (nov.-déc. 74), 11
AC, 30, 330 (juil.-août 75), 8

"Progress" (Étude de la Canadian Council on Urban and Regional Research sur les centres urbains)
TCA, XIII, 12 (déc. 68), 9

"RAIC assembly" (sur le développement urbain)
TCA, XII, 6 (juin 67), 6 et 20 et 70 et 72

"Recherches en matière d'urbanisme"
BAT, XLVII, 11 (nov. 72), 7, texte.

"Recommendation of the R.A.I.C. for a post-war planning authority"
RAIC, XX, 6 (juin 43), 93

"Stratford Seminar" (sur le "civic design")
TCA, IX, 8 (août 64), 9

"The Community Planning Association of Canada".
RAIC, XXIII, 11 (nov. 46), 268-269

"... this obstacle to planning". (La création d'un bureau, d'un centre sur la planification urbaine).
TCA, I, 12 (déc. 56), 11

"UDI confronts the anti-development establishment" (Urban Development Institute)
CB, XXII, 4 (avril 72), 47

"UDI panel criticizes function, methods of Ontario Municipal Board" (Urban Development Institute)
CB, XV, 5 (mai 65), 75

"UDI plans new activities". (Urban Development Institute)
CB, XVI, 2 (fév. 66), 59

"University appoints town planning expert". (UBC)
RAIC, XXVII, 4 (avril 50), 125

"Urban Development Institute of Ontario Formed"
NB, VI, 10 (oct. 57), 6 et 12

"Urban Development Institute to work for land rules review"
CB, IX, 8 (août 59), 94

"Urban Institute suggests cure to land problems"
CB, VIII, 8 (août 58), 47

Adamson, Anthony
"Report of the first National Conference of the Community Planning Association of Canada".
RAIC, XXIV, 11 (nov. 47), 417-418

Architectural Research Group
"City for living"
RAIC, XVIII, 9 (sept. 41), 149-153
"Planning"
RAIC, XXI, 1 (jan. 44), 10-14

Armstrong, Alan H.
"A travelling exhibit on community planning". (your city and you)
RAIC, XXIII, 2 (fév. 46), 46

Burgess, Cecil S.
"Alberta". (Propos sur la Community Planning Association of Canada).
RAIC, XXIV, 4 (avril 47), 139

Chapleau, Gaston
"Au congrès de l'A.C.U. — Le rôle de l'entreprise privée dans l'urbanisme métropolitain".
ABC, XIV, 162 (oct. 59), 334-335 et 338, texte.

Crutcher, Lewis
"Banff 1958, Cityscape".
TCA, IV, 3 (mars 59), 68-71

Daignault, D.
"Les effets réels sur les villes des politiques des affaires urbaines"
AC, 28, 314 (mai 73), 24-25
"Les us et abus de la recherche urbaine"
AC, 28, 314 (mai 73), 27

Dakin, A.J.
"Have we done the basic thinking? The Stratford Seminar is not conclusive. Civic Design"
RAIC, XXXIX, 9 (sept. 62), 57-59

Dobush, Peter
"Canadian Council on urban and regional research".
RAIC, XL, 3 (mars 63), 16

Elliott, Robbins
"Satisfaire le besoin, le conseil canadien d'urbanisme répond à un besoin".
RAIC, XXXVIII, 11 (nov. 61), 74

Franks, Brian
"Conventions 1970: Urban Development Institute (Ontario)".
CB, XX, 5 (mai 70), 44-45

Gagnon, Robert
"Congrès d'urbanisme tenu à Sherbrooke"
BAT, XXIX, 11 (nov. 54), 35

Geoffrion, Hélène G.
"Le rapport Lamontagne et la recherche urbaine".
AC, 28, 318 (oct. 73), 31 et 46

Gillespie, Bernard
Town Planning Guidelines, Department of Public Works Canada, Ottawa, 1973.
TCA, XIX, 3 (mars 74), 4

Goulding, W.S.
"1964 Stratford Seminars on Civic Design".
RAIC, XLI, 8 (août 64), 19

Gouverneur Général
"From the address of His Excellency, the Governor-General to the Community Planning Association of Canada, Ottawa, 29 October 1956".
RAIC, XXXIII, 12 (déc. 56), 455

Hugo-Brunt, M.
"The Stratford Seminars on Civic Design".
RAIC, XLI, 5 (mai 64), 91

Lavigne, Andrée
"Une ville à vivre" 14e conférence annuelle de l'institut canadien des affaires publiques (ICAP) 21 au 24 septembre.
ABC, XXII, 259 (nov. 67), 44, texte.

MacCormack, Terry
"It really has happened — Now we have a federal Ministry of Urban Affairs — Long Live Andras!".
CB, XXI, 7 (juil. 71), 22-23 et 28

Marsan, Jean-Claude
"Le neuvième congrès mondial de l'U.I.A." (Union Internationale des Architectes)
ABC, XXII, 257 (sept. 67), 42-43, texte.

Moggridge, Hal; Martin, John; Arthur, Kent
Sea City (sur pilotis dans la mer)
TCA, XIII, 5 (mai 68), 8-9, texte & ill.

Monaghan, P.A.
"Here's a new grade control program for subdivisions" (article sur le développement résidentiel)
CB, XIII, 12 (déc. 63), 38-39

O'Keefe, Gene
"UDI study shows: Good design is effective only with proper planning and zoning to back it"
CB, XI, 6 (juin 61), 25-27

P.Q.A.A.
"Memorandum to the Cabinet of the Province of Quebec from the P.Q.A.A." (planning municipal et régional)
RAIC, XXI, 7 (juil. 44), 159-160

Robert, Georges
"Chronique de l'urbanisme — Fédération québécoise pour l'habitation, l'urbanisme, le développement et l'aménagement des territoires"
ABC, XIX, 221 (sept. 64), 64, texte.
"Chronique de l'urbanisme — Les mandataires municipaux et l'urbanisme"
ABC, XX, 230 (juin 65), 45-46, texte.

Rudolph, Paul
"Banff 1958, the form of the city"
TCA, IV, 3 (mars 59), 48-67

Schupp, Jacques
"Journées Internationales du Film sur l'urbanisme — 8 et 9 février, Trois-Rivières".
ABC, XVIII, 202 (fév. 63), 45-46, texte.

Smith, A. Rhys; Brown, Chester S.
"Student Teams Plan for City Housing Development"
CB, I, 1 (mars 51), 27-33, texte & ill.

Varry, Jacques
"Compte rendu — Session d'étude de l'association canadienne d'urbanisme — délégation du Québec"
ABC, XVII, 189 (jan. 62), 34-36, texte.

Travaux d'urbanisme et de rénovation urbaine
Town Planning and Urban Renewal

Anonyme/Anonymous

Agincourt
P0001 (cité satellite)
CB, XIV, 11 (nov. 64), 16, texte.
P0002 Chertwell (quartier commercial et résidentiel)
CB, XV, 11 (nov. 65), 110, texte.

Ahuntsic
P0003 Plan directeur
BAT, XXVII (déc. 52), 10-12, texte & ill.

Ajax
P0004 Ville nouvelle
RAIC, XXX, 5 (mai 53), 118, texte & ill.
ABC, VI, 57 (jan. 51), 20-21, texte.
CB, III, 8 (août 53), 6, texte & ill.
CB, III, 9 (sept. 53), 28-29, 44-50 et 67, texte & ill.
CB, XIII, 8 (août 63), 10, texte.
P0005 C.M.H.C.'s Port in Ajax
CB, III, 9 (sept. 53), 30, texte & ill.

Ville d'Anjou
P0006 "Une ville nouvelle en construction"
BAT, XXXI, 12 (déc. 56), 20-21 et 49, texte & ill.

Arvida
P0007 "De nombreux projets à réaliser, Arvida" (liste de projets)
BAT, XXXIII, 4 (avril 58), 21

Baie James
P0008 Sakami (nouveau village)
BAT, LII, 2 (fév. 77), 10, texte & ill.
CB, XXVII, 2 (fév. 77), 5, texte.

Bath (Ont.)
P0009 "A model residential, industrial and commercial community".
NB, VIII, 3 (mars 59), 49, texte.

Belleville
P0010 (a waterfront development)
CB, XXV, 12 (déc. 75), 19, texte.

Bramalea
P0011 Ville satellite
CB, XII, 5 (mai 62), 51, texte & ill.
CB, XIV, 4 (avril 64), 30, texte & ill.
CB, XVII, 10 (oct. 67), 42, ill.
NB, VIII, 8 (août 59), 40, texte.
NB, XI, 3 (mars 62), 20-25, texte & ill.
P0012 "Bramalea, A bright scheme in urban living is restricted by mortgage famine."
CB, XVI, 6 (juin 66), 44-47
P0013 City Centre
CB, XVIII, 4 (avril 68), 6, texte.

Brampton
P0014 City of Brampton
CB, XXIV, 1 (jan. 74), 46, texte.
P0015 Brampton and the Chinguacousy Township
NB, VII, 4 (avril 58), 22, texte.
P0016 Peel Village
NB, X, 8 (août 61), 48-51, texte & ill.
NB, XI, 1 (jan. 62), 40, texte & ill.

Calgary
P0017 (Concept du "human corridor")
ARCAN, 48 (22 nov. 71), 10, texte & ill.
P0018 (projet pour contrer les difficultés de stationnement et circulation)
TCA, V, 2 (fév. 60), 10, texte & ill.
P0019 (Rénovation du centre-ville)
CB, XVII, 5 (mai 67), 8, texte.
P0020 (Ville pour 25,000h; Spy Hill)
CB, XVII, 10 (oct. 67), 70, texte.
P0021 Bow Village
CB, XIII, 2 (fév. 63), 50, texte.

P0022 "Calgary green belt has Mayor Sykes fighting"
CB, XXVI, 10 (oct. 76), 6
P0023 "Calgary starts off with a $25 million plan to give its downtown area a new look". (rénovation urbaine)
CB, XVII, 12 (déc. 67), 32-33
P0024 "Citizen participation in planning may speed Calgary land clearances"
CB, XXIII, 5 (mai 73), 5
P0025 "Downtown Calgary, A Series of Urban Lesions".
TCA, XX, 8 (août 75), 20-32
P0026 "Mini-city". (Saddle Ridge area)
CB, XXI, 8 (août 71), 8, texte.
P0027 Plus 15 Calgary
ARCAN, 46, 11 (nov. 69), 9-12, texte & ill.
ARCAN, 48 (13 déc. 71), 9, texte & ill.
TCA, XVII, 1 (jan. 72), 7-8, texte & ill.
P0028 "Zoning unnecessary"
CB, XVII, 6 (juin 67), 5

Chibougamau
P0029 BAT, XXX, 10 (oct. 55), 30-32

Clarkson (Ont.)
P0030 (planification urbaine, maquette)
RAIC, XXX, 3 (mars 53), 75, texte & ill.
P0031 Park Royal (cité satellite)
CB, IX, 1 (jan. 59), 33-34, texte & ill.
NB, VII, 8 (août 58), 16, texte.
NB, IX, 8 (août 60), 20-22, texte & ill.

Coquitlam
P0032 (a town centre for 25,000h.)
CB, XXVII, 4 (avril 77), 6, texte.

Cornwall
P0033 (340 fully-serviced lots)
CB, VIII, 4 (avril 58), 85, texte.

Corunna (Ont.)
P0034 (communauté pour 20,000h.)
CB, XXIV, 2 (fév. 74), 58, texte.

Credit Valley (Ont.)
P0035 (ville nouvelle)
NB, VII, 2 (fév. 58), 24, texte.

Dartmouth
P0036 (dev. of Dartmouth waterfront)
CB, XXIV, 4 (avril 74), 29, texte.
P0037 CADAC ("mini city")
CB, XXIV, 1 (jan. 74), 46, texte.
CB, XXIV, 4 (avril 74), 62, texte.
CB, XXIV, 6 (juin 74), 58, texte.
P0038 Montebello
CB, XXIV, 6 (juin 74), 58, texte.
P0039 Nantucket Development Project
CB, XXIII, 8 (août 73), 60, texte.

Dorval
P0040 "Une ville grandit: Dorval"
CDQ, XXIV, 5 (sept. 49), 13-21

Drummondville
P0041 "Drummondville, une ville en plein progrès"
BAT, XXXIII, 10 (oct. 58), 26-41, texte & ill.

Edmonton
P0042 (Community for 40,000h.; Clareview area)
CB, XXIII, 12 (déc. 73), 52, texte.
P0043 (rénovation urbaine)
CB, XVII, 12 (déc. 67), 36-37, texte & ill.
P0044 (rénovation urbaine pour une aire à l'est du "civic centre")
CB, XVII, 8 (août 67), 5, texte.
P0045 "Alberta". (Croissance démographique et développement urbain)
RAIC, XXVI, 1 (jan. 49), 34
P0046 "Alberta". (Développement de la ville d'Edmonton depuis 1931)
RAIC, XXVII, 2 (fév. 50), 73
P0047 "Alberta". (planification d'une aire commerciale)
RAIC, XXVII, 4 (avril 50), 146-147
P0048 "Alberta". (à propos du Detwiler Plan)
RAIC, XXVII, 12 (déc. 50), 415-416
P0049 Castle Downs (ville nouvelle)
CB, XXII, 3 (mars 72), 66, texte.
P0050 Crestwood Neighborhood Unit
RAIC, XXX, 2 (fév. 53), 39, ill.
P0051 "Downtown without direction"
TCA, XX, 1 (mai 75), 28-38
P0052 "Edmonton: Canada's construction hot pot"
CB, XXV, 4 (avril 75), 34 et 37
P0053 "Edmonton's 15-year plan"
CB, XVII, 12 (déc. 67), 7

P0054 "Edmonton's triple skyline"
CB, XXIII, 4 (avril 73), 7
P0055 Mill Woods (ville nouvelle)
CB, XXII, 3 (mars 72), 66, texte.
P0056 Plan for revised lay-out of H.B.R. and adjoining Districts
RAIC, XXII, 4 (avril 45), 87 et 89, texte & ill.

Erin Mills
P0057 (ville nouvelle)
CB, XIX, 10 (oct. 69), 6, texte.
CB, XXII, 2 (fév. 72), 48 et 58, texte & ill.
CB, XXII, 8 (août 72), 7, texte.
CB, XXIII, 4 (avril 73), 62, texte.

Fergus
P0058 "Progress" (Démolition de la Royal Bank à Fergus, détruisant ainsi la trame urbaine)
TCA, XVII, 2 (fév. 72), 8

Fort McMurray
P0059 "Fort McMurray — Boom town in the tar sands"
CB, XXIX, 1 (jan. 79), 20-25

Fort Saskatchewan
P0060 (communauté de 32,000h)
CB, XXII, 11 (nov. 72), 132, texte.

Four Lakes
P0061 Shawano (dev. for 4,200h.)
CB, XXIV, 4 (avril 74), 30, texte.

Fraser Lake (C.-B.)
P0062 (a townsite)
CB, XV, 4 (avril 65), 7, texte.

Fraser River Delta (C.-B.)
P0063 Seafair project
CB, XII, 9 (sept. 62), 46-47, texte & ill.

Fredericton
P0064 ("a housing, commercial and industrial project")
CB, XXVI, 8 (août 76), 52, texte.

Frobisher Bay
P0065 (Ensemble résidentiel et commercial)
CB, XVIII, 11 (nov. 68), 6, texte.
CB, XIX, 2 (fév. 69), 6, texte.
P0066 (planification urbaine)
TCA, VII, 5 (mai 62), 10, texte & ill.

Gagnon
P0067 (Ville nouvelle)
NB, VIII, 11 (nov. 59), 50, texte & ill.

Georgetown
P0068 "Watch Georgetown Grow" (développement de Georgetown, Ont., par Rex Heslop, constructeurs)
NB, IV, 3 (mars 55), 8, texte & ill.

Gloucester Township (Ont.)
P0069 Gloucester Town Centre
CB, XXVI, 3 (mars 76), 22, texte.

Granby
P0070 BAT, XXIX, 5 (mai 54), 29-41 et 64-69, texte & ill.

Grand-Mère
P0071 (rénovation du centre-ville)
BAT, LI, 2 (fév. 76), 5, texte.

Guelph
P0072 Guelph City Plan
RAIC, XXIII, 11 (nov. 46), 294-95, texte & ill.

Halifax
P0073 (28,5 acre harbor site redevelopment)
CB, XXVI, 10 (oct. 76), 8, texte.
P0074 (ensemble résidentiel et commercial de 200 acres)
CB, XXIV, 9 (sept. 74), 70, texte.
P0075 (new downtown area)
TCA, VI, 8 (août 61), 6, texte.
P0076 (redéveloppement du centre-ville)
TCA, VII, 6 (juin 62), 5 et 9, texte & ill.
P0077 (waterfront redevelopment)
CB, XXV, 2 (fév. 75), 8, texte.
CB, XXVI, 3 (mars 76), 7, texte.
P0078 "CMHC backs Halifax urban redevelopment"
NB, X, 6 (juin 61), 48
P0079 Cornwallis Centre
RAIC, XLI, 5 (mai 64), 48-49, texte & ill.
P0080 "Halifax to study downtown renewal"
CB, XV, 6 (juin 65), 72
P0081 Master Plan
RAIC, XXIII, 11 (nov. 46), 299-301, texte & ill.
P0082 Metro Centre Plan
CB, XXI, 7 (juil. 71), 27, texte & ill.
CB, XXI, 8 (août 71), 62, texte.

Urbanisme		Town Planning

P0083 "Rebuilding is now moving ahead on the sites of Halifax's notorious slums". (rénovation urbaine)
CB, XVII, 12 (déc. 67), 33-35

Hamilton

P0084 (500 fully-serviced lots)
CB, VIII, 4 (avril 58), 85, texte.

P0085 "Architectural Control"
TCA, I, 2 (jan.-fév. 56), 24-27

P0086 Hamilton's Civic Square
CB, XX, 12 (déc. 70), 33 et 50, texte & ill.

P0087 "Nation" (les divers projets de planification urbaine soumis à la ville de Hamilton depuis 1964)
TCA, XIV, 6 (juin 69), 6-8

P0088 "Private builders share in Hamilton's renewal project".
CB, XIV, 10 (oct. 64), 8

Kelowna

P0089 Projet de $17 millions, Highway 97 & Benvoulin Rd.)
CB, XIX, 10 (oct. 69), 5, texte.

Kitchener

P0090 "Downtown redevelopment"
CB, XXI, 9 (sept. 71), 36 et 42, texte & ill.

Lac Barbel

P0091 (ville nouvelle)
NB, VIII, 3 (mars 59), 47, texte.

Lac Delage

P0092 "La ville ultra-résidentielle du Lac Delage, près de Québec"
BAT, XXXIX, 5 (mai 64), 32-39, texte & ill.

Lac Janeen

P0093 ("ville préfabriquée" pour la Cartier Mining)
BAT, XXXIV, 3 (mars 59), 19, texte.

Lac Quévillion

P0094 (ville nouvelle)
CB, XV, 12 (déc. 65), 8, texte.

Lac St-Jean

P0095 "Des travaux pour deux millions et demi de dollars au Lac St-Jean" (liste des projets)
BAT, XXIX, 9 (sept. 54), 19

P0096 "Région du Lac St-Jean, urbanisme et constructions nouvelles"
BAT, XXX, 10 (oct. 55), 26-27

Lake St. Joseph (Ont.)

P0097 (communauté pour 10,000h.)
CB, XXV, 9 (sept. 75), 8, texte.

Lachine

P0098 "Mise en valeur du Vieux Lachine"
AC, XXX, 330 (juil.-août 75), 28-35, texte & ill.

La Prairie

P0099 Projet d'aménagement à La Prairie
BAT, XLIX, 10 (oct. 74), 7, texte & ill.

P0100 Horizon 2000
AC, 26, 292 (mars 71), 22-24 et 31, texte & ill.

Ville La Salle

P0101 Domaine Beique
ABC, XII, 132 (avril 57), 52-57, texte & ill.

P0102 Riverside Park
NB, V, 7 (juil. 56), 28, texte & ill.

Laval

P0103 AC, 25, 287 (sept. 70), 12-33, texte & ill.

P0104 (Collectivité nouvelle de 17,000h.)
BAT, LI, 2 (fév. 76), 12, texte.

P0105 "1970: année décisive pour Laval"
BAT, XLV, 5 (mai 70), 5

P0106 Cité Val des Arbres
BAT, LII, 1 (jan. 77), 6, texte & ill.

P0107 "Laval vend son territoire"
BAT, L, 6 (juin 75), 18-20, texte & ill.

P0108 Place Val des Arbres
BAT, L, 10 (oct. 75), 7-8, texte & ill.

London

P0109 Guard, Donald et Stephenson, Gordon. *Urban renewal: London, Ontario, Corporation of the city of London*, London, 1960.
RAIC, XXXIX, 9 (sept. 62), 77-78

Longueuil

P0110 "Longueuil doit s'adapter à l'immigration des Montréalais"
BAT, LI, 3 (mars 76), 16, texte.

Lorraine

P0111 Nouvelle agglomération sub-urbaine.
ABC, XVII, 197 (sept. 62), 42-45, texte & ill.
BAT, XXXVII, 7 (juil. 62), 22-25, texte & ill.

CB, XII, 5 (mai 62), 28-31, texte & ill.
RAIC, XXXIX, 10 (oct. 62), 56, ill.

Lucerne (Qué.)

P0112 (communauté pour 5,000h.)
CB, XXV, 7 (juil. 75), 7, texte.

Mactaquac (N.-B.)

P0113 Aménagement d'un noyau urbain
BAT, XLI, 9 (sept. 66), 6, texte.

Culliton (N.-B.)

P0114 (Ville nouvelle)
CB, XVI, 9 (sept. 66), 8, texte.

Markham

P0115 (commercial-residential complex)
CB, XXIV, 11 (nov. 74), 8, texte.

Mirabel

P0116 "Mirabel après l'arrivée des grands oiseaux".
AC, 31, 335 (mai-juin 76), 41-43

Mississauga

P0117 (Ensemble résidentiel & commercial sur 7,800 acres)
CB, XXV, 4 (avril 75), 37, texte.

P0118 (plan directeur pour centre-ville, étude)
CB, XXVI, 4 (avril 76), 34, texte.
CB, XXIX, 8 (août 79), 20-22, texte & ill.

P0119 Meadowvale New town Quadriplex Development
CB, XXII, 4 (avril 72), 58, texte.
CB, XXI, 9 (sept. 71), 23, texte & ill.

Moisie

P0120 "Rénovation urbaine dans le Bas-du-Fleuve"
BAT, XLVII, 7 (juil. 72), 5-6

Moncton

P0121 (Ensemble résidentiel et commercial; Main St.W.)
CB, XXIV, 8 (août 74), 42, texte.

Montréal

P0122 AC, 25, 283 (avril 70), 20-24, texte & ill.

P0123 Affleck, R., Beaupré, P., et al. *Découvrir Montréal*, sans édition, sans lieu, sans date.
AC, 30, 329 (mai-juin 75), 12-15

P0124 "Another controversy in Montreal: Operation St-Antoine vs Trans-Canada Highway".
ARCAN, 48 (11 jan. 71), 7

P0125 Beaupré, Pierre et Annabel Slaight. *Exploring Montreal, Its People, Buildings and Places*, Montreal Society of Architecture et Greey de Pencier, Toronto, [s.d.].
TCA, XX, 5 (mai 75), 5

P0126 Boul. Dorchester et Place Ville-Marie
ABC, XII, 138 (oct. 57), 34, texte.

P0127 Champfleury (communauté pour 17,000h.)
CB, XXV, 10 (oct. 75), 5, texte.

P0128 Circulation et artères principales
ABC, II, 16 (août 47), 12-22, texte & ill.

P0129 "City planning activities in Montreal"
RAIC, XX, 4 (avril 43), 51-53

P0130 "De la ville et des Hommes": Schéma d'aménagement de la CUM
AC, 28, 315 (juin 73), 19-22

P0131 "Échos". (Lettre de la Société des architectes de Montréal, contestant le choix de M. Yamasaki pour le projet de CP pour le développement de l'ouest de Montréal)
AC, 26, 291 (jan.-fév. 71), 27

P0132 Expansion au cours des 10 dernières années
ABC, VII, 76 (août 52), 24-26, texte & ill.

P0133 "Expressway protest group makes some yards in Montreal".
ARCAN, 48 (24 mai 71), 3

P0134 Gabeline, Donna, et Lanken, Dane et Pape, Gordon. *Montreal at the Crossroads*, Harvest House, Montréal, sans date.
AC, 30, 330 (juil.-août 75), 6-7

P0135 "Guy-Favreau, CP, Carrefour Montréal, Campeau, Qu'advient-il de tous ces projets?"
BAT, L, 2 (fév. 75), 17-18

P0136 "Il était une fois dans l'est" (quelques projets de l'est de Montréal)
BAT, L, 1 (jan. 75), 11

P0137 "La Cité de Montréal modifie deux règlements de construction"
ABC, I, 3 (fév.-mars 46), 17-18, texte & ill.

P0138 "La construction dans la métropole" (liste de projets)
BAT, XXX, 2 (fév. 55), 17

P0139 "La métamorphose des rues de Montréal"
ABC, XI, 126 (oct. 56), 30, texte.

P0140 "Le projet Eaton à Montréal: le mystère du centre-ville"
BAT, XLVI, 5 (mai 71), 23

P0141 Le Rapport du comité Dozois: Projet de rénovation et de construction d'habitat à loyer modique pour Montréal
ABC, X, 105 (jan. 55), 19-23, texte & ill.

P0142 "Les premiers mois annoncent bien, Montréal" (liste de projets)
BAT, XXX, 4 (avril 55), 21 et 25

P0143 "Le zonage à Montréal. . .
. . . ou la politique de gel du territoire"
BAT, LI, 3 (mars 76), 31, texte.

P0144 "Montréal au XXe siècle".
RAIC, XXXIII, 11 (nov. 56), 420-429

P0145 "Montréal demeurera la métropole du Canada"
BAT, XXXI, 12 (déc. 56), 24-29, texte & ill.

P0146 *Montréal en évolution* de Jean-Claude Marsan
AC, XXIX, 323 (mai-juin 74), 21-24

P0147 "Montréal et banlieue, sur les chantiers de la métropole" (liste de projets en cours)
BAT, XXIX, 8 (août 54), 18-19

P0148 "Montreal in 2000 A.D. . . . "
CB, XVII, 10 (oct. 67), 60-62

P0149 "Montréal: le passé ou le futur? Distinguons le véritable patrimoine historique de certaines horreurs du passé"
BAT, L, 1 (jan. 75), 22-23

P0150 "Montreal needs planning authority"
CB, X, 8 (août 60), 11

P0151 "Montreal of the Future".
RAIC, XXXIII, 11 (nov. 56), 430-432

P0152 "Montréal s'embellit (concours pour des projets de monuments et fontaines)
ABC, XIX, 214 (fév. 64), 50, texte.

P0153 "Montréal se renouvelle. . . en démolissant et en reconstruisant" (statistiques)
BAT, XXXIX, 6 (juin 64), 35, texte.

P0154 "Montreal Skyline"
TCA, VII, 6 (juin 62), 40-43

P0155 "Montreal Study Group" (étude pour un plan directeur)
RAIC, XXXVII, 11 (nov. 60), 454-455

P0156 "Montreal. . . to see or not to see". (article général sur le développement de Montréal depuis quelques années, autoroute, métro, architecture, zones vertes etc).
RAIC, XLII, 5 (mai 65), 48-54

P0157 "Montréal, une ville qui éclate de vitalité"
BAT, XL, 8 (août 65), 48-49, texte.

P0158 "Montréal, ville laide?" (entrevue sur l'architecture à Montréal avec Guy Legault).
AC, 29, 321 (jan.-fév. 74), 35-38

P0159 "More than $1 million federal aid for Montreal urban renewal scheme". (district de la Côte-des-Neiges)
CB, XVI, 8 (août 66), 8

P0160 "New, restrictive master development plan announced for downtown Montreal"
CB, XXVI, 3 (mars 76), 7

P0161 Place Vauquelin
AC, 24, 272 (mars 69), 20-21, texte & ill.

P0162 Plan directeur
ABC, I, 1 (nov. 45), 8-12 et 14, texte & ill.
ABC, I, 9 (déc. 46), 11-27, texte & ill.
RAIC, XXII, 5 (mai 45), 89-109, texte & ill.

P0163 (Planning)
RAIC, XXI, 7 (juil. 44), 146-151, texte & ill.

P0164 "Position de la Société d'Architecture de Montréal face au problème des démolitions à Montréal".
AC, 30, 328 (mars-avril 75), 11

P0165 "Pour donner à boire à Montréal" (modernisation de l'aqueduc)
CDQ, XXIV, 4 (juil. 49), 12-13, texte & ill.

P0166 "Pour le projet de re-développement de Montréal"
BAT, XXXII, 5 (mai 57), 96, texte.

P0167 "Pour sept millions de contrats en voie, Montréal" (liste de projets en cours)
BAT, XXIX, 12 (déc. 54), 11

P0168 Prince Arthur Gardens (rénovation urbaine)
TCA, XXI, 2 (fév. 76), 4, texte & ill.

P0169 Programme d'amélioration du quartier "Terrasse Ontario"
BAT, XLIX, 7 (juil. 74), 35, texte.

P0170 Projet de ville futuriste sur la Rive-Sud
BAT, XXXIX, 9 (sept. 64), 4, texte.

Town Planning — Urbanisme

P0171 "Projet d'un édifice le plus haut du Canada" (liste des réalisations architecturales en cours à Montréal & projet Marc Carrière)
BAT, XLVII, 7 (juil. 72), 4

P0172 "Projets en l'air... Le projet du C.P.: peut-être bien qu'oui, peut-être bien qu'non!" (conservation ou démolition de la Gare Windsor)
BAT, XLVI, 5 (mai 71), 23

P0173 Quadrilatère entre les rues Wiseman, Van Horne, Hutchison et Bernard
BAT, XLVII, 9 (sept. 72), 16-17, texte & ill.

P0174 "Quand le bateau coule..." (sur les espaces verts à Montréal, entrevue avec J.C. Marsan).
AC, 28, 319 (nov. 73), 30-31

P0175 "Quebec" (Développement urbanistique et architectural dans la région de Montréal)
RAIC, XVIII, 10 (oct. 41), 176

P0176 "Qu'en penses-tu Batisse? Est-ce la fin du Mont-Royal?" (disparition des espaces verts)
BAT, XXXIV, 7 (juil. 59), 7

P0177 "Redevelopment need is men capable of decision — making" (dans le centre-ville de Montréal)
CB, X, 4 (avril 60), 62-63

P0178 "Rénovation urbaine" (Office municipal d'habitation de Montréal)
BAT, XLV, 12 (déc. 70), 11-14, texte & ill.

P0179 "Report: What's happening to downtown Montréal".
TCA, IV, 4 (avril 59), 66-71

P0180 Secteur portuaire du Vieux Montréal
AC, 34, 345 (mars-avril 78), 11 et 12

P0181 Services d'utilités publiques: approvisionnement d'eau, systèmes d'égouts
BAT, XXXII, 1 (jan. 57), 20-21 et 43, texte & ill.

P0182 Services d'utilités publics: voies de circulation — urbanisme — édifices publics
BAT, XXXII, 3 (mars 57), 42-45, texte & ill.

P0183 "Swank Sherbrooke Street is raising its skyline to make — a new commercial district for Montreal"
CB, IV, 12 (déc. 54), 24-25, ill.

P0184 "Technique de l'urbanisation de Montréal"
BAT, XXXII, 6 (juin 57), 38-41 et 87, texte & ill.

P0185 "The silver lining for Montréal lies in major government projects" (énumération de quelques projets)
CB, XXV, 12 (déc. 75), 20

P0186 "Un architecte et urbaniste commente: la planification municipale et la communauté urbaine de Montréal" (Isaac Miron)
BAT, XLV, 7 (juil. 70), 30-32

New Westminster
P0187 Colonel Moody's Plan
RAIC, XXXV, 4 (avril 58), 111, ill.

P0188 "Nation" (Rénovation du centre-ville)
TCA, XXII, 7 (juil. 77), 4

P0189 "News from New Westminster, B.C."
RAIC, XXIII, 11 (nov. 46), 312-313

Oakville
P0190 "Buildings bits..." "In Oakville, Ont." (à propos de la hauteur minimum d'un bâtiment situé dans une aire commerciale)
NB, VIII, 8 (août 59), 39

P0191 Oakdale Park et Plan 174
CB, XX, 3 (mars 70), 29, texte.

Oka
P0192 (maquette d'aménagement du site)
RAIC, XXVIII, 3 (mars 51), 60, texte & ill.

P0193 "Lettre de Laval au maire d'Oka" (concours pour le village d'Oka)
AC, 29, 325 (sept.-oct. 74), 12

P0194 Village d'Oka (concours)
AC, 28, 319 (nov. 73), 8-9
AC, XXIX, 324 (juil.-août 74), 11-17, texte & ill.

Orillia
P0195 (Downtown waterfront redevelopment)
CB, XXV, 3 (mars 75), 6, texte.

Orleans (Ont.)
P0196 Convent Glen Community
CB, XXI, 5 (mai 71), 5, texte & ill.

Ottawa
P0197 "37,500 acres of green belt cost $25 million"
CB, VIII, 9 (sept. 58), 66

P0198 "Architectural face-lift and development girdle proposed for Ottawa — Hull"
CB, XXV, 2 (fév. 75), 39

P0199 Bond, C.J., *The Ottawa Country*. The Queen's Printer, Ottawa, [s.d.].
TCA, XIV, 7 (juil. 69), 7

P0200 "Building bits..." "In Ottawa" (hauteur de 100 pi pour les bâtiments)
NB, VIII, 9 (sept. 59), 55

P0201 (Comité FDC pour le développement autour de la colline parlementaire)
TCA, I, 6 (juin 56), 14

P0202 "Downtown Ottawa — Hull" (Historique du développement urbain jusqu'à nos jours).
TCA, XXI, 8 (août 76), 20-39

P0203 "First new land bank will be 5,000 acres southeast of Ottawa"
CB, XXIII, 3 (mars 73), 7

P0204 Glen Cairn Development (cité satellite)
CB, XIII, 10 (oct. 63), 36-43, texte & ill.

P0205 Greenboro (communauté de 30,000 à 35,000h.)
CB, XXIII, 12 (déc. 77), 7, texte.

P0206 "Hull — Ottawa" (sur la construction des édifices fédéraux)
BAT, LI, 2 (fév. 76), 5

P0207 La rue Flora
BAT, LV, 1 (jan.-fév. 80), 16-17, texte & ill.

P0208 Le Breton Flats
CB, XXV, 2 (fév. 75), 46, texte.

P0209 "Le schéma de la CRO: un super-plan directeur régional" (Conseil Régional de l'Outaouais)
BAT, LI, 9 (sept. 76), 25-26 et 29, texte & ill.

P0210 "Letter to the editor, Architectural Control in the National Capital Region".
RAIC, XXVII, 10 (oct. 50), 361-362

P0211 Lincoln Fields (ensemble résidentiel et commercial pour 2,400h.)
CB, XXIV, 9 (sept. 74), 70, texte.

P0212 Lower Town East (rénovation urbaine)
CB, XVIII, 8 (août 68), 54, texte.

P0213 "Millionaire, Manitoba Architect Guest on CBC Show". (projet d'une ville de 50,000h. près d'Ottawa)
TCA, XII, 1 (jan. 67), 8

P0214 "National Capital Plan"
ARCAN, 44, 4 (avril 67), 31-35

P0215 (Nouveau paysagisme autour de la colline parlementaire)
TCA, VII, 8 (août 62), 5 et 7, texte & ill.

P0216 "Ontario". (projets pour la capitale nationale).
RAIC, XXXIII, 11 (nov. 54), 448-449

P0217 "Ontario". (National Capital Plan).
RAIC, XXVI, 8 (août 49), 262

P0218 "Ottawa, What is the Capital Plan?"
TCA, V, 5 (mai 60), 52-56

P0219 "Planning the National Capital Doesn't Guarantee Architecture"
CB, II, 1-2 (jan.-fév. 52), 44, texte & ill.

P0220 "Provincial Page". (Plan de développement pour Ottawa).
RAIC, XXII, 9 (sept. 45), 195

P0221 "Provincial Page". (planning of the greater ottawa area).
RAIC, XXIII, 1 (jan. 46), 18

P0222 (Smyth Road property)
NB, X, 8 (août 61), 3, texte & ill.

P0223 "The Capital and the architect" (Le nouveau plan de la région de la capitale nationale et l'architecture)
TCA, V, 5 (mai 60), 70

P0224 "The profession and the planning of the capital"
RAIC, XXII, 12 (déc. 45), 271-273

P0225 (village moderne miniature dans le parc opposé au *National War Memorial*)
NB, VI, 11 (nov. 57), 4, texte.

Peterborough
P0226 Burham Point Development
RAIC, XIX, 6 (juin 42), 131, ill.

P0227 "Ontario". (planification urbaine à Peterborough).
RAIC, XXVI, 9 (sept. 47), 333

P0228 Peterborough Development Corporation, *Greater Peterborough Master Plan*, sans édition, Peterborough, sans date.
ARCAN, 48 (12 juil. 71), 9

North Pickering
P0229 (création de communautés nouvelles de 4,000 à 7,000 acres)
CB, XXV, 5 (mai 75), 6, texte & ill.

Point Roberts (C.-B.)
P0230 (communauté pour 20,000h.)
CB, XXIV, 7 (juil. 74), 58, texte.

Portage la Prairie
P0231 "Building bits..." "In Portage la Prairie" (zonage)
NB, VIII, 9 (sept. 59), 55

Prescott
P0232 "Land use study starts on 17,000 acres near Prescott, Ont."
CB, XXVI, 6 (juin 76), 47

Preston
P0233 Peel Village Highlands (ville satellite)
CB, XVII, 11 (nov. 67), 88, texte.

Québec
P0234 ABC, II, 11 (fév. 47), 16-21 et 36, texte & ill.

P0235 Bergeron, Claude. *L'avenir de la colline parlementaire*. Éditions Pélican, sans lieu, 1974.
AC, 29, 323 (mai-juin 74), 7

P0236 (colline parlementaire, commission tripartite pour un nouveau type de développement)
BAT, LII, 5 (mai 77), 5

P0237 (Élargissement de la rue Dorchester, stationnement dans le quartier St-Roch, prolongement de la rue des Commissaires)
ABC, I, 12 (mars 47), 34, texte.

P0238 "Investissement de $42 millions pour réaménager le quartier du Vieux-port de Québec".
BAT, LIII, 3 (mars 78), 7, texte.

P0239 "Québec 1958"
BAT, XXXIII, 5 (mai 58), 22-43, texte & ill.

P0240 "Québec Historique — un cas de conscience pour l'architecte"
ABC, XVI, 180 (avril 61), 42-45, texte & ill.

P0241 Redressement de la Rivière St-Charles
BAT, XXXII, 8 (août 57), 71, texte.

P0242 (Rénovation de la rue Saint-Louis et de l'escalier Petit Champlain)
TCA, XVII, 1 (jan. 72), 7-8, texte & ill.

P0243 (rénovation du quartier Saint-Sauveur)
BAT, L, 1 (jan. 75), 3

P0244 "Trois projets de rénovation dans le Vieux Québec: 1. Rénovation éclair de la Place Royale"
ABC, XXII, 251 (mars 67), 39-40, texte & ill.

P0245 "Trois projets de rénovation dans le Vieux Québec: 2. Réaménagement de la circulation automobile dans le secteur compris entre la porte St-Louis et la porte Kent"
ABC, XXII, 251 (mars 67), 40-41, texte & ill.

P0246 "Trois projets de rénovation dans le Vieux Québec: 3. Aménagement de cafés-terrasses sur la rue D'Auteuil."
ABC, XXII, 251 (mars 67), 41-42, texte & ill.

P0247 "The architect and the future development of Quebec in relation to its past"
RAIC, XXVIII, 8 (août 51), 221-233

Rainbow Lake
P0248 (Ville Champignon)
BAT, XLIII, 2 (fév. 68), 34, texte.

Red Deer
P0249 (plan pour le centre-ville)
ARCAN, L (juin 73), 10, texte & ill.

Regina
P0250 "Architect calls for Regina downtown revival".
CB, XXI, 2 (fév. 71), 6

P0251 "Regina could provide lesson for other Canadian cities in urban transit problems"
CB, XXVI, 10 (oct. 76), 45

P0252 The Regina Rail Line Relocation Program
CB, XXV, 9 (sept. 75), 6, texte.

P0253 "Urban diagram for Regina urged."
ARCAN, 48 (1 fév. 71), 6

Rexdale
P0254 (ville nouvelle)
NB, VIII, 1 (jan. 59), 21-23 et 42, texte & ill.

Rivière-du-Loup
P0255 "Rénovation urbaine dans le Bas du Fleuve"
BAT, XLVII, 7 (juil. 72), 5-6

Rouyn
P0256 "Plusieurs nouveaux immeubles à Rouyn" (liste des édifices)
BAT, XXX, 10 (oct. 55), 15

Saanich (C.-B.)
P0257 Lipsey — Rolston Development Co.
NB, VIII, 6 (juin 59), 36, texte.

Sackville
P0258 (Ville satellite de 15,000h., dans la région de Sackville)
CB, XVIII, 5 (mai 68), 70, texte.

St. Albert (Alberta)
P0259 Ridge Wood Terrace
CB, XX, 3 (mars 70), 72, texte.

St. Catharines
P0260 "Provincial Page". (Planification urbaine à St. Catharines).
RAIC, XXI, 9 (sept. 44), 216-217
P0261 St. Lawrence Village
CB, XIX, 4 (avril 69), 66, texte.
P0262 Westcliffe-on-the-Lake
CB, XXII, 1 (jan. 72), 30, texte & ill.

Ste-Foy
P0263 Projet d'aménagement urbain (cité-jardin)
ABC, VI, 57 (jan. 51), 21, texte.
P0264 (Raccordement du rond-point du pont de Québec au Chemin Ste-Foy)
BAT, XXVII, 10 (oct. 52), 23-24 et 26, texte & ill.
P0265 Diffuseurs sanitaires au milieu du St-Laurent
BAT, LIII, 2 (fév. 78), 20-22, texte & ill.

St-Hubert
P0266 "Spéculation: Saint-Hubert n'est pas à l'abri de l'épidémie"
BAT, XLIV, 1 (jan. 69), 9-10, texte & ill.

St-Hyacinthe
P0267 "Par ailleurs dans les Cantons de l'Est, St-Hyacinthe" (liste de projets)
BAT, XXIX, 4 (avril 54), 27-28

St-Jean
P0268 (Nouveau quartier, entre St-Jean et l'Acadie)
BAT, XXXIV, 2 (fév. 59), 7, texte.

St. John (N.-B.)
P0269 "Redevelopment Study"
TCA, I, 8 (août 56), 10
P0270 (Renouveau urbain et démolition de quartiers insalubres)
TCA, VII, 6 (juin 62), 9, texte & ill.
P0271 Saint John Master Plan
RAIC, XXIII, 11 (nov. 46), 296-298, texte & ill.
P0272 "Saint John plans major urban-renewal project".
CB, XV, 9 (sept. 65), 8

St. John's (T.-N.)
P0273 Mount Pearl New Town
CB, XXII, 6 (juin 72), 58, texte.
CB, XXIII, 1 (jan. 73), 46, texte.

Sainte-Julie-de-Verchères
P0274 Domaine des Haut-Bois (ville nouvelle)
BAT, XLVIII, 9 (sept. 73), 24 et 26 et 28, texte & ill.

Ville Saint-Laurent
P0275 Le Quartier Ouest de la Cité de St-Laurent
ABC, XIII, 144 (avril 58), 65-69, texte & ill.

Saint-Léonard
P0276 Parc St-Léonard (scolaire, culturel, sportif, administratif, etc.)
BAT, XLVI, 5 (mai 71), 13-14, texte & ill.

St. Martin
P0277 "Citorama"
CB, VI, 5 (mai 56), 67, texte.

Ste-Philomène
P0278 Plan directeur
BAT, XXXIX, 10 (oct. 64), 6, texte & ill.

St-Thomas (Ont.)
P0279 (communauté satellite)
CB, XVI, 9 (sept. 66), 7, texte.
P0280 "Provincial Page".
RAIC, XXI, 8 (août 44), 190-191

Sarnia
P0281 "Ontario".
RAIC, XXIV, 12 (déc. 47), 446

Sault Ste. Marie
P0282 "Riverfront area" (rénovation urbaine)
CB, XVII, 9 (sept. 67), 8, texte.

Scarborough
P0283 Albert Campbell Square
TCA, XXI, 2 (fév. 76), 4, texte & ill.
P0284 Guildwood Village (ville nouvelle)
NB, VI, 3 (mars 57), page couverture et 6-7, texte & ill.
P0285 L'Amoureux District
CB, XVIII, 11 (nov. 68), 43, texte.
P0286 "Ontario" (Planification de Scarborough Township)
RAIC, XXVI, 10 (oct. 47), 381-382

Seaton
P0287 Ville nouvelle
CB, XXX, 3 (mars 80), 22 et 24, texte & ill.

Sherbrooke
P0288 (rénovation du centre-ville)
BAT, L, 5 (mai 75), 6, texte.

Stratford
P0289 "Stratford 'Talk-in' Revisited".
ARCAN, 44, 8 (août 67), 48

Sudbury
P0290 (Réaménagement du centre-ville)
CB, XIX, 1 (jan. 69), 8, texte.

Sydney
P0291 "To redevelop Sydney"
NB, VIII, 7 (juil. 59), 27, texte.

Thetford Mines
P0292 (liste des réalisations en cours)
BAT, XLVIII, 12 (déc. 73), 5

Thompson (Manitoba)
P0293 NB, VII, 11 (nov. 58), 24-26, texte & ill.

Toronto
P0294 CB, XIV, 2 (fév. 64), 45, texte.
P0295 "An Open Letter to Metroplan" (Projet du Metropolitan Toronto Planning Board pour le Toronto-Metro)
TCA, XX, 8 (août 75), 41-42 et 50
P0296 Alexandra Park
CB, XV, 7 (juil. 65), 8, texte.
P0297 Arthur, Eric. *Toronto: No Mean City.* University of Toronto Press, [s.l.], [s.d.].
TCA, X, 2 (fév. 65), 59
P0298 Arthur, Eric. *Toronto — no mean city*, University Toronto Press, Toronto, 1964.
RAIC, XLI, 9 (sept. 64), 13 et 15 et 17 et 20
P0299 Bay Street (pedestrian tunnel)
CB, XXIX, 3 (mars 79), 9, texte.
P0300 "Building prophets say Niagara are a part of Metro Toronto in 20 years".
CB, IX, 6 (juin 59), 81-82
P0301 "Citizen & City". (clichés pris dans la ville de Toronto)
TCA, XVI, 5 (mai 71), 32-41
P0302 Civic Square
TCA, VI, 10 (oct. 61), 6, texte & ill.
P0303 Crescent Town Development
CB, XXII, 6 (juin 72), 12, texte & ill.
P0304 "Developers ordered to pay ratepayers in zoning fight".
CB, XVI, 11 (nov. 66), 8
P0305 "Election goodie: 80-acre federal Park on Toronto waterfront" (entre Bathurst & York Sts)
CB, XXII, 11 (nov. 72), 17
P0306 Elmwood Park
NB, VII, 12 (déc. 58), 18-19, texte & ill.
P0307 Fraser, Graham. *Fighting Back: Urban renewal in Trefann Court*, Hackert, sans lieu, sans date.
ARCAN, L (mai 73), 5
P0308 Harbourfront Park
CB, XXX, 8 (août 80), 4, texte.
P0309 "Height Ban: Half Measure Formulas"
TCA, XIX, 2 (fév. 74), 39 et 60
P0310 "Holding Bylaw: Challenge to Profession".
TCA, XX, 4 (avril 75), 58-59 et 62
P0311 "Industrial area proposed for Toronto waterfront"
CB, XXV, 10 (oct. 75), 7
P0312 "LD projects for Winnipeg, Toronto" (liste des projets)
NB, VIII, 9 (sept. 59), 57
P0313 "Letter to the Editor". (master plan of Toronto).
RAIC, XXI, 8 (août 44), 192
P0314 "Metroplan: A Reader's Response"
TCA, XX, 10 (oct. 75), 54
P0315 "Metro Toronto awarded $90,000 CMHC grant for urban renewal study"
CB, XIII, 9 (sept. 63), 5
P0316 "Monaghan predicts collapse of Metro land price spiral if trunk services built"
CB, XXIII, 5 (mai 73), 6
P0317 "Nation" (Harbour City Project)
TCA, XVII, 5 (mai 72), 7
P0318 "Oasis of charm in a grey city" (Yorkville Village)
TCA, VIII, 8 (août 63), 43-50
P0319 "Ontario". (expansion urbaine de Toronto).
RAIC, XXXII, 6 (juin 55), 230
P0320 "Ontario". (Expansion urbaine de Toronto et les problèmes qui en découlent).
RAIC, XXXII, 8 (août 55), 307
P0321 "Ontario". (Les problèmes urbains de Toronto).
RAIC, XXX, 7 (juil. 53), 208-209
P0322 "On Toronto's High-rise Ban".
TCA, XIX, 1 (jan. 74), 35
P0323 Plan directeur
ABC, I, 1 (nov. 45), 8-12 et 14, texte & ill.
P0324 "Plan for Central Toronto"
TCA, VII, 10 (oct. 62), 92
P0325 Plan for the City of Toronto Waterfront
ARCAN, 46, 2 (fév. 69), 36, ill.
P0326 "Poor old Toronto — Can people live where animals couldn't?"
CB, XXV, 9 (sept. 75), 37
P0327 "Progress" (à propos de la Yonge Street de Toronto convertie en Mail)
TCA, XVI, 7 (juil. 71), 7-8
P0328 "Progress" (le Bill 293, concernant la construction de nouveaux édifices à Toronto)
TCA, XIX, 1 (jan. 74), 4
P0329 "Provincial Page". (Master plan)
RAIC, XXI, 8 (août 44), 190
P0330 "Provincial Page".
RAIC, XXIII, 4 (avril 46), 103
P0331 "Provincial Page". (Town planning Report of Toronto).
RAIC, XXII, 6 (juin 45), 132-133
P0332 Queen Street; lien entre Eaton Centre et Simpson au-dessus de Queen St.
CB, XXVIII, 10 (oct. 78), 12, ill.
P0333 "Rapid transit in Toronto"
RAIC, XXIV, 11 (nov. 47), 390-400
P0334 Redevelopment Study Area No. 1
NB, VI, 12 (déc. 57), 14, texte.
P0335 St. Lawrence Neighborhood
CB, XXVIII, 5 (mai 78), 27-29, texte & ill.
P0336 Sheridan Homelands
CB, XXII, 2 (fév. 72), 58, texte.
P0337 "The future of Downtown Toronto"
ARCAN, 46, 2 (fév. 69), 25-28
P0338 "The object... havoc". (Conditions des rues dans le centre-ville de Toronto).
TCA, I, 12 (déc. 56), 12
P0339 "Three views of the Toronto Plan, 1. Some Missing Principles"
TCA, VIII, 9 (sept. 63), 62-64
P0340 "Three views of the Toronto Plan, 2. A Magnificent Headstone in an Office Graveyard"
TCA, VIII, 9 (sept. 63), 64-65
P0341 "Three views of the Toronto Plan, 3. Like Champagne at a Wedding".
TCA, VIII, 9 (sept. 63), 66
P0342 "Toronto and its master plan 1943" (numéro consacré à ce sujet)
RAIC, XXI, 6 (juin 44), 111-134
P0343 "Toronto building restrictions hit hard at downtown development, forum told"
CB, XXVII, 6 (juin 77), 57 et 63
P0344 "Toronto City dithers as developers get hit where it hurts most" (nouvelles règlementations urbanistiques)
CB, XXVI, 3 (mars 76), 8
P0345 "Toronto developer calls highrise ban 'classic overreaction'"
CB, XXIII, 11 (nov. 73), 90
P0346 "Toronto may give nod to major project by Marathon."
CB, XXVI, 7 (juil. 76), 7
P0347 "Toronto proposes new levy on large buildings".
CB, XV, 2 (fév. 65), 9
P0348 "Toronto's Holding bylaw divides profession. The need for a Clean Street..."
TCA, XX, 1 (jan. 75), 24-26
P0349 "Toronto's Holding bylaw divides profession. Toronto is a living thing — let's treat it with care".
TCA, XX, 1 (jan. 75), 24-29
P0350 "Toronto's levy threat on new building is incongruous, say three associations".
CB, XV, 12 (déc. 65), 22-23
P0351 "Toronto's regional plan is restraining growth".
CB, XX, 10 (oct. 70), 8
P0352 "Toronto store site sold to redevelopment group for $30 million"
CB, XXIV, 2 (fév. 74), 5

P0353 "'Toronto the Good' is now 'Toronto the Restless'". (quelques projets de rénovation urbaine).
CB, XIX, 12 (déc. 69), 28-29

P0354 "Toronto tries pedestrian mall".
ARCAN, 48 (24 mai 71), 3

P0355 "Urban Design and Transportation"
TCA, XXI, 5 (mai 76), 24-30

P0356 "'Usable' open space equal to building site area may be required of all projects in downtown Toronto".
CB, XXIV, 10 (oct. 74), 8

P0357 Valhalla Court
CB, XIV, 9 (sept. 64), 33-38, texte & ill.

P0358 "Were the elections anti-development? Toronto developers and builders gauge impact of the city's new 'reformers'"
CB, XXIII, 1 (jan. 73), 29-30

P0359 "Word Extracts" (Extrait d'un dépliant intitulé *The Changing City. A forecast of planning issues for the City of Toronto 1956-1980*.)
TCA, V, 4 (avril 60), 79-80 et 82

P0360 Yonge Street Opportunities
TCA, XXIV, 12 (Yearbook, déc. 79), 20-22 et 45-49, texte & ill.

P0361 Yorkdale Project (ensemble domiciliaire et commercial)
CB, XVI, 2 (fév. 66), 40-41, texte & ill.

Toronto Township
P0362 (housing & commercial development)
CB, VI, 3 (mars 56), 46, texte.

Trail (C.-B.)
P0363 Oberlander, H. Peter et Cave, R.J. *A study of urban renewal in Trail British Columbia*, Corporation of the city of Trail, Trail, sans date.
RAIC, XXXIX, 3 (mars 62), 69-70

Trois-Rivières
P0364 "Des travaux pour une valeur de $7,000,000 sont prévus, Trois-Rivières" (liste des travaux)
BAT, XXIX, 8 (août 54), 15

P0365 "First Quebec request for urban renewal".
CB, XV, 5 (mai 65), 6

P0366 Hertel
BAT, LI, 2 (fév. 76), 5, texte.

P0367 "La construction à Trois-Rivières"
BAT, XXIX, 4 (avril 54), 27

P0368 (Réalisations en cours)
BAT, XLVIII, 10 (oct. 73), 5, texte.

P0369 (Réalisations en cours)
BAT, XLVIII, 12 (déc. 73), 3

Vancouver
P0370 "$100 a month, for 20 years for nothing". (Le zonage à Vancouver)
CB, IX, 7 (juil. 59), 45

P0371 "Alberta" (Bref historique du développement urbain de Vancouver)
RAIC, XX, 1 (jan. 43), 13

P0372 "British Columbia". (croissance, population, zoning, etc. à Vancouver)
RAIC, XXIII, 12 (déc. 46), 335-336

P0373 "British Columbia" (Planification urbaine, centre civique à Vancouver)
RAIC, XXIII, 11 (nov. 46), 310-311

P0374 "British Columbia, Planning in Vancouver".
RAIC, XXVI, 9 (sept. 47), 331-332

P0375 British Columbia Place
TCA, XXV, 3 (mars 80), 4, texte & ill.
CB, XXX, 3 (mars 80), 8, texte.

P0376 "Comment". (sur le projet du centre-ville)
ARCAN, 46, 6 (juin 69), 38

P0377 "Comment" (sur divers plans de développement de la ville de Vancouver)
TCA, XII, 12 (déc. 67), 9

P0378 (développement de la ville depuis le 19e siècle)
TCA, XIII, 10 (oct. 68), 36-45

P0379 "Entrepreneurs, governments co-operate in big renewal plans for Vancouver"
CB, XVII, 12 (déc. 67), 38

P0380 Fraserview (Housing project within Community Plan).
RAIC, XXIX, 9 (sept. 52), 8, texte & ill.
ABC, VI, 57 (jan. 51), 21, texte.

P0381 "Gastown" (l'avenir de ce district de Vancouver, plus un historique de son développement).
TCA, XVIII, 7 (juil. 73), 20-31

P0382 Granville-Georgia-Howe and Robson area
TCA, XII, 1 (jan. 67), 6, texte.

P0383 "Granville Island: A Critique"
TCA, XXV, 8 (août 80), 16-29

P0384 (Hastings St; elevated pedestrian walk-way 18)
CB, XXV, 3 (mars 75), 6, texte.

P0385 (Humanizing the grinding acres of gridiron subdivision)
TCA, V, 9 (sept. 60), 59 et 62-63, texte & ill.

P0386 Project 200
CB, XVI, 8 (août 66), 6, ill.
CB, XVI, 9 (sept. 66), 50, texte.
CB, XVI, 10 (oct. 66), 5, texte.

P0387 Redevelopment of Kitsilano District
RAIC, XXXII, 3 (mars 55), 82, ill.

P0388 Strathcona district
TCA, XXI, 2 (fév. 76), 4, texte & ill.

P0389 "Vancouver development proposal approved"
CB, X, 10 (oct. 60), 16

P0390 "Vancouver's Forty-Year Fight for a civic centre and auditorium, and its results".
TCA, I, 5 (mai 56), 17-45

P0391 "Vancouver: Swing City"
TCA, XIII, 10 (oct. 68), 58-65

P0392 "Vancouver to begin $12 million urban renewal program in Spring"
CB, XI, 1 (jan. 61), 81

P0393 "Vancouver Two" (le développement urbain de la ville de Vancouver)
TCA, XVIII, 1 (jan. 73), 50

P0394 "Vancouver uses CMHC liaison"
NB, VIII, 9 (sept. 59), 58

North Vancouver
P0395 Lower Lonsdale area
CB, XXVIII, 12 (déc. 78), 6, texte.

Victoria
P0396 "Beauty as a political decision". (Changements futurs à Victoria: mesures du maire Peter Pollen)
ARCAN, 49 (6 mars 72), 6

P0397 "British Columbia". (projet d'un Civic Centre à Victoria).
RAIC, XXXV, 3 (mars 58), 104-105

P0398 Franklin, Douglas et Martin Segger, *Victoria. A primer for regional history in architecture 1843-1929*, Heritage Architectural Guides, Victoria, 1979.
TCA, XXV, 8 (août 80), 11

P0399 "Letters" (Sur le projet du Centennial Square)
TCA, IX, 4 (avril 64), 12

P0400 (Rénovation urbaine de $2 millions)
CB, XVII, 1 (jan. 67), 5, texte.

P0401 Roberts, H.A. et Wiesman, B. *Urban renewal study for Victoria*, Capital regional Planning Board of British Columbia, Victoria, 1961.
RAIC, XXXIX, 9 (sept. 62), 77-78

P0402 Rose-Blanchard (rénovation urbaine)
CB, XIX, 6 (juin 69), 80, texte.

P0403 "Victoria: Pictoria".
ARCAN, 49 (22 mai 72), 20

P0404 "Victoria Zoning bylaw aims to choke high-rises".
CB, XXII, 4 (avril 72), 36

Victoriaville
P0405 (Programme de rénovation du centre-ville)
BAT, L, 5 (mai 75), 5, texte.

Welland
P0406 Plymouth Cordage Development
RAIC, XIX, 6 (juin 42), 129, ill.

Westmount (Ont.)
P0407 (projet d'une ville)
CB, XVII, 11 (nov. 67), 88, texte.

Westmount
P0408 ABC, III, 26 (juin 48), 29-30, ill.

P0409 "Quelques études architecturales du projet de rénovation urbaine de Westmount"
BAT, XLIV, 6 (juin 69), 36-41, texte & ill.

Windsor
P0410 E.G. Faludi and Ass. *A fifteen year program for the urban renewal of the city of Windsor and its metropolitan area*, The City of Windsor Planning Board, Windsor, 1959.
RAIC, XXXVIII, 7 (juil. 61), 59

P0411 "Out of the jungle" (town planning in Windsor)
RAIC, XIX, 9 (sept. 42), 180-181

P0412 "Practice" (Projet de C.A.U.S.E. Team pour le centre-ville de Windsor)
TCA, XXV, 3 (mars 80), 8

Winnipeg
P0413 "City 65 Winnipeg" (histoire, géographie, étude du développement jusqu'à nos jours)
TCA, X (Yearbook 65), 71-75

P0414 "Downtown Winnipeg: a need for new goals".
TCA, XX, 6 (juin 75), 44-54

P0415 East Yard Development
TCA, XX, 6 (juin 75), 47, texte & ill.

P0416 LD projects for Winnipeg, Toronto (liste des projets)
NB, VIII, 9 (sept. 59), 57

P0417 "MAA Introduces Winnipeg Bylaw Amendments".
TCA, XX, 5 (mai 75), 11-12

P0418 "Manitoba seeks height limit in Winnipeg"
CB, XXVI, 9 (sept. 76), 7

P0419 (plan de reconstruction du centre-ville)
ARCAN, 47 (8 juin 70), 6, texte & ill.

P0420 "Provincial Page" (City planning pour Winnipeg).
RAIC, XXI, 7 (juil. 44), 161-162

P0421 (Rénovation urbaine du centre-ville)
CB, XVII, 12 (déc. 67), 35-36, texte & ill.

P0422 (Replanning of about four blocks to form a civic centre)
RAIC, XIX, 2 (fév. 42), 23, texte & ill.

P0423 "Urban Development: Letter to Mr. Hellyer". (au sujet du "Greater Winnipeg")
TCA, XIII, 12 (déc. 68), 68-72

P0424 "Winnipeg builders beat serviced land shortage"
CB, VI, 8 (août 56), 44-45

P0425 Winnipeg's Point Douglas
CB, IX, 5 (mai 59), 83, texte.

P0426 "Zoning regulations may soon be useless — C.F. Greene".
CB, IX, 7 (juil. 59), 41

Woodstock
P0427 Springbank (petite communauté)
CB, VIII, 10 (oct. 58), 37-38, texte & ill.

York-Durham
P0428 York-Durham sewage system
CB, XXIX, 3 (mars 79), 11, texte.

North York
P0429 (Ensemble résidentiel et commercial)
CB, XVI, 2 (fév. 66), 7, texte.

P0430 (plan directeur pour la partie nord-est)
CB, XVI, 5 (mai 66), 7, texte.

Adamson, A.
Kenora
P0431 Master Plan
RAIC, XXIII, 11 (nov. 46), 288-290, texte & ill.

Adamson, Anthony; Faludi, E.G.
Regina
P0432 (plans pour huit communautés)
RAIC, XXIII, 11 (nov. 46), 276-279, texte & ill.

Albert, Hébert, Lemieux, Leroy
Montréal
P0433 Projet d'étudiant: étude de rénovation urbaine, secteur est du Mont-Royal, délimité par les rues Mont-Royal et avenue des Pins.
ABC, XVI, 186 (oct. 61), 60-61, texte & ill.

Anderson, Bruce
Montréal
P0434 (a centre city living)
RAIC, XLI, 7 (juil. 64), 39-41, texte & ill.

P0435 (projet gagnant de la "Pilkington Travelling" pour un projet de renouveau urbain)
TCA, IX, 8 (août 64), 10 et 14, texte & ill.

Andrews, John
Hamilton
P0436 "Superblocks" (rénovation urbaine de 18X42 acres)
CB, XVII, 10 (oct. 67), 6, texte.

London
P0437 A $100 million private urban renewal scheme
ARCAN, 47 (25 mai 70), 10

Andrews, John; Webb, Zerafa, Menkes, Housden
Toronto
P0438 Metro Centre
ARCAN, 46, 2 (fév. 69), 32-33, ill.
ARCAN, 48 (13 déc. 71), 6-7, texte & ill.

TCA, XV (Yearbook 70), 38-39, texte & ill.
CB, XIX, 2 (fév. 69), 31, texte & ill.
CB, XXI, 8 (août 71), 6, texte.
CB, XXI, 11 (nov. 71), 92, texte.
CB, XXII, 3 (mars 72), 50, texte.
CB, XXII, 12 (déc. 72), 12, texte & ill.
CB, XXIV, 10 (oct. 74), 35, texte.
CB, XXIV, 12 (déc. 74), 21, texte.

Arajs, Barnes, Blumer, Fulker, Hartley, Utley, Turik & Woodworth
Kelowna
P0439   (étude pour the "city waterfront")
ARCAN, 47 (29 juin 70), 1, texte & ill.

Arnott, G.; Izumi, K.; Stewart, G.
Winnipeg
P0440   (planification urbaine)
RAIC, XXV, 5 (mai 48), 148-151, texte & ill.

Atkins, Gordon
Calgary
P0441   8th Avenue Mall
TCA, XIII (Yearbook 68), 62-63, texte & ill.

Baird, George; Lorimer, James
Toronto
P0442   Don Vale area; renewal
ARCAN, 45, 5 (mai 68), 46-47

Bakker, Joost; Hotson, Norman
P0443   Voir Hotson, Norman; Bakker, Joost

Balharrie, Helmer, Gibson
Ottawa
P0444   Sparks Street Mall
ARCAN, 47 (30 mars 70), 4, texte & ill.
TCA, IX, 5 (mai 64), 60-63, texte & ill.
TCA, X, 8 (août 65), 10 et 12, texte.
TCA, XII, 9 (sept. 67), 6, texte & ill.
TCA, XXV, 11 (nov. 80), 21, texte & ill.

Bancroft, Brian
Manitoba
P0445   A fishing village
RAIC, XLI, 7 (juil. 64), 41-42, texte & ill.
TCA, IX, 8 (août 64), 14, texte.

Bassler, Herbert
Winnipeg
P0446   River Heights
ARCAN, 44, 11 (nov. 67), 69-70, texte & ill.

Bawlf, Nicholas R.
Victoria
P0447   Bastion Square Redevelopment
RAIC, XL, 7 (juil. 63), 45-47, texte & ill.
TCA, VIII, 6 (juin 63), 5 et 9, texte.

Beauchemin-Beaton-Lapointe
Churchill Falls
P0448   Ville nouvelle
AC, 24, 278 (oct. 69), 25, texte & ill.
BAT, XLVII, 7 (juil. 72), 18-19, texte & ill.
CB, XXII, 7 (juil. 72), 43, texte & ill.
Gagnon
P0449   Ville nouvelle
AC, 24, 278 (oct. 69), 25, texte & ill.
Hull
P0450   Cité des Jeunes
AC, 24, 278 (oct. 69), 25, texte & ill.

Beaulieu, Claude; Cardinal, Aurèle; Chen, Ken
Montréal
P0451   Réaménagement du secteur portuaire
AC, 25, 286 (juil.-août 70), 36-37, texte & ill.

Beaupré, Couture, Leblanc, Martineau
Montréal
P0452   Projet d'étudiants: étude d'un secteur urbain
ABC, XIII, 144 (avril 58), 71, ill.

Bédard, Roland; Gréber, Jacques; Fiset, Edouard
P0453   Voir Gréber, Jacques; Fiset, Edouard; Bédard, Roland

Bégin, Benoît-J.; Campeau, C.-E.
Nicolet
P0454   Un plan directeur pour la ville de Nicolet
ABC, XIII, 144 (avril 58), 52-58, texte & ill.

Bégin, Benoît-J.; Robert, Georges
Granby
P0455   Plan directeur d'urbanisme
ABC, XV, 173, (sept. 60), 288-293, texte & ill.
Shawinigan-Sud
P0456   Plan directeur d'urbanisme
ABC, XV, 168 (avril 60), 120-125, texte & ill.
Trois-Rivières
P0457   Plan directeur
ABC, XVI, 184 (août 61), 38-50, texte & ill.
ABC, XIX, 222 (oct. 64), 47-48, texte & ill.

Bélanger, Roy, Blanchette
Halifax
P0458   Nova Scotia Centre
CB, XVIII, 11 (nov. 68), 5, texte.

Birmingham & Wood
Vancouver
P0459   Chinatown-Old Town (rajeunissement)
TCA, XIII, 10 (oct. 68), 55-57, texte & ill.

Birmingham & Wood; Kovach, R.
Vancouver
P0460   Gas town
TCA, XVII, 6 (juin 72), 71, texte.
P0461   Strathcona
TCA, XVII, 3 (mars 72), 33, texte & ill.

Bittorf, Holland, Christianson
St. Albert (Alberta)
P0462   St. Albert Town Centre
TCA, XXI, 12 (Yearbook, déc. 76), 57-59, texte & ill.

Bland, John
Deep River (Ont.)
P0463   Ville nouvelle
RAIC, XXX, 5 (mai 53), 118, texte & ill.
Saint John's (T.-N.)
P0464   Town Planning proposals for St. John's
RAIC, XXIII, 11 (nov. 46), 302-306

Bland, LeMoyne, Shine & Lacroix
Montréal
P0465   Réaménagement de la rue Sainte-Catherine
BAT, XLIX, 6 (juin 74), 8, texte & ill.

Blouin, André
Montréal
P0466   Rénovation urbaine
ABC, XIII, 144 (avril 58), 59-64, texte & ill.

Blouin, André; Campeau, C.-E.
P0467   Voir Campeau, C.-E.; Blouin, André.

Blouin, André; Gareau, Jean
Montréal
P0468   Place de la Confédération
CB, X, 9 (sept. 60), 78-79, texte & ill.
CB, X, 11 (nov. 60), 41, texte.
BAT, XXXVI, 7 (juil. 60), 22-23, texte & ill.
ABC, XVI, 177 (jan. 61), 4-7, texte & il.

Bogdan, J.A.
Hamilton
P0469   Market Square (Commercial Urban Redevelopment)
RAIC, XLI, 3 (mars 64), 67, ill.

Bouchard, Marius; Gratton, Roger; Lincourt, Michel
Montréal
P0470   Urbhabitat: "un secteur d'habitation et d'intense activité urbaine au coeur de Montréal" (projet de fin d'études, école d'arch., U. de M.)
ABC, XXI, 243 (juil. 66), 26-33, texte & ill.

Brecher, Oscar; Maffini, Giulio; Primari, Peter
Rive-Sud
P0471   Transport urbain sur la rive-sud
AC, 25, 286 (juil. août 70), 35, texte & ill.

Bregman & Hamann
Toronto
P0472   Harbour Square
ARCAN, 46, 2 (fév. 69), 34-35, ill.

Bregman & Hamann; Gruen, Victor
Toronto
P0473   (Projet de la Fairview Corporation Ltd. pour le centre-ville)
TCA, XVI, 5 (mai 71), 8-9, texte & ill.

Briggs, W.; Girvan, J.; Henry, H.; Lapierre, L.; Oldham, D.; Venters, L.
Baie d'Urfé
P0474   (planification urbaine)
RAIC, XXIX, 5 (mai 52), 136, texte & ill.

Brook, Carruthers, Grierson, Shaw
Toronto
P0475   Squadding Square
TCA, XVI, 12 (déc. et Yearbook 71), 40-41, texte & ill.

Brook, Carruthers, Shaw
Hanover
P0476   Central Business District Revitalization
TCA, XXIII, 12 (Yearbook, déc. 78), 32-37, texte & ill.

Campeau, C.-E.; Bégin, Benoît-J.
P0477   Voir Bégin, Benoît-J.; Campeau, C.-E.

Campeau, C.-E.; Blouin, André
Alma
P0478   Urbanisation du rang VIII
ABC, XIV, 155 (mars 59), 82-83, texte & ill.

Campeau Corporation
Ile Bizard
P0479   Port-St-Raphaël
BAT, LI, 2 (fév. 76), 11-13, texte & ill.
Kanata
P0480   (Ville pour 69,000h.)
CB, XXII, 1 (jan. 72), 30, texte.
BAT, XLVI, 7 (juil. 71), 14-15, texte & ill.
BAT, XLVI, 12 (déc. 71), 5, texte.
Montréal
P0481   Blue Bonnet Complex
CB, XXIII, 6 (juin 73), 43, texte & ill.
CB, XXIII, 12 (déc. 73), 16, texte & ill.
BAT, L, 2 (fév. 75), 18, texte.
BAT, LI, 1 (jan. 76), 42, ill.

Campfens, Tony; Walker, Howard
P0482   Voir Walker, Howard; Campfens, Tony

Candiac Development Corporation
Candiac
P0483   (Ville nouvelle)
BAT, XXXIV, 3 (mars 59), 22-25, texte & ill.

Capital Region Planning Board
Victoria
P0484   (développement et réhabilitation du quartier chinois)
TCA, VII, 3 (mars 62), 6, texte & ill.

Cardinal, Aurèle; Beaulieu, Claude; Chen, Ken
P0485   Voir Beaulieu, Claude; Cardinal, Aurèle; Chen, Ken

Carter, W.M.
Toronto
P0486   Elizabeth Gardens Subdivision (petite communauté)
TCA, I, 8 (août 56), 46, texte & ill.

Chaloux, J.-M.; Dorval, C.; St-Denis, Y.
Montréal
P0487   Projet d'étudiants: études d'urbanisme dans un secteur rénové de Montréal
ABC, XIV, 161 (sept. 59), 296-300, texte & ill.

Champagne, Brodeur, Coulombe
Montréal
P0488 Projet d'étudiants: études d'urbanisme dans un secteur rénové de Montréal
ABC, XIV, 161 (sept. 59), 296-300, texte & ill.

Chan, Shirley; Con, Harry
Vancouver
P0489 Gastown
TCA, XVII, 3 (mars 72), 32, texte & ill.
P0490 Strathcona
TCA, XVII, 6 (juin 72), 71, texte.

Chandler Kennedy Architectural Group; Skidmore, Owings & Merrill
P0491 Voir Skidmore, Owings & Merrill; Chandler Kennedy Architectural Group

Chapman, Evans & Delehanty; Coons, Herbert, L. (ass.); Urban Land Institute of Washington, D.C.
P0492 Voir Coons, Herbert L. (ass.); Chapman, Evans; etc.

Charney, Morris B.
Montréal
P0493 Projet de rénovation du quartier de la rue Milton (2e prix Pilkinton 1962)
ABC, XVII, 195 (juil. 62), 36, texte & ill.
RAIC, XXXIX, 8 (août 62), 60

Chaster, Barry; MacDonald, Blair; Opie, Martin
Powell River
P0494 Planning project
RAIC, XXXII, 3 (mars 55), 83, texte & ill.

Chattopadhyay, B.C.
Toronto
P0495 (propositions de planification)
RAIC, XL, 3 (mars 63), 67, texte & ill.

Chen, Ken; Beaulieu, Claude; Cardinal, Aurèle
P0496 Voir Beaulieu, Claude; Cardinal, Aurèle; Chen, Ken.

Clack, Roderick
Victoria
P0497 Bastion Square
TCA, XVII, 1 (jan. 72), 7-9, texte & ill.
P0498 Centennial Victoria Square
RAIC, XLIII, 6 (juin 66), 46-48, texte & ill.
TCA, VIII, 11 (nov. 63), 66-73, texte & ill.
TCA, XI, 11 (nov. 66), 55-60, texte & ill.
CB, XV, 9 (sept. 65), 40-41, texte & ill.
P0499 Civic Square
TCA, X, 6 (juin 65), 13, texte & ill.

Coates, Wells; Erickson, Arthur; Massey, Geoffrey; Oberlander, Peter; Watkins, E.J.
Vancouver
P0500 Project '58
TCA, II, 8 (août 57), 32-36, texte & ill.

Comay, Eli
Toronto
P0501 (Rénovation urbaine de 4,700 acres)
CB, XVI, 12 (déc. 66), 7, texte.

Comay, Eli; Daniels, John H.; Murray, James A.
P0502 Voir Daniels, John H.; Murray, James A.; Comay, Eli.

Community Planning Ass.;
Victoria
P0503 Old Victoria and The Waterfront
ARCAN, 48 (25 oct. 71), 3-4, texte & ill.

Con, Harry; Chan, Shirley
P0504 Voir Chan, Shirley; Con, Harry

Consolidated Building Corporation
Toronto
P0505 Vaughan Township (ville satellite de 120,000h.)
CB, XIX, 7 (juil. 69), 6, texte.

Coons, Herbert L. (ass.); Chapman, Evans and Delehanty; Urban Land Institute of Washington, D.C.
Bramalea
P0506 Plan directeur
CB, VIII, 8 (août 58), 37-38, texte & ill.

Coons, Herbert L. (ass.); Mott & Hayden Associates; H.V. Lobb & Partners
Bramalea
P0507 (Ville satellite)
CB, XI, 6 (juin 61), 37-39, texte & ill.

Cooper, K.R. (ass.)
Toronto
P0508 Yonge — Eglinton Development
RAIC, XXXIX, 1 (jan. 62), 32, texte & ill.

Corneil, Carmen
Toronto
P0509 Harbourfront Passage (voie pédestre)
TCA, XIX, 2 (fév. 74), 40-45, texte & ill.

Corriveau, E.; Gauvin, M.; Lavigne, H.
Montréal
P0510 Projet d'étudiants: études d'urbanismes dans un seecteur rénové de Montréal
ABC, XIV, 161 (sept. 59), 296-300, texte & ill.

Craig, Charles E.; Sharp & Thompson, Berwick, Pratt
P0511 Voir Sharp & Thompson, Berwick, Pratt; Craig, Charles E.

Craig, Zeidler & Strong
Toronto
P0512 Harbour City
ARCAN, 47 (8 juin 70), 1 et 4-5, texte & ill.
TCA, XV, 7 (juil. 70), 24-32, texte & ill.
TCA, XV (Yearbook 70), 34-35, texte & ill.

Crain, Derek
Hull
P0513 Étude de réaménagement du centre de Hull
AC, 24, 279 (nov. 69), 25-28, texte & ill.

Crang and Boake
Hamilton
P0514 "Superblocks" (rénovation urbaine de 18x42 acres)
CB, XVII, 10 (oct. 67), 6, texte.
Toronto
P0515 Thorncliffe Park (communauté satellite).
TCA, I, 3 (mars 56), 63, texte & ill.

Damphousse, Jean; Notebaert, Gérard
Ile Jésus
P0516
ABC, X, 108 (avril 55), 32-36, texte & ill.

Daniels, John H.; Murray, James A.; Comay, Eli
North York
P0517 University City
CB, XXI, 3 (mars 71), 7, texte.

Dant, Noël
Edmonton
P0518 Neighbourhood Planning in Suburban Area (Crestwood, Sherbrooke, Windsor Park, Prince Rupert)
RAIC, XXX, 5 (mai 53), 74-75, texte & ill.

Dao, Hung Trong
Granby
P0519 Aménagement d'un centre-ville
AC, 25, 286 (juil.-août 70), 28-30, texte & ill.

D'Astous, Roger; Gagnon, Roger; La Haye, J.-C.
P0520 Voir Gagnon, Roger; La Haye, J.-C.; D'Astous, Roger

David & Boulva; Yamasaki, Minoru
Montréal
P0521 Schéma de redéveloppement du centre-ville
ARCAN, 48 (15 fév. 71), 1, texte & ill.

Davidson & Davidson
Whistler Mountain (C.-B.)
P0522 Alpine Village
ARCAN, 43, 11 (nov. 66), 52-54, texte & ill.

Dawson Development Ltd.
West Vancouver
P0523 Laguna del Mar
CB, XXII, 7 (juil. 72), 23, ill.

Dawson & Brindle
Regina
P0524 (plan directeur, finaliste d'un concours)
TCA, XXI, 6 (juin 76), 50 et 52, texte & ill.

De Leuw, Cather & Co.
Ottawa
P0525 National Capital Plan Transportation Study.
ARCAN, 44, 4 (avril 67), 41-42, texte & ill.

De Lint, W.B.C.
Pine Point (T.N.O.)
P0526
CB, XVII, 8 (août 67), 37, texte & ill.

Denoncourt & Denoncourt; Leclerc & Villemure
P0527 Voir Leclerc & Villemure; Denoncourt & Denoncourt

Dernoi, L.A.
Pierrefonds
P0528 Plan guide d'urbanisme
BAT, XLI, 8 (août 66), 5, texte & ill.
ABC, XXI, 244 (août 66), 40-45, texte & ill.

Desautels, Aimé
Montréal
P0529 Horizon 2000: esquisse du plan directeur de la ville et de la région de Mtl.
ABC, XXIII, 263 (avril 68), 32-38, texte & ill.

Desnoyers, Mercure, Gagnon, Sheppard; Safdie, Moshe
Montréal
P0530 (pour le Vieux-Port)
CB, XXIX, 6 (juin 79), 16, texte & ill.

Desnoyers & Schoenauer
Fermont
P0531 (Ville nouvelle de 5,000h.)
TCA, XVI, 8 (août 71), 6, texte & ill.
TCA, XVI, 10 (oct. 71), 45-47
CB, XXI, 7 (juil. 71), 8, texte.
BAT, XLVI, 7 (juil. 71), 25 et 27, texte & ill.
BAT, XLVII, 11 (nov. 72), 61-64, texte & ill.

Diamond, A.J.; Myers, Barton
Toronto
P0532 York Square
ARCAN, 47 (13 avril 70), 1, texte & ill.

Dickinson, Peter (Ass.); Rounthwaite & Fairfield
Frobisher Bay
P0533 (ville nouvelle)
TCA, IV, 2 (fév. 59), 16

Dobell, Norman W.
Hamilton
P0534 Paradise Gardens
NB, X, 9 (sept. 61), 32-40 et 64, texte & ill.

Donaldson, Francis
Surrey (C.-B.)
P0535 Guildford Town Centre
TCA, XIII, 1 (jan. 68), 47-50, texte & ill.
CB, XV, 4 (avril 65), 8, texte & ill.

Dorval, C.; Chaloux, J.-M.; St-Denis, Y.
P0536 Voir Chaloux, J.-M.; Dorval, C.; St-Denis, Y.

Downey, Stanford Paul
Montréal
P0537 Place D'Youville
AC, 24, 276 (juil.-août 69), 30-33 et 44, texte & ill.
TCA, XIV, 7 (juil. 69), 6, texte.

ARCAN, 46, 9 (sept. 69), 26-27, texte & ill.

DuBois, Macy; Jackson, Anthony; Pinker, Donovan; Robinson, Gerald; Sears, Henry
Toronto
P0538 A plan for central Toronto
TCA, VII, 8 (août 62), 41-72, texte & ill.

Dunlop, Farrow, Aitken
Toronto
P0539 (Étude pour un emsemble commercial et résidentiel)
TCA, XXI, 2 (fév. 76), 38-40, texte & ill.

Dunlop, Wardell, Matsui and Aitken
Toronto
P0540
ARCAN, 48 (22 nov. 71), 11, texte & ill.

Duffus, Romans, Kundzins, Rounsefell
Halifax
P0541 Halifax Waterfront Restoration and Development
TCA, XVII (Yearbook et déc. 72), 46-49, texte & ill.
ARCAN, L (juil. 73), 2-3, texte & ill.

Duplay, Claire & Michel
Regina
P0542 (plan directeur, 1er prix)
TCA, XXI, 6 (juin 76), 50 et 53, texte & ill.
TCA, XXI, 7 (juil. 76), 5, texte & ill.
CB, XXVI, 8 (août 76), 7

Ehling & Brockington
Vancouver
P0543 City's Redevelopment Project No. 2
TCA, XI, 9 (sept. 66), 5-6, texte & ill.

Epstein & Hilderman
Regina
P0544 (plan directeur, finaliste d'un concours)
TCA, XXI, 6 (juin 76), 50 et 53, texte & ill.

Erickson, Arthur
Vancouver
P0545 Blocks 51, 61 and 71
TCA, XIX, 3 (mars 74), 6, texte & ill.
P0546 Christ Church project
TCA, XIX, 11 (nov. 74), ill.
P0547 Courthouse Complex
CB, XXVIII, 3 (mars 78), 21-24, texte & ill.
TCA, XXIV, 11 (nov. 79), 34-41, texte & ill.
TCA, XXV, 11 (nov. 80), 46, texte & ill.
P0548 "Garbage" pavilion
TCA, XXI, 8 (août 76), 6, texte & ill.

Erickson, Arthur; Coates, Wells et al.
P0549 Voir Coates, Arthur; Erickson, Arthur; etc.

Erickson/Massey
Vancouver
P0550 Christ Church project
TCA, XVII, 3 (mars 72), 38, texte & ill.
P0551 Proposition pour le "Block 61" et le centre-ville
ARCAN, 43, 8 (août 66), 42-43, texte & ill.

Erickson-Massey; Freschi, Bruno
Vancouver
P0552 (plan pour le centre-ville)
TCA, XI, 7 (juil. 66), 5-6, texte & ill.

Fairfield, Robert (Ass.)
Stratford
P0553 A plan for Downtown Stratford
TCA, VIII, 7 (juil. 63), 46-48, texte & ill.

Faludi, E.G.
Etobicoke (Ont.)
P0554 Township Master Plan
RAIC, XXIII, 11 (nov. 46), 293, texte & ill.
Hamilton
P0555 Master plan
RAIC, XXIII, 11 (nov. 46), 279-281, texte & ill.
Peterborough
P0556 Master Plan
RAIC, XXIII, 11 (nov. 46), 284-285, texte & ill.
Stratford
P0557 Master Plan
RAIC, XXIII, 11 (nov. 46), 286-287, texte & ill.
Terrace Bay (Ont.)
P0558 Master Plan
RAIC, XXIII, 11 (nov. 46), 290-292, texte & ill.
RAIC, XXVI, 9 (sept. 49), 270, texte & ill.
Toronto
P0559 (Redevelopment of Queen — Sumach district of downtown)
CB, VI, 12 (déc. 56), 27, texte & ill.
P0560 Humber Valley Village
RAIC, XXVI, 9 (sept. 49), 270, texte & ill.
Windsor
P0561 Master Plan
RAIC, XXIII, 11 (nov. 46), 281-283, texte & ill.

Faludi, E.G.; Adamson, Anthony
P0562 Voir Adamson, Anthony; Faludi, E.G.

Farley, David; Sankey Associates
P0563 Voir Sankey Associates; Farley, David

Faubert, José; Luttgen, Annie; Provencher, Claude; Rousseau, Jacques; Ruccolo, Franco
Oka
P0564 (projet d'aménagement)
AC, XXIX, 324 (juil.-août 74), 12-14, texte & ill.

Faucher, Louis; Paré, Yves; Gagnon, Conrad
P0565 Voir Paré, Yves; Faucher, Louis; Gagnon, Conrad

Fiset, Edouard
Labrieville
P0566
ABC, IX, 101 (sept. 54), 50-53, texte & ill.
Port-Cartier
P0567
AC, 27, 309 (nov. 72), 11, texte & ill.

Fiset, Edouard; Gréber, Jacques; Bédard, Roland
P0568 Voir Gréber, Jacques; Fiset, Edouard; Bédard, Roland

Fliess, Henry; Proctor, Redfern, Bousfield and Bacon
Uxbridge Township (Ont.)
P0569 Century City (ville pour 150,000h.)
CB, XIX, 1 (jan. 69), 7, texte.

Freschi, Bruno; Erickson-Massey
P0570 Voir Erickson-Massey; Freschi, Bruno

Fuller, Richard Buckminster
Toronto
P0571 "Progress" (Toronto's Spadina Expressway project)
TCA, XIX, 11 (nov. 74), 7
P0572 (une étude de planification pour le Toronto Metro)
TCA, XIII, 5 (mai 68), 7, texte & ill.

Fuller-Sadao et Geometrics
Toronto
P0573 Project Toronto (Galleria)
ARCAN, 45, 7 (juil. 68), 37-46, texte & ill.

Gaboury, Etienne
Ottawa
P0574 (un mail au nord du mail de Sparks Street)
TCA, XIV, 4 (avril 69), 9, texte.

Gagnon, Conrad; Paré, Yves; Faucher, Louis
P0575 Voir Paré, Yves; Faucher, Louis; Gagnon, Conrad

Gagnon, Roger; Lahaye, J.-C.; D'Astous, Roger
Ville d'Estérel
P0576
BAT, XXXIV, 5 (mai 59), 32-35, texte & ill.

Gardner, E.A.
Frobisher Bay (T.N.O.)
P0577 (projet pour une ville nouvelle)
TCA, III, 11 (nov. 58), 44-49, texte & ill.

Gareau, Jean; Blouin, André
P0578 Voir Blouin, André; Gareau, Jean

Gariépy, Roland; Langlois, Ernest
P0579 Voir Langlois, Ernest; Gariépy, Roland

Gauthier, Guité, Mercure
Montréal
P0580 (rénovation du secteur entre les rues Ontario, Sherbrooke, Papineau et De Lorimier)
RAIC, XXXIX, 3 (mars 62), 46, texte & ill.

Gauvin, M.; Corriveau, E.; Lavigne, H.
P0581 Voir Corriveau, E.; Gauvin, M.; Lavigne, H.

Gibbs, Lionel C.
Edmonton
P0582 (plan for development of a City and Country Centre)
RAIC, XIX, 2 (fév. 42), 34, texte.

Gilleland & Janiss
Toronto
P0583 Bloor-St. Thomas Development
ARCAN, 46, 1 (jan. 69), 32, ill.

Gillon, Didier
St-Hilaire
P0584 Les Jardins du Manoir (cité-jardin)
BAT, LIV, 1 (jan. 79), 16-17, texte & ill.

Girardin, Pierre; Vachon, Emilien; Labbé, André
P0585 Voir Vachon, Emilien; Girardin, Pierre; Labbé, André

Girvan, J.; Briggs, W. et al.
P0586 Voir Briggs, W.; Girvan, J.; etc.

Glass, Milton; Mayer & Whittlesey
P0587 Voir Mayer & Whittlesey; Glass, Milton

Gratton, Roger; Bouchard, Marius; Lincourt, Michel
P0588 Voir Bouchard, Marius; etc.

Gréber, Jacques
Ottawa
P0589 Pedestrian Way Sparks Street
RAIC, XXXVI, 10 (oct. 59), 357, texte & ill.
P0590 Plan for the National Capital of Canada
RAIC, XXVI, 12 (déc. 49), 395-446, texte & ill.
RAIC, XXVII, 1 (jan. 50), 32-36
RAIC, XXVII, 3 (mars 50), 113-116
RAIC, XXVIII, 10 (oct. 51), 312
RAIC, XXXII, 11 (nov. 55), 429-441, texte & ill.
TCA, V, 5 (mai 60), 57-64
ABC, IV, 41 (sept. 49), 29-44, texte & ill.
ARCAN, 44, 4 (avril 67), 31-35, texte & ill.
CB, I, 5 (nov.-déc. 51), 31-34, texte & ill.

Gréber, Jacques; Fiset, Edouard; Bédard, Roland
Québec
P0591 Plan d'ensemble du Grand Québec
BAT, XXXIII, 4 (avril 58), 61, texte & ill.
RAIC, XXXVIII, 4 (avril 61), 36, texte & ill.

Grovener-Laing
Vancouver
P0592 Project 200
TCA, XI, 8 (août 66), 16, texte & ill.

Gruen, Victor; Bregman & Hamann
P0593 Voir Bregman & Hamann; Gruen, Victor

Gruen, Victor (Ass.); Pei, I.M. (Ass.); McCarter, Nairne & Partners; Ponte, Vincent
Vancouver
P0594 ("New Town Centre", comprend plusieurs édifices à vocations multiples)
TCA, XI, 6 (juin 66), 5 et 7, texte & ill.

Hagarty, Morin, Rutherford, Smale, Wasteneys, Barnes, Butcherd.
Toronto
P0595 Lakeview Development
RAIC, XXVII, 4 (avril 50), 131, texte & ill.

Hale Architects
Vancouver
P0596 The Stewart Galleria
TCA, XXV, 1 (jan. 80), 22-24, texte & ill.

Hale, Harrison, Buzzelle Ltd.
Burnaby
P0597 Sylvan Garden
CB, XII, 8 (août 62), 45-47, texte & ill.

Hancock, Little and Calvert
Halifax
P0598 Clayton Park
NB, XI, 4 (avril 62), 36-42, texte & ill.

Hatch, Richard; MacKinnon, Paul; Palmquist, Brian; Robinson, David
Oka
P0599 (projet d'aménagement)
AC, XXIX, 324 (juil.-août 74), 15-17, texte & ill.

Haxby, W.T.; Simpson, E.G.
P0600 Voir Simpson, E.G.; Haxby, W.T.

Heinrichs, Victor; Robinson, Gerald
Peterborough
P0601 Renewal project for downtown
CB, XVI, 7 (juil. 66), 7, ill.

Helmer & Tutton
Ottawa
P0602 Sparks Street Mall
ARCAN, 48 (13 déc. 71), 9, texte & ill.
TCA, XVII, 1 (jan. 72), 7-8, texte & ill.

Henriquez & Todd
Vancouver
P0603 Gastown area (travaux de rénovation urbaine).
TCA, XVII, 9 (sept. 72), 6-7, texte & ill.
TCA, XVII (Yearbook et déc. 72), 62-63, texte & ill.

Henry, H.; Briggs, W. et al.
P0604 Voir Briggs, W.; Girvan, J.; etc.

Hotson, Norman
Vancouver
P0605 Granville Island
TCA, XXV, 11 (nov. 80), 49, texte & ill.
P0606 Public Market Complex, Granville Island
TCA, XXIII, 12 (Yearbook, déc. 78), 38-41, texte & ill.

Hotson, Norman; Bakker, Joost
Vancouver
P0607 Granville Island Redevelopment Plan
TCA, XXII, 12 (déc. 77), 43-48, texte & ill.

Izumi, K.; Arnott, G.; Stewart, G.
P0608 Voir Arnott, G.; Izumi, K.; Stewart, G.

Jackson, Anthony; DuBois, Macy et al.
P0609 Voir DuBois, Macy; Jackson, Anthony; etc.

Januszewski, T.
Halifax
P0610 (étude sur le renouvellement urbain de Halifax)
ARCAN, 43, 10 (oct. 66), 13

Johnson, Philip
Elliot Lake
P0611 (projet pour ville nouvelle)
TCA, III, 11 (nov. 58), 54-61, texte & ill.
P0612 "Report on Elliot Lake" (urbanisation d'une contrée sauvage)
RAIC, XXXV, 10 (oct. 58), 391-394

Johnson, Philip; Parkin, John B. (Ass.)
P0613 Voir Parkin, John B. (Ass.); Johnson, Philip

Kemble, Roger
North Vancouver
P0614 Wellington Drive; garden development
TCA, X, 11 (nov. 65), 48, texte & ill.

Kilpatrick, Matthew H.
Kitchener
P0615 The Beechwood (plan directeur)
CB, XV, 1 (jan. 65), 38-39, texte & ill.

Kleyn, Loube B.; Oliver, E.; Raymond, F.
Cloverdale
P0616 (développement urbain)
TCA, IX, 12 (déc. 64), 14, texte & ill.

Knox Martin Kretch Ltd.
Kitchener
P0617 Victoria Park (plan directeur)
CB, XXI, 2 (fév. 71), 52, texte.

Kovach, R.; Birmingham & Wood
P0618 Voir Birmingham & Wood; Kovach, R.

Labbé, André; Vachon, Émilien; Girardin, Pierre
P0619 Voir Vachon, Émilien; Girardin, Pierre; Labbé, André

Lachapelle, Bernard
Montréal
P0620 Projet de thèse: amélioration des conditions de circulation sur le pont Jacques-Cartier et à ses approches
ABC, VIII, 87 (juil. 53), 39-42, texte & ill.

La Haye, J.-Claude
Chomedey
P0621 Plan directeur
ABC, XVI, 185 (sept. 61), 53, texte.

La Haye, J.-C. (Ass.)
Outremont
P0622 Plan d'urbanisme
BAT, XLVII, 9 (sept. 72), 16-17, texte & ill.

La Haye, J.-C.; Gagnon, Roger; D'Astous, Roger
P0623 Voir Gagnon, Roger; La Haye, J.-C.; D'Astous, Roger

La Haye, Jean-Claude; Ouellet, Jean
Manicouagan
P0624 Ville permanente de Manicouagan
ABC, XXIII, 261 (jan.-fév. 68), 28-33, texte & ill.

Langlois, Claude
Laval
P0625 Plan directeur
BAT, XLV, 5 (mai 70), 5, texte.

Langlois, Ernest; Gariépy, Roland
Montréal
P0626 (entre les rues St-Dominique, De Montigny & Sanguinet)
CB, V, 1 (jan. 55), 22-23, texte & ill.

Lapierre, L.; Briggs, W. et al.
P0627 Voir Briggs, W.; Girvan, J.; etc.

Lau, Arthur
Hamilton
P0628 Civic Square
ARCAN, 47 (9 nov. 70), 5, texte & ill.

Lavigne, H.; Corriveau, E.; Gauvin, M.
P0629 Voir Corriveau, E.; Gauvin, M.; Lavigne, H.

Leclerc et Villemure; Denoncourt et Denoncourt
Trois-Rivières
P0630 "Three Rivers City Centre"
ARCAN, 48 (13 déc. 71), 9, texte & ill.

Lee, Douglas H.
Don Mills
P0631 "... more to be done..." (l'exemple de Don Mills; amélioration des relations entre architectes et le spéculateur)
TCA, I, 3 (mars 56), 28
P0632 "Critique"
TCA, VII, 3 (mars 62), 9
P0633 "Don Mills — a partial answer" (la banlieue)
TCA, II, 9 (sept. 57), 39-41
P0634 (économie et bon design).
TCA, I, 3 (mars 56), 26-28, texte & ill.
P0635 Plan directeur
RAIC, XXXI, 1 (jan. 54), 3-27, texte & ill.

Lévesque, Raymond
Québec
P0636 Rénovation urbaine (le quartier N.-D. des Victoires) (projet étudiant, école d'arch. de l'U. Laval)
ABC, XX, 231 (juil. 65), 43-44, texte & ill.

Libling, Michener Associates
Transcona (Man.)
P0637 Kensington Square
CB, XIV, 1 (jan. 64), 27, texte.

Lincourt, Michel
Trois-Rivières
P0638 (programme de développement du centre-ville)
BAT, L, 1 (jan. 75), 3, texte.

Lincourt, Michel; Bouchard, Marius; Gratton, Roger
P0639 Voir Bouchard, Marius; etc.

Lobb, H.V. (Partners); Coons, Herbert L. (ass.); Mott & Hayden ass.
P0640 Voir Coons, Herbert L. (ass.); Mott & Hayden Ass.; Lobb, H.V. (Partners)

Long, J.W. (Ass.)
Calgary
P0641 Inglewood
ARCAN, L (jan. 73), 4, texte & ill.

Lorimer, James; Baird, George
P0642 Voir Baird, George; Lorimer, James.

Luttgen, Annie; Faubert, José et al.
P0643 Voir Faubert, José; Luttgen, Annie; etc.

Maas & Vinois
Regina
P0644 (Plan directeur, finaliste d'un concours)
TCA, XXI, 6 (juin 76), 50-51, texte & ill.
TCA, XXI, 7 (juil. 76), 5, texte.

McCarter, Nairne & Partners
Gold River (C.-B.)
P0645 (petite communauté de 3,000h.)
CB, XV, 6 (juin 65), 6, texte.

McCarter, Nairne & Partners; Gruen, Victor (Ass.); Pei, I.M. (Ass.); Ponte, Vincent
P0646 Voir Gruen, Victor (Ass.); Pei, I.M. (Ass.); etc.

MacDonald, Blair; Chaster, Barry; Opie, Martin
P0647 Voir Chaster, Barry; MacDonald, Blair; Opie, Martin

McDonnell, R.E.
Hamilton
P0648 "Ontario" (la ville de Hamilton et l'urbanisme)
RAIC, XXI, 5 (mai 44), 108-109

McKee, Robert R.
Gordon River (C.-B.)
P0649
RAIC, XXV, 12 (dév. 48), 440-449, texte & ill.

MacKinnon, Paul; Hatch, Richard et al.
P0650 Voir Hatch, Richard; MacKinnon, Paul, etc.

Maffini, Giulio; Brecher, Oscar, Primari, Peter
P0651 Voir Brecher, Oscar; Maffini, Giulio; Primari, Peter

Marois, George
Laval
P0652 (Ensemble résidentiel et commercial, boul. St-Martin et autoroute Papineau)
CB, XXIV, 5 (mai 74), 60, texte.

Marshall, Macklin and Monaghan Ltd.
Sault Ste-Marie
P0653 (a waterfront development)
CB, XX, 12 (déc. 70), 52, texte.

Massey, Geoffrey; Coates, Wells et al.
P0654 Voir Coates, Wells; Erickson, Arthur; etc.

Mawson, Thomas
Calgary
P0655 (plan directeur de 1911 retrouvé en 1976 et aujourd'hui conservé à University of Calgary)
TCA, XXIV, 5 (mai 79), 4, texte & ill.

Mayer and Whittlesey; Glass, Milton
Kitimat (C.-B.)
P0656 (ville nouvelle, pour la Aluminium Co. of Canada)
RAIC, XXX, 5 (mai 53), 59 et 78-79 et 133, texte & ill.
P0657 "Kitimat: the first five years" (développement d'une ville près d'une aluminerie).
TCA, I, 3 (mars 56), 19-23
P0658 Neighbourhood Housing
RAIC, XXXV, 4 (avril 58), 122, ill.

Miron, Isaac
Ste-Anne-de-Bellevue
P0659 Projet de l'Ile aux Vaches ou Ile Marine
BAT, XXXIX, 11 (nov. 64), 26-28, texte & ill.

Mirth & Hou
Regina
P0660 (plan directeur, finaliste d'un concours)
TCA, XXI, 6 (juin 76), 50 et 54, texte & ill.

Montpetit, Gravel, Gagnier
Édifice de lieu inconnu
P0661 Projet étudiant: ville de 5 à 6000 h.
ABC, XIII, 144 (avril 58), 70, ill.

Morin, André
Granby
P0662 Aménagement d'un centre-ville
AC, 25, 286 (juil.-août 70), 28-29, texte & ill.

Moriyama, Raymond
Meewasin Valley (Sask.)
P0663 Meewasin Valley Project
TCA, XXIV, 12 (Yearbook, déc. 79), 20-26, texte & ill.
Scarborough
P0664 Scarborough Civic Centre
TCA, XVIII, 11 (nov. 73), 32-47, texte & ill.
TCA, XIX, 1 (jan. 74), 4-5, texte & ill.
CB, XXVI, 5 (mai 76), 6, texte.

Morse, Lewis
St. John (N.-B.)
P0665 Regional Distributor and Collector
ARCAN, 44 8 (août 67), 63-68, texte & ill.
TCA, XII, 6 (juin 67), 72, texte & ill.

Mott & Hayden Ass.; Coons, Herbert L. (ass.); Lobb, H.V. (Partners)
P0666 Voir Coons, Herbert L. (ass.); Mott & Hayden Ass.; Lobb, H.V. (Partners).

Muirhead, G. George; Stephenson, Gordon
Kingston
P0667 The Plan for Kingston
RAIC, XXXVIII, 2 (fév. 61), 39-51, texte & ill.

Murray, James A.; Daniels, John H.; Comay, Eli
P0668 Voir Daniels, John H.; Murray, James A; Comay, Eli

Murray & Murray
Ottawa
P0669 (plan de rénovation d'une partie de la ville)
ARCAN, 43, 10 (oct. 66), 13

Myers, Barton (Ass.)
Regina
P0670 (plan directeur, finaliste d'un concours)
TCA, XXI, 6 (juin 76), 50 et 54, texte & ill.

Myers, Barton; Diamond, A.J.
P0671 Voir Diamond, A.J.; Myers, Barton

National Capital Commission
Ottawa
P0672
TCA, XIII (Yearbook 68), 90-91, texte & ill.
TCA, V, 5 (mai 60), 65-69, texte & ill.

Neish, Owen, Rowland & Roy
Édifice de lieu inconnu
P0673 Erin Mills (communauté prévue pour 170,000 h.)
CB, XXVII, 5 (mai 77), 29, texte & ill.

Nickelson, Earl J.
Weston (Ont.)
P0674 (plan directeur d'un développement urbain)
RAIC, XXII, 4 (avril 45), 76, texte & ill.

Notebaert, Gérard
Lesage
P0675 Cité-Soleil
BAT, XLVII, 7 (juil. 72), 16-17 et 28-29, texte & ill.

Notebaert, Gérard; Damphousse, Jean
P0676 Voir Damphousse, Jean; Notebaert, Gérard

Oberlander, Peter; Coates, Wells et al.
P0677 Voir Coates, Wells; Erickson, Arthur; etc.

Oldham, D.; Briggs, W. et al.
P0678 Voir Briggs, W.; Girvan, J.; etc.

Oliver, E.; Kleyn, Loube B.; Raymond, F.
P0679 Voir Kleyn, Loube B.; Oliver, E.; Raymond, F.

Opie, Martin; Chaster, Barry; MacDonald, Blair
P0680 Voir Chaster, Barry; MacDonald, Blair; Opie, Martin

Ouellet, Jean; La Haye, Jean-Claude
P0681 Voir La Haye, Jean-Claude; Ouellet, Jean

Palmquist, Brian; Hatch, Richard et al.
P0682 Voir Hatch, Richard; MacKinnon, Paul; etc.

Paré, Yves; Faucher, Louis; Gagnon, Conrad
Montréal
P0683 Projet d'étudiants: études d'urbanisme dans un secteur rénové de Montréal
ABC, XIV, 161 (sept. 59), 296-300, texte & ill.

Parkin, John B. (Ass.)
Ottawa
P0684 Confederation Square
TCA, IX, 5 (mai 64), 63, texte & ill.
P0685 National Capital Plan, Central Area redevelopment.
ARCAN, 44, 4 (avril 67), 36-40, texte & ill.
P0686 Ottawa Redevelopment
TCA, IX (Yearbook 64), 83, texte & ill.
Toronto
P0687 South Side of Queen Street Development
ARCAN, 45, 6 (juin 68), 35, texte & ill.

Pei, I.M. (Ass.)
Edmonton
P0688 Edmonton Civic Centre
RAIC, XL, 1 (jan. 63), 29, texte & ill.
CB, XII, 4 (avril 62), 71, texte & ill.
CB, XII, 8 (août 62), 5, texte & ill.
TCA, VII, 6 (juin 62), 13, texte & ill.
TCA, VIII, 2 (fév. 63), 12-13, texte & ill.

Pei, I.M. (Ass.); Ponte, Vincent
Montréal
P0689 Avenue McGill College
BAT, XL, 8 (août 65), 6, texte & ill.
TCA, X, 8 (août 65), 6 et 8, texte & ill.

Pei, I.M. (Ass.); Gruen, Victor (Ass.); McCarter, Nairne & Partners; Ponte, Vincent.
P0690 Voir Gruen, Victor (Ass.); Pei, I.M. (Ass.); etc

Petschar, H.
Milton (Ont.)
P0691 (plan de la ville)
RAIC, XL, 3 (mars 63), 66, texte & ill.

Pinker, Donovan; DuBois, Macy et al.
P0692 Voir DuBois, Macy; Jackson, Anthony; etc.

Polytechnic Consultants
Regina
P0693 (plan directeur, finaliste d'un concours)
TCA, XXI, 6 (juin 76), 50 et 52, texte & ill.
TCA, XXI, 7 (juil. 76), 5, texte.

Ponte, Vincent; Gruen, Victor (Ass.); Pei, I.M. (Ass.); McCarter, Nairne & Partners
P0694 Voir Gruen, Victor (Ass.); Pei, I.M. (Ass.); etc.

Ponte, Vincent; Pei, I.M. (Ass.)
P0695 Voir Pei, I.M. (Ass.); Ponte, Vincent

Primari, Peter; Brecher, Oscar; Maffini, Giulio
P0696 Voir Brecher, Oscar; Maffini, Giulio; Primari, Peter

Proctor, Redfern, Bousfield & Bacon
Toronto
P0697 (grille pour le transport)
ARCAN, 48 (22 nov. 71), 8, texte & ill.

Proctor, Redfern, Bousfield & Bacon; Fliess, Henry
P0698 Voir Fliess, Henry; Proctor, Redfern, Bousfield & Bacon

Project Planning Associates
Bramalea
P0699 (ville nouvelle de 270,000h.)
CB, XVII, 7 (juil. 67), 6, texte.
St. John's (T.-N.)
P0700 Blackhead (Community Renewal)
RAIC, XLIII, 6 (juin 66), 38-39, texte & ill.

Provencher, Claude; Faubert, José et al.
P0701 Voir Faubert, José; Luttgen, Annie; etc.

Quadrant Corp.
Tsawwassen (C.-B.)
P0702 (Ensemble pour 9,300h. sur 614 acres)
CB, XXII, 7 (juil. 72), 24, texte.

Raymond, F.; Kleyn, Loube B.; Oliver, E.
P0703 Voir Kleyn, Loube B.; Oliver, E.; Raymond F.

Rensaa & Minsos; Rule, Wynn & Rule
P0704 Voir Rule, Wynn & Rule; Rensaa & Minsos

Rhone and Iredale
Vancouver
P0705 Kerrisdale
ARCAN, 47 (14 sept. 70), 9
P0706 (townhouse and commercial infill project)
TCA, XX, 3 (mars 75), 5, texte & ill.

Rich, S.G.
Winnipeg
P0707 (plaza au centre-ville et centre d'affaires)
TCA, IV, 11 (nov. 59), 6, texte & ill.

Robert, Georges
Jonquière
P0708 Plan directeur d'urbanisme
ABC, XXIII, 261 (jan.-fév. 68), 20-27, texte & ill.
Tracy
P0709 Projet du centre civique, dans le cadre du Plan directeur d'urbanisme
ABC, XVIII, 208 (août 63), 38-44, texte & ill.
Trois-Rivières
P0710 Centre-ville, rénovation urbaine
RAIC, XLIII, 6 (juin 66), 42-44, texte & ill.

Robert, Georges; Bégin, Benoît-J.
P0711 Voir Bégin, Benoît-J.; Robert, Georges.

Robinson, David; Hatch, Richard
P0712 Voir Hatch, Richard; MacKinnon, Paul; etc.

Robinson, Gerald
Toronto
P0713 Toronto's Trinity Square
ARCAN, 49 (6 mars 72), 1, texte & ill.

Robinson, Gerald; DuBois, Macy et al.
P0714 Voir DuBois, Macy; Jackson, Anthony; etc.

Robinson, Gerald; Heinrichs, Victor
P0715 Voir Heinrichs, Victor; Robinson, Gerald

Robinson, Peter
Toronto
P0716 Church of the Holy Trinity (reconversion en Town Square)
ARCAN, 48 (1 fév. 71), 1, texte & ill.

Rother, Bland, Trudeau
Shelter Bay
P0717 (projet pour ville nouvelle)
TCA, III, 11 (nov. 58), 50-53, texte & ill.

Rounthwaite & Fairfield; Dickinson, Peter (Ass.)
P0718 Voir Dickinson, Peter (Ass.); Rounthwaite & Fairfield

Rousseau, Jacques; Faubert, José et al.
P0719 Voir Faubert, José; Luttgen, Annie; etc.

Ruccolo, Franco; Faubert, José et al.
P0720 Voir Faubert, José; Luttgen, Annie; etc.

Rule, Wynn, Forbes, Lord and Partners; Webb, Zerafa, Menkes
Edmonton
P0721 CNR plan (pour le centre-ville)
CB, XVIII, 7 (juil. 68), 20-21, texte & ill.

Rule, Wynn and Rule; Rensaa and Minsos
Aklavik
P0722 (plan directeur de la ville)
TCA, I, 11 (nov. 56), 23-28, texte & ill.

Russell, Edna
Winnipeg
P0723 Proposed Reconstruction of Osborne Street
RAIC, XIX, 2 (fév. 42), 23, texte & ill.

Safdie, Moshe; Desnoyers, Mercure, Gagnon, Sheppard
P0724 Voir Desnoyers, Mercure, Gagnon, Sheppard; Safdie, Moshe

St-Denis, Y.; Chaloux, J.-M.; Dorval, C.
P0725 Voir Chaloux, J.-M.; Dorval, C.; St-Denis, Y.

Salter, W.S.
Bowmanville (Ont.)
P0726 Rénovation du centre
RAIC, XL, 3 (mars 63), 66, ill.

Salter, W.S.; Simon, J.; Thorson, S.
Toronto
P0727 (Propositions pour les voies de transport dans la région de Toronto)
RAIC, XL, 3 (mars 63), 67, texte & ill.

Sankey Associates, Farley, David
Montréal
P0728 Quartier Notre-Dame
TCA, XIX, 4 (avril 74), 5, texte.

Schoeler & Barkham
Ottawa
P0729 The Sparks Street Mall
TCA, V, 6 (juin 60), 65-68, texte & ill.
P0730 Sparks Street Mall (Kiosque d'information)
TCA, IX, 5 (mai 64), 62, texte & ill.

Schumann, Herbert
Arctique
P0731 Urb-Arctic Unit in Canada (100,000 h.)
TCA, X, 5 (mai 65), 6, texte.

Searle, Wilbee, Rowland
Laval-sur-le-Lac
P0732 Jolibourg
CB, XXIII, 9 (sept. 73), 43, texte.

Searles and Meschino
St. John's (T.-N.)
P0733 Churchill Park Village
RAIC, XXIX, 9 (sept. 52), 7, texte & ill.

Sears, Henry; DuBois, Macy et al.
P0734 Voir DuBois, Macy; Jackson, Anthony; etc.

Semmens & Simpson
Kitimat
P0735 Civic Centre
RAIC, XXXV, 4 (avril 58), 122, ill.

Sharp & Thompson, Berwick, Pratt
Vancouver
P0736 Master plan for U.B.C.
RAIC, XXX, 10 (oct. 53), 301-304, texte & ill.

Sharp & Thompson, Berwick, Pratt; Charles E. Craig
Victoria
P0737 Kiwanis Village
TCA, 1 (nov.-déc. 55), 14
TCA I, 2 (jan.-fév. 56), 33-40, texte & ill.

Shore, Tilbe, Henschel & Irwin
Mississauga
P0738 City Centre
AC, 33, 344 (nov.-déc. 77), 29-31, texte & ill.

Siddall, R.W. (Ass.); Wade, Stockdill & Armour
P0739 Voir Wade, Stockdill & Armour; Siddall, R.W. (Ass.)

Simon, J.; Salter, W.S.; Thorson, S.
P0740 Voir Salter, W.S.; Simon, J.; Thorson, S.

Simpson, Douglas C.
Trail (C.-B.)
P0741 Trail Rental Project
RAIC, XXIX, 9 (sept. 52), 6, texte & ill.

Simpson, E.G.; Haxby, W.T.
Winnipeg
P0742 (redevelopment)
RAIC, XXXVIII, 10 (oct. 61), 66-68, texte & ill.

Sixta, Gerard
Burnaby
P0743
ARCAN, 48 (12 juil. 71), 4-5, texte & ill.

Skidmore, Owings and Merrill; Chandler Kennedy Architectural Group
Calgary
P0744 Eau Claire Estates
CB, XXIX, 12 (déc. 79), 6, texte & ill.

Skidmore, Owings & Merrill; Smith, Carter, Partners
Winnipeg
P0745 (Ensemble commercial & résidentiel)
CB, XXIX, 11 (nov. 79), 6, texte & ill.

Smith, Carter, Partners; Skidmore, Owings & Merrill
P0746 Voir Skidmore, Owings & Merrill; Smith, Carter, Partners

Société Générale des Systèmes Urbains
Trois-Rivières
P0747 Projet: Trois-Rivières Centre-ville
AC, 30, 328 (mars-avril 75), 22-29, texte & ill.

Sorensen, Fleming
Boundary (C.-B.)
P0748 (une communauté sur 620 acres)
CB, XXI, 11 (nov. 71), 94, texte.

Souter, Lenz, Scott, Tayler, Souter; Webb, Zerafa, Menkes.
P0749 Voir Webb, Zerafa, Menkes; Souter, Lenz, Scott, Tayler, Souter.

Stephenson, Gordon
Halifax
P0750 Central Business District Renewal
RAIC, XLIII, 6 (juin 66), 39-42, texte & ill.

Stephenson, Gordon; Muirhead, G. George
P0751 Voir Muirhead, G. George; Stephenson, Gordon

Stewart, G.; Arnott, G.; Izumi, K.
P0752 Voir Arnott, G.; Izumi, K.; Stewart, G.

Styliaras, D.
Calgary
P0753 CPR Redevelopment Proposal (pour le centre-ville)
RAIC, XLI, 3 (mars 64), 53-56, texte & ill.

Surveyer, Nenniger & Chênevert
Longueuil
P0754
AC, 24, 278 (oct. 69), 17

Swan Wooster — CBA Report
Vancouver
P0755 Étude sur le "Downtown Vancouver"
ARCAN, 46, 6 (juin 69), 33-38, texte & ill.

Thom, Ron; Vandermeulen, Emile
Hamilton
P0756 Hamilton Civic Square
TCA, XIV, 11 (nov. 69), 7-8, texte.
TCA, XV, 2 (fév. 70), 10, texte.

Thompson, Berwick, Pratt & Partners
Faro (Yukon)
P0757 Faro Townsite (planification d'une communauté de 500 h.)
TCA, XV, 12 (déc. 70), 34-39, texte & ill.

Vancouver
P0758 Harbour Park Developments
TCA, X, 6 (juin 65), 5-6, texte & ill.

Thorson, S.; Salter, W.S.; Simon, J.
P0759 Voir Salter, W.S.; Simon, J.; Thorson, S.

Thrift, Eric W.
Winnipeg
P0760 Metropolitan Plan — Greater Winnipeg
RAIC, XXIII, 11 (nov. 46), 272-275, texte & ill.
RAIC, XXVI, 9 (sept. 47), 332-333
RAIC, XXV, 7 (juil. 48), 219-252, texte & ill.

Toronto Planning Board
Toronto
P0761 Plan for Downtown Toronto
TCA, VIII, 3 (mars 63), 39-40, texte & ill.

Toronto's Harbour Commissioners City Planning Board
Toronto
P0762 (pour le centre-ville)
TCA, VII, 10 (oct. 62), 6 et 9, texte & ill.

Tremblay, Gilles
Québec
P0763 Place du Vieux Québec (projet de fin d'études, école d'arch., U. Laval)
ABC, XXI, 243 (juil. 66), 45-47, texte & ill.

University of Manitoba
Saint-Boniface (Manitoba)
P0764 (planification urbaine)
RAIC, XXIII, 4 (avril 46), 97, texte & ill.

Thompson
P0765 (plan directeur)
RAIC, XXXVI, 3 (mars 59), 78, texte & ill.

Winnipeg
P0766 (urban renewal study).
RAIC, XXXVI, 3 (mars 59), 79, texte & ill.

Université de Montréal
Montréal
P0767 Un modèle de simulation: le boulevard Décarie.
AC, 24, 277 (sept. 69), 19-41 et 50

University of Toronto
Ajax
P0768 Civic Centre
RAIC, XXXV, 3 (mars 58), 88, texte & ill.

Toronto
P0769 (Development proposal at Bloor and Shelbourne Sts.)
ARCAN, 47 (30 mars 70), 5, texte & ill.
P0770 (Plan directeur pour une ville nouvelle dans la région de Toronto-Hamilton)
RAIC, XXXV, 3 (mars 58), 88-89, texte & ill.

Upper Brant Street Development Group
Burlington
P0771 (cité satellite pour 31,000h.)
CB, XVIII, 5 (mai 68), 7 et 54, texte.

Urban Land Institute of Washington, D.C.; Coons, Herbert L. (ass.); Chapman, Evans & Delehanty
P0772 Voir Coons, Herbert L. (ass.); Chapman, Evans; etc.

Vachon, Émilien; Girardin, Pierre; Labbé, André
Ste-Marie de Beauce
P0773 Projet d'étudiants: centre communautaire (fonctions administrative, commerciale, culturelle, récréative)
ABC, XVIII, 207 (juil. 63), 35-37, texte & ill.

Vandermeulen, Émile; Thom, Ron
P0774 Voir Thom, Ron; Vandermeulen, Émile

Venters, L.; Briggs, W. et al.
P0775 Voir Briggs, W.; Girvan, J.; etc.

Vincent, Jacques
Hull
P0776 Domaine Glenwood
ABC, XII, 132 (avril 57), 44-47, texte & ill.

Wade, Stockdill & Armour; R.W. Siddall Ass.
Victoria
P0777 Centennial Square (rénovation)
TCA, XI, 11 (nov. 66), 55-57, texte & ill.

Walker, J. Alexander
Vancouver
P0778 "Plan for the City of Vancouver"
RAIC, XXVI, 9 (sept. 47), 297-329, texte & ill.

Walker, Howard; Campfens, Tony
Toronto
P0779 The Mall Project (Yonge Street)
ARCAN, 49 (14 fév. 72), 1, texte & ill.

Waisman, Ross, Blankstein, Coop, Gillmor, Hanna
Calgary
P0780 Carma Town Centre
ARCAN, 45, 1 (jan. 68), 46, ill.

Watkins, E.J.; Coates, Wells et al.
P0781 Voir Coates, Wells; Erickson, Arthur; etc.

Webb, Zerafa, Menkes
Kingston
P0782 "Kingston's Waterfront"
ARCAN, 47 (20 juil. 70), 5, texte & ill.
CB, XXIX, 6 (juin 79), 6, texte & ill.

Toronto
P0783 South Side Queen Street Development
ARCAN, 45, 6 (juin 68), 35, texte & ill.

Webb, Zerafa, Menkes; Rule, Wynn, Forbes, Lord & Partners
P0784 Voir Rule, Wynn, Forbes, Lord & Partners; Webb, Zerafa, Menkes

Webb, Zerafa, Menkes; Souter, Lenz, Scott, Tayler, Souter
Hamilton
P0785 Saltfleet Community Development
TCA, XV, 6 (juin 70), 7, texte & ill.

Webb, Zerafa, Menkes, Housden
Waterloo
P0786 (Ensemble résidentiel & commercial de 175 acres)
CB, XXV, 4 (avril 75), 30, texte.

Webb, Zerafa, Menkes, Housden; Andrews, John.
P0787 Voir Andrews, John; Webb, Zerafa, Menkes, Housden

Wilding, R. William
North Vancouver
P0788 Edgemount Terrace
CB, XIV, 2 (fév. 64), 36-37, texte & ill.

Wilson, Stuart
Montréal
P0789 Étude des cours de maisons des quartiers St-Jacques et Bourget
ARCAN, 43, 11 (nov. 66), 71-74, texte & ill.

Winnipeg Town Planning Commission
Winnipeg
P0790 A Downtown Plaza for Winnipeg
RAIC, XXXVII, 4 (avril 60), 153-155, texte & ill.

Yamasaki, Minoru; David & Boulva
P0791 Voir David & Boulva; Yamasaki, Minoru

Zeidler Partnership
Mississauga
P0792 Mississauga City Centre
TCA, XXI, 2 (fév. 76), 26-28, texte & ill.
TCA, XXI, 4 (avril 76), 5, texte.

Toronto
P0793 Trinity Square
CB, XXVIII, 7 (juil. 78), 10, texte & ill.

Zorkin, Mladen
Nanaimo
P0794 The Nanaimo (waterfront project)
CB, XIX, 11 (nov. 69), 96, texte.

Quartiers résidentiels
Residential Districts

"Another competition" (pour quartiers résidentiels et banlieues)
TCA, 1 (nov.-déc. 55), 13

"Editorial Comment on RAIC Residential Environment Report". (Extrait de la revue "Canadian Forum" dont le titre est "Megalopolis or Bust").
RAIC, XXXVII, 11 (nov. 60), 53-54

"Kassinger goes underground" (faire passer les fils électriques sous terre dans les quartiers domiciliaires)
CB, X, 8 (août 60), 30-31

Kostka, V.Joseph, *Neighbourhood Planning*, V. Joseph Kostka, The University of Manitoba Community Planning, Winnipeg, [s.d.].
CB, VII, 11 (nov. 57), 67

"La banlieue résidentielle n'apparaît plus comme un idéal"
BAT, LI, 2 (fév. 76), 13 et 29

"Low-rise or high-rise — a world wide debate".
ARCAN, L (juil. 73), 4-5

"Me? Confused? Never!" (Confusion sur le choix d'un site à Toronto pour la construction domiciliaire au centre-ville)
CB, XXVI, 6 (juin 76), 60

"*Neighbourhood Planning* par V. Joseph Kostka"
ABC, XII, 137 (sept. 57), 70

"New slums: a blight that's ruining our cities and towns"
CB, VIII, 9 (sept. 58), 29-31

"Plan 1000 L-D homes for Toronto" (énumération de projets)
CB, X, 11 (nov. 60), 16

"*Planning Residential Subdivision* par V. Joseph Kotska"
ABC, IX, 101 (sept. 54), 49

"Strawberry Boxes" (les nouveaux développements domiciliaires au Canada)
TCA, VIII, 5 (mai 63), 5-6

"Unifamiliale, vers les grands ensembles domiciliaires"
BAT, LI, 2 (fév. 76), 11-12

"War on slums declared by cities across Canada"
CB, X, 4 (avril 60), 28

Barker, Kent
En Coll. *Housing and Community Planning*, sans édition, sans lieu, sans date. (Série de huit conférences)
RAIC, XXII, 6 (juin 45), 133

Burgess, Cecil S.
"Alberta" (housing & town planning)
RAIC, XXI, 4 (avril 44), 84

Burgess, Cecil S.
"Alberta" (town planning and house building)
RAIC, XIX, 12 (déc. 42), 238

Carver, Humphrey
"Housing / a search for focus". (villes nouvelles et projets d'habitations).
RAIC, XXXIX, 10 (oct. 62), 59-66

Crossley, Alan
"Make The Most of Your Site"
CB, IV, 6 (juin 54), 37-39, texte & ill.

Crossley, Allan
"Planning Pays Off in Subdivision Design"
CB, IV, 3 (mars 54), 34-37, texte & ill.

Crossley, Alan
"Plan your Subdivision in 3D"
CB, IV, 9 (sept. 54), 56-59, texte & ill.
"What makes a subdivision look good"
CB, V, 9 (sept. 55), 25-30

Dobush, Peter
"Designing residential environment is an art"
CB, X, 10 (oct. 60), 86

Fiset, Édouard
Kostka, V. Joseph. *Neighbourhood planning*, University of Manitoba, Winnipeg, sans date.
RAIC, XXXV, 8 (août 58), 319

Kostka, V. Joseph, *Planning Residential Subdivisions*, sans édition, sans lieu, sans date.
RAIC, XXXII, 1 (jan. 55), 28

"The architect's contribution to community planning".
TCA, 1 (nov.-déc. 55), 26-28

Gagnon, Roger
"Quartiers résidentiels"
BAT, XXVIII (nov. 53), 21-23

"Les taudis"
BAT, XXIX, (fév. 54), 20-21, texte & ill.

"Les techniques du lotissement et le contrôle des subdivisions"
BAT, XXVIII (mars 53), 20-22

Gerson, Wolfgang
"Residential Environs in the Urban Area".
ARCAN, 44, 11 (nov. 67), 35-43

Guay, Gérard; La Haye, Jean-Claude
Voir La Haye, Jean-Claude; Guay, Gérard

Howe, C.D.
"Community Planning in Canada".
RAIC, XXIII, 11 (nov. 46), 267

Izumi, K.
"Performance standards for residential zoning and sub-division controls".
RAIC, XXX, 12 (déc. 53), 347-364

Johnson, S. Eric
"Let's stop discriminating against non-urban non-farm home owners". (la construction domiciliaire à l'extérieur des lieux urbanisés)
CB, XX, 10 (oct. 70), 39 et 55

Kahn, Louis
"Room, Window and Sun" (la circulation automobile et les rues résidentielles)
TCA, XVIII, 6 (juin 73), 30 et 52-55

Keeble, Lewis
"Les villes nouvelles et leurs habitants"
ABC, XXI, 241 (mai 66), 30-32, texte & ill.

Kemp, Leslie H.
"Architects and new slums"
CB, VIII, 11 (nov. 58), 9

Kostka, V.J.
"A second need: the neighbourhood"
TCA, II, 7 (juil. 57), 20-24

La Haye, Jean-Claude; Guay, Gérard
"Étude de lotissement sur un terrain en pente"
ABC, XI, 120 (avril 56), 42-47, texte & ill.

Leclerc, Marc
"Le financement du coût des services publics: les avantages du système québécois actuel"
BAT, LII, 4 (avril 77), 28 et 30-31, tableaux, texte.

Leclerc, Marcel
"Le financement et la construction des infrastructures par l'entrepreneur"
BAT, LII, 5 (mai 77), 17-18 et 28, texte.

Lehrman, Jonas
Jensen, Rolf. *High Density Living*, Leonard Hill, London, 1966.
ARCAN, 43, 12 (déc. 66), 42

Oberlander, H. Peter
"Community and Regional Planning" (en Colombie-Britannique)
RAIC, XXVII, 9 (sept. 50), 316-317

Schoenauer, Norbert
"Site and Scale" (les rues résidentielles)
TCA, IX, 1 (jan. 64), 35-39

Segal, Walter
"Site Lay-Out Technique"
RAIC, XXII, 1 (jan. 45), 8-12 et 19

Smith, John Caulfield
"Subdivision, Choosing a Good Site"
CB, I, 3 (juil. 51), 17-20
"Subdivision, Planning the Layout"
CB, I, 4 (sept.-oct. 51), 20-23

Stokes, Peter
"The scale of the neighbourhood"
TCA, II, 7 (juil. 57), 30-34

Toward, Lilias M.
"Some Aspects of Community Planning in the Maritimes".
RAIC, XXXII, 4 (avril 55), 114-117

Trudel, Jacques
"Urbanisme et logement: rêves et réalités".
AC, 24, 279 (nov. 69), 22-23

Anonyme/Anonymous
Édifice de lieu inconnu
P1001 Ensemble domiciliaire de 150 maisons.
CB, XI, 9 (sept. 61), 40-41, texte & ill.
P1002 Beechwood Park
CB, XVI, 5 (mai 66), 41, texte & ill.

P1003 Bloomfield Co-operative
CB, V, 6 (juin 55), 47, ill.
P1004 Rothwell Village
BAT, XLVI, 7 (juil. 71), ill.

Abbotsford
P1005 Ensemble domiciliaire de 170 acres sur les pentes de Glen Mountain
CB, XXVI, 9 (sept. 76), 70, texte.

Acton
P1006 Acton Meadows
CB, XXII, 7 (juil. 72), 48, texte.

Ahuntsic
P1007 Village du Domaine St-Sulpice
BAT, LV, 9 (nov. 80), 8-9, texte & ill.

Aurora
P1008 Regency Acres Subdivision
CB, X, 9 (sept. 60), 28, texte.

Aylmer
P1009 (500-unit housing development)
CB, XXVI, 3 (mars 76), 6, texte.
P1010 Place Lucerne
BAT, LII, 2 (fév. 77), 6, texte.

Bagotville
P1011 (200 maisons, près de l'aéroport)
CDQ, XXV, 5 (sept.-oct. 50), 6, texte.

Baie-Comeau
P1012 Projet Jean Raymond
BAT, XXXIV, 6 (juin 59), 11, texte.

Baie James
P1013 LG2 (Le Campement Duncan)
BAT, LI, 2 (fév. 76), 24-25, texte & ill.

Beloeil
P1014 Pré-Vert: syndicat coopératif d'habitation
ABC, XIII, 144 (avril 58), 38-47, texte & ill.

Blainville
P1015 (260 units for housing)
CB, XXV, 2 (fév. 75), 8, texte.

Blandford (N.-E.)
P1016 (a 65 unit housing project for the Dept. of National Defence)
CB, XVI, 11 (nov. 66), 5, texte.

Boisbriand
P1017 (maisons en grappe)
BAT, LII, 9 (sept. 77), 14-15, texte & ill.
P1018 (3000-unit project for housing)
CB, XXV, 2 (fév. 75), 8, texte.

Boucherville
P1019 Les Champs du Papillon
BAT, LIII, 9 (sept. 78), 10-11 et 14, texte & ill.

Bramalea (Ont.)
P1020 (Ensemble résidentiel)
CB, XV, 12 (déc. 65), 7, texte.
P1021 (4602 résidences)
CB, XIX, 5 (mai 69), 6, texte.
P1022 Greenmount Gardens
CB, XXV, 2 (fév. 75), 15, ill.
P1023 Villages of Central Park
CB, XXI, 7 (juil. 71), 28, texte.
CB, XXII, 10 (oct. 72), 54, texte.
CB, XXII, 11 (nov. 72), 132, texte.
CB, XXII, 12 (déc. 72), 38-39 et 42-43, texte & ill.
CB, XXIV, 12 (déc. 74), 8, texte.
CB, XXV, 5 (mai 75), 28 et 35, texte & ill.
TCA, XVII, 11 (nov. 72), 6

Brampton
P1024 Peel Village
CB, XII, 3 (mars 62), 40-42, texte & ill.
CB, XIV, 10 (oct. 64), 41 et 46, texte & ill.
P1025 Villages of Heart Lake
CB, XXIV, 1 (jan. 74), 8, ill.
CB, XXV, 10 (oct. 75), 6, texte.
CB, XXVII, 1 (jan. 77), 13, texte & ill.
CB, XXVIII, 11 (nov. 78), 70, texte.

Brantford
P1026 Greenbier Development
NB, V, 6 (juin 56), 30, texte & ill.
NB, V, 8 (août 56), 38, texte.

Brocklehurst (C.-B.)
P1027 (Communauté de 6000 habitants)
CB, XXII, 4 (avril 72), 58, texte.

Brossard
P1028 (Ensemble résidentiel de 1000 unités)
CB, XXIII, 10 (oct. 73), 7, texte.

Burlington
P1029 (Ensemble domiciliaire de 487 unités)
CB, XXII, 5 (mai 72), 66, texte.

Calgary
P1030 (Ensemble domiciliaire pour 30,000 habitants)
CB, XXIII, 3 (mars 73), 68, texte.
P1031 (Ensemble résidentiel, entre 72nd St., Silver Springs Rd & Silver Springs Crescent)
CB, XXIV, 10 (oct. 74), 34, texte.
P1032 (Ensemble domiciliaire de 340 maisons et habitations collectives; Palliser sector)
CB, XX, 9 (sept. 70), 66, texte.
P1033 (Ensemble domiciliaire de 372 unités; West Dover)
CB, XX, 3 (mars 70), 36-37, texte & ill.
P1034 Bel-Aire Heights
CB, XI, 1 (jan. 61), 43, texte & ill.
P1035 Carriage Lane
CB, XII, 1 (jan. 62), 60-62, texte & ill.
P1036 Chateau Estates (mobile home park; Lake Bonavista — Willow Park)
CB, XXI, 3 (mars 71), 38, texte.
P1037 Elbow Park
BAT, XXVII (mars 52), 35, texte.
P1038 Glamorgan Wold
CB, XXVI, 2 (fév. 76), 5, ill.
P1039 Huntington Hills
CB, XVII, 10 (oct. 67), 70, texte.
P1040 Lynnwood Ridge Subdivision (Ogden District)
CB, XXI, 5 (mai 71), 5, texte.
CB, XXII, 12 (déc. 72), 62, texte.
P1041 Rosemount development
NB, VIII, 6 (juin 59), 22, texte & ill.
P1042 St. Andrew's Heights
CB, XIV, 10 (oct. 64), 42, texte & ill.
P1043 Scenic Acres
CB, XXI, 7 (juil. 71), 38, texte.
P1044 Sherwood Park
NB, XI, 2 (fév. 62), 24 et 63, texte & ill.
P1045 Thorncliffe Heights
CB, V, 4 (avril 55), 46-47, texte & ill.
P1046 Whitehall Village
CB, XXI, 4 (avril 71), 6, texte.
P1047 Willow Lake
CB, XVIII, 4 (avril 68), 68, texte.

Campbellton (N.-B.)
P1048 (105 unités d'habitation)
CB, XVIII, 6 (juin 68), 7, texte.

Charlesbourg
P1049 (550 unités domiciliaires)
BAT, XLVI, 12 (déc. 71), 5, texte.
P1050 (Ensemble domiciliaire de 150 unités)
BAT, XLVI, 11 (nov. 71), 5, texte.
P1051 Terrasse Bon-Air
CB, XIII, 1 (jan. 63), 44-45, texte & ill.
CB, XIV, 1 (jan. 64), 32, texte.

Châteauguay
P1052 (Ensemble domiciliaire de 3,000 bungalows)
BAT, XXXI, 1 (jan. 56), 17, texte.
P1053 Terrasse Châteauguay
BAT, XXXVI, 12 (déc. 60), 26-28, texte & ill.
NB, X, 1 (jan. 61), 23, texte & ill.
NB, XI, 1 (jan. 62), 34-37, texte & ill.

Chatham
P1054 (400 maisons sur 110 acres)
BAT, XLV, 8 (août 70), 40, texte.

Chicoutimi
P1055 Parc Falaise
BAT, XXXIV, 3 (mars 59), 19, texte.
BAT, XXXIV, 4 (avril 59), 46-47 et 50, texte & ill.

Chomedey
P1056 Bellerive Acres
CB, XIV, 2 (fév. 64), 6, texte.

Clarkson
P1057 Whiteoaks of Jalna
NB, VI, 10 (oct. 57), 6, texte.

Cole Harbour (N.-E.)
P1058 Forest Hills
CB, XXIV, 8 (août 74), 62, texte.

Coquitlam
P1059 Eagle Ridge
CB, XXX, 6 (juin 80), 25-26, texte & ill.
P1060 Harbour Village
CB, XXVI, 12 (déc. 76), 29, texte & ill.

| Urbanisme | | Town Planning |

Corner Brook
P1061 (Ensemble résidentiel de 40 acres)
BAT, XXVIII (mars 53), 14, texte.

Dartmouth
P1062 (115 unités pour l'habitation)
CB, XXI, 1 (jan. 71), 38, texte.
P1063 (Ensemble domiciliaire de 300 maisons; Portland St. & Glenwood Ave)
CB, XXIV, 3 (mars 74), 68, texte.
P1064 Tam O'Shanter Ridge
CB, XIII, 1 (jan. 63), 48-49, texte & ill.

Delson (Qué.)
P1065 Algonquin Homes
CB, XIII, 8 (août 63), 36-37, texte & ill.

Deux-Montagnes
P1066 California 70
BAT, XLIV, 11 (nov. 69), 6-7, texte & ill.

Dollard-des-Ormeaux
P1067 BAT, XLI, 9 (sept. 66), 5 et 44-47, texte & ill.
CB, XII, 1 (jan. 62), 52, ill.
CB, XXIII, 10 (oct. 73), 7, texte.
P1068 Forest Village
BAT, XLV, 11 (nov. 70), 7 et 10, texte & ill.
P1069 The Woodlands
BAT, XLVI, 12 (déc. 71), 23, texte & ill.
P1070 Westpark development
CB, XIV, 1 (jan. 64), 29, texte.

Dorval
P1071 Bélair
RAIC, XXIX, 9 (sept. 52), 6, texte & ill.
P1072 Quartier Strathmore
CDQ, XXIV, 5 (sept. 49), 21, texte & ill.

Edmonton
P1073 (Ensemble domiciliaire de 49 maisons suivant le "zero lot line")
CB, XXVI, 1 (jan. 76), 8, texte.
P1074 59 building, 236 unit — Gladmer Developments Ltd. Project
NB, III, 10 (oct. 54), 4-5, texte & ill.
P1075 Rundle Heights
CB, XXIII, 4 (avril 73), 62, texte.

Etobicoke
P1076 (Ensemble domiciliaire)
CB, XVII, 5 (mai 67), 8, texte.
P1077 (Ensemble domiciliaire de 297 unités; Highway 27 & Finch Ave)
CB, XXI, 9 (sept. 71), 8, texte.
CB, XXI, 11 (nov. 71), 91, texte.
P1078 Albion Grove Village
CB, XIII, 4 (avril 63), 40-41, texte & ill.
P1079 Thistletown Development
CB, XV, 10 (oct. 65), 7, texte.
CB, XVI, 11 (nov. 66), 49-51, texte & ill.
P1080 Westway Village
NB, V, 4 (avril 56), 28, texte & ill.

Fabreville
P1081 (Ensemble résidentiel)
BAT, XLIV, 10 (oct. 69), 6-7, texte & ill.
BAT, XLVI, 9 (sept. 71), 6, texte & ill.
BAT, XXV, 2 (fév. 75), 8, texte & ill.
P1082 "Maisons Personnalisées"
BAT, LIII, 2 (fév. 78), 6, texte.
P1083 Place Fabre
BAT, XLVI, 9 (sept. 71), 6, texte.
BAT, XLVII, 9 (sept. 72), 5, texte.

Fort McMurray (Alberta)
P1084 (Ensemble domiciliaire de 450 maisons unifamiliales)
CB, XVIII, 1 (jan. 68), 22-23, texte & ill.

Fredericton
P1085 Skyline Acres
CB, XIV, 1 (jan. 64), 31, texte.

Georgetown
P1086 Delrex
NB, V, 4 (avril 56), 18 et 24, texte & ill.
NB, VII, 3 (mars 58), 31, texte.
NB, VII, 5 (mai 58), 25, texte.

Granby
P1087 (Ensemble domiciliaire de 236 logis)
BAT, XLVI, 11 (nov. 71), 5, texte.

Guelph
P1088 Hadati Farm (Phase I)
CB, XXII, 12 (déc. 72), 6, texte.

Halifax
P1089 Convoy Place
CB, XXII, 5 (mai 72), 66, texte.
CB, XXII, 9 (sept. 72), 56, texte.
CB, XXIV, 7 (juil. 74), 58, texte.
P1090 Uniacke Square
CB, XV, 9 (sept. 65), 46, texte.
CB, XVI, 2 (fév. 66), 49-51, texte & ill.
CB, XVI, 8 (août 66), 5, texte.
CB, XVII, 12 (déc. 67), 34-35, texte & ill.

Hamilton
P1091 (Ensemble domiciliaire de 496 unités; Hamilton Mountain)
CB, XXII, 11 (nov. 72), 5, texte.
P1092 Ellsworth Park
NB, IV, 10 (oct. 55), 44
P1093 Lawfield, Lisgar & Berrisfield neighbourhoods
CB, XXII, 8 (août 72), 44, texte.
P1094 Mohawk Gardens
CB, VI, 3 (mars 56), 46, texte.
P1095 Quinndale subdivision
CB, XXII, 10 (oct. 72), 6, texte.

Hull
P1096 125 Single Family Houses
CB, IV, 6 (juin 54), 82, texte.

Ile Claude
P1097 (Ensemble résidentiel)
BAT, XL, 4 (avril 65), 53-55, texte & ill.

Ile des Soeurs
P1098 BAT, XLVII, 1 (jan. 72), 12-14, texte & ill.
BAT, XLVIII, 2 (fév. 73), 5, texte & ill.
CB, XXII, 7 (juil. 72), 26 et 29, texte & ill.

Ile Jésus
P1099 Arèsville
BAT, XXX, 7 (juil. 55), 3 et 28-31, texte & ill.
CB, V, 7 (juil. 55), 34-35, texte & ill.

Cité Jacques-Cartier
P1100 Domaine Gentilly
BAT, XXXVI, 11 (nov. 60), 43, texte.

Kamloops
P1101 Sahali Terraces
CB, XXVII, 3 (mars 77), 6, texte & ill.

Kelowna
P1102 (Ensemble domiciliaire; Dillworth Mountain)
CB, XVIII, 12 (déc. 68), 8, texte.

Kingston
P1103 Amherstview
CB, XIX, 6 (juin 69), 5, texte.
P1104 The "Accordion" plan (dév. dom.)
NB, VII, 4 (avril 58), 6-7, texte & ill.

Kitchener
P1105 (Ensemble domiciliaire de 400 unités)
CB, XXIII, 6 (juin 73), 64, texte.

Lakehead area
P1106 Academy Heights
CB, XXI, 7 (juil. 71), 38, texte.

La Prairie
P1107 La Citière
BAT, LIII, 9 (sept. 78), 14-15, texte & ill.

La Tuque
P1108 Plateau Laurentien
BAT, XXXIV, 5 (mai 59), 17, texte.
P1109 Quartier Bélair
BAT, XXXIV, 5 (mai 59), 17, texte.

Laval
P1110 Ensemble domiciliaire de 700 acres
CB, XXIV, 12 (déc. 74), 24, texte.
P1111 (Ensemble domiciliaire de 1800 unités, près de Laval-sur-le-Lac et Islesmere)
CB, XXII, 11 (nov. 72), 132, texte.
P1112 Carrefour Résidentiel St-Martin
BAT, LIII, 4 (avril 78), 5, texte.
P1113 Cité de la Santé
BAT, LII, 11 (nov. 77), 5, texte & ill.
P1114 Cité Val des Arbres
BAT, LII, 1 (jan. 77), 6, texte & ill.
P1115 Place Fabre
BAT, XLVIII, 10 (oct. 73), 10, texte.
P1116 Place Renaud
BAT, XLII, 6 (juin 67), 7, texte & ill.
BAT, XLIII, 9 (sept. 68), 7 et 39, texte & ill.
BAT, XLVIII, 10 (oct. 73), 10, texte.

Laval-sur-le-Lac
P1117 (2000 unit project for housing)
CB, XXV, 2 (fév. 75), 8, texte.

Lebel-sur-Quévillon
P1118 (Ensemble domiciliaire pour 5,000 h.)
CB, XVI, 9 (sept. 66), 5, ill.

Liverpool (N.-E.)
P1119 (Ensemble résidentiel de 400 acres; Lighthouse route)
CB, XXIV, 2 (fév. 74), 5, texte.

London
P1120 (Ensemble domiciliaire de 4,400 unités)
CB, XXVI, 9 (sept. 76), 6, texte.
P1121 (Land developed by Sifton Construction)
NB, VII, 5 (mai 58), 26, texte & ill.
P1122 Bellwoods Park
BAT, XXVII (mars 52), 32 et 34, texte.
P1123 Berkshire Village
CB, XIV, 11 (nov. 64), 46-47, texte & ill.
P1124 Highland Hills
CB, XXVII, 12 (déc. 77), 17, texte & ill.
P1125 Huron Heights
NB, VII, 9 (sept. 58), 49, texte.
P1126 Trafalgar Heights
NB, VII, 9 (sept. 58), 49, texte.
P1127 Westminster Park
CB, XVI, 1 (jan. 66), 26-27

Longueuil
P1128 (Ensemble domiciliaire aux limites de Longueuil et de St-Lambert)
BAT, XLVI, 11 (nov. 71), 74, texte.
P1129 Domaine Champvert
BAT, XLVII, 11 (nov. 72), 8, texte.
CB, XXIII, 1 (jan. 73), 46, texte.

Loretteville
P1130 (Ensemble domiciliaire)
NB, VII, 3 (mars 58), 10-11, texte & ill.

Mississauga
P1131 (1475 units; Claireville Conservation Area)
CB, XXI, 12 (déc. 71), 46, texte.
P1132 Hills Community
CB, XXVII, 1 (jan. 77), 8, texte.
P1133 Hurontario Residential Community
CB, XXVII, 5 (mai 77), 7, texte.
P1134 Meadowvale New Town
CB, XXII, 4 (avril 72), 58, texte.
CB, XXIII, 1 (jan. 73), 46, texte.
CB, XXIV, 6 (juin 74), 36 et 39, texte & ill.
P1135 Mississauga Meadows East
CB, XXVI, 7 (juil. 76), 6, texte.
P1136 Mississauga Valley New Town
CB, XXII, 5 (mai 72), 66, texte.
P1137 Mississauga Valleys
CB, XXI, 5 (mai 71), 5, texte.
CB, XXIII, 2 (fév. 73), 64, texte.
P1138 Sherwood Forest
CB, XXVI, 5 (mai 76), 55, texte.
P1139 Victoria Wood
CB, XXI, 8 (août 71), 8, texte.
P1140 Woods Community
CB, XXVII, 1 (jan. 77), 8, texte.

Montréal
P1141 (Ensemble résidentiel de 800 unités)
BAT, XXXVI, 11 (nov. 60), 43, texte.
P1142 Courtland Park
CB, II, 8 (août 52), 22-25, texte & ill.
P1143 Domaine D'Anjou
BAT, XXXII, 10 (oct. 57), 30-35, texte & ill.
P1144 Projet Émile-Journault
BAT, XLV, 1 (jan. 70), 5, texte.
P1145 LaSalle Heights
CB, XV, 12 (déc. 65), 30, texte.
P1146 Terrasse Châtelaine d'Anjou
BAT, XLVI, 11 (sept. 71), 26 et 35-36, texte & ill.

Moose Jaw
P1147 "...housing units and shopping centre"
NB, VIII, 7 (juil. 59), 32, texte.

Nepean Township
P1148 (Ensemble domiciliaire de 856 unités)
CB, XIX, 9 (sept. 69), 76, texte.
P1149 (Ensemble de 1889 unités; Greenbank Rd & Woodroffe Ave)
CB, XXIII, 9 (sept. 73), 66, texte.

Neufchâtel
P1150 (Ensemble domiciliaire de 164 unités)
BAT, XLV, 1 (jan. 70), 8, texte & ill.

Town Planning / Urbanisme

P1151 **Village du Moulin**
BAT, XLVII, 1 (jan. 72), 5, texte.

Newton (C.-B.)
P1152 (Ensemble domiciliaire de 190 unités en quadruplex)
CB, XXI, 9 (sept. 71), 6, texte & ill.

New Westminster
P1153 (Ensemble domiciliaire de 43,6 acres)
CB, XXVII, 5 (mai 77), 63, texte.

Niagara Falls
P1154 Morse-Misener
BAT, XXVII, 3 (mars 52), 30 et 34-35, texte & ill.

Niagara Peninsula
P1155 Woodstream Farms
CB, XXI, 6 (juin 71), 70, texte.

North Cowichan (C.-B.)
P1156 (a 1250-unit residential development on the north slope of Mount Tzoulahem)
CB, XXIII, 11 (nov. 73), 98, texte.

Nouveau-Brunswick
P1157 Nackawic Project
CB, XIX, 10 (oct. 69), 8, texte.

Oakville
P1158 (Ensemble résidentiel de 750 unités)
CB, XVII, 3 (mars 67), 8, texte.
P1159 Glen Abbey
CB, XXI, 8 (août 71), 31, texte & ill.

Ontario
P1160 Bayview Village Estates
NB, VI, 9 (sept. 57), 28, texte.
P1161 Churchill Heights Sub-division
NB, VI, 11 (nov. 57), 29, texte.
P1162 York-Towne Estates
CB, XIII, 5 (mai 63), 45, texte & ill.

Orleans (Ont.)
P1163 Queenswood Heights
CB, XXII, 10 (oct. 72), 7, texte.

Oshawa
P1164 (Ensemble domiciliaire)
CB, XXVI, 3 (mars 76), 36, texte & ill.
P1165 Brookside Acres
NB, IV, 10 (oct. 55), 44, texte.
P1166 Rossland Park
CB, XXII, 8 (août 72), 22
P1167 Sunset Heights
NB, IV, 10 (oct. 55), 44, texte.

Ottawa (Banlieue)
P1168 Orleans Housing project (dév. résidentiel prévu pour 6,000 unités)
CB, XXIV, 3 (mars 74), 68, texte.

Ottawa
P1169 (Ensemble domiciliaire)
CB, XI, 11 (nov. 61), 29, ill.
P1170 (projet d'un ensemble domiciliaire)
TCA, V, 9 (sept. 60), 10
P1171 (Ensemble domiciliaire, Du Maurier Ave & Queensway)
CB, XXI, 12 (déc. 71), 46, texte.
P1172 (Ensemble domiciliaire, Gloster Township)
CB, XVI, 9 (sept. 66), 8, texte.
P1173 (Ensemble domiciliaire, Heron Park Area)
CB, XXIII, 6 (juin 73), 64, texte.
P1174 Bayshore project
CB, XIV, 11 (nov. 64), 20, texte & ill.
P1175 Beacon Hill Court Homes
BAT, XLV, 10 (oct. 70), 16 et 18, texte & ill.
P1176 Blackburn Hamlet
TCA, XIV, 12 (déc. 69), 7, texte & ill.
CB, XIX, 11 (nov. 69), 35, texte & ill.
CB, XXIII, 5 (mai 73), 52, texte.
CB, XXIV, 9 (sept. 74), 55, ill.
P1177 "CMHC Smyth Road Development Competition".
RAIC, XXXVIII, 8 (août 61), 37-56
RAIC, XXXVIII, 1 (jan. 61), 53
P1178 Highlands
CB, XXIV, 4 (avril 74), 62, texte.
P1179 LeBreton Flats
TCA, XXIII, 5 (mai 78), 47-53, texte & ill.
P1180 Lynwood Village
NB, VIII, 9 (sept. 59), 39, texte & ill.
P1181 Manor Park
RAIC, XXIX, 9 (sept. 52), 7, texte & ill.
RAIC, XXXII, 11 (nov. 55), 419, ill.
P1182 Sheffield Glen
CB, XXII, 10 (oct. 72), 7, texte.

P1183 **Trend Village**
CB, XV, 6 (juin 65), 46-47, texte & ill.

Palgrave (Ont.)
P1184 (Ensemble résidentiel de 189 acres)
CB, XXII, 9 (sept. 72), 29, texte.

Penticton
P1185 (Ensemble domiciliaire de 280 unités, Dawson Ave & Main St.)
CB, XXIV, 5 (mai 74), 70, texte.

Peterborough
P1186 (12 maisons)
NB, VII, 5 (mai 58), 29 et page couverture, texte & ill.

P1187 Edmison Heights
CB, XIV, 3 (mars 64), 3, texte.

Pierrefonds
P1188 Le Village Alpin
BAT, XLVI, 11 (nov. 71), 8, texte & ill.
P1189 Wooded Westpark
BAT, XXXIX, 8 (août 64), 41, ill.

Pointe-Claire
P1190 (Ensemble domiciliaire)
CB, XVII, 6 (juin 67), 7, texte.

Pointe-Gatineau
P1191 (76 unités d'habitations)
BAT, XLVI, 12 (déc. 71), 20-21, texte & ill.

Pont-Rouge
P1192 (Ensemble domiciliaire de 350 unités)
BAT, LII, 6 (juin 77), 5, texte.

Port Hope
P1193 (Ensemble de 247 unités)
CB, XXIV, 2 (fév. 74), 58, texte.

Port Moody
P1194 Glenayre Centennial
NB, VIII, 6 (juin 59), 20-21, texte & ill.

Presles
P1195 (cité de 350 logements)
AC, 34, 347 (juil.-août 78), 4

Québec
P1196 Les Habitations Module FAB
BAT, LII, 7 (juil. 77), 7, texte & ill.

Regina
P1197 (Ensemble domiciliaire, Hillsdale district)
CB, XXI, 7 (juil. 71), 38, texte.
P1198 Albert Park
CB, XIII, 9 (sept. 63), 49, texte.
P1199 Lakeview A Subdivision
CB, II, 12 (déc. 52), 23-25, texte & ill.

Repentigny
P1200 Bord de l'eau
BAT, XXXIII, 2 (fév. 58), 3 et 24-27, texte & ill.
BAT, XXXVI, 11 (nov. 60), 28-31, texte & ill.
BAT, IX, 9 (sept. 61), 44, ill.

Richmond (C.-B.)
P1201 (900 maisons)
CB, XIII, 4 (avril 63), 70, texte.
P1202 Glen Acres Village
CB, XIX, 10 (oct. 69), 8, texte.
P1203 London Park
CB, XXIV, 9 (sept. 74), 70, texte.

Richmond Hill
P1204 Yonge North
CB, XXII, 12 (déc. 72), 62, texte.

Rimouski
P1205 Le domaine Bellevue
BAT, LII, 6 (juin 77), 5, texte.

Rumble Beach (C.-B.)
P1206 (Ensemble domiciliaire)
CB, XVI, 5 (mai 66), 5, texte.

Saanich
P1207 (communauté de 2000 maisons)
CB, XV, 11 (nov. 65), 110, texte.
P1208 Broadmead Farms
CB, XXI, 7 (juil. 71), 29, texte.

St. Albert (Alberta)
P1209 Grandin Park
CB, XIX, 9 (sept. 69), 76, texte.

St-Bruno
P1210 Mount Bruno housing development
CB, XXIV, 10 (oct. 74), 70, texte.

St. Catharines
P1211 Confederation Heights
CB, XVI, 9 (sept. 66), 8, texte.

Saint-Eustache
P1212 California 70
BAT, XLIV, 11 (nov. 69), 6-7, texte & ill.
P1213 Carrefour résidentiel Saint-Eustache
BAT, LII, 4 (avril 77), 13, texte.
CB, XXVII, 5 (mai 77), 7, texte.

Ste-Foy
P1214 (Ensemble domiciliaire, rue de la Colline & Chemin St-Louis)
BAT, XXIX, 3 (mars 54), 3 et 19 et 27, texte & ill.
P1215 Parc St-Louis
BAT, XXXV, 2 (fév. 60), 41, ill.

St. John (N.-B.)
P1216 (Ensemble domiciliaire de 260 acres)
CB, XXV, 3 (mars 75), 6, texte.
P1217 Champlain Heights
CB, XXIII, 10 (oct. 73), 5, texte.
P1218 Longmeadow project
CB, XIV, 10 (oct. 64), 50, texte.

St. John's (T.-N.)
P1219 (Low rental housing project)
RAIC, XXX, 5 (mai 53), 77, texte & ill.
P1220 (93 unités, Kenna Hill district)
CB, XVIII, 11 (nov. 68), 6, texte.
P1221 Churchill Park
CB, V, 6 (juin 55), 47, ill.
P1222 Elizabeth Avenue Development
CB, V, 6 (juin 55), 46-47, texte & ill.
P1223 Victoria Park
CB, XXV, 4 (avril 75), 54, texte.
P1224 Virginia Park subdivision
CB, XXIII, 1 (jan. 73), 46, texte.

Sainte-Julie de Verchères
P1225 Le domaine des Hauts-Bois
BAT, L, 9 (sept. 75), 22, texte.

Ville St-Laurent
P1226 (Ensemble domiciliaire)
CB, XIV, 4 (avril 64), 7, texte.
P1227 Norgate
CDQ, XXIV, 3 (mai 49), 14-15, texte & ill.
CB, I, 4 (sept.-oct. 51), 17-19, texte & ill.

Cité de St-Léonard
P1228 Parc St-Léonard
BAT, XLVI, 5 (mai 71), 13-14, texte & ill.

St-Louis-de-Terrebonne
P1229 La Seigneurie
BAT, LV, 1 (jan.-fév. 80), 13 et 18, texte & ill.

St. Norbert (Manitoba)
P1230 Le Parc LaSalle
CB, XIV, 8 (août 64), 24-25, texte & ill.

Ste-Thérèse
P1231 (Ensemble domiciliaire)
BAT, XLVI, 3 (mars 71), 11-12, texte & ill.
P1232 Les Grands Bois
BAT, LV, 1 (jan.-fév. 80), 9, texte & ill.

St. Vital (Man.)
P1233 (Ensemble domiciliaire de 651 unités)
CB, XXII, 6 (juin 72), 58, texte.
P1234 (Ensemble de 2160 unités)
CB, XVI, 3 (mars 66), 10, ill.

Sarnia
P1235 (a community to house 300 workers)
CB, XXV, 12 (déc. 75), 44, texte.

Saskatoon
P1236 Avalon
NB, VII, 3 (mars 58), 26, texte.

Sault Ste. Marie
P1237 Forest Glen project
NB, X, 1 (jan. 61), 20, texte & ill.
P1238 Grandview Gardens
CB, XV, 10 (oct. 65), 8, texte.

Scarborough
P1239 (Ensemble domiciliaire de 9,000 unités)
CB, XXV, 8 (août 75), 6, texte.
P1240 (Projet d'habitation pour 10,000 familles)
CB, XVII, 2 (fév. 67), 8, texte.
P1241 (Ensemble domiciliaire de 275 unités; Kennedy Rd.)
CB, XVIII, 2 (fév. 68), 40, texte.
P1242 (Ensemble de 111 unités, Morningside Ave.)
CB, XVIII, 8 (août 68), 5, texte.
P1243 (Berta Developments Ltd)
NB, VI, 9 (sept. 57), 28, texte.
P1244 (Monterey Developments Ltd)
NB, VI, 9 (sept. 57), 28, texte.

P1245	Bakewell Manor CB, V, 4 (avril 55), 47, texte & ill.
P1246	Brandywine Village CB, XXVIII, 6 (juin 78), 5, texte.
P1247	Brimley Forest CB, XXIII, 10 (oct. 73), 5, texte & ill.
P1248	Cathedral Bluffs NB, XI, 1 (jan. 62), 42, texte.
P1249	Cathedral Bluffs and Lyme Regis CB, XIV, 3 (mars 64), 29, texte & ill.
P1250	Malvern Project CB, XVIII, 12 (déc. 68), 5 et 34, texte. CB, XXI, 3 (mars 71), 50, texte. CB, XXI, 9 (sept. 71), 8, texte. CB, XXI, 11 (nov. 71), 8, texte. CB, XXII, 6 (juin 72), 6, texte. CB, XXIII, 3 (mars 73), 12, texte. CB, XXIV, 10 (oct. 74), 70, texte.
P1251	Sun House BAT, LIII, 9 (sept. 78), 7, texte & ill.

Sept-Îles
- *P1252* (41 unités pour Amérindiens)
  CB, XVI, 11 (nov. 66), 8, texte.
- *P1253* Haut-Sainte-Famille
  BAT, LII, 9 (sept. 77), 5, texte.

Shawinigan
- *P1254* Parc des Érables
  BAT, XLVIII, 9 (sept. 73), 5, texte.

Sherbrooke
- *P1255* Les Jardins Fleuris
  BAT, XLIII, 9 (sept. 68), 41-42, texte & ill.

Sherwood Park (Alberta)
- *P1256* Village on the Lake
  CB, XXX, 12 (déc. 80), 9-11, texte & ill.

Simcoe County
- *P1257* Wasaga Beach (un parc de 180 acres pour maisons mobiles)
  CB, XXVII, 4 (avril 77), 34, texte & ill.

Spryfield (N.-E.)
- *P1258* Leiblin Park
  NB, VIII, 8 (août 59), 22, texte & ill.

Stephenville (T.-N.)
- *P1259* Area 13
  CB, XXIV, 9 (sept. 74), 70, texte.

Streetsville
- *P1260* (a single family house subdivision)
  CB, XIX, 5 (mai 69), 66, texte.
- *P1261* Riverview Heights
  NB, V, 8 (août 56), 38, texte.
  NB, VI, 8 (août 57), 12-13 et 16, texte & ill.
  NB, VII, 9 (sept. 58), 43, texte & ill.

Stroud (Ont.)
- *P1262* Sandycove Acres (un ensemble de maisons mobiles)
  BAT, XLVI, 8 (août 71), 13, texte & ill.

Sudbury
- *P1263* (Ensemble domiciliaire de 94 unités)
  CB, XXI, 6 (juin 71), 33, texte.
- *P1264* "280 fully-serviced lots"
  NB, VI, 12 (déc. 57), 22, texte.

Surrey
- *P1265* (Ensemble résidentiel de 40 acres, au nord de Bear Creek Park)
  CB, XXIV, 10 (oct. 74), 34, texte.

Taber (Alberta)
- *P1266* (20 unit housing project)
  CB, XVIII, 3 (mars 68), 8, texte.

Terre-Neuve
- *P1267* Graves Street
  CB, V, 6 (juin 55), 47, ill.
- *P1268* Newton Co-operative Housing
  CB, V, 6 (juin 55), 46-47, ill.

Thunder Bay
- *P1269* (Ensemble résidentiel de 110 acres)
  CB, XXIV, 1 (jan. 74), 46, texte.

Timmins
- *P1270* (Ensemble domiciliaire de 206 unités)
  CB, XXVI, 12 (déc. 76), 6, texte & ill.

Toronto
- *P1271* (Ensemble domiciliaire)
  NB, VII, 2 (fév. 58), 24, texte.
- *P1272* (Ensemble domiciliaire de 400 unités)
  CB, XIX, 3 (mars 69), 5, texte & ill.
- *P1273* (Ensemble domiciliaire, Davenport Rd.)
  CB, XVIII, 4 (avril 68), 47, texte.
- *P1274* 176 the Esplanade
  CB, XXX, 7 (juil. 80), 9, texte.
- *P1275* 15 Scadding Avenue
  CB, XXX, 7 (juil. 80), 9, texte.
- *P1276* Applewood Acres
  CB, II, 9 (sept. 52), 36-38, texte & ill.
- *P1277* Bayview Fairways development
  CB, XIX, 6 (juin 69), 80, texte.
- *P1278* Blake Street Project
  CB, XVIII, 2 (fév. 68), 7 et 29, ill.
- *P1279* Blossom Gardens development
  NB, IX, 8 (août 60), 24, ill.
- *P1280* Bridlewood
  CB, XIV, 3 (mars 64), 25-27, texte & ill.
  CB, XXII, 3 (mars 72), 66, texte.
- *P1281* Chartwell
  CB, XVIII, 11 (nov. 68), 8, texte & ill.
- *P1282* Falgarwood Hills
  CB, XI, 12 (déc. 61), 34, texte & ill.
  TCA, V, 5 (mai 60), 11, texte & ill.
- *P1283* Guildwood Village
  NB, VI, 9 (sept. 57), 28, texte.
  NB, VII, 1 (jan. 58), 6-7, texte & ill.
- *P1284* Harmony Co-Operative
  CB, XXX, 7 (juil. 80), 9, texte.
- *P1285* Hillcrest Village
  CB, XIII, 4 (avril 63), 42-43, texte & ill.
- *P1286* Knob Hill
  NB, V, 10 (oct. 56), 30, texte.
- *P1287* Lion's Gate apartment and townhouse
  CB, XV, 5 (mai 65), 72, texte.
- *P1288* Oakdale Park
  CB, XIX, 8 (août 69), 6, texte & ill.
  CB, XX, 10 (oct. 70), 13, texte & ill.
- *P1289* Princess Anne Manor and Princess Gardens
  NB, VI, 6 (juin 57), 6-7, texte & ill.
- *P1290* "Première phase du projet St-Lawrence".
  AC, 33, 344 (nov.-déc. 77), 6
  CB, XXV, 3 (mars 75), 24, texte.
- *P1291* Rexlington Heights
  NB, IX, 12 (déc. 60), 13, texte & ill.
- *P1292* Rolling Hills
  CB, XXII, 3 (mars 72), 6, texte.
- *P1293* Tangreen Village
  CB, XIV, 1 (jan. 64), 28, texte.
- *P1294* Winchester Square
  CB, XXVI, 10 (oct. 76), 55, texte.
- *P1295* Wycliffe Old Town
  CB, XXII, 4 (avril 72), 58, texte.

Trois-Rivières
- *P1296* Domaine Laflèche
  BAT, XLVI, 11 (nov. 71), 5, texte.
- *P1297* Terrasse Duvernay
  BAT, XLI, 1 (jan. 66), 7, texte.

Tsawwassen (C.-B.)
- *P1298* Forest By the Bay
  CB, XXIX, 2 (fév. 79), 18-20, texte & ill.

Vancouver
- *P1299* (Ensemble domiciliaire, Forty-first and Nanaimo)
  NB, VII, 2 (fév. 58), 26, texte.
- *P1300* Ensemble domiciliaire, Fremlin & 54th.
  NB, VI, 11 (nov. 57), 7, texte.
- *P1301* (Ensemble domiciliaire, Quilchena Golf Course)
  RAIC, XXXII, 3 (mars 55), 82, ill.
- *P1302* Arbutus Village
  CB, XXIX, 9 (sept. 79), 21 et 24, texte & ill.
- *P1303* Cedar Hills
  NB, VI, 8 (août 57), 28, texte.
  NB, VI, 11 (nov. 57), 7, texte.
- *P1304* Champlain Heights
  CB, XXVII, 7 (juil. 77), 6, texte.
- *P1305* False Creek
  CB, XIX, 6 (juin 69), 8, texte.
  TCA, XXV, 7 (juil. 80), 36-39 et 50
  TCA, XXV, 10 (oct. 80), 4
- *P1306* "False Creek: Decline & Rebirth"
  TCA, XXV, 7 (juil. 80), 14-35
- *P1307* Glen Ayer
  NB, VI, 11 (nov. 57), 7, texte.
- *P1308* Harbor Chines
  NB, VI, 11 (nov. 57), 7, texte.
- *P1309* Little Mountain
  NB, IX, 12 (déc. 60), 13, texte & ill.
- *P1310* Londsdale Quay
  CB, XXIX, 12 (déc. 79), 7, texte.
- *P1311* Mariners Village
  CB, XXIV, 9 (sept. 74), 18-19, texte & ill.
- *P1312* Norgate Park
  BAT, XXVII, (nov. 52), 22-24 et 57, texte & ill.
  CB, II, 12 (déc. 52), 6
  CB, II, 10 (oct. 52), 23-25, texte & ill.
- *P1313* Richmond Gardens
  CB, XIII, 10 (oct. 63), 34-35, texte & ill.
  CB, XIV, 1 (jan. 64), 30, texte.

North Vancouver
- *P1314* Westlynn Park
  CB, V, 4 (avril 55), 46, texte & ill.

West Vancouver
- *P1315* (Ensemble résidentiel de 12 acres)
  CB, XIX, 7 (juil. 69), 58, texte.
- *P1316* (147 maisons groupées en anneau)
  CB, XV, 6 (juin 65), 69, texte & ill.
- *P1317* Glenmore subdivision
  CB, VI, 9 (spet. 56), 41-43, texte & ill.
- *P1318* Panorama Village
  CB, XXIII, 12 (déc. 73), 60, texte.

Vanier
- *P1319* (Ensemble domiciliaire 12,5 acres)
  CB, XXVI, 11 (nov. 76), 70, texte.

Verdun
- *P1320* "Brassard-May" (rénovation et construction de 4000 logis)
  BAT, XLVIII, 1 (jan. 73), 15, texte & ill.

Victoria
- *P1321* Robert McClintoch
  NB, VI, 10 (oct. 57), 6, texte.

Whitby
- *P1322* West Lynde Community
  CB, XXII, 9 (sept. 72), 32, texte & ill.

Windsor
- *P1323* (175 multi-family units, Grand Boulevard & Grandview Ave)
  CB, XX, 1 (jan. 70), 7, texte.

Winnipeg
- *P1324* (nouvelle communauté résidentielle)
  CB, XXVI, 7 (juil. 76), 5, texte.
- *P1325* Garden Quarter of Kensington Square
  CB, XV, 10 (oct. 65), 7, texte.
- *P1326* The Maples of Old Kildonan
  CB, XXI, 4 (avril 71), 72, texte.
- *P1327* Wildwood
  RAIC, XXIX, 9 (sept. 52), 4-5, texte & ill.
  ABC, VI, 57 (jan. 51), 21, texte.
  CB, V, 3 (mars 55), 31-33, texte & ill.

North York
- *P1328* (Ensemble domiciliaire de 470 unités)
  CB, XXVI, 7 (juil. 76), 23, texte.
- *P1329* (Ensemble domiciliaire de 236 unités, Firgrove Crescent)
  CB, XXIII, 4 (avril 73), 28, texte.
- *P1330* (Ensemble domiciliaire de 669 unités, Jane & Falstaff Ave)
  CB, XX, 1 (jan. 70), 8, texte.
- *P1331* (Ensemble résidentiel de 231 unités, Sheppard Ave & Leslie St.)
  CB, XXI, 9 (sept. 71), 5, texte.
- *P1332* Chapel Glen Development
  CB, XIX, 5 (mai 69), 7, texte.
  CB, XX, 8 (août 70), 38, texte & ill.
- *P1333* Greenwin Gardens
  NB, X, 10 (oct. 61), 19-21, texte & ill.
  NB, XI, 1 (jan. 62), 41, texte & ill.
  NB, XII, 1 (jan. 62), 56-59, texte & ill.
- *P1334* Jane Heights
  CB, X, 11 (nov. 60), 14, texte & ill.
- *P1335* North York project
  CB, XIV, 11 (nov. 64), 16, texte.

Abugov and Sunderland

Calgary
- *P1336* Gladstone Park
  CB, XXI, 4 (avril 71), 72, texte.

Edmonton
- *P1337* The Cornell Court
  CB, XXI, 2 (fév. 71), 15, texte.

Affleck, Desbarats, Dimakopoulos, Lebensold and Sise

Chateauguay
- *P1338*
  CB, XI, 6 (juin 61), 31-36, texte & ill.

Anderson, A.E.; Aubrey, R.G.; Nairne, R.S.; Pratt, W.F.
P1339   Voir Aubrey, R.G.; Anderson, A.E.; Nairne, R.S.; Pratt, W.F.

Anderson, Bruce
Westmount
P1340   Projet d'étudiant: ensemble d'habitations linéaires (1er prix au concours Pilkington)
ABC, XIX, 219 (juil. 64), 26-31, texte & ill.

Annau, Ernest
North York
P1341   Bedford Glen
CB, XXVI, 9 (sept. 76), 16 et 18 et 23, texte & ill.
TCA, XXI, 12 (déc. 76), 49-52, texte & ill.

Aubrey, R.G.; Anderson, A.E.; Nairne, R.S.; Pratt, W.F.
Vancouver
P1342   Little Mountain Project
CB, I, 1 (mars 51), 33, texte & ill.

Audet, Roméo
Sherbrooke
P1343   Belvedere Heights
BAT, XXVI, 12 (déc. 51), 26-29, texte & ill.

Ayotte
Duvernay
P1344   Mesnil — Maubaire
BAT, XLI, 5 (mai 66), 5, texte & ill.

Bain, Burroughs, Hanson, Raimet
Burnaby
P1345   Forest Meadows
CB, XXVII, 10 (oct. 77), 30, texte & ill.
P1346   Harold Winch Park
TCA, XX et XXI, 12 et 1 (yearbook, déc. 75 et jan. 76), 34-37, texte & ill.
Vancouver
P1347   False Creek, Enclave I, Lot 1
TCA, XXV, 7 (juil. 80), 32, texte & ill.

Banz, George
Toronto
P1348   Ensemble domiciliaire
CB, XXIII, 4 (avril 73), 34, texte & ill.
P1349   (condominium housing project)
ARCAN, L (fév. 73), 5, texte & ill.

Barnes, George; Erickson-Massey
P1350   Voir Erickson-Massey; Barnes, George

Bégin, Benoît-J.
Trois-Rivières
P1351   Développement résidentiel du Quartier nord ouest de T.-R.
ABC, XIV, 161 (sept. 59), 290-295, texte & ill.

Bégin et Robert
Saint-Bruno
P1352   Projet domiciliaire Sommet Trinité au Mont St-Bruno
ABC, XVII, 189 (jan. 62), 14-19, texte & ill.
Trois-Rivières
P1353   Quartier d'habitation "Les Plateaux Verts"
ABC, XIV, 153 (jan. 59), 17-21, texte & ill.

Bégin, Benoît; Robert, Georges; Ouellet, Jean; Jolicoeur, J.-P.
Plattsburgh
P1354   Projet d'habitation
ABC, XIII, 141 (jan. 58), 26-29, texte & ill.

Beinhaker/Irwin Associates; Downs/Archambault
Burnaby
P1355   Macinnis Place
TCA, XXII, 8 (août 77), 24-26, texte & ill.

Béland, Paul; Roy-Rouillard, Pauline; Dumais, Charles; Venne, Gérard
P1356   Voir Roy-Rouillard, Pauline, etc.

Belcourt & Blair
Don Mills
P1357   Greenbelt Heights Village
TCA, III, 7 (juil. 58), 34-38, texte & ill.
Ottawa
P1358   Lincoln Heights Sub-Division
CB, VIII, 3 (mars 58), 56-57, texte.

Bernhart, Alfred P.
Toronto
P1359   Cachet Country Club (dév. domiciliaire)
CB, VI, 9 (sept. 56), 72, texte.

Blouin, André
Dorval
P1360   Développement domiciliaire du Montreal Royal Golf Club
ABC, XIV, 155, (mars 59), 84-86, texte & ill.

Bobrow, Philip David;
Préville
P1361   Préville Housing Development
ARCAN, 45, 1 (jan. 68), 54, ill.

Bobrow, Philip David; Buchanan, George E.Jr.
Duvernay
P1362   Ensemble domiciliaire de 250 unités
TCA, XIII, 12 (déc. 68), 35, texte & ill.

Bobrow, Philip-David; Mies van der Rohe, Ludwig; Tigerman, Stanley
Ile des Soeurs
P1363   Aménagement de l'Ile des Soeurs
ABC, XXII, 249 (jan. 67), 20-23, texte & ill.
CB, XVI, 4 (avril 66), 49, texte & ill.
CB, XVI, 12 (déc. 66), 26-27, texte & ill.
CB, XVII, 5 (mai 67), 62, texte.
CB, XVII, 9 (sept. 67), 7, texte.
CB, XVII, 10 (oct. 67), 43 et 70, ill.
CB, XVIII, 1 (jan. 68), 7, texte & ill.
CB, XVIII, 3 (mars 68), 8, ill.
CB, XVIII, 12 (déc. 68), 39, ill.
CB, XIX, 8 (août 69), 64, texte.
BAT, XLII, 5 (mai 67), 6, texte.
BAT, XLIII, 2 (fév. 68), 7, texte & ill.
BAT, XLIII, 5 (mai 68), 32, texte & ill.
BAT, XLIV, 2 (fév. 69), 21-23, texte & ill.
TCA, XV, 6 (juin 70), 36-37, ill.

Britannia Design; Walkey/Olson
P1364   Voir Walkey/Olson; Britannia Design

Buchanan, George E. Jr; Bobrow, Philip David
P1365   Voir Bobrow, Philip David; Buchanan, George E. Jr.

Buttjes, Wilfred (Ass.)
Vancouver
P1366   Canyen Manor
ARCAN, 47 (12 oct. 70), 7, texte & ill.

Cadillac Construction Company
Toronto
P1367   Forest Glen
CB, XV, 4 (avril 65), 70 et 75, texte & ill.
P1368   Sheridan Homelands
CB, XV, 3 (mars 65), 9, texte.
CB, XVIII, 3 (mars 68), 45, ill.

Campeau Corporation
Ile Bizard
P1369   Port St-Raphaël
CB, XXV, 7 (juil. 75), 5, texte & ill.
CB, XXVI, 9 (sept. 76), 30, texte & ill.
CB, XXVII, 2 (fév. 77), 33, ill.
CB, XXVII, 5 (mai 77), 20, ill.
AC, 33, 341 (mai-juin 77), 25-30, texte & ill.
St-Bruno
P1370   (Ensemble domiciliaire de 7,000 unités)
CB, XXIV, 5 (mai 74), 57, texte.
Sainte-Rose
P1371   Projet de 5,500 unités de logement
BAT, XLIX, 12 (déc. 74), 7, texte.
CB, XXV, 2 (fév. 75), 8, texte.

Candiac Development Corporation
Candiac
P1372   Parc Laurier
BAT, XXXIX, 10 (oct. 64), 6 et 26-29, texte & ill.

Candy, Kenneth H.
Morrisburg
P1373   (Ensemble domiciliaire)
RAIC, XXXVI, 5 (mai 59), 160, texte & ill.

Chalifoux, Roger
Dorval
P1374   28 Bungalow development by René Gauthier Ltée
CB, II, 5 (mai 52), 37-41, texte & ill.
P1375   Dorval Model Homes
BAT, XXVII, 4 (avril 52), 17-19, texte & ill.

Cheney, Gordon; Fairfield, Robert C.; DuBois, Macy; Strong, Richard
P1376   Voir Fairfield, Robert C.; DuBois, Macy; etc.

Chernoff, Russell
Coquitlam
P1377   Hickey Austin
TCA, XXII, 10 (oct. 77), 42-43, texte & ill.

Chapman, Donald
Erie Beach
P1378   (a residential resort development)
CB, XXIV, 5 (mai 74), 70, texte.

Clark, James, Coupland Architects
Calgary
P1379   Friendswood West
CB, XXIX, 5 (mai 79), 14-16, texte & ill.

Collier, Robert
Vancouver
P1380   The West End (développement résidentiel)
TCA, XVII, 3 (mars 72), 35, texte & ill.
P1381   The West End
TCA, XVII, 6 (juin 72), 71, texte.

Costain
Ottawa
P1382   Blackburn Hamlet
CB, XVII, 2 (fév. 67), 41-48, texte & ill.

Craig, Charles E.; Sharp &Thompson, Berwick, Pratt
P1383   Voir Sharp & Thompson, Berwick, Pratt; Craig, Charles E.

Craig & Kohler
Ottawa
P1384   Château Royale
CB, XXII, 7 (juil. 72), 38, texte & ill.

Crang and Boake
Toronto
P1385   Thorncliffe Park
CB, VI, 7 (juil. 56), 33-34, texte & ill.
CB, VII, 1 (jan. 57), 34, texte.
CB, IX, 12 (déc. 59), 39, ill.
NB, VI, 9 (sept. 57), 28, texte.

Crinion, David; Downs-Archambault
Vancouver
P1386   F.P.18 ou Champlain Place
TCA, XVII, 5 (mai 72), 44 et 46-49, texte & ill.

Croft, David
Pointe-Claire
P1387   The Willows
CB, XIII, 2 (fév. 63), 14-15, texte & ill.

Danan, Patrick
Longueuil
P1388   Place des Saules
BAT, XLVI, 10 (oct. 71), 5, texte & ill.

David, Philip
Montréal
P1389   (Ensemble domiciliaire, rues Viau, Hochelaga et Boyce)
ARCAN, 47 (9 nov. 70), 4

Davidson & Davidson
Victoria
P1390 (90 maisons en plan rayonnant)
TCA, X (yearbook 65), 87, texte & ill.

Davidson/Johnston; Downs/Archambault
P1391 Voir Downs/Archambault; Davidson/Johnston

Davidson/Johnston; Downs/Archambault; Thompson, Berwick, Pratt
P1392 Voir Thompson, Berwick, Pratt; Downs/Archambault; Davidson/Johnston

Deacon, Arnett and Murray
Mississauga
P1393 Treetops
TCA, XXII, 8 (août 77), 27-28, texte & ill.

Deacon, Arnett and Murray; Faludi, E.G.
North York
F1394 O'Connor Hills
CB, XVII, 5 (mai 67), 42-43, texte & ill.

Desbarats, Guy; Lebensold, Fred
P1395 Voir Lebensold, Fred; Desbarats, Guy

Desmarais-Tornay; Sickler, Donald
Ile des Soeurs
P1396 Phase 3
BAT, XLVIII, 2 (fév. 73), 5, texte & ill.

Desnoyers, Brodeur, Mercure & Leziy
Longueuil
P1397 Domaine d'Iberville
CB, XVII, 5 (mai 67), 8, texte.

Diamond, A.J. (Ass.)
Mississauga
P1398 Talka Community — Phase I
TCA, XXII, 12 (déc. 77), 23-25, texte & ill.

Diamond & Myers
Toronto
P1399 (Experimental project in medium density housing; Beverley & Baldwin St.)
CB, XXIII, 1 (jan. 73), 6, texte.
P1400 (Infill)
ARCAN, 49 (14 fév. 72), 14, texte & ill.

Di Castri, John A.
Victoria
P1401 Montclaire Park
CB, XI, 8 (août 61), 36-37, texte & ill.

Dickinson, Peter (Ass.)
North Bay
P1402 Housing for Trans-Canada Pipelines
CB, X, 6 (juin 60), 25 et 29, texte.

Don Mills Developments
Don Mills
P1403 Parkway Woods
CB, X, 6 (juin 60), 25 et 34, texte & ill.
NB, IV, 5 (mai 55), 6-8 et 26, texte & ill.

Doran, Harold J.
Montréal
P1404 Benny's Farm
ABC, I, 8 (nov. 46), 26, texte.
ABC, II, 15 (juil. 47), 19-25, texte & ill.
ABC, III, 22 (fév. 48), 22-23, ill.
ABC, IV, 34 (fév. 49), 16, ill.
CB, I, 4 (sept.-oct. 51), 17-19, texte & ill.

Downs/Archambault
Vancouver
P1405 Champlain Heights
CB, XXX, 3 (mars 80), 40 et 42 et 44, texte & ill.

Downs/Archambault; Beinhaker/Irwin Associates
P1406 Voir Beinhaker/Irwin Associates; Downs/Archambault

Downs/Archambault; Crinion, David
P1407 Voir Crinion, David; Downs/Archambault

Downs/Archambault; Davidson/Johnston
Vancouver
P1408 Alder Bay Co-op
TCA, XXV, 7 (juil. 80), 34
P1409 False Creek
TCA, XXI, 8 (août 76), 7, texte & ill.
TCA, XXV, 7 (juil. 80), 20-25, texte & ill.

Downs/Archambault; Thompson, Berwick, Pratt; Davidson/Johnston
P1410 Voir Thompson, Berwick, Pratt; Downs/Archambault; Davidson/Johnston

Downs & Hollingsworth
P1411 Voir Hollingsworth & Downs

DuBois & Associates
Toronto
P1412 Avenue Road, Alcorn Avenue Housing Development
TCA, XXIV, 1 (jan. 79), 29-31, texte & ill.
P1413 The Oaklands
CB, XXIX, 11 (nov. 79), 10, texte.

DuBois, Macy; Fairfield, Robert C.; Cheney, Gordon; Strong, Richard
P1414 Voir Fairfield, Robert C.; DuBois, Macy; etc.

Dumais, Charles; Roy-Rouillard, Pauline; Venne, Gérard; Béland, Paul
P1415 Voir Roy-Rouillard, Pauline; etc.

Dunlop, Dan
Richmond Hill
P1416 Pleasantville
NB, V, 5 (mai 56), 10, texte & ill.

Duret, Jean; Papineau, Gérin-Lajoie, Le Blanc
Montréal
P1417 Y67
TCA, X, 1 (jan. 65), 5 et 7, texte & ill.
TCA, X, 2 (fév. 65), 10 et 12, texte & ill.

Edmonton Planning Department
Edmonton
P1418 Housing plan for southeast Edmonton
ARCAN, 47 (11 mai 70), 2

Embacher & Kulynych
Scarborough
P1419 Garden Court Projects
CB, X, 5 (mai 60), 81, texte & ill.
BAT, IX, 7 (juil. 61), 23, ill.

Environment Planning Associate Ltd.
Montréal
P1420 The Highlands
BAT, XLVI, 9 (sept. 71), 30 et 32 et 35, texte & ill.
North York
P1421 Edgeley residential community
CB, XVIII, 3 (mars 68), 7, texte.

Erickson-Massey; Barnes, George
Kelowna
P1422 Dilworth Estates Development
CB, XIX, 3 (mars 69), 7, texte.

Erickson-Massey; Strasman, James Colin
Vancouver
P1423 False Creek Development
TCA, XIII (yearbook 68), 40-41, texte & ill.

Ewing, Keith; White, Daniel
North Vancouver
P1424 The Maples
CB, XXII, 10 (oct. 72), 30, texte & ill.

Fairfield, Robert C.; DuBois, Macy; Cheney, Gordon; Strong, Richard
Ottawa
P1425 Smyth Road Housing
TCA, VI, 9 (sept. 61), 46-54, texte & ill.
TCA, X, 5 (mai 65), 62-63, texte & ill.

Faludi, E.G.; Deacon, Arnett & Murray
P1426 Voir Deacon, Arnett & Murray; Faludi, E.G.

Faludi, E.G; Goldman, Ralph M.;
P1427 Voir Goldman, Ralph M.; Faludi, E.G.

Fiset, Édouard; Gréber, Jacques
Sillery
P1428 Parc Falaise
ABC, X, 108 (avril 55), 42-43, texte & ill.

Fish et Melamed
Châteauguay
P1429 Parc d'habitation pour les employés du Northern Credit Union
ABC, XVII, 189 (jan. 62), 25, ill.

Fliess, Henry
Don Mills
P1430 (Ensemble domiciliaire)
NB, V, 10 (oct. 56), 11, texte & ill.
Oshawa
P1431 Sun Valley
TCA, XIX, 12 (déc. 74), 40-45, texte & ill.
CB, XXVI, 7 (juil. 76), 38-39, texte & ill.
Scarborough
P1432 Bridlewood Townhousing and Apartment
ARCAN, 49 (nov. 72), 8, ill.
Toronto
P1433 (communauté résidentielle)
RAIC, XXIII, 4 (avril 46), 90, texte & ill.

Fliess, Henry (Partners)
Etobicoke
P1434 Etobicoke North
TCA, XXII, 8 (août 77), 45-47, texte & ill.
CB, XXVI, 8 (août 76), 8, texte.

Fliess, Henry; Murray, James A.
Don Mills
P1435 (Ensemble domiciliaire)
CB, V, 5 (mai 55), 58 et 60, texte & ill.
CB, X, 6 (juin 60), 36, texte & ill.
P1436 Cloisters of the Don
CB, XII, 2 (fév. 62), 40-41, texte & ill.
CB, XIV, 2 (fév. 64), 30-31, texte & ill.
P1437 South Hill Village
RAIC, XXXV, 12 (déc. 58), 450, ill.
TCA, IV, 10 (oct. 59), 78-80, texte & ill.
P1438 Wallingford Road
CB, X, 6 (juin 60), 25 et 32, texte & ill.
Elliot Lake
P1439 (Ensemble domiciliaire)
CB, X, 6 (juin 60), 25 et 30, texte & ill.

Freedman, Gerald; Prii, Uno
P1440 Voir Prii, Uno; Freedman, Gerald

Furnadjeff, George
Vancouver
P1441 The Netherlands Co-op, False Creek
TCA, XXV, 7 (juil. 80), 30-31, ill.

Gascon & Parant; Payette & Crevier; Lajoie, Rodolphe
P1442 Voir Payette & Crevier; Gascon & Parant; Lajoie, Rodolphe

Gerson, Wolfgang
Winnipeg
P1443 Triangle Gardens Housing Project Elwood
RAIC, XXXV, 7 (juil. 58), 275-277, texte & ill.
CB, VIII, 1 (jan. 58), 17, texte.

Gerson, Wolfgang; Hassell-Griblin Ass.
Vancouver
P1444 False Creek
TCA, XXI, 8 (août 76), 7, texte.
TCA, XXV, 7 (juil. 80), 32-33, texte & ill.

Gerson, W.; Waisman & Ross
P1445 Voir Waisman & Ross; Gerson, W.

Goldman, Ralph M.; Faludi, E.G.
Scarborough
P1446 Wishing Well Acres
CB, VI, 10 (oct. 56), 40-41, texte & ill.

Goodz, Murray; Tolchinsky, H.M.
P1447 Voir Tolchinsky, H.M.; Goodz, Murray

Town Planning — Urbanisme

Graham, W.E.
Saskatoon
P1448 Jubilee Heights
CB, X, 6 (juin 60), 25 et 35, texte & ill.

Gréber, Jacques; Fiset, Édouard
P1449 Voir Fiset, Édouard; Gréber, Jacques

Green, Blankstein, Russell and Associates
Winnipeg
P1450 Windsor Park
CB, VI, 8 (août 56), 44-45, texte & ill.
CB, VI, 10 (oct. 56), 44-45, texte & ill.

Grossman, Irving
Toronto
P1451 Flemingdon Park
RAIC, XXXVIII, 10 (oct. 61), 52-65, texte & ill.
TCA, VI, 5 (mai 61), 44-51, texte & ill.
TCA, VII, 12 (déc. 62), 5 et 7, texte & ill.
TCA, IX (yearbook 64), 56-57, texte & ill.
TCA, XII, 4 (avril 67), 41-64
TCA, XIV, 11 (nov. 69), 39, ill.
TCA, XXII, 8 (août 77), 21, ill.
TCA, XXV, 11 (nov. 80), 29, texte & ill.
NB, VIII, 11 (nov. 59), 45, texte.
CB, X, 6 (juin 60), 23, ill.
CB, XV, 8 (août 65), 6, texte.
CB, XVI, 3 (mars 66), 50-51, texte & ill.
CB, XVII, 5 (mai 67), 5, texte.

North York
P1452 Edgeley Housing Project
TCA, XII, 11 (nov. 67), 54-56, texte & ill.

Groupe de Salaberry
Ville Saint-Laurent
P1453 L'An 2000
BAT, XLVII, 5 (mai 72), 11-12, texte & ill.

Gruner, Malcolm
Pointe-Claire
P1454 Lansdowne Park
CB, II, 4 (avril 52), 35-38, texte & ill.

Guertin, Pierre S.
Hull
P1455 Réaménagement d'un quartier résidentiel désaffecté (projet-thèse, école d'architecture de McGill)
ABC, XVIII, 207 (juil. 63), 38-42, texte & ill.
ABC, XVIII, 205 (mai 63), 55, texte.
RAIC, XL, 7 (juil. 63), 45 et 48, texte & ill.
TCA, VIII, 6 (juin 63), 5 et 9, texte & ill.

Guité, Gilles
Charlesbourg
P1456 Place des Seigneurs
BAT, XL, 4 (avril 65), 5 et 51-52, texte & ill.

Hale, Harrison, Buzelle
Burnaby
P1457 Parkwood Terrace Garden Apartments
CB, XII, 2 (fév. 62), 30-32, texte & ill.
TCA, VI, 11 (nov. 61), 6, ill.

Hanson, A.K.; Raymer, M.R.; Sinclair, D.L.; Manning, D.M.
P1458 Voir Raymer, M.R.; Sinclair, D.L.; etc.

Harrison, Robert F.; Negrin, Reno C. (Ass.); Kiss, Zoltan
P1459 Voir Negrin, Reno C. (Ass.); Kiss, Zoltan; Harrison, Robert F.

Hassell-Griblin Ass.; Gerson, Wolfgang
P1460 Voir Gerson, Wolfgang; Hassell-Griblin Ass.

Hassell/Griblin Associates; Meiklejohn, Gower, Fulker & Wallace
Vancouver
P1461 Revelstoke Demonstration Project
TCA, XXI, 12 (déc. 76), 29-33, texte & ill.

Hawthorn, Mansfield, Towers
Vancouver
P1462 Eera Townhouses (False Creek)
TCA, XXII, 9 (sept. 77), 30-31, texte & ill.

Hayes, Ross E.
Montréal
P1463 Prince Albert Avenue Housing
TCA, XXI, 3 (mars 76), 5, texte & ill.

Hemingway, Peter
Edmonton
P1464 Ravin Gardens
TCA, XXIV, 12 (yearbook, déc. 79), 20-22 et 36-38, texte & ill.

Henriquez & Partners
Vancouver
P1465 False Creek Co-op
TCA, XXV, 7 (juil. 80), 32-33, texte & ill.
P1466 Enclave 5 (lot. 10) (False Creek)
TCA, XXV, 7 (juil. 80), 28, texte & ill.

Heritage Developments
Calgary
P1467 (Ensemble domiciliaire de 400 unités)
CB, XX, 1 (jan. 70), 5, texte.

Hix, John
March Township (Ont.)
P1468 South March Energy Conserving Community
TCA, XXIII, 11 (nov. 78), 42-44, texte & ill.
TCA, XXIII, 12 (yearbook, déc. 78), 48-50, texte & ill.
TCA, XXIV, 9 (sept. 79), 4, texte.

Hollingsworth, F.T.
Gold River
P1469 (Ensemble domiciliaire)
TCA, XI, 9 (sept. 66), 58, texte & ill.

Hollingsworth and Downs
Gold River (C.-B.)
P1470 (84 units project)
CB, XVI, 3 (mars 66), 8, ill.

Housden, Rick; Menkes, René
P1471 Voir Menkes, René; Housden, Rick

Howard, Ronald; McLeod, Barclay
West Vancouver
P1472 Caulfield Cove townhouses
TCA, XX, 4 (avril 75), 46-48, texte & ill.
CB, XXIII, 10 (oct. 73), 70 et 76, texte & ill.

Hulbert, R.E. (Partners)
Surrey
P1473 Greenside Apartments
CB, XXVIII, 5 (mai 78), 22, texte & ill.
Shadowood
CB, XXVIII, 9 (sept. 78), 30-33, texte & ill.
Vancouver
P1474 Lot 56 (Phase 2) (False Creek)
TCA, XXV, 7 (juil. 80), 35, texte & ill.
P1475 Lot 54 (Phase 2) (False Creek)
TCA, XXV, 7 (juil. 80), 34-35, texte & ill.

Irwin, William
West Vancouver
P1476 Tradwinds
CB, XVII, 3 (mars 67), 7, texte.

Jackson, D.K.; King, D.R.; Weir, J.M.
Édifice de lieu inconnu
P1477 (planification d'une communauté résidentielle)
RAIC, XXV, 5 (mai 48), 156, ill.

Jarry, Gabriel
Montréal
P1478 29 maisons d'appartements, rues Elmhurst, Connaught, Hartley et Upper Lachine
CDQ, XXVI, 1 (jan.-fév. 51), 11-13, texte & ill.
P1479 Plateau Belleville
CB, V, 6 (juin 55), 36-37, texte & ill.

Jessup, Allen; Kohl, Harry B.; Shulman, Wilfred
Frenchman's Bay (Ont.)
P1480 Bay Ridges
CB, XI, 5 (mai 61), 29-35, texte & ill.

Jodoin, Lamarre, Pratte (Ass.)
Montréal
P1481 Domaine du Collège de Montréal
BAT, XLVII, 1 (jan. 72), 4-5, texte.
ARCAN, 49 (17 jan. 72), 1, texte & ill.

Jones, M.F.; Wright, C.W.; McKinnon, A.G.; Kade, F.
P1482 Voir Wright, C.W.; etc.

Johnson, Johnson and Roy
Ile des Soeurs
P1483 (plan directeur pour les Phases I et II)
TCA, XV, 6 (juin 70), 34-39, texte & ill.

Jolicoeur, J.-P.; Bégin, Benoît-J.; Robert, Georges; Ouellet, Jean
P1484 Voir Bégin, Benoît-J.; Robert, Georges; etc.

Kade, F.; Wright, C.W.; McKinnon, A.G.; Jones, M.F.
P1485 Voir Wright, C.W.; etc.

Kapteyn, Pete
Sarnia
P1486 (Ensemble domiciliaire, Murphy Rd & Michigan Ave.)
CB, XXI, 7 (juil. 71), 38, texte.

Kay, John R.
Colombie-Britannique
P1487 Continental Series Housing Units
TCA, XVI, 12 (déc. et yearbook 71), 58-59, texte & ill.
Ladner (C.-B.)
P1488 Chapman Housing Estate
TCA, XIII, 12 (déc. 68), 34, texte & ill.
North Vancouver
P1489 Park-Yorkwood Hills
CB, XXI, 3 (mars 71), 27, texte & ill.

Kay, John R.; Tanner, H.T.D.
Colombie-Britannique
P1490 Metropolitan Series Housing Units
TCA, XVI, 12 (déc. et yearbook 71), 58-59, texte & ill.
Comox (C.-B.)
P1491 (Medium density single family housing)
TCA, XIX, 4 (avril 74), 39-40, texte & ill.
Ladner (C.-B.)
P1492 Fourty Unit Housing Project
TCA, XVI, 12 (déc. et yearbook 71), 58 et 60, texte & ill.

Kemble, Roger; Tattersfield, Philip
Vancouver
P1493 False Creek
ARCAN, 47 (16 mars 70), 10

Kennedy, Warnett; Kiss, Zoltan
P1494 Voir Kiss, Zoltan; Kennedy, Warnett

Kent, Stanley
Ajax
P1495 Three basic designs for Glenwood Construction
CB, III, 9 (sept. 53), 36-37, texte & ill.

Kilpatrick, Matthew (Ass.)
Ottawa
P1496 Blackburn Hamlet
CB, XVI, 9 (sept. 66), 44, texte & ill.

King, D.R.; Jackson, D.K.; Weir, J.M.
P1497 Voir Jackson, D.K.; King, D.R.; Weir, J.M.

Kiss, Zoltan; Kennedy, Warnett
Vancouver
P1498 False Creek
ARCAN, 47 (26 oct. 70), 4-5, texte & ill.

Kiss, Zoltan; Negrin, Reno C. (Ass.); Harrison, Robert F.
P1499 Voir Negrin, Reno C. (Ass.); Kiss, Zoltan; Harrison, Robert F.

Kiss, Z.S.; Tiers, C.A.; Smart, J.J.; Middleton, E.E.
P1500 Voir Tiers, C.A.; etc.

Klein & Sears
Etobicoke
P1501 East Mall
TCA, VI, 12 (déc. 61), 31-32 et 34, texte & ill.
North Bay
P1502 Kinloss Park
TCA, VI, 12 (déc. 61), 31-32 et 34, texte & ill.
Toronto
P1503 Holly-Dunfield Mixed Housing
TCA, XXI, 12 (yearbook, déc. 76), 47-48, texte & ill.
North York
P1504 Don Valley Woods
TCA, XXII, 8 (août 77), 20, ill.
RAIC, XLI, 8 (août 64), 39-46, texte & ill.
P1505 Northbrook
TCA, VI, 12 (déc. 61), 31-32 et 34, texte & ill.
CB, XIV, 3 (mars 64), 28, texte & ill.
P1506 Yorkwoods Village
CB, XIV, 3 (mars 64), 55, texte & ill.
CB, XV, 7 (juil. 65), 26-27 et 29, texte & ill.
RAIC, XLI, 8 (août 64), 47-50, texte & ill.

Kohl, Harry B.; Jessup, Allen; Shulman, Wilfred
P1507 Voir Jessup, Allen; Kohl, Harry B.; Shulman, Wilfred

Kolenc, Angelo
Mississauga
P1508 Aspen
CB, XXIV, 3 (mars 74), 23, texte & ill.
CB, XXIV, 9 (sept. 74), 13-15, texte & ill.
CB, XXV, 5 (mai 75), 8, texte.

Kwan, Romses (Ass.)
Vancouver
P1509 False Creek
TCA, XXV, 7 (juil. 80), 30-31, texte & ill.

Kwan, Romses (Ass.); Stanley, Kwok
P1510 Voir Stanley, Kwok; Kwan, Romses (Ass.)

La Haye, Jean-Claude
Ile Charron
P1511 (Ensemble résidentiel)
BAT, L, 5 (mai 75), 24, texte & ill.

Lajoie, Rodolphe; Payette & Crevier; Gascon & Parant
P1512 Voir Payette & Crevier; Gascon & Parant; Lajoie, Rodolphe

Larouche, Pierre
Laval
P1513 Le Vallon Boisé
BAT, XLVI, 2 (fév. 71), 17-18, texte & ill.

Lazosky & Stenman
Ville Mont-Royal
P1514 La Citadelle
BAT, LII, 9 (sept. 77), 6, texte.

Lebensold, Fred; Desbarats, Guy
Ile Jésus
P1515 Domaine de Hauterive
BAT, XXIX, 4 (avril 54), 3 et 30-33 et 48, texte & ill.

Leblanc, Roger
Ville d'Anjou
P1516 Val-Bourg
BAT, LIV, 12 (déc. 79), 5, texte & ill.

Le Blond, Robert; Long, J.W. (Ass.)
P1517 Voir Long, J.W. (Ass.); Le Blond, Robert

Légaré, Maurice
Ville St-Laurent
P1518 Centre résidentiel: 300 propriétés unifamiliales
BAT, XXVIII (sept. 53), 22-23 et 56, texte & ill.

Libling, Michener Associates
Winnipeg
P1519 Heritage Park
CB, XIII, 1 (jan. 63), 40-43, texte & ill.
P1520 Lord Selkirk Park
CB, XVI, 6 (juin 66), 7, texte.
P1521 Southwood Village
TCA, XV, 1 (jan. 70), 6-7, ill.
TCA, XV, 5 (mai 70), 47, ill.
P1522 Village West Town Housing
TCA, XV, 5 (mai 70), 47-48, ill.

L.M. Architectural Group
Winnipeg
P1523 Centennial Gardens
TCA, XX, 6 (juin 75), 49, texte & ill.

Lipson & Dashkin
Cooksville (Ont.)
P1524 Applewood Heights
CB, X, 1 (jan. 60), 35-37 et 41, texte & ill.
CB, X, 3 (mars 60), 41, texte & ill.
CB, XI, 11 (nov. 61), 32, texte & ill.
CB, XIV, 4 (avril 64), 55, texte & ill.
NB, VIII, 10 (oct. 59), 54, texte & ill.
Scarborough
P1525 Balmoral Estates Townhousing
ARCAN, 49 (nov. 72), 8, ill.

Lipson & Dashkin; Ross, Edward; Murray & Fliess
P1526 Voir Ross, Edward; Murray & Fliess; Lipson & Dashkin

Long, J.W. (Ass.)
Edmonton
P1527 Hillington Court
ARCAN, XLIX (17 jan. 72), 4, texte & ill.
TCA, XVII, 5 (mai 72), 38-41, texte & ill.

Long, J.W. (Ass.); Le Blond, Robert
Calgary
P1528 Forest Lawn (développement domiciliaire)
TCA, XIV (yearbook 69), 60-62, texte & ill.

Long, J.W. (Ass.); Malkin, Melvyn
P1529 Voir Malkin, Melvyn; Long, J.W. (Ass.)

Lund, Leo
West Vancouver
P1530 Spuraway
CB, XV, 7 (juil. 65), 28-29, texte & ill.

Lyle & Basil
North York
P1531 (80 unités pour un développement domiciliaire)
TCA, XIV, 4 (avril 69), 54-56, texte & ill.

McCreery, William
Victoria
P1532 Courtyard Housing, Holland Point
TCA, XXIV, 1 (jan. 79), 26-28, texte & ill.

McGill University
Ville Saint-Laurent
P1533 (housing scheme for 1400 families)
RAIC, XXIII, 4 (avril 46), 94, texte & ill.

McKinnon, A.G.; Wright, C.W.; Jones, M.F.; Kade, F.
P1534 Voir Wright, C.W.; etc.

Maclennan, Ian
Halifax
P1535 Mulgrave Park
RAIC, XXXIX, 10 (oct. 62), 67-70, texte & ill.
Ottawa
P1536 Federal-Provincial Housing Project
TCA, X, 8 (août 65), 39-42, texte & ill.

McLeod, Barclay
Burnaby
P1537 Delta/Lougheed development
CB, XXVII, 10 (oct. 77), 5, ill.

McLeod, Barclay; Howard, Ronald
P1538 Voir Howard, Ronald; McLeod, Barclay

McMillan, H.W.R.
Calgary
P1539 Brae Glen
TCA, XX, 3 (mars 75), 5, texte & ill.
TCA, XX, 4 (avril 75), 42-45, texte & ill.

McMillan, Long & Ass.
Calgary
P1540 Rutland Mews
TCA, XV, 1 (jan. 70), 6-7, ill.
CB, XX, 1 (jan. 70), 42, ill.

McNab, Duncan (Ass.)
Vancouver
P1541 (Ensemble domiciliaire de 376 unités)
CB, XVI, 2 (fév. 66), 9, texte.
P1542 Raymur Place Housing
TCA, XVI, 8 (août 71), 40-42, texte & ill.

Malkin, Melvyn; J.W. Long and Ass.
Calgary
P1543 (Ensemble domiciliaire de 380 unités)
CB, XXI, 1 (jan. 71), 16, texte.

Manning, D.M.; Raymer, M.R.; Sinclair, D.L.; Hanson, A.K.
P1544 Voir Raymer, M.R.; Sinclair, D.L.; etc.

Markson, Jerome
Blind River (Ont.)
P1545 Group Housing, Stanrock Uranium Mines
RAIC, XXXV, 12 (déc. 58), 465, ill.
Bramalea
P1546 Concept 3
TCA, XVIII, 2 (fév. 73), 36-39, texte & ill.
Elliot Lake
P1547 Stanrock Terrace
CB, IX, 8 (août 59), 77-81, texte & ill.
CB, X, 6 (juin 60), 25 et 31, texte & ill.
Etobicoke
P1548 Martin Grove Estates
TCA, XVII, 5 (mai 72), 28-31, texte & ill.
Toronto
P1549 Court Housing
TCA, XV (yearbook 70), 42-43, texte & ill.
P1550 Four Seasons Garden Court
TCA, XIII (yearbook 68), 48-49, texte & ill.
Unionville
P1551 Village-in-the-Valley
CB, XXII, 6 (juin 72), 58, texte.
CB, XXII, 7 (juil. 72), 37, texte & ill.

Matt, Hunter, Dawson, Lee
Édifice de lieu inconnu
P1552 (Residential Housing Development)
RAIC, XXVII, 4 (avril 50), 135, ill.

Maxwell and Campbell
Calgary
P1553 Mount Royal Gardens
CB, XXI, 2 (fév. 71), 15, texte.

Meiklejohn, Gower, Fulker & Wallace; Hassell/Griblin Ass.
P1554 Voir Hassell/Griblin Ass.; Meiklejohn, Gower, Fulker & Wallace

Menkes, René; Housden, Rick
Côte-St-Luc
P1555 The Village
CB, XII, 2 (fév. 62), 37-39, texte & ill.

Middleton, E.E.; Tiers, C.A.; Smart, J.J.
P1556 Voir Tiers, C.A.; etc.

Mies van der Rohe, Ludwig; Bobrow, Philip David; Tigerman, Stanley
P1557 Voir Bobrow, Philip David; Mies van der Rohe, Ludwig; Tigerman, Stanley

Miron, Isaac
Ile Claude
P1558 (Ensemble domiciliaire)
BAT, XL, 4 (avril 65), 53-55, texte & ill.

Ville LaSalle
P1559 Riverside Park
BAT, XXXII, 7 (juil. 57), 24-27, texte & ill.
CB, VII, 5 (mai 57), 46-49, texte & ill.

Sherbrooke
P1560 Domaine de la Montagne (dév. domiciliaire)
BAT, XLI, 3 (mars 66), 6, texte.
BAT, XLI, 10 (oct. 66), 7, texte & ill.

Murray, James A.;

Don Mills
P1561 Alvadaro Place
CB, X, 6 (juin 60), 25 et 33, texte & ill.

Mississauga
P1562 Millway Gate (dév. domiciliaire)
TCA, XXII, 8 (août 77), 34-37, texte & ill.

Murray, James A.; Fliess, Henry
P1563 Voir Fliess, Henry; Murray, James A.

Murray & Fliess; Ross, Edward; Lipson & Dashkin
P1564 Voir Ross, Edward; Murray & Fliess; Lipson & Dashkin

Nairne, R.S.; Aubrey, R.G.; Anderson, A.E.; Pratt, W.F.
P1565 Voir Aubrey, R.G.; Anderson, A.E.; etc.

Negrin, Reno C. (Ass.); Kiss, Zoltan S.; Harrison, Robert F.

Vancouver
P1566 Arbutus Village
CB, XXII, 11 (nov. 72), 15, texte.

Notebaert, Gérard

Lesage
P1567 Cité-Soleil
BAT, XLVII, 7 (juil. 72), 16-17 et 28-29, texte & ill.

Oberlander, Peter

Montréal
P1568 (maquette d'un quartier domiciliaire)
RAIC, XXII, 4 (avril 45), 72, texte & ill.

Ogus and Fisher

Toronto
P1569 Valhalla Court
CB, XIV, 9 (sept. 64), 33-38, texte & ill.

Okun and Walker

Erin Mills (Ont.)
P1570 Forest Grove Condominium Housing
TCA, XXIII, 9 (sept. 78), 42-45, texte & ill.

Ouellet, Jean; Jolicoeur, J.-P.; Bégin, Benoît-J.; Robert, Georges
P1571 Voir Bégin, Benoît-J.; Robert, Georges; etc.

Papineau, Gérin-Lajoie, Le Blanc; Duret, Jean
P1572 Voir Duret, Jean; Papineau, Gérin-Lajoie, Le Blanc.

Papineau, Gérin-Lajoie, Le Blanc, Edwards

Povungnituk (Nouveau-Québec)
P1573 (school and housing complex)
TCA, XVIII (yearbook 73), 40-42, texte & ill.

Patrick, Chuck

Richmond
P1574 Sharon Gardens
CB, XXII, 5 (mai 72), 41, texte & ill.

Payette et Crevier; Gascon et Parant; Lajoie, Rodolphe

Montréal
P1575 La Cité Jardin du Tricentenaire de Montréal
RAIC, XXI, 9 (sept. 44), 195-199 et 218, texte & ill.

Pratt, W.F.; Aubrey, R.G.; Anderson, A.E.;
P1576 Voir Aubrey, R.G.; Anderson, A.E.; etc.

Prii, Uno

Toronto
P1577 Belmar Park
CB, XI, 2 (fév. 61), 24 et 28, texte & ill.

Prii, Uno; Freedman, Gerald

Toronto
P1578 St. James Town
CB, XVII, 6 (juin 67), 72, texte & ill.

Project Planning Ass.

Ottawa
P1579 Borden Park
RAIC, XXXIX, 10 (oct. 62), 65, ill.

Proppe, Eric (Ass.)

Calgary
P1580 Highland Estates
CB, XIX, 7 (juil. 69), 6, texte & ill.

Rafael, Howard

Toronto
P1581 2000 Islington
CB, XXIX, 1 (jan. 79), 28, texte & ill.

Raymer, M.R.; Sinclair, D.L.; Manning, D.M.; Hanson, A.K.

Vancouver
P1582 Little Mountain Project
CB, I, 1 (mars 51), 32, texte & ill.

R.C. Baxter Ltd.

Calgary
P1583 Uni-City
CB, XX, 9 (sept. 70), 7, ill.

Rhone & Iredale

Port Coquitlam
P1584 Meridan Village
CB, XXIX, 7 (juil. 79), 5, texte.

Richard, Jean D'Auteuil

Montréal
P1585 "A garden city in the making".
RAIC, XXI, 9 (sept. 44), 195-199 et 218

Richards and Berretti

Edmonton
P1586 (Ensemble domiciliaire de 144 unités)
CB, XX, 8 (août 70), 62, texte.

Robb, George A.

Toronto
P1587 O'Connor Hill Subdivision
CB, XI, 1 (jan. 61), 26-27 et 33, texte & ill.

Robert, Georges; Bégin, Benoît-J.; Ouellet, Jean; Jolicoeur, J.-P.
P1588 Voir Bégin, Benoît-J.; Robert, Georges; etc.

Ross, G.E.D.

Scarborough
P1589 Curran Hall Park
CB, VII, 12 (déc. 57), 32-34, texte & ill.
NB, V, 9 (sept. 56), 10, texte & ill.
NB, VIII, 6 (juin 59), 18-19, texte & ill.
P1590 Midland Park
CB, X, 3 (mars 60), 40, texte & ill.
CB, X, 6 (juin 60), 25-26, texte & ill.
NB, VIII, 10 (oct. 59), 54, texte & ill.
NB, XI, 1 (jan. 62), 38-39, texte & ill.

Ross, Edward; Murray and Fliess; Lipson and Dashkin

Toronto
P1591 The Henry Farm Project
CB, XII, 9 (sept. 62), 53-54, texte & ill.
CB, XIII, 1 (jan. 63), 46-47, texte & ill.

Roy, Jean-Marie

Ville LaSalle
P1592 Les Appartements Fontainebleau
BAT, XXXIV, 8 (août 59), 38-39 et 41, texte & ill.

Roy-Rouillard, Pauline; Dumais, Charles; Venne, Gérard; Béland, Paul

Sillery
P1593 Parc Falaise
NB, IV, 10 (oct. 55), 6-8, texte & ill.

Schacter, W.M.; Schoenauer, N.H.

Ottawa
P1594 Smyth Road Development
TCA, VI, 9 (sept. 61), 46-54, texte & ill.
RAIC, XXXVIII, 8 (août 61), 45-50, texte & ill.

Schoenauer, N.H.; Schacter, W.M.
P1595 Voir Schacter, W.M.; Schoenauer, N.H.

Sharp & Thompson, Berwick, Pratt; Craig, Charles E.

Victoria
P1596 The Kiwanis Village
CB, VI, 1 (jan. 56), 24-25, texte & ill.
RAIC, XXXII, 12 (déc. 55), 452 et 455, texte & ill.
RAIC, XXXIII, 2 (fév. 56), 37-40, texte & ill.

Shipp, G.S. (Son)

Toronto
P1597 Applewoods Hills
CB, XIV, 9 (sept. 64), 7, texte.

Shulman, Ben-Ami

Ville LaSalle
P1598 Riverside Park
ABC, XI, 120 (avril 56), 34-35, texte & ill.

Shulman, Wilfred; Jessup, Allen; Kohl, Harry B.
P1599 Voir Jessup, Allen; Kohl, Harry B.; Shulman, Wilfred

Sickler, Donald; Desmarais-Tornay
P1600 Voir Desmarais-Tornay; Sickler, Donald

Sinclair, D.L.; Raymer, M.R.; Manning, D.M.; Hanson, A.K.
P1601 Voir Raymer, M.R.; Sinclair, D.L.; etc.

Skanes, Robert M.

Montréal
P1602 "La petite Bourgogne — rénovation urbaine" (projet de fin d'études, école d'arch. McGill)
ABC, XXI, 243 (juil. 66), 34-37, texte & ill.

Smart, J.J.; Kiss, Z.S.; Tiers, C.A.; Middleton, E.E.
P1603 Voir Tiers, C.A.; etc.

Smith, Carter, Searle Ass.

Ottawa
P1604 Smyth Road Development
TCA, VI, 9 (sept. 61), 46-54, texte & ill.

Stanley, Kwok; Kwan, Romses (Ass.)

Victoria
P1605 Laurel Point
TCA, XIX, 12 (déc. 74), 28-30, texte & ill.

Strasman, James Colin; Erickson-Massey
P1606 Voir Erickson-Massey; Strasman, James Colin

Strong, Richard; Fairfield, Robert C.; DuBois, Macy; Cheney, Gordon
P1607 Voir Fairfield, Robert C.; DuBois, Macy; etc.

Swanson, H.A.

Ottawa
P1608 Smyth Road Development
RAIC, XXXVIII, 8 (août 61), 51-56, texte & ill.
TCA, VI, 9 (sept. 61), 46-54, texte & ill.

Tampold & Wells

Don Mills
P1609 Citadel Village
CB, XVII, 5 (mai 67), 42, texte & ill.
CB, XVIII, 12 (déc. 68), 30, ill.

North York
P1610 Self-Help Housing
TCA, XIII (yearbook 68), 58-59, texte & ill.

P1611 Yorkwoods Village
CB, XV, 7 (juil. 65), 26-27 et 29, texte & ill.

Tanner, H.T.D.; Kay, John R.
P1612 Voir Kay, John R.; Tanner, H.T.D.

Tattersfield, Philip; Kemble, Roger
P1613 Voir Kemble, Roger; Tattersfield, Philip

The Corner Group Architects
Surrey (C.-B.)
P1614 (Ensemble résidentiel)
TCA, XIX, 1 (jan. 74), 6, texte & ill.

The Thom Partnership
Erin Mills (Ont.)
P1615 Anglo York Housing
TCA, XIX, 12 (déc. 74), 62-65, texte & ill.

Thompson, Berwick & Pratt
Vancouver
P1616 Garden Housing
TCA, VI, 6 (juin 61), 60, texte & ill.

Thompson, Berwick, Pratt; Downs/Archambault; Davidson/Johnston
Vancouver
P1617 False Creek
TCA, XXV, 11 (nov. 80), 48, texte & ill.

Thompson, Berwick, Pratt & Partners
Burnaby
P1618 Lakewood Village
ARCAN, XLVI, 1 (jan. 69), 49, ill.
Port Coquitlam
P1619 (Ensemble domiciliaire)
TCA, XV, 7 (juil. 70), 7, texte & ill.
Richmond
P1620 (Ensemble domiciliaire)
TCA, XV, 7 (juil. 70), 7, texte.
Vancouver
P1621 Dogwood Gardens
ARCAN, XLIX (17 jan. 72), 4-5, texte & ill.
TCA, XVII, 5 (mai 72), 34-35. texte & ill.
P1622 Duthie Avenue Housing
ARCAN, 44, 1 (jan. 67), 43, ill.
Vancouver
P1623 False Creek
TCA, XVII, 3 (mars 72), 37, texte & ill.
CB, XXVI, 11 (nov. 76), 70, texte & ill.
P1624 False Creek, phase 1
TCA, XXV, 7 (juil. 80), 19-25, texte & ill.
P1625 Enclave 4 (False Creek)
TCA, XXV, 7 (juil. 80), 30, texte & ill.

Tiers, C.A.; Kiss, Z.S.; Smart, J.J.; Middleton, E.E.
Vancouver
P1626 Little Mountain Project
CB, I, 1 (mars 51), 31, texte & ill.

Tigerman, Stanley; Bobrow, Philip David; Mies van der Rohe, Ludwig
P1627 Voir Bobrow, Philip David; Mies van der Rohe, Ludwig; Tigerman, Stanley

Todd, Robert
Vancouver
P1628 (Ensemble domiciliaire, Boundary Bay)
TCA, XXIV, 4 (avril 79), 4, texte & ill.

Tolchinsky, H.M.; Goodz, Murray
Côte-St-Luc
P1629 The Meadows
BAT, XLVI, 10 (oct. 71), 14-15, texte & ill.

Tornay, Edgar
Montréal
P1630 Centennial Court
BAT, XLIV, 7 (juil. 69), 36, texte & ill.

Toth, Joseph P.
Windsor
P1631 Polonia Park
CB, XXX, 1 (jan. 80), 16-18, texte & ill.

Town Planning Consultants Limited
Toronto
P1632 Humber Valley Village
CB, I, 4 (sept.-oct. 51), 23, texte & ill.

Venne, Gérard; Roy-Rouillard, Pauline; Dumais, Charles; Béland, Paul.
P1633 Voir Roy-Rouillard, Pauline; etc.

Waisman and Ross; Gerson, W.
Winnipeg
P1634 (Ensemble d'habitations collectives)
CB, XI, 2 (fév. 61), 42-43, texte & ill.

Walkey/Olson; Britannia Design
Vancouver
P1635 False Creek Project
TCA, XIX, 12 (déc. 74), 57-61, texte & ill.
TCA, XXI, 8 (août 76), 7, texte.

Wall & Yamamoto
Hamilton
P1636 Gibson Gardens
CB, XXII, 8 (août 72), 29, texte.

Warshaw, Swartzman & Bobrow
Chomedey
P1637 Hâvre des Iles
BAT, XLI, 3 (mars 66), 7, texte & ill.
BAT, XLI, 3 (mars 66), 36-37, texte & ill.

Watts, Fraser
Ottawa
P1638 Smyth Road Development
RAIC, XXXVIII, 8 (août 61), 38-44, texte & ill.
TCA, VI, 9 (sept. 61), 46-54, texte & ill.

Webster, Lyall
Vancouver
P1639 Adanac Village
CB, XXVII, 3 (mars 77), 62, texte & ill.

Weir, J.M.; Jackson, D.K.; King, D.R.
P1640 Voir Jackson, D.K.; King, D.R.; Weir, J.M.

White, Daniel; Ewing, Keith
P1641 Voir Ewing, Keith; White, Daniel

Wiggs, Lawton & Walker
St-Hilaire
P1642 Richelieu Heights
ABC, XI, 120 (avril 56), 36-38, texte & ill.

Wright, C.W.; McKinnon, A.G.; Jones, M.F.; Kade, F.
Vancouver
P1643 Little Mountain Project
CB, I, 1 (mars 51), 28-29, texte & ill.

Zajfen, Paul
Westmount
P1644 (A housing development)
CB, XIX, 5 (mai 69), 6, texte.

Index des architectes
Architect Index

Anonyme/Anonymous
- Édifices cultuels, *A0001, A0002, A0003, A0004, A0005, A0006, A0007, A0008, A0009, A0010, A0011, A0012, A0013, A0014, A0015, A0016, A0017, A0018, A0019, A0020, A0021, A0022, A0023, A0024, A0025, A0026, A0027, A0028.*
- Édifices religieux divers, *A1001, A1002, A1003, A1004, A1005, A1006, A1007, A1008, A1009, A1010, A1011, A1012, A1013.*
- Banques, *B0001, B0002, B0003, B0004, B0005, B0006, B0007, B0008, B0009, B0010, B0011, B0012, B0013, B0014, B0015, B0016, B0017, B0018, B0019, B0020, B0021, B0022, B0023, B0024, B0025, B0026, B0027, B0028, B0029.*
- Bâtiments agricoles, *B0801, B0802, B0803, B0804, B0805.*
- Centres commerciaux, *B1001, B1002, B1003, B1004, B1005, B1006, B1007, B1008, B1009, B1010, B1011, B1012, B1013, B1014, B1015, B1016, B1017, B1018, B1019, B1020, B1021, B1022, B1023, B1024, B1025, B1026, B1027, B1028, B1029, B1030, B1031, B1032, B1033, B1034, B1035, B1036, B1037, B1038, B1039, B1040, B1041, B1042, B1043, B1044, B1045, B1046, B1047, B1048, B1049, B1050, B1051, B1052, B1053, B1054, B1055, B1056, B1057, B1058, B1059, B1060, B1061, B1062, B1063, B1064, B1065, B1066, B1067, B1068, B1069, B1070, B1071, B1072, B1073, B1074, B1075, B1076, B1077, B1078, B1079, B1080, B1081, B1082, B1083, B1084, B1085, B1086, B1087, B1088, B1089, B1090, B1091, B1092, B1093, B1094, B1095, B1096, B1097, B1098, B1099, B1100, B1101, B1102, B1103, B1104, B1105, B1106, B1107, B1108, B1109, B1110, B1111, B1112, B1113, B1114, B1115, B1116, B1117, B1118, B1119, B1120, B1121, B1122, B1123, B1124, B1125, B1126, B1127, B1128, B1129, B1130, B1131, B1132, B1133, B1134, B1135, B1136, B1137, B1138, B1139, B1140, B1141, B1142, B1143, B1144, B1145, B1146, B1147, B1148, B1149, B1150, B1151, B1152, B1153, B1154, B1155, B1156, B1157, B1158, B1159, B1160, B1161, B1162, B1163, B1164, B1165, B1166, B1167, B1168, B1169, B1170, B1171, B1172, B1173,*

Anonyme/Anonymous (suite/cont'd)
B1174, B1175, B1176, B1177, B1178, B1179, B1180, B1181.
- Complexes à fonctions commerciale et résidentielle, *B2001, B2002, B2003, B2004, B2005, B2006, B2007, B2008, B2009, B2010, B2011, B2012, B2013, B2014, B2015, B2016, B2017, B2018, B2019, B2020, B2021, B2022, B2023, B2024, B2025, B2026, B2027, B2028, B2029, B2030, B2031, B2032, B2033, B2034.*
- Entrepôts, *B3001, B3002, B3003, B3004, B3005, B3006, B3007, B3008, B3009, B3010, B3011, B3012, B3013, B3014, B3015, B3016, B3017, B3018, B3019, B3020, B3021, B3022, B3023, B3024, B3025, B3026, B3027, B3028, B3029, B3030, B3031, B3032, B3033, B3034, B3035, B3036, B3037, B3038, B3039, B3040, B3041, B3042, B3043, B3044, B3045, B3046, B3047, B3048, B3049, B3050, B3051, B3052, B3053, B3054, B3055, B3056, B3057, B3058.*
- Garages, *B3501, B3502, B3503, B3504, B3505, B3506, B3507, B3508, B3509, B3510, B3511, B3512, B3513, B3514, B3515.*
- Hôtels, *B4001, B4002, B4003, B4004, B4005, B4006, B4007, B4008, B4009, B4010, B4011, B4012, B4013, B4014, B4015, B4016, B4017, B4018, B4019, B4020, B4021, B4022, B4023, B4024, B4025, B4026, B4027, B4028, B4029, B4030, B4031, B4032, B4033, B4034, B4035, B4036, B4037, B4038, B4039, B4040, B4041, B4042, B4043, B4044, B4045, B4046, B4047, B4048, B4049, B4050, B4051, B4052, B4053, B4054, B4055, B4056, B4057, B4058, B4059, B4060, B4061, B4062, B4063, B4064, B4065, B4066, B4067, B4068, B4069, B4070, B4071, B4072, B4073, B4074.*
- Édifices d'associations, *B4501, B4502, B4503, B4504.*
- Édifices des sociétés d'énergie et de télécommunication, *B4901, B4902, B4903, B4904, B4905, B4906, B4907, B4908.*
- Bureaux de professionnels, *B5201, B5202.*
- Bureaux divers, *B5501, B5502, B5503, B5504, B5505, B5506, B5507, B5508, B5509, B5510, B5511, B5512, B5513, B5514, B5515, B5516, B5517, B5518, B5519, B5520, B5521, B5522, B5523, B5524, B5525, B5526,*

Anonyme/Anonymous (suite/cont'd)
B5527, B5528, B5529, B5530, B5531, B5532, B5533, B5534, B5535, B5536, B5537, B5538, B5539, B5540, B5541, B5542, B5543, B5544, B5545, B5546, B5547, B5548, B5549, B5550, B5551, B5552, B5553, B5554, B5555, B5556, B5557, B5558, B5559, B5560, B5561, B5562, B5563, B5564, B5565, B5566, B5567, B5568, B5569, B5570, B5571, B5572, B5573, B5574, B5575, B5576, B5577, B5578, B5579, B5580, B5581, B5582, B5583, B5584, B5585, B5586, B5587, B5588, B5589, B5590, B5591, B5592, B5593, B5594, B5595, B5596, B5597, B5598, B5599, B5600, B5601, B5602, B5603, B5604, B5605, B5606, B5607, B5608, B5609, B5610, B5611, B5612, B5613.
- Magasins, *B6501, B6502, B6503, B6504, B6505, B6506, B6507, B6508, B6509, B6510, B6511, B6512, B6513, B6514, B6515, B6516, B6517, B6518, B6519, B6520, B6521, B6522, B6523, B6524, B6525, B6526, B6527, B6528, B6529, B6530, B6531, B6532.*
- Restaurants, *B7001, B7002, B7003, B7004, B7005, B7006, B7007.*
- Tours panoramiques, *B7501.*
- Parcs industriels, *B8001, B8002, B8003, B8004, B8005, B8006, B8007, B8008, B8009, B8010, B8011, B8012, B8013, B8014, B8015, B8016, B8017, B8018, B8019, B8020, B8021, B8022, B8023, B8024.*
- Ateliers, *B8201.*
- Imprimeries, *B8301, B8302, B8303, B8304.*
- Installations de services publics, *B8501, B8502, B8503, B8504, B8505, B8506, B8507, B8508, B8509, B8510, B8511, B8512, B8513, B8514, B8515, B8516, B8517, B8518, B8519, B8520, B8521, B8522, B8523, B8524, B8525, B8526, B8527, B8528, B8529, B8530, B8531, B8532, B8533, B8534, B8535, B8536, B8537, B8538, B8539, B8540, B8541, B8542, B8543, B8544, B8545, B8546, B8547, B8548, B8549, B8550, B8551, B8552, B8553, B8554, B8555, B8556.*
- Usines de denrées alimentaires, *B8601, B8602, B8603, B8604, B8605, B8606, B8607, B8608, B8609, B8610, B8611, B8612, B8613, B8614.*

Anonyme/Anonymous (suite/cont'd)
- Usines de machines, *B8801, B8802, B8803, B8804, B8805, B8806, B8807, B8808, B8809, B8810, B8811, B8812, B8813, B8814, B8815, B8816, B8817, B8818, B8819, B8820, B8821, B8822, B8823, B8824, B8825, B8826, B8827.*
- Usines diverses, *B9301, B9302, B9303, B9304, B9305, B9306, B9307, B9308, B9309, B9310, B9311, B9312, B9313, B9314, B9315, B9316, B9317, B9318, B9319, B9320, B9321, B9322, B9323, B9324, B9325, B9326, B9327, B9328, B9329, B9330, B9331, B9332, B9333, B9334, B9335, B9336, B9337, B9338, B9339, B9340, B9341, B9342, B9343, B9344, B9345, B9346, B9347, B9348, B9349, B9350, B9351, B9352, B9353, B9354, B9355, B9356, B9357, B9358, B9359, B9360, B9361, B9362, B9363, B9364, B9365, B9366, B9367, B9368, B9369, B9370, B9371, B9372, B9373, B9374, B9375, B9376, B9377, B9378, B9379, B9380, B9381, B9382, B9383, B9384, B9385, B9386, B9387, B9388, B9389, B9390, B9391, B9392, B9393, B9394, B9395, B9396, B9397, B9398, B9399, B9400, B9401, B9402, B9403, B9404, B9405, B9406, B9407, B9408, B9409, B9410, B9411, B9412, B9413, B9414, B9415, B9416, B9417, B9418, B9419, B9420, B9421, B9422, B9423, B9424, B9425, B9426, B9427, B9428, B9429, B9430, B9431, B9432, B9433, B9434, B9435, B9436, B9437, B9438, B9439, B9440, B9441, B9442, B9443, B9444, B9445, B9446, B9447, B9448, B9449, B9450, B9451, B9452, B9453, B9454, B9455, B9456, B9457, B9458, B9459, B9460, B9461, B9462, B9463, B9464, B9465, B9466, B9467, B9468, B9469, B9470, B9471, B9472, B9473, B9474, B9475, B9476, B9477, B9478, B9479, B9480, B9481, B9482, B9483, B9484, B9485, B9486, B9487, B9488, B9489, B9490, B9491, B9492, B9493, B9494, B9495, B9496, B9497, B9498, B9499, B9500, B9501, B9502, B9503, B9504, B9505, B9506, B9507, B9508, B9509, B9510, B9511, B9512, B9513, B9514, B9515, B9516, B9517, B9518, B9519, B9520, B9521, B9522, B9523, B9524, B9525, B9526, B9527, B9528, B9529, B9530, B9531, B9532, B9533, B9534, B9535, B9536, B9537, B9538, B9539, B9540, B9541, B9542, B9543, B9544, B9545, B9546, B9547, B9548, B9549, B9550, B9551, B9552, B9553, B9554, B9555, B9556, B9557, B9558, B9559, B9560, B9561, B9562, B9563, B9564, B9565, B9566.*
- Restaurations diverses, *C0001, C0002, C0003, C0004, C0005,*

ANONYME/ANONYMOUS

Anonyme/Anonymous (suite/cont'd)
C0006, C0007, C0008, C0009, C0010, C0011, C0012, C0013, C0014, C0015, C0016, C0017, C0018, C0019, C0020, C0021, C0022, C0023, C0024, C0025, C0026, C0027, C0028, C0029, C0030, C0031, C0032, C0033, C0034, C0035, C0036, C0037.
- Restaurations d'habitations, C1001, C1002, C1003, C1004, C1005, C1006.
- Bâtiments d'expositions, D0001, D0002, D0003, D0004, D0005, D0006, D0007, D0008, D0009, D0010, D0011, D0012, D0013, D0014, D0015, D0016, D0017, D0018, D0019, D0020, D0021, D0022, D0023, D0024, D0025, D0026, D0027, D0028, D0029, D0030, D0031, D0032, D0033, D0034, D0035, D0036, D0037, D0038, D0039, D0040, D0041, D0042, D0043, D0044, D0045, D0046, D0047, D0048, D0049, D0050, D0051.
- Maisons de vacances, D1001, D1002, D1003, D1004, D1005, D1006, D1007, D1008, D1009.
- Constructions diverses, D1501, D1502.
- Bibliothèques publiques, D2001, D2002.
- Bibliothèques de maisons d'enseignement, D2501, D2502.
- Centres communautaires, D3001, D3002, D3003, D3004, D3005, D3006, D3007, D3008, D3009, D3010, D3011, D3012, D3013, D3014, D3015, D3016, D3017, D3018, D3019, D3020, D3021, D3022, D3023, D3024, D3025, D3026, D3027, D3028, D3029, D3030, D3031, D3032, D3033, D3034, D3035, D3036, D3037, D3038, D3039, D3040, D3041.
- Gymnases, D4001.
- Musées, D5001, D5002, D5003, D5004, D5005, D5006, D5007, D5008, D5009, D5010.
- Piscines, D6001, D6002, D6003, D6004, D6005, D6006, D6007, D6008, D6009, D6010, D6011, D6012, D6013, D6014, D6015, D6016, D6017, D6018, D6019, D6020, D6021, D6022, D6023, D6024, D6025, D6026.
- Stades, D6501, D6502, D6503, D6504, D6505, D6506, D6507, D6508, D6509, D6510, D6511, D6512, D6513, D6514, D6515, D6516, D6517, D6518, D6519.
- Centres de congrès, D7001, D7002, D7003, D7004, D7005, D7006, D7007, D7008, D7009.
- Cinémas, D7201.
- Théâtres, D7501, D7502, D7503, D7504, D7505.
- Ambassades et consulats, F0001, F0002.
- Bureaux de poste, F1001, F1002, F1003, F1004, F1005, F1006, F1007, F1008, F1009, F1010, F1011, F1012, F1013, F1014, F1015, F1016, F1017, F1018, F1019, F1020, F1021, F1022,

Anonyme/Anonymous (suite/cont'd)
F1023, F1024, F1025, F1026, F1027, F1028.
- Casernes de pompiers, F2001.
- Constructions pour la défense civile, F3001, F3002, F3003, F3004, F3005, F3006, F3007, F3008, F3009, F3010, F3011, F3012, F3013, F3014, F3015, F3016, F3017, F3018, F3019, F3020, F3021, F3022.
- Édifices pour l'administration de la justice, F4001, F4002, F4003, F4004, F4005, F4006, F4007, F4008, F4009, F4010, F4011, F4012, F4013, F4014, F4015, F4016, F4017, F4018, F4019, F4020, F4021, F4022, F4023.
- Édifices pour l'administration publique, F5001, F5002, F5003, F5004, F5005, F5006, F5007, F5008, F5009, F5010, F5011, F5012, F5013, F5014, F5015, F5016, F5017, F5018, F5019, F5020, F5021, F5022, F5023, F5024, F5025, F5026, F5027, F5028, F5029, F5030, F5031, F5032, F5033, F5034, F5035, F5036, F5037.
- Hôtels de ville et centres civiques, F6001, F6002, F6003, F6004, F6005, F6006, F6007, F6008, F6009, F6010, F6011, F6012, F6013, F6014, F6015, F6016, F6017, F6018, F6019, F6020, F6021, F6022, F6023, F6024, F6025, F6026, F6027, F6028, F6029, F6030.
- Écoles primaires et secondaires, G0501, G0502, G0503, G0504, G0505, G0506, G0507, G0508, G0509, G0510, G0511, G0512, G0513, G0514, G0515, G0516, G0517, G0518, G0519, G0520, G0521, G0522, G0523, G0524, G0525, G0526, G0527, G0528, G0529, G0530, G0531, G0532, G0533, G0534, G0535, G0536, G0537, G0538, G0539, G0540, G0541, G0542, G0543, G0544, G0545, G0546, G0547, G0548, G0549, G0550, G0551, G0552, G0553, G0554, G0555, G0556, G0557, G0558, G0559, G0560, G0561, G0562, G0563, G0564, G0565, G0566, G0567, G0568, G0569, G0570, G0571, G0572, G0573, G0574, G0575, G0576, G0577, G0578, G0579, G0580, G0581, G0582, G0583, G0584, G0585, G0586, G0587, G0588, G0589, G0590, G0591, G0592, G0593, G0594, G0595, G0596, G0597, G0598, G0599, G0600, G0601, G0602, G0603, G0604, G0605, G0606, G0607.
- Écoles d'arts et métiers et écoles spéciales, G1501, G1502, G1503, G1504, G1505, G1506, G1507.
- Campus (Universités et collèges en général), G2001, G2002, G2003, G2004, G2005, G2006, G2007, G2008, G2009, G2010, G2011, G2012, G2013, G2014, G2015, G2016, G2017, G2018, G2019.
- Centres sociaux, G3001, G3002.

Anonyme/Anonymous (suite/cont'd)
- Constructions à fonctions utilitaires, G3501, G3502.
- Écoles spécialisées, G4001, G4002, G4003, G4004, G4005, G4006, G4007, G4008.
- Installations pour les sports et l'éducation physique, G5001, G5002, G5003, G5004, G5005, G5006, G5007, G5008.
- Pavillons pour l'administration universitaire, G6001.
- Pavillons pour l'enseignement et la recherche, G7001, G7002, G7003, G7004, G7005, G7006, G7007, G7008, G7009, G7010, G7011, G7012, G7013, G7014, G7015, G7016, G7017, G7018, G7019, G7020, G7021, G7022, G7023, G7024, G7025, G7026.
- Résidences d'étudiants, G8001, G8002, G8003, G8004, G8005, G8006, G8007, G8008, G8009, G8010, G8011, G8012, G8013, G8014, G8015, G8016, G8017, G8018, G8019, G8020, G8021, G8022, G8023, G8024, G8025, G8026, G8027, G8028, G8029, G8030, G8031, G8032, G8033, G8034, G8035, G8036, G8037, G8038, G8039, G8040, G8041, G8042, G8043, G8044.
- Laboratoires, G9001, G9002, G9003, G9004, G9005, G9006, G9007, G9008, G9009, G9010, G9011, G9012, G9013, G9014, G9015, G9016, G9017, G9018, G9019, G9020, G9021, G9022, G9023, G9024, G9025, G9026, G9027, G9028, G9029, G9030, G9031, G9032, G9033, G9105, G9106, G9107.
- Foyers, H0001, H0002, H0003, H0004, H0005, H0006, H0007, H0008, H0009, H0010, H0011, H0012, H0013, H0014, H0015, H0016, H0017, H0018, H0019, H0020, H0021, H0022, H0023, H0024, H0025, H0026, H0027, H0028, H0029, H0030, H0031, H0032, H0033, H0034, H0035, H0036, H0037, H0038, H0039, H0040, H0041, H0042, H0043, H0044, H0045, H0046, H0047, H0048, H0049, H0050, H0051, H0052, H0053, H0054, H0055, H0056, H0057, H0058, H0059, H0060, H0061, H0062, H0063, H0064, H0065, H0066, H0067, H0068, H0069, H0070, H0071.
- Habitation subventionnée, H1001, H1002, H1003, H1004, H1005, H1006, H1007, H1008, H1009, H1010, H1011, H1012, H1013, H1014, H1015, H1016, H1017, H1018, H1019, H1020, H1021, H1022, H1023.
- Immeubles d'appartements, H2001, H2002, H2003, H2004, H2005, H2006, H2007, H2008, H2009, H2010, H2011, H2012, H2013, H2014, H2015, H2016, H2017, H2018, H2019, H2020, H2021, H2022, H2023, H2024, H2025, H2026, H2027, H2028, H2029, H2030, H2031, H2032, H2033, H2034, H2035, H2036,

Anonyme/Anonymous (suite/cont'd)
H2037, H2038, H2039, H2040, H2041, H2042, H2043, H2044, H2045, H2046, H2047, H2048, H2049, H2050, H2051, H2052, H2053, H2054, H2055, H2056, H2057, H2058, H2059, H2060, H2061, H2062, H2063, H2064, H2065, H2066, H2067, H2068, H2069, H2070, H2071, H2072, H2073, H2074, H2075, H2076, H2077, H2078, H2079, H2080, H2081, H2082, H2083, H2084, H2085, H2086, H2087, H2088, H2089, H2090, H2091, H2092, H2093, H2094, H2095, H2096, H2097, H2098, H2099, H2100, H2101, H2102, H2103, H2104, H2105, H2106, H2107, H2108, H2109, H2110, H2111, H2112, H2113, H2114, H2115, H2116, H2117, H2118, H2119, H2120, H2121, H2122, H2123, H2124, H2125, H2126, H2127, H2128, H2129, H2130, H2131, H2132, H2133, H2134, H2135, H2136, H2137, H2138, H2139, H2140, H2141, H2142, H2143, H2144, H2145, H2146, H2147, H2148, H2149, H2150, H2151, H2152, H2153, H2154, H2155, H2156, H2157, H2158, H2159, H2160, H2161, H2162, H2163, H2164, H2165, H2166, H2167, H2168, H2169, H2170, H2171, H2172, H2173, H2174, H2175, H2176, H2177, H2178, H2179, H2180, H2181, H2182, H2183, H2184, H2185, H2186, H2187, H2188, H2189, H2190, H2191, H2192, H2193, H2194, H2195, H2196, H2197, H2198, H2199, H2200, H2201, H2202, H2203, H2204, H2205, H2206, H2207, H2208, H2209, H2210, H2211, H2212, H2213, H2214, H2215, H2216, H2217, H2218, H2219, H2220, H2221, H2222, H2223, H2224, H2225, H2226, H2227, H2228, H2229, H2230, H2231, H2232, H2233, H2234, H2235, H2236, H2237, H2238, H2239, H2240, H2241, H2242, H2243, H2244, H2245, H2246, H2247, H2248, H2249, H2250, H2251, H2252, H2253, H2254, H2255, H2256, H2257, H2258, H2259, H2260, H2261, H2262, H2263, H2264, H2265, H2266, H2267, H2268, H2269, H2270, H2271, H2272, H2273, H2274, H2275, H2276, H2277, H2278, H2279, H2280, H2281, H2282, H2283, H2284, H2285, H2286, H2287, H2288, H2289, H2290, H2291, H2292, H2293, H2294.

- Maisons en bandes, H4001, H4002, H4003, H4004, H4005, H4006, H4007, H4008, H4009, H4010, H4011, H4012, H4013, H4014, H4015, H4016, H4017, H4018, H4019, H4020, H4021, H4022, H4023, H4024, H4025, H4026, H4027, H4028, H4029, H4030, H4031, H4032, H4033, H4034, H4035, H4036, H4037, H4038.

Anonyme/Anonymous
(suite/cont'd)
- Maisons unifamiliales et maisons jumelées, H5001, H5002, H5003, H5004, H5005, H5006, H5007, H5008, H5009, H5010, H5011, H5012, H5013, H5014, H5015, H5016, H5017, H5018, H5019, H5020, H5021, H5022, H5023, H5024, H5025, H5026, H5027, H5028, H5029, H5030, H5031, H5032, H5033, H5034, H5035, H5036, H5037, H5038, H5039, H5040, H5041, H5042, H5043, H5044, H5045, H5046, H5047, H5048, H5049, H5050, H5051, H5052, H5053, H5054, H5055, H5056, H5057, H5058, H5059, H5060, H5061, H5062, H5063, H5064, H5065, H5066, H5067, H5068, H5069, H5070, H5071, H5072, H5073, H5074, H5075, H5076, H5077, H5078, H5079, H5080, H5081, H5082, H5083, H5084, H5085, H5086, H5087, H5088, H5089, H5090, H5091, H5092, H5093, H5094, H5095, H5096, H5097, H5098, H5099, H5100, H5101, H5102, H5103, H5104, H5105, H5106, H5107, H5108, H5109, H5110, H5111, H5112, H5113, H5114, H5115, H5116, H5117, H5118, H5119, H5120, H5121, H5122, H5123, H5124, H5125, H5126, H5127, H5128, H5129, H5130, H5131, H5132, H5133, H5134, H5135, H5136, H5137, H5138, H5139, H5140, H5141, H5142, H5143, H5144, H5145, H5146, H5147, H5148, H5149, H5150, H5151, H5152, H5153, H5154, H5155, H5156, H5157, H5158, H5159, H5160, H5161, H5162, H5163, H5164, H5165, H5166, H5167, H5168, H5169, H5170, H5171, H5172, H5173, H5174, H5175, H5176, H5177, H5178, H5179, H5180, H5181, H5182, H5183, H5184, H5185, H5186, H5187, H5188, H5189, H5190, H5191, H5192, H5193, H5194, H5195, H5196, H5197, H5198, H5199, H5200, H5201, H5202, H5203, H5204, H5205, H5206, H5207, H5208, H5209, H5210, H5211, H5212, H5213, H5214, H5215, H5216, H5217, H5218, H5219, H5220, H5221, H5222, H5223, H5224, H5225, H5226, H5227, H5228, H5229, H5230, H5231, H5232, H5233, H5234, H5235, H5236, H5237, H5238, H5239, H5240, H5241, H5242, H5243, H5244, H5245, H5246, H5247, H5248, H5249, H5250, H5251, H5252, H5253, H5254, H5255, H5256, H5257, H5258, H5259, H5260, H5261, H5262, H5263, H5264, H5265, H5266, H5267, H5268, H5269, H5270, H5271, H5272, H5273, H5274, H5275, H5276, H5277, H5278, H5279, H5280, H5281, H5282, H5283, H5284, H5285, H5286, H5287, H5288, H5289, H5290, H5291, H5292, H5293, H5294, H5295, H5296, H5297, H5298, H5299, H5300, H5301, H5302, H5303, H5304, H5305, H5306, H5307, H5308, H5309, H5310, H5311, H5312, H5313, H5314, H5315, H5316, H5317, H5318, H5319, H5320, H5321, H5322, H5323, H5324, H5325, H5326, H5327, H5328, H5329, H5330, H5331, H5332, H5333, H5334, H5335, H5336, H5337, H5338, H5339, H5340, H5341, H5342, H5343, H5344, H5345, H5346, H5347, H5348, H5349, H5350, H5351, H5352, H5353, H5354, H5355, H5356, H5357, H5358, H5359, H5360, H5361, H5362, H5363, H5364, H5365, H5366, H5367, H5368, H5369, H5370, H5371, H5372, H5373, H5374, H5375, H5376, H5377, H5378, H5379, H5380, H5381, H5382, H5383, H5384, H5385, H5386, H5387, H5388, H5389, H5390, H5391, H5392, H5393, H5394, H5395, H5396, H5397, H5398, H5399, H5400, H5401, H5402, H5403, H5404, H5405, H5406, H5407, H5408, H5409, H5410, H5411, H5412, H5413, H5414, H5415, H5416, H5417, H5418, H5419, H5420, H5421, H5422, H5423, H5424, H5425, H5426, H5427, H5428, H5429, H5430, H5431, H5432, H5433, H5434, H5435, H5436, H5437, H5438, H5439.
- Monuments, K0001, K0002.
- Parcs et jardins, L0001, L0002, L0003, L0004, L0005, L0006, L0007, L0008, L0009, L0010, L0011, L0012, L0013, L0014, L0015, L0016, L0017, L0018, L0019, L0020, L0021, L0022, L0023, L0024.
- Hôpitaux généraux et spécialisés, M0201, M0202, M0203, M0204, M0205, M0206, M0207, M0208, M0209, M0210, M0211, M0212, M0213, M0214, M0215, M0216, M0217, M0218, M0219, M0220, M0221, M0222, M0223, M0224, M0225, M0226.
- Hôpitaux militaires, M1001, M1002, M1003.
- Hôpitaux pour enfants, M2501, M2502, M2503, M2504.
- Hôpitaux universitaires, M3001, M3002, M3003, M3004, M3005, M3006.
- Écoles et résidences d'infirmières, M5001, M5002, M5003, M5004.
- Centres médicaux, M6001, M6002, M6003, M6004.
- Architecture pour handicapés, etc., M7001, M7002, M7003, M7004.
- Constructions pour le transport aérien, N0001, N0002, N0003, N0004, N0005, N0006, N0007, N0008, N0009, N0010, N0011, N0012, N0013, N0014, N0015, N0016, N0017, N0018, N0019, N0020, N0021, N0022, N0023, N0024, N0025, N0026, N0027, N0028, N0029, N0030, N0031, N0032.
- Constructions pour le transport maritime, N1001, N1002, N1003, N1004, N1005, N1006, N1007, N1008, N1009, N1010, N1011, N1012.
- Constructions pour le chemin de fer, N2001, N2002, N2003, N2004, N2005, N2006, N2007, N2008, N2009, N2010, N2011, N2012.
- Constructions de métros, N2501, N2502, N2503, N2504, N2505.
- Constructions pour les autobus, N3001, N3002, N3003, N3004, N3005, N3006, N3007.
- Ponts et tunnels, N3501, N3502, N3503, N3504, N3505, N3506, N3507, N3508, N3509, N3510, N3511, N3512, N3513, N3514, N3515, N3516, N3517, N3518, N3519, N3520, N3521, N3522, N3523, N3524, N3525, N3526, N3527, N3528, N3529, N3530, N3531, N3532, N3533, N3534, N3535, N3536.
- Routes, N4001, N4002, N4003, N4004, N4005, N4006, N4007, N4008, N4009.
- Travaux divers, N4501.
- Constructions pour la radio et la télévision, N7001, N7002, N7003.
- Constructions pour le téléphone, N8001, N8002, N8003, N8004, N8005, N8006, N8007, N8008, N8009, N8010, N8011, N8012, N8013, N8014, N8015, N8016, N8017, N8018, N8019, N8020, N8021, N8022.
- Travaux d'urbanisme et de rénovation urbaine, P0001, P0002, P0003, P0004, P0005, P0006, P0007, P0008, P0009, P0010, P0011, P0012, P0013, P0014, P0015, P0016, P0017, P0018, P0019, P0020, P0021, P0022, P0023, P0024, P0025, P0026, P0027, P0028, P0029, P0030, P0031, P0032, P0033, P0034, P0035, P0036, P0037, P0038, P0039, P0040, P0041, P0042, P0043, P0044, P0045, P0046, P0047, P0048, P0049, P0050, P0051, P0052, P0053, P0054, P0055, P0056, P0057, P0058, P0059, P0060, P0061, P0062, P0063, P0064, P0065, P0066, P0067, P0068, P0069, P0070, P0071, P0072, P0073, P0074, P0075, P0076, P0077, P0078, P0079, P0080, P0081, P0082, P0083, P0084, P0085, P0086, P0087, P0088, P0089, P0090, P0091, P0092, P0093, P0094, P0095, P0096, P0097, P0098, P0099, P0100, P0101, P0102, P0103, P0104, P0105, P0106, P0107, P0108, P0109, P0110, P0111, P0112, P0113, P0114, P0115, P0116, P0117, P0118, P0119, P0120, P0121, P0122, P0123, P0124, P0125, P0126, P0127, P0128, P0129, P0130, P0131, P0132, P0133, P0134, P0135, P0136, P0137, P0138, P0139, P0140, P0141, P0142, P0143, P0144, P0145, P0146, P0147, P0148, P0149, P0150, P0151, P0152, P0153, P0154, P0155, P0156, P0157, P0158, P0159, P0160, P0161, P0162, P0163, P0164, P0165, P0166, P0167, P0168, P0169, P0170, P0171, P0172, P0173, P0174, P0175, P0176, P0177, P0178, P0179, P0180, P0181, P0182, P0183, P0184, P0185, P0186, P0187, P0188, P0189, P0190, P0191, P0192, P0193, P0194, P0195, P0196, P0197, P0198, P0199, P0200, P0201, P0202, P0203, P0204, P0205, P0206, P0207, P0208, P0209, P0210, P0211, P0212, P0213, P0214, P0215, P0216, P0217, P0218, P0219, P0220, P0221, P0222, P0223, P0224, P0225, P0226, P0227, P0228, P0229, P0230, P0231, P0232, P0233, P0234, P0235, P0236, P0237, P0238, P0239, P0240, P0241, P0242, P0243, P0244, P0245, P0246, P0247, P0248, P0249, P0250, P0251, P0252, P0253, P0254, P0255, P0256, P0257, P0258, P0259, P0260, P0261, P0262, P0263, P0264, P0265, P0266, P0267, P0268, P0269, P0270, P0271, P0272, P0273, P0274, P0275, P0276, P0277, P0278, P0279, P0280, P0281, P0282, P0283, P0284, P0285, P0286, P0287, P0288, P0289, P0290, P0291, P0292, P0293, P0294, P0295, P0296, P0297, P0298, P0299, P0300, P0301, P0302, P0303, P0304, P0305, P0306, P0307, P0308, P0309, P0310, P0311, P0312, P0313, P0314, P0315, P0316, P0317, P0318, P0319, P0320, P0321, P0322, P0323, P0324, P0325, P0326, P0327, P0328, P0329, P0330, P0331, P0332, P0333, P0334, P0335, P0336, P0337, P0338, P0339, P0340, P0341, P0342, P0343, P0344, P0345, P0346, P0347, P0348, P0349, P0350, P0351, P0352, P0353, P0354, P0355, P0356, P0357, P0358, P0359, P0360, P0361, P0362, P0363, P0364, P0365, P0366, P0367, P0368, P0369, P0370, P0371, P0372, P0373, P0374, P0375, P0376, P0377, P0378, P0379, P0380, P0381, P0382, P0383, P0384, P0385, P0386, P0387, P0388, P0389, P0390, P0391, P0392, P0393, P0394, P0395, P0396, P0397, P0398, P0399, P0400, P0401, P0402, P0403, P0404, P0405, P0406, P0407, P0408, P0409, P0410, P0411, P0412, P0413, P0414, P0415, P0416, P0417, P0418, P0419, P0420, P0421, P0422, P0423, P0424, P0425, P0426, P0427, P0428, P0429, P0430.
- Quartiers résidentiels, P1001, P1002, P1003, P1004, P1005, P1006, P1007, P1008, P1009, P1010, P1011, P1012, P1013, P1014, P1015, P1016, P1017, P1018, P1019, P1020, P1021, P1022, P1023, P1024, P1025, P1026, P1027, P1028, P1029,

ABRA

Anonyme/Anonymous (suite/cont'd)
P1030, P1031, P1032, P1033, P1034, P1035, P1036, P1037, P1038, P1039, P1040, P1041, P1042, P1043, P1044, P1045, P1046, P1047, P1048, P1049, P1050, P1051, P1052, P1053, P1054, P1055, P1056, P1057, P1058, P1059, P1060, P1061, P1062, P1063, P1064, P1065, P1066, P1067, P1068, P1069, P1070, P1071, P1072, P1073, P1074, P1075, P1076, P1077, P1078, P1079, P1080, P1081, P1082, P1083, P1084, P1085, P1086, P1087, P1088, P1089, P1090, P1091, P1092, P1093, P1094, P1095, P1096, P1097, P1098, P1099, P1100, P1101, P1102, P1103, P1104, P1105, P1106, P1107, P1108, P1109, P1110, P1111, P1112, P1113, P1114, P1115, P1116, P1117, P1118, P1119, P1120, P1121, P1122, P1123, P1124, P1125, P1126, P1127, P1128, P1129, P1130, P1131, P1132, P1133, P1134, P1135, P1136, P1137, P1138, P1139, P1140, P1141, P1142, P1143, P1144, P1145, P1146, P1147, P1148, P1149, P1150, P1151, P1152, P1153, P1154, P1155, P1156, P1157, P1158, P1159, P1160, P1161, P1162, P1163, P1164, P1165, P1166, P1167, P1168, P1169, P1170, P1171, P1172, P1173, P1174, P1175, P1176, P1177, P1178, P1179, P1180, P1181, P1182, P1183, P1184, P1185, P1186, P1187, P1188, P1189, P1190, P1191, P1192, P1193, P1194, P1195, P1196, P1197, P1198, P1199, P1200, P1201, P1202, P1203, P1204, P1205, P1206, P1207, P1208, P1209, P1210, P1211, P1212, P1213, P1214, P1215, P1216, P1217, P1218, P1219, P1220, P1221, P1222, P1223, P1224, P1225, P1226, P1227, P1228, P1229, P1230, P1231, P1232, P1233, P1234, P1235, P1236, P1237, P1238, P1239, P1240, P1241, P1242, P1243, P1244, P1245, P1246, P1247, P1248, P1249, P1250, P1251, P1252, P1253, P1254, P1255, P1256, P1257, P1258, P1259, P1260, P1261, P1262, P1263, P1264, P1265, P1266, P1267, P1268, P1269, P1270, P1271, P1272, P1273, P1274, P1275, P1276, P1277, P1278, P1279, P1280, P1281, P1282, P1283, P1284, P1285, P1286, P1287, P1288, P1289, P1290, P1291, P1292, P1293, P1294, P1295, P1296, P1297, P1298, P1299, P1300, P1301, P1302, P1303, P1304, P1305, P1306, P1307, P1308, P1309, P1310, P1311, P1312, P1313, P1314, P1315, P1316, P1317, P1318, P1319, P1320, P1321, P1322, P1323, P1324, P1325, P1326, P1327, P1328, P1329, P1330, P1331, P1332, P1333, P1334, P1335.

Abra and Balharrie
- Édifices pour l'administration publique, *F5038.*
- Parcs et jardins, *L0025, L0026.*
- Constructions pour le chemin de fer, *N2013.*

Abra & Balharrie
- Édifices cultuels, *A0029, A0030.*
- Entrepôts, *B3059.*
- Bâtiments d'expositions, *D0052.*
- Centres communautaires, *D3042.*
- Maisons unifamiliales et maisons jumelées, *H5440.*
- Centres médicaux, *M6005, M6006.*

Abra & Balharrie; Hazelgrove & Lithwick
- Centres communautaires, *D3043.*

Abra & Balharrie, Hazelgrove & Lithwick, Burgess & McLean
- Édifices d'associations, *B4505.*

Abra, Balharrie & Shore
- Garages, *B3516.*
- Constructions diverses, *D1503, D1504.*
- Écoles primaires et secondaires, *G0608, G0609, G0610, G0611, G0612, G0613, G0614.*
- Hôpitaux généraux et spécialisés, *M0227.*

Abram, G.; Murray, James A.
- Centres communautaires, *D3044.*

Abram, G.S.
- Casernes de pompiers, *F2002.*

Abram, George S.
- Hôtels de ville et centres civiques, *F6031.*

Abram & Ingleson
- Écoles primaires et secondaires, *G0615, G0616, G0617.*
- Écoles d'arts et métiers et écoles spéciales, *G1508.*

Abram, Nowski & McLaughlin
- Immeubles d'appartements, *H2295, H2296.*

Abugov and Sunderland
- Hôtels, *B4075.*
- Centres médicaux, *M6007.*
- Quartiers résidentiels, *P1336, P1337.*

Abugov & Sunderland
- Centres commerciaux, *B1182, B1183, B1184, B1185, B1186, B1187, B1188.*
- Complexes à fonctions commerciale et résidentielle, *B2035.*
- Écoles primaires et secondaires, *G0618.*
- Immeubles d'appartements, *H2297, H2298, H2299.*

Abugov & Sunderland; Andrews, John
- Centres commerciaux, *B1189.*

Achard, Belzile et al.
- Campus (Universités et collèges en général), *G2020.*

Achard, Boivin
- Foyers, *H0072.*

Acres Consulting Services Ltd
- Usines diverses, *B9567.*

Acres, H.G. (Co.)
- Installations de services publics, *B8557.*

Acres, Peter M.
- Édifices cultuels, *A0031.*
- Bâtiments d'expositions, *D0053.*

Adams, Sidney
- Constructions pour la radio et la télévision, *N7004.*

Adamson, A.
- Travaux d'urbanisme et de rénovation urbaine, *P0431.*

Adamson, A.P.; Faludi, E.G.
- Centres commerciaux, *B1190.*

Adamson, Anthony; Faludi, E.G.
- Travaux d'urbanisme et de rénovation urbaine, *P0432.*

Adamson, Anthony; Project Planning Ass.
- Parcs et jardins, *L0027.*

Adamson Associates
- Centres commerciaux, *B1191.*
- Constructions de métros, *N2506, N2507.*

Adamson Associates; Cooper, Ken
- Centres commerciaux, *B1192.*

Adamson Associates; Erickson, Arthur; Dunlop, Farrow, Aitken
- Constructions de métros, *N2508.*

Adamson Associates; Murphy, R.E.
- Centres commerciaux, *B1193.*

Adamson, Gordon (ass.)
- Usines de denrées alimentaires, *B8615, B8616.*
- Laboratoires, *G9034, G9035.*

Adamson, Gordon S.
- Banques, *B0030.*
- Bureaux divers, *B5614, B5615, B5616.*
- Magasins, *B6533.*
- Usines diverses, *B9568, B9569, B9570.*
- Bibliothèques publiques, *D2003.*
- Immeubles d'appartements, *H2300, H2301.*
- Maisons unifamiliales et maisons jumelées, *H5441, H5442, H5443, H5444, H5445.*

Adamson, Gordon S. (ass.)
- Édifices cultuels, *A0032.*
- Édifices religieux divers, *A1014.*
- Édifices des sociétés d'énergie et de télécommunication, *B4909, B4910.*
- Bureaux divers, *B5617, B5618, B5619, B5620.*
- Magasins, *B6534.*
- Imprimeries, *B8305.*
- Usines diverses, *B9571.*

Adamson, Gordon S. (ass.) (suite/cont'd)
- Restaurations diverses, *C0038, C0039.*
- Bibliothèques de maisons d'enseignement, *D2503, D2504.*
- Musées, *D5011.*
- Piscines, *D6027, D6028.*
- Centres de congrès, *D7010.*
- Théâtres, *D7506.*
- Bureaux de poste, *F1029.*
- Constructions pour la défense civile, *F3023, F3024.*
- Édifices pour l'administration publique, *F5039.*
- Hôtels de ville et centres civiques, *F6032, F6033, F6034.*
- Écoles primaires et secondaires, *G0619, G0620, G0621, G0622, G0623, G0624.*
- Écoles d'arts et métiers et écoles spéciales, *G1509, G1510.*
- Campus (Universités et collèges en général), *G2021.*
- Pavillons pour l'enseignement et la recherche, *G7027, G7028, G7029, G7030.*
- Résidences d'étudiants, *G8045, G8046.*
- Foyers, *H0073.*
- Parcs et jardins, *L0028.*
- Constructions pour le téléphone, *N8023, N8024, N8025, N8026.*

Adamson, Gordon S. (Ass.); Allward & Gouinlock; Mathers & Haldenby; Shore & Moffat
- Édifices pour l'administration publique, *F5040.*

Adamson, Gordon S.(Ass.); Bregman and Hamann
- Immeubles d'appartements, *H2302.*

Adamson, Gordon S. (Ass.); David, Barott, Boulva
- Campus (Universités et collèges en général), *G2022.*

Adamson, Gordon S. (ass.); Dumaresq, J. Philip & Ass.
- Bâtiments d'expositions, *D0054.*

Adamson, Gordon S. (Ass.); John B. Parkin (Ass.); Shore, Moffat & Partners
- Campus (Universités et collèges en général), *G2023, G2024, G2025, G2026, G2027, G2028, G2029, G2030.*

Adamson, Gordon S. (ass.); John B. Parkin Ass.; Shore & Moffat & Pa
- Bibliothèques de maisons d'enseignement, *D2505, D2506.*
- Installations pour les sports et l'éducation physique, *G5009.*

Adamson, Gordon S.(Ass.); John B. Parkin Ass.; Shore & Moffat and Partners
- Auditoriums, *G2701.*
- Pavillons pour l'enseignement et la recherche, *G7031, G7032, G7033, G7034, G7035, G7036, G7037.*

Adamson, Gordon S. (Ass.); Kohl, Harry B.
- Centres communautaires, D3046.

Adamson, Gordon S. (ass.); Searle, Wilbee, Rowland; Shore & Moffat Partners
- Bibliothèques de maisons d'enseignement, D2507.

Adamson, Gordon S. (Ass.); Shore, Moffat and Partners
- Édifices des sociétés d'énergie et de télécommunication, B4911.

Adamson, Gordon S.; Morgan, Earle C.
- Centres communautaires, D3045.

Affleck, Desbarats, Dimakopoulos
- Restaurants, B7008, B7009, B7010.

Affleck, Desbarats, Dimakopoulos, Lebensold and Sise
- Quartiers résidentiels, P1338.

Affleck, Desbarats, Dimakopoulos, Lebensold, Michaud, Sise
- Édifices cultuels, A0033.
- Centres commerciaux, B1194.
- Théâtres, D7507.
- Bureaux de poste, F1030.
- Immeubles d'appartements, H2304.
- Maisons unifamiliales et maisons jumelées, H5448.
- Parcs et jardins, L0029.

Affleck, Desbarats, Dimakopoulos, Lebensold, Sise
- Édifices cultuels, A0034, A0035, A0036, A0037.
- Centres commerciaux, B1195.
- Entrepôts, B3060.
- Usines diverses, B9572.
- Bâtiments d'expositions, D0055, D0056, D0057, D0058, D0059.
- Bibliothèques de maisons d'enseignement, D2509.
- Centres communautaires, D3048, D3049, D3050.
- Théâtres, D7508, D7509.
- Édifices pour l'administration publique, F5041.
- Hôtels de ville et centres civiques, F6035.
- Auditoriums, G2702.
- Centres sociaux, G3003.
- Pavillons pour l'enseignement et la recherche, G7038, G7039.
- Immeubles d'appartements, H2305, H2306.

Affleck, Desbarats, Dimakopoulos, Lebensold, Sise; Ashihara, Yoshin
- Bâtiments d'expositions, D0060.

Affleck, Desbarats, Dimakopoulos, Lebensold, Sise; Cummings and Campbell
- Centres communautaires, D3051.
- Théâtres, D7510.

Affleck, Desbarats, Dimakopoulos, Lebensold, Sise; Kerr & Cullingworth
- Théâtres, D7511.

Affleck, Desbarats, Dimakopoulos, Lebensold, Sise; Labranche, Paul
- Foyers, H0074.

Affleck, Dimakopoulos, Lebensold
- Campus (Universités et collèges en général), G2031.
- Pavillons pour l'enseignement et la recherche, G7040.

Affleck, Dimakopoulos, Lebensold; Moody, Moore, Duncan, Rattray, Peters, Searle, Christie
- Restaurations diverses, C0040.

Affleck, Dimakópoulos, Lebensold; Tabler, William
- Hôtels, B4076.

Affleck, R.T.
- Bibliothèques de maisons d'enseignement, D2508.

Affleck, Ray; Desbarats, Guy
- Édifices pour l'administration de la justice, F4024.

Affleck, Raymond
- Centres communautaires, D3047.

Affleck, Raymond T.
- Maisons unifamiliales et maisons jumelées, H5446, H5447.

Agnew, Herbert(Ass.)
- Pavillons pour l'enseignement et la recherche, G7041.
- Hôpitaux universitaires, M3007.
- Écoles et résidences d'infirmières, M5005.

Agnew, Ludlow & Scott
- Hôpitaux généraux et spécialisés, M0228.

Akitt, Alan D.
- Pavillons pour l'enseignement et la recherche, G7042.

Akitt and Swanson
- Bureaux divers, B5621.

Akitt & Swanson
- Usines diverses, B9573.

Ala-Kantti & Liff
- Hôtels, B4077.

Alain, Jean; Ouellet, Jean; Reeves, Jacques; Guité, Rodrigue
- Bureaux divers, B5622.

Alakantti, Liff & Stefaniszyn
- Immeubles d'appartements, H2307.

Albarda & Hounsom
- Installations de services publics, B8558.

Albert, Arcade
- Centres communautaires, D3052.
- Centres médicaux, M6008.

Albert, Hébert, Lemieux, Leroy
- Travaux d'urbanisme et de rénovation urbaine, P0433.

Alberta, Dept. of Public Works
- Résidences d'étudiants, G8047.
- Sanatoriums, M4001.
- Architecture pour handicapés, etc., M7005.

Alberta Provincial Government Public Works
- Édifices pour l'administration publique, F5042.

Alberta Provincial Public Works Department
- Hôpitaux généraux et spécialisés, M0229.

Allan, Bruce; Marshall, Jeff; Mignone, Dominique
- Complexes à fonctions commerciale et résidentielle, B2036.

Allan, E.B.; Beardmore, R.M.
- Maisons unifamiliales et maisons jumelées, H5449.

Alldritt Construction Co. Ltd.
- Maisons unifamiliales et maisons jumelées, H5450.

Allen, Brown, Sherriff
- Écoles primaires et secondaires, G0625.
- Maisons unifamiliales et maisons jumelées, H5451.

Allen, Gower, Huggins and Meiklejohn
- Hôtels de ville et centres civiques, F6036.

Allen & MacIver
- Maisons unifamiliales et maisons jumelées, H5452.

Allward and Gouinlock
- Garages, B3517.
- Imprimeries, B8306.
- Usines de machines, B8828, B8829, B8830.
- Maternelles et jardins d'enfants, G0001.
- Constructions à fonctions utilitaires, G3503.

Allward & Gillies
- Écoles primaires et secondaires, G0626.
- Hôpitaux généraux et spécialisés, M0230.
- Hôpitaux militaires, M1004.

Allward & Gillies; Mott & Myles
- Hôpitaux généraux et spécialisés, M0231.

Allward & Gouinlock
- Édifices cultuels, A0038.
- Entrepôts, B3061, B3062.
- Bureaux divers, B5624, B5625.
- Usines diverses, B9574, B9575.
- Bibliothèques de maisons d'enseignement, D2510.
- Centres communautaires, D3053.
- Musées, D5012.
- Stades, D6520.

Allward & Gouinlock (suite/cont'd)
- Théâtres, D7512.
- Édifices pour l'administration publique, F5043.
- Hôtels de ville et centres civiques, F6037.
- Écoles primaires et secondaires, G0627, G0628, G0629.
- Campus (Universités et collèges en général), G2032, G2033, G2034, G2035.
- Pavillons pour l'enseignement et la recherche, G7043, G7044, G7045.
- Laboratoires, G9036, G9037.
- Foyers, H0075.
- Maisons unifamiliales et maisons jumelées, H5453.
- Hôpitaux militaires, M1005.
- Écoles et résidences d'infirmières, M5006.
- Constructions pour le téléphone, N8027.

Allward & Gouinlock; Mathers & Haldenby; Shore & Moffat; Adamson, Gordon S. (Ass.)
- Édifices pour l'administration publique, F5044.

Allward & Gouinlock; Webb, Zerafa, Menkes, Housden
- Centres commerciaux, B1197.

Allward, Peter A.
- Bureaux divers, B5623.

Alta-West Construction Ltd
- Laboratoires, G9038.

Altman, Sarina
- Théâtres, D7513.

Amano, Shigeru
- Magasins, B6535.

Amos, Amos, Goodman, Pitts
- Restaurants, B7011.

Amos, L.-A. et P.-C.; Goodman, Davis C.
- Hôtels, B4078.

Amos, P.C.
- Entrepôts, B3063.

Amos & Saxe; Cormier, Ernest
- Édifices pour l'administration de la justice, F4025.

Amyot, G.; LaHaye & Ouellet
- Bureaux divers, B5626.

Amyot, Gaston
- Banques, B0031.
- Garages, B3518, B3519.
- Magasins, B6536.
- Édifices pour l'administration publique, F5045, F5046.
- Campus (Universités et collèges en général), G2036.
- Résidences d'étudiants, G8048.

Amyot, Gaston; Mainguy, Lucien
- Installations pour les sports et l'éducation physique, G5010.

Amyot, Gaston; Samson, Paul
- Édifices pour l'administration publique, *F5047*.

Amyot, Gaston; Walker, Fred A.
- Usines diverses, *B9576*.

Amyot & Marchand
- Hôtels, *B4079*.

Amyot, Marchand & Légaré
- Magasins, *B6537*.

Anderegg and Wills
- Maisons unifamiliales et maisons jumelées, *H5454*.

Anderson, A.E.; Aubrey, R.G.; Nairne, R.S.; Pratt, W.F.
- Quartiers résidentiels, *P1339*.

Anderson, Bruce
- Travaux d'urbanisme et de rénovation urbaine, *P0434, P0435*.
- Quartiers résidentiels, *P1340*.

Anderson & Raymer
- Entrepôts, *B3064*.
- Bureaux de professionnels, *B5203*.
- Magasins, *B6538*.
- Écoles primaires et secondaires, *G0630*.

Anderson, Ross
- Parcs et jardins, *L0030*.

Andrews, J.
- Usines de machines, *B8831*.

Andrews, John
- Écoles primaires et secondaires, *G0631, G0632*.
- Centres sociaux, *G3004*.
- Résidences d'étudiants, *G8049*.
- Travaux d'urbanisme et de rénovation urbaine, *P0436, P0437*.

Andrews, John; Abugov & Sunderland
- Centres commerciaux, *B1198*.

Andrews, John; DuBois, Macy; Ireland, Byron; Morgan, Wm.
- Hôtels de ville et centres civiques, *F6038*.

Andrews, John; duToit, Roger; Webb, Zerafa, Menkes, Housden
- Constructions de métros, *N2509*.

Andrews, John; Flemming & Secord
- Résidences d'étudiants, *G8050*.

Andrews, John; Morton, Ian J.
- Bâtiments d'expositions, *D0061, D0062*.

Andrews, John; Murphy, R.E.
- Bibliothèques de maisons d'enseignement, *D2511*.

Andrews, John; Page & Steele
- Campus (Universités et collèges en général), *G2037*.

Andrews, John; Thom, Ron
- Centres sociaux, *G3005*.

Andrews, John; Webb, Zerafa, Menkes
- Centres commerciaux, *B1199*.

Andrews, John; Webb, Zerafa, Menkes, Housden
- Tours panoramiques, *B7502*.
- Travaux d'urbanisme et de rénovation urbaine, *P0438*.

Andrews, W.A.; Gibson & Pokorny
- Immeubles d'appartements, *H2303*.

Annau, Ernest
- Bureaux divers, *B5627*.
- Immeubles d'appartements, *H2308*.
- Maisons en bandes, *H4039*.
- Quartiers résidentiels, *P1341*.

Annett & Bettorf
- Bureaux divers, *B5628*.

Anthoulis
- Immeubles d'appartements, *H2309*.

Apollonio, Bruno
- Édifices cultuels, *A0039*.

Arajs, Barnes, Blumer, Fulker, Hartley, Utley
- Centres communautaires, *D3054*.

Arajs, Barnes, Blumer, Fulker, Hartley, Utley, Turik & Woodworth
- Travaux d'urbanisme et de rénovation urbaine, *P0439*.

Archambault, Louis; Slater, Norman
- Bâtiments d'expositions, *D0063*.

Archambault, Maurice
- Centres communautaires, *D3055*.

Archambault, R.B.; Massey, Geoffrey; Rowett, C.D.; Watkins, E.J.
- Musées, *D5013*.

Archibald and Illsley
- Usines de machines, *B8832*.

Archibald and Illsley; Perry, A. Leslie
- Édifices des sociétés d'énergie et de télécommunication, *B4912*.

Archibald and Illsley; Thompson, Gratton D.
- Architecture pour handicapés, etc., *M7006*.

Archibald, Illsley and Templeton
- Bureaux de poste, *F1031*.

Archibald, Illsley & Templeton; David & Boulva
- Édifices pour l'administration de la justice, *F4026*.

Archibald, John S.
- Édifices cultuels, *A0040*.

Architectes Consortium
- Maisons de vacances, *D1010*.

Architects Consortium; Reid, Crowther & Partners
- Parcs et jardins, *L0031*.

Architects' Partnership
- Écoles primaires et secondaires, *G0634*.

Architectural and Building Dept. of Ontario Hydro; Candy, Kenneth H
- Centres commerciaux, *B1200*.

Architectural Dept. of the Scarborough Board of Education
- Maternelles et jardins d'enfants, *G0002*.

Architectural Division of the Vancouver School Board
- Écoles primaires et secondaires, *G0633*.

Arco Planning Consultants Ltd
- Campus (Universités et collèges en général), *G2038*.

Arcop
- Centres communautaires, *D3056*.

Arcop & Ass
- Restaurations diverses, *C0041*.

Arcop Ass.; Sankey Ass.
- Hôtels, *B4080*.

Arcop Associates
- Centres commerciaux, *B1201, B1202*.
- Musées, *D5014*.
- Écoles primaires et secondaires, *G0635*.

Arcop Associates; Jodoin, Lamarre, Pratte
- Musées, *D5015*.

Arcop Associates; Smith, Carter Partners
- Centres commerciaux, *B1204*.

Arcop Associés
- Habitation subventionnée, *H1024*.

Arcop Associés; Lahaye, J.C et ass.
- Centres commerciaux, *B1203*.

Arcop & Blood
- Bureaux divers, *B5629*.

Ardec Consultants
- Bâtiments d'expositions, *D0064*.

Armour, Blewett & Partners
- Centres commerciaux, *B1205*.

Armstrong and Molesworth
- Hôtels, *B4081*.

Armstrong, D.G.
- Immeubles d'appartements, *H2310*.

Armstrong, Geoffrey
- Restaurations diverses, *C0042*.

Armstrong & Molesworth
- Maisons de vacances, *D1011*.
- Hôpitaux généraux et spécialisés, *M0232*.

Armstrong, N.A.
- Entrepôts, *B3065*.
- Usines diverses, *B9577*.
- Maisons unifamiliales et maisons jumelées, *H5455, H5456*.

Arnold, Arthur
- Théâtres, *D7514, D7515*.

Arnott and Sugiyama
- Édifices d'associations, *B4506*.

Arnott, C.
- Hôtels de ville et centres civiques, *F6039*.

Arnott, G.; Izumi, K.; Stewart, G.
- Travaux d'urbanisme et de rénovation urbaine, *P0440*.

Arnott, Gordon
- Constructions de métros, *N2510*.

Arnott, Gordon; Izumi, K.
- Hôtels, *B4082*.

Arnott, Gordon R.
- Centres communautaires, *D3057*.

Arnott, Gordon R. (Ass.)
- Centres commerciaux, *B1206*.

Arnott, MacPhail, Johnstone and Assoc. Ltd
- Bureaux divers, *B5630*.

Arnott, MacPhail, Johnstone & Ass.
- Édifices pour l'administration publique, *F5048, F5049*.

Arnott, MacPhail, Johnstone & Ass. Ltd.
- Centres commerciaux, *B1207*.

Arthur, E.R.
- Maisons unifamiliales et maisons jumelées, *H5457*.

Arthur, E.R.; Marani and Morris
- Hôpitaux généraux et spécialisés, *M0233*.

Arthur, Eric
- Restaurations diverses, *C0043*.
- Campus (Universités et collèges en général), *G2039*.

Arthur, Eric; Balharrie, Watson; Bland, John; Massey, Hart; Merrett, Campbell
- Pavillons pour l'enseignement et la recherche, *G7046*.

Arthur, Eric; Balharrie, Watson; etc.
- Campus (Universités et collèges en général), *G2040*.

Arthur, Eric R.; Duncan, Roberts; Newton, Wilson
- Campus (Universités et collèges en général), *G2041*.

Arthur & Fleury
- Usines de denrées alimentaires, *B8617*.

Arthur, Fleury and Piersol
- Garages, *B3520*.
- Usines de denrées alimentaires, *B8618*.

Ashihara, Yoshinobu; Affleck, Desbarats, Dimakopoulos, Lebensold, S
- Bâtiments d'expositions, *D0065*.

Ashworth, F.
- Banques, *B0032*.

Ashworth, Fred; Webb, Zerafa, Menkes
- Centres commerciaux, *B1208*.

Ashworth, Robbie, Vaughan & Williams
- Bâtiments d'expositions, *D0066*.

Ashworth-Webb; Zerafa-Menkes
- Complexes à fonctions commerciale et résidentielle, *B2037*.

Assaly, Tom
- Maisons unifamiliales et maisons jumelées, *H5458*.

ATEC
- Banques, *B0033*.

Atkins, Gordon
- Centres commerciaux, *B1209*.
- Maisons de vacances, *D1012*.
- Travaux d'urbanisme et de rénovation urbaine, *P0441*.

Atkins, Gordon (Ass.)
- Édifices pour l'administration de la justice, *F4027*.

Atkins, Gordon L.
- Écoles primaires et secondaires, *G0636*.
- Maisons unifamiliales et maisons jumelées, *H5459*, *H5460*, *H5461*, *H5462*.

Atkins, W.S. (Ass.)
- Entrepôts, *B3066*.

Atkinson, Parazadev, Lostracco and Bannerman Consultants Ltd
- Usines diverses, *B9578*.

Aubrey, R.G.
- Pavillons pour l'administration universitaire, *G6002*.

Aubrey, R.G.; Anderson, A.E.; Nairne, R.S.; Pratt, W.F.
- Quartiers résidentiels, *P1342*.

Aubrey, Roland
- Centres communautaires, *D3058*.

Audet & Blais
- Complexes à fonctions commerciale et résidentielle, *B2038*.
- Magasins, *B6539*.
- Usines diverses, *B9579*.
- Écoles primaires et secondaires, *G0638*.
- Maisons unifamiliales et maisons jumelées, *H5463*.

Audet et Blais
- Banques, *B0034*, *B0035*, *B0036*.

Audet, Jean-Paul
- Maisons de vacances, *D1013*.

Audet, Jean-Paul; Bélanger, Alphonse
- Écoles d'arts et métiers et écoles spéciales, *G1511*.

Audet, Jean-Paul; Royer, André
- Écoles primaires et secondaires, *G0639*.

Audet, L.N.
- Écoles primaires et secondaires, *G0637*.
- Hôpitaux généraux et spécialisés, *M0234*.

Audet, Louis N.
- Édifices cultuels, *A0041*, *A0042*.
- Édifices religieux divers, *A1015*.

Audet, Louis-N.; Roisin, M.
- Édifices cultuels, *A0043*, *A0044*.

Audet, Roméo
- Quartiers résidentiels, *P1343*.

Audet, Tremblay, Audet
- Édifices cultuels, *A0045*.
- Bureaux divers, *B5631*.
- Stades, *D6521*.
- Écoles primaires et secondaires, *G0640*, *G0641*.
- Pavillons pour l'enseignement et la recherche, *G7047*.
- Maisons unifamiliales et maisons jumelées, *H5464*.
- Écoles et résidences d'infirmières, *M5007*, *M5008*.

Audet, Tremblay et Audet
- Immeubles d'appartements, *H2311*.

Auger, Boyd
- Bâtiments d'expositions, *D0067*.

Auger et Mainguy
- Sanatoriums, *M4002*.

Auger, Jules; Cabana, Maurice; Gagnon, Gilles; Panzini, Michel
- Immeubles d'appartements, *H2312*.

Avramovitch, Aza
- Maisons unifamiliales et maisons jumelées, *H5465*, *H5466*.

Ayotte
- Quartiers résidentiels, *P1344*.

Ayotte et Bergeron
- Constructions de métros, *N2511*.

Ayotte & Poulin
- Écoles primaires et secondaires, *G0642*, *G0643*.

Azrieli, David; Sohn, Leon
- Centres commerciaux, *B1210*.

B & A Construction
- Maisons unifamiliales et maisons jumelées, *H5467*, *H5468*.

Bach, Michael
- Édifices cultuels, *A0046*, *A0047*.
- Maisons de vacances, *D1014*.
- Immeubles d'appartements, *H2313*.
- Maisons unifamiliales et maisons jumelées, *H5469*.

Bach, Michael; Fliess, Henry
- Immeubles d'appartements, *H2314*.

Bach, Michael; Murray, James
- Maisons unifamiliales et maisons jumelées, *H5470*.

Bacon, Graham
- Casernes de pompiers, *F2003*.

Bacon, Graham; Grossman, Irving
- Centres communautaires, *D3059*.

Bain, Burroughs, Hanson, Raimet
- Centres commerciaux, *B1211*.
- Quartiers résidentiels, *P1345*, *P1346*, *P1347*.

Baird, George; Lorimer, James
- Travaux d'urbanisme et de rénovation urbaine, *P0442*.

Baker, Joseph
- Usines de machines, *B8833*.
- Bâtiments d'expositions, *D0068*.
- Maisons unifamiliales et maisons jumelées, *H5471*.

Baker, Joseph; Markson, Jerome
- Maisons unifamiliales et maisons jumelées, *H5472*.

Baker, Salmona, Hess
- Parcs et jardins, *L0032*.

Bakker, C.M.; Caspari, Peter
- Immeubles d'appartements, *H2315*.

Bakker, Joost; Geary, Michael; Hotson, Norman
- Centres commerciaux, *B1212*.

Bakker, Joost; Hotson, Norman
- Travaux d'urbanisme et de rénovation urbaine, *P0443*.

Balaz, A.M.
- Centres communautaires, *D3060*.

Balbi, Doroz Architects Ltd
- Bureaux divers, *B5632*.

Balharrie, Helmer and Morin
- Stades, *D6522*.

Balharrie, Helmer & Ass.; Greenspoon, Freedlander & Dunne
- Édifices pour l'administration publique, *F5051*.

Balharrie, Helmer et Morin
- Édifices cultuels, *A0048*.

Balharrie, Helmer, Gibson
- Écoles primaires et secondaires, *G0644*.
- Travaux d'urbanisme et de rénovation urbaine, *P0444*.

Balharrie, Helmer & Morin
- Édifices d'associations, *B4507*.
- Bâtiments d'expositions, *D0069*.
- Bibliothèques de maisons d'enseignement, *D2512*.
- Pavillons pour l'enseignement et la recherche, *G7048*, *G7049*.

Balharrie, J. Watson
- Édifices pour l'administration publique, *F5050*.

Balharrie, Watson; Bland, John; Massey, Hart; Merrett, Campbell; Arthur, Eric
- Pavillons pour l'enseignement et la recherche, *G7050*, *G7051*.

Balharrie, Watson; Helmer and Morin; Massey, Hart; Bland, John; Arthur, Eric; Merrett, Campbell
- Campus (Universités et collèges en général), *G2042*.

Balharrie, Watson J.
- Bureaux divers, *B5633*.

Balkansky, Basil; Lyle, Eugene
- Maisons unifamiliales et maisons jumelées, *H5473*.

Bamberger, E.
- Centres communautaires, *D3061*.
- Écoles primaires et secondaires, *G0645*.

Bamberger, Erwin
- Banques, *B0037*.
- Entrepôts, *B3067*.

Bancroft, Brian
- Travaux d'urbanisme et de rénovation urbaine, *P0445*.

Banfield, John A.
- Usines diverses, *B9581*.

Banz, Brook, Carruthers, Grierson, Shaw
- Garages, *B3521*.
- Hôtels, *B4083*.
- Installations de services publics, *B8559*, *B8560*.
- Bibliothèques publiques, *D2004*, *D2005*.
- Écoles primaires et secondaires, *G0646*, *G0647*.
- Campus (Universités et collèges en général), *G2043*.
- Routes, *N4010*.

Banz, George
- Immeubles d'appartements, *H2316*.
- Maisons unifamiliales et maisons jumelées, *H5474*.
- Quartiers résidentiels, *P1348*, *P1349*.

Barclay, Stanley B.
- Maisons unifamiliales et maisons jumelées, *H5475*.

Baril, R.P.
- Édifices cultuels, *A0049*.

Barker, Kent
- Maisons unifamiliales et maisons jumelées, *H5476*.

Barker, Kent; McBain, W.J.
- Écoles primaires et secondaires, *G0648.*

Barlot, Jean
- Stades, *D6523.*

Barnes, George; Erickson-Massey
- Quartiers résidentiels, *P1350.*

Barnes, George; Hartley, Gordon; Nelson, Ron
- Maisons unifamiliales et maisons jumelées, *H5477.*

Barnes, Thomas D.
- Maisons unifamiliales et maisons jumelées, *H5481.*

Barnes, Tom
- Maisons unifamiliales et maisons jumelées, *H5478, H5479, H5480.*

Barnett & Rieder
- Usines diverses, *B9582.*
- Édifices pour l'administration de la justice, *F4028, F4029.*

Barnett & Rieder; Craig & Zeidler
- Écoles primaires et secondaires, *G0649.*

Baroni, Sergio; Garatti, Vittorio
- Bâtiments d'expositions, *D0070.*

Barott and Blackader
- Banques, *B0038.*

Barott, Marshall; Merrett & Barott
- Bureaux divers, *B5634.*
- Usines diverses, *B9583.*
- Hôpitaux généraux et spécialisés, *M0235.*

Barott, Marshall, Merrett & Barrott
- Ponts et tunnels, *N3537.*

Barott, Marshall, Montgomery and Merrett
- Constructions pour la défense civile, *F3025.*

Barott, Marshall, Montgomery, Merrett
- Édifices des sociétés d'énergie et de télécommunication, *B4913.*
- Bureaux divers, *B5635, B5636, B5637.*
- Magasins, *B6540.*
- Usines diverses, *B9584, B9585, B9586.*
- Constructions pour le téléphone, *N8028.*

Barratt, Ernest
- Entrepôts, *B3068.*

Barratt, Marshall, Montgomery & Merrett
- Entrepôts, *B3069, B3070.*

Barrett, Bruce
- Maisons unifamiliales et maisons jumelées, *H5482.*

Barrot, Marshall, Montgomery & Merrett
- Écoles primaires et secondaires, *G0650, G0651, G0652, G0653.*

Barrott, Marshall; Montgomery & Merrett
- Laboratoires, *G9039.*

Bassler, Herbert
- Travaux d'urbanisme et de rénovation urbaine, *P0446.*

Bastiga Constr. Ltd
- Maisons unifamiliales et maisons jumelées, *H5500.*

Bateman, J. Bruce
- Immeubles d'appartements, *H2317, H2318, H2319, H2320.*

Bates, Maxwell; Hodges, Alfred W.
- Édifices cultuels, *A0050.*

Baudoin et Sauriol, Longpré, Marchand, Goudreau, Dobush, Stewart
- Campus (Universités et collèges en général), *G2044.*

Baudoin, Sauriol, Moreau, Des Rochers, Dumont
- Hôpitaux généraux et spécialisés, *M0236.*

Bauld & Mitchell; Fowler, C.A.
- Musées, *D5016.*
- Campus (Universités et collèges en général), *G2045.*
- Centres sociaux, *G3006.*

Bawlf, Nicholas R.
- Travaux d'urbanisme et de rénovation urbaine, *P0447.*

Bawlf, Nick
- Restaurations diverses, *C0044.*

Bawtinheimer, Mark
- Restaurations diverses, *C0045.*

Baxter, Robert W.; Tofin, F.P.
- Centres sociaux, *G3007.*

Beardmore, R.M.; Allan, E.B.
- Maisons unifamiliales et maisons jumelées, *H5483.*

Beardmore, Richard; Franco, Isaac; Wiseman, Allan
- Complexes à fonctions commerciale et résidentielle, *B2039.*

Beatson, G. R. (Ass.)
- Piscines, *D6029.*

Beatson, Stevens (ass.)
- Bâtiments d'expositions, *D0071.*

Beattie, E.K.; Nagay, Maria de
- Maisons unifamiliales et maisons jumelées, *H5484.*

Beattie, W.C.; Ross & MacDonald
- Hôtels, *B4084.*

Beauchamp, J. Napoléon
- Écoles primaires et secondaires, *G0654.*

Beauchamp, Napoléon
- Piscines, *D6030.*

Beauchemin-Beaton, Lapointe
- Ponts et tunnels, *N3538.*

Beauchemin-Beaton, Lapointe (suite/cont'd)
- Travaux d'urbanisme et de rénovation urbaine, *P0448, P0449, P0450.*

Beaudoin, Jean
- Maisons unifamiliales et maisons jumelées, *H5485.*

Beaugrand-Champagne, A.
- Maisons unifamiliales et maisons jumelées, *H5486.*

Beaulé et Morissette
- Édifices cultuels, *A0051.*
- Banques, *B0040.*
- Constructions pour le téléphone, *N8029, N8030, N8031, N8032.*

Beaulé, Oscar
- Banques, *B0039.*
- Bureaux de poste, *F1032.*

Beaulieu, Claude; Cardinal, Aurèle; Chen, Ken
- Travaux d'urbanisme et de rénovation urbaine, *P0451.*

Beaulieu, Claude; Folch-Ribas, Jacques
- Maisons unifamiliales et maisons jumelées, *H5487.*

Beaulieu, Jean-Louis
- Constructions de métros, *N2512.*

Beaulieu, Trudeau et Ass.
- Ponts et tunnels, *N3539.*

Beaupré, Couture, Leblanc, Martineau
- Travaux d'urbanisme et de rénovation urbaine, *P0452.*

Beaupré, Donat
- Parcs et jardins, *L0033.*

Beaupré, Louis
- Édifices cultuels, *A0052.*
- Magasins, *B6541.*

Beauregard, Philippe
- Restaurants, *B7012.*

Beauvais et Lusignan
- Pavillons pour l'enseignement et la recherche, *G7052.*
- Immeubles d'appartements, *H2321, H2322.*

Beauvais & Lusignan
- Entrepôts, *B3071.*
- Garages, *B3522.*
- Hôtels, *B4085, B4086.*

Beauvais & Lusignan; Zeidler, E.
- Centres commerciaux, *B1213.*

Beauvais, Michel Pierre
- Édifices cultuels, *A0053.*

Beauvais, Pierre-M.; Lusignan, Camille
- Maisons unifamiliales et maisons jumelées, *H5488.*

Beck and Eadie
- Entrepôts, *B3072, B3073.*
- Usines de machines, *B8834, B8835.*

Beck and Eadie (suite/cont'd)
- Usines diverses, *B9587.*
- Bibliothèques publiques, *D2006.*

Beck & Eadie
- Banques, *B0041, B0042.*

Beck & Eadie; Mathers & Haldenby
- Banques, *B0043.*

Bédard, Bruno
- Maisons unifamiliales et maisons jumelées, *H5489, H5490.*

Bédard & Charbonneau
- Écoles primaires et secondaires, *G0655, G0656.*

Bédard-Minty Inc.
- Maisons unifamiliales et maisons jumelées, *H5491.*

Bédard, Roland; Gagnon, J. Berchmans
- Centres communautaires, *D3062.*

Bédard, Roland; Gréber, Jacques; Fiset, Edouard
- Travaux d'urbanisme et de rénovation urbaine, *P0453.*

Bedbrooke, Robert
- Édifices pour l'administration publique, *F5052.*

Beddall, T.William
- Édifices pour l'administration de la justice, *F4030.*

Bégin, B.; Daudelin, G.
- Édifices religieux divers, *A1016.*

Bégin, Benoît-J.
- Quartiers résidentiels, *P1351.*

Bégin, Benoît-J.; Campeau, C.-E.
- Travaux d'urbanisme et de rénovation urbaine, *P0454.*

Bégin, Benoît-J.; Robert, Georges
- Travaux d'urbanisme et de rénovation urbaine, *P0455, P0456, P0457.*

Bégin, Benoît; Robert, Georges; Ouellet, Jean; Jolicoeur, J.-P.
- Quartiers résidentiels, *P1354.*

Bégin et Robert
- Quartiers résidentiels, *P1352, P1353.*

Bégin et Rodrigue
- Stades, *D6524.*

Bégin, Étienne
- Hôtels, *B4087.*
- Écoles primaires et secondaires, *G0657.*

Bégin, Michel
- Hôtels, *B4088.*
- Maisons unifamiliales et maisons jumelées, *H5492.*

Beinhaker/Irwin Ass.; Wai, Joe
- Centres communautaires, *D3063.*

Beinhaker/Irwin Associates; Downs/Archambault
- Immeubles d'appartements, *H2323*.
- Quartiers résidentiels, *P1355*.

Béique et Boudrias
- Immeubles d'appartements, *H2325*.

Béique, Jacques
- Immeubles d'appartements, *H2324*.

Béland, P.
- Édifices cultuels, *A0054*, *A0055*.

Béland, Paul
- Banques, *B0044*.
- Centres communautaires, *D3064*.
- Constructions de métros, *N2513*.

Béland, Paul; Roy-Rouillard, Pauline; Dumais, Charles; Venne, G
- Quartiers résidentiels, *P1356*.

Bélanger, Alphonse
- Édifices cultuels, *A0056*, *A0057*, *A0058*, *A0059*.
- Édifices religieux divers, *A1017*, *A1018*.
- Magasins, *B6542*.
- Hôtels de ville et centres civiques, *F6040*.
- Écoles primaires et secondaires, *G0658*, *G0659*.
- Pavillons pour l'enseignement et la recherche, *G7053*.
- Maisons unifamiliales et maisons jumelées, *H5493*.

Bélanger, Alphonse; Audet, Jean-Paul
- Écoles d'arts et métiers et écoles spéciales, *G1512*.

Bélanger, Alphonse; Grégoire, J.W.
- Hôpitaux généraux et spécialisés, *M0237*.

Bélanger, Alphonse; Grégoire, Wilfrid
- Édifices pour l'administration publique, *F5053*.

Bélanger-Burman, Monique; Burman, George
- Centres communautaires, *D3065*.

Bélanger et Tremblay
- Installations de services publics, *B8561*.
- Habitation subventionnée, *H1025*.

Bélanger, Gilles
- Musées, *D5017*.

Bélanger, Gilles; Trépanier, Paul-O.
- Écoles primaires et secondaires, *G0662*.

Bélanger, Ivan; Roux, Pierre-Paul
- Bâtiments d'expositions, *D0072*.

Bélanger, Jean; Blain, Guy; Ritchot, Jean
- Pavillons pour l'enseignement et la recherche, *G7054*.

Bélanger, Louise; Cliche, Lucie
- Immeubles d'appartements, *H2326*.

Bélanger, Marc
- Centres commerciaux, *B1214*.

Bélanger, R.-Gilles; Trépanier, Paul.-O.
- Maisons unifamiliales et maisons jumelées, *H5494*.

Bélanger, R.-Gilles; Trépanier, Paul-O.
- Banques, *B0045*.

Bélanger, Roy, Blanchette
- Travaux d'urbanisme et de rénovation urbaine, *P0458*.

Bélanger & Tardif
- Écoles primaires et secondaires, *G0660*, *G0661*.

Bélanger, Yvan
- Musées, *D5018*.

Bélanger, Yves
- Édifices cultuels, *A0060*, *A0061*, *A0062*, *A0063*.
- Édifices religieux divers, *A1019*.

Bélanger, Yves; Cantin, Pierre
- Édifices cultuels, *A0064*.

Belcourt & Blair
- Centres commerciaux, *B1215*.
- Édifices d'associations, *B4508*.
- Bureaux divers, *B5638*.
- Écoles primaires et secondaires, *G0663*.
- Immeubles d'appartements, *H2327*.
- Maisons en bandes, *H4040*.
- Maisons unifamiliales et maisons jumelées, *H5495*.
- Quartiers résidentiels, *P1357*, *P1358*.

Bell & McCulloch
- Bureaux divers, *B5639*.

Bell, McCulloch, Spotowski
- Laboratoires, *G9040*.

Bell Telephone Architects
- Constructions pour le téléphone, *N8033*, *N8034*, *N8035*.

Belle & Koffman
- Immeubles d'appartements, *H2328*.

Bellot, Dom Paul
- Édifices religieux divers, *A1020*.

Belzile, Brassard, Gallienne
- Pavillons pour l'enseignement et la recherche, *G7055*.

Bemi, G.E.
- Restaurants, *B7013*.

Bemi, George E. (ass.)
- Bibliothèques publiques, *D2007*.

Bemi, Murray & ass.
- Édifices cultuels, *A0065*.

Ben, Colin
- Complexes à fonctions commerciale et résidentielle, *B2040*.

Benedek, Alexander
- Bureaux divers, *B5640*.

Benedek, Alexander; Kolenc, A.
- Immeubles d'appartements, *H2329*.

Bennett, Robert C. (Ass.)
- Écoles primaires et secondaires, *G0664*.

Bennett, W.; Cunningham, W.; Mazurkiewicz, Z.; Ridgeley, G.; Vansto
- Maisons de vacances, *D1015*.

Bennett & White
- Écoles primaires et secondaires, *G0665*.
- Constructions pour le transport aérien, *N0033*.

Benson, Oran
- Maisons unifamiliales et maisons jumelées, *H5496*.

Bergeron, J.-S.
- Édifices cultuels, *A0066*.

Bergeron, J.S.; Lacroix, W.
- Édifices pour l'administration publique, *F5054*.

Bergman, Ralph
- Écoles spécialisées, *G4009*.

Bernard, Gilles; Harvey, Jacques; Mercier, Pierre
- Immeubles d'appartements, *H2330*.

Bernhart, Alfred P.
- Quartiers résidentiels, *P1359*.

Bernier, M.
- Théâtres, *D7516*.

Bernstein, Alan L.; Mayerovitch, Harry; Greenspoon, Freedlander & D
- Écoles primaires et secondaires, *G0666*.

Bernstein, Alan; Mayerovitch, Harry; Hickling, Allen; Regenstreif, Avrum
- Théâtres, *D7517*.

Berthiaume, Adrien
- Magasins, *B6543*.
- Hôtels de ville et centres civiques, *F6041*.
- Écoles primaires et secondaires, *G0667*.

Berthiaume, Adrien; Marshall & Merret; Stahl, Elliot & Mill
- Écoles primaires et secondaires, *G0668*.

Bertram, W.R.B.
- Écoles primaires et secondaires, *G0669*.

Berwick, Pratt & S. Brodie
- Maisons unifamiliales et maisons jumelées, *H5499*.

Berwick, R.A.D.
- Centres communautaires, *D3066*.
- Maisons unifamiliales et maisons jumelées, *H5497*, *H5498*.

Betts & Lawson
- Édifices pour l'administration publique, *F5055*, *F5056*.

Betts, Randolph C.; Perry, A. Leslie
- Écoles primaires et secondaires, *G0670*.

Bigonesse, Aurèle; Mainguy, Maurice
- Écoles spécialisées, *G4010*.

Bigonesse, J.-A.; Beauchamp, Nap.
- Sanatoriums, *M4003*.

Bigonesse, J. Aurèle
- Hôpitaux généraux et spécialisés, *M0238*.

Bigonesse, J.-Aurèle; Mainguy, Lucien
- Édifices pour l'administration publique, *F5057*.

Bird, John
- Édifices cultuels, *A0067*, *A0068*, *A0069*.
- Édifices religieux divers, *A1021*.
- Usines diverses, *B9588*.
- Maisons unifamiliales et maisons jumelées, *H5501*, *H5502*.

Bird, John; Schrier, Arnold
- Magasins, *B6544*.

Birley, Patrick
- Usines de machines, *B8836*.
- Constructions pour la défense civile, *F3026*.

Birley, Wade and Stockdill
- Magasins, *B6545*.

Birley, Wade & Stockdill
- Bureaux divers, *B5641*, *B5642*.
- Constructions pour la défense civile, *F3027*.
- Écoles primaires et secondaires, *G0671*, *G0672*, *G0673*.

Birmingham and Wood
- Bureaux divers, *B5644*.

Birmingham, W.H.
- Bureaux divers, *B5643*.
- Maisons unifamiliales et maisons jumelées, *H5503*, *H5504*.
- Centres médicaux, *M6009*.

Birmingham, W.H.; Lasserre, F.
- Centres communautaires, *D3067*.

Birmingham, William Henry
- Centres commerciaux, *B1216*.

Birmingham & Wood
- Travaux d'urbanisme et de rénovation urbaine, *P0459*.

BIRMINGHAM

Birmingham & Wood; Kovach, R.
– Travaux d'urbanisme et de rénovation urbaine, *P0460, P0461.*

Bissell & Holman
– Écoles primaires et secondaires, *G0674, G0675, G0676.*

Bisson, Claude
– Constructions pour le transport maritime, *N1013.*

Bisson, Hébert, Blais et Bélanger
– Foyers, *H0076.*

Bissonnette, J.
– Pavillons pour l'administration universitaire, *G6003.*

Bissonnette, Jacques
– Bâtiments d'expositions, *D0073.*
– Sanatoriums, *M4004.*

Bittford-Wensley
– Édifices cultuels, *A0070.*

Bittorf, Don
– Musées, *D5019.*

Bittorf, Holland, Christianson
– Centres commerciaux, *B1217.*
– Travaux d'urbanisme et de rénovation urbaine, *P0462.*

Bittorf-Pinckston
– Pavillons pour l'enseignement et la recherche, *G7056.*

Bittorf-Wensley; Hemingway and Laubental; Pinckston, Donald L.
– Centres commerciaux, *B1218.*

Björnstard, Tore
– Constructions pour la radio et la télévision, *N7005.*

Blachford, Hugh W.; Ship, Harold; Wood, A. Campbell
– Musées, *D5020.*

Black, G. Duncan (Ltd)
– Édifices pour l'administration de la justice, *F4031.*

Black, H.K.
– Bureaux divers, *B5645.*
– Bibliothèques de maisons d'enseignement, *D2513.*
– Écoles primaires et secondaires, *G0677.*
– Écoles spécialisées, *G4011.*
– Hôpitaux généraux et spécialisés, *M0239, M0240.*
– Constructions pour les autobus, *N3008.*
– Constructions pour le téléphone, *N8036.*

Black, Larson & McMillan
– Écoles primaires et secondaires, *G0678, G0679.*

Black, Larson, McMillan and Partners; Moody, Moore and Partners
– Campus (Universités et collèges en général), *G2046.*

Black, Larson, McMillan & ass.
– Hôtels, *B4089.*

Black, Susan
– Magasins, *B6546, B6547.*

Blackburn & Frère Enr.
– Maisons unifamiliales et maisons jumelées, *H5505, H5506.*

Blackwell and Craig
– Centres médicaux, *M6010.*

Blackwell, Craig and Zeidler
– Édifices cultuels, *A0071.*
– Maisons unifamiliales et maisons jumelées, *H5507, H5508.*
– Constructions pour la radio et la télévision, *N7006.*

Blackwell, W. and W.R.L. & Craig
– Banques, *B0046.*

Blais et Bélanger
– Constructions de métros, *N2514.*

Blais, Gilles
– Constructions pour le transport aérien, *N0034.*

Blais, Shedden & ass.
– Édifices religieux divers, *A1022.*

Blakey, W.G.
– Théâtres, *D7518.*
– Hôpitaux généraux et spécialisés, *M0241.*

Blanchet, Berthiaume
– Maisons unifamiliales et maisons jumelées, *H5509.*

Blanchet, René
– Édifices cultuels, *A0072, A0073, A0074.*
– Bureaux divers, *B5646.*
– Écoles primaires et secondaires, *G0680.*
– Pavillons pour l'enseignement et la recherche, *G7057.*

Blanchet, René; Jean, Charles-A.
– Édifices cultuels, *A0075.*

Blanchet, René; Lapointe, Paul-Émile
– Édifices cultuels, *A0076.*

Bland, John
– Écoles primaires et secondaires, *G0681.*
– Travaux d'urbanisme et de rénovation urbaine, *P0463, P0464.*

Bland, John; Arthur, Eric; Balharrie, Watson; Massey, Hart, Merrett, Campbell
– Pavillons pour l'enseignement et la recherche, *G7058.*

Bland, John; Balharrie, Watson; etc.
– Campus (Universités et collèges en général), *G2047.*

Bland, Lemoyne & Edwards
– Centres communautaires, *D3068.*

Bland, Lemoyne, Edwards, Shine
– Installations de services publics, *B8562.*
– Écoles primaires et secondaires, *G0682.*

Bland, Lemoyne, Edwards, Shine (suite/cont'd)
– Pavillons pour l'enseignement et la recherche, *G7059.*
– Constructions de métros, *N2515.*

Bland, Lemoyne, Edwards, Shine; Spence, Basil
– Bâtiments d'expositions, *D0074.*

Bland, LeMoyne, Edwards; Trudeau, Charles-Elliott
– Constructions pour le téléphone, *N8037.*

Bland, Lemoyne & Shine
– Bureaux divers, *B5647.*
– Bâtiments d'expositions, *D0075.*

Bland, Lemoyne, Shine, Lacroix
– Bibliothèques de maisons d'enseignement, *D2514.*
– Travaux d'urbanisme et de rénovation urbaine, *P0465.*

Bland, Lemoyne, Shine, Lacroix; Prus, Victor
– Musées, *D5021.*

Blankstein & Coop
– Bureaux divers, *B5648.*

Blankstein, Coop, Gillmor & Hanna
– Centres communautaires, *D3069.*
– Pavillons pour l'enseignement et la recherche, *G7060, G7061.*
– Immeubles d'appartements, *H2331.*

Blankstein, Morley
– Routes, *N4011.*

Blankstein, Russell; St-Jacques, Mongenais
– Hôpitaux militaires, *M1006.*

Blatherwick
– Maisons unifamiliales et maisons jumelées, *H5510.*

Blatherwick, John L.
– Édifices religieux divers, *A1023.*

Blatter & Caron
– Centres communautaires, *D3070.*
– Hôpitaux généraux et spécialisés, *M0242.*

Blatter, Caron et Côté
– Édifices cultuels, *A0078.*

Blatter & Caron; Gagnon, J. Berchmans
– Édifices religieux divers, *A1024.*

Blatter, R. & Caron, G.-F.; Rinfret, P. & Bouchard, M.
– Stades, *D6525.*

Blatter, Robert; Caron, Fernand
– Édifices cultuels, *A0077.*

Blatter, Robert; Caron, G. Fernand
– Bureaux divers, *B5649.*

Blood & Houghton
– Complexes à fonctions commerciale et résidentielle, *B2041.*

Blood & Houghton (suite/cont'd)
– Immeubles d'appartements, *H2332.*

Blouin, André
– Édifices cultuels, *A0079, A0080, A0081, A0082.*
– Édifices religieux divers, *A1025.*
– Entrepôts, *B3074.*
– Édifices d'associations, *B4509.*
– Bureaux divers, *B5650.*
– Bâtiments d'expositions, *D0076.*
– Maisons de vacances, *D1016.*
– Centres de congrès, *D7011.*
– Théâtres, *D7519.*
– Hôtels de ville et centres civiques, *F6042.*
– Écoles primaires et secondaires, *G0683, G0684.*
– Écoles d'arts et métiers et écoles spéciales, *G1513.*
– Laboratoires, *G9041.*
– Maisons unifamiliales et maisons jumelées, *H5511, H5512, H5513, H5514.*
– Travaux d'urbanisme et de rénovation urbaine, *P0466.*
– Quartiers résidentiels, *P1360.*

Blouin, André; Campeau, C.-E.
– Travaux d'urbanisme et de rénovation urbaine, *P0467.*

Blouin, André; Faugeron, J.
– Bâtiments d'expositions, *D0077.*

Blouin, André; Gareau, Jean
– Centres commerciaux, *B1220.*
– Travaux d'urbanisme et de rénovation urbaine, *P0468.*

Blouin, André; Haddad, Marney & Miljevitch
– Bâtiments d'expositions, *D0078.*

Blouin & Blouin
– Édifices pour l'administration de la justice, *F4032.*
– Maisons unifamiliales et maisons jumelées, *H5515.*
– Constructions pour le transport aérien, *N0035.*

Blouin, Blouin et Ass.
– Parcs et jardins, *L0034.*

Blouin & Blouin; Longpré, Marchand, Gaudreau; Gauthier, Guité, Roy; Haye, Ouellet
– Centres commerciaux, *B1219.*

Blum, Gerhard
– Hôtels de ville et centres civiques, *F6043.*

Bobrow et Fieldman
– Immeubles d'appartements, *H2333.*

Bobrow, Philip David;
– Quartiers résidentiels, *P1361.*

Bobrow, Philip David; Buchanan, George E.Jr.
– Quartiers résidentiels, *P1362.*

Bobrow, Philip-David; Mies van der Rohe, Ludwig; Tigerman, Stanley
- Quartiers résidentiels, *P1363*.

Bogdan, J.A.
- Travaux d'urbanisme et de rénovation urbaine, *P0469*.

Bogdan, Joseph; Preston, John
- Complexes à fonctions commerciale et résidentielle, *B2042*.
- Installations de services publics, *B8563*, *B8564*.
- Usines de machines, *B8837*.

Bogue, Babicki & Ass.; Rhone & Iredale
- Bureaux divers, *B5651*.

Boigon and Armstrong
- Édifices pour l'administration de la justice, *F4033*.
- Foyers, *H0077*, *H0078*.

Boigon and Heinonen
- Écoles primaires et secondaires, *G0686*, *G0687*, *G0688*, *G0689*, *G0690*.
- Laboratoires, *G9042*.
- Immeubles d'appartements, *H2334*, *H2335*.

Boigon and Heinonen; Mandel, Raymond
- Écoles primaires et secondaires, *G0691*.

Boigon & Armstrong
- Usines diverses, *B9590*.

Boigon & Heinonen
- Stades, *D6526*.
- Foyers, *H0079*, *H0080*, *H0081*.

Boigon & Heinonen; Emmerson, Stanley W.
- Hôtels de ville et centres civiques, *F6044*.

Boigon & Heinonen; Mandel, Raymond
- Immeubles d'appartements, *H2336*.

Boigon, Irving
- Usines diverses, *B9589*.

Boigon, Irving D.
- Bibliothèques publiques, *D2008*.

Boigon, Irving D.; Pentland & Baker
- Écoles primaires et secondaires, *G0685*.

Boistière, H.C.
- Marinas, *D4501*.

Boivin, Adrien
- Maisons unifamiliales et maisons jumelées, *H5516*.

Bolton, Donald
- Édifices cultuels, *A0083*.

Bolton, Ellwood & Aimers
- Ambassades et consulats, *F0003*.

Bolton, Elwood and Aimers
- Auditoriums, *G2703*.

Bolton, Richard E.
- Maisons unifamiliales et maisons jumelées, *H5517*.

Bond, Kenneth L.
- Constructions pour le transport aérien, *N0036*.

Bonetto, Derome, Papineau
- Édifices religieux divers, *A1026*.

Bonetto, G.S.
- Maisons de vacances, *D1017*.

Bonetto, Gilles S.
- Foyers, *H0082*.

Booth, Percy
- Entrepôts, *B3075*.
- Usines de machines, *B8838*.
- Usines de produits pharmaceutiques et de cosmétiques, *B9101*, *B9102*.
- Laboratoires, *G9043*.

Borgstrom, Carl; Carver, Humphrey
- Parcs et jardins, *L0035*.

Bouchard, Burman
- Hôtels, *B4091*.

Bouchard, Charles
- Maisons unifamiliales et maisons jumelées, *H5518*.

Bouchard, Denis
- Centres communautaires, *D3071*.
- Centres médicaux, *M6011*.

Bouchard, Marius; Gratton, Roger; Lincourt, Michel
- Travaux d'urbanisme et de rénovation urbaine, *P0470*.

Bouchard, Maurice
- Hôtels, *B4090*.
- Usines de machines, *B8839*.
- Écoles primaires et secondaires, *G0692*, *G0693*.

Bouchard, Maurice; Dorval et Fortin
- Foyers, *H0083*.

Bouchard, Paul
- Constructions pour les autobus, *N3009*.

Bouchard & Rinfret
- Entrepôts, *B3076*.
- Hôtels, *B4092*.
- Bureaux divers, *B5652*, *B5653*, *B5654*, *B5655*.
- Maisons unifamiliales et maisons jumelées, *H5519*.

Boucher, Benoît; Carrier, Thomas; Lemay, Alain
- Immeubles d'appartements, *H2337*.

Boucher, Claude
- Constructions de métros, *N2516*.

Boucock, William E.
- Maisons unifamiliales et maisons jumelées, *H5520*.

Boudrias, Boudreau, Saint-Jean
- Foyers, *H0084*.

Boudrias, Boudreau & St-Jean
- Hôtels, *B4093*.
- Immeubles d'appartements, *H2338*.

Bouey, Bouey et Ruthledge
- Restaurations diverses, *C0046*.

Bouey, Bouey & Ruthledge
- Pavillons pour l'enseignement et la recherche, *G7062*.

Bouey, Howard
- Édifices cultuels, *A0084*.

Boulanger, Faucher & Gagnon
- Pavillons pour l'enseignement et la recherche, *G7063*, *G7064*.
- Maisons unifamiliales et maisons jumelées, *H5521*, *H5522*.
- Constructions pour la radio et la télévision, *N7007*.

Boulanger, Robert
- Constructions pour la défense civile, *F3028*.

Bouliane, Marcel
- Centres communautaires, *D3072*.

Bourgeau, Pierre
- Constructions de métros, *N2517*.

Boutilier, Arthur; Giddy, Martin; Simpson, Ronald et al.
- Centres commerciaux, *B1221*.

Bowers, Alton
- Écoles primaires et secondaires, *G0694*.

Bowman, Denis
- Restaurations d'habitations, *C1007*.

Boychuck Construction Ltd
- Maisons unifamiliales et maisons jumelées, *H5523*.

Bradfield, J.H.W.
- Édifices d'associations, *B4510*.
- Piscines, *D6031*.
- Stades, *D6527*.

Brais et Savard
- Écoles spécialisées, *G4012*.
- Hôpitaux généraux et spécialisés, *M0243*, *M0244*.
- Hôpitaux pour enfants, *M2505*.

Brandon Inc.
- Maisons unifamiliales et maisons jumelées, *H5524*.

Brassard, André
- Musées, *D5022*.

Brassard et Warren
- Usines de denrées alimentaires, *B8619*.

Brassard, G. Paul
- Centres commerciaux, *B1222*.

Brassard, Paul
- Restaurants, *B7014*.

Brassard, Sylvio
- Édifices cultuels, *A0085*, *A0086*.
- Édifices religieux divers, *A1027*.

Brassard, Sylvio; Desgagné, Léonce; Gravel, Armand
- Édifices cultuels, *A0087*.

Brassard, Sylvio; Desmeules, Gabriel
- Magasins, *B6548*.

Brassard, Sylvio; Gravel, Armand; Desgagné, Léonce
- Campus (Universités et collèges en général), *G2048*.

Brassard & Warren
- Écoles primaires et secondaires, *G0695*.
- Constructions de métros, *N2518*.
- Routes, *N4012*.

Brecher, Oscar; Maffini, Giulio; Primari, Peter
- Travaux d'urbanisme et de rénovation urbaine, *P0471*.

Bregman and Hamann
- Édifices cultuels, *A0088*.
- Centres commerciaux, *B1223*, *B1224*, *B1225*, *B1226*, *B1227*, *B1228*, *B1229*.
- Édifices d'associations, *B4511*.
- Magasins, *B6549*, *B6550*.
- Restaurants, *B7015*.
- Tours panoramiques, *B7503*.
- Hôpitaux généraux et spécialisés, *M0245*, *M0246*.
- Hôpitaux militaires, *M1007*.
- Centres médicaux, *M6012*.

Bregman and Hamann; Craig, Zeidler and Strong
- Bureaux divers, *B5658*, *B5659*, *B5660*, *B5661*, *B5662*.

Bregman et Hamann
- Édifices pour l'administration publique, *F5058*.

Bregman & Hamann
- Banques, *B0047*.
- Complexes à fonctions commerciale et résidentielle, *B2043*, *B2044*.
- Entrepôts, *B3077*.
- Hôtels, *B4094*, *B4095*, *B4096*.
- Bureaux divers, *B5656*, *B5657*.
- Bureaux de poste, *F1033*.
- Hôtels de ville et centres civiques, *F6045*.
- Écoles primaires et secondaires, *G0696*.
- Laboratoires, *G9044*.
- Immeubles d'appartements, *H2339*, *H2340*, *H2341*, *H2342*.
- Travaux d'urbanisme et de rénovation urbaine, *P0472*.

Bregman & Hamann; Adamson, Gordon S. (Ass.)
- Immeubles d'appartements, *H2343*.

Bregman & Hamann; Gruen, Victor
- Travaux d'urbanisme et de rénovation urbaine, *P0473*.

Bregman & Hamann; Hankinson, E.L.; Parkin Millar & Ass.
– Magasins, *B6551*.

Bregman & Hamann; John B. Parkin Ass.
– Centres commerciaux, *B1230*.

Bregman & Hamann; Mies Van Der Rohe; John B. Parkin Ass.
– Centres commerciaux, *B1231*.

Bregman & Hamann; Millar, C. Blakeway
– Musées, *D5023*.

Bregman & Hamann; Parkin, John B. (ass.)
– Banques, *B0048*.
– Magasins, *B6552*.

Bregman & Hamann; Stone, Edward Durrell
– Hôtels, *B4097*.

Bregman & Hamann; Zeidler Partnership
– Centres commerciaux, *B1232*.
– Complexes à fonctions commerciale et résidentielle, *B2045*.

Brenan, H.S.
– Immeubles d'appartements, *H2344*.

Brennan, John Francis
– Écoles primaires et secondaires, *G0697*.

Brennan & Whale
– Banques, *B0049*.
– Écoles et résidences d'infirmières, *M5009*.

Brenzel, J.
– Centres médicaux, *M6013*.

Brenzel, Jack
– Usines diverses, *B9591*.

Brenzel, Jack; John B. Parkin Ass.
– Édifices cultuels, *A0089*.

Breton, Jean-Paul
– Foyers, *H0085*.

Briestensky, K.
– Édifices cultuels, *A0090*.

Briggs, W.; Girvan, J.; Henry, H.; Lapierre, L.; Oldham, D.; Venters, L.
– Travaux d'urbanisme et de rénovation urbaine, *P0474*.

Brillon, Henri
– Édifices religieux divers, *A1028*.
– Banques, *B0050*, *B0051*.
– Hôtels, *B4098*.
– Restaurants, *B7016*.
– Laboratoires, *G9045*.
– Constructions de métros, *N2519*.

Brillon, Henry
– Constructions pour la défense civile, *F3029*.

Britannia Design
– Centres communautaires, *D3073*.

Britannia Design; Downs/Archambault
– Centres communautaires, *D3074*.

Britannia Design; Walkey/Olson
– Quartiers résidentiels, *P1364*.

Britannia Homes Ltd
– Maisons unifamiliales et maisons jumelées, *H5525*.

British Ministry of Works
– Ambassades et consulats, *F0004*.

Brodeur, Gilles; Dumais, Luc; Caza, Jean-Pierre; Boulva, Francis
– Laboratoires, *G9046*.

Brodeur, J.-G.
– Maisons unifamiliales et maisons jumelées, *H5526*.

Brodeur, Jean-Guy
– Centres commerciaux, *B1233*.
– Écoles primaires et secondaires, *G0698*.
– Campus (Universités et collèges en général), *G2049*.

Brook & Banz
– Bibliothèques publiques, *D2010*.

Brook, Carruthers, Grierson, Shaw
– Bibliothèques publiques, *D2011*.
– Centres communautaires, *D3075*.
– Écoles primaires et secondaires, *G0699*, *G0700*, *G0701*, *G0702*.
– Travaux d'urbanisme et de rénovation urbaine, *P0475*.

Brook, Carruthers, Shaw
– Bibliothèques publiques, *D2012*.
– Écoles primaires et secondaires, *G0703*.
– Campus (Universités et collèges en général), *G2050*.
– Travaux d'urbanisme et de rénovation urbaine, *P0476*.

Brook, Philip R.
– Bibliothèques publiques, *D2009*.

Brooks and van Poorten
– Stades, *D6528*.

Brooks, Norman W.
– Maisons unifamiliales et maisons jumelées, *H5527*.

Brown & Brisley
– Édifices cultuels, *A0093*, *A0094*, *A0095*, *A0096*, *A0097*, *A0098*.

Brown, Bruce; Brisley
– Écoles primaires et secondaires, *G0704*.
– Campus (Universités et collèges en général), *G2051*.

Brown, I.M.
– Hôpitaux généraux et spécialisés, *M0247*.
– Hôpitaux pour enfants, *M2506*.

Brown, J. Francis (and son)
– Édifices cultuels, *A0091*, *A0092*.

Brown, M.
– Édifices pour l'administration publique, *F5059*.

Brown & Matthews
– Usines de produits pharmaceutiques et de cosmétiques, *B9103*.

Brown, Murray
– Casernes de pompiers, *F2004*.
– Écoles primaires et secondaires, *G0705*.
– Maisons unifamiliales et maisons jumelées, *H5528*, *H5529*.

Brown, Rowland; Lester, Alan
– Maisons unifamiliales et maisons jumelées, *H5530*.

Brown, Roy; Grossman, Irving
– Restaurations d'habitations, *C1008*.

Brown, Trevor
– Maisons unifamiliales et maisons jumelées, *H5531*.

Brownlee, W. Ralph
– Immeubles d'appartements, *H2345*.

Brunet, Emile
– Monuments, *K0003*.

Brunet, Pierre
– Maisons unifamiliales et maisons jumelées, *H5532*.

Buchan, George
– Immeubles d'appartements, *H2346*.

Buchanan, George E. Jr; Bobrow, Philip David
– Quartiers résidentiels, *P1365*.

Buck, Derek; Horne, David E.
– Bureaux divers, *B5663*.

Buffington, Leroy
– Maisons unifamiliales et maisons jumelées, *H5533*.

Building Construction Branch, DPW
– Centres communautaires, *D3076*, *D3077*.

Built Rite Homes
– Maisons unifamiliales et maisons jumelées, *H5534*.

Bujold, E.
– Musées, *D5024*.

Bujold, Émilien
– Édifices cultuels, *A0099*.
– Centres commerciaux, *B1234*.
– Cinémas, *D7202*.
– Laboratoires, *G9047*.
– Maisons unifamiliales et maisons jumelées, *H5535*, *H5536*, *H5537*.

Burcher, F.
– Édifices cultuels, *A0100*.

Bureau des architectes de Radio-Canada
– Constructions pour la radio et la télévision, *N7008*, *N7009*, *N7010*, *N7011*.

Burge, Thomas-W.
– Usines de machines, *B8840*.
– Laboratoires, *G9048*.

Burgess and Gardner
– Bureaux de poste, *F1034*.

Burgess and McLean
– Édifices cultuels, *A0101*.
– Édifices pour l'administration publique, *F5060*.
– Laboratoires, *G9049*.

Burgess & McLean
– Gymnases, *D4002*.
– Centres médicaux, *M6014*.

Burgess, McLean and Mac Phadyen
– Édifices cultuels, *A0102*.

Burgoyne, R.N.B.; Parkin, John B. (Ass.)
– Écoles primaires et secondaires, *G0706*.

Burniston, G.; Storey, J.
– Maisons unifamiliales et maisons jumelées, *H5538*.

Burroughs, Ken
– Immeubles d'appartements, *H2348*.

Burston, Wells & Tampold
– Immeubles d'appartements, *H2347*.

Burston & Wells
– Édifices d'associations, *B4512*.

Burt, Joan
– Restaurations d'habitations, *C1009*.

Butler, Anthony; McLaren, Gerrie
– Édifices pour l'administration de la justice, *F4034*.

Buttjes, Burgers, Sammarco
– Centres commerciaux, *B1235*.
– Centres communautaires, *D3078*.

Buttjes, Wilfred (Ass.)
– Quartiers résidentiels, *P1366*.

Buttjes, Wilfred D.
– Immeubles d'appartements, *H2349*, *H2350*, *H2351*, *H2352*.

Buzzelle, J.R.
– Marinas, *D4502*.

Byers Construction Ltd.
– Usines diverses, *B9592*.

Bynoe, Peter; Dawson, F.A.
– Bâtiments d'expositions, *D0079*.

Byrd, D.C.; Coolidge, Robert T.
– Garages, *B3523*.

Cadillac Construction Company
– Quartiers résidentiels, *P1367*, *P1368*.

Cairns, D.J.
– Maisons unifamiliales et maisons jumelées, *H5539*, *H5540*.

Calgary House Builders Association
– Maisons unifamiliales et maisons jumelées, *H5541*.

CEMENT

Calgary Public School Board
- Écoles primaires et secondaires, G0707.

Callebaut, Charles L.V.
- Centres commerciaux, B1236.

Calvert, R.G.
- Centres commerciaux, B1237.
- Usines de machines, B8841.
- Constructions de métros, N2520.

Calvert, Robert
- Parcs et jardins, L0036.

Calvert, Robert G.; Project Planning Ass.
- Maisons de vacances, D1018.

Calvert, Robert; Graham, Alan
- Hôtels, B4099.

Cameron, Murray and Fairfield
- Maisons unifamiliales et maisons jumelées, H5542.

Campbell and Fleet
- Écoles primaires et secondaires, G0709.

Campbell, Clive D.
- Centres communautaires, D3079.

Campbell Construction
- Maisons unifamiliales et maisons jumelées, H5544, H5545.

Campbell, Gordon
- Maisons unifamiliales et maisons jumelées, H5543.

Campbell-Hope, Gardener, Klingbell & Wood
- Édifices cultuels, A0104.

Campbell-Hope, Patrick (ass.)
- Édifices cultuels, A0103.
- Centres communautaires, D3080.
- Écoles primaires et secondaires, G0708.

Campeau, C.-E.; Bégin, Benoît-J.
- Travaux d'urbanisme et de rénovation urbaine, P0477.

Campeau, C.-E.; Blouin, André
- Travaux d'urbanisme et de rénovation urbaine, P0478.

Campeau Corporation
- Maisons unifamiliales et maisons jumelées, H5547, H5548, H5549, H5550.
- Travaux d'urbanisme et de rénovation urbaine, P0479, P0480, P0481.
- Quartiers résidentiels, P1369, P1370, P1371.

Campeau, J.P.
- Maisons unifamiliales et maisons jumelées, H5546.

Campfens, Anthony; Walker, Howard
- Bureaux de professionnels, B5204.

Campfens, Tony; Walker, Howard
- Travaux d'urbanisme et de rénovation urbaine, P0482.

Canadian Kellogg Ltd
- Usines diverses, B9593.

Candiac Development Corporation
- Travaux d'urbanisme et de rénovation urbaine, P0483.
- Quartiers résidentiels, P1372.

Candy, K.H.
- Laboratoires, G9050.

Candy, Kenneth H.
- Installations de services publics, B8565, B8566, B8567.
- Quartiers résidentiels, P1373.

Cantin, Pierre
- Hôtels de ville et centres civiques, F6046.
- Architecture pour handicapés, etc., M7007.

Cantin, Pierre; Bélanger, Yves
- Édifices cultuels, A0105.

Capes, Basil
- Hôtels, B4100.

Capital Region Planning Board
- Travaux d'urbanisme et de rénovation urbaine, P0484.

Cardew, Peter
- Complexes à fonctions commerciale et résidentielle, B2046.

Cardinal, Aurèle; Beaulieu, Claude; Chen, Ken
- Travaux d'urbanisme et de rénovation urbaine, P0485.

Cardinal, Aurèle; Sayegh, Émile; Seginer, Giora
- Complexes à fonctions commerciale et résidentielle, B2047.

Cardinal, Douglas
- Édifices cultuels, A0106.
- Édifices pour l'administration publique, F5061.
- Écoles primaires et secondaires, G0710, G0711.
- Campus (Universités et collèges en général), G2052.

Carlberg
- Maisons unifamiliales et maisons jumelées, H5551.

Carlberg & Jackson
- Maisons unifamiliales et maisons jumelées, H5552.

Carlberg, Jackson & Ass.
- Maisons unifamiliales et maisons jumelées, H5553.

Carlberg, Jackson, Partners
- Édifices pour l'administration publique, F5062.
- Écoles primaires et secondaires, G0712, G0713.
- Immeubles d'appartements, H2353.

Caron
- Cinémas, D7203.

Caron & Blatter; Jean & Dupéré
- Hôpitaux militaires, M1008.

Caron et Blatter
- Hôpitaux généraux et spécialisés, M0248.

Caron, Fernand; Rinfret, Pierre
- Stades, D6529.

Caron, J.-L.
- Bureaux de poste, F1035.

Caron, J.L.
- Écoles primaires et secondaires, G0714.
- Écoles spécialisées, G4013.

Caron, Jean-Louis
- Édifices cultuels, A0107, A0108, A0109.
- Édifices religieux divers, A1029.
- Édifices pour l'administration publique, F5063.
- Écoles d'arts et métiers et écoles spéciales, G1514.
- Immeubles d'appartements, H2354.

Caron, Jules
- Restaurants, B7017.

Caron, Juneau, Bique & Baril
- Campus (Universités et collèges en général), G2053.

Caron, Juneau et Bigue
- Théâtres, D7520.

Carrier, Louis
- Édifices cultuels, A0110.
- Édifices d'associations, B4513.
- Immeubles d'appartements, H2355.
- Maisons unifamiliales et maisons jumelées, H5554.

Carrier, Thomas; Boucher, Benoît; Lemay, Alain
- Immeubles d'appartements, H2356.

Carrière, Jacques
- Gymnases, D4003.

Carruthers, Kenneth
- Casernes de pompiers, F2005.

Carruthers & Wallace
- Bureaux divers, B5664.

Carruthers & Wallace; Marani, Rounthwaite & Dick
- Bureaux divers, B5665.

Carter, Brian; Hill, Nic; Loyd-Jones, Gavin
- Centres sociaux, G3008.

Carter, Coleman and Rankin
- Édifices cultuels, A0111.

Carter, Coleman & Rankin
- Édifices pour l'administration publique, F5064, F5065.

Carter, Dennis
- Bureaux divers, B5666.
- Centres communautaires, D3081.
- Cinémas, D7204.

Carter, F.; Kennedy, J.; Lennard, H.; Thom, M.; Viska, A
- Bureaux divers, B5667.

Carter, Frank Cresswell
- Laboratoires, G9051.

Carter, Phillip H.
- Bibliothèques publiques, D2013.

Carter, W.M.
- Travaux d'urbanisme et de rénovation urbaine, P0486.

Caruso, Irving; Rosen, Bernard
- Immeubles d'appartements, H2357.
- Maisons unifamiliales et maisons jumelées, H5555.

Carver, Humphrey; Borgstrom, Carl
- Parcs et jardins, L0037.

Casey, Philip M.
- Maisons unifamiliales et maisons jumelées, H5556.

Cash, Donald
- Bureaux de poste, F1036.

Caspari, Peter
- Immeubles d'appartements, H2358.

Caspari, Peter; Bakker, C.M.
- Immeubles d'appartements, H2359.

Caspari, Peter; Page & Steel
- Complexes à fonctions commerciale et résidentielle, B2048.

Casson, Sir Hugh; Marani, Rounthwaite & Dick
- Constructions pour la défense civile, F3030.

Cattell, Musson (Ass.)
- Maisons en bandes, H4041.

Cattell/Musson; Downs/Archambault
- Constructions pour le chemin de fer, N2014.

Cawston, J.A.
- Bureaux divers, B5668.

Cawston, J.A. (Ass.)
- Hôpitaux généraux et spécialisés, M0249, M0250, M0251.

Cayouette et Saia
- Écoles primaires et secondaires, G0715.

Cayouette, Saia, Leclerc
- Maisons de vacances, D1019.

Cayouette, Simon
- Usines diverses, B9594.

Cayouette, Tanguay, Saia et Leclerc
- Foyers, H0086.

Cazaly, Laurence
- Parcs et jardins, L0038.
- Ponts et tunnels, N3540.

Cement Associates
- Entrepôts, B3078.
- Usines diverses, B9595.

Chabot, Germain
- Écoles primaires et secondaires, *G0716*.
- Hôpitaux généraux et spécialisés, *M0252*.

Chabot, Germain; Marchand, Jos.
- Écoles primaires et secondaires, *G0717*.

Chalifoux, Roger
- Édifices religieux divers, *A1030*.
- Maisons en bandes, *H4042*.
- Maisons unifamiliales et maisons jumelées, *H5557, H5558, H5559, H5560*.
- Quartiers résidentiels, *P1374, P1375*.

Chalifoux, Roger; Chalifoux, Roland
- Campus (Universités et collèges en général), *G2054*.

Challies, George H.
- Parcs et jardins, *L0039*.

Chalmers, W.N.
- Maisons unifamiliales et maisons jumelées, *H5561*.

Chaloux, J.-M.; Dorval, C.; St-Denis, Y.
- Travaux d'urbanisme et de rénovation urbaine, *P0487*.

Chaloux, Jean-Marc
- Hôpitaux généraux et spécialisés, *M0253*.

Chamberland, René; Côté, Christian; Petrone, Mario
- Immeubles d'appartements, *H2360*.

Chamlong, Yordying
- Bâtiments d'expositions, *D0080*.

Champagne, Brodeur, Coulombe
- Travaux d'urbanisme et de rénovation urbaine, *P0488*.

Champagne, Maurice
- Écoles primaires et secondaires, *G0718, G0719*.
- Hôpitaux généraux et spécialisés, *M0254*.

Champagne, Roland
- Édifices pour l'administration de la justice, *F4035*.

Chan, Gordon
- Maisons unifamiliales et maisons jumelées, *H5562*.

Chan, Shirley; Con, Harry
- Travaux d'urbanisme et de rénovation urbaine, *P0489, P0490*.

Chandler-Kennedy
- Immeubles d'appartements, *H2361, H2362*.

Chandler, Kennedy Architectural Group
- Bureaux divers, *B5669*.
- Écoles primaires et secondaires, *G0720*.

Chandler Kennedy Architectural Group; Skidmore, Owings & Merrill
- Travaux d'urbanisme et de rénovation urbaine, *P0491*.

Chapman and Oxley
- Bureaux divers, *B5670*.
- Usines de machines, *B8842*.

Chapman and Walker
- Édifices cultuels, *A0112*.

Chapman, D.N.
- Magasins, *B6553*.
- Maisons unifamiliales et maisons jumelées, *H5563*.

Chapman, Don
- Tours panoramiques, *B7504*.

Chapman, Donald
- Quartiers résidentiels, *P1378*.

Chapman, Donald N. (Ass.); Duell, R. (Ass.)
- Centres commerciaux, *B1239*.

Chapman, Evans & Delehanty; Coons, Herbert, L. (ass.); Urban Land Institute of Washington, D.C.
- Travaux d'urbanisme et de rénovation urbaine, *P0492*.

Chapman, Howard
- Campus (Universités et collèges en général), *G2055*.

Chapman, Howard D.
- Usines diverses, *B9596*.
- Édifices pour l'administration publique, *F5066*.
- Foyers, *H0087, H0088*.
- Maisons unifamiliales et maisons jumelées, *H5564*.

Chapman & Hurst
- Banques, *B0052*.
- Pavillons pour l'administration universitaire, *G6004*.
- Foyers, *H0089*.
- Immeubles d'appartements, *H2363, H2364*.
- Hôpitaux généraux et spécialisés, *M0255*.

Chapman, Oxley & Facey; Marani & Morris
- Banques, *B0053*.

Charbonneau
- Bureaux de poste, *F1037*.

Charbonneau, Charles E.
- Hôtels de ville et centres civiques, *F6047*.

Charbonneau, Charles-Émile
- Édifices cultuels, *A0113*.
- Centres communautaires, *D3082, D3083*.
- Cinémas, *D7205*.
- Écoles primaires et secondaires, *G0721, G0722*.
- Maisons unifamiliales et maisons jumelées, *H5565, H5566, H5567, H5568*.

Charbonneau, Gabriel
- Centres communautaires, *D3084*.

Charbonneau, Gérard
- Édifices cultuels, *A0114*.

Charbonneau, Gérard; Charbonneau, René
- Édifices cultuels, *A0115, A0116, A0117*.

Charbonneau, Jean
- Centres communautaires, *D3085*.

Charbonneau, R. et G.
- Campus (Universités et collèges en général), *G2056*.

Charbonneau, René
- Usines diverses, *B9597*.

Charbonneau, René; Charbonneau, Gérard
- Édifices cultuels, *A0118*.

Charbonneau, René et Gérard
- Centres communautaires, *D3086*.

Charney, Melvin
- Bibliothèques publiques, *D2014*.
- Écoles primaires et secondaires, *G0723, G0724*.

Charney, Melvin; Newman, Oscar
- Écoles primaires et secondaires, *G0725*.

Charney, Melvin; Parnass, Harry
- Bâtiments d'expositions, *D0081*.

Charney, Morris
- Centres médicaux, *M6015*.

Charney, Morris B.
- Travaux d'urbanisme et de rénovation urbaine, *P0493*.

Chartrand, Frappier, Marcoux, Durand, Lemieux
- Hôpitaux généraux et spécialisés, *M0256*.

Chaster, Barry; MacDonald, Blair; Opie, Martin
- Travaux d'urbanisme et de rénovation urbaine, *P0494*.

Chattopadhyay, B.C.
- Travaux d'urbanisme et de rénovation urbaine, *P0495*.

Chaussé, Alcide
- Théâtres, *D7521*.

Chen, Ken; Beaulieu, Claude; Cardinal, Aurèle
- Travaux d'urbanisme et de rénovation urbaine, *P0496*.

Chênevert et Martineau
- Hôpitaux généraux et spécialisés, *M0257*.

Chênevert, Raoul (Mme)
- Écoles et résidences d'infirmières, *M5010*.

Cheney, Gordon; DuBois, Macy; Fairfield, Robert C.; Strong, Richard
- Maisons en bandes, *H4043*.

Cheney, Gordon; Fairfield, Robert C.; DuBois, Macy; Strong, Rich
- Quartiers résidentiels, *P1376*.

Cheney, Gordon L.
- Centres communautaires, *D3087*.

Cheney, Van Poorten, Wallner
- Maisons unifamiliales et maisons jumelées, *H5569*.

Cheng, James K.M.; Romses, Kwan & Ass.
- Centres communautaires, *D3088*.

Chernoff, Russell
- Quartiers résidentiels, *P1377*.

Chevalier, Camille
- Pavillons pour l'enseignement et la recherche, *G7065*.

Chicoine, J.
- Édifices religieux divers, *A1031*.

Chicoine, Jean-B.
- Garages, *B3524*.
- Bureaux de professionnels, *B5205*.
- Immeubles d'appartements, *H2365*.
- Maisons unifamiliales et maisons jumelées, *H5570*.

Chin, Clifton
- Immeubles d'appartements, *H2366*.

Chomick, Andrew A.
- Maisons unifamiliales et maisons jumelées, *H5571, H5572, H5573*.

Chomick & Leblond
- Maisons unifamiliales et maisons jumelées, *H5574*.

Chryssopoulos, Nicholas
- Bâtiments d'expositions, *D0082*.

Church Enterprises Ltd.
- Édifices cultuels, *A0119*.

Church, Thomas; Yamasaki, Minoru
- Parcs et jardins, *L0040*.

City of Winnipeg Metro Planning Division
- Parcs et jardins, *L0041*.

Cividin, Glen; Rhone and Iredale
- Maisons en bandes, *H4044*.

Clack & Clayton
- Maisons unifamiliales et maisons jumelées, *H5575, H5576, H5577, H5578*.

Clack, Clayton, Pickstone
- Hôtels, *B4101*.
- Musées, *D5025*.
- Immeubles d'appartements, *H2367*.
- Maisons unifamiliales et maisons jumelées, *H5579, H5580, H5581, H5582*.

Clack, Roderick
- Casernes de pompiers, *F2006*.
- Travaux d'urbanisme et de rénovation urbaine, *P0497, P0498, P0499*.

Clandeboye Agency
- Écoles primaires et secondaires, *G0726*.

Clark, James, Coupland
- Bureaux divers, *B5671*.
- Immeubles d'appartements, *H2368*.

Clark, James, Coupland Architects
- Hôtels, *B4102*.
- Maisons en bandes, *H4045*.
- Quartiers résidentiels, *P1379*.

Clark, R.L.
- Installations de services publics, *B8568*.

Clark, Ron
- Pavillons pour l'enseignement et la recherche, *G7066*.

Clarke, Andrew
- Restaurants, *B7018*.

Clarke, Darling, Downey
- Centres commerciaux, *B1240*.
- Restaurations diverses, *C0047*.

Clarke, Ernest A.; Cook, Anthony R.; McDougall, Peter B.; Ojolick, Robert J.; Pin, Gino A.
- Campus (Universités et collèges en général), *G2057*.

Clayton and Bond
- Théâtres, *D7522*.

Clayton, Bond and Mogridge
- Écoles primaires et secondaires, *G0727*.

Clayton, Bond & Mogridge
- Constructions pour le transport aérien, *N0037*.

Clément, Jean-Guy
- Hôtels, *B4103*.

Cliche, Lucie; Bélanger, Louise
- Immeubles d'appartements, *H2369*.

Clifford and Lawrie
- Bureaux divers, *B5672*, *B5673*.

Clifford & Lawrie
- Édifices cultuels, *A0120*.
- Édifices religieux divers, *A1032*.
- Complexes à fonctions commerciale et résidentielle, *B2049*.
- Écoles primaires et secondaires, *G0728*.
- Immeubles d'appartements, *H2370*.
- Maisons unifamiliales et maisons jumelées, *H5583*.
- Routes, *N4013*.

Clifford & Lawrie; Thom, R.J.; Crang & Boake
- Parcs et jardins, *L0042*.

CMHC
- Maisons unifamiliales et maisons jumelées, *H5584*.

Coates, Wells; Erickson, Arthur; Massey, Geoffrey; Oberlander, Peter, Watkins, E.J.
- Travaux d'urbanisme et de rénovation urbaine, *P0500*.

Cobb, Andrew R.
- Campus (Universités et collèges en général), *G2058*.
- Maisons unifamiliales et maisons jumelées, *H5585*.

Cobb, Andrew R.; Wilson, Clifford St. J.
- Hôpitaux généraux et spécialisés, *M0258*.

Cochran Homes Ltd
- Maisons unifamiliales et maisons jumelées, *H5586*.

Cochrane & Forsyth
- Édifices pour l'administration de la justice, *F4036*.

Cochrane, J.A.
- Musées, *D5026*.

Cohos, Dalesalle & Evamy
- Écoles primaires et secondaires, *G0729*.

Cohos, Delesalle and Evamy
- Bureaux divers, *B5674*.
- Campus (Universités et collèges en général), *G2059*.

Cohos, Delesalle & Evamy
- Centres commerciaux, *B1241*.
- Constructions pour la défense civile, *F3031*.

Colangelo, Grondin, Ronco et Bélanger
- Maisons unifamiliales et maisons jumelées, *H5589*.

Colangelo, Patsy
- Garages, *B3525*.
- Usines de denrées alimentaires, *B8620*.
- Maisons unifamiliales et maisons jumelées, *H5587*, *H5588*.

Colangelo, Patsy; Soudre & Latte
- Habitation subventionnée, *H1026*.

Cole, Peter
- Complexes à fonctions commerciale et résidentielle, *B2050*.
- Immeubles d'appartements, *H2371*, *H2372*.

Coleman, E.M.; Shennan, David
- Banques, *B0054*.

Colgate, Pamela
- Magasins, *B6554*.

Colin Ray Associés
- Magasins, *B6555*, *B6556*, *B6557*.

Collier, Robert
- Quartiers résidentiels, *P1380*, *P1381*.

Collins and Collins
- Hôtels de ville et centres civiques, *F6048*.
- Écoles primaires et secondaires, *G0730*.

Colombani et Sperandio
- Édifices cultuels, *A0121*.

Comay, Eli
- Travaux d'urbanisme et de rénovation urbaine, *P0501*.

Comay, Eli; Daniels, John H.; Murray, James A.
- Travaux d'urbanisme et de rénovation urbaine, *P0502*.

Combe, Lawrence C.
- Maisons unifamiliales et maisons jumelées, *H5590*.

Comber, Sidney & C.S.
- Écoles primaires et secondaires, *G0731*.

Comber, Sidney; Comber Clarence S.
- Magasins, *B6558*, *B6559*, *B6560*.

Comber, Sydney (& Son)
- Entrepôts, *B3079*, *B3080*.

Community Planning Ass.;
- Travaux d'urbanisme et de rénovation urbaine, *P0503*.

Con, Harry; Chan, Shirley
- Travaux d'urbanisme et de rénovation urbaine, *P0504*.

Concordia Management Ltd
- Bureaux divers, *B5675*.

Consiglio, F.
- Campus (Universités et collèges en général), *G2060*.

Consiglio, Franco
- Édifices cultuels, *A0122*, *A0123*, *A0124*.
- Entrepôts, *B3081*.
- Bureaux divers, *B5676*.
- Usines de denrées alimentaires, *B8621*.

Consolidated Building Corporation
- Immeubles d'appartements, *H2373*.
- Maisons unifamiliales et maisons jumelées, *H5591*.
- Travaux d'urbanisme et de rénovation urbaine, *P0505*.

Consortium Designers
- Écoles primaires et secondaires, *G0732*.

Continental Housing Corp Ltd
- Maisons unifamiliales et maisons jumelées, *H5592*, *H5593*, *H5594*.

Cook and Bouzan
- Entrepôts, *B3082*.
- Bibliothèques publiques, *D2015*.
- Immeubles d'appartements, *H2374*.

Cook, Anthony
- Édifices d'associations, *B4514*.

Cook, Anthony R.; Clarke, Ernest A.; etc.
- Campus (Universités et collèges en général), *G2061*.

Cook, J.H.
- Centres commerciaux, *B1242*.
- Maisons en bandes, *H4046*.

Cook, John
- Édifices cultuels, *A0125*.

Cook, W.G.
- Maisons unifamiliales et maisons jumelées, *H5595*, *H5596*.

Cooke, Bruce A.
- Maisons unifamiliales et maisons jumelées, *H5597*.

Cooke, Selwyn
- Magasins, *B6561*.
- Écoles primaires et secondaires, *G0733*.

Coon, S.B. (Son)
- Écoles primaires et secondaires, *G0734*, *G0735*, *G0736*, *G0737*, *G0738*, *G0739*, *G0740*.
- Écoles d'arts et métiers et écoles spéciales, *G1515*.

Coons, Herbert L. (ass.); Chapman, Evans and Delehanty; Urban Land Institute of Washington, D.C.
- Travaux d'urbanisme et de rénovation urbaine, *P0506*.

Coons, Herbert L. (ass.); Mott & Hayden Associates; H.V. Lobb & Pa
- Travaux d'urbanisme et de rénovation urbaine, *P0507*.

Cooper, K.R.
- Bureaux divers, *B5677*.
- Écoles spécialisées, *G4014*.

Cooper, K.R.(Ass.)
- Bureaux divers, *B5678*.
- Travaux d'urbanisme et de rénovation urbaine, *P0508*.

Cooper, Ken
- Centres commerciaux, *B1243*.

Cooper, Ken; Adamson Associates
- Centres commerciaux, *B1244*, *B1245*.

Coopérative d'habitation du Québec métropolitain
- Maisons unifamiliales et maisons jumelées, *H5598*.

Copeman, Colin H.
- Garages, *B3526*.

Corkan, J.; Long, W.; McMillan, H.W.R.
- Imprimeries, *B8307*.

Cormier, Ernest
- Édifices cultuels, *A0126*, *A0127*.
- Hôtels, *B4104*.
- Bureaux de professionnels, *B5206*.
- Bibliothèques de maisons d'enseignement, *D2515*.
- Édifices pour l'administration de la justice, *F4037*.
- Édifices pour l'administration publique, *F5067*.

Cormier, Ernest (suite/cont'd)
- Campus (Universités et collèges en général), G2062, G2063.
- Maisons unifamiliales et maisons jumelées, H5599.
- Hôpitaux généraux et spécialisés, M0259, M0260.
- Hôpitaux pour enfants, M2507.

Cormier, Ernest; Amos et Saxe
- Édifices pour l'administration de la justice, F4038.

Cormier, Ernest; Le Corbusier; Harrison; Niemeyer
- Édifices pour l'administration publique, F5068.

Corneil, Carmen
- Bâtiments d'expositions, D0083.
- Campus (Universités et collèges en général), G2064.
- Maisons unifamiliales et maisons jumelées, H5600.
- Travaux d'urbanisme et de rénovation urbaine, P0509.

Corneil, Carmen; McBain, William J.
- Édifices d'associations, B4515.

Corneil, Carmen; Schoeler, Heaton, Harvor, Menendez
- Pavillons pour l'enseignement et la recherche, G7067.

Corona, Antonio Garcia
- Bâtiments d'expositions, D0084.

Corriveau, E.; Gauvin, M.; Lavigne, H.
- Travaux d'urbanisme et de rénovation urbaine, P0510.

Corriveau, Eugène
- Installations de services publics, B8569.

Cory, W.M.
- Usines de denrées alimentaires, B8622.

Cossuta & Ponte
- Complexes à fonctions commerciale et résidentielle, B2051.

Costain
- Quartiers résidentiels, P1382.

Côté, Christian; Chamberland, René; Petrone, Mario
- Immeubles d'appartements, H2375.

Côté, Gilles
- Édifices cultuels, A0128.

Côté, Paul-Marie
- Édifices cultuels, A0129, A0130.
- Bâtiments d'expositions, D0085.
- Maisons de vacances, D1020.
- Bibliothèques publiques, D2016.
- Centres communautaires, D3089.
- Maisons unifamiliales et maisons jumelées, H5601, H5602, H5603.
- Parcs et jardins, L0043.

Côté, Paul-Marie & Desgagné
- Hôpitaux généraux et spécialisés, M0261.

Côté, Paul-Marie; Desgagné & Boileau
- Banques, B0055.
- Bureaux de professionnels, B5207.
- Hôpitaux généraux et spécialisés, M0262.

Côté, Paul-Marie; Desgagné, Léonce
- Campus (Universités et collèges en général), G2065.

Côté, Philippe
- Édifices cultuels, A0131.
- Écoles primaires et secondaires, G0741, G0742.

Côté, Roméo; Michaud, Viateur
- Immeubles d'appartements, H2376.

Couillard, Fernand
- Maisons unifamiliales et maisons jumelées, H5604, H5605.

Coulombe, Jean
- Bureaux divers, B5679.

Courchesne, Edgar
- Édifices cultuels, A0132, A0133.
- Garages, B3527.
- Centres communautaires, D3090.
- Écoles primaires et secondaires, G0743.
- Campus (Universités et collèges en général), G2066, G2067.

Courchesne, Eugène
- Édifices religieux divers, A1033.

Courtens, Antoine; Nicholas, Louis et Tremblay, Edouard W.; Dumais,
- Restaurants, B7019.

Coutu, Jacques
- Édifices cultuels, A0134, A0135, A0136, A0137, A0138.
- Édifices religieux divers, A1034.
- Banques, B0056, B0057.
- Bâtiments agricoles, B0806.
- Centres commerciaux, B1246.
- Magasins, B6562.
- Centres communautaires, D3091.
- Écoles primaires et secondaires, G0744, G0745, G0746.
- Campus (Universités et collèges en général), G2068.
- Pavillons pour l'enseignement et la recherche, G7068.
- Maisons unifamiliales et maisons jumelées, H5606, H5607.

Cowan, E. & B.
- Usines diverses, B9598.

Cowan, H. Gardiner
- Maisons unifamiliales et maisons jumelées, H5608, H5609, H5610.

Cowan, Harvey
- Centres médicaux, M6016.

Cowin, Douglas
- Maisons unifamiliales et maisons jumelées, H5611.

Cox and Moffet
- Hôtels, B4107.

Cox, E.C.S.
- Hôtels, B4105, B4106.
- Écoles primaires et secondaires, G0747, G0748, G0749.
- Maisons unifamiliales et maisons jumelées, H5612, H5613, H5614, H5615.

Cox & Moffet
- Édifices cultuels, A0139.

Craig and Kohler
- Bâtiments d'expositions, D0086.

Craig, Charles E.
- Campus (Universités et collèges en général), G2069.
- Immeubles d'appartements, H2377.
- Maisons unifamiliales et maisons jumelées, H5616.

Craig, Charles E.; Sharp, Berwick, Pratt
- Foyers, H0090.

Craig, Charles E.; Sharp & Thompson, Berwick, Pratt
- Travaux d'urbanisme et de rénovation urbaine, P0511.
- Quartiers résidentiels, P1383.

Craig, J.B.
- Maisons unifamiliales et maisons jumelées, H5617.

Craig, James
- Marinas, D4503.

Craig & Kohler
- Écoles primaires et secondaires, G0750.
- Quartiers résidentiels, P1384.

Craig & Madill
- Centres communautaires, D3092.
- Écoles primaires et secondaires, G0751, G0752, G0753.
- Foyers, H0091.

Craig, Madill, Abram and Ingleson
- Écoles d'arts et métiers et écoles spéciales, G1516.

Craig, Madill, Abram & Ingleson
- Bureaux divers, B5680.
- Édifices pour l'administration de la justice, F4039, F4040.
- Écoles primaires et secondaires, G0754, G0755.

Craig & Zeidler
- Édifices cultuels, A0140, A0141.
- Centres communautaires, D3093, D3094.
- Stades, D6530.
- Hôtels de ville et centres civiques, F6049.
- Foyers, H0092, H0093.
- Maisons unifamiliales et maisons jumelées, H5618.

Craig & Zeidler (suite/cont'd)
- Hôpitaux généraux et spécialisés, M0263.
- Écoles et résidences d'infirmières, M5011.

Craig, Zeidler and Strong
- Édifices cultuels, A0142.
- Centres communautaires, D3095, D3096.

Craig & Zeidler; Barnett & Rieder
- Écoles primaires et secondaires, G0756.

Craig, Zeidler & Strong
- Centres commerciaux, B1247.
- Bureaux divers, B5681.
- Bâtiments d'expositions, D0087.
- Hôtels de ville et centres civiques, F6050, F6051.
- Écoles primaires et secondaires, G0757, G0758, G0759, G0760, G0761, G0762, G0763, G0764, G0765, G0766, G0767, G0768, G0769.
- Écoles d'arts et métiers et écoles spéciales, G1517, G1518, G1519, G1520.
- Campus (Universités et collèges en général), G2070.
- Pavillons pour l'enseignement et la recherche, G7069.
- Immeubles d'appartements, H2378, H2379, H2380, H2381.
- Maisons unifamiliales et maisons jumelées, H5619.
- Parcs et jardins, L0044, L0045, L0046.
- Hôpitaux généraux et spécialisés, M0264, M0265, M0266, M0267.
- Hôpitaux universitaires, M3008.
- Écoles et résidences d'infirmières, M5012.
- Travaux d'urbanisme et de rénovation urbaine, P0512.

Craig, Zeidler & Strong; Bregman & Hamann
- Bureaux divers, B5682.

Crain, Derek
- Travaux d'urbanisme et de rénovation urbaine, P0513.

Crang and Boake
- Centres commerciaux, B1248, B1249, B1250, B1251, B1252.
- Hôtels, B4108.
- Édifices d'associations, B4516.
- Usines de machines, B8843.
- Travaux d'urbanisme et de rénovation urbaine, P0514, P0515.
- Quartiers résidentiels, P1385.

Crang & Boake
- Banques, B0058.
- Complexes à fonctions commerciale et résidentielle, B2052, B2053.
- Entrepôts, B3083.
- Bureaux de professionnels, B5208.
- Bureaux divers, B5683, B5684, B5685, B5686, B5687, B5688.
- Usines diverses, B9599.
- Bâtiments d'expositions, D0088.

Crang & Boake (suite/cont'd)
- Centres communautaires, *D3097.*
- Campus (Universités et collèges en général), *G2071.*
- Centres médicaux, *M6017.*
- Constructions pour le transport aérien, *N0038.*

Crang & Boake; Fisher, Tedman & Fisher
- Centres communautaires, *D3098.*

Crang & Boake; Thom, R.J.; Clifford & Lawrie
- Parcs et jardins, *L0047.*

Crawford, Alan B.
- Usines de denrées alimentaires, *B8623.*

Crawford & Hassig
- Usines diverses, *B9600.*

Crépeau, Côté et Lemieux
- Installations de services publics, *B8570.*
- Ponts et tunnels, *N3541.*

Crevier & Bélanger
- Édifices cultuels, *A0144.*

Crevier, Bélanger, Lemieux, Mercier
- Édifices religieux divers, *A1035.*

Crevier, Jean
- Édifices cultuels, *A0143.*
- Usines diverses, *B9601.*

Crevier, Lemieux et Mercier
- Campus (Universités et collèges en général), *G2072.*

Crevier, Lemieux, Mercier
- Bureaux de professionnels, *B5209, B5210.*
- Centres communautaires, *D3099.*
- Maisons unifamiliales et maisons jumelées, *H5620.*
- Hôpitaux généraux et spécialisés, *M0268, M0269.*

Crevier, Lemieux, Mercier, Caron
- Constructions de métros, *N2521, N2522.*

Crevier, Lemieux, Mercier, Caron; Thompson, Berwick & Pratt
- Musées, *D5027.*

Crevier, Lemieux, Mercier; Labelle, Henri S.
- Édifices cultuels, *A0145.*

Crinion, David; Downs-Archambault
- Quartiers résidentiels, *P1386.*

Crippen, G.E. (Ass.)
- Pavillons pour l'enseignement et la recherche, *G7070.*

Cripps, R.G.
- Écoles spécialisées, *G4015.*

Critchley & Delean
- Édifices cultuels, *A0146, A0147.*
- Édifices religieux divers, *A1036.*
- Centres communautaires, *D3100.*

Critchley & Delean (suite/cont'd)
- Maisons unifamiliales et maisons jumelées, *H5621, H5622.*

Critchley & Delean; Parkin
- Hôpitaux généraux et spécialisés, *M0270.*

Croft, David
- Quartiers résidentiels, *P1387.*

Crosley, Alan
- Maisons unifamiliales et maisons jumelées, *H5623.*

Cross, Edgar A. (Ass.)
- Usines diverses, *B9602.*

Crowther, S. Bruce
- Usines diverses, *B9603.*

Csogoly-Miller
- Immeubles d'appartements, *H2382.*

Cublidge, Arthur E.
- Magasins, *B6563.*

Cuhaci, Edward J.
- Édifices cultuels, *A0148.*

Cullerne, Harold
- Écoles primaires et secondaires, *G0770.*

Cullum, Charles
- Bureaux divers, *B5689.*

Cummings & Campbell
- Édifices cultuels, *A0149.*
- Campus (Universités et collèges en général), *G2073.*

Cummings & Campbell; Affleck, Desbarats, Dimakopoulos, Lebensold, Sise
- Centres communautaires, *D3101.*
- Théâtres, *D7523.*

Cummings, Maxwell (Ass.)
- Centres commerciaux, *B1253.*

Curran Hall Ltd
- Maisons unifamiliales et maisons jumelées, *H5624.*

Currie, E.C.
- Pavillons pour l'enseignement et la recherche, *G7071.*

Cyoni, Christopher
- Maisons unifamiliales et maisons jumelées, *H5625.*

Cyr, Marcel
- Édifices cultuels, *A0150.*
- Écoles primaires et secondaires, *G0771.*
- Maisons unifamiliales et maisons jumelées, *H5626.*

Cyr, S.-A.
- Écoles d'arts et métiers et écoles spéciales, *G1521.*

Cyr, S.A.
- Édifices cultuels, *A0151.*

Dale, A. (Ass.)
- Centres commerciaux, *B1254, B1255.*

Dale, A. (Ass.) (suite/cont'd)
- Bureaux divers, *B5690.*
- Tours panoramiques, *B7505.*
- Écoles primaires et secondaires, *G0772, G0773, G0774.*
- Immeubles d'appartements, *H2383, H2384.*

Dale, Chandler, Kennedy Partnership
- Bureaux divers, *B5691.*

Dale, Chandler, Kennedy Partnership; Zerafa, Serge
- Centres commerciaux, *B1256.*

Dale, Chandler, Kennedy; Zerafa, Serge
- Bureaux divers, *B5692.*

Dalla-Lana, Fred
- Entrepôts, *B3084.*
- Bureaux divers, *B5693.*
- Maisons unifamiliales et maisons jumelées, *H5627.*
- Centres médicaux, *M6019.*

Dalla-Lana/Griffin
- Entrepôts, *B3085.*
- Édifices d'associations, *B4517.*
- Centres communautaires, *D3102.*
- Maisons unifamiliales et maisons jumelées, *H5628.*

Dallaire, Bertrand
- Pavillons pour l'enseignement et la recherche, *G7072.*
- Centres médicaux, *M6018.*

Dallaire, Bertrand; Gravel, Maurice
- Hôtels de ville et centres civiques, *F6052.*

Dallaire, L.
- Parcs et jardins, *L0048.*

Dallaire, Michel; van Houtte, Roch; Paré, Pierre
- Immeubles d'appartements, *H2385.*

Dallegret, François
- Magasins, *B6564.*
- Restaurants, *B7020.*

Dallegret, François; Baker, Joseph
- Centres commerciaux, *B1257.*

Dalrymple, Barbara
- Bureaux divers, *B5694.*

Damphousse, Jean
- Écoles primaires et secondaires, *G0775, G0776, G0777.*
- Foyers, *H0094.*
- Maisons unifamiliales et maisons jumelées, *H5629, H5630, H5631, H5632, H5633, H5634, H5635, H5636, H5637, H5638.*

Damphousse, Jean; Désautels, Aimé
- Banques, *B0059.*

Damphousse, Jean; Notebaert, Gérard
- Travaux d'urbanisme et de rénovation urbaine, *P0516.*

Danan, Patrick
- Immeubles d'appartements, *H2386.*
- Quartiers résidentiels, *P1388.*

Daniels, John H.
- Immeubles d'appartements, *H2387, H2388, H2389.*

Daniels, John H.; Hulme, William D.
- Centres commerciaux, *B1258.*

Daniels, John H.; Murray, James A.; Comay, Eli
- Travaux d'urbanisme et de rénovation urbaine, *P0517.*

Daniels, John; Shulman, Wilfred
- Immeubles d'appartements, *H2390.*

Dant, Noël
- Travaux d'urbanisme et de rénovation urbaine, *P0518.*

Dao, Hung Trong
- Travaux d'urbanisme et de rénovation urbaine, *P0519.*

Darby, John L.
- Écoles primaires et secondaires, *G0778.*

Da Roza, Gustavo
- Banques, *B0060.*
- Bâtiments d'expositions, *D0089.*
- Musées, *D5028.*
- Maisons unifamiliales et maisons jumelées, *H5639, H5640, H5641.*

Da Roza, Gustavo; Number Ten Architectural Group
- Musées, *D5029.*

D'Astous et Pothier
- Bâtiments d'expositions, *D0090, D0091, D0092.*

D'Astous & Pothier
- Édifices cultuels, *A0157, A0158, A0159, A0160.*
- Hôtels, *B4109.*
- Maisons unifamiliales et maisons jumelées, *H5649.*
- Constructions pour le téléphone, *N8038.*

D'Astous, Roger
- Édifices cultuels, *A0152, A0153, A0154, A0155, A0156.*
- Bureaux divers, *B5695.*
- Maisons de vacances, *D1021, D1022.*
- Hôtels de ville et centres civiques, *F6053.*
- Maisons unifamiliales et maisons jumelées, *H5642, H5643, H5644, H5645, H5646, H5647, H5648.*
- Constructions de métros, *N2523.*

D'Astous, Roger; Durand, Luc
- Immeubles d'appartements, *H2391.*

D'Astous, Roger; Gagnon, Roger; La Haye, J.-C.
- Travaux d'urbanisme et de rénovation urbaine, *P0520.*

Daudelin, Georges
- Parcs et jardins, *L0049*.

Daunais, Jean
- Magasins, *B6565*.
- Immeubles d'appartements, *H2392*.
- Maisons unifamiliales et maisons jumelées, *H5650*.

Davenport, S.G.
- Banques, *B0061*, *B0062*.

Davey, A.R.; Teglas, Csaba
- Hôtels de ville et centres civiques, *F6054*.

David, Barott, Boulva
- Musées, *D5030*.
- Théâtres, *D7524*.
- Édifices pour l'administration de la justice, *F4041*.
- Écoles primaires et secondaires, *G0780*.
- Pavillons pour l'enseignement et la recherche, *G7073*.
- Centres médicaux, *M6020*.
- Constructions de métros, *N2524*, *N2525*.

David, Barott, Boulva and Ass.; Perrault, Jean-Julien
- Banques, *B0063*.

David, Barott, Boulva; Dumaresq, J. Philip & Ass.
- Bâtiments d'expositions, *D0093*.

David, Barott, Boulva; Gordon S. Adamson & Ass.; John B. Parkin Ass.; Marani, Rounthwaite & Dick; Howarth, Th.
- Campus (Universités et collèges en général), *G2074*.

David, Barott, Boulva; Safdie, Moshe
- Bâtiments d'expositions, *D0094*.
- Immeubles d'appartements, *H2393*.

David & Boulva
- Centres commerciaux, *B1259*.
- Complexes à fonctions commerciale et résidentielle, *B2054*.
- Hôtels, *B4110*.
- Bureaux divers, *B5697*.
- Écoles primaires et secondaires, *G0781*.
- Constructions pour le téléphone, *N8039*.

David & Boulva; Archibald, Illsley & Templeton
- Édifices pour l'administration de la justice, *F4042*.

David, Boulva & Cleve
- Banques, *B0064*, *B0065*, *B0066*.
- Centres commerciaux, *B1260*, *B1261*.
- Hôtels, *B4111*.
- Bureaux divers, *B5698*.

David, Boulva, Cleve; Dobush, Stewart, Longpré, Marchand, Goudreau
- Constructions pour la défense civile, *F3032*.

David, Boulva, Cleve; Erickson, Arthur
- Musées, *D5031*.

David, Boulva; Dimakopoulos
- Édifices pour l'administration publique, *F5069*.

David, Boulva et Cleve
- Édifices des sociétés d'énergie et de télécommunication, *B4914*.

David & Boulva; Yamasaki, Minoru
- Travaux d'urbanisme et de rénovation urbaine, *P0521*.

David, Charles
- Écoles primaires et secondaires, *G0779*.
- Hôpitaux généraux et spécialisés, *M0271*.

David & David
- Banques, *B0067*.
- Bureaux de professionnels, *B5211*.
- Bureaux divers, *B5699*.
- Usines diverses, *B9605*.
- Centres communautaires, *D3103*.

David et David
- Constructions pour le téléphone, *N8040*.

David et Dépocas
- Sanatoriums, *M4005*.

David, Jacques L.
- Bureaux divers, *B5696*.

David, Philip
- Quartiers résidentiels, *P1389*.

Davidson and Porter
- Maisons unifamiliales et maisons jumelées, *H5654*, *H5655*.

Davidson, C.D. (Co.)
- Bureaux de professionnels, *B5212*.
- Écoles primaires et secondaires, *G0782*.

Davidson, C.D. (Co.); Dubé, G.L.V.; MacFawn, V.G.
- Écoles primaires et secondaires, *G0783*.

Davidson & Davidson
- Maisons de vacances, *D1024*.
- Maisons en bandes, *H4047*.
- Maisons unifamiliales et maisons jumelées, *H5653*.
- Travaux d'urbanisme et de rénovation urbaine, *P0522*.
- Quartiers résidentiels, *P1390*.

Davidson, Duffus, Romans & Davis
- Édifices pour l'administration publique, *F5070*.

Davidson, Ian
- Maisons de vacances, *D1023*.

Davidson, Ian; Downs, Barry V.
- Écoles primaires et secondaires, *G0784*.

Davidson, Ian Jocelyn
- Maisons unifamiliales et maisons jumelées, *H5651*, *H5652*.

Davidson, Ian; White, D.E.
- Bureaux de poste, *F1038*.

Davidson, Jocelyn
- Garages, *B3528*, *B3529*.
- Foyers, *H0095*.
- Parcs et jardins, *L0050*.

Davidson / Johnston Architects
- Maisons de vacances, *D1025*.

Davidson/Johnston; Downs/Archambault
- Quartiers résidentiels, *P1391*.

Davidson/Johnston; Downs/Archambault; Thompson, Berwick, Pratt
- Quartiers résidentiels, *P1392*.

Davies Homes Ltd
- Maisons unifamiliales et maisons jumelées, *H5656*.

Davies, J. Lovatt
- Écoles primaires et secondaires, *G0785*.

Davison and Porter
- Bureaux divers, *B5700*.

Davison, C.D. (Co.)
- Édifices cultuels, *A0161*.

Davison & Porter
- Usines diverses, *B9604*.
- Centres communautaires, *D3104*.
- Écoles primaires et secondaires, *G0786*.

Dawson & Brindle
- Travaux d'urbanisme et de rénovation urbaine, *P0524*.

Dawson, C.D.
- Maisons unifamiliales et maisons jumelées, *H5657*.

Dawson, Development Ltd
- Immeubles d'appartements, *H2394*.
- Travaux d'urbanisme et de rénovation urbaine, *P0523*.

Dawson et Szymanski
- Bureaux divers, *B5701*.

Dawson, F.
- Édifices cultuels, *A0162*, *A0163*.

Dawson, F.A.
- Banques, *B0068*, *B0069*.

Dawson, F.A.; Bynoe, Peter
- Bâtiments d'expositions, *D0095*.

Dawson & Stillmann
- Entrepôts, *B3086*.
- Imprimeries, *B8308*.

Dawson & Szymanski
- Usines de machines, *B8844*.

Dayton, J.M.; Jessiman, R.
- Hôtels de ville et centres civiques, *F6055*.

Deacon, Arnett and Murray
- Immeubles d'appartements, *H2395*.
- Quartiers résidentiels, *P1393*.

Deacon, Arnett and Murray; Faludi, E.G.
- Quartiers résidentiels, *P1394*.

Deacon, Arnett & Murray
- Maisons unifamiliales et maisons jumelées, *H5658*.

Deacon, Arnett, Murray & Rankin
- Centres commerciaux, *B1262*.

DeBelle & White
- Édifices d'associations, *B4518*.
- Écoles primaires et secondaires, *G0787*, *G0788*, *G0789*, *G0790*.

DeBelleval, J.F.
- Centres communautaires, *D3105*.
- Cinémas, *D7206*.
- Théâtres, *D7525*.

Debicki, Anthony
- Immeubles d'appartements, *H2396*.

DeBlois, Jacques
- Garages, *B3530*.
- Hôtels, *B4112*, *B4113*, *B4114*.
- Bureaux divers, *B5702*.
- Restaurants, *B7021*.
- Bâtiments d'expositions, *D0096*.
- Centres communautaires, *D3106*.
- Maisons unifamiliales et maisons jumelées, *H5659*, *H5660*.

DeBlois, Jacques; Laroche, Guy
- Constructions pour la radio et la télévision, *N7012*.

De Brauwer, J.C. et Koch, Edmond
- Stades, *D6531*.

Décary, L.-J.-T.
- Hôtels, *B4115*.

DeForest, Claude
- Centres communautaires, *D3107*.

De Leuw, Cather & Co.
- Travaux d'urbanisme et de rénovation urbaine, *P0525*.

De Lint, W.B.C.
- Travaux d'urbanisme et de rénovation urbaine, *P0526*.

De Lint, William
- Immeubles d'appartements, *H2397*.

Demers & Delorme
- Écoles d'arts et métiers et écoles spéciales, *G1523*.

Demers, Delorme & Morin
- Restaurants, *B7022*.
- Hôtels de ville et centres civiques, *F6056*.
- Pavillons pour l'enseignement et la recherche, *G7074*.
- Maisons unifamiliales et maisons jumelées, *H5662*.

Demers, Georges
- Installations de services publics, *B8571*.
- Ponts et tunnels, *N3542*.

Demers, Philippe
- Édifices cultuels, *A0164, A0165.*
- Écoles primaires et secondaires, *G0791.*
- Écoles d'arts et métiers et écoles spéciales, *G1522.*
- Immeubles d'appartements, *H2398, H2399, H2400.*
- Maisons unifamiliales et maisons jumelées, *H5661.*

de Montigny, Benoît
- Écoles spécialisées, *G4016.*

Dennis and Freda; O'Connor & Maltby
- Résidences d'étudiants, *G8051.*

Denoncourt & Denoncourt
- Édifices religieux divers, *A1037.*

Denoncourt & Denoncourt; Leclerc & Villemure
- Centres communautaires, *D3108.*
- Hôtels de ville et centres civiques, *F6057.*
- Travaux d'urbanisme et de rénovation urbaine, *P0527.*

Denoncourt, E.J.
- Routes, *N4014.*

Denoncourt, E.L.
- Écoles spécialisées, *G4017.*

Denoncourt, Ernest
- Usines diverses, *B9606.*

Denoncourt, Ernest L.
- Magasins, *B6566, B6567.*
- Écoles primaires et secondaires, *G0792.*
- Écoles d'arts et métiers et écoles spéciales, *G1524, G1525.*
- Hôpitaux généraux et spécialisés, *M0272.*

Denoncourt, Ernest L.; Denoncourt, Maurice L.
- Écoles primaires et secondaires, *G0793.*

Denoncourt, Maurice
- Magasins, *B6568.*

Dépatie, Bernard
- Édifices cultuels, *A0166, A0167.*

Dépatie, J.-O.; Meadowcroft, J.-C.
- Constructions pour le téléphone, *N8041.*

Depocas, Victor
- Écoles primaires et secondaires, *G0795, G0796.*

Dept. of Publ. Works, Ottawa
- Musées, *D5032.*

Dept. of Public Works
- Ambassades et consulats, *F0005.*
- Bureaux de poste, *F1039, F1040, F1041, F1042, F1043, F1044, F1045, F1046, F1047, F1048.*
- Édifices pour l'administration publique, *F5071, F5072, F5073, F5074, F5075.*
- Écoles primaires et secondaires, *G0794.*

Dernoi, L.A.
- Travaux d'urbanisme et de rénovation urbaine, *P0528.*

Desautels, Aimé
- Travaux d'urbanisme et de rénovation urbaine, *P0529.*

Désautels, Aimé; Damphousse, Jean
- Banques, *B0070.*

Desautels, J.A.F.
- Bureaux divers, *B5703.*

Desbarats, Guy
- Bureaux divers, *B5704.*
- Maisons unifamiliales et maisons jumelées, *H5663.*

Desbarats, Guy; Affleck, Ray
- Édifices pour l'administration de la justice, *F4043.*

Desbarats, Guy; Lebensold, Fred
- Quartiers résidentiels, *P1395.*

Desbarats, Guy; Sise, Hazen
- Restaurants, *B7023.*

Deschamps, Paul
- Maisons unifamiliales et maisons jumelées, *H5664.*

Deschamps, Yves
- Édifices cultuels, *A0168.*

Desgagné & Boileau
- Édifices cultuels, *A0169, A0170, A0171, A0172.*
- Maisons unifamiliales et maisons jumelées, *H5665.*
- Hôpitaux généraux et spécialisés, *M0273, M0274.*

Desgagné, Boileau & Côté
- Hôpitaux généraux et spécialisés, *M0275.*

Desgagné & Boileau; Côté, Paul-Marie
- Banques, *B0071.*
- Bureaux de professionnels, *B5213.*

Desgagné & Côté
- Édifices cultuels, *A0173, A0174.*
- Banques, *B0072.*
- Maisons de vacances, *D1026.*
- Théâtres, *D7526.*
- Écoles primaires et secondaires, *G0800.*
- Monuments, *K0004.*
- Hôpitaux généraux et spécialisés, *M0276.*
- Centres médicaux, *M6021.*

Desgagné et Boileau
- Édifices religieux divers, *A1038.*
- Écoles primaires et secondaires, *G0797, G0798, G0799.*

Desgagné et Côté
- Maisons unifamiliales et maisons jumelées, *H5666, H5667.*
- Architecture pour handicapés, etc., *M7008.*

Desgagné, Léonce; Gravel, Armand; Brassard, Sylvio
- Édifices cultuels, *A0175.*

Desgagné, Léonce; Gravel, Armand; Brassard, Sylvio (suite/cont'd)
- Campus (Universités et collèges en général), *G2075.*

Deshaies, David
- Édifices cultuels, *A0176, A0177.*

Deshaies et Dépocas
- Hôpitaux généraux et spécialisés, *M0277, M0278.*

Deshaies, G.
- Édifices religieux divers, *A1039.*

Design Workshop Ltd
- Centres commerciaux, *B1263.*
- Écoles primaires et secondaires, *G0801.*

Desjardins, J. Roméo
- Bâtiments d'expositions, *D0097.*

Desjardins, Roméo-J.
- Immeubles d'appartements, *H2401.*

Deskin, Dennis S.
- Maisons unifamiliales et maisons jumelées, *H5668, H5669, H5670.*

Deskin et Tornay
- Édifices d'associations, *B4519.*

Deskin & Tornay
- Immeubles d'appartements, *H2402.*

Desmarais, Tornay et Associés
- Édifices d'associations, *B4520.*

Desmarais-Tornay; Sickler, Donald
- Quartiers résidentiels, *P1396.*

Desmeules, Gabriel
- Édifices cultuels, *A0178.*
- Édifices d'associations, *B4521.*
- Magasins, *B6569.*
- Usines diverses, *B9607.*

Desmeules, Gabriel; Brassard, Sylvio
- Magasins, *B6570.*

Desmeules, J.E.; Raymond, Luc
- Parcs et jardins, *L0051.*

Desnoyers, Brodeur, Mercure
- Édifices pour l'administration de la justice, *F4044.*
- Installations pour les sports et l'éducation physique, *G5011.*
- Hôpitaux universitaires, *M3009.*

Desnoyers, Brodeur, Mercure & Leziy
- Quartiers résidentiels, *P1397.*

Desnoyers, Maurice
- Édifices religieux divers, *A1040.*
- Écoles et résidences d'infirmières, *M5013.*

Desnoyers, Maurice; Prus, Victor
- Stades, *D6532.*
- Écoles primaires et secondaires, *G0802.*

DIAMOND

Desnoyers, Mercure, Gagnon et Sheppard
- Restaurations d'habitations, *C1010, C1011, C1012.*

Desnoyers, Mercure, Gagnon, Sheppard; Safdie, Moshe
- Travaux d'urbanisme et de rénovation urbaine, *P0530.*

Desnoyers, Mercure, Leziy, Gagnon, Sheppard.
- Maisons unifamiliales et maisons jumelées, *H5671.*
- Constructions de métros, *N2526.*

Desnoyers & Schoenauer
- Travaux d'urbanisme et de rénovation urbaine, *P0531.*

Desrochers & Dumont
- Édifices cultuels, *A0179.*
- Édifices religieux divers, *A1041.*
- Centres commerciaux, *B1264.*
- Bureaux divers, *B5705.*
- Maternelles et jardins d'enfants, *G0003.*
- Écoles primaires et secondaires, *G0803, G0804.*
- Ponts et tunnels, *N3543.*

Des Rochers & Dumont; Moreau
- Centres commerciaux, *B1265.*

DesRochers, Dumont; Robillard et Jetté
- Campus (Universités et collèges en général), *G2076.*

Desrochers et Dumont
- Usines diverses, *B9608.*

Desrosiers, Hugues
- Édifices cultuels, *A0180.*
- Restaurants, *B7024.*
- Ateliers, *B8202.*

Dewar, Stevenson and Stanley
- Bureaux divers, *B5706.*
- Hôtels de ville et centres civiques, *F6058.*

Dewar, Stevenson & Stanley
- Stades, *D6533.*
- Écoles primaires et secondaires, *G0805.*
- Campus (Universités et collèges en général), *G2077.*

Dewcon Structures Ltd
- Entrepôts, *B3087.*
- Stades, *D6534.*

Diamond, A.J. (Ass.)
- Bureaux divers, *B5707.*
- Immeubles d'appartements, *H2403.*
- Maisons unifamiliales et maisons jumelées, *H5672.*
- Quartiers résidentiels, *P1398.*

Diamond, A.J.; Myers, Barton
- Centres commerciaux, *B1266.*
- Édifices d'associations, *B4522.*
- Travaux d'urbanisme et de rénovation urbaine, *P0532.*

Diamond and Myers
- Bureaux divers, *B5708.*

DIAMOND

Diamond, Clarke, Edwards and Ass.
- Laboratoires, *G9052*.

Diamond, Dupuis & Desautels
- Édifices cultuels, *A0181*.

Diamond, Libling, Michener
- Édifices cultuels, *A0182*.
- Garages, *B3531*.
- Hôtels, *B4116*.

Diamond & Myers
- Campus (Universités et collèges en général), *G2078*.
- Immeubles d'appartements, *H2404*, *H2405*.
- Maisons unifamiliales et maisons jumelées, *H5673*, *H5674*, *H5675*.
- Quartiers résidentiels, *P1399*, *P1400*.

Diamond & Myers; Wilkin, Richard
- Résidences d'étudiants, *G8052*.

Di Castri, John A.
- Centres commerciaux, *B1267*.
- Garages, *B3532*.
- Piscines, *D6032*.
- Édifices pour l'administration de la justice, *F4045*.
- Maisons unifamiliales et maisons jumelées, *H5676*.
- Quartiers résidentiels, *P1401*.

Dickinson, Peter
- Édifices cultuels, *A0183*.
- Centres commerciaux, *B1268*.
- Bureaux divers, *B5709*.
- Centres communautaires, *D3109*.
- Édifices pour l'administration de la justice, *F4046*.
- Immeubles d'appartements, *H2406*, *H2407*.

Dickinson, Peter (ass.)
- Édifices religieux divers, *A1042*.
- Banques, *B0073*.
- Hôtels, *B4117*, *B4118*.
- Édifices d'associations, *B4523*.
- Édifices pour l'administration de la justice, *F4047*.
- Campus (Universités et collèges en général), *G2079*.
- Quartiers résidentiels, *P1402*.

Dickinson, Peter (Ass.); Greenspoon, Freedlander & Dunne
- Centres communautaires, *D3110*.

Dickinson, Peter (Ass.); Rounthwaite & Fairfield
- Travaux d'urbanisme et de rénovation urbaine, *P0533*.

Dickinson, Peter (Ass.); Webb & Menkes
- Centres commerciaux, *B1270*.

Dickinson, Peter; Roth, Max
- Centres commerciaux, *B1269*.

Dickinson, Peter S. (Ass.)
- Bureaux divers, *B5710*, *B5711*, *B5712*, *B5713*, *B5714*, *B5715*.

Dickinson, Peter S. (ass.); Page & Steele
- Bureaux divers, *B5716*.

Dickinson, Peter; Webb & Menkes
- Hôtels, *B4119*.

Dimakopoulos; David, Boulva
- Édifices pour l'administration publique, *F5076*.

Dimakopoulos, Dimitri
- Centres commerciaux, *B1271*.
- Complexes à fonctions commerciale et résidentielle, *B2055*.
- Hôtels, *B4120*, *B4121*.
- Centres de congrès, *D7012*.
- Édifices pour l'administration de la justice, *F4048*.

Dimakopoulos, Dimitri; Jodoin, Lamarre, Pratte
- Campus (Universités et collèges en général), *G2080*.

Dionne et Bélanger
- Maisons unifamiliales et maisons jumelées, *H5677*.

Dionne, Pierre
- Édifices cultuels, *A0184*, *A0185*.

Dionne, Pierre G.
- Constructions diverses, *D1505*.

Dirassar, James and Jorgensen
- Centres commerciaux, *B1272*, *B1273*.
- Maisons en bandes, *H4048*.

Dirassar, James, Jorgensen, Davis; Webb, Zerafa, Menkes, Housden
- Centres commerciaux, *B1274*.

Dirassar, James & Jorgensen
- Complexes à fonctions commerciale et résidentielle, *B2056*.
- Hôtels, *B4122*, *B4123*.

Dirasser, Leo; Massey, Hart
- Édifices pour l'administration de la justice, *F4049*.

Dirasser, Leon G.; Oberlander, H.P.
- Maisons unifamiliales et maisons jumelées, *H5678*.

Directorate of Works, DND (Army) Design Division
- Constructions pour la défense civile, *F3033*, *F3034*.

Dixon, M.G.
- Maisons unifamiliales et maisons jumelées, *H5679*, *H5680*, *H5681*, *H5682*.

Dluhosch, Eric
- Constructions pour le chemin de fer, *N2015*.

Dobbing, Peter
- Complexes à fonctions commerciale et résidentielle, *B2057*.
- Bureaux divers, *B5717*, *B5718*.
- Centres communautaires, *D3111*.
- Immeubles d'appartements, *H2408*.

Dobbing, Peter (suite/cont'd)
- Maisons unifamiliales et maisons jumelées, *H5683*.

Dobell, N.W.
- Maisons unifamiliales et maisons jumelées, *H5684*, *H5685*, *H5686*, *H5687*, *H5688*.

Dobell, Norman
- Piscines, *D6033*.
- Immeubles d'appartements, *H2409*, *H2410*, *H2411*.

Dobell, Norman W.
- Travaux d'urbanisme et de rénovation urbaine, *P0534*.

Dober, Richard P.; Project Planning Ass. Ltd; Sert, Jackson Ass.
- Campus (Universités et collèges en général), *G2081*.

Dobson and Alexander
- Édifices cultuels, *A0186*.

Dobush
- Maisons unifamiliales et maisons jumelées, *H5689*, *H5690*, *H5691*, *H5692*.

Dobush, Peter
- Entrepôts, *B3088*.

Dobush & Stewart
- Entrepôts, *B3089*.
- Laboratoires, *G9053*.
- Maisons unifamiliales et maisons jumelées, *H5693*.
- Centres médicaux, *M6022*.

Dobush, Stewart & Bourke
- Écoles primaires et secondaires, *G0806*, *G0807*.
- Pavillons pour l'enseignement et la recherche, *G7075*.
- Laboratoires, *G9054*.

Dobush, Stewart, Bourke, Holtshousen
- Laboratoires, *G9055*.

Dobush, Stewart, Bourke; Longpré, Marchand and Goudreau
- Bibliothèques de maisons d'enseignement, *D2516*.

Dobush, Stewart, Bourke, Longpré, Marchand, Goudreau
- Bâtiments d'expositions, *D0098*, *D0099*.
- Stades, *D6535*.
- Édifices pour l'administration de la justice, *F4050*, *F4051*, *F4052*.

Dobush, Stewart, Hein, Longpré, Marchand, Goudreau
- Campus (Universités et collèges en général), *G2082*.
- Pavillons pour l'enseignement et la recherche, *G7076*.

Dobush, Stewart, Hein; Prus, Victor
- Musées, *D5033*.

Dobush, Stewart, Longpré, Marchand, Goudreau; David, Boulva, Cleve
- Constructions pour la défense civile, *F3035*.

Dobush, Stewart, Longpré, Marchand, Goudreau; Vecsei, Eva H.
- Hôtels, *B4124*.

Dodd, Arthur H.B.
- Maisons unifamiliales et maisons jumelées, *H5694*, *H5695*.

Dodd Construction Ltd
- Maisons unifamiliales et maisons jumelées, *H5696*.

Dollinger, Horst Peter
- Immeubles d'appartements, *H2412*.

Dolphin Development Co. Ltd
- Maisons unifamiliales et maisons jumelées, *H5697*.

Don Mills Developments
- Quartiers résidentiels, *P1403*.

Donahue, A.J.
- Maisons unifamiliales et maisons jumelées, *H5698*, *H5699*.

Donaldson, Drummond, Sankey
- Bibliothèques publiques, *D2017*.
- Écoles primaires et secondaires, *G0808*.

Donaldson et Sankey
- Écoles primaires et secondaires, *G0809*, *G0810*.

Donaldson, Francis
- Bureaux divers, *B5719*, *B5720*.
- Restaurants, *B7025*, *B7026*.
- Parcs industriels, *B8025*.
- Immeubles d'appartements, *H2413*.
- Travaux d'urbanisme et de rénovation urbaine, *P0535*.

Donaldson, Francis; Erickson-Massey
- Bureaux divers, *B5721*.

Donaldson & Sankey
- Édifices cultuels, *A0187*.
- Centres sociaux, *G3009*.

Donaldson-Sankey; Drummond, Derek
- Maisons unifamiliales et maisons jumelées, *H5700*.

Doran, H.J.
- Laboratoires, *G9056*.

Doran, Harold J.
- Usines de denrées alimentaires, *B8624*.
- Usines diverses, *B9609*, *B9610*, *B9611*.
- Maisons de vacances, *D1027*.
- Immeubles d'appartements, *H2414*.
- Quartiers résidentiels, *P1404*.

Dorval, C.; Chaloux, J.-M.; St-Denis, Y.
- Travaux d'urbanisme et de rénovation urbaine, *P0536*.

Dorval & Fortin; Bouchard, Maurice
- Foyers, *H0096*.

Doucet, E.-A.
- Écoles primaires et secondaires, *G0811*.

Doucet, E.A.
- Entrepôts, *B3090*.

Douglas, Bruce
- Usines diverses, *B9612*.

Douglas, Chrystie L.
- Maisons unifamiliales et maisons jumelées, *H5701*.

Douglas, Lea, Matthews
- Campus (Universités et collèges en général), *G2083*.

Downey, Stanford Paul
- Travaux d'urbanisme et de rénovation urbaine, *P0537*.

Downie, Baker & Abern
- Écoles primaires et secondaires, *G0812*.

Downs-Archambault
- Bibliothèques de maisons d'enseignement, *D2517*.
- Centres communautaires, *D3112*.
- Hôtels de ville et centres civiques, *F6059*.
- Écoles primaires et secondaires, *G0814*.
- Centres sociaux, *G3010*.
- Résidences d'étudiants, *G8053*.
- Maisons unifamiliales et maisons jumelées, *H5716*, *H5717*.
- Architecture pour handicapés, etc., *M7009*.
- Quartiers résidentiels, *P1405*.

Downs/Archambault; Beinhaker/Irwin Ass.
- Immeubles d'appartements, *H2416*.

Downs/Archambault; Beinhaker/Irwin Associates
- Quartiers résidentiels, *P1406*.

Downs/Archambault; Britannia Design
- Centres communautaires, *D3113*.

Downs/Archambault; Cattell/Musson
- Constructions pour le chemin de fer, *N2016*.

Downs/Archambault; Crinion, David
- Quartiers résidentiels, *P1407*.

Downs/Archambault; Davidson/Johnston
- Quartiers résidentiels, *P1408*, *P1409*.

Downs-Archambault; Justice & Webb
- Pavillons pour l'enseignement et la recherche, *G7077*.
- Parcs et jardins, *L0052*.

Downs/Archambault; MacDonald, J. Blair
- Bibliothèques publiques, *D2018*.

Downs-Archambault; Thom, Ron
- Campus (Universités et collèges en général), *G2084*.

Downs/Archambault; Thompson, Berwick, Pratt; Davidson/Johnston
- Quartiers résidentiels, *P1410*.

Downs, Barry
- Pavillons pour l'administration universitaire, *G6005*.

Downs, Barry; McDonald, Blair
- Maisons unifamiliales et maisons jumelées, *H5720*.

Downs, Barry V.
- Bâtiments d'expositions, *D0100*.
- Constructions à fonctions utilitaires, *G3504*.
- Maisons unifamiliales et maisons jumelées, *H5702*, *H5703*, *H5704*, *H5705*, *H5706*, *H5707*, *H5708*, *H5709*, *H5710*, *H5711*, *H5712*, *H5713*, *H5714*, *H5715*.

Downs, Barry V.; Davidson, Ian
- Écoles primaires et secondaires, *G0813*.

Downs, Barry V.; Erickson-Massey
- Bureaux divers, *B5722*.

Downs, Barry V.; Hollingsworth, Fred
- Maisons unifamiliales et maisons jumelées, *H5718*.

Downs, Barry V.; Hollingsworth, Fred T.
- Bureaux divers, *B5723*.
- Résidences d'étudiants, *G8054*.
- Immeubles d'appartements, *H2415*.

Downs, Barry V.; Hollingsworth, Fred T.; Thornton, Fred
- Maisons unifamiliales et maisons jumelées, *H5719*.

Downs, Barry V.; McDonald, J.Blair
- Musées, *D5034*.

Downs, Barry V.; Oberlander, H. Peter
- Maisons unifamiliales et maisons jumelées, *H5721*, *H5722*.

Downs & Hollingsworth
- Quartiers résidentiels, *P1411*.

Downtown Winnipeg Consortium; Number Ten Architectural Group; L.M. Architectural Group
- Centres commerciaux, *B1275*.

Drever and Smith
- Maisons de vacances, *D1028*.

Drever & Smith
- Écoles primaires et secondaires, *G0815*, *G0816*, *G0817*.
- Hôpitaux généraux et spécialisés, *M0280*, *M0281*.

Dreyfuss, Henry
- Garages, *B3533*, *B3534*, *B3535*.

Drolet, André; Gaudreau, Irénée
- Édifices pour l'administration publique, *F5077*.

Drouin, J.C.
- Édifices pour l'administration publique, *F5078*.

Drouin, Marc
- Édifices cultuels, *A0188*.

Drummond, Derek
- Résidences d'étudiants, *G8055*.

Drummond, G.F.
- Entrepôts, *B3091*.
- Édifices d'associations, *B4524*.
- Constructions pour le chemin de fer, *N2017*.

Drummond, George
- Centres commerciaux, *B1276*.
- Hôtels, *B4125*.

DSina & Pellegrino
- Hôpitaux généraux et spécialisés, *M0279*.

Dubé, Claude
- Centres médicaux, *M6023*.

Dubé, Claude; Rioux, Lorraine
- Maisons unifamiliales et maisons jumelées, *H5723*.

Dubé, G.L.V.; Davidson, C.D. (Co.); Mac Fawn, V.G.
- Écoles primaires et secondaires, *G0818*.

Dubé, Jean-Maurice
- Bureaux divers, *B5724*.
- Magasins, *B6571*.
- Cinémas, *D7207*, *D7208*, *D7209*.
- Bureaux de poste, *F1049*.
- Constructions de métros, *N2527*.

Dubeau, Jean
- Maisons unifamiliales et maisons jumelées, *H5724*.

DuBois & Ass.
- Ambassades et consulats, *F0006*.
- Écoles primaires et secondaires, *G0819*.
- Constructions pour la radio et la télévision, *N7013*.

DuBois & Associates
- Quartiers résidentiels, *P1412*, *P1413*.

DuBois, Macy
- Entrepôts, *B3092*.
- Édifices de maisons d'édition, *B4801*.
- Bureaux divers, *B5725*.

DuBois, Macy (suite/cont'd)
- Hôtels de ville et centres civiques, *F6060*.
- Maisons en bandes, *H4049*.

DuBois, Macy; Andrews, John; Ireland, Byron; Morgan, Wm.
- Hôtels de ville et centres civiques, *F6061*.

DuBois, Macy; Fairfield, Robert C.; Cheney, Gordon; Strong, Ric
- Quartiers résidentiels, *P1414*.

DuBois, Macy; Fairfield, Robert C.; Strong, Richard; Cheney, Gordon
- Maisons en bandes, *H4050*.

DuBois, Macy; Jackson, Anthony; Pinker, Donovan; Robinson, Gerald; Sears, Henry
- Travaux d'urbanisme et de rénovation urbaine, *P0538*.

DuBois, Macy; Klein, Jack; Sears, Henry
- Restaurations d'habitations, *C1013*.

DuBois, Strong & Bindhart
- Centres communautaires, *D3114*.

DuBois, Strong, Bindhart, Shore, Tilbe, Henschel
- Édifices pour l'administration publique, *F5079*.

Duchesnes, Rolf
- Édifices cultuels, *A0189*.
- Maisons unifamiliales et maisons jumelées, *H5725*.

Duffus, A.S.
- Édifices pour l'administration publique, *F5080*.

Duffus, Romans and Single
- Bureaux divers, *B5726*.
- Usines diverses, *B9613*.
- Écoles primaires et secondaires, *G0821*, *G0822*.

Duffus, Romans, Kundzins and Rounsefell
- Hôpitaux pour enfants, *M2508*.

Duffus, Romans, Kundzins & Rounsefell
- Restaurations diverses, *C0048*.

Duffus, Romans, Kundzins, Rounsefell
- Centres commerciaux, *B1277*.
- Restaurations d'habitations, *C1014*.
- Musées, *D5035*.
- Écoles primaires et secondaires, *G0820*.
- Pavillons pour l'enseignement et la recherche, *G7078*.
- Résidences d'étudiants, *G8056*.
- Travaux d'urbanisme et de rénovation urbaine, *P0541*.

Duffus, Romans, Single & Kundzins
- Édifices cultuels, *A0190*.

Duffus, Romans, Single & Kundzins (suite/cont'd)
- Installations pour les sports et l'éducation physique, *G5012*.

Dufresne, Adrien
- Édifices cultuels, *A0191, A0192, A0193, A0194, A0195, A0196, A0197, A0198, A0199*.
- Édifices pour l'administration publique, *F5081*.
- Hôpitaux généraux et spécialisés, *M0282*.

Dufresne & Boulva
- Bureaux de professionnels, *B5214*.
- Magasins, *B6572, B6573*.
- Restaurants, *B7027*.
- Hôtels de ville et centres civiques, *F6062*.
- Écoles primaires et secondaires, *G0823, G0824, G0825*.
- Maisons unifamiliales et maisons jumelées, *H5726, H5727, H5728, H5729*.

Dufresne et Boulva
- Écoles d'arts et métiers et écoles spéciales, *G1526, G1527*.

Dufresne, Lusignan, Poulin
- Immeubles d'appartements, *H2417*.

Dufresne, R.
- Campus (Universités et collèges en général), *G2085*.

Dufresne, Raymond
- Édifices cultuels, *A0200*.

Dumais, Charles; Roy-Rouillard, Pauline; Venne, Gérard; Béland,
- Quartiers résidentiels, *P1415*.

Dumais, Roland
- Édifices cultuels, *A0201, A0202, A0203*.
- Édifices religieux divers, *A1043*.
- Magasins, *B6574*.
- Usines de denrées alimentaires, *B8625*.
- Usines diverses, *B9614, B9615, B9616*.
- Maisons de vacances, *D1029, D1030*.
- Écoles primaires et secondaires, *G0826, G0827, G0828, G0829, G0830, G0831, G0832, G0833, G0834*.
- Campus (Universités et collèges en général), *G2086*.
- Écoles spécialisées, *G4018*.
- Immeubles d'appartements, *H2418*.
- Maisons unifamiliales et maisons jumelées, *H5730, H5731, H5732, H5733, H5734, H5735, H5736, H5737, H5738, H5739, H5740*.

Dumais, Roland; Courtens, Antoine; Nicholas, Louis et Tremblay, Edo
- Restaurants, *B7028*.

Dumaresq, J. Philip (Ass.)
- Banques, *B0074*.
- Magasins, *B6575*.

Dumaresq and Ass.
- Entrepôts, *B3093*.

Dumaresq and Byrne
- Bureaux divers, *B5727*.
- Immeubles d'appartements, *H2419*.

Dumaresq, J. Philip & Ass.; David, Barott, Boulva; Adamson, Gordon Ass.; Smith, Carter, Searle Ass.; Thompson, Berwick, Pratt & Ass.
- Bâtiments d'expositions, *D0101*.

Dumaresq, J.P. (Ass.)
- Pavillons pour l'enseignement et la recherche, *G7079*.

Dumont & Desrochers
- Banques, *B0075*.

Dunington-Grubb & Stensson
- Parcs et jardins, *L0053*.

Dunington-Grubb & Stensson; Somerville, W.L.
- Parcs et jardins, *L0054*.

Dunlop and Moore
- Maisons unifamiliales et maisons jumelées, *H5742*.

Dunlop, Dan
- Maisons unifamiliales et maisons jumelées, *H5741*.
- Quartiers résidentiels, *P1416*.

Dunlop, Farrow, Aitken
- Édifices cultuels, *A0204*.
- Restaurations diverses, *C0049*.
- Centres de congrès, *D7013*.
- Constructions de métros, *N2528, N2529*.
- Travaux d'urbanisme et de rénovation urbaine, *P0539*.

Dunlop, Farrow, Aitken; Adamson Associates
- Constructions de métros, *N2530*.

Dunlop, Moore (Ass.)
- Écoles primaires et secondaires, *G0835*.
- Hôpitaux pour animaux, *M2001*.

Dunlop, Wardell, Matsui, Aitken
- Édifices cultuels, *A0205*.
- Bureaux divers, *B5728*.
- Imprimeries, *B8309*.
- Bibliothèques publiques, *D2019*.
- Centres communautaires, *D3115*.
- Écoles primaires et secondaires, *G0836*.
- Écoles et résidences d'infirmières, *M5014*.

Dunlop, Wardell; Matsui, Aitken; Briscoe, Barrie; Tsow, David
- Campus (Universités et collèges en général), *G2087*.

Dunlop, Wardell, Matsui and Aitken
- Foyers, *H0097*.
- Travaux d'urbanisme et de rénovation urbaine, *P0540*.

Dunn, H.A.; Long, J.W.
- Pavillons pour l'enseignement et la recherche, *G7080*.

Dunne, Joseph
- Édifices des sociétés d'énergie et de télécommunication, *B4915*.
- Constructions pour le téléphone, *N8042*.

Dupéré & Jean
- Écoles primaires et secondaires, *G0837*.

Dupéré, Roland; Jean, Charles
- Bureaux divers, *B5729*.

Dupéré, Roland; Jean, Charles-A.
- Édifices cultuels, *A0206*.

Duplay, Claire & Michel
- Travaux d'urbanisme et de rénovation urbaine, *P0542*.

Duplessis et Labelle
- Écoles primaires et secondaires, *G0838*.
- Constructions de métros, *N2531*.

Duplessis, Labelle, Derome
- Édifices cultuels, *A0207*.
- Banques, *B0076, B0077*.
- Stades, *D6536*.
- Écoles primaires et secondaires, *G0839, G0840, G0841*.
- Constructions de métros, *N2532, N2533*.

Dupuis, Dunn and Donahue
- Pavillons pour l'enseignement et la recherche, *G7081*.

Dupuis & Mathieu
- Édifices cultuels, *A0208, A0209*.
- Immeubles d'appartements, *H2420, H2421*.

Durand, Luc; D'Astous, Roger
- Immeubles d'appartements, *H2422*.

Durand, Luc; Papineau, Gérin-Lajoie, Leblanc
- Bâtiments d'expositions, *D0102*.

Durand, Lucien
- Immeubles d'appartements, *H2423*.
- Maisons unifamiliales et maisons jumelées, *H5743*.

Duret, Jean; Papineau, Gérin-Lajoie, Le Blanc
- Quartiers résidentiels, *P1417*.

Duret, Jean; Papineau, Gérin-Lajoie, Leblanc
- Immeubles d'appartements, *H2424*.

Durnford, Bolton & Chadwick
- Maisons unifamiliales et maisons jumelées, *H5744*.
- Hôpitaux généraux et spécialisés, *M0283*.

Durnford, Bolton, Chadwick and Ellwood
- Banques, *B0078*.

Durnford, Bolton, Chadwick & Ellwood
- Édifices cultuels, *A0210*.
- Centres commerciaux, *B1278*.
- Édifices d'associations, *B4525*.
- Bureaux divers, *B5730, B5731, B5732*.
- Usines diverses, *B9617, B9618*.
- Bibliothèques de maisons d'enseignement, *D2518*.
- Centres sociaux, *G3011*.
- Écoles spécialisées, *G4019*.
- Hôpitaux généraux et spécialisés, *M0284*.
- Constructions pour le transport aérien, *N0039*.

DuToit, Roger
- Complexes à fonctions commerciale et résidentielle, *B2058*.

duToit, Roger; Andrews, John.
- Constructions de métros, *N2534*.

Du Toit, Roger; Lambur, Peter; Forsyth, Brian
- Bureaux divers, *B5733*.

Dutrisac, J. Armand
- Édifices cultuels, *A0211, A0212*.

Dutrisac, J. Armand; Marien, André
- Édifices cultuels, *A0213*.

Dutrisac, J.A.
- Hôtels de ville et centres civiques, *F6063*.

Dyer, John
- Maisons unifamiliales et maisons jumelées, *H5745, H5746*.

Dyer, John (Ass.)
- Maisons unifamiliales et maisons jumelées, *H5747*.

Dyer, John C.; Hancock, Little, Calvert Ass.
- Pavillons pour l'enseignement et la recherche, *G7082*.

Eadie, Arthur H.
- Banques, *B0079, B0080*.
- Bibliothèques publiques, *D2020, D2021*.
- Écoles primaires et secondaires, *G0842*.

Eber, George
- Édifices cultuels, *A0214*.
- Maisons unifamiliales et maisons jumelées, *H5748*.

Eber, George F.
- Usines diverses, *B9619, B9620*.
- Bâtiments d'expositions, *D0103*.
- Immeubles d'appartements, *H2425*.

Eber, George F.; Eijkeleboon & Middlehoek
- Bâtiments d'expositions, *D0104*.

Eber, George F.; Farmanfarmaeian, Abdul Aziz
- Bâtiments d'expositions, *D0105*.

Eber, George F.; Fuller, R. Buckminster
- Bâtiments d'expositions, *D0106.*

Eber, George F.; Stapels, René
- Bâtiments d'expositions, *D0107.*

Edmonton Planning Department
- Quartiers résidentiels, *P1418.*

Ehling & Brockington
- Entrepôts, *B3094.*
- Bureaux divers, *B5735.*
- Centres communautaires, *D3116.*
- Travaux d'urbanisme et de rénovation urbaine, *P0543.*

Eijkeleboon & Middlehoek; Eber, George F.
- Bâtiments d'expositions, *D0108.*

Elarth, H.A.
- Constructions à fonctions utilitaires, *G3505.*
- Maisons unifamiliales et maisons jumelées, *H5749.*
- Constructions pour les autobus, *N3010.*

Eldred, Brian
- Centres commerciaux, *B1279.*
- Ponts et tunnels, *N3544.*

Elia, Sanchez; Peralta Ramos Y Agostini
- Banques, *B0081.*

Eliasoph & Berkowitz
- Édifices cultuels, *A0215.*
- Centres commerciaux, *B1280, B1281, B1282, B1283, B1284.*
- Magasins, *B6577, B6578.*
- Usines diverses, *B9621.*

Eliasoph & Berkowitz; Roth, Max
- Centres communautaires, *D3117.*

Eliasoph et Berkowitz
- Garages, *B3536.*

Eliasoph, Milton
- Magasins, *B6576.*

Elken, A.; Becksted, R.W.
- Hôtels, *B4126.*

Elken and Becksted
- Bibliothèques publiques, *D2022.*

Elken & Becksted
- Imprimeries, *B8310.*
- Monuments, *K0005.*
- Parcs et jardins, *L0055.*
- Hôpitaux pour animaux, *M2002.*

Ellwood & Henderson
- Édifices pour l'administration de la justice, *F4053, F4054.*
- Bureaux divers, *5734.*

Ellwood, Michael
- Hôtels, *B4127.*
- Maisons unifamiliales et maisons jumelées, *H5750, H5751.*

Elmitt, Mike; Zvilna, Jekabs
- Campus (Universités et collèges en général), *G2088.*

Embacher, Eric E.
- Maisons en bandes, *H4051.*

Embacher & Kulynych
- Quartiers résidentiels, *P1419.*

Emmerson, Stanley W.
- Écoles primaires et secondaires, *G0843, G0844.*

Emmerson, Stanley W.; Boigon & Heinonen
- Hôtels de ville et centres civiques, *F6064.*

Eng, Gilbert
- Édifices pour l'administration de la justice, *F4055.*

Eng & Wright; Pain Associates
- Magasins, *B6579.*

Engineered Buildings (Can.) Ltd
- Maisons unifamiliales et maisons jumelées, *H5752.*

Engineered Homes Ltd
- Maisons unifamiliales et maisons jumelées, *H5754, H5755, H5756, H5757.*

Engineering Division of the Northern Administration Branch.
- Maisons unifamiliales et maisons jumelées, *H5753.*

Englesmith, George
- Bureaux divers, *B5736.*

English, Jay.-I.; Kemp, Leslie-H.
- Cinémas, *D7210.*

English, Jay I.
- Théâtres, *D7527.*

Enns, W.I.
- Écoles primaires et secondaires, *G0845, G0846, G0847, G0848.*

Entreprises Désourdy Inc.
- Usines diverses, *B9622.*

Entreprises Roger Pilon
- Maisons unifamiliales et maisons jumelées, *H5758.*

Environment Planning Associate Ltd.
- Quartiers résidentiels, *P1420, P1421.*

Epstein & Hilderman
- Travaux d'urbanisme et de rénovation urbaine, *P0544.*

Erickson, A.; Marani, Rounthwaite & Dick.
- Banques, *B0082.*

Erickson, A.C.
- Hôtels de ville et centres civiques, *F6065.*

Erickson and Massey
- Pavillons pour l'enseignement et la recherche, *G7083, G7084, G7085.*

Erickson, Arthur
- Bâtiments d'expositions, *D0109.*
- Centres communautaires, *D3118.*
- Musées, *D5036.*

Erickson, Arthur (suite/cont'd)
- Théâtres, *D7528.*
- Ambassades et consulats, *F0007.*
- Édifices pour l'administration de la justice, *F4056.*
- Édifices pour l'administration publique, *F5082, F5083.*
- Écoles primaires et secondaires, *G0849.*
- Campus (Universités et collèges en général), *G2089.*
- Constructions diverses, *G3801.*
- Résidences d'étudiants, *G8057.*
- Maisons unifamiliales et maisons jumelées, *H5759, H5760, H5761, H5762, H5763, H5764, H5765, H5766, H5767, H5768.*
- Parcs et jardins, *L0056, L0057.*
- Centres médicaux, *M6024.*
- Constructions de métros, *N2535, N2536.*
- Travaux d'urbanisme et de rénovation urbaine, *P0545, P0546, P0547, P0548.*

Erickson, Arthur; Adamson Associates
- Constructions de métros, *N2537.*

Erickson, Arthur; Coates, Wells et al.
- Travaux d'urbanisme et de rénovation urbaine, *P0549.*

Erickson, Arthur; David, Boulva, Cleve
- Musées, *D5037.*

Erickson, Arthur; Mathers and Haldenby
- Théâtres, *D7529.*

Erickson, Arthur; Mathers & Haldenby
- Bureaux divers, *B5737.*

Erickson, Arthur; McCarter, Nairne & Partners
- Centres médicaux, *M6025.*

Erickson-Massey
- Édifices cultuels, *A0216, A0217.*
- Centres commerciaux, *B1285.*
- Hôtels, *B4128, B4129.*
- Bureaux divers, *B5738.*
- Installations de services publics, *B8572.*
- Bâtiments d'expositions, *D0110, D0111, D0112, D0113, D0114.*
- Maisons de vacances, *D1031, D1032, D1033, D1034.*
- Ambassades et consulats, *F0008.*
- Écoles primaires et secondaires, *G0850.*
- Campus (Universités et collèges en général), *G2090, G2091.*
- Centres sociaux, *G3012.*
- Résidences d'étudiants, *G8058.*
- Immeubles d'appartements, *H2426, H2427, H2428, H2429.*
- Maisons en bandes, *H4052.*
- Maisons unifamiliales et maisons jumelées, *H5769, H5770, H5771, H5772, H5773, H5774, H5775, H5776, H5777, H5778, H5779, H5780, H5781, H5782.*

Erickson-Massey (suite/cont'd)
- Constructions pour la radio et la télévision, *N7014.*
- Constructions pour le téléphone, *N8043.*
- Travaux d'urbanisme et de rénovation urbaine, *P0550, P0551.*

Erickson-Massey; Barnes, George
- Quartiers résidentiels, *P1422.*

Erickson-Massey; Donaldson, Francis
- Bureaux divers, *B5739.*

Erickson-Massey; Downs, Barry V.
- Bureaux divers, *B5740.*

Erickson-Massey; Freschi, Bruno
- Travaux d'urbanisme et de rénovation urbaine, *P0552.*

Erickson-Massey; Strasman, James Colin
- Quartiers résidentiels, *P1423.*

Esnouf, Philip V.
- Maisons unifamiliales et maisons jumelées, *H5783.*

Etherington, A. Bruce
- Édifices cultuels, *A0218.*
- Banques, *B0083, B0084, B0085.*
- Bureaux divers, *B5741.*
- Usines diverses, *B9623.*
- Centres communautaires, *D3119.*
- Maisons unifamiliales et maisons jumelées, *H5784, H5785, H5786, H5787.*

Etherington, A. Bruce (Ass.)
- Banques, *B0086.*

Etherington, Bruce
- Imprimeries, *B8311, B8312.*

Etherington, F.C.
- Écoles primaires et secondaires, *G0851, G0852.*

Ewart, J.A.; Hazelgrove, A.J.
- Écoles primaires et secondaires, *G0853.*

Ewing, Keith; White, Daniel
- Maisons unifamiliales et maisons jumelées, *H5788.*
- Quartiers résidentiels, *P1424.*

Fabbro & Townend
- Hôtels, *B4130.*
- Restaurants, *B7029.*
- Constructions diverses, *D1506.*

Fabtec Structures Ltd.
- Hôpitaux généraux et spécialisés, *M0285.*

Facey, A.G.
- Usines diverses, *B9624, B9625.*

Fafard et Parizeau
- Banques, *B0087.*

Fairbank, David P.
- Constructions diverses, *D1507.*

FAIRBROTHER

Fairbrother, Donald F.
- Maisons unifamiliales et maisons jumelées, H5789.

Fairfield and DuBois
- Bureaux divers, B5742, B5743, B5744, B5745, B5746, B5747, B5748.
- Bibliothèques publiques, D2023.
- Théâtres, D7530.

Fairfield & DuBois
- Hôtels, B4131.
- Imprimeries, B8313.
- Usines de denrées alimentaires, B8626.
- Usines diverses, B9626.
- Bâtiments d'expositions, D0115, D0116.
- Écoles primaires et secondaires, G0854, G0855, G0856.
- Écoles d'arts et métiers et écoles spéciales, G1528.
- Campus (Universités et collèges en général), G2092, G2093, G2094.
- Pavillons pour l'enseignement et la recherche, G7086.
- Résidences d'étudiants, G8059.
- Immeubles d'appartements, H2430, H2431.
- Écoles et résidences d'infirmières, M5015.

Fairfield & DuBois; Moody, Alan R.
- Campus (Universités et collèges en général), G2095.

Fairfield et DuBois
- Ambassades et consulats, F0009.

Fairfield, R.C.
- Constructions pour la radio et la télévision, N7015.

Fairfield, Robert (Ass.)
- Travaux d'urbanisme et de rénovation urbaine, P0553.

Fairfield, Robert C.; DuBois, Macy; Cheney, Gordon; Strong, Ric
- Quartiers résidentiels, P1425.

Fairfield, Robert C.; Strong, Richard; DuBois, Macy; Cheney, Gordon
- Maisons en bandes, H4053.

Fairn, Leslie (Ass.)
- Écoles spécialisées, G4020.

Fairn, Leslie R.
- Bureaux de professionnels, B5215.
- Magasins, B6580.
- Bibliothèques publiques, D2024.
- Écoles primaires et secondaires, G0857.
- Laboratoires, G9057.
- Sanatoriums, M4006, M4007.

Fairn, Leslie R. (Ass.)
- Usines diverses, B9627.
- Bibliothèques de maisons d'enseignement, D2519.
- Installations pour les sports et l'éducation physique, G5013.

Fairn, Leslie R. (Ass.) (suite/cont'd)
- Hôpitaux généraux et spécialisés, M0286.

Fairn, Leslie R.; Mathers & Haldenby
- Pavillons pour l'enseignement et la recherche, G7087.

Faludi, E.G.
- Centres commerciaux, B1286, B1287, B1288, B1289.
- Restaurations d'habitations, C1015.
- Travaux d'urbanisme et de rénovation urbaine, P0554, P0555, P0556, P0557, P0558, P0559, P0560, P0561.

Faludi, E.G.; Adamson, A.P.
- Centres commerciaux, B1290.

Faludi, E.G.; Adamson, Anthony
- Travaux d'urbanisme et de rénovation urbaine, P0562.

Faludi, E.G.; Deacon, Arnett & Murray
- Quartiers résidentiels, P1426.

Faludi, E.G.; Hanks & Irvine
- Centres commerciaux, B1291.

Faludi, E.G; Goldman, Ralph M.;
- Quartiers résidentiels, P1427.

Fancott & Bett
- Bureaux de poste, F1050.

Fancott, W.E.; Green, Blankstein, Russell & Ass.
- Parcs et jardins, L0058.

Farley, David
- Hôtels de ville et centres civiques, F6066.

Farley, David; Sankey Associates
- Travaux d'urbanisme et de rénovation urbaine, P0563.

Farley, Pierre
- Usines de produits pharmaceutiques et de cosmétiques, B9104.

Farmanfarmaeian, Abdul Aziz; Eber, George F.
- Bâtiments d'expositions, D0117.

Farmer, H.M.
- Maisons unifamiliales et maisons jumelées, H5790.

Faubert, José; Luttgen, Annie; Provencher, Claude; Rousseau, Jacques; Ruccolo, Franco
- Travaux d'urbanisme et de rénovation urbaine, P0564.

Faucher, Louis; Paré, Yves; Gagnon, Conrad
- Travaux d'urbanisme et de rénovation urbaine, P0565.

Faucher, Paul
- Édifices cultuels, A0219, A0220.
- Centres médicaux, M6026.

Faucher, Pierre; Vaccaro, Felice
- Immeubles d'appartements, H2432.

Faugeron, J.; Blouin, André
- Bâtiments d'expositions, D0118.

Fauretto, A.
- Centres communautaires, D3120.

Feeney, J.L.
- Édifices des sociétés d'énergie et de télécommunication, B4916.

Fellheimer & Wagner
- Constructions pour le chemin de fer, N2018.

Fellowes, Norton
- Maisons unifamiliales et maisons jumelées, H5791.

Ferguson, H.K. (Co.)
- Usines diverses, B9628.

Fetherstonhaugh and Durnford
- Édifices cultuels, A0221.
- Bureaux divers, B5749.
- Maisons unifamiliales et maisons jumelées, H5792.

Fetherstonhaugh & Durnford
- Hôtels, B4132.

Fetherstonhaugh, Durnford, Bolton and Chadwick
- Bureaux divers, B5750.

Fetherstonhaugh, Durnford, Bolton & Chadwick
- Édifices cultuels, A0222.
- Banques, B0088, B0089.
- Entrepôts, B3095, B3096.
- Installations de services publics, B8573.
- Usines de denrées alimentaires, B8627.
- Usines diverses, B9629.
- Constructions pour la défense civile, F3036, F3037.
- Écoles primaires et secondaires, G0858.
- Pavillons pour l'enseignement et la recherche, G7088.
- Maisons en bandes, H4054.
- Maisons unifamiliales et maisons jumelées, H5793.

Fieldman, Michael
- Bâtiments agricoles, B0807.

Finch, Lloyd
- Immeubles d'appartements, H2433.

Findlay and Mann
- Bureaux divers, B5751.

Fiscus Construction Co. Ltd
- Maisons unifamiliales et maisons jumelées, H5794.

Fiset & Deschamps
- Bureaux divers, B5752.
- Centres sociaux, G3013.
- Résidences d'étudiants, G8060.
- Immeubles d'appartements, H2435.
- Constructions pour la radio et la télévision, N7017.

Fiset & Deschamps; Gauthier, Guité, Roy
- Édifices pour l'administration publique, F5084.

Fiset, Edouard
- Édifices cultuels, A0223.
- Hôtels de ville et centres civiques, F6067.
- Campus (Universités et collèges en général), G2096.
- Immeubles d'appartements, H2434.
- Constructions pour la radio et la télévision, N7016.
- Travaux d'urbanisme et de rénovation urbaine, P0566, P0567.

Fiset, Édouard; Gréber, Jacques
- Quartiers résidentiels, P1428.

Fiset, Edouard; Gréber, Jacques; Bédard, Roland
- Travaux d'urbanisme et de rénovation urbaine, P0568.

Fiset et Deschamps
- Pavillons pour l'enseignement et la recherche, G7089.

Fiset, Miller, Vinois
- Ambassades et consulats, F0010.

Fish et Melamed
- Centres commerciaux, B1292.
- Bureaux divers, B5753.
- Quartiers résidentiels, P1429.

Fish & Melamed
- Immeubles d'appartements, H2436, H2437.

Fish, Melamed, Croft & Grainger
- Écoles primaires et secondaires, G0859, G0860.

Fish, Michael
- Restaurations d'habitations, C1016.

Fish, Michael; Melamed, Morris
- Immeubles d'appartements, H2438.

Fisher, Howard T. (ass.); Fisher, Reuben
- Bureaux divers, B5754.

Fisher, R.A.
- Constructions pour la défense civile, F3038.

Fisher, Reuben
- Édifices cultuels, A0224.
- Édifices de maisons d'édition, B4802.
- Bureaux divers, B5755, B5756, B5757, B5758.
- Immeubles d'appartements, H2439.

Fisher, Reuben; Fisher, Howard T. (Ass.)
- Bureaux divers, B5759.

Fisher, Reuben; Kalman, M.M.
- Immeubles d'appartements, H2440.

Fisher, Reuben; Power & Kessler; Fisher, Howard T. (ass.)
- Bureaux divers, *B5760.*

Fisher, Richard A.
- Édifices cultuels, *A0225.*
- Usines diverses, *B9630.*
- Bâtiments d'expositions, *D0119.*
- Maisons unifamiliales et maisons jumelées, *H5795.*

Fisher & Tedman
- Centres communautaires, *D3121.*
- Constructions pour la défense civile, *F3039.*
- Écoles d'arts et métiers et écoles spéciales, *G1529.*
- Écoles spécialisées, *G4021.*

Fisher, Tedman and Fisher
- Laboratoires, *G9058.*

Fisher, Tedman et Fisher
- Édifices des sociétés d'énergie et de télécommunication, *B4917.*

Fisher, Tedman & Fisher; Crang & Boake
- Centres communautaires, *D3122.*

Fisher, Tedman, Fisher & Glaister
- Campus (Universités et collèges en général), *G2097.*

Fisher, Tedman & Glaister
- Édifices cultuels, *A0226.*
- Écoles primaires et secondaires, *G0861.*

Fleming, N.M.
- Constructions diverses, *D1508.*

Fleming & Smith
- Pavillons pour l'enseignement et la recherche, *G7090, G7091.*
- Hôpitaux généraux et spécialisés, *M0287.*

Flemming and Secord; Andrews, John
- Résidences d'étudiants, *G8061.*

Flemming & Secord
- Centres sociaux, *G3014.*

Fletcher, F.E.
- Magasins, *B6581.*

Fleur, Paul
- Magasins, *B6582.*

Fleury and Arthur
- Centres sociaux, *G3015.*
- Laboratoires, *G9059.*
- Maisons unifamiliales et maisons jumelées, *H5796.*

Fleury & Arthur
- Édifices religieux divers, *A1044.*
- Usines de denrées alimentaires, *B8628.*
- Écoles primaires et secondaires, *G0862.*

Fleury, Arthur and Barclay
- Bureaux divers, *B5761.*
- Installations pour les sports et l'éducation physique, *G5014.*

Fleury, Arthur & Barclay
- Écoles primaires et secondaires, *G0863.*
- Maisons unifamiliales et maisons jumelées, *H5797.*

Fliess, H.
- Maisons unifamiliales et maisons jumelées, *H5798, H5799, H5800, H5801, H5802, H5803.*

Fliess, Henry
- Garages, *B3537.*
- Bureaux divers, *B5762.*
- Maisons de vacances, *D1035.*
- Musées, *D5038.*
- Immeubles d'appartements, *H2441, H2442, H2443.*
- Maisons en bandes, *H4055, H4056, H4057, H4058, H4059, H4060, H4061, H4062.*
- Quartiers résidentiels, *P1430, P1431, P1432, P1433.*

Fliess, Henry; Bach, Michael
- Immeubles d'appartements, *H2444.*

Fliess, Henry ; Floyd, J. Austin
- Parcs et jardins, *L0059.*

Fliess, Henry, Mendelow & Keywan
- Édifices cultuels, *A0227.*

Fliess, Henry; Murray, James
- Immeubles d'appartements, *H2445.*

Fliess, Henry; Murray, James A.
- Centres commerciaux, *B1293.*
- Complexes à fonctions commerciale et résidentielle, *B2059.*
- Hôtels, *B4133.*
- Restaurants, *B7030.*
- Bibliothèques publiques, *D2025.*
- Écoles d'arts et métiers et écoles spéciales, *G1530.*
- Maisons en bandes, *H4063, H4064, H4065, H4066, H4067.*
- Quartiers résidentiels, *P1435, P1436, P1437, P1438, P1439.*

Fliess, Henry (Partners)
- Quartiers résidentiels, *P1434.*

Fliess, Henry; Proctor, Redfern, Bousfield and Bacon
- Travaux d'urbanisme et de rénovation urbaine, *P0569.*

Fliess, Henry; Yamasaki & Ridpath
- Foyers, *H0099.*

Fliess, Henry; Yamazaki, George
- Foyers, *H0098.*

Floyd, J. Austin
- Bureaux divers, *B5763.*

Floyd, J. Austin; Fliess, Henry
- Parcs et jardins, *L0060.*

Folch-Ribas, Jacques
- Maisons unifamiliales et maisons jumelées, *H5804.*
- Parcs et jardins, *L0061.*

Folch-Ribas, Jacques; Beaulieu, Claude
- Maisons unifamiliales et maisons jumelées, *H5805.*

Follett, Richard
- Maisons en bandes, *H4068.*

Fooks & Milne
- Immeubles d'appartements, *H2446.*

Fooks & Milne; Shelton, T. Ewing
- Écoles primaires et secondaires, *G0864.*

Forcier, J.J.; Mercier, André
- Bureaux divers, *B5764.*

Forcier, Roger
- Maisons unifamiliales et maisons jumelées, *H5806.*

Fordyce and Stevenson
- Constructions diverses, *D1509.*
- Hôpitaux généraux et spécialisés, *M0288.*

Fordyce & Stevenson
- Immeubles d'appartements, *H2447.*

Forrester, Scott, Bowers, Cooper; Smith, Carter, Searle Ass.
- Pavillons pour l'enseignement et la recherche, *G7092.*

Forster, Leslie
- Bureaux divers, *B5765.*

Forsyth, David R.
- Marinas, *D4504.*
- Maisons unifamiliales et maisons jumelées, *H5807.*

Fortin, Benoît
- Théâtres, *D7531.*

Fortin, Jean-Charles
- Garages, *B3538.*
- Bureaux divers, *B5766.*
- Écoles primaires et secondaires, *G0865, G0866.*
- Campus (Universités et collèges en général), *G2098.*
- Hôpitaux généraux et spécialisés, *M0289.*
- Constructions pour les autobus, *N3011.*

Fortin, Jean-Charles; Rousseau, Paul
- Hôpitaux généraux et spécialisés, *M0290.*

Fortin, Jean-Claude
- Centres commerciaux, *B1294.*

Fortin, Louis
- Écoles primaires et secondaires, *G0867.*

Fortin, Marie-Louis
- Magasins, *B6583.*

Foster, K.H.
- Écoles d'arts et métiers et écoles spéciales, *G1531.*

Foster, Ken
- Maisons de vacances, *D1036.*

Foster, Kenneth Henry
- Maisons unifamiliales et maisons jumelées, *H5808.*

Fowler, Bauld and Mitchell
- Stades, *D6537.*
- Pavillons pour l'enseignement et la recherche, *G7093.*

Fowler, C.A.; Bauld & Mitchell
- Hôtels, *B4134.*
- Musées, *D5039.*
- Campus (Universités et collèges en général), *G2099.*
- Centres sociaux, *G3016.*

Fowler, C.A. (Co.)
- Édifices religieux divers, *A1045.*
- Magasins, *B6584.*
- Bibliothèques de maisons d'enseignement, *D2520.*
- Hôtels de ville et centres civiques, *F6068.*
- Écoles primaires et secondaires, *G0868, G0869.*
- Maisons unifamiliales et maisons jumelées, *H5809.*
- Hôpitaux pour enfants, *M2509.*

Fowler, C.A. (Co.); Pratley, P.L.
- Ponts et tunnels, *N3545.*

Fox, Paul L.
- Maisons unifamiliales et maisons jumelées, *H5810.*

Fraikin, Eric
- Bureaux divers, *B5767.*

Francis, M.J.W.
- Bâtiments d'expositions, *D0120.*

Frappier, Tétreault
- Habitation subventionnée, *H1027.*

Frazer, Donald L.
- Édifices cultuels, *A0228.*

Freedman, G.S.
- Centres commerciaux, *B1295, B1296.*

Freedman, Gerald; Prii, Uno
- Immeubles d'appartements, *H2448.*
- Quartiers résidentiels, *P1440.*

Freedman, Petroff and Jeruzalski
- Centres commerciaux, *B1297.*

Freedman, Petroff, Jeruzalski
- Immeubles d'appartements, *H2449.*

Frei, Otto; Gutbrod, Rolf
- Bâtiments d'expositions, *D0121.*

Freschi, Bruno
- Restaurants, *B7031.*
- Maisons unifamiliales et maisons jumelées, *H5811.*
- Architecture pour handicapés, etc., *M7010.*

Freschi, Bruno; Erickson-Massey
- Travaux d'urbanisme et de rénovation urbaine, *P0570.*

Frew, Robert Simpson
- Théâtres, *D7532.*

Frick, Akos
- Écoles primaires et secondaires, *G0870*.

Fuller, R. Buckminster
- Centres commerciaux, *B1298*.
- Constructions diverses, *G3802*.

Fuller, R. Buckminster; Eber, George F.
- Bâtiments d'expositions, *D0122*.

Fuller, Richard Buckminster
- Travaux d'urbanisme et de rénovation urbaine, *P0571*, *P0572*.

Fuller-Sadao et Geometrics
- Travaux d'urbanisme et de rénovation urbaine, *P0573*.

Furnadjeff, George
- Quartiers résidentiels, *P1441*.

G.W. Golden Construction
- Maisons unifamiliales et maisons jumelées, *H5877*.

Gaboury, E.-J. (Ass.)
- Centres communautaires, *D3124*.

Gaboury, E.J.
- Édifices cultuels, *A0229*, *A0230*, *A0231*, *A0232*, *A0233*, *A0234*, *A0235*.
- Ambassades et consulats, *F0011*.

Gaboury, Étienne
- Centres communautaires, *D3123*.
- Hôtels de ville et centres civiques, *F6069*.
- Immeubles d'appartements, *H2450*.
- Travaux d'urbanisme et de rénovation urbaine, *P0574*.

Gaboury, Étienne J.
- Bureaux de professionnels, *B5216*.
- Restaurations diverses, *C0050*.
- Édifices pour l'administration de la justice, *F4057*.
- Écoles primaires et secondaires, *G0871*.
- Campus (Universités et collèges en général), *G2100*.
- Maisons unifamiliales et maisons jumelées, *H5812*, *H5813*, *H5814*, *H5815*, *H5816*.
- Centres médicaux, *M6027*.

Gaboury, Étienne; Lussier, Denis
- Édifices cultuels, *A0236*.

Gaboury, Lussier, Sigurdson
- Édifices cultuels, *A0237*, *A0238*.
- Édifices pour l'administration de la justice, *F4058*.
- Centres médicaux, *M6028*.

Gaboury, Lussier, Sigurdson and Venables
- Édifices cultuels, *A0239*, *A0240*, *A0241*.

Gagné, J. Marcel; Warshaw, Leonard
- Bâtiments d'expositions, *D0123*.

Gagné, Marcel
- Édifices cultuels, *A0242*.
- Banques, *B0090*.

Gagné, René
- Installations de services publics, *B8574*.

Gagnier, Bazinet, Gagnon
- Écoles primaires et secondaires, *G0873*.

Gagnier, Claude
- Maisons de vacances, *D1037*.
- Écoles primaires et secondaires, *G0872*.
- Foyers, *H0100*.

Gagnier, Derome, Mercier
- Édifices cultuels, *A0243*, *A0244*, *A0245*, *A0246*, *A0247*.
- Écoles primaires et secondaires, *G0874*.
- Hôpitaux généraux et spécialisés, *M0292*.
- Sanatoriums, *M4008*.

Gagnier, Gaston
- Édifices des sociétés d'énergie et de télécommunication, *B4918*, *B4919*.
- Usines de machines, *B8845*.
- Campus (Universités et collèges en général), *G2101*.
- Hôpitaux généraux et spécialisés, *M0291*.

Gagnon, Archambault, Durand
- Immeubles d'appartements, *H2454*.

Gagnon, Conrad
- Centres sociaux, *G3017*.

Gagnon, Conrad; Paré, Yves; Faucher, Louis
- Travaux d'urbanisme et de rénovation urbaine, *P0575*.

Gagnon et Archambault
- Bureaux divers, *B5769*, *B5770*.
- Immeubles d'appartements, *H2452*, *H2453*.

Gagnon, G.
- Laboratoires, *G9060*.

Gagnon, Guillaume
- Bureaux divers, *B5768*.
- Immeubles d'appartements, *H2451*.

Gagnon, Guillaume; Pelletier, Bertrand; Dubé, Claude
- Maisons unifamiliales et maisons jumelées, *H5817*.

Gagnon, J. Berchmans
- Édifices cultuels, *A0248*.
- Écoles primaires et secondaires, *G0875*, *G0876*.
- Écoles d'arts et métiers et écoles spéciales, *G1532*.
- Hôpitaux généraux et spécialisés, *M0293*.

Gagnon, J. Berchmans; Blatter & Caron
- Édifices religieux divers, *A1046*.

Gagnon, Jean Berchmans
- Campus (Universités et collèges en général), *G2102*.

Gagnon, Normand; Archambault, Maurice
- Magasins, *B6585*.

Gagnon, Odilon
- Maisons en bandes, *H4069*.

Gagnon, Raynald; Laviolette, André; Campeau, Pierre
- Centres communautaires, *D3125*.

Gagnon, Roger; Lahaye, J.-C.; D'Astous, Roger
- Travaux d'urbanisme et de rénovation urbaine, *P0576*.

Galanyk, Edward
- Écoles primaires et secondaires, *G0877*.

Gallienne, Michel
- Constructions pour le chemin de fer, *N2019*.

Gallop, John
- Bâtiments d'expositions, *D0124*.

Gantenbein, Werner
- Bâtiments d'expositions, *D0125*.

Gardiner and Thornton
- Édifices cultuels, *A0249*, *A0250*, *A0251*, *A0252*.
- Bureaux de professionnels, *B5217*, *B5218*.
- Magasins, *B6587*.
- Écoles primaires et secondaires, *G0878*, *G0879*, *G0880*, *G0881*.
- Maisons unifamiliales et maisons jumelées, *H5818*, *H5819*, *H5820*, *H5821*, *H5822*.

Gardiner, Frank G.
- Hôpitaux généraux et spécialisés, *M0294*.

Gardiner, Ken; Kennedy, Warnett
- Immeubles d'appartements, *H2456*.

Gardiner, Kenneth
- Immeubles d'appartements, *H2455*.

Gardiner & Thornton
- Édifices religieux divers, *A1047*.
- Entrepôts, *B3097*.
- Hôpitaux généraux et spécialisés, *M0295*, *M0296*, *M0297*.

Gardiner, Thornton, Davidson, Garret, Masson & Ass.
- Ambassades et consulats, *F0012*.

Gardiner, Thornton, Davidson, Garrett, Masson & Ass.
- Maisons de vacances, *D1038*.
- Écoles primaires et secondaires, *G0882*, *G0883*.
- Maisons unifamiliales et maisons jumelées, *H5824*, *H5825*.

Gardiner, Thornton, Gathe & ass.
- Édifices religieux divers, *A1048*.
- Hôtels, *B4135*.
- Bureaux de professionnels, *B5219*.
- Théâtres, *D7533*, *D7534*.
- Écoles primaires et secondaires, *G0884*, *G0885*.

Gardiner, Thornton, Gathe & ass. (suite/cont'd)
- Campus (Universités et collèges en général), *G2103*, *G2104*, *G2105*.
- Hôpitaux généraux et spécialisés, *M0298*.

Gardiner, Thornton, Gathe & Ass.; Waisman, Ross, Blankstein, Coop, Gillmor, Hanna & Ass.
- Bureaux divers, *B5772*.

Gardiner, Thornton, Gathe & ass; Thompson, Berwick & Pratt
- Magasins, *B6588*.

Gardiner, Thornton, Gathe & Associates
- Édifices cultuels, *A0253*, *A0254*, *A0255*, *A0256*, *A0257*, *A0258*.
- Entrepôts, *B3098*.
- Bureaux divers, *B5771*.

Gardiner, Thornton, Gathe, Davidson, Garrett; Masson & Ass.
- Bâtiments d'expositions, *D0126*.

Gardiner, Thornton & Partners
- Usines diverses, *B9631*.
- Maisons unifamiliales et maisons jumelées, *H5823*.
- Hôpitaux généraux et spécialisés, *M0299*.

Gardiner, Thornton Partnership
- Centres médicaux, *M6029*.

Gardiner, William Fred'K.
- Magasins, *B6586*.

Gardner, E.A.
- Travaux d'urbanisme et de rénovation urbaine, *P0577*.

Gardner, Kenneth
- Maisons unifamiliales et maisons jumelées, *H5826*.

Gareau, Jean
- Édifices cultuels, *A0259*.
- Centres commerciaux, *B1299*.
- Immeubles d'appartements, *H2457*.
- Maisons unifamiliales et maisons jumelées, *H5827*.

Gareau, Jean; Blouin, André
- Travaux d'urbanisme et de rénovation urbaine, *P0578*.

Garfield, Allister, MacInnis
- Centres communautaires, *D3126*.

Gariépy, Roland; Langlois, Ernest
- Travaux d'urbanisme et de rénovation urbaine, *P0579*.

Garnier, Ch.
- Immeubles d'appartements, *H2458*.

Garrett, R.M.; Gathe, A.; Thornton, P.N.
- Centres sociaux, *G3018*.

Gartenberg, Simon; Kurniki, Mathias
- Constructions de métros, *N2538*.

Garwood-Jones, Trevor
- Musées, *D5040*.
- Théâtres, *D7535*.
- Immeubles d'appartements, *H2459, H2460*.
- Cliniques de gériatrie, *M0001*.
- Hôpitaux généraux et spécialisés, *M0300*.

Garwood-Jones, Trevor P.
- Édifices cultuels, *A0260*.
- Complexes à fonctions commerciale et résidentielle, *B2060*.
- Maisons unifamiliales et maisons jumelées, *H5828*.

Gascon et Parant
- Usines de machines, *B8846*.
- Écoles primaires et secondaires, *G0886, G0887*.
- Architecture pour handicapés, etc., *M7011, M7012*.

Gascon & Parant
- Édifices cultuels, *A0261*.
- Hôpitaux généraux et spécialisés, *M0301, M0302, M0303, M0304*.

Gascon & Parant; Payette & Crevier; Lajoie, Rodolphe
- Quartiers résidentiels, *P1442*.

Gasson, Maurice
- Maisons unifamiliales et maisons jumelées, *H5829*.

Gathe, Asbjorn R.
- Hôtels, *B4136*.
- Bureaux divers, *B5773*.

Gauthier, A. Z.; Beauchemin, G.A.
- Hôtels de ville et centres civiques, *F6070*.

Gauthier et Guité
- Hôtels, *B4139*.
- Pavillons pour l'enseignement et la recherche, *G7094*.
- Maisons unifamiliales et maisons jumelées, *H5830*.
- Parcs et jardins, *L0062*.

Gauthier, G.-Z.
- Usines diverses, *B9632, B9633*.

Gauthier & Guité
- Édifices cultuels, *A0262*.
- Écoles d'arts et métiers et écoles spéciales, *G1533*.
- Immeubles d'appartements, *H2461, H2462*.

Gauthier, Guité & Côté
- Bâtiments d'expositions, *D0127*.

Gauthier, Guité & J.M. Roy
- Bureaux divers, *B5774, B5775*.

Gauthier, Guité & Jean-Marie Roy
- Maisons de vacances, *D1039*.

Gauthier, Guité, Mercure
- Travaux d'urbanisme et de rénovation urbaine, *P0580*.

Gauthier, Guité, Roy
- Centres commerciaux, *B1300, B1301*.

Gauthier, Guité, Roy (suite/cont'd)
- Bureaux de professionnels, *B5220*.
- Restaurations d'habitations, *C1017*.
- Immeubles d'appartements, *H2463*.

Gauthier, Guité, Roy; Charles Tremblay
- Complexes à fonctions commerciale et résidentielle, *B2061*.

Gauthier, Guité, Roy; Fiset & Deschamps
- Édifices pour l'administration publique, *F5085*.

Gauthier, Guité, Roy; Longpré, Marchand, Gaudreau; Blouin & Blouin; La Haye - Ouellet
- Centres commerciaux, *B1302*.

Gauthier, Louis
- Entrepôts, *B3099*.

Gauthier, Maurice
- Écoles primaires et secondaires, *G0888*.

Gauthier, Maurice; Richard, René.
- Écoles primaires et secondaires, *G0889*.

Gauthier, Maurice; Trépanier, Paul-O.
- Édifices religieux divers, *A1049*.
- Hôtels, *B4137*.
- Bureaux de professionnels, *B5221*.
- Usines de denrées alimentaires, *B8629*.
- Écoles primaires et secondaires, *G0890*.
- Maisons unifamiliales et maisons jumelées, *H5831*.
- Centres médicaux, *M6030*.

Gauthier, Paul
- Banques, *B0091*.
- Hôtels, *B4138*.

Gauvin, M.; Corriveau, E.; Lavigne, H.
- Travaux d'urbanisme et de rénovation urbaine, *P0581*.

Gavin & Valentine
- Campus (Universités et collèges en général), *G2106*.

Gélinas, Jean-A.
- Édifices pour l'administration de la justice, *F4059*.
- Édifices pour l'administration publique, *F5086*.
- Écoles primaires et secondaires, *G0891*.

Gendron, Lefebvre & Ass.
- Ponts et tunnels, *N3546*.

Genner, J.E.
- Immeubles d'appartements, *H2464*.

George and Moorhouse
- Résidences d'étudiants, *G8062*.

George & Moorhouse
- Campus (Universités et collèges en général), *G2107*.

Gerencser and Russell
- Écoles primaires et secondaires, *G0892*.
- Campus (Universités et collèges en général), *G2108*.

Gerencser & Russell
- Centres communautaires, *D3127*.

Gérin-Lajoie
- Maisons unifamiliales et maisons jumelées, *H5832*.

Germain, Alex
- Parcs et jardins, *L0063*.

Gerrie and Butler
- Maisons unifamiliales et maisons jumelées, *H5833*.

Gerrie & Butler; McIntosh & Moeller
- Écoles d'arts et métiers et écoles spéciales, *G1534*.
- Campus (Universités et collèges en général), *G2109*.

Gerson, Sydney
- Magasins, *B6589*.

Gerson, Sydney; Schrier, Arnold
- Édifices cultuels, *A0263*.

Gerson, W.; Waisman & Ross
- Immeubles d'appartements, *H2466*.
- Quartiers résidentiels, *P1445*.

Gerson, Wolfgang
- Édifices cultuels, *A0264*.
- Immeubles d'appartements, *H2465*.
- Maisons unifamiliales et maisons jumelées, *H5834, H5835*.
- Quartiers résidentiels, *P1443*.

Gerson, Wolfgang; Hassell/Griblin Ass.
- Maisons en bandes, *H4070*.
- Quartiers résidentiels, *P1444*.

Geun, Kim Swo
- Bâtiments d'expositions, *D0128*.

Gibbs, Lionel C.
- Travaux d'urbanisme et de rénovation urbaine, *P0582*.

Gibson and Pokorny
- Magasins, *B6590*.

Gibson & Ass.
- Édifices cultuels, *A0265, A0266*.

Gibson & Associates
- Maisons unifamiliales et maisons jumelées, *H5836*.

Gibson, G.D.
- Maisons de vacances, *D1040*.

Gibson & Pokorny; Andrews, W.A.
- Immeubles d'appartements, *H2467*.

Giffels Ass.
- Usines diverses, *B9634*.
- Pavillons pour l'enseignement et la recherche, *G7095*.

Giffels Associates Limited
- Constructions pour le transport aérien, *N0040*.

Giffels & Vallet
- Édifices pour l'administration de la justice, *F4060*.
- Édifices pour l'administration publique, *F5087*.

Giffels & Vallet Canada Ltd
- Usines de machines, *B8847*.

Gilbert, A.; Rousseau, Paul
- Bâtiments d'expositions, *D0129*.

Gilbert, André
- Édifices cultuels, *A0267, A0268*.
- Banques, *B0092, B0093*.
- Centres commerciaux, *B1303*.
- Bureaux divers, *B5776*.
- Imprimeries, *B8314*.
- Maisons de vacances, *D1041*.
- Maisons unifamiliales et maisons jumelées, *H5837, H5838, H5839, H5840, H5841*.
- Monuments, *K0006, K0007, K0008*.

Gilbert, André; Rinfret, Pierre
- Écoles primaires et secondaires, *G0893*.

Gilbert, E.J.; Portnall, F.H.
- Pavillons pour l'enseignement et la recherche, *G7096*.

Gilleland and Janiss
- Centres commerciaux, *B1304*.

Gilleland & Janiss
- Bureaux de professionnels, *B5222*.
- Maisons unifamiliales et maisons jumelées, *H5842*.
- Centres médicaux, *M6031*.
- Travaux d'urbanisme et de rénovation urbaine, *P0583*.

Gilleland & Strutt
- Édifices cultuels, *A0269, A0270*.
- Bureaux divers, *B5777*.
- Maisons unifamiliales et maisons jumelées, *H5843, H5844, H5845, H5846, H5847*.
- Constructions pour le transport aérien, *N0041, N0042*.

Gilleland, Wm. H.; LeFort, Jean-Serge
- Hôpitaux généraux et spécialisés, *M0305*.

Giller, Marvin; Sprachman, Mandel
- Restaurations diverses, *C0051*.

Gillin, Charles H.
- Écoles primaires et secondaires, *G0894*.

Gillmor, R.D.
- Hôtels de ville et centres civiques, *F6071*.

Gillmor, R.D.; Ackermann, R.F.; Nixon, A.M.; Webber, K.R.
- Restaurants, B7032.

Gillon, Didier
- Travaux d'urbanisme et de rénovation urbaine, P0584.

Gillon-Larouche
- Constructions de métros, N2539.

Girard, Maurice
- Édifices pour l'administration de la justice, F4061.
- Hôtels de ville et centres civiques, F6072.
- Campus (Universités et collèges en général), G2110.
- Foyers, H0101.
- Immeubles d'appartements, H2468.
- Maisons unifamiliales et maisons jumelées, H5848, H5849.

Girardin, Pierre
- Théâtres, D7536.

Girardin, Pierre; Vachon, Emilien; Labbé, André
- Travaux d'urbanisme et de rénovation urbaine, P0585.

Giroux, Guy; Ricard, Laurent
- Centres communautaires, D3128.

Girvan, J.; Briggs, W. et al.
- Travaux d'urbanisme et de rénovation urbaine, P0586.

Girvan, Jim
- Centres commerciaux, B1305.

Gitterman, S.A.
- Édifices pour l'administration de la justice, F4062.
- Maisons unifamiliales et maisons jumelées, H5850, H5851, H5852, H5853, H5854.

Gitterman, Samuel A.
- Bâtiments d'expositions, D0130.

Gladstone, Gerald
- Bâtiments d'expositions, D0131.

Glashier, Ivor
- Immeubles d'appartements, H2469.

Glass, Milton; Mayer & Whittlesey
- Travaux d'urbanisme et de rénovation urbaine, P0587.

Glazier, Franklyn
- Maisons unifamiliales et maisons jumelées, H5855.

Glos et Associés
- Foyers, H0102.

Goering, Peter; Zeidler Partnership
- Centres commerciaux, B1306.

Goldman, Max R.
- Maisons unifamiliales et maisons jumelées, H5856.

Goldman, Ralph M.
- Maisons unifamiliales et maisons jumelées, H5857, H5858, H5859.

Goldman, Ralph M.; Faludi, E.G.
- Quartiers résidentiels, P1446.

Goodfellow, Hughes & Bucholc
- Constructions diverses, D1510.

Goodfellow, Philip
- Entrepôts, B3100, B3101.
- Usines diverses, B9635, B9636, B9637, B9638.
- Immeubles d'appartements, H2470.

Goodfellow, Philip H.
- Maisons unifamiliales et maisons jumelées, H5860, H5861, H5862.

Goodman, C. Davis; Schrier, Arnold
- Magasins, B6591.

Goodman, Charles
- Maisons unifamiliales et maisons jumelées, H5863.

Goodz, Murray; Tolchinsky, H.M.
- Maisons en bandes, H4071.
- Quartiers résidentiels, P1447.

Gordon, Korbee, Tirion
- Centres communautaires, D3129.

Gorman, Donald H.
- Musées, D5041.

Govan, Ferguson and Lindsay
- Hôpitaux pour enfants, M2510.

Govan, Ferguson, Lindsay, Kaminker, Langley & Keenleyside
- Garages, B3539.

Govan, Ferguson, Lindsay, Kaminker, Maw; Kaplan & Sprachman
- Hôpitaux généraux et spécialisés, M0306.

Govan, Ferguson, Lindsay, Kaminker, Maw, Langley and Keenleyside
- Hôpitaux pour enfants, M2511.

Govan, Ferguson, Lindsay, Kaminker, Maw, Langley, Keenleyside
- Hôpitaux généraux et spécialisés, M0307, M0308, M0309.

Govan, Kaminker, Langley, Keenleyside, Melick, Devonshire & Wilson.
- Écoles primaires et secondaires, G0895.
- Hôpitaux généraux et spécialisés, M0310, M0311, M0312.
- Hôpitaux pour enfants, M2512.

Govan, Kaminker, Langley, Keenleyside, Melick, Devonshire and Wilson; Somerville, McMurrich and Oxley
- Pavillons pour l'enseignement et la recherche, G7097.

Goyer & Gagnier
- Édifices cultuels, A0273.

Goyer, Paul
- Restaurations diverses, C0052.
- Laboratoires, G9061.

Goyer, Paul G.
- Édifices cultuels, A0271, A0272.

Goyer, Paul; Lapointe, Paul
- Stades, D6538.

Grace Group
- Restaurations diverses, C0053.

Graham, D.W. (Ass.)
- Parcs et jardins, L0064.

Graham, John (Co.)
- Centres commerciaux, B1307, B1308, B1309, B1310.

Graham, Keith
- Magasins, B6592, B6593.

Graham, Keith L.
- Édifices cultuels, A0274.

Graham, Keith L. (Ass.)
- Hôtels, B4140.
- Magasins, B6594.
- Bibliothèques publiques, D2026.
- Écoles primaires et secondaires, G0896.
- Maisons unifamiliales et maisons jumelées, H5864.

Graham, Lorimer, Langmead
- Bâtiments d'expositions, D0132.

Graham, W.E.
- Quartiers résidentiels, P1448.

Graton, Robert
- Garages, B3540.

Gratton, Roger; Bouchard, Marius; Lincourt, Michel
- Travaux d'urbanisme et de rénovation urbaine, P0588.

Gravel, Anastase
- Édifices pour l'administration publique, F5088.
- Écoles primaires et secondaires, G0897, G0898.

Gravel, Armand
- Édifices cultuels, A0275.
- Écoles primaires et secondaires, G0899.

Gravel, Armand; Brassard, Sylvio; Desgagné, Léonce
- Campus (Universités et collèges en général), G2111.

Gravel, Armand; Desgagné, Léonce; Brassard, Sylvio
- Édifices cultuels, A0276.

Gravel & Gravel
- Hôtels, B4141.
- Parcs et jardins, L0065.

Gravel, Louis J.-M.
- Bureaux divers, B5778.

Gravel, Roland
- Écoles primaires et secondaires, G0900.

Gray, Stilwell & Lobban
- Hôpitaux généraux et spécialisés, M0313.

Grayson, Doug
- Écoles primaires et secondaires, G0901.

Gréber, Jacques
- Travaux d'urbanisme et de rénovation urbaine, P0589, P0590.

Gréber, Jacques; Fiset, Édouard
- Quartiers résidentiels, P1449.

Gréber, Jacques; Fiset, Edouard; Bédard, Roland
- Travaux d'urbanisme et de rénovation urbaine, P0591.

Green, Blankstein & Russell
- Musées, D5042.

Green, Blankstein, Russell and Ass.
- Édifices des sociétés d'énergie et de télécommunication, B4920.
- Bureaux de professionnels, B5223.
- Centres sociaux, G3019.
- Hôpitaux généraux et spécialisés, M0314, M0315.

Green, Blankstein, Russell and Associates
- Quartiers résidentiels, P1450.

Green, Blankstein, Russell and Associates; Moody & Moore
- Centres communautaires, D3130.

Green, Blankstein, Russell and Ham
- Magasins, B6595.
- Hôpitaux généraux et spécialisés, M0316.

Green, Blankstein, Russell, Ass.
- Banques, B0094.
- Centres commerciaux, B1311.
- Entrepôts, B3102.
- Bureaux divers, B5779.
- Bibliothèques de maisons d'enseignement, D2521.
- Théâtres, D7537.
- Bureaux de poste, F1051.
- Hôtels de ville et centres civiques, F6073.
- Écoles primaires et secondaires, G0903, G0904, G0905, G0906.
- Pavillons pour l'enseignement et la recherche, G7098, G7099, G7100.
- Maisons en bandes, H4072.
- Maisons unifamiliales et maisons jumelées, H5866.

Green, Blankstein, Russell (Ass.); Fancott, W.E.
- Parcs et jardins, L0066.

Green, Blankstein, Russell Ass.; Moody Moore and Partners; Smith Carter Searle Ass.
- Musées, D5043.

Green, Blankstein, Russell Ass.; Nitchuck, Alex (project arch.)
- Édifices cultuels, A0281.

Green, Blankstein, Russell Associates
- Édifices cultuels, *A0277, A0278, A0279, A0280.*
- Édifices pour l'administration publique, *F5089.*
- Campus (Universités et collèges en général), *G2112.*
- Constructions pour le transport aérien, *N0043.*

Green, J. Fred
- Écoles primaires et secondaires, *G0902.*

Green, Martin
- Maisons unifamiliales et maisons jumelées, *H5865.*

Greenberg, C.B.
- Bâtiments d'expositions, *D0133.*

Greenberg, Charles
- Maisons unifamiliales et maisons jumelées, *H5867.*

Greenberg, Charles B.
- Centres commerciaux, *B1317.*
- Immeubles d'appartements, *H2471.*

Greenberg, Charles B. (Ass.)
- Édifices pour l'administration de la justice, *F4063.*

Greenberg & Stankiewicz
- Maisons unifamiliales et maisons jumelées, *H5868.*

Greenfield & Stephen
- Magasins, *B6596.*

Greensides, H.C.
- Bureaux divers, *B5780.*

Greenspoon, Freedlander and Dunne
- Bureaux de professionnels, *B5224.*
- Centres médicaux, *M6032.*

Greenspoon, Freedlander & Dunne
- Édifices cultuels, *A0282.*
- Centres commerciaux, *B1312.*
- Hôtels, *B4142.*
- Bureaux divers, *B5781, B5782, B5783, B5784, B5785, B5786.*
- Immeubles d'appartements, *H2474, H2475, H2476, H2477, H2478.*

Greenspoon, Freedlander & Dunne; Balharrie, Helmer & Ass.
- Édifices pour l'administration publique, *F5090.*

Greenspoon, Freedlander & Dunne; Bernstein, Alan L.; Mayerovitch, H
- Écoles primaires et secondaires, *G0907.*

Greenspoon, Freedlander & Dunne; Dickinson, Peter (Ass.)
- Centres communautaires, *D3131.*

Greenspoon, Freedlander & Dunne; Kryton, J.
- Bureaux divers, *B5787.*

Greenspoon, Freedlander & Dunne; Morin, Jacques
- Habitation subventionnée, *H1028.*

Greenspoon, Freedlander & Dunne; Nervi, Pier Luigi; Moretti, Luigi
- Centres commerciaux, *B1313.*

Greenspoon, Freedlander & Dunne; Plachta & Kryton; Mies Van Der Rohe, L.
- Complexes à fonctions commerciale et résidentielle, *B2062.*

Greenspoon, Freedlander & Dunne; Roth, Max W.
- Édifices cultuels, *A0283.*

Greenspoon, Freedlander & Dunne; Skidmore, Owings & Merrill
- Bureaux divers, *B5788.*

Greenspoon, Freedlander, Plachta & Kryton
- Centres commerciaux, *B1314, B1315, B1316.*

Greenspoon, H.-E.
- Édifices des sociétés d'énergie et de télécommunication, *B4921.*
- Cinémas, *D7211, D7212, D7213, D7214.*
- Immeubles d'appartements, *H2472, H2473.*

Greenspoon, H.E.
- Magasins, *B6597.*

Greenspoon, Harry E.; Freedlander, Philip
- Magasins, *B6598.*

Greenwell, Alan
- Bureaux divers, *B5789.*

Grégoire, Wilfrid
- Édifices pour l'administration publique, *F5091.*

Grégoire, Wilfrid; Bélanger, Alphonse
- Édifices pour l'administration publique, *F5092.*

Grenier, Charles
- Édifices cultuels, *A0284.*
- Entrepôts, *B3103.*
- Bureaux de professionnels, *B5225.*
- Bureaux divers, *B5790.*
- Magasins, *B6599.*
- Restaurants, *B7033, B7034, B7035.*
- Centres communautaires, *D3132, D3133, D3134.*
- Gymnases, *D4004.*
- Stades, *D6539, D6540.*
- Écoles d'arts et métiers et écoles spéciales, *G1535.*
- Immeubles d'appartements, *H2479, H2480, H2481, H2482, H2483, H2484, H2485.*

Grenier, Pierre
- Laboratoires, *G9062.*

Grierson & Walker
- Hôtels, *B4143.*
- Bureaux de professionnels, *B5226.*

Grierson & Walker (suite/cont'd)
- Centres communautaires, *D3135.*
- Écoles primaires et secondaires, *G0908.*

Grierson, William G.
- Maisons de vacances, *D1042.*

Grierson, William; Goodall, R. Graham
- Bureaux divers, *B5791.*

Griffin, J. Raymond
- Restaurants, *B7036.*
- Maisons unifamiliales et maisons jumelées, *H5869.*
- Centres médicaux, *M6033.*

Grisenthwaite Construction Co. Ltd.
- Maisons unifamiliales et maisons jumelées, *H5870.*

Grolle, Ir. E. Hendrick
- Maisons unifamiliales et maisons jumelées, *H5871.*

Grondin, Jean
- Hôtels, *B4144.*
- Bâtiments d'expositions, *D0134.*
- Centres communautaires, *D3136.*
- Maisons unifamiliales et maisons jumelées, *H5872.*

Grondin, Jean L.
- Immeubles d'appartements, *H2486, H2487, H2488.*

Grossman, I.
- Usines de machines, *B8848.*

Grossman, Irving
- Édifices cultuels, *A0285, A0286, A0287, A0288.*
- Hôtels, *B4145.*
- Bureaux de professionnels, *B5227.*
- Magasins, *B6600.*
- Bâtiments d'expositions, *D0135, D0136.*
- Bibliothèques publiques, *D2027.*
- Écoles primaires et secondaires, *G0909.*
- Résidences d'étudiants, *G8063.*
- Habitation subventionnée, *H1029.*
- Immeubles d'appartements, *H2489, H2490, H2491, H2492, H2493, H2494.*
- Maisons en bandes, *H4073.*
- Maisons unifamiliales et maisons jumelées, *H5873, H5874, H5875, H5876.*
- Parcs et jardins, *L0067.*
- Quartiers résidentiels, *P1451, P1452.*

Grossman, Irving; Brown, Roy
- Restaurations d'habitations, *C1018.*

Grossman, Irving; Lilitzak, Eugene
- Immeubles d'appartements, *H2495.*

Groupe de Salaberry
- Quartiers résidentiels, *P1453.*

Grovener-Laing
- Travaux d'urbanisme et de rénovation urbaine, *P0592.*

Grozbord, King & Ass.
- Immeubles d'appartements, *H2496, H2497.*

Gruen Associates
- Complexes à fonctions commerciale et résidentielle, *B2063.*

Gruen, Victor (Ass.); I.M. Pei Ass., McCarter, Nairne & Partners; P Vincent
- Centres commerciaux, *B1319.*

Gruen, Victor (Ass.); Miller, Maxwell
- Magasins, *B6601.*

Gruen, Victor (Ass.); Pei, I.M. (Ass.); McCarter, Nairne & Partners; Ponte, Vincent
- Travaux d'urbanisme et de rénovation urbaine, *P0594.*

Gruen, Victor; Bregman & Hamann
- Travaux d'urbanisme et de rénovation urbaine, *P0593.*

Gruen, Victor; Murray, James A.
- Centres commerciaux, *B1318.*

Gruner, Malcolm
- Quartiers résidentiels, *P1454.*

Guertin, Pierre S.
- Quartiers résidentiels, *P1455.*

Guillon, Jacques S.
- Restaurants, *B7037.*

Guindon, Jean
- Installations de services publics, *B8575.*

Guité, Gilles
- Édifices cultuels, *A0289.*
- Écoles primaires et secondaires, *G0910.*
- Quartiers résidentiels, *P1456.*

Guité, Rodrigue
- Magasins, *B6602.*
- Constructions diverses, *D1511.*

Guité, Rodrigue; Reeves, Jacques; Ouellet, Jean; Alain, Jean
- Bureaux divers, *B5792.*

Gunnlogsson, H.; Nielsen, Jorn
- Hôtels de ville et centres civiques, *F6074.*

Gustavs, Erland
- Bureaux divers, *B5793.*

Gutbrod, Rolf; Frei, Otto
- Bâtiments d'expositions, *D0137.*

Habitations C.I.P.
- Maisons unifamiliales et maisons jumelées, *H5878.*

Haddad, Alfredo
- Magasins, *B6603.*

Haddad, Marmey & Miljevitch; Blouin, André
- Bâtiments d'expositions, *D0138.*

Haddin, Davis & Brown Ltd
- Ponts et tunnels, *N3547.*

Hadley, Glen
- Centres communautaires, *D3137.*

Hagarty, Buist, Breivik & Milics
- Centres commerciaux, *B1320.*

Hagarty, Morin, Rutherford, Smale, Wasteneys, Barnes, Butcherd
- Travaux d'urbanisme et de rénovation urbaine, *P0595.*

Haines, Ismay W.
- Constructions pour la radio et la télévision, *N7018.*

Hale Architects
- Travaux d'urbanisme et de rénovation urbaine, *P0596.*

Hale & Harrison
- Édifices cultuels, *A0290.*
- Constructions pour le chemin de fer, *N2020, N2021.*

Hale, Harrison, Buzelle
- Quartiers résidentiels, *P1457.*

Hale, Harrison & Buzzelle
- Immeubles d'appartements, *H2500.*

Hale, Harrison, Buzzelle & Gerson
- Foyers, *H0103.*

Hale, Harrison, Buzzelle Ltd.
- Travaux d'urbanisme et de rénovation urbaine, *P0597.*

Hale, Terry
- Immeubles d'appartements, *H2498, H2499.*

Hall, Basil
- Édifices cultuels, *A0291.*

Hall, Carl
- Édifices religieux divers, *A1050.*

Hall, D.M.
- Bureaux divers, *B5794.*

Hall, Ray M.
- Édifices pour l'administration publique, *F5093.*

Hall, William S. (Ass.)
- Stades, *D6541.*

Hallford, D.G.
- Hôtels de ville et centres civiques, *F6075.*

Hallford, Donald G.
- Maisons unifamiliales et maisons jumelées, *H5879.*

Hames, W.G.
- Constructions pour la radio et la télévision, *N7019.*

Hames, William
- Centres sociaux, *G3020.*

Hamilton, Doyle & Ass.
- Centres commerciaux, *B1321.*
- Bureaux divers, *B5795.*

Hamilton, Gerald
- Banques, *B0095, B0096, B0097.*
- Musées, *D5044.*

Hamilton, Gerald (Ass.)
- Complexes à fonctions commerciale et résidentielle, *B2064.*
- Bureaux divers, *B5796.*
- Centres communautaires, *D3138.*

Hamilton, Gerald (Ass.); Hamilton and Ass.
- Stades, *D6542.*

Hamilton, Gerald; MacDonald, Jack
- Immeubles d'appartements, *H2501.*

Hamilton, P.
- Théâtres, *D7538.*

Hamilton, Peter
- Maisons unifamiliales et maisons jumelées, *H5880.*

Hamilton & Ridgeley
- Constructions diverses, *D1512.*

Hamilton, Ridgeley, Bennett
- Restaurations diverses, *C0054.*

Hancock, Little and Calvert
- Maisons unifamiliales et maisons jumelées, *H5881, H5882.*
- Travaux d'urbanisme et de rénovation urbaine, *P0598.*

Hancock, Little, Calvert ass.
- Bibliothèques de maisons d'enseignement, *D2522.*
- Résidences d'étudiants, *G8064, G8065.*
- Immeubles d'appartements, *H2502.*
- Parcs et jardins, *L0068.*

Hancock, Little, Calvert Ass.; Dyer, John C.
- Pavillons pour l'enseignement et la recherche, *G7101.*

Hancock, Noel; Vetere, Don
- Restaurations diverses, *C0055.*

Hancock, Noel; Vetere, Don; Dowdell, Gordon; Foster, Tupper
- Théâtres, *D7539.*

Hanen, Harold; Moriyama, Raymond
- Hôtels de ville et centres civiques, *F6076.*

Hanganu, Dan
- Maisons en bandes, *H4074.*

Hankinson, E.L.
- Centres commerciaux, *B1322.*
- Entrepôts, *B3104.*

Hanks and Irwin
- Usines diverses, *B9639.*
- Maisons unifamiliales et maisons jumelées, *H5883.*

Hanks & Irwin
- Immeubles d'appartements, *H2503.*

Hansen, Ib. G.
- Écoles primaires et secondaires, *G0911.*

Hanson, A.K.; Raymer, M.R.; Sinclair, D.L.; Manning, D.M.
- Quartiers résidentiels, *P1458.*

Harkness, John
- Écoles primaires et secondaires, *G0912.*

Harrison, Robert (Ass.)
- Écoles primaires et secondaires, *G0913.*

Harrison, Robert F.
- Bibliothèques de maisons d'enseignement, *D2523.*

Harrison, Robert F. (Ass.)
- Bibliothèques publiques, *D2028.*
- Pavillons pour l'administration universitaire, *G6006.*

Harrison, Robert F.; Negrin, Reno C. (Ass.); Kiss, Zoltan
- Quartiers résidentiels, *P1459.*

Harrison, Robert R.
- Campus (Universités et collèges en général), *G2113.*

Harrison, Robert
- Auditoriums, *G2704.*

Hartley & Barnes
- Maisons unifamiliales et maisons jumelées, *H5884, H5885.*

Hartley, Barnes & Arais
- Maisons unifamiliales et maisons jumelées, *H5886.*

Hartley, Barnes & Arajs
- Maisons en bandes, *H4075.*

Hartley, Gordon; Barnes, George; Nelson, Ron
- Maisons unifamiliales et maisons jumelées, *H5887.*

Hartley & Turik
- Centres commerciaux, *B1323.*

Harvey, Bill; Taylor, Mitch
- Restaurations diverses, *C0056.*

Harvey, Jacques; Mercier, Pierre; Bernard, Gilles
- Immeubles d'appartements, *H2504.*

Harvey, Jean-Marc; Gagnon, Yves
- Immeubles d'appartements, *H2505.*

Harvey, John H.
- Bureaux divers, *B5797.*

Hassell/Griblin
- Maisons unifamiliales et maisons jumelées, *H5889, H5890.*

Hassell/Griblin Ass.
- Maisons unifamiliales et maisons jumelées, *H5891, H5892, H5893.*
- Centres médicaux, *M6034.*

Hassell/Griblin Ass.; Gerson, Wolfgang
- Maisons en bandes, *H4078.*

Hassell/Griblin Ass.; Gerson, Wolfgang (suite/cont'd)
- Quartiers résidentiels, *P1460.*

Hassell/Griblin Associates
- Maisons en bandes, *H4076, H4077.*

Hassell/Griblin Associates; Meiklejohn, Gower, Fulker & Wallace
- Quartiers résidentiels, *P1461.*

Hassell, Robert
- Maisons unifamiliales et maisons jumelées, *H5888.*

Hassig, George
- Édifices d'associations, *B4526.*
- Maisons unifamiliales et maisons jumelées, *H5894.*

Hassig, George; Murray, James
- Maisons unifamiliales et maisons jumelées, *H5895.*

Hatch, Richard; MacKinnon, Paul; Palmquist, Brian; Robinson, David
- Travaux d'urbanisme et de rénovation urbaine, *P0599.*

Hawthorn, Henry; Mansfield, Robert
- Centres communautaires, *D3139.*
- Maisons unifamiliales et maisons jumelées, *H5896, H5897.*

Hawthorn, Mansfield, Towers
- Musées, *D5045, D5046.*
- Théâtres, *D7540, D7541.*
- Ponts et tunnels, *N3548.*
- Quartiers résidentiels, *P1462.*

Hawthorn, Mansfield, Towers, Eng & Wright
- Édifices pour l'administration publique, *F5094.*

Haxby, W.T.; Simpson, E.G.
- Travaux d'urbanisme et de rénovation urbaine, *P0600.*

Hayes, Ross
- Architecture pour handicapés, etc., *M7013.*

Hayes, Ross E.
- Quartiers résidentiels, *P1463.*

Hayward, William B.; Borkin, Harold J.; Wehrer, J.J.
- Hôtels de ville et centres civiques, *F6077.*

Hazeland, Andrew
- Maisons unifamiliales et maisons jumelées, *H5898.*

Hazelgrove and Lithwick
- Écoles primaires et secondaires, *G0914.*
- Constructions pour le téléphone, *N8044.*

Hazelgrove & Lithwick
- Écoles et résidences d'infirmières, *M5016.*

Hazelgrove & Lithwick; Abra & Balharrie
- Centres communautaires, *D3140.*

Hazelgrove, Lithwick and Lambert
- Bibliothèques publiques, *D2029.*
- Écoles primaires et secondaires, *G0915.*

Hazelgrove, Lithwick & Lambert
- Magasins, *B6604.*

Hébert, L.-Paul (Ass.)
- Écoles primaires et secondaires, *G0916.*

Hebert, L.P.
- Maisons de vacances, *D1043.*

Hébert & Lalonde
- Constructions de métros, *N2540.*

Hébert, Yvon
- Imprimeries, *B8315.*
- Théâtres, *D7542.*

Heinonen, Stanley
- Bibliothèques publiques, *D2030.*

Heinrichs, Victor; Robinson, Gerald
- Travaux d'urbanisme et de rénovation urbaine, *P0601.*

Helmer, Martineau and Strutt
- Pavillons pour l'enseignement et la recherche, *G7102.*

Helmer & Morin; Balharrie, Watson; etc.
- Campus (Universités et collèges en général), *G2114.*

Helmer & Tutton
- Travaux d'urbanisme et de rénovation urbaine, *P0602.*

Hemingway & Laubental
- Magasins, *B6605.*
- Piscines, *D6034.*
- Écoles primaires et secondaires, *G0917.*

Hemingway, Peter
- Édifices cultuels, *A0292.*
- Centres commerciaux, *B1324.*
- Bureaux divers, *B5798.*
- Musées, *D5047.*
- Résidences d'étudiants, *G8066.*
- Maisons unifamiliales et maisons jumelées, *H5899.*
- Quartiers résidentiels, *P1464.*

Henderson, A.H.; Bathory, V.G.
- Hôpitaux généraux et spécialisés, *M0317.*

Henderson, A.N.
- Restaurations d'habitations, *C1019.*

Henri Dubord Construction
- Maisons unifamiliales et maisons jumelées, *H5900.*

Henriquez and Todd
- Hôtels, *B4146.*
- Restaurations diverses, *C0057.*

Henriquez and Todd (suite/cont'd)
- Campus (Universités et collèges en général), *G2115.*

Henriquez and Todd; Parker, Allen
- Centres commerciaux, *B1326.*

Henriquez Associates
- Édifices pour l'administration de la justice, *F4064.*

Henriquez & Partners
- Quartiers résidentiels, *P1465, P1466.*

Henriquez, Richard G.
- Musées, *D5048, D5049.*

Henriquez & Todd
- Centres commerciaux, *B1325.*
- Complexes à fonctions commerciale et résidentielle, *B2065.*
- Écoles primaires et secondaires, *G0918, G0919, G0920.*
- Travaux d'urbanisme et de rénovation urbaine, *P0603.*

Henry, H.; Briggs, W. et al.
- Travaux d'urbanisme et de rénovation urbaine, *P0604.*

Heritage Developments
- Quartiers résidentiels, *P1467.*

Herlow & Olesen
- Bâtiments d'expositions, *D0139.*

Herzog, Saul; Secord, James
- Hôtels de ville et centres civiques, *F6078.*
- Parcs et jardins, *L0069.*

Herzog, Saul; Secord, James E.
- Maisons unifamiliales et maisons jumelées, *H5901.*

Heuer, Harry
- Ponts et tunnels, *N3549.*

Hicks, Harold, L.
- Édifices cultuels, *A0293.*

Hipel, George
- Maisons unifamiliales et maisons jumelées, *H5902.*

Histart Inc.
- Restaurations diverses, *C0058.*
- Musées, *D5050.*

Hix, John
- Magasins, *B6606.*
- Installations de services publics, *B8576.*
- Foyers, *H0104.*
- Maisons unifamiliales et maisons jumelées, *H5903.*
- Quartiers résidentiels, *P1468.*

Hnidan, Wm; Pratt, B.F.; Holubitsky, O.
- Immeubles d'appartements, *H2506.*

Hoare, E.J.; Page & Steele
- Habitation subventionnée, *H1030.*

Hoare, J.E. Jr.
- Foyers, *H0105.*

Hoare, J.E. Jr. (suite/cont'd)
- Maisons en bandes, *H4079.*

Hobner, R.H.
- Usines de denrées alimentaires, *B8630.*

Hockaday, L.B.; Prichard, T.J.
- Garages, *B3541.*

Hodges, Alfred W.; Bates, Maxwell
- Édifices cultuels, *A0294.*

Hodges and Bates
- Écoles primaires et secondaires, *G0921.*

Hodgson, Alan J.
- Théâtres, *D7543.*

Hodgson, Alan James
- Restaurations diverses, *C0059, C0060.*

Holland & Rockliff
- Immeubles d'appartements, *H2507.*
- Maisons en bandes, *H4080.*

Holliday-Scott, J.; Paine, M. Desmond
- Campus (Universités et collèges en général), *G2116.*

Hollingsworth and Downs
- Quartiers résidentiels, *P1470.*

Hollingsworth, F.T.
- Bureaux divers, *B5799.*
- Ateliers, *B8203.*
- Centres communautaires, *D3141.*
- Quartiers résidentiels, *P1469.*

Hollingsworth, Fred; Downs, Barry V.
- Maisons unifamiliales et maisons jumelées, *H5915, H5916, H5917, H5918, H5919.*

Hollingsworth, Fred T.
- Hôtels, *B4147.*
- Magasins, *B6607.*
- Centres sociaux, *G3021.*
- Pavillons pour l'enseignement et la recherche, *G7103.*
- Maisons unifamiliales et maisons jumelées, *H5904, H5905, H5906, H5907, H5908, H5909, H5910, H5911, H5912, H5913, H5914.*
- Parcs et jardins, *L0070.*
- Hôpitaux généraux et spécialisés, *M0318.*

Hollingsworth, Fred T.; Downs, Barry V.
- Bureaux divers, *B5800.*
- Résidences d'étudiants, *G8067.*
- Immeubles d'appartements, *H2508.*

Hollingsworth, Fred T.; Downs, Barry V.; Thornton, Fred
- Maisons unifamiliales et maisons jumelées, *H5920.*

Holtshousen, Thompson, Laframboise, Mallette
- Maisons unifamiliales et maisons jumelées, *H5921.*

Home Smith's Architects
- Maisons unifamiliales et maisons jumelées, *H5922.*

Horne, David
- Édifices cultuels, *A0295.*

Horne, David E.
- Hôtels de ville et centres civiques, *F6079.*

Horne, Trevor
- Maisons unifamiliales et maisons jumelées, *H5923.*

Horton & Ball
- Foyers, *H0106.*

Horwood, Campbell, Guihan
- Écoles primaires et secondaires, *G0922.*

Horwood, Campbell & Guihan; Parkin, John B. (Ass.)
- Hôtels de ville et centres civiques, *F6080.*

Horwood, Guihan, Cullum
- Laboratoires, *G9063.*

Hospital Design Partners
- Hôpitaux généraux et spécialisés, *M0319.*

Hotson, Norman
- Restaurants, *B7038.*
- Travaux d'urbanisme et de rénovation urbaine, *P0605, P0606.*

Hotson, Norman; Bakker, Joost
- Travaux d'urbanisme et de rénovation urbaine, *P0607.*

Houle, C. Raymond
- Ponts et tunnels, *N3550.*

Hounsom, Eric W.
- Édifices cultuels, *A0296.*
- Usines diverses, *B9640.*

Housden, Rick; Menkes, René
- Immeubles d'appartements, *H2509.*
- Quartiers résidentiels, *P1471.*

Howard, Ronald B.
- Campus (Universités et collèges en général), *G2117.*
- Écoles spécialisées, *G4022.*

Howard, Ronald; McLeod, Barclay
- Maisons en bandes, *H4081.*
- Quartiers résidentiels, *P1472.*

Howarth, Th.; David, Barott, Boulva
- Campus (Universités et collèges en général), *G2120.*

Howarth, Thomas
- Campus (Universités et collèges en général), *G2118, G2119.*

Hubbert, R.E. (Partners)
- Centres commerciaux, *B1327.*

Huber, W.
- Parcs et jardins, *L0071, L0072.*

Hudon, Michel; Julien, Denis
- Bureaux divers, *B5801, B5802.*

Huget, Léonard M.
- Écoles primaires et secondaires, *G0923.*

Huget & Secord
- Parcs et jardins, *L0073.*
- Ponts et tunnels, *N3551.*

Huget, Secord and Pagani
- Parcs et jardins, *L0074.*

Huget, Secord & Pagani
- Entrepôts, *B3105.*
- Écoles primaires et secondaires, *G0924.*

Hughes, Ludlow and Ass.
- Magasins, *B6608.*

Hughes, Roger
- Maisons en bandes, *H4082.*

Hugues, H. Gordon
- Laboratoires, *G9064.*

Hulbert, R.E. (Ass.)
- Immeubles d'appartements, *H2510, H2511.*

Hulbert, R.E. (Partners)
- Quartiers résidentiels, *P1473, P1474, P1475.*

Hulbert, R.E. (Partners), Pendergast, Purll & Partners
- Bureaux divers, *B5803.*

Hulme, William D.; Lazosky, Daniel E.; Sankey & Associés
- Centres commerciaux, *B1328.*

Hurlburt, John C.
- Édifices d'associations, *B4527.*

Husband, Robertson and Wallace
- Bibliothèques publiques, *D2031.*

Husband, Wallace and Baldwin
- Magasins, *B6609.*

Husband, Wallace, Dabner, Ellis & Garwood-Jones
- Résidences d'étudiants, *G8068.*

Hutchison & Wood
- Usines diverses, *B9641.*

Hutton and Sauter
- Sanatoriums, *M4009.*

Hydro-Québec
- Installations de services publics, *B8577.*

Hyslop, Kirk
- Magasins, *B6610.*

Ibronyi, Thomas
- Bibliothèques publiques, *D2032.*
- Maisons unifamiliales et maisons jumelées, *H5924.*

Illsley & Templeton
- Écoles primaires et secondaires, *G0925.*

Illsley, Templeton & Archibald; Larose & Larose; A.W. Ramsey
- Constructions pour le transport aérien, *N0044.*

Imco Design Interiors Ltd
- Restaurations diverses, *C0061.*

Inducon Consultants of Canada Ltd
- Usines diverses, *B9642.*

Ingleson, A.E.
- Centres communautaires, *D3142.*

Ingleson, A.M.
- Écoles primaires et secondaires, *G0926.*
- Campus (Universités et collèges en général), *G2121.*

Ingram, Earle
- Écoles primaires et secondaires, *G0927.*

Intercontinental Holdings Ltd
- Maisons unifamiliales et maisons jumelées, *H5925.*

Interex Dekor Ltée
- Parcs et jardins, *L0075.*

Interplan Ltd
- Édifices pour l'administration de la justice, *F4065.*

Ireland, Byron; Andrews, John; DuBois, Macy; Morgan, Wm.
- Hôtels de ville et centres civiques, *F6081.*

Irwin, S.V.E.
- Maisons en bandes, *H4083.*

Irwin, Stephen
- Maisons unifamiliales et maisons jumelées, *H5926, H5927.*
- Ponts et tunnels, *N3552.*

Irwin, William
- Quartiers résidentiels, *P1476.*

Issalys
- Cinémas, *D7215.*

Issalys, Jean
- Musées, *D5051.*
- Campus (Universités et collèges en général), *G2122.*
- Parcs et jardins, *L0076, L0077.*

Issalys, Jean; Robert, Georges
- Campus (Universités et collèges en général), *G2123.*

Izen, Julius Roy
- Édifices cultuels, *A0297.*

Izumi and Arnott
- Campus (Universités et collèges en général), *G2124.*

Izumi, Arnott and Sugiyama
- Théâtres, *D7544.*
- Pavillons pour l'enseignement et la recherche, *G7104, G7105, G7106, G7107, G7108.*
- Laboratoires, *G9065.*

Izumi, Arnott & Sugiyama
- Bibliothèques publiques, *D2033.*

Izumi, Arnott & Sugiyama (suite/cont'd)
- Musées, *D5052.*
- Écoles primaires et secondaires, *G0928.*
- Campus (Universités et collèges en général), *G2125, G2126.*
- Parcs et jardins, *L0078.*

Izumi, K.
- Hôtels, *B4148.*
- Maisons de vacances, *D1044.*

Izumi, K.; Arnott, G.; Stewart, G.
- Travaux d'urbanisme et de rénovation urbaine, *P0608.*

Izumi, K.; Arnott, Gordon
- Hôtels, *B4149.*

Jackson, Anthony; DuBois, Macy et al.
- Travaux d'urbanisme et de rénovation urbaine, *P0609.*

Jackson, D.K.; King, D.R.; Weir, J.M.
- Quartiers résidentiels, *P1477.*

Jackson, D.S.
- Immeubles d'appartements, *H2512.*

Jackson, Don
- Maisons unifamiliales et maisons jumelées, *H5928.*

Jackson & Ypes
- Maisons en bandes, *H4084, H4085.*

Jackson, Ypes & Ass.
- Écoles primaires et secondaires, *G0929, G0930.*
- Immeubles d'appartements, *H2513.*

Jackson, Ypes & Associates
- Édifices cultuels, *A0298.*
- Foyers, *H0107, H0108, H0109, H0110.*

Jacques Denault Inc
- Maisons unifamiliales et maisons jumelées, *H5929, H5930.*

Janecka, Jerry Fred; Dunlop, Wardwell, Matsui, Aitken
- Constructions pour les autobus, *N3012.*

Janiss, Dr. E.; Quigley, G.T.
- Édifices cultuels, *A0299.*

Janiss, Eugene
- Foyers, *H0111.*

Januszewski, T.
- Travaux d'urbanisme et de rénovation urbaine, *P0610.*

Jarry, Gabriel
- Magasins, *B6611.*
- Maisons unifamiliales et maisons jumelées, *H5931.*
- Quartiers résidentiels, *P1478, P1479.*

Jean, C.A.; Dupéré, Roland
- Magasins, *B6612.*

Jean, Charles A.
- Édifices cultuels, *A0300.*

Jean, Charles-A.; Blanchet, René
- Édifices cultuels, *A0301.*

Jean, Charles-A.; Dupéré, Roland
- Édifices cultuels, *A0302.*
- Hôpitaux militaires, *M1009.*

Jean, Charles A.; Dupéré, Roland; Caron, Fernand; Blatter, Robert
- Hôpitaux militaires, *M1010.*

Jean & Dupéré
- Banques, *B0098.*
- Bureaux divers, *B5804.*

Jean et Dupéré
- Écoles primaires et secondaires, *G0931.*

Jenkins and Wright
- Entrepôts, *B3106.*

Jenkins, Daniel H.
- Restaurants, *B7039.*

Jenkins & Wright
- Magasins, *B6613.*
- Stades, *D6543.*

Jespersen-Kay
- Usines diverses, *B9643.*

Jessiman, R.; Thompson, Berwick & Pratt
- Pavillons pour l'enseignement et la recherche, *G7109.*

Jessiman, Roy
- Immeubles d'appartements, *H2514.*
- Maisons unifamiliales et maisons jumelées, *H5932, H5933.*

Jessop, A.E.
- Immeubles d'appartements, *H2515.*

Jessop & Berlette
- Usines de machines, *B8849.*

Jessops, Allan
- Usines diverses, *B9644.*

Jessup, Allen; Kohl, Harry B.; Shulman, Wilfred
- Maisons unifamiliales et maisons jumelées, *H5934.*
- Quartiers résidentiels, *P1480.*

Jobin, Gérard
- Édifices cultuels, *A0303.*

Jodoin-Lamarre-Carrière-Pratte
- Immeubles d'appartements, *H2516.*

Jodoin, Lamarre et Pratte
- Hôtels de ville et centres civiques, *F6082.*

Jodoin, Lamarre, Major & Pratte
- Maisons unifamiliales et maisons jumelées, *H5935.*

Jodoin, Lamarre & Pratte
- Bibliothèques de maisons d'enseignement, *D2524.*
- Campus (Universités et collèges en général), *G2127.*

Jodoin, Lamarre & Pratte (suite/cont'd)
- Habitation subventionnée, *H1031*.
- Immeubles d'appartements, *H2517*, *H2518*.

Jodoin, Lamarre, Pratte; Arcop Associates
- Musées, *D5053*.

Jodoin, Lamarre, Pratte & Ass.
- Constructions pour la radio et la télévision, *N7020*.
- Quartiers résidentiels, *P1481*.

Jodoin, Lamarre, Pratte & Associés
- Édifices cultuels, *A0304*.

Jodoin, Lamarre, Pratte, Carrière
- Édifices cultuels, *A0305*.
- Écoles primaires et secondaires, *G0932*, *G0933*.
- Maisons unifamiliales et maisons jumelées, *H5936*.

Jodoin, Lamarre, Pratte; Dimakopoulos, Dimitri
- Campus (Universités et collèges en général), *G2128*.

Jodoin, Lamarre, Pratte et associés
- Écoles d'arts et métiers et écoles spéciales, *G1536*.
- Foyers, *H0112*.

Johansen, Robert
- Édifices cultuels, *A0306*.

Johnson and McWhinnie
- Maisons unifamiliales et maisons jumelées, *H5937*.

Johnson and Stockdill
- Maisons unifamiliales et maisons jumelées, *H5938*.

Johnson, Johnson and Roy
- Quartiers résidentiels, *P1483*.

Johnson-Marshall, Percy; Matthew, Robert
- Immeubles d'appartements, *H2519*.

Johnson & McWhinnie
- Bibliothèques publiques, *D2034*.
- Théâtres, *D7545*.
- Édifices pour l'administration publique, *F5095*.

Johnson, Philip
- Travaux d'urbanisme et de rénovation urbaine, *P0611*, *P0612*.

Johnson, Philip Carter
- Édifices cultuels, *A0307*, *A0308*, *A0309*, *A0310*, *A0311*, *A0312*.

Johnson, Philip; Parkin, John B. (Ass.)
- Travaux d'urbanisme et de rénovation urbaine, *P0613*.

Johnson, Sustronk, Weinstein & Ass. Ltd; Markson, Jerome
- Parcs et jardins, *L0079*.

Johnson, Sustronk, Weinstein (Ass.); Thom, R.J.; Clifford & Lawrie; Crang & Boake
- Parcs et jardins, *L0080*.

Johnston, Dwight R.
- Édifices cultuels, *A0313*.

Jolicoeur et Leclerc
- Hôpitaux généraux et spécialisés, *M0322*.

Jolicoeur, J.-P.; Bégin, Benoît-J.; Robert, Georges; Ouellet, J
- Quartiers résidentiels, *P1484*.

Jolicoeur, Jean-Paul
- Hôpitaux généraux et spécialisés, *M0320*, *M0321*.

Joly, Claude
- Magasins, *B6614*.

Jones, John
- Foyers, *H0113*.

Jones, M.
- Centres communautaires, *D3143*.

Jones, M.F.; Wright, C.W.; McKinnon, A.G.; Kade, F.
- Quartiers résidentiels, *P1482*.

Jones, Murray V. (Ass.); Margison, A.D. (Ass.)
- Immeubles d'appartements, *H2520*.

Jonsson, D. W.
- Maisons unifamiliales et maisons jumelées, *H5939*, *H5940*.
- Monuments, *K0009*.
- Hôpitaux généraux et spécialisés, *M0323*.
- Centres médicaux, *M6035*.

Jorgensen, D.C.
- Banques, *B0099*.

Joyal, L.
- Habitation subventionnée, *H1032*.

Justice & Webb; Downs-Archambault
- Pavillons pour l'enseignement et la recherche, *G7110*.
- Parcs et jardins, *L0081*.

Kachmaryk, William
- Maisons unifamiliales et maisons jumelées, *H5941*.

Kade, F.; Wright, C.W.; McKinnon, A.G.; Jones, M.F.
- Quartiers résidentiels, *P1485*.

Kadulski, Richard
- Maisons unifamiliales et maisons jumelées, *H5942*.

Kafka, Peter
- Immeubles d'appartements, *H2521*.

Kahn, Harold Z.
- Maisons unifamiliales et maisons jumelées, *H5943*.

Kahn, Harold Z.; Mayers & Girvan
- Immeubles d'appartements, *H2522*.

Kahn & Jacobs; Richmond, E.J.
- Hôtels, *B4150*.

Kahn, Zavi
- Bureaux divers, *B5805*.

Kalenca, Joseph
- Garages, *B3542*.

Kalman, M.M.; Fisher, Reuben
- Immeubles d'appartements, *H2523*.

Kalman, Maxwell M.; Fisher, Howard T.; Funero, Bruno
- Centres commerciaux, *B1329*.

Kandavel, V.
- Bâtiments d'expositions, *D0140*.

Kantti, H.
- Maisons unifamiliales et maisons jumelées, *H5944*.

Kaplan & Sprachman, Govan, Ferguson, Lindsay, Kaminker, Maw
- Hôpitaux généraux et spécialisés, *M0324*.

Kapsi, T.
- Bureaux divers, *B5806*.

Kapsi, Taivo
- Maisons unifamiliales et maisons jumelées, *H5945*, *H5946*.

Kapteyn, Pete
- Quartiers résidentiels, *P1486*.

Karleff, William
- Bureaux divers, *B5807*.

Karleff, William C.
- Maisons unifamiliales et maisons jumelées, *H5947*.

Katz, Howard
- Magasins, *B6615*.

Katz, Morton
- Maisons unifamiliales et maisons jumelées, *H5948*.

Kay, John R.
- Magasins, *B6616*.
- Immeubles d'appartements, *H2524*, *H2525*.
- Maisons unifamiliales et maisons jumelées, *H5949*, *H5950*, *H5951*, *H5952*, *H5953*, *H5954*, *H5955*, *H5956*, *H5957*.
- Quartiers résidentiels, *P1487*, *P1488*, *P1489*.

Kay, John R.; Tanner, H.T.D.
- Maisons unifamiliales et maisons jumelées, *H5958*, *H5959*.
- Quartiers résidentiels, *P1490*, *P1491*, *P1492*.

Kayari, Enn
- Théâtres, *D7546*.

Keith, Arthur
- Entrepôts, *B3107*.

Keith Constr. Co. Ltd
- Maisons unifamiliales et maisons jumelées, *H5960*.

Keith-King, John
- Édifices pour l'administration publique, *F5096*.

Kelman, Harold
- Maisons en bandes, *H4086*.

Kelman, Harry
- Maisons unifamiliales et maisons jumelées, *H5961*.

Kelton, J.K.
- Bureaux divers, *B5808*.
- Immeubles d'appartements, *H2526*.

Kelton, Joseph
- Maisons unifamiliales et maisons jumelées, *H5962*.

Kemble
- Piscines, *D6035*.

Kemble, Roger
- Centres commerciaux, *B1330*.
- Centres communautaires, *D3144*.
- Musées, *D5054*.
- Campus (Universités et collèges en général), *G2129*.
- Laboratoires, *G9066*.
- Maisons en bandes, *H4087*.
- Maisons unifamiliales et maisons jumelées, *H5963*, *H5964*, *H5965*, *H5966*, *H5967*, *H5968*, *H5969*, *H5970*, *H5971*, *H5972*, *H5973*, *H5974*.
- Travaux d'urbanisme et de rénovation urbaine, *P0614*.

Kemble, Roger; Tattersfield, Philip
- Quartiers résidentiels, *P1493*.

Kemble, Roger; Webber, Alex
- Maisons unifamiliales et maisons jumelées, *H5975*, *H5976*.

Kemp, Anthony L.
- Bibliothèques publiques, *D2035*.
- Maisons unifamiliales et maisons jumelées, *H5977*, *H5978*.

Kemp, Hamilton
- Bureaux de poste, *F1052*.

Kemp, Leslie H.
- Bureaux divers, *B5809*, *B5810*.
- Édifices pour l'administration publique, *F5097*.

Kennedy, J.
- Édifices cultuels, *A0314*.

Kennedy, Smith Ass.
- Édifices cultuels, *A0315*.

Kennedy, Warnett;
- Centres commerciaux, *B1331*.
- Ponts et tunnels, *N3553*.

Kennedy, Warnett; Gardiner, Ken
- Immeubles d'appartements, *H2527*.

Kennedy, Warnett; Kiss, Zoltan
- Quartiers résidentiels, *P1494*.

Kenny, Sean
- Bâtiments d'expositions, *D0141*.

Kent, Stanley
- Quartiers résidentiels, *P1495*.

Kerouack, F.
- Écoles d'arts et métiers et écoles spéciales, *G1537*.

Kerouak, Gaston
- Immeubles d'appartements, *H2528*.

Kerr & Cullingworth
- Édifices cultuels, *A0316*.
- Centres communautaires *D3145*.
- Écoles primaires et secondaires, *G0934*.
- Foyers, *H0114*.

Kerr & Cullingworth; Affleck, Desbarats, Dimakopoulos, Lebensold & Sise
- Théâtres, *D7547*.

Kerr, Cullingworth, Riches Ass.
- Installations de services publics, *B8578*.
- Écoles primaires et secondaires, *G0935, G0936, G0937*.

Kerr, George H.
- Restaurations diverses, *C0062*.

Kertland and Somerville
- Hôpitaux généraux et spécialisés, *M0325*.

Keywan, James
- Hôtels, *B4151*.

Keywan, James W.
- Centres commerciaux, *B1332*.

Kidd, John L.
- Campus (Universités et collèges en général), *G2130, G2131*.

Killick, Metz, Field Ass.
- Écoles primaires et secondaires, *G0938*.

Kilpatrick, Matthew (Ass.)
- Quartiers résidentiels, *P1496*.

Kilpatrick, Matthew H.
- Travaux d'urbanisme et de rénovation urbaine, *P0615*.

King, Arnold
- Constructions pour le transport maritime, *N1014*.
- Constructions pour le chemin de fer, *N2022*.

King, D.R.; Jackson, D.K.; Weir, J.M.
- Quartiers résidentiels, *P1497*.

King, E.D.
- Édifices pour l'administration publique, *F5098*.

King, Harry L.; John B. Parkin Associates
- Maisons unifamiliales et maisons jumelées, *H5979*.

King, John L.
- Édifices cultuels, *A0317*.

Kinoshita, Bajime
- Théâtres, *D7548*.

Kinoshita, Gene
- Centres communautaires, *D3146*.
- Théâtres, *D7549*.

Kiss, Z.S.; Tiers, C.A.; Smart, J.J.; Middleton, E.E.
- Quartiers résidentiels, *P1500*.

Kiss, Zoltan
- Usines diverses, *B9645*.
- Campus (Universités et collèges en général), *G2132*.

Kiss, Zoltan; Kennedy, Warnett
- Quartiers résidentiels, *P1498*.

Kiss, Zoltan; Negrin, Reno C. (Ass.); Harrison, Robert F.
- Quartiers résidentiels, *P1499*.

Kiss, Zoltan S.
- Pavillons pour l'enseignement et la recherche, *G7111*.
- Maisons unifamiliales et maisons jumelées, *H5980*.

Kissiloff & Wimmershoff
- Bâtiments d'expositions, *D0142*.

Kitka, Zoltan
- Écoles primaires et secondaires, *G0939*.

Kivilo, Harry
- Foyers, *H0115*.
- Maisons unifamiliales et maisons jumelées, *H5981, H5982*.

Kiyooka, Monica
- Maisons unifamiliales et maisons jumelées, *H5983*.

Klein and Sears
- Résidences d'étudiants, *G8069, G8070*.

Klein, Jack; Dubois, Macy; Sears, Henry
- Restaurations d'habitations, *C1020*.

Klein, Jack; Sears, Henry
- Bureaux divers, *B5811*.
- Centres communautaires, *D3147*.

Klein & Sears
- Maisons de vacances, *D1045*.
- Immeubles d'appartements, *H2529, H2530, H2531*.
- Maisons en bandes, *H4088, H4089, H4090, H4091, H4092, H4093, H4094*.
- Maisons unifamiliales et maisons jumelées, *H5984, H5985, H5986, H5987, H5988, H5989*.
- Quartiers résidentiels, *P1501, P1502, P1503, P1504, P1505, P1506*.

Klein & Sears; Markson, Jerome
- Immeubles d'appartements, *H2532*.

Klein & Sears; Webb, Zerafa & Menkes; Markson, Jerome
- Habitation subventionnée, *H1033*.
- Maisons unifamiliales et maisons jumelées, *H5990*.

Kleyn, Loube B.; Oliver, E.; Raymond, F.
- Travaux d'urbanisme et de rénovation urbaine, *P0616*.

Knowles, J.C.
- Restaurations d'habitations, *C1021*.

Knox Martin Kretch Ltd.
- Travaux d'urbanisme et de rénovation urbaine, *P0617*.

Kobayashi, David; Wood & Gardener
- Édifices pour l'administration de la justice, *F4066*.

Koch, Carl (Ass.)
- Centres commerciaux, *B1333*.

Koch, Edmund; Lapointe, Paul-H.
- Constructions pour la défense civile, *F3040*.

Kock, Leblond, Beaubien
- Immeubles d'appartements, *H2536*.

Koerte, Arnold
- Restaurations d'habitations, *C1022*.
- Maisons unifamiliales et maisons jumelées, *H5991, H5992*.

Kohl, Harry
- Immeubles d'appartements, *H2533*.

Kohl, Harry B.
- Bâtiments d'expositions, *D0143*.
- Maisons de vacances, *D1046*.
- Centres communautaires, *D3148*.
- Maisons unifamiliales et maisons jumelées, *H5993, H5994, H5995, H5996, H5997, H5998, H5999, H6000, H6001, H6002, H6003, H6004*.

Kohl, Harry B.; Adamson, Gordon S. (Ass.)
- Centres communautaires, *D3149*.

Kohl, Harry B.; Jessup, Allen; Shulman, Wilfred
- Quartiers résidentiels, *P1507*.

Kohl, Harry B.; Markus, Isadore
- Édifices cultuels, *A0318*.

Kohl, Harry B.; Markus, Isadore; Page & Steele
- Édifices cultuels, *A0319*.

Kohl, Harry B.; Shulman, Wilfred; Jessup, Allen
- Maisons unifamiliales et maisons jumelées, *H6005, H6006, H6007, H6008, H6009, H6010, H6011, H6012, H6013, H6014, H6015*.

Kohn, Samuel
- Restaurants, *B7040*.

Kolenc, A.
- Bureaux divers, *B5812*.

Kolenc, Angelo
- Immeubles d'appartements, *H2534*.
- Quartiers résidentiels, *P1508*.

Kopsa & Kalman
- Écoles primaires et secondaires, *G0940*.

Kopsa, Michael
- Hôtels de ville et centres civiques, *F6083, F6084*.

Kopsa, Michael M.
- Centres communautaires, *D3150, D3151*.
- Constructions pour la défense civile, *F3041*.

Kortes, Tinos
- Édifices cultuels, *A0320*.
- Édifices d'associations, *B4528*.
- Bureaux divers, *B5813, B5814*.
- Écoles primaires et secondaires, *G0941*.

Kovach, R.; Birmingham & Wood
- Travaux d'urbanisme et de rénovation urbaine, *P0618*.

Kowaluck, Alexander
- Pavillons pour l'enseignement et la recherche, *G7112*.

Krackow, H.L.
- Immeubles d'appartements, *H2535*.

Kravis, Janis
- Hôtels, *B4152*.
- Restaurants, *B7041*.

Krushen & Daily
- Campus (Universités et collèges en général), *G2133*.

Kryton, J.; Greenspoon, Freedlander & Dunne
- Bureaux divers, *B5815*.

Kubota, Nobuo
- Édifices cultuels, *A0321*.

Kundzins, Andris
- Maisons unifamiliales et maisons jumelées, *H6016*.

Kurnarsky and Faurer
- Constructions pour la défense civile, *F3042*.

Kwan, Romses (Ass.)
- Quartiers résidentiels, *P1509*.

Kwan, Romses (Ass.); Stanley, Kwok
- Quartiers résidentiels, *P1510*.

Kwok, Stanley; Romses & Kwan
- Immeubles d'appartements, *H2537*.

Kwok, Stanley; Romses Kwan & Ass.
- Centres commerciaux, *B1334*.

Kwok, Stanley T.; Romses, Kwan & Ass.
- Bureaux divers, *B5816*.

Kyles, J.D.
- Architecture pour handicapés, etc., *M7014, M7015*.

Kyles, Kyles & Garratt
- Casernes de pompiers, *F2007*.

Kyles, Kyles & Garratt (suite/cont'd)
- Écoles primaires et secondaires, *G0942*.

L.M. Architectural Group
- Quartiers résidentiels, *P1523*.

L.M. Architectural Group; Downtown Winnipeg Group; Number Ten Architectural Group
- Centres commerciaux, *B1351*.

La Haye, J.-C. (Ass.)
- Travaux d'urbanisme et de rénovation urbaine, *P0622*.

La Haye, J.-C.; Gagnon, Roger; D'Astous, Roger
- Travaux d'urbanisme et de rénovation urbaine, *P0623*.

La Haye, J.-Claude
- Travaux d'urbanisme et de rénovation urbaine, *P0621*.

La Haye, J.C. et ass.; Arcop Associés
- Centres commerciaux, *B1337*.

La Haye, Jean Claude
- Constructions diverses, *D1513*.
- Quartiers résidentiels, *P1511*.

La Haye, Jean-Claude; Ouellet, Jean
- Travaux d'urbanisme et de rénovation urbaine, *P0624*.

La Haye & Ouellet; Amyot, G.
- Bureaux divers, *B5819*.

La Haye-Ouellet; Longpré, Marchand, Gaudreau; Blouin & Blouin; Gauthier, Guité, Roy
- Centres commerciaux, *B1338*.

La Haye & Ouellet; Reeves, Jacques
- Bureaux divers, *B5820*.

Labbé, André
- Théâtres, *D7550*.

Labbé, André; Vachon, Émilien; Girardin, Pierre
- Travaux d'urbanisme et de rénovation urbaine, *P0619*.

Labelle et Labelle
- Hôpitaux pour enfants, *M2513*.

Labelle, Henri
- Bureaux divers, *B5817*.

Labelle, Henri S.
- Édifices cultuels, *A0322*.
- Entrepôts, *B3108*.
- Magasins, *B6617*.
- Constructions pour le téléphone, *N8045, N8046, N8047, N8048*.

Labelle, Henri S.; Crevier, Lemieux, Mercier
- Édifices cultuels, *A0323*.

Labelle, Hubert
- Écoles primaires et secondaires, *G0943*.

Labelle & Labelle
- Écoles primaires et secondaires, *G0944*.

Labelle, Labelle & Marchand
- Hôtels de ville et centres civiques, *F6085*.
- Écoles primaires et secondaires, *G0945*.

Labelle, Labelle, Marchand, Geoffroy
- Édifices cultuels, *A0324*.
- Écoles primaires et secondaires, *G0946, G0947, G0948*.
- Campus (Universités et collèges en général), *G2134*.

Labelle, Labelle & Marchand; Schwanzer, Karl
- Bâtiments d'expositions, *D0144*.

Labelle, Marchand, Geoffroy, Hébert, Lalonde; Prus, Victor; Lemoyne & Ass.
- Centres de congrès, *D7014*.

Labenskas, John
- Édifices cultuels, *A0325*.

Labranche, Paul
- Restaurations diverses, *C0063*.
- Écoles primaires et secondaires, *G0949, G0950*.
- Écoles d'arts et métiers et écoles spéciales, *G1538*.

Labranche, Paul; Affleck, Desbarats, Dimakopoulos, Lebensold, Sise
- Foyers, *H0116*.

Lachapelle, Bernard
- Travaux d'urbanisme et de rénovation urbaine, *P0620*.

Lacoursière, Arthur
- Édifices cultuels, *A0326, A0327*.
- Centres communautaires, *D3152*.
- Casernes de pompiers, *F2008*.
- Hôtels de ville et centres civiques, *F6086*.
- Écoles primaires et secondaires, *G0951, G0952*.
- Hôpitaux généraux et spécialisés, *M0326, M0327*.
- Sanatoriums, *M4010*.

Lacroix, W.; Bergeron, J.S.
- Édifices pour l'administration publique, *F5099*.

Lacroix, Wilfrid
- Bureaux divers, *B5818*.
- Bâtiments d'expositions, *D0145*.

Lafleur, J.M.
- Usines de machines, *B8850*.

Lafleur, Jean-Marie
- Écoles primaires et secondaires, *G0953*.
- Campus (Universités et collèges en général), *G2135*.
- Foyers, *H0117*.

Laforest, Raymond; Larivière & Ass. Inc.
- Hôtels, *B4153*.

La Foy, M.
- Maisons unifamiliales et maisons jumelées, *H6017*.

Lagacé, Geo.-E.
- Écoles primaires et secondaires, *G0954*.

Lagacé, Georges
- Maisons de vacances, *D1047*.
- Immeubles d'appartements, *H2538, H2539*.

Lagacé, Massicotte & Casgrain
- Maisons de vacances, *D1048*.

Lagacé, Massicotte et Casgrain
- Centres commerciaux, *B1335, B1336*.
- Foyers, *H0118*.

LaHaye, Jean-Claude
- Campus (Universités et collèges en général), *G2136*.

Lajoie, Rodolphe
- Hôtels, *B4154*.
- Maisons de vacances, *D1049*.
- Écoles primaires et secondaires, *G0955*.
- Maisons unifamiliales et maisons jumelées, *H6018, H6019, H6020*.
- Hôpitaux généraux et spécialisés, *M0328*.

Lajoie, Rodolphe; Payette & Crevier; Gascon & Parant
- Quartiers résidentiels, *P1512*.

Lajoie, Rodolphe; Saint-Jacques, Georges-D.
- Restaurants, *B7042*.

Laliberté et Dostaller
- Maisons unifamiliales et maisons jumelées, *H6021*.

Laliberté, Victor
- Édifices cultuels, *A0328, A0329*.

L'Allier, Lucien
- Constructions de métros, *N2541*.

Lalonde et Valois
- Ponts et tunnels, *N3554*.
- Routes, *N4016*.

Lalonde, Girouard, Letendre
- Routes, *N4015*.

Lalonde, Hébert; Prus, Victor
- Musées, *D5055*.

Lalonde, J.-L.
- Centres de congrès, *D7015*.

Lalonde, J.L.
- Édifices d'associations, *B4529*.

Lalonde, Jean-Louis
- Maisons unifamiliales et maisons jumelées, *H6022, H6023, H6024*.

Lamarche, C.E.
- Routes, *N4017, N4018*.

Lamarre, Denis
- Laboratoires, *G9067*.
- Hôpitaux généraux et spécialisés, *M0329*.

Lamarre, Denis C.
- Hôtels, *B4155*.

Lamarre, Jean
- Centres de congrès, *D7016*.

Lamb, McManus and Associates
- Entrepôts, *B3109*.

Lambert, Paul
- Restaurants, *B7043*.
- Centres communautaires, *D3153*.
- Gymnases, *D4005*.
- Écoles spécialisées, *G4023*.

Lambert, Phyllis; Webb, Zerafa, Menkes
- Centres communautaires, *D3154*.

Lambros, Gregory A.
- Bureaux divers, *B5821*.
- Immeubles d'appartements, *H2540, H2541*.

Lamontagne et Gravel
- Centres communautaires, *D3155*.
- Écoles primaires et secondaires, *G0956, G0957, G0958, G0959, G0960*.

Lamontagne & Gravel
- Édifices religieux divers, *A1051*.
- Cinémas, *D7216*.
- Écoles d'arts et métiers et écoles spéciales, *G1539, G1540*.

Lang, Gerry
- Imprimeries, *B8316*.

Langelier, J. Napoléon
- Routes, *N4019*.

Langer, H.E.P.
- Maisons unifamiliales et maisons jumelées, *H6025*.

Langley, J.B.
- Garages, *B3543*.

Langlois, Claude
- Travaux d'urbanisme et de rénovation urbaine, *P0625*.

Langlois, Ernest; Gariépy, Roland
- Travaux d'urbanisme et de rénovation urbaine, *P0626*.

Langlois, J.Y.
- Édifices cultuels, *A0330*.

Langston, Henry T.
- Hôtels, *B4156*.
- Écoles primaires et secondaires, *G0961*.

Langston & Matthias
- Entrepôts, *B3110*.

Lantzius, J.; Rodger, A.; Walgamuth, T.
- Centres de congrès, *D7017*.

Lantzius, John
- Parcs et jardins, *L0082, L0083*.

Lapierre, Jean-Louis
- Banques, *B0100*.

Lapierre, L.; Briggs, W. et al.
- Travaux d'urbanisme et de rénovation urbaine, *P0627*.

LaPierre, Louis
- Piscines, *D6036.*

Lapierre, Louis J.
- Édifices cultuels, *A0331.*
- Centres communautaires, *D3156, D3157, D3158, D3159.*
- Écoles primaires et secondaires, *G0962, G0963, G0964.*
- Écoles spécialisées, *G4024.*
- Installations pour les sports et l'éducation physique, *G5015.*
- Laboratoires, *G9068.*

Lapointe et Tremblay
- Centres commerciaux, *B1339.*

Lapointe, Jean-Pierre
- Bureaux divers, *B5822.*
- Hôtels de ville et centres civiques, *F6087.*

Lapointe, P.-H.
- Entrepôts, *B3111.*

Lapointe, Paul-Émile
- Hôtels de ville et centres civiques, *F6088.*
- Maisons unifamiliales et maisons jumelées, *H6026, H6027, H6028.*

Lapointe, Paul-Émile; Blanchet, René
- Édifices cultuels, *A0332.*

Lapointe, Paul Émile; Morency, Pierre
- Magasins, *B6618.*

Lapointe, Paul H.
- Maisons de vacances, *D1050.*
- Centres communautaires, *D3160.*
- Cinémas, *D7217.*

Lapointe, Paul-H.; Koch, Edmund
- Constructions pour la défense civile, *F3043.*

Lapointe, Paul-Henri
- Restaurants, *B7044.*

Lapointe & Tremblay
- Hôtels, *B4157.*
- Magasins, *B6619.*
- Restaurants, *B7045.*
- Installations de services publics, *B8579.*
- Écoles primaires et secondaires, *G0965, G0966.*
- Écoles d'arts et métiers et écoles spéciales, *G1541, G1542.*
- Constructions pour le transport aérien, *N0045.*

Laroche, Guy
- Foyers, *H0119.*

Laroche, Guy; DeBlois, Jacques
- Constructions pour la radio et la télévision, *N7021.*

Laroche, Guy; Ritchot, Jean
- Théâtres, *D7551.*

Laroche, Ritchot, Déry et Robitaille
- Habitation subventionnée, *H1034.*

Larose et Larose
- Centres communautaires, *D3161.*

Larose, Eugène
- Édifices religieux divers, *A1052, A1053.*
- Banques, *B0101.*
- Écoles primaires et secondaires, *G0967, G0968.*

Larose, Eugène; Larose, Gilles
- Pavillons pour l'enseignement et la recherche, *G7113.*

Larose, Eugène; Larose, Gilles L.
- Piscines, *D6037.*

Larose, Gilles
- Hôpitaux universitaires, *M3010.*

Larose, Laliberté, Petrucci; Webb, Zerafa, Menkes, Housden
- Complexes à fonctions commerciale et résidentielle, *B2066.*

Larose & Larose
- Édifices cultuels, *A0333.*
- Écoles spécialisées, *G4025.*

Larose & Larose; Illsley, Templeton & Archibald
- Constructions pour le transport aérien, *N0046.*

Larose, Larose, Laliberté et Petrucci
- Écoles primaires et secondaires, *G0969, G0970, G0971, G0972.*

Larose, Larose, Laliberté, Petrucci
- Pavillons pour l'enseignement et la recherche, *G7114.*

Larouche, Pierre
- Quartiers résidentiels, *P1513.*

Larrington, C.T.
- Centres commerciaux, *B1340.*
- Bureaux divers, *B5823.*
- Immeubles d'appartements, *H2542.*
- Maisons unifamiliales et maisons jumelées, *H6029.*

Larson and Epp Industries Ltd.
- Usines de denrées alimentaires, *B8631.*

Larsson, Nil
- Centres sociaux, *G3022.*

Lasserre, F. (Ass.); McCarter, Nairne & Partners
- Musées, *D5056.*

Lasserre, F.; Birmingham, W.H.
- Centres communautaires, *D3162.*

Lasserre, Fred
- Édifices cultuels, *A0334.*
- Maisons unifamiliales et maisons jumelées, *H6030, H6031, H6032.*

Lasserre, L.; Polson & Siddall
- Maisons unifamiliales et maisons jumelées, *H6033.*

Lau, Arthur
- Travaux d'urbanisme et de rénovation urbaine, *P0628.*

Lau, Arthur C.F.
- Bureaux divers, *B5824.*

Lau, Arthur C.F. (suite/cont'd)
- Hôtels de ville et centres civiques, *F6089.*

Lau, Arthur C.F.; Lo, Phillip H.
- Centres commerciaux, *B1341.*

Lau, Patrick
- Édifices cultuels, *A0335.*
- Édifices religieux divers, *A1054.*

Laubental, Charles
- Maisons unifamiliales et maisons jumelées, *H6034.*

Lavallée, Bernard
- Restaurants, *B7046.*

Lavallée, Réal
- Garages, *B3544.*
- Usines diverses, *B9646.*

Lavigne, H.; Corriveau, E.; Gauvin, M.
- Travaux d'urbanisme et de rénovation urbaine, *P0629.*

Lavigueur, Gilles
- Centres commerciaux, *B1342.*
- Bureaux de poste, *F1053.*
- Parcs et jardins, *L0084, L0085.*

Lawrie, K. Sinclair
- Hôtels de ville et centres civiques, *F6090.*

Lawson and Little
- Hôtels, *B4159, B4160.*
- Bureaux divers, *B5825.*
- Centres commerciaux, *D3163.*
- Piscines, *D6038.*
- Maisons unifamiliales et maisons jumelées, *H6035.*
- Architecture pour handicapés, etc., *M7016.*

Lawson & Betts
- Banques, *B0102.*
- Écoles primaires et secondaires, *G0973.*

Lawson, Betts and Cash
- Édifices pour l'administration publique, *F5100.*

Lawson, Betts & Cash; MacFadzean, Everly & Ass.
- Parcs et jardins, *L0086.*

Lawson & Betts; Paine, A.J.C.
- Stades, *D6544.*

Lawson & Little
- Constructions pour le téléphone, *N8049.*

Layng, John
- Centres commerciaux, *B1343.*
- Magasins, *B6620.*
- Écoles primaires et secondaires, *G0974, G0975.*

Lazar & Sterlin
- Entrepôts, *B3112.*
- Bureaux divers, *B5826.*
- Usines diverses, *B9647.*
- Immeubles d'appartements, *H2543.*

Lazar & Sterlin (suite/cont'd)
- Maisons unifamiliales et maisons jumelées, *H6036, H6037, H6038, H6039.*

Lazosky, Daniel
- Complexes à fonctions commerciale et résidentielle, *B2067.*
- Maisons de vacances, *D1051.*
- Maisons unifamiliales et maisons jumelées, *H6040.*

Lazosky, Daniel E.
- Centres commerciaux, *B1344, B1345.*

Lazosky, Daniel E.; Hulme, William D.; Sankey & Ass.
- Centres commerciaux, *B1346.*

Lazosky/Stenman
- Maisons unifamiliales et maisons jumelées, *H6041.*
- Quartiers résidentiels, *P1514.*

Leach, Geoffrey
- Immeubles d'appartements, *H2544.*

Leaning, John
- Restaurations diverses, *C0064, C0065.*

Leaning, John D.; Capling, A.J.
- Théâtres, *D7552.*

Lebeau, Gustave
- Installations de services publics, *B8580.*

Lebensold, D.F.
- Écoles primaires et secondaires, *G0976.*

Lebensold, Fred
- Édifices d'associations, *B4530.*
- Maisons de vacances, *D1052.*
- Centres communautaires, *D3164.*
- Édifices pour l'administration de la justice, *F4067.*
- Maisons unifamiliales et maisons jumelées, *H6042, H6043, H6044.*

Lebensold, Fred; Desbarats, Guy
- Quartiers résidentiels, *P1515.*

Lebensold & Schreiber
- Bureaux divers, *B5827.*

LeBlanc, Gaudet & Ass.
- Édifices cultuels, *A0337.*

Leblanc, L.; Proulx, M.L.
- Maisons unifamiliales et maisons jumelées, *H6045.*

LeBlanc, René
- Écoles primaires et secondaires, *G0977.*

Leblanc, Roger
- Édifices cultuels, *A0336.*
- Ambassades et consulats, *F0013.*
- Quartiers résidentiels, *P1516.*

Leblanc, Yvon
- Édifices pour l'administration publique, *F5101.*

LeBlanc, Yvon; Gaudet, Gérald J.
- Édifices religieux divers, *A1055*.

Leblond, Claude; Tremblay, Serge
- Édifices cultuels, *A0338*.

LeBlond, Harry
- Maisons unifamiliales et maisons jumelées, *H6046*.

Leblond, Robert
- Habitation subventionnée, *H1035*.

LeBlond, Robert; Long, J.W. (Ass.)
- Maisons unifamiliales et maisons jumelées, *H6047*.
- Quartiers résidentiels, *P1517*.

LeBorgne, Gaétan
- Centres communautaires, *D3165*.
- Écoles primaires et secondaires, *G0978*.

Le Claire, P.B.
- Bureaux divers, *B5828*.

LeClaire, Peter; Avramovitch, Aza (Ass.)
- Immeubles d'appartements, *H2545*.

Leclerc, Albert
- Garages, *B3545*.
- Centres communautaires, *D3166*.
- Écoles primaires et secondaires, *G0979*.
- Hôpitaux généraux et spécialisés, *M0330*.

Leclerc, Claude
- Maisons unifamiliales et maisons jumelées, *H6048*.
- Constructions pour le transport maritime, *N1015*.

Leclerc et Villemure; Denoncourt et Denoncourt
- Travaux d'urbanisme et de rénovation urbaine, *P0630*.

Leclerc, Jean-Claude; Villemure, Roger
- Pavillons pour l'enseignement et la recherche, *G7115*.

Leclerc & Villemure; Denoncourt & Denoncourt
- Centres communautaires, *D3167*.
- Hôtels de ville et centres civiques, *F6091*.

Lee, Douglas H.
- Travaux d'urbanisme et de rénovation urbaine, *P0631, P0632, P0633, P0634, P0635*.

Lee, Elken, Becksted, Paulsen, Fair
- Foyers, *H0120*.
- Maisons unifamiliales et maisons jumelées, *H6050*.

Lee, Harry
- Garages, *B3546*.
- Hôtels, *B4161*.
- Maisons unifamiliales et maisons jumelées, *H6049*.

Lee, Harry; Logan, David; McNab, Duncan
- Campus (Universités et collèges en général), *G2137*.

Lee, Harry; McNab, Duncan; Logan, David C.
- Auditoriums, *G2705*.
- Installations pour les sports et l'éducation physique, *G5016*.

Lee, Robb, Elken & Jung
- Écoles primaires et secondaires, *G0980, G0981*.

Lefebvre, J. Robert
- Parcs et jardins, *L0087*.

Lefebvre, Robert
- Édifices cultuels, *A0339*.

LeFort, J.S. et Ass.
- Constructions pour la radio et la télévision, *N7022*.

LeFort, Jean-Serge
- Bureaux de poste, *F1054*.
- Pavillons pour l'enseignement et la recherche, *G7116*.
- Hôpitaux généraux et spécialisés, *M0331*.

LeFort, Jean-Serge; Gilleland, Wm. H.
- Hôpitaux généraux et spécialisés, *M0332*.

LeFort, Serge
- Édifices de maisons d'édition, *B4803*.

Légaré, Goyer, Gagnier, Bazinet
- Écoles primaires et secondaires, *G0982*.

Légaré, Maurice
- Garages, *B3547*.
- Magasins, *B6621, B6622*.
- Quartiers résidentiels, *P1518*.

Légaré, Wilfrid
- Maisons unifamiliales et maisons jumelées, *H6051*.

Legault, Guy-R.
- Maternelles et jardins d'enfants, *G0004*.

Legault, Guy-R.; Pothier, Jean-Paul
- Restaurations d'habitations, *C1023*.

Lehrman, Jonas; Rees, William E.
- Ponts et tunnels, *N3555*.

Leithead, William
- Installations pour les sports et l'éducation physique, *G5017*.

Leman — Sullivan
- Écoles primaires et secondaires, *G0983*.

Lemay, Alain; Boucher, Benoît; Carrier, Thomas
- Immeubles d'appartements, *H2546*.

Lemay, G.E.
- Centres commerciaux, *B1347*.

Lemay, Georges E.
- Centres communautaires, *D3168*.

Lemay & Leclerc
- Édifices cultuels, *A0340, A0341*.
- Bureaux de professionnels, *B5228*.
- Marinas, *D4505*.
- Écoles primaires et secondaires, *G0984, G0985*.
- Constructions de métros, *N2542*.

Lemieux & Forcier
- Édifices cultuels, *A0343*.

Lemieux, Jean
- Immeubles d'appartements, *H2547*.

Lemieux, Lucien
- Magasins, *B6623, B6624*.

Lemieux, Paul
- Édifices de maisons d'édition, *B4804*.

Lemieux, Paul M.
- Édifices cultuels, *A0342*.
- Usines diverses, *B9648*.
- Écoles primaires et secondaires, *G0986*.

Lemoyne & Ass.; Prus, Victor; Labelle, Marchand, Geoffroy, Hébert, Lalonde
- Centres de congrès, *D7018*.

Le Moyne, Edwards, Shine; Trudeau, C.-E.
- Laboratoires, *G9069*.

Lemoyne, Roy
- Édifices pour l'administration publique, *F5102*.

Lepage, Firmin
- Constructions pour le téléphone, *N8050*.

Le Radza, Henry; Le Radza, William
- Hôtels, *B4158*.

LeRoux, André
- Maisons en bandes, *H4095*.

Le Roux, André E.
- Maisons unifamiliales et maisons jumelées, *H6052*.

Leroy, Jacques
- Magasins, *B6625*.

Lescaze & Sears
- Écoles primaires et secondaires, *G0987*.

Lessard, Emery
- Écoles primaires et secondaires, *G0988*.

Lester, Alan
- Maisons unifamiliales et maisons jumelées, *H6053*.
- Centres médicaux, *M6036*.

Lester, Alan; Brown, Rowland
- Maisons unifamiliales et maisons jumelées, *H6054*.

Le Tourneux, J.H.
- Maisons unifamiliales et maisons jumelées, *H6055*.

Lett / Smith
- Restaurations diverses, *C0066, C0067, C0068*.
- Maisons unifamiliales et maisons jumelées, *H6056*.

Lett / Smith Architects
- Centres commerciaux, *B1348*.

Lett, William
- Édifices cultuels, *A0344*.
- Édifices religieux divers, *A1056*.

Lev, Roy M.; Wreglesworth, Peter
- Maisons en bandes, *H4096*.

Lev, Roy; McKay, Allan; McMorris, Vayden; Spotouski, W.; Varro, Jim
- Constructions diverses, *D1514*.

Levesque et Venne
- Hôtels, *B4162*.
- Usines diverses, *B9649*.

Lévesque, Raymond
- Théâtres, *D7553*.
- Travaux d'urbanisme et de rénovation urbaine, *P0636*.

Levesque & Venne
- Édifices cultuels, *A0345, A0346*.

Levitt, Alfred
- Immeubles d'appartements, *H2548*.

Lewis, A.C.
- Constructions pour la radio et la télévision, *N7023*.

Lewis Construction Company Ltd
- Maisons unifamiliales et maisons jumelées, *H6057, H6058*.

Lezosky et Stenman
- Immeubles d'appartements, *H2549*.

L'Hérault
- Pavillons pour l'enseignement et la recherche, *G7117*.

L'Hérault, André
- Bureaux divers, *B5829*.

Libling, Michener and ass.
- Édifices cultuels, *A0347, A0348, A0349, A0350*.
- Centres commerciaux, *B1349*.
- Musées, *D5057*.
- Immeubles d'appartements, *H2550, H2551, H2552, H2553, H2554, H2555, H2556, H2557, H2558, H2559*.

Libling, Michener and Associates
- Hôpitaux généraux et spécialisés, *M0333*.

Libling, Michener & Ass.
- Complexes à fonctions commerciale et résidentielle, *B2068*.
- Entrepôts, *B3113*.
- Hôtels, *B4163*.
- Bureaux de professionnels, *B5229*.

Libling, Michener & Ass. (suite/cont'd)
- Bureaux divers, *B5830*, *B5831*.
- Installations de services publics, *B8581*, *B8582*.
- Écoles primaires et secondaires, *G0989*, *G0990*, *G0991*, *G0992*, *G0993*, *G0994*, *G0995*, *G0996*.
- Campus (Universités et collèges en général), *G2138*.
- Pavillons pour l'enseignement et la recherche, *G7118*.
- Maisons en bandes, *H4097*.

Libling, Michener & Ass.; Murray, James A.
- Complexes à fonctions commerciale et résidentielle, *B2069*.

Libling, Michener & Ass.; Ross, Jack
- Hôtels, *B4164*.

Libling, Michener & Associates
- Maisons unifamiliales et maisons jumelées, *H6059*, *H6060*, *H6061*.
- Centres médicaux, *M6037*.
- Travaux d'urbanisme et de rénovation urbaine, *P0637*.
- Quartiers résidentiels, *P1519*, *P1520*, *P1521*, *P1522*.

Libling, Michener, Diamond & Associates
- Centres commerciaux, *B1350*.
- Édifices d'associations, *B4531*.
- Magasins, *B6626*.

Lilitzak, E.Z.
- Maisons de vacances, *D1053*, *D1054*.

Lilitzak, Eugene; Grossman, Irving
- Immeubles d'appartements, *H2560*.

Lincourt, Michel
- Parcs et jardins, *L0088*.
- Travaux d'urbanisme et de rénovation urbaine, *P0638*.

Lincourt, Michel; Bouchard, Marius; Gratton, Roger
- Travaux d'urbanisme et de rénovation urbaine, *P0639*.

Linden, David K.
- Bureaux divers, *B5832*.

Lingwood, John
- Édifices cultuels, *A0351*, *A0352*.

Lipson and Dashkin
- Édifices cultuels, *A0353*.

Lipson & Dashkin
- Banques, *B0103*.
- Complexes à fonctions commerciale et résidentielle, *B2070*.
- Immeubles d'appartements, *H2561*.
- Maisons en bandes, *H4098*.
- Maisons unifamiliales et maisons jumelées, *H6062*, *H6063*, *H6064*, *H6065*, *H6066*, *H6067*, *H6068*, *H6069*, *H6070*, *H6071*, *H6072*, *H6073*.
- Quartiers résidentiels, *P1524*, *P1525*.

Lipson & Dashkin; Ross, Edward; Murray & Fliess
- Quartiers résidentiels, *P1526*.

Lipson & Dashkin; Stone, Norman
- Maisons unifamiliales et maisons jumelées, *H6074*, *H6075*, *H6076*.

Little-Borland
- Maisons unifamiliales et maisons jumelées, *H6078*.

Little, Robert A. (Ass.)
- Maisons unifamiliales et maisons jumelées, *H6077*.

Lloyd, Martin
- Monuments, *K0010*.
- Routes, *N4020*.

LM Architectural Group
- Complexes à fonctions commerciale et résidentielle, *B2071*.

LM Architectural Group; Number Ten Architectural Group
- Centres de congrès, *D7019*.

Lobb, H.V. (Partners); Coons, Herbert L. (ass.); Mott & Hayden ass.
- Travaux d'urbanisme et de rénovation urbaine, *P0640*.

Lobb, Howard V.; Cook, J.H.
- Stades, *D6545*.

Locke, George H.
- Bibliothèques publiques, *D2036*.

Logan, David C.; Lee, Harry; McNab, Duncan
- Auditoriums, *G2706*.

Logan, David C.; McNab, Duncan; Lee, Harry
- Installations pour les sports et l'éducation physique, *G5018*.

Logan, David; Lee, Harry; McNab, Duncan
- Campus (Universités et collèges en général), *G2139*.

Loisos, Alexandre N.
- Routes, *N4021*.

Long, J.W.(Ass.)
- Habitation subventionnée, *H1036*.
- Travaux d'urbanisme et de rénovation urbaine, *P0641*.
- Quartiers résidentiels, *P1527*.

Long, J.W. (Ass.); Le Blond, Robert
- Quartiers résidentiels, *P1528*.

Long, J.W.(Ass.); LeBlond, Robert
- Maisons unifamiliales et maisons jumelées, *H6079*.

Long, J.W. (Ass.); Malkin, Melvyn
- Quartiers résidentiels, *P1529*.

Long, J.W.; Dunn, H.A.
- Pavillons pour l'enseignement et la recherche, *G7119*.

Long, Jack
- Édifices pour l'administration de la justice, *F4068*.

Long, John W.
- Immeubles d'appartements, *H2562*.

Long Mayell & Ass.
- Laboratoires, *G9070*.

Longpré, Claude
- Édifices cultuels, *A0354*.
- Centres communautaires, *D3169*.

Longpré, Claude; Marchand, Gilles
- Bâtiments d'expositions, *D0146*.

Longpré et Marchand
- Piscines, *D6039*.

Longpré & Marchand
- Édifices cultuels, *A0355*.
- Écoles primaires et secondaires, *G0997*.
- Maisons unifamiliales et maisons jumelées, *H6080*, *H6081*, *H6082*.
- Constructions de métros, *N2543*.

Longpré, Marchand, Gaudreau; Blouin & Blouin; Gauthier, Guité, Roy; La Haye-Ouellet.
- Centres commerciaux, *B1352*.

Longpré, Marchand, Goudreau, Dobush, Stewart
- Bureaux divers, *B5833*.

Longpré, Marchand, Goudreau, Dobush, Stewart; Baudoin & Sauriol
- Campus (Universités et collèges en général), *G2140*.

Longpré, Marchand, Goudreau; Dobush, Stewart, Bourke
- Bâtiments d'expositions, *D0147*.
- Bibliothèques de maisons d'enseignement, *D2525*.
- Édifices pour l'administration de la justice, *F4069*.
- Écoles primaires et secondaires, *G0998*, *G0999*, *G1000*, *G1001*, *G1002*, *G1003*.
- Habitation subventionnée, *H1037*.
- Immeubles d'appartements, *H2563*.

Longpré, Marchand, Goudreau, Dobush, Stewart et Bourke
- Constructions de métros, *N2544*.

Longpré, Marchand, Goudreau; Dobush, Stewart, Hein
- Campus (Universités et collèges en général), *G2141*.
- Pavillons pour l'enseignement et la recherche, *G7120*.

Longpré, Marchand, Goudreau; Prus, Victor
- Musées, *D5058*.

Lorimer, James; Baird, George
- Travaux d'urbanisme et de rénovation urbaine, *P0642*.

Lorrain & Gérin-Lajoie
- Ponts et tunnels, *N3556*, *N3557*.

Lort and Lort
- Bureaux divers, *B5834*.

Lort, William
- Résidences d'étudiants, *G8071*.

Lubin & Rosenstein
- Magasins, *B6627*.

Ludlow, B.
- Pavillons pour l'enseignement et la recherche, *G7121*.

Ludlow, B.G. & Partners
- Entrepôts, *B3114*.

Luke and Little
- Bureaux divers, *B5835*.

Luke, Ann
- Écoles d'arts et métiers et écoles spéciales, *G1543*.

Luke & Little
- Magasins, *B6628*, *B6629*.
- Usines de denrées alimentaires, *B8632*.
- Usines diverses, *B9650*.
- Centres communautaires, *D3170*, *D3171*.
- Casernes de pompiers, *F2009*.
- Édifices pour l'administration de la justice, *F4070*.
- Écoles primaires et secondaires, *G1004*.
- Écoles d'arts et métiers et écoles spéciales, *G1544*.

Luke, Little et Thibaudeau
- Usines diverses, *B9653*.

Luke, Little & Mace
- Édifices cultuels, *A0356*.
- Centres commerciaux, *B1353*.
- Magasins, *B6630*, *B6631*.
- Usines de denrées alimentaires, *B8633*.
- Usines diverses, *B9651*, *B9652*.
- Cinémas, *D7218*, *D7219*, *D7220*, *D7221*.
- Maisons unifamiliales et maisons jumelées, *H6083*.

Luke & Little; Perron, J.E.
- Écoles d'arts et métiers et écoles spéciales, *G1545*.

Luke, Little & Thibaudeau
- Banques, *B0104*.
- Imprimeries, *B8317*.

Lund, King & Associates
- Immeubles d'appartements, *H2565*, *H2566*.

Lund, L.O.
- Immeubles d'appartements, *H2564*.

Lund, Leo
- Quartiers résidentiels, *P1530*.

Lunney, Dave
- Maisons unifamiliales et maisons jumelées, *H6084*.

Lusignan, Camille; Beauvais, Pierre-M
- Maisons unifamiliales et maisons jumelées, *H6085*.

Lutman, G. Edward
- Bureaux divers, *B5836*, *B5837*.

Luttgen, Annie; Faubert, José et al.
- Travaux d'urbanisme et de rénovation urbaine, *P0643*.

Lyle & Basil
- Maisons en bandes, *H4099*.
- Quartiers résidentiels, *P1531*.

Lyle, Eugene
- Complexes à fonctions commerciale et résidentielle, *B2072*.

Lyle, Eugene; Balkansky, Basil
- Maisons unifamiliales et maisons jumelées, *H6086*.

Ma, John
- Constructions diverses, *D1515*.
- Maisons unifamiliales et maisons jumelées, *H6087*.

Ma, John; Lee, R.Y.
- Édifices cultuels, *A0357*.

Maas & Vinois
- Travaux d'urbanisme et de rénovation urbaine, *P0644*.

MacBeth, Robert Ian
- Maisons de vacances, *D1055*.
- Maisons unifamiliales et maisons jumelées, *H6090*.

MacBeth, Salter and Scott
- Maisons unifamiliales et maisons jumelées, *H6091*.

MacBeth & Williams
- Maisons unifamiliales et maisons jumelées, *H6092*.

MacCormick, James
- Bâtiments d'expositions, *D0149*.

MacDonald and Zuberec
- Immeubles d'appartements, *H2570*.

MacDonald, Blair
- Maisons unifamiliales et maisons jumelées, *H6097*.

MacDonald, Blair; Chaster, Barry; Opie, Martin
- Travaux d'urbanisme et de rénovation urbaine, *P0647*.

MacDonald, Blair; Downs, Barrie V.
- Maisons unifamiliales et maisons jumelées, *H6098*.

MacDonald, Blair, Rowett, Clyde
- Maisons unifamiliales et maisons jumelées, *H6099*.

MacDonald, G.H.
- Hôpitaux universitaires, *M3011*.

MacDonald, J. Blair; Downs / Archambault
- Bibliothèques publiques, *D2040*.

MacDonald, J.A.
- Magasins, *B6632*.

MacDonald, Jack; Hamilton, Gerald
- Immeubles d'appartements, *H2567*.

MacDonald, John A.
- Immeubles d'appartements, *H2568*, *H2569*.

MacDonald & MacDonald
- Magasins, *B6633*.
- Écoles primaires et secondaires, *G1014*.

MacDonald & Magoon
- Hôtels, *B4165*.
- Magasins, *B6634*.
- Hôpitaux généraux et spécialisés, *M0334*.

MacFadzean, Everly & Ass.
- Parcs et jardins, *L0089*.

MacFadzean, Everly & Ass.; Lawson, Betts & Cash
- Parcs et jardins, *L0090*.

MacFawn, V.G.; Davidson, C.D. (Co.); Dubé, G.L.V.
- Écoles primaires et secondaires, *G1015*.

Macie, L.-C.
- Banques, *B0113*.

MacInnis, Gar; Weller, W.J.
- Centres communautaires, *D3174*.

MacKinnon, Paul; Hatch, Richard et al.
- Travaux d'urbanisme et de rénovation urbaine, *P0650*.

Maclean, Clare G.
- Usines de machines, *B8851*.

Maclennan, Ian
- Habitation subventionnée, *H1038*, *H1039*, *H1040*.
- Quartiers résidentiels, *P1535*, *P1536*.

Maclennan, Ian; Schreier, Walter E.
- Habitation subventionnée, *H1041*, *H1042*, *H1043*.

MacLeod, A.N.
- Écoles primaires et secondaires, *G1017*.

MacIver, C.
- Maisons de vacances, *D1057*.

MacNab, F.J.
- Constructions pour le téléphone, *N8053*, *N8054*.

Madsen, Barg
- Usines diverses, *B9659*.

Maffini, Giulio; Brecher, Oscar, Primari, Peter
- Travaux d'urbanisme et de rénovation urbaine, *P0651*.

Magnan, Fernand
- Écoles primaires et secondaires, *G1022*.

Main, Rensaa & Minsos
- Usines diverses, *B9660*.
- Cinémas, *D7222*.
- Constructions pour les autobus, *N3013*.

Mainguy & Auger
- Sanatoriums, *M4012*.

Mainguy, Jarnuszkiewicz et Boutin
- Pavillons pour l'enseignement et la recherche, *G7133*.
- Résidences d'étudiants, *G8073*.

Mainguy, Lucien
- Édifices cultuels, *A0368*.
- Édifices religieux divers, *A1057*.
- Bureaux divers, *B5851*.
- Usines de denrées alimentaires, *B8635*.
- Écoles primaires et secondaires, *G1023*.
- Pavillons pour l'enseignement et la recherche, *G7131*, *G7132*.
- Hôpitaux généraux et spécialisés, *M0341*.
- Sanatoriums, *M4011*.
- Centres médicaux, *M6039*.

Mainguy, Lucien; Amyot, Gaston
- Installations pour les sports et l'éducation physique, *G5022*.

Mainguy, Lucien; Bigonesse, J.-Aurèle
- Édifices pour l'administration publique, *F5111*.

Mainguy, Maurice
- Garages, *B3549*.
- Magasins, *B6638*.
- Restaurants, *B7049*.
- Édifices pour l'administration publique, *F5112*.
- Écoles primaires et secondaires, *G1024*.

Mainguy, Noël
- Maisons unifamiliales et maisons jumelées, *H6114*, *H6115*, *H6116*.

Major, Maurice
- Maisons de vacances, *D1058*.

Major, Pierre
- Constructions diverses, *D1516*.
- Théâtres, *D7554*.

Major, Pierre W.
- Immeubles d'appartements, *H2572*.
- Maisons unifamiliales et maisons jumelées, *H6117*.

Makowski, Z.S.
- Parcs et jardins, *L0092*.

Malczewski, Andrew
- Maisons unifamiliales et maisons jumelées, *H6118*.

Malkan, Melville
- Foyers, *H0126*.

Malkin, Melvyn
- Maisons unifamiliales et maisons jumelées, *H6119*.

Malkin, Melvyn; J.W. Long and Ass.
- Quartiers résidentiels, *P1543*.

Malouin, Gérard
- Édifices cultuels, *A0369*.

Maltby, Ronald L.
- Maisons en bandes, *H4101*.

Mandel, Raymond
- Immeubles d'appartements, *H2573*, *H2574*, *H2575*.

Mandel, Raymond; Boigon & Heinonen
- Écoles primaires et secondaires, *G1025*.
- Immeubles d'appartements, *H2576*.

Manguy, Lucien; Rinfret, Pierre
- Sanatoriums, *M4013*.

Mann, Henry York
- Centres communautaires, *D3175*.

Manneval, Jean
- Maisons unifamiliales et maisons jumelées, *H6120*.

Manning, D.
- Maisons unifamiliales et maisons jumelées, *H6121*.

Manning, D.M.; Raymer, M.R.; Sinclair, D.L.; Hanson, A.K.
- Quartiers résidentiels, *P1544*.

Manning, Donald M.
- Bureaux divers, *B5852*.

Manning, Walter J.; Bousquet, Paul
- Constructions pour le transport maritime, *N1016*.

Mansfield, Robert; Hawthorn, Henry
- Maisons unifamiliales et maisons jumelées, *H6122*.

Mar, J.B.
- Garages, *B3550*.
- Restaurants, *B7050*.

Maragna, Rocco
- Édifices religieux divers, *A1058*.

Maramatsu/Hartwig Architects
- Complexes à fonctions commerciale et résidentielle, *B2073*.

Marani and Lawson
- Bureaux divers, *B5853*.

Marani and Morris
- Bureaux de professionnels, *B5230*.
- Stades, *D6547*.
- Constructions pour le téléphone, *N8055*, *N8056*.

Marani, Lawson and Morris
- Usines de machines, *B8852*.
- Installations pour les sports et l'éducation physique, *G5023*.
- Maisons unifamiliales et maisons jumelées, *H6123*.
- Hôpitaux généraux et spécialisés, *M0342*.

Marani & Morris
- Banques, *B0114*, *B0115*, *B0116*, *B0117*, *B0118*.
- Entrepôts, *B3117*, *B3118*.
- Bureaux divers, *B5854*, *B5855*, *B5856*, *B5857*.

Marani & Morris (suite/cont'd)
- Usines de machines, *B8853, B8854.*
- Usines diverses, *B9661, B9662.*
- Ambassades et consulats, *F0015.*
- Constructions pour la défense civile, *F3044.*
- Édifices pour l'administration publique, *F5113, F5114.*
- Hôtels de ville et centres civiques, *F6092.*
- Hôpitaux généraux et spécialisés, *M0343, M0344, M0345.*
- Écoles et résidences d'infirmières, *M5018.*

Marani, Morris & Allan
- Bureaux divers, *B5858, B5859, B5860, B5861, B5862.*
- Bâtiments d'expositions, *D0152.*
- Bibliothèques publiques, *D2042.*
- Pavillons pour l'enseignement et la recherche, *G7134.*
- Foyers, *H0121.*
- Constructions pour le téléphone, *N8057.*

Marani, Morris and Allan
- Édifices religieux divers, *A1059.*
- Banques, *B0119.*
- Édifices pour l'administration de la justice, *F4073.*
- Hôpitaux généraux et spécialisés, *M0346.*

Marani & Morris; Arthur, E.R.
- Hôpitaux généraux et spécialisés, *M0347.*

Marani & Morris; Chapman, Oxley & Facey
- Banques, *B0120.*

Marani & Morris; Mathers & Haldenby; Shore & Moffat
- Hôtels de ville et centres civiques, *F6093.*

Marani & Morris; Moore & Ass.
- Bureaux divers, *B5863.*

Marani, Rounthwaite and Dick
- Hôtels de ville et centres civiques, *F6094.*

Marani, Rounthwaite & Dick
- Banques, *B0121, B0122.*
- Bureaux divers, *B5864, B5865, B5866.*
- Bibliothèques publiques, *D2043.*
- Campus (Universités et collèges en général), *G2147, G2148.*
- Centres sociaux, *G3023.*
- Pavillons pour l'enseignement et la recherche, *G7135, G7136, G7137.*
- Foyers, *H0122.*
- Maisons unifamiliales et maisons jumelées, *H6124.*
- Hôpitaux généraux et spécialisés, *M0348.*
- Constructions pour le téléphone, *N8058.*

Marani, Rounthwaite & Dick; Carruthers & Wallace
- Bureaux divers, *B5867.*

Marani, Rounthwaite & Dick; Casson, Sir Hugh
- Constructions pour la défense civile, *F3045.*

Marani, Rounthwaite & Dick; David, Barott, Boulva
- Campus (Universités et collèges en général), *G2149.*

Marani, Rounthwaite & Dick; Erickson, A.
- Banques, *B0123.*

Marani, Rounthwaite, Dick; Wiens, Clifford (Ass.)
- Musées, *D5066.*

Marchand, Gilles
- Théâtres, *D7555.*

Marchand, J.-O.; Sawyer, Joseph
- Hôpitaux généraux et spécialisés, *M0349.*

Margison, A.D. (Ass.)
- Entrepôts, *B3119.*

Margison, A.D. (Ass.); Jones, Murray V. (Ass.)
- Immeubles d'appartements, *H2577.*

Marien, André; Dutrisac, J. Armand
- Édifices cultuels, *A0370.*

Marinoff, Ivan A.
- Centres communautaires, *D3176.*

Mark, Musselman, McIntyre
- Hôtels, *B4168.*
- Hôtels de ville et centres civiques, *F6095.*
- Écoles primaires et secondaires, *G1026, G1027.*
- Constructions pour le transport aérien, *N0048.*

Mark, Musselman, McIntyre, Combe
- Édifices cultuels, *A0371.*
- Bureaux divers, *B5868.*

Markson, J. et Fiset, E.
- Restaurants, *B7051.*

Markson, Jerome
- Édifices cultuels, *A0372.*
- Centres commerciaux, *B1356.*
- Édifices d'associations, *B4532.*
- Bureaux de professionnels, *B5231.*
- Magasins, *B6639.*
- Restaurations d'habitations, *C1024.*
- Maisons de vacances, *D1059, D1060.*
- Constructions diverses, *D1517.*
- Centres communautaires, *D3177.*
- Écoles primaires et secondaires, *G1028.*
- Foyers, *H0123, H0124, H0125.*
- Immeubles d'appartements, *H2578, H2579, H2580.*
- Maisons en bandes, *H4102.*
- Maisons unifamiliales et maisons jumelées, *H6125, H6126, H6127, H6128, H6129, H6130, H6131, H6132, H6133, H6134, H6135,*

Markson, Jerome (suite/cont'd)
H6136, H6137, H6138, H6139, H6140, H6141, H6142, H6143.
- Parcs et jardins, *L0093, L0094.*
- Centres médicaux, *M6040, M6041, M6042, M6043.*
- Quartiers résidentiels, *P1545, P1546, P1547, P1548, P1549, P1550, P1551.*

Markson, Jerome; Baker, Joseph
- Maisons unifamiliales et maisons jumelées, *H6144.*

Markson, Jerome; Johnson, Sustronk, Weinstein & Ass. Ltd
- Parcs et jardins, *L0095.*

Markson, Jerome; Klein & Sears
- Immeubles d'appartements, *H2581.*

Markson, Jerome; Webb, Zerafa & Menkes; Klein & Sears
- Habitation subventionnée, *H1044.*
- Maisons unifamiliales et maisons jumelées, *H6145.*

Marois, George
- Travaux d'urbanisme et de rénovation urbaine, *P0652.*

Marois, Georges; Melamed, Craft, Grainger
- Centres commerciaux, *B1357.*

Marsan, Jean-Claude
- Centres communautaires, *D3178.*
- Immeubles d'appartements, *H2582.*

Marshall, Macklin and Monaghan Ltd.
- Complexes à fonctions commerciale et résidentielle, *B2074.*
- Travaux d'urbanisme et de rénovation urbaine, *P0653.*

Marshall, Macklin, Monaghan
- Restaurations diverses, *C0070.*

Marshall, Merrett, Stahl, Elliott
- Bureaux divers, *B5869.*

Marshall & Merrett; Stahl, Elliott & Mill
- Écoles primaires et secondaires, *G1029, G1030.*

Marshall, Merrett, Stahl, Elliott, Mill, Ross
- Musées, *D5067.*

Marshall & Merrett
- Pavillons pour l'enseignement et la recherche, *G7138, G7139.*

Marshall, Merrett, Stahl, Elliott & Mill
- Bâtiments d'expositions, *D0153, D0154.*

Marshall & Merrett; Stahl, Elliott & Mill; Berthiaume, Adrien
- Écoles primaires et secondaires, *G1031.*

Marshall, Merrett, Stahl, Elliott, Mill, Ross
- Édifices des sociétés d'énergie et de télécommunication, *B4924.*

Marshall & Merrett; Stahl, Elliott and Mill; Smith, Harry P.
- Pavillons pour l'enseignement et la recherche, *G7141.*

Marshall & Merrett; Stahl, Elliott & Mill
- Pavillons pour l'enseignement et la recherche, *G7140.*
- Résidences d'étudiants, *G8074.*
- Laboratoires, *G9072.*

Marshall & Merrett; Stall, Elliott & Mill
- Usines de produits pharmaceutiques et de cosmétiques, *B9105.*

Martin, Frank J.
- Édifices cultuels, *A0373.*
- Écoles primaires et secondaires, *G1032.*
- Hôpitaux généraux et spécialisés, *M0350.*

Martin, Gaston
- Musées, *D5068.*

Martin, Ian
- Centres commerciaux, *B1358, B1359.*
- Bâtiments d'expositions, *D0155.*
- Immeubles d'appartements, *H2583, H2584, H2585, H2586.*

Martin, Ian; Auerbach, Herbert
- Bureaux divers, *B5870.*

Martin, Ian; Prus, Victor
- Centres commerciaux, *B1360.*
- Immeubles d'appartements, *H2587, H2588.*

Martin, Mendelow and Partners
- Immeubles d'appartements, *H2589.*

Martineau, A.
- Édifices pour l'administration de la justice, *F4074.*

Martineau, Auguste
- Édifices cultuels, *A0374.*
- Hôtels, *B4169.*
- Magasins, *B6640.*
- Écoles primaires et secondaires, *G1033.*
- Campus (Universités et collèges en général), *G2150.*

Martineau et Talbot
- Écoles d'arts et métiers et écoles spéciales, *G1547, G1548.*
- Hôpitaux généraux et spécialisés, *M0351, M0352.*

Martineau, Lapierre, Murray and Murray
- Bibliothèques de maisons d'enseignement, *D2527.*

Martineau, Lapierre, Murray & Murray
- Campus (Universités et collèges en général), *G2151.*

Martineau, Lapierre, Murray & Murray (suite/cont'd)
– Pavillons pour l'enseignement et la recherche, *G7142*.

Martineau & Talbot
– Édifices cultuels, *A0375*.

Martland, John
– Constructions pour le transport aérien, *N0049*.

Marvin, W.E.; Vanstone, Alan
– Édifices pour l'administration publique, *F5115*.

Massey and Flanders
– Campus (Universités et collèges en général), *G2153*.

Massey & Dirassar
– Maisons unifamiliales et maisons jumelées, *H6148*.

Massey, Geoffrey
– Édifices pour l'administration de la justice, *F4075*.

Massey, Geoffrey; Coates, Wells et al.
– Travaux d'urbanisme et de rénovation urbaine, *P0654*.

Massey, Hart
– Casernes de pompiers, *F2010*.
– Édifices pour l'administration publique, *F5116*.
– Pavillons pour l'enseignement et la recherche, *G7143*.
– Maisons unifamiliales et maisons jumelées, *H6146*, *H6147*.
– Parcs et jardins, *L0096*.
– Centres médicaux, *M6044*.

Massey, Hart; Balharrie, Watson; Bland, John; Merrett, Campbell; Arthur, Eric
– Pavillons pour l'enseignement et la recherche, *G7144*.

Massey, Hart; Balharrie, Watson; etc.
– Campus (Universités et collèges en général), *G2152*.

Massey, Hart; Dirasser, Leo
– Édifices pour l'administration de la justice, *F4076*.

Massey, Hart; McBain, William J.
– Pavillons pour l'enseignement et la recherche, *G7145*.

Masson & Ass.; Gardiner, Thornton, Gathe, Davidson, Garrett
– Bâtiments d'expositions, *D0156*.

Masson, Robert
– Maisons unifamiliales et maisons jumelées, *H6149*.

Matarozzi, J.
– Maisons unifamiliales et maisons jumelées, *H6150*.

Mathers, A.S.
– Bureaux divers, *B5871*.
– Usines de denrées alimentaires, *B8636*.

Mathers, A.S.; Parkin, John B.
– Constructions de métros, *N2545*.

Mathers and Haldenby
– Banques, *B0124*, *B0125*, *B0126*.
– Bureaux de professionnels, *B5232*.
– Magasins, *B6641*.
– Usines diverses, *B9663*, *B9664*, *B9665*.
– Édifices pour l'administration de la justice, *F4077*.
– Campus (Universités et collèges en général), *G2154*.
– Constructions diverses, *G3803*.
– Écoles et résidences d'infirmières, *M5019*, *M5020*.
– Constructions pour le téléphone, *N8059*, *N8060*, *N8061*.

Mathers and Haldenby; Beck and Eadie
– Banques, *B0127*.

Mathers and Haldenby; McCarter and Nairne
– Usines de denrées alimentaires, *B8642*.

Mathers & Haldenby
– Entrepôts, *B3120*, *B3121*.
– Édifices des sociétés d'énergie et de télécommunication, *B4925*.
– Bureaux divers, *B5872*, *B5873*, *B5874*.
– Imprimeries, *B8318*.
– Usines de denrées alimentaires, *B8637*, *B8638*, *B8639*, *B8640*, *B8641*.
– Bâtiments d'expositions, *D0157*.
– Bibliothèques publiques, *D2044*, *D2045*.
– Bibliothèques de maisons d'enseignement, *D2528*, *D2529*.
– Stades, *D6548*.
– Ambassades et consulats, *F0016*.
– Centres sociaux, *G3024*.
– Installations pour les sports et l'éducation physique, *G5024*.
– Résidences d'étudiants, *G8075*.
– Laboratoires, *G9073*, *G9074*, *G9075*.
– Hôpitaux généraux et spécialisés, *M0353*, *M0354*.

Mathers & Haldenby; Erickson, Arthur
– Bureaux divers, *B5875*.
– Théâtres, *D7556*.

Mathers & Haldenby; Fairn, Leslie R.
– Pavillons pour l'enseignement et la recherche, *G7146*.

Mathers & Haldenby; Marani & Morris; Shore & Moffat
– Hôtels de ville et centres civiques, *F6096*.

Mathers & Haldenby; Shore & Moffat; Adamson, Gordon S. (Ass.); Allward & Gouinlock
– Édifices pour l'administration publique, *F5117*.

Mathers & Haldenby; Skidmore, Owings and Merrill
– Complexes à fonctions commerciale et résidentielle, *B2075*.

Mathers & Haldenby; Skidmore, Owings, Merrill
– Centres commerciaux, *B1361*.

Mathews, Douglas R.
– Écoles primaires et secondaires, *G1034*.

Mathieu, Almas
– Pavillons pour l'enseignement et la recherche, *G7147*.

Mathieu, Paul-E.
– Centres communautaires, *D3179*.

Matsuba, Donald
– Bâtiments d'expositions, *D0158*.
– Bibliothèques publiques, *D2046*.

Matsui, Roy; Yamasaki, George
– Édifices cultuels, *A0376*.

Matsushita, Daniel S.
– Parcs et jardins, *L0097*.

Matt, Hunter, Dawson, Lee
– Quartiers résidentiels, *P1552*.

Matthew, Robert; Johnson-Marshall, Percy
– Immeubles d'appartements, *H2590*.

Matthews, D. Lea
– Écoles primaires et secondaires, *G1035*.

Mawson, Thomas
– Travaux d'urbanisme et de rénovation urbaine, *P0655*.

Maxwell and Campbell
– Immeubles d'appartements, *H2591*, *H2592*.
– Quartiers résidentiels, *P1553*.

May, Manfred J.
– Édifices cultuels, *A0377*.

Mayer and Whittlesey; Glass, Milton
– Travaux d'urbanisme et de rénovation urbaine, *P0656*, *P0657*, *P0658*.

Mayerovitch and Bernstein
– Bureaux divers, *B5876*.

Mayerovitch & Bernstein
– Édifices d'associations, *B4533*.
– Magasins, *B6642*, *B6643*, *B6644*.
– Restaurants, *B7052*.
– Bibliothèques publiques, *D2047*.
– Immeubles d'appartements, *H2593*, *H2594*, *H2595*.
– Parcs et jardins, *L0098*.

Mayerovitch, Bernstein & Mincoff
– Immeubles d'appartements, *H2596*.

Mayerovitch, Harry; Bernstein, Alan L.; Greenspoon, Freedlander & D
– Écoles primaires et secondaires, *G1036*.

Mayers et Girvan
– Architecture pour handicapés, etc., *M7017*.

Mayers & Girvan
– Centres commerciaux, *B1362*, *B1420*.
– Complexes à fonctions commerciale et résidentielle, *B2076*.
– Centres communautaires, *D3180*.
– Immeubles d'appartements, *H2597*.

Mayers & Girvan; Kahn, Harold Z.
– Immeubles d'appartements, *H2598*.

Mayotte, W. Russ; L.Y. McIntosh and Ass.
– Maisons unifamiliales et maisons jumelées, *H6151*.

Mayzel, Louis
– Hôtels, *B4170*.

McBain & Corneil Ass.
– Bibliothèques publiques, *D2037*.

McBain, Lee, Robb, Elken and Jung
– Bâtiments d'expositions, *D0148*.

McBain, W.J.
– Écoles primaires et secondaires, *G1005*.
– Maisons unifamiliales et maisons jumelées, *H6088*.

McBain, W.J.; Barker, Kent
– Écoles primaires et secondaires, *G1006*.

McBain, W.J.; Robb, G.A.
– Maisons unifamiliales et maisons jumelées, *H6089*.

McBain, William J. (Ass.)
– Usines diverses, *B9654*.
– Écoles primaires et secondaires, *G1007*.

McBain, William J.; Massey, Hart
– Pavillons pour l'enseignement et la recherche, *G7122*.

McBride-Ragan
– Ponts et tunnels, *N3558*.

McBride, Thornton C.; Bridgman, L. Gordon
– Bibliothèques publiques, *D2038*.
– Musées, *D5059*.

McCarter and Nairne
– Bureaux divers, *B5838*.
– Bibliothèques publiques, *D2039*.
– Écoles primaires et secondaires, *G1008*.

McCarter & Nairne
– Banques, *B0105*.
– Entrepôts, *B3115*.
– Usines diverses, *B9655*, *B9656*.
– Centres communautaires, *D3172*.

McCarter & Nairne; Mathers & Haldenby
– Usines de denrées alimentaires, *B8634*.

McCarter, Nairne & Partners
- Édifices cultuels, *A0358*.
- Banques, *B0106, B0107, B0108, B0109*.
- Édifices des sociétés d'énergie et de télécommunication, *B4922*.
- Bureaux divers, *B5839, B5840, B5841, B5842, B5843, B5844*.
- Usines diverses, *B9657*.
- Musées, *D5060*.
- Piscines, *D6040, D6041*.
- Ambassades et consulats, *F0014*.
- Bureaux de poste, *F1055*.
- Édifices pour l'administration de la justice, *F4071*.
- Écoles primaires et secondaires, *G1009, G1010, G1011*.
- Campus (Universités et collèges en général), *G2142*.
- Constructions à fonctions utilitaires, *G3506*.
- Pavillons pour l'enseignement et la recherche, *G7123, G7124, G7125, G7126*.
- Maisons unifamiliales et maisons jumelées, *H6093, H6094, H6095*.
- Constructions pour le transport aérien, *N0047*.
- Constructions pour le téléphone, *N8051*.
- Travaux d'urbanisme et de rénovation urbaine, *P0645*.

McCarter, Nairne & Partners; Erickson, Arthur
- Centres médicaux, *M6038*.

McCarter, Nairne & Partners; F. Lasserre Ass.
- Musées, *D5061*.

McCarter, Nairne & Partners; Gruen, Victor (Ass.); Pei, I.M. (Ass.); Ponte, Vincent
- Travaux d'urbanisme et de rénovation urbaine, *P0646*.

McCarter, Nairne & Partners; Thompson, Berwick, Pratt & Partners
- Édifices pour l'administration publique, *F5103, F5104*.

McCarter, Nairne & Partners; Victor Gruen Ass.
- Banques, *B0110*.
- Centres commerciaux, *B1354, B1355*.

McCool, C.A.
- Édifices pour l'administration publique, *F5105*.

McCormick, Rankin and Associates
- Constructions pour le chemin de fer, *N2023*.

McCreery, William
- Maisons unifamiliales et maisons jumelées, *H6096*.
- Quartiers résidentiels, *P1532*.

McCuaig, Donald
- Écoles primaires et secondaires, *G1012*.

McCudden and Robblins
- Musées, *D5062*.

McCudden, E.J.
- Édifices pour l'administration publique, *F5106, F5107*.
- Écoles primaires et secondaires, *G1013*.

McCudden, Goldie and Morley
- Édifices des sociétés d'énergie et de télécommunication, *B4923*.

McDonald, Cockburn, McLeod, McFeetors
- Bibliothèques publiques, *D2041*.

McDonald, George H.
- Édifices pour l'administration publique, *F5108*.

McDonald, J. Blair; Downs, Barry V.
- Musées, *D5063*.

McDonnell & Lenz
- Banques, *B0111*.

McDonnell, R.E.
- Restaurants, *B7047*.
- Travaux d'urbanisme et de rénovation urbaine, *P0648*.

McDougall, J. Cecil
- Installations de services publics, *B8583*.
- Hôpitaux généraux et spécialisés, *M0335, M0336, M0337*.

McDougall, J.C.
- Hôpitaux pour enfants, *M2514*.

McDougall, Peter B.; Clarke, Ernest A; etc.
- Campus (Universités et collèges en général), *G2143*.

McDougall, Smith & Fleming
- Bibliothèques de maisons d'enseignement, *D2526*.
- Pavillons pour l'enseignement et la recherche, *G7127*.
- Hôpitaux généraux et spécialisés, *M0338, M0339*.
- Écoles et résidences d'infirmières, *M5017*.
- Constructions pour le téléphone, *N8052*.

McFawn and Rogers Ltd.
- Musées, *D5064*.

McFeetors, Tergeson, Sedun
- Maisons unifamiliales et maisons jumelées, *H6100*.

McGill University
- Centres communautaires, *D3173*.
- Pavillons pour l'administration universitaire, *G6007*.
- Quartiers résidentiels, *P1533*.

McIntosh & Moeller
- Résidences d'étudiants, *G8072*.

McIntosh and Moeller; Gerrie and Butler
- Écoles d'arts et métiers et écoles spéciales, *G1546*.

McIntosh and Moeller; Gerrie and Butler (suite/cont'd)
- Campus (Universités et collèges en général), *G2144*.

McIntosh, John
- Écoles primaires et secondaires, *G1016*.
- Pavillons pour l'enseignement et la recherche, *G7128*.

McIntosh, L.Y. (Ass.); Mayotte, W. Russ
- Maisons unifamiliales et maisons jumelées, *H6101*.

McIntosh, Lawrie G.
- Banques, *B0112*.

McIntosh, Lynden Y.
- Maisons de vacances, *D1056*.

McIntosh & Moeller
- Garages, *B3548*.

McIntyre, Hamish
- Édifices cultuels, *A0359*.

McIntyre, Hamish W.F.
- Maisons unifamiliales et maisons jumelées, *H6102*.

McKay, Robert
- Maisons unifamiliales et maisons jumelées, *H6103, H6104*.

McKee & Gray
- Bureaux divers, *B5847*.

McKee, Robert R.
- Édifices cultuels, *A0360, A0361*.
- Entrepôts, *B3116*.
- Hôtels, *B4166, B4167*.
- Bureaux divers, *B5845, B5846*.
- Magasins, *B6635, B6636, B6637*.
- Usines diverses, *B9658*.
- Maisons unifamiliales et maisons jumelées, *H6105, H6106, H6107*.
- Travaux d'urbanisme et de rénovation urbaine, *P0649*.

McKeown, Les
- Édifices cultuels, *A0362*.

McKernan & Bouey
- Édifices cultuels, *A0363*.

McKinnon, A.G.; Wright, C.W.; Jones, M.F.; Kade, F.
- Quartiers résidentiels, *P1534*.

McKinstry, D.G.
- Constructions pour la radio et la télévision, *N7024, N7025, N7026*.

McKinstry, Gordon
- Bâtiments d'expositions, *D0150*.

McLaren, Gerrie; Butler, Anthony
- Édifices pour l'administration de la justice, *F4072*.

McLean and MacPhadyen
- Bureaux divers, *B5848*.
- Laboratoires, *G9071*.

McLean et MacPhadyen
- Édifices pour l'administration publique, *F5109*.

McLean & MacPhadyen; Ogilvie & Hogg
- Édifices pour l'administration publique, *F5110*.

McLeod, Barclay
- Bâtiments d'expositions, *D0151*.
- Immeubles d'appartements, *H2571*.
- Maisons unifamiliales et maisons jumelées, *H6108, H6109*.
- Quartiers résidentiels, *P1537*.

McLeod, Barclay; Howard, Ronald
- Maisons en bandes, *H4100*.
- Quartiers résidentiels, *P1538*.

McLeod, David (Ass.)
- Hôpitaux généraux et spécialisés, *M0340*.

McManus and Associates
- Parcs et jardins, *L0091*.

McMillan, H.W.F.
- Édifices cultuels, *A0364*.

McMillan, H.W.R.
- Quartiers résidentiels, *P1539*.

McMillan, Hugh (Ass.)
- Pavillons pour l'enseignement et la recherche, *G7129*.

McMillan, Long & Ass.
- Musées, *D5065*.
- Écoles primaires et secondaires, *G1018, G1019*.
- Quartiers résidentiels, *P1540*.

McMurrich & Oxley; Somerville, W.L.
- Édifices cultuels, *A0365, A0366, A0367*.

McNab, Barkley, Logan and Young
- Pavillons pour l'enseignement et la recherche, *G7130*.

McNab, Duncan (ass.)
- Bureaux divers, *B5849, B5850*.
- Stades, *D6546*.
- Écoles primaires et secondaires, *G1020, G1021*.
- Quartiers résidentiels, *P1541, P1542*.

McNab, Duncan S.
- Marinas, *D4506*.
- Maisons unifamiliales et maisons jumelées, *H6110, H6111, H6112, H6113*.

McNab, Duncan; Lee, Harry; Logan, David
- Campus (Universités et collèges en général), *G2146*.

McNab, Duncan; Lee, Harry; Logan, David C.
- Auditoriums, *G2707*.
- Installations pour les sports et l'éducation physique, *G5019, G5020, G5021*.

McNab, Duncan S. (Ass.)
- Campus (Universités et collèges en général), *G2145*.

McQuire, Harry Lindsay
– Restaurants, *B7048*.

Meadowcroft and Mackay
– Bâtiments d'expositions, *D0159*.

Meadowcroft, J.C.
– Installations de services publics, *B8584*, *B8585*, *B8586*.
– Usines de machines, *B8855*.
– Usines diverses, *B9666*.
– Maisons unifamiliales et maisons jumelées, *H6152*.
– Constructions pour le téléphone, *N8062*, *N8063*.

Meadowcroft, J.C.; Dépatie, J.-O.
– Constructions pour le téléphone, *N8064*.

Meadowcroft, James C.
– Banques, *B0128*.
– Laboratoires, *G9076*, *G9077*.

Meadowcroft & Mackay
– Entrepôts, *B3122*.
– Installations de services publics, *B8587*.
– Usines diverses, *B9667*.
– Écoles primaires et secondaires, *G1037*, *G1038*, *G1039*.
– Laboratoires, *G9078*, *G9079*.

Medwecki, Joseph
– Usines diverses, *B9668*.

Meech, Mitchell and Meech
– Édifices pour l'administration de la justice, *F4078*.

Meech, Mitchell, Robins & ass.
– Édifices cultuels, *A0378*.
– Hôpitaux généraux et spécialisés, *M0355*, *M0356*.

Megrian, Ara
– Constructions pour le transport aérien, *N0050*.

Meiklejohn, Gower, Fulker & Wallace
– Bureaux divers, *B5877*.

Meiklejohn, Gower, Fulker & Wallace; Hassell/Griblin Ass.
– Quartiers résidentiels, *P1554*.

Melamed, Croft and Grainer
– Immeubles d'appartements, *H2599*.

Melamed, Morris; Fish, Michael
– Immeubles d'appartements, *H2600*.

Melanson, Paul
– Campus (Universités et collèges en général), *G2155*.

Mendelow & Keywan; Fliess, Henry
– Édifices cultuels, *A0379*.

Mendelow, Martin
– Immeubles d'appartements, *H2601*, *H2602*.

Mendelsohn, Ala
– Maisons unifamiliales et maisons jumelées, *H6153*.

Menkes, René
– Ambassades et consulats, *F0017*.

Menkes, René; Housden, Rick
– Immeubles d'appartements, *H2603*.
– Quartiers résidentiels, *P1555*.

Menkes & Webb
– Immeubles d'appartements, *H2604*, *H2605*.

Mercer and Mercer
– Écoles primaires et secondaires, *G1040*.

Mercer, Arthur
– Écoles d'arts et métiers et écoles spéciales, *G1549*.

Mercer & Mercer
– Usines de denrées alimentaires, *B8643*.
– Centres communautaires, *D3181*.
– Campus (Universités et collèges en général), *G2156*.
– Hôpitaux généraux et spécialisés, *M0357*, *M0358*.
– Hôpitaux militaires, *M1011*.

Mercier, André
– Écoles primaires et secondaires, *G1041*.

Mercier, André; Forcier, J.-J.
– Bureaux divers, *B5878*.

Mercier, Henri
– Maisons de vacances, *D1061*.

Mercier, Pierre
– Édifices cultuels, *A0380*.

Mercier, Pierre; Bernard, Gilles; Harvey, Jacques
– Immeubles d'appartements, *H2606*.

Mercure, André
– Maisons de vacances, *D1062*.
– Maisons unifamiliales et maisons jumelées, *H6154*.

Merrett, Campbell
– Maisons unifamiliales et maisons jumelées, *H6155*.

Merrett, Campbell; Balharrie, Watson; Bland, John; Massey, Hart; Arthur, Eric
– Pavillons pour l'enseignement et la recherche, *G7148*.

Merrett, Campbell; Balharrie, Watson; etc.
– Campus (Universités et collèges en général), *G2157*.

Merrett, Stahl, Elliott
– Pavillons pour l'enseignement et la recherche, *G7149*.

Meschino, Paul
– Bibliothèques publiques, *D2048*.
– Maisons unifamiliales et maisons jumelées, *H6156*, *H6157*, *H6158*, *H6159*, *H6160*.
– Parcs et jardins, *L0099*.

Mettam, Peter J.; Le Claire, Peter B.; Graham, Keith L.; Sykes, Jam
– Restaurations diverses, *C0069*.

Mezes, I.
– Centres communautaires, *D3182*.

Mezes, Itsvan
– Théâtres, *D7557*.

Michaud, Jean
– Magasins, *B6645*.
– Écoles primaires et secondaires, *G1042*, *G1043*.
– Maisons unifamiliales et maisons jumelées, *H6161*.

Michaud, Jean; Rousseau, François
– Maisons unifamiliales et maisons jumelées, *H6162*.

Michaud, Viateur; Côté, Roméo
– Immeubles d'appartements, *H2607*.

Michener, M.P.
– Architecture pour handicapés, etc., *M7018*.

Michener, Mel
– Complexes à fonctions commerciale et résidentielle, *B2077*.

Mickelson, Fraser & Browne
– Centres commerciaux, *B1363*.

Middleton, E.E.; Tiers, C.A.; Smart, J.J.
– Quartiers résidentiels, *P1556*.

Middleton & Sinclair
– Édifices d'associations, *B4534*.

Mies van der Rohe; John B. Parkin Ass.; Bregman and Hamann
– Centres commerciaux, *B1364*.

Mies Van Der Rohe, L.
– Banques, *B0129*.
– Garages, *B3551*.

Mies van der Rohe, L; Greenspoon, Freedlander & Dunne; Plachta & Kryton
– Complexes à fonctions commerciale et résidentielle, *B2078*.

Mies van der Rohe, Ludwig; Bobrow, Philip David; Tigerman, Stanl
– Quartiers résidentiels, *P1557*.

Mikutowski, Frank; Rafferty, George E.; Rafferty, Richard J.
– Hôtels de ville et centres civiques, *F0097*.

Milics, Gunnars
– Édifices cultuels, *A0381*.

Miljevic, Dobro
– Immeubles d'appartements, *H2608*, *H2609*.

Miljevic, Dobro & Milena
– Maisons unifamiliales et maisons jumelées, *H6163*.

Millar, C. Blakeway
– Restaurants, *B7053*.

Millar, C. Blakeway (suite/cont'd)
– Bâtiments d'expositions, *D0160*.
– Maisons de vacances, *D1063*.
– Constructions diverses, *D1518*.
– Pavillons pour l'enseignement et la recherche, *G7150*.
– Maisons unifamiliales et maisons jumelées, *H6164*, *H6165*, *H6166*, *H6167*, *H6168*, *H6169*, *H6170*.
– Parcs et jardins, *L0100*.

Millar, C. Blakeway; Bregman & Hamann
– Musées, *D5069*.

Miller, Douglas H.
– Maisons unifamiliales et maisons jumelées, *H6171*.
– Parcs et jardins, *L0101*.

Miller, E.-C.
– Usines diverses, *B9669*, *B9670*, *B9671*, *B9672*.

Miller, J. Melville
– Maisons unifamiliales et maisons jumelées, *H6172*.

Miller, Maxwell
– Bureaux divers, *B5879*.
– Magasins, *B6646*, *B6647*, *B6648*, *B6649*, *B6650*.

Miller, Maxwell; Gruen, Victor (ass.)
– Magasins, *B6651*.

Milne, W.G.
– Hôtels, *B4171*.
– Bureaux divers, *B5880*.
– Immeubles d'appartements, *H2610*.

Minsos, A.O.
– Foyers, *H0127*.

Minsos, Vaitkunas & Jamieson
– Immeubles d'appartements, *H2611*.

Minsos, Vaitkunas, Jamieson
– Bibliothèques de maisons d'enseignement, *D2530*.

Minto
– Maisons unifamiliales et maisons jumelées, *H6173*.

Miron and Linden
– Immeubles d'appartements, *H2613*.

Miron, Isaac
– Hôtels, *B4172*.
– Immeubles d'appartements, *H2612*.
– Travaux d'urbanisme et de rénovation urbaine, *P0659*.
– Quartiers résidentiels, *P1558*, *P1559*, *P1560*.

Mirth & Hou
– Travaux d'urbanisme et de rénovation urbaine, *P0660*.

Miska, Basil
– Hôtels, *B4173*.

Mitchell, Dave
- Maisons unifamiliales et maisons jumelées, *H6174.*

Mitchell, Phillips (Ass.); Reid, Crowther & Partners Ltd
- Stades, *D6549.*

Mitnik, Robert; Sturgess, Jeremy
- Maisons unifamiliales et maisons jumelées, *H6175.*

Moffat & Duncan
- Hôtels, *B4174.*
- Constructions pour les autobus, *N3014.*

Moffat, Moffat and Kinoshita
- Maisons unifamiliales et maisons jumelées, *H6176, H6177.*

Moffat, Moffat & Kinoshita
- Entrepôts, *B3123.*
- Bureaux divers, *B5881, B5882.*
- Imprimeries, *B8319.*
- Usines de machines, *B8856.*
- Restaurations diverses, *C0071.*
- Édifices pour l'administration de la justice, *F4079.*
- Pavillons pour l'enseignement et la recherche, *G7151.*

Mogilesky, Arthur
- Immeubles d'appartements, *H2614.*

Moir, D.J.
- Maisons unifamiliales et maisons jumelées, *H6178.*

Monette et Parizeau
- Maisons unifamiliales et maisons jumelées, *H6179.*

Monette, J.P.
- Banques, *B0130.*

Monette, Jean-Paul
- Résidences d'étudiants, *G8076.*

Montpetit, Gravel, Gagnier
- Travaux d'urbanisme et de rénovation urbaine, *P0661.*

Montreal Engineering Co. Ltd.
- Installations de services publics, *B8588.*

Moody, A.R.; Richmond, E.I.
- Bureaux divers, *B5885.*

Moody, Alan R.
- Campus (Universités et collèges en général), *G2158.*

Moody and Moore
- Bureaux de professionnels, *B5233.*
- Bureaux divers, *B5883.*
- Magasins, *B6652, B6653, B6654.*
- Écoles primaires et secondaires, *G1044, G1045, G1046, G1047.*
- Laboratoires, *G9080.*
- Hôpitaux militaires, *M1012.*
- Hôpitaux pour enfants, *M2515.*

Moody & Moore
- Édifices des sociétés d'énergie et de télécommunication, *B4926.*
- Usines diverses, *B9673.*
- Stades, *D6550.*

Moody & Moore (suite/cont'd)
- Constructions pour la défense civile, *F3046.*
- Édifices pour l'administration publique, *F5118.*
- Hôpitaux généraux et spécialisés, *M0359, M0360, M0361, M0362.*

Moody, Moore and Partners
- Complexes à fonctions commerciale et résidentielle, *B2079.*
- Campus (Universités et collèges en général), *G2159.*
- Pavillons pour l'enseignement et la recherche, *G7152.*

Moody, Moore, Duncan, Rattray, Peters, Searle and Christie
- Bureaux divers, *B5884.*

Moody, Moore, Duncan, Rattray, Peters, Searle, Christie
- Musées, *D5070.*
- Pavillons pour l'enseignement et la recherche, *G7153, G7154.*

Moody, Moore, Duncan, Rattray, Peters, Searle, Christie; Affleck, Dimakopoulos, Lebensold.
- Restaurations diverses, *C0072.*

Moody & Moore; Green, Blankstein, Russell & Ass.
- Centres communautaires, *D3183.*

Moody & Moore; Northwood & Chivers
- Hôpitaux généraux et spécialisés, *M0363.*

Moody, Moore & Partners
- Usines diverses, *B9674.*
- Écoles primaires et secondaires, *G1048.*
- Hôpitaux généraux et spécialisés, *M0364.*
- Architecture pour handicapés, etc., *M7019.*

Moody, Moore & Partners; Black, Larson, McMillan & Partners
- Campus (Universités et collèges en général), *G2160.*

Moody, Moore & Partners; Green, Blankstein, Russell Ass.; Smith, Carter, Searle Ass.
- Musées, *D5071.*

Moody, Moore & Partners; Page & Steele
- Édifices pour l'administration publique, *F5119.*

Moody, Moore, Whenham & Partners; Smith, Carter, Searle Ass.
- Banques, *B0131.*

Moor, Michael R.
- Édifices pour l'administration publique, *F5120.*

Moore & Ass., Marani & Morris
- Bureaux divers, *B5886.*

Moorhead, Fleming, Corban Inc.; Shore, Tilbe, Henschel, Irwin, Peters
- Parcs et jardins, *L0102.*

Moreau; Des Rochers et Dumont
- Centres commerciaux, *B1365.*

Moreau, Desrochers & Dumont
- Bureaux divers, *B5887.*

Moreau, Gilbert
- Édifices cultuels, *A0382.*
- Garages, *B3552.*
- Musées, *D5074.*
- Hôtels de ville et centres civiques, *F6098.*
- Immeubles d'appartements, *H2615.*

Moretti, Luigi; Nervi, Pier Luigi; Greenspoon, Freedlander & Dunne
- Centres commerciaux, *B1366.*

Morgan and Assheton
- Immeubles d'appartements, *H2616.*

Morgan, Earle C.
- Bureaux divers, *B5888.*
- Magasins, *B6655, B6656.*
- Restaurants, *B7054.*
- Usines de produits pharmaceutiques et de cosmétiques, *B9106.*
- Restaurations diverses, *C0073.*
- Maisons de vacances, *D1064.*
- Piscines, *D6042.*
- Stades, *D6551.*
- Maisons unifamiliales et maisons jumelées, *H6180, H6181, H6182, H6183, H6184, H6185.*
- Constructions pour la radio et la télévision, *N7027.*

Morgan, Earle C.; Adamson, Gordon S.
- Centres communautaires, *D3184.*

Morgan, Earle C.; Page and Steele
- Théâtres, *D7558.*

Morgan, Earle C.; Page & Steele
- Stades, *D6552.*

Morgan, Wm.; Andrews, John; DuBois, Macy; Ireland, Byron
- Hôtels de ville et centres civiques, *F6099.*

Morin, André
- Travaux d'urbanisme et de rénovation urbaine, *P0662.*

Morin & Cinq-Mars
- Édifices cultuels, *A0383, A0384, A0385, A0386, A0387, A0388, A0389.*
- Entrepôts, *B3124, B3125, B3126.*
- Magasins, *B6657.*
- Écoles primaires et secondaires, *G1049, G1050.*

Morin & Cinq-Mars; Perrault, J.-J.
- Bureaux de poste, *F1056.*

Morin et Cinq-Mars
- Centres communautaires, *D3185.*

Morin et Cinq-Mars (suite/cont'd)
- Maisons unifamiliales et maisons jumelées, *H6186, H6187.*

Morin, G.-E.
- Hôtels, *B4175.*

Morin, Guy-E.
- Foyers, *H0128.*

Morin, H.
- Hôtels de ville et centres civiques, *F6100.*

Morin, Jacques; Greenspoon, Freedlander & Dunne
- Habitation subventionnée, *H1045.*

Morin, Jacques M.
- Édifices de maisons d'édition, *B4805.*
- Édifices pour l'administration publique, *F5121.*
- Foyers, *H0129.*

Morin, Jacques M.; Cinq-Mars, Marc
- Centres médicaux, *M6045.*

Morisset, Pierre
- Maisons unifamiliales et maisons jumelées, *H6188, H6189, H6190.*
- Parcs et jardins, *L0103.*

Moriyama, Raymond
- Édifices cultuels, *A0390, A0391.*
- Hôtels, *B4176, B4177, B4178.*
- Bureaux de professionnels, *B5234.*
- Bibliothèques publiques, *D2049, D2050, D2051.*
- Centres communautaires, *D3186, D3187, D3188, D3189.*
- Musées, *D5072, D5073.*
- Hôtels de ville et centres civiques, *F6101, F6102.*
- Écoles primaires et secondaires, *G1051, G1052, G1053.*
- Pavillons pour l'enseignement et la recherche, *G7155.*
- Résidences d'étudiants, *G8077.*
- Maisons unifamiliales et maisons jumelées, *H6191.*
- Parcs et jardins, *L0104, L0105, L0106, L0107.*
- Travaux d'urbanisme et de rénovation urbaine, *P0663, P0664.*

Moriyama, Raymond (Ass.)
- Usines diverses, *B9675.*
- Centres communautaires, *D3190.*

Moriyama, Raymond; Hanen, Harold
- Hôtels de ville et centres civiques, *F6103.*

Moriyama & Watts
- Édifices cultuels, *A0392.*
- Usines de machines, *B8857, B8858.*
- Maisons unifamiliales et maisons jumelées, *H6192, H6193.*

Morrow, Trelle A.
- Édifices cultuels, *A0393, A0394.*

Morse, Lewis
- Centres commerciaux, *B1367.*

Morse, Lewis (suite/cont'd)
- Travaux d'urbanisme et de rénovation urbaine, P0665.

Morton, Ian J.; Andrews, John
- Bâtiments d'expositions, D0161.

Mott, H. Claire
- Usines diverses, B9676.

Mott & Hayden Ass.; Coons, Herbert L. (ass.); Lobb, H.V. (Partners)
- Travaux d'urbanisme et de rénovation urbaine, P0666.

Mott & Myles; Allward & Gillies
- Hôpitaux généraux et spécialisés, M0365.

Mott, Myles & Chatwin
- Écoles primaires et secondaires, G1054.

Mott, Myles & Chatwin Ltd; Webb, Zerafa, Menkes, Housden
- Centres commerciaux, B1368.

Mudry, A.J.; Stovel, J.C.
- Campus (Universités et collèges en général), G2161.

Mudry, Arthur
- Maisons unifamiliales et maisons jumelées, H6194.

Mudry, Arthur John
- Édifices cultuels, A0395.

Muirhead, Desmond (Ass.)
- Parcs et jardins, L0108, L0109, L0110.

Muirhead, G. George; Stephenson, Gordon
- Travaux d'urbanisme et de rénovation urbaine, P0667.

Muirhead & Justice; Warren, W.H.
- Parcs et jardins, L0111.

Mulford, E.A.
- Maisons unifamiliales et maisons jumelées, H6195.

Munzel, Alex; Gordon and Mangold; Thorkelsson Ltd
- Campus (Universités et collèges en général), G2162.

Muramatsu, Yasuo
- Centres commerciaux, B1369.

Murphy, R.E.; Andrews, John
- Bibliothèques de maisons d'enseignement, D2531.

Murphy, Ronald E.
- Foyers, H0130.

Murray and Fliess
- Maisons unifamiliales et maisons jumelées, H6208, H6209.

Murray and Murray
- Ambassades et consulats, F0018.

Murray Architects & Town Planners
- Casernes de pompiers, F2011.

Murray, Brown
- Banques, B0132.

Murray, Brown and Elton
- Écoles primaires et secondaires, G1058, G1059, G1060.

Murray, Brown & Elton
- Banques, B0133, B0134.
- Constructions pour le téléphone, N8065, N8066.

Murray, Don
- Magasins, B6658.

Murray & Fliess; Ross, Edward; Lipson & Dashkin
- Quartiers résidentiels, P1564.

Murray, J.A.
- Constructions pour la radio et la télévision, N7028.

Murray, James
- Immeubles d'appartements, H2617, H2618.

Murray, James A.
- Édifices cultuels, A0396, A0397.
- Complexes à fonctions commerciale et résidentielle, B2080.
- Bureaux divers, B5889, B5890.
- Magasins, B6659.
- Imprimeries, B8320.
- Écoles primaires et secondaires, G1055, G1056, G1057.
- Maisons unifamiliales et maisons jumelées, H6196, H6197, H6198, H6199, H6200, H6201, H6202, H6203, H6204, H6205, H6206.
- Quartiers résidentiels, P1561, P1562.

Murray, James A.; Abram, G.
- Centres communautaires, D3191.

Murray, James A.; Daniels, John H.; Comay, Eli
- Travaux d'urbanisme et de rénovation urbaine, P0668.

Murray, James A.; Fliess, Henry
- Centres commerciaux, B1370.
- Complexes à fonctions commerciale et résidentielle, B2081.
- Hôtels, B4179.
- Restaurants, B7055.
- Bibliothèques publiques, D2052.
- Écoles d'arts et métiers et écoles spéciales, G1550.
- Maisons en bandes, H4103.
- Quartiers résidentiels, P1563.

Murray, James A.; Gruen, Victor
- Centres commerciaux, B1371.

Murray, James A.; Libling, Michener & Ass.
- Complexes à fonctions commerciale et résidentielle, B2082.

Murray, James; Bach, Michael
- Maisons unifamiliales et maisons jumelées, H6207.

Murray, James; Fliess, Henry
- Immeubles d'appartements, H2619.

Murray, James; Hassing, George
- Maisons unifamiliales et maisons jumelées, H6210.

Murray, John
- Restaurations d'habitations, C1025.

Murray & Murray
- Édifices cultuels, A0398, A0399, A0400.
- Édifices religieux divers, A1060.
- Bibliothèques de maisons d'enseignement, D2532.
- Stades, D6553.
- Campus (Universités et collèges en général), G2163.
- Installations pour les sports et l'éducation physique, G5025.
- Pavillons pour l'enseignement et la recherche, G7156, G7157, G7158.
- Immeubles d'appartements, H2620, H2621.
- Parcs et jardins, L0112.
- Travaux d'urbanisme et de rénovation urbaine, P0669.

Murray & Murray; Martineau, Lapierre
- Bibliothèques de maisons d'enseignement, D2533.
- Campus (Universités et collèges en général), G2164.
- Pavillons pour l'enseignement et la recherche, G7159.

Murray & Murray & Partners
- Constructions à fonctions utilitaires, G3507.

Murton & Barnes
- Constructions pour le transport maritime, N1017.

Murton & Evans
- Écoles primaires et secondaires, G1061.

Murton, H.E.
- Bureaux de poste, F1057.
- Maisons unifamiliales et maisons jumelées, H6211.

Musson, Cattell & Ass.
- Centres commerciaux, B1373.

Musson, Cattell & Associates
- Banques, B0135.

Musson, Frank
- Centres commerciaux, B1372.

Musson, Frank W.
- Complexes à fonctions commerciale et résidentielle, B2083.
- Bureaux divers, B5891, B5892, B5893.

Myers, Barton
- Édifices d'associations, B4535.
- Maisons unifamiliales et maisons jumelées, H6212.

Myers, Barton (Ass.)
- Travaux d'urbanisme et de rénovation urbaine, P0670.

Myers, Barton (Ass.); Wilkin, R.L.
- Théâtres, D7559.

Myers, Barton; Diamond, A.J.
- Centres commerciaux, B1374.
- Travaux d'urbanisme et de rénovation urbaine, P0671.

Nadeau & Dumont constructeur
- Maisons unifamiliales et maisons jumelées, H6214.

Nadeau, Georges
- Maisons unifamiliales et maisons jumelées, H6213.

Nagay, Maria de; Beattie, E.K.
- Maisons unifamiliales et maisons jumelées, H6215.

Nairne, R.S.; Aubrey, R.G.; Anderson, A.E.; Pratt, W.F.
- Quartiers résidentiels, P1565.

Napier, John
- Parcs et jardins, L0113.

National Capital Commission
- Travaux d'urbanisme et de rénovation urbaine, P0672.

Nazar, Jack
- Parcs et jardins, L0114.

Negrin, Reno (Ass.)
- Pavillons pour l'enseignement et la recherche, G7160.
- Résidences d'étudiants, G8078.

Negrin, Reno C.
- Hôtels, B4180.

Negrin, Reno C. (Ass.)
- Hôtels, B4182, B4183.

Negrin, Reno C. (Ass.); Kiss, Zoltan S.; Harrison, Robert F.
- Quartiers résidentiels, P1566.

Negrin, Reno C. (Ass.); Neish, Owen, Rowland & Roy
- Hôtels, B4184.

Negrin, Reno C. (ass.); Searle, Wilbee, Rowland.
- Centres commerciaux, B1375.

Negrin, Reno C.; Thom, Ron
- Hôtels, B4181.

Neish, Owen, Rowland and Roy; Negrin, Reno C.
- Banques, B0136.

Neish, Owen, Rowland and Roy
- Ambassades et consulats, F0019.
- Constructions pour le transport aérien, N0051.

Neish, Owen, Rowland & Roy
- Bureaux de professionnels, B5235.
- Bureaux divers, B5894, B5895, B5896.
- Travaux d'urbanisme et de rénovation urbaine, P0673.

Neish, Owen, Rowland & Roy; Reno C. Negrin and Assoc.
- Hôtels, B4185.

Nelson, Al
- Maisons unifamiliales et maisons jumelées, H6216.

Nelson Manufactured Homes
- Maisons en bandes, *H4104*.

Nelson, Ron; Barnes, George; Hartley, Gordon
- Maisons unifamiliales et maisons jumelées, *H6217*.

Nervi, Pier Luigi; Moretti, Luigi; Greenspoon, Freedlander & Dunne
- Centres commerciaux, *B1376*.

Nesbitt & Davies
- Édifices cultuels, *A0401*.

Neville, G. Douglas
- Écoles primaires et secondaires, *G1062*.

Neville, G.D.
- Centres médicaux, *M6046*.

Newman, Oscar
- Musées, *D5075*.

Newman, Oscar; Charney, Melvin
- Écoles primaires et secondaires, *G1063*.

Newton, Frank
- Monuments, *K0011*.

NHBA
- Maisons unifamiliales et maisons jumelées, *H6218*.

Nicholls, Blaine
- Centres communautaires, *D3192*.

Nicholson, A.E.
- Restaurations d'habitations, *C1026*.

Nickelson, Earl J.
- Travaux d'urbanisme et de rénovation urbaine, *P0674*.

Nicol, Ream, McBain
- Écoles primaires et secondaires, *G1064, G1065*.

Nicol, Schoales, Ream, McBain
- Écoles primaires et secondaires, *G1066*.

Nicolas, Louis
- Écoles primaires et secondaires, *G1067, G1068*.

Nicolls & DiCastri
- Édifices cultuels, *A0402*.
- Édifices religieux divers, *A1061*.

Nicolls, F.W.
- Maisons unifamiliales et maisons jumelées, *H6219*.

Nightingale & Quigley
- Maisons unifamiliales et maisons jumelées, *H6220*.

Nisco Construction Limited
- Maisons unifamiliales et maisons jumelées, *H6221*.

Nitchuck, Alex; Green, Blankstein, Russell Ass.
- Édifices cultuels, *A0403*.

Nobbs and Hyde
- Édifices cultuels, *A0404*.

Nobbs and Valentine
- Bureaux de professionnels, *B5236*.

Nobbs F.
- Bureaux divers, *B5897*.

Noffke, W.E.
- Bureaux de poste, *F1058*.

Noppe, William K.
- Bâtiments d'expositions, *D0162, D0163*.

Northwood and Chivers
- Banques, *B0137, B0138*.
- Magasins, *B6660*.

Northwood and Chivers; Moody and Moore
- Hôpitaux généraux et spécialisés, *M0367*.

Northwood, Chivers & Casey
- Banques, *B0139*.

Northwood, Chivers, Chivers & Casey
- Écoles primaires et secondaires, *G1069, G1070*.
- Hôpitaux généraux et spécialisés, *M0366*.

Notebaert, Gérard
- Édifices cultuels, *A0405*.
- Bureaux divers, *B5898, B5899*.
- Centres communautaires, *D3193*.
- Écoles primaires et secondaires, *G1071, G1072*.
- Campus (Universités et collèges en général), *G2165, G2166, G2167*.
- Pavillons pour l'enseignement et la recherche, *G7161*.
- Résidences d'étudiants, *G8079*.
- Maisons unifamiliales et maisons jumelées, *H6222, H6223, H6224*.
- Travaux d'urbanisme et de rénovation urbaine, *P0675*.
- Quartiers résidentiels, *P1567*.

Notebaert, Gérard; Damphousse, Jean
- Travaux d'urbanisme et de rénovation urbaine, *P0676*.

Nowski, James T.
- Résidences d'étudiants, *G8080*.

Noyes, Eliot (Ass.)
- Bâtiments d'expositions, *D0164*.

Number Ten Architectural Group
- Hôtels, *B4186*.
- Musées, *D5076*.
- Théâtres, *D7560*.
- Ambassades et consulats, *F0020*.
- Écoles primaires et secondaires, *G1073, G1074*.
- Pavillons pour l'enseignement et la recherche, *G7162*.
- Parcs et jardins, *L0115*.

Number Ten Architectural Group; Da Roza, Gustavo
- Musées, *D5077*.

Number Ten Architectural Group; L.M. Architectural Group; Downtown Winnipeg Consortium
- Centres commerciaux, *B1377*.

Number Ten Architectural Group; LM Architectural Group
- Centres de congrès, *D7020*.

Number Ten Architectural Group; Sellors, Nelson, De Forest
- Centres sociaux, *G3025*.

O. Roy, Moore & Co.
- Entrepôts, *B3127*.

Oberlander, Cornelia Hahn
- Maisons unifamiliales et maisons jumelées, *H6225*.
- Parcs et jardins, *L0116, L0117, L0118, L0119, L0120*.

Oberlander, H. Peter
- Maisons unifamiliales et maisons jumelées, *H6226*.

Oberlander, H. Peter; Downs, Barry V.
- Maisons unifamiliales et maisons jumelées, *H6228*.

Oberlander, H.P.; Dirasser, Leon G.
- Maisons unifamiliales et maisons jumelées, *H6227*.

Oberlander, Peter
- Quartiers résidentiels, *P1568*.

Oberlander, Peter; Coates, Wells et al.
- Travaux d'urbanisme et de rénovation urbaine, *P0677*.

Oberman and Paskulin
- Parcs industriels, *B8026*.
- Usines diverses, *B9677*.

Oberman, David
- Maisons unifamiliales et maisons jumelées, *H6229*.

O'Connor & Maltby; Dennis & Freda
- Résidences d'étudiants, *G8081*.

Ogilvie and Hogg; McLean and MacPhadyen
- Édifices pour l'administration publique, *F5123*.

Ogilvie, Ronald
- Édifices pour l'administration publique, *F5122*.

O'Gorman & Fortin
- Édifices cultuels, *A0406*.

O'Gorman, H.W.
- Garages, *B3553*.
- Imprimeries, *B8321*.
- Stades, *D6554*.

Ogus and Fisher
- Maisons en bandes, *H4105*.
- Quartiers résidentiels, *P1569*.

Ogus & Fisher
- Centres commerciaux, *B1378*.
- Maisons unifamiliales et maisons jumelées, *H6230*.

Ogus, Michael C.
- Garages, *B3554*.

Ojolick, Robert J.; Clarke, Ernest A.; etc.
- Campus (Universités et collèges en général), *G2168*.

Okun and Walker
- Quartiers résidentiels, *P1570*.

Okun & Walker
- Usines diverses, *B9678*.

Oldham, D.; Briggs, W. et al.
- Travaux d'urbanisme et de rénovation urbaine, *P0678*.

Olie Construction Co.
- Maisons unifamiliales et maisons jumelées, *H6231*.

Oliver, E.; Kleyn, Loube B.; Raymond, F.
- Travaux d'urbanisme et de rénovation urbaine, *P0679*.

Ontario Ministry of Transportation and Communications
- Ponts et tunnels, *N3559*.

Opie, Martin; Chaster, Barry; MacDonald, Blair
- Travaux d'urbanisme et de rénovation urbaine, *P0680*.

Opus International
- Bâtiments d'expositions, *D0165*.

O'Roy, Moore & Company; Watt & Blackwell
- Hôpitaux généraux et spécialisés, *M0368*.

Osaka, Yamashita, Keenberg
- Musées, *D5078*.

Osler & Short
- Centres communautaires, *D3194*.

Ouellet, J.; Vincent, J.
- Stades, *D6555*.

Ouellet, Jean
- Édifices cultuels, *A0407*.
- Usines diverses, *B9679*.
- Centres de congrès, *D7021*.
- Écoles d'arts et métiers et écoles spéciales, *G1551*.
- Habitation subventionnée, *H1046*.
- Maisons unifamiliales et maisons jumelées, *H6232*.

Ouellet, Jean; Jolicoeur, J.-P.; Bégin, Benoît-J.; Robert, Georges
- Quartiers résidentiels, *P1571*.

Ouellet, Jean; La Haye, Jean-Claude
- Travaux d'urbanisme et de rénovation urbaine, *P0681*.

Ouellet, Jean; Reeves, Jacques; Guité, Rodrigue; Alain, Jean
- Bureaux divers, *B5900*.

Ouellet, Jean; Vincent, Jacques
- Édifices cultuels, *A0408*.
- Centres communautaires, *D3195*.

Ouellet & Reeves
- Hôtels, *B4187.*

Ouellet, Reeves, Alain
- Restaurations d'habitations, *C1027.*
- Bâtiments d'expositions, *D0166.*
- Constructions à fonctions utilitaires, *G3508.*

Ouellet, Reeves, Guité, Alain
- Écoles primaires et secondaires, *G1075.*

Ouellette & Reeves
- Ambassades et consulats, *F0021.*

Over and Munn
- Hôpitaux généraux et spécialisés, *M0369.*

Owtram, Christopher
- Théâtres, *D7561.*
- Ponts et tunnels, *N3560.*

Ozdowski, Joanna
- Maisons unifamiliales et maisons jumelées, *H6233.*

P.G.L. Architects; René N. Leblanc Ass. Arch.
- Centres commerciaux, *B1385.*

Pacek, Joseph; Sullivan, John
- Écoles primaires et secondaires, *G1076.*

Padolsky, Barry
- Maisons unifamiliales et maisons jumelées, *H6234, H6235, H6236, H6237.*

Page and Steele
- Édifices d'associations, *B4536, B4537, B4538.*
- Bureaux de professionnels, *B5237.*
- Restaurations diverses, *C0074.*
- Édifices pour l'administration de la justice, *F4080.*
- Hôtels de ville et centres civiques, *F6104.*
- Écoles primaires et secondaires, *G1077, G1078, G1079, G1080, G1081, G1082, G1083, G1084, G1085, G1086, G1087, G1088, G1089, G1090.*
- Écoles d'arts et métiers et écoles spéciales, *G1552, G1553.*
- Campus (Universités et collèges en général), *G2169.*
- Maisons unifamiliales et maisons jumelées, *H6239, H6240, H6241.*

Page and Steele; Moody, Moore and Partners
- Édifices pour l'administration publique, *F5125.*

Page and Steele; Wiley, Thomas R.
- Centres communautaires, *D3196.*

Page, J.C.
- Centres commerciaux, *B1379, B1380, B1381.*

Page, J.C.; Van Norman, C.B.K.
- Centres commerciaux, *B1382.*

Page, Lester J.
- Maisons unifamiliales et maisons jumelées, *H6238.*

Page & Steele
- Édifices cultuels, *A0409.*
- Centres commerciaux, *B1383.*
- Garages, *B3555.*
- Hôtels, *B4188, B4189.*
- Bureaux divers, *B5901, B5902, B5903, B5904, B5905, B5906, B5907, B5908, B5909, B5910, B5911, B5912, B5913.*
- Usines de denrées alimentaires, *B8644.*
- Usines diverses, *B9680.*
- Bâtiments d'expositions, *D0167.*
- Édifices pour l'administration publique, *F5124.*
- Écoles spécialisées, *G4026.*
- Pavillons pour l'enseignement et la recherche, *G7163, G7164.*
- Foyers, *H0131.*
- Immeubles d'appartements, *H2622, H2623, H2624, H2625, H2626, H2627.*

Page & Steele; Andrews, John
- Campus (Universités et collèges en général), *G2170.*

Page & Steele; Caspari, Peter
- Complexes à fonctions commerciale et résidentielle, *B2084.*

Page & Steele; Dickinson, Peter S. (ass.)
- Bureaux divers, *B5914.*

Page & Steele; Hoare, E.J.
- Habitation subventionnée, *H1047.*

Page & Steele; Kohl, Harry B.; Markus, Isadore
- Édifices cultuels, *A0410.*

Page & Steele; Morgan, Earle C.
- Stades, *D6556.*
- Théâtres, *D7562.*

Page & Steele; Pei, I.M.
- Centres commerciaux, *B1384.*

Page & Steele; Wiley, Thomas R. (ass.)
- Architecture pour handicapés, etc., *M7020.*

Pain Associates; Eng & Wright
- Magasins, *B6661.*

Pain, Marek
- Musées, *D5079.*

Paine, A.J.C.
- Installations pour les sports et l'éducation physique, *G5026.*
- Sanatoriums, *M4014.*

Paine, A.J.C.; Lawson and Betts
- Stades, *D6557.*

Paine and Ass.
- Bureaux divers, *B5915.*

Paine, Charles T.
- Tours panoramiques, *B7506.*

Paivio, Jules
- Théâtres, *D7563.*

Palmer and Bow
- Ponts et tunnels, *N3561.*

Palmquist, Brian; Hatch, Richard et al.
- Travaux d'urbanisme et de rénovation urbaine, *P0682.*

Papineau, Gérin-Lajoie et Le Blanc
- Centres sociaux, *G3026.*

Papineau, Gérin-Lajoie et LeBlanc
- Centres communautaires, *D3197.*

Papineau, Gérin-Lajoie, Le Blanc
- Écoles d'arts et métiers et écoles spéciales, *G1554.*
- Installations pour les sports et l'éducation physique, *G5027.*

Papineau, Gérin-Lajoie, Le Blanc; Duret, Jean
- Quartiers résidentiels, *P1572.*

Papineau, Gérin-Lajoie, Le Blanc, Edwards
- Laboratoires, *G9081.*
- Quartiers résidentiels, *P1573.*

Papineau, Gérin-Lajoie, Leblanc
- Bâtiments d'expositions, *D0168.*
- Écoles primaires et secondaires, *G1091, G1092, G1093, G1094.*
- Résidences d'étudiants, *G8082.*
- Maisons unifamiliales et maisons jumelées, *H6242, H6243, H6244, H6245.*
- Constructions de métros, *N2546.*

Papineau, Gérin-Lajoie, Leblanc & Durand, Luc
- Bâtiments d'expositions, *D0169.*

Papineau, Gérin-Lajoie, Leblanc; Duret, Jean
- Immeubles d'appartements, *H2628.*

Papineau, Gérin-Lajoie, LeBlanc, Edwards
- Constructions pour le transport aérien, *N0052.*

Papineau, Gérin-Lajoie, LeBlanc et Edwards
- Constructions de métros, *N2547.*

Paquette, Paul
- Maisons unifamiliales et maisons jumelées, *H6246, H6247, H6248.*

Paquin, Philippe
- Pavillons pour l'enseignement et la recherche, *G7165.*

Paravert Construction Inc.
- Maisons unifamiliales et maisons jumelées, *H6249.*

Parcs Canada
- Restaurations diverses, *C0075.*

Paré, Gilbert
- Édifices religieux divers, *A1062.*

Paré, Pierre; Dallaire, Michel; van Houtte, Roch
- Immeubles d'appartements, *H2629.*

Paré, Yves; Faucher, Louis; Gagnon, Conrad
- Travaux d'urbanisme et de rénovation urbaine, *P0683.*

Parent, Guy
- Édifices cultuels, *A0411.*
- Édifices religieux divers, *A1063.*

Parent, Guy S.
- Garages, *B3556.*

Parent, Guy S.N.
- Édifices cultuels, *A0412, A0413.*
- Édifices religieux divers, *A1064, A1065.*
- Banques, *B0140, B0141.*
- Maisons unifamiliales et maisons jumelées, *H6250, H6251, H6252, H6253, H6254, H6255, H6256, H6257.*

Parent, Lucien
- Édifices cultuels, *A0414, A0415, A0416, A0417, A0418, A0419, A0420, A0421.*

Parfitt, Gilbert
- Garages, *B3557.*

Parisel, Claude
- Bâtiments d'expositions, *D0170.*
- Campus (Universités et collèges en général), *G2171.*
- Résidences d'étudiants, *G8083.*

Parker, David F.
- Maisons unifamiliales et maisons jumelées, *H6258, H6259.*

Parkin Architects
- Bureaux divers, *B5916.*

Parkin Architects & Planners
- Musées, *D5080.*
- Hôpitaux pour animaux, *M2003.*

Parkin, Critchley and Delean
- Hôpitaux généraux et spécialisés, *M0373.*

Parkin, John
- Usines diverses, *B9681.*
- Centres communautaires, *D3198.*

Parkin, John B.
- Écoles primaires et secondaires, *G1095, G1096, G1097, G1098.*
- Immeubles d'appartements, *H2630.*
- Maisons unifamiliales et maisons jumelées, *H6260, H6261, H6262, H6263.*

Parkin, John B. (ass.)
- Édifices cultuels, *A0422, A0423, A0424.*
- Édifices religieux divers, *A1066.*
- Banques, *B0142, B0143.*
- Centres commerciaux, *B1386, B1387, B1388.*
- Entrepôts, *B3128, B3129, B3130, B3131.*
- Garages, *B3558, B3559.*
- Hôtels, *B4190, B4191, B4192, B4193.*
- Édifices d'associations, *B4539, B4540.*

Parkin, John B. (ass.) (suite/cont'd)
- Édifices des sociétés d'énergie et de télécommunication, *B4927, B4928.*
- Bureaux de professionnels, *B5238, B5239.*
- Bureaux divers, *B5917, B5918, B5919, B5920, B5921, B5922, B5923, B5924, B5925, B5926, B5927, B5928.*
- Magasins, *B6662.*
- Installations de services publics, *B8589.*
- Usines de denrées alimentaires, *B8645, B8646, B8647.*
- Usines de machines, *B8859, B8860, B8861.*
- Usines de produits pharmaceutiques et de cosmétiques, *B9107, B9108, B9109.*
- Usines diverses, *B9682, B9683, B9684, B9685, B9686, B9687, B9688.*
- Bâtiments d'expositions, *D0173.*
- Maisons de vacances, *D1065, D1066, D1067.*
- Centres communautaires, *D3199, D3200, D3201.*
- Gymnases, *D4006.*
- Stades, *D6558.*
- Théâtres, *D7564, D7565.*
- Édifices pour l'administration publique, *F5126.*
- Écoles primaires et secondaires, *G1099, G1100, G1101, G1102, G1103, G1104, G1105, G1106, G1107, G1108, G1109, G1110, G1111, G1112, G1113, G1114, G1115, G1116.*
- Écoles d'arts et métiers et écoles spéciales, *G1555, G1556.*
- Campus (Universités et collèges en général), *G2172.*
- Pavillons pour l'enseignement et la recherche, *G7166, G7167.*
- Foyers, *H0132.*
- Maisons en bandes, *H4106.*
- Maisons unifamiliales et maisons jumelées, *H6264, H6265.*
- Hôpitaux généraux et spécialisés, *M0370, M0371, M0372.*
- Architecture pour handicapés, etc., *M7021.*
- Constructions pour le transport aérien, *N0053, N0054, N0055, N0056, N0057.*
- Constructions pour le chemin de fer, *N2024.*
- Constructions pour les autobus, *N3015.*
- Travaux divers, *N4502.*
- Travaux d'urbanisme et de rénovation urbaine, *P0684, P0685, P0686, P0687.*

Parkin, John B. (Ass.); Adamson, Gordon S. (Ass.); Shore & Moffat & Partners
- Bibliothèques de maisons d'enseignement, *D2534.*

Parkin, John B.(Ass.); Adamson, Gordon S.(Ass.); Shore & Moffat and Partners
- Auditoriums, *G2708.*

Parkin, John B.(Ass.); Adamson, Gordon S.(Ass.); Shore, Moffat & Partners
- Campus (Universités et collèges en général), *G2173.*
- Pavillons pour l'enseignement et la recherche, *G7168.*

Parkin, John B. (ass.); Bregman & Hamann
- Banques, *B0144.*
- Centres commerciaux, *B1389.*
- Magasins, *B6663.*

Parkin, John B. (Ass.); Burgoyne, R.V.B.
- Écoles primaires et secondaires, *G1117.*

Parkin, John B.(Ass.); David, Barott, Boulva
- Campus (Universités et collèges en général), *G2174.*

Parkin, John B. (Ass.); Horwood, Campbell and Guihan (Ass. Arch.)
- Hôtels de ville et centres civiques, *F6105.*

Parkin, John B. (Ass.); King, Harry L.
- Maisons unifamiliales et maisons jumelées, *H6266.*

Parkin, John B. (Ass.); Mies Van Der Rohe; Bregman & Hamann
- Centres commerciaux, *B1390.*

Parkin, John B. (Ass.); Revell, Viljo
- Hôtels de ville et centres civiques, *F6106.*

Parkin, John B.(Ass.); Shore, Moffat & Partners; Adamson, Gordon S.(Ass.)
- Installations pour les sports et l'éducation physique, *G5028.*

Parkin, John B. & John C.
- Bâtiments d'expositions, *D0171, D0172.*

Parkin, John B.; Mathers, A.S.
- Constructions de métros, *N2548.*

Parkin, John B (ass.); Brenzel, Jack
- Édifices cultuels, *A0425.*

Parkin, John C.
- Bureaux divers, *B5929.*
- Musées, *D5081.*
- Centres de congrès, *D7022.*
- Campus (Universités et collèges en général), *G2175.*
- Maisons unifamiliales et maisons jumelées, *H6267, H6268.*

Parkin, John C. (Ass.)
- Centres commerciaux, *B1391.*

Parkin Partnership
- Bureaux de professionnels, *B5240.*
- Bureaux divers, *B5930.*
- Centres médicaux, *M6047.*

Parkin, Searle, Wilbee, Rowland
- Bureaux divers, *B5931.*

Parkin, Smith, Carter
- Centres commerciaux, *B1392.*
- Hôtels, *B4194.*
- Édifices d'associations, *B4541.*
- Bureaux divers, *B5932.*

Parnass, Harry; Charney, Melvin
- Bâtiments d'expositions, *D0174.*

Parrott, Tambling & Witmer
- Usines diverses, *B9689, B9690, B9691.*
- Bibliothèques publiques, *D2053.*
- Centres communautaires, *D3202.*
- Écoles primaires et secondaires, *G1118, G1119, G1120, G1121.*
- Constructions pour les autobus, *N3016.*

Paterson, W.H.; Tryhorn, E.R.
- Garages, *B3560.*

Patrick, Charles
- Immeubles d'appartements, *H2631.*

Patrick, Chuck
- Quartiers résidentiels, *P1574.*

Pauch, M.C.
- Stades, *D6559.*

Pauer, Bourassa, Gareau & J.L. Lalonde
- Écoles primaires et secondaires, *G1122.*

Payette et Crevier
- Banques, *B0145.*

Payette et Crevier; Gascon et Parant; Lajoie, Rodolphe
- Quartiers résidentiels, *P1575.*

Payette, Maurice
- Bureaux de poste, *F1059.*

Payne, Tom
- Complexes à fonctions commerciale et résidentielle, *B2085.*

Peace Arch Enterprises Ltd
- Foyers, *H0133.*

Peach, Arthur
- Hôtels de ville et centres civiques, *F6107.*

Peck, H.A.
- Maisons unifamiliales et maisons jumelées, *H6269.*

Peck, R.M.
- Bureaux divers, *B5933.*
- Centres sociaux, *G3027.*
- Maisons unifamiliales et maisons jumelées, *H6270.*

Peeps, J.C.; Ussner, W.R.
- Théâtres, *D7566.*

Peeps, J.Calder
- Musées, *D5082.*

Pei, I.M. & Ass.
- Centres commerciaux, *B1393.*
- Travaux d'urbanisme et de rénovation urbaine, *P0688.*

Pei, I.M. (Ass.); Affleck, Desbarats, Dimakopoulos, Lebensold, Michaud, Sise
- Centres commerciaux, *B1394, B1395, B1396, B1397, B1398, B1399, B1400, B1401, B1402, B1403, B1404, B1405.*

Pei, I.M. (Ass.); Gruen, Victor (Ass.); McCarter, Nairne & Partners; Ponte, Vincent.
- Travaux d'urbanisme et de rénovation urbaine, *P0690.*

Pei, I.M. (Ass.); Ponte, Vincent
- Travaux d'urbanisme et de rénovation urbaine, *P0689.*

Pei, I.M.; Page and Steele
- Centres commerciaux, *B1406.*

Pei, Ieoh Ming et Al
- Hôtels de ville et centres civiques, *F6108.*

Pellow Architect
- Banques, *B0146.*

Pellow, Harry
- Centres commerciaux, *B1407.*

Pelman/Associates
- Marinas, *D4507.*

Peltekoff, Peter
- Centres commerciaux, *B1408.*

Pendergast, Purll & Partners; Hulbert, R.E. (Partners)
- Bureaux divers, *B5934.*

Peng, John
- Musées, *D5083.*

Pennington and Carter
- Centres sociaux, *G3028.*
- Pavillons pour l'enseignement et la recherche, *G7169.*

Pennington & Carter
- Bibliothèques de maisons d'enseignement, *D2535.*
- Campus (Universités et collèges en général), *G2176, G2177.*

Pennington, Peter
- Édifices pour l'administration de la justice, *F4081.*

Pennington, R.P.G.
- Centres commerciaux, *B1409.*
- Bureaux divers, *B5935.*
- Écoles primaires et secondaires, *G1123.*

Pentland and Baker
- Parcs et jardins, *L0121.*

Pentland & Baker
- Entrepôts, *B3132.*
- Bureaux divers, *B5936, B5937.*
- Usines diverses, *B9692.*
- Bibliothèques publiques, *D2054, D2055.*
- Écoles primaires et secondaires, *G1124, G1125, G1126.*

Pentland, Baker and Polson
- Bureaux divers, *B5938.*
- Édifices pour l'administration de la justice, *F4082.*

Pentland & Baker; Boigon, Irving D.
– Écoles primaires et secondaires, *G1127*.

Pentland, Baker & Polson
– Bibliothèques publiques, *D2056*.
– Installations pour les sports et l'éducation physique, *G5029*.

Pentland, McFarland & Baker
– Bureaux divers, *B5939*, *B5940*, *B5941*.

Perkins, John (Ass.)
– Constructions diverses, *D1520*.
– Piscines, *D6043*.

Perkins, MacDonald, Bellprat
– Constructions diverses, *D1519*.

Perkins & Will
– Hôtels de ville et centres civiques, *F6109*.

Perrault, J.J.
– Édifices pour l'administration de la justice, *F4083*.
– Campus (Universités et collèges en général), *G2178*.

Perrault, J.J.; Morin & Cinq-Mars
– Bureaux de poste, *F1060*.

Perrault, Jean-Julien
– Édifices cultuels, *A0426*.
– Centres communautaires, *D3203*.
– Stades, *D6560*.

Perreault, J.-J.
– Cinémas, *D7223*.

Perreault, J.-J.; Tourville, R.
– Banques, *B0148*, *B0149*.

Perreault, Jean-Julien
– Banques, *B0147*.

Perron, Eugène
– Édifices cultuels, *A0427*.

Perron, J. Eugène
– Édifices cultuels, *A0428*.
– Centres communautaires, *D3204*.
– Auditoriums, *G2709*.

Perron, J.E.; Luke & Little
– Écoles d'arts et métiers et écoles spéciales, *G1557*.

Perron, Louis
– Parcs et jardins, *L0122*, *L0123*.

Perry, A. Leslie
– Entrepôts, *B3133*.
– Édifices des sociétés d'énergie et de télécommunication, *B4929*.
– Bureaux divers, *B5942*.
– Centres communautaires, *D3205*.
– Écoles primaires et secondaires, *G1128*, *G1129*, *G1130*.
– Constructions pour le téléphone, *N8067*.

Perry, A. Leslie; Archibald & Illsley
– Édifices des sociétés d'énergie et de télécommunication, *B4930*.

Perry, A. Leslie; Betts, Randolph C.
– Écoles primaires et secondaires, *G1131*.

Perry, Leslie A.
– Édifices religieux divers, *A1067*.
– Hôtels, *B4195*.

Perry, Luke and Little
– Édifices cultuels, *A0429*.
– Hôtels, *B4196*.
– Bureaux divers, *B5943*.
– Usines de denrées alimentaires, *B8648*.
– Usines de produits pharmaceutiques et de cosmétiques, *B9110*.
– Usines diverses, *B9693*, *B9694*, *B9695*.
– Maisons unifamiliales et maisons jumelées, *H6271*.

Pesic, Miroslav
– Bâtiments d'expositions, *D0175*.

Peterson and Lester
– Centres communautaires, *D3206*.

Petroff and Jeruzalski
– Centres commerciaux, *B1410*, *B1411*.

Petroff and Jeruzalski; Alex Tobias & Ass.
– Centres commerciaux, *B1412*.

Petroff & Jaruzalski
– Restaurants, *B7056*.

Petrone, Mario; Chamberland, René; Côté, Christian
– Immeubles d'appartements, *H2632*.

Petrucci, Jean M.
– Édifices cultuels, *A0430*, *A0431*.

Petrulis, Y.
– Marinas, *D4508*.

Petschar, H.
– Travaux d'urbanisme et de rénovation urbaine, *P0691*.

Pettick, Joseph
– Édifices des sociétés d'énergie et de télécommunication, *B4931*.
– Centres communautaires, *D3207*.
– Stades, *D6561*.
– Installations pour les sports et l'éducation physique, *G5030*.

Pettit, D.W.
– Parcs et jardins, *L0124*.

Pfister, C.H.
– Hôtels de ville et centres civiques, *F6110*.
– Centres sociaux, *G3029*.

Phillips, Barratt and Partners
– Immeubles d'appartements, *H2633*.
– Ponts et tunnels, *N3562*.

Phillips, Barratt, Hillier, Jones and Partners
– Pavillons pour l'enseignement et la recherche, *G7170*.

Phillips, Barratt, Hillier, Jones & Partners; Wynn, Forbes, Lord, Felberg, Schmidt
– Stades, *D6562*.

Phillips, Barratt, Hillier, Jones & Partners
– Ponts et tunnels, *N3563*.

Picard, Louis
– Centres médicaux, *M6048*.

Piersol, George H.
– Banques, *B0150*.
– Maisons de vacances, *D1068*.
– Maisons unifamiliales et maisons jumelées, *H6272*.

Piette, Audy et Lépinay
– Ponts et tunnels, *N3564*.

Pimiskern, Herwing
– Maisons unifamiliales et maisons jumelées, *H6273*.

Pin, Gino A.; Clarke, Ernest A.; etc.
– Campus (Universités et collèges en général), *G2179*.

Pinckton, Donald L.
– Maisons unifamiliales et maisons jumelées, *H6274*.

Pinker, Donovan; DuBois, Macy et al.
– Travaux d'urbanisme et de rénovation urbaine, *P0692*.

Piro, Franco; Antonelli, Antonio; Greco, Manfredo; Rossi, Sara
– Bâtiments d'expositions, *D0176*.

Plachta & Kryton; Greenspoon, Freedlander & Dunne; Mies van der Rohe, L.
– Complexes à fonctions commerciale et résidentielle, *B2086*.

Plante, Lucien
– Hôpitaux généraux et spécialisés, *M0374*.

Plasvic, Vladimir (Ass.)
– Stades, *D6563*.
– Résidences d'étudiants, *G8084*, *G8085*.

Poirier, G.
– Constructions de métros, *N2549*.

Polemann, Jos. (ass.)
– Restaurations diverses, *C0076*.

Pollowy, G.
– Habitation subventionnée, *H1048*.

Pollowy, Georges
– Pavillons pour l'enseignement et la recherche, *G7171*.

Polson, F.M.
– Maisons unifamiliales et maisons jumelées, *H6275*.

Polson & Siddall
– Écoles primaires et secondaires, *G1132*.

Polson & Siddall; Lasserre, L.
– Maisons unifamiliales et maisons jumelées, *H6276*.

Polytechnic Consultants
– Travaux d'urbanisme et de rénovation urbaine, *P0693*.

Ponte, Vincent; Gruen, Victor (Ass.); Pei, I.M. (Ass.); McCarter, Nairne & Partners
– Travaux d'urbanisme et de rénovation urbaine, *P0694*.

Ponte, Vincent; Pei, I.M. (Ass.)
– Travaux d'urbanisme et de rénovation urbaine, *P0695*.

Pope, Douglas G.; Slater, Norman
– Bâtiments d'expositions, *D0177*.

Pope, G. Bennett
– Entrepôts, *B3134*.
– Usines de denrées alimentaires, *B8649*.

Porter, John C.H.
– Maisons unifamiliales et maisons jumelées, *H6277*, *H6278*.

Portnall and Stock
– Édifices cultuels, *A0432*.
– Garages, *B3561*.
– Magasins, *B6664*.

Portnall, Grolle and Lucas
– Maisons unifamiliales et maisons jumelées, *H6279*.

Portnall & Stock
– Pavillons pour l'enseignement et la recherche, *G7172*.

Poskitt, E.G. (Ass.)
– Maisons unifamiliales et maisons jumelées, *H6280*.

Posokhin, M.V.; Mndoyants, A.A.; Kondratiev, A.N.; Klinks, Rudolph
– Bâtiments d'expositions, *D0178*.

Postle, H.W.
– Écoles primaires et secondaires, *G1133*.

Pothier, Jean-Paul
– Immeubles d'appartements, *H2634*, *H2635*.
– Constructions de métros, *N2550*.

Pothier, Jean-Paul; Legault, Guy-R
– Restaurations d'habitations, *C1028*.

Poulin, Albert
– Édifices religieux divers, *A1068*, *A1069*.
– Magasins, *B6665*.
– Auditoriums, *G2710*.
– Hôpitaux généraux et spécialisés, *M0375*.

Poulin & Ayotte
– Édifices cultuels, *A0437*.
– Théâtres, *D7567*.

Poulin & Ayotte; Vincent & Derome
– Bâtiments d'expositions, *D0179*.

Poulin et Ayotte
– Maisons unifamiliales et maisons jumelées, *H6281*.

Poulin et Couture
- Campus (Universités et collèges en général), *G2180*.

Poulin, J. Aimé et Albert
- Édifices cultuels, *A0433*, *A0434*, *A0435*, *A0436*.
- Écoles primaires et secondaires, *G1134*, *G1135*, *G1136*, *G1137*, *G1138*.

Poulin, J.L.; Simard, Cyrille
- Maisons unifamiliales et maisons jumelées, *H6282*.

Power & Kessler; Fisher, Reuben; Fisher, Howard T. (ass.)
- Bureaux divers, *B5944*.

Powrie, D.G.
- Édifices pour l'administration publique, *F5127*.

Prack, Alvin
- Écoles et résidences d'infirmières, *M5021*.

Prack and Prack
- Garages, *B3562*.
- Édifices d'associations, *B4542*.
- Bureaux de professionnels, *B5241*.
- Usines diverses, *B9696*, *B9697*, *B9698*, *B9699*.
- Immeubles d'appartements, *H2636*.
- Constructions pour le téléphone, *N8068*, *N8069*.

Prack Partners
- Restaurations diverses, *C0077*.
- Parcs et jardins, *L0125*.

Prack & Prack
- Entrepôts, *B3135*.
- Hôtels, *B4197*.
- Bureaux divers, *B5945*, *B5946*, *B5947*, *B5948*.
- Usines de machines, *B8862*.
- Centres communautaires, *D3208*.
- Édifices pour l'administration de la justice, *F4084*.
- Écoles primaires et secondaires, *G1139*.
- Installations pour les sports et l'éducation physique, *G5031*.
- Laboratoires, *G9082*.

Prack & Prack; Souter, Lenz, Scott, Taylor, Souter
- Pavillons pour l'enseignement et la recherche, *G7173*.

Prangnell, Peter
- Restaurants, *B7057*.

Pratley, P.L.; C.A. Fowler & Company
- Ponts et tunnels, *N3565*.

Pratt, C.E.
- Bureaux divers, *B5949*.
- Maisons unifamiliales et maisons jumelées, *H6283*, *H6284*.

Pratt, C.E.; Wickson, J.A.
- Maisons unifamiliales et maisons jumelées, *H6285*.

Pratt, K.R.D.
- Maisons unifamiliales et maisons jumelées, *H6286*.

Pratt & Lindgren
- Hôtels, *B4198*.

Pratt, Lindgren and Associates
- Foyers, *H0134*, *H0135*, *H0136*.

Pratt, Lindgren & Ass.
- Écoles primaires et secondaires, *G1140*.

Pratt, Lindgren, Snider, Tomcej and Ass.
- Foyers, *H0137*.

Pratt, W.F.; Aubrey, R.G.; Anderson, A.E.;
- Quartiers résidentiels, *P1576*.

Pratte, Gérard
- Maisons unifamiliales et maisons jumelées, *H6287*, *H6288*.

Preston, John; Bogdan, Joseph
- Installations de services publics, *B8590*.

Pretty, Louis-C.; Roy, Yves
- Résidences d'étudiants, *G8086*.

Prii, Uno
- Immeubles d'appartements, *H2637*, *H2638*, *H2639*, *H2640*, *H2641*.
- Quartiers résidentiels, *P1577*.

Prii, Uno; Freedman, Gerald
- Immeubles d'appartements, *H2642*.
- Quartiers résidentiels, *P1578*.

Primari, Peter; Brecher, Oscar; Maffini, Giulio
- Travaux d'urbanisme et de rénovation urbaine, *P0696*.

Proctor, Redfern, Bousfield & Bacon
- Travaux d'urbanisme et de rénovation urbaine, *P0697*.

Proctor, Redfern, Bousfield & Bacon; Fliess, Henry
- Travaux d'urbanisme et de rénovation urbaine, *P0698*.

Project Planning Ass.
- Parcs et jardins, *L0126*.
- Quartiers résidentiels, *P1579*.

Project Planning Ass.; Adamson, Anthony
- Parcs et jardins, *L0127*.

Project Planning Ass.; Calvert, Robert G.
- Maisons de vacances, *D1069*.

Project Planning Ass. Limited; Sert, Jackson Ass.; Dober, Richard P.
- Campus (Universités et collèges en général), *G2181*.

Project Planning Ass. Ltd
- Constructions diverses, *D1521*.

Project Planning Associates
- Travaux d'urbanisme et de rénovation urbaine, *P0699*, *P0700*.

Proppe, Eric (Ass.)
- Quartiers résidentiels, *P1580*.

Provencher, Claude; Faubert, José et al.
- Travaux d'urbanisme et de rénovation urbaine, *P0701*.

Prus et Dionne
- Constructions de métros, *N2553*.

Prus, Victor
- Édifices cultuels, *A0438*, *A0439*.
- Magasins, *B6666*.
- Constructions diverses, *D1522*.
- Musées, *D5084*.
- Théâtres, *D7568*.
- Constructions pour la défense civile, *F3047*.
- Maisons unifamiliales et maisons jumelées, *H6289*, *H6290*.
- Parcs et jardins, *L0128*.
- Constructions de métros, *N2551*, *N2552*.

Prus, Victor; Bland, Lemoyne, Shine, Lacroix; Longpré, Marchand, Goudreau, Dobush, Stewart, Hein; Lalonde, Hébert
- Musées, *D5085*.

Prus, Victor; Desnoyers, Maurice
- Stades, *D6564*.
- Écoles primaires et secondaires, *G1141*.

Prus, Victor; Lemoyne & Ass.; Labelle, Marchand, Geoffroy, Hébert, Lalonde
- Centres de congrès, *D7023*.

Prus, Victor; Martin, Ian
- Centres commerciaux, *B1413*.
- Immeubles d'appartements, *H2643*.

Prus, Victor; Trépanier, Paul-O.
- Parcs et jardins, *L0129*.

Public Works Team
- Édifices cultuels, *A0440*.

Pyatt, Bill
- Ponts et tunnels, *N3566*.

Pye et Richard
- Centres communautaires, *D3209*.

Pysklywec, Russell; Goldman, Ralph
- Édifices d'associations, *B4543*.

Quadrant Corp.
- Travaux d'urbanisme et de rénovation urbaine, *P0702*.

Quadrex
- Maisons unifamiliales et maisons jumelées, *H6291*.

Quality Construction Ltd
- Maisons unifamiliales et maisons jumelées, *H6292*.

Quigley, G.T.; Janiss, Dr. E.
- Édifices cultuels, *A0441*.

R.C. Baxter Ltd.
- Quartiers résidentiels, *P1583*.

Racicot, Félix
- Édifices religieux divers, *A1070*.
- Écoles primaires et secondaires, *G1142*.
- Écoles d'arts et métiers et écoles spéciales, *G1558*.
- Hôpitaux généraux et spécialisés, *M0376*, *M0377*.

Racicot, Jacques
- Banques, *B0151*.

Rafael, Howard
- Quartiers résidentiels, *P1581*.

Raines, E.
- Maisons unifamiliales et maisons jumelées, *H6293*.

Raltson, William
- Maisons unifamiliales et maisons jumelées, *H6294*.

Ramirez, Alberto
- Hôpitaux généraux et spécialisés, *M0378*.

Ramsay, D.D.
- Maisons de vacances, *D1070*.

Ramsay & Ramsay
- Centres sociaux, *G3030*, *G3031*.

Ramsay, W.A.
- Constructions pour le transport aérien, *N0058*, *N0059*.

Rana, M.M.
- Bâtiments d'expositions, *D0180*.

Rankin, Keith
- Pavillons pour l'enseignement et la recherche, *G7174*.

Ransom, T.; Ridpath, W.; Shaw, J.
- Parcs et jardins, *L0130*.

Rapanos, Dino
- Maisons unifamiliales et maisons jumelées, *H6295*.

Rapske, R.
- Immeubles d'appartements, *H2644*.

Rasch, Bernard M.
- Restaurations diverses, *C0078*.

Ray Dennis Construction Ltd
- Maisons unifamiliales et maisons jumelées, *H6296*.

Raymer, M.R.; Sinclair, D.L.; Manning, D.M.; Hanson, A.K.
- Quartiers résidentiels, *P1582*.

Raymer, Rex
- Centres communautaires, *D3210*.
- Maisons unifamiliales et maisons jumelées, *H6297*.

Raymond, F.; Kleyn, Loube B.; Oliver, E.
- Travaux d'urbanisme et de rénovation urbaine, *P0703*.

Rebanks, Leslie
- Centres commerciaux, *B1414*.
- Édifices d'associations, *B4544*.

Rebanks, Leslie (suite/cont'd)
- Bureaux divers, *B5950.*
- Maisons unifamiliales et maisons jumelées, *H6298.*
- Architecture pour handicapés, etc., *M7022.*

Recreational Development Ass.
- Piscines, *D6044.*

Reeves, Jacques
- Musées, *D5086.*

Reeves, Jacques D.
- Centres communautaires, *D3211.*

Reeves, Jacques; La Haye & Ouellet
- Bureaux divers, *B5951.*

Reeves, Jacques; Ouellet, Jean; Guité, Rodrigue; Alain, Jean
- Bureaux divers, *B5952.*

Reich, David
- Usines diverses, *B9700.*
- Maisons unifamiliales et maisons jumelées, *H6299.*

Reich, David; Schertzer, Nathan
- Maisons unifamiliales et maisons jumelées, *H6300, H6301, H6302.*

Reich & Tolchinsky
- Maisons unifamiliales et maisons jumelées, *H6303.*

Reid, Crowther & Partners; Architects Consortium
- Parcs et jardins, *L0131.*

Reid, Crowther & Partners Ltd; Mitchell, Phillips Ass.
- Stades, *D6565.*

Reid, William A.
- Foyers, *H0138.*
- Maisons unifamiliales et maisons jumelées, *H6304.*

Reimer, Norman
- Immeubles d'appartements, *H2645.*

Reiner, Robert Thomas
- Restaurations d'habitations, *C1029.*

Reiner, Thomas Robert
- Maisons unifamiliales et maisons jumelées, *H6305.*

Rennie & Horwood
- Maisons unifamiliales et maisons jumelées, *H6306.*

Rensaa & Minsos
- Usines diverses, *B9701.*
- Écoles et résidences d'infirmières, *M5022.*

Rensaa, Minsos & Ass.
- Bibliothèques publiques, *D2057.*

Rensaa & Minsos; Rule, Wynn & Rule
- Travaux d'urbanisme et de rénovation urbaine, *P0704.*

Repa, Miroslav
- Bâtiments d'expositions, *D0181.*

Reszetnik, S.D.F.
- Magasins, *B6667.*

Reszetnik, Sigmund
- Bureaux divers, *B5953.*

Reszetnik, Sigmund; Mayers, Girvan, Wellen & Burns
- Centres commerciaux, *B1415.*

Revell, Viljo; Parkin, John B. (Ass.)
- Hôtels de ville et centres civiques, *F6111.*

Rhone and Iredale
- Complexes à fonctions commerciale et résidentielle, *B2087.*
- Bureaux divers, *B5954, B5955, B5956, B5957, B5958, B5959.*
- Habitation subventionnée, *H1049.*
- Travaux d'urbanisme et de rénovation urbaine, *P0705, P0706.*

Rhone & Iredale
- Installations de services publics, *B8591, B8592, B8593, B8594.*
- Usines de denrées alimentaires, *B8650.*
- Maisons de vacances, *D1071.*
- Bibliothèques de maisons d'enseignement, *D2536.*
- Constructions pour la défense civile, *F3048.*
- Édifices pour l'administration de la justice, *F4085.*
- Écoles primaires et secondaires, *G1143, G1144.*
- Campus (Universités et collèges en général), *G2182, G2183.*
- Installations pour les sports et l'éducation physique, *G5032.*
- Pavillons pour l'enseignement et la recherche, *G7175, G7176.*
- Immeubles d'appartements, *H2646, H2647.*
- Monuments, *K0012.*
- Centres médicaux, *M6049, M6050.*
- Constructions pour la radio et la télévision, *N7029.*
- Quartiers résidentiels, *P1584.*

Rhone & Iredale; Bogue, Babicki & Associates
- Bureaux divers, *B5960.*

Rhone & Iredale; Cividin, Glen
- Maisons en bandes, *H4107.*

Rice and Roberts
- Stades, *D6566.*

Rice, Norman
- Maisons unifamiliales et maisons jumelées, *H6307.*

Rich, S.G.
- Travaux d'urbanisme et de rénovation urbaine, *P0707.*

Richard, Jean D'Auteuil
- Quartiers résidentiels, *P1585.*

Richard, René
- Édifices cultuels, *A0442, A0443, A0444, A0445, A0446.*
- Édifices religieux divers, *A1071.*
- Banques, *B0152, B0153.*
- Hôtels, *B4199.*
- Magasins, *B6668.*
- Constructions diverses, *D1523.*
- Centres communautaires, *D3212.*
- Écoles primaires et secondaires, *G1145, G1146, G1147, G1148, G1149, G1150, G1151, G1152.*
- Immeubles d'appartements, *H2648, H2649, H2650.*
- Maisons unifamiliales et maisons jumelées, *H6308, H6309.*
- Parcs et jardins, *L0132.*

Richard, René; Gauthier, Maurice
- Écoles primaires et secondaires, *G1153, G1154, G1155, G1156, G1157.*

Richards and Abra
- Écoles primaires et secondaires, *G1158, G1159.*

Richards and Berretti
- Quartiers résidentiels, *P1586.*

Richards, Berretti and Jellinek
- Centres sociaux, *G3032.*

Richards, Berretti & Jellinek
- Écoles primaires et secondaires, *G1160.*

Richer, G.-René
- Édifices cultuels, *A0447.*
- Édifices religieux divers, *A1072.*

Richmond, E.I.
- Immeubles d'appartements, *H2651, H2652, H2653, H2654.*
- Maisons unifamiliales et maisons jumelées, *H6310.*

Richmond, E.I.; Moody, A.R.
- Bureaux divers, *B5961.*

Richmond, E.J.; Kahn & Jacobs
- Hôtels, *B4200.*

Riddell, W. Bruce
- Usines de machines, *B8863.*

Riddle, Connor & Ass.
- Écoles primaires et secondaires, *G1161.*

Rieder, Carl
- Bibliothèques publiques, *D2058.*

Rinfret, Arthur
- Édifices religieux divers, *A1073.*

Rinfret & Bouchard
- Bureaux divers, *B5963.*

Rinfret et Bégin
- Sanatoriums, *M4015.*

Rinfret et Bouchard
- Garages, *B3563.*

Rinfret, P. & Bouchard, M.; Blatter, R. & Caron, G.-F.
- Stades, *D6567.*

Rinfret, Pierre
- Bureaux de professionnels, *B5242.*

Rinfret, Pierre (suite/cont'd)
- Bureaux divers, *B5962.*
- Usines de denrées alimentaires, *B8651.*
- Centres communautaires, *D3213.*
- Écoles primaires et secondaires, *G1162.*
- Écoles d'arts et métiers et écoles spéciales, *G1559.*
- Hôpitaux généraux et spécialisés, *M0379, M0380, M0381, M0382, M0383.*

Rinfret, Pierre; Gilbert, André
- Écoles primaires et secondaires, *G1163.*

Rinfret, Pierre; Mainguy, Lucien
- Sanatoriums, *M4016.*

Rioux, Lorraine; Dubé, Claude
- Maisons unifamiliales et maisons jumelées, *H6311.*

Ritchie, G.M.
- Installations de services publics, *B8595.*

Ritchot, André
- Édifices cultuels, *A0448.*
- Centres communautaires, *D3214.*
- Bureaux de poste, *F1061.*
- Maisons unifamiliales et maisons jumelées, *H6312.*

Ritchot, Jean
- Édifices cultuels, *A0449.*

Riva, Aldo
- Maisons unifamiliales et maisons jumelées, *H6313.*

Robb, G.A.; McBain, W.J.
- Maisons unifamiliales et maisons jumelées, *H6316.*

Robb, George
- Imprimeries, *B8322.*

Robb, George A.
- Hôtels, *B4201, B4202.*
- Bâtiments d'expositions, *D0182.*
- Maisons unifamiliales et maisons jumelées, *H6314, H6315.*
- Quartiers résidentiels, *P1587.*

Robbie, Rod
- Usines diverses, *B9702.*

Robbie, Vaughan & Williams
- Écoles primaires et secondaires, *G1164.*

Robbie, Vaughan & Williams; Stankiewicz, Z. Matthew
- Centres sociaux, *G3033.*

Robbins, H.F.
- Maisons de vacances, *D1072.*
- Maisons unifamiliales et maisons jumelées, *H6317.*

Robert, G.
- Édifices religieux divers, *A1074.*

Robert, Georges
- Travaux d'urbanisme et de rénovation urbaine, *P0708, P0709, P0710.*

ROBERT

Robert, Georges; Bégin, Benoît-J.
– Travaux d'urbanisme et de rénovation urbaine, *P0711.*

Robert, Georges; Bégin, Benoît-J.; Ouellet, Jean; Jolicoeur, J.
– Quartiers résidentiels, *P1588.*

Robert, Georges; Issalys, Jean
– Campus (Universités et collèges en général), *G2184.*

Robert, Georges; Roy, Jean-Marie
– Campus (Universités et collèges en général), *G2185.*

Roberts, Cecil
– Centres commerciaux, *B1416.*

Roberts, H.H.
– Écoles primaires et secondaires, *G1165.*

Roberts, John
– Maisons unifamiliales et maisons jumelées, *H6318.*

Robertson, Don
– Maisons unifamiliales et maisons jumelées, *H6319.*

Robertson, Thomas J.
– Maisons unifamiliales et maisons jumelées, *H6320.*

Robillard, J.-L.; Teasdale, Pierre
– Restaurants, *B7058.*

Robillard, Jetté
– Campus (Universités et collèges en général), *G2186.*

Robillard, Jetté & Baudouin
– Édifices cultuels, *A0451, A0452, A0453, A0454, A0455, A0456, A0457.*
– Édifices pour l'administration de la justice, *F4086.*

Robillard, Jetté, Baudouin
– Centres communautaires, *D3215, D3216.*
– Édifices pour l'administration publique, *F5128.*
– Écoles primaires et secondaires, *G1166, G1167.*

Robillard, Jetté, Caron
– Édifices pour l'administration de la justice, *F4087.*

Robillard, Jetté, Caron et Bédard; Charbonneau
– Centres communautaires, *D3217.*

Robillard & Jetté; DesRochers, Dumont
– Campus (Universités et collèges en général), *G2187.*

Robillard, Lucien
– Édifices religieux divers, *A1075.*

Robillard, M.; Légaré, P.
– Écoles primaires et secondaires, *G1168.*

Robillard, Maurice
– Édifices cultuels, *A0450.*
– Banques, *B0154.*

Robillard, Maurice et Ass.
– Édifices d'associations, *B4545.*

Robillard & Notebaert
– Édifices cultuels, *A0458.*

Robinson, David; Hatch, Richard
– Travaux d'urbanisme et de rénovation urbaine, *P0712.*

Robinson, Gerald
– Complexes à fonctions commerciale et résidentielle, *B2088.*
– Centres communautaires, *D3218.*
– Hôtels de ville et centres civiques, *F6112, F6113.*
– Travaux d'urbanisme et de rénovation urbaine, *P0713.*

Robinson, Gerald; DuBois, Macy et al.
– Travaux d'urbanisme et de rénovation urbaine, *P0714.*

Robinson, Gerald; Heinrichs, Victor
– Travaux d'urbanisme et de rénovation urbaine, *P0715.*

Robinson, J.G.
– Magasins, *B6669.*

Robinson, Peter
– Édifices cultuels, *A0459.*
– Travaux d'urbanisme et de rénovation urbaine, *P0716.*

Robinson, William H.
– Écoles primaires et secondaires, *G1169.*

Robitaille, André
– Édifices cultuels, *A0460.*
– Banques, *B0155.*
– Bureaux divers, *B5964, B5965.*
– Centres communautaires, *D3219.*
– Résidences d'étudiants, *G8087.*
– Monuments, *K0013.*

Robitaille, Raymond
– Édifices cultuels, *A0461.*
– Écoles primaires et secondaires, *G1170, G1171.*

Roedding, Donald
– Maisons unifamiliales et maisons jumelées, *H6321.*

Roisin, M.; Audet, Louis-N.
– Édifices cultuels, *A0462.*

Romans, H.M.
– Maisons unifamiliales et maisons jumelées, *H6322.*

Romses, Kwan and associates; Kwok, Stanley T.
– Bureaux divers, *B5966.*

Romses, Kwan & Ass.; Cheng, James K.M.
– Centres communautaires, *D3220.*

Romses & Kwan; Kwok, Stanley
– Immeubles d'appartements, *H2655.*

Ronar, Joseph H.
– Centres commerciaux, *B1417.*

Ronco & Bélanger
– Immeubles d'appartements, *H2656.*

Rondeau, Jean-Marie
– Maisons de vacances, *D1073.*

Roper, Morin and Belcourt
– Maisons unifamiliales et maisons jumelées, *H6323.*

Roscoe and MacIver
– Usines diverses, *B9703.*

Roscoe, MacIver and Steinstra
– Bureaux de poste, *F1062.*

Roscoe & MacIver
– Écoles primaires et secondaires, *G1173.*

Roscoe, Stanley
– Hôtels de ville et centres civiques, *F6114.*
– Écoles primaires et secondaires, *G1172.*

Roscoe, Stanley M.
– Bibliothèques publiques, *D2059.*
– Casernes de pompiers, *F2012.*
– Foyers, *H0139.*
– Centres médicaux, *M6051.*

Roscoe, Steinstra, Haverty & Rankin
– Écoles primaires et secondaires, *G1174.*

Roscoe, Stienstra and Haverty
– Théâtres, *D7569.*
– Constructions diverses, *G3804.*

Rose, Peter
– Maisons unifamiliales et maisons jumelées, *H6324.*

Rosen and Caruso
– Maisons unifamiliales et maisons jumelées, *H6325.*

Rosen, Bernard; Caruso, Irving
– Maisons unifamiliales et maisons jumelées, *H6326.*

Rosen, Bernard; Caruso, Irving; Vecsei, André; Schreiber, John
– Bâtiments d'expositions, *D0183.*

Rosen, Bernard J.
– Centres sociaux, *G3034.*

Rosen & Caruso
– Résidences d'étudiants, *G8088.*

Rosen, Caruso, Vecsei
– Centres commerciaux, *B1418.*
– Hôtels, *B4203.*
– Écoles primaires et secondaires, *G1175.*
– Résidences d'étudiants, *G8089.*
– Immeubles d'appartements, *H2657.*

Rosen, Caruso, Vecsei, Wolfe, Shapiro
– Édifices cultuels, *A0463.*

Rosen, Sheldon
– Restaurations diverses, *C0079.*

Rosenberg, W.J.
– Édifices cultuels, *A0464.*
– Entrepôts, *B3136.*
– Centres communautaires, *D3221.*

Rosenberg, William J.
– Immeubles d'appartements, *H2658.*

Ross, A.R.
– Pavillons pour l'enseignement et la recherche, *G7177.*

Ross, Alistair
– Maisons unifamiliales et maisons jumelées, *H6327.*

Ross and MacDonald; Wilson, Colin Saint-John
– Constructions pour la défense civile, *F3049.*

Ross, Edward
– Maisons unifamiliales et maisons jumelées, *H6328, H6329, H6330, H6331, H6332, H6333, H6334, H6335, H6336, H6337.*

Ross, Edward; Murray and Fliess; Lipson and Dashkin
– Quartiers résidentiels, *P1591.*

Ross et MacDonald
– Magasins, *B6670.*

Ross, Fish, Duchesnes & Barrett
– Banques, *B0156.*
– Constructions pour le transport aérien, *N0060.*

Ross, G.E.D.
– Quartiers résidentiels, *P1589, P1590.*

Ross, Jack; Libling, Michener & Ass.
– Hôtels, *B4204.*

Ross & MacDonald
– Usines de machines, *B8864.*

Ross & MacDonald; Beattie, W.C.
– Hôtels, *B4205.*

Ross, Patterson, Townsend and Heughan
– Bureaux de professionnels, *B5243.*
– Bureaux divers, *B5967.*
– Constructions pour le téléphone, *N8070.*

Ross, Patterson, Townsend et Fish
– Stades, *D6568.*

Ross, Patterson, Townsend & Fish
– Entrepôts, *B3137, B3138.*
– Ateliers, *B8204.*
– Usines de denrées alimentaires, *B8652.*
– Usines de machines, *B8865.*
– Usines diverses, *B9704, B9705, B9706.*
– Constructions diverses, *D1524.*
– Centres communautaires, *D3222.*
– Édifices pour l'administration publique, *F5129.*

Ross, Patterson, Townsend & Heughan
- Banques, *B0157, B0158.*
- Centres communautaires, *D3223.*

Ross & Ross
- Restaurants, *B7059.*

Ross, Townsend, Patterson and Fish
- Hôtels, *B4206.*

Rosten, Hanka
- Théâtres, *D7570.*

Roth, M.W.
- Édifices religieux divers, *A1076.*
- Usines de denrées alimentaires, *B8653.*
- Usines diverses, *B9707, B9708, B9709.*
- Maisons unifamiliales et maisons jumelées, *H6338.*

Roth, Max
- Magasins, *B6671, B6672, B6673, B6674.*
- Bâtiments d'expositions, *D0184.*

Roth, Max; Eliasoph and Berkowitz
- Centres communautaires, *D3224.*

Roth, Max W.
- Édifices cultuels, *A0465.*
- Entrepôts, *B3139.*
- Bureaux de professionnels, *B5244.*

Roth, Max W.; Greenspoon, Freedlander & Dunne
- Édifices cultuels, *A0466.*

Roth & Ronar
- Hôtels, *B4207.*
- Usines diverses, *B9710.*

Rother, Bland, Trudeau
- Garages, *B3564.*
- Bureaux divers, *B5971.*
- Magasins, *B6676.*
- Hôtels de ville et centres civiques, *F6115.*
- Travaux d'urbanisme et de rénovation urbaine, *P0717.*

Rother, Vincent
- Bureaux divers, *B5968, B5969, B5970.*
- Magasins, *B6675.*
- Immeubles d'appartements, *H2659, H2660.*
- Maisons unifamiliales et maisons jumelées, *H6339.*

Rother, Vincent (Ass.)
- Musées, *D5087.*

Rothwell-Perrin Ltd
- Maisons unifamiliales et maisons jumelées, *H6340.*

Rounthwaite & Ass.
- Centres communautaires, *D3225.*
- Installations pour les sports et l'éducation physique, *G5033.*
- Constructions pour le transport aérien, *N0061.*

Rounthwaite, Cameron, Murray and Fairfield
- Constructions diverses, *G3805.*

Rounthwaite & Fairfield
- Bureaux divers, *B5972, B5973.*
- Théâtres, *D7571.*
- Édifices pour l'administration publique, *F5130.*
- Hôtels de ville et centres civiques, *F6116.*

Rounthwaite & Fairfield; Dickinson, Peter (Ass.)
- Travaux d'urbanisme et de rénovation urbaine, *P0718.*

Rounthwaite, Fairfield & DuBois
- Résidences d'étudiants, *G8090.*

Rousseau & Bégin
- Hôpitaux généraux et spécialisés, *M0385, M0386.*

Rousseau & Blanchet
- Sanatoriums, *M4017.*

Rousseau, E. Georges
- Écoles primaires et secondaires, *G1176, G1177.*

Rousseau et Bégin
- Hôtels, *B4209.*
- Usines de denrées alimentaires, *B8654.*
- Cinémas, *D7224, D7225.*
- Écoles primaires et secondaires, *G1178.*

Rousseau, François
- Hôtels, *B4208.*
- Constructions diverses, *D1525.*

Rousseau, François; Michaud, Jean
- Maisons unifamiliales et maisons jumelées, *H6341.*

Rousseau, Jacques; Faubert, José et al.
- Travaux d'urbanisme et de rénovation urbaine, *P0719.*

Rousseau, P.
- Hôpitaux généraux et spécialisés, *M0384.*

Rousseau, Paul
- Constructions à fonctions utilitaires, *G3509.*
- Parcs et jardins, *L0133.*

Rousseau, Paul; Fortin, Jean-Charles
- Hôpitaux généraux et spécialisés, *M0387.*

Routaboule, Danièle
- Campus (Universités et collèges en général), *G2188.*

Roux et Morin
- Écoles primaires et secondaires, *G1179.*
- Constructions pour le téléphone, *N8071.*

Roux, Maurice
- Édifices cultuels, *A0467.*

Roux & Morin
- Édifices religieux divers, *A1077.*

Roux, Morin et Langlois
- Hôpitaux généraux et spécialisés, *M0388.*

Roux, Morin, Langlois
- Bibliothèques de maisons d'enseignement, *D2537.*
- Maisons unifamiliales et maisons jumelées, *H6342.*

Roux, P.
- Restaurants, *B7060.*
- Immeubles d'appartements, *H2661.*
- Monuments, *K0014.*

Roux, Pierre
- Édifices cultuels, *A0468.*
- Musées, *D5088.*

Roux, Pierre-Paul
- Musées, *D5089.*

Rowan, Jan
- Résidences d'étudiants, *G8091.*

Rowett, Clyde; MacDonald, Blair
- Maisons unifamiliales et maisons jumelées, *H6343.*

Rowland, Parkin, Searle, Wilbee
- Bureaux divers, *B5974.*

Roy, Albert
- Ponts et tunnels, *N3567.*

Roy, Cyrille
- Centres communautaires, *D3226.*

Roy, Jean-Marie
- Édifices cultuels, *A0469, A0470, A0471.*
- Garages, *B3565.*
- Maisons de vacances, *D1074.*
- Écoles primaires et secondaires, *G1180, G1181, G1182.*
- Écoles d'arts et métiers et écoles spéciales, *G1560.*
- Pavillons pour l'enseignement et la recherche, *G7178.*
- Résidences d'étudiants, *G8092.*
- Immeubles d'appartements, *H2662.*
- Maisons unifamiliales et maisons jumelées, *H6344, H6345.*
- Centres médicaux, *M6052.*
- Quartiers résidentiels, *P1592.*

Roy, Jean-Marie; Côté, Gilles
- Écoles spécialisées, *G4027.*

Roy, Jean-Marie; Robert, Georges
- Campus (Universités et collèges en général), *G2189.*

Roy, Moore and Co.
- Hôpitaux généraux et spécialisés, *M0389.*

Roy-Rouillard, Pauline; Dumais, Charles; Venne, Gérard; Béland,
- Quartiers résidentiels, *P1593.*

Roy, Yves
- Édifices cultuels, *A0472.*
- Constructions pour le transport aérien, *N0062.*

Roy, Yves (suite/cont'd)
- Constructions de métros, *N2554.*

Royer, André
- Édifices religieux divers, *A1078.*

Ruccolo, Franco; Faubert, José et al.
- Travaux d'urbanisme et de rénovation urbaine, *P0720.*

Rule & Wynn
- Bureaux divers, *B5975.*
- Théâtres, *D7572, D7573.*
- Écoles primaires et secondaires, *G1183.*

Rule, Wynn and Rule
- Bureaux divers, *B5976.*
- Bibliothèques de maisons d'enseignement, *D2538.*

Rule, Wynn and Rule Ass.
- Hôpitaux généraux et spécialisés, *M0390.*

Rule, Wynn and Rule; Rensaa and Minsos
- Travaux d'urbanisme et de rénovation urbaine, *P0722.*

Rule, Wynn, Forbes, Lord and Partners
- Pavillons pour l'enseignement et la recherche, *G7179.*

Rule, Wynn, Forbes, Lord and Partners; Webb, Zerafa, Menkes
- Travaux d'urbanisme et de rénovation urbaine, *P0721.*

Rule, Wynn, Forbes, Lord & Partners
- Écoles primaires et secondaires, *G1186.*

Rule, Wynn, Forbes, Lord & Partners; Webb, Zerafa, Menkes
- Centres commerciaux, *B1419.*

Rule, Wynn & Rule
- Édifices religieux divers, *A1079.*
- Banques, *B0159.*
- Centres communautaires, *D3227.*
- Écoles primaires et secondaires, *G1184, G1185.*
- Centres sociaux, *G3035.*
- Écoles spécialisées, *G4028.*
- Maisons unifamiliales et maisons jumelées, *H6346.*

Russell, A.J.
- Maisons unifamiliales et maisons jumelées, *H6347, H6348, H6349, H6350, H6351, H6352, H6353, H6354.*

Russell, Edna
- Travaux d'urbanisme et de rénovation urbaine, *P0723.*

Russell, Edward
- Centres communautaires, *D3228.*
- Marinas, *D4509.*

Russell, John
- Immeubles d'appartements, *H2663, H2664.*

Russell, John A.; Sellors, Roy
- Maisons unifamiliales et maisons jumelées, *H6355*, *H6356*.

Russell, N.C.H.
- Édifices cultuels, *A0473*.

Ryan and Lee
- Complexes à fonctions commerciale et résidentielle, *B2089*.

Ryan & Lee
- Immeubles d'appartements, *H2665*.

Ryan, William J.
- Édifices cultuels, *A0474*.
- Bibliothèques de maisons d'enseignement, *D2539*.
- Campus (Universités et collèges en général), *G2190*.
- Pavillons pour l'enseignement et la recherche, *G7180*, *G7181*.

Rybczynski, Witold
- Maisons unifamiliales et maisons jumelées, *H6357*.

Rysavy and Rysavy
- Restaurations diverses, *C0080*.

Saccoccio, William
- Édifices cultuels, *A0475*, *A0476*.
- Écoles primaires et secondaires, *G1187*, *G1188*.

Safdie, M.
- Habitation subventionnée, *H1050*.

Safdie, Moshe
- Immeubles d'appartements, *H2666*.

Safdie, Moshe; David, Barott, Boulva
- Bâtiments d'expositions, *D0185*.
- Immeubles d'appartements, *H2667*.

Safdie, Moshe; Desnoyers, Mercure, Gagnon, Sheppard
- Travaux d'urbanisme et de rénovation urbaine, *P0724*.

Safir, O.
- Entrepôts, *B3140*.

Sager et Golba
- Constructions de métros, *N2555*.

Saia, Mario
- Édifices religieux divers, *A1080*.
- Musées, *D5090*.
- Maisons unifamiliales et maisons jumelées, *H6358*, *H6359*.

Saint-Aubin, Joffre
- Bâtiments d'expositions, *D0186*.

Sainte-Marie, Paul
- Architecture pour handicapés, etc., *M7023*.
- Constructions pour les autobus, *N3017*.

Salter & Allison
- Édifices pour l'administration de la justice, *F4088*.
- Écoles primaires et secondaires, *G1202*.

Salter and Allison
- Usines diverses, *B9711*.

Salter, W.S.
- Travaux d'urbanisme et de rénovation urbaine, *P0726*.

Salter, W.S.; Simon, J.; Thorson, S.
- Travaux d'urbanisme et de rénovation urbaine, *P0727*.

Samson, Paul-E.
- Bureaux divers, *B5977*.
- Centres communautaires, *D3229*.

Sandbrook, Kenneth J.
- Bibliothèques publiques, *D2060*.

Sankey Ass.
- Bureaux de professionnels, *B5245*, *B5246*, *B5247*.
- Restaurations diverses, *C0081*.

Sankey Ass.; Arcop Ass.
- Hôtels, *B4210*.

Sankey & Ass.; Hulme, William D.; Lazosky, Daniel E.
- Centres commerciaux, *B1421*.

Sankey Associates
- Banques, *B0161*, *B0162*.
- Marinas, *D4510*.

Sankey Associates, Farley, David
- Travaux d'urbanisme et de rénovation urbaine, *P0728*.

Sankey & Associés
- Bureaux divers, *B5978*.

Sankey et associés
- Bibliothèques publiques, *D2061*.

Sankey, Javosky, Werleman, Guy
- Banques, *B0163*.

Saratoga Construction Ltd
- Maisons unifamiliales et maisons jumelées, *H6366*, *H6367*.

Sarra-Bournet, Lucien
- Édifices cultuels, *A0480*.
- Écoles primaires et secondaires, *G1203*, *G1204*.

Sarter, D.M.
- Immeubles d'appartements, *H2668*.

Sasaki Strong & Ass.
- Parcs et jardins, *L0134*, *L0135*.

Sasaki, Strong; James Secord Consortium
- Parcs et jardins, *L0136*.

Saski, Walker & Ass.
- Campus (Universités et collèges en général), *G2192*.

Saskin, Ben; Slater, Norman; Booth, Percy
- Bureaux divers, *B5979*.

Satok and Poizner
- Maisons unifamiliales et maisons jumelées, *H6368*.

Satok, Melvin
- Casernes de pompiers, *F2013*.

Satok & Poizner
- Immeubles d'appartements, *H2669*.

Savage, Hubert
- Écoles primaires et secondaires, *G1205*.

Savoie, Roméo
- Centres communautaires, *D3230*.
- Pavillons pour l'enseignement et la recherche, *G7182*.
- Constructions pour les autobus, *N3018*.

Sawchuk, O.H.
- Édifices cultuels, *A0481*.
- Hôtels de ville et centres civiques, *F6118*.

Sawyer, Joseph
- Édifices cultuels, *A0482*, *A0483*.
- Centres communautaires, *D3231*.
- Écoles primaires et secondaires, *G1206*.
- Campus (Universités et collèges en général), *G2193*.
- Hôpitaux généraux et spécialisés, *M0391*, *M0392*.
- Hôpitaux pour enfants, *M2516*.

Sawyer, Joseph; Marchand, J.-O.
- Hôpitaux généraux et spécialisés, *M0393*.

Schacter, W.M.; Schoenauer, N.H.
- Quartiers résidentiels, *P1594*.

Schaefer, Boyle
- Constructions diverses, *D1526*.

Scheel, H.J.
- Installations de services publics, *B8597*, *B8598*.

Scheel, Hans J.
- Usines diverses, *B9712*.
- Ponts et tunnels, *N3568*.

Schefter, Henry; Simon, Charles
- Maisons unifamiliales et maisons jumelées, *H6369*, *H6370*.

Schertzer, Nathan; Reich, David
- Maisons unifamiliales et maisons jumelées, *H6371*, *H6414*.

SCHL
- Constructions pour la défense civile, *F3050*.
- Habitation subventionnée, *H1051*.
- Maisons unifamiliales et maisons jumelées, *H6372*, *H6373*, *H6374*, *H6375*.

Schmid, Klaus
- Immeubles d'appartements, *H2670*.
- Maisons unifamiliales et maisons jumelées, *H6376*.

Schmidt, Forrest & Associates
- Centres commerciaux, *B1422*.

Schmidt, J.M. (ass.)
- Bureaux divers, *B5980*.
- Centres communautaires, *D3232*.
- Habitation subventionnée, *H1052*.

Schmidt, J.M. (ass.) (suite/cont'd)
- Immeubles d'appartements, *H2671*.

Schmidt, Sieghart
- Immeubles d'appartements, *H2672*.

Schoalps, R.D.
- Constructions pour la défense civile, *F3051*.

Schoeler, Barker & Heaton
- Magasins, *B6678*.

Schoeler & Barkham
- Édifices cultuels, *A0484*.
- Édifices d'associations, *B4546*.
- Bâtiments d'expositions, *D0188*.
- Édifices pour l'administration de la justice, *F4089*.
- Travaux d'urbanisme et de rénovation urbaine, *P0729*, *P0730*.

Schoeler, Barkham and Heaton
- Maisons unifamiliales et maisons jumelées, *H6377*.

Schoeler, Heaton, Harvor, Menendez
- Édifices d'associations, *B4547*.
- Écoles primaires et secondaires, *G1207*, *G1208*.
- Pavillons pour l'enseignement et la recherche, *G7183*.

Schoeler, Heaton, Harvor, Menendez; Corneil, Carmen
- Pavillons pour l'enseignement et la recherche, *G7184*.

Schoenauer, N.H.; Schacter, W.M.
- Quartiers résidentiels, *P1595*.

Schofield, John
- Constructions pour le chemin de fer, *N2025*.

Schreiber, John
- Maisons unifamiliales et maisons jumelées, *H6378*, *H6379*, *H6380*.

Schreier, Walter E.; Maclennan, Ian
- Habitation subventionnée, *H1053*.

Schrier, Arnold
- Édifices cultuels, *A0485*, *A0486*, *A0487*, *A0488*, *A0489*.
- Hôtels, *B4211*, *B4212*, *B4213*.
- Maisons unifamiliales et maisons jumelées, *H6381*, *H6382*.
- Constructions pour le transport aérien, *N0063*.

Schrier, Arnold; Bird, John
- Magasins, *B6679*.

Schrier, Arnold; Goodman, C. Davis
- Magasins, *B6680*.

Schrier & Bird
- Usines diverses, *B9713*.

Schrier & Kessler
- Usines diverses, *B9714*.

Schuller, Norbert J.
- Immeubles d'appartements, *H2673*.

Schumann, Herbert
- Travaux d'urbanisme et de rénovation urbaine, *P0731*.

Schwanzer, Karl; Labelle, Labelle & Marchand
- Bâtiments d'expositions, *D0189*.

Scoler, Gluck & Ass.
- Bureaux divers, *B5981*.

Scott, Gavin
- Résidences d'étudiants, *G8093*.

Scott, Giles Gilbert
- Édifices cultuels, *A0490*.

Scott, Philip
- Usines de denrées alimentaires, *B8655*.

Searle, Parkin, Wilbee, Rowland.
- Bureaux divers, *B5982*.

Searle, Wilbee, Rowland
- Hôtels, *B4214*.
- Bureaux divers, *B5983, B5984, B5985*.
- Usines de machines, *B8866*.
- Travaux d'urbanisme et de rénovation urbaine, *P0732*.

Searle, Wilbee, Rowland; Adamson, Gordon S. (Ass.); Shore & Moffat Partners
- Bibliothèques de maisons d'enseignement, *D2540*.

Searle, Wilbee, Rowland; Negrin, Reno C. (ass.)
- Centres commerciaux, *B1423*.

Searles and Meschino
- Travaux d'urbanisme et de rénovation urbaine, *P0733*.

Searles & Meschino
- Immeubles d'appartements, *H2674*.
- Maisons unifamiliales et maisons jumelées, *H6383*.

Sears, Henry; DuBois, Macy et al.
- Travaux d'urbanisme et de rénovation urbaine, *P0734*.

Sears, Henry; Dubois, Macy; Klein, Henry
- Restaurations d'habitations, *C1030*.

Sears, Henry; Klein, Jack
- Centres communautaires, *D3233*.

Secord, James E.; Herzog, Saul
- Maisons unifamiliales et maisons jumelées, *H6384*.

Secord, James; Herzog, Saul
- Centres communautaires, *D3234*.

Sedleigh, K.; Stone & Webster
- Stades, *D6571*.

Sedun & Kanerva Architects
- Complexes à fonctions commerciale et résidentielle, *B2090*.

Seebeck Construction
- Maisons unifamiliales et maisons jumelées, *H6385*.

SEF Staff Architects
- Écoles primaires et secondaires, *G1209, G1210*.

Sefton, W. & Associates
- Bureaux divers, *B5986*.

Seguin, Patrick
- Centres communautaires, *D3235*.
- Laboratoires, *G9083*.

Seidler, Harry
- Immeubles d'appartements, *H2675*.
- Maisons unifamiliales et maisons jumelées, *H6386*.

Self, Brian A.
- Écoles primaires et secondaires, *G1211*.

Seligman & Dick
- Stades, *D6572*.
- Immeubles d'appartements, *H2676*.

Sellors, E.W.; Semmens, H.N. (Ass.)
- Constructions pour le transport aérien, *N0064*.

Sellors, Nelson, De Forest; Number Ten Architectural Group
- Centres sociaux, *G3036*.

Sellors, Roy
- Édifices cultuels, *A0491*.
- Maisons unifamiliales et maisons jumelées, *H6387, H6388, H6389*.

Sellors, Roy; Russell, John A.
- Maisons unifamiliales et maisons jumelées, *H6390*.

Semec
- Immeubles d'appartements, *H2677*.

Semmens and Simpson
- Édifices cultuels, *A0492, A0493*.
- Bureaux de professionnels, *B5248*.
- Bureaux divers, *B5987, B5988, B5989, B5990*.
- Centres communautaires, *D3236*.

Semmens, H.N. (Ass.); Sellors, E.W.
- Constructions pour le transport aérien, *N0065*.

Semmens & Simpson
- Usines de denrées alimentaires, *B8656, B8657*.
- Bibliothèques publiques, *D2062, D2063*.
- Théâtres, *D7574*.
- Édifices pour l'administration publique, *F5132*.
- Immeubles d'appartements, *H2678, H2679, H2680*.
- Maisons unifamiliales et maisons jumelées, *H6391, H6392, H6393, H6394*.
- Travaux d'urbanisme et de rénovation urbaine, *P0735*.

Sen, Jai; Sherman, Elliott; Zaifen, Paul
- Complexes à fonctions commerciale et résidentielle, *B2091*.

Sert, Jackson Ass.; Project Planning Ass. Ltd; Dober, Richard P.
- Campus (Universités et collèges en général), *G2194*.

Service d'architecture d'Hydro-Québec
- Édifices des sociétés d'énergie et de télécommunication, *B4932, B4933, B4934*.

Servos and Cauley
- Édifices cultuels, *A0495*.

Servos & Cauley
- Écoles primaires et secondaires, *G1212*.

Seton, H.W.
- Magasins, *B6681*.

Seton, Hugh
- Théâtres, *D7575*.

Shadbolt, Douglas
- Magasins, *B6682*.
- Bâtiments d'expositions, *D0190*.
- Maisons unifamiliales et maisons jumelées, *H6395, H6396, H6397*.

Shankman & Hersen
- Bureaux divers, *B5991*.

Shapiro and Wolfe
- Restaurations diverses, *C0082*.

Shapiro, Mark A.
- Constructions pour le transport maritime, *N1018*.

Shapiro & Wolfe
- Centres commerciaux, *B1424*.

Shapski, Hanna
- Centres communautaires, *D3237*.

Sharon, Reznik, Sharon
- Bâtiments d'expositions, *D0191*.

Sharp and Thompson
- Bibliothèques de maisons d'enseignement, *D2541*.
- Pavillons pour l'enseignement et la recherche, *G7185, G7186*.

Sharp and Thompson, Berwick, Pratt
- Bibliothèques publiques, *D2064*.
- Édifices pour l'administration de la justice, *F4090*.
- Écoles primaires et secondaires, *G1213, G1214, G1215, G1216, G1217*.
- Immeubles d'appartements, *H2681*.

Sharp, Berwick, Pratt; Charles E. Craig
- Foyers, *H0140*.

Sharp & Thompson
- Maisons unifamiliales et maisons jumelées, *H6398*.

Sharp & Thompson, Berwick, Pratt
- Banques, *B0164, B0165*.
- Garages, *B3566*.
- Édifices d'associations, *B4548*.
- Édifices des sociétés d'énergie et de télécommunication, *B4935*.
- Bureaux divers, *B5992, B5993, B5994*.
- Magasins, *B6683*.
- Usines diverses, *B9715, B9716*.
- Centres communautaires, *D3238*.
- Écoles d'arts et métiers et écoles spéciales, *G1561*.
- Campus (Universités et collèges en général), *G2195*.
- Installations pour les sports et l'éducation physique, *G5034*.
- Pavillons pour l'enseignement et la recherche, *G7187, G7188, G7189*.
- Résidences d'étudiants, *G8094*.
- Maisons unifamiliales et maisons jumelées, *H6399, H6400, H6401, H6402, H6403, H6404, H6405, H6406*.
- Hôpitaux généraux et spécialisés, *M0394*.
- Travaux d'urbanisme et de rénovation urbaine, *P0736*.

Sharp & Thompson, Berwick, Pratt; Charles E. Craig
- Travaux d'urbanisme et de rénovation urbaine, *P0737*.

Sharp & Thompson, Berwick, Pratt; Craig, Charles E.
- Quartiers résidentiels, *P1596*.

Shaw, John
- Maisons unifamiliales et maisons jumelées, *H6407*.

Sheiden, A.
- Résidences d'étudiants, *G8095*.

Shelton, T. Ewing; Fooks & Milne
- Écoles primaires et secondaires, *G1218*.

Shenkman & Hersen
- Hôtels, *B4215*.
- Bâtiments d'expositions, *D0192*.
- Immeubles d'appartements, *H2682*.

Shenkman, Stanley
- Restaurants, *B7062*.
- Maisons unifamiliales et maisons jumelées, *H6408, H6409, H6410, H6411, H6412*.

Shenkman, Stanley-R.
- Bureaux divers, *B5995*.

Shenkman, Stanley; Roth, Norman
- Centres commerciaux, *B1425*.

Shennan, David
- Hôtels, *B4216*.
- Maisons unifamiliales et maisons jumelées, *H6413*.
- Constructions pour les autobus, *N3019*.

Shepard & Calvin
- Maisons en bandes, *H4108*.

Shepherd, Christopher
- Hôpitaux généraux et spécialisés, *M0395*.

Sheppard, Earle L.
- Bureaux divers, *B5996*, *B5997*.

Sheppard & Masson
- Hôtels de ville et centres civiques, *F6119*.

Sherriff, Wallace
- Édifices cultuels, *A0494*.

Sherwood, Frank (ass.)
- Restaurants, *B7063*.

Shewan, Michael
- Maisons unifamiliales et maisons jumelées, *H6415*.

Ship, Harold
- Complexes à fonctions commerciale et résidentielle, *B2092*.
- Centres communautaires, *D3239*.

Shipp, G.S. (and Sons)
- Maisons unifamiliales et maisons jumelées, *H6416*, *H6417*, *H6418*, *H6419*.

Shipp, G.S. (Son)
- Quartiers résidentiels, *P1597*.

Shore; Abra & Balharrie
- Écoles primaires et secondaires, *G1219*.

Shore & Moffat
- Entrepôts, *B3141*.
- Bureaux divers, *B5998*.
- Installations de services publics, *B8599*.
- Usines diverses, *B9717*, *B9718*.
- Constructions pour la défense civile, *F3052*.
- Édifices pour l'administration publique, *F5133*, *F5134*.
- Hôtels de ville et centres civiques, *F6120*, *F6121*.
- Écoles primaires et secondaires, *G1220*, *G1221*, *G1222*, *G1223*, *G1224*.
- Centres sociaux, *G3037*, *G3038*.
- Pavillons pour l'enseignement et la recherche, *G7190*.
- Laboratoires, *G9084*, *G9085*.
- Hôpitaux militaires, *M1014*, *M1015*.

Shore & Moffat; Adamson, Gordon S. (Ass.); Mathers & Haldenby; Allward & Gouinlock
- Édifices pour l'administration publique, *F5137*.

Shore & Moffat and Partners
- Entrepôts, *B3142*.
- Bibliothèques de maisons d'enseignement, *D2542*.
- Centres communautaires, *D3240*.
- Musées, *D5091*.
- Bureaux de poste, *F1063*.
- Édifices pour l'administration publique, *F5135*, *F5136*.

Shore & Moffat and Partners (suite/cont'd)
- Écoles primaires et secondaires, *G1225*.
- Campus (Universités et collèges en général), *G2196*.
- Auditoriums, *G2711*.
- Centres sociaux, *G3039*.
- Constructions à fonctions utilitaires, *G3510*.
- Installations pour les sports et l'éducation physique, *G5035*.
- Pavillons pour l'administration universitaire, *G6008*.
- Pavillons pour l'enseignement et la recherche, *G7191*, *G7192*, *G7193*, *G7194*.
- Laboratoires, *G9086*, *G9087*, *G9088*, *G9089*.
- Centres médicaux, *M6053*.
- Architecture pour handicapés, etc., *M7024*.

Shore & Moffat and Partners; Adamson, Gordon S.(Ass.); Parkin, John B.(Ass.)
- Auditoriums, *G2712*.

Shore & Moffat; Marani & Morris; Mathers & Haldenby
- Hôtels de ville et centres civiques, *F6122*.

Shore, Moffat & Partners
- Bibliothèques publiques, *D2065*.
- Hôpitaux généraux et spécialisés, *M0396*.
- Constructions pour les autobus, *N3020*.

Shore, Moffat & Partners; Adamson, Gordon S. (Ass.)
- Édifices des sociétés d'énergie et de télécommunication, *B4936*.

Shore & Moffat & Partners; Adamson, Gordon S. (Ass.); Parkin, John (Ass.)
- Bibliothèques de maisons d'enseignement, *D2543*.

Shore, Moffat & Partners; Adamson, Gordon S.(Ass.); Parkin, John B.(Ass.)
- Campus (Universités et collèges en général), *G2197*.
- Installations pour les sports et l'éducation physique, *G5036*.
- Pavillons pour l'enseignement et la recherche, *G7195*.

Shore & Moffat & Partners; Adamson, Gordon S. (Ass.); Searle, Wilbee, Rowland
- Bibliothèques de maisons d'enseignement, *D2544*.

Shore, Tilbe, Henschel; DuBois, Strong, Bindhart
- Édifices pour l'administration publique, *F5139*.

Shore, Tilbe, Henschel, Irwin
- Installations de services publics, *B8600*.
- Bibliothèques publiques, *D2066*.
- Centres communautaires, *D3241*.

Shore, Tilbe, Henschel, Irwin (suite/cont'd)
- Édifices pour l'administration de la justice, *F4091*.
- Laboratoires, *G9090*.
- Maisons unifamiliales et maisons jumelées, *H6420*.
- Travaux d'urbanisme et de rénovation urbaine, *P0738*.

Shore, Tilbe, Henschel, Irwin, Peters
- Bureaux divers, *B5999*.
- Bibliothèques de maisons d'enseignement, *D2545*.
- Centres communautaires, *D3242*.
- Édifices pour l'administration publique, *F5138*.
- Pavillons pour l'enseignement et la recherche, *G7196*.
- Parcs et jardins, *L0137*.

Shore, Tilbe, Henschel, Irwin, Peters; Moorhead, Fleming, Corban
- Parcs et jardins, *L0138*.

Shorey and Ritchie
- Hôtels, *B4217*.
- Constructions pour les autobus, *N3021*.

Shorey & Ritchie
- Maisons unifamiliales et maisons jumelées, *H6421*.

Shorey, Ritchie & Douglas
- Écoles primaires et secondaires, *G1226*.

Short, D. Perry
- Édifices cultuels, *A0496*.
- Édifices d'associations, *B4549*.
- Écoles primaires et secondaires, *G1227*.

Shubin, George
- Entrepôts, *B3143*.

Shukla, Jack; Shukla, Raji
- Complexes à fonctions commerciale et résidentielle, *B2093*.

Shulman, Ben-Ami
- Bureaux divers, *B6000*.
- Maisons unifamiliales et maisons jumelées, *H6422*.
- Quartiers résidentiels, *P1598*.

Shulman, Wilfred
- Immeubles d'appartements, *H2683*.

Shulman, Wilfred; Daniels, John
- Immeubles d'appartements, *H2684*.

Shulman, Wilfred; Jessup, Allen; Kohl, Harry B.
- Quartiers résidentiels, *P1599*.

Shulman, Wilfred; Kohl, Harry B.; Jessup, Allen.
- Maisons unifamiliales et maisons jumelées, *H6423*.

Shumiatcher, Judah
- Bureaux divers, *B6001*.

Shumiatcher, Judah; Galovics, Steve
- Complexes à fonctions commerciale et résidentielle, *B2094*.

Shupe, Ramon
- Maisons unifamiliales et maisons jumelées, *H6424*.

Sickler, Donald; Desmarais-Tornay
- Quartiers résidentiels, *P1600*.

Siddall, Dennis & Ass.
- Stades, *D6573*.

Siddall, R.W. (Ass.)
- Bibliothèques de maisons d'enseignement, *D2546*.

Siddall, R.W. (Ass.); Wade, Stockdill, Armour
- Hôtels de ville et centres civiques, *F6123*.
- Travaux d'urbanisme et de rénovation urbaine, *P0739*.

Siddall, Robert
- Garages, *B3567*.

Sievenpiper
- Immeubles d'appartements, *H2685*.

Sievenpiper Architect
- Foyers, *H0141*, *H0142*.

Sifton Construction Co. Ltd.
- Maisons unifamiliales et maisons jumelées, *H6425*.

Simard, Cyril
- Bâtiments d'expositions, *D0193*.
- Centres communautaires, *D3243*.

Simard, Cyril; Lévesque, Laurentin
- Centres communautaires, *D3244*.

Simard, Cyrille; Poulin, J.L.
- Maisons unifamiliales et maisons jumelées, *H6426*.

Simard, Henri
- Hôtels de ville et centres civiques, *F6125*.

Simmonds, H.H.
- Théâtres, *D7576*.

Simon, André
- Hôtels de ville et centres civiques, *F6124*.

Simon, Charles; Schefter, Henry
- Maisons unifamiliales et maisons jumelées, *H6427*.

Simon, J.; Salter, W.S.; Thorson, S.
- Travaux d'urbanisme et de rénovation urbaine, *P0740*.

Simpson, D.C.
- Maisons unifamiliales et maisons jumelées, *H6428*.

Simpson, Douglas C.
- Travaux d'urbanisme et de rénovation urbaine, *P0741*.

Simpson, Douglas C. (Ass.)
- Hôtels, *B4218*.

Simpson, E.G.; Haxby, W.T.
- Travaux d'urbanisme et de rénovation urbaine, *P0742*.

Sinclair, D.L.; Raymer, M.R.; Manning, D.M.; Hanson, A.K.
- Quartiers résidentiels, *P1601*.

Sinclair, Skakun, Naito
- Écoles primaires et secondaires, *G1228*.
- Pavillons pour l'enseignement et la recherche, *G7197*.

Singer, Joseph B.
- Hôtels, *B4219, B4220*.

Sinoski, D.A.
- Stades, *D6574*.

Sirlin & Giller
- Parcs industriels, *B8027*.

Sisam, David
- Maisons de vacances, *D1075*.

Sise & Desbarats
- Parcs et jardins, *L0139*.

Sise, Hazen
- Restaurants, *B7064*.

Sixta, Gerard
- Travaux d'urbanisme et de rénovation urbaine, *P0743*.

Skanes, Robert M.
- Quartiers résidentiels, *P1602*.

Skidmore, Owings and Merrill; Chandler Kennedy Architectural Group
- Travaux d'urbanisme et de rénovation urbaine, *P0744*.

Skidmore, Owings & Merrill; Greenspoon, Freedlander & Dunne
- Bureaux divers, *B6002*.

Skidmore, Owings, Merrill; Mathers & Haldenby
- Centres commerciaux, *B1426*.
- Complexes à fonctions commerciale et résidentielle, *B2095*.

Skidmore, Owings & Merrill; Smith, Carter, Partners
- Travaux d'urbanisme et de rénovation urbaine, *P0745*.

Skidmore, Owings, Merrill; Wynn, Forbes, Lord, Feldberg, Schmidt
- Centres commerciaux, *B1427*.

Skinner, Donald E.; Smith, W.P.
- Usines diverses, *B9719*.

Sklar, Murray
- Maisons unifamiliales et maisons jumelées, *H6429*.

Skylight Homes Ltd
- Maisons unifamiliales et maisons jumelées, *H6430*.

Slater, Norman
- Bâtiments d'expositions, *D0194*.

Slater, Norman (suite/cont'd)
- Maisons unifamiliales et maisons jumelées, *H6431, H6432*.

Slater, Norman; Archambault, Louis
- Bâtiments d'expositions, *D0195*.

Smale, Warren
- Édifices pour l'administration de la justice, *F4092*.

Smart, J.J.; Kiss, Z.S.; Tiers, C.A.; Middleton, E.E.
- Quartiers résidentiels, *P1603*.

Smith, Allan C. (Ass.)
- Hôpitaux généraux et spécialisés, *M0397*.

Smith, Carter and Searle
- Écoles primaires et secondaires, *G1231*.

Smith, Carter, Katelnikoff
- Édifices cultuels, *A0497*.
- Bureaux de professionnels, *B5249*.
- Écoles primaires et secondaires, *G1229*.

Smith, Carter, Parkin
- Centres commerciaux, *B1430*.
- Hôtels, *B4221*.
- Édifices d'associations, *B4550*.
- Bureaux divers, *B6003*.
- Hôtels de ville et centres civiques, *F6126*.
- Écoles primaires et secondaires, *G1230*.
- Pavillons pour l'enseignement et la recherche, *G7198*.
- Laboratoires, *G9092*.

Smith, Carter Partners
- Bureaux de professionnels, *B5250*.
- Centres communautaires, *D3245*.
- Théâtres, *D7577*.
- Ambassades et consulats, *F0022*.

Smith, Carter Partners; ARCOP associates
- Centres commerciaux, *B1431*.

Smith, Carter, Partners; Skidmore, Owings & Merrill
- Travaux d'urbanisme et de rénovation urbaine, *P0746*.

Smith, Carter, Searle
- Bureaux divers, *B6004, B6005*.

Smith, Carter, Searle Ass.
- Centres commerciaux, *B1428, B1429*.
- Édifices des sociétés d'énergie et de télécommunication, *B4937*.
- Bureaux de professionnels, *B5251*.
- Bâtiments d'expositions, *D0196*.
- Bibliothèques publiques, *D2067*.
- Piscines, *D6045*.
- Hôtels de ville et centres civiques, *F6127*.
- Écoles primaires et secondaires, *G1232*.
- Maisons unifamiliales et maisons jumelées, *H6433*.
- Quartiers résidentiels, *P1604*.

Smith, Carter, Searle Ass.; Dumaresq, J. Philip & Ass.
- Bâtiments d'expositions, *D0197*.

Smith, Carter, Searle Ass.; Forrester, Scott, Bowers, Cooper
- Pavillons pour l'enseignement et la recherche, *G7200*.

Smith, Carter, Searle Ass.; Green, Blankstein, Russell Ass.; Moody, Moore & Partners
- Musées, *D5092*.

Smith, Carter, Searle Ass.; Moody, Moore, Whenham & Partners
- Banques, *B0166*.

Smith, Carter, Searle & Associates
- Édifices cultuels, *A0498*.
- Édifices pour l'administration publique, *F5140*.
- Pavillons pour l'enseignement et la recherche, *G7199*.

Smith, Carter, Searle Associates
- Immeubles d'appartements, *H2686*.

Smith, Ernest
- Constructions pour le transport aérien, *N0066*.

Smith, Ernest J.
- Maisons unifamiliales et maisons jumelées, *H6434*.

Smith, Harold J.
- Usines diverses, *B9720*.
- Hôpitaux généraux et spécialisés, *M0398*.

Smith, Harry P.; Marshall, Merrett, Stahl, Elliott & Mill
- Pavillons pour l'enseignement et la recherche, *G7201*.

Smith, J. Roxborough
- Laboratoires, *G9091*.

Smith & McCulloch
- Hôpitaux généraux et spécialisés, *M0400, M0401*.

Smith, Mill & Ross
- Laboratoires, *G9093*.

Smith, Munn, Carter, Katelnikoff
- Écoles primaires et secondaires, *G1233*.

Smith, Munn, Carter, Katelnikoff; Brown, Ian M.
- Musées, *D5093*.

Smith, Paul D. (Ass.)
- Hôpitaux généraux et spécialisés, *M0399*.

Smith, R. Stewart
- Écoles d'arts et métiers et écoles spéciales, *G1562*.

Snider, Ken
- Maisons unifamiliales et maisons jumelées, *H6435*.

Snider, Kenneth R.
- Centres sociaux, *G3040*.

Snyder, Douglas
- Restaurations diverses, *C0083*.

Société Générale des Systèmes Urbains
- Campus (Universités et collèges en général), *G2198*.
- Travaux d'urbanisme et de rénovation urbaine, *P0747*.

Sofracan
- Maisons unifamiliales et maisons jumelées, *H6436*.

Sohn, Léon
- Centres commerciaux, *B1432*.

Somerville, McMurrich & Oxley
- Bâtiments agricoles, *B0808*.
- Pavillons pour l'enseignement et la recherche, *G7202*.
- Habitation subventionnée, *H1054*.
- Centres médicaux, *M6054*.

Somerville, McMurrich & Oxley; Govan, Kaminker, Langley, etc.
- Pavillons pour l'enseignement et la recherche, *G7203*.

Somerville, W.L.
- Restaurations diverses, *C0084*.
- Hôpitaux généraux et spécialisés, *M0402, M0403*.
- Hôpitaux pour enfants, *M2517*.
- Ponts et tunnels, *N3569*.

Somerville, W.L.; Dunington-Grubb & Stensson
- Parcs et jardins, *L0140, L0141, L0142*.

Somerville, W.L.; McMurrich & Oxley
- Édifices cultuels, *A0499*.
- Bibliothèques de maisons d'enseignement, *D2547*.
- Hôpitaux généraux et spécialisés, *M0404, M0405*.

Soo Mill & Lumber Co. Ltd
- Maisons unifamiliales et maisons jumelées, *H6437*.

Sorensen, Fleming
- Travaux d'urbanisme et de rénovation urbaine, *P0748*.

Soudre & Latte; Colangelo, Patsy
- Habitation subventionnée, *H1055*.

Souter, Lenz, Scott, Tayler, Souter; Webb, Zerafa, Menkes.
- Travaux d'urbanisme et de rénovation urbaine, *P0749*.

Souter, Lenz, Scott, Taylor, Souter; Prack & Prack
- Pavillons pour l'enseignement et la recherche, *G7206*.

Souter, W.R. (Ass.)
- Pavillons pour l'enseignement et la recherche, *G7204, G7205*.

Souter, Wan (Ass.)
- Édifices pour l'administration publique, *F5141*.

Souter, William R. & Ass.
- Banques, *B0167*.

Souter, William R. & Ass. (suite/cont'd)
- Entrepôts, *B3144*.
- Garages, *B3568*.
- Magasins, *B6684*.
- Ponts et tunnels, *N3570*.

Spachman, Mandel C.
- Hôtels, *B4222*.

Spence, Basil; Bonnington & Collins; Bland, Lemoyne, Edwards, Shine
- Bâtiments d'expositions, *D0198*.

Spence, D. Jerome
- Maisons unifamiliales et maisons jumelées, *H6438*.

Spense & Mathias
- Bureaux divers, *B6006*.

Sperry Ass. Ltd
- Bureaux divers, *B6007*.

Sperry, H. Drew
- Maisons unifamiliales et maisons jumelées, *H6439*.

Spevack, Alan
- Restaurants, *B7065*.

Spevack and Gross
- Centres commerciaux, *B1433*.

Spotowski, W.J.
- Maisons unifamiliales et maisons jumelées, *H6440*.

Sprachman and Giller
- Théâtres, *D7579*.

Sprachman, Mandel
- Centres commerciaux, *B1434*.
- Constructions diverses, *D1527*.
- Centres communautaires, *D3246*.
- Cinémas, *D7226, D7227*.
- Théâtres, *D7578*.
- Casernes de pompiers, *F2014*.
- Écoles et résidences d'infirmières, *M5023*.

Sprachman, Mandel C.
- Usines diverses, *B9721*.

Spratley, Keith
- Maisons unifamiliales et maisons jumelées, *H6441*.

Sproatt and Rolph
- Bibliothèques publiques, *D2068*.
- Constructions diverses, *G3806*.
- Maisons unifamiliales et maisons jumelées, *H6442*.

Sproatt & Rolph
- Centres communautaires, *D3247*.
- Hôtels de ville et centres civiques, *F6128*.
- Monuments, *K0015*.

Sproule, S.-M.
- Usines de denrées alimentaires, *B8658*.

Sproule, Wallace C.
- Bureaux divers, *B6008*.

St-Denis, Y.; Chaloux, J.-M.; Dorval, C.
- Travaux d'urbanisme et de rénovation urbaine, *P0725*.

St-Gelais et Tremblay
- Écoles primaires et secondaires, *G1191, G1192*.

St-Gelais, Evans
- Banques, *B0160*.
- Magasins, *B6677*.
- Bâtiments d'expositions, *D0187*.
- Stades, *D6569, D6570*.
- Écoles primaires et secondaires, *G1189, G1190*.
- Maisons unifamiliales et maisons jumelées, *H6360*.

St-Gelais & Tremblay
- Édifices cultuels, *A0477, A0478*.
- Maisons unifamiliales et maisons jumelées, *H6361*.

St-Gelais, Tremblay & Tremblay
- Édifices cultuels, *A0479*.
- Édifices religieux divers, *A1081, A1082*.
- Hôtels de ville et centres civiques, *F6117*.
- Écoles primaires et secondaires, *G1193, G1194, G1195, G1196, G1197, G1198*.
- Campus (Universités et collèges en général), *G2191*.
- Maisons unifamiliales et maisons jumelées, *H6362, H6363, H6364*.

St-Gelais, Tremblay, Tremblay & Labbé
- Écoles primaires et secondaires, *G1199*.

St-Gelais, Tremblay, Tremblay, Labbé; Tessier, Corriveau
- Édifices pour l'administration publique, *F5131*.

St-Jacques, Mongenais, Blankstein, Russell
- Hôpitaux militaires, *M1013*.

St-Pierre, Laurent
- Écoles primaires et secondaires, *G1200, G1201*.
- Routes, *N4022*.

Stade, Charles E. (Ass.)
- Édifices cultuels, *A0500*.

Stadler Hurter & Co.
- Usines diverses, *B9722*.

Stahl & Nicolaidis
- Banques, *B0168*.

Stalmach, Frank J.
- Édifices cultuels, *A0501*.

Standford & Wilson
- Ponts et tunnels, *N3571*.

Stanford & Wilson
- Écoles spécialisées, *G4029*.

Stankiewicz, Matthew; Ashworth, Robbie, Vaughan and Williams
- Maisons unifamiliales et maisons jumelées, *H6443*.

Stankiewicz, Z. Matthew; Robbie, Vaughan & Williams
- Centres sociaux, *G3041*.

Stanley, K.C.
- Bureaux divers, *B6009*.

Stanley, K.C. (Co.)
- Édifices cultuels, *A0502*.
- Entrepôts, *B3145*.
- Usines de machines, *B8867*.
- Centres communautaires, *D3248*.

Stanley, Kelvin C.
- Écoles primaires et secondaires, *G1234*.

Stanley, Kwok; Kwan, Romses (Ass.)
- Quartiers résidentiels, *P1605*.

Stanley & Stanley
- Édifices d'associations, *B4551*.

Stapels, René; Eber, Goerge F.
- Bâtiments d'expositions, *D0199*.

Starkman, M.
- Restaurants, *B7066*.

Starkman, Maxwell
- Habitation subventionnée, *H1056*.

Ste-Marie, Paul
- Restaurants, *B7061*.
- Installations de services publics, *B8596*.

Ste-Thérèse-en-Haut Realties Inc
- Maisons unifamiliales et maisons jumelées, *H6365*.

Stechensen, Leslie J.
- Maisons de vacances, *D1076*.

Stechesen, Frederickson, Katz
- Restaurations diverses, *C0085*.
- Maisons unifamiliales et maisons jumelées, *H6444*.

Stechesen, Leslie J.
- Centres commerciaux, *B1435*.

Steinbrecher, A.
- Constructions à fonctions utilitaires, *G3511*.

Stephenson, Gordon
- Travaux d'urbanisme et de rénovation urbaine, *P0750*.

Stephenson, Gordon; Muirhead, G. George
- Travaux d'urbanisme et de rénovation urbaine, *P0751*.

Stephenson, J. (Ass.)
- Édifices cultuels, *A0503*.

Stephenson, J. (ass.); Webb, Zerafa, Menkes
- Bureaux divers, *B6010*.

Stevens, Graham, MacConnell, Milton Partners
- Bureaux de professionnels, *B5252*.

Stevenson & ass.
- Édifices cultuels, *A0504*.

Stevenson & Dewar
- Banques, *B0170*.

Stevenson, J. (Ass.)
- Entrepôts, *B3146*.
- Centres communautaires, *D3249*.
- Écoles primaires et secondaires, *G1235*.
- Campus (Universités et collèges en général), *G2199*.

Stevenson, John
- Banques, *B0169*.

Stevenson, Raines, Barrett, Hutton, Seton and Partners
- Constructions pour le transport aérien, *N0067*.

Stevenson, Raines, Barrett, Hutton, Seton & Partners
- Campus (Universités et collèges en général), *G2200*.

Stewart and Howell
- Théâtres, *D7580*.
- Hôtels de ville et centres civiques, *F6129*.
- Écoles primaires et secondaires, *G1237*.

Stewart, G.; Arnott, G.; Izumi, K.
- Travaux d'urbanisme et de rénovation urbaine, *P0752*.

Stewart, George
- Écoles primaires et secondaires, *G1236*.

Stewart, George A.
- Centres communautaires, *D3250*.

Stewart, Gordon
- Maisons unifamiliales et maisons jumelées, *H6445*.

Stewart, Neil M.
- Musées, *D5094*.

Stewart, Wm. R.
- Maisons unifamiliales et maisons jumelées, *H6446*.

Stilman, Harry
- Ateliers, *B8205*.
- Usines diverses, *B9723*.

Stock, D.H.
- Maisons unifamiliales et maisons jumelées, *H6447*.

Stock, D.H.(Partners)
- Campus (Universités et collèges en général), *G2201*.
- Pavillons pour l'enseignement et la recherche, *G7207*.
- Laboratoires, *G9094, G9095*.

Stock, Dan H.
- Monuments, *K0016*.

Stock, Ramsay & Ass.
- Entrepôts, *B3147*.
- Édifices des sociétés d'énergie et de télécommunication, *B4938*.
- Bureaux de poste, *F1064*.
- Écoles primaires et secondaires, *G1238*.
- Foyers, *H0143, H0144*.
- Constructions pour le téléphone, *N8072*.

Stockdill, C.D.
- Centres médicaux, *M6055*.

Stockl, M.F.
- Parcs et jardins, *L0143*.

Stokes, Peter John
- Centres communautaires, *D3251*.

Stone, Edward Durrell; Bregman and Hamann
- Hôtels, *B4223*.

Stone, Norman; Lipson & Dashkin
- Maisons unifamiliales et maisons jumelées, *H6452*.

Stone, Norman R.
- Maisons unifamiliales et maisons jumelées, *H6448, H6449, H6450, H6451*.

Stone & Webster; Sedleigh, K.
- Stades, *D6575*.

Storey, E.M.
- Écoles primaires et secondaires, *G1239*.

Storey, J.; Burniston, G.
- Maisons unifamiliales et maisons jumelées, *H6453*.

Storey, J.W.
- Écoles primaires et secondaires, *G1240, G1241*.
- Campus (Universités et collèges en général), *G2202*.

Storey, Joseph W.
- Édifices cultuels, *A0505, A0506*.
- Édifices religieux divers, *A1083*.
- Bureaux divers, *B6011*.

Storey & Marvin
- Écoles primaires et secondaires, *G1242, G1243*.

Storey, Stan E.; Van Egmond, W.G.
- Édifices cultuels, *A0507*.
- Édifices de maisons d'édition, *B4806*.
- Édifices pour l'administration publique, *F5142*.

Stovel, A.B.
- Maisons unifamiliales et maisons jumelées, *H6454*.

Stovel, Albert
- Immeubles d'appartements, *H2687*.

Stovel, Burton
- Édifices cultuels, *A0508*.

Strasman, James Colin
- Musées, *D5095*.

Strasman, James Colin; Erickson-Massey
- Quartiers résidentiels, *P1606*.

Strasman, Jim
- Maisons unifamiliales et maisons jumelées, *H6455*.

Strasman, Jim; Jacobs, Julian
- Garages, *B3569*.

Strong, Richard; Cheney, Gordon; DuBois, Macy; Fairfield, Robert
- Maisons en bandes, *H4109*.

Strong, Richard; Fairfield, Robert C.; DuBois, Macy; Cheney, Gordon
- Quartiers résidentiels, *P1607*.

Structural Engineering Services Ltd
- Entrepôts, *B3148*.

Strutt, James W.
- Édifices cultuels, *A0509, A0510, A0511, A0512*.
- Édifices d'associations, *B4552*.
- Maisons unifamiliales et maisons jumelées, *H6456, H6457, H6458, H6459*.

Strutt, Jim
- Hôtels, *B4224*.

Stubbins, Hugh (Ass.)
- Maisons unifamiliales et maisons jumelées, *H6460*.

Sturgess, Jeremy; Mitnik, Robert
- Maisons unifamiliales et maisons jumelées, *H6461*.

Styliaras, D.
- Travaux d'urbanisme et de rénovation urbaine, *P0753*.

Sullivan, John; Pacek, Joseph
- Écoles primaires et secondaires, *G1244*.

Surveyer, Nenniger & Chênevert
- Installations de services publics, *B8601*.
- Usines de denrées alimentaires, *B8659*.
- Usines diverses, *B9724, B9725, B9726, B9727, B9728*.
- Travaux d'urbanisme et de rénovation urbaine, *P0754*.

Sutherland, J.B.
- Hôtels de ville et centres civiques, *F6130*.

Swan, Max
- Maisons unifamiliales et maisons jumelées, *H6462*.

Swan Wooster — CBA Report
- Travaux d'urbanisme et de rénovation urbaine, *P0755*.

Swann, Wooster & Partners
- Entrepôts, *B3149*.

Swanson, H.A.
- Quartiers résidentiels, *P1608*.

Swanson, H.A.; W. Sefton and Associates
- Complexes à fonctions commerciale et résidentielle, *B2096*.

Swanson, Herbert A.
- Piscines, *D6046*.
- Immeubles d'appartements, *H2688*.

Swartzman, M.
- Bibliothèques publiques, *D2069*.

Switzer, Henry A.
- Maisons unifamiliales et maisons jumelées, *H6463*.

Sydney & C.S. Comber
- Écoles primaires et secondaires, *G1245*.

Sykes, Jim
- Résidences d'étudiants, *G8096*.

Sylvester, W.C.
- Écoles primaires et secondaires, *G1246*.

Synge P.
- Écoles d'arts et métiers et écoles spéciales, *G1563*.

Szarvas, J.A.; Zimmerman, A.G.; Meredith, B.
- Banques, *B0171*.

Tabler, William; Affleck, Dimakopoulos, Lebensold
- Hôtels, *B4225*.

Taillibert, Roger
- Stades, *D6576*.

Talbot, E.H.
- Écoles primaires et secondaires, *G1247*.

Talbot, Henri
- Hôpitaux généraux et spécialisés, *M0406*.

Tampold and Wells
- Bureaux divers, *B6012, B6013*.
- Résidences d'étudiants, *G8097, G8098, G8099*.

Tampold, Elmar
- Marinas, *D4511*.

Tampold, Elmar (Ass.)
- Maisons de vacances, *D1077*.
- Immeubles d'appartements, *H2689, H2690*.

Tampold & Wells
- Pavillons pour l'enseignement et la recherche, *G7208*.
- Habitation subventionnée, *H1057*.
- Immeubles d'appartements, *H2691, H2692, H2693*.
- Maisons en bandes, *H4110*.
- Quartiers résidentiels, *P1609, P1610, P1611*.

Tanaka, George
- Centres communautaires, *D3252*.

Tanner, Doris N.
- Maisons unifamiliales et maisons jumelées, *H6464*.

Tanner, H.T.D.; Kay, John R.
- Maisons unifamiliales et maisons jumelées, *H6465*.
- Quartiers résidentiels, *P1612*.

Tanner/Kay
- Foyers, *H0145*.
- Immeubles d'appartements, *H2694, H2695, H2696, H2697*.

Tardif, J. Hervé
- Écoles primaires et secondaires, *G1248*.

Tardif, J. Hervé (suite/cont'd)
- Écoles d'arts et métiers et écoles spéciales, *G1564*.

Tarjan, Paul
- Maisons unifamiliales et maisons jumelées, *H6466*.

Tassie, W.J.
- Bâtiments d'expositions, *D0200*.

Tattersfield, Philip
- Parcs et jardins, *L0144*.

Tattersfield, Philip; Kemble, Roger
- Quartiers résidentiels, *P1613*.

Team 2
- Maisons unifamiliales et maisons jumelées, *H6467*.

Teasdale, Pierre; Robillard, J.-L.
- Restaurants, *B7067*.

Tedman, Blake
- Garages, *B3570*.

Tellier, Gérald
- Ponts et tunnels, *N3572*.

Temporale, Stark
- Bureaux divers, *B6014*.
- Piscines, *D6047, D6048, D6049*.

Teron Construction Ltd
- Maisons unifamiliales et maisons jumelées, *H6468, H6469, H6470*.

Tessier, André
- Centres commerciaux, *B1436*.

Tessier & Corriveau
- Bureaux divers, *B6015*.

Tessier, Corriveau & Lefebvre
- Restaurations diverses, *C0086*.

Tessier, Corriveau; St-Gelais, Tremblay, Tremblay, Labbé
- Édifices pour l'administration publique, *F5143*.

Tessier et Corriveau
- Habitation subventionnée, *H1058*.

Tessier, J.
- Banques, *B0172*.

Tétrault, Paul-André
- Hôpitaux généraux et spécialisés, *M0407*.

Tettamanti, James
- Bureaux divers, *B6016*.

The Architects' Collaborative
- Bureaux divers, *B6017*.

The Austin Company Limited
- Usines diverses, *B9580*.

The Chandler Kennedy Partnership
- Centres commerciaux, *B1238*.

The Corner Group Architects
- Quartiers résidentiels, *P1614*.

The Thom Partnership
- Bureaux divers, *B6019*.

The Thom Partnership (suite/cont'd)
- Restaurations diverses, *C0087*.
- Quartiers résidentiels, *P1615*.

The Wade Williams Partnership
- Centres sociaux, *G3048*.

Théoret, Jean-Guy
- Bâtiments d'expositions, *D0201*.
- Édifices pour l'administration de la justice, *F4093*.
- Centres médicaux, *M6056*.

Thermo Solar
- Maisons en bandes, *H4111*.

Thibault, Roger
- Édifices cultuels, *A0513*.

Thibodeau & Thibodeau
- Stades, *D6577*.
- Cinémas, *D7228*.
- Maisons unifamiliales et maisons jumelées, *H6471, H6472, H6473, H6474, H6475, H6476*.

Thom, R.J.
- Bureaux divers, *B6018*.
- Bâtiments d'expositions, *D0202*.
- Bibliothèques de maisons d'enseignement, *D2548*.
- Théâtres, *D7581*.

Thom, R.J.; Clifford & Lawrie; Crang & Boake; Johnson, Sustronk, Weinstein and Ass.
- Parcs et jardins, *L0145*.

Thom, R.J.; Thompson, Berwick & Pratt
- Campus (Universités et collèges en général), *G2207*.

Thom, Ron
- Campus (Universités et collèges en général), *G2203, G2204, G2205*.
- Résidences d'étudiants, *G8100*.
- Maisons unifamiliales et maisons jumelées, *H6477, H6478, H6479, H6480, H6481, H6482, H6483, H6484, H6485, H6486, H6487*.

Thom, Ron; Andrews, John
- Centres sociaux, *G3042*.

Thom, Ron; Downs-Archambault
- Campus (Universités et collèges en général), *G2206*.

Thom, Ron; Negrin, Reno C.
- Hôtels, *B4226*.

Thom, Ron; Vandermeulen, Emile
- Travaux d'urbanisme et de rénovation urbaine, *P0756*.

Thompson, Berwick and Pratt
- Immeubles d'appartements, *H2698*.
- Constructions pour le transport aérien, *N0068*.

Thompson, Berwick & Pratt
- Édifices cultuels, *A0514*.
- Banques, *B0173, B0174, B0175, B0176*.
- Garages, *B3571*.
- Hôtels, *B4227, B4228*.

Thompson, Berwick & Pratt (suite/cont'd)
- Édifices des sociétés d'énergie et de télécommunication, *B4939, B4940*.
- Bureaux divers, *B6020*.
- Usines de machines, *B8868*.
- Bibliothèques de maisons d'enseignement, *D2549*.
- Centres communautaires, *D3253, D3254*.
- Stades, *D6578*.
- Édifices pour l'administration publique, *F5144*.
- Écoles primaires et secondaires, *G1249, G1250*.
- Campus (Universités et collèges en général), *G2208, G2209*.
- Centres sociaux, *G3043, G3044, G3045*.
- Constructions à fonctions utilitaires, *G3512*.
- Pavillons pour l'enseignement et la recherche, *G7209, G7210, G7211, G7212*.
- Laboratoires, *G9096, G9097, G9098, G9099, G9100*.
- Maisons unifamiliales et maisons jumelées, *H6489, H6490, H6491, H6492, H6493, H6494, H6495*.
- Hôpitaux généraux et spécialisés, *M0409, M0410, M0411*.
- Constructions pour la radio et la télévision, *N7030, N7031*.
- Quartiers résidentiels, *P1616*.

Thompson, Berwick, Pratt and Partners
- Campus (Universités et collèges en général), *G2212*.

Thompson, Berwick, Pratt & Ass.; Dumaresq, J. Philip & Ass.
- Bâtiments d'expositions, *D0203*.

Thompson, Berwick & Pratt; Crevier, Lemieux, Mercier, Caron
- Musées, *D5096*.

Thompson, Berwick, Pratt; Downs/Archambault; Davidson/Johnston
- Quartiers résidentiels, *P1617*.

Thompson, Berwick & Pratt; Gardiner, Thornton, Gathe & Ass.
- Magasins, *B6685*.

Thompson, Berwick & Pratt; Jessiman, R.
- Pavillons pour l'enseignement et la recherche, *G7213*.

Thompson, Berwick, Pratt & Partners
- Édifices cultuels, *A0515*.
- Centres commerciaux, *B1437*.
- Complexes à fonctions commerciale et résidentielle, *B2097*.
- Magasins, *B6686*.
- Restaurations diverses, *C0088*.
- Restaurations d'habitations, *C1031*.
- Ambassades et consulats, *F0023, F0024*.
- Constructions à fonctions utilitaires, *G3513*.

Thompson, Berwick, Pratt & Partners (suite/cont'd)
- Pavillons pour l'enseignement et la recherche, *G7214, G7215*.
- Laboratoires, *G9101*.
- Immeubles d'appartements, *H2699*.
- Maisons unifamiliales et maisons jumelées, *H6496, H6497, H6498*.
- Parcs et jardins, *L0146*.
- Hôpitaux généraux et spécialisés, *M0412*.
- Hôpitaux universitaires, *M3012*.
- Travaux d'urbanisme et de rénovation urbaine, *P0757, P0758*.
- Quartiers résidentiels, *P1618, P1619, P1620, P1621, P1622, P1623, P1624, P1625*.

Thompson, Berwick, Pratt & Partners; McCarter, Nairne & Partners
- Édifices pour l'administration publique, *F5145*.

Thompson, Berwick & Pratt; Thom, R.J.
- Campus (Universités et collèges en général), *G2210, G2211*.

Thompson, Dudley
- Centres communautaires, *D3255*.

Thompson, Grattan D.
- Magasins, *B6687*.
- Usines diverses, *B9729, B9730*.
- Constructions pour la défense civile, *F3053, F3054*.

Thompson, J. Les (Son)
- Maisons unifamiliales et maisons jumelées, *H6488*.

Thompson, J.P.
- Hôpitaux généraux et spécialisés, *M0408*.

Thomson, J.P.
- Hôtels, *B4229*.

Thordasen, David
- Maisons de vacances, *D1078*.

Thornton, Fred; Hollingsworth, Fred T.; Downs, Barry V.
- Maisons unifamiliales et maisons jumelées, *H6501*.

Thornton, Peter
- Édifices cultuels, *A0516*.
- Maisons unifamiliales et maisons jumelées, *H6499, H6500*.

Thorson, S.; Salter, W.S.; Simon, J.
- Travaux d'urbanisme et de rénovation urbaine, *P0759*.

Thrift, Eric W.
- Travaux d'urbanisme et de rénovation urbaine, *P0760*.

Tidy, Ken
- Constructions pour les autobus, *N3022*.

Tiers, C.A.; Kiss, Z.S.; Smart, J.J.; Middleton, E.E.
- Quartiers résidentiels, *P1626*.

Tiers, Charles
- Usines diverses, *B9731*.

Tigerman, Stanley; Bobrow, Philip David; Mies van der Rohe, Ludwig
- Quartiers résidentiels, *P1627*.

Tilbe, Alfred
- Habitation subventionnée, *H1059*.

Tillmann and Lamb
- Édifices pour l'administration publique, *F5146*.
- Hôpitaux universitaires, *M3013*.

Timberlay Developments
- Maisons unifamiliales et maisons jumelées, *H6502*.

Toby, Ray Leonard
- Constructions diverses, *D1528*.

Toby & Russell
- Édifices cultuels, *A0517, A0518, A0519*.
- Bureaux divers, *B6021*.
- Maisons unifamiliales et maisons jumelées, *H6503*.
- Architecture pour handicapés, etc., *M7025*.

Toby & Russell & Buckwell
- Installations de services publics, *B8602*.
- Hôtels de ville et centres civiques, *F6131, F6132*.
- Écoles primaires et secondaires, *G1251, G1252*.

Toby, Russell, Buckwell & Ass.
- Casernes de pompiers, *F2015*.

Toby, Russell, Buckwell & Partners
- Écoles primaires et secondaires, *G1253, G1254*.

Todd, Robert
- Quartiers résidentiels, *P1628*.

Tolchinsky et Goodz
- Bureaux divers, *B6024, B6025, B6026, B6027*.

Tolchinsky & Goodz
- Restaurations diverses, *C0089*.

Tolchinsky, H. M.
- Édifices cultuels, *A0520*.
- Centres commerciaux, *B1438*.
- Bureaux divers, *B6022, B6023*.
- Immeubles d'appartements, *H2700, H2701*.
- Maisons unifamiliales et maisons jumelées, *H6504, H6505, H6506, H6507*.

Tolchinsky, H.M.; Goodz, Murray
- Maisons en bandes, *H4112*.
- Quartiers résidentiels, *P1629*.

Tomcej, Alexander
- Immeubles d'appartements, *H2702*.

Toporek, W.J.
- Édifices religieux divers, *A1084*.

Tornay, Edgar
- Immeubles d'appartements, *H2703*.
- Maisons unifamiliales et maisons jumelées, *H6508, H6509*.
- Quartiers résidentiels, *P1630*.

Toronto Board of Education
- Écoles d'arts et métiers et écoles spéciales, *G1565*.

Toronto Board of Education (Architects dept.)
- Écoles primaires et secondaires, *G1255*.

Toronto Planning Board
- Travaux d'urbanisme et de rénovation urbaine, *P0761*.

Toronto's Harbour Commissioners City Planning Board
- Travaux d'urbanisme et de rénovation urbaine, *P0762*.

Toronto Transit Commission
- Constructions de métros, *N2556, N2557*.

Toronto Transportation Commission
- Constructions de métros, *N2558*.

Toth, Joseph P.
- Maisons en bandes, *H4113*.
- Quartiers résidentiels, *P1631*.

Tougas, Jacques
- Édifices pour l'administration de la justice, *F4094*.
- Hôtels de ville et centres civiques, *F6133*.

Town Planning Consultants Limited
- Quartiers résidentiels, *P1632*.

Townend, Arthur
- Maisons unifamiliales et maisons jumelées, *H6510*.

Townend, Stefura & Baleshta
- Écoles et résidences d'infirmières, *M5025*.

Townend, Stefura, Baleshta & Pfister
- Pavillons pour l'enseignement et la recherche, *G7216*.

Townley and Matheson
- Bureaux de professionnels, *B5253*.
- Magasins, *B6688*.
- Bibliothèques publiques, *D2070*.
- Hôtels de ville et centres civiques, *F6134*.

Townley & Matheson
- Édifices religieux divers, *A1085*.
- Entrepôts, *B3150, B3151*.
- Casernes de pompiers, *F2016*.
- Hôpitaux généraux et spécialisés, *M0413*.
- Écoles et résidences d'infirmières, *M5024*.

Townley, Matheson & Partners
- Musées, *D5097*.

Transcan Custom Homes Ltd
- Maisons unifamiliales et maisons jumelées, *H6511*.

Tremblay, A.-Henri
- Édifices cultuels, *A0521*.
- Campus (Universités et collèges en général), *G2213*.

Tremblay, Charles; Gauthier, Guité, Roy
- Complexes à fonctions commerciale et résidentielle, *B2098*.

Tremblay, Denis
- Édifices pour l'administration publique, *F5147*.
- Écoles primaires et secondaires, *G1256*.

Tremblay, Fernand
- Hôtels, *B4230*.
- Bibliothèques de maisons d'enseignement, *D2550*.
- Pavillons pour l'enseignement et la recherche, *G7217*.
- Résidences d'étudiants, *G8101*.

Tremblay, Gilles
- Travaux d'urbanisme et de rénovation urbaine, *P0763*.

Tremblay, L. Gilles
- Maisons unifamiliales et maisons jumelées, *H6512*.

Trend Homes
- Maisons unifamiliales et maisons jumelées, *H6513*.

Trépanier & Bélanger
- Magasins, *B6689*.
- Théâtres, *D7582*.
- Parcs et jardins, *L0147*.

Trépanier, Paul-O.
- Édifices cultuels, *A0522*.
- Édifices religieux divers, *A1086*.
- Banques, *B0177, B0178*.
- Restaurants, *B7068*.
- Centres communautaires, *D3256*.
- Édifices pour l'administration de la justice, *F4095*.
- Hôtels de ville et centres civiques, *F6135*.
- Écoles primaires et secondaires, *G1257, G1258, G1259, G1260*.
- Résidences d'étudiants, *G8102*.
- Maisons unifamiliales et maisons jumelées, *H6514, H6515*.

Trépanier, Paul-O.; Bélanger, Gilles
- Écoles primaires et secondaires, *G1261, G1262*.

Trépanier, Paul-O.; Bélanger, R.-Gilles
- Banques, *B0179*.
- Maisons unifamiliales et maisons jumelées, *H6516, H6517, H6518, H6519*.

Trépanier, Paul-O.; Gauthier, Maurice
- Édifices religieux divers, *A1087*.
- Hôtels, *B4231*.
- Bureaux de professionnels, *B5254, B5255*.

Trépanier, Paul-O.; Gauthier, Maurice (suite/cont'd)
- Usines de denrées alimentaires, *B8660*.
- Écoles primaires et secondaires, *G1263, G1264, G1265, G1266, G1267*.
- Maisons unifamiliales et maisons jumelées, *H6520, H6521, H6522, H6523, H6524*.
- Centres médicaux, *M6057*.

Trépanier, Paul-O.; Prus, Victor
- Parcs et jardins, *L0148*.

Tribu de Saddle Lake
- Maisons unifamiliales et maisons jumelées, *H6525*.

Trudeau, Charles-Elliott; Bland, LeMoyne, Edwards
- Constructions pour le téléphone, *N8073*.

Trudeau, Charles-Elliott; LeMoyne, Edwards, Shine
- Laboratoires, *G9102*.

Turcotte & Cauchon
- Écoles primaires et secondaires, *G1271*.

Turcotte, Edward J.
- Banques, *B0180*.
- Hôpitaux généraux et spécialisés, *M0414, M0415, M0416*.
- Écoles et résidences d'infirmières, *M5026, M5027*.

Turcotte, Léo
- Écoles primaires et secondaires, *G1268, G1269, G1270*.
- Écoles d'arts et métiers et écoles spéciales, *G1566*.

Turcotte, Maginnis, Walsh
- Édifices cultuels, *A0523*.

Turner, Philip J.
- Édifices cultuels, *A0524, A0525*.

Underwood, McKinley and Cameron
- Bureaux de professionnels, *B5257*.

Underwood, McKinley, Cameron
- Édifices pour l'administration publique, *F5148*.
- Parcs et jardins, *L0150, L0151*.
- Hôpitaux généraux et spécialisés, *M0417*.

Underwood, McKinley, Cameron and ass.
- Banques, *B0181*.

Underwood, McKinley, Cameron, Wilson and Smith
- Écoles primaires et secondaires, *G1273*.

Underwood, McKinley, Cameron, Wilson & Smith
- Marinas, *D4512*.
- Parcs et jardins, *L0152, L0153*.

Underwood, McKinley, Wilson & Smith
- Bureaux divers, *B6028*.

Underwood, McLellan and Ass.
- Résidences d'étudiants, *G8103*.

Underwood, Percy
- Piscines, *D6050*.

Underwood, Percy C.
- Bureaux de professionnels, *B5256*.
- Hôtels de ville et centres civiques, *F6136*.
- Parcs et jardins, *L0149*.

Underwood, Peter
- Écoles primaires et secondaires, *G1272*.

Université de Montréal
- Immeubles d'appartements, *H2704*.
- Travaux d'urbanisme et de rénovation urbaine, *P0767*.

Université McGill
- Bibliothèques publiques, *D2071*.
- Théâtres, *D7583*.

University of British Columbia
- Édifices cultuels, *A0526*.
- Hôtels, *B4232, B4233*.
- Restaurants, *B7069*.
- Centres communautaires, *D3257*.
- Écoles primaires et secondaires, *G1274*.
- Maisons unifamiliales et maisons jumelées, *H6526, H6527*.

University of Manitoba
- Édifices cultuels, *A0527, A0528*.
- Hôtels, *B4234*.
- Musées, *D5098*.
- Pavillons pour l'enseignement et la recherche, *G7218*.
- Foyers, *H0146*.
- Immeubles d'appartements, *H2705*.
- Maisons unifamiliales et maisons jumelées, *H6528*.
- Travaux d'urbanisme et de rénovation urbaine, *P0764, P0765, P0766*.

University of Toronto
- Hôtels, *B4235*.
- Théâtres, *D7584*.
- Centres sociaux, *G3046*.
- Travaux d'urbanisme et de rénovation urbaine, *P0768, P0769, P0770*.

University of Waterloo
- Bâtiments d'expositions, *D0204*.
- Constructions diverses, *G3807*.

Upenieks & Biskaps
- Immeubles d'appartements, *H2707*.

Upenieks, Visvaldis V.
- Centres commerciaux, *B1439*.
- Hôtels, *B4236*.
- Bureaux divers, *B6029, B6030*.
- Immeubles d'appartements, *H2706*.

Upper Brant Street Development Group
- Travaux d'urbanisme et de rénovation urbaine, *P0771*.

URBAN

Urban Land Institute of Washington, D.C.; Coons, Herbert L. (ass.); Chapman, Evans & Delehanty
- Travaux d'urbanisme et de rénovation urbaine, *P0772*.

Ussner, W.R.
- Édifices cultuels, *A0529, A0530, A0531.*
- Édifices religieux divers, *A1088.*
- Écoles primaires et secondaires, *G1275, G1276.*
- Maisons unifamiliales et maisons jumelées, *H6529, H6530.*

Utley, Michael
- Bibliothèques publiques, *D2072.*

Uyeyama, K.
- Écoles primaires et secondaires, *G1277.*

Vaccaro, Felice; Faucher, Pierre
- Immeubles d'appartements, *H2708.*

Vachon, Émilien; Girardin, Pierre; Labbé, André
- Travaux d'urbanisme et de rénovation urbaine, *P0773.*

Valentine, Frédérick
- Immeubles d'appartements, *H2709.*

Vallance, Hugh
- Bureaux divers, *B6031.*

Van Allen, Mary
- Parcs et jardins, *L0154.*

Vandal, R.
- Foyers, *H0147.*

Vandal, Roger A.
- Piscines, *D6051.*

Vandermeulen, Emil
- Parcs et jardins, *L0155.*

Vandermeulen, Émile; Thom, Ron
- Travaux d'urbanisme et de rénovation urbaine, *P0774.*

Vandiver, Russell A. Jr./Che-Cheung Pong
- Centres communautaires, *D3258.*

Van Egmond and Storey
- Hôpitaux généraux et spécialisés, *M0418, M0419, M0420.*

Van Egmond Irwin, Stephen
- Écoles primaires et secondaires, *G1278.*

Van Ginkel Associates
- Parcs et jardins, *L0156.*

van Houtte, Roch; Paré, Pierre; Dallaire, Michel
- Immeubles d'appartements, *H2710.*

Van Norman, C.B.K.
- Magasins, *B6690, B6691.*
- Maisons unifamiliales et maisons jumelées, *H6531, H6532, H6533, H6534, H6535, H6536, H6537, H6538.*

Van Norman, C.B.K. (ass.)
- Bureaux divers, *B6032, B6033.*
- Édifices pour l'administration publique, *F5149.*
- Écoles primaires et secondaires, *G1279.*
- Immeubles d'appartements, *H2711, H2712, H2713, H2714, H2715.*

Van Norman, C.B.K.; Page, J.C.
- Centres commerciaux, *B1440.*

Vaughan and Williams
- Laboratoires, *G9103.*

Vaughn, Don
- Parcs et jardins, *L0157.*

Vecsei, Eva
- Complexes à fonctions commerciale et résidentielle, *B2099.*

Vecsei, Eva H.; Dobush, Stewart, Longpré, Marchand, Goudreau
- Hôtels, *B4237.*

Venchiarutti and Venchiarutti
- Maisons de vacances, *D1079.*

Venchiarutti, L.
- Centres communautaires, *D3259.*

Venchiarutti, L.E.
- Écoles d'arts et métiers et écoles spéciales, *G1567.*

Venchiarutti, Leo
- Architecture pour handicapés, etc., *M7026.*

Venchiarutti, Leo E.
- Complexes à fonctions commerciale et résidentielle, *B2100.*
- Hôtels de ville et centres civiques, *F6137.*
- Foyers, *H0148.*
- Maisons unifamiliales et maisons jumelées, *H6539.*

Venchiarutti, Suilio
- Centres commerciaux, *B1441.*

Venchiarutti & Venchiarutti
- Édifices cultuels, *A0532.*
- Centres commerciaux, *B1442, B1443.*
- Hôtels, *B4238.*
- Bureaux de professionnels, *B5258.*
- Bureaux divers, *B6034, B6035.*
- Restaurants, *B7070.*
- Usines diverses, *B9732.*
- Piscines, *D6052, D6053.*
- Édifices pour l'administration publique, *F5150.*
- Immeubles d'appartements, *H2716, H2717.*
- Maisons en bandes, *H4114.*
- Maisons unifamiliales et maisons jumelées, *H6540, H6541, H6542, H6543.*
- Parcs et jardins, *L0158, L0159.*

Venne, Gérard
- Édifices pour l'administration publique, *F5151, F5152.*

Venne, Gérard; Roy-Rouillard, Pauline; Dumais, Charles; Béland,
- Quartiers résidentiels, *P1633.*

Venne, Ludger
- Usines diverses, *B9733.*
- Écoles primaires et secondaires, *G1280.*
- Écoles d'arts et métiers et écoles spéciales, *G1568.*
- Campus (Universités et collèges en général), *G2214.*
- Centres sociaux, *G3047.*

Venters, J.M.
- Usines diverses, *B9734.*

Venters, L.; Briggs, W. et al.
- Travaux d'urbanisme et de rénovation urbaine, *P0775.*

Ventin, C.A.
- Restaurations diverses, *C0090.*

Verhagen, C.A.
- Constructions pour la radio et la télévision, *N7032.*

Villanueva, Carlos
- Bâtiments d'expositions, *D0206.*

Villemure, Roger; Leclerc, Jean-Claude
- Pavillons pour l'enseignement et la recherche, *G7219.*

Vincelli, Elio
- Hôtels, *B4239, B4240, B4241.*

Vincent & Derome; Paulin & Ayotte
- Bâtiments d'expositions, *D0205.*

Vincent, Jacques
- Bureaux divers, *B6036.*
- Hôtels de ville et centres civiques, *F6138.*
- Maisons unifamiliales et maisons jumelées, *H6544, H6545.*
- Travaux d'urbanisme et de rénovation urbaine, *P0776.*

Vincent, Jacques; Ouellet, Jean
- Édifices cultuels, *A0533.*

Volgyesi, A.S.
- Centres commerciaux, *B1444.*
- Bureaux divers, *B6037.*
- Restaurations diverses, *C0091.*

Volgyesi, Andrew S.
- Édifices d'associations, *B4553.*

Wade & Stockdill
- Centres communautaires, *D3260.*
- Écoles primaires et secondaires, *G1281.*

Wade, Stockdill & Armour
- Constructions pour la défense civile, *F3055, F3056.*
- Écoles primaires et secondaires, *G1282.*
- Foyers, *H0149.*

Wade, Stockdill, Armour and Blewett
- Maisons unifamiliales et maisons jumelées, *H6546.*

Wade, Stockdill, Armour & Blewett
- Banques, *B0182.*
- Centres commerciaux, *B1445, B1446, B1447.*

Wade, Stockdill, Armour & Partners
- Hôtels de ville et centres civiques, *F6140.*

Wade, Stockdill & Armour; R.W. Siddall Ass.
- Hôtels de ville et centres civiques, *F6139.*
- Travaux d'urbanisme et de rénovation urbaine, *P0777.*

Wagg, Donald
- Édifices pour l'administration de la justice, *F4096.*

Wai, Joe; Beinhaker/Irwin Ass.
- Centres communautaires, *D3261.*

Wai, Joe; Vaughan, Don
- Centres communautaires, *D3262.*

Waisman, Allan
- Immeubles d'appartements, *H2718, H2719.*

Waisman and Ross
- Édifices d'associations, *B4554.*

Waisman and Ross; Gerson, W.
- Quartiers résidentiels, *P1634.*

Waisman Architectural Group
- Bureaux de professionnels, *B5259.*

Waisman, Ross & Ass.
- Bureaux divers, *B6038.*
- Usines de denrées alimentaires, *B8661, B8662.*
- Usines diverses, *B9735.*
- Maisons de vacances, *D1080.*
- Hôtels de ville et centres civiques, *F6141.*
- Écoles primaires et secondaires, *G1283.*
- Pavillons pour l'enseignement et la recherche, *G7220.*

Waisman, Ross & associates
- Banques, *B0183.*
- Bureaux de professionnels, *B5260.*
- Écoles d'arts et métiers et écoles spéciales, *G1569.*
- Foyers, *H0150.*
- Maisons unifamiliales et maisons jumelées, *H6547, H6548.*

Waisman, Ross, Blankstein, Coop, Gillmor and Hanna
- Centres communautaires, *D3263.*

Waisman, Ross, Blankstein, Coop, Gillmor, Hanna
- Centres commerciaux, *B1448, B1449, B1450.*
- Hôtels, *B4242.*
- Édifices pour l'administration de la justice, *F4097.*
- Pavillons pour l'enseignement et la recherche, *G7221.*
- Travaux d'urbanisme et de rénovation urbaine, *P0780.*

Waisman, Ross, Blankstein, Coop, Gillmor, Hanna & ass.
– Bureaux divers, *B6039*.

Waisman, Ross, Blankstein, Coop, Gillmor, Hanna; Gardiner, Thornton Gathe & Ass.
– Bureaux divers, *B6040*.

Waisman, Ross, Blankstein, Coop, Gilmor, Hanna et al.
– Centres sociaux, *G3049*.

Waisman & Ross; Gerson, W.
– Immeubles d'appartements, *H2720*.

Waisman, Ross, Hanna, Coop & Blankstein
– Immeubles d'appartements, *H2721*.

Walker, Evan H.
– Campus (Universités et collèges en général), *G2215*.

Walker, F.A.; Tessier, A.
– Entrepôts, *B3153*.

Walker, Fred
– Entrepôts, *B3152*.

Walker, Fred A.
– Centres communautaires, *D3264*.
– Maisons unifamiliales et maisons jumelées, *H6549*.

Walker, Fred A.; Tessier, André
– Maisons de vacances, *D1081*.

Walker, Frederick A.
– Édifices pour l'administration publique, *F5153*.

Walker, Howard; Campfens, Tony
– Travaux d'urbanisme et de rénovation urbaine, *P0779*.

Walker, Howard V.
– Édifices cultuels, *A0534*.
– Écoles primaires et secondaires, *G1284, G1285, G1286, G1287*.

Walker, J. Alexander
– Travaux d'urbanisme et de rénovation urbaine, *P0778*.

Walkey/Olson; Britannia Design
– Quartiers résidentiels, *P1635*.

Walkey, R.B.
– Centres commerciaux, *B1451*.

Wall & Yamamoto
– Constructions pour le transport maritime, *N1019*.
– Quartiers résidentiels, *P1636*.

Wall, Yamamoto and Matthews
– Maisons unifamiliales et maisons jumelées, *H6550*.

Wallace & Bywater
– Foyers, *H0151*.

Wallace, John
– Hôpitaux généraux et spécialisés, *M0421*.

Wallbridge & Imrie
– Immeubles d'appartements, *H2722*.
– Maisons en bandes, *H4115*.
– Maisons unifamiliales et maisons jumelées, *H6551, H6552*.

Wallis and Bywater
– Bibliothèques publiques, *D2073*.
– Immeubles d'appartements, *H2723*.

Wallis, W.H.C.
– Restaurants, *B7071*.

Ward, MacDonald and Partners
– Écoles primaires et secondaires, *G1289*.

Ward & Macdonald Ass.
– Maisons unifamiliales et maisons jumelées, *H6553*.

Ward, MacDonald, Cockburn, McLeod & McFeetors
– Écoles primaires et secondaires, *G1290*.

Ward & McDonald
– Écoles primaires et secondaires, *G1288*.

Wardle, Peter
– Maisons unifamiliales et maisons jumelées, *H6554, H6555*.

Warren, E.P.
– Banques, *B0184, B0185, B0186*.

Warren, W.H.; Muirhead & Justice
– Parcs et jardins, *L0160*.

Warren, Walter
– Banques, *B0187*.

Warshaw, L.D.
– Édifices cultuels, *A0535*.

Warshaw, Leonard; Gagné, J. Marcel
– Bâtiments d'expositions, *D0207*.

Warshaw & Swartzman
– Bureaux divers, *B6041*.

Warshaw, Swartzman & Bobrow
– Bureaux divers, *B6042*.
– Usines diverses, *B9736*.
– Immeubles d'appartements, *H2724*.
– Parcs et jardins, *L0161*.
– Quartiers résidentiels, *P1637*.

Warunkiewicz, Janusz
– Immeubles d'appartements, *H2725*.

Wasteneys & Wilkes
– Hôtels de ville et centres civiques, *F6142*.

Watkins, C.E.
– Hôpitaux généraux et spécialisés, *M0422*.

Watkins, E.J.; Coates, Wells et al.
– Travaux d'urbanisme et de rénovation urbaine, *P0781*.

Watkins & Massey
– Usines de denrées alimentaires, *B8663*.
– Maisons de vacances, *D1082*.

Watson, Ada Lou
– Maisons unifamiliales et maisons jumelées, *H6556*.

Watson and Blackadder
– Hôtels, *B4243*.

Watson, W.A.
– Maisons unifamiliales et maisons jumelées, *H6557*.
– Constructions pour le transport maritime, *N1020*.

Watson, W.A.; Cross, Edgar E.
– Usines diverses, *B9737*.

Watt and Blackwell; O'Roy, Moore and Company
– Hôpitaux généraux et spécialisés, *M0423*.

Watt & Tillmann
– Édifices cultuels, *A0536*.

Watts, Fraser
– Quartiers résidentiels, *P1638*.

Webb and Menkes; Peter Dickinson & Associates
– Centres commerciaux, *B1453*.

Webb & Menkes
– Centres commerciaux, *B1452*.
– Bureaux divers, *B6043*.
– Résidences d'étudiants, *G8104*.

Webb & Menkes; Dickinson, Peter
– Hôtels, *B4244*.

Webb, Zerafa et Menkes
– Édifices des sociétés d'énergie et de télécommunication, *B4941*.

Webb, Zerafa, Menkes
– Centres commerciaux, *B1454, B1455, B1456, B1457, B1458*.
– Complexes à fonctions commerciale et résidentielle, *B2101, B2102, B2103*.
– Entrepôts, *B3154*.
– Hôtels, *B4245, B4246, B4247, B4248, B4249, B4250*.
– Édifices d'associations, *B4555*.
– Édifices de maisons d'édition, *B4807*.
– Bureaux divers, *B6044, B6045, B6046, B6047, B6048, B6049, B6050, B6051, B6052, B6053, B6054, B6055, B6056, B6057*.
– Usines diverses, *B9738*.
– Centres communautaires, *D3265*.
– Marinas, *D4513*.
– Écoles d'arts et métiers et écoles spéciales, *G1570*.
– Campus (Universités et collèges en général), *G2216*.
– Pavillons pour l'enseignement et la recherche, *G7222, G7223, G7224, G7225*.
– Résidences d'étudiants, *G8105*.
– Laboratoires, *G9104*.
– Immeubles d'appartements, *H2726, H2727, H2728, H2729, H2730, H2731, H2732, H2733, H2734*.
– Constructions pour le téléphone, *N8074, N8075*.
– Travaux d'urbanisme et de rénovation urbaine, *P0782, P0783*.

Webb, Zerafa, Menkes; Andrews, John
– Centres commerciaux, *B1459*.

Webb, Zerafa, Menkes; Ashworth
– Complexes à fonctions commerciale et résidentielle, *B2104*.

Webb, Zerafa, Menkes; Ashworth, Fred
– Centres commerciaux, *B1460*.

Webb, Zerafa, Menkes, Housden
– Banques, *B0188, B0189*.
– Centres commerciaux, *B1462, B1463, B1464, B1465, B1466, B1467, B1468, B1469, B1470, B1471, B1472, B1473, B1474, B1475, B1476*.
– Complexes à fonctions commerciale et résidentielle, *B2105, B2106, B2107, B2108, B2109*.
– Hôtels, *B4251, B4252, B4253, B4254, B4255, B4256, B4257*.
– Bureaux de professionnels, *B5261*.
– Bureaux divers, *B6058, B6059, B6060, B6061, B6062, B6063, B6064, B6065, B6066, B6067, B6068, B6069, B6070, B6071, B6072*.
– Musées, *D5099*.
– Édifices pour l'administration de la justice, *F4098*.
– Immeubles d'appartements, *H2735, H2736*.
– Constructions pour le téléphone, *N8076*.
– Travaux d'urbanisme et de rénovation urbaine, *P0786*.

Webb, Zerafa, Menkes, Housden; Allward and Gouinlock; Ingleson, A.M Bogdan, Joseph
– Centres commerciaux, *B1477*.

Webb, Zerafa, Menkes, Housden; Andrews, John.
– Tours panoramiques, *B7507*.
– Constructions de métros, *N2559*.
– Travaux d'urbanisme et de rénovation urbaine, *P0787*.

Webb, Zerafa, Menkes, Housden; Dirassar, James, Jorgensen, Davis
– Centres commerciaux, *B1478*.

Webb, Zerafa, Menkes, Housden; Larose, Laliberté, Petrucci
– Complexes à fonctions commerciale et résidentielle, *B2110*.

Webb, Zerafa, Menkes, Housden; Mott, Myles and Chatwin Ltd.
– Centres commerciaux, *B1479*.

Webb, Zerafa, Menkes; Lambert, Phyllis
– Centres communautaires, *D3266*.

Webb, Zerafa & Menkes; Markson, Jerome; Klein & Sears
- Habitation subventionnée, *H1060*.
- Maisons unifamiliales et maisons jumelées, *H6558*.

Webb, Zerafa, Menkes; Rule, Wynn, Forbes, Lord & Partners
- Centres commerciaux, *B1461*.
- Travaux d'urbanisme et de rénovation urbaine, *P0784*.

Webb, Zerafa, Menkes; Souter, Lenz, Scott, Tayler, Souter
- Travaux d'urbanisme et de rénovation urbaine, *P0785*.

Webb, Zerafa, Menkes; Stephenson, J. (ass.)
- Bureaux divers, *B6073*.

Webber, Alex; Kemble, Roger
- Maisons unifamiliales et maisons jumelées, *H6560*.

Webber, D.A.
- Écoles primaires et secondaires, *G1291*.
- Maisons unifamiliales et maisons jumelées, *H6559*.

Webber, Douglas
- Édifices cultuels, *A0537*.

Webber, Harrington and Weld
- Édifices pour l'administration publique, *F5154*.
- Hôtels de ville et centres civiques, *F6143*.

Webber, Harrington & Weld
- Édifices d'associations, *B4556*.
- Immeubles d'appartements, *H2737*.

Webber, W.A.
- Banques, *B0190*.

Weber, Max
- Immeubles d'appartements, *H2738*.

Weber, Read; Unger, Jay S.; Waisman, Tania (et al)
- Garages, *B3572*.

Webster and Gilbert
- Hôpitaux généraux et spécialisés, *M0424*.

Webster, Forrester, Scott & Ass.
- Immeubles d'appartements, *H2739*.

Webster & Gilbert
- Édifices cultuels, *A0538*.
- Banques, *B0191*.
- Centres communautaires, *D3267*.
- Écoles primaires et secondaires, *G1292*.
- Constructions pour le transport aérien, *N0069*.

Webster, Lyall
- Quartiers résidentiels, *P1639*.

Weir and Cripps
- Parcs et jardins, *L0162*.

Weir, Cripps and Associates
- Édifices cultuels, *A0539*.

Weir, Cripps and Associates (suite/cont'd)
- Usines diverses, *B9739*.
- Écoles primaires et secondaires, *G1293, G1294, G1295*.

Weir-Cripps & Ass.
- Entrepôts, *B3155*.
- Bureaux divers, *B6074, B6075*.

Weir, J.M.; Jackson, D.K.; King, D.R.
- Quartiers résidentiels, *P1640*.

Weis, Gren
- Maisons unifamiliales et maisons jumelées, *H6561*.

Wells, J. Malcolm
- Bâtiments d'expositions, *D0208*.

Wensley, B. James
- Complexes à fonctions commerciale et résidentielle, *B2111*.

Wensley, B. James (Ass.)
- Centres de congrès, *D7024*.

Wensley, B. James; Stilman, Harry
- Centres commerciaux, *B1480*.

Wensley & Rand
- Maisons unifamiliales et maisons jumelées, *H6562, H6563*.
- Centres médicaux, *M6058*.

Wenzel, Wolfgang
- Maisons unifamiliales et maisons jumelées, *H6564*.

Wetzel, Mrs. Ed.
- Maisons unifamiliales et maisons jumelées, *H6565*.

Wexler, Barrie
- Magasins, *B6692*.

Whenham, J.E.
- Campus (Universités et collèges en général), *G2217*.

White, Cecil W.
- Bureaux divers, *B6076*.

White & Cole
- Édifices cultuels, *A0540*.
- Maisons unifamiliales et maisons jumelées, *H6566*.

White, Daniel; Ewing, Keith
- Maisons unifamiliales et maisons jumelées, *H6567*.
- Quartiers résidentiels, *P1641*.

White, George
- Hôpitaux généraux et spécialisés, *M0425*.

Whitley, F.R.
- Centres commerciaux, *B1481*.

Whittaker & Wagg
- Centres commerciaux, *B1482*.
- Hôpitaux généraux et spécialisés, *M0426*.

Wickson, J.A.; Pratt, C.E.
- Maisons unifamiliales et maisons jumelées, *H6568*.

Wiegand, M. Paul
- Foyers, *H0152*.

Wiens, Clifford
- Édifices cultuels, *A0541, A0542, A0543, A0544*.
- Bureaux de professionnels, *B5262*.
- Bureaux divers, *B6077*.
- Ateliers, *B8206, B8207*.
- Maisons de vacances, *D1083*.
- Constructions diverses, *D1529*.
- Constructions à fonctions utilitaires, *G3514*.
- Pavillons pour l'enseignement et la recherche, *G7226*.
- Maisons unifamiliales et maisons jumelées, *H6569*.
- Parcs et jardins, *L0163*.

Wiens, Clifford (Ass.); Marani, Rounthwaite, Dick
- Musées, *D5100*.

Wiggs, H. Ross
- Bureaux divers, *B6078*.
- Constructions diverses, *D1530*.
- Constructions pour la défense civile, *F3057, F3058*.
- Constructions pour le transport aérien, *N0070*.
- Constructions pour le téléphone, *N8077*.

Wiggs, Lawton & Walker
- Édifices cultuels, *A0545*.
- Constructions pour la défense civile, *F3059*.
- Écoles primaires et secondaires, *G1296*.
- Maisons unifamiliales et maisons jumelées, *H6570*.
- Quartiers résidentiels, *P1642*.

Wiggs, Walford, Frost and Lindsay
- Constructions pour la défense civile, *F3060*.

Wilbee, Rowland, Parkin, Searle
- Bureaux divers, *B6079*.

Wilde, Margaret
- Constructions pour la radio et la télévision, *N7033*.

Wilding & Jones
- Complexes à fonctions commerciale et résidentielle, *B2112*.
- Immeubles d'appartements, *H2740, H2741, H2742*.
- Maisons en bandes, *H4116*.

Wilding, R. William
- Édifices cultuels, *A0546, A0547, A0548*.
- Centres commerciaux, *B1483*.
- Travaux d'urbanisme et de rénovation urbaine, *P0788*.

Wilding, William
- Maisons unifamiliales et maisons jumelées, *H6571*.

Wilding, Wm. R.
- Banques, *B0192*.

Wiley, Thomas R. (ass.); Page & Steele
- Architecture pour handicapés, etc., *M7027*.

Wiley, Thomas R.; Page & Steele
- Centres communautaires, *D3268*.

Wilkes and Fisher
- Maisons unifamiliales et maisons jumelées, *H6572, H6573*.

Wilkin, R.L.
- Centres sociaux, *G3050*.

Wilkin, R.L.; Myers, Barton (Ass.)
- Théâtres, *D7585*.

Wilkin, Richard; Diamond & Myers
- Résidences d'étudiants, *G8106*.

Wilkinson, Denis R.
- Parcs et jardins, *L0164*.

Wilkinson, Dennis
- Parcs et jardins, *L0165*.

Williams, Ilsa J.C.
- Hôpitaux généraux et spécialisés, *M0427*.

Williams, R.H.
- Bibliothèques publiques, *D2074*.
- Centres communautaires, *D3269*.
- Hôtels de ville et centres civiques, *F6144*.

Willis, Cunliffe, Tait & Co.
- Foyers, *H0153*.

Wills, Charles E.
- Maisons unifamiliales et maisons jumelées, *H6574, H6575, H6576*.

Wilson, A.D.
- Édifices pour l'administration publique, *F5155*.

Wilson and Auld
- Maisons de vacances, *D1084*.
- Maisons unifamiliales et maisons jumelées, *H6578*.

Wilson and Newton
- Usines de machines, *B8869*.
- Usines diverses, *B9740, B9741*.

Wilson, Colin Saint-John; Ross & MacDonald
- Constructions pour la défense civile, *F3061*.

Wilson, Don
- Maisons unifamiliales et maisons jumelées, *H6577*.

Wilson & Newton
- Garages, *B3573*.
- Bureaux divers, *B6080*.
- Piscines, *D6054, D6055*.
- Écoles primaires et secondaires, *G1297, G1298*.
- Maisons unifamiliales et maisons jumelées, *H6579, H6580*.
- Écoles et résidences d'infirmières, *M5028*.

Wilson, Newton, Roberts, Duncan
- Centres communautaires, *D3270*.

Wilson, P. Roy
- Édifices cultuels, *A0549*.
- Hôtels, *B4258*.

Wilson, Stuart
- Travaux d'urbanisme et de rénovation urbaine, *P0789*.

Winnipeg Department of Public Works
- Écoles primaires et secondaires, *G1299*.

Winnipeg Town Planning Commission
- Travaux d'urbanisme et de rénovation urbaine, *P0790*.

Winter, Ross
- Complexes à fonctions commerciale et résidentielle, *B2113*.

Wolfe, Harvey
- Édifices pour l'administration de la justice, *F4099*.

Wood and Lanston
- Usines diverses, *B9742*.

Wood, Blatchford & Ship
- Centres commerciaux, *B1484*.

Wood, E.I.
- Parcs et jardins, *L0166, L0167*.

Wood & Gardener
- Écoles primaires et secondaires, *G1300*.

Wood & Gardener; Kobayashi, David
- Édifices pour l'administration de la justice, *F4100*.

Woods, Chester C.
- Hôpitaux généraux et spécialisés, *M0428*.

Woodworth, John
- Magasins, *B6693*.
- Maisons unifamiliales et maisons jumelées, *H6581, H6582*.

Woolfson, J. Morris
- Immeubles d'appartements, *H2743*.

Wreglesworth, Peter; Lev, Roy M.
- Maisons en bandes, *H4117*.

Wright, C.W.
- Constructions pour les autobus, *N3023*.

Wright, C.W.; McKinnon, A.G.; Jones, M.F.; Kade, F.
- Quartiers résidentiels, *P1643*.

Wright, Charles
- Pavillons pour l'enseignement et la recherche, *G7227*.

Wright, G.
- Parcs industriels, *B8028*.

Wynn, Forbes, Lord, Felberg, Schmidt; Phillips, Barratt, Hillier, J Partners
- Stades, *D6579*.

Yamasaki, George; Fliess, Henry
- Foyers, *H0154*.

Yamasaki, Minoru
- Complexes à fonctions commerciale et résidentielle, *B2114*.
- Bibliothèques de maisons d'enseignement, *D2551*.
- Campus (Universités et collèges en général), *G2218*.

Yamasaki, Minoru; Church, Thomas
- Parcs et jardins, *L0168*.

Yamasaki, Minoru; David & Boulva
- Travaux d'urbanisme et de rénovation urbaine, *P0791*.

Yamasaki & Ridpath; Fliess, Henry
- Foyers, *H0155*.

Yamazaki, George J.
- Maisons unifamiliales et maisons jumelées, *H6583*.

Yang, C.C.
- Bâtiments d'expositions, *D0209*.

Young, Allan
- Garages, *B3574*.

Young, Ira (ass.)
- Centres commerciaux, *B1485*.

Young, Sam
- Édifices religieux divers, *A1089*.

Yves Germain Inc.
- Maisons unifamiliales et maisons jumelées, *H6584, H6585*.

Zajfen, Paul
- Immeubles d'appartements, *H2744*.
- Quartiers résidentiels, *P1644*.

Zaps, Fred
- Maisons unifamiliales et maisons jumelées, *H6586*.

Zeidler, E.
- Maisons unifamiliales et maisons jumelées, *H6587*.

Zeidler, E.; Beauvais & Lusignan
- Centres commerciaux, *B1486*.

Zeidler, Eb.
- Hôpitaux généraux et spécialisés, *M0429*.

Zeidler, Eberhard
- Édifices cultuels, *A0550, A0551, A0552*.
- Centres de congrès, *D7025*.

Zeidler, Eberhard H.
- Constructions diverses, *D1531*.

Zeidler Partnership
- Banques, *B0193*.
- Centres commerciaux, *B1487*.
- Complexes à fonctions commerciale et résidentielle, *B2115*.
- Restaurations diverses, *C0092*.
- Musées, *D5101*.
- Travaux d'urbanisme et de rénovation urbaine, *P0792, P0793*.

Zeidler Partnership; Bregman & Hamann
- Centres commerciaux, *B1488*.
- Complexes à fonctions commerciale et résidentielle, *B2116*.

Zeidler Partnership; Goering, Peter
- Centres commerciaux, *B1489*.

Zeidler, Roberts Partnership
- Immeubles d'appartements, *H2745*.

Zerafa, Boris
- Centres commerciaux, *B1490*.

Zerafa, Serge
- Centres commerciaux, *B1491*.

Zerafa, Serge; Dale, Chandler, Kennedy
- Bureaux divers, *B6081*.

Zerafa, Serge; Dale, Chandler, Kennedy Partnership
- Centres commerciaux, *B1492*.

Zimet, A.
- Maisons unifamiliales et maisons jumelées, *H6588*.

Zorkin, Mladen
- Travaux d'urbanisme et de rénovation urbaine, *P0794*.

Zuk, Radoslav
- Édifices cultuels, *A0553, A0554*.

Zunic & Sobkowich
- Édifices cultuels, *A0555*.

Index des types d'édifices
Building Type Index

Édifices cultuels
Places of Worship

Édifices de lieu inconnu •*A0052, A0053, A0054, A0060, A0061, A0062, A0063, A0072, A0079, A0113, A0118, A0152, A0175, A0180, A0188, A0205, A0219, A0222, A0259, A0276, A0297, A0302, A0303, A0314, A0330, A0335, A0336, A0339, A0370, A0379, A0380, A0383, A0403, A0407, A0410, A0411, A0430, A0438, A0441, A0449, A0462, A0466, A0468, A0481, A0485, A0499, A0504, A0508, A0520, A0526, A0533, A0553.*

Agassiz (C.-B.) •*A0253.*
Ahuntsic •*A0143, A0144.*
Aldershot (Hamilton) •*A0291.*
Alma •*A0275.*
Ancaster (Ont.) •*A0093.*
Arvida •*A0134, A0169, A0173.*
Asbestos •*A0056.*
Bagotville •*A0129.*
Baie-Comeau •*A0243.*
Barrie •*A0401.*
Beaconsfield •*A0153.*
Beauharnois •*A0184.*
Beauport (Québec) •*A0191, A0192.*
Beaupré •*A0077.*
Beloeil •*A0458.*
Blair (Ont.) •*A0351.*
Brandon •*A0497.*
Brantford •*A0371.*
Brosseau Station •*A0384.*
Burlington •*A0260.*
Burnaby •*A0492.*
Cabano •*A0324.*
Calgary •*A0001, A0002, A0050, A0294, A0503.*
Camrose (Alberta) •*A0003.*
Cap-de-la-Madeleine •*A0193.*
Carleton •*A0472.*
Chatham (Ont.) •*A0501, A0505, A0506.*
Chibougamau •*A0479.*
Chicoutimi •*A0087, A0130, A0135.*
Chicoutimi-Nord •*A0136.*
Cold Lake •*A0004, A0005.*
Comox (C.-B.) •*A0515.*
Compton •*A0057.*
Conception Bay (T.-N.) •*A0474.*

Cooksville (Ont.) •*A0396.*
Côte-St-Luc •*A0450.*
Côte St-Luc (Qué.) •*A0034, A0463.*
Cowansville •*A0194.*
Crystal Falls (Ont.) •*A0377.*
Deauville •*A0433.*
Didsbury (Alberta) •*A0006.*
Dolbeau •*A0170.*
Dollard-des-Ormeaux •*A0214.*
Don Mills •*A0111, A0227, A0422.*
Downsview (York University) •*A0083, A0295, A0317, A0381, A0409.*
Drummondville •*A0176.*
Dupuy •*A0461.*
Duvernay •*A0155.*
East Riverside •*A0365.*
Edmonton •*A0007, A0084, A0104, A0292, A0362, A0502, A0529.*
Edmundston, N.-B. •*A0132.*
Etobicoke •*A0120, A0299.*
Etobicoke (Ont.) •*A0139.*
Farnham •*A0522.*
Ferme-Neuve •*A0414.*
Fort William •*A0353.*
Fredericton •*A0008.*
Gaspé •*A0009.*
Gaspésie •*A0289.*
Gatineau •*A0442, A0513.*
Giffard •*A0248.*
Goderich (Ont.) •*A0307, A0308.*
Granby •*A0010, A0058, A0076, A0332.*
Grande Prairie (Alberta) •*A0363.*
Grantham (Co. Drummond) •*A0177.*
Grimsby (Ont.) •*A0094.*
Guelph •*A0090.*
Halifax •*A0122, A0161, A0190, A0486, A0537.*
Hamilton •*A0095.*
Hamilton, Ontario •*A0119.*
Havre-aux-Maisons (Qué.) •*A0208.*
Hull •*A0443, A0480.*
Iberville (Qué.) •*A0011.*
Ile-Perrot •*A0125.*
Ingleside •*A0293.*
Ingleside (Ont.) •*A0366.*
Iroquois •*A0309.*
Islington (Ont.) •*A0096.*

Jasper Place (Alberta) •*A0181.*
Joliette •*A0115, A0116.*
Jonquière •*A0174, A0477.*
Kapuskasing (Ont.) •*A0146.*
Kardoff (Sask.) •*A0229.*
Kirkfield Park (Manitoba) •*A0239.*
Kitchener-Waterloo •*A0352.*
L'Abord-à-Plouffe •*A0426.*
La Malbaie •*A0178.*
Labrieville •*A0223.*
Lac-Bouchette •*A0521.*
Lac Brompton •*A0164.*
Lac-Mégantic •*A0434.*
Lac-Saguay •*A0416.*
Lachine •*A0415, A0467.*
Lachute •*A0427.*
Lacombe •*A0103.*
Lakefield (Ont.) •*A0140.*
Larouche •*A0478.*
Lasalle •*A0067, A0068.*
Laval •*A0187.*
Laval-des-Rapides •*A0166.*
Laval-sur-le-Lac •*A0354.*
Leaside (Ont.) •*A0032.*
London •*A0398.*
Long Branch, (Ont.) •*A0012.*
Long Sault •*A0102.*
Longueuil •*A0114.*
Mackayville •*A0388, A0389.*
Magog •*A0059, A0435.*
Maillardville (Vancouver) •*A0530.*
Manseau •*A0469.*
Markham (Ont.) •*A0390.*
Mission City •*A0249.*
Mission City (C.-B.) •*A0254.*
Moncton •*A0041, A0337.*
Mont-Saint-Bruno •*A0168.*
Montréal •*A0013, A0014, A0015, A0031, A0033, A0040, A0049, A0069, A0080, A0081, A0117, A0123, A0126, A0145, A0154, A0157, A0158, A0163, A0167, A0189, A0201, A0202, A0203, A0210, A0211, A0213, A0221, A0224, A0244, A0245, A0263, A0271, A0272, A0273, A0282, A0304, A0305, A0323, A0331, A0333, A0334, A0340, A0341, A0342, A0356, A0382, A0404, A0413, A0417, A0429, A0437, A0451, A0452, A0453, A0454, A0455, A0464, A0482, A0487, A0524, A0525, A0545, A0549.*

Montréal-Est •*A0456.*
Montréal-Nord •*A0121, A0159.*
Montréal(Ahuntsic) •*A0133.*
Moose Jaw •*A0541.*
Morrisburg (Ont.) •*A0399.*
N.-D.-de-la-Guadeloupe •*A0195.*
Nelson •*A0516.*
Nelson (C.-B.) •*A0255.*
Neufchâtel •*A0128.*
New Westminster (C.-B.) •*A0546.*
Nicolet •*A0369.*
North Bay (Ont.) •*A0265.*
North Surrey (Vancouver) •*A0531.*
North Vancouver •*A0393, A0540, A0548.*
North York •*A0088, A0285, A0397, A0494.*
Nouvelle-Écosse •*A0418.*
Oakville •*A0218.*
Oakville (Ont.) •*A0204.*
Oshawa •*A0112.*
Ottawa •*A0016, A0029, A0048, A0065, A0101, A0148, A0269, A0270, A0374, A0400, A0444, A0484, A0509, A0510, A0511, A0512.*
Ottawa-Est •*A0030.*
Pantucket, Nouvelle-Angleterre, USA. •*A0127.*
Peterborough •*A0071, A0344, A0406, A0550, A0551.*
Pointe-aux-Trembles •*A0082, A0242, A0405.*
Pointe-Gatineau •*A0445.*
Port-Alfred •*A0137.*
Port Credit •*A0064, A0105.*
Prince George, C.-B. •*A0394.*
Québec •*A0066, A0075, A0085, A0196, A0197, A0198, A0199, A0215, A0262, A0267, A0300, A0301, A0345, A0346, A0368, A0460.*
Québec (Sainte-Foy) •*A0078.*
Rawdon •*A0419.*
Red Deer •*A0106.*
Redvers (Sask.) •*A0315.*
Regina •*A0230, A0325, A0432, A0507, A0542.*
Repentigny •*A0160.*
Rivière-du-Moulin •*A0171.*
Rosemont •*A0162.*
Rouyn •*A0375.*
Saint-Coeur-de-Marie (Lac Saint-Jean) •*A0018.*
Saint-Jean •*A0355, A0408.*
Saint-Martin •*A0179.*
Saint-Nicolas •*A0268.*
Sainte-Adèle •*A0209.*
Sainte-Anne de Beaupré •*A0043, A0044.*

MISCELLANEOUS RELIGIOUS BUILDINGS / EDIFICES RELIGIEUX DIVERS

Sainte-Foy •*A0110, A0131, A0470.*

Sainte-Fulgence •*A0338.*

Sainte-Monique-les-Saules (Québec) •*A0074.*

Saskatoon •*A0316, A0320, A0373, A0538.*

Sault Ste-Marie •*A0019, A0496.*

Scarborough •*A0141, A0367, A0475, A0552.*

Scarborough (Ont.) •*A0228.*

Scarborough, Ont. •*A0020.*

Schumacher (Ont.) •*A0147.*

Shawinigan Falls •*A0326.*

Shawinigan-Sud •*A0306, A0327.*

Sherbrooke •*A0042, A0045, A0165, A0220, A0436.*

Silton (Saskatchewan) •*A0543.*

St-Adolphe des Laurentides •*A0200.*

St-Alexis •*A0246.*

St-André du Lac-St-Jean •*A0172.*

St-Boniface •*A0232, A0233, A0234, A0347.*

St. Catharines(Ont.) •*A0017.*

St-Claude (Manitoba) •*A0240.*

St-Georges-est, Beauce •*A0073.*

St-Hyacinthe •*A0151, A0329, A0447.*

St-Jean (Qué.) •*A0035, A0036.*

St-Jean (T.-N.) •*A0149.*

St-Jérôme •*A0261, A0421.*

St-Jérôme (Lac- St-Jean) •*A0138.*

St. John's (Newfoundland) •*A0274.*

St-Lambert •*A0247.*

St-Lambert (Qué.) •*A0037.*

St. Lawrence Seaway •*A0310.*

St-Léonard •*A0343.*

St-Pierre de l'île d'Orléans •*A0206.*

St-Rose du Lac (Manitoba) •*A0277.*

St. Thomas (Ont.) •*A0097.*

St-Vital •*A0348.*

Ste-Adèle-en-haut •*A0420.*

Ste-Brigitte de Laval •*A0051.*

Ste-Foy •*A0150.*

Ste-Irène de Matapédia •*A0086.*

Ste-Lucie-de-Beauregard (cté Montmagny) •*A0055.*

Ste-Rose •*A0099.*

Ste-Thérèse •*A0457.*

Sudbury •*A0021.*

Toronto •*A0022, A0023, A0024, A0038, A0039, A0046, A0047, A0089, A0091, A0098, A0142, A0225, A0226, A0286, A0287, A0288, A0296, A0311, A0318, A0319, A0321, A0357, A0372, A0376, A0392, A0423, A0424, A0425, A0459, A0473, A0476, A0490, A0495, A0500, A0532, A0534, A0539.*

Toronto (en périphérie) •*A0391.*

Tracy •*A0156.*

Transcona (Man.) •*A0231.*

Trenton (Ont.) •*A0439.*

Trois-Rivières •*A0107, A0108, A0109.*

Trout Mills (Ont.) •*A0266.*

Tyndall (Manitoba) •*A0554.*

Val-Tétreau, Hull •*A0446.*

Valleyfield •*A0185, A0428.*

Vancouver •*A0186, A0216, A0217, A0250, A0251, A0252, A0256, A0257, A0264, A0290, A0358, A0360, A0361, A0493, A0517, A0518, A0519, A0547.*

Verdun •*A0212, A0483.*

Victoria •*A0025, A0026, A0402.*

Ville de province •*A0412.*

Ville Émard •*A0385.*

Ville Jacques-Cartier •*A0328, A0386, A0387.*

Ville-Marie (Témiscamingue) •*A0322.*

Ville Mont-Royal •*A0124, A0284, A0465.*

Ville Saint-Laurent •*A0488, A0489.*

Ville Saint-Michel (P.Q.) •*A0207.*

Ville St-François-de-Salle •*A0448.*

Ville-Vanier (Qué.) •*A0471.*

Wainwright •*A0070.*

Waterdown (Ont.) •*A0536.*

Waterton Lakes (Alberta) •*A0378.*

Welland •*A0312, A0431.*

West Hill (Ontario) •*A0027.*

West Vancouver •*A0359, A0395, A0514.*

Westmount •*A0283, A0523, A0535.*

Weston •*A0092.*

Whitby •*A0100.*

Whitewood (Sask.) •*A0544.*

Willowdale •*A0183, A0298.*

Winnipeg •*A0028, A0182, A0235, A0236, A0237, A0238, A0241, A0278, A0279, A0280, A0281, A0313, A0349, A0350, A0364, A0440, A0491, A0498, A0527, A0528, A0555.*

Winnipeg (Univ. Manitoba) •*A0258.*

Édifices religieux divers
Miscellaneous Religious Buildings

Édifices de lieu inconnu •*A1001, A1028, A1031, A1046, A1049, A1050, A1054, A1062, A1064, A1075, A1087, A1089.*

Amos •*A1002.*

Aylmer •*A1003.*

Baie Shawinigan •*A1004.*

Bonnyville (Alberta) •*A1079.*

Brockville •*A1060.*

Carillon •*A1052.*

Chatham (Ont.) •*A1083.*

Chibougamau •*A1081.*

Chicoutimi •*A1005.*

Chicoutimi-Nord •*A1034.*

Desbiens, Lac-St-Jean •*A1038.*

Giffard •*A1024.*

Granby •*A1086.*

Halifax •*A1045.*

Hearst •*A1036.*

Hull •*A1071.*

Ile-Maligne •*A1006.*

Jonquière •*A1082.*

Kénogami •*A1027.*

LaSalle •*A1021.*

Lennoxville •*A1068.*

Longueuil •*A1030.*

Lulu Island (C.-B.) •*A1047.*

Magog •*A1017.*

Maillardville (C.-B.) •*A1088.*

Moncton, N.-B. •*A1055.*

Mont Plaisant •*A1063.*

Montréal •*A1007, A1019, A1025, A1026, A1043, A1053, A1065, A1076, A1077, A1080.*

Montréal-Est •*A1008.*

Naudville, Lac-St-Jean •*A1051.*

North York •*A1014.*

Peterborough •*A1056.*

Pointe-du-Lac •*A1029.*

Québec •*A1073.*

Red River Valley •*A1084.*

Roberval •*A1009.*

Rouyn •*A1039.*

Saint-Benoit-du-Lac •*A1020.*

Sainte-Anne de Beaupré •*A1015.*

Sainte-Foy •*A1012.*

Sainte-Louise de l'Islet •*A1013.*

Scarborough •*A1032.*

Sherbrooke •*A1018, A1069, A1078.*

St-Bruno •*A1070.*

St-Hyacinthe •*A1040, A1057, A1072.*

St-Martin •*A1041.*

St. Paul (Alberta) •*A1022.*

Ste-Angèle •*A1010.*

Ste-Anne-de-la-Pocatière •*A1011.*

Ste-Marie-des-Deux-Montagnes •*A1033.*

Toronto •*A1042, A1044, A1058, A1059, A1066, A1067.*

Trois-Rivières •*A1016, A1037, A1074.*

Vancouver •*A1085.*

Victoria •*A1061.*

Ville Jacques-Cartier •*A1035.*

White Rock (C.-B.) •*A1048.*

Wildfield, Bolton (Ont.) •*A1023.*

Banques
Banks

Édifices de lieu inconnu •*B0043, B0044, B0045, B0048, B0052, B0071, B0086, B0091, B0099, B0103, B0106, B0112, B0120, B0123, B0131, B0171.*

Agincourt (Ont.) •*B0049.*

Bagotville •*B0072.*

Buenos Aires •*B0081.*

Calgary •*B0001, B0159, B0169, B0170.*

Charlesbourg •*B0092.*

Chicoutimi •*B0055.*

Collingwood •*B0161.*

Colombie-Britannique •*B0192.*

Cowansville •*B0179.*

Don Mills (Ont.) •*B0142, B0143.*

Drummondville •*B0002, B0034, B0035, B0036, B0154.*

Edmonton •*B0003.*

Fabreville •*B0075.*

Granby •*B0177, B0178.*

Grande-Baie •*B0056.*

Halifax •*B0074, B0190.*

Hamilton •*B0004, B0111, B0167, B0184.*

Haney (C.-B.) •*B0173.*

Hillsborough (N.-E.) •*B0005.*

Hochelaga •*B0140.*

Hull •*B0152.*

Jonquière •*B0006.*

Kamloops •*B0162.*

Langley (C.-B.) •*B0095.*

Laval-des-Rapides •*B0059, B0070.*

Lethbridge •*B0041.*

London •*B0007.*

Markham •*B0058.*

Montréal •*B0008, B0009, B0010, B0011, B0012, B0013, B0014, B0032, B0037, B0050, B0063, B0064, B0065, B0073, B0076, B0078, B0087, B0088, B0100, B0101, B0102, B0104, B0128, B0141, B0145, B0147, B0148, B0149, B0156, B0157, B0158, B0168, B0180, B0187.*

Montréal-Nord •*B0090.*

Mount Dennis (Ont.) •*B0030.*

New Westminster (C.-B.) •*B0132, B0164.*

Niagara Falls •*B0083.*

Oshawa •*B0015, B0061.*

Ottawa •*B0016, B0038, B0066, B0082, B0114, B0115, B0121, B0153.*

Outremont •*B0017.*

Pointe-aux-Trembles •*B0077.*

CENTRES COMMERCIAUX / SHOPPING CENTRES

Preston (Ont.) •B0185.

Prince Albert (Saskatchewan) •B0133.

Québec •B0018, B0031, B0033, B0039, B0040, B0062, B0068, B0069, B0089, B0098, B0151, B0155, B0172.

Régina •B0019.

Repentigny •B0051.

Rexdale •B0020.

Roberval •B0160.

Saint-Hyacinthe •B0067.

Saint-Odilon de Cranbourne •B0021.

Sainte-Foy •B0093.

Saskatoon •B0191.

Scarborough •B0023.

Sorel •B0054.

St-Jacques de Métabetchouan •B0057.

St-Romuald •B0022.

Sudbury •B0084.

Summerside (I.P.E.) •B0042.

Toronto •B0024, B0046, B0047, B0053, B0079, B0080, B0085, B0113, B0116, B0117, B0119, B0122, B0124, B0127, B0129, B0134, B0136, B0144, B0146, B0150, B0163, B0188, B0189, B0193.

Transcona •B0183.

Val-Mauricie •B0130.

Vancouver •B0025, B0096, B0097, B0105, B0107, B0108, B0109, B0110, B0135, B0174, B0175, B0176, B0181, B0182.

Vancouver (10th Ave et Granville) •B0165.

Victoria •B0186.

Victoriaville •B0026.

Westmount •B0118.

Windsor •B0125.

Winnipeg •B0027, B0028, B0029, B0060, B0094, B0137, B0138, B0139, B0166.

Yarmouth (N.-E.) •B0126.

Bâtiments agricoles / Farm Buildings

Édifices de lieu inconnu •B0806, B0807, B0808.

Acton •B0801.

La Tuque •B0802.

Rutherford (Ont) •B0803.

Tsawwassen (C.-B.) •B0804.

Varennes •B0805.

Centres commerciaux / Shopping Centres

Édifices de lieu inconnu •B1001, B1192, B1194, B1197, B1198, B1199, B1204, B1213, B1219, B1231, B1233, B1234, B1237, B1246, B1265, B1270, B1290, B1299, B1302, B1306, B1313, B1330, B1337, B1346, B1351, B1352, B1355, B1361, B1366, B1368, B1370, B1371, B1374, B1375, B1377, B1382, B1384, B1389, B1390, B1392, B1413, B1421, B1451, B1460, B1461, B1478, B1481, B1488, B1492.

Agincourt •B1002.

Ajax •B1003.

Ajax, Ontario •B1442.

Assiniboia •B1349, B1448.

Aylmer •B1004.

Baffin Island •B1489.

Barrie •B1005.

Bathurst •B1006.

Belleville •B1007, B1487.

Bonnyville (Alberta) •B1008.

Bramalea •B1009.

Brandon •B1010, B1011.

Brantford •B1012.

Brossard •B1013.

Buckingham •B1014.

Burlington •B1297, B1386.

Burnaby •B1015, B1016, B1216, B1272, B1437.

Calgary •B1018, B1019, B1020, B1021, B1022, B1023, B1024, B1025, B1026, B1027, B1182, B1183, B1184, B1209, B1238, B1242, B1243, B1244, B1253, B1254, B1255, B1256, B1379, B1462, B1463, B1490.

Caraquet •B1263.

Charlesbourg •B1028, B1436.

Charlottetown •B1029.

Chomedey •B1264.

Cité de Jacques-Cartier •B1281.

Cité Laflèche •B1066.

Clearbrook (C.-B.) •B1372.

Cloverdale •B1030.

Coquitlam •B1031.

Cornwall •B1412, B1415.

Côte-St-Luc •B1032.

Dartmouth •B1033.

Dartmouth (N.-E.) •B1277.

Dieppe (N.-B.) •B1295.

Don Mills •B1387.

Dorval •B1280.

Drummondville •B1034.

Edmonton •B1035, B1036, B1037, B1038, B1039, B1185, B1186, B1187, B1217, B1218, B1236, B1279, B1324, B1340, B1341, B1419, B1427.

Elliot Lake •B1332, B1356.

Etobicoke •B1040, B1041, B1042, B1043, B1439.

Etobicoke (Ont) •B1443.

Fort McMurray •B1044.

Gatineau •B1045, B1432.

Georgetown •B1046.

Giffard •B1047.

Gloucester •B1048.

Granby •B1049.

Guelph •B1248, B1320.

Halifax •B1050, B1051, B1052, B1196, B1221, B1307, B1333, B1464.

Hamilton •B1053, B1054, B1055, B1056, B1057, B1189, B1410.

Hamilton Mountain •B1407.

Hull •B1058, B1059, B1060, B1201, B1210, B1328, B1344, B1385, B1411, B1444.

Ile des Soeurs •B1061, B1062.

Joliette •B1063.

Kelowna •B1323.

Kingston •B1064.

Kitchener •B1065, B1249.

La Malbaie •B1067.

Laval •B1068, B1069, B1314, B1357, B1365.

Leaf Rapids (Man.) •B1435.

Lévis •B1070.

London •B1071, B1072, B1073, B1074, B1193, B1308.

Malton •B1425.

Markham •B1348.

Mill Woods (Alberta) •B1369.

Mississauga •B1075, B1076, B1190, B1391.

Moncton •B1077, B1296, B1315.

Montréal •B1078, B1079, B1080, B1081, B1082, B1083, B1084, B1085, B1086, B1087, B1088, B1089, B1090, B1091, B1092, B1195, B1202, B1203, B1214, B1220, B1222, B1250, B1257, B1259, B1260, B1269, B1271, B1276, B1278, B1282, B1283, B1316, B1338, B1339, B1342, B1347, B1353, B1362, B1376, B1393, B1394, B1395, B1396, B1397, B1398, B1399, B1400, B1401, B1402, B1403, B1404, B1405, B1418, B1420, B1433, B1438, B1465, B1466, B1486.

Moose Jaw •B1093, B1241.

Morrisburg •B1200.

Nanaimo •B1094, B1205.

Nelson •B1373.

New Westminster •B1096, B1334.

Newmarket •B1095.

Niagara Falls •B1097, B1239.

North Burnaby •B1017.

North York •B1181.

Oakville •B1098.

Oshawa •B1099, B1100, B1309, B1388.

Ottawa •B1101, B1102, B1103, B1104, B1105, B1106, B1107, B1108, B1109, B1110, B1111, B1112, B1113, B1114, B1191, B1215, B1261, B1284, B1317, B1452, B1454, B1467, B1468.

Pembroke •B1115.

Peterborough •B1116.

Pointe-aux-Trembles •B1117, B1118.

Pointe-Claire •B1223.

Port-Arthur •B1363.

Port Coquitlam •B1326.

Port Credit (Ont.) •B1119.

Port Moody (C.-B.) •B1120.

Prince Albert •B1121.

Québec •B1122, B1123, B1300, B1335, B1469, B1484.

Régina •B1124, B1125, B1126, B1127, B1207, B1327, B1422.

Repentigny •B1128.

Rexdale •B1129.

Richmond •B1445, B1483.

Richmond (C.-B.) •B1130, B1211, B1321.

Richmond Hill •B1131.

Richmond Hill (Ont.) •B1224.

Rimouski •B1132.

Rivière-du-Loup •B1133.

Rosemère •B1480.

Saint-Bruno •B1491.

Saint-Georges-de-Beauce •B1136.

Saint-Hubert •B1336.

Saint-Jean-sur-le-Richelieu •B1137.

Saint John (N.-B.) •B1367.

Saint-Sauveur •B1424.

Sainte-Foy •B1345, B1417.

Sainte-Marie-de-Beauce •B1143.

Saskatoon •B1188, B1206, B1449.

Scarborough •B1145, B1225, B1240, B1262.

Sherbrooke •B1146.

St. Catharines •B1134, B1247.

St-Jérôme •B1138, B1358.

St. John (N.-B.) •B1139, B1292, B1305, B1479.

St. John's (T.-N.) •B1140.

St-Lambert •B1294.

St-Laurent •B1142.

St-Romuald •B1144.

Ste-Foy •B1135, B1301, B1303.

Ste-Julie •B1141.

Stoney Creek •B1441.

Strathroy •B1147.

COMMERCIAL AND RESIDENTIAL COMPLEXES   **COMPLEXES A FONCTIONS COMMERCIALE ET RESIDENTIELLE**

Sudbury •B1148.
Summerside (I.-P.-E.) •B1149.
Surrey •B1150.
Terrace (C.-B.) •B1416.
Terrace Bay (Ont.) •B1286.
Thetford-Mines •B1359.
Tillsonburg •B1151.
Toronto •B1152, B1153, B1154, B1155, B1156, B1157, B1158, B1159, B1160, B1161, B1162, B1163, B1164, B1165, B1166, B1167, B1168, B1169, B1170, B1208, B1226, B1227, B1228, B1229, B1230, B1232, B1245, B1251, B1252, B1266, B1268, B1287, B1288, B1289, B1291, B1293, B1298, B1304, B1310, B1318, B1322, B1343, B1364, B1378, B1383, B1406, B1408, B1414, B1423, B1426, B1434, B1453, B1455, B1456, B1457, B1458, B1459, B1470, B1471, B1472, B1473, B1474, B1477.
Trois-Rivières •B1171, B1172.
Trois-Rivières-Ouest •B1173.
Vancouver •B1174, B1175, B1176, B1177, B1235, B1273, B1274, B1285, B1319, B1325, B1331, B1354, B1380, B1381, B1446, B1447, B1450, B1475, B1476, B1485.
Vancouver (Granville Island) •B1212.
Victoria •B1267, B1482.
Ville Mont-Royal •B1360.
Ville St-Laurent •B1312.
Ville St-Michel •B1329.
Waterloo •B1178.
Welland •B1409.
West Kildonan •B1179.
West Vancouver •B1440.
Windsor •B1258.
Winnipeg •B1180, B1275, B1311, B1350, B1428, B1429, B1430, B1431.

Complexes à fonctions commerciale et résidentielle
Commercial and Residential Complexes

Édifices de lieu inconnu •B2069, B2078, B2081, B2084, B2086, B2095, B2098, B2104, B2110, B2116.
Burlington •B2001.
Calgary •B2002, B2003, B2004, B2005, B2035.
Cambridge (Ont.) •B2006, B2007.
Drummondville •B2038.
Edmonton •B2073, B2085, B2111.
Halifax •B2008, B2042.
Hamilton •B2009, B2010, B2060.
Hornepayne •B2090.

Kelowna •B2083.
Kingston •B2101.
Little Cornwallis Island (T.-N.-O.) •B2040.
London •B2011, B2012, B2089.
Longueuil •B2041.
Montréal •B2013, B2014, B2015, B2016, B2051, B2054, B2055, B2057, B2062, B2063, B2066, B2076, B2092, B2099, B2113, B2114.
New Westminster •B2017.
North Vancouver •B2056.
North York •B2048, B2070.
Ottawa •B2052, B2102.
Peel (Ont.) •B2018.
Petit Rocher (N.-B.) •B2019.
Québec •B2061, B2067.
Regina •B2020.
Richmond Hill •B2100.
Sarnia •B2022, B2023, B2024.
Sault Ste-Marie •B2074, B2080.
Ste-Foy •B2021.
Toronto •B2025, B2026, B2027, B2037, B2043, B2044, B2045, B2049, B2053, B2058, B2059, B2072, B2075, B2088, B2093, B2096, B2103, B2105, B2106, B2107, B2108, B2109, B2115.
Vancouver •B2028, B2029, B2046, B2065, B2087, B2094, B2097, B2112.
Verdun •B2030.
Victoria •B2031, B2064.
West Vancouver •B2050.
Westmount •B2036, B2039, B2047, B2091.
Windsor •B2032, B2033.
Winnipeg •B2034, B2068, B2071, B2077, B2079, B2082.

Entrepôts
Warehouses

Édifices de lieu inconnu •B3064, B3086, B3092, B3095.
Boucherville •B3099.
Bowmanville (Ontario) •B3078.
Bramalea •B3002.
Brampton •B3142.
Calgary •B3003, B3004, B3082, B3083, B3109, B3146.
Cap-de-la-Madeleine •B3005.
Colombie-Britannique •B3006, B3007, B3150.
Deception Bay (Détroit d'Hudson) •B3008.
Don Mills •B3009, B3010.
Dorval •B3011, B3012, B3075, B3134.
East York •B3131.

Edmonton •B3013, B3014, B3015, B3016, B3145, B3148.
Etobicoke •B3077.
Exshaw (Alberta) •B3017.
Fort Garry •B3018, B3019.
Fort Good Hope (T.-N.-O.) •B3020.
Goderich •B3128.
Halifax •B3093.
Hamilton •B3105, B3144.
Ile-des-Soeurs •B3021, B3022.
Kelowna (C.-B.) •B3098.
Kitchener •B3023, B3024, B3025, B3026, B3106, B3154.
Lachine •B3136.
Leamington (Ont.) •B3117.
London •B3127.
Malton (Ont.) •B3066.
Milton •B3087.
Mississauga •B3027.
Montréal •B3028, B3029, B3030, B3031, B3032, B3033, B3034, B3035, B3036, B3037, B3038, B3067, B3068, B3069, B3070, B3071, B3079, B3080, B3081, B3088, B3089, B3090, B3096, B3100, B3103, B3107, B3108, B3110, B3112, B3124, B3125, B3126, B3129, B3135, B3137, B3138, B3143, B3153.
Montréal-Nord •B3123.
North Bay •B3039.
Oakville •B3040.
Oshawa •B3061.
Ottawa •B3059.
Pointe-Claire •B3060, B3133.
Port-Alfred •B3041.
Québec •B3043, B3044, B3074, B3076, B3152.
Québec (Province) •B3042.
Red Deer •B3104.
Regina •B3147.
Saint-Augustin •B3045.
Saskatoon •B3046.
St-Laurent •B3101, B3139.
Thunder Bay •B3047.
Toronto •B3048, B3049, B3050, B3051, B3062, B3065, B3072, B3073, B3091, B3118, B3119, B3120, B3121, B3130, B3132, B3141, B3155.
Tweed (Ont.) •B3114.
Vancouver •B3052, B3084, B3085, B3094, B3097, B3115, B3116, B3140, B3149, B3151.
Varennes •B3053.
Victoria •B3054.
Ville d'Anjou •B3001.
Ville LaSalle •B3063.
Ville Mont-Royal •B3122.
Ville St-Laurent •B3111.

Westbank •B3055.
Winnipeg •B3056, B3057, B3102, B3113.
Woodstock (Ontario) •B3058.

Garages

Édifices de lieu inconnu •B3523, B3541, B3543, B3546, B3550, B3554, B3564, B3567, B3571, B3572, B3574.
Agincourt •B3501, B3533.
Boucherville •B3502, B3503.
Chicoutimi •B3563.
Ellsmere •B3534.
Grand-Mère •B3504.
Halifax •B3505.
Hamilton •B3548, B3562.
Ile-des-Soeurs •B3551.
Ile-du-Prince-Édouard •B3569.
Kénogami •B3542.
Lac Saint-Charles •B3544.
Long Branch (Ont.) •B3506.
Moncton •B3568.
Montréal •B3507, B3508, B3509, B3510, B3511, B3512, B3524, B3525, B3526, B3547, B3556.
Ontario •B3521.
Ottawa •B3516.
Pont-Viau •B3552.
Québec •B3518, B3519, B3530, B3536, B3549.
Repentigny •B3513.
Rimouski •B3527, B3545.
Sainte-Foy •B3565.
St-Jérôme •B3522.
Ste-Thérèse (Qué.) •B3540.
Sudbury •B3553.
Toronto •B3514, B3517, B3520, B3535, B3539, B3555, B3558, B3559, B3560, B3570, B3573.
Val-d'Or •B3538.
Vancouver •B3528, B3529, B3566.
Victoria •B3532.
Weston •B3537.
Winnipeg •B3515, B3531, B3557.
Yorkton (Saskatchewan) •B3561.

Hôtels
Hotels

Édifices de lieu inconnu •B4001, B4080, B4084, B4088, B4097, B4124, B4131, B4137, B4149, B4155, B4157, B4168, B4179, B4181, B4184, B4194, B4200, B4204, B4225, B4232, B4233, B4234, B4244.
Aldershot (Ont.) •B4219.
Arvida •B4132.

BUREAUX DIVERS / MISCELLANEOUS OFFICES

Aurora •B4002.
Baddeck (N.-E.) •B4140.
Beauport •B4003.
Belleville •B4004, B4143.
Blue Mountain •B4083.
Burlington •B4005.
Burlington (Ont.) •B4236.
Calgary •B4006, B4007, B4075, B4102, B4171, B4182.
Canmore (Alberta) •B4008, B4009.
Don Mills •B4226.
Dorion •B4127.
Dorval •B4211.
Edmonton •B4010, B4011, B4012, B4013, B4165.
Elliot Lake •B4235.
Elliot Lake (Ont.) •B4222.
Esterel •B4103.
Garibaldi Park (C.-B.) •B4161.
Gatineau •B4014.
Granby •B4015, B4231.
Grand-Mère •B4016.
Hamilton •B4017, B4094, B4197, B4220.
Honey Harbour •B4107.
Honey Harbour (Ont.) •B4105.
Hong Kong •B4190.
Hope (C.-B.) •B4166.
Hull •B4018, B4019.
Ile-des-Soeurs (Montréal) •B4020.
Kenora •B4021.
Kingston •B4173.
Kitchener •B4095.
L'Islet •B4079.
Lac Beauport •B4090.
Lake Rosseau (Ont.) •B4174.
Lake St. Lawrence •B4099.
Laprairie •B4239.
Laval •B4022.
London •B4023, B4024.
Longueuil •B4251, B4252, B4253.
Malton •B4025, B4026, B4176.
Matane-sur-mer •B4144.
Mirabel •B4091.
Moncton •B4027.
Mont-Joli •B4154.
Mont-Rolland •B4208.
Montebello •B4159.
Montmagny •B4162.
Montréal •B4028, B4029, B4030, B4031, B4078, B4085, B4086, B4093, B4098, B4104, B4109, B4110, B4111, B4117, B4120, B4125, B4158, B4175, B4187, B4195, B4203, B4207, B4210, B4215, B4230, B4237, B4240, B4241.
Naudville •B4141.

Niagara Falls •B4096.
Niagara Falls (Ont.) •B4032.
Niagara-on-the-Lake •B4033.
North York •B4119, B4249, B4250.
Oakville •B4108.
Okanagan Valley (C.-B.) •B4167.
Orillia •B4153.
Orillia (Ont.) •B4106.
Ottawa •B4034, B4035, B4036, B4037, B4038, B4077, B4142, B4169, B4199, B4205, B4224.
Peterborough •B4039.
Provinces maritimes •B4134.
Québec •B4040, B4041, B4042, B4076, B4087, B4092, B4112, B4113, B4121, B4138, B4209, B4254.
Regina •B4082, B4089, B4148.
Richmond •B4043.
Richmond (C.-B.) •B4227.
Rimouski •B4044, B4045.
Sainte-Adèle •B4160, B4196.
Sainte-Foy •B4114, B4139.
Sainte-Marguerite •B4217.
Sault-Ste-Marie •B4191.
Sherbrooke •B4048.
St. John (N.-B.) •B4047.
Ste-Adèle •B4115, B4212.
Ste-Foy •B4046.
Sudbury •B4130.
Tadoussac •B4216.
Tahsis (C.-B.) •B4180.
Thunder Bay •B4049.
Toronto •B4050, B4051, B4052, B4053, B4054, B4055, B4056, B4057, B4058, B4059, B4060, B4061, B4081, B4100, B4118, B4126, B4133, B4145, B4150, B4151, B4152, B4156, B4170, B4177, B4178, B4183, B4185, B4188, B4189, B4192, B4193, B4201, B4202, B4206, B4214, B4223, B4238, B4245, B4246, B4247, B4248, B4255, B4256.
Val-Morin •B4258.
Vancouver •B4062, B4063, B4064, B4065, B4122, B4123, B4128, B4129, B4135, B4146, B4218, B4228, B4243, B4257.
Vernon (C.-B.) •B4066.
Victoria •B4067, B4101, B4147.
Ville du Lac Delage •B4172.
Ville St-Laurent •B4213.
Welland (Ont.) •B4068.
Whistler Mountain (C.-B.) •B4069, B4136.
Whitby •B4070.
Willowdale •B4071.
Windsor •B4229.

Winnipeg •B4072, B4073, B4116, B4163, B4164, B4186, B4198, B4221, B4242.
Yellowknife •B4074.

Édifices d'associations
Buildings for Associations

Édifices de lieu inconnu •B4541.
Don Mills •B4501.
Douville •B4545.
Edmonton •B4534, B4551.
Elliot Lake (Ont.) •B4549.
Halifax •B4514, B4556.
Hamilton •B4542.
Montréal •B4502, B4509, B4518, B4519, B4520, B4524, B4525, B4529, B4530, B4533.
Ottawa •B4505, B4507, B4508, B4523, B4546, B4547, B4552.
Québec •B4513, B4521.
Régina •B4506.
Saskatoon •B4528.
St. Catharines (Ont.) •B4503.
Toronto •B4510, B4511, B4512, B4515, B4516, B4522, B4526, B4527, B4535, B4536, B4537, B4538, B4539, B4540, B4544, B4553, B4555.
Vancouver •B4517, B4548.
Weston •B4532.
Willowdale •B4543.
Winnipeg •B4504, B4531, B4550, B4554.

Édifices de maisons d'édition
Publishing House Buildings

Don Mills •B4801.
Montréal •B4802, B4804, B4805.
Moose Jaw •B4806.
Ottawa •B4803.
Toronto •B4807.

Édifices des sociétés d'énergie et de télécommunication
Energy and Telecommunication Company Buildings

Édifices de lieu inconnu •B4901, B4917, B4930, B4936.
Beaumont •B4932.
Calgary •B4902.
Dorval •B4941.
Fredericton •B4916.
Mississauga •B4903.
Montréal •B4904, B4912, B4913, B4914, B4915, B4918, B4919, B4921, B4924, B4929.
Ottawa •B4927.

Pickering-Ajax •B4909.
Pointe Lepreau (Bay of Fundy N.-B.) •B4905.
Regina •B4906, B4923, B4931, B4938.
Rimouski •B4934.
Toronto •B4907, B4908, B4910, B4911, B4925, B4928.
Vancouver •B4935, B4939.
Victoria •B4922, B4940.
Ville Jacques-Cartier •B4933.
Winnipeg •B4920, B4926, B4937.

Bureaux de professionnels
Professional Offices

Édifices de lieu inconnu •B5201, B5207, B5221.
Calgary •B5252.
Chicoutimi •B5213.
Chilliwack (C.-B.) •B5203.
Don Mills (Ont.) •B5238, B5239.
Granby •B5254.
Gravenhurst (Ont.) •B5204.
Halifax •B5212.
Hamilton •B5241.
Montréal •B5202, B5205, B5206, B5209, B5211, B5224, B5225, B5228, B5236, B5243, B5244, B5245, B5255.
Newcastle (Ont.) •B5231.
Outremont •B5210.
Québec •B5220, B5242.
Regina •B5262.
Saint-Boniface •B5216.
Toronto •B5208, B5222, B5226, B5227, B5230, B5232, B5234, B5235, B5237, B5240, B5246, B5258, B5261.
Vancouver •B5217, B5218, B5219, B5247, B5248, B5253, B5256, B5257, B5259.
Ville St-Laurent •B5214.
Winnipeg •B5223, B5229, B5233, B5249, B5250, B5251, B5260.
Wolfville (N.-E.) •B5215.

Bureaux divers
Miscellaneous Offices

Édifices de lieu inconnu •B5501, B5502, B5622, B5623, B5626, B5651, B5665, B5682, B5692, B5703, B5716, B5721, B5723, B5725, B5740, B5754, B5772, B5776, B5792, B5805, B5815, B5816, B5829, B5875, B5878, B5885, B5886, B5932, B5934, B5944, B5951, B5952, B5968, B5974, B5982, B6002, B6010, B6041, B6079.
Annacis Island (C.-B.) •B5719.
Arvida •B5749.

STORES

Bamberton, Vancouver Island •B5641.
Beloeil •B5503.
Bramalea •B5683.
Brampton •B6080.
Brantford •B5868.
Brantford, Ont. •B5809, B5810.
Brockville •B5695.
Burlington •B5504, B5505, B5617.
Burnaby •B5506, B5507, B5799.
Calgary •B5508, B5509, B5510, B5511, B5512, B5513, B5514, B5632, B5668, B5671, B5674, B5690, B5691, B5803, B5880, B5976, B5983, B6044, B6045, B6046, B6058, B6073, B6081.
Chatham •B6011.
Chomedey •B6042.
Clarkson (Ont.) •B5931, B5936.
Colombie-Britannique •B5834, B5839.
Côte-Saint-Luc •B6024.
Dartmouth (N.-E.) •B6007.
Don Mills •B5515, B5516, B5618, B5640, B5656, B5657, B5658, B5684, B5742, B5812, B5917, B5918, B5919, B6043, B6047.
Dorval •B5979, B6022, B6025.
Drummondville •B5517.
Edmonton •B5518, B5519, B5520, B5521, B5522, B5523, B5524, B5525, B5526, B5628, B5639, B5669, B5706, B5798, B5823, B5824, B5891, B5975, B6009.
Etobicoke •B5659, B5743.
Fredericton •B5527.
Galt (Ont.) •B5901.
Goderich (Ont.) •B5972.
Granby •B5528.
Grimsby (Ont.) •B5894, B5895.
Guelph •B5614.
Halifax •B5726, B5727, B5821, B5828, B6012, B6013, B6059.
Hamilton •B5529, B5945, B5946.
Hespeler (Ontario) •B5530.
Hull •B6037.
Joliette •B5898.
Kelowna •B5877.
Kingston •B5899.
Kitchener •B5811, B6048.
Lachine •B5531.
Lachute •B5704.
Lake Ontario •B5947.
LaSalle •B5532.
Laval •B5705, B5768, B6036.
Leaside •B5672.
Lévis •B5646, B5819, B5820, B5900, B5977.
London •B5533, B5858, B5953.
Longueuil •B6026, B6060.

Markham •B5896.
Matane •B5534.
Mirabel •B5833.
Mississauga •B5535, B5536, B5537, B5538, B5539, B5540, B5807, B5836, B5837, B5981, B5984.
Montréal •B5541, B5542, B5543, B5544, B5545, B5546, B5547, B5548, B5549, B5550, B5551, B5552, B5553, B5554, B5555, B5556, B5629, B5635, B5636, B5637, B5650, B5676, B5679, B5681, B5685, B5696, B5697, B5698, B5707, B5710, B5711, B5717, B5730, B5731, B5732, B5734, B5750, B5753, B5755, B5756, B5757, B5758, B5759, B5760, B5764, B5767, B5769, B5770, B5778, B5780, B5781, B5782, B5783, B5784, B5785, B5786, B5787, B5788, B5790, B5801, B5817, B5822, B5825, B5826, B5832, B5835, B5869, B5870, B5876, B5881, B5887, B5920, B5921, B5942, B5967, B5969, B5970, B5971, B5991, B5995, B6000, B6006, B6023, B6027, B6031, B6061, B6062, B6063, B6064, B6065, B6066, B6078.
Montréal-Est •B5724, B5943.
Montréal, Ile-des-Soeurs •B5647, B5701.
Niagara •B5751.
North York •B5612, B5613, B5930, B5999, B6019.
Oakville •B5624, B5741.
Oshawa •B5938.
Ottawa •B5558, B5559, B5560, B5561, B5562, B5633, B5638, B5718, B5777, B5848, B5864, B6008, B6017.
Pointe-Claire •B5563, B5564.
Prince George •B5791.
Prince George (C.-B.) •B5789.
Québec •B5565, B5566, B5649, B5652, B5653, B5654, B5729, B5752, B5804, B5818, B5851, B5962, B5963, B5964, B6015.
Regina •B5567, B5630, B6077.
Richmond (C.-B.) •B5980.
Sainte-Foy •B5702, B5774, B5802.
Sarnia •B5923.
Saskatoon •B5813, B5814.
Shawinigan •B5573.
Sherbrooke •B5574, B5575, B5631.
Sillery •B5655, B5775, B5965.
St. Catharines •B5568, B5922.
St-Hyacinthe •B5699.
St-Jérôme •B5570.
St. John's (T.-N.) •B5680, B5689.
St-Lambert •B5766.
Ste-Anne-de-Bellevue (Québec) •B5897.
Ste-Foy •B5569.

Stratford •B5973.
Toronto •B5576, B5577, B5578, B5579, B5580, B5581, B5582, B5583, B5584, B5585, B5586, B5587, B5588, B5589, B5590, B5591, B5592, B5593, B5594, B5595, B5596, B5597, B5598, B5615, B5616, B5619, B5620, B5621, B5625, B5627, B5648, B5660, B5661, B5662, B5663, B5664, B5667, B5670, B5673, B5677, B5678, B5686, B5687, B5688, B5708, B5709, B5712, B5713, B5714, B5715, B5728, B5736, B5737, B5744, B5745, B5746, B5747, B5748, B5761, B5762, B5763, B5765, B5793, B5794, B5806, B5808, B5827, B5853, B5854, B5855, B5856, B5857, B5859, B5860, B5861, B5862, B5865, B5866, B5867, B5872, B5873, B5874, B5879, B5882, B5888, B5889, B5890, B5902, B5903, B5904, B5905, B5906, B5907, B5908, B5909, B5910, B5911, B5912, B5913, B5914, B5916, B5924, B5925, B5926, B5927, B5928, B5929, B5935, B5939, B5940, B5941, B5950, B5961, B5978, B5985, B5986, B5996, B5997, B5998, B6014, B6018, B6029, B6030, B6034, B6035, B6049, B6050, B6051, B6052, B6053, B6054, B6055, B6056, B6057, B6067, B6068, B6074, B6075.
Trois-Rivières •B5599.
Vancouver •B5600, B5601, B5602, B5603, B5604, B5605, B5606, B5607, B5643, B5644, B5675, B5693, B5694, B5700, B5720, B5722, B5735, B5738, B5739, B5771, B5773, B5795, B5796, B5797, B5838, B5840, B5841, B5842, B5843, B5844, B5845, B5846, B5847, B5849, B5850, B5852, B5892, B5893, B5915, B5949, B5954, B5955, B5956, B5957, B5958, B5959, B5960, B5966, B5987, B5988, B5989, B5990, B5992, B5993, B5994, B6001, B6020, B6021, B6028, B6032, B6033, B6040, B6069, B6070, B6071.
Victoria •B5608, B5642.
Ville Mont-Royal •B5557, B5634.
Ville St-Laurent •B5571, B5572.
Waterloo •B5871.
Welland •B5948.
West Vancouver •B5800, B6016.
Weston •B5937.
Willowdale •B5733, B6072.
Winnipeg •B5609, B5610, B5611, B5666, B5779, B5830, B5831, B5863, B5883, B5884, B6003, B6004, B6005, B6038, B6039, B6076.
Wolfville (N.-E.) •B5933.
Yorkton (Saskatchewan) •B5645.

MAGASINS

Magasins
Stores

Édifices de lieu inconnu •B6541, B6552, B6555, B6562, B6570, B6579, B6581, B6618, B6632, B6651, B6669, B6671, B6675, B6679, B6680, B6685.
Abitibi •B6561.
Agincourt •B6501.
Autoroute Trans-Canada (C.-B.) •B6538.
Baie-Comeau •B6502.
Baie-James •B6503.
Beloeil •B6543.
Berthierville •B6504.
Boucherville •B6505.
Bramalea •B6535.
Brampton •B6646.
Brossard •B6506.
Burnaby (C.-B.) •B6588.
Calgary •B6507, B6508.
Charlemagne •B6572.
Chicoutimi •B6558.
Chicoutimi Nord •B6677.
Colombie-Britannique •B6688.
Don Mills (Ont). •B6620.
Drummondville •B6539.
Edmonton •B6509, B6605, B6633, B6634, B6652.
Etobicoke •B6510, B6641.
Fort Garry (Manitoba) •B6553.
Granby •B6689.
Halifax •B6575, B6580, B6584.
Hamilton •B6684.
Hull •B6604.
Ile-des-Soeurs •B6511.
Joliette •B6556.
Kamloops (C.-B.) •B6653.
Kelowna •B6693.
Kingston •B6647.
Kitchener •B6613, B6648.
Lancaster (N.-B.) •B6512.
Leaside (Ont.) •B6533.
London •B6606.
Mississauga •B6513, B6514.
Moncton •B6515.
Montréal •B6516, B6517, B6518, B6540, B6544, B6554, B6564, B6565, B6571, B6573, B6574, B6576, B6582, B6583, B6585, B6589, B6591, B6592, B6593, B6594, B6596, B6597, B6598, B6599, B6602, B6603, B6611, B6614, B6615, B6617, B6619, B6621, B6623, B6624, B6625, B6627, B6628, B6629, B6630, B6642, B6645, B6657, B6666, B6670, B6672, B6673, B6687, B6692.
Montréal (Expo 67) •B6686.

Montréal de la Reine-Marie •B6643.
Montréal-Nord •B6622.
Niagara Falls (Ont.) •B6520.
North York •B6532.
Ottawa •B6521, B6577, B6640, B6644, B6668, B6678, B6682.
Pointe-Claire •B6522.
Port Arthur •B6563.
Powell River •B6690.
Québec •B6536, B6537, B6548, B6559, B6569, B6578, B6612, B6638.
Régina •B6523, B6664.
Richmond (C.-B.) •B6557.
Saint-Eustache •B6524.
Scarborough •B6526, B6609.
Sherbrooke •B6542, B6665, B6674.
St-Laurent •B6525.
Swan Valley (Man.) •B6527.
Thornhill •B6649.
Toronto •B6534, B6546, B6547, B6549, B6550, B6551, B6590, B6600, B6601, B6608, B6610, B6639, B6650, B6655, B6656, B6658, B6659, B6662, B6663, B6667, B6676.
Trois-Rivières •B6528, B6566, B6567, B6568.
Vancouver •B6529, B6530, B6586, B6587, B6616, B6635, B6636, B6637, B6661, B6683, B6691.
Verdun •B6560.
Victoria •B6545, B6607.
Ville Mont-Royal •B6519.
Westmount •B6631.
Windsor •B6531.
Winnipeg •B6595, B6626, B6654, B6660, B6681.

Restaurants

Édifices de lieu inconnu •B7016, B7023, B7028, B7050, B7055, B7058, B7060, B7066, B7069.
Annacis Island (C.-B.) •B7025, B7026.
Calgary •B7039.
Dill Township (Ont.) •B7029.
Dorval •B7008, B7009.
Etobicoke •B7030.
Granby •B7068.
London •B7040.
Mauricie •B7017.
Mont-Laurier •B7033.
Montréal •B7001, B7002, B7003, B7004, B7005, B7006, B7010, B7011, B7014, B7020, B7027, B7034, B7037, B7042, B7043, B7044, B7045, B7046, B7052, B7059, B7061, B7062, B7064, B7065, B7067.
Montréal (Expo 67) •B7051.

Montréal métropolitain •B7024.
Niagara Falls •B7015, B7063.
Ottawa •B7007, B7013, B7048.
Québec •B7021, B7049.
Queenston (Ont.) •B7047.
Sherbrooke •B7022.
Ste-Marguerite du Lac Masson •B7019.
Ste-Thérèse •B7035.
Toronto •B7018, B7041, B7053, B7054, B7056, B7057, B7070, B7071.
Vancouver •B7031, B7036, B7038.
Ville St-Laurent •B7012.
Winnipeg River •B7032.

Tours panoramiques
Panoramic Towers

Édifices de lieu inconnu •B7507.
Calgary •B7505.
Niagara Falls •B7501, B7503, B7504.
Toronto •B7502.
Vancouver •B7506.

Parcs industriels
Industrial Parks

Édifices de lieu inconnu •B8027.
Annacis Island (C.-B.) •B8001, B8025.
Barrie •B8002.
Burlington •B8003.
Calgary •B8004, B8005.
Dollard-des-Ormeaux •B8026.
Donnacona •B8006.
Drummondville •B8007.
Etobicoke •B8008, B8009.
Fort Saskatchewan •B8010.
Lachine •B8011, B8012.
Lloydminster (Sask.) •B8013.
Mirabel •B8014.
Mississauga •B8015.
Montréal •B8028.
North York •B8024.
Sarnia •B8017.
Sept-Iles •B8018.
Spencerville •B8019.
Toronto •B8020, B8021.
Trois-Rivières •B8022.
Ville Saint-Laurent •B8016.
Waterloo •B8023.

Ateliers
Workshops

Laurentides •B8202.

Lumsden (Sask.) •B8206, B8207.
Montréal •B8204, B8205.
North Vancouver •B8203.
Scarborough •B8201.

Imprimeries
Printing Plants

Édifices de lieu inconnu •B8308, B8315, B8322.
Calgary •B8307.
Don Mills •B8313, B8320.
Drummondville •B8317.
Etobicoke •B8310, B8318.
Granby •B8301.
London •B8305.
North Bay •B8321.
Oakville •B8311, B8312.
Ottawa •B8302, B8303.
Québec •B8314.
Scarborough •B8304.
Toronto •B8306, B8316, B8319.
Trenton •B8309.

Installations de services publics
Public Utilities

Édifices de lieu inconnu •B8501, B8557, B8573, B8574, B8590, B8596.
Ajax •B8597.
Baie-Comeau •B8502.
Baie James •B8503, B8504, B8505, B8506, B8507, B8508, B8509.
Bath •B8510.
Beaconsfield •B8511.
Beauharnois •B8512.
Beauport •B8513.
Brantford •B8514.
Burnaby •B8572, B8591.
Carillon •B8515.
Cité de Jacques-Cartier •B8579.
Colombie-Britannique •B8516.
Dorsey (Manitoba) •B8588.
Douglas Point (Ont.) •B8565.
Drummondville •B8570.
East York •B8599.
Gatineau •B8517.
Grand Bend (Ont.) •B8559.
Guelph •B8598.
Halifax •B8563, B8564.
Hamilton •B8518, B8519, B8520, B8521.
Hampstead •B8522.
Ile-Jésus •B8575.
Iles-de-la-Madeleine •B8523.
La Prade •B8524.

La Tuque •B8526, B8583.
Lévis •B8527.
Manicouagan •B8528, B8529, B8530, B8531, B8532, B8601.
Mississauga •B8600.
Montréal •B8533, B8534, B8535, B8536, B8537, B8538, B8569, B8577, B8580, B8584, B8587.
Ontario •B8566.
Ottawa •B8539.
Outaouais •B8540.
Parkhill •B8541.
Peace River (C.-B.) •B8592, B8593.
Pinawa (Manitoba) •B8542.
Pine Portage (Ont.) •B8567.
Port Moody •B8543.
Portage Mountain (C.-B.) •B8594.
Québec •B8545, B8546, B8561, B8571.
Québec (Province) •B8544.
Régina •B8576, B8578.
Richmond •B8602.
Rimouski •B8547.
Saanich (C.-B.) •B8548.
Sarnia •B8549.
Shipshaw (Qué) •B8585, B8586.
Stratford •B8595.
Terre-Neuve •B8550.
Toronto •B8551, B8552, B8553, B8554, B8560, B8568.
Varennes •B8555.
Ville d'Anjou •B8562.
Ville La Salle •B8525.
Westmount •B8556.
Weston •B8558.
Winnipeg •B8581, B8582.
York Township •B8589.

Usines de denrées alimentaires
Food Processing Plants

Édifices de lieu inconnu •B8617, B8621, B8629, B8634.
Alliston •B8615.
Bassano, Alta. •B8631.
Bramalea •B8645.
Burnaby •B8650.
Fort Garry •B8601.
Goderich (Ont.) •B8646.
Granby •B8653, B8660.
Halifax •B8602, B8626.
Kingston •B8636, B8637.
Lake City Industrial Park •B8663.
Laval •B8604.
Leamington (Ont.) •B8647.
London •B8605, B8638.

MACHINE MANUFACTURING PLANTS / USINES DE MACHINES

Montréal •*B8619*, *B8620*, *B8622*, *B8624*, *B8625*, *B8627*, *B8632*, *B8633*, *B8648*, *B8649*, *B8652*, *B8658*, *B8659*.

North Vancouver •*B8613*.

Ottawa •*B8606*, *B8607*.

Québec •*B8635*, *B8651*, *B8654*.

Saint-Hubert •*B8608*.

Saskatoon •*B8609*, *B8655*.

Sherbrooke •*B8630*.

Toronto •*B8610*, *B8611*, *B8616*, *B8623*, *B8628*, *B8639*, *B8640*, *B8644*.

Vancouver •*B8612*, *B8618*, *B8641*, *B8642*, *B8643*, *B8656*, *B8657*.

Ville La Salle •*B8603*.

Winnipeg •*B8614*, *B8661*, *B8662*.

Usines de machines
Machine Manufacturing Plants

Édifices de lieu inconnu •*B8801*, *B8828*, *B8841*, *B8842*, *B8848*, *B8852*.

Annacis Island (C.-B.) •*B8802*.

Barrie (Ont). •*B8834*.

Brantford •*B8829*.

Brockville •*B8803*, *B8804*.

Bromont •*B8805*.

Burnaby •*B8868*.

Cobourg •*B8806*.

Don Mills •*B8807*, *B8843*, *B8859*.

Dorval •*B8808*.

Edmonton •*B8867*.

Esquimalt (C.-B.) •*B8836*.

Halifax •*B8837*.

Hamilton •*B8862*, *B8863*.

Kitchener •*B8809*.

Leaside •*B8857*, *B8858*.

London •*B8810*, *B8811*.

Longueuil •*B8812*.

Malvern (Ont.) •*B8813*.

Mississauga •*B8866*.

Montréal •*B8833*, *B8838*, *B8840*, *B8844*, *B8845*, *B8846*, *B8850*, *B8864*.

Montréal-Nord •*B8865*.

New Westminster •*B8814*.

North York •*B8861*.

Oakville •*B8835*.

Oakville, Ont. •*B8847*.

Oakville, Ontario •*B8815*.

Ottawa •*B8816*.

Pointe-Claire •*B8817*.

Port Hawkesbury (Ile du Cap-Breton) •*B8818*.

Québec •*B8839*.

Québec (province) •*B8832*, *B8855*.

Sainte-Thérèse •*B8820*.

Scarborough •*B8830*.

St-Hubert •*B8819*.

St. Thomas •*B8821*.

Toronto •*B8822*, *B8823*, *B8831*, *B8853*, *B8854*, *B8856*, *B8860*.

Weston •*B8869*.

Windsor •*B8824*, *B8825*.

Winnipeg •*B8826*, *B8827*.

Woodstock •*B8849*.

York •*B8851*.

Usines de produits pharmaceutiques et de cosmétiques
Pharmaceutical and Cosmetics Factories

Don Mills •*B9107*.

Dorval •*B9101*, *B9102*.

East York •*B9109*.

Etobicoke (Ont.) •*B9108*.

Montréal •*B9110*.

Montréal-Nord •*B9104*.

Toronto •*B9103*, *B9106*.

Vaudreuil •*B9105*.

Usines diverses
Miscellaneous Factories

Édifices de lieu inconnu •*B9301*, *B9593*, *B9612*, *B9663*, *B9669*, *B9681*, *B9682*, *B9683*, *B9684*, *B9719*, *B9731*.

Abercrombie Point (N.-E.) •*B9302*.

Agincourt (Ont.) •*B9303*.

Ajax (Ont) •*B9304*.

Ajax (Ontario) •*B9661*.

Alberni •*B9305*.

Alberta •*B9306*.

Arvida •*B9308*, *B9309*, *B9310*, *B9584*.

Asbestos •*B9609*.

Baie-Comeau •*B9667*.

Barrie •*B9711*.

Beachville (Ontario) •*B9311*.

Beauharnois •*B9312*.

Bécancour •*B9313*, *B9314*, *B9619*, *B9724*.

Belleville •*B9737*.

Bernières •*B9315*, *B9316*, *B9317*.

Bowmanville (Ont.) •*B9595*.

Bowmanville (Ontario) •*B9318*.

Bramalea •*B9319*, *B9320*, *B9321*.

Brampton •*B9732*.

Brampton (Ont.) •*B9322*, *B9323*.

Brantford •*B9324*, *B9325*.

Brockville (Ont.) •*B9326*.

Brossard •*B9327*.

Burlington •*B9328*, *B9703*.

Caledonia (Ontario) •*B9329*.

Calgary •*B9330*, *B9331*, *B9332*, *B9333*, *B9334*, *B9335*, *B9336*, *B9337*, *B9338*, *B9339*.

Candiac (Qué) •*B9340*.

Cap-de-la-Madeleine •*B9341*.

Cassiar (Yukon) •*B9342*.

Charlottetown •*B9343*.

Chatham (N.-B.) •*B9344*.

Cheltenham •*B9345*.

Chomedey •*B9736*.

Clarkson •*B9346*, *B9347*, *B9634*.

Coaticook •*B9348*.

Contrecoeur •*B9349*, *B9350*.

Cooksville (Ont.) •*B9351*, *B9352*, *B9353*.

Coquitlam, B.C. •*B9354*.

Cornwall •*B9355*.

Côte Ste-Catherine •*B9356*.

Cowansville •*B9357*, *B9358*, *B9602*.

Creighton •*B9359*.

Delson •*B9722*.

Delson, P.Q. •*B9360*.

Don Mills •*B9361*, *B9362*, *B9654*.

Don Mills (Ont.) •*B9740*.

Drummondville •*B9363*, *B9364*, *B9365*, *B9366*, *B9367*, *B9368*, *B9579*.

Duberger •*B9369*.

East River (N.-E.) •*B9370*.

Edmonton •*B9371*, *B9372*, *B9373*, *B9374*, *B9375*, *B9376*, *B9617*, *B9660*, *B9701*.

Elliot Lake •*B9377*.

Esterhazy (Sask.) •*B9659*, *B9712*.

Etobicoke •*B9626*, *B9685*.

Farnham •*B9378*.

Fort Frances (Ont.) •*B9379*.

Fort McMurray •*B9380*.

Fort William •*B9381*.

Forth White •*B9382*.

Galt (Ont.) •*B9582*.

Gatineau •*B9383*, *B9618*.

Granby •*B9384*, *B9385*, *B9386*, *B9387*.

Grand-Mère •*B9606*.

Guelph •*B9388*, *B9389*, *B9390*.

Hagar (Ontario) •*B9725*.

Hagersville (Ont.) •*B9391*.

Halifax •*B9392*, *B9613*, *B9627*.

Hamilton •*B9393*, *B9394*, *B9395*, *B9396*, *B9578*, *B9591*, *B9686*, *B9696*, *B9697*, *B9698*.

Hull •*B9580*.

Huntsville-Bracebridge •*B9397*.

Innisfail (Alberta) •*B9398*.

Jacques-Cartier •*B9399*.

Joliette •*B9400*, *B9401*, *B9693*.

Kapuskasing (Ont.) •*B9402*.

Kingston •*B9403*, *B9642*.

Kitchener •*B9404*, *B9738*.

Kitimat •*B9405*.

La Prairie (Québec) •*B9410*, *B9411*.

La Sarre (Abitibi) •*B9413*.

Lachine •*B9406*, *B9407*, *B9408*.

Lansdowne •*B9409*.

Laval •*B9414*, *B9723*.

Leaside •*B9574*, *B9675*.

Lindsay (Ont.) •*B9415*, *B9624*, *B9680*.

London •*B9416*.

Long Branch (Ont.) •*B9666*.

Longlac (Ont.) •*B9417*.

Longueuil •*B9418*.

Louiseville •*B9419*.

Lulu Island (C.-B.) •*B9631*.

Marieville •*B9420*.

Markham •*B9643*, *B9687*.

Millhaven (Ont.) •*B9628*.

Milton •*B9421*, *B9422*, *B9423*.

Mississauga •*B9424*, *B9425*, *B9426*, *B9427*, *B9428*.

Moncton •*B9429*, *B9676*.

Montréal •*B9430*, *B9431*, *B9432*, *B9433*, *B9434*, *B9435*, *B9436*, *B9437*, *B9438*, *B9439*, *B9585*, *B9586*, *B9592*, *B9594*, *B9597*, *B9603*, *B9605*, *B9610*, *B9614*, *B9615*, *B9616*, *B9629*, *B9635*, *B9641*, *B9647*, *B9648*, *B9650*, *B9651*, *B9670*, *B9671*, *B9672*, *B9694*, *B9695*, *B9704*, *B9705*, *B9707*, *B9708*, *B9710*, *B9714*, *B9729*, *B9733*, *B9742*.

Montréal (rive sud) •*B9442*.

Montréal (sud) •*B9441*.

Montréal-Est •*B9440*, *B9583*.

Nanticoke (Ont.) •*B9443*.

Nelson (C.-B.) •*B9604*.

New Westminster •*B9645*.

Nicolet •*B9601*.

North Bay •*B9444*, *B9445*, *B9446*.

North York •*B9566*, *B9630*.

Oakville •*B9623*, *B9678*.

Oakville, Ont. •*B9600*.

Ontario •*B9447*.

Owen Sound (Ont.) •*B9448*.

Penticton (C.-B.) •*B9449*.

Peterborough •*B9450*, *B9451*, *B9568*.

Pickering Township •*B9452*.

Picton •*B9453*.

Pointe-aux-Trembles •*B9454*, *B9636*, *B9637*.

Pointe-Claire •*B9455*, *B9572*, *B9608*, *B9620*, *B9653*.

MAISONS DE VACANCES — COTTAGES

Pont-Rouge (Qué.) •*B9456, B9457.*
Popkum (C.-B.) •*B9458.*
Port-Cartier •*B9598.*
Princeville •*B9459.*
Québec •*B9460, B9461, B9462, B9576, B9607, B9621, B9649.*
Québec (prov.) •*B9700, B9730.*
Red Deer •*B9463.*
Régina •*B9464, B9465, B9735.*
Rexdale •*B9466, B9467.*
Rimouski •*B9468, B9469, B9470.*
Rutherglen (Ont.) •*B9471.*
Saint-Augustin •*B9473, B9474, B9646.*
Saint John (N.-B.) •*B9483.*
Saint-Joseph de Beauce •*B9485.*
Saint-Lambert •*B9638.*
Sainte-Marie •*B9487.*
Sainte-Thérèse •*B9490.*
Sarnia •*B9491, B9492, B9493, B9494.*
Saskatoon •*B9495.*
Sault-Ste. Marie •*B9496, B9497.*
Scarborough •*B9498, B9499, B9500, B9501, B9596, B9599, B9625, B9668, B9689.*
Shawinigan Falls •*B9502, B9503.*
Springhill (N.-É.) •*B9504.*
St-Boniface •*B9475, B9476.*
St-Félicien •*B9478.*
St-Hyacinthe •*B9632, B9633, B9709.*
St-Jean (Qué.) •*B9479, B9480, B9481, B9622.*
St-Jérôme •*B9482.*
St. John's •*B9484.*
St-Laurent •*B9588.*
St. Mary's (Ont.) •*B9488.*
St-Nicolas •*B9489.*
Ste-Agathe •*B9472.*
Ste-Catherine-d'Alexandrie •*B9477.*
Steinbach (Man.) •*B9505.*
Stratford •*B9506, B9507.*
Stratford (Ont.) •*B9699.*
Terrace Bay (Ont.) •*B9508.*
Thorold (Ont.) •*B9575.*
Thunder Bay •*B9509, B9510.*
Toronto •*B9511, B9512, B9513, B9514, B9515, B9516, B9517, B9518, B9519, B9520, B9521, B9522, B9523, B9524, B9525, B9526, B9527, B9569, B9570, B9571, B9577, B9587, B9589, B9590, B9639, B9640, B9644, B9662, B9664, B9665, B9688, B9690, B9691, B9702, B9717, B9718, B9720, B9721, B9739, B9741.*
Tracy (Québec) •*B9528, B9529.*
Transcona (Manitoba) •*B9674.*
Trois-Rivières •*B9530.*
Vancouver •*B9531, B9532, B9533, B9534, B9535, B9536, B9537, B9655, B9657, B9658, B9715, B9716.*
Varennes •*B9539, B9540, B9541, B9542, B9543, B9544, B9545, B9546, B9726, B9727.*
Vaughan •*B9573.*
Vaughan (Ont.) •*B9547, B9548.*
Victoria •*B9567, B9656.*
Victoriaville •*B9549, B9713.*
Ville d'Anjou •*B9307.*
Ville de Vanier (Qué.) •*B9538.*
Ville La Salle •*B9412, B9734.*
Ville Saint-Laurent •*B9486.*
Ville St-Laurent •*B9677.*
Ville St-Michel •*B9679, B9706.*
Villeneuve •*B9728.*
Villeneuve, Québec •*B9611.*
Waterloo •*B9550.*
Weedon (Qué) •*B9551.*
Welland •*B9552, B9553, B9554.*
Westmount •*B9652.*
Weston •*B9555, B9556, B9692.*
Whitby •*B9557.*
Whitecourt •*B9558.*
Windsor •*B9559, B9560, B9561.*
Winnipeg •*B9562, B9581, B9673.*
Woodstock (Ont.) •*B9563, B9564.*
Yamachiche •*B9565.*

Restaurations diverses
Miscellaneous Restorations

Édifices de lieu inconnu •*C0072.*
Alton (Ont.) •*C0054.*
Aylmer •*C0001.*
Brampton •*C0066.*
Calgary •*C0002.*
Calgary 1911) •*C0003.*
Chicoutimi •*C0004.*
Dawson City •*C0005.*
Dorval •*C0089.*
Drummondville •*C0063.*
Edmonton •*C0006, C0046.*
Halifax •*C0007, C0008, C0048, C0069, C0074, C0086.*
Hamilton •*C0076, C0077.*
Laprairie •*C0058.*
London •*C0067.*
Louisbourg •*C0009.*
Montréal •*C0010, C0011, C0012, C0013, C0014, C0015, C0016, C0017, C0018, C0041, C0052, C0053, C0081, C0082.*
Niagara •*C0084.*
Ottawa •*C0064, C0080.*
Ottawa Affaires urbaines) •*C0065.*
Prince Albert •*C0062.*
Québec •*C0019, C0075.*
Sault Ste. Marie •*C0070.*
Simcoe •*C0090.*
St-Boniface •*C0050.*
St. John (N.-B.) •*C0020.*
St. John's (T.-N.) •*C0021.*
Terrebonne •*C0022.*
Thunder Bay •*C0023.*
Toronto •*C0024, C0038, C0039, C0042, C0043, C0047, C0049, C0051, C0055, C0061, C0068, C0071, C0073, C0078, C0079, C0083, C0087, C0091, C0092.*
Toronto (le 8 King St. East à Toronto, Édifice de la fin 19e ou début 20e S•*C0025, C0026, C0027, C0028, C0029.*
Vancouver •*C0030, C0031, C0056, C0057, C0088.*
Victoria •*C0044, C0045, C0059, C0060.*
Winnipeg •*C0032, C0040, C0085.*
Winnipeg fin du 19e s.) •*C0033, C0034, C0035, C0036, C0037.*

Restaurations d'habitations
Housing Restoration

Édifices de lieu inconnu •*C1008, C1020, C1028.*
Halifax •*C1014.*
Montréal •*C1001, C1010, C1011, C1012, C1016, C1021, C1023, C1027, C1029.*
Oakville •*C1018.*
Outremont •*C1002.*
Peterborough •*C1003.*
Queenston •*C1026.*
Red Deer River •*C1025.*
Sainte-Foy •*C1017.*
Scarborough •*C1004.*
St. John (N.-B.) •*C1019.*
Streetsville (Ont.) •*C1007.*
Thom Nesbitt •*C1030.*
Toronto •*C1005, C1006, C1009, C1013, C1024.*
Vancouver •*C1031.*
Windsor •*C1015.*
Winnipeg •*C1022.*

Bâtiments d'expositions
Exhibition Buildings

Édifices de lieu inconnu •*D0054, D0060, D0072, D0074, D0077, D0078, D0093, D0094, D0095, D0102, D0104, D0105, D0106, D0107, D0121, D0144, D0147, D0156, D0161, D0174, D0195, D0197, D0200, D0203, D0205, D0207.*
Bruxelles •*D0001, D0063, D0133.*
Milan (La Triennale) •*D0188.*
Montréal •*D0002, D0003, D0004, D0005, D0006, D0007, D0008, D0009, D0010, D0011, D0012, D0013, D0014, D0015, D0016, D0017, D0018, D0019, D0020, D0021, D0022, D0023, D0024, D0025, D0026, D0027, D0028, D0029, D0030, D0031, D0032, D0033, D0034, D0035, D0036, D0037, D0038, D0039, D0040, D0041, D0042, D0043, D0044, D0045, D0073, D0097.*
Montréal (Expo 67) •*D0053, D0055, D0056, D0057, D0058, D0061, D0062, D0064, D0065, D0066, D0067, D0068, D0070, D0071, D0075, D0076, D0079, D0080, D0082, D0083, D0084, D0085, D0088, D0089, D0090, D0091, D0092, D0098, D0099, D0101, D0103, D0108, D0109, D0110, D0111, D0112, D0115, D0116, D0117, D0118, D0120, D0122, D0125, D0127, D0128, D0130, D0131, D0134, D0135, D0136, D0137, D0138, D0139, D0140, D0141, D0142, D0146, D0148, D0149, D0150, D0153, D0157, D0159, D0164, D0165, D0166, D0168, D0169, D0170, D0171, D0172, D0175, D0176, D0177, D0178, D0179, D0180, D0181, D0183, D0184, D0185, D0186, D0187, D0189, D0190, D0191, D0192, D0193, D0196, D0198, D0199, D0201, D0202, D0204, D0206, D0209.*
Osaka •*D0046, D0047, D0048, D0059, D0086, D0100, D0124, D0126, D0132, D0151, D0154, D0155, D0158, D0160.*
Osaka (Expo 70) •*D0081, D0096, D0113, D0123, D0173.*
Ottawa •*D0052, D0069, D0194.*
Québec •*D0049, D0050, D0145.*
Québec (L'Exposition provinciale) •*D0129.*
Tokyo •*D0114.*
Toronto •*D0143, D0208.*
Toronto (C.N.E.) •*D0119.*
Toronto (Canadian National Exhibition) •*D0087.*
Toronto (CNE) •*D0152, D0167, D0182.*
Vancouver (Pacific National Exhibition) •*D0162, D0163.*
Venise •*D0051.*

Maisons de vacances
Cottages

Édifices de lieu inconnu •*D1017, D1018, D1043, D1044, D1050, D1053, D1057, D1072, D1078.*
Beaupré •*D1048.*

MISCELLANEOUS CONSTRUCTIONS / CONSTRUCTIONS DIVERSES

Black Sturgeon Lake (Ont.) •D1056.
Bobcaygeon (Ont.) •D1079.
Bowen Island (C.-B.) •D1023.
Brockville (Ont.) •D1028.
Bromont •D1047, D1051.
Cable Head (I.-P.-E.) •D1075.
Caledon Hills (Ont.) •D1011.
Cantons de l'Est •D1013.
Collingwood •D1001.
Craigleith •D1036.
Domaine l'Estérel, Lac-Masson. •D1030.
Estérel •D1021.
Georgian Bay (Ont.) •D1063.
Glen Major (Ont.) •D1040.
Go Home Bay (Ont.) •D1068.
Haliburton •D1042.
Husavick (Manitoba) •D1080.
Kennisis Lake (Ontario) •D1077.
L'Ancienne-Lorette •D1003.
Lac Beauport •D1073.
Lac Clair •D1020.
Lac Claire •D1026.
Lac Delage •D1081.
Lac du Nord •D1037.
Lac Massawippi •D1049.
Lac Masson •D1016.
Lake Louise •D1031.
Lake Manitou •D1083.
Lake Rosseau, Muskoka (Ont.) •D1065.
Lake Simcoe •D1002, D1014, D1046, D1059.
Lake Simcoe (Ont.) •D1066, D1067.
Lake Windermere (C.-B.) •D1012.
Laurentides •D1052, D1061, D1062.
Long Beach (Ont.) •D1055.
Long Lake (Sask.) •D1070.
Manitoba •D1076.
Mont Sainte-Anne •D1004, D1039.
Muskoka (Ont.) •D1054.
North York Township (Ont.) •D1064.
Oka •D1005.
Ontario •D1015, D1060, D1069.
Orangeville (Ontario) •D1045.
Paudash Lake •D1006.
Point au Baril (Ont.) •D1035.
Sainte-Adèle •D1019.
Sainte-Marguerite •D1084.
Shuswap Lake (C.-B.) •D1007.
St-Laurent •D1058.
St-Nicolas •D1041.
Ste-Adèle •D1027.
Ste-Marguerite •D1022, D1074.
Ste-Marguerite du Lac-Masson •D1029.
Vancouver •D1071.
Vancouver Island •D1082.
Victoria •D1008.
West Hawk Lake (Manitoba) •D1010.
Whistler (C.-B.) •D1009, D1025.
Whistler Mountain (C.-B.) •D1024, D1032, D1033, D1034, D1038.

Constructions diverses
Miscellaneous Constructions

Édifices de lieu inconnu •D1505, D1514, D1515, D1525.
Alberta •D1508.
Banff •D1509.
Brudenell (I.-P.-E.) •D1522.
Calgary •D1501.
Collingwood •D1518.
Colombie-Britannique •D1507.
Davern Lake (Ont.) •D1503.
Garibaldi Park (C.-B.) •D1502.
Grouse Mountain (C.-B.) •D1528.
Hull •D1523.
Kirby •D1512.
Laurentides •D1516.
Long Lake (Qué.) •D1504.
Manitoba •D1521.
Maple Creek (Sask.) •D1529.
Mont Sainte-Marie (Qué.) •D1531.
Mont Tremblant •D1530.
Panorama Village (C.-B.) •D1519.
Parry Sound District (Ont.) •D1517.
Percé •D1511.
Richard Lake (Ont.) •D1506.
Saskatchewan •D1526.
St. John (N.-B.) •D1524.
Ste-Marguerite •D1513.
Tingwick / Warwick •D1510.
Toronto •D1527.
Vancouver •D1520.

Bibliothèques publiques
Public Libraries

Édifices de lieu inconnu •D2016, D2040, D2052, D2074.
Amos •D2001.
Aurora •D2030.
Aurora (Ont.) •D2008.
Barrie •D2054.
Burlington •D2011.
Calgary •D2015.
Cooksville •D2037.
Don Mills •D2004.
East Riverside •D2034.
East York •D2053.
Edmonton •D2046, D2057.
Esquimalt (C.-B.) •D2028.
Etobicoke •D2022.
Etobicoke (Ont.) •D2019, D2020.
Halifax •D2024, D2026.
Hamilton •D2031, D2059.
Kelowna (C.-B.) •D2072.
Kitchener •D2058.
Ladner (C.-B.) •D2018.
Leaside (Ont.) •D2003.
London •D2038.
Malton •D2049.
Milton •D2012.
Mimico (Ont.) •D2005.
Mississauga •D2035, D2050.
Montréal •D2014, D2047, D2069, D2071.
New Westminster •D2060.
North Bay •D2073.
North York •D2025, D2032.
Oshawa •D2021.
Ottawa •D2007, D2029, D2044, D2045, D2065, D2066.
Pointe-Claire •D2061.
Port Credit (Ont.) •D2010.
Régina •D2033.
Richmond Hill •D2009.
Sault Ste. Marie •D2043.
Scarborough •D2023, D2027.
St. James (Manitoba) •D2067.
St-Léonard (Qué.) •D2002.
Terre-Neuve •D2048.
Toronto •D2006, D2013, D2036, D2042, D2051, D2055, D2056, D2068.
Vancouver •D2039, D2062, D2063, D2064, D2070.
Ville Mont-Royal •D2017.
Winnipeg •D2041.

Bibliothèques de maisons d'enseignement
School and University Libraries

Édifices de lieu inconnu •D2525, D2531, D2533, D2534, D2540, D2543, D2544.
Burnaby (Simon Fraser University) •D2523.
Downsview (York University) •D2505, D2506, D2507.
Edmonton (Univ. of Alberta) •D2538.
Edmonton (University of Alberta) •D2530.
Guelph •D2522.
Halifax •D2520.
Halifax (Dalhousie University) •D2519.
Hamilton •D2545.
Hamilton (McMaster Univ.) •D2547.
London (University of Western Ontario) •D2511.
Montréal •D2518, D2524.
Montréal (Collège Loyola) •D2509.
Montréal (McGill University) •D2508, D2516, D2526.
Montréal (Univ. de Montréal) •D2515.
North York •D2510.
Ottawa •D2512, D2532.
Ottawa (Carleton University) •D2501.
Ottawa (University of) •D2502, D2527.
Peterborough (Trent University) •D2548.
Québec •D2550.
Regina (Univ. of Saskatchewan) •D2551.
Saskatoon (Univ. Saskatchewan) •D2513.
St. John's (Memorial University) •D2539.
Sudbury (Laurentian University) •D2503.
Toronto •D2504.
Toronto (Univ. of) •D2528, D2529.
Vancouver •D2541.
Vancouver (UBC) •D2536, D2549.
Victoria (University of) •D2517.
Victoria (Victoria College) •D2546.
Victoriaville •D2537.
Waterloo (University of) •D2542.
Windsor •D2535.
Windsor (Univ. of Windsor) •D2514.
Winnipeg (Univ. of Manitoba) •D2521.

Centres communautaires
Community Centres

Édifices de lieu inconnu •D3001, D3002, D3003, D3043, D3060, D3072, D3074, D3081, D3082, D3101, D3105, D3108, D3117, D3122, D3131, D3136, D3149, D3156, D3162, D3169, D3178, D3183, D3184, D3191, D3198, D3211, D3214, D3220, D3224, D3226, D3228, D3233, D3243, D3259, D3261, D3266, D3268.
Alberta •D3248.
Amqui •D3004.
Arvida •D3091.
Asbestos •D3005.
Baie Saint-Paul •D3244.

PISCINES / SWIMMING POOLS

Baie St-Paul •*D3106.*
Belleville •*D3095.*
Black Lake (Qué.) •*D3006.*
Bramalea (Ont.) •*D3053.*
Burlington •*D3208.*
Calgary •*D3249.*
Cap-de-la-Madeleine •*D3007.*
Charlottetown •*D3008, D3048, D3068, D3087, D3135, D3137, D3150, D3174, D3186, D3199, D3234, D3246.*
Charlottetown Confederation Memorial Bldg") •*D3009.*
Coaticook (Qué.) •*D3010.*
Colombie-Britannique •*D3237.*
Dominion City (Man.) •*D3255.*
East York •*D3177.*
Edmonton •*D3080.*
Elliot Lake •*D3200.*
Erin Mills South (Ont.) •*D3044.*
Esquimalt (C.-B.) •*D3238.*
Etobicoke (Ont.) •*D3092.*
Gaspé •*D3012.*
Granby •*D3256.*
Greenfield Park •*D3083, D3239.*
Guelph •*D3127.*
Halifax •*D3013.*
Halton Hills (Ont.) •*D3014.*
Henryville •*D3185.*
Hull •*D3212.*
Ile Bizard •*D3110.*
Ile Bizard (Qué.) •*D3109.*
Jasper •*D3227.*
Jasper (Alta) •*D3015.*
Jonquière •*D3016.*
Kamloops (C.-B.) •*D3058.*
Kanata •*D3118.*
Kelowna •*D3054.*
Kingston •*D3049.*
La Pocatière •*D3017.*
La Tuque •*D3018, D3019.*
Laurentides •*D3052.*
Laval •*D3020, D3132.*
Laval-des-Rapides •*D3157.*
Laval-sur-le-Lac •*D3099.*
Leaside (Ont.) •*D3045.*
Lethbridge •*D3021.*
Lévis •*D3229.*
Merritt (C.-B.) •*D3139.*
Mississauga •*D3114, D3187.*
Moncton •*D3222, D3230.*
Mont-St-Hilaire •*D3084.*
Montebello •*D3163.*
Montmagny •*D3022.*
Montréal •*D3023, D3024, D3025, D3026, D3027, D3047, D3050, D3055, D3056, D3065, D3071,* *D3090, D3103, D3107, D3120, D3125, D3128, D3133, D3153, D3154, D3158, D3159, D3160, D3161, D3164, D3165, D3168, D3170, D3173, D3182, D3193, D3204, D3205, D3217, D3221, D3223, D3231, D3235.*
Montréal-Nord •*D3215.*
Napanee (Ont.) •*D3251.*
Newcastle •*D3247.*
North Vancouver •*D3116, D3141.*
North York •*D3098, D3147, D3242.*
Oakville •*D3115, D3119.*
Okanagan Valley •*D3257.*
Okanagan Valley (C.-B.) •*D3143.*
Orsainville •*D3064.*
Ottawa •*D3028, D3029, D3030, D3111, D3138, D3140, D3197, D3209.*
Peterborough •*D3093, D3094.*
Pine Tree Chain •*D3042.*
Plessisville •*D3062.*
Port-Alfred •*D3155.*
Port Hardy (C.-B.) •*D3102.*
Québec •*D3031, D3070, D3179, D3219, D3264.*
Régina •*D3057, D3207.*
Richmond (C.-B.) •*D3232.*
Rimouski •*D3166.*
Rivière-du-Moulin •*D3089.*
Rosemont •*D3032, D3171, D3203.*
Rouyn •*D3033.*
Saint-Agapit •*D3034.*
Saint-Eustache •*D3036.*
Saint-Grégoire •*D3037.*
Saint-Raphaël de Bellechasse •*D3038.*
Saskatoon •*D3069, D3124, D3126, D3145, D3151, D3176, D3218, D3225, D3263, D3267.*
Sault Ste. Marie •*D3121, D3194.*
Scarborough •*D3096.*
Shawinigan •*D3039.*
Shawinigan Falls •*D3152.*
Sillery •*D3040.*
St. Catharines •*D3035, D3269.*
St-Hyacinthe •*D3134.*
St-Jean •*D3086.*
St-Jérôme •*D3216.*
St. John's (T.-N.) •*D3051.*
St-Luc (Québec) •*D3180.*
Ste-Adèle-en-Haut •*D3061.*
Ste-Dorothée •*D3085.*
Sturgeon Falls •*D3100.*
Sudbury •*D3192.*
Thornhill (Ont.) •*D3097.*
Thunder Bay •*D3059.*
Toronto •*D3075, D3129, D3142, D3148, D3188, D3189, D3190,* *D3196, D3201, D3202, D3240, D3252, D3265, D3270.*
Trois-Rivières •*D3167, D3213.*
Unionville •*D3241.*
Vancouver •*D3041, D3063, D3066, D3067, D3073, D3088, D3104, D3112, D3113, D3144, D3146, D3172, D3175, D3181, D3236, D3253, D3258, D3262.*
Victoria •*D3079, D3206, D3210, D3260.*
Ville Émard •*D3011.*
West Vancouver •*D3078, D3254.*
Westmount •*D3195.*
Whitehorse •*D3076, D3077.*
Willowdale (Ont.) •*D3046.*
Winnipeg •*D3123, D3130, D3245, D3250.*

Gymnases
Gymnasiums

Elliot Lake •*D4006.*
Hull •*D4001.*
Montréal •*D4003, D4004, D4005.*
Sault Ste-Marie •*D4002.*

Marinas

Bedford (N.-E.) •*D4504.*
Georgian Bay (Ont.) •*D4511.*
Hamilton •*D4509.*
Kingston •*D4513.*
Montréal •*D4505.*
Québec •*D4501.*
Toronto •*D4503, D4508.*
Vancouver •*D4502, D4507, D4510, D4512.*
West Vancouver •*D4506.*

Musées
Museums

Édifices de lieu inconnu •*D5016, D5018, D5021, D5024, D5027, D5031, D5033, D5048, D5051, D5053, D5055, D5056, D5058, D5063, D5066, D5069, D5071, D5074, D5077, D5083, D5088, D5089, D5092.*
Baddeck (Cap-Breton) •*D5020.*
Calgary •*D5065.*
Cantons de l'Est •*D5086.*
Cape Breton (N.-E.) •*D5064.*
Edmonton •*D5001, D5019, D5047.*
Fredericton •*D5094.*
Gaspé •*D5068.*
Glace Bay (N.-E.) •*D5039.*
Halifax •*D5035.*
Hamilton •*D5040.*
Hull •*D5002.*
Kingston •*D5067.*
Kleinburg •*D5091.*
Langley (C.-B.) •*D5082.*
London •*D5003, D5059.*
Montréal •*D5014, D5030, D5050, D5075, D5090.*
Ottawa •*D5004, D5005, D5006, D5013, D5015, D5023, D5029, D5032, D5034, D5037, D5042, D5072, D5080, D5085, D5087, D5093, D5096, D5099, D5100, D5101.*
Québec •*D5017, D5022.*
Régina •*D5052, D5062.*
Saanich (C.-B.) •*D5054.*
Saskatoon •*D5007.*
Skidgate (C.-B.) •*D5045.*
Surrey •*D5046.*
Toronto •*D5008, D5012, D5073, D5079, D5081.*
Trenton (Ont.) •*D5084.*
Vancouver •*D5036, D5044, D5060, D5061.*
Victoria •*D5025, D5026.*
Winnipeg •*D5009, D5010, D5011, D5028, D5038, D5041, D5043, D5049, D5057, D5070, D5076, D5078, D5095, D5097, D5098.*

Piscines
Swimming Pools

Édifices de lieu inconnu •*D6001, D6035.*
Ahuntsic •*D6002.*
Alfred (Ont.) •*D6036.*
Bayview •*D6042.*
Berthierville •*D6003.*
Brantford •*D6044.*
Burnaby •*D6040.*
Calgary •*D6029.*
Chomedey •*D6046.*
Colombie-Britannique •*D6004.*
Edmonton •*D6034.*
Hull •*D6005.*
Lachine •*D6030.*
Lachute •*D6006, D6007.*
Matane •*D6009.*
Mississauga •*D6047, D6048, D6049.*
Montebello •*D6038.*
Montréal •*D6010, D6011, D6012, D6013, D6014.*
Montréal-Est •*D6037.*
Montréal-Nord •*D6051.*
New Westminster (C.-B.) •*D6033.*
Niagara Falls •*D6017.*
North York •*D6053.*
Oka •*D6018, D6019.*

Ottawa •D6020, D6021, D6022.
Piedmont •D6023.
Saint-Lambert •D6039.
Sault Ste-Marie •D6027.
Sudbury •D6028.
Toronto •D6025, D6031, D6052, D6054, D6055.
Vancouver •D6041, D6043, D6050.
Victoria •D6032.
Ville de Léry (Woodland) •D6008.
Ville Mont-Royal •D6015, D6016.
Ville St-Laurent •D6024.
Westmount •D6026.
Winnipeg •D6045.

Stades
Stadiums

Édifices de lieu inconnu •D6544, D6549, D6556, D6564, D6567, D6575, D6579.
Brandon •D6501.
Brantford (Ont.) •D6528.
Buckingham •D6502.
Burlington •D6534.
Calgary •D6545.
Don Mills •D6541.
Dorval •D6535.
Edmonton •D6533, D6562.
Halifax •D6537.
Hamilton •D6503.
Joliette •D6504.
Kitchener •D6543.
Listowel •D6505.
Manitoba •D6559.
Montréal •D6506, D6507, D6508, D6509, D6510, D6511, D6523, D6531, D6532, D6536, D6538, D6560, D6569, D6570, D6571, D6576, D6577.
Moose Jaw •D6561.
North Bay •D6554.
North Vancouver •D6566.
North York •D6526.
Ottawa •D6522, D6542, D6553.
Peterborough •D6530.
Québec •D6524, D6525, D6529.
Regina •D6565.
Saint-Anselme (Bellechasse) •D6512.
Saint-Isidore (Beauce) •D6513.
Saint-Vincent-de-Paul •D6540.
Scarborough •D6515, D6572.
Sherbrooke •D6516, D6521.
St. John's (T.-N.) •D6557.
Thetford-Mines •D6517.
Toronto •D6518, D6520, D6527, D6547, D6548, D6551, D6552, D6558, D6568, D6574.

Trois-Rivières-Ouest •D6519.
Vancouver •D6546, D6563, D6578.
Victoria •D6573.
Ville Mont-Royal •D6539.
Ville Saint-Laurent •D6514.
Westmount •D6555.
Winnipeg •D6550.

Centres de congrès
Convention Centres

Édifices de lieu inconnu •D7014, D7018, D7019.
Calgary •D7001.
Eagle Lake (Ont.) •D7013.
Edmonton •D7024.
Hull •D7002.
Mont Sainte-Marie (Qué.) •D7025.
Montréal •D7003, D7004, D7011, D7012, D7015, D7016, D7021, D7023.
Niagara •D7017.
Toronto •D7005, D7006, D7007, D7022.
Vancouver •D7008.
Wellington County •D7010.
Winnipeg •D7009, D7020.

Cinémas
Movie Theatres

Édifices de lieu inconnu •D7202, D7203, D7206, D7215.
Drummondville •D7207.
Edmonton •D7222.
Granby •D7218.
Montréal •D7201, D7208, D7211, D7212, D7213, D7217, D7219, D7220, D7221, D7228.
Port-Alfred •D7216.
Québec •D7224, D7225.
Sherbrooke •D7223.
St. Catharines (Ont.) •D7226.
St-Hyacinthe •D7205.
Toronto •D7210, D7227.
Victoriaville •D7209.
Ville Saint-Laurent •D7214.
Winnipeg •D7204.

Théâtres
Theatres

Édifices de lieu inconnu •D7510, D7511, D7525, D7532, D7538, D7548, D7555, D7556, D7562, D7570, D7585.
Aurora •D7578.
Calgary •D7514.
Dawson City (Yukon) •D7533.

Edmonton •D7515, D7518, D7559, D7572, D7573.
Granby •D7582.
Hamilton •D7535.
Mont Orford •D7526.
Montréal •D7507, D7513, D7519, D7521, D7524, D7528.
Montréal(centre-ville) •D7583.
Newcastle (N.-B.) •D7580.
Niagara-on-the-Lake •D7581.
Oakville •D7569.
Ottawa •D7501, D7508, D7552.
Québec •D7502, D7516, D7517, D7531, D7536, D7550, D7551, D7553, D7557, D7567, D7568.
Regina •D7544.
Repentigny •D7554.
Sarnia •D7530.
Saskatoon •D7547.
St-Jean-des-Piles •D7520.
St. John's (T.-N.) •D7523.
Stratford •D7564, D7571.
Toronto •D7506, D7512, D7527, D7529, D7539, D7546, D7558, D7579, D7584.
Vancouver •D7503, D7504, D7509, D7522, D7534, D7537, D7540, D7541, D7549, D7561, D7563, D7565, D7566, D7574.
Verdun •D7542.
Victoria •D7543, D7576.
Windsor •D7545.
Winnipeg •D7505, D7560, D7575, D7577.

Ambassades et consulats
Embassies and Consulates

Ankara •F0009.
Belgrade •F0021.
Bonn •F0003.
Brasilia •F0023, F0024.
Canberra •F0008.
Canberra (Australie) •F0005.
Islamabad •F0020.
Lagos •F0019.
London (Angleterre) •F0018.
Mexico •F0017.
Mexico City •F0011.
Moscou •F0022.
New Delhi •F0012.
New York •F0001, F0015.
Oslo (Norvège) •F0013.
Ottawa •F0002, F0004.
Paris •F0010.
Pékin •F0006.
Tokyo •F0014.
Toronto •F0016.

Washington •F0007.

Bureaux de poste
Post Offices

Édifices de lieu inconnu •F1053, F1060, F1061.
Asbestos •F1001.
Bagotville •F1039.
Batawa (Ont.) •F1040.
Broadview (Sask.) •F1041.
Burlington •F1057, F1062.
Crystal Beach (Ont.) •F1042.
Deer Lake (T.-N.) •F1043.
Don Mills •F1002.
Dorion •F1049.
Drummondville •F1003.
Dryden (Ont.) •F1004.
Granby •F1037.
Halifax •F1044.
Harrow (Ont.) •F1045.
Jasper •F1005.
Kitchener •F1006.
La Tuque •F1007.
Madoc (Ont.) •F1046.
Montréal •F1008, F1009, F1031, F1036, F1056, F1059.
Morse •F1010.
Niagara-on-the-Lake •F1052.
Ottawa •F1011, F1012, F1034, F1058, F1063.
Port-Alfred •F1032.
Princeville •F1013.
Québec •F1014.
Regina •F1064.
Rimouski •F1015.
Saint-Paul-L'Ermite •F1019.
South Mountain (Ont.) •F1021.
St-Eleuthère •F1016.
St-Justin •F1017.
Ste-Thérèse de Blainville •F1020.
Terrace (C.-B.) •F1047.
Toronto •F1022, F1029, F1033, F1048.
Trenton •F1023.
Trois-Rivières •F1035.
Val D'Or •F1054.
Vancouver •F1038, F1055.
Vanier (Ont.) •F1024, F1050.
Ville Mont-Royal •F1030.
Ville Saint-Laurent •F1018.
Wakefield (Qué.) •F1025.
Warwick •F1026.
Waterville (N.-S.) •F1027.
White River (Ont.) •F1028.
Winnipeg •F1051.

HOTELS DE VILLE ET CENTRES CIVIQUES / CITY HALLS AND CIVIC CENTRES

Casernes de pompiers
Fire Stations

Édifices de lieu inconnu •F2002, F2005.
Dundas (Ont.) •F2007.
Hamilton •F2012.
North Vancouver •F2001.
North York •F2004.
Oshawa •F2013.
Ottawa •F2010, F2011.
Scarborough •F2014.
Shawinigan-Sud •F2008.
Thunder Bay •F2003.
Vancouver •F2016.
Victoria •F2006.
Ville Mont-Royal •F2009.
West Vancouver •F2015.

Constructions pour la défense civile
Civil Defence Constructions

Édifices de lieu inconnu •F3030, F3032, F3040, F3046, F3049, F3061.
Barriefield •F3001.
Borden •F3002.
Cobourg (Ont.) •F3051.
Cold Lake •F3003, F3025.
Colombie-Britannique •F3055.
Edmonton •F3004.
Esquimalt (C.-B.) •F3026, F3027, F3048, F3056.
Gagetown •F3057, F3059, F3060.
Gagetown (N.-B.) •F3005.
Gimli (Man.) •F3042.
Granby •F3043.
Halifax •F3036, F3037.
Hanna (Alberta) •F3006.
Kingston •F3023, F3024, F3033, F3034.
Kitchener •F3007.
Longueuil •F3008, F3054.
Moose Jaw •F3009.
Oakville •F3038, F3058.
Ottawa •F3010, F3045.
Petawawa •F3028.
Petawawa (Ontario) •F3011, F3012, F3013.
Pine Tree Chain •F3014.
Regina •F3052.
Saint-Jean •F3016, F3035.
Sainte-Foy •F3015.
Sault Ste-Marie •F3039, F3044.
Ste-Foy •F3050.
Thule (Groenland) •F3017.
Toronto •F3018.
Trenton •F3019, F3029, F3031, F3041, F3047.
Valcartier •F3020.
Victoria •F3021.
Ville LaSalle •F3053.
Washington •F3022.

Édifices pour l'administration de la justice
Court Houses, Jails, and Police Stations

Édifices de lieu inconnu •F4001, F4025, F4026, F4043, F4066, F4069, F4072, F4076.
Barrie •F4065, F4088.
Brampton •F4002.
Burnaby •F4071.
Calgary •F4068.
Charlottetown •F4036.
Corner Brook (T.-N.) •F4003.
Cowansville •F4004, F4053.
Don Mills •F4039.
Edmonton •F4100.
Etobicoke •F4079.
Fort St.James (C.-B.) •F4005.
Guelph •F4006.
Hamilton •F4034, F4084.
Hull •F4007.
Iberville •F4094.
Laval •F4008.
Lethbridge •F4078.
Little Plagreen Lake (Man.) •F4009.
Millbrook (Ont.) •F4028.
Millhaven (Ont.) •F4050.
Milton •F4010.
Mission (C.-B.) •F4075.
Montréal •F4011, F4032, F4038, F4041, F4042, F4054, F4059, F4086, F4099.
Morley •F4027.
Newmarket (Ont.) •F4033.
Nicolet •F4012.
Olds (Alberta) •F4013.
Ontario •F4081.
Ottawa •F4014, F4024, F4037, F4046, F4047, F4049, F4062, F4063, F4067, F4074, F4082, F4089.
Québec •F4015, F4016, F4048, F4051.
Rimouski •F4017.
Rivière-des-Prairies •F4093.
Rouyn-Noranda •F4061.
Saanich •F4045.
Saint-Georges •F4018.
Sainte-Anne-des-Plaines •F4052.
Sarnia •F4060.
Scarborough •F4098.
Simcoe •F4092.
Sorel •F4035.
St-Boniface •F4057, F4058.
St-Hyacinthe •F4044, F4087.
St.Thomas (Ont.) •F4031.
St-Vincent-de-Paul •F4019.
Ste-Anne-des-Plaines •F4083.
Sweetsburg (Qué.) •F4095.
Toronto •F4020, F4029, F4040, F4073, F4077, F4080, F4091.
Trois-Rivières •F4021, F4022.
Vancouver •F4055, F4056, F4064, F4085.
Victoria •F4096.
Ville Mont-Royal •F4070.
West Vancouver •F4090.
Whitby •F4030.
Winnipeg •F4023, F4097.

Édifices pour l'administration publique
Government Buildings

Édifices de lieu inconnu •F5044, F5052, F5076, F5085, F5090, F5092, F5099, F5101, F5102, F5110, F5111, F5117, F5119, F5131, F5137, F5139, F5145.
Arborg (Man.) •F5001.
Beaver Creek •F5096.
Brampton •F5130.
Brantford •F5097.
Burns Lake (C.-B.) •F5002.
Calgary •F5003, F5004.
Cantons de l'est •F5147.
Causapscal •F5005.
Chicoutimi •F5151.
Cornwall •F5039.
Dolbeau •F5153.
Don Mills •F5126.
Drummondville •F5006.
Edmonton •F5042, F5108.
Etobicoke •F5135.
Halifax •F5080, F5154.
Halton •F5138.
Hamilton •F5007, F5141.
Hull •F5067, F5069.
Ile-du-Prince-Édouard •F5041.
Jonquière •F5008.
Kelowna •F5009.
Kitchener •F5093.
La Malbaie •F5152.
Lévis •F5047.
London •F5146.
Longueuil •F5010.
Manitoba •F5089.
Melville (Saskatchewan) •F5115.
Montréal •F5055, F5056, F5086, F5128.
New York •F5068.
North Battleford (Saskatchewan) •F5105.
North Bay •F5133.
North York •F5059, F5079.
Ottawa •F5011, F5012, F5013, F5014, F5015, F5016, F5017, F5018, F5019, F5020, F5038, F5043, F5050, F5051, F5058, F5060, F5071, F5072, F5073, F5074, F5109, F5113, F5116, F5120, F5122, F5123, F5125, F5129, F5136.
Pictou (N.-E.) •F5070.
Ponoka •F5061.
Québec •F5021, F5022, F5045, F5046, F5054, F5057, F5077, F5078, F5084, F5112, F5143.
Regina •F5023, F5048, F5049, F5106, F5107, F5142.
Richmond •F5024.
Rivière-du-Loup •F5025.
Rouyn •F5155.
Sarnia •F5087.
Saskatoon •F5075.
Scarborough •F5064, F5065.
Sept-Iles •F5028, F5081.
Shawinigan •F5121.
Sherbrooke •F5053, F5091.
Sorel •F5029.
St-Faustin •F5026.
St-Jérôme •F5027.
St.John's •F5100.
Surrey •F5062.
Toronto •F5030, F5040, F5066, F5114, F5124, F5134.
Toronto Township •F5127.
Trois-Rivières •F5031, F5063.
Vancouver •F5032, F5033, F5034, F5082, F5083, F5098, F5103, F5104, F5132, F5148, F5149.
Verdun •F5088.
Vernon (C.-B.) •F5144.
Victoria •F5094.
Windsor •F5095.
Winnipeg •F5035, F5036, F5118, F5140.
Wynard (Sask.) •F5037.
York (Ont.) •F5150.

Hôtels de ville et centres civiques
City Halls and Civic Centres

Édifices de lieu inconnu •F6039, F6057, F6061, F6064, F6065, F6076, F6080, F6081, F6087, F6096, F6099, F6106, F6122, F6123.

NURSERY SCHOOLS AND KINDERGARTENS / MATERNELLES ET JARDINS D'ENFANTS

Ajax •F6050.
Annapolis (N.-E.) •F6143.
Arvida •F6001, F6052.
Asbestos •F6056.
Bagotville •F6002.
Baie-Comeau •F6067.
Bramalea •F6003.
Brandon •F6126.
Brantford •F6083, F6095, F6112.
Burnaby •F6048.
Calgary •F6103.
Chinguacousy Township •F6037.
Chomedey •F6035, F6085.
Chomedey (Qué.) •F6042, F6053.
Coquitlam •F6131.
Cowansville •F6041.
Dolbeau •F6117.
Dollard-des-Ormeaux •F6004.
Edmonton •F6005, F6006, F6058.
Etobicoke •F6120.
Giffard •F6125.
Granby •F6007, F6088.
Greenfield Park •F6047.
Halifax •F6068.
Hamilton •F6008, F6089, F6114.
Haney (C.-B.) •F6136.
Hull •F6009.
Iberville •F6133.
London •F6032.
Moncton •F6010.
Mont-Joli •F6011.
Mont-Laurier •F6124.
Montréal •F6012.
Montréal-Est •F6082.
Newcastle (N.-B.) •F6129.
Noranda •F6072.
North Vancouver •F6059.
North York •F6033, F6034, F6128.
Oakville •F6066.
Ottawa •F6013, F6014, F6090, F6100, F6115, F6142.
Peterborough •F6049, F6092.
Pickering •F6051.
Pont-Viau •F6098.
Rainbow Lake (Alberta) •F6015.
Red Deer •F6016, F6043, F6078.
Regina •F6017.
Richmond (Qué.) •F6040.
Rivière-des-Prairies •F6070.
Saanich (C.-B.) •F6140.
Sarnia •F6020.
Sault Sainte-Marie •F6094.
Scarborough •F6021, F6045, F6101.
Shawinigan Falls •F6086.
St-Boniface •F6069.

St.John (N.-B.) •F6044.
St. John's (T.-N.) •F6105.
St-Léonard •F6018.
Ste-Dorothée •F6138.
Stratford •F6060.
Thompson (Manitoba) •F6141.
Thorold (Ont.) •F6144.
Toronto •F6022, F6023, F6024, F6038, F6074, F6077, F6079, F6093, F6097, F6104, F6108, F6109, F6111.
Township of Esquesing •F6075.
Trois-Rivières •F6091.
Vancouver •F6134.
Verdun •F6063.
Vernon (C.-B.) •F6036.
Victoria •F6139.
Ville d'Auteuil •F6046.
Ville Saint-Laurent •F6062.
Ville Saint-Michel •F6019.
Waterloo (Qué.) •F6135.
West Vancouver •F6132.
Whitby •F6102, F6116.
Windsor •F6025, F6054, F6119.
Winnipeg •F6026, F6027, F6028, F6029, F6030, F6031, F6055, F6071, F6073, F6084, F6107, F6110, F6113, F6118, F6127, F6130.
York •F6121, F6137.

Maternelles et jardins d'enfants
Nursery Schools and Kindergartens

Bramalea •G0001.
Laval •G0003.
Montréal •G0004.
Scarborough •G0002.

Écoles primaires et secondaires
Elementary and Secondary Schools

Édifices de lieu inconnu •G0501, G0502, G0503, G0634, G0648, G0650, G0662, G0685, G0706, G0723, G0756, G0780, G0784, G0808, G0818, G0859, G0864, G0878, G0888, G0889, G0890, G0893, G0907, G0910, G0932, G0943, G0987, G0988, G0998, G0999, G1000, G1015, G1025, G1028, G1029, G1030, G1031, G1036, G1042, G1051, G1063, G1075, G1077, G1078, G1131, G1141, G1175, G1180, G1193, G1194, G1195, G1218, G1219, G1220, G1236, G1244, G1274, G1278.
Acton Vale •G0771.
Agincourt (Ont.) •G0754.
Ajax •G0728, G1099.

Ajax (Ont.) •G1006.
Alberni (C.-B.) •G1009.
Alberta •G0674, G0710, G0772, G1184.
Almonte (Ont.) •G0608.
Amos •G0865, G0866.
Andover (N.-B.) •G1237.
Annapolis Royal (N.-E.) •G0857.
Antigonish (N.-E.) •G0916.
Arnprior (Ont.) •G1158.
Arundel (Qué.) •G0718.
Arvida •G0797, G0798, G0956, G0957.
Asbestos •G0504.
Assumption (Alberta) •G0505.
Aurora •G0686, G1169.
Avalon Peninsula (T.-N.) •G0922.
Ayer's Cliff (Qué.) •G1134.
Aylmer •G0506.
Bagotville •G0800.
Bancroft •G0609.
Banff •G0773.
Barrie •G1202.
Bayside •G0687.
Beaconsfield •G0651, G0806, G1263.
Beamsville •G0924.
Beloeil •G0667.
Blackburn Hamlet (Ont.) •G1207.
Boucherville •G0721.
Bowmanville •G1100.
Bradford (Ont.) •G1007.
Brampton •G1012.
Brandon •G1283.
Brantford •G1026.
Bridgetown (N.-E.) •G1291.
Brossard •G0984.
Buckingham •G0823.
Burlington •G1174.
Burnaby •G0785.
Burnt Church (N.-B.) •G0507.
Cadboro Bay (C.-B.) •G0671.
Calgary •G0508, G0618, G0636, G0694, G0707, G0727, G0729, G0774, G1018, G1235.
Cambridge Bay (T.N.O.) •G1019.
Campbellton (N.-B.) •G0801.
Camrose (Alberta) •G0509.
Candiac •G0683.
Cannington (Ont.) •G1221.
Cap-de-la-Madeleine •G1248.
Carman (Man.) •G0510.
Casselman •G1145.
Castlegar (C.-B.) •G1213.
Chambly •G0965.
Chambly-Bassin •G1142.
Charlemagne •G0514.

Charlesbourg •G0511, G0512, G0513.
Charlottetown •G0812.
Charny •G0837, G1024.
Chatham •G0835.
Chatham (Ont.) •G1240, G1241.
Chester •G1297.
Chicoutimi •G0744, G0900, G0958, G0959, G0960.
Chicoutimi-Nord •G0745.
Chipman (N.-B.) •G0626.
Chomedey •G0803.
Cité de la Salle •G0985.
Clermont •G0931.
Cloverdale •G0664.
Coaticook •G0955.
Cobden •G1159.
Cobourg •G0757.
Cobourg (Ont.) •G0734.
Colombie-Britannique •G0630, G0786, G1282.
Cowansville •G0515, G0668, G1257.
Cyrville •G1146.
Dartmouth •G0516, G0821.
Delson (Qué.) •G1264.
Delta •G0730.
Desbarats (Ont.) •G0699.
Desbiens •G0799, G1196.
Dolbeau •G1191.
Dollard-des-Ormeaux •G0517.
Don Mills •G1101.
Dorval •G0518.
Downsview •G0519, G1124, G1225.
Drummondville •G0520, G0521, G0638, G1128.
Duncan (C.-B.) •G1205.
East Angus •G0660.
East York •G1090, G1120, G1121.
Eastview •G1153.
Eastview (Ont.) •G1246.
Edmonton •G0522, G0523, G0524, G0720, G0805, G0917, G1016, G1186, G1228, G1300.
Elk Point •G0708.
Elmsdale (I.-P.-E.) •G0732.
Embrun (Ont.) •G1147.
Estevan •G1242.
Etobicoke •G0615, G0908, G1055, G1095.
Etobicoke (Ont.) •G0619, G0620, G0621, G0622, G0623, G0747, G0748, G0749, G1079.
Etobicoke (Ontario) •G0525.
Farnham (Qué.) •G1265.
Faro (Yukon) •G1010.
Fort George (Qué.) •G0794.
Frobisher Bay (T.N.O.) •G1091.
Ft. Alexander (Man.) •G0526.

Galt •G1027.
Galt (Ont.) •G1080, G1081, G1082.
Gananoque (Ont.) •G0815.
Gatineau •G0527, G0962, G1154.
Georgetown (Ont.) •G1102, G1103.
Gibsons (C.-B.) •G0770.
Giffard •G1247.
Gladstone (Manitoba) •G0989.
Glenora (Alberta) •G1185.
Gods Narrows (Man.) •G1299.
Gold River (C.-B.) •G1011.
Granby •G0528, G1200, G1201, G1258, G1259, G1260, G1261, G1262, G1266.
Grand-Mère •G0529.
Guelph •G0758, G0862.
Halifax •G0778, G0820, G0822, G0868, G0869, G0896.
Hamilton •G0912, G0923, G1139, G1172, G1173.
Hartley Bay •G0911.
Havelock (Ont.) •G0759.
Hay River (T.N.O.) •G0711.
Hébertville •G0899.
Hinton (Alberta) •G0709.
Hudson •G0953.
Hudson Hope (C.-B.) •G1143, G1144.
Hull •G0725, G1148, G1149, G1155, G1203, G1204.
Ile des Soeurs •G1022.
Isle-Maligne •G0746.
Joliette •G0530, G0897, G1071.
Jonquière •G0531, G1189, G1192, G1197.
Kamsack (Saskatchewan) •G0677.
Kanata •G0750.
Kénogami •G0532, G1199.
Kingston •G0610, G0611, G0816.
Kirkfield Park (Man.) •G1140.
Kitchener •G0533, G0534, G1035, G1056.
L'Abord-à-Plouffe •G1280.
L'Assomption •G0898.
La Pocatière •G0536.
La Roche •G0537.
La Tuque •G0793.
Lac Du Bonnet (Manitoba) •G1044.
Lachine •G0535, G0654, G1037, G1038, G1039.
Lachute •G0719.
Langley (C.-B.) •G1020, G1214.
Laprairie •G0826, G0827.
LaSalle •G1179.
Lauzon •G0538.
Laval •G0539, G0642, G0643, G0804.
Laval-des-Rapides •G0775.

Leaside (Ont.) •G0735, G0736.
Lennoxville •G1001.
Lethbridge •G0665.
Lindsay (Ont.) •G0625.
London •G0894, G1034, G1062, G1161.
Lorrainville •G1170.
Mackayville •G1049.
Magnetawan (Ont.) •G1104.
Malartic •G1171.
Manitoba •G1069.
Marmora (Ont.) •G0751.
McMasterville •G0787.
Meaford (Ont.) •G1222, G1223.
Mégantic •G1135.
Melville (Sask.) •G0935.
Messines •G0540.
Minnedosa (Man.) •G1073.
Mission City •G0884.
Moncton •G0977.
Mont-Laurier •G0541.
Mont-Tremblant •G0830.
Montebello •G0824.
Montmagny •G0542, G0543, G1271.
Montréal •G0544, G0545, G0546, G0547, G0548, G0549, G0550, G0551, G0552, G0553, G0554, G0555, G0556, G0557, G0558, G0559, G0560, G0561, G0562, G0563, G0564, G0652, G0655, G0669, G0684, G0695, G0731, G0743, G0779, G0781, G0788, G0802, G0809, G0811, G0828, G0829, G0839, G0840, G0841, G0858, G0867, G0886, G0887, G0891, G0925, G0946, G0947, G0954, G0963, G0970, G0978, G0982, G1002, G1004, G1041, G1050, G1072, G1122, G1166, G1226, G1245, G1296.
Montréal-Nord •G0789, G0967, G1206.
Murdochville •G0565, G0566.
N.-D.-des-Laurentides •G0724.
Napierville •G0831.
Nelson Township (Ont.) •G1061.
New Liskeard •G0704.
New Westminster (C.-B.) •G0712.
Newmarket •G0854.
Niagara •G0755.
Nicolet •G0567, G0568.
Normandin •G0569.
North Sydney (N.-E.) •G1017.
North Vancouver •G0602.
North York •G0624, G0646, G0647, G0688, G0689, G0690, G0691, G0769, G0909, G0981, G0983, G1057, G1064, G1065, G1116, G1126, G1127, G1212, G1286, G1287, G1298.
Northern Ontario •G0752.
Notre-Dame-du-Portage •G0944.

Oakville •G0940, G1224.
Oka •G0968.
Old Crow (Yukon) •G0570.
Ontario •G0700, G0861, G0974, G1211.
Oshawa •G0760, G0929, G1096, G1105, G1106, G1107, G1108, G1187.
Ottawa •G0571, G0572, G0612, G0613, G0614, G0644, G0663, G0853, G0915, G0927, G0964, G1157, G1165, G1208.
Outremont •G0666, G0997.
Owen Sound •G0975.
Owen Sound (Ont.) •G0930.
Oxford (N.-E.) •G0782.
Pangirtung (T.N.O.) •G1092.
Parry Sound •G1109.
Peace River (C.-B.) •G0879.
Pendleton •G1151.
Peterborough •G0649, G0761, G0762, G0763, G0764, G0765, G1110.
Pickering •G1118, G1188.
Picton (Ont.) •G1083.
Pierrefonds •G0635, G0860.
Pincourt •G0776.
Plessisville •G0969.
Pointe-au-Baril (Ont.) •G1097.
Pointe-aux-Trembles •G0838, G0933.
Pointe-Bleue •G0573.
Pointe-Gatineau •G0574.
Port-aux-Basques (T.-N.) •G0807.
Port Haney (C.-B.) •G1272.
Port Hawkesbury (N.-E.) •G0783.
Port Perry (Ont.) •G1119.
Port Sydney (Ont.) •G1084.
Portage-la-Prairie •G1231.
Povungnituk (Qué.) •G1093.
Powell River (C.-B.) •G0882.
Preston •G0942.
Prince Albert •G0936.
Qualicum (C.-B.) •G1279.
Québec •G0575, G0692, G0693, G0716, G0717, G1176, G1177, G1268, G1269, G1270.
Québec (prov.) •G0682.
Quyon •G1152.
Red Deer •G0576, G0675, G0676, G1014.
Regina •G0679, G0928, G1013, G1238, G1239, G1243.
Repentigny •G0832.
Rexdale •G0577.
Richmond (Qué.) •G1003.
Richmond Hill (Ont.) •G0697.
Rimouski •G0810, G0979.
Roberval •G1178.

Rockliffe (Ont.) •G0914.
Rosemont •G0833.
Rouyn •G0578, G0579.
Saint-Boniface •G0903, G1233.
Saint-Coeur-de-Marie •G1198.
Saint-Jean-d'Iberville •G0585.
Saint-Lambert •G1129.
Saint-Marc-des-Carrières •G0586.
Sainte-Agathe •G1168.
Sainte-Foy •G1182.
Sainte-Thérèse •G0590.
Sarnia •G0737, G1111.
Saskatchewan •G1234.
Saskatoon •G0934, G0937, G0941, G1032, G1292.
Sault Ste-Marie •G0631, G1066, G1085, G1112, G1113, G1117, G1227.
Scarborough •G0591, G0592, G0616, G0617, G0627, G0632, G0696, G0705, G0766, G0767, G0768, G0819, G0855, G0926, G0980, G1052, G1053, G1058, G1059, G1060, G1076, G1086, G1209, G1284, G1285.
Sechelt (C.-B.) •G1277.
Shawinigan •G0593.
Shawinigan Falls •G0951.
Shawinigan Lake (C.-B.) •G0813, G0883.
Shawinigan-Sud •G0952.
Sherbrooke •G0594, G0637, G0639, G0640, G0658, G0661, G0791, G1136, G1256.
Sorel •G0595.
St-Agapit •G0580.
St-Ambroise de Loretteville •G0581.
St. Boniface •G1289.
St. Catharines •G0901.
St-Césaire •G1162.
St-Charles de Bellechasse •G1181.
St-Eustache-sur-le-Lac •G0874.
St-Félicien •G0583, G1190.
St-Hubert •G0656.
St-Hyacinthe •G0698, G0834, G1043.
St-Jacques de Montcalm •G0792.
St. James (Manitoba) •G0584, G1232.
St-Jérôme •G1067.
St. John (N.-B.) •G1054.
St-Laurent •G0873.
St-Léonard-de-Port-Maurice •G0972, G1094, G1167.
St. Malo (Man.) •G0991.
St. Norbert (Manitoba) •G0871.
St. Pierre (Manitoba) •G0992.
St-Pierre, Ile d'Orléans •G0588.
St-Romuald •G0657, G0680.

TRADE SCHOOLS AND SPECIAL SCHOOLS / ECOLES D'ARTS ET METIERS ET ECOLES SPECIALES

St-Sauveur-des-Monts •G1068.
St-Siméon •G0589.
St. Stephen (N.-B.) •G0843.
Ste-Adèle •G0645.
Ste-Agathe (Man.) •G0990.
Ste-Agathe-des-Monts •G0795.
Ste-Anne-de-la-Rochelle •G1267.
Ste-Anne de Sorel •G0966.
Ste-Anne-des-Monts •G0582.
Ste-Foy •G1163.
Ste-Marie de Beauce •G0587.
Stoney Rapids (Sask.) •G0596.
Strathroy (Ont.) •G0738.
Sudbury •G0870.
Surrey •G1251, G1253.
Surrey (C.-B.) •G0880, G1275.
Sussex (N.-B.) •G0844.
Sutton (Ont.) •G0701.
Taber (Alberta) •G0921.
Tahsis (C.-B.) •G0939.
Terrebonne •G0796.
Thetford-Mines •G0597, G0598, G0875, G0876.
Thompson •G1074.
Thompson (Manitoba) •G1230.
Tillsonburg (Ont.) •G0739.
Toronto •G0599, G0628, G0629, G0702, G0703, G0836, G0842, G0851, G0852, G0856, G0863, G0877, G0895, G1005, G1087, G1088, G1089, G1114, G1115, G1123, G1125, G1164, G1210, G1255, G1293, G1294, G1295.
Transcona (Manitoba) •G0904.
Trois-Rivières •G0714, G1130.
Tuxedo •G1288.
Val d'Or •G0733.
Valcourt •G1137.
Valois •G0653, G0986.
Vancouver •G0600, G0601, G0633, G0814, G0849, G0850, G0881, G0918, G0919, G0920, G0938, G1008, G1040, G1133, G1215, G1216, G1249, G1250, G1273.
Varennes •G0715, G0722.
Vaudreuil •G0681, G0945.
Verdun •G0603.
Vermilion (Manitoba) •G1183.
Verona (Ont.) •G0817.
Victoria •G0672, G0673, G1281.
Victoriaville •G0949, G0950, G1023, G1138.
Ville Jacques-Cartier •G1150, G1156.
Ville Mont-Royal •G0670, G0948, G0971, G0973.
Ville Saint-Michel •G0777.
Ville St-Laurent •G0825, G0872, G0961, G1033.

Villeneuve •G0741, G0742.
Warwick •G0659.
Waterloo (Qué.) •G0604.
Weedon •G0641.
Welland •G0892.
West Vancouver •G0913, G1021, G1132, G1217, G1252.
Westmount •G0790, G0976.
Weyburn (Sask.) •G0678.
Whalley (C.-B.) •G1276.
Whitby •G0605, G1098.
White Rock •G1254.
White Rock (C.-B.) •G0885.
Williams Lake (C.-B.) •G0713.
Willowdale (Ont.) •G0753.
Winnipeg •G0606, G0726, G0845, G0846, G0847, G0848, G0905, G0906, G0993, G0994, G0995, G0996, G1045, G1046, G1047, G1048, G1070, G1229, G1290.
Woodstock •G0902.
Woodstock (Ont.) •G0740.
Yamachiche •G0607.
Yellowknife •G1160.

Écoles d'arts et métiers et écoles spéciales
Trade Schools and Special Schools

Édifices de lieu inconnu •G1501, G1512, G1534, G1543, G1550, G1557.
Alfred •G1502.
Amos •G1503.
Asbestos •G1522, G1523.
Cap-de-la-Madeleine •G1514.
Cap-Rouge •G1513, G1559.
Caplan •G1533.
Charlesbourg-Est •G1504.
Chicoutimi •G1539, G1540.
Drummondville •G1505, G1538.
Etobicoke •G1509, G1510.
Galt (Ont.) •G1552.
Granby •G1564.
Haileybury (Ont.) •G1562.
Hamilton •G1546.
Joliette •G1547.
Kingston •G1529.
La Ferme •G1548.
Lauzon •G1566.
Mont-Laurier •G1535.
Montréal •G1526, G1527, G1537, G1541, G1542, G1545.
Niagara Falls •G1553.
Nominingue •G1506.
Peterborough •G1517, G1518, G1519.

Pointe-aux-Trembles •G1536.
Pointe-Claire •G1554.
Port Alfred •G1507.
Sault Ste-Marie •G1520, G1555.
Scarborough •G1516, G1570.
Sherbrooke •G1511.
Sorel •G1558.
St-Bruno •G1544.
St-Henri •G1568.
St-Hyacinthe •G1521.
St-Jacques de Montcalm •G1524.
Thetford Mines •G1532.
Tillsonburg •G1549.
Toronto •G1508, G1528, G1530, G1556, G1563, G1565, G1567.
Trois-Rivières •G1525.
Vancouver •G1561.
Victoriaville •G1560.
Ville Jacques-Cartier •G1551.
Winnipeg •G1569.
Woodstock •G1515.
York •G1531.

Campus (Universités et collèges en général)
Campuses (General)

Édifices de lieu inconnu •G2022, G2040, G2045, G2047, G2048, G2061, G2075, G2081, G2084, G2109, G2114, G2120, G2123, G2128, G2139, G2140, G2141, G2143, G2146, G2149, G2152, G2157, G2160, G2164, G2168, G2170, G2171, G2173, G2174, G2179, G2185, G2187, G2194, G2197, G2207.
Amos •G2098.
Bathurst •G2106.
Brampton •G2050.
Brandon •G2112.
Burnaby •G2090, G2113, G2132, G2137, G2145, G2182.
Calgary •G2059, G2200.
Cap-Rouge •G2188, G2189, G2213.
Chicoutimi •G2065, G2111.
Colombie-Britannique •G2129, G2130, G2131, G2183.
Downsview (York Univ.) •G2023, G2024, G2025, G2026, G2027, G2028, G2029, G2118.
Downsview (York University) •G2032.
Edmonton •G2103, G2162.
Edmonton (Univ. of Alberta) •G2077, G2078.
Edmundston (N.-B.) •G2066.
Etobicoke •G2033.
Fort Camp •G2115.
Grande Prairie (Alberta) •G2052.

Guelph •G2181.
Halifax •G2058, G2099.
Halifax (Dalhousie Univ.) •G2057, G2215.
Hamilton •G2001, G2002, G2144.
Hamilton (McMaster Univ.) •G2192.
Hamilton(McMaster Univ.) •G2051.
Hull •G2003, G2122.
Joliette •G2056, G2165.
Jonquière •G2191.
Kingston •G2021, G2034.
Kitchener •G2147.
L'Assomption •G2072.
Lac Mégantic •G2180.
LaSalle •G2004.
Laval •G2076.
Lethbridge •G2091.
London •G2070.
Longueuil •G2054.
Manitoba •G2005, G2100.
Matane •G2067, G2166.
Moncton •G2155, G2184.
Mont-Laurier •G2193.
Montréal •G2031, G2044, G2060, G2085, G2101, G2127, G2134, G2178.
Montréal (McGill Univ.) •G2006.
Montréal (Univ. de Montréal) •G2062, G2086, G2214.
Montréal (Univ. du Québec) •G2080.
Montréal(Univ. du Québec) •G2198.
New Westminster •G2007.
Oakville •G2148.
Oshawa •G2035.
Ottawa •G2150, G2163.
Ottawa (Carleton Univ.) •G2042.
Ottawa (Carleton University) •G2082.
Ottawa (Univ. d'Ottawa) •G2151.
Ottawa(Carleton Univ.) •G2217.
Outremont •G2135.
Peterborough (Trent Univ.) •G2210, G2212.
Peterborough (Trent University) •G2092, G2203, G2204.
Québec •G2036.
Québec (Univ. Laval) •G2008, G2020, G2063, G2096.
Red Deer •G2199.
Régina •G2125, G2201, G2218.
Rouyn •G2009, G2110.
Saint-Hyacinthe •G2049.
Saint-Jérôme •G2186.
Saskatoon •G2116.
Saskatoon (Univ. of Saskatchewan) •G2126.

Scarborough •G2037, G2097, G2121.

Sherbrooke •G2136, G2167.

St-Jérôme du Lac St-Jean •G2068.

St.John's •G2190.

St.John's (T.-N.) •G2073.

Ste-Anne-de-la-Pocatière •G2010.

Ste-Foy •G2011.

Sudbury •G2074, G2119, G2172.

Thetford Mines •G2012, G2102.

Thunderbay •G2093.

Toronto •G2013, G2030, G2087, G2095, G2158, G2169, G2216.

Toronto (Univ. of Toronto) •G2014, G2015, G2038, G2039, G2041, G2064, G2089, G2094, G2107, G2153, G2154, G2175, G2202, G2205, G2211.

Toronto (Victoria University) •G2055.

Trois-Rivières •G2053.

Vancouver •G2016, G2117, G2142, G2156.

Vancouver (Univ. of British Columbia) •G2104, G2195, G2208, G2209.

Victoria •G2069, G2206.

Waterloo •G2043, G2071, G2083, G2088, G2133, G2196.

Welland •G2108.

Willowdale (Ont.) •G2079.

Windsor (Assumption Univ.) •G2017, G2176, G2177.

Windsor (Univ. of Windsor) •G2018.

Winnipeg •G2046, G2138.

Winnipeg (Univ. of Manitoba) •G2105, G2161.

Winnipeg (Univ. of Winnipeg) •G2159.

Winnipeg (University of Winnipeg) •G2019.

Yorkton (Sask.) •G2124.

Auditoriums

Édifices de lieu inconnu •G2705, G2706, G2708, G2712.

Burnaby •G2704, G2707.

Downsview (York University) •G2701.

Kingston •G2702.

Lennoxville •G2703.

Sherbrooke •G2710.

Valleyfield •G2709.

Waterloo •G2711.

Centres sociaux
Social Centres

Édifices de lieu inconnu •G3016, G3025, G3029, G3033, G3042.

Burnaby •G3010.

Edmonton (Univ. of Alberta) •G3032, G3035.

Edmonton (University of Alberta) •G3050.

Montréal •G3009.

Montréal (McGill Univ.) •G3011, G3022, G3034.

Montréal (McGill University) •G3003.

Montréal (Univ. de Montréal) •G3001, G3047.

Ottawa (Carleton Univ.) •G3041.

Ottawa (Univ. d'Ottawa) •G3026.

Québec (Univ. Laval) •G3013.

Saskatoon (Univ. of Saskatchewan) •G3030, G3031, G3037, G3038.

Saskatoon (University of Saskatchewan) •G3002.

Sherbrooke •G3017.

St. Catharines •G3014.

Toronto •G3015.

Toronto (Univ. of Toronto) •G3004, G3008, G3019, G3023, G3046.

Vancouver (Univ. of British Columbia) •G3005, G3007, G3012, G3018, G3021, G3040, G3043, G3044, G3045.

Victoria (University of Victoria) •G3048.

Waterloo •G3024, G3039.

Windsor (Assumption Univ.) •G3028.

Winnipeg (Univ. of Manitoba) •G3020, G3036, G3049.

Wolfville (N.-E.) •G3006, G3027.

Constructions à fonctions utilitaires
Service Buildings

Edmonton (Univ. of Alberta) •G3511.

Montréal (Univ. de Montréal) •G3508.

Ottawa (Carleton University) •G3501.

Ottawa (Univ. d'Ottawa) •G3507.

Québec (Univ. Laval) •G3509.

Régina (Univ. de Saskatchewan) •G3514.

Toronto (Univ. of Toronto) •G3503, G3505.

Vancouver (Univ. of British Columbia) •G3504, G3506, G3512, G3513.

Waterloo •G3502, G3510.

Constructions diverses
Miscellaneous Constructions

Montréal (McGill University) •G3802.

Oakville •G3804.

Toronto (Univ. of Toronto) •G3803, G3805, G3806.

Vancouver (Univ. of British Columbia) •G3801.

Waterloo •G3807.

Écoles spécialisées
Professional Schools

Édifices de lieu inconnu •G4015.

Alfred (Ont.) •G4024.

Banff •G4028.

Cap-de-la-Madeleine •G4013.

Cap-Rouge •G4027.

Hauterive •G4001.

Kingston •G4021.

Montréal •G4002, G4009, G4019, G4023, G4025.

Moose Jaw •G4011.

Oka-sur-le-Lac •G4003.

Olds (Alberta) •G4004.

Pointe-au-Chêne •G4018.

Québec •G4010, G4016.

Rigaud •G4005.

Saint-André-Avellin •G4012.

St-Pascal de Kamouraska •G4006.

Toronto •G4007, G4014, G4026, G4029.

Trois-Rivières •G4008, G4017.

Truro (N.-E.) •G4020.

Vancouver •G4022.

Installations pour les sports et l'éducation physique
Installations for Sports and Physical Education

Édifices de lieu inconnu •G5016, G5018, G5022, G5028, G5036.

Burnaby •G5019, G5020, G5021.

Downsview (York University) •G5009, G5029.

Halifax (Dalhousie University) •G5013.

Halifax (Nova Scotia Technical College) •G5012.

Hamilton (McMaster University) •G5031.

Montréal •G5001, G5026.

Montréal (Univ. de Montréal) •G5002.

Ottawa (Carleton Univ.) •G5003, G5025.

Ottawa (Univ. d'Ottawa) •G5027.

Pierrefonds •G5015.

Québec (Univ. Laval) •G5010.

Regina (University of Saskatchewan) •G5030.

Sherbrooke •G5004, G5005.

St. Catharines •G5023.

St-Hyacinthe •G5011.

Sudbury •G5033.

Toronto (Univ. of Toronto) •G5014.

Vancouver (Univ. of British Columbia) •G5034.

Victoria (University of Victoria) •G5006, G5032.

Victoriaville •G5007.

Waterloo •G5024, G5035.

Winnipeg •G5008.

Winnipeg (Univ. of Manitoba) •G5017.

Pavillons pour l'administration universitaire
University Administrative Buildings

Burnaby •G6006.

Québec (Univ. Laval) •G6003.

Régina (Univ. of Saskatchewan) •G6001.

Toronto (Victoria University) •G6004.

Vancouver (Univ. of British Columbia) •G6002.

Victoria (University of Victoria) •G6005.

Waterloo •G6008.

Windsor (Assumption University) •G6007.

Pavillons pour l'enseignement et la recherche
Lecture Halls and Research Facilities

Édifices de lieu inconnu •G7046, G7058, G7065, G7082, G7087, G7092, G7110, G7115, G7117, G7119, G7120, G7121, G7122, G7144, G7148, G7159, G7165, G7168, G7173, G7184, G7195, G7201, G7203, G7213.

Burnaby •G7083, G7084, G7085, G7111, G7175.

Calgary •G7001.

Calgary (Univ. of Calgary) •G7002, G7129.

Calgary (University of Calgary) •G7080.

Cap-Rouge •G7178, G7217, G7219.

Chicoutimi •G7068.

Downsview (York University) •G7031, G7032, G7033, G7034, G7035, G7036, G7135, G7136, G7222.

STUDENT RESIDENCES

Edmonton (Univ. of Alberta) •G7081, G7179, G7197.

Edmonton (University of Alberta) •G7003, G7004, G7005, G7056, G7062, G7066, G7128.

Fort Garry •G7218.

Guelph •G7041, G7069, G7101.

Halifax (Dalhousie Univ.) •G7040, G7146.

Halifax (Dalhousie University) •G7079, G7093.

Halifax (Nova Scotia Technical College) •G7078.

Hamilton (McMaster Univ.) •G7196, G7204, G7205.

Hamilton (McMaster University) •G7202, G7206.

Kingston •G7027, G7043.

Kingston (Queen's University) •G7006, G7007, G7138, G7141.

Lennoxville •G7088.

Moncton •G7182.

Montréal •G7010, G7011, G7113.

Montréal (McGill Univ.) •G7038, G7039, G7112, G7127, G7171, G7177.

Montréal (McGill University) •G7008, G7009, G7059, G7075, G7076, G7090, G7091, G7139, G7140.

Montréal (Univ. de Montréal) •G7052, G7054, G7072.

Norval •G7150.

Ottawa (Carleton Univ.) •G7012, G7013, G7014, G7015, G7016, G7048, G7049, G7050, G7051, G7143.

Ottawa (Carleton University) •G7067, G7102, G7156, G7157.

Ottawa (Univ. d'Ottawa) •G7017, G7028, G7116, G7142, G7158, G7183.

Ottawa (Univ. d'Ottawa) Sciences •G7018, G7019.

Québec (Univ. Laval) •G7055, G7057, G7131, G7132, G7133, G7147.

Québec (Université Laval) •G7089, G7094.

Régina •G7042, G7207.

Régina (Univ. of Saskatchewan) •G7152, G7226.

Richmond (C.-B.) •G7176.

Sainte-Anne de Bellevue (Campus McDonald) •G7149.

Saskatoon (Univ. of Saskatchewan) •G7020, G7096, G7104, G7105, G7106, G7107, G7108, G7166, G7172, G7190, G7200.

Sherbrooke •G7021, G7047, G7053, G7063, G7064, G7074, G7114, G7161.

St. Catharines •G7037, G7155.

St. John's •G7180, G7181.

Sudbury •G7073, G7137, G7216.

Thunderbay •G7086.

Toronto (Univ. of Toronto) •G7029, G7044, G7045, G7071, G7097, G7134, G7145, G7163, G7164, G7167, G7191.

Trois-Rivières •G7022.

Vancouver (Univ. of British Columbia) •G7023, G7024, G7025, G7026, G7070, G7077, G7103, G7123, G7124, G7125, G7126, G7130, G7160, G7170, G7185, G7186, G7187, G7188, G7189, G7209, G7210, G7211, G7212, G7214, G7215, G7227.

Vancouver (University of British Columbia) •G7109.

Waterloo •G7095, G7151, G7192, G7193, G7194, G7208, G7223, G7224, G7225.

Windsor •G7169.

Windsor (Univ. of Windsor) •G7030.

Winnipeg (Univ. of Manitoba) •G7162, G7174, G7198, G7199, G7220, G7221.

Winnipeg (Univ. of Winnipeg) •G7153, G7154.

Winnipeg (University of Manitoba) •G7060, G7061, G7098, G7099, G7100, G7118.

Résidences d'étudiants
Student Residences

Édifices de lieu inconnu •G8050, G8054, G8071, G8081, G8106.

Brandon •G8001.

Burnaby •G8002, G8057, G8058.

Calgary (Univ. of Calgary) •G8003, G8004, G8103.

Cap-Rouge •G8048, G8092, G8101.

Chicoutimi-nord •G8005.

Downsview (York University) •G8006.

Edmonton (Univ. of Alberta) •G8007, G8051, G8052, G8066.

Fort Camp •G8084.

Fredericton (University of New Brunswick) •G8008.

Gaspé •G8086.

Guelph •G8049.

Guelph (University of Guelph) •G8009, G8069, G8070.

Halifax (Dalhousie Univ.) •G8096.

Halifax (Dalhousie University) •G8010.

Halifax (Nova Scotia Technical College) •G8056.

Halifax (St. Mary's University) •G8097.

Hamilton (McMaster University) •G8011, G8068, G8072.

Kingston •G8063.

Kingston (Queen's University) •G8012, G8013, G8074.

Lennoxville •G8014.

London •G8015, G8016, G8064.

Moncton •G8017.

Montréal •G8055, G8083, G8093, G8104.

Montréal (McGill Univ.) •G8091, G8095.

Montréal (McGill University) •G8018, G8089.

Montréal (Univ. de Montréal) •G8082.

Nelson •G8019.

North Bay •G8100.

Olds (Alberta) •G8020.

Oliver (Alberta) •G8047.

Ottawa (Carleton Univ.) •G8021, G8022.

Ottawa (Univ. of Ottawa) •G8023.

Peterborough (Trent University) •G8024, G8059.

Québec (Univ. Laval) •G8060, G8073, G8087.

Rockingham (N.-E.) •G8025.

Sackville •G8045.

Saint-Georges de Beauce •G8028.

Saskatoon (University of Saskatchewan) •G8031.

Scarborough •G8032.

Shawinigan •G8076.

Sherbrooke •G8079.

St-Augustin •G8026.

St.Catharines •G8027, G8061.

St-Hyacinthe •G8029.

St.John's •G8030.

Ste-Anne-de-la-Rochelle •G8102.

Sudbury •G8033.

Toronto •G8035, G8075.

Toronto (Univ. of Toronto) •G8034, G8062, G8080, G8090, G8098.

Toronto (Victoria University) •G8046.

Troy (N.Y.) •G8088.

Vancouver (Univ. of British Columbia) •G8036, G8037, G8038, G8078, G8085, G8094.

Victoria (Univ. of Victoria) •G8039, G8040, G8067.

Victoria (University of Victoria) •G8053.

Waterloo •G8041, G8065, G8077, G8099, G8105.

Windsor (Assumption Univ.) •G8043.

Windsor (Univ. of Windsor) •G8042.

Wolfville (N.-E.) •G8044.

RESIDENCES D'ETUDIANTS

Laboratoires
Laboratories

Édifices de lieu inconnu •G9046, G9047, G9051, G9061, G9062, G9102, G9105, G9106, G9107.

Alliston •G9034.

Arctique •G9045.

Arvida •G9039.

Boucherville •G9001.

Burlington •G9002, G9084.

Burnaby •G9003.

Calgary •G9070.

Canada •G9004.

Charlottetown •G9005.

Clarkson (Ont.) •G9086, G9087.

Dartmouth (N.-E.) •G9006.

Dorval •G9043.

Downsview •G9035.

Edmonton •G9040, G9052.

Esquimalt (C.-B.) •G9096.

Etobicoke •G9050.

Guelph •G9073, G9074.

Halifax (Dalhousie Univ.) •G9057.

Hamilton •G9007, G9082.

Harrow (Ont.) •G9008.

Igloolik (T.N.O.) •G9081.

Kingston •G9076, G9093.

Kirkland •G9009, G9010.

La Salle •G9011.

Lac St-Pierre •G9060.

Lacombe •G9038.

Laval •G9068.

Lethbridge •G9012.

Little Saanich Mountain (C.-B.) •G9066.

Logy Bay (T.-N.) •G9055.

Longue-Pointe •G9091.

Mauricie •G9048.

Mississauga (Sheridan Park) •G9013, G9014, G9015.

Mont-St-Hilaire •G9069.

Montréal •G9016, G9017, G9018, G9019, G9020, G9021, G9054, G9056, G9083.

Norman Wells (T.N.O.) •G9022.

North Vancouver •G9101.

Oakville •G9088, G9090.

Ottawa •G9023, G9024, G9025, G9036, G9064, G9077, G9078, G9079, G9089.

Ottawa (Carleton University) •G9071.

Ottawa (Université d'Ottawa) •G9049.

Pointe-Claire •G9026, G9053.

Régina •G9094, G9095.

Sarnia •G9028, G9085.

IMMEUBLES D'APPARTEMENTS / APARTMENT BUILDINGS

Saskatoon (Univ. of Saskatchewan) •*G9065*.
Scarborough •*G9103*.
Senneville •*G9029*.
Sillery •*G9067*.
St.John's (T.-N.) •*G9063*.
Ste-Anne-de-Varennes •*G9027*.
Toronto •*G9037, G9042, G9044, G9058, G9059, G9075, G9104*.
Vancouver •*G9030, G9031, G9032, G9097*.
Vancouver (Univ. of British Columbia) •*G9098, G9099, G9100*.
Vaudreuil •*G9072*.
Victoria •*G9033*.
Ville La Salle •*G9041*.
Winnipeg •*G9092*.
Winnipeg (Univ. of Manitoba) •*G9080*.

Foyers
Hospices

Édifices de lieu inconnu •*H0074, H0090, H0096, H0147, H0154, H0155*.
Acton Vale •*H0085*.
Aklavik (T.N.O.) •*H0001*.
Amherstburg •*H0002*.
Arnprior (Ont.) •*H0004*.
Aylmer •*H0104*.
Beamsville (Ont.) •*H0099*.
Belleville •*H0091*.
Brampton •*H0111*.
Brantford •*H0005, H0006*.
Burlington •*H0007*.
Burnaby •*H0008, H0009*.
Cambridge •*H0010*.
Cap-de-la-Madeleine •*H0011*.
Cartierville •*H0076*.
Charlesbourg •*H0072*.
Clinton (Ont.) •*H0098*.
Collingwood •*H0079*.
Dauphin (Man.) •*H0012*.
Deseronto (Ont.) •*H0152*.
Don Mills •*H0075*.
Drummondville •*H0116*.
East York •*H0125*.
Edmonton •*H0013, H0127*.
Estevan (Sask.) •*H0014*.
Fort William •*H0015*.
Gatineau •*H0016*.
Glace Bay •*H0017*.
Grand-Mère •*H0018*.
Greenfield Park •*H0019*.
Guelph •*H0020*.
Hamilton •*H0139*.

Hull •*H0021*.
Hunter River (I.-P.-E.) •*H0022*.
Ile Paton •*H0086*.
Kitchener •*H0106*.
Lac-des-Deux-Montagnes •*H0023*.
Ladner (C.-B.) •*H0024*.
Laval •*H0084*.
Listowel (Ont.) •*H0025*.
London •*H0130*.
Longueuil •*H0026, H0027, H0094*.
Meaford (Ont.) •*H0028*.
Melford (Saskatchewan) •*H0143*.
Miscouche (I.-P.-E.) •*H0029*.
Montréal •*H0030, H0031, H0032, H0033, H0034, H0035, H0082, H0100, H0112, H0115, H0117, H0118, H0129*.
New Waterford (N.-E.) •*H0036*.
New Westminster (C.-B.) •*H0037*.
Newmarket (Ont.) •*H0080, H0087, H0088*.
North Bay •*H0151*.
North York •*H0078, H0113*.
Oakville •*H0097*.
Oshawa •*H0038, H0132*.
Ottawa •*H0039*.
Palmerston (Ont.) •*H0040*.
Parkhill •*H0041*.
Penetanguishene •*H0092*.
Penticton (C.-B.) •*H0042*.
Peterborough •*H0043, H0093*.
Petrolia (Ont.) •*H0044*.
Port Hawkesbury (N.-E.) •*H0045*.
Prince Albert •*H0046, H0047*.
Québec •*H0048, H0049, H0083, H0119*.
Régina •*H0144*.
Repentigny •*H0050*.
Rimouski •*H0051*.
Rosetown (Sask.) •*H0126*.
Rouyn •*H0101*.
Saint-Flavien •*H0053*.
Saint-Hyacinthe •*H0054*.
Saint-Raymond •*H0057*.
Saint-Vallier de Bellechasse •*H0059*.
Saskatoon •*H0114*.
Sault Ste-Marie •*H0060, H0061*.
Scarborough •*H0062, H0081, H0089, H0107, H0141*.
Shoal Lake (Man.) •*H0137*.
St. Catharines •*H0052*.
St-Lambert (Qué.) •*H0055*.
St-Tite •*H0058*.
St-Vital (Man.) •*H0134*.
Ste-Rose •*H0128*.
Surrey •*H0145*.
The Pas (Man.) •*H0135*.

Thunder Bay •*H0063*.
Toronto •*H0064, H0065, H0073, H0077, H0105, H0108, H0109, H0120, H0121, H0122, H0123, H0124, H0131, H0142, H0148*.
Vancouver •*H0066, H0067, H0095, H0103*.
Victoria •*H0140, H0149, H0153*.
Ville D'Anjou •*H0003*.
Ville Saint-Laurent •*H0056*.
Virden (Man.) •*H0136*.
West Hill •*H0110*.
White Rock (C.-B.) •*H0133*.
Windsor •*H0068, H0069, H0070, H0102*.
Winnipeg •*H0138, H0146, H0150*.
York •*H0071*.

Habitation subventionnée
Subsidized Housing

Édifices de lieu inconnu •*H1026, H1033, H1044, H1045, H1047, H1053, H1056, H1059*.
Alma •*H1001*.
Calgary •*H1036*.
Dakota (Ont.) •*H1003*.
Halifax •*H1004, H1038*.
Hamilton •*H1005*.
Hull •*H1006, H1007*.
Mont-Laurier •*H1008*.
Montréal •*H1009, H1010, H1011, H1024, H1027, H1028, H1031, H1035, H1037, H1046*.
North York •*H1023, H1029*.
Ottawa •*H1012, H1041, H1051*.
Québec •*H1025, H1034, H1058*.
Richmond •*H1052*.
Saint-Raymond •*H1017*.
Sarnia •*H1042*.
Sault Ste-Marie •*H1018*.
Slave Lake (Alberta) •*H1019*.
St-Hilaire •*H1013*.
St-John's (T.-N.) •*H1014, H1015, H1016*.
Toronto •*H1020, H1030, H1054, H1057, H1060*.
Val d'Or •*H1021*.
Val-Martin •*H1055*.
Vancouver •*H1022, H1032, H1039, H1040, H1048, H1049, H1050*.
Ville d'Anjou •*H1002*.
Windsor •*H1043*.

Immeubles d'appartements
Apartment Buildings

Édifices de lieu inconnu •*H2001, H2002, H2003, H2004, H2005, H2006, H2007, H2303, H2304,*

H2328, H2339, H2343, H2346, H2356, H2359, H2369, H2375, H2385, H2393, H2409, H2415, H2416, H2417, H2422, H2438, H2441, H2444, H2445, H2448, H2466, H2479, H2504, H2509, H2517, H2520, H2523, H2527, H2529, H2538, H2545, H2546, H2548, H2560, H2567, H2576, H2581, H2582, H2590, H2598, H2606, H2607, H2628, H2630, H2632, H2634, H2643, H2655, H2666, H2675, H2684, H2689, H2691, H2705, H2708, H2710.
Ahuntsic •*H2008, H2009*.
Ajax •*H2503*.
Assiniboia •*H2550*.
Baie-Comeau •*H2435, H2614*.
Baie de James •*H2010*.
Barrie •*H2011*.
Beaupré •*H2539*.
Boisbriand •*H2012*.
Boucherville •*H2013*.
Bramalea •*H2578*.
Brampton •*H2014, H2015*.
Bromont •*H2677*.
Burlington •*H2459*.
Burlington (Ont.) •*H2706*.
Burnaby •*H2016, H2323, H2345, H2500, H2571, H2644*.
Calgary •*H2017, H2018, H2019, H2020, H2021, H2022, H2023, H2024, H2297, H2298, H2315, H2361, H2362, H2368, H2374, H2383, H2384, H2562, H2591, H2592, H2610*.
Cap-Rouge •*H2337, H2360, H2505*.
Charlesbourg •*H2461*.
Châteauguay •*H2613*.
Chippawa •*H2636*.
Chomedey •*H2688*.
Colombie-Britannique •*H2711*.
Coquitlam •*H2025, H2510*.
Dartmouth •*H2026*.
Don Mills •*H2027, H2314, H2327, H2329, H2336, H2496, H2617, H2619*.
Dorval •*H2597, H2659*.
Dundas •*H2410*.
East York •*H2286, H2287*.
Edmonton •*H2028, H2029, H2030, H2031, H2032, H2033, H2034, H2035, H2299, H2447, H2507, H2542, H2611, H2672, H2698, H2722*.
Elliot Lake (Ont.) •*H2036*.
Etobicoke •*H2363, H2526, H2534, H2573, H2637*.
Etobicoke (Ont.) •*H2037, H2038, H2039, H2040, H2041, H2042, H2043, H2044, H2317, H2318, H2319, H2320*.
Fabreville •*H2045*.
Fort Garry •*H2046, H2551*.

ROW HOUSING / MAISONS EN BANDES

Gloucester (Ont.) •H2047.

Gold River (C.-B.) •H2508.

Granby •H2048.

Halifax •H2049, H2050, H2051, H2052, H2053, H2419, H2519, H2540, H2541, H2690, H2692, H2737.

Hamilton •H2054, H2055, H2056, H2057, H2411, H2460, H2601, H2651, H2665.

Haney •H2058.

Hudson Hope (C.-B.) •H2646.

Hull •H2059, H2060, H2648.

Ile d'Orléans — Montmorency •H2376.

Ile des Soeurs •H2366, H2725.

Ile Paton (Qué.) •H2061.

James Bay (C.-B.) •H2062.

Joliette •H2536.

Kelowna •H2349.

Kerrisdale (C.-B.) •H2063.

Kingston •H2064.

Kitchener •H2065.

Labrieville •H2434.

Ladner (C.-B.) •H2524.

Laprairie •H2066.

Laval •H2067, H2451, H2724.

Lethbridge •H2446.

London •H2068, H2069, H2070, H2673.

Longueuil •H2071, H2072, H2324, H2325, H2332, H2338, H2386, H2486.

Manitoba •H2552, H2553.

Markham •H2685.

Markham (Ont.) •H2073, H2074.

Marystown (T.-N.) •H2075.

Mississauga •H2076, H2077, H2078, H2079, H2080, H2081, H2395, H2589.

Mont-St-Hilaire •H2117.

Montréal •H2082, H2083, H2084, H2085, H2086, H2087, H2088, H2089, H2090, H2091, H2092, H2093, H2094, H2095, H2096, H2097, H2098, H2099, H2100, H2101, H2102, H2103, H2104, H2105, H2106, H2107, H2108, H2109, H2110, H2111, H2112, H2113, H2114, H2115, H2116, H2309, H2312, H2321, H2333, H2365, H2391, H2392, H2401, H2402, H2406, H2407, H2408, H2414, H2418, H2420, H2421, H2424, H2425, H2436, H2439, H2452, H2453, H2454, H2457, H2458, H2470, H2472, H2473, H2474, H2475, H2476, H2480, H2481, H2482, H2483, H2484, H2487, H2488, H2522, H2543, H2547, H2583, H2584, H2587, H2593, H2594, H2595, H2596, H2599, H2600, H2603, H2604, H2605, H2608, H2609, H2615, H2635, H2656, H2657, H2658, H2660, H2667, H2682, H2700, H2701, H2703, H2704, H2726, H2727, H2728, H2738.

Montréal (Expo '67) •H2412.

Nelson River •H2118.

New Westminster •H2119, H2464.

Niagara-on-the-Lake •H2120.

Noranda •H2468.

North Battleford •H2121.

North Bay •H2122, H2723.

North Kildonan •H2123.

North Vancouver •H2260, H2351, H2372, H2506, H2565, H2742.

North Vancouver (Capilano River) •H2394.

North York •H2288, H2289, H2290, H2291, H2292, H2293, H2294, H2493, H2494, H2532, H2575, H2641.

Oakville •H2313.

Ocean Falls (C.-B.) •H2564, H2633.

Oshawa •H2124, H2125, H2126.

Ottawa •H2127, H2128, H2129, H2130, H2131, H2132, H2133, H2134, H2135, H2136, H2137, H2138, H2139, H2140, H2141, H2142, H2143, H2144, H2145, H2146, H2147, H2148, H2149, H2150, H2151, H2152, H2153, H2154, H2155, H2305, H2471, H2477, H2489, H2620, H2621, H2622, H2649, H2650, H2663, H2664, H2743.

Perth •H2156.

Peterborough •H2157, H2158, H2159, H2160, H2378, H2379.

Pointe-aux-Trembles •H2161, H2518.

Pointe-Gatineau •H2162.

Port Moody (C.-B.) •H2348, H2426, H2427.

Powell River (C.-B.) •H2163.

Québec •H2164, H2165, H2166, H2167, H2168, H2169, H2170, H2171, H2322, H2330, H2355, H2432, H2463, H2585.

Regina •H2172, H2173, H2174, H2175, H2397, H2469.

Repentigny •H2572.

Richmond (C.-B.) •H2631, H2671.

Rosemont •H2661.

Saint John (N.-B.) •H2177, H2178, H2179, H2180, H2344.

Saint-Laurent •H2516.

Saint-Louis de Terrebonne •H2423.

Sainte-Anne-de-Bellevue •H2709.

Sainte-Foy •H2462.

Sarnia •H2191, H2467.

Saskatoon •H2192, H2193, H2568, H2739.

Sault Ste-Marie •H2194.

Scarborough •H2195, H2196, H2197, H2198, H2199, H2200, H2201, H2202, H2203, H2334, H2364, H2380, H2442, H2652.

Sherbrooke •H2204, H2205, H2311, H2398, H2399, H2400, H2612.

Sidney (N.-E.) •H2206.

Sillery •H2326, H2629.

Smiths Falls •H2207.

South Delta (C.-B.) •H2525.

St. Boniface •H2450.

St-Bruno •H2176.

St. Catharines •H2570.

St. James (Man.) •H2687.

St. John's (T.-N.) •H2181, H2182, H2183, H2674.

St-Lambert •H2535.

St-Nicholas •H2188.

St-Romuald •H2189.

St. Vital (Man.) •H2190.

Stratford •H2208.

Surrey •H2413, H2694, H2695, H2696.

Thunder Bay •H2209.

Toronto •H2210, H2211, H2212, H2213, H2214, H2215, H2216, H2217, H2218, H2219, H2220, H2221, H2222, H2223, H2224, H2225, H2226, H2227, H2228, H2229, H2230, H2231, H2232, H2233, H2234, H2235, H2236, H2237, H2238, H2239, H2240, H2241, H2242, H2243, H2244, H2245, H2246, H2295, H2296, H2300, H2301, H2302, H2308, H2310, H2316, H2335, H2340, H2341, H2342, H2347, H2358, H2370, H2373, H2381, H2382, H2387, H2388, H2389, H2390, H2403, H2404, H2405, H2430, H2431, H2443, H2449, H2490, H2491, H2492, H2495, H2497, H2502, H2513, H2515, H2530, H2531, H2533, H2561, H2574, H2577, H2579, H2580, H2602, H2616, H2618, H2623, H2624, H2625, H2626, H2627, H2638, H2639, H2640, H2642, H2653, H2654, H2669, H2676, H2683, H2693, H2707, H2716, H2717, H2729, H2730, H2731, H2732, H2733, H2735, H2736, H2745.

Trois-Rivières •H2247, H2248, H2354, H2528.

Vancouver •H2249, H2250, H2251, H2252, H2253, H2254, H2255, H2256, H2257, H2258, H2259, H2350, H2353, H2371, H2428, H2429, H2455, H2456, H2498, H2499, H2501, H2511, H2512, H2514, H2521, H2544, H2566, H2647, H2668, H2670, H2678, H2679, H2680, H2681, H2697, H2699, H2712, H2713, H2714, H2715, H2734, H2740, H2741.

Vanier (Ont.) •H2307.

Victoria •H2263, H2367, H2377, H2537.

Ville La Salle •H2662.

Ville Mont-Royal •H2437, H2485, H2549.

Ville Saint-Michel •H2563.

Ville St-Laurent •H2184, H2185, H2186, H2187.

Wascana •H2264.

Waterloo •H2265, H2266.

West Kildonan •H2267, H2268.

West Vancouver •H2261, H2262, H2396.

Westmount •H2269, H2306, H2357, H2440, H2478, H2586, H2588, H2744.

Whitby •H2270.

Winnipeg •H2271, H2272, H2273, H2274, H2275, H2276, H2277, H2278, H2279, H2280, H2281, H2282, H2331, H2352, H2433, H2465, H2554, H2555, H2556, H2557, H2558, H2559, H2569, H2645, H2686, H2702, H2718, H2719, H2720, H2721.

York •H2283, H2284, H2285.

Maisons en bandes
Row Housing

Édifices de lieu inconnu •H4043, H4050, H4053, H4068, H4069, H4071, H4078, H4088, H4100, H4103, H4107, H4109, H4117.

Ajax •H4114.

Alta Lake (C.-B.) •H4047.

Arvida •H4054.

Bramalea •H4001.

Burnaby •H4002.

Calgary •H4003, H4004, H4005, H4006, H4045.

Côte-St-Luc •H4112.

Don Mills •H4007, H4008, H4040, H4063, H4064, H4065, H4079, H4089, H4098, H4110.

Edmonton •H4009, H4010, H4011, H4080, H4101, H4115.

Elliot Lake (Ont.) •H4102.

Esquimalt (C.-B.) •H4012.

Faro (Yukon) •H4104.

Halifax •H4013.

Hudson Hope (C.-B.) •H4044.

Hull •H4014.

Ile des Soeurs •H4074.

Kanata •H4015.

Kelowna (C.-B.) •H4075.

Kitchener •H4016, H4017, H4018.

Montreal •H4019.

Neufchâtel •H4020.

North Vancouver •H4048, H4077.

North York •H4093, H4094, H4105.

Oakville •H4083.

Ottawa •H4021, H4022, H4023.

MAISONS UNIFAMILIALES ET MAISONS JUMELÉES — DETACHED AND SEMI-DETACHED HOUSES

Picton (Ont.) •*H4024.*

Portage La Prairie •*H4096.*

Regina •*H4025.*

Richmond •*H4026.*

Rosemont •*H4042.*

Scarborough •*H4051, H4055, H4086, H4090.*

Thunder Bay •*H4027.*

Tillsonburg (Ont.) •*H4028.*

Toronto •*H4029, H4030, H4031, H4032, H4033, H4034, H4039, H4049, H4056, H4057, H4058, H4059, H4060, H4061, H4062, H4066, H4067, H4073, H4084, H4085, H4091, H4095, H4099, H4106, H4108.*

Vancouver •*H4035, H4041, H4052, H4070, H4076, H4082, H4087, H4116.*

Victoria •*H4036.*

Ville de Laval •*H4111.*

West Vancouver •*H4081.*

Windsor •*H4113.*

Winnipeg •*H4037, H4038, H4072, H4097.*

Yellowknife •*H4046.*

York •*H4092.*

Maisons unifamiliales et maisons jumelées
Detached and Semi-detached Houses

Édifices de lieu inconnu •*H5001, H5002, H5003, H5004, H5005, H5006, H5007, H5008, H5009, H5010, H5011, H5012, H5013, H5014, H5015, H5016, H5017, H5018, H5019, H5020, H5021, H5022, H5023, H5024, H5025, H5026, H5440, H5448, H5449, H5469, H5472, H5475, H5476, H5477, H5478, H5479, H5480, H5492, H5494, H5501, H5510, H5526, H5528, H5538, H5562, H5571, H5572, H5575, H5584, H5590, H5592, H5593, H5594, H5608, H5612, H5617, H5618, H5629, H5639, H5659, H5679, H5680, H5681, H5682, H5684, H5689, H5690, H5691, H5692, H5702, H5719, H5723, H5730, H5731, H5732, H5733, H5752, H5753, H5769, H5784, H5790, H5791, H5798, H5799, H5805, H5808, H5810, H5812, H5827, H5831, H5843, H5848, H5850, H5851, H5857, H5863, H5879, H5887, H5902, H5904, H5915, H5923, H5928, H5934, H5945, H5963, H5964, H5965, H5975, H5976, H5979, H5984, H5985, H5990, H6018, H6030, H6045, H6046, H6047, H6054, H6062, H6074, H6077, H6085, H6086, H6087, H6098, H6101, H6105, H6110, H6114, H6122, H6145, H6149, H6150, H6156, H6162, H6164, H6165, H6178, H6188, H6195, H6207, H6210, H6212, H6215, H6217, H6218, H6226, H6227, H6228, H6250, H6251, H6258, H6266, H6267, H6276, H6277, H6286, H6287, H6293, H6307, H6312, H6314, H6316, H6317, H6318, H6325, H6326, H6328, H6343, H6362, H6371, H6372, H6373, H6374, H6375, H6378, H6379, H6381, H6384, H6387, H6388, H6390, H6395, H6398, H6414, H6423, H6426, H6427, H6440, H6441, H6448, H6452, H6453, H6454, H6456, H6457, H6458, H6460, H6461, H6465, H6471, H6477, H6489, H6501, H6502, H6510, H6526, H6528, H6540, H6544, H6560, H6565, H6567, H6568, H6579, H6583.*

Abbotsford (C.-B.) •*H5905.*

Agincourt (Ont.) •*H5029, H5658.*

Ahuntsic •*H5027, H5028, H5630, H6358.*

Albion Hills •*H5473.*

Albion Hills (Ont.) •*H6420.*

Alma •*H5606, H6363.*

Armour Heights •*H6157.*

Atikokan (Ont.) •*H5031.*

Aurora •*H5903.*

Aurora (Ont.) •*H6192.*

Aylmer (Qué.) •*H6234, H6235, H6236, H6459.*

Baie d'Urfé •*H5446, H5502, H6508.*

Ballantrae (Ont.) •*H5926.*

Barrie •*H5032.*

Bay Ridges (Ont.) •*H6005, H6006, H6007, H6008, H6009, H6010, H6011, H6012, H6013, H6014, H6015.*

Beach Grove (C.-B.) •*H5950.*

Beaconsfield •*H5033, H5491, H5535, H5555, H5663.*

Bedford (N.-E.) •*H5465, H5807, H6439.*

Belleville •*H5034.*

Beloeil •*H5035, H5036, H5037, H5518, H6080, H6081, H6082, H6161.*

Boisbriand •*H5038.*

Bootlegger's Bay (Ont.) •*H6264.*

Bordeaux •*H5724.*

Boucherville •*H5039, H5040, H5642, H6041.*

Boulderwood (N.-E.) •*H5864.*

Bowen Island (C.-B.) •*H5651, H5703.*

Bragg Creek (Alberta) •*H5459.*

Bramalea •*H5041, H5042, H5043, H5044, H5045, H6125, H6429, H6588.*

Brampton •*H5046, H5047, H5048, H5049, H5842, H5947, H6063.*

Brantford •*H5050.*

Brentwood Bay (C.-B.) •*H5530, H6053.*

Brockville •*H5643.*

Brome (Qué.) •*H6380.*

Brossard •*H5051, H5524.*

Burlington •*H5052, H5053, H6211.*

Burnaby •*H5759, H5916, H5917, H5951, H6040, H6571.*

Burns Lake •*H5054.*

Caledon •*H5055.*

Caledon East (Ont.) •*H5474.*

Calgary •*H5056, H5057, H5058, H5059, H5060, H5061, H5062, H5063, H5064, H5065, H5066, H5067, H5068, H5069, H5070, H5071, H5072, H5073, H5460, H5461, H5481, H5520, H5525, H5534, H5541, H5543, H5656, H5747, H5754, H5755, H5756, H5960, H6025, H6079, H6175, H6466, H6564, H6577.*

Cambridge •*H5074.*

Candiac •*H5075, H5076, H5077, H5078, H5079, H5511, H6048.*

Cantons de l'Est •*H6026.*

Cap-Rouge •*H5080.*

Cap Saint-Jacques •*H6269.*

Capilano Highlands •*H5818, H5819, H6399.*

Caulfield (C.-B.) •*H5820, H6499.*

Chambly •*H5081, H5082, H5083, H5084.*

Charlesbourg •*H5085, H5086, H6584.*

Châteauguay •*H5087, H5088, H5089, H5090, H5860.*

Chicoutimi •*H5091, H5092, H5601, H5665, H5666, H5667, H6222.*

Chicoutimi-Nord •*H6364.*

Chilliwack (C.-B.) •*H5789.*

Chocolate Lake (N.-E.) •*H5093, H5783.*

Chomedey •*H6022, H6023, H6024.*

Churchill Park (T.-N.) •*H6383.*

Claremont (Ont.) •*H6126.*

Clarkson •*H5962.*

Clarkson (Ontario) •*H5094.*

Cloverdale (C.-B.) •*H5095.*

Colombie-Britannique •*H5096, H5794, H5949, H5980, H6033, H6049, H6093, H6297, H6396, H6397.*

Como (Qué.) •*H6421.*

Comox •*H5760.*

Coquitlam •*H5097.*

Cornwall •*H6289.*

Dartmouth •*H5098, H5099, H5100, H5101.*

Delson (Qué.) •*H5102, H5103.*

Delta (C.-B.) •*H5952.*

Dollard-des-Ormeaux •*H5104, H5105, H5106, H5107, H5108, H5109, H6311.*

Don Mills •*H5110, H5111, H5470, H5495, H5800, H5801, H5829, H5858, H5894, H5895, H5977, H6196, H6197, H6198, H6199, H6200, H6221, H6310, H6449, H6450, H6541.*

Dorion •*H6520.*

Dorval •*H5631.*

Downsview •*H5112, H5873.*

Drummondville •*H5463.*

Dundas •*H5828.*

Duvernay •*H5113, H5114, H6055, H6281.*

East Kildonan (Manitoba) •*H6433.*

Edmonton •*H5115, H5116, H5117, H5118, H5119, H5120, H5121, H5122, H5123, H5450, H5686, H5698, H5745, H5899, H6029, H6034, H6274, H6346, H6464, H6551, H6552.*

Erin (Ont.) •*H5569.*

Erin Mills (Ont.) •*H5124, H5125.*

Erindale (Ont.) •*H5623.*

Etobicoke •*H6233.*

Etobicoke (Ont.) •*H5126, H5127, H5609.*

Fabreville •*H5128, H5129, H5130, H5131, H5132, H5133, H5467, H5468, H5536.*

Fort Érié •*H6090.*

Fort Garry •*H5134, H5749, H6435, H6547.*

Fort Garry (Manitoba) •*H5563, H6355, H6356.*

Fort McMurray •*H5135, H5136, H5137, H5138.*

Fort Qu'Appelle (Sask.) •*H6017.*

Fortune (T.-N.) •*H5139.*

Fraser River Delta (C.-B.) •*H6094.*

Fredericton •*H5140, H5939, H5940.*

Gatineau •*H5844.*

Georgetown •*H5141.*

Georgian Bay •*H5761.*

Gibsons (C.-B.) •*H5955.*

Glace Bay (N.-E.) •*H5142.*

Granby •*H5143, H5144, H5145, H5632, H6027, H6028, H6514, H6515, H6516, H6517, H6518, H6519, H6521, H6522, H6523, H6524.*

Grand Bank (T.-N.) •*H5146.*

Grand Bend •*H5147.*

Gravenhurst (Ont.) •*H6239.*

Guelph •*H5148, H5149, H6369.*

Halifax •*H5150, H5151, H5152, H5153, H5466, H5809, H5881, H5882, H6016, H6238, H6270, H6322, H6559.*

Halifax-Dartmouth •*H5154.*

Hamilton •*H5155, H5156, H5157, H5158, H5159, H5160, H5161, H5162, H5163, H5164, H5452, H5673, H5687, H5688, H5802,*

H5833, H5870, H6127, H6128, H6129, H6130, H6319, H6385, H6550.

Hampstead •H5165, H5633, H5861, H6035, H6186.

Hatzic (C.-B.) •H6562.

Hespeler (Ont.) •H5166, H5167, H5168.

Hudson (Qué.) •H6357.

Hudson Heights (Qué) •H5744, H5750, H5751.

Hull •H5169, H6308.

Husavick (Manitoba) •H6548.

Ile-Bizard •H5170, H5171, H5172, H5547.

Ile d'Orléans •H5485.

Ile de Laval •H6242.

Ile-Jésus •H5173, H5174, H5175.

Ile-Perrot •H5176.

Islington •H5613, H5614.

Joliette •H6223.

Jonquière •H5602.

Jordan (Ont.) •H6091.

Kanata •H6468.

Kelowna •H5884, H5886.

Kelowna (C.-B.) •H6581, H6582.

Kindersley (Sask.) •H5179.

Kingston •H5180, H5482, H5921.

Kirkland •H5181, H5182, H6366.

Kirks' Ferry (Qué.) •H5500.

Kirkwood Beach Grove (C.-B.) •H5694.

Kitchener •H5183, H5184, H5185, H5186, H5187, H5188, H6321.

Kitimat •H5189.

La Prairie •H5190.

Lac Brôme •H5634.

Lac du Nord •H5487.

Lac Masson •H5509, H5512, H5726.

Lac-Mégantic •H5521.

Lac Memphrémagog •H5661.

Lac Ste-Adèle •H5607.

Lac Wadsworth (Ontario) •H5944.

Lachine •H6342.

Ladner (C.-B.) •H5704, H5705.

Lake Couchiching (Ont.) •H6193.

Lake Simcoe •H5993.

Lakehead area •H6151.

Lambeth (Ont.) •H6296.

Lancaster (N.-B.) •H5725.

Langley (C.-B.) •H5695, H5696, H5706.

Laprairie •H6152.

Laval •H5192, H5193, H5194, H5195, H5196, H6021, H6249, H6282, H6545.

Laval-des-Rapides •H5620, H5635, H5636, H5637.

Laval-sur-le-Lac •H5197, H5646, H6288.

Lebret (Saskatchewan) •H6569.

Lesage •H6224.

Lethbridge •H5198.

London •H5199, H5200, H5201, H5202, H5203, H5204, H5205, H5527, H6425, H6446, H6462, H6511.

Longueuil •H5206, H5207, H5557, H5817, H6246.

Loretteville •H5208, H5209.

Lorraine •H6300, H6301, H6302.

Lorraine (Qué.) •H5668, H6243, H6244.

Lucerne (Qué.) •H6237.

Magog •H5522.

Manitoba •H6320.

Maritimes •H6231.

Markham •H5210, H5211, H6407.

McBrian Island (Ont.) •H6166.

Milton •H6167.

Mississauga •H6050, H6088.

Mont Saint-Hilaire •H5223.

Mont St-Bruno •H5565.

Mont St-Hilaire •H5447.

Montréal •H5212, H5213, H5214, H5215, H5216, H5217, H5218, H5219, H5220, H5483, H5488, H5489, H5490, H5532, H5570, H5587, H5589, H5595, H5596, H5599, H5700, H5734, H5793, H5806, H5862, H5872, H5931, H5981, H6042, H6043, H6117, H6154, H6163, H6179, H6232, H6245, H6252, H6271, H6299, H6303, H6305, H6359, H6365, H6408, H6472, H6578.

Montréal (Expo '67) •H5640, H6119.

Montréal la construction) •H5735.

Montréal-Nord •H5537, H6253.

Montréal-Ouest •H5982.

Montreal West •H5221.

Moose Jaw •H5224.

Napanee •H5225.

Neufchâtel •H5226, H6189, H6190.

New Westminster •H5227.

Newmarket •H6124.

Niagara-on-the-Lake •H6168.

Noranda •H5849.

Normanview (Sask.) •H5228.

North Bay •H5229, H5621, H5622, H5836.

North Hatley (Qué.) •H6324.

North Vancouver •H5407, H5408, H5720, H5788, H5885, H5891, H5892, H5957, H5970, H6574, H6575.

North York •H5431, H5432, H5433, H5434, H5435, H5436, H5437, H5438, H5439, H5615, H5748, H5988, H5989, H6143.

Norval (Ont.) •H6169.

Oakville •H5455, H5742, H5785, H5786, H6123, H6180, H6181, H6191, H6561.

Ocean Park (C.-B.) •H5551.

Oka •H5230.

Okanagan Lake •H5770.

Okanagan Mission •H5821.

Ontario •H5231, H5232, H5233, H5234, H5235, H6170, H6201, H6220.

Orleans (Ontario) •H5236, H5237.

Orsainville •H5598.

Oshawa •H5238, H5239, H6313.

Osoyoos (C.-B.) •H5942.

Ottawa •H5240, H5241, H5242, H5243, H5244, H5245, H5246, H5247, H5248, H5249, H5250, H5251, H5252, H5253, H5254, H5255, H5256, H5257, H5258, H5259, H5260, H5458, H5496, H5531, H5548, H5549, H5550, H5683, H5845, H5846, H5847, H5852, H5853, H5854, H5867, H5868, H5874, H5898, H6106, H6146, H6147, H6148, H6173, H6327, H6347, H6348, H6349, H6350, H6351, H6352, H6353, H6354, H6377, H6431, H6432, H6443, H6469, H6470, H6513.

Outremont •H5486, H5513, H5660, H5727, H5739, H5740.

Owen Sound •H5261.

Perth (Ont.) •H6340.

Peterborough •H5262, H5263, H5507, H5508, H6056, H6174, H6455.

Petite-Rivière (Québec) •H5264.

Pickering •H5265, H5583, H5948.

Picton •H5266.

Piedmont •H5792.

Pierrefonds •H5267, H5758.

Pointe-aux-Trembles •H5935.

Pointe-Claire •H5268, H5517.

Pointe-Gatineau •H6291.

Pont-Viau •H5269, H5669, H5670, H6410.

Port Coquitlam •H6121.

Port Credit •H5270, H5271, H6329.

Port Credit (Ont.) •H6202.

Port Moody •H5611, H5925.

Port Moody (C.-B.) •H5272, H5273.

Port Perry (Ont.) •H5600.

Preston •H5274, H5771.

Préville •H5275.

Prince Rupert •H5877.

Prince's Lodge •H5585.

Québec •H5276, H5277, H5278, H5279, H5280, H5281, H5282, H5505, H5554, H5832, H6051, H6213, H6549.

Québec (Prov.) •H5647.

redessinés par l'architecte Dobell) •H5685.

Regina •H5283, H5284, H5285, H5286, H5287, H5288, H5289, H5290, H5291, H5292, H5523, H5539, H5540, H5746, H5871, H6447, H6556, H6586.

Repentigny •H5293, H5294, H5295, H5296.

Richmond •H5297, H5627.

Richmond (C.-B.) •H5707.

Richmond Hill •H5741, H6424.

Richvale (Ontario) •H6580.

Rivière-du-Moulin •H5603.

Roberval •H6361.

Rockliffe •H6309, H6323.

Rockliffe Park •H5652.

Saddle Lake (Alberta) •H6525.

Saint-Bruno •H5299, H5300, H5301, H5302, H5303, H5304.

Saint-Eustache •H5306.

Saint-Eustache et Deux-Montagnes •H5900.

Saint-Jérôme •H6341.

Saint John •H5586.

Saint-Lambert •H6360.

Saint-Louis de Terrebonne •H5743.

Sainte-Adèle •H5515.

Sainte-Agathe-des-Monts •H5701.

Sainte-Foy •H5830, H6344, H6345.

Sainte-Marguerite •H6436.

Salem (Ont.) •H5986.

Salt Spring Island (C.-B.) •H5716, H5906, H5907, H5824, H5938.

Sarnia •H5325, H6259, H6542.

Sasamat Ridge •H5717.

Saskatchewan •H5326, H5327, H6279.

Saskatoon •H5328, H6078.

Sault Ste-Marie •H5329, H5330, H6437.

Scarborough •H5331, H5332, H5333, H5334, H5335, H5336, H5337, H5338, H5856, H5859, H6064, H6065, H6330, H6331.

Sechelt (C.-B.) •H5889, H6103.

Senneville •H6020, H6155.

Shanty Bay •H5797.

Shawinigan •H5804.

Sherbrooke •H5464, H5493, H5662.

Sillery •H5339, H5519, H5605, H5664, H5840, H5841, H6115, H6116.

South Delta (C.-B.) •H5953, H5954, H5958.

South Vancouver •H6393.

Spryfield (N.-E.) •H5340.

St-Boniface •H6488.

St-Bruno •H5566, H5649, H6254, H6255, H6367.

PARCS ET JARDINS / PARKS AND GARDENS

St. Catharines •H5305, H5901, H6092, H6445.

St-Hilaire •H6187, H6570.

St-Hyacinthe •H5567, H5568.

St. John (N.-B.) •H5311, H6084.

St. John's •H6158.

St. John's (T.-N.) •H5312, H5313, H5314, H6306.

St-Lambert •H5559, H5560, H6339.

St-Louis-de-Terrebonne •H5318.

St-Luc •H5671.

St. Mary's (Ont.) •H5672.

St-Nicolas •H5839.

St. Norbert (Man.) •H6467.

St. Norbert (Manitoba) •H5319.

St-Vital (Manitoba) •H5813.

Ste-Adèle •H5298.

Ste-Anne-de-Bellevue •H5638.

Ste-Foy •H5307, H5308, H5309, H5506, H5514, H5516, H5604, H5626, H5837, H5838, H6203, H6214, H6512, H6585.

Ste-Geneviève •H5310.

Ste-Marguerite •H5693.

Ste-Odile •H5320.

Ste-Rose •H5321.

Ste-Thérèse •H5878, H5929, H5930, H6066, H6144.

Ste-Thérèse-en-Haut •H5322, H5323, H5324.

Stouffville (Ont.) •H5451.

Streetsville (Ont.) •H5341, H5342, H5343, H5697.

Surrey •H5344, H5345, H5959.

Surrey (C.-B.) •H5503.

Sutton •H6120.

Swansea (Ont.) •H6260.

Teulon (Man.) •H6304.

Thornhill •H6370.

Timmins •H5346.

Todmorden (Ont.) •H6268.

Toronto •H5347, H5348, H5349, H5350, H5351, H5352, H5353, H5354, H5355, H5356, H5357, H5358, H5359, H5360, H5361, H5362, H5363, H5364, H5365, H5366, H5367, H5368, H5369, H5370, H5371, H5372, H5373, H5374, H5375, H5376, H5377, H5378, H5379, H5380, H5381, H5382, H5383, H5384, H5441, H5442, H5443, H5444, H5445, H5453, H5456, H5457, H5484, H5499, H5542, H5610, H5619, H5624, H5674, H5675, H5762, H5787, H5795, H5796, H5803, H5855, H5865, H5875, H5876, H5880, H5883, H5922, H5946, H5961, H5985, H5987, H5994, H5995, H5996, H5997, H5998, H5999, H6000, H6001, H6002, H6003, H6004, H6052, H6067, H6068, H6069, H6070, H6071, H6072, H6073, H6075, H6076, H6089, H6131, H6132, H6133, H6134, H6135, H6136, H6137, H6138, H6139, H6140, H6159, H6160, H6176, H6177, H6182, H6183, H6184, H6204, H6205, H6208, H6209, H6230, H6240, H6241, H6261, H6262, H6263, H6265, H6272, H6294, H6315, H6332, H6333, H6334, H6335, H6336, H6337, H6368, H6386, H6400, H6415, H6416, H6417, H6418, H6419, H6430, H6442, H6451, H6478, H6479, H6539, H6543, H6558, H6572, H6573, H6587.

Transcona (Man.) •H6059.

Trenton •H6557.

Trois-Rivières •H5385.

Tsawwassen (C.-B.) •H5386, H5387, H5708, H5956.

Unionville (Ont.) •H5388, H5389.

Uxbridge •H5927.

Val-David •H5546.

Val-des-Bois •H5648.

Valleyfield •H5677.

Vancouver •H5390, H5391, H5392, H5393, H5394, H5395, H5396, H5397, H5398, H5399, H5400, H5401, H5402, H5403, H5404, H5405, H5406, H5497, H5498, H5504, H5552, H5561, H5573, H5591, H5625, H5628, H5654, H5655, H5678, H5709, H5710, H5711, H5712, H5713, H5718, H5721, H5722, H5757, H5763, H5764, H5765, H5766, H5767, H5768, H5772, H5773, H5774, H5775, H5822, H5823, H5826, H5869, H5888, H5890, H5896, H5920, H5932, H5966, H5967, H5968, H5969, H5983, H6031, H6032, H6057, H6099, H6104, H6111, H6112, H6113, H6118, H6171, H6216, H6225, H6275, H6280, H6283, H6284, H6285, H6376, H6391, H6392, H6401, H6402, H6403, H6428, H6480, H6481, H6482, H6483, H6484, H6485, H6486, H6490, H6491, H6492, H6493, H6494, H6496, H6500, H6503, H6527, H6529, H6531, H6532, H6533, H6534, H6535, H6536, H6546, H6554, H6555, H6566.

Vancouver Island •H5897.

Victoria •H5412, H5413, H5576, H5577, H5578, H5579, H5580, H5581, H5582, H5597, H5616, H5653, H5676, H6096, H6219, H6406.

Ville D'Anjou •H5030, H5943.

Ville D'Estérel •H5644, H5645.

Ville Jacques-Cartier •H5177, H5178.

Ville La Salle •H5191, H6422.

Ville Lorraine •H6229, H6504, H6505, H6509.

Ville Mont-Royal •H5222, H5588, H5650, H5736, H5737, H5738, H6019, H6083, H6172, H6247, H6248, H6409, H6438, H6473, H6474, H6475, H6476.

Ville Saint-Lambert •H6256, H6257.

Ville Saint-Laurent •H6153.

Ville St-Laurent •H5315, H5316, H5317, H5728, H5729, H5936, H6036, H6037, H6038, H6039, H6382, H6506, H6507.

Waterloo •H5414.

West Vancouver •H5409, H5410, H5411, H5454, H5553, H5574, H5657, H5714, H5715, H5776, H5777, H5778, H5779, H5780, H5781, H5782, H5811, H5825, H5834, H5893, H5908, H5909, H5910, H5911, H5912, H5913, H5914, H5918, H5919, H5933, H5971, H5972, H5973, H5974, H6058, H6095, H6097, H6102, H6107, H6108, H6109, H6194, H6278, H6295, H6394, H6404, H6405, H6463, H6487, H6495, H6497, H6498, H6530, H6537, H6538, H6563, H6576.

West Vancouver (C.-B.) •H6058.

Westmount •H5471, H6044, H6290, H6338, H6411, H6412, H6413.

Whistler Mountain •H6273.

Willowdale •H5415, H6298.

Willowdale (Ont.) •H6206.

Windermere (C.-B.) •H5462.

Windsor •H5416, H5417, H5418, H5937, H5941.

Winnipeg •H5419, H5420, H5421, H5422, H5423, H5424, H5425, H5426, H5427, H5428, H5533, H5544, H5545, H5556, H5641, H5699, H5814, H5815, H5816, H5835, H5866, H5991, H5992, H6060, H6061, H6100, H6292, H6389, H6434, H6444, H6553.

Woodbridge (Ont.) •H5924, H6141, H6142.

Woodstock •H5429, H5430.

York Mills •H6185.

York Mills (Ont.) •H5529, H5564.

Monuments

Édifices de lieu inconnu •K0010, K0011, K0014, K0016.

Chicoutimi •K0004.

Colombie-Britannique •K0012.

Fredericton •K0009.

Issoudum •K0006.

Morrisburg •K0005.

Ottawa •K0001, K0003.

Québec •K0007, K0008, K0013.

Toronto •K0002, K0015.

Parcs et jardins
Parks and Gardens

Édifices de lieu inconnu •L0027, L0032, L0036, L0037, L0042, L0043, L0047, L0048, L0052, L0054, L0060, L0066, L0070, L0074, L0076, L0079, L0080, L0084, L0086, L0092, L0101, L0102, L0103, L0108, L0109, L0110, L0116, L0129, L0131, L0160, L0166, L0168.

Almonte (Ont.) •L0001.

Champlain •L0049.

Charlesbourg •L0062.

Chicoutimi •L0065.

Chomedey •L0161.

Colombie-Britannique •L0050, L0082.

Don Mills •L0162.

Dorval •L0029.

East York •L0159.

Forillon •L0002.

Fort Erie •L0035.

Granby •L0003, L0087, L0147, L0148.

Halifax •L0113.

Hamilton •L0063, L0124, L0125.

Hill Island (Ont.) •L0004.

Hull •L0132.

Ile-du-Prince-Édouard •L0005, L0128.

Lac Philippe •L0077.

Laval-sur-le-Lac •L0122.

Manicouagan •L0051.

Manitoba •L0091.

Maple •L0138.

Mont-Royal •L0123.

Montréal •L0006, L0007, L0008, L0009, L0010, L0011, L0012, L0013, L0014, L0033, L0034, L0061, L0064, L0085, L0088, L0089, L0090, L0098, L0139.

Montréal (Expo 67) •L0117, L0136.

Morrisburg •L0055, L0068, L0127.

Niagara •L0053.

Niagara Falls •L0069, L0140, L0141, L0142.

Niagara-on-the-Lake •L0073.

North Vancouver •L0144.

Ontario •L0039.

Ottawa •L0025, L0026, L0058, L0096, L0112, L0114, L0118, L0167.

Québec •L0015, L0133.

Regina •L0040, L0078.

Richmond •L0016.

Saint John (N.-B.) •L0017.

Saint-Lambert •L0075.

Sainte-Marie-des-Hurons (Ont.) •L0100.

Saskatchewan •L0163.

Scarborough •L0018, L0019.

St. John's (T.-N.) •L0156.

GERIATRIC CLINICS / CLINIQUES DE GERIATRIE

Toronto •L0020, L0021, L0028, L0030, L0038, L0044, L0045, L0046, L0059, L0067, L0071, L0072, L0093, L0094, L0095, L0099, L0104, L0105, L0106, L0107, L0121, L0126, L0130, L0134, L0137, L0145, L0155, L0158.

Vancouver •L0022, L0023, L0056, L0057, L0081, L0083, L0097, L0119, L0120, L0146, L0149, L0150, L0151, L0152, L0153.

Verdun •L0024.

Victoria •L0111, L0154.

Waterloo •L0135.

West Vancouver •L0157.

Westwood •L0165.

Winnipeg •L0031, L0041, L0115, L0143, L0164.

Cliniques de gériatrie
Geriatric Clinics

Hamilton •M0001.

Hôpitaux généraux et spécialisés
General and Specialized Hospitals

Édifices de lieu inconnu •M0261, M0262, M0270, M0306, M0332, M0347, M0363, M0365, M0368, M0387, M0393.

Ajax •M0263.

Amos •M0277.

Arvida •M0283, M0284.

Asbestos •M0201.

Balcarres (Saskatchewan) •M0239.

Brampton •M0202.

Brantford (Ont.) •M0398.

Buckingham •M0203, M0254.

Burnaby (C.-B.) •M0295.

Calgary •M0249, M0250, M0251, M0288, M0317, M0404.

Cap-de-la-Madeleine •M0326.

Castlegar (C.-B.) •M0400.

Chandler •M0238.

Chicoutimi •M0273, M0275, M0276.

Chilliwack •M0294.

Coaticook •M0237, M0328.

Drummondville •M0234.

Eckville (Alberta) •M0229.

Edmonton •M0334, M0340, M0390.

Estérel •M0253.

Estevan (Saskatchewan) •M0418.

Etobicoke •M0204.

Fort Erie (Ont.) •M0402.

Fort Frances (Ont.) •M0369.

Fort Garry •M0333.

Fredericton •M0264, M0323.

Giffard •M0242.

Grand-Mère •M0272.

Greenfield Park •M0320.

Guelph (Ont.) •M0343.

Hagersville •M0396.

Halifax •M0258, M0286.

Hamilton •M0300, M0344, M0403.

Hull •M0205.

Invermere (C.-B.) •M0401.

Joliette •M0351, M0379.

Jonquière •M0274.

Kingston •M0280, M0281.

Kirkland Lake •M0373.

Kitchener •M0307.

Langley (C.-B.) •M0296.

Laval •M0236.

Lévis •M0206, M0380.

Lillooet (C.-B.) •M0313.

Little Bow (Alberta) •M0355.

London •M0423.

Longueuil •M0207, M0256.

Louiseville •M0252.

MacKenzie (C.-B.) •M0208.

Matane •M0209.

Melville (Saskatchewan) •M0419.

Moncton •M0265, M0308.

Mont-Laurier •M0381.

Montmagny •M0376.

Montréal •M0210, M0235, M0243, M0268, M0269, M0271, M0279, M0287, M0291, M0301, M0302, M0303, M0304, M0322, M0335, M0336, M0337, M0338, M0349, M0391, M0392, M0407.

Morden (Manitoba) •M0359.

Nelson (C.-B.) •M0427.

New Glasgow (Nouvelle-Écosse) •M0414.

New Westminster (B.C.) •M0397.

Niagara Falls •M0370.

Nicaragua •M0378.

Noranda •M0352.

North Vancouver •M0417.

Oakville •M0211, M0310.

Ormstown (Qué.) •M0415.

Ottawa •M0305, M0312, M0331.

Penticton (C.-B.) •M0357.

Peterborough •M0429.

Picture Butte (Alberta) •M0356.

Port Colborne •M0212.

Port Colborne (Ont.) •M0428.

Prince George (C.-B.) •M0285.

Prince Rupert (C.-B.) •M0412.

Québec •M0213, M0214, M0215, M0216, M0248, M0257, M0341, M0382, M0406.

Red River (Manitoba) •M0241.

Regina •M0319, M0420.

Richmond (C.-B.) •M0421.

Richmond Hill (Ont.) •M0348.

Rimouski •M0330.

Rivière-des-Prairies •M0244.

Rosthern (Saskatchewan) •M0424.

Saint-Boniface •M0316.

Saint John (N.-B.) •M0231.

Saint-Louis de Courville •M0217.

Sainte-Foy •M0374.

Sarnia •M0389.

Saskatoon •M0350.

Scarborough •M0245, M0309.

Shawinigan Falls •M0327.

Shawville (Qué.) •M0227.

Sherbrooke •M0339, M0375.

Sillery •M0259, M0329.

Simcoe (Ont.) •M0311.

Sorel •M0260, M0377.

St. Boniface •M0314.

St-Ferdinand-d'Halifax •M0293.

St-Georges de Beauce •M0282.

St. James (Manitoba) •M0315.

St-Jérôme •M0278.

St. John (N.-B.) •M0266.

St-Joseph d'Alma •M0383.

St. Thomas (Ont.) •M0425.

Stratford •M0345.

Sudbury •M0219, M0220.

Surrey (C.-B.) •M0298.

Sussex (N.-B.) •M0230.

Sweetsburg (Qué.) •M0416.

Terrace (C.-B.) •M0409.

Toronto •M0221, M0232, M0233, M0246, M0255, M0324, M0325, M0342, M0346, M0353, M0354, M0395, M0405.

Trail (C.-B.) •M0394.

Trois-Rivières •M0292.

Val-d'Or •M0289, M0290, M0384, M0386.

Vancouver •M0222, M0223, M0224, M0299, M0358, M0399, M0410, M0413.

Vernon (C.-B.) •M0297.

Victoria •M0422, M0426.

Ville LaSalle •M0388.

Ville Saint-Michel •M0218.

Ville St-Laurent •M0385.

Ville St-Michel •M0321.

Virden (Manitoba) •M0360.

Welland (Ont.) •M0228.

Weston (Ont.) •M0371.

Weyburn (Saskatchewan) •M0240.

Whitby •M0267.

White Rock (C.-B.) •M0318.

Williams Lake (C.-B.) •M0411.

Windsor •M0408.

Winnipeg •M0225, M0226, M0247, M0361, M0362, M0364, M0366, M0367.

York •M0372.

Hôpitaux militaires
Military Hospitals

Édifices de lieu inconnu •M1006, M1008.

Eckville •M1001.

Gagetown (N.-B.) •M1002, M1014.

Kingston •M1015.

Montréal •M1013.

Sainte-Foy •M1009.

Ste-Foy •M1010.

Sussex (Angleterre) •M1004.

Toronto •M1005, M1007.

Vancouver •M1003, M1011.

Winnipeg •M1012.

Hôpitaux pour animaux
Veterinary Hospitals

Port Credit •M2001.

Scarborough •M2002.

Toronto •M2003.

Hôpitaux pour enfants
Children's Hospitals

Calgary •M2517.

Halifax •M2508, M2509.

Montréal •M2501, M2507, M2513, M2514, M2516.

Rivière-des-Prairies •M2505.

Toronto •M2502, M2503, M2510, M2511, M2512.

Vancouver •M2504.

Winnipeg •M2506, M2515.

Hôpitaux universitaires
University Hospitals

Brantford •M3007.

Edmonton •M3001, M3011.

Hamilton •M3008.

London •M3002, M3013.

Québec •M3003.

Saskatoon •M3004.

Sherbrooke •M3010.

St-Hyacinthe •M3009.

Vancouver •M3005, M3012.

Winnipeg •M3006.

Sanatoriums

Édifices de lieu inconnu •M4004, M4012, M4016.
Cartierville •M4003.
Corner Brook (T.-N.) •M4014.
Edmonton •M4001.
Gaspé •M4017.
Hamilton •M4009.
Kentville (N.-É.) •M4006, M4007.
Macamic •M4015.
Mont-Joli •M4002, M4011.
Montréal •M4008.
Sainte-Germaine (co. Dorchester) •M4013.
Senneville •M4005.
Trois-Rivières •M4010.

Écoles et résidences d'infirmières
Nursing Schools and Residences

Barrie •M5028.
Brantford •M5005.
Calgary •M5001.
Cooksville (Ont.) •M5014.
Edmonton •M5022.
Guelph •M5011.
Hamilton •M5021.
Montréal •M5017, M5026.
North York •M5015, M5023.
Ottawa •M5016.
Peterborough •M5027.
Québec •M5010.
Sherbrooke •M5007, M5008.
St-Hyacinthe •M5013.
Sudbury •M5025.
Toronto •M5002, M5006, M5009, M5018, M5019, M5020.
Vancouver •M5024.
Weston •M5003, M5012.
Winnipeg •M5004.

Centres médicaux
Medical Centres

Édifices de lieu inconnu •M6011, M6015, M6023, M6030, M6038.
Buckingham •M6014.
Burlington •M6031.
Calgary •M6007.
Chicoutimi •M6021.
Edmonton •M6001.
Fredericton •M6035.
Granby •M6057.
Hamilton •M6051.
Jonquière •M6018.
Lachute •M6048.
London •M6046.
Montréal •M6002, M6008, M6020, M6026, M6045, M6056.
North Vancouver •M6009.
North York •M6043.
Oshawa •M6040.
Ottawa •M6005, M6006, M6022, M6032, M6044.
Peterborough •M6010.
Québec •M6039, M6052.
Richmond •M6029.
Saint-Boniface •M6027.
Sault Sainte-Marie •M6042.
Sault Ste-Marie (Ont.) •M6003.
Squamish •M6034.
St. Boniface •M6028.
St. Catharines (Ont.) •M6041.
St. John's (T.-N.) •M6047.
Surrey •M6033.
Toronto •M6004, M6012, M6013, M6017, M6053, M6054.
Vancouver •M6019, M6024, M6025, M6049, M6050.
Victoria •M6036, M6055.
West Vancouver •M6058.
Willowdale •M6016.
Winnipeg •M6037.

Architecture pour handicapés, etc.
Architecture for the Handicapped

Édifices de lieu inconnu •M7010, M7013, M7018, M7027.
Amos •M7023.
Bordeaux •M7011.
Chicoutimi •M7008.
Essondale (C.-B.) •M7025.
Hamilton •M7014, M7015.
Hull •M7002.
L'Annonciation •M7001.
Leaside (Ont.) •M7021.
London •M7026.
Montréal •M7006, M7007, M7012, M7017.
Mount Newton (C.-B.) •M7003.
Oliver (Alberta) •M7005.
Québec •M7004.
Saint-Hilaire (Qué.) •M7016.
Toronto •M7020, M7022, M7024.
Vancouver •M7009.
Winnipeg •M7019.

Constructions pour le transport aérien
Airport Complexes

Édifices de lieu inconnu •N0034, N0046, N0048, N0050, N0062, N0063, N0064, N0066.
Calgary •N0001, N0033, N0036, N0037, N0038, N0067.
Cartierville •N0070.
Cold Lake •N0002.
Deer Lake (T.-N.) •N0003.
Dorval •N0044.
Edmonton •N0004, N0005, N0006, N0049, N0058.
Gander •N0039.
Gander (T.-N.) •N0007.
Halifax •N0041.
Hay River (T.N.O.) •N0008.
Iles-de-la-Madeleine •N0009.
McFall Field •N0010.
Moncton •N0011.
Montréal •N0012, N0035, N0045, N0052.
Montréal (Dorval) •N0013, N0014, N0015, N0016.
Montréal (Dorval Airport) •N0060.
Montréal (Mirabel) •N0017, N0018.
North Bay •N0019.
Ottawa •N0020, N0042.
Québec •N0021.
Rainbow Lake (Alberta) •N0022.
Red Deer •N0023.
Saskatoon •N0069.
Sault Ste-Marie •N0061.
Sept-Iles •N0024.
Stephenville (T.-N.) •N0025.
Toronto •N0040, N0051, N0053, N0054, N0055, N0056, N0057.
Toronto (Malton Airport) •N0026, N0027, N0028.
Vancouver •N0029, N0030, N0047, N0065, N0068.
Winnipeg •N0031, N0032, N0043, N0059.

Constructions pour le transport maritime
Harbour Complexes

Édifices de lieu inconnu •N1001, N1019.
Beauport •N1002.
Gros-Cacouna •N1003.
Hamilton •N1017.
Montréal •N1004, N1013, N1015, N1018.
Niagara Falls •N1005.
North Vancouver •N1014.
Ontario •N1020.
Pointe-du-Lac •N1006.
Port-Alfred •N1007.
Port-Cartier •N1008.
Québec •N1009, N1010, N1011.
Rivière-du-Loup. •N1012.
Tadoussac •N1016.

Constructions pour le chemin de fer
Railways

Édifices de lieu inconnu •N2016.
Chambord •N2001.
Clarkson •N2002.
Farnham •N2003.
Hamilton •N2018.
Ingleside •N2004.
Leaside •N2005.
Marathon •N2006.
Montréal •N2007, N2008, N2009, N2025.
Morrisburg •N2017.
North Vancouver •N2021, N2022.
Oakville •N2023.
Ottawa •N2010, N2013, N2015, N2024.
Port Credit •N2011.
Québec •N2019.
Rivière-du-Loup •N2012.
Squamish (C.-B.) •N2020.
Vancouver •N2014.

Constructions de métros
Subways

Édifices de lieu inconnu •N2510, N2513, N2520, N2530, N2534, N2537, N2548, N2549, N2559.
Edmonton •N2501.
Montréal •N2502, N2503, N2511, N2512, N2514, N2515, N2516, N2517, N2518, N2519, N2521, N2522, N2523, N2524, N2525, N2526, N2527, N2531, N2532, N2533, N2538, N2539, N2540, N2541, N2542, N2543, N2544, N2546, N2547, N2550, N2551, N2552, N2553, N2554, N2555.
Toronto •N2504, N2505, N2506, N2507, N2508, N2509, N2528, N2529, N2535, N2536, N2545, N2556, N2557, N2558.

Constructions pour les autobus
Bus Transportation

Édifices de lieu inconnu •N3018, N3020.
Cobourg •N3001.
Edmonton •N3013.
Hull •N3002.

BRIDGES AND TUNNELS / PONTS ET TUNNELS

Mississauga •N3014.
Montréal •N3003, N3004, N3017, N3019, N3021.
Québec •N3005, N3009.
Regina •N3008.
Rouyn •N3011.
St-Jérôme •N3006.
Toronto •N3010, N3015, N3016, N3022.
Trend •N3012.
Trois-Rivières •N3007.
West Point Grey (C.-B.) •N3023.

Ponts et tunnels
Bridges and Tunnels

Édifices de lieu inconnu •N3540, N3545, N3556, N3562.
Alberta •N3501.
Arvida-Shipshaw •N3502.
Baie James •N3503.
Barraute •N3504.
Beaconsfield •N3557.
Burlington •N3570.
Calgary •N3549.
Chambly •N3505, N3506.
Colombie-Britannique •N3507, N3508.
Edmonton •N3509, N3544, N3558.
Grimsby •N3559.
Guelph •N3568.
Haig (C.-B.) •N3510.
Halifax •N3565.
Halifax-Dartmouth •N3511.
Joliette •N3550, N3564.
Kitchener •N3566.
Laval •N3543.
Magog •N3541.
Manitoba •N3512.
Mont-Carmel •N3513.
Montmagny •N3514.
Montréal •N3515, N3516, N3517, N3518, N3519, N3537, N3546, N3554.
Montréal (Expo 67) •N3539.
Niagara •N3520.
Niagara-on-the-Lake •N3551.
Ottawa •N3521.
Ottawa-Hull •N3538.
Papinachois •N3522.
Pembroke •N3523.
Québec •N3525, N3526.
Québec (province) •N3524.
Rimouski •N3527, N3567.
Rivière-du-Moulin •N3528.
Sarcee (Alberta) •N3547.
Sherbrooke •N3532.

St. Catharines •N3569.
St-Gérard de Wolfe •N3529.
St-Paul-de-Joliette •N3530.
St-Paul-du-Nord •N3531.
Toronto •N3552, N3571.
Trois-Rivières •N3533, N3534, N3542, N3572.
Valleyfield •N3535.
Vancouver •N3548, N3553, N3555, N3560, N3561, N3563.
Victoria •N3536.

Routes
Roads and Highways

Édifices de lieu inconnu •N4011, N4020.
Canada •N4001.
Chicoutimi •N4017.
Granby •N4022.
Hull •N4002.
Lévis •N4018.
Maple •N4010.
Montréal •N4003, N4004, N4005, N4012, N4015, N4016, N4019, N4021.
Sherbrooke •N4006, N4007.
Toronto •N4008, N4013.
Trois-Rivières •N4014.
Yukon •N4009.

Travaux divers
Miscellaneous Works

Canada •N4501.
Toronto •N4502.

Constructions pour la radio et la télévision
Radio and Television Constructions

Édifices de lieu inconnu •N7004, N7012, N7015, N7018, N7023, N7028, N7033.
Alberta •N7008.
Burnaby •N7001, N7014.
Charlottetown •N7032.
Hull •N7022.
Kitchener •N7013.
Marieville •N7009, N7024.
Montréal •N7002, N7005, N7020, N7025.
North York •N7027.
Peterborough •N7006.
Québec •N7016, N7017.
Sackville •N7010.
Sherbrooke •N7007.
Sillery •N7021.

Toronto •N7003.
Vancouver •N7029, N7030, N7031.
Verchères •N7011, N7026.
Winnipeg •N7019.

Constructions pour le téléphone
Telephone Company Constructions

Édifices de lieu inconnu •N8064, N8073.
Ajax •N8023.
Beauport •N8029.
Belleville •N8038.
Bramalea •N8001, N8024.
Brantford (Ont.) •N8055.
Bronte •N8068.
Burlington •N8069.
Burnaby •N8043.
Calgary •N8002.
Charlesbourg •N8030.
Chicoutimi •N8003.
Chute-des-Passes •N8004.
Dorval •N8074.
Eastview (Ont.) •N8044.
Edmonton •N8005.
Garibaldi Park (C.-B.) •N8006.
Halifax •N8007.
Hudson •N8033.
Joliette •N8045.
Kingston •N8008, N8053.
L'Ancienne-Lorette •N8009.
Lachine •N8041.
Laval •N8010.
London •N8011, N8054.
Montréal •N8012, N8013, N8028, N8034, N8042, N8052, N8062, N8067.
Notre-Dame-des-Laurentides •N8077.
Orillia (Ont.) •N8065.
Ottawa •N8037.
Pointe-aux-Trembles •N8014, N8063.
Port Credit (Ont.) •N8066.
Québec •N8015, N8031, N8032.
Regina •N8016, N8072.
Rimouski •N8050.
Saint-Léonard •N8039.
Sault Sainte-Marie •N8027.
Scarborough •N8019, N8025, N8026.
Shawinigan •N8048.
Sherbrooke •N8020, N8070.
St-Eustache •N8046.
St-Jérôme •N8049.
Ste-Anne-de-Beaupré •N8017.

Ste-Foy •N8018.
Ste-Rose •N8040.
Ste-Thérèse •N8047.
Toronto •N8021, N8022, N8056, N8057, N8058, N8059, N8060, N8061, N8075, N8076.
Vancouver •N8051.
Verdun •N8035.
Weir (Qué.) •N8071.
Yorkton •N8036.

Travaux d'urbanisme et de rénovation urbaine
Town Planning and Urban Renewal

Édifices de lieu inconnu •P0443, P0453, P0467, P0477, P0482, P0485, P0491, P0492, P0496, P0502, P0504, P0520, P0527, P0536, P0549, P0562, P0563, P0565, P0568, P0570, P0575, P0578, P0579, P0585, P0586, P0587, P0588, P0593, P0600, P0604, P0608, P0609, P0613, P0618, P0619, P0623, P0627, P0629, P0639, P0640, P0642, P0643, P0646, P0647, P0650, P0651, P0654, P0661, P0666, P0668, P0671, P0673, P0676, P0677, P0678, P0679, P0680, P0681, P0682, P0690, P0692, P0694, P0695, P0696, P0698, P0701, P0703, P0704, P0711, P0712, P0714, P0715, P0718, P0719, P0720, P0724, P0725, P0734, P0739, P0740, P0746, P0749, P0751, P0752, P0759, P0772, P0781, P0784, P0787, P0791.

Agincourt •P0001, P0002.
Ahuntsic •P0003.
Ajax •P0004, P0005, P0768.
Aklavik •P0722.
Alma •P0478.
Arctique •P0731.
Arvida •P0007.
Baie d'Urfé •P0474.
Baie James •P0008.
Bath (Ont.) •P0009.
Belleville •P0010.
Boundary (C.-B.) •P0748.
Bowmanville (Ont.) •P0726.
Bramalea •P0011, P0012, P0013, P0506, P0507, P0699.
Brampton •P0014, P0015, P0016.
Burlington •P0771.
Burnaby •P0597, P0743.
Calgary •P0017, P0018, P0019, P0020, P0021, P0022, P0023, P0024, P0025, P0026, P0027, P0028, P0441, P0641, P0655, P0744, P0753, P0780.
Candiac •P0483.
Chibougamau •P0029.

Chomedey •P0621.
Churchill Falls •P0448.
Clarkson (Ont.) •P0030, P0031.
Cloverdale •P0616.
commerciale, culturelle, récréative) •P0774, P0775.
Coquitlam •P0032.
Cornwall •P0033.
Corunna (Ont.) •P0034.
Credit Valley (Ont.) •P0035.
Culliton (N.-B.) •P0114.
Dartmouth •P0036, P0037, P0038, P0039.
Deep River (Ont.) •P0463.
Don Mills •P0631.
Don Mills relations entre architectes et le spéculateur) •P0632, P0633, P0634, P0635.
Dorval •P0040.
Drummondville •P0041.
Edmonton •P0042, P0043, P0044, P0045, P0046, P0047, P0048, P0049, P0050, P0051, P0052, P0053, P0054, P0055, P0056, P0518, P0582, P0688, P0721.
Elliot Lake •P0611, P0612.
Erin Mills •P0057.
Etobicoke (Ont.) •P0554.
Faro (Yukon) •P0757.
Fergus •P0058.
Fermont •P0531.
Fort McMurray •P0059.
Fort Saskatchewan •P0060.
Four Lakes •P0061.
Fraser Lake (C.-B.) •P0062.
Fraser River Delta (C.-B.) •P0063.
Fredericton •P0064.
Frobisher Bay •P0065, P0066, P0533.
Frobisher Bay (T.N.O.) •P0577.
Gagnon •P0067, P0449.
Georgetown •P0068.
Gloucester Township (Ont.) •P0069.
Gold River (C.-B.) •P0645.
Gordon River (C.-B.) •P0649.
Granby •P0070, P0455, P0519, P0662.
Grand-Mère •P0071.
Guelph •P0072.
Halifax •P0073, P0074, P0075, P0076, P0077, P0078, P0079, P0080, P0081, P0082, P0083, P0458, P0541, P0598, P0610, P0750.
Hamilton •P0084, P0085, P0086, P0087, P0088, P0436, P0469, P0514, P0534, P0555, P0628, P0648, P0756, P0785.
Hanover •P0476.
Hull •P0450, P0513, P0776.

Ile Bizard •P0479.
Ile Jésus •P0516.
Jonquière •P0708.
Kanata •P0480.
Kelowna •P0089, P0439.
Kenora •P0431.
Kingston •P0667, P0782.
Kitchener •P0090, P0615, P0617.
Kitimat •P0735.
Kitimat (C.-B.) •P0656, P0657, P0658.
La Prairie •P0099, P0100.
Labrieville •P0566.
Lac Barbel •P0091.
Lac Delage •P0092.
Lac Janeen •P0093.
Lac Quévillion •P0094.
Lac St-Jean •P0095.
Lac St-Jean (liste des projets) •P0096.
Lachine •P0098.
Lake St. Joseph (Ont.) •P0097.
Laval •P0103, P0104, P0105, P0106, P0107, P0108, P0625, P0652.
Laval-sur-le-Lac •P0732.
Lesage •P0675.
London •P0109, P0437.
Longueuil •P0110, P0754.
Lorimier) •P0581.
Lorraine •P0111.
Lucerne (Qué.) •P0112.
Mactaquac (N.-B.) •P0113.
Manicouagan •P0624.
Manitoba •P0445.
Markham •P0115.
Meewasin Valley (Sask.) •P0663.
Milton (Ont.) •P0691.
Mirabel •P0116.
Mississauga •P0117, P0118, P0119, P0738, P0792.
Moisie •P0120.
Moncton •P0121.
Montréal •P0122, P0123, P0124, P0125, P0126, P0127, P0128, P0129, P0130, P0131, P0132, P0133, P0134, P0135, P0136, P0137, P0138, P0139, P0140, P0141, P0142, P0143, P0144, P0145, P0146, P0147, P0148, P0149, P0150, P0151, P0152, P0153, P0154, P0155, P0156, P0157, P0158, P0159, P0160, P0161, P0162, P0163, P0164, P0165, P0166, P0167, P0168, P0169, P0170, P0171, P0172, P0173, P0174, P0175, P0176, P0177, P0178, P0179, P0180, P0181, P0182, P0183, P0184, P0185, P0186, P0433, P0434, P0435, P0451, P0452, P0465, P0466, P0468, P0470, P0481, P0487, P0488, P0493, P0510,
P0511, P0521, P0529, P0530, P0537, P0580, P0620, P0626, P0683, P0689, P0728, P0767, P0789.
Nanaimo •P0794.
New Westminster •P0187, P0188, P0189.
Nicolet •P0454.
North Pickering •P0229.
North Vancouver •P0395, P0614, P0788.
North York •P0429, P0430, P0517.
Oakville •P0190.
Oakville minimum d'un bâtiment situé dans une aire commerciale) •P0191.
Oka •P0192, P0193, P0194, P0564, P0599.
Orillia •P0195.
Orleans (Ont.) •P0196.
Ottawa •P0197, P0198, P0199, P0200, P0201, P0202, P0203, P0204, P0205, P0206, P0207, P0208, P0209, P0210, P0211, P0212, P0213, P0214, P0215, P0216, P0217, P0218, P0219, P0220, P0221, P0222, P0223, P0224, P0225, P0444, P0525, P0574, P0589, P0590, P0602, P0669, P0672, P0684, P0685, P0686, P0729, P0730.
Outremont •P0622.
Peterborough •P0226, P0227, P0228, P0556, P0601.
Pierrefonds •P0528.
Pine Point (T.N.O.) •P0526.
Point Robert (C.-B.) •P0230.
Port-Cartier •P0567.
Portage la Prairie •P0231.
Powell River •P0494.
Prescott •P0232.
Preston •P0233.
Québec •P0234, P0235, P0236, P0237, P0238, P0239, P0240, P0241, P0242, P0243, P0244, P0245, P0246, P0247, P0591, P0636, P0763.
Rainbow Lake •P0248.
Red Deer •P0249.
Regina •P0250, P0251, P0252, P0253, P0432, P0524, P0542, P0544, P0644, P0660, P0670, P0693.
Rexdale •P0254.
Rive-Sud •P0471.
Rivière-du-Loup •P0255.
Rouyn •P0256.
Saanich (C.-B.) •P0257.
Sackville •P0258.
Saint-Boniface (Manitoba) •P0764.
Saint John's (T.-N.) •P0464.
Saint-Léonard •P0276.
Sainte-Julie-de-Verchères •P0274.

Sarnia •P0281.
Sault Ste. Marie •P0282, P0653.
Scarborough •P0283, P0284, P0285, P0286, P0664.
Seaton •P0287.
Shawinigan-Sud •P0456.
Shelter Bay •P0717.
Sherbrooke •P0288.
St. Albert (Alberta) •P0259, P0462.
St. Catharines •P0260, P0261, P0262.
St-Hilaire •P0584.
St-Hubert •P0266.
St-Hyacinthe •P0267.
St-Jean •P0268.
St. John (N.-B.) •P0269, P0270, P0271, P0272, P0665.
St. John's (T.-N.) •P0273, P0700, P0733.
St. Martin •P0277.
St-Thomas (Ont.) •P0279, P0280.
Ste-Anne-de-Bellevue •P0659.
Ste-Foy •P0263, P0264, P0265.
Ste-Marie de Beauce •P0773.
Ste-Philomène •P0278.
Stratford •P0289, P0553, P0557.
Sudbury •P0290.
Surrey (C.-B.) •P0535.
Sydney •P0291.
Terrace Bay (Ont.) •P0558.
Thetford Mines •P0292.
Thompson •P0765.
Thompson (Manitoba) •P0293.
Toronto •P0294, P0295, P0296, P0297, P0298, P0299, P0300, P0301, P0302, P0303, P0304, P0305, P0306, P0307, P0308, P0309, P0310, P0311, P0312, P0313, P0314, P0315, P0316, P0317, P0318, P0319, P0320, P0321, P0322, P0323, P0324, P0325, P0326, P0327, P0328, P0329, P0330, P0331, P0332, P0333, P0334, P0335, P0336, P0337, P0338, P0339, P0340, P0341, P0342, P0343, P0344, P0345, P0346, P0347, P0348, P0349, P0350, P0351, P0352, P0353, P0354, P0355, P0356, P0357, P0358, P0359, P0360, P0361, P0438, P0442, P0472, P0473, P0475, P0486, P0495, P0501, P0505, P0508, P0509, P0512, P0515, P0532, P0538, P0539, P0540, P0559, P0560, P0571, P0572, P0573, P0583, P0595, P0687, P0697, P0713, P0716, P0727, P0761, P0762, P0769, P0770, P0779, P0783, P0793.
Toronto Township •P0362.
Tracy •P0709.
Trail (C.-B.) •P0363, P0741.
Transcona (Man.) •P0637.

RESIDENTIAL DISTRICTS / QUARTIERS RESIDENTIELS

Trois-Rivières •P0364, P0457, P0630, P0638, P0710, P0747.

Trois-Rivières (liste des travaux) •P0365, P0366, P0367, P0368, P0369.

Tsawwassen (C.-B.) •P0702.

Uxbridge Township (Ont.) •P0569.

Vancouver •P0370, P0371, P0372, P0373, P0374, P0375, P0376, P0377, P0378, P0379, P0380, P0381, P0382, P0383, P0384, P0385, P0386, P0387, P0388, P0389, P0390, P0391, P0392, P0393, P0394, P0459, P0460, P0461, P0489, P0490, P0500, P0543, P0545, P0546, P0547, P0548, P0550, P0551, P0552, P0592, P0594, P0596, P0603, P0605, P0606, P0607, P0705, P0706, P0736, P0755, P0758, P0778.

Victoria •P0396, P0447, P0484, P0497, P0498, P0499, P0503, P0737, P0777.

Victoria mesures du maire Peter Pollen) •P0397, P0398, P0399, P0400, P0401, P0402, P0403, P0404.

Victoriaville •P0405.

Ville d'Anjou •P0006.

Ville d'Estérel •P0576.

Ville La Salle •P0101, P0102.

Ville Saint-Laurent •P0275.

Waterloo •P0786.

Welland •P0406.

West Vancouver •P0523.

Westmount (Ont.) •P0407.

Westmount (Qué.) •P0408, P0409.

Weston (Ont.) •P0674.

Whistler Mountain (C.-B.) •P0522.

Windsor •P0410, P0561.

Windsor renewal of the city of Windsor and its metropolitan area, The of Windsor Planning Board, Windsor, 1959. •P0411, P0412.

Winnipeg •P0413, P0440, P0446, P0707, P0723, P0742, P0745, P0760, P0766, P0790.

Winnipeg jusqu'à nos jours) •P0414, P0415, P0416, P0417, P0418, P0419, P0420, P0421, P0422, P0423, P0424, P0425, P0426.

Woodstock •P0427.

York-Durham •P0428.

Quartiers résidentiels
Residential Districts

Édifices de lieu inconnu •P1001, P1002, P1003, P1004, P1339, P1350, P1356, P1364, P1365, P1376, P1383, P1391, P1392, P1395, P1406, P1407, P1410, P1411, P1414, P1415, P1426, P1427, P1440, P1442, P1445, P1447, P1449, P1458, P1459, P1460, P1471, P1477, P1482, P1484, P1485, P1494, P1497, P1499, P1500, P1507, P1510, P1512, P1517, P1526, P1529, P1534, P1538, P1544, P1552, P1554, P1556, P1557, P1563, P1564, P1565, P1571, P1572, P1576, P1588, P1595, P1599, P1600, P1601, P1606, P1607, P1612, P1613, P1627, P1633, P1640, P1641.

Abbotsford •P1005.

Acton •P1006.

Ahuntsic •P1007.

Ajax •P1495.

Aurora •P1008.

Aylmer •P1009, P1010.

Bagotville •P1011.

Baie-Comeau •P1012.

Baie James •P1013.

Beloeil •P1014.

Blainville •P1015.

Blandford (N.-E.) •P1016.

Blind River (Ont.) •P1545.

Boisbriand •P1017, P1018.

Boucherville •P1019.

Bramalea •P1546.

Bramalea (Ont.) •P1020, P1021, P1022, P1023.

Brampton •P1024, P1025.

Brantford •P1026.

Brocklehurst (C.-B.) •P1027.

Brossard •P1028.

Burlington •P1029.

Burnaby •P1345, P1346, P1355, P1457, P1537, P1618.

Calgary •P1030, P1031, P1032, P1033, P1034, P1035, P1036, P1037, P1038, P1039, P1040, P1041, P1042, P1043, P1044, P1045, P1046, P1047, P1336, P1379, P1467, P1528, P1539, P1540, P1543, P1553, P1580, P1583.

Campbellton (N.-B.) •P1048.

Candiac •P1372.

Charlesbourg •P1049, P1050, P1051, P1456.

Châteauguay •P1052, P1053, P1338, P1429.

Chatham •P1054.

Chicoutimi •P1055.

Chomedey •P1056, P1637.

Cité de St-Léonard •P1228.

Cité Jacques-Cartier •P1100.

Clarkson •P1057.

Cole Harbour (N.-E.) •P1058.

Colombie-Britannique •P1487, P1490.

Comox (C.-B.) •P1491.

Cooksville (Ont.) •P1524.

Coquitlam •P1059, P1060, P1377.

Corner Brook •P1061.

Côte-St-Luc •P1555, P1629.

Dartmouth •P1062, P1063, P1064.

Delson (Qué.) •P1065.

Deux-Montagnes •P1066.

Dollard-des-Ormeaux •P1067, P1068, P1069, P1070.

Don Mills •P1357, P1403, P1430, P1435, P1436, P1437, P1438, P1561, P1609.

Dorval •P1071, P1072, P1360, P1374, P1375.

Duvernay •P1344, P1362.

école d'arch. McGill) •P1603.

Edmonton •P1073, P1074, P1075, P1337, P1418, P1464, P1527, P1586.

Elliot Lake •P1439, P1547.

Erie Beach •P1378.

Erin Mills (Ont.) •P1570, P1615.

Etobicoke •P1076, P1077, P1078, P1079, P1080, P1434, P1501, P1548.

Fabreville •P1081, P1082, P1083.

Fort McMurray (Alberta) •P1084.

Fredericton •P1085.

Frenchman's Bay (Ont.) •P1480.

Georgetown •P1086.

Gold River •P1469.

Gold River (C.-B.) •P1470.

Granby •P1087.

Guelph •P1088.

Halifax •P1089, P1090, P1535.

Hamilton •P1091, P1092, P1093, P1094, P1095, P1636.

Hull •P1096, P1455.

Ile Bizard •P1369.

Ile Charron •P1511.

Ile Claude •P1097, P1558.

Ile des Soeurs •P1098, P1363, P1396, P1483.

Ile Jésus •P1099, P1515.

Kamloops •P1101.

Kelowna •P1102, P1422.

Kingston •P1103, P1104.

Kitchener •P1105.

La Prairie •P1107.

La Tuque •P1108, P1109.

Ladner (C.-B.) •P1488, P1492.

Lakehead area •P1106.

Laval •P1110, P1111, P1112, P1113, P1114, P1115, P1116, P1513.

Laval-sur-le-Lac •P1117.

Lebel-sur-Quévillon •P1118.

Lesage •P1567.

Liverpool (N.-E.) •P1119.

London •P1120, P1121, P1122, P1123, P1124, P1125, P1126, P1127.

Longueuil •P1128, P1129, P1388, P1397.

Loretteville •P1130.

March Township (Ont.) •P1468.

Mississauga •P1131, P1132, P1133, P1134, P1135, P1136, P1137, P1138, P1139, P1140, P1393, P1398, P1508, P1562.

Montréal •P1141, P1142, P1143, P1144, P1145, P1146, P1389, P1404, P1417, P1420, P1463, P1478, P1481, P1568, P1575, P1585, P1602, P1630.

Montréal Lachine •P1479.

Moose Jaw •P1147.

Morrisburg •P1373.

Nepean Township •P1148, P1149.

Neufchâtel •P1150, P1151.

New Westminster •P1153.

Newton (C.-B.) •P1152.

Niagara Falls •P1154.

Niagara Peninsula •P1155.

North Bay •P1402, P1502.

North Cowichan (C.-B.) •P1156.

North Vancouver •P1314, P1424, P1489.

North York •P1328, P1329, P1330, P1331, P1332, P1333, P1334, P1335, P1341, P1394, P1421, P1452, P1504, P1505, P1506, P1531, P1610, P1611.

Nouveau-Brunswick •P1157.

Oakville •P1158, P1159.

Ontario •P1160, P1161, P1162.

Orleans (Ont.) •P1163.

Oshawa •P1164, P1165, P1166, P1167, P1431.

Ottawa •P1169, P1170, P1171, P1172, P1173, P1174, P1175, P1176, P1177, P1178, P1179, P1180, P1181, P1182, P1183, P1358, P1382, P1384, P1425, P1496, P1536, P1579, P1594, P1604, P1608, P1638.

Ottawa (Banlieue) •P1168.

Palgrave (Ont.) •P1184.

Penticton •P1185.

Peterborough •P1186, P1187.

Pierrefonds •P1188, P1189.

Plattsburgh •P1354.

Pointe-Claire •P1190, P1387, P1454.

Pointe-Gatineau •P1191.

Pont-Rouge •P1192.

Port Coquitlam •P1584, P1619.

Port Hope •P1193.

Port Moody •P1194.

Povungnituk (Nouveau-Québec) •P1573.

Presles •P1195.

Préville •P1361.

Québec •P1196.

QUARTIERS RESIDENTIELS

RESIDENTIAL DISTRICTS

Regina •P1197, P1198, P1199.

Repentigny •P1200.

Richmond •P1574, P1620.

Richmond (C.-B.) •P1201, P1202, P1203.

Richmond Hill •P1204, P1416.

Rimouski •P1205.

Rumble Beach (C.-B.) •P1206.

Saanich •P1207, P1208.

Saint-Bruno •P1352.

Saint-Eustache •P1212, P1213.

Sainte-Julie de Verchères •P1225.

Sainte-Rose •P1371.

Sarnia •P1235, P1486.

Saskatoon •P1236, P1448.

Sault Ste. Marie •P1237, P1238.

Scarborough •P1239, P1240, P1241, P1242, P1243, P1244, P1245, P1246, P1247, P1248, P1249, P1250, P1251, P1419, P1432, P1446, P1525, P1589, P1590.

Sept-Iles •P1252, P1253.

Shawinigan •P1254.

Sherbrooke •P1255, P1343, P1560.

Sherwood Park (Alberta) •P1256.

Sillery •P1428, P1593.

Simcoe County •P1257.

Spryfield (N.-E.) •P1258.

St. Albert (Alberta) •P1209.

St-Bruno •P1210, P1370.

St. Catharines •P1211.

St-Hilaire •P1642.

St. John (N.-B.) •P1216, P1217, P1218.

St. John's (T.-N.) •P1219, P1220, P1221, P1222, P1223, P1224.

St-Louis-de-Terrebonne •P1229.

St. Norbert (Manitoba) •P1230.

St. Vital (Man.) •P1233, P1234.

Ste-Foy •P1214, P1215.

Ste-Thérèse •P1231, P1232.

Stephenville (T.-N.) •P1259.

Streetsville •P1260, P1261.

Stroud (Ont.) •P1262.

Sudbury •P1263, P1264.

Surrey •P1265, P1473.

Surrey (C.-B.) •P1614.

Taber (Alberta) •P1266.

Terre-Neuve •P1267, P1268.

Thunder Bay •P1269.

Timmins •P1270.

Toronto •P1271, P1272, P1273, P1274, P1275, P1276, P1277, P1278, P1279, P1280, P1281, P1282, P1283, P1284, P1285, P1286, P1287, P1288, P1289, P1290, P1291, P1292, P1293, P1294, P1295, P1348, P1349, P1359, P1367, P1368, P1385, P1399, P1400, P1412, P1413, P1433, P1451, P1503, P1549, P1550, P1569, P1577, P1578, P1581, P1587, P1591, P1597, P1632.

Trois-Rivières •P1296, P1297, P1351, P1353.

Tsawwassen (C.-B.) •P1298.

Unionville •P1551.

Vancouver •P1299, P1300, P1301, P1302, P1303, P1304, P1305, P1306, P1307, P1308, P1309, P1310, P1311, P1312, P1313, P1342, P1347, P1366, P1380, P1381, P1386, P1405, P1408, P1409, P1423, P1441, P1444, P1461, P1462, P1465, P1466, P1474, P1475, P1493, P1498, P1509, P1541, P1542, P1566, P1582, P1616, P1617, P1621, P1622, P1623, P1624, P1625, P1626, P1628, P1635, P1639, P1643.

Vanier •P1319.

Verdun •P1320.

Victoria •P1321, P1390, P1401, P1532, P1596, P1605.

Ville d'Anjou •P1516.

Ville LaSalle •P1559, P1592, P1598.

Ville Mont-Royal •P1514.

Ville Saint-Laurent •P1453, P1533.

Ville St-Laurent •P1226, P1227, P1518.

West Vancouver •P1315, P1316, P1317, P1318, P1472, P1476, P1530.

Westmount •P1340, P1644.

Whitby •P1322.

Windsor •P1323, P1631.

Winnipeg •P1324, P1325, P1326, P1327, P1443, P1450, P1519, P1520, P1521, P1522, P1523, P1634.

Index des noms de lieu
Place Name Index

Édifices de lieu inconnu
Location Unknown
- Édifices cultuels, A0052, A0053, A0054, A0060, A0061, A0062, A0063, A0072, A0079, A0113, A0118, A0152, A0175, A0180, A0188, A0205, A0219, A0222, A0259, A0276, A0297, A0302, A0303, A0314, A0330, A0335, A0336, A0339, A0370, A0379, A0380, A0383, A0403, A0407, A0410, A0411, A0430, A0438, A0441, A0449, A0462, A0466, A0468, A0481, A0485, A0499, A0504, A0508, A0520, A0526, A0533, A0553.
- Édifices religieux divers, A1001, A1028, A1031, A1046, A1049, A1050, A1054, A1062, A1064, A1075, A1087, A1089.
- Banques, B0043, B0044, B0045, B0048, B0052, B0071, B0086, B0091, B0099, B0103, B0106, B0112, B0120, B0123, B0131, B0171.
- Bâtiments agricoles, B0806, B0807, B0808.
- Centres commerciaux, B1001, B1192, B1194, B1197, B1198, B1199, B1204, B1213, B1219, B1231, B1233, B1234, B1237, B1246, B1265, B1270, B1290, B1299, B1302, B1306, B1313, B1330, B1337, B1346, B1351, B1352, B1355, B1361, B1366, B1368, B1370, B1371, B1374, B1375, B1377, B1382, B1384, B1389, B1390, B1392, B1413, B1421, B1451, B1460, B1461, B1478, B1481, B1488, B1492.
- Complexes à fonctions commerciale et résidentielle, B2069, B2078, B2081, B2084, B2086, B2095, B2098, B2104, B2110, B2116.
- Entrepôts, B3064, B3086, B3092, B3095.
- Garages, B3523, B3541, B3543, B3546, B3550, B3554, B3564, B3567, B3571, B3572, B3574.
- Hôtels, B4001, B4080, B4084, B4088, B4097, B4124, B4131, B4137, B4149, B4155, B4157, B4168, B4179, B4181, B4184, B4194, B4200, B4204, B4225, B4232, B4233, B4234, B4244.
- Édifices d'associations, B4541.
- Édifices des sociétés d'énergie et de télécommunication, B4901, B4917, B4930, B4936.
- Bureaux de professionnels, B5201, B5207, B5221.
- Bureaux divers, B5501, B5502, B5622, B5623, B5626, B5651, B5665, B5682, B5692, B5703, B5716, B5721, B5723, B5725, B5740, B5754, B5772, B5776, B5792, B5805, B5815, B5816,

Édifices de lieu inconnu (suite/cont'd)
B5829, B5875, B5878, B5885, B5886, B5932, B5934, B5944, B5951, B5952, B5968, B5974, B5982, B6002, B6010, B6041, B6079.
- Magasins, B6541, B6552, B6555, B6562, B6570, B6579, B6581, B6618, B6632, B6651, B6669, B6671, B6675, B6679, B6680, B6685.
- Restaurants, B7016, B7023, B7028, B7050, B7055, B7058, B7060, B7066, B7069.
- Tours panoramiques, B7507.
- Parcs industriels, B8027.
- Imprimeries, B8308, B8315, B8322.
- Installations de services publics, B8501, B8557, B8573, B8574, B8590, B8596.
- Usines de denrées alimentaires, B8617, B8621, B8629, B8634.
- Usines de machines, B8801, B8828, B8841, B8842, B8848, B8852.
- Usines diverses, B9301, B9593, B9612, B9663, B9669, B9681, B9682, B9683, B9684, B9719, B9731.
- Restaurations diverses, C0072.
- Restaurations d'habitations, C1008, C1020, C1028.
- Bâtiments d'expositions, D0054, D0060, D0072, D0074, D0077, D0078, D0093, D0094, D0095, D0102, D0104, D0105, D0106, D0107, D0121, D0144, D0147, D0156, D0161, D0174, D0195, D0197, D0200, D0203, D0205, D0207.
- Maisons de vacances, D1017, D1018, D1043, D1044, D1050, D1053, D1057, D1072, D1078.
- Constructions diverses, D1505, D1514, D1515, D1525.
- Bibliothèques publiques, D2016, D2040, D2052, D2074.
- Bibliothèques de maisons d'enseignement, D2525, D2531, D2533, D2534, D2540, D2543, D2547.
- Centres communautaires, D3001, D3002, D3003, D3043, D3060, D3072, D3074, D3081, D3082, D3101, D3105, D3108, D3117, D3122, D3131, D3136, D3149, D3156, D3162, D3169, D3178, D3183, D3184, D3191, D3198, D3211, D3220, D3224, D3226, D3228, D3233, D3243, D3259, D3261, D3266, D3268.
- Musées, D5016, D5018, D5021, D5024, D5027, D5031, D5033, D5048, D5051, D5053, D5055, D5056, D5058, D5063, D5066,

Édifices de lieu inconnu (suite/cont'd)
D5069, D5071, D5074, D5077, D5083, D5088, D5089, D5092.
- Piscines, D6001, D6035.
- Stades, D6544, D6549, D6556, D6564, D6567, D6575, D6579.
- Centres de congrès, D7014, D7018, D7019.
- Cinémas, D7202, D7203, D7206, D7215.
- Théâtres, D7510, D7511, D7525, D7532, D7538, D7548, D7555, D7556, D7562, D7570, D7585.
- Bureaux de poste, F1053, F1060, F1061.
- Casernes de pompiers, F2002, F2005.
- Constructions pour la défense civile, F3030, F3032, F3040, F3046, F3049, F3061.
- Édifices pour l'administration de la justice, F4001, F4025, F4026, F4043, F4066, F4069, F4072, F4076.
- Édifices pour l'administration publique, F5044, F5052, F5076, F5085, F5090, F5092, F5099, F5101, F5102, F5110, F5111, F5117, F5119, F5131, F5137, F5139, F5145.
- Hôtels de ville et centres civiques, F6039, F6057, F6061, F6064, F6065, F6076, F6080, F6081, F6087, F6096, F6099, F6106, F6122, F6123.
- Écoles primaires et secondaires, G0501, G0502, G0503, G0634, G0648, G0650, G0662, G0685, G0706, G0723, G0756, G0780, G0784, G0808, G0818, G0859, G0864, G0878, G0888, G0889, G0890, G0893, G0907, G0910, G0932, G0943, G0987, G0998, G0998, G0999, G1000, G1015, G1025, G1028, G1029, G1030, G1031, G1036, G1042, G1051, G1063, G1075, G1077, G1078, G1131, G1141, G1175, G1180, G1193, G1194, G1195, G1218, G1219, G1220, G1236, G1244, G1274, G1278.
- Écoles d'arts et métiers et écoles spéciales, G1501, G1512, G1534, G1543, G1550, G1557.
- Campus (Universités et collèges en général), G2022, G2040, G2045, G2047, G2048, G2061, G2075, G2081, G2084, G2109, G2114, G2120, G2123, G2128, G2139, G2140, G2141, G2143, G2146, G2149, G2152, G2157, G2160, G2164, G2168, G2170, G2171, G2173, G2174, G2179, G2185, G2187, G2194, G2197, G2207.

Édifices de lieu inconnu (suite/cont'd)
- Auditoriums, G2705, G2706, G2708, G2712.
- Centres sociaux, G3016, G3025, G3029, G3033, G3042.
- Écoles spécialisées, G4015.
- Installations pour les sports et l'éducation physique, G5016, G5018, G5022, G5028, G5036.
- Pavillons pour l'enseignement et la recherche, G7046, G7058, G7065, G7082, G7087, G7092, G7110, G7115, G7117, G7119, G7120, G7121, G7122, G7144, G7148, G7159, G7165, G7168, G7173, G7184, G7195, G7201, G7203, G7213.
- Résidences d'étudiants, G8050, G8054, G8071, G8081, G8106.
- Laboratoires, G9046, G9047, G9051, G9061, G9062, G9102, G9105, G9106, G9107.
- Foyers, H0074, H0090, H0096, H0147, H0154, H0155.
- Habitation subventionnée, H1026, H1033, H1044, H1045, H1047, H1053, H1056, H1059.
- Immeubles d'appartements, H2001, H2002, H2003, H2004, H2005, H2006, H2007, H2303, H2304, H2328, H2339, H2343, H2346, H2356, H2359, H2369, H2375, H2385, H2393, H2409, H2415, H2416, H2417, H2422, H2438, H2441, H2444, H2445, H2448, H2466, H2479, H2504, H2509, H2517, H2520, H2523, H2527, H2529, H2538, H2545, H2546, H2548, H2560, H2567, H2576, H2581, H2582, H2590, H2598, H2606, H2607, H2628, H2630, H2632, H2634, H2643, H2655, H2666, H2675, H2684, H2689, H2691, H2705, H2708, H2710.
- Maisons en bandes, H4043, H4050, H4053, H4068, H4069, H4071, H4078, H4088, H4100, H4103, H4107, H4109, H4117.
- Maisons unifamiliales et maisons jumelées, H5001, H5002, H5003, H5004, H5005, H5006, H5007, H5008, H5009, H5010, H5011, H5012, H5013, H5014, H5015, H5016, H5017, H5018, H5019, H5020, H5021, H5022, H5023, H5024, H5025, H5026, H5440, H5448, H5449, H5469, H5472, H5475, H5476, H5477, H5478, H5479, H5480, H5492, H5494, H5501, H5510, H5526, H5528, H5538, H5562, H5571, H5572, H5575, H5584, H5590, H5592, H5593, H5594, H5608, H5612, H5617, H5618, H5629, H5639, H5659, H5679, H5680, H5681, H5682, H5684, H5685, H5689, H5690, H5691, H5692, H5702, H5719, H5723, H5730, H5731, H5732, H5733, H5752, H5753, H5769, H5784, H5790, H5791, H5798, H5799, H5805, H5808, H5810, H5812, H5827, H5831, H5843, H5848, H5850, H5851, H5857, H5863, H5879, H5887, H5902, H5904, H5915, H5923, H5928, H5934, H5945, H5963,

ABBOTSFORD

Édifices de lieu inconnu (suite/cont'd)
  H5964, H5965, H5975, H5976, H5979, H5984, H5985, H5990, H6018, H6030, H6045, H6046, H6047, H6054, H6062, H6074, H6077, H6085, H6086, H6087, H6098, H6101, H6105, H6110, H6114, H6122, H6145, H6149, H6150, H6156, H6162, H6164, H6165, H6178, H6188, H6195, H6207, H6210, H6212, H6215, H6217, H6218, H6226, H6227, H6228, H6250, H6251, H6258, H6266, H6267, H6276, H6277, H6286, H6287, H6293, H6307, H6312, H6314, H6316, H6317, H6325, H6326, H6328, H6343, H6362, H6371, H6372, H6373, H6374, H6375, H6378, H6379, H6381, H6384, H6387, H6388, H6390, H6395, H6398, H6414, H6423, H6426, H6427, H6440, H6441, H6448, H6452, H6453, H6454, H6456, H6457, H6458, H6460, H6461, H6465, H6471, H6477, H6489, H6501, H6502, H6510, H6526, H6528, H6540, H6544, H6560, H6565, H6567, H6568, H6579, H6583.
- Monuments, K0010, K0011, K0014, K0016.
- Parcs et jardins, L0027, L0032, L0036, L0037, L0042, L0043, L0047, L0048, L0052, L0054, L0060, L0066, L0070, L0074, L0076, L0079, L0080, L0084, L0086, L0092, L0101, L0102, L0103, L0108, L0109, L0110, L0116, L0129, L0131, L0160, L0166, L0168.
- Hôpitaux généraux et spécialisés, M0261, M0262, M0270, M0306, M0332, M0347, M0363, M0365, M0368, M0387, M0393.
- Hôpitaux militaires, M1006, M1008.
- Sanatoriums, M4004, M4012, M4016.
- Centres médicaux, M6011, M6015, M6023, M6030, M6038.
- Architecture pour handicapés, etc., M7010, M7013, M7018, M7027.
- Constructions pour le transport aérien, N0034, N0046, N0048, N0050, N0062, N0063, N0064, N0066.
- Constructions pour le transport maritime, N1001, N1019.
- Constructions pour le chemin de fer, N2016.
- Constructions de métros, N2510, N2513, N2520, N2530, N2534, N2537, N2548, N2549, N2559.
- Constructions pour les autobus, N3018, N3020.
- Ponts et tunnels, N3540, N3545, N3556, N3562.
- Routes, N4011, N4020.
- Constructions pour la radio et la télévision, N7004, N7012, N7015, N7018, N7023, N7028, N7033.
- Constructions pour le téléphone, N8064, N8073.
- Travaux d'urbanisme et de rénovation urbaine, P0443, P0453,

Édifices de lieu inconnu (suite/cont'd)
  P0467, P0477, P0482, P0485, P0491, P0492, P0496, P0502, P0504, P0520, P0527, P0536, P0549, P0562, P0563, P0565, P0568, P0570, P0575, P0578, P0579, P0585, P0586, P0587, P0588, P0593, P0600, P0604, P0608, P0609, P0613, P0618, P0619, P0623, P0627, P0629, P0639, P0640, P0642, P0643, P0646, P0647, P0650, P0651, P0654, P0661, P0666, P0668, P0671, P0673, P0676, P0677, P0678, P0679, P0680, P0681, P0682, P0690, P0692, P0694, P0695, P0696, P0698, P0701, P0703, P0704, P0711, P0712, P0714, P0715, P0718, P0719, P0720, P0724, P0725, P0734, P0739, P0740, P0746, P0749, P0751, P0752, P0759, P0772, P0781, P0784, P0787, P0791.
- Quartiers résidentiels, P1001, P1002, P1003, P1004, P1339, P1350, P1356, P1364, P1365, P1376, P1383, P1391, P1392, P1395, P1406, P1407, P1410, P1411, P1414, P1415, P1426, P1427, P1440, P1442, P1445, P1447, P1449, P1458, P1459, P1460, P1471, P1477, P1482, P1484, P1485, P1494, P1497, P1499, P1500, P1507, P1510, P1512, P1517, P1526, P1529, P1534, P1538, P1544, P1552, P1554, P1556, P1557, P1563, P1564, P1565, P1571, P1572, P1576, P1588, P1595, P1599, P1600, P1601, P1606, P1607, P1612, P1613, P1627, P1633, P1640, P1641.

Abbotsford
- Quartiers résidentiels, P1005.

Abbotsford (C.-B.)
- Maisons unifamiliales et maisons jumelées, H5905.

Abercrombie Point (N.-E.)
- Usines diverses, B9302.

Abitibi
- Magasins, B6561.

Acton
- Bâtiments agricoles, B0801.
- Quartiers résidentiels, P1006.

Acton Vale
- Écoles primaires et secondaires, G0771.
- Foyers, H0085.

Agassiz (C.-B.)
- Édifices cultuels, A0253.

Agincourt
- Centres commerciaux, B1002.
- Garages, B3501, B3533.
- Magasins, B6501.
- Travaux d'urbanisme et de rénovation urbaine, P0001, P0002.

Agincourt (Ont.)
- Banques, B0049.
- Usines diverses, B9303.

Agincourt (Ont.) (suite/cont'd)
- Écoles primaires et secondaires, G0754.
- Maisons unifamiliales et maisons jumelées, H5029, H5658.

Ahuntsic
- Édifices cultuels, A0143, A0144.
- Piscines, D6002.
- Immeubles d'appartements, H2008, H2009.
- Maisons unifamiliales et maisons jumelées, H5027, H5028, H5630, H6358.
- Travaux d'urbanisme et de rénovation urbaine, P0003.
- Quartiers résidentiels, P1007.

Ajax
- Centres commerciaux, B1003.
- Installations de services publics, B8597.
- Hôtels de ville et centres civiques, F6050.
- Écoles primaires et secondaires, G0728, G1099.
- Immeubles d'appartements, H2503.
- Maisons en bandes, H4114.
- Hôpitaux généraux et spécialisés, M0263.
- Constructions pour le téléphone, N8023.
- Travaux d'urbanisme et de rénovation urbaine, P0004, P0005, P0768.
- Quartiers résidentiels, P1495.

Ajax (Ont)
- Usines diverses, B9304.
- Écoles primaires et secondaires, G1006.

Ajax (Ontario)
- Usines diverses, B9661.

Ajax, Ontario
- Centres commerciaux, B1442.

Aklavik
- Travaux d'urbanisme et de rénovation urbaine, P0722.

Aklavik (T.N.O.)
- Foyers, H0001.

Alberni
- Usines diverses, B9305.

Alberni (C.-B.)
- Écoles primaires et secondaires, G1009.

Alberta
- Usines diverses, B9306.
- Constructions diverses, D1508.
- Centres communautaires, D3248.
- Écoles primaires et secondaires, G0674, G0710, G0772, G1184.
- Ponts et tunnels, N3501.
- Constructions pour la radio et la télévision, N7008.

Albion Hills
- Maisons unifamiliales et maisons jumelées, H5473.

Albion Hills (Ont.)
- Maisons unifamiliales et maisons jumelées, H6420.

Aldershot (Hamilton)
- Édifices cultuels, A0291.

Aldershot (Ont.)
- Hôtels, B4219.

Alfred
- Écoles d'arts et métiers et écoles spéciales, G1502.

Alfred (Ont.)
- Piscines, D6036.
- Écoles spécialisées, G4024.

Alliston
- Usines de denrées alimentaires, B8615.
- Laboratoires, G9034.

Alma
- Édifices cultuels, A0275.
- Habitation subventionnée, H1001.
- Maisons unifamiliales et maisons jumelées, H5606, H6363.
- Travaux d'urbanisme et de rénovation urbaine, P0478.

Almonte (Ont.)
- Écoles primaires et secondaires, G0608.
- Parcs et jardins, L0001.

Alta Lake (C.-B.)
- Maisons en bandes, H4047.

Alton (Ont.)
- Restaurations diverses, C0054.

Amherstburg
- Foyers, H0002.

Amos
- Édifices religieux divers, A1002.
- Bibliothèques publiques, D2001.
- Écoles primaires et secondaires, G0865, G0866.
- Écoles d'arts et métiers et écoles spéciales, G1503.
- Campus (Universités et collèges en général), G2098.
- Hôpitaux généraux et spécialisés, M0277.
- Architecture pour handicapés, etc., M7023.

Amqui
- Centres communautaires, D3004.

Ancaster (Ont.)
- Édifices cultuels, A0093.

Andover (N.-B.)
- Écoles primaires et secondaires, G1237.

Ankara
- Ambassades et consulats, F0009.

Annacis Island (C.-B.)
- Bureaux divers, B5719.
- Restaurants, B7025, B7026.
- Parcs industriels, B8001, B8025.
- Usines de machines, B8802.

Annapolis (N.-E.)
- Hôtels de ville et centres civiques, F6143.

Annapolis Royal (N.-É.)
- Écoles primaires et secondaires, *G0857*.

Antigonish (N.-É.)
- Écoles primaires et secondaires, *G0916*.

Arborg (Man.)
- Édifices pour l'administration publique, *F5001*.

Arctique
- Laboratoires, *G9045*.
- Travaux d'urbanisme et de rénovation urbaine, *P0731*.

Armour Heights
- Maisons unifamiliales et maisons jumelées, *H6157*.

Arnprior (Ont.)
- Écoles primaires et secondaires, *G1158*.
- Foyers, *H0004*.

Arundel (Qué.)
- Écoles primaires et secondaires, *G0718*.

Arvida
- Édifices cultuels, *A0134, A0169, A0173*.
- Hôtels, *B4132*.
- Bureaux divers, *B5749*.
- Usines diverses, *B9308, B9309, B9310, B9584*.
- Centres communautaires, *D3091*.
- Hôtels de ville et centres civiques, *F6001, F6052*.
- Écoles primaires et secondaires, *G0797, G0798, G0956, G0957*.
- Laboratoires, *G9039*.
- Maisons en bandes, *H4054*.
- Hôpitaux généraux et spécialisés, *M0283, M0284*.
- Travaux d'urbanisme et de rénovation urbaine, *P0007*.

Arvida-Shipshaw
- Ponts et tunnels, *N3502*.

Asbestos
- Édifices cultuels, *A0056*.
- Usines diverses, *B9609*.
- Centres communautaires, *D3005*.
- Bureaux de poste, *F1001*.
- Hôtels de ville et centres civiques, *F6056*.
- Écoles primaires et secondaires, *G0504*.
- Écoles d'arts et métiers et écoles spéciales, *G1522, G1523*.
- Hôpitaux généraux et spécialisés, *M0201*.

Assiniboia
- Centres commerciaux, *B1349, B1448*.
- Immeubles d'appartements, *H2550*.

Assumption (Alberta)
- Écoles primaires et secondaires, *G0505*.

Atikokan (Ont.)
- Maisons unifamiliales et maisons jumelées, *H5031*.

Aurora
- Hôtels, *B4002*.
- Bibliothèques publiques, *D2030*.
- Théâtres, *D7578*.
- Écoles primaires et secondaires, *G0686, G1169*.
- Maisons unifamiliales et maisons jumelées, *H5903*.
- Quartiers résidentiels, *P1008*.

Aurora (Ont.)
- Bibliothèques publiques, *D2008*.
- Maisons unifamiliales et maisons jumelées, *H6192*.

Autoroute Trans-Canada (C.-B.)
- Magasins, *B6538*.

Avalon Peninsula (T.-N.)
- Écoles primaires et secondaires, *G0922*.

Ayer's Cliff (Qué.)
- Écoles primaires et secondaires, *G1134*.

Aylmer
- Édifices religieux divers, *A1003*.
- Centres commerciaux, *B1004*.
- Restaurations diverses, *C0001*.
- Écoles primaires et secondaires, *G0506*.
- Foyers, *H0104*.
- Quartiers résidentiels, *P1009, P1010*.

Aylmer (Qué.)
- Maisons unifamiliales et maisons jumelées, *H6234, H6235, H6236, H6459*.

Baddeck (Cap-Breton)
- Musées, *D5020*.

Baddeck (N.-É.)
- Hôtels, *B4140*.

Baffin Island
- Centres commerciaux, *B1489*.

Bagotville
- Édifices cultuels, *A0129*.
- Banques, *B0072*.
- Bureaux de poste, *F1039*.
- Hôtels de ville et centres civiques, *F6002*.
- Écoles primaires et secondaires, *G0800*.
- Quartiers résidentiels, *P1011*.

Baie-Comeau
- Édifices cultuels, *A0243*.
- Magasins, *B6502*.
- Installations de services publics, *B8502*.
- Usines diverses, *B9667*.
- Hôtels de ville et centres civiques, *F6067*.
- Immeubles d'appartements, *H2435, H2614*.
- Quartiers résidentiels, *P1012*.

Baie d'Urfé
- Maisons unifamiliales et maisons jumelées, *H5446, H5502, H6508*.
- Travaux d'urbanisme et de rénovation urbaine, *P0474*.

Baie de James
- Immeubles d'appartements, *H2010*.

Baie-James
- Magasins, *B6503*.
- Installations de services publics, *B8503, B8504, B8505, B8506, B8507, B8508, B8509*.
- Ponts et tunnels, *N3503*.
- Travaux d'urbanisme et de rénovation urbaine, *P0008*.
- Quartiers résidentiels, *P1013*.

Baie Saint-Paul
- Centres communautaires, *D3244*.

Baie Shawinigan
- Édifices religieux divers, *A1004*.

Baie St-Paul
- Centres communautaires, *D3106*.

Balcarres (Saskatchewan)
- Hôpitaux généraux et spécialisés, *M0239*.

Ballantrae (Ont.)
- Maisons unifamiliales et maisons jumelées, *H5926*.

Bamberton, Vancouver Island
- Bureaux divers, *B5641*.

Bancroft
- Écoles primaires et secondaires, *G0609*.

Banff
- Constructions diverses, *D1509*.
- Écoles primaires et secondaires, *G0773*.
- Écoles spécialisées, *G4028*.

Barraute
- Ponts et tunnels, *N3504*.

Barrie
- Édifices cultuels, *A0401*.
- Centres commerciaux, *B1005*.
- Parcs industriels, *B8002*.
- Usines diverses, *B9711*.
- Bibliothèques publiques, *D2054*.
- Édifices pour l'administration de la justice, *F4065, F4088*.
- Écoles primaires et secondaires, *G1202*.
- Immeubles d'appartements, *H2011*.
- Maisons unifamiliales et maisons jumelées, *H5032*.
- Écoles et résidences d'infirmières, *M5028*.

Barrie (Ont).
- Usines de machines, *B8834*.

Barriefield
- Constructions pour la défense civile, *F3001*.

Bassano, Alta.
- Usines de denrées alimentaires, *B8631*.

Batawa (Ont.)
- Bureaux de poste, *F1040*.

Bath
- Installations de services publics, *B8510*.

Bath (Ont.)
- Travaux d'urbanisme et de rénovation urbaine, *P0009*.

Bathurst
- Centres commerciaux, *B1006*.
- Campus (Universités et collèges en général), *G2106*.

Bay Ridges (Ont.)
- Maisons unifamiliales et maisons jumelées, *H6005, H6006, H6007, H6008, H6009, H6010, H6011, H6012, H6013, H6014, H6015*.

Bayside
- Écoles primaires et secondaires, *G0687*.

Bayview
- Piscines, *D6042*.

Beach Grove (C.-B.)
- Maisons unifamiliales et maisons jumelées, *H5950*.

Beachville (Ontario)
- Usines diverses, *B9311*.

Beaconsfield
- Édifices cultuels, *A0153*.
- Installations de services publics, *B8511*.
- Écoles primaires et secondaires, *G0651, G0806, G1263*.
- Maisons unifamiliales et maisons jumelées, *H5033, H5491, H5535, H5555, H5663*.
- Ponts et tunnels, *N3557*.

Beamsville
- Écoles primaires et secondaires, *G0924*.

Beamsville (Ont.)
- Foyers, *H0099*.

Beauharnois
- Édifices cultuels, *A0184*.
- Installations de services publics, *B8512*.
- Usines diverses, *B9312*.

Beaumont
- Édifices des sociétés d'énergie et de télécommunication, *B4932*.

Beauport
- Hôtels, *B4003*.
- Installations de services publics, *B8513*.
- Constructions pour le transport maritime, *N1002*.
- Constructions pour le téléphone, *N8029*.

Beauport (Québec)
- Édifices cultuels, *A0191, A0192*.

Beaupré
- Édifices cultuels, *A0077*.
- Maisons de vacances, *D1048*.
- Immeubles d'appartements, *H2539*.

Beaver Creek
- Édifices pour l'administration publique, *F5096*.

Bécancour
- Usines diverses, *B9313*, *B9314*, *B9619*, *B9724*.

Bedford (N.-É.)
- Marinas, *D4504*.
- Maisons unifamiliales et maisons jumelées, *H5465*, *H5807*, *H6439*.

Belgrade
- Ambassades et consulats, *F0021*.

Belleville
- Centres commerciaux, *B1007*, *B1487*.
- Hôtels, *B4004*, *B4143*.
- Usines diverses, *B9737*.
- Centres communautaires, *D3095*.
- Foyers, *H0091*.
- Maisons unifamiliales et maisons jumelées, *H5034*.
- Constructions pour le téléphone, *N8038*.
- Travaux d'urbanisme et de rénovation urbaine, *P0010*.

Beloeil
- Édifices cultuels, *A0458*.
- Bureaux divers, *B5503*.
- Magasins, *B6543*.
- Écoles primaires et secondaires, *G0667*.
- Maisons unifamiliales et maisons jumelées, *H5035*, *H5036*, *H5037*, *H5518*, *H6080*, *H6081*, *H6082*, *H6161*.
- Quartiers résidentiels, *P1014*.

Bernières
- Usines diverses, *B9315*, *B9316*, *B9317*.

Berthierville
- Magasins, *B6504*.
- Piscines, *D6003*.

Black Lake (Qué.)
- Centres communautaires, *D3006*.

Black Sturgeon Lake (Ont.)
- Maisons de vacances, *D1056*.

Blackburn Hamlet (Ont.)
- Écoles primaires et secondaires, *G1207*.

Blainville
- Quartiers résidentiels, *P1015*.

Blair (Ont.)
- Édifices cultuels, *A0351*.

Blandford (N.-É.)
- Quartiers résidentiels, *P1016*.

Blind River (Ont.)
- Quartiers résidentiels, *P1545*.

Blue Mountain
- Hôtels, *B4083*.

Bobcaygeon (Ont.)
- Maisons de vacances, *D1079*.

Boisbriand
- Immeubles d'appartements, *H2012*.
- Maisons unifamiliales et maisons jumelées, *H5038*.
- Quartiers résidentiels, *P1017*, *P1018*.

Bonn
- Ambassades et consulats, *F0003*.

Bonnyville (Alberta)
- Édifices religieux divers, *A1079*.
- Centres commerciaux, *B1008*.

Bootlegger's Bay (Ont.)
- Maisons unifamiliales et maisons jumelées, *H6264*.

Bordeaux
- Maisons unifamiliales et maisons jumelées, *H5724*.
- Architecture pour handicapés, etc., *M7011*.

Borden
- Constructions pour la défense civile, *F3002*.

Boucherville
- Entrepôts, *B3099*.
- Garages, *B3502*, *B3503*.
- Magasins, *B6505*.
- Écoles primaires et secondaires, *G0721*.
- Laboratoires, *G9001*.
- Immeubles d'appartements, *H2013*.
- Maisons unifamiliales et maisons jumelées, *H5039*, *H5040*, *H5642*, *H6041*.
- Quartiers résidentiels, *P1019*.

Boulderwood (N.-É.)
- Maisons unifamiliales et maisons jumelées, *H5864*.

Boundary (C.-B.)
- Travaux d'urbanisme et de rénovation urbaine, *P0748*.

Bowen Island (C.-B.)
- Maisons de vacances, *D1023*.
- Maisons unifamiliales et maisons jumelées, *H5651*, *H5703*.

Bowmanville
- Écoles primaires et secondaires, *G1100*.

Bowmanville (Ont.)
- Usines diverses, *B9595*.
- Travaux d'urbanisme et de rénovation urbaine, *P0726*.

Bowmanville (Ontario)
- Entrepôts, *B3078*.
- Usines diverses, *B9318*.

Bradford (Ont.)
- Écoles primaires et secondaires, *G1007*.

Bragg Creek (Alberta)
- Maisons unifamiliales et maisons jumelées, *H5459*.

Bramalea
- Centres commerciaux, *B1009*.
- Entrepôts, *B3002*.
- Bureaux divers, *B5683*.
- Magasins, *B6535*.
- Usines de denrées alimentaires, *B8645*.
- Usines diverses, *B9319*, *B9320*, *B9321*.
- Hôtels de ville et centres civiques, *F6003*.

Bramalea
(suite/cont'd)
- Maternelles et jardins d'enfants, *G0001*.
- Immeubles d'appartements, *H2578*.
- Maisons en bandes, *H4001*.
- Maisons unifamiliales et maisons jumelées, *H5041*, *H5042*, *H5043*, *H5044*, *H5045*, *H6125*, *H6429*, *H6588*.
- Constructions pour le téléphone, *N8001*, *N8024*.
- Travaux d'urbanisme et de rénovation urbaine, *P0011*, *P0012*, *P0013*, *P0506*, *P0507*, *P0699*.
- Quartiers résidentiels, *P1546*.

Bramalea (Ont.)
- Centres communautaires, *D3053*.
- Quartiers résidentiels, *P1020*, *P1021*, *P1022*, *P1023*.

Brampton
- Entrepôts, *B3142*.
- Bureaux divers, *B6080*.
- Magasins, *B6646*.
- Usines diverses, *B9732*.
- Restaurations diverses, *C0066*.
- Édifices pour l'administration de la justice, *F4002*.
- Édifices pour l'administration publique, *F5130*.
- Écoles primaires et secondaires, *G1012*.
- Campus (Universités et collèges en général), *G2050*.
- Foyers, *H0111*.
- Immeubles d'appartements, *H2014*, *H2015*.
- Maisons unifamiliales et maisons jumelées, *H5046*, *H5047*, *H5048*, *H5049*, *H5842*, *H5947*, *H6063*.
- Hôpitaux généraux et spécialisés, *M0202*.
- Travaux d'urbanisme et de rénovation urbaine, *P0014*, *P0015*, *P0016*.
- Quartiers résidentiels, *P1024*, *P1025*.

Brampton (Ont.)
- Usines diverses, *B9322*, *B9323*.

Brandon
- Édifices cultuels, *A0497*.
- Centres commerciaux, *B1010*, *B1011*.
- Stades, *D6501*.
- Hôtels de ville et centres civiques, *F6126*.
- Écoles primaires et secondaires, *G1283*.
- Campus (Universités et collèges en général), *G2112*.
- Résidences d'étudiants, *G8001*.

Brantford
- Édifices cultuels, *A0371*.
- Centres commerciaux, *B1012*.
- Bureaux divers, *B5868*.
- Installations de services publics, *B8514*.
- Usines de machines, *B8829*.
- Usines diverses, *B9324*, *B9325*.
- Piscines, *D6044*.

Brantford
(suite/cont'd)
- Édifices pour l'administration publique, *F5097*.
- Hôtels de ville et centres civiques, *F6083*, *F6095*, *F6112*.
- Écoles primaires et secondaires, *G1026*.
- Foyers, *H0005*, *H0006*.
- Maisons unifamiliales et maisons jumelées, *H5050*.
- Hôpitaux universitaires, *M3007*.
- Écoles et résidences d'infirmières, *M5005*.
- Quartiers résidentiels, *P1026*.

Brantford (Ont.)
- Stades, *D6528*.
- Hôpitaux généraux et spécialisés, *M0398*.
- Constructions pour le téléphone, *N8055*.

Brantford, Ont.
- Bureaux divers, *B5809*, *B5810*.

Brasilia
- Ambassades et consulats, *F0023*, *F0024*.

Brentwood Bay (C.-B.)
- Maisons unifamiliales et maisons jumelées, *H5530*, *H6053*.

Bridgetown (N.-É.)
- Écoles primaires et secondaires, *G1291*.

Broadview (Sask.)
- Bureaux de poste, *F1041*.

Brocklehurst (C.-B.)
- Quartiers résidentiels, *P1027*.

Brockville
- Édifices religieux divers, *A1060*.
- Bureaux divers, *B5695*.
- Usines de machines, *B8803*, *B8804*.
- Maisons unifamiliales et maisons jumelées, *H5643*.

Brockville (Ont.)
- Usines diverses, *B9326*.
- Maisons de vacances, *D1028*.

Brome (Qué.)
- Maisons unifamiliales et maisons jumelées, *H6380*.

Bromont
- Usines de machines, *B8805*.
- Maisons de vacances, *D1047*, *D1051*.
- Immeubles d'appartements, *H2677*.

Bronte
- Constructions pour le téléphone, *N8068*.

Brossard
- Centres commerciaux, *B1013*.
- Magasins, *B6506*.
- Usines diverses, *B9327*.
- Écoles primaires et secondaires, *G0984*.
- Maisons unifamiliales et maisons jumelées, *H5051*, *H5524*.
- Quartiers résidentiels, *P1028*.

CANADA

Brosseau Station
- Édifices cultuels, *A0384*.

Brudenell (I.-P.-É.)
- Constructions diverses, *D1522*.

Bruxelles
- Bâtiments d'expositions, *D0001*, *D0063*, *D0133*.

Buckingham
- Centres commerciaux, *B1014*.
- Stades, *D6502*.
- Écoles primaires et secondaires, *G0823*.
- Hôpitaux généraux et spécialisés, *M0203*, *M0254*.
- Centres médicaux, *M6014*.

Buenos Aires
- Banques, *B0081*.

Burlington
- Édifices cultuels, *A0260*.
- Centres commerciaux, *B1297*, *B1386*.
- Complexes à fonctions commerciale et résidentielle, *B2001*.
- Hôtels, *B4005*.
- Bureaux divers, *B5504*, *B5505*, *B5617*.
- Parcs industriels, *B8003*.
- Usines diverses, *B9328*, *B9703*.
- Bibliothèques publiques, *D2011*.
- Centres communautaires, *D3208*.
- Stades, *D6534*.
- Bureaux de poste, *F1057*, *F1062*.
- Écoles primaires et secondaires, *G1174*.
- Laboratoires, *G9002*, *G9084*.
- Foyers, *H0007*.
- Immeubles d'appartements, *H2459*.
- Maisons unifamiliales et maisons jumelées, *H5052*, *H5053*, *H6211*.
- Centres médicaux, *M6031*.
- Ponts et tunnels, *N3570*.
- Constructions pour le téléphone, *N8069*.
- Travaux d'urbanisme et de rénovation urbaine, *P0771*.
- Quartiers résidentiels, *P1029*.

Burlington (Ont.)
- Hôtels, *B4236*.
- Immeubles d'appartements, *H2706*.

Burnaby
- Édifices cultuels, *A0492*.
- Centres commerciaux, *B1015*, *B1016*, *B1216*, *B1272*, *B1437*.
- Bureaux divers, *B5506*, *B5507*, *B5799*.
- Installations de services publics, *B8572*, *B8591*.
- Usines de denrées alimentaires, *B8650*.
- Usines de machines, *B8868*.
- Piscines, *D6040*.
- Édifices pour l'administration de la justice, *F4071*.
- Hôtels de ville et centres civiques, *F6048*.
- Écoles primaires et secondaires, *G0785*.

Burnaby (suite/cont'd)
- Campus (Universités et collèges en général), *G2090*, *G2113*, *G2132*, *G2137*, *G2145*, *G2182*.
- Auditoriums, *G2704*, *G2707*.
- Centres sociaux, *G3010*.
- Installations pour les sports et l'éducation physique, *G5019*, *G5020*, *G5021*.
- Pavillons pour l'administration universitaire, *G6006*.
- Pavillons pour l'enseignement et la recherche, *G7083*, *G7084*, *G7085*, *G7111*, *G7175*.
- Résidences d'étudiants, *G8002*, *G8057*, *G8058*.
- Laboratoires, *G9003*.
- Foyers, *H0008*, *H0009*.
- Immeubles d'appartements, *H2016*, *H2323*, *H2345*, *H2500*, *H2571*, *H2644*.
- Maisons en bandes, *H4002*.
- Maisons unifamiliales et maisons jumelées, *H5759*, *H5916*, *H5917*, *H5951*, *H6040*, *H6571*.
- Constructions pour la radio et la télévision, *N7001*, *N7014*.
- Constructions pour le téléphone, *N8043*.
- Travaux d'urbanisme et de rénovation urbaine, *P0597*, *P0743*.
- Quartiers résidentiels, *P1345*, *P1346*, *P1355*, *P1457*, *P1537*, *P1618*.

Burnaby (C.-B.)
- Magasins, *B6588*.
- Hôpitaux généraux et spécialisés, *M0295*.

Burnaby (Simon Fraser University)
- Bibliothèques de maisons d'enseignement, *D2523*.

Burns Lake
- Maisons unifamiliales et maisons jumelées, *H5054*.

Burns Lake (C.-B.)
- Édifices pour l'administration publique, *F5002*.

Burnt Church (N.-B.)
- Écoles primaires et secondaires, *G0507*.

Cabano
- Édifices cultuels, *A0324*.

Cable Head (I.-P.-É.)
- Maisons de vacances, *D1075*.

Cadboro Bay (C.-B.)
- Écoles primaires et secondaires, *G0671*.

Caledon
- Maisons unifamiliales et maisons jumelées, *H5055*.

Caledon East (Ont.)
- Maisons unifamiliales et maisons jumelées, *H5474*.

Caledon Hills (Ont.)
- Maisons de vacances, *D1011*.

Caledonia (Ontario)
- Usines diverses, *B9329*.

Calgary
- Édifices cultuels, *A0001*, *A0002*, *A0050*, *A0294*, *A0503*.
- Banques, *B0001*, *B0159*, *B0169*, *B0170*.
- Centres commerciaux, *B1018*, *B1019*, *B1020*, *B1021*, *B1022*, *B1023*, *B1024*, *B1025*, *B1026*, *B1027*, *B1182*, *B1183*, *B1184*, *B1209*, *B1238*, *B1242*, *B1243*, *B1244*, *B1253*, *B1254*, *B1255*, *B1256*, *B1379*, *B1462*, *B1463*, *B1490*.
- Complexes à fonctions commerciale et résidentielle, *B2002*, *B2003*, *B2004*, *B2005*, *B2035*.
- Entrepôts, *B3003*, *B3004*, *B3082*, *B3083*, *B3109*, *B3146*.
- Hôtels, *B4006*, *B4007*, *B4075*, *B4102*, *B4171*, *B4182*.
- Édifices des sociétés d'énergie et de télécommunication, *B4902*.
- Bureaux de professionnels, *B5252*.
- Bureaux divers, *B5508*, *B5509*, *B5510*, *B5511*, *B5512*, *B5513*, *B5514*, *B5632*, *B5668*, *B5671*, *B5674*, *B5690*, *B5691*, *B5803*, *B5880*, *B5976*, *B5983*, *B6044*, *B6045*, *B6046*, *B6058*, *B6073*, *B6081*.
- Magasins, *B6507*, *B6508*.
- Restaurants, *B7039*.
- Tours panoramiques, *B7505*.
- Parcs industriels, *B8004*, *B8005*.
- Imprimeries, *B8307*.
- Usines diverses, *B9330*, *B9331*, *B9332*, *B9333*, *B9334*, *B9335*, *B9336*, *B9337*, *B9338*, *B9339*.
- Restaurations diverses, *C0002*, *C0003*.
- Constructions diverses, *D1501*.
- Bibliothèques publiques, *D2015*.
- Centres communautaires, *D3249*.
- Musées, *D5065*.
- Piscines, *D6029*.
- Stades, *D6545*.
- Centres de congrès, *D7001*.
- Théâtres, *D7514*.
- Édifices pour l'administration de la justice, *F4068*.
- Édifices pour l'administration publique, *F5003*, *F5004*.
- Hôtels de ville et centres civiques, *F6103*.
- Écoles primaires et secondaires, *G0508*, *G0618*, *G0636*, *G0694*, *G0707*, *G0727*, *G0729*, *G0774*, *G1018*, *G1235*.
- Campus (Universités et collèges en général), *G2059*, *G2200*.
- Pavillons pour l'enseignement et la recherche, *G7001*.
- Laboratoires, *G9070*.
- Habitation subventionnée, *H1036*.
- Immeubles d'appartements, *H2017*, *H2018*, *H2019*, *H2020*, *H2021*, *H2022*, *H2023*, *H2024*, *H2297*, *H2298*, *H2315*, *H2361*, *H2362*, *H2368*, *H2374*, *H2383*, *H2384*, *H2562*, *H2591*, *H2592*, *H2610*.
- Maisons en bandes, *H4003*, *H4004*, *H4005*, *H4006*, *H4045*.
- Maisons unifamiliales et maisons jumelées, *H5056*, *H5057*, *H5058*,

Calgary (suite/cont'd)
H5059, *H5060*, *H5061*, *H5062*, *H5063*, *H5064*, *H5065*, *H5066*, *H5067*, *H5068*, *H5069*, *H5070*, *H5071*, *H5072*, *H5073*, *H5460*, *H5461*, *H5481*, *H5520*, *H5525*, *H5534*, *H5541*, *H5543*, *H5656*, *H5747*, *H5754*, *H5755*, *H5756*, *H5960*, *H6025*, *H6079*, *H6175*, *H6466*, *H6564*, *H6577*.
- Hôpitaux généraux et spécialisés, *M0249*, *M0250*, *M0251*, *M0288*, *M0317*, *M0404*.
- Hôpitaux pour enfants, *M2517*.
- Écoles et résidences d'infirmières, *M5001*.
- Centres médicaux, *M6007*.
- Constructions pour le transport aérien, *N0001*, *N0033*, *N0036*, *N0037*, *N0038*, *N0067*.
- Ponts et tunnels, *N3549*.
- Constructions pour le téléphone, *N8002*.
- Travaux d'urbanisme et de rénovation urbaine, *P0017*, *P0018*, *P0019*, *P0020*, *P0021*, *P0022*, *P0023*, *P0024*, *P0025*, *P0026*, *P0027*, *P0028*, *P0441*, *P0641*, *P0655*, *P0744*, *P0753*, *P0780*.
- Quartiers résidentiels, *P1030*, *P1031*, *P1032*, *P1033*, *P1034*, *P1035*, *P1036*, *P1037*, *P1038*, *P1039*, *P1040*, *P1041*, *P1042*, *P1043*, *P1044*, *P1045*, *P1046*, *P1047*, *P1336*, *P1379*, *P1467*, *P1528*, *P1539*, *P1540*, *P1543*, *P1553*, *P1580*, *P1583*.

Calgary (Univ. of Calgary)
- Pavillons pour l'enseignement et la recherche, *G7002*, *G7129*.
- Résidences d'étudiants, *G8003*, *G8004*, *G8103*.

Calgary (University of Calgary)
- Pavillons pour l'enseignement et la recherche, *G7080*.

Cambridge
- Foyers, *H0010*.
- Maisons unifamiliales et maisons jumelées, *H5074*.

Cambridge (Ont.)
- Complexes à fonctions commerciale et résidentielle, *B2006*, *B2007*.

Cambridge Bay (T.N.O.)
- Écoles primaires et secondaires, *G1019*.

Campbellton (N.-B.)
- Écoles primaires et secondaires, *G0801*.
- Quartiers résidentiels, *P1048*.

Camrose (Alberta)
- Édifices cultuels, *A0003*.
- Écoles primaires et secondaires, *G0509*.

Canada
- Laboratoires, *G9004*.
- Routes, *N4001*.
- Travaux divers, *N4501*.

CANBERRA

Canberra
- Ambassades et consulats, *F0008*.

Canberra (Australie)
- Ambassades et consulats, *F0005*.

Candiac
- Écoles primaires et secondaires, *G0683*.
- Maisons unifamiliales et maisons jumelées, *H5075, H5076, H5077, H5078, H5079, H5511, H6048*.
- Travaux d'urbanisme et de rénovation urbaine, *P0483*.
- Quartiers résidentiels, *P1372*.

Candiac (Qué)
- Usines diverses, *B9340*.

Canmore (Alberta)
- Hôtels, *B4008, B4009*.

Cannington (Ont.)
- Écoles primaires et secondaires, *G1221*.

Cantons de l'Est
- Maisons de vacances, *D1013*.
- Musées, *D5086*.
- Édifices pour l'administration publique, *F5147*.
- Maisons unifamiliales et maisons jumelées, *H6026*.

Cap-de-la-Madeleine
- Édifices cultuels, *A0193*.
- Entrepôts, *B3005*.
- Usines diverses, *B9341*.
- Centres communautaires, *D3007*.
- Écoles primaires et secondaires, *G1248*.
- Écoles d'arts et métiers et écoles spéciales, *G1514*.
- Écoles spécialisées, *G4013*.
- Foyers, *H0011*.
- Hôpitaux généraux et spécialisés, *M0326*.

Cap-Rouge
- Écoles d'arts et métiers et écoles spéciales, *G1513, G1559*.
- Campus (Universités et collèges en général), *G2188, G2189, G2213*.
- Écoles spécialisées, *G4027*.
- Pavillons pour l'enseignement et la recherche, *G7178, G7217, G7219*.
- Résidences d'étudiants, *G8048, G8092, G8101*.
- Immeubles d'appartements, *H2337, H2360, H2505*.
- Maisons unifamiliales et maisons jumelées, *H5080*.

Cap Saint-Jacques
- Maisons unifamiliales et maisons jumelées, *H6269*.

Cape Breton (N.-E.)
- Musées, *D5064*.

Capilano Highlands
- Maisons unifamiliales et maisons jumelées, *H5818, H5819, H6399*.

Caplan
- Écoles d'arts et métiers et écoles spéciales, *G1533*.

Caraquet
- Centres commerciaux, *B1263*.

Carillon
- Édifices religieux divers, *A1052*.
- Installations de services publics, *B8515*.

Carleton
- Édifices cultuels, *A0472*.

Carman (Man.)
- Écoles primaires et secondaires, *G0510*.

Cartierville
- Foyers, *H0076*.
- Sanatoriums, *M4003*.
- Constructions pour le transport aérien, *N0070*.

Casselman
- Écoles primaires et secondaires, *G1145*.

Cassiar (Yukon)
- Usines diverses, *B9342*.

Castlegar (C.-B.)
- Écoles primaires et secondaires, *G1213*.
- Hôpitaux généraux et spécialisés, *M0400*.

Caulfield (C.-B.)
- Maisons unifamiliales et maisons jumelées, *H5820, H6499*.

Causapscal
- Édifices pour l'administration publique, *F5005*.

Chambly
- Écoles primaires et secondaires, *G0965*.
- Maisons unifamiliales et maisons jumelées, *H5081, H5082, H5083, H5084*.
- Ponts et tunnels, *N3505, N3506*.

Chambly-Bassin
- Écoles primaires et secondaires, *G1142*.

Chambord
- Constructions pour le chemin de fer, *N2001*.

Champlain
- Parcs et jardins, *L0049*.

Chandler
- Hôpitaux généraux et spécialisés, *M0238*.

Charlemagne
- Magasins, *B6572*.
- Écoles primaires et secondaires, *G0514*.

Charlesbourg
- Banques, *B0092*.
- Centres commerciaux, *B1028, B1436*.
- Écoles primaires et secondaires, *G0511, G0512, G0513*.
- Foyers, *H0072*.
- Immeubles d'appartements, *H2461*.
- Maisons unifamiliales et maisons jumelées, *H5085, H5086, H6584*.

Charlesbourg
(suite/cont'd)
- Parcs et jardins, *L0062*.
- Constructions pour le téléphone, *N8030*.
- Quartiers résidentiels, *P1049, P1050, P1051, P1456*.

Charlesbourg-Est
- Écoles d'arts et métiers et écoles spéciales, *G1504*.

Charlottetown
- Centres commerciaux, *B1029*.
- Usines diverses, *B9343*.
- Centres communautaires, *D3008, D3009, D3048, D3068, D3087, D3135, D3137, D3150, D3174, D3186, D3199, D3234, D3246*.
- Édifices pour l'administration de la justice, *F4036*.
- Écoles primaires et secondaires, *G0812*.
- Laboratoires, *G9005*.
- Constructions pour la radio et la télévision, *N7032*.

Charny
- Écoles primaires et secondaires, *G0837, G1024*.

Châteauguay
- Immeubles d'appartements, *H2613*.
- Maisons unifamiliales et maisons jumelées, *H5087, H5088, H5089, H5090, H5860*.
- Quartiers résidentiels, *P1052, P1053, P1338, P1429*.

Chatham
- Bureaux divers, *B6011*.
- Écoles primaires et secondaires, *G0835*.
- Quartiers résidentiels, *P1054*.

Chatham (N.-B.)
- Usines diverses, *B9344*.

Chatham (Ont.)
- Édifices cultuels, *A0501, A0505, A0506*.
- Édifices religieux divers, *A1083*.
- Écoles primaires et secondaires, *G1240, G1241*.

Cheltenham
- Usines diverses, *B9345*.

Chester
- Écoles primaires et secondaires, *G1297*.

Chibougamau
- Édifices cultuels, *A0479*.
- Édifices religieux divers, *A1081*.
- Travaux d'urbanisme et de rénovation urbaine, *P0029*.

Chicoutimi
- Édifices cultuels, *A0087, A0130, A0135*.
- Édifices religieux divers, *A1005*.
- Banques, *B0055*.
- Garages, *B3563*.
- Bureaux de professionnels, *B5213*.
- Magasins, *B6558*.
- Restaurations diverses, *C0004*.

Chicoutimi
(suite/cont'd)
- Édifices pour l'administration publique, *F5151*.
- Écoles primaires et secondaires, *G0744, G0900, G0958, G0959, G0960*.
- Écoles d'arts et métiers et écoles spéciales, *G1539, G1540*.
- Campus (Universités et collèges en général), *G2065, G2111*.
- Pavillons pour l'enseignement et la recherche, *G7068*.
- Maisons unifamiliales et maisons jumelées, *H5091, H5092, H5601, H5665, H5666, H5667, H6222*.
- Monuments, *K0004*.
- Parcs et jardins, *L0065*.
- Hôpitaux généraux et spécialisés, *M0273, M0275, M0276*.
- Centres médicaux, *M6021*.
- Architecture pour handicapés, etc., *M7008*.
- Routes, *N4017*.
- Constructions pour le téléphone, *N8003*.
- Quartiers résidentiels, *P1055*.

Chicoutimi-Nord
- Édifices cultuels, *A0136*.
- Édifices religieux divers, *A1034*.
- Magasins, *B6677*.
- Écoles primaires et secondaires, *G0745*.
- Résidences d'étudiants, *G8005*.
- Maisons unifamiliales et maisons jumelées, *H6364*.

Chilliwack
- Hôpitaux généraux et spécialisés, *M0294*.

Chilliwack (C.-B.)
- Bureaux de professionnels, *B5203*.
- Maisons unifamiliales et maisons jumelées, *H5789*.

Chinguacousy Township
- Hôtels de ville et centres civiques, *F6037*.

Chipman (N.-B.)
- Écoles primaires et secondaires, *G0626*.

Chippawa
- Immeubles d'appartements, *H2636*.

Chocolate Lake (N.-E.)
- Maisons unifamiliales et maisons jumelées, *H5093, H5783*.

Chomedey
- Centres commerciaux, *B1264*.
- Bureaux divers, *B6042*.
- Usines diverses, *B9736*.
- Piscines, *D6046*.
- Hôtels de ville et centres civiques, *F6035, F6085*.
- Écoles primaires et secondaires, *G0803*.
- Immeubles d'appartements, *H2688*.
- Maisons unifamiliales et maisons jumelées, *H6022, H6023, H6024*.
- Parcs et jardins, *L0161*.

Chomedey
(suite/cont'd)
- Travaux d'urbanisme et de rénovation urbaine, *P0621*.
- Quartiers résidentiels, *P1056, P1637*.

Chomedey (Qué.)
- Hôtels de ville et centres civiques, *F6042, F6053*.

Churchill Falls
- Travaux d'urbanisme et de rénovation urbaine, *P0448*.

Churchill Park (T.-N.)
- Maisons unifamiliales et maisons jumelées, *H6383*.

Chute-des-Passes
- Constructions pour le téléphone, *N8004*.

Cité de Jacques-Cartier
- Centres commerciaux, *B1281*.
- Installations de services publics, *B8579*.

Cité de la Salle
- Écoles primaires et secondaires, *G0985*.

Cité de St-Léonard
- Quartiers résidentiels, *P1228*.

Cité Jacques-Cartier
- Quartiers résidentiels, *P1100*.

Cité Laflèche
- Centres commerciaux, *B1066*.

Claremont (Ont.)
- Maisons unifamiliales et maisons jumelées, *H6126*.

Clarkson
- Usines diverses, *B9346, B9347, B9634*.
- Maisons unifamiliales et maisons jumelées, *H5962*.
- Constructions pour le chemin de fer, *N2002*.
- Quartiers résidentiels, *P1057*.

Clarkson (Ont.)
- Bureaux divers, *B5931, B5936*.
- Laboratoires, *G9086, G9087*.
- Travaux d'urbanisme et de rénovation urbaine, *P0030, P0031*.

Clarkson (Ontario)
- Maisons unifamiliales et maisons jumelées, *H5094*.

Clearbrook (C.-B.)
- Centres commerciaux, *B1372*.

Clermont
- Écoles primaires et secondaires, *G0931*.

Clinton (Ont.)
- Foyers, *H0098*.

Cloverdale
- Centres commerciaux, *B1030*.
- Écoles primaires et secondaires, *G0664*.
- Travaux d'urbanisme et de rénovation urbaine, *P0616*.

Cloverdale (C.-B.)
- Maisons unifamiliales et maisons jumelées, *H5095*.

Coaticook
- Usines diverses, *B9348*.
- Écoles primaires et secondaires, *G0955*.
- Hôpitaux généraux et spécialisés, *M0237, M0328*.

Coaticook (Qué.)
- Centres communautaires, *D3010*.

Cobden
- Écoles primaires et secondaires, *G1159*.

Cobourg
- Usines de machines, *B8806*.
- Écoles primaires et secondaires, *G0757*.
- Constructions pour les autobus, *N3001*.

Cobourg (Ont.)
- Constructions pour la défense civile, *F3051*.
- Écoles primaires et secondaires, *G0734*.

Cold Lake
- Édifices cultuels, *A0004, A0005*.
- Constructions pour la défense civile, *F3003, F3025*.
- Constructions pour le transport aérien, *N0002*.

Cole Harbour (N.-E.)
- Quartiers résidentiels, *P1058*.

Collingwood
- Banques, *B0161*.
- Maisons de vacances, *D1001*.
- Constructions diverses, *D1518*.
- Foyers, *H0079*.

Colombie-Britannique
- Banques, *B0192*.
- Entrepôts, *B3006, B3007, B3150*.
- Bureaux divers, *B5834, B5839*.
- Magasins, *B6688*.
- Installations de services publics, *B8516*.
- Constructions diverses, *D1507*.
- Centres communautaires, *D3237*.
- Piscines, *D6004*.
- Constructions pour la défense civile, *F3055*.
- Écoles primaires et secondaires, *G0630, G0786, G1282*.
- Campus (Universités et collèges en général), *G2129, G2130, G2131, G2183*.
- Immeubles d'appartements, *H2711*.
- Maisons unifamiliales et maisons jumelées, *H5096, H5794, H5949, H5980, H6033, H6049, H6093, H6297, H6396, H6397*.
- Monuments, *K0012*.
- Parcs et jardins, *L0050, L0082*.
- Ponts et tunnels, *N3507, N3508*.
- Quartiers résidentiels, *P1487, P1490*.

Como (Qué.)
- Maisons unifamiliales et maisons jumelées, *H6421*.

Comox (C.-B.)
- Quartiers résidentiels, *P1491*.

Comox
- Maisons unifamiliales et maisons jumelées, *H5760*.

Comox (C.-B.)
- Édifices cultuels, *A0515*.

Compton
- Édifices cultuels, *A0057*.

Conception Bay (T.-N.)
- Édifices cultuels, *A0474*.

Contrecoeur
- Usines diverses, *B9349, B9350*.

Cooksville
- Bibliothèques publiques, *D2037*.

Cooksville (Ont.)
- Édifices cultuels, *A0396*.
- Usines diverses, *B9351, B9352, B9353*.
- Écoles et résidences d'infirmières, *M5014*.
- Quartiers résidentiels, *P1524*.

Coquitlam
- Centres commerciaux, *B1031*.
- Hôtels de ville et centres civiques, *F6131*.
- Immeubles d'appartements, *H2025, H2510*.
- Maisons unifamiliales et maisons jumelées, *H5097*.
- Travaux d'urbanisme et de rénovation urbaine, *P0032*.
- Quartiers résidentiels, *P1059, P1060, P1377*.

Coquitlam, B.C.
- Usines diverses, *B9354*.

Corner Brook
- Quartiers résidentiels, *P1061*.

Corner Brook (T.-N.)
- Édifices pour l'administration de la justice, *F4003*.
- Sanatoriums, *M4014*.

Cornwall
- Centres commerciaux, *B1412, B1415*.
- Usines diverses, *B9355*.
- Édifices pour l'administration publique, *F5039*.
- Maisons unifamiliales et maisons jumelées, *H6289*.
- Travaux d'urbanisme et de rénovation urbaine, *P0033*.

Corunna (Ont.)
- Travaux d'urbanisme et de rénovation urbaine, *P0034*.

Côte-Saint-Luc
- Bureaux divers, *B6024*.

Côte-St-Luc
- Édifices cultuels, *A0450*.
- Centres commerciaux, *B1032*.

Côte-St-Luc
(suite/cont'd)
- Maisons en bandes, *H4112*.
- Quartiers résidentiels, *P1555, P1629*.

Côte St-Luc (Qué.)
- Édifices cultuels, *A0034, A0463*.

Côte Ste-Catherine
- Usines diverses, *B9356*.

Cowansville
- Édifices cultuels, *A0194*.
- Banques, *B0179*.
- Usines diverses, *B9357, B9358, B9602*.
- Édifices pour l'administration de la justice, *F4004, F4053*.
- Hôtels de ville et centres civiques, *F6041*.
- Écoles primaires et secondaires, *G0515, G0668, G1257*.

Craigleith
- Maisons de vacances, *D1036*.

Credit Valley (Ont.)
- Travaux d'urbanisme et de rénovation urbaine, *P0035*.

Creighton
- Usines diverses, *B9359*.

Crystal Beach (Ont.)
- Bureaux de poste, *F1042*.

Crystal Falls (Ont.)
- Édifices cultuels, *A0377*.

Culliton (N.-B.)
- Travaux d'urbanisme et de rénovation urbaine, *P0114*.

Cyrville
- Écoles primaires et secondaires, *G1146*.

Dakota (Ont.)
- Habitation subventionnée, *H1003*.

Dartmouth
- Centres commerciaux, *B1033*.
- Écoles primaires et secondaires, *G0516, G0821*.
- Immeubles d'appartements, *H2026*.
- Maisons unifamiliales et maisons jumelées, *H5098, H5099, H5100, H5101*.
- Travaux d'urbanisme et de rénovation urbaine, *P0036, P0037, P0038, P0039*.
- Quartiers résidentiels, *P1062, P1063, P1064*.

Dartmouth (N.-E.)
- Centres commerciaux, *B1277*.
- Bureaux divers, *B6007*.
- Laboratoires, *G9006*.

Dauphin (Man.)
- Foyers, *H0012*.

Davern Lake (Ont.)
- Constructions diverses, *D1503*.

Dawson City
- Restaurations diverses, *C0005*.

Dawson City (Yukon)
- Théâtres, *D7533.*

Deauville
- Édifices cultuels, *A0433.*

Deception Bay (Détroit d'Hudson)
- Entrepôts, *B3008.*

Deep River (Ont.)
- Travaux d'urbanisme et de rénovation urbaine, *P0463.*

Deer Lake (T.-N.)
- Bureaux de poste, *F1043.*
- Constructions pour le transport aérien, *N0003.*

Delson
- Usines diverses, *B9722.*

Delson (Qué.)
- Écoles primaires et secondaires, *G1264.*
- Maisons unifamiliales et maisons jumelées, *H5102, H5103.*
- Quartiers résidentiels, *P1065.*

Delson, P.Q.
- Usines diverses, *B9360.*

Delta
- Écoles primaires et secondaires, *G0730.*

Delta (C.-B.)
- Maisons unifamiliales et maisons jumelées, *H5952.*

Desbarats (Ont.)
- Écoles primaires et secondaires, *G0699.*

Desbiens
- Écoles primaires et secondaires, *G0799, G1196.*

Desbiens, Lac-St-Jean
- Édifices religieux divers, *A1038.*

Deseronto (Ont.)
- Foyers, *H0152.*

Deux-Montagnes
- Quartiers résidentiels, *P1066.*

Didsbury (Alberta)
- Édifices cultuels, *A0006.*

Dieppe (N.-B.)
- Centres commerciaux, *B1295.*

Dill Township (Ont.)
- Restaurants, *B7029.*

Dolbeau
- Édifices cultuels, *A0170.*
- Édifices pour l'administration publique, *F5153.*
- Hôtels de ville et centres civiques, *F6117.*
- Écoles primaires et secondaires, *G1191.*

Dollard-des-Ormeaux
- Édifices cultuels, *A0214.*
- Parcs industriels, *B8026.*
- Hôtels de ville et centres civiques, *F6004.*
- Écoles primaires et secondaires, *G0517.*

Dollard-des-Ormeaux (suite/cont'd)
- Maisons unifamiliales et maisons jumelées, *H5104, H5105, H5106, H5107, H5108, H5109, H6311.*
- Quartiers résidentiels, *P1067, P1068, P1069, P1070.*

Domaine l'Estérel, Lac-Masson.
- Maisons de vacances, *D1030.*

Dominion City (Man.)
- Centres communautaires, *D3255.*

Don Mills
- Édifices cultuels, *A0111, A0227, A0422.*
- Centres commerciaux, *B1387.*
- Entrepôts, *B3009, B3010.*
- Hôtels, *B4226.*
- Édifices d'associations, *B4501.*
- Édifices de maisons d'édition, *B4801.*
- Bureaux divers, *B5515, B5516, B5618, B5640, B5656, B5657, B5658, B5684, B5742, B5812, B5917, B5918, B5919, B6043, B6047.*
- Imprimeries, *B8313, B8320.*
- Usines de machines, *B8807, B8843, B8859.*
- Usines de produits pharmaceutiques et de cosmétiques, *B9107.*
- Usines diverses, *B9361, B9362, B9654.*
- Bibliothèques publiques, *D2004.*
- Stades, *D6541.*
- Bureaux de poste, *F1002.*
- Édifices pour l'administration de la justice, *F4039.*
- Édifices pour l'administration publique, *F5126.*
- Écoles primaires et secondaires, *G1101.*
- Foyers, *H0075.*
- Immeubles d'appartements, *H2027, H2314, H2327, H2329, H2336, H2496, H2617, H2619.*
- Maisons en bandes, *H4007, H4008, H4040, H4063, H4064, H4065, H4079, H4089, H4098, H4110.*
- Maisons unifamiliales et maisons jumelées, *H5110, H5111, H5470, H5495, H5800, H5801, H5829, H5858, H5894, H5895, H5977, H6196, H6197, H6198, H6199, H6200, H6221, H6310, H6449, H6450, H6541.*
- Parcs et jardins, *L0162.*
- Travaux d'urbanisme et de rénovation urbaine, *P0631.*
- Quartiers résidentiels, *P1357, P1403, P1430, P1435, P1436, P1437, P1438, P1561, P1609.*

Don Mills (Ont.)
- Banques, *B0142, B0143.*
- Bureaux de professionnels, *B5238, B5239.*
- Magasins, *B6620.*
- Usines diverses, *B9740.*
- Travaux d'urbanisme et de rénovation urbaine, *P0631, P0632, P0633, P0634, P0635.*

Donnacona
- Parcs industriels, *B8006.*

Dorion
- Hôtels, *B4127.*
- Bureaux de poste, *F1049.*
- Maisons unifamiliales et maisons jumelées, *H6520.*

Dorsey (Manitoba)
- Installations de services publics, *B8588.*

Dorval
- Centres commerciaux, *B1280.*
- Entrepôts, *B3011, B3012, B3075, B3134.*
- Hôtels, *B4211.*
- Édifices des sociétés d'énergie et de télécommunication, *B4941.*
- Bureaux divers, *B5979, B6022, B6025.*
- Restaurants, *B7008, B7009.*
- Usines de machines, *B8808.*
- Usines de produits pharmaceutiques et de cosmétiques, *B9101, B9102.*
- Restaurations diverses, *C0089.*
- Stades, *D6535.*
- Écoles primaires et secondaires, *G0518.*
- Laboratoires, *G9043.*
- Immeubles d'appartements, *H2597, H2659.*
- Maisons unifamiliales et maisons jumelées, *H5631.*
- Parcs et jardins, *L0029.*
- Constructions pour le transport aérien, *N0044.*
- Constructions pour le téléphone, *N8074.*
- Travaux d'urbanisme et de rénovation urbaine, *P0040.*
- Quartiers résidentiels, *P1071, P1072, P1360, P1374, P1375.*

Douglas Point (Ont.)
- Installations de services publics, *B8565.*

Douville
- Édifices d'associations, *B4545.*

Downsview
- Écoles primaires et secondaires, *G0519, G1124, G1225.*
- Laboratoires, *G9035.*
- Maisons unifamiliales et maisons jumelées, *H5112, H5873.*

Downsview (York Univ.)
- Campus (Universités et collèges en général), *G2023, G2024, G2025, G2026, G2027, G2028, G2029, G2118.*

Downsview (York University)
- Édifices cultuels, *A0083, A0295, A0317, A0381, A0409.*
- Bibliothèques de maisons d'enseignement, *D2505, D2506, D2507.*
- Campus (Universités et collèges en général), *G2032.*
- Auditoriums, *G2701.*
- Installations pour les sports et l'éducation physique, *G5009, G5029.*

Downsview (York University) (suite/cont'd)
- Pavillons pour l'enseignement et la recherche, *G7031, G7032, G7033, G7034, G7035, G7036, G7135, G7136, G7222.*
- Résidences d'étudiants, *G8006.*

Drummondville
- Édifices cultuels, *A0176.*
- Banques, *B0002, B0034, B0035, B0036, B0154.*
- Centres commerciaux, *B1034.*
- Complexes à fonctions commerciale et résidentielle, *B2038.*
- Bureaux divers, *B5517.*
- Magasins, *B6539.*
- Parcs industriels, *B8007.*
- Imprimeries, *B8317.*
- Installations de services publics, *B8570.*
- Usines diverses, *B9363, B9364, B9365, B9366, B9367, B9368, B9579.*
- Restaurations diverses, *C0063.*
- Cinémas, *D7207.*
- Bureaux de poste, *F1003.*
- Édifices pour l'administration publique, *F5006.*
- Écoles primaires et secondaires, *G0520, G0521, G0638, G1128.*
- Écoles d'arts et métiers et écoles spéciales, *G1505, G1538.*
- Foyers, *H0116.*
- Maisons unifamiliales et maisons jumelées, *H5463.*
- Hôpitaux généraux et spécialisés, *M0234.*
- Travaux d'urbanisme et de rénovation urbaine, *P0041.*

Dryden (Ont.)
- Bureaux de poste, *F1004.*

Duberger
- Usines diverses, *B9369.*

Duncan (C.-B.)
- Écoles primaires et secondaires, *G1205.*

Dundas
- Immeubles d'appartements, *H2410.*
- Maisons unifamiliales et maisons jumelées, *H5828.*

Dundas (Ont.)
- Casernes de pompiers, *F2007.*

Dupuy
- Édifices cultuels, *A0461.*

Duvernay
- Édifices cultuels, *A0155.*
- Maisons unifamiliales et maisons jumelées, *H5113, H5114, H6055, H6281.*
- Quartiers résidentiels, *P1344, P1362.*

Eagle Lake (Ont.)
- Centres de congrès, *D7013.*

East Angus
- Écoles primaires et secondaires, *G0660.*

East Kildonan (Manitoba)
- Maisons unifamiliales et maisons jumelées, *H6433.*

East River (N.-É.)
- Usines diverses, *B9370.*

East Riverside
- Édifices cultuels, *A0365.*
- Bibliothèques publiques, *D2034.*

East York
- Entrepôts, *B3131.*
- Installations de services publics, *B8599.*
- Usines de produits pharmaceutiques et de cosmétiques, *B9109.*
- Bibliothèques publiques, *D2053.*
- Centres communautaires, *D3177.*
- Écoles primaires et secondaires, *G1090, G1120, G1121.*
- Foyers, *H0125.*
- Immeubles d'appartements, *H2286, H2287.*
- Parcs et jardins, *L0159.*

Eastview
- Écoles primaires et secondaires, *G1153.*

Eastview (Ont.)
- Écoles primaires et secondaires, *G1246.*
- Constructions pour le téléphone, *N8044.*

Eckville
- Hôpitaux militaires, *M1001.*

Eckville (Alberta)
- Hôpitaux généraux et spécialisés, *M0229.*

Edmonton
- Édifices cultuels, *A0007, A0084, A0104, A0292, A0362, A0502, A0529.*
- Banques, *B0003.*
- Centres commerciaux, *B1035, B1036, B1037, B1038, B1039, B1185, B1186, B1187, B1217, B1218, B1236, B1279, B1324, B1340, B1341, B1419, B1427.*
- Complexes à fonctions commerciale et résidentielle, *B2073, B2085, B2111.*
- Entrepôts, *B3013, B3014, B3015, B3016, B3145, B3148.*
- Hôtels, *B4010, B4011, B4012, B4013, B4165.*
- Édifices d'associations, *B4534, B4551.*
- Bureaux divers, *B5518, B5519, B5520, B5521, B5522, B5523, B5524, B5525, B5526, B5628, B5639, B5669, B5706, B5798, B5823, B5824, B5891, B5975, B6009.*
- Magasins, *B6509, B6605, B6633, B6634, B6652.*
- Usines de machines, *B8867.*
- Usines diverses, *B9371, B9372, B9373, B9374, B9375, B9376, B9617, B9660, B9701.*
- Restaurations diverses, *C0006, C0046.*
- Bibliothèques publiques, *D2046, D2057.*

Edmonton (suite/cont'd)
- Centres communautaires, *D3080.*
- Musées, *D5001, D5019, D5047.*
- Piscines, *D6034.*
- Stades, *D6533, D6562.*
- Centres de congrès, *D7024.*
- Cinémas, *D7222.*
- Théâtres, *D7515, D7518, D7559, D7572, D7573.*
- Constructions pour la défense civile, *F3004.*
- Édifices pour l'administration de la justice, *F4100.*
- Édifices pour l'administration publique, *F5042, F5108.*
- Hôtels de ville et centres civiques, *F6005, F6006, F6058.*
- Écoles primaires et secondaires, *G0522, G0523, G0524, G0720, G0805, G0917, G1016, G1186, G1228, G1300.*
- Campus (Universités et collèges en général), *G2103, G2162.*
- Laboratoires, *G9040, G9052.*
- Foyers, *H0013, H0127.*
- Immeubles d'appartements, *H2028, H2029, H2030, H2031, H2032, H2033, H2034, H2035, H2299, H2447, H2507, H2542, H2611, H2672, H2698, H2722.*
- Maisons en bandes, *H4009, H4010, H4011, H4080, H4101, H4115.*
- Maisons unifamiliales et maisons jumelées, *H5115, H5116, H5117, H5118, H5119, H5120, H5121, H5122, H5123, H5450, H5686, H5698, H5745, H5899, H6029, H6034, H6274, H6346, H6464, H6551, H6552.*
- Hôpitaux généraux et spécialisés, *M0334, M0340, M0390.*
- Hôpitaux universitaires, *M3001, M3011.*
- Sanatoriums, *M4001.*
- Écoles et résidences d'infirmières, *M5022.*
- Centres médicaux, *M6001.*
- Constructions pour le transport aérien, *N0004, N0005, N0006, N0049, N0058.*
- Constructions de métros, *N2501.*
- Constructions pour les autobus, *N3013.*
- Ponts et tunnels, *N3509, N3544, N3558.*
- Constructions pour le téléphone, *N8005.*
- Travaux d'urbanisme et de rénovation urbaine, *P0042, P0043, P0044, P0045, P0046, P0047, P0048, P0049, P0050, P0051, P0052, P0053, P0054, P0055, P0056, P0518, P0582, P0688, P0721.*
- Quartiers résidentiels, *P1073, P1074, P1075, P1337, P1418, P1464, P1527, P1586.*

Edmonton (Univ. of Alberta)
- Bibliothèques de maisons d'enseignement, *D2538.*
- Campus (Universités et collèges en général), *G2077, G2078.*
- Centres sociaux, *G3032, G3035.*

Edmonton (Univ. of Alberta) (suite/cont'd)
- Constructions à fonctions utilitaires, *G3511.*
- Pavillons pour l'enseignement et la recherche, *G7081, G7179, G7197.*
- Résidences d'étudiants, *G8007, G8051, G8052, G8066.*

Edmonton (University of Alberta)
- Bibliothèques de maisons d'enseignement, *D2530.*
- Centres sociaux, *G3050.*
- Pavillons pour l'enseignement et la recherche, *G7003, G7004, G7005, G7056, G7062, G7066, G7128.*

Edmundston (N.-B.)
- Campus (Universités et collèges en général), *G2066.*

Edmundston, N.-B.
- Édifices cultuels, *A0132.*

Elk Point
- Écoles primaires et secondaires, *G0708.*

Elliot Lake
- Centres commerciaux, *B1332, B1356.*
- Hôtels, *B4235.*
- Usines diverses, *B9377.*
- Centres communautaires, *D3200.*
- Gymnases, *D4006.*
- Travaux d'urbanisme et de rénovation urbaine, *P0611, P0612.*
- Quartiers résidentiels, *P1439, P1547.*

Elliot Lake (Ont.)
- Hôtels, *B4222.*
- Édifices d'associations, *B4549.*
- Immeubles d'appartements, *H2036.*
- Maisons en bandes, *H4102.*

Ellsmere
- Garages, *B3534.*

Elmsdale (Î.-P.-É.)
- Écoles primaires et secondaires, *G0732.*

Embrun (Ont.)
- Écoles primaires et secondaires, *G1147.*

Erie Beach
- Quartiers résidentiels, *P1378.*

Erin (Ont.)
- Maisons unifamiliales et maisons jumelées, *H5569.*

Erin Mills
- Travaux d'urbanisme et de rénovation urbaine, *P0057.*

Erin Mills (Ont.)
- Maisons unifamiliales et maisons jumelées, *H5124, H5125.*
- Quartiers résidentiels, *P1570, P1615.*

Erin Mills South (Ont.)
- Centres communautaires, *D3044.*

Erindale (Ont.)
- Maisons unifamiliales et maisons jumelées, *H5623.*

Esquimalt (C.-B.)
- Usines de machines, *B8836.*
- Bibliothèques publiques, *D2028.*
- Centres communautaires, *D3238.*
- Constructions pour la défense civile, *F3026, F3027, F3048, F3056.*
- Laboratoires, *G9096.*
- Maisons en bandes, *H4012.*

Essondale (C.-B.)
- Architecture pour handicapés, etc., *M7025.*

Esterel
- Hôtels, *B4103.*
- Maisons de vacances, *D1021.*
- Hôpitaux généraux et spécialisés, *M0253.*

Esterhazy (Sask.)
- Usines diverses, *B9659, B9712.*

Estevan
- Écoles primaires et secondaires, *G1242.*

Estevan (Sask.)
- Foyers, *H0014.*

Estevan (Saskatchewan)
- Hôpitaux généraux et spécialisés, *M0418.*

Etobicoke
- Édifices cultuels, *A0120, A0299.*
- Centres commerciaux, *B1040, B1041, B1042, B1043, B1439.*
- Entrepôts, *B3077.*
- Bureaux divers, *B5659, B5743.*
- Magasins, *B6510, B6641.*
- Restaurants, *B7030.*
- Parcs industriels, *B8008, B8009.*
- Imprimeries, *B8310, B8318.*
- Usines diverses, *B9626, B9685.*
- Bibliothèques publiques, *D2022.*
- Édifices pour l'administration de la justice, *F4079.*
- Édifices pour l'administration publique, *F5135.*
- Hôtels de ville et centres civiques, *F6120.*
- Écoles primaires et secondaires, *G0615, G0908, G1055, G1095.*
- Écoles d'arts et métiers et écoles spéciales, *G1509, G1510.*
- Campus (Universités et collèges en général), *G2033.*
- Laboratoires, *G9050.*
- Immeubles d'appartements, *H2363, H2526, H2534, H2573, H2637.*
- Maisons unifamiliales et maisons jumelées, *H6233.*
- Hôpitaux généraux et spécialisés, *M0204.*
- Quartiers résidentiels, *P1076, P1077, P1078, P1079, P1080, P1434, P1501, P1548.*

Etobicoke (Ont.)
- Édifices cultuels, *A0139.*
- Centres commerciaux, *B1443.*
- Usines de produits pharmaceutiques et de cosmétiques, *B9108.*

ETOBICOKE (ONTARIO)

Etobicoke (Ont.)
(suite/cont'd)
- Bibliothèques publiques, *D2019, D2020.*
- Centres communautaires, *D3092.*
- Écoles primaires et secondaires, *G0619, G0620, G0621, G0622, G0623, G0747, G0748, G0749, G1079.*
- Immeubles d'appartements, *H2037, H2038, H2039, H2040, H2041, H2042, H2043, H2044, H2317, H2318, H2319, H2320.*
- Maisons unifamiliales et maisons jumelées, *H5126, H5127, H5609.*
- Travaux d'urbanisme et de rénovation urbaine, *P0554.*

Etobicoke (Ontario)
- Écoles primaires et secondaires, *G0525.*

Exshaw (Alberta)
- Entrepôts, *B3017.*

Fabreville
- Banques, *B0075.*
- Immeubles d'appartements, *H2045.*
- Maisons unifamiliales et maisons jumelées, *H5128, H5129, H5130, H5131, H5132, H5133, H5467, H5468, H5536.*
- Quartiers résidentiels, *P1081, P1082, P1083.*

Farnham
- Édifices cultuels, *A0522.*
- Usines diverses, *B9378.*
- Constructions pour le chemin de fer, *N2003.*

Farnham (Qué.)
- Écoles primaires et secondaires, *G1265.*

Faro (Yukon)
- Écoles primaires et secondaires, *G1010.*
- Maisons en bandes, *H4104.*
- Travaux d'urbanisme et de rénovation urbaine, *P0757.*

Fergus
- Travaux d'urbanisme et de rénovation urbaine, *P0058.*

Ferme-Neuve
- Édifices cultuels, *A0414.*

Fermont
- Travaux d'urbanisme et de rénovation urbaine, *P0531.*

Forillon
- Parcs et jardins, *L0002.*

Fort Camp
- Campus (Universités et collèges en général), *G2115.*
- Résidences d'étudiants, *G8084.*

Fort Érié
- Maisons unifamiliales et maisons jumelées, *H6090.*
- Parcs et jardins, *L0035.*

Fort Erie (Ont.)
- Hôpitaux généraux et spécialisés, *M0402.*

Fort Frances (Ont.)
- Usines diverses, *B9379.*
- Hôpitaux généraux et spécialisés, *M0369.*

Fort Garry
- Entrepôts, *B3018, B3019.*
- Usines de denrées alimentaires, *B8601.*
- Pavillons pour l'enseignement et la recherche, *G7218.*
- Immeubles d'appartements, *H2046, H2551.*
- Maisons unifamiliales et maisons jumelées, *H5134, H5749, H6435, H6547.*
- Hôpitaux généraux et spécialisés, *M0333.*

Fort Garry (Manitoba)
- Magasins, *B6553.*
- Maisons unifamiliales et maisons jumelées, *H5563, H6355, H6356.*

Fort George (Qué.)
- Écoles primaires et secondaires, *G0794.*

Fort Good Hope (T.-N.-O.)
- Entrepôts, *B3020.*

Fort McMurray
- Centres commerciaux, *B1044.*
- Usines diverses, *B9380.*
- Maisons unifamiliales et maisons jumelées, *H5135, H5136, H5137, H5138.*
- Travaux d'urbanisme et de rénovation urbaine, *P0059.*

Fort McMurray (Alberta)
- Quartiers résidentiels, *P1084.*

Fort Qu'Appelle (Sask.)
- Maisons unifamiliales et maisons jumelées, *H6017.*

Fort Saskatchewan
- Parcs industriels, *B8010.*
- Travaux d'urbanisme et de rénovation urbaine, *P0060.*

Fort St.James (C.-B.)
- Édifices pour l'administration de la justice, *F4005.*

Fort William
- Édifices cultuels, *A0353.*
- Usines diverses, *B9381.*
- Foyers, *H0015.*

Forth White
- Usines diverses, *B9382.*

Fortune (T.-N.)
- Maisons unifamiliales et maisons jumelées, *H5139.*

Four Lakes
- Travaux d'urbanisme et de rénovation urbaine, *P0061.*

Fraser Lake (C.-B.)
- Travaux d'urbanisme et de rénovation urbaine, *P0062.*

Fraser River Delta (C.-B.)
- Maisons unifamiliales et maisons jumelées, *H6094.*
- Travaux d'urbanisme et de rénovation urbaine, *P0063.*

Fredericton
- Édifices cultuels, *A0008.*
- Édifices des sociétés d'énergie et de télécommunication, *B4916.*
- Bureaux divers, *B5527.*
- Musées, *D5094.*
- Maisons unifamiliales et maisons jumelées, *H5140, H5939, H5940.*
- Monuments, *K0009.*
- Hôpitaux généraux et spécialisés, *M0264, M0323.*
- Centres médicaux, *M6035.*
- Travaux d'urbanisme et de rénovation urbaine, *P0064.*
- Quartiers résidentiels, *P1085.*

Fredericton (University of New Brunswick)
- Résidences d'étudiants, *G8008.*

Frenchman's Bay (Ont.)
- Quartiers résidentiels, *P1480.*

Frobisher Bay
- Travaux d'urbanisme et de rénovation urbaine, *P0065, P0066, P0533.*

Frobisher Bay (T.N.O.)
- Écoles primaires et secondaires, *G1091.*
- Travaux d'urbanisme et de rénovation urbaine, *P0577.*

Ft. Alexander (Man.)
- Écoles primaires et secondaires, *G0526.*

Gagetown
- Constructions pour la défense civile, *F3057, F3059, F3060.*

Gagetown (N.-B.)
- Constructions pour la défense civile, *F3005.*
- Hôpitaux militaires, *M1002, M1014.*

Gagnon
- Travaux d'urbanisme et de rénovation urbaine, *P0067, P0449.*

Galt
- Écoles primaires et secondaires, *G1027.*

Galt (Ont.)
- Bureaux divers, *B5901.*
- Usines diverses, *B9582.*
- Écoles primaires et secondaires, *G1080, G1081, G1082.*
- Écoles d'arts et métiers et écoles spéciales, *G1552.*

Gananoque (Ont.)
- Écoles primaires et secondaires, *G0815.*

Gander
- Constructions pour le transport aérien, *N0039.*

Gander (T.-N.)
- Constructions pour le transport aérien, *N0007.*

Garibaldi Park (C.-B.)
- Hôtels, *B4161.*
- Constructions diverses, *D1502.*

Garibaldi Park (C.-B.)
(suite/cont'd)
- Constructions pour le téléphone, *N8006.*

Gaspé
- Édifices cultuels, *A0009.*
- Centres communautaires, *D3012.*
- Musées, *D5068.*
- Résidences d'étudiants, *G8086.*
- Sanatoriums, *M4017.*

Gaspésie
- Édifices cultuels, *A0289.*

Gatineau
- Édifices cultuels, *A0442, A0513.*
- Centres commerciaux, *B1045, B1432.*
- Hôtels, *B4014.*
- Installations de services publics, *B8517.*
- Usines diverses, *B9383, B9618.*
- Écoles primaires et secondaires, *G0527, G0962, G1154.*
- Foyers, *H0016.*
- Maisons unifamiliales et maisons jumelées, *H5844.*

Georgetown
- Centres commerciaux, *B1046.*
- Maisons unifamiliales et maisons jumelées, *H5141.*
- Travaux d'urbanisme et de rénovation urbaine, *P0068.*
- Quartiers résidentiels, *P1086.*

Georgetown (Ont.)
- Écoles primaires et secondaires, *G1102, G1103.*

Georgian Bay
- Maisons unifamiliales et maisons jumelées, *H5761.*

Georgian Bay (Ont.)
- Maisons de vacances, *D1063.*
- Marinas, *D4511.*

Gibsons (C.-B.)
- Écoles primaires et secondaires, *G0770.*
- Maisons unifamiliales et maisons jumelées, *H5955.*

Giffard
- Édifices cultuels, *A0248.*
- Édifices religieux divers, *A1024.*
- Centres commerciaux, *B1047.*
- Hôtels de ville et centres civiques, *F6125.*
- Écoles primaires et secondaires, *G1247.*
- Hôpitaux généraux et spécialisés, *M0242.*

Gimli (Man.)
- Constructions pour la défense civile, *F3042.*

Glace Bay
- Foyers, *H0017.*

Glace Bay (N.-E.)
- Musées, *D5039.*
- Maisons unifamiliales et maisons jumelées, *H5142.*

HALIFAX

Gladstone (Manitoba)
- Écoles primaires et secondaires, *G0989.*

Glen Major (Ont.)
- Maisons de vacances, *D1040.*

Glenora (Alberta)
- Écoles primaires et secondaires, *G1185.*

Gloucester
- Centres commerciaux, *B1048.*

Gloucester (Ont.)
- Immeubles d'appartements, *H2047.*

Gloucester Township (Ont.)
- Travaux d'urbanisme et de rénovation urbaine, *P0069.*

Go Home Bay (Ont.)
- Maisons de vacances, *D1068.*

Goderich
- Entrepôts, *B3128.*

Goderich (Ont.)
- Édifices cultuels, *A0307, A0308.*
- Bureaux divers, *B5972.*
- Usines de denrées alimentaires, *B8646.*

Gods Narrows (Man.)
- Écoles primaires et secondaires, *G1299.*

Gold River
- Quartiers résidentiels, *P1469.*

Gold River (C.-B.)
- Écoles primaires et secondaires, *G1011.*
- Immeubles d'appartements, *H2508.*
- Travaux d'urbanisme et de rénovation urbaine, *P0645.*
- Quartiers résidentiels, *P1470.*

Gordon River (C.-B.)
- Travaux d'urbanisme et de rénovation urbaine, *P0649.*

Granby
- Édifices cultuels, *A0010, A0058, A0076, A0332.*
- Édifices religieux divers, *A1086.*
- Banques, *B0177, B0178.*
- Centres commerciaux, *B1049.*
- Hôtels, *B4015, B4231.*
- Bureaux de professionnels, *B5254.*
- Bureaux divers, *B5528.*
- Magasins, *B6689.*
- Restaurants, *B7068.*
- Imprimeries, *B8301.*
- Usines de denrées alimentaires, *B8653, B8660.*
- Usines diverses, *B9384, B9385, B9386, B9387.*
- Centres communautaires, *D3256.*
- Cinémas, *D7218.*
- Théâtres, *D7582.*
- Bureaux de poste, *F1037.*
- Constructions pour la défense civile, *F3043.*
- Hôtels de ville et centres civiques, *F6007, F6088.*

Granby (suite/cont'd)
- Écoles primaires et secondaires, *G0528, G1200, G1201, G1258, G1259, G1260, G1261, G1262, G1266.*
- Écoles d'arts et métiers et écoles spéciales, *G1564.*
- Immeubles d'appartements, *H2048.*
- Maisons unifamiliales et maisons jumelées, *H5143, H5144, H5145, H5632, H6027, H6028, H6514, H6515, H6516, H6517, H6518, H6519, H6521, H6522, H6523, H6524.*
- Parcs et jardins, *L0003, L0087, L0147, L0148.*
- Centres médicaux, *M6057.*
- Routes, *N4022.*
- Travaux d'urbanisme et de rénovation urbaine, *P0070, P0455, P0519, P0662.*
- Quartiers résidentiels, *P1087.*

Grand Bank (T.-N.)
- Maisons unifamiliales et maisons jumelées, *H5146.*

Grand Bend
- Maisons unifamiliales et maisons jumelées, *H5147.*

Grand Bend (Ont.)
- Installations de services publics, *B8559.*

Grand-Mère
- Garages, *B3504.*
- Hôtels, *B4016.*
- Usines diverses, *B9606.*
- Écoles primaires et secondaires, *G0529.*
- Foyers, *H0018.*
- Hôpitaux généraux et spécialisés, *M0272.*
- Travaux d'urbanisme et de rénovation urbaine, *P0071.*

Grande-Baie
- Banques, *B0056.*

Grande Prairie (Alberta)
- Édifices cultuels, *A0363.*
- Campus (Universités et collèges en général), *G2052.*

Grantham (Co. Drummond)
- Édifices cultuels, *A0177.*

Gravenhurst (Ont.)
- Bureaux de professionnels, *B5204.*
- Maisons unifamiliales et maisons jumelées, *H6239.*

Greenfield Park
- Centres communautaires, *D3083, D3239.*
- Hôtels de ville et centres civiques, *F6047.*
- Foyers, *H0019.*
- Hôpitaux généraux et spécialisés, *M0320.*

Grimsby
- Ponts et tunnels, *N3559.*

Grimsby (Ont.)
- Édifices cultuels, *A0094.*

Grimsby (Ont.) (suite/cont'd)
- Bureaux divers, *B5894, B5895.*

Gros-Cacouna
- Constructions pour le transport maritime, *N1003.*

Grouse Mountain (C.-B.)
- Constructions diverses, *D1528.*

Guelph
- Édifices cultuels, *A0090.*
- Centres commerciaux, *B1248, B1320.*
- Bureaux divers, *B5614.*
- Installations de services publics, *B8598.*
- Usines diverses, *B9388, B9389, B9390.*
- Bibliothèques de maisons d'enseignement, *D2522.*
- Centres communautaires, *D3127.*
- Édifices pour l'administration de la justice, *F4006.*
- Écoles primaires et secondaires, *G0758, G0862.*
- Campus (Universités et collèges en général), *G2181.*
- Pavillons pour l'enseignement et la recherche, *G7041, G7069, G7101.*
- Résidences d'étudiants, *G8049.*
- Laboratoires, *G9073, G9074.*
- Foyers, *H0020.*
- Maisons unifamiliales et maisons jumelées, *H5148, H5149, H6369.*
- Écoles et résidences d'infirmières, *M5011.*
- Ponts et tunnels, *N3568.*
- Travaux d'urbanisme et de rénovation urbaine, *P0072.*
- Quartiers résidentiels, *P1088.*

Guelph (Ont.)
- Hôpitaux généraux et spécialisés, *M0343.*

Guelph (University of Guelph)
- Résidences d'étudiants, *G8009, G8069, G8070.*

Hagar (Ontario)
- Usines diverses, *B9725.*

Hagersville
- Hôpitaux généraux et spécialisés, *M0396.*

Hagersville (Ont.)
- Usines diverses, *B9391.*

Haig (C.-B.)
- Ponts et tunnels, *N3510.*

Haileybury (Ont.)
- Écoles d'arts et métiers et écoles spéciales, *G1562.*

Haliburton
- Maisons de vacances, *D1042.*

Halifax
- Édifices cultuels, *A0122, A0161, A0190, A0486, A0537.*
- Édifices religieux divers, *A1045.*
- Banques, *B0074, B0190.*

Halifax (suite/cont'd)
- Centres commerciaux, *B1050, B1051, B1052, B1196, B1221, B1307, B1333, B1464.*
- Complexes à fonctions commerciale et résidentielle, *B2008, B2042.*
- Entrepôts, *B3093.*
- Garages, *B3505.*
- Édifices d'associations, *B4514, B4556.*
- Bureaux de professionnels, *B5212.*
- Bureaux divers, *B5726, B5727, B5821, B5828, B6012, B6013, B6059.*
- Magasins, *B6575, B6580, B6584.*
- Installations de services publics, *B8563, B8564.*
- Usines de denrées alimentaires, *B8602, B8626.*
- Usines de machines, *B8837.*
- Usines diverses, *B9392, B9613, B9627.*
- Restaurations diverses, *C0007, C0008, C0048, C0069, C0074, C0086.*
- Restaurations d'habitations, *C1014.*
- Bibliothèques publiques, *D2024, D2026.*
- Bibliothèques de maisons d'enseignement, *D2520.*
- Centres communautaires, *D3013.*
- Musées, *D5035.*
- Stades, *D6537.*
- Bureaux de poste, *F1044.*
- Constructions pour la défense civile, *F3036, F3037.*
- Édifices pour l'administration publique, *F5080, F5154.*
- Hôtels de ville et centres civiques, *F6068.*
- Écoles primaires et secondaires, *G0778, G0820, G0822, G0868, G0869, G0896.*
- Campus (Universités et collèges en général), *G2058, G2099.*
- Habitation subventionnée, *H1004, H1038.*
- Immeubles d'appartements, *H2049, H2050, H2051, H2052, H2053, H2419, H2519, H2540, H2541, H2690, H2692, H2737.*
- Maisons en bandes, *H4013.*
- Maisons unifamiliales et maisons jumelées, *H5150, H5151, H5152, H5153, H5466, H5809, H5881, H5882, H6016, H6238, H6270, H6322, H6559.*
- Parcs et jardins, *L0113.*
- Hôpitaux généraux et spécialisés, *M0258, M0286.*
- Hôpitaux pour enfants, *M2508, M2509.*
- Constructions pour le transport aérien, *N0041.*
- Ponts et tunnels, *N3565.*
- Constructions pour le téléphone, *N8007.*
- Travaux d'urbanisme et de rénovation urbaine, *P0073, P0074, P0075, P0076, P0077, P0078, P0079, P0080, P0081, P0082,*

HALIFAX (DALHOUSIE UNIV.)

Halifax
(suite/cont'd)
P0083, P0458, P0541, P0598, P0610, P0750.
- Quartiers résidentiels, *P1089, P1090, P1535.*

Halifax (Dalhousie Univ.)
- Campus (Universités et collèges en général), *G2057, G2215.*
- Pavillons pour l'enseignement et la recherche, *G7040, G7146.*
- Résidences d'étudiants, *G8096.*
- Laboratoires, *G9057.*

Halifax (Dalhousie University)
- Bibliothèques de maisons d'enseignement, *D2519.*
- Installations pour les sports et l'éducation physique, *G5013.*
- Pavillons pour l'enseignement et la recherche, *G7079, G7093.*
- Résidences d'étudiants, *G8010.*

Halifax (Nova Scotia Technical College)
- Installations pour les sports et l'éducation physique, *G5012.*
- Pavillons pour l'enseignement et la recherche, *G7078.*
- Résidences d'étudiants, *G8056.*

Halifax (St. Mary's University)
- Résidences d'étudiants, *G8097.*

Halifax-Dartmouth
- Maisons unifamiliales et maisons jumelées, *H5154.*
- Ponts et tunnels, *N3511.*

Halton
- Édifices pour l'administration publique, *F5138.*

Halton Hills (Ont.)
- Centres communautaires, *D3014.*

Hamilton
- Édifices cultuels, *A0095.*
- Banques, *B0004, B0111, B0167, B0184.*
- Centres commerciaux, *B1053, B1054, B1055, B1056, B1057, B1189, B1410.*
- Complexes à fonctions commerciale et résidentielle, *B2009, B2010, B2060.*
- Entrepôts, *B3105, B3144.*
- Garages, *B3548, B3562.*
- Hôtels, *B4017, B4094, B4197, B4220.*
- Édifices d'associations, *B4542.*
- Bureaux de professionnels, *B5241.*
- Bureaux divers, *B5529, B5945, B5946.*
- Magasins, *B6684.*
- Installations de services publics, *B8518, B8519, B8520, B8521.*
- Usines de machines, *B8862, B8863.*
- Usines diverses, *B9393, B9394, B9395, B9396, B9578, B9591, B9686, B9696, B9697, B9698.*
- Restaurations diverses, *C0076, C0077.*
- Bibliothèques publiques, *D2031, D2059.*

Hamilton
(suite/cont'd)
- Bibliothèques de maisons d'enseignement, *D2545.*
- Marinas, *D4509.*
- Musées, *D5040.*
- Stades, *D6503.*
- Théâtres, *D7535.*
- Casernes de pompiers, *F2012.*
- Édifices pour l'administration de la justice, *F4034, F4084.*
- Édifices pour l'administration publique, *F5007, F5141.*
- Hôtels de ville et centres civiques, *F6008, F6089, F6114.*
- Écoles primaires et secondaires, *G0912, G0923, G1139, G1172, G1173.*
- Écoles d'arts et métiers et écoles spéciales, *G1546.*
- Campus (Universités et collèges en général), *G2001, G2002, G2144.*
- Laboratoires, *G9007, G9082.*
- Foyers, *H0139.*
- Habitation subventionnée, *H1005.*
- Immeubles d'appartements, *H2054, H2055, H2056, H2057, H2411, H2460, H2601, H2651, H2665.*
- Maisons unifamiliales et maisons jumelées, *H5155, H5156, H5157, H5158, H5159, H5160, H5161, H5162, H5163, H5164, H5452, H5673, H5687, H5688, H5802, H5833, H5870, H6127, H6128, H6129, H6130, H6319, H6385, H6550.*
- Parcs et jardins, *L0063, L0124, L0125.*
- Cliniques de gériatrie, *M0001.*
- Hôpitaux généraux et spécialisés, *M0300, M0344, M0403.*
- Hôpitaux universitaires, *M3008.*
- Sanatoriums, *M4009.*
- Écoles et résidences d'infirmières, *M5021.*
- Centres médicaux, *M6051.*
- Architecture pour handicapés, etc., *M7014, M7015.*
- Constructions pour le transport maritime, *N1017.*
- Constructions pour le chemin de fer, *N2018.*
- Travaux d'urbanisme et de rénovation urbaine, *P0084, P0085, P0086, P0087, P0088, P0436, P0469, P0514, P0534, P0555, P0628, P0648, P0756, P0785.*
- Quartiers résidentiels, *P1091, P1092, P1093, P1094, P1095, P1636.*

Hamilton (McMaster Univ.)
- Bibliothèques de maisons d'enseignement, *D2547.*
- Campus (Universités et collèges en général), *G2192.*
- Pavillons pour l'enseignement et la recherche, *G7196, G7204, G7205.*

Hamilton (McMaster University)
- Installations pour les sports et l'éducation physique, *G5031.*

Hamilton (McMaster University)
(suite/cont'd)
- Pavillons pour l'enseignement et la recherche, *G7202, G7206.*
- Résidences d'étudiants, *G8011, G8068, G8072.*

Hamilton Mountain
- Centres commerciaux, *B1407.*

Hamilton, Ontario
- Édifices cultuels, *A0119.*

Hamilton(McMaster Univ.)
- Campus (Universités et collèges en général), *G2051.*

Hampstead
- Installations de services publics, *B8522.*
- Maisons unifamiliales et maisons jumelées, *H5165, H5633, H5861, H6035, H6186.*

Haney
- Immeubles d'appartements, *H2058.*

Haney (C.-B.)
- Banques, *B0173.*
- Hôtels de ville et centres civiques, *F6136.*

Hanna (Alberta)
- Constructions pour la défense civile, *F3006.*

Hanover
- Travaux d'urbanisme et de rénovation urbaine, *P0476.*

Harrow (Ont.)
- Bureaux de poste, *F1045.*
- Laboratoires, *G9008.*

Hartley Bay
- Écoles primaires et secondaires, *G0911.*

Hatzic (C.-B.)
- Maisons unifamiliales et maisons jumelées, *H6562.*

Hauterive
- Écoles spécialisées, *G4001.*

Havelock (Ont.)
- Écoles primaires et secondaires, *G0759.*

Havre-aux-Maisons (Qué.)
- Édifices cultuels, *A0208.*

Hay River (T.N.O.)
- Écoles primaires et secondaires, *G0711.*
- Constructions pour le transport aérien, *N0008.*

Hearst
- Édifices religieux divers, *A1036.*

Hébertville
- Écoles primaires et secondaires, *G0899.*

Henryville
- Centres communautaires, *D3185.*

Hespeler (Ont.)
- Maisons unifamiliales et maisons jumelées, *H5166, H5167, H5168.*

Hespeler (Ontario)
- Bureaux divers, *B5530.*

Hill Island (Ont.)
- Parcs et jardins, *L0004.*

Hillsborough (N.-É.)
- Banques, *B0005.*

Hinton (Alberta)
- Écoles primaires et secondaires, *G0709.*

Hochelaga
- Banques, *B0140.*

Honey Harbour
- Hôtels, *B4107.*

Honey Harbour (Ont.)
- Hôtels, *B4105.*

Hong Kong
- Hôtels, *B4190.*

Hope (C.-B.)
- Hôtels, *B4166.*

Hornepayne
- Complexes à fonctions commerciale et résidentielle, *B2090.*

Hudson
- Écoles primaires et secondaires, *G0953.*
- Constructions pour le téléphone, *N8033.*

Hudson (Qué.)
- Maisons unifamiliales et maisons jumelées, *H6357.*

Hudson Heights (Qué)
- Maisons unifamiliales et maisons jumelées, *H5744, H5750, H5751.*

Hudson Hope (C.-B.)
- Écoles primaires et secondaires, *G1143, G1144.*
- Immeubles d'appartements, *H2646.*
- Maisons en bandes, *H4044.*

Hull
- Édifices cultuels, *A0443, A0480.*
- Édifices religieux divers, *A1071.*
- Banques, *B0152.*
- Centres commerciaux, *B1058, B1059, B1060, B1201, B1210, B1328, B1344, B1385, B1411, B1444.*
- Hôtels, *B4018, B4019.*
- Bureaux divers, *B6037.*
- Magasins, *B6604.*
- Usines diverses, *B9580.*
- Constructions diverses, *D1523.*
- Centres communautaires, *D3212.*
- Gymnases, *D4001.*
- Musées, *D5002.*
- Piscines, *D6005.*
- Centres de congrès, *D7002.*
- Édifices pour l'administration de la justice, *F4007.*
- Édifices pour l'administration publique, *F5067, F5069.*
- Hôtels de ville et centres civiques, *F6009.*
- Écoles primaires et secondaires, *G0725, G1148, G1149, G1155, G1203, G1204.*

Hull
(suite/cont'd)
- Campus (Universités et collèges en général), *G2003, G2122.*
- Foyers, *H0021.*
- Habitation subventionnée, *H1006, H1007.*
- Immeubles d'appartements, *H2059, H2060, H2648.*
- Maisons en bandes, *H4014.*
- Maisons unifamiliales et maisons jumelées, *H5169, H6308.*
- Parcs et jardins, *L0132.*
- Hôpitaux généraux et spécialisés, *M0205.*
- Architecture pour handicapés, etc., *M7002.*
- Constructions pour les autobus, *N3002.*
- Routes, *N4002.*
- Constructions pour la radio et la télévision, *N7022.*
- Travaux d'urbanisme et de rénovation urbaine, *P0450, P0513, P0776.*
- Quartiers résidentiels, *P1096, P1455.*

Hunter River (I.-P.-E.)
- Foyers, *H0022.*

Huntsville-Bracebridge
- Usines diverses, *B9397.*

Husavick (Manitoba)
- Maisons de vacances, *D1080.*
- Maisons unifamiliales et maisons jumelées, *H6548.*

Iberville
- Édifices pour l'administration de la justice, *F4094.*
- Hôtels de ville et centres civiques, *F6133.*

Iberville (Qué.)
- Édifices cultuels, *A0011.*

Igloolik (T.N.O.)
- Laboratoires, *G9081.*

Ile Bizard
- Centres communautaires, *D3110.*
- Maisons unifamiliales et maisons jumelées, *H5170, H5171, H5172, H5547.*
- Travaux d'urbanisme et de rénovation urbaine, *P0479.*
- Quartiers résidentiels, *P1369.*

Ile Bizard (Qué.)
- Centres communautaires, *D3109.*

Ile Charron
- Quartiers résidentiels, *P1511.*

Ile Claude
- Quartiers résidentiels, *P1097, P1558.*

Ile d'Orléans
- Maisons unifamiliales et maisons jumelées, *H5485.*

Ile d'Orléans — Montmorency
- Immeubles d'appartements, *H2376.*

Ile de Laval
- Maisons unifamiliales et maisons jumelées, *H6242.*

Ile des Soeurs
- Centres commerciaux, *B1061, B1062.*
- Entrepôts, *B3021, B3022.*
- Garages, *B3551.*
- Magasins, *B6511.*
- Écoles primaires et secondaires, *G1022.*
- Immeubles d'appartements, *H2366, H2725.*
- Maisons en bandes, *H4074.*
- Quartiers résidentiels, *P1098, P1363, P1396, P1483.*

Ile des Soeurs (Montréal)
- Hôtels, *B4020.*

Ile-du-Prince-Édouard
- Garages, *B3569.*
- Édifices pour l'administration publique, *F5041.*
- Parcs et jardins, *L0005, L0128.*

Ile-Jésus
- Installations de services publics, *B8575.*
- Maisons unifamiliales et maisons jumelées, *H5173, H5174, H5175.*
- Travaux d'urbanisme et de rénovation urbaine, *P0516.*
- Quartiers résidentiels, *P1099, P1515.*

Ile-Maligne
- Édifices religieux divers, *A1006.*

Ile Paton
- Foyers, *H0086.*

Ile Paton (Qué.)
- Immeubles d'appartements, *H2061.*

Ile-Perrot
- Édifices cultuels, *A0125.*
- Maisons unifamiliales et maisons jumelées, *H5176.*

Iles-de-la-Madeleine
- Installations de services publics, *B8523.*
- Constructions pour le transport aérien, *N0009.*

Ingleside
- Édifices cultuels, *A0293.*
- Constructions pour le chemin de fer, *N2004.*

Ingleside (Ont.)
- Édifices cultuels, *A0366.*

Innisfail (Alberta)
- Usines diverses, *B9398.*

Invermere (C.-B.)
- Hôpitaux généraux et spécialisés, *M0401.*

Iroquois
- Édifices cultuels, *A0309.*

Islamabad
- Ambassades et consulats, *F0020.*

Isle-Maligne
- Écoles primaires et secondaires, *G0746.*

Islington
- Maisons unifamiliales et maisons jumelées, *H5613, H5614.*

Islington (Ont.)
- Édifices cultuels, *A0096.*

Issoudum
- Monuments, *K0006.*

Jacques-Cartier
- Usines diverses, *B9399.*

James Bay (C.-B.)
- Immeubles d'appartements, *H2062.*

Jasper
- Centres communautaires, *D3227.*
- Bureaux de poste, *F1005.*

Jasper (Alta)
- Centres communautaires, *D3015.*

Jasper Place (Alberta)
- Édifices cultuels, *A0181.*

Joliette
- Édifices cultuels, *A0115, A0116.*
- Centres commerciaux, *B1063.*
- Bureaux divers, *B5898.*
- Magasins, *B6556.*
- Usines diverses, *B9400, B9401, B9693.*
- Stades, *D6504.*
- Écoles primaires et secondaires, *G0530, G0897, G1071.*
- Écoles d'arts et métiers et écoles spéciales, *G1547.*
- Campus (Universités et collèges en général), *G2056, G2165.*
- Immeubles d'appartements, *H2536.*
- Maisons unifamiliales et maisons jumelées, *H6223.*
- Hôpitaux généraux et spécialisés, *M0351, M0379.*
- Ponts et tunnels, *N3550, N3564.*
- Constructions pour le téléphone, *N8045.*

Jonquière
- Édifices cultuels, *A0174, A0477.*
- Édifices religieux divers, *A1082.*
- Banques, *B0006.*
- Centres communautaires, *D3016.*
- Édifices pour l'administration publique, *F5008.*
- Écoles primaires et secondaires, *G0531, G1189, G1192, G1197.*
- Campus (Universités et collèges en général), *G2191.*
- Maisons unifamiliales et maisons jumelées, *H5602.*
- Hôpitaux généraux et spécialisés, *M0274.*
- Centres médicaux, *M6018.*
- Travaux d'urbanisme et de rénovation urbaine, *P0708.*

Jordan (Ont.)
- Maisons unifamiliales et maisons jumelées, *H6091.*

Kamloops
- Banques, *B0162.*
- Quartiers résidentiels, *P1101.*

Kamloops (C.-B.)
- Magasins, *B6653.*
- Centres communautaires, *D3058.*

Kamsack (Saskatchewan)
- Écoles primaires et secondaires, *G0677.*

Kanata
- Centres communautaires, *D3118.*
- Écoles primaires et secondaires, *G0750.*
- Maisons en bandes, *H4015.*
- Maisons unifamiliales et maisons jumelées, *H6468.*
- Travaux d'urbanisme et de rénovation urbaine, *P0480.*

Kapuskasing (Ont.)
- Édifices cultuels, *A0146.*
- Usines diverses, *B9402.*

Kardoff (Sask.)
- Édifices cultuels, *A0229.*

Kelowna
- Centres commerciaux, *B1323.*
- Complexes à fonctions commerciale et résidentielle, *B2083.*
- Bureaux divers, *B5877.*
- Magasins, *B6693.*
- Centres communautaires, *D3054.*
- Édifices pour l'administration publique, *F5009.*
- Immeubles d'appartements, *H2349.*
- Maisons unifamiliales et maisons jumelées, *H5884, H5886.*
- Travaux d'urbanisme et de rénovation urbaine, *P0089, P0439.*
- Quartiers résidentiels, *P1102, P1422.*

Kelowna (C.-B.)
- Entrepôts, *B3098.*
- Bibliothèques publiques, *D2072.*
- Maisons en bandes, *H4075.*
- Maisons unifamiliales et maisons jumelées, *H6581, H6582.*

Kennisis Lake (Ontario)
- Maisons de vacances, *D1077.*

Kénogami
- Édifices religieux divers, *A1027.*
- Garages, *B3542.*
- Écoles primaires et secondaires, *G0532, G1199.*

Kenora
- Hôtels, *B4021.*
- Travaux d'urbanisme et de rénovation urbaine, *P0431.*

Kentville (N.-E.)
- Sanatoriums, *M4006, M4007.*

Kerrisdale (C.-B.)
- Immeubles d'appartements, *H2063.*

Kindersley (Sask.)
- Maisons unifamiliales et maisons jumelées, *H5179.*

KINGSTON

Kingston
- Centres commerciaux, *B1064*.
- Complexes à fonctions commerciale et résidentielle, *B2101*.
- Hôtels, *B4173*.
- Bureaux divers, *B5899*.
- Magasins, *B6647*.
- Usines de denrées alimentaires, *B8636*, *B8637*.
- Usines diverses, *B9403*, *B9642*.
- Centres communautaires, *D3049*.
- Marinas, *D4513*.
- Musées, *D5067*.
- Constructions pour la défense civile, *F3023*, *F3024*, *F3033*, *F3034*.
- Écoles primaires et secondaires, *G0610*, *G0611*, *G0816*.
- Écoles d'arts et métiers et écoles spéciales, *G1529*.
- Campus (Universités et collèges en général), *G2021*, *G2034*.
- Auditoriums, *G2702*.
- Écoles spécialisées, *G4021*.
- Pavillons pour l'enseignement et la recherche, *G7027*, *G7043*.
- Résidences d'étudiants, *G8063*.
- Laboratoires, *G9076*, *G9093*.
- Immeubles d'appartements, *H2064*.
- Maisons unifamiliales et maisons jumelées, *H5180*, *H5482*, *H5921*.
- Hôpitaux généraux et spécialisés, *M0280*, *M0281*.
- Hôpitaux militaires, *M1015*.
- Constructions pour le téléphone, *N8008*, *N8053*.
- Travaux d'urbanisme et de rénovation urbaine, *P0667*, *P0782*.
- Quartiers résidentiels, *P1103*, *P1104*.

Kingston (Queen's University)
- Pavillons pour l'enseignement et la recherche, *G7006*, *G7007*, *G7138*, *G7141*.
- Résidences d'étudiants, *G8012*, *G8013*, *G8074*.

Kirby
- Constructions diverses, *D1512*.

Kirkfield Park (Manitoba)
- Édifices cultuels, *A0239*.
- Écoles primaires et secondaires, *G1140*.

Kirkland
- Laboratoires, *G9009*, *G9010*.
- Maisons unifamiliales et maisons jumelées, *H5181*, *H5182*, *H6366*.

Kirkland Lake
- Hôpitaux généraux et spécialisés, *M0373*.

Kirks' Ferry (Qué.)
- Maisons unifamiliales et maisons jumelées, *H5500*.

Kirkwood Beach Grove (C.-B.)
- Maisons unifamiliales et maisons jumelées, *H5694*.

Kitchener
- Centres commerciaux, *B1065*, *B1249*.

Kitchener (suite/cont'd)
- Entrepôts, *B3023*, *B3024*, *B3025*, *B3026*, *B3106*, *B3154*.
- Hôtels, *B4095*.
- Bureaux divers, *B5811*, *B6048*.
- Magasins, *B6613*, *B6648*.
- Usines de machines, *B8809*.
- Usines diverses, *B9404*, *B9738*.
- Bibliothèques publiques, *D2058*.
- Stades, *D6543*.
- Bureaux de poste, *F1006*.
- Constructions pour la défense civile, *F3007*.
- Édifices pour l'administration publique, *F5093*.
- Écoles primaires et secondaires, *G0533*, *G0534*, *G1035*, *G1056*.
- Campus (Universités et collèges en général), *G2147*.
- Foyers, *H0106*.
- Immeubles d'appartements, *H2065*.
- Maisons en bandes, *H4016*, *H4017*, *H4018*.
- Maisons unifamiliales et maisons jumelées, *H5183*, *H5184*, *H5185*, *H5186*, *H5187*, *H5188*, *H6321*.
- Hôpitaux généraux et spécialisés, *M0307*.
- Ponts et tunnels, *N3566*.
- Constructions pour la radio et la télévision, *N7013*.
- Travaux d'urbanisme et de rénovation urbaine, *P0090*, *P0615*, *P0617*.
- Quartiers résidentiels, *P1105*.

Kitchener-Waterloo
- Édifices cultuels, *A0352*.

Kitimat
- Usines diverses, *B9405*.
- Maisons unifamiliales et maisons jumelées, *H5189*.
- Travaux d'urbanisme et de rénovation urbaine, *P0735*.

Kitimat (C.-B.)
- Travaux d'urbanisme et de rénovation urbaine, *P0656*, *P0657*, *P0658*.

Kleinburg
- Musées, *D5091*.

L'Abord-à-Plouffe
- Édifices cultuels, *A0426*.
- Écoles primaires et secondaires, *G1280*.

L'Ancienne-Lorette
- Maisons de vacances, *D1003*.
- Constructions pour le téléphone, *N8009*.

L'Annonciation
- Architecture pour handicapés, etc., *M7001*.

L'Assomption
- Écoles primaires et secondaires, *G0898*.
- Campus (Universités et collèges en général), *G2072*.

L'Islet
- Hôtels, *B4079*.

La Ferme
- Écoles d'arts et métiers et écoles spéciales, *G1548*.

La Malbaie
- Édifices cultuels, *A0178*.
- Centres commerciaux, *B1067*.
- Édifices pour l'administration publique, *F5152*.

La Pocatière
- Centres communautaires, *D3017*.
- Écoles primaires et secondaires, *G0536*.

La Prade
- Installations de services publics, *B8524*.

La Prairie
- Maisons unifamiliales et maisons jumelées, *H5190*.
- Travaux d'urbanisme et de rénovation urbaine, *P0099*, *P0100*.
- Quartiers résidentiels, *P1107*.

La Prairie (Québec)
- Usines diverses, *B9410*, *B9411*.

La Roche
- Écoles primaires et secondaires, *G0537*.

La Salle
- Laboratoires, *G9011*.

La Sarre (Abitibi)
- Usines diverses, *B9413*.

La Tuque
- Bâtiments agricoles, *B0802*.
- Installations de services publics, *B8526*, *B8583*.
- Centres communautaires, *D3018*, *D3019*.
- Bureaux de poste, *F1007*.
- Écoles primaires et secondaires, *G0793*.
- Quartiers résidentiels, *P1108*, *P1109*.

Labrieville
- Édifices cultuels, *A0223*.
- Immeubles d'appartements, *H2434*.
- Travaux d'urbanisme et de rénovation urbaine, *P0566*.

Lac Barbel
- Travaux d'urbanisme et de rénovation urbaine, *P0091*.

Lac Beauport
- Hôtels, *B4090*.
- Maisons de vacances, *D1073*.

Lac-Bouchette
- Édifices cultuels, *A0521*.

Lac Brôme
- Maisons unifamiliales et maisons jumelées, *H5634*.

Lac Brompton
- Édifices cultuels, *A0164*.

Lac Clair
- Maisons de vacances, *D1020*.

Lac Claire
- Maisons de vacances, *D1026*.

Lac Delage
- Maisons de vacances, *D1081*.
- Travaux d'urbanisme et de rénovation urbaine, *P0092*.

Lac-des-Deux-Montagnes
- Foyers, *H0023*.

Lac Du Bonnet (Manitoba)
- Écoles primaires et secondaires, *G1044*.

Lac du Nord
- Maisons de vacances, *D1037*.
- Maisons unifamiliales et maisons jumelées, *H5487*.

Lac Janeen
- Travaux d'urbanisme et de rénovation urbaine, *P0093*.

Lac Massawippi
- Maisons de vacances, *D1049*.

Lac Masson
- Maisons de vacances, *D1016*.
- Maisons unifamiliales et maisons jumelées, *H5509*, *H5512*, *H5726*.

Lac-Mégantic
- Édifices cultuels, *A0434*.
- Campus (Universités et collèges en général), *G2180*.
- Maisons unifamiliales et maisons jumelées, *H5521*.

Lac Memphrémagog
- Maisons unifamiliales et maisons jumelées, *H5661*.

Lac Philippe
- Parcs et jardins, *L0077*.

Lac Quévillion
- Travaux d'urbanisme et de rénovation urbaine, *P0094*.

Lac-Saguay
- Édifices cultuels, *A0416*.

Lac Saint-Charles
- Garages, *B3544*.

Lac St-Jean
- Travaux d'urbanisme et de rénovation urbaine, *P0095*, *P0096*.

Lac St-Pierre
- Laboratoires, *G9060*.

Lac Ste-Adèle
- Maisons unifamiliales et maisons jumelées, *H5607*.

Lac Wadsworth (Ontario)
- Maisons unifamiliales et maisons jumelées, *H5944*.

Lachine
- Édifices cultuels, *A0415*, *A0467*.
- Entrepôts, *B3136*.
- Bureaux divers, *B5531*.
- Parcs industriels, *B8011*, *B8012*.
- Usines diverses, *B9406*, *B9407*, *B9408*.
- Piscines, *D6030*.
- Écoles primaires et secondaires, *G0535*, *G0654*, *G1037*, *G1038*, *G1039*.
- Maisons unifamiliales et maisons jumelées, *H6342*.

Lachine
(suite/cont'd)
- Constructions pour le téléphone, *N8041*.
- Travaux d'urbanisme et de rénovation urbaine, *P0098*.

Lachute
- Édifices cultuels, *A0427*.
- Bureaux divers, *B5704*.
- Piscines, *D6006, D6007*.
- Écoles primaires et secondaires, *G0719*.
- Centres médicaux, *M6048*.

Lacombe
- Édifices cultuels, *A0103*.
- Laboratoires, *G9038*.

Ladner (C.-B.)
- Bibliothèques publiques, *D2018*.
- Foyers, *H0024*.
- Immeubles d'appartements, *H2524*.
- Maisons unifamiliales et maisons jumelées, *H5704, H5705*.
- Quartiers résidentiels, *P1488, P1492*.

Lagos
- Ambassades et consulats, *F0019*.

Lake City Industrial Park
- Usines de denrées alimentaires, *B8663*.

Lake Couchiching (Ont.)
- Maisons unifamiliales et maisons jumelées, *H6193*.

Lake Louise
- Maisons de vacances, *D1031*.

Lake Manitou
- Maisons de vacances, *D1083*.

Lake Ontario
- Bureaux divers, *B5947*.

Lake Rosseau (Ont.)
- Hôtels, *B4174*.

Lake Rosseau, Muskoka (Ont.)
- Maisons de vacances, *D1065*.

Lake Simcoe
- Maisons de vacances, *D1002, D1014, D1046, D1059*.
- Maisons unifamiliales et maisons jumelées, *H5993*.

Lake Simcoe (Ont.)
- Maisons de vacances, *D1066, D1067*.

Lake St. Joseph (Ont.)
- Travaux d'urbanisme et de rénovation urbaine, *P0097*.

Lake St. Lawrence
- Hôtels, *B4099*.

Lake Windermere (C.-B.)
- Maisons de vacances, *D1012*.

Lakefield (Ont.)
- Édifices cultuels, *A0140*.

Lakehead area
- Maisons unifamiliales et maisons jumelées, *H6151*.
- Quartiers résidentiels, *P1106*.

Lambeth (Ont.)
- Maisons unifamiliales et maisons jumelées, *H6296*.

Lancaster (N.-B.)
- Magasins, *B6512*.
- Maisons unifamiliales et maisons jumelées, *H5725*.

Langley (C.-B.)
- Banques, *B0095*.
- Musées, *D5082*.
- Écoles primaires et secondaires, *G1020, G1214*.
- Maisons unifamiliales et maisons jumelées, *H5695, H5696, H5706*.
- Hôpitaux généraux et spécialisés, *M0296*.

Lansdowne
- Usines diverses, *B9409*.

Laprairie
- Hôtels, *B4239*.
- Restaurations diverses, *C0058*.
- Écoles primaires et secondaires, *G0826, G0827*.
- Immeubles d'appartements, *H2066*.
- Maisons unifamiliales et maisons jumelées, *H6152*.

Larouche
- Édifices cultuels, *A0478*.

Lasalle
- Édifices cultuels, *A0067, A0068*.
- Édifices religieux divers, *A1021*.
- Bureaux divers, *B5532*.
- Écoles primaires et secondaires, *G1179*.
- Campus (Universités et collèges en général), *G2004*.

Laurentides
- Ateliers, *B8202*.
- Maisons de vacances, *D1052, D1061, D1062*.
- Constructions diverses, *D1516*.
- Centres communautaires, *D3052*.

Lauzon
- Écoles primaires et secondaires, *G0538*.
- Écoles d'arts et métiers et écoles spéciales, *G1566*.

Laval
- Édifices cultuels, *A0187*.
- Centres commerciaux, *B1068, B1069, B1314, B1357, B1365*.
- Hôtels, *B4022*.
- Bureaux divers, *B5705, B5768, B6036*.
- Usines de denrées alimentaires, *B8604*.
- Usines diverses, *B9414, B9723*.
- Centres communautaires, *D3020, D3132*.
- Édifices pour l'administration de la justice, *F4008*.
- Maternelles et jardins d'enfants, *G0003*.
- Écoles primaires et secondaires, *G0539, G0642, G0643, G0804*.
- Campus (Universités et collèges en général), *G2076*.
- Laboratoires, *G9068*.

Laval
(suite/cont'd)
- Foyers, *H0084*.
- Immeubles d'appartements, *H2067, H2451, H2724*.
- Maisons unifamiliales et maisons jumelées, *H5192, H5193, H5194, H5195, H5196, H6021, H6249, H6282, H6545*.
- Hôpitaux généraux et spécialisés, *M0236*.
- Ponts et tunnels, *N3543*.
- Constructions pour le téléphone, *N8010*.
- Travaux d'urbanisme et de rénovation urbaine, *P0103, P0104, P0105, P0106, P0107, P0108, P0625, P0652*.
- Quartiers résidentiels, *P1110, P1111, P1112, P1113, P1114, P1115, P1116, P1513*.

Laval-des-Rapides
- Édifices cultuels, *A0166*.
- Banques, *B0059, B0070*.
- Centres communautaires, *D3157*.
- Écoles primaires et secondaires, *G0775*.
- Maisons unifamiliales et maisons jumelées, *H5620, H5635, H5636, H5637*.

Laval-sur-le-Lac
- Édifices cultuels, *A0354*.
- Centres communautaires, *D3099*.
- Maisons unifamiliales et maisons jumelées, *H5197, H5646, H6288*.
- Parcs et jardins, *L0122*.
- Travaux d'urbanisme et de rénovation urbaine, *P0732*.
- Quartiers résidentiels, *P1117*.

Leaf Rapids (Man.)
- Centres commerciaux, *B1435*.

Leamington (Ont.)
- Entrepôts, *B3117*.
- Usines de denrées alimentaires, *B8647*.

Leaside
- Bureaux divers, *B5672*.
- Usines de machines, *B8857, B8858*.
- Usines diverses, *B9574, B9675*.
- Constructions pour le chemin de fer, *N2005*.

Leaside (Ont.)
- Édifices cultuels, *A0032*.
- Magasins, *B6533*.
- Bibliothèques publiques, *D2003*.
- Centres communautaires, *D3045*.
- Écoles primaires et secondaires, *G0735, G0736*.
- Architecture pour handicapés, etc., *M7021*.

Lebel-sur-Quévillon
- Quartiers résidentiels, *P1118*.

Lebret (Saskatchewan)
- Maisons unifamiliales et maisons jumelées, *H6569*.

Lennoxville
- Édifices religieux divers, *A1068*.

Lennoxville
(suite/cont'd)
- Écoles primaires et secondaires, *G1001*.
- Auditoriums, *G2703*.
- Pavillons pour l'enseignement et la recherche, *G7088*.
- Résidences d'étudiants, *G8014*.

Lesage
- Maisons unifamiliales et maisons jumelées, *H6224*.
- Travaux d'urbanisme et de rénovation urbaine, *P0675*.
- Quartiers résidentiels, *P1567*.

Lethbridge
- Banques, *B0041*.
- Centres communautaires, *D3021*.
- Édifices pour l'administration de la justice, *F4078*.
- Écoles primaires et secondaires, *G0665*.
- Campus (Universités et collèges en général), *G2091*.
- Laboratoires, *G9012*.
- Immeubles d'appartements, *H2446*.
- Maisons unifamiliales et maisons jumelées, *H5198*.

Lévis
- Centres commerciaux, *B1070*.
- Bureaux divers, *B5646, B5819, B5820, B5900, B5977*.
- Installations de services publics, *B8527*.
- Centres communautaires, *D3229*.
- Édifices pour l'administration publique, *F5047*.
- Hôpitaux généraux et spécialisés, *M0206, M0380*.
- Routes, *N4018*.

Lillooet (C.-B.)
- Hôpitaux généraux et spécialisés, *M0313*.

Lindsay (Ont.)
- Usines diverses, *B9415, B9624, B9680*.
- Écoles primaires et secondaires, *G0625*.

Listowel
- Stades, *D6505*.

Listowel (Ont.)
- Foyers, *H0025*.

Little Bow (Alberta)
- Hôpitaux généraux et spécialisés, *M0355*.

Little Cornwallis Island (T.-N.-O.)
- Complexes à fonctions commerciale et résidentielle, *B2040*.

Little Plagreen Lake (Man.)
- Édifices pour l'administration de la justice, *F4009*.

Little Saanich Mountain (C.-B.)
- Laboratoires, *G9066*.

Liverpool (N.-É.)
- Quartiers résidentiels, *P1119*.

Lloydminster (Sask.)
- Parcs industriels, *B8013*.

Logy Bay (T.-N.)
- Laboratoires, *G9055.*

London
- Édifices cultuels, *A0398.*
- Banques, *B0007.*
- Centres commerciaux, *B1071, B1072, B1073, B1074, B1193, B1308.*
- Complexes à fonctions commerciale et résidentielle, *B2011, B2012, B2089.*
- Entrepôts, *B3127.*
- Hôtels, *B4023, B4024.*
- Bureaux divers, *B5533, B5858, B5953.*
- Magasins, *B6606.*
- Restaurants, *B7040.*
- Imprimeries, *B8305.*
- Usines de denrées alimentaires, *B8605, B8638.*
- Usines de machines, *B8810, B8811.*
- Usines diverses, *B9416.*
- Restaurations diverses, *C0067.*
- Bibliothèques publiques, *D2038.*
- Musées, *D5003, D5059.*
- Édifices pour l'administration publique, *F5146.*
- Hôtels de ville et centres civiques, *F6032.*
- Écoles primaires et secondaires, *G0894, G1034, G1062, G1161.*
- Campus (Universités et collèges en général), *G2070.*
- Résidences d'étudiants, *G8015, G8016, G8064.*
- Foyers, *H0130.*
- Immeubles d'appartements, *H2068, H2069, H2070, H2673.*
- Maisons unifamiliales et maisons jumelées, *H5199, H5200, H5201, H5202, H5203, H5204, H5205, H5527, H6425, H6446, H6462, H6511.*
- Hôpitaux généraux et spécialisés, *M0423.*
- Hôpitaux universitaires, *M3002, M3013.*
- Centres médicaux, *M6046.*
- Architecture pour handicapés, etc., *M7026.*
- Constructions pour le téléphone, *N8011, N8054.*
- Travaux d'urbanisme et de rénovation urbaine, *P0109, P0437.*
- Quartiers résidentiels, *P1120, P1121, P1122, P1123, P1124, P1125, P1126, P1127.*

London (Angleterre)
- Ambassades et consulats, *F0018.*

London (University of Western Ontario)
- Bibliothèques de maisons d'enseignement, *D2511.*

Long Beach (Ont.)
- Maisons de vacances, *D1055.*

Long Branch, (Ont.)
- Édifices cultuels, *A0012.*
- Garages, *B3506.*
- Usines diverses, *B9666.*

Long Lake (Qué.)
- Constructions diverses, *D1504.*

Long Lake (Sask.)
- Maisons de vacances, *D1070.*

Long Sault
- Édifices cultuels, *A0102.*

Longlac (Ont.)
- Usines diverses, *B9417.*

Longue-Pointe
- Laboratoires, *G9091.*

Longueuil
- Édifices cultuels, *A0114.*
- Édifices religieux divers, *A1030.*
- Complexes à fonctions commerciale et résidentielle, *B2041.*
- Hôtels, *B4251, B4252, B4253.*
- Bureaux divers, *B6026, B6060.*
- Usines de machines, *B8812.*
- Usines diverses, *B9418.*
- Constructions pour la défense civile, *F3008, F3054.*
- Édifices pour l'administration publique, *F5010.*
- Campus (Universités et collèges en général), *G2054.*
- Foyers, *H0026, H0027, H0094.*
- Immeubles d'appartements, *H2071, H2072, H2324, H2325, H2332, H2338, H2386, H2486.*
- Maisons unifamiliales et maisons jumelées, *H5206, H5207, H5557, H5817, H6246.*
- Hôpitaux généraux et spécialisés, *M0207, M0256.*
- Travaux d'urbanisme et de rénovation urbaine, *P0110, P0754.*
- Quartiers résidentiels, *P1128, P1129, P1388, P1397.*

Loretteville
- Maisons unifamiliales et maisons jumelées, *H5208, H5209.*
- Quartiers résidentiels, *P1130.*

Lorraine
- Maisons unifamiliales et maisons jumelées, *H6300, H6301, H6302.*
- Travaux d'urbanisme et de rénovation urbaine, *P0111.*

Lorraine (Qué.)
- Maisons unifamiliales et maisons jumelées, *H5668, H6243, H6244.*

Lorrainville
- Écoles primaires et secondaires, *G1170.*

Louisbourg
- Restaurations diverses, *C0009.*

Louiseville
- Usines diverses, *B9419.*
- Hôpitaux généraux et spécialisés, *M0252.*

Lucerne (Qué.)
- Maisons unifamiliales et maisons jumelées, *H6237.*
- Travaux d'urbanisme et de rénovation urbaine, *P0112.*

Lulu Island (C.-B.)
- Édifices religieux divers, *A1047.*
- Usines diverses, *B9631.*

Lumsden (Sask.)
- Ateliers, *B8206, B8207.*

Macamic
- Sanatoriums, *M4015.*

Mackayville
- Édifices cultuels, *A0388, A0389.*
- Écoles primaires et secondaires, *G1049.*

MacKenzie (C.-B.)
- Hôpitaux généraux et spécialisés, *M0208.*

Mactaquac (N.-B.)
- Travaux d'urbanisme et de rénovation urbaine, *P0113.*

Madoc (Ont.)
- Bureaux de poste, *F1046.*

Magnetawan (Ont.)
- Écoles primaires et secondaires, *G1104.*

Magog
- Édifices cultuels, *A0059, A0435.*
- Édifices religieux divers, *A1017.*
- Maisons unifamiliales et maisons jumelées, *H5522.*
- Ponts et tunnels, *N3541.*

Maillardville (C.-B.)
- Édifices religieux divers, *A1088.*

Maillardville (Vancouver)
- Édifices cultuels, *A0530.*

Malartic
- Écoles primaires et secondaires, *G1171.*

Malton
- Centres commerciaux, *B1425.*
- Hôtels, *B4025, B4026, B4176.*
- Bibliothèques publiques, *D2049.*

Malton (Ont.)
- Entrepôts, *B3066.*

Malvern (Ont.)
- Usines de machines, *B8813.*

Manicouagan
- Installations de services publics, *B8528, B8529, B8530, B8531, B8532, B8601.*
- Parcs et jardins, *L0051.*
- Travaux d'urbanisme et de rénovation urbaine, *P0624.*

Manitoba
- Maisons de vacances, *D1076.*
- Constructions diverses, *D1521.*
- Stades, *D6559.*
- Édifices pour l'administration publique, *F5089.*
- Écoles primaires et secondaires, *G1069.*
- Campus (Universités et collèges en général), *G2005, G2100.*
- Immeubles d'appartements, *H2552, H2553.*
- Maisons unifamiliales et maisons jumelées, *H6320.*
- Parcs et jardins, *L0091.*
- Ponts et tunnels, *N3512.*
- Travaux d'urbanisme et de rénovation urbaine, *P0445.*

Manseau
- Édifices cultuels, *A0469.*

Maple
- Parcs et jardins, *L0138.*
- Routes, *N4010.*

Maple Creek (Sask.)
- Constructions diverses, *D1529.*

Marathon
- Constructions pour le chemin de fer, *N2006.*

March Township (Ont.)
- Quartiers résidentiels, *P1468.*

Marieville
- Usines diverses, *B9420.*
- Constructions pour la radio et la télévision, *N7009, N7024.*

Maritimes
- Maisons unifamiliales et maisons jumelées, *H6231.*

Markham
- Banques, *B0058.*
- Centres commerciaux, *B1348.*
- Bureaux divers, *B5896.*
- Usines diverses, *B9643, B9687.*
- Immeubles d'appartements, *H2685.*
- Maisons unifamiliales et maisons jumelées, *H5210, H5211, H6407.*
- Travaux d'urbanisme et de rénovation urbaine, *P0115.*

Markham (Ont.)
- Édifices cultuels, *A0390.*
- Immeubles d'appartements, *H2073, H2074.*

Marmora (Ont.)
- Écoles primaires et secondaires, *G0751.*

Marystown (T.-N.)
- Immeubles d'appartements, *H2075.*

Matane
- Bureaux divers, *B5534.*
- Piscines, *D6009.*
- Campus (Universités et collèges en général), *G2067, G2166.*
- Hôpitaux généraux et spécialisés, *M0209.*

Matane-sur-mer
- Hôtels, *B4144.*

Mauricie
- Restaurants, *B7017.*
- Laboratoires, *G9048.*

McBrian Island (Ont.)
- Maisons unifamiliales et maisons jumelées, *H6166.*

McFall Field
- Constructions pour le transport aérien, *N0010.*

McMasterville
- Écoles primaires et secondaires, *G0787.*

Meaford (Ont.)
- Écoles primaires et secondaires, *G1222, G1223.*

MONTRÉAL

Meaford (Ont.) (suite/cont'd)
- Foyers, *H0028*.

Meewasin Valley (Sask.)
- Travaux d'urbanisme et de rénovation urbaine, *P0663*.

Mégantic
- Écoles primaires et secondaires, *G1135*.

Melford (Saskatchewan)
- Foyers, *H0143*.

Melville (Sask.)
- Écoles primaires et secondaires, *G0935*.

Melville (Saskatchewan)
- Édifices pour l'administration publique, *F5115*.
- Hôpitaux généraux et spécialisés, *M0419*.

Merritt (C.-B.)
- Centres communautaires, *D3139*.

Messines
- Écoles primaires et secondaires, *G0540*.

Mexico
- Ambassades et consulats, *F0017*.

Mexico City
- Ambassades et consulats, *F0011*.

Milan (La Triennale)
- Bâtiments d'expositions, *D0188*.

Mill Woods (Alberta)
- Centres commerciaux, *B1369*.

Millbrook (Ont.)
- Édifices pour l'administration de la justice, *F4028*.

Millhaven (Ont.)
- Usines diverses, *B9628*.
- Édifices pour l'administration de la justice, *F4050*.

Milton
- Entrepôts, *B3087*.
- Usines diverses, *B9421*, *B9422*, *B9423*.
- Bibliothèques publiques, *D2012*.
- Édifices pour l'administration de la justice, *F4010*.
- Maisons unifamiliales et maisons jumelées, *H6167*.

Milton (Ont.)
- Travaux d'urbanisme et de rénovation urbaine, *P0691*.

Mimico (Ont.)
- Bibliothèques publiques, *D2005*.

Minnedosa (Man.)
- Écoles primaires et secondaires, *G1073*.

Mirabel
- Hôtels, *B4091*.
- Bureaux divers, *B5833*.
- Parcs industriels, *B8014*.
- Travaux d'urbanisme et de rénovation urbaine, *P0116*.

Miscouche (I.-P.-E.)
- Foyers, *H0029*.

Mission (C.-B.)
- Édifices pour l'administration de la justice, *F4075*.

Mission City
- Édifices cultuels, *A0249*.
- Écoles primaires et secondaires, *G0884*.

Mission City (C.-B.)
- Édifices cultuels, *A0254*.

Mississauga
- Centres commerciaux, *B1075*, *B1076*, *B1190*, *B1391*.
- Entrepôts, *B3027*.
- Édifices des sociétés d'énergie et de télécommunication, *B4903*.
- Bureaux divers, *B5535*, *B5536*, *B5537*, *B5538*, *B5539*, *B5540*, *B5807*, *B5836*, *B5837*, *B5981*, *B5984*.
- Magasins, *B6513*, *B6514*.
- Parcs industriels, *B8015*.
- Installations de services publics, *B8600*.
- Usines de machines, *B8866*.
- Usines diverses, *B9424*, *B9425*, *B9426*, *B9427*, *B9428*.
- Bibliothèques publiques, *D2035*, *D2050*.
- Centres communautaires, *D3114*, *D3187*.
- Piscines, *D6047*, *D6048*, *D6049*.
- Immeubles d'appartements, *H2076*, *H2077*, *H2078*, *H2079*, *H2080*, *H2081*, *H2395*, *H2589*.
- Maisons unifamiliales et maisons jumelées, *H6050*, *H6088*.
- Constructions pour les autobus, *N3014*.
- Travaux d'urbanisme et de rénovation urbaine, *P0117*, *P0118*, *P0119*, *P0738*, *P0792*.
- Quartiers résidentiels, *P1131*, *P1132*, *P1133*, *P1134*, *P1135*, *P1136*, *P1137*, *P1138*, *P1139*, *P1140*, *P1393*, *P1398*, *P1508*, *P1562*.

Mississauga (Sheridan Park)
- Laboratoires, *G9013*, *G9014*, *G9015*.

Moisie
- Travaux d'urbanisme et de rénovation urbaine, *P0120*.

Moncton
- Édifices cultuels, *A0041*, *A0337*.
- Centres commerciaux, *B1077*, *B1296*, *B1315*.
- Garages, *B3568*.
- Hôtels, *B4027*.
- Magasins, *B6515*.
- Usines diverses, *B9429*, *B9676*.
- Centres communautaires, *D3222*, *D3230*.
- Hôtels de ville et centres civiques, *F6010*.
- Écoles primaires et secondaires, *G0977*.
- Campus (Universités et collèges en général), *G2155*, *G2184*.

Moncton (suite/cont'd)
- Pavillons pour l'enseignement et la recherche, *G7182*.
- Résidences d'étudiants, *G8017*.
- Hôpitaux généraux et spécialisés, *M0265*, *M0308*.
- Constructions pour le transport aérien, *N0011*.
- Travaux d'urbanisme et de rénovation urbaine, *P0121*.

Moncton, N.-B.
- Édifices religieux divers, *A1055*.

Mont-Carmel
- Ponts et tunnels, *N3513*.

Mont-Joli
- Hôtels, *B4154*.
- Hôtels de ville et centres civiques, *F6011*.
- Sanatoriums, *M4002*, *M4011*.

Mont-Laurier
- Restaurants, *B7033*.
- Hôtels de ville et centres civiques, *F6124*.
- Écoles primaires et secondaires, *G0541*.
- Écoles d'arts et métiers et écoles spéciales, *G1535*.
- Campus (Universités et collèges en général), *G2193*.
- Habitation subventionnée, *H1008*.
- Hôpitaux généraux et spécialisés, *M0381*.

Mont Orford
- Théâtres, *D7526*.

Mont Plaisant
- Édifices religieux divers, *A1063*.

Mont-Rolland
- Hôtels, *B4208*.

Mont-Royal
- Parcs et jardins, *L0123*.

Mont-Saint-Bruno
- Édifices cultuels, *A0168*.

Mont Saint-Hilaire
- Maisons unifamiliales et maisons jumelées, *H5223*.

Mont Sainte-Anne
- Maisons de vacances, *D1004*, *D1039*.

Mont Sainte-Marie (Qué.)
- Constructions diverses, *D1531*.
- Centres de congrès, *D7025*.

Mont St-Bruno
- Maisons unifamiliales et maisons jumelées, *H5565*.

Mont-St-Hilaire
- Centres communautaires, *D3084*.
- Laboratoires, *G9069*.
- Immeubles d'appartements, *H2117*.
- Maisons unifamiliales et maisons jumelées, *H5447*.

Mont Tremblant
- Constructions diverses, *D1530*.

Mont Tremblant (suite/cont'd)
- Écoles primaires et secondaires, *G0830*.

Montebello
- Hôtels, *B4159*.
- Centres communautaires, *D3163*.
- Piscines, *D6038*.
- Écoles primaires et secondaires, *G0824*.

Montmagny
- Hôtels, *B4162*.
- Centres communautaires, *D3022*.
- Écoles primaires et secondaires, *G0542*, *G0543*, *G1271*.
- Hôpitaux généraux et spécialisés, *M0376*.
- Ponts et tunnels, *N3514*.

Montréal
- Édifices cultuels, *A0013*, *A0014*, *A0015*, *A0031*, *A0033*, *A0040*, *A0049*, *A0069*, *A0080*, *A0081*, *A0117*, *A0123*, *A0126*, *A0145*, *A0154*, *A0157*, *A0158*, *A0163*, *A0167*, *A0189*, *A0201*, *A0202*, *A0203*, *A0210*, *A0211*, *A0213*, *A0221*, *A0224*, *A0244*, *A0245*, *A0263*, *A0271*, *A0272*, *A0273*, *A0282*, *A0304*, *A0305*, *A0323*, *A0331*, *A0333*, *A0334*, *A0340*, *A0341*, *A0342*, *A0356*, *A0382*, *A0404*, *A0413*, *A0417*, *A0429*, *A0437*, *A0451*, *A0452*, *A0453*, *A0454*, *A0455*, *A0464*, *A0482*, *A0487*, *A0524*, *A0525*, *A0545*, *A0549*.
- Édifices religieux divers, *A1007*, *A1019*, *A1025*, *A1026*, *A1043*, *A1053*, *A1065*, *A1076*, *A1077*, *A1080*.
- Banques, *B0008*, *B0009*, *B0010*, *B0011*, *B0012*, *B0013*, *B0014*, *B0032*, *B0037*, *B0050*, *B0063*, *B0064*, *B0065*, *B0073*, *B0076*, *B0078*, *B0087*, *B0088*, *B0100*, *B0101*, *B0102*, *B0104*, *B0128*, *B0141*, *B0145*, *B0147*, *B0148*, *B0149*, *B0156*, *B0157*, *B0158*, *B0168*, *B0176*, *B0177*, *B0187*.
- Centres commerciaux, *B1078*, *B1079*, *B1080*, *B1081*, *B1082*, *B1083*, *B1084*, *B1085*, *B1086*, *B1087*, *B1088*, *B1089*, *B1090*, *B1091*, *B1092*, *B1195*, *B1202*, *B1203*, *B1214*, *B1220*, *B1222*, *B1250*, *B1257*, *B1259*, *B1260*, *B1269*, *B1271*, *B1276*, *B1278*, *B1282*, *B1283*, *B1316*, *B1338*, *B1339*, *B1342*, *B1347*, *B1353*, *B1362*, *B1376*, *B1393*, *B1394*, *B1395*, *B1396*, *B1397*, *B1398*, *B1399*, *B1400*, *B1401*, *B1402*, *B1403*, *B1404*, *B1405*, *B1418*, *B1420*, *B1433*, *B1438*, *B1465*, *B1466*, *B1486*.
- Complexes à fonctions commerciale et résidentielle, *B2013*, *B2014*, *B2015*, *B2016*, *B2051*, *B2054*, *B2055*, *B2057*, *B2062*, *B2063*, *B2066*, *B2075*, *B2076*, *B2092*, *B2099*, *B2113*, *B2114*.
- Entrepôts, *B3028*, *B3029*, *B3030*, *B3031*, *B3032*, *B3033*, *B3034*, *B3035*, *B3036*, *B3037*, *B3038*, *B3067*, *B3068*, *B3069*, *B3070*,

MONTRÉAL

Montréal
(suite/cont'd)
B3071, B3079, B3080, B3081,
B3088, B3089, B3090, B3096,
B3100, B3103, B3107, B3108,
B3110, B3112, B3124, B3125,
B3126, B3129, B3135, B3137,
B3138, B3143, B3153.
- Garages, B3507, B3508, B3509,
B3510, B3511, B3512, B3524,
B3525, B3526, B3547, B3556.
- Hôtels, B4028, B4029, B4030,
B4031, B4078, B4085, B4086,
B4093, B4098, B4104, B4109,
B4110, B4111, B4117, B4120,
B4125, B4158, B4175, B4187,
B4195, B4203, B4207, B4210,
B4215, B4230, B4237, B4240,
B4241.
- Édifices d'associations, B4502,
B4509, B4518, B4519, B4520,
B4524, B4525, B4529, B4530,
B4533.
- Édifices de maisons d'édition,
B4802, B4804, B4805.
- Édifices des sociétés d'énergie et
de télécommunication, B4904,
B4912, B4913, B4914, B4915,
B4918, B4919, B4921, B4924,
B4929.
- Bureaux de professionnels, B5202,
B5205, B5206, B5209, B5211,
B5224, B5225, B5228, B5236,
B5243, B5244, B5245, B5255.
- Bureaux divers, B5541, B5542,
B5543, B5544, B5545, B5546,
B5547, B5548, B5549, B5550,
B5551, B5552, B5553, B5554,
B5555, B5556, B5629, B5635,
B5636, B5637, B5650, B5676,
B5679, B5681, B5685, B5696,
B5697, B5698, B5707, B5710,
B5711, B5717, B5730, B5731,
B5732, B5734, B5750, B5753,
B5755, B5756, B5757, B5758,
B5759, B5760, B5764, B5767,
B5769, B5770, B5778, B5780,
B5781, B5782, B5783, B5784,
B5785, B5786, B5787, B5788,
B5790, B5801, B5817, B5822,
B5825, B5826, B5832, B5835,
B5869, B5870, B5876, B5881,
B5887, B5920, B5921, B5942,
B5967, B5969, B5970, B5971,
B5991, B5995, B6000, B6006,
B6023, B6027, B6031, B6061,
B6062, B6063, B6064, B6065,
B6066, B6078.
- Magasins, B6516, B6517, B6518,
B6540, B6544, B6554, B6564,
B6565, B6571, B6573, B6574,
B6576, B6582, B6583, B6585,
B6589, B6591, B6592, B6593,
B6594, B6596, B6597, B6598,
B6599, B6602, B6603, B6611,
B6614, B6615, B6617, B6619,
B6621, B6623, B6624, B6625,
B6627, B6628, B6629, B6630,
B6642, B6643, B6645, B6657,
B6666, B6670, B6672, B6673,
B6687, B6692.
- Restaurants, B7001, B7002,
B7003, B7004, B7005, B7006,
B7010, B7011, B7014, B7020,
B7027, B7034, B7037, B7042,
B7043, B7044, B7045, B7046,
B7052, B7059, B7061, B7062,
B7064, B7065, B7067.

Montréal
(suite/cont'd)
- Parcs industriels, B8028.
- Ateliers, B8204, B8205.
- Installations de services publics,
B8533, B8534, B8535, B8536,
B8537, B8538, B8569, B8577,
B8580, B8584, B8587.
- Usines de denrées alimentaires,
B8619, B8620, B8622, B8624,
B8625, B8627, B8632, B8633,
B8648, B8649, B8652, B8658,
B8659.
- Usines de machines, B8833,
B8838, B8840, B8844, B8845,
B8846, B8850, B8864.
- Usines de produits pharmaceutiques et de cosmétiques, B9110.
- Usines diverses, B9430, B9431,
B9432, B9433, B9434, B9435,
B9436, B9437, B9438, B9439,
B9585, B9586, B9592, B9594,
B9597, B9603, B9605, B9610,
B9614, B9615, B9616, B9629,
B9635, B9641, B9647, B9648,
B9650, B9651, B9670, B9671,
B9672, B9694, B9695, B9704,
B9705, B9707, B9708, B9710,
B9714, B9729, B9733, B9742.
- Restaurations diverses, C0010,
C0011, C0012, C0013, C0014,
C0015, C0016, C0017, C0018,
C0041, C0052, C0053, C0081,
C0082.
- Restaurations d'habitations,
C1001, C1010, C1011, C1012,
C1016, C1021, C1023, C1027,
C1029.
- Bâtiments d'expositions, D0002,
D0003, D0004, D0005, D0006,
D0007, D0008, D0009, D0010,
D0011, D0012, D0013, D0014,
D0015, D0016, D0017, D0018,
D0019, D0020, D0021, D0022,
D0023, D0024, D0025, D0026,
D0027, D0028, D0029, D0030,
D0031, D0032, D0033, D0034,
D0035, D0036, D0037, D0038,
D0039, D0040, D0041, D0042,
D0043, D0044, D0045, D0073,
D0097.
- Bibliothèques publiques, D2014,
D2047, D2069, D2071.
- Bibliothèques de maisons d'enseignement, D2518, D2524.
- Centres communautaires, D3023,
D3024, D3025, D3026, D3027,
D3047, D3050, D3055, D3056,
D3065, D3071, D3090, D3103,
D3107, D3120, D3125, D3128,
D3133, D3153, D3154, D3158,
D3159, D3160, D3161, D3164,
D3165, D3168, D3170, D3173,
D3182, D3193, D3204, D3205,
D3217, D3221, D3223, D3231,
D3235.
- Gymnases, D4003, D4004, D4005.
- Marinas, D4505.
- Musées, D5014, D5030, D5050,
D5075, D5090.
- Piscines, D6010, D6011, D6012,
D6013, D6014.
- Stades, D6506, D6507, D6508,
D6509, D6510, D6511, D6523,
D6531, D6532, D6536, D6538,
D6560, D6569, D6570, D6571,
D6576, D6577.

Montréal
(suite/cont'd)
- Centres de congrès, D7003,
D7004, D7011, D7012, D7015,
D7016, D7021, D7023.
- Cinémas, D7201, D7208, D7211,
D7212, D7213, D7217, D7219,
D7220, D7221, D7228.
- Théâtres, D7507, D7513, D7519,
D7521, D7524, D7528.
- Bureaux de poste, F1008, F1009,
F1031, F1036, F1056, F1059.
- Édifices pour l'administration de
la justice, F4011, F4032, F4038,
F4041, F4042, F4054, F4059,
F4086, F4099.
- Édifices pour l'administration publique, F5055, F5056, F5086,
F5128.
- Hôtels de ville et centres civiques,
F6012.
- Maternelles et jardins d'enfants,
G0004.
- Écoles primaires et secondaires,
G0544, G0545, G0546, G0547,
G0548, G0549, G0550, G0551,
G0552, G0553, G0554, G0555,
G0556, G0557, G0558, G0559,
G0560, G0561, G0562, G0563,
G0564, G0652, G0655, G0669,
G0684, G0695, G0731, G0743,
G0779, G0781, G0788, G0802,
G0809, G0811, G0828, G0829,
G0839, G0840, G0841, G0858,
G0867, G0886, G0887, G0891,
G0925, G0946, G0947, G0954,
G0963, G0970, G0978, G0982,
G1002, G1004, G1041, G1050,
G1072, G1122, G1166, G1226,
G1245, G1296.
- Écoles d'arts et métiers et écoles
spéciales, G1526, G1527, G1537,
G1541, G1542, G1545.
- Campus (Universités et collèges
en général), G2031, G2044,
G2060, G2085, G2101, G2127,
G2134, G2178.
- Centres sociaux, G3009.
- Écoles spécialisées, G4002, G4009,
G4019, G4023, G4025.
- Installations pour les sports et
l'éducation physique, G5001,
G5026.
- Pavillons pour l'enseignement et
la recherche, G7010, G7011,
G7113.
- Résidences d'étudiants, G8055,
G8083, G8093, G8104.
- Laboratoires, G9016, G9017,
G9018, G9019, G9020, G9021,
G9054, G9056, G9083.
- Foyers, H0030, H0031, H0032,
H0033, H0034, H0035, H0082,
H0100, H0112, H0115, H0117,
H0118, H0129.
- Habitation subventionnée, H1009,
H1010, H1011, H1024, H1027,
H1028, H1031, H1035, H1037,
H1046.
- Immeubles d'appartements,
H2082, H2083, H2084, H2085,
H2086, H2087, H2088, H2089,
H2090, H2091, H2092, H2093,
H2094, H2095, H2096, H2097,
H2098, H2099, H2100, H2101,
H2102, H2103, H2104, H2105,
H2106, H2107, H2108, H2109,

Montréal
(suite/cont'd)
H2110, H2111, H2112, H2113,
H2114, H2115, H2116, H2309,
H2312, H2321, H2333, H2365,
H2391, H2392, H2401, H2402,
H2406, H2407, H2408, H2414,
H2418, H2420, H2421, H2424,
H2425, H2436, H2439, H2452,
H2453, H2454, H2457, H2458,
H2470, H2472, H2473, H2474,
H2475, H2476, H2480, H2481,
H2482, H2483, H2484, H2487,
H2488, H2522, H2543, H2547,
H2583, H2584, H2587, H2593,
H2594, H2595, H2596, H2599,
H2600, H2603, H2604, H2605,
H2608, H2609, H2615, H2635,
H2656, H2657, H2658, H2660,
H2667, H2682, H2700, H2701,
H2703, H2704, H2726, H2727,
H2728, H2738.
- Maisons en bandes, H4019.
- Maisons unifamiliales et maisons
jumelées, H5212, H5213, H5214,
H5215, H5216, H5217, H5218,
H5219, H5220, H5483, H5488,
H5489, H5490, H5532, H5570,
H5587, H5589, H5595, H5596,
H5599, H5700, H5734, H5735,
H5793, H5806, H5862, H5872,
H5931, H5981, H6042, H6043,
H6117, H6154, H6163, H6179,
H6232, H6245, H6252, H6271,
H6299, H6303, H6305, H6359,
H6365, H6408, H6472, H6578.
- Parcs et jardins, L0006, L0007,
L0008, L0009, L0010, L0011,
L0012, L0013, L0014, L0033,
L0034, L0061, L0064, L0085,
L0088, L0089, L0090, L0098,
L0139.
- Hôpitaux généraux et spécialisés,
M0210, M0235, M0243, M0268,
M0269, M0271, M0279, M0287,
M0291, M0301, M0302, M0303,
M0304, M0322, M0335, M0336,
M0337, M0338, M0349, M0391,
M0392, M0407.
- Hôpitaux militaires, M1013.
- Hôpitaux pour enfants, M2501,
M2507, M2513, M2514, M2516.
- Sanatoriums, M4008.
- Écoles et résidences d'infirmières,
M5017, M5026.
- Centres médicaux, M6002,
M6008, M6020, M6026, M6045,
M6056.
- Architecture pour handicapés,
etc., M7006, M7007, M7012,
M7017.
- Constructions pour le transport
aérien, N0012, N0035, N0045,
N0052.
- Constructions pour le transport
maritime, N1004, N1013, N1015,
N1018.
- Constructions pour le chemin de
fer, N2007, N2008, N2009,
N2025.
- Constructions de métros, N2502,
N2503, N2511, N2512, N2514,
N2515, N2516, N2517, N2518,
N2519, N2521, N2522, N2523,
N2524, N2525, N2526, N2527,
N2531, N2532, N2533, N2538,
N2539, N2540, N2541, N2542,

Montréal
  (suite/cont'd)
  N2543, N2544, N2546, N2547, N2550, N2551, N2552, N2553, N2554, N2555.
- Constructions pour les autobus, N3003, N3004, N3017, N3019, N3021.
- Ponts et tunnels, N3515, N3516, N3517, N3518, N3519, N3537, N3546, N3554.
- Routes, N4003, N4004, N4005, N4012, N4015, N4016, N4019, N4021.
- Constructions pour la radio et la télévision, N7002, N7005, N7020, N7025.
- Constructions pour le téléphone, N8012, N8013, N8028, N8034, N8042, N8052, N8062, N8067.
- Travaux d'urbanisme et de rénovation urbaine, P0122, P0123, P0124, P0125, P0126, P0127, P0128, P0129, P0130, P0131, P0132, P0133, P0134, P0135, P0136, P0137, P0138, P0139, P0140, P0141, P0142, P0143, P0144, P0145, P0146, P0147, P0148, P0149, P0150, P0151, P0152, P0153, P0154, P0155, P0156, P0157, P0158, P0159, P0160, P0161, P0162, P0163, P0164, P0165, P0166, P0167, P0168, P0169, P0170, P0171, P0172, P0173, P0174, P0175, P0176, P0177, P0178, P0179, P0180, P0181, P0182, P0183, P0184, P0185, P0186, P0433, P0434, P0435, P0451, P0452, P0465, P0466, P0468, P0470, P0481, P0487, P0488, P0493, P0510, P0511, P0521, P0529, P0530, P0537, P0580, P0620, P0626, P0683, P0689, P0728, P0767, P0789.
- Quartiers résidentiels, P1141, P1142, P1143, P1144, P1145, P1146, P1389, P1404, P1417, P1420, P1463, P1478, P1479, P1481, P1568, P1575, P1585, P1602, P1630.

Montréal (Collège Loyola)
- Bibliothèques de maisons d'enseignement, D2509.

Montréal (Dorval)
- Constructions pour le transport aérien, N0013, N0014, N0015, N0016.

Montréal (Dorval Airport)
- Constructions pour le transport aérien, N0060.

Montréal (Expo 67)
- Magasins, B6686.
- Restaurants, B7051.
- Bâtiments d'expositions, D0053, D0055, D0056, D0057, D0058, D0061, D0062, D0064, D0065, D0066, D0067, D0068, D0070, D0071, D0075, D0076, D0079, D0080, D0082, D0083, D0084, D0085, D0088, D0089, D0090, D0091, D0092, D0098, D0099, D0101, D0103, D0108, D0109, D0110, D0111, D0112, D0115, D0116, D0117, D0118, D0120,

Montréal (Expo 67)
  (suite/cont'd)
  D0122, D0125, D0127, D0128, D0130, D0131, D0134, D0135, D0136, D0137, D0138, D0139, D0140, D0141, D0142, D0146, D0148, D0149, D0150, D0153, D0157, D0159, D0164, D0165, D0166, D0168, D0169, D0170, D0171, D0172, D0175, D0176, D0177, D0178, D0179, D0180, D0181, D0183, D0184, D0185, D0186, D0187, D0189, D0190, D0191, D0192, D0193, D0196, D0198, D0199, D0201, D0202, D0204, D0206, D0209.
- Immeubles d'appartements, H2412.
- Maisons unifamiliales et maisons jumelées, H5640, H6119.
- Parcs et jardins, L0117, L0136.
- Ponts et tunnels, N3539.

Montréal (McGill Univ.)
- Campus (Universités et collèges en général), G2006.
- Centres sociaux, G3011, G3022, G3034.
- Pavillons pour l'enseignement et la recherche, G7038, G7039, G7112, G7127, G7171, G7177.
- Résidences d'étudiants, G8091, G8095.

Montréal (McGill University)
- Bibliothèques de maisons d'enseignement, D2508, D2516, D2526.
- Centres sociaux, G3003.
- Constructions diverses, G3802.
- Pavillons pour l'enseignement et la recherche, G7008, G7009, G7059, G7075, G7076, G7090, G7091, G7139, G7140.
- Résidences d'étudiants, G8018, G8089.

Montréal (Mirabel)
- Constructions pour le transport aérien, N0017, N0018.

Montréal (rive sud)
- Usines diverses, B9442.

Montréal (sud)
- Usines diverses, B9441.

Montréal (Univ. de Montréal)
- Bibliothèques de maisons d'enseignement, D2515.
- Campus (Universités et collèges en général), G2062, G2086, G2214.
- Centres sociaux, G3001, G3047.
- Constructions à fonctions utilitaires, G3508.
- Installations pour les sports et l'éducation physique, G5002.
- Pavillons pour l'enseignement et la recherche, G7052, G7054, G7072.
- Résidences d'étudiants, G8082.

Montréal (Univ. du Québec)
- Campus (Universités et collèges en général), G2080.

Montréal-Est
- Édifices cultuels, A0456.
- Édifices religieux divers, A1008.

Montréal-Est
  (suite/cont'd)
- Bureaux divers, B5724, B5943.
- Usines diverses, B9440, B9583.
- Piscines, D6037.
- Hôtels de ville et centres civiques, F6082.

Montréal, Ile-des-Soeurs
- Bureaux divers, B5647, B5701.

Montréal métropolitain
- Restaurants, B7024.

Montréal-Nord
- Édifices cultuels, A0121, A0159.
- Banques, B0090.
- Entrepôts, B3123.
- Magasins, B6622.
- Usines de machines, B8865.
- Usines de produits pharmaceutiques et de cosmétiques, B9104.
- Centres communautaires, D3215.
- Piscines, D6051.
- Écoles primaires et secondaires, G0789, G0967, G1206.
- Maisons unifamiliales et maisons jumelées, H5537, H6253.

Montréal-Ouest
- Maisons unifamiliales et maisons jumelées, H5982.

Montreal West
- Maisons unifamiliales et maisons jumelées, H5221.

Montréal(Ahuntsic)
- Édifices cultuels, A0133.

Montréal(centre-ville)
- Théâtres, D7583.

Montréal(Univ. du Québec)
- Campus (Universités et collèges en général), G2198.

Moose Jaw
- Édifices cultuels, A0541.
- Centres commerciaux, B1093, B1241.
- Édifices de maisons d'édition, B4806.
- Stades, D6561.
- Constructions pour la défense civile, F3009.
- Écoles spécialisées, G4011.
- Maisons unifamiliales et maisons jumelées, H5224.
- Quartiers résidentiels, P1147.

Morden (Manitoba)
- Hôpitaux généraux et spécialisés, M0359.

Morley
- Édifices pour l'administration de la justice, F4027.

Morrisburg
- Centres commerciaux, B1200.
- Monuments, K0005.
- Parcs et jardins, L0055, L0068, L0127.
- Constructions pour le chemin de fer, N2017.
- Quartiers résidentiels, P1373.

Morrisburg (Ont.)
- Édifices cultuels, A0399.

Morse
- Bureaux de poste, F1010.

Moscou
- Ambassades et consulats, F0022.

Mount Dennis (Ont.)
- Banques, B0030.

Mount Newton (C.-B.)
- Architecture pour handicapés, etc., M7003.

Murdochville
- Écoles primaires et secondaires, G0565, G0566.

Muskoka (Ont.)
- Maisons de vacances, D1054.

N.-D.-de-la-Guadeloupe
- Édifices cultuels, A0195.

N.-D.-des-Laurentides
- Écoles primaires et secondaires, G0724.

Nanaimo
- Centres commerciaux, B1094, B1205.
- Travaux d'urbanisme et de rénovation urbaine, P0794.

Nanticoke (Ont.)
- Usines diverses, B9443.

Napanee
- Maisons unifamiliales et maisons jumelées, H5225.

Napanee (Ont.)
- Centres communautaires, D3251.

Napierville
- Écoles primaires et secondaires, G0831.

Naudville
- Hôtels, B4141.

Naudville, Lac-St-Jean
- Édifices religieux divers, A1051.

Nelson
- Édifices cultuels, A0516.
- Centres commerciaux, B1373.
- Résidences d'étudiants, G8019.

Nelson (C.-B.)
- Édifices cultuels, A0255.
- Usines diverses, B9604.
- Hôpitaux généraux et spécialisés, M0427.

Nelson River
- Immeubles d'appartements, H2118.

Nelson Township (Ont.)
- Écoles primaires et secondaires, G1061.

Nepean Township
- Quartiers résidentiels, P1148, P1149.

Neufchâtel
- Édifices cultuels, A0128.
- Maisons en bandes, H4020.

Neufchâtel (suite/cont'd)
- Maisons unifamiliales et maisons jumelées, *H5226, H6189, H6190.*
- Quartiers résidentiels, *P1150, P1151.*

New Delhi
- Ambassades et consulats, *F0012.*

New Glasgow (Nouvelle-Écosse)
- Hôpitaux généraux et spécialisés, *M0414.*

New Liskeard
- Écoles primaires et secondaires, *G0704.*

New Waterford (N.-E.)
- Foyers, *H0036.*

New Westminster
- Centres commerciaux, *B1096, B1334.*
- Complexes à fonctions commerciale et résidentielle, *B2017.*
- Usines de machines, *B8814.*
- Usines diverses, *B9645.*
- Bibliothèques publiques, *D2060.*
- Campus (Universités et collèges en général), *G2007.*
- Immeubles d'appartements, *H2119, H2464.*
- Maisons unifamiliales et maisons jumelées, *H5227.*
- Travaux d'urbanisme et de rénovation urbaine, *P0187, P0188, P0189.*
- Quartiers résidentiels, *P1153.*

New Westminster (B.C.)
- Hôpitaux généraux et spécialisés, *M0397.*

New Westminster (C.-B.)
- Édifices cultuels, *A0546.*
- Banques, *B0132, B0164.*
- Piscines, *D6033.*
- Écoles primaires et secondaires, *G0712.*
- Foyers, *H0037.*

New York
- Ambassades et consulats, *F0001, F0015.*
- Édifices pour l'administration publique, *F5068.*

Newcastle
- Centres communautaires, *D3247.*

Newcastle (N.-B.)
- Théâtres, *D7580.*
- Hôtels de ville et centres civiques, *F6129.*

Newcastle (Ont.)
- Bureaux de professionnels, *B5231.*

Newmarket
- Centres commerciaux, *B1095.*
- Écoles primaires et secondaires, *G0854.*
- Maisons unifamiliales et maisons jumelées, *H6124.*

Newmarket (Ont.)
- Édifices pour l'administration de la justice, *F4033.*
- Foyers, *H0080, H0087, H0088.*

Newton (C.-B.)
- Quartiers résidentiels, *P1152.*

Niagara
- Bureaux divers, *B5751.*
- Restaurations diverses, *C0084.*
- Centres de congrès, *D7017.*
- Écoles primaires et secondaires, *G0755.*
- Parcs et jardins, *L0053.*
- Ponts et tunnels, *N3520.*

Niagara Falls
- Banques, *B0083.*
- Centres commerciaux, *B1097, B1239.*
- Hôtels, *B4096.*
- Restaurants, *B7015, B7063.*
- Tours panoramiques, *B7501, B7503, B7504.*
- Piscines, *D6017.*
- Écoles d'arts et métiers et écoles spéciales, *G1553.*
- Parcs et jardins, *L0069, L0140, L0141, L0142.*
- Hôpitaux généraux et spécialisés, *M0370.*
- Constructions pour le transport maritime, *N1005.*
- Quartiers résidentiels, *P1154.*

Niagara Falls (Ont.)
- Hôtels, *B4032.*
- Magasins, *B6520.*

Niagara-on-the-Lake
- Hôtels, *B4033.*
- Théâtres, *D7581.*
- Bureaux de poste, *F1052.*
- Immeubles d'appartements, *H2120.*
- Maisons unifamiliales et maisons jumelées, *H6168.*
- Parcs et jardins, *L0073.*
- Ponts et tunnels, *N3551.*

Niagara Peninsula
- Quartiers résidentiels, *P1155.*

Nicaragua
- Hôpitaux généraux et spécialisés, *M0378.*

Nicolet
- Édifices cultuels, *A0369.*
- Usines diverses, *B9601.*
- Édifices pour l'administration de la justice, *F4012.*
- Écoles primaires et secondaires, *G0567, G0568.*
- Travaux d'urbanisme et de rénovation urbaine, *P0454.*

Nominingue
- Écoles d'arts et métiers et écoles spéciales, *G1506.*

Noranda
- Hôtels de ville et centres civiques, *F6072.*
- Immeubles d'appartements, *H2468.*
- Maisons unifamiliales et maisons jumelées, *H5849.*
- Hôpitaux généraux et spécialisés, *M0352.*

Norman Wells (T.N.O.)
- Laboratoires, *G9022.*

Normandin
- Écoles primaires et secondaires, *G0569.*

Normanview (Sask.)
- Maisons unifamiliales et maisons jumelées, *H5228.*

North Battleford (Saskatchewan)
- Édifices pour l'administration publique, *F5105.*
- Immeubles d'appartements, *H2121.*

North Bay
- Entrepôts, *B3039.*
- Imprimeries, *B8321.*
- Usines diverses, *B9444, B9445, B9446.*
- Bibliothèques publiques, *D2073.*
- Stades, *D6554.*
- Édifices pour l'administration publique, *F5133.*
- Résidences d'étudiants, *G8100.*
- Foyers, *H0151.*
- Immeubles d'appartements, *H2122, H2723.*
- Maisons unifamiliales et maisons jumelées, *H5229, H5621, H5622, H5836.*
- Constructions pour le transport aérien, *N0019.*
- Quartiers résidentiels, *P1402, P1502.*

North Bay (Ont.)
- Édifices cultuels, *A0265.*

North Burnaby
- Centres commerciaux, *B1017.*

North Cowichan (C.-B.)
- Quartiers résidentiels, *P1156.*

North Hatley (Qué.)
- Maisons unifamiliales et maisons jumelées, *H6324.*

North Kildonan
- Immeubles d'appartements, *H2123.*

North Pickering
- Travaux d'urbanisme et de rénovation urbaine, *P0229.*

North Surrey (Vancouver)
- Édifices cultuels, *A0531.*

North Sydney (N.-E.)
- Écoles primaires et secondaires, *G1017.*

North Vancouver
- Édifices cultuels, *A0393, A0540, A0548.*
- Complexes à fonctions commerciale et résidentielle, *B2056.*
- Ateliers, *B8203.*
- Usines de denrées alimentaires, *B8613.*
- Centres communautaires, *D3116, D3141.*
- Stades, *D6566.*
- Casernes de pompiers, *F2001.*
- Hôtels de ville et centres civiques, *F6059.*

North Vancouver (suite/cont'd)
- Écoles primaires et secondaires, *G0602.*
- Laboratoires, *G9101.*
- Immeubles d'appartements, *H2260, H2351, H2372, H2506, H2565, H2742.*
- Maisons en bandes, *H4048, H4077.*
- Maisons unifamiliales et maisons jumelées, *H5407, H5408, H5720, H5788, H5885, H5891, H5892, H5957, H5970, H6574, H6575.*
- Parcs et jardins, *L0144.*
- Hôpitaux généraux et spécialisés, *M0417.*
- Centres médicaux, *M6009.*
- Constructions pour le transport maritime, *N1014.*
- Constructions pour le chemin de fer, *N2021, N2022.*
- Travaux d'urbanisme et de rénovation urbaine, *P0395, P0614, P0788.*
- Quartiers résidentiels, *P1314, P1424, P1489.*

North Vancouver (Capilano River)
- Immeubles d'appartements, *H2394.*

North York
- Édifices cultuels, *A0088, A0285, A0397, A0494.*
- Édifices religieux divers, *A1014.*
- Centres commerciaux, *B1181.*
- Complexes à fonctions commerciale et résidentielle, *B2048, B2070.*
- Hôtels, *B4119, B4249, B4250.*
- Bureaux divers, *B5612, B5613, B5930, B5999, B6019.*
- Magasins, *B6532.*
- Parcs industriels, *B8024.*
- Usines de machines, *B8861.*
- Usines diverses, *B9566, B9630.*
- Bibliothèques publiques, *D2025, D2032.*
- Bibliothèques de maisons d'enseignement, *D2510.*
- Centres communautaires, *D3098, D3147, D3242.*
- Piscines, *D6053.*
- Stades, *D6526.*
- Casernes de pompiers, *F2004.*
- Édifices pour l'administration publique, *F5059, F5079.*
- Hôtels de ville et centres civiques, *F6033, F6034, F6128.*
- Écoles primaires et secondaires, *G0624, G0646, G0647, G0688, G0689, G0690, G0691, G0769, G0909, G0981, G0983, G1057, G1064, G1065, G1116, G1126, G1127, G1212, G1286, G1287, G1298.*
- Foyers, *H0078, H0113.*
- Habitation subventionnée, *H1023, H1029.*
- Immeubles d'appartements, *H2288, H2289, H2290, H2291, H2292, H2293, H2294, H2493, H2494, H2532, H2575, H2641.*
- Maisons en bandes, *H4093, H4094, H4105.*

North York
(suite/cont'd)
- Maisons unifamiliales et maisons jumelées, *H5431, H5432, H5433, H5434, H5435, H5436, H5437, H5438, H5439, H5615, H5748, H5988, H5989, H6143.*
- Écoles et résidences d'infirmières, *M5015, M5023.*
- Centres médicaux, *M6043.*
- Constructions pour la radio et la télévision, *N7027.*
- Travaux d'urbanisme et de rénovation urbaine, *P0429, P0430, P0517.*
- Quartiers résidentiels, *P1328, P1329, P1330, P1331, P1332, P1333, P1334, P1335, P1341, P1394, P1421, P1452, P1504, P1505, P1506, P1531, P1610, P1611.*

North York Township (Ont.)
- Maisons de vacances, *D1064.*

Northern Ontario
- Écoles primaires et secondaires, *G0752.*

Norval
- Pavillons pour l'enseignement et la recherche, *G7150.*

Norval (Ont.)
- Maisons unifamiliales et maisons jumelées, *H6169.*

Notre-Dame-des-Laurentides
- Constructions pour le téléphone, *N8077.*

Notre-Dame-du-Portage
- Écoles primaires et secondaires, *G0944.*

Nouveau-Brunswick
- Quartiers résidentiels, *P1157.*

Nouvelle-Écosse
- Édifices cultuels, *A0418.*

Oakville
- Édifices cultuels, *A0218.*
- Centres commerciaux, *B1098.*
- Entrepôts, *B3040.*
- Hôtels, *B4108.*
- Bureaux divers, *B5624, B5741.*
- Imprimeries, *B8311, B8312.*
- Usines de machines, *B8835.*
- Usines diverses, *B9623, B9678.*
- Restaurations d'habitations, *C1018.*
- Centres communautaires, *D3115, D3119.*
- Théâtres, *D7569.*
- Constructions pour la défense civile, *F3038, F3058.*
- Hôtels de ville et centres civiques, *F6066.*
- Écoles primaires et secondaires, *G0940, G1224.*
- Campus (Universités et collèges en général), *G2148.*
- Constructions diverses, *G3804.*
- Laboratoires, *G9088, G9090.*
- Foyers, *H0097.*
- Immeubles d'appartements, *H2313.*

Oakville
(suite/cont'd)
- Maisons en bandes, *H4083.*
- Maisons unifamiliales et maisons jumelées, *H5455, H5742, H5785, H5786, H6123, H6180, H6181, H6191, H6561.*
- Hôpitaux généraux et spécialisés, *M0211, M0310.*
- Constructions pour le chemin de fer, *N2023.*
- Travaux d'urbanisme et de rénovation urbaine, *P0190, P0191.*
- Quartiers résidentiels, *P1158, P1159.*

Oakville (Ont.)
- Édifices cultuels, *A0204.*

Oakville, Ont.
- Usines de machines, *B8847.*
- Usines diverses, *B9600.*

Oakville, Ontario
- Usines de machines, *B8815.*

Ocean Falls (C.-B.)
- Immeubles d'appartements, *H2564, H2633.*

Ocean Park (C.-B.)
- Maisons unifamiliales et maisons jumelées, *H5551.*

Oka
- Maisons de vacances, *D1005.*
- Piscines, *D6018, D6019.*
- Écoles primaires et secondaires, *G0968.*
- Maisons unifamiliales et maisons jumelées, *H5230.*
- Travaux d'urbanisme et de rénovation urbaine, *P0192, P0193, P0194, P0564, P0599.*

Oka-sur-le-Lac
- Écoles spécialisées, *G4003.*

Okanagan Lake
- Maisons unifamiliales et maisons jumelées, *H5770.*

Okanagan Mission
- Maisons unifamiliales et maisons jumelées, *H5821.*

Okanagan Valley
- Centres communautaires, *D3257.*

Okanagan Valley (C.-B.)
- Hôtels, *B4167.*
- Centres communautaires, *D3143.*

Old Crow (Yukon)
- Écoles primaires et secondaires, *G0570.*

Olds (Alberta)
- Édifices pour l'administration de la justice, *F4013.*
- Écoles spécialisées, *G4004.*
- Résidences d'étudiants, *G8020.*

Oliver (Alberta)
- Résidences d'étudiants, *G8047.*
- Architecture pour handicapés, etc., *M7005.*

Ontario
- Garages, *B3521.*

Ontario
(suite/cont'd)
- Installations de services publics, *B8566.*
- Usines diverses, *B9447.*
- Maisons de vacances, *D1015, D1060, D1069.*
- Édifices pour l'administration de la justice, *F4081.*
- Écoles primaires et secondaires, *G0700, G0861, G0974, G1211.*
- Maisons unifamiliales et maisons jumelées, *H5231, H5232, H5233, H5234, H5235, H6170, H6201, H6220.*
- Parcs et jardins, *L0039.*
- Constructions pour le transport maritime, *N1020.*
- Quartiers résidentiels, *P1160, P1161, P1162.*

Orangeville (Ontario)
- Maisons de vacances, *D1045.*

Orillia
- Hôtels, *B4153.*
- Travaux d'urbanisme et de rénovation urbaine, *P0195.*

Orillia (Ont.)
- Hôtels, *B4106.*
- Constructions pour le téléphone, *N8065.*

Orleans (Ont.)
- Travaux d'urbanisme et de rénovation urbaine, *P0196.*
- Quartiers résidentiels, *P1163.*

Orleans (Ontario)
- Maisons unifamiliales et maisons jumelées, *H5236, H5237.*

Ormstown (Qué.)
- Hôpitaux généraux et spécialisés, *M0415.*

Orsainville
- Centres communautaires, *D3064.*
- Maisons unifamiliales et maisons jumelées, *H5598.*

Osaka
- Bâtiments d'expositions, *D0046, D0047, D0048, D0059, D0086, D0100, D0124, D0126, D0132, D0151, D0154, D0155, D0158, D0160.*

Osaka (Expo 70)
- Bâtiments d'expositions, *D0081, D0096, D0113, D0123, D0173.*

Oshawa
- Édifices cultuels, *A0112.*
- Banques, *B0015, B0061.*
- Centres commerciaux, *B1099, B1100, B1309, B1388.*
- Entrepôts, *B3061.*
- Bureaux divers, *B5938.*
- Bibliothèques publiques, *D2021.*
- Casernes de pompiers, *F2013.*
- Écoles primaires et secondaires, *G0760, G0929, G1096, G1105, G1106, G1107, G1108, G1187.*
- Campus (Universités et collèges en général), *G2035.*
- Foyers, *H0038, H0132.*

Oshawa
(suite/cont'd)
- Immeubles d'appartements, *H2124, H2125, H2126.*
- Maisons unifamiliales et maisons jumelées, *H5238, H5239, H6313.*
- Centres médicaux, *M6040.*
- Quartiers résidentiels, *P1164, P1165, P1166, P1167, P1431.*

Oslo (Norvège)
- Ambassades et consulats, *F0013.*

Osoyoos (C.-B.)
- Maisons unifamiliales et maisons jumelées, *H5942.*

Ottawa
- Édifices cultuels, *A0016, A0029, A0048, A0065, A0101, A0148, A0269, A0270, A0374, A0400, A0444, A0484, A0509, A0510, A0511, A0512.*
- Banques, *B0016, B0038, B0066, B0082, B0114, B0115, B0121, B0153.*
- Centres commerciaux, *B1101, B1102, B1103, B1104, B1105, B1106, B1107, B1108, B1109, B1110, B1111, B1112, B1113, B1114, B1191, B1215, B1261, B1284, B1317, B1452, B1454, B1467, B1468.*
- Complexes à fonctions commerciale et résidentielle, *B2052, B2102.*
- Entrepôts, *B3059.*
- Garages, *B3516.*
- Hôtels, *B4034, B4035, B4036, B4037, B4038, B4077, B4142, B4169, B4199, B4205, B4224.*
- Édifices d'associations, *B4505, B4507, B4508, B4523, B4546, B4547, B4552.*
- Édifices de maisons d'édition, *B4803.*
- Édifices des sociétés d'énergie et de télécommunication, *B4927.*
- Bureaux divers, *B5558, B5559, B5560, B5561, B5562, B5633, B5638, B5718, B5777, B5848, B5864, B6008, B6017.*
- Magasins, *B6521, B6577, B6640, B6644, B6646, B6668, B6678, B6682.*
- Restaurants, *B7007, B7013, B7048.*
- Imprimeries, *B8302, B8303.*
- Installations de services publics, *B8539.*
- Usines de denrées alimentaires, *B8606, B8607.*
- Usines de machines, *B8816.*
- Restaurations diverses, *C0064, C0065, C0080.*
- Bâtiments d'expositions, *D0052, D0069, D0194.*
- Bibliothèques publiques, *D2007, D2029, D2044, D2045, D2065, D2066.*
- Bibliothèques de maisons d'enseignement, *D2512, D2532.*
- Centres communautaires, *D3028, D3029, D3030, D3111, D3138, D3140, D3197, D3209.*
- Musées, *D5004, D5005, D5006, D5013, D5015, D5023, D5029, D5032, D5034, D5037, D5042,*

OTTAWA (BANLIEUE)

Ottawa (suite/cont'd)
D5072, D5080, D5085, D5087, D5093, D5096, D5099, D5100, D5101.
- Piscines, D6020, D6021, D6022.
- Stades, D6522, D6542, D6553.
- Théâtres, D7501, D7508, D7552.
- Ambassades et consulats, F0002, F0004.
- Bureaux de poste, F1011, F1012, F1034, F1058, F1063.
- Casernes de pompiers, F2010, F2011.
- Constructions pour la défense civile, F3010, F3045.
- Édifices pour l'administration de la justice, F4014, F4024, F4037, F4046, F4047, F4049, F4062, F4063, F4067, F4074, F4082, F4089.
- Édifices pour l'administration publique, F5011, F5012, F5013, F5014, F5015, F5016, F5017, F5018, F5019, F5020, F5038, F5043, F5050, F5051, F5058, F5060, F5071, F5072, F5073, F5074, F5109, F5113, F5116, F5120, F5122, F5123, F5125, F5129, F5136.
- Hôtels de ville et centres civiques, F6013, F6014, F6090, F6100, F6115, F6142.
- Écoles primaires et secondaires, G0571, G0572, G0612, G0613, G0614, G0644, G0663, G0853, G0915, G0927, G0964, G1157, G1165, G1208.
- Campus (Universités et collèges en général), G2150, G2163.
- Laboratoires, G9023, G9024, G9025, G9036, G9064, G9077, G9078, G9079, G9089.
- Foyers, H0039.
- Habitation subventionnée, H1012, H1041, H1051.
- Immeubles d'appartements, H2127, H2128, H2129, H2130, H2131, H2132, H2133, H2134, H2135, H2136, H2137, H2138, H2139, H2140, H2141, H2142, H2143, H2144, H2145, H2146, H2147, H2148, H2149, H2150, H2151, H2152, H2153, H2154, H2155, H2305, H2471, H2477, H2489, H2620, H2621, H2622, H2649, H2650, H2663, H2664, H2743.
- Maisons en bandes, H4021, H4022, H4023.
- Maisons unifamiliales et maisons jumelées, H5240, H5241, H5242, H5243, H5244, H5245, H5246, H5247, H5248, H5249, H5250, H5251, H5252, H5253, H5254, H5255, H5256, H5257, H5258, H5259, H5260, H5458, H5496, H5531, H5548, H5549, H5550, H5683, H5845, H5846, H5847, H5852, H5853, H5854, H5867, H5868, H5874, H5898, H6106, H6146, H6147, H6148, H6173, H6327, H6347, H6348, H6349, H6350, H6351, H6352, H6353, H6354, H6377, H6431, H6432, H6443, H6469, H6470, H6513.
- Monuments, K0001, K0003.

Ottawa (suite/cont'd)
- Parcs et jardins, L0025, L0026, L0058, L0096, L0112, L0114, L0118, L0167.
- Hôpitaux généraux et spécialisés, M0305, M0312, M0331.
- Écoles et résidences d'infirmières, M5016.
- Centres médicaux, M6005, M6006, M6022, M6032, M6044.
- Constructions pour le transport aérien, N0020, N0042.
- Constructions pour le chemin de fer, N2010, N2013, N2015, N2024.
- Ponts et tunnels, N3521.
- Constructions pour le téléphone, N8037.
- Travaux d'urbanisme et de rénovation urbaine, P0197, P0198, P0199, P0200, P0201, P0202, P0203, P0204, P0205, P0206, P0207, P0208, P0209, P0210, P0211, P0212, P0213, P0214, P0215, P0216, P0217, P0218, P0219, P0220, P0221, P0222, P0223, P0224, P0225, P0444, P0525, P0574, P0589, P0590, P0602, P0669, P0672, P0684, P0685, P0686, P0729, P0730.
- Quartiers résidentiels, P1169, P1170, P1171, P1172, P1173, P1174, P1175, P1176, P1177, P1178, P1179, P1180, P1181, P1182, P1183, P1358, P1382, P1384, P1425, P1496, P1536, P1579, P1594, P1604, P1608, P1638.

Ottawa (Banlieue)
- Quartiers résidentiels, P1168.

Ottawa (Carleton Univ.)
- Campus (Universités et collèges en général), G2042, G2217.
- Centres sociaux, G3041.
- Installations pour les sports et l'éducation physique, G5003, G5025.
- Pavillons pour l'enseignement et la recherche, G7012, G7013, G7014, G7015, G7016, G7048, G7049, G7050, G7051, G7143.
- Résidences d'étudiants, G8021, G8022.

Ottawa (Carleton University)
- Bibliothèques de maisons d'enseignement, D2501.
- Campus (Universités et collèges en général), G2082.
- Constructions à fonctions utilitaires, G3501.
- Pavillons pour l'enseignement et la recherche, G7067, G7102, G7156, G7157.
- Laboratoires, G9071.

Ottawa (Univ. d'Ottawa)
- Campus (Universités et collèges en général), G2151.
- Centres sociaux, G3026.
- Constructions à fonctions utilitaires, G3507.
- Installations pour les sports et l'éducation physique, G5027.

Ottawa (Univ. d'Ottawa) (suite/cont'd)
- Pavillons pour l'enseignement et la recherche, G7017, G7018, G7019, G7028, G7116, G7142, G7158, G7183.

Ottawa (Univ. of Ottawa)
- Résidences d'étudiants, G8023.

Ottawa (Université d'Ottawa)
- Laboratoires, G9049.

Ottawa (University of)
- Bibliothèques de maisons d'enseignement, D2502, D2527.

Ottawa-Est
- Édifices cultuels, A0030.

Ottawa-Hull
- Ponts et tunnels, N3538.

Outaouais
- Installations de services publics, B8540.

Outremont
- Banques, B0017.
- Bureaux de professionnels, B5210.
- Restaurations d'habitations, C1002.
- Écoles primaires et secondaires, G0666, G0997.
- Campus (Universités et collèges en général), G2135.
- Maisons unifamiliales et maisons jumelées, H5486, H5513, H5660, H5727, H5739, H5740.
- Travaux d'urbanisme et de rénovation urbaine, P0622.

Owen Sound
- Écoles primaires et secondaires, G0975.
- Maisons unifamiliales et maisons jumelées, H5261.

Owen Sound (Ont.)
- Usines diverses, B9448.
- Écoles primaires et secondaires, G0930.

Oxford (N.-E.)
- Écoles primaires et secondaires, G0782.

Palgrave (Ont.)
- Quartiers résidentiels, P1184.

Palmerston (Ont.)
- Foyers, H0040.

Pangirtung (T.N.O.)
- Écoles primaires et secondaires, G1092.

Panorama Village (C.-B.)
- Constructions diverses, D1519.

Pantucket, Nouvelle-Angleterre, USA.
- Édifices cultuels, A0127.

Papinachois
- Ponts et tunnels, N3522.

Paris
- Ambassades et consulats, F0010.

Parkhill
- Installations de services publics, B8541.
- Foyers, H0041.

Parry Sound
- Écoles primaires et secondaires, G1109.

Parry Sound District (Ont.)
- Constructions diverses, D1517.

Paudash Lake
- Maisons de vacances, D1006.

Peace River (C.-B.)
- Installations de services publics, B8592, B8593.
- Écoles primaires et secondaires, G0879.

Peel (Ont.)
- Complexes à fonctions commerciale et résidentielle, B2018.

Pékin
- Ambassades et consulats, F0006.

Pembroke
- Centres commerciaux, B1115.
- Ponts et tunnels, N3523.

Pendleton
- Écoles primaires et secondaires, G1151.

Penetanguishene
- Foyers, H0092.

Penticton
- Quartiers résidentiels, P1185.

Penticton (C.-B.)
- Usines diverses, B9449.
- Foyers, H0042.
- Hôpitaux généraux et spécialisés, M0357.

Percé
- Constructions diverses, D1511.

Perth
- Immeubles d'appartements, H2156.

Perth (Ont.)
- Maisons unifamiliales et maisons jumelées, H6340.

Petawawa
- Constructions pour la défense civile, F3028.

Petawawa (Ontario)
- Constructions pour la défense civile, F3011, F3012, F3013.

Peterborough
- Édifices cultuels, A0071, A0344, A0406, A0550, A0551.
- Édifices religieux divers, A1056.
- Centres commerciaux, B1116.
- Hôtels, B4039.
- Usines diverses, B9450, B9451, B9568.
- Restaurations d'habitations, C1003.
- Centres communautaires, D3093, D3094.
- Stades, D6530.

Peterborough (suite/cont'd)
- Hôtels de ville et centres civiques, F6049, F6092.
- Écoles primaires et secondaires, G0649, G0761, G0762, G0763, G0764, G0765, G1110.
- Écoles d'arts et métiers et écoles spéciales, G1517, G1518, G1519.
- Foyers, H0043, H0093.
- Immeubles d'appartements, H2157, H2158, H2159, H2160, H2378, H2379.
- Maisons unifamiliales et maisons jumelées, H5262, H5263, H5507, H5508, H6056, H6174, H6455.
- Hôpitaux généraux et spécialisés, M0429.
- Écoles et résidences d'infirmières, M5027.
- Centres médicaux, M6010.
- Constructions pour la radio et la télévision, N7006.
- Travaux d'urbanisme et de rénovation urbaine, P0226, P0227, P0228, P0556, P0601.
- Quartiers résidentiels, P1186, P1187.

Peterborough (Trent Univ.)
- Campus (Universités et collèges en général), G2210, G2212.

Peterborough (Trent University)
- Bibliothèques de maisons d'enseignement, D2548.
- Campus (Universités et collèges en général), G2092, G2203, G2204.
- Résidences d'étudiants, G8024, G8059.

Petit Rocher (N.-B.)
- Complexes à fonctions commerciale et résidentielle, B2019.

Petite-Rivière (Québec)
- Maisons unifamiliales et maisons jumelées, H5264.

Petrolia (Ont.)
- Foyers, H0044.

Pickering
- Hôtels de ville et centres civiques, F6051.
- Écoles primaires et secondaires, G1118, G1188.
- Maisons unifamiliales et maisons jumelées, H5265, H5583, H5948.

Pickering-Ajax
- Édifices des sociétés d'énergie et de télécommunication, B4909.

Pickering Township
- Usines diverses, B9452.

Picton
- Usines diverses, B9453.
- Maisons unifamiliales et maisons jumelées, H5266.

Picton (Ont.)
- Écoles primaires et secondaires, G1083.
- Maisons en bandes, H4024.

Pictou (N.-E.)
- Édifices pour l'administration publique, F5070.

Picture Butte (Alberta)
- Hôpitaux généraux et spécialisés, M0356.

Piedmont
- Piscines, D6023.
- Maisons unifamiliales et maisons jumelées, H5792.

Pierrefonds
- Écoles primaires et secondaires, G0635, G0860.
- Installations pour les sports et l'éducation physique, G5015.
- Maisons unifamiliales et maisons jumelées, H5267, H5758.
- Travaux d'urbanisme et de rénovation urbaine, P0528.
- Quartiers résidentiels, P1188, P1189.

Pinawa (Manitoba)
- Installations de services publics, B8542.

Pincourt
- Écoles primaires et secondaires, G0776.

Pine Point (T.N.O.)
- Travaux d'urbanisme et de rénovation urbaine, P0526.

Pine Portage (Ont.)
- Installations de services publics, B8567.

Pine Tree Chain
- Centres communautaires, D3042.
- Constructions pour la défense civile, F3014.

Plattsburgh
- Quartiers résidentiels, P1354.

Plessisville
- Centres communautaires, D3062.
- Écoles primaires et secondaires, G0969.

Point au Baril (Ont.)
- Maisons de vacances, D1035.

Pointe-au-Baril (Ont.)
- Écoles primaires et secondaires, G1097.

Pointe-au-Chêne
- Écoles spécialisées, G4018.

Pointe-aux-Trembles
- Édifices cultuels, A0082, A0242, A0405.
- Banques, B0077.
- Centres commerciaux, B1117, B1118.
- Usines diverses, B9454, B9636, B9637.
- Écoles primaires et secondaires, G0838, G0933.
- Écoles d'arts et métiers et écoles spéciales, G1536.
- Immeubles d'appartements, H2161, H2518.
- Maisons unifamiliales et maisons jumelées, H5935.

Pointe-aux-Trembles (suite/cont'd)
- Constructions pour le téléphone, N8014, N8063.

Pointe-Bleue
- Écoles primaires et secondaires, G0573.

Pointe-Claire
- Centres commerciaux, B1223.
- Entrepôts, B3060, B3133.
- Bureaux divers, B5563, B5564.
- Magasins, B6522.
- Usines de machines, B8817.
- Usines diverses, B9455, B9572, B9608, B9620, B9653.
- Bibliothèques publiques, D2061.
- Écoles d'arts et métiers et écoles spéciales, G1554.
- Laboratoires, G9026, G9053.
- Maisons unifamiliales et maisons jumelées, H5268, H5517.
- Quartiers résidentiels, P1190, P1387, P1454.

Pointe-du-Lac
- Édifices religieux divers, A1029.
- Constructions pour le transport maritime, N1006.

Pointe-Gatineau
- Édifices cultuels, A0445.
- Écoles primaires et secondaires, G0574.
- Immeubles d'appartements, H2162.
- Maisons unifamiliales et maisons jumelées, H6291.
- Quartiers résidentiels, P1191.

Pointe Lepreau (Bay of Fundy N.-B.)
- Édifices des sociétés d'énergie et de télécommunication, B4905.

Point Robert (C.-B.)
- Travaux d'urbanisme et de rénovation urbaine, P0230.

Ponoka
- Édifices pour l'administration publique, F5061.

Pont-Rouge
- Quartiers résidentiels, P1192.

Pont-Rouge (Qué.)
- Usines diverses, B9456, B9457.

Pont-Viau
- Garages, B3552.
- Hôtels de ville et centres civiques, F6098.
- Maisons unifamiliales et maisons jumelées, H5269, H5669, H5670, H6410.

Popkum (C.-B.)
- Usines diverses, B9458.

Port-Alfred
- Édifices cultuels, A0137.
- Entrepôts, B3041.
- Centres communautaires, D3155.
- Cinémas, D7216.
- Bureaux de poste, F1032.
- Écoles d'arts et métiers et écoles spéciales, G1507.

Port-Alfred (suite/cont'd)
- Constructions pour le transport maritime, N1007.

Port-Arthur
- Centres commerciaux, B1363.
- Magasins, B6563.

Port-aux-Basques (T.-N.)
- Écoles primaires et secondaires, G0807.

Port-Cartier
- Usines diverses, B9598.
- Constructions pour le transport maritime, N1008.
- Travaux d'urbanisme et de rénovation urbaine, P0567.

Port Colborne
- Hôpitaux généraux et spécialisés, M0212.

Port Colborne (Ont.)
- Hôpitaux généraux et spécialisés, M0428.

Port Coquitlam
- Centres commerciaux, B1326.
- Maisons unifamiliales et maisons jumelées, H6121.
- Quartiers résidentiels, P1584, P1619.

Port Credit
- Édifices cultuels, A0064, A0105.
- Maisons unifamiliales et maisons jumelées, H5270, H5271, H6329.
- Hôpitaux pour animaux, M2001.
- Constructions pour le chemin de fer, N2011.

Port Credit (Ont.)
- Centres commerciaux, B1119.
- Bibliothèques publiques, D2010.
- Maisons unifamiliales et maisons jumelées, H6202.
- Constructions pour le téléphone, N8066.

Port Haney (C.-B.)
- Écoles primaires et secondaires, G1272.

Port Hardy (C.-B.)
- Centres communautaires, D3102.

Port Hawkesbury (Ile du Cap-Breton)
- Usines de machines, B8818.

Port Hawkesbury (N.-E.)
- Écoles primaires et secondaires, G0783.
- Foyers, H0045.

Port Hope
- Quartiers résidentiels, P1193.

Port Moody
- Installations de services publics, B8543.
- Maisons unifamiliales et maisons jumelées, H5611, H5925.
- Quartiers résidentiels, P1194.

Port Moody (C.-B.)
- Centres commerciaux, B1120.
- Immeubles d'appartements, H2348, H2426, H2427.

Port Moody (C.-B.)
(suite/cont'd)
- Maisons unifamiliales et maisons jumelées, H5272, H5273.

Port Perry (Ont.)
- Écoles primaires et secondaires, G1119.
- Maisons unifamiliales et maisons jumelées, H5600.

Port Sydney (Ont.)
- Écoles primaires et secondaires, G1084.

Portage-la-Prairie
- Écoles primaires et secondaires, G1231.
- Maisons en bandes, H4096.
- Travaux d'urbanisme et de rénovation urbaine, P0231.

Portage Mountain (C.-B.)
- Installations de services publics, B8594.

Povungnituk (Nouveau-Québec)
- Quartiers résidentiels, P1573.

Povungnituk (Qué.)
- Écoles primaires et secondaires, G1093.

Powell River
- Magasins, B6690.
- Travaux d'urbanisme et de rénovation urbaine, P0494.

Powell River (C.-B.)
- Écoles primaires et secondaires, G0882.
- Immeubles d'appartements, H2163.

Prescott
- Travaux d'urbanisme et de rénovation urbaine, P0232.

Presles
- Quartiers résidentiels, P1195.

Preston
- Écoles primaires et secondaires, G0942.
- Maisons unifamiliales et maisons jumelées, H5274, H5771.
- Travaux d'urbanisme et de rénovation urbaine, P0233.

Preston (Ont.)
- Banques, B0185.

Préville
- Maisons unifamiliales et maisons jumelées, H5275.
- Quartiers résidentiels, P1361.

Prince Albert
- Centres commerciaux, B1121.
- Restaurations diverses, C0062.
- Écoles primaires et secondaires, G0936.
- Foyers, H0046, H0047.

Prince Albert (Saskatchewan)
- Banques, B0133.

Prince George
- Bureaux divers, B5791.

Prince George (C.-B.)
- Bureaux divers, B5789.
- Hôpitaux généraux et spécialisés, M0285.

Prince George, C.-B.
- Édifices cultuels, A0394.

Prince Rupert
- Maisons unifamiliales et maisons jumelées, H5877.

Prince Rupert (C.-B.)
- Hôpitaux généraux et spécialisés, M0412.

Prince's Lodge
- Maisons unifamiliales et maisons jumelées, H5585.

Princeville
- Usines diverses, B9459.
- Bureaux de poste, F1013.

Provinces maritimes
- Hôtels, B4134.

Qualicum (C.-B.)
- Écoles primaires et secondaires, G1279.

Québec
- Édifices cultuels, A0066, A0075, A0085, A0196, A0197, A0198, A0199, A0215, A0262, A0267, A0300, A0301, A0345, A0346, A0368, A0460.
- Édifices religieux divers, A1073.
- Banques, B0018, B0031, B0033, B0039, B0040, B0062, B0068, B0069, B0089, B0098, B0151, B0155, B0172.
- Centres commerciaux, B1122, B1123, B1300, B1335, B1469, B1484.
- Complexes à fonctions commerciale et résidentielle, B2061, B2067.
- Entrepôts, B3043, B3044, B3074, B3076, B3152.
- Garages, B3518, B3519, B3530, B3536, B3549.
- Hôtels, B4040, B4041, B4042, B4076, B4087, B4092, B4112, B4113, B4121, B4138, B4209, B4254.
- Édifices d'associations, B4513, B4521.
- Bureaux de professionnels, B5220, B5242.
- Bureaux divers, B5565, B5566, B5649, B5652, B5653, B5654, B5729, B5752, B5804, B5818, B5851, B5962, B5963, B5964, B6015.
- Magasins, B6536, B6537, B6548, B6559, B6569, B6578, B6612, B6638.
- Restaurants, B7021, B7049.
- Imprimeries, B8314.
- Installations de services publics, B8545, B8546, B8561, B8571.
- Usines de denrées alimentaires, B8635, B8651, B8654.
- Usines de machines, B8839.
- Usines diverses, B9460, B9461, B9462, B9576, B9607, B9621, B9649.

Québec
(suite/cont'd)
- Restaurations diverses, C0019, C0075.
- Bâtiments d'expositions, D0049, D0050, D0145.
- Bibliothèques de maisons d'enseignement, D2550.
- Centres communautaires, D3031, D3070, D3179, D3219, D3264.
- Marinas, D4501.
- Musées, D5017, D5022.
- Stades, D6524, D6525, D6529.
- Cinémas, D7224, D7225.
- Théâtres, D7502, D7516, D7517, D7531, D7536, D7550, D7551, D7553, D7557, D7567, D7568.
- Bureaux de poste, F1014.
- Édifices pour l'administration de la justice, F4015, F4016, F4048, F4051.
- Édifices pour l'administration publique, F5021, F5022, F5045, F5046, F5054, F5057, F5077, F5078, F5084, F5112, F5143.
- Écoles primaires et secondaires, G0575, G0692, G0693, G0716, G0717, G1176, G1177, G1268, G1269, G1270.
- Campus (Universités et collèges en général), G2036.
- Écoles spécialisées, G4010, G4016.
- Foyers, H0048, H0049, H0083, H0119.
- Habitation subventionnée, H1025, H1034, H1058.
- Immeubles d'appartements, H2164, H2165, H2166, H2167, H2168, H2170, H2171, H2322, H2330, H2355, H2432, H2463, H2585.
- Maisons unifamiliales et maisons jumelées, H5276, H5277, H5278, H5279, H5280, H5281, H5282, H5505, H5554, H5832, H6051, H6213, H6549.
- Monuments, K0007, K0008, K0013.
- Parcs et jardins, L0015, L0133.
- Hôpitaux généraux et spécialisés, M0213, M0214, M0215, M0216, M0248, M0257, M0341, M0382, M0406.
- Hôpitaux universitaires, M3003.
- Écoles et résidences d'infirmières, M5010.
- Centres médicaux, M6039, M6052.
- Architecture pour handicapés, etc., M7004.
- Constructions pour le transport aérien, N0021.
- Constructions pour le transport maritime, N1009, N1010, N1011.
- Constructions pour le chemin de fer, N2019.
- Constructions pour les autobus, N3005, N3009.
- Ponts et tunnels, N3525, N3526.
- Constructions pour la radio et la télévision, N7016, N7017.
- Constructions pour le téléphone, N8015, N8031, N8032.
- Travaux d'urbanisme et de rénovation urbaine, P0234, P0235,

Québec
(suite/cont'd)
P0236, P0237, P0238, P0239, P0240, P0241, P0242, P0243, P0244, P0245, P0246, P0247, P0591, P0636, P0763.
- Quartiers résidentiels, P1196.

Québec (L'Exposition provinciale)
- Bâtiments d'expositions, D0129.

Québec (prov.)
- Usines diverses, B9700, B9730.
- Écoles primaires et secondaires, G0682.
- Maisons unifamiliales et maisons jumelées, H5647.

Québec (Province)
- Entrepôts, B3042.
- Installations de services publics, B8544.
- Usines de machines, B8832, B8855.
- Ponts et tunnels, N3524.

Québec (Sainte-Foy)
- Édifices cultuels, A0078.

Québec (Univ. Laval)
- Campus (Universités et collèges en général), G2008, G2020, G2063, G2096.
- Centres sociaux, G3013.
- Constructions à fonctions utilitaires, G3509.
- Installations pour les sports et l'éducation physique, G5010.
- Pavillons pour l'administration universitaire, G6003.
- Pavillons pour l'enseignement et la recherche, G7055, G7057, G7131, G7132, G7133, G7147.
- Résidences d'étudiants, G8060, G8073, G8087.

Québec (Université Laval)
- Pavillons pour l'enseignement et la recherche, G7089, G7094.

Queenston
- Restaurations d'habitations, C1026.

Queenston (Ont.)
- Restaurants, B7047.

Quyon
- Écoles primaires et secondaires, G1152.

Rainbow Lake
- Travaux d'urbanisme et de rénovation urbaine, P0248.

Rainbow Lake (Alberta)
- Hôtels de ville et centres civiques, F6015.
- Constructions pour le transport aérien, N0022.

Rawdon
- Édifices cultuels, A0419.

Red Deer
- Édifices cultuels, A0106.
- Entrepôts, B3104.
- Usines diverses, B9463.
- Hôtels de ville et centres civiques, F6016, F6043, F6078.

Red Deer
(suite/cont'd)
- Écoles primaires et secondaires, *G0576, G0675, G0676, G1014.*
- Campus (Universités et collèges en général), *G2199.*
- Constructions pour le transport aérien, *N0023.*
- Travaux d'urbanisme et de rénovation urbaine, *P0249.*

Red Deer River
- Restaurations d'habitations, *C1025.*

Red River (Manitoba)
- Hôpitaux généraux et spécialisés, *M0241.*

Red River Valley
- Édifices religieux divers, *A1084.*

Redvers (Sask.)
- Édifices cultuels, *A0315.*

Regina
- Édifices cultuels, *A0230, A0325, A0432, A0507, A0542.*
- Banques, *B0019.*
- Centres commerciaux, *B1124, B1125, B1126, B1127, B1207, B1327, B1422.*
- Complexes à fonctions commerciale et résidentielle, *B2020.*
- Entrepôts, *B3147.*
- Hôtels, *B4082, B4089, B4148.*
- Édifices d'associations, *B4506.*
- Édifices des sociétés d'énergie et de télécommunication, *B4906, B4923, B4931, B4938.*
- Bureaux de professionnels, *B5262.*
- Bureaux divers, *B5567, B5630, B6077.*
- Magasins, *B6523, B6664.*
- Installations de services publics, *B8576, B8578.*
- Usines diverses, *B9464, B9465, B9735.*
- Bibliothèques publiques, *D2033.*
- Centres communautaires, *D3057, D3207.*
- Musées, *D5052, D5062.*
- Stades, *D6565.*
- Théâtres, *D7544.*
- Bureaux de poste, *F1064.*
- Constructions pour la défense civile, *F3052.*
- Édifices pour l'administration publique, *F5023, F5048, F5049, F5106, F5107, F5142.*
- Hôtels de ville et centres civiques, *F6017.*
- Écoles primaires et secondaires, *G0679, G0928, G1013, G1238, G1239, G1243.*
- Campus (Universités et collèges en général), *G2125, G2201, G2218.*
- Pavillons pour l'enseignement et la recherche, *G7042, G7207.*
- Laboratoires, *G9094, G9095.*
- Foyers, *H0144.*
- Immeubles d'appartements, *H2172, H2173, H2174, H2175, H2397, H2469.*
- Maisons en bandes, *H4025.*

Regina
(suite/cont'd)
- Maisons unifamiliales et maisons jumelées, *H5283, H5284, H5285, H5286, H5287, H5288, H5289, H5290, H5291, H5292, H5523, H5539, H5540, H5746, H5871, H6447, H6556, H6586.*
- Parcs et jardins, *L0040, L0078.*
- Hôpitaux généraux et spécialisés, *M0319, M0420.*
- Constructions pour les autobus, *N3008.*
- Constructions pour le téléphone, *N8016, N8072.*
- Travaux d'urbanisme et de rénovation urbaine, *P0250, P0251, P0252, P0253, P0432, P0524, P0542, P0544, P0644, P0660, P0670, P0693.*
- Quartiers résidentiels, *P1197, P1198, P1199.*

Regina (Univ. of Saskatchewan)
- Bibliothèques de maisons d'enseignement, *D2551.*
- Constructions à fonctions utilitaires, *G3514.*
- Pavillons pour l'administration universitaire, *G6001.*
- Pavillons pour l'enseignement et la recherche, *G7152, G7226.*

Regina (University of Saskatchewan)
- Installations pour les sports et l'éducation physique, *G5030.*

Repentigny
- Édifices cultuels, *A0160.*
- Banques, *B0051.*
- Centres commerciaux, *B1128.*
- Garages, *B3513.*
- Théâtres, *D7554.*
- Écoles primaires et secondaires, *G0832.*
- Foyers, *H0050.*
- Immeubles d'appartements, *H2572.*
- Maisons unifamiliales et maisons jumelées, *H5293, H5294, H5295, H5296.*
- Quartiers résidentiels, *P1200.*

Rexdale
- Banques, *B0020.*
- Centres commerciaux, *B1129.*
- Usines diverses, *B9466, B9467.*
- Écoles primaires et secondaires, *G0577.*
- Travaux d'urbanisme et de rénovation urbaine, *P0254.*

Richard Lake (Ont.)
- Constructions diverses, *D1506.*

Richmond
- Centres commerciaux, *B1445, B1483.*
- Hôtels, *B4043.*
- Installations de services publics, *B8602.*
- Édifices pour l'administration publique, *F5024.*
- Habitation subventionnée, *H1052.*
- Maisons en bandes, *H4026.*

Richmond
(suite/cont'd)
- Maisons unifamiliales et maisons jumelées, *H5297, H5627.*
- Parcs et jardins, *L0016.*
- Centres médicaux, *M6029.*
- Quartiers résidentiels, *P1574, P1620.*

Richmond (C.-B.)
- Centres commerciaux, *B1130, B1211, B1321.*
- Hôtels, *B4227.*
- Bureaux divers, *B5980.*
- Magasins, *B6557.*
- Centres communautaires, *D3232.*
- Pavillons pour l'enseignement et la recherche, *G7176.*
- Immeubles d'appartements, *H2631, H2671.*
- Maisons unifamiliales et maisons jumelées, *H5707.*
- Hôpitaux généraux et spécialisés, *M0421.*
- Quartiers résidentiels, *P1201, P1202, P1203.*

Richmond (Qué.)
- Hôtels de ville et centres civiques, *F6040.*
- Écoles primaires et secondaires, *G1003.*

Richmond Hill
- Centres commerciaux, *B1131.*
- Complexes à fonctions commerciale et résidentielle, *B2100.*
- Bibliothèques publiques, *D2009.*
- Maisons unifamiliales et maisons jumelées, *H5741, H6424.*
- Quartiers résidentiels, *P1204, P1416.*

Richmond Hill (Ont.)
- Centres commerciaux, *B1224.*
- Écoles primaires et secondaires, *G0697.*
- Hôpitaux généraux et spécialisés, *M0348.*

Richvale (Ontario)
- Maisons unifamiliales et maisons jumelées, *H6580.*

Rigaud
- Écoles spécialisées, *G4005.*

Rimouski
- Centres commerciaux, *B1132.*
- Garages, *B3527, B3545.*
- Hôtels, *B4044, B4045.*
- Édifices des sociétés d'énergie et de télécommunication, *B4934.*
- Installations de services publics, *B8547.*
- Usines diverses, *B9468, B9469, B9470.*
- Centres communautaires, *D3166.*
- Bureaux de poste, *F1015.*
- Édifices pour l'administration de la justice, *F4017.*
- Écoles primaires et secondaires, *G0810, G0979.*
- Foyers, *H0051.*
- Hôpitaux généraux et spécialisés, *M0330.*
- Ponts et tunnels, *N3527, N3567.*

Rimouski
(suite/cont'd)
- Constructions pour le téléphone, *N8050.*
- Quartiers résidentiels, *P1205.*

Rive-Sud
- Travaux d'urbanisme et de rénovation urbaine, *P0471.*

Rivière-des-Prairies
- Édifices pour l'administration de la justice, *F4093.*
- Hôtels de ville et centres civiques, *F6070.*
- Hôpitaux généraux et spécialisés, *M0244.*
- Hôpitaux pour enfants, *M2505.*

Rivière-du-Loup
- Centres commerciaux, *B1133.*
- Édifices pour l'administration publique, *F5025.*
- Constructions pour le transport maritime, *N1012.*
- Constructions pour le chemin de fer, *N2012.*
- Travaux d'urbanisme et de rénovation urbaine, *P0255.*

Rivière-du-Moulin
- Édifices cultuels, *A0171.*
- Centres communautaires, *D3089.*
- Maisons unifamiliales et maisons jumelées, *H5603.*
- Ponts et tunnels, *N3528.*

Roberval
- Édifices religieux divers, *A1009.*
- Banques, *B0160.*
- Écoles primaires et secondaires, *G1178.*
- Maisons unifamiliales et maisons jumelées, *H6361.*

Rockingham (N.-É.)
- Résidences d'étudiants, *G8025.*

Rockliffe
- Écoles primaires et secondaires, *G0914.*
- Maisons unifamiliales et maisons jumelées, *H6309, H6323.*

Rockliffe Park
- Maisons unifamiliales et maisons jumelées, *H5652.*

Rosemère
- Centres commerciaux, *B1480.*

Rosemont
- Édifices cultuels, *A0162.*
- Centres communautaires, *D3032, D3171, D3203.*
- Écoles primaires et secondaires, *G0833.*
- Immeubles d'appartements, *H2661.*
- Maisons en bandes, *H4042.*

Rosetown (Sask.)
- Foyers, *H0126.*

Rosthern (Saskatchewan)
- Hôpitaux généraux et spécialisés, *M0424.*

Rouyn
- Édifices cultuels, *A0375.*

ROUYN-NORANDA

Rouyn (suite/cont'd)
- Édifices religieux divers, *A1039*.
- Centres communautaires, *D3033*.
- Édifices pour l'administration publique, *F5155*.
- Écoles primaires et secondaires, *G0578, G0579*.
- Campus (Universités et collèges en général), *G2009, G2110*.
- Foyers, *H0101*.
- Constructions pour les autobus, *N3011*.
- Travaux d'urbanisme et de rénovation urbaine, *P0256*.

Rouyn-Noranda
- Édifices pour l'administration de la justice, *F4061*.

Rumble Beach (C.-B.)
- Quartiers résidentiels, *P1206*.

Rutherford (Ont)
- Bâtiments agricoles, *B0803*.

Rutherglen (Ont.)
- Usines diverses, *B9471*.

Saanich
- Édifices pour l'administration de la justice, *F4045*.
- Quartiers résidentiels, *P1207, P1208*.

Saanich (C.-B.)
- Installations de services publics, *B8548*.
- Musées, *D5054*.
- Hôtels de ville et centres civiques, *F6140*.
- Travaux d'urbanisme et de rénovation urbaine, *P0257*.

Sackville
- Résidences d'étudiants, *G8045*.
- Constructions pour la radio et la télévision, *N7010*.
- Travaux d'urbanisme et de rénovation urbaine, *P0258*.

Saddle Lake (Alberta)
- Maisons unifamiliales et maisons jumelées, *H6525*.

Saint-Agapit
- Centres communautaires, *D3034*.

Saint-André-Avellin
- Écoles spécialisées, *G4012*.

Saint-Anselme (Bellechasse)
- Stades, *D6512*.

Saint-Augustin
- Entrepôts, *B3045*.
- Usines diverses, *B9473, B9474, B9646*.

Saint-Benoit-du-Lac
- Édifices religieux divers, *A1020*.

Saint-Boniface
- Bureaux de professionnels, *B5216*.
- Écoles primaires et secondaires, *G0903, G1233*.
- Hôpitaux généraux et spécialisés, *M0316*.
- Centres médicaux, *M6027*.

Saint-Boniface (Manitoba)
- Travaux d'urbanisme et de rénovation urbaine, *P0764*.

Saint-Bruno
- Centres commerciaux, *B1491*.
- Maisons unifamiliales et maisons jumelées, *H5299, H5300, H5301, H5302, H5303, H5304*.
- Quartiers résidentiels, *P1352*.

Saint-Coeur-de-Marie
- Écoles primaires et secondaires, *G1198*.

Saint-Coeur-de-Marie (Lac Saint-Jean)
- Édifices cultuels, *A0018*.

Saint-Eustache
- Magasins, *B6524*.
- Centres communautaires, *D3036*.
- Maisons unifamiliales et maisons jumelées, *H5306*.
- Quartiers résidentiels, *P1212, P1213*.

Saint-Eustache et Deux-Montagnes
- Maisons unifamiliales et maisons jumelées, *H5900*.

Saint-Flavien
- Foyers, *H0053*.

Saint-Georges
- Édifices pour l'administration de la justice, *F4018*.

Saint-Georges-de-Beauce
- Centres commerciaux, *B1136*.
- Résidences d'étudiants, *G8028*.

Saint-Grégoire
- Centres communautaires, *D3037*.

Saint-Hilaire (Qué.)
- Architecture pour handicapés, etc., *M7016*.

Saint-Hubert
- Centres commerciaux, *B1336*.
- Usines de denrées alimentaires, *B8608*.

Saint-Hyacinthe
- Banques, *B0067*.
- Campus (Universités et collèges en général), *G2049*.
- Foyers, *H0054*.

Saint-Isidore (Beauce)
- Stades, *D6513*.

Saint-Jean
- Édifices cultuels, *A0355, A0408*.
- Constructions pour la défense civile, *F3016, F3035*.

Saint-Jean-d'Iberville
- Écoles primaires et secondaires, *G0585*.

Saint-Jean-sur-le-Richelieu
- Centres commerciaux, *B1137*.

Saint-Jérôme
- Campus (Universités et collèges en général), *G2186*.
- Maisons unifamiliales et maisons jumelées, *H6341*.

Saint John
- Maisons unifamiliales et maisons jumelées, *H5586*.

Saint John (N.-B.)
- Centres commerciaux, *B1367*.
- Usines diverses, *B9483*.
- Immeubles d'appartements, *H2177, H2178, H2179, H2180, H2344*.
- Parcs et jardins, *L0017*.
- Hôpitaux généraux et spécialisés, *M0231*.

Saint John's (T.-N.)
- Travaux d'urbanisme et de rénovation urbaine, *P0464*.

Saint-Joseph de Beauce
- Usines diverses, *B9485*.

Saint-Lambert
- Usines diverses, *B9638*.
- Piscines, *D6039*.
- Écoles primaires et secondaires, *G1129*.
- Maisons unifamiliales et maisons jumelées, *H6360*.
- Parcs et jardins, *L0075*.

Saint-Laurent
- Immeubles d'appartements, *H2516*.

Saint-Léonard
- Constructions pour le téléphone, *N8039*.
- Travaux d'urbanisme et de rénovation urbaine, *P0276*.

Saint-Louis de Courville
- Hôpitaux généraux et spécialisés, *M0217*.

Saint-Louis de Terrebonne
- Immeubles d'appartements, *H2423*.
- Maisons unifamiliales et maisons jumelées, *H5743*.

Saint-Marc-des-Carrières
- Écoles primaires et secondaires, *G0586*.

Saint-Martin
- Édifices cultuels, *A0179*.

Saint-Nicolas
- Édifices cultuels, *A0268*.

Saint-Odilon de Cranbourne
- Banques, *B0021*.

Saint-Paul-L'Ermite
- Bureaux de poste, *F1019*.

Saint-Raphaël de Bellechasse
- Centres communautaires, *D3038*.

Saint-Raymond
- Foyers, *H0057*.
- Habitation subventionnée, *H1017*.

Saint-Sauveur
- Centres commerciaux, *B1424*.

Saint-Vallier de Bellechasse
- Foyers, *H0059*.

Saint-Vincent-de-Paul
- Stades, *D6540*.

Sainte-Adèle
- Édifices cultuels, *A0209*.
- Hôtels, *B4160, B4196*.
- Maisons de vacances, *D1019*.
- Maisons unifamiliales et maisons jumelées, *H5515*.

Sainte-Agathe
- Écoles primaires et secondaires, *G1168*.

Sainte-Agathe-des-Monts
- Maisons unifamiliales et maisons jumelées, *H5701*.

Sainte-Anne de Beaupré
- Édifices cultuels, *A0043, A0044*.
- Édifices religieux divers, *A1015*.

Sainte-Anne-de-Bellevue
- Immeubles d'appartements, *H2709*.

Sainte-Anne de Bellevue (Campus McDonald)
- Pavillons pour l'enseignement et la recherche, *G7149*.

Sainte-Anne-des-Plaines
- Édifices pour l'administration de la justice, *F4052*.

Sainte-Foy
- Édifices cultuels, *A0110, A0131, A0470*.
- Édifices religieux divers, *A1012*.
- Banques, *B0093*.
- Centres commerciaux, *B1345, B1417*.
- Garages, *B3565*.
- Hôtels, *B4114, B4139*.
- Bureaux divers, *B5702, B5774, B5802*.
- Restaurations d'habitations, *C1017*.
- Constructions pour la défense civile, *F3015*.
- Écoles primaires et secondaires, *G1182*.
- Immeubles d'appartements, *H2462*.
- Maisons unifamiliales et maisons jumelées, *H5830, H6344, H6345*.
- Hôpitaux généraux et spécialisés, *M0374*.
- Hôpitaux militaires, *M1009*.

Sainte-Fulgence
- Édifices cultuels, *A0338*.

Sainte-Germaine (co. Dorchester)
- Sanatoriums, *M4013*.

Sainte-Julie-de-Verchères
- Travaux d'urbanisme et de rénovation urbaine, *P0274*.
- Quartiers résidentiels, *P1225*.

Sainte-Louise de l'Islet
- Édifices religieux divers, *A1013*.

Sainte-Marguerite
- Hôtels, *B4217*.
- Maisons de vacances, *D1084*.
- Maisons unifamiliales et maisons jumelées, *H6436*.

Sainte-Marie
- Usines diverses, *B9487*.

Sainte-Marie-de-Beauce
- Centres commerciaux, *B1143.*

Sainte-Marie-des-Hurons (Ont.)
- Parcs et jardins, *L0100.*

Sainte-Monique-les-Saules (Québec)
- Édifices cultuels, *A0074.*

Sainte-Rose
- Quartiers résidentiels, *P1371.*

Sainte-Thérèse
- Usines de machines, *B8820.*
- Usines diverses, *B9490.*
- Écoles primaires et secondaires, *G0590.*

Salem (Ont.)
- Maisons unifamiliales et maisons jumelées, *H5986.*

Salt Spring Island (C.-B.)
- Maisons unifamiliales et maisons jumelées, *H5716, H5824, H5906, H5907, H5938.*

Sarcee (Alberta)
- Ponts et tunnels, *N3547.*

Sarnia
- Complexes à fonctions commerciale et résidentielle, *B2022, B2023, B2024.*
- Bureaux divers, *B5923.*
- Parcs industriels, *B8017.*
- Installations de services publics, *B8549.*
- Usines diverses, *B9491, B9492, B9493, B9494.*
- Théâtres, *D7530.*
- Édifices pour l'administration de la justice, *F4060.*
- Édifices pour l'administration publique, *F5087.*
- Hôtels de ville et centres civiques, *F6020.*
- Écoles primaires et secondaires, *G0737, G1111.*
- Laboratoires, *G9028, G9085.*
- Habitation subventionnée, *H1042.*
- Immeubles d'appartements, *H2191, H2467.*
- Maisons unifamiliales et maisons jumelées, *H5325, H6259, H6542.*
- Hôpitaux généraux et spécialisés, *M0389.*
- Travaux d'urbanisme et de rénovation urbaine, *P0281.*
- Quartiers résidentiels, *P1235, P1486.*

Sasamat Ridge
- Maisons unifamiliales et maisons jumelées, *H5717.*

Saskatchewan
- Constructions diverses, *D1526.*
- Écoles primaires et secondaires, *G1234.*
- Maisons unifamiliales et maisons jumelées, *H5326, H5327, H6279.*
- Parcs et jardins, *L0163.*

Saskatoon
- Édifices cultuels, *A0316, A0320, A0373, A0538.*
- Banques, *B0191.*

Saskatoon (suite/cont'd)
- Centres commerciaux, *B1188, B1206, B1449.*
- Entrepôts, *B3046.*
- Édifices d'associations, *B4528.*
- Bureaux divers, *B5813, B5814.*
- Usines de denrées alimentaires, *B8609, B8655.*
- Usines diverses, *B9495.*
- Centres communautaires, *D3069, D3124, D3126, D3145, D3151, D3176, D3218, D3225, D3263, D3267.*
- Musées, *D5007.*
- Théâtres, *D7547.*
- Édifices pour l'administration publique, *F5075.*
- Écoles primaires et secondaires, *G0934, G0937, G0941, G1032, G1292.*
- Campus (Universités et collèges en général), *G2116.*
- Foyers, *H0114.*
- Immeubles d'appartements, *H2192, H2193, H2568, H2739.*
- Maisons unifamiliales et maisons jumelées, *H5328, H6078.*
- Hôpitaux généraux et spécialisés, *M0350.*
- Hôpitaux universitaires, *M3004.*
- Constructions pour le transport aérien, *N0069.*
- Quartiers résidentiels, *P1236, P1448.*

Saskatoon (Univ. of Saskatchewan)
- Campus (Universités et collèges en général), *G2126.*
- Centres sociaux, *G3030, G3031, G3037, G3038.*
- Pavillons pour l'enseignement et la recherche, *G7020, G7096, G7104, G7105, G7106, G7107, G7108, G7166, G7172, G7190, G7200.*
- Laboratoires, *G9065.*

Saskatoon (Univ. Saskatchewan)
- Bibliothèques de maisons d'enseignement, *D2513.*

Saskatoon (University of Saskatchewan)
- Centres sociaux, *G3002.*
- Résidences d'étudiants, *G8031.*

Sault Sainte-Marie
- Hôtels de ville et centres civiques, *F6094.*
- Centres médicaux, *M6042.*
- Constructions pour le téléphone, *N8027.*

Sault Ste-Marie
- Édifices cultuels, *A0019, A0496.*
- Complexes à fonctions commerciale et résidentielle, *B2074, B2080.*
- Hôtels, *B4191.*
- Usines diverses, *B9496, B9497.*
- Restaurations diverses, *C0070.*
- Bibliothèques publiques, *D2043.*
- Centres communautaires, *D3121, D3194.*
- Gymnases, *D4002.*

Sault Ste-Marie (suite/cont'd)
- Piscines, *D6027.*
- Constructions pour la défense civile, *F3039, F3044.*
- Écoles primaires et secondaires, *G0631, G1066, G1085, G1112, G1113, G1117, G1227.*
- Écoles d'arts et métiers et écoles spéciales, *G1520, G1555.*
- Foyers, *H0060, H0061.*
- Habitation subventionnée, *H1018.*
- Immeubles d'appartements, *H2194.*
- Maisons unifamiliales et maisons jumelées, *H5329, H5330, H6437.*
- Constructions pour le transport aérien, *N0061.*
- Travaux d'urbanisme et de rénovation urbaine, *P0282, P0653.*
- Quartiers résidentiels, *P1237, P1238.*

Sault Ste-Marie (Ont.)
- Centres médicaux, *M6003.*

Scarborough
- Édifices cultuels, *A0141, A0367, A0475, A0552.*
- Édifices religieux divers, *A1032.*
- Banques, *B0023.*
- Centres commerciaux, *B1145, B1225, B1240, B1262.*
- Magasins, *B6526, B6609.*
- Ateliers, *B8201.*
- Imprimeries, *B8304.*
- Usines de machines, *B8830.*
- Usines diverses, *B9498, B9499, B9500, B9501, B9596, B9599, B9625, B9668, B9689.*
- Restaurations d'habitations, *C1004.*
- Bibliothèques publiques, *D2023, D2027.*
- Centres communautaires, *D3096.*
- Stades, *D6515, D6572.*
- Casernes de pompiers, *F2014.*
- Édifices pour l'administration de la justice, *F4098.*
- Édifices pour l'administration publique, *F5064, F5065.*
- Hôtels de ville et centres civiques, *F6021, F6045, F6101.*
- Maternelles et jardins d'enfants, *G0002.*
- Écoles primaires et secondaires, *G0591, G0592, G0616, G0617, G0627, G0632, G0696, G0705, G0766, G0767, G0768, G0819, G0855, G0926, G0980, G1052, G1053, G1058, G1059, G1060, G1076, G1086, G1209, G1284, G1285.*
- Écoles d'arts et métiers et écoles spéciales, *G1516, G1570.*
- Campus (Universités et collèges en général), *G2037, G2097, G2121.*
- Résidences d'étudiants, *G8032.*
- Laboratoires, *G9103.*
- Foyers, *H0062, H0081, H0089, H0107, H0141.*
- Immeubles d'appartements, *H2195, H2196, H2197, H2198, H2199, H2200, H2201, H2202,*

Scarborough (suite/cont'd)
H2203, H2334, H2364, H2380, H2442, H2652.
- Maisons en bandes, *H4051, H4055, H4086, H4090.*
- Maisons unifamiliales et maisons jumelées, *H5331, H5332, H5333, H5334, H5335, H5336, H5337, H5338, H5856, H5859, H6064, H6065, H6330, H6331.*
- Parcs et jardins, *L0018, L0019.*
- Hôpitaux généraux et spécialisés, *M0245, M0309.*
- Hôpitaux pour animaux, *M2002.*
- Constructions pour le téléphone, *N8019, N8025, N8026.*
- Travaux d'urbanisme et de rénovation urbaine, *P0283, P0284, P0285, P0286, P0664.*
- Quartiers résidentiels, *P1239, P1240, P1241, P1242, P1243, P1244, P1245, P1246, P1247, P1248, P1249, P1250, P1251, P1419, P1432, P1446, P1525, P1589, P1590.*

Scarborough (Ont.)
- Édifices cultuels, *A0228.*

Scarborough, Ont.
- Édifices cultuels, *A0020.*

Schumacher (Ont.)
- Édifices cultuels, *A0147.*

Seaton
- Travaux d'urbanisme et de rénovation urbaine, *P0287.*

Sechelt (C.-B.)
- Écoles primaires et secondaires, *G1277.*
- Maisons unifamiliales et maisons jumelées, *H5889, H6103.*

Senneville
- Laboratoires, *G9029.*
- Maisons unifamiliales et maisons jumelées, *H6020, H6155.*
- Sanatoriums, *M4005.*

Sept-Iles
- Parcs industriels, *B8018.*
- Édifices pour l'administration publique, *F5028, F5081.*
- Constructions pour le transport aérien, *N0024.*
- Quartiers résidentiels, *P1252, P1253.*

Shanty Bay
- Maisons unifamiliales et maisons jumelées, *H5797.*

Shawinigan
- Bureaux divers, *B5573.*
- Centres communautaires, *D3039.*
- Édifices pour l'administration publique, *F5121.*
- Écoles primaires et secondaires, *G0593.*
- Résidences d'étudiants, *G8076.*
- Maisons unifamiliales et maisons jumelées, *H5804.*
- Constructions pour le téléphone, *N8048.*
- Quartiers résidentiels, *P1254.*

Shawinigan Falls
- Édifices cultuels, *A0326.*
- Usines diverses, *B9502, B9503.*
- Centres communautaires, *D3152.*
- Hôtels de ville et centres civiques, *F6086.*
- Écoles primaires et secondaires, *G0951.*
- Hôpitaux généraux et spécialisés, *M0327.*

Shawinigan Lake (C.-B.)
- Écoles primaires et secondaires, *G0813, G0883.*

Shawinigan-Sud
- Édifices cultuels, *A0306, A0327.*
- Casernes de pompiers, *F2008.*
- Écoles primaires et secondaires, *G0952.*
- Travaux d'urbanisme et de rénovation urbaine, *P0456.*

Shawville (Qué.)
- Hôpitaux généraux et spécialisés, *M0227.*

Shelter Bay
- Travaux d'urbanisme et de rénovation urbaine, *P0717.*

Sherbrooke
- Édifices cultuels, *A0042, A0045, A0165, A0220, A0436.*
- Édifices religieux divers, *A1018, A1069, A1078.*
- Centres commerciaux, *B1146.*
- Hôtels, *B4048.*
- Bureaux divers, *B5574, B5575, B5631.*
- Magasins, *B6542, B6665, B6674.*
- Restaurants, *B7022.*
- Usines de denrées alimentaires, *B8630.*
- Stades, *D6516, D6521.*
- Cinémas, *D7223.*
- Édifices pour l'administration publique, *F5053, F5091.*
- Écoles primaires et secondaires, *G0594, G0637, G0639, G0640, G0658, G0661, G0791, G1136, G1256.*
- Écoles d'arts et métiers et écoles spéciales, *G1511.*
- Campus (Universités et collèges en général), *G2136, G2167.*
- Auditoriums, *G2710.*
- Centres sociaux, *G3017.*
- Installations pour les sports et l'éducation physique, *G5004, G5005.*
- Pavillons pour l'enseignement et la recherche, *G7021, G7047, G7053, G7063, G7064, G7074, G7114, G7161.*
- Résidences d'étudiants, *G8079.*
- Immeubles d'appartements, *H2204, H2205, H2311, H2398, H2399, H2400, H2612.*
- Maisons unifamiliales et maisons jumelées, *H5464, H5493, H5662.*
- Hôpitaux généraux et spécialisés, *M0339, M0375.*
- Hôpitaux universitaires, *M3010.*
- Écoles et résidences d'infirmières, *M5007, M5008.*

Sherbrooke (suite/cont'd)
- Ponts et tunnels, *N3532.*
- Routes, *N4006, N4007.*
- Constructions pour la radio et la télévision, *N7007.*
- Constructions pour le téléphone, *N8020, N8070.*
- Travaux d'urbanisme et de rénovation urbaine, *P0288.*
- Quartiers résidentiels, *P1255, P1343, P1560.*

Sherwood Park (Alberta)
- Quartiers résidentiels, *P1256.*

Shipshaw (Qué)
- Installations de services publics, *B8585, B8586.*

Shoal Lake (Man.)
- Foyers, *H0137.*

Shuswap Lake (C.-B.)
- Maisons de vacances, *D1007.*

Sidney (N.-É.)
- Immeubles d'appartements, *H2206.*

Sillery
- Bureaux divers, *B5655, B5775, B5965.*
- Centres communautaires, *D3040.*
- Laboratoires, *G9067.*
- Immeubles d'appartements, *H2326, H2629.*
- Maisons unifamiliales et maisons jumelées, *H5339, H5519, H5605, H5664, H5840, H5841, H6115, H6116.*
- Hôpitaux généraux et spécialisés, *M0259, M0329.*
- Constructions pour la radio et la télévision, *N7021.*
- Quartiers résidentiels, *P1428, P1593.*

Silton (Saskatchewan)
- Édifices cultuels, *A0543.*

Simcoe
- Restaurations diverses, *C0090.*
- Édifices pour l'administration de la justice, *F4092.*

Simcoe (Ont.)
- Hôpitaux généraux et spécialisés, *M0311.*

Simcoe County
- Quartiers résidentiels, *P1257.*

Skidegate (C.-B.)
- Musées, *D5045.*

Slave Lake (Alberta)
- Habitation subventionnée, *H1019.*

Smiths Falls
- Immeubles d'appartements, *H2207.*

Sorel
- Banques, *B0054.*
- Édifices pour l'administration de la justice, *F4035.*
- Édifices pour l'administration publique, *F5029.*

Sorel (suite/cont'd)
- Écoles primaires et secondaires, *G0595.*
- Écoles d'arts et métiers et écoles spéciales, *G1558.*
- Hôpitaux généraux et spécialisés, *M0260, M0377.*

South Delta (C.-B.)
- Immeubles d'appartements, *H2525.*
- Maisons unifamiliales et maisons jumelées, *H5953, H5954, H5958.*

South Mountain (Ont.)
- Bureaux de poste, *F1021.*

South Vancouver
- Maisons unifamiliales et maisons jumelées, *H6393.*

Spencerville
- Parcs industriels, *B8019.*

Springhill (N.-É.)
- Usines diverses, *B9504.*

Spryfield (N.-É.)
- Maisons unifamiliales et maisons jumelées, *H5340.*
- Quartiers résidentiels, *P1258.*

Squamish
- Centres médicaux, *M6034.*

Squamish (C.-B.)
- Constructions pour le chemin de fer, *N2020.*

St-Adolphe des Laurentides
- Édifices cultuels, *A0200.*

St-Agapit
- Écoles primaires et secondaires, *G0580.*

St. Albert (Alberta)
- Travaux d'urbanisme et de rénovation urbaine, *P0259, P0462.*
- Quartiers résidentiels, *P1209.*

St-Alexis
- Édifices cultuels, *A0246.*

St-Ambroise de Loretteville
- Écoles primaires et secondaires, *G0581.*

St-André du Lac-St-Jean
- Édifices cultuels, *A0172.*

St-Augustin
- Résidences d'étudiants, *G8026.*

St-Boniface
- Édifices cultuels, *A0232, A0233, A0234, A0347.*
- Usines diverses, *B9475, B9476.*
- Restaurations diverses, *C0050.*
- Édifices pour l'administration de la justice, *F4057, F4058.*
- Hôtels de ville et centres civiques, *F6069.*
- Écoles primaires et secondaires, *G1289.*
- Immeubles d'appartements, *H2450.*
- Maisons unifamiliales et maisons jumelées, *H6488.*

St-Boniface (suite/cont'd)
- Hôpitaux généraux et spécialisés, *M0314.*
- Centres médicaux, *M6028.*

St-Bruno
- Édifices religieux divers, *A1070.*
- Écoles d'arts et métiers et écoles spéciales, *G1544.*
- Immeubles d'appartements, *H2176.*
- Maisons unifamiliales et maisons jumelées, *H5566, H5649, H6254, H6255, H6367.*
- Quartiers résidentiels, *P1210, P1370.*

St. Catharines
- Centres commerciaux, *B1134, B1247.*
- Bureaux divers, *B5568, B5922.*
- Centres communautaires, *D3035, D3269.*
- Écoles primaires et secondaires, *G0901.*
- Centres sociaux, *G3014.*
- Installations pour les sports et l'éducation physique, *G5023.*
- Pavillons pour l'enseignement et la recherche, *G7037, G7155.*
- Résidences d'étudiants, *G8027, G8061.*
- Foyers, *H0052.*
- Immeubles d'appartements, *H2570.*
- Maisons unifamiliales et maisons jumelées, *H5305, H5901, H6092, H6445.*
- Ponts et tunnels, *N3569.*
- Travaux d'urbanisme et de rénovation urbaine, *P0260, P0261, P0262.*
- Quartiers résidentiels, *P1211.*

St. Catharines (Ont.)
- Édifices d'associations, *B4503.*
- Cinémas, *D7226.*
- Centres médicaux, *M6041.*

St. Catharines(Ont.)
- Édifices cultuels, *A0017.*

St-Césaire
- Écoles primaires et secondaires, *G1162.*

St-Charles de Bellechasse
- Écoles primaires et secondaires, *G1181.*

St-Claude (Manitoba)
- Édifices cultuels, *A0240.*

St-Eleuthère
- Bureaux de poste, *F1016.*

St-Eustache
- Constructions pour le téléphone, *N8046.*

St-Eustache-sur-le-Lac.
- Écoles primaires et secondaires, *G0874.*

St-Faustin
- Édifices pour l'administration publique, *F5026.*

St-Félicien
- Usines diverses, *B9478*.
- Écoles primaires et secondaires, *G0583, G1190*.

St-Ferdinand-d'Halifax
- Hôpitaux généraux et spécialisés, *M0293*.

St-Georges de Beauce
- Hôpitaux généraux et spécialisés, *M0282*.

St-Georges-est, Beauce
- Édifices cultuels, *A0073*.

St-Gérard de Wolfe
- Ponts et tunnels, *N3529*.

St-Henri
- Écoles d'arts et métiers et écoles spéciales, *G1568*.

St-Hilaire
- Habitation subventionnée, *H1013*.
- Maisons unifamiliales et maisons jumelées, *H6187, H6570*.
- Travaux d'urbanisme et de rénovation urbaine, *P0584*.
- Quartiers résidentiels, *P1642*.

St-Hubert
- Usines de machines, *B8819*.
- Écoles primaires et secondaires, *G0656*.
- Travaux d'urbanisme et de rénovation urbaine, *P0266*.

St-Hyacinthe
- Édifices cultuels, *A0151, A0329, A0447*.
- Édifices religieux divers, *A1040, A1057, A1072*.
- Bureaux divers, *B5699*.
- Usines diverses, *B9632, B9633, B9709*.
- Centres communautaires, *D3134*.
- Cinémas, *D7205*.
- Édifices pour l'administration de la justice, *F4044, F4087*.
- Écoles primaires et secondaires, *G0698, G0834, G1043*.
- Écoles d'arts et métiers et écoles spéciales, *G1521*.
- Installations pour les sports et l'éducation physique, *G5011*.
- Résidences d'étudiants, *G8029*.
- Maisons unifamiliales et maisons jumelées, *H5567, H5568*.
- Hôpitaux universitaires, *M3009*.
- Écoles et résidences d'infirmières, *M5013*.
- Travaux d'urbanisme et de rénovation urbaine, *P0267*.

St-Jacques de Métabetchouan
- Banques, *B0057*.

St-Jacques de Montcalm
- Écoles primaires et secondaires, *G0792*.
- Écoles d'arts et métiers et écoles spéciales, *G1524*.

St. James (Man.)
- Immeubles d'appartements, *I12687*.

St. James (Manitoba)
- Bibliothèques publiques, *D2067*.
- Écoles primaires et secondaires, *G0584, G1232*.
- Hôpitaux généraux et spécialisés, *M0315*.

St-Jean
- Centres communautaires, *D3086*.
- Travaux d'urbanisme et de rénovation urbaine, *P0268*.

St-Jean (Qué.)
- Édifices cultuels, *A0035, A0036*.
- Usines diverses, *B9479, B9480, B9481, B9622*.

St-Jean (T.-N.)
- Édifices cultuels, *A0149*.

St-Jean-des-Piles
- Théâtres, *D7520*.

St-Jérôme
- Édifices cultuels, *A0261, A0421*.
- Centres commerciaux, *B1138, B1358*.
- Garages, *B3522*.
- Bureaux divers, *B5570*.
- Usines diverses, *B9482*.
- Centres communautaires, *D3216*.
- Édifices pour l'administration publique, *F5027*.
- Écoles primaires et secondaires, *G1067*.
- Hôpitaux généraux et spécialisés, *M0278*.
- Constructions pour les autobus, *N3006*.
- Constructions pour le téléphone, *N8049*.

St-Jérôme (Lac- St-Jean)
- Édifices cultuels, *A0138*.

St-Jérôme du Lac St-Jean
- Campus (Universités et collèges en général), *G2068*.

St. John (N.-B.)
- Centres commerciaux, *B1139, B1292, B1305, B1479*.
- Hôtels, *B4047*.
- Restaurations diverses, *C0020*.
- Restaurations d'habitations, *C1019*.
- Constructions diverses, *D1524*.
- Hôtels de ville et centres civiques, *F6044*.
- Écoles primaires et secondaires, *G1054*.
- Maisons unifamiliales et maisons jumelées, *H5311, H6084*.
- Hôpitaux généraux et spécialisés, *M0266*.
- Travaux d'urbanisme et de rénovation urbaine, *P0269, P0270, P0271, P0272, P0665*.
- Quartiers résidentiels, *P1216, P1217, P1218*.

St. John's (Newfoundland)
- Édifices cultuels, *A0274*.
- Bureaux divers, *B5680*.
- Usines diverses, *B9484*.
- Centres médicaux, *M6047*.

St. John's
- Édifices pour l'administration publique, *F5100*.
- Campus (Universités et collèges en général), *G2190*.
- Pavillons pour l'enseignement et la recherche, *G7180, G7181*.
- Résidences d'étudiants, *G8030*.
- Maisons unifamiliales et maisons jumelées, *H6158*.

St. John's (Memorial University)
- Bibliothèques de maisons d'enseignement, *D2539*.

St. John's (T.-N.)
- Centres commerciaux, *B1140*.
- Bureaux divers, *B5689*.
- Restaurations diverses, *C0021*.
- Centres communautaires, *D3051*.
- Stades, *D6557*.
- Théâtres, *D7523*.
- Hôtels de ville et centres civiques, *F6105*.
- Campus (Universités et collèges en général), *G2073*.
- Laboratoires, *G9063*.
- Habitation subventionnée, *H1014, H1015, H1016*.
- Immeubles d'appartements, *H2181, H2182, H2183, H2674*.
- Maisons unifamiliales et maisons jumelées, *H5312, H5313, H5314, H6306*.
- Parcs et jardins, *L0156*.
- Travaux d'urbanisme et de rénovation urbaine, *P0273, P0700, P0733*.
- Quartiers résidentiels, *P1219, P1220, P1221, P1222, P1223, P1224*.

St-Joseph d'Alma
- Hôpitaux généraux et spécialisés, *M0383*.

St-Justin
- Bureaux de poste, *F1017*.

St-Lambert
- Édifices cultuels, *A0247*.
- Centres commerciaux, *B1294*.
- Bureaux divers, *B5766*.
- Immeubles d'appartements, *H2535*.
- Maisons unifamiliales et maisons jumelées, *H5559, H5560, H6339*.

St-Lambert (Qué.)
- Édifices cultuels, *A0037*.
- Foyers, *H0055*.

St-Laurent
- Centres commerciaux, *B1142*.
- Entrepôts, *B3101, B3139*.
- Magasins, *B6525*.
- Usines diverses, *B9588*.
- Maisons de vacances, *D1058*.
- Écoles primaires et secondaires, *G0873*.

St. Lawrence Seaway
- Édifices cultuels, *A0310*.

St-Léonard
- Édifices cultuels, *A0343*.
- Hôtels de ville et centres civiques, *F6018*.

St-Léonard (Qué.)
- Bibliothèques publiques, *D2002*.

St-Léonard-de-Port-Maurice
- Écoles primaires et secondaires, *G0972, G1094, G1167*.

St-Louis-de-Terrebonne
- Maisons unifamiliales et maisons jumelées, *H5318*.
- Quartiers résidentiels, *P1229*.

St-Luc
- Maisons unifamiliales et maisons jumelées, *H5671*.

St-Luc (Québec)
- Centres communautaires, *D3180*.

St. Malo (Man.)
- Écoles primaires et secondaires, *G0991*.

St-Martin
- Édifices religieux divers, *A1041*.
- Travaux d'urbanisme et de rénovation urbaine, *P0277*.

St. Mary's (Ont.)
- Usines diverses, *B9488*.
- Maisons unifamiliales et maisons jumelées, *H5672*.

St-Nicholas
- Immeubles d'appartements, *H2188*.

St-Nicolas
- Usines diverses, *B9489*.
- Maisons de vacances, *D1041*.
- Maisons unifamiliales et maisons jumelées, *H5839*.

St. Norbert (Man.)
- Maisons unifamiliales et maisons jumelées, *H6467*.

St. Norbert (Manitoba)
- Écoles primaires et secondaires, *G0871*.
- Maisons unifamiliales et maisons jumelées, *H5319*.
- Quartiers résidentiels, *P1230*.

St-Pascal de Kamouraska
- Écoles spécialisées, *G4006*.

St. Paul (Alberta)
- Édifices religieux divers, *A1022*.

St-Paul-de-Joliette
- Ponts et tunnels, *N3530*.

St-Paul-du-Nord
- Ponts et tunnels, *N3531*.

St. Pierre (Manitoba)
- Écoles primaires et secondaires, *G0992*.

St-Pierre de l'île d'Orléans
- Édifices cultuels, *A0206*.

St-Pierre, Ile d'Orléans
- Écoles primaires et secondaires, *G0588*.

St-Romuald
- Banques, *B0022*.
- Centres commerciaux, *B1144*.
- Écoles primaires et secondaires, *G0657, G0680*.

St-Romuald (suite/cont'd)
- Immeubles d'appartements, *H2189.*

St-Rose du Lac (Manitoba)
- Édifices cultuels, *A0277.*

St-Sauveur-des-Monts
- Écoles primaires et secondaires, *G1068.*

St-Siméon
- Écoles primaires et secondaires, *G0589.*

St. Stephen (N.-B.)
- Écoles primaires et secondaires, *G0843.*

St. Thomas
- Usines de machines, *B8821.*

St. Thomas (Ont.)
- Édifices cultuels, *A0097.*
- Édifices pour l'administration de la justice, *F4031.*
- Hôpitaux généraux et spécialisés, *M0425.*
- Travaux d'urbanisme et de rénovation urbaine, *P0279, P0280.*

St-Tite
- Foyers, *H0058.*

St-Vincent-de-Paul
- Édifices pour l'administration de la justice, *F4019.*

St-Vital
- Édifices cultuels, *A0348.*

St-Vital (Man.)
- Foyers, *H0134.*
- Immeubles d'appartements, *H2190.*
- Quartiers résidentiels, *P1233, P1234.*

St-Vital (Manitoba)
- Maisons unifamiliales et maisons jumelées, *H5813.*

Ste-Adèle
- Hôtels, *B4115, B4212.*
- Maisons de vacances, *D1027.*
- Écoles primaires et secondaires, *G0645.*
- Maisons unifamiliales et maisons jumelées, *H5298.*

Ste-Adèle-en-haut
- Édifices cultuels, *A0420.*
- Centres communautaires, *D3061.*

Ste-Agathe
- Usines diverses, *B9472.*

Ste-Agathe (Man.)
- Écoles primaires et secondaires, *G0990.*

Ste-Agathe-des-Monts
- Écoles primaires et secondaires, *G0795.*

Ste-Angèle
- Édifices religieux divers, *A1010.*

Ste-Anne-de-Beaupré
- Constructions pour le téléphone, *N8017.*

Ste-Anne-de-Bellevue
- Maisons unifamiliales et maisons jumelées, *H5638.*
- Travaux d'urbanisme et de rénovation urbaine, *P0659.*

Ste-Anne-de-Bellevue (Québec)
- Bureaux divers, *B5897.*

Ste-Anne-de-la-Pocatière
- Édifices religieux divers, *A1011.*
- Campus (Universités et collèges en général), *G2010.*

Ste-Anne-de-la-Rochelle
- Écoles primaires et secondaires, *G1267.*
- Résidences d'étudiants, *G8102.*

Ste-Anne de Sorel
- Écoles primaires et secondaires, *G0966.*

Ste-Anne-de-Varennes
- Laboratoires, *G9027.*

Ste-Anne-des-Monts
- Écoles primaires et secondaires, *G0582.*

Ste-Anne-des-Plaines
- Édifices pour l'administration de la justice, *F4083.*

Ste-Brigitte de Laval
- Édifices cultuels, *A0051.*

Ste-Catherine-d'Alexandrie
- Usines diverses, *B9477.*

Ste-Dorothée
- Centres communautaires, *D3085.*
- Hôtels de ville et centres civiques, *F6138.*

Ste-Foy
- Édifices cultuels, *A0150.*
- Centres commerciaux, *B1135, B1301, B1303.*
- Complexes à fonctions commerciale et résidentielle, *B2021.*
- Hôtels, *B4046.*
- Bureaux divers, *B5569.*
- Constructions pour la défense civile, *F3050.*
- Écoles primaires et secondaires, *G1163.*
- Campus (Universités et collèges en général), *G2011.*
- Maisons unifamiliales et maisons jumelées, *H5307, H5308, H5309, H5506, H5514, H5516, H5604, H5626, H5837, H5838, H6203, H6214, H6512, H6585.*
- Hôpitaux militaires, *M1010.*
- Constructions pour le téléphone, *N8018.*
- Travaux d'urbanisme et de rénovation urbaine, *P0263, P0264, P0265.*
- Quartiers résidentiels, *P1214, P1215.*

Ste-Geneviève
- Maisons unifamiliales et maisons jumelées, *H5310.*

Ste-Irène de Matapédia
- Édifices cultuels, *A0086.*

Ste-Julie
- Centres commerciaux, *B1141.*

Ste-Lucie-de-Beauregard (cté Montmagny)
- Édifices cultuels, *A0055.*

Ste-Marguerite
- Maisons de vacances, *D1022, D1074.*
- Constructions diverses, *D1513.*
- Maisons unifamiliales et maisons jumelées, *H5693.*

Ste-Marguerite du Lac Masson
- Restaurants, *B7019.*
- Maisons de vacances, *D1029.*

Ste-Marie de Beauce
- Écoles primaires et secondaires, *G0587.*
- Travaux d'urbanisme et de rénovation urbaine, *P0773.*

Ste-Marie-des-Deux-Montagnes
- Édifices religieux divers, *A1033.*

Ste-Odile
- Maisons unifamiliales et maisons jumelées, *H5320.*

Ste-Philomène
- Travaux d'urbanisme et de rénovation urbaine, *P0278.*

Ste-Rose
- Édifices cultuels, *A0099.*
- Foyers, *H0128.*
- Maisons unifamiliales et maisons jumelées, *H5321.*
- Constructions pour le téléphone, *N8040.*

Ste-Thérèse
- Édifices cultuels, *A0457.*
- Restaurants, *B7035.*
- Maisons unifamiliales et maisons jumelées, *H5878, H5929, H5930, H6066, H6144.*
- Constructions pour le téléphone, *N8047.*
- Quartiers résidentiels, *P1231, P1232.*

Ste-Thérèse (Qué.)
- Garages, *B3540.*

Ste-Thérèse de Blainville
- Bureaux de poste, *F1020.*

Ste-Thérèse-en-Haut
- Maisons unifamiliales et maisons jumelées, *H5322, H5323, H5324.*

Steinbach (Man.)
- Usines diverses, *B9505.*

Stephenville (T.-N.)
- Constructions pour le transport aérien, *N0025.*
- Quartiers résidentiels, *P1259.*

Stoney Creek
- Centres commerciaux, *B1441.*

Stoney Rapids (Sask.)
- Écoles primaires et secondaires, *G0596.*

Stouffville (Ont.)
- Maisons unifamiliales et maisons jumelées, *H5451.*

Stratford
- Bureaux divers, *B5973.*
- Installations de services publics, *B8595.*
- Usines diverses, *B9506, B9507.*
- Théâtres, *D7564, D7571.*
- Hôtels de ville et centres civiques, *F6060.*
- Immeubles d'appartements, *H2208.*
- Hôpitaux généraux et spécialisés, *M0345.*
- Travaux d'urbanisme et de rénovation urbaine, *P0289, P0553, P0557.*

Stratford (Ont.)
- Usines diverses, *B9699.*

Strathroy
- Centres commerciaux, *B1147.*

Strathroy (Ont.)
- Écoles primaires et secondaires, *G0738.*

Streetsville
- Quartiers résidentiels, *P1260, P1261.*

Streetsville (Ont.)
- Restaurations d'habitations, *C1007.*
- Maisons unifamiliales et maisons jumelées, *H5341, H5342, H5343, H5697.*

Stroud (Ont.)
- Quartiers résidentiels, *P1262.*

Sturgeon Falls
- Centres communautaires, *D3100.*

Sudbury
- Édifices cultuels, *A0021.*
- Banques, *B0084.*
- Centres commerciaux, *B1148.*
- Garages, *B3553.*
- Hôtels, *B4130.*
- Centres communautaires, *D3192.*
- Piscines, *D6028.*
- Écoles primaires et secondaires, *G0870.*
- Campus (Universités et collèges en général), *G2074, G2119, G2172.*
- Installations pour les sports et l'éducation physique, *G5033.*
- Pavillons pour l'enseignement et la recherche, *G7073, G7137, G7216.*
- Résidences d'étudiants, *G8033.*
- Hôpitaux généraux et spécialisés, *M0219, M0220.*
- Écoles et résidences d'infirmières, *M5025.*
- Travaux d'urbanisme et de rénovation urbaine, *P0290.*
- Quartiers résidentiels, *P1263, P1264.*

Sudbury (Laurentian University)
- Bibliothèques de maisons d'enseignement, *D2503.*

Summerside (I.P.E.)
- Banques, *B0042.*
- Centres commerciaux, *B1149.*

Surrey
- Centres commerciaux, *B1150.*
- Musées, *D5046.*
- Édifices pour l'administration publique, *F5062.*
- Écoles primaires et secondaires, *G1251, G1253.*
- Foyers, *H0145.*
- Immeubles d'appartements, *H2413, H2694, H2695, H2696.*
- Maisons unifamiliales et maisons jumelées, *H5344, H5345, H5959.*
- Centres médicaux, *M6033.*
- Quartiers résidentiels, *P1265, P1473.*

Surrey (C.-B.)
- Écoles primaires et secondaires, *G0880, G1275.*
- Maisons unifamiliales et maisons jumelées, *H5503.*
- Hôpitaux généraux et spécialisés, *M0298.*
- Travaux d'urbanisme et de rénovation urbaine, *P0535.*
- Quartiers résidentiels, *P1614.*

Sussex (Angleterre)
- Hôpitaux militaires, *M1004.*

Sussex (N.-B.)
- Écoles primaires et secondaires, *G0844.*
- Hôpitaux généraux et spécialisés, *M0230.*

Sutton
- Maisons unifamiliales et maisons jumelées, *H6120.*

Sutton (Ont.)
- Écoles primaires et secondaires, *G0701.*

Swan Valley (Man.)
- Magasins, *B6527.*

Swansea (Ont.)
- Maisons unifamiliales et maisons jumelées, *H6260.*

Sweetsburg (Qué.)
- Édifices pour l'administration de la justice, *F4095.*
- Hôpitaux généraux et spécialisés, *M0416.*

Sydney
- Travaux d'urbanisme et de rénovation urbaine, *P0291.*

Taber (Alberta)
- Écoles primaires et secondaires, *G0921.*
- Quartiers résidentiels, *P1266.*

Tadoussac
- Hôtels, *B4216.*
- Constructions pour le transport maritime, *N1016.*

Tahsis (C.-B.)
- Hôtels, *B4180.*
- Écoles primaires et secondaires, *G0939.*

Terrace (C.-B.)
- Centres commerciaux, *B1416.*
- Bureaux de poste, *F1047.*
- Hôpitaux généraux et spécialisés, *M0409.*

Terrace Bay (Ont.)
- Centres commerciaux, *B1286.*
- Usines diverses, *B9508.*
- Travaux d'urbanisme et de rénovation urbaine, *P0558.*

Terre-Neuve
- Installations de services publics, *B8550.*
- Bibliothèques publiques, *D2048.*
- Quartiers résidentiels, *P1267, P1268.*

Terrebonne
- Restaurations diverses, *C0022.*
- Écoles primaires et secondaires, *G0796.*

Teulon (Man.)
- Maisons unifamiliales et maisons jumelées, *H6304.*

The Pas (Man.)
- Foyers, *H0135.*

Thetford-Mines
- Centres commerciaux, *B1359.*
- Stades, *D6517.*
- Écoles primaires et secondaires, *G0597, G0598, G0875, G0876.*
- Écoles d'arts et métiers et écoles spéciales, *G1532.*
- Campus (Universités et collèges en général), *G2012, G2102.*
- Travaux d'urbanisme et de rénovation urbaine, *P0292.*

Thompson
- Écoles primaires et secondaires, *G1074.*
- Travaux d'urbanisme et de rénovation urbaine, *P0765.*

Thompson (Manitoba)
- Hôtels de ville et centres civiques, *F6141.*
- Écoles primaires et secondaires, *G1230.*
- Travaux d'urbanisme et de rénovation urbaine, *P0293.*

Thornhill
- Magasins, *B6649.*
- Maisons unifamiliales et maisons jumelées, *H6370.*

Thornhill (Ont.)
- Centres communautaires, *D3097.*

Thorold (Ont.)
- Usines diverses, *B9575.*
- Hôtels de ville et centres civiques, *F6144.*

Thule (Groenland)
- Constructions pour la défense civile, *F3017.*

Thunder Bay
- Entrepôts, *B3047.*
- Hôtels, *B4049.*
- Usines diverses, *B9509, B9510.*
- Restaurations diverses, *C0023.*

Thunder Bay (suite/cont'd)
- Centres communautaires, *D3059.*
- Casernes de pompiers, *F2003.*
- Campus (Universités et collèges en général), *G2093.*
- Pavillons pour l'enseignement et la recherche, *G7086.*
- Foyers, *H0063.*
- Immeubles d'appartements, *H2209.*
- Maisons en bandes, *H4027.*
- Quartiers résidentiels, *P1269.*

Tillsonburg
- Centres commerciaux, *B1151.*
- Écoles d'arts et métiers et écoles spéciales, *G1549.*

Tillsonburg (Ont.)
- Écoles primaires et secondaires, *G0739.*
- Maisons en bandes, *H4028.*

Timmins
- Maisons unifamiliales et maisons jumelées, *H5346.*
- Quartiers résidentiels, *P1270.*

Tingwick / Warwick
- Constructions diverses, *D1510.*

Todmorden (Ont.)
- Maisons unifamiliales et maisons jumelées, *H6268.*

Tokyo
- Bâtiments d'expositions, *D0114.*
- Ambassades et consulats, *F0014.*

Toronto
- Édifices cultuels, *A0022, A0023, A0024, A0038, A0039, A0046, A0047, A0089, A0091, A0098, A0142, A0225, A0226, A0286, A0287, A0288, A0296, A0311, A0318, A0319, A0321, A0357, A0372, A0376, A0392, A0423, A0424, A0425, A0459, A0473, A0476, A0490, A0495, A0500, A0532, A0534, A0539.*
- Édifices religieux divers, *A1042, A1044, A1058, A1059, A1066, A1067.*
- Banques, *B0024, B0046, B0047, B0053, B0079, B0080, B0085, B0113, B0116, B0117, B0119, B0122, B0124, B0127, B0129, B0134, B0136, B0144, B0146, B0150, B0163, B0188, B0189, B0193.*
- Centres commerciaux, *B1152, B1153, B1154, B1155, B1156, B1157, B1158, B1159, B1160, B1161, B1162, B1163, B1164, B1165, B1166, B1167, B1168, B1169, B1170, B1208, B1226, B1227, B1228, B1229, B1230, B1232, B1245, B1251, B1252, B1266, B1268, B1287, B1288, B1289, B1291, B1293, B1298, B1304, B1310, B1318, B1322, B1343, B1364, B1378, B1383, B1406, B1408, B1414, B1423, B1426, B1434, B1453, B1455, B1456, B1457, B1458, B1459,*

Toronto (suite/cont'd)
B1470, B1471, B1472, B1473, B1474, B1477.
- Complexes à fonctions commerciale et résidentielle, *B2025, B2026, B2027, B2037, B2043, B2044, B2045, B2049, B2053, B2058, B2059, B2072, B2075, B2088, B2093, B2096, B2103, B2105, B2106, B2107, B2108, B2109, B2115.*
- Entrepôts, *B3048, B3049, B3050, B3051, B3062, B3065, B3072, B3073, B3091, B3118, B3119, B3120, B3121, B3130, B3132, B3141, B3155.*
- Garages, *B3514, B3517, B3520, B3535, B3539, B3555, B3558, B3559, B3560, B3570, B3573.*
- Hôtels, *B4050, B4051, B4052, B4053, B4054, B4055, B4056, B4057, B4058, B4059, B4060, B4061, B4081, B4100, B4118, B4126, B4133, B4145, B4150, B4151, B4152, B4156, B4170, B4177, B4178, B4183, B4185, B4188, B4189, B4192, B4193, B4201, B4202, B4206, B4214, B4223, B4238, B4245, B4246, B4247, B4248, B4255, B4256.*
- Édifices d'associations, *B4510, B4511, B4512, B4515, B4516, B4522, B4526, B4527, B4535, B4536, B4537, B4538, B4539, B4540, B4544, B4553, B4555.*
- Édifices de maisons d'édition, *B4807.*
- Édifices des sociétés d'énergie et de télécommunication, *B4907, B4908, B4910, B4911, B4925, B4928.*
- Bureaux de professionnels, *B5208, B5222, B5226, B5227, B5230, B5232, B5234, B5235, B5237, B5240, B5246, B5258, B5261.*
- Bureaux divers, *B5576, B5577, B5578, B5579, B5580, B5581, B5582, B5583, B5584, B5585, B5586, B5587, B5588, B5589, B5590, B5591, B5592, B5593, B5594, B5595, B5596, B5597, B5598, B5615, B5616, B5619, B5620, B5621, B5625, B5627, B5648, B5660, B5661, B5662, B5663, B5664, B5667, B5670, B5673, B5677, B5678, B5686, B5687, B5688, B5708, B5709, B5712, B5713, B5714, B5715, B5728, B5736, B5737, B5744, B5745, B5746, B5747, B5748, B5761, B5762, B5763, B5765, B5793, B5794, B5806, B5808, B5827, B5853, B5854, B5855, B5856, B5857, B5859, B5860, B5861, B5862, B5865, B5866, B5867, B5872, B5873, B5874, B5879, B5882, B5888, B5889, B5890, B5902, B5903, B5904, B5905, B5906, B5907, B5908, B5909, B5910, B5911, B5912, B5913, B5914, B5916, B5924, B5925, B5926, B5927, B5928, B5929, B5935, B5939, B5940, B5941, B5950, B5961, B5978, B5985, B5986, B5996, B5997, B5998, B6014, B6018, B6029, B6030, B6034, B6035, B6049,*

TORONTO (C.N.E.)

Toronto
(suite/cont'd)
B6050, B6051, B6052, B6053, B6054, B6055, B6056, B6057, B6067, B6068, B6074, B6075.
- Magasins, *B6534, B6546, B6547, B6549, B6550, B6551, B6590, B6600, B6601, B6608, B6610, B6639, B6650, B6655, B6656, B6658, B6659, B6662, B6663, B6667, B6676.*
- Restaurants, *B7018, B7041, B7053, B7054, B7056, B7057, B7070, B7071.*
- Tours panoramiques, *B7502.*
- Parcs industriels, *B8020, B8021.*
- Imprimeries, *B8306, B8316, B8319.*
- Installations de services publics, *B8551, B8552, B8553, B8554, B8560, B8568.*
- Usines de denrées alimentaires, *B8610, B8611, B8616, B8623, B8628, B8639, B8640, B8644.*
- Usines de machines, *B8822, B8823, B8831, B8853, B8854, B8856, B8860.*
- Usines de produits pharmaceutiques et de cosmétiques, *B9103, B9106.*
- Usines diverses, *B9511, B9512, B9513, B9514, B9515, B9516, B9517, B9518, B9519, B9520, B9521, B9522, B9523, B9524, B9525, B9526, B9527, B9569, B9570, B9571, B9577, B9587, B9589, B9590, B9639, B9640, B9644, B9662, B9664, B9665, B9688, B9690, B9691, B9702, B9717, B9718, B9720, B9721, B9739, B9741.*
- Restaurations diverses, *C0024, C0025, C0026, C0027, C0028, C0029, C0038, C0039, C0042, C0043, C0047, C0049, C0051, C0055, C0061, C0068, C0071, C0073, C0078, C0079, C0083, C0087, C0091, C0092.*
- Restaurations d'habitations, *C1005, C1006, C1009, C1013, C1024.*
- Bâtiments d'expositions, *D0143, D0208.*
- Constructions diverses, *D1527.*
- Bibliothèques publiques, *D2006, D2013, D2036, D2042, D2051, D2055, D2056, D2068.*
- Bibliothèques de maisons d'enseignement, *D2504.*
- Centres communautaires, *D3075, D3129, D3142, D3148, D3188, D3189, D3190, D3196, D3201, D3202, D3240, D3252, D3265, D3270.*
- Marinas, *D4503, D4508.*
- Musées, *D5008, D5012, D5073, D5079, D5081.*
- Piscines, *D6025, D6031, D6052, D6054, D6055.*
- Stades, *D6518, D6520, D6527, D6547, D6548, D6551, D6552, D6558, D6568, D6574.*
- Centres de congrès, *D7005, D7006, D7007, D7022.*
- Cinémas, *D7210, D7227.*

Toronto
(suite/cont'd)
- Théâtres, *D7506, D7512, D7527, D7529, D7539, D7546, D7558, D7579, D7584.*
- Ambassades et consulats, *F0016.*
- Bureaux de poste, *F1022, F1029, F1033, F1048.*
- Constructions pour la défense civile, *F3018.*
- Édifices pour l'administration de la justice, *F4020, F4029, F4040, F4073, F4077, F4080, F4091.*
- Édifices pour l'administration publique, *F5030, F5040, F5066, F5114, F5124, F5134.*
- Hôtels de ville et centres civiques, *F6022, F6023, F6024, F6038, F6074, F6077, F6079, F6093, F6097, F6104, F6108, F6109, F6111.*
- Écoles primaires et secondaires, *G0599, G0628, G0629, G0702, G0703, G0836, G0842, G0851, G0852, G0856, G0863, G0877, G0895, G1005, G1087, G1088, G1089, G1114, G1115, G1123, G1125, G1164, G1210, G1255, G1293, G1294, G1295.*
- Écoles d'arts et métiers et écoles spéciales, *G1508, G1528, G1530, G1556, G1563, G1565, G1567.*
- Campus (Universités et collèges en général), *G2013, G2030, G2087, G2095, G2158, G2169, G2216.*
- Centres sociaux, *G3015.*
- Écoles spécialisées, *G4007, G4014, G4026, G4029.*
- Résidences d'étudiants, *G8035, G8075.*
- Laboratoires, *G9037, G9042, G9044, G9058, G9059, G9075, G9104.*
- Foyers, *H0064, H0065, H0073, H0077, H0105, H0108, H0109, H0120, H0121, H0122, H0123, H0124, H0131, H0142, H0148.*
- Habitation subventionnée, *H1020, H1030, H1054, H1057, H1060.*
- Immeubles d'appartements, *H2210, H2211, H2212, H2213, H2214, H2215, H2216, H2217, H2218, H2219, H2220, H2221, H2222, H2223, H2224, H2225, H2226, H2227, H2228, H2229, H2230, H2231, H2232, H2233, H2234, H2235, H2236, H2237, H2238, H2239, H2240, H2241, H2242, H2243, H2244, H2245, H2246, H2295, H2296, H2300, H2301, H2302, H2308, H2310, H2316, H2335, H2340, H2341, H2342, H2347, H2358, H2370, H2373, H2381, H2382, H2387, H2388, H2389, H2390, H2403, H2404, H2405, H2430, H2431, H2443, H2449, H2490, H2491, H2492, H2495, H2497, H2502, H2513, H2515, H2530, H2531, H2533, H2561, H2574, H2577, H2579, H2580, H2602, H2616, H2618, H2623, H2624, H2625, H2626, H2627, H2638, H2639, H2640, H2642, H2653, H2654, H2669, H2676, H2683, H2693, H2707, H2716, H2717, H2729,*

Toronto
(suite/cont'd)
H2730, H2731, H2732, H2733, H2735, H2736, H2745.
- Maisons en bandes, *H4029, H4030, H4031, H4032, H4033, H4034, H4039, H4049, H4056, H4057, H4058, H4059, H4060, H4061, H4062, H4066, H4067, H4073, H4084, H4085, H4091, H4095, H4099, H4106, H4108.*
- Maisons unifamiliales et maisons jumelées, *H5347, H5348, H5349, H5350, H5351, H5352, H5353, H5354, H5355, H5356, H5357, H5358, H5359, H5360, H5361, H5362, H5363, H5364, H5365, H5366, H5367, H5368, H5369, H5370, H5371, H5372, H5373, H5374, H5375, H5376, H5377, H5378, H5379, H5380, H5381, H5382, H5383, H5384, H5441, H5442, H5443, H5444, H5445, H5453, H5456, H5457, H5484, H5499, H5542, H5610, H5619, H5624, H5674, H5675, H5762, H5787, H5795, H5796, H5803, H5855, H5865, H5875, H5876, H5880, H5883, H5922, H5946, H5961, H5978, H5987, H5994, H5995, H5996, H5997, H5998, H5999, H6000, H6001, H6002, H6003, H6004, H6052, H6067, H6068, H6069, H6070, H6071, H6072, H6073, H6075, H6076, H6089, H6131, H6132, H6133, H6134, H6135, H6136, H6137, H6138, H6139, H6140, H6159, H6160, H6176, H6177, H6182, H6183, H6184, H6204, H6205, H6208, H6209, H6230, H6240, H6241, H6261, H6262, H6263, H6265, H6272, H6294, H6315, H6332, H6333, H6334, H6335, H6336, H6337, H6368, H6386, H6400, H6415, H6416, H6417, H6418, H6419, H6430, H6442, H6451, H6478, H6479, H6539, H6543, H6558, H6572, H6573, H6587.*
- Monuments, *K0002, K0015.*
- Parcs et jardins, *L0020, L0021, L0028, L0030, L0038, L0044, L0045, L0046, L0059, L0067, L0071, L0072, L0093, L0094, L0095, L0099, L0104, L0105, L0106, L0107, L0121, L0126, L0130, L0134, L0137, L0145, L0155, L0158.*
- Hôpitaux généraux et spécialisés, *M0221, M0232, M0233, M0246, M0255, M0324, M0325, M0342, M0346, M0353, M0354, M0395, M0405.*
- Hôpitaux militaires, *M1005, M1007.*
- Hôpitaux pour animaux, *M2003.*
- Hôpitaux pour enfants, *M2502, M2503, M2510, M2511, M2512.*
- Écoles et résidences d'infirmières, *M5002, M5006, M5009, M5018, M5019, M5020.*
- Centres médicaux, *M6004, M6012, M6013, M6017, M6053, M6054.*
- Architecture pour handicapés, etc., *M7020, M7022, M7024.*

Toronto
(suite/cont'd)
- Constructions pour le transport aérien, *N0040, N0051, N0053, N0054, N0055, N0056, N0057.*
- Constructions de métros, *N2504, N2505, N2506, N2507, N2508, N2509, N2528, N2529, N2535, N2536, N2545, N2556, N2557, N2558.*
- Constructions pour les autobus, *N3010, N3015, N3016, N3022.*
- Ponts et tunnels, *N3552, N3571.*
- Routes, *N4008, N4013.*
- Travaux divers, *N4502.*
- Constructions pour la radio et la télévision, *N7003.*
- Constructions pour le téléphone, *N8021, N8022, N8056, N8057, N8058, N8059, N8060, N8061, N8075, N8076.*
- Travaux d'urbanisme et de rénovation urbaine, *P0294, P0295, P0296, P0297, P0298, P0299, P0300, P0301, P0302, P0303, P0304, P0305, P0306, P0307, P0308, P0309, P0310, P0311, P0312, P0313, P0314, P0315, P0316, P0317, P0318, P0319, P0320, P0321, P0322, P0323, P0324, P0325, P0326, P0327, P0328, P0329, P0330, P0331, P0332, P0333, P0334, P0335, P0336, P0337, P0338, P0339, P0340, P0341, P0342, P0343, P0344, P0345, P0346, P0347, P0348, P0349, P0350, P0351, P0352, P0353, P0354, P0355, P0356, P0357, P0358, P0359, P0360, P0361, P0438, P0442, P0472, P0473, P0475, P0486, P0495, P0501, P0505, P0508, P0509, P0512, P0515, P0532, P0538, P0539, P0540, P0559, P0560, P0571, P0572, P0573, P0583, P0595, P0687, P0697, P0713, P0716, P0727, P0761, P0762, P0769, P0770, P0779, P0783, P0793.*
- Quartiers résidentiels, *P1271, P1272, P1273, P1274, P1275, P1276, P1277, P1278, P1279, P1280, P1281, P1282, P1283, P1284, P1285, P1286, P1287, P1288, P1289, P1290, P1291, P1292, P1293, P1294, P1295, P1348, P1349, P1359, P1367, P1368, P1385, P1399, P1400, P1412, P1413, P1433, P1451, P1503, P1549, P1550, P1569, P1577, P1578, P1581, P1587, P1591, P1597, P1632.*

Toronto (C.N.E.)
- Bâtiments d'expositions, *D0119.*

Toronto (Canadian National Exhibition)
- Bâtiments d'expositions, *D0087.*

Toronto (CNE)
- Bâtiments d'expositions, *D0152, D0167, D0182.*

Toronto (en périphérie)
- Édifices cultuels, *A0391.*

Toronto (Malton Airport)
- Constructions pour le transport aérien, *N0026, N0027, N0028.*

Toronto (Univ. of)
- Bibliothèques de maisons d'enseignement, *D2528, D2529.*

Toronto (Univ. of Toronto)
- Campus (Universités et collèges en général), *G2014, G2015, G2038, G2039, G2041, G2064, G2089, G2094, G2107, G2153, G2154, G2175, G2202, G2205, G2211.*
- Centres sociaux, *G3004, G3008, G3019, G3023, G3046.*
- Constructions à fonctions utilitaires, *G3503, G3505.*
- Constructions diverses, *G3803, G3805, G3806.*
- Installations pour les sports et l'éducation physique, *G5014.*
- Pavillons pour l'enseignement et la recherche, *G7029, G7044, G7045, G7071, G7097, G7134, G7145, G7163, G7164, G7167, G7191.*
- Résidences d'étudiants, *G8034, G8062, G8080, G8090, G8098.*

Toronto (Victoria University)
- Campus (Universités et collèges en général), *G2055.*
- Pavillons pour l'administration universitaire, *G6004.*
- Résidences d'étudiants, *G8046.*

Toronto Township
- Édifices pour l'administration publique, *F5127.*
- Travaux d'urbanisme et de rénovation urbaine, *P0362.*

Township of Esquesing
- Hôtels de ville et centres civiques, *F6075.*

Tracy
- Édifices cultuels, *A0156.*
- Travaux d'urbanisme et de rénovation urbaine, *P0709.*

Tracy (Québec)
- Usines diverses, *B9528, B9529.*

Trail (C.-B.)
- Hôpitaux généraux et spécialisés, *M0394.*
- Travaux d'urbanisme et de rénovation urbaine, *P0363, P0741.*

Transcona
- Banques, *B0183.*

Transcona (Man.)
- Édifices cultuels, *A0231.*
- Maisons unifamiliales et maisons jumelées, *H6059.*
- Travaux d'urbanisme et de rénovation urbaine, *P0637.*

Transcona (Manitoba)
- Usines diverses, *B9674.*
- Écoles primaires et secondaires, *G0904.*

Trend
- Constructions pour les autobus, *N3012.*

Trenton
- Imprimeries, *B8309.*
- Bureaux de poste, *F1023.*
- Constructions pour la défense civile, *F3019, F3029, F3031, F3041, F3047.*
- Maisons unifamiliales et maisons jumelées, *H6557.*

Trenton (Ont.)
- Édifices cultuels, *A0439.*
- Musées, *D5084.*

Trois-Rivières
- Édifices cultuels, *A0107, A0108, A0109.*
- Édifices religieux divers, *A1016, A1037, A1074.*
- Centres commerciaux, *B1171, B1172.*
- Bureaux divers, *B5599.*
- Magasins, *B6528, B6566, B6567, B6568.*
- Parcs industriels, *B8022.*
- Usines diverses, *B9530.*
- Centres communautaires, *D3167, D3213.*
- Bureaux de poste, *F1035.*
- Édifices pour l'administration de la justice, *F4021, F4022.*
- Édifices pour l'administration publique, *F5031, F5063.*
- Hôtels de ville et centres civiques, *F6091.*
- Écoles primaires et secondaires, *G0714, G1130.*
- Écoles d'arts et métiers et écoles spéciales, *G1525.*
- Campus (Universités et collèges en général), *G2053.*
- Écoles spécialisées, *G4008, G4017.*
- Pavillons pour l'enseignement et la recherche, *G7022.*
- Immeubles d'appartements, *H2247, H2248, H2354, H2528.*
- Maisons unifamiliales et maisons jumelées, *H5385.*
- Hôpitaux généraux et spécialisés, *M0292.*
- Sanatoriums, *M4010.*
- Constructions pour les autobus, *N3007.*
- Ponts et tunnels, *N3533, N3534, N3542, N3572.*
- Routes, *N4014.*
- Travaux d'urbanisme et de rénovation urbaine, *P0364, P0365, P0366, P0367, P0368, P0369, P0457, P0630, P0638, P0710, P0747.*
- Quartiers résidentiels, *P1296, P1297, P1351, P1353.*

Trois-Rivières-Ouest
- Centres commerciaux, *B1173.*
- Stades, *D6519.*

Trout Mills (Ont.)
- Édifices cultuels, *A0266.*

Troy (N.Y.)
- Résidences d'étudiants, *G8088.*

Truro (N.-É.)
- Écoles spécialisées, *G4020.*

Tsawwassen (C.-B.)
- Bâtiments agricoles, *B0804.*
- Maisons unifamiliales et maisons jumelées, *H5386, H5387, H5708, H5956.*
- Travaux d'urbanisme et de rénovation urbaine, *P0702.*
- Quartiers résidentiels, *P1298.*

Tuxedo
- Écoles primaires et secondaires, *G1288.*

Tweed (Ont.)
- Entrepôts, *B3114.*

Tyndall (Manitoba)
- Édifices cultuels, *A0554.*

Unionville
- Centres communautaires, *D3241.*
- Quartiers résidentiels, *P1551.*

Unionville (Ont.)
- Maisons unifamiliales et maisons jumelées, *H5388, H5389.*

Uxbridge
- Maisons unifamiliales et maisons jumelées, *H5927.*

Uxbridge Township (Ont.)
- Travaux d'urbanisme et de rénovation urbaine, *P0569.*

Val-d'Or
- Garages, *B3538.*
- Bureaux de poste, *F1054.*
- Écoles primaires et secondaires, *G0733.*
- Habitation subventionnée, *H1021.*
- Hôpitaux généraux et spécialisés, *M0289, M0290, M0384, M0386.*

Val-David
- Maisons unifamiliales et maisons jumelées, *H5546.*

Val-des-Bois
- Maisons unifamiliales et maisons jumelées, *H5648.*

Val-Martin
- Habitation subventionnée, *H1055.*

Val-Mauricie
- Banques, *B0130.*

Val-Morin
- Hôtels, *B4258.*

Val-Tétreau, Hull
- Édifices cultuels, *A0446.*

Valcartier
- Constructions pour la défense civile, *F3020.*

Valcourt
- Écoles primaires et secondaires, *G1137.*

Valleyfield
- Édifices cultuels, *A0185, A0428.*
- Auditoriums, *G2709.*
- Maisons unifamiliales et maisons jumelées, *H5677.*
- Ponts et tunnels, *N3535.*

Valois
- Écoles primaires et secondaires, *G0653, G0986.*

Vancouver
- Édifices cultuels, *A0186, A0216, A0217, A0250, A0251, A0252, A0256, A0257, A0264, A0290, A0358, A0360, A0361, A0493, A0517, A0518, A0519, A0547.*
- Édifices religieux divers, *A1085.*
- Banques, *B0025, B0096, B0097, B0105, B0107, B0108, B0109, B0110, B0135, B0174, B0175, B0176, B0181, B0182.*
- Centres commerciaux, *B1174, B1175, B1176, B1177, B1235, B1273, B1274, B1285, B1319, B1325, B1331, B1354, B1380, B1381, B1446, B1447, B1450, B1475, B1476, B1485.*
- Complexes à fonctions commerciale et résidentielle, *B2028, B2029, B2046, B2065, B2087, B2094, B2097, B2112.*
- Entrepôts, *B3052, B3084, B3085, B3094, B3097, B3115, B3116, B3140, B3149, B3151.*
- Garages, *B3528, B3529, B3566.*
- Hôtels, *B4062, B4063, B4064, B4065, B4122, B4123, B4128, B4129, B4135, B4146, B4218, B4228, B4243, B4257.*
- Édifices d'associations, *B4517, B4548.*
- Édifices des sociétés d'énergie et de télécommunication, *B4935, B4939.*
- Bureaux de professionnels, *B5217, B5218, B5219, B5247, B5248, B5253, B5256, B5257, B5259.*
- Bureaux divers, *B5600, B5601, B5602, B5603, B5604, B5605, B5606, B5607, B5643, B5644, B5675, B5693, B5694, B5700, B5720, B5722, B5735, B5738, B5739, B5771, B5773, B5795, B5796, B5797, B5838, B5840, B5841, B5842, B5843, B5844, B5845, B5846, B5847, B5849, B5850, B5852, B5892, B5893, B5915, B5949, B5954, B5955, B5956, B5957, B5958, B5959, B5960, B5966, B5987, B5988, B5989, B5990, B5992, B5993, B5994, B6001, B6020, B6021, B6028, B6032, B6033, B6040, B6069, B6070, B6071.*
- Magasins, *B6529, B6530, B6586, B6587, B6616, B6635, B6636, B6637, B6661, B6683, B6691.*
- Restaurants, *B7031, B7036, B7038.*
- Tours panoramiques, *B7506.*
- Usines de denrées alimentaires, *B8612, B8618, B8641, B8642, B8643, B8656, B8657.*
- Usines diverses, *B9531, B9532, B9533, B9534, B9535, B9536, B9537, B9655, B9657, B9658, B9715, B9716.*
- Restaurations diverses, *C0030, C0031, C0056, C0057, C0088.*
- Restaurations d'habitations, *C1031.*
- Maisons de vacances, *D1071.*
- Constructions diverses, *D1520.*
- Bibliothèques publiques, *D2039, D2062, D2063, D2064, D2070.*

VANCOUVER

Vancouver (suite/cont'd)
- Bibliothèques de maisons d'enseignement, *D2541.*
- Centres communautaires, *D3041, D3063, D3066, D3067, D3073, D3088, D3104, D3112, D3113, D3144, D3146, D3172, D3175, D3181, D3236, D3253, D3258, D3262.*
- Marinas, *D4502, D4507, D4510, D4512.*
- Musées, *D5036, D5044, D5060, D5061.*
- Piscines, *D6041, D6043, D6050.*
- Stades, *D6546, D6563, D6578.*
- Centres de congrès, *D7008.*
- Théâtres, *D7503, D7504, D7509, D7522, D7534, D7537, D7540, D7541, D7549, D7561, D7563, D7565, D7566, D7574.*
- Bureaux de poste, *F1038, F1055.*
- Casernes de pompiers, *F2016.*
- Édifices pour l'administration de la justice, *F4055, F4056, F4064, F4085.*
- Édifices pour l'administration publique, *F5032, F5033, F5034, F5082, F5083, F5098, F5103, F5104, F5132, F5148, F5149.*
- Hôtels de ville et centres civiques, *F6134.*
- Écoles primaires et secondaires, *G0600, G0601, G0633, G0814, G0849, G0850, G0881, G0918, G0919, G0920, G0938, G1008, G1040, G1133, G1215, G1216, G1249, G1250, G1273.*
- Écoles d'arts et métiers et écoles spéciales, *G1561.*
- Campus (Universités et collèges en général), *G2016, G2117, G2142, G2156.*
- Écoles spécialisées, *G4022.*
- Laboratoires, *G9030, G9031, G9032, G9097.*
- Foyers, *H0066, H0067, H0095, H0103.*
- Habitation subventionnée, *H1022, H1032, H1039, H1040, H1048, H1049, H1050.*
- Immeubles d'appartements, *H2249, H2250, H2251, H2252, H2253, H2254, H2255, H2256, H2257, H2258, H2259, H2350, H2353, H2371, H2428, H2429, H2455, H2456, H2498, H2499, H2501, H2511, H2512, H2514, H2521, H2544, H2566, H2647, H2668, H2670, H2678, H2679, H2680, H2681, H2697, H2699, H2712, H2713, H2714, H2715, H2734, H2740, H2741.*
- Maisons en bandes, *H4035, H4041, H4052, H4070, H4076, H4082, H4087, H4116.*
- Maisons unifamiliales et maisons jumelées, *H5390, H5391, H5392, H5393, H5394, H5395, H5396, H5397, H5398, H5399, H5400, H5401, H5402, H5403, H5404, H5405, H5406, H5497, H5498, H5504, H5552, H5561, H5573, H5591, H5625, H5628, H5654, H5655, H5678, H5709, H5710, H5711, H5712, H5713, H5718,*

Vancouver (suite/cont'd)
H5721, H5722, H5757, H5763, H5764, H5765, H5766, H5767, H5768, H5772, H5773, H5774, H5775, H5822, H5823, H5826, H5869, H5888, H5890, H5896, H5920, H5932, H5966, H5967, H5968, H5969, H5983, H6031, H6032, H6057, H6099, H6104, H6111, H6112, H6113, H6118, H6171, H6216, H6225, H6275, H6280, H6283, H6284, H6285, H6376, H6391, H6392, H6401, H6402, H6403, H6428, H6480, H6481, H6482, H6483, H6484, H6485, H6486, H6490, H6491, H6492, H6493, H6494, H6496, H6500, H6503, H6527, H6529, H6531, H6532, H6533, H6534, H6535, H6536, H6546, H6554, H6555, H6566.
- Parcs et jardins, *L0022, L0023, L0056, L0057, L0081, L0083, L0097, L0119, L0120, L0146, L0149, L0150, L0151, L0152, L0153.*
- Hôpitaux généraux et spécialisés, *M0222, M0223, M0224, M0299, M0358, M0399, M0410, M0413.*
- Hôpitaux militaires, *M1003, M1011.*
- Hôpitaux pour enfants, *M2504.*
- Hôpitaux universitaires, *M3005, M3012.*
- Écoles et résidences d'infirmières, *M5024.*
- Centres médicaux, *M6019, M6024, M6025, M6049, M6050.*
- Architecture pour handicapés, etc., *M7009.*
- Constructions pour le transport aérien, *N0029, N0030, N0047, N0065, N0068.*
- Constructions pour le chemin de fer, *N2014.*
- Ponts et tunnels, *N3548, N3553, N3555, N3560, N3561, N3563.*
- Constructions pour la radio et la télévision, *N7029, N7030, N7031.*
- Constructions pour le téléphone, *N8051.*
- Travaux d'urbanisme et de rénovation urbaine, *P0370, P0371, P0372, P0373, P0374, P0375, P0376, P0377, P0378, P0379, P0380, P0381, P0382, P0383, P0384, P0385, P0386, P0387, P0388, P0389, P0390, P0391, P0392, P0393, P0394, P0459, P0460, P0461, P0489, P0490, P0500, P0543, P0545, P0546, P0547, P0548, P0550, P0551, P0552, P0592, P0594, P0596, P0603, P0605, P0606, P0607, P0705, P0706, P0736, P0755, P0758, P0778.*
- Quartiers résidentiels, *P1299, P1300, P1301, P1302, P1303, P1304, P1305, P1306, P1307, P1308, P1309, P1310, P1311, P1312, P1313, P1342, P1347, P1366, P1380, P1381, P1386, P1405, P1408, P1409, P1423, P1441, P1444, P1461, P1462, P1465, P1466, P1474, P1475, P1493, P1498, P1509, P1541,*

Vancouver (suite/cont'd)
P1542, P1566, P1582, P1616, P1617, P1621, P1622, P1623, P1624, P1625, P1626, P1628, P1635, P1639, P1643.

Vancouver (10th Ave et Granville)
- Banques, *B0165.*

Vancouver (Granville Island)
- Centres commerciaux, *B1212.*

Vancouver (Pacific National Exhibition)
- Bâtiments d'expositions, *D0162, D0163.*

Vancouver (UBC)
- Bibliothèques de maisons d'enseignement, *D2536, D2549.*

Vancouver (Univ. of British Columbia)
- Campus (Universités et collèges en général), *G2104, G2195, G2208, G2209.*
- Centres sociaux, *G3005, G3007, G3012, G3018, G3021, G3040, G3043, G3044, G3045.*
- Constructions à fonctions utilitaires, *G3504, G3506, G3512, G3513.*
- Constructions diverses, *G3801.*
- Installations pour les sports et l'éducation physique, *G5034.*
- Pavillons pour l'administration universitaire, *G6002.*
- Pavillons pour l'enseignement et la recherche, *G7023, G7024, G7025, G7026, G7070, G7077, G7103, G7123, G7124, G7125, G7126, G7130, G7160, G7170, G7185, G7186, G7187, G7188, G7189, G7209, G7210, G7211, G7212, G7214, G7215, G7227.*
- Résidences d'étudiants, *G8036, G8037, G8038, G8078, G8085, G8094.*
- Laboratoires, *G9098, G9099, G9100.*

Vancouver (University of British Columbia)
- Pavillons pour l'enseignement et la recherche, *G7109.*

Vancouver Island
- Maisons de vacances, *D1082.*
- Maisons unifamiliales et maisons jumelées, *H5897.*

Vanier
- Quartiers résidentiels, *P1319.*

Vanier (Ont.)
- Bureaux de poste, *F1024, F1050.*
- Immeubles d'appartements, *H2307.*

Varennes
- Bâtiments agricoles, *B0805.*
- Entrepôts, *B3053.*
- Installations de services publics, *B8555.*
- Usines diverses, *B9539, B9540, B9541, B9542, B9543, B9544, B9545, B9546, B9726, B9727.*
- Écoles primaires et secondaires, *G0715, G0722.*

Vaudreuil
- Usines de produits pharmaceutiques et de cosmétiques, *B9105.*
- Écoles primaires et secondaires, *G0681, G0945.*
- Laboratoires, *G9072.*

Vaughan
- Usines diverses, *B9573.*

Vaughan (Ont.)
- Usines diverses, *B9547, B9548.*

Venise
- Bâtiments d'expositions, *D0051.*

Verchères
- Constructions pour la radio et la télévision, *N7011, N7026.*

Verdun
- Édifices cultuels, *A0212, A0483.*
- Complexes à fonctions commerciale et résidentielle, *B2030.*
- Magasins, *B6560.*
- Théâtres, *D7542.*
- Édifices pour l'administration publique, *F5088.*
- Hôtels de ville et centres civiques, *F6063.*
- Écoles primaires et secondaires, *G0603.*
- Parcs et jardins, *L0024.*
- Constructions pour le téléphone, *N8035.*
- Quartiers résidentiels, *P1320.*

Vermilion (Manitoba)
- Écoles primaires et secondaires, *G1183.*

Vernon (C.-B.)
- Hôtels, *B4066.*
- Édifices pour l'administration publique, *F5144.*
- Hôtels de ville et centres civiques, *F6036.*
- Hôpitaux généraux et spécialisés, *M0297.*

Verona (Ont.)
- Écoles primaires et secondaires, *G0817.*

Victoria
- Édifices cultuels, *A0025, A0026, A0402.*
- Édifices religieux divers, *A1061.*
- Banques, *B0186.*
- Centres commerciaux, *B1267, B1482.*
- Complexes à fonctions commerciale et résidentielle, *B2031, B2064.*
- Entrepôts, *B3054.*
- Garages, *B3532.*
- Hôtels, *B4067, B4101, B4147.*
- Édifices des sociétés d'énergie et de télécommunication, *B4922, B4940.*
- Bureaux divers, *B5608, B5642.*
- Magasins, *B6545, B6607.*
- Usines diverses, *B9567, B9656.*
- Restaurations diverses, *C0044, C0045, C0059, C0060.*
- Maisons de vacances, *D1008.*
- Centres communautaires, *D3079, D3206, D3210, D3260.*

WATERLOO

Victoria (suite/cont'd)
- Musées, *D5025, D5026.*
- Piscines, *D6032.*
- Stades, *D6573.*
- Théâtres, *D7543, D7576.*
- Casernes de pompiers, *F2006.*
- Constructions pour la défense civile, *F3021.*
- Édifices pour l'administration de la justice, *F4096.*
- Édifices pour l'administration publique, *F5094.*
- Hôtels de ville et centres civiques, *F6139.*
- Écoles primaires et secondaires, *G0672, G0673, G1281.*
- Campus (Universités et collèges en général), *G2069, G2206.*
- Laboratoires, *G9033.*
- Foyers, *H0140, H0149, H0153.*
- Immeubles d'appartements, *H2263, H2367, H2377, H2537.*
- Maisons en bandes, *H4036.*
- Maisons unifamiliales et maisons jumelées, *H5412, H5413, H5576, H5577, H5578, H5579, H5580, H5581, H5582, H5597, H5616, H5653, H5676, H6096, H6219, H6406.*
- Parcs et jardins, *L0111, L0154.*
- Hôpitaux généraux et spécialisés, *M0422, M0426.*
- Centres médicaux, *M6036, M6055.*
- Ponts et tunnels, *N3536.*
- Travaux d'urbanisme et de rénovation urbaine, *P0396, P0397, P0398, P0399, P0400, P0401, P0402, P0403, P0404, P0447, P0484, P0497, P0498, P0499, P0503, P0737, P0777.*
- Quartiers résidentiels, *P1321, P1390, P1401, P1532, P1596, P1605.*

Victoria (Univ. of Victoria)
- Résidences d'étudiants, *G8039, G8040, G8067.*

Victoria (University of)
- Bibliothèques de maisons d'enseignement, *D2517.*

Victoria (University of Victoria)
- Centres sociaux, *G3048.*
- Installations pour les sports et l'éducation physique, *G5006, G5032.*
- Pavillons pour l'administration universitaire, *G6005.*
- Résidences d'étudiants, *G8053.*

Victoria (Victoria College)
- Bibliothèques de maisons d'enseignement, *D2546.*

Victoriaville
- Banques, *B0026.*
- Usines diverses, *B9549, B9713.*
- Bibliothèques de maisons d'enseignement, *D2537.*
- Cinémas, *D7209.*
- Écoles primaires et secondaires, *G0949, G0950, G1023, G1138.*
- Écoles d'arts et métiers et écoles spéciales, *G1560.*

Victoriaville (suite/cont'd)
- Installations pour les sports et l'éducation physique, *G5007.*
- Travaux d'urbanisme et de rénovation urbaine, *P0405.*

Ville d'Anjou
- Entrepôts, *B3001.*
- Installations de services publics, *B8562.*
- Usines diverses, *B9307.*
- Foyers, *H0003.*
- Habitation subventionnée, *H1002.*
- Maisons unifamiliales et maisons jumelées, *H5030, H5943.*
- Travaux d'urbanisme et de rénovation urbaine, *P0006.*
- Quartiers résidentiels, *P1516.*

Ville d'Auteuil
- Hôtels de ville et centres civiques, *F6046.*

Ville D'Estérel
- Maisons unifamiliales et maisons jumelées, *H5644, H5645.*
- Travaux d'urbanisme et de rénovation urbaine, *P0576.*

Ville de Laval
- Maisons en bandes, *H4111.*

Ville de Léry (Woodland)
- Piscines, *D6008.*

Ville de province
- Édifices cultuels, *A0412.*

Ville de Vanier (Qué.)
- Usines diverses, *B9538.*

Ville du Lac Delage
- Hôtels, *B4172.*

Ville Émard
- Édifices cultuels, *A0385.*
- Centres communautaires, *D3011.*

Ville Jacques-Cartier
- Édifices cultuels, *A0328, A0386, A0387.*
- Édifices religieux divers, *A1035.*
- Édifices des sociétés d'énergie et de télécommunication, *B4933.*
- Écoles primaires et secondaires, *G1150, G1156.*
- Écoles d'arts et métiers et écoles spéciales, *G1551.*
- Maisons unifamiliales et maisons jumelées, *H5177, H5178.*

Ville La Salle
- Installations de services publics, *B8525.*
- Usines de denrées alimentaires, *B8603.*
- Usines diverses, *B9412, B9734.*
- Laboratoires, *G9041.*
- Immeubles d'appartements, *H2662.*
- Maisons unifamiliales et maisons jumelées, *H5191, H6422.*
- Travaux d'urbanisme et de rénovation urbaine, *P0101, P0102.*

Ville LaSalle
- Entrepôts, *B3063.*

Ville LaSalle (suite/cont'd)
- Constructions pour la défense civile, *F3053.*
- Hôpitaux généraux et spécialisés, *M0388.*
- Quartiers résidentiels, *P1559, P1592, P1598.*

Ville Lorraine
- Maisons unifamiliales et maisons jumelées, *H6229, H6504, H6505, H6509.*

Ville-Marie (Témiscamingue)
- Édifices cultuels, *A0322.*

Ville Mont-Royal
- Édifices cultuels, *A0124, A0284, A0465.*
- Centres commerciaux, *B1360.*
- Entrepôts, *B3122.*
- Bureaux divers, *B5557, B5634.*
- Magasins, *B6519.*
- Bibliothèques publiques, *D2017.*
- Piscines, *D6015, D6016.*
- Stades, *D6539.*
- Bureaux de poste, *F1030.*
- Casernes de pompiers, *F2009.*
- Édifices pour l'administration de la justice, *F4070.*
- Écoles primaires et secondaires, *G0670, G0948, G0971, G0973.*
- Immeubles d'appartements, *H2437, H2485, H2549.*
- Maisons unifamiliales et maisons jumelées, *H5222, H5558, H5588, H5650, H5736, H5737, H5738, H6019, H6083, H6172, H6247, H6248, H6409, H6438, H6473, H6474, H6475, H6476.*
- Quartiers résidentiels, *P1514.*

Ville Saint-Lambert
- Maisons unifamiliales et maisons jumelées, *H6256, H6257.*

Ville Saint-Laurent
- Édifices cultuels, *A0488, A0489.*
- Parcs industriels, *B8016.*
- Usines diverses, *B9486.*
- Stades, *D6514.*
- Cinémas, *D7214.*
- Bureaux de poste, *F1018.*
- Hôtels de ville et centres civiques, *F6062.*
- Foyers, *H0056.*
- Maisons unifamiliales et maisons jumelées, *H6153.*
- Travaux d'urbanisme et de rénovation urbaine, *P0275.*
- Quartiers résidentiels, *P1453, P1533.*

Ville Saint-Michel
- Hôtels de ville et centres civiques, *F6019.*
- Écoles primaires et secondaires, *G0777.*
- Immeubles d'appartements, *H2563.*
- Hôpitaux généraux et spécialisés, *M0218.*

Ville Saint-Michel (P.Q.)
- Édifices cultuels, *A0207.*

Ville St-François-de-Salle
- Édifices cultuels, *A0448.*

Ville St-Laurent
- Centres commerciaux, *B1312.*
- Entrepôts, *B3111.*
- Hôtels, *B4213.*
- Bureaux de professionnels, *B5214.*
- Bureaux divers, *B5571, B5572.*
- Restaurants, *B7012.*
- Usines diverses, *B9677.*
- Piscines, *D6024.*
- Écoles primaires et secondaires, *G0825, G0872, G0961, G1033.*
- Immeubles d'appartements, *H2184, H2185, H2186, H2187.*
- Maisons unifamiliales et maisons jumelées, *H5315, H5316, H5317, H5728, H5729, H5936, H6036, H6037, H6038, H6039, H6382, H6506, H6507.*
- Hôpitaux généraux et spécialisés, *M0385.*
- Quartiers résidentiels, *P1226, P1227, P1518.*

Ville St-Michel
- Centres commerciaux, *B1329.*
- Usines diverses, *B9679, B9706.*
- Hôpitaux généraux et spécialisés, *M0321.*

Ville-Vanier (Qué.)
- Édifices cultuels, *A0471.*

Villeneuve
- Usines diverses, *B9728.*
- Écoles primaires et secondaires, *G0741, G0742.*

Villeneuve, Québec
- Usines diverses, *B9611.*

Virden (Man.)
- Foyers, *H0136.*

Virden (Manitoba)
- Hôpitaux généraux et spécialisés, *M0360.*

Wainwright
- Édifices cultuels, *A0070.*

Wakefield (Qué.)
- Bureaux de poste, *F1025.*

Warwick
- Bureaux de poste, *F1026.*
- Écoles primaires et secondaires, *G0659.*

Wascana
- Immeubles d'appartements, *H2264.*

Washington
- Ambassades et consulats, *F0007.*
- Constructions pour la défense civile, *F3022.*

Waterdown (Ont.)
- Édifices cultuels, *A0536.*

Waterloo
- Centres commerciaux, *B1178.*
- Bureaux divers, *B5871.*
- Parcs industriels, *B8023.*
- Usines diverses, *B9550.*

Waterloo (suite/cont'd)
- Campus (Universités et collèges en général), G2043, G2071, G2083, G2088, G2133, G2196.
- Auditoriums, G2711.
- Centres sociaux, G3024, G3039.
- Constructions à fonctions utilitaires, G3502, G3510.
- Constructions diverses, G3807.
- Installations pour les sports et l'éducation physique, G5024, G5035.
- Pavillons pour l'administration universitaire, G6008.
- Pavillons pour l'enseignement et la recherche, G7095, G7151, G7192, G7193, G7194, G7208, G7223, G7224, G7225.
- Résidences d'étudiants, G8041, G8065, G8077, G8099, G8105.
- Immeubles d'appartements, H2265, H2266.
- Maisons unifamiliales et maisons jumelées, H5414.
- Parcs et jardins, L0135.
- Travaux d'urbanisme et de rénovation urbaine, P0786.

Waterloo (Qué.)
- Hôtels de ville et centres civiques, F6135.
- Écoles primaires et secondaires, G0604.

Waterloo (University of)
- Bibliothèques de maisons d'enseignement, D2542.

Waterton Lakes (Alberta)
- Édifices cultuels, A0378.

Waterville (N.-S.)
- Bureaux de poste, F1027.

Weedon
- Écoles primaires et secondaires, G0641.

Weedon (Qué)
- Usines diverses, B9551.

Weir (Qué.)
- Constructions pour le téléphone, N8071.

Welland
- Édifices cultuels, A0312, A0431.
- Centres commerciaux, B1409.
- Bureaux divers, B5948.
- Usines diverses, B9552, B9553, B9554.
- Écoles primaires et secondaires, G0892.
- Campus (Universités et collèges en général), G2108.
- Travaux d'urbanisme et de rénovation urbaine, P0406.

Welland (Ont.)
- Hôtels, B4068.
- Hôpitaux généraux et spécialisés, M0228.

Wellington County
- Centres de congrès, D7010.

West Hawk Lake (Manitoba)
- Maisons de vacances, D1010.

West Hill
- Foyers, H0110.

West Hill (Ontario)
- Édifices cultuels, A0027.

West Kildonan
- Centres commerciaux, B1179.
- Immeubles d'appartements, H2267, H2268.

West Point Grey (C.-B.)
- Constructions pour les autobus, N3023.

West Vancouver
- Édifices cultuels, A0359, A0395, A0514.
- Centres commerciaux, B1440.
- Complexes à fonctions commerciale et résidentielle, B2050.
- Bureaux divers, B5800, B6016.
- Centres communautaires, D3078, D3254.
- Marinas, D4506.
- Casernes de pompiers, F2015.
- Édifices pour l'administration de la justice, F4090.
- Hôtels de ville et centres civiques, F6132.
- Écoles primaires et secondaires, G0913, G1021, G1132, G1217, G1252.
- Immeubles d'appartements, H2261, H2262, H2396.
- Maisons en bandes, H4081.
- Maisons unifamiliales et maisons jumelées, H5409, H5410, H5411, H5454, H5553, H5574, H5657, H5714, H5715, H5776, H5777, H5778, H5779, H5780, H5781, H5782, H5811, H5825, H5834, H5893, H5908, H5909, H5910, H5911, H5912, H5913, H5914, H5918, H5919, H5933, H5971, H5972, H5973, H5974, H6058, H6095, H6097, H6102, H6107, H6108, H6109, H6194, H6278, H6295, H6394, H6404, H6405, H6463, H6487, H6495, H6497, H6498, H6530, H6537, H6538, H6563, H6576.
- Parcs et jardins, L0157.
- Centres médicaux, M6058.
- Travaux d'urbanisme et de rénovation urbaine, P0523.
- Quartiers résidentiels, P1315, P1316, P1317, P1318, P1472, P1476, P1530.

Westbank
- Entrepôts, B3055.

Westmount
- Édifices cultuels, A0283, A0523, A0535.
- Banques, B0118.
- Complexes à fonctions commerciale et résidentielle, B2036, B2039, B2047, B2091.
- Magasins, B6631.
- Installations de services publics, B8556.
- Usines diverses, B9652.
- Centres communautaires, D3195.
- Piscines, D6026.
- Stades, D6555.

Westmount (suite/cont'd)
- Écoles primaires et secondaires, G0790, G0976.
- Immeubles d'appartements, H2269, H2306, H2357, H2440, H2478, H2586, H2588, H2744.
- Maisons unifamiliales et maisons jumelées, H5471, H6044, H6290, H6338, H6411, H6412, H6413.
- Travaux d'urbanisme et de rénovation urbaine, P0408, P0409.
- Quartiers résidentiels, P1340, P1644.

Westmount (Ont.)
- Travaux d'urbanisme et de rénovation urbaine, P0407.

Weston
- Édifices cultuels, A0092.
- Garages, B3537.
- Édifices d'associations, B4532.
- Bureaux divers, B5937.
- Installations de services publics, B8558.
- Usines de machines, B8869.
- Usines diverses, B9555, B9556, B9692.
- Écoles et résidences d'infirmières, M5003, M5012.

Weston (Ont.)
- Hôpitaux généraux et spécialisés, M0371.
- Travaux d'urbanisme et de rénovation urbaine, P0674.

Westwood
- Parcs et jardins, L0165.

Weyburn (Sask.)
- Écoles primaires et secondaires, G0678.

Weyburn (Saskatchewan)
- Hôpitaux généraux et spécialisés, M0240.

Whalley (C.-B.)
- Écoles primaires et secondaires, G1276.

Whistler (C.-B.)
- Maisons de vacances, D1009, D1025.

Whistler Mountain
- Maisons unifamiliales et maisons jumelées, H6273.

Whistler Mountain (C.-B.)
- Hôtels, B4069, B4136.
- Maisons de vacances, D1024, D1032, D1033, D1034, D1038.
- Travaux d'urbanisme et de rénovation urbaine, P0522.

Whitby
- Édifices cultuels, A0100.
- Hôtels, B4070.
- Usines diverses, B9557.
- Édifices pour l'administration de la justice, F4030.
- Hôtels de ville et centres civiques, F6102, F6116.
- Écoles primaires et secondaires, G0605, G1098.

Whitby (suite/cont'd)
- Immeubles d'appartements, H2270.
- Hôpitaux généraux et spécialisés, M0267.
- Quartiers résidentiels, P1322.

White River (Ont.)
- Bureaux de poste, F1028.

White Rock
- Écoles primaires et secondaires, G1254.

White Rock (C.-B.)
- Édifices religieux divers, A1048.
- Écoles primaires et secondaires, G0885.
- Foyers, H0133.
- Hôpitaux généraux et spécialisés, M0318.

Whitecourt
- Usines diverses, B9558.

Whitehorse
- Centres communautaires, D3076, D3077.

Whitewood (Sask.)
- Édifices cultuels, A0544.

Wildfield, Bolton (Ont.)
- Édifices religieux divers, A1023.

Williams Lake (C.-B.)
- Écoles primaires et secondaires, G0713.
- Hôpitaux généraux et spécialisés, M0411.

Willowdale
- Édifices cultuels, A0183, A0298.
- Hôtels, B4071.
- Édifices d'associations, B4543.
- Bureaux divers, B5733, B6072.
- Maisons unifamiliales et maisons jumelées, H5415, H6298.
- Centres médicaux, M6016.

Willowdale (Ont.)
- Centres communautaires, D3046.
- Écoles primaires et secondaires, G0753.
- Campus (Universités et collèges en général), G2079.
- Maisons unifamiliales et maisons jumelées, H6206.

Windermere (C.-B.)
- Maisons unifamiliales et maisons jumelées, H5462.

Windsor
- Banques, B0125.
- Centres commerciaux, B1258.
- Complexes à fonctions commerciale et résidentielle, B2032, B2033.
- Hôtels, B4229.
- Magasins, B6531.
- Usines de machines, B8824, B8825.
- Usines diverses, B9559, B9560, B9561.
- Restaurations d'habitations, C1015.

Windsor (suite/cont'd)
- Bibliothèques de maisons d'enseignement, *D2535*.
- Théâtres, *D7545*.
- Édifices pour l'administration publique, *F5095*.
- Hôtels de ville et centres civiques, *F6025, F6054, F6119*.
- Pavillons pour l'enseignement et la recherche, *G7169*.
- Foyers, *H0068, H0069, H0070, H0102*.
- Habitation subventionnée, *H1043*.
- Maisons en bandes, *H4113*.
- Maisons unifamiliales et maisons jumelées, *H5416, H5417, H5418, H5937, H5941*.
- Hôpitaux généraux et spécialisés, *M0408*.
- Travaux d'urbanisme et de rénovation urbaine, *P0410, P0411, P0412, P0561*.
- Quartiers résidentiels, *P1323, P1631*.

Windsor (Assumption Univ.)
- Campus (Universités et collèges en général), *G2017, G2176, G2177*.
- Centres sociaux, *G3028*.
- Résidences d'étudiants, *G8043*.

Windsor (Assumption University)
- Pavillons pour l'administration universitaire, *G6007*.

Windsor (Univ. of Windsor)
- Bibliothèques de maisons d'enseignement, *D2514*.
- Campus (Universités et collèges en général), *G2018*.
- Pavillons pour l'enseignement et la recherche, *G7030*.
- Résidences d'étudiants, *G8042*.

Winnipeg
- Édifices cultuels, *A0028, A0182, A0235, A0236, A0237, A0238, A0241, A0278, A0279, A0280, A0281, A0313, A0349, A0350, A0364, A0440, A0491, A0498, A0527, A0528, A0555*.
- Banques, *B0027, B0028, B0029, B0060, B0094, B0137, B0138, B0139, B0166*.
- Centres commerciaux, *B1180, B1275, B1311, B1350, B1428, B1429, B1430, B1431*.
- Complexes à fonctions commerciale et résidentielle, *B2034, B2068, B2071, B2077, B2079, B2082*.
- Entrepôts, *B3056, B3057, B3102, B3113*.
- Garages, *B3515, B3531, B3557*.
- Hôtels, *B4072, B4073, B4116, B4163, B4164, B4186, B4198, B4221, B4242*.
- Édifices d'associations, *B4504, B4531, B4550, B4554*.
- Édifices des sociétés d'énergie et de télécommunication, *B4920, B4926, B4937*.
- Bureaux de professionnels, *B5223, B5229, B5233, B5249, B5250, B5251, B5260*.

Winnipeg (suite/cont'd)
- Bureaux divers, *B5609, B5610, B5611, B5666, B5779, B5830, B5831, B5863, B5883, B5884, B6003, B6004, B6005, B6038, B6039, B6076*.
- Magasins, *B6595, B6626, B6654, B6660, B6681*.
- Installations de services publics, *B8581, B8582*.
- Usines de denrées alimentaires, *B8614, B8661, B8662*.
- Usines de machines, *B8826, B8827*.
- Usines diverses, *B9562, B9581, B9673*.
- Restaurations diverses, *C0032, C0033, C0034, C0035, C0036, C0037, C0040, C0085*.
- Restaurations d'habitations, *C1022*.
- Bibliothèques publiques, *D2041*.
- Centres communautaires, *D3123, D3130, D3245, D3250*.
- Musées, *D5009, D5010, D5011, D5028, D5038, D5041, D5043, D5049, D5057, D5070, D5076, D5078, D5095, D5097, D5098*.
- Piscines, *D6045*.
- Stades, *D6550*.
- Centres de congrès, *D7009, D7020*.
- Cinémas, *D7204*.
- Théâtres, *D7505, D7560, D7575, D7577*.
- Bureaux de poste, *F1051*.
- Édifices pour l'administration de la justice, *F4023, F4097*.
- Édifices pour l'administration publique, *F5035, F5036, F5118, F5140*.
- Hôtels de ville et centres civiques, *F6026, F6027, F6028, F6029, F6030, F6031, F6055, F6071, F6073, F6084, F6107, F6110, F6113, F6118, F6127, F6130*.
- Écoles primaires et secondaires, *G0606, G0726, G0845, G0846, G0847, G0848, G0905, G0906, G0993, G0994, G0995, G0996, G1045, G1046, G1047, G1048, G1070, G1229, G1290*.
- Écoles d'arts et métiers et écoles spéciales, *G1569*.
- Campus (Universités et collèges en général), *G2046, G2138*.
- Installations pour les sports et l'éducation physique, *G5008*.
- Laboratoires, *G9092*.
- Foyers, *H0138, H0146, H0150*.
- Immeubles d'appartements, *H2271, H2272, H2273, H2274, H2275, H2276, H2277, H2278, H2279, H2280, H2281, H2282, H2331, H2352, H2433, H2465, H2554, H2555, H2556, H2557, H2558, H2559, H2569, H2645, H2686, H2702, H2718, H2719, H2720, H2721*.
- Maisons en bandes, *H4037, H4038, H4072, H4097*.
- Maisons unifamiliales et maisons jumelées, *H5419, H5420, H5421, H5422, H5423, H5424, H5425, H5426, H5427, H5428, H5533*.

Winnipeg (suite/cont'd)
H5544, H5545, H5556, H5641, H5699, H5814, H5815, H5816, H5835, H5866, H5991, H5992, H6060, H6061, H6100, H6292, H6389, H6434, H6444, H6553.
- Parcs et jardins, *L0031, L0041, L0115, L0143, L0164*.
- Hôpitaux généraux et spécialisés, *M0225, M0226, M0247, M0361, M0362, M0364, M0366, M0367*.
- Hôpitaux militaires, *M1012*.
- Hôpitaux pour enfants, *M2506, M2515*.
- Hôpitaux universitaires, *M3006*.
- Écoles et résidences d'infirmières, *M5004*.
- Centres médicaux, *M6037*.
- Architecture pour handicapés, etc., *M7019*.
- Constructions pour le transport aérien, *N0031, N0032, N0043, N0059*.
- Constructions pour la radio et la télévision, *N7019*.
- Travaux d'urbanisme et de rénovation urbaine, *P0413, P0414, P0415, P0416, P0417, P0418, P0419, P0420, P0421, P0422, P0423, P0424, P0425, P0426, P0440, P0446, P0707, P0723, P0742, P0745, P0760, P0766, P0790*.
- Quartiers résidentiels, *P1324, P1325, P1326, P1327, P1443, P1450, P1519, P1520, P1521, P1522, P1523, P1634*.

Winnipeg (Univ. Manitoba)
- Édifices cultuels, *A0258*.

Winnipeg (Univ. of Manitoba)
- Bibliothèques de maisons d'enseignement, *D2521*.
- Campus (Universités et collèges en général), *G2105, G2161*.
- Centres sociaux, *G3020, G3036, G3049*.
- Installations pour les sports et l'éducation physique, *G5017*.
- Pavillons pour l'enseignement et la recherche, *G7162, G7174, G7198, G7199, G7220, G7221*.
- Laboratoires, *G9080*.

Winnipeg (Univ. of Winnipeg)
- Campus (Universités et collèges en général), *G2159*.
- Pavillons pour l'enseignement et la recherche, *G7153, G7154*.

Winnipeg (University of Manitoba)
- Pavillons pour l'enseignement et la recherche, *G7060, G7061, G7098, G7099, G7100, G7118*.

Winnipeg (University of Winnipeg)
- Campus (Universités et collèges en général), *G2019*.

Winnipeg River
- Restaurants, *B7032*.

Wolfville (N.-E.)
- Bureaux de professionnels, *B5215*.
- Bureaux divers, *B5933*.
- Centres sociaux, *G3006, G3027*.

Wolfville (N.-E.) (suite/cont'd)
- Résidences d'étudiants, *G8044*.

Woodbridge (Ont.)
- Maisons unifamiliales et maisons jumelées, *H5924, H6141, H6142*.

Woodstock
- Usines de machines, *B8849*.
- Écoles primaires et secondaires, *G0902*.
- Écoles d'arts et métiers et écoles spéciales, *G1515*.
- Maisons unifamiliales et maisons jumelées, *H5429, H5430*.
- Travaux d'urbanisme et de rénovation urbaine, *P0427*.

Woodstock (Ont.)
- Usines diverses, *B9563, B9564*.
- Écoles primaires et secondaires, *G0740*.

Woodstock (Ontario)
- Entrepôts, *B3058*.

Wynard (Sask.)
- Édifices pour l'administration publique, *F5037*.

Yamachiche
- Usines diverses, *B9565*.
- Écoles primaires et secondaires, *G0607*.

Yarmouth (N.-E.)
- Banques, *B0126*.

Yellowknife
- Hôtels, *B4074*.
- Écoles primaires et secondaires, *G1160*.
- Maisons en bandes, *H4046*.

York
- Usines de machines, *B8851*.
- Hôtels de ville et centres civiques, *F6121, F6137*.
- Écoles d'arts et métiers et écoles spéciales, *G1531*.
- Foyers, *H0071*.
- Immeubles d'appartements, *H2283, H2284, H2285*.
- Maisons en bandes, *H4092*.
- Hôpitaux généraux et spécialisés, *M0372*.

York (Ont.)
- Édifices pour l'administration publique, *F5150*.

York-Durham
- Travaux d'urbanisme et de rénovation urbaine, *P0428*.

York Mills
- Maisons unifamiliales et maisons jumelées, *H6185*.

York Mills (Ont.)
- Maisons unifamiliales et maisons jumelées, *H5529, H5564*.

York Township
- Installations de services publics, *B8589*.

Yorkton
- Constructions pour le téléphone, *N8036*.

Yorkton (Sask.)
- Campus (Universités et collèges en général), *G2124.*

Yorkton (Saskatchewan)
- Garages, *B3561.*
- Bureaux divers, *B5645.*

Yukon
- Routes, *N4009.*

Liste bilingue des sortes d'édifices
Bilingual List of Kinds of Buildings

Abattoirs	B8600	Cafétérias	B7000
Abris nucléaires	F3000	Camping Grounds	D1500
Aérogares	N0000	Campings	D1500
Aéroports	N0000	Camps	D1500
Airplane Manufacturing Plants	B8800	Camps militaires	F3000
Airports	N0000	Car Manufacturing Plants	B8800
Airport Terminals	N0000	Casernes de pompiers	F2000
Ambassades	F0000	Cegep	G2000
Amusement Parks	L0000	Centrales d'énergie	B8500; G3500
Apartment Buildings	B1000; H2000	Centrales de police	F4000
Aquariums	D5000	Centraux téléphoniques	N7000
Architectural Preservation	C0000	Centres civiques	F6000
Architecture for the Handicapped	M7000	Centres commerciaux	B1000
Archives	D5000	Centres communautaires	D3000
Arenas	D6500	Centres culturels	D3000
Army Bases	F3000	Centres d'accueil	H0000
Art Centres	D3000	Centres d'art	D3000
Art Galleries	D5000	Centres de congrès	D7000
Artisans' Workshops	B8200	Centres de convalescence	M7000
Asiles d'aliénés	M7000	Centres de loisirs	D3000
Ateliers	B8200	Centres de réadaptation	M7000
Auditoriums	D7000; G2700	Centres de ski	D1500
		Centres d'interprétation	D5000
Bains publics	D6000	Centres industriels	B8000
Bakeries	B8600	Centres médicaux	M6000
Banks	B0000	Centres récréatifs	D3000
Banques	B0000	Centres sportifs	D3000
Banques de sang	M6000	Chalets	D1000
Baptistères	A0000	Channels	N1000
Baptisteries	A0000	Chantiers navals	B8800
Bars	B7000	Chapelles	A0000
Beaches	D1500	Chapels	A0000
Bibliothèques	D2000	Chenaux	N1000
Blood Banks	M6000	Children's Homes	H0000
Botanical Gardens	L0000	Churches	A0000
Bottling Plants	B8860	Cimeteries	A1000
Boulangeries	B8600	Cimetières	A1000
Boutiques	B6500	Cinéma (ateliers de production)	B8200
Brasseries	B8600	Cinémas	D7200
Breweries	B8600	Circuses	L0000
Bridges	N3500	Cirques	L0000
Bureaux (Immeubles à)	B4500	City Halls	F6000
Bureaux d'enregistrement	F4000	Civic Centres	F6000
Bureaux de poste	F1000	Cliniques médicales	M0000; M6000
Bureaux d'information touristique	N4000	Clubs	D3000; G3000
		Clubs de golf	D3000
Cabines téléphoniques	N8000	Colleges	G2000
Cafeterias	B7000	Collèges	G2000

415

Collegiate Institutes	G0500	Episcopal Palaces	A1000
Colonies de vacances	D1500	Évêchés	A1000
Community Centres	D3000	Exhibitions	D0000
Complexes multifonctionnels	B1000; B2000	Expositions	D0000
Comprehensive Schools	G0500		
Computer Manufacturing Plants	B8800	Factories	B8000
Concert Halls	D7500	Fallout Shelters	F3000
Conservation architecturale	C0000	Farm Instrument Factories	B8800
Consulates	F0000	Farms	B0800
Consulats	F0000	Fermes	B0800
Convalescent Homes	M7000	Fire Stations	F2000
Convention Centres	D7000	Flour-Mills	B8600
Convents	A1000	Foyers pour enfants	H0000
Cottages	D1000	Foyers pour personnes âgées	H0000
Country Clubs	D3000	Funeral Parlours	A1000
Courthouses	F4000		
Couvents	A1000	Galeries d'art	D5000
Crèches	G0000	Garages	B3500
Crematoriums	A1000	Gardens	L0000
Crématoriums	A1000	Garderies	G0000
Cultural Centres	D3000	Gares	N2000; N3000; N4500
Curling Rinks	D6500	Gazoducs	N4500
Customs Houses	F5000	Golf Clubs	D3000
		Government Buildings	F5000
Dairies	B8600	Grain Elevators	B8600
Day Care Centres	G0000	Gymnases	D4000; G5000
Discothèques	B7000	Gymnasiums	D4000; G5000
Domestic Science Schools	G1500		
Douanes	F5000	Habitation	H0000; P1000
Duplex	H5000	Habitation subventionnée	H1000
Duplexes	H5000	Handicapés (architecture pour)	M7000
		Hippodromes	D6500
Écluses	N1000	Hôpitaux	M0000
Écoles	G0000	Hospitals	M0000
Écoles d'arts et métiers	G1500	Hotels	B4000
Écoles d'enseignement ménager	G1500	Hôtels	B4000
Écoles d'infirmières	M5000	Hôtels de la monnaie	F5000
Écoles industrielles	G1500	Hôtels de ville	F6000
Écoles pour délinquants	G1500	Household Appliance Manufacturing Plants	B8800
Écoles pour enfants attardés	G1500	Housing	H0000; P1000
Écoles polyvalentes	G0500		
Écoles techniques	G1500	Immeubles d'appartements	B1000; H2000
Églises	A0000	Imprimeries	B8300
Electrical Appliance Factories	B8800	Incinérateurs	B8500
Electronic Appliance Factories	B8800	Incinerators	B8500
Élévateurs à grains	B8600	Industrial Parks	B8000
Embassies	F0000	Instituts familiaux	G1500
Entrepôts	B3000	Intermediate Schools	G0500
		Interpretation Centres	D5000

Jails	F4000	Office Buildings	B4500
Jardins	L0000	Outdoor Theatres	D7500
Jardins botaniques	L0000		
Jardins d'enfants	G0000	Palais de justice	F4000
Jardins zoologiques	L0000	Panoramic Towers	B7500
		Parcs	L0000
Kindergartens	G0000	Parcs d'amusement	L0000
		Parcs industriels	B8000
Laboratoires	G9000	Parish Halls	D3000
Laboratories	G9000	Parkings	B3500
Laiteries	B8600	Parks	L0000
Libraries	D2000	Parlements	F5000
Lighthouses	N1000	Parliament Buildings	F5000
Locks	N1000	Patinoires	D6500
Lunatic Azylums	M7000	Pénitenciers	F4000
		Penitentiaries	F4000
Machinery Manufacturing Plants	M8800	Phares	N1000
Magasins	B6500	Piers	N1000
Maisons de retraite	A1000	Pipelines	N4500
Maisons de vacances	D1000	Piscines	D6000
Maisons en bandes	H4000	Pistes de course	D6500
Maisons jumelées	H5000	Plages	D1500
Maisons unifamiliales	H5000	Planetariums	D5000
Marinas	D4500	Planétariums	D5000
Maternelles	G0000	Playgrounds	L0000
Medical Centres	M6000	Police Stations	F4000
Métros	N2500	Ponts	N3500
Meuneries	B8600	Ports	N1000
Mills	B8600	Postes de péage	N4000
Ministères	F5000	Post Offices	F1000
Ministries	F5000	Power Plants	G3500; B8500
Minoteries	B8600	Preparatory Schools	G0500
Mints	F5000	Presbytères	A1000
Monastères	A1000	Printing Offices	B8300
Monasteries	A1000	Prisons	F4000
Monuments	K0000	Public Baths	D6000
Motels	B4000		
Movie Studios	B8200	Quais	N1000
Movie Theatres	D7200		
Multi-Purpose Buildings	B1000; B2000	Race-Tracks	D6500
Musées	D5000	Radar Stations	F3000
Museums	D5000	Radio Stations	N7000
		Raffineries de sucre	B8600
Nursery Schools	G0000	Recreation Centres	D3000
Nurses' Residences	M5000	Rectories	A1000
Nursing Homes	H0000	Reform Schools	G1500
		Registry Offices	F4000
Observatoires	D5000	Rehabilitation Centres	M7000
Observatories	D5000	Résidences d'étudiants	G8000

Résidences d'infirmières	M5000	Television Stations	N7000
Resorts	D1000	Temples	A0000
Restaurants	B7000	Terrains de jeux	L0000
Restauration architecturale	C0000	Theatres	D7500; G2700
Retreat Centres	A1000	Théâtres	D7500; G2700
Roads	N4000	Théâtres de plein air	D7500
Routes	N4000	Toll Booths	N4000
Row Houses	H4000	Tool Factories	B8800
		Tourist Offices	N4000
Salles de concert	D7500	Tours de transmission	N7000; N8000
Salles paroissiales	D3000	Tours panoramiques	B7500
Salons funéraires	A1000	Trade Schools	G1500
Sanatoriums	M4000	Transmission Towers	N7000; N8000
Schools	G0000	Transport: systèmes intermodaux	N4500
Schools for Retarded Children	G1500	Tunnels	G3500; N3500
Schools of Nursing	M5000		
Semi-Detached Houses	H5000	Universités	G2000
Séminaires	A1000	Universities	G2000
Seminaries	A1000	Usines	B8000
Senior Citizens' Homes	H0000	Usines d'appareils d'informatique	B8800
Service Stations	B3500	Usines d'appareils électroniques	B8800
Shipyards	B8800	Usines d'appareils ménagers	B8800
Shopping Centres	B1000	Usines d'automobiles	B8800
Shops	B6500	Usines d'avions	B8800
Single-Family Dwellings	H5000	Usines d'embouteillage	B8600
Skating Rinks	D6500	Usines de machines agricoles	B8800
Ski Resorts	D1500	Usines de machines	B8800
Slaughter-Houses	B8600	Usines de traitement des eaux	B8500
Sports Centres	D3000	Usines d'outils	B8800
Squares	L0000		
Stades	D6500	Viaducs	N3500
Stadiums	D6500	Viaducts	N3500
Stations	N2000; N3000; N4500	Villégiature	D1000
Stations de radar	F3000	Vocational Schools	G1500
Stations de télédiffusion	N7000		
Stations radiophoniques	N7000	Warehouses	B3000
Stations-service	B3500	Waterworks	B8500
Stores	B6500	Workshops	B8200
Students' Residences	G8000		
Subsidized Housing	H1000	Yatch Clubs	D4500
Subways	N2500	YMCA; YWCA; YMHA	D3000
Sugar Refineries	B8600	Youth Centres	D3000
Summer Camps	D1500		
Swimming Pools	D6000	Zoological Gardens	L0000
Synagogues	A0000		
Telephone Booths	N8000		
Telephone Exchanges	N8000		

SECTION II

Sujets divers
Miscellaneous Subjects

Notes explicatives

Cette section comprend deux parties. La première partie est une bibliographie où les titres des articles sont classés selon ces trois grandes rubriques:

>I– ARCHITECTURE: ART ET PROFESSION
>
>II– L'INDUSTRIE DE LA CONSTRUCTION
>
>III– TECHNIQUES ET MATÉRIAUX

La deuxième partie est un index des noms d'auteurs. Étant donné que la *Section I* de ce répertoire contient aussi des renseignements bibliographiques sur l'industrie de la construction, les techniques et les matériaux en rapport avec des types particuliers d'édifices, cet index contient à la fois le nom des auteurs des articles de la *Section I* et de la *Section II*. Figurent également dans cet index les architectes dont le nom apparaît dans la rubrique *Architecture: art et profession* sous le titre *Notices biographiques*.

Explanatory Notes

This section is divided into two parts. The first part consists of a bibliography, with the titles listed under the following broad headings:

>I– ARCHITECTURE: AN ART AND A PROFESSION
>
>II– THE CONSTRUCTION INDUSTRY
>
>III– TECHNIQUES AND MATERIALS

The second part is a list of authors' names. Since Section I of this index also includes bibliographic information on the construction industry, on techniques, and on materials related to particular kinds of buildings, this list includes the authors of the articles in both Section I and Section II. It also includes the architects whose names appear in the *Biographical Notes* under the heading *Architecture: an Art and a Profession*.

Bibliographie / Bibliography

I – ARCHITECTURE: ART ET PROFESSION	427	**I – ARCHITECTURE: AN ART AND A PROFESSION**
Les arts	427	*The Arts*
Relation de l'architecture avec les autres arts	427	Architecture Related to the Other Arts
Décoration	428	Interior Design
Questions diverses	428	Various Topics
Histoire et théorie de l'architecture	429	*The History and Theory of Architecture*
Information générale	429	General Information
L'architecture moderne	430	Modern Architecture
Histoire de l'architecture canadienne	431	The History of Canadian Architecture
L'architecture canadienne en général	431	Canadian Architecture in General
L'architecture jusqu'à 1900	432	Architecture before 1900
L'architecture du XXe siècle	432	Architecture of the 20th. Century
L'esthétique	433	Aesthetics
La critique	434	Criticism
Recherche et prospective	434	Research and Prospective Studies
Documentation	435	Documentation
La profession	435	*The Profession*
La profession de l'architecte	435	The Architectural Profession
La situation de la profession au Canada	437	The State of the Profession in Canada
La pratique de l'architecture	438	The Practice of Architecture
Rapports de l'architecte avec les autres professions et avec le public	438	The Architect's Dealings with Other Professions and with the Public
Méthodologie	440	Methodology
Rémunération	441	Remuneration
Associations professionnelles	441	*Professional Associations*
Associations nationales d'architectes	441	Architectural Associations (National)
Associations provinciales d'architectes	442	Architectural Associations (Provincial)
Associations de constructeurs	443	Builders' Associations
Associations diverses	445	Other Associations
La formation professionnelle et technique	445	*Professional and Technical Training*
Information générale	445	General Information
Les écoles d'architecture (classées suivant les provinces)	446	Schools of Architecture (listed by provinces)
L'architecture paysagiste	448	Landscape Architecture
Formations techniques diverses	448	Technical Training
Voyages d'étude	449	Architectural Tours
Prix et concours	449	*Awards and Competitions*
Bourses d'étude	449	Scholarships
Les médailles Massey	449	The Massey Medals
Prix suivant les matériaux de construction	450	Awards, Based on the Use of Specific Building Materials
Prix divers	450	Miscellaneous Awards
Les concours d'architecture	451	Architectural Competitions
Notices biographiques	451	*Biographical Notes*
II – L'INDUSTRIE DE LA CONSTRUCTION	463	**II – THE CONSTRUCTION INDUSTRY**

(Pour des problèmes se rapportant plus particulièrement à un type d'édifice, et surtout pour l'habitation, voir aussi sous ce type d'édifice dans la *Section I*).

(For questions related to a particular type of building, especially in the field of housing, see also the type of building in *Section I*).

L'industrie de la construction		463	The Construction Industry
L'activité de la construction		464	Construction Activity
Les conditions de travail: salaires, main-d'oeuvre, relations de travail, accréditation, sécurité sur les chantiers		467	Working Conditions: Salaries, Labour, Labour Relations, Certification, Safety
Stimulants financiers		468	Financial Incentives
Gestion et coûts de la construction		469	Construction Management and Costs
Spéculation et coût des terrains		471	Land Speculation and Costs
Devis et soumissions		471	Estimates and Tenders
Matière légale:		472	Legal Questions
Les lois		472	Laws
Les contrats et les garanties		472	Contracts and Guarantees
Les responsabilités		473	Liabilities
Les droits d'auteur		474	Copyrights
Questions diverses		475	Miscellaneous
Normes de la construction		475	Building Codes
Le système métrique		476	The Metric System
Documentation et recherche sur la construction		477	Information and Research on Construction
Lexiques		477	Glossaries
Information diverse		477	Miscellaneous Information
Recherche		478	Research
Les constructeurs		478	Builders

III – TECHNIQUES ET MATÉRIAUX   481   III – TECHNIQUES AND MATERIALS

(Pour des problèmes se rapportant plus particulièrement à un type d'édifice, et surtout pour l'habitation, voir aussi sous ce type d'édifice dans la *Section I*).

(For questions related to a particular type of building, especially in the field of housing, see also the type of building in *Section I*)

Documentation générale sur les matériaux et les techniques		481	General Information on Materials and Techniques
Les techniques		482	*Techniques*
Technique et outillage en général		482	Techniques and Tools in General
La préfabrication		483	Prefabrication
Énergie: chauffage, climatisation et ventilation		484	Energy: Heating, Air-Conditioning, and Ventilation
L'isolation		486	Insulation
L'éclairage		487	Lighting
Les conduites: eau, électricité, égouts		488	Ducts: Water, Electricity, Sewers
L'insonorisation		488	Soundproofing
L'étanchement		489	Waterproofing
La sécurité		489	Safety
Le climat		490	Climate
Le Nord et la construction par temps froid		490	The North and Cold Weather Construction
Les effets du climat		491	Climatic Effects
Les matériaux		491	*Materials*
Le béton		491	Concrete
Le bois		495	Wood
Maçonnerie et céramique		496	Masonry and Ceramics
Les métaux		497	Metals
Les métaux en général		497	General
L'acier		498	Steel
L'aluminium		498	Aluminium
Le cuivre et le bronze		499	Copper and Bronze
Les plastiques		499	Plastics

Le verre	499	Glass
Enduits, peinture, revêtements des murs et des planchers	500	Coatings, Paint, Wall- and Floor-Coverings
Matériaux divers	501	Other Materials
Les parties du bâtiment	501	*Parts of a Building*
Les structures	501	Structures
Sols et fondations	503	Soils and Foundations
Les murs	504	Walls
Planchers, plafonds, escaliers et ascenseurs	505	Floors, Ceilings, Stairs, and Elevators
Portes et fenêtres	506	Doors and Windows
La toiture	506	Roofing

Architecture: Art et Profession

Architecture: an Art and a Profession

Les arts
The Arts

RELATION DE L'ARCHITECTURE AVEC LES AUTRES ARTS
ARCHITECTURE RELATED TO THE OTHER ARTS

"1% for Fine Art".
RAIC, XLII, 4 (avril 65), 61

"Art for air terminal buildings"
RAIC, XXXIX, 3 (mars 62), 71

"Art in architecture"
TCA, VII, 7 (juil. 62), 7

"Beaux-Arts" (oeuvres destinées à l'architecture)
ABC, XVI, 180 (avril 61), 46, 47, ill.

"Comment on colour" (la couleur en architecture)
TCA, V, 8 (août 60), 37-46

"Concours d'architecture et de décoration organisé par le consul, délégué commercial d'Italie"
ABC, XXI, 241 (mai 66), 50-51, texte.

"Harmonie de la couleur"
ABC, IV, 38 (juin 49), 74, texte.

"Influence des couleurs — leur triple rôle dans la décoration intérieure et extérieure"
BAT, XXIX (fév. 54), 18-19, texte & ill.

"Les murs – rideaux et les arts plastiques"
BAT, XLII, 5 (mai 67), 5

"On a souvent besoin d'un plus petit que soi... Le design"
BAT, XLV, 8 (août 70), 27-28

"Orientation 1959" (intégration de l'art à l'architecture)
BAT, XXXIV, 3 (mars 59), 43

"Quelques notions utiles sur la couleur"
BAT, XXXV, 5 (mai 60), 83

"R.A.I.C. Honours Lionel Thomas". (sculpteur et peintre travaillant en relation avec l'architecture)
TCA, I, 5 (mai 56), 14-15

"Technique — Architectes et artistes"
ABC, XVI, 182 (juin 61), 44-48, texte & ill.

"Visual Alphabet, A study in colour and texture"
TCA, VI, 4 (avril 61), 31-42

Aarons, Anita
"Art and Architecture".
RAIC, XLII, 1 (jan. 65), 55-56

"Art and architecture — Positives and Negatives".
ARCAN, 43, 10 (oct. 66), 25-27

"Art and Architecture, The Dual Nature of Commissioned Work"
RAIC, XLII, 2 (fév. 65), 13-14

"Art and Architecture, the Western Provinces Part I: Generalities"
RAIC, XLII, 11 (nov. 65), 16-17

"Art and Architecture, Western Tour Part II".
RAIC, XLII, 12 (déc. 65), 24A-24B

"Art in the Architect's Home".
ARCAN, 45, 5 (mai 68), 19-21

"Canadian Handcrafts and the Architect".
RAIC, XLII, 5 (mai 65), 16 et 19

"How to Commission a Work of Art".
ARCAN, 46, 6 (juin 69), 19-21

Illusions and architecture, Some contemporary painters".
ARCAN, 45, 7 (juil. 68), 25-26

"Tapestries as Architectural Decor"
RAIC, XLII, 8 (août 65), 14

"The Architect — His role in Plastic Paradise Lobbying"."
ARCAN, 45, 4 (avril 68), 21 et 23

"The Integrators". (relation entre architectes et artistes)
ARCAN, 43, 12 (déc. 66), 21-22

"The Integrators Speak: Part I"
ARCAN, 44, 1 (jan. 67), 17-19

"The Integrators Speak: Part II"
ARCAN, 44, 2 (fév. 67), 25-27

"Total architect, artist, environment, envolvement."
ARCAN, 43, 11 (nov. 66), 23-24

Architectural Research Group
"There are three arts". (Painting, Music and Ornemental Pastry Making, of which Architecture is a subdivision).
RAIC, XVII, 8 (août 40), 148-149

Arthur, Paul
"In Hoc Signo". (les inscriptions sur les édifices)
TCA, XVII, 4 (avril 72), 56 et 78 et 80

Bates, Maxwell
"Alberta". (la couleur dans l'architecture).
RAIC, XXXI, 2 (fév. 54), 59

Binning, B.C.
"The artist and the architect".
RAIC, XXVII, 9 (sept. 50), 320-321

Bowser, Sara
"An Interview with Gerald Gladstone" (Les autres arts intégrés à l'architecture).
TCA, IV, 4 (avril 59), 72-74

"An Interview with Michael Snow". (Les autres arts intégrés à l'architecture).
TCA, IV, 4 (avril 59), 74-76

"An interview with Pierre Clerk" (architecture et art pictural)
TCA, II, 4 (avril 57), 41-42 et 50

"An interview with Tom Hodgson" (L'architecture et les autres arts)
TCA, II, 6 (juin 57), 44-45

Chapleau, Gaston
"Arts Plastiques / et architecture. Techniques murales ou rencontre avec Adrien Vilandré"
ABC, XII, 136 (août 57), 50-53, texte & ill.

"L'équipe architecte – décorateur, une utopie? — à propos de quelques intérieurs du dessinateur – décorateur Robert Gratton"
ABC, XIV, 154 (fév. 59), 45-47, texte & ill.

Crane, David A.
"The Public Art of City building"
RAIC, XLIII, 6 (juin 66), 54-59

Dair, Carl et al
"Letters" (Lettres ouvertes sur l'article de Allan Fleming intitulé Lettering on Buildings)
TCA, VI, 6 (juin 61), 10-11 et 13

Damaz, Paul F.
"A dead art full of life". (sur le vitrail)
RAIC, XXXVIII, 12 (déc. 61), 28-32

Doré, E.D.
"Signage and the Architect". (l'architecte et ses possibilités comme bon communiqueur)
TCA, XVII, 7 (juil. 72), 55 et 62

Englesmith, George
"A lettering for buildings". (les écritaux, typographie sur les édifices).
TCA, I, 3 (mars 56), 50-54

Fleming, Allan R.
"Lettering on buildings" (les écritaux et inscriptions sur les édifices)
TCA, VI, 3 (mars 61), 61-64

Foster, K.H.
"Art Education and Architecture".
RAIC, XXIX, 5 (mai 52), 144-147

Goodhart-Rendel, H.S.; Newton, Eric
"Artist and Architect". (Discussion)
RAIC, XVII, 6 (juin 40), 89-91

Humphrys, B.A.
"Color — When Properly Used Brings out Good Features"
CB, II, 4 (avril 52), 23-25, texte & ill.

Huntley, Haydn
"In defense of ornament".
RAIC, XXVI, 8 (août 47), 282-285

Iliu, Joseph
"Synthèse des arts ou intégration des arts plastiques à l'architecture"
ABC, XIV, 156 (avril 59), 118-123, texte & ill.

Izumi, K.
"More on Color".
TCA, XX, 7 (juil. 75), 49 et 56

James, Freda G.
"How I approach the use of Colour".
RAIC, XXVI, 8 (août 47), 280-281

Kuypers, Jan
"Who would not want to work together". (architectes et designers)
ARCAN, 44, 2 (fév. 67), 41

Lapierre, Louis J.
"Béton et maçonnerie au service de l'artiste"
BAT, IX, 5 (mai 61), 28-31

Lemieux, Maurice
"Sculpture et architecture — Maurice Lemieux, sculpteur, nous entretient de son art"
ABC, XV, 165 (jan. 60), 22-25, texte & ill.

Mundt, Ernest
"The arts in architecture".
RAIC, XXIX, 6 (juin 52), 161-162

Perry, Bruce
"The Painted Surface in Architecture"
TCA, XX, 3 (mars 75), 58-60

Picher, Claude
"Rôle de l'architecte vis-à-vis le peintre et le sculpteur au Canada"
ABC, IX, 96 (avril 54), 22-23, texte.

Poggi, Vincent
"Le maître verrier, auxiliaire de l'architecte"
BAT, XXXIII, 7 (juil. 58), 19, texte & ill.

Raymond, Maurice
"Les arts picturaux et l'harmonie architecturale".
ABC, IX, 96 (avril 54), 40-42, texte & ill.

Richards, J.M.
"Architecture and the other arts".
RAIC, XXXV, 5 (mai 58), 190-193

Russell, John A.
"Light and Colour in Design".
RAIC, XXX, 7 (juil. 53), 183-186

Schupp, Patrick
"Artistes et Architecture — Claude Théberge, Mario Mérola"
ABC, XXII, 253 (mai 67), 30-34 et 42, texte & ill.
"Artistes et Architecture — Charles Daudelin, Jean Le Fébure, Fernand Daudelin"
ABC, XXII, 254 (juin 67), 36-39 et 42 et 44, texte & ill.
"Artistes et Architecture — Claude Blin, Liliane Hoffmann"
ABC, XXII, 256 (août 67), 36-41, texte & ill.
"Artistes et Architecture — Jordi Bonet, Denis Juneau, Jean-Paul Mousseau, Gérald Zahnd"
ABC, XXII, 252 (avril 67), 38-45, texte & ill.

Sharpe, Deborah T.
"Applied Color"
TCA, XX, 2 (fév. 75), 49-52
"Applied Color"
TCA, XX, 3 (mars 75), 42-45

Sinclair, Wilfred D.
"Colours Conditioning".
RAIC, XXIII, 5 (mai 46), 116-121

Van Leuven, Karl
"Integrating Architecture and the Arts"
RAIC, XXXIII, 6 (juin 56), 223-226

Vickers, G. Stephen
"The architecture in sculpture".
RAIC, XXVI, 1 (jan. 49), 28-31

Winters, Robert
"The Arts in Public and Home Building".
RAIC, XXXIV, 2 (fév. 57), 57-60

DÉCORATION
INTERIOR DESIGN

"Architecture et décoration à l'italienne" (exposition tenue à Place Victoria)
BAT, XLI, 4 (avril 66), 6
"Décoration intérieure en fonction de l'architecture: décorateurs ensembliers: Claude Hinton, Henri Beaulac, Boyer et Gagnon"
ABC, VIII, 84 (avril 53), 28-30, texte & ill.
"Des idées de rénovation... d'aménagement... de décoration..."
BAT, XLIV, 1 (jan. 69), 18-21, texte & ill.
"Emploi de l'aluminium en décorations architecturales"
CDQ, XXV, 6 (nov.-déc. 50), 18, texte & ill.
"Foyer et fenêtre, combinés"
BAT, XXXIII, 1 (jan. 58), 14, texte & ill.
Guide de décoration intérieure C.I.L.
ABC, IX, 102 (oct. 54), 58
"Intérieurs de contreplaqué"
BAT, XXXI, 10 (oct. 56), 36-38
"Last word on plants". (Plantes pour l'intérieur)
TCA, II, 12 (déc. 57), 10
"Le Décor" (Décoration intérieure de maisons)
ABC, V, 55 (nov. 50), 18-26, ill.
"Mobilier à demeure"
BAT, XXXI, 7 (juil. 56), 32-35, texte & ill.
"Mobilier à demeure — III meubles — accessoires"
BAT, XXXI, 9 (sept. 56), 44-49, texte & ill.
"Quelques techniques favorables à l'intégration de l'architecture et de la décoration"
ABC, IX, 96 (avril 54), 43, texte.

"Wright Indoors" (tissu, couleur, matériau pour les intérieur de Frank Lloyd Wright)
TCA, I, 2 (jan.-fév. 56), 50-51

Adamson, Anthony
Whiton, Sherrill, *Elements of Interior Design and Decoration*, Longmans, Green & Co, Toronto, sans date
RAIC, XXXII, 10 (oct. 55), 402

Authier, Raoul
"La tour de Babel en décoration"
ABC, III, 27 (juil. 48), 41, texte.

Beaulac, Henri
"La Décoration"
ABC, XIX, 213 (jan. 64), 24-27, texte & ill.

Blankstein, Arthur M.
"Interior Designers and Architects: Some Reactions".
TCA, XXIII, 11 (nov. 78), 8 et 21

Brook, J.B.
"Inside design".
TCA, I, 12 (déc. 56), 47

Deacon, H.L.
"The architect and the interior decorator".
RAIC, XXVI, 8 (août 47), 264 et 281

de Luca, Harry J.
"Rôle du décorateur ensemblier"
ABC, VIII, 84 (avril 53), 34-36, texte & ill.

Doubilet, Susan
"Interiors Designers and Architects: Some Reactions".
TCA, XXIII, 11 (nov. 78), 8

Dugan, Robert E.
(Intérieur d'un logis de 5 pièces à Montréal)
ABC, XI, 125 (sept. 56), 53, texte & ill.

Gallop, John
"Interior Finishes"
ARCAN, 44, 7 (juil. 67), 55-57

Gauthier, Maurice
"La décoration intérieure"
ABC, VIII, 84 (avril 53), 40-41, texte.

Gauvreau, Jean-Marie
"Vers la formation de décorateurs compétents"
ABC, IX, 96 (avril 54), 36-39, texte & ill.

Germain, J.M.
"Encore une lueur d'espoir... de pouvoir réduire le prix de revient sans préjudice à la qualité: Finition intérieure"
BAT, XXVIII, 10 (oct. 53), 22-23

Hansen, Thor
"L'artisanat dans la décoration intérieure"
BAT, XXXIII, 1 (jan. 58), 15-23, texte & ill.

Helyar, F.W.; Voisi, D.A.
"Interior Vertical Elements"
RAIC, XLIII, 5 (mai 66), 101-102

Labedan, Julien
"Matière et forme de l'oeuvre décorative"
ABC, IX, 96 (avril 54), 28-31, texte & ill.

Meloche, Wilfrid
"Les plantes d'appartements dans la décoration intérieure"
ABC, VIII, 84 (avril 53), 42-43, texte & ill.

Mulligan, Louis
"Plus étroite collaboration architecte – décorateurs"
ABC, IX, 96 (avril 54), 35

Rex, Ernest G.H.
"L'architecture et la décoration intérieure"
ABC, IX, 96 (avril 54), 24, texte & ill.

Ridpath, J.W.
"Inside design".
TCA, I, 12 (déc. 56), 46

Salter, W.A.
"The design of residential interiors".
RAIC, XXVI, 8 (août 47), 261-263

Sprules, Robbie D.
"Interiors Designers and Architects; Some Reactions".
TCA, XXIII, 11 (nov. 78), 8

Strasman, James C.
"Architectural Interiors: the Beginning and the End".
TCA, XXIII, 8 (août 78), 22-35

Thom, R.J.
"Interior Planning"
ARCAN, 44, 2 (fév. 67), 44-45

Viau et Morisset
"Ensembles — Décoration"
ABC, XVII, 192 (avril 62), 42-45, texte & ill.

QUESTIONS DIVERSES
VARIOUS TOPICS

"1er symposium international de sculpture en Amérique du Nord"
ABC, XIX, 221 (sept. 64), 60-63, texte & ill.
"Confrontation 1965" (3e expo annuelle de l'Association des Sculpteurs du Québec)
ABC, XX, 233 (sept. 65), 48-55, ill.
Concours de construction en béton, dans le cadre de la série Esthétique-Canada, Ministère de l'Industrie
ABC, XXI, 247 (nov. 66), 53, texte.
"Le Design"
BAT, XLV, 8 (août 70), 27-28, texte & ill.
"Nouvelles et communiqués — Centre de Design à Montréal"
ABC, XXII, 251 (mars 67), 54, texte.
"The Canada Council" (Établissement d'un Conseil des Arts)
TCA, I, 11 (nov. 56), 11-12
"Une exposition à Ottawa — Design: utile à dessein"
AC, XXIX, 324 (juil.-août 74), 34-35, texte & ill.
"World's biggest architectural antique sale, Golden Movement plans its tenth annual show" (tenu à Los Angeles)
CB, XXX, 4 (avril 80), 31

Acosta, Carlos
"L'esthétique: luxe ou nécessité — entrevue avec M. Carlos Acosta, architecte mexicain"
BAT, XLVI, 4 (avril 71), 32-33, texte & ill.

Blatherwick, K.R.
"La beauté dans les édifices"
BAT, XXXIV, 12 (jan. 60), 29, texte.

Brooks, C.H.
"Ontario". (Design industriel).
RAIC, XXV, 1 (jan. 48), 36

Burgess, Cecil S.
"Beauty in Nature and in Art". Part I.
RAIC, XXXII, 6 (juin 55), 197-199
"Beauty in Nature and in Art". Part II
RAIC, XXXII, 8 (août 55), 300-302

Cameron, Donald
"The Banff School of Fine Arts"
RAIC, XXIX, 3 (mars 52), 53-54

Carver, Humphrey
"Home-made thoughts on handicrafts".
RAIC, XVII, 4 (avril 40), 53-54

Chapman, Howard
"Royal Commission on national development in the arts, letters and sciences".
RAIC, XXIX, 8 (août 52), 237-240

Collins, Peter
"Uglification and Derision".
RAIC, XXXVI, 8 (août 59), 282-283

Gallion, Arthur B.
"The Industrial Designer and the arts".
RAIC, XXVIII, 1 (jan. 51), 3-4

Guyatt, Richard
"Head, Heart and hand". (Définition de l'art, arts appliqués et artisanat).
RAIC, XXVIII, 10 (oct. 51), 304-306

Jackson, Anthony
"5: Art and Society".
TCA, IV, 1 (jan. 59), 48-50

Lasserre, Fred
"Design".
RAIC, XXV, 5 (mai 48), 165

Parkin, John C.
"Canadian Arts Council, President's Report for 1957".
RAIC, XXXV, 2 (fév. 58), 47-48

Thivierge, Charles-Edouard
"Art et humanisme"
ABC, XX, 233 (sept. 65), 56-59, texte.

Thivierge, Charles-Edouard
"L'art abstrait: une imposture ou un motif décoratif?"
ABC, XXI, 242 (juin 66), 44-48, texte & ill.
"Rétrospection sur l'art abstrait"
ABC, XXI, 237 (jan. 66), 40-43, texte.

Voaden, Herman
"The Canadian arts Council".
RAIC, XXIII, 3 (mars 46), 69-70 et 73

Voaden, Herman
"The canadian arts council and Unesco".
RAIC, XXIV, 4 (avril 47), 132-135 et 143

Histoire et théorie de l'architecture
The History and Theory of Architecture

INFORMATION GÉNÉRALE
GENERAL INFORMATION

"...all the hardest problems". (le fonctionalisme en architecture).
TCA, I, 12 (déc. 56), 11

Boudon, PH. *Sur l'espace architectural*, sans édition, sans lieu, sans date.
AC, 27, 308 (oct. 72), 11

Burchard, John et Albert Bush – Brown, *Architecture in America*, Brown & Company, Canada, [s.d.].
TCA, VII, 2 (fév. 62), 12

"Fighting words about city architecture". (Interview avec Dickinson, Cohen, Watmough, Faludi etc.)
TCA, II, 9 (sept. 57), 63 et 65 et 67 et 69-70

Gironi, Baruch. *Man, Climate and architecture*, [s.e.], [s.l.], [s.d.].
TCA, XV, 5 (mai 70), 8

Jackson, Anthony. *The Politics of Architecture*, University of Toronto Press, Toronto, [s.d.].
TCA, XV, 5 (mai 70), 8

"L'architecture fantastique"
TCA, X, 7 (juil. 65), 8 et 10 et 22

"L'architecture rustique"
ABC, II, 13 (mai 47), 16 et 31, texte.

Lincourt, Michel. *Le mesodesign*. Sans maison d'éd., sans lieu sans date.
AC, 27, 304 (mai 72), 36

Ray, Keith. *This business of building design: an approach to architecture as an art and a business*, Great lakes Living Press, Matteson, 1976.
TCA, XXII, 5 (mai 77), 6

Adamson, Anthony
"Architecture and the State".
RAIC, XXXI, 5 (mai 54), 163-169
Gowans, Allan, *Images of American Living: Four Centuries of Architecture and Furniture as Cultural Expression*, J.B. Lippincott Company, Toronto, [s.d.].
TCA, X, 3 (mars 65), 8 et 18

Albarda, Jan H. et al.
"Viewpoint" (architectural design)
RAIC, XXXII, 12 (déc. 55), 476

Amiel, Maurice S.
"Artistry, Creativity and the Architect".
TCA, XXIII, 1 (jan. 78), 42

Anderson, C. Ross
"Community architecture"
TCA, II, 7 (juil. 57), 34-38

Anderson, J.M.
"Is Specialization a 'Folly'?"
TCA, XXII, 10 (oct. 77), 14 et 58

Bailey, Douglas G.; Benjamin, N.S.; Strauss, A.R.
"Architecture as a Political Strategy".
ARCAN, 45, 2 (fév. 68), 49-51

Banz, George
"Greatness in Architecture"
TCA, XXV, 5 (mai 80), 38-40 et 68

Bechtel, Robert B.
"Human Movement and Architecture"
TCA, XIII, 2 (fév. 68), 55-56

Bélanger, Yves
"L'Architecture"
ABC, I, 1 (nov. 45), 6-7, texte & ill.

Bland, John
"Ceux qui se construisent eux-mêmes"
ABC, VIII, 90 (oct. 53), 29, texte.
"Questions sur une théorie en architecture"
ABC, VIII, 91 (nov. 53), 22
ABC, VIII, 92 (déc. 53), 20

Bloc, André
"L'architecture fantastique". (exemples internationaux)
RAIC, XLII, 5 (mai 65), 42-45
"L'architecture fantastique".
RAIC, XLII, 7 (juil. 65), 34-39

Breuer, Marcel
"Credo" (esthétique & design en architecture)
TCA, XIX, 9 (sept. 74), 48-53

Bristol, Graeme; Busby, Peter
"Is Specialization a 'Folly'?"
TCA, XXII, 10 (oct. 77), 14

Burgess, Cecil S.
"Alberta". (Architecture et Philosophie)
RAIC, XXIX, 8 (août 52), 258
"Alberta". (La planification et ses buts sociaux).
RAIC, XXVIII, 6 (juin 51), 190-191
"Alberta". (L'architecture et le public; L'architecture et l'occupation des espaces).
RAIC, XXIV, 5 (mai 47), 172-173
"Alberta". (les buts et les méthodes de l'architecture en constante révolution).
RAIC, XXVIII, 9 (sept. 51), 277
"Alberta". (Les conditions humaines dans l'architecture).
RAIC, XXIX, 11 (nov. 52), 342-343
"Alberta". (l'intérêt des différentes périodes en histoire de l'architecture).
RAIC, XXVIII, 11 (nov. 51), 356-357
"Architecture and History".
RAIC, XXXII, 10 (oct. 55), 365-367
"Expression in Architecture".
RAIC, XXXI, 10 (oct. 54), 343-345
"The role of Architecture".
RAIC, XXX, 11 (nov. 53), 313-315

Champigneulle, Bernard
Pierre sur pierre par Gaston Bardet
ABC, II, 19 (nov. 47), 51-52

Collins, Peter
Acland, James. *Medieval Structure; the Gothic Vault*, University of Toronto Press, Toronto, sans date.
ARCAN, L (jan. 73), 6-7
Attoe, Wayne, *Architecture and Critical Imagination*, John Wiley & Son, [s.d.] 1978.
TCA, XXIV, 4 (avril 79), 33

Cousin, Jean
"Organisation topologique de l'espace architectural"
ABC, XXIII, 267 (sept. 68), 41-45 et 58, texte & ill.

Davies, Robertson
"Robertson Davies on architects and architecture".
RAIC, XXXVII, 8 (août 60), 346-349

Dépocas, Victor
"Vers une architecture régionale"
ABC, XI, 120 (avril 56), 39-41, texte & ill.

Diamond, A.J.
Nowlan, David et Nadine. *The Bad Trip*, New Press, Toronto, 1970.
ARCAN, 47 (16 fév. 70), 5

Diffrient, Niels
"Design for the Human Scale"
TCA, XVIII, 7 (juil. 73), 45-48

Dudok, W.M.
"Town Planning and Architecture as an expression of their time".
RAIC, XXIX, 11 (nov. 52), 338-341 et 345

Dunlop, Earl R.
Adelman, Howard. *The Beds of Academe*. The Praxis Library, Toronto, 1970.
ARCAN, 47 (25 mai 70), 10

Dusart, Etienne
"Mode de vie expérimental"
ABC, XXIII, 264 (mai 68), 33-43, texte & ill.

Elie, Robert
Art et Catholicisme par le père Marie-Alain Couturier
ABC, III, 23 (mars 48), 44 et 46
"Le Fonctionnalisme — réflexions sur les rapports entre fonction, structure et forme"
ABC, III, 25 (mai 48), 39-44, texte & ill.

Feiss, Carl
"Something about Architecture". (adresse à OAA).
RAIC, XXX, 9 (sept. 53), 245-248

Ferguson, R. Stirling
"Ontario". (Les trois fonctions que combine l'architecture)
RAIC, XXIX, 3 (mars 52), 79

Finkel, Henry
"Architecture and Industrial Design".
RAIC, XXVII, 11 (nov. 50), 367-370

Gilbert, André
"Un moment d'éternité" (évolution des besoins et de l'architecture)
ABC, VIII, 86 (juin 53), 53 et 69, texte.

Gillespie, Bernard
Cowan, Henry J., *An Historical Outline of Architectural Science*, Applied Science Publishers Ltd, London, 1977, 2e éd.
TCA, XXIII, 9 (sept. 78), 4
Greene, Vivien, *English Dolls' Houses of the Eighteenth and Nineteenth Centuries*, Clarke Irwin & Co., Toronto, 1979.
TCA, XXV, 8 (août 80), 11 et 13
Lister, Raymond, *Decorative Wrought Ironwork in Great Britain*, Charles E. Tuttle Company, Rutlant, 1970. Canadian Agents: M.G. Hurting Ltd, Edmonton.
TCA, XV, 8 (août 70), 7

Millon, Henry A. et Linda Nochlin, *Art and Architecture in the Service of Politics*, M.I.T. Press, Cambridge, 1978.
TCA, XXIV, 11 (nov. 79), 5

Negroponte, Nicholas. *The Architecture Machine*, M.I.T. Press, Cambridge [s.d.].
TCA, XVI, 1 (jan. 71), 9

Olsen, Donald J. *Town Planning in London*, Yale University Press et McGill University Press, Montréal [s.d.]
TCA, XV, 9 (sept. 70), 10

Rosenau, Helen, *The Ideal City: Its Architectural Evolution*, Studio Vista, London, 1974.
TCA, XX, 9 (sept. 75), 4

Severino, Renato. *Equipotential Space: Freedom in Architecture*, Praeger, New York [s.d.].
TCA, XVI, 9 (sept. 71), 6-7

Gillmor, R.D.
"Is Specialization a 'Folly'?"
TCA, XXII, 10 (oct. 77), 58

Giurgola, Romaldo
"Fashion in construction".
RAIC, XXXVI, 2 (fév. 59), 44

Hendry, Charles E.
"The Effect of Architectural Environment on the Social Fabric".
RAIC, XXXI, 6 (juin 54), 171-175

Hudnut, Joseph
"L'architecture est un art politique"
ABC, I, 5 (août 46), 11-13 et 22, texte.

Johnson, D.C.
"Ontario". (L'architecture et son coût)
RAIC, XXXI, 4 (avril 54), 131

Kay, John; Tanner, Harold T.D.
"West Coast Credo" (Opinions sur l'architecture, son rôle, etc)
TCA, XVII, 4 (avril 72), 53-56

Kemble, Roger
"Folk Art?" (l'architecture résultat d'un groupe vs l'architecture résultat d'un individu)
TCA, XV, 5 (mai 70), 51

Lalonde, J.L.
"L'architecture fantastique".
RAIC, XLII, 5 (mai 65), 43

Lebensold, D.F.
"...the truthful approach..." (D.F. Lebensold, au Musée des Beaux-Arts de Montréal, parle du développement de l'architecture.
TCA, I, 6 (juin 56), 16

Lévesque, Laurentin
"L'architecture comme langage".
AC, 24, 279 (déc. 69), 10-11

McLuhan, Marshall
"Inside the five sense sensorium" (Nouvelle perception de l'espace et ses effets sur notre environnement).
TCA, VI, 6 (juin 61), 49-54

Mainguy, Lucien
"Québec. Pour une architecture canadienne".
RAIC, XXVI, 9 (sept. 47), 334

"Qu'est-ce que l'architecture?"
ABC, IX, 104 (déc. 54), 18, texte.

Marsan, J.C.
"Architecture et économie de consommation de masse".
AC, 30, 328 (mars-avril 75), 37-40

Minsos, A.O.
"Of Sticks and Stones".
RAIC, XXXIV, 2 (fév. 57), 31-32

Moore, Charles W.
"The architecture of water". (les fontaines, les moulins etc.)
TCA, IV, 11 (nov. 59), 40-45

Morency, Pierre
"Concepts et réalités organiques"
ABC, XVII, 189 (jan. 62), 31, texte.
"Vers un langage architectural"
ABC, IX, 99 (juil. 54), 31 et 48, texte.

Murray, James A.
"Parallels in Music and Architecture"
RAIC, XXXIII, 3 (mars 56), 99-102 et 106

Myers, Barton
"Weighting the elements" (le design)
TCA, XXII, 11 (nov. 77), 37-40

Nazar, Jack
"Design, utility or burlesque".
RAIC, XXVII, 8 (août 50), 255

Neumann, Alfred
"Morphologic Architecture".
RAIC, XL, 5 (mai 63), 40-47

Pinno, Andrzej
"Architecture & communication"
ABC, XXIII, 266 (juil.-août 68), texte & ill.

Prangnell, Peter
"Architectural Judgement: A Review".
TCA, XVI, 7 (juil. 71), 52-53

Rivard, Antoine
"Allocution de l'Honorable Antoine Rivard". (histoire d'architecture, maison canadienne, architecture au Canada)
RAIC, XXXI, 3 (mars 54), 94-96

Robinson, Gerald
"Structural Patterns" (visual & mechanical aspects of structure in architecture)
TCA, I, 8 (août 56), 15-21

Rybczinski, Witold
"Une architecture souple pour des temps durs"
AC, 27, 301 (jan.-fév. 72), 10-12

Safdie, Moshe
"Form and Purpose" (Congrès à Aspen, Colorado)
TCA, XXV, 2 (fév. 80), 6

Safdie, Moshe
"Systems: No Panacea".
TCA, XVI, 2 (fév. 71), 39-40 et 56

Saint-Pierre, Paul
Wogensky, André, *Architecture active*, [s.l.], [s.d.].
BAT, XLVII, 6 (juin 72), 43

Sommer, Robert
"Confessions of a Psychologist" (psychologue, assistant de l'architecte).
RAIC, XXXIX, 8 (août 62), 47-51
"Personal Space"
TCA, V, 2 (fév. 60), 76 et 78 et 80

Sommer, Robert; Witney, Gwynneth
"Design for friendship" (les effets de l'environnement physique sur les occupants)
TCA, VI, 2 (fév. 61), 59-61

Tanner, H.T.D.
"Function & Esthetics in Architecture"
TCA, XIX, 8 (août 74), 53 et 60

Thivierge, Charles-Edouard
"Point de vue — Considérations marginales sur l'Art architectural"
ABC, XX, 228 (avril 65), 54-56, texte.
Point de vue — Considérations marginales sur l'Art architectural" (suite)
ABC, XX, 229 (mai 65), 46-48, texte.

Tillman, Peter F.
"Ontario". (L'architecture n'est pas un luxe au point de vue monétaire)
RAIC, XXXI, 10 (oct. 54), 371

Valentine, Hugh A.I.
"Pensons un peu architecture"
ABC, XII, 131 (mars 57), 30, texte.

Venne, Émile
"Québec". (L'architecture — art d'utilité)
RAIC, XXIV, 1 (jan. 47), 30-31

Vickers, G.S.
Davies, J.G. *Early Christian Church Architecture*, Ryerson Press, Toronto, sans date.
RAIC, XXXI, 2 (fév. 54), 60

Walker, Virginia E.
"Prejudgment of History"
TCA, XIX, 11 (nov. 74), 39-41 et 68

Whiteley, Ronald
Conrads, Ulrich et Sperlich, Hans G., *The architecture of fantasy*, Burns & MacEachern Ltd, Toronto, 1962.
RAIC, XLI, 6 (juin 64), 32

Wilson, Clifford
"Form — The spirit of man".
RAIC, XXIX, 6 (juin 52), 185-188 et 194

Wilson, Stuart
"Fantastic Architecture"
RAIC, XLII, 5 (mai 65), 41

Wogensky, André; Robert, Georges
"L'entretien suivant, entre M. André Wogensky, architecte-urbaniste, et M.G. Robert a été enregistré sur magnétophone expressément pour la revue Architecture"
ABC, XVIII, 202 (fév. 63), 47-48, texte.

Zeidler, Eberhard
"Architecture: The Fine Art of Survival".
TCA, XXV, 2 (fév. 80), 38-41 et 44

L'ARCHITECTURE MODERNE
MODERN ARCHITECTURE

"A history of Ideas" (Annonce de la série d'articles de Peter Collins sur l'architecture moderne)
TCA, VIII, 4 (avril 63), 5 et 7

Architecture in the Age of Reason par Emil Kaufmann.
ABC, X, 116 (déc. 55), 41

Brett, Lionel, *Parameters and Images*, Editions Weidenfeld & Nicholson, [s.l.], [s.d.].
AC, XXVI, 293 (avril 71), 45

L'artiste dans la Société contemporaine par un groupe d'auteurs (Lucio Costa y traite d'architecture)
ABC, IX, 101 (sept. 54), 47

Modern Architectural Design par Howard Robertson
ABC, IX, 93 (jan. 54), 40

"Perspective" (les femmes, le féminisme et l'architecture)
TCA, XXV, 5 (mai 80), 5

"Sabotage" (Bref entrefilet sur l'indifférence des politiciens face à l'architecture)
TCA, VII, 1 (jan. 62), 7

The Bomb Survival and You par Severnd & Merrill
ABC, X, 109 (mai 55), 49

"Translucence" (l'architecture d'aujourd'hui est ouverte, publique, etc).
TCA, II, 10 (oct. 57), 22-42

Wright, Frank Lloyd, *An Organic Architecture: The Architecture of Democracy*. Lund Humphries Publishers Ltd, London, [s.d.].
TCA, XV, 6 (juin 70), 8

Allen, William
"Architecture in a scientific world".
RAIC, XL, 5 (mai 63), 17

Allsop, Brian
"Post-Modern — The Image and the Challenge".
TCA, XXIV, 10 (oct. 79), 34-37

Annau, Ernest
"Transformations in Modern Architecture".
TCA, XXIV, 6 (juin 79), 29-30 et 48

Aquin, Creighton
"Wonder Kids, Arise!"
TCA, XVII, 7 (juil. 72), 55

Boyd, Robin
"The Functional Neurosis"
RAIC, XXXIII, 5 (mai 56), 157-158

Brisley, Ross
"Ontario". (Y a-t-il un esprit pionnier dans l'architecture d'aujourd'hui?)
RAIC, XXIV, 3 (mars 47), 102-103

Brown, H.F. et al.
"Viewpoint" (Has symmetry of plan or elevation a place in contemporary architectural design?)
RAIC, XXXIII, 3 (mars 56), 103 et 105-106

Burgess, Cecil S.
"Alberta". (propos sur l'architecture moderne).
RAIC, XXIX, 2 (fév. 52), 49

Collins, Peter
Kaufmann, Emil, *Architecture in the age of reason*, S.J. Reginald Saunders, Toronto, sans date.
RAIC, XXXIV, 5 (mai 57), 184

Costa, Lucio
"L'architecte dans la société contemporaine"
ABC, X, 105 (jan. 55), 38 et 40, texte.

Creighton, Thomas H.
"The New Sensualism: a revolt against the sterility and conformism of our times".
RAIC, XXXVII, 9 (sept. 60), 396-401

Davies, Colin
"Le passé a-t-il sa place dans l'architecture moderne?"
BAT, LIII, 2 (fév. 78), 18-19 et 26

Diamond, A.J.
"Change in buildings".
RAIC, XLIII, 4 (avril 66), 53-55

Donahue, A.J.
Robertson, Howard. *Modern architectural Design*, British Book Service, Toronto, sans date.
RAIC, XXXI, 7 (juil. 54), 252

DuBois, Macy
"The Free Plan"
TCA, VI, 5 (mai 61), 67-70

Gibberd, Frederick
"Expression in Modern Architecture Accents Refinement of Functional Forms"
CB, II, 7 (juil. 52), 26, 29-32, texte & ill.

Gilbert, André
"Considérations sur l'architecture de l'homme du XXe siècle — Recherche de l'unité"
ABC, X, 110 (juin 55), 53 et 58, texte.

Gilbert, E.J.
"Saskatchewan". (Entrevue sur l'architecture moderne avec Newel Post).
RAIC, XXIV, 3 (mars 47), 104

Gillespie, Bernard
Drew, Philip, *Tensile Architecture*, Westview Press, Colorado, 1979.
TCA, XXV, 7 (juil. 80), 8
Drew, Philip. *Third generation: the changing meaning of architecture*, Praeger, New-York, 1972.
TCA, XVIII, 3 (mars 73), 8-9
Joedicke, Jurgen. *Architecture since 1945: sources and direction*, Frederick A. Praeger, New-York.
TCA, XV, 3 (mars 70), 10
Roland, Conrad. *Frei Otto: Tension Structures*, Praeger, New-York [s.d.].
TCA, XVI, 4 (avril 71), 7
Summerson, John (Sir), *Victorian architecture: four studies in evaluation*. Columbia University Press, [s.l.] 1970.
TCA, XV, 7 (juil. 70), 10

Goering, Peter
Otto, Frei. *Tensile Structures*, Ed. Frei Otto, Toronto, 1969. Tome I et II.
ARCAN, 47 (28 sept. 70), 5

Horsbrugh, Patrick
"The Kinetics of Ominitecture" (l'automobile crée une nouvelle forme d'architecture).
TCA, V, 2 (fév. 60), 52-57

Jackson, Anthony
Collins, Peter. *Changing Ideals in Modern Architecture*, McGill University Press, Montréal, 1965.
RAIC, XLIII, 1 (jan. 66), 34-35

Jackson, Anthony
"1: The Ethic" (l'architecture moderne n'est pas un style mais une façon de vivre)
TCA, II, 10 (oct. 57), 43-45

James, A. Mackenzie
"Architecture & our new world".
RAIC, XXVIII, 10 (oct. 51), 307-311

Koerte, Arnold
Anonyme, *Eric Mendelsohn: Letters of an architect*, Ed. Oskar Beyer, Published by Abelard-Schuman, New-York, [s.d.].
TCA, XV, 4 (avril 70), 10

Lunquist, Oliver
"Extracts". (Oliver Lunquist, designer industriel parle de notre environnement matériel).
TCA, IV, 3 (mars 59), 72 et 76

McLeod, Douglas M.
Baume, Michael. *The Sydney Opera House Affair*. Thomas Nelson & Sons, Don Mills, 1967.
ARCAN, 47 (30 mars 70), 6

Manning, Peter
Banham, Reyner. *The Architecture of the Well-tempered Environment*, Architectural Press, London, 1969.
ARCAN, 47 (16 fév. 70), 9

Murray, James A.
Symposium rédigé par Creighton, Thomas H., *Building for modern man*, S.J. Reginald Saunders & Co. Ltd, Toronto, sans date.
RAIC, XXVI, 9 (sept. 49), 304-305

Rogers, Ernesto N.
"Continuity or Crisis". (L'architecture développe-t-elle les prémisses du "Modern Movement" ou en change-t-elle la course?)
RAIC, XXXV, 5 (mai 58), 188-189

Roth, Alfred
"La situation de l'architecture" (extrait de la revue *Werk*, no 3, 1951)
ABC, VI, 64 (août 51), 26, texte.

Safdie, Moshe
"Changing Editorial Policy in American Architectural Periodicals (1890-1940)."
RAIC, XXXVI, 8 (août 59), 275-276

Schoenauer, Norbert
"Changing Architecture and Cumulative Form"
TCA, XI, 3 (mars 66), 49-54

Thériault, Normand
Ragon, Michel. *Histoire mondiale de l'architecture et de l'urbanisme modernes*, Ed. Casterman, Paris, 1971.
AC, 26, 299 (nov. 71), 27-29

Tornay, Edgar
"Le style moderne mérite qu'on s'y intéresse"
BAT, XLII, 9 (sept. 67), 42-45

Tremblay, Denis
"L'architecture du XXe siècle"
ABC, XIII, 152 (déc. 58), 28, texte.

Trépanier, Paul-O.
"Le sens de l'architecture contemporaine dans nos vies".
ABC, XV, 167 (mars 60), 92-93, texte.

Vouga, J.P.
"La contribution des pays hautement industrialisés à l'architecture des pays en voie de développement". (extrait de rapport)
RAIC, XLI, 9 (sept. 64), 66-70

Zeidler, Eberhard H.
"Ontario". (l'architecture d'aujourd'hui et ses problèmes comparativement à l'architecture d'hier)
RAIC, XXXIII, 3 (mars 56), 104

HISTOIRE DE L'ARCHITECTURE CANADIENNE
THE HISTORY OF CANADIAN ARCHITECTURE

L'architecture canadienne en général
Canadian Architecture in General

"Architecture" (l'architecture canadienne dépendante de l'architecture U.S.)
CB, VIII, 5 (mai 58), 11

"Canadian Architecture Exhibition in Europe". (à Prague, liste des participants).
RAIC, XLII, 12 (déc. 65), 64 et 68

Looking at Architecture in Canada par Alan Gowans (Toronto, Oxford Univ. Press)
ABC, XIV, 156 (avril 59), 131

Ritchie, T., *Canada Builds, 1867-1967*, University of Toronto Press, [s.l.], [s.d.].
TCA, XIII, 6 (juin 68), 10

"Shown at home". (Alan Gowans et son livre *Looking at Architecture in Canada*)
TCA, IV, 2 (fév. 59), 16

"We've Come a Long Way In 125 Years..." (Photographies de bâtiments pour illustrer le développement de l'architecture en Ontario)
NB, VII, 6 (juin 58), 14-15

Daigneault, D.
"L'architecture dans les Laurentides"
AC, 27, 309 (nov. 72), 18-21

Downs, Barry
"Focus on B.C.". (du 19e siècle à nos jours).
ARCAN, 49 (22 mai 72), 8-11

En collaboration
"Special Report: Prairie Architecture Examined".
TCA, XXIV, 10 (oct. 79), 20-30

Fish, Michael
Bland, John et Mayrand, Pierre. *Trois siècles d'architecture au Canada*, Federal Publications Service, Montréal, 1971.
ARCAN, 48 (13 déc. 71), 9-10

Gillespie, Bernard
Bland, John et Pierre Mayrand, *Three Centuries of Architecture in Canada*, Federal Publications Service, Montréal, 1971.
TCA, XVII, 9 (sept. 72), 9

Gouin, Paul
"Notre héritage architectural"
ABC, XIX, 216 (avril 64), 45-48 et 50 et 52, texte & ill.

Harris, Kenneth D.
"Restoration of the Habitation of Port Royal Lower Granville, Nova Scotia".
RAIC, XVII, 7 (juil. 40), 111-116

Massey, Vincent
"Mr. Vincent Massey on architecture"
RAIC, XXII, 12 (déc. 45), 251-252

Milligan, S. Lewis
"Poetry of architecture"
RAIC, XXII, 12 (déc. 45), 250-251

Russell, John
"Canadian Architecture"
RAIC, XXXIII, 5 (mai 56), 154-156

Sieger, Stephen
"L'architecture aux Trois-Rivières"
ABC, XIII, 145 (mai 58), 66-67, texte.

Trépanier, Paul-O.
"Peut-on parler d'une architecture canadienne-française?"
BAT, XXXVII, 2 (fév. 62), 12-13, texte.

L'architecture jusqu'à 1900
Architecture before 1900

Adamson, Anthony et Marion MacRae, *The Ancestral Roof. Domestic Architecture of Upper Canada*, Clarke Irwin & Company Limited, [s.l.], [s.d.].
TCA, IX, 2 (fév. 64), 94

Évolution de la maison rurale traditionnelle dans la région de Québec, par Georges Gauthier-Larouche, P.U.L.
BAT, L, 3 (mars 75), 25

"Les maisons du Vieux-Québec" (inventaire)
BAT, XLVIII, 9 (sept. 73), 6

Ministère des Affaires Culturelles. *Neuville architecture traditionnelle*. Coll. Les cahiers du patrimoine, sans édition, sans lieu, sans date.
AC, 31, 336 (juil.-août 76), 12

"Sans titre". (Eric Arthur est à la recherche de documents sur Toronto au 19e siècle)
TCA, II, 5 (mai 57), 8

"Simplicité ... Beauté d'hier" (vieilles maisons à Verchères)
BAT, XXXVIII, 1 (jan. 63), 36-39, texte & ill.

"The Canadian Tradition: An Early Ontario Sawmill"
TCA, I, 6 (juin 56), 52-53

Toronto Court House (projet de la fin du XIXe s.)
TCA, I, 3 (mars 56), 8

Acland, James
Humphreys, Barbara, *The Architectural Heritage of The Rideau Corridor*, Parcs-Canada, Ottawa, 1974. [coll. Archaeology and History — No. 10.]
TCA, XIX, 9 (sept. 74), 5-6

Acland, James; Sykes, Meredith
"Survey of Canada's Historic Buildings".
TCA, XV, 5 (mai 70), 49-51

Arthur, Eric
Adamson, Anthony et MacRae, Marion. *The Ancestral Roof*, Clarke Irwin & Co, Toronto, 1963.
RAIC, XLI, 1 (jan. 64), 24-25

Barkham, Brian
"An Architectural Appreciation of St. Roch de l'Achigan".
RAIC, XXXI, 10 (oct. 54), 365-370

Beaulieu, Claude
"La Maison de Saint-Hubert". (maison historique du village de Chambly)
RAIC, XXXIX, 8 (août 62), 53-54

Bland, John
"Québec". (propos sur l'architecture et les architectes du 19e s.)
RAIC, XXV, 10 (oct. 48), 394

"Deux architectes du 19e siècle: John Ostell et Victor Bourgeau"
ABC, VIII, 87 (juil. 53), 20, texte.

Denoncourt, Ernest L.
"Les Forges Saint-Maurice"
ABC, IV, 39 (juil. 49), 48, texte.

En collaboration
"The West Block and its future".
RAIC, XXXIII, 12 (déc. 56), 485

Gillespie, Bernard
Adamson, Anthony et Marion MacRae, *Hallowed Walls: Church Architecture of Upper Canada*, Irwin & Company Ltd, Toronto, 1975.
TCA, XXI, 4 (avril 76), 5

Arthur, Eric et Dudley Witney. *The barn: a vanishing landmark in North America*, McClelland & Stewart Ltd, Toronto, 1972.
TCA, XVII, 11 (nov. 72), 7

Byers, Mary et al. *Rural roots: pre-confederation buildings of the York region of Ontario*, University of Toronto Press, Toronto, 1976.
TCA, XXII, 6 (juin 77), 4-5

Moogh, Peter N. *Building a House in New France*, McClelland and Stewart, [s.l.], 1977.
TCA, XXIII, 3 (mars 78), 4

Osler, Stephen Britton, *Court Houses in Ontario*, The Carswell Co., Toronto, 1979.
TCA, XXV, 8 (août 80), 11

Hubbard, R.H.
"Architecture in Ottawa: A Personal View" (19e et 20e s.)
RAIC, XXXII, 11 (nov. 55), 410-428

Mathers, A.S.
Traquair, Ramsay. *The Old Architecture of Quebec*. McMillan Co. of Canada, Toronto, sans date.
RAIC, XXVI, 9 (sept. 47), 335

Morisset, Gérard
"L'influence de l'abbé Conefroy sur notre architecture religieuse"
ABC, VIII, 82 (fév. 53), 36-39, texte & ill.

Morisset, Jean-Paul
"Maisons du Vieux Québec... parfum d'histoire".
BAT, XXXV, 5 (mai 60), 42-45, texte & ill.

Piché, Edouard
"Une maison de 1720" (le presbytère de Caughnawaga)
ABC, II, 12 (mars 47), 12-19, texte & ill.

Prévost, Antoine
"Le Village Jacques de Chambly" (Village-musée).
RAIC, XXXIX, 8 (août 62), 52

Reed, T.A.
"Toronto's Early Architects — Many fine buildings still standing". (liste des édifices de 1829 à 1899)
RAIC, XXVII, 2 (fév. 50), 46-51

Roy, Antoine
"L'architecture du Canada, autrefois"
ABC, II, 11 (fév. 47), 22-29 et 36 et 40, texte & ill.

Smith, R.D. Hilton
Arthur, Eric et Chapman, Howard et Massey, Art. *Moose Factory, 1673 to 1947*, University of Toronto Press — Saunders, Toronto, 1949.
RAIC, XXVI, 8 (août 49), 263

Thomas, Lewis H.
"The Saskatchewan Legislative Building and its Predecessors".
RAIC, XXXII, 7 (juil. 55), 248-252

L'architecture du XXe siècle
Architecture of the 20th. Century

"Annual Index 1958" (Index des constructions érigées en 1958).
TCA, IV, 1 (jan. 59), 65-66

"Architecture in the Winnipeg area: an illustrated guide to buildings of architectural interest".
TCA, XV, 5 (mai 70), 45-48

"Canada leads U.S. in architecture, says Commerce Court designer"
CB, XXIII, 6 (juin 73), 6

"Canadian Architecture before 1939" (Quelques exemples avant la guerre)
TCA, IV, 10 (oct. 59), 56

"Canadian architecture shown at the United Nations Educational, Scientific and Cultural Organization in Paris".
RAIC, XXIV, 3 (mars 47), 86-89

"Commission du centenaire" (re: programme d'embellissement)
ABC, XX, 232 (août 65), 40-41, texte.

"...dark and empty eyes". (L'architecture à Hamilton)
TCA, I, 12 (déc. 56), 12

Filteau, Claude, Noppen, Luc et Thibault, Pierre, *La fin d'une époque, Joseph Pierre Ouellet, architecte*. Ed. Officiel du Québec, sans lieu, sans date.
AC, 28, 314 (mai 73), 7

"L'Architecture canadienne se défend à merveille au café du parlement" (compte rendu d'une exposition)
BAT, XXXII, 5 (mai 57), 34-37, texte & ill.

"Les Américains et nous" (La revue *Progressive Architecture* consacre un numéro au Canada).
AC, 27, 308 (oct. 72), 10

"Les architectes exposent à la Galerie des Beaux-Arts"
ABC, XIII, 151 (nov. 58), 56-57, texte & ill.

"Les grands courants architecturaux de 1926 à 1976" (à Montréal)
BAT, LI, 1 (jan. 76), 8-9

"...olde englishe". (l'architecture contemporaine)
TCA, I, 3 (mars 56), 16

"One Hundred Large Projects — 1964" (Liste de 100 projets réalisés en 1964)
TCA, IX (Yearbook 64), 66 et 100 et 124

"Quelques images du passé" (projets de 1926 à 1950 au Canada, ill. seul.)
BAT, LI, 1 (jan. 76), 19-22

"...something to live with..." (Contrôle de l'aspect esthétique des constructions de Montréal)
TCA, I, 6 (juin 56), 18

"Tendances de l'architecture canadienne, Les médailles Massey 1961"
BAT, IX, 12 (déc. 61), 12-16

"The eleven best buildings since the war".
TCA, IV, 10 (oct. 59), 52-53

"Une revue de quelques grands travaux de génie — L'ingénieur du Québec et son oeuvre"
ABC, X, 109 (mai 55), 40-44, ill.

Acland, James H.
"Decade: Part I, a review of the significant architecture of the past ten years".
TCA, XIV, 11 (nov. 69), 34-45

"Decade: Part II, projects which will be built in 1970, representing work from architectural offices across Canada".
TCA, XIV, 11 (nov. 69), 46-64

The Open Gate: Toronto Union Station, Richard Bébout, Peter Martin Ass., Toronto, 1972.
ARCAN, L (jan. 73), 7

Anderson, Robert W.
"Credo" (Principes de base de l'architecture moderne — Le style international — au Canada)
TCA, VII, 1 (jan. 62), 44-45

Andrews, John
"OAA Exhibition" (The face of our town, at the Toronto Art Gallery).
RAIC, XL, 2 (fév. 63), 14 et 16

Bancroft, Brian
"Significant Architecture, Winnipeg" (Exemples pour l'année '68)
TCA, XIII (Yearbook 68), 86-88

Barker, Kent
"Provincial Page". (architecture contemporaine). Ontario
RAIC, XXII, 7 (juil. 45), 149-150

Boddy, Trevor
"Boomtown Urban Design" (dans les prairies)
TCA, XXIV, 10 (oct. 79), 38-41

Bolton, Richard E.
"Une exposition d'architecture"
ABC, XIII, 151 (nov. 58), 28, texte.

Burgess, Cecil S.
"Alberta" (Les édifices temporaires érigés pendant la guerre)
RAIC, XXI, 2 (fév. 44), 40

Cowan, Harvey
"Significant Architecture, Toronto" (Exemples pour l'année '68)
TCA, XIII (Yearbook 68), 88-90

Davison, A.W.
"A bit of Canada in England". (la petite ville de East Grinstead, bâtiments construits par des Canadiens)
RAIC, XXII, 11 (nov. 45), 226-231

Déry, Jacques
"Cinquante années dans la vie de Montréal" (liste des principaux projets réalisés entre 1926 et 1976)
BAT, LI, 1 (jan. 76), 27 et 39

Dickinson, P.
"Improper Eleplants" (P. Dickinson dit que l'architecture au Canada est réduite au chaos)
TCA, IV, 4 (avril 59), 10

Diefenbaker, John
"A task for the profession: 'Architects can play an important part in the planning of Canada's Centennial'".
RAIC, XXXVII, 7 (juil. 60), 286-291

Douglas, T.C.
"Saskatchewan celebrates a birthday".
RAIC, XXXII, 7 (juil. 55), 239-240

Elte, Hans
"Architecture of the Prairies".
RAIC, XLII, 6 (juin 65), 33-41

Emery, Tony
"Climate: Fair or Unsettled?" (Aspect physique de la ville de Vancouver)
RAIC, XXXIX, 4 (avril 62), 37-44

En collaboration
"The Sixties: A decade of innovation".
TCA, XVI, 7 (juil. 71), 47-51 et 57

Flanders, John
"Significant architecture, Ottawa" (Exemples pour l'année '68)
TCA, XIII (Yearbook 68), 90-91

Gibson, G.D.
"Architectural Exhibit, Canadian National Exhibition 1949".
RAIC, XXVI, 9 (sept. 49), 302-303 et 306

Gillespie, Bernard
Jackson, Anthony, *The Future of Canadian Architecture*, Tech-Press, Halifax, 1979.
TCA, XXV, 8 (août 80), 9
Moore, Carol. *Canadian Architecture 1960/70.* Burns and MacEachern, Toronto, 1971.
TCA, XVI, 7 (juil. 71), 6

Gouin, Paul
(L'engouement à cette époque, au Québec, pour l'architecture étrangère et le pastiche).
RAIC, XXXV, 2 (fév. 58), 62-65

Grenier, Pierre
"L'architecture du Québec peut-elle être une architecture régionale?"
ABC, XV, 166 (fév. 60), 58-59, texte.

Hollingsworth, Fred T.
"Significant Architecture, Vancouver". (Exemples pour l'année '68)
TCA, XIII (Yearbook 68), 84-86

Hubbard, R.H.
"Architecture in Ottawa: a Personal View"
RAIC, XXXII, 11 (nov. 55), 410-428

Izumi, K.
"Recent Architecture in Saskatchewan".
RAIC, XXXII, 7 (juil. 55), 241-247

Lasserre, Fred
"The Architectural Institute of British Columbia Exhibition".
RAIC, XXVI, 5 (mai 49), 166-167

Lawson, Harold
"Canadian Architecture Changing"
CB, III, 4 (avril 53), 62, texte.

Lehrman, Jonas
"Review" (Compte rendu de l'exposition intitulé "The Built Environment: 60 Years of Design from Manitoba")
TCA, XIX, 1 (jan. 74), 7
"Vancouver, a review of some of the more controversal projects".
TCA, XVII, 3 (mars 72), 30-45

Leithead, William G.
"Decorating a City". (Vancouver et le centenaire)
RAIC, XXXVI, 8 (août 59), 277-280

Lindgren, Edward
"Significant architecture, Halifax" (Exemples pour l'année '68).
TCA, XIII (Yearbook 68), 92-93

MacLeod, Malcolm Donald
"An honest architecture". (Architecture en Alberta)
RAIC, XXX, 2 (fév. 53), 40-46

Merrett, Campbell
(L'architecture courante des villes de Montréal et Toronto).
RAIC, XXV, 7 (juil. 48), 255

Murray, J.A.
"Quo Vadis". (l'architecture moderne au Canada)
RAIC, XXXVI, 2 (fév. 59), 38-40

Muscovitch, Arthur
"Prairie Architecture"
TCA, XXV, 2 (fév. 80), 25

Nadon, Gabriel
"Le style Dom Bellot"
BAT, XXX, 11 (nov. 55), 26-28, texte & ill.

Oberlander, Peter H.
"Twenty Years of Architectural Growth C.I.A.M. 1928-1948".
RAIC, XXV, 6 (juin 48), 199-201

Pokorny, G.K.
"OAA Exhibition". (Lettre ouverte sur l'exposition d'architecture de l'O.A.A. à la Toronto Art Gallery)
RAIC, XL, 2 (fév. 63), 20

Parizeau, Marcel
"Provincial Page". (L'architecture au Québec en 1940).
RAIC, XVIII, 4 (avril 41), 75

Parkin, John C.
"Architecture in Canada since 1945, An appraisal".
RAIC, XXXIX, 1 (jan. 62), 33-40

Pellerin, Jean
"L'architecture à Grand-Mère"
ABC, V, 51 (juil. 50), 28-31, texte.

Shine, Anthony
"Significant Architecture, Montreal" (exemples pour l'année '68)
TCA, XIII (Yearbook 68), 91-92

Simpson, D.C.
"Contemporary West Coast Construction"
CB, IV, 1 (jan. 54), 17-21, texte & ill.

Stankiewicz, Audrey
"Comment: The Centennial Clean-Up".
TCA, X, 8 (août 65), 50

Tovell, Vincent
Moore Ede, Carol. *Canadian Architecture 1960/70*, Burns and MacEachern, Toronto, 1971.
ARCAN, 48 (22 nov. 71), 14

Valentine, H.A.I.
"Québec". (L'état de l'architecture au Canada).
RAIC, XXXIV, 7 (juil. 57), 277-278

Wiggs, H. Ross
"Recent work in the Laurentians".
RAIC, XVIII, 4 (avril 41), 58-59

Wood, Kenneth
"Canada's Architectural Development: a view from another world".
TCA, IV, 2 (fév. 59), 42-46

Zuk, Radoslav
"Architecture for the Canadian prairies, a report on the MAA Conference".
RAIC, XL, 5 (mai 63), 11 et 13

L'ESTHÉTIQUE
AESTHETICS

"L'esthétique: luxe ou nécessité?" (pour la construction urbaine)
BAT, XLVI, 4 (avril 71), 32-33 et 36

"Ministère de l'Industrie, Ottawa, Canada — Conseil National de l'Esthétique industrielle"
ABC, XXIII, 267 (sept. 68), 33 et 40, texte.

"Need the artistic in architecture"
CB, VI, 10 (oct. 56), 9

"Symbole du beau"
ABC, I, 4 (juil. 46), 16-17, texte & ill.
ABC, I, 5 (août 46), 21, ill.
ABC, I, 7 (oct. 46), 23, ill.

"Two cities try again to control the design of all buildings." (London et Sarnia)
NB, IX, 12 (déc. 60), 33

Béland, Paul et al.
"Viewpoint" (design control i.e. by a properly appointed committee of experts)
RAIC, XXXIII, 2 (fév. 56), 64

Blatherwick, K.R.
"La beauté dans les édifices"
BAT, XXXIV, 12 (jan. 60), 29

Burgess, Cecil S.
"Alberta". (beauté et expression en architecture)
RAIC, XXX, 10 (oct. 53), 305-306
"Alberta". (L'idée de beauté et l'architecture).
RAIC, XXIX, 9 (sept. 52), 266-267
"Provincial Page". (ordre et désordre en architecture)
RAIC, XXIII, 1 (jan. 46), 17
"Are we Omitting Something?" (la beauté dans l'architecture)
RAIC, XXXIII, 10 (oct. 56), 363-366

Chabot, Gilles
"L'esthétique: luxe ou nécessité"
BAT, XLVI, 4 (avril 71), 33, 36, texte & ill.

Charney, Morris
"Dissent" (sur le contrôle du design architectural)
TCA, XII, 9 (sept. 67), 7

Dovell, Peter
"Aesthetic Control" (Argumentations contre la législation contrôlant l'apparence des édifices)
TCA, VI, 12 (déc. 61), 39-42

DuBois, Macy
"Amorphic Architecture à la Neumann".
TCA, VIII, 5 (mai 63), 104 ct 106

Grossman, Irving
"Incentives for good design".
ARCAN, 48 (1 mars 71), 4-5

Grossman, Irving
"Open Letter to Developers" (la construction stéréotypée, standardisée vs les développements créatifs)
TCA, XVIII, 11 (nov. 73), 57 et 68

Jackson, Anthony
"The academic eye" (l'esthétique de base en architecture)
TCA, V, 7 (juil. 60), 39-42

Junius, Marcel
"Notre beau quotidien"
ABC, XX, 235 (nov. 65), 52-53, texte & ill.

Kyles, L.D.
"Letters" (sur le contrôle du design architectural)
TCA, VIII, 5 (mai 63), 14 et 104

Leaning, John
"Letters" (La forme suit la fonction, des exemples contradictoires)
TCA, VII, 8 (août 62), 9

Lehrman, Jonas
"Shapescape" (l'effet visuel des formes architecturales dans l'espace)
TCA, XII, 2 (fév. 67), 55-56

Lods, Marcel
"L'esthétique des constructions modernes"
ABC, V, 48 (avril 50), 28-34
ABC, V, 49 (mai 50), 29-32
ABC, V, 51 (juil. 50), 34-37
ABC, V, 52 (août 50), 24-27

Massey, Hart
"Only half an Architecture". (fonction, architecture et art).
RAIC, XXVIII, 9 (sept. 51), 257-261

Maurault, Olivier
"Monumental Architecture". (Appeal in favor of monumental architecture)
RAIC, XXV, 3 (mars 48), 92

Mintz, Norbert L.
"Psychology, Aesthetics and Architecture".
TCA, II, 12 (déc. 57), 31-38

Peacock-Loukes, P.E.
"Monumentality"
RAIC, XXXIV, 10 (oct. 57), 407-409

Sanders, N.
"Letters" (concernant le contrôle du design architectural)
TCA, VIII, 6 (juin 63), 112

Tremblay, Denis
"Le style et l'architecture".
RAIC, XVIII, 4 (avril 41), 73

Webb, Peter
"Letters" (sur le contrôle du design architectural)
TCA, VIII, 4 (avril 63), 13 et 117

Whiteley, Ronald
"Creative Perception".
RAIC, XXXVIII, 1 (jan. 61), 45-50

Yamasaki, Minoru
"Serenity and Delight in the new Architecture".
RAIC, XXXVI, 7 (juil. 59), 227-228 et 257

LA CRITIQUE
CRITICISM

"Criticism" (Diffusion et vulgarisation de la critique architecturale par les média)
TCA, VI, 8 (août 61), 13

"Criticism" (l'importance de tenir un bon discours sur l'architecture)
TCA, VI, 5 (mai 61), 43

"Édifices de 250 étages?"
BAT, XLV, 3 (mars 70), 8

"More Pattern of Pseudology"
TCA, XVIII, 8 (août 73), 46-47

"School for Critics"
TCA, XII, 7 (juil. 67), 8 et 9

"September issue on reconstruction"
RAIC, XIX, 11 (nov. 42), 221

Abram, G.S. et al
"Viewpoint" (Flexibility is a highly overrated commodity in today's architecture)
RAIC, XXXII, 11 (nov. 55), 446

Armer, G.S.T.
"Behaviour of Tall Buildings"
TCA, XXII, 9 (sept. 77), 46-48

Burgess, Cecil S.
"Alberta". (Le besoin de critique architecturale).
RAIC, XXVIII, 1 (jan. 51), 20
"Provincial Page". (Appréciation de l'architecture, Manitoba)
RAIC, XXI, 7 (juil. 44), 161

Collins, Peter
"Architectural Judgement".
TCA, XVI, 6 (juin 71), 55-59
"Pictorial Criticism"
TCA, XVII, 7 (juil. 72), 36-37
"The Architectonics of Pure Taste, Architecture and Gastronomy".
RAIC, XXXVIII, 5 (mai 61), 46-48

Creighton, Thomas H.
"Points de vue — Les architectes devant la critique"
ABC, XI, 121 (mai 56), 55, texte

Desbarats, Guy
"Letter to the Editor". (besoin urgent de développer l'habitude de la critique architecturale).
RAIC, XXVIII, 1 (jan. 51), 20-21

Fisher, Richard A.
"Ontario". (L'architecture et la critique).
RAIC, XXXIV, 4 (avril 57), 143

Foster, K.H.
"Ontario" (L'aspect spirituel des créations architecturales est négligé)
RAIC, XXXIII, 5 (mai 56), 192

Gale, A.L.
"Architectural Criticism".
RAIC, XXVIII, 2 (fév. 51), 39-41 et 46

Gladu, Paul
"Oublierons-nous l'homme en chemin?"
BAT, IX, 12 (déc. 61), 17-18 et 44

Gretton, Robert
"Comment". (sur la critique architecturale)
TCA, XIII, 2 (fév. 68), 11

Jackson, Anthony
"4. Art and Great Art". (l'architecture moderne et les éléments du passé qu'elle comporte)
TCA, III, 9 (sept. 58), 68-72

Lehrman, Jonas
"Ethics in Criticism?" (les architectes qui critiquent les projets d'autres architectes)
TCA, XVIII, 10 (oct. 73), 60 et 64

Millon, Henry A.
"Critique & Création — conférence donnée par le professeur Henry A. Millon"
ABC, XXIII, 269 (nov. 68), 30-34, texte.

Nobbs, Francis J.
"A propos des 'beaux édifices'"
ABC, IX, 103 (nov. 54), 26, texte.

Thivierge, Charles-Edouard
"Le gratte-ciel ou une proportion perdue"
ABC, XXI, 247 (nov. 66), 43-52, texte & ill.
"Points de vue — Considérations sur la critique d'art"
ABC, XX, 230 (juin 65), 46-48, texte.

Trépanier, Paul-O.
"Points de vue — On peinture la vieille ferraille du pont Victoria"
ABC, XIV, 158 (juin 59), 198-199, texte.

Wanzel, Grant
"The Technocrats of Underdevelopment"
TCA, XX, no 3 (mars 75), 52-55, texte & ill.

Williams-Ellis, Clough
"Architectural Appreciation".
RAIC, XXI, 7 (juil. 44), 141-145

RECHERCHE ET PROSPECTIVE
RESEARCH AND PROSPECTIVE STUDIES

"En matière de commodité publique: Un domaine où il reste beaucoup à explorer".
AC, 34, 344 (jan.-fév. 78), 23-25

"La vie en 1985 et les métiers de création"
BAT, XLII, 7 (juil. 67), 8

"Le Canada de l'an 2000" (Conseil des sciences du Canada)
BAT, LI, 9 (sept. 76), 3, texte.

Brennan, J.F.
"Ontario". (La recherche et l'architecte solitaire)
RAIC, XXIII, 7 (juil. 46), 179-180

Burgess, Cecil S.
"Limitations of Science". (fonction de la science en architecture).
RAIC, XXXIV, 5 (mai 57), 149-151

Davies, Richard L.
"The Case for Research in Modern Architecture".
RAIC, XXXIII, 10 (oct. 56), 400-402

Fleming, Robert P. et al
"How architects see the building trends in the next hundred years".
CB, XVII, 7 (juil. 67), 30-33

Fowke, Clifford
"The next 100 years in building, 1967-2067, the shape of things to come"
CB, XVII, 4 (avril 66), 47-73

Geoffrion, Hélène-G.
"Une architecture qui se défend" (pour créer un environnement protégé; thèse de Oscar Newman)
AC, 28, 316 (juil.-août 73), 24

Gladu, Paul
"Oublierons-nous l'homme en chemin?"
BAT, IX, 12 (déc. 61), 17-18, 44, texte.

Gretton, Robert
"Towards the year 2005..."
TCA, XXV, 11 (nov. 80), 50-51

Lancaster, Osbert
"The End of the Modern movement in architecture".
RAIC, XXIX, 3 (mars 52), 55-57

Lasserre, Fred
"Brief from A.R.G.O." (Architectural Research Group in Ottawa, leur but, vision du rôle de l'architecte, etc...)
RAIC, XXI, 1 (jan. 44), 15-17

Lynes, Russell
"What's to become of Architecture".
RAIC, XLI, 7 (juil. 64), 44-46

McLaughlin, Robert W.
"Architectural Research, its nature and practice".
RAIC, XXXVI, 9 (sept. 59), 322-325

Mainville, Francis
"Que seront les cathédrales de l'An 2000?"
BAT, XLI, 8 (août 66), 33-39, texte & ill.

Pawley, Eric
"Research for architecture".
RAIC, XLI, 9 (sept. 64), 79

Powrie, David
"An Investigation". (L'architecture dans la 2e moitié du 20e siècle).
RAIC, XXX, 3 (mars 53), 79-83

Raymore, W.G.
"The architect and research"
RAIC, XXXVI, 7 (juil. 59), 232-233

Waring, Steven H.
"Improved techniques in architectural modelling".
RAIC, XXV, 2 (fév. 48), 58-60

DOCUMENTATION

"A bibliography" (architecture, théorie, matériau, pratique, etc.).
TCA, II, 3 (mars 57), 49 et 51.

"A Guide to Architectural Photographers". (coûts, conseils etc...)
TCA, XIII (Yearbook 68), 64-70

"Alcan reprend sa série de conférence sur l'architecture"
BAT, LII, 2 (fév. 77), 8, texte.

"Central Library of Architectural Photographs".
RAIC, XXVI, 8 (août 47), 293-294

"Design Centre Serves Industry and Public"
CB, IV, 6 (juin 54), 52-53, texte & ill.

Design Index, National Industrial Design Council, Ottawa
ABC, XII, 134 (juin 57), 72

"Exposition d'architecture" (Montréal, 12 au 25 septembre)
BAT, XXXVI, 10 (oct. 60), 28-29, texte & ill.

"Exposition 1961 des oeuvres d'architecture"
BAT, IX, 12 (déc. 61), 40

"Les archives architecturales font leur première grande acquisition".
AC, 26, 292 (mars 71), 29 et 32

"Microfilm is secret weapon as Ottawa developer fights 'Battle of paper mountain'". (les plans sur microfilm)
CB, XXI, 12 (déc. 71), 34

"Nation" (Gift of the Horwood Collection of Architectural Drawings to the Archives of Ontario)
TCA, XXIV, 5 (mai 79), 4 et 8

"Sans titre". (exposition et concours de photos sur l'architecture tenue à Toronto).
TCA, II, 4 (avril 57), 46-47

Saylor, Henry W., *Dictionary of Architecture*, John Wiley & Sons Inc., [s.l.], [s.d.].
BAT, XXVII, 11 (nov. 52), 51

"Snap Judgment" (Les photographies d'architecture)
TCA, I, 11 (nov. 56), 8

"The Canadian Architect's Desk file, Photography"
TCA, VI, 3 (mars 61), 85-86

"The desk file" (feuilles de renseignements pour ceux qui sont actifs en architecture).
TCA, VI, 1 (jan. 61), 72-80

"Une manifestation réconfortante de la vitalité et des efforts de l'architecture du Québec: l'exposition des oeuvres d'architectes au Musée des Beaux-Arts de Montréal"
BAT, XXXIII, 11 (nov. 58), 11

Arthur, Eric R.
"Four centuries of architectural drawings from the Riba collection". (Exposition à la Galerie Nationale du Canada).
RAIC, XL, 2 (fév. 63), 16 et 18

Bowker, Walter
"Calgary Archives not the first" (préservation des documents architecturaux)
TCA, XXIII, 11 (nov. 78), 21

Burgess, Cecil S.
"Alberta". (propos sur les expositions d'architecture).
RAIC, XXVI, 10 (oct. 47), 378-379

Grooms, Richard H.
"The architectural classic". (Liste de livres sur l'architecture, pourquoi lire tel livre plutôt qu'un autre etc.).
TCA, II, 3 (mars 57), 27-31

Ingles, Ernest B.; McMordie, Michael
"Preserving the past: The Canadian Architectural Archives".
TCA, XXIII, 7 (juil. 78), 14-22

Wade, John
"Introduction to photo storey". (architecture contemporaine en C.-B., documents photographiques)
RAIC, XXXV, 4 (avril 58), 119-148

La profession
The Profession

LA PROFESSION DE L'ARCHITECTE
THE ARCHITECTURAL PROFESSION

"A Canadian architect: Portrait in figures".
TCA, 1 (nov.-déc. 55), 16-17

"Architects: a critical, inside look".
CB, XVI, 4 (avril 66), 42-43

"Architects ask some questions: 'Who are we, where do we go?'"
CB, XIX, 8 (août 69), 39

"Civic Service by Architects" (in Toronto)
CB, IV, 9 (sept. 54), 66, texte.

"Comment"
TCA, XII, 11 (nov. 67), 10

"Comment, A View of the Profession".
TCA, VIII, 1 (jan. 63), 76

"Conventions 1970: Royal Architectural Institute of Canada"
CB, XX, 6 (juin 70), 52-53 et 65

Dubost, F., et Gras, A., et al. *Les architectes*. Ed. Calmann-Lévy, sans lieu, sans date.
AC, 31, 333 (jan.-fév. 76), 10

Joseph, Stephen. *Actor and Architect*, University of Toronto Press [s.l.], [s.d.].
TCA, XI, 1 (jan. 65), 6-7

"L'architecte doit participer plus que jamais..." (au développement des villes)
BAT, XLV, 6 (juin 70), 8

"Le premier congrès international des femmes architectes"
BAT, XXXVIII, 10 (oct. 63), 40

"Must an 'Architect' be a 'Person'?"
CB, VII, 7 (juil. 57), 54

"New role for architects"
CB, VIII, 4 (avril 58), 91

"Practice"
TCA, XVIII, 9 (sept. 73), 4-5

Stone, Harris, *Workbook of an unsuccessful architect*, Monthly Review Press, New-York, 1973.
TCA, XIX, 2 (fév. 74), 4

"The architect as ecologist".
ARCAN, 48 (15 mars 71), 2

The architect: chapters in the history of the profession, Oxford University Press, New-York, 1977.
TCA, XXII, 1 (jan. 77), 4-5

"'The role of the architect in Canada's biggest industry': an address by the president RAIC to the Vancouver Rotary Club"
RAIC, XXXVII, 11 (nov. 60), 459-460

"This month's crystal ball"
TCA, XII, 8 (août 67), 8

Affleck, Ray et George Cruickshank
"Voice: Two views of the Profession".
TCA, XV, 9 (sept. 70), 55-57 et 68

Altosaar, Tonu
"The architect's role in the evolution of a complex"
CB, XXVI, 6 (juin 76), 37-38 et 43

Arnott, Gordon R.
"L'architecte doit participer plus que jamais..."
BAT, XLV, 6 (juin 70), 8, texte & ill.

Arthur, E.R.
"The architect and the cultural heritage".
RAIC, XXXVI, 7 (juil. 59), 235

Arup, Ove
"Future problems facing the designer".
TCA, XVII, 11 (nov. 72), 53 et 69

Baker, Langton G.
"Ontario".
RAIC, XXXII, 10 (oct. 55), 401

Baldwin, Martin
"Mr. Martin Baldwin is struck with two omissions"
RAIC, XVIII, 11 (nov. 41), 190

Banz, George
"Builders, Professionals and Dilettantes". (un historique depuis le Moyen-Age à nos jours).
TCA, XXI, 2 (fév. 76), 50-52 et 58

"Performance Criteria for the Architectural Profession"
TCA, XX, 6 (juin 75), 55-57 et 65

Benoît, J.E.A.
"Commentaire sur les fonctions de l'architecte".
RAIC, XVIII, 4 (avril 41), 73

Birkerts, Gunnar
"Design: the Critical Years"
TCA, XIX, 6 (juin 74), 48-52

Bland, John
"Montreal"
TCA, XII, 5 (mai 67), 73-75

Boulva, Pierre; Carreau, Serge
"La place de l'architecte dans un monde en transition"
BAT, XLVIII, 5 (mai 73), 22-23

Bourbeau, Armande
"L'artisan de demain dans les métiers du bâtiment"
ABC, X, 112 (août 55), 36-41, texte & ill.

Burgess, Cecil S.
"Alberta".
RAIC, XXIV, 6 (juin 47), 215-216

"Alberta". (Les connaissances que doit posséder l'architecte).
RAIC, XXVIII, 2 (fév. 51), 44-45

Carreau, Serge; Warshaw, Leonard D.
"Guidelines for Action".
TCA, XVI, 12 (déc. et yearbook 71), 67-79

Casson, Hugh
"Five Character Studies, I Boyes Voyces"
RAIC, XXXIII, 4 (avril 56), 136-137

"Five Character Studies, II Miles Adrift"
RAIC, XXXIII, 4 (avril 56), 137-138

"Five Character Studies, III Frank Spoke"
RAIC, XXXIII, 4 (avril 56), 138-139

Catto, Douglas E.
"This is role architects can best fill"
CB, XIII, 11 (nov. 63), 7

Cerny, Robert C.
"Architecture: Business or Profession".
RAIC, XXXVII, 7 (juil. 60), 292-295

Chard, Catherine M.
"What is an architect"
RAIC, XIX, 2 (fév. 42), 30-33

Coates, Wells
"The Freedom and Responsibility of the Architect".
RAIC, XXIX, 5 (mai 52), 148-150 et 159

Cox, E.C.S.
"An address to new members of the province of Quebec association of architects".
RAIC, XXXV, 6 (juin 58), 218-220

Creighton, Thomas H.
"Architecture in a changing world"
RAIC, XL, 6 (juin 63), 65-69

Davidson, Ian
"The Architect and the Environment."
ARCAN, 47 (10 août 70), 3
"The architect as a 'participator'".
ARCAN, 49 (22 mai 72), 11-12

Doclin, Doïna
"L'architecte au service de la communauté".
AC, 28, 314 (mai 73), 20-23

Duke, Robert F.
"Saskatchewan" (l'architecte comparé à un musicien)
RAIC, XXI, 6 (juin 44), 137

Du Toit, Roger
"Architects, Zoning Bylaws and Design Control"
TCA, XXII, 3 (mars 77), 51-56

En Collaboration
"Seminar, Professional Responsibility". (les firmes, l'architecte-éducateur, planification, etc).
RAIC, XXXVII, 7 (juil. 60), 296-305

En collaboration
"Syndicate discussion"
RAIC, XXXVII, 7 (juil. 60), 306-310

Eve, Richard
"Letter to the editor"
RAIC, XVII, 12 (déc. 40), 220

Gardiner, William
"The architect as historian"
RAIC, XVIII, 7 (juil. 41), 131

Gilbert, André
"Points de vue. L'architecte, cet inconnu"
ABC, XIII, 149 (sept. 58), 69, texte.

Gillespie, Bernard
Architecture: Opportunities, Achievements, a report of the annual conference of the RIBA held at the University of Hull, Ed. Barbara Goldstein, Juillet 1976. RIBA Publications Ltd, London, 1977.
TCA, XXIV, 1 (jan. 79), 9
Quarmby, Arthur, *The Plastics Architect*, Pall Mall Press, London, 1974.
TCA, XX, 7 (juil. 75), 4
Rossman, Wendell E. *The effective architect*. Prentice-Hall of Canada, Toronto, 1972.
TCA, XVII, 11 (nov. 72), 6-7

Gretton, Robert
"Symposium 67"
TCA, XII (Yearbook 67), 81-104

Gropius, Walter
"Architect in Society".
RAIC, XXXIX, 3 (mars 62), 49-53

Hays, J. Byers
"Synopsis of an address" (le rôle de l'architecte en ce qui concerne l'habitation, l'urbanisme en ce temps de guerre)
RAIC, XXI, 2 (fév. 44), 39

Heissler, Yves
"La vie en 1985 et les métiers de création"
BAT, XLII, 7 (juil. 67), 8, texte.

Helmer, D'Arcy G.
"Ontario".
RAIC, XXXVI, 6 (juin 59), 215

Howard, Jonathan
"The future for the profession" (le point de vue du client)
TCA, VI, 1 (jan. 61), 48-50

Institut d'Architecture d'Amérique
"L'ère de l'architecte"
BAT, XXXVI, 9 (sept. 60), 26-27

Izumi, K.
"Overview 4, The Architect's role as a designer of human environments today".
TCA, XVI, 5 (mai 71), 61-63

James, P.L.
"Letter to the Editor".
RAIC, XVII, 10 (oct. 40), 181-182

Johnson, Walter S.
"The Continuing Existence of the Profession of Architecture".
RAIC, XXXIII, 12 (déc. 56), 479-480

Johnson, Walter
"The reasonable skill, care and diligence of architects and consulting engineers"
CB, V, 3 (mars 55), 66

Joynes, Jennifer R.
"Women in the architectural profession".
RAIC, XXXVI, 9 (sept. 59), 320-321

Kemble, Roger
"The architect as an activist".
ARCAN, 49 (22 mai 72), 11

Kettle, John
"The Ad-man's architect" (un portrait typique d'un architecte)
TCA, III, 9 (sept. 58), 65-67

Lamb, Wilfrid B.
"Professional Growth: Who gives a damn?"
TCA, XX, 9 (sept. 75), 9

Lawson, Harold.
"Provincial Page".
RAIC, XVII, 11 (nov. 40), 203

Layng, John
"Tomorrow's work"
RAIC, XIX, 1 (jan. 42), 12

Le Corbusier
"If I had to teach you architecture"
RAIC, XX, 2 (fév. 43), 17-18

Leman, Alexander B.
"The Nonconformists: the Profession Replies"
TCA, XIX, 6 (juin 74), 40 et 71

Lesser, Howard
"The role of the planning and development consultant".
RAIC, XLI, 6 (juin 64), 49-50

Logan, Harold A.
"Architects and a Planetary Culture".
TCA, XXIII, 3 (mars 78), 26

Maclennan, Ian
"A voice from the cellar".
RAIC, XXXVIII, 5 (mai 61), 66-69

McMurrich, Norman
"It's relevance in the 'space age'".
ARCAN, 47 (26 oct. 70), 2

Mainguy, Lucien
"Des obligations et des devoirs de l'architecte"
BAT, XXXI, 2 (fév. 56), 61, texte.

Mathers, A.S.
"The place of the architect in society"
RAIC, XIX, 9 (sept. 42), 186

Matthew, Robert
"Architects in a changing world".
RAIC, XLI, 8 (août 64), 60-61

Maurault, Olivier
"Les architectes".
RAIC, XVIII, 4 (avril 41), 61

Mayerovitch, Harry
"The 57th Assembly".
RAIC, XLI, 8 (août 64), 58-59

Nelson, George
"The designer as social catalyst"
TCA, XVIII, 6 (juin 73), 30 et 44-47

Neutra, Richard J.
"World of Tomorrow" (l'architecte et l'organisation de la vie dans le futur)
TCA, IX, 10 (oct. 64), 51-52

Osborne, Milton, S.
"Address given at the annual dinner of the R.A.I.C."
RAIC, XXI, 2 (fév. 44), 23-24
Wills, Royal Barry, *This Business of Architecture*, Reinhold Publishing Corporation, New-York [s.d.].
RAIC, XVIII, 11 (nov. 41), 189

Perks, W.T.
"What is an architect?"
ARCAN, L (jan. 73), 5-6

Prangnell, Peter
"Voice, A forum for readers to freely express views on all matters related to architecture".
TCA, XV, 1 (jan. 70), 53-54 et 58

Pressman, Norman
"Voice" (2 modèles, 2 tendances dans la profession d'architecte et dans le processus de "design")
TCA, XV, 12 (déc. 70), 61-62

Pryor, Dennis
"Notes on professionalism"
TCA, XIII, 3 (mars 68), 67-68 et 70, 72, 78-80 et 82

Reid, John Lyon
"The architect in a changing society".
RAIC, XLII, 3 (mars 65), 69-73

Robinson, Gerald
"The future for the profession" (le point de vue d'une petite firme d'architecte)
TCA, VI, 1 (jan. 61), 50-52

Roscoe, S.M.
"Report from the Hamilton Chapter".
RAIC, XXXVI, 5 (mai 59), 174

Schmidt, John M.
"No architects, builders as we know them today?" (en 2067)
CB, XVII, 7 (juil. 67), 33

Shadbolt, D.
"Portrait and Profile" (d'un architecte selon l'âge)
TCA, XVII, 9 (sept. 72), 50-55

Sixta, Gherard
"What is an architect?"
ARCAN, 49 (nov. 72), 2 et 4

Stone, Harris
"Workbook of an Unsuccessful Architect" (extrait du livre par ce même auteur, porte sur la déshumanisation progressive de l'architecture depuis le Moyen-Age)
TCA, XIX, 2 (fév. 74), 46-51

Teague, Walter Dorwin
"Builders and Doers".
RAIC, XXIV, 1 (jan. 47), 3-5

Tessier-Lavigne, Andrée
"Un architecte c'est tout ça et bien plus".
AC, 26, 292 (mars 71), 10-12

Thom, Ron
"Towards Design"
TCA, XXII, 9 (sept. 77), 10 et 19 et 66

Thrift, Eric W.
"The role of the architect and planner".
RAIC, XXXV, 7 (juil. 58), 270-272

Tremblay, Denis
"L'architecte doit être un créateur (gracieusement dédié aux imitateurs de Dom Bellot)"
ABC, IV, 40 (août 49), 30 et 58, texte.

Tremblay, Denis
"Points de vue. Le rôle social des architectes"
ABC, XIII, 148 (août 58), 54-57, texte.

Van Ginkel, H.P. Daniel
"The future for the profession"
TCA, VI, 1 (jan. 61), 45-47

Venne, Gérard
"Québec" (rôle de l'architecte dans la société).
RAIC, XXXV, 3 (mars 58), 106

Walker, Ralph
"The architect and the post-war world".
RAIC, XXIII, 2 (fév. 46), 21-25

Watson, W.A.
"The architect and the package deal"
RAIC, XXXV, 5 (mai 58), 164

Wilson, G. Everett
"The architect and the package deal"
RAIC, XXXVI, 7 (juil. 59), 234

LA SITUATION DE LA PROFESSION AU CANADA
THE STATE OF THE PROFESSION IN CANADA

"Architects failing to maintain their share of building market"
CB, XV, 7 (juil. 65), 5

"Architects want more responsibility, a bigger part in building projects"
CB, XII, 7 (juil. 62), 59 et 77

"Architects want to cross 49th Parallel, begin by setting up RAIC-AIA conferences"
CB, XXVIII, 11 (nov. 78), 8

"Architectural employment — Conditions in Canada".
RAIC, XXIII, 12 (déc. 46), 323

"Are we decadents, rebels or Messiahs? Ontario architects want to know"
CB, XIX, 4 (avril 69), 44-45

"Black Market Architecture"
CB, II, 9 (sept. 52), 54, texte.

"Extraits du rapport Massey, l'architecture et l'urbanisme"
BAT, XXVI, 12 (déc. 51), 46-47 et 49-50

"Increase in Ranks of Ontario Architects"
CB, IV, 3 (mars 54), 65, 67, texte.

"La profession et la réforme fiscale"
ARCAN, XLVIII (8 nov. 71), 2-3

"Les architectes du Québec à moitié occupés"
BAT, LIII, 8 (août 78), 8, texte.

"Most acceptable design". (les architectes étrangers exécutant des travaux au Canada)
TCA, I, 3 (mars 56), 14

"Nation" (la profession d'architecte en Colombie-Britannique)
TCA, XVI, 2 (fév. 71), 6-7

"Pourquoi des étrangers à la Baie James"
AC, 27, 310 (déc. 72), 9

"PQAA" (convention de la PQAA sur la perte de prestige social de l'architecte)
TCA, VII, 5 (mai 62), 9

"Practice" (L'"Architects Act" en Ontario et la pratique architecturale)
TCA, XXII, 9 (sept. 77), 6

"Practice, N.S. architects try to find out who's stealing their hay — and why?"
ARCAN, XLVIII (8 nov. 71), 6

"Practice, Recession: How to weather the storm".
TCA, XXV, 6 (juin 80), 26-27

"Professional opportunities for the architect in Canada".
RAIC, XXIII, 8 (août 46), 198

"Quebec architects want disciplinary code for all professions"
CB, XXII, 3 (mars 72), 30

"Recession?" (la profession d'architecte en récession)
TCA, XII, 8 (août 67), 12

"Requirements for a temporary licence"
RAIC, XX, 11 (nov. 43), 200-201

"Résumé du relevé de la profession d'architecte effectué par l'Institut Royal d'Architecture du Canada".
ABC, XXI, 242 (juin 66), 49, texte.

"The architects' dilemma, three architects continue discussions on the profession's problems, prospects"
CB, XXIII, 5 (mai 73), 26-28

"The vanishing architect ... and other topics"
TCA, I, 11 (nov. 56), 16

"Wels and Hurdles" (les architectes nés à l'étranger et pratiquant au Canada.
TCA, II, 2 (fév. 57), 8 et 10

Aquin, Creighton
"The architects' dilemma! A Montreal pratitioner wonders about the status of the leased-out architect"
CB, XXIII, 8 (août 73), 24-25

Barnard, Peter
"Can offshore work be increased?"
TCA, XXIV, 8 (août 79), 29

Bland, John
"Vocational opportunities for the architectural graduate". (Québec)
RAIC, XXV, 5 (mai 48), 142-143

Caspari, Peter et al.
"Viewpoint" (Is it time we remove the restriction which prevents architects being members of a contracting organization?)
RAIC, XXXIII, 5 (mai 56), 192

Davidson, Jocelyn
"Whither the architect?"
RAIC, XVIII, 6 (juin 41), 107 et 109

Dobush, Peter
"Provincial Page". (Les architectes au Manitoba).
RAIC, XVII, 9 (sept. 40), 166

Evans, Gladstone
"Ontario" (la profession d'architecte à cette époque)
RAIC, XIX, 4 (avril 42), 66

"Ontario" (La profession d'architecte et la reconstruction d'après-guerre)
RAIC, XIX, 6 (juin 42), 142

"Ontario" (les architectes et la reconstruction d'après-guerre)
RAIC, XX, 1 (jan. 43), 13

Fowke, Clifford et Eileen Goodman
"The architects' dilemma!"
CB, XXIII, 4 (avril 73), 13-16 et 20 et 22

G., R.
"Apathy"
TCA, XII, 2 (fév. 67), 7 et 9

Gibson, William A.
"Ontario" (Problèmes de la profession dans le Nord de l'Ontario).
RAIC, XXXI, 9 (sept. 54), 339

Gilbert, E.J.
"Saskatchewan". (Les architectes et le taux des taxes)
RAIC, XXIV, 4 (avril 47), 142-143

Gretton, Robert
"Architects tell all in survey" (Édition spéciale sur les problèmes rencontrés par les architectes)
TCA, XVII, 6 (juin 72), 43-58

"Comment" (la profession architecturale au Manitoba)
TCA, XIII, 7 (juil. 68), 10

"Comment" (sur les architectes étrangers venant travailler au Canada)
TCA, XIV, 1 (jan. 69), 8

"Recession: how fares the architect"
TCA, XX, 10 (oct. 75), 32-49

Harvor, Stig
"Voice, A forum for readers to freely express views on all matters related to architecture".
TCA, XIV, 11 (nov. 69), 65 et 68

Helmer, D'Arcy
"OAA takes realistic look at future of profession in Ont.".
RAIC, XLII, 4 (avril 65), 20 et 22

Institut Royal d'Architecture
"Survey of the profession, Part I"
RAIC, XLII, 5 (mai 65), 63-74

Iredale, Randle
"Survey of the profession"
TCA, XII, 5 (mai 67), 71 et 73

Irwin, Stephen V.E., Dennis Peters et Alfred P. Tilbe
"The architects' dilemma: how three architects see the problems — training markets, the future".
CB, XXIII, 6 (juin 73), 52-54

Jansen, Doug
"B.C. graduate architects set a trend to becoming designer — home builders".
CB, XXII, 3 (mars 72), 19 et 25

Keenleyside, P.M.
"An appraisal of the Canadian situation".
RAIC, XLI, 5 (mai 64), 32-34

"How to assess a survey".
RAIC, XLII, 5 (mai 65), 79-80

"Survey of the profession".
RAIC, XLI, 11 (nov. 64), 8-10

"Surveys of the profession. No. 2 the AIA. Experience".
RAIC, XLI, 5 (mai 64), 35-38

Kemble, Roger
"Voice, A forum for readers to freely express views on all matters related to architecture"
TCA, XIV, 10 (oct. 69), 61-62

Kryton, John
"Letters" (sur les architectes américains venant réaliser des projets au Canada)
TCA, XIV, 1 (jan. 69), 7-8

Lurz, William
"The architects' dilemma: whether to be 'pro' or 'contra' in their approach to modern building development".
CB, XXII, 4 (avril 72), 28 et 30 et 34

Lymburner, John
"Architects must develop new markets" (suggestions du rapport Barnard)
CB, XXIX, 9 (sept. 79), 43 et 47

Marchand, Gilles
"Enquête sur la profession".
RAIC, XLI, 5 (mai 64), 31-32

Martin, F.J.
"Saskatchewan". (La pratique de l'architecture par rapport aux conditions économiques).
RAIC, XXIV, 5 (mai 47), 174-175

Mercier, Henri
"Québec". (Les apports de l'extérieur sur l'architecture canadienne).
RAIC, XXXIV, 8 (août 57), 321

Munn, E. Fitz
"Alberta" (la présente situation mondiale affecte la profession architecturale)
RAIC, XIX, 3 (mars 42), 49

Murray, James A.
"The profession at the crossroads".
RAIC, XXXVI, 7 (juil. 59), 228

437

Murray, T.V.
"Organizing for offshore work" (les architectes qui vont travailler à l'extérieur du pays, leur motivation, leur expérience, etc.)
TCA, XXIV, 8 (août 79), 20-22

Paine, A.J.C.
"Professional problems". (rapports présentés par des associations d'architectes).
RAIC, XXXIII, 1 (jan. 56), 27-29

Ramsay, D.D.
"Is this all there is?" (la profession d'architecte dans l'ouest canadien).
TCA, XV, 2 (fév. 70), 55

Rieder, A.C.
"Ontario". (demande croissante d'architectes par le public)
RAIC, XXV, 8 (août 48), 283-284

Russell, John A.
"Vocational opportunities for the architectural graduate". (Manitoba)
RAIC, XXV, 5 (mai 48), 139

Saxby, Harold
"An architect replies: 'Should we lower our standards?'"
CB, XXII, 5 (mai 72), 7

Shore, Léonard E.
"Vocational opportunities for the Architectural graduate". (Ontario).
RAIC, XXV, 5 (mai 48), 140-141

Smith, Ernest J.
"Whither the practice of architecture?"
TCA, XXI, 7 (juil. 76), 8

Sutherland-Brown, M.C.
"CIDA aid program for architects" (les programmes canadiens d'aide aux architectes travaillant à l'extérieur du Canada)
TCA, XXIV, 8 (août 79), 44 et 57

Vergès-Escuin, Ricardo
"L'offre et la demande d'architectes au Québec: 1951-1983"
AC, XXX, 330 (juil.-août 75), 21-23, 26, texte & ill.

Ware, John A.
"Letters" (OAA propose que tous les architectes travaillant au Canada soient de citoyenneté canadienne)
TCA, XV, 10 (oct. 70), 6-7

LA PRATIQUE DE L'ARCHITECTURE
THE PRACTICE OF ARCHITECTURE

"A voice for the small office".
ARCAN, 46, 6 (juin 69), 9-10

Case and Company, Inc., Managements Consultants for the American Institute of Architects, *The Economics of Architectural Practice* [s.e.], [s.l.], [s.d.].
TCA, XIII, 4 (avril 68), 11

"Code of professional conduct"
TCA, XXI, 8 (août 76), 9-11

"Conventions 1970: Ontario Association of Architects". (the management approach)
CB, XX, 4 (avril 70), 34-35

"L'étudiant architecte au contact de la pratique".
AC, 27, 309 (nov. 72), 9

"Progress"
TCA, XV, 7 (juil. 70), 10

"Proposed joint committee to study trade practices".
RAIC, XXII, 6 (juin 45), 121

"Setting up in private practice".
TCA, I, 12 (déc. 56), 37-39

"Six design limitations" (les contraintes économiques, l'anonymat du client, la standardisation etc...)
TCA, X, 4 (avril 65), 40-42

"Survey: what it costs to run an architect's office".
TCA, IV, 9 (sept. 59), 58-61

"The Red Flag" (les architectes de la pratique privée et publique)
TCA, VII, 11 (nov. 62), 6 et 9

"Today's rules of architectural practice — a Maginot Line rapidly being out-flanked?"
CB, XVI, 7 (juil. 66), 40-41

Barott, Peter
"Practice, the large office"
TCA, VI, 7 (juil. 61), 75-76

Clarke, Andrew
"Marketing and Promotion"
TCA, XXV, 5 (mai 80), 41

"Office practice, managing production".
TCA, XXV, 8 (août 80), 33

Clarke, Andrew
"Office practice, managing for profit"
TCA, XXV, 4 (avril 80), 33 et 57

"Office practice, practice and personnel"
TCA, XXV, 10 (oct. 80), 40

Cohen, S.J. et John Kettle
"The architect's office: facts and figures".
TCA, III, 9 (sept. 58), 53-60

Coxe, Weld
"How to organize a business development process".
TCA, XVII, 7 (juil. 72), 53

Editorial Board Members
"Promotion of highest standard in practise of architecture".
RAIC, XLII, 1 (jan. 65), 49-50 et 53

Gillespie, Bernard
Architectural Practice and Management, RIBA Publications Limited, London [s.d.].
TCA, XXIII, 1 (jan. 78), 4

Gretton, Robert
"Practice: How to plan a brochure"
TCA, XXIV, 7 (juil. 79), 16-24

Kaffka, Peter
"British Columbia".
RAIC, XXXIV, 4 (avril 57), 142

Kertland, Douglas E.
"Committee on professional usage". (avis des associations provinciales d'architectes).
RAIC, XXXV, 8 (août 58), 312-314

Leonard, Arthur R.
"Management practices, insurance"
RAIC, XLII, 11 (nov. 65), 61 et 63

McKellar, J.D.
"Fundamentals of the partnership agreement".
TCA, XXIII, 11 (nov. 78), 24 et 53

McMurrich, N.H.
"Project management and the small-medium architectural firm"
TCA, XVI, 4 (avril 71), 69-70

Marshall, R.F.
"The creative — managerial function of the modern architect".
CB, XVI, 10 (oct. 66), 56-57

Moulds, Harold A.
"Management practices, records management".
RAIC, XLII, 7 (juil. 65), 58-59

Robertson, Derry
"Consortium — a key to success" (formation d'équipes d'architectes pour le marché extérieur)
TCA, XXIV, 8 (août 79), 31-32

Ronar, Joseph H.
"Basic types of practice"
TCA, VI, 3 (mars 61), 77 et 79

"Practice, the medium-size office"
TCA, VI, 5 (mai 61), 83-84

Rossman, Wendell E.
"How to organize a profitable office".
TCA, XVII, 5 (mai 72), 51-54

Schmidt, W.
"Management Accounting for Architects".
ARCAN, 46, 7 et 8 (juil.-août 69), 63-64

Scott, David H.
"Organizing for change"
TCA, XVI, 4 (avril 71), 63-65 et 72

"Overview 3, an analysis of critical elements in project management"
TCA, XVI, 5 (mai 71), 54-57

"The organization of architects' offices".
TCA, XV, 1 (jan. 70), 35-38

Sheppard, Hugh P.
"Ontario".
RAIC, XXIX, 4 (avril 52), 122

Taylor, Maurice E. *Private Architectural Practice*, Leonard Hill, sans lieu, sans date.
RAIC, XXXVII, 10 (oct. 60), 444-445

Somerville, W.L. (jr).
"Partnerships".
RAIC, XXIV, 5 (mai 47), 175-176

Stevenson, C.A.A. et al.
"Letters" (le fossé entre la théorie architecturale et la pratique)
TCA, XIV, 5 (mai 69), 9

Vair, James W.
"Management practices, integrated data processing"
RAIC, XLII, 2 (fév. 65), 19-20

"Management practices, planning".
RAIC, XLI, 8 (août 64), 21 et 24

"Management practices, promotion".
RAIC, XLI, 5 (mai 64), 25 et 27

"Management practices, records"
RAIC, XLI, 1 (jan. 64), 27 et 29

"Organization". (professional partnership)
RAIC, XLI, 9 (sept. 64), 75-77

"Staff development".
RAIC, XLI, 10 (oct. 64), 23-24

Walker, Howard V.
"Practice, the small office".
TCA, VI, 9 (sept. 61), 83-84

RAPPORTS DE L'ARCHITECTE AVEC LES AUTRES PROFESSIONS ET AVEC LE PUBLIC
THE ARCHITECT'S DEALINGS WITH OTHER PROFESSIONS AND WITH THE PUBLIC

"Architects and builders should share risks"
CB, IX, 3 (mars 59), 55

"Builders, architects get together on design in new Ontario committee"
NB, X, 4 (avril 61), 53

"... choses inévitables". (collaboration des architectes avec les urbanistes).
TCA, I, 2 (jan.-fév. 56), 52

"Comment, structural supervision?" (les tiers personnes engagées par l'architecte, ex: l'ingénieur, etc.)
TCA, VIII, 9 (sept. 63), 110

"Corporation des Ingénieurs du Québec" (abrogation de la responsabilité conjointe et solidaire de l'architecte, de l'ingénieur et de l'entrepreneur)
ABC, XX, 226 (fév. 65), 38

"Criticism" (l'architecte et la municipalité)
TCA, XXII, 5 (mai 77), 6

"Developers remember snubbing by architects of the 1950's"
CB, XXIII, 3 (mars 73), 36

"Follow-up" (architectes et ingénieurs en Ontario)
TCA, XXV, 6 (juin 80), 8

"Friends? Architects and engineers try once again"
CB, XXVII, 10 (oct. 77), 5

"Future bright for architect / engineer relations"
CB, VII, 3 (mars 57), 53

"Haut perché ou de plein pied, l'homme et la collectivité".
AC, 27, 310 (déc. 72), 9-10

Karpinski, Adam et Samson, Marcel. *L'interdisciplinarité*, Presses de l'Université du Québec, Québec, sans date.
AC, 27, 304 (mai 72), 36

"L'architecte artiste". (L'architecte coordonateur)
TCA, II, 2 (fév. 57), 51 et 53

"no room for design". (les besoins et goûts du client)
TCA, I, 2 (jan.-fév. 56), 56

"OAA convention fires first shot — Ontario architects and engineers at war — who will control building design?"
CB, XXIV, 4 (avril 74), 51-52

"Practice" (conflit entre architectes et ingénieurs en Ontario)
TCA, XXV, 3 (mars 80), 8

"Practice" (l'architecte et le client)
TCA, XVIII, 3 (mars 73), 6

"Practice" (l'architecte et le client)
TCA, XXIII, 5 (mai 78), 6

"Practice" (Projet pilote mettant en relation les architectes et ingénieurs, leurs responsabilités respectives, à Vancouver)
TCA, XXV, 6 (juin 80), 8

"Publicity"
TCA, VII, 2 (fév. 62), 8

"Public Relations"
RAIC, XXXV, 6 (juin 58), 214-215
TCA, XI, 10 (oct. 66), 7

"Public relations advice"
RAIC, XLII, 2 (fév. 65), 8 et 10

"Services intégrés d'architectes, d'ingénieurs et de constructeurs"
BAT, XLVII, 4 (avril 72), 23 et 41

"Soules urges cooperation between architects and contractors"
CB, IV, 3 (mars 54), 61, 63, texte & ill.

"Succès du premier Festival d'Architecture organisé par l'IRAC dans la région de la capitale nationale"
BAT, LV, 1 (jan.-fév. 80), 16 et 17

"The voice of the consumer".
ARCAN, L (fév. 73), 9

"Vancouver architects play community role"
CB, XVII, 12 (déc. 67), 8

"Why the 'team concept' in building is beginning to take over".
CB, XVIII, 11 (nov. 68), 41-42 et 80

Abram, G.S. et al.
"Viewpoint" (relations publiques et l'architecte)
RAIC, XXXIII, 4 (avril 56), 142

Acland, James H. et al.
"Viewpoint" (l'architecte dessine-t-il pour lui seul ou selon les besoins et idées de ses clients?)
RAIC, XXXIII, 6 (juin 56), 239

Affleck, R.T.
"Conflict and creativity: a dialogue a need for more hands". (relations de travail entre l'architecte, le client et l'industrie de la construction)
TCA, XI, 9 (sept. 66), 39 et 45-56

Alain, Fernand
"La collaboration architecte-constructeur, une garantie supplémentaire pour les clients"
BAT, XXXVII, 1 (jan. 61), 31

Allan, M.F.
"The architect and the building community, No. 4. The architect's point of view".
RAIC, XXXVIII, 4 (avril 61), 50-51

Allan, Marvin
"Point de vue — L'architecte et la communauté de la construction"
ABC, XVI, 180 (avril 61), 49, texte.

Banz, George et al.
"The architects' dilemma!"
CB, XXI, 9 (sept. 71), 25 et 28 et 30 et 42

Betts, Randolph C.
"Architects' dilemma" (problèmes rencontrés avec les clients)
CB, VII, 6 (juin 57), 9

"Architect-supplier liaison: An address by Randolph Betts"
RAIC, XXXVII, 11 (nov. 60), 454

"The architect and the engineer".
RAIC, XXXVI, 8 (août 59), 271

Bowser, Sara
"The architect and the merchant builder".
TCA, I, 3 (mars 56), 24-26

Bunet, Raymond
"The architect and the building community, No. 1. The contractors' point of view".
RAIC, XXXVIII, 1 (jan. 61), 42-44

Burgess, Cecil S.
"Alberta". (L'architecte et l'ingénieur).
RAIC, XXIX, 10 (oct. 52), 309

"Alberta". (La relation architecte-client)
RAIC, XXVIII, 7 (juil. 51), 215-216

"Alberta". (relation entre l'architecte et l'ingénieur).
RAIC, XXVII, 7 (juil. 50), 247-248

Butler, P.M.
"The architect and the building community, No. 2. The consulting engineer's point of view".
RAIC, XXXVIII, 2 (fév. 61), 58-59

Coop, I.
"Manitoba" (l'architecte et la société vs. l'architecte isolé)
RAIC, XXXII, 12 (déc. 55), 477-478

Cornell, R.W.
"Construction team plays against itself"
CB, X, 8 (août 60), 38

Côté, Georges P.
"Point de vue — Considérations sur les prérogatives des clients, des ingénieurs et des architectes dans le domaine du bâtiment"
ABC, XVII, 194 (juin 62), 46-48, texte.

Cowan, Harvey
"Artist and architect: a new environment".
TCA, XII, 11 (nov. 67), 70 et 72 et 74

Coxe, Weld
"How to organize for effective PR". (L'architecte et la publicité)
TCA, XVII, 6 (juin 72), 34-36

Creighton, Thomas H.
"An architect's view on effective teamwork in building design"
RAIC, XXII, 1 (jan. 45), 3-4 et 19

Cullum, Charles
"Combines Investigation Act: Architects versus the consumer"
TCA, XXII, 2 (fév. 77), 7-8

Daignault, D.
"L'architecte et son image publique"
AC, 28, 314 (mai 73), 12-13

Deasy, C.M.
"When architects consult people"
TCA, XV, 12 (déc. 70), 40-43

Denny, Robert R.
"Public relations".
RAIC, XXXV, 5 (mai 58), 184-187

Dixon, M.G.
"How architects and builders can work together".
NB, VIII, 7 (juil. 59), 22-23

"Project builders can set pattern for design"
CB, IX, 11 (nov. 59), 25

Elliott, Robbins
"L'entrepreneur prend la parole" (relations entre architectes et entrepreneurs)
RAIC, XXXVII, 1 (jan. 60), 30

Fleming, Arthur L.
"The agreement between the client and the contractor".
RAIC, XXIX, 3 (mars 52), 58-59

"The standard form of agreement between architect and client".
RAIC, XXIX, 2 (fév. 52), 46-47

Fleming, Meredith
"Agreement between architect and client, the implied term".
RAIC, XXVII, 11 (nov. 50), 371

Fowke, Clifford
"Why architects, builders must pool ideas"
NB, VIII, 5 (mai 59), 21 et 49 et 51

Gillespie, Bernard & Immanuel Goldsmith
"The architect as agent for the owner"
TCA, XIII, 11 (nov. 68), 51-54

Goodhart-Rendel, H.S.
"Engineering and architecture"
RAIC, XIX, 11 (nov. 42), 215-220

Gratton, Valmore
"The architect as co-ordinator".
RAIC, XVIII, 4 (avril 41), 60

Greig, Robert L.
"The architects' dilemma! Why not make use of project managers?"
CB, XXI, 10 (oct. 71), 36

Gretton, Robert
"Comment" (des architectes vs des étudiants en architecture)
TCA, XV, 6 (juin 70), 9

"The public versus architecture"
TCA, XVI, 12 (déc. et Yearbook 71), 64-66

Hall, W.N.
"The architect and the building community, No. 3. The manufacturer's point of view".
RAIC, XXXVIII, 3 (mars 61), 53-54

Harvor, Stig
"Open letter, a new approach to the problem of development — proposal schemes"
TCA, XIV, 10 (oct. 69), 53-56

Hollingsworth, Fred T.
"Conflict and creativity: a dialogue. The romantic" (Relations de travail entre l'architecte, le client et l'industrie de la construction)
TCA, XI, 9 (sept. 66), 39 et 57-62

Illingworth, William
"The architect's part in municipal affairs"
RAIC, XX, 10 (oct. 43), 179-180

Johnson, Douglas C.
"'To see ourselves as others see us' is architects' survey aim".
CB, XV, 4 (avril 65), 6

Johnson, Walter
"The contractor and the architect. The builder must know his job"
CB, I, 3 (juil. 51), 49

"The contractor and the impartial architect"
CB, V, 1 (jan. 55), 46

Joy, Arthur R.
"How Vancouver builders can help in the training of architects"
NB, VIII, 5 (mai 59), 27

439

Kemble, Roger
"Helping to boost the architect's image in B.C."
TCA, XXIII, 9 (sept. 78), 56

Kennedy, Warnett
"British Columbia". (les architectes et les relations publiques)
RAIC, XXXIV, 3 (mars 57), 100

Kostka, V.J.
"The architect and the planners".
RAIC, XXXVI, 7 (juil. 59), 231

Laprade, Albert
"Le travail commun des ingénieurs et des architectes"
ABC, VI, 63 (juil. 51), 19-20, texte.

Legget, Robert F.
"The future of architect — engineer relations".
RAIC, XXII, 6 (juin 45), 113-116 et 133

Leman, Alexander B.
"Report on the OAA Convention". (l'architecte et le public)
TCA, XV, 3 (mars 70), 22 et 26-27

Limpshaw, H.
"Clientmanship for the young architect: an introductory story"
TCA, I, 9 (sept. 56), 10 et 14 et 16 et 18

Long, Harry J.
"Is provincial licencing the first, unavoidable step in improving our public relations?"
NB, VI, 10 (oct. 57), 7

Lymburner, John
"Engineers and architects jockey for power"
CB, XXIX, 7 (juil. 79), 16

McConnell, J.
"Builders would welcome improved architect-builder relationship"
CB, XIII, 4 (avril 63), 67

McKee, Robert R.
"The architect and public relations".
RAIC, XXVII, 11 (nov. 50), 388-389 et 392

Masson, George Y.
"Public relations starts with you".
RAIC, XXXVII, 1 (jan. 60), 39

Matsui, I.R.
"Ontario". (L'architecte comme coordonnateur).
RAIC, XXXIV, 2 (fév. 57), 64

Merrett, Campbell
"Québec". (le dilemne entre l'architecte et l'ingénieur).
RAIC, XXIII, 11 (nov. 46), 312

Mulligan, Louis
"Plus étroite collaboration architecte — décorateurs"
ABC, IX, 96 (avril 54), 35, texte.

O'Keefe, Gene
"McClintock — Robb: way to implement RAIC proposals" (coopération architecte-constructeur)
CB, X, 7 (juil. 60), 43-45

Parizeau, Marcel
"Québec" (lien entre architecte et urbaniste)
RAIC, XVIII, 8 (août 41), 144-145
"Sans titre" (le fossé entre l'architecte et le public)
RAIC, XIX, 1 (jan. 42), 11

Poray-Swinarski, W.
"Architectural practice, construction management: the team concept"
TCA, XIX, 6 (juin 74), 37-39

Richards, J.M.
"Architect, critic and public".
RAIC, XXVII, 11 (nov. 50), 372-373

Ronar, Joseph H.
"Practice, employer — employee relations".
TCA, VI, 12 (déc. 61), 59-60

Rossman, Wendell E.
"Disputes and how to solve them"
TCA, XVII, 11 (nov. 72), 44-46

Russell, John A.
"Teamwork needed for better design"
CB, VII, 1 (jan. 57), 7

Scott, Arthur B.
"Ontario". (Les organisations et l'architecte).
RAIC, XXIII, 9 (sept. 46), 231-32

Severud, Fred N.
"An engineer's view on effective teamwork in building design"
RAIC, XXII, 1 (jan. 45), 5-7 et 19

Smith, Desmond
"... The new Moscow". (Les droits à la parole du public dans les contructions)
TCA, 1 (nov.-déc. 55), 18

Spence, John Gordon
"The architect and the contractors: Challenge of change ahead — Another cheek to turn?"
CB, XXI, 3 (mars 71), 11 et 40

Thom, R.J.
"Conflict and creativity: a dialogue. The many – headed client". (relations de travail entre architecte, client et l'industrie de la construction)
TCA, XI, 9 (sept. 66), 39-44

Vergès-Escuin, R.
"L'interdisciplinarité: une mise au point".
AC, 29, 326 (nov.-déc. 74), 36-38 et 41

Will, Philip (fils)
"L'architecte et la collectivité du bâtiment".
RAIC, XXXVIII, 6 (juin 61), 79-84

MÉTHODOLOGIE
METHODOLOGY

Bayon, R. *L'établissement d'un projet de bâtiments*, Ed. Eyrolles, sans lieu, sans date.
AC, 27, 307 (sept. 72), 11

"Building with the computer"
CB, XXVII, 11 (nov. 77), 13-15

"Classeurs de plans résistants au feu" (appelé "Coffre forts Chubb-Mosler & Taylor)
BAT, XLII, 3 (mars 67), 48

"Classeur pour plans sur film ou papier vélin"
AC, XXVIII, 311 (jan.-fév. 73), 30

"Comment protéger vos plans et devis" (système de microfilms)
BAT, XLVI, 9 (sept. 71), 24

"Computer produces building drawings"
CB, XXX, 5 (mai 80), 45

"Computer program speeds steel design".
CB, XVII, 12 (déc. 67), 6

"Exact Drawings" ("Roll-Ruler")
CB, VI, 9 (sept. 56), 83

Faling, A.J., *Perspective rapide*, (traduit de l'italien), [s.e.], [s.l.], [s.d.].
BAT, IX, 4 (avril 61), 51

Halse, Albert O. *Architectural Rendering*, McGraw-Hill Company of Canada Ltd, [s.l.], [s.d.]
TCA, VIII, 12 (déc. 63), 26

"Instrument de dessin" (appelé "Multidraft")
AC, XXVIII, 311 (jan.-fév. 73), 30

Kienert, Georges et Pelletier, Jean, *Dessin technique de travaux publics et de bâtiment*, Ed. Eyrolles, sans lieu, sans date.
AC, 24, 279 (nov. 69), 35

"L'approche systémique en architecture". (Extrait de la présentation faite par Michel Bezman à l'Univ. de Wisconsin en '70).
AC, 25, 286 (juil.-août 70), 38-40 et 48

"La reproduction sur microfilm de 35mm"
BAT, L, 5 (mai 75), 36-37

"L'ordinateur modifiera-t-il la pratique de l'architecture?"
BAT, XLIII, 5 (mai 68), 35-36, 53, texte & ill.

"Nouvelle table pour dessin rapide en perspective" (appelée "Klok")
BAT, XLI, 4 (avril 66), 37

"Planche à dessin en perspective" (appelée "Klok")
BAT, XLII, 12 (déc. 67), 28

Planning — The Architect's Handbook par S. Rowand Price & Patrick Cutbush
ABC, X, 109 (mai 55), 50

"Pour les dessins à l'échelle" (le "Space Scale")
BAT, XXIX, 1 (jan. 54), 34

"Règle à dessin gabarit"
BAT, IX, 8 (août 61), 34

Ribaux, A. *Le dessin technique*, Éditions La Moraine, Genève, [s.d.].
BAT, XXVII (mai 52), 57

"Telecopiers save architects time and money"
CB, XXIX, 1 (jan. 79), 26

"Télégrammes" (la conception architecturale)
BAT, XLII, 7 (juil. 67), 50

"Television camera in model scanner gives eye-level perspective of space and motion" (pour les maquettes d'édifices)
CB, XXVIII, 8 (août 78), 32

"They're being used to catch up on growing backlogs of paperwork" (the computer and the development industry)
CB, XXVI, 1 (jan. 76), 29-30

"Toronto architects revolutionize drafting, with offset printing technology".
ARCAN, L (mai 73), 1

Bailey, Douglas G.; Benjamin, Stan; Strauss, Andrew R.
"Computer Applications and the Small Architectural Practice".
ARCAN, 45, 5 (mai 68), 48-49

Banz, George
"Automation in the Architects Office".
TCA, XXIV, 6 (juin 79), 24-26 et 47
Conrad, Jeff et Jens Pohl, *Introduction to Computer Systems and Programming in Architecture and Construction*, Educol, Californie, 1978.
TCA, XXIV, 6 (juin 79), 4 et 6
"The Computer: Tomorrow's Trojan Horse".
TCA, XVI, 9 (sept. 71), 55-58

Campagnac, M.E.
"Planification et bâtiment"
BAT, XLII, 8 (août 67), 37-41

Campion, David
"An Introduction to Computer Techniques, written for architects who wish to know more about the computer-design process".
TCA, XIV, 10 (oct. 69), 48-52

Crête, René; Déry, J.L.; Dupuis, Michel et al.
"Cheminement" (méthodologie analytique et opérationnelle pour Commerce, Habitation, Education)
AC, 26, 292 (mars 71), 25-28

Desrochers et Dumont
"Étude d'analyse architecturale — Pour une méthode d'approche plus scientifique à l'analyse du problème"
ABC, XXIII, 261 (jan.-fév. 68), 34-40, texte & ill.

Gillespie, Bernard
Burden, Ernest. *Architectural Delineation: a photographic approach to presentation*, McGraw-Hill, New-York, 1971.
TCA, XVII, 6 (juin 72), 8

Caudill, William et John Focke et William Pena, *Problem Seeking: An Architectural Programming Primer*, Cahner Books International, Boston, 1977.
TCA, XXII, 11 (nov. 77), 9

Cooper, David G. *Architectural and Engineering Salesmanship*, John Wiley & Sons, New-York, 1978.
TCA, XXIV, 10 (oct. 79), 9

Cousin, Jean. *Typological Organization of Architectural Sketches*, The University of Montreal Press, 1970.
TCA, XVI, 5 (mai 71), 8-9

Liebing, Ralph W. et Mimi Ford, Paul, *Architectural Working Drawings*, John Wiley and Sons Canada Ltd, Toronto, 1977.
TCA, XXII, 6 (juin 77), 5

Gretton, Robert
"Nation" (les ordinateurs qui remplacent les architectes)
TCA, XVII, 4 (avril 72), 9

Grolle, Ir. E.H.
"The computer will plan all aspects of life".
CB, XVII, 8 (août 67), 37 et 45

Grossman, Irving
"Mathematics in Architecture"
RAIC, XXXIII, 2 (fév. 56), 31-36

Guay, Jacques
"Source d'économie et d'efficacité: l'implantation scientifique dans les bâtiments"
BAT, XLII, 7 (juil. 67), 30-31

Howarth, Thomas
"Computer Design Part II".
RAIC, XLII, 1 (jan. 65), 15-16 et 18

Iredale, Randle
"CPM Graphics as a Design Tool". (Critical Path Method)
ARCAN, 45, 7 (juil. 68), 57-60

Keller, Didier F.
"*La photo aérienne* de Hughes Gagnon"
AC, XXIX, 324 (juil.-août 74), 18-21

Lehrman, Jonas
Burns, Aaron. *Typography*, Reinhold Publishing Corp, sans lieu, 1961.
RAIC, XLI, 4 (avril 64), 18 et 71
Gray, Milner et Armstrong, Ronald. *Lettering for architects and designers*, B.T. Batsford Ltd, London, 1962.
RAIC, XLI, 3 (mars 64), 23

Lord, Marcel
"L'architecture programmée"
BAT, XLVI, 12 (dév. 71), 29-30 et 34

Manning, Peter
"Architects, Computers and the Future".
TCA, XVIII, 5 (mai 73), 45-52

Murray, J.A.
Ramsey, Charles George et Harold Reeve Sleeper, *Architectural Graphic Standards*, John Wiley & Sons Inc, New-York, [s.d.].
RAIC, XVIII, 11 (nov. 41), 181

Negroponte, N.
"Humanism Through Machines"
TCA, XIV, 4 (avril 69), 30-34

Parnass, Harry; Lincourt, Michel
"Ordinateur, système et designer urbain"
ABC, XXII, 258 (oct. 67), 47-54, texte & ill.

Poivert, Jules
"Un nouveau problème architectural proposé par Jules Poivert — La ruche pyramidale"
ABC, I, 4 (juil. 46), 10-15, texte & ill.

Porter, John C.H.
—, *Architect's working details*, Vol. 2, D.A.C.A. Boyne, London, sans date.
RAIC, XXXIII, 7 (juil. 56), 276

Roy, H.E.H.
"How the electronic computer is helping architects and engineers".
CB, XVI, 9 (sept. 66), 46-47

Russell, John A.
Felsted, Carol. *Design Fundamentals*, Sir Isaac Pitman & Sons Ltd, Toronto, sans date.
RAIC, XXVIII, 6 (juin 51), 191

Smith, Robert C.
"Hit the Gold" (besoin d'un système d'information pour le planning).
ARCAN, 44, 6 (juin 67), 38

Tarte, Pierre-André
"Méthodologie en architecture: I — Origine et développement".
AC, 26, 299 (nov. 71), 20-22
"Méthodologie en architecture: II — Où en sommes-nous?"
AC, 27, 302 (mars 72), 5-8

Webster, L.F.
—, *Graphic Design in architectural Renderings*, Renouf Publishing Co. Ltd, sans lieu, sans date.
RAIC, XXXVIII, 8 (août 61), 57

Zuk, Radoslav
"Design Process"
TCA, XX, 4 (avril 75), 51

RÉMUNÉRATION
REMUNERATION

"Architects claimed losing 80% of building market"
NB, X, 3 (mars 61), 51
"Architects' halo is tarnished? — OAA studies fees and training"
CB, XV, 4 (avril 65), 59
"Comment"
TCA, XVI, 7 (juil. 71), 8-9
"O.A.A. Annual Meeting"
TCA, XII, 3 (mars 67), 19
"'OAA restrictive' says MPP 'Rubbish' says Mr. Nicol".
CB, XXI, 7 (juil. 71), 10
"Ontario Architects Discuss Fee Structure"
NB, VIII, 3 (mars 59), 45
"Practice"
TCA, XX, 11 (nov. 75), 4
"RAIC Institute Affairs, Fees and Services".
TCA, XX, 3 (mars 75), 18

Barnes, Herbert T. et al
"The architects' Dilemma!"
CB, XXI, 7 (juil. 71), 11-13 et 15-16 et 18-19

Bentz, Jorg
"Members' Fees: Is Uniform Scale Wrong?" (Pour l'association ontarienne, OAA).
TCA, XXIII, 11 (nov. 78), 64

Bolton, John L.M.
"Architects' Fees and Combines Investigation Act".
TCA, XXI, 10 (oct. 76), 52 et 64

Bonnick, J.H. et al
"The architects' dilemma, Architects were invited to write individually — here's what they said"
CB, XXI, 8 (août 71), 32 et 35 et 38

Clarke, Andrew
"Office Practice, Fee Negotiation"
TCA, XXV, 6 (juin 80), 24

Dixon, Michael G.
"The Salaried Architect. How Big a Problem?"
TCA, XVIII, 10 (oct. 73), 42-44

En collaboration
"Duty on plans, drawings and blueprints".
RAIC, XXII, 11 (nov. 45), 239-240 et 242

Foot, Chris
"Ontario Architects — New fees are now in effect".
CB, XVIII, 4 (avril 68), 50-51

Gillespie, Bernard
"Practice, A Comment on Architectural Fees".
TCA, XIII, 10 (oct. 68), 24 et 26

Jackson, Anthony
"2: Fees and Wages".
TCA, III, 1 (jan. 58), 43-45

Johnson, Walter
"Extra-provincial professional fees"
CB, VI, 6 (juin 56), 26

Morgan, H.D.L.
"Ontario".
RAIC, XXXIII, 12 (déc. 56), 483

Nobbs, Percy E.
"The remuneration of architects".
RAIC, XVIII, 1 (jan. 41), 6-9
"The sliding Scale of remuneration".
RAIC, XVIII, 4 (avril 41), 70

Tamblyn, R.T.
"Practice". (la rénumération des architectes, statistiques, évolution etc...)
TCA, XVII, 11 (nov. 72), 8-9

Associations professionnelles
Professional Associations

ASSOCIATIONS NATIONALES D'ARCHITECTES
ARCHITECTURAL ASSOCIATIONS (NATIONAL)

"13 Architects Admitted to College of Fellows" (RAIC)
CB, VII, 7 (juil. 57), 37
"54e assemblée annuelle de l'I.R.A.C. à Québec".
ABC, XVI, 183 (juil. 61), 46, texte.
"Architects Hold Successfull Assembly" (47th Annual Assembly of the R.A.I.C.)
CB, IV, 6 (juin 54), 73, 75, texte & ill.
"Architects invite builders to many events of 1954 meeting" (R.A.I.C. Annual Assembly)
CB, IV, 4 (avril 54), 44, 47, texte & ill.
"Architects tackle basic problems at RAIC annual assembly"
NB, VIII, 6 (juin 59), 36
"Color and Pageantry Mark Architects' Annual Assembly" (R.A.I.C., 46th Annual Assembly)
CB, III, 5 (mai 53), 37-38, texte & ill.
"Convention Report" (Compte rendu du 56e congrès annuel de l'IRAC)
TCA, VIII, 6 (juin 63), 13 et 16 et 104 et 106
"L'Institut Royal d'Architecture du Canada, 57e Assemblée Annuelle".
RAIC, XLI, 5 (mai 64), 39-49
"RAIC calls for a giant association to represent all aspects of construction".
CB, XIX, 11 (nov. 69), 8
"RAIC Institute Affairs; The OAA Past, Present and Future".
TCA, XX, 3 (mars 75), 17-18
"Sans titre" (Retrait du Québec de l'IRAC)
RAIC, XLII, 12 (déc. 65), 23

Annau, Ernest
"The RAIC: a Body Divided"
TCA, XXIV, 9 (sept. 79), 46-47

Arthur, Eric
"Professor Eric Arthur of the Journal was present at the meeting in Quebec and commented as follows:".
RAIC, XXXV, 2 (fév. 58), 66-67

Baker, L.E.; Crinion, David; Rounthwaite, C.F.T. et al.
"Voice: the RAIC and Government Answer Readers' Comments". (Critique sur les architectes professionnels et leurs attitudes)
TCA, XVII, 8 (août 72), 33-36 et 66

Chivers, John A.
"Manitoba". (au sujet des membres de R.A.I.C.)
RAIC, XXX, 10 (oct. 53), 306

Coon, Burwell R.
"The thirty-fifth annual meeting of the Royal Architectural Institute of Canada"
RAIC, XIX, 3 (mars 42), 37-41
"The thirty-fourth annual meeting, Royal Architectural Institute of Canada".
RAIC, XVIII, 3 (mars 41), 41-45

Dobbing, Peter
"RAIC — a Hollow Useless thing?"
TCA, XXI, 9 (sept. 76), 66

Elliott, Robbins
"L'IRAC et les relations avec le public".
RAIC, XXXVI, 11 (nov. 59), 401

En collaboration
"Annual Reports to RAIC Council Standing and Special Committees"
RAIC, XLI, 5 (mai 64), 55-86
"L'IRAC". (historique, congrès, lois)
RAIC, XXXIX, 12 (déc. 62), 69-76 et 83-93
"Rapport de l'Assemblée" (RAIC)
RAIC, XLII, 7 (juil. 65), 40-44
"Rapports annuels au conseil de l'IRAC, comités permanents et spéciaux".
RAIC, XLII, 4 (avril 65), R1 — R27
RAIC, XLIII, 5 (mai 66), R1 à R36
"The 55th RAIC Annual Assembly, Vancouver, B.C."
RAIC, XXXIX, 6 (juin 62), 40-49

Gareau, Jean
"Rapport de l'Assemblée".
RAIC, XL, 6 (juin 63), 62-64

Gerson, Wolfgang
"The individual, the provincial associations, and the RAIC".
RAIC, XXXVI, 7 (juil. 59), 230-231

Gillespie, Bernard
"Practice" (l'association RAIC)
TCA, XXIII, 11 (nov. 78), 4 et 6

Gretton, Robert
"Mammoth at the Gate or, the Re-Education of Alcide Chaussé" (les différents entre RAIC et OAQ)
TCA, XIX, 12 (déc. 74), 24-26

Hébert, Maurice
"An Address by Maurice Hébert at the 39th Annual Assembly". (propos sur la ville de Québec et le Canada)
RAIC, XXIII, 6 (juin 46), 126-129 et 154

Hemingway, Peter
"Report on RAIC Assembly, Adieu, OAQ"
TCA, XIX, 7 (juil. 74), 28-29
"Report on the 1978 Assembly: Should the RAIC be reshaped?"
TCA, XXIII, 7 (juil. 78), 23-24
"The RAIC: A Body Divided ... and a View from the West."
TCA, XXIV, 9 (sept. 79), 47 et 61
"The RAIC returns to Jasper"
TCA, XXV, 7 (juil. 80), 40 et 43

Hollingsworth, F.T.
"Report from the President, 1975-1976". (RAIC)
TCA, XXI, 6 (juin 76), 7-9
"The New President Speaks..." (Programme de RAIC pour 1975-76)
TCA, XX, 7 (juil. 75), 11-12

Hollingsworth, F.T.; Nicol, F.J.K.; Wood, Bernard
"RAIC Institute Affairs, Where we are today, Where we are going, Where the money goes".
TCA, XX, 1 (jan. 75), 9-10

Lalonde, Jean-Louis
"Bonjour, RAIC" (OAQ quitte RAIC)
TCA, XIX, 7 (juil. 74), 67

Leman, Alexander B.
"RAIC Institutes Affairs"
TCA, XX, 2 (fév. 75), 9-10

Lymburner, John
"RAIC is fighting its own unity battle, Architects also appear to have an 'image' problem"
CB, XXIX, 9 (sept. 79), 44

Nicol, F.J.K.
"RAIC Certification"
TCA, XX, 9 (sept. 75), 10

Pitts, Gordon McI.
"The thirty-seventh annual meeting of the Royal Architectural Institute of Canada"
RAIC, XXI, 2 (fév. 44), 25-33
"The thirty-sixth annual meeting of the Royal Architectural Institute of Canada"
RAIC, XX, 3 (mars 43), 31-37

Servos, Robert A
"Ontario". (sur les membres de RAIC)
RAIC, XXXI, 1 (jan. 54), 30

Shadbolt, Douglas
"The RAIC: New Rules for Re-organization"
TCA, XIX, 2 (fév. 74), 26-28

Tardif, Marcel J.B.
"A Challenge for Change" (l'association RAIC)
TCA, XX, 8 (août 75), 9-10 et 48

Venne, Gérard
"The College of Fellows: A More Active Role"
TCA, XXI, 10 (oct. 76), 7

ASSOCIATIONS PROVINCIALES D'ARCHITECTES
ARCHITECTURAL ASSOCIATIONS (PROVINCIAL)

Alberta
"Anyone for Session 57, Banff?"
TCA, II, 1 (jan. 57), 6
"Banff 57. Design and its proof". (Rencontre avec Neutra).
TCA, II, 11 (nov. 57), 30-46
"Neutra at Banff" (cours à l'université)
TCA, 1 (nov.-déc. 55), 10
"Session '58" (Alberta Association of Architects Conference).
TCA, III, 8 (août 58), 10

Burgess, Cecil S.
"Alberta". (Alberta Association of Architects and Architects' Act).
RAIC, XXVIII, 5 (mai 51), 150
"Alberta". (Architectural Draftsmen of Alberta and Alberta Association of Architects).
RAIC, XXVI, 9 (sept. 46), 331

Gerson, Wolfgang; Grossman, Irving; Maclennan, Ian; Schoenauer, Norbert; Shadbolt, Douglas
"Banff Session 62" (Opinions exprimées sur ce congrès)
TCA, VII, 3 (mars 62), 35-37

Grossman, Irving; Gerson, Wolfgang; Maclennan, Ian; Schoenauer, Norbert; Shadbolt, Douglas
Voir Gerson, Wolfgang; Grossman, Irving; etc.

Koerte, Arnold
"Banff Session '70 Report"
TCA, XV, 12 (déc. 70), 8-10

Lundberg, George A.
"Banff 57, The Social implications of architecture".
TCA, II, 12 (déc. 57), 23-31

Maclennan, Ian; Gerson, Wolfgang et al.
Voir Gerson, Wolfgang; Grossman, Irving; etc.

Russell, John A.
"Banff 62".
RAIC, XXXIX, 5 (mai 62), 65-69

Schoenauer, Norbert; Gerson, Wolfgang et al.
Voir Gerson, Wolfgang; Grossman, Irving; etc.

Shadbolt, Douglas; Gerson, Wolfgang et al.
Voir Gerson, Wolfgang; Grossman, Irving; etc.

Colombie-Britannique
British Columbia
"Practice" (Architectural Institute of British Columbia)
TCA, XXV, 1 (jan. 80), 6

Gretton, Robert
"Comment" (The Architectural Institute of British Columbia)
TCA, XIII, 12 (déc. 68), 12

Lasserre, Fred
"B.C. Architecture" (Préface à un article traitant de l'évolution de l'Architectural Institute of British Columbia)
RAIC, XXVII, 9 (sept. 50), 286

Simmonds, H.H.
"B.C. Architecture". (Introduction à un article traitant de l'évolution de l'Architectural Institute of British Columbia)
RAIC, XXVII, 9 (sept. 50), 285

Twizell, R.P.S.
"Evolution of the Architectural Institute of British Columbia".
RAIC, XXVII, 9 (sept. 50), 287 et 326

Nouveau-Brunswick
New Brunswick
"Practice" (The Architects Association of New Brunswick)
TCA, XXIV, 5 (mai 79), 8

Nouvelle-Ecosse
Nova Scotia
"Halifax man is president of Nova Scotia architects" (G. Ted Brown)
CB, XXVII, 3 (mars 77), 8

Ontario
"Anyone for OAA Convention, 57?"
TCA, II, 1 (jan. 57), 6
"Assocs". (Une charte pour Ontario Industrial Designers).
TCA, IV, 12 (déc. 59), 6
"Can school construction costs be reduced?" (Notes on a panel, Ontario Architects Association annual convention)
CB, III, 3 (mars 53), 48-49, texte.

"New registration regulations in Ontario".
RAIC, XL, 6 (juin 63), 18

"O.A.A. holds successful meeting"
CB, III, 3 (mars 53), 58, texte & ill.

"Ontario Architects Challenge Registration Board".
TCA, XX, 2 (fév. 75), 44 et 59

"Practice" (Rapport du congrès annuel de l'OAA)
TCA, XX, 4 (avril 75), 4-6

"Provincial Page". (Ontario Association of Architects).
RAIC, XVIII, 1 (jan. 41), 15

"RAIC Institute Affairs; The OAA Past, Present and Future"
TCA, XX, 3 (mars 75), 17-18

Sans titre. (Rapport sur les révisions des règles no. 55 et 36 de l'OAA)
TCA, XX, 6 (juin 75), 5

"Skullduggery?" (Ontario Association of Architects, Regulations for Architects' Registration)
TCA, VIII, 3 (mars 63), 7

Card, Raymond
"History of the Ontario Association of Architects, 1890-1950".
RAIC, XXXI, 12 (déc. 54), 432-439

Cauley, John Stuart
"1950-1954". (propos sur l'Ontario Association of Architects)
RAIC, XXXI, 12 (déc. 54), 440-449

Evans, Gladstone
"Provincial Page". (Ontario Association of Architects).
RAIC, XVII, 1 (jan. 40), 15

Haywood, A.R.
"Ontario". (Les architectes et le nord de l'Ontario).
RAIC, XXXI, 12 (déc. 54), 456

Hazelgrove, A.J.
"Ontario Association of Architects fifth annual meeting, february 16th, 1940".
RAIC, XVII, 3 (mars 40), 45-47

Maclennan, Ian; Wisnicki, Paul B.
Voir Wisnicki, Paul B.; Maclennan, Ian

Masson, George Y.
"OAA Annual Meeting, 1957, Report of the President".
RAIC, XXXIV, 3 (mars 57), 101-103

Ontario Association of Architects
"OAA Reply to Petition"
TCA, XX, 4 (avril 75), 57-58

Parks, Brian
"... and an OAA rebuttal to Canadian Building".
TCA, XVI, 10 (oct. 71), 47 et 70

Robertson, D.M.
"Developers and planners trade barbs at Ontario architects' Convention"
CB, XXV, 4 (avril 75), 25 et 29

Shulka, Jack
"OAA — a double-headed Beast?"
TCA, XX, 7 (juil. 75), 37 et 49

Smith, John Caulfield
"The Public Relations Program of the Ontario Association of Architects".
RAIC, XXIX, 10 (oct. 52), 307-308 et 310

Wisnicki, Paul B.; Maclennan, Ian
"Voici ce qui s'est dit lors du Congrès annuel de l'Association des Architectes de l'Ontario"
BAT, XXXVII, 3 (mars 61), 27, texte.

Québec
"71e Assemblée annuelle de l'A.A.P.Q. à Montréal"
ABC, XVII, 190 (fév. 62), 44, texte.

"Au sein de l'A.A.P.Q., les étudiants agrégés"
BAT, XXVIII, 3 (mars 65), 26

"Election chez les architectes" (A.A.P.Q.)
BAT, XLVIII, 4 (avril 73), 33, texte.

"Elections du Comité Administratif de l'Ordre des Architectes — Relations entre l'Ordre des architectes du Québec (OAQ) et l'Institut royal d'architecture du Canada (IRAC)
AC, XXIX, 324 (juil.-août 74), 10, texte.

"L'Assemblée annuelle de l'Association des Architectes de la Province de Québec"
BAT, XXXVII, 3 (mars 61), 10 et 67

"Nouveau comité administratif à l'O.A.Q.".
AC, 30, 330 (juil.-août 75), 8

"P.Q.A.A. 62nd annual meeting records best attendance ever"
CB, III, 3 (mars 53), 52, texte & ill.

"The P.Q.A.A. looks toward reconstruction" (la profession et la reconstruction d'après-guerre)
RAIC, XIX, 4 (avril 42), 56-58

Association des architectes de la province de Québec
"Mémoire soumis par l'association des architectes de la province de Québec à la commission royale d'enquête sur les problèmes constitutionnels".
RAIC, XXXI, 11 (nov. 54), 423-426

Doubilet, Susan
"Monitoring Competence in Quebec" (Comité d'inspection professionnelle de l'OAQ)
TCA, XXIII, 8 (août 78), 51-53

Lévesque, Laurentin
"Rêveries d'un architecte solitaire..." (congrès d'architecture non organisé, non planifié).
AC, 27, 303 (avril 72), 21-24

Nichol, A.B.
"Architects' 'Come-On'" (rencontre de l'A.A.P.Q. tenue au Lac Beauport)
TCA, VIII, 2 (fév. 63), 116 et 118

Parizeau, Marcel
"Québec" (Le cinquantenaire de l'Association des Architectes de la Province de Québec)
RAIC, XVII, 12 (déc. 40), 216-217

Tisseur, Jacques
"Du Secrétaire de l'A.A.P.Q.". (pouvoir de faire des règlements).
RAIC, XXXIX, 5 (mai 62), 60

"Nouvelles de Québec" (sur l'Association des architectes de la province de Québec).
RAIC, XXXIX, 1 (jan. 62), 59-60

Valentine, H.A.I.
"Québec". (l'A.A.Q. et le bureau de l'Association).
RAIC, XXXV, 4 (avril 58), 152

Varry, Jacques
"70e assemblée annuelle de l'A.A.P.Q. au Lac Beauport"
ABC, XVI, 178 (fév. 61), 45-46, texte.

"Compte rendu — Congrès de l'A.A.P.Q. et 72e assemblée annuelle au Lac Beauport"
ABC, XVIII, 202 (fév. 63), 42-44, texte.

Williams, Ron
"OAQ: Most English-speaking Voted 'Yes'" (OAQ se détache de RAIC)
TCA, XIX, 9 (sept. 74), 58

Saskatchewan

Kalen, Henry
"Saskatchewan Symposium on Architecture, Regina".
RAIC, XXXIX, 2 (fév. 62), 52-53

ASSOCIATIONS DE CONSTRUCTEURS
BUILDERS' ASSOCIATIONS

"11th accbo". (Conference of Canadian Building Officials).
TCA, IV, 6 (juin 59), 86

"400 personnes assistent au congrès de l'APCHQ" (Association provinciale des constructeurs d'habitations du Québec)
BAT, XLVIII, 12 (déc. 73), 8-10, texte.

"Au congrès de l'ACHDU: Bernard Denault dresse un bilan"
BAT, LI, 3 (mars 76), 8, texte.

"B.C. Construction Association formed"
CB, XX, 5 (mai 70), 8

"C.C.A. Convention Briefs"
CB, II, 1-2 (jan.-fév. 52), 48, texte & ill.

"CCA Convention Highlights — Competitive tender, labor, sales tax, security deposits, some CCA hot topics"
CB, IX, 2 (fév. 59), 7, 9

"CAA Official Report, General purposes and Achievements of Conference"
RAIC, XLII, 10 (oct. 65), 80-81

Canadian Construction Association, 33rd Annual Meeting, Quebec, 1951
CB, I, 1 (mars 51), 57, texte.

Congrès de l'ACC à Ottawa (Association Canadienne de la Construction)
BAT, L, 3 (mars 75), 14-17, texte.

"Congrès de l'A.C.M., un frisonnement de projets pour 72 et les années suivantes"
BAT, XLVII, 3 (mars 72), 16-17 et 42

"Convention Report" (NHBA)
NB, III, 3 (mars 54), 21, texte.

"Echoes of the Calgary Convention" (NHBA)
NB, III, 9 (sept. 54), 8-9, texte & ill.

"Edmonton Housing Association Formed"
CB, XX, 4 (avril 70), 6

"Entrevue — M. Albert Gagnon, président provincial des constructeurs d'habitation".
BAT, XLV, 7 (juil. 70), 7-8, 34, texte.

"Extracts". (Extrait du rapport de la CCA)
TCA, III, 8 (août 58), 62 et 64

"Extracts" (rapport de Canadian Construction Association sur l'habitation).
TCA, III, 8 (août 58), 74 et 76

"Extracts" (Canadian Construction Association)
TCA, III, 8 (août 58), 77-78

"Fernand Boissé, de Sherbrooke" (président provincial des constructeurs d'habitation)
BAT, XLIII, 9 (sept. 68), 39-42, texte & ill.

"Flood Looks Ahead at C.C.A. Meeting"
CB, III, 7 (juil. 53), 37-40, texte & ill.

"Homebuilders' new sophistication is major impact of 1973 HUDAC convention" (construction résidentielle)
CB, XXIII, 3 (mars 73), 23-26 et 32

"It happened in Calgary" (NHBA convention)
NB, III, 8 (août 54), 10-13, 18, texte & ill.

"L'ACC en congrès"
BAT, XLIX, 3 (mars 74), 25-30, texte & ill.

"L'ACHDU choisit Bernard Denault comme président"
BAT, L, 3 (mars 75), 24, texte.

"L'ACMQ: une liste impressionnante de priorités"
BAT, LIII, 5 (mai 78), 11, texte.

"Lancement officiel du programme de certification de l'APCHQ"
BAT, LI, 10 (oct. 76), 6, texte & ill.

"La profession la plus difficile qui soit..." (semaine de l'habitation, A.C.H.)
BAT, XLVIII, 10 (oct. 73), 8, texte.

"L'Association des Constructeurs d'Habitations de Montréal lance son nouveau programme".
BAT, XXXVII, 3 (mars 62), 38, texte.

"Le 18e congrès de l'APCHQ: regards sur la maison unifamiliale"
BAT, LIV, 12 (déc. 79), 13-14 et 16 et 18

Le 4e congrès provincial des constructeurs d'habitations
BAT, XL, 12 (déc. 65), 20-22, 27, texte & ill.

"Le 6e Congrès provincial des constructeurs d'habitations à Chicoutimi"
BAT, XLII, 11 (nov. 67), 5-10, texte & ill.

"Le premier bureau de l'Association provinciale des constructeurs d'habitations du Québec"
BAT, XXXVIII, 1 (jan. 63), 52, texte.

"Les représentants de la SCHL font salle comble... assistance record à la première session d'étude organisée par

l'Association des constructeurs d'habitation de Montréal".
BAT, XXXVIII, 4 (avril 63), 34-35, 50, texte.

"Liste explicative des associations professionnelles de la construction"
BAT, IX, 6 (juin 61), 55-60, texte. Omission: 8 (août 61), 37

"Liste explicative des associations professionnelles de la construction"
BAT, XXXVII, 6 (juin 62), 44-47, texte.

"Liste explicative des associations professionnelles de la construction"
BAT, XXXVIII, 6 (juin 63), 31-33, 36, texte.

"Liste explicative des associations et organismes de la construction" (architectes, urbanistes, entrepreneurs etc.)
BAT, XL, 11 (nov. 65), 26-29

"Local Association News continued..."
NB, VI, 12 (déc. 57), 28

"Local Association News continued..."
NB, VII, 2 (fév. 58), 32
NB, VII, 5 (mai 58), 32
NB, VII, 7 (juil. 58), 28

"Meet Our New President" (Gordon S Shipp, president of NHBA)
NB, II, 5 (mai 53), 4, texte.

"Meet the new president of HUDAC in an exclusive interview with Canadian Building"
CB, XXIX, 3 (mars 79), 14-16

"Mise au point de l'ACHQ"
BAT, XLVI, 12 (déc. 71), 11-12

"Must put own house in order, says THBA president" (industrie de la construction domiciliaire)
CB, XXX, 1 (jan. 80), 5

"National House Builders' Association" (NHBA) (son rapport sur la construction domiciliaire au Canada)
CB, XIX, 3 (mars 69), 63-66

National House Builders Association Objects, Membership Roster
NB, III, 1 (jan. 54), 1, 7-48, texte.

"National House Builders Association, Officers, Directors and Membership Roster"
NB, II, 1 (jan. 53), 1-31, texte.

"New Calgary association to screen and police builder members".
CB, XIV, 9 (sept. 64), 6

"News of Local Associations"
NB, VII, 3 (mars 58), 26

N.H.B.A. Annual Convention, Montreal, 1951
CB, I, 1 (mars 51), 57, texte.

"NHBA Convention News — Merchandising, pedigree housing, and plan to tap personal savings studied"
CB, IX, 2 (fév. 59), 5-6

"Opinions de nos constructeurs à la C.C.A."
CDQ, XXVI, 1 (jan.-fév. 51), 6, texte.

Paul Larivière, vice-président de l'A.C.H.Q.
NB, III, 10 (oct. 54), 24, texte & ill.

"Round-up '80 Calgary, HUDAC's 37th annual convention"
CB, XXX, 2 (fév. 80), 17-19 et 22-23

"The Convention in Pictures"
NB, IV, 4 (avril 55), 16, 20, 22, 24, 26, 28-29, ill.

"This was the mood at the 1968 NHBA Convention"
CB, XVIII, 3 (mars 68), 56-61

"Two new B.C. locals affiliate with NHBA" (Kamloops and District House Builders Ass. & Kelowna House Builders Ass.)
CB, XIV, 12 (déc. 64), 11

"Une interview de M. Denommée" (président de l'Association des Constructeurs d'Habitations du Québec)
BAT, XLVI, 12 (déc. 71), 8, texte & ill.

"V.L. Leigh, speaking to the C.C.A...." (à propos d'habitation au Canada)
TCA, I, 4 (avril 56), 58

W.E. Maybee (eastern vice-president of NHBA)
NB, III, 3 (mars 54), 25, texte.

"What Happened to the Resolutions?" (N.H.B.A. convention's resolutions)
NB, III, 10 (oct. 54), 1, 23, texte.

"Word Extracts" (Propos tenu par Maurice Joubert, NHBA, sur les associations, instituts ayant rapport avec l'architecture).
TCA, IV, 2 (fév. 59), 69 et 72

"Yves Barrette, de Québec, président provincial des constructeurs d'habitations"
BAT, XLIV, 5 (mai 69), 32-33, texte & ill.

Alexander, E.R.
"What NHBA membership means to you"
CB, XV, 2 (fév. 65), 48

Ball, T.M.
"Therefore Be It Resolved..." (NHBA resolutions submitted at the convention)
NB, III, 9 (sept. 54), 12, texte.

Bergman, Eric
"Unity by increased communication" (dans l'industrie de la construction domiciliaire)
CB, XXVII, 3 (mars 77), 66

Bolte, Auguste
"Convention Huge Success" (N.H.B.A.)
NB, II, 4 (avril 53), 2-6, texte & ill.

Campbell, C.B.
"Bâtissons ensemble", un congrès à ne pas manquer (A.N.C.H.)
BAT, XL, 7 (juil. 65), 23, texte.
"Il faut communiquer pour prospérer" (message du président de l'A.N.C.H.)
BAT, XL, 11 (nov. 65), 5, texte.
"NHBA's convention in Calgary was the most successful yet".
CB, XV, 3 (mars 65), 60

Carswell, J.B.
"C.C.A. Convention — Free enterprise and labor"
CB, II, 3 (mars 52), 49, texte.

Castro, Marc
"Grande rencontre annuelle des entrepreneurs de l'APCHQ — 'Nouveaux défis': une solution s'impose"
BAT, LII, 1 (jan. 77), 12-14, texte & ill.

Chalifour, Eugène
"Pourquoi faire partie d'une association?" (Association Nationale des Constructeurs, section du Québec)
BAT, XXXVII, 7 (juil. 62), 46-47, 49, texte.

Charette, Roland
"L'Association du Québec tient son assemblée générale annuelle" (habitation)
NB, IV, 5 (mai 55), 16, 32, texte.
"Tous les constructeurs doivent supporter leur association" (habitation)
NB, IV, 3 (mars 55), 16, 44, texte.

Coutts, Ian
"On Site" (The Quebec Provincial Homebuilders' Association).
CB, XV, 1 (jan. 65), 52

Dubé, C.H.
"La C.C.A. à Québec"
CDQ, XXVI, 1 (jan.-fév. 51), 16-17, texte & ill.

Fowke, Clifford
"Convention 1970: Canadian Construction Association".
CB, XX, 3 (mars 70), 41 et 47-48
"Conventions 1970: Canadian Home Manufacturers Association".
CB, XX, 3 (mars 70), 41-43
"Conventions 1970: National House Builders' Association"
CB, XX, 3 (mars 70), 41 et 44-46

Fraser, R.K.
"What About the $60 A Week Man?" (NHBA Brief to the committee on banking & commerce)
NB, III, 3 (mars 54), 4-5, texte.

Frieser, George
"The advantages of being a HUDAC member"
CB, XXX, 9 (sept. 80), 54

Gagnon, Albert
"Entrevue, M. Albert Gagnon président provincial des constructeurs d'habitation"
BAT, XLV, 7 (juil. 70), 7-8 et 34

Grisenthwaite, W.H.
"A Year of Progress: NHBA Achievements in 1952"
NB, II, 5 (mai 53), 2-3, 6-7, texte.
"Let's Get Together"
NB, I, (nov. 52), 2-3, texte.
"Looking Ahead" (1952 program of NHBA)
NB, I (juin 52), 2-3, texte.
"National House Builders take stock at 10th Anniversary Convention"
CB, III, 4 (avril 53), 25, 67, texte & ill.

Heslop, Rex
"How one man has already raised $3,250 for NHBA: Here's what I've done"
NB, I (nov. 52), 4, texte.

Jenkins, Alex
"The CCA Convention — A full-time president, new labor laws, wider activities — the new 70's look"
CB, XXII, 3 (mars 72), 32 et 35

Johnson, R.G.
"C.C.A.: Defense Construction".
CB, III, 3 (mars 53), 47, texte & ill.

Johnson, S. Eric
"Jan. '71 — Edmonton — The value of conventions cannot be over — emphasized". (l'industrie de la construction résidentielle)
CB, XX, 8 (août 70), 48

Larivière, Paul
"Association Nationale de Constructeurs d'Habitations"
NB, II, 6 (juin 53), 5-6, texte.

Long, Don
"HUDAC Convention Special Report"
CB, XXV, 3 (mars 75), 29-31 et 33-34 et 37-38 et 40 et 43-45 et 47 et 54

Mansur, D.B.
"NHBA Convention: CMHC Barometers Point to Bright House Market"
CB, III, 4 (avril 53), 26-27, texte & ill.

O'Neill, James
"HUDAC Convention Special Feature Report"
CB, XXVII, 4 (avril 77), 13-16 et 24

Rowe, Percy A.
"NHBA Convention: House Builders Review Mortgage Market and Building Practices in Winnipeg Convention"
CB, II, 5 (mai 52), 49-50, texte & ill.

Shipp, Gordon S.
"A Year of Progress" (NHBA convention)
NB, IV, 4 (avril 55), 6-8, 32-34, texte & ill.
"The President Reports..." (NHBA)
NB, III, 8 (août 54), 2-3, 20, texte.
"What the NHBA is Doing"
NB, III, 5 (mai 54), 4-5, 14-16, texte.

Smith, John Caulfield
"Convention Previews" (N.H.B.A.)
NB, II, 2 (fév. 53), 4-5, texte.
"The Western Tour" (re: Round up of the five local home builders associations in the west)
NB, I (oct. 52), 4-5, 7, texte & ill.
"The Western Tour" (visit of seven local home builders' associations in the west)
NB, II, 11 (nov. 53), 4, 6, texte.

Toole, Barry
"Land development panel highlights Atlantic Regional Housing Conference"
NB, VIII, 11 (nov. 59), 41

Wade, L.E.
"Report by chairman of Resolutions Committee" (NHBA Convention)
NB, IV, 4 (avril 55), 9, texte.

Wilmut, P.G.
"CCA in the Maritimes: Extracts from an Address to the Maritime Meeting of the CCA"
CB, II, 10 (oct. 52), 35-38, texte & ill.

Wilson, C. Don
"HUDAC takes up cudgels to state its case for the developer"
CB, XXII, 4 (avril 72), 34
"Why attend workshops? — Because informed builders are successful builders" (la construction résidentielle)
CB, XXII, 9 (sept. 72), 24

ASSOCIATIONS DIVERSES
OTHER ASSOCIATIONS

"5th congress, IUA". (Union Internationale des architectes)
TCA, III, 2 (fév. 58), 10

"Architects Associations" (liste des associations à travers le Canada)
CB, V, 2 (fév. 55), 80

"Architects Associations" (une liste des A.A. au Canada)
CB, VI, 2 (fév. 56), 92

Association des manufacturiers et marchands de bois de la province de Québec (convention)
CDQ, XXV, 6 (nov.-déc. 50), 23, texte.

"E.I.C. Holds 68th Annual Convention" (Engineering Institute of Canada)
CB, IV, 7 (juil. 54), 10, texte & ill.

"Extrait de l'allocution prononcée par l'honorable Robert H. Winters, Ministre des ressources et du développement économique, à l'occasion du 14e congrès annuel de la Fédération des maires et des municipalités, à London, Ontario, 13/6/1951"
ABC, VI, 62 (juin 51), 16, texte.

"Gagnon Attends International Meeting" (Gilles Gagnon, arch., à C.I.A.M.)
CB, III, 7 (juil. 53), 55, texte & ill.

"Habitat '76: Calling Architects to action". (réunion internationale sur l'habitat tenue à Vancouver)
TCA, XX, 6 (juin 75), 9-10

"Nouvelle association d'ingénieurs-conseils"
BAT, XLIX, 4 (avril 74), 8, texte.

"Sessions et projets de la N.W.A."
CDQ, XXVI, 1 (jan.-fév. 51), 26, texte.

"Trade Associations"
CB, IV, 2 (fév. 54), 50-52, texte.

Balharrie, Watson
"Ontario". (Canadian Council of Professional Engineers and Scientists).
RAIC, XXIII, 11 (nov. 46), 311

Carreau, Serge
"Habitat: A Conference Misused" (conférence internationale sur l'habitat).
TCA, XXI, 8 (août 76), 41-45

Evamy, Michael E.
"Report on a Joint Conference of Environmental Professions".
TCA, XXI, 7 (juil. 76), 7-8

Gretton, Robert
"Comment" (Sur les congrès d'architectes)
TCA, XIV, 7 (juil. 69), 8
"Nation" (les congrès d'architectes)
TCA, XVII, 4 (avril 72), 9

Leman, Alexander
"In Defence of Associations" (les associations d'architectes)
TCA, XVI, 8 (août 71), 45 et 60

Lorenzen, Henry
"Letters" (Sur les congrès d'architectes)
TCA, XIV, 9 (sept. 69), 8

Nichol, A.B.
"A Challenge for Change". (les associations d'architectes)
TCA, XX, 9 (sept. 75), 70 et 72-73 et 76

Smith, J. Roxburgh
"The president of the R.I.B.A., Mr. Graham Henderson, A.R.S.A., and the Secretary, Mr. C.D. Spragg, C.B.E., Report on their visit to Canada and United States".
RAIC, XXIX, 8 (août 52), 241-243

La formation professionnelle et technique
Professional and Technical Training

INFORMATION GÉNÉRALE
GENERAL INFORMATION

"Architects' halo is tarnished? — OAA studies fees and training"
CB, XV, 4 (avril 65), 59

"Architectural Training in the Canadian Universities".
RAIC, XXIX, 5 (mai 52), 128-144

"Banff Session 67" (l'enseignement de l'architecture)
TCA, XII, 4 (avril 67), 18

"Cranbrook Academy 1963" (le rapport de Robin Clarke sur l'architecture moderne)
TCA, VIII, 9 (sept. 63), 10 et 24 et 32

"Les élèves-architectes sur les chantiers de construction..."
BAT, XLV, 4 (avril 70), 11, texte & ill.

"Les futurs architectes en visite d'information" (sur un chantier de construction)
BAT, XLVI, 6 (juin 71), 5

"Overview 2, International Report on changes in architecture education and practice".
TCA, XVI, 5 (mai 71), 46-49

"Premiers contacts: les élèves-architectes rencontrent les constructeurs"
BAT, XLV, 2 (fév. 70), 5, texte & ill.

Abbey, David S.
"Educational Needs and Architectural Solutions"
TCA, XII, 10 (oct. 67), 68 et 72 et 74 et 76 et 78

Acland, James H.
"Architectural Education: The Search for Change"
TCA, XII, 7 (juil 67), 37-40

Bélanger, Vianney; Gosselin, Yves et al.
"Students Reply to the Profession"
TCA, XVII, 9 (sept. 72), 49 et 64

Bland, John; Bjornstal, Tore; Briggs, Robert et al.
"Éducation et Communication" (La conférence à Stanley House des Architectes-enseignants).
ARCAN, 45, 12 (déc. 68), 47-77

Bland, John et al.
"The schools of architecture reply"
RAIC, XVIII, 11 (nov. 41), 191-192

Bourbeau, A.E.
"L'apprentissage en France"
ABC, VIII, 88 (août 53), 41-42, 50, texte & ill.

Chapman, Nigel
Étude de matériaux, couleurs et textures (projet d'étudiant)
RAIC, XXVIII, 3 (mars 51), 58, texte & ill.

Collins, Peter
"In search of a flaw in architectural education".
RAIC, XXXVI, 1 (jan. 59), 24-25

Coxall, C.
"Saskatchewan" (l'enseignement en architecture, architecte vs ingénieur)
RAIC, XXI, 2 (fév. 44), 41-42

Elte, Hans
"The Winds of Change: 3-Noblesse Oblige"
TCA, XIV, 2 (fév. 69), 43-44

En collaboration
"Education for architects"
TCA, V, 11 (nov. 60), 35-42

En collaboration
"The Seminar on architectural education".
RAIC, XXXIX, 7 (juil. 62), 58-61

Fazio, Paul P.; Russell, Alan D.
"Building Engineering for a Canadian University". (nouveau programme)
TCA, XX, 7 (juil. 75), 45-48

Foreman, Darryl A.; Watt, T. Bruce
"Education: The students' view"
TCA, XII, 9 (sept. 67), 88 et 90

Gillespie, Bernard
Architecture Schools in North America, Edited by Karen Collier Hegener et David Klarke, Princeton, 1976.
TCA, XXII, 6 (juin 77), 5-6

Hoffart, Ronald
"Education: the Students' View"
TCA, XII, 9 (sept. 67), 90 et 94

Holford, William
"The Assembly Theme was 'Architectural Education'".
RAIC, XXXIX, 6 (juin 62), 50-55

Howarth, Thomas
"UIA, 2. Working Sessions Report" (Congrès à Paris portant sur l'éducation architecturale)
RAIC, XLII, 10 (oct. 65), 77-78

Hurley, Kent C.
"Co-operative Education: A Step Towards Unity"
TCA, XIX, 7 (juil. 74), 42-44

Iredale, W. Randle
"Certification and Architectural Education"
TCA, XXII, 7 (juil. 77), 36

Jackson, Anthony
"Curriculum"
ARCAN, 44, 7 (juil. 67), 61-62

Jacobson, Lee; Quigley, Stephen C.
"Readers Reply to 'Closing the Gap'".
TCA, XVIII, 10 (oct. 73), 64

Keller, D.
"La formation des jeunes et l'éducation permanente".
AC, 28, 314 (mai 73), 28-29

Koerte, Arnold
"The Global Village?"
TCA, XV, 9 (sept. 70), 51-54

Lasserre, Fred
"On architectural education".
RAIC, XXVI, 5 (mai 49), 133-135 et 172

Lehrman, Jonas; Nelson, Carl J.
"Architectural Education: The Search for Change".
TCA, XIII, 3 (mars 68), 53-54

McCue, Gerald M.
"The Critical Consequences of Tradition on Architectural Education".
ARCAN, 45, 7 (juil. 68), 65-66

McKee, Robert Ross.
"Architectural Education".
ARCAN, 46, 6 (juin 69), 59

MacLeod, Robert K.
"Certification and Architectural Education"
TCA, XXII, 7 (juil. 77), 37

Manning, Peter
"Architectural Education, The Wider View"
TCA, XV, 6 (juin 70), 40-42

Manning, Peter
"Research and Education for Building Design"
TCA, XIX, 6 (juin 74), 53-59

Martin, Leslie
"Conference on Architectural Education, held at Magdalen College, Oxford".
RAIC, XXXV, 9 (sept. 58), 343-345

Menear, David W.
"Ah Cheops!" (L'éducation en architecture)
ARCAN, 45, 3 (mars 68), 61

Milic, V. et al.
"Viewpoint"
RAIC, XXXVII, 11 (nov. 60), 493-494

Newman, Oscar
"Magazines" (Enseignement et éducation de l'art et de l'architecture)
TCA, VII, 2 (fév. 62), 64-66

Nicol, Frank J.
"The Canadian Education Showplace". (exposition sur les travaux d'écoles d'architecture)
RAIC, XLII, 1 (jan. 65), 25-34

Noviant, L.G.
"Architecture & Architectural Education"
TCA, XVII, 1 (jan. 72), 48-50

Ostrowski, Dietram
"Architectural Education: Closing the Gap" (Écoles d'architecture au Canada et aux U.S.A.)
TCA, XVIII, 5 (mai 73), 33-40

Ostrowski, Dietram
"Architectural Education: Closing the Gap/Part 2".
TCA, XVIII, 6 (juin 73), 60-67 et 75 et 78

Parnass, Henry; Lincourt, Michel
"Approche scientifique de l'enseignement de l'architecture"
ABC, XXII, 255 (juil. 67), 17, texte.

Pattrick, Michael
"The Education of Architects".
RAIC, XXXV, 9 (sept. 58), 341-342

Perkins, Dean G. Holmes
"Architectural Education: the American Point of View".
RAIC, XXXIX, 6 (juin 62), 55-57

Pettick, Joseph
"UIA, 3. RAIC and UIA". (Congrès à Paris sur l'éducation architecturale)
RAIC, XLII, 10 (oct. 65), 79

Robbie, Roderick
"Quotes" (extrait d'un discours sur les orientations des écoles d'architecture)
TCA, XV, 11 (nov. 70), 6

Runthwaite, Shelagh
"Architectural Education".
RAIC, XXIV, 5 (mai 47), 151-154

Russell, John A.
"The architect and education".
RAIC, XXXVI, 7 (juil. 59), 233-234

Russell, John A.
"The University and Architecture".
RAIC, XXXII, 10 (oct. 55), 361-364

Russell, John A.
"The University Schools of Architecture" (travaux des étudiants).
RAIC, XXVIII, 3 (mars 51), 49-74

Salter, Wilson A.
"The Way Things Were" (Contrôle et reconnaissance de la formation des architectes)
TCA, XXI, 3 (mars 76), 7-8

Shadbolt, Douglas
"UIA. 1. Observer's Report". (Congrès à Paris sur l'éducation architecturale).
RAIC, XLII, 10 (oct. 65), 74-76

Styliaras, Dimitrios
"Education for planning, urban design and architecture".
ARCAN, 43, 10 (oct. 66), 91-93

Thériault, Yvon
"La formation professionnelle des urbanistes — une enquête du professeur John Willis"
ABC, XIX, 220 (août 64), 39, texte.

Thom, Ron
"Voice"
TCA, XV, 7 (juil. 70), 42-43

White, Herber D.
"That glazed look". (propos sur les étudiants en architecture)
RAIC, XXXI, 3 (mars 54), 89-90 et 96

Williams, H.
"Fourth Dimensional Planning — a fantastic phantasy".
RAIC, XXIV, 5 (mai 47), 150

Woods, Shadrach
"Strive for uniformity"
ARCAN, 44, 4 (avril 67), 44-46

Wotton, Ernest
"Lighting and Architectural Education".
TCA, XVIII, 5 (mai 73), 68 et 76 et 78 et 82

Wright, D.T.
"Education and Change"
TCA, VIII, 7 (juil. 63), 61-62

Youtz, P.N.
"Architectural Education for a Scientific Age".
RAIC, XXXIX, 4 (avril 62), 57-60

Zeidler, Eberhard H.
"Credo: Research and Schools"
TCA, X, 6 (juin 65), 45-52

LES ÉCOLES D'ARCHITECTURE
SCHOOLS OF ARCHITECTURE

Alberta

Burgess, Cecil S.
"Alberta". (Admission test for Architectural Draftsmen of Alberta)
RAIC, XXV, 7 (juil. 48), 254-255

"Alberta". (examen des candidats en architecture).
RAIC, XXX, 4 (avril 53), 114

"Alberta" (histoire d'architecture, approche stylistique).
RAIC, XXVI, 6 (juin 49), 198

"Alberta". (L'éducation en architecture et plus spécialement l'aspect technique de l'entraînement).
RAIC, XXVII, 9 (sept. 50), 326

"Alberta". (L'étudiant en architecture).
RAIC, XXV, 4 (avril 48), 134

Perks, W.T.
"Education for a pluralism of roles — the new School at Calgary".
ARCAN, 48 (7 juin 71), 2-3

Colombie-Britannique
British Columbia

"Habisphere". (étudiants de l'école d'architecture, UBC)
ARCAN, 47 (10 août 70), 3

"Les architectes de la C.-B. établissent un centre de planification urbaine".
ARCAN, 48 (25 octobre 71), 3-4

"School, UBC in Venice" (étude urbaine de quelques étudiants de UBC)
TCA, XIV, 4 (avril 69), 8

Bouwman, Roland
"University of British Columbia, the architecture Club and its problems".
RAIC, XXVII, 4 (avril 50), 124

Christopherson, C.
"Design dissected in visual course". (UBC)
RAIC, XXV, 5 (mai 48), 162

En collaboration
"University of British Columbia department of architecture".
RAIC, XXVI, 5 (mai 49), 148-153

James, P. Leonard
"British Columbia, Architectural Education and Training"
RAIC, XXVI, 10 (oct. 49), 359

Lasserre, Fred
"A major change of Program, UBC School of Architecture".
RAIC, XXXVII, 3 (mars 60), 107-108

"Architectural Education in B.C."
RAIC, XXVII, 9 (sept. 50), 318-319

"Regional Influences on Student Design, Students of the School of Architecture, University of British Columbia".
RAIC, XXXVII, 3 (mars 60), 91-102

"School of Architecture, University of British Columbia". (débuts, historique, direction etc.).
RAIC, XXXII, 3 (mars 55), 65-90

"University of British Columbia". (départ. d'architecture)
RAIC, XXIV, 5 (mai 47), 145

Morris, R.S.
"Professionalism and Education. A Review of Essential Balances".
RAIC, XXXIX, 4 (avril 62), 53-56

Oberlander, Peter H.
"Master's Degree in community and regional planning, U.B.C."
RAIC, XXX, 5 (mai 53), 131-132

Peck, G.W.
"British Columbia". (Le gouvernement de C.-B. et le financement des écoles d'architecture).
RAIC, XXVI, 10 (oct. 47), 379-380

Manitoba

"Faculty of Architecture University of Manitoba" (présentation annuelle des travaux)
RAIC, XLI, 3 (mars 64), 57-68

"School of Architecture, University of Manitoba" (les travaux des étudiants)
RAIC, XIX, 2 (fév. 42), 22-23

"School of Architecture, University of Manitoba" (travaux des étudiants)
RAIC, XX, 2 (fév. 43), 19

"School of Architecture, University of Manitoba" (travaux des étudiants)
RAIC, XXI, 4 (avril 44), 72

"University of Manitoba". (Travaux d'étudiants en architecture).
RAIC, XXV, 5 (mai 48), 144-148

"University of Manitoba". (travaux d'étudiants)
RAIC, XXVIII, 3 (mars 51), 50-55

"University of Manitoba, Theory of Planning examined".
RAIC, XXIV, 5 (mai 47), 147-149

Arthur, Eric R.
"Opening of New School of Architecture University of Manitoba"
RAIC, XXXVI, 12 (déc. 59), 420

Chivers, John
"Manitoba". (Propos sur l'exposition des travaux des étudiants en architecture).
RAIC, XXV, 5 (mai 48), 179-180

En collaboration
"Architectural Education at the University of Manitoba 1913-1953".
RAIC, XXXI, 3 (mars 54), 63-88

"University of Manitoba — School of Architecture, The Training of an architect at Manitoba".
RAIC, XXVI, 5 (mai 49), 160-165

"What do the students expect of the profession in Canada?" (les étudiants manitobains donnent leur réponse).
RAIC, XXVII, 4 (avril 50), 143

Osborne, Milton S.
"School of architecture, University of Manitoba".
RAIC, XVIII, 2 (fév. 41), 20-22

"The course in architecture at the University of Manitoba". (et travaux d'étudiants).
RAIC, XXII, 4 (avril 45), 78-80

Russell, John A.
"Remarks by John A. Russell". (discours à l'occasion de l'ouverture de la nouvelle école d'architecture de l'Univ. du Manitoba)
RAIC, XXXVI, 12 (déc. 59), 421-422

"University of Manitoba School". (travaux d'étudiants)
RAIC, XXXVI, 3 (mars 59), 64-85

Nouvelle-Écosse
Nova Scotia

Barber, Robert
"Letters" (l'éducation architecturale au Nova Scotia Technical College)
TCA, XIV, 4 (avril 69), 10

Ontario
"Architectural Education: a Major Concern". (Extrait d'un discours du président de l'OAA)
TCA, XV, 3 (mars 70), 20

"Architectural Education Expansion in Ontario: report of the OAA Study Committee".
ARCAN, 43, 10 (oct. 66), 5-9

"OAA Report on Education" (une deuxième école d'architecture en Ontario)
TCA, XI, 10 (oct. 66), 7

"OAA seeks expansion of architectural education"
CB, XVI, 10 (oct. 66), 8

"Past, present and future" (Les étudiants de l'école d'architecture de U of T sélectionnent des projets pour l'exposition tenue à Toronto Art Gallery)
TCA, VIII, 1 (jan. 63), 5-7

School of Architecture, Carleton University, Ottawa
TCA, XIII (yearbook 68), 90-91, texte.

"School of Architecture, Carleton University, Ottawa"
TCA, XVIII, 8 (août 73), 24-44

"School of architecture, University of Toronto" (travaux des étudiants)
RAIC, XIX, 2 (fév. 42), 24-25

"School of architecture, University of Toronto" (travaux des étudiants)
RAIC, XIX, 2 (fév. 42), 24

"School of architecture, University of Toronto" (travaux des étudiants)
RAIC, XX, 2 (fév. 43), 20

"School of architecture, University of Toronto" (travaux des étudiants)
RAIC, XXI, 4 (avril 44), 75

"The Architectural Society". (University of Toronto)
RAIC, XXVIII, 3 (mars 51), 63

"The School-Office" (École de Carleton et Univ. de Montréal, forme révolutionnaire d'éducation architecturale)
ARCAN, 48 (5 avril 71), 2

"University of Toronto School of Architecture proposes Graduate Design program".
RAIC, XL, 4 (avril 63), 81

"Urban Studies Centre" (à l'université de Toronto)
TCA, IX, 11 (nov. 64), 10 et 12

Affleck, Ray
"The Winds of Change: 2 — A New Structure". (L'école d'architecture de Toronto et l'éducation architecturale)
TCA, XIV, 2 (fév. 69), 40-42

Arthur, Eric
"Design". (à l'univ. de Toronto)
RAIC, XXVI, 5 (mai 49), 141

Baird, George; Prangnell, Peter
"The New Literacy" (l'école d'architecture de Toronto et l'éducation architecturale)
TCA, XIV, 2 (fév. 69), 32-40

Bakker, Joost et al.
"University of Toronto Department of Architecture".
ARCAN, XLVI, 4 (avril 69), 47-50

Balharrie, Watson
"Ontario". (Les étudiants en architecture et l'emploi).
RAIC, XXVI, 5 (mai 49), 171-172

Benjamin, Stanley
"Operational Gaming in Architecture". (University of Toronto).
ARCAN, 45, 2 (fév. 68), 57-59

Cameron, D.W.
"University of Toronto". (propos sur l'école d'architecture).
RAIC, XXVIII, 3 (mars 51), 62

Carswell, W.E.; Hall, John
"Toronto" (composition, dessin, recherche, design à l'école d'architecture de l'Univ. de Toronto).
RAIC, XXVI, 5 (mai 49), 138-140

Cox, E.C.S.
"Ontario". (L'éducation des architectes).
RAIC, XXVI, 7 (juil. 47), 257-258

En collaboration
"Architectural Education at the University of Toronto".
RAIC, XXX, 3 (mars 53), 59-78

Fairfield, Robert
"Ontario". (propos sur un jeune étudiant en architecture d'Ontario).
RAIC, XXIII, 12 (déc. 46), 336-337

Fisher, Richard A.
"Ontario". (Les employés des écoles d'architecture).
RAIC, XXIV, 1 (jan. 47), 29-30

Fleury, W.E.
"Ontario". (L'enseignement de l'architecture)
RAIC, XXV, 5 (mai 48), 180

Gretton, Robert
"The winds of Change" (l'école d'architecture de Toronto et l'éducation architecturale)
TCA, XIV, 2 (fév. 69), 29-31

Howarth, Thomas
"School of Architecture University of Toronto". (travaux d'étudiants).
RAIC, XL, 3 (mars 63), 57-68

Howarth, Thomas
"U. of T. School of Arch. investigates electronic aids to building design".
RAIC, XLI, 12 (déc. 64), 51 et 60

Langley, J.B.
"Provincial Page". (École d'architecture de l'Université de Toronto).
RAIC, XXIII, 3 (mars 46), 71-72

Madill, H.H.
"School of architecture, University of Toronto".
RAIC, XVIII, 2 (fév. 41), 26-28

"University of Toronto School of Architecture". (travaux d'étudiants)
RAIC, XXII, 4 (avril 45), 75-77

"University of Toronto, School of Architecture".
RAIC, XXVI, 5 (mai 49), 136-137

"University of Toronto, Undergrad Activities at Varsity".
RAIC, XXVII, 4 (avril 50), 129-131

Murray, J.A.
"Ontario". (les étudiants en architecture et l'emploi).
RAIC, XXIV, 5 (mai 47), 173

Osborne, Milton S.
"School of Architecture, University of Toronto". (travaux d'étudiants, enseignement).
RAIC, XXXV, 3 (mars 58), 70-92

Stinson, Jeffrey
"Letters" (sur les orientations de l'école d'architecture de U. of T.)
TCA, XVI, 2 (fév. 71), 7-8

White, S.J.
"Exhibition, Architecture and You". (University of Toronto)
RAIC, XXV, 5 (mai 48), 152-157, texte & ill.

Yapp, Russell K.
"Letters" (l'éducation architecturale à l'Université de Toronto)
TCA, XIV, 4 (avril 69), 10-11

Québec
"Action criticism" (Manifestation des étudiants d'architecture de l'université McGill contre le mauvais développement du campus)
TCA, VI, 4 (avril 61), 12

"Commentaire présenté par la Commisssion d'enquête sur l'enseignement de l'architecture dans la province de Québec".
RAIC, XL, 12 (déc. 63), 34-35

"Création d'une Faculté de l'Aménagement"
BAT, XLIII, 7 (juil. 68), 5-6, texte.

"École d'architecture de Montréal — Structures — Travaux des étudiants de 2e année, cours de géométrie descriptive sous la direction du professeur Joseph Pauer"
ABC, XVIII, 204 (avril 63), 52-57, texte & ill.

"École des Beaux-Arts de Montréal" (travaux des étudiants en architecture)
RAIC, XIX, 2 (fév 42), 28-29

"École des Beaux-Arts de Montréal" (travaux des étudiants en architecture)
RAIC, XX, 2 (fév. 43), 21

"École des Beaux-Arts de Montréal" (travaux des étudiants en architecture)
RAIC, XXI, 4 (avril 44), 73

"École des Beaux-Arts de Montréal". (travaux d'étudiants).
RAIC, XXV, 5 (mai 48), 158-161

"École des Beaux-Arts de Montréal". (opinion des élèves, travaux d'étudiants).
RAIC, XXVII, 4 (avril 50), 119-123

"Le Québec forme plus d'architectes mais moins d'ingénieurs que les autres provinces"
BAT, XLIV, 4 (avril 69), 6, texte.

"Les deux écoles" (Sur le nombre des écoles d'architecture au Québec, l'école de Montréal, l'école de Québec).
RAIC, XLI, 6 (juin 64), 22-23 et 25 et 28

"L'exposition d'architecture" (École des B.-A. de Montréal, présentation des travaux)
BAT, XXXVI, 10 (oct. 60), 28-29

"Mc Gill Research" (Planning Research Program)
CB, II, 7 (juil. 52), 49, texte.

"McGill University, Montréal". (travaux d'étudiants)
RAIC, XXVII, 4 (avril 50), 133-137

"McGill University school of architecture"
RAIC, XXXIII, 3 (mars 56), 72-98

"Nouvelle école d'architecture à Québec"
BAT, XXXV, 4 (avril 60), 69

"School of architecture, McGill University" (travaux des étudiants)
RAIC, XIX, 2 (fév. 42), 26-27

"School of architecture McGill University" (travaux des étudiants)
RAIC, XXI, 4 (avril 44), 74

"The School-Office". (École de Carleton et Univ. de Montréal, forme révolutionnaire d'éducation architecturale)
ARCAN, 48 (5 avril 71), 2

"Time for stock-taking, McGill University School of Architecture Students' issue".
RAIC, XXXVIII, 3 (mars 61), 39-52

"Université de Montréal — École d'Architecture — Maîtrise en architecture"
ABC, XXI, 244 (août 66), 46-47, texte.

Baker, Joseph
"L'architecture au musée".
AC, 31, 337 (sept.-oct. 76), 30-33

Balharrie, Watson
"Building Construction". (école d'architecture de McGill).
RAIC, XXVI, 5 (mai 49), 144-145

Bland, John
"Architectural Design C". (à l'école d'architecture de McGill).
RAIC, XXVI, 5 (mai 49), 147

"From the McGill University School of Architecture". (Historique)
RAIC, XVIII, 4 (avril 41), 65

"McGill University, Montréal". (propos sur l'école d'architecture et travaux d'étudiants)
RAIC, XXVIII, 3 (mars 51), 56-61

"McGill University School of Architecture".
RAIC, XXVI, 5 (mai 49), 142

Bland, John; James, F. Cyril
"The architectural course at McGill"
RAIC, XX, 8 (août 43), 139

Bland, John; Turner, Philip J.
"School of architecture, McGill University".
RAIC, XVIII, 2 (fév. 41), 23-25

Collins, Peter
"Architectural Education, McGill, Interprofessional v. Interdisciplinary"
TCA, XX, 4 (avril 75), 49-50

Gareau, Jean
"Nouvelles provinciales". (création d'une école d'architecture à l'univ. de Montréal, petite biographie de Guy Desbarats directeur de cette école).
RAIC, XLI, 7 (juil. 64), 85

Gariépy, Roland
"Québec". (la formation d'urbaniste).
RAIC, XXIV, 5 (mai 47), 174

Hamel, Gilles; Mercier, Pierre; Woodrough, Yves
L'architecture "presse-bouton" (projet de 5e année, école d'arch., U. de M.)
ABC, XXII, 255 (juil. 67), 23-27, texte & ill.

Lasserre, Fred; Bland, John; Webber, Gordon et al.
"McGill University School of Architecture". (travaux d'étudiants)
RAIC, XXII, 4 (avril 45), 72-74

LeMoyne, Roy-E.
"Architectural Education, McGill, Specifications and Professional Practice".
TCA, XX, 5 (mai 75), 49-50

Lincourt, Michel
"Université de Montréal, stage d'étude pour architectes francophones".
AC, 24, 276 (juil.-août 69), 23

Mainguy, Noël
"École d'architecture de Québec"
ABC, XVIII, 207 (juil. 63), 35-37, texte & ill.

Morency, Pierre
"Concept et réalités organiques, école d'architecture de Montréal".
RAIC, XXXIX, 3 (mars 62), 37-46

Morency, Pierre
"School of Architecture, École des Beaux-Arts". (travaux d'étudiants)
RAIC, XXXIV, 3 (mars 57), 68-94

Schoenauer, Norbert
"Architectural Education, McGill".
TCA, XX, 3 (mars 75), 46-51

Spences-Sales, Harold
"Architectural Design B". (à l'école d'architecture de McGill).
RAIC, XXVI, 5 (mai 49), 146

Venne, Émile
"École des Beaux-Arts de Montréal".
RAIC, XVIII, 2 (fév. 41), 17-19

"École des Beaux-Arts, Montréal, on architectural education".
RAIC, XXVI, 5 (mai 49), 154-159

"Upon the teaching of architecture". (École des B.-A. de Montréal)
RAIC, XXII, 4 (avril 45), 81-83

Vergès-Escuin, Ricardo
"Université de Montréal"
AC, 25, 286 (juil.-août 70), 26-27

Webber, Gordon
"McGill University, Basic Elements of Visual Design".
RAIC, XXVI, 5 (mai 49), 143

Wilson, Stuart
"Architectural Design". (à l'école d'architecture de McGill)
RAIC, XXVI, 5 (mai 49), 144-145

L'ARCHITECTURE PAYSAGISTE
LANDSCAPE ARCHITECTURE

"École d'architecture paysagiste dans votre province?"
ABC, XVII, 191 (mars 62), 50, texte.

"École d'architecture paysagiste dans votre province?"
BAT, XXXVII, 5 (mai 62), 77, texte.

"École d'Architecture — Université de Montréal — Nouveau programme en architecture-paysagiste"
ABC, XXIII, 264 (mai 68), 58, texte.

"Nouveau programme en architecture paysagiste" (à l'École d'architecture)
BAT, XLIII, 6 (juin 68), 7 et 42

"School of Landscape Architects" (Université de Montréal)
TCA, VII, 6 (juin 62), 12

"Schools" (Nouveau programme de bachelier en architecture du paysage à U.B.C.)
TCA, XXIV, 8 (août 79), 7

"Two New Schools of Landscape Architecture at Toronto and Guelph Universities".
RAIC, XLIII, 1 (jan. 66), 55

Harper, W. Douglas
"L'étudiant paysagiste"
AC, 24, 272 (mars 69), 36-37

FORMATIONS TECHNIQUES DIVERSES
TECHNICAL TRAINING

"1,317 diplômés des cours d'apprentissage"
BAT, XLI, 9 (sept. 66), 7, texte.

"Belle réussite de jeunes apprentis des métiers de la construction"
BAT, XXXII, 10 (oct. 57), 94

Centre d'apprentissage des métiers de la construction de Montréal
BAT, XXVII, 4 (avril 52), 8, texte.

"Cours de perfectionnement au Centre d'apprentissage des Métiers de la Construction de Montréal"
BAT, XLIV, 8 (août 69), 8-9, texte & ill.

"Cours destiné aux contremaîtres et aux surintendants"
BAT, XLVI, 11 (nov. 71), 5, texte.

"Cours d'hiver de l'ACMQ"
BAT, XLIX, 12 (déc. 74), 17, texte.

"Exposition annuelle de l'école du meuble"
ABC, VII, 75 (juil. 52), 26-27, ill.

"La BOMA et le CEGEP du Vieux-Montréal: un pont est jeté entre l'école et l'industrie"
BAT, XLVI, 5 (mai 71), 6, texte & ill.

"Le centre d'apprentissage des métiers de la construction"
BAT, XXXVII, 8 (août 62), 26-29, 45, texte & ill.

"Le centre d'apprentissage des métiers du bâtiment de Montréal"
ABC, I, 8 (nov. 46), 19, texte.

"L'école du meuble de Montréal"
ABC, VIII, 87 (juil. 53), 43, ill.

"New Course in Architectural Technology" (Ryerson Institute of Technology)
CB, I, 1 (mars 51), 54, texte.

"Nouvelle orientation du Centre d'Apprentissage de la construction"
BAT, XLV, 4 (avril 70), 7, texte & ill.

"Nouvelles dispositions pour les programmes d'apprentissage"
BAT, XXXIV, 12 (jan. 60), 39, texte & ill.

"Pigott urges increased apprentice training"
CB, III, 10 (oct. 53), 49, texte.

Quebec Apprenticeship Centre, Montréal
CB, II, 1-2 (jan.-fév. 52), 49, texte.

"Training Better Workers For the Building Trades"
NB, IV, 5 (mai 55), 10-11, 28, 30, texte & ill.

"Une belle initiative — l'école d'apprentissage des métiers du bâtiment"
ABC, I, 2 (jan. 46), 7

Bourbeau, Armand E.
"Impressions d'Europe: L'apprentissage dans les métiers de la construction"
ABC, VI, 65-66 (sept.-oct. 51), 14-19, texte & ill.

"Le centre d'apprentissage des métiers du bâtiment de Montréal"
ABC, VII, 76 (août 52), 27-31, texte & ill.

Chesnel, Pierre
"Progrès de l'enseignement technique"
ABC, II, 20 (déc. 47), 39-40

Ingles, E.
"Training mechanics in construction industry"
RAIC, XIX, 9 (sept. 42), 192

Inglis, Fred R.
"École des métiers de Hull"
CDQ, XXV, 6 (nov.-déc. 50), 21-22, texte & ill.

Leclerc, Marcel
"La formation: facteur déterminant de croissance, d'évolution et de stabilité pour la PME"
BAT, LII, 11 (nov. 77), 67-68, texte.

McRae, D.G.W.
"Architectural Design in the Technical Schools".
RAIC, XVII, 10 (oct. 40), 171-173

McRae, D.G.W.
"Architectural draughting school training and re-establishment institute, Toronto."
RAIC, XXII, 10 (oct. 45), 214-215

Prévost, Roland
"Les techniciens en bâtiment formés au collège Ahuntsic"
BAT, XLIX, 1 (jan. 74), 20, texte.

Small, William
"Former training programs are creating a new breed of construction manager"
CB, XXVIII, 11 (nov. 78), 80

Unterman, René
"La formation technique est un gage de succès"
BAT, XXX, 11 (nov. 55), 28-30, 62, texte & ill.

Younkie, Grace W.
"School of architecture draughting opens in Toronto".
RAIC, XXV, 11 (nov. 48), 428 et 432

VOYAGES D'ÉTUDE
ARCHITECTURAL TOURS

"Architect's Tour 1958" (Voyage d'étude en Suède, Danemark, Allemagne).
TCA, II, 11 (nov. 57), 72

"Architects' Tour 1958". (Voyage pour architectes, annonce)
TCA, III, 2 (fév. 58), 61

"Architects' Tour 1959". (Voyage des architectes en Scandinavie).
TCA, IV, 1 (jan. 59), 51

"A very beautiful country... and other topics". (des professeurs polonais sont en visite à Toronto).
TCA, II, 2 (fév. 57), 51

"Grand tour" (Voyage en Europe pour les architectes).
TCA, III, 5 (mai 58), 20

"Just an engineer". (délégation russe visite Toronto).
TCA, I, 10 (oct. 56), 8 et 10

"Les futurs architectes en visite d'information" (étudiants de première année d'architecture chez B&A Construction)
BAT, XLVI, 6 (juin 71), 5, texte & ill.

"Le voyage d'études des constructeurs du Québec visite à la construction européenne" (Hollande, Suède, URSS, Paris)
BAT, XXXVIII, 1 (jan. 63), 40-48, 51, texte & ill.

"More tour" (Voyage d'architectes en Europe)
TCA, III, 6 (juin 58), 16

Barnard, Walter
"Field trips". (Voyages d'études des étudiants en architecture à l'Université de Toronto).
RAIC, XXVIII, 3 (mars 51), 64

Kettle, John
"Architects' tour 1958" (Voyage d'architectes en Scandinavie)
TCA, III, 12 (déc. 58), 48-51

Prix et concours
Awards and Competitions

BOURSES D'ÉTUDE
SCHOLARSHIPS

"Adjudication for the Pilkington Glass Annual Travelling Scholarship in Architecture". (K. Izumi).
RAIC, XXV, 8 (août 48), 284

Bourse d'étude d'architecture en France, décernée par la Portland Cement Association
BAT, XL, 5 (mai 65), 6, texte.

"Bourse d'étude d'architecture en France" (à Herbert Schuman, architecte)
BAT, XL, 5 (mai 65), 6

"Bourses Pilkington 1965 Awards". (rapport du jury, présentation des gagnants).
RAIC, XLII, 8 (août 65), 21-26

"Contributors & Others" (The Year's Pilkington Scholars)
TCA, VI, 6 (juin 61), 10

"Emphasis on books of Graphics? Pilkington Scholarship 1969."
ARCAN, 46, 9 (sept. 69), 26-27

"Entre les lignes" (Remy Thibault, Russell Adams et Witold Rybczynski, étudiants en architecture, obtiennent une bourse d'étude)
BAT, XL, 6 (juin 65), 50

"McGill student wins Pilkington award" (Harvey Wolfe)
CB, VIII, 8 (août 58), 49

"New Scholarship" (Gilles Hamel de l'Université de Montréal)
TCA, XI, 11 (nov. 66), 8

"Note for young engineers". (Bourses d'étude pour ingénieurs)
TCA, I, 10 (oct. 56), 6

"Pilkington award to McGill student"
CB, VI, 7 (juil. 56), 45

"Pilkington Awards"
CB, III, 7 (juil. 53), 49-50, texte.

"Pilkington Awards" (liste des gagnants)
TCA, X, 7 (juil. 65), 8

"Pilkington Glass Scholarship". (gagné par H.P.V. Massey)
RAIC, XXVIII, 9 (sept. 51), 276

"Pilkington Glass Scholarship and awards".
RAIC, XXXI, 8 (août 54), 288

"Pilkington Glass Travelling Scholarship and awards". (Gagnant Carmen Corneil d'Ontario).
RAIC, XXXIV, 6 (juin 57), 233-234

"Pilkington Scholarship"
CB, II, 8 (août 52), 37, texte.

Pilkington Scholarship (Lewis Morse)
TCA, XII, 6 (juin 67), 72, texte & ill.

"Prizes and Awards". (Liste des gagnants des écoles d'architecture du Canada).
RAIC, XXXV, 7 (juil. 58), 281-282

"Prize and Awards". (liste des gagnants des écoles d'architecture du Canada).
RAIC, XXXVI, 7 (juil. 59), 255

"Prizes and Awards". (École d'architecture de UBC, liste des gagnants)
RAIC, XXXII, 10 (oct. 55), 402

"Prizes and Awards". (école d'architecture de UBC, liste des gagnants)
RAIC, XXXIV, 8 (août 57), 322

"Prizes and Awards". (de l'Université du Manitoba).
RAIC, XXXI, 9 (sept. 54), 340

"Prizes and Awards". (École d'architecture de l'Univ. du Manitoba, liste des gagnants).
RAIC, XXXII, 8 (août 55), 309

"Prizes and Awards". (École d'architecture de l'Univ. du Manitoba, liste des gagnants)
RAIC, XXXIII, 7 (juil. 56), 274-275

"Prizes and Awards". (Université du Manitoba, liste des gagnants).
RAIC, XXXV, 9 (sept. 58), 355

"Prizes and Awards". (École d'architecture de l'Univ. de Toronto, liste des gagnants).
RAIC, XXXII, 6 (juin 55), 231

"Prizes and Awards". (École d'architecture de l'Univ. de Toronto, liste des gagnants)
RAIC, XXXIII, 8 (août 56), 314

"Prizes and Awards". (École d'architecture de l'Univ. de Toronto, liste des gagnants).
RAIC, XXXIV, 7 (juil. 57), 279-280

"Scholarship wins student summer in Europe" (John H. Fisher)
CB, IX, 9 (sept. 59), 77

"Scholarships for architectural students".
RAIC, XXII, 10 (oct. 45), 218

"Télégrammes" (Michel Gallienne, Margaret Stovel et Martin Fiset obtiennent des bourses pour voyage d'étude en architecture)
BAT, XLI, 7 (juil. 66), 52

"The 1961 Pilkington Travelling Scholarship in architecture". (Rapport du Jury).
RAIC, XXXVIII, 11 (nov. 61), 71-73

"Un étudiant en architecture de 23 ans gagne la bourse Pilkington".
BAT, XXXII, 7 (juil. 57), 61, 67, texte.

"U of T. Scholarships & Prizes". (liste des gagnants).
RAIC, XXXVII, 6 (juin 60), 271

"Voyages d'étude 'Pilkington'" (liste des gagnants)
BAT, XXX, 6 (juin 55), 67

"Young Vancouver Architect Wins Prize" (Kenneth Gordon Terriss has been awarded the Edward Langley Scholarship)
CB, III, 8 (août 53), 45, texte.

Garden, Kerby
"Bourse d'étude 1966, Pilkington"
ARCAN, 43, 8 (août 66), 55-58

Gibson, George
"Pilkington Scholarship 1963" (Projets des gagnants)
RAIC, XL, 7 (juil. 63), 45-48

Grossman, Irving
"Report of the Pilkington Glass Scholar, 1950, Part I".
RAIC, XXXI, 8 (août 54), 255-258
"Report of the Pilkington Glass Scholar, 1950, Part II".
RAIC, XXXI, 9 (sept. 54), 293-305

Hankinson, E.L.
"Annual Travelling Scholarship in Architecture". (Commentaire du gagnant).
RAIC, XXVIII, 7 (juil. 51), 195-201

Izumi, K.
"1948 Pilkington Glass Scholar in architecture, Reports on his study Abroad".
RAIC, XXVII, 7 (juil. 50), 237-245

Smith, Ernest J.
"1960 Pilkington Travelling Scholarship and awards". (Liste des gagnants et projets)
RAIC, XXXVII, 8 (août 60), 338-340

Tillman, Peter F.
"The Pilkington Travelling Scholarship Awards in Architecture".
RAIC, XXXVI, 6 (juin 59), 216

Tisseur, Jacques
"Du Secrétariat de l'A.A.P.Q." (à propos de la bourse d'étude de l'A.A.P.Q.)
RAIC, XXXIX, 9 (sept. 62), 70

Wade, John
"The 1962 Pilkington Travelling Scholarship in Architecture, Competition result".
RAIC, XXXIX, 8 (août 62), 59-62

LES MÉDAILLES MASSEY
THE MASSEY MEDALS

"95 Massey Medals Finalists".
RAIC, XLI, 7 (juil. 64), 43

"1961 Massey awards show trend to use of natural materials" (liste et projets)
CB, XI, 12 (déc. 61), 38-47

"Awards" (The Vincent Massey Award for Excellence in the Urban Environment)
TCA, XXI, 2 (fév. 76), 4

"Choix de finalistes du Concours du Centenaire pour les médailles Massey"
BAT, XLII, 3 (mars 67), 5

"Gagnants de la côte ouest des prix Massey"
BAT, XXVIII (fév. 53), 16-17, ill.

"Jury appointed for Massey Medals Competition in 1961"
RAIC, XXXVII, 11 (nov. 60), 452

"Le prix Vincent-Massey 1975"
AC, 30, 330 (juil.-août 75), 6

"Les architectes canadiens à Québec"
CDQ, XXVI, 2 (mars-avril 51), 21

"Massey" (liste des candidats retenus pour les médailles Massey)
TCA, VI, 8 (août 61), 8-9

"Massey Architectural Awards"
CB, VI, 1 (jan. 56), 24-27

"Massey Awards" (les vingt candidats gagnants)
TCA, VI, 11 (nov. 61), 6 et 8-9

"Massey Awards for Architecture Announced"
NB, X, 11 (nov. 61), 65

"Massey Contributors" (liste des gagnants de la médaille Massey)
TCA, IV, 1 (jan. 59), 14

"Massey Medals" (liste des 18 gagnants)
TCA, IX, 11 (nov. 64), 18

"Massey Medal 1964"
RAIC, XLI, 11 (nov. 64), 34-139

"Massey Medal Awards for 1955"
TCA, 1 (nov.-déc. 55), 14

"Massey Medal Awards for 1964"
TCA, IX, 12 (déc. 64), 33-44

"Massey Medals for Architecture 1958"
RAIC, XXXV, 12 (déc. 58), 437-483

"Massey Medals for Architecture 1970 Médailles Massey en architecture"
ARCAN, XLVII (12 oct. 70), 3-23

"New Rule for Massey Comp."
TCA, VI, 4 (avril 61), 7 et 12

"Prix d'architecture Massey"
BAT, XXXI, 3 (mars 56), 42-43, 46-47, texte & ill.

"Prix d'architecture Massey pour 1952"
BAT, XXVIII (jan. 53), 13-15, texte & ill.

"Seven Massey Awards"
TCA, XII, 6 (juin 67), 39-64

"Tendances de l'architecture canadienne — Les médailles Massey 1961"
BAT, IX, 12 (déc. 61), 12-16, texte & ill.

"The Massey Medals for Architecture" (liste et projet des gagnants)
RAIC, XXX, 1 (jan. 53), 8-27

"The Massey Medals in Architecture for 1952"
CB, II, 12 (déc. 52), 13-15, texte & ill.

"West Coast Winners"
CB, III, 1 (jan. 53), 16-17, texte & ill.

"Winners of the 1958 Gold and Silver Medals for Architecture"
NB, VIII, 1 (jan. 59), 24-25

Anderson, Lawrence B.
"The Massey Medals for architecture, 1955"
RAIC, XXXII, 12 (déc. 55), 452-461

Arthur, Eric R.; Blake, Peter; Lalonde, Jean-Louis
"Rapport du Jury". (concours Médailles Massey en architecture, 70)
ARCAN, 47 (12 oct. 70), 4-23

Belluschi, Pietro; Bland, John; Thornton, Peter
"Massey Medals for architecture 1961, report of the jury".
RAIC, XXXVIII, 11 (nov. 61), 45-70

Casson, Hugh et al.
"Médailles Massey en architecture. Concours du Centenaire. 1967".
ARCAN, 44, 5 (mai 67), 1-16, (supplément à la revue), texte & ill.

Christianson, Dennis; Coutu, Jacques et al.
"Comment". (sur les résultats du concours des Médailles Massey de 1970)
TCA, XVI, 2 (fév. 71), 10-11

Craig & Madill
Massey Silver Medal for Educational Buildings.
CB, III, 6 (juin 53), 37-38, texte & ill.

Gosselin-Geoffrion, H.
"Prix Vincent Massey 1975 pour l'aménagement urbain".
AC, 30, 332 (nov.-déc. 75), 25-29

Gouverneur Général
"Presentation of 1961 Massey Medals for architecture".
RAIC, XXXVIII, 11 (nov. 61), 43-44

Madill, H.H.
"Massey Medals for architecture" (prix de 1951)
RAIC, XXVIII, 2 (fév. 51), 34-38

Russell, John A.
"Les Médailles Massey, examen critique du concours".
RAIC, XXXIX, 12 (déc. 62), 79-82

"Letters" (critic of the Massey Medals for Architecture 1964 Competition)
TCA, X, 2 (fév. 65), 9

"The Massey medals for architecture, the results of the questionnaire".
RAIC, XL, 4 (avril 63), 73

PRIX SUIVANT LES MATÉRIAUX DE CONSTRUCTION
AWARDS, BASED ON THE USE OF SPECIFIC BUILDING MATERIALS

"Alcan Architectural Competition winners".
RAIC, XXXIV, 6 (juin 57), 233

"Awards" (Atlantic Architectural Awards for Masonry)
TCA, XXV, 5 (mai 80), 4

"Awards" (Design Awards Program of the Ontario Masons' Relations Council)
TCA, XXV, 2 (fév. 80), 4

"Awards" (Prestressed Concrete Institute Awards Program)
TCA, XV, 9 (sept. 70), 7

"Awards" (R.S. Reynolds Memorial Awards)
TCA, XII, 11 (nov. 67), 9

"Awards" (The Stelco Design Award Program)
TCA, XXV, 8 (août 80), 4

"Concours de construction en béton"
AC, 26, 295 (juin 71), 10

"Concrete Award Program"
TCA, XI, 11 (nov. 66), 10

"Concrete Awards"
TCA, XVII, 1 (jan. 72), 9

"Concrete research fellowship" (annual awards donated by Miron & Frères Ltée)
CB, IV, 12 (déc. 54), 32, texte.

"Design — Canada Concrete Awards".
ARCAN, 44, 10 (oct. 67), 7

"Douglas Fir Plywood Architectural Competition".
RAIC, XXX, 8 (août 53), 219-223

"Gendron, Lefebvre et associés se méritent deux prix de l'institut américain du fer et de l'acier".
AC, 26, 294 (mai 71), 37

"Gendron-Lefebvre & Associés reçoit le Prix du meilleur travail d'ingénierie et de la meilleure conception technique" (Institut Américain du Fer et de l'Acier)
BAT, XLVI, 5 (mai 71), 5, texte & ill.

"Lauréats du 5ème Concours annuel de l'Institut du Béton Précontraint"
BAT, XLII, 8 (août 67), 6-7, texte & ill.

"Le prix R.S. Reynolds 1968 remporté par le pavillon des Pays-Bas"
BAT, XLIII, 7 (juil. 68), 5, texte & ill.

"Les prix du concours d'Esthétique Industrielle 1964 pour l'acier de charpente"
BAT, XL, 5 (mai 65), 7, texte & ill.

"Masonry design awards for seven Ontario architects"
CB, XXVII, 12 (déc. 77), 12-13

"OMRC awards recognize design and workmanship" (les gagnants du Ontario Mason's Relations Council)
CB, XXX, 1 (jan. 80), 14-15

"Ontario Masons Relations Council/1964 Awards".
RAIC, XLI, 12 (déc. 64), 55-58

"Ouvrages en maçonnerie primés par Design Canada"
BAT, XLVII, 12 (déc. 72), 23-27, texte & ill.

"Prestressed Concrete Awards"
TCA, XII, 8 (août 67), 11-12

"Prix du concours d'esthétique pour constructions en bois"
BAT, XLI, 5 (mai 66), 6-7, texte & ill.

"Stelco Award Winner" (liste des gagnants de la Stelco pour une gare d'autobus)
TCA, IX, 5 (mai 64), 6

"Structural Steel Awards"
TCA, X, 4 (avril 65), 18

"The Stainless Steel Design award committee competition, a branch bank and its furnishings".
RAIC, XXXVIII, 11 (nov. 61), 75-82

"Vainqueurs du concours d'architecture de l'Alcan"
BAT, XXXII, 7 (juil. 57), 67, texte.

Barott, Peter T.M.
"Competition Results Award 62, Certificates of Merit for Excellence in Building Product Literature".
RAIC, XXXIX, 5 (mai 62), 73-76

Briggs, Robert E.
"Results 1963 Competition for Excellence in building product literature"
RAIC, XL, 6 (juin 63), 79-81

PRIX DIVERS
MISCELLANEOUS AWARDS

"13 architects win Design Canada awards"
CB, XXIII, 1 (jan. 73), 32

"An Award for CA" (Pour le numéro intitulé "A Plan for Central Toronto", août 1962)
TCA, VIII, 11 (nov. 63), 6

"Architecture from the west wins Department of Public Works awards".
CB, XIX, 2 (fév. 69), 5

"Awards" (12 gagnants et leurs projets)
TCA, XIV, 7 (juil. 69), 6

"Awards" (Arthur C. Erickson est gagnant pour le "Fifth Annual Pan Pacific Architectural Citation")
TCA, VIII, 1 (jan. 63), 9

"Awards" (Avshalom Shwartz reçoit la médaille de l'Ontario Association of Architect)
TCA, XXIV, 11 (nov. 79), 4

"Awards". (Décernés par l'Ontario Association of Architects et Ontario Department of Tourism and Information)
TCA, XIII, 4 (avril 68), 11

"Awards" (Liste des gagnants de deux concours tenus aux États-Unis)
TCA, XXV, 12 (déc. 80), 4

"Awards" (Liste des gagnants de la LEBDA Competition)
TCA, XXV, 6 (juin 80), 7

"Awards" (Liste des gagnants des prix d'excellence de RAIC et AIBC)
TCA, XXV, 6 (juin 80), 6

"Awards" (Liste des gagnants du Annual Awards Program de 1970)
TCA, XV, 7 (juil. 70), 6

"Awards" (Liste des gagnants du Canadian Architect Yearbook de 1972)
TCA, XVII, 11 (nov. 72), 8

"Awards" (Liste des gagnants du Ontario Association of Architects, 1977 Design Awards Program)
TCA, XXIII, 3 (mars 78), 6

"Awards" (Liste des projets sélectionnés pour The Canadian Architect Yearbook Awards Program)
TCA, XXI, 10 (oct. 76), 4

"Awards" (Manitoba Association of Architects Design Awards Program)
TCA, XIII, 2 (fév. 68), 8

"Awards" (RAIC, Annual Awards Program)
TCA, XVIII, 7 (juil. 73), 8-9

"Awards" (The RAIC's first National Capital Region Festival of Architecture Design Awards 1979)
TCA, XXV, 2 (fév. 80), 4

Building Design of Excellence Award, Société Armco
BAT, LII, 7 (juil. 77), 5, ill.

"C.C.A. Construction thesis awards"
CB, III, 9 (sept. 53), 64-65, texte.

"C.C.A. Construction Thesis Competition"
CB, III, 11 (nov. 53), 51-52, texte.

"C.C.A. Thesis Award"
CB, IV, 10 (oct. 54), 18, texte.

"CMHC, Ontario Hydro awards architects" (énumération des gagnants)
NB, X, 8 (août 61), 59

"Community Planning Awards". (les gagnants du concours CMHC)
RAIC, XXIX, 8 (août 52), 259

"Community Planning Fellowships". (liste des gagnants)
RAIC, XXXIV, 9 (sept. 57), 366-367

"Design Winning Products for Canadian Builders" (Awards by the National Industrial Design Council)
CB, IV, 6 (juin 54), 54-55, texte & ill.

"First Canadian Industrial Design Competition"
CB, I, 2 (mai 51), 28, texte & ill.

"Gagnants du prix du président du Conseil National de l'esthétique industrielle"
AC, XXIX, 324, (juil.-août 74), 8-9, texte & ill.

"General Motors Competition Awards".
RAIC, XXII, 7 (juil. 45), 150

"Here are the awards in the National Builder of the Year Contest"
NB, X, 1 (jan. 61), 12

"Honorary Fellowship to Mr. Jacques Gréber".
RAIC, XXVI, 7 (juil. 49), 223

"La recette du succès de B & A Construction Inc. (titulaire du trophée 'Bâtiment' 1967)"
BAT, XLII, 4 (avril 67), 44-46, texte & ill.

"La rénovation du Parc Milton à Montréal mérite un prix de l'ASID" (société américaine des décorateurs intérieurs)
BAT, LV, 8 (oct. 80), 9, texte & ill.

Leonidas Zarifi, award in Canadian Construction Association Competition.
CB, II, 9 (sept. 52), 58, ill.

"Le prix de l'A.S.T.M."
AC, 26, 297 (sept. 71), 23

"Le projet 'Bord de l'eau' de D'Iberville construction remporte le titre de 'Banlieue de l'année 1964'"
BAT, XXXIX, 7 (juil. 64), 35-36, texte.

"Les lauréats du Prix d'excellence en architecture"
BAT, LIII, 6 (juin 78), 13-16, texte & ill.

"Le troisième grand prix international d'urbanisme et d'architecture aborde le thème du loisir"
BAT, XLIV, 12 (déc. 69), 5

"Monsanto award".
TCA, II, 10 (oct. 57), 17

"nidc triennale". (La National Industrial Design Council revise son programme de mérite)
TCA, IV, 12 (déc. 59), 6

"Ontario builders win major share of national design awards"
CB, X, 12 (déc. 60), 9

"Planning fellows" (CMHC distribue des fellows)
TCA, I, 11 (nov. 56), 8

"Prairie, Western builders win design awards."
NB, IX, 10 (oct. 60), 42

"Prix annuel du Conseil national de l'esthétique industrielle"
BAT, XLIX, 6 (juin 74), 15, texte.

"Prix annuels". (Prix de l'IRAC décernés aux architectes)
ARCAN, L (juil. 73), 2-5

"Prix citron à l'école d'hôtellerie".
AC, 30, 328 (mars-avril 75), 14

"Prix de la Société d'Architecture de Montréal".
AC, 31, 334 (mars-avril 76), 10-11

"Prix de la Société d'Architecture de Montréal à la communauté portugaise".
AC, 30, 328 (mars-avril 75), 14

"Produits primés 1957", Conseil Canadien du dessin industriel
BAT, XXXII, 9 (sept. 57), 40-41, texte & ill.

"Project 69: Annual Awards Program"
TCA, XIV (yearbook 69), 35-62

"RAIC medals for 1956"
RAIC, XXXIII, 8 (août 56), 314

"Remarks of the National Jury"
NB, VII, 3 (mars 58), 7-8

"Super Shelter". (CA et les équipes gagnantes de CHDCNA)
TCA, II, 8 (août 57), 13

"The Canadian Architect Yearbook Award 1973, Jury Comments".
TCA, XVIII (yearbook 73), 24-58

"The 1974 Canadian Architect Yearbook Awards"
TCA, XIX, 12 (déc. 74), 27-65

"The 1977 Canadian Architect Yearbook Awards"
TCA, XXII, 12 (déc. 77), 16-48

"Un architecte de McGill reçoit le prix 'Critics'".
AC, 27, 304 (mai 72), 26

"Une firme d'architectes montréalais reçoit le prix Héritage Canada" (Desnoyers, Mercure, Gagnon et Sheppard).
BAT, LII, 12 (déc. 77), 5, texte & ill.

"Un observatoire construit par le Groupe SNC mérite un prix de l'AICC" (Association des ingénieurs-conseils du Canada)
BAT, LIII, 8 (août 78), 5, texte & ill.

Hazelgrove
"Mr. Kiyoshi Izumi, winner of the 1950 Award of the R.A.I.C." (Brève biographie).
RAIC, XXVII, 4 (avril 50), 146

Leman, Alexander B.
"August Perret Award" (Remporté par Arthur C. Erickson)
TCA, XX, 2 (fév. 75), 10

Lincourt, Michel
"Rencontres internationales construction et humanisme. Grand prix international d'urbanisme et d'architecture".
AC, 25, 284 (mai 70), 28-31

Lyle, John M.; Maxwell, W.S.; Bridgman, L.G.;
"Report of the jury of awards, R.A.I.C. Competition, 1940".
RAIC, XVII, 3 (mars 40), 41-44

Murray, James A.
"First Annual Awards Program"
TCA, XIII (yearbook 68), 35-63

Taylor, Brian H.
"Better Design Promotes Better Sales — Review of the National Industrial Design Committee's 1953 Awards"
CB, III, 8 (août 53), 29-33, texte & ill.

LES CONCOURS D'ARCHITECTURE
ARCHITECTURAL COMPETITIONS

"An architect speaks up for the benefits of competitions"
CB, XXVII, 9 (sept. 77), 6

"Chicago Competition" (Annonce de la compétition)
TCA, I, 11 (nov. 56), 6

"Code for the conduct of architectural competitions"
RAIC, XL, 1 (jan. 63), 43-45

"Competition for the design of a letterhead, an announcement".
TCA, I, 6 (juin 56), 26-27

"Concours de travaux de maçonnerie" (Programme de Design Canada)
BAT, XLVII, 7 (juil. 72), 8, texte.

"Concours international de Régina"
AC, 31, 336 (juil.-août 76), 6

"International Union of architect's standard regulations for competitions in architecture and town planning".
RAIC, XL, 1 (jan. 63), 49-51

"Le concours d'architecture de l'association canadienne d'urbanisme"
ABC, XII, 136 (août 57), 54, texte.

"No contest" (au sujet de la 1959 Mastic Tile Competition)
TCA, V, 2 (fév. 60), 8

"Perspective" (compétitions architecturales et particulièrement pour la Galerie Nationale du Canada)
TCA, XXI, 2 (fév. 76), 5

"RAIC, New Code for the Conduct of Architectural Competitions"
TCA, XXI, 10 (oct. 76), 8

Annau, Ernest
"More and Better Architectural Competitions"
TCA, XVII, 10 (oct. 72), 84 et 86

Banz, George
"Letters" (encouragement des compétitions pour les projets touchant les travaux publics)
TCA, VIII, 6 (juin 63), 108

Charney, Melvin
"On the liberation of architecture". (Les concours d'architectures ne préconisent qu'un seul type de construction, l'édifice)
ARCAN, 48 (26 avril 71), 3

Desrosiers, Hugues B.
"Plaidoyer pour les concours d'architecture".
RAIC, XXXIX, 3 (mars 62), 48

Gretton, Robert
"Comment" (Sur les compétitions architecturales)
TCA, XIII, 4 (avril 68), 12
"Comment" (Sur les compétitions architecturales)
TCA, XIII, 10 (oct. 68), 13

Moenaert, Raymond
"Points de vue: l'évolution actuelle des idées et les jurys de concours"
ABC, XI, 118 (fév. 56), 42 et 44, texte.

Sorensen, Wilfred
"Letters" (au sujet des compétitions architecturales)
TCA, XIII, 3 (mars 68), 7

Strong, Judith
"For and Against: the Competition Debate"
TCA, XXI, 11 (nov. 76), 44-45 et 56

Notices biographiques
Biographical Notes

"Firms, Firm & Infirm"
TCA, V, 6 (juin 60), 8

"Les firmes d'ingénieurs-conseils, d'architectes, d'ingénieurs et autres professionnels classées dans des fichiers du gouvernement du Québec"
BAT, LIII, 12 (déc. 78), 12

Gretton, Robert
"Two Hundred and Fifty Firms Surveyed... Or Buddy, Can you Spare a Client?"
TCA, XXI, 11 (nov. 76), 46-55

Hamilton, John P.
"The Anatomy of a Partnership"
TCA, XXIII, 9 (sept. 78), 54 et 59

Madill, H.H.
"Letter to the Editor". (Les architectes du Canada par catégorie d'âge).
RAIC, XXIV, 11 (nov. 47), 418

Abra, W. J.
"W. J. Abra, FRAIC (1882-1965)".
RAIC, XLIII, 3 (mars 66), 5

Abram, George S.
"Contributors & Others" (Brève biographie de George S. Abram).
TCA, VI, 6 (juin 61), 6

Abram, Nowski & McLaughlin
"People" (nouvelle firme formée par G.S. Abram et J.J. Nowski et S.G. McLaughlin)
TCA, XV, 2 (fév. 70), 9

Acland, James H.
"Odds & Ends"
TCA, V, 4 (avril 60), 6

"Contributors"
TCA, VII, 5 (mai 62), 13
"People"
TCA, XII, 9 (sept. 67), 7
"Contributors"
TCA, XII (yearbook 67), 126
"People"
TCA, XXI, 7 (juil. 76), 6

Adamson, Anthony
"Subsidence?" (Anthony Adamson à Norfolk)
TCA, I, 6 (juin 56), 18
"Contributors".
TCA, III, 2 (fév. 58), 10

Adamson, Francis S.
"Francis S. Adamson".
RAIC, XXIII, 4 (avril 46), 103

Affleck, Raymond T.
"Contributors"
TCA, XI, 5 (mai 66), 24

Agnew, Herbert
"People" (la firme Herbert Agnew Ass.)
TCA, XIV, 8 (août 69), 8

Allsop, R.P.
"R.P. Allsop"
RAIC, XXVI, 10 (oct. 49), 362

Allward & Gouinlock
"Practice Notes"
RAIC, XLII, 2 (fév. 65), 12

Althouse, J.G.
"Contributors to this issue".
RAIC, XXIII, 3 (mars 46), 72

Alward, Hugh L.
"Hugh L. Alward"
RAIC, XXVI, 10 (oct. 49), 362

Amos, Louis A.
"Obituary, Louis A. Amos".
RAIC, XXV, 10 (oct. 48), 394

Anderson, Cardwell Ross
"Odds & Ends".
TCA, III, 5 (mai 58), 18 et 20
"Contributors"
TCA, XI, 5 (mai 66), 16 et 24

Anderson & Raymer
"The architect and his community"
TCA, I, 12 (déc. 56), 25-36

Andrews, John
"Contributors"
TCA, XI, 5 (mai 66), 24
"Andrews appointed to chair U of T architecture dept."
CB, XVII, 9 (sept. 67), 6
"People"
TCA, XII, 9 (sept. 67), 7-8
"People".
TCA, XII, 12 (déc. 67), 8

Anthony, Mark J.
"People"
TCA, XXIII, 2 (fév. 78), 6

Antonuk, Boris
"People"
TCA, XXIV, 11 (nov. 79), 4

Archambault, Richard B.
"Archambault leads B.C. architects in 1974"
CB, XXIV, 2 (fév. 74), 56
"People"
TCA, XIX, 1 (jan. 74), 6

Archibald, John Smith
"The late John Smith Archibald"
RAIC, XXII, 12 (déc. 45), 268

Architects Consortium
"People" (la firme Architects Consortium)
TCA, XV, 7 (juil. 70), 9

Arthur, Eric Ross
"Contributors to this issue"
RAIC, XIX, 9 (sept. 42), 196
"Eric Ross Arthur".
RAIC, XXXVI, 12 (déc. 59), 423
"1970 Jury"
ARCAN, XLVII (12 oct. 70), 3

Audet, L.N.
"L.N. Audet — F. Blais"
BAT, XXXIII, 10 (oct. 58), 26, texte & ill.

Baker, Joseph
"Joseph Baker, directeur de l'école d'architecture à l'université Laval".
AC, 30, 330 (juil.-août 75), 8
"People"
TCA, XX, 10 (oct. 75), 4

Baldwin, Edward R.
"Authors"
TCA, XXI, 3 (mars 76), 4

Balharrie, Watson
"Watson Balharrie"
TCA, XII, 11 (nov. 67), 8-9
"Balharrie Heads Ottawa Architects"
CB, III, 12 (déc. 53), 27

Band, Charles P.
"Obituary".
RAIC, XXXVII, 1 (jan. 60), 41

Banz, George
"Contributors & Others"
TCA, V, 11 (nov. 60), 6

Barker, Dennis A.
"People"
TCA, XII, 11 (nov. 67), 8

Barker, Kent
"Contributor to this Issue"
RAIC, XXI, 12 (déc. 44), 289
"Planning Appointment".
RAIC, XXII, 5 (mai 45), 111

Barkham, John Brian
"John Brian Barkham"
TCA, IX, 4 (avril 64), 11-12

Barott, Ernest
"63ième réunion annuelle de l'Association des Architectes à Québec"
BAT, XXIX, 3 (mars 54), 51

Barott, Peter T.M.
"Peter T.M. Barott, FRAIC 1917-1964".
RAIC, XLII, 1 (jan. 65), 14
"Peter Temple Murray Barott, FRAIC 1919-1964"
RAIC, XLII, 3 (mars 65), 91
"Contributors & Others"
TCA, VI, 7 (juil. 61), 9

Bates, Stewart
"Stewart Bates, an appreciation".
RAIC, XLI, 6 (juin 64), 12-13

Beatson, Gilbert R.
"Practice"
TCA, XXV, 4 (avril 80), 6

Beauchemin-Beaton-Lapointe
"Beauchemin-Beaton-Lapointe"
AC, 24, 278 (oct. 69), 24-26

Beaugrand-Champagne, Aristide
"Aristide Beaugrand-Champagne"
RAIC, XXII, 12 (déc. 45), 268-269

Bellhouse, D.W.
"D.W. Bellhouse"
RAIC, XIX, 6 (juin 42), 143
"Obituary".
RAIC, XXIX, 12 (déc. 52), 368-369

Bemi, George
"Contributors and Others"
TCA, VI, 2 (fév. 61), 6

Berwick, Robert A.D.
"Aedificavit".
RAIC, XXIII, 6 (juin 46), 152

Bird, Eustace G.
"Obituary, Eustace G. Bird".
RAIC, XXVII, 6 (juin 50), 209

Bishop, Ray H.
"Obituary, Ray H. Bishop".
RAIC, XXVI, 5 (mai 49), 172

Black, H.K.
"Aedificavit".
RAIC, XXIII, 8 (août 46), 202

Blackwell, Craig & Zeidler
"The architect and his community". (La firme Blackwell, Craig & Zeidler et le développement de Peterborough)
TCA, I, 4 (avril 56), 32-44

Blackwell, Walter R.L.
"Obituary".
RAIC, XXXIV, 4 (avril 57), 144

Blais, F.
"L.N. Audet — F. Blais"
BAT, XXXIII, 10 (oct. 58), 26, texte & ill.

Blake, Peter
"1970 Jury"
ARCAN, XLVII (12 oct. 70), 3

Bland, John
"John Bland"
RAIC, XVIII, 10 (oct. 41), 167
"Quebec architect honored"
CB, XXI, 3 (mars 71), 8

Blouin, André
"Contributors"
TCA, III, 9 (sept. 58), 98

Blumenfeld, Hans
"People"
TCA, XIX, 6 (juin 74), 7

Boake, George
"Shows and Such"
TCA, II, 10 (oct. 57), 12

Bolduc, Claude
"M. Claude Bolduc, architecte à Grand-Mère"
BAT, XXXV, 4 (avril 60), 61

Bond, Chas. H. Acton
"Obituary, Chas. H. Acton Bond, R.A.I.C."
RAIC, XXII, 12 (déc. 45), 256

Bonet, Jordi
"Allied Arts Medalist, Jordi Bonet".
RAIC, XLII, 5 (mai 65), 46-47
"Jordi Bonet"
ABC, XVIII, 205 (mai 63), 50-54, texte & ill.

Bossé, Coutu, Dallaire
"Bossé, Coutu, Dallaire Designers industriels"
ABC, XXIII, 265 (juin 68), 14-16, texte & ill.

Bostrom, Robert E.
"Obituary".
RAIC, XLI, 2 (fév. 64), 12

Bourke, R. David
"People"
TCA, XVII, 10 (oct. 72), 7

Boyarsky, Alvin
"People"
TCA, XVII, 1 (jan. 72), 10
"People"
ARCAN, XLIX (17 jan. 72), 6

Boyde, John R.
"Obituary".
RAIC, XXXII, 8 (août 55), 307

Bregman & Hamann
"People"
TCA, XV, 7 (juil. 70), 9

Brigley, Earl I.
"Earl I. Brigley"
RAIC, XLII, 3 (mars 65), 93

Brown, F. Bruce
"Honorary Degree".
RAIC, XXXIII, 7 (juil. 56), 274

Brown, J. Francis
"Obituary, J. Francis Brown"
RAIC, XIX, 7 (juil. 42), 157

Brown, Murray
"Obituary, Murray Brown".
RAIC, XXXV, 6 (juin 58), 239

Buchinger, Margaret
"Contributors"
TCA, X, 3 (mars 65), 18

Buller-Colthurst, Guy
"Obituary".
RAIC, XXIII, 12 (déc. 46), 338

Burchard, Dean John Ely
"Odds & Ends"
TCA, V, 4 (avril 60), 6

Burden, Henry John
"Obituary".
RAIC, XXXVII, 4 (avril 60), 166

Burgess, Cecil Scott
"Aedificavit".
RAIC, XXIII, 5 (mai 46), 122
"Alberta".
RAIC, XXXVI, 3 (mars 59), 95-96
"Died"
ARCAN, XLIX (17 jan. 72), 3-4

Burgess, E.L.
"E.L. Burgess est élu président de la section outaouaise des architectes"
BAT, XXX, 2 (fév. 55), 57

Burritt, Clarence James
"Obituary"
RAIC, XXXIII, 5 (mai 56), 193

Buzzelle, Jerry
"Buzzelle to Ben Ulid".
TCA, II, 8 (août 57), 8

Campbell, K.M.
"Obituary, K.M. Campbell"
RAIC, XIX, 6 (juin 42), 140

Caron, Fernand
"Fernand Caron".
RAIC, XL, 9 (sept. 63), 16
"L'architecte F. Caron est nommé membre du bureau de révision".
BAT, XXXIII, 6 (juin 58), 51

Caron, Jules
"Biographie de Monsieur Jules Caron, architecte, Trois-Rivières"
RAIC, XIX, 11 (nov. 42), 227

Carter, Harold
"Obituary".
RAIC, XXXIII, 8 (août 56), 313

Caruso, Irving
"Odds & Ends"
TCA, V, 8 (août 60), 6

Carver, Humphrey
"Contributors to this issue".
RAIC, XIX, 9 (sept. 42), 196

Catto, D.E.
"D.E. Catto"
RAIC, XXVI, 10 (oct. 49), 362

Chandler-Kennedy Architects Ltd.
"Calgary architects form partnership".
CB, XXI, 4 (avril 71), 5

Chapman, Alfred H.
"Obituary, Alfred H. Chapman".
RAIC, XXVII, 2 (fév. 50), 74

Chaussé, Alcide
"Obituary, Feu Alcide Chaussé"
RAIC, XXI, 12 (déc. 44), 287-288
"Alcide Chaussé"
RAIC, XXII, 12 (déc. 45), 269

Clinique d'architecture
"La clinique populaire d'architecture présente ses travaux au public".
AC, 28, 316 (juil.-août 73), 11

Cluff, A.W. & P.J.
"Contributors".
TCA, III, 9 (sept. 58), 100
"Odds & Ends"
TCA, V, 3 (mars 60), 6
"People"
TCA, XV, 9 (sept. 70), 9

Cobb, Andrew Randall
"Andrew Randall Cobb, A.R.C.A."
RAIC, XIX, 7 (juil. 42), 156
"Obituary, Andrew Randall Cobb 1876-1943".
RAIC, XX, 6 (juin 43), 94

Collins, Peter
"Contributors"
TCA, III, 7 (juil. 58), 12

Coote, Michael
"People"
TCA, XXIV, 2 et 3 (fév.-mars 79), 6

Cormier, Ernest
"Ernest Cormier, architecte et ingénieur — l'homme — sa personnalité — son oeuvre"
ABC, II, 10 (jan. 47), 12-28, texte & ill.
"People"
TCA, XIX, 9 (sept. 74), 6

Cotton, Dixie Cox
"Obituary, Dixie Cox Cotton"
RAIC, XX, 10 (oct. 43), 180

Cotton, Peter
"Awards"
TCA, XXV, 2 (fév. 80), 4

Coutu, Jacques
"Jacques Coutu, élu fellow de l'IRAC"
BAT, XLVII, 9 (sept. 72), 8

Cowan, J.M.
"Obituary, J.M. Cowan"
RAIC, XVIII, 9 (sept. 41), 151

Coxwall, Charles
"Obituary".
RAIC, XXIV, 4 (avril 47), 143

Craig, James B.
"Contributors & Others"
TCA, VI, 6 (juin 61), 6

Craig, James Henry
"Obituary".
RAIC, XXXI, 8 (août 54), 287-288

Crang, James
"Shows and Such"
TCA, II, 10 (oct. 57), 12

Craven Steinfeld Architects
"Winnipeg architects set up new partnership"
CB, XXVII, 3 (mars 77), 15

Creig, R.L.
"Contributors to this issue".
RAIC, XXXIII, 6 (juin 56), 242

Cserepy, Stephen
"Shows and Such".
TCA, II, 10 (oct. 57), 12

Culham, Gordon
"Contributors to this issue"
RAIC, XIX, 9 (sept. 42), 196

Curry, Samuel George
"Obituary, Samuel George Curry"
RAIC, XIX, 6 (juin 42), 140

Dabner, Martyn R.
"People"
TCA, XXII, 10 (oct. 77), 4 et 6

Dakin, A. John
"People"
TCA, XII, 9 (sept. 67), 8

Dale-Chandler-Kennedy
"Practice"
TCA, XX, 1 (jan. 75), 4

Darling & Pearson
"Reminiscences of Leader Lane"
RAIC, XVIII, 6 (juin 41), 98

Da Roza, Gustavo
"People"
TCA, XIII, 2 (fév. 68), 10
"People"
TCA, XXIV, 10 (oct. 79), 8

D'Astous, Roger
"Contributors".
TCA, III, 3 (mars 58), 26

David, Charles
"Obituaries"
RAIC, XL, 2 (fév. 63), 89 et 92

Davidson, Ernest Irving
"Ernest Irving Davidson".
RAIC, XXIII, 7 (juil. 46), 180

Davis, Huntly Ward
"Obituary".
RAIC, XXIX, 12 (déc. 52), 369

Davison & Porter
"New Vancouver Architects Office"
CB, II, 8 (août 52), 40

De Forest, Claude-Pierre
"Contributors".
TCA, X (yearbook 65), 138

Derome, Jacques
"M. Jacques Derome".
BAT, XLII, 12 (sept. 67), 32

Desbarats, Guy
"Odds & Ends"
TCA, III, 12 (déc. 58), 10
"Odds and Ends". (émission de télévision sur trois architectes: Guy Desbarats, Charles Trudeau et James A. Murray).
TCA, IV, 12 (déc. 59), 6

De Silva, Walter
"Contributors"
TCA, IX, 11 (nov. 64), 18

Diamond, A.J.
"Notes from a Sketch-book"
TCA, XXI, 4 (avril 76), 39-41, ill.

Diamond & Myers
"People"
TCA, XV, 7 (juil. 70), 9
"Awards"
TCA, XIX, 5 (mai 74), 5
"Practice"
TCA, XX, 7 (juil. 75), 5

Dickinson, Peter
"Peter Dickinson"
TCA, VI, 11 (nov. 61), 9

Dimakopoulos, Dimitri
"Dimitri Dimakopoulos élu fellow de l'IRAC"
BAT, XLVII, 9 (sept. 72), 8

Dirasser & James
"New Architect Firms"
NB, VII, 11 (nov. 58), 38

Dixon, Michael G.
"People"
TCA, XVIII, 10 (oct. 73), 7

Dobbing, Peter
"Architects relocate"
CB, XXV, 9 (sept. 75), 7

Dobush, Peter
"The Sketches of Peter Dobush"
ARCAN, 44, 9 (sept. 67), 41-44

Dodds & Tomlinson
"Sans titre"
CB, XXIII, 3 (mars 73), 6

Donaldson, Francis
"Odds and Ends".
TCA, IV, 5 (mai 59), 20

Dorsky, William
"Un bureau d'architectes qui accumule les honneurs".
AC, XXXV, 352 (mai-juin 79), 4

Downs, Barry V.
"Contributors".
TCA, VI, 5 (mai 61), 15
"People"
TCA, XXIII, 1 (jan. 78), 4
"Projects Barry V. Downs"
TCA, XIII, 8 (août 68), 47-52

Drummond, George F.
"G.F. Drummond"
RAIC, XIX, 7 (juil. 42), 157
"George F. Drummond, architecte au C.N.R."
CDQ, XXIII, 4 (juil. 48), 19
"Sans titre".
TCA, I, 10 (oct. 56), 10

Dubé, Jean-Maurice
"M. Dubé ouvre un bureau d'architecte".
BAT, XXX, 8 (août 55), 24

DuBois, Macy
"People"
TCA, XII, 11 (nov. 67), 8
"People"
TCA, XIII, 11 (nov. 68), 8

Dufresne, A.
"L'architecte A. Dufresne représentera le comité France-Amérique"
BAT, XXXIV, 9 (sept. 59), 87-88

Dumaresq, Sydney Perry
"Obituary, Sydney Perry Dumaresq, B.A., F.R.A.I.C."
RAIC, XX, 10 (oct. 43), 180

Dumfries, Frederick
"Obituary, Frederick Dumfries"
RAIC, XVIII, 12 (déc. 41), 209

Duncan, Ian M.
"Odds & Ends"
TCA, IV, 5 (mai 59), 20

Dupéré, Roland
"Potins..."
BAT, XXX, 7 (juil. 55), 65

Durnford, A.T. Galt
"Aedificavit".
RAIC, XXII, 9 (sept. 45), 194

Eadie, Arthur Hunter
"Obituary".
RAIC, XXXIV, 1 (jan. 57), 27-28

Easton, James Arthur Gibson
"Contributors to this issue, J.A.G. Easton".
RAIC, XXV, 6 (juin 48), 216
"Obituary".
RAIC, XXXVI, 11 (nov. 59), 406

Eber, George F.
"Avis d'Association"
ABC, XXII, 253 (mai 67), 42

Elbadawi, Mohammed S.
"People"
TCA, XVII, 4 (avril 72), 7

Elder, Henry
"1970 Jury"
ARCAN, XLVII (12 oct. 70), 3

Elken, Ants
"Contributors and others: Seaway Hotel architect".
TCA (nov.-déc. 55), 13-14
"People"
TCA, XIII, 4 (avril 68), 9

English, Jay Isadore
"Obituary, Jay Isadore English".
RAIC, XXVI, 9 (sept. 47), 334-335

Erginsav, Ozdemir
"Awards"
TCA, XIX, 5 (mai 74), 5

Erickson, Arthur C.
Erickson, Arthur, *The architecture of Arthur Erickson*, Tundra Books of Montreal, Montréal, 1975.
TCA, XXI, 5 (mai 76), 5-6
AC, 31, 336 (juil.-août 76), 22-25
"Contributor, contributor"
TCA, V, 12 (déc. 60), 11
"People"
TCA, XIII, 1 (jan. 68), 7-8
"Contributors"
TCA, XI, 2 (fév. 66), 88
"Erickson"
TCA, XIX, 11 (nov. 74), 32-38

Erickson-Massey
"People"
TCA, XV, 5 (mai 70), 9
"L'association Erickson-Massey dissoute".
AC, 27, 308 (oct. 72), 10

Ernest, Michael A.
"Practice"
TCA, XXIV, 6 (juin 79), 4

Etherington, A. Bruce
"The architect abroad: Italy". (A. Bruce Etherington en visite d'étude).
TCA, II, 5 (mai 57), 18-21
"Commissioners and Competition".
TCA, II, 9 (sept. 57), 10

Evans, George Norris
"Obituary".
RAIC, XLI, 5 (mai 64), 14

Eveleigh, S.M.
"Obituary, S.M. Eveleigh"
RAIC, XXV, 2 (fév. 48), 65

Fairn, Leslie Raymond
"Aedificavit".
RAIC, XXII, 6 (juin 45), 132

Ferguson, William Moncrieff
"Obituary"
RAIC, XXXIII, 6 (juin 56), 241

Ferron, Marcelle
"Ferron 74: la grande équipe"
AC, 29, 325 (sept.-oct. 74), 32-34

Fiset, Edouard
"Contributors to this issue, Edouard Fiset".
RAIC, XXV, 10 (oct. 48), 395
"Contributors and others"
TCA, 1 (nov.-déc. 55), 14
"Contributors"
TCA, X (yearbook 65), 138

Fiset & Deschamps
"Ici et Là"
BAT, XXVII (avril 52), 8

Flanders, John
"People"
TCA, XII, 9 (sept. 67), 7

Flanders & Massey
"Sans titre"
TCA, XVI, 2 (fév. 71), 8

Fowler, Charles A.
"Obituary, Charles A. Fowler".
RAIC, XXVII, 5 (mai 50), 181
"People"
CB, VI, 7 (juil. 56), 42

Fowler, Gordon L.
"Gordon L. Fowler"
RAIC, XXVI, 10 (oct. 49), 362

Fryer, Stanley T.J.
"Obituary"
RAIC, XXXIII, 3 (mars 56), 105

Fulker, Peter H.W.
"People"
TCA, XXII, 3 (mars 77), 6

Fuller, R. Buckminster
"Buckminster Fuller, Le dôme dynamique, La boîte métallique, La maison 'forteresse'"
BAT, XLIII, 3 (mars 68), 45-47 et 52
"Review"
TCA, XIX, 6 (juin 74), 5

Gardiner, William Frederick
"Obituary".
RAIC, XXVIII, 4 (avril 51), 118

Gardner, Edwin Alexander
"Appointment".
RAIC, XXIX, 5 (mai 52), 157-158

Garwood-Jones, Trevor
"People"
TCA, XIX, 5 (mai 74), 5

Geoffroy, Richard
"Nouvel architecte à Ste-Thérèse"
BAT, XXXV, 4 (avril 60), 61

George, Allan
"Obituaries".
RAIC, XXXVIII, 9 (sept. 61), 80

Gillespie, Bernard
"Contributors and Others".
TCA, VI, 2 (fév. 61), 6
"Contributors"
TCA, IX (yearbook 64), 147

Gillies, K.S.
"Obituary".
RAIC, XXXII, 10 (oct. 55), 401

Gillmor, Douglas
"People"
TCA, XXIV, 10 (oct. 79), 8

Girard, Bruce, Garabedian & Associés Ltée
"Girard, Bruce, Garabedian et Associés Ltée — Esthétique Industrielle"
ABC, XXIII, 265 (juin 68), 25-26, texte & ill.

Gitterman, S.A.
"New man at NHBA" (Brève biographie de S.A. Gitterman, directeur technique de National House Builders Association)
TCA, V, 2 (fév. 60), 11

Gitterman, Sam
"Télégrammes"
BAT, XL, 8 (août 65), 62

Gladstone, Evans
"Obituary".
RAIC, XXIX, 5 (mai 52), 158

Goering, Peter L.E.
"People"
TCA, XVI, 11 (nov. 71), 8

Goldin, Hyman
"Obituary".
RAIC, XXXI, 2 (fév. 54), 59-60

Govan, James
"Contributors to this issue, James Govan"
RAIC, XXV, 4 (avril 48), 136-137

Graham, Charles R.
"Odds & Ends".
TCA, IV, 5 (mai 59), 20

Gréber, Jacques
"Odds & Ends"
TCA, V, 5 (mai 60), 6

Green & Martin
"Sans titre"
TCA, XV, 1 (jan. 70), 8

Greenberg, Charles B.
"Sans titre".
TCA, II, 5 (mai 57), 10
"This architect likes to try different building techniques"
CB, IX, 8 (août 59), 33-34

Gregg, Alfred Holden
"Alfred Holden Gregg, F.R.A.I.C. 1868-1945".
RAIC, XXIII, 1 (jan. 46), 18

Grooms, Richard H.
"Contributors"
TCA, VI, 12 (déc. 61), 10

Grossman, Irving
"Contributor to this issue"
RAIC, XXXIII, 2 (fév. 56), 68
"Contributors".
TCA, III, 6 (juin 58), 16

"Retention"
TCA, IV, 10 (oct. 59), 44
"People"
TCA, XIII, 1 (jan. 68), 8

Guillon, Jacques
"Jacques Guillon/Designers Inc"
ABC, XXIII, 265 (juin 68), 20-24 et 42, texte & ill.

Gustavs, Erland
"Authors"
TCA, XIX, 6 (juin 74), 8

Haldenby, Eric W.
"Died"
ARCAN, XLVIII (8 nov. 71), 3

Ham, Ralph Carl
"Manitoba"
RAIC, XIX, 7 (juil. 42), 154
"Obituary, Ralph Carl Ham"
RAIC, XIX, 10 (oct. 42), 211

Hancock, Macklin
"Odds and Ends".
TCA, IV, 6 (juin 59), 22

Harris, James F.
"Contributor"
TCA, III, 10 (oct. 58), 12

Harris, William Critchlow
Tuck, Robert C., *Gothic Dreams. The Life and Times of a Canadian Architect, William Critchlow Harris, 1854-1913*, Dundwin Press Ltd, Toronto, 1978.
TCA, XXV, 3 (mars 80), 10

Harvey, Michael
"People"
ARCAN, XLIX (17 jan. 72), 6

Harvor, Stig
"Contributors"
TCA, VI, 8 (août 61), 15

Hassel/Griblin
"Projects by Hassell/Griblin, Vancouver"
TCA, XIX, 4 (avril 74), 26-33

Hawthorn, Mansfield, Towers
"Hawthorn, Mansfield, Towers"
TCA, XXII, 9 (sept. 77), 28-40

Hazelgrove, Bert
"Obituary, Bert Hazelgrove".
RAIC, XXXV, 6 (juin 58), 238

Hébert, Julien (Ass.)
"Julien Hébert et Associés Inc. designers"
ABC, XXIII, 265 (juin 68), 17-19, texte & ill.

Hedges, J.G.
"Obituary, J.G. Hedges"
RAIC, XVIII, 9 (sept. 41), 151

Helme, James Burn
"Professor James Burn Helme".
RAIC, XXIII, 2 (fév. 46), 47

Helyar, Frank
"Contributors"
TCA, III, 9 (sept. 58), 98 et 100
"Contributors"
TCA, IX (yearbook 64), 147
"Contributors"
TCA, X (yearbook 65), 138

Hemingway, Peter
"Contributors"
TCA, VI, 5 (mai 61), 15
"People"
TCA, XX, 8 (août 75), 7
"People"
TCA, XXIII, 2 (fév. 78), 6

"People"
TCA, XXIV, 10 (oct. 79), 8

Hesson, Lionel
"Obituary"
ARCAN, L (juil. 73), 7

Heugham, Robert G.
"Obituary, Robert G. Heughan".
RAIC, XXVII, 8 (août 50), 283

Histart Inc.
"Histart Inc."
AC, 27, 306 (juin-juil. 72), 22-25

Hix, John
"Authors"
TCA, XXI, 4 (avril 76), 4
"People"
TCA, XXI, 11 (nov. 76), 4

Hodder, Stafford Merrill
"Obituary".
RAIC, XXIII, 11 (nov. 46), 313

Hollingsworth, Fred Thornton
"Odds & Ends"
TCA, V, 10 (oct. 60), 6 et 8
"People"
TCA, XIV, 8 (août 69), 8
"People"
TCA, XXI, 5 (mai 76), 4

Horne, David Ernest
"1956 College of Fellows Scholarship"
RAIC, XXXIII, 5 (mai 56), 193

Horsburgh, Patrick
"Contributors"
TCA, V, 2 (fév. 60), 8

Horsburgh, Victor D.
"Obituary, Victor D. Horsburgh".
RAIC, XXIV, 12 (déc. 47), 447

Hoskins, John E.
"Obituary".
RAIC, XXXV, 2 (fév. 58), 69

Howard, Jonathan
"Contributors and Others"
TCA, VI, 1 (jan. 61), 9

Howarth, Thomas
"Odds & Ends"
TCA, V, 4 (avril 60), 6

Howland, William Ford
"Obituary, William Ford Howland".
RAIC, XXV, 9 (sept. 48), 349

Huber, William
"Odds & Ends"
TCA, V, 7 (juil. 60), 6

Hulbert, R.E.
"Building Briefs".
CB, XXX, 7 (juil. 80), 7

Hume, William D.
"People"
TCA, XXIII, 5 (mai 78), 4

Hutton, Gordon J.
"Obituary, Gordon J. Hutton".
RAIC, XIX, 7 (juil. 42), 157

Hynes, James Patrick
"Obituary".
RAIC, XXX, 11 (nov. 53), 343-344
"J.P. Hynes"
RAIC, XXII, 12 (déc. 45), 269

Ingleson, Allan M.
"Contributors & Others"
TCA, VI, 6 (juin 61), 6

Iredale, W. Randle
"People"
TCA, XII, 11 (nov. 67), 8

Izumi, Kiyoshi
"Contributor to this issue".
RAIC, XXX, 12 (déc. 53), 370
"People"
TCA, XIII, 7 (juil. 68), 8

Jackson, Anthony
"Shows and such"
TCA, II, 10 (oct. 57), 12

Johnson, J. Graham
"J. Graham Johnson, F.R.I.B.A., M.R.A.I.C."
RAIC, XXIII, 5 (mai 46), 123

Johnson & McWhinnie
"New Windsor Architect Office"
CB, III, 10 (oct. 53), 53

Johnstone, Read, Scott, Weinreich
"an office in B.C." (nouvelle firme d'architectes à Vancouver)
TCA, I, 10 (oct. 56), 8

Johnstone, Ross A.
"People"
TCA, XIV, 8 (août 69), 8

Jones, Hugh G.
"Obituary".
RAIC, XXIV, 6 (juin 47), 220

Jones, Murray V.
"Commissioners and Competition".
TCA, II, 9 (sept. 57), 10

Jordan, Lewis H.
"Lewis H. Jordan"
RAIC, XXII, 12 (déc. 45), 270

Kahn, Louis Isador
"Louis Isador Kahn 1901-1974"
TCA, XIX, 5 (mai 74), 55

Kapsi, Taivo
"People"
TCA, XIII, 4 (avril 68), 9

Kearns, Norman A.
"People"
TCA, XXII, 6 (juin 77), 6

Keith-King, John
"Practice"
TCA, XXIV, 4 (avril 79), 6
"L'architecte Keith-King est promu à l'Académie".
AC, XXXV, 351 (mars-avril 79), 7

Kelly, John E.
"Appointment".
TCA, IV, 10 (oct. 59), 46

Kemble, Roger
"People"
TCA, XIII, 10 (oct. 68), 11-12
"Kemble"
TCA, XVII, 8 (août 72), 25-32
"Authors"
TCA, XXV, 7 (juil. 80), 6

Kemp, Anthony L.
"People"
TCA, XV, 5 (mai 70), 9

Kemp, Hamilton
"Practice" (la firme Hamilton Kemp Architects)
TCA, XXIII, 3 (mars 78), 6

Kennedy, Warnett
"Architect fills predesign service gap" (un nouveau service de planification par Warnett Kennedy pour architectes et urbanistes).
CB, XVII, 10 (oct. 67), 7
"Contributors to this issue"
RAIC, XXXIII, 5 (mai 56), 194

Khurana, J.S.
"People"
TCA, XIII, 5 (mai 68), 9

Kira, Alexander
"People"
TCA, XIII, 8 (août 68), 6-7

Kitchen, John Macrae
"Obituary".
RAIC, XXXII, 6 (juin 55), 230

Klein, Jack
"Contributors"
TCA, VI, 12 (nov. 61), 10

Kopsa, Michael
"People"
TCA, XIII, 4 (avril 68), 9

Kostka, Joseph
"Contributors and others".
TCA, 1 (nov.-déc. 55), 14

Lacroix, W.
"L'architecte W. Lacroix est nommé membre de la délégation canadienne à l'ONU"
BAT, XXXIII, 2 (fév. 58), 47

Lalonde, Jean-Louis
"1970 Jury"
ARCAN, XLVII (12 oct. 70), 3

Langford, James A.
"Télégrammes"
BAT, XLI, 9 (sept. 66), 54

Lansdowne & Ross
"People" (nouvelle firme formée par David K. Lansdowne et Alan J. Ross)
TCA, XV, 2 (fév. 70), 9

Lasserre, Fred
"Appointment".
RAIC, XXIII, 10 (oct. 46), 264

Laubental, Charles
"Contributors"
TCA, VI, 5 (mai 61), 15

Lawson, J. Irving
"Lawson Retires from Building Research Division".
CB, III, 5 (mai 53), 59

Lawson, Wendell
"Obituary".
RAIC, XXIX, 8 (août 52), 259

Layng, John Arthur
"People"
TCA, XIX, 11 (nov. 74), 4

Lazosky, Daniel
"People"
TCA, XII, 9 (sept. 67), 7

Lebensold, Fred
"Contributors & Others"
TCA, V, 11 (nov. 60), 8
"People"
TCA, XIV, 7 (juil. 69), 6

Legault, Guy-R.
"Architecte nommé Grand Montréalais par ses pairs".
AC, 34, 348 (sept.-oct. 78), 20-22
"Un grand-montréalais: l'architecte-urbaniste M. Guy-R. Legault".
BAT, LIII, 9 (sept. 78), 7, texte & ill.

"People"
TCA, XXIII, 10 (oct. 78), 6

Lehrman, Jonas
"Contributors"
TCA, VI, 12 (déc. 61), 10
"People"
TCA, XVII, 3 (mars 72), 9

Leman, Alexander B.
"People"
TCA, XVIII, 10 (oct. 73), 7

Lemieux, Paul
"L'architecte Paul Lemieux conférencier au Club Richelieu"
BAT, IX, 5 (mai 61), 60

Leonard, Harry
"People"
TCA, XXIV, 11 (nov. 79), 4

Lévesque, Pierre
"Ici et Là"
BAT, XXVII (avril 52), 8

Levin, Earl A.
"People"
TCA, XIII, 3 (mars 68), 6

Lindgren, Edward
"People"
TCA, XIII, 4 (avril 68), 9

Lindsay, Harold
"Obituary".
RAIC, XXXVII, 6 (juin 60), 272

Long, Jack
"People"
TCA, XXIV, 10 (oct. 79), 8

Lorrain & Gérin-Lajoie
"Lorrain & Gérin-Lajoie"
AC, 24, 278 (oct. 69), 28-29

Lye, Kum Chew
"People"
TCA, XIV, 8 (août 69), 8

Lyle, John M.
"John M. Lyle".
RAIC, XXIII, 2 (fév. 46), 47

McBain, William
"Contributors"
TCA, VI, 9 (sept. 61), 10

McDonald, Robert H.
"Robert H. MacDonald, (F), F.R.I.B.A."
RAIC, XX, 2 (fév. 43), 24

McDougall, Cecil
"Obituary".
RAIC, XXXVI, 5 (mai 59), 174

McIntosh, Lynden Y.
"Aedificavit".
RAIC, XXII, 11 (nov. 45), 241

McKellar, James
"People"
TCA, XX, 1 (jan. 75), 7

MacLennan, Ian
"People"
CB, V, 12 (déc. 55), 31

McReynolds, Kenneth L.
"People"
TCA, XVII, 6 (juin 72), 6

MacTavish, Robert Oban
"Obituary".
RAIC, XXXVII, 10 (oct. 60), 445

Mace, Walter J.
"Avis d'association"
ABC, XXII, 253 (mai 67), 42

Magoon, H.A.
"Alberta".
RAIC, XVIII, 5 (mai 41), 90

Manning, Peter
"People"
TCA, XIII, 9 (sept. 68), 11
"People"
TCA, XIX, 6 (juin 74), 7-8

Markson, Jerome
"Contributors"
TCA, VI, 8 (août 61), 15

Markus, Isadore
"Isadore Markus"
RAIC, XXII, 12 (déc. 45), 270

Martin, Bruce W.
"Sans titre"
TCA, XV, 1 (jan. 70), 8

Martin, Ian
"Contributors"
TCA, V, 2 (fév. 60), 8

Martland, John
"John Martland"
RAIC, XVIII, 12 (déc. 41), 207

Mathers, Alvan Sherlock
"Contributors to this issue".
RAIC, XIX, 9 (sept. 42), 197
"A.S. Mathers"
RAIC, XXXII, 11 (nov. 55), 447
"Thirty-five years of practice"
RAIC, XXXII, 12 (déc. 55), 462-464
"Alvan Sherlock Mathers, BA. S.C., FRAIC, FRSA, RCA."
RAIC, XLII, 6 (juin 65), 10
"CM of the A D'A"
TCA, IV, 5 (mai 59), 22
"Second Canadian Elected to French Académie d'Architecture"
CB, IX, 5 (mai 59), 66

Matthews, Herbert E.
"Obituary, Herbert E. Matthews".
RAIC, XIX, 3 (mars 42), 50

Maw, Samuel Herbert
"Obituary"
RAIC, XXIX, 11 (nov. 52), 344

Maxwell, William Sutherland
"Obituary".
RAIC, XXIX, 10 (oct. 52), 311

Mayerovitch, Harry
"People"
TCA, XVII, 10 (oct. 72), 7

Mendelow, Martin
"He's an owner, architect and developer — and also innovative home builder".
CB, XXI, 10 (oct. 71), 25 et 29

Menges, Edwin A.H.
"Obituary, Edwin A.H. Menges".
RAIC, XXVI, 9 (sept. 47), 334

Mérola, Mario
"Mario Mérola — peintre, poète et magicien"
ABC, XVI, 187 (nov. 61), 47-50, texte & ill.

Merrick, Chandler, Kennedy
"People" (La firme The Merrick Chandler Kennedy Architectural Group)
TCA, XXV, 6 (juin 80), 7

Methven, John
"Obituary, John Methven".
RAIC, XXV, 12 (déc. 48), 462

Michaud, Charles
"St. water hyacinthe?"
TCA, III, 11 (nov. 58), 13

Moffat, Robert Reid
"Obituary".
RAIC, XXXVIII, 2 (fév. 61), 64-65

Moir, David James
"Obituary".
RAIC, XXXIV, 7 (juil. 57), 278
"David James Moir a.r.i.b.a., architecte appréciation".
ABC, XII, 135 (juil. 57), 28

Monette, G.-A.
"Québec"
RAIC, XVIII, 8 (août 41), 144
"Obituary, G.A. Monette"
RAIC, XVIII, 11 (nov. 41), 192

Montgomery, Robert Alexander
"Obituary".
RAIC, XXXIII, 12 (déc. 56), 483

Montreal Engineering Co. Ltd.
"Montreal Engineering Co. Ltd"
AC, 24, 278 (oct. 69), 20-23

Moody, Moore, Duncan, Rattray, Peters, Searle, Christie
"New construction design partnership"
CB, XIX, 10 (oct. 69), 6

Moore, Oliver Roy
"Obituary".
RAIC, XLI, 4 (avril 64), 10

Moriyama & Teshima
(la firme Moriyama and Teshima Architects)
TCA, XXIV, 11 (nov. 79), 4

Morris, Robert Schofield
"Sans titre"
CB, VIII, 3 (mars 58), 49
"Royal Gold Medal For 1958, Robert Schofield Morris, FRAIC"
RAIC, XXXV, 6 (juin 58), 203-206
"Robert Schofield Morris".
RAIC, XLI, 7 (juil. 64), 12

Morrisson, A.I.
"Obituary".
RAIC, XXXIX, 4 (avril 62), 77

Mott, H. Claire
"H. Claire Mott, F.R.A.I.C."
RAIC, XVIII, 11 (nov. 41), 189

Munn, E. Fitz
"Aedificavit".
RAIC, XXIII, 1 (jan. 46), 17

Murray, James A.
"Odds and Ends" (émission de télévision sur 3 architectes; Guy Desbarats, Charles Trudeau et James A. Murray)
TCA, IV, 12 (déc. 59), 6
"People"
TCA, XIII, 7 (juil. 68), 8
"Practice"
TCA, XXII, 6 (juin 77), 4

Murray, John James
"Obituary".
RAIC, XXIX, 11 (nov. 52), 344

Murray, T.V.
"Contributors and Others"
TCA, VI, 2 (fév. 61), 6

Myers, Barton
"People"
TCA, XXI, 10 (oct. 76), 5

Nash, A.L.S.
"Odds and Ends"
TCA, IV, 7 (juil. 59), 14

Neish, Owen, Rowland, Roy
"Practice" (La nouvelle firme, Neish, Owen, Rowland and Roy)
TCA, XX, 1 (jan. 75), 4

Nelson, Carl R. Jr.
"Contributors"
TCA, X (yearbook 65), 138

Nesbitt & Davies
"People"
TCA, XV, 5 (mai 70), 9

Neutra, Richard
"Neutra, quote and mis-quote"
TCA, I, 3 (mars 56), 16

Newman, Oscar
"Contributors"
TCA, VII, 2 (fév. 62), 12

Nichols, David W.F.
"Obituary".
RAIC, XXIX, 3 (mars 52), 79-80

Noakes, Edward Henry
"Contributors to this issue".
RAIC, XXIII, 9 (sept. 46), 233

Nobbs, Percy E.
"Honorary Fellowship".
RAIC, XXXIII, 1 (jan. 56), 25-26
"Percy E. Nobbs, MA, LITT.D., HON. FRAIC, FRIBA, RCA — 1875-1964".
RAIC, XLII, 1 (jan. 65), 13-14

Notebaert, Gérard
"Contributors"
TCA, III, 6 (juin 58), 16

Nunas, Keith
"Awards"
TCA, XIX, 10 (oct. 74), 4

O'Gorman, Peter J.
"Obituaries".
RAIC, XL, 2 (fév. 63), 89

Osborne, Milton Smith
"An Appreciation: Milton S. Osborne".
RAIC, XXIII, 8 (août 46), 193
"Milton Smith Osborne".
RAIC, XXXVI, 12 (déc. 59), 423

Osler, Robert
"People"
TCA, XXIV, 2 et 3 (fév.-mars 79), 6

Ouellet, Jean
"Jean Ouellet élu chez les architectes" (A.A.P.Q.)
BAT, XLVII, 3 (mars 72), 5

Ouellet, Jos.-P.
"Québec pleure le doyen de ses architectes".
BAT, XXXIV, 4 (avril 59), 73

Owen, Kingsley
"Télégrammes"
BAT, XL, 8 (août 65), 62

Oxley, James Morrow
"Obituary".
RAIC, XXXIV, 11 (nov. 57), 456

Page & Steele
"Forsey Page and Steele".
TCA, III, 7 (juil. 58), 10

Pain, Marek
"Odds & Ends"
TCA, IV, 1 (jan. 59), 12

Parent, Claude
"Claude Parent, architecte. Dans l'attente des miettes de l'âge d'or à venir."
AC, 31, 334 (mars-avril 76), 19-20

Parent, Guy-S.-N.
"Notes biographiques"
BAT, XXIX, 8 (août 54), 51

Parent, Lucien
"Lucien Parent, architecte"
ABC, XI, 121 (mai 56), 28

Parizeau, Marcel
"Marcel Parizeau".
RAIC, XXII, 10 (oct. 45), 217

Parkin, John Sr.
"Contributors and Others"
TCA, VI, 2 (fév. 61), 6 et 9

Parkin, John Burnet
"Contributors to this issue"
RAIC, XIX, 9 (sept. 42), 197
"People"
TCA, XX, 9 (sept. 75), 5

Parkin, John B. (Ass.)
"John B. Parkin Associates..."
CB, XI, 4 (avril 61), 27-35
"1500 Don Mills Road".
TCA, XXIII, 5 (mai 78), 43-46
"Sans titre" (fusion de John B. Parkin Ass et Smith, Carter, Searle pour Smith, Carter, Parkin)
TCA, XIV, 4 (avril 69), 10
"Architects' merger forms largest canadian firm".
CB, XIX, 2 (fév. 69), 7

Parkin, John Cresswell
"Contributors to this issue, John Cresswell Parkin".
RAIC, XXV, 6 (juin 48), 216
"Sans titre".
TCA, II, 5 (mai 57), 10
"People"
TCA, XXIV, 11 (nov. 79), 4

Parrott, James Allan
"Obituary".
RAIC, XXX, 5 (mai 53), 133

Parry, B. Evan
"Obituary, B. Evan Parry"
RAIC, XIX, 2 (fév. 42), 35

Pauls, Jake
"People"
TCA, XXIII, 5 (mai 78), 4

Payette, Maurice
"Aedificavit".
RAIC, XXII, 8 (août 45), 168

Pearson, John A.
"The Sir Wilfrid Laurier Memorial".
RAIC, XXII, 12 (déc. 45), 252

Pearson, Norman
"Odds and Ends"
TCA, III, 11 (nov. 58), 10

Peck, Hugh Adderley
"Hugh Adderley Peck"
RAIC, XXII, 10 (oct. 45), 217

Peeps, John Calder
"Odds and Ends".
TCA, III, 12 (déc. 58), 10

Pellow, Harry A.
"Erratum"
TCA, XIX, 8 (août 74), 5

"Practice"
TCA, XIX, 5 (mai 74), 6
"Practice"
TCA, XXIV, 4 (avril 79), 6

Pentland & Baker
"Practice Notes"
RAIC, XLII, 2 (fév. 65), 10

Perkins, McDonald, Bellprat
"Practice"
TCA, XXIV, 4 (avril 79), 6

Perram, Hugh Carlton
"Obituary, Hugh Carlton Perram".
RAIC, XXV, 2 (fév. 48), 65

Perry, Bruce
"People"
TCA, XX, 2 (fév. 75), 7

Perry, Leslie A.
"The Royal Canadian Academy"
RAIC, XXII, 12 (déc. 45), 258

Pettick, Joseph
"Odds & Ends"
TCA, V, 10 (oct. 60), 6

Piccaluga, Francesco et Aldo
"People"
TCA, XXII, 7 (juil. 77), 4

Pingusson, Georges-Henri
"Georges-Henri Pingusson: Architect of the Humanized Environment".
TCA, XV, 6 (juin 70), 63-65 et 68 et 82

Pinker, Donovan
"Contributors & Others"
TCA, VI, 7 (juil. 61), 6
"Contributors".
TCA, IX (yearbook 64), 147

Pitts, Gordon McLeod
"Obituary"
RAIC, XXXI, 4 (avril 54), 131-132
"Contributors to this issue"
RAIC, XIX, 9 (sept. 42), 197

Polson, Murray
"People"
TCA, XIII, 1 (jan. 68), 8

Poray-Swinarski, M.W.
"Authors"
TCA, XIX, 6 (juin 74), 8

Porter, John Stormont
"Obituary".
RAIC, XXXII, 5 (mai 55), 187

Portnall, F.H.
"Aedificavit".
RAIC, XXII, 10 (oct. 45), 216

Prack, Frederick
"Obituaries".
RAIC, XXXVIII, 5 (mai 61), 80-81

Prangnell, Peter
"People"
TCA, XIV, 11 (nov. 69), 7
"People"
TCA, XIX, 7 (juil. 74), 7

Pratt, Ralph Benjamin
"Obituary, Ralph Benjamin Pratt"
RAIC, XXVII, 4 (avril 50), 148-149

Pritchard, Gordon B.
"Gordon B. Pritchard, B. Arch."
RAIC, XLII, 3 (mars 65), 92-93

Procos, Dimitri
"People"
TCA, XVI, 7 (juil. 71), 7

Project Planning Associated Ltd.
"Consulting Firm Opens in Toronto"
CB, VI, 9 (sept. 56), 68

Prus, Maria
"People"
TCA, XXII, 4 (avril 77), 6

Prus, Victor
"Contributors"
TCA, V, 2 (fév. 60), 8
"Propos d'étudiants: Rencontre avec Victor Prus"
ABC, XIII, 145 (mai 58), 65
"People"
TCA, XXII, 4 (avril 77), 6

Ralph, Ernest Ross
"Obituary, Ernest Ross Ralph".
RAIC, XXXV, 6 (juin 58), 239

Ramsay, W.A.
"Contributor to this issue"
RAIC, XXXIII, 4 (avril 56), 147

Rattenbury, Francis Mawson
Reksten, Terry, *Rattenbury*, Sono Nis Press, Victoria, 1978.
TCA, XXIV, 1 (jan. 79), 8-9

Rayman, Irving
"People"
TCA, XIV, 12 (déc. 69), 7

Rea, Kenneth Guscotte
"Obituary, Kenneth Guscotte Rea"
RAIC, XVIII, 11 (nov. 41), 192

Reilly, Francis B.
"Obituary, Francis B. Reilly"
RAIC, XXI, 12 (déc. 44), 289

Repa, Miroslav
"Entrevues — M. Miroslav Repa architecte du pavillon de la Tchécoslovaquie à l'Expo"
BAT, XLII, 7 (juil. 67), 42-43, 46

Revell, Viljo
"The Revell Legacy"
TCA, XIX, 6 (juin 74), 30-36

Richard, René
"Contributors"
TCA, VII, 7 (juil. 62), 85
"Notes biographiques"
BAT, XXIX, 7 (juil. 54), 49

Richards, Hugh Archibald
"Obituary"
RAIC, XXI, 6 (juin 44), 137-138

Riddell, Willard Bruce
"Willard Bruce Riddell, FRAIC"
RAIC, XLII, 3 (Mars 65), 91-92

Roberts, Michael F.
"People"
TCA, XV, 5 (mai 70), 9

Robillard, Maurice
"Réception en l'honneur de M. Maurice Robillard, architecte, gagnant du premier prix de l'institut du Béton précontraint"
BAT, XXXVIII, 11 (nov. 63), 39

Robinson, Gerald
"Contributors".
TCA, III, 8 (août 58), 10

Robitaille, Georges
"Nouveau bureau d'architecture — M. Georges Robitaille"
BAT, XXXV, 4 (avril 60), 61

Rose, Albert
"Contributors"
TCA, VI, 10 (oct. 61), 9
"Contributors"
TCA, X, 3 (mars 65), 18

Rosen, Bernard
"Odds & Ends"
TCA, V, 8 (août 60), 6

Ross, George Allen
"George Allen Ross, F.R.A.I.C., F.R.I.B.A. 1879-1946".
RAIC, XXIII, 4 (avril 46), 103

Rosser, Dick
"People"
TCA, XXI, 5 (mai 76), 4

Rother, Vincent Jacob
"Obituary".
RAIC, XXXVII, 1 (jan. 60), 41

Rule, John V.
"Aedificavit".
RAIC, XXIII, 3 (mars 46), 71

Russell, J.G.H.
"J.G.H. Russell".
RAIC, XXIII, 3 (mars 46), 72

Safdie, Moshe
"People"
TCA, XXIII, 8 (août 78), 10
"Présentation de l'oeuvre de Moshe Safdie, à la Galerie nationale du Canada, Ottawa".
AC, XXIX, 324 (juil.-août 74), 10
"Harvard names Safdie head of urban design".
CB, XXVIII, 8 (août 78), 9

St-Gelais & Tremblay
"Le bureau des architectes St-Gelais et Tremblay, à Jonquières"
BAT, XXXV, 4 (avril 60), 38-41

Sammarco, Riccardo
"People"
TCA, XXV, 3 (mars 80), 8

Sandori, Paul
"People"
TCA, XXI, 11 (nov. 76), 4

Sankey, Lloyd
"Entrevue M. Lloyd Sankey, architecte"
BAT, XLIV, 9 (sept. 69), 34-35

Sawyer, Joseph
"Joseph Sawyer, M.R.A.I.C., sa personnalité, son oeuvre".
ABC, VIII, 81 (jan. 53), 19-32 et 34

Saxton, David Francis
"Obituary".
RAIC, XXXIX, 5 (mai 62), 78

Schoenauer, Norbert
"People"
TCA, XVIII, 1 (jan. 73), 7

Schofield, John
"John Schofield, architecte au C.N.R."
CDQ, XXIII, 4 (juil. 48), 19

Schrier, Arnold
"Contributors".
TCA, III, 3 (mars 58), 26

Schuller, Norbert J.
"People"
TCA, XIV, 10 (oct. 69), 7

Schwaighofer, Joseph
"Contributors and Others" (Brève biographie de Joseph Schwaighofer, ingénieur civil)
TCA, VI, 1 (jan. 61), 9-11

Schwanzer, Karl
"Entrevues: le Dr. Karl Schwanzer, doyen de la Faculté d'Architecture de Vienne (Autriche)"
BAT, XLII, 6 (juin 67), 39, 44

Scott, Alan J.
"Odds and Ends". (Alan J. Scott président de Urban Development Institute)
TCA, IV, 7 (juil. 59), 14

Scott, David H.
"Sans titre"
TCA, XV, 1 (jan. 70), 7-8

Searle, James E.
"People"
TCA, XIII, 4 (avril 68), 9

Sears, Henry
"Contributors"
TCA, VI, 12 (déc. 61), 10

Secord, Herbert Ferris
"Obituary, Herbert Ferris Secord"
RAIC, XXVI, 10 (oct. 49), 361

Secord, James E.
"Contributors to this issue, James E. Secord."
RAIC, XXV, 4 (avril 48), 137

Seethaler, Norbert
"Contributors and Others"
TCA, VI, 1 (jan. 61), 11

Shadbolt, Douglas
"Nailed".
TCA, IV, 12 (déc. 59), 6
"Contributors & Others"
TCA, VI, 7 (juil. 61), 9
"People"
TCA, XIII, 3 (mars 68), 6-7
"People"
TCA, XVIII, 8 (août 73), 7
"People"
TCA, XXIV, 11 (nov. 79), 4

Sharon, Maurice W.
"Provincial Page".
RAIC, XVII, 9 (sept. 40), 167

Shaver, Wilfrid Truman
"Obituary".
RAIC, XXVI, 8 (août 47), 292

Shawcroft, Brian
"Contributors".
TCA, III, 7 (juil. 58), 10

Shenkman, Stanley R.
Stanley R. Shenkman
CB, II, 9 (sept. 52), 58

Shepard, Ralph K.
"Ralph K. Shepard"
RAIC, XXII, 12 (déc. 45), 270

Sheppard, Earle L.
"Obituary".
RAIC, XXXIV, 7 (juil. 57), 278-279
"An Ontario Architect goes West"
RAIC, XVIII, 6 (juin 41), 106 et 109

Sheppard & Rhynas
"Notice of partnership"
RAIC, XXXIII, 2 (fév. 56), 67

Siemers, Peter
"Sans titre"
TCA, XV, 1 (jan. 70), 8

Sinclair, Stinson Kennedy
"Stinson Kennedy Sinclair"
RAIC, XXIV, 6 (juin 47), 220

Sise, Hazen
"Odds & Ends"
TCA, III, 12 (déc. 58), 10
"People"
TCA, XIX, 8 (août 74), 4

Slater, Wilson A.
"Architects relocate"
CB, XXV, 9 (sept. 75), 7

Smale/Dickson
"People"
TCA, XIV, 7 (juil. 69), 6

Smart, John Walker
"Obituary, John Walker Smart"
RAIC, XVIII, 11 (nov. 41), 192

Smith, Carter, Parkin
"Sans titre"
TCA, XIV, 4 (avril 69), 10

Smith, Eden
"Obituary Eden Smith".
RAIC, XXVII, 3 (mars 50), 112-113

Smith, John
"The young architect"
TCA, XXII, 10 (oct. 77), 25-33

Smith, J. Roxburgh
"J. Roxburgh Smith"
RAIC, XIX, 1 (jan. 42), 10

Smith, Sandford Fleming
"Obituary, Lt.-Col. Sandford Fleming Smith, D.S.O. 1873-1943"
RAIC, XX, 12 (déc. 43), 220

Smith, Wilfred F.
"Obituary".
RAIC, XXVI, 8 (août 47), 292

Somerville, W.L.
"W.L. Somerville"
RAIC, XXVI, 10 (oct. 49), 362

Soucy, Jean-Baptiste
"Jean-Baptiste Soucy nommé 'Fellow'"
BAT, XXIX, 7 (juil. 54), 51

Souter, Lenz, Scott, Taylor, Souter
"People"
TCA, XIV, 10 (oct. 69), 7

Spence, John
"Sans titre"
TCA, XIV, 4 (avril 69), 10

Sprachman & Giller
"People"
TCA, XIV, 7 (juil. 69), 6

Stankiewicz, Matt.
"People"
TCA, XXV, 1 (jan. 80), 4

Stanley, Kelvin C.
"DPW names chief architect"
CB, XVII, 7 (juil. 67), 8

Stechesen, Leslie J.
"People"
TCA, XX, 6 (juin 75), 4

Steele, Harland
"Odds & Ends"
TCA, V, 6 (juin 60), 6

Stent, Thomas
"Not so forgotten now".
RAIC, XXXIX, 8 (août 62), 63

Stephenson, George J.
"Obituary, George J. Stephenson".
RAIC, XXV, 2 (fév. 48), 65

Stephenson, Gordon
"Contributors to this issue"
RAIC, XXXIII, 6 (juin 56), 242

Stevens, David C.
"Sans titre"
TCA, XV, 1 (jan. 70), 8

Stevens, Karl
"Awards"
ARCAN, XLVIII (8 nov. 71), 3

Stokes, Peter
"Contributors".
TCA, III, 2 (fév. 58), 10

Storey, Stan E.
"Obituary".
RAIC, XXXVI, 12 (déc. 59), 439

Storey & Marvin
"Practice Notes"
RAIC, XLII, 2 (fév. 65), 10

Stoughton, Arthur A.
"Professor Arthur Alexander Stoughton, Ph. B., LL.D., M.R.A.I.C."
RAIC, XXVII, 4 (avril 50), 146
"Obituary".
RAIC, XXXII, 2 (fév. 55), 59-60

Strasman, James
"Authors"
TCA, XXIII, 8 (août 78), 10

Strong, Dick
"Contributors"
TCA, IX (yearbook 64), 147

Strutt, James
"Contributors".
TCA, III, 6 (juin 58), 16

Sullivan, Francis C.
"Francis C. Sullivan, architect".
RAIC, XXXIX, 3 (mars 62), 32-36

Surveyer, Nenniger & Chênevert
"Surveyer, Nenniger & Chênevert"
AC, 24, 278 (oct. 69), 16-19
"Un bureau de consultants de Montréal franchit le cap du 1500e employé". (le Groupe SNC)
AC, 29, 321 (jan.-fév. 74), 9

Tampold, Elmar
"People"
TCA, XIX, 11 (nov. 74), 4

Tanaka, George
"Odds and Ends"
TCA, IV, 7 (juil. 59), 14

Tanner, H.T.D.
"People"
ARCAN, XLIX (17 jan. 72), 6

Tanner, Robert
"Odds & Ends"
TCA, III, 4 (avril 58), 24

Teeter, George G.
"Aedificavit".
RAIC, XXIII, 2 (fév. 46), 44

Terriss, Kenneth
"Scholarships".
RAIC, XXX, 10 (oct. 53), 308

The Architectural Associates
"Odds & Ends" (sur la nouvelle firme The Architectural Associates for Carleton University).
TCA, V, 7 (juil. 60), 6

Théberge, Claude
"L'atelier d'art Claude Théberge"
ABC, XX, 230 (juin 65), 40-44, texte & ill.

Thom, Ron J.
"Contributors".
TCA, VI, 5 (mai 61), 15
"Canadian Architect Honored"
CB, XX, 5 (mai 70), 7

Thompson, Charles Joseph
"Obituaries".
RAIC, XXXVIII, 5 (mai 61), 80

Thompson, Harlyn E.
"People"
TCA, XXIV, 8 (août 79), 7

Thompson, Berwick & Pratt
"Contributors & Others"
TCA, VI, 6 (juin 61), 6 et 10
"Thompson, Berwick & Pratt"
TCA, VI, 6 (juin 61), 55-62
"The University of British Columbia"
TCA, VII, 11 (nov. 62), 35

Traquair, Ramsey
"The College of Fellows Honours Retired Architects"
RAIC, XVIII, 7 (juil. 41), 121
"Obituary".
RAIC, XXIX, 11 (nov. 52), 344

Trépanier & Bélanger
"Granby Architects Do Varied Work"
CB, IV, 6 (juin 54), 50-51, texte & ill.

Trudeau, Charles
"Odds and Ends" (émission de télévision sur 3 architectes: Guy Desbarats, Charles Trudeau et James A. Murray)
TCA, IV, 12 (déc. 59), 6

Turner, Philip J.
"Philip J. Turner, F.R.I.B.A., F.R.A.I.C."
RAIC, XVIII, 8 (août 41), 135
"Obituary, Professor J. Philip Turner"
RAIC, XX, 9 (sept. 43), 165

Turner-Davis, Bernard
"Contributors"
TCA, VI, 10 (oct. 61), 9

Tustian, Richard E.
"Tustian Triumphs".
TCA, III, 11 (nov. 58), 13

Ussner, Wilfrid R.
"Contributors".
TCA, III, 6 (juin 58), 16

Vallance, Hugh
"Obituary".
RAIC, XXIV, 4 (avril 47), 143

Van Egmond, W.G.
"Obituary, W.G. Van Egmond".
RAIC, XXVI, 11 (nov. 49), 391-392

Van Ginkel, Blanche Lemco
"People"
TCA, XXII, 8 (août 77), 8

Van Ginkel, H.P.
"Contributors"
TCA, IX, 7 (juil. 64), 10
"Contributors"
TCA, XII (yearbook 67), 126

Van Leuven, Karl O.
"Contributors to this issue"
RAIC, XXXIII, 6 (juin 56), 242

Van Raalte, S.S.
"Obituary".
RAIC, XXXIII, 9 (sept. 56), 359

Vermette, Claude
"Claude Vermette, céramiste".
TCA, II, 7 (juil. 57), 39-41

Waisman, Ross, Blankstein, Coop, Hanna Ass.
"Amalgamation"
TCA, IX, 6 (juin 64), 10 et 14

Walker, Howard V.
"Contributors".
TCA, II, 5 (mai 57), 8
"Contributors"
TCA, VI, 9 (sept. 61), 13
"Toronto architect receives award"
CB, XXVII, 12 (déc. 77), 5

Walsh, William J.
"Obituary".
RAIC, XXIX, 7 (juil. 52), 234

Warren, Kenneth G.
"Odds and Ends".
TCA, IV, 6 (juin 59), 22

Waterhouse, Alan
"People"
TCA, XVII, 10 (oct. 72), 7

Watson, Albert Edward
"Albert Edward Watson"
RAIC, XXVI, 10 (oct. 49), 362

Watson-Donald, Keith
"Practice"
TCA, XXIV, 6 (juin 79), 4

Watts, Herbert
"Watts named director of Univ. of Waterloo's School of Architecture"
CB, XXII, 7 (juil. 72), 5

Webb, Zerafa, Menkes
"WZM: An Interview with Peter Webb and Boris Zerafa".
TCA, XVI, 5 (mai 71), 50-53

Webster, David
"Obituary".
RAIC, XXIX, 2 (fév. 52), 51

Wegman, Jules Frederic
"Jules Frederic Wegman"
RAIC, XXII, 12 (déc. 45), 270

Weinreich, Harold
"People"
TCA, XIII, 10 (oct. 68), 11

Wells, J. Malcolm
"People"
TCA, XIX, 11 (nov. 74), 4

West, Gordon M.
"Obituaries".
RAIC, XXXVIII, 9 (sept. 61), 80

Whatmough, Grant
Grant Whatmough, architecte naval.
TCA, II, 12 (déc. 57), 5

Whitford, Hugh
"Obituary".
RAIC, XXVIII, 8 (août 51), 241

Wiens, Clifford
"People"
TCA, XXIV, 10 (oct. 79), 8

Wiggs, G. Lorne
"Contributor to this issue, G. Lorne Wiggs".
RAIC, XXV, 9 (sept. 48), 347

Wiley, Thomas R.
"New firms" (N.D. MacDonald et M. Zuberec ont repris la pratique architecturale de Thomas R. Wiley de St. Catharines en Ontario)
TCA, V, 1 (jan. 60), 8

Williams, William F.
"Obituary, William Fredk. Williams"
RAIC, XXV, 3 (mars 48), 98

Wilson, Ewart G.
"Obituary, Ewart G. Wilson"
RAIC, XIX, 1 (jan. 42), 14

Wisnicki, B. Paul
"Odds & Ends"
TCA, V, 4 (avril 60), 6

Witton, William Palmer
"Obituary".
RAIC, XXVI, 7 (juil. 47), 258

Wogenski, André
"André Wogenski déclare: 'L'Architecture est active...'"
BAT, XLVII, 12 (déc. 72), 28-29, texte & ill.

Wood, George W.
"Obituary, George W. Wood"
RAIC, XVIII, 12 (déc. 41), 209

Wreglesworth, Peter
"People"
TCA, XXIV, 11 (nov. 79), 4

Wright, C.H.C.
"The college of fellows honours retired architects"
RAIC, XVIII, 7 (juil. 41), 121

Yamasaki, J.
"Announcement"
RAIC, XXXIII, 4 (avril 56), 147

Yapp, Russell K.
"People"
TCA, XIV, 1 (jan. 69), 8
"People"
TCA, XIV, 12 (déc. 69), 7-8

Young, G.I.M.
"Contributors".
TCA, III, 8 (août 58), 10

Zeidler, Eberhard H.
"Contributors & Others"
TCA, V, 11 (nov. 60), 6

L'industrie de la construction

The Construction Industry

L'INDUSTRIE DE LA CONSTRUCTION
THE CONSTRUCTION INDUSTRY

"Background to bankruptcy, Here's the true story of why insolvency hits so hard in construction"
CB, XVI, 3 (mars 66), 40-41

"Bernard Denault analyse certains problèmes de la construction"
BAT, L, 7 (juil. 75), 5-6

"Building industry is sick, fragmented, misused — says Science Council of Canada".
CB, XXI, 11 (nov. 71), 7

"Canadian Builders Doing Better Job"
CB, IV, 7 (juil. 54), 22, 24

"Canadian Construction Association..."
CB, XIX, 3 (mars 69), 55-57

"Canadian Construction Association — Challenge of Change Ahead".
CB, XXI, 1 (jan. 71), 23 et 29

"CCA takes close look at the industry's techniques, management, labor relations".
CB, XVII, 3 (mars 67), 52-53

"CCA would like Ontario Hydro to farm out construction jobs".
CB, IX, 7 (juil. 59), 45

"Commission Royale d'Enquête sur l'avenir économique du Canada" (extraits du mémoire de la Commission Gendron, concernant divers secteurs de la construction)
BAT, XXXI, 6 (juin 56), 59-63, 102, 103

"Construction, les perspectives actuelles"
BAT, XLI, 5 (mai 66), 25-28

"Dealers complain that builders don't pay promptly".
CB, XIV, 12 (déc. 64), 9

"De l'alimentation à l'immobilier: l'histoire de la Corporation Ivanhoé"
BAT, XLIX, 12 (déc. 74), 18-19, texte & ill.

"Démographie — Population future du Canada"
ABC, I, 6 (sept. 46), 22

"Des suggestions précises qui bouleverseraient l'industrie de la construction"
BAT, L, 3 (mars 75), 25

"Developer of the month — Dan E. Rudberg. The outlook from Montreal: how a major developer sees the future".
CB, XXII, 5 (mai 72), 13-14

"Developers say long-range interest is fast moving into British Columbia"
CB, XXVI, 1 (jan. 76), 27-28

"Economy should be rolling by late 1979, construction industry waiting for upswing"
CB, XXVIII, 12 (déc. 78), 5

"Industrialisation: abus des syndicats ou évolution normale. Quelques personnalités de la construction répondent à nos questions".
BAT, XLVI, 2 (fév. 71), 12-16

"Industry's top echelon at Property Forum seeks to improve the developer's image"
CB, XXVI, 1 (jan. 76), 12-14 et 22-23

"La CIC mettra de l'ordre dans l'industrie de la construction"
BAT, XLVII, 4 (avril 72), 24-25

"Land co-operatives are the solution for small builder lot problems".
CB, XV, 3 (mars 65), 61

"Land, management are builder problems"
CB, X, 2 (fév. 60), 5 et 13

"L'avenir de la construction dépend de la productivité... et repose sur l'industrialisation" (selon C.M. Drury, ministre fédéral de l'industrie)
BAT, XLII, 1 (jan. 67), 5

"Le dilemne des années '70: construction ou destruction?"
BAT, XLIX, 4 (avril 74), 12, 17-20, texte & ill.

"L'industrie de la construction entre dans une ère nouvelle"
BAT, XLII, 12 (déc. 67), 6

"L'industrie de la construction menacée de cancer généralisé"
BAT, XLVI, 11 (nov. 71), 66-67

"L'ingénieur-conseil québécois se réveille"
BAT, XLIX, 5 (mai 74), 18-20, texte & ill.

"Marathon à l'assaut du marché montréalais" (Société immobilière Marathon, filiale du Canadien Pacifique)
BAT, XLIX, 11 (nov. 74), 59, texte & ill.

"Mieux bâtir, à meilleur prix:"
BAT, XLIV, 7 (juil. 69), 32-34

"More direct participation seen in building for product makers"
CB, XVI, 11 (nov. 66), 7

"Nouvelle catégorie d'entrepreneurs" (entrepreneurs-coordinateurs)
BAT, XLV, 4 (avril 70), 8

"Ontario architects are told: Why the building industry must unite"
CB, XXI, 4 (avril 71), 32 et 49

"Ontario construction men plan for stronger voice".
CB, XV, 11 (nov. 65), 57

"Où va le bâtiment au Québec"
BAT, LII, 8 (août 77), 16-24, texte & ill.

"People" (l'industrie de la construction en Nouvelle-Écosse)
TCA, XXI, 5 (mai 76), 4

"Points de vue — l'avenir de la construction"
BAT, XLV, 12 (déc. 70), 17-18, 21

"Profits, progress, problems topics at CCA convention".
CB, XV, 3 (mars 65), 64

"Quand les constructeurs prennent l'offensive..."
BAT, XLI, 5 (mai 66), 30-31, texte & ill.

"Quebec builders take steps to improve damaged image".
CB, XVI, 1 (jan. 66), 30

"Quebec plans three-billion-dollar shot in the arm for construction"
CB, XXIX, 3 (mars 79), 12

"The CCA convention, Why construction must gear itself to handle a growing volume of work"
CB, XVI, 3 (mars 66), 45-47

"The changing face of the building industry"
CB, XXIV, 12 (déc. 74), 13-15 et 18-19 et 21

"The Quebec Scene: What happens now after the boom years?"
CB, XXVI, 2 (fév. 76), 23-26 et 30-34

"Une interview de M. Denommée"
BAT, XLVI, 12 (déc. 71), 8

"Une spécialité nouvelle au pays: l'économiste en bâtiments: Hanscomb Roy Associés, à Montréal"
BAT, XLV, 9 (sept. 70), 17-18, 37, texte & ill.

"Un mémoire de la Chambre de commerce de la Colombie-Britannique: une foule de chiffres et de commentaires intéressants... sur la construction, la propriété et les taxes"
BAT, XLV, 6 (juin 70), 35-36

"Un objectif urgent: stabiliser la croissance de la construction"
BAT, XLIX, 9 (sept. 74), 15, 17

"What do we need for full potential? Teamwork, White Paper tax adjustment, uniform building codes — Leithead"
CB, XX, 3 (mars 70), 49

Allard, Gérard
"S'adapter ou peut-être disparaître — le constructeur est-il en mesure de répondre aux nécessités du développement actuel?"
BAT, LI, 10 (oct. 76), 17-18, 22

Assaly, Ernie
"Japan, Britain, U.S.A., Germany — They're all interested in how Canadians build"
CB, XXIV, 10 (oct. 74), 46

Benedeck, Alexander et al.
"The future of the building industry: Canadian Building's annual seminar — As an architect, an engineer, a lender and a developer see it — We quote".
CB, XXI, 12 (déc. 71), 23-24 et 26-28 et 36-37

Bland, John
"Les devoirs de l'industrie de la construction"
ABC, IX, 93 (jan. 54), 18

Bolton, John L.M.
"Canadian Architects' Services Reviewed".
TCA, XXIV, 9 (sept. 79), 50 et 62

Burgess, Cecil S.
"Alberta". (La construction sans les services d'un architecte).
RAIC, XXVII, 10 (oct. 50), 360

Campbell, C.B.
"Better communication between builders could help solve many problems".
CB, XV, 11 (nov. 65), 95

Choueke, Esmond
"Montreal is taking a breath before the next development surge"
CB, XXVI, 12 (déc. 76), 27-28

Chutter, Don
"Talking with Don Chutter, The problems of the building construction industry".
CB, XIX, 9 (sept. 69), 39-41

Colville, David
"Provincial Page". (Industrie du bâtiment en C.-B.).
RAIC, XVII, 2 (fév. 40), 28

Cowan, H. Bronson
"Principal Handicaps on Building Industries". (Australia and New Zealand Method of Removing Them).
RAIC, XVII, 2 (fév. 40), 17-19

Desbarats, Guy
"Building Industry & Society"
TCA, XIV, 5 (mai 69), 48-51

Fowke, Clifford
"A new era opens for industry cooperation"
CB, XV, 6 (juin 65), 32-35

"British pull-out or Canadian take-over? These international talks could affect real estate development across Canada"
CB, XXVI, 6 (juin 76), 13-16 et 43

"Changes in real estate development have been dramatic in the last decade"
CB, XXVI, 1 (jan. 76), 11

"Environment, it's a new era for real estate development"
CB, XXVI, 10 (oct. 76), 26-27 et 32

"Looking ahead at the '80s — Perplexing questions, confusing answers"
CB, XXIX, 10 (oct. 79), 44 et 46

"Now you have a dollar; now you don't — The construction industry's dilemma"
CB, XXIX, 6 (juin 79), 30 et 34

"The Dennis Report, Half-truths — lack of adequate research — Does it justify vilifying developers?"
CB, XXII, 9 (sept. 72), 13-15 et 17

"The Developer's Dilemma — The tide is turning against the 'reformers' in the battle for progress"
CB, XXIV, 4 (avril 74), 17-20 et 22-24

"The future of building construction".
CB, XX, 12 (déc. 70), 13-23

"The larger construction issues behind the border war with Quebec"
CB, XXVIII, 9 (sept. 78), 55 et 57

Fowke, Clifford et al.
"A special report by 'Canadian Builder', The changing face of the building industry".
CB, XIX, 2 (fév. 69), 29-52

"Building in the seventies! We have a revolution on our hands".
CB, XIX, 12 (déc. 69), 19-26

Fowke, Clifford; Nicholls, Roland H.
"For better building industry"
CB, XVI, 4 (avril 66), 33-41

Gunderson, Harold
"Project '70 — Calgary's construction show at Flare Square". (exposition sur l'industrie de la construction).
CB, XX, 8 (août 70), 39

Hall, John
"Real estate development industry topics, How changes have affected all facets of the real estate development industry"
CB, XXV, 3 (mars 75), 23-24

Huckvale, Marnie
"Prospects brighten for some sectors as Vancouver builders become more selective"
CB, XXVI, 12 (déc. 76), 29-30

Jacques, Mary
"Property Forum '80, Positioning today for a positive tomorrow"
CB, XXX, 12 (déc. 80), 21-36

Jansen, Doug
"Quality Construction turns developers, expects to grow — bigger and faster".
CB, XVII, 10 (oct. 67), 55

Johnson, R.G.
"Examples of Canadian Construction Co-ordination Cited at McGill Conference", McGill Conference on Construction Industry Integration
CB, III, 4 (avril 53), 46-50, texte & ill.

Keller, D.
"L'industrie de la construction en quête d'efficacité".
AC, 28, 314 (mai 73), 18-19

Kelly, William
"The Convention circuit — HUDAC, CHMA, CCA. Availability of men and materials will govern construction prosperity in 1974"
CB, XXIV, 3 (mars 74), 55-57

Lazarus, Charles
"The Developer's Dilemma — The tide is turning against the 'reformers' in the battle for progress"
CB, XXIV, 5 (mai 74), 25-27 et 30 et 32 et 36

Legget, Robert F.
Royal Bank of Canada. *The Canadian construction industry*, The Queen's Printer, Ottawa, oct. 58
RAIC, XXXV, 8 (août 58), 319-320

Lurz, William H.
"Alliance's operations may be the model for an emerging new breed of developer"
CB, XXIII, 8 (août 73), 41-44

Mathers, A.S.
"Immediate planning needed for post-war rehabilitation"
RAIC, XIX, 6 (juin 42), 132-133

Messer, Tommy
"The new scene in Quebec" (le climat politique du Québec et l'industrie de la construction)
CB, XXVII, 8 (août 77), 13-16 et 20 et 44

Mews, J.E.
"Lack of trained mechanical engineers spells a crisis in building industry".
CB, XVI, 6 (juin 66), 72-73

Neisch, William J.
"More restrictions on developers? Watch out for environmental regulations — They could easily be the toughest yet"
CB, XXVII, 10 (oct. 77), 24 et 26

Poulin, Albert
"Québec" (les problèmes de l'après-guerre dans l'industrie de la construction)
RAIC, XXI, 10 (oct. 44), 240-241

Ripley, James G.
"Property Forum '78, Challenging Markets ahead"
CB, XXVIII, 12 (déc. 78), 9-24

Smith, John Caulfield
"En construisant plus on pourrait supprimer en deux ans la masse du chômage au Canada — l'économie du pays réclame un accroissement du volume de construction"
BAT, XXXVIII, 9 (sept. 63), 4-5

Spence, John G.
"An architect takes a critical look at the 'happening' in the construction industry"
CB, XVI, 11 (nov. 66), 86-87 et 90

Stewart, R.C.T.
"Prospects and problems in construction as seen by the leader of the CCA".
CB, XXI, 9 (sept. 71), 39 et 41

Valentine, H.A.I.
"Québec". (Le Forward Look et l'industrie de la construction au Québec)
RAIC, XXXV, 1 (jan. 58), 30

Wood, Bernard
"Cool it — Don't kill it". (L'industrie de la construction au Canada)
TCA, XXI, 4 (avril 76), 7-8

L'ACTIVITÉ DE LA CONSTRUCTION
CONSTRUCTION ACTIVITY

"1968 Construction volume? 'Upwards of the same,' says CCA head". (au Canada)
CB, XVIII, 2 (fév. 68), 5

"À la 82e assemblée annuelle de l'ACMQ: P. Desmarais II apporte une note d'optimisme." (l'industrie de la construction à Montréal, énumération de quelques projets)
BAT, LV, 2 (mars 80), 20-21 et 23

"À Montréal ... où les limites n'existent plus — la construction est le reflet d'une économie en pleine expansion"
BAT, XXXVII, 4 (avril 62), 30-33, texte & ill.

"Après six mois de 1967... tendances générales de la construction"
BAT, XLII, 6 (juin 67), 40, 45, texte & tableau.

"À Québec, l'acheteur de biens immobiliers passe au premier rang de l'activité économique"
BAT, LV, 10 (déc. 80), 5-6

"Architecture's big clients" (Statistique, etc.)
TCA, V, 12 (déc. 60), 64-66

"A record year for Toronto"
CB, XVIII, 3 (mars 68), 79

"Aucun signe de redressement de la situation dans la construction au Québec selon l'OCQ"
BAT, LIII, 12 (déc. 78), 9, texte & ill.

"Augmentation de la valeur des contrats accordés sur le territoire de la CUM"
BAT, LIII, 9 (sept. 78), 29

"Augmentation des mises en chantier — Baisse de l'activité dans l'industrie selon l'Office de la Construction du Québec"
BAT, LIII, 3 (mars 78), 7, 11

"Augmentation des mises en chantier en mars"
BAT, LIII, 5 (mai 78), 10

"Augmentation des mises en chantier — Pour le premier semestre: baisse de 6% des commandes d'acier de charpente"
BAT, LII, 10 (oct. 77), 6-7

"Autres projets de construction en 1975-76"
BAT, L, 9 (sept. 75), 24

"Baisse de l'activité dans la construction au Québec"
BAT, LIII, 6 (juin 78), 8, texte & ill.

"Baisse des mises en chantier"
BAT, LIII, 1 (jan. 78), 9
BAT, LIII, 10 (oct. 78), 10
BAT, LIII, 12 (déc. 78), 6

"Baisse des mises en chantier en février"
BAT, LII, 4 (avril 77), 6

"Baisse des mises en chantier en juillet"
BAT, LIII, 9 (sept. 78), 7

"Baisse des mises en chantier en mai — Baisse de 15% de l'activité dans la construction au Québec au cours du premier trimestre"
BAT, LIII, 7 (juil. 78), 5, 8

"Baisse des mises en chantier en mars"
BAT, LII, 5 (mai 77), 6

"Baisse des mises en chantier en octobre"
BAT, LII, 1 (jan. 77), 17

"Banner construction year on tap for Calgary".
CB, XXI, 1 (jan. 71), 8

"B.C.'s new city would cost $350 million"
CB, XV, 5 (mai 65), 78

"Biggest boom in construction hits Toronto"
CB, XV, 8 (août 65), 5

"Boom dans la construction d'immeubles à Laval"
BAT, LI, 9 (sept. 76), 29, texte.

"Boom immobilier dans le ciel de Québec"
BAT, XLVII, 8 (août 72), 16-17, texte & ill.

"Builders not ready for boom, ECC chairman warns".
CB, XXI, 7 (juil. 71), 30

"Building pace record".
ARCAN, L (juin 73), 12

"Building target: now $11.7 billion". (Au Canada)
CB, XVII, 9 (sept. 67), 5

"Calgary and Edmonton builders shooting for new records".
CB, XVI, 5 (mai 66), 8

"Canadian Building Forecasts".
CB, II, 1-2 (jan.-fév. 52), 49-50, texte.

"Canadian Building Special Report, Survey '75, Spending on construction"
CB, XXV, 5 (mai 75), 13-20

"Canadian Building Special Report, Survey '77, Spending on Construction" (statistiques à travers le Canada)
CB, XXVII, 6 (juin 77), 21-28

"Comme 1965, l'année 1966 sera prospère" (re: statistiques sur la construction)
ABC, XX, 232 (août 65), 41, texte.

"Construction 1975-1985; $800 milliards d'investissements"
BAT, L, 4 (avril 75), 19-20

"Construction 1978: le Québec ne sera pas à plaindre"
BAT, LII, 12 (déc. 77), 13-15, 19

"Construction 1979: pas de redressement spectaculaire ni de miracle"
BAT, LIII, 12 (déc. 78), 3-4

"Construction dans le secteur public: de nombreux projets au Québec en 1978"
BAT, LIII, 3 (mars 78), 22-23

"Construction in '78: Some hope for improvement in new year, but slow economy holds building back"
CB, XXVIII, 1 (jan. 78), 34

"Construction: les perspectives actuelles"
BAT, XLI, 5 (mai 66), 25-29, texte & ill.

"Construction levels: no match for 1966". (au Canada)
CB, XVII, 8 (août 67), 5

"Construction Moving to New Peak" (statistiques)
CB, III, 10 (oct. 53), 65

"Construction outlook bright — debate centres on how big the boom will be"
CB, XXIV, 1 (jan. 74), 39

"Construction program in 1966 should hit $11 billion mark". (au Canada)
CB, XVI, 2 (fév. 66), 7

"Construction sur les territoires de la C.U.M."
AC, 34, 348 (nov.-déc. 78), 5-6

"Construction 'unparalleled'" (l'industrie de la construction, statistique).
TCA, 1 (nov.-déc. 55), 13

"Croissance de l'industrie de la construction au Québec" (statistiques)
BAT, XXXVI, 6 (juin 60), 54, texte & tableau.

"Depreciation Changes Will Boom Construction"
CB, II, 12 (déc. 52), 36

"Depressing Data" (Statistiques du McLean Building Reports).
TCA, II, 6 (juin 57), 10

"Des investissements de $30.3 milliards" (dépenses d'immobilisation, statistiques)
BAT, XLIX, 5 (mai 74), 28-30, texte & ill.

"Edmonton building nearly $1 bill." (statistiques sur les six dernières années).
CB, XX, 2 (fév. 70), 6

"Edmonton Construction Hits Record High for April"
CB, III, 6 (juin 53), 57

"Encore une baisse dans les mises en chantier"
BAT, LII, 7 (juil. 77), 6

"Encore une baisse des mises en chantier"
BAT, LIII, 8 (août 78), 5
BAT, LV, 8 (oct. 80), 8

"Encore une baisse des mises en chantiers — À la CUM la valeur des contrats a baissé"
BAT, LIII, 11 (nov. 78), 10-11

"En janvier, baisse de 47% de la valeur des contrats sur le territoire de la CUM — Montréal, la valeur des permis diminue — Marché immobilier relativement stable"
BAT, LII, 4 (avril 77), 13

"European money pouring into Toronto — 'best real estate market in N. America!'"
CB, XXII, 7 (juil. 72), 24

"Faible hausse du programme d'investissements du ministère des Travaux publics"
BAT, LIII, 4 (avril 78), 11, texte.

"Flood Forecasts Continued High Construction Volume in '54"
CB, IV, 1 (jan. 54), 33

"Hausse des immobilisations"
BAT, L, 9 (sept. 75), 33

"Hausse des mises en chantier"
BAT, LIII, 4 (avril 78), 6-7

"Here's the good news and bad about 1977"
CB, XXVI, 11 (nov. 76), 6-7

"Ici et là" (plusieurs projets à Rimouski)
BAT, XXVI, 10 (oct. 51), 14

"Ici et là" (Liste de projets en cours au Québec)
BAT, XXVIII, 10 (oct. 53), 12 et 14

"Ici et là, les importants contrats en cours à travers la province"
BAT, XXVIII, 11 (nov. 53), 12

"Immobilier: marché raisonnablement actif mais baisse notable des prix — Augmentation des mises en chantier"
BAT, LII, 12 (déc. 77), 6-7-8, texte.

"Intentions d'investissements dans la construction en 1980: le Québec prévoit près de $10 milliards d'immobilisation"
BAT, LV, 6 (juil.-août 80), 10-17, 26, texte & ill.

"La baisse de l'activité a été modérée au premier semestre"
BAT, LII, 11 (nov. 77), 70, texte & ill.

"La construction à Hull: un 'boom' remarquable..."
BAT, XLVIII, 9 (sept. 73), 18-20 et 23

"La construction à Joliette"
BAT, XLIX, 2 (fév. 74), 19-21, texte & ill.

"La construction à Québec"
BAT, XXIX, 6 (juin 54), 22-35, texte & ill.

"La construction au Canada en 1974: $23 milliards"
BAT, XLIX, 9 (sept. 74), 13

"La construction au Canada - Situation à la mi-1973 — Orientations de l'ACC"
BAT, XLVIII, 8 (août 73), 28

"La construction au Québec progresserait à un rythme inférieur à celui de l'ensemble du Canada"
BAT, LI, 6 (juin 76), 27-28

"La construction en 1974: $22 milliards"
BAT, XLIX, 2 (fév. 74), 8

"La construction en baisse, surtout à cause de l'habitation"
AC, XXXV, 351 (mars-avril 79), 4

"La construction sur le territoire de la Communauté urbaine de Montréal"
AC, XXXV, 352 (mai-juin 79), 6

"La construction sur le territoire de la Communauté urbaine de Montréal" (statistiques, etc.).
AC, XXXVI, 357 (mars-avril 80), 7

"La construction sur le territoire de la CUM". (statistiques etc)
AC, XXXV, 350 (jan.-fév. 79), 4

"La construction sur le territoire de la CUM".
AC, XXXV, 351 (mars-avril 79), 6

"L'année 1974 a connu 222, 123 mises en chantier"
BAT, L, 4 (avril 75), 32

"La progression des investissements au Québec sera inférieure à celle de l'an dernier"
BAT, LIII, 6 (juin 78), 19-22, texte, tableaux.

"Le 'boom' de la construction au Québec — Un rattrapage qui devait inévitablement arriver"
BAT, XLVIII, 12 (déc. 73), 17-26, texte & ill.

"Le Boom de la construction devrait durer jusqu'au printemps"
ABC, XIX, 221 (sept. 64), 65

"Le dernier grand boom immobilier: la réalité dépasse la fiction" (1972-75)
BAT, LIII, 10 (oct. 78), 12-13, texte & ill.

"Léger recul des mises en chantier"
BAT, LI, 11 (nov. 76), 8

"Légère baisse des mises en chantier"
BAT, LII, 11 (nov. 77), 5

"Légère baisse des mises en chantier — Construction: glissement à Montréal"
BAT, LII, 9 (sept. 77), 6-7-8

"Légère baisse des mises en chantier — Hausse prévue de l'activité dans la construction"
BAT, LV, 10 (déc. 80), 5

"Légère hausse de l'activité prédite en 1980 — Baisse des mises en chantier — $45 millions de contrats accordés sur le territoire de la CUM"
BAT, LV, 4 (mai 80), 10

"Le nombre des mises en chantier baissera jusqu'en 1980" (selon Michael Walker, Fraser Institute, Vancouver)
BAT, LIII, 12 (déc. 78), 5, 28, texte & ill.

"Le volume des travaux de génie se maintient"
BAT, LIII, 8 (août 78), 13, 23

"Les mises en chantier atteignent un nouveau chiffre record"
AC, 29, 322 (mars-avril 74), 9

"Les mises en chantier ont augmenté en septembre"
BAT, XLVI, 11 (nov. 71), 5

"Les prévisions pour 1965?"
BAT, XL, 1 (jan. 65), 26-27, texte & ill.

"Les profits des aciéries en 1973"
BAT, XLIX, 3 (mars 74), 13

"Les programmes d'immobilisation au Québec progresseraient plus vite que dans l'ensemble du pays"
BAT, LII, 6 (juin 77), 14-15

"Les projets de construction 1975-1976 touchent les $4 milliards". (Liste des grands projets, $1 million et plus)
BAT, L, 8 (août 75), 25-27, 30-32

"L'immobilier a été stable en 1975"
BAT, LI, 3 (mars 76), 7

"L'industrie de la construction maintiendra probablement un programme de $7 milliards en 1961".
ABC, XVI, 178 (fév. 61), 58

"L'inflation, menace No 1"
BAT, XLIX, 1 (jan. 74), 17

"Marché immobilier: ventes à la hausse"
BAT, LII, 6 (juin 77), 36, texte.

"Mauvais investissements au Québec? Pas pour certains qui ont plus de confiance que vous dans la belle province"
BAT, XLIV, 12 (déc. 69), 22-23, texte & ill.

"Mises en chantier à la hausse"
BAT, LI, 6 (juin 76), 6

"Mises en chantier à la hausse en janvier"
BAT, LI, 3 (mars 76), 6

"Mises en chantier: — à la hausse en juillet — plus 70% au Québec"
BAT, LI, 9 (sept. 76), 7

"Mises en chantier à la hausse en juin"
BAT, LI, 8 (août 76), 6

"Mises en chantier à la hausse en mai"
BAT, LI, 7 (juil. 76), 8

"Mises en chantier et achèvements par type de construction"
BAT, XLVIII, 5 (mai 73), 5, texte & tableau.

"Montréal" (Investissements du fédéral dans des projets architecturaux)
BAT, LII, 5 (mai 77), 5

"Montréal: $5,2 milliards en projets de construction"
BAT, XLIX, 10 (oct. 74), 22-23, 27, 29

"Montreal building faces big year"
CB, XVI, 4 (avril 66), 6

"Montréal dévoile son programme de construction 1976"
BAT, LI, 5 (mai 76), 21

"Nette avance des mises en chantier d'immeubles"
BAT, LI, 12 (déc. 76), 21

"Nouvelles constructions en 77: les dépenses en immobilisation devraient dépasser $28 milliards"
BAT, LII, 4 (avril 77), 6

"On prévoit 240 000 mises en chantier cette année"
BAT, XLVII, 5 (mai 72), 7, texte & tableau.

"Ottawa forecast for 1965 — 15% climb for construction".
CB, XV, 4 (avril 65), 5

"Outlook" (Statistiques)
CB, V, 9 (oct. 55), 18-19

"Outlook: Prospect good for 1955"
CB, IV, 11 (nov. 54), 52

"Permis, mises en chantier, valeurs des contrats: Montréal surclasse nettement Toronto pour les huit premiers mois de 1976"
BAT, LI, 12 (déc. 76), 8

"Permit approval backlog could make 1973 Metro's biggest building year" (à Toronto)
CB, XXII, 12 (déc. 72), 8

"Perspectives de la construction après l'Expo?"
BAT, XLII, 7 (juil. 67), 37-41, texte & ill.

"Perspectives de la construction — L'année 1969 devrait être bonne si le crédit est suffisant et les revendications syndicales raisonnables"
BAT, XLIV, 5 (mai 69), 25-27, texte & ill.

"Perspectives économiques pour 1968: peu d'optimisme... beaucoup d'incertitudes..."
BAT, XLIII, 1 (jan. 68), 5-6

"Perspectives encourageantes pour l'industrie de la construction au Québec"
BAT, XLVIII, 1 (jan. 73), 20

"Perspectives pour le deuxième semestre 1968..."
BAT, XLIII, 5 (mai 68), 33-34

"Points de vue — Le marché immobilier"
BAT, XLVI, 4 (avril 71), 22, texte & ill.

"Port Arthur Permits Up"
CB, III, 8 (août 53), 40

"Pour corriger le sous-emploi des ingénieurs locaux"
BAT, L, 4 (avril 75), 30

"Pour l'OCQ les perspectives sont peu encourageantes en 1977"
BAT, LIII, 2 (fév. 77), 10

"Practice" (l'investissement de capitaux dans l'industrie de la construction)
TCA, XVIII, 7 (juil. 73), 7-8

"Predicted Record".
TCA, I, 2 (jan.-fév. 56), 8

"Projets" (liste de projets au Québec)
CDQ, XXIV, 3 (mai 49), 24-25

"Projets" (liste de projets au Québec)
CDQ, XXIV, 2 (mars 49), 26

"Projets de construction en cours à la C.E.C.M."
BAT, XLVI, 9 (sept. 71), 16

"Projets du Québec: routes, travaux maritimes, hydro, général, édifices publics, édifices commerciaux, manufactures, habitations"
CDQ, XXIV, 4 (juil. 49), 20-21
"Projets du Québec"
CDQ, XXIV, 5 (sept. 49), 31 et 33
CDQ, XXV, 2 (mars-avril 50), 27
CDQ, XXV, 3 (mai-juin 50), 21-22
CDQ, XXV, 5 (sept.-oct. 50), 29-30
CDQ, XXV, 6 (nov.-déc. 50), 25
CDQ, XXVI, 1 (jan.-fév. 51), 23-24
CDQ, XXVI, 2 (mars-avril 51), 31 et 33
CDQ, XXVI, 3 (mai-juin 51), 22-23
CDQ, XXVI, 4 (juil.-août 51), 33, 38
BAT, XXVII, 3 (mars 52), 47-48
BAT, XXVII, 4 (avril 52), 42-45
BAT, XXVII, 5 (mai 52), 45-47 et 59
BAT, XXVII, 6 (juin 52), 31-32 et 34 et 36 et 46
BAT, XXVII, 7 (juil. 52), 50
BAT, XXVII, 8 (août 52), 31 et 41
BAT, XXVII, 10 (oct. 52), 32 et 40
BAT, XXVII, 11 (nov. 52), 46 et 57
"Quelle est l'importance des travaux effectués par les constructeurs canadiens à l'étranger"
BAT, XXXIII, 4 (avril 58), 66
"Que nous réservent les années 70? — Prévisions par diverses personnalités"
BAT, XLV, 1 (jan. 70), 19-21, texte & ill.
"Record 1965 in Toronto building"
CB, XVI, 2 (fév. 66), 8
"Renaissance économique de Montréal — Construction: la reprise est concentrée dans la région métropolitaine"
BAT, LV, 9 (nov. 80), 6-7
"Revue du marché immobilier"
BAT, XLVI, 4 (avril 71), 20-21, texte & tableaux.
"Revue du marché immobilier"
BAT, XLVI, 10 (oct. 71), 6-7, texte & tableaux.
"ripe for design" (La Colombie-Britannique et la fermeture au marché extérieur pour l'industrie de la construction).
TCA, II, 2 (fév. 57), 53
"Ron Engrg. gets $4,8 mil. contract". (liste des projets au Canada)
CB, XXI, 2 (fév. 71), 15
"Statistique Canada est plus optimiste — Activité dans la construction: fléchissement de 16.2% — Légère hausse des mises en chantier"
BAT, LII, 8 (août 77), 6
"Statistiques de la construction"
BAT, XLVI, 12 (déc. 71), 5-6
"Statistiques de la construction, Montréal"
BAT, XLV, 6 (juin 70), 39
"Survey '74, Canadian Building Special Report, Spending on Construction" (statistiques, coûts etc).
CB, XXIV, 5 (mai 74), 13-20
"Survey '76, Spending on Construction" (à travers le Canada, statistiques sur chaque province etc...)
CB, XXVI, 6 (juin 76), 19-26
"Taux annuel de mises en chantier très élevé"
BAT, LI, 10 (oct. 76), 8
"Tendances 70: construction commerciale, industrielle et résidentielle"
BAT, XLV, 7 (juil. 70), 19-21, 25, texte & ill.
"The Dominion Bureau of Statistics Reports August Starts Up"
CB, III, 11 (nov. 53), 52-53
"The Outlook in Building"
CB, I, 1 (mars 51), 53, texte & ill.
CB, I, 2 (mai 51), 53, texte & ill.
CB, II, 4 (avril 52), 14, texte & ill.
CB, II, 5 (mai 52), 14, texte & ill.
CB, II, 6 (juin 52), 10, texte & ill.
CB, II, 7 (juil. 52), 14, texte & ill.
CB, II, 8 (août 52), 10
CB, II, 9 (sept. 52), 14, texte & ill.
CB, II, 10 (oct. 52), 12, texte & ill.
CB, II, 11 (nov. 52), 10, texte & ill.
CB, II, 12 (déc. 52), 10, texte & ill.
CB, III, 1 (jan. 53), 8, texte & ill.
CB, III, 3 (mars 53), 16, texte & ill.
CB, III, 5 (mai 53), 16, texte & ill.
CB, III, 6 (juin 53), 18, texte & ill.
CB, III, 7 (juil. 53), 14, texte & ill.
CB, III, 8 (août 53), 14, texte & ill.
CB, III, 9 (sept. 53), 18, texte & ill.
CB, III, 10 (oct. 53), 18, texte & ill.
CB, III, 12 (déc. 53), 8, texte & ill.
CB, IV, 3 (mars 54), 12, texte & ill.
CB, IV, 6 (juin 54), 56, texte & ill.
CB, IV, 9 (sept. 54), 62-63, texte & tableau.
CB, IV, 10 (oct. 54), 26, texte & ill.
"They received DPW contracts"
NB, VIII, 5 (mai 59), 38
NB, VIII, 7 (juil. 59), 32
NB, VIII, 8 (août 59), 27
NB, VIII, 9 (sept. 59), 59
"Toronto construction next to Los Angeles"
CB, XV, 4 (avril 65), 7
"Trois analyses qui en disent long sur les perspectives du marché en 1967"
BAT, XLI, 12 (déc. 66), 8, 24, texte.
"Trois-Rivières: projet de plus de $8.5 millions déjà en chantier" (liste de projets)
BAT, XLVI, 9 (sept. 71), 8
"Twelve Year Comparison Shows Inflationary Lag in Building"
CB, II, 1-2 (jan.-fév. 52), 56
"Un projet qui peut déclencher la reprise" (projet très vague autour de la gare Windsor).
BAT, XLVI, 9 (sept. 71), 5
"Valeur de la construction au Québec... par rapport au Canada" (valeur des permis de bâtir, 1958 à 1961)
BAT, XXXVII, 6 (juin 62), 50-51, tableau.
"Valeur des permis et mises en chantier à la CUM: des hausses dépassant 30%"
BAT, LII, 6 (juin 77), 13
"Volume continues drop as MCA calls on govts" (à Montréal)
CB, XVII, 6 (juin 67), 5
"Volume des travaux de construction pour 1968"
BAT, XLIII, 8 (août 68), 6
"Volume may hit $11,5 billion" (le volume de la construction en 1967 au Canada)
CB, XVII, 2 (fév. 67), 6
"Winnipeg Bldg. Permits Up"
CB, II, 9 (sept. 52), 56

Alexander, Mac
"1981 may be better than expected"
CB, XXX, 12 (déc. 80), 14 et 39-40
"Canadian Building Special Report, Survey '78, Spending in Construction" (statistiques pour chaque province)
CB, XXVIII, 6 (juin 78), 19-26
"Survey '79, Spending on Construction"
CB, XXIX, 6 (juin 79), 19-26a
"Survey '80, Spending on Construction" (par secteurs, par types d'édifices, au Canada)
CB, XXX, 6 (juin 80), 17-24

Berwick, R.A.D.
"British Columbia". (La construction en C.-B.)
RAIC, XXIV, 6 (juin 47), 216-217
"Provincial Page". (La construction en C.-B.)
RAIC, XVII, 10 (oct. 40), 185

Berwick, R.A.D.; King, E.D.
"British Columbia" (liste des projets en cours)
RAIC, XVIII, 11 (nov. 41), 193-194
"British Columbia" (plusieurs projets en cours)
RAIC, XIX, 1 (jan. 42), 13-14
"British Columbia" (quelques projets en cours)
RAIC, XIX, 8 (août 42), 170

Burgess, Cecil S.
"Alberta" (liste partielle de projets en cours)
RAIC, XVIII, 6 (juin 41), 108
"Alberta" (liste de projets en cours)
RAIC, XVIII, 10 (oct. 41), 175
RAIC, XVIII, 11 (nov. 41), 193
"Alberta" (reconstruction d'après-guerre)
RAIC, XIX, 4 (avril 42), 66
"Alberta". (croissance de l'émission de permis de construction).
RAIC, XXV, 10 (oct. 48), 392-393
"Alberta". (croissance de la ville et croissance de la demande en construction)
RAIC, XXVI, 5 (mai 49), 169-170

"Provincial Page". (construction en Alberta durant l'année).
RAIC, XVII, 1 (jan. 40), 14
"Provincial Page". (construction à Lethbridge en 1939-40)
RAIC, XVII, 2 (fév. 40), 28
"Provincial Page". (constructions à Edmonton 1939).
RAIC, XVII, 3 (mars 40), 48
"Provincial Page". (contrats en Alberta)
RAIC, XVII, 8 (août 40), 150
"Provincial Page". (permis de construction en Alberta).
RAIC, XVII, 10 (oct. 40), 185
"Provincial Page". (construction en Alberta).
RAIC, XVII, 11 (nov. 40), 203

Carruthers, C.D. et al
"These construction men see busy days ahead for the building industry".
CB, XVI, 1 (jan. 66), 28-29

Castro, Marc
"1977: une année d'expectative dans le domaine de la construction"
BAT, LI, 12 (déc. 76), 10-15, texte & ill.
"La conjoncture dans la construction selon les principaux intéressés"
BAT, LII, 11 (nov. 77), 64-66, texte.

Colville, David
"Provincial Page". (La construction en C.-B.)
RAIC, XVIII, 1 (jan. 41), 14

Déry, Jacques
"1975: année de transition"
BAT, L, 10 (oct. 75), 20
"En 1976: prolifération des projets dans l'habitation et ralentissement dans la construction commerciale"
BAT, L, 12 (déc. 75), 11
"La construction au Québec en 73: apport significatif de Montréal"
BAT, XLIX, 3 (mars 74), 40-41, texte & ill.
"La construction dans la région de Montréal en 1974: $4 milliards"
BAT, XLIX, 1 (jan. 74), 21
"Le match Toronto / Montréal — La lutte n'est pas gagnée pour Toronto"
BAT, L, 3 (mars 75), 18
"Montréal: que peut-on prévoir pour 1975?"
BAT, XLIX, 12 (déc. 74), 20-21, texte & ill.

Duke, Robert F.
"Provincial Page". (Activité de la construction en Saskatchewan).
RAIC, XVII, 10 (oct. 40), 186

Edsall, Richard L.
"Perspectives" (statistiques sur la construction)
BAT, XXXIII, 8 (août 58), 11
"Perspectives — les prévisions de dépenses pour les provinces et les grandes villes révèlent une tendance à la reprise"
BAT, XXXIII, 7 (juil. 58), 7, 12

Elliott, Robbins
"Un mot du directeur exécutif". (La place de la construction dans l'économie du pays).
RAIC, XXXVII, 12 (déc. 60), 503

Evans, Gladstone
"Ontario" (liste de projets en cours)
RAIC, XVIII, 6 (juin 41), 108
RAIC, XVIII, 9 (sept. 41), 159
RAIC, XVIII, 10 (oct. 41), 176
RAIC, XVIII, 11 (nov. 41), 194
"Provincial Page". (Projets de construction en Ontario).
RAIC, XVII, 9 (sept. 40), 166-167
RAIC, XVIII, 1 (jan. 41), 14
"Provincial Page". (La construction en temps de guerre, Ontario).
RAIC, XVIII, 4 (avril 41), 75-76

Firestone, O.J.
"Construction Prospects for '55"
CB, IV, 10 (oct. 54), 33, 68-71

"General Economic prospects in Canada indicate continued growth of construction market"
CB, III, 11 (nov. 53), 39-45, texte & ill.

Fowke, Clifford
"A Canadian Builder feature report, Trends '65, the prospects: construction expenditures to climb 15% this year".
CB, XV, 5 (mai 65), 61-68
"'Back to normal' say the leaders that means caution and good planning"
CB, XXIX, 1 (jan. 79), 29-31
"Canadian Building Feature Report, Prospects for construction" (au Canada)
CB, XX, 5 (mai 70), 35-43
"Canadian Building Feature Report, Survey '72 prospects for construction".
CB, XXII, 5 (mai 72), 27-34
"Construction prospects" (l'industrie de la construction au Canada pour 1966-1967)
CB, XVII, 7 (juil. 67), 37-44
"Construction prospects. Construction boom despite handicaps." (au Canada en 1966)
CB, XVI, 5 (mai 66), 47-54
"Survey '69: Prospects for construction". (au Canada)
CB, XIX, 5 (mai 69), 35-43
"Survey '71: Prospects for construction"
CB, XXI, 6 (juin 71), 11-18
"Survey '73, Prospects for construction Federal government estimates a 6% increase in dollar volume"
CB, XXIII, 6 (juin 73), 11-18
"Survey '68: The Prospects..."
CB, XVIII, 5 (mai 68), 39-49
"The Building scene in 1976, Forecasts are cautious but housing is expected to lead in a new upturn"
CB, XXV, 12 (déc. 75), 9 et 13-16 et 19
"Who said construction is in the doldrums?" (statistiques depuis 1966 pour le Canada)
CB, XXVII, 7 (juil. 77), 19-20

Freeze, D.A.
"Provincial Page". (L'industrie de la construction en Alberta).
RAIC, XVII, 9 (sept. 40), 166

Gélinas, Jean Yves
"Une situation actuelle difficile... des efforts constants... de grands espoirs à l'horizon..."
BAT, XLI, 10 (oct. 66), 6

Goodman, Eileen
"Prévisions divergentes au Québec dans l'industrie de la construction"
BAT, XLVII, 5 (mai 72), 28, 35, texte & ill.

Gretton, Robert
"Overview I, An informal look at the current construction cut-back"
TCA, XVI, 5 (mai 71), 42-43 et 80

Guitton, Etienne
"Perspectives 72 — de M. Etienne Guitton, vice président (Québec) de Ciments Canada Lafarge".
BAT, XLVII, 2 (fév. 72), 14, 16

Hecht, Maurice
"1962 Economic forecast". (résidentiel, commercial, industriel etc).
RAIC, XXXIX, 1 (jan. 62), 27-30

Jupp, Mr.
"CCA president predicts substantial gain for construction in 1965"
CB, XV, 1 (jan. 65), 16 et 32

King, E.D.
"British Columbia" (brève énumération des projets en cours)
RAIC, XIX, 5 (mai 42), 124

Lawson, Harold
"Provincial Page". (L'industrie de la construction au Québec).
RAIC, XVIII, 1 (jan. 41), 14-15

Lurz, William
"On site" (Boom dans la construction à Longueuil)
CB, XXII, 6 (juin 72), 58, texte.
"Terre d'avenir? All-time building spree takes Quebec to top of Canada's development markets"
CB, XXIII, 12 (déc. 73), 13-20B

Marchand, Danielle
"Une meilleure croissance économique fournirait un certain stimulant à la construction"
BAT, LIII, 1 (jan. 78), 11-13, texte & ill.

Mondello, Roméo
"Que penser de la construction à Montréal"
ABC, XX, 232 (août 65), 38-40

Oger, Michel
"1981: un tournant prometteur? quatre architectes le prédisent" (Denis Lamarre, Roger Desmarais, Pierre Beauvais, Michael Welerman)
BAT, LV, 10 (déc. 80), 11-12

Parizeau, Marcel
"Provincial Page". (projets de construction en série au Québec).
RAIC, XVII, 5 (mai 40), 87
"Provincial Page". (Statistiques sur les contrats au Québec).
RAIC, XVII, 8 (août 40), 151

Pickersgill, Tom B.
"Toronto outpaces Montreal in 1964 building boom".
CB, XV, 1 (jan. 65), 7

Thrift, Eric W.
"Manitoba". (Les constructions récentes et à venir à Winnipeg)
RAIC, XXXV, 9 (sept. 58), 354

LES CONDITIONS DE TRAVAIL
WORKING CONDITIONS

"30% of engineering grads will go into construction"
CB, IX, 7 (juil. 59), 37
"Accreditation keys new labour strategy: Hang together or hang separately". (les relations de travail ds la construction)
CB, XXI, 3 (mars 71), 13
"À l'assemblée annuelle de l'ACMQ, on souligne l'urgence de mettre de l'ordre dans les relations de travail"
BAT, L, 4 (avril 75), 10-11, 14, 16
"B.C. builder demands licensing to curb prairie transients in trade".
CB, IX, 7 (juil. 59), 39
"Bonus Payments Can Increase Labor Earnings and Cut Labor Costs"
CB, II, 6 (juin 52), 33-34, texte & ill.
"Building 50 years of safety in Ontario 1929-1979)
CB, XXIX, 7 (juil. 79), 12-13
"Canadian Wages and Employment"
CB, II, 10 (oct. 52), 40
"C.C.A. Survey of building trades wage rates"
CB, II, 12 (déc. 52), 47-49, texte & tableaux.
"Construction labor front deteriorating across Canada"
CB, XXII, 3 (mars 72), 12
"Construction leader complains about Canada Pension Plan".
CB, XV, 11 (nov. 65), 8
"Construction Safety"
CB, III, 4 (avril 53), 58, 60
"Contractors, unions unite to stop 'one day only' workers".
CB, XIV, 10 (oct. 64), 14
"Entrevue — 'La Régie des entreprises de construction ne veut pas être un organisme policier' — Me Claude U. Lefebvre"
BAT, LI, 3 (mars 76), 14-16
"Entrevue — 'Le rôle de l'OCQ: instaurer un climat de confiance et mettre de l'ordre dans l'industrie' — M. Réal Mireault"
BAT, LI, 3 (mars 76), 13-14

"Government Prohibits Labour Discrimination"
CB, II, 10 (oct. 52), 40, 41, texte & ill.
"How far has violence in construction spread to other provinces in Canada?"
CB, XXV, 9 (sept. 75), 26 et 28
"How Safe Are Employees on Your Job"
NB, IV, 5 (mai 55), 13
"Labor: Flood Appeals for Wage Stability to Keep Construction Volume High"
CB, III, 4 (avril 53), 45
"Labor Rates"
CB, III, 2 (fév. 53), 34-35, texte & tableaux.
CB, IV, 2 (fév. 54), 27, tableau.
"Labour relations"
CB, XXI, 4 (avril 71), 13 et 15-17 et 20 et 25
"Labor relations a top priority for construction associations"
CB, XX, 10 (oct. 70), 5
"Labor shortage hits Calgary construction"
CB, XV, 9 (sept. 65), 8
"Labor situation critical, Ontario group campaigns for forced arbitration"
CB, XXII, 4 (avril 72), 47
"Labour Wages"
CB, IV, 7 (juil. 54), 14-15, texte & tableau
"La C.I.C. mettra de l'ordre dans l'industrie de la construction"
BAT, XLVII, 4 (avril 72), 24-25
"La C.I.C.: surtout, éviter de porter des 'coups bas'"
BAT, XLIX, 1 (jan. 74), 18-19, texte & ill.
"'Lady, pass the ... trowel' — A Winnipeg view on labour". (la femme dans l'industrie de la construction, son rôle etc...)
CB, XXI, 2 (fév. 71), 32
"L'amélioration de la sécurité sur les chantiers: facteurs de rentabilité et de qualité"
BAT, L, 5 (mai 75), 40
"L'A.P.C.H.Q. préconise une plus grande protection pour les salariés, sous-entrepreneurs et fournisseurs".
BAT, XLVII, 5 (mai 72), 19
"La sécurité sur les chantiers"
BAT, L, 1 (jan. 75), 26
"La sécurité sur les chantiers relève désormais de la C.I.C."
BAT, XLVII, 6 (juin 72), 23
"Le coût de la main-d'oeuvre — taux actuel des salaires"
BAT, XXXI, 4 (avril 56), 51-53, texte & tableaux
"Les accidents de la construction font l'objet d'un fructueux congrès"
BAT, XLVII, 1 (jan. 72), 8
"Les imprudences et la mauvaise organisation coûtent de l'argent, du temps et des souffrances".
BAT, XLV, 4 (avril 70), 29-32, texte & ill.
"L'industrialisation: abus des syndicats ou évolution normale?"
BAT, XLVI, 2 (fév. 71), 12-16, texte & ill.
"Modifier le règlement de la qualification professionnelle"
BAT, L, 8 (août 75), 18
"New wage Rates"
NB, II, 2 (juin 53), 4, tableau.
"New Wage Schedules"
NB, III, 6 (juin 54), 10
"Ontario general contractors debate, then endorse plan for new labor relations group — 'OFCA'".
CB, XXI, 11 (nov. 71), 92
"P.G. Wilmut Warns Labor Demands May Cut Building Work"
CB, II, 4 (avril 52), 18
"Play Safe with Scaffolding"
CB, I, 2 (mai 51), 59
"Rebellion in Valley Forge (or, Open Shop on the Rise)". (utilisation de travailleurs, de contractants non syndiqués dans la construction pour baisser le coût des projets)
TCA, XVIII, 3 (mars 73), 42-43 et 80 et 82
"Rémunération et horaires dans la construction"
BAT, XLIV, 3 (mars 69), 6, texte & tableaux.
"Résumé de l'entente intervenue entre les cinq associations patronales, la F.T.Q. et la C.S.N. — Salaires horaires dans l'industrie de la construction".
BAT, XLIV, 10 (oct. 69), 21-24

"Salaires minima dans l'industrie de la construction (Province de Québec)"
BAT, XXXVII, 6 (juin 62), 42-43, tableau.

"Salaires minima dans l'industrie de la construction"
BAT, XXXVIII, 6 (juin 63), 28-30, tableaux.

"Schedule of Hourly Wage Rates (in $) Prevailing Sept. 1, 1954"
NB, III, 9 (sept. 54), 19, tableau.

"Schedule of hourly wage rates ... in the building trades"
CB, V, 9 (oct. 55), 86-87, tableaux.

"Shortage of construction personnel in Calgary".
CB, IX, 7 (juil. 59), 42

"Skills shortage said leads to lower productivity, inflation".
CB, XVI, 5 (mai 66), 5

"Soules urges incentive pays"
CB, II, 3 (mars 53), 60
CB, II, 11 (nov. 52), 37

"Special labor legislation urged by C.C.A. president".
CB, XXI, 6 (juin 71), 8

"Statistiques — tables comparatives des salaires compilées par la C.C.A."
BAT, XXVIII, (jan. 53), 6, 8, 10, tableaux.

"Strike threat in Montreal"
CB, XVI, 4 (avril 66), 10

"Tableau comparatif des taux horaires minimums fixés par décrets pour les principaux métiers de la construction dans les régions les plus importantes".
BAT, XLI, 3 (mars 66), 30-31, tableau.

"The pros and cons of labor relations in Quebec's new horizontal law"
CB, XXI, 10 (oct. 71), 45-46

"Wage Rates"
TCA, 1 (nov.-déc. 55), 72
TCA, I, 2 (jan.-fév. 56), 67

"Wages up 10c–15c an hour"
NB, I (déc. 52), 5, texte & tableau.

"Winnipeg's Joint Labor Committee averts strikes".
CB, IX, 7 (juil. 59), 45

Black, W.D.
"Construction Manpower ... How and When?".
RAIC, XXII, 8 (août 45), 164-166

Blankstein, Morley
"Closed Shop Trend in Manitoba" (the open shop contractors)
TCA, XVIII, 3 (mars 73), 90 et 92

Campbell, Charles B.
"Attention à la pénurie de main d'oeuvre qualifiée..."
BAT, XL, 10 (oct. 65), 6-7

"Builders must play a part in providing skilled labor"
CB, XV, 10 (oct. 65), 43

Canadian Construction Association
"Liste des salaires horaires, prestations de vacances et les semaines régulières de travail dans les métiers du bâtiment dans les centres canadiens, 1er juillet 1955".
BAT, XXX, 11 (nov. 55), 44-45, tableaux.

Chutter, Don
"On construction labour management relations".
CB, XIX, 10 (oct. 69), 43-45

Denault, Jacques
"Pourquoi le licenciement est indispensable" (licenciement des constructeurs d'habitations)
BAT, XL, 7 (juil. 65), 24-25, texte.

Fowke, Clifford
"Safety in construction, Lack of proper precautions may be costing you more than your profits".
CB, XX, 4 (avril 70), 31-33

Germain, Yves
"Le licenciement, sans une corporation, ne serait qu'une aspirine pour endormir sans guérir le mal" (licenciement des constructeurs d'habitations)
BAT, XL, 7 (juil. 65), 24-25

"Le prestige, basé sur l'honnêteté et l'intégrité, vaut mieux que toutes les licences du monde..."
BAT, XL, 6 (juin 65), 39

Gillespie, D.
"Materials handling equipment speeds movement of building materials"
CB, VI, 6 (juin 56), 33-34

Goldstein, Paul
"Prequalification gets go-ahead vote".
CB, XV, 3 (mars 65), 65

Grisenthwaite, W.H.
"Here's A Way To Reduce Thefts: Suggests rewards for information"
NB, III, 10 (oct. 54), 10

Iredale, Randle
"Unions Strong on West Coast"
TCA, XVIII, 3 (mars 73), 82 et 84

Leclerc, Marcel
"Pas de prêts sans licence pour protéger à la fois les entrepreneurs et les consommateurs"
BAT, LII, 3 (mars 77), 19, 30

McRae, Ian
"Quotes, Union negociators often unrealistic in demands".
CB, IX, 6 (juin 59), 31

Medsker, Dale
"Engineering for Safety"
CB, IV, 10 (oct. 54), 47-48

Messer, Tom
"L'enrichissement des tâches ouvrira-t-il de nouveaux rapports entre travailleurs et dirigeants d'entreprises?"
BAT, LII, 1 (jan. 77), 16-17

Nicol, Frank J.K.
"Industry Alert to Open Shop Trend".
TCA, XVIII, 3 (mars 73), 84 et 87 et 90

O'Neill, James
"Alberta contractors make firm stand for solidarity in wage bargaining"
CB, XXVII, 3 (mars 77), 16

Smith, John Caulfield
"Time to Curb Youthful Vandals" (re: vandalisme dans les maisons en construction)
NB, III, 7 (juil. 54), 4-5

Sutcliffe, E.D.
"B.C. has accreditation but it doesn't go all the way".
CB, XXI, 5 (mai 71), 53 et 55

Théoret, Jacques
"Pourquoi des licenses d'entrepreneurs"
BAT, XL, 8 (août 65), 51

Unterman, René
"Prévention des accidents sur les chantiers"
BAT, XXXII, 9 (sept. 57), 35, 47, 49

Vallée, Marc-E.
"À l'Office de la Construction du Québec, le grand ménage est terminé!" (entrevue avec Jean-Yves Gagnon)
BAT, LV, 3 (avril 80), 14-16, texte & ill.

STIMULANTS FINANCIERS
FINANCIAL INCENTIVES

"$97 millions de fonds fédéraux pour la construction au Québec".
AC, 29, 326 (nov.-déc. 74), 11

"A young Quebec developer calls for govt. guidance" (le nouveau climat politique du Québec et l'industrie de la construction)
CB, XXVII, 8 (août 77), 34

"CCA asks Ottawa prohibit U.S. construction equipment surplus".
CB, IX, 7 (juil. 59), 41

"Continued efforts to increase winter time construction urged by national organizations".
RAIC, XLI, 12 (déc. 64), 60

"En 1972: plus de deux milliards de dollars en prêts hypothécaires, au Québec"
BAT, L, 10 (oct. 75), 26

"Federal backing helps Canadian contractors tap $2 billion off-shore construction market"
CB, XXVIII, 10 (oct. 78), 12

"How much Ottawa will spend on building in 1972-73"
CB, XXII, 4 (avril 72), 40

"La construction à dividendes limités"
BAT, XLIII, 6 (juin 68), 38, 42

"Le Gouvernement fédéral pourrait stabiliser la construction lourde (le CEC)"
BAT, XLII, 1 (jan. 67), 7, 33

"Les architectes et la campagne 'Faites-le maintenant'". (sur la construction en hiver)
RAIC, XXXIX, 1 (jan. 62), 60

L'ex-président de l'ACIB propose un système de subventions hypothécaires pour stimuler le marché"
BAT, LII, 3 (mars 77), 32, texte & ill.

"Optimisme ministériel" (politique du gouvernement fédéral en matière de prêts)
BAT, XLII, 10 (oct. 67), 5-6

"Ottawa dépensera $202 millions au Québec"
BAT, L, 5 (mai 75), 40

"Ottawa Expected Put Money into Mortgage Market"
CB, II, 9 (sept. 52), 54

"Prêts hypothécaires"
BAT, XXXII, 4 (avril 57), 35, tableau.

"Reaction is mixed to loans and end to the $500 bonus" (bonus pour la construction hivernale)
CB, XVI, 9 (sept. 66), 6

"Report on winter building".
CB, XV, 2 (fév. 65), 30-35

"The Bureaucratic conspiracy! Processing plans through government — it's a nightmare developers live with"
CB, XXIII, 2 (fév. 73), 17-20 et 25-26 et 28

"The developer's wish — to overcome the roadblocks put up by municipalities. 'We have become the whipping boy for certain politicians, academics, news media'"
CB, XXV, 3 (mars 75), 18-20

"The implications of government spending on construction"
CB, XXV, 4 (avril 75), 12-13 et 15-16 et 19

"The quagmire of government intervention in building processing and development"
CB, XXIV, 10 (oct. 74), 13-15 et 19 et 23 et 31

"The 'red tape' jungle..." (les restrictions gouvernementales dans la construction, zoning etc. et leurs effets sur la construction et sur les coûts)
CB, XVII, 5 (mai 67), 29-36

"UDI explores government role in expanding Ontario building industry"
CB, XXI, 5 (mai 71), 21 et 22

"Un nouveau plan hypothécaire rend possible des prêts se montant à 83 1/2%"
BAT, XXXIX, 7 (juil. 64), 40

"'We're winter building due to necessity,' say these Edmonton builders".
CB, XVI, 3 (mars 66), 70-71 et 76

"Winter Building '60-61: Publicity spurs mechanization"
CB, X, 10 (oct. 60), 37-39

Blouin, André
"Faites-le maintenant". (La construction en hiver)
RAIC, XXXIX, 12 (déc. 62), 95

Brunet, Raymond
"La construction en hiver est-elle avantageuse?"
ABC, X, 116 (déc. 55), 40

Connely, William
"Notre mémoire sur la taxation"
BAT, XLII, 12 (déc. 67), 27

"Une Bourse Canadienne des Hypothèques?"
BAT, XLII, 10 (oct. 67), 7

Cutler, Maurice
"No extension likely to winter building deadline".
CB, XIV, 10 (oct. 64), 8

"Winter bonus details due late this month".
CB, XIV, 9 (sept. 64), 8

Dalrymple, John
"The Provincial role in the building industry, The fiscal lever — Legislatures cannot always gauge the effects of decisions"
CB, XXIII, 9 (sept. 73), 25-26

Davies, John L.
"The importance of wintertime construction".
RAIC, XL, 1 (jan. 63), 60

Davis, E.N.
"Direct loans have taken Regina builders into a 1966 profitable splurge".
CB, XVI, 3 (mars 66), 68-69

Diamond, Mr.
"New methods, new trends in development financing aired at Toronto meeting".
CB, XV, 5 (mai 65), 73

Fowke, Clifford
"Who is the real master of construction — Government or private enterprise?"
CB, XXIII, 5 (mai 73), 13
"Winter Building".
CB, XIV, 10 (oct. 64), 40-47

Gélinas, Jean Yves
"Les fonds hypothécaires: difficultés et espoirs..."
BAT, XLI, 7 (juil. 66), 7

Hignett, Mr.
"Winter building program scores but builders have mis givings"
CB, XV, 1 (jan. 65), 17

Jenkins, Alex
"Instability? It's the big question and governed the CCA Convention in Ottawa" (action du gouv. dans l'industrie)
CB, XXV, 4 (avril 75), 23-24

Johnson, S. Eric
"Why governments and the industry must co-operate".
CB, XX, 5 (mai 70), 52

Lithwick, Sidney
"A Building Season". (La construction en hiver)
RAIC, XXXIX, 11 (nov. 62), 82

Masse, Jean-Guy
"L'architecture, la construction et le marché boursier".
AC, 24, 274 (mai 69), 25-29

Messer, Tom
"Building programs hard hit by Federal cuts"
CB, XXVIII, 10 (oct. 78), 43
"Ottawa is clamping down on cost over-runs, construction extras are getting out of hand"
CB, XXX, 3 (mars 80), 27

O'Neill, James
"A collision in roles" (l'intervention du gouv. dans la construction, investissement, la nationalisation du territoire etc...)
CB, XXVII, 1 (jan. 77), 18-22 et 24-25

Ouellet, André
"New modes of industry-government teamwork"
CB, XXVII, 12 (déc. 77), 26

Pickersgill, Tom B.
"More winter building incentives sought".
CB, XV, 1 (jan. 65), 7

Saint-Jacques, Roland
"La situation des prêts hypothécaires à Montréal"
BAT, XLIX, 9 (sept. 74), 22

Shepherd, S.A.
"How much can we expect from the Banks next year?"
CB, IV, 11 (nov. 54), 35

Small, W.E.
"La déduction des frais financiers et des taxes foncières réveillerait notre industrie en stagnation".
BAT, LIII, 8 (août 78), 19-20

GESTION ET COÛTS DE LA CONSTRUCTION
CONSTRUCTION MANAGEMENT AND COSTS

"1954 Budget: Items Affecting Construction Industry"
CB, IV, 5 (mai 54), 24

ACC. *Performance standards for Project management and scale of fees for Project management Services.* Sans édition, sans lieu, sans date.
AC, 28, 316 (juil.-août 73), 13

ACC. *Taux de location de l'équipement de construction.* Sans édition, sans lieu, 1973.
AC, 28, 315 (juin 73), 9

"A tale of 'Hidden Costs' — as it happened in Toronto"
CB, XXIII, 2 (fév. 73), 28

"Augmentation des coûts de construction au Canada" (statistiques)
BAT, XXXVII, 5 (mai 62), 73

"Builders are lacking in business management".
CB, XV, 3 (mars 65), 62

"Can their system beat high land costs"
CB, XVI, 11 (nov. 66), 52-53

"Careful research cuts speculation risk for Toronto-based builder-developer"
CB, XVI, 2 (fév. 66), 40-42

"Check the advantages, Computer figures bids for Montreal contractor".
CB, XVII, 2 (fév. 67), 27-29

"Chutter hits at Federal Sales Tax on construction material"
CB, III, 6 (juin 53), 57-60

"Construction costs"
CB, V, 2 (fév. 55), 73-74
CB, VI, 2 (fév. 56), 71

"Construction costs to jump 30 per cent".
CB, XVI, 4 (avril 66), 8

"Construction management — Ontario takes the lead".
CB, XX, 9 (sept. 70), 8

"Co-operative computer services claim contractors' savings of up to 60%"
CB, XX, 1 (jan. 70), 6

"Cours sur les méthodes de contrôle en construction"
BAT, XLVII, 10 (oct. 72), 5

"Cut Planning Costs"
NB, VII, 8 (août 58), 22

"Des techniques de rationalisation feront échec aux coûts croissants de la construction"
BAT, XLIV, 12 (déc. 69), 11-13, texte & ill.

"Developer-proposals: are they really saving money?"
CB, XIX, 5 (mai 69), 46 et 53

"Effective construction management — here are the secrets".
CB, XV, 3 (mars 65), 66-67

"First Finance-developer partnership"
CB, XIV, 10 (oct. 64), 12

"Indice des coûts de construction"
BAT, XLIX, 4 (avril 74), 27

"Indice des prix dans la construction"
BAT, XLIX, 6 (juin 74), 15

"Indices des prix des matériaux de construction et de certains éléments"
BAT, XLIV, 4 (avril 69), 5

"Indices des taux de la construction"
BAT, XXXVII, 6 (juin 62), 53, tableau.

Joint Committee on Building Costs et al., *Building cost manual*, John Wiley & Sons, Inc., New-York, [s.d.]
CB, VII, 6 (juin 57), 122
CB, VII, 9 (sept. 57), 84

"La gestion intégrée: planification et dynamisme"
BAT, XLVI, 7 (juil. 71), 11-15

"La méthode PERT" (procédé d'administration)
BAT, XLII, 3 (mars 67), 44-47, texte & ill.

"L'augmentation des coûts est-elle évitable?"
BAT, XLIV, 9 (sept. 69), 29-33, texte & ill.

"Les imprudences et la mauvaise organisation coûtent de l'argent, du temps et des souffrances"
BAT, XLV, 4 (avril 70), 29-32

"L'image de votre entreprise dépend de la promotion et de la publicité"
BAT, XLII, 9 (sept. 67), 38-41, texte & ill.

"Live 'coverage' of a building project, closed circuit TV connects site to office"
CB, XXX, 11 (nov. 80), 18

"Long – range planning — It's good medicine".
CB, XVII, 2 (fév. 67), 36

"Montreal Materials Handling Show Will Demonstrate How Mechanisation Cuts Handling Costs"
CB, IV, 9 (sept. 54), 53-54, texte & ill.

"Practice" (réductions des coûts de construction)
TCA, XVIII, 6 (juin 73), 8

"Practice, Cost".
TCA, XIII, 3 (mars 68), 60-62

"Problèmes d'administration"
BAT, XXXV, 4 (avril 60), 35-37

"Problèmes d'administration, 2e partie 'sur quoi baser une administration saine'"
BAT, XXXV, 5 (mai 60), 36-37, texte & ill.

"Sans titre" (l'architecte et le contrôle des coûts)
TCA, XVI, 5 (mai 71), 7-8

"Seven critical areas where builders can increase their dollar profit".
CB, XVI, 2 (fév. 66), 57

"Statistiques — Un aperçu des coûts de construction"
BAT, XXVIII (mai 53), 50, 68, tableau.

"This builder got 12 extra lots by grade planning"
NB, X, 3 (mars 61), 17

"This new procedure sets a precedent in saving time, money for developers".
CB, XVIII, 8 (août 68), 37

"This system saved space and money before building started" ("hydronics")
NB, XI, 6 (juin 62), 32-33

"This Vancouver builder demonstrates the value of good planning and scheduling".
CB, XV, 12 (déc. 65), 26-27

"Tight scheduling, on-time deliveries are vital part of cost-saving".
CB, XV, 5 (mai 65), 60

"Two views on an architect's position in cost control"
CB, XXI, 4 (avril 71), 28

"Un nouveau système d'organisation du travail très utile pour le constructeur: le contrôle des phases critiques"
BAT, XL, 4 (avril 65), 42-47, texte & ill.

"Want Sales Tax Removed" (Delegation from the C.C.A.)
NB, III, 3 (mars 54), 26

"Yardsticks for Costings". (les prix du marché, coûts comparés pour tous les travaux de construction)
TCA, XVI, 9 (sept. 71), supplément

Aitchison, Ian
"Practice, Cost"
TCA, XIII, 5 (mai 68), 64-65

Alexander, E.R.
"Convention delegates will get details of the Critical Path Method".
CB, XIV, 12 (déc. 64), 46

Bergman, Eric
"Builders and developers must learn the secrets of successful marketing"
CB, XXVII, 10 (oct. 77), 60
"Le constructeur et le marketing"
BAT, LII, 10 (oct. 77), 26-27

Blankstein, Morley
—, *Architects' detail sheets*, Edward D. Mills, sans lieu, sans date.
RAIC, XXXVI, 8 (août 59), 292-293

Bowen, Brian
"Life Cycle Costing"
TCA, XXII, 9 (sept. 77), 52-56

Bradley, Prentice
"Dimensional co-ordination".
RAIC, XXII, 7 (juil. 45), 153-159

Brassard, Émile
"Le coût de la construction"
ABC, I, 2 (jan. 46), 14, texte & tableau

Campagnac, E.
"Planification et bâtiment"
BAT, XLII, 8 (août 67), 37-41, texte & ill.

Campbell, Charles B.
"The 1965 research project will demonstrate how to reduce building costs".
CB, XV, 5 (mai 65), 75

Canadian Gypsum
"Le contrôle des coûts de construction (2e partie)"
BAT, XXXIX, 9 (sept. 64), 32-34

Caspari, Peter
"Ontario". (Le gaspillage dans la construction).
RAIC, XXXII, 9 (sept. 55), 355-356

Choueke, E.
"L'administration d'immeubles une 'science' faite de cas particuliers"
BAT, LV, 8 (oct. 80), 10-11

Chutter, S.D.C.
"Value engineering, a proven procedure to get greater value for your construction dollar"
CB, XXIX, 3 (mars 79), 20-24

Clasky, Richard; Ruderman, Leon
"New marketing concept from the U.S., Marketecture integrates consumer research with imaginative design and construction"
CB, XXVIII, 5 (mai 78), 18-22

Coates, D.F.
"Simple Cost-Keeping System Can Mean Better Profits"
CB, II, 1-2 (jan.-fév. 52), 35-38, texte & ill.

Duranleau, Robert
"'Marketing' ... mot mystérieux!"
BAT, XXXVII, 4 (avril 62), 13

Forest, C.E.
"Établissement des coûts dans l'industrie de la construction"
ABC, IX, 104 (déc. 54), 33-35
BAT, XXX, 1 (jan. 55), 20-21 et 27

Forrest, Bruce
"How to save money in planning a project in these competitive days"
CB, XXIV, 12 (déc. 74), 30

Fowke, Clifford
"A bureaucratic conspiracy — 'scandal of hidden costs in the building industry'".
CB, XXII, 12 (déc. 72), 13-16
"Portrait of a developer, From odd jobs to building communities — courage, initiative, brought success"
CB, XXVI, 3 (mars 76), 34 et 36
"The Bureaucratic conspiracy! Hidden costs — the root of all inflation evils"
CB, XXIII, 1 (jan. 73), 15
"The menace of rising costs".
CB, XIX, 8 (août 69), 31-38
"Where money will be spent on building"
CB, XVIII, 7 (juil. 68), 13-14

Gillespie, Bernard
Fisk, Edward R., *Construction Project Administration*, John Wiley & Sons, New York, 1978.
TCA, XXIII, 6 (juin 78), 6 et 10
Goldhaber, Stanley et Chandra K. Jha et Manuel C. Macedo Jr., *Construction Management; Principles and Practices*, John Wiley & Sons, Canada Ltd, [s.l.], 1977.
TCA, XXII, 11 (nov. 77), 9
Gorman, James E. *Simplified Guide to Construction Management for Architects and Engineers*, Cahners Books Incorporated, Boston, 1976.
TCA, XXI, 9 (sept. 76), 5
Lazenby, David et Paul Phillips, *Cutting for Construction*, The Architectural Press, London, 1978.
TCA, XXV, 1 (jan. 80), 8

Guttman, Art
"Business of Building"
CB, IV, 12 (déc. 54), 13-23, texte & ill.

Helyar, Frank
"Building Cost Analysis"
TCA, III, 9 (sept. 58), 61-64
"Estimating and Cost Control".
RAIC, XLIII, 1 (jan. 66), 53-54
"The need for reliable cost information"
ARCAN, 44, 1 (jan. 67), 49-51

Henry, Robert
"De plus en plus ... la publicité est indispensable au constructeur"
BAT, XXXVIII, 5 (mai 63), 36-39, 60, texte & ill.

Issalys, Jean
"*Le Carnet de Chantier* ou Doctrine de l'architecture" par Camille Montagné
ABC, I, 7 (oct. 46), 24 et 29

Kemp, Leslie H.
"Ontario". (coûts excessifs des constructions).
RAIC, XXXIV, 12 (déc. 57), 488-489

Kent, Stanley R.
"Modular co-ordination cuts design and building costs"
CB, IX, 1 (jan. 59), 22-24

Kinne, William S.
"Nouvelle méthode de réduction du coût dans l'industrie de la construction"
ABC, VII, 78 (oct. 52), 41-43

Lansdowne & Ross
"Building Costs".
TCA, XV, (Yearbook 70), 75-93

Lansdowne, K.; Ross, A.J.
"Yardsticks for Costing"
TCA, XIII (Yearbook 68), 71-82
TCA, XIV (Yearbook 69), 63-86

Legget, Robert F.
"Economy in building"
CB, V, 9 (sept. 55), 51-52
"Economy in Building — Part II"
CB, V, 9 (oct. 55), 55-58

Lunin, Paul
"The team concept: This contractor tried it, wonders why others don't".
CB, XIX, 4 (avril 69), 46-47

MacMahon, Charles H.
"Quotes" (construction management)
TCA, XV, 10 (oct. 70), 9

Milic, V.
"Letters to the Editor" (sur les coûts de la construction)
CB, XXX, 6 (juin 80), 5

Mondin, Ch.
"Organisation des chantiers de travaux publics"
BAT, XXXI, 4 (avril 56), 60-63, texte & ill.
"Prix de revient — établissement du prix de revient, ou contrôle de l'exécution, sur les chantiers de travaux publics"
BAT, XXXI, 5 (mai 56), 68-69

Noseworthy, Frank
"View from the Maritimes" (les coûts dans la construction)
TCA, XVIII, 3 (mars 73), 90

Obelnicki, William S.
"Computers for property managers, Small systems open up new opportunities"
CB, XXX, 11 (nov. 80), 26-28

Peter, Dennis
"An Introduction to CPM". (Critical Path Method).
RAIC, XLI, 4 (avril 64), 63-67

Phaneuf, Jacques
"Importance d'une bonne gestion immobilière"
BAT, L, 10 (oct. 75), 13

Poray – Swinarski, M.W.
"'Team' project management cuts costs by up to 30%, says Toronto architect"
CB, XXIV, 8 (août 74), 23 et 26 et 30

Prévost, Roland
"Dans la construction comme en affaires, il faut savoir prévoir"
BAT, XLVII, 6 (juin 72), 19, 42

Primiani, M.
"Système d'analyse et de contrôle des coûts en construction"
BAT, XLIX, 2 (fév. 74), 25-26

Rae, James
"Capital Cost & Operating Expenses"
TCA, XIII, 11 (nov. 68), 63 et 70 et 72 et 76 et 78

Randall, Briane
"Project Construction Cost Control"
TCA, XVII, 3 (mars 72), 60-61

Rankin, John C.
"Cost in Use". (Le coût d'une construction)
ARCAN, 46, 11 (nov. 69), 18-19

Roberts, Alfred C.
"Construction management..."
TCA, XIX, 9 (sept. 74), 58 et 85

Robertson, William F.
"Computerizing property management tasks, How big do you have to be to make it worthwhile?"
CB, XXVIII, 10 (oct. 78), 22-23

Sefton, W.
"Cutting Construction Costs with New Techniques"
RAIC, XXXII, 12 (déc. 55), 470-475

Sherker, Mickey
"La mauvaise publicité contre les constructeurs est abusive"
BAT, XLVIII, 5 (mai 73), 32-33

Small, W.E.
"L'aspect commercialisation trop souvent négligé par les promoteurs"
BAT, LIII, 9 (sept. 78), 25, 28

Smith, Ernest J.
Drucker, Peter F. *Technology, Management and Society*. Fitzhenry and Whiteside, Toronto, 1970.
ARCAN, 47 (9 nov. 70), 5-6

Smith, John Caulfield
"Rule of Thumb Building is Expensive"
CB, II, 4 (avril 52), 29-31, 50-51, texte & ill.

Stuart-White, Denis
"Incentives for Key Staff Men Can Increase Efficiency and Profits"
CB, III, 1 (jan. 53), 27-30, texte & ill.

Toulouse, Jean-Marie
"Les divers stades de développement de l'entreprise et les défis de l'entrepreneur"
BAT, LIII, 7 (juil. 78), 22, 25

Vair, James
"Management Practices, Cost Control".
RAIC, XLI, 3 (mars 64), 31 et 34

Valade, Jacques
"Gestion: une procédure avant-gardiste de mise en chantier".
AC, 26, 299 (nov. 71), 12-15

Wilson, G.E.
"McKaig, Thomas H. *Field Inspection of Building Construction*, F.W. Dodge Corp, sans lieu, sans date.
RAIC, XXXVI, 10 (oct. 59), 369

Windsor, Richard
"L'ordonnancement des travaux; une méthode pour remplacer le chemin critique"
BAT, XLII, 5 (mai 67), 44-47, texte & ill.

Young, G.I.M.
"Practice, Feasibility Studies". (l'économie, les études de marché et l'architecture)
TCA, XIII, 6 (juin 68), 62-65

SPÉCULATION ET COÛT DES TERRAINS
LAND SPECULATION AND COSTS

"65,000 single-family left. Building lots in Toronto to last only eight years".
CB, XVI, 5 (mai 66), 38

"*Bâtiment* propose un code d'éthique" (à propos de la spéculation)
BAT, XLIII, 12 (déc. 68), 11-13, texte & ill.

"B.C. launches new land speculation regulations to 'protect the public'".
CB, IX, 6 (juin 59), 81

"Better transportation seen as evolution to problems of land development"
CB, XVI, 1 (jan. 66), 6

"Brief to Ontario Legislature; 'Don't restrict foreign ownership of land!' say Canada's largest developers"
CB, XXIII, 10 (oct. 73), 48

"Britain shackles its developers — Is Canada following suit?"
CB, XXVI, 1 (jan. 76), 36

"Building on by-passed lots, this is a growing and lucrative market for small builders in urbanized areas".
CB, XV, 5 (mai 65), 54-55

"Composer avec les politiques de densification et la rareté des terrains viabilisés..." (entrevue avec Jean-Claude Lessard)
BAT, LII, 2 (fév. 77), 16

"Co-op land development schemes are saving small builders from extinction".
CB, XV, 9 (sept. 65), 56-57

"Envisagée par la Société pour le progrès de la Rive Sud à Ville Jacques Cartier... la rationalisation pure et simple constituera-t-elle la réponse au phénomène de la spéculation?"
BAT, XLIII, 12 (déc. 68), 14-16

"Get rid of anti-speculation laws in Ont. to bring more land on market"
CB, XXVI, 5 (mai 76), 8

"Here's how Western developers are tackling land development projects".
CB, XV, 9 (sept. 65), 50-51

"Here's what builders are paying for land"
NB, X, 3 (mars 61), 17-18

"How Quebec keeps land costs down — municipalities pay for all the servicing"
CB, XXII, 10 (oct. 72), 42

"In 1967: a growing land crisis ... and why: governments unprepared".
CB, XVII, 2 (fév. 67), 6

"Land – banking called a 'real danger'".
CB, XXVI, 4 (avril 76), 7

"Land bank planned by Ontario systems builder"
CB, XXIII, 11 (nov. 73), 6

"Land Development, Municipalities are playing into the hands of speculators in B.C."
CB, XXII, 7 (juil. 72), 22-24

"Land partnership offers steady supply of lots".
CB, XVI, 2 (fév. 66), 58

"Land use plan approved by Lower B.C. Mainland".
CB, XVI, 8 (août 66), 8

"L'Association des constructeurs des Bois-Francs prend des mesures concrètes contre la spéculation"
BAT, XLII, 4 (avril 67), 6

"Legislative committee hears Ontario debate on foreign control of land"
CB, XXIII, 9 (sept. 73), 20

"L'offensive de *Bâtiment* contre les abus dans le domaine immobilier"
BAT, XLIII, 11 (nov. 68), 7-11, texte & ill.

"Long range planning could stem soaring land development costs — Maclennan".
CB, XIV, 12 (déc. 64), 32

"Ontario developers confident province won't ban foreign ownership of land"
CB, XXIII, 11 (nov. 73), 89

"Ontario study urges government coordination on land — banking schemes"
CB, XXIII, 9 (sept. 73), 26

"Property Forum '73" (land; private or public property)
CB, XXIII, 12 (déc. 73), 25-27 et 30-32 et 36 et 49

"Study shows land banking won't work"
CB, XXIV, 2 (fév. 74), 6

"Tendances '65: Expansion urbaine et spéculation"
BAT, XL, 9 (sept. 65), 21-24, texte & ill.

"These trends in financing techniques are forecast for future land and building developments".
CB, XV, 9 (sept. 65), 54-55

"Une situation intolérable: la spéculation abusive et les fausses représentations"
BAT, XLIII, 10 (oct. 68), 23-27, texte & ill.

"Urge better land use"
CB, XVI, 4 (avril 66), 7

Bouchard, Yvon
"Les travaux publics ne créent pas de valeurs foncières mais ils les modifient"
BAT, LIII, 9 (sept. 78), 24-25

Coutts, Ian R.
"Bullish prices, dwindling lots worry developers and builders".
CB, XV, 9 (sept. 65), 48-50

Fowke, Clifford
"Land Development"
CB, XVIII, 12 (déc. 68), 29-44
"The wider issues for land development — Research, rezoning, local government"
CB, XV, 11 (nov. 65), 54-56 et 106

Gagnon, Albert
"La spéculation est néfaste et anti-sociale".
BAT, XXXIX, 5 (mai 64), 4-5
"Pour freiner la spéculation changeons la méthode d'imposition"
BAT, XXXIX, 6 (juin 64), 44
"Pour freiner la spéculation il faut imposer la valeur réelle des sites"
BAT, XL, 1 (jan. 65), 9, 31

Gagnon, Roger
"Spéculation ou construction? Comment choisir une terre qui se prête à un projet de construction esthétique et rentable — facteurs urbanistiques, économiques, administratifs et techniques"
BAT, XXXII, 7 (juil. 57), 28-32, 69, texte & ill.

Key, Jack
"Jack Key says: Taxes, land, hold up building".
CB, XVI, 5 (mai 66), 34-35

Long, Don
"The Derkowski Report..." ("Costs in the land development process")
CB, XXVI, 3 (mars 76), 13-16

McIsaac, R.H.
"An Interview with GNC's R. H. McIsaac, land costs: a side of the story the public never hears — told by a developer"
CB, XXIII, 3 (mars 73), 15-19

McLaughlin, Susan
"The Greenspan report on the price of land in Canada"
CB, XXVIII, 10 (oct. 78), 8-9

Morley, Keith
"How we might solve the major problems of money and land costs, urbanization"
CB, XXII, 1 (jan. 72), 11-14

Paquette, Marcel
"Un code d'expropriation uniforme serait souhaitable"
BAT, XLIII, 4 (avril 68), 24-25

Ross, Howard
"Land nationalization is a No, No! — It would merely add problems on problems"
CB, XXVI, 7 (juil. 76), 40

Wilson, C. Don
"How to put the speculator out of the land business"
CB, XXII, 12 (déc. 72), 35

Young, G.I.M.
"Land for the missing client". (coût du terrain pour les édifices en hauteur).
TCA, III, 8 (août 58), 48-49

DEVIS ET SOUMISSIONS
ESTIMATES AND TENDERS

"A guide to better bidding"
CB, VI, 7 (juil. 56), 22-23 et 25

"Conventions 1970: Specification Writers Association"
CB, XX, 6 (juin 70), 54-55 et 63

Deatherage, George E. *Devis et préparation des travaux dans la construction.* Sans maison d'éd., sans lieu, sans date.
AC, 24, 273 (avril 69), 23
AC, 24, 279 (déc. 69), 32

"Étude effectuée par l'Association de la construction de Québec sur le système du bureau des soumissions déposées du Québec"
BAT, XLVII, 9 (sept. 72), 19, 27-29

"How to Do It: Area and Volume Calculations Help Accurate Estimating"
CB, III, 5 (mai 53), 72, 74, texte & ill.

"Leading Groups in Building Field Prefer Canadian Tendering Method to UK 'Bills of quantity' System".
RAIC, XXXIX, 3 (mars 62), 71

"New association to draft model specifications"
CB, V, 4 (avril 55), 41

"Nouvelles politiques en matière d'appels d'offres".
AC, 29, 323 (mai-juin 74), 12

"Pratique recommandée au soumissionnaire"
BAT, XXXII, 11 (nov. 57), 30-33, 62

"Programme de formation pour les estimateurs"
BAT, L, 12 (déc. 75), 8

Pulver, H.E., *Construction Estimates and Costs*, McGraw-Hill Company of Canada Ltd, Toronto, [s.d.].
CB, I, 4 (sept.-oct. 51), 40
BAT, XXVI, 12 (déc. 51), 43

Seelye, Elwyn E., *Specifications and Costs*, John Wiley & Sons, Inc, New-York, [s.d.].
BAT, XXVII (mai 52), 56

"Specification writers, they searched for their true identity when not worrying about metrication"
CB, XXII, 6 (juin 72), 38 et 42

Abbett, Robert W.
"Devis descriptifs"
BAT, XXXI, 3 (mars 56), 35-37, 81

Bowker, Walter B.
"Tendering Practices, architects — contractors".
RAIC, XL, 3 (mars 63), 69-72

Brough, Denis H.
"Specifications" (Specification Writers Association)
TCA, IX (Yearbook 64), 75-76
"Trends, Specifications"
TCA, X (Yearbook 65), 68

Cluff, A.W.
"Specifications".
ARCAN, 45, 11 (nov. 68), 63 et 65
"The specification writer — What he does and who he is".
CB, XIX, 11 (nov. 69), 33-34

Dobbing, Peter
"Specifications and the Architect".
TCA, XXIV, 9 (sept. 79), 42

FitzGerald, J.V.
"Tendering and Contracts: Part 4".
ARCAN, 45, 5 (mai 68), 57-59

Gillepsie, Bernard

Boeckh Building Valuation Manual, The American Appraisal Company, Milwaukee, [s.d.].
TCA, XIII, 11 (nov. 68), 9

Collier, Keith, *Fundamentals of Construction Estimating and Cost Accounting*, Prentice-Hall Canada Ltd, Toronto, 1974.
TCA, XIX, 10 (oct. 74), 4-5

Goddard, R.J.

"The Quantity Surveyor".
RAIC, XXXI, 10 (oct. 54), 363-364

Gretton, Robert

"Comment" (L'incapacité de plusieurs architectes à se charger de la responsabilité des coûts d'estimation).
TCA, XIII, 6 (juin 68), 11

Helyar, F.W.

"Canadian Institute of Quantity Surveyors".
RAIC, XL, 4 (avril 63), 75

"Tendering and Contracts: Part 2".
ARCAN, 45, 3 (mars 68), 73-75

Helyar, F.W.; Mott, A.J.

"Tendering and Contracts, Part I".
ARCAN, 45, 2 (fév. 68), 53-55

Jarrett, C.S.

"The specification writers association of Canada, organization & program".
RAIC, XXXVIII, 5 (mai 61), 71

Johnson, Walter

"Costs exceeding architect's estimate"
CB, VII, 4 (avril 57), 104

"Misleading cost estimates"
CB, V, 6 (juin 55), 94

Lurz, William

"SWAC surveys new trends in building"
CB, XXI, 6 (juin 71), 40 et 45 et 48

Lymburner, John

"Price bidding alarms consulting engineers"
CB, XXIX, 9 (sept. 79), 26

MacDonald, R.H.

"A Building contractor on architect's specifications — a satire".
RAIC, XVII, 8 (août 40), 138

Sleeper, Harold Reeve. *Architectural Specifications*, John Wiley & Sons Inc, New-York, sans date.
RAIC, XVII, 6 (juin 40), 91

Mahoney, E.L.

"Standard Canadian Bid Depository".
RAIC, XLI, 1 (jan. 64), 32

Parks, Brian

"Lump sum tender vs developer proposal — OAA takes exception to this particular comparison".
CB, XXI, 10 (oct. 71), 40-41

Phelan, T.M.

"Tendering and Contracts, Part 3".
ARCAN, 45, 4 (avril 68), 57 et 59 et 61

Pigott, J.J.

"The Gordon Commission, General contractor criticises tendering practices"
CB, VI, 6 (juin 56), 47-50

Small, Ben John

"Specification Surgery".
RAIC, XXIII, 8 (août 46), 189-192

MATIÈRE LÉGALE
LEGAL QUESTIONS

Les lois
Laws

"Builders ask for effective reforms in the Bankruptcy Act"
CB, XV, 5 (mai 65), 5

"Deux réactions de la Fédération de la construction du Québec" (Bill 33 et Bill 47)
BAT, L, 8 (août 75), 17

"La loi des licenses"
BAT, XLIV, 3 (mars 69), 45-46

"Les lois fédérales d'aide à la construction"
ABC, I, 5 (août 46), 20 et 26

"Loi favorisant la construction"
ABC, I, 6 (sept. 46), 29

"Mémoire de l'A.P.C.H.Q. sur le projet de loi 32"
BAT, XLVII, 10 (oct. 72), 13-15

"Modifications de la loi sur les successions"
BAT, XLIV, 10 (oct. 69), 29-30

"Projet de loi concernant la qualification professionnelle des entrepreneurs"
BAT, XLVII, 7 (juil. 72), 15, 28, texte & ill.

Batten, Jack

"Legal Notes, the Mechanics' Lien Act: Registration Period".
RAIC, XXXVIII, 3 (mars 61), 71-72

Biddell, J.L.

"The Albatross of the construction Industry". (Mechanics' Lien Legislation).
RAIC, XLII, 3 (mars 65), 28-30 et 32 et 34 et 37-38

"The Albatross of the construction Industry". (Mechanics' Lien Legislation). Part II.
RAIC, XLII, 4 (avril 65), 56-60

Bouchard, Yvon

"Certains paradoxes issus des lois régissent les entrepreneurs en construction"
BAT, LIII, 7 (juil. 78), 21

Cullum, Charles H.

"Architects and the Anti-Inflation Act".
TCA, XXI, 8 (août 76), 40 et 54

Dobush, Peter

"Provincial Page" (Manitoba Architects Act).
RAIC, XVII, 7 (juil. 40), 120

Dufour, Ghislain

"Pour une législation du travail acceptable par les investisseurs"
BAT, XLVI, 6 (juin 71), 27-28

Fleming, A.L.

"No mechanics' lien for fees where no work done pursuant to plans".
RAIC, XXVI, 6 (juin 49), 197-198

Fleming, Meredith

"1952 Amendments to the Mechanics' Lien Act, Ontario".
RAIC, XXIX, 7 (juil. 52), 231

Bruce, Maxwell H. et Macauley, Robert W., *The Handbook on Canadian mechanics' liens*, Carswell Co. Ltd, Toronto, sans date.
RAIC, XXXI, 1 (jan. 54), 31

Guérin, Guy

"Chronique juridique — Architectes: loi de la Corporation des Architectes — empiètement par un ingénieur professionnel"
BAT, XXXII, 9 (sept. 57), 11, 13

Johnson, Walter S.

"Legal: Mechanics' Liens — The Privilege or Right of Preference of the Workman, Supplier, Builder, and Architect"
CB, III, 8 (août 53), 10, 12

"Legal: The lien of Material Suppliers in British Columbia — The Reasonable, Natural and not Excessive Use of Property Rights"
CB, IV, 6 (juin 54), 28, 32, 34

McKellar, J.D.

"Architects and the New Tax Laws"
TCA, XXIV, 2 et 3 (fév.-mars 79), 54

Macklem, Douglas N.

"Legally Speaking; Liened Property Prior to Judgement"
TCA, X, 3 (mars 65), 87-88

Macklem, Douglas

"Legally Speaking, Non-lienable Property".
TCA, X, 1 (jan. 65), 71

Macklem, Douglas N.

"Legally Speaking, Operator or Not" (The Mechanics' Lien Act)
TCA, VIII, 12 (déc. 63), 75

"Legally Speaking, Procedure to clear title of lien".
TCA, IX, 10 (oct. 64), 85

"Legally Speaking, The Unregistered Lien".
TCA, XI, 5 (mai 66), 76

Melnick, Norman

"Legal Notes, Mechanics' liens, part 1". (les droits du client, protection des sous-entrepreneurs).
RAIC, XL, 5 (mai 63), 15-16

"Legal Notes, Mechanics' liens, part II, Scheme of legislation in common law provinces".
RAIC, XL, 6 (juin 63), 16

"Legal Notes, Mechanics' liens, part III, 'Lien', rights in the province of Quebec".
RAIC, XL, 7 (juil. 63), 15

"Mechanics' liens, Part IV, Short comings and inadequacies".
RAIC, XL, 9 (sept. 63), 20

"Mechanics' liens, Part V, a case comment".
RAIC, XL, 10 (oct. 63), 27

Savage, Raynald

"Le projet de loi sur les activités immobilières"
BAT, XLVII, 9 (sept. 72), 22, 27

Tisseur, Jacques

"Du Secrétariat de l'A.A.P.Q." (projets de loi, venant des entrepreneurs, ingénieurs, architectes).
RAIC, XXXIX, 4 (avril 62), 75

Les contrats et les garanties
Contracts and Guarantees

"Baux emphytéotiques et privilèges"
BAT, XLVII, 5 (mai 72), 6

"Chronique juridique — En cas de résiliation, architecte et ingénieur ont droit à compensation"
BAT, XLVII, 10 (oct. 72), 32, 30

"Contract bonds"
CB, V, 2 (fév. 55), 18

"Les cautionnements sur contrats"
BAT, XLIII, 7 (juil. 68), 7-8, 27

"New contract terms mark breakthrough for building workers"
CB, XV, 5 (mai 65), 7

"Practice" (Contrats et sous-contrats)
TCA, XVII, 10 (oct. 72), 7-8

"Progress" (les architectes et les contrats)
TCA, XVII, 5 (mai 72), 6

"Protection for Mad Clients" (La Royal Academy of Arts a produit un contrat-type pour protéger les clients et les architectes)
TCA, VI, 7 (juil. 61), 6

"Un constructeur offre à ses clients une garantie de rachat dans 2 ans"
BAT, XLVIII, 4 (avril 73), 20, 37, texte & ill.

Batten, Jack

"Legal Notes, The architect's role in a building contract".
RAIC, XXXVIII, 2 (fév. 61), 60-61

Cholette, Jean-Marc
"Constructeurs, soyez prudents dans vos transactions"
BAT, XXXI, 12 (déc. 56), 22-23

"Le contrat entre le propriétaire et l'entrepreneur"
BAT, XXXI, 10 (oct. 56), 42-43, texte & ill.

"Le privilège ouvrier"
BAT, XXXI, 11 (nov. 56), 34-35

Cretney, S.F.
"More On Licencing"
NB, VI, 11 (nov. 57), 20

De Lusigny, Xavier
"Chronique juridique — Attention aux travaux supplémentaires non prévus dans un contrat à forfait"
BAT, LV, 6 (juil.-août 80), 28-29

"Chronique juridique — Celui qui exécute un contrat sans avoir de 'licence' requise peut-il se faire payer?"
BAT, LV, 3 (avril 80), 26-27, 31

"Chronique juridique: Comment être certain de se faire payer (1)"
BAT, XLVII, 12 (déc. 72), 16

"Chronique juridique: Comment être certain de se faire payer (2)"
BAT, XLVIII, 1 (jan. 73), 18, 23, texte & ill.

"Chronique juridique — Dans le cas de travaux à prix forfaitaire, il est capital de bien lire le contrat?"
BAT, LIII, 12 (déc. 78), 23, 26

"Chronique juridique — La 'dénonciation' du sous-contrat est une formalité essentielle au maintien du privilège du sous-entrepreneur"
BAT, LI, 5 (mai 76), 25

"Chronique juridique — La ville qui a accepté la soumission d'un entrepreneur ne peut réscinder sa décision"
BAT, LV, 4 (mai 80), 29-31

"Chronique juridique — Le client peut-il demander des changements aux plans et devis et refuser de les payer?"
BAT, LIII, 11 (nov. 78), 27

"Chronique juridique — Le fait de louer un immeuble ne signifie pas qu'il soit 'substantiellement terminé'"
BAT, LV, 9 (nov. 80), 22

"Chronique juridique — Le fait que l'immeuble est habité ne détermine pas la 'fin des travaux'"
BAT, L, 12 (déc. 75), 22-23

"Chronique juridique — L'entrepreneur n'est pas obligé de 'financer' un client en difficultés — L'annulation unilatérale d'un contrat donne droit à des dommages-intérêts"
BAT, LII, 4 (avril 77), 23, 31

"Chronique juridique — L'entrepreneur qui fait une erreur d'estimation ne peut nier le contrat"
BAT, XLIX, 2 (fév. 74), 30

"Chronique juridique — Quand l'entrepreneur dérange le calendrier des sous-traitants..."
BAT, XLIX, 3 (mars 74), 32

Fleming, Meredith
"Supervision under the Standard Form (stipulated Sum)".
RAIC, XXIX, 8 (août 52), 256-257

Gillespie, Bernard
Collier, Keith, *Construction Contracts*, Reston Publishing Company Inc., Virginia, 1979.
TCA, XXIV, 10 (oct. 79), 9

Guérin, Guy
"Chronique juridique — Constructions à forfait: changements de prix et extras"
BAT, XXXII, 1 (jan. 57), 12, 39, texte.

"Chronique juridique — Contrat d'entreprise: conditions imprévisibles du sol"
BAT, XXXII, 3 (mars 57), 8, 10, texte.

"Droit du propriétaire d'arrêter ou mettre fin aux travaux?"
BAT, XXXII, 10 (oct. 57), 25 et 75

Johnson, Walter
"Contract language was notable for its ambiguity"
CB, VIII, 8 (août 58), 78

Johnson, Walter S.
"Interpretation of a contract for laying hardwood floors"
CB, IV, 12 (déc. 54), 43-44

"Legal: Architect must preserve independence of judgment — Release of contractor's deposit"
CB, III, 1 (jan. 53), 6

"Legal: A Written Contract is Presumed To Be The Complete Agreement"
CB, IV, 4 (avril 54), 26, 30

"Legal: Beware Sub-surface Conditions When Bidding"
CB, I, 1 (mars 51), 46

"Legal: canceling of contracts"
CB, III, 4 (avril 53), 12, 14

"Legal: Changes in specification — Demolition and excavation contracts"
CB, II, 4 (avril 52), 6, 8

"Legal: Contracts of Lease and Hire — Master and Servant Contracts — Architects Rights in Plans"
CB, II, 5 (mai 52), 6-7

"Legal: Excess Humidity — Accepted Cheque not a Good Tender — Contract Terms of Payment"
CB, I, 2 (mai 51), 50

"Legal: Guaranteeing Efficiency of Heating Installations"
CB, IV, 3 (mars 54), 18, 20, texte & ill.

"Legal: Holdbacks on subcontracts and supplies"
CB, III, 9 (sept. 53), 13-14

"Legal: More traps For the Contractor, Soil Tests carried out by owners' engineers"
CB, IV, 9 (sept. 54), 12

"Legal: 'Payment on completion' or 'Payment on Substantial Completion'"
CB, IV, 5 (mai 54), 16, 20

"Legal: Responsibility for Mistakes in Cost-Plus Contracts"
CB, III, 7 (juil. 53), 8, 10

"Legal: Standard form of construction contract — Art. 16. Correction after final payment — Art. 21. Guaranty bonds"
CB, II, 12 (déc. 52), 8

"Legal: Standard form of Construction Contract — Contractor's Responsibility as an Expert Builder"
CB, II, 10 (oct. 52), 8, 10

"Legal: Stipulations Against Unknown Sub-surface Conditions"
CB, IV, 8 (août 54), 8

"Legal: Take nothing for granted — verify"
CB, III, 5 (mai 53), 12

"Legal: The Owner's Right to Cancel a Building Contract"
CB, IV, 7 (juil. 54), 65

"Legal: The practice of architecture — Completion dates — Expiry period for recovery of payment"
CB, II, 7 (juil. 52), 8, 9

"Legal: Warn employees against unusual danger — Read contracts and get signed duplicates"
CB, II, 11 (nov. 52), 8

"Legal: When is there Substantial Completion — Deviation from Specifications — Authorized Changes"
CB, II, 1-2 (jan.-fév. 52), 41

Macklem, Douglas N.
"All about bonds".
TCA, IX, 4 (avril 64), 91

"Legally Speaking, Completion or Abandonment".
TCA, IX, 7 (juil. 64), 67

"Legally Speaking, Constructing or Not" (les éléments qui n'entrent pas directement dans la construction)
TCA, IX, 2 (fév. 64), 87

"Legally Speaking, Contract Monies As Trust Funds".
TCA, X, 5 (mai 65), 91

"Legally Speaking, Distribution of Holdback"
TCA, IX, 6 (juin 64), 75

"Legally Speaking, Garantee: No Absolute Protection".
TCA, X, 8 (août 65), 70

"Legally Speaking, Not by Plans alone". (L'architecte n'a droit à aucun privilège s'il n'a fait que concevoir les plans, sans surveiller les travaux)
TCA, VIII, 10 (oct. 63), 97

"Legally Speaking, Owner vs Holdback".
TCA, VIII, 6 (juin 63), 87

"Legally Speaking, Return of Materials".
TCA, IX, 12 (déc. 64), 63

Melnick, Norman
"A Case Comment". (sur les sous-entrepreneurs)
RAIC, XL, 12 (déc. 63), 16

"Legal Notes". (Sur les contrats, leur nature, leurs effets, etc).
RAIC, XL, 3 (mars 63), 81-82

Melnick, Norman J.P.
"Substantial Completion of a contract"
RAIC, XLI, 2 (fév. 64), 34

Les responsabilités
Liabilities

"Comment, Penalties of Professionalism"
TCA, VIII, 8 (août 63), 98

"Le constructeur doit protéger les édifices voisins"
BAT, XLVIII, 6 (juin 73), 3

"'Professional responsibility', new president feature RAIC assembly"
CB, X, 7 (juil. 60), 16-17

"Supreme Court of Ontario Decision on architect's liability"
RAIC, XVII, 12 (déc. 40), 217

Bolton, John L.M.
"Limiting Architects' Liability"
TCA, XXIII, 4 (avril 78), 46 et 50-51 et 55

Cadloff, Joseph
"Les cahiers des charges: une responsabilité professionnelle"
ABC, XXIII, 265 (juin 68), 28-29 et 42

Davies, John
"Limiting Architects' Liability"
TCA, XXIII, 1 (jan. 78), 47 et 58

De Lusigny, Xavier
"Celui qui creuse entre deux immeubles est responsable de tout affaissement éventuel"
BAT, L, 4 (avril 75), 22, 26

"Chronique juridique — Attention aux enfants qui jouent près d'un chantier"
BAT, XLIX, 4 (avril 74), 28-29

"Chronique juridique — Il faut se plaindre immédiatement des matériaux défectueux".
BAT, XLIX, 5 (mai 74), 36

"Chronique juridique — La maison brûle avant livraison et l'entrepreneur avait une assurance-responsabilité, mais pas d'assurance-incendie!"
BAT, LII, 5 (mai 77), 25, 28

"Chronique juridique — La preuve technique des précautions que vous avez prises ne suffit pas toujours pour vous exonérer en Cour"
BAT, LII, 9 (sept. 77), 22, 26

"Chronique juridique — L'architecte qui ne surveille pas les travaux n'est responsable que des plans qu'il fournit"
BAT, LII, 6 (juin 77), 30

"Chronique juridique — La responsabilité de l'architecte: Il ne faut absolument rien cacher dans la 'proposition' d'assurance"
BAT, LIII, 3 (mars 78), 29

"Chronique juridique — L'assurance-responsabilité professionnelle des ingénieurs et des architectes"
BAT, XLIX, 12 (déc. 74), 24-25

"Chronique juridique — Le constructeur n'a pas à diviser son privilège en travail et matériaux"
BAT, XLIX, 10 (oct. 74), 34

"Chronique juridique — Le constructeur qui utilise de la brique de démolition doit aviser le client que cette brique sera moins résistante"
BAT, LIII, 2 (fév. 78), 25-26

"Chronique juridique — Le constructeur répond des matériaux même si le propriétaire conduisait lui-même les travaux"
BAT, LIII, 5 (mai 78), 27

"Chronique juridique — L'édifice s'effondre alors qu'on coulait le béton: faiblesse des coffrages ou surcharge de la charpente?"
BAT, LII, 1 (jan. 77), 18, 22

"Chronique juridique: Le fournisseur de béton répond de la qualité du produit qu'il fabrique"
BAT, XLVII, 9 (sept. 72), 36, 38

"Chronique juridique — L'entrepreneur doit s'assurer que son employé respecte le Code de sécurité"
BAT, LIII, 1 (jan. 78), 23-24

"Chronique juridique — L'entrepreneur répond de son menuisier qui a mis le feu en fumant"
BAT, XLIX, 9 (sept. 74), 32

"Chronique juridique — L'entreprise louant des échafaudages à l'entrepreneur doit en vérifier l'état"
BAT, LI, 6 (juin 76), 24, 28

"Chronique juridique — Lorsque le propriétaire, expert en matière de construction, intervient dans les travaux..."
BAT, LI, 4 (avril 76), 25-26

"Chronique juridique — On ne peut accepter sur un chantier le charpentier non qualifié venu 'donner un coup de main bénévole à un ami'"
BAT, LIII, 6 (juin 78), 38, 40

"Chronique juridique — Pas de privilège pour des plans d'architecte qui n'ont pas été suivis"
BAT, XLIX, 1 (jan. 74), 22

"Chronique juridique — Quand la CAT poursuit à son tour l'entrepreneur — L'entrepreneur général est toujours responsable de la sécurité sur le chantier"
BAT, L, 9 (sept. 75), 6-7

"Chronique juridique — Qui répond des dégâts causés par une pelle: le locateur ou l'entrepreneur?"
BAT, LV, 8 (oct. 80), 24-25

"Chronique juridique — Responsabilité du constructeur au-delà de 5 ans"
BAT, XLIX, 8 (août 74), 27-28

"Chronique juridique — Risquer le vice de construction est un risque qui coûte cher!"
BAT, LII, 2 (fév. 77), 20-21

"Chronique juridique — Seuls les matériaux intégrés au bâtiment peuvent fonder un privilège"
BAT, LII, 3 (mars 77), 31

"Chronique juridique — Si la construction est arrêtée, l'entrepreneur doit protéger l'édifice".
BAT, XLVII, 11 (nov. 72), 64, 72

"Chronique juridique — Tout s'écroule alors qu'on coule le béton; qui est responsable?"
BAT, XLVIII, 8 (août 73), 21

"Chronique juridique — Une hypothèque n'efface pas le privilège du fournisseur de matériaux"
BAT, XLVIII, 12 (déc. 73), 30-31

"Chronique juridique — Un enfant n'a rien à faire sur le chantier, mais vous pouvez être tenu responsable s'il s'y blesse"
BAT, LI, 8 (août 76), 26-27

"Chronique juridique — Vous êtes bien assuré contre le feu? Bravo, mais ce n'est pas tout..."
BAT, L, 3 (mars 75), 21, 23

"Complexité des divers mécanismes du 'privilège' sur les immeubles"
BAT, LII, 10 (oct. 77), 22, 27

"L'architecte n'est responsable que des vices pouvant affecter la solidité de l'édifice"
BAT, LV, 1 (jan.-fév. 80), 29

"L'entrepreneur général est responsable de la sécurité sur le chantier"
BAT, XLVII, 8 (août 72), 20, 30

"L'entrepreneur ne doit pas se conformer à des plans et devis qu'il sait défectueux!"
BAT, LI, 2 (fév. 76), 21-22

"L'entrepreneur ne peut blâmer le client de lui avoir laissé le temps de corriger un vice de construction"
BAT, LV, 10 (déc. 80), 22-23

"L'ingénieur qui n'arrête pas des travaux dangereux doit partager la responsabilité de l'entrepreneur"
BAT, LI, 12 (déc. 76), 22-23

"Qui est responsable du retard sur un chantier d'envergure supervisé par le propriétaire?"
BAT, LI, 3 (mars 76), 25-26

"Une défectuosité mécanique n'excuse pas l'erreur de jugement d'un employé"
BAT, LV, 5 (juin 80), 24-25

Dunford, John W.
"La responsabilité du constructeur, de l'architecte et de l'ingénieur pour la perte et autres défauts de construction. Nécessité d'une réforme".
BAT, XLIII, 8 (août 68), 7-8 et 46

Fleming, Meredith
"The Architect and Contractors' Liability Insurance".
RAIC, XXXIV, 6 (juin 57), 201

Guérin, Guy
"Chronique juridique — Malfaçons et non-terminaison des travaux: responsabilité de l'entrepreneur"
BAT, XXXII, 7 (juil. 57), 9

"Chronique juridique — Malfaçons — Matériaux fournis par le propriétaire — Responsabilité de l'entrepreneur?"
BAT, XXXIII, 8 (août 58), 8, 45

"Chronique juridique — Responsabilité de l'entrepreneur: la question des vices de construction"
BAT, XXXII, 6 (juin 57), 9

"Chronique juridique — Responsabilité de l'entrepreneur: malfaçons"
BAT, XXXII, 2 (fév. 57), 22, 24

"Chronique juridique — Responsabilités de l'entrepreneur pour défauts graves"
BAT, XXXII, 4 (avril 57), 19, 26

"Chronique juridique — Travaux d'excavation — précautions que l'entrepreneur doit prendre"
BAT, XXXII, 8 (août 57), 11

Hohns, H. Murray
"Constructions Claims and Litigation"
TCA, XXV, 6 (juin 80), 25 et 50

Johnson, Walter S.
"A contractor acting as his own architect is liable for any defects in his building... down"
CB, I, 4 (sept.-oct. 51), 45

"Architects held responsible if their designs are inefficient"
CB, VII, 12 (déc. 57), 65

"Architect's responsibility for estimate"
CB, IV, 11 (nov. 54), 62

"Legal decisions and opinions: Dry rot in an old house — The menace of administrative boards"
CB, V, 9 (oct. 55), 94, 96

"Legal: Excavator's Liability For Lateral Support of Adjacent Building"
CB, III, 10 (oct. 53), 12, 14

"Legal: General Contractor's Liability For Sub-Contractor's Faults"
CB, III, 12 (déc. 53), 10, 12

"Legal: Infrigement on Architects' Rights — Expiry Period for Recovery of Claims — Valuation of Expropriated Property"
CB, II, 9 (sept. 52), 8, 10, texte & ill.

"Legal: Latent Defects in Materials — Reasonable Diligence in Claim"
CB, II, 8 (août 52), 6, 8

"Legal: Liabilities of Architect and Builder"
CB, III, 6 (juin 53), 77-78

"Legal: On the responsibilities of architects or engineers in issuing progress certificates"
CB, IV, 1 (jan. 54), 10

"Legal: Quebec Civil Code on liabilities of architect and builder — Contract made outside of province does not exempt"
CB, III, 3 (mars 53), 12, 14

"Legal: Responsibility for Delay"
CB, IV, 10 (oct. 54), 72, 75

"Legal: Trouble with Workmen's tools? Be Prudent ... and Understanding"
CB, II, 3 (mars 52), 46, 54

"More on excavator's liability for lateral support of adjacent building"
CB, III, 11 (nov. 53), 12, 14

"Owner couldn't prove he was unable to stop flooding — so liable for loss"
CB, IX, 4 (avril 59), 102

"The purpose and limits of supervision"
CB, V, 5 (mai 55), 94

Lymburner, John
"Growing concern about engineers' liability"
CB, XXIX, 3 (mars 79), 27

Macklem, Douglas N.
"Legally Speaking, Liability for Removal of Support".
TCA, XI, 1 (jan. 66), 75

"Legally Speaking, Owner may be liable for more than holdback"
TCA, IX, 11 (nov. 64), 87

"Legally Speaking, Skill, Care and Diligence"
TCA, VIII, 8 (août 63), 83

McQuaid, M.J.
"Architects and Legal Responsibilities".
TCA, XXIV, 5 (mai 79), 39-40 et 55

Melnick, Norman
"Architects' liability: a case comment".
RAIC, XL, 4 (avril 63), 14 et 17

"Legal Notes, Professional Liability Insurance".
RAIC, XL, 1 (jan. 63), 55-56

"Legal Notes, Professional Liability Insurance".
RAIC, XL, 2 (fév. 63), 93-95

Melnick, Norman J.P.
"The architect's Responsibility in Issuing Certificates".
RAIC, XLI, 4 (avril 64), 23

Mensforth, A.G.; Mercier, C.
"Sheltering Architects from Roof Liability".
TCA, XX, 11 (nov. 75), 9-10 et 52-53

Quinn, Patrick J.
"Professional Liability: Doing into your Neighbour".
TCA, XXIV, 4 (avril 79), 39-40

Sobkowich, V.
"Faulty Roofs and Professional Liability"
TCA, XXII, 10 (oct. 77), 53-54 et 60

Tourigny, Paul
"Qui est responsable? l'architecte? l'ingénieur? l'entrepreneur?"
BAT, XXXI, 7 (juil. 56), 36-37

Van Schie, M.
"Professional Liability"
TCA, XVIII, 7 (juil. 73), 32-34

Les droits d'auteur
Copyrights

"Action for Infringement: a Precedent for Canada?"
TCA, XXII, 7 (juil. 77), 12 et 15 et 58

"Architect's Copyright".
RAIC, XXXII, 2 (fév. 55), 60

"Copyright".
RAIC, XXII, 6 (juin 45), 128

"Copyright".
RAIC, XXX, 6 (juin 53), 175

"Copyright Act"
RAIC, XX, 1 (jan. 43), 12

"Copyright in plans, Meikle vs Maufe"
RAIC, XIX, 2 (fév. 42), 20 et 35

"Penalty Incurred If Home Design Copied"
NB, VI, 9 (sept. 57), 8 et 28

"... the background of the Hay – 'Belaire' Case..." (problème de la copie d'un modèle de maison)
NB, VII, 7 (juil. 58), 6

"Three Copyright Suits Dismissed With Costs" (problème de la copie de modèle de maison)
NB, VII, 7 (juil. 58), 7 et 14 et 18

Johnson, Walter S.
"Legal: Architects Rights in His Plans — Carters as Independant Contractors — The Practice of Architecture"
CB, II, 6 (juin 52), 6, 8

"What are the design rights of building's two professions" (ingénieurs, architectes)
CB, V, 6 (juin 55), 39-40

Keenleyside, Patrick M.
"Practice" (Règle no. 54 concernant le copyright pour les projets d'architecture)
TCA, XX, 8 (août 75), 7

Melnick, Norman
"The architect's right in his plans".
RAIC, XL, 11 (nov. 63), 22

Nadeau, Leopold
"What are the design rights of building's two professions" (ingénieurs, architectes)
CB, V, 6 (juin 55), 38

Paczkowski, Nicholas
"Architects and Copyright"
TCA, XXV, 10 (oct. 80), 33 et 54

Matière légale: Questions diverses
Miscellaneous

"*Building Law Illustrated* par B.G. Phillips"
ABC, IX, 102 (oct. 54), 58

"CHMC to face second lawsuit by Newfoundland".
CB, IX, 6 (juin 59), 81

"Client fails in action against architect". (Ontario).
RAIC, XXII, 10 (oct. 45), 218

"L'ACC demande que les plans d'ingénieurs bénéficient de la même protection douanière que ceux des architectes"
BAT, IX, 4 (avril 61), 45

De Lusigny, Xavier
"Chronique juridique — Distinction importante: êtes-vous 'entrepreneur' ou 'vendeur' de maisons?"
BAT, XLVIII, 10 (oct. 73), 25

"Chronique juridique — Quand ça prend plusieurs années à corriger un vice de construction..."
BAT, XLIX, 11 (nov. 74), 62

"Chronique juridique — Quand l'entrepreneur ne paie pas ses menuisiers"
BAT, LI, 10 (oct. 76), 24, 26

"Chronique juridique — Un entrepreneur condamné comme 'vendeur itinérant' gagne en appel"
BAT, L, 8 (août 75), 20, 23

"Chronique juridique — Un promoteur-constructeur peut l'emporter contre la Régie des services publics"
BAT, L, 6 (juin 75), 30, 32-33

"Chronique juridique — Votre client peut-il afficher publiquement que vous lui avez construit un 'citron'?"
BAT, LII, 6 (juin 77), 31, 36

"Chronique juridique — Votre impôt varie selon le type d'utilisation de votre machinerie"
BAT, XLIX, 8 (août 74), 27

"L'entrepreneur gagne contre la banque qui avait payé des chèques émis, à son insu, au nom de charpentiers fictifs"
BAT, L, 10 (oct. 75), 18-19

Dennis, Michael
"The architect as an expert-witness".
RAIC, XL, 8 (août 63), 14-15 et 17

Gosselin-Geoffrion, Hélène
"Un syndic non un policier"
AC, XXIX, 324 (juil.-août 74), 30-31

Guérin, Guy
"Chronique juridique — Ingénieur professionnel ou architecte en service à l'extérieur de la Province de Québec. Tarif de la Province de Québec applicable?"
BAT, XXXIII, 1 (jan. 58), 7, 29

Johnson, Walter
"Aspects of architect's and engineer's retainer"
CB, VI, 10 (oct. 56), 87

"Some Legal Aspects of Winter Construction"
CB, VI, 11 (nov. 56), 37

Ontario Association of Architects (OAA)
"Architectural-Legal Problems".
RAIC, XXXVII, 6 (juin 60), 266

NORMES DE LA CONSTRUCTION
BUILDING CODES

"Absence of uniform building code blamed for havoc in Ontario"
CB, XXIII, 2 (fév. 73), 54

"Adequate Wiring Bureau hears Red Seal wiring endorsed"
CB, IV, 7 (juil. 54), 12, 15

"A 'hot potato' for Ontario — National Building Code and the municipalities".
CB, XVIII, 8 (août 68), 36

"Amendements aux normes de construction"
BAT, XXVII, 1 (jan.-fév. 52), 16

"A propos du Code National du Bâtiment"
BAT, XXVI, 10 (oct. 51), 14

"Battle for the code..."
CB, XVIII, 1 (jan. 68), 17-19

"B.C. is first to adopt National Building Code".
CB, XXI, 5 (mai 71), 42

"Building Code Introduced to Local Officials"
CB, IV, 5 (mai 54), 67-68

"Building Officials Review National Building Code"
CB, V, 5 (mai 55), 58

"Canadian Government Spefications Board"
CB, III, 12 (déc. 53), 31

"Clear way in Sudbury, London for up-grading of building standards"
CB, XVI, 2 (fév. 66), 10

Code National du Bâtiment préparé par le Comité Associé sur le Code National du Bâtiment
ABC, IX, 101 (sept. 54), 47

"Congrès de l'AOBQ — Le code du bâtiment, une 'urgente nécessité'..."
BAT, XLVIII, 11 (nov. 73), 5

"Construction Safety Code"
CB, III, 2 (fév. 53), 13-14

"Criticism" (le National Building Code)
TCA, XXI, 7 (juil. 76), 6

"Dans quelle mesure le Code National du Bâtiment est-il utilisé au Canada?"
BAT, XLII, 5 (mai 67), 6-7

"Déclarations de M. Tessier au sujet du code projeté" (Code du Bâtiment du Québec)
BAT, XLVII, 6 (juin 72), 8

Directory of Standards in Building, Ed. M.C. Baker at R.F. Legget, Division of Building Research, National Research Council of Canada (Pub.), Ottawa, [s.d.].
TCA, XIV, 4 (avril 69), 11

"English translation coming". (The National Building Code traduit en français).
TCA, II, 6 (juin 57), 10

"Good building codes seen as means to lower costs".
CB, XVI, 4 (avril 66), 53

"La généralisation du Code National du Bâtiment est indispensable au progrès de la construction"
BAT, XLIV, 4 (avril 69), 24-27, texte & ill.

"L'analyse thermographique pourrait un jour être exigée par le code du bâtiment"
BAT, LIV, 4 (avril 79), 27-28

"Le Canada accroît sa participation internationale dans le domaine de la construction" (Conseil canadien des normes, participation à l'Organisation internationale de normalisation)
BAT, LIII, 4 (avril 78), 10

"Le code du bâtiment une 'urgente nécessité'"
BAT, XLVIII, 11 (nov. 73), 5

"Le Code National du Bâtiment adopté en Ontario"
BAT, XLV, 10 (oct. 70), 7

"Le Code National du Bâtiment peut-il servir de base à l'uniformisation des codes de construction? Diverses personnalités de l'industrie répondent à cette question"
BAT, XLV, 2 (fév. 70), 19-20

"Le Code National du Bâtiment 1970"
BAT, XLIV, 5 (mai 69), 9

"Le code québécois du bâtiment: en vigueur le 1er janvier 1975"
BAT, XLIX, 6 (juin 74), 8

"Le nouveau code de sécurité"
BAT, XLIX, 9 (sept. 74), 13

"Le nouveau code s'appliquera dès février 72" (le nouveau code canadien pour la construction résidentielle)
BAT, XLVI, 12 (déc. 71), 6

"Les dispositions du code du bâtiment de Montréal"
ABC, II, 20 (déc. 47), 61-62

"Manitoba is seventh recruit aboard National Building Code Bandwagon"
CB, XXI, 12 (déc. 71), 6

"Modifications spectaculaires dans les méthodes de construction et exigences du Ministère fédéral des Travaux Publics"
BAT, XLI, 6 (juin 66), 6

"Nat'l bldg Code".
TCA, III, 5 (mai 58), 22

"National Building Code" (au Québec, en Ontario)
CB, XXI, 10 (oct. 71), 43

"National Building Code revisions are a challenge, says the plastics industry".
CB, XIX, 6 (juin 69), 76

"National Research Council Associate Committee on the National Building Code"
RAIC, XXXIII, 4 (avril 56), 148-150

"NBC substituted for old by-laws in Saskatoon" (National Building Code)
CB, XV, 6 (juin 65), 8

"New Building Code Ready"
CB, IV, 6 (juin 54), 76

"One single, unified building code could provide cheaper houses"
CB, VIII, 10 (oct. 58), 53

"Ontario Building Code, Aims to speed approvals, encourage innovations"
CB, XXVI, 2 (fév. 76), 20 et 35

"Ontario building officials push National Code"
CB, IX, 1 (jan. 59), 37-38

"Ontario's Uniform Building Code, What's a mere two years behind schedule in this sorry shuffle for efficiency?"
CB, XXII, 10 (oct. 72), 11

"Our chaotic By-laws, the purpose of the National Building Code is to bring uniformity to building by-laws".
CB, XVI, 1 (jan. 66), 21-23

"Points de vue — Le code national du bâtiment"
BAT, XLVI, 6 (juin 71), 30, 42

"Progress Made on Revised Code — National Building Code Revision Drafts on Plumbing and Administration"
CB, II, 5 (mai 52), 27, 71

"Québec adopte un code uniforme du bâtiment"
BAT, LII, 2 (fév. 77), 8

"Révision du code national de construction"
ABC, VII, 77 (sept. 52), 18-19-20, texte.

"Roland Cyr: 'Le Québec devrait adopter le Code canadien de la construction'"
BAT, XLIX, 4 (avril 74), 23

"Sans titre" (Le "National Building Code" est adopté en Ontario)
TCA, XV, 2 (fév. 70), 10-11

Sleeper, Harold R., *Building Planning and Design Standards*, John Wiley, New-York, [s.d.].
CB, VIII, 1 (jan. 58), 41

"*Standards in Building* par D. Rex Harrison"
ABC, X, 116 (déc. 55), 41

"The frustration, Builders battle in two cities for National Building Code". (Sault Ste-Marie et Montréal)
CB, XV, 2 (fév. 65), 24-26

"The National Building Code — Now an issue for steel?"
CB, XVIII, 5 (mai 68), 48-49

"The National Building Code, Ontario Committee may start the trend to country-wide adoption".
CB, XVIII, 10 (oct. 68), 59 et 64

"These building officials believe that NBC will be universal in five years".
CB, XV, 5 (mai 65), 70-71

"Time-Saver Standards, édition de l'Architectural Record"
ABC, IX, 103 (nov. 54), 50

"Toronto builders boost National Building Code".
CB, XVII, 6 (juin 67), 6

"Two years' delay? Ontario hits snags, counter-claims in plans for uniform building code".
CB, XXI, 2 (fév. 71), 11 et 13

"What's wrong with our building codes?"
CB, VIII, 7 (juil. 58), 21

"Your Building Code queries answered".
CB, XII, 11 (nov. 62), 44

Abra, W.J.
"Report of progress on the national building Code"
RAIC, XVIII, 6 (juin 41), 97

Burgess, Cecil S.
"Alberta". (Edmonton Building Code)
RAIC, XXV, 8 (août 48), 283
"Alberta". (National Building Code et la standardisation de la planification et construction).
RAIC, XXV, 12 (déc. 48), 459

Carruthers, Clare D.
"How an Engineer sees the: Whys and Wherefores of Building Codes".
CB, XIX, 5 (mai 69), 44-45

Couillard R. et al.
"Le code national du bâtiment"
BAT, XLVI, 6 (juin 71), 30 et 42

Curtis, Tim
"B.C. municipalities move toward NBC acceptance"
CB, XVIII, 8 (août 68), 36

Erickson, Arthur
"Energy Code Retrogressive?"
TCA, XXII, 10 (oct. 77), 11 et 14

Ferguson, R.S.
"... the simplest code ever written" (National Building Code)
CB, VIII, 9 (sept. 58), 11

Fowke, Clifford et al.
"How the National Building Code can eliminate: the scandal of our by-laws jungle, the folly of inefficient methods, the stupidity of forcing up costs".
CB, XVII, 10 (oct. 67), 32-36 et 45
"It's a battle for the building code" (pour l'adoption dans toutes les municipalités)
CB, XVIII, 4 (avril 68), 34-39
"National Building Code: Orphan of the storm". (son adoption par les municipalités)
CB, XIX, 4 (avril 69), 33-44
"The Battle for a Uniform Building Code, Now we're asking in Ontario: What Kind of Legislation?"
CB, XX, 2 (fév. 70), 29-38
"The National Building Code — How fast can (and should) it change?"
CB, XXX, 11 (nov. 80), 32-33

Francis, Peter R.
"Wants performance code" (National Building Code)
CB, VIII, 9 (sept. 58), 13

Gibson, Wm. A.
Sleeper, Harold R., *Building Planning and Design Standards*, John Wiley & Sons Inc, New-York, [s.d.]
RAIC, XXXIII, 5 (mai 56), 194-195

Gray, Ron G.
"Jealousy and misinformation are the biggest handicaps" (National Building Code)
CB, XV, 4 (avril 65), 65

Hansen, A.T.
"Deuxième série de changements au Code national du bâtiment"
BAT, XLVII, 12 (déc. 72), 18 et 21-22 et 30
"Le code national du bâtiment, Principaux changements que vous devez connaître"
BAT, XLVI, 10 (oct. 71), 16 et 19-22 et 26-27
"National Building Code Changes: This second series of revisions is important to all homebuilders"
CB, XXII, 10 (oct. 72), 12-14

Jenkins, J.H.
"The Importance of National Standards to the Forest Products Industries".
RAIC, XLII, 12 (déc. 65), 52-54

Johnson, S. Eric
"Ontario's plan for uniform building standards points the way out of a glaring example of industry chaos".
CB, XX, 9 (sept. 70), 44

Leclerc, Marcel
"L'application des mesures de contrôle de la RECQ entraînera une meilleure protection du consommateur" (RECQ: Régie des Entreprises de Construction du Québec)
BAT, LII, 10 (oct. 77), 25

Legget, Robert
"National Building Code of Canada 1970" (explication du contenu du code)
CB, XX, 9 (sept. 70), 40-41 et 43
"Our Mixed-Up By-Laws: This new version of NBC can solve all our problems"
CB, XV, 4 (avril 65), 62-64
"Revision of the National Building Code"
CB, II, 10 (oct. 52), 27, 30-31

McCaffrey, W.R.
"The Canadian Electrical Code".
RAIC, XXVI, 8 (août 47), 291-292

McCance, William M.
"What's New In Research" (Volonté d'uniformiser le code = National Building Code)
NB, VI, 12 (déc. 57), 19
"What's New In Research?" (Amendements au National Building Code)
NB, VII, 4 (avril 58), 12 et 14 et 20

MacDonald, Kenneth D.
"...it's not the code that is at fault..." (National Building Code)
CB, VIII, 10 (oct. 58), 7

Mackenzie, W. Ken
"Code is guide, not law" (National Building Code)
CB, VIII, 11 (nov. 58), 9

Marsh, R.W.
"A Canadian National Building Specification".
ARCAN, 46, 6 (juin 69), 57-58

Massey, Hart
Time-saver standards, F.W. Dodge Corp, sans lieu, sans date
RAIC, XXXIV, 9 (sept. 57), 368

Mathers, A.S.
The National Building Code, National Research Council, Codes and Specifications Sections, Ottawa, [s.d.].
RAIC, XIX, 12 (déc. 42), 233

Oger, Michel
"Pourquoi Montréal ne veut pas adopter le code National du Bâtiment"
BAT, XLIV, 5 (mai 69), 35-36, 40, texte & ill.

Orton, I.E.
"The National Building Code our only hope".
CB, XV, 4 (avril 65), 64

Poulin, Jean-Luc
"Québec doit adopter le code national"
BAT, XLVII, 6 (juin 72), 12-14, 40-41

Rensaa, E.M.
"...Building Code can be defended..."
CB, VIII, 10 (oct. 58), 7

Robbie, R.G.
"Codes and Culture" (Building Standards for Systems Building)
TCA, XVII, 2 (fév. 72), 42 et 64

Thornber, W.
"...a code is more easily criticized than written" (National Building Code)
CB, VIII, 10 (oct. 58), 7 et 9

LE SYSTÈME MÉTRIQUE
THE METRIC SYSTEM

"Algoma fabrique des profilés en dimensions métriques"
BAT, LI, 2 (fév. 76), 6

"As Canada goes metric — construction will become the first target"
CB, XXI, 4 (avril 71), 54

"Conversion au système métrique: où en est-on?"
BAT, LIII, 6 (juin 78), 23, 24, texte & ill.

"Forum de discussion du système métrique"
BAT, XLVI, 5 (mai 71), 32

"Going metric in Canada, It will be rough, but it will co-ordinate and organize"
CB, XXIV, 2 (fév. 74), 32-34

"Going metric in Canada, The problems, opportunities and dangers for the construction industry"
CB, XXIV, 1 (jan. 74), 40-41

"L'adoption du système métrique: on avance 'pouce par pouce'..."
BAT, XLVI, 4 (avril 71), 29

"Le système métrique: quand adopter la conversion?"
BAT, XLVI, 7 (juil. 71), 6 et 8

"L'industrie de la construction et la conversion au système métrique"
BAT, XLVIII, 10 (oct. 73), 14, 35

"Metric path to painless conversion"
CB, XXVI, 10 (oct. 76), 28

"Points de vue — Le système métrique"
BAT, XLVI, 1 (jan. 71), 24, 26

"Sans titre" (le système métrique et l'architecture)
TCA, XXIV, 4 (avril 79), 4 et 6

"Tables de conversion rapide des mesures anglo-saxonnes et métriques"
BAT, XXXVI, 6 (juin 60), 14-18

"Tables de conversion rapide des mesures métriques et anglo-saxonnes"
BAT, IX, 6 (juin 61), 29-33
BAT, XXXVII, 6 (juin 62), 37-41
BAT, XL, 11 (nov. 65), 21-25

Bardawill, Victor G.
"Letters to the editor, New problems with metric conversion"
CB, XXVIII, 5 (mai 78), 14 et 17

Barge, Georges et al.
"Le système métrique"
BAT, XLVI, 1 (jan. 71), 24 et 26

Bergman, Eric
"Metric conversion is progressing, but the hard part is still to come"
CB, XXVII, 11 (nov. 77), 84
"Pour les constructeurs, la conversion ne devrait pas créer de difficultés excessives"
BAT, LII, 11 (nov. 77), 69-70

Bernardo, A.S. et al.
"Letters to the Editor, Metric Debate Readers are sharply divided and feelings run high"
CB, XXVIII, 4 (avril 78), 11-12 et 16 et 46

Chutter, S.D.C.
"Letters to the editor, A response from the Metric Commission"
CB, XXVIII, 5 (mai 78), 17 et 47

Fowke, Clifford
"Apathy and resentment as metric conversion inches along"
CB, XXIX, 4 (avril 79), 46 et 48
"The new language of building — Statistical, metric bilingual obfuscation"
CB, XXIX, 5 (mai 79), 42 et 44
"This metric menace".
CB, XX, 8 (août 70), 29-37
"We've gone metric — Problems start for builders and suppliers"
CB, XXVIII, 1 (jan. 78), 33

Germain, J.-M.
"La construction modulaire tirerait-elle quelques avantages de l'adoption du système métrique?"
BAT, XXVIII (nov. 53), 24-25 et 56

Howlet, L.E.
"Allons-nous rester dans la minorité des mesures?"
BAT, XXXVI, 12 (déc. 60), 8-9

Irving, Mike
"Ce que la conversion au système métrique signifie pour l'industrie de la construction"
BAT, XLV, 8 (août 70), 25-27, 36-37, texte & ill.

Irving, Michael
"Facing up to metric conversion, Part 2"
TCA, XIX, 8 (août 74), 47-48

Kent, Stanley R.
"Metric Conversion for Canadian Building".
TCA, XXI, 9 (sept. 76), 7-8

Kent, Stanley; Irving, Michael
"Facing Up to Metric Conversion"
TCA, XIX, 7 (juil. 74), 39-41

Kryton, John
"Letters to the editor"
CB, XXVIII, 7 (juil. 78), 11

Paddick, Keith
"Progress report on metric conversion"
CB, XXIX, 7 (juil. 79), 50

DOCUMENTATION ET RECHERCHE SUR LA CONSTRUCTION
INFORMATION AND RESEARCH ON CONSTRUCTION

Lexiques
Glossaries

"Abréviations employées au Canada"
BAT, IX, 6 (juin 61), 61
BAT, XXXVII, 6 (juin 62), 54

"Abréviations employées dans l'industrie de la construction"
BAT, XLIII, 2 (fév. 68), 23-26

"Dictionnaire de quelques termes techniques de construction"
BAT, IX, 6 (juin 61), 24-28

"Dictionnaire des termes de construction"
BAT, XXXIV, 10 (oct. 59), 51-52

"Les lexiques techniques de *Bâtiment*: Acier et métaux"
BAT, XL, 5 (mai 65), 51, 53

"Lexique anglais-français d'outillage de construction"
BAT, XL, 1 (jan. 65), 21-23

"Lexique de l'électricité"
BAT, XLIV, 1 (jan. 69), 11-12

"Lexique de l'électricité" (2e partie)
BAT, XLIV, 2 (fév. 69), 29-30

"Lexique des termes d'éclairage"
BAT, XXXVIII, 12 (déc. 63), 39, 47

"Lexique des termes d'électricité (2e partie)"
BAT, XXXIX, 1 (jan. 64), 33

"Lexique des termes de plomberie"
BAT, XXXVIII, 9 (sept. 63), 48, 50-51, 56, 58

"Lexique des termes techniques de peinture"
BAT, XXXVIII, 4 (avril 63), 36-37

"Lexique technique de la peinture"
BAT, IX, 9 (sept. 61), 68, 71

"Lexiques — Abréviations employées dans l'industrie de la construction"
BAT, XLIII, 2 (fév. 68), 23-26

"Lexiques — Béton et ciment"
BAT, XL, 7 (juil. 65), 38-39
BAT, XLIV, 12 (déc. 69), 24-25

"Lexiques — Charpente"
BAT, XLI, 2 (fév. 66), 26-29, 42

"Lexiques — Chauffage"
BAT, XLI, 4 (avril 66), 30-33, 42
BAT, XLV, 2 (fév. 70), 34
BAT, XLV, 3 (mars 70), 33-35

"Lexiques — Clouage et charpente"
BAT, XLII, 5 (mai 67), 51-52, 54, texte & ill.

"Lexiques — Documents de construction: soumissions, bureau, plans, topographie, contrats, etc..."
BAT, XLI, 6 (juin 66), 39-42

"Lexiques — Fondations et terrassement"
BAT, XLIII, 5 (mai 68), 37-40

"Lexiques — Gros matériel de construction"
BAT, XLI, 10 (oct. 66), 41-44

"Lexiques — La Maçonnerie"
BAT, XL, 11 (nov. 65), 30-32, 36

"Lexiques — La peinture"
BAT, XLII, 10 (oct. 67), 35-36

"Lexiques — La toiture"
BAT, XLIII, 8 (août 68), 40-42

"Lexiques — Le bois"
BAT, XL, 9 (sept. 65), 51, 56

"Lexiques — Les éléments de la maison"
BAT, XLII, 9 (sept. 67), 47-48, 52

"Lexiques — Main-d'oeuvre"
BAT, XLIV, 10 (oct. 69), 28, 35

"Lexiques — Matériaux de construction"
BAT, XLI, 12 (déc. 66), 19-21

"Lexiques — Menuiserie"
BAT, XLIV, 4 (avril 69), 31-32

"Lexiques — Métaux"
BAT, XLV (mai 70), 41-42, texte.

"Lexiques — Plastiques et peintures"
BAT, XLIV, 7 (juil. 69), 35

"Lexiques — Quincaillerie de bâtiment"
BAT, XLII, 3 (mars 67), 37-39

"Lexiques — Terrassement"
BAT, XLV, 8 (août 70), 32-34

"Lexiques — Toitures"
BAT, XLV, 9 (sept. 70), 31
BAT, XLV, 10 (oct. 70), 28-29

"Lexiques — Vocabulaire du travail, personnel, lois et conflits du travail".
BAT, XLI, 8 (août 66), 43-46, texte & ill.

"Liste des abréviations techniques"
BAT, IX, 6 (juin 61), 43

"Petit lexique de l'acoustique"
BAT, XXXIX, 6 (juin 64), 29

Information diverse
Miscellaneous Information

"A bibliography" (architecture, théorie, matériau, pratique etc).
TCA, II, 3 (mars 57), 49, 51

A Concise Building Encyclopadia compiled by T. Corkhill, Sir Isaac Pitman & Sons (Canada) Ltd., Toronto, 3rd edition, 1951
CB, III, 8 (août 53), 46

"À la Société d'information en construction"
BAT, XLVII, 9 (sept. 72), 29-30

Architects, Builders' and Civil Engineers' Reference Book, Georges Newes Limited, Tower House, Strand, [s.d.].
BAT, XXVII (mars 52), 56

Architectural Engineering par les éditeurs de 'Architectural Record'"
ABC, XI, 119 (mars 56), 53

Blachère, G., *Savoir bâtir. Habileté, durabilité, économie des bâtiments*, Eyrolles, Paris, 1966.
BAT, XLII, 10 (oct. 67), 41

"Blueprints for Better Building"
CB, IV, 3 (mars 54), 38-42, texte & ill.

Building Science, George Allen and Unwin Ltd, Ruskin House, Londres [s.d.]
BAT, XXVII (mai 52), 56

"Création d'une banque de données immobilières"
BAT, L, 12 (déc. 75), 10

Cutbush, Patrick et S. Rowland Pierce, *Planning: The Architect's Handbook*, 6e édition éditée pour The Architect and Building News par Gilbert Wood & Co., [s.l.], [s.d.].
BAT, XXVII (mai 52), 56

"En consultant l'ancêtre de '*Bâtiment*'. La Construction ... il y a 50 ans..."
BAT, XLII, 4 (avril 67), 39-43, texte & ill.

Guide de l'Industrie de la construction de Montréal par le "Builders' Exchange" de Montréal
BAT, XXXVII, 6 (juin 62), 83

"L'annuaire de l'architecte"
ABC, III, 22 (fév. 48), 20-29, texte & ill.

"Le système canadien de renseignements sur la construction fonctionnera dès la fin de 1973".
BAT, XLVIII, 6 (juin 73), 11-12, 28

"Le système d'information BEAM en exploitation l'an prochain"
BAT, XLVI, 9 (sept. 71), 22

Merritt, Frederick S., *Building Construction Handbook*, McGraw – Hill Co., Toronto, [s.d.].
CB, VIII, 6 (juin 58), 103
CB, VIII, 9 (sept. 58), 85
TCA, IX, 3 (mars 64), 12

"Montreal will host international construction show"
CB, XXX, 11 (nov. 80), 8

"Night Classes in Construction: University of Toronto — Construction Management; Ryerson Institute — Practical Concrete"
CB, IV, 9 (sept. 54), 26

"Ottawa's proposed information system got mixed reaction from builders". (BEAM program)
CB, XX, 3 (mars 70), 50

Peurifoy, R.L., *Construction planning, equipment and methods*, McGraw – Hill Co. of Canada Ltd, Toronto, [s.d.].
CB, VII, 6 (juin 57), 122
CB, VII, 10 (oct. 57), 78

"Publication d'un recueil de données immobilières"
BAT, L, 4 (avril 75), 30

"Register of Designers" (fait par la National Design Council)
TCA, VII, 8 (août 62), 7

Seelye, Elwyn E., *Design: Data book for civil engineers*, John Wiley & Sons, Inc, New-York, 1951.
BAT, XXVII (mars 52), 57

Smith, Terry, *Building Illustrated*, Charles Griffin and Company Limited, Londres [1948].
BAT, XXVI, 12 (déc. 51), 43

"Système de renseignement en construction".
ARCAN, 46, 10 (oct. 69), 26

Tables of Conversion Factors Weights and Measures par J.A. Marcel Gaboury, Montréal
CDQ, XXV, 6 (nov.-déc. 50), 29

"Un mémoire de la Chambre de commerce de la Colombie-Britannique: une foule de chiffres et de commentaires intéressants... sur la construction, la propriété et les taxes."
BAT, XLV, 6 (juin 70), 35-36, texte & ill.

"Une spécialité nouvelle au pays: l'économiste en bâtiments: Hanscomb Roy Associés, à Montréal"
BAT, XLV, 9 (sept. 70), 17-18 et 37

"Weights & Measures"
CB, VI, 2 (fév. 56), 75

Agnew, H.R.
"Ontario". ("The punch cards by McBee Co.")
RAIC, XXXII, 7 (juil. 55), 270

Assaly, Ernie
"Provincial meetings help builders increase knowledge and capabilities"
CB, XXIV, 12 (déc. 74), 29

Burgess, Cecil S.
"Alberta". (une bibliothèque pour AAA).
RAIC, XXX, 5 (mai 53), 129

Dobbing, Peter
"CCIC Scrapped After Decade of Study" CCIC= Canadian Construction Information Corporation.
TCA, XX, 9 (sept. 75), 68-69

"Dismay and disbelief — One architect's reaction to end of Construction Information Corporation"
CB, XXV, 9 (sept. 75), 7

Gillespie, Bernard
Cowan, Henry J. et John Dion, *Building Science Laboratory Manual*, Applied Science Publishers Ltd, London, 1978.
TCA, XXIII, 9 (sept. 78), 6

Hakim, Besim; Mann, Anthony
"Climate Chart: An exercise in Visual Communication".
ARCAN, 46, 2 (fév. 69), 55-56

Leman, Alexander B.
"Architectural Services". (pour les bibliothèques)
RAIC, XLIII, 2 (fév. 66), 41

Luik, Asta
"Selective annoted library architecture bibliography".
RAIC, XLIII, 2 (fév. 66), 45-47

Rae, Jim
Economics of Building, [s.e.], [s.l.], [s.d.]. (Part of a series of lectures from the Registration Course of the Ontario Association of Architects).
ARCAN, XLIX (17 jan. 72), 6

Raymore, W.G.
Neild, Denzil. *Building Construction Illustrated*, E & F.N. Spon, British Book Service Ltd, London, Toronto, sans date.
RAIC, XXXII, 8 (août 55), 308-309

Recherche
Research

"Fondation de recherche en construction" (Fondation nationale pour le développement de l'industrie de la construction)
BAT, XLVI, 10 (oct. 71), 35

"How research can help builders cope with growing market".
CB, XIV, 10 (oct. 64), 54

"International experts confer on practical problems of building research"
CB, III, 11 (nov. 53), 24-26, texte & ill.

"L'emplacement, l'orientation et l'architecture d'un bâtiment peuvent limiter la formation de congères"
BAT, LI, 3 (mars 76), 20-21, 26

"Le problème des ingénieurs et de la recherche au Canada".
BAT, XL, 5 (mai 65), 6

"Literature". (lancement d'une brochure appelée "Ten years of building research, 1947-1957")
TCA, III, 2 (fév. 58), 1

"On déplore l'absence de créativité dans la construction" (selon Jean-Claude Leclerc, directeur de l'École d'Architecture, Université Laval)
BAT, XLVII, 10 (oct. 72), 7

"Ottawa slab findings interest research conference delegates"
CB, III, 11 (nov. 53), 28-29, texte & ill.

Proceedings of the Conference on Building Research, Ottawa, October 21 to 23, 1953, Publication du Conseil national de recherche, division des recherches en bâtiment.
ABC, XI, 121 (mai 56), 56

"Recording the Results of Research"
CB, IV, 4 (avril 54), 69

Ten years of building research, Ed. Margaret A. Gerard, National Research Council of Canada, Division of Building Research [s.l.] [s.d.]
CB, VIII, 5 (mai 58), 83
ABC, XIII, 143 (mars 58), 58

"Welcome guests" (Division of Building Research)
TCA, III, 1 (jan. 58), 18

Allen, William
"The Building Research Station".
RAIC, XXIV, 1 (jan. 47), 24-26 et 32

Gitterman, S.A.
"Program of the RAIC Standing Committee on Building Research".
RAIC, XXXVIII, 3 (mars 61), 56

Hughes, H. Gordon
"Division of mechanical engineering of the national research council".
RAIC, XXIII, 5 (mai 46), 105-115

Legget, Robert F.
"Building Research 1950".
RAIC, XXVII, 8 (août 50), 275-277 et 282

"Building Research in Canada".
RAIC, XXV, 4 (avril 48), 111-116

"Organisation de recherches en construction"
CDQ, XXIII, 4 (juil. 48), 16, 18, 26

Montgomery, Robert
"Québec". (Building Research Station. BRS)
RAIC, XXIV, 4 (avril 47), 141-142

Pocock, J.W.
"An Outsider Looks at the Prospects for Research in the Construction Industry" (Address at the McGill Conference on Construction Industry Integration)
CB, III, 5 (mai 53), 43-46

LES CONSTRUCTEURS
BUILDERS

"British Columbia Builder of the Year"
CB, XIV, 1 (jan. 64), 30

Alain, Fernand
"Entrevue — Fernand Alain, président de B & A Construction"
BAT, XLV, 4 (avril 70), 25-27

Cairns, D.J.
"D.J. Cairns president, Cairns Construction Co."
NB, IV, 5 (mai 55), 36, texte & ill.

Campeau
"Campeau"
AC, 25, 283 (avril 70), 38-39, texte & ill.

Campeau Construction
"Le 15e anniversaire de Campeau Construction: un symbole de dynamisme".
BAT, XL, 7 (juil. 65), 33-37, texte & ill.

Campeau Corporation
"Campeau Corporation: De la construction de maisons unifamiliales à la planification de villes entières" (historique de la Corp. et quelques projets)
BAT, LI, 1 (jan. 76), 15-16 et 42

Campeau, Robert
"Robert Campeau président, Campeau Construction Co. Ltd."
NB, IV, 3 (mars 55), 48, texte & ill.

Chalifour, Eugène
"Diversification Pays Off"
NB, VII, 6 (juin 58), 6-7

Consolidated Building Corp.
"Here's the story behind the 'new look' that has reorganized Consolidated Building Corp".
CB, XVI, 9 (sept. 66), 36-38

Continental Housing Corp.
"Montreal's Continental Housing Corp. is all sold out nine months ahead".
CB, X, 1 (jan. 60), 43-46

Cook, J.W. (Ltée)
"Les raisons du succès extraordinaire de J.W. Cook Limitée"
BAT, XXXIV, 8 (août 59), 28-31

Cooke, Robert R. (& Son) Ltd
"Has this father-and-son firm started a new trend?"
NB, VIII, 8 (août 59), 14-15

Costrain, Richard (Ltd)
"On Site".
CB, XIX, 8 (août 69), 64

Couillard, F. & R.
"F. et R. Couillard, Constructeurs"
BAT, XXXV, 2 (fév. 60), 39-41, texte & ill.

Couillard, Roland
"Entrevue, Roland Couillard de Québec, 800 maisons, 3000 appartements"
BAT, XLV, 1 (jan. 70), 15-18

"Le Québec perd un grand constructeur"
BAT, LII, 12 (déc. 77), 20, texte & ill.

"Roland Couillard Inc., une organisation exemplaire"
BAT, IX, 8 (août 61), 16-19, texte & ill.

"Une philosophie de la vie et des affaires... Roland Couillard, de Québec, un constructeur d'avant-garde".
BAT, XLI, 2 (fév. 66), 30-34, texte & ill.

Deslauriers, A. (& Fils) Ltée
"Plus de 50 ans au service de la construction ... les entreprises A. Deslauriers & Fils Ltée" (Québec)
BAT, XXXIII, 5 (mai 58), 32-35, texte & ill.

D'Iberville Construction Inc.
"D'Iberville Construction Inc." (constructeurs d'habitations)
BAT, XXXVI, 11 (nov. 60), 28-31, texte & ill.

Farlinger, A.W.
"A.W. 'Bud' Farlinger Biason Construction Co."
NB, IV, 5 (mai 55), 36, texte & ill.

Gélinas, Jean-Yves
"Jean-Yves Gélinas"
BAT, XLIII, 10 (oct. 68), 32-35, texte & ill.

Hellyer, Paul T.
"Hellyer, Paul T. président, Curran Hall Ltd"
NB, IV, 3 (mars 55), 48, texte & ill.

Heslop, Rex
"Lessons that spell fortune or failure for you in project building"
NB, VII, 12 (déc. 58), 17-19

"How an $8 million gamble in project building paid off"
NB, VIII, 1 (jan. 59), 21-23 et 42

Horton, Don
"Here's how Don Horton, home builder, cracked a new $1 1/2 billion market". (liste de ses réalisations)
NB, VII, 9 (sept. 58), 20-23

Kelley, James E. Jr
"James E. Kelley Jr., general manager, Don Mills Developments Ltd"
NB, III, 12 (déc. 54), 12, texte & ill.

McClaskey, Angus
"Angus McClaskey, president, Don Mills Developments Ltd"
NB, IV, 3 (mars 55), 48
NB, III, 12 (déc. 54), 12, texte & ill.

McConnell, C.J.
"C.J. McConnell president, C.J. McConnell Ltd".
NB, IV, 5 (mai 55), 36, texte & ill.

Magil, Louis B. (Co.)
"Le 'Constructeur de l'Année 1966': Louis B. Magil Co."
BAT, XLI, 9 (sept. 66), 44-47, texte & ill.

Mallette, Pierre
"Portraits: deux entrepreneurs sortis de l'école de l'Association"
BAT, LV, 9 (nov. 80), 16-18

Miller, Alfred N.
"Alfred N. Miller, président, Champlain Heights Ltd".
NB, IV, 5 (mai 55), 36, texte & ill.

Muttart, Merrill D.
"Merrill D. Muttart Canada's largest builder"
NB, IV, 3 (mars 55), 48
NB, III, 12 (déc. 54), 12, texte & ill.

Nelson, R.A.
"R.A. 'Bob' Nelson, president, North-West Vancouver Building Contractors Association".
NB, III, 10 (oct. 54), 24, texte & ill.

Olie, Bill
"We had to diversify or die, so we diversified" (Bill Olie, président de Olie Construction Co., Halifax)
NB, VIII, 8 (août 59), 22-25

Perrault, Charles
"Contributors" (Brève biographie de Charles Perrault, constructeur d'orgue)
TCA, VI, 9 (sept. 61), 10

Pilon, Roger
"L'histoire d'une extraordinaire réussite dans l'habitation, Roger Pilon 'Constructeur de l'Année 1965'"
BAT, XL, 12 (déc. 65), 29-33

"Montreal makes Roger Pilon – Builder of the Year".
CB, XV, 11 (nov. 65), 97

Revcon
"Le secret de REVCON: un mariage heureux du design et de la commercialisation"
BAT, LIII, 9 (sept. 78), 10-11, 14, texte & ill.

Rock
"Rock: une année bien remplie en perspective"
BAT, L, 1 (jan. 75), 12

Rogers, Roy P.
"Roy P. Rogers, president, Roy P. Rogers Enterprises Ltd".
NB, IV, 5 (mai 55), 36, texte & ill.

Tapia, Max
"Portraits: deux entrepreneurs sortis de l'école de l'Association"
BAT, LV, 9 (nov. 80), 16-18

Wykes, Roy A.
"Roy A. Wykes, vice-president, Monarch Construction & Realty Ltd".
NB, IV, 3 (mars 55), 48, texte & ill.

Techniques et matériaux
Techniques and Materials

Documentation générale sur les matériaux et les techniques
General Information on Materials and Techniques

"A new era of scarcity? — It is something that we may have to live with".
CB, XXIII, 12 (déc. 73), 50 et 59

"Annuaire de l'acheteur" "Annuaire des équipements" "Liste des fabricants mentionnés dans l'annuaire"
BAT, XLIII, 11 (nov. 68), 49-81

"Annuaire de l'acheteur 1970 — Annuaire des Équipements — Liste des fabricants mentionnés dans l'annuaire"
BAT, XLIV, 11 (nov. 69), 17-48

"Annuaire de l'acheteur 1971 — Annuaire des équipements — Liste des fabricants mentionnés dans l'annuaire"
BAT, XLV, 11 (nov. 70), 14-63

"Annuaire des catalogues" (matériaux et équipements de construction)
BAT, XLI, 11 (nov. 66), 51-78b

"Annuaire des catalogues"
BAT, L, 11 (nov. 75), 10-64

"Annuaire des catalogues"
BAT, LI, 11 (nov. 76), 12-57

"Annuaire des catalogues"
BAT, LII, 11 (nov. 77), 13-63

"Annuaire des catalogues 1967-1968" (matériaux, outillage et équipement de construction)
BAT, XLII, 11 (nov. 67), 53-84

"Architects materials centre, Vancouver". (service d'information)
RAIC, XXXVI, 8 (août 59), 260-261

"Architectural Literature '65" (matériaux, ventilation, quincaillerie, acoustique, etc.).
TCA, X (yearbook 65), 111-124

"B.C. architects see building materials" (Architects' Material Centre)
CB, IX, 11 (nov. 59), 56

"Building Materials Spot Prices"
TCA, 1 (nov.-déc. 55), 72

"Building Materials Spot Prices"
TCA, I, 2 (jan.-fév. 56), 67

CABMA Register, 1953, of British Products and Canadian Distributors. Kelly's Directories Ltd, and Iliffe & Sons Ltd.
CB, III, 8 (août 53), 46

"Catalogues des matériaux de construction" "Catalogues d'équipement et d'outillage" "Listes des fabricants mentionnés dans l'annuaire"
BAT, XLVI, 11 (nov. 71), 11-62

"Catalogues des matériaux de construction — catalogues d'équipement et outillage — Noms et adresses des fabricants"
BAT, XLVII, 11 (nov. 72), 13-60

"Central Brain" (Fichier central sur les matériaux de construction)
TCA, XII, 1 (jan. 67), 8 et 12

"Computer simplifies materials selection"
CB, XVII, 6 (juin 67), 5

"Construction products from the world over at the Canadian international trade fair"
CB, III, 5 (mai 53), 69, texte & ill.

Courbon, J., *Résistance des matériaux*, Dunod, Paris, 1965. [T.II].
BAT, XLIII, 3 (mars 68), 54

"Does it make the grade? Testing and inspection of materials and building"
CB, IV, 12 (déc. 54), 30, texte & ill.

"For advertising men only, A special Report". (rencontre d'architectes sur les matériaux).
TCA, II, 11 (nov. 57), 53-54

"Fournisseurs offrant des catalogues sur les matériaux de construction" "Catalogues d'équipement et outillage de construction" "Noms et adresses des fabricants mentionnés"
BAT, XLVIII, 11 (nov. 73), 9-56

"Fournisseurs offrant des catalogues sur les matériaux de construction" "Catalogues d'outillage et équipement de construction" "Noms et adresses des fabricants mentionnés dans l'annuaire"
BAT, XLIX, 11 (nov. 74), 8-58

"Grande augmentation de la production de matériel de construction"
CDQ, XXIII, 4 (juil. 48), 25

"Guide technique — la préparation des surfaces métalliques est essentielle"
BAT, XXVIII (avril 53), 31, 53

Haynes, D. Oliphant, *Materials Handling Applications*, Chilton Company, Philadelphia, [s.d.]
CB, VIII, 10 (oct. 58), 73

Hayward, Harrison W. et Adelbert P. Mills, *Materials of Construction*, John Wiley & Sons Inc., New-York, [s.d.].
CB, V, 8 (août 55), 68

"Il y a un plus grand choix de matériaux de construction"
BAT, XXVIII, 3 (mars 53), 10 et 12

"La disponibilité des matériaux de construction"
BAT, XLIX, 4 (avril 74), 21-22

"Le Canada fait ses débuts à Inbex"
AC, 28, 320 (déc. 73), 16

"Le centre de la construction de Montréal, 5810 Côte St-Luc" (centre d'exposition de matériaux)
BAT, XXXIII, 6 (juin 58), 42

"Les moisissures"
BAT, IX, 11 (nov. 61), 42-43

"Liste de l'outillage"
BAT, XXXVI, 6 (juin 60), 19-39

"Liste des fabricants d'outillage de construction et de leurs distributeurs"
BAT, XXXVI, 6 (juin 60), 41-49

Manuel de ventilation, chauffage, conditionnement d'air, tirage mécanique, dépoussiérage et séchage, Gauthier-Villars, Paris, [s.d.].
BAT, XXVII (mars 52), 54

"Manufacturers and suppliers blamed for material shortages and rising prices".
CB, XXIV, 1 (jan. 74), 42

"Marques de fabrique — la plupart des matériaux de construction vendus sous une marque de fabrique paraissent sur cette liste".
BAT, XXXII, 11 (nov. 57), 35-44

Massonnet, Ch., *Résistance des matériaux*, Dunod, Paris, 1965, (T.II).
BAT, XLIII, 3 (mars 68), 54

"Materials" (Béton, Acier, Bois etc...)
TCA, X (yearbook 65), 108-110 et 134 et 136

"*Materials and Methods in Architecture* par Burton H. Holmes"
ABC, X, 109 (mai 55), 49

"Materials Data Issue"
CB, IV, 2 (fév. 54), 7-77, texte & ill.

"Materials Data Issue"
CB, IX, 2 (fév. 59), 10-92

"Materials Data Issue and 'Where's it made?' Guide"
CB, III, 2 (fév. 53), 7-66, texte & ill.

Matériaux de construction, Eyrolles, (Documents fournis par Le Centre de Documentation de Saint-Gobain) [s.l], [s.d.].
BAT, XXXIV, 7 (juil. 59), 53

Montréal, The Construction Centre
NB, VI, 12 (déc. 57), 30

"Montreal firm makes new products" (Weldwood patented architectural and industrial building products)
NB, VIII, 9 (sept. 59), 59

"New building materials and techniques, 1957".
TCA, II, 1 (jan. 57), 12-14 et 16

"New materials may cut costs"
CB, XVI, 5 (mai 66), 6

Olivier, E., *Technologie des matériaux de construction*, Entreprise moderne d'édition, Paris, 1965.
BAT, XLII, 10 (oct. 67), 40

"Perméabilité — Capillarité — Porosité"
BAT, XXXIV, 3 (mars 59), 45 et 47

"Poids des matériaux"
BAT, IX, 6 (juin 61), 39

"P.Q.A.A. Building Products Exhibit"
CB, II, 12 (déc. 52), 30-31, texte & ill.

"Questions" (certains matériaux ont-ils des effets sur la santé?)
BAT, XLII, 5 (mai 67), 53-54

"Red Carpet" (Une délégation britannique sur les matériaux de construction au Canada)
TCA, II, 10 (oct. 57), 17

"Références — Poids des matériaux de construction"
BAT, XLIV, 8 (août 69), 29-32

"Russia interested in building materials from Canada"
CB, VI, 12 (déc. 56), 38

"Shortage of construction materials to continue, says CCA economist"
CB, XXIII, 10 (oct. 73), 66

"Technical Data: A guide to insulation materials"
CB, VII, 12 (déc. 57), 35-38

"The complex problem of the Federal Sales Tax on building materials"
CB, V, 9 (oct. 55), 35-40

"The Maritimes take lead in easing the burden of building materials taxes".
CB, XXI, 3 (mars 71), 28

"Une salle d'exposition itinérante pour les produits de construction"
BAT, LV, 2 (mars 80), 6

"Weights of Materials"
CB, X, 2 (fév. 60), 61

"What is meant by the approval of building materials"
CB, V, 1 (jan. 55), 19-20

Aitcin, Pierre-Claude

"L'université au service de la construction, L'art d'accommoder les restes" (récupération de déchets pour les convertir en matériaux de construction)
BAT, XLVII, 2 (fév. 72), 18-19

Blouin, André

"Les matériaux et l'architecture"
BAT, XXXIII, 10 (oct. 58), 22-25, texte & ill.

Calder, J.

"Architect must have information on components"
CB, IX, 3 (mars 59), 17

Fleury et Arthur

Toronto, Building materials display centre
TCA, 1 (nov.-déc. 55), 10, texte & ill.

CB, VI, 1 (jan. 56), 32, texte & ill.
CB, V, 6 (juin 55), 51, texte & ill.

Gillespie, Bernard
Hornbostel, Caleb, *Construction Materials, Types, Uses and Application*, John Wiley & Sons, New-York, 1978.
TCA, XXIV, 11 (nov. 79), 5

Gimaiel, Philippe
"Comment s'applique la taxe de vente (provinciale) sur les matériaux et équipements destinés à la construction"
BAT, XL, 1 (jan. 65), 13

Govan, James
"Newer construction methods and materials".
RAIC, XXV, 4 (avril 48), 101-110

Kennedy, Warnett
"British Columbia". (The Architectural Centre)
RAIC, XXXV, 12 (déc. 58), 485
"Is Vancouver's 'Architectural Centre' a prototype?"
RAIC, XXXVIII, 9 (sept. 61), 57-60

Kent, Stanley R.
"The Sample Room" ("a completely furnished room for the display of architectural building materials", School of architecture, University of Toronto)
RAIC, XXI, 4 (avril 44), 76-77

Lebel, André
"Les nouvelles utilisations des matériaux de construction"
BAT, L, 7 (juil. 75), 24-25, texte & ill.

Leman, A.
"Nation, Report of OAA Convention". (Exposition des nouveaux matériaux et techniques)
TCA, XIV, 4 (avril 69), 8-9

Lessel, A.G.
"Consultant". (le béton, les alliages etc.)
TCA, IV, 5 (mai 59), 88 et 90

McCance, William M.
"New research you should know about"
NB, VII, 10 (oct. 58), 25
"This new research proposal for 1963 follows a country-wide survey"
CB, XII, 11 (nov. 62), 43

Martineau, Auguste
Ottawa, "a building centre"
CB, VI, 6 (juin 56), 63, texte.

Munro, Herc.
"Vancouver's Building Centre"
NB, II, 12 (déc. 53), 4-5, 7, texte & ill.

Pennington, P.G.
"Computerized Product Selection by Performance".
ARCAN, 44, 6 (juin 67), 33-37

Prévost, Roland
"Comment l'OPDQ voit-il l'avenir de l'industrie des matériaux au Québec?"
BAT, LIII, 7 (juil. 78), 23-24
"Les nouveaux matériaux vont-ils révolutionner la construction?"
BAT, LI, 7 (juil. 76), 30

Rule, John E.
"Construction and Material".
RAIC, XXVII, 10 (oct. 50), 357-358 et 363

Searle, James E.
"Manitoba" (Approval of material by the architect)
RAIC, XXXIII, 2 (fév. 56), 65

Sellors, Roy
Parker, Gay and MacGuire, *Materials and Methods of Architectural Construction*, John Wiley & Sons Inc, sans lieu, sans date.
RAIC, XXXVII, 5 (mai 60), 232

Smith, Ernest J.
"The Canadian joint committee on construction materials".
RAIC, XL, 2 (fév. 63), 96-97

Ward, Ralph L.
"Analysis and explanation of National Safety Council Materials designed to help construction men achieve maximum safety in building operation"
CB, V, 5 (mai 55), 53-54

Williams, Lessing
"Modern Materials Increase Complexity of Architect's Task"
CB, IV, 6 (juin 54), 75

Yolles, Morden S.
"Structures Part II, Materials & Construction"
TCA, VIII, 1 (jan. 63), 52-55

Les techniques
Techniques

TECHNIQUE ET OUTILLAGE EN GÉNÉRAL
TECHNIQUES AND TOOLS IN GENERAL

"Air-operated nailers and staplers Ten tips for effective operation"
CB, XXIX, 5 (mai 79), 37-38
"A Standard Specification".
TCA, II, 6 (juin 57), 14
"Canadian Building reports on the greatest building show in the world" (sur les matériaux et techniques)
CB, XX, 1 (jan. 70), 37-38
"Comment réduire les risques d'apparition de fissures"
BAT, LII, 2 (fév. 77), 17 et 21
"Concrete cutting permits demolition without blasting"
CB, VII, 12 (déc. 57), 39
Coppel, Th. et J.J. Coulon, *Échafaudages tubulaires*, Dunod, Paris, 1963.
BAT, XL, 2 (fév. 65), 48
"Détails de constructions: fondations — fourrure — sablière — linteaux — portes et fenêtres — conduits et tuyaux"
BAT, XXXII, 4 (avril 57), 36-49, texte & ill.
"Dôme formé de panneaux" (Poly-Selle, par Marc Harvey et Mariette Hamel)
BAT, XLVII, 9 (sept. 72), 6-7
"Eccentric clamps speed panel system building"
CB, XII, 3 (mars 62), 54-55
"Equipment in construction, How technical advances over ten years have revolutionized the industry"
CB, XXVI, 7 (juil. 76), 13-16 et 34
"How to Do It: How much it costs to own and operate a power-shovel"
CB, IV, 8 (août 54), 56-58
"How-To-Do-It: Practical Hints for Practical Builders"
CB, I, 2 (mai 51), 66, texte & ill.
"Information Systems". (pour augmenter la productivité et l'efficacité dans l'industrie de la construction).
ARCAN, 45, 9 (sept. 68), 69
"Italian Construction Equipment"
CB, XXII, 11 (nov. 72), 74-84
"Japanese carpenters studying Canadian building techniques"
CB, XXVI, 9 (sept. 76), 68
"La construction par relevage"
BAT, XLIII, 1 (jan. 68), 15-18
"La méthode d'échafaudage d'aujourd'hui"
BAT, XXVII (sept. 52), 22-23
"La mise en application de la méthode Youtz-Slick" (pour soulever des toitures entières préfabriquées au sol, au moyen de vérins hydrauliques)
BAT, XXVII, 11 (nov. 52), 43
"La 'systématisation' dans la construction"
BAT, XLV, 1 (jan. 70), 22-24, texte & ill.
BAT, XLV, 2 (fév. 70), 7

"L'entretien des outils électriques portatifs"
CDQ, XXIII, 4 (juil. 48), 12-13, texte & ill.
"Les échafaudages, leur construction, leur emploi"
CDQ, XXIII, 4 (juil. 48), 8-9, 23, texte & ill.
"Les moisissures"
BAT, IX, 11 (nov. 61), 42-43
"Little experimentation in construction techniques" (à travers le Canada)
CB, XX, 6 (juin 70), 7
"Masons work on rolling scaffold"
CB, VI, 6 (juin 56), 85
"New technique for Blasting in Built-up Areas"
CB, III, 5 (mai 53), 30, texte & ill.
"'On-Site' A New Building Method"
CB, I, 4 (sept.-oct. 51), 28-29
"Product Review: Job heating equipment"
CB, IV, 12 (déc. 54), 29, texte & ill.
"Putting Power to Work"
CB, IV, 8 (août 54), 22-27, texte & ill.
"Roof first, walls later in this unique Australian building method"
CB, XXIII, 7 (juil. 73), 8
"Séminaire sur les techniques de construction".
AC, 26, 297 (sept. 71), 23
"Systèmes et méthodes de construction — Skycell Ltée: un exemple de coordination modulaire"
BAT, XLVI, 1 (jan. 71), 13-15, texte & ill.
"Systems Building"
ARCAN, 47 (26 oct. 70), 4-5
"Systems building — what does it mean for Canada? A question-and-answer interview"
CB, XVIII, 7 (juil. 68), 30-32 et 38
"Systems building and the local codes: 'Is safety thought of?' steel man asks".
CB, XIX, 5 (mai 69), 48
"The laser: A new use in building for the 'magic red beam'".
CB, XVIII, 2 (fév. 68), 6
"These developments from abroad are changing the technology of building"
CB, XXIV, 8 (août 74), 33-34
"Toronto architect finds: German building industry has solutions for many of Canada's urban problems"
CB, XXIV, 5 (mai 74), 47
"Une toiture de 200 tonnes soulevée par des vérins hydrauliques" (la méthode Youtz-Slick)
BAT, XXVII, 9 (sept. 52), 31-32
Vancouver Centennial Archives Building (Usage d'un hélicoptère pour installer la climatisation).
ARCAN, 49 (17 avril 72), 1, texte & ill.
"Versatile Steel Scaffolding Strong and Easily Erected"
CB, II, 7 (juil. 52), 38, 41, texte & ill.
"Voici comment calculer le coût de revient et d'exploitation de l'équipement mécanique"
BAT, XXXVIII, 2 (fév. 63), 20-21, 43, texte & ill.
Zayteff, Serge, *La méthode de Hardy Cross et ses simplifications*, Dunod Éditeur, Paris.
BAT, XXVII (mars 52), 56

Auerbach, Herbert C.
"System" (The Systems Approach to Building)
TCA, XV, 4 (avril 70), 74 et 76 et 78 et 90 et 92

Brunelle, André
"La membrane rigide: nouveau système d'érection"
BAT, XLVII, 8 (août 72), 18-19, texte & ill.

Burchard, John Ely
"Technology & the Architect"
TCA, V, 4 (avril 60), 47-53

Burt, C. Murray
"Electric mats thaw ground, cure concrete"
NB, X, 4 (avril 61), 37

Butler, Anthony; Peter Barnard Ass.
"System Building" (l'industrie de la construction à travers le monde)
TCA, XV (yearbook 70), 55-74

Chisvin, J.; McGregor, D.; Mulvey, G.
"Mechanical and Electrical Components of Building Construction".
RAIC, XL, 12 (déc. 63), 48 et 53-54

Crawford, R.; Northwood, T.D.
"Blasting and Building Damage". (dépliant de la Canadian Building Digest)
RAIC, XLII, 3 (mars 65), 75-78

Dietz, Albert G.H.
"Building technology: potential & problems".
TCA, XIV, 7 (juil. 69), 67 et 70 et 72 et 76
"Building Technology: potential & problems (Part II)".
TCA, XIV, 8 (août 69), 64-66 et 68 et 70
"Building technology: potential & problems (Part III)".
TCA, XIV, 9 (sept. 69), 72-74

Duncan, Steve
"System building? — 'What does it imply?', these 500 delegates asked".
CB, XVIII, 6 (juin 68), 54-55

Fowke, Clifford
"Let's get things straight on systems building".
CB, XX, 1 (jan. 70), 26-31

Giddens, Joseph J.; Grant, Alex R.
"A new viewpoint on systems building — How Wimpey sees need, aim and reward".
CB, XVIII, 12 (déc. 68), 54-56

Goddard, L.L.
"New attachments make the modern crawler tractor a versatile construction tool"
CB, IV, 11 (nov. 54), 27-30, texte & ill.

Goldes, A.A.
"Uses and abuses of inspection and testing in building construction".
RAIC, XL, 7 (juil. 63), 55-62, 65 et 67-68

Govan, James
"Newer Construction Methods and Material".
RAIC, XXV, 4 (avril 48), 101-110

Handegord, G.O.; Hutcheon, N.B.
"The Use of Test Buildings in Building Research".
RAIC, XXXVIII, 9 (sept. 61), 53-56

Helyar, F.W.
"Systems Building"
ARCAN, 45, 6 (juin 68), 63-64

Irving, Michael
"System"
TCA, XV, 1 (jan. 70), 49-52

Leany, David B.
"Mechanical Services".
ARCAN, 43, 10 (oct. 66), 85-87
"Mechanical Services".
ARCAN, 44, 10 (oct. 67), 59-60

Lawson, Harold
"Québec". (sur les méthodes de construction).
RAIC, XXIII, 12 (déc. 46), 337

Nicol, Frank
"Progress" (sur le système informatisé de la construction, le B.E.A.M.)
TCA, XVI, 5 (mai 71), 6-7

Peterson, John W.
"The days of the quiet jack-hammer are here — thanks to hydraulics"
CB, XXVI, 7 (juil. 76), 15-16 et 34

Platts, R.E.
"Potentials for Canada seen in advanced system building in Europe"
CB, XVIII, 4 (avril 68), 40-47

Pryke, John F.
"Surveying cracks in buildings, when do you reach the danger point?"
CB, XXX, 10 (oct. 80), 11-13

Raymore, W.G.
"Design, Durability and Workmanship. Quality in Building: How does one get it".
RAIC, XXXVII, 6 (juin 60), 259-261

Rounthwaite, C.F.T.
"Are New Techniques and Pooled Resources the Concern of All?"
ARCAN, 46, 4 (avril 69), 41-43

Safdie, Moshe
"Systems"
TCA, XV, 3 (mars 70), 30-48

Scott, Arthur B.
"Ontario". (progrès de la technologie, et son influence sur la construction, depuis la guerre).
RAIC, XXXIII, 9 (sept. 56), 359

Smallman, Hal
"Canadians take techniques to Mexico: sloping columns, parasol roofs"
CB, IX, 3 (mars 59), 44

Turnbull, Andy
"Plane is key to northern construction, On one job it flew 75,000 air miles" (avec quelques ex. de projets du nord de la Saskatchewan)
CB, XXX, 1 (jan. 80), 29-32

Wanzel, Grant
Schmidt and Testa. *Systems Building: A Survey of International Methods*, Frederick A. Praeger, sans lieu, 1969.
ARCAN, 47 (16 fév. 70), 5

Waterman, G.B.
"When you use scaffolding..."
CB, X, 10 (oct. 60), 57-59

Wheeler, Herbert
"Emerging Technologies and Techniques in Architectural Practice".
ARCAN, 45, 8 (août 68), 51-54

Wilson, A.H.
"Technology transfer in building construction".
CB, XXIX, 11 (nov. 79), 24 et 26

Wright, Henry
"Environmental Technology as a Design Determinant".
TCA, XII, 1 (jan. 67), 41-46

LA PRÉFABRICATION
PREFABRICATION

"A Report on Prefabrication"
RAIC, XXI, 4 (avril 44), 70-71

"*Architecture préfabriquée* par Pol Abraham"
ABC, IX, 93 (jan. 54), 40

Bâtiments pré-usinés Dominion Bridge
ABC, XXI, 246 (oct. 66), 56

"Casa Finlandia, Système modulaire en fibre de verre".
AC, XXVIII, 311 (jan.-fév. 73), 30

"Components? 'The new way to profit', says this Montreal builder"
CB, XII, 9 (sept. 62), 48-49

"Construction industrialisée"
AC, 26, 295 (juin 71), 10

"Constructions 'minute'" (petits édifices de 10' X 20' en aluminium et verrre, ex. pour les stations de service)
BAT, XXXVII, 10 (oct. 62), 52

"De nouveaux horizons dans la préfabrication: le système de l'architecte Mezes."
BAT, XLI, 4 (avril 66), 27-29, texte & ill.

"Des techniques de rationalisation feront échec aux coûts croissants de la construction"
BAT, XLIV, 12 (déc. 69), 11-13

"Exterior packages"
CB, XI, 11 (nov. 61), 29-32

"Extraits d'une conférence de M. Lennart Bergvall sur la coordination modulaire — 1er novembre 1967"
ABC, XXII, 259 (nov. 67), 18

"Fewer parts means faster erection for this building".
CB, XIX, 5 (mai 69), 60

"From bunkhouses to homes to schools — a N.S. firm's growth in prefabrication". (la Eastern Woodworkers Ltd.)
CB, XVI, 10 (oct. 66), 50

"Individual design with prefab materials".
CB, VIII, 1 (jan. 58), 22-23

"Industrialisation: conditions préalables"
BAT, XLVI, 6 (juin 71), 14-20, texte & ill.

"Industrialisation: transport des éléments préfabriqués"
BAT, XLVI, 7 (juil. 71), 16-17, 27, texte & ill.

"Industrialized building offers savings".
CB, XVI, 2 (fév. 66), 58

"Is modular co-ordination the answer to our search for lower costs?"
NB, XI, 5 (mai 62), 20

"La préfabrication et M. Jourdain"
ABC, II, 12 (mars 47), 46

"La 'systématisation' dans la construction".
BAT, XLV, 1 (jan. 70), 22-27

"Le préfabriqué au service de la construction économique"
BAT, XXXI, 5 (mai 56), 36-37, texte & ill.

"Le système Homemakers Limited"
BAT, XLV, 1 (jan. 70), 25-27, texte & ill.

"Les bâtiments préfabriqués de la Dominion Bridge réduisent les délais de construction"
ABC, XXI, 237 (jan. 66), 43-44

"Les conditions du succès dans la préfabrication"
BAT, XLIII, 6 (juin 68), 34

"Les débuts nord-américains d'un concept de construction modulaire à Côte Saint-Luc" (Protechnicun Inc.)
BAT, LIII, 4 (avril 78), 20-21, texte & ill.

"Les joints ouverts en préfabrication"
BAT, XLIV, 3 (mars 69), 47-48, texte & ill.

"Liberté de conception architecturale et préfabrication"
BAT, XLI, 3 (mars 66), 34

"L'un des systèmes modulaires les plus simples. Prestofab offre la souplesse, la rapidité et l'économie"
BAT, XLV, 3 (mars 70), 21-23, 46, texte & ill.

"L'usinage fait-il baisser les coûts?"
BAT, XLV, 5 (mai 70), 33-34, texte & ill.

"L'usinage total des éléments de construction: le système français Camus, à Montréal"
BAT, XL, 9 (sept. 65), 42-43, texte & ill.

"Mieux bâtir, à meilleur prix: standardisation — documentation — coordination — ordinateurs"
BAT, XLIV, 7 (juil. 69), 32-34, texte & ill.

"Mobile packages"
CB, XI, 11 (nov. 61), 33-35

"*Modular Coordination in Practice* par F.J. Bull, C.E. Silling, J.E. Coombs et L. Bergvall", Conseil national de recherches, Ottawa, 1959.
ABC, XV, 172 (août 60), 269

"Modular panels"
CB, VIII, 4 (avril 58), 99

"Modular principles in building design".
CB, XVI, 2 (fév. 66), 45

"More prefabs".
ARCAN, L (mars-avril 73), 9

"Mr. Snow to the bridge again — This time it's the fight for modular coordination".
CB, XIX, 1 (jan. 69), 16 et 35

"No matter what it's called, interest is growing in In-plant construction"
CB, XI, 11 (nov. 61), 23

Nouaille, R., *La préfabrication*, [s.e.], [s.l.], [s.d.].
BAT, XXXV, 2 (fév. 60), 67

"'Partial prefabrication is the answer' to cutting building costs"
NB, XI, 2 (fév. 62), 33

"Prefabrication"
CB, XV, 7 (juil. 65), 34-37

"Prefabs for export".
ARCAN, L (mars-avril 73), 9

"Quick erection without any nailing marks this new prefab technique".
NB, XI, 5 (mai 62), 52-53

"Systèmes et méthodes de construction, Skycell Ltée: un exemple de coordination modulaire"
BAT, XLVI, 1 (jan. 71), 13-15

"Transport des éléments modulaires: nouvelle remorque spécialement conçue"
BAT, XLVII, 4 (avril 72), 38 et 41

"You may soon build 'solids and holes'" (Conférence sur l'avenir dans la préfabrication et l'utilisation de composants)
NB, X, 7 (juil. 61), 34-35 et 52

Blenkhorne, Donald M.
"Modular co-ordination — An architect says why"
CB, XIII, 6 (juin 63), 45 et 69

Davidson, Colin H.
"The Architect and the Industrialization of Buildings".
ARCAN, 45, 3 (mars 68), 62-64

"The Architect and the Industrialization of the Buildings: Part 2."
ARCAN, 45, 4 (avril 68), 46-50

Falconer, Mary
"Evolution of the prefabricating system — hinged 'blocks' produce 'instant' buildings".
CB, XVII, 2 (fév. 67), 30-31

Fleming, A.L.
"The Standard Forms".
RAIC, XXVII, 6 (juin 50), 203-204 et 210

Gillespie, Bernard
Jean Prouvé. Prefabrication: Structures and Elements. Ed. Benedikt Huber et Jean-Claude Steinegger. Praeger, New-York. [s.d.]
TCA, XVI, 11 (nov. 71), 8-9

Greene, Michael S.
"Despite Many Difficulties Prefabrication Has a Future"
CB, II, 1-2 (jan.-fév. 52), 15-20, texte & ill.

Henry, Robert
"Les raisons économiques de la préfabrication, 2ème partie"
BAT, XLII, 6 (juin 67), 34-36, 43, texte & ill.

Jackson, Don
"Industrial Design and Prefabrication".
RAIC, XXV, 5 (mai 48), 164

Karlsson, Harry
"Suède: pré-usinage de bungalows et petites écoles"
BAT, XL, 7 (juil. 65), 26-29, texte & ill.

Kent, S.R.
"Modular Co-ordination in Canadian Building".
RAIC, XXXIV, 10 (oct. 57), 385-412

Kissin, Jean Wolf
"Procédés de préfabrication"
AC, 26, 295 (juin 71), 20-25

Neumann, Alfred
"Irrational Factors in Building Industrialization".
ARCAN, 45, 11 (nov. 68), 37-38

O'Keefe, Gene
"How important is prefabrication?"
CB, X, 8 (août 60), 27-29

Platts, R.E.
"Prefabrication, the route to bigger profits & better building".
CB, XIV, 12 (déc. 64), 21-29

Safdie, Moshe
"Industrialized Buildings".
ARCAN, 45, 11 (nov. 68), 35-36

Schmidt, H.
"Repetition and Architecture"
TCA, XI, 4 (avril 66), 69 et 72

Smith, John Caulfield
"L'industrialisation de la construction: clé d'une planification poussée."
BAT, XLII, 8 (août 67), 23-27, texte & ill.

Tier, H.J.
"Prefab Industry Making Gains"
NB, III, 4 (avril 54), 11

Warkentin, Alf
"For individual builder: Prefab leaves lot to be desired"
CB, X, 9 (sept. 60), 34-35

Wright, Bruce H.
"Prefabrication"
RAIC, XX, 9 (sept. 43), 159-160

ÉNERGIE: CHAUFFAGE, CLIMATISATION ET VENTILATION
ENERGY: HEATING, AIR-CONDITIONING, AND VENTILATION

"24 entreprises remportent des marchés dans le cadre du programme solaire"
BAT, LIII, 12 (déc. 78), 8, texte & ill.

"Add-on reflective window film reduces energy costs in this building"
CB, XXVI, 4 (avril 76), 20

"Affectionately yours, Toronto — Record air-conditioning order from B.C."
CB, XXVI, 7 (juil. 76), 33-34

"Air Conditioning"
CB, IV, 5 (mai 54), 31-48, texte & ill.

"À propos de l'équipement de chauffage à combustible solide"
BAT, LIII, 3 (mars 78), 8, 11

"Architectes et ingénieurs doivent avoir un rôle de juges critiques dans les problèmes d'économie de l'énergie"
BAT, LII, 4 (avril 77), 16, 19-20, texte & ill.

"Avantages de la climatisation"
BAT, XXX, 11 (nov. 55), 31-33, texte & ill.

"Basement heating a selling feature"
CB, XVI, 7 (juil. 66), 60

"Brick sized vents"
CB, XIV, 11 (nov. 64), 56

"Brownouts predicted for 1980s if energy needs still grow, building owners told 'save energy or face controls'"
CB, XXVII, 4 (avril 77), 49-50

"Building energy performance standards being prepared"
CB, XXVI, 12 (déc. 76), 8

"Canalisation électrique de la maison moderne"
BAT, XXXII, 3 (mars 57), 38-41, texte & ill.

"Chauffage par rayonnement"
ABC, III, 21 (jan. 48), 45, texte & ill.

"Chauffage par rayonnement"
ABC, XI, 121 (mai 56), 54, texte & ill.

"Chauffage radiant"
ABC, IV, 33 (jan. 49), 20

"Climatisation — définition des systèmes et des appareils — description de quelques appareils"
BAT, XXXII, 7 (juil. 57), 33-35, texte & ill.

"Climatisation et radiation"
ABC, XII, 140 (déc. 57), 54, texte & ill.

"Climatisation par automation électronique"
ABC, XII, 139 (nov. 57), 53, texte & ill.

"Comment" (RAIC publie un livre intitulé *Energy Conservation Design Resource Handbook*)
TCA, XXV, 9 (sept. 80), 5

"Constructeurs: soyez prêts pour l'économie d'énergie"
BAT, LII, 6 (juin 77), 16, 21, 26, texte & ill.

"Construction des cheminées"
BAT, XXXI, 4 (avril 56), 38-41, texte & ill.

"Couloirs de visites climatisés"
ABC, XI, 120 (avril 56), 54, texte & ill.

"Dans certains immeubles on consomme dix fois plus d'énergie par pied carré que dans d'autres"
BAT, LI, 8 (août 76), 7, texte & ill.

"Définitions des coefficients de perte de chaleur"
BAT, IX, 6 (juin 61), 65

"Démonstration des techniques de conservation" (Enquête Énergie, à Toronto)
BAT, LIII, 1 (jan. 78), 19

"DBR uses special cold room to test heat loss in winter"
NB, VII, 11 (nov. 58), 38

"DPW continues dialogue with industry on leasing policy, energy conservation"
CB, XXVIII, 11 (nov. 78), 5

"Electric Heating: Control is the major key to sales in any space heating system"
CB, XXI, 2 (fév. 71), 17 et 19

"Electric Heating: How systems building points the way to new ideas and market opportunities"
CB, XX, 12 (déc. 70), 26-27

"Electric Heating: How the need for tighter construction has improved techniques generally".
CB, XXI, 1 (jan. 71), 27-29

"Electric heating takes higher share of market".
CB, XIV, 9 (sept. 64), 7

"Electricity was specified from the start in these Montreal plants"
NB, XI, 6 (juin 62), 34

"Énergie et isolation: et pourtant le soleil brille pour tout le monde..."
BAT, LIV, 1 (jan. 79), 13-15 et 22

"Énergie solaire: le CNRC à la recherche d'idées originales"
BAT, LIII, 4 (avril 78), 11, 30

"Energy and Architects: an Informal Overview".
TCA, XXIII, 10 (oct. 78), 18-32

"Energy conservation" (maison à l'énergie solaire, ses effets sur le "design", etc...)
CB, XXVI, 9 (sept. 76), 39-41 et 45

"Energy conservation" (l'énergie solaire dans des édifices existants, en construction et dans des édifices expérimentaux)
CB, XXVII, 7 (juil. 77), 23-26

"Energy savings up to 75 percent may lead office and industrial space underground"
CB, XXVII, 9 (sept. 77), 24

"Estimation des besoins en chauffage"
BAT, IX, 6 (juin 61), 36-37

"Gas Vent pipe-175B"
NB, VIII, 5 (mai 59), 43

Granck, Gerry, *Energy Conservation Design Resource Handbook*, RAIC, [s.d.]
CB, XXX, 1 (jan. 80), 13

"Group relamping saves energy costs" (édifice construit vers 1955 au 85 Bloor St. E. à Toronto)
CB, XXIX, 5 (mai 79), 40

"Habitat et Énergie: conserver l'énergie tout en améliorant le niveau de vie"
BAT, LIII, 1 (jan. 78), 17-18

"Heating by Electric Glass Panel"
CB, II, 3 (mars 52), 25-26, texte & ill.

"Here's a new system that sprays away heat buildup problems all summer long!" (Le "Fanjet System")
CB, XXII, 9 (sept. 72), 8

"How-to-do-it: Heat Loss Calculations — A Guide for Planning and Purchase of Heating Equipment"
CB, III, 10 (oct. 53), 69-70

"How-to-do-it: Heat Loss Calculations, a guide for planning and purchase of heating equipement"
CB, III, 11 (nov. 53), 61-62

"How-to-do-it: Location and Installation of Ventilating Fans"
CB, IV, 5 (mai 54), 85-86, texte & ill.

"How to Keep Heat Out"
NB, III, 3 (mars 54), 16

"Importance of ventilation in modern construction"
CB, V, 9 (oct. 55), 82

"Installation d'un système de chauffage à surface radiante — À la maison mère des Soeurs de la Charité à Québec"
BAT, XXX, 12 (déc. 55), 22-23, texte & ill.

"L'ACE lance un programme d'efficacité énergétique"
BAT, LV, 8 (oct. 80), 8, texte & ill.

"La climatisation 'liquide'"
ABC, XI, 125 (sept. 56), 55, texte & ill.

"La gestion énergétique pour le chauffage et la climatisation des bâtiments industriels"
BAT, LV, 7 (sept. 80), 23-26, 28-29, texte & ill.

"La ventilation domiciliaire"
ABC, XI, 125 (sept. 56), 54, texte & ill.

"La ventilation des toitures-terrasses"
BAT, LII, 3 (mars 77), 20-22

"La ventilation par les lanternaux"
ABC, XI, 122 (juin 56), 55, texte & ill.

"Le Conseil national des recherches lance de nombreux projets solaires pilotes"
BAT, LIII, 1 (jan. 78), 16, texte & ill.

"Le CNRC finance l'étude d'un système de chauffage solaire"
BAT, LI, 5 (mai 76), 6

"Le chauffage: distribution de l'eau chaude"
BAT, XXXI, 9 (sept. 56), 36-37, texte & ill.

"Le chauffage électrique"
BAT, XLVIII, 2 (fév. 73), 16-17

"Le chauffage électrique, chauffage de l'avenir"
BAT, XLIX, 10 (oct. 74), 11-15, texte & ill.

"Le chauffage par treillis métallique"
BAT, XLVII, 7 (juil. 72), 32

"Le chauffage solaire passif la meilleure façon d'utiliser l'énergie solaire"
BAT, LV, 8 (oct. 80), 25, 29, texte & ill.

"Le chauffage urbain au Canada"
BAT, XLVIII, 6 (juin 73), 18-19, 31, texte & ill.

"Le gaz naturel dans le chauffage et la climatisation des grands édifices"
BAT, XXXVIII, 4 (avril 63), 26-27, texte & ill.

"Leading Toronto builder sells comfort of forced-air electric heating/conditioning".
CB, XVII, 10 (oct. 67), 64

"L'énergie hélio-thermique sera largement utilisée d'ici l'an 2001"
BAT, LIII, 1 (jan. 78), 18

"Les constructions souterraines permettraient d'économiser 75% de la facture énergétique"
BAT, LII, 9 (sept. 77), 30, 38

National Warm Air Heating and Air Conditioning Association Manuals, National Warm Air Heating and Air Conditioning Association, Toronto, 12 vol.
CB, IV, 9 (sept. 54), 74

"New incentives for solar investment"
CB, XXX, 11 (nov. 80), 4

"New structural wall system cuts energy costs" (système américain appelé "U-Form")
CB, XXIII, 12 (déc. 73), 7

"Nouvelles techniques visant à conserver la chaleur"
BAT, LV, 6 (juil.-août 80), 8

"Oil farming — This new heating system gains adherents in the Toronto area".
CB, XV, 11 (nov. 65), 98-99

"Ontario Hydro turns to consumer oriented research" ("insulated windows, heat pump")
CB, XXIX, 3 (mars 79), 32-33

"Panneau améliorant le rendement des installations d'énergie solaire"
BAT, LI, 10 (oct. 76), 22, texte & ill.

"Pour Ronic Construction Ltée, le chauffage électrique est l'argument de vente No 1".
BAT, XXXIX, 3 (mars 64), 35-37, texte & ill.

"Pre-insulated panels for energy efficiency"
CB, XXIX, 3 (mars 79), 28-29

"Principes de base du chauffage et du refroidissement"
BAT, XXXVII, 3 (mars 61), 32-35, texte & ill.

"Products" (Amana Refrigeration a inventé le "Curtain Wall air conditioner")
TCA, VI, 2 (fév. 61), 67

"Products" (Panneaux électriques radiants pour plafond)
TCA, VII, 4 (avril 62), 99 et 101

"Quebec Indian Community Project" (projets pour la conservation d'énergie)
TCA, XXII, 3 (mars 77), 30-31

Recueil de schémas, graphiques et tableaux, abaques pour le chauffage central, éditions Garnier
ABC, III, 23 (mars 48), 44

"Références — Estimation des besoins en chauffage"
BAT, XLIV, 8 (août 69), 29-32, texte et tableaux

"Section spéciale sur le chauffage à air chaud"
BAT, XXXIX, 4 (avril 64), 23-33, texte & ill.

"Section spéciale sur le chauffage à eau chaude"
BAT, XXXIX, 5 (mai 64), 22-29, texte & ill.

"Section spéciale sur les installations de chauffage"
BAT, XXXV, 3 (mars 60), 42-52, texte & ill.

Sherratt, A.F.C. *Air Conditioning System Design for Buildings*. American Elsevier Publishing Company, New-York, [s.d.]
TCA, XV, 5 (mai 70), 8

"Solar heating: will it be the wave of the future?"
CB, XXIV, 8 (août 74), 7

"Systèmes de chauffage électrique"
BAT, XXXIX, 3 (mars 64), 32-33, texte & ill.

"The 28 points can save energy"
TCA, XXII, 3 (mars 77), 48-50

"The Canadian Architect's desk file, Electric Heating".
TCA, VI, 12 (déc. 61), 63-66

"The Canadian Architect's desk file, Unit Ventilators".
TCA, VII, 2 (fév. 62), 73-74

"The heat pump — this home demonstration showed off its advantages"
CB, XVI, 9 (sept. 66), 48-49

"This new system heated a larger area for less money" (natural gas heating)
NB, XI, 6 (juin 62), 35

Toronto, 55 Eglinton East (chauffage électrique d'un immeuble à bureaux)
TCA, IV, 4 (avril 59), 78 et 80

"Toronto checks on gas vents"
NB, VIII, 8 (août 59), 41

Toronto, Harbourfront Renewable Energy Demonstration
TCA, XXII, 3 (mars 77), 39, texte & ill.

"Trends in Heating"
TCA, X (yearbook 65), 67

"Underfloor heating"
NB, XI, 6 (juin 62), 48

"Un domaine dans lequel s'effectuent beaucoup de recherches: le chauffage périphérique... et ses nombreuses applications"
BAT, XXVII (août 52), 16-17

"Un mini-chauffage central à l'échelle d'une ville" (Hamilton, Ontario)
BAT, LII, 11 (nov. 77), 5

Un nouveau système de chauffage "Baseboard Heating"
ABC, II, 20 (déc. 47), 59, texte & ill.

"Un système de chauffage solaire réaliste à Ottawa"
AC, XXXV, 354 (sept.-oct. 79), 5 et 9

"Une expérience sur le coût de l'électricité et la conservation de l'énergie"
BAT, LV, 10 (déc. 80), 6, texte & ill.

"Une nouveauté: la cheminée ultra-sûre à refroidissement par circulation d'air"
BAT, XXXVII, 3 (mars 62), 35, texte & ill.

"Une pompe thermique procure confort et économie à longueur d'année"
BAT, XLVII, 1 (jan. 72), 10-11, texte & ill.

"Utilisation des gaz butane et propane"
BAT, XXIX, (fév. 54), 35, 37, 49, texte & ill.

"Ventilateur à toiture"
BAT, XXVII (jan.-fév. 52), 55

"Ventilating Buildings" (nouveau système de ventilation)
TCA, XI, 5 (mai 66), 16

"Ventilation du gaz — les dernières découvertes de la science révèlent qu'une revision des lois s'impose en ce domaine."
BAT, XXVIII (sept. 53), 24-25, 49, texte & ill.

"Ventilators-63B"
NB, VII, 12 (déc. 58), 38

"What Are the Trends in Heating".
CB, IV, 9 (sept. 54), 33-43, texte & ill.

"What do you know of Radiant Heating"
CB, II, 3 (mars 52), 31

"Word, Consultant"
TCA, III, 10 (oct. 58), 60 et 62

Allcut, E.A.
Winslow, C.E.A., *Temperature and Human Life*, S.J. Reginald Saunders & Co Ltd, Toronto, sans date.
RAIC, XXVIII, 2 (fév. 51), 46-47

Baker, M.C.
"Thermal and Moisture deformations in building materials"
RAIC, XLI, 8 (août 64), 51-54

Barré, Claude
"Ventilation économique... utopie?"
BAT, XXXVII, 3 (mars 62), 20-23, texte & ill.

Bickford, R.J.
"Building Design and Efficient Energy Use"
TCA, XIX, 8 (août 74), 43-46 et 66

Bonin, Léonard
"L'électricité offrant, en plus du chauffage la climatisation toute l'année, est réellement compétitive."
BAT, XXXIX, 3 (mars 64), 39-42, texte & ill.

Bourget, Pierre
"Étude économique des sources thermiques, appliquées au chauffage domestique". (projet d'étudiant, école polytechnique, Mtl)
ABC, XX, 231 (juil. 65), 48-49

Bouthillette, Roland
"Détermination de la quantité d'air dans un système de ventilation"
ABC, XI, 117 (jan. 56), 37-39

Braun, William F.
"Energy Management, 1: Computer Control as an Investment".
TCA, XXV, 5 (mai 80), 28-29

Brown, W.P.; Wilson, A.G.
"Ponts thermiques dans les bâtiments"
BAT, XLVI, 2 (fév. 71), 21-23, 25, texte & ill.

"Thermal Bridges in Buildings". (dépliant de la Canadian Building Digest)
RAIC, XL, 8 (août 63), 39 et 43, ill.

Connor, W.A.
"Radiant Heating Accepted Widely During Past 12 Years"
CB, II, 3 (mars 52), 27-28, texte & ill.

Conseil national des recherches
Toronto, Sun House
AC, 34, 348 (nov.-déc. 78), 5

Coutts, Ian R.
"Indoor Comfort, You can boost sales and rentals with this new merchandising tool". (chauffage).
CB, XV, 4 (avril 65), 70-77

Crawford, C.B.
"Postcript: Energy Conservation a Challenge to the Design Professions"
TCA, XXII, 2 (fév. 77), 37-38

Dallaire, Michel
"Énergie solaire et conservation: l'architecte a un rôle décisif à jouer"
BAT, LIV, 4 (avril 79), 18 et 20 et 22

Damphousse, Jean
"Quelques considérations sur le chauffage"
ABC, IX, 93 (jan. 54), 35-37, texte & ill.

Dickens, H. Brian
"New Energy Code Clarified"
TCA, XXIII, 1 (jan. 78), 42

Dodson, John P.
"Warm Air Perimeter Heating"
CB, I, 2 (mai 51), 41, texte & ill.

Edur, Olev
"Honeywell practices what it preaches, Sophisticated energy program at company plant"
CB, XXX, 5 (mai 80), 21-24

Epp, Al
"Wet heat fights for a comeback"
NB, VIII, 2 (fév. 59), 30

Eyestone, Curtis C.
"Letter to the editor" (concerning pre-insulated panels for energy efficiency, steel & foam; cf. CB, XXIX, 3 [mars 79], 28-29)
CB, XXIX, 7 (juil. 79), 9

Ford, James W.
"Energy Control: 4: A Direct Digital Control System".
TCA, XXV, 5 (mai 80), 32-33

Fowke, Clifford; Emmory, Peter
"These revolutionary ideas in heating are changing the building market"
NB, XI, 6 (juin 62), 24-25

Fregeau, Claude
"Énergie: où en sommes-nous?"
BAT, LIII, 7 (juil. 78), 20

Garden, G.K.; Latta, J.K.
"Temperature gradients through building envelopes". (Dépliant de la Canadian Building Digest)
RAIC, XXXIX, 12 (déc. 62), 61-64

Gill, Georges A.
"Chauffage par radiation"
BAT, XXXI, 6 (juin 56), 36-40, texte & ill.

Gillespie, Bernard
The Environmental Services of Buildings, Ontario Association of Architects, Toronto, 1970.
TCA, XV, 8 (août 70), 7

Szokolay, S.V., *Solar Energy and Building*, The Architectural Press Ltd, London, 1977. 2e éd.
TCA, XXIII, 9 (sept. 78), 4 et 6

Ginsler, Lionel; Hudson, S.; Matthews, Edward; Stockman, Carl
"Heating".
RAIC, XL, 12 (déc. 63), 55-57

Gole, R.; Granek, G.; Okins, E.J.; Petrinec, J.R.
"Climate Control"
RAIC, XL, 12 (déc. 63), 58-59

Granek, G.
"Word Consultant". (l'air climatisé)
TCA, IV, 7 (juil. 59), 60-62 et 64 et 66

Heenan, G. Warren
"Hydronics Council seeks bigger markets". (sur le chauffage)
CB, XV, 1 (jan. 65), 9

Hix, John
"Energy Conservation and the Architect: Part I the Dark Horizon"
TCA, XXII, 2 (fév. 77), 20-38
"Energy Conservation and the Architect: Part 2"
TCA, XXII, 3 (mars 77), 28-41

Hutcheon, N.B.
"Humidified Buildings". (dépliant de la Canadian Building Digest).
RAIC, XL, 6 (juin 63), 71-74

Jones, Arthur E.
"Energy Management, 3: Controlled Energy and Flexibility".
TCA, XXV, 5 (mai 80), 31-32

Kent, A.D.
"Points to consider when choosing a residential hot water heater".
CB, XX, 7 (juil. 70), 41-43

Lamb, Wilfrid B.
"Letters to the Editor" (architecture et énergie)
CB, XXIX, 5 (mai 79), 13

Latta, J.K.; Boileau, G.G.
"Perte de chaleur dans un sous-sol de maison"
BAT, XLIV, 8 (août 69), 25-28, texte & ill.

Lee, Douglas H.
"Technical Section" (chauffage)
RAIC, XL, 1 (jan. 63), 52-53

Linton, K.J.
"Case history: Energy Conservation"
TCA, XXII, 3 (mars 77), 42-47

Lymburner, John
"Ontario moves ahead on energy saving, Local planners attend study seminars"
CB, XXX, 3 (mars 80), 17

McCool, C.A.
"Efficient Building Design". (architecture et conservation de l'énergie)
TCA, XX, 6 (juin 75), 43

Mair, L.K.
"Audit applies heat to a seat of learning"
CB, XXIX, 5 (mai 79), 32
"Big energy savings for small buildings"
CB, XXIX, 2 (fév. 79), 30

Mitchell, Phyllis
"How electricity fares in the battle for the space heating market"
NB, VIII, 10 (oct. 59), 42-43

Page, Forsey
"Heating".
RAIC, XXIII, 1 (jan. 46), 3-5 et 19

Platts, R.E.
"Where polyethylene pipe challenges metal for slab radiant heating".
CB, XIII, 4 (avril 63), 55 et 58

Raymore, W.G.
Faber, Oscar. *Heating and Ventilating*, E. & F.N. Spon, London, sans date.
RAIC, XXVI, 4 (avril 49), 130

Ripley, James G.; Teron, William
"Energy Conservation"
CB, XXVIII, 1 (jan. 78), 12-19

Rounthwaite, C.F.T.
"Architectural Design and Energy Efficient Buildings".
TCA, XXIII, 11 (nov. 78), 35-37
"The architect and the energy shortage".
ARCAN, L (jan. 73), 2

Rybka, Karel R.
"More about Panel Heating".
RAIC, XXV, 11 (nov. 48), 402-405 et 432
"Panel Heating".
RAIC, XXIII, 2 (fév. 46), 41-43

Schoenauer, Norbert
Architectural Engineering. Environment Control, Ed. Robert E. Fisher, Scarborough, 1965.
ARCAN, 43, 12 (déc. 66), 37-38

Silverthorne, Paul N.
"Energy Management, 2: Central Control and Monitoring System".
TCA, XXV, 5 (mai 80), 30-31

Simon, Charles
"Climatic Housing: Passive Solar Houses in the Cool Temperate Zone"
TCA, XXIII, 10 (oct. 78), 44-45 et 48-49

Smith, Edward C.
"New uses of warm air heating"
CB, II, 11 (nov. 52), 24-25, texte & ill.

Stephenson, D.G.
"Chauffage et refroidissement"
BAT, XLVIII, 6 (juin 73), 13-14, 22, 28, texte & ill.
"Extreme temperatures at the Outer Surfaces of Buildings". (dépliant de la Canadian Building Digest)
RAIC, XL, 11 (nov. 63), 55-58
"Heat transfer at building surfaces"
RAIC, XLI, 4 (avril 64), 55-58
"Solar heat gain through glass walls". (dépliant de la Canadian Building Digest)
RAIC, XL, 3 (mars 63), 77-80

Tamblyn, R.T.
"Mechanical" (filtre, ventilation, chauffage etc.)
TCA, IX (yearbook 64), 77
"The Heat Pump"
TCA, VI, 5 (mai 61), 77-78 et 81
"Trends, Mechanical" (ventilation, air climatisé, etc.).
TCA, X (yearbook 65), 66

Tassé, André
"La ventilation modulaire telle qu'exécutée au Cegep de Drummondville"
BAT, XLVIII, 5 (mai 73), 14-15, texte & ill.

Veale, Alan
"Un système de ventilation automatique aussi simple qu'économique"
BAT, XXXIX, 1 (jan. 64), 28-29, 38, texte & ill.

Voineskos, Anna
"The need for a new technology 1: Energy Saving Design Procedures"
TCA, XXII, 11 (nov. 77), 46-47

Voisinet, Roger
"Negative Ionization and Interior Spaces".
TCA, XXIII, 3 (mars 78), 30

Walker, Howard V.
"A New Creativity" (Conservation d'énergie et architecture)
TCA, XXIII, 11 (nov. 78), 28-29

Watson, Alex
"Oil, gas and electricity battle for home heating market"
NB, VIII, 10 (oct. 59), 41

White, William
"Le rôle de l'entrepreneur dans le chauffage électrique"
BAT, XXXVII, 3 (mars 61), 39

Wiggs, Lorne
"Radiant Heating and Cooling".
RAIC, XXV, 9 (sept. 48), 336-343

Wilkes, F. Hilton
"Ontario". (Avantages de l'air climatisé)
RAIC, XXXIV, 9 (sept. 57), 365-366

Zeidler, Eberhard H.
"Energy savings must balance with a building's ability to be rented"
CB, XXVII, 4 (avril 77), 30-32

L'ISOLATION
INSULATION

"Concrete forms turn into insulation as 'Plastic House' stops traffic"
CB, XIX, 4 (avril 69), 54

"Construction's newest insulation material, polyethylene"
CB, V, 7 (juil. 55), 37

"Coupe-vapeur pour le contrôle de la condensation"
BAT, XXVII (jan.-fév. 52), 36

Danckaert, Jean. *L'isolation thermique industrielle*, Ed. Eyrolles, sans lieu, sans date.
AC, 25, 284 (mai 70), 33

"De l'isolant avec du papier journal"
BAT, LIV, 8 (août 79), 7

"Don't tear that vapor barrier"
NB, X, 6 (juin 61), 38-39

"Dow to produce polystyrene foam"
NB, VII, 1 (jan. 58), 2

"Dyfoam insulation to be distributed by Dom. Tar"
NB, VII, 8 (août 58), 2

"Étroitement liée au rendement du chauffage... l'isolation thermique"
BAT, XXXVIII, 4 (avril 63), 23-25, 56, texte & ill.

"Fill insulation-162B"
NB, VIII, 4 (avril 59), 42

"Fixation de l'isolant"
BAT, XXXIII, 4 (avril 58), 35

"Insulation"
CB, V, 2 (fév. 55), 46-47

"Insulation"
CB, VII, 2 (fév. 57), 41-42

"Insulation"
CB, VII, 3 (mars 57), 41-42

"Insulation"
CB, VIII, 2 (fév. 58), 47 et 49 et 56

"Insulation can help to solve heating problems"
CB, VIII, 9 (sept. 58), 56

"Insulation Installation"
CB, IV, 11 (nov. 54), 31-34, texte & ill.

"Insulation installation side wall"
CB, X, 2 (fév. 60), 26

"Insulation protects air supplies"
NB, VIII, 7 (juil. 59), 34

"Insulation with no fastening"
NB, XI, 6 (juin 62), 48

"Isolation: certains matériaux peuvent présenter un danger"
BAT, LII, 10 (oct. 77), 24

"Isolation thermique"
BAT, XXIX, 3 (mars 54), 22-23 et 53

"Isolant uréthane"
ABC, XXII, 249 (jan. 67), 36

"Le 'zonolite', utilisé comme isolant de tout genre, est maintenant à la portée de tous"
BAT, XXIX, 4 (avril 54), 45 et 49

"Les dispositifs isolants pour fenêtres et les doubles vitrages"
BAT, LV, 8 (oct. 80), 12

"Les nouvelles normes d'isolation devront être observées à partir du 1er septembre"
BAT, LII, 8 (août 77), 10

"Les résidents du Québec et de l'Alberta participeront au programme d'isolation"
BAT, LIII, 2 (fév. 78), 8

"L'isolant en plastique cellulaire augmente la résistance thermique"
BAT, LII, 9 (sept. 77), 7

"Matériaux isolants — isolation thermique isolation phonique"
BAT, XXXI, 9 (sept. 56), 40-43, tableaux, texte.

"New perimeter insulating board by Dow"
NB, VII, 4 (avril 58), 2

"Nouveau matériel isolant, ignifuge" ('Esfen') ('Esfen')
BAT, XLVII, 5 (mai 72), 7-8

"Panneaux pré-isolés" (Bally)
BAT, LIV, 7 (juil. 79), 17

"Polyester ignifuge" (Dion FR)
BAT, XLIV, 3 (mars 69), 51

"Polythène"
ABC, X, 109 (mai 55), 48, texte & ill.

"Polythène"
ABC, XIV, 159 (juil. 59), 233

"Polythene film vapor barrier in 600-unit housing project"
NB, VI, 6 (juin 57), 2

"Regards, Usine d'isolant hors pair à Milton" (laine minérale)
AC, XXXV, 353 (juil.-août 79), 12

"Styrobar"
AC, 26, 294 (mai 71), 33

"Styrofoam"
ABC, XII, 137 (sept. 57), 66-67, texte & ill.

"The Canadian Architect's Desk File, Foam Insulation Adhesive and Coating".
TCA, IX, 4 (avril 64), 77-78

"The Canadian Architect's Desk File, Insulation Boards".
TCA, IX, 12 (déc. 64), 69-72

"Trois points essentiels pour réduire le problème de la condensation, coupe-vapeur, isolation thermique, aération suffisante"
BAT, XXIX, 1 (jan. 54), 15 et 29

"'U' Value Calculations" (method for determining the insulation value)
CB, V, 1 (jan. 55), 27-28, texte & ill.

"Un film isolant appliqué aux fenêtres réduit la consommation d'énergie"
BAT, LIII, 11 (nov. 78), 16, 18, 26, texte & ill.

"Un isolant nouveau, l'emploi du polythène s'étend à la construction"
BAT, XXX, 4 (avril 55), 32-33

"Un nouveau matériau d'isolation" ("Styrofoam")
BAT, XXXII, 4 (avril 57), 56-57, texte & ill.

"Un revêtement d'aluminium à parement de polyuréthane adhérant possède une résistance thermique de R4"
BAT, LIII, 8 (août 78), 10, texte & ill.

"Une nouvelle technique permet de réduire le coût de la construction" (système d'isolement des murs extérieurs, par Dow Chemicals.)
BAT, XLIII, 9 (sept. 68), 6, texte & ill.

"Urethane foam wins attention"
CB, XVI, 3 (mars 66), 10

Allcut, E.A.
"The use of heat insolation in building design and construction".
RAIC, XXIV, 3 (mars 47), 90-100

Ball, Walter H.
"Here's the right insulating technique for most types of house construction."
NB, X, 6 (juin 61), 35-37

Ball, W.H.
"Thermal Insulation in Dwellings" (Dépliant de la Canadian Building Digest).
RAIC, XXXVIII, 4 (avril 61), entre 70 et 71

Bergman, Eric
"Insulation — standards are escalating, Can the supply of material keep pace?"
CB, XXVIII, 1 (jan. 78), 40

Bergman, Eric
"Pour un juste équilibre entre les exigences optimales d'isolation et les coûts de revient"
BAT, LIII, 1 (jan. 78), 20, 24

Bertin, Aulis
"Sealed Triple Glazing Units"
TCA, XXIV, 9 (sept. 79), 52

Bouchard, Yvon
"L'amélioration de l'isolation thermique est-elle le seul moyen de conservation de l'énergie"
BAT, LIII, 3 (mars 78), 24 et 26

Dickens, H.B.
"The condensation problem — here are the causes and cures"
CB, XIII, 7 (juil. 63), 34-35

Fowke, Clifford
"Space heating battle puts spotlight on insulation"
NB, VIII, 2 (fév. 59), 26-27

Gelinas, J.P.
"Développement technologique des vitrages isolants: les films réfléchissants"
BAT, XLVI, 8 (août 71), 25-27, texte & ill.

McGregor, I.K.
"Technics: Urethane Foam"
TCA, X, 3 (mars 65), 78 et 80 et 82

Stephenson, D.G.
"Principles of Solar Shading". (dépliant de la Canadian Building Digest).
RAIC, XLI, 11 (nov. 64), 135-138

Stogre, Alexander
"Frame Wall Insulation and Moisture Control."
NB, VI, 10 (oct. 57), 17 et 20

Thompson, Frank B.
"Isolation thermique"
BAT, XXXII, 3 (mars 57), 34-37, texte & ill.

Tremblay, Denis
"L'isolation: secret le plus simple de la conservation".
AC, 33, 343 (sept.-oct. 77), 24-28

L'ÉCLAIRAGE
LIGHTING

Chauvel, Pierrette et Deribère, Maurice, *Éclairage dans le bâtiment*, Éditions Eyrolles, sans lieu, sans date.
AC, 24, 272 (mars 69), 40.

Déribéré, M., J. Dourgnon, M. Leblanc, *L'éclairage et l'installation électrique dans le bâtiment*, Eyrolles, [s.l.], [s.d.].
BAT, XXXIV, 7 (juil. 59), 54

Éclairage décoratif de l'hôtel de ville de Montréal
ABC, X, 116 (déc. 55), 39, texte & ill.

"Illumination perfectionnée et adéquate dans une église vieille de trente ans"
ABC, IX, 94 (fév. 54), 35, texte & ill.

"Installez des appareils d'éclairage efficaces, mais surtout économiques"
BAT, LV, 6 (juil.-août 80), 24-25

"Le bloc prismatique dirige la lumière"
ABC, X, 114 (oct. 55), 56-57, texte & ill.

"L'éclairage"
BAT, XXXVII, 12 (déc. 62), 25-29, texte & ill.

"Light in architecture" (plusieurs exemples provenant de plusieurs pays)
TCA, V, 6 (juin 60), 47-58

"Luminous panel-274B"
NB, VIII, 8 (août 59), 46

Lynes, J.A. *Developments in lighting*, Applied Science Publishers Ltd, London, 1978.
TCA, XXIII, 10 (oct. 78), 4

"Mise au point d'une lampe de longue durée à faible consommation"
BAT, LV, 6 (juil.-août 80), 24-26, texte & ill.

"Products" (Plafond à panneaux lumineux, par Infiniflex)
TCA, VII, 9 (sept. 62), 90

"Products" (Plafond fluorescent appelé Corona)
TCA, VI, 6 (juin 61), 75

"Skylights throw some light on the subject — the top floor"
CB, XXVI, 12 (déc. 76), 32

"The Canadian Architect's Desk File, Indoor Lighting Fixtures"
TCA, VI, 1 (jan. 61), 77-78

"The Canadian Architect's Desk File, Lighting Louvres".
TCA, VI, 3 (mars 61), 83-84

"The Canadian Architect's Desk File, Overall Ceiling Illumination"
TCA, VII, 9 (sept. 62), 79-82

"Un régulateur instantané pour tube fluorescent"
ABC, III, 24 (avril 48), 42 et 44, texte & ill.

Banz, George
"Lighting".
RAIC, XLI, 3 (mars 64), 44

Blackwell, Dr. Richard
"Problèmes d'éclairage"
BAT, XXXVI, 10 (oct. 60), 32-33, 56, texte & ill.

Brammall, C.C.D.
"Solarscope and artificial sky". (luminaires)
RAIC, XXVII, 5 (mai 50), 177-178

Buttolph, L.J.
"Architecture and lighting and the fluorescent lamp"
RAIC, XVIII, 10 (oct. 41), 163-166

Chisvin, Jack
"Word, Consultant" (la lumière en architecture)
TCA, V, 6 (juin 60), 84 et 86 et 88 et 90

Currie, Marion G.
"Light as a design Element"
RAIC, XLI, 3 (mars 64), 45-50

Edward, Gordon
"Direct versus indirect lighting"
TCA, XIX, 11 (nov. 74), 48 et 61

Galbreath, Murdoch
"Daylight Design".
RAIC, XXXVIII, 5 (mai 61), 75-78

Henschel, A.W.
"Light and architecture"
ARCAN, 43, 9 (sept. 66), 63-65

"Lighting language for the architect".
ARCAN, 44, 9 (sept. 67), 51-53

Lam, William C.
"Some Rules of Thumb for Good Lighting Design".
TCA, XXIII, 6 (juin 78), 38-39 et 58

Mulvey, G.E.
"Lighting"
TCA, IX (yearbook 64), 76

Mulvey, G.E.
"Trends, Lighting"
TCA, X (yearbook 65), 67

Wotton, Ernest
"Architectural Lighting, Prescribing Light Levels"
TCA, XIX, 7 (juil. 74), 55-57

"Lighting Today: Form and Function?"
TCA, XIX, 4 (avril 74), 51-52

LES CONDUITES: EAU, ÉLECTRICITÉ, ÉGOUTS
DUCTS: WATER, ELECTRICITY, SEWERS

"Aluminium conduit-626B"
NB, X, 4 (avril 61), 47

"Bury the wiring: A new trend that you may soon have to follow"
NB, XI, 4 (avril 62), 24-25

"Conférence technique de la Ligne électrique du Québec"
BAT, XLV, 12 (déc. 70), 7-8, texte & ill.

Dalle de douche préfabriquée
ABC, X, 115 (nov. 55), 46, texte & ill.

"Des disques rotatifs en Vexar sont l'âme d'un nouveau système intégré de traitement des eaux usées"
BAT, LII, 3 (mars 77), 27, 30, texte & ill.

"Developers in Saskatchewan to pay more for underground wiring".
CB, XVI, 6 (juin 66), 8

"Easy-to-pay buried wiring plan may solve many problems" (au Manitoba).
CB, XIV, 9 (sept. 64), 6

"Electrical Manufacturing Big Business" (10th Annual Meeting of the Canadian Electric Manufacturers Association)
CB, IV, 10 (oct. 54), 22

"How to do it: Portable Power Tools repay care of electrical parts"
CB, III, 1 (jan. 53), 44-45, texte & ill.

"L'amélioration des égouts et aqueducs"
CDQ, XXIII, 4 (juil. 48), 10

"La SCHL adopte une nouvelle procédure à l'égard des fosses septiques"
BAT, L, 8 (août 75), 15

"Les vides sanitaires — la lutte contre les champignons du bois"
BAT, XXXVIII, 5 (mai 63), 42-45, texte & ill.

"Nouveau au pays, le système Badger d'installation de conduits"
BAT, XLV, 7 (juil. 70), 22-25, texte & ill.

"Nouveau règlement régissant la construction des installations septiques à la campagne"
BAT, XLV, 5 (mai 70), 27-31, texte & ill.

"Pipe and Cable Anchors"
NB, VII, 5 (mai 58), 4

"Pipes, light beams speed construction"
CB, X, 5 (mai 60), 70

"Pour mieux connaître les tuyaux et raccords de plastique noirs"
BAT, LV, 2 (mars 80), 25-26

"Septic tanks for sewage disposal"
CB, IV, 1 (jan. 54), 22-25, texte & ill.

"Service d'égout et pollution des eaux"
BAT, XXXII, 5 (mai 57), 44-47, texte, tableaux

"This Quebec town is a model of underground wiring"
NB, XI, 4 (avril 62), 29

Traité de plomberie et d'installation sanitaire par Henri Charlent
ABC, III, 23 (mars 48), 44

"What do you know about cable-burying methods?"
NB, XI, 4 (avril 62), 26

Aitcin, Pierre-Claude
"L'université au service de la construction — L'art d'accomoder les restes" (recyclage des déchets industriels)
BAT, XLVII, 2 (fév. 72), 18-19, texte & ill.

Campbell, Fred
"Underground wiring for residential projects is the law in London, Ont."
NB, X, 4 (avril 61), 22-23

Chisvin, Jack
De Van Fawcett, Charles et al., *Mechanical and Electrical Equipment for Buildings*, John Wiley & Sons, New-York, [s.d.].
TCA, IX, 10 (oct. 64), 16 et 18

Crawford, R. Hugh
"Sewage disposal and water supply for recreational buildings".
RAIC, XXIX, 1 (jan. 52), 9-10

Hazelgrove, A.J.
New ways of servicing buildings, Eric de Maré, London, sans date.
RAIC, XXXIII, 7 (juil. 56), 276

Keen, J.N.
"Plumbing Developments".
ARCAN, 44, 11 (nov. 67), 59-60

Kent, A.D.
"Le tuyau de plastique dans les bâtiments"
BAT, XLVII, 8 (août 72), 13-15 et 30

Kern, J.D.
"Plumbing and Drainage"
ARCAN, 43, 11 (nov. 66), 61-63

Messer, Tom
"Canwell: le système de traitement des déchets de demain"
BAT, LI, 10 (oct. 76), 20

Ministère de la Santé du Québec
"Nouveau règlement régissant la construction des installations septiques à la campagne"
BAT, XLV, 5 (mai 70), 27-31

Watson, W.B.
"Égout pour terrains non munis de services"
BAT, XLI, 5 (mai 66), 32-35, texte & ill.

"Le tuyau de plastique et ses usages dans la construction"
BAT, XLI, 4 (avril 66), 34-36 et 42

"Opening unserviced lots to building by use of septic tank".
CB, XVI, 5 (mai 66), 42-45

L'INSONORISATION
SOUNDPROOFING

"Acoustical board-97B"
NB, VIII, 1 (jan. 59), 39

"Acoustique élémentaire dans les bâtiments"
BAT, XLIII, 2 (fév. 68), 20-22, texte & ill.

"Acoustique et documentation commerciale"
BAT, XLV, 3 (mars 70), 38-39, 45, texte & ill.

"Acoustics" (divers matériaux)
CB, VI, 2 (fév. 56), 13

"Acoustics" (divers matériaux)
CB, VII, 2 (fév. 57), 13

"Acoustics" (les matériaux...)
CB, VIII, 2 (fév. 58), 13

Acoustics for the Architect par Harold Burris-Meyer et Lewis Goodfriend
ABC, XII, 138 (oct. 57), 69

"Fiberglas acoustic tile"
CB, VI, 3 (mars 56), 54

"How to achieve it within dwellings at little extra cost"
CB, XIV, 6 (juin 64), 46-47 et 51

"Isolement acoustique des portes et des fenêtres"
BAT, XLIII, 12 (déc. 68), 17-19, 24, texte & ill.

Knudsen, V.O. et C.M. Harris, *Le projet acoustique en architecture*, [s.e.], [s.l.], [s.d.].
BAT, IX, 4 (avril 61), 51

"L'acoustique des salles et les matériaux insonores"
ABC, VIII, 85 (mai 53), 44-46, texte & ill.

"La pollution par le bruit est aussi dangereuse que la pollution" (Normes de la SCHL)
BAT, LIII, 11 (nov. 78), 30, texte & ill.

"Les bruits — leur propagation — protection contre ces bruits"
BAT, XXXI, 4 (avril 56), 36-37

"Les chapes flottantes minces (isolation contre les bruits d'impacts)"
BAT, XLIV, 1 (jan. 69), 13-16, 26, texte & ill.

Less Noise, Better Hearing, Celotex Corporation, Chicago, [s.d.].
BAT, XXVII (mars 52), 56

"Matériaux absorbants et conditionnement acoustique"
BAT, XXXVII, 7 (juil. 62), 30-32, texte & ill.

"Matériaux acoustiques"
CDQ, XXVI, 4 (juil.-août 51), 22-23, 28, texte & ill.

"Matériaux isolants: isolation thermique, isolation phonique"
BAT, XXXI, 9 (sept. 56), 40-43, tableaux & texte

"Panneau acoustique de plafond"
BAT, XLVI, 1 (jan. 71), 29

"Plafond acoustique à diffusion d'air"
AC, 26, 300 (déc. 71), 15

"Problèmes relatifs aux plâtres acoustiques"
BAT, XXXVII, 10 (oct. 62), 48

"Products" (Panneaux acoustiques pour plafond)
TCA, X, 11 (nov. 65), 96

"Products" (Plafond acoustique en fibre minérale)
TCA, VII, 9 (sept. 62), 90

"Products". (Tuiles acoustiques).
TCA, III, 3 (mars 58), 70

"Products" (tuiles acoustiques décoratives)
TCA, IV, 5 (mai 59), 80

"Products" (Tuiles acoustiques en fibre de verre)
TCA, IX, 1 (jan. 64), 78

"Products" (Tuiles acoustiques Multi-plan)
TCA, VI, 8 (août 61), 64

"Proper Construction to Control Noise"
CB, IV, 4 (avril 54), 38, 40

"Quelques solutions aux problèmes d'insonorisation — techniques simples de construction de murs et de planchers et plafonds combinés."
ABC, IX, 103 (nov. 54), 44-45, texte & ill.

"Réduction du niveau sonique dans les bâtiments par couche viscoélastique noyée dans la masse"
BAT, LII, 6 (juin 77), 22, 25, texte & ill.

"Section spéciale sur l'acoustique"
BAT, XXXIX, 6 (juin 64), 22-29, 42, texte & ill.

"Sound insulation between apartments"
CB, XIV, 8 (août 64), 30-31 et 58 et 60

"Sound insulation for floors and walls"
CB, XIV, 8 (août 64), 32

"Sound insulation — lead sheet claims a breakthrough in cost, convenience".
CB, XVIII, 8 (août 68), 46-47

"Un élégant matériau anti-acoustique" (le "Permacoustic")
BAT, XXXV, 4 (avril 60), 51

Cadiergues, Roger
"Isolation acoustique, Isolement sonore des planchers"
BAT, XXX, 4 (avril 55), 36-39 et 42-43

Campbell, C.B.
"Manufacturers, Research group combine in presentation on noise control".
CB, XV, 12 (déc. 65), 30

Delorme, F.J.
"L'acoustique dans l'architecture moderne"
ABC, XXI, 241 (mai 66), 47-49

Doelle, Leslie E.
"Architectural Noise Control"
RAIC, XLIII, 5 (mai 66), 34-38

Farrell, William Ranger
"Acoustical Privacy".
RAIC, XLIII, 5 (mai 66), 44-49

Guenther, J.F.
"Noise and vibration isolation of mechanical rooms".
RAIC, XLIII, 5 (mai 66), 41-43

Lauriente, D.H.; Phillips, W.L.M.
"Architectural Applications of lead for noise control".
RAIC, XLIII, 5 (mai 66), 50-53

Munk, Peter
"Music at home" (la haute-fidélité dans les constructions récentes).
TCA, III, 4 (avril 58), 37-40

Northwood, T.D.
"Acoustical Factors in Architectural Design".
RAIC, XXXI, 11 (nov. 54), 397-399
"Noise Control Legislation".
RAIC, XLIII, 5 (mai 66), 33

Osborne, Milton S.
Allen, William et R. Fitzmaurice, *Sound Transmission in Buildings*, Dept. of Scientific and Industrial Research, [s.l.], [s.d.]
RAIC, XVIII, 11 (nov. 41), 189

Rader, Lloyd F.
"Matériaux insonorisants"
BAT, XXXI, 10 (oct. 56), 39-41, texte & ill.

Robinson, Gerald
Olson, Harry F., *Acoustical Engineering*, sans maison d'éd., sans lieu, sans date.
TCA, III, 12 (déc. 58), 52

Sills, Philippe
Acoustique
ABC, II, 18 (oct. 47), 46

Tanner, Robert H.
"Acoustics, Architecture and Music".
RAIC, XXXII, 10 (oct. 55), 398-399

Tanner, Robert
"Design for sound". (théâtre, etc.)
TCA, III, 4 (avril 58), 32-36

L'ÉTANCHEMENT
WATERPROOFING

"Aluminium fascia-soffit"
CB, XIII, 8 (août 63), 61
"Cement waterproofing power cited"
NB, VI, 12 (déc. 57), 2
"Elastic flashing material by Dow"
NB, VII, 5 (mai 58), 4
"Flashing-41B" (Aluma-plastic flashing)
NB, VII, 10 (oct. 58), 47
Gruneau, Edouard B., *La lutte contre l'humidité dans les façades*, Éditions Eyrolles, [s.l.], [s.d.]. Traduit de l'allemand par René Lucron.
AC, XXVI, 293 (avril 71), 45
"Hot pots and mops are out of style for concrete waterproofing when these rolls are used".
CB, XIX, 6 (juin 69), 62
"Hydrofugation des façades par les silicones"
BAT, XXXIV, 10 (oct. 59), 34-35, 62, texte & ill.
Hypalon et Néoprène
ABC, XVIII, 210 (oct. 63), 53, texte & ill.
"Le meilleur moyen d'éviter la pénétration de la pluie dans les murs: la qualité de la maçonnerie"
BAT, XLI, 10 (oct. 66), 31-35, texte & ill.
"Le problème des crevasses et fissures dans la construction"
ABC, XII, 133 (mai 57), 72-73, texte & ill.
"Matériau hydrofuge pour joints de béton"
BAT, XLV, 12 (déc. 70), 31
"Metal-backed wool pile weather-seal"
NB, VII, 2 (fév. 58), 2
"Mold material-271B" (silicone rubber mold material)
NB, VIII, 9 (sept. 59), 63
"Plastic flashing-299B"
NB, VIII, 10 (oct. 59), 56
"Silicone foam seals wall penetrations".
CB, XXVIII, 2 (fév. 78), 32
"Silicone treatment-272B"
NB, VIII, 9 (sept. 59), 63
"Soffites décoratifs en panneaux d'aluminium"
BAT, XLV, 12 (déc. 70), 30
"Soffits-731B"
NB, X, 9 (sept. 61), 51
"Solin pour imperméabilisation permanente" (Lead Guard)
BAT, XLIV, 9 (sept. 69), 39
"The Canadian Architect's desk file, Waterproofing"
TCA, VI, 6 (juin 61), 79-82
"Waterstop-157B" ("Joint'n crack sealer")
NB, VIII, 4 (avril 59), 41

Brower, James R.
"Surface preparation — the key to proper sealant adhesion"
CB, XXVIII, 10 (oct. 78), 36 et 39

Garden, G.K.
"Pénétration de la pluie et les moyens de l'empêcher"
BAT, XLI, 7 (juil. 66), 39-41, texte & ill.
"Rain penetration and its control". (dépliant de la Canadian Building Digest)
RAIC, XL, 4 (avril 63), entre 60 et 61

Garden, G.K.; Jones, P.M.
"Properties of Bituminous Membranes". (dépliant de la Canadian Building Digest)
RAIC, XLIII, 2 (fév. 66), entre 40 et 41

Gibbons, E.V.
"Caulking Compounds". (dépliant de la Canadian Building Digest).
RAIC, XXXVIII, 7 (juil. 61), 65-68

Hann, Gordon E.
"Curtain Wall Sealing Problems"
TCA, I, 4 (avril 56), 66-68

Jones, P.M.
"Bituminous Materials"
RAIC, XL, 2 (fév. 63), 83-86

Latta, J.K.
"Water and Building Materials". (dépliant de la Canadian Building Digest).
RAIC, XXXIX, 6 (juin 62), 71-74

Malloy, F.
"Sealant Specification and Application".
TCA, XVI, 2 (fév. 71), 53-56
"Technical, Characteristics of High Performance Sealants".
TCA, XV, 12 (déc. 70), 64-66 et 70-71
"Technical, Sealant Selection" (comparaisons, texts, etc...)
TCA, XV, 11 (nov. 70), 62 et 65-66 et 72

Wilson, A.G.
"Air leakage in Buildings". (dépliant de la Canadian Building Digest).
RAIC, XXXVIII, 11 (nov. 61), 83-86

LA SÉCURITÉ
SAFETY

"300 BC buildings possibly unsafe says APEBC" (300 corrugated steel buildings)
CB, XXIX, 7 (juil. 79), 6
"Adequate fire protection is vital"
CB, VIII, 1 (jan. 58), 43
"Fire Facts". (Statistiques sur les bâtiments détruits par le feu)
TCA, III, 5 (mai 58), 22
"Fireproofing with Lightweight Aggregates Reduces Dead Load"
CB, II, 5 (mai 52), 30-34, texte & ill.
"Fire protection for modern buildings not well understood"
CB, XXVI, 10 (oct. 76), 6
"*Fire Research and Fire Prevention*", Conseil national de recherche, Ottawa, 1959.
ABC, XIV, 164 (déc. 59), 399
"High rise safety".
ARCAN, 49 (nov. 72), 7 et 9
"*Installation of Fire Doors and Windows (CUA No 80)*", Canadian Underwriters Ass., Montréal, 1959.
ABC, XV, 167 (mars 60), 97
"L'amiante des plafonds a protégé les autres étages"
BAT, XLI, 1 (jan. 70), 13
"Le CNRC étudie la résistance au feu des colonnes en béton"
BAT, LII, 7 (juil. 77), 7, 27
"Le Code national de prévention contre les incendies"
BAT, LV, 9 (nov. 80), 25
"New fire retardant treatment for plywood expected to reduce costs considerably"
CB, XXIV, 12 (déc. 74), 33
"Prévoir l'évacuation facile des bâtiments"
BAT, XLVII, 10 (oct. 72), 16, 20, texte & ill.
"Products". (plafond incombustible)
TCA, IV, 5 (mai 59), 78
"Protection des édifices contre le feu et les retombées radio-actives"
BAT, IX, 11 (nov. 61), 22-35, texte & ill.
"Report warns of flammability in plastic building materials".
ARCAN, L (jan. 73), 5
"Safety in building"
CB, I, 3 (juil. 51), 50
"Safety in building"
CB, I, 4 (sept.-oct. 51), 41
"Safety in building"
CB, I, 5 (nov.-déc. 51), 56
"Sheet steel as a fire protective membrane".
CB, XX, 5 (mai 70), 7
"Star Home Protection Plan by Johns-Manville"
NB, VII, 7 (juil. 58), 30
Statistiques concernant les incendies
BAT, XXXVI, 7 (juil. 60), 31, 39
"The Canadian Architect's desk file, Fire in Building".
TCA, XI, 6 (juin 66), 81-84
"The hazards of fire in high-rise buildings — Here are some of the extensive measures which are being taken to avoid dangers"
CB, XXIV, 12 (déc. 74), 20-21
"Une station de recherches pour la prévention des incendies dans les bâtiments"
BAT, LII, 12 (déc. 77), 12
Vandalism, Colin Ward, [s.l.], 1974.
TCA, XIX, 9 (sept. 74), 6

Boehmer, Donald J.
"Structural Fire Protection and the Code: 2".
TCA, XXIII, 7 (juil. 78), 27-29

Davidson, Caldwell
"Quelques problèmes relatifs à la protection contre le feu dans la construction moderne — Le rôle des panneaux isolants à base d'amiante"
ABC, XIX, 223 (nov. 64), 41-43, texte & ill.

DeBroeck, Denise
"Sécurité dans les immeubles: une innovation pour les halls d'entrée"
BAT, LV, 7 (sept. 80), 18, 29, texte & ill.

DeCicco, Paul R.
"Fire in High-Rise, Problems and Prevention".
TCA, XVIII, 9 (sept. 73), 52-55

Figiel, Walter J.
"Fire in High-Rise, The Control of Elevators".
TCA, XVIII, 9 (sept. 73), 56-58

Fowke, Clifford et al
"Fire safety in high-rise"
CB, XXV, 8 (août 75), 17-24

Gillespie, Bernard
Fire Standards and Safety, A.F. Robertson, Philadelphia, 1976.
TCA, XXII, 7 (juil. 77), 8

Gretton, Robert et al.
"It begins where the ladder stops" (Les gratte-ciel et le danger d'incendie, quelques exemples à travers le monde).
TCA, XVIII, 9 (sept. 73), 40-48

Hebert, R.V.
"Fire in High-Rise, In Canada — Important Code Changes Ahead".
TCA, XVIII, 9 (sept. 73), 62-69

Henry, Robert
"Pas d'édifices 'à l'épreuve du feu' mais édifices résistants au feu"
BAT, IX, 11 (nov. 61), 30-35

McGuire, J.H.
"Fire and the compartmentation of buildings".
RAIC, XXXIX, 9 (sept. 62), 73-76

"Fire and the design of buildings"
RAIC, XXXVII, 11 (nov. 60), entre les p. 492 et 493

Mazoyer, René M.L.
"Une technique de construction spéciale pour limiter les causes d'incendie"
BAT, XXXIII, 11 (nov. 58), 45 et 47 et 60

Miller, Alexander
"Vandalism and the architect"
TCA, XIX, 9 (sept. 74), 32-37

Pauls, J.L.
"Design and Building Evacuation"
TCA, XXIII, 5 (mai 78), 41-42 et 64

Phillips, Anne W.
"Fire in High-Rise, Emotional and Physical Problems".
TCA, XVIII, 9 (sept. 73), 49-51

Powers, W. Robert
"Fire in High-Rise, the Use of Sprinklers".
TCA, XVIII, 9 (sept. 73), 58-59

Sandori, Paul
"Fire Safety and Building Design"
TCA, XXIII, 4 (avril 78), 32-35

Sandori, Paul
"Structural Fire Protection and the Code: I"
TCA, XXIII, 7 (juil. 78), 25-26

Shorter, G.W.
"Fire Endurance of Building Constructions". (dépliant de la Canadian Building Digest).
RAIC, XLI, 5 (mai 64), 87-90

"Fire in buildings". (dépliant de la Canadian Building Digest).
RAIC, XXXIX, 7 (juil. 62), 47-50

Tatham, G.V.
"Fire in High-Rise, The Owner's Viewpoint".
TCA, XVIII, 9 (sept. 73), 60-61

Valentine, H.A.I.
Sans titre (Les incendies de bâtiments au Canada).
RAIC, XXXIV, 8 (août 57), 321

Williams, G.P.
"La protection des immeubles contre les inondations"
BAT, LV, 5 (juin 80), 19-21

LE CLIMAT
CLIMATE

Le Nord et la construction par temps froid
The North and Cold Weather Construction

"A huge winter shelter speeds work on this shopping centre"
NB, VIII, 2 (fév. 59), 38-39

"A Polar Base" (Base pour chercheurs)
TCA, I, 11 (nov. 56), 33-36

"Basics you must know to build in Canada's far north"
CB, XI, 11 (nov. 61), 48-49

Building in Northern Canada par R. F. Legget et H.B. Dickens" (Conseil National de Recherche, Ottawa)
ABC, XIV, 156 (avril 59), 131

"*Building in Northern Canada* par R.F. Legget et H.B. Dickens"
ABC, XIV, 164 (déc. 59), 399

"Come rain, freeze, snow, work goes in the nylon cocoon"
CB, VIII, 11 (nov. 58), 22

Conseil Nl. des Recherches, *La construction en hiver*, [s.e.], Ottawa, [s.d.].
BAT, XXXIV, 4 (avril 59), 71

"Construction problem in far north"
CB, V, 6 (juin 55), 68

"*Contractor Brunet says*: 'Costs even out and I spread overhead'" (méthodes de construction en hiver)
NB, VII, 11 (nov. 58), 20-23.

"Controlling air pollution on winter construction"
CB, VI, 11 (nov. 56), 35

"'Deep snow can be your winter ally' says this Owen Sound homebuilder"
NB, X, 9 (sept. 61), 24-25

"Full details of unique NRC study on winter homebuilding".
NB, VII, 11 (nov. 58), 27-28 et 47-48

"General contractor gets DPW contracts near Artic Circle".
CB, XV, 8 (août 65), 5

"Here's a choice of winter work ideas"
NB, VIII, 1 (jan. 59), 5

"How to store materials in Winter"
CB, VII, 11 (nov. 57), 37

"Inspection priority for winter building"
NB, VIII, 11 (nov. 58), 3

Insulation in Northern Building par E.R. Platts, Conseil national de recherche, Ottawa, 1959
ABC, XV, 165 (jan. 60), 27

"Keeping the cold out"
CB, VI, 11 (nov. 56), 36

"La construction par temps froid: érection de la maçonnerie"
BAT, XXXI, 11 (nov. 56), 38-43, texte & ill.

Legget, R.F. et Dickins, H.B. *Building in Northern Canada*, ed. the Division of Building Research of the National Research Council, [s.l.], [s.d.].
NB, VIII, 5 (mai 59), 36.

"Marc Blouin Tackles Winter Construction Near Quebec City".
NB, VII, 3 (mars 58), 10-11 et page couverture

"New ideas and methods have solved many winter building problems"
NB, VIII, 10 (oct. 59), 26-27

"New technique for problems of construction in permafrost areas"
CB, VIII, 9 (sept. 58), 60

"Our Thinking Catches Up With Technical Progress" (construction en hiver)
NB, VII, 1 (jan. 58), 7

Permafrost and Buildings, Publication du Conseil national de recherches, division des recherches du bâtiment
ABC, XI, 119 (mars 56), 53

"Polyurethane domes for the North".
ARCAN, 48 (1 fév. 71), 3

"Prefabrication captures growing northern market".
CB, X, 10 (oct. 60), 40

"Re-usable plastic and wood frame proves effective for winter building"
CB, IX, 11 (nov. 59), 34-35

"The face of Canada's climate (Part 2)." (précipitations et architecture).
TCA, I, 2 (jan.-fév. 56), 53-55

"The North" (Que doit-on construire dans le nord? Comment doit-on construire dans le nord? etc.)
TCA, III, 11 (nov. 58), 36-43

"The Northern Habitat" (planification communautaire)
TCA, I, 11 (nov. 56), 29-32

"These three Toronto homebuilders find winter work worthwhile"
NB, IX, 10 (oct. 60), 34-35

"This equipment is designed to take the frost out of winter building"
NB, X, 9 (sept. 61), 31 et 58

"Travaux d'hiver conseils pratiques"
BAT, XXXVII, 1 (jan. 61), 39

"What is being done about winter construction"
CB, VI, 1 (jan. 56), 19-22

"Why this Regina contractor built in winter — in spite of the extra costs" (emploi d'un abri de contreplaqué)
CB, XII, 10 (oct. 62), 49

"Winter Building: Why four of Canada's best known homebuilding firms say it pays".
NB, X, 9 (sept. 61), 19-23

"Winter building know-how can save you money 1. Steel 2. Concrete masonry"
CB, IX, 11 (nov. 59), 41

Winter Construction par Bertil Naslund
ABC, XI, 121 (mai 56), 56

"Winter Construction Work"
CB, IV, 11 (nov. 54), 37-38, texte & ill.

"You should look out for these problems if you built in the Canadian North"
NB, VIII, 10 (oct. 59), 28

"Your problems may have been solved by this firm's experiences". (construction en hiver)
NB, VIII, 11 (nov. 59), 20-22

Akins, Brian E.
"Bétonnage par grand froid"
BAT, IX, 12 (déc. 61), 19-23, texte & ill.

Armstrong, John R.
"How you can make profits on winter construction" (matériaux et techniques adaptés)
NB, VIII, 9 (sept. 59), 38-39

Bender, Eric
"This idea may solve your winter work problems — housing or commercial" (the air-inflated structure)
CB, XII, 10 (oct. 62), 52-53

Bowen, Mel
"Business as usual under this winter shield..."
CB, IX, 11 (nov. 59), 36

Brown, Beryl
"He completed a housing project in North Ontario winter"
NB, VIII, 12 (déc. 59), 22-23

Campbell, Sandy
"2-story shelter permitted winter job high atop Montreal building"
NB, IX, 12 (déc. 60), 32

Campbell, V.A.
"How a contractor did the job and some of the lessons he learned" (Structure pour abriter un bâtiment durant sa construction en hiver)
NB, IX, 9 (sept. 60), 42-43

Crocker, C.R.
"Grâce à des techniques nouvelles, la construction d'hiver n'est plus un problème."
BAT, XXXVII, 12 (déc. 62), 20-24, 34, 36, texte & ill.

Erskine, Ralph
"The Challenge of the High Latitudes". (architecture dans les pays nordiques ex: Suède, Canada).
RAIC, XLI, 1 (jan. 64), 33-41

Fowke, Clifford
"Are we beating the winter bogey?" (méthodes de construction en hiver)
NB, VII, 11 (nov. 58), 16-17.

Gibbons, E.V.; Goudge, M.F.
"Building in a cold climate"
TCA, I, 11 (nov. 56), 41-42 et 44

Inglis, Fred
"Housebuilding under plastic helps beat winter construction problem"
CB, VIII, 11 (nov. 58), 19-21

Jacobsen, Eric
"We build in the north" (préfabrication)
CB, X, 10 (oct. 60), 44-45

Jacobson, Mejse
"Construction d'hiver? Mêmes problèmes en Suède..."
BAT, XXXIV, 12 (jan. 60), 18-21 et 33

"Techniques de construction d'hiver en Suède"
BAT, XXXIV, 12 (jan. 60), 18-21, 33, texte & ill.

Johnson, Walter
"Some legal aspects of winter construction"
CB, VI, 11 (nov. 56), 37

Kastner, Paul
"How Arctic units beat the far North with pre-fab sections"
NB, IX, 10 (oct. 60), 36-37 et 54

Legris, George
"Year-round building brings savings Keeps output, quality high"
NB, VIII, 9 (sept. 59), 36-37

MacInnis, Joseph
"Igloo" (Plastic habitat for Arctic waters)
ARCAN, 47 (7 déc. 70), 1, texte & ill.

Marani, Rounthwaite & Dick
Prototype Environmental Enclosure for the High Arctic
ARCAN, L (juil. 73), 3-5, texte & ill.

Prototype Environmental Enclosure for the High Arctic
TCA, XVII (yearbook et déc. 72), 64-65, texte & ill.
TCA, XVIII, 3 (mars 73), 8

Messer, Tom
"How they conquered permafrost problems in Thompson, Baffin Bay and Inuvik"
CB, XX, 8 (août 70), 41

Montreal Engineering
"An enclosed total-energy community for the north"
ARCAN, 47 (10 août 70), 3

O'Keefe, Gene
"In far north: Winter building problems solved"
CB, X, 10 (oct. 60), 42-43

Over, W. Percy
"Manitoba" (la construction en hiver)
RAIC, XVIII, 12 (déc. 41), 208-209

Phil, R.A.J.
"The future of the North"
TCA, I, 11 (nov. 56), 37-40

Roberts, Anthony
"Design for the North" (planification de villes nordiques)
TCA, I, 11 (nov. 56), 20-28

Smith, A.W.
"Fewer manhours offset extra costs in winter shelter building"
NB, VII, 12 (déc. 58), 14-16 et 46

"Here's when total enclosure pays off for one-storey winter building"
NB, VIII, 11 (nov. 59), 32-33

"How to build in wintertime with the aid of enclosures"
NB, VIII, 9 (sept. 59), 34-35

"How to solve winter's problems in multi-story construction."
NB, VIII, 10 (oct. 59), 29-31

"How winter house building can score by using standard enclosures"
NB, VIII, 12 (déc. 59), 20-21

Thomas, Morley K.
"The Face of Canada's Climate" (références climatiques pour les architectes).
TCA, 1 (nov.-déc. 55), 62-64

Weinper, Shirley
"Check the labor costs, re-use capabilities of winter hoardings"
CB, XII, 10 (oct. 62), 50-51

Les effets du climat
Climatic Effects

"Architects should discourage impraticable, 'jazzy' buildings" (tenir compte du climat)
CB, IX, 4 (avril 59), 80

"Atmospheric exposure test sites" (matériaux exposés aux intempéries)
CB, VI, 11 (nov. 56), 47-48

"Canada's climate a challenge" (effets du climat sur les bâtiments de briques)
NB, IV, 9 (sept. 55), 20 et 32

Climate & Architecture par Jeffrey Ellis Aronin
ABC, IX, 93 (jan. 54), 40

Climatological Atlas of Canada by Morley K. Thomas, Meteorological Division of the Federal Department of Transport, and the Division of Building Research of the National Research Council, Ottawa.
CB, IV, 7 (juil. 54), 20

"DBR studies weather effects on materials"
NB, VIII, 7 (juil. 59), 29

"Improving wind resistance in buildings, Australian researches try a new approach"
CB, XXX, 3 (mars 80), 31-32

"L'action du vent sur les constructions élevées"
BAT, XLV, 10 (oct. 70), 7 et 27

"New machine tests the effects of weather on building materials"
CB, V, 9 (sept. 55), 59-60

"Unusual problems in practice" (action du froid et du gel sur les colonnes d'acier d'une école)
RAIC, XXI, 1 (jan. 44), 21

Aronin, Jeffrey Ellis
"Buildings must live with the climate"
CB, V, 4 (avril 55), 61-62

Boyd, D.W.
"Weather and building". (dépliant de la Canadian Building Digest)
RAIC, XXXVIII, 2 (fév. 61), entre 62 et 63

Boyd, D.W.; Dalgliesh, W.A.
"Wind on buildings". (dépliant de la Canadian Building Digest)
RAIC, XXXIX, 4 (avril 62), 67-70

Dalgliesh, W.A.; Schriever, W.R.
"Wind Pressures on Buildings". (dépliant de la Canadian Building Digest).
RAIC, XXXIX, 10 (oct. 62), 75-78

Goering, Peter
"Architectural Aerodynamics 3: Energy Structures".
TCA, XVI, 11 (nov. 71), 41-47

Holford, Lord
"Architectural Aerodynamics 2: Problems for Architect and Town Planner Caused by Air Motion".
TCA, XVI, 11 (nov. 71), 37-40

Korbacher, G.K.
"Introduction to Wind Effects on Structures".
ARCAN, 46, 3 (mars 69), 55-60

Perigoe, Rae
"Precautions that Minimize Shrinkage Cracks"
NB, IV, 10 (oct. 55), 26

Sereda, P.J.
"Corrosion in buildings". (dépliant de la Canadian Building Digest).
RAIC, XXXVIII, 8 (août 61), 61-64

Topping, C.H.
"The design of buildings for corrosive conditions".
TCA, 1 (nov.-déc. 55), 53-55

Wise, A.F.E.
"Architectural Aerodynamics 1: Effect Due to Groups of Buildings".
TCA, XVI, 11 (nov. 71), 28-36

Yolles, Morden S.
"A Word of Warning" (les variations de température et leurs effets sur les colonnes extérieures)
TCA, VIII, 11 (nov. 63), 91

Les matériaux
Materials

LE BÉTON
CONCRETE

"Acier et béton fondent comme du beurre"
BAT, XXIX, 7 (juil. 54), 47

Adam, M. *Aspects du béton techniques, réalisations, pathologies.* édition Eyrolles, sans lieu, sans date.
AC, 27, 307 (sept. 72), 11

"Bâtiment, questions et réponses"
BAT, XXXIV, 4 (avril 59), 25

"Béton à base de polyuréthane"
BAT, L, 4 (avril 75), 33

"Béton précontraint"
BAT, XXVIII (nov. 53), 35 et 37-38 et 49

"Bétonnage par grands froids? bien sûr... mais certaines précautions sont indispensables"
BAT, IX, 12 (déc. 61), 19-23

Boguslavsky, Boris W., *Design of Reinforced Concrete*, Brett-MacMillan Ltd, Toronto [s.d.].
CB, VIII, 3 (mars 58), 75

"Building block-593B" (siporex)
NB, X, 2 (fév. 61), 56

Calcul et contrôle des mélanges du béton, par Portland Cement Association
CDQ, XXVI, 1 (jan.-fév. 51), 28

"Cement wanted for year 2000"
CB, XVIII, 3 (mars 68), 5

"Code pour le béton armé"
BAT, XXVII (jan.-fév. 52), 55

"Coffrage-tunnel: première nord-américaine"
BAT, XLVI, 1 (jan. 71), 16-17, texte & ill.

"Coffrages modulaires"
BAT, L, 2 (fév. 75), 22

"Colorant pour béton"
BAT, XLVII, 2 (fév. 72), 33

"Comment augmenter la résistance à la traction du ciment Portland."
BAT, LIII, 10 (oct. 78), 22

"Composé de durcissement et d'étanchéité du béton"
BAT, XLVI, 2 (fév. 71), 29

"Concrete"
CB, XIII, 3 (mars 63), 34

"Concrete"
TCA, IX (yearbook 64), 90-92

"Concrete additive-318B"
NB, VIII, 11 (nov. 59), 57

"Concrete admix-205B"
NB, VIII, 6 (juin 59), 39

"Concrete block"
CB, VI, 2 (fév. 56), 21

"Concrete block"
CB, VII, 2 (fév. 57), 19

"Concrete block"
CB, VIII, 2 (fév. 58), 21

"Concrete block for building"
CB, VIII, 10 (oct. 58), 27-31

"Concrete deck construction method cuts projects' labor, time, costs"
CB, XXVI, 8 (août 76), 44

"Concrete durability"
CB, VII, 5 (mai 57), 51

"Concrete insert-580B"
NB, X, 2 (fév. 61), 52

"Concrete product trends in construction"
NB, X, 2 (fév. 61), 29

"Concrete products firms swing to precast/prestressed"
CB, IX, 9 (sept. 59), 52-53

"Concrete repair-90B"
NB, VIII, 1 (jan. 59), 36

"Concrete waterproofing and decorating materials".
CB, VI, 3 (mars 56), 57

"Conseils pratiques pour la maçonnerie de béton en hiver"
BAT, XXXIX, 10 (oct. 64), 35-36

"Contrat de $8 millions pour le projet du siècle"
BAT, LV, 2 (mars 80), 5

"Conveyor Belt Concreting"
CB, III, 7 (juil. 53), 46, texte & ill.

"Dalles préfabriquées et murs porteurs en béton: économie de construction et rentabilité"
BAT, XLV, 6 (juin 70), 33-34, texte & ill.

"DBR studies concrete problems"
NB, VIII, 1 (jan. 59), 32

Dinesco, Tudor et Sandru, Andrei et Radulesco, Constantin, *Les coffrages glissants*, Éditions Eyrolles, sans lieu, sans date.
AC, 23, 271 (jan.-fév. 69), 48

Dreux, G., *Pratique de béton précontraint*, Union technique interfédérale, Société de diffusion des techniques du bâtiment, Paris, 1966.
BAT, XLII, 4 (avril 67), 49

Duriez, M., *Une orientation nouvelle dans la recherche de bétons à haute résistance*, Moniteur des Travaux Publics, Paris, 1965.
BAT, XLIII, 9 (sept. 68), 49

"Échos de l'industrie" (enduit pour béton)
BAT, XXXIX, 9 (sept. 64), 48

"Édition spéciale sur le béton"
BAT, IX, 5 (mai 61), 28-56, texte & ill.

"Existe-t-il des principes permettant d'obtenir la meilleure combinaison possible de sable et cailloux pour la confection des bétons?"
BAT, XXXIII, 4 (avril 58), 66

"Exposed aggregate coating"
CB, XIII, 3 (mars 63), 75

"Fiberglass-reinforced concrete cuts weight by 90 percent."
CB, XXVIII, 2 (fév. 78), 22

"Fly ash offer savings in concrete construction"
CB, V, 8 (août 55), 23-24

Forestier, V., *Calcul et exécution des ouvrages en béton armé*, Éditions Dunod, [s.l.], [s.d.].
BAT, XXIX, 3 (mars 54), 58

Forestier, V., *Calcul et exécution des ouvrages en béton armé*, Dunod, Paris, [s.d.].
BAT, XXXIII, 4 (avril 58), 63

"Form clamp-634B"
NB, X, 4 (avril 61), 48

"Form ties-145B"
NB, VIII, 4 (avril 59), 39

"Freeze-Thaw Theory Challenged".
ARCAN, 45, 6 (juin 68), 53

"From Winnipeg: Nine steps to pouring concrete in winter successfully"
NB, X, 10 (oct. 61), 31-32

Galopin, M., *Cours de bétonnage*, Bibliothèque d'Enseignement Polytechnique, Paris, [s.d.].
BAT, XXVII (mai 52), 56

Gatz, K. et Wieschemann, P.G., *Construction en béton*, Ed. Eyrolles, sans lieu, sans date.
AC, 27, 301 (jan.-fév. 72), 19

Guerrin, A. *Le traité de béton armé*, Tome I et II, Dunod Éditeur, Paris, [s.d.].
BAT, XXVII (mai 52), 57

"Here's a new way to build" (procédé nommé Uni-Con [béton vaporisé])
NB, X, 2 (fév. 61), 24

"Here's how DBR studies durability of concrete..."
CB, IX, 11 (nov. 59), 50

"How to do it: Be sure of your aggregate to ensure quality concrete"
CB, II, 8 (août 52), 48, 50, texte & ill.

"How to do it: Preparing a Good Mixture Primary in Economic Concreting"
CB, II, 7 (juil. 52), 57-58, texte & ill.

"How to pour concrete at 27 degrees below"
NB, IX, 12 (déc. 60), 42

"How to produce foamed cement"
CB, VIII, 1 (jan. 58), 34-35

"How to protect concrete from freezing, concreting methods in winter construction"
CB, VIII, 11 (nov. 58), 23-24

"Hyperboloid precast, pretensioned, concrete roof shell".
RAIC, XXXIX, 9 (sept. 62), 72

"Industrialized Building..." (panneau de béton)
CB, XVI, 4 (avril 66), 46-48

"Interlocking modules form economical building system" (des modules de béton pré-contraint)
CB, XXVII, 3 (mars 77), 52

Issenman-Pilarski, L., *Calcul des voiles minces en béton armé*, [s.e.], [s.l.], [s.d.].
BAT, XXVII (mai 52), 57 et 59

"La construction par relevage"
BAT, XLIII, 1 (jan. 68), 15-18, texte & ill.

"La fibre de polypropylène dans le béton armé".
BAT, XLVI, 8 (août 71), 6-7

"La lave volcanique employée dans le mélange du ciment"
CDQ, XXIV, 2 (mars 49), 25

"La Précontrainte a 40 ans..."
BAT, XLIV, 2 (fév. 69), 7-8

"L'arbéton est à la fois structure et oeuvre d'art"
BAT, XL, 1 (jan. 65), 24-25, texte & ill.

Lardy, P. et M. Ritter, *Le béton précontraint*, Dunod Éditeur, Paris, [s.d.]. Traduit de l'allemand par J. Delarue.
BAT, XXVII (mars 52), 54

"La vibration du béton"
BAT, XXXV, 4 (avril 60), 48-49, texte & ill.

Le béton précontraint
ABC, IX, 93 (jan. 54), 33-34, texte & ill.

"Le béton précontraint à Longueuil"
BAT, XXIX, 4 (avril 54), 27

"Le béton précontraint dans la construction résidentielle"
BAT, XXXIX, 7 (juil. 64), 24-25, texte & ill.

"Le béton précontraint... vers un nouvel essor"
BAT, XXVII (juil. 52), 27-28 et 31

"Le bloc de béton pratique et esthétique"
BAT, IX, 5 (mai 61), 52-53, texte & ill.

Le calcul du béton armé appliqué au bâtiment par J. Decang
ABC, XIII, 143 (mars 58), 58

"Le meilleur béton peut être produit en hiver"
BAT, XXXVIII, 10 (oct. 63), 34-36 et 51

"Le vermiculite"
CDQ, XXVI, 1 (jan.-fév. 51), 19-21, texte & ill.

"Lheureux, Paul, *La construction en béton armé*, Bibliothèque d'Enseignement Polytechnique, Paris, [s.d.]
BAT, XXVII (mars 52), 57

"Les journées sur la cimentation chimique"
BAT, XXXIX, 8 (août 64), 54

"Les meilleures réalisations 1964 au concours de l'Institut du béton pré-contraint"
BAT, XXXIX, 11 (nov. 64), 14-17, texte & ill.

"Les origines du béton..."
BAT, XXXIII, 2 (fév. 58), 50

Lewicki, Bohdan, *Dalles de planchers et de toitures en béton léger*, Sans maison d'éd., sans lieu, sans date.
AC, 24, 273 (avril 69), 23

"Mélange de ciment pour préparation du béton"
BAT, XLVI, 4 (avril 71), 40

"Méthodes correctes et incorrectes de mise en place du béton"
BAT, XXXIV, 2 (fév. 59), 31

Mironov, S.A., *Le bétonnage d'hiver*, (Traduit du russe), [s.e.], [s.l.], [s.d.].
BAT, IX, 4 (avril 61), 51

"Modular units"
CB, XVII, 3 (mars 67), 7

"More Cement But Where Is It?" (production of Cement in Canada)
NB, II, 8 (août 53), 4

"New building materials continued"
NB, VII, 9 (sept. 58), 55

"New Deal for Prestressed Concrete"
CB, II, 4 (avril 52), 45-48, texte & ill.

"New developments in concrete products"
CB, V, 5 (mai 55), 48

"New type concrete panels offer savings in handling, erection, finishing".
CB, XVI, 9 (sept. 66), 40

"Nouveau service de consultation spécialisée" (Institut de recherche sur le ciment et le béton)
BAT, XLVI, 10 (oct. 71), 8

"Nouveaux éléments préfabriqués" (avec des éléments de béton)
BAT, XL, 8 (août 65), 52

"Odds & Ends, 'Somewhat Classic' Downtown" (à propos de dalles de béton)
TCA, VI, 5 (mai 61), 6

"Off-site concrete panels — first type in Canada?"
CB, XXII, 5 (mai 72), 6

"Omnia System" (plafonds et planchers en béton armé)
ABC, XXI, 242 (juin 66), 50

"Panel discusses building qualities of expanded shale concrete"
NB, VIII, 11 (nov. 59), 44

"Panneaux de façade préfabriqués en béton"
BAT, XLIV, 10 (oct. 69), 31-33

"Panneau en agrégats exposés" (appelé "Trevi's Panels")
BAT, XLI, 4 (avril 66), 37

"Panneaux extérieurs préfabriqués accélérant la construction"
BAT, XLI, 12 (déc. 66), 13

Panneaux préfabriqués Fab-crete
BAT, XL, 8 (août 65), 8

Performance of Concrete par E.G. Swenson, Presses de l'Université de Toronto
BAT, XLVII, 1 (jan. 72), 8

"Perlite vous dit: N'y pensez plus!"
BAT, XXVII (juin 52), 39

"Petits ouvrages en béton" (paliers, escaliers, etc...)
BAT, XLVI, 12 (déc. 71), 7

"Planchers à nervures en béton précontraint"
ABC, XI, 128 (déc. 56), 44-47, texte & ill.

"Plastic pans make good concrete molds"
CB, X, 4 (avril 60), 76

"Polyethylene makes low-cost form"
CB, VII, 11 (nov. 57), 28

"Poured Concrete challenges laid brick with this new method for home building".
CB, XV, 7 (juil. 65), 40-41

"Pour un béton économique, la préparation d'un bon mélange"
BAT, XXVII (sept. 52), 40-41

"Poutres-murs transversales en quinconce pour les édifices en béton à étages multiples"
BAT, XLIII, 9 (sept. 68), 37-38, 47, texte & ill.

"Precast concrete helps this Sydney builder bring masonry houses into a new low price bracket"
CB, V, 8 (août 55), 32-33

"Precast concrete is ideal on winter jobs, but watch jointing"
NB, X, 2 (fév. 61), 37

"Precast-prestressed concrete is proving itself in today's big building..."
CB, IX, 9 (sept. 59), 47, 48 et 50-51

"Precast sidewalks"
CB, XIII, 8 (août 63), 56

"Préservatif à béton"
BAT, XLVI, 11 (nov. 71), 70

Prestressed Concrete by Gustave Magnel (Concrete Publications)
CB, I, 2 (mai 51), 64

"Prestressed Concrete checks its future"
CB, XX, 2 (fév. 70), 7

"Problèmes de bétonnage"
CDQ, XXIV, 4 (juil. 49), 25

"Problèmes d'une structure en béton armé — piscine de N.A. Ricci, à Montréal-Nord"
BAT, XXXI, 12 (déc. 56), 36-43, texte & ill.

"Products" (plancher de béton par Flexicore)
TCA, VII, 9 (sept. 62), 89

"Products" (Trusscrete, dalle de béton armé)
TCA, VI, 8 (août 61), 66

"Progress" (Un système de construction modulaire en béton pré-contraint à grande échelle)
TCA, XVIII, 10 (oct. 73), 7

"Quatre économies: coffrages alvéolaires en fibre de verre"
BAT, XLI, 12 (déc. 66), 14, texte & ill.

"Questions"
BAT, XLII, 5 (mai 67), 54

"Questions et réponses" (le béton est-il à l'épreuve du feu?)
BAT, IX, 4 (avril 61), 54

"Questions et réponses" (le retrait du béton après durcissement)
BAT, XL, 5 (mai 65), 10

"Questions et réponses touchant le béton"
BAT, XXXI, 2 (fév. 56), 52

Raafat, Aly Ahmed, *Reinforced Concrete in Architecture*, Burns & McEachern, Toronto, [s.d.].
CB, VIII, 6 (juin 58), 103

Raafat, Aly Ahmed, *Reinforced Concrete in Architecture*, Burns & MacEachern, Toronto, [s.d.].
CB, VIII, 8 (août 58), 67

"Reinforced Concrete"
CB, V, 7 (juil. 55), 30-31

"Reinforcing bars-191B"
NB, VIII, 5 (mai 59), 45

"Renforcement d'ouvrages en béton armé"
BAT, XXXI, 9 (sept. 56), 56-63, texte & ill.

"Re-usable concrete forms"
CB, VI, 4 (avril 56), 79

"Rise of Concrete Products Newsworthy Story" (blocs en béton)
NB, IV, 9 (sept. 55), 16-18

"Rise of Concrete Products Newsworthy Story"
NB, IV, 10 (oct. 55), 16

Rôle de la température et de l'humidité sur le ciment
ABC, XI, 125 (sept. 56), 58 et 60

"Russian Visitors" (pour comparer les méthodes de fabrication du béton armé, particulièrement pour l'Hôtel de ville de Toronto)
TCA, VIII, 9 (sept. 63), 7 et 9

"Sans titre" (Bâtiments en béton Uniframe et leur système de construction)
BAT, XLV, 4 (avril 70), 11

"Sans titre" (Éléments de construction en béton précontraint)
ABC, XVII, 200 (déc. 62), 46

"Sans titre" (system of prefabricated prestressed concrete long-span framing)
CB, XXIII, 12 (déc. 73), 49

"Sculpcrete — artistry in concrete, Australian process allows mass-production of colored, sculptured concrete panels"
CB, XXIX, 6 (juin 79), 15

"Section spéciale sur le béton"
BAT, XXXIX, 7 (juil. 64), 20-34, texte & ill.

"Shokbeton: la préfabrication des gros édifices".
BAT, XL, 7 (juil. 65), 30-32, texte & ill.

"Shrinkage cracks in concrete walls"
CB, V, 8 (août 55), 30

"Special shapes widen scope for block construction"
CB, VI, 10 (oct. 56), 46

"Standard concrete block sizes"
CB, X, 2 (fév. 60), 18

"Steam Curing For Blocks"
NB, IV, 9 (sept. 55), 24 et 39-40

"Steel and Concrete Melt like Butter under blast of white hot oxygen lance"
CB, IV, 4 (avril 54), 48, texte & ill.

"Structure and Finish in same unit" (R.W. Stencel's modular concrete blocks)
CB, IV, 10 (oct. 54), 42, texte & ill.

"Surface harden concrete floors for toughness and efficiency".
CB, IX, 6 (juin 59), 73

"The Canadian Architect's desk file, Concrete".
TCA, VII, 7 (juil. 62), 75-76

"The Canadian Architect's desk file, Concrete".
TCA, X, 9 (sept. 65), 81-84

"The Canadian Architect's desk file, Concrete Additives".
TCA, XI, 8 (août 66), 71-72

"The Canadian Architect's desk file, Concrete Shrinkage".
TCA, XI, 1 (jan. 66), 63-66

"The Canadian Architect's desk file, Pre-cast concrete decks"
TCA, VII, 7 (juil. 62), 71-74

"The forms of Rome" (exemple d'architecture en béton)
TCA, V, 10 (oct. 60), 37-41

"Traitement du béton par temps froid"
BAT, XXXIII, 12 (déc. 58), 20-21

"Un dôme de béton construit à plat et mis en forme par gonflage d'une membrane pneumatique".
BAT, XLIV, 7 (juil. 69), 25-27, texte & ill.

"Un gros producteur de matériaux, Après l'achat de Miron, Genstar devient le deuxième producteur de ciment du pays"
BAT, LI, 1 (jan. 76), 12-14

"Un nouveau béton préfabriqué léger renforcé de fibre de verre" (Cem-Lite)
BAT, LIII, 2 (fév. 78), 15-16, texte & ill.

"Un procédé de gros-oeuvre par coffrages métalliques comporte de nombreux avantages"
BAT, LIII, 5 (mai 78), 19-21, texte & ill.

"Un système de coffrage en mousse polyéthylène pour les planchers de béton armé"
BAT, LIV, 8 (août 79), 18-19

Une dalle creuse en béton précontraint pour plancher et toiture
ABC, X, 110 (juin 55), 48-49, texte & ill.

"Une fibre pour 'fortifier' le béton" (appelée "caricrète")
BAT, XLVI, 9 (sept. 71), 40

"Une nouvelle technique de bétonnage permet des économies"
BAT, LIV, 11 (nov. 79), 6

UNESCO, *Code et manuel d'application pour le calcul et l'exécution du béton armé*, Paris, 1968.
BAT, XLIV, 7 (juil. 69), 40

"Unique turntable plays part in concrete pipe, block, brick manufacture"
CB, VIII, 10 (oct. 58), 35-36

"Use of prestressed concrete will increase says this engineer"
CB, IX, 9 (sept. 59), 49

"Versatile Concrete Block builds dual wall for good insulation"
CB, III, 4 (avril 53), 54-55, texte & ill.

"Winter concreting topic of symposium"
CB, VI, 7 (juil. 56), 45

"World" (des constructeurs torontois utilisent un procédé européen pour les hauts édifices, des panneaux de béton)
TCA, XV, 5 (mai 70), 7-8

Wynn, A.E., *Estimating and Cost Keeping for Concrete Structures*, Concrete Publications Ltd, London, [s.d.].
CB, I, 4 (sept.-oct. 51), 40

Ytong, béton cellulaire léger.
ABC, IX, 97 (mai 54), 52-53, texte & ill.

"Zinc coating prevents concrete spalling"
CB, V, 9 (oct. 55), 90, texte & ill.

Ager, J.W.A.; Eber, George
"Prestressed Concrete Construction"
CB, I, 2 (mai 51), 31-33, 36-38, texte & ill.

Aitcin, Pierre-Claude
"Utilisation de la calcite dans le béton"
BAT, XLVII, 1 (jan. 72), 20-21, texte & ill.

Anderson, E.C.
"Concrete, Properties and Purposes".
ARCAN, 45, 6 (juin 68), 49-50

Association Nationale des Produits de Béton
"Appellation et dimensions standards des blocs de béton"
BAT, XXXIV, 2 (fév. 59), 36-37

Aylon, Norman N.
"Concrete Construction Inspection: Who does What?"
TCA, XIX, 7 (juil. 74), 38 et 66

Ball, Walter
"Building research expert looks at Precast concrete — questions importance of moisture content"
CB, VI, 4 (avril 56), 51

Berrie, Nancy
"Glass-reinforced cement has many uses".
CB, XXIX, 2 (fév. 79), 23-24

Birmingham, W.H.
"Letters". (Réponse à un article de M.S. Yolles intitulé "Ultimate Strength Design" paru en octobre)
TCA, VI, 4 (avril 61), 15

Bourgeois & Martineau
"L'utilisation de la précontrainte dans la construction des ponts"
ABC, XV, 166 (fév. 60), 52-55, texte & ill.

Brosseau, Gérard
"Un matériau d'avenir: le béton à la perlite"
BAT, XXVII (mars 52), 27-29

Brosseau, L.P.
"Le choix de coffrages convenables est d'une importance capitale pour l'entrepreneur"
BAT, XXXIV, 4 (avril 59), 40-41 et 63

Cazaly, Laurence
"Precast Concrete"
TCA, IX (yearbook 64), 92-93

"Precast Concrete and the Engineer".
RAIC, XL, 8 (août 63), 26-28

Chadwick, Patrick A.
"Cellular Concrete in Roofing Applications".
TCA, XXV, 6 (juin 80), 36-37 et 50

Charney, Melvin
"Concrete, A Material, A System and an Environment."
ARCAN, 45, 6 (juin 68), 41-44 et 55-60

Chartrand, Jean
"Aujourd'hui le rendement du béton est incomparablement meilleur qu'il y a dix ans"
BAT, IX, 9 (sept. 61), 50-51, texte & ill.

Copleland, L.E.
"The Matrix of Concrete".
ARCAN, 45, 6 (juin 68), 45-48

Corning, L.H.
"Prestressed concrete"
CB, VII, 4 (avril 57), 44-45

Coutts, Ian R.
"Concrete" (la popularité du béton dans les édifices canadiens.)
CB, XIV, 7 (juil. 64), 30-35

Cruickshank, George
"Acier: Armure des structures de béton"
BAT, XXIX, 5 (mai 54), 57-61, 73, texte & ill.

"Place the steel to reinforce the concrete"
CB, IV, 3 (mars 54), 54-58, texte & ill.

Danard, Jean
"Aluma form system captures world markets"
CB, XXIX, 11 (nov. 79), 28-29

Dickens, H.B.
"Concrete Floor Finishes". (dépliant de la Canadian Building Digest).
RAIC, XXXVIII, 10 (oct. 61), 77-80

Dobson, Dr. W.P.
"Durability and Repair of Concrete"
CB, IV, 5 (mai 54), 59-62

Filteau, Jacques
"Histoire et applications des bétons légers".
BAT, IX, 5 (mai 61), 43-45, 55-56, texte & ill.

Fowke, Clifford
"How lightweight concrete brings economies in multi-story buildings"
CB, XIV, 4 (avril 64), 22-23

Gardner, Paul
"Au service de l'industrie du bâtiment"
CDQ, 3 (mai-juin 50), 14-16

Gauthier, Bruno
"Applications récentes de la précontrainte dans la province de Québec"
BAT, IX, 5 (mai 61), 36-40, texte & ill.

Germain, Léon-David
"Le béton léger pour la petite habitation"
BAT, XXVII (jan.-fév. 52), 23-24

Gibbons, E.V.
"Technical Digest: Vermiculite"
CB, I, 1 (mars 51), 62

Giddings, Ken
"Better precast concrete".
RAIC, XL, 8 (août 63), 34-38 et 43-46

Gill, Georges A.
"Le béton précontraint I"
BAT, XXX, 8 (août 55), 42-47, texte & ill.
"Le béton précontraint II"
BAT, XXX, 9 (sept. 55), 50-57, 72, texte & ill.

Gillespie, Bernard
Neville, A.M., *Properties of Concrete*, Pitman Publishing, London, 1977.
TCA, XXIV, 10 (oct. 79), 8

Gosselin Geoffrion, H.
"Une nouvelle ère pour la préfabrication du béton".
AC, 30, 332 (nov.-déc. 75), 18-20

Grindrod, J.
"Dutch shuttering system used in making concrete formwork"
CB, VIII, 5 (mai 58), 41

Hackett, W.B.
"Example of a logical Method of Calculating compression reinforcement in reinforced concrete beams".
RAIC, XXIII, 8 (août 46), 205

Helwing, Carl E.
Champion, S. *Failure and Repair of Concrete Structures*, John Wiley & Sons Inc, sans lieu, sans date.
RAIC, XXXVIII, 12 (déc. 61), 56

Hoblek, Kai
"Precast concrete past, present, future"
RAIC, XL, 8 (août 63), 29-33

Hoseason, Harry
"Precast concrete units have a big place in Canadian building"
CB, V, 3 (mars 55), 49-50

Hubler, Robert L. Jr.
"Glass reinforcing for thin-shell concrete"
CB, XXVIII, 5 (mai 78), 45
"High-speed concrete saves time and costs"
CB, XXVIII, 10 (oct. 78), 24-25

Hutcheon, N.B.
"Concrete". (dépliant de la Canadian Building Digest).
RAIC, XXXVIII, 3 (mars 61), entre 72 et 73

Keller, Peter K.
"Water Reduction Versus air Entrainment in Architectural and Structural Concrete".
RAIC, XXXV, 8 (août 58), 304-305

Klassen, Alvin T.
"Below-Strength Concrete".
RAIC, XXXV, 2 (fév. 58), 49-50

Knight, Lane
"The Design and Specification of Watertight Concrete".
RAIC, XXXII, 5 (mai 55), 150-152

Lacasse, Wilfrid
Projet-thèse: étude théorique et établissement d'un projet en béton précontraint
ABC, XIII, 147 (juil. 58), 46-50 et 54, texte & ill.

Lanthier, Claude
"Calcul d'une application spécifique de la précontrainte par adhérence"
BAT, IX, 9 (sept. 61), 75-76, texte & ill.
"Étude critique de la précontrainte"
BAT, IX, 5 (mai 61), 32-35, texte & ill.

Lapierre, Louis-J.
"Béton et maçonnerie au service de l'artiste"
BAT, IX, 5 (mai 61), 28-31, texte & ill.

Lazarides, T.O.
"Design for prestressing"
CB, IV, 10 (oct. 54), 31-32, texte & ill.

Lee, Douglas H.
"Precast Concrete". (Introduction à plusieurs articles sur le béton dans le même numéro).
RAIC, XL, 8 (août 63), 25
"Technical Section" (planchers de béton)
RAIC, XL, 1 (jan. 63), 52-53.
"Technical Section, Poured Gypsum concrete roof decks".
RAIC, XL, 5 (mai 63), 59-61 et 64

Lymburner, John
"Aggregate costs are going up".
CB, XXX, 4 (avril 80), 10 et 12

Lymburner, John
"New ways to test concrete"
CB, XXX, 2 (fév. 80), 15

McNaughton, M.F.
"Cold Weather Concreting"
CB, I, 1 (mars 51), 34-36, texte & ill.

Maguire, P.
"This block system of construction is relatively new to Canada" (Durisol block)
CB, XIV, 2 (fév. 64), 38-40

Martineau, R.
"Applications de la précontrainte aux dalles plissées en béton"
BAT, IX, 5 (mai 61), 46-49, texte & ill.

Martineau, René
"Application du Béton précontraint"
ABC, X, 185 (jan. 55), 35-37, texte & ill.

Miljevic, Dobro
"À l'origine du concept modulaire du béton préfabriqué".
AC, 34, 347 (juil.-août 78), 21-28

Morrison, Carson F.
Lin, T.Y. *Design of prestressed concrete structures*, John Wiley & Sons, Inc, New-York, [s.d.].
RAIC, XXXIII, 5 (mai 56), 195

Murray, V.S.
"Pre-stressed or pre-compressed concrete".
RAIC, XXIII, 12 (déc. 46), 319-322

Mustard, J.N.; Young, R.B.
"High Quality Concrete Essential For Prestressed Work"
CB, IV, 6 (juin 54), 67-72

Olynek, E.
"Precast concrete and its use as a structural unit"
CB, XI, 6 (juin 61), 40-45

Ricouard, M.-J.
"Le coffrage réglable pour poteaux — emploi, temps de main-d'oeuvre, mise en place du béton, autres coffrages"
BAT, XXX, 5 (mai 55), 30-31

Robitaille, André
"Esthétique de l'architecture du béton armé"
ABC, XX, 229 (mai 65), 49-52

Safir, O.
"Advances in Reinforced Concrete Construction".
RAIC, XXVII, 9 (sept. 50), 322-324 et 327

Schwaighofer, Joseph; Seethaler, Norbert
"The analysis of R.C. Structures" (reinforced concrete)
TCA, VI, 1 (jan. 61), 67 et 69 et 71-72

Shaw, R.F.
"Why should we use prestressed concrete?"
CB, IV, 6 (juin 54), 57-63

Stanners, James
"The Evolution of Precast Concrete".
RAIC, XL, 8 (août 63), 47-50

Swenson, E.G.
"Admixtures in Portland Cement Concrete".
ARCAN, 45, 6 (juin 68), 51-52

Taillibert, Roger
"Le béton est la plus belle pâte à modeler"
BAT, LI, 8 (août 76), 11-12

Torbet, W.G.
"You don't choose a concrete block by unit price alone"
NB, XI, 6 (juin 62), 54-55

Turnbull, Andy
"Precast concrete system for buildings, Special molds make concrete look like wood"
CB, XXIX, 11 (nov. 79), 18-21

Ujhelyi, J.
"Détermination de la composition des bétons pour une application donnée."
BAT, XLIV, 9 (sept. 69), 36-38, 42, texte & ill.

Van Deusen, Edmund
"Accurate tension measurement helps prestressed design"
CB, VII, 11 (nov. 57), 38-39

Van Huyse, J.C.
Campbellville (toiture de béton pour recouvrir un champignon)
ARCAN, 47 (29 juin 70), 3

Verdeyen, J.
"Acier ou béton armé?"
BAT, XXVIII, (juil. 53), 37-43, 49-51, texte & ill.

Wilson, Forrest
"A contribution to concrete Exposing Itself — Progressive Architecture".
ARCAN, 45, 6 (juin 68), 54

Wilson, J.G.
"Concrete need not look drab — with modern surfacing techniques"
CB, III, 6 (juin 53), 27-30, texte & ill.

Wisnicki, B.P.
Parker, Harry. *Simplified design of reinforced concrete*, John Wiley & Sons Inc, sans lieu, sans date.
RAIC, XXXVIII, 4 (avril 61), 69

Yolles, Morden S.

"Structures"
TCA, VII, 12 (déc. 62), 39-74

"Ultimate Strength Design"
TCA, V, 10 (oct. 60), 50

Yolles, M.S.; Fowler, C.A.E.; Nicolet, R.R.

"Comments on precast".
RAIC, XL, 8 (août 63), 50

Zollman, Charles C.; Remarque, G.M.; Lash, S.D.

"Techniques of prestressing"
CB, I, 3 (juil. 51), 31-37

LE BOIS
WOOD

"Abitibi's platewood approved by CMHC"
NB, VII, 7 (juil. 58), 31

"Abitibi's platewood versatile lumber substitute"
NB, VI, 12 (déc. 57), 2

"Artificial Lumber for Building"
TCA, I, 2 (jan.-fév. 56), 58

"Assemblage et finissage des surfaces de contreplaqué"
BAT, XXXI, 12 (déc. 56), 28-31, 49, texte & ill.

"Bibliography". (sur le bois)
RAIC, XLII, 12 (déc. 65), 61

Bois
ABC, VI, 67 (nov. 51), 26

Bois de Colombie-Britannique
ABC, VII, 74 (juin 52), 21-23, texte & ill.

"Building with wood. These new ideas are revolutionizing the building industry"
CB, XII, 8 (août 62), 35

"Calculs de génie pour le bois lamellée et collé"
BAT, XXXVIII, 7 (juil. 63), 24-25, texte & ill.

"Canadian techniques for timber framing are a hit in Europe"
CB, XXX, 9 (sept. 80), 9

"Congrès de l'industrie du bois — une pénurie de bois menace le bâtiment"
BAT, XLVIII, 3 (mars 73), 16, 18, texte & ill.

Conseil des Industries Forestières de la Colombie-Britannique, *Manuel des usages du contre-plaqué*, sans édition, sans lieu, sans date.
AC, 27, 308 (oct. 72), 11

"Consultation mondiale sur l'emploi du bois dans l'industrie de la construction"
BAT, XLVI, 5 (mai 71), 7

"Contreplaqués de bois franc et décoration intérieure"
ABC, VIII, 84 (avril 53), 31-33, texte & ill.

"Dans les parements intérieurs... le luxe du bois n'a pas de limite"
BAT, XXXVII, 5 (mai 62), 52-53, texte & ill.

"East and West join forces to promote Canadian lumber"
NB, VIII, 3 (mars 59), 44

"Édition spéciale: le bois"
BAT, XXXVII, 5 (mai 62), 33-70, texte & ill.

Emploi du bois dans la construction de guichets de caissiers.
ABC, X, 116 (déc. 55), 37, texte & ill.

"Emploi nombreux et variés du contreplaqué de sapin"
BAT, XXVII (déc. 52), 13-14

"Extérieurs de contreplaqué"
BAT, XXXI, 11 (nov. 56), 36-37, texte & ill.

"Fibre de bois pour structures" (appelée Fibrply)
BAT, XXVIII, 10 (oct. 53), 63

"Fire plywood data"
CB, X, 2 (fév. 60), 42

"Fire-retardant wood"
NB, VI, 12 (déc. 57), 2

"Flake board-61B"
NB, VII, 12 (déc. 58), 38

"Forest Products Week Address"
RAIC, XXXVII, 11 (nov. 60), 455

"Glue laminated timber construction has advantages"
CB, VIII, 5 (mai 58), 42-43

"Hardwood Grades Guaranteed"
CB, IV, 8 (août 54), 37

"Here are 9 plywood component systems to help you cut job-site costs"
NB, X, 7 (juil. 61), 14-16

"Here are two Vancouver houses that use plywood as the exterior finish"
CB, XX, 10 (oct. 70), 20

How to do it: 32 sq. ft. at a time with Douglas For plywood sheathing"
CB, II, 11 (nov. 52), 48-49, texte & ill.

"How to do it: Moisture Content and Shrinkage of Wood"
CB, II, 4 (avril 52), 66, texte & ill.

"L'ACIB cherche comment accroître le marché du bois"
BAT, L, 4 (avril 75), 27-28

"La préservation du bois vous permettra de l'utiliser à son rendement maximum"
BAT, XXVIII (juil. 53), 22-27, texte & ill.

"Le Bois"
CDQ, XXVI, 3 (mai-juin 51), 13-15, texte & ill.

Le bois: "Dans les escaliers... des effets aussi variés qu'originaux"
BAT, XXXVII, 5 (mai 62), 46-47, texte & ill.

"Le bois d'oeuvre lamellé résout un problème d'environnement"
BAT, LII, 7 (juil. 77), 26-27, texte & ill.

"Le bois lamellé donne de 'l'audace' aux structures apparentes"
BAT, XXXVII, 5 (mai 62), 34-39, texte & ill.

"Le bois reprendrait sa place dans la construction"
BAT, XLVI, 12 (déc. 71), 36

"Le bois se carbonise et 'tient'"
BAT, XXXVIII, 7 (juil. 63), 32-33, texte & ill.

"Le contre-plaqué comme matériau de base" (concours patronné par l'Association des Manufacturiers de contre-plaqué de la Colombie-Britannique)
BAT, XXVIII, (juin 53), 22-23, 48, 52, texte & ill.

"Le contreplaqué contribue à diminuer le coût de la construction"
BAT, XXXI, 5 (mai 56), 50-53, texte & ill.

"Le contreplaqué de sapin Douglas dans les intérieurs"
ABC, VIII, 84 (avril 53), 37-39, texte & ill.

"Le contreplaqué: léger, pratique et résistant — voici toutes les caractéristiques et les exigences pour quelques-uns de ses usages"
BAT, XXXVII, 5 (mai 62), 58-61, texte & ill.

"Les économies à faire dans le bois"
BAT, XXVII (mai 52), 65

"Les principales essences de bois"
BAT, XXXVII, 5 (mai 62), 69-70

"Lumber dealers reach for national markets with a new component package" (préfabrication)
CB, XI, 11 (nov. 61), 24-28

"Manitoba Students Erect Plywood Dome For $130"
NB, VI, 4 (avril 57), 25

"Marques officielles de qualité des bois"
BAT, XXXVII, 5 (mai 62), 63, 67, texte & ill.

"Natural Wood Finishes"
CB, V, 7 (juil. 55), 23-24

"New Glulam Qualification Code assures uniformity, quality"
CB, VIII, 10 (oct. 58), 47

"Panneaux modulaires" (en fibre de bois aggloméré appelés Exide Insulrock)
BAT, XLVI, 4 (avril 71), 39

"Paroi simple de contreplaqué"
BAT, XLVIII, 3 (mars 73), 5

"Plywood Enclosure Beats Bad Weather"
CB, III, 8 (août 53), 27, texte & ill.

"Plywood now comes T & G for another cut in on-the-site costs"
CB, XIII, 8 (août 63), 40-41, et 47

"Plywood scores in formwork"
CB, VIII, 6 (juin 58), 34-35

"Pressure treatment gives permanence to structural timber"
CB, V, 5 (mai 55), 43-45

"Products" (Monkeypod plywood, panneaux de recouvrement)
TCA, VII, 1 (jan. 62), 69

"Prospects improve for builder lumber in uniform sizes and stress-grades"
CB, XIV, 4 (avril 64), 57-58

"Section spéciale: le bois dans la construction"
BAT, XXXVIII, 7 (juil. 63), 18-33, 40, texte & ill.

"Stewart Bates, President of CMHC, speaking to the Ontario Retail Lumber Dealers Association Inc...". (sur les poutres de bois)
TCA, I, 10 (oct. 56), 46 et 48

Structure de bois lamellé
ABC, IX, 94 (fév. 54), 36-37, texte & ill.

"Télégrammes" (le contreplaqué)
BAT, XLI, 7 (juil. 66), 52

"The Canadian Architect's desk file, Douglas Fir Plywood"
TCA, X, 5 (mai 65), 79-82

"The Canadian Architect's desk file, Heavy timber construction".
TCA, VI, 11 (nov. 61), 75-78

"The Canadian Architect's desk file, Overlaid Plywood"
TCA, X, 4 (avril 65), 79-80

"The Canadian Architect's desk file, Wood".
TCA, XI, 4 (avril 66), 77-80

"The Canadian Architect's desk file, Wood fire retardants".
TCA, VI, 3 (mars 61), 81-82

"The 'Chatterbox'" (bois plaqué avec une face de brique)
NB, VI, 11 (nov. 57), 29

"Three diverse interiors use Western Red Cedar to create a friendly atmosphere"
CB, XX, 8 (août 70), 49

"Treatment of glulam"
CB, VII, 4 (avril 57), 64

"Une pénurie de bois menace le bâtiment"
BAT, XLVIII, 3 (mars 73), 16 et 18

"Wood"
TCA, IX (yearbook 64), 99

"Wood, a modern building material"
CB, IX, 8 (août 59), 38-45, 47-48, 50-52, 54-55, 57-58, 60-61, 65-66, 68 et 70-74

"Wood framing"
CB, VI, 2 (fév. 56), 68

"Wood framing"
CB, VII, 2 (fév. 57), 65

"Wood framing"
CB, VIII, 2 (fév. 58), 77

"Wood Framing Standards"
CB, V, 9 (oct. 55), 59-60, tableaux

"Wood gears for new era"
CB, XVII, 3 (mars 67), 9

"Wood is a good construction material"
CB, V, 9 (sept. 55), 60

"Wood: these buildings use it creatively".
CB, XVI, 6 (juin 66), 48-49

"Woodwork finish-566B"
NB, X, 1 (jan. 61), 46

Armstrong, J.B.

"Plywood"
CB, VII, 4 (avril 57), 52-53

Brown, P.S.

"Modern wood finishes".
RAIC, XLII, 12 (déc. 65), 56-57

Carruthers, C.D.

"Modern timber connections"
RAIC, XIX, 10 (oct. 42), 201-203

Davison, Keith B.

"Wood framing developments". (En Colombie-Britannique)
RAIC, XXVII, 9 (sept. 50), 313-315

De Grace, R.F.

"Guide technique — protection permanente des structures en bois"
BAT, XXX, 9 (sept. 55), 31-33, 72, texte & ill.

"Lamination brings new strength to timber"
CB, VI, 3 (mars 56), 26-29 et 31-32

Dube, Chs-H.
"Les charpentes en bois"
CDQ, XXVI, 4 (juil.-août 51), 15-18, texte & ill.

Engh, John
"Wood, a worse building material"
RAIC, XX, 8 (août 43), 124-129

Esherick, Joseph
"Some notes on wood frame"
RAIC, XLII, 12 (déc. 65), 38-47

Fowke, Clifford
"New ideas for plywood use may speed your job and cut costs"
NB, VIII, 8 (août 59), 19-21
"This survey shows how wood leads trend to building components"
CB, XIII, 8 (août 63), 32-33

Gaboury, Étienne J.
"Wood"
TCA, X, 11 (nov. 65), 38-44

Gascon, Yves
"Le choix du bois — anomalies des bois: défauts et altérations, entraînant des impossibilités ou des restrictions d'emploi"
BAT, XXX, 5 (mai 55), 32-33

Gower, L. Elvin
"Wood in Architecture: Practical Considerations".
TCA, X, 11 (nov. 65), 53-56

Hanson, A.T.
"Wood-frame construction in Norway, Cost-saving worth considering in siding, stud-wall construction and flooring".
CB, XVI, 7 (juil. 66), 38-39

Kennedy, D.E.
"Structural Wood Research at the Forest Products Laboratories of Canada"
RAIC, XLII, 12 (déc. 65), 55

Ketchum, Verne
"Fabrication of laminated timber members"
RAIC, XX, 8 (août 43), 134-137

Knight, J.
"Specifying Structural Wood Products"
TCA, XXIV, 6 (juin 79), 31-35 et 50

McCance, William M.
"NHBA helps create a new type of plywood."
NB, VIII, 2 (fév. 59), 37

Morrisson, Carson F.; Ball, W. Ross
"Laminating Gives Bigger, Stronger Structural Timber"
CB, II, 6 (juin 52), 15-20, texte & ill.

Oman, Alan E.
"Research Developed Plywood Components".
RAIC, XLII, 12 (déc. 65), 50-51

Read, Vernon
"Timber plate girders are light and economical"
CB, III, 10 (oct. 53), 25-28, texte & ill.

Rock, Bernard
"How Hardwood is Graded"
CB, IV, 5 (mai 54), 57-58

Scully, Vincent
"Wood in architecture"
RAIC, XLII, 12 (déc. 65), 37

Selby, Kenneth A.
Timber Construction Manual, Canadian Institute of Timber Construction, sans lieu, sans date.
RAIC, XXXVII, 2 (fév. 60), 83

Trudeau, J. Gaétan
Projet-thèse: Étude d'une charpente en bois lamellé.
ABC, X, 111 (juil. 55), 40-43, texte & ill.

Wakefield, Wm. E.
"The manufacture of veneer and plywood"
RAIC, XXV, 12 (déc. 48), 450-457

MAÇONNERIE ET CÉRAMIQUE
MASONRY AND CERAMICS

"1200-lb. brick panels speed close-in".
CB, XXI, 5 (mai 71), 19

"Ancrage flexible des maçonneries — causes des lézardes — résultat d'un ancrage rigide — système des charpentes flexibles"
BAT, XXXIII, 1 (jan. 58), 24-27, 31, texte & ill.

"Ancrage flexible des maçonneries"
BAT, XXXIII, 2 (fév. 58), 28-31

"Ancrage flexible des maçonneries — détails de construction susceptibles d'empêcher la fissuration des renforcements, des murs parapets et les lézardes causées par l'ondulation du béton"
BAT, XXXIII, 3 (mars 58), 36-41, 45, texte & ill.

"Architects saw these new products, ideas" ("clay-brick")
CB, XIII, 3 (mars 63), 77

"Architecture et Céramique — maîtrise d'arts"
ABC, I, 2 (jan. 46), 15

"Arcs de structure en briques"
BAT, IX, 4 (avril 61), 27-30, texte & ill.

"Are masonry rules too tight? Cut costs by using standards more DPW, Defence contracts"
NB, VIII, 2 (fév. 59), 25 et 31

Barbier, M. et J. Debluts, *Aide-mémoire du métreur en maçonnerie*, Eyrolles, Paris, 1963, 4e éd.
BAT, XL, 2 (fév. 65), 48

"Best in brick judged on site".
CB, XVIII, 11 (nov. 68), 44-45

"brick-about-town".
TCA, IV, 10 (oct. 59), 48

"Brick & Tile Institute Starts Big Promotion"
NB, VII, 4 (avril 58), 30

Brique
ABC, II, 18 (oct. 47), 45, texte & ill.

"Brique en béton pour façades" (appelée "Miami brick")
BAT, XLI, 4 (avril 66), 37

"Briques en silicate de calcium"
BAT, XLVI, 11 (nov. 71), 72

"Brique vernissée Domtar"
BAT, XL, 12 (déc. 65), 41

"Building Brick Size".
TCA, 1 (nov.-déc. 55), 71

"Canadian bricks 'underburned'"
CB, XI, 12 (déc. 61), 58

"Colorful ceramic veneer lasts" (terra cotta)
CB, VIII, 6 (juin 58), 31

"Comment nettoyer la maçonnerie"
BAT, XXXIX, 6 (juin 64), 32-34, 48, texte & ill.

"Comment prévenir les avaries des placages de briques et de pierre dans les immeubles de grande hauteur"
BAT, LIII, 5 (mai 78), 21, texte & ill.

"Constantes pour les formules de flexion des maçonneries armées"
BAT, XXXII, 10 (oct. 57), 47-49 et 53

"Construction des maçonneries de tuiles armées"
BAT, XXXI, 8 (août 56), 49-53, texte & ill.

Construction de terrasses et murs de jardins en brique et en tuile
ABC, X, 115 (nov. 55), 44-45, texte & ill.

"Cut time, costs with brick panels"
CB, VII, 12 (déc. 57), 29

"Des attaches ajustables pour maçonnerie permettent de monter un mur en plusieurs opérations"
BAT, XXXIX, 10 (oct. 64), 22-23

"Efflorescence à la surface extérieure des murs en maçonnerie"
ABC, VII, 79 (nov. 52), 22-25

"Efflorescence — number one problem for masonry"
CB, VI, 8 (août 56), 51-52

"Efflorescences de briques"
BAT, XLVI, 10 (oct. 71), 33-34, texte & ill.

"Efflorescences jaunes sur les enduits de plâtre appliqués sur des cloisons en brique"
BAT, XLV, 9 (sept. 70), 32-33, texte & ill.

"Enjolivez avec un peu de pierre"
BAT, XXVIII, (août 53), 19, 42, texte & ill.

"Exigences de calcul minima pour les maçonneries armées"
BAT, XXXII, 5 (mai 57), 66-69, 73, 77, texte & ill.

"Facts About Sand Lime Brick"
NB, IV, 9 (sept. 55), 14

"For solid masonry — a new method"
NB, IX, 8 (août 60), 7

"Glazed brick" ("Kermoglaze")
CB, XIII, 4 (avril 63), 77

"Here's the best in brick"
CB, XIX, 11 (nov. 69), 36-37

"It's instant mortar"
NB, IX, 8 (août 60), 36

"La maçonnerie défigurée par l'efflorescence: un problème dû à plusieurs facteurs"
BAT, LV, 4 (mai 80), 18, 20-21, 24, texte & ill.

"L'automatisation dans une briqueterie" (Cie de Brique Chem, Laval)
BAT, XLVI, 12 (déc. 71), 25

"La céramique au service de l'architecture"
ABC, IX, 96 (avril 54), 32-34, texte & ill.

"La Pierre"
ABC, VI, 67 (nov. 51), 18-20 et 40, texte & ill.

"La Pierre Grise"
ABC, I, 6 (sept. 46), 20 et 28

"La popularité des imitations de pierre et de brique"
CDQ, XXIV, 5 (sept. 49), 25

"L'efflorescence"
BAT, XXXII, 2 (fév. 57), 34-37, texte & ill.

"L'efflorescence"
BAT, XLIV, 12 (déc. 69), 14-16, texte & ill.

"L'efflorescence, causes, remèdes"
BAT, XXVII (mai 52), 28-30

"L'efflorescence peut-elle être évitée?"
BAT, XXXII, 1 (jan. 57), 24-27, 46-47, texte & ill.

"Le meilleur moyen d'éviter la pénétration de la pluie dans les murs: la qualité de la maçonnerie"
BAT, XLI, 10 (oct. 66), 31-35

"Les arcs en maçonnerie (2e partie)"
BAT, IX, 9 (sept. 61), 55-63, texte & ill.

"Les efflorescences: problème majeur"
BAT, XXXVIII, 3 (mars 63), 28-31, 45, texte & ill.

"Les matériaux à base d'argile: 1. La tuile; 2. Le terracotta"
BAT, XXX, 5 (mai 55), 34-37, 55, texte & ill.

"Les mouvements différentiels de la maçonnerie"
BAT, XXXVIII, 9 (sept. 63), 38-42, 49, texte & ill.

"Les mouvements différentiels de la maçonnerie (IIe partie)"
BAT, XXXVIII, 11 (nov. 63), 33-37, texte & ill.

"Limestone"
TCA, IX, 5 (mai 64), 75-78

"Loadbearing clay masonry walls — NBC opens up a new concept"
CB, XVI, 4 (avril 66), 9

"Maçonneries à base d'argile 'chimiquement résistantes'"
BAT, XXIX, 5 (mai 54), 47-49 et 53

"Maçonneries de brique armée"
BAT, XXX, 5 (mai 55), 40-43, texte & ill.

"Masonry"
CB, V, 2 (fév. 55), 55-56

"Masonry" (brique)
CB, VI, 2 (fév. 56), 47

"Masonry" (brique)
CB, VII, 2 (fév. 57), 47

"Masonry" (brique)
CB, VIII, 2 (fév. 58), 59

"Masonry coating-148B"
NB, VIII, 4 (avril 59), 40

"Masonry estimating"
CB, X, 2 (fév. 60), 15

"Masonry wall reinforcement" (appelé "Blok-Lock)
CB, VI, 6 (juin 56), 83

"Matériau de parement à l'épreuve des intempéries" (Appelé "Nova-Stone")
BAT, XL, 12 (déc. 65), 41

"Méthodes de construction pour murs en tuile de façade et en brique vitrifiée"
BAT, XXXIII, 12 (déc. 58), 31-34

"Méthodes de fixation aux murs de maçonnerie"
BAT, XXVII (mars 52), 36 et 46

"Mouvements différentiels de la maçonnerie: (3e partie) ancrage souple"
BAT, XXXVIII, 12 (déc. 63), 28-31, texte & ill.

"Murs de maçonnerie coulés instantanément" ("Stout Brick")
BAT, XL, 5 (mai 65), 58

"Nettoyage de la maçonnerie (suite et fin)"
BAT, XXXIX, 7 (jui. 64), 31-34, 38, texte & ill.

"New brick needs no frame for single-storey use"
NB, VII, 6 (juin 58), 2

"Non-shrink mortar"
NB, XI, 5 (mai 62), 49

"Peinturage et imperméabilisation des murs en brique et en tuile"
BAT, XXXII, 3 (mars 57), 74-81, 97, texte & ill.

"Peut-on utiliser un mortier de force quelconque et obtenir un briquetage solide?"
BAT, XXXIII, 4 (avril 58), 66

"Pierre, brique, ciment s'unissent pour la décoration extérieure"
BAT, XXXVIII, 3 (mars 63), 39-41, texte & ill.

"Pour construire des murs de maçonnerie étanches"
BAT, XXXIII, 4 (avril 58), 38-40

"Prestressed tile slab"
CB, XIII, 3 (mars 63), 75

"Products" (Nouvelles couleurs et textures de brique)
TCA, X, 1 (jan. 65), 62

"Products" (Nouvelles tuiles appelées Hypalon)
TCA, III, 3 (mars 58), 68

"Que vaut le placage de céramique?"
BAT, XXVIII (sept. 53), 28-29, 56-57, texte & ill.

"Raincoat for masonry"
NB, V, 11 (nov. 56), 34

"Reinforced Brick Masonry"
CB, IV, 12 (déc. 54), 27-28, texte & ill.

"Retour à l'âge de pierre"
BAT, XXXVIII, 3 (mars 63), 22-23, texte & ill.

"Revêtement de la charpente en placage de maçonnerie — Brique ou tuile"
BAT, XXVIII, 12 (déc. 53), 14-17, texte & ill.

"Servais grès-Klinker et carreaux de faïence".
AC, 26, 294 (mai 71), 30-32

"Shadow or wedge brick"
NB, X, 6 (juin 61), 60

"Soft clay layers"
CB, XII, 11 (nov. 62), 7

"Surfaces d'appuis recommandées pour le placage céramique et la terracotta architecturale"
BAT, XXIX, 11 (nov. 54), 38-41

"Tableau estimatif des travaux de maçonnerie"
BAT, IX, 6 (juin 61), 47

"The Canadian Architect's Desk File, Clay & Shale Bricks"
TCA, VI, 4 (avril 61), 71-74

"The Canadian Architect's Desk File, Masonry Coatings".
TCA, VII, 5 (mai 62), 73-74

"*The technological properties of Brick Masonry in High Buildings* par P. Haller" Conseil national de recherche, Ottawa, 1959
ABC, XIV, 164 (déc. 59), 399

"There's a new story in brick" (Concrete block)
CB, X, 10 (oct. 60), 53-55

"This builder... cut costs $200 with SCR brick" (Structural Clay Research)
CB, IX, 7 (juil. 59), 32-33

"Tile adhesives — a construction method which cuts cost by 20%"
NB, X, 2 (fév. 61), 26

"Toronto cast stone expands plant"
NB, VII, 1 (jan. 58), 24-25

"Tuile de construction en Terra Cotta"
ABC, IV, 34 (fév. 49), 26

"Tuile de grès cérame"
ABC, II, 10 (jan. 47), 38 et 40, texte.

"Une brique à haute résistance" (appelé SCR)
BAT, XXXIII, 9 (sept. 58), 51

"Une nouveauté: les panneaux préfabriqués en briques"
BAT, XXXVII, 3 (mars 61), 49

"Water Repellent Treatment For Brick And Masonry"
CB, II, 6 (juin 52), 39-41, 55, texte & ill.

Allen, D.E.
"Damage to Brick and Stone Veneer on Tall Buildings".
TCA, XXIII, 3 (mars 78), 59

"Protecting masonry veneer on high-rise concrete buildings"
CB, XXVIII, 5 (mai 78), 46

Bélair, Gérard
"La productivité dans le bâtiment" (la méthode Gilbreth pour la maçonnerie de brique)
BAT, XXVII (juil. 52), 21-22

Dickens, H. Brian
"Repairing Leaky Masonry Walls"
CB, VIII, 3 (mars 58), 46

Dickens, H.B.
"Workmanship — Key factor in rain – tight masonry"
CB, XIV, 1 (jan. 64), 46-48

Dorey, D.B.
"Weather as a factor in Masonry problems".
RAIC, XXXII, 10 (oct. 55), 394-397

Dorey, D.B. et al.
"Water control the basis of most masonry problems"
CB, V, 7 (juil. 55), 29-30

Goodwin, M.J.
"Efflorescence, What causes it? How can it be prevented?"
CB, III, 3 (mars 53), 38, 54-56

Hutcheon, N.B.
"Principles Applied to an insulated Masonry wall".
RAIC, XLI, 2 (fév. 64), 69-72

Hutcheon, Neil B.
"Stability and Durability of Masonry Materials".
RAIC, XXXII, 9 (sept. 55), 338-341

Institut Technique du Bâtiment et des Travaux Publics
"Efflorescences de briques"
BAT, XXXIV, 8 (août 59), 44-45

Johnson, P.V.
"Structural clay products"
CB, VII, 4 (avril 57), 48-49

Kastner, Paul
"The 'big' brick — how some builders view its role in construction"
NB, IX, 8 (août 60), 32-33

Knight, Lane
"The Design of Masonry Mortars".
RAIC, XXIV, 12 (déc. 47), 436-437 et 443

Knight, Lane
"The efflorescence problem".
RAIC, XXVI, 4 (avril 49), 122-123

Lapierre, Louis J.
"Béton et maçonnerie au service de l'artiste"
BAT, IX, 5 (mai 61), 28-31, texte & ill.

Lee, Douglas H.
"Masonry Bearing Wall Construction For Tall Buildings".
ARCAN, 44, 2 (fév. 67), 48-50

Lewis, D.W.
"Lightweight Aggregates". (Their characteristics and uses in concrete masonry).
RAIC, XLI, 10 (oct. 64), 88-92

Marani, F.H.
"Institute Page". (La brique).
RAIC, XXIII, 5 (mai 46), 123

Mikluchin, P.T.
"Clay Masonry"
TCA, IX (yearbook 64), 89-90

"New developments in structural ceramics".
RAIC, XLII, 10 (oct. 65), 83 et 85

Ritchie, J.
"Quelques aspects du problème de la pénétration de l'humidité dans la maçonnerie de brique"
ABC, VII, 77 (sept. 52), 32-33

Ritchie, T.
"Early brick Masonry Along the St. Lawrence in Ontario".
RAIC, XXXVII, 3 (mars 60), 115-122

"L'humidité dans la maçonnerie"
ABC, XI, 118 (fév. 56), 39-40

Ritchie, Thomas
"Terra Cotta in Canada"
TCA, XV, 8 (août 70), 55-57

Ritchie, T.; Plewes, W.G.
"Choix et assemblage des éléments de maçonnerie en vue de leur résistance aux intempéries"
ABC, XIII, 146 (juin 58), 68-75

"Design of Unit Masonry for Weather Resistance".
RAIC, XXXII, 9 (sept. 55), 342-348

Rodger, M.F.
"Modern treatment of Terra Cotta"
CB, III, 8 (août 53), 26, texte & ill.

Structural Clay Products Institute
"Arcs de structure en briques"
BAT, IX, 4 (avril 61), 27-29

Washa, G.W.; Withey, M.O.
"La pierre dans la construction"
BAT, XXX, 7 (juil. 55), 41-43 et 46-47 et 49

LES MÉTAUX
METALS

Les métaux en général
General

"Adaptability, building ease, features of Pascoe metal building system"
CB, XXVII, 4 (avril 77), 67

"Building system performs in many roles, Insulated panels add extra versatility" (metal-clad panels)
CB, XXIX, 10 (oct. 79), 28

"Curved sheet metal can be a plus in building design"
CB, XXV, 12 (déc. 75), 38

"Experiment in welding reinforcing bar joints"
CB, III, 11 (nov. 53), 36, texte & ill.

Kienert, G., *Constructions métalliques rivées et soudées*, L.III. Les charpentes, Eyrolles, Paris, 1965.
BAT, XLIII, 9 (sept. 68), 49

"Les métaux comme éléments décoratifs de façades"
BAT, XXXIV, 6 (juin 59), 58-59

"Literature on request" (Petits dépliants publiés sur les métaux; acier, aluminium)
TCA, III, 3 (mars 58), 75

"Metal Coating"
TCA, IX (yearbook 64), 99

"The Canadian Architect's desk file, Expanded Metal Lath"
TCA, X, 7 (juil. 65), 67-70

Freebourn, N.E.
"Wire rope lubrication: doing it right"
CB, XXX, 8 (août 80), 25

Yuen, R.B.T.
"Liquid metals in corrosion prevention"
CB, XI, 10 (oct. 61), 46-47

L'acier
Steel

"300 B.C. buildings possibly unsafe says APEBC" (corrugated steel)
CB, XXIX, 7 (juil. 79), 6

"Acier de charpente: pas de relâche en vue"
BAT, L, 2 (fév. 75), 4

"Acier inoxydable pour extérieurs d'édifices"
BAT, IX, 7 (juil. 61), 14-16

"Acier ultra-mince: nouvelles perspectives pour les architectes, constructeurs et bricoleurs"
BAT, XXXVI, 11 (nov. 60), 53

"Bolts replace rivets on downtown steel erection"
CB, III, 6 (juin 53), 26, texte & ill.

"Building with steel"
CB, X, 3 (mars 60), 65-67, 69, 71, 74-77 et 79-80

"Cold weather steel failures"
CB, V, 6 (juin 55), 68

"Confronting the aggressive atmosphere. Vinytop — New prefinished coated steel is classic case of product development"
CB, XXVIII, 7 (juil. 78), 14-15

"Construction métallique" (Publication de Dofasco)
AC, XXVI, 293 (avril 71), 35-38

"Corrosion creates protective coat in new steel".
CB, XVI, 6 (juin 66), 7

"Cottage areas untapped market for steel"
TCA, XIX, 3 (mars 74), 71-72

"Déclin dans l'utilisation de l'acier" (pour la charpente)
BAT, LIV, 4 (avril 79), 8

"Decline in steel bookings mirror construction activity".
CB, XXVI, 7 (juil. 76), 8

Design of Steel Structures, Ed. E.H. Gaylord et C.N. Gaylord, McGraw-Hill Co. of Canada Ltd, Toronto [s.d.].
CB, VIII, 3 (mars 58), 75

"L'acier sans revêtement pour le nouveau centre de recherches Stelco"
ABC, XIX, 224 (déc. 64), 45

"La prévention du feu intégrée à l'infrastructure, un objectif de l'industrie de l'acier".
AC, 31, 337 (sept.-oct. 76), 9

"Lightweight steel framing for buildings up to 5 storeys in height"
CB, XXVIII, 8 (août 78), 28

"Long and maintenance – free life one key to upswing in use of porcelain-on-steel"
CB, XXVI, 8 (août 76), 51

"Matériaux classiques — tendances nouvelles, acier et élégance" (maison en acier)
BAT, XLIII, 3 (mars 68), 33-35

"Nouveaux matériaux à l'essai"
BAT, XLVII, 6 (juin 72), 28

"Nouvelles techniques de construction dans le premier édifice canadien 'tout acier'"
BAT, XXXVIII, 11 (nov. 63), 31-32, texte & ill.

"Panneau d'acier préfini: clé du système Quadrex"
BAT, XLVI, 12 (déc. 71), 20-21

"Pre-engineered steel building system saves time and money for store"
CB, XXVIII, 10 (oct. 78), 27-28

"Que valent les boulons en acier dits à haute résistance, pour les structures soumises à une forte tension?"
BAT, XXIX, 3 (mars 54), 35 et 37 et 53

"Revêtement extérieur en acier" (de Stelco)
BAT, XLVI, 10 (oct. 71), 36

"Sans titre" (sur la colonne d'acier)
CB, XXVI, 9 (sept. 76), 5

"Stainless Steel"
TCA, IX (yearbook 64), 97

"Steady growth for sheet steel, say producers".
CB, XX, 3 (mars 70), 6

"Steel".
ARCAN, 48 (12 oct. 71), 13-24

"Steel Bridging-32B"
NB, VII, 10 (oct. 58), 44

"Steel collapse shows welding strength"
NB, VIII, 1 (jan. 59), 3

"Steel Design" (Dofasco publication)
TCA, XIX, 6 (juin 74), dépliant inclus entre la p. 66 et 67

"Steel in construction: Producers aim for a greater share of the growing residential market"
CB, XXII, 1 (jan. 72), 26 et 29

"Steel joists are the special feature in this experimental bungalow"
CB, XVII, 3 (mars 67), 56-57

"Steel lath expanding into different construction uses"
CB, XXVII, 2 (fév. 77), 40

"Steel Order SD-3"
CB, III, 1 (jan. 53), 37

"Steel Panel Houses". (proposition de Kentridge, Hughes and Woods)
ARCAN, 49 (17 avril 72), 7

"Steel panels"
CB, VIII, 4 (avril 58), 99

"Steel studs-131B"
NB, VIII, 3 (mars 59), 39

"Stelco begins work on $19 million expansion of Edmonton Steel works"
CB, XXIII, 1 (jan. 73), 12

"Storage units sustain structural load in rack-supported steel buildings"
CB, XXVII, 6 (juin 77), 66

"Structural Steel"
TCA, IX (yearbook 64), 88-89

"The Canadian Architect's desk file, Steel buildings".
TCA, VII, 4 (avril 62), 91-92

"The Canadian Architect's desk file, Steel Stud Partitions"
TCA, VII, 8 (août 62), 75-76

"The Canadian Architect's desk file, Structural Steel".
TCA, IX, 2 (fév. 64), 77-80

"The family of construction steels"
CB, XI, 10 (oct. 61), 39-40

"The new versatility of pre-engineered steel buildings"
CB, XXVIII, 10 (oct. 78), 26

"This is the 4th dimension"
CB, XI, 10 (oct. 61), 40-41

"Uptrend indicated for use of lightweight steel framing for building construction"
CB, XXVI, 11 (nov. 76), 76

"Weathering steel gives standards new look"
TCA, XIX, 12 (déc. 74), 16

"Whither weathering steel? A natural idea whose time has come"
CB, XXX, 10 (oct. 80), 23-24

"Zinc Coated Steel in Architecture"
TCA, X, 1 (jan. 65), 69

Beam, D.C.
"Steel specifications and codes for better buildings"
CB, XI, 10 (oct. 61), 25

Boyd, Arthur
"Prestressing Structural Steel"
TCA, VII, 2 (fév. 62), 78 et 82 et 85 et 86

Cassie, Fisher W.; Cooper, D.W.
"Comparisons in Modern Structural Steelwork".
RAIC, XXXIII, 1 (jan. 56), 6-12

Cullens, William S.
"Structural Steel producers forecast 10% construction market gain in 1973"
CB, XXIII, 2 (fév. 73), 55-56

Dalrymple, John
"Fifty years spinning webs of steel CISC celebrates golden anniversary"
CB, XXX, 11 (nov. 80), 24

Ford, E.A.
"Steel — a new construction product"
CB, XI, 10 (oct. 61), 42-43

Gillespie, Bernard
Dillon, Robert M. et Stanley W. Crawley. *Steel Buildings: Analysis and Design*, John Wiley and Sons Inc, New-York, [s.d.].
TCA, XVI, 6 (juin 71), 8

Heenan, G. Warren
"Stelco pioneers new type steel"
CB, XV, 1 (jan. 65), 9

Hershfield, C.
Beedle, Lynn S. *Plastic Design of Steel Frames*, John Wiley & Sons, sans lieu, sans date.
RAIC, XXXVI, 10 (oct. 59), 368

Faber, Oscar, *Constructional Steelwork*, British Book Service (Canada) Ltd, Toronto, [s.d.].
RAIC, XXXIII, 5 (mai 56), 195

Hubler, Robert L. Jr.
"Steady growth for steel building systems"
CB, XXIX, 4 (avril 79), 34-35

Lee, Douglas H.
Bresler, Boris et Lin, T.Y. *Design of Steel Structures*, John Wiley & Sons Inc, sans lieu, sans date.
RAIC, XXXVIII, 7 (juil. 61), 59

"Technical column, Structural Steel in architecture".
RAIC, XL, 6 (juin 63), 74

"Technical Section".
RAIC, XL, 1 (jan. 63), 52-53

Macalik, M.J.
Bresler, B. et Lin, J.B. et Scalzi, John. *Design of Steel Structures*. John Wiley & Sons, Rexdale, 1968.
ARCAN, 47 (16 mars 70), 10

Reisser, S.M.
"Raisons d'être de la soudure dans les charpentes et fermes de toit en acier"
BAT, XXIX, 8 (août 54), 31 et 33-35 et 37-38 et 52

Tarleton, Derek
"Steel/Recent developments".
RAIC, XLI, 10 (oct. 64), 74-76

Verdeyen, J.
"Steel frame or reinforced concrete"
CB, III, 5 (mai 53), 25-29, texte & ill.

L'aluminium
Aluminium

"$25,000 contest". (concours pour constructions avec des structures d'aluminium).
TCA, I, 2 (jan.-fév. 56), 10

"Allèges en aluminium refoulé"
ABC, I, 4 (juil. 46), 27-28, texte & ill.

"Aluminium in building"
CB, X, 4 (avril 60), 39 et 41 et 43-44 et 47-49 et 52-55 et 58-61

Aluminum in modern architecture, vol 1 par John Peter et vol 2 par Paul Weidlinger
ABC, XII, 134 (juin 57), 72

"Bâtiments préfabriqués en alliage d'aluminium"
BAT, XXVIII, (mai 53), 34, 64-65, texte & ill.

"Building without bones, a frameless aluminum structure"
CB, III, 5 (mai 53), 36, texte & ill.

"Cardboard and sheet aluminum span 30ft" (dôme géodosique par McGill School of Architecture)
CB, VII, 3 (mars 57), 33-34

"Deux nouvelles constructions en aluminium" (pont roulant, usine d'Arvida, Aluminum Co. of Can.) (pont sur le Saguenay, Arvida-Shipshaw)
CDQ, XXIII, 4 (juil. 48), 7, 26, texte & ill.

"Exposition permanente des produits d'aluminium"
BAT, XXXIV, 3 (mars 59), 57

"High cost of heraldry". (Production de moulurations en aluminium)
TCA, II, 5 (mai 57), 8

"L'aluminium"
BAT, XLV, 5 (mai 70), 56

"L'utilisation de l'aluminium dans les façades"
BAT, IX, 7 (juil. 61), 20-21 et 23

"Procelain enamel on aluminum used heavily in construction"
CB, VII, 9 (sept. 57), 60

"Products" (panneaux d'aluminium appelés C/S Sculptura Panels)
TCA, IX, 11 (nov. 64), 100

"Products" (Tekama Ltd lance un nouveau produit, "aluminium cove base")
TCA, IV, 5 (mai 59), 76

"Sans titre" (panneaux d'aluminium de 20' x 80')
TCA, XVII, 2 (fév. 72), 7

"The Canadian Architect's Desk File, Aluminum".
TCA, XII, 1 (jan. 67), 55-58

Adams, Beryl
"Improved Aluminum Nails Here to Stay"
NB, III, 7 (juil. 54), 6-7, texte & ill.

Jenks, I.H.
"Aluminium in contact with Common building Materials".
RAIC, XXVIII, 8 (août 51), 236-239

Klotz, C.O.P.
"Aluminum"
CB, VII, 4 (avril 57), 50-51

"Tests show permanence of aluminum alloy sheet".
RAIC, XXVII, 2 (fév. 50), 65-71

Singer, Joseph B.
"The Use and Potentialities of Structural Aluminum Alloys in Building".
RAIC, XXXI, 9 (sept. 54), 332-335

Le cuivre et le bronze
Copper and Bronze

"Copper & Bronze"
TCA, IX (yearbook 64), 96-97

"Le cuivre et ses alliages"
BAT, IX, 7 (juil. 61), 18-19 et 28

"The Canadian Architect's desk file, Sheet Copper Roofing"
TCA, VI, 5 (mai 61), 89-90

"The Canadian Architect's desk file, Bronze".
TCA, X, 2 (fév. 65), 68-71

LES PLASTIQUES
PLASTICS

"Canalisation de plastique dans les immeubles: l'utilisation en sera-t-elle autorisée bientôt?"
BAT, LV, 7 (sept. 80), 20-21

"Can Plast 77: les matières plastiques dans la construction"
BAT, LII, 10 (oct. 77), 19 et 27

"CMHC approves plastic pipe".
CB, XVI, 4 (avril 66), 10

"CMHC says okay to plastic piping"
CB, XVIII, 3 (mars 68), 5

"Comment procéder pour donner aux contreplaqués de plastique, le fini propre et durable que vous désirez"
BAT, XXVIII, (juil. 53), 28-29, 32-33, texte & ill.

"Considérations pratiques sur la courbure plastique forcée"
BAT, XLV, 8 (août 70), 29-31, texte & ill.

"Conventions 1970: Society of the Plastics Industry".
CB, XX, 5 (mai 70), 46 et 63

Dietz, Albert G.H., *Plastics for Architects and Builders*. General Published Company, Toronto, 1969.
ARCAN, 47 (29 juin 70), 2

"Foamed plastics study seeks simpler systems"
NB, XI, 3 (mars 62), 59

"Guide technique — comment bien poser le plastique en feuille"
BAT, XXXI, 4 (avril 56), 42-45

"Here's a building entirely plastic"
CB, IX, 7 (juil. 59), 34

"Here's your guide to plastics"
NB, X, 5 (mai 61), 27

"How to do it: Follow these instructions when you apply laminated plastic wallboard"
CB, II, 12 (déc. 52), 26-27, texte & ill.

"Increasing role for high technology plastics in building"
CB, XXX, 11 (nov. 80), 8

"Le tube de type M autorisé par le code national"
BAT, XLV, 12 (déc. 70), 21

"Les plastiques devraient être plus utilisés dans la construction"
BAT, LII, 12 (déc. 77), 5

"Molded plastic for exterior panels, a versatile design concept, common in Europe, makes its debut in Western Canada"
CB, XXVIII, 8 (août 78), 31

"More plastic in building"
CB, XVII, 3 (mars 67), 8

"New plastic sheet material is claimed to be guard against vandalism"
CB, XXI, 5 (mai 71), 13-14

"New technique uses plastic billets as interior forms"
CB, XV, 1 (jan. 65), 32

"Now your ready-mix could be plastic foam" (rigid foam plastics)
NB, X, 5 (mai 61), 34

"Panneaux" (en polycarbonate de Lexan)
BAT, LIV, 7 (juil. 79), 17

"Pilkington to distribute Corrulux" ("new plastic and glass fiber building")
NB, VII, 1 (jan. 58), 2

"Plastics" (reinforced fibreglass)
CB, VI, 1 (jan. 56), 35

"Plastics"
TCA, IX (yearbook 64), 99

"Plastic: a new dimension in building materials"
CB, XIV, 9 (sept. 64), 30

"Plastics: a whole new world of building techniques ahead"
CB, IX, 7 (juil. 59), 29-31

"Plastic core panels solve U.S. problem".
CB, XV, 4 (avril 65), 67

"Plastic faced block-160B"
NB, VIII, 4 (avril 59), 41

"Plastic film-150B"
NB, VIII, 4 (avril 59), 40

"Plastic finish on steel panels is 'first' for Canada"
CB, XIV, 10 (oct. 64), 18

"Plastics industry eyes building"
CB, XV, 6 (juin 65), 7

"Products". (Unités en plastique préfabriquées pour hôtels et maisons).
TCA, X, 5 (mai 65), 88

"Reinforced plastics gain in 1956"
CB, VI, 3 (mars 57), 54

"Structural Engineers study latest plastic design theories"
CB, VI, 8 (août 56), 55-56

"Toiles plastiques" (Fulcon, abris gonflables pour construction en hiver)
BAT, XLIV, 6 (juin 69), 44

"Un plastique plus fort que l'acier" (le Polyrein)
BAT, XXVII (oct. 52), 29 et 37

"Vinyl panels-140B"
NB, VIII, 3 (mars 59), 40

"Vinyl wallboard-632B"
NB, X, 4 (avril 61), 48

"Vos joints de dilatation jouent-ils leur rôle?"
BAT, XXXIV, 5 (mai 59), 75

Aarons, Anita
"Plastic Paradise? 1968-2068."
ARCAN, 45, 2 (fév. 68), 19 et 22

Charney, Melvin
"Environmental Chemistery, plastics in architecture".
RAIC, XLIII, 5 (mai 66), 105-107

Charney, Melvin
"Les matières plastiques en architecture"
ABC, XXI, 242 (juin 66), 39-43, texte & ill.

Chazottes, Maurice
"Plastics bid to be your chief building material"
NB, X, 5 (mai 61), 26-27

Hailstone, Patrick
"Properties and application of plastic laminates"
CB, II, 11 (nov. 52), 21-22, texte & ill.

Kent, A.D.
"Le tuyau de plastique dans les bâtiments"
BAT, XLVII, 8 (août 72), 13-15, 30

"Plastic pipe in buildings"
CB, XXII, 12 (déc. 72), 47-50

Richardson, J.K.D.
"Fiberglass Reinforced Plastics in Architecture"
RAIC, XLII, 2 (fév. 65), 53 et 55-56

Schein, Ionel
"Les matières plastiques au service de l'architecture"
ABC, XII, 129 (jan. 57), 38-39, texte & ill.

Spence, John G.
"An Architect Looks at the Plastics Industry"
RAIC, XLII, 3 (mars 65), 83 et 85

The Arborite Co. Ltd.
"Conseils importants pour la pose de matériaux plastiques"
BAT, IX, 6 (juin 61), 53

Watson, W.B.
"Le tuyau de plastique et ses usages dans la construction"
BAT, XLI, 4 (avril 66), 34-36, 42, texte et tableaux

"Plastic pipe: Its uses in building construction".
CB, XV, 10 (oct. 65), 64-65 et 68

Wilson, E. Perry
"Plastics in construction"
CB, VII, 6 (juin 57), 102

LE VERRE
GLASS

"Canadian Pittsburgh présente un verre qui économise l'énergie"
BAT, L, 5 (mai 75), 30

"Carreaux synthétiques incassables"
BAT, XLVII, 2 (fév. 71), 8

"Glass"
TCA, IX (yearbook 64), 95-96

"Glass".
RAIC, XVII, 5 (mai 40), 76-77

"Glass"
CB, V, 2 (fév. 55), 36

"Glass"
CB, VI, 2 (fév. 56), 34

"Glass"
CB, VII, 2 (fév. 57), 29

"Glass"
CB, VIII, 2 (fév. 58), 35

"Glass Block"
CB, V, 2 (fév. 55), 35

"Glass Shortage not so critical"
CB, VI, 4 (avril 56), 68

"How to do it: Building Glass Block Panels"
CB, II, 10 (oct. 52), 32-34, texte & ill.

"Italy leads the world in glass-ware styling, techniques and appearance".
CB, Supplementary Issue (mai 66), 85

"Le verre en architecture"
BAT, IX, 4 (avril 61), 24-26, texte & ill.

"Le verre ordinaire: matériau dangereux"
BAT, XLIX, 2 (fév. 74), 24, texte & ill.

"Modifications aux exigences visant la vitrerie" (de la S.C.H.L.)
BAT, XXX, 2 (fév. 55), 31 et 35

"New glass safety regulations now in effect"
CB, XXIV, 2 (fév. 74), 4

"Nouvelle fabrique de verre trempé"
BAT, XLVI, 12 (déc. 71), 7

"Opaque glass building blocks"
CB, XIII, 9 (sept. 63), 77

"Products" (Transpan, panneaux de verre amovibles pour bureaux)
TCA, VII, 4 (avril 62), 100

"Sur la vitrerie, qualités du verre — pose de l'opaline"
BAT, XXVIII (nov. 53), 26-27 et 29

"The Canadian Architect's desk file, Glass".
TCA, IX, 7 (juil. 64), 71-74

"Verre cellulaire isolant" (Duraface Foamglass)
BAT, XXX, 5 (mai 55), 38-39, texte & ill.

Bedat, Michel
"La glace trempée, matériau de construction"
BAT, XLV, 9 (sept. 70), 23-25, 34, 41, texte & ill.

Gélinas, J.P.
"Développement technologique des vitrages isolants: les films réfléchissants"
BAT, XLVI, 8 (août 71), 25-27

Johnson, Esther
"Stained glass as decorative art"
RAIC, XXI, 3 (mars 44), 50-51

MacDonald, Angers
"Stained Glass".
RAIC, XXXII, 6 (juin 55), 218-221

Parent, Guy S.N.
"Valeur structurale et esthétique du verre"
BAT, XXXIII, 10 (oct. 58), 20-21, texte & ill.

Tooke, Gerald
"Stained Glass"
TCA, VIII, 12 (déc. 63), 53-56

"Stained Glass — Part II"
TCA, IX, 1 (janv. 64), 50-51

Williams, Yvonne
"Processes and craftsmanship in stained glass".
RAIC, XXIII, 8 (août 46), 199-201

ENDUITS, PEINTURE, REVÊTEMENTS DES MURS ET DES PLANCHERS
COATINGS, PAINT, WALL- AND FLOOR-COVERINGS

"'1/16'52 Arborite now available"
CB, VI, 3 (mars 56), 57

"$1,250. Competition". (pour promouvoir la porcelaine émaillée)
TCA, I, 12 (déc. 56), 14-15

"'Albi R', enduit anti-flammes"
ABC, III, 30 (oct. 48), 52

"Aluminum siding"
NB, XI, 5 (mai 62), 49

"Aluminum siding-197B"
NB, VIII, 6 (juin 59), 38

"Aluminum siding-268B"
NB, VIII, 8 (août 59), 46

"Arc welding simplifies metal lath installation"
CB, VI, 5 (mai 56), 63

"Architects saw these new products, ideas" (aluminum siding & clay-brick)
CB, XIII, 3 (mars 63), 77

"Asphalt shingle-616B"
NB, X, 3 (mars 61), 50

"Bardeaux en fibre de verre"
BAT, LIV, 11 (nov. 79), 25-26

"Bâtiment, questions et réponses" (le plâtre)
BAT, XXXIV, 4 (avril 59), 25

"Clapboard siding-335B" (aluminum clapboard siding)
NB, VIII, 12 (déc. 59), 39

"Eastern builders turn to metal siding"
NB, X, 5 (mai 61), 32-33

"Efflorescences jaunes sur les enduits de plâtre appliqués sur des cloisons en briques"
BAT, XLV, 9 (sept. 70), 32-33

"Energy retrofitting of steel buildings, Prefinished cladding also improves appearance"
CB, XXX, 1 (jan. 80), 34-35

Fédération marbrière de France, *Le marbre*, Eyrolles, Paris, 1963.
BAT, XL, 2 (fév. 65), 48

"Fibre glass panel-557B"
NB, IX, 12 (déc. 60), 47

"Fire retardant paints have role in today's homes".
NB, X, 4 (avril 61), 43

"Granex: un revêtement en agrégat de pierre fabriqué en usine"
BAT, L, 12 (déc. 75), 19-20, texte & ill.

"Gyproc Techni-notes"
NB, IX, 9 (sept. 60), 4

"Gypsum wallboard — an economical and versatile wall surface"
CB, XV, 6 (juin 65), 48-49 et 70

"Here's the technique for installing cork tile".
CB, IX, 6 (juin 59), 77

"How to do it: Allowing for Shrinkage Reduces Plaster Cracking"
CB, II, 3 (mars 52), 37-38, texte & ill.

"How to do it: Getting a wet plaster look with dry wall construction"
CB, III, 4 (avril 53), 81-82, texte & ill.

"Huge savings claim for sandwich panels". (panneaux imitant la brique)
CB, XVIII, 2 (fév. 68), 8

"L'art du staffeur"
BAT, XLI, 7 (juil. 66), 38, texte & ill.

"La peinture — désignation technique des produits utilisés dans le bâtiment — peinture des différents matériaux — protection des surfaces métalliques avant peinture"
BAT, XXXI, 7 (juil. 56), 38-45, 65, texte & ill.

"La peinture et ses secrets"
BAT, XXXVII, 4 (avril 62), 60-62

"Latte Colterro" (Lattes métalliques pour recevoir les enduits de plâtre)
BAT, XXVII (jan. fév. 52), 53

"Le plâtre — matériau aux possibilités multiples"
BAT, XXXV, 4 (avril 60), 30-34, texte & ill.

"Les 10 commandements pour plâtrer sans ennui"
BAT, XXXVI, 7 (juil. 60), 37

"Les murs extérieurs parés de tuile de charpente, non vitrifiée"
BAT, XXXII, 12 (déc. 57), 20-23, texte & ill.

Lévy, J.-P., *Revêtements intérieurs de murs et plafonds*, Ed. Eyrolles, Paris, [s.d.].
BAT, XXXIV, 5 (mai 59), 85-86

"Marble face block speeds all construction"
CB, VI, 6 (juin 56), 69

"Marble, the ageless building material in which Italy specializes"
CB, Supplementary Issue (mai 66), 83

"Masonry Coatings"
TCA, VII, 5 (mai 62), 73-74

"Matériau de façade" (Pebbletex)
BAT, XLIV, 3 (mars 69), 49

"Matériau de finition intérieure" (panneaux de bois appelés "Microwood")
BAT, XXVIII (oct. 53), 61

"Mill starts production" (un nouveau plâtre)
NB, VIII, 2 (fév. 59), 46

"New Asbestos-cement siding"
NB, VII, 8 (août 58), 2

"New C-I-L structural steel primer paint"
NB, VI, 8 (août 57), 1

"New facing panels speed work on Burlington plant". (rigid urethane foam)
CB, XIV, 9 (sept. 64), 31

"New stain allows use of wood sidings for prairie builder".
CB, XIV, 10 (oct. 64), 60

"New technology for exterior wood coating, outperforms both solvent and latex products"
CB, XXIX, 11 (nov. 79), 34

"Nouvelles et communiqués — Nouveaux panneaux de recouvrement extérieur préfabriqués qui accélèrent la construction"
ABC, XXII, 251 (mars 67), 54

"Nouvelles peintures à faible odeur"
BAT, XLVI, 10 (oct. 71), 8

"N.R.C. (National Research Council) Paint Research"
CB, III, 9 (sept. 53), 62

"Pattern-block gives cheaper ribbed texture surfaces".
CB, XVI, 2 (fév. 66), 43

"Peinturage et imperméabilisation des murs en brique et en tuile"
BAT, XXXII, 3 (mars 57), 74-81, 97, texte & ill.

"Plastic finish is new development in siding"
CB, XII, 8 (août 62), 40-41

"Pointers for successful Stucco"
CB, III, 11 (nov. 53), 34, texte & ill.

"Pose du bardeau d'asphalte"
BAT, XLVII, 8 (août 72), 5

"Première application d'un nouveau matériau de revêtement extérieur" (plastique stratifié Formica)
BAT, XLVII, 3 (mars 72), 20, texte & ill.

"Problèmes de plâtrage et leurs remèdes"
BAT, XXXVII, 8 (août 62), 33-37, tableau

"Products" (Écran laminé fait par Glas-Wich)
TCA, VI, 6 (juin 61), 75

"Products" (Nyocon, un recouvrement d'acier pour murs extérieurs ou intérieurs)
TCA, XIII, 1 (jan. 68), 16

"Products". (panneau d'amiante)
TCA, IV, 5 (mai 59), 78

"Products" (The Gypsum Lime and Alabastine)
TCA, VI, 8 (août 61), 65

"Products" (water-resistant gypsum drywall)
TCA, X, 1 (jan. 65), 62

"Proper Preparation Essential to Good Paint Job"
CB, IV, 5 (mai 54), 54

"Provincial Court in Quebec has new look" (a steel cladding)
TCA, XIX, 9 (sept. 74), 66-67

"Red cedar shakes make CSA 'specs'"
NB, X, 2 (fév. 61), 58

"Reinforce plaster to prevent cracks"
CB, X, 2 (fév. 60), 27

"Reinforced plaster-46B" (Treillis métallique pour coins de murs et joints de murs de plâtre)
NB, VII, 11 (nov. 58), 43

"Revêtement antirouille (article 3068):"
BAT, L, 1 (jan. 75), 20

"Revêtement d'aluminium" (Flexalum Climatic 25)
BAT, XLIV, 6 (juin 69), 43

"Revêtement d'aluminium" (Luxaclad)
BAT, XLVII, 1 (jan. 72), 26

"Revêtement de la charpente en placage de maçonnerie — Brique ou tuile"
BAT, XXVIII, 12 (déc. 53), 14-17, texte & ill.

"Revêtements à base de ciment"
BAT, XLIV, 6 (juin 69), 43

"Questions et réponses" (plâtre et ciment)
BAT, XXXIV, 6 (juin 59), 81, texte.

"Sees eight-year paint coating for wood".
CB, XVI, 6 (juin 66), 7

"Self-seal shingles-83B"
NB, VII, 12 (déc. 58), 41

"Sheating" (pour les murs)
CB, VI, 2 (fév. 56), 60

"Sheating clips-513B"
NB, IX, 8 (août 60), 46

"Shingle backer by Johns-Manville"
NB, VII, 8 (août 58), 2

"Shingle exterior meant double wall for this project" (renovation)
CB, XII, 12 (déc. 62), 26

"Specify Brand Names Architects Urged" (42nd Annual Meeting of the Canadian Paint and Varnish Association)
CB, IV, 10 (oct. 54), 22, 24, texte & ill.

"Steel-concrete units... are a new technique... for project builders"
NB, X, 12 (déc. 61), 18-19

"Steel siding warranted for 10 years"
CB, XIV, 7 (juil. 64), 60

"Stockton announce new plaster reinforcing units"
NB, VI, 7 (juil. 57), 2

"Système de plâtre de placage"
AC, 26, 294 (mai 71), 28

"Technique de la peinture"
ABC, III, 30 (oct. 48), 49-50

"Technique de la peinture"
ABC, IV, 37 (mai 49), 38 et 40

"The Canadian Architect's desk file, Interior wall paint"
TCA, VI, 8 (août 61), 64-67

"The Canadian Architect's desk file, Plaster"
TCA, IX, 9 (sept. 64), 79-80

"The Canadian Architect's desk file, Plastic wall finishes"
TCA, VII, 6 (juin 62), 89-92

"Un revêtement d'aluminium à parement de polyuréthane adhérant une résistance thermique de R4"
BAT, LIII, 8 (août 78), 10

"Unusual problems in practice, Stucco trouble"
RAIC, XXI, 2 (fév. 44), 42

Verrall, W., *Plastering, Solid and Fibrous*, The Technical Press Ltd, London, [s.d.].
CB, VII, 12 (déc. 57), 62

"Vinyl siding cuts maintenance costs"
CB, XXX, 1 (jan. 80), 16-18

"Vinyl Wall Coverings"
TCA, XII, 3 (mars 67), 61-64

"W-panel combines wire, foam & cement, an insulated frame ready for plastering"
CB, XXIX, 6 (juin 79), 28

"Wall coverings-269B"
NB, VIII, 8 (août 59), 46

"What's the catch? Adhesive in building". (panneaux, moulures, etc...)
CB, XVIII, 1 (jan. 68), 34-35

Barry, Eric
"Control moisture or paint may fail"
CB, III, 6 (juin 53), 23-25, texte & ill.

"Latex Paints Cut Waiting Period on Green Plaster"
CB, III, 7 (juil. 53), 33

"Mildew causes most paint discoloration"
CB, III, 12 (déc. 53), 18, 20, texte & ill.

Boyd, Arthur
"Galvanizing"
TCA, VII, 8 (août 62), 87 et 89-90 et 92

Buck, Derek
"Wall cladding"
ARCAN, 44, 4 (avril 67), 55-57

Gillespie, Bernard
"Wall Covering"
TCA, XVII, 2 (fév. 72), 53-58

Graham, J.A.
"Do's and Don'ts for suspended lath and plaster ceilings"
CB, XIV, 11 (nov. 64), 45

Gypsum, Lime & Alabastine Limited
"Le système de lattis Tri-Seal empêche les fentes dans les plafonds fixés à des solives de bois"
BAT, IX, 10 (oct. 61), 15

"Plastering over polystyrene insulation"
CB, XI, 4 (avril 61), 63

"Pour bien poser le revêtement de gyproc"
BAT, IX, 6 (juin 61), 23

"Provide shrinkage control joints in stucco soffits"
CB, XI, 6 (juin 61), 59

"Reduce plaster cracks at corners"
CB, XI, 10 (oct. 61), 67

"Revêtement Gyproc"
BAT, XXXVI, 9 (sept. 60), 25

Hainer, Ralph C.
"Fibreglass reinforced gypsum products find commercial and residential applications"
CB, XXIX, 11 (nov. 79), 36-37

Hansen, A.T.
"Kraft paper used as wall finish"
NB, X, 5 (mai 61), 46

"La planche de plâtre offre souplesse et économie d'utilisation"
BAT, XL, 5 (mai 65), 48-50, texte & ill.

Helyar, F.W.
"Exterior Cladding".
RAIC, XLIII, 4 (avril 66), 49-51

Institut Technique du Bâtiment et des Travaux Publics
"Revêtements extérieurs à briques sans joints"
BAT, XXXIV, 5 (mai 59), 50-51

Lamarche, C.E.
"L'asphalte pour les revêtements"
CDQ, XXV, 3 (mai-juin 50), 11

"Le béton de ciment pour les revêtements"
CDQ, XXV, 2 (mars-avril 50), 9 et 29

Leggett, Robert F.
"New: A prefab plaster wall finish"
NB, X, 2 (fév. 61), 27 et 38

MacQueen, W.N.
"Mothers will love Alkyd Paints"
CB, IV, 3 (mars 54), 33

Platts, R.E.
"Plastering on polystyrene foam"
CB, XIII, 3 (mars 63), 35 et 82

Steele, W.J.L.
"Gypsum Lath and Plaster"
NB, VI, 9 (sept. 57), 9-10 et 12

Stringer, F.A.
"Comment poser le revêtement à déclin en aluminium"
BAT, XXXV, 5 (mai 60), 49-51, texte & ill.

Wilson, Stuart
Rostron, Michael R. *Light Cladding of Buildings*, The Architectural Press, London, 1964.
ARCAN, 43, 12 (déc. 66), 33-34

MATÉRIAUX DIVERS
OTHER MATERIALS

"Aluminium grilles-56B"
NB, VII, 11 (nov. 58), 45

"Architectural mesh: Some new ways to use an old material"
CB, XXVIII, 5 (mai 78), 37

"Ash Becomes Building Material"
CB, IV, 4 (avril 54), 73

"Awnings as Sun Breaks Also Can Add to Appearance"
CB, II, 7 (juil. 52), 34-35, texte & ill.

"Building cables-240B"
NB, VIII, 7 (juil. 59), 40

"Ciment d'amiante coloré" (appelé Colorflex)
BAT, XXVIII (nov. 53), 53

"Échos de l'industrie" (Un matériau appelé "Ariesform")
BAT, XXXIX, 9 (sept. 64), 48

"Lightweight board-260B"
NB, VIII, 8 (août 59), 47

"Marquises en acier ARMCO"
BAT, XXXVII, 2 (fév. 61), 43

"Metal canopies-505B"
NB, IX, 8 (août 60), 45

"New architectural elements made possible with construction glue"
RAIC, XX, 4 (avril 43), 60

"Octalinear grilles"
CB, XIII, 11 (nov. 63), 56

"Polymer Corporation". (Caoutchouc)
RAIC, XXIV, 12 (déc. 47), 421-429 et 448

"Pyrok, Outstanding New Rendering Material"
CB, I, 4 (sept.-oct. 51), 51-52

"Quincaillerie de construction et serrurerie"
BAT, IX, 6 (juin 61), 64, texte-tableau

"Références — Quincaillerie de construction et serrurerie"
BAT, XLIV, 8 (août 69), 29-32

"Sandwich core-49B" "Conocomb, a honeycomb sandwich core structural material for interior and exterior construction"
NB, VII, 11 (nov. 58), 44

"Something new from Britain — canopies for outdoor events"
CB, XXV, 12 (déc. 75), 37

"Steel canopy-559B"
NB, IX, 12 (déc. 60), 47

Stramit (blocs de paille pressée)
BAT, XXVIII (juil. 53), 18-19

"Sun screen facing" (aluminium)
CB, XIV, 6 (juin 64), 60

"The Canadian Architect's desk file, door hardware"
TCA, VII, 1 (jan. 62), 57-60

"The Canadian Architect's desk file, hinges."
TCA, VII, 1 (jan. 62), 61-62

"Un nouveau matériau coloré annoncé par Atlas Asbestos" ("Colour glaze")
BAT, XXXV, 4 (avril 60), 63

"Unwanted sulphur may turn into revolutionary cheap building material"
CB, XXIII, 1 (jan. 73), 10

Brown, Harry
"Notes on finishing hardware". (les pentures de porte)
RAIC, XXX, 4 (avril 53), 111-113

Rybczynski, Witold
Minimum Cost Housing Group (construction avec le soufre)
TCA, XX, 5 (mai 75), 50

"Technologie du soufre"
AC, 28, 312 (mars 73), 18-19

Les parties du bâtiment
Parts of a Building

LES STRUCTURES
STRUCTURES

"12 ft. Square wood frames".
ARCAN, 49 (17 avril 72), 7

Abri composé d'un treillis lamellaire en bois
ABC, X, 109 (mai 55), 45-47, texte & ill.

Applied Structural Design of Building, 2e édition, par Thomas McKaig
ABC, XI, 121 (mai 56), 56

"Architects and Pre-Engineered Steel Building Systems".
TCA, XXV, 2 (fév. 80), 29-34

Bowman, Harry Lake et Hale Sutherland, *Structural Theory*, John Wiley & Sons, Inc, New-York, [s.d.].
BAT, XXVII (mars 52), 56

"Certified by CITC" (Dring Laminated Structures Ltd)
NB, VIII, 9 (sept. 59), 55

"Conférence sur l'ingénierie des structures"
AC, 26, 297 (sept. 71), 23

"Considérations pratiques sur la courbure élastique forcée"
BAT, XLV, 8 (août 70), 29-31

"Construction expérimentale d'un dôme géodésique"
BAT, XXXII, 5 (mai 57), 41-43, texte & ill.

"Core panels are load-bearing"
NB, X, 5 (mai 61), 43

"Dalles préfabriquées et murs porteurs en béton: économie de construction et rentabilité"
BAT, XLV, 6 (juin 70), 33-34

"DBR develops economical light weight roof trusses".
CB, IX, 7 (juil. 59), 27-28

"Designing trusses with a computer"
CB, XXIX, 5 (mai 79), 26

"Dôme formé de panneaux"
BAT, XLVII, 9 (sept. 72), 6-7

"Domescape". (Dômes pour abris, etc.)
TCA, III, 11 (nov. 58), 13

"Dômes géodésiques"
BAT, LII, 10 (oct. 77), 29-30

"Economy in rigid frame" (skin rigid frame plywood)
CB, VII, 7 (juil. 57), 21-23

Fairweather, George, *Structural Economy for the Architect and Builder*, Iliffe & Sons, London, [s.d.].
CB, I, 5 (nov.-déc. 51), 53

"Framing and structural work"
CB, X, 2 (fév. 60), 19

"French framing system heads for Canada"
CB, XXIV, 1 (jan. 74), 7

"From the USA: This prefabricated steel ceiling-floor is being used but not yet in Canada"
CB, XXV, 5 (mai 75), 56 et 68

"Guide technique — le clouage, la résistance de toute construction à charpente de bois dépend pour une large part de son efficacité."
BAT, XXIX, 6 (juin 54), 40-41

"La construction 'poutres-poteaux'"
BAT, XXXVI, 11 (nov. 60), 36-39

"L'économie est aussi possible dans les travaux publics — exposé d'une nouvelle méthode de cintrage"
BAT, XXXI, 5 (mai 56), 60-63

"Le 'mur voile' et l'architecture"
ABC, IX, 104 (déc. 54), 35-36, texte & ill.

"Le pieu de béton préfabriqué sert de colonne de charpente dans une école."
ABC, XX, 227 (mars 65), 48, texte & ill.

"Les structures soudées"
BAT, XXXI, 11 (nov. 56), 54-59, 78, texte & ill.

"Low Cost Secondary Framing System"
TCA, I, 2 (jan.-fév. 56), 58 et 60

"Low-cost structure" (en forme de dôme géodésique, pour l'entreposage)
CB, VIII, 1 (jan. 58), 31

"Majid, K.I., *Theory of Structures with Matrix Notations*, Butterworth Publishers Inc, Woburn, 1978.
TCA, XXIII, 10 (oct. 78), 4

"Multi-directional structural strength feature of space-frame building system"
CB, XXVII, 5 (mai 77), 61

"Multi-purpose 3-D Building Component".
ARCAN, 48 (5 avril 71), 4-5

"New reinforcing fabric"
CB, XIII, 10 (oct. 63), 55

"Nouveau système de piliers"
BAT, XLV, 5 (mai 70), 43

"Open-web framing-225B"
NB, VIII, 7 (juil. 59), 38

"Panel does three jobs"
NB, VIII, 3 (mars 59), 46

"Pneumatic bliss" (constructions pneumatiques)
TCA, I, 11 (nov. 56), 18

"Pole building technique revived"
CB, VIII, 1 (jan. 58), 42

"Poteaux ajustables"
BAT, XXVII (mars 52), 63

"Sans titre" (horizontal test bed for trusses, portal frames and arches, etc...)
CB, XXVIII, 3 (mars 78), 8

"Sans titre" (poutre en forme de H)
CB, XIV, 9 (sept. 64), 7

"Stronger corners-189B" ("Expamet" galvanized cornerite for reinforcing inside corners of walls)
NB, VIII, 5 (mai 59), 45

"Structural beams"
CB, VIII, 3 (mars 58), 69

Structure in Building par W.F. Cassie & J.H. Napper
ABC, IX, 93 (jan. 54), 40

"Système de construction" (Poly-Strut)
BAT, LIV, 12 (déc. 79), 26

"Système de construction 1/D".
AC, 26, 295 (juin 71), 26

"Système de construction intégrée entièrement canadien"
AC, 26, 296 (juil.-août 71), 40

"Système de construction Uniframe"
AC, 26, 295 (juin 71), 27-28

"The Canadian Architect's desk file, Open Steel Planks".
TCA, IX, 6 (juin 64), 77-78

"Three Basic forms of standardized Structure".
ARCAN, 47 (10 août 70), 6

"Three hours after..." (structure en forme de dôme dont la membrane de caoutchouc est recouverte de béton. Pour lui donner sa forme, on doit y pomper de l'air).
CB, XIX, 8 (août 69), 8

"Tilt-up: — It's fast, simple, and economical"
CB, XIII, 3 (mars 63), 39

Torroja, Eduardo. *Les structures architecturales*, Ed. Eyrolles, sans lieu, sans date.
AC, 24, 279 (déc. 69), 32

"Trusses fabricated with hydraulic presses"
CB, XXIX, 5 (mai 79), 30

"Tubular frames-567B"
NB, X, 1 (jan. 61), 46

"Un dôme 'tous usages'" (dôme Néo-Form en plastique et fibre de verre)
BAT, XLVI, 4 (avril 71), 8

"Un matériau de substitution compétitif: les poutrelles ajourées"
BAT, LIV, 7 (juil. 79), 11-12

"Un matériau qui devrait contribuer à réduire le coût de revient: panneaux à structure alvéolaire"
BAT, XXIX, 3 (mars 54), 25

Adamson, Gordon S. (Ass.)
"Big Chick — a systems study".
ARCAN, 47 (27 avril 70), 3

Anderson, Robert W. et Marsh, Ronald W.
"Horizontal Structural Elements".
ARCAN, 44, 3 (mars 67), 63-64

Barnard, Peter R.
"The Shear Wall – Slab Building"
TCA, XI, 3 (mars 66), 66 et 68 et 70

Bélanger, Guy
Projet-thèse: étude de structure pour un hangar d'avion.
ABC, XII, 135 (juil. 57), 50-54, texte & ill.

Blood, Thomas Ewing
Montréal "The truncated tetrahedal space frame" (à Expo 67)
RAIC, XLI, 10 (oct. 64), 58-61

Botham, William J.
"More Structures By Lift Slab"
NB, IV, 11 (nov. 55), 13-14.

Browne, Michael; Craig, Alan
"Walls of the Peg".
RAIC, XXXV, 1 (jan. 58), 4-12

Brunelle, André
"La membrane rigide: nouveau système d'érection"
BAT, XLVII, 8 (août 72), 18-19

Burgess, Cecil S.
"Alberta". (nouvelles méthodes structurales et matériaux).
RAIC, XXX, 9 (sept. 53), 275

Candela, Felix
"Shell Structure Development"
TCA, XII, 1 (jan. 67), 33-40

Carruthers, C.D.
"New Structural Systems"
CB, III, 6 (juin 53), 43-48, texte & ill.

Cazaly, Laurence
"Beauty and the Beast"
TCA, IX, 8 (août 64), 87-88

"Structures, Keep Your Skeleton in its Closet"
TCA, VIII, 9 (sept. 63), 97-98

"Structures, Quality in Quantity" (production industrielle)
TCA, IX, 3 (mars 64), 83

Choinière, Jacques A.
"Les bâtisses à arches rigides"
BAT, XXXII, 6 (juin 57), 33-36, texte & ill.

Christofferson, Per T.
"Structural Design by Model Analysis"
RAIC, XXXIII, 8 (août 56), 286-292

Cowan, Harvey
"Multi-storey elements"
ARCAN, 44, 6 (juin 67), 63-64

Diamond, A.J.; Manson Smith, P.J.; Bizzell, E.J.L.
"Stelcome"
AC, 24, 274 (mai 69), 14-17

Eldred, Brian
Prototype for a long-span space structure
CB, XIX, 5 (mai 69), 6, ill.

Etter, A.E.
"Pre-Cast — Structural Framing Used in Alberta"
CB, I, 1 (mars 51), 15-19, texte & ill.

Fentiman, H.G.
"Opening new horizons". (analyse de structures, des formes tridimentionnelles)
RAIC, XLI, 10 (oct. 64), 66-70

Fiset, Edouard
Montréal, Expo 67 (Structures d'acier)
RAIC, XLI, 10 (oct. 64), 57-65

Garden, G.K.; Plewes, W.G.
"Deflections of horizontal structural members". (dépliant de la Canadian Building Digest).
RAIC, XLI, 6 (juin 64), 61-64

Gareau, Jean
"Nouvelles du Québec". (possibilités architecturales de l'acier illustrées à l'Expo'67 de Montréal)
RAIC, XL, 7 (juil. 63), 52

Gillespie, Bernard
Cowan, Henry J., *Architectural Structures: An Introduction to Structural Mechanics*, American Elsevier Publishing Company Inc, New-York, 1976. 2e édition.
TCA, XXI, 10 (oct. 76), 4

Dragomir, Virgil et Adrian Gheorghiu, *Geometry of Structural Forms*, Applied Science Publishers, London, 1978.
TCA, XXIII, 8 (août 78), 8

Scheuller, Wolfgang, *High-rise building structures*, John Wiley & Sons, Inc, New-York, 1977.
TCA, XXII, 8 (août 77), 4

Grant, Robert B.
"Pole construction cuts space costs" (énumération de bâtiments construits selon cette méthode)
NB, X, 7 (juil. 61), 18-19

Gravel, William
"Étude analytique des arches encastrées"
ABC, VII, 75 (juil. 52), 23-25, texte & ill.

Hainer, Ralph C.
"Polystyrene and steel form load bearing modules in unique building system"
CB, XXIX, 11 (nov. 79), 32-33

Hall, W.M.
"Advances in Structural Laminating".
RAIC, XLII, 12 (déc. 65), 60

Hansen, A.T.
"Do you make these wasteful mistakes in frame construction?"
NB, X, 10 (oct. 61), 22-23

Helyar, F.W.
"Horizontal Structural Elements".
RAIC, XLIII, 3 (mars 66), 57-58

Hershfield, C.
Jackson, H.T. *The design of structural members*, The Architectural Press, London, 1957.
RAIC, XXXVI, 8 (août 59), 292

Jackson, H.T. *The Design of Structural members* (Part 1), The Architectural Press, London, sans date.
RAIC, XXXIX, 4 (avril 62), 76

Lisborg, Niels. *Principles of Structural Design*, B.T. Batsford Ltd, London, sans date.
RAIC, XXXIX, 6 (juin 62), 75

Hubler, Robert L. Jr.
"Wider use for hollow-core slabs, Floor costs cut 15% on high-rise project".
CB, XXIX, 7 (juil. 79), 19-20 et 22

Klein & Sears
"Systems" (un système de panneaux interchangeables)
TCA, XV, 10 (oct. 70), 9

Lapointe, Claude
Un dôme en contreplaqué: application d'un système en lamelles
ABC, XI, 117 (jan. 56), 34-35-36, texte & ill.

Larivière, Louis; Leblanc, Georges
Étude préliminaire sur les voiles minces (projet-thèse, École polytechnique)
ABC, XVIII, 207 (juil. 63), 48-49, texte & ill.

Lee, Douglas H.
Hall, A.S. et Woodhead, R.W. *Frame analysis: a unified introduction to the matrix analysis of structures*, John Wiley & Sons, sans lieu, sans date
RAIC, XXXIX, 10 (oct. 62), 72 et 74

"World Conference/Shell structures".
RAIC, XL, 9 (sept. 63), 79-80 et 82 et 85

Lindsay, Jeffrey
Ste-Anne-de-Bellevue, Abri expérimental pour les besoins canadiens (dôme géodésique)
ABC, IX, 93 (jan. 54), 26-27, texte & ill.

"Space frame systems, the work of Jeffrey Lindsay".
TCA, II, 3 (mars 57), 18-22

Lintula, Douglas
"Application of the Rain Screen Principle"
TCA, XIV, 7 (juil. 69), 64-65

Morenge, Lucien
"Étude sur l'emploi d'une ossature métallique."
ABC, XX, 234 (oct. 65), 51-53, texte & ill.

Morrison, Carson F.
Harris, Charles O. *Introduction to stress analysis*, Brett-Macmillan Ltd, Galt, 1959.
RAIC, XXXVII, 12 (déc. 60), 539

Oxley, J. Morrow
"Unit stresses, live loads and factor safety"
RAIC, XX, 6 (juin 43), 86-87

Platts, R.E.
"Nail popping: moisture is the trouble-maker"
CB, XII, 9 (sept. 62), 67-68

Plésums, Guntis
"Architecture and structure as a system".
ARCAN, 46, 4 (avril 69), 23-32

Poniz, Duszan
"Natural Structures". (les structures inspirées de la nature).
TCA, IV, 2 (fév. 59), 36-41

Rhone & Iredale
"Fully finished factory modules".
ARCAN, 49 (17 avril 72), 6

Rutherford, D.H.
"Stud Spacing in Canadian Frame Houses".
RAIC, XXX, 8 (août 53), 213-217

Safdie, Moshe
"Variety within repetition".
ARCAN, 45, 11 (nov. 68), 49

Sandori, Paul
"Technics: New Ideas in Structural Systems".
TCA, XXIII, 7 (juil. 78), 34-37 et 44-45

Scheel, Hans
"Erratum" (correction apportée à l'article de Hans Scheel "Geodesic Surface Division" paru 5/05/1969, p. 61-66)
TCA, XIV, 7 (juil. 69), 7

"Geodesic Surface Division"
TCA, XIV, 5 (mai 69), 61-66

Schwaighofer, J.
Key, Eugene George. *Elementary engineering mechanics*, John Wiley & Sons Inc, sans lieu, sans date.
RAIC, XXXVIII, 12 (déc. 61), 56

Severud, Fred N.
"New structural systems and methods".
RAIC, XXVI, 3 (mars 49), 64-73

Smith, John Caulfield
"Bent framing units lower costs"
CB, II, 6 (juin 52), 21-23, texte & ill.

Trudeau, Marc-A.
"La méthode des points fixes" (étude des charpentes hyperstatiques)
ABC, XI, 119 (mars 56), 46-49

Verdeyen, J.
"Ossatures métalliques ou de béton armé?"
BAT, XXVII (août 52), 25-28

Wisnicki, P.B.
"An analysis of structure"
TCA, V, 4 (avril 60), 61-66

Wisnicki, Paul B.
"Architects and the structure".
RAIC, XXXVIII, 9 (sept. 61), 65-69

Wisnicki, P.B.
Carpenter, Samuel T. *Structural Mechanics*, John Wiley & Sons Inc, sans lieu, sans date.
RAIC, XXXVIII, 5 (mai 61), 79

Wright, D.T.
"Space frames".
RAIC, XLI, 6 (Juin 64), 55-58

Yolles, Morden
"Structures".
TCA, IX (yearbook 64), 68-71

"Structures, Aspects of Education"
TCA, VIII, 5 (mai 63), 71

"Structures, Part II, Structural theory and computation."
TCA, VIII, 1 (jan. 63), 49-51

"Structures, Supervision: Who Decides?"
TCA, IX, 1 (jan. 64), 75 et 78

SOLS ET FONDATIONS
SOILS AND FOUNDATIONS

"Basement walls of wood studs, plywood in Mark IV Project?"
CB, XIII, 1 (jan. 63), 66

"Comment réduire les risques d'apparition des fissures"
BAT, LII, 2 (fév. 77), 17, 21, texte & ill.

"Concrete Slabs For Basementless Construction"
NB, V, 10 (oct. 56), 18 et 28

Davis, Harmer E., *The Design and Construction of Engineering Foundations*, McGraw-Hill Co. of Canada Ltd, Toronto, [s.d.].
CB, VIII, 3 (mars 58), 75

"Design and preparation of the foundation".
RAIC, XLI, 6 (juin 64), 68 et 72 et 76 et 78

"Érigez de bonnes fondations"
BAT, XXVIII (août 53), 22-23, 33, 43, texte & ill.

"Excavation & Foundations"
CB, V, 2 (fév. 55), 20

"Excavations & Foundations"
CB, VI, 2 (fév. 56), 25

"Excavation & Foundations"
CB, VII, 2 (fév. 57), 21

"Excavations and Foundations"
CB, VIII, 2 (fév. 58), 25

"Foisonnement et tassement des terres"
BAT, IX, 4 (avril 61), 31, 59

"Fondations sur pieux"
ABC, IX, 97 (mai 54), 54-55, texte & ill.

"Fondations sur pieux"
BAT, XXXI, 10 (oct. 56), 62-63, 67, texte & ill.

"How to do it: Build from a good foundation"
CB, III, 6 (juin 53), 40-41, texte & ill.

"How to do it: Simple Soil Sampling Without Complicated Equipment"
CB, III, 8 (août 53), 59-62, texte & ill.

"How to waterproof basement walls"
CB, VII, 11 (nov. 57), 32

"How to waterproof basement walls and control heat, moisture"
CB, VIII, 9 (sept. 58), 65

"Imperméabilisation des sous-sol"
ABC, VI, 73 (mai 52), 34-36, texte & ill.

"Imperméabilisation, murs de fondation — empattements — construction sur dalle à niveaux différents"
BAT, XXX, 3 (mars 55), 30-31

"Jalonnement des édifices et des routes, étude d'un procédé particulier qui permet de protéger le piquetage au cours des travaux d'excavation et de fondation"
BAT, XXX, 2 (fév. 55), 38-39 et 43 et 45

"Les drains de fondation"
BAT, XLVIII, 4 (avril 73), 33

"Les tassements de sol"
BAT, XXXV, 5 (mai 60), 56-58, texte & ill.

"Lutte contre l'eau venant du sol"
BAT, XLIV, 12 (déc. 69), 26-28, texte & ill.

"Murs de soutènement en maçonnerie de brique armée"
BAT, XXX, 6 (juin 55), 35-37 et 39 et 71

"New approach to steel basement posts"
NB, VI, 9 (sept. 57), 2

"Octrois de $1,000 pour les constructeurs utilisant des prototypes de fondations en contreplaqué"
BAT, XLII, 8 (août 67), 5

"Pieux de fondation précoulés 'Herkules'"
BAT, XXXIV, 4 (avril 59), 86

"Pieux en béton coulé sur place"
BAT, LI, 2 (fév. 76), 22

"Program initiated to advance the prefab plywood foundation".
CB, XVII, 3 (mars 67), 54-55

"*Quick Soils and Flow Movements in landslides* par Ernst Achermann, traduit par D.A. Sinclair". Conseil national de recherches, Ottawa, 1959.
ABC, XV, 172 (août 60), 269

"Revêtement de sol, exécution des sous-couches" (en plâtre et ciment)
BAT, XXXIV, 9 (sept. 59), 61

"Soil Mechanics Conference"
CB, IV, 1 (jan. 54), 35

"The Canadian Architect's desk file, Pile Foundations."
TCA, X, 11 (nov. 65), 73-76

"The Canadian Architect's desk file, Retaining Walls".
TCA, VI, 5 (mai 61), 86-87

"This builder levels lots with platforms"
CB, XIII, 6 (juin 63), 33

"Watch for movement when building on clayey soils"
CB, VII, 4 (avril 57), 67

"Wood foundations in test house 'will last more than 35 years'".
CB, XV, 4 (avril 65), 86

"Wood foundations work, but builders still worry about consumer acceptance"
CB, XXIV, 2 (fév. 74), 51 et 53

Crawford, C.B.
"Engineering Site Investigations" (dépliant de la Canadian Building Digest).
RAIC, XXXIX, 5 (mai 62), 61-64

"Mouvements des fondations"
BAT, XLIX, 8 (août 74), 19-20, 23, texte & ill.

"Soils in House Construction"
NB, V, 3 (mars 56), 2 et 24 et 35 et 36

Cruikshank, George
"Why Do Buildings Fail? — An Unusual Case of Settlement"
CB, IV, 5 (mai 54), 52, texte & ill.

"Why Do Buildings Fail? — Footings Can Settle Upwards Too"
CB, IV, 10 (oct 54), 44, texte & ill.

David, Robert
"Tremblements de terre".
RAIC, XLI, 10 (oct. 64), 71-73

Derôme, Michel
"Fondations en béton du type pieu-caisson"
ABC, 11, 19 (nov. 47), 55-56, texte & ill.

Domtar, G. Lee
"Les fondations en bois imprégné possèdent de nombreux avantages"
BAT, LII, 5 (mai 77), 20-21, texte & ill.

Eden, W.J.
"Soil Testing". (dépliant de Canadian Building Digest).
RAIC, XL, 7 (juil. 63), 57-60

Erin Steel & Wire Co.
"Wire fabric and ground slabs — as two engineers see it".
CB, XXII, 2 (fév. 72), 35

Gill, Georges A.
"Fonction des murs de soutènement"
BAT, XXXII, 7 (juil. 57), 44-51, texte & ill.

"Fondations et nature du sol"
BAT, XXXII, 4 (avril 57), 78-82, texte & ill.

"Quel genre de fondations choisir"
BAT, XXXI, 5 (mai 56), 42-45, texte & ill.

Gill, A.F.; Thomas, J.F.J.
"Some observations regarding frost action".
RAIC, XVII, 2 (fév. 40), 20-21

Hamilton, J.J.; Handegord, G.O.
"House basements on prairie clays" "Here's how builders can economically stop floor heaving"
CB, XIV, 9 (sept. 64), 28-29 et 41

Hansen, A.T.
"Crawl spaces: How to avoid trouble with the foundation"
CB, XII, 10 (oct. 62), 63-64 et 89

Helyar, F.W.
"Normal Footings".
RAIC, XLIII, 2 (fév. 66), 51-52

Hurtubise, Jacques-E.
"Géotechnique et fondations"
ABC, X, 105 (jan. 55), 33-34

Hurtubise, Jacques E.; Rochette, P.A.
"Mécanique des sols — glissements de terrain"
BAT, XXXII, 3 (mars 57), 62-67, 77, texte & ill.

Jeffery, W.E.
"Basements are poured faster and cheaper by this simple method"
CB, XII, 8 (août 62), 59

Johnson, Walter
"Blasting operations — damages due to vibrations in soil"
CB, V, 12 (déc. 55), 43

"Damages due to soil vibration during pile driving"
CB, V, 10 (nov. 55), 48

Legget, R.F.
"Remblayage et stabilisation des sols"
BAT, XXXVII, 8 (août 62), 30-32, 46, texte & ill.

McCance, William M.
"Most buyer complaints were on basements so they set out to find the solutions"
CB, XXIV, 1 (jan. 74), 35-36

McLeod, Norman W.
"Asphalt Paving".
RAIC, XLI, 6 (juin 64), 67-68

"Asphalt Paving".
RAIC, XLI, 7 (juil. 64), 71 et 73-74 et 76

"Asphalt Paving".
RAIC, XLI, 8 (août 64), 72-74

Maryon, John
"Boreholes may not show the weaknesses of a site's overall subgrade"
CB, XXVII, 3 (mars 77), 59 et 61

Munro, Everett; Temple, Dennis
"Soil Cement for Paved Areas".
RAIC, XLII, 6 (juin 65), 73 et 75

Neish, W.J.
"Mat foundations"
ARCAN, 44, 2 (fév. 67), 55-56

Northwood, T.D.
"Earthquake risk? Another plea for National Building Code".
CB, XV, 3 (mars 65), 48

Peckover, F.L.; Schriever, W.R.
"How to do it: Observation of Groundwater Level on Housing Sites"
CB, III, 9 (sept. 53), 81-82, texte & ill.

Penner, E.
"Ground freezing and frost heaving" (dépliant de la Canadian Building Digest).
RAIC, XXXIX, 2 (fév. 62), 67-70

Prévost, R.; Castro, M.
"Construire sur du sable: c'est possible"
BAT, LIV, 9 (sept. 79), 25 et 28

Provost, Roger
"Solution nouvelle à un problème difficile de fondations"
ABC, XIII, 145 (mai 58), 60-64, texte & ill.

Robinsky, E.I.
"Soil and Water Behaviour: A Primer for Architects".
TCA, XXV, 8 (août 80), 30-32 et 42

"Soil and Water Behaviour: A Primer for Architects, Part Two"
TCA, XXV, 10 (oct. 80), 41-44, texte & ill.

"Soil and Water Behaviour: A Primer for Architects, Part Three."
TCA, XXV, 12 (déc. 80), 36-38

Rowe, Percy A.
"Floating Concrete Slabs Solve Foundation Problems and Speed Laying at Winnipeg"
CB, II, 7 (juil. 52), 20, 42, texte & ill.

Smith, A.G.E.
"Why not try pier-beam foundations for economy home-building".
NB, X, 7 (juil. 61), 31 et 52

Unterman, René; Brunner, Carlo
"Le diaphragme en bentonite-béton: La plus récente solution au problème des fondations en terrain meuble"
BAT, XXXIII, 2 (fév. 58), 34-37

Wright, D.T.
"Structures, Lesson from Alaska" (structures et tremblements de terre)
TCA, IX, 5 (mai 64), 81-82

LES MURS
WALLS

"Aluminium wall system"
CB, XIII, 12 (déc. 63), 49

"Bow wall" (new Windsor Aluminium Bow Wall)
CB, XII, 10 (oct. 62), 79

"Ces murs se montent et se démontent instantanément"
BAT, XXXIX, 3 (mars 64), 15, ill.

"Complete wall construction technique" (appelé "Turnall-Wall")
CB, VI, 4 (avril 56), 77

"Curtain Wall"
CB, XI, 5 (mai 61), 51-56

"Curtain wall changes the face of our cities"
CB, IX, 4 (avril 59), 59 et 61

"Détails de construction des murs à cavité"
BAT, XXVIII (oct. 53), 24-26

"Domtar Ltée" (panneaux muraux laminés en Gyproc)
AC, XXVIII, 311 jan.-fév. 73), 30

"Éléments de construction pliables au moyen de pentures pour former murs et plafonds (Foldcrete)
BAT, XLVII, 5 (mai 72), 36, 38, texte & ill.

"Folding walls make two rooms out of one"
CB, III, 1 (jan. 53), 15, texte & ill.

"Here's how blind rivet method speed curtain wall erection"
CB, VIII, 4 (avril 58), 52-53

"How to do it: Good Appearance of Wallboard Installations Demands Careful Fixing"
CB, III, 3 (mars 53), 77-78, texte & ill.

"Les murs rideaux en acier peuvent être aussi économiques que durables"
BAT, XXXVIII, 11 (nov. 63), 26-30, texte & ill.

"L'humidité des murs évaluée par un essai de trois minutes"
BAT, LIII, 7 (juil. 78), 24-25

"L'utilisation de l'aluminium dans les façades"
BAT, IX, 7 (juil. 61), 20-23, texte & ill.

"Murs solides et à cavité, liés par des attaches métalliques"
BAT, XXXII, 6 (juin 57), 45-49, texte & ill.

"Murs solides et à cavité, liés par des attaches métalliques II. Exigences de calcul"
BAT, XXXII, 8 (août 57), 34-39, texte & ill.

"Murs solides et à cavité, liés par des attaches métalliques III — construction"
BAT, XXXII, 9 (sept. 57), 42-45, 88, texte & ill.

"New drywall joint cement won't burn through paint"
NB, VI, 6 (juin 57), 2

"New wall system in Winnipeg project".
CB, XX, 3 (mars 70), 8

"Panneaux de façade préfabriqués en béton"
BAT, XLIV, 10 (oct. 69), 31-33, texte & ill.

"Panneaux extérieurs préfabriqués accélérant la construction"
BAT, XLI, 12 (déc. 66), 13, texte & ill.

"Products" (color-enameled spandrel glass with aluminum backing)
TCA, III, 3 (mars 58), 68

"Products" (MAC 700 Curtain Wall System)
TCA, XVIII, 7 (juil. 73), 57

"Products" (Murs en aluminium appelés le Kool-Wall)
TCA, IX, 11 (nov. 64), 100

"Products". (Système de murs modulaires en aluminium mobiles)
TCA, III, 3 (mars 58), 60

"Products" (Système mural Series 2500 Zipperwall)
TCA, VI, 8 (août 61), 64

"Products" (The Curtainscreen, panneaux d'aluminium et de plastique pour créer différentes formes de mur)
TCA, VI, 8 (août 61), 67

"Products" (Vaughan Interior Walls, murs à sections mobiles)
TCA, VI, 10 (oct. 61), 76

"Quebec's traditional plankwall use may challenge other methods"
CB, XIII, 3 (mars 63), 32-33

"Retrofitting steel walls and roofs, an important new trend for non-residential buildings"
CB, XXIX, 10 (oct. 79), 25-26

Revêtement mural "Armobond"
ABC, X, 114 (oct. 55), 58, texte & ill.

Rozza, C., *Étude des murs dans la construction*, [s.e.], [s.l.], [s.d.].
BAT, XXXV, 2 (fév. 60), 67

"Steel walls a school shall make"
TCA, XIX, 3 (mars 74), 72-73

"Système de cloisons"
AC, 26, 294 (mai 71), 29

"Taping Machines Speed drywall finishing"
CB, III, 12 (déc. 53), 23-24, texte & ill.

"Testing the Curtain Wall"
CB, XI, 5 (mai 61), 57-59

"The Canadian Architect's Desk File, Curtain Wall Infill Panels".
TCA, VIII, 9 (sept. 63), 75-78

"The Canadian Architect's desk file, Metal partitions"
TCA, VII, 3 (mars 62), 67-70

"The Canadian Architect's desk file, Plastic wall panelling".
TCA, VI, 9 (sept. 61), 99-100

"These laminate techniques spell a breakthrough for drywall"
NB, IX, 9 (sept. 60), 46-47

"This new wall construction method claims 20% savings in cost"
CB, XVIII, 9 (sept. 68), 50-51

"Tie in cavity walls" (Dur-O-waL galvanized masonry wall reinforcement)
NB, VIII, 2 (fév. 59), 47

"Une technique norvégienne élimine les infiltrations d'eau dans les murs rideaux"
BAT, XXXIX, 10 (oct. 64), 48

"Use rubber formers in making wall units"
CB, VI, 5 (mai 56), 69

"Wallboard nailing techniques"
CB, X, 2 (fév. 60), 33

"Wallboards"
CB, VI, 2 (fév. 56), 63 et 65

"Wallboards"
CB, VII, 2 (fév. 57), 59 et 61

"Wallboards"
CB, VIII, 2 (fév. 58), 67 et 71

"Wall hoist-54B"
NB, 11 (nov. 58), 45

"Wall paneling-316B"
NB, VIII, 11 (nov. 59), 57

"Wall section merits will hinge on off-site cost"
NB, X, 3 (mars 61), 43

"Walls and partitions have some special features"
NB, X, 2 (fév. 61), 40

"Window-Wall Component"
NB, VII, 4 (avril 58), 2

Affleck, Raymond T.
"Recent Canadian Experience in Wall Design".
ARCAN, 46, 2 (fév. 69), 51-54

Baker, Maxwell C.
"The Building Envelope"
TCA, XXV, 4 (avril 80), 29-30 et 58

Browne, Michael; Craig, Alan
"Walls of the Peg".
RAIC, XXXV, 1 (jan. 58), 4-12

Chapleau, Gaston
"Cloisonnement amovible"
ABC, XIII, 143 (mars 58), 56-57, texte & ill.

Cluff, A.W. et P.J. Cluff
"Curtain Wall"
TCA, V, 3 (mars 60), 53-60

Cusack, O.F.
"Dry Wall Comes of Age"
NB, VII, 1 (jan. 58), 8-9

Fowke, Clifford
"The frustration, Toronto's battle for 'stud wall' construction".
CB, XIV, 12 (déc. 64), 30-31

Gill, Georges A.
"Comparaison entre cinq types de murs différents".
BAT, XXX, 12 (déc. 55), 24-25, texte & ill.

Govan, James
"Canadian Exterior Wall Problems".
RAIC, XXXI, 11 (nov. 54), 399-402

Greening, W.E.
"Curtain wall"
CB, VIII, 4 (avril 58), 46-51

"L'évolution des murs-écrans au Canada"
BAT, XXXIII, 6 (juin 58), 38-39 et 41 et 47 et 54

Gross, C.F.
"Technical Column, Drywall".
RAIC, XLI, 5 (mai 64), 93 et 95-96

Hutcheon, N.B.
"Requirements for exterior walls". (dépliant de la Canadian Building Digest)
RAIC, XL, 12 (déc. 63), 49-52

Mackasek, Edward
"Curtain Walls save space"
CB, II, 9 (sept. 52), 23-25, texte & ill.

Murray, James A.
"Prefabricated exterior walls, air-sealed buildings and colour treatment".
RAIC, XXII, 7 (juil. 45), 146-148

Ritchie, T.
"Canadian Building Digest, Cavity Walls".
RAIC, XXXVIII, 9 (sept. 61), 73

Taylor, Norman E.
"New Construction technique employs concrete T-joists for wall sections"
NB, X, 3 (mars 61), 32

Voegeli, H.E.
"Des intersections extensibles pour le mur-écran"
ABC, XI, 127 (nov. 56), 52-53, texte & ill.

"Expansible Intersections for Metal Curtain Walls".
RAIC, XXXIV, 1 (jan. 57), 20-21

Voisey, D.A.
"Interior Vertical Elements"
ARCAN, 44, 5 (mai 67), 51-52

PLANCHERS, PLAFONDS, ESCALIERS ET ASCENSEURS
FLOORS, CEILINGS, STAIRS, AND ELEVATORS

"Application du linoléum Table de calcul"
BAT, IX, 6 (juin 61), 41

"Canadian John-Manville présente un nouveau système de plafonds suspendus"
BAT, XXXIX, 7 (juil. 64), 43, texte & ill.

"Construction rapide des faux parquets"
BAT, XXXI, 6 (juin 56), 49-51, texte & ill.

"Electronic elevators: when are they economical".
TCA, 1 (nov.-déc. 55), 56-58

"Éléments de construction pliables de pentures pour former murs et plafonds" (Foldcrete)
BAT, XL, VII, 5 (mai 72), 36, 38, texte & ill.

"Flooring"
CB, V, 2 (fév. 55), 28 et 31

"Flooring"
CB, VI, 2 (fév. 56), 31

"Flooring"
CB, VII, 2 (fév. 57), 27

"Flooring"
CB, VIII, 2 (fév. 58), 31 et 33

"Flooring"
CB, X, 2 (fév. 60), 23

"Floor Finishes"
TCA, IX (yearbook 64), 94-95

"*Floor Finishes — Their Selection* par Penelope Whiting"
ABC, X, 116 (déc. 55), 41

"Floor Material and Laying"
CB, II, 6 (juin 52), 27-30, texte & ill.

"Floor panels are stressed skin type"
NB, X, 2 (fév. 61), 41

"Floor panels handled easily"
NB, X, 3 (mars 61), 42

Grieze, Helga et Kurt Hoffmann, *Escaliers métalliques*, Éditions Eyrolles, [s.l.], [s.d.].
AC, XXVI, 293 (avril 71), 45

"Here's the technique for installing cork tile"
CB, IX, 6 (juin 59), 77

"How to lay hardwood floors..."
CB, IX, 6 (juin 59), 75

"How to make conductive terrazo flooring"
CB, VIII, 8 (août 58), 39-40

"Joints de planchers sur le sol"
BAT, XL, 4 (avril 65), 56-62

"Labor and materials savings reported with prefab plywood floor systems"
CB, XXVII, 10 (oct. 77), 50

"La construction systématisée des cages d'ascenseurs"
BAT, XLVII, 12 (déc. 72), 5-6

"Le contreplaqué comme sous-finition de plancher"
BAT, XXXVIII, 7 (juil. 63), 29-31, 40, texte & ill.

"Les escaliers — leur tracé — les différents types possibles"
BAT, XXXI, 6 (juin 56), 41-43, 79, texte & ill.

"Le tapis dans les écoles est aujourd'hui avantageux"
BAT, XLVIII, 3 (mars 73), 8, 11-12, texte & ill.

"Le tapis est l'élément de décoration le plus important".
BAT, LIII, 6 (juin 78), 34

"Linoleum flooring"
CB, X, 2 (fév. 60), 31

"New slab floor system without wood forming"
NB, X, 2 (fév. 61), 38

"New vinyl flooring system cuts down subfloor work".
CB, XV, 11 (nov. 65), 100

"Planchers et dalles de toiture en tuile et en béton combinés"
BAT, XXXII, 11 (nov. 57), 26-29, texte & ill.

"Products" (a linear ceiling system called "Dampa")
TCA, XIII, 1 (jan. 68), 16

"Recommended nailing practice for hardwood flooring"
CB, IX, 6 (juin 59), 74

"Références — Pose du linoléum"
BAT, XLIV, 8 (août 69), 29-32

"Steel floor withstands heavy loads"
TCA, XIX, 9 (sept. 74), 67-68

"Surface harden concrete floors for toughness and efficiency"
CB, IX, 6 (juin 59), 73

"Système de plafond Luxalon"
AC, 26, 294 (mai 71), 26-27

"The Canadian Architect's desk file, Metal Floor Grilles"
TCA, VI, 7 (juil. 61), 85-86

"The Canadian Architect's desk file, Metal Gratings & Treads"
TCA, VI, 7 (juil. 61), 87-88

"The Canadian Architect's desk file, Non slip floors".
TCA, VI, 5 (mai 61), 93-94

"The Canadian Architect's desk file, Resilient floorings"
TCA, VI, 2 (fév. 61), 73-76

"The Canadian Architect's desk file, Safety treads & floors".
TCA, VI, 5 (mai 61), 91-92

"The Canadian Architect's desk file, Stair nosings & treads"
TCA, VI, 1 (jan. 61), 79-80

"The Canadian Architect's desk file, Steel Floor and Roof Decks"
TCA, VII, 5 (mai 62), 69-72

"Une nouvelle méthode suédoise pour le moulage des planchers en béton"
BAT, XLV, 6 (juin 70), 37-38

"Un tapis pour partir du bon pied"
BAT, LIII, 12 (déc. 78), 27-28, texte & ill.

Brooks, Norman W.
"Economical steel beam concrete floor"
CB, IV, 11 (nov. 54), 36, texte & ill.

Castonguay, Michel
Projet de fin d'études — L'étude d'un plancher amovible au-dessus d'une piscine
ABC, XI, 123 (juil. 56), 42-45, texte & ill.

Gillespie, Bernard
Barney, G.C. et S.M. Dos Santos, *Lift Traffic Analysis Design and Control*, Peter Peregrinus Ltd, [s.l.], 1977.
TCA, XXII, 7 (juil. 77), 6

Hansen, A.T.
"How to save money on floor framing and sub-floors"
CB, XII, 9 (sept. 62), 65-67

Helyar, F.W.
"Multi-story Elements". (élévateur hydraulique, escalateur)
RAIC, XLIII, 6 (juin 66), 73-75

Institut des Travaux Publics
"Solution au problème de la condensation" (entre les planchers)
BAT, XXXVI, 7 (juil. 60), 24

MacEachern, Gordon A.
"After the Door is Open". (sur l'entretien des différents matériaux [vinyle, bois, tuile, caoutchouc, etc.] des planchers)
RAIC, XXXII, 5 (mai 55), 178-180

PORTES ET FENÊTRES
DOORS AND WINDOWS

"Chassis Hamelin"
ABC, III, 21 (jan. 48), 48, ill.

"Des Portes et des Cloisons qui se replient" (portes accordéon "Modernfold")
ABC, II, 20 (déc. 47), 58, texte & ill.

"Détails de la fenêtre 'Pierson'"
BAT, XXXII, 4 (avril 57), 54-55, texte & ill.

Fagueret, R., G. Laurent et R. Roy, *64 croisées, portes-fenêtres, volets, persiennes*, Eyrolles, Paris, [s.d.].
BAT, XXX, 6 (juin 55), 76

"Fenêtre en bois qu'on a pas à peindre" (fenêtre d'aluminium appelée "Millénium")
BAT, XLVII, 2 (fév. 72), 27

"Fenêtre panoramique"
BAT, XLV, 12 (déc. 70), 27

"Keeprite produces new steel door frame"
NB, VII, 7 (juil. 58), 30

"La fenêtre Ferland"
ABC, II, 12 (mars 47), 38 et 43, texte & ill

"La SCHL approuve les contre-portes et fenêtres d'aluminium"
BAT, LII, 11 (nov. 77), 7

"L'importante question des fenêtres"
BAT, XXXIII, 4 (avril 58), 53

"Mise à l'essai de fenêtres" (Ontario Research Foundation)
BAT, LV, 8 (oct. 80), 5-6

"No dead door-swing areas with modern folding doors"
CB, III, 5 (mai 53), 31, texte & ill.

"Portes à coulisses et portes pliantes"
BAT, XXX, 9 (sept. 55), 34-37, texte & ill.

"Sceau de qualité de l'Association Canadienne de l'industrie du Bois" (spécifications pour fenêtres)
BAT, XLI, 6 (juin 66), 7

"Solution au problème de la condensation"
BAT, XXXVI, 7 (juil. 60), 24, texte & ill.

"The Canadian Architect's desk file, Laminate faced doors"
TCA, VII, 10 (oct. 62), 80-81

"The Canadian Architect's Desk File, Metal covered windows"
TCA, VII, 5 (mai 62), 75-76

"The problem of double glazed window"
CB, V, 4 (avril 55), 57-58

"The Steel clad door — a new sales tool with a new touch of elegance for homes?"
CB, XXII, 10 (oct. 72), 36-37

"Tip-up prefab window developed"
CB, VIII, 4 (avril 58), 75

"Un problème fréquent en hiver — la condensation sur les surfaces intérieures des vitres"
BAT, XXXVII, 9 (sept. 62), 56-58, 68, 70, texte & ill.

"Windows can make or break your heating and cooling system"
NB, XI, 6 (juin 62), 31 et 47

"Window-Wall Component"
NB, VII, 4 (avril 58), 2

Brown, W.P.; Wilson, A.G.
"Thermal Characteristics of Double Windows". (dépliant de la Canadian Building Digest)
RAIC, XLI, 10 (oct. 64), 81-84

Dickens, H.B.
"La condensation, ses causes et ses remèdes"
BAT, XXXIX, 2 (fév. 64), 22-24, texte & ill.

Garden, G.K.
"Characteristics of Window glass". (dépliant de la Canadian Building Digest)
RAIC, XLI, 12 (déc. 64), 43-46

"Glazing Design". (dépliant de la Canadian Building Digest)
RAIC, XLI, 7 (juil. 64), 67-70

Gill, Georges A.
"Guide technique — Portes et fenêtres d'une construction normale"
BAT, XXXI, 3 (mars 56), 38-41, texte & ill.

Institut des Travaux Publics
"Isolement acoustique des portes et des fenêtres"
BAT, XLIII, 12 (déc. 68), 17-19 et 24

Metrick, S.
"Window problems in modern structures".
RAIC, XLI, 3 (mars 64), 73

Sasaki, J.R.; Wilson, A.G.
"Window air leakage".
RAIC, XXXIX, 1 (jan. 62), 51-54

Solvason, K.R.; Wilson, A.G.
"Factory-sealed double – glazing units". (dépliant de la Canadian Building Digest).
RAIC, XL, 10 (oct. 63), 59-62

LA TOITURE
ROOFING

"A roof that floats on rollers"
NB, VIII, 10 (oct. 59), 47, texte & ill.

"Asbestos-Cement Roofing Tile By Atlas"
NB, VII, 2 (fév. 58), 2

"Attention aux surcharches de neige"
BAT, XLVI, 12 (déc. 71), 7

Chauffage par rayonnement, pour fondre la neige
BAT, XXXII, 2 (fév. 57), 30-33, 42, texte & ill.

"Comment couvrir les toits?" (Tuiles pour toiture, Dow Chemical)
BAT, LIII, 2 (fév. 78), 6

"DBR develops economical light-weight roof trusses"
CB, IX, 7 (juil. 59), 27-28

"DBR Survey". (National Building Code et le poids de la neige sur les toits)
TCA, IV, 4 (avril 59), 13

"Deux nouveaux matériaux" (bardeaux d'asphalte Roofmaster)
BAT, XXX, 3 (mars 55), 66-67

"Do solar collectors increase snow loads?"
CB, XXX, 11 (nov. 80), 13

"Dow Corning announces proven silicone/urethane roofing and storage tank insulation system"
CB, XXX, 12 (déc. 80), 8

"Galvanized steel roll roofing"
CB, VII, 5 (mai 57), 72

"Hardly for Roof Decking Approved by Toronto"
NB, VII, 8 (août 58), 33

Henn, W., *Le toit plat*, Dunod, Paris, 1966.
BAT, XLII, 10 (oct. 67), 41

"Here is the technique for laying a cedar shingle roof".
CB, XIII, 8 (août 63), 42-43

"How to do it: Roll Roofing when well laid provides economical weather protection"
CB, II, 9 (sept. 52), 64-66, texte & ill.

"Insulation Prevents Many Roof Leaks"
CB, II, 5 (mai 52), 42, 45-46, 70, texte & ill.

"Isolant de verre pour toiture"
BAT, XLV, 1 (jan. 71), 27

"La ferme de toit en bois: clef de voûte de la préfabrication"
BAT, XLVIII, 2 (fév. 73), 22-25 et 27-28

"La ventilation des toits-terrasses"
BAT, LII, 3 (mars 77), 20-22, texte & ill.

"Le problème des toits qui fuient"
BAT, XLVIII, 5 (mai 73), 30, 40

"Les effets nocifs de la condensation"
BAT, XLVIII, 8 (août 73), 32

"Les granules de toiture"
BAT, XXX, 3 (mars 55), 9

"Les toits de demain"
ABC, I, 6 (sept. 46), 23, ill.

"Le toit de chaume revient-il à la mode?"
BAT, XLIV, 9 (sept. 69), 42 et 44

"L'isolation prévient les fuites de couvertures"
BAT, XXVII (juil. 52), 18-20

"Lount raised the roof in Oakville" (Youtz-Slick Lift Slab Building Method)
CB, II, 8 (août 52), 28-32, texte & ill.

"Matériau d'étanchéité de toitures"
BAT, XLVI, 5 (mai 71), 42

"Matériau de toiture déroulable"
BAT, XL, 12 (déc. 65), 41

"Matériau isolant pour toitures" (Tufcon)
BAT, XLIV, 9 (sept. 69), 39

"Method for assembling trusses"
CB, XIII, 8 (août 63), 44 et 47

"Minimizing Roofing Problems: Part I"
TCA, XXIV, 4 (avril 79), 25-32

"Minimizing Roof Problems: Part 2".
TCA, XXIV, 5 (mai 79), 30-35

"Modifications des exigences pour la toiture"
BAT, XXX, 3 (mars 55), 34-35 et 41

"New approach to watertight roof topping, Composite design combines waterproofing and insulation"
CB, XXX, 1 (jan. 80), 22-24

"New building materials"
NB, VII, 9 (sept. 58), 53

"New building materials"
NB, VII, 9 (sept. 58), 52

"New, fluid roof coating overcomes odd shapes"
NB, IX, 9 (sept. 60), 39

"New materials techniques for builders" "Roof insulation board"
CB, XIII, 4 (avril 63), 79

"New nailed 'W' roof truss designs offer small builders advantages"
CB, XIII, 8 (août 63), 44-46

"New technique in roofing-533B"
NB, IX, 9 (sept. 60), 58

"'Onduline', nouveau matériau de couverture"
BAT, XXXV, 5 (mai 60), 95

"On-Site Machine Formed Aluminum Roof"
CB, III, 10 (oct. 53), 43, texte & ill.

"Panel size was critical in roof erection"
NB, X, 3 (mars 61), 44-45

"Patio roof panels-73B"
NB, VII, 12 (déc. 58), 40

"Planchers et dalles de toiture en tuile et en béton combinés"
BAT, XXXII, 11 (nov. 57), 26-29, texte & ill.

"Pour concevoir des fermes de toits un entrepreneur utilise l'informatique"
BAT, LIV, 5 (mai 79), 14 et 16

"Products" (La Canadian Gypsum a inventé la lucarne "Vent-A-Ridge")
TCA, VI, 4 (avril 61), 63

"Products". (le bardeau d'asphalte Superseal)
TCA, IV, 5 (mai 59), 78

"Questions et réponses" (problème de pourriture des charpentes de toit)
BAT, XXXIV, 6 (juin 59), 83

"Research Shop-Talk" (le dessin des fermes)
NB, VII, 3 (mars 58), 16 et 18

"Revêtement plastique de toit"
BAT, XLVII, 7 (juil. 72), 31

"Roof and ceiling panels are combined units"
NB, X, 2 (fév. 61), 39

"Roof covering-531B"
NB, IX, 9 (sept. 60), 58

"Roof deck system"
CB, XIV, 2 (fév. 64), 60

"Roof insulation-534B"
NB, IX, 9 (sept. 60), 58

"Roof repairs-219B"
NB, VIII, 7 (juil. 59), 38

"Roofing"
CB, V, 2 (fév. 55), 63

"Roofing"
CB, VI, 2 (fév. 56), 57

"Roofing"
CB, VII, 2 (fév. 57), 55

"Roofing"
CB, VIII, 2 (fév. 58), 65-66

"Roofing"
CB, X, 2 (fév. 60), 21

"Roofing Panels-39B" (plywood panels with "Acriprene" synthetic rubber)
NB, VII, 10 (oct. 58), 47

"Section spéciale: toiture"
BAT, XLIII, 8 (août 68), 34-42, texte & ill.

"Seven-year test program proved these roof trusses"
CB, XIV, 3 (mars 64), 65

"Shingles roofing method"
CB, VII, 10 (oct. 57), 73

"*Snow Loads on Buildings*, traduit par D.S. Allen." Conseil national des recherches, Ottawa, 1959.
ABC, XV, 172 (août 60), 269

"Snow loads on roofs"
CB, VII, 3 (mars 57), 40

"Testing conventional roof construction"
CB, VI, 10 (oct. 56), 52

"The Canadian Architect's desk file, Built-up roofing" (les matériaux)
TCA, VI, 10 (oct. 61), 77-80

"The Canadian Architect's desk file, Metal Roofing"
TCA, VIII, 3 (mars 63), 73-76

"The Canadian Architect's desk file, Roof Insulation"
TCA, VII, 3 (mars 62), 73-74

"The Canadian Architect's desk file, Roof Insulation".
TCA, VIII, 2 (fév. 63), 93-94

"The Canadian Architect's desk file, Roofing."
TCA, VII, 8 (août 62), 77-78

"The Canadian Architect's desk file, Steel Floor and Roof Decks"
TCA, VII, 5 (mai 62), 69-72

"The shell roof: A technique that could revolutionize building design"
NB, X, 2 (fév. 61), 22

"Toit d'aluminium spécialement fabriqué sur les chantiers grâce à cette nouvelle invention"
BAT, XXVIII, (déc. 53), 29, texte & ill.

"Toiture insonore pour charpente sans voligeage"
BAT, XLIX, 7 (juil. 74), 15

Traité pratique de couverture par A. Magné et H. Somme
ABC, III, 23 (mars 48), 44

Baker, M.C.
"Built-up Roofing". (Dépliant de la Canadian Building Digest).
RAIC, XXXVIII, 12 (déc. 61), 57-60

"Flashings for Membrane Roofing". (dépliant de la Canadian Building Digest)
RAIC, XLII, 9 (sept. 65), entre 52 et 53

"Les couvre-joints pour toitures multicouches"
BAT, XLIII, 8 (août 68), 34-37, texte & ill.

"New Roofing Systems". (dépliant de la Canadian Building Digest)
RAIC, XLI, 1 (jan. 64), 49-52

Baker, M.C.; Tibbetts, D.C.
"Mineral Aggregate Roof Surfacing". (dépliant de la Canadian Building Digest)
RAIC, XLII, 5 (mai 65), 75-78

Benn, Philippe A.
"Largest Prestressed Roof in North America"
CB, IV, 6 (juin 54), 64-66, texte & ill.

Bowser, Sara
"Above and Below" (Le design comtemporain offre des solutions pour les toitures et les planchers).
TCA, III, 7 (juil. 58), 47-50

Dalgliesh, W.A.
"Wind Pressures and Suctions on roofs"
RAIC, XLII, 8 (août 65), 69-72

Etkin, B. et Korbacher, G.K.
"Thoughts about Feasibility". (étude expérimentale sur les toits gonflables)
ARCAN, 46, 3 (mars 69), 33

Ferguson, R.S.
"Snow Loads, the Human Condition and Building Regulations"
TCA, XIX, 9 (sept. 74), 46-47

Fishburn, Douglas
"Roof Thermography".
TCA, XXIV, 9 (sept. 79), 48-49

Fowke, Clifford
"Creating a fool-proof roof: the elusive enigma of building technology"
CB, XXIX, 11 (nov. 79), 38-39

Freeman, Wyndham
"Roofing Inspection".
RAIC, XL, 10 (oct. 63), 75 et 77

Garden, G.K.
"Fundamentals of roof design". (dépliant de la Canadian Building Digest)
RAIC, XLII, 7 (juil. 65), 51-54

"Roof Terraces". (Dépliant de la Canadian Building Digest).
RAIC, XLIII, 3 (mars 66), entre 60 et 61

"Thermal Considerations in Roof Design" (dépliant de la Canadian Building Digest)
RAIC, XLII, 10 (oct. 65), entre 80 et 81

Handegord, G.O.
"Moisture considerations in roof design". (dépliant de la Canadian Building Digest).
RAIC, XLIII, 1 (jan. 66), entre 42 et 43

Hansen, A.T.
"Conventional roof framing — Principles that bring good design"
CB, XIV, 2 (fév. 64), 46-48

"Lightweight trusses bear up better than conventional roofs"
NB, VIII, 11 (nov. 59), 38-40 et 51

"Nouveaux types de clouage des fermes de toiture"
BAT, XXXVIII, 7 (juil. 63), 32-35, texte & ill.

"Points to watch when insulating wood-framed flat roofs"
CB, XIII, 5 (mai 63), 66-68

"Why roof trusses? They cut costs, use less lumber, speed the job"
CB, XII, 8 (août 62), 38-39

Institut Technique du Bâtiment et des Travaux Publics de Paris
"Un cas d'insonorisation de toiture métallique légère"
BAT, XXXIV, 6 (juin 59), 50-51

Janes, T.H.
"Les granules de toiture au Canada"
BAT, XXX, 2 (fév. 55), 14-15

Jarrett, Claude
"No roof bonds mean new problems for architects"
NB, X, 4 (avril 61), 38

Ladner, Frank
"Letters" (Concernant un article intitulé "Roof Thermography" par Douglas Fishburn)
TCA, XXV, 2 (fév. 80), 8

Ladner, Frank E.
"Roofing Design"
TCA, XXV, 3 (mars 80), 28 et 47

Lawson, J.I.
"Wind Damage to Asphalt Shingle Roofs"
RAIC, XXXIII, 5 (mai 56), 184-186

Lund, C.E.
"Technical Premature failures of built-up roofing systems"
TCA, XIV, 10 (oct. 69), 68 et 70 et 72

Lurz, William H.
"Air supported steel: Unique new roof design concept may slash costs of clear-span structures"
CB, XXIII, 10 (oct. 73), 65-66

Peter, B.; Schriever, W.R.
"Snow loads on roofs". (dépliant de la Canadian Building Digest)
RAIC, XL, 1 (jan. 63), 33-36

Reisser, S.M.
"Welding Makes Sense For Steel Roof Trusses and Frames"
CB, IV, 4 (avril 54), 53-57, texte & ill.

Schriever, W.R.; Thorburn, H.J.
"Strength of Small Roofs". (dépliant de la Canadian Building Digest)
RAIC, XXXVIII, 6 (juin 61), 89-92

Sinoski, D.A.
"Meniscus Steel Membrane Roof Structure".
TCA, XX, 1 (jan. 75), 33-34

Theakston, Franklin H.
"Snow Loads on Low-rise Buildings"
TCA, XIX, 9 (sept. 74), 42-45

Thorburn, H.J.; Schriever, W.R.
"Recent failures point out importance of snow loads on roofs"
NB, VIII, 5 (mai 59), 18-19 et 49 et 51

Wardell, Ray
"Classic restoration with copper roofing"
CB, XXIX, 4 (avril 79), 12-14

Wilson, Stuart A.
"Dettagli, Tetto. *Dach details; roof design*; Karl Kramer Verlag, Stuttgart, 1964.
RAIC, XLI, 9 (sept. 64), 17

Index des noms d'auteurs
Author Index

A

Aarons, Anita, 9, 85, 101, 427, 499.
Abbett, Robert W., 471.
Abbey, David S., 123, 445.
Abra, W.J., 476.
Abram, G.S. et al, 434, 439.
Abram, George, 123.
Abram, George S., 172.
Acland, James, 27, 81, 251, 432.
Acland, James H., 9, 196, 247, 432, 445.
Acland, James H. et al., 439.
Acosta, Carlos, 428.
Adams, Beryl, 168, 177, 499.
Adams, Joan, 182.
Adamson, Anthony, 160, 251, 255, 257, 428, 429.
Adamson, Gordon S. (Ass.), 502.
Adelman, Howard, 140.
Adeney, Marcus, 95.
Affleck, R.T., 439.
Affleck, Ray, 172, 173, 447.
Affleck, Ray et George Cruickshank, 435.
Affleck, Raymond T., 505.
Ager, J.W.A., 493.
Agnew, H.R., 477.
Agnew, Harvey, 231.
Aitchison, Ian, 469.
Aitcin, Pierre-Claude, 481, 488, 493.
Akins, Brian E., 490.
Alain, Fernand, 160, 165, 168, 439, 478.
Albarda, Jan H. et al., 429.
Alexander, E.R., 170, 172, 199, 256, 444, 469.
Alexander, Mac, 466.
Alexander, Max, 123.
Allaire, Roger, 178.
Allan, M.F., 439.
Allan, Marvin, 439.
Allard, Desmond G., 255.
Allard, Gérard, 160, 165, 168, 169, 171, 463.
Allcut, E.A., 485, 487.
Allen, Arthur, 114.
Allen, D.E., 497.
Allen, William, 430, 478.
Allsop, Brian, 430.
Allsop, R.P., 9.
Althouse, J.G., 123.
Altosaar, Tonu, 435.
Alward, Hugh L., 452.
Amiel, Maurice S., 429.
Amos, Louis A., 452.
Amstutz, Ernest, 245.

Anderson, C. Ross, 95, 123, 252, 429.
Anderson, Cardwell Ross, 452.
Anderson, E.C., 493.
Anderson, J.M., 429.
Anderson, Lawrence B., 450.
Anderson & Raymer, 452.
Anderson, Robert W., 432.
Anderson, Robert W. et Marsh, Ronald W., 502.
Anderson, Ross, 165.
Andras, Robert, 252.
Andrews, John, 432, 452.
Andrishak, Gary, 160.
Angrave, James, 123.
Angus, D.L., 231.
Angus, William, 106.
Ankerl, Guy, 252.
Annau, Ernest, 430, 441, 451.
Anthony, Mark J., 160, 452.
Antonuk, Boris, 452.
Appelt, D.C., 92.
Aquin, Creighton, 431, 437.
Arbec, Jules, 182, 239.
Arbour, Daniel, 252.
Archambault, Maurice, 62.
Archambault, Richard B., 452.
Archibald, John Smith, 452.
Architects Consortium, 452.
Architectural Research Group, 257, 427.
Armer, G.S.T., 434.
Armstrong, A.H., 165.
Armstrong, Alan, 252, 254.
Armstrong, Alan H., 165, 257.
Armstrong, Brian, 125.
Armstrong, J.B., 495.
Armstrong, John R., 490.
Arnott, Brian, 106.
Arnott, Gordon R., 435.
Aronin, Jeffrey Ellis, 491.
Arthur, E.R., 23, 172, 435.
Arthur, Eric, 432, 441, 447.
Arthur, Eric R., 123, 435, 447, 450.
Arthur, Eric Ross, 452.
Arthur, Kent, 257.
Arthur, Paul, 427.
Artinian, Vrej-Armen, 123.
Arup, Ove, 435.
Assaly, Ernie, 165, 168, 463, 477.
Association des architectes de la province de Québec, 443.
Association Nationale des Produits de Béton, 493.
Aubin, Hervé, 247.
Audet, Louis N., 9.
Auerbach, Herbert C., 482.

Auger, Antoine L., 231.
Auger, Jules, 160.
Authier, Raoul, 428.
Aylon, Norman N., 493.

B

Bailey, Douglas G., 429, 440.
Baird, George, 160, 162, 163, 447.
Baker, Joseph, 49, 81, 174, 448.
Baker, L.E., 442.
Baker, Langton G., 435.
Baker, M.C., 485, 507.
Baker, Maxwell C., 505.
Bakker, Joost, 160, 162, 163.
Bakker, Joost et al., 447.
Baldwin, Martin, 101, 113, 435.
Baldwin, W.D., 111.
Balharrie, Watson, 123, 445, 447, 448.
Ball, T.M., 444.
Ball, W. Ross, 496.
Ball, W.H., 487.
Ball, Walter, 493.
Ball, Walter H., 487.
Bancroft, Brian, 432.
Banz, George, 37, 92, 160, 252, 429, 435, 440, 451, 487.
Banz, George et al., 439.
Barber, Robert, 447.
Barcelo, Michel, 160.
Barclay, Stanley B., 172.
Bardawill, Victor G., 476.
Bardout, Georges, 245.
Barge, Georges et al., 476.
Barker, Kent, 169, 199, 252, 269, 432.
Barkham, Brian, 432.
Barnard, Peter, 437.
Barnard, Peter R., 502.
Barnard, Walter, 449.
Barnes, Herbert T. et al, 441.
Barott, Peter, 438.
Barott, Peter T.M., 450.
Barre, 100.
Barré, Claude, 485.
Barry, Eric, 501.
Basil, L., 182.
Bastien, Henri-R., 168.
Bateman, J.W., 68, 125, 170.
Bates, Maxwell, 427.
Bates, Stewart, 160, 168, 171, 252, 256.
Batten, Jack, 256, 472.
Bauer, Catherine, 252.
Baxter, Iain, 252.

Beam, D.C., 498.
Beauchemin, G., 123.
Beaulac, Henri, 428.
Beaulieu, Claude, 252, 256, 432.
Beaupré, Hector, 125.
Beauregard, J., 68.
Bechtel, Robert B., 429.
Beck, F.W., 89.
Bédard Construction Ltée, 172.
Bédard, Roger, 169.
Bedat, Michel, 500.
Béique, Jacques, 179, 252.
Bélair, Gérard, 497.
Béland, Paul et al., 433.
Bélanger, Guy, 502.
Bélanger, Pierre, 165.
Bélanger, Vianney, 445.
Bélanger, Yves, 429.
Bellot, Paul (dom), 9.
Belluschi, Pietro, 450.
Bender, Eric, 490.
Benedeck, Alexander et al., 463.
Benjamin, N.S., 429.
Benjamin, Stan, 440.
Benjamin, Stanley, 447.
Benn, Philippe A., 507.
Benoît, J.E.A., 435.
Benoit, Michelle et Gratton, Roger, 255.
Bentz, Jorg, 441.
Bergeron, Jean-B., 49.
Bergman, Eric, 160, 165, 168, 170, 184, 444, 469, 476, 487.
Berman, J., 184.
Bernardo, A.S. et al., 476.
Berrie, Nancy, 493.
Berthiaume, Sylvie, 168.
Bertin, Aulis, 487.
Berwick, R.A.D., 123, 125, 466.
Betts, Randolph C., 81, 123, 439.
Bezman, M., 160.
Bezman, Michel, 123.
Biancamano, G. et Michaud, J. et Léveillé, A. et Laflamme, P., 252.
Bickford, R.J., 485.
Biddell, J.L., 472.
Binning, B.C., 427.
Birkerts, Gunnar, 435.
Birmingham, W.H., 165, 493.
Bissell, Claude, 140.
Bixby, Carl, 170.
Bizzell, E.J.L., 502.
Bjornstal, Tore, 445.
Black, W.D., 468.
Blackburn, Robert H., 92.
Blackwell, Dr. Richard, 487.
Blackwell, Walter R.L., 165.
Blais, Denis, 160.
Blake, Peter, 450.
Bland, John, 9, 43, 252, 429, 432, 435, 437, 445, 448, 450, 463.
Bland, John et al., 445.
Blankstein, Arthur M., 428.
Blankstein, Morley, 468, 469.
Blatherwick, K.R., 428, 433.

Blatter, Robert, *123.*
Blenkhorne, Donald M., *484.*
Bloc, André, *429.*
Block, Horace, *177.*
Blood, Thomas Ewing, *502.*
Blouin, André, *160, 161, 178, 252, 468, 481.*
Blumenfeld, Hans, *43, 165, 247, 252, 255, 256.*
Boddy, Trevor, *432.*
Boehmer, Donald J., *489.*
Bogdan, J.A., *252.*
Boigon, Irving D., *123, 140.*
Boileau, G.G., *177, 486.*
Boivin, Adrien, *172.*
Bolduc, D.M., ing., *9.*
Bolt, Beranek & Newman, *125.*
Bolte, Auguste, *444.*
Bolte, Auguste A., *165.*
Bolton, John L.M., *441, 463, 473.*
Bolton, Richard E., *81, 199, 241, 433.*
Bonin, Léonard, *485.*
Bonnick, J.H. et al., *441.*
Bonnick, John H., *161.*
Borgford, S.J., *169.*
Bostrom, Robert E., *68.*
Botham, William J., *502.*
Bouchard, Yvon, *168, 177, 471, 472, 487.*
Boudrias, André, *252.*
Boulva, Pierre, *435.*
Bourbeau, A.E., *445.*
Bourbeau, Armand E., *182, 243, 252, 448.*
Bourbeau, Armande, *435.*
Bourgeois & Martineau, *493.*
Bourget, Pierre, *485.*
Bouthillette, Roland, *485.*
Boutin, J.R., *231.*
Bouwman, Roland, *446.*
Bowen, Brian, *469.*
Bowen, Mel, *490.*
Bowker, Walter, *435.*
Bowker, Walter B., *471.*
Bowman, M.W., *177.*
Bowser, Sara, *161, 225, 242, 427, 439, 507.*
Boyd, Arthur, *49, 498, 501.*
Boyd, D.W., *491.*
Boyd, Robin, *431.*
Bradfield, J.H.W., *252.*
Bradley, A.E., *177.*
Bradley, Prentice, *469.*
Brady, James, *23, 68, 125, 165, 199.*
Brammall, C.C.D., *487.*
Brandon Construction Inc, *172.*
Branson, Norman R., *106.*
Brassard, Emile, *161, 469.*
Brassard, Sylvio, *199.*
Braun, William F., *485.*
Brennan, J.F., *434.*
Brett, Gerard, *101.*
Breuer, Marcel, *429.*
Bridgman, L.G., *451.*
Briggs, Robert E., *450.*

Briggs, Robert et al., *445.*
Brisley, Ross, *431.*
Bristol, Graeme, *429.*
Brock, Dave, *252.*
Brook, J.B., *428.*
Brook, Jack, *140.*
Brook, Philip R., *92.*
Brooks, C.H., *428.*
Brooks, Norman W., *505.*
Brosseau, Gérard, *493.*
Brosseau, L.P., *493.*
Brough, Denis H., *256, 471.*
Brower, James R., *489.*
Brown, Beryl, *490.*
Brown, Chester S., *258.*
Brown, Clarence L., *169, 173.*
Brown, Dougald, *111.*
Brown, F. Bruce, *9, 252.*
Brown, H.F. et al., *431.*
Brown, Harry, *501.*
Brown, P.S., *495.*
Brown, Roy, *125.*
Brown, W. G., *39.*
Brown, W.G., *104.*
Brown, W.P., *485, 506.*
Browne, Michael, *502, 505.*
Browse, Caroline, *49, 179.*
Brunelle, André, *482, 502.*
Brunet, Raymond, *468.*
Brunner, Carlo, *504.*
Buchanan, Donald W., *256.*
Buchinger, Margaret, *184.*
Buck, Derek, *501.*
Buck, Frank. E., *161.*
Bunet, Raymond, *439.*
Burchard, John Ely, *482.*
Burgess, Cecil S., *23, 42, 81, 95, 161, 165, 169, 174, 184, 196, 199, 241, 252, 256, 257, 269, 428, 429, 431, 433, 434, 435, 439, 442, 446, 463, 466, 476, 477, 502.*
Burgoyne, R.V.B., *125.*
Burt, C.Murray, *482.*
Busby, Peter, *161, 429.*
Butler, Anthony, *482.*
Butler, P.M., *439.*
Buttolph, L.J., *487.*

C

Cadiergues, Roger, *488.*
Cadloff, Joseph, *473.*
Cairns, D.J., *478.*
Calder, J., *481.*
Calgary Housebuilders Association, *165.*
Calvert, R. G., *225.*
Cameron, D.J., *252.*
Cameron, D.W., *447.*
Cameron, Donald, *428.*
Cameron, Duncan F., *101.*
Campagnac, E., *470.*
Campagnac, M.E., *440.*

Campbell, C.B., *165, 170, 444, 463, 488.*
Campbell, Charles B., *165, 175, 468, 470.*
Campbell, Fred, *488.*
Campbell, H.C., *92.*
Campbell, Sandy, *490.*
Campbell, V.A., *490.*
Campeau, *478.*
Campeau, C.E., *255.*
Campeau, Chs. E., *252.*
Campeau Construction, *478.*
Campeau Corporation, *478.*
Campeau, J.P., *161.*
Campeau, Jean-Pierre, *175.*
Campeau, Robert, *478.*
Campion, David, *440.*
Canadian Construction Association, *468.*
Canadian Gypsum, *470.*
Candela, Felix, *502.*
Candy, Kenneth H., *172.*
Card, Raymond, *106, 443.*
Cardinal, D.E., ing., *9.*
Carlier, Charles, *252.*
Caron, Claude, *168.*
Carreau, Serge, *435, 445.*
Carruthers, C.D., *495, 502.*
Carruthers, C.D. et al, *466.*
Carruthers, Clare D., *68, 476.*
Carswell, J.B., *444.*
Carswell, W.E., *447.*
Carver, Humphrey, *161, 165, 252, 269, 428.*
Caspari, Peter, *470.*
Caspari, Peter et al., *437.*
Cassie, Fisher W., *498.*
Casson, Hugh, *435.*
Casson, Hugh et al., *450.*
Castonguay, Michel, *505.*
Castro, M., *504.*
Castro, Marc, *49, 165, 170, 252, 444, 466.*
Catto, Douglas E., *435.*
Catton, David S., *170.*
Caudill, W.W., *123.*
Cauley, John Stuart, *9, 443.*
Cazaly, Laurence, *493, 502.*
Cerny, Robert C., *435.*
Chabot, Gilles, *433.*
Chadwick, Patrick A., *493.*
Chalifour, Eugène, *444, 478.*
Chamberland, Hubert, *252.*
Champigneulle, Bernard, *199, 252, 429.*
Chapleau, Gaston, *27, 125, 242, 257, 427, 505.*
Chapman, Howard, *428.*
Chapman, Nigel, *445.*
Chard, Catherine, *175.*
Chard, Catherine M., *435.*
Charette, Roland, *444.*
Charney, Melvin, *123, 125, 451, 493, 499.*
Charney, Morris, *252, 433.*
Chartrand, Jean, *493.*

Charuest, Jean-Charles, *9.*
Chazottes, Maurice, *499.*
Chesnel, Pierre, *448.*
Chevalier, Michel, *252.*
Chisvin, J., *483.*
Chisvin, Jack, *487, 488.*
Chivers, John, *447.*
Chivers, John A., *442.*
Choinière, Jacques A., *502.*
Cholette, Jean Marc, *168, 473.*
Choueke, E., *111, 179, 184, 470.*
Choueke, Esmond, *27, 43, 49, 83, 125, 165, 168, 170, 175, 184, 463.*
Christianson, Dennis, *450.*
Christofferson, Per T., *502.*
Christopherson, C., *446.*
Church, Thomas D., *225.*
Chutter, Don, *463, 468.*
Chutter, S.D.C., *470, 476.*
Cimon, Jean, *165.*
Clack, Clayton, Pickstone, *172.*
Clarke, Andrew, *438, 441.*
Clarke, John R., *177.*
Clasky, Richard, *470.*
Clayton, Frank A., *184, 199.*
Cleary, James, *165.*
Clément, F.E., *178.*
Clements, W.G., *173.*
Clendenan, E.F., *177.*
Cluff, A.W., *471.*
Cluff, A.W. et P.J., *179.*
Cluff, A.W. et P.J. Cluff, *505.*
Cluff, Pamela, *172, 239.*
CMHC, *113, 161.*
Coates, D.F., *470.*
Coates, Wells, *435.*
Coggan, D., *37.*
Cohen, S.J. et John Kettle, *438.*
Colangelo, Grondin, *178.*
Cole, G.D.H., *252.*
Collins, Anthony J.M., *161.*
Collins, Peter, *9, 428, 429, 431, 434, 445, 448.*
Collins, Tom, *161, 162.*
Colville, David, *463, 466.*
Committee on planning, construction and equipment of schools in Ontario., *123.*
Connelly, Bill, *170.*
Connelly, W.G., *165.*
Connely, William, *468.*
Connor, W.A., *485.*
Conradt, R., *247.*
Conseil national des recherches, *485.*
Consolidated Building Corp., *478.*
Continental Housing Corp., *478.*
Cook, J.W. (Ltée), *478.*
Cooke, Robert R. (& Son) Ltd, *478.*
Cooke, Roy K. et al, *123.*
Coon, Burwell R., *123, 165, 442.*
Coop, I., *439.*
Cooper, D.W., *498.*
Cooper, J.I., *43.*
Copeland, L.E., *493.*
Cornell, R.W., *439.*

Corning, L.H., *493.*
Costa, Lucio, *431.*
Costrain, Richard (Ltd), *478.*
Côté, Gaétan J., *123.*
Côté, Georges P., *439.*
Côté, Marc-Henri, *68.*
Couillard, F. & R., *478.*
Couillard R. et al., *476.*
Couillard, Roland, *478.*
Cousin, Jean, *429.*
Coutts, Ian, *169, 444.*
Coutts, Ian R., *81, 165, 169, 177, 178, 179, 471, 485, 493.*
Coutu, Jacques et al., *450.*
Coventry, A.F., *252.*
Cowan, H. Bronson, *463.*
Cowan, Harvey, *433, 439, 502.*
Cox, E.C.S., *199, 436, 447.*
Coxall, C., *445.*
Coxe, Weld, *438, 439.*
Craig, Alan, *502, 505.*
Craig, James B., *172.*
Craig & Madill, *450.*
Crane, David A., *427.*
Crawford, C. B., *225.*
Crawford, C.B., *485, 503.*
Crawford, Grant, *168.*
Crawford, Lawrence, *179.*
Crawford, R., *483.*
Crawford, R. Hugh, *488.*
Creig, R. L., *225.*
Creighton, Thomas, *140.*
Creighton, Thomas H., *140, 431, 434, 436, 439.*
Crête, René, *440.*
Cretney, S.F., *473.*
Crinion, David, *442.*
Critchley & Delean, *172.*
Crocker, C.R., *104, 177, 490.*
Croft, Philip J., *177.*
Cross, Austin, *168.*
Crossley, Alan, *170, 252, 269.*
Crossley, Allan, *269.*
Cruickshank, George, *493.*
Cruikshank, George, *504.*
Crutcher, Lewis, *257.*
Culham, Gordon, *252.*
Cullens, William S., *498.*
Cullers, Samuel J., *255.*
Cullingworth, Patrick J., *161.*
Cullum, Charles, *439.*
Cullum, Charles H., *472.*
Curnoe, Greg, *252.*
Currie, Marion G., *487.*
Curtis, Tim, *23, 125, 172, 184, 199, 476.*
Curtis, Tim et al., *23, 123, 184.*
Cusack, O.F., *505.*
Cushack, O.F., *177.*
Cutbush, Patrick, *68.*
Cutler, Maurice, *168, 468.*
Cyr, René, *252.*

D

D.B.S., *165.*
Dafoe, Elizabeth, *92.*
Dagenais, Gérard, *123.*
Daignault, D., *257, 439.*
Daigneault, D., *431.*
Dair, Carl et al, *427.*
Dakin, A.J., *257.*
Dakin, John, *252.*
Dalgliesh, W.A., *491, 507.*
Dallaire, Michel, *485.*
Dallegret, François, *252.*
Dalrymple, John, *27, 49, 111, 168, 170, 171, 256, 469, 498.*
Dalrymple, John et al., *125.*
Dalrymple, John et Charles Lazarus, *49.*
Damaz, Paul F., *427.*
Damphousse, Jean, *123, 125, 161, 252, 485.*
Damphousse, Jean et al., *9.*
Danard, Jean, *177, 493.*
Da Roza, Gustavo, *172.*
D'Astous, Roger, *172.*
Davenport, S.G., *23.*
David, Robert, *504.*
Davidson, Caldwell, *489.*
Davidson, Colin H., *484.*
Davidson, Ian, *161, 436.*
Davidson, Jocelyn, *252, 437.*
Davies, Colin, *431.*
Davies, Gerald A., *9.*
Davies, John, *473.*
Davies, John L., *469.*
Davies, Richard L., *434.*
Davies, Robertson, *81, 429.*
Davis, E.N., *125, 469.*
Davis, William G., *124.*
Davison, A.W., *433.*
Davison, Keith B., *495.*
Davison, Robert L., *92.*
Dayton, John M., *62.*
Deacon, H.L., *428.*
Deacon, P. Alan, *165.*
Deasy, C.M., *439.*
Debeur, T.O.M., *49.*
Debeur, Thierry, *161.*
DeBroeck, Denise, *489.*
DeCicco, Paul R., *489.*
De Grace, R.F., *495.*
De Keresztes, Janos, *172.*
de Laplante, Jean, *124.*
Delean, Lucien, *153, 184.*
Delorme, F.J., *488.*
de Luca, Harry J., *428.*
De Lusigny, Xavier, *256, 473, 475.*
Denault, Bernard, *161, 165, 169.*
Denault, Jacques, *161, 468.*
Dennis, Michael, *475.*
Denny, Robert R., *439.*
Denoncourt, Ernest L., *432.*
Département de la défense civile, *113.*
Dépocas, Victor, *429.*

Dept. of Public Health, *231.*
Derôme, Michel, *504.*
Déry, J.L., *440.*
Déry, Jacques, *27, 37, 44, 68, 165, 169, 199, 252, 433, 466.*
Desautels, Aimé, *172.*
Desbarats, Guy, *124, 247, 434, 463.*
Desbarats & Lebensold, *172.*
Deslauriers, A. (& Fils) Ltée, *478.*
Desmarais, Roger, *199.*
Desrochers et Dumont, *440.*
Desrosiers, Hugues B., *451.*
De Vynck, Alfred, *225.*
Design Inc., Bank Building Corporation, *44.*
Diamond, A.J., *165, 255, 429, 431, 502.*
Diamond, Jack, *184, 253.*
Diamond, Mr., *469.*
D'Iberville Construction Inc., *478.*
DiCastri, *161.*
Dick, Keith S., *256.*
Dickens, H. Brian, *161, 485, 497.*
Dickens, H.B., *487, 494, 497, 506.*
Dickinson, P., *433.*
Dickinson, Peter, *9.*
Diefenbaker, John, *433.*
Dietz, Albert G.H., *483.*
Diffrient, Niels, *429.*
Dingwall, Ronald C. et al., *199.*
Dircks-Dilly, G., *175.*
Dixon, M.G., *439.*
Dixon, Michael G., *441.*
Dobbing, Peter, *442, 471, 477.*
Dobell, Norman W., *175.*
Dobson, Dr. W.P., *494.*
Dobush, Peter, *161, 165, 166, 257, 269, 437, 472.*
Doclin, Doïna, *177, 436.*
Dodds, Brian, *225.*
Dodington, E.L., *68.*
Dodington, Edward L., *177.*
Dodson, John P., *485.*
Doelle, Leslie E., *489.*
Doelle, Leslie L., *106, 177.*
Domtar, G.Lee, *504.*
Donahue, A.J., *253, 431.*
Donat, Peter, *106.*
Doré, E.D., *427.*
Dorey, D.B., *177, 497.*
Dorey, D.B. et al., *497.*
Doubilet, Susan, *428, 443.*
Douglas, T.C., *433.*
Dovell, Peter, *196, 433.*
Dowling, Eric, *9.*
Downs, Barry, *431.*
Drew, Philip, *124.*
Dreyfus, Henry, *161.*
Dubé, C.H., *444.*
Dube, Chs-H., *496.*
DuBois, Macy, *431, 433.*
Dubos, René, *253.*
Dudok, W.M., *429.*
Duek-Cohen, Elias, *253.*
Dufour, Ghislain, *472.*

Dufresne, Roch, *253.*
Dugan, Robert E., *428.*
Duke, Robert F., *436, 466.*
Dumais, Roland, *172.*
Dumond, René, *124.*
Duncan, Ian M., *68.*
Duncan, Steve, *255, 483.*
Dunfield, Brian, *253.*
Dunington-Grubb, H. B., *225.*
Dunlop, Earl R., *429.*
Dunrford, John W., *474.*
Dupire, Jean, *124.*
Dupuis, Michel et al., *440.*
Durand, Luc, *253.*
Duranleau, Robert, *470.*
Dusart et Koolhaas, *253.*
Dusart, Etienne, *429.*
Du Toit, Roger, *256, 436.*

E

Eadie, Arthur H., *92.*
Easterbrook, Peter, *243.*
Easton, J.A.G., *124.*
Eber, George, *493.*
Eckbo, Garrett, *225.*
Eden, W.J., *504.*
Éditeur, *153.*
Editorial Board Members, *438.*
Edsall, Richard, *125.*
Edsall, Richard L., *125, 165, 231, 466.*
Edur, Olev, *39, 485.*
Edward, Gordon, *487.*
Eldred, Brian, *502.*
Elie, Robert, *9, 161, 231, 429.*
Elliott, Robbins, *257, 439, 442, 466.*
Elliott, Roblins, *165.*
Ellsworth, Ralph E., *92.*
Elte, Hans, *433, 445.*
Embacher, Eric, E., *253.*
Emery, Tony, *433.*
Emmory, Peter, *486.*
En collaboration, *161, 431, 432, 433, 436, 441, 442, 445, 446, 447.*
Enemark, Tex, *174.*
Engel, Douglas, *140.*
Engh, John, *496.*
Engineered Homes, *172.*
Englar, G., *225.*
Englesmith, George, *427.*
Epp, Al, *485.*
Erickson, Arthur, *101, 140, 476.*
Erickson / Massey, *172.*
Erin Steel & Wire Co., *504.*
Erskine, Ralph, *253, 490.*
Ertman, Gardner, *172.*
Esherick, Joseph, *496.*
Etkin, B. et Korbacher, G.K., *507.*
Etter, A.E., *502.*
Evamy, Michael E., *445.*
Evans, G.F., *125.*
Evans, Gladstone, *437, 443, 466.*
Eve, Richard, *436.*

EYESTONE

Eyestone, Curtis C., 485.

F

Fairfield, R.C., 95.
Fairfield, Robert, 447.
Falconer, Mary, 484.
Falta, Patricia, 239.
Faludi, E.G., 27, 175, 255.
Farlinger, A.W., 255, 478.
Farrell, William Ranger, 489.
Fazio, P., 161, 162.
Fazio, Paul P., 445.
Fearnly, E., 247.
Feiss, Carl, 429.
Fentiman, H.G., 502.
Ferguson, R. Stirling, 429.
Ferguson, R.S., 476, 507.
Ferguson, R.S. et T.D. Northwood, 177.
Fife, Gwen, 95.
Figiel, Walter J., 489.
Filteau, Jacques, 494.
Finkel, Henry, 429.
Finlayson, K.A., 179.
Firestone, O.J., 165, 466.
Fiset, Edouard, 253, 269, 502.
Fish, Michael, 253, 431.
Fishburn, Douglas, 507.
Fisher, Richard A., 434, 447.
FitzGerald, J.V., 471.
Flanders, John, 433.
Fleming, A.L., 472, 484.
Fleming, Allan R., 427.
Fleming, Arthur L., 439.
Fleming, Meredith, 439, 472, 473, 474.
Fleming, Robert P., 231.
Fleming, Robert P. et al, 434.
Fleury, Arthur & Calvert, 173.
Fleury et Arthur, 481.
Fleury, W.E., 124, 447.
Fliess, H., 253.
Fliess, Henry, 161, 162, 179, 196, 199.
Floyd, J. Austin, 68, 225.
Foley, Kirk et al., 255.
Foot, Chris, 125, 441.
Ford, E.A., 498.
Ford, James W., 486.
Foreman, Darryl A., 445.
Forest, C.E., 470.
Forrest, Bob, 161, 184.
Forrest, Bruce, 470.
Fortin, France, 168.
Fortin, Pierre, 179.
Fortin, René, 256.
Foster, K.H., 427, 434.
Fotheringham, Archdeacon J.B., 9.
Fournier, René, 247.
Fowke, Clifford, 9, 23, 27, 49, 68, 124, 125, 140, 161, 165, 166, 168, 169, 170, 176, 179, 182, 184, 199, 231, 253, 256, 434, 439, 444, 463, 464, 467, 468, 469, 470, 471, 476, 483, 486, 487, 491, 494, 496, 505, 507.
Fowke, Clifford et al., 23, 68, 176, 179, 184, 199, 464, 476, 490.
Fowke, Clifford et Eileen Goodman, 437.
Fowler, C.A.E., 495.
Fox, E., 166.
Fox, E.D., 161.
Fox, Edmund, 166.
Francis, Peter R., 476.
Frankowski, Henry, 172.
Franks, Brian, 44, 257.
Fraser, R.K., 166, 174, 444.
Fraser, Ronald K., 196.
Frayne, Robert, 168.
Freebourn, N.E., 497.
Freeman, David Campbell, 9.
Freeman, Wylie, 168.
Freeman, Wyndham, 507.
Freeze, D.A., 467.
Fregeau, Claude, 486.
Freschi, Bruno, 199.
Friesen, David, 196.
Frieser, George, 83, 444.
Fullerton, Margaret, 161.

G

G., R., 437.
Gabbour, Iskandar, 241, 256.
Gaboury, Etienne J., 9, 172, 253, 496.
Gagnon, Albert, 444, 471.
Gagnon, Odilon, 27, 253.
Gagnon, Robert, 257.
Gagnon, Roger, 161, 241, 253, 256, 269, 471.
Galarneau, Bernard, 168.
Galbreath, Murdoch, 487.
Gale, A.L., 434.
Gallion, Arthur B., 429.
Gallop, John, 428.
Gallotti, Jean, 253.
Garden, G.K., 103, 486, 489, 502, 506, 507.
Garden, Kerby, 449.
Gardiner, Frank G., 231.
Gardiner, William, 436.
Gardner, Paul, 494.
Gareau, Jean, 9, 124, 140, 442, 448, 502.
Gariépy, Roland, 448.
Gascon & Parant, 231.
Gascon, Yves, 496.
Gauthier, Bruno, 494.
Gauthier, Maurice, 253, 428.
Gauvin, Lucien, 247.
Gauvreau, Jean-Marie, 428.
Gazaille, Gérard, 161, 182.
Gelinas, J.P., 487, 500.
Gélinas, J.Y., 166, 169.
Gélinas, Jean-Yves, 166, 467, 469, 478.

Geoffrion, Hélène G., 256, 257, 434.
Gérin-Lajoie, D., 253.
Gérin-Lajoie, Paul, 124.
Gérin-Lajoie, Pierre, 125.
Germain, J.-M., 477.
Germain, J.M., 68, 428.
Germain, Léon-David, 494.
Germain, Yves, 169, 468.
Gerson, Wolfgang, 161, 269, 442.
Gerson, Wolfgang et al., 442.
Gibberd, Frederick, 431.
Gibbons, E.V., 489, 491, 494.
Gibson, G.D., 172, 433.
Gibson, George, 449.
Gibson, W.A., 168.
Gibson, William A., 437.
Gibson, Wm. A., 476.
Giddens, Joseph J., 483.
Giddings, Ken, 494.
Giedion, Sigfried, 119.
Gifford, Hilda, 92.
Gilbert, André, 429, 431, 436.
Gilbert, E.J., 431, 437.
Gilchrist, C.W., 247.
Gill, A.F., 504.
Gill, Georges A., 161, 177, 247, 486, 494, 504, 505, 506.
Gillepsie, Bernard, 472.
Gillespie, Bernard, 27, 49, 81, 92, 106, 161, 177, 179, 199, 225, 239, 253, 256, 257, 429, 431, 432, 433, 436, 438, 440, 441, 442, 445, 470, 473, 478, 482, 484, 486, 490, 494, 498, 501, 502, 506.
Gillespie, Bernard & Immanuel Goldsmith, 439.
Gillespie, D., 468.
Gillies, 256.
Gillmor, R.D., 430.
Gimaiel, Philippe, 482.
Ginsler, Lionel, 486.
Gitterman, S.A., 177, 199, 256, 478.
Giurgola, Romaldo, 430.
Gladu, Paul, 434.
Glick, D. Newton, 161.
Goddard, L.L., 483.
Goddard, R.J., 472.
Goering, Peter, 431, 491.
Goldes, A.A., 483.
Goldstein, Paul, 468.
Gole, R., 486.
Goodhart-Rendel, H.S., 427, 439.
Goodman, Eileen, 27, 68, 140, 161, 166, 184, 185, 199, 467.
Goodman, Eilen et Doug Jansen, 49.
Goodwin, M.J., 497.
Gordon, Donald, 256.
Gorwic, Norbert H., 253.
Gosselin Geoffrion, H., 172, 253, 450, 494.
Gosselin-Geoffrion, Hélène, 475.
Gosselin, Yves et al., 445.
Goudge, M.F., 491.
Gouin, Paul, 431, 433.
Goulding, W. S., 225.
Goulding, W.S., 179, 247, 257.

Goulding, Wm. S., 9.
Gouverneur Général, 257, 450.
Govan, James, 482, 483, 505.
Gowans, Alan W., 9.
Gower, L. Elvin, 496.
Graham, Charles, 68.
Graham, Donald W., 225.
Graham, J.A., 501.
Graham-Smith, B., 253.
Granek, G., 486.
Grant, Alastair, 153.
Grant, Alex, 253.
Grant, Alex R., 483.
Grant, Robert B., 502.
Gratton, Valmore, 182, 439.
Grauer, A.E., 170.
Gravel, William, 502.
Gray, Ron G., 476.
Gréber, Jacques, 253.
Greene, Michael S., 484.
Greening, W.E., 505.
Greig, Robert L., 439.
Grenier, Pierre, 433.
Gretton, Robert, 101, 111, 161, 434, 436, 437, 438, 439, 441, 442, 445, 447, 451, 467, 472.
Gretton, Robert et al., 490.
Grindrod, J., 494.
Grisenthwaite, W.H., 166, 444, 468.
Grolle, Ir. E.H., 441.
Grondin, Jean, 182.
Grooms, Richard H., 435.
Gropius, Walter, 436.
Gross, C.F., 505.
Grossman, Allan, 168.
Grossman, Irving, 161, 253, 434, 441, 442, 449.
Guay, Gérard, 269, 270.
Guay, Jacques, 161, 441.
Guenther, J.F., 489.
Guérin, Guy, 472, 473, 474, 475.
Guitton, Etienne, 467.
Gunderson, Harold, 9, 23, 68, 125, 464.
Gunderson, Harold et al., 255.
Gutman, Richard J.S., 66.
Guttman, Art, 470.
Guyatt, Richard, 429.
Gypsum, Lime & Alabastine Limited, 501.

H

Haacke, Ewart M., 125.
Hacker, Geoffrey, 172.
Hacker, Geoffrey E., 172.
Hackett, W.B., 494.
Hailstone, Patrick, 68, 499.
Hainer, Ralph C., 501, 502.
Hakim, Besim, 478.
Hale, S. Kelly, 176.
Hall, John, 447, 464.
Hall, W.M., 502.
Hall, W.N., 439.

Hallman, Lyle S., *182.*
Halprin, Lawrence, *225, 253.*
Hamel, Gilles, *448.*
Hamiaux, Valérie, *182.*
Hamilton, Alvin, *253.*
Hamilton, J.J., *504.*
Hamilton, John P., *451.*
Hamilton, Larry, *255.*
Hamilton, Peter, *161.*
Hancock, Macklin L., *225.*
Handegord, G.O., *104, 483, 504, 507.*
Hankinson, E.L., *449.*
Hann, Gordon E., *489.*
Hansen, A.T., *161, 169, 174, 476, 501, 502, 504, 506, 507.*
Hansen, Thor, *428.*
Hanson, A.T., *496.*
Hanson, Phil, *196.*
Harboe, Knud Peter, *172.*
Hardie, Betty, *92.*
Harland, Sydney, *92.*
Harness, Conrad, *170.*
Harper, W. Douglas, *448.*
Harris, James F., *27.*
Harris, Kenneth D., *431.*
Harvey, P.J., *168.*
Harvey, R.W., *172.*
Harvor, Stig, *161, 253, 437, 439.*
Haynes, Charles, *125.*
Hays, J. Byers, *436.*
Hayter, Ron, *9, 23, 124, 125, 161, 173, 174, 199.*
Haywood, A.R., *443.*
Hazeland, A., *199.*
Hazeland, E., *168.*
Hazelgrove, *451.*
Hazelgrove, A.J., *443, 488.*
Hébert, Henri, *223.*
Hébert, Maurice, *442.*
Hebert, R.V., *490.*
Hecht, Maurice, *467.*
Heenan, G. Warren, *486, 498.*
Hees, George, *241.*
Heissler, Yves, *436.*
Hellyar, Frank, *153.*
Hellyer, Paul T., *478.*
Helmer, D'Arcy, *437.*
Helmer, D'Arcy G., *436.*
Helwing, Carl E., *494.*
Helyar, F.W., *428, 472, 483, 501, 502, 504, 506.*
Helyar, Frank, *125, 470.*
Hemingway, Peter, *27, 253, 442.*
Henderson, H.A., *179.*
Hendry, Charles E., *430.*
Henry, Robert, *168, 174, 176, 178, 199, 253, 470, 484, 490.*
Henschel, A.W., *488.*
Hershfield, C., *113, 253, 498, 502.*
Heslop, Rex, *169, 444, 478.*
Higgins, John P., *253.*
Hignett, Herb, *166.*
Hignett, Mr., *469.*
Hipel, George, *162.*
Hix, John, *486.*

Hobbrook, J.H., *231.*
Hoblek, Kai, *494.*
Hodgson, J., *255.*
Hoedeman, Jan, *225.*
Hoffart, Ronald, *445.*
Hohns, H. Murray, *474.*
Holcombe, Wm H., *166.*
Holford, Lord, *491.*
Holford, William, *445.*
Hollingsworth, F.T., *442.*
Hollingsworth, Fred T., *199, 433, 439.*
Horsbrugh, Patrick, *431.*
Horton, Don, *478.*
Hoseason, Harry, *494.*
Hough, M., *225.*
Hough, Michael, *225, 253.*
Hounsom, Eric W., *9, 106, 253.*
Howard, Jonathan, *436.*
Howarth, Doctor, *140.*
Howarth, Thomas, *441, 445, 447.*
Howe, C.D., *269.*
Howlet, L.E., *477.*
Hubbard, R.H., *432, 433.*
Hubler, Robert L. Jr., *27, 42, 162, 494, 498, 503.*
Huckvale, Marnie, *49, 166, 464.*
Hudnut, Joseph, *162, 430.*
Hudson, S., *486.*
Hughes, H. Gordon, *114, 478.*
Hughes, H.G., *231.*
Hugo-Brunt, M., *257.*
Hulbert, Richard, *49.*
Hume, Anne, *92.*
Humphreys, B.A., *170.*
Humphreys, Barbara, *177, 178.*
Humphrys, B.A., *125, 162, 176, 427.*
Hunt, John, *162.*
Huntley, Haydn, *427.*
Hurley, Kent C., *445.*
Hurtubise, Jacques-E., *504.*
Hutcheon, N.B., *483, 486, 494, 497, 505.*
Hutcheon, Neil B., *177, 497.*
Hyatt, *174.*
Hyatt, H.P., *27.*
Hyman, W.H., *162.*

I

Iliu, Joseph, *427.*
Illingworth, William, *439.*
Ingles, E., *448.*
Ingles, Ernest B., *435.*
Inglis, Fred, *9, 491.*
Inglis, Fred R., *448.*
Institut d'Architecture d'Amérique, *436.*
Institut des Travaux Publics, *506.*
Institut Royal d'Architecture, *437.*
Institut Technique du Bâtiment et des Travaux Publics, *497, 501, 507.*

Iredale, Randle, *437, 441, 468.*
Iredale, W. Randle, *445.*
Irving, Michael, *477, 483.*
Irving, Mike, *176, 477.*
Irwin, N.L., *125, 199.*
Irwin, Stephen V.E., Dennis Peters et Alfred P. Tilbe, *437.*
Issalys, Jean, *470.*
Izumi, K., *162, 231, 269, 427, 433, 436, 449.*

J

Jackson, Anthony, *49, 253, 429, 431, 434, 441, 445.*
Jackson, Don, *484.*
Jackson, Neil, *239.*
Jacobs, Peter, *225.*
Jacobsen, Eric, *491.*
Jacobson, Lee, *445.*
Jacobson, Mejse, *491.*
Jacques, Mary, *464.*
James, A. Mackenzie, *431.*
James, F. Cyril, *253, 448.*
James, Freda G., *427.*
James, P. Leonard, *446.*
James, P.L., *436.*
Janes, T.H., *507.*
Jansen, Doug, *23, 68, 123, 140, 170, 185, 200, 437, 464.*
Jarrett, C.S., *472.*
Jarrett, Claude, *507.*
Javosky, Rudy V., *141.*
Jeffery, W.E., *504.*
Jenkins, Alex, *444, 469.*
Jenkins, Dan, *161, 162.*
Jenkins, J.H., *476.*
Jenks, I.H., *499.*
Jesson, Denis M., *124.*
Johns, A.B., *179.*
Johnson, D.C., *430.*
Johnson, Douglas C., *439.*
Johnson, Esther, *500.*
Johnson, Fred D., *185.*
Johnson-Marshall, P., *141.*
Johnson, P.V., *497.*
Johnson, R.G., *444, 464.*
Johnson, S. Eric, *166, 185, 270, 444, 469, 476.*
Johnson, Walter, *436, 439, 441, 472, 473, 475, 491, 504.*
Johnson, Walter S., *436, 472, 473, 474.*
Jones, Arthur E., *486.*
Jones, H.M., *124.*
Jones, P.M., *489.*
Joubert, Maurice, *166.*
Joy, Arthur R., *125, 169, 439.*
Joynes, Jennifer R., *436.*
Junius, Marcel, *162, 166, 176, 434.*
Jupp, Mr., *467.*

K

Kaffka, Peter, *438.*
Kahn, Louis, *256, 270.*
Kalen, Henry, *443.*
Kalman, Harold D., *81.*
Kaminker, B., *231, 238.*
Kaminker, Ben, *231.*
Karlsson, Harry, *484.*
Kastner, Paul, *491, 497.*
Kates, Stan, *170, 171.*
Kay, John, *162, 430.*
Kay, John R., *162, 176.*
Kay, Ron, *9, 200.*
Keast, D.S., *255.*
Keeble, Lewis, *270.*
Keen, J.N., *488.*
Keenleyside, P.M., *231, 437.*
Keenleyside, Patrick M., *475.*
Keller, D., *445, 464.*
Keller, Didier, *256.*
Keller, Didier F., *441.*
Keller, Peter K., *494.*
Kelley, James E. Jr., *478.*
Kelly, William, *464.*
Kelton, Joseph, *172.*
Kemble, Roger, *81, 162, 163, 172, 225, 430, 436, 437, 440.*
Kemp, Leslie H., *270, 470.*
Kennedy, A.A., *166, 167.*
Kennedy, Anthony A., *9.*
Kennedy, D.E., *496.*
Kennedy, T. Warnett, *177.*
Kennedy, Warnett, *440, 482.*
Kent, A.D., *177, 486, 488, 499.*
Kent, S.R., *484.*
Kent, Stanley, *477.*
Kent, Stanley R., *470, 477, 482.*
Kern, J.D., *488.*
Kertland, Douglas E., *438.*
Ketchum, Verne, *496.*
Kettle, John, *68, 111, 162, 247, 436, 449.*
Key, A.F., *101.*
Key, Jack, *471.*
Khan, Fazlur R., *253.*
Khurana, J.S., *44.*
Kilgore, Brian, *179.*
Kilgore, Brian A., *124.*
King, E.D., *466, 467.*
King, Jonathan, *124.*
Kinne, William S., *470.*
Kippax, Helen M., *225.*
Kissin, Jean Wolf, *484.*
Klassen, Alvin T., *494.*
Klein, Jack, *153, 185, 196.*
Klein & Sears, *503.*
Klotz, C.O.P., *499.*
Knibb, John Henry, *81.*
Knight, J., *496.*
Knight, Lane, *68, 494, 497.*
Koerte, Arnold, *431, 442, 445.*
Konferti, Marsel A., *185.*
Konopacki, Thaddeus, *253.*

Korbacher, G.K., *491*.
Kostka, Joseph V., *162*.
Kostka, V.J., *270, 440*.
Kotska, Joseph, *162*.
Kryton, John, *437, 477*.
Kryton, M., *49*.
Kublicki, Tudensz, *172*.
Kurtz, A., *185*.
Kuwabara, Bruce, *160, 162, 163*.
Kuypers, Jan, *427*.
Kyles, L.D., *434*.

L

La Haye, Jean-Claude, *269, 270*.
Labadie, Gaston, *177*.
Labedan, Julien, *428*.
Lacasse, Wilfrid, *494*.
Ladner, Frank, *507*.
Ladner, Frank E., *507*.
Lafontaine, André, *225*.
Laliberté, Victor, *23*.
Lalonde, J.L., *430*.
Lalonde, Jean-Louis, *124, 442, 450*.
Lam, William C., *488*.
Lamarche, C.E., *247, 501*.
Lamarre, Denis, *9, 92, 231*.
Lamb, Wilfrid B., *436, 486*.
Lamonde, Pierre et Samson, Marcel, *253*.
Lancaster, Osbert, *434*.
Langdon, Steven, *141*.
Langley, J.B., *447*.
Langlois, Claude, *162*.
Langlois, Ernest, *166*.
Lansdowne, K., *470*.
Lansdowne & Ross, *470*.
Lanthier, Claude, *494*.
Lapierre, Louis J., *427, 494, 497*.
Lapointe, Claude, *162, 503*.
Lapointe, Paul H., *255*.
Laprade, Albert, *440*.
Larivière, Louis, *503*.
Larivière, Paul, *444*.
LaSalle, Dr. Gérard, *231*.
Lash, S.D., *495*.
Lasserre, Fred, *113, 124, 166, 429, 433, 434, 442, 445, 446, 448*.
Latta, J.K., *177, 486, 489*.
Laughton, Jill, *174, 177*.
Lauriente, D.H., *489*.
Lavigne, Andrée, *257*.
Lawson, Harold, *253, 433, 436, 467, 483*.
Lawson, J.I., *507*.
Lawson, M.B.M., *255*.
Layng, John, *9, 436*.
Lazarides, T.O., *494*.
Lazarus, Charles, *27, 124, 166, 170, 185, 464*.
Leaning, John, *81, 434*.
Leaning, John D., *28*.
Leany, David B., *483*.
Lebel, André, *482*.

Lebensold, D.F., *106, 430*.
Lebeuf, Yvan, *166*.
Lebire, Gilles, *177*.
Leblanc, Georges, *503*.
Lebrun, J., *162*.
Leclair, W. J., *225*.
Leclerc, Marc, *270*.
Leclerc, Marcel, *166, 169, 270, 448, 468, 476*.
Le Corbusier, *436*.
Lee, A.B., *162*.
Lee, D.H., *106*.
Lee, Douglas H., *486, 494, 497, 498, 503*.
Leeming, R.B., *162*.
Lefeaux, Stuart F., *225*.
Lefrançois & Laflamme, *49*.
Legault, Guy-R., *168, 243*.
Legget, R. F., *225*.
Legget, R.F., *231, 239, 504*.
Legget, Robert, *476*.
Legget, Robert F., *170, 440, 464, 470, 478*.
Leggett, Robert F., *501*.
Legrand, Paul, *49, 66, 68, 124, 231*.
Legris, George, *491*.
Lehrman, Jonas, *49, 81, 162, 166, 185, 253, 270, 433, 434, 441, 445*.
Leithead, M., *253*.
Leithead, William G., *433*.
Leman, A., *482*.
Leman, A.B., *162*.
Leman, Alexander, *445*.
Leman, Alexander B., *125, 254, 436, 440, 442, 451, 478*.
Lemco, Blanche, *162, 252, 254*.
Lemieux, Maurice, *427*.
LeMoyne, Roy-E., *448*.
Leonard, Arthur R., *438*.
Lessel, A.G., *482*.
Lesser, Howard, *436*.
Lev, Roy, *247*.
Lévesque, Laurentin, *430, 443*.
Levine, Jack B., *141*.
Lewis, D.W., *497*.
Lightstone, A.D., *49*.
Limpshaw, H., *440*.
Lincourt, Michel, *254, 256, 441, 446, 448, 451*.
Lindgren, Edward, *433*.
Lindsay, Jeffrey, *503*.
Lingred, E., *254*.
Linton, K.J., *486*.
Lintula, Douglas, *503*.
Lipson & Dashkin, *172, 173*.
Lipson & Dashkin et Stone, Norman R., *173*.
Lister, George A., *171*.
Lister, Lois, *225*.
Lithwick, Sidney, *469*.
Locke, Richard A., *176*.
Lods, Marcel, *434*.
Loewenstein, Edward, *178*.
Logan, Harold A., *436*.
Loiselle, Andrée, *200*.
Lomas, G.W., *81*.

Long, Don, *199, 444, 471*.
Long, Donald, *170*.
Long, Harry J., *440*.
Longman, Harold A., *176*.
Lord, Marcel, *441*.
Lorenzen, Henry, *445*.
Lowden, J.A., *162*.
Luik, Asta, *478*.
Lund, C.E., *507*.
Lundberg, George A., *442*.
Lunin, Paul, *470*.
Lunquist, Oliver, *431*.
Lupien, Jean, *166*.
Lurz, William, *49, 166, 170, 176, 185, 437, 467, 472*.
Lurz, William H., *170, 177, 254, 464, 507*.
Lyle, John M., *451*.
Lyman, Sande, *166*.
Lymburner, John, *81, 256, 437, 440, 442, 472, 474, 486, 494*.
Lynes, Russell, *434*.

M

Macalik, M.J., *498*.
MacCormack, Terry, *257*.
MacDonald, Angers, *500*.
MacDonald, J.T., *125*.
MacDonald, Kenneth D., *476*.
MacDonald, R.H., *472*.
MacDonald, Robert H., *44*.
MacEachen, Allan J., *168*.
MacEachern, Gordon A., *506*.
MacGuire, John W., *162*.
MacInnis, Joseph, *491*.
Mackasek, Edward, *505*.
MacKenzie, Hunter, *254*.
Mackenzie, W. Ken, *476*.
Macklem, Douglas, *472*.
Macklem, Douglas N., *472, 473, 474*.
Maclennan, Ian, *162, 254, 436, 442, 443*.
MacLeod, Malcolm Donald, *433*.
MacLeod, Robert K., *446*.
MacMahon, Charles H., *470*.
MacNab, F.J., *247*.
MacQueen, W.N., *501*.
Madill, H.H., *231, 447, 450, 451*.
Magil, Louis B. (Co.), *478*.
Maguire, P., *494*.
Mahoney, E.L., *472*.
Mainguy, Lucien, *68, 430, 436*.
Mainguy, Noël, *448*.
Mainville, Francis, *435*.
Mair, L.K., *486*.
Mallette, Pierre, *478*.
Malloy, F., *489*.
Mann, Anthony, *254, 478*.
Manning, D., *173*.
Manning, Peter, *161, 162, 431, 441, 446*.
Manson Smith, P.J., *502*.

Mansur, D.B., *166, 174, 444*.
Mansur, David B., *182*.
Manzoni, Herbert J., *162*.
Marani, F.H., *113, 497*.
Marani, Rounthwaite & Dick, *491*.
Marchand, Danielle, *467*.
Marchand, Gilles, *437*.
Markson, Jerome, *162, 173, 176*.
Marsan, J.C., *430*.
Marsan, Jean-Claude, *257*.
Marsh, R.W., *476*.
Marshall, R.F., *438*.
Martin, F.J., *437*.
Martin, John, *257*.
Martin, Leslie, *446*.
Martineau, Auguste, *482*.
Martineau, J.O., *256*.
Martineau, R., *494*.
Martineau, René, *9, 494*.
Maryon, John, *504*.
Masse, Jean-Guy, *469*.
Massey, Geoffrey, *101*.
Massey, Hart, *434, 476*.
Massey, Vincent, *431*.
Masson, George Y., *440, 443*.
Masters, R., *173*.
Masterton, Murray, *174*.
Mathers, A.S., *162, 432, 436, 464, 476*.
Matsui, I.R., *440*.
Mattar, S. G., *161*.
Mattar, S.G., *162*.
Matthew, Robert, *436*.
Matthews, Edward, *486*.
Maurault, Olivier, *141, 434, 436*.
Maurice, Claude, *254*.
Maxwell, W.S., *451*.
Maybee, W.E., *174*.
Mayerovitch, H., *166, 436*.
Mayotte, E.L., *166, 170, 185*.
Mazalek, Bohumil, *254*.
Mazoyer, René M.L., *490*.
McCaffrey, W.R., *476*.
McCance, *42*.
McCance, W.M., *170, 171, 256*.
McCance, William M., *162, 174, 177, 476, 482, 496, 504*.
McClaskey, Angus, *478*.
McCloskey, Brian, *162*.
McConnell, C.J., *478*.
McConnell, J., *440*.
McConnell, J.C., *170*.
McCool, C.A., *486*.
McCormick, Anne, *92*.
McCue, Gerald M., *445*.
McElgin, J., *126*.
McGill University, *162*.
McGregor, D., *483*.
McGregor, I.K., *487*.
McGuire, J.H., *490*.
McIsaac, R.H., *471*.
McKee, Robert R., *440*.
McKee, Robert Ross., *446*.
McKellar, J.D., *438, 472*.
McLaughlin, Robert W., *434*.

McLaughlin, Roland R., *141.*
McLaughlin, Susan, *471.*
McLellan, Andrew N., *247.*
McLeod, Douglas M., *431.*
McLeod, Norman W., *504.*
McLuhan, Marshall, *430.*
McMordie, Michael, *435.*
McMurrich, N.H., *438.*
McMurrich, Norman, *436.*
McMurrich, Norman H., *231.*
McNaughton, M.F., *494.*
McQuaid, M.J., *474.*
McRae, D.G.W., *448.*
McRae, Ian, *468.*
McReynolds, Kenneth L., *124.*
Medsker, Dale, *468.*
Meerburg, Peter, *23, 68, 141.*
Meere, Phil, *23, 141, 166, 170.*
Meier, Richard, *162.*
Melnick, Norman, *472, 473, 474, 475.*
Melnick, Norman J.P., *81, 473, 474.*
Meloche, Wilfrid, *428.*
Mendel, Arthur H., *68.*
Mendelsohn, Ala, *141.*
Menear, David W., *446.*
Mensforth, A.G., *474.*
Mercier, C., *474.*
Mercier, Henri, *231, 437.*
Mercier, Pierre, *448.*
Merrett, Campbell, *433, 440.*
Mesbur, David, *170.*
Messer, Tom, *106, 166, 168, 468, 469, 488, 491.*
Messer, Tommy, *464.*
Metrick, S., *506.*
Mews, J.E., *464.*
Michelson, William, *254.*
Michener, Mel P., *111.*
Mikluchin, P., *68.*
Mikluchin, P.T., *497.*
Milic, V., *470.*
Milic, V. et al., *446.*
Miljevic, Dobro, *494.*
Miller, Alexander, *490.*
Miller, Alfred N., *478.*
Milligan, S. Lewis, *432.*
Millon, Henry A., *434.*
Mills, C. Wright, *254.*
Ministère de la Santé du Québec, *488.*
Minsos, A.O., *430.*
Mintz, Norbert L., *434.*
Miron, Isaac, *162, 182.*
Mitchell, Phyllis, *486.*
Moenaert, Raymond, *451.*
Moggridge, Hal, *257.*
Moholy-Nagy, S., *254.*
Monaghan, P.A., *257.*
Mondello, Roméo, *467.*
Mondin, C.H., *242.*
Mondin, Ch., *470.*
Montgomery, Robert, *478.*
Montreal Engineering, *491.*
Moody, H.H.G., *23.*

Moore, Charles W., *430.*
Moore, R.E., *177.*
Morency, Isabelle, *171.*
Morency, Pierre, *430, 448.*
Morenge, Lucien, *503.*
Morgan, Earle C., *62.*
Morgan, H.D.L., *441.*
Morisset, Gérard, *432.*
Morisset, Jean-Paul, *432.*
Moriyama, Ray, *255.*
Moriyama, Raymond, *44.*
Morley, Keith, *162, 166, 168, 200, 254, 471.*
Morris, R.S., *446.*
Morrison, Carson F., *494, 503.*
Morrisson, Carson F., *496.*
Mott, A.J., *472.*
Moulds, Harold A., *438.*
Muirhead, Desmond, *225.*
Mulligan, Louis, *428, 440.*
Mulvey, G., *483.*
Mulvey, G.E., *488.*
Mundt, Ernest, *427.*
Munk, Peter, *489.*
Munn, E. Fitz, *437.*
Munro, Everett, *504.*
Munro, Herc, *482.*
Murray, J.A., *166, 433, 441, 447.*
Murray, James A., *9, 44, 119, 124, 162, 196, 200, 254, 430, 431, 437, 451, 505.*
Murray, T.V., *438.*
Murray, V.S., *494.*
Muscovitch, Arthur, *433.*
Mustard, J.N., *494.*
Mutch, Jean, *178.*
Muttart, Merrill D., *478.*
Myers, Barton, *430.*

N

N.H.B.A., *175.*
Nadeau, Émile, *254.*
Nadeau, Leopold, *475.*
Nadon, Gabriel, *433.*
Nazar, Jack, *430.*
Negroponte, N., *441.*
Neisch, William J., *464.*
Neish, W.J., *504.*
Neish, William J., *39, 254.*
Nelson, Carl J., *445.*
Nelson, George, *49, 436.*
Nelson, R.A., *479.*
Neumann, Alfred, *430, 484.*
Neutra, Richard J., *436.*
Newell, H., *92.*
Newman, Oscar, *446.*
Newton, Eric, *427.*
Nichol, A.B., *443, 445.*
Nicholls, Roland H., *464.*
Nicol, F.J.K., *124, 442.*
Nicol, Frank, *483.*
Nicol, Frank J., *446.*
Nicol, Frank J.K., *468.*

Nicolet, R.R., *495.*
Nielsen, George, *174.*
Noakes, E.H., *176.*
Nobbs, Francis J., *434.*
Nobbs, Percy E., *441.*
Northwood, T.D., *9, 49, 483, 489, 504.*
Noseworthy, Frank, *470.*
Notebaert, Gérard, *225.*
Noviant, L.G., *446.*

O

O. M. Scott & Sons Co., *226.*
Obelnicki, William S., *470.*
Oberlander, Cornelia Hahn, *225.*
Oberlander, H. Peter, *254, 270.*
Oberlander, Peter H., *433, 446.*
Oger, Michel, *200, 467, 476.*
O'Keefe, Gene, *68, 179, 257, 440, 484, 491.*
Okins, E.J., *486.*
Olie, Bill, *479.*
Olin, F.M., *254.*
Oliver, John V., *256.*
Olynek, E., *494.*
Oman, Alan E., *496.*
O'Neill, James, *170, 176, 444, 468, 469.*
Onslow, Walter, *174.*
Ontario Association of Architects, *443.*
Ontario Association of Architects (OAA), *475.*
Ormos-Cernat, J., *178.*
Orton, I.E., *476.*
Orton, Lawrence M., *254.*
Osborne, Milton S., *166, 436, 447, 489.*
Ostrowski, Dietram, *446.*
Ouellet, André, *469.*
Ouellet, Jean, *162.*
Ouimet, Alphonse, *247.*
Over, W. Percy, *491.*
Owen, John E., *68.*
Oxley, J. Morrow, *503.*
Oxley, L.A., *231, 254.*
Oxley, Loren, *231.*

P

P.Q.A.A., *257.*
Paczkowski, Nicholas, *475.*
Paddick, Keith, *162, 177, 477.*
Padolsky, Barry, *173.*
Page, Forsey, *486.*
Page, John E., *9.*
Paine, A.J.C., *438.*
Palme, Olaf, *254.*
Papin, Gilles, *231.*
Paquette, J.H.A., *231.*
Paquette, Marcel, *471.*
Paravert Construction Inc., *162.*

Pare, E.E., *39.*
Parent, Guy S.N., *500.*
Parisel, Claude, *153.*
Parizeau, Marcel, *254, 433, 440, 443, 467.*
Parker, Harry, *162.*
Parkin, John, *124.*
Parkin, John B., *124.*
Parkin, John C., *165, 166, 429, 433.*
Parkin, John Cresswell, *254.*
Parks, Brian, *443, 472.*
Parnass, Harry, *441.*
Parnass, Henry, *446.*
Parsons, Colin J., *166.*
Paterson, Donald U., *68.*
Paterson, W.H., *243.*
Pattrick, Michael, *446.*
Pau, Nelson, *81.*
Pauls, J.L., *490.*
Pawley, Eric, *435.*
Pawlikowski, Joheph, *106.*
Peacock-Loukes, P.E., *434.*
Peck, G.W., *446.*
Peckover, F.L., *504.*
Pellerin, Jean, *433.*
Pellerin, Jules, *103.*
Pena, W.M., *123.*
Penner, E., *504.*
Pennington, P.G., *482.*
Perigoe, Rae, *491.*
Perkins, Dean G. Holmes, *446.*
Perkins, Lawrence B., *124.*
Perks, W.T., *436, 446.*
Perras, Loyola, *168.*
Perrault, Charles, *9, 479.*
Perrault, Charles, Ing. P., *9.*
Perron, Louis, *226.*
Perry, A. Leslie, *95, 126.*
Perry, Bruce, *427.*
Perry, Gordon, *162.*
Perry, Gordon F., *174.*
Peter, B., *507.*
Peter Barnard Ass., *482.*
Peter, Dennis, *470.*
Peterson, John W., *483.*
Petrinec, J.R., *486.*
Pettick, Joseph, *446.*
Pettit, Donald W., *225.*
Phaneuf, Jacques, *470.*
Phelan, T.M., *472.*
Phil, R.A.J., *491.*
Phillips, Anne W., *490.*
Phillips, W.L.M., *489.*
Piché, Edouard, *432.*
Picher, Claude, *44, 427.*
Pickersgill, Tom B., *467, 469.*
Pickett, Stanley H., *255.*
Pierce, S. Rowland, *68.*
Pigott, J.J., *472.*
Pile, John, *49.*
Pilon, Roger, *162, 479.*
Pinker, Donovan, *254, 255, 256.*
Pinno, Andrzej, *430.*
Pitt, Françoise, *28.*
Pitts, G. Md., *166.*

Pitts, Gordon Mcl., *442*.
Platts, R.E., *166, 176, 177, 483, 484, 486, 501, 503*.
Plésums, Guntis, *503*.
Plewes, W.G., *497, 502*.
Pocock, J.W., *478*.
Poggi, Vincent, *427*.
Poirier, Jacques, *162*.
Poivert, Jules, *441*.
Pokorny, G.K., *433*.
Pollman, Richard B., *178*.
Pollowy, Anne Marie, *124*.
Poniz, Duszan, *503*.
Poray – Swinarski, M.W., *470*.
Poray-Swinarski, W., *440*.
Porter, John C., *173*.
Porter, John C.H., *441*.
Portnall, F.H., *254*.
Poulin, Albert, *464*.
Poulin, Jean-Luc, *162, 476*.
Powers, W. Robert, *490*.
Powrie, David, *435*.
Prack, A.R., *124*.
Prack, Alvin R., *125*.
Prangnell, Peter, *226, 430, 436, 447*.
Pratt, C.E., *43, 162*.
Pratt, Charles E., *23*.
Pratte, Gérard, *173*.
Pressman, Norman, *185, 254, 256, 436*.
Prévost, Antoine, *432*.
Prévost, R., *504*.
Prévost, Roland, *28, 49, 168, 177, 243, 254, 449, 470, 482*.
Primiani, M., *470*.
Procos, Dimitri, *254*.
Provost, Roger, *504*.
Prus, Victor, *172, 173, 243*.
Pryke, John F., *483*.
Pryor, Dennis, *436*.
Pugh, John, *179*.

Q

Quigley, Stephen C., *445*.
Quinn, Patrick J., *474*.

R

R.F.L., *178*.
Racine, Roland L., *166*.
Rader, Lloyd F., *489*.
Rae, James, *470*.
Rae, Jim, *478*.
Raines, Edwin, *95*.
Rakhra, A.S., *81*.
Ralston, William, *179*.
Ramsay, D.D., *438*.
Ramsay, W.A., *241*.
Randall, Briane, *470*.
Rando, Guy L., *254*.
Rankin, John C., *470*.

Ratensky, Samuel, *162*.
Raymond, Maurice, *428*.
Raymore, Gerald, *200*.
Raymore, W.G., *435, 478, 483, 486*.
Read, Vernon, *496*.
Reed, Francis G., *126*.
Reed, T.A., *432*.
Régnier, Michel, *253*.
Reid, John Lyon, *436*.
Reilly, F.B., *254*.
Reiner, Thomas Robert, *81*.
Reisser, S.M., *507*.
Relsser, S.M., *498*.
Remarque, G.M., *495*.
Rennie, Graham, *162*.
Rensaa, E.M., *476*.
Revcon, *479*.
Rex, Ernest G.H., *428*.
Rex, G.H., *68*.
Rhone & Iredale, *503*.
Richards, J.M., *428, 440*.
Richardson, J.K.D., *499*.
Ricouard, M.-J., *494*.
Ridpath, J.W., *428*.
Rieder, A.C., *438*.
Rimes, Les, *28*.
Riopelle, Christopher, *179, 255*.
Ripley, James G., *166, 170, 171, 178, 464, 486*.
Ritchie, J., *497*.
Ritchie, T., *497, 505*.
Ritchie, Thomas, *497*.
Rivard, Antoine, *430*.
Robadey, Henriette, *124*.
Robbie, R.G., *476*.
Robbie, Roderick, *446*.
Robbie, Roderick G., *124, 125*.
Robbins, Richard S., *162*.
Robert, Georges, *162, 166, 254, 257, 430*.
Robert, Guy, *254*.
Roberts, A.C.W., *256*.
Roberts, Alfred C., *470*.
Roberts, Anthony, *491*.
Roberts, Horace, *185*.
Robertson, D.M., *443*.
Robertson, Derry, *438*.
Robertson, Fraser, *170*.
Robertson, William F., *470*.
Robillard, Claude, *226*.
Robinsky, E.I., *504*.
Robinson, E.S., *92*.
Robinson, Gerald, *200, 430, 436, 489*.
Robinson, Lukin H., *170*.
Robitaille, André, *162, 494*.
Rochette, P.A., *504*.
Rock, *479*.
Rock, Bernard, *496*.
Rodger, M.F., *497*.
Roedde, W.A., *92*.
Roger, Robin, *123, 185*.
Rogers, Ernesto N., *431*.
Rogers, Roy P., *479*.
Ronar, Joseph H., *438, 440*.

Ronco et Bélanger, *178*.
Roscoe, S.M., *436*.
Rose, Alan C., *179*.
Rose, Albert, *162, 185, 254*.
Ross, A.J., *470*.
Ross, Howard, *170, 171, 471*.
Ross, Howard E., *200*.
Rossman, Wendell E., *438, 440*.
Roth, Alfred, *431*.
Roth, M.W., *68*.
Rounthwaite, C.F.T., *483, 486*.
Rounthwaite, C.F.T. et al., *442*.
Rousseau, O.B., *254*.
Rowe, Percy A., *444, 504*.
Roy, Antoine, *432*.
Roy, H.E.H., *441*.
Rubin, Alex, *179*.
Ruby, A. Walling, *170*.
Ruderman, Leon, *470*.
Rudolph, Paul, *257*.
Rule, John E., *482*.
Rule, Wynn & Rule, *174*.
Runthwaite, Shelagh, *446*.
Russell, Alan D., *445*.
Russell, Franklin, *170*.
Russell, J.A., *163*.
Russell, John, *178, 432*.
Russell, John A., *95, 106, 163, 254, 428, 438, 440, 441, 442, 446, 447, 450*.
Rutherford, D.H., *503*.
Rybczinski, Witold, *430*.
Rybczynski, Witold, *163, 501*.
Rybka, Karel R., *106, 126, 486*.

S

S.C.H.L., *163*.
Saalheimer, Harriet, *68, 125, 185, 200*.
Safdie, Moshe, *185, 430, 431, 483, 484, 503*.
Safir, O., *494*.
Saint-Jacques, Roland, *469*.
Saint-Pierre, Paul, *171, 185, 430*.
Salter, W.A., *428*.
Salter, Wilson A., *254, 446*.
Sandbrook, Kenneth J., *42*.
Sanders, N., *434*.
Sandori, Paul, *178, 490, 503*.
Saracini, Dan, *68*.
Saratoga Construction Ltée, *173*.
Sasaki, J.R., *506*.
Savage, Harry, *174*.
Savage, Raynald, *472*.
Saxby, Harold, *438*.
Scarlett, Jean, *92*.
Scheel, Hans, *503*.
Scheffey, Merl A., *171*.
Scheick, William H., *163*.
Schein, Ionel, *499*.
SCHL, *166*.
Schlaepfer, Matthias, *185*.
Schmidt, H., *484*.

Schmidt, John M., *436*.
Schmidt, W., *438*.
Schoenauer, N., *185*.
Schoenauer, Norbert, *226, 254, 270, 431, 442, 448, 486*.
Schrier, Arnold, *10*.
Schriever, W.R., *491, 504, 507*.
Schupp, Jacques, *257*.
Schupp, Patrick, *10, 124, 163, 428*.
Schwaighofer, J., *503*.
Schwaighofer, Joseph, *494*.
Scott, Arthur B., *440, 483*.
Scott, David H., *254, 438*.
Scott, Gavin., *254*.
Scott, Lionel, *95*.
Scully, Vincent, *496*.
Scurfield, Ralph T., *167, 185*.
Seales, John R. Jr., *255*.
Searle, James E., *482*.
Sears, Henry, *81, 153, 167*.
Seethaler, Norbert, *494*.
Sefton, W., *470*.
Segal, Walter, *270*.
Selby, Kenneth A., *496*.
Sellors, Roy, *155, 482*.
Semmens, H.N., *254*.
Sereda, P.J., *231, 491*.
Servos, Robert A, *442*.
Severud, Fred N., *440, 503*.
Shadbolt, D., *111, 436*.
Shadbolt, Douglas, *442, 446*.
Shankman, Lawrence, *167, 256*.
Shanks, Gordon R., *254*.
Sharpe, Deborah T., *428*.
Shaw, *125*.
Shaw, Janet, *125*.
Shaw, R.F., *494*.
Shawcroft, Brian, *252*.
Shepherd, S.A., *469*.
Sheppard, Fidler A.G., *255*.
Sheppard, Hugh P., *438*.
Sherker, Mickey, *470*.
Shiff, J. Richard, *168*.
Shine, Anthony, *433*.
Shipp, Gordon S., *167, 170, 171, 444*.
Shipp, Harold G., *167, 168, 170, 185*.
Shore, Léonard E., *438*.
Shore, Leonard Eldon, *167*.
Short, D. Perry, *124*.
Shorter, G.W., *490*.
Shulka, Jack, *443*.
Sieger, Stephen, *432*.
Sifton, Mowbray, *163*.
Sills, Philippe, *489*.
Silverthorne, Paul N., *486*.
Simard, Jacques, *254*.
Simmonds, H.H., *442*.
Simon, Charles, *486*.
Simonsen, Ove C., *166, 167*.
Simpson, A. Edward, *126*.
Simpson, D.C., *176, 433*.
Simpson, E.J., *168*.
Sinclair, Wilfred D., *428*.

Singer, Joseph B., *499.*
Sinoski, D.A., *507.*
Sise, Hazen, *10.*
Sixta, Gherard, *436.*
Sly, Howard M., *167.*
Small, Ben John, *472.*
Small, W.E., *168, 178, 469, 470.*
Small, William, *170, 449.*
Small, William W., *141.*
Smallman, Hal, *483.*
Smedmor, Grant, *163.*
Smibert, Dorothy, *124, 126, 176.*
Smith, A. Rhys, *258.*
Smith, A.G.E., *504.*
Smith, A.W., *491.*
Smith, Desmond, *440.*
Smith, E.C., *175.*
Smith, Edward C., *486.*
Smith, Ernest J., *438, 449, 470, 482.*
Smith, Harold J., *231.*
Smith, J. Roxburgh, *445.*
Smith, J.F.C., *124.*
Smith, John Caulfield, *163, 167, 169, 170, 171, 174, 176, 178, 185, 254, 270, 443, 444, 464, 468, 470, 484, 503.*
Smith, Lillian H., *92.*
Smith, R.D. Hilton, *92, 432.*
Smith, R.M., *256.*
Smith, Robert C., *441.*
Smith, Roxburgh, *254.*
Snyder, Douglas, *81.*
Soalheimer, Harriet, *23.*
Sobkowich, V., *474.*
Soen, D., *163.*
Solvason, K.R., *506.*
Somerville, W.L., *167.*
Somerville, W.L. (jr), *438.*
Sommer, Robert, *430.*
Sorensen, Wilfred, *451.*
Soulié, Jean-Paul, *81.*
Souter, William, *231.*
Spence, John G., *464, 499.*
Spence, John Gordon, *440.*
Spence, Rick, *81, 174.*
Spencer, E.S., *256.*
Spences-Sales, Harold, *448.*
Sprague, James C., *170.*
Spratley, Louise, *200.*
Sprules, Robbie D., *428.*
St-Pierre, F., *124.*
Stanbury, J., *226.*
Stankiewicz, Audrey, *433.*
Stankiewicz, Z.M., *141.*
Stanley, D.R., *254.*
Stanners, James, *494.*
Steele, Harland, *81, 124, 167.*
Steele, W.J.L., *501.*
Stelco, *178.*
Stensson, J.V., *226.*
Stephenson, D.G., *486, 487.*
Stephenson, Gordon, *163, 254.*
Stevenson, C.A.A. et al., *438.*
Stewart, James I., *256.*
Stewart, Justice, *163.*

Stewart, R.C.T., *464.*
Stewart, Walter P., *169.*
Stinson, Jeffrey, *447.*
Stirling, Ronald, *239.*
Stockman, Carl, *486.*
Stogre, Alexander, *487.*
Stokes, Peter, *196, 242, 270.*
Stone, Harris, *436.*
Stone, Norman, *168.*
Stone, Norman R., *173.*
Stoot, Stephen, *10.*
Strasman, James C., *49, 428.*
Strauss, A.R., *429.*
Strauss, Andrew R., *440.*
Stringer, F.A., *501.*
Strong, Judith, *451.*
Strong, R., *225.*
Strong, Richard, *226.*
Structural Clay Products Institute, *497.*
Strudley, Donald B., *254.*
Stuart-White, Denis, *81, 470.*
Stuart-Whyte, Dennis, *49.*
Styliaras, Dimitrios, *446.*
Sullivan, John, *124, 256.*
Sutcliffe, E.D., *468.*
Suters, H.W., *182.*
Sutherland-Brown, M.C., *438.*
Sutherland, D.B., *124.*
Swenson, E.G., *494.*
Sykes, Meredith, *432.*
Szczot, Frédéric, *123.*
Szczot, Frédéric H., *123.*

T

Taillibert, Roger, *494.*
Tamblyn, R.T., *49, 441, 486.*
Tanner, H. Terrence D., *255.*
Tanner, H.T.D., *430.*
Tanner, Harold T.D., *430.*
Tanner, Robert, *489.*
Tanner, Robert H., *489.*
Tapia, Max, *178, 479.*
Tardif, Marcel J.B., *442.*
Tarleton, Derek, *498.*
Tarte, Pierre-André, *441.*
Tassé, André, *486.*
Tasso, André, *126.*
Tatham, G.V., *490.*
Tatham, Vern, *49.*
Taylor, Brian H., *451.*
Taylor, Giffith P., *170.*
Taylor, Norman E., *505.*
Teague, Walter Dorwin, *436.*
Temple, Dennis, *504.*
Teron Construction Ltd, *173.*
Teron, William, *486.*
Tessier-Lavigne, Andrée, *23, 124, 436.*
The Arborite Co. Ltd., *499.*
Theakston, Franklin H., *507.*
Théoret, Jacques, *468.*
Thériault, André W., *68.*

Thériault, Normand, *431.*
Thériault, Yvon, *255, 446.*
Thivierge, Charles-Edouard, *429, 430, 434.*
Thom, R.J., *428, 440.*
Thom, Ron, *436, 446.*
Thomas, J.F.J., *504.*
Thomas, Leslie, *126.*
Thomas, Lewis H., *432.*
Thomas, Morley K., *491.*
Thompson, Frank B., *178, 487.*
Thompson, Peter, *10.*
Thompson, Thomas C., *178.*
Thomson, D.W., *126.*
Thorburn, H.J., *507.*
Thornber, W., *476.*
Thornley, Denis G., *226.*
Thornton, Peter, *10, 450.*
Thrift, Eric W., *167, 255, 437, 467.*
Tibbetts, D.C., *178, 507.*
Tier, H.J., *484.*
Tiers, C.A., *10.*
Tillman, Peter F., *430, 449.*
Tirion, P.D.J., *125.*
Tison, J.A., *171.*
Tisseur, Jacques, *443, 449, 472.*
Tolchinski, H.M., *178.*
Tolchinsky, H., *173.*
Tonks, George C.N, *124.*
Tooke, Gerald, *500.*
Toole, Barry, *444.*
Topping, C.H., *491.*
Torbet, W.G., *494.*
Tornay, Edgar, *173, 431.*
Toulouse, Jean-Marie, *470.*
Tourigny, Paul, *103, 474.*
Tovell, Vincent, *433.*
Toward, Lilias M., *270.*
Townley, Fred L., *237.*
Townsend, L.W., *23.*
Tremblay, Denis, *10, 431, 434, 437, 487.*
Tremblay, Edouard W., *126.*
Trépanier, Paul-O., *124, 255, 431, 432, 434.*
Trudeau, J. Gaëtan, *496.*
Trudeau, Marc-A., *503.*
Trudel, Jacques, *270.*
Tunnard, Christopher, *226.*
Turcot, Yves, *174.*
Turnbull, Andy, *68, 163, 176, 483, 494.*
Turner, Philip J., *167, 448.*
Twizell, R.P.S., *442.*
Tyrwhitt, Jaqueline, *119.*

U

Ujhelyi, J., *494.*
Unterman, René, *449, 468, 504.*

V

Vair, James, *470.*
Vair, James W., *438.*
Valade, Jacques, *470.*
Valentine, H.A.I., *433, 443, 464, 490.*
Valentine, Hugh A. I., *10.*
Valentine, Hugh A.I., *430.*
Valery, Paul, *178.*
Vallée, Marc, *171.*
Vallée, Marc E., *83, 167, 200, 244, 468.*
Vandermeulen, E., *225.*
Vandermeulen, E.G., *226.*
Van Deusen, Edmund, *494.*
Van Ginkel, B.L., *241, 256.*
Van Ginkel, Blanche Lemco, *81.*
van Ginkel, H.P. Daniel, *167, 437.*
Van Ginkel, H.P.D., *255.*
Van Huyse, J.C., *494.*
Van Leuven, Karl, *428.*
van Nostrand, John, *160, 162, 163.*
Van Schie, M., *474.*
Van Vliet, Nick, *226.*
Varry, Jacques, *126, 258, 443.*
Veale, A.C., *178.*
Veale, Alan, *486.*
Venne, Émile, *430, 448.*
Venne, Gérard, *124, 167, 437, 442.*
Verdeyen, J., *494, 498, 503.*
Vergé, B., *255.*
Vergès-Escuin, R., *255, 440.*
Vergès-Escuin, Ricardo, *438, 448.*
Viau et Morisset, *428.*
Viau, Guy, *10.*
Vickers, G. Stephen, *428.*
Vickers, G.S., *430.*
Vickers, Geoffrey, *255.*
Vivian, Percy, *232.*
Voaden, Herman, *429.*
Voegeli, H.E., *505.*
Voineskos, Anna, *486.*
Voisey, D.A., *505.*
Voisi, D.A., *428.*
Voisinet, Roger, *486.*
Vouga, J.P., *431.*

W

Wade, John, *435, 449.*
Wade, L.E., *445.*
Wagner, Bernard, *196.*
Wakefield, Wm. E., *497.*
Walker, David, *255.*
Walker, Howard V., *124, 125, 438, 486.*
Walker, Ralph, *437.*
Walker, Virginia E., *430.*
Wallace, Ruby, *92.*
Waller, T.G., *44.*
Wanzel, Grant, *434, 483.*
Ward, Ralph L., *482.*

Wardell, Ray, *507.*
Ware, John A., *438.*
Waring, Steven H., *435.*
Warkentin, Alf, *255, 484.*
Warshaw, Leonard D., *435.*
Washa, G.W., *497.*
Waston, Alex, *178.*
Waterman, G.B., *483.*
Watson, Alex, *163, 486.*
Watson, W.A., *437.*
Watson, W.B., *488, 499.*
Watson, William A., *255.*
Watt, T. Bruce, *445.*
Watts, Fraser H., *226.*
Way, Douglas, *225.*
Way, Ronald, *226.*
Weatherson, Alan, *49.*
Webb, Peter, *185, 434.*
Webber, Alex, *162, 163.*
Webber, Gordon, *448.*
Webber, Gordon et al., *448.*
Webber, Murray, *167.*
Webster, Jo, *178.*
Webster, L.F., *441.*
Weinper, Shirley, *491.*
West, Alfred T. Jr. et al., *123.*
West, W.A., *69.*
Wheeler, E. Todd, *232.*
Wheeler, Herbert, *483.*
White, Herber D., *446.*
White, Jack A., *167.*
White, S.J., *447.*
White, William, *486.*
Whiteley, Ronald, *200, 430, 434.*
Whittaker, Henry, *232.*
Wiesman, Brahm, *255.*
Wiggs, G. Lorne, *69.*
Wiggs, H. Ross, *163, 433.*
Wiggs, Lorne, *486.*
Wilkes, F. Hilton, *486.*
Wilkinson, Denis, *226.*
Will, Philip (fils), *440.*
Williams, Edward A., *200.*
Williams-Ellis, Clough, *434.*
Williams, G.P., *490.*
Williams, H., *446.*
Williams, Lessing, *482.*
Williams, Ron, *443.*
Williams, Yvonne, *500.*
Willoughby, B.E., *255.*
Wilmut, P.G., *445.*
Wilmut, Percy G., *167.*
Wilson, A.G., *485, 489, 506.*
Wilson, A.H., *81, 483.*
Wilson, Andrew H., *82.*
Wilson, C. Don, *163, 167, 169, 175, 182, 185, 445, 471.*
Wilson, Clifford, *430.*
Wilson, E. Perry, *499.*
Wilson, Forrest, *494.*
Wilson, G. Everett, *437.*
Wilson, G.E., *470.*
Wilson, J.G., *494.*
Wilson, Stuart, *430, 448, 501.*
Wilson, Stuart A., *507.*

Wilson, W.H., *178.*
Windsor, Richard, *471.*
Winston, Denis, *255.*
Winters, Hon. R.H., *167, 169.*
Winters, Robert, *428.*
Wise, A.F.E., *491.*
Wishart, Paul B., *167.*
Wisnicki, B.P., *494.*
Wisnicki, P.B., *503.*
Wisnicki, Paul B., *443, 503.*
Withey, M.O., *497.*
Witkin, Stan, *28.*
Witney, Gwynneth, *430.*
Wogenscky, André, *430.*
Wood, Bernard, *442, 464.*
Wood, Edward I., *226.*
Wood, Kenneth, *433.*
Woodbridge, Frederick J., *255.*
Woodrough, Yves, *448.*
Woods, Chester C., *232.*
Woods, Phyllis, *23.*
Woods, Shadrach, *255, 446.*
Woolworth, John, *173.*
Wotton, Ernest, *255, 446, 488.*
Wright, Bruce H., *23, 484.*
Wright, D.T., *446, 503, 504.*
Wright, Henry, *483.*
Wykes, Roy A., *479.*
Wynkoop, Frank, *126.*

Y

Yamasaki, Minoru, *434.*
Yamoshita, Tosh, *125.*
Yapp, Russell K., *447.*
Yarmon, Elliot N., *69, 255.*
Yolles, M.S., *495.*
Yolles, Morden, *503.*
Yolles, Morden S., *482, 491, 495.*
Young, G.I.M., *471.*
Young, R.B., *494.*
Younkie, Grace W., *449.*
Youtz, P.N., *446.*
Yuen, R.B.T., *498.*

Z

Zeckendorf, William, *255.*
Zeidler, Eberhard, *430.*
Zeidler, Eberhard H., *10, 124, 185, 431, 446, 486.*
Zielinski, Andy, *167.*
Zollman, Charles C., *495.*
Zuk, Radoslav, *433, 441.*

PHOTOCOMPOSÉ
PAR LOGIDEC INC.
MONTRÉAL

ACHEVÉ D'IMPRIMER
EN MARS 1986
PAR LES ATELIERS GRAPHIQUES MARC VEILLEUX INC.
CAP-SAINT-IGNACE, QUÉ.

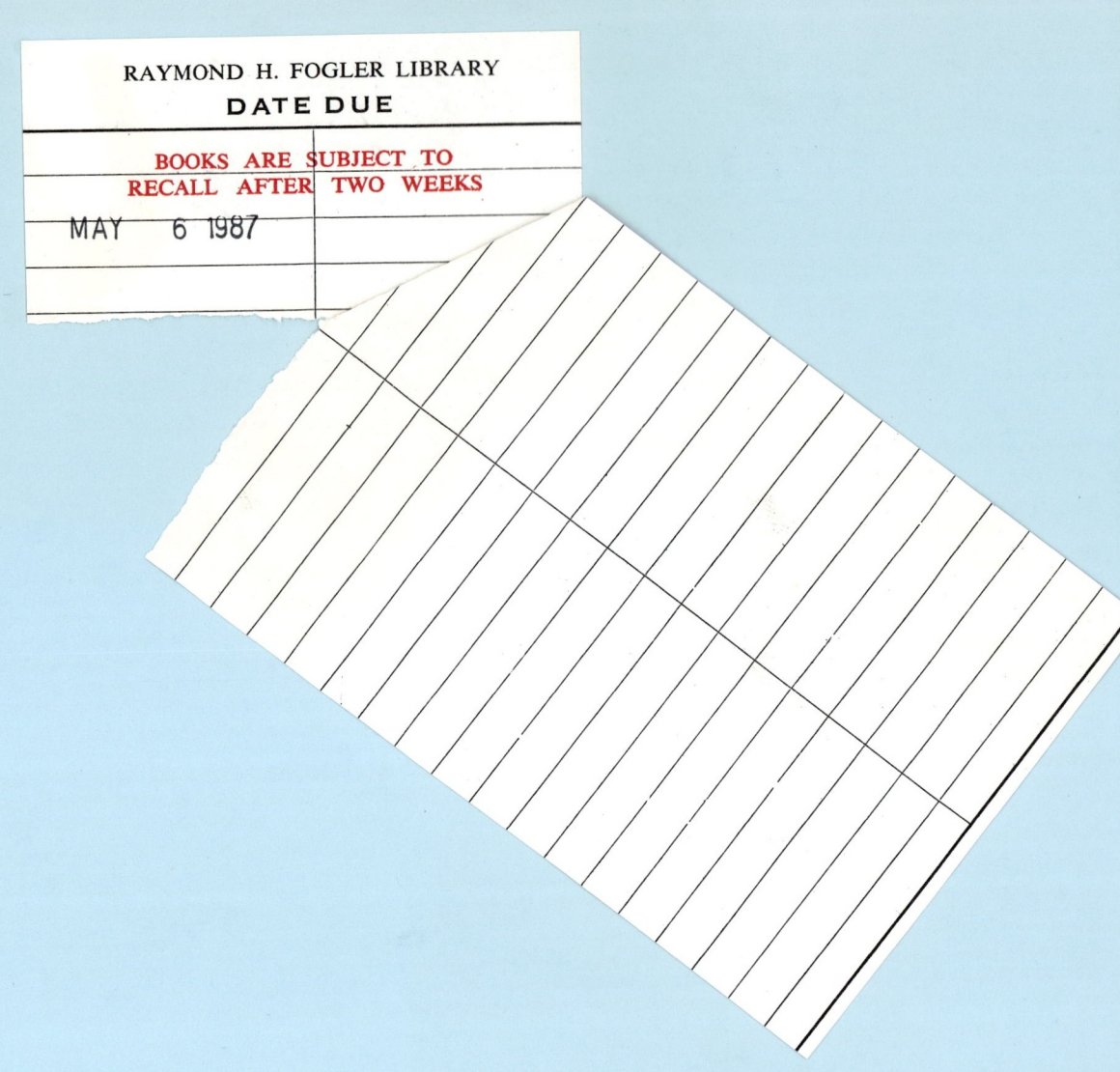

RAYMOND H. FOGLER LIBRARY
DATE DUE

BOOKS ARE SUBJECT TO
RECALL AFTER TWO WEEKS

MAY 6 1987